第二册目録

刑名總部

綜論部

論説

《尚書正義》卷三《舜典》　流宥五刑。正義曰：寬宥，《周語》文。流謂徙之遠方，放使生活，以流放之法，寬縱五刑也，此惟解以流寬之刑，而不解宥寬之意。鄭玄云：其輕者，或流放之，四罪是也。王肅云：謂君不忍刑殺，宥之以遠方。然則知此是據狀合刑，而情差可恕，全赦則太輕，致刑即太重，不忍依例刑殺，故完全其體，宥之遠方，應刑不刑，是寬縱之也。上言典刑，此言五刑者，其法是常，其數則五。象以典刑，謂其刑之也。流宥五刑，謂其遠縱之也。流言五刑，則典刑亦五，其文互以相見。王肅云：言宥五刑，則正五刑見矣，是言二文相通之意也。典刑是其身，流宥離其鄉。流放致罪爲輕，此鞭爲重，故次典刑之下，先言流宥。鞭扑雖輕，猶虧其體，比於出金贖罪又爲輕。且《吕刑》五罰，雖主贖五刑，其鞭扑之罪，亦容輸贖，故後言之。此正刑五與流宥鞭扑俱有常法，典字可以統之，故發首言典刑也。

（宋）黎靖德《朱子語類》卷七八《尚書·舜典》　象以典刑，流宥五刑，鞭作官刑，扑作教刑，金作贖刑。象者，象其人所犯之罪，而加之以所犯之刑。典，常也，即墨、劓、剕、宫、大辟之常刑也。象以典刑，此一句乃五句之綱領，諸刑之總括，猶今之刑皆結於笞、杖、徒、流、絞、斬也。凡人所犯罪各不同，而爲刑固亦不一，然皆不出此五者之刑。但象其罪而以此刑加之，所犯合墨，則加以墨刑；所犯合劓，則加以劓刑；剕、宫、大辟，皆然。猶夷虜之法，傷人者償創，折人手者亦折其手，傷人目者亦傷其目之類。流宥五刑者，其人所犯合此五刑，而情輕可恕，或因過誤，則全其肌體，不加刀鋸，但流以宥之，屏之遠方不與民齒，如五流有宅，五宅三居之類是也。鞭作官刑者，此官府之刑，猶今之鞭撻吏人，蓋自有一項刑專以治官府之胥吏，如《周禮》治胥吏鞭五百、鞭三百之類。扑作教刑，此一項學官之刑，猶今之學舍夏楚，如習射、習藝，春秋教以禮樂，冬夏教以《詩》《書》。凡教人之事有不率者，則用此刑扑之，如侯明、撻記之類是也。金作贖刑，謂鞭扑二刑之可恕者，則許用金以贖其罪。如此解釋，則五句之義，豈不粲然明白。象以典刑之輕者，有流以宥之；鞭扑之刑之輕者，有金以贖之。流宥所以寬五刑，贖刑所以寬鞭扑。聖人斟酌損益，低昂輕重，莫不合天理人心之自然，而無毫釐秒忽之差，所謂既竭心思焉，繼之以不忍人之政者。如何説聖人專意只在教化，刑非所急？聖人固以教化爲急。若有犯者，須以此刑治之，豈得置而不用！問：贖刑非古法？曰：然。贖刑起周穆王。古之所謂贖刑者，贖鞭扑耳。夫既已殺人傷人矣，又使之得以金贖，則有財者皆可以殺人傷人，而無辜被害者，何其大不幸也！且殺之者安然居乎鄉里，彼孝子順孫之欲報其親者，豈肯安於此乎！所以屏之四裔，流之遠方，彼此兩全之也。僩。

問：象以典刑，如何爲象？曰：此言正法。象，如懸象魏之象。或謂畫爲五刑之狀，亦可。此段《舜典》載得極好，有條理，又輕重平實。象以典刑，謂正法，蓋畫象而示民以墨、劓、剕、宫、大辟五等肉刑之常法也。流宥五刑，爲流法，以宥犯此肉刑之正法者。蓋其爲惡害及平人，故雖不用正法，亦必須遷移於外。鞭作官刑，扑作教刑，此二者若可憫，則又爲贖刑以贖之。蓋鞭、扑是罪之小者，故特爲贖法，俾聽贖，而不及於犯正法者。蓋流以宥五刑，贖以宥鞭、扑，如此乃平正精詳，真舜之法也。至穆王一例令出金以贖，便不是。不成殺人者亦止令出金而免！故蕭望之《贖刑議》有云：如此，則富者得生，貧者獨死，恐開利路以傷治化。其説極當。大率聖人作事，一看義理當然，不爲苟且姑息也。銖。

（宋）黎靖德《朱子語類》卷七八《尚書·舜典》　五服三就。若大辟則就市，宫刑，則如漢時就蠶室。在墨、劓、剕三刑，度亦必有一所在刑之。既非死刑，則傷人之肌體，不可不擇一深密之所，但不至如蠶室爾。廣。

五刑三就，用五刑就三處。故大辟弃於市，宫刑下蠶室，其他底刑，也是就箇隱風處。不然，牽去當風處割了耳鼻，豈不割殺了他！夔孫。

問：五流有宅，五宅三居。曰：五刑各有流法，然亦分作三項，如居四海之外，九州之內，或近甸，皆以輕重爲差。五服三就，是作三處就刑。如斬人於市，腐刑下蠶室，劓、刖就僻處。蓋劓、刖若在當風處，必致殺人。聖人既全其生，不忍如此。銖。

（宋）蔡沈《書經集傳》卷一《虞書·舜典》 象以典刑，流宥五刑，鞭作官刑，扑作教刑，金作贖刑。眚災肆赦，怙終賊刑。欽哉，欽哉，惟刑之恤哉！注：宥音又，眚音省。象，如天之垂象以示人。而典者，常也。示人以常刑。所謂墨、劓、剕、宮、大辟，五刑之正也。所以待夫元惡大憝，殺人傷人，穿窬淫放，凡罪之不可宥者也。流宥五刑者，流遣之使遠去。如下文流放竄殛之類也。宥，寬也。所以待夫罪之稍輕，雖入於五刑，而情可矜法可疑，與夫親貴勳勞，而不可加以刑者，則以此而寬之也。鞭作官刑者，木末垂革，官府之刑也。扑作教刑者，夏楚二物，學校之刑也。皆以待夫罪之輕者。金作贖刑者，金，黃金。贖，贖其罪也。蓋罪之極輕，雖入於鞭扑之刑，而情法猶有可議者也。此五句者，從重入輕，各有條理，法之正也。肆，縱也。眚災肆赦者，眚，謂過誤。災，謂不幸。若人有如此而入於刑，則又不待流宥金贖而直赦之也。賊，殺也。怙終賊刑者，怙，謂有恃。終，謂再犯。若人有如此而入於刑則雖當宥當贖，亦不許其宥，不聽其贖而必刑之也。此二句者，或由重而即輕，或由輕而即重，蓋用法之權衡。所謂法外意也，聖人立法制刑之本末。此七言者，大略盡之矣。雖其輕重取舍，陽舒陰慘之不同。然欽哉，欽哉，惟刑之恤之意，則未始不行乎其間也。蓋其輕重毫釐之間，各有攸當者。乃天討不易之定理。而欽恤之意，行乎其間，則可以見聖人好生之本心也。據此經文，則五刑有流宥而無金贖。《周禮·秋官》亦無其文。至《吕刑》乃有五等之罰，疑穆王始制之，非法之正也。蓋當刑而贖，則失之輕。疑赦而贖，則失之重。且使富者幸免，貧者受刑，又非所以爲平也。

（清）皮錫瑞《今文尚書考證·堯典》 象以典刑，今文説以爲畫象。《大傳》曰：唐虞象刑而民不敢犯，苗民用刑而民興相漸。又曰：唐虞之象刑，上刑赭衣不純，中刑雜屨，下刑墨幪，以居州里，而反於禮。又曰：唐虞象刑，犯墨者蒙皁巾，犯劓者赭其衣，犯臏者以墨幪其臏處而畫之，犯大辟者布衣無領。《周禮疏》引《孝經緯》曰：三皇無文，五帝畫象，三王肉刑。畫象者，上罪墨蒙赭衣雜屨，中罪赭衣雜屨，下罪雜屨而已。《公羊》襄二十九年《傳注》引孔子曰：五帝畫象世順機。徐疏以爲《孝經説》，疏曰：其五帝之時，黎庶已薄，故設象刑以示其恥，當世之人順而從之，疾之而機矣，故曰：五帝畫象世順機也，畫猶設也。其象刑者，即《唐傳》云：唐虞之象刑，上刑赭衣不純。注云：純，緣也。時人尚德義，犯刑者但易之衣服，自爲大恥。中刑雜屨。屨，屨也。下刑墨幪。幪，巾也，使不得冠飾。《周禮》罷民亦然。上刑易三，中刑易二，下刑易一，輕重之差，以居州里，而民恥之是也。《白虎通·五刑篇》曰：五帝畫象者，其衣服象五刑也。犯墨者蒙巾，犯劓者以赭著其衣，犯臏者以墨蒙其臏處而畫之，犯宮者履雜扉，犯大辟者布衣無領。《史記·孝文帝本紀》曰：蓋聞有虞氏之時，畫衣冠異章服以爲僇，而民不犯。《漢書·武帝紀》曰：朕聞昔在唐虞，畫象而民不犯。《元帝紀》曰：蓋聞唐虞象刑而民不犯。揚雄《廷尉箴》曰：天降五刑，惟夏之績。亂茲平民，不回不辟。又曰：唐虞象刑，天民是全。《論衡·儒增篇》曰：儒書稱堯舜之德，至優至大，天下太平，一人不刑。《風俗通》曰：五帝畫象，三王肉刑。又曰：謹案：《尚書》夏禹始作肉刑。《周禮·司圜》注曰：弗使冠飾者，著墨幪，若古之象刑與？《三國志》魏明帝詔曰：有虞氏畫象而民勿犯。皆今文説也。今文説以象刑爲畫象，其義甚古。《荀子》曰：古無肉刑而有象刑。墨黥，慅嬰；共，艾畢；剕，紨屨；殺，赭衣而不純。《墨子》曰：畫衣冠而民不犯。《慎子》曰：有虞氏之誅，以幪巾當墨，以草纓當劓，以菲履當刖，以艾韠當宮，布衣無領當大辟。皆與今文義合。《大傳》言刑無宮，蓋有缺佚。又上刑當云赭衣不純，墨蒙雜屨；中刑墨蒙雜屨；下刑墨蒙；乃與鄭注所云上刑易三，中刑易二，下刑易一之義合。據鄭注，則今本《大傳》有缺文，觀《孝經緯》可見。《孝經緯》言下罪雜屨，《大傳》言下刑墨蒙，則所傳之異也。

（清）皮錫瑞《今文尚書考證·堯典》 怙終賊刑。《孝經援神契》曰：刑者侀也。過出罪施，侀爲著也。行刑者所以著人身體，過誤者出之，實罪者施刑，是以《尚書》云：眚災肆赦，怙終賊刑。《大傳》曰：不赦有過謂之賊。孫星衍説：怙終賊刑者，言怙過不改則不赦也。此有虞氏之施刑，雖不赦，亦衣之畫象而已。

（宋）黃倫《尚書精義》卷四 帝曰：皋陶蠻夷猾夏寇賊姦宄，汝作士，五刑有服，五服三就，五流有宅，五宅三居，惟明克允。無垢曰孔安國謂羣行攻刼曰寇，殺人曰賊，在外曰姦，在內曰宄。且檮杌饕餮渾沌窮奇，乃在朝廷，而蠻夷乃來亂中華之地，攻刼者、殺人者，為不正於內外者，又雜然四起，亂舜之治，是雖盛時，不免有小人也。皋陶之作士也，乃能處之，使終不能為吾患。鄭玄曰：士，察也。孔安國曰：士，理官也。理官以按獄為職也。處之如何？為墨、劓、剕、宮、大辟之刑以俟之，所謂五刑有服也。五刑所用，各有所犯之事，而定其罪，服事也，然罪有輕重，則有陳於原野者，有刑於朝者，有刑於市者，所謂五服三就也。孔安國曰：大罪於原野，大夫於朝，士於市，意或然矣。事在五刑，而其情輕，未忍寘之於死者，則有五流之法，屏之遠方以宥其罪焉，所謂五流有宅是也。流有輕重，有居四裔者，有居九州之外者，有居千里之外者，所謂五宅三居也。觀五刑有服、五服三就、五流有宅、五宅三居之法，其亦深體物情，曲盡人意，使姦無所逃，情無所隱，非明見幽隱，信及豚魚，何以能處之如此哉！夫伯禹讓稷契、皐陶，舜乃因禹之言，人人而稱奬之，深玩其意，嗚呼！舜之仁厚温晏如此，使人有悦而忘勞、忘死之心矣。夫稷契、皐陶盡心職事，而舜乃深知其細微，樂見其功效，當朝廷之上，羣臣在列之時，乃分别其事，條列其人，舉其難以嗟咨之，稱其功以慰勉之。千世之下讀其遺書，尚使人感慨不已，則當時稷契、皐陶之樂於見，知其忻喜之情，又為何如也。

（清）皮錫瑞《今文尚書考證·皐陶謨》 方施象刑，惟明。今文作旁施象刑，維明。《史記》曰：令民皆則禹。不如言，刑從之。舜德大明。《白虎通·聖人篇》曰：旁施象刑，維明。《新序·節士篇》曰：《書》曰：象刑旁施，維明。及禹不能。《揚子·先知篇》曰：唐虞象刑，維明。夏后肉刑三千。《廷尉箴》曰：昔唐虞象刑，天民是全。崔駰《大理箴》曰：旁施作明。蔡邕《司空文烈侯楊公碑》曰：旁施四方，維明。孫星衍説：史公説方施爲令民皆則禹云云者，《詩傳》云：方，則也。是説方爲則。説象刑爲不如言，刑從之者，言設此畫象以示民，告以不從教則當加刑，而民無犯者，故云舜德大明也。《白虎通·五行篇》云：刑所以五何？法五行也。大辟法水之滅火，宫者法土之壅水，臏者法金之刻木，劓者法木之穿土，墨者法火之勝金。五帝畫象者，其衣服象五行也。犯墨者蒙巾，犯劓者以赭著其衣，犯臏者以墨蒙其臏處而畫之，犯宫者履雜扉，犯大辟者布衣無領。科條三千者，應天地人情也。《五行大義》引《周書》曰因五行相克而作五刑，墨、劓、刵、宫、大辟是也。火能變金色，故墨以變其肉。金能克木，故刵以去其骨節。木能剋土，故劓以去其鼻。土能塞水，故宫以斷其淫泆。水能滅火，故大辟以絶其生命。又引《尚書刑德放》云：大辟象天刑，罰贖之數三千，應天地人。此是《周書》所説，非象刑也，蓋後又用其意而制肉刑。然大辟可贖，則肉刑亦可贖矣。此今文以象刑爲象天道而作刑也。錫瑞謹案：孫説非也。今文《尚書》作旁，方可訓則，旁不可訓則。史公以不如言，刑從之訓象刑，則刑卽謂象刑。蓋言卽陶敬禹之德，令民皆則法禹，有不則法禹者，卽以象刑從之，非象刑之外别有肉刑也。《白虎通》引五帝畫象，其説與《大傳》合，則今文家説以象刑卽是畫象。孫氏以畫象無肉刑爲古文説，象天道作刑爲今文説，其説大謬。劉子政、揚子雲皆習今文者，子政引經云及禹不能，子雲引此經云夏后肉刑三千，此西漢今文説唐虞無肉刑之明證。若法五行，制五刑，三千應天地人，乃《周書·甫刑》之義，不可以之説虞制也。象天道作刑，其説出於《荀子》。《荀子》曰：世俗之爲説者，以爲治古者無肉刑，有象刑，墨黥之屬，菲屨赭衣而不純。是不然矣。所謂象刑，惟明者，言象天道而作刑，安有菲屨赭衣者哉？然則象刑無肉刑，乃古説相傳。以爲象天道作刑，乃荀卿創論也。《風俗通》曰：謹案：《尚書》夏禹始作肉刑，則天象而慎其過。亦以象天作刑屬夏禹以後説，其非唐虞之制明矣。《風俗通》又曰：《皐陶謨》虞始造律。

（清）孫星衍《尚書今古文注疏》卷一七《梓材》 曰：予罔厲殺人，亦厥君先敬勞，肆徂厥敬勞。疏：厲者，《周書·謚法解》云：殺戮無辜曰厲。肆今，徂往，皆釋詁文。言當告其臣，以予無敢虐殺人。亦當自其君先之，以敬勞民，今汝往其敬勞之。

（清）孫星衍《尚書今古文注疏》卷二七《吕刑》 度作刑以詰四方。注：《大傳》度作鮮度。馬融曰：度，法度也。刑，一作詳刑。詰，一作誥。疏：《大傳》度作鮮度者，《釋詁》云：鮮，善也。《漢書·刑法志》云：度時作刑，《詩傳》云：時，善也。則今文鮮度，度時，俱言度善也。或以度時爲相度時宜，非也。《史記》以命王爲言於王，則享國二語，是告王之詞。吕侯告王，言王享國日久，老而治事，當度善作刑，以謹四方也。刑作詳刑者，《周禮·大司寇》引有詳字。疏云：謂周穆王年老耄亂荒忽，猶能用賢量度詳審之刑，以詰謹四方。案：以荒爲荒忽，亦似非也。詰作誥，今文《尚書》也。馬注見《釋文》，云度法度者。《説文》云：度，法制也。詰者，《周禮·太宰職》云：刑典以詰邦國。注以詰爲禁。《大司寇》云：佐王刑邦國，詰四方。注以詰爲謹，俱引此經以證。又《布憲職》云：憲邦國之刑禁以詰四方。注云：詰，謹也。使四方謹行之。則此詰四方，鄭義與之同也。

（清）皮錫瑞《今文尚書考證·吕刑》 墨罰之屬千，劓罰之屬千，剕罰之屬五百，宫罰之屬三百，大辟之罰其屬二百，五刑之屬三千。今文剕作臏。《大傳》曰：夏刑三千條。《史記》曰：墨罰之屬千，劓罰之屬千，臏罰之屬五百，宫罰之屬三百，大辟之罰其屬二百，五刑之屬三千。命曰《甫刑》。《漢書·刑法志》曰：昔周之法，建三典以刑邦國、詰四方：一曰刑新邦用輕典，二曰刑平邦用中典，三曰刑亂邦用重典。五刑，墨罪五百，劓罪五百，宫罪五百，刖罪五百，殺罪五百，所謂刑平邦用中典也。《甫刑》墨罰之屬千，劓罰之屬千，髕罰之屬五百，宫罰之屬三百，大辟之罰其屬二百。五刑之屬三千，蓋多於平邦中典五百章，所謂刑亂邦用重典者也。錫瑞謹案：《班志》之義，蓋以《周禮》比《尚書》，而《甫刑》多出五百章，故以爲用重典，然其説殊非是。《周禮》一書與諸經多不相通，《書序》云：穆王訓夏贖刑。《大傳》云：夏刑三千條。是《甫刑》之五刑三千，乃用古法，非穆王自造，何得傅會《周禮》比較其數，以爲亂邦用重典乎？如《甫刑》爲亂邦之制，孔子删《書》必删之矣。《刑法志》又云：宜删定律令，纂二百章，以應大辟。其餘罪次，皆復古刑，爲三千章。如此，則法可畏而民易避。則班氏亦不盡以三千章爲重典也。《孝經》：孔子曰：五刑之屬三千。《漢書》成帝河平中詔曰：《甫刑》云：五刑之屬三千，大辟之罰其屬二百。《鹽鐵論·刑德篇》曰：親服之屬甚衆，上附下附而服不過五。五刑之屬三千，上殺下殺而罪不過五。《論衡·謝短篇》曰：古禮三百，威儀三千；刑亦正刑三百，科條三千。出於禮，入於刑，禮之所去，刑之所取，故其多少同一數也。《後漢書·陳寵傳》寵疏曰：臣聞禮經三百，威儀三千，故《甫刑》大辟二百，五刑之屬三千。禮之所去，刑之所取，失禮則入刑，相爲表裏者也。一作墨辟之屬千，劓辟之屬千，臏辟之屬五百，宮辟之屬三百，大辟之屬二百。《白虎通·五刑篇》曰：刑所以五何？法五行也。科條三千者，應天地人情也。五刑之屬三千：大辟之屬二百，宮辟之屬三百，臏辟之屬五百，劓、墨辟之屬各千。《刑德放》曰：大辟之屬二百，象天之刑。《公羊》疏引《元命包》曰：墨、劓辟之屬各千，臏辟之屬五百，宮辟之屬三百，大辟之屬二百，列爲五刑，罪次三千。《周禮·司刑》鄭注曰：周改臏作刖。夏刑大辟二百，臏辟三百，宮辟五百，劓、墨各千。周則變焉，所謂刑罰世輕世重也。《正義》曰：臏辟三百，宮辟五百，此乃轉寫之誤，當以《呂刑》爲正。錫瑞謹案：今文《尚書》蓋皆作辟，與古文《尚書》作罰不同。《白虎通》用今文，《刑德放》、《元命包》緯書多同今文。鄭注《周禮》引臏辟與今文合，則亦必同今文。今文所以皆作辟者，上云五刑不簡，正于五罰，則穆王雖訓夏贖刑，而五刑亦未廢，但於罪之輕者用五罰贖之耳。夏后氏雖云不殺不刑，然既有肉刑，則五刑不能不垂爲令甲。蓋刑與罰并用，而刑爲重。五罰不能包五刑，五刑可以包五罰。下云五刑之屬三千，則上五句皆當據五刑言。若上五句皆作罰字，則下當云五罰之屬三千，不當云五刑之屬三千矣。且上五句皆作罰字，豈五刑三千條皆中罰，無中刑者乎，今文《尚書》於上文墨辟疑赦等句辟字皆作罰，此文墨罰之屬千等句罰字皆作辟。與古文《尚書》辟、罰二字互易，其義皆視古文爲勝。《史記》、《漢志》引經皆作罰不作辟，或所據本異，或後人以古文《尚書》改之也。

（清）孫星衍《周易集解》卷四《離》 九四，突如其來如，焚如、死如、棄如。集解：鄭康成曰：震爲長子，爻失正，又□體兑，兑爲附決。子居明法之家，而無正，何以自斷其君父不志也。突如震之失正，不知其所如，又爲巽，巽爲進退不知所從。不孝之罪，五刑莫大焉，得用議貴之辟刑之，若如所犯之罪，焚如，殺其親之刑；死如，殺人之刑；棄如，流宥之刑。《周禮》疏。

《禮記·王制》 刑者，侀也。侀者，成也。一成而不可變，故君子盡心焉。

（清）胡培翬《儀禮正義》卷三一《既夕禮》 隸人涅廁。隸人，罪人也，今之徒役作者也。涅，塞也，爲人復往褻之。又亦鬼神不用。疏：正義曰：注云隸人，罪人也。今之徒役作者也者，案：《周禮》有司厲、司隸、罪隸、蠻隸、閩隸、夷隸、貉隸等官。司厲注云：主盜賊之兵器及其奴者。又其職曰：其奴入于罪隸。注：故知隸人罪人也。司隸注云：隸，給勞辱之役者，漢始置司隸，亦使將徒治道溝渠之役，故云今之徒役作者也。《釋官》云：《司隸職》曰：邦有喪紀之事，則役其煩辱之事。鄭彼注引此經爲證。《周禮》五隸之下，各有隸民。此隸人蓋五隸之民，君使之來供役事者也。云涅塞也者，盛氏云：涅、敜通。《書》云：敜乃穽。注亦訓爲塞，與此合。云爲人復往褻之者，以死者之廁，恐人復往褻之，故塞之也。云又亦鬼神不用者，盧氏《詳校》云：亦，一作以，謂死者爲鬼神，可不用廁也。此皆釋所以塞之之義。賈疏云：若然，古者非直不共溷浴，亦不共廁也。案《釋名》：廁，襍也，言人襍廁在上，非一也。或曰溷，言溷濁也。或曰圊，言至穢之處，宜常修治，使潔清也。《說文》：廁，清也。段氏注云：清，圊，古今字。似《釋名》所云人襍廁非一者，是後代之制，古則人各一廁矣。或曰：人不必異廁。但有死者，則塞之不用，而別爲廁也。

（漢）班固《白虎通》卷八《五刑》 聖人治天下，必有刑罰何？所以佐德助治，順天之度也。故懸爵賞者，示有勸也，設刑罰者，明有所懼也。刑所以五何，法五行也，科條三千者，應天地人情也。五刑之屬三千，大辟之屬二百，宮辟之屬三百，腓辟之屬五百，劓墨辟之屬各千。張布羅衆，非五刑不見。劓墨何，其下刑者也。腓者其臏，宮者，女子淫，執置宮中，不得出也。丈夫淫，割去其勢也。大辟者，謂死也。刑不上大夫何，尊大夫，禮不下庶人，欲勉民，使至於士。故禮爲有知制，刑爲無知設也。庶人雖有千金衣幣，不得服。刑不上大夫者，據禮無大夫刑。或曰撻笞之刑也。禮不及庶人者，謂酬酢之禮也。

《三國志》卷二二《魏志·陳群傳》 漢除肉刑而增加笞，本興仁惻而死者更衆，所謂名輕而實重者也。名輕則易犯，實重則傷民。《書》曰：惟敬五刑，以成三德。《易》著劓、刖、滅趾之法，所以輔政助教，懲惡息殺也。且殺人償死，合於古制；至於傷人，或殘毀其體而裁翦毛髮，非其理也。若用古刑，使淫者下蠶室，盜者刖其足，則永無淫放穿窬之姦矣。夫三千之屬，雖未可悉復，若斯數者，時之所患，宜先施用。漢律所殺殊死之罪，仁所不及也，其餘逮死者，可以刑殺。如此，則所刑之與所生足以相貿矣。今以笞死之法易不殺之刑，是重人支體而輕人軀命也。

（唐）杜佑《通典》卷一七〇《刑法·寬恕》 論曰：聖唐刑名，極於輕簡。太宗文皇帝降隋氏大辟刑百六十三條入流、入徒免死，其下遞減唯輕。開闢以來，未有斯比。如罪惡既著，制命已行，愛惜人命，務在哀矜，臨於勦絕，仍令數覆。獲罪自然引分，萬姓由是歸仁，感兹煦嫗，藏於骨體。雖武太后革命二紀，安禄山傾陷兩京，西戎侵軼，賊泚竊發，皇輿巡狩，宇内憂虞，億兆同心，妖氛旋廓，刑輕故也。國家仁深德厚，固可侔於堯舜，夏殷以降，無足徵矣。

（清）董誥《全唐文》卷一五五馬周《對用刑寛猛策》 問獄市之寄，自昔爲難，寛猛之宜，當今不易。緩則物情恣其詐，急則姦人無所容。曹相國所以殷勤，路廷尉於焉太息。韋弦折衷，歷代未聞，輕重淺深，佇承嘉議。

對：攘袂九流，披懷萬古。覽七書之奥義，覿金簡之遺文。覩皇王臨御之迹，詳政術樞機之旨。莫不則乾綱而張禮樂，法霆震而置威刑。縱使軒去鼎湖，非無涿鹿之戮。舜辭雷澤，遂有崇山之誅。自皋繇不嗣，忿生長往。甫侯設法，徒有説於輕重。子産鑄書，竟無救於衰敗。是知風淳俗厚，草艾而可懲。主僻時昏，黥鑿而猶犯。我君出震繼天，承國宰化。孕十堯而遐舉，吞九舜而上征。猶以爲《周書》三典既疏遠而難從，漢律九章已偏雜而無準。方當採韋弦於往古，施折衷於當今。若能詔彼刑章定金科之取舍，徵其張趙平丹書之去留。必使楚國受金不爲莊生所責，長陵盗土必用張子之言。謹對。

（元）馬端臨《文獻通考》卷一六六《刑考·刑制》 〔開元〕十八年刑部奏，天下死罪止二十四人。致堂胡氏曰：以文觀之，四海九州之大，一歲死罪止有二十四人，幾於刑措矣。以實論之，元宗以奢汰逸樂教有邦，則獄訟安得一一伸理曲直？安得一一辨白？無乃慕刑措之名，飾太平之盛，有當死而蒙宥者乎？官吏之慘舒一視上之好惡，君好之則臣爲之，上行之則下從之。故《詩》云：誘民孔易苟欲措刑不用，雖囹圄常空可也。然訟獄曲直不得其分，姦猾逋誅蠹害脱死，而平人冤抑者衆矣。是故善爲治者必去華而務實，則不爲人所罔也。

《新唐書》卷一二七《裴耀卿傳》 〔開元二十四年〕〔裴〕耀卿上言：刺史、縣令異諸吏，爲人父母，風化所瞻。今使裸躬受笞，事太逼辱。法至死，則天下共之。然一朝下吏，屈挫牽頓，民且哀憐，是忘免死之恩，而有傷心之痛，恐非崇守長、勸風俗意。又雜犯抵死無杖刑，必三覆後決，今非時不覆，或夭其命，非所以寛宥之也。凡大暑決囚多死，秋冬乃有全者。請今貸死決杖，會盛夏生長時并停，則有再生之實。

《新唐書》卷一四五《嚴郢傳》 御史臺請天下斷獄一切待報，唯殺人許償死，論徒者得悉徙邊。郢言：罪人徙邊，即流也。流有三，而一用之，誠難。且殺人外猶有十惡、僞造用符印、彊光火諸盗，今一徒之，法太輕，不足禁惡。又罪抵徒，科别差殊，或毆傷、夫婦離非義絶、養男别姓、立嫡不如式、私度關、冒户等不可悉，而與十惡同徙，即輕重不倫。又按，京師天下聚，論徒者至廣，例不覆讞，今若悉待報，有司斷決有程，月不啻五千獄，正恐牒按填委，章程紊撓。且邊及近邊犯死徒流者，若何爲差？請下有司更議。炎惡異已，陰諷御史張著劾郢匿發民浚渠，使怨歸上。繫金吾。長安中日數千人遮建福門訟郢冤，帝微知之，削兼御史中丞。人知郢得原，皆迎拜。會秋旱，郢請蠲租税，炎令度支御史按覆，以不實，罷爲大理卿。

《宋史》卷二〇一《刑法志》 熙寧三年，中書上刑名未安者五：其一，歲斷死幾二千人，比前代殊多。如强劫盗並有死法，其間情狀輕重，有絶相遠者，使皆抵死，良亦可哀。若爲從情輕之人别立刑，如前代斬右趾之比，足以止惡而除害。禁軍非在邊防屯戍而逃者，亦可更寛首限，以收其勇力之效。

其二，徒、流折杖之法，禁網加密，良民偶有抵冒，致傷肌體，爲終身之辱；愚頑之徒，雖一時創痛，而終無愧恥。若使情理輕者復古居作之法，遇赦第減月日，使良善者知改過自新，凶頑者有所拘繫。

其三，刺配之法二百餘條，其間情理輕者，亦可復古徒流移鄉之法，俟其再犯，然後決刺充軍。其配隸並減就本處，或與近地。凶頑之徒，自從舊法。編管之人，亦迭送他所，量立役作時限，無得髠鉗。

其四，令州縣考察士民，有能孝悌力田爲衆所知者，給帖付身。偶有犯令，情輕可恕者，特議贖罰；其不悛者，科決。

其五，奏裁條目繁多，致淹刑禁，亦宜删定。

詔付編敕所詳議立法。

（宋）徐積《節孝集》卷三一《語録》 問鼂錯、張敞請入粟以贖罪，無乃刑失有罪乎？公曰：《書》有金作贖刑，則所犯有詿誤可恕者使贖之，則刑不失有罪矣。錯等蓋取此意而作此説，況權時定宜以濟其急，與其重斂於民不若為此猶成無費之利也。且今之富人有入貲而為祠郎室長者矣，意亦求庇其身而朝廷實無獎進之道。故仕則竭力奉公不敢為過失，有加於儒生世胄而仕者也，然上之人避嫌而不敢舉，朝廷亦無升進之法，所以多有才力可稱者而卒阨以死也，且張釋之以入貲為郎，則是人材不可決定於所取也，況漢帝之詔曰使久立於庭下宜旌異之。

（宋）胡宏《皇王大紀》卷一九《三王紀》 五刑皆有流宥之法也。墨、劓、剕、宮、大辟，賊刑之科目也。後世止以是為五刑，故肉刑一廢，遂不可復。非不可復也不行，帝王正五刑，而專以賊刑，當天下之罪，慘莫甚焉。自非天下之至不仁者，孰忍專用之，若盡復正五刑，於當絞斬之科，增立劓、剕與宮，無遂絶人命，而笞杖悉行，流宥之法，無輕折辱人。典刑，所以待士大夫也，昔人為輔相士大夫失行，有能不顯其過，隨宜他叙人以為媿，至於無敢犯者，意其近似典刑流宥之法也。鞭刑，所以待府史胥徒，在官之有過者。扑刑，所以待士農工商，從師之不率者。嘉石之役，疑其近似鞭刑流宥之法也。朝庠之禮，疑其近似扑刑流宥之法也。雖鞭扑輕刑，聖人猶慎行之，待人如此，其有禮也，人豈得不生媿恥，其能使天下人人有士君子之行，無足怪也。流宥之而不改，然後刑之，刑之而不改，然後當之以墨、劓、剕、宮、大辟，則又審其輕重，而許之贖，又流宥之。今之三流圜土之禁，其近之乎。及其終不改，然後殘賊其肌體，雖殺之，所謂以生道殺之也，其誰不心悦誠服乎，行之以歲月，頑鈍無恥之風，宜亦少衰矣。

《元史》卷一七六《曹伯啓傳》 英宗立，召拜山北廉訪使，時敕建西山佛宇甚亟，御史觀音（奴）〔保〕等，以歲饑，請緩之；近臣激怒上聽，遂誅言者。伯啓曰：主上聰明睿斷，是不可以不諍。迺劾臺臣緘默，使昭代有殺諫臣之名，帝爲之悚聽。俄拜集賢學士、御史臺侍御史。有詔同刊定《大元通制》，伯啓言：五刑者，刑異五等，今黥杖徒役於千里之外，百無一生還者，是一人身備五刑，非五刑各底於人也。法當改易。丞相是之，會伯啓除浙西廉訪使，不果行。

（元）蘇天爵《元文類》卷四二《憲典・殺傷篇至正初年》 禍而至於殺人，極矣。然情有謀故誤戲之異，而罰亦有死杖流贖之殊。研之窮之審之覆之，古人所以深致慎焉者，哀民死之易而生之難也。敬之敬之，毋淫於刑哉，作殺傷篇第十五。

（明）何孟春《餘冬序録摘抄内外篇》卷一《内篇》 律條歷代相承，斷獄用損益無幾。觀唐、宋刑統，可知敕令則世自爲格。宋人敕重於律，斷獄用敕，敕中所無，方用律。朱子嘗病之。勝國笞、杖十減其三，笞當止四十七，杖當止九十七。及後斷獄，七下至五十七用笞，六十七至一百七用杖，□徒杖數亦然。則是反加十也。大德中，刑部尚書王約以爲言，仡不能改。國初，刑亦重，事取上裁，榜文紛紛。洪武末年，更定新律，刑官始得據依以爲擬議，輕重歸一。後又申明《大誥》，罪死外，笞、杖、徒、流俱從徒減一等論，累朝遵之。而法外遺奸，則不免時有條例之議。然條例，特用輔律之不逮耳。律中所無，方用例。寬仁之政，於是乎度越於唐、宋矣。

（明）佚名《新纂四六合律判語》卷下《刑律・決罰不如法》 天下無冤民，以釋之爲廷尉。斯民有生路，由來侯去士師。故肉刑易笞，漢文之仁不泯；而蒲鞭示辱，劉寬之德無窮。凡決罰乎罪人，當折衷於法律。今某操三尺之法，縱一己之私。或官刑教刑，《書》：鞭作官刑，朴作教刑，金作贖刑。而隨用隨弛。或鞭刑象刑，而不察不思。執法峻嚴，宅心慘刻。恃爰書而肆暴，君子不堪。以國法以爲奸，仁人所惡。罔思定律除斷趾之法，唐太宗命吏部尚書長孫無忌等與法官更議定律令，寬絞刑五十條爲斷右趾，上猶嫌其慘，曰：肉刑廢久矣，宜有以易之。慮人改行之無由。不恤覽圖去鞭背之刑，唐太宗覽《明堂針灸書》云：人五臟之繫，咸附於背。詔：自今毋得笞囚背。恐使用笞之有誤。張湯之深刻不是過矣，元禮之羅織夫何異哉。欲議輕重之罪，當原故誤之情。

（明）林時對《荷牐叢談》卷三《國家三大弊政》 弘光時，御史中丞祁忠敏公彪佳嘗疏論之，云：國家有三大弊政：曰詔獄、曰緝事、曰廷杖。先是，洪武初年，官民有犯，或收繫錦衣衛，用事者因以非法凌虐。高皇帝乃於十三年焚其刑具，以繫囚送刑部審理，是祖訓原無詔獄也。後乃以鍛煉爲工、以羅織爲事；雖曰朝廷之爪牙，實爲權奸之鷹犬，口詞從逼勒而來，罪案聽指授而定。即舉朝莫不知其枉，即法司無敢雪其冤。此詔獄之大弊也。洪武十年，改儀鑾司爲錦衣衛，專值法駕、侍衛等事，未常令其緝事也。迨後東廠設立，始開告密之端，用銀得賄而鬻刑章，無賴者倚藉以投充，有罪者交通以幸免。招承多出於吊拷，怨憤充塞乎京畿。欲絶苞苴，而苞苴托之愈盛。欲清奸宄，而奸宄因之益多。此緝事之大弊也。若夫刑不上士大夫，原祖宗忠厚立國之本。及逆瑾用事，始有去衣廷杖者，當其血濺玉階、肉飛金陛，班行削色，氣短神摇，即恤録隨頒，蚤已魂驚骨削矣。是朝廷徒受愎諫之名，海内反歸忠直之譽；此廷杖之大弊也。余考劉忠愍公之慘殺，楊、左諸公之冤死，皆於詔獄。而諫南巡、大禮、奪情、國本諸言官，往往遭杖斃，言之痛心。聖子神孫，所當永爲炯戒矣。

綜　述

（宋）王鍵《刑書釋名・黄帝刑》　一曰鞭朴。

二曰鑽鑿。鑽，臏刑，去膝蓋骨也。鑿，黥刑也，以墨涅其面。

三曰刀鋸。刀，割鼻也。鋸，刖刑，斷足也。

四曰斧鉞。斬刑，軍戮也。

五曰甲兵。以六師誅禍亂也。

（清）沈家本《歷代刑法考・刑制總考一・唐虞》　按：唐虞以前，刑制無聞，《舜典》所紀刑制，乃舜攝位時事，其時堯猶在位。《尚書大傳》象刑屬之唐虞，而其文則在唐傳，以其時尚在唐也。《慎子》及漢人稱引專言有虞者，以基事出諸舜也。今總標曰：唐虞，庶時與事胥統之矣。

象刑，《書・舜典》：象以典刑。《益稷》：方施象刑惟明。《尚書大傳》：唐虞象刑而民不敢犯，苗民用刑而民興相漸。唐虞之象刑，上刑赭衣不純，中刑雜屨，下刑墨幪，以居州里，而民恥之。注：純，緣也。時人尚德義，犯刑但易之衣服，自爲大恥。屨，履也。幪，巾也，使不得冠飾。《周禮》罷民亦然，上刑易三，中刑易二，下刑易一，輕重之差。《御覽》六百四十五引，無後二十二字。《公羊傳》襄二十九年疏引無前十八字。《孝經緯》：上罪墨幪赭衣雜屨，中罪赭衣雜屨，下罪雜屨而已。《周禮・司圜》疏。按：此所謂易三、易二、易一之差也。《慎子》：有虞《荀子》注引，下有氏字。之誅，以幪巾《荀子》注作畫跪。當墨，《荀子》注作黥。以草纓《荀子》作慅嬰，楊倞注：當爲澡嬰。當劓，以菲屨《荀子》作菲對屨，楊倞注：菲，草屨也。對當爲紂，傳寫誤耳。紂，枲也。《慎子》作紂。言罪人或菲或枲爲屨，故曰菲紂屨。紂，方孔反。《初學記》引作屨屝。當刖，以艾畢當宫，艾，蒼白色。畢，韠，也，所以蔽前。布衣無領以當大辟，此有虞《荀子》注下有氏字。之誅也。斬人《初學記》下有之字。肢體，鑿其肌《初學記》作形。膚，謂之刑；畫衣冠，異章服，謂之戮。上世用戮而民不犯也，當世用刑而民不從。《御覽》六百四十五。《白虎通》：五帝畫象者，其衣服象五刑也，犯墨者蒙巾，《北堂書鈔》引巾上有皂字。犯劓者赭其衣，犯髕者以墨幪其髕處而畫之，犯宫者履雜屝，犯大辟者布衣無領。《初學記》二十。孫星衍《尚書今古文注疏》：《周禮・司圜》疏引《孝經緯》云，三皇無文，五帝畫象，三王肉刑。《漢書・刑法志》：禹承堯舜之後，自以德衰而制肉刑，湯武順而行之，以俗薄於唐虞故也。是明唐虞無肉刑。鄭注《周禮・司圜》云：弗使冠飾者，著墨幪，若古之象刑與。鄭氏亦信象刑之説也。

按：象刑之義，漢人舊説皆同。文帝詔：有虞時，畫衣冠異章服〔以爲戮〕，而民不犯，《刑法志》。武帝詔：昔在唐虞，畫象而民不犯，《武紀》元光元年。俱以象刑爲畫象。慎子，周人，其説同於《尚書大傳》。《荀子・正論篇》亦云：世俗之爲説者曰，治古無肉刑，而有象刑，其言與《慎子》大略相同，是自周至漢相承之師説也。《荀子》獨謂象刑非生於治古，起於亂今。蓋其立言之意以輕刑爲非，故訾象刑爲俗説。班固採其説入《刑法志》，並云：所謂象刑惟明者，言象天道而作刑，安有菲屨赭衣者哉？其後馬融、僞孔傳以及宋儒諸家皆不取象刑之説。朱子自爲一説，而又云或謂畫爲五刑之狀，亦可。似又不廢舊説矣。竊謂古義相傳，究不可廢，荀子蓋習見七國民僞澆漓，謂非重刑不可，而未思上古敦龐之世，固不可同年而語也。《司圜》弗使冠飾，及後來罪囚赭衣，皆古者象刑之遺制，正未可謂起於亂今也，故備録之。

五刑，《書・舜典》：流宥五刑。馬融曰：五刑，墨、劓、剕、宫、大辟。《史記・集解》。

按：有虞氏五刑，他無明文，僞孔傳亦同馬融之説，故疏謂準《吕刑》文。《魯語》刑五而已，大刑甲兵，次刑斧鉞，中刑刀鋸，其次鑽笮，薄刑鞭扑。所稱五刑與《吕刑》異。此文鞭扑分列於下，自不在五刑之內。至五刑始於何代，經傳無文。《吕刑》言苗民習蚩尤之惡，淫爲劓、刵、椓、黥，知五刑由來久矣。

《通典》云：據《左氏》載叔向所言，夏亂政而作九刑，三辟之刑興，皆叔世也。言九刑，以墨一、劓二、剕三、宫四、大辟五，又流六、贖七、鞭八、扑九，故曰九刑也。三辟者，亦言三王始用五刑之法，故謂之三辟也。班固又云：五帝畫象而人知禁，禹承堯舜之後，自以德衰，始制肉刑，湯武順而行之，以俗薄於唐虞故也。而《孝經緯》亦云：五帝畫象，三王肉刑。畫象者，上罪黑蒙赭衣，中罪赭衣雜屨，下罪雜屨而已。若如三家之言，則前五帝皆同畫象，不用肉刑，其後以爲不然何也？按《舜典》云：流宥五刑，五刑者，以傷刻肌肉，亦謂之肉，蓋《書》美大舜以流放之寬代刀鋸之毒。若如三家之言，五帝不用五刑矣，則舜何得言以流放代之？足明帝舜以前行五刑明矣。其後，舜又贊美皋陶曰：汝作士，五刑有服，知帝舜初立時暫廢五刑，後又用耳。且《尚書》經正聖哲所傳，左氏、班書何忽而不據？其讖緯之言，固不足徵也。荀卿曰：肉刑蓋百王之所同，未有知其所由來者矣。誠哉是言。

按：杜氏謂五刑在舜前，誠是。至謂舜初暫廢五刑，後又用，此則未確。《舜典》之象以典刑在舜攝位時，《益稷》之方施象刑在堯崩後，如取象刑之説，不得分爲二事也。竊意舜時五刑、象刑蓋並行。其命皋陶也，曰蠻夷猾夏，寇賊姦宄。汝作士，五刑有服，是五刑者所以待蠻夷者也。《史記·五帝紀》怙終賊刑，《集解》：鄭玄曰，怙其姦邪，終身以爲殘賊，則用刑之。則五刑者，又所以待怙惡者也。若象刑，所以待平民者也。觀於有苗弗率，敷文德而苗格，是治苗亦以德不以刑。禹言苗頑弗即工，而帝曰皋陶方祗厥敍，方施象刑惟明。仍是以德化之。若象刑爲常刑，則與德化之旨不合矣。

五流，《舜典》：流宥五刑。五流有宅，五宅三居。流共工于幽州，放驩兜于崇山，竄三苗于三危，殛鯀于羽山。傳：殛、竄、放、流，皆誅也。異其文，述作之體。疏：《釋言》云，殛，誅也。傳稱流四凶族者，皆是流，而謂之殛、竄、放、流，皆誅者。流者，移其居處，若水流然，罪之正名，故先言也。放者，使之自活。竄者，投棄之名。殛者，誅責之稱。俱是流徙，異其文，述作之體也。

鞭，《舜典》：鞭作官刑。

扑，《舜典》：扑，作教刑。《益稷》：庶頑讒説若不在時，侯以明之，撻以記之。書用識哉。欲並生哉。

贖刑，《舜典》：金作贖刑。

赦，《舜典》：眚災肆赦。

按：《舜典》所記刑制，頗稱完備。《國語》：展禽曰：堯能單均刑法以儀民。疑舜之刑制當日亦曾承堯命者也。後來刑法，其宗旨悉出於舜。罰弗及嗣，即文王罪人不孥之法也。宥過無大，刑故無小，即《康誥》：非眚惟終，非終惟眚之意也。罪疑惟輕，即《吕刑》刑疑有赦，罰疑有赦之制也。與其殺不辜，寧失不經二語，尤爲用刑者之所當尋繹。推求太密，每涉於苛。會得此旨，庶歸平恕。近來，泰西之法頗與此旨暗合，知聖人之言其包蘊宏矣。舜之稱皋陶曰：明于五刑，以弼五教，《吕刑》曰：士制百姓於刑之中，以教祗德，是刑者非威民之具，而以輔教之不足者也。以欽恤爲心，以明允爲用，虞廷垂訓，其萬世所當取法者歟？

（宋）蔡沈《書經集傳》卷二《夏書·胤征》 每歲孟春，遒人以木鐸徇于路。官師相規，工執藝事以諫。其或不恭，邦有常刑。

遒，慈秋反。鐸，達各反。遒人，宣令之官。木鐸，金口木舌，施政教時，振以警衆也。《周禮·小宰》之職：正歲帥治官之屬，徇以木鐸曰：不用法者，國有常刑，亦此意也。官以職言，師以道言。規，正也。相規云者，胥教誨也。工，百工也。百工技藝之事，至理存焉，理無往而不在，故言無微而可略也。孟子曰：責難於君謂之恭，官師百工，不能規諫，是謂不恭。不恭之罪，猶有常刑，而況於畔官離次，俶擾天紀者乎。

（清）沈家本《歷代刑法考·刑制總考一·夏》 五刑，隋《藝文志》刑法：夏后氏五刑有五，科條三千。《周禮·司刑》鄭注：夏刑大辟、臏辟、宫辟、劓、墨。

肉刑，揚子《法言·先知篇》：夏后肉辟三千。漢《刑法志》：禹承堯舜之後，自以德衰，始制肉刑。

贖刑，《書》序：吕命穆王訓夏贖刑，作吕刑。傳：吕侯以穆王命作書，訓暢夏禹贖刑之法，更從輕。疏：夏法行於前代，廢已久矣，今復訓暢夏禹贖刑之法，以周法傷重，更從輕，以布告天下。

孥戮，《書·甘誓》：左不攻于左，汝不用命；右不攻于右，汝不用命；御非其馬之正，汝不用命。用命賞于祖，不用命戮于社，予則孥戮汝。傳：孥，子也。非但止汝身，辱及汝子，言恥累也。疏：我則并殺汝子，以戮辱汝。《湯誓》傳古之用刑，父子兄弟罪不相及，今云孥戮汝，權以脅之。

按：夏后氏刑制，《書》傳不詳。《隋志》言刑五，《書》序言贖刑，至揚子言肉辟則在五刑之内，此其大較也。竊意禹佐舜治，受舜禪，其政教奚事改革？《漢志》謂禹自以德衰，尚制肉刑。蓋拘於五帝畫象，三王肉刑之緯說，而未覩其通也。五帝畫象，三王肉刑，恐亦就當日治化之精神大概言之，究之帝王之法制，其詳既不可得而聞，其科條之若何同異，正未易質言之也。《尚書大傳》：夏后氏不殺不刑，死罪罰二千饌。《史記·平準書·索隱》。禹之君民也，罰弗及强而天下治。《路史·後紀》十三《夏后氏紀》。是夏代刑輕，尚有唐虞之化，不殺不刑，其殆用象刑之法歟？

（清）沈家本《歷代刑法考·刑制總考一·商》 官刑，《書·伊訓》：制官刑，儆于有位。曰敢有恒舞于宫，酣歌于室，時謂巫風。敢有殉于貨色，恒于遊畋，時謂淫風。敢有侮聖言，逆忠直，遠耆德，比頑童，時謂亂風。惟兹三風十愆，卿士有一于身，家必喪。邦君有一于身，國必亡。臣下不匡其刑墨，具訓于蒙士。

按：官刑是何刑，《書》不具，蓋非死刑也。臣下刑墨，此商有肉刑之證。

肉刑，見上。《泰誓》：斮朝涉之脛。傳：冬月見朝涉水者，謂其脛耐寒，斬而視之。

按：斮脛蓋卽髕，亦肉刑之一也。

劓殄，《書·盤庚》：乃有不吉不迪，顛越不恭，暫遇姦宄，我乃劓殄滅之，無遺育，無俾易種于兹新邑。傳：不恭，不奉上命，暫遇人而刧奪之。劓，割。育，長也，言不吉之人當割絶滅之，無遺長其類，無使易種於此新邑。疏：無遺長其類，謂早殺其人，不使得子孫，有此惡類也。《左氏哀十一年傳》：《盤庚》之誥曰，其有顛越不共，則劓殄無遺育，無俾易種于兹邑。杜注：顛越不共，縱横不承命者也。劓，割也。殄，絶也。

按：杜解顛越不共如縱横不承命者，蓋叛逆之徒也。劓殄無遺育，則緣坐之法也。在外爲姦，在内爲宄，所包者廣，本不專指刧奪言。如祇刧奪而已，法不應若是重也。

孥戮，《湯誓》：予則孥戮汝。

按：説詳《甘誓》。

胥靡，《史記·殷本紀》：是時説爲胥靡。晋灼《漢書音義》云：胥，相也。靡，隨也。古者相隨坐，輕刑之名。

炮烙，《史記·殷本紀》：於是紂乃重刑辟，有炮烙之法。

醢脯，《殷本紀》：九侯有好女，入之紂。九侯女不憙淫，紂怒，殺之，而醢九侯。鄂侯争之彊，辨之疾，并脯鄂侯。

按：殷世刑制，大抵五刑皆備，《書》傳亦不詳也。而炮烙、醢脯，獨詳于《史》。淫刑以逞，而國亦隨之亡矣。然則重刑何爲哉？荀卿謂治則刑重，亂則刑輕，非篤論也。

《尚書·費誓》 峙乃楨榦。甲戌，我惟築，無敢不供。汝則有無餘刑，非殺。

《尚書大傳》卷三《吕刑傳》 決關梁、踰城郭而略盗者，其刑臏。男女不以義交者，其刑宫。觸易君命，革輿服制度，姦軌盗攘傷人者，其刑劓。非事而事之，出入不以道義而誦不祥之辭者，其刑墨。降叛寇賊刧略奪攘矯虔者，其刑死。

（宋）蔡沈《書經集傳》卷六《吕刑》 王曰：來，有邦有土，告爾祥刑。在今爾安百姓，何擇非人，何敬非刑，何度非及。

有民社者，皆在所告也。夫刑，凶器也。而謂之祥者，刑期無刑，民協于中，其祥莫大焉。及，逮也。漢世詔獄所逮，有至數萬人者，審度其所當逮者，而後可逮之也。曰何曰非，問答以發其意，以明三者之決不可不盡心也。

（清）孫星衍《尚書今古文注疏》卷二七《吕刑》 苗民弗用靈，制以刑。惟作五虐之刑曰法。殺戮無辜。注：鄭康成曰：苗民，謂九黎之君也。九黎之君，于少昊氏衰而棄善道，上效蚩尤重刑必變，九黎言苗民者，有苗九黎之後。顓頊代少昊誅九黎，分流其子孫。居于西裔者，爲三苗。至高辛之衰，又復九黎之惡，堯興又誅之。堯末又在朝，舜臣堯，又竄之，禹攝位，又在洞庭逆命，禹又誅之。穆王惡此族三生凶惡，故著其氏而謂之民。民者，冥也。言未見仁道。弗，一作匪，一作否。靈，一作命，一作練。虐一作殺。疏：《緇衣》引《甫刑》弗作匪。靈作命。注云：匪非也。命謂政令也，高辛氏之末，諸侯有三苗者作亂。其治民不用政令，專制御之以嚴刑，乃作五虐蚩尤之刑，以是爲法。案：《詩箋》云：靈，善也。與令通義。弗用靈，當是弗用善以治姦民，卽下文云：報虐以威也。《墨子·尚同中篇》云：昔者聖王制爲五刑以治天下，逮至有苗之制五刑以亂天下。則此豈刑不善哉，用刑則不善也。是以先王之書《吕刑》道之曰：苗民否用練，折以刑，惟作五殺之刑曰法。則此言善用刑者，以治民，不善用刑者以五殺。靈字《緇衣》作命。《墨子》作練，聲俱相近。制折匪否不，亦聲相近；虐殺義相同也。鄭義具《緇衣》注不復釋之，鄭注見《書》疏。云苗民謂九黎之君者，謂當顓項之時，三苗之先世九黎之君於少昊氏衰而棄善道者，《楚語》云少昊之衰也，九黎亂德是也。云有苗，九黎之後者，《楚語》云其後三苗復九黎之德。注云：三苗，九黎之後者，高辛氏衰，苗爲亂，行其凶德，如九黎之爲也。云顓項代少昊誅九黎，分流其子孫者，《楚語》云顓項受之，是代少昊也。下云遏絶苗民，無世在下，是分流其子孫也。云高辛氏衰又復九黎之惡。堯興，又誅之者，《楚語》注亦云：堯興而誅之。云堯末又在朝，舜承堯又竄之者，《堯典》云：竄三苗於三危是也，云後禹攝位又在洞庭逆命，禹又誅之者。《檀弓》云：舜葬蒼梧之野。注云：舜征三苗而死，因留葬焉。《墨子·兼愛篇》，引《禹誓》曰：蠢兹有苗，用天之罰，若予既率爾羣對諸羣，以征有苗，此禹誅有苗之證也。云民者冥也者，《孝經援神契》文。賈誼《新書·大政篇》云：民之言暝也，萌之言盲也，云故著其惡。《緇衣》疏引鄭注，作後王作，故著其氏。【略】

皇帝哀矜庶戮之不辜，報虐以威。注：戮一作僇，以一作用。遏絶苗民，無世在下。疏：皇者，《釋詁》云：君也。此皇帝，鄭以爲顓項也。《論衡·譴告篇》云：《甫刑》篇曰：報虐用威，威虐，皆惡也。用惡報惡，亂莫甚焉。蓋言民罔不寇賊，民興胥漸，既已惡矣。苗民用威報之也。戮作僇，以作用，蓋今文。遏者，《一切經音義》一引《蒼頡篇》云：遮也。言顓項哀憐衆民被戮之無罪，疾苗民之以暴易暴，因遮絶竄逐之，無令嗣世在下土也。

《周禮·秋官司寇·掌戮》 掌戮，掌斬殺賊諜而搏之。凡殺其親者焚之，殺王之親者辜之，凡殺人者，踣諸市，肆之三日，刑盜于市。

（明）丘濬《大學衍義補》卷一〇五《慎刑憲·明流贖之意》 掌戮，官名。墨者使守門，劓者使守關，宫者使守内，刖者使守囿，髡者使守積。

吴澂曰：黥者，無妨於禁禦，故可守門。截鼻者，不以貌惡遠之，故可守關。宫刑，則人道絶矣，故使守内。斷足者，驅禽獸無急行，故可守囿。貨財藏於隱處，故使髡者守之。

《周禮·秋官司寇·大司寇》 大司寇之職，掌建邦之三典，以佐王刑邦國，詰四方。一曰刑新國用輕典，二曰刑平國用中典，三曰刑亂國用重典。

（明）丘濬《大學衍義補》卷一〇一《慎刑憲·總論制刑之義》 〔大司寇〕以五刑糾萬民。一曰野刑，上功農功也糾力勤力也。二曰軍刑，上命謂將命糾守謂不失部伍。三曰鄉刑，上德謂六德糾孝謂善事父母。四曰官刑，上能謂能其事糾職謂脩其職。五曰國刑，上願愨慎也糾暴暴當作恭，不恭者當糾也。

劉彝曰：刑者，不得已而用之，豈聖人所樂哉。故力不懋則財不生，而野荒民散矣。是野刑不可已也。亂不除則民不安，而民散國離矣，是軍刑不可已也。孝不盡則忠不純，而家破國微矣，是鄉刑不可已也。職不舉則治不成，而政衰俗薄矣，是官刑不可已也。禮不行則中不建，而君弱臣强矣，是國刑不可已也。天地四時者，六官之序。聖人體其序，而化成天下之道也。野、軍、鄉、官、國者五刑之序。聖人不得已而即其序，以措萬民於中和之道也。

臣按：先儒謂以五刑糾萬民者，建六典以爲民極也。是故，六卿各職於其官而建之，使必行於天下。行之使必範於後世者，大司寇正其刑典也。是故，野刑不立則事功不成。功之所以成者，役民以作事。咸赴力以致其力也。野刑之用，專以糾不致力之人，則凡國家之溝涂、隄防、城邑、樹藝，野無不闢而功無不成矣。則是冬官所建之事典，待刑而立也。軍刑不立，則軍令不行。令之所以行者，設民以立政，咸用命以死守也。軍刑之用，專以糾不死守之人。凡國家師旅、茇舍、校閲、征戍，軍無不振，而命無不用矣。則是夏官所建之政典，待刑而立也。孝不盡則德不純，設爲鄉刑以糾不孝之人，則民皆上德而無不孝之子。凡司徒八刑所糾者，孝、友、睦、婣、任恤之行備矣。是教典資於刑也。職不舉則能不見，設爲官刑，以糾不職之人，則吏皆上能，而無不治之職。凡冢宰百官所建者，官聯府史胥徒之職舉矣。是治典有資於刑也。禮典之建，所以和邦國也。國必有禮，禮之所行，以願愨爲上，而不恭則不足以爲禮矣，設爲國刑，專糾夫不恭之人，使之皆願愨爲上焉，是禮典有資於刑也。由是觀之，則刑之爲刑，雖屬於秋官，而五官不得不治焉。蓋治也、教也、政也、禮也、事也，聖人治天下之具也。然所以致其功之立而化之成，舍刑以糾之，安能保其終不怠而久不廢哉。

（宋）王鍵《刑書釋名·周刑》 一曰墨。黥也，割其面，以墨涅之。

二曰劓。截其鼻。

三曰剕。即刖刑也。

四曰宮。淫刑也，男子割其勢，女人則幽閉。

五曰大辟。死罪也，其等有七。一曰斬誅之斧鉞，二曰殺以刀刃棄市，三曰搏去衣磔之也，四曰焚燒殺之也，五曰辜磔之也，六曰踣斃之於市肆也，七曰罄禬之於隱處。

（清）沈家本《歷代刑法考·刑制總考一·周》 五刑，墨、劓、宮、刖、殺。《周禮·秋官·司刑》。圜土，以圜土聚教罷民。凡害人者，寘之圜土而施職事焉，以明刑恥之。其能改過，反于中國，不齒三年。其不能改而出圜者，殺。《大司寇》。凡害人者，弗使冠飾而加明刑焉，任之以事而收教之。能改者，上罪三年而舍，中罪二年而舍，下罪一年而舍。其不能改而出圜土者，殺。雖出，三年不齒。凡圜土之刑人也不虧體，其罰人也不虧財。

嘉石，以嘉石平罷民。凡萬民之有罪而未麗於法而害於州里者，桎梏而坐諸嘉石，役諸司空。重罪旬有三日坐，朞役；其次九日坐，九月役；其次七日坐，七月役；其次五日坐，五月役；其下罪三日坐，三月役。使州里任之，則宥而舍之。《大司寇》。

奴，其奴男子入于罪隸，女子入于舂槀。凡有爵者與七十者與未齔者，皆不爲奴。

斬，斬以鈇鉞，若今要斬。《掌戮》注。

殺，殺以刀刃，若今棄市。同上。

膊、辜，膊謂去衣磔之。辜之言枯也，謂磔之。同上。

焚，凡殺其親者焚之。《掌戮》。

髡，鄭司農云：髡當爲完，謂但居作三年，不虧體者也。玄謂此出五刑之中，而髡者必王之同族不宮者，宮之爲翦其類，髡頭而已。同上。

屋誅，鄭司農云：屋誅謂夷三族。玄謂屋讀爲其刑剭之剭，剭誅謂所殺不於市而以適甸師氏者也。《司烜氏》注。

車轘，誓馭曰車轘。《條狼氏》。

鞭，誓大夫曰敢不關鞭五百，誓師曰三百。同上。

刵，劓刵人。注：刵，截耳，刑之輕者。《康誥》。

疑赦，五刑之疑有赦，五罰之疑有赦。墨辟疑赦，其罰百鍰，閱實其罪；劓辟疑赦，其罰惟倍，閱實其罪；剕辟疑赦，其罰倍差，閱實其罪；宮辟疑赦，其罰六百鍰，閱實其罪；大辟疑赦，其罰千鍰，閱實其罪。《呂刑》。

無餘刑，無有餘之刑，刑者非一也。《費誓》。

磬，公族其有死刑，則磬於甸人。《禮記·文王世子》。

按：三代刑制，周室爲詳，《書》序言訓夏贖刑，《康誥》言師茲殷罰，其所因所損益必非一端，《書》缺有間，今不可考矣。夫刑者，古人不得已而用之，誦《立政》一篇，兢兢以庶獄勿誤爲戒，而終以蘇公之由獄歸之以敬。《呂刑》一篇，惓惓于率乂民彝，而尤以庶威奪貨，以亂無辜爲戒。其哀矜惻怛之意，馬氏《通考》謂千載之下猶使人爲之感動，此可見周家之於刑獄其欽恤明允固無異于唐虞也。典獄非訖于威，後之用刑者其當知此意也夫。

又按：焚、轘二刑，或議其酷，非盛世之事也。竊意此二刑不在五刑之内。轘當是軍中之法，春秋時屢見，必非常刑。焚如之刑，古今罕覩，惟王莽行之，或疑《周禮》一書，劉歆等諂附王莽有所附益于其間，此類皆非原本，不爲無見。

《孟子·梁惠王下》 罪人不孥。

（清）沈家本《歷代刑法考·刑制總考二·秦》 夷三族，《史記·秦本紀》：文公二十年，法初有三族之罪。武公三年，誅三父等而夷三族。

士伍，《秦本紀》：武安君白起有罪，爲士伍，遷陰密。《集解》：如淳曰：嘗有爵而以罪奪爵，皆稱士伍。

斬，《始皇本紀》：八年，王弟長安君成蟜將軍擊趙，反，死屯留，軍吏皆斬，遷其民於臨洮。將軍壁死，卒屯留蒲鶮反，戮其屍。

遷，見上。

戮屍，見上。

梟首，《始皇本紀》：長信侯毐作亂而覺，矯王御璽及太后璽以發縣卒及衛卒、官騎、戎翟君公、舍人，將欲攻蘄年宮爲亂。王知之，令相國昌平君、昌文君發卒攻毐。戰咸陽，斬首數百，盡得毐等，衛尉竭、內史肆、佐弋竭、中大夫令齊等二十人，皆梟首，車裂以徇，滅其宗。及其舍人，輕者爲鬼薪，及奪爵遷蜀四千餘家，家房陵。

車裂，見上。又《商君傳》：秦惠王車裂商君以徇。

鬼薪，見上。

奪爵遷，《始皇本紀》：文信侯不韋死，竊葬。其舍人臨者，晋人也，逐出之；秦人六百石以上奪爵，遷；五百石以下不臨，遷，勿奪爵。自今以來，操國事不道如嫪毐、不韋者，籍其門，視此。《索隱》：謂籍没其一門皆爲徒隸。《正義》：籍録其子孫，禁不得仕宦。

籍其門，見上。

棄市，《始皇本紀》：有敢偶語《詩》、《書》者，棄市。以古非今者族。吏見知不舉者與同罪。令下三十日不燒，黥爲城旦。

族，見上。

與同罪，見上。

城旦，見上。

具五刑，《史記·李斯傳》：二世二年七月，具斯五刑，論腰斬咸陽市。

腰斬，見上。又見下。

相收司連坐，《史記·商君傳》：卒定變法之令。令民爲什伍，而相收司連坐。不告姦者腰斬，告姦者與斬敵首同賞，(隱)〔匿〕姦者與降敵同罰。民有二男以上不分異者，倍其賦。有軍功者，各以率受上爵；爲私鬬者，各以輕重被刑大小。僇力本業，耕織致粟帛多者，復其身。事末利及怠而貧者，舉以爲收孥。於是太子犯法，刑其傅公子虔，黥其師公孫賈。四年，公子虔又犯約，劓之。商君亡至關下，欲舍客舍。客人不知其是商君也，曰：商君之法，舍人無驗者坐之。

同罰、收孥，見上。

黥、劓，見上。

舍人無驗者坐之，見上。

鑿顛抽脅鑊亨，《漢書·刑法志》：秦用商鞅，增加肉刑、大辟，有鑿顛、抽脅、鑊亨之刑。

體解，《通典》：後又體解荆軻。

磔，《通考》：十公主磔死於社。

蒺藜，《説苑》：秦始皇取太后，遷之咸陽宮，下令曰：以太后事諫者，戮而殺之，蒺藜其脊。

按：秦自商鞅變法修刑，唐虞欽恤之風久已歇絶，迨始皇兼併列國，剛戾自用，以爲自古莫〔及〕己若。《本紀》載侯生、盧生之言曰：上樂以刑殺爲威，天下畏罪持禄，莫敢盡忠。上不聞過而日驕，下懾伏謾欺以取容。班固《刑法志》之言曰：秦始皇兼吞戰國，遂毁先王之法，滅禮誼之官，專任刑罰，躬操文墨，晝斷獄，夜理書，自程決事，日縣石之一。而姦邪並生，赭衣塞路，囹圄成市，天下愁怨，潰而叛之。觀於斯言，則重刑之往事大可鑒矣，世之用刑者，慎勿若秦之以刑殺爲威，而深體唐虞欽恤之意也。

《漢書》卷二三《刑法志》〔文帝〕即位十三年，齊太倉令淳于公有罪當刑，詔獄逮繫長安。淳于公無男，有五女，當行會逮，罵其女曰：生子不生男，緩急非有益也！其少女緹縈，自傷悲泣，乃隨其父至長安，上書曰：妾父爲吏，齊中皆稱其廉平，今坐法當刑。妾傷夫死者不可復生，刑者不可復屬，雖後欲改過自新，其道亡繇也。妾願没入爲官婢，以贖父刑罪，使得自新。書奏天子，天子憐悲其意，遂下令曰：制詔御史：蓋聞有虞氏之時，畫衣冠異章服以爲戮，而民弗犯，何治之至也！今法有肉刑三，孟康曰：黥、劓二，刖左右止合一，凡三也。而姦不止，其咎安在？非乃朕德之薄，而教不明與！師古曰：與讀曰歟。吾甚自愧。故夫訓道不純而愚民陷焉。師古曰：道讀曰導。《詩》曰：愷弟君子，民之父母。今人有過，教未施而刑已加焉，或欲改行爲善，而道亡繇至，朕甚憐之。夫刑至斷支體，刻肌膚，終身不息，師古曰：息，生也。何其刑之痛而不德也！豈稱爲民父母之意哉？其除肉刑，有以易之；及令罪人各以輕重，不亡逃，有年而免。孟康曰：其不逃亡者，滿其年數，得免爲庶人。具爲令。師古曰：使更爲條制。丞相張蒼、御史大夫馮敬奏言：肉刑所以禁姦，所由來者久矣。陛下下明詔，憐萬民之一有過被刑者終身不息，及罪人欲改行爲善而道亡繇至，於盛德，臣等所不及也。臣謹議請定律曰：諸當完者，完爲城旦舂，瓚曰：文帝除肉刑，皆有以易之，故以完易髡，以笞代劓，以釱左右止代刖。今既曰完矣，不復云以完代也。此當云髡者完也。當黥者，髡鉗爲城旦舂；當劓者，笞三百；當斬左止者，笞五百；當斬右止，及殺人先自告，及吏坐受賕枉法，守縣官財物而即盜之，已論命復有笞罪者，皆棄市。李奇曰：命，逃亡也。復於論命中有罪也。晉灼曰：命者，名也，成其罪也。師古曰：止，足也。當斬右足者；以其罪次重，故從棄市也。殺人先自告，謂殺人而自首，得免罪者也。吏受賕枉法，謂曲公法而受賂者也。守縣官財物而即盜之，即今律所謂主守自盜者也。殺人害重，受賕盜物，贓汙之身，故此三罪已被論名而又犯笞，亦皆棄市也。今流俗書本笞三百笞五百之上及劓者之下有籍笞字，復有笞罪亦云復有籍笞罪，皆後人妄加耳，舊本無也。罪人獄已決，完爲城旦舂，滿三歲爲鬼薪白粲。鬼薪白粲一歲，爲隸臣妾。隸臣妾一歲，免爲庶人。師古曰：男子爲隸臣，女子爲隸妾。鬼薪白粲滿一歲爲隸臣，一歲免爲庶人。隸妾亦然也。隸臣妾滿二歲，爲司寇。司寇一歲，及作如司寇二歲，皆免爲庶人。如淳曰：罪降爲司寇，故一歲，正司寇，故二歲也。其亡逃及有罪耐以上，不用此令。師古曰：於本罪中又重犯者也。前令之刑城旦舂歲而非禁錮者，如完爲城旦舂歲數以免。李奇曰：謂文帝作此令之前有刑者。臣昧死請。制曰可。

（宋）吴仁傑《兩漢刊誤補遺》卷二《督之》 二千石遺都吏循行不稱者督之。師古曰：督，謂察視，責罰也。《丙吉傳》：坐養皇曾孫不謹，督笞。師古曰督謂察視之仁傑，按督有兩義。《西域傳》：督察烏孫康居諸外國，此用督察為義。晉令曰：應受杖而體有瘡者，督之。此蓋決罰之名。顏注：《丙吉傳》但云：察，視非也。于文紀亦知其為責罰，復兼察視。為言持兩端，何哉？《隋志》載梁杖督之制云：督罰，大罪無過五十、三十，小者二十。宇文周定五刑曰：杖、鞭、徒、流、死。徒流之制，鞭笞並用者，笞者，笞其臀，鞭者，鞭其背。魏明帝改罰金之令，婦人加笞者，從督例以其露形體也。隋去鞭刑，謂鞭之為用，殘剥膚體。前世鞭笞之刑，蓋如此。而杖督在鞭笞之外，比之為輕，笞用竹，鞭用生熟革，而杖則用荆而已。鞭至殘肌膚，笞至露形體，而杖督則不至此，殆書所謂扑刑，而宋子罕親執以扶築者，幾是耶。然則督為決罰之名，由漢以來，用之梁陳猶爾也。唐因隋舊，凡督罰鞭杖之制，併廢不用。顏氏有不及知，故言督以察視為義而已。《說文》督豛二文同篤音，督，察也，豛，擊物也。蓋古字少，故即以督為豛。

（宋）王鍵《刑書釋名·漢刑》 一曰笞。箠也，文帝以代肉刑，景帝自五百減至二百。

二曰耏。謂罪不至髡，完其耏，鬢止去其頰毛，二歲刑役。

三曰完。謂不加以肉刑，而髡□謂城旦舂，四歲刑也。

四曰髡。孝文時律當黥者，髡鉗爲城旦舂。

五曰死。有三等。一曰棄市，謂當斬右趾及殺人者。二曰磔，謂戮而張屍於市也。三曰三族，謂誅及三族也。

（元）方回《續古今攷》卷三八《漢刑法志攷·國語大刑用兵甲班固志兼論軍與刑》 紫陽方氏曰：《國語》大刑用甲兵，其次斧鉞至鞭朴。班固《漢書·刑法志》聖人因天秩而制五禮。師古曰：吉、凶、軍、賓、嘉，因天討而作五刑。今先書《舜典》五刑一字之始，而後書班固及他說。流宥五刑，此《舜典》五刑二字之始也。次命皐陶，汝作士，五刑有服。孔注始曰：五刑，墨、劓、剕、宮、大辟。班所謂五刑不同《漢書》注，不同大刑，用甲兵。張晏曰：以師誅暴亂，其次用斧鉞。韋昭曰：斬，刑也。中刑用刀鋸。韋昭曰：刀割刑鋸。刖刑也。其次用鑽鑿。韋昭曰：鑽髕刑也。鑿，黥刑也。師古曰：鑽，鑽去其髕骨也。鑽，音子端反。髕，音頻忍反。薄刑鞭扑。師古曰：扑，杖也，音普卜反。本書未明，大者陳諸原野。師古曰：謂征討所殺也，小者致之市朝。應邵曰：大夫以上尸諸朝，士以下尸諸市，右五刑二字，別更有不同，見後。

（清）薛允升《漢律輯存·尚書》 俞正變《癸巳類稿》：怙終賊刑解。枚采馬王則云：賊殺也。怙姦自終，當刑殺之。其言甚陋，殺怙終之人，豈當自名爲賊？宋范鎮云：舜五刑：流也，官也，教也，贖也，賊也。贖豈得謂之刑？刑豈可謂之賊？又云：流宥五刑者，舜制五流以宥三苗之劓、刖、腓、宮、大辟也。按苗民淫爲劓刵椓黥，見於《呂刑》。其作五虐之刑，乃依古作法虐用以制民，不得謂刖、腓、宮、大辟苗制，而舜宥之。蓋怙終賊刑者，怙恃姦詐之人，終行不改之人，殺人不忌之人，不在宥贖之列，當刑之。《左傳》昭公十四年，叔向云：已惡而掠美爲昏，貪以敗官爲墨，殺人不忌爲賊。《夏書》曰：昏墨賊殺，皋陶之刑也。賊即叔向所引之賊，刑即叔向所引之殺，不當以賊殺連文生義也。

（清）薛允升《漢律輯存·周禮》 司刑，掌五刑之灋，【略】宮罪五百。宮者，丈夫則割其勢，女子閉於宮中，若今宦男女也。《書傳》曰：決關梁，踰城郭，而略盜者，其刑臏；男女不以義交者，其刑宮；觸易君命，革輿服制度，姦軌盗攘傷人者，其刑劓；非事而事之，出入不以道義，而誦不詳之辭者，其刑墨；降畔寇賊，劫略奪攘撟虔者，其刑死。此二千五百罪之目略也，其刑書則亡。注：鄭司農云：漢孝文帝十三年，除肉刑。疏云：所赦者唯赦墨劓與刖三者，其宮刑至隋乃赦也。《尚書正義》曰：漢除肉刑，除墨、劓、剕耳。宮刑猶在，大隋開皇之初，始除男子宮刑，婦人猶閉於宮。

崔浩《漢律序》曰：文帝除肉刑，而宮不易。張斐律注云：以淫亂人族序，故不易也。棟案：《漢書》鼂錯對策曰：除去陰刑。張晏曰：宮刑也。則漢文亦除宮刑矣。或後仍復之。賈、孔之説，蓋本崔、張。

則以五刑之灋詔刑罰。注：詔刑罰者，處其所應不，如今律家所署法矣。

（清）薛允升《漢律輯存・周禮》 司圜，凡害人者，弗使冠飾，任之以事。鄭司農云：若今時罰作矣。孔廣森《禮學巵言》：《漢書音義》，蘇林曰：一歲爲罰作，二歲刑以上爲耐。《玉海》：《史記馮唐傳》：云中守魏尚，削其爵，罰作之。鄭司農云：圜謂圜土也。圜土謂獄城也。今獄城圜。《春秋元命苞》曰：爲獄圜者，象斗運。宋均注云：作獄圜者，象斗運也。

惠士奇《禮説》：司圜，掌收教罷民。凡害人者，弗使冠飾，而加明刑焉。康成謂：著墨幪，蓋古之象刑。《尚書大傳》曰：唐虞象刑，上刑赭衣不純純緣也，中刑雜屨，下刑墨幪，以居州里，而民恥之。謂出圜土。居州里，民猶恥之，司圜職所謂雖出三年不齒者也。《慎子》曰：有虞之誅，以幪巾當墨，以草纓當劓，以菲履當刖，以艾鞸當宮，布衣無領當大辟，斬人肢體鑿其肌膚，謂之刑；畫衣冠，異章服，謂之戮。然則唐虞之象刑，即司圜之明刑。任之以事而收教之，又異其章服以恥之。罷民猶罷士，亦曰惰游。《玉藻》云：垂緌五寸，惰游之士。玄冠縞武，不齒之服。蓋出圜土之罷民，所謂三年不齒者，則冠垂長緌；當其未出，則著墨幪焉。而《慎子》謂以幪巾當墨，則又不然。罷民役之司空，猶漢之城旦，黥面曰墨，墨而役之者黥爲城旦，不墨而役之者完爲城旦。著墨幪者蓋完爲城旦者也。當黥者墨其額，不當黥者蓋墨其巾而已，非謂廢墨辠而以幪巾當之也。《荀子》不知其義，乃曰象刑起於亂今，悖矣。國以恥爲維，人以恥爲大，有恥而格爲良士，無恥而免爲幸民，故德道禮齊，象刑乃作。惰游之士，沉浮民間，害於州里，所謂無業之人，嗜酤酒，好謳歌，巷游而鄉居者，而其辠未麗於五刑。康成謂：書其辠惡於大方版，著其背必不然矣。雖害於人，無大辠惡，不昏作勞，有似乎罷，於是坐之嘉石，入之圜土，役之辱事，以勞苦其體。墨其巾，長其緌，縞其武，服之以不齒之服，以發其羞恥之心。如是三年而猶不敢，則殺之無赦。故曰不能改而出圜土者殺。一説出者解脱而出。漢律諸囚徒私解桎梏鉗赭，加罪一等；爲人解脱，與同罪。故義縱爲定襄太守，凡獄中重罪，有私人相視者，盡以爲解脱而殺之，則是不能改而出圜土者，漢律之所謂解脱也。然甯成抵罪髠鉗，解脱亡去，宴然家居，則漢律雖嚴，輕罪解脱者不殺，號爲網漏吞舟之魚。古律罷民罪輕，出圜土者殺，則象刑較漢律而尤嚴矣。先王以九職任萬民，欲使天下無一人無業，此象刑之所由作也。刑不虧體，罰不虧財，以爲如是可以止矣。不然罷馬不畏鞭，罷民不畏法，雖增而累之，其無益乎。賈山曰：陛下即位，赦辠人，憐其亡髮，賜之巾；憐其衣赭，書其背；父子兄弟相見也，而賜之衣。然則著背之明刑起於秦漢也。亡髮者賜巾，是髠者得加冠飾矣，蓋漢律之輕於古者如此。後漢鄚令邵諳事梁冀，有同歲生得辠於冀，亡奔邵，邵陽納而陰告冀，冀捕殺之。邵當遷爲郡守，而其母死，乃埋尸馬屋，先受官而後發喪，及冀誅，而河南尹李燮遇邵於塗，使卒投車溝中，笞捶亂下，大署帛於其背曰：諂貴賣友，貪官埋母。乃具表其狀，遂廢錮終身，此康成所謂書其辠惡於背者也，然則漢之人衣赭者皆書背矣。

（清）杜貴墀《漢律輯證》卷一 楬頭明書其罪法。《秋官・司烜氏》：若屋誅則爲明竁焉。注引漢法，疏云明用刑以板書其姓名，及罪著於身。又職金楬而璽之。注既楬書揃其數量，又以印封之。今時之書有所表識，謂之楬櫫。疏云：楬即令之板揃，即今之録記文書，謂以板記録量數多少並善惡。按《諸葛豐傳》故常願損一旦之命不待時而斷姦臣之首縣於都市，編書其罪使四方明知爲惡之罰。《何並傳》並心自知已失林卿，迺曰王君困自稱奴得脱死邪，叱吏斷頭持還縣所剝鼓置都亭下，署曰故侍中王林卿坐殺人埋冢舍使奴剝寺門鼓，此鄭注楬頭明書罪法爲漢法之證。《李固傳》大書帛於其背。惠棟《後漢書補注》賈山云，衣赭衣書其背，漢之罪人如此。按賈山至言云，憐其亡髮賜之巾，憐其衣赭書其背，玩其文義當是以書背代赭。

（清）杜貴墀《漢律輯證》卷一 望後利日。《秋官・鄉士》：協日刑殺。注，協合也，和也。和合支幹善日，若今時望後利日。疏云：月大則十五日爲望，月小則十六日爲望，利日即合刑殺之日，是也。

（清）張鵬一《漢律類纂・具律・刑制》 死刑二：斬首、要斬。

案，漢初死刑有梟首葅骨具五刑之名，其後不多見。文帝除肉刑，腐刑仍在。景武以來，又以腐刑代死罪。隋文帝始除腐刑，而宮禁猶用宦官，殊非君子不禁刑人之義，宜後世宦寺之禍相接踵也。

又案，文帝十三年，太倉令少女緹縈上書，請身贖父刑，帝因下詔議除肉刑。此誠古今刑律一大關繫，惜張蒼馮敬，狃於秦法，加笞增科，不能博考經義，詳定刑制，以紓民命也。考《舜典》五刑，曰流，曰鞭，曰朴，曰贖，曰賊。范蜀公《正書》實主其説，見《困學記聞》二。胡宏《皇王大紀》本之，而以墨劓剕宮大辟爲賊刑之目，則惑於成説，莫知折衷故也。夫劓刵椓黥，《呂刑》以爲三苗淫刑，舜討三苗而殺之，豈反襲用其刑，此斷斷不然矣。三代之刑可考者，《伊訓》言墨，《盤庚》《康誥》言劓刵。然墨刑較輕，後世多沿用。劓刵則殘人肢體，故武王以戒康叔。至《周禮・司刑》及《呂刑》所贖之五刑，當亦上古淫刑，時相因襲，至穆王始悟其非，故聖人録之以示意，其罰鍰之制，亦即舜除苗民淫刑後所制之金作贖刑。後世訾之，亦已過矣。文帝以髡鉗代黥，以笞代斬趾，可謂知恤刑之義。然漢世以加笞與重罪無異，不輕用之，故減死一等，即入髡鉗。自隋以笞杖徒流死定五刑，後世遵之。小罪用笞，吏因之作威福，則與漢世笞刑迥異矣。

鉗以鐵爲之，在頸曰鉗，在足曰釱。鉗重二斤，翅長一尺五寸。《高紀》，九年注：鉗以鐵束頸也。晉律鉗重二斤，翅長一尺五寸。後書光武二十二年紀注引律。《史紀・平準書》注釱音弟，狀如跟，著足下重下六斤，以代刖。《晉刑法志》魏以乏鐵故易以木。

笞者。箠長五尺，其本大寸，其竹也，末薄半寸。皆平其節，當笞者笞臀。毋得更人，畢一罪，乃更人。《刑法志》《箠令》《令丙》掠者唯得榜擊也笞立。《章紀》元相三年詔引律。案掠者句當有脱誤。大抵謂刑訊事。

（清）沈家本《歷代刑法考・刑制總考二・漢》 殺人者死傷人及盜抵罪，《史記・高祖本紀》：與父老約法三章耳：殺人者死，傷人及盜抵罪。集解應劭曰：抵，至也，又當也。除秦酷政，但至於罪也。李斐曰：傷人有曲直，盜臧有多少，罪名不可豫定，故凡言抵罪，未知抵何罪也。索隱韋昭云：抵，當也。謂使各當其罪。

夷三族，《漢書・刑法志》：漢興之初，雖有約法三章，網漏吞舟之魚，然其大辟，尚有夷三族之令。令曰：當三族者，皆先黥，劓，斬左右止，笞殺之，梟其首，菹其骨肉於市。其誹謗詈詛者，又先斷舌。故謂之具五刑。彭越、韓信之屬皆受此誅。至高后元年，乃除三族罪。

要斬，《周禮・掌戮》鄭注：斬以鈇鉞，若今要斬也。殺以刀刃，若今棄市也。

棄市，見上。

梟首，《漢書・高紀》：梟故塞王欣頭櫟陽市。又《薛宣傳》：況宣子梟首於市。

磔，《漢書・景紀》：中二年，改磔曰棄市，勿復磔。注：師古曰：磔謂張其屍也。

肉刑，文帝十三年，除肉刑。

宮刑，《景紀》：死罪欲腐者，許之。注：如淳曰：腐，宮刑也。丈夫割勢，不復能生子，如腐〔木〕不生實。文帝除宮刑見《景紀》元年詔。

城旦舂，《惠紀》上造以上及內外公孫、耳孫，有罪當刑及當爲城旦舂者，皆耐爲鬼薪、白粲。民年七十以上若不滿十歲有罪當刑者，皆完之。

耐，見上。

鬼薪白粲，見上。

完，見上。

髡鉗，《高紀》注：師古曰：鉗，以鐵束頸也。

罰作，見上。

笞，《刑法志》：文帝十三年，除肉刑。定律曰：諸當完者，完爲城旦舂；當黥者，髡鉗爲城旦舂；當劓者，笞三百；當斬左止者，笞五百；當斬右止，及殺人先自告，及吏坐受賕枉法，守縣官財物而即盜之，已論命復有笞罪者，皆棄市。李奇曰：命，逃亡也。復於論命中有罪也。罪人獄已決，完爲城旦舂，滿三歲爲鬼薪、白粲。鬼薪、白粲一歲，爲隸臣、妾。隸臣、妾一歲，免爲庶人。隸臣、妾滿二歲，爲司寇。司寇一歲，及作如司寇二歲，皆免爲庶人。其亡逃及有罪耐以上，不用此令。前令之刑城旦舂歲而非禁錮者，如完爲城旦舂歲數以免。景帝元年定律：笞五百曰三百，笞三百曰二百。中六年，減笞三百曰二百，笞二百曰一百。

女徒復作，《宣紀》注：李奇曰：復作者，女徒也。謂輕罪，男子守邊一歲，女子軟弱不任守，復令作於官，亦一歲，故謂之復作徒也。孟康曰：復音服，謂弛刑徒也，有赦令詔書去其鉗釱赭衣。更犯事，不從徒加，與民爲例，故當復爲官作，滿其本罪年月日，律名爲復作也。

顧山，《平紀》：元始元年，天下女徒已論，歸家，顧山錢月三百。注：如淳曰：已論者，罪已定也。令甲，女子犯罪，作如徒六月，顧山遣歸。説以爲當於山伐木，聽使入錢顧功直，故謂之顧山。應劭曰：舊刑鬼薪，取薪於山以給宗廟，今使女徒出錢顧薪，故曰顧山也。師古曰：

如說近之。謂女徒論罪已定，並放歸家，不親役之，但令一月出錢三百，以顧人也。爲此恩者，所以行太皇太后之德，施惠〔政〕於婦人。

司寇，見上。

輸作，《後漢書·和紀》：永元元年冬十月，令郡國弛刑輸作軍營。《韋彪傳》：坐論輸左校。注：左校，署名，屬將作也。《龐參傳》：坐法輸作若盧。注：若盧，獄名。

按：輸作，蓋罰作之別，其但曰輸者，省文也。

流徙，《後書·桓紀》。詳遷。

徙詳徙。遷詳遷。

按：漢之遷徙，本不稱流，其以流徙連稱者，乃文法偶然用之耳。

鞭詳鞭。

（宋）王鍵《刑書釋名·魏刑》 一曰贖。有十一等。二曰罰金。有六等。三曰雜抵辠。有七等。四曰作。居役也，有四等。五曰完。有三等。六曰髡。有四等。七曰死。有三等。

（清）沈家本《歷代刑法考·刑制總考二·魏》 死刑三，《晉志》下並同。

髡刑四。

完刑作刑各三。

贖刑十一。

罰金六。

雜抵罪七。

《晉書·刑法志》依古義制爲五刑。其死刑有三，髡刑有四，完刑、作刑各三，贖刑十一，罰金六，雜抵罪七，凡三十七名。至於謀反大逆，臨時捕之，或汙瀦，或梟菹，夷其三族，不在律令，所以嚴絶惡迹也。

五歲刑，《魏志·文紀》：黄初五年八月，幸壽春。揚州界將吏士民，犯五歲刑已下，皆原除之。《晉志》：魏法：毆兄姊加至五歲刑。

按：漢無五歲刑，據此文是魏有五歲刑也。《王淩傳》：爲發干長，太祖辟爲丞相掾屬。注：《魏略》曰：淩爲長，遇事，髡刑五歲，當道掃除。時太祖車過，問此何徒，左右以狀對。太祖曰：此子師兄子也，所坐亦公耳。於是主者選爲驍騎主簿。計其時，在建安中，是漢末已有五歲刑矣。何年所定，無可考。晉以後並承用之。

鈦左右趾易以木械，《晉志》：定甲子科，犯鈦左右趾者易以木械。是時乏鐵，故易以木焉。又嫌漢律太重，故令依律論者聽得科半，使從半減也。

依律論者聽得科半，見上。

怨毒殺不減死，《晉志》：魏文帝受禪，時有大女劉朱，撾子婦酷暴，前後三婦自殺，論朱〔朱〕減死輸作尚方，因是下怨毒殺人減死之令。《通考》：按所謂怨毒殺人者，蓋行兇之人遭被殺之人苦毒，故不勝其怨憤起而殺之。今劉朱之事，史不言子婦有悖逆其姑之跡，則非怨毒殺人也。要之姑撾其婦，婦因撾而自殺，非姑手殺之，則可以免死，但以爲怨毒，則史文不明，未見其可坐以此律耳。

按：此段史文不詳，馬氏之説，仍是未明。竊疑劉朱施苦毒而子婦自殺，得以減死，故受苦毒而怨憤殺人者亦得減死論，事實相因，故著於此，非謂劉朱之事爲怨毒殺人也。

以罰代金，《晉志》：魏明帝改士庶罰金之令，男聽以罰代。代字依《通典》、《通考》補。金，婦人如如字《通典》、《通考》作加。笞還從鞭督之例，以其形體裸露故也。

按：今本《晉志》脱一代字，遂不可解，故據《通典》、《通考》補正。鞭督之例未詳，觀形體裸露語，是笞者必露形體，而鞭則不爾也。

鞭督，見上。

汙瀦、梟菹、夷三族，並見上。

剖棺暴尸詳戮尸。

受賕輕重法，《晉志》：律文煩廣，事比衆多，離本依末，決獄之吏如廷尉獄吏范洪受囚絹二丈，附輕法論之，獄吏劉象受屬偏考囚張茂物，附重法論之。洪、象雖皆棄市，而輕枉者相繼。

按：洪、象二事，情有輕重，當時分別附輕重法，未爲失也。惟情分輕重而罪同棄市，魏法若何，不可詳矣。

妄相告，《魏書·文紀》：黄初五年正月，初令謀反大逆乃得相告，其餘皆勿聽治；敢妄相告，以其罪罪之。

復讎，又黄初四年，詔曰：喪亂以來，兵革未戢，天下之人，互相殘殺。今海内初定，敢有私復讎者，皆族之。

減等，黄初元年，是歲長水校尉戴陵諫不宜數行弋獵，帝大怒；陵減死一等。

乞恩，又四年，詔曰：有虞氏畫象而民弗犯，周人刑錯而不用。朕從百王之末，追望上世之風，邈乎！何相去之遠？法令滋章，犯者彌多，刑罰愈衆，而姦不可止。往者按大辟之條，多所蠲除，思濟生民之命，此朕之至意也。而郡國（蔽）〔斃〕獄，一歲之中尚過數百，豈朕訓導不醇，俾民輕罪，將苛法猶存，爲之陷穽乎？有司其議獄緩死，務從寬簡。及乞恩者，或辭未出而獄以報斷，非所以究理盡情也。其令廷尉及天下獄官，諸有死罪具獄以定，非謀反及手殺人，亟語其親治，有乞恩者，使與奏當文書俱上，朕將思所以全之。其布告天下，使明朕意。

没財産，《高柔傳》：是時，殺禁地鹿者身死，財産没官。

官奴婢，又：護軍營士竇禮近出不還，營以爲亡，表言逐捕，没其妻盈及男女爲官奴婢。

按：曹魏刑制，史舉其綱而未詳其目。其死刑三，以晋制考之，梟首也，斬也，棄市也。晋承魏《志》也。髡刑有釱左右趾，完刑，作刑，自五歲刑以下凡五，餘不詳也。觀於序略之文，亦云詳慎矣。明帝時有減鞭杖之令，乞恩之詔，其於用刑非無矜恤之意，特爾時宫室盛興，而期會迫急，帝親召問，言猶在口，身首已分。又有殺禁地鹿抵死之法，豈議刑則明而用刑則昧歟？

（元）徐元瑞《吏學指南·五刑·魏刑》 贖，有十一等。罰金，有六等。雜抵罪，有七等。作，居役也，有四等。完，有三等。髡，有四等。死，有三等。

（清）沈家本《歷代刑法考·刑制總考二·蜀》 夷三族，《蜀志·魏延傳》：延獨與其子數人逃亡，奔漢中。儀遣馬岱追斬之，遂夷延三族。

棄市，《劉琰傳》：琰妻胡氏入賀太后，太后令特留胡氏，經月乃出。胡氏有美色，琰疑其與後主有私，呼（卒）五百撾胡，至於以履搏面，而後棄遣。胡具以告言琰，琰坐下獄。有司議曰：卒非撾妻之人，面非受履之地。琰竟棄市。

徙，《廖立傳》：徙汶山郡。《李嚴傳》徙梓潼郡。《楊儀傳》：徙漢嘉郡。

按：蜀繼漢後，當用漢法。陳壽志傳所見甚希，無以考之。《馬謖傳》云下獄物故，而《諸葛亮傳》云戮謖以謝衆。則謖非良死，蓋即考竟之法也。

（清）沈家本《歷代刑法考·刑制總考二·吴》 夷三族，《吴志·孫權傳》：赤烏八年秋七月，將軍馬茂等圖逆，夷三族。

按：吴時三族之夷屢見，步闡及同計數十人，《孫皓傳》。奚熙，同上。吕據，《吕範傳》。張震、朱恩等，《諸葛恪傳》。滕胤，《孫綝傳》。孫綝，《綝傳》。濮陽興、張布，《興傳》。張俊。《孫奮傳》。

族誅，《孫和傳》：權欲廢和立亮，無難督陳正、五營督陳象上書，稱引晋獻公殺申生，立奚齊，晋國擾亂，又據、晃固諫不止。權大怒，族誅正、象，據、晃牽入殿，杖一百。

按：據，朱據；晃，屈晃。

廷杖，見上。

按：此即後來之廷杖。

車裂，《孫奮傳》：豫章太守張俊車裂，夷三族。《孫皓傳》注：孫假父子俱見車裂。

罰金，《齊語》：小罪讁以金分。韋昭注：今之罰金是也。

按：韋昭，吴人，所云今者，當指吴時。

徙，《虞翻傳》：權積怒非一，遂徙翻交州。

禁固，《孫匡傳》注：《江表傳》曰：曹休出洞口，吕範率軍禦之。時匡爲定武中郎將遣範，令放火，燒損茅芒，以乏軍用，範即啓送匡還吴。權别其族爲丁（氏），禁固終身。

減等，《孫權傳》：嘉禾六年，孟宗喪母奔赴，已而自拘於武昌以聽刑。陸遜陳其素行，因爲之請，權乃減宗一等。

髡、鞭，《孫亮傳》注：《江表傳》曰：亮使黄門以銀椀并蓋就中藏吏取交州所獻甘蔗餳。黄門先恨藏吏，以鼠矢投餳中，啓言藏吏不謹。亮呼吏持餳器入，問曰：此器既蓋之，且有掩覆，無緣有此，黄門將有恨於汝耶？吏叩頭曰：嘗從某求宫中莞席，宫席有數，不敢與。亮曰：必是此也。覆問黄門，具首伏。即於目前加髡，鞭，斥付外署。

鋸頭，《孫晧傳》：鳳皇二年，晧愛妾或使人至市劫奪百姓財物，司市中郎將陳聲，素晧幸臣也，恃晧寵遇，繩之以法。妾以愬晧，晧大怒，假他事燒鋸斷聲頭，投其身於四望之下。

剥面，鑿眼，刖足，《孫晧傳》：又激水入宮，宮人有不合意者，輒殺流之。或剥人之面，或鑿人之眼。注：吴平後，晋侍中庾峻等問晧侍中李仁曰：聞吴主披人面，刖人足，有諸乎？仁曰：以告者過也。

官奴

按：吴之刑制見於諸《傳》者如此，大約承漢之舊法，未之有改。孫權果於殺戮，雖陸遜勸以施德緩刑，張昭諷其刑罰微重，終未悛改。迨至峻、綝竊政，屠戮忠良，晧尤昏暴，至于剥面鑿眼，聞于鄰國，不亡何待？

（宋）王鍵《刑書釋名・晋刑》 一曰輸贖。用金絹贖罪也。二曰髠作。三曰棄市。四曰斬。五曰梟首。

（元）徐元瑞《吏學指南・五刑・晋刑》 輸贖，用金絹贖罪也。髠作，詳見漢刑。棄市，詳見肉刑。斬，詳見周刑。梟首，詳見肉刑。

（清）沈家本《歷代刑法考・刑制總考二・晋》 死刑三。

耐罪四。

贖罪五。

《唐六典》：晋刑名之制：大辟之刑有三：一曰梟，二曰斬，三曰棄市。髠刑有四，一曰髠鉗，五歲刑，笞二百；二曰四歲刑；三曰三歲刑；四曰二歲刑。贖死金二斤，贖五歲刑金一斤十二兩，四歲、三歲、二歲各以四兩爲差。又有雜抵罪，罰金十二兩、八兩、四兩、二兩、一兩之差。棄市以上爲死罪，二歲刑以上爲耐罪，罰金一兩以上爲贖罪。

按：梟、斬、棄市，《晋志》所謂死刑不過三也。髠四，贖五，雜抵五，《晋志》所謂生刑不過十四等也。《六典》稱一兩以上爲贖罪，是并贖、罰爲一。然贖是贖，罰是罰，實二事也。《晋志》言金等不過四兩，謂贖死以下並以四兩爲一等之差，雜抵罪輕則有不及四兩者。

雜抵罪，見上。

按：此即罰金也。

加作，諸重犯亡者，髮過三寸輒重髠之，加作一歲。《晋志》劉頌疏。

鞭詳鞭。

按：晋律督罪五十以下鞭如令，若今之笞以五十爲限。

絞，《晋志》：周顗等復肉刑議：截頭絞頸，尚不能禁。

按：漢之斬，要斬也；棄市，斬首也。惟《史記・索隱》以棄市爲絞罪，與鄭氏《周禮》不合。據周顗等語，是晋時棄市已爲絞罪，其斬曰截頭，亦非要斬矣。此制何時所改，史未詳。

族，《晋志》：裴頠表稱：雖陵兆尊嚴，唯毁廢然後族之，此古典也。若登踐犯損，失盡敬之道，事止刑罪可也。去八年，奴聽教加誣周龍燒草，廷尉遂奏族龍，一門八口并命。會龍獄翻，然後得免。考之情理，準之前訓，所處實重。《懷紀》：永嘉元年，除三族刑。《明紀》：太甯三年，復三族刑，惟不及婦人。

《通考》：庾翼言：大較江東之政，以嫗煦豪强，常爲民蠹，時有刑法，輒施之寒劣。按史稱元帝好刑名，郭璞復有繁刑之諫，《璞傳》載全疏數百言，然指陳實事，不過言建興四年，督運令史淳于伯刑于市，而血逆上流，以爲冤酷之異。蓋自江左中興以來，姑息立國，北征大事，以乏興殺一督運，未爲過也。而當時冤之，史氏書之，以爲淫刑。嗣時之後，習爲寬弛，劉隗、刁協、庾亮稍欲濟以綜核，而召變稔禍矣。

按：晋之刑制，成于泰始，觀張斐《律注》所言，是修律諸人討論頗爲詳審，故當日衆以爲便，而馬氏以寬弛譏之，此非法之過而用法者之過也。即如淳于伯之獄，司直劉隗奏曰：謹按行督運令史淳于伯刑，血著柱，遂逆上終極柱末二丈三尺，旋復下流四尺五寸。百姓諠譁，士女縱觀，咸曰其冤。伯息忠訴辭稱枉，云伯督運訖去二月，事畢代還，無有稽乏。受賕使［役］，罪不及死。軍是成軍，非爲征軍，以乏軍興論，於理爲枉。四年之中，供給運漕，凡諸徵發租調百役，皆有稽停，而不以軍興論，至於伯也，何獨明之？《劉隗傳》。據此奏語，伯事畢代還，無有稽乏，而以稽乏誅，是不明也。百役稽停，不以軍興論，而獨誅伯，是不平也。不明不平，詎曰不冤。當時隗奏之，王導等上疏引咎，元帝復引以爲已過，非無故也。又如周龍之獄，燒草不過失火罪耳，乃遽擬族誅，且不知其被誣也。使非獄翻，則一門八口不皆冤死乎？就此二事觀之，晋之法豈寬弛之弊哉？亦用法者非其人耳，苟非其人，徒法而已。

（清）沈家本《歷代刑法考·刑制總考三·宋齊》 《唐六典》：宋及南齊律之篇目及刑名之制略同晉氏，惟贖罪絹兼用之。

黥刖，《通考》：明帝太始四年，詔定黥刖之制。詳刖。

（宋）王鍵《刑書釋名·梁刑》 一曰贖。二曰笞。三曰耏。四曰髡鉗。五曰死。

（元）徐元瑞《吏學指南·五刑·梁刑》 贖罪，用金絹贖罪也。笞，詳見漢刑。耏，詳見漢刑。髡鉗，五歲刑。死，謂棄市、斬、梟首也。

（清）沈家本《歷代刑法考·刑制總考三·梁》 死罪，梟首、棄市。耐罪，五歲刑、四歲刑、三歲刑、二歲刑。贖罪，贖死以下凡五等，罰金五等。又制九等，一歲刑，半歲刑，百日刑，鞭杖六等。又八等，一免官，加杖督；二免官，三奪勞百日，杖督；餘杖督五等。

《隋書·刑法志》梁律，其制刑爲十五等之差：棄市已上爲死罪，大罪梟其首，其次棄市。刑二歲已上爲耐罪，言各隨伎能而任使之也。有髡鉗五歲刑，笞二百，收贖絹，男子六十疋。又有四歲刑，男子四十八疋。又有三歲刑，男子三十六疋。又有二歲刑，男子二十四疋。罰金一兩已上爲贖罪。贖死者金二斤，男子十六疋。贖髡鉗五歲刑笞二百者，金一斤十二兩，男子十四疋。贖四歲刑者，金一斤八兩，男子十二疋。贖三歲刑者，金一斤四兩，男子十疋。贖二歲刑者，金一斤，男子八疋。罰金十二兩者，男子六疋。罰金八兩者，男子四疋。罰金四兩者，男子二疋。罰金二兩者，男子一疋。罰金一兩者，男子二丈。女子各半之。又制九等之差：有一歲刑，半歲刑，百日刑，鞭杖二百，鞭杖一百，鞭杖五十，鞭杖三十，鞭杖二十，鞭杖一十。有八等之差：一曰免官，加杖督一百；二曰免官；三曰奪勞百日，杖督一百；四曰杖督一百；五曰杖督五十；六曰杖督三十；七曰杖督二十；八曰杖督一十。論加者上就次，當減者下就次。老小於律令當得鞭杖罰者，皆半之。其應得法鞭杖者，以熟靼鞭、小杖。過五十者，稍行之。將吏已上及女人應有罰者，以罰金代之。其以職員應罰，及律令指名制罰者，不用此令。女子懷孕者，勿得決罰。其謀反、降叛、大逆已上皆斬。父、子、同產男，無少長，皆棄市。母、妻、姊妹及應從坐棄市者妻、子女、妾，同補奚官爲奴婢。貲財沒官。劫，身皆斬，妻、子補兵。遇赦降死者，黵面爲劫字，髡鉗，補冶鎖士終身。其下又讁運，配材官冶士、尚方鎖士，皆以輕重差其年數。其重者或終身。士人有禁錮之科，亦有輕重爲差。其犯清議，則終身不齒。耐罪囚八十已上，十歲已下，及孕者、盲者、侏儒當械繫者，及郡國太守、相、都尉、關中侯已上，亭侯已上之父母妻子，及所生坐非死罪除名之罪，二千石已上非檻徵者，並頌繫之。三年八月，建（安）〔康〕女子任提女，坐誘口當死。其子景慈對鞫辭云，母實行此。是時法官虞僧虬啓稱：案子之事親，有隱無犯，直躬證父，仲尼爲非。景慈素無防閑之道，死有明目之據，陷親極刑，傷和損俗。凡乞鞫不審，降罪一等，豈得避五歲之刑，忽死母之命！景慈宜加罪辟。詔流於交州。至是復有徒流之罪。

徒流，見上。

《隋志》武帝敦睦九族，優借朝士，有犯罪者，皆諷羣下，屈法申之。百姓有罪，皆按之以法。其緣坐則老幼不免，一人亡逃，則舉家質作。人既窮急，姦宄益深。後帝親謁南郊，秣陵老人遮帝曰：陛下爲法，急於黎庶，緩於權貴，非長久之術。誠能反是，天下幸甚。帝於是思有以寬之。舊獄法，夫有罪，逮妻子，子有罪，逮父母。十一年正月壬辰，乃下詔曰：自今捕讁之家，及罪應質作，若年有老小者，可停將送。十四年，又除黵面之刑。帝銳意儒雅，疏簡刑法，自公卿大臣，咸不以鞫獄留意。姦吏招權，巧文弄法，貨賄成市，多致枉濫。大率二歲刑已上，歲至五千人。是時王侯子弟皆長，而驕蹇不法。武帝年老，厭於萬機，又專精佛戒，每斷重罪，則終日弗懌。嘗遊南苑，臨川王宏，伏人於橋下，將欲爲逆。事覺，有司請誅之。帝但泣而讓曰：我人才十倍於爾，處此恒懷戰懼。爾何爲者？我豈不能行周公之事，念汝愚故也。免所居官。頃之，還復本職。由是王侯驕横轉甚，或白日殺人於都街，劫賊亡命，咸於王家自匿，薄暮塵起，則剥掠行路，謂之打稽。武帝深知其弊，而難於誅討。十一年十月，復開贖罪之科。中大同元年七月甲子，詔自今犯罪，非大逆，父母、〔祖父母〕勿坐。自是禁網漸疏，百姓安之，而貴戚之家，不法尤甚矣。尋而侯景逆亂。及元帝即位，懲前政之寬，且帝素苛刻，及周師至，獄中死囚且數千人，有司請皆釋之，以充戰士。帝不許，並令棒殺之，事未行而城陷。敬帝卽位，刑政適陳矣。

按：梁武用法，急黎庶而緩權貴，雖囚秣陵老人之諫，思有以寬黎庶，而終不能改也。乃杜佑《通典》之議曰：按法用刑，誠難差異，然酌於人情，通於物理，衣冠之與黎蒸，如草木之有秀茂。若戮一士族，雖或無冤，如摧茂林，薙翹秀，或覩其疹瘁，則多傷惻之懷，使人離心，皆如崩角。若戮一匹庶，縱或小屈，如斬叢撥，蹂荒蕪，未覺其彫殘，乃鮮嗟歎之議，免俗惶駭，不猶愈乎？儻謂不然，立覩其患。武帝深旨，未可爲尤。前志著八議之科，近法有收贖之制，豈比下俚便令同儕。往事足徵，未可多咎。此説非也。凡人皆同類，其人而善也者，茂林翹秀也，其人而惡也者，叢撥荒蕪也。法之及不及，但分善惡而已，烏得有士族匹庶之分？士族之惡者，戮之苟當其罪，何至使人離心？匹庶之善者，戮之苟不當其罪，其嗟歎豈少也哉？若謂士族之惡者亦茂林翹秀，匹庶之善者亦叢撥荒蕪，是使人但知士族匹庶之分，而不復知善惡之分矣，此大亂之道也。至八議收贖之法，皆必其情之可原者，亦非盡人而宥之。臨川王謀弒逆而梁武縱之，遂至王侯驕横，罔知義理。侯景之亂，臨賀王正德實引之渡江，湘東諸王互鬩於外而不急君父之難。推原禍始，是孰貽之戚哉？杜氏蓋未究治亂之根，因而徇其一偏之見也。世或懲梁氏疏簡之失而謂法不可輕，此又非探本之論。梁之弊在法廢，不在刑輕。法立而不行，與無法等，世未有無法之國而能長安久治者也。

《武紀》：中大（通）〔同〕（四）〔三〕年，前樂山縣侯蕭正則有罪流徙，至是招誘亡命，欲寇廣州，在所討平之。此亦梁代流徙之事。

（清）沈家本《歷代刑法考·刑制總考三·陳》 官當，《隋志》：陳氏制《律》三十卷。其制惟重清議禁錮之科。若縉紳之族，犯虧名教，不孝及内亂者，發詔棄之，終身不齒。先與士人爲婚者，許妻家奪之。其獲賊帥及士人惡逆，免死付治，聽將妻入役，不爲年數。又存贖罪之律，復父母緣坐之刑。自餘篇目條綱，輕重簡繁，一用梁法。五歲四歲刑，若有官，准當二年，餘並居作。其三歲刑，若有官，准當二年，餘一年贖。若公坐過誤，罰金。其二歲刑，有官者，贖論。一歲刑，無官亦贖論。寒庶人，准決鞭杖。

（清）沈家本《歷代刑法考·刑制總考三·北魏》 斬、絞、腰斬、轘、沉淵，《魏書·刑罰志》：世祖卽位，定律令。除五歲、四歲刑，增一年刑。分大辟爲二科：死、斬。死入絞。大逆不道腰斬，誅其同籍，年十四已下腐刑，女子没縣官。害其親者轘之。爲蠱毒者，男女皆斬，而焚其家。巫蠱者，負羖羊抱犬沉諸淵。當刑者贖，貧則加鞭二百。畿内民富者燒炭於山，貧者役於圊溷，女子入舂稾；其固疾不逮于人，守苑囿。王官階九品，得以官爵除刑。《唐六典》：崔浩定大辟，有轘、腰斬、殊死、棄市四等。

腐刑，見上。

流徙，《魏書·孝文紀》：太和十六年五月，詔群臣於皇信堂更定律條，流徙限制，帝親臨決之。

按：流徙限制，史無明文，徙罪卽年刑也。《唐六典》：崔浩定刑名，於漢魏以來，除髡鉗五歲四歲，增一歲刑，是必有二年、三年之年刑。太和十一年詔，有刑限三年之文，見《志》。《志》所引《法例律》有當刑二歲之文，此其證也。惟《志》載永平三年費羊皮事所引《賊律》謀殺人，從者五歲刑；神龜中劉輝事所引《鬬律》殺子孫者五歲刑，毆殺者四歲刑，是五歲四歲刑，神麚中雖曾删除，其後仍復舊制，但不知在何年。

贖，見上。又《志》言：昭成建國二年，當死者，聽其家獻金馬以贖。

役，見上。

鞭，見上。

以官爵除刑，見上。

按：此卽《唐律》官當之法。

留養，《魏志》：《法例律》：諸犯死罪，若祖父母、父母年七十已上，無成人子孫，旁無期親者，具狀上請。流者鞭笞，留養其親，終則從流。不在原赦之例。

按：此太和十二年詔，著之令格，又見《孝文本紀》。

門房之誅，《魏志》：真君六年，改定律制，加門誅四。太安四年，增律門房之誅十有三。延興四年，罷門房之誅。太和三年，修改律令，五年冬訖，門房之誅十有六。

按：門房之誅乃後魏舊制，延興既罷，而太和新律仍有之，是既罷而旋復也。太和十一年又詔議門房之誅，删除繁酷，如何議決，史未載。

梟首，《魏志》：太和五年，大辟之罪，重者止梟首。

謫守邊戍，《魏志》：和平末，冀州刺史源賀上言：自非大逆，手殺人者，請原其命，謫守邊戍。詔從之。

流徙，《魏志》：《獄官令》諸犯年刑已上枷鎖，流徙已上，增以杻械。迭用不俱。

按：流徙似卽流罪，與戍邊爲二事。流乃常刑，故詳於《獄官令》，戍邊則一時之制也。

備，《魏志》：昭成建國二年，盜官物，一備五，私則備十。

按：備卽《唐律》有贓應備之備。《疏議》有備償之語，卽今之賠償也。古無賠字。《正字通》、《字彙》二書始載之。《字彙》：賠，古無此字，俗音裴，作賠補之字。

又按：後魏刑制大抵因於魏晋，觀《刑罰志》所引有《法例律》、《盜律》、《賊律》、《鬭律》，其文殆皆魏晋舊文。至所引有《赦律》，爲魏晋所無，或是後魏所別出也。《隋志》有《後魏律》二十卷，始修於神䴥中。死刑，視魏晋增轘一等。太和五年，復修死刑，止于梟首。似已删除腰斬及轘刑矣。後魏門房之誅最嚴，爲歷代所無，延興中罷之而旋復。太和十一年又議之，史無删除明文，殆此制未能盡廢歟？《志》言世祖以刑禁重，神䴥中，詔崔浩定律令。正平元年，又命游雅等增損之。顯祖勤於治功，末年尤重刑罰。高祖哀矜庶獄，太和中命高閭等修律，五年告成，十五年更定之，十六年頒行，爲一朝之大法。世宗亦意在寬政，是其并吞北方，政令統一，與南朝並峙，非偶然也。

(宋)王鍵《刑書釋名・北齊刑》　一曰杖。三等，自一十至三十。二曰鞭。撾馬杖也，有五等，自四十至一百。三曰耏。五等，自一歲至五歲。四曰流。鞭至百，投之邊裔，重者鞭背，輕者鞭臀，有六年之刑。五曰死。重者轘之，輕者梟首。

(清)沈家本《歷代刑法考・刑制總考三・北齊》　死刑，轘、梟、斬、絞，凡四等。

流刑，投於邊裔，以爲兵卒。

刑罪，五歲、四歲、三歲、二歲、一歲，凡五等。各加鞭一百。

鞭，一百、八十、六十、五十、四十，凡五等。

杖，三十、二十、十，凡三等。

《隋志》齊河清三年《齊律》，其制，刑名五：一曰死。重者轘之，其次梟首，並陳屍三日；無市者，列於鄉亭顯處。其次斬刑，殊身首。其次絞刑，死而不殊。凡四等。二曰流刑，謂論犯可死，原情可降，鞭笞各一百，髡之，投於邊裔，以爲兵卒。未有道里之差。其不合遠配者，男子長徒，女子配舂，並六年。三曰刑罪，卽耐罪也。有五歲、四歲、三歲、二歲、一歲之差。凡五等。各加鞭一百。其五歲者，又加笞八十，四歲者六十，三歲者四十，二歲者二十，一歲者無笞。並鎖輸左校而不髡。無保者鉗之。婦人配舂及掖庭織。四曰鞭，有一百、八十、六十、五十、四十之差，凡五等。五曰杖，有三十、二十、十之差，凡三等。大凡爲十五等。按：死四等，流一等，刑五等，鞭五等，杖三等，凡十八等。而云十五等者，蓋四死爲一等也。當加者上就次，當減者下就次。贖罪舊以金，皆代以中絹。死一百匹，流九十二匹，刑五歲七十八匹，四歲六十四匹，三歲五十匹，二歲三十六匹。各通鞭笞論。一歲無笞，則通鞭二十四匹。鞭杖每十，贖絹一匹。至鞭百，則絹十匹。無絹之鄉，皆准收錢。自贖笞十已上至死，又爲十五等之差。當加減次，如正決法。合贖者，謂流内官及爵秩比視、老小閹癡並過失之屬。在官犯罪，鞭杖十爲一負。閑局六負爲一殿，平局八負爲一殿，繁局十負爲一殿。加於殿者，復計爲負焉。又列重罪十條：一曰反逆，二曰大逆，三曰叛，四曰降，五曰惡逆，六曰不道，七曰不敬，八曰不孝，九曰不義，十曰内亂。其犯此十者，不在八議論贖之限。

贖罪，見上。

在官犯罪，見上。

重罪十條，見上。

棒殺，《隋志》：(從事)清河房超爲黎陽郡守，有趙道德者，使以書屬超。超不發書，棒殺其使。文宣於是令守宰各設棒，以誅屬請之使。後都官郎中宋軌奏曰：昔曹操懸棒，威於亂時，今施之太平，未見其可。若受使請賕，猶致大戮，身爲枉法，何以加罪？於是罷之。

《隋志》齊天保元年，始命羣官刊定魏朝《麟趾格》。是時軍國多事，政刑不一，決獄定罪，罕依律文，相承謂之變法〔從事〕。既而議造《齊律》，積年不成。其決獄猶依魏舊。是時刑政尚新，吏皆奉法。自六年之後，帝遂以功業自矜，恣行酷暴，昏枉酗醬，任情喜怒。爲大鑊、長鋸、剉碓之屬，並陳於庭，意有不快，則手自屠裂，或命左右臠噉，以逞其意。時僕射楊遵彥，乃令憲司先定死罪囚，置於仗衛之中，帝欲殺人，則執以應命，謂之供御囚。經三月不殺者，則免其死。帝嘗幸金鳳臺，受佛戒，多召死囚，編籧篨爲翅，命之飛下，謂之放生。墜皆致死，帝視以爲歡笑。時有司折獄，又皆酷法。訊囚則用車輻獨杖，字典無獨字，《通典》作⿰糹獨，疑是搊字之譌。搊，《博雅》：拘也。《廣韻》：手搊也。夾指壓踝，又立之燒犁耳上，或使以臂貫燒車釭。既不勝其苦，皆致誣伏。七年，豫州檢使白攦，爲左丞盧斐所劾，乃於獄中誣告斐受金。文宣知其姦罔，詔令按之，果無其事。乃敕八座議立案劾格，負罪不得告人事。於是挾姦者畏糾，乃先加誣訟，以擬當格，吏不能斷。又妄相引，大獄動至千人，多移歲月。然帝猶委政輔臣楊遵彥，彌縫其闕，故時議者竊云，主昏於上，政清於下。孝昭在藩，已知其失，即位之後，將加懲革。未幾而崩。武成即位，思存輕典，大寧元年，乃下詔曰：王者所用，唯在賞罰，賞貴適理，罰在得情。然理容進退，事涉疑似，盟府司勳，或有開塞之路，三尺律令，未窮畫一之道。想文王之官人，念宣尼之止訟，刑賞之宜，思獲其所。自今諸應賞罰，皆賞疑從重，罰疑從輕。又以律令不成，頻加催督。河清三年，尚書令趙郡王叡等，奏上《齊律》十二篇。是後法令明審，科條簡要，又敕仕門之子弟，常講習之。齊人多曉法律，蓋由此也。其不可爲定法者，別制《權令》二卷，與之並行。後平秦王高歸彥謀反，須有約罪，律無正條，於是遂有《別條權格》，與律並行。大理明法，上下比附，欲出則附依輕議，欲入則附從重法，姦吏因之，舞文出沒。至於後主，權幸用事，有不附之者，陰中以法。綱紀紊亂，卒至於亡。

(宋)王鍵《刑書釋名・後周刑》 一曰杖。自一十至五十。

二曰鞭。自六十至一百。

三曰徒。自一年至五年。

四曰流。自二千五百里至四千五百里。

五曰死。五等，爲罄、絞、斬、梟、裂也。

(清)沈家本《歷代刑法考・刑制總考三・北周》 杖刑五，自十至五十。

鞭刑五，自六十至於百。

徒刑五，一年、二年、三年、四年、五年。

流刑五，衛服、要服、荒服、鎮服、蕃服。

死刑五，一罄，二絞，三斬，四梟，五裂。

贖罪，自杖至流各五等，死刑爲一等。

《隋志》保定三年《大律》，其制罪：一曰杖刑五，自十五至五十。二曰鞭刑五，自六十至於百。三曰徒刑五。徒一年者鞭六十，笞十。徒二年者，鞭七十，笞二十。徒三年者，鞭八十，笞三十。徒四年者，鞭九十，笞四十。徒五年者，鞭一百，笞五十。四曰流刑五。流衛服，去皇畿二千五百里者，鞭一百，笞六十。流要服，去皇畿三千里者，鞭一百，笞七十。流荒服，去皇畿三千五百里者，鞭一百，笞八十。流鎮服，去皇畿四千里者，鞭一百，笞九十。流蕃服，去皇畿四千五百里者，鞭一百，笞一百。五曰死刑五，一曰罄，二曰絞，三曰斬，四曰梟，五曰裂。五刑之屬各有五，合二十五等。不立十惡之目，而重惡逆、不道、大不敬、不孝、不義、內亂之罪。凡惡逆，肆之三日。盜賊群攻鄉邑及入人家者，殺之無罪。若報讎者，告於法而自殺之，不坐。經爲盜者，注其籍。唯皇宗則否。其贖杖刑五，金一兩至五兩。贖鞭刑五，金六兩至十兩。贖徒刑五，一年金十二兩，二年十五兩，三年一斤二兩，四年一斤五兩，五年一斤八兩。贖流刑，一斤十二兩，俱役六年，不以遠近爲差等。贖死刑，金二斤。鞭者以一百爲限。加笞者，合二百止。應加鞭笞者，皆先笞後鞭。婦人當笞者，聽以贖論。徒輸作者，皆任其所能而役使之。杖十已上，當加者上就次，數滿乃坐。當減者，死罪流蕃服，蕃服已下俱至徒五年。五年已下，各以一等爲差。盜賊及謀反、大逆、降、叛、惡逆罪當流者，皆甄一房配爲雜户。其爲盜賊事發逃亡者，懸名注配。若再犯徒、三犯鞭者，一身永配下役。應贖金者：鞭杖十，收中絹一疋。流徒者，依限歲收絹十二疋。死罪者一百疋。其贖刑，死罪五旬，流刑四旬，徒刑三旬，鞭刑二旬，杖刑一旬。限外不輸者，歸於法。貧者請而免之。又初除復讎之法，犯者以殺論。

時晉公護將有異志，欲寬政以取人心，然闇於知人，所委多不稱職。既用法寬弛，不足制姦，子弟僚屬，皆竊弄其權，百姓愁怨，控告無所。武帝性甚明察，自誅護後，躬覽萬機，雖骨肉無所縱捨，用法嚴正，中外肅然。宣帝性殘忍暴戾，自在儲貳，惡其叔父齊王憲及王軌、宇文孝伯等。及即位，並先誅戮，由是内外不安，俱懷危懼。帝又恐失衆望，乃行寬法，以取衆心。宣政元年八月，詔制九條，宣下州郡。大象元年，又下詔曰：高祖所立《刑書要制》，用法深重，其一切除之。然帝荒淫日甚，惡聞其過，誅殺無度，疏斥大臣。又數行肆赦，爲姦者皆輕犯刑法。政令不一，下無適從。於是又廣《刑書要制》，而更峻其法，謂之《刑經聖制》。宿衛之官，一日不直，罪至削除。逃亡者皆死，而家口籍没。上書字誤者，科其罪。鞭杖百二十爲度，名曰天杖。其後又加至二百四十。又作霹靂車，以威婦人。其決人罪，云與杖者，即一百二十，多打者，即二百四十。帝既酣飲過度，嘗中飲，有下士楊文祐白宫伯長孫覽求歌曰：朝亦醉，暮亦醉。日日恆常醉，政事日無次。鄭譯奏之，帝怒，命賜杖二百四十而致死。後更令中士皇甫猛歌，猛歌又諷諫。鄭譯又以奏之，又賜猛杖一百二十。是時下自公卿，内及妃后，咸加棰楚，上下愁怨。及帝不豫，而内外離心，各求苟免。

（宋）王鍵《刑書釋名·隋唐宋金刑》 一曰笞。漢用竹，今用荆，自一十至五十。

二曰杖。古用鞭，今用杖，自六十至一百。

三曰徒。隋三等，自一年至三年。唐增一年半二年半，改爲五等。金增四年五年，通爲七等。

四曰流。隋制三等，自一千里至三千里。宋改爲二千里至三千里。金相同。

五曰死。隋唐宋同，二等，一曰絞，二曰斬。金加淩遲，共三等。

（清）沈家本《歷代刑法考·刑制總考三·隋》 死刑二，絞、斬。

流刑三，一千里，居作二年。一千五里、居作二年半。二千里。居作三年。應住居作者，三流俱役三年。近流加杖一百，一等加三十。

徒刑五，一年、一年半、二年、二年半、三年。

杖刑五，自六十至於百。

笞刑五，自十至於五十。

贖。

《隋志》開皇元年，更定新律，其刑名有五：一曰死刑二，有絞，有斬。二曰流刑三，有一千里、千五百里、二千里。應配者，一千里居作二年，一千五百里居作二年半，二千里居作三年。應住居作者，三流俱役三年。近流加杖一百，一等加三十。三曰徒刑五，有一年、一年半、二年、二年半、三年。四曰杖刑五，自六十至於百。五曰笞刑五，自十至於五十。而蠲除前代鞭刑及梟首、轘裂之法。其（法）〔流〕徒之罪皆減從輕。唯大逆、謀反叛者，父子兄弟皆斬，家口没官。又置十惡之條，多採後齊之制，而頗有損益。一曰謀反，二曰謀大逆，三曰謀叛，四曰惡逆，五曰不道，六曰大不敬，七曰不孝，八曰不睦，九曰不義，十曰内亂。犯十惡及故殺人獄成者，雖會赦，猶除名。其在八議之科，及官品第七以上犯罪，皆例減一等。其品第九已上犯者，聽贖。應贖者，皆以銅代絹。贖銅一斤爲一負，負十爲殿。笞十者銅一斤，加至杖百則十斤。徒一年，贖銅二十斤，每等則加銅十斤，三年則六十斤矣。流一千里，贖銅八十斤，每等則加銅十斤，二千里則百斤矣。二死皆贖銅百二十斤。犯私罪以官當徒者，五品已上，一官當徒二年；九品已上，一官當徒一年；當流者，三流同皆二字今本作周，此從《通典》、《通考》。比徒三年。若犯公罪者，徒各加一年，當流者各加一等。其累徒過九年者，流二千里。三年，更定新律。除死罪八十一條，流罪一百五十四條，徒、杖等千餘條，定留唯五百條。自是刑網簡要，疏而不失。

論曰：甚矣！有國家者，非立法之難，而用法之難也。隋文帝除梟轘之慘刑，減流徒之年限，以輕代重，化死爲生。後來《唐律》多本於隋。《唐律》固世所稱爲得古今之平者也，隋之立法，可謂善矣。乃觀於隋之用刑，何其異哉？史言高祖性猜忌，素不悦學，既任智而獲大位，因以文法自矜，明察臨下，恆令左右覘視内外，有小過失，則加以重罪。又患令史贓（汙）〔污〕，因私使人以錢帛遺之，得犯立斬。每於殿庭打人，一日之中，或至數四。嘗怒問事揮楚不甚，即命斬之。十年，尚書左僕射高熲、治書侍史柳彧等諫，以爲朝堂非殺人之所，殿庭非決罰之地。

帝不納。熲等乃盡詣朝堂請罪，曰：陛下子育羣生，務在去弊，而百姓無知，犯者不息，致陛下決罰過嚴。皆臣等不能有所裨益，請自退屏，以避賢路。帝於是顧謂領左右都督田元曰：吾杖重乎？元曰：重。帝問其狀，元舉手曰：陛下杖大如指，捶楚人三十者，比常杖數百，故多致死。帝不懌，乃令殿内去杖，欲有決罰，各付所由。後楚州行參軍李君才上言，帝寵高熲過甚，上大怒，命杖之，而殿内無杖，遂以馬鞭笞殺之。自是殿内復置杖。未幾怒甚，又於殿庭殺人。十六年，有司奏合州倉粟少七千石，命斛律孝卿鞫問其事，以爲主典所竊。復令孝卿馳驛斬之，没其家爲奴婢，鬻粟以填之。是後盗邊糧者，一升已上皆死，家口没官。上又以典吏久居其職，肆情爲姦。諸州縣佐史，三年一代，經任者不得重居之。十七年，詔又以所在官人，不相敬憚，多自寬縱，事難克舉。諸有殿失，雖備科條，或據律乃輕，論情則重，不即決罪，無以懲肅。其諸司屬官，若有愆犯，聽於律外斟酌決杖。於是上下相驅，迭行捶楚，以殘暴爲幹能，以守法爲懦弱。是時帝意每尚慘急，而姦回不止，京市白日，公行掣盗，人間强盗，亦往往而有。帝患之，問羣臣斷禁之法。楊素等未及言，帝曰：朕知之矣。詔有能糾告者，没賊家産業，以賞糾人。時月之間，内外寧息。其後無賴之徒，候富人子弟出路者，而故遺物於其間，偶拾取則擒以送官，而取其賞。大抵被陷者甚衆。帝知之，乃命盗一錢已上皆棄市。行旅皆晏起（晚）〔早〕宿，天下懔懔焉。此後又定制，行署取一錢已上，聞見不告言者，坐至死。自此四人共盗一榱桷，三人同竊一瓜，事發即時行決。有數人劫執事而謂之曰：吾豈求財者耶？但爲枉人來耳。而爲我奏至尊，自古以來，體國立法，未有盗一錢而死也。而不爲我以聞，吾更來，而屬無類矣。帝聞之，爲停盗取一錢棄市之法。帝嘗發怒，六月棒殺人。大理少卿趙綽固争曰：季夏之月，天地成長庶類，不可以此誅殺。帝報曰：六月雖曰生長，此時必有雷霆。天道既於炎陽之時震其威怒，我則天而行，有何不可。遂殺之。帝以年齡晚暮，尤崇尚佛道，又素信鬼神。二十年詔，沙門道士壞佛像天尊，百姓壞岳瀆神像，皆以惡逆論。帝猜忌，二朝臣僚，用法尤峻。御史監師，於元正日不劾武官衣劍之不齊者，或以白帝，帝謂之曰：爾爲御史，何縱捨自由。命殺之。諫議大夫毛思祖諫，又殺之。左領軍府長史考校不平，將作寺丞以諫麥䴷遲晚，武庫令以署庭荒蕪，獨孤師以受蕃客鸚鵡，帝察知，並親臨斬決。仁壽中，用法益峻，帝既喜怒不恆，不復依准科律。時楊素正被委任，素又稟性高下，公卿股栗，不敢措言。素於鴻臚少卿陳延不平，經蕃客館，庭中有馬屎，又庶僕氈上樗蒲，旋以白帝。帝大怒曰：主客令不灑掃庭内，掌（國）〔固〕以私戲污敗官氈，罪狀何以加此。皆於西市棒殺，而榜捶陳延，殆至於斃。大理寺丞楊遠、劉子通等，性愛深文，每隨牙奏獄，能承順帝旨。帝大悦，並遣於殿庭三品行中供奉，每有詔獄，專使主之。候帝所不快，則案以重抵，無殊罪而死者，不可勝原。遠又能附楊素，每於塗中接候，而以囚名白之，皆隨素所爲輕重。其臨終赴市者，莫不塗中呼枉，仰天而哭。越公素侮弄朝權，帝亦不之能悉。史於文帝之淫刑以逞，詳述之也如此，何其與修律之旨大相徑庭也？然則有法而不循法，法雖善，與無法等。《志》又言：煬帝即位，以高祖禁網深刻，又敕修律令，降從輕典者，二百餘條。後帝乃外征四夷，内窮嗜慾，兵革歲動，賦斂滋繁。有司皆臨時迫脅，苟求濟事，憲章遐棄，賄賂公行，窮人無告，聚爲盗賊。帝乃更立嚴刑，敕天下竊盗已上，罪無輕重，不待奏聞，皆斬。百姓轉相羣聚，攻剽城邑，誅罰不能禁。帝以盗賊不息，乃益肆淫刑。九年，又詔爲盗者籍没其家。自是羣盗大起，郡縣官人，又各專威福，生殺任情矣。及楊玄感反，帝誅之，罪及九族。其尤重者，行轘裂梟首之刑。或磔而射之，命公卿已下，臠噉其肉。百姓怨嗟，天下大潰。觀於煬帝之先輕刑而後淫刑，與文帝如出一轍。文淫刑而身被弒，煬淫刑而國遂亡。蓋法善而不循法，法亦虛器而已。世無無法之國而能長久者。世多以隋與秦並稱，秦乎隋乎？其淫刑者之龜鑑乎？

《新唐書》卷五五《刑法志》 隋以前，死刑有五，曰：罄、絞、斬、梟、裂。而流、徒之刑，鞭笞兼用，數皆踰百。至隋始定爲：笞刑五，自十至于五十；杖刑五，自六十至于百；徒刑五，自一年至于三年；流刑三，自一千里至于二千里；死刑二，絞、斬。除其鞭刑及梟首、轘裂之酷。又有議、請、減、贖、當、免之法。唐皆因之。然隋文帝性刻深，而煬帝昏亂，民不勝其毒。

（唐）虞世南《北堂書鈔》卷四四《刑法部·象刑三》 《唐虞象刑》：畫衣冠，異章服。《刑法志》云。犯墨者蒙巾，以下並《書大傳》，犯劓者赭其衣，犯臏者象其臏，又云：犯髕者以墨幪其髕處而畫之。犯大辟者衣無領。又云：犯大辟者，布衣無領。畫跪當黥，以下並《慎子》。草纓當劓，履扉當刖，艾韠當宫，按《晉刑法志》云：犯黥者皁其巾，犯劓者丹其服，犯臏者墨其體，犯宫者雜其屨，大辟之罪殊，刑之極，布其衣裾而無領。緣補。

（唐）虞世南《北堂書鈔》卷四四《刑法部・肉刑四》　害輕全重，去死取生。《肉刑論》按：漢除肉刑，除墨、劓、刵耳。大隋開皇之初，始除男子宫刑，婦人猶閉於宫。補。劓象七政，臏象七精，墨象斗度，並《德刑考》。臏去節木，《禮統》。大辟，法水之滅火；《白虎通》云：大辟者，謂死也。宫者，法土之壅水；又云：宫者，女子淫，執置宫中，不得出也。丈夫淫，割去其勢也。臏者，法金之剋木；又云：脱其臏也。劓者，法木之穿土。墨罪五百，宫罪五百，刖罪五百，殺罪五百。已上並《周禮・司刑》職注見前。墨者使守門，《周禮・掌戮》職鄭玄注云：黥者，無妨於禁御。劓者使守闗，鄭玄注云：截鼻亦無妨以貌醜遠之。宫者使守内，鄭玄注云：以其人道絶也。刖者使守囿。鄭玄注云：斷足驅衛禽獸無急行。

《新唐書》卷五六《刑法志》　其用刑有五：一曰笞。笞之爲言恥也，凡過之小者，捶撻以恥之。漢用竹，後世更以楚。《書》曰扑作教刑是也。二曰杖。杖者，持也，可持以擊也。《書》曰鞭作官刑是也。三曰徒。徒者，奴也，蓋奴辱之。《周禮》曰：其奴，男子入于罪隸，任之以事，寘之圜土而教之，量其罪之輕重，有年數而捨。四曰流。《書》云流宥五刑，謂不忍刑殺，宥之於遠也。五曰死。乃古大辟之刑也。

《新唐書》卷五六《刑法志》　杻校鉗鎖皆有長短廣狹之制，量囚輕重用之。

囚二十日一訊，三訊而止，數不過二百。

凡杖，皆長三尺五寸，削去節目。訊杖，大頭徑三分二釐，小頭二分二釐。常行杖，大頭二分七釐，小頭一分七釐。笞杖，大頭二分，小頭一分有半。

死罪校而加杻，官品勳階第七者，鎖禁之。輕罪及十歲以下至八十以上者，廢疾、侏儒、懷妊皆頌繫以待斷。

居作者著鉗若校，京師隸將作，女子隸少府縫作。旬給假一日，臘、寒食二日，毋出役院。病者釋鉗校、給假，疾差陪役。謀反者男女奴婢没爲官奴婢，隸司農，七十者免之。凡役，男子入于蔬圃，女子入于廚饎。

流移人在道疾病，婦人免乳，祖父母、父母喪，男女奴婢死，皆給假，授程糧。

非反逆緣坐，六歲縱之，特流者三歲縱之，有官者得復仕。

《舊唐書》卷五〇《刑法志》　太宗即位，又命長孫無忌、房玄齡與學士法官，更加釐改。戴冑、魏徵又言舊律令重，於是議絞刑之屬五十條，免死罪，斷其右趾。應死者多蒙全活。太宗尋又愍其受刑之苦，謂侍臣曰：前代不行肉刑久矣，今忽斷人右趾，意甚不忍。諫議大夫王珪對曰：古行肉刑，以爲輕罪。今陛下矜死刑之多，設斷趾之法，格本合死，今而獲生，刑者幸得全命，豈憚去其一足？且人之見者，甚足懲誡。上曰：本以爲寬，故行之。然每聞惻愴，不能忘懷。又謂蕭瑀、陳叔達等曰：朕以死者不可再生，思有矜愍，故簡死罪五十條，從斷右趾。朕復念其受痛，極所不忍。叔達等咸曰：古之肉刑，乃在死刑之外。陛下於死刑之内，改從斷趾，便是以生易死，足爲寬法。上曰：朕意以爲如此，故欲行之。又有上書言此非便，公可更思之。其後蜀王法曹參軍裴弘獻又駁律令不便於時者四十餘事，太宗令參掌删改之。弘獻於是與玄齡等建議，以爲古者五刑，刖居其一。及肉刑廢，制爲死、流、徒、杖、笞凡五等，以備五刑。今復設刖足，是爲六刑。減死在於寬弘，加刑又加煩峻。乃與八座定議奏聞，於是又除斷趾法，改爲加役流三千里，居作二年。

《舊唐書》卷五〇《刑法志》　又繫囚之具，有枷、杻、鉗、鎖，皆有長短廣狹之制，量罪輕重，節級用之。其杖皆削去節目，長三尺五寸。訊囚杖，大頭徑三分二釐，小頭二分二釐。常行杖，大頭二分七釐，小頭一分七釐。笞杖，大頭二分，小頭一分半。其決笞者，腿分受。決杖者，背、腿、臀分受。及須數等拷訊者，亦同。其拷囚不過三度，總數不得過二百。杖罪已下，不得過所犯之數。

（唐）長孫無忌等《唐律疏議》卷一《名例》　笞刑五：笞一十。贖銅一斤。笞二十。贖銅二斤。笞三十。贖銅三斤。笞四十。贖銅四斤。笞五十。贖銅五斤。

疏議曰：笞者，擊也，又訓爲恥。言人有小愆，法須懲誡，故加捶撻以恥之。漢時笞則用竹，今時則用楚。故《書》云：扑作教刑，即其義也。漢文帝十三年，太倉令淳于意女緹縈上書，願没入爲官婢，以贖父刑。帝悲其意，遂改肉刑：當黥者髡者鉗爲城奴令舂，當劓者笞三百。此即笞、杖之目，未有區分。笞擊之刑，刑之薄者也。隨時沿革，輕重不同，俱期無刑，義唯必措。《孝經援神契》云：聖人制五刑，以法五行。《禮》云：刑者，侀也，成也。一成而不可變，故君子盡心焉。《孝經鉤命決》云：刑者，侀也，質罪示終。然殺人者死，傷人者刑，百王之所同，其所由來尚矣。從笞十至五十，其數有五，故曰：笞刑五。徒、杖之數，亦準此。

杖刑五：杖六十。贖銅六斤。杖七十。贖銅七斤。杖八十。贖銅八斤。杖九十。贖銅九斤。杖一百。贖銅十斤。

疏議曰：《說文》云：杖者持也，而可以擊人者歟？《家語》云：舜之事父，小杖則受，大杖則走。《國語》云：薄刑用鞭扑。《書》云：鞭作官刑。猶今之杖刑者也。又蚩尤作五虐之刑，亦用鞭扑。源其濫觴，所從來遠矣。漢景帝以笞者已死而笞未畢，改三百曰二百，二百曰一百。奕代沿流，曾微增損。爰洎隋室，以杖易鞭。今律云累決笞、杖者，不得過二百，蓋循漢制也。

徒刑五：一年。贖銅二十斤。一年半。贖銅三十斤。二年。贖銅四十斤。二年半。贖銅五十斤。三年。贖銅六十斤。

疏議曰：徒者，奴也，蓋奴辱之。《周禮》云：其奴男子入于罪隸，又任之以事，寘以圜土而收教之。上罪三年而捨，中罪二年而捨，下罪一年而捨，此並徒刑也。蓋始於周。

流刑三：二千里。贖銅八十斤。二千五百里。贖銅九十斤。三千里。贖銅一百斤。

疏議曰：《書》云：流宥五刑。謂不忍刑殺，宥之于遠也。又曰：五流有宅，五宅三居。大罪投之四裔，或流之于海外，次九州之外，次中國之外。蓋始於唐虞。今之三流，即其義也。

死刑二：絞。斬。贖銅一百二十斤。

疏議曰：古先哲王，則天垂法，輔政助化，禁暴防姦，本欲生之，義期止殺。絞、斬之坐，刑之極也。死者魂氣歸於天，形魄歸於地，與萬化冥然，故鄭注《禮》云：死者，澌也。消盡爲澌。《春秋元命包》云：黄帝斬蚩尤於涿鹿之野。《禮》云：公族有死罪，磬之於甸人。故知斬自軒轅，絞興周代。二者法陰數也，陰主殺罰，因而則之，即古大辟之刑是也。

問曰：笞以上，死以下，皆有贖法。未知贖刑起自何代？

答曰：《書》云：金作贖刑。注云：誤而入罪，出金以贖之。甫侯訓夏贖刑云：墨辟疑赦，其罰百鍰；劓辟疑赦，其罰唯倍；剕辟疑赦，其罰倍差；宫辟疑赦，其罰六百鍰；大辟疑赦，其罰千鍰。注云：六兩曰鍰。鍰，黄鐵也。晉律：應八議以上，皆留官收贖，勿髡、鉗、笞也。今古贖刑，輕重異制，品目區別，備有章程，不假勝條，無煩縷説。

（唐）張九齡等《唐六典》卷六《尚書刑部》 乃立刑名之制五焉：一曰笞，二曰杖，三曰徒，四曰流，五曰死。笞刑五，笞十至五十也。杖刑五，杖六十至於百。其工、樂户及習天文及官户、奴婢等犯流罪者，及家無兼丁犯徒者，各決二百放。又犯罪已發更重犯累決者，計數雖多，亦不過二百。徒刑五，自徒一年，以半年爲差，至於三年也。流刑三，自流二千里、二千五百里、三千里，三流皆役一年，然後編所在爲户。而常流之外，更有加役流者，本死刑，武德中改爲斷趾，貞觀六年改爲加役流。謂常流唯役一年，此流役三年，故以加役名焉。死刑二，絞、斬。

（清）沈家本《歷代刑法考·刑制總考四·唐》 笞刑五，笞十至五十。

杖刑五，杖六十至於百。

徒刑五，自徒一年，以半年爲差，至於三年。

流刑三，自流二千里、二千五百里、三千里，三流皆役一年，然後編所在爲户。而常流之外更有加役流者，本死刑，武德中改爲斷趾，貞觀六年改爲加役流，謂常流唯役一年，此流役三年，故以加役名焉。

死刑二，絞、斬。

贖罪，凡贖罪以銅：自笞十銅一斤至杖一百則銅十斤。徒一年二十斤至徒三年則六十斤。流二千里銅八十斤至流三千里則百斤。絞與斬銅止一百二十斤。【略】

《新唐書·刑法志》云：高宗既昏懦，而繼以武氏之亂，毒流天下，幾至於亡。自永徽以後，武氏已得志，而刑濫矣。當時大獄，以尚書刑部，御史臺、大理寺雜按，謂之三司，而法吏以慘酷爲能，至不釋枷而笞捶以死者，皆不禁。律有杖百，凡五十九條，犯者或至死而杖未畢，乃詔除其四十九條，然無益也。武后已稱制，懼天下不服，欲制以威，乃修後周告密之法，詔官司受訊，有言密事者，馳驛奏之。自徐敬業、越王貞、琅邪王沖等起兵討亂，武氏益恐。乃引酷吏周興、來俊臣輩典大獄，與侯思止、王弘義、郭弘霸、李敬仁、康暐、衛遂忠等集告事數百人，共爲羅織，搆陷無辜。自唐之宗室與朝廷之士，日被告捕，不可勝數，天下之人，爲之仄足，如狄仁傑、魏元忠等，皆幾不免。左臺御史周矩上疏曰：比姦憸告訐，習以爲常。推劾之吏，以深刻爲功，鑿空爭能，相矜以虐。泥耳囊頭，摺脅籤爪，懸髮熏耳，卧鄰穢溺，刻害支體，糜爛獄中，號曰獄持；閉絶食飲，晝夜使不得眠，號曰宿囚。殘賊威暴，取快目前。被誣者苟求得死，何所不至？爲國者以仁爲宗，以刑爲助，周用仁而昌，秦用刑而亡。願陛下緩刑用仁，天下幸甚！武后不納。麟臺正字陳子昂亦上書切諫，不省。及周興、來俊臣等誅死，后亦老，其意少衰，而狄仁傑、姚崇、宋璟、王及善相與論垂拱以來酷濫之冤，太后感寤，由是不復殺戮。然其毒虐所被，自古未之有也。

按：古今刑法，隋以前書多散失，惟《唐律》獨存完全無闕。論者咸以唐法爲得其中，宋以後皆遵用，雖間有輕重，其大段固本於唐也。夫法之善者，仍在有用法之人，苟非其人，徒法而已。觀於唐室開創之初，布寬大，削煩峻。貞觀四年，天下斷死罪三十九人，刑輕而犯者少，何其盛也？迨武氏肆虐，毒流宇內，初未改唐之律令，而用法者爲周興、來俊臣之徒，遂使朝士宗親咸罹冤酷。玄宗開元年間，號稱治平，人罕犯法。二十五年，刑部所斷天下死罪五十八人。迨李林甫用事，信任羅希奭、吉溫之徒，復起大獄，以誣陷所殺數十百人，如韋堅、李邕等皆一時名臣，天下冤之。益可知有其法者尤貴有其人矣。大抵用法者得其人，法卽嚴厲亦能施其仁於法之中；用法者失其人，法卽寬平亦能逞其暴於法之外。此其得失之故，實莞乎宰治者之一心，爲仁爲暴，朕兆甚微，若空言立法，則方策具在，徒虛器耳。

要斬，安、史之亂，定僞官罪爲六等，達奚珣、韋恆要斬。見《新志》。

按：唐無要斬之法，此蓋加重於律之外者。

徒杖配諸軍，《新志》：詔曰：徒非重刑，而役者寒暑不釋械繫。杖，古以代肉刑也，或犯非巨蠹而捶以至死，其皆免，以配諸軍自效。

按：此卽六代補兵、明代充軍之意，其事在天寶改元後，《志》不詳何年。

死罪流天德五城，《新志》：憲宗元和八年詔：兩京、關內、河陳、河北、淮南、山南陳西道死罪十惡、殺人、鑄錢、造印，若强盜持仗劫京兆界中及它盜贓逾三匹者，論如故。其餘死罪皆流天德五城，父祖子孫欲隨者，勿禁。蓋刑者，政之輔也。政得其道，仁義興行，而禮讓成俗，然猶不敢廢刑，所以爲民防也，寬之而已。今不隆其本，顧風俗謂何而廢常刑，是弛民之禁，啓其姦，由積水而決其防。故自玄宗廢徒杖刑，至是又廢死刑，民未知德，而徒以爲幸也。

按：《通鑑》天寶六載除斬、絞條：上慕好生之名，令應絞、斬者皆重杖流嶺南，其實有司率杖殺之。

按：《新志》謂廢死刑事在元和中，而《通鑑》有天寶六載除斬、絞之事，新、舊《志》皆不載，未知本於何書。德宗時又有重杖處死之法，見下條。然處死究較改流爲重也。近日泰西人有創除去死罪之議者，究未能實見諸施行，殆亦斯民之教育尚難臻此境界乎！

重杖處死，《新志》：故時，別敕決人捶無數。寶應元年，詔曰：凡制敕與一頓杖者，其數止四十；至到與一頓及重杖一頓、痛杖一頓者，皆止六十。德宗性猜忌少恩，然用刑無大濫。刑部侍郎班宏言：謀反、大逆、（及）〔反〕叛、惡逆四者，十惡之大也，犯者宜如律。其餘當斬、絞刑者，決重杖一頓處死，以代極法。故時，死罪皆先決杖，其數或百或六十，於是悉罷之。

賜死，《新志》：五品已上論死，或賜死于家。太宗時。《舊志》：會昌元年九月，庫部郎中、知制誥紇干泉等奏：準刑部奏，犯贓官五品已上，合抵死刑，請準獄官令賜死於家者，伏請永爲定格。從之。

按：德宗之世，斬、絞改爲重杖處死，則天寶之除斬、絞條，殆行之未久卽復舊制歟？以法制而言，杖輕於斬、絞，以人身之痛苦言，杖不能速死，反不如斬、絞之痛苦爲時較暫。且杖則血肉淋漓，其形狀亦甚慘。以斬與絞相較，則斬殊身首又不如絞之身首尚全，故近來東西各國有單用絞刑者，亦仁術之一端也。

又按：綜論有唐一代，除武后之時、李林甫之時以及甘露之變、清流之禍，並由于閹宦之肆孽，其餘諸帝，無有淫刑以逞者。貞觀、開元之治，代宗之仁恕，無論矣。德宗之猜忌少恩，然用刑無大濫。憲宗之英果明斷，然於用刑喜寬仁。穆宗之童騃，然頗知慎刑法，此皆其開創貽謀之善，故後嗣尚守其法。肅宗之治僞官，當時以爲少過，然諸人中如陳希烈、張均、張垍輩，或任受鈞衡，或親聯肺腑，心懷怨望，甘心從賊，此而不誅，政何以肅？溫公以六等議刑爲可，實正論也。史稱自高祖、太宗除隋虐亂，治以寬平，民樂其安，重於犯法，致治之美，幾乎三代之盛時。考其推心惻物，其可謂仁矣！斯言非溢美也。後代治律之士莫不以唐爲法，世輕世重，皆不能越其範圍，然則今之議刑者，其亦可定厥宗旨乎？

《宋史》卷一九九《刑法志》 五季衰亂，禁罔煩密。宋興，削除苛峻，累朝有所更定。法吏寖用儒臣，務存仁恕，凡用法不悖而宜于時者著之。太祖受禪，始定折杖之制。凡流刑四：加役流，脊杖二十，配役三年；流三千里，脊杖二十，二千五百里，脊杖十八，二千里，脊杖十七，並配役一年。凡徒刑五：徒三年，脊杖二十；徒二年半，脊杖十八；徒二年，脊杖十七；一年半，脊杖十五；一年，脊杖十三。凡杖刑五：杖一百，臀杖二十；九十，臀杖十八；八十，臀杖十七；七十，臀杖十五；六十，臀杖十三。凡笞刑五：笞五十，臀杖十下；四十、三十，臀杖八下；二十、十，臀杖七下。常行官杖如周顯德五年制，長三尺五寸，大頭闊不過二寸，厚及小頭徑不得過九分。徒、流、笞通用常行杖，徒罪決而不役。

（宋）竇儀等《宋刑統》卷一《名例律·五刑》 笞刑五，杖刑五，徒刑五，流刑三，死刑二。

笞刑五

一十贖銅一斤。二十贖銅二斤。三十贖銅三斤。四十贖銅四斤。五十贖銅五斤。

疏議曰：笞者，擊也。而律學者云，笞訓爲恥。言人有小愆，法須懲誡，故加捶撻以恥之。漢時笞則用竹，今時則用楚。故《書》云：扑作教刑。即其義也。漢文帝十三年，太倉令淳于意女緹縈上書，願没身爲官婢，以贖父刑。帝悲其意，遂改肉刑，當黥者髡鉗爲城旦舂，當劓者笞三百。此即笞杖之目，未有區分。笞擊之刑，刑之薄（者）也。隨時沿革，輕重不同，俱期無刑，義唯必措。《孝經援神契》云：聖人制五刑以法五行。《禮》云：刑者侀也，成也，一成而不可變，故君子盡心焉。《孝經鈎命決》云：刑者侀也，質罪示終。然殺人者死，傷人者刑，百王之所同，其所由來尚矣。從笞十至五十，其數有五，故曰笞刑五。徒杖之數亦准此。

杖刑五

六十贖銅六斤。七十贖銅七斤。八十贖銅八斤。九十贖銅九斤。一百贖銅十斤。

疏議曰：《説文》云：杖者持也，而可以擊人者。《家語》云：舜之事父，小杖則受，大杖則走。《國語》云：薄刑用鞭朴。《書》云：鞭作官刑。猶今之杖刑者也。又蚩尤作五虐之刑，亦用鞭朴。原其濫觴，所從來遠矣。漢景帝以笞者已死，而笞未畢，改三百曰二百，二百曰一百。奕代沿流，曾微增損。爰洎隋室，以杖易鞭。今律云累決笞杖者不得過二百，蓋循漢制也。

□□□□□□□□□□□條其今常行杖制□□□□□□□□尺五寸，大頭闊不得過二□□□不得過九分，小頭徑不得過九分，依此行用。

准：周顯德五年七月七日敕條，州縣自長官以下，因公事行責情杖，量情狀輕重，用今時杖，不得過臀杖十五。因責情杖至死者，具事由聞奏。

徒刑五

一年贖銅二十斤。一年半贖銅三十斤。二年贖銅四十斤。二年半贖銅五十斤。三年贖銅六十斤。

疏議曰：徒者奴也，蓋奴辱之。《周禮》云：其奴男子入于罪隸，又任之以事，寘以圜土而收教之。上罪三年而捨，中罪二年而捨，下罪一年而捨。此並徒刑也。蓋始於周。

流刑三

二千里贖銅八十斤。二千五百里贖銅九十斤。三千里贖銅一百斤。

疏議曰：《書》云：流宥五刑。謂不忍刑殺，宥之于遠也。又曰：五流有宅，五宅三居。大罪投之四裔，或流之於海外，次九州之外，次中國之外。蓋始於唐、虞。今之三流，即其義也。

□□□□□□□□□敕尚書都省□□□□□□□月十六日奉聖旨，徒流笞杖刑名應合該除免當贖上請外，據法書輕重等第，用常行杖施行，令臣等詳定可否奏聞，俾官吏之依憑，絕刑名之出入，立茲定制，始自聖朝。臣等參詳，伏請宣下法司，頒行天下者。奉敕宜依，仍付所司遍下諸道州府者。

流刑

加役流決脊杖二十，配役三年。

流三千里決脊杖二十，配役一年。

流二千五百里決脊杖十八，配役一年。

流二千里決脊杖十七，配役一年。

徒刑

徒三年決脊杖二十放。

徒二年半決脊杖十八放。

徒二年決脊杖十七放。

徒一年半決脊杖十五放。

徒一年決脊杖十三放。

杖刑

杖一百決臀杖二十放。

杖九十決臀杖十八放。

杖八十決臀杖十七放。

杖七十決臀杖十五放。

杖六十決臀杖十三放。

笞刑

笞五十決臀杖十下放。

笞四十三十決臀杖八下放。

笞二十一十決臀杖七下放。

死刑二

絞、斬贖銅一百二十斤。

疏議曰：古先哲王，則天垂法，輔政助化，禁暴防姦，本欲生之，義期止殺。絞斬之坐，刑之極也。死者魂氣歸於天，形魄歸於地，與萬〔物〕冥然。故鄭注《禮》云：死者澌也，消盡爲澌。《春秋元命〔苞〕》云：黄帝斬蚩尤於涿鹿之野。《禮》云：公族有死罪，罄之於甸人。故知斬自軒轅，絞興周代，二者法陰數也。陰主殺罰，因而則之，即古大辟之刑是也。

問曰：笞以上死以下，皆有贖法，未知贖刑起自何代？

答曰：《書》云：金作贖刑。注云：誤而入罪，出金以贖之。甫侯訓夏贖刑云：墨辟疑赦，其罰百鍰，劓辟疑赦，其罰唯倍，剕辟疑赦，其罰倍差，宮辟疑赦，其罰六百鍰，大辟疑赦，其罰千鍰。注云：六兩曰鍰，鍰黄鐵也。晋律應八議以上皆留官收贖，勿髡鉗笞也。今古贖刑，輕重異制，品目區别，備有章程，不假勝條，無煩縷説。

准：唐建中三年八月二十七日敕節文，其十惡中惡逆以上四等罪，請准律用刑，其餘應合處絞、斬刑，自今以後，並決重杖一頓處死，以代極法。釋曰：惡逆以上四等罪，謂謀反、謀大逆、謀叛、惡逆。

准：獄官令，諸傷損於人及誣告得罪，其人應合贖者，□□被告及傷損之家，即兩人相犯得罪，□□□□□□□□□□條請□□□□□□六十日徒限五□□□□□□□□□□□□若無故過限□□□□□□□訴據理不移前□□□□□□□□□□□□□□月八日敕節文其贖銅每□□□□□□□□□□□□

（宋）孫奭《律音義・名例第一》 王物之謂名，統凡之謂例。法律之名既衆，要須例以表之，故曰名例。漢作九章散而未統，魏朝始集罪例號爲刑名，晋賈充增定律二十篇以刑名法例揭爲篇冠，至此齊趙郡王叡等奏上齊律十二篇，併曰名例，後循而不改。

五刑，五刑之名尚矣。古者大刑用甲兵，次斧鉞，中刑用刀鋸，次鑽鑿，薄刑用鞭扑。《虞書》五刑曰墨曰劓曰剕曰宮曰大辟，又云流宥五刑，鞭作官刑，扑作教刑，金作贖刑，則五者之外似别有流贖鞭扑之品也。三代而降其制略同，秦法既慘始有夷三族具五刑之名。漢文帝去三肉刑，又以完代刖。魏制五刑則死刑三，髡刑四，完作刖各三，贖刑十一。晋以梟首斬棄市三死，與髡作輸贖二等爲五刑。梁世略依前代，制刑十三等，及鞭叔督之差。北齊採魏晋故事，以轘裂梟首斬絞爲四死，鞭笞各百，髡以配兵爲一流，五年至一年爲五刑，一百至四十爲五鞭，三十至一十爲三杖。後周以杖刑鞭刑徒刑流刑死刑名以五差爲二十五等，與齊法小異。至隋更定五刑之序，則死以斬絞爲二，流以一千里至二千里爲三，徒以一年至三年，杖以六十至一百，笞以五十至十各爲五，凡二十等，蠲損前代，鞭刑梟首轘裂之法，輕重之準得天下之平矣。唐以二千里至三千里爲三流，餘同隋制，至今遵用。

笞，丑之切，捶擊也。贖，石欲切，又音樹貿也，出金以貿易其罪也。杖，直兩切，持也，言人執持可以擊人也。古者用鞭，《書》云鞭作官刑，是也。梁有制鞭法鞭常鞭三等，制鞭用生革廉成，法鞭去廉，常鞭用熟靼。至隋以杖見鞭，舊制應決杖笞者皆依數決之。皇朝建隆四年始有折杖之制，靼音旨熱切，柔皮也。徒，同都切，奴也，男子入于皁隸女子入于舂槀，著於丹書以戮辱之也。流，力求切，竄之邊裔若水流也，舊制犯徒者依年配役，犯流者流至配所居作，皆不決杖。皇朝建隆四年制，犯徒者加杖免役，犯流者加杖留住，三流俱役一年，加役流者役三年。死，息姊切，斯也，澌盡也，精神澌盡也。澌音賜。絞，古卯切，絞，殺之也，不殊身首。斬，側減切，殺而殊其身首。

（宋）佚名《宋大詔令集》卷二〇二《政事·刑法·大辟情理可憫及刑名疑慮許具案以聞詔天聖四年五月壬午》 國家慎擇循良，勤恤黎庶，必期無訟，以洽至人。而生齒之繁，犯者頗衆，未底于治，朕甚憫焉。況復大辟之科，情有輕重。特從上讞，式表哀矜。應天下大辟，情理可憫及刑名疑慮者，並許具案以聞，有司毋得舉駁。

（宋）佚名《宋大詔令集》卷二〇二《政事·刑法·定强盜刑詔景祐二年壬子朔》 朕紹撫邦圖，深惟治本。言念蒼黔之衆，罔知教化之方。因衣食之靡充，致寇攘之滋起，陷於重辟，良用憮然，逖覽前編。具存中典，遭五代之澆季，爰抵深文，洎累聖之洽熙，漸從末減。欲驅民於仁壽，特著令於寬平。庶復律章，式重人命。自今强盜不持杖不得財，徒二年，每千加一等。十千及傷人者絞，持杖不得財流三千里，流滿五千里者絞，傷人者斬，仍不分首從。不持仗滿千及持仗罪不致死，並論如流配千里外牢城。

（宋）佚名《宋大詔令集》卷二〇二《政事·刑法·除徒三年杖一百外立到杖數詔政和八年四月十一日》 朕稽先王惟刑之恤，審克厥中。在宥天下，爰自肉刑廢而爲杖笞，杖笞改而爲小折大。以迄于今，未之能改。世治亂不同，則刑重輕亦異。今天下承平日久，囹圄數空。當緩刑省罰，而折杖之數，多寡不倫，民抵憲禁，傷肌膚，朕爲之惻然。夫朴作教刑，朕以先王所以教者，約其數以善天下。使民遷善遠罪，期於無刑，閔仁元元至矣。除徒三年杖一百外，可依下項：

徒二年半杖九十，可十七下。

徒二年杖八十，可十五下。

徒一年半杖七十，可十三下。

徒一年杖六十，可十二下。

笞五十，可十下。

笞四十，可八下。

笞三十，可七下。

笞二十，可六下。

笞十，可五下。

《宋史》卷二〇〇《刑法志》 在徽宗時，刑法已峻。雖嘗裁定笞杖之制，而有司猶從重比。中興之初，詔用政和遞減法，自是迄嘉定不易。自蔡京當國，凡所請御筆以壞正法者，悉釐正之。諸獄具，令當職官依式檢校。枷以乾木爲之，輕重長短刻識其上，笞杖不得留節目，亦不得釘飾及加筋膠之類，仍用官給火印。暑月每五日一洗濯枷杻，刑、寺輪官一員，躬親監視。諸獄司並旬申禁狀，品官、命婦在禁，別具單狀。合奏案者，具情款招伏奏聞，法司朱書檢坐條例、推司録問、檢法官吏姓名于後。

（宋）謝深甫等《慶元條法事類》卷七三《刑獄門·折杖減役》 〔名例敕〕諸罪人應決而役者，計所役日以減笞杖之數。每二十七日當脊杖一，九日當大杖一，七日當笞一。有零日者，各聽當一。應役而決者，計所決笞杖減其役日。每脊杖一，當五十四日。大杖一，當二十七日。笞一，當十四日。即應決而配者，亦計役日以減其笞杖。諸軍長行非配遠惡州沙門島者，不在計日減笞杖之限。刺面別當徒一年。謂元非刺面配充軍者，先以刺面當年，次以配役日減笞杖。編管者，聽以二日當一日。有零日，亦聽當一日。若止應編配決徒流者，奏裁。

（宋）王鍵《刑書釋名·古今用刑》 殺。神農氏殺夙沙氏。

戮。黄帝擒戮蚩尤。

椓黥。蚩尤之刑也。

冎。剔入肉，置其骨也。安祿山執常山太守顔杲卿冎之。

支解。《漢紀》法截其四肢也。

醢。商紂醢九侯。

烹。齊哀公烹於周。
誅。堯誅三苗。
族誅。商紂有誅九族之條。
門誅。《後魏書》。
赤族。《漢書》赤，盡也。
誅。周刑也，誅者罪連一宗，殺之者及九族。
車裂。商鞅殘酷，秦人殺而車裂之。
分屍。同支解，漢分項王屍。
炮烙。商紂造。
抽脅鑿項。皆商鞅法也。
梟。斬首懸木上。漢梟彭越之首。
腰斬。秦腰斬李斯。
棄市。刑人於車，棄之于市。
偶。漢賈誼曰。棄市之法也。
肆。殺而陳其屍也。見《論語》。
斫。張飛欲斫嚴顔頭。
炙。晋大將軍潁炙殺長沙王乂。
撲。秦法以囊盛人而撲殺之。
脯。紂脯鄂侯。
鋸。以木解人，李克用鋸孫揆也。
擣。梁侯所爲犯法者擣殺之。
剭。誅於剭角不露天也。《易》曰其刑剭。
横分。《漢書》注：離也。
剄。漢注以刀自裁。
格。祭遵格殺舍中兒。
拉。宋武帝拉殺諸葛長民。
天。睽卦釋文：刺鑿其額命曰天。
抵死。漢注：抵，觸也。
沈命。應劭曰：沈，沒也。
斧質。《項籍傳》身伏斧質。師古曰：質，鍖也，斬人加于鍖上而斫之也。
殊死。漢律斬刑也。
鉗灼。《江充傳》燒鐵鉗灼强其服罪。
剝皮。《後晋紀》注：剝，割也。
庾死。漢注：囚以饑寒死者曰瘐。
纍。《楊雄傳》諸不以罪死者曰纍。
腐。宫刑也。
三族。謂父、母、妻。
髡鉗。去犯人髮，以鐵束項也。
鬼薪。漢令役人取薪給宗廟，三歲刑。
謫運。梁徒役也，男子謫運，女子質作。
配役。宋文省流刑，令帶鐐居作。
白粲。漢令役人坐擇粲，三歲刑也。
城旦舂。漢法，旦者，男子旦起行治舂城者。婦人舂作粲也。

（清）沈家本《歷代刑法考・刑制總考四・宋》 笞刑五，一十、贖銅一斤，決臀杖七下放。二十、贖銅二斤，決臀杖七下放。三十、贖銅三斤，決臀杖八下放。四十、贖銅四斤，決臀杖八下放。五十。贖銅五斤，決臀杖十下放。

杖刑五，六十、贖銅六斤，決臀杖十三下放。七十、贖銅七斤，決臀杖十五下放。八十、贖銅八斤，決臀杖十七下放。九十、贖銅九斤，決臀杖十八下放。一百。贖銅十斤，決臀杖二十。其杖長三尺五寸，大頭闊二寸，厚九分，小頭徑九分以下。

徒刑五，一年、贖銅二十斤，決脊杖十三下放。一年半、贖銅三十斤，決脊杖十五下放。二年、贖銅四十斤，決脊杖十七放。二年半、贖銅五十斤，決脊杖十八放。三年。贖銅六十斤，決脊杖二十。以上不刺面，役滿自放。

流刑三，二千里、贖銅八十斤，決脊杖十七，配役一年。二千五百里、贖銅九十斤，決脊杖十八，配役一年。三千里、贖銅一百斤，決脊杖二十，配役一年。加役流。決脊杖二十，配役三年。

死刑二，絞、斬。贖銅一百二十斤，並決重杖一頓，以代極刑。

按：此《宋刑統》之文也。《刑統》久無傳本，《天一閣書目》政書類有《刑統》三十卷，烏絲闌鈔本，不著撰人名氏。《書目》刊于嘉慶十三年，當時尚有此書，而無好事者爲之刊刻。今從天一閣傳鈔一通，惜卷首數頁殘缺不全。此文見元王元亮《唐律表五刑圖説》，今備録之，並可以補《刑統》之缺。

淩遲，《通考》：仁宗天聖六年，詔如聞荆湖殺人祭鬼，自今首謀若加功者，淩遲斬。

按：殺人祭鬼，非常之事，故以非常之法施之。《通考》云：淩遲之法，昭陵以前雖兇强殺人之盗亦未嘗輕用，自詔獄既興，而以口語狂悖者，皆麗此刑矣。可見宋之淩遲不在常刑之列。《渭南文集》有請除淩遲之刑狀，是南宋時此刑常用之。

配隸，《宋史·刑法志》：凡應配役者傅軍籍，用重典者黥其面。會赦，則有司上其罪狀，情輕者，縱之；重者，終身不釋。

圜土，又崇寧中，始從蔡京之請，令諸州築圜土以居强盗貸死者。晝則役作，夜則拘之，視罪之輕重，以爲久近之限。許出圜土〔日〕充軍，無過者縱釋。行之二年，其法不便，迺罷。大觀元年，復行。四年，復罷。

贖法，又至和初，又詔：前代帝王後，嘗仕本朝，官不及七品者，祖父母、父母、妻子罪流以下，聽贖。雖不仕而嘗被賜予者，有罪，非巨蠹，亦如之。隨州司理參軍李抃父毆人死，抃上所授官以贖父罪，帝哀而許之。君子謂之失刑，然自是未嘗爲比。而終宋之世，贖法惟及輕刑而已。

按：宋代刑法本於唐，其淩遲之法雖沿於五代，然不常用也。史稱其士初試官，皆習律令。其君一以寬仁爲治，故立法之制嚴，而用法之情恕。國既南遷，累世猶知以愛民爲心，雖其失慈弱，而祖宗之遺意猶未泯焉。則一朝之得失可以見矣。

《遼史》卷六一《刑法志》：其制刑之凡有四：曰死、曰流、曰徒、曰杖。死刑有絞、斬、淩遲之屬，又有籍没之法。流刑量罪輕重，置之邊城部族之地，遠則投諸境外，又遠則罰使絶域。徒刑一曰終身，二曰五年，三曰一年半；終身者決五百，其次遞減百；又有黥刺之法。杖刑自五十至三百，凡杖五十以上者，以沙袋決之；又有木劍、大棒、鐵骨朵之法。木劍、大棒之數三，自十五至三十；鐵骨朵之數，或五、或七。

有重罪者，將決以沙袋，先于脽骨之上及四周擊之。拷訊之具，有麄、細杖及鞭、烙法。麄杖之數二十；細杖之數三，自三十至于六十。鞭、烙之數，凡烙三十者鞭三百，烙五十者鞭五百。被告諸事應伏而不服者，以此訊之。品官公事誤犯，民年七十以上、十五以下犯罪者，聽以贖論。贖銅之數，杖一百者，輸錢千。亦有八議、八縱之法。籍没之法，始自太祖爲撻馬狘沙里時，奉痕德堇可汗命，按于越釋魯遇害事，以其首惡家屬没入瓦里。及淳欽皇后時析出，以爲著帳郎君，至世宗詔免之。其後内外戚屬及世官之家，犯反逆等罪，復没入焉；餘人則没爲著帳户；其没入宫分、分賜臣下者亦有之。木劍、大棒者，太宗時制。木劍面平背隆，大臣犯重罪，欲寬宥則擊之。沙袋者，穆宗時制，其制用熟皮合縫之，長六寸，廣二寸，柄一尺許。徒刑之數詳于重熙制，杖刑以下之數詳于咸雍制；其餘非常用而無定式者，不可殫紀。

太祖初年，庶事草創，犯罪者量輕重決之。其後治諸弟逆黨，權宜立法。親王從逆，不磬諸甸人，或投高崖殺之；淫亂不軌者，五車轘殺之；逆父母者視此；訕詈犯上者，以熟鐵錐椿其口殺之。從坐者，量罪輕重杖決。杖有二：大者重錢五百，小者三百。又爲梟磔、生瘞、射鬼箭、砲擲、支解之刑。歸於重法，閑民使不爲變耳。歲癸酉，下詔曰：朕自北征以來，四方獄訟，積滯頗多。今休戰息民，群臣其副朕意，詳決之，無或冤枉。乃命北府宰相蕭敵魯等分道疏決。有遼欽恤之意，昉見于此。神册六年，克定諸夷，上謂侍臣曰：凡國家庶務，鉅細各殊，若憲度不明，則何以爲治，群下亦何由知禁？乃詔大臣定治契丹及諸夷之法，漢人則斷以律令，仍置鐘院以達民冤。

（清）沈家本《歷代刑法考·刑制總考四·遼》 死，絞、斬、淩遲。

流，邊城部族之地、境外、絶域。

徒，終身、五年、一年半。

杖，五十至三百。

籍没。

黥刺。

木劍，大棒，鐵骨朵。

鞭烙，麤細杖。

贖銅。

重法，投高崖、五車轘、梟磔、生瘞、射鬼箭、砲擲、支解、炮烙鐵梳。【略】太祖初年，庶事草創，犯罪者量輕重決之。其後治諸弟逆黨，權宜立法。親王從逆，不磬諸甸人，或投高崖殺之；淫亂不軌者，五車轘殺之；逆父母者視此；訕詈犯上者，以熟鐵（推）〔錐〕摏其口殺之。又爲梟磔、生瘞、射鬼箭、砲擲、支解之刑。歸於重法，閑民使不爲變耳。

宮刑詳宮。

《志》又云：穆宗嗜酒及獵，不恤政事，五坊、掌獸、近侍、奉膳、掌酒人等，以獐鹿、野豕、鶻雉之屬亡失傷斃，及私歸逃亡，在告踰期，召不時至，或以奏對少不如意，或以飲食細故，或因犯者遷怒無辜，輒加炮烙鐵梳之刑。甚者至于無算。或以手刃刺之，斬擊射燎，斷手足，爛肩股，折腰脛，劃口碎齒，棄屍于野。且命築封于其地，死者至百餘人。京師置百尺牢以處繫囚。蓋其卽位未久，惑女巫肖古之言，取人膽合延年藥，故殺人頗衆。後悟其詐，以鳴鏑叢射，騎踐殺之。

腰斬，《志》又云：近侍劉哥、烏古斯嘗從齊王妻而逃，以赦，後會千齡節出首，乃詔諸近侍、護衛集視而腰斬之。聖宗時。

戮屍，《志》又云：天祚乾統元年，凡大康三年預乙辛所害者悉復官爵，籍沒者出之，流放者還鄉里。至二年，始發乙辛等墓，剖棺戮尸，誅其子孫，餘黨子孫減死，徙邊。《志》又云：賞罰無章，怨讟日起，劇盜相挺，叛亡接踵。天祚大恐，益務繩以嚴酷，由是投崖、砲擲、釘割、臠殺之刑復興焉。或有分尸五京，甚者至取其心以獻祖廟。雖由天祚救患無策，流爲殘忍，亦由祖宗有以啓之也。遼之先代，用法尚嚴。使其子孫皆有君人之量，知所自擇，猶非祖宗貽謀之道；不幸一有昏暴者，少引以藉口，何所不至。然遼之季世，與其先代用刑同，而興亡異者，何歟？蓋創業之君，施之於法未定之前，民猶未敢測也；亡國之主，施之於法既定之後，民復何所賴焉。此其所爲異也。傳曰新國輕典，豈獨權事宜而已乎？

按：遼起朔方，以用武立國。太祖之世，刑多酷慘；穆宗性尤好殺，天祚荒暴，遂至于亡。論者咎其貽謀之不善，與唐代相考鏡，其仁與暴何適相反也？史稱其季世與先代用刑同而興亡異者，由於法之未定與既定，是固然矣，實則昏明之判耳。太祖時，下特詔以疏滯獄，置鐘院以達民冤，朝政明而法度立，此其所以興也。穆宗虐止褻御，不及大臣百姓，其知女巫妖妄見誅，諭臣下濫刑切諫，亦非不明也。天祚則昏暴兼之，此其所以亡也。豈盡由於法之定不定哉？後之鑒古者，當如唐之仁，毋若遼之暴，斯可矣。

《金史》卷四五《刑志》 金國舊俗，輕罪笞以柳葼，殺人及盜劫者，擊其腦殺之，沒其家貲，以十之四入官，其六償主，併以家人爲奴婢。其親屬欲以馬牛雜物贖者，從之。或重罪亦聽自贖。然恐無辨於齊民，則劓刵以爲別。其獄，則掘地深廣數丈爲之。

（清）畢沅《續資治通鑑》宋高宗紹興二十三年三月 金之用刑，舊有沙袋，熙宗立，始去之，金主立，又去杖脊，凡徒刑，止以荆決臀，爲其近人心故也。徒刑五等，自五年至一年，皆使之雜作，滿則釋之。

《金史》卷四五《刑志》 〔大定〕二十五年二月，上以婦人在囚，輸作不便，而杖不分決，與殺無異，遂命免死輸作者，決杖二百而免輸作，以臀、背分決。

《金史》卷四五《刑志》 明昌五年，尚書省奏：在制，《名例》內徒年之例，無決杖之文便不用杖。緣先謂流刑非今所宜，且代流役四年以上俱決杖，而徒三年以下難復不用。婦人比之男子雖差輕，亦當例減。遂以徒二年以下者杖六十，二年以上杖七十，婦人犯者並決五十，著于《敕條》。

（清）沈家本《歷代刑法考·刑制總考四·金》 笞刑五，一十，贖銅二斤；二十，贖銅四斤；三十，贖銅六斤；四十，贖銅八斤；五十，贖銅十斤。

杖刑五，六十，贖銅十二斤；七十，贖銅十四斤；八十，贖銅十六斤；九十，贖銅十八斤；一百，贖銅二十斤。

徒刑七，一年，贖銅四十斤，決杖六十，加杖一百二十；一年半，贖銅六十斤，決杖六十，加杖一百四十；二年，贖銅八十斤，決杖七十，加杖一百八十；二年半，贖銅一百斤，決杖七十，加杖一百八十；三年，贖銅一百二十斤，決杖八十，加杖二百；四年，贖銅一百六十斤，決杖九十，加杖二百；五年，贖銅一百八十斤，決杖一百，加杖二百。

流刑三，二千里，贖銅一百六十斤，配役一年；二千五百里，贖銅一百八十斤，配役一年；三千里，贖銅二百斤，配役一年。

死刑二，絞，斬，贖銅二百四十斤。

按：此金泰和律文也。《泰和律義》原書久亡，元鄭汝翼《永徽法經》以唐律、金律分類相附，尚存其略，而《永徽法經》僅有四庫所輯《永樂大典》本，其書僅列于存目中，未經發刻，故世無傳本。此五刑之制，見於元王元亮《唐律表五刑圖説》，故備録之。

撃腦，《金史・刑志》：金國舊俗，輕罪笞以柳葼，殺人及盗劫者，撃其腦殺之，没其家資，以十之四入官，其六賞主，併以家人爲奴婢。其親屬欲以馬牛雜物贖者，從之。或重罪亦聽自贖，然恐無辨於齊民，則劓、刵以爲別。

没貲，見上。

劓刵，見上。

刺字、充軍、終身徒，《金志》：天會七年，詔凡竊盗，但得物，徒三年；十貫以上，徒五年，刺字充下軍；三十貫以上，徒終身。

《金史・刑志》序：金初，法制簡易，無輕重貴賤之別，刑、贖並行，此可施諸新國，非經世久遠之規也。天會以來，漸從吏議，皇統頒制，兼用古律。厥後，正隆又有《續降制書》。大定有《權宜條理》，有《重修制條》。明昌之世，《律義》、《勑條》並修，品式寖備。既而《泰和律義》成書，宜無遺憾。然國脈紓蹙，風俗醇醨，世道升降，君子觀一代之刑法，每有以先知焉。金法以杖折徒，累及二百，州縣立威，甚者置刃於杖，虐於肉刑。季年，君臣好用筐篋故習，由是以深文傅致爲能吏，以慘酷辦事爲長才。有司姦贓真犯，此可決也，而微過亦然。風紀之臣，失糾皆決。考滿，校其受決多寡以爲殿最。原其立法初意，欲以同疏戚、壹小大，使之咸就繩約於律令之中，莫不齊手並足以聽公上之所爲，蓋秦人强主威之意也。是以待宗室少恩，待大夫士少禮。終金之代，忍恥以就功名，雖一時名士有所不免。至於避辱遠引，罕聞其人。殊不知君子無恥而犯義，則小人無畏而犯刑矣。是故論者於教愛立廉之道，往往致太息之意焉。

按：金代刑制之失，史詳之矣。泰和律目一准於唐，豈其律文並不昉唐律耶？今其全書不可得見，無以定之。

（元）孟奎《粗解刑統賦》　刑異五等，古之五刑，墨劓剕宫大辟也。自漢唐以來改爲笞杖徒流絞，而傳至今矣。刑五而屬三千條者，言其多也，若以刑類而分條數則無所考。

《元史》卷二《太宗本紀》　〔元太宗六年〕夏五月，帝在達蘭達葩之地，大會諸王百僚，諭條令曰：凡當會不赴而私宴者，斬。諸出入宫禁，各有從者，男女止以十人爲朋，出入毋得相雜。軍中凡十人置甲長，聽其指揮，專擅者論罪。其甲長以事來宫中，即置權攝一人，甲外一人，二人不得擅自往來，違者罪之。諸公事非當言而言者，拳其耳；再犯，笞；三犯，杖；四犯，論死。諸千户越萬户前行者，隨以木鏃射之。百户、甲長、諸軍有犯，其罪同。不遵此法者，斥罷。今後來會諸軍，甲内數不足，於近翼抽（捕）〔補〕足之。諸人或居室，或在軍，毋敢喧呼。凡來會，用善馬五十四爲一羈，守者五人，飼羸馬三人，守乞烈思三人。但盗馬一二者，即論死。諸人馬不應絆於乞烈思内者，輒没與畜虎豹人。諸婦人製質孫燕服不如法者，及妬者，乘以騸牛徇部中，論罪，即聚財爲更娶。

《元史》卷一〇二《刑法志》　蓋古者以墨、劓、剕、宫、大辟爲五刑，後世除肉刑，乃以笞、杖、徒、流、死備五刑之數。元因之，更用輕典，蓋亦仁矣。世祖謂宰臣曰：朕或怒，有罪者使汝殺，汝勿殺，必遲回一二日乃覆奏。斯言也，雖古仁君，何以過之。自後繼體之君，惟刑之恤，凡郡國有疑獄，必遣官覆讞而從輕，死罪審録無冤者，亦必待報，然後加刑。而大德間，王約復上言：國朝之制，笞杖十減爲七，今之杖一百者，宜止九十七，不當又加十也。此其君臣之間，唯知輕典之爲尚，百年之間，天下乂寧，亦豈偶然而致哉！

《元史》卷一〇二《刑法志》　五刑。

笞刑：七下，十七，二十七，三十七，四十七，五十七。

杖刑：六十七，七十七，八十七，九十七，一百七。

徒刑：一年，杖六十七。一年半，杖七十七。二年，杖八十七。二年半，杖九十七。三年，杖一百七。

流刑：遼陽，湖廣，迤北。

死刑：斬，陵遲處死。

（元）張鉉《至大金陵新志》卷三下《金陵表》〔至元〕二年丙子，句容縣生帛局改造紵絲斜紋，撥赴資政院交納。嚴盜賊，禁用肉刑。推官能鼎賢河陰人，任内平反録事司囚吴住哥崔保憐，上元縣囚劉友端，江寧縣囚張茂才四人，并問强盗王念二等得實，内外臺監察御史累薦省部，擬減一資。

（清）嵇璜等《續通志》卷一四七《刑法略・歷代刑制》〔大德〕四年正月申嚴京師惡少不法之禁，犯者黥刺杖七十拘役。

《元史》卷一〇三《刑法志》 諸獄具，枷長五尺以上，六尺以下，闊一尺四寸以上，一尺六寸以下，死罪重二十五斤，徒流二十斤，杖罪一十五斤，皆以乾木爲之，長闊輕重各刻誌其上。杻長一尺六寸以上，二尺以下，横三寸，厚一寸。鎖長八尺以上，一丈二尺以下，鐐連（環）〔鐶〕重三斤。笞大頭徑二分七釐，小頭徑一分七釐，罪五十七以下用之。杖大頭徑三分二釐，小頭徑二分二釐，罪六十七以上用之。訊杖大頭徑四分五釐，小頭徑三分五釐，長三尺五寸，並刊削節目，無令筋膠諸物裝釘。應決者，並用小頭，其決笞及杖者，臀受；拷訊者，臀若股分受，務令均停。

《元史》卷一〇四《刑法志》 諸犯徒者，徒一年，杖六十七；一年半，杖七十七；二年，杖八十七；二年半，杖九十七；三年，杖一百七。皆先決訖，然後發遣合屬，帶鐐居役。應配役人，隨有金銀銅鐵洞冶、屯田、隄岸、橋道一切等處就作，令人監視，日計工程，滿日放還，充（景）〔警〕跡人。

《大元通制・五刑》 笞刑，一十下決七下。二十至三十，決一十七下。四十至五十，決二十七下。杖刑，六十至七十，決三十七下。八十至九十，決四十七下。一百，決五十七下。徒刑，一年一年半，決六十七下。二年二年半，決七十七下。三年，決八十七下。四年，決九十七下。五年，決一百七下。諸犯罪人，年七十歲以上十五歲以下，及篤廢殘疾不任責者，每杖一下贖至元鈔貳佰文。流刑，二千里，二千五百里，三千里。死刑，絞刑，斬刑。

（元）徐元瑞《吏學指南・獄具》 桎梏，木在手曰梏，手械也，所以告天；木在足曰桎，足械也，所以質地。黄帝所置。拲，音拱。《刑統賦〔釋〕》注：兩手同一械曰拲。杻，即梏也，轉手貌也。宋金定制。遼制有鎖鐐，即帶鏈鐮刀也，形象鍥而無柄，連鏈於足，以限役囚步也。宋金無鐐。金章宗始定鐐連鐶，重三斤。鉗鈦，《漢・陳咸傳》：私解脱鉗鈦。顔師古曰：鉗在頸，鈦在足，皆以鐵爲之。鉗，其炎切。鈦音第。械繫，桎梏也，漢高帝擒韓信，械繫歸洛陽。露車，陳制：死罪將決，乘露車，著三械，加拲手。檻車，載囚之車也。又曰篷輿，以板四周，無所通見。謂極刑也。漢貫高檻車送長安。枷，較也，交木爲之。始自後魏。唐宋以來，方定三等斤重也。桁楊，《莊子》注曰：枷夾其頸曰桁楊。鎖，漢之鐵鋃鐺也。金始制其丈尺。錮身，重繫也。始於周，宋以盤枷代之也。銗筩，項同也。漢趙廣漢置，以投書。宋添鉗鎖，改爲獄具。盜械，漢法，以罪著械者，稱爲盜械。胥靡，胥，相也；靡，隨也。又曰靡繫。漢以徒囚聯繫，使相隨而服役，即今之伴鎖也。三杖，謂笞杖訊也。始於漢文，歷代大小不同，至金始定三等之制也。箠楚，杖曰箠，荆曰楚。敲朴，短杖曰敲，杖擊曰朴。孟青，唐侯思止謂决囚大杖曰孟青。榎楚，《初學記》曰：山榎曰荆，杖曰楚。謂收罪人之威也。縲絏，又曰纍絏。黑索曰縲，拘攣曰絏。顔師古曰：縲，係也；絏，長繩也。徽纆，三股繩曰徽，二股繩曰纆。劅刀，刑人之刀也。漢虞詡曰：寧伏劅刀。儹指、腿夾，宋嶺南用，今仍存。腦箍、脚夾、麻棍，今用拷囚。

（元）沈仲緯《刑統賦疏・第二韻》 刑異五等，刑者國之刑法也，《孝經援神契》云，聖人制五刑以法五行，蓋五刑之設其來遠矣。考之於《書》周制有五辟之刑，一曰墨辟，刻其額而實之以墨，二曰劓辟，碎截其鼻，三曰剕辟，去其耳，四曰宫辟，割其勢淫刑也，五曰大辟，身首異處，死刑也。秦漢以來隨時沿革慘舒不同。至隋文帝開皇年間命高熲更定爲笞杖徒流死，此五刑者其制得中，故唐因之而不改。笞者，捶也，恥也。制有五等，自一十至二十、三十、四十、止五十。言人有小過，法雖懲戒，微加捶撻以恥之。古用竹，今用荆。杖者，持也，杖大於笞，可以擊人者。制有五等，自六十、七十、八十、九十、止一伯。古用鞭，今用荆。徒者，奴也，辱之也。男子入於罪隸，又任之以事。制有五等，自一年至一年半，二年，二年半，止三年，即今配役也。流者，竄之於邊裔，使離其本鄉也，若水流遠而去也。制有三等，自二千里、二千五百里，止三千里。死者，澌也，消盡爲澌。制有二等，絞斬。絞，謂身首不殊纏縛而縊斬以刀刃，身首異處也，詳其制刑之類必皆以五者，何也？蓋五者天地之中數也，是以笞刑五、杖刑五、徒刑五，斯三者各離而爲五也。流刑三死刑二，斯二者亦合爲五，然而笞杖徒刑五流刑三者，五與三爲奇數，爲陽也，以明生也，死刑二者耦數爲陰以主殺也，此又見先王造律輕重科目等數，奇耦俱未嘗無法也。

直解。制刑五等笞杖徒流死。

通例。笞刑六等，七下，一十七下，二十七下，三十七下，四十七下，五十七下。杖刑五等，六十七下，七十七下，八十七下，九十七下，一百七下。徒刑五等，徒一年，一年半，二年，二年半，三年。流刑三等，流二千里，比移鄉接連，二千五百里，遷徙屯糧，三千里，流遠出軍。死刑二等，絞斬。

（元）佚名《別本刑統賦解》 配所犯徒杖不過於一百，有犯配流，於配所又作罪，雖其積惡深厚，不可恤恕，故又科之，亦止於一百而已，猶今之一百七也。

流刑加役里亦止於三千。流罪之刑二千里、二千五百里、三千里，其有犯流罪，於流所又犯配役流者，地里不過三千里也。

（明）丘濬《大學衍義補》卷一〇四《慎刑憲·制刑獄之具》 元制，五刑之目。凡七下至五十七，謂之笞刑。凡六十七至一百七謂之杖刑。其徒法，年數，杖數，相附麗爲加減。鹽徒盜賊既決而又鐐之。流則南人遷於遼陽迤北之地，北人遷於南方湖廣之鄉。死刑則有斬而無絞。惡逆之極者，又有凌遲處死之法焉。

臣按：自隋唐以來，除去前代慘刻之刑，死罪惟有斬絞二者。至元人又加之以凌遲處死之法焉。所謂凌遲處死，即前代所謂咼也。前代雖於法外有用之者，然不著於刑書，著於刑書始於元焉。其笞杖每十數必加以七者，其初，本欲減以輕刑也。其後承誤反以爲加焉。大德間，王約上言：國朝之制，笞杖十減爲七，今杖一百者，宜止九十七，又不當加十也。則其立法之始意，可見矣。

（清）沈家本《歷代刑法考·刑制總考四·元》 笞刑，七下，十七，二十七，三十七，四十七，五十七。

杖刑，六十七，七十七，八十七，九十七，一百七。

徒刑，一年，杖六十七。一年半，杖七十七。二年，杖八十七。二年半，杖九十七。三年。杖一百七。

流刑，遼陽，湖廣。（迤北）《元志》序云：南人遷於遼陽迤北之地，北人遷於南方湖廣之鄉。

死刑，斬、淩遲處死。

按：此元之五刑，見《元史·刑法志》，即元之律文也。《元典章》言流二千里，比徒四年。二千五百里，比徒四年半。三千里，比徒五年。當是舊法，故《志》不及也。元制死罪，有斬無絞，而《元典章》所載舊案往往稱引舊例，應絞而改其名曰處死，此又其用法之獨異者。

出軍，《元典章·新集》刑制門奴兒干出軍條：强盗持仗不曾傷人，但得財，一百七，出軍。至二十貫，爲從的一百七，出軍。不持仗，不曾傷人，至四十貫，除首賊外，餘人斷一百七，出軍。竊盗豁車子、剜房子的賊每，傷事主，爲從的斷一百七，出軍；不曾傷事主，但得財，皆斷一百七，出軍；不曾得財，于內有舊賊，出軍。怯烈司裏偷盗駝馬牛，初犯爲從者，斷一百七，出軍。又延祐七年，中書省議得各處合流遼陽行省罪囚，無分輕重，一概發付奴兒干地面。緣彼中別無種養生業，歲用衣糧，站赤重加勞費，即目肇州見有屯田。今後若有流囚，照依所犯分揀，重者發付奴兒干，輕者于肇州，從宜安置，屯種自贍，似爲便益。

按：元代出軍之制，未詳始於何年，《元典章》肇州屯種條所列有出軍、流遠之分，是發往肇州之人不皆爲出軍者也。私鹽三犯者，蒙古、色目人發兩廣、海南，漢人、南人發付遼陽屯田，《元典章》二十二。當亦在出軍之列。《元典章》五十出征軍人搶奪比同强盗杖斷條，有發會雲南應充軍役之文，此其證也。明代充軍之制，蓋即原于元之出軍。明初充軍者，皆發邊省衛所，與元之遼陽屯田情形相似，第明以補邊衛之什伍，其用意則不同耳。

遷徙，《元史·文宗紀》：天曆二年，更定遷徙法。詳遷徙。

按：元代遷徙之法與流不同，蓋即唐之移鄉也。《元典章》所載遷徙之案，有遷徙廣東者，有遷徙遼陽者；又有稱再犯移徙，三犯移徙邊遠者。是遷徙有南北之殊，又有遠近之異，皆在天曆以前。然延祐三年省札云：今之遷徙，卽古移鄉之法，比之流囚，事例不同。是天曆前本有此法，文宗更定之。明代亦有遷徙之法，大約亦因於天曆之制。

贖詳贖。

《大明令·刑令》 五刑。笞罪五等：一十、二十、三十、四十、五十。

杖罪五等：六十、七十、八十、九十、一百。

徒罪五等：該杖一百二十者，杖一百加徒一年。該杖一百四十者，杖一百加徒一年半。該杖一百六十者，杖一百加徒二年。該杖一百八十者，杖一百加徒二年半。該杖二百者，杖一百加徒三年。

流罪三等：二千里、二千五百里、三千里。

死罪二等：絞、斬。

（明）談遷《國榷》太祖洪武十四年二月 癸酉，更定徒罪煎鹽炒鐵例。

（明）談遷《國榷》太祖洪武十四年三月 庚寅，詔刑部：犯徒流罪者毋處以荒地，定道里遠近居之，全其生。

《大明律》卷一《名例律·五刑》 笞刑五，一十，贖銅錢六百文。二十，贖銅錢一貫二百文。三十，贖銅錢一貫八百文。四十，贖銅錢二貫四百文。五十，贖銅錢三貫。

杖刑五，六十，贖銅錢三貫六百文。七十，贖銅錢四貫二百文。八十，贖銅錢四貫八百文。九十，贖銅錢五貫四百文。一百，贖銅錢六貫。

徒刑五，一年，杖六十，贖銅錢一十二貫。一年半，杖七十，贖銅錢一十五貫。二年，杖八十，贖銅錢一十八貫。二年半，杖九十，贖銅錢二十一貫。三年，杖一百，贖銅錢二十四貫。

流刑三，二千里，杖一百，贖銅錢三十貫。二千五百里，杖一百，贖銅錢三十三貫。三千里，杖一百，贖銅錢三十六貫。

死刑二，絞、斬，贖銅錢四十二貫。

《明太祖實録》洪武三十五年八月 〔己未〕定罪人輸作之例。笞罪五等，每等役五日。杖罪五等，每等十日。徒罪准所徒年月加以應杖之數輸役。流罪三等，俱役四年一百日，並役滿日釋之。雜犯死罪輸役終身。

（明）談遷《國榷》仁宗洪熙元年三月 丁亥，詔曰：刑以禁暴止邪，豈專誅殺哉？皇祖律令，善善長而惡惡短。罰之輕重，咸適厥中。吏比附謬妄，傳致死罪。朕深閔之，夫五刑之條，莫甚大辟。身首異處，斯已極矣。自今有犯死當凌遲者，依律科決。餘斬絞罪，法司並勿傳會。若朕嫉惡偶過律外，用籍没凌遲刑，法司再三執奏，三不允，至于五，五不允，同三公大臣執奏。允乃已，永爲制。文武諸司，自今亦不許法外用鞭背等法。尤不許宫人以絶嗣，宫求用者，絶其祖宗父母幸富貴，豈有心事君？今有自宫者，以不孝論，人之爲非，父子不相謀，是以舜罰勿嗣。文罪不孥，自今犯謀反大逆者，依律連坐。餘止其身，古之盛時，採民言，資戒警。今凶險之徒，摭爲誹謗，一言涉國，輒罣此名，法吏刻深鍛鍊，刑之失中，民則無措，今後告誹謗者，一切勿治。

《明史》卷九三《刑法志》 爲五刑之圖凡二。首圖五：曰笞，曰杖，曰徒，曰流，曰死。笞刑五，自一十至五十；每十爲一等加減。杖刑五，自六十至一百；每十爲一等加減。徒刑五，徒一年杖六十，一年半杖七十，二年杖八十，二年半杖九十，三年杖一百；每杖十及徒半年爲一等加減。流刑三，二千里，二千五百里，三千里，皆杖一百；每五百里爲一等加減。死刑二，絞、斬。五刑之外，徒有總徒四年，遇例減一年者，有准徒五年，斬、絞、雜犯減等者。流有安置，有遷徙，去鄉一千里，杖一百，准徒二年，有口外爲民，其重者曰充軍。充軍者，明初唯邊方屯種。後定制，分極邊、烟瘴、邊遠、邊衛、沿海、附近。軍有終身，有永遠。二死之外，有凌遲，以處大逆不道諸罪者。充軍、凌遲，非五刑之正，故圖不列。凡徒流再犯者，流者於原配處所，依工、樂户留住法。三流並決杖一百，拘役三年。拘役者，流人初止安置，今加以居作，卽唐、宋所謂加役流也。徒者於原役之所，依所犯杖數年限決訖，應役無得過四年。

次圖七：曰笞，曰杖，曰訊杖，曰枷，曰杻，曰索，曰鐐。笞，大頭徑二分七釐，小頭徑減一分。杖，大頭徑三分二釐，小頭減如笞之數。笞、杖皆以荆條爲之，皆臀受。訊杖，大頭徑四分五釐，小頭減如笞杖之數，以荆條爲之，臀腿受。笞、杖、訊，皆長三尺五寸，用官降式較勘，毋以筋膠諸物裝釘。枷，自十五斤至二十五斤止，刻其上爲長短輕重之數。長五尺五寸，頭廣尺五寸，杻長尺六寸，厚一寸，男子死罪者用之。索，鐵爲之，以繫輕罪者，其長一丈。鐐，鐵連環之，以縶足，徒者帶以輸作，重三斤。

（清）沈家本《歷代刑法考・刑制總考四・明》 笞刑五，一十，贖銅錢六百文。二十，贖銅錢一貫二百文。三十，贖銅錢一貫八百文。四十，贖銅錢二貫四百文。五十。贖銅錢三貫。

杖刑五，六十，贖銅錢三貫六百文。七十，贖銅錢四貫二百文。八十，贖銅錢四貫八百文。九十，贖銅錢五貫四百文。一百。贖銅錢六貫。

徒刑五，一年，杖六十。贖銅錢一十二貫。一年半，杖七十。贖銅錢一十五貫。二年，杖八十。贖銅錢一十八貫。二年半，杖九十。贖銅錢二十一貫。三年，杖一百。贖銅錢二十四貫。

流刑三，二千里，杖一百。贖銅錢三十貫。二千五百里，杖一百。贖銅錢三十三貫。三千里，杖一百。贖銅錢三十六貫。

死刑二，絞，斬。贖銅錢四十二貫。

凌遲，明律凌遲凡十三條。

按：凌遲之法，不列五刑，明律中爲大逆、惡逆、不道等項，所犯非常，故以非常之法處之。

雜犯斬絞准徒五年，明律雜犯斬凡四條，雜犯絞凡九條。

諸家舊説云，但有死罪之名而無死罪之實，以其罪雖免而情可矜，故准徒五年以貸之，雖貸其死而不易其名，所以示戒也。又云，竊盜滿數是真絞，監守常人滿數是雜犯，推立法之意，不欲因盜錢糧官物而即殺之也。

按：此明制之寬於唐律者。

雜犯流總徒四年。

按：此蓋從雜犯斬絞遞減之。

族誅，梟令，墨面文身，挑筋去指，或去膝蓋。剁指，斷手，刖足，閹割爲奴，斬趾枷令，常枷號令，枷項遊歷，免死發廣西，拏象人口遷化外，全家抄没，鐲脚本部書寫。

按：以上各項皆洪武時峻法也，見《大誥》。迨洪武三十年以後，太祖亦悟嚴刑之不足以化民，此等峻法不復用矣。梟令者，斬首示衆，明律無此名，《問刑條例》乃有之，是當日亦因事用之，初不以此爲死罪之等差。入國朝後乃以此爲死罪之一級，殆失其本意。斷手刖足等項，乃古之肉刑，洪武中偶一用之，常枷號令即今法永遠枷號之權輿，此等在明代本非常法。兹録於此，見重刑之無效，治世之道當探其源也。

刺字，《明律》監守常人盜搶奪竊盜並刺字。洪武三十年御製《大明律》序，合黥刺者，除黨逆家屬并律該載外，其餘有犯俱不黥刺。

按：觀此序文，可見太祖於刺字一事亦不輕用。

夷三族，《明史・卓敬傳》：燕王即位，被執，帝猶不忍殺。姚廣孝故與敬有隙，進曰：敬言誠見用，上寧有今日？乃斬之，誅其三族。《方孝孺傳》：孝儒之死，宗族親友前後坐誅者數百人。《通鑑輯覽》注：《遜國名臣傳》云，孝孺大書數字，投筆于地曰：死即死，詔不可草。帝大怒，曰：汝焉能遽死，朕當滅汝十族。《紀事本末》採其説，改作文皇大聲曰：汝獨不顧九族乎？孝孺曰：便十族奈我何！乃收其門生廖鏞、林嘉猷等爲一族，並坐，然後詔磔孝孺于市。舊史例議以鏞、嘉猷逮論，在孝孺死後，十族之説非實，今亦不採。《成祖紀》：殺齊泰、黄子澄、方孝孺等，皆夷其族。《明史・刑法志》：洪武元年諭省臣：鞫獄當平恕，古者非大逆不道，罪止及身。民有犯者，毋得連坐。尚書夏恕嘗引漢法，請著律，反者夷三族。太祖曰：古者，父子兄弟罪不相及，漢仍秦舊，法太重。卻其奏不行。

按：靖難時，族誅之臣齊、黄諸人外有練子寧、巨敬、景清、高翔、王度、葛誠、盧振、葉惠仲，皆見本傳。《孝孺傳》但言宗族親友坐誅者數百人，而不採九族十族之説，以舊説未足盡信也。洪武時，族誅者胡藍之獄爲多。《明史・藍玉傳》：二十六年二月，錦衣衛指揮蔣瓛告玉謀反，下吏鞫訊。獄辭云：玉同景川侯曹震、鶴慶侯張翼、舳艫侯朱壽、東莞伯何榮及吏部尚書詹徽、户部侍郎傅友文等謀爲變，將伺帝出耤田舉事。獄具，族誅之。列侯以下坐黨夷滅者不可勝數。至九月，乃下詔曰：藍賊爲亂，謀泄，族誅萬五千人。自今胡黨、藍黨概赦不問。胡謂丞相惟庸也。其中豈無夷及三族者？史無明文，不能詳也。族誅既非常刑，夷三族尤爲罕見，成祖之屠戮忠良，淫刑以威，罪無可逭矣。太祖雖嘗卻夏恕之奏，而胡、藍二獄，作法于涼，豈非厲之階哉？

安置、遷徙、口外爲民、充軍，《明史·刑法志》：流有安置，有遷徙，去鄉一千里，杖一百，徒二年。有口外爲民，其重者充軍。充軍在明初唯邊方屯種，後定制，分極邊、烟瘴、邊遠、邊衛、沿海、附近。軍有終身，有永遠。

按：遷徙即唐律之殺人移鄉千里外也，不在三流之列。充軍別有説，兹不具。

贖法，《明志》：凡贖法有二，有律得收贖者，有例得納贖者。洪武三十年定贖罪事例，凡内外官吏，犯笞杖者記過，徒流遷徙者俸贖之。永樂十一年令，除公罪依例紀録收贖，及死罪情重者依律處治，其情輕者，斬罪八千貫，絞罪及榜例死罪六千貫，流徒笞杖納鈔有差。無力者發天壽山種樹。

《明志》：始，太祖懲元縱弛之後，刑用重典，然特取決一時，非以爲則。後屢詔釐正，至三十年始申畫一之制，所以斟酌損益之者，至纖至悉，令子孫守之，羣臣有稍議更改，即坐以變亂祖制之罪。而後乃滋弊者，由於人不知律，妄意律舉大綱，不足以盡情僞之變。於是因律起例，因例生例，例愈紛而弊愈無窮。英、憲以後，欽恤之意微，偵伺之風熾。巨惡大憝，案如山積，而旨從中下，縱之不問；或本無死理，而片紙付詔獄，爲禍尤烈。故綜明法大略，而以廠衛終之。刑法有創之自明，不衷古制者，廷杖、東西廠、錦衣衛、鎮撫司獄是已。是數者，殺人至慘，而不麗於法。踵而行之，至末造而極。舉朝野命，一聽之武夫、宦豎之手，良可歎也。

按：綜論有明一代刑政，太祖用重典以懲一時，而酌中制以垂後世，猛烈之治，寬仁之詔，相輔而行，未嘗偏廢也。惠帝專欲以仁義化民，元年刑部報囚，減太祖時十三。其後仁宗、宣宗、孝宗，政治清明，刑法最稱平恕。穆宗優恤死亡，世亦稱之。用刑之慘毒，莫甚於成祖。其後英宗時，王振亂政，刑章大紊，然帝心頗寬平。霜降審録重囚，實自天順始。情可矜疑者，得沾法外之恩，實仁政也。憲宗多秕政，而於刑獄猶慎之。武宗時，劉瑾專權，冤濫滿獄。世宗意主苛刻，中年益肆誅戮。神宗性仁（果）〔柔〕，而獨惡言者，内外官杖戍爲民者至一百四十人。後不復視朝，刑辟罕用，則又失之廢弛。熹宗昏亂，閹豎用事，酷虐極矣。莊烈帝鋭意綜理，時國事日棘，重法以繩臣下，救過不暇，而卒無救於亂亡。此有明一代刑政之大較也。

《大清律例》卷四《名例律·五刑》律

笞刑五：笞者，擊也。又訓爲恥。用小竹板。一十折四板，二十除零折五板，三十除零折一十板，四十除零折一十五板，五十折二十板。

杖刑五：杖重于笞，用大竹板。六十除零折二十板，七十除零折二十五板，八十除零折三十板，九十除零折三十五板，一百折四十板。

徒刑五：徒者，奴也，蓋奴辱之。一年，杖六十；一年半，杖七十；二年，杖八十；二年半，杖九十；三年，杖一百。

流刑三：不忍刑殺，流之遠方。二千里，杖一百；二千五百里，杖一百；三千里，杖一百。

死刑二：絞，斬。内外死罪人犯，除應決不待時外，餘俱監固，候秋審、朝審，分别情實、緩決、矜疑奏請定奪。

條例：

一、凡笞、杖罪名折責，概用竹板，長五尺五寸，小竹板大頭闊一寸五分，小頭闊一寸，重不過一斤半；大竹板大頭闊二寸，小頭闊一寸五分，重不過二斤。其强盗、人命事件，酌用夾棍。

一、夾棍中梃木長三尺四寸，兩旁木各長三尺。上圓下方，圓頭各闊一寸八分，方頭各闊二寸。從下量至六寸處，鑿成圓窩四個，面方各一寸六分，深各七分。拶指以五根圓木爲之，各長七寸，徑圓各四分五釐。其應夾人犯不得實供，方夾一次，再不實供，許再夾一次。用刑官有任意多用者，該管上司不時察參。倘有徇隱事發，并交部議處。

一、凡監禁人犯，止用細鏈，不用長枷。其應枷號人犯除律例開載應用重枷枷號者，仍照遵行外，其餘枷號俱重二十五斤。

一、凡民人犯軍、流、徒罪者，俱俟到配所之日決杖。

一、每年于小滿後十日起，至立秋前一日止，如立秋在六月内，以七月初一日爲止，將枷責等輕罪人犯照例減等發落，笞罪寬免，監禁重犯令管獄官量加寬恤，刑部現審案件審明減等，十日一次彙題，其人犯俱交該旗該地方官暫行保釋，俟立秋後送部發落。

一、直隸各省熱審之先審擬，具題到部，遇熱審仍行減等發落。督撫熱審時審擬減等，具題雖過熱審之期到部，亦仍行減等發落。其原具題時遇熱審，有情罪不符，駁回後具題，逾熱審亦減等完結。

一、每年正月、六月俱停刑，内外立決重犯俱監固，俟二月初及七月立秋之後正法。其五月内交六月節，及立秋在六月内者，亦停正法。

一、外省重囚經秋審具題，其情實應決者照朝審之例，三次覆奏。

一、每逢熱審之期，一應杖責之犯無論題達重案，以及其餘事件，統于減等之中遞行八折發落。

贖刑：五刑中俱有應贖之款，附列于此，以便引用。

納贖，無力依律決配，有力照律納贖。收贖，老幼廢疾、天文生及婦人折杖，照律收贖。贖罪。官員正妻及例難的決并婦人有力者，照律贖罪。

一、凡軍民諸色人役，審有力者，與舉人、監生、生員冠帶官，不分笞、杖、徒、流、雜犯死罪，應准納贖者，俱照有力、稍有力圖内數目折銀納贖。若舉、監、生員人等，例該除名、革役，罪不應贖者，與軍民人等罪應贖而審無力者，笞、杖、徒、流、雜犯死罪俱照律的決發落。

一、婦人審有力與命婦、官員正妻及例難的決之人贖罪者，笞杖每一十折贖銀一錢，其老幼廢疾及婦人、天文生餘罪收贖者，每笞、杖一十各贖銀七釐五毫。

一、凡文武官革職有餘罪，及革職後另犯笞、杖、徒、流、雜犯死罪，俱照有力圖内數目納贖。若無力，的決發落。其貪贓官役，概不准納贖。

一、凡官員有先參婪贓革職提問者，如審無婪贓入己，止擬因公那用，因公科斂，坐贓致罪，則除革職外，餘罪納贖俱免。如别案革職者，仍照例納贖。

一、各壇、祠、署，奉祀祀丞、神樂觀提點協律郎、贊禮郎、司樂等官，并樂舞生及養牲官軍有犯姦、盜、詐僞、失誤供祀，并一應贓私罪名，官及樂舞生罷黜，軍革役，仍照律發落。若訐告詞訟，及因人連累，并一應公錯過誤犯罪者，照律納贖。

一、太常寺厨役但係訐告詞訟，過誤犯罪，及因人連累，問該笞、杖罪名者，納贖，仍送本寺著役，徒罪以上及姦、盜、詐僞，并有誤供祀等項，不分輕重俱的決，改撥光禄寺應役。

一、僧、道官有犯徑自提問，及僧、道有犯姦、盜、詐僞并一應贓私罪名，責令還俗，仍依律例科斷。其公事失錯、因人連累，及過誤致罪者，悉准納贖，各還職爲僧爲道。

一、婦女犯姦，杖罪的決，枷罪收贖。

一、凡律例開明准納贖不准納贖者，仍照舊遵行外，其律例内未經開載者，問刑官臨時説審情罪，應准納贖者，聽其納贖，不應准納贖者，照律的決發落，如承問官濫准納贖，并多取肥己者，交該部議處。

（清）嵇璜等《清朝通志》卷七五《刑法略・刑制肉刑附》 凡五刑之制：一曰笞，自一十至五十，凡五等，用小荆杖決責，臀受。後改小竹板，一十折四板，二十折五板，三十折十板，四十折十五板，五十折二十板。旗人及旗奴犯笞者，以鞭代，不折責。杖罪同。二曰杖，自六十至一百，凡五等，用大荆杖決責，臀受。後改大竹板，六十折二十板，七十折二十五板，八十折三十板，九十折三十五板，一百折四十板。凡行杖之數不得過一百。罪重於杖者枷示，自一月至三月，皆枷滿日折責。三曰徒，自一年至三年，凡五等。一年杖六十，一年半杖七十，二年杖八十，二年半杖九十，三年杖一百。各依年限應役，役滿回籍。若犯遷徙者準徒二年，雜犯流罪準徒四年，雜犯斬絞準徒五年，並杖一百，均於充徒之所折責。軍流同。旗人旗奴犯徒者折枷示，一年折枷二十日，一年半折二十五日，二年折三十日，二年半折三十五日，三年折四十日。準徒二年者與徒二年同，準徒四年者折五十日，五年折六十日，各按杖數鞭責。惟漢軍家奴問擬實徒，不準折枷。四曰流，流之遠方，終身不返。析二千里、二千五百里、三千里爲三等，三流並杖一百，惟緣坐者不杖。旗人犯流二千里者折枷五十日，二千五百里者折五十五日，三千里者折六十日，並鞭一百。惟毆死有服卑幼罪應杖流者，如情節慘忍，發往黑龍江三姓等處。旗員中有誣告訛詐行同無賴不顧行止者，亦如之。其實繫寡廉鮮恥有玷旗籍者，無論滿洲蒙古漢軍均削去本身户籍，依律發遣，不在折枷完結之例。旗僕有犯，發駐防兵丁爲奴。罪重於流者爲軍。附近發二千里，近邊發二千五百里，邊遠發三千里，極邊及烟瘴皆發四千里，五軍均發衛所。改設州縣者則發各州縣，惟奉天直隸不安置軍流。至戍所並杖一百。旗人犯附近軍，折枷七十日，近邊七十五日，邊遠八十日，極邊及烟瘴九十日，並鞭一百。旗奴犯軍者亦如流例。罪又重於軍者爲發遣。强盗免死減等及强盗已行而不得財者，造讖緯妖書惑人不及衆者，叛案緣坐應給兵丁爲奴者，誘取良人子女勒賣爲從者，一應左道惑人爲從者，聚衆十人以上販私拒捕傷人爲從者，俱發黑龍江等處給披甲人爲奴，餘俱改發雲貴兩廣極邊烟瘴地方安置。其軍流情重者，亦令加至黑龍江等處爲止，旗人正身當差，旗僕爲奴。罪又重者，發新疆伊犁烏嚕木齊等處人犯，共二十二項，除情節尚非積猾兇徒易於約束六項，仍發新疆外，其餘十六項又益以搶奪傷非金刃平復一條爲十七項，此十七項人犯，在新疆須人種地耕屯，則發新疆，若遣犯過多慮難約束，則仍照原例改發内地。其情罪重大加不至死者，發新疆給厄魯特爲奴。凡改發新疆人犯，旗人曾任職官及另户正身民人舉監生員以上並職官子弟，俱當差，餘均爲奴。當差不刺，爲奴刺。外遣者面刺，外遣由新疆改發内地者面刺改遣各字樣。凡此皆流之屬。五曰死刑，曰斬、曰絞，皆下三法司覈擬。罪當者監候，秋後處決。其罪應立決者，三法司奏上得旨迺行刑。若罪大惡極者，梟首示衆，凌遲處死，皆決不待時。應凌遲人犯病故者，戮屍。大逆者，銼骨揚灰。【略】

凡贖刑，曰納贖、曰贖罪、曰收贖。納贖分有力、稍有力爲二等。若軍民有力，若舉人、監生、生員、冠帶官犯非姦盗詐僞者，若官員革職有餘罪及革後别犯流以下罪者，並聽納贖，受贜者不準。有力者，笞罪二錢五分，每等加數遞加。杖罪起三兩，每等五錢遞加。徒罪起七兩五錢，每等二兩五錢遞加。三流總徒爲一加，數各二十兩。雜犯五年加五兩，數止二十五兩。稍有力者，笞罪起三錢，杖罪起一兩，每等各一錢五分遞加。徒罪起三兩六錢，每等一兩八錢遞加。三流總徒爲一加，雜犯五年又一加。各加三兩六錢，數止一十八兩。贖罪，若官員正妻，若婦人有力，及例難的決者，笞罪起一錢，每等如數遞加。至滿杖爲正罪，徒以上爲餘罪，徒起七分五釐，流起三錢，每等各三分七釐五毫遞加。雜犯斬絞再加七分五釐，數止四錢五分。收贖，若老幼廢疾、天文生及婦人犯非姦盗不孝者，笞罪起七釐五毫，每等如數遞加，至滿杖而止。徒起一錢五分，流起三錢七分五釐，每等各三分七釐五毫遞加。遷徙準徒二年同。雜犯斬絞加七分五釐，數止五錢二分五釐。其過失殺傷人罪皆得收贖，各按致傷輕重所得罪名定爲等差，至殺人絞罪數止十有二兩四錢二分，並給付被殺傷之家，以爲醫藥營葬之費。凡刺字，犯逃盗者刺。謀故及拒捕殺人者刺。死囚決不待時者刺。旗人另户刺臂，奴僕刺面，民徒罪以上刺面，杖罪以下刺臂，再犯者亦刺面。旗人有犯竊盗者，銷去本身旗檔，亦照民人初犯論罪刺臂面。刺臂，在腕之上肘之下。刺面，在鬢之下頰之上。逃犯刺左，餘犯刺右。初犯刺左者，再犯累犯刺右。初犯刺右者，再犯累犯刺左。罪名刺左者，地名刺右。罪名刺右者，地名刺左。地名謂犯所應遣地方。字方一寸五分，畫闊一分有半，並不得過限。立決者獄成即刺，監候者奉旨始刺，餘犯悉於起解責釋前刺之。凡律例言以者刺，言準者不刺。職官不刺，舉貢生監不刺，婦女不刺，逃軍流遣遇赦及自首發原配者不刺。初次一年内投回不刺，二次半年内投回不刺，三次三月内投回不刺。宗室以上家下莊頭、户部官莊頭、光禄寺園頭有犯均不刺。莊頭家下壯丁刺，犯竊年未及歲不刺，惟在京十三歲以上犯二次者刺。

國初定制，重罪有斬刑，輕罪用鞭責。

（清）席裕福《清朝政典類纂》卷三六九《刑一・名例律・五刑》

一曰笞刑，自一十至五十，每十笞爲一等，凡五等，用小竹板折責。旗人、旗下家奴犯應笞者，以鞭代之，不折責。二曰杖刑，自六十至一百，每十杖爲一等，凡五等，用大竹板折責。凡行杖不得過百，罪重於杖者，枷示。應枷者，先枷後責。三曰徒刑，發本省驛遞，自一年至三年，每半年爲一等，凡五等，各依年限應役，役滿回籍。五徒各予以杖，徒一年者杖六十，徒一年半者杖七十，徒二年者杖八十，徒二年半者杖九十，徒三年者杖一百，到配折責。四曰流刑，安置遠方終身不返。分二千里、二千五百里、三千里，爲三等。三流並杖一百，到配折責，惟緣坐問流者不杖。五曰死刑，曰斬、曰絞，皆有立決、監候之别。五刑之外，有遷徙，離鄉土一千里之外安置。有充軍，較流爲重。凡五等：曰附近，發二千里。曰近邊，初曰沿海，繼改邊衛，今改近邊。發二千五百里。曰邊遠，發三千里。曰煙瘴，曰極邊煙瘴，初曰永遠，今改極邊。發四千里。五軍並杖一百，到戍所折責。曰雜犯流罪總徒四年，曰雜犯斬絞准徒五年。死刑之最重者，爲凌遲、爲梟示。内外死罪人犯，除應決不待時外，餘俱監固，候秋審、朝審分别情實、緩決、矜疑，奏請定奪。謹案：雍正三年奏准，原律笞杖以五折十。《現行部例》以四折十，並除不及五之零數，故杖一百者折責四十板，杖六十者止折責二十板。

條例

一、凡笞杖罪名折責，概用竹板，長五尺五寸，小竹板，大頭闊一寸五分，小頭闊一寸，重不過一斤半。大竹板，大頭闊二寸，小頭闊一寸五分，重不過二斤。其强盗人命事件，酌用夾棍。謹案：此條康熙八年議准。一、夾棍中梃木長三尺四寸，兩旁木各長三尺。上圓下方，圓頭各闊一寸八分，方頭各闊二寸，從下量至六寸處鑿成圓窩，四箇面方各一寸六分，深各七分。拶指以五根圓木爲之。各長七寸，徑圓各四分五釐，其應夾人犯不得實供方夾一次，再不得實供許再夾一次。用刑官有任意多用者，該管上司不時察參，儻有徇隱事發，並交部議處。謹案：此條雍正五年定，原載故禁、故勘平人律内。乾隆五年移此。又案：順治四年原定夾棍上圓徑二寸，下方闊二寸二分，所鑿圓窩深六分，拶指圓徑五分。康熙四十三年，刑部議定，將夾棍方圓各減二分，圓窩改深七分，拶指徑圓減去五釐。一、凡尋常枷號重二十五斤，重枷重三十五斤。枷面各長二尺五寸，闊二尺四寸，至監禁人犯，止用細鍊，不用長枷。謹案：此條嘉慶十七年改定。一、各省問刑衙門夾棍，州縣呈明知府驗烙，知府呈明按察使驗烙，按察司呈明督撫驗烙，其尺寸長短寬窄俱刻於中梃之上。如有擅用未曾驗烙夾棍者，以酷刑題參。謹案：此條乾隆五年定。一、每年正月、六月俱停刑。内外立決重犯、俱監固俟二月初及七月立秋之後正法。其五月内交六月節及立秋在六月内者，亦停正法。謹案：此條雍正三年定。一、凡民人犯軍流徒罪者，俱至配所照應杖之數折責。惟緣坐流罪不加杖。謹案：軍流徒犯，俱俟到配決杖。係康熙十二年題准，至乾隆五年定例。原載徒流遷徙地方律後，乾隆五十三年，移附此律。一、每年於小滿後十日起至立秋前一日止，如立秋在六月内，以七月初一日爲止，内外問刑衙門，除竊盗及鬬毆傷人罪應杖笞人犯不准減免外，其餘罪應杖責人犯，各減一等遞行八折發落，笞罪寬免。如犯案審題在熱審之先，而發落在熱審期内者，亦照前減免。儻審題雖在熱審期内，而發落已逾熱審者，概不准其減免。至熱審期内監禁重犯，令管獄官量加寬恤，其枷號人犯俱暫行保釋。俟立秋後再行照例減等補枷滿日發落。謹案：此條嘉慶六年併修。

事例附熱審

順治元年，諭各衙門，應責人犯悉遵用鞭責，不許用杖。又奏准，五刑中死罪居二，曰斬、曰絞。明律分別差等，絞斬互用。我朝法制，罪應死者止用斬刑。嗣後麗重典者，仍分斬絞，按律引擬。至以板易鞭，尤當酌得其中，定以三鞭准一板。三年，除割脚筋法。又舊例犯重辟減等者，鞭一百，貫耳鼻。奉旨，耳鼻在人身最爲顯著，此刑永革除之。四年，定五刑之制，又定獄具之圖。十八年，定審問官有擅用匣牀，捕獲强盗有妄用腦箍、毛竹連根大板及竹籤烙鐵等刑，肆行酷虐致斃人命者，從重治罪。康熙二十年，諭聞刑部所用枷，有大小板，有厚薄。所帶鐵鎖亦輕重不一。發在各衙門罪犯，輒受門軍污穢嚇詐，此等情弊，著稽察嚴禁。三十七年，奉旨各監口有刑具，曰大鐐，與匣牀無異。又短夾棍止長尺許，大枷重百三十斤，瓦樣重板，此皆酷虐之刑，著嚴行禁止。乾隆元年議准，嗣後枷號人犯，仍照例枷號。各門不必拆毁門監，惟女犯必須另設墻垣房屋。應令提督會同刑部各委官一員，於各門詳加閲看，或於門監之旁添造房屋一二間，或即於現在門監之内量撥一二間另開門户，專爲女犯居住歇宿之所，不許仍同男犯俱禁一處，以致混雜無别。至此等枷號人犯，原非重囚，且已結之案，應許其跟隨親屬一人在内照管。其看守兵丁責令該管官弁嚴加管束，不得任其勒索陵虐。仍令步軍提督不時防察並交都察院照稽察刑部監之例，每月派滿、漢御史各一員，往來稽察。儻有不肖兵弁陵虐營私者，即行參究從重治罪。又議准，嗣後川販案内窩隱護送爲首之人，罪應割斷兩隻脚筋者，援照刨參案内改准定例，杖一百流三千里，爲從罪應割斷一隻脚筋者，照減一等例杖一百徒三年，仍刺字。五年議准，嗣後每案招解之時，務令將夾訊叙明，則上司於解審之下，可以就便驗查。州縣不敢捏飾，且供情或係不夾而招，或係夾而後招，更可察其情僞，仍照例年終造册申送督撫查覈。十一年議准，嗣後用刑衙門所有枷號，俱照夾棍例各呈上司驗烙，各照例圖定式。違者，照例參處。其例内有特用重枷者，應聽臨時稟用，不得將重枷一並驗烙，以致輕犯重枷，轉難查察。三十六年，諭刑部律例内有邊外爲民條款，與現在斷獄事宜不甚允協。著該部另行定例具奏。遵旨議定，原例所開情罪相同而分别軍民定擬者，將爲民字樣删除，一體改發充軍。嘉慶四年諭，嗣後一切刑具皆用官定尺寸，頒發印烙。如有私自創設刑具，非法濫用者，即行嚴參治罪，決不寬貸。十五年諭，本日吏部具題，議處順天府南路同知竇景燕，於詳審案犯輒用非刑，照例議以革職等因，詳閱本内，該部所引例文，稱官員將人犯除夾棍、拶指之外，另用非刑者，革職，跪鍊壓膝等刑者，降一級調用等語。因思内外問刑衙門承審案犯，原應虚衷研鞫，不得專事刑求。然遇有狡猾之犯，不肯供吐實情，承問官不應遽用刑夾，亦不能不量加懲究，或擰耳跪鍊，或繼以壓膝，藉以得情定讞，尚不致傷其肢體，究非同木架撑執，或懸吊敲踝及針刺手指等非刑可比也，若承問官審訊各犯於案情未定之時，既不能遽得確情，而一經擰耳壓膝，即例有應得處分，則凡屬問刑各員，竟無不干吏議者，似此名實不符，殊不足以昭平允。所有承審案犯各員，非刑一條，應如何酌中之處，著該部詳議具奏。尋議濫用非刑，應予嚴處。其不在非刑之列者，莫若顯爲區别，俾承問各員，得有遵循。應請嗣後問刑各衙門，應用刑具，除例載夾棍，拶指，枷號，竹板遵照定式外，其擰耳、跪鍊、壓膝及掌責等刑，係審理案件時不得不酌量施用，應與例載各刑具，准其照常行用。其有將無辜干連之人濫行拷訊，及將應行審訊之犯恣意陵虐致斃人命者，仍行參處，至非刑名目，現在欽奉諭旨指出之木架、撑執、懸吊敲踝、針刺手指，並例載申禁之小夾棍、木棒棰、連根帶鬚竹板、聯枷等項及例禁所不及該載一切任意私設者，均屬非刑。仍應嚴行禁止。十七年諭，國家讞獄，用刑自有常法。即使獄囚狡不吐實，不得不加以刑訊，如輕則施以箠楚，重則威以三木，皆係古有其制。至今頒爲令典。若擅用非刑，則具供成招，實難保無畏刑誣服之事。前經屢次降旨飭諭，而外省酷暴之習仍未盡除。如現在直隸，又有汪應銓擅用木架熬審斃命之案，不可不加以申禁。嗣後著各督撫嚴查所屬，如有私造非刑問獄者，即指名參處。雖用以成招定讞，案非誣罔，除將本案擬結外，其承審濫刑之罪，仍一併附參示懲，將此通諭知之。熱審。順治八年諭，天時向熱，宜行熱審之例，令刑部通察刑獄，五城司坊、順天府、京縣，察監犯有無干牽連者，即日釋放。笞杖徒流次第減免，死罪情可矜疑者，奏請定奪。十年定，每年小滿後，三法司會審現監人犯，笞罪釋放，徒流以下減等發落。重囚可矜疑者，請旨定奪。直隸及各省歲一舉行。十四年覆准，熱審之例定於小滿後十日舉行，在京者照常題明審理。其直隸各省遠近不一，停其具題，行咨該督撫，即查照定例舉行。十八年定，停熱審減等之例。康熙七年定，内外問刑衙門，復照舊行熱審之例。八年覆准，直隸各省具題事件，除實犯死罪外，應減等各犯，遇熱審俱行減等。又題准流徙甯古塔、尚陽堡人犯遇熱審俱照例減等。九年題准，軍罪人犯，遇熱審亦照例減等。又題准，承問官將應減等人犯遺漏未經減等者，罰俸一年，轉詳之司道罰俸六月，督撫罰俸三月。十年覆准，直省督撫在熱審之先具題到部之案，遇熱審仍行減等發落。其在熱審時具題之案，雖過熱審之期到部者，亦仍減等發落。十一年題准，運軍犯徒罪，責四十板發遣者，遇熱審減等，責三十五板並妻發二千里内衛充軍。十三年題准，各案於原具題時遇熱審，因情罪不符，駁查後逾熱審之期題覆者，仍減等完結。十五年題准，叛案牽連流犯，遇熱審不准減等。十八年議定，凡擬定安插烏喇，奉天人犯，遇熱審免責，仍行發遣。二十年題准，侵盗錢糧擬流之犯，遇熱審不減等。二十二年議准，承問官將貪婪官員故意遲延，以待熱審者，題參議處，本犯亦不准減等。二十五年諭，獄訟重情關繫民命，今天氣炎熱，恐有情可未減者，淹斃囹圄。朕心不忍，特遣部院大臣會同三法司，將已結重案詳加審鞫，有罪可矜疑者，即察明具奏，毋令淹斃。又諭，天氣炎熱，罪犯減等發落，内外原屬一體，著各省督撫將已結案内現在監禁者逐一詳審，果可矜疑，開明具奏，三法司覆覈照例減等。三十年議准，每年熱審減等事件，如過七月立秋，應以立秋前一日爲限，其六月立秋之年，仍遵舊例以六月底爲限。三十一年題准，查本年四月初五日小滿，六月二十五日立秋，相應照例於小滿後十日爲始，至立秋前一日止，一應現審在監人犯俱當遵旨詳審。充軍流徙徒杖等罪減等發落，笞罪豁免。重囚内有可矜疑者請旨定奪。仍將結過數目繕寫具奏，嗣後每年俱照此例通行。四十三年諭，熱審謂之慎刑。夫刑在平時亦宜加慎，何必因熱而始慎也。如謂熱審減等於犯人有益，則於原審時即以減等議之，豈不更有益乎。且犯人苦熱猶可，而苦寒更甚，熱既宜審，則寒亦宜審。既多此一事，而不肖官員，遂欲延至熱審，故意遲玩。熱審應否停止，九卿議奏。遵旨議准，熱審之例，永行停止。五十三年諭，朕避署口外，駐蹕山莊，素稱清涼之地，還覺煩蒸，想京師必然更甚。朕時以民生疾苦爲念，今天下承平，監禁重犯亦量加寬恤。至情罪可疑及牽連待質人等，暫予保釋，俟秋後再行拘禁。凡内外讞獄衙門，一體詳慎遵行。

一、蒙古人犯正法，其妻單行發遣者，酌發南省駐兵丁爲奴。名例，流囚家屬。

此係乾隆二十九年奏准定例，原奏内稱：蒙古搶劫各案罪應發遣之犯，連妻子一體爲奴，改發南省驛遞當差，或本犯正法，其妻子奉特旨發遣，或原議内奏請發遣各項，則本屬有罪之人，自不得與無罪之家屬一例聽其自便等因，纂爲蒙古專條。正與匪類不可留旗之意相符。非若民人發配攜帶妻室聽其自便者可比。故内地人犯家屬則云不得官爲資送，此等家屬則云僉遣遞送悉照緣坐犯屬辦理，以示區別。説帖有謂軍流不准僉妻，此例即成贅語，應行删除。不知民人不准僉妻之例，係乾隆二十四年纂定，專指無罪家屬而言，此例在後，何得謂爲贅語？即如偷竊四項牲畜刑律聲明無庸僉妻發配蒙古，則例猶有僉發之文，亦此類也。至謂本犯正法，妻子單行發遣，必係反逆家屬，各有正條，此係重複等語，原奏俱在，其爲臆説無疑。且民人緣坐家屬，係各省輪發蒙古，則酌發南省又何可混而爲一也。

本按：此專指蒙古有犯搶劫，例應抄没僉妻者而言，係照緣坐犯屬辦理，較内地盜案爲重。即六代時劫身皆斬，妻子補兵之遺意也。第搶劫究非反逆可比，其妻子亦未必無安分營生者，一概僉發，似無區別。乃古法之過於嚴厲者。雖曰匪類不可留旗，亦當酌量變通以歸畫一。

一、旗下家奴酗酒行兇，經本主送部發遣之犯，妻室子女俱一體發遣，給兵丁爲奴。同上。

此係同家口一體發遣，本非分離，仍在一處。説帖有認作本犯自發遣妻女另賞人爲奴者，係屬錯誤。此指契買及世爲家奴者而言，其妻室子女亦在家奴之列，故一體發遣。若發遣爲奴之犯，其隨帶之妻子又當別論矣。

本按：此旗下家奴僉妻之例，與妻女自己犯罪實發者不同，軍流僉妻之例停，而此例不停者，恐其在原主服役，或滋生事端也。觀例文云：年老殘廢及子女幼小不能隨帶者，令於親屬依棲，不准仍留原主處服役其意可見。然此條辦法頗有窒礙，應變通。

一、京城姦媒有犯誘姦、誘拐罪坐本婦之案。如犯該軍流，俱實發各省駐防爲奴。名例，工樂户及婦人犯罪。

杜絶刑期無刑之意。其有故意遲延，仍蹈前弊希圖漏網者，除本犯不准減等外，官吏嚴加議罪。又議准，凡軍流徒罪並旗人犯軍流徒罪折枷號者，俱不准減等。其犯枷杖等輕罪人犯，會同三法司仍照例減等發落，笞罪寬免。監禁重犯嚴令提牢官員量加寬恤。至部内現審案件，審明減等。十日一次彙題。其人犯俱交該旗地方官暫行保釋，俟六月底送部發落。如斬絞重犯内或有情罪可矜可疑者，刑部會同都察院、大理寺另行請旨。儻内外讞獄衙門有故意遲延恣行姦弊或人犯妄希巧脱者，除本犯不准減等外，其因緣作弊之官吏，嚴加治罪。雍正元年諭，嗣後每逢熱審之期，仍復減等舊例。其監禁重犯，亦量加寬恤。至情罪可疑及牽連待質人等，暫予保釋，俟秋後再行拘禁。凡内外讞獄衙門一體詳慎遵行。雍正内閣上諭。乾隆十七年諭，熱審減等向例以立秋日爲止，立秋在六月内者，以七月朔日爲止。今歲天氣炎蒸，其熱審減等著展至處暑日爲止。二十一年諭，步軍統領衙門奏，《刑部現行則例》内開枷號人犯，例應冬令暫行保出，俟春令補行枷號。但步軍統領衙門枷號人犯好事者甚衆，時值歲暮，易於滋事。請仍照例枷號示衆等語。從前枷號人犯，惟於熱審時暫行保出，並未有冬令亦行保出之例。刑部即欲援例定擬，亦當專摺奏請。不意遽行編入律例，實屬不合。刑部堂官，著照瞻徇例嚴加察議具奏。枷號人犯仍照舊例辦理。三十六年奏准，熱審減免之例，總以發落之時爲准。如原審未届熱審而在熱審時發落者，照例減免。但發落時，已逾熱審即在熱審期内定擬者，不得濫邀減免。

（清）沈家本《婦女實發律例彙説》 律例内婦女犯軍、流、徒罪，均准收贖。情重者，始有實發之條。而實發者，又有爲奴、不爲奴之別。例文歧出，周知非易。前令各司議婦女應否實發爲奴若干條，蓋欲講求律例之原本，藉覘閫署之人材。乃統閲説帖，所議雖均有可采，而求其條理分明，源流畢貫且知改法之難而不生異議，得定例之意而能觀其通，諸作内究未一睹。竊思婦女以名節爲重，實發係屬不得已之法。本部歷次通行，意至慎重，司讞者自應詳加考究。鄙見所及業散見各批矣。其有與例意足相發明者，就現行例内分爲實發爲奴者二十一條，實發而不爲奴者九條，並有爲奴而不實發者一條，略彙前説，逐注條末，存以俟考。

爲奴實發者二十一條：

此爲嚴懲京城姦媒起見，應與略人略賣人門内罪坐本婦收贖一條參看。必實有可惡情節，方可照此實發。若尋常誘拐之案，應仍照彼條准其收贖。

本按：此專指姦媒而言，至尋常誘拐之犯，近來並不照此辦理。與姦媒之倚此爲生，積慣怙惡者尚有別也。

一、婦女有犯毆差鬨堂之案，罪至軍流以上者，實發駐防爲奴。同上。

此條與姑謀殺子婦情節兇殘一條係歷奉特旨從嚴，自應照定例實發。説帖多欲改爲監禁，豈不與道光三年諭旨相反。

本按：此等毆差鬨堂之案大多悍潑之婦恃係婦女，即犯軍流，亦得收贖，故敢如此鴟張。稍示嚴懲亦挽回之一道。

一、婦女犯係積匪並窩留盜犯多名及屢次行兇訛詐罪應外遣者，實發駐防，給官兵爲奴。同上。

查同治三年本部通行婦女犯積匪並窩留竊盜多案，犯該軍罪以上及屢次行兇訛詐擬軍者，實發駐防爲奴，本屬過嚴。同治七年略爲變通，大約謂婦女犯積匪等項，如罪應擬外者，方行實發。軍流以上者，仍准收贖，意在由重改輕，如無外遣罪名，即可不必實發。若實有不得不發之勢，則必加重擬遣方可，此定例之苦心也。説帖多謂積匪及屢次訛詐無外遣專條，豈非刻舟求劍？惟廣西司湯作最爲得之。至謂下文流字亦無根據，更屬拘泥。夫積匪所包者廣，類此者豈無流罪？假如積匪及棍徒量減，或係從犯復犯被拏拒捕，或在押脱逃應問何罪耶？例本係約舉之詞，猶毆差鬨堂之罪至軍流也，彼條有問流罪者乎？諸作又何以置而不議也。

本按：此條係由御史富稼奏請三年。而加重，又由御史范熙溥奏請七年。而由重改輕。例文尚有罪應軍流者准其收贖一次，仍詳記檔案。如不知悔改復犯前罪即行實發駐防不准收贖一段，即七年改輕者也。三年本無外遣一層，七年以爲重而甫經通行不便遽廢，故增外遣一層以補救之。窩留盜犯有外遣正條。行兇訛詐等項，非因另罪加重，鮮擬外遣者。此例雖行而照此辦理者甚少，所謂定例之苦心如此。

又按：此門尚有婦女免發駐防一條。

一、婦女翻控審虚係嘉慶二十三年定例，實發駐防爲奴。

一、婦女犯盗致縱容之祖父母、父母及夫之祖父母、父母畏罪自盡，係嘉慶十七年定例，發黑龍江爲奴。道光二年均改爲監禁三年。

一、官員交結朋黨紊亂朝政者，妻子爲奴。職制，姦黨。

此前明殘刻之律文，久不行矣。總類發配門内亦不載，存而不論可也。

本按：此律關係朝局，故歷來修律無敢議及，而從無引用之者。全律即不便遽删，妻子爲奴一層似可删去。

一、内地姦民私行煎挖硝磺至三百斤以上及合成火藥至十斤以上者，妻緣坐。軍政，私藏應禁軍器。

一、臺灣姦民私煎硝磺至三百斤以上及合成火藥至十斤以上者，妻緣坐。關津，私出外境及違禁下海。

此二條與謀叛同科，其照律緣坐自係均指給功臣爲奴而言，現在反逆案内婦女既改發駐防，則此等家屬應一體照辦。

本按：此二條似嫌太重，應變通。

一、太監在宮門及禁門以内吸食鴉片煙者，家屬實發新疆給官兵爲奴。關津，私出外境及違禁下海。

此例雖嚴，從未見有此案，亦具文耳。

本案：太監不應有家屬，前史中雖有太監娶妻之事，究非正理。此條似應變通，且係比照緣坐辦理，究嫌過重。

一、反逆案内緣坐婦女發各省駐防，給官員兵丁爲奴。賊盜，謀反大逆。

本按：本律凡謀反及大逆正犯之母女、妻妾、姊妹若子之妻妾給付功臣之家爲奴。道光十三年改發駐防。十四年纂入例内。

一、反逆緣坐給功臣爲奴人犯，伊主呈明不能養贍者，改發各省駐防爲奴。同上。

自道光十四年將緣坐婦女改發駐防以後，並無給功臣家爲奴人犯，此條即屬贅文，應無庸置議。

本按：既屬贅文，即應删除。

一、倡立邪教，傳徒惑衆滋事案内之親屬，照律緣坐。同上。

此條爲分别應否緣坐而設，故將照律緣坐一層歸入除筆，以示區别。然邪教本例既無緣坐明文，則此條除筆卽屬緣坐專條，説帖有謂此爲賸語者，竊所未安。

本按：此指照律以反叛定擬之犯而言，故照反叛之律定擬，即應照律緣坐。乃當時辦法如此，並非別有例文也。禁止師巫邪術門傳習白陽、白蓮、八卦等邪教，習念荒誕不經咒語，拜師傳徒惑衆者，爲首絞立決，爲從改發回城，並不照反叛律定擬，自不應有緣坐之文，非例文之疏也。此條除筆未將以反叛定擬之意提明，致讀者不能了然，遂生異議耳。

一、糾衆戕官反獄案内之親屬，照律緣坐。同上。

與上條同，惟糾衆戕官反獄是一是二，例内並未聲叙明晰，定案者當斟酌引用。

本按：此條與上條同在除筆一條之内，非反獄而糾衆戕官。如部民、軍士、吏卒懷挾私讎及假地方公事挺身鬨堂，逞兇殺害本官，無論本官品級及有無謀殺，已殺者，不分首從皆斬立決，載在鬥毆門内。部民謀殺本官，已殺者，不管首從皆斬，載在人命門内。俱無親屬緣坐之文，蓋不同反逆之律也。又八旗兵丁因管教將本管官戳死，妻子發遣黑龍江，亦載在鬥毆門内。係雍正年間特別之案，亦與反叛之緣坐無涉，似此條除筆專指反獄之案，特語未分明耳。

一、謀叛者，妻、妾、女給功臣之家爲奴。賊盜，謀叛。

此與反逆緣坐婦女同一給功臣爲奴，上條既改發駐防，此條自應一體照辦。

一、糾衆行劫獄囚拒殺官弁，將爲首及爲從殺官之犯依謀反大逆律，親屬緣坐。賊盜，劫囚。

此條與倡立邪教一條均以實犯反逆論，則此等緣坐婦女亦應改發駐防。

本按：此例定於雍正年間，乃一時之峻法。第因劫囚而戕官情節固重，然究非反叛可比。既凌遲又緣坐無乃太重，此例以戕官爲重，如未戕官者，不在此限。觀下文各節罪名可見。

一、姑謀子媳情節兇殘顯著者發。改發各省駐防，給官兵爲奴。人命，謀殺祖父母、父母。

查此條係乾隆四十八年欽奉諭旨纂定。嗣於道光二年本部酌改婦女實發條例，擬將此條並毆差鬨堂二項改爲酌量監禁三年。經大學士會同軍機大臣核議，奉諭旨不准酌改。聖訓煌煌，永宜遵守。是以同治七年，本部議覆御史范熙溥條陳婦女實發摺内聲明，此條係照例發往，並無不准發往之文。若謂尊卑名分攸關，彼抑媳同陷淫邪一條，獨無尊卑名分耶？若謂彼條犯姦與因别事不同，而謀殺之與自盡究孰爲輕重耶？又謂因子媳之故實發爲奴，名則寬其生，辱有甚於死。其夫其子若在，當亦無顔於人世。彼致媳情急自盡之案，其夫與子若在，又當如何代爲設想也。定例遵行已久，且屢經奏明，無可更改，似未便另生他議也。

一、發遣當差爲奴之犯，殺死伊管主一家三人者，兇犯之妻、妾發駐防，給官員兵丁爲奴。人命，殺一家三人。

查平人殺死一家三命，妻以外尚緣坐其女，此條情節較重，乃衹言妻、妾而未及兇犯之女，緣彼條已屢經修改，此仍係舊例故也。今以妻女發附近充軍地方之例例之，其女自亦在應發之列，若已許嫁，仍照例歸其夫家，説帖見及者頗少，記參。

本按：本律註明不言女不在緣坐之限，此仍舊例不誤，彼條并坐其女，殊失律意。

一、姦婦抑媳同陷淫邪，致媳情急自盡者，改發各省駐防爲奴。人命，威逼人致死。

説帖有謂母與女有犯此等情節，例無治罪明文，可否照此一體實發，抑或稍示區别，酌量監禁。不知别條實發均罪在軍流以上，此條係由枷杖實發則更嚴矣。似毋庸再爲推廣，況母女與姑媳究竟不同乎。

一、姦婦因媳礙眼毒毆自盡者，發駐防爲奴。同上。

此即抑媳同陷淫邪致令自盡之例，並非别有罪名。説帖有另認作一條者，係屬錯誤。

本按：此條係定姦夫罪名，姦婦在除筆内，即指上一條也。

一、父母縱容通姦，因姦情敗露愧迫自盡者，婦女發駐防，給兵丁爲奴。同上。

姦盜事同一律。而因盜致父母自盡者，現改爲監禁，此條則仍行實發也。男女例本同科，而子孫致父母自盡者現改爲充軍，此條則仍係爲奴也。罪名之參差實如諸作所議，第例中如此者甚多，非大修不能畫一。即如毆差鬨堂、謀殺子婦，男子並無爲奴之文，婦女均實發駐防，其理又安在也。

本按：此條似應變通，以歸畫一。

一、婦女與人父子通姦，致其子因姦謀殺其父，釀成逆倫重案者，將犯姦之婦實發駐防，給兵丁爲奴。犯姦。

此因釀成逆倫重案加重實發，究非婦女本罪也。

本按：此因有此案而遂定此例，然究非常有之事，犯姦不過杖決枷贖，爲奴則加至十數等矣。

實發而不爲奴者九條：

一、婦女毆差閧堂犯徒罪者，若與夫男同犯一體，隨同實發。名例，工樂户及婦人犯罪。

本按：婦女犯徒罪實發，祇此一條，因與夫男同犯也。

一、官吏與内官及近侍人員互相交結，漏洩事情夤緣作弊扶同奏啓者，妻流二千里安置。職制，交結近侍官員。

此亦前明殘刻之律。

本按：此婦女之流罪實發者，康熙中流徒尚陽堡等處者，大抵眷口隨同實發，今久不行矣。

一、叛案内律應緣坐，流犯發新疆種地當差。賊盜，謀叛。

查叛案律應緣坐，流犯有叛犯之母在内，例並未分别作何安插，則亦在當差之内。説帖内有見及此者，具徵細密，第婦女當差與别條不符，若令爲奴又嫌畸重，照律流二千里亦可。

本按：謀叛本律云：凡謀叛但共謀者，母流二千里安置。此條緣坐流犯即此，故不復出此例。下文云：如本犯未經到配以前身故，妻子免遣。似此條所稱流犯婦女本不在内。婦女無種地當差之例，此項人犯自應依律擬流實發。

一、盛京、烏喇等處居住之人，不詳詢來歷混買人者，係另户連妻發往江寧、杭州披甲。賊盜，略人，略賣人。

一、殺一家非死罪三、四命以上者，妻女發附近充軍地方安置。人命，殺一家三人。

此條律祇緣坐其妻，例則並其女而緣坐更加嚴矣。乾隆年間係發伊犁給厄魯特爲奴。自三十二年停發新疆，十六條此改爲充軍。其應行實發不待言，惟婦女充軍别條所無耳。

本按：例文云：充軍地方安置，則非實軍也。附近亦二千里，安置亦與流等，而必改其名曰充軍地方，不解何故。

一、採生折割人者，妻流二千里安置。若已行而未曾傷人者，妻流二千里。人命，採生折割人。

本按：上一層云妻子及同居家口，則不止妻一身。下一層注云同居家口不在應流之限，則止及其妻。

一、造畜蠱毒堪以殺人者，妻流二千里安置。人命，造畜毒殺人。

以上二條既應緣坐即應實發，律明誤會赦猶流者也。照律擬流實發亦無不可，若泥於婦女無實流之説，勢不至悉令爲奴不止也。殺一家三人之妻女，發附近充軍，似不可照辦。

本按：此律亦有同居家口，蓋與上條皆全家俱流者也。如有女、有子婦、有妾自亦皆在流遠之限。

一、八旗兵丁因管教將本管官戳死者，妻發遣黑龍江。鬥毆，毆制使及本管長官。

此發遣而不爲奴者，例内僅見之條也。

本按：此雍正三年因衆佛保之案奉旨議定者，乃特别辦法，他條所無。

一、呈首子孫發遣，如將子孫之婦一併呈送，與其夫一併僉遣。訴訟，子孫違犯教令。

此條及婦女毆差犯徒罪一條，盛京、烏喇居住之人混買人一條，均因有夫同犯，故行實發。與從前僉發之例亦合，非過刻也。

本按：此三條隱用僉妻之意，與他條婦女實發不同。觀於婦女毆差犯徒罪一條，婦女專犯徒罪，仍照律收贖，其意可見。

爲奴而不實發者一條：

旗下家人三次逃走，發各省駐防爲奴。婦女有犯，亦照此科斷，按律收贖。《督捕則例》。

此雖爲奴之條，而男則行實發。婦女仍准收贖，亦别條所無。

右列各條，除家人逃走一條不在實發之内，又複見者一條，其餘因正兇緣坐者十八條，均非婦女自行犯罪。同夫男僉配者三條，亦不盡係婦女本罪而其應行實發，說帖均無異議。至犯係積匪，京城姦媒，與人父子通姦，抑媳同陷淫邪四條，雖係婦女本身犯罪加重實發，說帖均無異議。惟因姦致父母自盡，姑謀殺子婦，毆差鬨堂三條，說帖多欲改爲監禁，其不可行說已見前，然尚未有議改收贖者。近歲竟有以姑謀殺子婦之案照流罪收贖辦理，殊失定例本意。蓋實發爲奴之例，行之已有百餘年，即酌改爲監禁，尚有不能畫一之處，況收贖乎。有斟酌畫善之策，則變法亦可，否則切勿輕改成法也。

本按：光緒壬午癸未間，司寇薛公在西曹，諭令各司將婦女應否實發各條各據所見呈遞說帖，公親自評其得失，時天水尚書尚在律例館，因取公說彙爲是編。余友人處鈔此本，其中尚遺漏若干條，未知所傳鈔之所逸歟，抑爲編輯之偶略歟。官事冗迫，未獲向公討論之也。玆補録如左。

實發爲奴者四條：

一、刑部及大小各衙門官吏不執法律，聽從上司主使出入人罪者，罪亦如之。職制，姦黨妻爲奴。

按：此承上文交結朋黨，云妻子爲奴而言。上文妻爲奴此亦同也。此等律文久不用矣。

一、寺觀庵院私自創建，增置尼僧女冠，入官爲奴。户役，私創庵院及私度僧道。

按：此律文仍明之舊，然未聞有行之者，同虛設矣，似不若勒令還俗歸宗。

一、八旗家奴若有鑽營勢力欺壓孤幼贖身爲民者，將人口賞給外省駐防兵丁爲奴。户役，人户以籍爲定。

按：渾言人口，則妻、妾、女皆在内矣。

私鑄紅衣等大小礮位及擡鎗者，不論官員軍民人等及鑄造匠役，妻給付功臣之家爲奴。軍政，私藏應禁軍器。

按：此條係康熙年間現行例，原文係妻子入官，其應如何入官之處並未指明。嘉慶十年經部議，私鑄礮位售賣漁利之犯，情罪同於背叛，自應即照謀叛案内之妻子給付功臣之家爲奴。於十四年將例文改定，反逆案内爲奴人犯改發駐防，此項亦應一體改發。

實發而非爲奴者：

一、盛京居住滿州、蒙古、漢軍文武官員犯係侵盜虧欠錢糧及姦貪訛詐等事降革者，均連其家屬撥發各省滿洲駐防，交該管官嚴加管束。名例，職官有犯。

按：此條久不行矣。

一、八旗兵丁衝突儀仗者，同眷屬俱發往各省駐防，交該將軍都統等嚴加管束。宫衛，衝突儀仗。

按：京旗之貧困無聊者，往往故意犯此，希冀同眷屬一齊發遣，可以在外謀生，八旗生計之艱難如此。

以上二條，實發而非爲奴，曰家屬，曰眷屬則妻女皆在内，與他條之實發者稍有區別。

徒流不收贖者三條：

一、婢過失傷家長者，杖一百流三千里，不收贖。鬥毆，奴婢毆家長。

按：婢過失傷家長之期親及外祖父母者，杖九十徒二年半，均不在收贖之限。乾隆十五年部議。

一、妹過失傷兄姊者，杖八十徒二年。折傷者，杖九十徒二年半，刃傷及折肢若瞎其一目者，杖一百徒三年。姪女過失傷伯叔父母、姑；外孫女過失傷外祖父母各加一等，不在收贖之限。鬥毆，毆期親尊長。

按：妹於兄姊，係照傷罪減二等。此照律分別叙明皆徒罪不收贖者，惟姪於伯叔父母、姑；外孫於外祖父母加等一等爲流二千里。

一、子、孫女過失傷祖父母、父母及妻妾，過失傷夫之祖父母、父母者，杖一百徒三年，俱不在收贖之限。鬥毆，毆祖父母、父母。

按：以上三條，律注皆有不收贖之文，係指過失傷收贖之律而言。既不准贖，即應實發矣。至婦女是否仍准依例收贖，律例内皆無明文，以名分論，自應不准收贖。惟妾過失殺正妻例内，已有徒罪准贖之文。又道光十二年河南李王氏過失傷夫之父一案，以該犯傷由過失，與實犯不孝有殊，且婦女不能擺站當差，量爲變通，准其納贖在案。則遇此等案件，自可酌量辦理。

遷徙者三條：

一、土蠻、猺、僮、苗人讎殺劫擄及聚衆促人靴禁者，所犯係死罪，一應家口父母、兄弟、子姪俱令遷徙，如係軍流等罪，將本犯照例枷責，仍同家口父母、兄弟、子姪一併遷徙安插。名例，徒流遷徙地方。

一、雲南、貴州苗人犯該徒、流、軍、遣情節較重或再犯不悛，將本犯照例折枷後，仍同家口各就土流所轄一併遷徙安插。同上。

一、土官、土人潛往外省生事爲匪，徒罪以上同家口父母、兄弟、子姪一併遷徙安插。關律，私越冒度關律。

按：以上三條俱合家遷徙，凡婦女皆在其內，此亦實發之與他條不同者，近來此等案件亦不多見。

按：婦女犯罪與男子殊，流戍道遠，孑身難於長行。五徒較輕亦苦於不能任役，是以漢有顧山之制，唐有留住之條，明則徒流俱聽收贖，皆所以寬婦女示矜恤也。國朝承用明制，婦女徒流准贖，故以流三千里人犯僅贖銀一兩三錢七分五釐，爲數過微，不足以示懲戒，於是遇有情節較重者，軍、流、遣罪改爲發遣爲奴，不准收贖。乾隆以後實發款目日益加多，蓋於矜恤之中參以懲戒之意，因時制宜，亦有不得已者。此編將實發各律例彙爲一卷，條理分明，而尤以輕改成法爲戒，蓋慎之也。讀是編者，甄其異同以考其得失，庶可得律例之原本而觀其通歟！光緒甲申長夏，家本記。

余補輯此編，藏弆篋衍未以示人，今歲出校訂之，將付手民，以備考證之助。計自癸卯歲奉命修訂法律，於次年三月開館，次第請將律例之不合於用及重法數端先行刪除，此條所列臺灣姦民私煎硝磺，盛京、烏喇等處居住之人，殺一家非死罪三、四命以上者，妻女發附近三條，已在奏准刪除之列，緣坐一項亦已奉明詔刪除，此編所列者計四十三條則所存者不過一半矣。丁未仲冬家本又記。

《西藏記》卷下《刑法》　西藏相沿番例三本，計四十一條，所戴刑法甚酷。大召旁有黑房數間，拘繫罪人犯法者，不論罪之輕重皆禁于內。用毛繩將四股綳起，聽候發落。如二姓鬬毆致命者，將屍棄水，兇手只罰銀錢充公，並給屍親念經，或銀若干，牛羊若干，追比全完而釋之。無銀則縛棄水中，籍没其家。其搶奪刦殺者，不分首從，皆問死罪。或縛于柱上，以鎗打箭射，較射飲酒，死則割頭懸示；或送猓獫野人食之；或活縛送曲水蝎子洞，令蝎子食之。若偷竊不道，將全家鎖拏，監追內比，或一陪三陪六陪九陪，追完，將正賊去目、鼻，砍手。凡犯重罪，先以繩緊縛，以皮撻數十，擡于水中，泡一時取起，再撻之。如是者數次，然後審訊口供。如其不認，則以滾油滴其胸，用大刀裂其肉。再不招，則綑縛坐水中，髮分兩股，以繩左右綷之，用白粗布蒙面，以水立澆之，不認再澆。或于十指内下油簽，若永不招供，而後釋放。倘熬刑而死，棄屍水中。其刑法慘酷，從未之聞。至爭鬬打架，告理者罰銀。犯而不告者，各重罰。無銀則以長棍責釋。若犯姦情，止罰銀錢，隨其貧富多寡不等，亦或責釋。但犯法無論男女，俱于市中去衣責之，近亦有枷號者。觀其刑法，可知其人之頑，俗之惡矣。

（清）沈家本《大清現行刑律·名例》　名者，五刑之罪名；例者，五刑之體例也。

五刑

罰金刑十：一等罰銀五錢，收贖折半，下同。二等罰銀一兩。三等罰銀一兩五錢。四等罰銀二兩。五等罰銀二兩五錢。六等罰銀五兩。七等罰銀七兩五錢。八等罰銀十兩。九等罰銀十二兩五錢。十等罰銀十五兩。

徒刑五：一年依限工作，收贖銀十兩。一年半依限工作，收贖銀十二兩五錢，二年依限工作，收贖銀十五兩。二年半依限工作，收贖銀十七兩五錢。三年依限工作，收贖銀二十兩。

流刑三：二千里工作六年，收贖銀二十五兩。

二千五百里工作八年，收贖銀三十兩。

三千里工作十年，收贖銀三十五兩。

遣刑二：極邊足四千里及煙瘴地方安置。俱工作十二年。新疆當差。工作十二年，收贖銀數俱與滿流同。

死刑二：絞，斬內外死罪人犯，除應決不待時外，餘俱監固候秋審，分別情實緩決矜疑奏請定奪。收贖銀四十兩。

條例：

一、凡處罰金刑無力完繳者，收入習藝所工作，應罰一兩折工作四日，以次遞加，限滿開釋。

一、凡婦女犯罰金罪名依律處罰，其犯該徒流以上，除犯姦及例內載明應收所習藝者，一律按限工作不准論贖外，其尋常各案，准其贖罪，徒一年贖銀二十兩，每等加銀五兩，至徒三年贖銀四十兩。流二千里贖銀五十兩，每等加銀十兩，至流三千里贖銀七十兩。應安置發遣者，照滿流科斷。如無力完繳，按銀一兩折工作四日，其未設有女犯習藝所地方，照工作時日改爲監禁，俱限滿釋放。

一、凡關係十惡犯姦等項應處罰金罪者，按應罰之數，以一兩折算四日改擬工作。

一、凡罪犯應死證據已確，不肯供認應行刑訊者，概用竹板。長五尺五寸，大頭闊一寸五分，小頭闊一寸，重不過一斤。每次刑責不得過三十板。至初次訊供時及徒流以下罪名，概不准刑訊。如有違例用刑者，該管上司即行據實叅處。

一、凡問刑各衙門，除例載刑具外，不得任意私設，違者按違制律科斷。

一、凡京外職官下及軍民人等犯徒流以上，除詐僞、犯姦、略誘、和誘及常赦所不原外，准其捐贖。徒一年三品以上官捐銀一千兩，四品官捐銀五百兩，五六品官捐銀四百兩，七品以下及進士、舉人捐銀三百兩，貢監生員捐銀二百兩，平民捐銀一百兩。每徒一等，三品以上官加銀二百五十兩，四品官加銀一百二十五兩，五六品官加銀一百兩，七品以下及進士、舉人加銀六十五兩，貢監生員加銀五十兩，平民加銀三十五兩。由徒入流三品以上官，以五百兩爲一等，滿流贖銀三千五百兩。四品官以二百兩爲一等，滿流贖銀一千六百兩。五六品官以一百五十兩爲一等，滿流贖銀一千二百五十兩。七品以下及進士、舉人以八十兩爲一等，滿流贖銀八百兩。貢、監生員犯流二千里贖銀四百六十兩，每等加銀七十兩。平民犯流二千里，贖銀二百七十兩，每等加銀四十五兩。遣置各照滿流捐贖，俟銀數完繳，俱准免罪。若斬絞緩決各犯，如遇恩赦查辦減等後，有呈請贖罪者，法部核准奏明，各照所減罪名捐贖。

紀事

（宋）葉庭珪《海録碎事》卷二一《政事禮儀部・誅戮門・改磔》

景帝改磔曰棄市，勿復磔。注磔，張其尸也，棄市，殺之於市，取刑人於市，與衆棄之也。【略】乘露車。陳制死罪將決乘露車著三械加拲手，至市，脱三械及拲手焉。白刃加頸。羌叛，和帝問段穎，穎曰：狼子難以恩結，唯當白刃加頸耳。

中國第一歷史檔案館《咸豐同治兩朝上諭檔》同治二年八月十四日

同治二年辦理咸豐十年及十一年並同治元年新疆等處秋審常犯情實。黄閏連等共九起人犯九名，謹將勾到時所奉諭旨恭録於後。

一起絞犯黄閏連，免死盜犯，在配毆斃人命，業照平常遣犯免其斬罪，法難再宥，是以勾決。

一起斬犯黄阿褋，私造大錢情殊藐法，是以勾決。

一起斬犯楊自彛，雖非有心欲殺，惟挾忿迭砍致斃，法無可寬，是以勾決。

一起斬犯李汶致，逞忿故殺，是以勾決。

一起斬犯依布拉依木，逞忿故殺，是以勾決。

一起絞犯邱保生，免死盜犯，在配致斃人命，業照平常遣犯免其斬罪，法難再宥，是以勾決。

一起斬犯楊黑娃子，姦匪逞忿，故殺拒絶之姦婦，又另傷二人，淫兇難宥，是以勾決。

一起斬犯蘇皮，挾謀命是，是以勾決。

一起斬犯黨剋刃，圖姦不遂，逞忿故殺，淫兇難宥，是以勾決。

中國第一歷史檔案館《咸豐同治兩朝上諭檔》同治二年八月二十二日

同治二年辦理咸豐十年及十一年並同治元年四川省秋審常犯情實，共四十七起人犯五十六名，謹將勾到時所奉諭旨恭録於後。

一起斬犯伍效彛，姦匪妒姦故殺，姦匪淫兇難寬，是以勾決。

一起斬犯王錫江，姦匪聽從謀斃縱姦本夫，下手加功，是以勾決。

一起斬犯溫新保，逞忿故殺，是以勾決。

一起斬犯愈炳，逞忿故殺，是以勾決。

一起斬犯成庭緒，逞忿故殺婦女，是以勾決。

一起斬犯李忠明，火器殺人，法無可寬，是以勾決。

一起斬犯李井娃，竊盜拒捕，刃斃事主，是以勾決。

一起斬犯宋老五，竊盜拒捕，刃斃事主，是以勾決。

一起斬犯幅新僧人，逞忿故殺幼孩，是以勾決。
一起斬犯許癩子，逞忿故殺，是以勾決。
一起斬犯羅沐青，呈忿故殺，是以勾決。
一起斬犯羅怔發，挾嫌謀斃緦麻兄妻，是以勾決。
一起斬犯蕭聯憘，因姦聽從姦婦謀殺縱姦本夫，淫兇難寬，是以勾決。
一起斬犯左老四，竊盜拒捕，刃斃事主，是以勾決。
一起斬犯何潤友，逞忿故殺，是以勾決。
一起斬犯張娃兒，竊盜護夥拒捕，刃斃捕人，是以勾決。
一起斬犯吳映芳即吳畛，假差嚇詐致斃無辜，法無可寬，是以勾決。
一起絞犯吳復受川匪聽糾四人攔搶，拒，傷事主雇工二人，藐法難寬，是以勾決。【略】
一起絞犯李進雙、蔣庭倫、李有沅、彭老大、彭老二川匪聽糾攔搶數至十人以上，該犯張導得、蔣有潆復拒傷事主，藐法難寬，是以勾決。
一起斬犯黄六娃，死者黄夜至伊田邊出恭，疑賊，不爲無因，惟係火器殺人，是以勾決。
一起絞犯江添才，連斃應抵二命，是以勾決。
一起斬犯陶牛啞崽，挾嫌遷怒，故殺幼孩，是以勾決。【略】
一起斬犯李導身，逞忿故殺，復另傷其妻，是以勾決。
一起斬犯李連連，逞忿故殺，是以勾決。
一起斬犯楊幅渌，竊盜拒捕，毆斃事主，是以勾決。
一起斬犯陳心發，逞忿故殺，是以勾決。
一起斬犯趙玉憘，竊匪挾恨謀命，復刃傷事主，是以勾決。【略】
一起斬犯王洪潤，竊盜拒捕致斃捕人，復另傷事主，是以勾決。
一起斬犯王育楚，賭匪逞忿故殺，是以勾決。
一起絞犯王沅湘，先犯鬭殺擬絞，免死，後復共毆斃命，怙惡不悛，是以勾決。
一起斬犯楊得密，火器殺人，法無可寬，是以勾決。
一起斬犯鄒明濡，逞忿故殺，是以勾決。
一起斬犯楊紅蕣，逞忿故殺，是以勾決。【略】
一起斬犯連萬材，竊盜拒捕，刃斃年甫十一事主，是以勾決。
一起斬犯劉麻子，因姦謀殺縱姦本夫，淫兇難寬，是以勾決。
一起斬犯陳大即徐潮潰，姦匪挾恨謀殺，姦匪逃後復刃斃人命，又另傷三人，淫兇難寬，是以勾決。
一起絞犯，劉二麻子、段老五川匪聽糾攔搶，數至十人以上，藐法難寬，是以俱勾決。
一起絞犯戴長根，細故逞忿故殺年甫十三緦麻弟，情殊慘忍，是以勾決。
一起斬犯涂躍娃，刀匪挾忿糾毆，臨時起意故殺，是以勾決。
一起斬犯鍾洪憘，逞忿故殺，是以勾決。
一起斬犯冉蕣，逞忿故殺，是以勾決。
一起斬犯傅幗連，姦匪因姦謀殺縱姦本夫，淫兇難寬，是以勾決。
一起斬犯趙老六，逞忿故殺幼孩，是以勾決。

中國第一歷史檔案館《咸豐同治兩朝上諭檔》同治二年八月二十四日

同治二年辦理咸豐十年及十一年並同治元年陝甘省秋審常犯情實，郭小紅兒等共三十二起人犯三十三名，謹將勾到時所奉諭旨恭録於後。
一起斬犯郭小紅兒，挾恨謀死老婦圖賴，是以勾決。
一起斬犯林羅仔即林羅則，假差嚇詐，致斃被詐之人，法無可寬，是以勾決。
一起斬犯魯化春，私鑄鐵錢，情殊藐法，是以勾決。
一起斬犯李占方，挾嫌故殺圖賴，是以勾決。
一起斬犯張淙五，捕役私拷嚇詐，致斃人命，法無可寬，是以勾決。
一起斬犯張獅娃子，逞忿故殺，是以勾決。
一起斬犯徐么子即倡發僧人，逞忿故殺，是以勾決。
一起斬犯叚捞兒，逞忿故殺，是以勾決。
一起斬犯梁萬鎰，攢毆多傷，後畏罪裝縊，故殺其命，是以勾決。
一起斬犯張城明，逞忿故殺，是以勾決。
一起絞犯張洞盛，發塚開棺見屍，割取屍頭圖賴，情殊殘忍，是以勾決。

一起絞犯左幫彥即左幫念，聽糾聚衆抗糧，挾制官長，情殊藐法，是以勾決。
一起斬犯齊百潰，姦匪聽從姦婦，謀殺本夫，淫兇難宥，是以勾決。
一起斬犯王腊娃，姦匪逞忿故殺，姦匪淫兇難宥，是以勾決。
一起斬犯趙夢科，逞忿故殺，是以勾決。
一起絞犯洪有幅兒，回民，行竊拒捕，刃傷事主二人，是以勾決。
一起斬犯梅三，逞忿故殺，是以勾決。
一起斬犯王彝，竊盜拒捕，致斃事主，是以勾決。
一起斬犯姚虧，姦夫因姦起意，謀殺縱姦本夫，淫兇難宥，是以勾決。
一起斬犯丁旺兒，假差嚇詐，毆斃被詐之人，法無可寬，是以勾決。
一起斬犯鄭阜保子，逞忿故殺，是以勾決。
一起斬犯李世義，調姦犯姦婦女未成，起意殺死滅口，淫兇難宥，是以勾決。
一起斬犯陳維潮，逞忿故殺，是以勾決。
一起斬犯趙阜保，逞忿故殺，是以勾決。
一起斬犯王登發，逞忿故殺幼孩，是以勾決。
一起斬犯黄老五，絞犯熊老么，黄老五造意謀命，熊老么挾嫌加功，均法無可寬，是以俱勾決。
一起斬犯常朱潰，因姦聽從姦婦，謀殺本夫，淫兇難宥，是以勾決。
一起斬犯曹導士子，挾恨謀命，是以勾決。
一起斬犯牛進沅，火器殺人，法無可寬，是以勾決。
一起絞犯李灝潰，連斃緦麻卑幼一家二命，是以勾決。
一起斬犯解汶甲，逞忿故殺，是以勾決。
一起斬犯馬瀠，回民，結夥攢毆多傷，後逞忿故殺，是以勾決。

中國第一歷史檔案館《咸豐同治兩朝上諭檔》同治二年九月初三 同治二年四川省秋審新事常犯情實，譚灝渫等共十八起人犯十八名，謹將勾到時所奉諭旨恭録於後。

一起斬犯譚灝渫，逞忿故殺外姻緦麻尊長，是以勾決。
一起斬犯朱大憒，姦匪妒姦故殺姦婦，是以勾決。
一起斬犯文洪通，逞忿故殺，是以勾決。
一起斬犯葉洪仲，逞忿故殺，是以勾決。
一起斬犯徐盛篙即徐二槐，逞忿故殺，是以勾決。
一起斬犯吴恇建，姦匪因姦謀命，淫兇難宥，是以勾決。
一起斬犯王棠，姦匪因姦聽從謀殺縱姦本夫，淫兇難宥，是以勾決。
一起斬犯趙老二，逞忿故殺，是以勾決。
一起斬犯方廣保，姦匪因姦聽從姦婦，謀殺本夫，淫兇難宥，是以勾決。
一起斬犯廖黄導，假差嚇詐，刃斃被詐之人，法無可寬，是以勾決。
一起絞犯趙老八，貪賄聽從謀命，下手加功，是以勾決。
一起斬犯李簡娃，搶匪被拏，謀殺無辜幼孩抵賴，是以勾決。
一起絞犯張錫桓，連斃應抵二命，是以勾決。
一起斬犯夏紀品，因姦起意，謀殺縱姦本夫，淫兇難宥，是以勾決。
一起斬犯鍾友汶，因姦起意，謀殺縱姦本夫，淫兇難宥，是以勾決。
一起斬犯楊賦辰，逞忿故殺幼孩，是以勾決。
一起絞犯李篙茫，連斃應抵二命，是以勾決。
一起斬犯楊恇有，逞忿故殺，復另傷一人，是以勾決。

中國第一歷史檔案館《咸豐同治兩朝上諭檔》同治二年九月初六 同治二年奉天省秋審新事常犯情實，張萬淋等共三十四起人犯三十四名，謹將勾到時所奉諭旨恭録於後。

一起斬犯張萬淋，逞忿故殺，是以勾決。
一起斬犯趙得倉，姦匪因姦謀殺縱姦本夫，淫兇難宥，是以勾決。
一起斬犯孫泳海，逞忿故殺，是以勾決。
一起斬犯張果平，竊匪拒捕，刃斃捕人，是以勾決。
一起斬犯王起欣，死係兄弟一家二命，該犯火器致斃一命，法無可寬是以勾決。
一起斬犯李境幅，逞忿故殺，是以勾決。
一起斬犯修從詳，火器殺人，法無可寬，是以勾決。
一起斬犯孫幅增，逞忿故殺，是以勾決。
一起斬犯王均，逞忿故殺，是以勾決。

一起斬犯賈任好，賭匪挾忿，謀斃賭匪，是以勾決。

一起斬犯李名聲，火器殺人，法無可寬，是以勾決。

一起斬犯張亮，挾恨謀命，誤斃旁人，是以勾決。

一起斬犯趙趕生，罪人拒捕，火器殺人，法無可寬，是以勾決。

一起斬犯閻淩，火器殺人，法無可寬，是以勾決。

一起斬犯張幅，火器殺人，法無可寬，是以勾決。

一起斬犯鄭發，逞忿故殺，是以勾決。

一起斬犯徐茂碌，逞忿故殺，是以勾決。

一起斬犯于得江，逞忿故殺，是以勾決。

一起斬犯孫庭耀，賭匪挾恨，謀斃賭匪，復另傷二人，是以勾決。

一起斬犯王瀰玉，火器殺人，法無可寬，是以勾決。

一起斬犯戴玉，逞忿故殺，是以勾決。

一起斬犯孫志盛，逞忿故殺，是以勾決。

一起斬犯安果茗，挾恨謀命，復另傷二人，是以勾決。

一起斬犯林玉幅，假差嚇詐，火器致斃無辜，法無可寬，是以勾決。

一起斬犯張有，逞忿故殺，是以勾決。

一起斬犯楊建山，逞忿故殺，是以勾決。

一起絞犯卜汶才，貪賄聽從謀命，下手加功，是以勾決。

一起斬犯劉發，姦匪妒姦，謀斃姦匪，復刃傷姦婦，是以勾決。

一起斬犯路萬才，逞忿故殺，是以勾決。

一起斬犯鄒漢三，逞忿故殺，是以勾決。

一起斬犯任田，火器殺人，法無可寬，是以勾決。

一起斬犯薛致棠，挾恨謀命，是以勾決。

一起斬犯王泳幅，賭匪逞忿故殺賭匪，是以勾決。

一起斬犯富倫保，逞忿故殺，是以勾決。

中國第一歷史檔案館《咸豐同治兩朝上諭檔》同治二年九月十七日

同治二年並咸豐十年江西省秋審新事常犯情實，鄒爲椿等共十一起人犯十三名口，謹將勾到時所奉諭旨恭録於後。

一起斬犯鄒爲椿，逞忿故殺，是以勾決。

一起斬婦歐陽氏，因竊謀殺夫之緦麻尊長滅口，是以勾決。

一起絞犯李憘亮，連斃應抵二命，是以勾決。【略】

一起絞犯陳沅明，連斃應抵二命，是以勾決。

一起斬犯劉五秀，姦匪因姦聽從姦婦，謀殺縱姦本夫，淫兇難宥，是以勾決。

一起斬犯田振萬，雖傷由誤中，惟係因姦拒捕，刃斃應捕之人，淫兇難宥，是以勾決。

一起斬犯沈克秦，姦匪因姦起意，謀殺縱姦本夫，淫兇難宥，是以勾決。

一起絞犯胡唐華，聽從聚衆索餉滋鬧，情殊藐法，是以勾決。

一起斬犯華茂淋，姦匪因姦起意，謀殺縱姦本夫，淫兇難宥，是以勾決。

一起絞犯陳老三，竊匪挾嫌聽從謀殺夫婦一家二命，下手加功，是以勾決。

中國第一歷史檔案館《咸豐同治兩朝上諭檔》同治四年八月初二

同治四年辦理三年奉天省秋審常犯情實，共十八起人犯共十八名，內除舊事范庭向一犯一名，業於二年免勾時開列榜示外，謹將新事魯學渫等十七起人犯十七名勾到時所奉諭旨恭録於後。

一起斬犯魯學渫，火器殺人，是以勾決。

一起斬犯劉青幅，逞忿故殺，是以勾決。

一起斬犯聶淩殞，挾恨謀命，復另傷五人，是以勾決。

一起斬犯張洪淋，火器殺人，是以勾決。

一起斬犯劉起，雖係火器殺人，惟死近棍徒，該犯被衆圍毆，倉猝用鎗抵格扯動火機，與有心施放者不同，情稍可原，是以未勾。

一起絞犯郎得，强姦幼女已成，是以勾決。

一起絞犯武萬城，强奪良家室女姦占爲妻，是以勾決。

一起斬犯丁玉，逞忿故殺，復刃傷外姻小功尊屬，又另傷一人，是以勾決。

一起斬犯陳好汶，逞忿故殺，是以勾決。

一起斬犯丁廣發，逞忿故殺，是以勾決。

一起斬犯畢萬梆，刁徒平空訛詐，火器致斃被詐之人，是以勾決。

一起斬犯徐海，火器殺人，是以勾決。

一起斬犯祝生即祝黑子，火器殺人，是以勾決。

一起斬犯徐城，挾恨謀命，是以勾決。

一起斬犯郜鳳起，賭匪挾恨謀命，復另傷一人，是以勾決。

一起絞犯盧尚泳，致斃徒手妻兄，金刃傷多且重，是以勾決。

一起絞犯蘇冲阿，竊盜拒捕，金刃砍扎事主多傷，是以勾決。

中國第一歷史檔案館《咸豐同治兩朝上諭檔》同治七年九月二十二日

同治七年四川省秋審常犯情實，楊汶泯等共三十五起人犯共三十五名口，謹將勾到時所奉諭旨恭録於後。

一起斬犯楊汶泯，逞忿故殺，法無可寬，是以勾決。

一起斬犯楊式汰，火器殺人，法無可寬，是以勾決。

一起斬犯湯連升，姦匪因姦聽從姦婦謀斃本夫，淫兇難寬，是以勾決。

一起斬犯黄漢葱，調姦匪徒謀斃本夫，法無可寬，是以勾決。

一起斬犯戴五麻子，竊盜拒捕，刃斃捕人，復另傷其子，法無可寬，是以勾決。

一起斬犯黄槐子，賭匪逞忿故殺，法無可寬，是以勾決。

一起斬犯翟東瓜，聽從圖財害命，雖未加功，業已得財，法無可寬，是以勾決。

一起斬婦陳氏，逞忿故殺，法無可寬，是以勾決。

一起絞犯溫洸潮，搶奪年甫七歲緦麻弟銀圈，復故殺其命，情殊殘忍，法無可寬，是以勾決。

一起絞犯劉開汰，竊匪挾嫌謀殺年甫八齡小功卑幼，情殊殘忍，法無可寬，是以勾決。

一起絞犯粱添亨，細故逞忿故殺年甫十二大功服弟，情殊殘忍，法無可寬，是以勾決。

一起斬犯唐老大，逞忿故殺，法無可寬，是以勾決。

一起斬犯鄭汶遷，姦匪因姦聽從姦婦，謀斃縱姦本夫，淫兇難寬，是以勾決。

一起斬犯戴連生，逞忿故殺，法無可寬，是以勾決。

一起斬犯彭志逵，逞忿故殺，法無可寬，是以勾決。

一起斬犯陳老五，竊盜拒捕，刃斃事主，法無可寬，是以勾決。

一起斬犯霍二，逞忿故殺幼孩，法無可寬，是以勾決。

一起斬犯包井蠻仔，雖係火器殺人，始念事在危急情切護祖，尚屬可原，是以未勾。

一起斬犯賈繼畛，逞忿故殺，法無可寬，是以勾決。

一起斬犯閻升，革役假差嚇詐致斃被詐之人，法無可寬，是以勾決。

一起斬犯黄大，逞忿故殺，法無可寬，是以勾決。

一起斬犯謝騾子，逞忿故殺，法無可寬，是以勾決。

一起斬犯陳棚信，逞忿故殺，法無可寬，是以勾決。

一起斬犯李老二，竊盜拒捕，刃斃事主，法無可寬，是以勾決。

一起斬犯冉老五即冉從之，逞忿故殺，法無可寬，是以勾決。

一起絞犯曾蘚悰，刃斃徒手債主致命，穿透傷重，情兇近故，法無可寬，是以勾決。

一起斬犯文辛娃子，姦匪因姦聽從姦婦謀斃本夫，淫兇難寬，是以勾決。

一起斬犯鄭二娃，竊盜拒捕，刃斃捕人，法無可寬，是以勾決。

一起斬犯羅灦宇，姦匪拒捕致斃本夫，淫兇難寬，是以勾決。

一起絞犯劉從來，竊盜聽從謀斃事主滅口，下手加功，法無可寬，是以勾決。

一起斬犯王仕悉，逞忿故殺，法無可寬，是以勾決。

一起斬犯周先居，逞忿故殺，復另傷一人，法無可寬，是以勾決。

一起絞犯馬登茗，致斃彼造父子一家二命，該犯致斃逾七老人一命，情傷俱重，法無可寬，是以勾決。

一起絞犯袁汶椿，致斃婦女，戳傷多且重，情殊欺淩，法無可寬，是以勾決。

一起絞犯劉澱颺，抗官拒捕，鳥鎗轟傷差役脫逃，因緦麻姪拏伊送究，復逞兇謀斃其命，情殊藐法，是以勾決。

中國第一歷史檔案館《光緒宣統兩朝上諭檔》光緒六年九月二十日

光緒六年四川省秋審常犯情實，共四十六起人犯共五十一名口，內除舊事情實王仔恒一起人犯一名業於三年免勾時開列榜示外，謹將新事情實穠麻仔等四十五起人犯共五十名口勾到時所奉論旨恭録於後。

一起斬犯穠麻仔，逞忿故殺婦女，法無可寬，是以勾決。

一起絞犯陳洪潤，連斃應抵二命，復另傷二人，法無可寬，是以勾決。

一起斬犯漆青澐，挾恨謀命，法無可寬，是以勾決。

一起斬犯陳狗兒，逞忿故殺幼孩，法無可寬，是以勾決。

一起斬犯王鐵桿，竊匪挾恨謀斃竊匪，脱逃二年後被獲，業經免其立決，法難再宥，是以勾決。

一起絞犯高老泗，刃斃婦女，傷多且重，法無可寬，是以勾決。

一起斬犯郭租烈，逞忿故殺幼孩，法無可寬，是以勾決。

一起斬犯道芳，僧人，逞忿故殺，法無可寬，是以勾決。

一起斬犯張仲斌，火器殺人，法無可寬，是以勾決。

一起斬犯鄧詳達，因姦謀斃買休之夫，淫兇難寬，是以勾決。

一起斬犯張阿崗即張亞剛，竊盜拒斃事主，法無可寬，是以勾決。

一起斬犯屈三三，逞忿故殺，法無可寬，是以勾決。

一起斬犯楊鈺山，逞忿故殺，復另傷一人，法無可寬，是以勾決。

一起斬犯余長娃，逞忿故殺，法無可寬，是以勾決。

一起斬犯王授中，逞忿故殺，法無可寬，是以勾決。

一起斬犯王二，逞忿故殺，法無可寬，是以勾決。

一起斬犯易中中，竊盜拒斃事主，法無可寬，是以勾決。

一起斬犯鍾萬俐、絞犯楊唧仔即楊幗誌，竊盜拒斃事主，鍾萬俐下手傷重，楊唧仔幫毆刃傷，情殊兇暴，均法無可寬，是以俱勾決。

一起斬犯楊中懊，逞忿故殺婦女，法無可寬，是以勾決。

一起斬犯譙老泗，竊盜拒斃事主，法無可寬，是以勾決。

一起斬犯蕭信有，火器殺人，法無可寬，是以勾決。

一起斬犯王四銀，因姦同謀殺死縱姦本夫，淫兇難寬，是以勾決。

一起斬犯吴仔前，逞忿故殺幼孩，法無可寬，是以勾決。

一起斬犯陳三即陳潮缸，竊盜拒斃事主，法無可寬，是以勾決。

一起斬犯侯銀彪，火器致斃婦女，法無可寬，是以勾決。

一起絞犯況長受，貪利聽從謀命，下手加功，法無可寬，是以勾決。

一起斬犯周管事，竊盜拒斃事主，法無可寬，是以勾決。

一起絞犯王承棟、王洸□，王承棟因圖賴謀殺胞弟之義子，王洸□貪賄聽從下手加功，均法無可寬，是以俱勾決。

一起斬犯古二、絞婦彭氏，因姦謀斃買休之夫，古二造意，彭氏聽從下手加功，均淫兇難寬，是以俱勾決。

一起絞犯鄧水保，姦通小功兄妻，復聽從謀斃其子，下手加功，法無可寬，是以勾決。

一起斬犯屠連幨，逞忿故殺，法無可寬，是以勾決。

一起斬犯成恆均，逞忿故殺，法無可寬，是以勾決。

一起斬犯唐仕崇，逞忿故殺，法無可寬，是以勾決。

一起斬犯羅蕒秀，逞忿故殺，法無可寬，是以勾決。**【略】**

一起絞犯劉芒蕙，調姦致本婦羞忿自盡，復拒傷氏姑，淫兇難寬，是以勾決。

一起斬犯朱尚閒，逞忿故殺，法無可寬，是以勾決。

一起斬犯彭大得，刃斃緦尊，頭面傷多且重，法無可寬，是以勾決。

一起斬犯劉連生，逞忿故殺，法無可寬，是以勾決。

一起斬犯楊放青，姦匪拒捕，刃斃幼女，淫兇難寬，是以勾決。

一起絞犯□庭汶，刃斃兄妻，要害傷重，復另傷二人，法無可寬，是以勾決。

一起絞犯李二機匠，刃傷要害奇重，法無可寬，是以勾決。

一起絞犯性體，僧人，斃命斧刃頭面傷重，法無可寬，是以勾決。

一起斬犯伍夫猴咡，刃斃緦兄，致命傷重，法無可寬，是以勾決。

一起絞犯蘇長受，金刃傷多且重，法無可寬，是以勾決。

中國第一歷史檔案館《光緒宣統兩朝上諭檔》光緒六年九月二十日

光緒六年奉天省秋審常犯情實，共十六起人犯十七名口，內除舊事情實喬城一起人犯一名業於三年免勾時開列榜示外，謹將新事情實徐潹第等十五起人犯共十六名口勾到時所奉論旨恭録於後。

一起斬犯徐潹第，火器殺人，法無可寬，是以勾決。

一起斬犯曾泳升，火器殺人，法無可寬，是以勾決。

一起絞犯趙允汶，連斃應抵二命，法無可寬，是以勾決。

一起斬犯齊萬財，平空訛詐，刃斃被詐之人，法無可寬，是以勾決。

一起絞犯林發，貪賄聽從姦夫，謀斃本夫，下手加功，法無可寬，是以勾決。

一起斬犯杭鈺得，火器殺人，法無可寬，是以勾決。

一起斬犯吴尚有，逞忿故殺，法無可寬，是以勾決。

一起斬犯齊汶發，假差嚇詐，鎗斃被詐之人，法無可寬，是以勾決。

一起絞犯郭六十，傳洛大即傳得泩，聽從謀命，下手加工，均法無可寬，是以俱勾決。

一起斬犯郭淋，逞忿故殺，復另傷一人，法無可寬，是以勾決。

一起斬犯張棚城，竊盗臨時盗所刃砍事主多傷，情殊兇暴，法無可寬，是以勾決。

一起絞婦王氏，因姦致夫被謀殺，事後聽從姦夫同逃，戀姦忘讎，法無可寬，是以勾決。

一起絞犯楊青山，刃斃婦女，傷多且重，法無可寬，是以勾決。

一起絞犯隆老九，免死盗犯，配逃殺人，業經免其立決，法難再宥，是以勾決。

一起絞犯盧汶舉，巨刃頭面傷重，情兇近故，法無可寬，是以勾決。

中國第一歷史檔案館《光緒宣統兩朝上諭檔》光緒六年九月二十日

光緒六年陝西省秋審常犯情實，張幅兒等十八起人犯十八名，謹將勾到時所奉諭旨恭録於後。

一起絞犯張幅兒，聽從圖財害命，殺人得財，業因自首，免其斬決，法難再宥，是以勾決。

一起斬犯盧存梆，逞忿故殺，法無可寬，是以勾決。

一起斬犯劉忠進，逞忿故殺，法無可寬，是以勾決。

一起斬犯蕭蟻倡，逞忿故殺，復藉屍圖賴，法無可寬，是以勾決。

一起斬犯李操花兒，因姦謀斃縱姦本夫，法無可寬，是以勾決。

一起絞犯徐秀裡，竊匪聽從謀斃竊匪，下手加功，法無可寬，是以勾決。

一起斬犯李署兒，竊盗斃事主，法無可寬，是以勾決。

一起斬犯劉隨幅，逞忿故殺幼孩，法無可寬，是以勾決。

一起絞犯阮蘇葆，先犯鬬殺擬絞援免，後復致斃人命，怙惡難寬，是以勾決。

一起斬犯陳憘沅，挾恨謀命，法無可寬，是以勾決。

一起斬犯柴添右，糾夥行劫，雖未得財，業已傷人，法無可寬，是以勾決。

一起絞犯王椿萇，挾嫌聽從謀命，下手加功，法無可寬，是以勾決。

一起斬犯王游遠，逞忿故殺婦女，法無可寬，是以勾決。

一起斬犯李來葆，逞忿故殺幼孩，法無可寬，是以勾決。

一起斬犯武端第，姦匪拒斃捕人，法無可寬，是以勾決。

一起絞犯劉四，聽從開棺見屍，瞭望三次，法無可寬，是以勾決。

一起絞犯杜香齡，刃斃婦女，傷多且重，法無可寬，是以勾決。

一起絞犯穆進有，刃斃婦女，傷多且重，法無可寬，是以勾決。

肉刑部

綜論分部

論説

（清）皮錫瑞《今文尚書考證・吕刑》 爰始淫為劓刵椓黥。今文作臏、宮、割、劓、頭庶剠。《虞書正義》曰：夏侯、歐陽等書劓、刵、劅、黥云臏、宮、劓、割、頭庶剠。王引之説：宮、劓、割當作宮、割、劓。《太平御覽・刑部法・宮割》下引《尚書・刑德放》曰：宮者，女子淫亂，執置宮中，不得出。割者，丈夫淫，割其勢也。此引訓釋《甫刑》之詞。蓋宮、割皆是淫刑，割字即在宮字下，故《書緯》隨宮字解之。若在劓字之下，則與宮字不相連屬，不得如此訓釋矣。《白虎通義》説五刑曰：割、宮在其中刑者也。割、宮當爲宮、割，亦本《甫刑》也。其下文曰：宮者，女子淫，執置宮中，不得出也。此下亦當有割者二字。丈夫淫，割去其勢也。先言宮而後言割，亦依《甫刑》宮、割之文而解之也。《列女傳・貞順篇》曰：士、庶人外淫者宮、割。鄭注《文王世子》曰：宮、割、臏、墨、劓、刖，皆以刀鋸刺割人體也。又曰：宮、割，淫刑也。又注《孝經》曰：科條三千，謂劓、墨、宮、割、臏、大辟。男女不與禮交者宮、割。皆本《甫刑》也。或曰：安知經文不作劓、宮、割乎？曰：不然。《尚書大傳》曰：決關梁、踰城郭而畧盜者，其刑臏。男女不以義交者，其刑宮。觸易君命，革輿服制度，姦軌盜攘傷人者，其刑劓。亦即依《甫刑》臏、宮、割、劓之文爲先後之次。是臏字當在宮、割之上，劓字當在宮、割之下。《大傳》不言割者，言宮可以統割。故《甫刑》前言宮割，後則但言宮辟、宮罰也。王氏《尚書後案》曰：臏、宮、劓、割頭、庶剠者，臏即刵，割頭即大辟，庶剠即墨。庶，煮也。《秋官》庶氏以藥物熏攻毒蠱，故以名官。彼注庶讀如藥煮之煮。《司刑》注：墨、黥也。先割其面，以墨窒之。言刻額爲瘡，以墨塞瘡孔，令變色。則墨須煮，故云庶剠也。案：王氏不知割字本在宮字下，而誤以割頭二字連讀，其説庶字之義，尤爲穿鑿。今考《御覽・刑法部・黥》下引《尚書・刑德放》曰：涿鹿者，笮人顙也。黥者，馬羈笮人面也。又引鄭注曰：涿鹿、黥，皆先以刀笮傷人，墨布其中，故後世謂之刀墨之民也。然則墨刑在面謂之黥，在額謂之涿鹿。涿古讀若獨。涿鹿，曡韻字也。頭庶剠即涿鹿黥。頭、涿古同聲，庶即鹿之譌耳。錫瑞謹案：王説甚塙。夏侯等書之臏、宮、割、劓、頭庶剠，即《説文》之刖、劓、斀、黥也。臏即刖，宮、割即斀，頭庶剠即黥，劓今古文同；合上文殺戮無辜，凡五刑。若以割頭爲大辟，則上文殺戮已言之，重複無義矣。王鳴盛説失之。侯康、陳喬樅皆沿其失，非也。

（宋）羅泌《路史》卷一五《後紀・帝鴻氏》 虞之巽禹三載，苗民逆命，昬迷自賢，反道敗德，斷制五獄之刑曰法，爰始淫為劓刵椓黥，以亂亡辜，練抑惟刑，民棄弗保，天降之咎，俾禹徂征而猶負固，帝乃誕敷文德，舞干羽而苗格，遂分北之，其餘入於南海者，為驩朱國。

（宋）羅泌《路史》卷二二《後紀・夏后氏》 謂政衰於唐虞，而民於昔始政肉刑。梁武祠堂畫贊云：夏禹退為肉刑。應氏云：三皇結繩，五帝畫像，三王肉刑，非也。肉刑，蚩尤之法。穆王曰：苗民作五虐之刑，爰始淫為劓刖掾黥，亦未原其始也。嗟夫，肉刑，政之本也，後世以為不忍而去之者，誠不仁矣。君子曰：小仁者，大仁之賊也。以肉刑為當除，是亦志於仁，而未知仁之術也。故荀卿、班固、曹操、鍾繇、陸紀、諸葛、曹彦之徒皆欲復之，而祖訥以漢文為非聖，誠有見矣，彼孔融、王朗之論亦已淺哉。論見《國名記》。

（明）丘濬《大學衍義補》卷一〇二《慎刑憲・定律令之制》 《舜典》曰：象以典刑。《易》云：象也者，像此者也。又曰：天垂象，聖人則之。是象為倣法。故為法也，依法用其常刑，用之使不越法。朱熹曰：畫象而示民以墨、劓、剕、宮、大辟五等，肉刑之常法也。或問：象以典刑，如何為象。曰：此正言法象如懸象魏之象。

臣按：《吕刑》曰：蚩尤惟始作亂，延及於平民，罔不寇賊，惟作五虐之刑。則肉刑在蚩尤之世已有之，非起自虞世也。

（唐）虞世南《北堂書鈔》卷四四《刑法部・象刑三》 唐虞象刑，《書・大傳》云。今案見陳恭甫疏證本卷一，俞本注書大舜云，象以典刑。殊謬。畫衣冠，異章服，《刑法志》云文帝。今案見《漢書》卷二十三。犯墨者，蒙帛巾。《書・大傳》云唐虞象刑云云。今案陳本無注，俞本同。考陳刻《尚書大傳》卷一據《書鈔》引帛作皂。犯劓者，赭其衣。《書・大傳》云唐虞象刑云云。今案陳恭甫疏證本同。本鈔卷百二十九衣篇亦引犯劓句，赭其下有布字。犯臏者，以墨幪其臏。又云。今案同上考陳刻本《尚書大傳》卷一據《書鈔》引作以墨幪其臏處而畫之。餘同。陳俞本亦然。但臏作髕。犯大辟者，布衣無領。又云。今案同上。原鈔脫布字，本鈔卷百二十九衣篇亦引大傳此句，衣上有布字，照訂。陳俞本亦然。畫跪當黥。

(清)沈家本《歷代刑法考・刑法分考五・肉刑》　《周禮・司刑》注：夏刑臏辟三百，宮辟五百，劓墨各千。

《周禮・司刑》：墨罪五百，劓罪五百，刖罪五百，宮罪五百。

《書・吕刑》：墨罰之屬千，劓罰之屬千，剕罰之屬五百，宮罰之屬三百。

按：夏、周肉刑，詳於《書》、《禮》，殷制未詳。《伊訓》言墨，則肉刑亦當承於夏。《緯書》所謂三王肉刑也，兩漢説者皆持此説，殆《尚書》家言，師承授受如此，非同無本之論。竊嘗論之，唐虞以畫象爲常刑，兼用流宥鞭扑，而仍有殺罪。《書》所謂怙終賊刑，傳所謂昏、墨、賊，殺，皋陶之刑也。迨至夏后氏之時，人民渾僕之氣漸遜於唐虞，因民之犯禁而採用肉刑。殷周承之，蓋亦寓與時消息之義。《書》言蠻夷猾夏，寇賊姦宄，下文接言五刑及五流，可見五流亦以處夫寇賊姦宄之徒。《書》傳方降畔、寇賊、劫略、奪攘、撟虔者，其刑死；又言決關梁、踰城郭而略盜者，其刑臏；姦軌盜攘傷人者，其刑劓。可見三王肉刑即以代唐虞之五流。以經文及傳文互相參證，其制之沿革固有可考者，三王之世與唐虞之世異，其輕重自不必盡同。董子曰，三王之道，所祖不同，非其相反，將以捄溢扶衰所遭之變然也。然則三王豈不知肉刑之慘而採用之者，亦與時爲變通焉耳。其不用唐虞之五流者，必法久而弊故也。秦及漢初，沿用周制，至文帝乃除之宮刑，既除復用，至永初中亦除。魏、晋而降，雖間有用肉刑者，亦不復全用，用之亦不久即除。惟晋天福中刺配之法，宋以後相沿未改，故肉刑有四而其一尚存。世之人習焉不察，亦未深思漢文除肉刑之至意，此正議法所當加之意者也。今天子哀矜爲念，删除重法數端，而刺字即居其一，媲美前皇，固舉世所共欽佩。懿歟休哉！

孫氏星衍《尚書今古文注疏》：今文稱髕，實即古文之剕也。王氏鳴盛云：剕既起皋陶，則肉刑虞已有，非也。刑起於三王時，唐虞有髕名，以非履象之而已。《大傳》云夏后氏不殺不刑，亦準令贖罪。至殷時，始實用之，故董仲舒對策云：殷人執五刑以督姦，傷肌膚以懲惡。

按：殷人執五刑二句，乃武帝册制之語，非仲舒對策之文，疏小誤。惟據此二語爲夏后不殺不刑之證，自是通論。古書亡失者多，即伏生《書傳》亦多殘缺，此等語必漢時《尚書》家言，單辭隻句，亦可寶貴也。

(清)沈家本《歷代刑法考・刑法分考五・肉刑》　《書・吕刑》：王曰：若古有訓，蚩尤惟始作亂，延及於平民。傳：順古有遺訓，言蚩尤造始作亂，惡化相易，延及於平善之人。九黎之君，號曰蚩尤。《釋文》：蚩，尺之反。尤，有牛反。馬云：少昊之末。九黎，君名。罔不寇賊，鴟義姦宄，奪攘撟虔。傳：平民化之，無不相寇賊，爲鴟梟之義，以相奪攘，矯稱上命，若固有之，亂之甚。苗民弗用靈，制以刑，惟作五虐之刑曰法。傳：三苗之君習蚩尤之惡，不用善化民而制以重刑，惟爲五虐之刑，自謂得法。蚩尤，黄帝所滅。三苗，帝堯所誅。言異世而同爲截人耳鼻，椓陰黥面，以加無辜，故曰五虐。疏：蚩尤造始作亂，其事往前未有，蚩尤今始造之，必是亂民之事，不知造何事也。下説三苗之主習蚩尤之惡，作五虐之刑。此章主説虐刑之事，蚩尤所作必亦造虐刑也。以峻法治民，民不堪命，故惡化轉相染易，延及於平善之民，亦化爲惡也。九黎之君，號曰蚩尤，當有舊説云，然不知出何書也。《史記・五帝本紀》云：神農氏世衰，諸侯相侵伐，蚩尤最爲暴虐，莫能伐之。黄帝乃徵師諸侯，與蚩尤戰於涿鹿之野，遂擒殺蚩尤。而諸侯咸尊軒轅爲天子。如《本紀》之言，蚩尤是炎帝之末諸侯君也。應劭云：蚩尤，古天子。鄭云：蚩尤霸天下，(皇)〔黄〕帝所伐者。《漢書音義》有臣瓚者《孔子三朝記》云：蚩尤，庶人之貪者。諸説不同，未知蚩尤是何人也。《楚語》曰少昊氏之誤也，九黎亂德，顓頊受之，使復舊常。則九黎在少昊之末，非蚩尤也。韋昭云：九黎氏，九人，蚩尤之徒也。韋昭雖以九黎爲蚩尤，要《史記》蚩尤在炎帝之末，《國語》九黎在少昊之末，二者不得同也。九黎之文，惟出《楚語》，孔以蚩尤爲九黎。下傳又云：蚩尤，黄帝所滅，則與《史記》同矣。孔非不見《楚語》，而爲此説，蓋以蚩尤是九之黎之君。黄帝雖滅蚩尤，猶有種類尚在，故下至少昊之末，更復作亂。若其不然，孔意不可知也。鄭玄云：學蚩尤爲此者，九黎之君，在少昊之代也。其意以蚩尤當炎帝之末，九黎當少昊之末，九黎學蚩尤，九黎非蚩尤也。上説蚩尤之惡，即以苗民繼之，知經意言三苗之君習蚩尤之惡靈善也，不用善化民而制以重刑，學蚩尤制之用五刑而虐爲之，故爲五虐之刑，不必皋陶五刑之外別有五刑也。鄭玄以爲苗民即九黎之後，顓項誅九黎，至其子孫爲三國，高辛之衰，又復九黎之惡，堯興又誅之，堯末又在朝，舜臣堯又竄之，後禹攝位，又在洞庭逆命，禹又誅之，穆王深惡此族三生凶德，故著其惡而謂之民。孔惟言異世同惡，不言三苗是蚩尤之子孫。韋昭云：三苗，炎帝之後，諸侯共工也。《釋詁》云：淫，大也。於是大爲截人耳鼻，椓陰黥面，苗民爲此刑也。椓陰即宮刑也，黥面即墨刑也。《康誥》周公戒康叔云：無或劓刵人，即周世有劓、刵之刑，非苗民別造此刑也，以加無辜，故曰五虐。鄭玄云：刵，斷耳。劓，截鼻。椓，謂椓破陰。黥，爲羈黥人面。苗民大爲此四刑者，言其特深刻，異於皋陶之爲。鄭意蓋謂截耳截鼻多截之，椓陰苦於去勢，黥面甚於墨額。孔意或亦然也。《禮記·緇衣》疏引鄭注《吕刑》云：苗民謂九黎之君也，九黎之君於少昊氏衰而棄善道，上效蚩尤重刑，必變九黎。言苗民者，有苗九黎之後，顓項代少昊誅九黎，分流其子孫，爲居於西裔者。三苗至高辛之衰，又復九黎之君惡，堯興又誅之，堯末又在朝，舜時又竄之，後王深惡此族三生凶惡，故著其氏而謂之民。民者，冥也，言未見仁道。王氏鳴盛《尚書後案》曰，鄭云苗民謂九黎之君者，《國語·楚語》云後三苗復九黎之德，則三苗非即九黎，故《緇衣》引此。鄭彼注云高辛之末，諸侯有三苗者作亂，不以苗民爲九黎。此云苗民謂九黎之君者，下云遏絕苗民，又云乃命重黎。命重黎是顓項事，則遏絕苗民自爲謂顓項之誅九黎，則此苗民是謂九黎之君矣。《緇衣》引此，止取制作虐刑以證彼上文，齊之以刑，則民有遯心之義，意不主於苗民，故鄭於彼注不必致詳，即以三苗當苗民可也。此經據下文則苗民實是九黎，不可即以爲三苗，雖與《禮》注不同，無妨也。云九黎之君於少昊衰而棄善道者，《楚語》云其後三苗復九黎之德，則是子孫襲其先祖之詞，故彼韋昭注亦云：三苗，九黎之後也。云顓項代少昊誅九黎，分流其孫子者，《楚語》少昊之衰云云，下云顓項受之，是顓項代少昊也。下云遏絕苗民，無世在下，三苗在顓項之後，則遏絕苗民，非誅三苗，乃是誅九黎也。無世在下，是分流其子孫也。云高辛氏衰，又復九黎之君惡，堯興又誅之者，《楚語》云其後三苗復九黎之德，韋注云，其後，高辛氏之季年也，高辛氏衰，三苗爲亂，如九黎之爲，堯興而誅。云堯末又在朝，舜臣堯又竄之者，《堯典》云竄三苗於三危是也。云後禹攝位，又在洞庭逆命，禹又誅之者，《檀弓》云舜葬於蒼梧之野，鄭彼注云，舜征三苗而死，因留葬焉。考蒼梧與洞庭相近，三苗在洞庭，故征三苗而至蒼梧也。舜既沒，禹復征之，事見《墨子》等書。鄭意總以三苗即九黎子孫，九黎非蚩尤子孫，但九黎效蚩尤之惡，而三苗又效九黎之惡耳，説最明析。鄭又云，苗民以此四刑特深刻，異於皋陶之爲者，下文墨、劓、剕、宫、大辟五刑，據鄭《堯典》及《秋官·司刑》等注，謂虞夏及周皆用之。今此苗民所用四刑，與墨、劓、剕、宫亦略同，但皋陶明允，用當其罪，而民不犯不必的決。苗民用法特深刻，故異於皋陶，非謂皋陶竟不用五刑也。詳玩鄭説，劓、刵等肉刑不始於苗民，少昊前已有之，苗民但用之，特深刻耳。《世本·作篇》乃云仍夷作五刑，疑非也。江氏聲《尚書集注音疏》言其特深刻，異於咎繇之爲者。咎繇象刑，雖有五刑，不虧人體，苗民爲肉刑，侵刻肌膚，是異於咎繇之爲也。《説文·攴部》：斀，去陰之刑也。從攴，蜀聲。《周書》曰，刖、劓、斀、黥。段注：斀，斵也。《大雅》昏椓靡共，鄭云，昏、椓，皆奄人也。昏，其官名也。椓，毀陰者也。此假椓爲斀。《吕刑》篇文刖當作刵。《尚書正義》曰，賈、馬、鄭、古文《尚書》劓、刵、斀、劅，大小夏侯，歐陽《尚書》作臏、宫、劓、割頭、庶剠。按：賈、馬、鄭皆作刵，許必同，《釋文》及《正義》卷二皆云劓刵，本篇《正義》作刵劓，唐初本固不同耳。斀、黥，據《正義》賈、馬、鄭作劅剠，劅同斀，剠同黥，衛包因《正義》云，斀椓人陰，乃易爲椓字，而不知斀、椓字義不同。椓，擊也。去陰不可云椓。

《虞書標目疏》云：庸生賈、馬之等，惟傳孔學經文三十三篇，故鄭與三家同以爲古文，而鄭承其後，所注皆同賈逵、馬融之學，題曰古文《尚書》，篇與夏侯等同，而經字多異。夏侯等書宅嵎夷爲宅嵎鐵，昧谷曰柳谷，心腹腎腸曰憂腎陽，劓刵劅剠云臏宫劓割頭庶剠，是鄭注不同也。

按：《虞書標目疏》之語，是《吕刑》此文古文《尚書》作劓刵斀剠四字，今文《尚書》作臏宫劓割頭庶剠七字也。《尚書後案》云：臏即剕，割頭即大辟，庶剠即墨，庶剠者庶煑也。《秋官·庶氏》以藥物燻攻毒蠱，故以名官。彼《敘官》注：庶，讀如藥以煑之煑。

墨黥，先刻其面，以墨窒之。言刻額爲瘡，以墨塞瘡孔，令變色，則墨須賁，故云庶剠也。《尚書今古文注疏》謂五刑本有刖無刵，則刵，刖字之誤。夏侯等書是今文，以臏當刖，宫當椓。割頭即大辟，庶剠之庶亦同王氏之説。據此二家言，則臏也、宫也、劓也、割頭也、庶剠也，其刑凡五。上文明言五虐之刑，今文此數正相符合，古文止舉四刑，不符五虐之數。自來説《書》諸家無有論及此者，此恐今文是而古文或有奪字也。《説文》引劓刵作刖劓，諸家並以刖爲刵之誤，然後文剕辟、剕罰，古文作剕，即刖也，今文則作臏，以彼例此，不應今文作臏、古文作刵，其未誤之僅存者也。苗刑惟刻深，故曰五虐。臏，去厀骨不能行，此肉刑之重於劓、刵者，乃有刵而無臏，恐亦非刻深之實事矣。至肉刑之始於何時，已無可考，《尚書後案》謂少昊前已有之，蓋即據此文。顓頊誅九黎事，言之九黎在少昊之末也。竊即此文推之曰惟作，作者，創造之謂也。曰爰始，始者，初也，是從前未有之，苗民初創造之也，肉刑實始於苗民，可據此而論定焉。康成以三代皆用此刑，故辭意不免回互，顧同一截人耳鼻，有何區別。鑿額刻面，椓陰去勢，輕重難分，然則謂用法特深刻，異於皐陶之爲者，未必然矣。

《舜典》：象以典刑。蔡傳：示人以常刑，所謂墨、劓、剕、宫、大辟，五刑之正也。所以待夫元惡大憝、殺人傷人、穿窬淫放，凡罪之不可宥者也。《大全》朱子曰：流，專以宥肉刑而不及於鞭扑，贖，專以待鞭扑而不上及於肉刑，則其輕重之間未賞不致詳也。黄度《尚書説》：舜作五流之法，以寬肉刑。肉刑，聖人之所甚不忍也，故寬之。其所不忍而不廢，禁暴詰姦爲不可已也。而謂之常刑，肉刑之行於世久矣，不得已而存之，而使其民遷善遠罪則有其道焉。

按：流以寬肉刑，朱子有此説，而黄氏之説從之，蔡傳不取此説，蓋與朱子異矣。

五刑有服。傳：五刑，墨、劓、剕、宫、大辟。

按：《史記·五帝紀》集解引馬融注同，然此恐是以《吕刑》説《舜典》耳，唐虞之制，未必與《吕刑》同也。剕本爲髕，康成云皐陶改髕爲剕，其説與《周禮·司刑》注異，説詳髕下。

（清）沈家本《歷代刑法考·刑法分考五·肉刑》

《孝經緯》：三皇無文，五帝畫象，三王肉刑。《周禮·司圜》疏。

揚子《法言·先知篇》：唐虞象刑惟明，夏后肉辟三千，不膠者卓矣。

《漢志》：禹承堯、舜之後，有以德衰而制肉刑，湯、武順而行之者，以俗薄於唐、虞故也。

《故唐律疏》：昔者三王，始用肉刑，赭衣難嗣，皇風更遠，朴散淳離，傷肌犯骨。注：前漢武帝制曰，殷人執五刑以督姦，傷肌膚以懲惡。言去古浸遠，淳古質朴之風離散，人多犯法爲姦惡，故用刑傷肌犯骨，以懲治之也。

按：唐虞畫象，三王肉刑。觀《孝經緯》及子雲、孟堅之言，是漢代儒生多持此説而莫敢以爲妄。荀卿生當周末，雖嘗著論非此説，亦第虚明其意而不能實徵諸方策也，亦即此可見。自周以來，師説相承，非無所受，未可遽目爲世俗之説。今就《吕刑》之文推之，肉刑作自苗民，當時既斥爲五虐，帝堯清問下民鰥寡，有辭於苗，豈有尤而效之之理？姑論無三后成功所崇德教，即以情勢而論，亦可以知其必無也。共、驩、苗、鯀四族，在唐虞之世既以凶稱，必不同尋常之罪惡，而其刑謹止於流。庶頑讒説，必先之以侯明撻記，俟其不格而後威之，是其刑之宗旨以輕不以重也，則當時之不用肉刑，正可即其時其事而決之矣。

《荀子·正論篇》：世俗之爲説者曰，治古無肉刑，而有象刑，【略】墨黥，慅嬰，宫艾畢，菲對屨，殺赭衣而不純，治古如是。世俗説以治古如是。是不然，以為治邪，則人固莫觸罪，非獨不用肉刑，亦不用象刑矣。以為人或觸罪矣，而直輕其刑，然則是殺人者不死，傷人者不刑也。罪至重而刑至輕，庸人不知惡矣，亂莫大焉。凡刑人之本，禁暴惡惡，且徵其未也。徵讀為懲。未，謂將來。殺人者不死，而傷人者不刑，是謂惠暴而寛賊也，非惡惡也。故象刑殆非生於治古，並起於亂今也。今之亂世，妄為此説。治古不然，凡爵列官職賞慶刑罰皆報也，以類相從者也。一物失稱，亂之端也。夫德不稱位，能不稱官，賞不當功，罰不當罪，不祥莫大焉。昔者武王伐有商，誅紂，斷其首，縣之赤旂。夫征暴誅悍，治之盛也。殺人者死，傷人者刑，是百王之所同也，未有知其所由來者也。刑稱罪則治，不稱罪則亂。故治則刑重，亂則刑輕。犯治之罪固重，犯亂之罪固輕也。《書》曰：刑罰世輕世重。此之謂也。

按：荀子所稱治古，未明其爲五帝之世，抑三王之世。以漢人之説求之，自指唐虞也。其所稱亂今，當指周末言，荀子蓋見當日七國政教之廢失，有激而爲此論。其所謂治則刑重者，世治則有罪者不能倖逃於法之外，故見爲重。世亂則有罪者往往巧遁於法之中，故見爲輕。若真以刑重爲是，刑輕爲非，則商、韓之流亞耳，荀子宗旨似尚不如此。

《商君書·賞刑篇》：夫先王之禁，刺殺，斷人之足，黥人之面，非求傷民也，以禁姦止過也。故禁姦止過，莫若重刑。刑重而必得，則民不敢試，故國無刑民。國無刑民，故曰：明刑不戮。《畫策篇》：神農既歿，以強勝弱，以衆暴寡，故黃帝作爲君臣上下之義，父子兄弟之禮，夫婦妃匹之合；內行刀鋸，外用甲兵。故時變也。由此觀之，神農非高於黃帝也，然其名尊者，以適於時也。故以戰去戰，雖戰可也。以殺去殺，雖殺可也。以刑去刑，雖重刑可也。

按：鞅之法在重刑，謂斷足、黥面足以禁姦止過。在鞅之時，固令出惟行，民不敢犯矣。而鞅卒受車裂之誅，重刑之效如是。《韓非》亦云：仁義愛惠不足用，而嚴刑重罰可以治國。《姦劫弑臣篇》。而韓亦不得其死，可懼哉！商謂黃帝內行刀鋸，是黃帝亦用肉刑矣，此語恐不足信。

《漢書》卷二三《刑法志》 孫卿之言既然，又因俗説而論之曰：禹承堯舜之後，自以德衰而制肉刑，湯武順而行之者，以俗薄於唐虞故也。今漢承衰周暴秦極敝之流，俗已薄於三代，而行堯舜之刑，是猶以鞿而御駻突，違救時之宜矣。且除肉刑者，本欲以全民也，今去髡鉗一等，轉而入於大辟，以死罔民，失本惠矣。故死者歲以萬數，刑重之所致也。至乎穿窬之盜，忿怒傷人，男女淫佚，吏爲姦臧，若此之惡，髡鉗之罰又不足以懲也。故刑者歲十萬數，民既不畏，又曾不恥，刑輕之所生也。故俗之能吏，公以殺盜爲威，專殺者勝任，奉法者不治，亂名傷制，不可勝條。是以罔密而姦不塞，刑蕃而民愈嫚。必世而未仁，百年而不勝殘，誠以禮樂闕而刑不正也。豈宜惟思所以清原正本之論，删定律令，篹二百章，以應大辟。其餘罪次，於古當生，今觸死者，皆可募行肉刑。及傷人與盜，吏受賕枉法，男女淫亂，皆復古刑，爲三千章。詆欺文致微細之法，悉蠲除。如此，則刑可畏而禁易避，吏不專殺，法無二門，輕重當罪，民命得全，合刑罰之中，殷天人之和，順稽古之制，成時雍之化。成康刑錯，雖未可致，孝文斷獄，庶幾可及。《詩》云：宜民宜人，受禄于天。《書》曰：立功立事，可以永年。言爲政而宜於民者，功成事立，則受天禄而永年命，所謂一人有慶，萬民賴之者也。

(清) 沈家本《歷代刑法考·刑法分考五·除肉刑》 文帝除宫刑

按：文帝之世，肉刑全除，景帝後，宫刑復行。至東漢永初中，陳忠請除蠶室刑，事得施行，宫刑亦不用矣。《魏志》言曹操下令使平議死刑可宫割者，是其時宫已不用，故操欲復之也。自魏迄晉，復肉刑之議紛紛陳説，迄不果行。宋明帝黥刖之制，梁武帝黵面之制，並不久即罷。宫刑則南朝無行之者，北朝元魏尚有腐刑，故説者以爲至隋始除也。

(明) 王禕《王忠文集》卷一三《張湯議肉刑》 臣聞帝王之制刑輕重，貴在適中，中則事允而情稱，故死人不為怨，生人以為恩也。且死不可以復生也，故罪有重抵死而情輕者，聖人不忍即處之死，於是肉刑制焉，所以減其死而全之生，使適輕重之中。雖曰傷殘支體，固愈於即死矣。夫唐虞之時，象刑而民不犯，其治不可及矣。禹承堯舜之後，自以德衰而制肉刑，湯武因而用之，未之有改，誠以俗薄於唐虞也。漢初懲秦之暴，蠲煩解苛，以就簡便，約法三章，然大辟尚有三族之誅。高后元年始除三族罪，及孝文皇帝遂詔除肉刑三，著為令，甚盛德也。是時，丞相蒼、御史大夫敬奏請，當黥者髡鉗為城旦舂，當劓者笞三百，當斬左趾者笞五百，當斬右趾者皆棄市。且肉刑本以減死設，令當劓者笞至三百，斬左趾者五百，率多死，而斬右趾者又當死，是外有輕刑之名，內實殺人也。孝景皇帝謂加笞與重罪無異，宜更定律，笞五百曰三百，三百曰二百，猶尚不得全，後復減三百曰二百，二百曰一百。自是笞者輕得全矣。夫笞而獲全，固已輕矣，然去笞一等即入於大辟，無已輕重懸絶乎。故令笞罪太輕不足以當減死之律，以故奸宄不息而犯法者滋益。衆臣等議，以為復肉刑便，夫肉刑適輕重之中，重不抵死，輕不使人得苟免，三代所常行者也。今俗薄於三代，奈何用唐虞之刑，失時中之誼乎？且去笞輒當死，是以死罔民也。降死即從笞，是末減太甚也。輕重失中，莫此為甚。《周書》曰：士制百姓於刑之中，以教祗德。又曰：屬於五極，咸中有慶，故中聖王制刑之本指也。臣竊聞之，孔子曰：古之知法者，能省刑，本也。今之知法者，不失有罪，末矣。又曰：今之聽獄者，求所以殺之；古之聽獄者，求所以生之。臣愚以為肉刑之制，近古而便民，省刑之本，求生之道也。故欲使民遠罪而復三代之治，莫如復肉刑便。

《後漢書》卷四九《仲長統傳》〔仲長統《損益篇》曰〕：肉刑之廢，輕重無品，下死則得髡鉗，下髡鉗則得鞭笞。死者不可復生，而髡者無傷於人。髡笞不足以懲中罪，安得不至於死哉！夫鷄狗之攘竊，男女之淫奔，酒醴之賂遺，謬誤之傷害，皆非值於死者也。殺之則甚重，髡之則甚輕。不制中刑以稱其罪，則法令安得不參差，殺生安得不過謬乎？今患刑輕之不足以懲惡，則假臧貨以成罪，托疾病以諱殺。科條無所準，名實不相應，恐非帝王之通法，聖人之良制也。或曰：過刑惡人，可也；過刑善人，豈可復哉？曰：若前政以來，未曾枉害善人者，則有罪不死也，是爲忍於殺人，而不忍於刑人也。今令五刑有品，輕重有數，科條有序，名實有正，非殺人逆亂鳥獸之行甚重者，皆勿殺。嗣周氏之祕典，續吕侯之祥刑，此又宜復之善者也。

《後漢書》卷七〇《孔融傳》　時論者多欲復肉刑。融乃建議曰：古者敦庬，善否不別，吏端刑清，政無過失。百姓有罪，皆自取之。末世陵遲，風化壞亂，政撓其俗，法害其人。故曰上失其道，民散久矣。而欲繩之以古刑，投之以殘棄，非所謂與時消息者也。紂斮朝涉之脛，天下謂爲無道。夫九牧之地，千八百君，若各刖一人，是下常有千八百紂也。求俗休和，弗可得已。且被刑之人，慮不念生，志在思死，類多趨惡，莫復歸正。夙沙亂齊，伊戾禍宋，趙高、英布，爲世大患。不能止人遂爲非也，適足絶人還爲善耳。雖忠如鬻拳，信如卞和，智如孫臏，冤如巷伯，才如史遷，達如子政，一離刀鋸，没世不齒。是太甲之思庸，穆公之霸秦，南睢之骨立，衛武之《初筵》，陳湯之都賴，魏尚之守邊，無所復施也。漢開改惡之路，凡爲此也。故明德之君，遠度深惟，棄短就長，不苟革其政者也。朝廷善之，卒不改焉。

（漢）荀悦《申鑒》卷二《時事》　肉刑，古也。或曰：復之乎？曰：古者人民盛焉，今也至寡。整衆以威，撫寡以寬，道也。復刑非務必也。生刑而極死者，復之可也。如斬右趾，本生刑也；而改為棄市，則極死矣。斯則斬右趾之刑復之可也。自古肉刑之除也，斬右趾者死也，惟復肉刑，是謂生死而息民。此一首所謂生刑而死者，但知肉刑也。

《三國志》卷二二《魏志·陳群傳》　時太祖議復肉刑，令曰：安得通理君子達於古今者，使平斯事乎！昔陳鴻臚以爲死刑有可加於仁恩者，正謂此也。御史中丞能申其父之論乎？群對曰：臣父紀以爲漢除肉刑而增加笞，本興仁惻而死者更衆，所謂名輕而實重者也。名輕則易犯，實重則傷民。《書》曰：惟敬五刑，以成三德。《易》著劓、刖、滅趾之法，所以輔政助教，懲惡息殺也。且殺人償死，合於古制；至於傷人，或殘毁其體而裁翦毛髮，非其理也。若用古刑，使淫者下蠶室，盗者刖其足，則永無淫放穿窬之奸矣。夫三千之屬，雖未可悉復，若斯數者，時之所患，宜先施用。漢律所殺殊死之罪，仁所不及也，其餘逮死者，可以刑殺。如此，則所刑之與所生足以相貿矣。今以笞死之法易不殺之刑，是重人支體而輕人軀命也。時鍾繇與群議同，王朗及議者多以爲未可行。太祖深善繇、群言，以軍事未罷，顧衆議，故且寢。

《三國志》卷一三《魏志·鍾繇傳》　初，太祖下令，使平議死刑可宫割者。繇以爲古之肉刑，更歷聖人，宜復施行，以代死刑。議者以爲非悦民之道，遂寢。及文帝臨饗群臣，詔謂大理欲復肉刑，此誠聖王之法。公卿當善共議。議未定，會有軍事，復寢。太和中，繇上疏曰：大魏受命，繼踪虞、夏。孝文革法，不合古道。先帝聖德，固天所縱，墳典之業，一以貫之。是以繼世，仍發明詔，思復古刑，爲一代法。連有軍事，遂未施行。陛下遠追二祖遺意，惜斬趾可以禁惡，恨入死之無辜，使明習律令，與群臣共議。出本當右趾而入大辟者，復行此刑。書云：皇帝清問下民，鰥寡有辭於苗。此言堯當除蚩尤、有苗之刑，先審問於下民之有辭者也。若今蔽獄之時，訊問三槐、九棘、群吏、萬民，使如孝景之令，其當棄市，欲斬右趾者許之。其黥、劓、左趾、宫刑者，自如孝文，易以髡、笞。能有姦者，率年二十至四五十，雖斬其足，猶任生育。今天下人少於孝文之世，下計所全，歲三千人。張蒼除肉刑，所殺歲以萬計。臣欲復肉刑，歲生三千人。子貢問能濟民可謂仁乎？子曰：何事於仁，必也聖乎，堯、舜其猶病諸！又曰：仁遠乎哉？我欲仁，斯仁至矣。若誠行之，斯民永濟。書奏，詔曰：太傅學優才高，留心政事，又於刑理深遠。此大事，公卿群僚善共平議。司徒王朗議，以爲繇欲輕減大辟之條，以增益刖刑之數，此即起偃爲豎，化尸爲人矣。然臣之愚，猶有未合微異之意。夫五刑之屬，著在科律，自有減死一等之法，不死即爲減。施行已久，不待遠假斧鑿於彼肉刑，然後有罪次也。前世仁者，不忍肉刑之慘酷，是以廢而不用。不用已來，歷年數百。今復行之，恐所減之文未彰於萬民之目，而肉刑之問已宣於寇讎之耳，非所以來遠人也。今可按繇所欲輕之死罪，使減死之髡、刖。嫌其輕者，可倍其居作之歲數。內有以生易死不訾之恩，外無以刖易釱駭耳之聲。議者百餘人，與朗同者多。帝以吳、蜀未平，且寢。袁宏曰：夫民心樂全而不能常全，蓋利用之物懸於外，而嗜欲之情動於內也。於是有進取貪競之行，希求放肆之事。進取不已，不能充其嗜欲，則苟且僥倖之所生也；希求無厭，無以愜其欲，則奸僞忿怒之所興也。先王知其如此，而欲救其弊，或先德化以陶其心；其心不化，然後加以刑辟。《書》曰：百姓不親，五品不遜。汝作司徒而敬敷五教。蠻夷猾夏，寇賊奸宄。汝作士，五刑有服。然則德、刑之設，參而用之者也。三代相因，其義詳焉。《周禮》：使墨者守門，劓者守關，宮者守內，刖者守囿。此肉刑之制可得而論者也。荀卿亦云，殺人者死，傷人者刑，百王之所同，未有知其所由來者也。夫殺人者死，而相殺者不已，是大辟可以懲未殺，不能使天下無殺也。傷人者刑，而害物者不息，是黥、劓可以懼未刑，不能使天下無刑也。故將欲止之，莫若先以德化。夫罪過彰著，然後入於刑辟，是將殺人者不必死，欲傷人者不必刑。縱而弗化，則陷於刑辟。故刑之所制，在於不可移之地。禮教則不然，明其善惡，所以潛勸其情，消之於未殺也；示之恥辱，所以內愧其心，治之於未傷也。故過微而不至於著，罪薄而不及於刑。終入罪辟者，非教化之所得也，故雖殘一物之生，刑一人之體，是除天下之害，夫何傷哉！率斯道也，風化可以漸淳，刑罰可以漸少，其理然也。苟不能化其心，而專任刑罰，民失義方，動罹刑網，求世休和，焉可得哉？周之成、康，豈按三千之文而致刑錯之美乎？蓋德化漸漬，致斯有由也。漢初懲酷刑之弊，務寬厚之論，公卿大夫，相與恥言人過。文帝登朝，加以玄默。張武受賂，賜金以愧其心；吴王不朝，崇禮以訓其失。是以吏民樂業，風流篤厚，斷獄四百，幾致刑措，豈非德刑兼用已然之效哉？世之欲言刑罰之用，不先德教之益，失之遠矣。今大辟之罪，與古同制。免死已下，不過五歲，既釋鉗鎖，復得齒於人倫。是以民無恥惡，數爲奸盜，故刑徒多而亂不治也。苟教之所去，罰當其罪，一離刀鋸，没身不齒，鄰里且猶恥之，而況於鄉黨乎？而況朝廷乎？如此，則夙沙、趙高之儔，無施其惡矣。古者察其言，觀其行，而善惡彰焉。然則君子之去刑辟，固已遠矣。過誤不幸，則八議之所宥也。若夫卞和、史遷之冤，淫刑之所及也。苟失其道，或不免於大辟，而況肉刑哉！《漢書》：斬右趾及殺人先自言告，吏坐受賕，守官物而即盗之，皆棄市。此班固所謂當生而令死者也。今不忍刻截之慘，而安剿絶之悲，此最治體之所先，有國所宜改者也。

《晉書》卷三〇《刑法志》　獻帝建安元年，應劭又删定律令，以爲《漢議》，表奏之曰：**【略】**

是時天下將亂，百姓有土崩之勢，刑罰不足以懲惡，於是名儒大才故遼東太守崔寔、大司農鄭玄、大鴻臚陳紀之徒，咸以爲宜復行肉刑。漢朝既不議其事，故無所用矣。及魏武帝匡輔漢室，尚書令荀彧博訪百官，復欲申之，而少府孔融議以爲：**【略】**朝廷善之，卒不改焉。

及魏國建，陳紀子羣時爲御史中丞，魏武帝下令又欲復之，使羣申其父論。羣深陳其便。時鍾繇爲相國，亦贊成之，而奉常王脩不同其議。魏武帝亦難以藩國改漢朝之制，遂寢不行。**【略】**

魏文帝受禪，又議肉刑。詳議未定，會有軍事，復寢。**【略】**

其後正始之間，天下無事，於是征西將軍夏侯玄、河南尹李勝、中領軍曹羲、尚書丁謐又追議肉刑，卒不能決。其文甚多，不載。**【略】**

及劉頌爲廷尉，頻表宜復肉刑，不見省，又上言曰：

臣昔上行肉刑，從來積年，遂寢不論。臣竊以爲議者拘孝文之小仁，而輕違聖王之典刑，未詳之甚，莫過於此。今死刑重，故非命者衆；生刑輕，故罪不禁奸。所以然者，肉刑不用之所致也。今爲徒者，類性元惡不軌之族也，去家懸遠，作役山谷，饑寒切身，志不聊生，雖有廉士介者，苟慮不首死，則皆爲盗賊，豈況本性奸凶無賴之徒乎！又令徒富者輸財，解日歸家，乃無役之人也。貧者起爲奸盗，又不制之虜也。不刑，則罪無所禁；不制，則群惡横肆。爲法若此，近不盡善也。是以徒亡日屬，賊盗日煩，亡之數者至有十數，得輒加刑，日益一歲，此爲終身之徒也。自顧反善無期，而灾困逼身，其志亡思盗，勢不得息，事使之然也。

古者用刑以止刑，今反於此。諸重犯亡者，髮過三寸輒重髡之，此以刑生刑；加作一歲，此以徒生徒也。亡者積多，繫囚猥畜。議者曰囚不可不赦，復從而赦之，此爲刑不制罪，法不勝奸。下知法之不勝，相聚而謀爲不軌，月異而歲不同。故自頃年以來，奸惡陵暴，所在充斥。議者不深思此故，而曰肉刑於名忤聽，忤聽孰與賊盗不禁？

聖王之制肉刑，遠有深理，其事可得而言，非徒懲其畏剥割之痛而不爲也，乃去其爲惡之具，使夫奸人無用復肆其志，止奸絕本，理之盡也。亡者刖足，無所用復亡。盜者截手，無所用復盜。淫者割其勢，理亦如之。除惡塞源，莫善於此，非徒然也。此等已刑之後，便各歸家，父母妻子，共相養恤，不流離於塗路。有今之困，創愈可役，上準古制，隨宜業作，雖已刑殘，不爲虛棄，而所患都塞，又生育繁阜之道自若也。今宜取死刑之限輕，及三犯逃亡淫盜，悉以肉刑代之。其三歲刑以下，已自杖罰遣，又宜制其罰數，使有常限，不得減此。其有宜重者，又任之官長。應四五歲刑者，皆髡笞，笞至一百，稍行，使各有差，悉不復居作。然後刑不復生刑，徒不復生徒，而殘體爲戮，終身作誡。人見其痛，畏而不犯，必數倍於今。且爲惡者隨發被刑，去其爲惡之具，此爲諸已刑者皆良士也，豈與全其爲奸之手足，而蹴居必死之窮地同哉！而猶曰肉刑不可用，臣竊以爲不識務之甚也。

臣昔常侍左右，數聞明詔，謂肉刑宜用，事便於政。願陛下信獨見之斷，使夫能者得奉聖慮，行之於今。比填溝壑，冀見太平。《周禮》三赦三宥，施於老幼悼耄，黔黎不屬逮者，此非爲惡之所出，故刑法逆舍而宥之。至於自非此族，犯罪則必刑而無赦，此政之理也。暨至後世，以時嶮多難，因赦解結，權以行之，又不以寬罪人也。至今恆以罪積獄繁，赦以散之，是以赦愈數而獄愈塞，如此不已，將至不勝。原其所由，內刑不用之故也。今行肉刑，非徒不積，且爲惡無具則奸息。去此二端，獄不得繁，故無取於數赦，於政體勝矣。疏上，又不見省。【略】

及〔元〕帝即位，〔衛〕展爲廷尉，又上言：古者肉刑，事經前聖，漢文除之，增加大辟。今人户凋荒，百不遺一，而刑法峻重，非句踐養胎之義也。愚謂宜復古施行，以隆太平之化。詔内外通議。於是驃騎將軍王導、太常賀循、侍中紀瞻、中書郎庾亮、大將軍咨議參軍梅陶、散騎郎張嶷等議，以：肉刑之典，由來尚矣。肇自古先，以及三代，聖哲明王所未曾改也。豈是漢文常主所能易者乎！時蕭曹已沒，絳灌之徒不能正其義。逮班固深論其事，以爲外有輕刑之名，内實殺人。又死刑太重，生刑太輕，生刑縱於上，死刑怨於下，輕重失當，故刑政不中也。且原先王之造刑也，非以過怒也，非以殘人也，所以救奸，所以當罪。今盜者竊人之財，淫者好人之色，亡者避叛之役，皆無殺害也，則加之以刑。刑之則止，而加之斬戮，戮過其罪，死不可生，縱虐於此，歲以巨計。此乃仁人君子所不忍聞，而況行之於政乎！若乃惑其名而不練其實，惡其生而趣其死，此畏水投舟，避坎蹈井，愚夫之不若，何取於政哉！今大晉中興，遵復古典，率由舊章，起千載之滯義，拯百殘之遺黎，使皇典廢而復存，黔首死而更生，至義暢於三代之際，遺風播乎百世之後，生肉枯骨，惠侔造化，豈不休哉！惑者乃曰，死猶不懲，而況於刑？然人者冥也，其至愚矣，雖加斬戮，忽爲灰土，死事日往，生欲日存，未以爲改。若刑諸市朝，朝夕鑒戒，刑者詠爲惡之永痛，惡者覩殘刖之長廢，故足懼也。然後知先王之輕刑以御物，顯誡以懲愚，其理遠矣。

尚書令刁協、尚書薛兼等議，以爲：聖上悼殘荒之遺黎，傷犯死之繁衆，欲行刖以代死刑，使犯死之徒得存性命，則率土蒙更生之澤，兆庶必懷恩以反化也。今中興祚隆，大命惟新，誠宜設寬法以育人。然懼群小愚蔽，習玩所見而忽異聞，或未能咸服。愚謂行刑之時，先明申法令，樂刑者刖，甘死者殺，則心必服矣。古典刑不上大夫，今士人有犯者，謂宜如舊，不在刑例，則進退爲允。

尚書周顗、郎曹彥、中書郎桓彝等議，以爲：復肉刑以代死，誠是聖王之至德，哀矜之弘私。然竊以爲刑罰輕重，隨時而作。時人少罪而易威，則從輕而寬之；時人多罪而難威，則宜化刑而濟之。肉刑平世所應立，非救弊之宜也。方今聖化草創，人有餘奸，習惡之徒，爲非未已，截頭絞頸，尚不能禁，而乃更斷足劓鼻，輕其刑罰，使欲爲惡者輕犯寬刑，蹈罪更衆，是爲輕其刑以誘人於罪，殘其身以加楚酷也。昔之畏死刑以爲善人者，今皆犯輕刑而殘其身，畏重之常人，反爲犯輕而致囚，此則何異斷刖常人以爲恩仁邪！受刑者轉廣，而爲非者日多，踊貴屨賤，有鼻者醜也。徒有輕刑之名，而實開長惡之源。不如以殺止殺，重以全輕，權小停之。須聖化漸著，兆庶易威之日，徐施行也。

議奏，元帝猶欲從展所上。大將軍王敦以爲：百姓習俗日久，忽復肉刑，必駭遠近。且逆寇未殄，不宜有慘酷之聲，以聞天下。於是乃止。

咸康之世，庾冰好爲糾察，近於繁細，後益矯違，復存寬縱，疏密自由，律令無用矣。

至安帝元興末，桓玄輔政，又議欲復肉刑斬左右趾之法，以輕死刑，命百官議。蔡廓上議曰：建邦立法，弘教穆化，必隨時置制，德刑兼施。長貞一以閑其邪，教禁以檢其慢，灑湛露以流潤，厲嚴霜以肅威，雖復質文迭用，而斯道莫革。肉刑之設，肇自哲王。蓋由曩世風淳，人多惇謹，圖像既陳，則機心直戢。刑人在塗，則不逞改操，故能勝殘去殺，化隆無爲。季末澆僞，設網彌密，利巧之懷日滋，耻畏之情轉寡。終身劇役，不足止其奸，況乎黥劓，豈能反於善。徒有酸慘之聲，而無濟俗之益。至於棄市之條，實非不赦之罪，事非手殺，考律同歸，輕重均科，減降路塞，鍾陳以之抗言，元皇所爲留愍。今英輔翼贊，道邈伊周，誠宜明慎用刑，愛人弘育，申哀矜以革濫，移大辟於支體，全性命之至重，恢繁息於將來。而孔琳之議不同，用王朗、夏侯玄之旨。時論多與琳之同，故遂不行。

《宋書》卷五六《孔琳之傳》〔桓玄〕又議復肉刑，琳之以爲：唐、虞象刑，夏禹立辟，蓋淳薄既異，致化實同，寬猛相濟，惟變所適。《書》曰刑罰世輕世重，言隨時也。夫三代風純而事簡，故罕蹈刑辟；季末俗巧而務殷，故動陷憲網。若三千行於叔世，必有踴貴之尤，此五帝不相循法，肉刑不可悉復者也。漢文發仁惻之意，傷自新之路莫由，革古創制，號稱刑厝，然名輕而實重，反更傷民。故孝景嗣位，輕之以緩。緩而民慢，又不禁邪，期於刑罰之中，所以見美在昔，歷代詳論而未獲厥中者也。兵荒後，罷法更多。棄市之刑，本斬右趾，漢文一謬，承而弗革，所以前賢恨恨，議之而未辯。鍾繇、陳群之意，雖小有不同，而欲右趾代棄市。若從其言，則所活者衆矣。降死之生，誠爲輕法，然人情慎顯而輕昧，忽遠而驚近，是以盤盂有銘，韋弦作佩，況在小人，尤其所惑，或目所不睹，則忽而不戒，日陳於前，則驚心駭矚。由此言之，重之不必不傷，輕之不必不懼，而可以全其性命，蕃其産育，仁既濟物，功亦益衆。又今之所患，逋逃爲先，屢叛不革，逃身靡所，亦以肅戒未犯，永絕惡原。至於餘條，宜依舊制。豈曰允中，貴獻管穴。

《宋書》卷五七《蔡廓傳》廓博涉羣書，言行以禮。起家著作佐郎。時桓玄輔晉，議復肉刑，廓上議曰：夫建封立法，弘治稽化，必隨時置制，德刑兼施。貞一以閑其邪，教禁以檢其慢，灑湛露以膏潤，厲嚴霜以肅威，晞風者陶和而安恬，畏戾者聞憲而警慮。雖復質文迭用，而斯道莫革。肉刑之設，肇自哲王。蓋由曩世風淳，民多惇謹，圖像既陳，則機心冥戢，刑人在塗，則不逞改操，故能勝殘去殺，化隆無為。季末澆偽，法網彌密，利巧之懷日滋，恥畏之情轉寡，終身劇役，不足止其姦，況乎黥劓，豈能反其善，徒有酸慘之聲，而無濟治之益。至於棄市之條，實非不赦之罪，事非手殺，考律同歸，輕重均科，減降路塞，鍾、陳以之抗言，元皇所為留愍。今英輔翼讚，道邈伊、周，雖閉否之運甫開，而遐遺之難未已。誠宜明慎用刑，愛民弘育，申哀矜以革濫，移大辟於支體，全性命之至重，恢繁息於將來。使將斷之骨，荷更榮於三陽，干時之華，監商飆而知懼。威惠俱宜，感畏偕設，全生拯暴，於是乎在。

（唐）虞世南《北堂書鈔》卷四四《刑法部・肉刑四》 害輕全重，去死取生，曹議《肉刑論》云，李勝云，蛇蝮螫手，則士斷其腕。虁號在足，則虎跑其躡云云。今案俞本與《類聚》卷五十四引皆作曹義《肉刑論》，且脫蛇蝮以下。考《御覽》卷六百四十八引《博物志》云，李勝曹義建肉刑議亦脫蛇蝮以下，考陳琳檄吳將校部曲文士上有壯字，虎上有猛字，螫作在，腕作節，號作蹶，又云，所全者重，所棄者輕。此有標目第一句及小注後半之出典也。又王隱《晉書》載曹彥《肉刑議》有云，於死爲輕，減死五百爲重，重不害生，此小注前半出典，疑原鈔此文當分二條。劓象七政，《書・刑德放》云，劓屬千，象七政，日月五星，應政變易。今案《玉函山房》輯《尚書・刑德放》與俞本皆脫屬千二字，以此下墨象一條小注比勘，則劓下應有之字，又陳俞本均誤作德刑考，豈不知其緯書耶？ 臏象七精，又云，臏象七精宿臏屬象七宿精。今案同上，玉函輯本亦同。《文選・西征賦》注引《刑德放》，又作變易，即氣色生也。墨象斗度，又云，墨之屬千，斗度變往名。今案同上玉函輯本《刑德放》祇有墨象斗華四字，考陳俞本均作度，玉函凡以上三條皆不注所出書名，故未知其何據。臏去節目，《禮統》云，臏刑法金也。今案《御覽》卷六百四十八引《禮統》云，臏刑法金勝木，去其節目也，而陳俞本改作節木，謬矣。大辟法水滅火，《白虎通》云，大辟者謂死也，取法水滅火也。今案陳俞同，考王謨本《五刑篇》，脫滅火句，本鈔《死刑篇》引取法作如字，餘同。宮者法土之壅水，又云，宮者女子淫，執置宮中不出。孫氏校法下增土字，刪之字。今案王謨本執者作執置，無法土句，陳俞本者下有置字，未有得字，餘同。臏者法金之克木，又云，脫其臏也，取法云云。今案《御覽》卷六百四十八引亦同，近本脫。劓者法木之穿土，又云，劓其鼻法也，法木之穿土。今案《御覽》卷六百四十八引亦同，近本脫。墨罪五百，《周禮》云，墨其額也，取法火之勝金。今案見《司刑》職。《御覽》卷六百四十八引作《白虎通考》。近本《五刑篇》脫。陳俞本亦作《周禮》。宮罪五百，又云，掌五刑之法，宮罪五百，男子割其勢，女子閉宮。今案同上。刖罪五百，《周禮·司刑》職云，掌五刑之法，刖罪五百，鄭注斷足也。今案見《秋官》。煞罪五百，又司刑煞罪五百，鄭注云，死刑也。今案見《周禮》陳俞本皆改煞作殺。墨者使守門《掌戮》職云，墨者使守門。今案見《周禮》。陳俞本亦引鄭注。劓者使守關，又云，劓者使守關，鄭玄注，劓，截鼻，無妨以貌醜遠之。孫氏校開改關。今案見《周禮》。宮者使守內，又云，宮者使守內，鄭玄注云，以其人道絕也。今案近本《周禮》掌戮注同。刖者使守囿，又云，刖者使守囿，鄭注云，斷足，驅禽獸，無急行。今案見《周禮》。陳俞本驅下皆有衛字。

（唐）白居易《白氏長慶集》卷六四《策林三·議肉刑肉刑可廢不可用**》**

問：肉刑者，其來尚矣，其廢久矣，前賢之論，是非紛然。今欲棄而不行，法或乖於稽古，若舉而復用，義恐失於隨時。取舍之間，何者為可？

臣伏以漢除肉刑，迨今千有餘祀。其間博聞達識之士，議其是非者多矣。其欲廢之者則曰：刻膚革，斷支體，人主忍而用之，則愷悌惻隱之心乖矣。此緹縈所謂雖欲改過自新，其道亡繇者也。其欲復之者則曰：任箠令，用鞭刑，酷吏倚而行之，則專殺濫死之弊作矣。此班固所謂以死罔人，失本惠者也。臣以為：議事者宜徵其實，用刑者宜酌其情。若以情實言之，則可廢而不可復也。何者？夫肉刑者，蓋刵、劓、椓、黥、刖之類耳。《書》所謂五虐之刑也。昔苗人始淫為之，而天既降咎。及秦人又虐用之，而天下亦離心。夫如是，則豈無濫死者耶？漢文帝始除去之，而刑罰以清。我太宗亦因而棄之，而人用不犯。夫如是，則豈有罔人者耶？此臣所謂徵其實者也。臣又聞：聖人之用刑也，輕重適時變，用舍順人情，不必乎反今之宜，復古之制也。況肉刑廢之久矣，人莫識焉。今一朝卒然用之，或絕筋、或折骨、或面傷，則見者必痛其心，聞者必駭其耳。又非聖人適時變順人情之意也，徵之於實既如彼，酌之於情又如此：可否之驗，豈不明哉？《傳》曰：君子為政，貴因循而重改作。又曰：利不百不變法，臣以為復之有害而無利也，其可變而改作乎。

《宋史》卷二〇一《刑法志》　初，韓絳嘗請用肉刑，曾布復上議曰：先王之制，刑罰未嘗不本於仁，然而有斷肢體、刻肌膚以至於殺戮，非得已也。蓋人之有罪，贖刑不足以懲之，故不得已而加之以墨、劓、剕、宮、大辟，然審適輕重，則又有流宥之法。至漢文帝除肉刑而定笞箠之令，後世因之以爲律。大辟之次，處以流刑，代墨、劓、剕、宮，不惟非先王流宥之意，而又失輕重之差。古者鄉田同井，人皆安土重遷。流之遠方，無所資給，徒隸困辱，以至終身。近世之民，輕去鄉井，轉徙四方，固不爲患，而居作一年，即聽附籍，比於古亦輕矣。況折杖之法，於古爲鞭扑之刑，刑輕不能止惡，故犯法日益衆，其終必至於殺戮，是欲輕而反重也。今大辟之目至多，取其情可貸者，處之以肉刑，則人之獲生者必衆。若軍士亡去應斬，賊盜贓滿應絞，則刖其足；犯良人於法應死，而情輕者處以宮刑。至於劓、墨，則用刺配之法。降此而後爲流、徒、杖、笞之罪，則制刑有差等矣。議既上，帝問可否於執政，王安石、馮京互有論辨，迄不果行。

（宋）趙汝愚《宋名臣奏議》卷九九呂公弼《上神宗論肉刑》　臣伏見韓絳嘗奏乞用肉刑，今日陛下亦以為然。絳又言假如折一支去一指有何不可，況堯舜尚用之。此徒信古之論，不適時變。自漢文帝感一婦人之言罷肉刑，而天下歸仁。逮今千餘年，一旦暴行之，駭四海觀聽。況古雖有肉刑之法，在堯舜之世，亦未嘗行之。《書》曰：象以典刑，流宥五刑。堯舜之世，用流以寬五刑也。若四凶者，止於流。則五刑無所施焉。臣願陛下上法堯舜，下體漢文，無取迂儒好古之論。陛下病今之犯刑者，衆臣願審擇守臣，宣布惠愛，使民各得其所，則民不犯上矣。今不究其本，而徒更其刑辟。臣恐民心一駭而動，後雖欲全撫之未易安也。

（宋）華鎮《雲溪居士集》卷二七《策問·問井田肉刑封建》　問：昔者三王相承而起，質文迭用，或損或益，不相沿襲，至於建侯世守，井地肉刑，雖封域異制，助徹殊號，刑罰輕重，與世升降，而三者大法，未嘗易也。聖人之法，有盛有衰，必至之理，豈夏商之季，百度皆弊，而此獨未壞哉？必其法盡善而百世不可改也。楊子雲曰：井田之田，田也；肉刑之刑，刑也。夫魯人什二而孔子有盍徹之談，秦人罷侯而漢世有孤立之戒，孝文用鞭笞代刀鋸，而當時議者已謂名為輕刑而實重之，由是以觀先王之法，此殆不可變已，何新室為王田而天下怨叛？東漢議肉刑而孔融異詞，貞觀復世封而鄭公不然，豈復之者未得其道耶？殆議者不達先王之法耶。今國家蔑視漢唐苟簡之政無小無大，必師成周，顧此三者，法之大要，為今之務，在所宜講。諸君究明其術，蓋有日矣。試述先王之時所以用之得其利，漢唐之世所以復之非其道，若孔融肉刑之議，鄭公封建之論，皆一時之偉人，必有可觀，其悉陳之，毋有所畧，有司將以獻焉。

（宋）劉弇《龍雲集》卷二六《時議·井田肉刑》 莫為之生，則莫為之養。莫為之養，則莫為之治。養之者仁德也，井田在焉。治之者義德也，肉刑在焉。蓋人之所必爭，起於度量分界之或無，則不根浮寄之民時出而乘焉，强者陵弱躐等而軋以勢，智者籠愚投隙而窺以巧，人君禁畏之術至乃下移於嚚嚚之黔首，而豪宗侈家方復專大利，侔封君，白晝大都之中探丸行籌，至於椎埋攻剽、殘人支體，而恬不以為怪，然後知井田肉刑之有賴乎世為不少矣。彼揚雄其知務者之言乎。故曰，以井田之田田，以肉刑之刑刑也。惟民之初，林焉而生，羣然而萃，以僅足之一身，或不勝迭來之日用，則雖區區之口腹支體，至有畢生不能趨於完且適者。累聖哀之，為之制井田，使之相生養焉，而不能生且養者非所患也。為之制肉刑，使之各寄當焉，而不寄當者非所恤也。曾謂先王之為之也，出於私智乎。亦隨時之宜，契於理之不得不然者而已矣。蓋自上古已來，迄於晚周，中間嘗多故矣，卒未聞有倔然起而廢之者，則是終不可廢也已矣。彼井田何負邪，阡陌一開，而經縱緯橫，隨占射以泯滅，則暴秦之罪也。彼肉刑何贅邪，不忍一女子之私憂而委先王之公義，猶之越人之章甫，則孝文之過也。古者井九百畝，八家私之，取百畝以為公田，公事畢然後敢治於私事，故能終身飽於樂歲而不足非天下之公患也。至秦則貧者之地無立錐，曾救死之不暇，則間起而為盜賊。富者連阡陌，跨州里，厚自封殖而爭衡侯伯，則僭儗乘馬。秦至不勝其弊，一切出苛罰，踵其後而驅之，則井田之廢於秦，果何賴邪。杖箠之設也，始者三百，已而二百，久乃一百，然猶死者接武，則肉刑之廢於孝文，果何賴邪。然井刑之制，其詳雖見於《周官》，容有未易一二舉而行之者矣。何則？自堯舜至周，其間人更數聖，時歷千載，規為經畫，初非一人之力補苴罅完，然後乃克大備。而又不封建，鄉遂之法無從寓焉，則謂為一旦可復者妄也。昔唐太宗嘗欲從事於斯矣，已而姑置，則非畏事者也。漢高帝平秦之始，先王緒制要必有存十一於千百者，苟出力掇拾，宜不至於駭民而留弊至今，則常為高帝惜也。國家前日嘗行方田之法矣，而議者尚以未徧為患，且前代有披元積方田圖，慨然嘆息，以為治天下先急誠不出此，則豈欺說也哉。苟能舉天下之田而方之，因稍取仲舒師丹限田之義繩焉，則彼井田遺刑〔當作制〕殆將髣髴於斯乎。若肉刑則愚於此竊商焉，以謂凡民百骸九竅具然後完人，缺一不可，則誰且不愛其身。彼有用刑之人，一旦殘人儀則之天性則酷亦甚矣。從今之刑，則戕支體、潰耳目與夫肆淫盜者，不過撲背而止耳。夫鞭抶之慘有盡，而支體之殘無已，則是忍於辜無已，而不忍於絶有盡也。顧以為大不倫矣。彼身無兢兢於當世之禁者，何賴焉。寡主之酬酢也，禮一不至則慊慊，則有望望之色稱責於人者，要必有適當之償焉然後平，則孰謂殘人支體，而乃以鞭抶代邪，非報償之道也。且苛如魏武，毅如孔融，辨如袁宏，尚牽制乎此而莫之決，則宜後世之因循置也，運丁休明，百廢具舉，置此而弗講，疑若於序正羣倫之道有闕焉。惟明有司心存先王之遺意，推考成效以稽可否，舉以復諸上焉，幸甚。

（宋）徐積《節孝集》卷三一《語録》 問：三代稱用肉刑而治，後世用行之則病於傷民。今可行乎？公曰：肉刑之法，前人論之詳矣，徒為紛紛。嘗觀唐太宗曰：不行井田肉刑，不可致治。大非也。蓋前世之法有不可以下行於今世，今世之法有不可上通乎古者，正欲觀時變爾。且孝文以仁心廢肉刑是也，縱云有輕刑之名，而其實殺之，亦非本意也，不幸而已。故人疑孝文以嚴致平，然法無病民者，要須得良吏乃可行。必欲行肉刑，須得皐陶者，乃可行。皐陶不可得，得有皐陶之用心者亦可矣。此人不可得，則肉刑未可輕行也。

（宋）陳亮《龍川集》卷四《問答》 肉刑之興，說者以為起於苗民，而堯參取而用之，報虐以威，蓋將以戒小人而非出於聖人之本心也？故舜多為之塗以出民於刑，祇以施諸怙終者，而穆王之訓刑為尤詳。然則雖聖人欲去之久矣，安在其為孝文姑息之仁也。而世儒之道古者必以為井田封建肉刑，皆聖人之大經大法，不可廢也。治天下而不用肉刑，徒以啓小人犯法之心耳，故曰：肉刑之刑，刑也。漢魏之際，往往數議復之而不果，以至於本朝，而刑輕於三代矣。法家者流以仁恕為本，惟學道之君子始惓惓於肉刑焉。何其用心之相反也？推之天理，驗之人事，而要諸古今之變，究其所從始，極其所由終，必有至當之說。

（宋）陳亮《龍川集》卷四《問答》 昔者聖人別人類於禽獸之中，而去其爭奪戕殺之患，蓋必執生殺之權，而後謂之刑政也。則肉刑固已草具，而未有其法耳。苗民始多為戕人之具以淫用之，堯懼其為世訓也，故取而次第品節之，使必若苗民者，然後罹此刑耳。故曰：報虐以威。舜又多為之法以出之，而夏於贖刑為尤詳，商人執刑罰以督姦，傷肌膚以懲惡，蓋嚴其所當用者耳。夫既多為之塗以出之，而不嚴其所當用者，是教人以輕犯法也，豈聖人制刑之本意哉？文武尤謹於庶獄，而成康措而不用至於四十餘年。穆王耄荒而訓刑以詰四方，使知刑者聖人愛民之具，而非以戕民也。漢興，承秦之餘烈，先王之法度盡廢而肉刑塊然獨存，文帝感一女子之言而慨然除之，於是可與語通變之道矣。

井田封建，自黃帝以來，極十數聖人之思慮，所以維持而奉行之者，惟恐其一事之不詳而一目之不精也。至於肉刑，則多為之塗以出之，惟恐其或用耳，豈可同日而語哉？聖人之恐其一事之不詳而一目之不精者，今既盡廢而不可復舉矣。獨惓惓於聖人之恐其或用者，縱使可用，無乃顛倒其序乎。使民有恥，則今法足矣。民不賴生，雖日用肉刑猶為無法也。禮節民心，樂和民聲，政以行之，刑以防之。四達而不悖，則王道成矣。吾聞諸聖人者如此。

（宋）楊萬里《誠齋集》卷九一《程試論》 漢文帝有聖賢之風論。

論曰：有德之主非以功能勝，而以風味勝。三代既往，聖賢之君亦與三代而俱往。與三代異其世，而不與三代異其德。漢文其庶幾乎。世主以功業聞，而帝之功業無一之可稱。世主以才智顯，而帝之才智無一之可見。君子乃以聖賢許之者，以其風味而得之也。風味隱而功能興，則無以見孝文矣。魏文帝曰，漢文帝有聖賢之風。有才之主與有德之主二者同日而論之，未可也。論有德之主，當如玉人之論玉，聖人之論學。市之庸工，屑石而鍊之，毀瓦而藥之，既成而謂之玉，視之良玉也，其光熒然，其聲冷然，玉則玉矣，至於玉人之所藏，初無如是之聲光也，然輝不足而潤有餘，無暫美而有遠器。不惟玉也，惟學亦然。聖門諸子，俊辯如賜，人以為仲尼不及也。英氣如由，人以為諸子不及也。然是二子者聖人皆不與之，蓋辯之俊也，氣之英也，非所施於聖人之門也。故聖人之所與不在於二子之英與俊，乃在於顏之如愚，曾之詠而歸耳。不惟學也，惟君亦然。是故論玉者不以輝彩而以器質，論學者不以術業而以氣象，論君德者不以功能而以風味。文帝之爲文帝也，强不如秦，武不如世宗，功不如唐文皇，不如則信不如矣。不爭似弱，有容似懦，過倹似褊，似則信乎其似矣。而帝之所以聖，所以賢者，何也？蓋嘗聞之，快其忿以殘天下之生，先王不忍也，帝獨得辭其弱哉。矜其察以究天下之欺，先王不樂也，帝獨得辭其懦哉。厚其奉以虛天下之藏，先王不屑也，帝獨得辭其褊哉。以帝之用心，求帝之風味，溫乎其有所不可激也，曠乎其有所不可隔也，淡乎其有所不可誘也。帝之不如後世之君固也，而其風味則三代聖賢中人也。不如後世之君而有三代聖賢之風味，帝亦足矣，帝何求焉。或謂肉刑之除，其文帝瑜中之瑕也歟。嗟乎，是亦見其末而莫原其初者也，隨其聲而莫睹其形者也。肉刑何從而作乎，其作於聖人之不得已乎。洪荒之世，人與禽之未別，則夫所謂人者其能如今之世，禮可以繩而法可以糾哉。其必有所大亂而不可止者也，由是肉刑生焉。聖人非欲作也，欲不作而不得也。非欲存也，欲除之而未可也。漢文之世，其民醇且厚矣。可以除之矣，而弗除也，則帝亦不仁矣。夫堯舜復生，必除之矣，帝除之而有過，則堯舜除之亦有過乎。謹論。

（宋）朱熹《近思録》卷九《治法》 肉辟於今世死刑中取之，亦足寬民之死。過此當念其散之之久。

（清）沈家本《歷代刑法考·刑法分考五·議復肉刑》 《宋志》：初，韓絳嘗請用肉刑，曾布復上議曰：先王之制，刑罰未嘗不本於仁，然而有斷肢體、刻肌膚以至於殺戮，非得已也。蓋人之有罪，贖刑不足以懲之，故不得已而加之以墨、劓、剕、宮、大辟，然審適輕重，則又有流宥之法。至漢文帝除肉刑而定笞箠之令，後世因之以爲律。大辟之次，處以流刑，代墨、劓、剕、宮，不惟非先王流宥之意，而又失輕重之差。古者鄉田同井，人皆安土重遷。流之遠方，無所資給，徒隸困辱，以至終身。近世之民，輕去鄉井，轉徙四方，固不爲患，而居作一年，即聽附籍，比於古爲輕矣。況折杖之法，於古爲鞭扑之刑，刑輕不能止惡，故犯法日益衆，其終必至於殺戮，是欲輕而反重也。今大辟之目至多，取其情可貸者，處之以肉刑，則人之獲生者必衆。若軍士亡去應斬，賊盜贓滿應絞，則刖其足；犯良人於法應死，而情輕者處以宮刑。至於劓、墨，則用刺配之法。降此而後爲流、徒、杖、笞之罪，則制刑有差等矣。議既上，帝問可否於執政，王安石、馮京互有辨論，迄不果行。

邱氏濬曰：獻帝建安中，議者欲復肉刑，孔融議云云。按自文帝廢肉刑，至是蓋三百年，一旦欲復之，難矣。孔融之議，專爲惜人，是即所謂雖欲改過自新，其道亡繇者也。肉刑有五，宮居其一，乃其中尤慘者也。四刑止毒其身，宮刑乃絕其世，人之有生，承傳禪續，其來有非一世，而一旦絕之於其身，豈非人生大慘哉？自漢文帝廢肉刑，後有議欲復之者，仁人君子必痛止之。夫於人之有罪者，尚不忍戕其生，絕其世，乃有一種悖天無親之徒，自宮其身以求進，以祖宗百世之脈雲仍萬世之傳而易一身之富寵。歲月如流，人生幾何，不思之甚邪？愚民無知而自落陷阱，上之人亦恬然視之而不加禁止，何哉？茲亦斁彝倫，敗風化，感傷和氣之一端。有國者所當嚴爲之禁，而罪其主使用刀之人，是亦不忍人之政之大者也。

按：漢文除肉刑，千古之仁政也，班固首議其非。漢末大儒鄭玄及名士崔寔、陳紀並有復古之議。建安初，荀彧申其說而孔融駁之。曹操又欲復之，鍾繇迎合其旨，陳群亦申其父紀之論，而王修駁之。太和中，繇復上疏申其說而王朗駁之。洎乎江左，劉頌言之，不省。衛展又言，而周顗、曹彥、桓彝等駁之。桓玄又申其議，而蔡廓、孔琳之又駁之，故事迄不行。溯自建安之初，迄乎江左之季，議復者辯論鋒起，而卒格於衆議者，仁慘攸判，人有同心也。今試即諸家之說而綜論之：班固以爲死刑重而生刑輕，是以姦不止，民愈嫚。夫以斬右止而改從棄市，乃由生入死，謂刑重則誡重矣。第既謂刑輕不足以塞姦，而肉刑更輕於死刑，遂可以塞姦乎？謂復肉刑則刑可畏而禁易避，彼死且不畏，豈遂畏肉刑乎？推其意旨，自相鑿枘，此固說之失也。崔寔以爲右止者既殞其命，笞撻者往往致死，文帝乃重刑，非輕之，以嚴致平，非以寬致平也。夫黥、劓與左止俱去，不可謂非減重爲輕。自景帝改定箠令，笞者亦未至戕其命，至右止去死罪一間，雖漢律今不可考，其條目必不多，其情罪必較重，故文帝可兩府之議。其當時斷罪四百，幾致刑措，德化之隆，後代莫比，豈以嚴致平哉？蓋寔以孝宣之嚴刑峻法爲優，於孝文以除肉刑爲苟全之政，其謂文帝以嚴致平，實有悖於哀矜之本旨，不過附會其詞，以申其重刑之論耳，此寔說之失也。陳紀以爲殺人償死，傷人或殘毀其體，是以刑爲報施之事矣。先王之制，刑以止姦禁暴也，豈若尋常報施之事必兩相當哉？謂淫者下蠶室，盜者刖其足，則永無淫放穿踰之姦。夫淫者有罪，何至遽令絕世，且治男子猶可，婦人將必閉諸宮中，設或淫風流行，又安得千百之室以處之？刖足艱於行，身即不能爲盜，而可爲盜之謀首，又豈刖足之所能禁？此紀說之失也。鍾繇以爲蔽獄之時，訊問三槐九棘，群吏萬民，其當棄市，欲斬右止者許之，歲生三千人。夫以一人之罪而必聚群吏萬民而訊問之，且歲有三千人，又必一一訊問之，其事極煩擾，勢必有不能行者。繇謂孝文不合古道，而大魏繼蹤虞夏，諛詞阿世，顛倒是非，悖謬孰甚。此繇說之失也。劉頌以爲亡者刖足，盜者截手，淫者割勢，除惡塞源，莫善於此。其意略同陳紀，而截手之刑，古法所無，未免駭聽。頌又謂殘體爲戮，終身作誡，人見其痛，畏而不犯，豈知利欲之誘如蟻慕羶，生計一窮，鋌而走險，驟欲禁遏之，斷非肉刑之所能致效也。此頌說之失也。厥後王導、刁協諸人所持之說，大略相同。鄭康成爲漢末大儒，而其說不傳，未知其意旨何如。蓋自班固創於前，自此推波助瀾，至東晉之末而猶未息，可爲法家中之一大爭端矣。推求其故，則張蒼定律，改斬右止爲棄市，係由生入死，人遂得摭此以爲言耳。在當日，定律之本旨必非無因，特其說不傳，論者不察，併一切肉刑而亦議之，紛爭不已，何其固也？駁復古之議者，王修但稱時未可行，而其議不詳。孔琳之辭未別白，荀悅、蔡廓不以復肉刑爲是，而欲復斬右止之法，惟孔融與周顗等所議最爲切中事情。王朗所議，尤爲通論，迨後唐貞觀中，除斷趾法改加役流，與朗議實相吻合，此實可於張蒼之法補救其未善者也。夫自皇風既邈，德化不修，習俗日積，狂瀾難免，上之人不知本原之是務，而徒欲下之人之不爲非也。於是重其刑誅，謂可止姦而禁暴，究之姦能止乎？暴能禁乎？朝治而暮犯，暮治而晨亦如之，屍未移而人爲繼踵，治愈重而犯愈多，此皆明祖閱歷之言著之《大誥》者也。然則欲以肉刑止姦而禁暴，其無效也可知矣。袁宏謂刑罰之用，不先德教之益，失之遠矣，亮哉言乎！

《明宣宗寶訓》卷一《論治道》宣德三年二月乙亥上退朝御文華殿謂侍臣曰：朕觀先王治民有本有末，制田里以給衣食，設學校以明教化。

不幸而有頑懕者，然後刑之，蓋非得已，不然則無以安善良。然觀肉刑，亦過於慘。侍臣曰：古人用肉刑，故人人自愛而重犯法。至漢文帝除之，自是人輕冒法。上曰：古人教民之道周備，故犯法者少，後世教民之道不至，故犯法者多。未必係於肉刑之存否。舜法有流宥金贖，而四凶之罪止於流放竄殛。可見，當時被肉刑者，必皆重罪。況漢承秦弊，挾書有律，若槩用肉刑，民受傷殘者多矣。以不教之民而遽斷其肢體、刻其肌膚，亦所不忍。隋唐以後以笞、杖、徒、流、死爲五刑，亦良法也。又曰：文帝除肉刑，唐太宗觀明堂鍼炙圖禁鞭背，皆後世仁政。文帝培植漢之國脈，太宗肇啟唐祚，享國長久有以哉。

（清）龍文彬《明會要》卷六四《刑·刑制》　宣宗一日御文華殿與羣臣論古肉刑，侍郎對漢除肉刑人遂輕犯法，帝曰：此自由教化，豈關肉刑之有無？舜法有流宥金贖，而四凶之罪止於竄殛，可見當時被肉刑者必皆重罪，不濫及也，況漢承秦敝，挾書有律，若概用肉刑，受傷者必多矣。著《帝訓》五十五篇，其一《恤刑》也。

綜述

（清）杜貴墀《漢律輯證》卷一　除肉刑。《史記·孝文本紀》集解李奇曰，約法三章無肉刑，文帝則有。當黥者髡鉗爲城旦舂，當劓者笞三百，當斬左止者笞五百，當斬右止者及殺人先自告，按《後漢書·郎顗傳》漢法肉刑三，謂黥也、劓也、左右趾也。文帝除之。當黥者城旦舂，當劓者笞三百，當左右趾者笞五百也。及吏坐受賕枉法，守縣官財物而即盗之，已論命復有笞罪者，棄市。命者，名也，成其罪也。此三罪論名而又犯笞罪即皆棄市，已上見《西漢會要》。《周禮·秋官·司刑》注：今東西夷或以墨劓爲俗，古刑人亡逃之世類歟？宮若今宦男女也。賈疏宦男女即宮人婦女及奄人，使守內閤者也。《史記·文帝紀》索隱引崔浩《漢律序文》，帝除肉刑而宮不易。張裴注云：以淫亂人族類故不易之也。愚按：孝景元年詔，孝文皇帝除宮刑，出美人，重絕人之世也。《史記》宮刑作肉刑。据下重絕人之世，宮刑爲是。且上已言除誹謗、去肉刑，不當復舉，据此是文帝除之矣。《景帝紀》死罪欲腐者許之，至武帝而司馬遷及張安世兄賀以衛太子賓客下蠶室。光武二十八年三十一年，詔死罪繫囚皆一切募下蠶室女子宮。明帝永平八年，詔屯朔方五原之邊縣，其大逆無道殊死者一切募下蠶室。章帝建初七年、元和元年、章和元年，詔犯殊死一切募下蠶室，其女子宮。和帝永元八年，詔犯大逆募下蠶室，女子宮。永初中，陳忠奏除蠶室刑，未見施行，是終漢之世以宮刑代死罪也。《尚書·吕刑》正義，漢除肉刑、墨、劓、剕耳，宮刑猶在。隋開皇初始除男子宮刑。《周禮·秋官·司刑》疏，漢文帝十三年赦肉刑，所赦者惟墨劓與刖三者，其宮刑至唐乃赦也。愚按：文帝嘗用賈誼言，大臣有罪皆自殺不受刑，至武帝時稍復入獄，既以鈇代臏矣。《陳寵傳》又云，帝遂詔有司絕鉆鑽諸慘酷之刑，鑽去其臏骨即臏刑也。則肉刑亦未盡除矣，宮刑可知。

（清）王明德《讀律佩觿》卷四下《五刑正目》　五刑之制，始自上古五帝之世，即以因之。觀于帝舜命皋陶即曰：汝作士，明于五刑。則五刑之設，其繇來尚矣。然古之所謂五刑，乃墨、劓、剕、宮、大辟，初無所謂笞、杖。所稱笞、杖云者，乃後世所訂。即古所謂鞭作官刑、扑作教刑，止作訓誨之具，原不以之為刑論。自漢高懲暴秦之獘，與天下更始，約法三章，不免矯枉過直，以至網漏吞舟，法紀蕩佚，積久發暴，遂至彭韓菹醢、英涂族赤，迥出常刑之外。推其所自，未必非高皇約法之過耳。延至文帝，更除肉刑，易之以笞，此笞仗省入五刑所自始。迨及孝景，復遞減。而殺之，後世遂奉為法。

（明）戚繼光《紀效新書》卷三《臨陣連坐軍法篇》　凡臨陣退縮，許甲長割兵耳，隊長割甲長耳，哨官、哨長割隊長耳，把總割哨官、哨長耳。回兵，查無耳者，斬。若各故縱，明視退縮，不肯割耳者，罪坐不肯割耳之人，退縮之犯不究。

墨刑分部

論說

（清）沈家本《歷代刑法考·刑法分考七·墨》　《尚書·伊訓》：制官刑，儆於有位。言湯制官法，以儆戒官。曰：敢有恒舞於宮、酣歌於室，時謂巫風；敢有殉於貨色、恒於遊畋，時謂淫風；殉，求也，昧求財貨美色，常遊戲畋獵，是淫過之風俗。敢有侮聖言、逆忠直、遠耆德、比頑童，時謂亂風。惟茲三風十愆，卿士有一於身，家必喪，邦君有一於身，國必亡。臣下不匡，其刑墨，具訓於蒙士。《傳》：墨刑，鑿其額，涅以墨。疏言：十愆有一則亡國喪家，邦君、卿士慮其喪亡之故，則宜以爭。臣自匡正，犯顔而諫，臣之所難，故設不諫之刑，以勵臣下，故言臣不正君則服墨刑。墨刑，五刑之輕者，《司刑》所謂墨罪五百者也。【略】

《經義述聞》曰：《呂刑》刵劓劅黥，《堯典》正義引夏侯等書作臏宮劓割頭庶剠，考《御覽・刑罰部》引《尚書・刑德放》云云，又引鄭注云云，然則墨刑在面謂之黥，在額謂之涿鹿。涿古讀若獨，涿、鹿疊韻字。頭庶剠即涿鹿黥。頭、涿古同聲，庶則鹿之譌耳。

（元）徐元瑞《吏學指南・五刑・周刑》墨，鯨也。割其面以墨涅之，使其守門，無妨禁衛也。劓，截其鼻使守關，謂其貌醜遠之也。剕，即刖刑也。使守囿，謂斷足驅衛，禽獸無急行也。宮，淫刑也。男子則割勢，女人則幽閉，使守內，謂其絶人道也。大辟，死罪也。辟字從尸辛，所以制節其罪也；從口，用法也。有七等：一曰斬，誅之以斧鉞；二曰殺，以刀刃棄市；三曰搏，去衣磔之也；四曰焚，烧殺也；五曰辜，磔之也；六曰踣，斃之於市肆也；七曰罄，縊之於隱處。

《荀子・正論》世俗之為説者曰：治古無肉刑，而有象刑。墨黥、慅嬰、共艾畢，菲對屨，殺赭衣而不純。治古如是。

《商君書・賞刑》斷人之足，黥人之面，非求傷民也，以禁姦止過，故禁姦止過，莫若重刑。

（明）丘濬《大學衍義補》卷一〇五《慎刑憲・明流贖之意》孝宗淳熙中，羅點言本朝刺配之法，視前代用刑為重，竊謂欲戢盗賊不可不銷逃亡之卒，欲銷逃亡之卒不可不減刺配之法，望詔有司將見行刺配情輕者從寬減降，別定居役，或編管之令。

臣按：《舜典》象以典刑，五刑也，於五刑之外有流、有鞭、有扑、有贖，是為九刑。宋人承五代為刺配之法，既杖其脊，又配其人，而且刺其面，是一人之身一事之犯而兼受三刑也。宋人以忠厚立國，其後子孫受禍最慘，意者以其刑法太過，杖人以脊，刺人之面，皆漢唐所無者歟，故其末世，子孫生者有縶累之苦，死者遭暴露之禍，後世用刑者宜以為戒。

淳熙十四年，臣僚言刺配之法，考之祥符止四十六條，至慶曆已一百七十六條。今淳熙配法五百七十條，犯者日衆，黥刺之人所至充斥，前後創立配條不為無説，若止令居役不離鄉井則幾於恵姦，不足以懲惡。若盡用配法，不恤黥刺，則面目一壞，誰復顧藉，適長威力，有過無由自新。

洪邁曰：秦之末造，赭衣半道而姦不息，宋制減死一等，及胥吏兵卒徒配者，涅其面而刺之，本以示辱，且使人望而識之耳。久而益多，每郡牢城管其額常溢，殆至十餘萬。兇盗處之恬然，蓋習熟而無所恥也。羅隱《讒書》云九人冠而一人髽，則髽者慕而冠者勝。九人髽而一人冠，則冠者慕而髽者勝，正謂是歟。老子曰民常不畏死，奈何以死懼之？若使民常畏死，則為惡者吾得執而殺之，孰敢可謂至言。

（清）沈家本《歷代刑法考・刑法分考七・墨》《宋史・刑法志》：凡應配役者傅軍籍，用重典者黥其面，凡犯盗，刺環於耳後：徒、流，方；杖，圓；三犯杖，移於面。徑不過五分。開寶八年，詔嶺南民犯竊，贓滿五貫至十貫者，決杖、黥面、配役，十貫以上乃死。雍熙二年，令竊盗滿十貫者，奏裁；七貫，決杖、黥面、隸牢城；五貫，配役三年，三貫，二年，一貫，一年。此條《通考・刑五》引稱太平興國十年。端拱二年舊制，僮僕有犯，得私黥其面。帝謂：僮使受備，本良民也。詔盗主財者，杖脊、黥面，配牢城，勿私黥之。此條《通考・刑五》稱咸平六年。天聖五年，陜西旱，因詔：民劫倉廩，非傷主者減死，刺隸他州。景祐二年，改強盗法。不持仗得財爲錢六千，若持杖罪不至死者，仍刺隸千里外牢城。有司言：竊盗不用威力，得財爲錢五千，即刺爲兵，反重於強盗，請減之。遂詔至十千始刺爲兵，京城持仗竊盗，得財爲錢四千，亦刺爲兵。慶曆三年，詔曰：如聞百姓抵輕罪，而長吏擅刺他州，朕甚憫焉。自今非得於法外從事者，毋得輒刺罪人。熙寧三年，比部郎中、知（房）〔金〕州張仲宣嘗檄巡檢體究金州金阬，無甚利。土人憚興作，以金八兩求仲宣不差官。及事覺，法官坐仲宣枉法贓應絞，援前比貸死，杖脊、黥配海島。知審刑院蘇頌言：仲宣所犯可比恐喝條。且古者刑不上大夫，仲宣官五品，有罪得乘車，今刑爲徒隸，其人雖無足矜，恐污辱衣冠爾。遂免杖、黥，流賀州。自是命官無杖、黥法。熙寧三年，中書上言刑名未安者五：其三，刺配之法二百餘條，其間情理輕者，亦可復古徒流移鄉之法，俟其再犯，然後決刺充軍。其配隸並減就本處，或與近地。凶頑之徒，自從舊法。不果行。元豐元年，青州民王贇父爲人毆死，贇幼，未能復讐。幾冠，刺讐，斷支首祭父墓，自首。論當斬。帝以殺讐祭父，又自歸罪，其情可矜，詔貸死，刺配鄰州。紹聖三年，刑部侍郎邢恕等言：藝祖初年天下，主典自盜，贓滿者往往抵死。仁宗之初，尚不廢也。其後用法稍寬，官吏犯自盜，罪至極法，率多貸之卒自此漸少。上曰近歲配隸稍多，久後當如何？準等奏，如雜犯死罪猶可從輕，至如劫盜六項，指揮之行爲盜者，莫不曉得將欲爲盜必先虛立爲首之名，殺人奸濫之罪皆歸之，以故爲首者不獲而犯者免死，盜何由懲？上曰可。令刑寺集議奏聞。既而刑部大理寺奏言，象以典刑，墨居其一，流放之法，用宥五刑，是墨刑不施而後宥以流也。鞭作官刑，説者曰鞭以爲治，官事之刑，是流墨不施而後及於鞭也。蓋曰墨曰流曰鞭三者，俱爲九刑之一，自帝舜以迄三王，未聞有兼施並用者。漢文帝除肉刑，當黥者髡鉗爲城旦舂，惟劓與刖方及於笞，則黥之與笞，漢時亦不兼用也。歷代遵尚鞭笞，度數雖有不同，止用其一，無復他法。隋文帝始改百王之制而用其二，然亦不兼施，今簡册可考也。流刑，徒之遠方，則在千里、千五百里、二千里之外，止於離其鄉井。徒刑，役於當處，則有一年、一年半、二年、二年半、三年之限，止役作其身，凡是二者皆不笞決。惟杖刑自六十至百，笞刑自十至五十，是二者笞決其身，隨即縱遣。至唐高祖加千里之流，太宗申加役之制，餘因隋舊而已。晉天福始創刺配，合用其二，仍役而不決。逮我藝祖，一洗五代之苛，猶以隋制爲重，於是悉易以決爲流徒杖笞之法，名存實改，自加役流至流二千里，其刑四，並決脊杖，配役有差。所謂配役，非今之所謂配，古所謂徒役是也。自徒三年至徒一年，其刑有五，並決脊杖有差，而盡免其徒役之年。自杖一百至六十，自笞五十至十，其刑各五，悉易以臀杖而減其數，如杖一百止決二十，減其八十之數是也。由杖九十以下至於笞十，悉從末減，於是帝舜三居之法至此始不用。流罪得免遠徒，徒罪得免役年，笞杖得減決死。然甚者猶決刺配島，錢仙芝帶館職，李布甫歷轉運使，不免也。比朝廷用法益寬，主典人吏軍司有犯，例各貸死，略無差別。欲望講述祖宗故事，凡自盜，計贓多者，間出睿斷，以肅中外。詔：今後應枉法自盜，罪至死，贓多者，並取旨。

《通考》一百六十八：〔宋真宗〕咸平三年，先是江浙、荊湖、廣南遠地應強盜及持仗不死者，並部其屬至京師，多殞於道路。乃詔自今止決杖黥面，配所在五百里外牢城。元祐五年，刑部言：佃客犯主，加凡一等。主犯之，杖以下勿論，徒以上減凡人一等。謀殺盜詐及有所規求避免而犯者不減。因毆致死者不刺面，配鄰州。情重者奏裁。從之。紹興十九年，刑部看詳捕獲沿海劫盜並係持杖兇徒，理宜措置關防，今將合該刺配廣南及三千里之人斷訖，權行刺配鄂州都統制軍下。二千五百里以下之人斷訖，量訖地里遠近，權行刺配池州、太平州、建康府都統制軍下，並收管重役。其配字欲以配州府屯駐軍重役字爲文，候盜賊衰息日依舊制。從之。淳熙八年，詔自今強盜抵死特貸命之人並於額上刺強盜二字，餘字分刺兩頰。令刺強盜，當自此始。淳熙十一年，校書郎羅點言：比年以來，所在流配人甚衆，強盜之獄，每案必有逃卒，積此不已，爲害不細。臣嘗推原其端，蓋由配法太繁，本朝折杖之制視前代用刑爲輕，而刺配之法視前代用刑爲重。國初敕令尚簡，入配者少，承平既久，防禁益密。在仁宗朝，張方平極陳其弊，建議減除，迨今百有餘年，有增無損。竊謂欲戢盜賊，不可不銷逃亡之卒，欲銷逃亡之卒，不可不減刺配之法。望詔有司，將見行刺配情輕者從寬減降，別定居役，或編管之，令其應配者檢會。淳熙元年五月，指陳擇其強壯刺充屯駐大軍，庶幾州黥配之卒自此漸少。上曰：近歲配隸稍多，久後當何如？準等奏：如雜犯死罪猶可從輕，至如劫盜六項，指揮之行爲盜者莫不曉得，將欲爲盜，必先虛立爲首之名，殺人奸濫之罪皆歸之，以故爲首者不獲而犯者免死，盜何由懲？上曰：可。令刑寺集議奏聞。既而刑部大理寺奏言：象以典刑，墨居其一，流放之法，用宥五刑，是墨刑不施而後宥以流也。鞭作官刑，説者曰鞭以爲治官事之刑，是流、墨不施而後及於鞭也。蓋曰墨、曰流、曰鞭，三者俱爲九刑之一，自帝舜以迄三王未聞有兼施並用者。漢文帝除肉刑，當黥者髡鉗爲城旦舂，惟劓與刖方及於笞，則黥之與笞漢時亦不兼用也。歷代遵尚鞭、笞度數，雖有不同，止用其一，無復他法。隋文帝始改百王之制而用其二，然亦不兼施，今簡册可考也。流刑徒之遠方則在千里、千五百里、二千里之外，止於離其鄉井。徒刑役於當處，則有一年、一年半、二年、二年半、三年之限，止役作其身，凡是二者皆不笞決。惟杖刑自六十至百，笞刑自十至五十，是二者笞決其身，隨即縱遣。至唐，高祖加千里之流，太宗申加役之制，餘因隋舊而已。晋天福始創刺配，合用其二，仍役而不決。逮我藝祖，一洗五代之苛，猶以隋制爲重，於是悉易以決爲流、徒、杖、笞之法，名存實改。自加役流至流二千里，其刑四，並決脊杖，配役有差。所謂配役，非今之所謂配，古所謂徒役是也。自徒三年至徒一年，其刑有五，並決脊杖有差，而盡免其徒役之年。自杖一百至六十，自笞五十至十，其刑各五，悉易以臀杖而減其數，如杖一百止決二十，減其八十之數是也。由杖九十以下至於笞十，悉從末減。於是帝舜三居之法至此始不用。流罪得免，遠徙徒罪得免役年，笞杖得減決數，而省刑之意遂冠百王。其後從坐特貸者，方決杖黥面配遠州牢城，而舜之九刑始然併用其三，黥爲墨，配即流，杖迺鞭，三者始萃於一夫之身，蓋其制將以寬死罪，合三爲一，猶爲生刑，端未爲過。至太宗皇帝，始詔竊盜贓滿五貫者，決杖黥面配役，其意亦以宥死。蓋國初之制，竊盜三貫棄市故也。累聖相承，固未嘗有慘於用刑之意，而人情狃於見聞，法令易以滋彰。據張方平所奏，祥符、天聖、慶曆，其數至倍是也。今以刑書考之，其麗於配者幾五百條，中間有數項比之慶曆又復數倍，積少成多，殆非一朝一夕之放。然回視藝祖創法之始，特以宥死者，固已遠矣。又有罪不至配而用情重決配者，亦有泛言決配以因以決配者，嘗推原其故，爰自建隆以及淳熙二百年之間，決配既多，視以爲常，不復知有前代之遺制與？夫祖宗之美意，臣僚奏請動以決配爲言，有司建立亦以決配爲可，而配法始滋矣。近者李椿嘗建此議，陛下特詔近臣各述所見，其間亦有爲陛下略言及此者，而講之不詳亦卒以廢格，良可惜也。竊謂今罪之麗於大辟者宥其一死，俯從決配，乃藝祖之遺制，固不容輕議。自餘流罪以下，情理重害未可遽去者且仍舊。其次重者，當如方平之請，代以役年。其輕者並行刊削，如此，既不失藝祖創法之本意，亦稍復前代沿襲之舊音，非細故也。但方平之請，止具四等，而今世配法乃至十四等，今欲推廣方平之意，永不放還者役終身，海外者役八年，遠惡廣南者役七年，三千里、二千五百里並役六年，二千里、一千五百里者並役五年，千里、五百里者並役四年，特旨配鄰州者役三年，本州本城者並役二年，不刺面者役一年，免其文面並役當處。雖累會恩，不許原免。則方平之意得矣。上尋謂輔臣曰：朕思之配法，雜犯配罪，只配本州牢城，犯私茶鹽之類，不必遠配，只刺充本州廂軍令著役。若是劫盜已經三次，使可置之死，可論刑寺熟議奏來。十四年八月，臣僚言：刺配之法始於晋天福間，國初加杖用貸死罪，其後科禁寖密，刺配日增。考之《祥符編敕》，止四十六條，至於慶曆已一百七十餘條，今淳熙配法凡五百七十條，配法既多，犯者自衆，黥隸之人所至充斥。近臣僚建請改定居役之法，已降指揮看詳，至今未見定論，蓋緣刺配情理稍輕，既欲降居役則編管乃爲從坐；不應卻令徙鄉輕重不倫，議乃中格。竊謂前後創立配條不爲無説，若止令居役不離鄉井，則幾於惠奸，不足以懲惡。若盡用配法，不恤黥刺，則面目一壞，誰復顧籍。強民適長，威力有過無由自新檢照。《元豐刑部格》諸編配人，自有不移、不放及移放條限，《政和編配格》又有情重、稍重、情輕、稍輕四等色目，若依倣舊格稍加參訂，將犯配法人，如入情重，則依舊刺面，用不移不放之格，其次稍重，則止刺額角，用配及十年之格。其次稍輕，則與免黥刺，用不刺面役滿放還之格。其次最輕，則降爲居役別立年限縱免之格。儻使居役本條或有從坐，編管則置之本城，減其放限。如此則於見行條法並無抵捂，且使刺面之法專處情犯凶蠹，而其他偶麗於罪，皆得全其面目，知有所顧籍，可以自新。省黥徒，銷奸黨，誠天下之切務，即詔有司裁定，其後迄如舊制。

（清）沈家本《歷代刑法考・刑法分考七・墨》 明律凡稱與同罪者，止坐其罪，不在刺字、絞斬之限。準盜論，免刺字；以盜論，刺字。凡白晝搶奪人財物者，並於右小臂膊上刺搶奪二字。《纂注》：其搶奪再犯者，照例於右臂膊重刺。凡竊盜已行而不得財，免刺；但得財者，初犯並於右小臂膊上刺竊盜二字，再犯刺左小臂膊，三犯者絞。以曾經刺字爲坐，掏摸者罪同，若軍人爲盜免刺。凡盜田野穀麥菜果及無人看守器物者，免刺。凡各居親屬相盜財物者，並免刺。其同居奴婢雇工人，盜家長財物及自相盜者，免刺。凡恐嚇取人財物者，免刺。凡用計詐欺官私以取財物者，免刺。若冒認及誆賺局騙拐帶人財物者，免刺。凡發掘墳塚盜取器物甎石者，免刺。其知人強竊後而分贓者，免刺。凡盜賊曾經刺字，若有起除原刺字樣者，補刺。

按：觀於御制序文，是明祖於刺字一端亦極慎重，不輕刺也。律內該載者亦止搶奪、竊盜兩項，逆黨家屬，律無明文，不知刺何字樣，殆亦臨時決定，並非一概刺字歟？光緒丙戌，余輯《刺字集》五卷，付之手民，以備官司援引。復彙輯自古刑法有關刺字者，成《刺字考》一卷，非徒考厥源流，亦藉以究其得失。今刺字已奏準刪除，《刺字集》一書已同故紙，惟此卷尚可備考古者之參稽，因編《歷代刑法考》內，而删去舊名，識其緣起於此。宣統元年三月，家本記。

（清）沈家本《寄簃文存》卷六《刺字集序》　刺字，古墨辟遺意也。墨一名黥。《魯語》：中刑用刀鋸，其次用鑽笮。韋昭曰：笮，黥刑也。班固《白虎通・五刑篇》：墨者，墨其額也。高誘《戰國策》注曰：刻其額，以墨實其中曰黥。韋昭《國語》注曰：刀墨，謂以刀刻其額而墨窒之顙額也。此三說相同。許叔重《說文》：黥，墨刑，在面也。鄭康成《周禮》注曰：墨，黥也。先刻其面，以墨窒之。此二說相同。《西陽雜俎》引《尚書・刑德放》曰：涿鹿者，鑿人顙也。黥者，馬羈笮人面也。然則古者墨辟有刻額、刻面之分矣。唐、虞、三代，墨居五刑之一。漢文帝除肉刑，當黥者髡鉗爲城旦舂，而墨刑遂廢。自後則有《晉令》：奴婢亡，加銅青若墨黥，黥兩眼。後再亡，黥兩頰上。三亡，橫黥目下，皆長一寸五分，廣五分。此今刺逃人意也。宋太始中，有劫竊遇赦，頰黥劫字之制。梁天監初，定律：劫身皆斬。遇赦降死者，黵面爲劫字。蓋即昉於太始，此今刺強盜之意也，然第施之一事一時者耳。《唐律》十二篇不言刺字，殆尚無此制歟？石晉天福中，始有刺配之法。宋參用其制，凡應配役者傅軍籍，用重典者黥其面。犯盜者刺環於耳後：徒、流，方；杖，圓；三犯杖，移於面。迨其後，科禁日密，刺配特繁，孝宗時增至五百七十條，臣僚多議其重，歷請裁定。元承宋制，然頗疏略。亦越前明，其法加詳。國朝因之，損益盡善矣。顧歷久相沿之成式，暫時變通之章程，例文有未能悉備者，曹司遵用，僅有傳鈔之本。歷年既多，律例屢經修改，而此書久未重編，援引每多窒礙。甘泉董氏，刻《刺字例輯》二卷，但就鈔本復加增益，其中重貤疏謬，未遑刪定。乾隆癸丑，震澤沈湘葵孝廉沾霖輯有《刺字便覽》一卷，雖稱簡要，亦多闕略。豈以此屬五刑之末，其見於條例、章奏者，散而難稽歟？將所謂品式備具，莫有苟且者，謂何也？

夫刺字亦國憲也，竊嘗推原其旨。蓋以凶蠹之徒，率多怙惡，特明著其罪狀，俾不齒於齊民，冀其畏威而知恥，悔過而遷善。其間或有逃亡，既可逐迹追捕，即日後別有干犯，詰究推問，亦易辨其等差。是所以啓其愧心而戢其玩志者，意至深也。獨是良民，偶罹法網，追悔已遲，一膺黥刺，終身戮辱。善乎《宋志》之言曰：面目一壞，誰復顧籍。強民適長威力，有過無由自新。然則手持三尺，可於此稍忽乎哉。況乎本律所未明言，他例所未該載，不深悉其同異而明究其源委，引用錯謬，即干吏議；起除重補，慘等剝膚，亦司其事者之過也。家本雲司承乏，沈理簿書，傳古亭疑，每深祇懍。因與同司郭存甫主事安仁參商，取舊本重編而類區之：曰通例，挈其綱也；曰條例，詳其目也；曰免刺，條款示別也；曰備考，闕疑也。附以處分各例，又所以誌警惕也。編既成，顏之曰《刺字集》。雖不足爲律例之支流，其亦可以備法家之採擇乎。至夫律義精微，管蠡未逮，例案繁博，見聞不周，則匡謬砭誤，正有待於明律之君子。

綜　述

睡虎地秦墓竹簡整理小組《睡虎地秦墓竹簡・法律答問》　當黥城旦而以完城旦誣人，（可）〔何〕論？當黥（劓）〔劓〕。

睡虎地秦墓竹簡整理小組《睡虎地秦墓竹簡・法律答問》　害盜別徼而盜，（駕）〔加〕罪之。（可）〔何〕謂（駕）〔加〕罪？五人盜，（臧）〔贓〕一錢以上，斬左止，（有）〔又〕黥以爲城旦；不盈五人，盜過六百六十錢，黥（劓）〔劓〕以爲城旦；不盈六百六十到二百廿錢，黥爲城旦；不盈二百廿以下到一錢，（䙴）〔遷〕之。求盜比此。

睡虎地秦墓竹簡整理小組《睡虎地秦墓竹簡・封診式・黥妾》　爰書：某里公士甲縛詣大女子丙，告曰：某里五大夫乙家吏。丙，乙妾〔殹〕〔也〕。乙使甲曰：丙悍，謁黥劓丙。訊丙，辭曰：乙妾殹〔也〕，（毋）〔無〕它坐。丞某告某鄉主：某里五大夫乙家吏甲詣乙妾丙，曰：乙令甲謁黥劓丙。其問如言不然？定名事里，所坐論云（可）〔何〕，或覆問（毋）〔無〕有，以書言。

（元）徐元瑞《吏學指南・五刑・黃帝刑》 鑽，臏刑，去膝蓋骨也；鑿，黥刑，墨面也。

（宋）李昉等《太平御覽》卷六四八《刑法部・黥》 《尚書・吕刑》曰：墨辟疑赦，其罰百鍰。孔安國曰：刻其顙而涅之曰墨。刑疑則赦從罰，六兩曰鍰。鍰，黃鐵也。《尚書・刑德放》曰：涿鹿者，竿人顙也。黥者，馬羈竿人面也。鄭玄曰：涿鹿黥皆先用刀芒傷人，墨布其中，故後世謂之墨士民也。

《尚書大傳》曰：非事之事，入不以道義而誦不祥之辭者，其刑墨。注曰：非事而事之，今所不當得爲也。

（清）沈家本《歷代刑法考・刑法分考七・墨》 《吕刑》：苗民弗用靈，制以刑，惟作五虐之刑曰法。殺戮無辜，爰始淫爲劓、刵、椓、黥。傳：黥面。疏：黥面即墨刑也。鄭玄云，黥爲羈黥人面。鄭意黥面甚於墨額，孔意或亦然也。墨辟疑赦，其罰百鍰，閱實其罪。孔傳：刻其顙而涅之曰墨刑，疑則赦從罰。疏：《說文》云，顙，額也。墨，一名黥。鄭玄《周禮》注云，墨，黥也。先刻其面，以墨窒之。言刻額爲瘡，以墨窒瘡孔，令變色也。墨罰之屬千。

《周禮・司刑》：墨罪五百。注：墨，黥也。先刻其面，以墨窒之。《釋文》：窒，本又作涅，同，乃結反。《掌戮》：墨者使守門。注：黥者無妨於禁御。《司約》：凡大約劑書於宗彝，小約劑書於丹圖，若有訟者，則珥而辟藏，其不信者服墨刑。注：鄭司農云，謂有訟罪罰，刑書謬誤不正者，爲之開藏取本刑書以正之，當開時，先祭之。玄謂，訟，訟約，若宋仲幾薛宰者也。辟藏，開府視約書。不信，不如約也。珥讀曰衈，謂殺雞取備釁其尸。

《禮記・文王世子》：公族其有死罪，則磬於甸人，其刑罪則纖剸，亦告於甸人。注：纖讀爲鍼。鍼，刺也。剸，割也。刺、割、臏、墨、劓、刖，皆以刀鋸刺割人體也。《正義》曰：案《魯語》云：小刑用鑽鑿，次刑用刀鋸。案：墨刑刻其面，是用鑽鑿也。

《春秋左氏襄公十九年傳》：婦人無刑。注：無黥、刖之刑。《正義》曰：婦人淫則閉之於宮，犯死不得不殺。而云婦人無刑，知其於五刑之中無三等刑耳。三等，墨、劓、刖也。三等之刑，墨輕刖重，故舉其輕重而略其劓也。《周禮》謂之墨，《尚書》謂之黥。黥、墨爲一，故依《尚書》言黥也。《昭公五年傳》注：刖足使守門。《正義》曰：墨是刑之輕者。

（唐）李鼎祚《周易集解》卷八 九三見輿曳，其牛掣，其人天且劓，無初有終。虞翻曰：其人謂四惡人也，黥額為天，割鼻為劓。

（清）沈家本《歷代刑法考・刑法分考七・墨》 《易・睽》六三：其人天且劓。《釋文》：天，剠也。馬云，剠鑿其額曰天。李氏《集解》虞翻曰：黥額爲天。

《史記》卷六《秦始皇本紀》 〔《秦始皇紀》〕：三十四年，丞相李斯請燒《詩》、《書》百家語〕有敢偶語《詩》、《書》者棄市。以古非今者族。吏見知不舉與同罪。令三十日不燒，黥爲城旦。【略】制曰：可。

（宋）李昉等《太平御覽》卷六四八《刑法部・黥》 《白虎通》曰：墨，墨其額也，取火之勝金也，得火亦變臏而墨也。

（清）沈家本《歷代刑法考・刑法分考七・墨》 〔《漢書》〕《匈奴傳》：漢使王烏等闚匈奴。匈奴法，漢使不去節，不以墨黥其面，不得入穹廬。王烏，北地人，習胡俗，去其節，黥面入廬。單于愛之，陽許曰：吾為遣其太子入質於漢，以求和親。

按：此言王烏習胡俗，豈匈奴之俗黥面歟？漢使以墨黥面，疑祇是以墨塗面而已，非真以刀刻其面也。

（清）端方《匋齋臧石記・漢江原完城旦葬甎永平五年》 右甎兩面相屬成語。《後漢書・郡國志》：蜀郡有江原縣。此則其縣罪人死後葬甎也。《漢書・刑法志》：丞相張蒼、御史大夫馮敬奏定律令，諸當完者，完為城旦舂；當黥者，髡鉗為城旦舂。注臣瓚曰：文帝除肉刑，故以完易髡，此當言髡者完也《通典》引徑作諸當髡者完為城旦，文義為順，蓋即據注改。蓋漢時城旦舂有二等，重者髡鉗，輕者不髡。鉗謂之完，此專稱完城旦，正與相合。案：《通典》注云：城旦，旦起行理城，舂者婦人但舂作米。又《漢書》言周之法，女子入舂稿，而當時男子有罪，亦皆云髡為城旦。據此則城旦屬男，舂屬女，本係二名。次行米字與舂字不相涉，當即係罪人之姓。據《氏族略》則漢以前不應有米姓，或是朱字有泐筆耳。

（清）沈家本《歷代刑法考・刑法分考七・墨》 《後漢書・朱穆

傳》：臣願黥首擊趾。注：黥首，謂鑿額涅墨也。按：此太學書生劉陶等上書訟穆語，殆設言之辭，非爾時尚有黥首之刑。

（清）杜貴墀《漢律輯證》卷三　鑄銅錫爲錢，敢雜以鉛鐵，爲他巧者，其罪黥。《食貨志》引律。按《唐律》私鑄錢在《雜律一》。文帝後復禁鑄錢。景帝立，人有告鄧通盜出徼外鑄錢，下吏驗問，頗有，遂竟案盡沒入之。

（清）杜貴墀《漢律輯證》卷一　罪人妻子沒爲奴婢，黥面。《三國・魏志・毛玠傳》鍾繇引漢律。《唐會要》三十九：漢律，妻子沒爲奴婢。《周禮・秋官・司厲》：其奴，男子入於罪隸，女子於舂槀。注鄭司農云，今之爲奴婢，古之罪人也。玄謂奴從坐而沒入縣官者，男女同名。《安帝紀》永初四年詔，建初以來諸祅言他過坐徙邊者各歸本郡，其沒入官爲婦婢者免爲庶人。按此即《前書・鼂錯傳》注所引收孥相坐律也。秦法一人有罪，并坐其家室。《孝文本紀》有司皆曰：請奉詔書除收孥相坐律令。《史記・將相名臣年表》大事記：孝文元年除收孥相坐律。《後書・梁統傳》：文帝除肉刑相坐之法。今按《安帝紀》尚有沒入官爲奴婢者，至《唐會要》猶引爲漢律，是肉刑除而相坐仍未除，或當時但免黥面與？《韓非子・定法篇》，公孫鞅之治秦也，設告相坐而責其實，連什伍而同其罪。據此，則秦法同坐者不止妻孥矣。

（唐）段成式《酉陽雜俎》卷八《黥》　《晉令》曰：奴始亡加銅青，若墨黥黥兩眼後，再亡黥兩頰上，三亡橫黥目下，皆長一寸五分。

《南史》卷三《宋本紀・明帝》〔泰始四年〕秋九月戊辰，詔定黥刖之制。有司奏：自今凡劫竊執官仗、拒戰邏司、攻剽亭寺及傷害吏人，并監司將吏自爲劫，皆不限人數，悉依舊制斬刑。若遇赦，黥及兩頰劫字，斷去兩脚筋，徙付交、梁、寧州。五人以下止相逼奪者，亦依黥作劫字，斷去兩脚筋，徙付遠州。若遇赦，原斷徙猶黥面，依舊補冶士。家口應及坐，悉依舊結讁。及上崩，其例乃寢。

《隋書》卷二五《刑法志》〔梁天監元年定律〕劫身皆斬，妻子補兵。遇赦降死者，黵面爲劫字。【略】十四年，又除黵面之刑。

（南朝梁）江淹《梁江文通集》卷二《斷募士詔》　門下：設募取將，懸賞購士。蓋出權宜，非曰經制。頃者，民罹氛藹，世襲艱阻，因時流故，浸以成俗，斯風蕩而未返，且滋長逋逸，開罪山湖。遂乃鯨刑不辱，草竊無咎，平政察洽，萌合甄革。自今已後，可悉斷衆募。

《北史》卷五《魏本紀・文帝》〔大統十三年二月〕詔亡奴婢應黥者，止科亡罪。

（元）陶宗儀《説郛》卷一七下《黥》　韋少卿少不喜書，嗜好劄青，其季父嘗令解衣視之，胸上刺一樹，樹杪集鳥數十，其下懸鏡，鏡鼻繫索，有人止於側牽之。叔不解，問焉。少卿笑曰：叔不曾讀張燕公詩否？挽鏡寒鴉集耳！

（宋）高承《事物紀原》卷一〇《律令刑罰部・配》　舊曰刺面而配，起於周太祖、世宗之代。按王溥《五代會要》曰：晋天福三年八月，左街從人韓延嗣徒二年半，刺面配華州發運務。蓋唐雖有配流嶺南諸州之文，此始有配法，而刺面當起於是也。

（宋）李燾《續資治通鑑長編》宋神宗元豐八年十月　癸酉，詔犯盜，刺環於耳後，徒、流以方，杖以圓；三犯杖，移於面，徑不得過五分。

《宋史》卷三〇《高宗本紀》〔紹興二年〕詔：墨敕有不當者，許三省、樞密院奏禀，給事中、中書舍人繳駁，臺諫論列，有司申審。【略】〔紹興十四年六月〕丙申，內侍白鄂坐誹謗，及其客張伯麟俱黥配吉陽軍。【略】癸酉，命臨安府索蔡京子孫逮赴貶所，遇赦永不量移。

《宋史》卷二〇一《刑法志》　刺配之法二百餘條，其間情理輕者，亦可復古徒流移鄉之法，俟其再犯，然後決刺充軍。【略】凡應配役者傅軍籍，用重典者黥其面。【略】舊制，僮僕有犯，得私黥其面。帝謂：僮使受傭，本良民也。詔：盜主財者，杖脊、黥面配牢城，勿私黥之。

《遼史》卷一五《聖宗本紀》〔統和二十九年五月〕詔帳族有罪，黥墨依諸部人例。

《遼史》卷六一《刑法志》〔統和〕二十九年，以舊法，宰相、節度使世選之家子孫犯罪，徒杖如齊民，惟免黥面，詔自今但犯罪當黥，即準法同科。【略】詔自今三犯竊盜者，黥額、徒三年；四則黥面、徒五年；至于五則處死。

《遼史》卷六二《刑法志》〔興宗重熙〕二年有司奏：元年詔曰，犯重罪徒終身者，加以捶楚，而又黥面。是犯一罪而具三刑，宜免黥。其職事官及宰相、節度使世選之家子孫，犯奸罪至徒者，未審黥否？上諭曰：犯罪而悔過自新者，亦有可用之人，一黥其面，終身爲辱，朕甚憫焉。後犯終身徒者，止刺頸。奴婢犯逃，若盜其主物，主無得擅黥其面，刺臂及頸者聽。犯竊盜者，初刺右臂，再刺左，三刺頸之右，四刺左，至于五則處死。

《金史》卷四五《刑志》〔太宗〕天會七年，詔凡竊盜，但得物徒三年，十貫以上徒五年，刺字充下軍，三十貫以上終身，仍以贓滿盡命刺字於面，五十貫以上死，徵償如舊制。

史金波等譯《天盛改舊新定律令》卷二《黥法門》一、諸人犯罪中屬十惡、盜竊、賣敕禁、檢校軍等犯大小罪，以及雜罪中有長期徒刑等，當依黥法受黥。此外犯種種雜罪時，獲一種短期勞役，高低一律勿黥。

一、諸人犯罪黥法：徒一年至三、四年，手背黥四字。徒五、六年耳後黥六字。徒八年、十年等面上黥八字。徒十二年、無期徒刑等當黥十字。手背明顯處，再後字於未及項上，頭髮顯處，得長期徒刑者一律由面上、目下至頭顔骨上、頰骨上，各種當刺黥樣依以下分別而爲。黥字式：

一、諸人因罪獲死減罪，應受黥、杖，以及無期徒刑、三種長期徒刑等，應於面上黥刺。不黥刺時，局分大小中誰定不黥刺者，徒六年；耳後不黥刺時，徒三年；手背不黥刺時，則當徒一年。有同謀者則當依次減一等。

一、黥刺字不依律令所示法刺，於頭髮中未顯處刺時，當比前面全未刺之各種罪狀減一等。

一、不依服勞役高下應黥明確字數黥刺而減半時，面上減半，當服三年勞役，耳後減半，當服二年勞役；手背減半，當服六個月勞役。

一、雖按服勞役高低，依黥法應刺字數黥刺，但未按黥樣所定黥刺，則在面上當徒一年，在耳後當徒六個月，在手背上當打十三杖。

一、前述不黥刺而減半做時，有贓則當以枉法貪贓論。與前述罪比較，依其重者判斷。

一、諸人已犯罪及已黥字，不允隨意去掉。假若違律去黥字者，去掉面上徒三年，去耳後徒二年，去手背徒一年。有黥字人原有何字當重依舊刺字。其中有官家論文及因恩當去掉等，應告局分使去掉。若不告擅自去掉時，有黥字人和去黥字者一律有官罰馬一，庶人十三杖。

《元史》卷一三《世祖本紀》〔元世祖至元二十二年十一月〕丙申，赦囚徒，黥其面，及招宋時販私鹽軍習海道者爲水工，以征日本。

《元典章》卷四五《刑部・諸奸・凡奸・服裏犯奸刺配》至元二十五年七月，行御史臺承奉江淮行省劄付近據浙西道宣慰司呈：該爲男女犯奸，斷罪撒放奸夫，常川配役，輕重不均。今後奸夫奸婦初犯，依在先體例斷放。若是再犯，刺面配役。就令達魯花赤依上分揀斷放事，照得別不見奸夫奸婦再犯於面上刺是何字樣，亦不見發付何處、配役年限。即系爲例事理，乞明降，得此，省府移咨尚書省照驗去後，今準回咨，照得前項犯奸罪刺面配役，即系達魯花赤腹裏路分合行事理，都省咨請照驗依例施行。

《元典章》卷四九《刑部・諸盜一・刺字・遇赦依例刺字》至大元年四月，行臺準御史臺咨，奉中書省劄付來呈，山東廉訪司申：各處捉獲强竊盜賊，取訖明白招伏，追贓到官。施行間，欽遇分問，俱不刺字疏放。於例未應，所行不一。送刑部議得：諸强竊盜賊已得財、不得財，或奸傷事主，及故燒房舍等物，今後欽遇詔赦，罪原既免，擬合刺字，相應。已經劄付本臺，依上施行去訖。今又據本部呈，照得：所擬即係遍行通例，然文理之間頗有不明，若不舉呈，恐致差池。本部再行議得：諸强竊盜賊，若已得財，其雖不得財而曾奸傷事主，及因而故燒房舍，并損壞財物、産畜、田場、積聚之物者，罪遇原免，擬合刺字。遍行照會，相應。具呈照詳。都省準擬，仰依上施行。

《元史》卷二五《仁宗本紀》〔延祐元年十一月〕癸酉，敕：吏人賊行者黥其面。

《元典章》新集《刑部・諸盜・出軍・出軍賊在途遇免押赴所在官司刺字》延祐六年十月日，江西行省準中書省咨御史臺呈：監察御史呈，出軍賊人等通例内一款，諸爲盜者，比例雖過原免，仍驗所犯刺字塗去則補之，其應出軍者情犯尤重。緣其投戍邊遠，欲其自效。故不見刺字之例，其比至流所遇原者，獨不加黥，則反爲輕矣。今後因盜而流，路遇原免者，令長押監赴所在官司，依例刺字，然後免放。送刑部照得：延祐四年九月，承奉中書省札付，江浙行省咨備松江府申：强賊王萬九等六名，於延祐三年二月二十八日夜持杖劫去唐正三衣服，捉獲取招；估贓計至元鈔一十四兩三錢二分，斷一百七下，免刺出軍，發遣間欽遇原免，合無刺字。本部議得，竊盜財物斷放罪名，雖會赦原仍須刺字，其例該出軍賊徒，情犯尤重，罪止決遣。中間輕重不倫，以此參詳強賊王萬九等，所犯已經斷罪出軍一節。欽遇原免，擬合刺字充警。今後出軍賊人，遇恩免放，合依盜賊會赦例，刺字發還元籍充警。如蒙準呈，照會相應，都省準擬，今承見奉本部，再行議得：流囚遇免，刺字充警，已有偏行通例。如已發在路遇免者，合咨監察御史所言，令長押監赴所在官司，依例刺字，就發元籍充警相應。

《元史》卷三九《順帝本紀》〔至元二年八月〕庚子，詔：强盜皆死，盜牛馬者劓，盜驢騾者黥額，再犯劓，盜羊豕者墨項，再犯黥，三犯劓；劓後再犯者死。盜諸物者，照其數估價。省、院、臺、五府官三年一次審決。著爲令。

《元史》卷一〇三《刑法志》　諸倉庾官吏與府州司縣官吏人等，以百姓合納税糧，通同攬納，接受折價飛鈔者，十石以上，各刺面，杖一百七。【略】諸海道運糧船户，盜糶官糧，詐稱遭風覆没者，計贓刺斷，雖會赦，仍刺之。【略】諸南北兵馬司，罪囚八十七以下，決遣，應刺配者，就刺配之。【略】諸審囚官强愎自用，輒將蒙古人刺字者，杖七十七，除名，將已刺字去之。

《元史》卷一〇四《刑法志》　諸爲人子孫，爲首同他盜發掘祖宗墳墓，盜取財物者，以惡逆論，雖遇大赦原免，仍刺字徙遠方屯種。【略】諸竊盜初犯，刺左臂，謂已得財者。再犯刺右臂，三犯刺項。强盜初犯刺項，并充警迹人，官司以法拘檢關防之。其蒙古人有犯，及婦人犯者，不在刺字之例。【略】諸强盜再犯，仍刺。【略】諸燒鈔庫合干檢鈔行人，輒盜昏鈔出庫分使者，刺斷。諸盜局院官物，雖贓不滿貫，仍加等，杖七十七，刺字。諸工匠已關出庫物料，成造及額餘外，不曾還官，因盜出局者，斷罪，免刺。【略】諸發冢得財不傷尸，杖一百七，刺配。【略】諸於迥野盜伐人材木者，免刺，計贓科斷。【略】諸竊盜贓不滿貫，斷罪，免刺。【略】諸被誘脅上盜，不曾分贓，而容隱不首者，杖六十七，免刺。【略】諸先犯誘奸婦人在逃，後犯竊盜，二事俱發，以誘奸爲重，杖從奸，刺從盜。【略】諸詐稱搜税，攔頭剽奪行李財物者，以盜論，刺斷，充警迹人。諸盜米糧，非因饑饉者，仍刺斷。諸盜塔廟神像服飾，無人看守者，斷罪，免刺。【略】諸竊盜應徒，若有祖父母、父母年老，無兼丁侍養者，刺斷免徒；再犯而親尚存者，候親終日，發遣居役。諸女直人爲盜，刺斷同漢人。諸年饑民窮，見物而盜，計贓斷罪，免刺配及徵倍贓。諸竊盜，一歲之中頻犯者，從一重，論刺斷。【略】諸年饑，迫其子若婿同持仗行劫，子若婿減死一等，坐免刺，充警迹人。諸父爲人誘爲盜，疾不能往，命其子從之，而分其贓者，父減爲從一等，免刺，子以爲從論。【略】諸兄弟同盜，皆刺。【略】諸奴盜主財，斷罪，免刺。【略】諸盜雇主財者，免刺。【略】諸同主奴相盜，斷罪，免刺【略】諸軍人爲盜，刺斷，免充警迹人，仍追賞錢給告者。諸守庫藏軍人，輒爲首誘引外人偷盜官物，但經二次三次入庫爲盜，又提鈴把門軍人，受贓縱賊者，皆處死。爲從者杖一百七，刺字流遠。諸見役軍人在逃，因爲竊盜得財，杖一百七，仍刺字，杖從逃軍，刺從盜。【略】諸僧道盜其親師祖、師父及同師兄弟財者，免刺，不追倍贓，斷罪還俗。諸幼小爲盜，事發長大，以幼小論。未老疾爲盜，事發老疾，以老疾論。其所當罪，聽贖，仍免刺配，諸犯罪亦如之。諸年未出幼，再犯竊盜者，仍免刺贖罪，發充警迹人。諸竊盜年幼者爲首，年長者爲從，爲首仍聽贖免刺配，爲從依常律。諸掏摸人身上錢物者，初犯、再犯、三犯，刺斷徒流，并同竊盜法。【略】諸盜親屬馬牛，事未覺自首，願償價，不從，既送官，仍以自首論免刺。諸强盜行劫，爲主所逐，分散奔走，爲首者殺傷鄰人，爲從者不知，不以殺傷事主不分首從論，爲首者處死，爲從者杖一百七，刺配。諸竊盜棄財拒捕，毆傷事主者，杖一百七，免刺。諸爲盜先竊後强，會赦，其下手殺傷事主者，不赦，餘仍刺而釋之。【略】諸藏匿强竊盜賊，有主謀糾合，指引上盜，分受贓物者，身雖不行，合以爲首論。若未行盜，及行盜之後，知情藏匿之家，各減强竊從賊一等科斷，免刺，其已經斷，怙終不改者，與從賊同。諸謀欲圖人所質之田，輒遣人强劫贖田之價者，主謀、下手一體刺斷，其卑幼爲尊長驅役者免刺。【略】諸先犯强盜刺斷，再犯竊盜，止依再犯竊盜刺配。【略】諸色目人犯盜，免刺科斷。【略】諸爲盜經刺，自除其字，再犯非理者，補刺。五年不再犯，已除籍者，不補刺，年未滿者仍補刺。諸盜賊赦前擅去所刺字，不再犯，赦後不補刺。諸應刺左右臂，而臂有雕青者，隨上下空歇之處刺之。諸犯竊盜已經刺臂，却偏文其身，覆蓋元刺，再犯竊盜，於手背刺之。諸累犯竊盜，左右項臂刺遍，而再犯者，於項上空處刺之。【略】諸脅從上盗，而不受贓者，止以不首之罪罪之，杖六十七，不刺。【略】諸爲盗得財者，聞有涉疑根捕，却以贓還主者，減二等論罪，免徒刺及倍贓。諸竊盗因事主盤詰，而自首服，其贓未還主者，計贓減二等論罪，刺字。【略】諸無服之親，相首爲盗，止科其罪，免刺配倍贓。諸竊盗悔過，以贓還主不盡，其餘贓猶及刺罪者，仍刺之。

《元史》卷一〇五《刑法志》 諸故燒官府廨宇，及有人居止宅舍，無問舍宇大小，財物多寡，比同强盗，免刺，杖一百七，徒三年；因傷人命，同殺人。其無人居止空房，并損壞財物，及田場積聚之物，同竊盗，免刺，計贓斷罪。因盗取財物者，同强盗，刺斷。【略】諸挾仇放火，隨時撲滅，不曾延燎者，比强盗不曾傷人不得財，杖七十七，徒一年半，免刺。

《大明律·序》 洪武三十年，合黥刺者，除逆黨家屬，並律該載外，其餘有犯俱不黥刺。

《大明律》卷一八《刑律·監守自盗倉庫錢糧》 凡監臨主守，自盗倉庫錢糧等物，不分首從，併贓論罪。併贓，謂如十人節次共盗官錢四十貫，雖各分四貫入己，通算作一處，其十人各得四十貫，罪皆斬；若十人共盗五貫，皆杖一百之類。並於右小臂膊上刺盗官糧錢物三字。每字各方一寸五分，每畫各闊一分五釐，上不過肘，下不過腕，餘條準此。

《大明律》卷一八《刑律·常人盗倉庫錢糧》 凡常人盗倉庫錢糧等物，不得財，杖六十，免刺。但得財者，不分首從，併贓論罪。併贓，謂如十人節次共盗官錢八十貫，雖各分八貫入己，通算作一處，其十人各得八十貫，罪皆絞。若十人共盗一十貫，皆杖九十之類。並於右小臂膊上刺盗官糧錢物三字。

《大明律》卷一八《刑律·白晝搶奪》 凡白晝搶奪人財物者，杖一百，徒三年。計贓重者，加竊盗罪二等。傷人者，斬。爲從，各減一等。並於右小臂膊上，刺搶奪二字。若因失火及行船遭風着淺，而乘時搶奪人財物及拆燬船隻者，罪亦如之。其本與人鬪毆，或勾捕罪人，因而竊取財物者，計贓準竊盗論；因而奪去者，加二等，罪止杖一百，流三千里。並免刺。若有殺傷者，各從故鬪論。

《大明律》卷一八《刑律·竊盗》 凡竊盗已行而不得財，笞五十，免刺。但得財者，以一主爲重，併贓論罪。爲從者，各減一等。以一主爲重，謂如盗得二家財物，從一家贓多者科罪。併贓論，謂如十人共盗得一家財物，計贓四十貫，雖各分得四貫，通算作一處，其十人各得四十貫之罪。造意者爲首，該杖一百；餘人爲徒，各減一等，止杖九十之類。餘條準此。初犯並於右小臂膊上，刺竊盗二字，再犯刺左小臂膊，三犯者，絞。以曾經刺字爲坐。掏摸者，罪同。若軍人爲盗，雖免刺字，三犯一體處絞。

《大明律》卷一八《刑律·起除刺字》 凡盗賊曾經刺字者，俱發原籍，收充警迹。該徒者，役滿充警。該流者，於流所充警。若有起除原刺字樣者，杖六十，補刺。

《明太宗寶訓》卷二《仁政》 〔永樂二年〕七月戊辰，大理寺言有犯法者當黥。上曰：免黥。既而諭之曰：朕免之者，慮遏其自新之路。人孰無過，亦有誤犯而非故違者，如既黥之，彼雖有遷善之意，顧其身已墨，亦自怠矣。故朕於墨刑不輕用也。

《明史》卷九三《刑法志》 〔正統〕八年，大理寺言：律載竊盗初犯刺右臂，再犯刺左臂，三犯絞。今竊盗遇赦再犯者，咸坐以初犯，或仍刺右臂，或不刺。請定爲例。章下三法司議，刺右遇赦再犯者刺左，刺左遇赦又犯者不刺，立案。赦後三犯者絞。帝曰：竊盗已刺，遇赦再犯者依常例擬，不論赦，仍通具前後所犯以聞。

《清世宗實録》雍正二年閏四月 辛巳，諭刑部：近聞刺字人犯私自銷毁者甚多。即屬怙終不悛之明證，且此等必有用藥代爲銷毁者，嗣後如有私毁刺字之人，理應審明。若係本身私毁者，本律杖六十，補刺，似屬太輕。作可重治其罪，其代爲銷毁者，將代毁之人一併作何治罪之處，著妥議定例具奏。尋議，嗣後竊盗等犯銷毁刺字者，照例枷責補刺，竝用藥代毁之人，一並枷責。從之。

（清）沈家本《續修會典事例·起除刺字》 一、竊盗刺字發落之後，責令充當巡警。如實能改悔，歷二、三年無過，又經緝獲强盗二名以上或竊盗五名以上者，準其起除刺字復爲良民。該地方官編入保甲，聽其各謀生理。若不係盗犯，不準濫行緝拿。

謹按：此條道光十八年因原例竊盗改過並未定有年限，獲盗亦指定名數，辦理恐涉遊移，是以改定。

一、竊盜刺字發落之後，責令充當巡警。如實能改悔，歷二、三年無過，又經緝獲強盜二名以上，或竊盜五名以上者，準其起除刺字復爲良民。該地方官編入保甲，聽其各謀生理。若不係盜犯，不準濫行緝拿。

謹按：此條道光十八年改定。

一、應發烏魯木齊等處人犯，除例應刺明事由者，仍照例刺發外；其例不應刺事由者，即令起解省分於該犯右面刺外遣二字，解赴甘省，酌量分發，補刺地名。

謹按：此條嘉慶二十二年因原例内兇徒執持軍器毆人至篤疾等項業經改發内地，是以節刪。

一、應發烏魯木齊等處人犯，除例應刺明事由者，仍照例刺發外，其例不應刺事由者，即令起解省分於該犯右面刺外遣二字，解赴甘省，酌量分發，補刺地名。

謹按：此條嘉慶二十二年改定。

一、京外在伍兵丁脱逃被獲及逾限投回者，面上俱刺逃兵二字，其軍營脱逃之餘丁，面上刺脱逃餘丁四字。此條乾隆五十五年增定。

謹按：脱逃餘丁刺字係乾隆四十一年定例，原例在兵律從征守禦官軍逃門内，五十三年修併移改增定。此條案語稱五十五年，下五字乃三字之譌。

一、凡蒙古民人番字人等有犯搶刦之案，應照蒙古例定擬者，均面刺搶刦二字，其蒙古發遣人犯在配脱逃，面刺逃遣二字，至蒙古免死減軍人犯在配脱逃，面刺逃軍二字。

謹按：此條嘉慶二十五年定。

一、興販硝黄，犯該徒罪以上者，左面刺硝犯二字。罪止擬杖者，右臂刺硝犯二字。

謹按：此條同治元年定。

一、陝西省簽匪、會匪罪應銷繫之犯，限滿釋放後，故態復萌，追拏獲，是否著名積匪，他處會否犯案，無從究詰。嗣後此項銷繫名犯，徒罪以上各於右面分別深刺簽匪、會匪字樣。杖罪以下於右臂刺字。其有再犯者，徒罪以下各於左面再行刺字。

謹案：此條光緒十三年定。

歷年事例：雍正七年議準發遣黑龍江等處遣犯，左面刺事由清、漢字樣，右面刺地名清、漢字樣。補輯：又議準，查竊盜一項，如三犯贓數不多，應改遣者，因初次二次已經刺有罪由字樣，未免字迹太多。因罪由毋庸再刺。止於右面刺應發地名。乾隆二十三年議準，查改遣人犯向例俱刺地名，如搶奪、竊盜等犯，各本條内原有刺字之例，應照例將事由刺於左面。其餘造讖緯、妖書傳用惑人等項軍流遣犯律例内並無刺字明文。今改發巴里坤等犯皆係情罪較重，自應一例刺發。至該犯原犯罪名，本條例有刺字，應例將事由刺於左面。其例内並無刺字者，應照例毋庸刺字。二十四年議準，查改發巴里坤條例内強盜窩主造意不行又不分贓一條，此項人犯原即在強盜律内，應明刺強盜二字。其搶奪傷人之犯俱刺兇犯二字。其搶奪未傷人，計贓罪應滿流之犯與竊贓數多罪應滿流者情罪相等，自應一體改發，仍於面上刺搶奪字樣。四十二年議準，查擬遣之軍營脱逃餘丁面上刺字係因再有脱逃例應正法，便於查究起見。而擬流即有脱逃，不在應行正法之列，毋庸刺字。三十二年議準改發内地人犯祇刺漢字，毋庸刺清字。四十八年議準營兵保甲詐贓與蠹役有間，均免刺字。又議準搶竊等犯私自銷毁刺字，遇赦寬免。查其所毁之字，將來復犯應得並計者，仍行補刺。其例免並計者，毋庸補刺。五十三年議準搶奪案内斬、絞等犯，面上刺兇犯二字。至軍遣人犯，仍刺搶奪事由。嘉慶四年議準發遣吉林、寧古塔等處人犯，均刺吉林清、漢字樣。五年議準，查尋常遣犯逃脱被獲例無刺字明文。嗣後洋盜案内擬發遣之犯，在配脱逃被獲，除甘心從盜發遣者仍照免死盜犯例正法外，其有並非甘心從盜，實係擄捉過船，逼令入夥，隨同上盜發遣者，即照平常發遣人犯脱逃被獲例，遞回原遣處枷責管束，毋庸刺字。十六年議準，查乾隆十五年奏定《京師年幼竊匪章程》内載：十三歲以上犯竊，初犯以笞責免刺，再犯杖責刺臂；犯該徒流以上，照例以成丁之年爲始計算問罪充發。是既稱成丁之年爲始，則未成丁所犯之案，自不在並計之列。故自奏定章程迄今數十餘年，凡十三歲至十五歲犯竊之案，再犯、三犯均杖責刺臂，即四犯、五犯亦係刺臂。蓋竊盜刺字，有關併計，年未及歲，犯竊既不併計，即可毋庸分別再犯、三犯刺面。用示於恤幼稚之意。以上各種均補輯。十九年議準竊盜計贓擬絞，秋審緩決減軍之犯，左面刺竊盜二字，右面刺改發二字。又議準嗣後由黑龍江、吉林改發新疆回城各犯，面刺外遣二字。由黑龍江、吉林改發極邊煙瘴人犯內未傷人盜首聞拿投首者，窩家線盜聞拿投首者，又曾經傷人及行劫二次以上之夥盜聞拿投首者，又夥盜供出盜首者所在，一年限內拿獲者脫逃被獲，均應正法，面刺改遣二字。其餘改發極邊煙瘴各項並發足四千里人犯，均一體面刺改發二字。有應刺事由者，仍刺事由。又議準竊盜刺字原以分別次數。其有關並計者，自應仍刺竊盜字樣。如係逃流、逃軍復竊贓未滿貫，其罪止於加等調發，無關並計，祇應按照尋常逃軍、逃流加等調發之例分別刺字，毋庸重刺事由。又議準強盜情有可原免死發遣之犯，左面刺強盜清、漢各二字，右面刺外遣清、漢各二字。二十年議準凡有因竊擬徒人犯，在配在逃復竊未至滿貫者，毋庸重刺事由。二十五年議準，查例稱銷毀刺字擬以加杖，係指不應起除之字自行銷毀，仍應補刺者而言。至遇赦減罪例應官爲起除之字，有犯自行銷毀者，祇可酌量責懲，不應仍依銷毀刺字本例科斷。道光四年議準，查異姓人序齒結拜弟兄，聚衆至四十人以下，二十人以上爲首，杖一百流三千里，此項流犯本條例內及起除刺字門內均無刺字明文，不得率予刺字。六年議準江蘇巡撫題徐七毆傷緦麻表兄談二身亡一案，查例內指明戲殺、誤殺、鬥殺三項俱免刺字。則人命案內無謀故重情，即不在刺字之列。檢查乾隆二十九年修例通行，亦止稱謀故重因審定即行刺字，並未載及別項情重人犯。今徐七係鬥殺外姻緦麻尊長，與命案內謀、故擬斬情重難宥者不同，毋庸刺字。又議準，查竊盜係罔顧行止，是以正身旗人犯竊，有玷旗籍，罪止杖笞，即應銷檔，但免刺字。至王府屬下包衣，究與正身旗人不同，初次犯竊，未便照正身銷除旗檔，亦未便與民人犯竊一律刺字，應毋庸銷除旗檔，仍免去刺字。七年議準回民結夥三人以上執持兇器毆人者，實發雲、貴、兩廣極邊煙瘴充軍，毋庸刺字。又議準山東竊賊結夥三人持械行竊之犯如在配脫逃被獲，仍發原配安置，毋庸加等配發，並免枷號、刺字。十年議準，查外遣改發之犯，均刺地名事由，原即與齊民有別，易於稽察，立法極爲周密。惟緣坐、被脅發遣人犯，例無刺字明文，前以伊犁將軍請將逆回案內發遣伊犁爲奴，男犯亦照例分別刺字，應將緣坐、被脅爲奴各犯均於左右補刺緣坐或被脅字樣，右面刺伊犁二字，以便識別。十一年議準，查逆回案內緣坐幼男因其年太幼稚，故同母發遣，至十三歲再行改撥，自應俟改撥之時再行刺字。十四年議準應發黑龍江等處及停發新疆改發內地各犯，遇有脫逃，向係照尋常軍流人犯脫逃一例辦理者，毋庸面刺改發二字。十七年議準，查緣坐逆犯，左面刺緣坐二字，右面刺伊犁二字，係指逆案回犯實發伊犁者而言，如係發駐防爲奴，自應毋庸另刺地名，應於左面刺緣坐二字，以便識別。十八年議準，查祖父母、父母呈首子孫，懇求發遣一項人犯以不得於親發遣，本無事由可刺。因調劑雲南省軍犯，纂定新例，凡應實發雲、貴、兩廣極邊煙瘴充軍，如盜犯投首等類共十八條。其餘各項應發四省煙瘴人犯，無論例內載明改發、實發，均以極邊足四千里爲限，面刺煙瘴改發四字，奏請通行遵辦。此項人犯係民人應發極邊煙瘴充軍者，即在新例其餘各項之內，自可遵循辦理。如旗人有犯擬遣例不銷檔，向不與尋常遣犯一例刺字。嗣後，凡有觸犯被呈發遣之犯，係民人右面刺煙瘴改發四字，係旗人毋庸刺字。二十年議準，查本夫捉奸殺死人犯其有服尊長之案，如非登時，又非其所，如係本宗期、功尊長，均照卑幼故殺尊長本律擬斬立決。此項人犯例得夾簽減流，與情重斬、絞人犯應行刺字者不同，毋庸先行刺字。又議準，查竊盜並計以刺字爲坐，而三犯竊盜，律例均無作何刺字明文，細繹例意，竊盜並計至三犯而止，三犯計贓問擬軍流後，復犯行竊，其科罪別有專條，是三犯毋庸重刺，律例雖未明言，其意已可概見。檢查到案，有三犯刺右面式樣，惟例無明文，且三犯刺字無關並計，嗣後竊盜初犯、再犯，既經分別刺字之後，三犯時即接照事由相同，毋庸重刺之例辦理，於竊盜之並計，既無格擬，揆之律例，三犯不言刺字之意亦覺相符，辦理庶歸畫一。

紀事

《春秋左傳正義》卷三九《襄公二十九年》 閽弑吴子餘祭。杜預注：閽，守門者，下賤非士，故不言盜。

孔穎達疏：注閽守至言盜。正義曰：《周禮·閽人》：王宫每門四人。鄭玄云：閽人，司昏晨以啟閉者。刑人墨者使守門，既服墨刑，使之守門，是下賤人也。哀四年盗殺蔡侯申，此為下賤非士，故不言盗也。

《穀梁傳》曰：不稱名姓，閽不得齊於人；不稱其君，閽不得君其君也。

《國語》卷一《周語上》　有斧鉞、刀墨之民。斧鉞，大刑也。刀墨，謂以刀刻其額而墨涅之。

《國語》卷四《魯語上》　中刑用刀鋸，其次用鑽笮。笮，黥刑也。

《戰國策》卷三《秦一》　商君治秦，法令至行，公平無私，罰不諱强大，賞不私親近，法及太子，黥劓其傅。

《史記》卷六八《商君列傳》　於是太子犯法，衛鞅曰：法之不行，自上犯之。將法太子。太子，君嗣也，不可施刑，刑其傅公子虔，黥其師公孫賈。明日，秦人皆趨令。

《史記》卷九一《黥布列傳》　黥布者，六人也，姓英氏。秦時爲布衣。少年，有客相之曰：當刑而王。及壯，坐法黥。

《漢書》卷九四下《匈奴傳》　漢使王烏等闚匈奴。匈奴法，漢使不去節，不以墨黥其面，不得入穹廬。王烏，北地人，習胡俗，去其節，黥面入廬。單于愛之，陽許曰：吾為遣其太子入質於漢，以求和親。

（唐）段成式《酉陽雜俎》卷八《黥》　上都街肆惡少，率髡而膚劄，備衆物形狀。時諸軍張拳强劫，至有以蛇集酒家，捉羊脾擊人者。今京兆薛公上言白：令里長潛捕約三千餘人，悉杖煞，尸於市。市人有點青者，皆炙滅之。時大寧坊力者張幹，劄左膊曰生不怕京兆尹，右膊曰死不畏閻羅王。

（明）丘濬《大學衍義補》卷一〇五《慎刑憲·明流贖之意》　流配，舊制止於遠徙。晋天福中，始創刺面之法，遂為戢姦重典。宋因其法。

臣按：自漢除肉刑，古刑不用久矣。而五代中，晋復創刺面之刑，是肉刑皆廢，而黥刑復用於數百年之後。彼衰世庸君固無足責，宋太祖以仁厚立國，廼因之而不革，其後廼至以刺無罪之士卒，其為仁政累大矣。

《宋史》卷二八《高宗本紀》　〔紹興五年〕夏四月丙午，貴池縣丞黄大本坐枉法贓，杖脊刺配南雄州。

（宋）周密《齊東野語》卷一〇《俞侍郎執法》　侍郎名澂，字子清，用伯祖閣學俟。字居易。恩入仕，中刑法科。短小精悍，清談簡約，樂易無涯岸，而居官守正不阿。其爲福建檢法，陳應澂丞相帥三山，治盜過嚴，一日驅數十囚欲投諸海。澂白其長曰：朝廷有憲部而郡國無憲臺，可乎？力争之，因命閱實。遂爲區别戮者、黥者各若干。陳始怒而後喜其有守，悉從之，且薦以京。

《遼史》卷一八《興宗本紀》　〔重熙八年〕南面侍御壯骨里詐取女真貢物，罪死；上以有吏能，黥而流之。

《元典章》卷四九《刑部·諸盜一·免刺·知情不曾上盜免刺》　至元十四年十二月□日，中書刑部符文，據大都路申，濟州解到竊盜張刺真等數内，責得張刺真狀招：於至元十四年十月二十二日，刺真爲首起意，糾合高坡兒，刺真獨自上盜，偷盜訖馬合某元收孛蘭奚黄小馬一疋，前來窨子門前，説與高坡兒知情，一同宰殺貨賣，被捉到官。罪犯是實，及責得知情人高坡兒狀招，與張刺真所指相同。估到元盜贓價九兩五錢。府司看詳：賊人張刺真所犯，即係真盜，合行依例刺配軍斷罪。據高坡兒所招之情，張刺真偷馬，一同宰殺貨賣，終不曾上盜。若依私宰馬牛體例免刺斷罪，誠恐差池，申乞照驗事，省部相度，擬準所申張刺真計贓，居役一百日，滿日斷罪。除將張刺真關發行工部居役外，今將高坡兒隨此發去。合下仰照驗，依上斷決，仍更爲行下合屬，取審元盜馬疋，施行。

《元典章》卷四九《刑部·諸盜一·免刺·子隨父上盜免刺》　至元二十四年六月□日，江西行省袁州路申：盧元甫被盜，捉獲到賊人高三，囚官審刺斷了當。據高三男甘仔上盜，時係從順伊父前去，即係受尊長使令之人。兼本人年一十四歲，系是童男，不諳世俗，抑且不曾分受贓物入己，難同隨從他人上盜體例。乞明降。省府議得：高甘仔年既未及成丁，止從父命。爲此，依法理合止罪其父高三，至於其子高甘仔，擬免科斷。合下仰依上施行。

《元典章》卷四九《刑部·諸盜一·刺字·僧人作賊刺斷》　大德三年三月，行中書省劄付，準中書省咨：陝西省安西臨潼縣竊盜僧人孫義吉偷盜馬疋，除罪犯已行斷訖外，刺面一節，請定奪。送刑部照得：至元十六年十月初九日，承奉中書省判送本部元呈，爲僧人張文通作賊，偷盜僧人李寶月等衣服、鈔數公事。本部與總統所一同議得，僧人張文通所犯，罪經斷訖，擬將本僧依例刺臂。呈奉都堂鈞旨，準呈施行。今承見奉，本部議得，僧人孫義吉所犯，即與張文通一體，擬合依例刺字。緣係扎魯火赤掌管事理，更乞劄付本處議擬。得此。行據扎魯花赤蒙古文字譯該，先爲僧人董譚兒等作賊，稟奉帝師法旨，免刺斷罪外，追元籍收係爲民，當差了當。議得，和尚作賊，合與俗人一體刺字，依例斷配發落。施行間，札魯花赤脱歡傳説宣政院官答失蠻言語：爲和尚做賊的勾當，俺每商量來，依體例刺了呵，發遣元籍還俗。是軍的，交當軍；爲民的，交當差者。怎生般定奪的，省官人每識者。都省準擬，除外，咨請依上施行。

《元典章》卷四九《刑部·諸盜一·刺字·八刺哈赤人等作賊刺斷》

大德六年御史臺咨，奉中書省劄付，近據來呈：審斷南北兩城兵馬司等處囚徒内，有作過一十餘次强竊盜賊。在前雖曾敗獲，自來不曾刺斷，亦有經斷不曾刺字。詢其所由，爲係應當八刺哈赤等，或係應當怯薛之人驅口。今後除正蒙古人外，其餘色目、漢人，不以是何職役，但犯强竊盜賊，俱各一體刺斷。具呈照詳。送刑部照擬回呈議得：前項應當八刺哈赤人等作賊，擬合欽依大德五年十二月二十六日奏準定例，除蒙古人并婦人免刺，其餘人員依例刺字。雖會詔赦釋免，亦合一體刺字。所有因做好事，特奉聖旨、懿旨釋放賊人，臨時宜從都省區處，相應。得此。照得：刺斷通例，已經遍行各處，欽依施行。餘準部擬。都省仰照驗施行。

《元典章》卷四九《刑部·諸盜一·免刺·親屬相盜免刺》 大德七年三月□日，江西行省準中書省咨，該來咨：瑞州路申，蕭仁壽狀招：不合於大德六年五月二十六夜間，偷盜得堂兄蕭得三驢一頭。照得近準中書省咨，奏準定到斷例内一款：諸竊盜，初犯刺左臂。除欽遵外，今據見申看詳。賊人蕭仁壽所招狀詞，不合偷詐堂兄蕭得三驢畜一頭，若便照依前刺免追賠贓刺字斷決，誠恐差池，咨請照詳。刑部議得，擬親屬相盜，自至元八年□月□日，刑部議擬免刺，循行至今。却緣見奏準盜賊例内不曾間載。所據蕭仁壽招伏，不合偷盜堂兄蕭得三驢畜一頭，即係親屬，亦合免刺賠依例追徵相應。都省議得蕭仁壽偷盜堂兄蕭得三驢畜，既係親屬相盜，例合免刺，依準行省所擬，止追正贓。

《元典章》卷四九《刑部·諸盜一·免刺·受雇人盜主物免刺》 大德七年三月，江西行省準中書省咨，來咨江州路申：陳寅子狀招，既自大德四年正月十七日憑黄仲三作保，與事主吴旺家受雇使唤，不合於大德六年正月至三月，日數不等，偷盜詐雇主吴旺糯米穀一十九石七斗，并熟占米二斗，糶與在城不得名隅小王等，共得價鈔貳定十六兩。内劉萬四分詑一十八兩外，餘鈔寅子入己，罪犯招伏是實。得此。照得：除陳寅子大德六年正月二十四日爲始，至二月初七日，六次偷盜雇主吴旺糯米一十二石，糶與小王一節，係在大德六年三月初三日已前事理革撥，依例止追正贓給主外，據三月十三至十九日，七次偷詐雇主吴旺糯穀七石七斗，并熟占米二斗，折價中統鈔一定四十兩，除劉萬四分受外，實得中統鈔三十六兩，該折至元鈔七兩二錢，入己使用。除陳寅子懼怕吴旺告發到官，私下陪還詑中統鈔二定。依竊盜，至元鈔拾貫以下，六十七。若要刺斷，緣陳寅子始於吴旺家内受雇，係同居宿食之人，又已事前悔過，已行還價，申乞照驗。本省議得：陳寅子所招，不合節次盜詐雇主吴旺米穀，若依前免追倍，刺字，誠恐差池。咨請照驗。刑部議得：陳寅子所招，因雇主吴旺令本賊自行量穀，剩米出糶，不曾拘管量數，節次偷搬詐雇主吴旺穀米糶賣罪犯。若依常盜定論刺斷，却緣本賊與雇主宿食同居，擬合比依奴婢盜賣本使財物，減等定論，不追倍贓，免刺，相應。都省準擬。

《元典章》卷四九《刑部·諸盜一·刺字·僧盜師伯物刺斷》 大德七年九月，準中書省咨，來咨袁州路申：僧人伍普秀伏招，大德七年二月二十七日，竊盜東寮師伯公袁允中中統鈔一百一十三兩伍錢、黄蠟二餅，共計贓至元鈔二十貫之上。本路已經斷罪還俗。雖非本宗親屬，終是竊盜本院師伯公之物，合無比同親屬相犯例免刺，上追正贓？本部照得：大德七年四月，承奉中書省劄付，陝西行省咨四川宣慰司都元帥府呈，成都路備簡州申：捉獲僧人善祥，先與李阿王通奸竊盜師兄善智財物，取詑招伏。若以常人犯盜論罪，刺斷還俗，事主善智係善祥師兄，同寺居止；若以比親屬斷罪，免刺，及不還俗，未曾斷過如此體例。準此。送本部議得：僧人張善祥所招，除與李忠妻阿王通奸罪犯，欽遇詔恩釋免外，據本僧不合於大德六年三月二十七日夜，竊盜師兄善智財物。雖善祥係吾智師弟，義如朋友，難同親屬定論。以此參詳：擬合移咨行省，將張善祥依例刺斷還俗，籍充警迹人，收係當差。仍劄付宣政院照會，相應。都省準擬，除外，合下仰照驗施行。奉此。議得：僧人伍普秀所招，不合切盜師伯袁允中錢物罪犯，擬合依例刺斷，追徵倍贓，相應。前件依準所擬。

《元典章》卷四九《刑部・諸盜一・免刺・兩姨兄弟免刺》　大德七年九月□日，江西行省準中書省咨，來咨龍興路申：周辛四狀招，大德六年十二月初六日夜，糾合黄文二，盜訖兩姨兄弟宋雲一黄牯牛一頭，自行前去撫州路，憑陳顯二賣與王鼎三秀，得訖中統鈔三十兩。除將各賊斷決六十七下，黄文二刺字，别無定奪外，據周辛四係失主宋雲一兩姨兄弟，雖是無服之親，終係親屬相盜，免刺，止追正贓。部擬：周辛四竊盜兩姨兄弟宋雲一牛隻罪犯，即係親屬相盜。合準行省所擬，免刺，止追正贓，相應。都省準擬。

《元典章》卷四九《刑部・諸盜一・免刺・偷粟米賊人免刺》　大德八年正月，承奉中書省劄付，河北道廉訪司申：賊人宋仲友於大德三年五月内偷盜訖事主謝秀粟穀五斗，估贓計中統鈔二兩。江陵路刺斷訖五十七下。不見通例，具呈照詳。送刑部照得：大德七年七月内，承奉中書省劄付，也可札魯忽赤蒙古文字譯該河東山西道宣慰司呈，賊人張成、李添兒等，偷盜事主王聚等窖來的麥穀。如故意偷錢物來的賊一般刺字呵，重了的一般。怎生明白定奪，俺行回文書與將來的省官人每識者。送本部議得，饑饉之際，竊糧食者，固法所不容，而情在所宥。比年田禾薄收，物斛涌貴，貧民闕食，爲救一時之急，因而竊取糧食。原其所由，情非得已。若與偷盜錢物一體刺斷，似涉太重。擬合依例斷罪，權宜免刺。敢有再犯，一石之上者，依例刺字，相應。都省議得：竊盜糧食，初犯，依準本部所擬；再犯者，臨事詳情議斷。奉此。今承見奉，本部議得：賊人朱仲友所招，除先犯隨從姜晚十等强盜闕千二，不曾得財，欽遇詔赦釋免外，又於大德三年五月二十六日因闕口糧，除盜謝秀粟穀五斗，未曾出門，被看倉人魯六一捉獲。拒捕，將事主咬傷。估計至元鈔四錢，贓不滿貫，江陵路却將本賊刺斷。既係格前，似難取問。擬合除洗元刺字樣，相應。都省準擬，仰依上施行。

《元典章》卷四九《刑部・諸盜一・免刺・偷斫樹木免刺》　大德□年□月洛州路申：歸問到錢留住招狀：不合。於至元五年十二月十七日夜間，爲首糾合已斷薛驢兒偷斫陳大榆樹，被事主知覺留住，拒捕，將事主王通射傷，罪犯。法司擬：錢留住即係偷盜樹木事理。舊例：毁伐樹木稼穡者，以盜論。財主捕而拒傷者，從拒捕法。舊例：諸以盜論者，一貫，杖六十五下，加一等。計贓一十一貫，合杖八十下。又招：不合因事主知覺，前來拒捕上用箭射傷王通罪犯准上從拒捕法。舊例即非毆捕者加本罪一等，傷者，加鬬傷二等。準本罪，杖八十，加一等，合杖九十。又舊例：刃傷人，徒五年。準上加二等，合徒三年。二罪從重，其錢留住，合徒三年，決徒年杖八十。依舊例：以盜論者，不在刺字之限。部擬：錢留住所招，除盜斫他人樹木罪犯，難同真刺斷外，止據不合拒捕，射傷王通事罪犯，量情一百七下。行下本州，免刺，止追正贓。除外，咨請照驗施行。

《元典章》卷四九《刑部・諸盜一・免刺・老幼篤廢疾者免刺》　至大元年六月□日，江西行省準中書省咨，來咨建昌路申，程福孫狀招：年一十五歲，不合信從李寶俚説合，同情福孫下手掏摸到熊十二至元鈔伍伯文，遞與李寶俚收接去訖。議得：程福孫等所招俱係疏放，罪因已事理，外據刺字一節，緣本人犯罪時年方一十五歲，又兼贓不滿貫，合行免刺罪贖。即係通例，咨請定奪。準此。送據刑部呈議得：李寶俚所犯，誘合程福孫掏摸熊十二處，至元鈔伍伯文，遞與李寶俚收接，被捉獲到官，搜贓還主。李寶俚雖不下手，終是造意爲首。罪未便即行疏放，例合刺字。程福孫年方十五，未行出幼，擬合免刺科斷。今後强竊盜賊已得財者，年七十以上、十五以下，及篤廢疾不任重刑，合行免刺收贖。事干通例，如蒙準呈，遍行相應。都省準擬，咨請依上施行。

《元典章》卷四九《刑部・諸盜一・刺字・再犯經革刺左項》　至大二年三月，江西行省準中書省咨，來咨撫州路備樂安縣申：捉獲强賊袁羅三，大德九年六月初九日夜，爲從，行劫事主張李一家財，被捉到官。欽遇疏放，已於本賊左項上刺訖强盜一度。今次再犯强劫事主劉祥叟財物，其罪又經釋免，依例應刺。若再於左項上刺字，誠恐差池。緣强盜再刺，本省未嘗行過。事干通例，咨請回示。送據刑部呈，議得：强賊袁羅三既是先犯遇免，刺訖右項，今犯再遇詔赦，擬刺本賊左項，相應。具呈照詳。都省咨請依例刺項施行。

《元典章》卷四九《刑部・諸盜一・免刺・父首子盜羊免刺》　至大四年九月□日，福建宣慰司承奉江浙行省劄付，近據平江路申：沈振告伊男沈阿德偷盜山羊等事，欽遇原免，刺字一節，照例開到。沈阿德招詞，申訖照詳。得此。備咨中書省照詳去後，今準回咨該平江路申：沈振告伊男沈阿德偷盜袁六五家山羊等事。問得沈阿德狀招：不合於至大三年正月二十日爲始，節次月日不等，四次糾合錢阿十等偷盜事主沈二十八、葛郎，張勝一、袁六五四家山羊、鷄隻、衣服等物，及不合知情另居親兄沈文四等，强劫到袁七三山羊，衣服，於二月初三日分受羊頭、肝肺雜物，同父沈曾七吃用。罪犯合無照依賊人郭閏兒爲盜，丈人杜玉告發到官免刺例區處？本省行下照勘到沈阿德備細招詞。除將本賊羈管聽候外，刺字一節，咨請回示。準此。送據刑部呈，議得：沈阿德所招四次竊盜，計贓俱在至元鈔拾貫以下，其罪既等，例合從一定論。所招一次知情親兄沈文四等强盜傷人，當時本賊不曾同行上盜，止是知情受要羊頭、肝肺。以此參詳，沈阿德所犯，既因乃父首告，發露到官，罪遇原免，比依前例免刺，相應。具呈照詳。都省準擬，依上施行。

《元典章》卷四九《刑部·諸盜一·免刺·僧盜師祖物免刺》 皇慶元年五月，江西行省準中書省咨，來咨袁州路備宜春縣申：僧陳維質偷盜師祖錢師祥襖子，錫盞等物。看詳所犯即係切盜師祖衣物，又亦同寺住居僧人，如將本人免刺，止追正贓，斷令還俗，相應。除先行依例斷決六十七下外，據刺字追贓一節，乞明降。得此。照得：事干通例，請照詳。準此。送據刑部議得：僧人陳維質竊盜師祖錢師祥衣物，罪既斷訖，緣係師祖，合同凡人親屬相盜例，免刺，止追正贓，發付有司，還俗爲民，相應。具呈照詳。都省準擬，咨請依上施行。

《元典章》卷四九《刑部·諸盜一·刺字·僧盜師叔物刺字》 皇慶二年四月□日，福建道宣慰司承奉江浙行省劄付，據建康路申：句容縣申僧人華祖仁狀告，至大四年四月初七日，被盜訖綿綫三十兩、紅絹一疋，苧布一疋、中統鈔四定。捉獲賊僧曹勝哥，取訖不合偷盜師叔華祖仁鈔物招詞。本省看詳，僧人有犯，如係法眷，師祖而下子孫弟侄同泒比同親屬，免刺。係爲例事理，移準中書省咨。送據刑部呈議得：僧人曹勝哥所招，不合於至大四年三月二十八日夜，偷盜師叔華祖仁綿綫、布疋、鈔定罪犯，既已斷訖，發付還俗，追徵陪贓。據合比例刺字，收充警迹，相應。具呈照詳。都省準擬，咨請依上施行。

《元典章》卷四九《刑部·諸盜一·免刺·盜神衣免刺》 延祐二年十一月，江西行省準中書省咨，該來咨吉安路申：廬陵縣宋長卿告青源山净居禪寺被盜伊元舍人本寺大花黄羅直裰衣服等事。責得賊人張元章狀招：不合於延祐二年二月初十日，因去本寺隨喜觀看，就彼乞食，起意偷盜神像衣服。以此於本日一更時分，盜訖本寺小位祖師元穿舊黄素羅單直裰一件，及塔内七祖禪師舊黄花羅直裰一件，元縫補黄紵絲表黄絹裏直裰一件，白絹單直裰一件，并僧鞋一雙。將前項直裰等衣服欲行改造衣服穿著，被捉到官。招伏是實。參詳：賊人張元章所招，盜剥泥塑祖師所穿直裰等衣服五件，估計至元鈔八貫九百文，本路已行斷訖六十七下。原情蓋爲饑貧，兼所盜神衣別非常用之物，若比章萬一盜東岳廟黄絹字幡例，免刺。緣事干通例，咨請照詳。準此。送據刑部呈，照得：至大三年十月初六日，承奉尚書省判送本部呈，山東宣慰司關益都路申，沂州解到偷盜神衣賊人葛課兒，并元盜衣服等物，取訖招詞，估贓至元鈔六兩七錢。除將本賊依例杖斷六十七下，若便刺字徒役，慮恐差池。本部議得：葛課兒所招，先犯偷驢宰殺食用，經刺斷罪，令犯因爲饑寒所逼，盜取無人看守廟等神像衣服，情犯。若與偷盜民財一體刺配，似涉太重。以此參詳，葛課兒既已杖斷，權免刺配，相應。得此。送刑部依上施行。今承見奉，本部議得：賊人張元章偷盜青源山净居禪寺塔内七祖禪師等神像所穿衣服，即是無人看守，難同常盜。罪既斷訖，比例刺斷，相應。具呈照詳。得此。都省咨請依上施行。

《元典章》卷四九《刑部·諸盜一·免刺·主偷佃物免刺》 延祐三年七月，袁州路奉江西行省劄付，近據吉安路申：陳百六被盜事。問得陳慶二狀招：不合爲首糾合高百一等六名，竊盜訖佃户陳百六布物入己，并贓計至元鈔四十貫之上。比依舊例，將陳慶二杖斷九十七下，從賊高百一等斷八十七下。據刺字倍贓一節舊例，奴盜主財，親屬相盜，免刺，止追正贓。本省議得：陳慶二既係事主陳百六田主，又將婢使嫁與爲妻，即與偷盜他人財物不同。從賊高百一等六名内，陳十一又係首賊陳慶二房兄，雖係陳慶二糾合上盜，各有另分贓物入己，俱已斷訖。若擬刺字追徵賠贓，誠恐差池。移準中書省咨該，送刑部呈議得：首賊陳慶二，糾合高百一等六名，偷盜佃客陳百六衣物，罪已斷訖，擬合免刺。其餘從賊高百一等，合依凡盜定論。賠贓一節，既係革前，免徵，相應。具呈照詳。

都省準擬，咨請依上施行。

《元典章》卷四九《刑部·諸盜一·免刺·從賊不得財免刺》 延祐三年八月，江西行省準中書省咨，來咨南安路備大庾嶺申：梁賢十告，延祐四年四月初五日夜三更時分，被賊打傷，劫訖銀釵、衣服等物。責得首賊朱伴兒狀招：不合爲首，糾合孫百奴、孟千兒、李佛保等四人，四月初五日夜持杖行劫梁賢十家，孫百奴手執雜木棍打傷事主梁賢十。朱伴兒劫到烏油篋簀一隻，出門打開，簀内有藤箱一隻，揭開箱蓋，採摸得別無鈔兩，止是衣服。聽得有人叫喊，根趕出來，將衣服并簀撇在溝内，執把執木棍在逃，被捉獲到官。罪犯是實，得此。於延祐二年十一月二十二日蒙奉使宣撫到路審録，得孫百奴稱冤，當元不曾打傷事主，委是梁賢十誣告虚招。及責得事主梁賢十狀招：不合於官誣告黑臉賊人，用左手執雜木棍將賢十右手臉下向外打傷。又不合朦朧告稱被賊人將去銀排釵一隻、銀鐶一隻，到蒙尉司官兵監押梁賢十於水溝内尋出銀釵、銀鐶各一隻，赴官是實。除賊人朱伴兒，李佛保病死外，奉使宣撫擬將從賊孫伯奴、孟千兒，依强盗爲從定論例，杖斷九十七下。其上盗情狀已明，依例免刺。誠恐差池，事干通例，咨請照詳。準此。送刑部議得：從賊孫伯奴、孟千兒，與首賊朱伴兒、李佛保明火持杖，强劫梁賢十家，既不曾得財，亦不曾打傷事主。罪犯首賊朱伴兒等在禁病死。本道奉使宣撫，已將從賊孫伯奴、孟千兒二人斷訖參詳。既是不曾得財，擬合依例免刺，相應。具呈照詳。都省準擬，咨請依上施行。

《元典章》卷四九《刑部·諸盜一·刺字·女直作賊刺字》 延祐四年三月，行省準中書省咨，刑部呈濟寧路申：賊人張不花狀招，年二十五歲，根脚女直人氏。招伏通犯竊盗二次，不合於延祐二年五月初六日，首賊魏驢兒同情偷盗事主張五家埋窨粟四石，不花分訖一石五斗。未曾食用，被捉到官。將不花斷訖五十七下，疏放還家。一次，不合於延祐三年二月二十二日夜二更前後，受未獲首賊魏驢兒同情，偷盗事主周臈住猪九口。除將猪四口發賣到價錢中統鈔六十六兩，首賊魏驢兒分訖鈔四十一兩，不花分訖鈔二十五兩，節次破使不存，被捉到官，招伏是實。得此，照得：大德八年奏準盗賊通例内，節該：除漢兒、高麗、蠻子人外，俱係色目人。有合出軍的，明白問了，無隱諱，令各路官司依例發遣。欽此。除欽遵外，欲將張不花刺配，未審女直同與不同色目？誠恐差池。除將張不花依例杖斷六十七下外，聽候，乞明降。得此。爲不見女直人是否同色目、漢人除授？移準吏部關：照得至元六年三月，承奉中書省劄付，據隨路見任并各投下剏設到達魯花赤，於内多有女直、契丹、漢兒人等。省府公議得：除回回、畏吾兒、乃蠻、唐兀人員，同蒙古人，準許勾當，於女直、契丹、漢兒人，擬合革罷。如有根脚，合於管民官内取用。奏奉聖旨：那般者。欽奉如此，仰欽依聖旨事意施行。仍將見到部達魯花赤從實照勘，分揀各各員數，擬定申呈。奉此。關請照驗。準此。本部議得：偷猪竊盗張不花，女直人氏，若擬不同色目，照得大德八年奏準盗賊通例節該：除漢兒、高麗、蠻子人外，俱係色目。欽此。參詳前項賊人既是女直，不同蒙古，况兼有姓，難同色目，合與漢兒一體刺字。宜從都省聞奏，遍行照會，相應。具呈照詳。得此。都省議得：今後女直作賊，既非色目，依準部擬，與漢兒一體刺字。咨請依上施行。

《元典章》卷四九《刑部·諸盜一·免刺·劫族弟物免刺》 延祐四年十月，袁州路奉江西行省劄付，瑞州路申：賊人羅秀六、吴信等，於延祐二年正月二十六日夜，明火持杖，打傷事主羅福二等，劫到銀物。延祐四年閏正月初八日，欽奉詔赦釋放。外刺字一節，各賊與事主關親，若依親戚相盜例，免刺字。緣係强盗打傷事主，事干通例。移準中書省咨該。送刑部議得：羅秀六爲首，糾合妹夫吴信强劫訖族弟羅福二等家財，罪遇釋免。雖是無服，終係親戚相盜，擬合免刺，相應。都省準擬，仰依上施行。

《大明律》卷二六《刑律·閹割火者》 凡官民之家，不得乞養他人之子閹割火者，違者杖一百，流三千里，其子給親。

《明太宗寶訓》卷五《宥過》 〔明太宗永樂九年三月〕己卯，刑部奏民有盗勸善書者。於律凡盗當黥戍邊。上問黥未，對曰，已黥。上曰：朕嘗命爾等罪當黥者，具所犯來白，若情可矜憫者，免之。蓋黥即爲棄，人欲改過無由矣，况盗勸善書，原其心在好善，但取之不以道耳。豈可比盜財者。槩黥之，宜免戍邊，又令錦衣衛去所黥字。

（清）沈家本《刑案刪存》卷三《兵丁偷庫銀山西司光緒五年》 查例載：竊匪穿穴壁封，竊盗庫銀得財，首犯數至一百兩以上者，擬絞監候。

爲從一百兩以上，杖一百流三千里。又律載：主守倉庫應直不直，應宿不宿者，各笞四十。注云：不直宿而失盜，自有本律科罪。又：盜物出倉庫不覺者，守把之人減盜罪止杖一百各等語。此案馬兵閻錦富，因向看守銀庫更兵劉如海借貸未給，劉如海讓伊搬在更房住宿，輒因貧起意，商允劉富山偷竊庫銀，乘劉如少出城未回，令劉富山從銀庫後牆挖孔趴進庫內，盜出大元寶三錠，小元寶十五錠，碎銀一包，共計重銀三百兩，各分一半。閻錦富慮恐搜查，將大元寶三錠給劉富山出城埋藏。劉富山將小元寶兌換碎銀，被人竊破報案獲犯，供悉前情。該大臣以科城軍營地方律例不全，未敢擅擬，請旨飭部查核定擬。臣等查兵丁閻錦富起意商允劉富山盜取庫存銀兩，計重三百兩，各分銀一百兩以上。訊無監守之責，應各以常人盜論。既據該大臣研訊明確，自應按例問擬。閻錦富合依竊匪穿穴壁封，竊盜庫銀得財，首犯數至一百兩以上者，絞監侯，秋後處決。劉富山合依爲從一百兩以上，杖一百流三千里例，擬杖一百流三千里，右面刺盜官銀三字，定地發配，至配折責安置。

（清）沈家本《刑案删存》卷四《聽從夥搶隨同拒捕安徽司光緒十二年》

安撫題：蒙城縣拏獲首夥匪獲王得盛等持械搶奪過客汪德瑞，得贓拒捕，蔣金蘭等平復，並夥犯徐金虧被格身死一案。緣王得盛、陳淵、張第春，於光緒十一年三月二十八，在河南省與素識用之徐金虧遇道貧難，商同至安徽六安州茶市傭工。四月初九日傍晚，行抵該縣於家店地方，盤費用盡，適遇過客汪德瑞攜帶皮箱行李乘車經過。王得盛料有銀錢，起意糾搶，得贓分用，均各允從。即分執洋鎗銅鞭尖刀，一共四人，由小路趕上，齊前攔往車輛。汪德瑞下車喊捕，被王得盛、徐金虧各向空放洋鎗嚇避。與陳淵、張第春打開車上皮箱，搶得衣服銀兩，分携逃至避處，欲點贓俵分。事主投保，邀同村衆追有圍捕。王得盛、徐金虧各放洋槍抵拒，轟傷民人蔣金蘭右腿，並李懷思左肩甲等處。陳淵、張第春亦分用刀鞭隨同拒捕。經該縣緝案兵役聞風踵至，合力圍拏，將徐金虧格傷殞命，並將王得盛等拏獲。報驗訊詳，各供前情不諱。將王得盛等依例擬較立決，照例刺字。並聲明夥犯徐金虧已被格殺等因具題前來。除聽糾持械搶奪威嚇事主罪應斬決之徐金虧已被格殺，應毋庸議外。查例載：搶奪之案，聚衆三人以上，但經持械威嚇事主者，爲首及在場動手之犯，照強盜律擬斬立決等語。此案王得盛糾夥持械攔搶過客汪德瑞財物，放鎗嚇避事主，並拒傷民人蔣金蘭、李懷思平復。陳淵、張第春聽糾搶奪，齊前威嚇搜贓，隨同拒捕，均屬不法。自應按例問擬。應如該撫所題，王得盛、陳淵、張第春均合依搶奪聚衆三人以上，持械威嚇事主，爲首及在場動手之犯，照強盜擬斬例，各擬斬立決。該撫疏稱，餘訊無另犯窩夥搶劫別案，及同居親屬分贓，牌保得規包庇情事，應與各犯在外爲匪，無從覺查之原籍牌保，均免罪議。兵役人等格傷拒捕之徐金虧身死，律得勿論。民人李懷思、蔣金蘭傷均平復，亦毋庸議。屍棺飭理，獲贓給主領回等語。均應如該撫所題辦理。

劓刑分部

綜　述

（元）徐元瑞《吏學指南·五刑·黄帝刑》　刀，割劓也；鋸，刖刑，斷足也。

（宋）蔡沈《書經集傳》卷四《周書·康誥》　非汝封刑人殺人，無或刑人殺人，非汝封又曰劓刵人，無或劓刵人。

註：刑殺者，天之所以討有罪，非汝封得以刑之、殺之也。汝無或以已而刑殺之。刵，截耳也。刑殺，刑之大者。劓刵，刑之小者。兼舉小大以申戒之也。又曰：當在無或刑人殺人之下。又按刵，《周官》五刑所無，《吕刑》以爲苗民所制。

《周禮注疏》卷三六《秋官司寇·掌戮》　劓者使守關。〔鄭玄注〕截鼻亦無妨以貌醜遠之。遠，於萬反。

〔賈公彥疏〕劓者，使守關。釋曰：此則王幾五百里，上面有三關十二關門劓者守之。

（宋）李昉等《太平御覽》卷六四八《刑法部・劓》 《周禮・秋官・司刑》職曰：劓罪五百。鄭玄曰：劓，截鼻。今東西夷或以墨劓為俗古刑。掌戮劓者使守關，《禮統》曰：劓刑，法木勝土，決其皮革也。

（唐）李鼎祚《周易集解》卷八 九三見輿曳，其牛掣，其人天且劓，無初有終。虞翻曰：其人謂四惡人也，黥額為天，割鼻為劓。

（清）沈家本《歷代刑法考・刑法分考六・劓》 《易》睽，六三：其人天且劓。疏：剠額爲天，截鼻爲劓。既處二四之間，皆不相得。其爲人也，四從上刑之，故剠其額，二從下刑之，又截其鼻，故曰其人天且劓。《釋文》：劓，魚器反，截鼻也。王肅作臲，魚一反。《集解》虞翻曰：其人謂四惡人也。黥額爲天，割鼻爲劓。《无妄》：乾爲天。震二之乾五，以陰墨其天，乾五之震二，毀艮割其鼻也。兑爲刑人，故其人天且劓。《說文》：㓷，刖鼻也。從刀，臬聲。段《注》：臬，法也。形聲包會意。《易》曰天且（㓷）劓，劓或從鼻。段《注》：刀鼻會意。

按：《困》上六、《釋文》臲，王肅妍姑反，《說文》作㓷，是臲乃㓷之或體。《一切經音義》十六引《說文》：㓷，決鼻也。

《困》九五：劓刖，困於赤紱。注：以陽居陽，任其壯者也。不能以謙致物，物則不附。忿物不附，而用其壯猛，行其威刑，異方愈乖，遐邇愈叛，刑之欲以得，乃益所以失也，故曰劓刖困赤紱也。疏：兑爲西方之卦，赤紱南方之物，故曰劓刖困於赤紱。《集解》虞翻曰：割鼻曰劓，斷足曰刖。四動時，震爲足，艮爲鼻，離爲兵，兑爲刑，故劓刖也。赤紱謂二，否乾爲朱，故赤。坤爲紱，未變應五，故困於赤紱也。崔憬曰：劓刖，刑之小者也，於困之時，不崇柔德，以剛遇剛，雖行其小刑而失其大柄，故言劓刖也。《釋文》：荀、王肅本劓刖作臲卼，云不安貌。陸同。鄭云劓刖當爲倪仉，亦作劓劊。案《說文》劊，斷也。

《書・舜典》注。

《周禮・司刑》注：夏劓千。

《書・盤庚》：乃有不吉不迪，顛越不恭，暫遇奸宄，我乃劓殄滅之，無遺育，無俾易種於茲新邑。蔡傳：乃有不善不道之人，顛隕逾越，不恭上命者，及暫時所遇爲奸爲宄掠行道者，我小則加以劓，大則殄滅之，無有遺育，毋使移其種於此新邑也。

按：孔傳訓劓爲割。孔疏五刑，截鼻爲劓，故劓爲割，不以爲劓刑也。蔡傳云小則加以劓，是直以爲劓刑矣。

（宋）李昉等《太平御覽》卷六四八《刑法部・劓》 《尚書・吕刑》曰劓辟疑赦，其罰惟倍也。孔安國曰：劓，截鼻者也。《尚書大傳》曰：觸易君命，革輿服制度，姦宄攘竊傷人者其刑劓。

睡虎地秦墓竹簡整理小組《睡虎地秦墓竹簡・法律答問》 當黥城旦而以完城旦誣人，（可）〔何〕論？當黥（㓷）〔劓〕。

刖刑（臏刑）分部

論説

（清）沈家本《歷代刑法考・刑法分考六・刵》 《書・康誥》：又曰劓刵人，無或劓刵人。傳：刵，截耳，刑之輕者。疏：劓在五刑，爲截鼻。而有刵者，《周官》五刑所無而《吕刑》云劓刵。《易・噬嗑》上九云：何校滅耳。鄭玄以爲臣從君坐之刑。孔意然否，未明。要有刵而不在五刑之類。王氏《尚書後案》：鄭曰，刵者臣從君坐之刑者。僖二十八年《左傳》衛侯與元喧訟，鍼莊子爲坐，衛侯不勝，刖鍼莊子。是周世有臣從君坐之刑，但彼用刖，而鄭於此注以刵當之者，春秋之法，不盡周初之制也。段氏《古文尚書撰異》正義此條語意未明，云臣從君坐之刑，疑是蒙上文舉鄭《周易》注也，或系之《尚書》。鄭注云：僖二十八年《左傳》衛侯與元喧訟，鍼莊爲坐，衛侯不勝，刖鍼莊子。此臣從君坐之證。鄭《尚書》注是刖字，經文刵當爲刖之誤。《吕刑》刵、劓、劅、剠，《説文》引作刖、劓、斀、黥，亦當改刵爲刖。竊謂此《説文》字誤耳，不得據誤改經。《尚書大傳》曰，決關梁踰城郭而略盜者其刑臏，鄭注《周禮》、《孝經》皆用之，刖自有犯條，不得以臣從君坐之刑釋刖也。臣從君坐，此必鄭氏説《周易》語，今不得其詳矣，不得證以《左氏》也。《康誥》、《吕刑》皆有刵，不得云古無刵刑。

按：古者五刑無刵。《説文・刀部》：刵，斷耳也。《耳部》：聝，軍戰斷耳也。《春秋》傳以爲俘聝，從耳或聲。馘，聝或從首。《大雅》：攸馘安安。傳：馘，獲也。不服者，殺而獻其左耳。《魯頌》：在泮獻馘。箋：馘，所格者之左耳。僖二十二年《左傳》：示之俘馘。杜注：馘，所截耳。宣十二年《傳》：左人曡折馘，杜注：折馘，斷耳。《王制》：出征執有罪，反釋奠於學，以訊馘告。注：訊馘，所生獲斷耳者。昭二十六年《傳》：林雍羞爲顔鳴下，苑何忌取其耳。杜注：不欲殺雍，但截其耳以辱之。然則斷耳乃軍戰所用，非常刑。《書》誡康叔以治殷民，自當用常刑，不當用軍中之刑也。段氏所稱或説疑刵爲刖之誤，不爲無見，未可遽議其非。

《吕刑》：爰始淫爲劓、刵、椓、黥。詳肉刑。

按：劓刵，《説文・攴部》斀下引作刖劓，鄭康成本作刵劓，故其注刵在劓前。然疑鄭本亦與許同，刖誤爲刵，並注斷足，亦誤爲斷耳矣。孔傳本作刵劓，故注云截人耳鼻。耳在鼻前，知正文亦刵在劓前，不知何時正文誤作劓刵。《釋文》已如是，餘説詳肉刑。

（清）沈家本《歷代刑法考・刑法分考六・刖》《爾雅・釋言》：䠊，刖也。郭注：斷足。《釋文》：䠊本亦作剕，同。扶味反，又枝迷反。刖足曰剕。《説文》：跀，斷足也。從足，月聲。䟺，跀或從兀。段注：此與《刀部》刖異。刖，絕也。經傳多以刖爲跀。《周禮・司刑》注云周改髕作刖。按唐、虞、夏刑用髕，去其厀頭骨也。周用跀，斷足也。凡於周言臏者，舉本名也。《莊子》：魯有兀者叔山，無趾，踵見仲尼。崔譔云，無趾絕踵行。然則跀刑即漢之斬趾；無足指，故以足跟行也。無足指不能行，故別爲跀足者之屨以助其行。左氏云踴貴屨賤是也。髕則足廢不能行，跀則用踴尚可行，故跀輕於髕也。跀一名䠊，䠊一作剕，鄭《駁異義》云，皋陶改臏爲剕。《吕刑》有剕，周改剕爲刖，此恐誤，與《司刑》注不合。䟺亦刑聲。《莊子・養生主》注曰，介，偏刖之名。崔本作兀，又作䟺，云斷足也。《德充符》申徒嘉，兀者也。李云，刖足曰兀。桂氏《義證》、《一切經音義》：刖，古文跀、䟺二形。刖，斷足也，周改髕爲刖。《廣雅》：刖，危也；謂斷足即危也。刖，絕也。段注：凡絕皆稱刖，故劓下云刖鼻也，刖足則爲跀。《周禮》刖者拿守囿，此是假刖爲跀。《困》九五劓刖，京房作劓劊，《説文》劊、刖義同。王氏《句讀》：跀爲斷足之專名，刖則斷絕之通名。䠊，跀也。從足非聲。扶味切。

（清）沈家本《歷代刑法考・刑法分考六・髕》《説文》：髕，厀耑也。從骨，賓聲。毗忍切。段注：厀，脛頭節也。《釋骨》云，蓋膝之骨曰膝髕。《大戴禮》曰，人生朞而髕，髕不備則人不能行。古者五刑，臏、宫、劓、墨、死。臏者，髕之俗，去厀頭骨也。周改髕用跀，其字借作刖，斷足也，漢之斬止是也。髕者廢不能行，跀者尚或箸踴而行。踴，刖足者之屨。《莊子》兀者叔山無趾，踵見仲尼。崔譔云：無趾故以踵行，是則跀輕於髕也。古文《尚書・吕刑》説夏刑作剕，《周禮・司刑》注引《尚書大傳》皆作髕，《周禮》注云周改髕作刖，而《公羊》疏引鄭《駁異義》云：皋陶改臏爲剕。《吕刑》有剕，周改剕爲刖，與《周禮》注不合。《足部》云：䠊，跀也。䠊即剕字，許謂䠊即跀矣，鄭析䠊、跀爲二，不知其制何以分別？竊謂《周禮》注爲長，《駁異義》則未定之論，許説亦非是也。剕惟見於《吕刑》，他經傳無。言䠊、言剕者，蓋䠊者髕之一名，故《周禮》説周制作刖。《吕刑》説夏制，則今文《尚書》作臏，古文《尚書》作剕，實一事也。周改髕爲跀，即改䠊爲跀也。許釋跀爲刖，非。鄭云皋陶改髕爲䠊，亦非也。髕作䠊，如《禹貢》蠙作玭，《商書》紂作受，音轉字異，非有他也。

按：剕，䠊之或體。䠊，跀也。跀與髕爲二刑，段氏言之詳矣。今文《尚書》作髕，古文《尚書》作剕，説者是混髕與剕爲一，如《漢書・百官公卿表》顔注：剕，去髕骨也。此以剕爲髕也。段氏此注，許、鄭並譏。陳壽祺《五經異義疏證》謂鄭於《周禮・司刑》注、《尚書大傳》注皆云周改臏作刖者，原始言之，《駁異義》去周改刖爲刖則審矣。其間與段同。竊謂穆王訓夏贖刑，其文曰度作刑，作者創作之，謂前此周之贖刑不及夏之詳，故特師其法之意而重作之。其書皆告誡之辭，非敍述之辭，乃新法既定之後，頒行於國中，特作此篇，以訓臣僚。所言五刑疑赦之法，必皆其新定之法，必參以周制，非追述夏制也。周之刖罪，見於

《周官》，當爲周初所定。春秋時諸侯之國猶皆用刖，其見於《左傳》者，鄭强鉏、莊十六。楚鬻拳、莊十九，自刖。齊鮑牽、成十七。衛鍼莊子，僖二十八。可見周之刖未嘗廢也，豈有穆王之時獨不用哉？此以《吕刑》之文反覆讀之，而知剕之不可與髕混而爲一也。許之訓䠊爲跀者，以䠊字從足也。《釋名·釋刑體篇》：足，續也。言續脛也。足在脛以下，故䠊字以斷足訓之。若脛以上之字，其見於許書者，如脛、胻也。腓、脛腨。胻、脛耑。腳、脛也。股、髀也。胯，股也。皆從月，骹、脛也。骭、骹也。髕、厀脛間骨。髕、厀耑。髁、髀骨。髖、髀上。髀，股外。皆從骨，無從足者。惟髀之古文作⿰𧾷卑。段氏謂從足者，足所恃以能行也。然其字非小篆，難以規許，此以許書反覆推之，而知䠊之當爲跀，不得合髕、剕爲一事也。鄭氏《司刑》注先言周改臏爲刖，後言夏刑臏辟，其文本甚明白。其所言夏刑，當有所本，而非自《吕刑》推見之者。觀其刑之序，大辟之下髕、宮、劓、墨與所引《書》傳之髕、宮、劓、墨相合，而與《吕刑》之墨、劓、剕、宮之序不同，是夏時宮次於髕，周則剕次於宮。《吕刑》所謂世輕世重，正指此類，可見穆王監夏而非襲夏。宮次於髕，故髕三百而宮五百。剕次於宮，故剕五百而宮三百。髕不能行故重於宮，剕尚能行故輕於宮，輕重等差，確有定序。周初，刖罪次於殺罪，與夏之髕次於大辟者相同。《吕刑》宮次於大辟，與周初之制不同，此必爲穆王所改定，並恐剕之名亦穆王所改，而非前有所承也。此以鄭注反覆求之，而知剕、刖之當爲一，髕、剕之不可混爲一也。然則許書與鄭氏《周禮》注本相貫通，並無疑竇，獨《公羊》疏引鄭《駮異義》有臯陶改臏爲剕，周改剕爲刖之説，而其義遂不可通矣。自來説經者但言去髕、斷足二制，別無他説，髕、剕、刖之何以分別，段已言之，既云：周改髕爲刖，何以又云：臯陶改髕爲剕？其説抵捂，必有一誤。《漢志》謂禹承堯舜之後，自以德衰而制肉刑，湯武順而行之。然則唐虞之時，有象刑而無肉刑，又安有臯陶改髕之事，將何説以通之乎？則惟孔疏《書傳》云：臏者，舉本名之説爲得之矣。《今文》髕，本名也。《古文》剕，今名也。跀即剕也，今名爲剕、爲跀，而世俗猶相沿稱爲髕耳。《史記》言龐涓召孫臏，臏至，以法刑斷其兩足而黥之。夫曰斷其兩足，刖也，故《潛夫論》云：孫臏修能於楚，龐涓自魏誘以刖之，而舉世以臏稱，此非今名沿用本名者乎？苗民之黥，三代爲墨，而世俗之言墨者，仍以黥稱，此其比也。段謂髕作䠊者，音轉字異。此即以段之《音韻表》言之，賓聲在真、臻部，非聲在脂、微部，不同部也。月聲則與非聲同在脂、微部，同部者得相通轉，與異部之相通轉大不同也。則以古音而論，刖近而髕、䠊遠矣。聲之遠近，出於自然，不可過於紆曲，此段説之不足信者也。今得而論定之曰，唐虞無肉刑，夏有髕辭，周改髕爲刖，穆王又名爲剕，可以解衆説之糾紛矣。

《宋史》卷三三〇《杜純傳》 熙寧初，以河西令上書言政，王安石異之，引置條例司，數與論事，薦於朝，充審刑詳議官。或議復肉刑，先以刖代死刑之輕者，純言：今盜抵死，歲不減五十，以死懼民，民常不畏，而况於刖乎？人知不死，犯者益衆，是爲名輕而實重也。事遂寢。

（明）沈德符《萬曆野獲編補遺》卷三《兵部·刺軍》 宋健兒刺面，以防逃逸。韓琦欲刺陝西義勇手，司馬光爭之不從。南宋有八字軍自刺其面，云：誓殺金賊，報效趙皇。後從劉錡敗兀術於順昌者是也，然未有刺臂者。本朝極重黥刺，太祖厲禁不許。嗣聖濫用，乃有極可笑者。如景泰中，武清侯石亨爲總兵，請征剿也先。軍人一勝二勝者得保家産，四勝五勝者左右臂各刺赤心報國四字。景帝曰：領軍勝虜刺字，是刑罰加於無罪，不近情。不許。武人不學妄議至此。

（清）沈家本《歷代刑法考·刑法分考六·臏》 《御覽》六百四十八：《尚書·刑德放》曰：臏者，脱去人之臏也。臏罰之屬五百，象七宿精。七宿，昏中變而節氣之精也。《禮統》曰：臏，刑法。金勝木，去其節目也。

（明）陸容《菽園雜記》卷三 後生新進議論政事最宜慎重，蓋經籍中所得者，義理耳。祖宗舊章，朝廷新例，使或見之未真，知之未悉，萬一所言乖謬，非但詒笑於人而已。嘗記初登第後，聞數同年談論都御史李公侃禁約娼婦事。或問：何以使之改業不犯？同年李釗云必黥刺其面使無可欲，則自不為此矣。衆皆稱善，予亦竊識之久矣。近得《皇明祖訓》觀之，首章有云：子孫做皇帝時，止守律與《大誥》，並不用黥刺、剕、劓、閹割之刑。臣下敢有奏用此刑者，文武羣臣即時劾奏，將犯人凌遲，全家處死，為之毛骨竦然。此議事以制，聖人不能不為學古入官者告，而本朝法制諸書不可不徧觀而博識也。

綜 述

《尚書・舜典》 五刑有剕。

（清）皮錫瑞《今文尚書考證・康誥》 非汝封刑人殺人，無或刑人殺人；非汝封又曰劓刵人，無或劓刵人。

今文刵作刖。王引之說：刵當作刖字，形相似而誤也。《困》九五劓刖，虞翻注曰：割鼻曰劓，斷足曰刖。正與《康誥》劓刖同義。揚雄《廷尉箴》曰：有國者，無云何謂，是刖是劓。即本於《康誥》也。鄭注《康誥》曰：臣從君坐之刑。則字當作刖。蓋僖公二十八年《左傳》刖鍼莊子，正是臣從君坐之刑也。《呂刑》刵劓，亦刖劓之譌。《説文》斀字引《書》曰：刖、劓、黥。是許氏所見本正作刖也。夏侯等今文《尚書》作臏、劓、宮、割、頭庶剠。案：臏爲去膝蓋，與刖同類，故今文作臏，古文作刖，猶剕辟之剕，今文作臏，周官作刖也。若作刵字而訓斷耳，則與臏義不當矣。錫瑞謹案：王説是也。據《廷尉箴》，則子雲所據今文《尚書》正作刖。王鳴盛、段玉裁、陳喬樅説皆非。

《周禮注疏》卷三六《秋官司寇・掌戮》 刖者使守囿。注：斷足，驅衛禽獸，無急行。囿音又。斷，丁管反。疏：釋曰：此則囿遊亦如之者。墨者守門，刖者於囿中驅禽獸者也。

（清）沈家本《歷代刑法考・刑法分考六・髕》 《周禮・秋官・司刑》注：《書》傳：決關梁踰城郭而略盜者，其刑臏。夏刑臏辟三百，宮辟五百。《釋文》：臏，頻忍反。徐：方忍反。劉：符人反。疏：臏亦苗民虐刑，咎繇改臏作腓，至周改腓作刖。《書》傳云，臏者，舉本名也。

（清）沈家本《歷代刑法考・刑法分考六・髕》 《尚書大傳》：決關梁闌城郭而略盜者，其刑髕。陳壽祺校語云：其刑髕，諸書引作臏，惟《華嚴經》第七十三、《音義》卷下引《傳》首三句作髕。《音義》云字從骨，今依改。

（宋）李昉等《太平御覽》卷六四八《刑法部・臏》 禮統曰臏刑法金勝木，去其節目也。《周禮・秋官上・司刑》曰：刖罪五百。鄭玄注：曰周改臏作刖。

《慎子・君人》 有虞之誅，以菲履當刖。

（漢）劉向《説苑》卷一七《雜言》 衛國之法，竊駕君車罪刖。

（漢）班固《白虎通》卷八《五刑》 五帝畫象者，犯臏者以墨蒙其臏外而畫之。

《漢書》卷二三《刑法志》 當斬左止者，笞五百；當斬右止，及殺人先自告，及吏坐受賕枉法，守縣官財物而即盜之，已論命復有笞罪者，皆棄市。

《後漢書》卷二《明帝紀》 〔永平十七年〕秋八月丙寅，令武威、張掖、酒泉、敦煌及張掖屬國，繫囚右趾已下任兵者，皆一切勿治其罪，詣軍營。

《宋書》卷八《明帝本紀》 〔泰始四年九月〕戊辰，詔曰：**【略】**自今凡竊執官仗，拒戰邏司，或攻剽亭寺，及害吏民者，凡此諸條，悉依舊制。五人以下相逼奪者，可特賜黥刖，投畀四遠，仍用代殺，方古爲優，全命長户，施同造物。

紀 事

裘錫圭《古文字論集・甲骨文中所見的商代五刑》 貞：刖寇八十人，不死？

《韓非子・和氏》 楚人和氏得玉璞楚山中，奉而獻之厲王，厲王使玉人相之。玉人曰：石也。王以和為誑而刖其左足。及厲王薨，武王即位。和又奉其璞而獻之武王。武王使玉人相之，又曰：石也。王又以和為誑而刖其右足。武王薨，文王即位。和乃抱其璞而哭於楚山之下，三日三夜，淚盡而繼之以血。王聞之，使人問其故。曰：天下之刖者多矣，子奚哭之悲也？和曰：吾非悲刖也，悲夫寶玉而題之以石，貞士而名之以誑，此吾所以悲也。王乃使玉人理其璞而得寶焉，遂命曰和氏之璧。

（清）沈家本《歷代刑法考・刑法分考六・刖》 《史記・孫子傳》：

後百餘歲有孫臏。孫臏嘗與龐涓俱學兵法。龐涓既事魏，得爲惠王將軍，而自以爲能不及孫臏，乃陰拿召孫臏。臏至，龐涓恐其賢於己，疾之，則以法刑斷其兩足而黥之，欲隱勿見。

按：孫臏史逸其名，其稱孫臏者，猶英布之稱黥布，當時有此習也。此兩足同時並刖而又加以黥，蓋非常刑矣。

《左傳·莊公十六年》 九月，殺公子閼，刖强鉏。

《左傳·莊公十九年》 十九年春，楚子禦之，大敗於津。還，鬻拳弗納，遂伐黄。敗黄師於踖陵。還，及湫，有疾。夏六月庚申，卒。鬻拳葬諸夕室。亦自殺也，而葬於絰皇。初，鬻拳强諫楚子。楚子弗從，臨之以兵，懼而從之。鬻拳曰：吾懼君以兵，罪莫大焉。遂自刖也，楚人以爲大閽，謂之大伯。使其後掌之。君子曰：鬻拳可謂愛君矣，諫以自納於刑，刑猶不忘納君於善。

《左傳·文公十八年》 齊懿公之為公子也，與邴歜之父爭田，弗勝。及即位，乃掘而刖之，而使歜僕。納閻職之妻，而使職驂乘。夏五月，公游於申池，二人浴於池，歜以撲抶職，職怒。歜曰：人奪女妻而不怒，一抶女，庸何傷？職曰：與刖其父而弗能病者何如？乃謀弒懿公，納諸竹中。歸，舍爵而行。齊人立公子元。

《左傳·昭公三年》 〔晏子曰〕國之諸市，屨賤踊貴。**【略】**於是景公繁於刑，有鬻踊者，故對曰：踊貴，屨賤。既已告於君，故與叔向語而稱之。景公爲是省於刑。注：踊，刖足者屨。言刖多。《釋文》：踊，音勇，刖足者之屨也。

（宋）李昉等《太平御覽》卷六四八《刑法部·刖》 《家語》曰：季羔爲衛士師，刖人之足。俄而衛亂，季羔逃，刖者守門焉，曰：彼有缺。季羔曰：君子不踰。曰：彼有竇。季羔曰：君子不隊。曰：此有室。季羔入焉。既而問其故，刖者曰：斷足，固我罪也。臨當刑，君愀然不樂，見於顔色，此臣之所以脱君也。

《列子·説符》 魯施氏有二子，其一好學，其一好兵。好學者以術干齊侯，齊侯納之，爲諸公子之傅。好兵者之楚，以法干楚王，王悦之，以爲軍正，禄富其家，爵榮其親。施氏之鄰人孟氏同有二子，所業亦同而窘於貧，羨施氏之有，有，猶富也。因從請進趨之方，二子以實告孟氏。孟氏之一子之秦，以術干秦王。秦王曰：當今諸侯力爭，所務兵食而已。若用仁義治吾國，是滅亡之道。遂宫而放之。其一子之衛，以法干衛侯。衛侯曰：吾弱國也，而攝乎大國之間，大國吾事之，小國吾撫之，是求安之道。若賴兵權，滅亡可待矣。若全而歸之，適於他國，爲吾之患不輕矣。遂刖之而還諸魯。既反，孟氏之父子叩胷而讓施氏。

（清）沈家本《歷代刑法考·刑法分考六·刖》 《管子·侈靡篇》：告堯之時，其獄一踦腓一踦屨而當死。今周公斷指滿稽，斷首滿稽，斷足滿稽，而死民不服，非人性也，敝也。房玄齡注：諸侯犯罪者，令著一只屨以恥之，可以當死刑。今周公謂時所用法也。稽，考也。罪滿而斷，則從而考之；首滿其罪者，亦從而考之；應斷足所罪滿者，又從而考之。凡此，欲以爲審慎也。罪定者死之，然人尚不服其罪，豈人性之然乎？時爽故也。《説文》：踦，一足也。去奇切。段注：《管子》：告堯之時一踦腓一踦屨而當死。謂一足剕，一足屨，當死罪也。引伸之，凡物單曰踦。

按：如段説，則腓者剕之叚借字也。《白虎通》、《周禮》疏並作腓，依舊注則未必如段説。斷指、斷首、斷足，恐亦非謂刑名，古未聞有斷指之刑也。房注著一踦屨以恥之，是一足有屨，一足無屨。腓，脛腨也。一足不使著屨而並露其腓也。據五帝畫象説，房注爲是，段以爲剕之叚借字，恐未確。

宫刑分部

論説

羅振玉《殷虚書契前編·四·三八·七》 庚辰卜，王，朕剕羌不死？

（清）沈家本《歷代刑法考·刑法分考六·宮》 《舜典》：五刑有宮。

《慎子》：有虞之誅，以艾畢當宮。

夏宮辟五百。詳肉刑。

按：商之宮刑無考，商法多承於夏，既有肉刑，則有宮刑可知。

（清）沈家本《歷代刑法考·刑法分考六·宮》 《書·呂刑》：宮辟疑赦，其罰六百鍰，閱實其罪。傳：宮，淫刑也，男子割勢，婦人幽閉，次死之刑。疏：伏生《書傳》云，男女不以義交者其刑宮。是以宮刑爲淫刑也。男子之陰名爲勢，割去其勢與椓去其陰事亦同也。婦人幽閉，閉於宮，使不得出也。本制宮刑，主爲淫者，後人被此罪者，未必盡皆爲淫。昭五年《左傳》：楚子以羊舌肸爲司宮，非坐淫也。漢除肉刑，除墨、劓、剕耳，宮刑猶在。近代反逆緣坐，男子十五已下不應死者，皆宮之。大隋開皇之初，始除男子宮刑，婦人猶閉於宮。宮是次死之刑，宮於四刑爲最重。段氏《古文尚書撰異》六百，《周本紀》作五百，張守節《正義》從之，此今文《尚書》之別本也。

按：《司刑》宮罪五百，周初之刑。《呂刑》宮辟三百，穆王改定之刑。輕罪增，故墨、劓各千倍其數。重罪減，故宮減十之四爲三百，大辟減五之三爲二百也。周初，刖次於殺，宮次於刖。穆王以剕尚能行，宮絕人之世，故降剕，而宮次於死刑，此權衡損益之得其中者。蔡傳不深求其故而輕肆詆譏，其亦未究夫世輕世重之微意歟！

《禮記·文王世子》 公族無宮刑也。

《周禮·秋官司寇·司刑》 宮罪五百。

《周禮·秋官司寇·掌戮》 宮者使守內。

（宋）李昉等《太平御覽》卷六四八《刑法部·宮割》 《周禮·秋官上·司刑》職曰：宮罪五百。宮者，丈夫割其勢，女子閉於宮，若今宦男女也。又掌戮曰：宮者使守內也。以其人道絕也。今世或然。《禮》曰：《文王世子》曰：公族無宮刑也。

（清）沈家本《歷代刑法考·刑法分考六·宮》 《周禮·掌戮》：宮者使守內。注：以其絕人道也，今世或然。疏：此所守則寺人之類，守正內，五人之等是也。

《天官·敘官》：酒人奄十人。注：奄，精氣閉藏者，今謂宦人。《月令·仲冬》：其器閎以奄。《釋文》：奄，於檢反。劉，於驗反。徐，於劍反。疏：奄十人，以其與女酒及奚同職，故用奄人。奄不稱士，則此奄亦府史之類，以奄爲異也。漿人奄五人，籩人奄一人，醢人奄一人，醯人奄二人，鹽人奄二人，冪人奄一人，內小臣奄上士四人。注：奄稱士者，異其賢。疏：上酒人、漿人等奄不稱士，則非士也。獨此云以其有賢，行命爲士，故稱士也。案：《詩·巷伯》：奄，官也。注云：巷伯，內小臣，小臣於宮中爲近，故謂之巷伯。必知巷伯與小臣爲一人者，以其俱名奄。又言巷，亦中宮爲近，又稱伯，長也。內小臣又稱士，亦是長義，故一人也。閽人。疏：《詩》云，昏椓靡共。箋云，皆奄人，彼據後宮門，故使奄者也。寺人王之正內五人。注：寺之言侍也。《詩》云，寺人孟子，正內路寢。疏云：寺之言侍者，欲取就近侍御之義，此奄人也。知者見僖二十四年晋文公既入呂，郤欲焚公宮，寺人披請見公，使讓之，且辭焉。披曰：齊桓公置射鉤而使管仲相君，若易之行者甚從，豈惟刑臣彼寺人？披自稱刑人，明寺人奄人也。內司服奄一人，縫人奄二人。

按：寺人披自稱刑臣，則凡奄人之給事於王宮者皆宮者也，其職役不獨守內而已。

寺人掌王之內人及女宮之戒令。注：內人，女御也。女宮，刑女之在宮中者。疏：謂男女沒入縣宮爲奴者也。

按：推鄭刑女之意，乃女子之犯宮刑者，故謂之女宮，非沒入爲奴者也。

（清）沈家本《歷代刑法考·刑法分考六·宮》 《詩·小雅·巷伯》，刺幽王也，寺人傷於讒，故作是詩也。注：巷伯，奄官。寺人，內小臣也。奄官上士四人，掌王后之命。於宮中爲近，故謂之巷伯。《秦風·車鄰》，寺人之令。傳：寺人，內小臣也。《釋文》：寺人，奄人。疏：《左傳》齊有寺人貂，晋有寺人披，是諸侯之官有寺人也。

《禮記·文王世子》：公族無宮刑。注：宮，割淫刑。公族無宮刑，不翦其類也。注：翦，割截也。疏：所以無宮刑，不可翦其同類。公族既犯宮刑，當髡去其髮，故《掌戮》云，髡者使守積。鄭康成注云，謂同族不宮者也。方氏愨曰：有生所以傳類，而宮刑則無生之道，故無宮刑。陳氏澔曰：受宮刑者絕生理，故謂之腐刑，如木之朽腐無發生也。此刑不及公族，不忍絕其生生之類耳。

《左傳》僖二年，齊寺人貂始漏師於多魚。注：寺人，內奄官。《釋文》：寺人，奄官名。

《左傳》襄十七年，齊人獲臧堅。齊侯使夙沙衛唁之，且曰：無死！堅稽首曰：拜命之辱，抑君賜不終，姑又使其刑臣禮於士。以杙抉其傷而死。注：使賤人來唁己，是惠賜不終也。夙沙衛，奄人，故謂之刑臣。

按：奄人之禍，春秋時已屢見之。貂之亂國，舉之與聞弒君，伊戾之讒殺太子，柳之讒逐右師，受其禍者，齊、宋爲著。騶至於秦，趙高望夷之事，其禍亦云極矣，可懼也。夙沙衛得志於齊，而有節之士賤之，如臧堅者可以風矣。

（清）沈家本《歷代刑法考・刑法分考六・宮》 《史記・秦始皇紀》：作宮阿房，故天下謂之阿房宮。隱宮徒刑者七十餘萬人。正義：餘刑見於市朝。宮刑，一百日隱於陰室養之乃可，故曰隱宮，下蠶室是。方氏苞校語云：下隱宮及送徒作阿房宮者共七十餘萬人也。蔣西谷曰：玩上下文，不當插入下隱宮事，蓋隱括宮徒刑者七十餘萬人，分作阿房或麗山也。按：蔣說於文義亦未甚洽，似下隱宮之說較勝。然正義釋爲宮刑，亦有所據。《蒙恬傳》：趙高昆季數人皆生隱宮，集解徐廣曰：爲宦者。索隱劉氏云，蓋其父犯宮刑，妻子沒爲官奴婢，妻後野合所生子皆承趙姓，並宮之，故云兄弟生隱宮。謂隱宮者，宦之謂也。此劉氏之說，未知別有所本，抑想當然。而隱宮之爲宦者，於趙高情事相合。宦者有籍，故下云除其宦籍，則以此證隱宮之義，正義之說未可遽非也。

（清）沈家本《歷代刑法考・刑法分考五・除肉刑》 文帝除宮刑

按：文帝之世，肉刑全除，景帝後，宮刑復行。至東漢永初中，陳忠請除蠶室刑，事得施行，宮刑亦不用矣。《魏志》言曹操下令使平議死刑可宮割者，是其時宮已不用，故操欲復之也。自魏迄晉，復肉刑之議紛紛陳說，迄不果行。宋明帝黥刖之制，梁武帝黵面之制，並不久即罷。宮刑則南朝無行之者，北朝元魏尚有腐刑，故說者以爲至隋始除也。

綜　述

《漢書》卷五《景帝紀》 元年冬十月，詔曰：**【略】**孝文皇帝臨天下，通關梁，不異遠方。除誹謗，去肉刑，賞賜長老，收恤孤獨，以育群生。減嗜欲，不受獻，不私其利也。罪人不帑，不誅無罪。除宮刑，出美人，重絕人之世。

《漢書》卷五《景帝紀》 〔景帝中元四年〕秋，赦徒作陽陵者，死罪欲腐者，許之。

《漢書》卷六二《司馬遷傳》 僕聞之，修身者智之府也，愛施者仁之端也，取予者義之符也，恥辱者勇之決也，立名者行之極也。士有此五者，然後可以託於世，列於君子之林矣。故禍莫憯於欲利，悲莫痛於傷心，行莫醜於辱先，而詬莫大於宮刑。刑餘之人，無所比數，非一世也，所從來遠矣。

《漢書》卷九六《西域傳》 征和元年，樓蘭王死，國人來請質子在漢者，欲立之。質子常坐漢法，下蠶室宮刑，故不遣。

《漢書》卷九六下《烏孫傳》 副使季都別將醫養視狂王，狂王從十餘騎送之。都還，坐知狂王當誅，見便不發，下蠶室。

（清）沈家本《歷代刑法考・刑法分考六・宮》 《漢書・鼂錯傳》：後詔有司舉賢良文學士，錯在選中。上親策詔之曰，惟十有五年云云。錯對曰：今陛下配天象地，寬大愛人，肉刑不用，辠人亡帑，非謗不治，鑄錢者除，後宮出嫁，除去陰刑。注張晏曰：宮刑也。

按：文帝除肉刑在十三年，錯對策在十五年，錯曰肉刑不用、除去陰刑分爲二事，似文帝之除肉刑與除宮刑非一時事，不然宮刑亦肉刑之一，何必分言之？《漢志》載丞相張蒼等議請定律，所除爲黥、劓、斬左右止三者，無一語及宮刑也。

《景帝紀》元年詔曰：孝文皇帝臨天下，通關欙，不異遠方。除誹謗，去肉刑。賞賜長老，收恤孤獨，以遂羣生。減耆欲，不受獻。罪人不帑，不誅亡罪，不私其利也。除宮刑，出美人，重絕人之世也。

按：此詔除宮刑，出美人，與鼂錯對語後宮出嫁除去陰刑二句文意正同，可見文帝時宮刑實已除之矣。此詔分肉刑宮刑爲二事，與錯對合，當不誣也。《史記·文紀》載此詔除宮刑作除肉刑，與上文去肉刑之語既復，與下文重絶人之世一語亦不相貫，當是傳寫之譌。

《通考》一百六十三：古者五刑皆肉刑也。孝文詔謂今有肉刑三而姦不止，注：謂黥劓斬止。三者獨不及宮刑。至景帝元年詔，言孝文皇帝除宮刑，出美人，重絶人之世也。則知文帝非宮刑除之。至景帝中元年，赦徒作陽陵者，死罪欲腐者許之。而武帝時，李延年、司馬遷、張安世兄賀皆坐腐刑，則是因景帝中元年之後宮刑復用，而以施之死罪之情輕者，不常用也。徐天麟《西漢會要》説與《通考》同。

梁玉繩《史記志疑》云：景帝元年詔曰除宮刑。《漢書》鼂錯對策曰除去陰刑。則文帝固已除宮刑矣。且《漢志》並無不易宮刑明文，疑此是劓刖宮爲三肉刑。蓋黥刑至輕，自不應數之。而宮刑之復，必帝也。又去肉刑下按語云：下文云罪人不帑，不誅亡罪，除宮刑，出美人，重絶人之世。蓋叙事以類相從，則此去肉刑三字爲錯出重見，疑是去田租之誤。除田租乃第一惠政，非文帝不能行。詔中不應獨缺，且與賞賜長老收恤孤獨類也。書局校勘札記云：上文云去肉刑，此不當復出，當依《漢書》作除宮刑，與下出美人爲類，所謂重絶人之世也。《志疑》以其復出，疑上去肉刑爲去田租。案《漢書》亦作去肉刑，不誤。

王棠《知新録》云：孝文詔謂有肉刑三，而注家謂黥、劓、斬止三事，但詔中斷支體是指斬止，割鼻。刻肌膚是指黥。終身不息是指宮刑。只不言大辟，當是肉刑四，何以言肉刑三也。且景帝元年詔云：孝文皇帝除宮刑，重絶人之世，則知文帝已除宮刑，正與詔相應，不識何以言三也。

按：文帝詔言有以易之，丞相等定律曰：當黥者髡鉗爲城旦舂。當劓者笞三百。當斬左止者笞五百。當斬右止及殺人先自告，及吏坐受賕枉法，守縣官財物而即盗之，已論命復有笞罪者，皆棄市。是以髡鉗城旦舂、笞、棄市易黥、劓、斬止也，其文甚明白，注家亦本律文而言之耳。文帝終身不息一語，王棠以爲指宮刑，然張蒼等奏言，陛下明詔，憐萬民之一有過被刑者，終身不息。是此語亦泛言肉刑，非必指宮刑也。張蒼等議中既無一語及宮刑，則文帝之除宮刑當另爲一事，史不言者，闕文也。

《史記·文紀》：今法有肉刑三。索隱韋昭云：斷趾、黥、劓之屬。崔浩漢律序云：文帝除肉刑而宮不易。張斐注云：以淫亂人族類，故不易之也。

《周禮·司刑》賈公彦疏：文帝赦肉刑，所赦者惟赦墨、劓與刖三者，其宮刑至隋乃赦也。

按：此二説蓋據景帝後宮刑復行而言，猶言漢除肉刑而宮不易耳，不可以文害詞也。

《景紀》：中四年秋，赦徒作陽陵者，死罪欲腐者許之。注蘇林曰：宮刑，其創腐臭。如淳曰：腐，宮刑也。丈夫割勢，不能復生子，如腐木不生實。

按：死罪許腐，自是宮刑復行矣。東漢死罪囚募下蠶室，其法蓋本於此。

《西域樓蘭傳》：征和元年，樓蘭王死，國人來請質子在漢者，欲立之。質子常坐漢法，下蠶室宮刑，故不遣。

按：質子亦坐宮刑，不以屬國而稍恕，漢法之嚴如此。

《烏孫傳》：副使季都别將醫養視狂王，狂王從十餘騎送之。都還，坐知狂王當誅，見便不發，下蠶室。宣帝元康中平。

按：漢之宮刑，不盡以淫，此亦其一也。

《後漢書》卷一下《光武帝紀》〔建武三十一年〕秋九月甲辰，詔令死罪繫囚皆一切募下蠶室，其女子宮。

《魏書》卷一一一《刑罰志》 大逆不道腰斬，誅其同籍，年十四已下腐刑，女子没縣官。

《魏書》卷三二《封懿傳》 磨奴被刑爲宦人。崔浩之誅也，世祖謂磨奴曰：汝本應全，所以至刑者，事由浩之故。

《北史》卷五《魏本紀·文帝》〔魏大統十三年〕二月，詔自今應宮刑者，直没官，勿刑。亡奴婢應黥者，止科亡罪。

《隋書》卷七三《樊叔略傳》 父歡，仕魏爲南兖州刺史、阿陽侯。屬高氏專權，將謀興復之計，爲高氏所誅。叔略時在髫齔，遂被腐刑，給使殿省。

《北齊書》卷八《後主紀》〔天統五年〕二月乙丑詔應宮刑者，普免刑爲官口。

《遼史》卷六一《刑法志》〔穆宗應曆十二年〕〔遼〕國舅帳郎君蕭延之奴海里強陵拽剌禿里，年未及之女，以法無文，加之宮刑，仍付禿里以爲奴。因著爲令。

《元史》卷二五《仁宗本紀》〔元仁宗延祐元年三月〕己酉，勅奸民宮其子為閹宦，謀避徭役者，罪之。

《大明律》卷二六《刑律・閹割火者》　凡官民之家，不得乞養他人之子閹割火者，違者杖一百，流三千里，其子給親。

紀事

《史記》卷八八《蒙恬列傳》　趙高者，諸趙疏遠屬也。趙高昆弟數人，皆生隱宮，其母被刑僇，世世卑賤。秦王聞高彊力，通於獄法，舉以爲中車府令。高既私事公子胡亥，喻之決獄。高有大罪，秦王令蒙毅法治之。毅不敢阿法，當高罪死，除其宦籍。帝以高之敦於事也，赦之，復其官爵。

〔清〕沈家本《刑案刪存》卷四《逆案緣坐人犯體弱難閹割福建司同治十一年》　爲片覆事。準內務府片稱，前於同治五年五月間，準刑部片稱，據福建巡撫咨送逆首張雲從之子張潮嬉解部轉交內務府閹割後發遣一案。查該犯於解到時年已二十三歲。當經本府飭傳會計司刀兒匠查驗，該犯氣體虛弱，賢物偏大，恐爲閹割致死。應俟調理痊壯，再行辦理。嗣於每年春秋兩季查驗該犯，總未痊愈，疑難閹割。茲據刀兒匠結稱，該犯年已二十九歲，一時恐難就痊等情。應片行查照辦理等因前來。查張潮嬉係反逆案內子孫，不知謀逆情事。例應解京閹割後發遣。

其他肉刑分部

綜述

〔漢〕許慎《說文解字》卷一二上《耳部》　聅，軍法，以矢貫耳也，從耳矢。《司馬法》曰：小罪聅，中罪刵，大罪剄。

《舊五代史》卷一三五《僭偽列傳・劉陟》　〔劉〕陟性雖聰辯，然好行苛虐，至有砲烙、刳剔、截舌、灌鼻之刑，一方之民，若據爐炭。

《宋史》卷二六三《竇儀傳》　開運中，諸鎮恣用酷刑，儀上疏曰：案名例律，死刑二，絞、斬之謂也。絞者筋骨相連，斬者頭頸異處，大辟之目，不出兩端。淫刑之興，近聞數等，蓋緣外地不守通規，或以長釘貫人手足，或以短刀臠人肌膚，遷延信宿，不令就死。冤聲上達，和氣有傷，望加禁止。上從之。

《宋史》卷二〇一《刑法志》　舊制，僮僕有犯，得私黥其面。帝謂：僮使受傭，本良民也。詔：盜主財者，杖脊、黥面配牢城，勿私黥之。

〔明〕沈德符《萬曆野獲編》卷一八《刑部・法外用刑》　列聖以來，恪守太祖定制，無用刑於律所不載者。惟天順元年正月，英宗復辟，刑官奏于謙等罪惡情由。越二日得旨云：于謙、王文、舒良、王誠、張永、王勤本當淩遲處死，從輕決了，去其手足罷；　家下人口充軍，妻小免爲奴，家財入官。陳循、江淵、俞士悅、項文曜免死，發口外永遠充軍，家小隨住。蕭鎡、商輅、王偉、古鏞、丁澄俱發爲民。蓋廷議于、王等六人謀反淩遲，循等九人知反故縱，皆斬，故皆下一等。今吏抹卻謙等去手足不書，意者慮爲先帝新政累故削之耶。但極刑寸磔則有之，無斷絕手足者，或覆奏時，上又除手足之條。此說近之。武宗朝，剝流賊皮以飾馬鐙，出入必乘踏之。諫者以太祖有厲禁爲言，而上不顧也。太祖開國時，亦有贓官剝皮囊草之令，遭此刑者，即於所治之地，留貯其皮，以示繼至之官。聞今郡縣庫中尚有之，而内官娶婦者亦用此刑。末年悉除此等嚴法，且訓戒後聖，其詞危切，況臣下乎。嘉靖間，新城知縣吴瑗，誤聽一後妻訴子不孝，命支解之，爲都御史金清所劾，且言此子非不孝者。上怒，杖一百，戍邊邑。命寸磔無罪人，竟不償死，此是何法？

《蒙古律例》卷九《捕亡·自流所復逃者分别治罪》 乾隆三十一年四月奏準增入。

一、蒙古犯罪發遣山東、河南者，復行脱逃，初次枷號一個月，調發福建、湖廣等省；二次枷號兩個月，調發雲南、貴州、廣東、廣西最遠極邊煙瘴等處；至三次，枷號三個月，仍舊發回原調發處。原發福建、湖廣者，按照脱逃次數，止調發最遠極邊煙瘴處所。蒙古等免死減等充軍，自配所脱逃，拿獲時審無爲匪者，亦一體加等調發。仍分别脱逃次數，初次枷號兩個月，二次枷號三個月，刺字。再凡人犯已經正法，只伊妻子應流者，酌發南省駐防處所，給兵丁爲奴。

紀　事

《左傳·僖公二十七年》 楚子將圍宋，使子文治兵於睽，終朝而畢，不戮一人。子玉復治兵於蔿，終日而畢，鞭七人，貫三人耳。國老皆賀子文。子文飲之酒。蔿賈尚幼，後至，不賀。子文問之。對曰：不知所賀。子之傳政於子玉，曰：以靖國也。靖諸内而敗諸外，所獲幾何？子玉之敗，子之舉也。舉以敗國，將何賀焉？

《隋書》卷七七《隱逸傳·李士謙》 士謙平生時時爲咏懷詩，輒毁棄其本，不以示人。又嘗論刑罰，遺文不具。其略曰：帝王制法，沿革不同，自可損益，無爲頓改。今之贓重者死，是酷而不懲也。語曰：人不畏死，不可以死恐之。愚謂此罪，宜從肉刑，刖其一趾，再犯者，斷其右腕。流刑刖去右手三指，又犯者，下其腕。小盗宜黥，又犯則落其所用三指，又不悛，則下其腕。無不止也。無賴之人，竄之邊裔，職爲亂階，適所以召戎矣，非求治之道也。博弈淫游，盗之萌也，禁而不止，黥之則可。有識者頗以爲得治體。

《宋史》卷五《太宗本紀》〔雍熙二年十月〕己酉，汴河主糧胥吏坐奪漕軍口糧，斷腕徇於河畔三日，斬之。

《金史》卷五《海陵帝本紀》〔正隆五年二月〕甲戌，遣引進使高植、刑部郎中海狗分道監視所獲盗賊，并凌遲處死，或鋸灼去皮截手足。仍戒屯戍千户謀克等，後有獲者，并處死，總管府官亦決罰。

《元史》卷五《世祖本紀》〔至元三年〕秋七月戊午，復蒙古軍站户差賦，農民包銀徵其半，俘户止令輸絲，民當輸賦之月，毋徵私債。敕私市金銀應支錢物，止以鈔爲準。丙寅，賜夔州路行省楊大淵金符十、銀符十九，賞麾下將士；别給海青符二，事有急速，馳以上聞。立檜杆嶺驛，以便轉輸。癸酉，甘州饑，給銀以賑之。甲戌，李璮窮蹙，入大明湖，投水中不即死，獲之，併蒙古軍囊家伏誅，體解以徇。戊寅，以夔府行省劉整行中書省於成都、潼川兩路，仍賜銀萬兩，分給軍士之失業者。

《元史》卷一六《世祖本紀》〔至元二十七年七月〕江淮省平章沙不丁，以倉庫官盗欺錢糧，請依宋法黥而斷其腕，帝曰：此回回法也。不允。

《元史》卷一四六《耶律楚材傳》〔大德七年五月〕又有旨：凡奧都剌合蠻所建白，令史不爲書者，斷其手。楚材曰：國之典故，先帝悉委老臣，令史何與焉？事若合理，自當奉行，如不可行，死且不避，況截手乎！后不悦。

《元史》卷二〇二《釋老傳》〔至大元年〕僧已率其黨持白梃突入公府，隔案引璧髮，捽諸地，捶撲交下，拽之以歸，閉諸空室，久乃得脱，奔訴於朝，遇赦以免。二年，復有僧龔柯等十八人，與諸王合兒八剌妃忽禿赤的斤争道，拉妃墮車毆之，且有犯上等語，事聞，詔釋不問。而宣政院臣方奏取旨：凡民毆西僧者，截其手；詈之者，斷其舌。時仁宗居東宫，聞之，亟奏寢其令。

（明）沈德符《萬曆野獲編》卷一八《刑部·國初用法嚴》 洪武九年丙辰營謹身殿誤奏中等匠作爲上等。上怒，命悉棄市，不許覆奏。時工部尚書薛祥極諫，上乃命用腐刑。詳又奏曰，若是則千人皆成廢人矣，莫若杖而復之。始可其請，此猶工匠也。至十五年，上罪通政使會秉政賣四歲幼女回鄉，不能爲人之父，命閹之。則極刑及於大臣矣。然猶賜敕而遣之。太祖晚年垂訓，又云子孫做皇帝，不許用劓、剕、閹割等刑，敢有請用者，將本人淩遲，全家處死，其爲禁更厲。所謂刑罰世輕世重也。然至宣帝時，尚用腐刑，即士人往往罹之。正統初年，靖遠伯王驥征麓川，擅閹幼童，見之彈章，上貸不問。至天順二年七月，命宫鹽徒四十四名，則似乎淫刑。然自此後，不聞此刑及士大夫矣。

中國第一歷史檔案館《滿文老檔》天命六年三月　初二日，弓匠碩色，毛巴里牛録下之胡希，穆哈連之烏齊堪等三人，自薩爾滸私來遼東作亂，遂即擒拿，貫其耳鼻後釋放。

中國第一歷史檔案館《滿文老檔》天命八年五月　初三蘇爾瑪家之一婦首告蘇爾瑪，稱：蘇爾瑪之妻與納米達之妻乃姊妹。納米達哈里被殺之日，納米達哈里之妻曾前來，與蘇爾瑪耳語後，蘇爾瑪佩刀乘馬而去。是日，納米達哈里被殺，蘇爾瑪至夜方回家。衆都堂審理此案，告於汗，汗曰：倘納米達往莊屯，爲何不帶刀弓撒袋空身而往？爾之空身，漢人若殺亦即殺之，蘇爾瑪若殺亦即殺之，終究一死矣。故該案定納米達有罪，蘇爾瑪釋放，休首告之婦，賞與阿拜阿哥。並責納米達之妻曰：爾夫出走後，爾爲何去已無妻之姐丈家？乃割其耳釋之。

中國第一歷史檔案館《滿文老檔》天聰六年正月　十一日，朝鮮張道員至。緣由：沿南海行獲獺時，烏達海牛録下鍾托依以家内朝鮮男丁鍾保琪爲跟役攜往。該朝鮮人逃往朝鮮。時朝鮮王查獲送來還，將此情形報於汗，諭曰：不懂法紀，故逃去耳。此乃窮人，割其足筋，給還原王。遂交付該牛録托貝章京。

笞杖刑部

論説

（清）孫星衍《尚書今古文注疏》卷一《堯典》 鞭作官刑。孫星衍注：馬融曰：爲辨治官事者，爲刑。疏：馬注見《史記集解》，云爲辨治官事者爲刑者，《魯語》云：薄刑用鞭朴。注：鞭官刑。案庶人在官，有祿者，過則加之鞭笞也。

（唐）虞世南《北堂書鈔》卷四五《刑法部・杖刑六》 鞭作官刑，朴作教刑，夏楚收威，用威如狼。《釋名》曰：槌而死曰掠狼也，用威如狼。蒲鞭，《續漢書》云：劉寬為南陽太守，遇民如子，吏有罪以蒲鞭，示其恥也。法杖，《晉令》云：應得法杖者，以小杖過五寸者稍行之。竹箠長五尺，《刑法志》云：請笞者，箠長五尺，其本大一寸，其竹也。末薄半寸，皆平其節也。按《刑法志》又云：當笞者，笞臀。如淳注曰：然則先時笞背也。毋得更人，畢一罪乃更人。師古注曰：謂行笞者，不更易人也。補。生荆長六尺，《晉令》云：杖皆用荆，長六尺，制杖大頭圍一寸，尾三分半。生革去四廉。又云：鞭皆用牛皮生革，廉或法鞭生革去四廉。立秋施鞭朴，馬融云：立秋乃施鞭扑。笞者無更人。《刑法志》。丁邯不就郎，杖之數十，《三輔決録》云：丁邯選為郎，托疾不就，詔，問實病否，曰：實不病，恥以孝廉為令史職耳。世祖怒，杖之數十。白裒表出濤，詔杖五十，王隱《晉書・山濤傳》曰：武帝以山濤為司徒，頻讓不許。濤出遂歸家，為左丞白裒所奏，詔杖裒五十。按濤除尚書僕射加侍中領吏部，久不攝職，為左丞白褒所奏。帝曰：濤以病自聞，不得有所問。濤表謝曰：陛下不可以一老臣為加曲私乞如所表，帝再手詔曰：白裒奏君甚妄，所以不即推直，不喜會赫耳。補。張儀掠笞數百，《史記・張儀傳》云：儀從楚相飲亡璧，意儀盗之，笞數百。傅咸受罰大重，《傅咸傳》云：楊濟與咸書曰：昨遣人相視受刑大重。按《晉書》楊濟與咸書曰：江海之流混混，故能成其深廣也。天下大器，非可稍了而相觀。每事欲了，生子癡，了官事，官事未易了也。了事正作，癡復為快耳。補。遣拒上命，財如罪黜，傅咸云楊濟與書云。上捎雲根，下拂地足。《世説》云：桓公在荆州，全欲以德被江漢，恥以威刑肅物。令史受杖正從朱衣上過，桓式年少，從外來，云：向從閤下過，見令史受杖，上捎雲根，下拂地足。意譏不著。桓公云：我猶患其重。按劉孝標注曰：式，桓歆小字，《桓氏譜》曰：歆，温第三子，仕至尚書。補。

（清）沈家本《歷代刑法考・刑法分考十四・杖》 《益稷》：庶頑讒説，若不在時，侯以明之，撻以記之。傳：衆頑愚讒説之人，若所行不在于是而爲非者當察之，當行射侯之禮以明善惡之教。笞撻不是者，使記識其過。疏：《射禮》有序賓以賢詢衆擇善之義，是可以明善惡也。江聲《尚書集注音疏》：此以下言教國子之事，因上歷論用人而及之，在察時是也。庶頑讒説之人，女若不察于是，當以射侯之禮明之。射之爲言，繹也。繹者，各繹己之志，故可以明之。惠先生《明堂大道録》云，庶頑讒説基不在時，大司徒、大樂正之簡不率教也。侯以明之，辟雍之大射也。撻以記之，大學之夏楚也。工以内言，大司樂之以樂語教國子也。格則承之庸之，大樂正之造士也。否則威之，遠方之寄棘也，則皆是教國子事也。撻，抶也，抶以荆支。《鄉射》記射者有過則撻之。記謂懲忿之俾不忘也。

《周禮・地官司徒・閭胥》 凡事掌其比，觵撻罰之事。注：觵撻者，失禮之罰也。觵用酒，其爵兕角爲之。撻，扑也。疏：凡有失禮者，輕者以觵酒罰之，重者以楚撻之。

（明）董説《七國攷》卷一二《魏刑法・笞》 特笞不可解，疑重笞也。

（明）董説《七國攷》卷一二《魏刑法・笞》 《説苑》：荆文王得如黄之狗，箘簬之矰以畋於雲夢，三月不反。得舟之姬淫，朞年不聽朝。保申諫曰：先王卜以臣為保，吉。今王之罪當笞。匍伏將笞王。王曰：不穀免於襁褓，託於諸侯矣。願請變更而無笞。保申諫曰：君王不受笞，是廢先王之命也。王曰：敬諾。乃席王，王伏，保申束細荆五十，跪而加之背，如此者再，謂王起矣。王曰：有笞之名，一也。遂致之。細荆，一作細箭。保申，《吕氏春秋》作葆申。余按：楚失刑矣。夫君治人，非治於人者也。為保申者可諫，諫；不可，可去。從古及今未聞有笞君之臣與受笞之君也。周公相成王，成王有過，則撻伯禽，豈敢撻成王哉。

（清）沈家本《歷代刑法考・刑法分考十四・杖》 《御覽》六百五

十：《晉陽秋》：諸葛武侯杖二十以上親決。宣王聞之，喜曰，吾無患矣。

按：古者扑作教刑，自漢文帝除肉刑，劓及斬左止者並改爲笞，而笞爲死刑之次，視城旦等刑爲重。景帝所定箠令，尚未有杖之名，亦無大小之别也。諸經之稱杖者，齒杖、喪杖，無稱刑杖者。《家語》云舜之事父，小杖則受，大杖則走。《韓詩外傳》亦云舜爲人子，小箠則待笞，大杖則逃，然此家庭之事，非官刑也。《晉語》言范武子以杖擊文子，《左傳》言邾莊公奪杖敲閽，此仍是拄杖之杖，非刑杖之杖。世祖、明帝時始有杖之名，則笞刑之稱杖當在東京矣。《晉陽秋》有二杖二十以上之語，是當時決杖必有定數，然不可考矣。

（唐）王方慶《魏鄭公諫録》卷二《諫禁張士貴》　太宗因教習不整，遣大將軍張士貴杖中郎郎將等。士貴坐杖輕，下吏。諫曰：臣在外竊聞大將軍張士貴坐行杖阿縱，送付大理。臣以為教習不整，官司誠合重責，但將軍之任，職在爪牙，委以心膂，取其誠效，行杖小有不稱，未是將軍之罪。且使將軍執杖，已不可為後法。又以杖輕加責，彌復驚駭物情。假令推得阿私，終恐有虧聖德。太宗大笑，遽令釋之。

（唐）徐堅《初學記》卷二二《武部・鞭第九》　鞭、策、箠，皆馬檛之名。《説文》所謂驅遲者也。古者用革，以扑罪人，亦以驅馬，故其文從革。《書》曰：鞭作官刑，此則施於民也。

（元）徐元瑞《吏學指南・五刑・隋唐金宋刑》　笞捶擊也，耻薄也。言人有小過，法須懲戒，微加捶撻以耻之。漢時則用竹，今時用楚，即荆也。隋制五等，自一十至五十，唐宋金皆相同。杖，持也。言人執持，可以擊人者。古者用鞭，今時用杖。隋制五等，自六十至一百，唐宋金皆相同。

（元）徐元瑞《吏學指南・雜刑・隋唐金宋刑》　撻，擊也。《周禮》曰撻其怠慢。

加杖，謂犯徒役，家無兼丁者，加杖準徒決放。

（元）馬端臨《文獻通考》卷一六六《刑考・刑制》　〔開元〕十年，前廣州都督裴伷先下獄。中書令張嘉貞奏請決杖。兵部侍郎張説進曰：臣聞刑不上大夫，以其近於君也。故曰，士可殺不可辱。臣今秋巡邊，中途聞姜皎朝堂決杖流。皎三品亦有微功，不宜決杖廷辱，以卒伍待之。且律有八議，勳貴在焉。今伷先亦不可輕，不宜決罰。上然其言，嘉貞不悦，退謂説曰：何言事之深也。説曰：宰臣時來則爲，若貴臣盡當受杖，但恐吾輩行當及之。此言非爲伷先，乃爲天下士君子也。

容齋洪氏隨筆曰：唐太宗自臨治兵，以部陳不整，命大將軍張士貴杖中郎將等。怒其杖輕，下士貴吏。魏徵諫曰：將軍之職，爲國牙爪。使之執杖，已非治法，况以杖輕下吏乎。上亟釋之。明皇開元三年，御史大夫宋璟，坐監朝堂杖人，杖輕貶睦州刺史。姚崇爲宰相，弗能止，盧懷慎亦爲相，疾，亟，表言璟明時重器，所坐者小，望垂矜録，上深納之。太宗明皇，有唐賢君也。而以杖人輕之故加罪大將軍、御史大夫，可謂失政刑矣。

吴氏《能改齋漫録》曰：陳政敏《遯齋閑覽》言：杜子美脱身簿尉中，始與箠楚辭。韓退之判司卑官不堪説，未免箠楚塵埃間。杜牧之參軍與簿尉塵土驚羌勦，一語不中，治鞭笞身滿瘡。謂唐時參軍、簿尉有過不免受杖。鮑彪謂詳考杜韓所言，捶有罪者也。牧之亦言驚見有罪者如此，非身受杖也。退之江陵途中云：栖栖法曹掾，何處事卑陬。何况親犴獄，敲榜發姦偷。此豈身受杖者邪。然《太平廣記》載李遜決包尉臀杖十下，及《舊唐書》于頔爲湖州刺史，改蘇州，追憾湖州舊尉，封杖以計强決之，則鮑論亦未當。

按以裴伷先之事觀之，則唐三品官固有受杖者。又張士貴、宋璟所監涖者，其受刑必皆伷先之流。則捶楚非特簿尉末僚而已。

（清）董誥《全唐文》卷四三七盧正己《請定杖法奏》　準式制敕與一頓杖者，決四十，重杖一頓者，決六十無文。至死式内，自有殺却、處盡等文。即明重杖只合加數，京城先因處分決殺者多。一死不可復生，望準式文處分，或決痛杖一頓者，式文既不載，亦請準杖六十例不至死。

（元）馬端臨《文獻通考》卷一六六《刑考・刑制》　〔長興二年〕又閩主曦欲杖御史大夫，諫議大夫鄭元弼諫曰：古者刑不上大夫，中丞儀刑百辟，豈宜加之箠楚？乃釋之。致堂胡氏曰：庶人貧賤，不能備禮，故不責以行禮。大夫尊貴，不可加刑，故不使之受刑，非固欲然，因其勢也。賈誼得聖人之意，故引投鼠忌器之喻，自是漢不加刑於大臣，大臣有罪皆自殺。而臨川王氏反此義爲之説，曰禮不可以庶人爲下而不用，刑不可以大夫爲上而不施，其意非爲化民成俗而興禮教也，直欲殺戮故老以制異己耳，豈非邪説害義之大乎？以區區之閩無道之曦猶能爲，鄭元弼正論而自屈，談經佐王，乃祖韓非、商鞅之術，曾元弼之不若而世猶尊信之何哉？

（宋）孫奭《律音義·名例第一》　杖，直兩切。持也，言人執持可以擊人也。古者用鞭，《書》云鞭作官刑是也。梁有制鞭、法鞭、常鞭三等，制鞭用生革廉成，法鞭去廉，常鞭用熟靼。至隋，以杖易鞭。舊制：應決杖笞者，皆依數決之。皇朝建隆四年始有折杖之制。靼，音旨熱切，柔皮也。

《元史》卷一〇二《刑法志》　大德間，王約復上言：國朝之制，笞杖十減爲七，今之杖一百者，宜止九十七，不當又加十也。

（清）沈家本《歷代刑法考·刑法分考十四·杖》　邱氏濬云：元笞刑每十數必加以七者，其初本欲減以輕刑也，其後承誤，反以爲加焉。大德間王約云云，則其立法之始意可見矣。

按：元之笞數，自七下起，實是減而非加也。笞，杖各五，當止九十七。乃笞多一等，止於五十七，於是杖自六十七起，止於一百七，則本減而變爲加矣，其故無可考。

《明太祖寶訓》卷二《教太子諸王》〔吴元年〕十一月甲午太祖沐浴出觀圜丘，顧謂起居注熊鼎等曰：此與古制合否？對曰小異也。

太祖曰：古人於郊掃地，而祭器用匏陶以示儉樸。周有明堂，其禮始備。今予創立斯壇，雖不必盡合古制，然一念事天之誠，不敢頃刻怠矣。鼎對曰：主上創業之初首嚴郊丘之祀，既斟酌時宜以立一代之制，又始終盡誠敬，此誠前代之所未及。

太祖曰：郊祀之禮，非尚虚文。正爲天下生靈祈福，予安敢不盡其誠，時世子從行。太祖因命左右導之，徧歷農家，觀其居處、飲食、器用。還謂之曰：汝知農家之勞乎？夫農勤四體，務五穀，身不離畎畝，手不釋耒耜，終歲勤動，不得休息。其所居不過茅茨草榻，所服不過綀裳布衣，所飲食不過菜羹糲食。而國家經費，皆其所出。故令汝知之，凡一居處服用之間，必念農之勞，取之有制，用之有節，使之不至于飢寒，方盡爲上之道。若復加之橫斂，則民不勝其苦矣。故爲民上者，不可不體下情。復指道旁荆楚，謂之曰：古者，用此爲扑刑，蓋以其能去風，雖傷不至過甚，苟用他物，恐致殞生。此古人用心之仁，亦宜知之。

《明史》卷一四七《解縉傳》　夫罪人不孥，罰弗及嗣。連坐起於秦法，孥戮本於僞書。今之爲善者妻子未必蒙榮，有過者里胥必陷其罪。况律以人倫爲重，而有給配婦女之條，聽之於不義，則又何取夫節義哉。此風化之所由也。

孔子曰：名不正則言不順。尚書、侍郎，内侍也，而以加於六卿；郎中、員外，内職也，而以名於六屬。御史詞臣，所以居寵臺閣；郡守縣令，不應廻避鄉邦。同寅協恭，相倡以禮。而今内外百司捶楚屬官，甚於奴隸。是使柔懦之徒，蕩無廉恥，進退奔趨，肌膚不保。甚非所以長孝行、勵節義也。臣以爲自今非犯罪惡解官，笞杖之刑勿用。催科督厲，小有過差，蒲鞭示辱，亦足懲矣。

（清）沈家本《歷代刑法考·刑法分考十四·杖》　明林俊諫廷杖疏云：又聞古者撻人于朝，與衆辱之而已，非必欲壞爛其體膚而致之死也，亦非所以待士大夫也。成化時，臣及見廷撻三五臣，率容厚緜底衣，以重氈疊帊，猶卧牀褥，數月淤血始消。正德時，逆瑾用事，始啟去衣之端，重非國體所宜，釀有末年諫止南巡撻死之慘。幸遇新詔收卹，士氣始囘，不謂又偶有此。臣又見成化、弘治間詔獄諸旨，唯叛逆、妖言、强盗，好生打著問，喇虎殺人打著問，其餘常犯，送錦衣衛、鎮撫司問。鎮撫奏逆，法司議罪，中間情重，始有來説之旨，部寺覆奏，始有降調之旨。今一概打問，無復低昂，恐舊典失查，非祖宗仁厚之意，即此二事，似宜循舊。

按：廷杖爲有明一代粃政，然其事則不始於明。如東漢世祖之杖丁邯，明帝時九卿皆鞭杖，隋高祖好於殿廷打人，一日之中或至數四。唐玄宗之杖蔣挺，姜皎於朝堂，皆前事也。東漢之捶扑，以左雄之言而除。隋高祖性雖猜忌，亦嘗以高熲等切諫，殿内去杖。開元時，以張説之言而止，未有如明代之廷杖直與國運相終始者也。

（明）王錡《寓圃雜記》卷五《刑具》　挾棍之刑，惟錦衣衛則有，亦設而不作。景泰二年，巡撫御史趙縉公行賄賂，藉此以箝制人口。匠作而不諳其制，縉自教爲。縉終以貪酷去官，流毒不已，遂爲常刑。三十年前，官司杖人，惟用荆棍，或加皮鞭，故罪人易受。後稍用竹篦，一篦之重，不過三四兩。自成化十九年，一巡官忽有翻黄之制，重過二斤，用以側斫，名之曰砍。故獄中之人，罪無輕重，但受砍者多死。至今諸司，往往效之，刑具之重至此。

（清）沈家本《歷代刑法考・刑法分考十四・杖》 明笞、杖刑及徒、流加杖。

按：明笞、杖用唐法，而徒、流加杖爲《唐律》所無，蓋宋制也。宋徒刑加杖自十三以至二十，即杖刑六十至百，實決之數，明律全用之。流刑加杖十七、十八、二十三等，即杖刑之八十、九十、一百。明三流並杖一百，則稍有不同，是又不全用宋制。元律有杖一百七流遠若干條，一百七即明之滿杖，然則明法又參以元制也。

（清）王明德《讀律佩觿》卷四下《笞刑五》 《名例》曰：笞者，耻也，薄懲示辱，所以發耻心也。其刑輕，故數止于五，而不滿乎百。蓋滿乎百，則法黷民玩，不可為訓矣。倘罪有重於笞五十者，則出笞而從乎杖，所以別重輕之衡也。

笞一十，笞二十，笞三十，笞四十，笞五十。

罪止

罪止笞三十，罪止笞四十，罪止笞五十。

（清）王明德《讀律佩觿》卷四下《杖刑五》 《名例》曰：杖重於笞，兩笞折一杖。凡其所犯，有重於笞五十，即出笞以入乎杖。乃其罰，則又自杖六十始，不復更從一十以為科。此其所以然者，蓋緣頑梗弗率之徒，耻心已冥，非笞可以動其懼，故入杖以示警。倘仍自一十以為科，則杖以一十、二十者，仍猶夫笞之及乎二十、四十，而反輕於笞五十者矣，不與不杖無異乎？法黷民玩，非垂世之大法。是以先賢重之。

杖六十，杖七十，杖八十，杖九十，杖一百。

罪止

罪止杖六十，罪止杖七十，罪止杖八十，罪止杖九十，罪止杖一百。

綜述

（清）孫星衍《尚書今古文注疏》卷一《堯典》 朴作教刑。注：鄭康成曰：朴，檟楚也。朴爲教官爲刑者。疏：鄭注見《史記集解》。云朴，檟楚者，《學記》云：榎楚二物，收其威也。注云：榎，槄也。楚，荆也。二者所以朴撻犯禮者。案犯禮是不率教。故云爲教官爲刑也。

（清）皮錫瑞《今文尚書考證》卷一《堯典》 鞭作官刑，後漢章帝元和元年詔曰：鉆鑽之屬，慘苦無極。《書》曰鞭作官刑，豈云若此？《三國志・魏明帝紀》詔曰：鞭作官刑，所以糾慢怠也。

《尚書正義》卷三《舜典》 鞭作官刑。以作爲治官事之刑。扑作教刑。扑，榎楚也。不勤道則撻之。疏：正義曰，此有鞭刑則用鞭久矣。《周禮・滌狼氏》誓大夫曰，敢不關，鞭五百。《左傳》有鞭徒人費圉人犖是也。子玉使鞭七人，衛侯鞭師曹三百，日來亦皆施用。大隨造律，方使廢之。治官事之刑者，言若於官事不治則鞭之，蓋量狀加之，未必有定數也。

正義曰，《學記》云：榎楚二物，以收其威。鄭玄云：榎，槄也。楚，荆也。二物可以扑撻犯禮者。知扑是榎楚也。既言以收其威，知不勤道業則撻之。《益稷》云：撻以記之。又《大射》、《鄉射》皆云：司馬搢扑。則扑亦官刑。惟言作教刑者，官刑鞭扑俱用，教刑惟扑而已，故屬扑於教。其實官刑亦當用扑。蓋重者鞭之，輕者撻之。

《周禮・地官司徒・司市》 掌市之治教、政刑、量度禁令。【略】凡市入，則胥執鞭度守門，市之群吏平肆展成奠賈，上旌于思次以令市，市師涖焉，而聽大治大訟。胥師、賈師，涖于介次，而聽小治小訟。

《周禮・地官司徒・胥》 胥，各掌其所治之政，執鞭度而巡其前，掌其坐作出入之禁令，襲其不正者。凡有罪者，撻戮而罰之。

《周禮・春官宗伯・小胥》 掌學士之徵令而比之，觵其不敬者。巡舞列而撻其怠慢者。

《周禮・秋官司寇・朝士》 掌建邦外朝之法。【略】帥其屬而以鞭呼趨且辟。

《周禮・秋官司寇・條狼氏》 條狼氏掌執鞭以趨辟。王出入則八人夾道，公則六人，侯伯則四人，子男則二人。凡誓，執鞭以趨於前，且命之。誓僕右曰殺，誓馭曰車轘，誓大夫曰敢不關，鞭五百。

《儀禮・大射禮》 遂取扑搢之以立于所設中之西南，東面。

《禮記・學記》 夏、楚二物，收其威也。

睡虎地秦墓竹簡整理小組《睡虎地秦墓竹簡・法律答問》 不會，（治）〔笞〕；未盈卒歲得，以將陽（有）〔又〕行（治）〔笞〕。今士（五）〔伍〕甲不會，（治）〔笞〕五十；未卒歲而得，（治）〔笞〕當（駕）〔加〕不當？當。

睡虎地秦墓竹簡整理小組《睡虎地秦墓竹簡・法律答問》 隸臣妾（毄）〔繫〕城旦舂，去亡，已奔，未論而自出，當（治）〔笞〕五十，備（毄）〔繫〕日。

《漢書》卷二三《刑法志》 〔孝文十三年〕議請定律曰，諸當完者，完爲城旦舂；當黥者，髡鉗爲城旦舂；當劓者，笞三百；當斬左止者，笞五百；當斬右止，及殺人先自告，及吏坐受賕枉法，守縣官財物而即盜之，已論命復有笞罪者，皆棄市。罪人獄已決，完爲城旦舂，滿三歲爲鬼薪白粲。鬼薪白粲一歲，爲隸臣妾。隸臣妾一歲，免爲庶人。隸臣妾滿二歲，爲司寇。司寇一歲，及作如司寇二歲，皆免爲庶人。其亡逃及有罪耐以上，不用此令。【略】景帝元年，下詔曰：加笞與重罪無異，幸而不死，不可爲人。其定律：笞五百曰三百，笞三百曰二百。猶尚不全。至中六年，又下詔曰：加笞者，或至死而笞未畢，朕甚憐之。其減笞三百曰二百，笞二百曰一百。又曰：笞者，所以教之也，其定箠令。丞相劉舍、御史大夫衛綰請：笞者，箠長五尺，其本大一寸，其竹也，末薄半寸，皆平其節。當笞者笞臀。毋得更人，畢一罪乃更人。自是笞者得全。

（漢）荀悦《前漢紀》漢景帝中元六年五月 〔丙戌〕詔有司減笞法，自除肉刑之後，笞五百、三百率多死者。故定律笞五百曰三百，三百曰一百，猶尚不全。又詔曰：笞者，所以教之也。其宜定捶令，長五尺，其本大一寸，末大半寸，皆平其節。當臀笞者，不得更人。笞畢一人，笞乃更人。

（明）丘濬《大學衍義補》卷一〇四《慎刑憲・制刑獄之具》 漢景帝中元六年，定箠令。丞相劉舍、御史大夫衛綰請笞者，箠長五尺，其本大一寸，竹也。末薄半寸，皆平其節。當笞者笞臀，毋得更人。謂行杖者，不得更易人也。畢一罪，乃更人。自是笞者得全。

如淳曰：當笞者笞臀，然則先時笞背也。

臣按：後世用竹爲刑具始此。蓋虞時所用以爲扑者夏楚也。景帝於即位之初，即減笞法，然其數猶多，或笞未畢而人已死矣。至是又下詔減三百爲二百，二百爲一百。因是定箠令，而用二臣之請更笞背爲笞臀。自是笞者得全。嗚呼！自廢肉刑之後，易刀鋸以竹箠，所以全人之身也。景帝定爲令，凡笞所用之質，所制之度，所行之人，所施之處，皆詳悉具著，以示天下。後世以此爲防。後世猶有巧爲之具，倍爲之度，用所不可用之人，施所不當施之處，其慘固有甚於肉刑者。此在仁聖之朝所當禁革。是亦不忍之政之一端也。

（清）杜貴墀《漢律輯證》卷一 笞。加笞。《刑法志》景帝定令當笞者笞臀。如淳曰，先時笞背也。元年詔曰：加笞與重罪無異，幸而不死，不可爲人，其定律，笞五百曰三百，笞三百曰二百。中六年詔，加笞者或至死而笞未畢，朕甚憐之，其減笞三百曰二百，笞二百曰一百。《景帝紀》，定箠令，笞者，箠長五尺，其本大一寸，其竹也，末薄半寸，皆平其節，當笞者笞臀，毋得更人，畢一罪乃更人。按《唐律疏議》令律云，累決笞杖者不得過二百，蓋循漢例也。

（清）薛允升《漢律輯存・後漢書》 〔元和元年〕詔曰：律云，掠者唯得榜、笞、立。又令丙，箠長短有數。

蒼頡篇曰：掠，問也。廣雅曰：榜，擊也，音彭。説文曰：笞，擊也。立謂立而考訊之。

令丙爲篇之次也。前書音義曰：令有先後，有令甲、令乙、令丙。又景帝定箠令，箠長五尺，本大一寸，其竹也，末薄半寸，其平去節，故曰長短有數也。

（清）杜貴墀《漢律輯證》卷一 榜笞立。後書章帝元和元年詔引律，掠者惟得榜笞立，注，立謂立而考訊之。

（清）杜貴墀《漢律輯證》卷一 鞭杖。《南史・蕭琛傳》郎有杖起自後漢爾，時郎官位卑，親主文案，與令使不異，故郎三十五人，令史二十人，是以古人多恥爲此職。《後漢紀》曰：明帝時政事嚴峻，故卿皆鞭杖。左雄上言：九卿位次三事，班在大臣，行有佩玉之節，動有庠序之儀，加以鞭杖，誠非古典。上即除之。《前書・丙吉傳》坐養皇曾孫不謹督笞。師古曰，督謂察視之。按《尹歸翁傳》有論罪輸掌畜官，使斫莝，責以員程，不得取代，不中程，輒笞督。若以督爲察視，則笞督不辭矣。吳仁傑引《晉令》曰，應受杖而體有瘡者督之。謂督爲決罰之名，不與督責同義。

（清）**杜貴墀《漢律輯證》卷一** 郡國歲上繫囚吕掠笞，若瘐死者，所坐名縣爵里丞相御史課殿最以聞。宣帝地節四年詔，蘇林注囚徒病律名爲瘐。如淳注，律囚以飢寒而死曰瘐。按詔上文云，今繫者或以掠辜，若飢寒瘐死獄中，則此所謂若瘐死者，統飢寒及疾病而言。白帖拷訊門引宣詔繫者或以掠辜瘐死獄中。

（清）**杜貴墀《漢律輯證》卷一** 疻痏。《薛宣傳》應劭注，以杖手毆擊人剝其皮膚腫起青黑而無瘡瘢者，律謂疻痏。白帖漢博士申咸毀薛宣，宣子況賂客楊明疻破咸於宮門外，斷鼻傷脣，使不得爲近侍，中丞奏況及明皆大不敬棄市。廷尉直議咸遇人以不義，而疻者與疻人罪同，況竟減死。唐律鬭毆折毀耳鼻在鬭訟一。

《魏書》卷一一一《刑罰志》 明帝改士民罰金之坐，除婦人加笞之制。

（宋）**李昉等《太平御覽》卷六五〇《刑法部·杖》** 晉陽秋曰，諸葛武侯杖十以上親決。

（清）**沈家本《歷代刑法考·刑法分考十四·杖》** 《晉令》：應得法杖者以小杖，過五寸者稍行之。應杖而髀有瘡者緩臀也。《北堂書鈔》四十五。

按：一本無緩字，固難解，緩臀二字亦費解，當有譌奪。《御覽》六百五十引作應受杖而體有瘡者，督之也，在督門內，此臀字疑督之譌。髀一本作脾，恐亦傳寫之譌。《御覽》作體，其字似當作髀。髀，股也。臀，《説文》作㞘，亦作臋，髀也。杖本以臀受，有瘡故督之，《御覽》本是也。五寸乃五十之譌，梁律可證。

（清）**沈家本《歷代刑法考·刑法分考十四·杖》** 張斐《律序》：累笞不過千二百。

按：笞至千二百，可謂酷矣。千字或引作于，然以《晉志》上下文觀之，不得作于，且張序注云：五歲徒加六等，笞之一千二百，是千字不誤。惟《晉律》五歲刑笞二百，如以二百爲一等，則六等之加當爲千四百，與此數不符。張序上文云因加不過五，恐此注六字乃五字傳寫之譌。

（宋）**李昉等《太平御覽》卷六四九《刑法部·鞭》** 《晉令》：應得法鞭者，執以鞭，過五十，稍行之。有所督罪，皆隨過大小，大過五十，小過二十。

《宋書》卷三《武帝本紀》 〔永初二年〕六月壬寅，詔曰：杖罰雖有舊科，然職務殷碎，推坐相尋。若皆有其實，則體所不堪，文行而已，又非設罰之意。可籌量觕爲中否之格。車駕又於華林園聽訟。甲辰，制諸署敕吏四品以下，又府署所得輒罰者，聽統府寺行四十杖。

《梁書》卷二《武帝本紀》 〔天監元年四月〕詔曰：禮闈文閣，宜率舊章，貴賤既位，各有差等，俯仰拜伏，以明王度，濟濟洋洋，具瞻斯在。頃因多難，治綱弛落，官非積及，榮由幸至。六軍屍四品之職，青紫治白簿之勞。振衣朝伍，長揖卿相，趨步廣闥，並驅丞郎。遂冠履倒錯，珪甑莫辨。静言疚懷，思返流弊。且翫法惰官，動成逋弛，罰以常科，終未懲革。夫檟楚申威，蓋代斷趾，笞捶有令，如或可從。外詳共平議，務盡厥理。

《隋書》卷二五《刑法志》 〔梁武帝即位〕乃制權典，依周漢舊事，有罪者贖。其科，凡在官身犯，罰金。鞭杖、杖督之罪，悉入贖停罰。

《梁書》卷五三《良吏傳·何遠》 〔何遠〕性剛嚴，吏民多以細事受鞭罰者，遂爲人所訟，徵下廷尉，被劾數十條。當時士大夫坐法，皆不受立，遠度己無贓，就立三七日不款，猶以私藏禁仗除名。

《隋書》卷二五《刑法志》 〔梁律〕諸督罰，大罪無過五十、三十，小者二十。當笞二百以上者，笞半，餘半後決，中分鞭杖。老小於律令當得鞭杖罰者，皆半之。其應得法鞭、杖者，以熟靼鞭、小杖。過五十者，稍行之。將吏已上及女人應有罰者，以罰金代之。其以職員應罰，及律令指名制罰者，不用此令。

《隋書》卷二五《刑法志》 四曰鞭，有一百、八十、六十、五十、四十之差，五等。

五曰杖，有三十、二十、十之差，三等。北齊鞭五等，刑罪五等，各加鞭，流刑鞭笞各一百。決流刑鞭笞者，鞭其背。五十一易執鞭人。北周鞭刑五，徒流各加鞭。

《周書》卷五《武帝紀》 〔保定元年〕七月戊申，詔曰：亢旱歷時，嘉苗殄悴。豈獄犴失理，刑罰乖衷歟？其所在見囚：死以下，一歲刑以上，各降本罪一等；百鞭以下，悉原免之。

《隋書》卷二五《刑法志》 〔保定三年三月庚子乃就，謂之大律〕

其制罪：一曰杖刑五，自十至五十。二曰鞭刑五，自六十至於百。

《隋書》卷二五《刑法志》〔周宣帝《刑經聖制》〕鞭杖皆百二十爲度，名曰天杖。其後又加至二百四十。又作礔礰車，以威婦人。其決人罪，云與杖者，即一百二十，多打者，即二百四十。

《隋書》卷二五《刑法志》〔隋開皇元年〕蠲除前代鞭刑及梟首、轘裂之法。

（唐）杜佑《通典》卷一七〇《刑法·寬恕》〔貞觀〕四年十一月，制：決罪人不得鞭背。太宗以暇日觀《明堂圖》，見五藏之係，咸附背脊，乃嘆曰：夫箠者，刑之最輕者也。死者，生之至重者也。豈容犯最輕之刑而或致死？自古帝王不悟，不亦悲夫！即日遂有此制。

《新唐書》卷二《太宗本紀》〔貞觀四年〕戊寅，除鞭背刑。

（唐）長孫無忌等《唐律疏議》卷一《名例·笞刑五》笞一十。贖銅一斤。笞二十。贖銅二斤。笞三十。贖銅三斤。笞四十。贖銅四斤。笞五十，贖銅五斤。

疏議曰：笞者，擊也，又訓爲恥。言人有小愆，法須懲誡，故加捶撻以恥之。漢時笞則用竹，今時則用楚。故《書》云扑作教刑，即其義也。漢文帝十三年，太倉令淳于意女緹縈上書，願没入爲官婢，以贖父刑。帝悲其意，遂改肉刑：當黥者髡鉗爲城奴令舂，當劓者笞三百。此即笞、杖之目，未有區分。笞擊之刑，刑之薄者也。隨時沿革，輕重不同，俱期無刑，義唯必措。《孝經·援神契》云：聖人制五刑，以法五行。《禮》云：刑者，侀也，成也。一成而不可變，故君子盡心焉。《孝經·鉤命決》云：刑者，侀也，質罪示終。然殺人者死，傷人者刑，百王之所同，其所由來尚矣。從笞十至五十，其數有五，故曰笞刑五。徒、杖之數，亦準此。

（唐）長孫無忌等《唐律疏議》卷一《名例·杖刑五》杖六十。贖銅六斤。杖七十。贖銅七斤。杖八十。贖銅八斤。杖九十。贖銅九斤。杖一百。贖銅十斤。

疏議曰：《説文》云：杖者，持也，而可以擊人者歟？《家語》云：舜之事父，小杖則受，大杖則走。《國語》云：薄刑用鞭扑。《書》云：鞭作官刑。猶今之杖刑者也。又蚩尤作五虐之刑，亦用鞭扑。源其濫觴，所從來遠矣。漢景帝以笞者已死而笞未畢，改三百曰二百，二百曰一百。奕代沿流，曾微增損。爰洎隨室，以杖易鞭。今律云累決笞、杖者，不得過二百，蓋循漢制也。

（唐）杜佑《通典》卷一七〇《刑法·寬恕》高宗即位，遵貞觀故事，務在恤刑。嘗問大理卿唐臨在獄繫囚之數，臨對曰：見囚五十餘人，唯二人合死。上以囚數全少，甚喜也。總章二年五月，上以常法外先決杖一百者，多致殞斃，乃下詔曰：別令於律外決杖一百者，前後總五十九條，内有盜竊及蠹害尤甚者。今量留十二條，自餘四十七條，並宜停廢。

（宋）王溥《唐會要》卷四一《雜記》〔開元〕四年正月六日勅：除長官以外，因公事責決，罰不過十下。其使及專執當者，不得過二十。

（宋）宋敏求《唐大詔令集》卷八二《政事·刑法·減抵罪人決杖法詔》勅：大德曰生，至重曰命，緬觀前典，惟刑是恤。比來犯盜，先決一百，雖非死刑，大半殞斃。言念於此，良用惻然。自今以後，抵罪人合決勅杖者，並宜從寬，決杖六十，一房家口移隸磧西。其嶺南人移隸安南，江淮南人移隸廣府，劍南人移隸姚嶲州，其磧西姚嶲安南人各依常式。開元十二年四月。

（宋）王溥《唐會要》卷四一《雜記》乾元元年二月五日勅節文：州縣佐官以下，笞杖不得過十下；以上，須取長官處分。

（宋）宋敏求《唐大詔令集》卷八二《政事·刑法·罪至死者勿決先杖敕》比者所司斷罪，拘守科條，或至死刑，猶決先杖，處之極法，重此傷殘，非惻隱也。自今罪至死者，勿決先杖。貞元八年十一月。

（清）沈家本《歷代刑法考·刑法分考十四·杖》貞元八年敕，比來所斷罪，拘守科條，或至死刑，猶先決杖，處之極法，更此傷殘，惻隱之懷，實所不忍。今後罪至死者，先決杖宜停。按：鞭扑在有虞爲至輕之刑，在五刑之下，至漢文帝除肉刑，始以笞代斬趾，而笞數既多，反以殺人。其後以爲笞者多死，其罪不至死者遂不復笞，而止於徒流。魏、晉以下，笞數皆多，笞法皆重。至唐而後，復有重杖、痛杖之律，只云一頓而不爲之數，行罰之人得以輕重其手，欲活則活之，欲斃則斃之，夫生之與死，箠楚之與刀鋸，亦大有間矣。今重杖、痛杖之法乃出入乎生死之間，而使姦吏因緣爲市，是何理也？至於當絞斬者皆先決、杖，或百或六十，則與秦之具五刑何異？建中時，始定重杖爲死刑。貞元時，始令死刑不先決杖，蓋革累朝弊法云。

（宋）王溥《唐會要》卷四〇《君上慎恤》〔大和〕四年四月勅，法寺用法，或持巧詐，分律兩端，遂成其罪。既奸吏得計，則黎庶何安。今後宜令每書罪定刑，但直指其事，不得舞文，妄有援引。仍須頒示天下長吏嚴加覺察不得輒用奸吏。如有此色當即停解。八年四月勅，朕比屬暇日，周覽國史。伏覩太宗因閱明堂孔穴圖，見五臟之系，咸附于背，乃制決罪人不得鞭背。且人之有生系於臟腑，針灸失所，尚致夭傷。鞭扑苟施，能無枉橫。況五刑之內笞最爲輕，豈可以至輕之刑或致之死。朕恭承丕業，思奉貽謀，言念于茲載懷惻隱，其天下州府，應犯輕罪人，除罪狀巨蠹法所難原者，其他過誤罪狀，及尋常公事違犯，並宜准貞觀四年十一月十七日制處分，不得用鞭背。今年以後每立夏至秋已前，犯罪人就州府常條之中，亦宜量與務減，仍速爲疏理，不得久令禁繫。仍並委御史臺切加糾察，永爲常式。

《舊唐書》卷五〇《刑法志》〔大和〕八年四月，詔應犯輕罪人，除情狀巨蠹，法所難原者，其他過誤罪愆，及尋常公事違犯，不得鞭背，遵太宗之故事也。俄而京兆尹韋長奏：京師浩穰，姦豪所聚。終日懲罰，抵犯猶多，小有寬容，即難禁戢。若恭守赦旨，則無以肅清；若臨事用刑，則有違詔命。伏望許依前據輕重處置。從之。

（元）馬端臨《文獻通考》卷一六六《刑考・刑制》〔大中〕七年勅，法司斷罪，每脊杖一下折法杖十下。臀杖一下折笞杖五下。則吏無逾判，法守常規。

《舊五代史》卷三七《唐書・明宗本紀》〔天成元年冬十月甲申朔〕刑部員外郎孔莊上言：自兵興以來，法制不一，諸道州縣常行枷杖，多不依格律，請以舊制曉諭，改而正之。

（元）馬端臨《文獻通考》卷一六六《刑考・刑制》〔世宗顯德〕五年勅州縣自長官以下，因公事行責情杖，量情狀輕重，用不得過臀杖十五。因責情杖致死者，具事由聞奏。

（宋）李燾《續資治通鑑長編》宋真宗大中祥符五年十二月　丙戌，詔：天慶、天貺、先天、降聖、承天節，權止行刑。如聞所在冤繫頗衆，自今笞杖，情輕者釋之；情重及須證佐者，責保于外。

（宋）李燾《續資治通鑑長編》宋仁宗天聖七年八月　自定折杖之制，長短廣狹，皆有尺度，而輕重無準，官吏或得任情。至是，有司以爲請，乃詔凡所用杖，重無過十五兩，施印其上，責所部常驗視之。

（元）馬端臨《文獻通考》卷一六七《刑考・刑制》〔大觀二年〕更定笞法。自今並以小杖行決，笞十爲五，二十爲七，三十爲八，四十爲十五，五十爲二十，不以大杖比折，永爲定制。

（清）嵇璜等《續通志》卷一四五《刑法略・歷代刑制》中書省言：律在官犯罪，去官勿論。蓋爲命官立文。其後相因，掌典解役，亦用去官免罪例。有犯則解役歸農，幸免重罪。詔改政和敕掌典解役聽從去官法。重和中，定折杖數，徒二年半杖九十者，折十七。徒二年杖八十者，十五。以是爲差。

（宋）謝深甫等《慶元條法事類》卷七三《刑獄門・檢斷》紹興十年七月二十三日，尚書省批狀刑寺參詳，秀州申明犯徒三年，若已決杖七十，即減就杖一百。今依奉手詔，以徒杖笞刑遞減數目，即犯徒三年已決，杖七十或杖八十，逐件比折外，尚各合科徒一年半，及徒一年，比舊法反有增宣徒刑，恐失已降手詔恤刑減杖之意。今檢坐到重和元年十二月十九日指揮，應犯徒三年已決杖七十或杖八十，並減就杖一百。并宣和元年五月二十五日御筆，應加役流并流三千里。若已決杖七十以上，該通計并其餘流罪折杖數外，應入新減數徒罪之人，并減就杖一百。及宣和四年六月二十一日指揮，徒三年及流三千里加役流已決，杖六十，應通計者，比附前項指揮，并減就徒一年。本所者，詳上件通計之法。今來雖將上項指揮於本條內增修，若或刪去，竊慮有司引用之際，不見當來恤刑減杖之意，亦合編節作申明照用。

《宋史》卷二〇〇《刑法志》〔紹興〕十二年，御史臺點檢錢塘、仁和縣獄具，錢塘大杖，一多五錢半；仁和枷，一多一斤，一輕半斤，詔縣官各降一官。

（宋）謝深甫等《慶元條法事類》卷七三《刑獄門・老疾犯罪》諸憑恃老疾應贖而故有違犯，情不可恕者，鄰州編管。諸殘疾，謂如瘤瘇之類，久遠不堪醫治者。犯徒流有妨受杖，當職官驗實，依折杖法從杖罪，決之。應編配居作，勒停還俗之類，各書本法。

其不盡之數，及杖以下有妨科決者，並聽收贖。

（宋）謝深甫等《慶元條法事類》卷七三《刑獄門·老疾犯罪》 諸決杖應通計者，計所犯杖數，以相準折。每大杖二，折脊杖一，減就刑名決之。

《宋史》卷四二《理宗本紀》〔淳祐二年三月〕詔今後州縣官有罪，諸帥司毋輒加杖責。【略】〔十年十月〕詔諸主兵官，今後行罰，毋杖脊以傷人命。

（明）張四維《名公書判清明集》卷一《官吏門·禁戢·約束州縣屬官不許違法用刑》 訪聞判官廳每每違法用刑，決撻之類動以百計。在法笞杖自有定數，笞至五十而止，實決十下。杖至一百而止，實決二十下。未嘗有累及百數者。惟軍中用重典，則有法外之行，然必是其罪合減死一等，始有決小杖一百者，亦豈可常也。今州縣屬者非軍將，吏卒所犯非軍令，不應輒行軍法，以作淫虐。此皆由郡政不綱之故，合行約束。準令，諸見任官、本廳或本司所轄兵級、公吏犯杖以下罪，聽申長吏，借杖勘決。朝廷立法曲盡至此，其恤刑之意可見矣。今後各廳吏卒決二十以下，聽從便遣，決杖以上，照條申借，不得仍前任意專決外，知縣係是長吏，職兼軍政，巡、尉係轄弓手、土兵，與掌軍事體一同，合聽斟酌輕重施行。

《遼史》卷六一《刑法志》 杖刑自五十至三百，凡杖五十以上者，以沙袋決之，又有木劍、大棒、鐵骨朵之法。【略】鞭、烙之數，凡烙三十者鞭三百，烙五十者鞭五百。

《遼史》卷六二《刑法志》 諸帳郎君等，於禁地射鹿，決杖三百，不徵償；小將軍決杖二百已下；至百姓犯者決三百。

《金史》卷三《太宗本紀》〔天會三年七月〕詔權勢之家毋買貧民爲奴。其脅買者一人償十五人，詐買者一人償二人，皆杖一百。

《金史》卷四五《刑志》 金國舊俗，輕罪笞以柳蔓。【略】至皇統間，詔諸臣，以本朝舊制，兼採隋唐之制，參遼宋之法。類以成書，名曰《皇統制》，頒行中外。時制，杖罪至百，則臀、背分決。及海陵庶人以脊近心腹，遂禁之。雖主決奴牌，亦論以違制。【略】九年因御史臺奏獄事，上曰：近聞法官或各執所見，或觀望宰執之意，自今制無正條者皆以律文爲準。復命杖至百者臀、背分受，如舊法。已而，上謂宰臣曰：朕念罪人杖不分受，恐至深重，乃令復舊。今聞民有不欲者，其令罷之。【略】二十五年二月，上以婦人在囚，輸作不便，而杖不分決，與殺無異，遂命免死輸作者，決杖二百而免輸作，以臀、背分決。

《金史》卷四五《刑志》〔金明昌五年〕以徒二年以下者杖六十，二年以上杖七十，婦人犯者並決五十，著於敕條。

《金史》卷九九《賈鉉傳》 鉉上書曰：親民之官，任情立威，所用決杖，分徑長短不如法式，甚者以鐵刃置於杖端，因而致死。間者陰陽愆戾，和氣不通，未必不由此也。願下州郡申明舊章，檢量封記，按察官其檢察不如法者，具以名聞。內庭敕斷，亦依已定程式。制可。

《金史》卷一四《宣宗本紀》〔貞祐三年三月〕禁州縣置刃於杖以決罪人。

《金史》卷四五《刑志》 貞祐三年上謂宰臣，自今監察官犯罪，其事關軍國利害者，並笞決之。

（清）沈家本《歷代刑法考·刑制總考四·金》 杖刑五：六十，贖銅十二斤；七十，贖銅十四斤；八十，贖銅十六斤；九十，贖銅十八斤；一百，贖銅二十斤。

（清）沈家本《歷代刑法考·刑制總考四·金》 笞刑五：一十，贖銅二斤；二十，贖銅四斤；三十，贖銅六斤；四十，贖銅八斤；五十，贖銅十斤。

（清）嵇璜等《續通志》卷一四七《刑法略·歷代刑制》〔元初〕太祖初頒條畫，刑獄惟重罪處死，其餘雜犯量情笞決。

《至元雜令·諸杖大小則例》 皇帝聖旨諭中書省：一、京府州郡見設司獄官仰各常切録問罪囚，若有淹延枉禁，隨即申報所屬。其笞杖大頭徑二分七釐，小頭徑一分七釐，杖大頭徑三分二釐，小頭徑二分二釐。訊囚杖大頭徑四分五釐，小頭徑三分五釐，皆削去節目，長三尺五寸，不得以諸物觔膠裝釘。決杖者並用小頭，仰所在官司常切檢校，不如法者，隨即究治更改。

右仰準此。

中統五年八月 日。

《至元雜令・各路散府諸州司縣分決杖罪例》 皇帝聖旨裏中書兵刑部承奉中書省劄付云云，都省議得：犯罪之人，五十七以下令司縣斷決，八十七以下令散府州郡斷決，一百七以下各路總管府斷遣。如縣直隸總府者，五十七以上罪各解府歸斷。外據重刑，依例歸勘完備，引審是實，行移按察司審録無冤結案，申部待報。外合下仰照驗遍行，合屬依上施行。

《至元雜令・笞杖則例》 五刑總序曰：昔唐太宗除鞭背刑，更以笞杖徒流絞，然罪輕者笞一十，笞乃夏楚。今我大元聖聰又減輕笞七下，且易楚用柳，可見愛民如子也。

笞罪一十，決七下，二十至三十，決十七下，四十至五十，決二十七下。杖罪，六十至七十，決三十七下，八十至九十，決四十七下，一百，決五十七下。

《至元雜令・附舊刑》 諸決罰不如法者，笞三十。以故致死者，徒一年。即杖麄細長短依法者，罪各如之。

《元史》卷一九《成宗本紀》 〔元貞二年五月〕詔諸徒役者限一年釋之，毋杖。

《大德典章遺文》 晉寧路總管府契勘本路：一、父母兄長初亡，殯葬之際，彩結喪車，翠排壇面，鼓樂前導，號泣後隨，無問親疏，皆驗賻禮多寡，支破布帛，少不如意，臨喪争競。及追齋累七，大祥小祥，祭祀之日，遇其迎靈，必須置備酒食，邀請店鋪親朋人等，務以奢靡相尚。遂用百色華麗采段之物，紛然陳列，裝錦繡梳洗影樓，金銀珍翠壇面，雜以僧道，間以鼓樂，服喪之人隨之於後，迎游街市以爲榮衒。既至作齋寺觀，復用采結金橋之類。其齋食，每個有近一斤者爲美齋。此皆虚費於生民，其實無益於死者。或有居喪，無異平日。似此之類，名色多端，不可殫舉。苟不如此，上下爲之慳吝，莫不鄙笑。風俗之壞，以至於此。不惟於被喪之家，生死之際，兩無所益，又富者傾資破産，貧者負債取錢，甚者不能辦給，以致喪亡不能得葬。爲此，行下臨汾縣録事司、儒學教授，會集宿儒耆老，講究回呈。切詳此端皆由無學之人，恃其豪富，凡遇喪事，不以哀戚爲念，而以奢侈爲務。普破布帛，豈論親疏。彩結轝樓，實粧壇面，布設路祭，亂動音樂，施引靈柩，遠遶正街，爲孝者雖有哀容，揚揚自得。又以追齋累七食品數多爲之孝道。繼有一等愚民，極口稱羨，殊不知葬者藏也，又不問死者於禮安否，以習染爲常，其來也漸。合無今後有喪之家管要依庶人之道，三日以裏出送，不得彩結輿車神樓路祭，及不得用大樂壇面，親者依輕重破服，疏者但助送死之資，不破孝服，寰可止往，由當街巷出送。至於復三頭七，只合詣墓祭奠，不可設筵邀客，喪主哀哀之際，奚暇及此。其後願作齋者，不過餕餡粉羹而已，不得用脱食油餅裹蒸之類。不惟枉費其物，即今災餘久旱，食用踴貴，治喪之家，實是生受。親知之人，禮宜津助，又安忍以弊俗相逼破其家産哉？ 呈乞照詳得此。總府議得：准擬。如有違犯之人，許諸人陳告到官，喪主并奢靡行禮之人，各決三十七下。

一、儒學司縣講究回呈：爲人子弟者，凡遇尊長不幸，須當喪服行孝。或有不知居喪禮者，腰雖絰帶，輒入酒肆茶房，及行吉禮，而赴吉筵，公然飲酒食肉，習以成俗，見者恬不爲怪。最其事切詳此端，初由無耻之人亡其父母長上，未及卒哭，輒行吉禮。君子見之而不責，小人見之而争效。此以俗之弊及乎如此。今後應有父母長上喪服者，毋得入酒館茶房，及行吉禮，赴吉筵。如此不惟中禮盡孝，庶使災餘之民省浮華之費。總府議得：依准所呈。如有違犯，諸人捉拿到官，擬斷三十七下。

《元史》卷一〇二《刑法志》 笞刑：七下，十七，二十七，三十七，四十七，五十七。杖刑：六十七，七十七，八十七，九十七，一百七。

《元史》卷一〇三《刑法志》 諸鞫獄輒以私怨暴怒，去衣鞭背者，禁之。

《元史》卷一〇三《刑法志》 初犯盜駝馬牛，爲首；及盜財三百貫以上；盜財十貫以下，經斷再犯；發冢開棺傷尸，內應流者；挑剜裨湊寶鈔，以真作僞，再犯；知情買使僞鈔，三犯。並杖一百七，發肇州屯種。

《元史》卷一〇五《刑法志》 諸奴婢背主而逃，杖七十七；誘引竄藏者，六十七。鄰人、社長、坊里正知不首捕者，笞三十七；關譏應捕人受贓脱放者，以枉法論。寺觀、軍營、勢家影蔽，及投下冒收爲户者，依藏匿論，自首者免罪，諸告獲逃奴者，於所將財物內，三分取一，付告獲人充賞。諸逃奴拒捕，不曾致傷人命者，杖一百七。

（清）沈家本《歷代刑法考·刑法分考十四·杖》 元笞刑六、杖刑五。

按元笞、杖之法，載在《刑法志》，實本于《大元通制》，其書成于英宗至治三年，至世祖《至元新格》，頒行於至元二十八年，在《通制》之前，《新格》當已包於《通制》之內，而《通制》未必與《新格》全同。《續通考》繫《刑法志》所載於《至元新格》之下，是以後爲前也，未知別有所據否？《志》序云凡七下至五十七謂之笞刑，凡六十七至一百七謂之杖刑，與律文相合，《元典章》三十九《刑制門》：《五刑訓義》：笞一七，七下。二十、三十，十七下。四十、五十，二十七下。杖六十、七十，三十七下。八十、九十，四十七下。一百，五十七下。徒一年、一年半，六十七下。二年、二年半，七十七下。三年，八十七下。四年，九十七下。五年，一百七下。其笞、杖之數既與《志》不符，其徒之年數亦異，且笞當爲五等，而《志》獨多一等，與《典章》又不合。考《元典章》所載新例加徒減杖法，及五十七以下用笞，六十七以上用杖，又與《志》合，然則《五刑訓義》所言乃元之舊法，而《志》之所載乃新例也，此例改自何年，已無可考。

（明）談遷《國榷》太祖洪武十五年閏二月 甲辰，諭刑官曰：笞杖雖輕，亦傷肌膚。自今犯者，送滁州種苜蓿，笞十者十日，杖十者二十日。

《大明律》卷一《名例律·笞刑五》 一十，贖銅錢六百文。二十，贖銅錢一貫二百文。三十，贖銅錢一貫八百文。四十，贖銅錢二貫四百文。五十，贖銅錢三貫。

《大明律》卷一《名例律·杖刑五》 六十，贖銅錢三貫六百文。七十，贖銅錢四貫二百文。八十，贖銅錢四貫八百文。九十，贖銅錢五貫四百文。一百，贖銅錢六貫。

（清）龍文彬《明會要》卷六四《刑·刑制》 〔永樂二年〕九月丙寅，刑部言：有千戶違法，縫夾皮爲鞭，灌桐油其中，以決罰人。罪當杖。成祖曰：皮鞭，刑具之輕者，示辱而已。今用心殘酷如此，傷人甚矣。杖之，仍罷其職。

《明太宗實録》永樂三年六月 〔丁亥〕大理寺卿呂震言，近例文官犯杖罪者，記罪還職，停俸三月，蓋欲使之改過自新。然有玩法者恃恩輕犯，恬無畏憚，不正其罪，無以示懲。請自今有再犯者論如律。上曰，再犯仍宥之，三犯如律。

（明）談遷《國榷》成祖永樂十三年七月 甲寅，命武官杖罪以下繫獄而疾，許出醫藥。著爲令。

《明英宗實録》景泰元年五月 〔庚戌〕復命內外法司論囚犯無力者笞杖，軍旗、舍餘、民人俱的決，雜犯死并徒流，軍旗、舍餘及軍職立功哨備，民人、陰陽人等遣充驛遞，悉如正統五年議例。從巡按監察御史劉琚奏也。

（明）余繼登《典故紀聞》卷一七 嘉靖初，致仕刑部尚書林俊言：古者撻人於朝，與衆辱之而已，非必欲壞爛其體膚而致之死也。成化時，臣及見廷杖三五臣，容厚綿底衣，重氈疊帊，然且卧牀數月，而後得痊。正德時，逆瑾用事，始啟去衣之端，釀有末年諫止南巡杖死之慘，幸遇新詔收卹，士氣始回。臣又見成化、弘治間詔獄諸旨，惟叛逆、妖言、强盜，好生打著問，喇唬殺人，打著問，其餘常犯，送錦衣衛鎮撫司問，鎮撫司奏送法司議罪。中間情重，始有來説之旨。今一概打問，無復低昂，恐失舊典，非祖宗仁厚之意。

《大清律例》卷四〇《總類·笞一十》 刑律

良人以手足毆人奴婢，不成傷者。良賤相毆律。

同姓服盡尊長以手足毆卑幼，不成傷者。同姓親屬相毆律。

期親以下尊長以手足毆卑幼之婦，不成傷者。

手足毆卑幼之妾，成傷；及以他物毆，不成傷者。

兄姊毆弟之妻，及妻毆夫之弟妹，并夫弟之妻，以手足毆，不成傷者。

兄姊毆弟之妾，及妻毆夫弟之妾，并妾毆夫之妾子，以他物毆，不成傷者。〔以上〕妻妾與夫親屬相毆律。

以手足毆妻不同居前夫之子，不成傷者。

手足毆同居前夫之子成傷，及以他物毆，不成傷者。（以上）毆妻前夫之子律。

無故罵人者。互相罵者。罵人律。

非因事而與官吏人等財，至四十兩者。坐贓致罪律。

去官而受舊部内餽，送土宜禮物者。在官求索借貸人財物律。

捕强竊盗賊事發日爲始，捕役汛兵一月不獲竊盗者。盗賊捕限律。

司獄官於囚應給衣糧、醫藥，應脱鎖杻，應保管出外，應聽家人入視，若申稟上司不即施行者，一日笞一十，每一日加一等，罪止笞四十。獄囚衣糧律。

婦人犯罪雜犯，責付保管，失於監禁者。婦人犯罪律。

《大清律例》卷四〇《總類・笞二十》 刑律

鬥毆以手足毆人，不成傷者。鬥毆律。

良人以手足毆人奴婢成傷，及以他物毆不成傷者。良賤相毆律。

同姓服盡尊長以他物毆卑幼，不成傷者。同姓親屬相毆律。

期親以下尊長以手足毆卑幼之婦成傷，及以他物毆不成傷者。以他物毆卑幼之妾成傷者。兄姊毆弟之妻，及妻毆夫之弟妹，并夫弟之妻以他物毆，不成傷者。妻妾與夫親屬相毆律。

以手足毆妻不同居前夫之子成傷，及以他物毆不成傷者。毆妻前夫之子律。

官吏人等非因事受財，一兩以下者。與者，至五十兩者。坐贓致罪律。

爲他人及親屬囑託公事者。囑託公事律。

徒、流、遷徙、充軍囚徒，當該官司無故稽留不送者，三日笞二十，每三日加一等，罪止杖六十。鄰境官司囚到稽留不即遞送者，罪亦如之。稽留囚徒律。

捕强竊盗賊事發日爲始，捕役汛兵一月不獲强盗及殺人賊者。兩月不獲竊盗者。盗賊捕限律。

鞫獄官於囚應杻而鎖，應鎖而杻，若囚該杖罪者。囚應禁而不禁律。

鞫獄官於囚情犯已完，限外不斷決起發者，當該官吏，三日笞二十，每三日加一等，罪止杖六十。淹禁律。

鞫獄官推問罪囚移内人伴，見在他處皆聽直行文書勾取，文到違限不發者，一日笞二十，每一日加一等，罪止杖六十。將重囚移就輕囚，多囚移就少囚，當處官司隨即收問，若囚到不受者，一日笞二十，每一日加一等，罪止杖六十。鞫獄停囚待對律。

告詞訟對問得實，無故稽留，三日不放者，笞二十，每三日加一等，罪止笞四十。原告人事畢不放回律。

被囚誣指之平人，無故稽留三日不放回者，笞二十，每三日加一等，罪止杖六十。獄囚誣指平人律。

鹽場鐵冶拘役徒囚，應入役而不入役，及病假已痊，不令計日貼役者，徒囚與監守人，過三日，笞二十，每三日加一等，罪止杖一百。徒囚不應役律。

《大清律例》卷四〇《總類・笞三十》 刑律

鬥毆以手足毆人成傷，及以他物毆人不成傷者。鬥毆律。

奴婢以手足毆良人不成傷者。良人以他物毆人奴婢成傷者。良賤相毆律。

同姓服盡卑幼以手足毆尊長，不成傷者。同姓親屬相毆律。

期親以下尊長以他物毆卑幼之婦，成傷者。毆卑幼之妾拔髮，方寸以上者。弟妹以手足毆兄之妻，不成傷者。妾以手足毆正妻姊妹、夫兄弟，及夫之姊妹夫并妻之子毆父妾，不成傷者。妻妾與夫親屬相毆律。

佐貳官罵六品以下長官者。佐職統屬罵長官律。

誣告人罪笞一十，加所誣罪二等者。誣告律。

官吏人等非因事受財，一兩以上至十兩者。與者，至六十兩者。坐贓致罪律。

餽送監臨官吏土宜禮物者。在官求索借貸人財物律。

提調官及長押官不覺失囚一名者。徒流人逃律。

捕强竊盗賊事發日爲始，捕役汛兵兩月不獲强盗及殺人賊者。三月不獲竊盗者。盗賊捕限律。

鞫獄官於杖囚應禁而不禁，應鎖杻而不鎖杻，及脱去者。徒囚應杻而鎖，應鎖而杻者。若杖囚自脱去，及司獄官典獄卒私與囚脱去鎖杻者。提牢官知而不舉者。囚應禁而不禁律。

行杖人決人不如法者。決罰不如法律。

斷罪皆須具引律例，違者。斷罪引律令律。

孕婦犯死罪失於詳審，過限不決者。婦人犯罪律。

死囚應絞而斬，應斬而絞，失者。斷罪不當律。

《大清律例》卷四〇《總類・笞四十》 刑律

竊盜已行而不得財，爲從者。竊盜律。

竊盜窩主爲從，不行又不分贓者。盜賊窩主律。

故用蛇蝎毒蟲咬傷人，輕者。屏去人服食律。

無故向城市及居宅放彈、射箭、投擲磚石者。弓箭傷人律。

打捕户穿作坑井及安置窩弓，不立望竿及抹眉小索者。窩弓殺傷人律。

鬥毆以他物毆人成傷者。鬥毆律。

流外官及軍民吏卒以手足毆非本管九品以上官，及公使人以手足毆九品以上有司官，不成傷者。毆制使及本管長官律。

流内九品以上官毆非本管五品以上，若五品以上毆非本管三品以上官，以手足不成傷者。九品以上官毆長官律。

毆受業師，以手足毆不成傷者。毆受業師律。

奴婢以手足毆良人，成傷，及以他物毆不成傷者。良人毆他人奴婢，拔髮方寸以上者。良賤相毆律。

同姓服盡卑幼，以他物毆尊長，不成傷者。同姓親屬相毆律。

期親以下尊長毆卑幼之婦，拔髮方寸以上者。弟妹以他物毆兄之妻，不成傷者。妾以他物毆正妻姊妹夫兄弟，及夫之姊妹夫并妻之子毆父妾，不成傷者。妻妾與夫親屬相毆律。

雇工人罵家長緦麻親者。奴婢罵家長律。

妻罵夫者。妻妾罵夫期親尊長律。

部院督撫等官巡歷去處，應有詞訟發當該官司追問，若有遲錯，部院等官不即舉行改正，事情輕者，吏典。告狀不受理律。

官吏於訴訟人内關有服親及婚姻之家，若受業師及素有讎隙之人，并聽迴避違者。聽訟迴避律。

誣告人罪笞二十，加所誣罪二等者。誣告律。

官吏爭論婚姻等事，不許公文行移，違者。官吏詞訟家人訴律。

官吏人等非因事受財，至二十兩者。與者，至七十兩者。坐贓致罪律。

監臨官吏接受所部内餽送土宜禮物者。在官求索借貸人財物律。

巡捕官已獲盜賊，剋留贓物，不解官者。剋留盜贓律。

官吏人等詐稱疾病，臨事避難者。當該官司知而聽行者。詐病死傷避事律。

軍士在鎮守之處，丁夫雜匠在工役之所，而有疾病，當該官司不爲請給醫藥救療者。若已行移，所司不差撥良醫，及不給對症藥餌醫治者。夫匠軍士病給醫藥律。

失火燒自己房屋者。失火律。

不應得爲而爲之事，理輕者。不應爲律。

捕强、竊盜賊事發日爲始，捕役汛兵三月不獲强盜及殺人賊者。盜賊捕限律。

鞫獄官於徒囚應禁而不禁，應鎖杻而不鎖杻，及脱去者。流囚應鎖而杻，應杻而鎖者。徒囚自脱去，及司獄官典獄卒私與囚脱去鎖杻者。提牢官知而不舉者。囚應禁而不禁律。

提牢官失於檢點，致囚自盡者。與囚金刃解脱律。

官司決人不如法者。決罰不如法律。

長官及出使人員有犯死罪，所屬先行收管申覆上司聽候回報，次官有犯亦同長官，違者。長官使人有犯律。

徒流罪犯各喚囚及其家屬取服辯文狀，若不服者，更爲詳審，違者。獄囚取服辯律。

婦人罪犯雜犯責付保管，不許一概監禁，違者。孕婦犯死罪失於詳審，産訖，限未滿而決者。婦人犯罪律。

犯十惡死罪及强盜，若於禁刑日而決者。死囚覆奏待報律。

刑例

一、父兄不能禁約子弟爲竊盜者。竊盜例。

一、牌頭所管内有爲盜之人，雖不知情而失察者。盜賊窩主例。

一、家長姦家下有夫之婦者。奴及雇工人姦家長妻例。

《大清律例》卷四〇《總類・笞五十》 刑律

常人盜倉庫錢糧等物，不得財爲從者。常人盜倉庫錢糧律。

竊盜及掏摸已行，而不得財爲首者。但得財一兩以下，爲從者。竊盜律。

山野柴草木石，他人已砍伐積聚而擅取，雖離本處未馱載者。盜田野穀麥律。

竊盜之餘人。共謀爲盜律。

鬥毆拔髮方寸以上者。鬥毆律。

宮内忿爭者。宮内忿爭律。

流外官及軍民吏卒以手足毆非本管九品以上官，并公使人以手足毆九品以上有司官，成傷，及以他物毆，不成傷者。毆制使及本管長官律。

流内九品以上官毆非本管五品以上，若五品以上毆非本管三品以上官，以手足毆，成傷，及以他物毆，不成傷者。九品以上官毆長官律。

毆受業師，以手足毆，成傷，及以他物毆，不成傷者。毆受業師律。

奴婢以他物毆良人，成傷者。良賤相毆律。

妻之子以他物毆父妾，成傷者。妾之子以手足毆父妾，不成傷者。妻妾與夫親屬相毆律。

吏卒罵六品以下首領官者。罵制使及本管長官律。

首領官及統屬官罵六品以下長官者。佐職統屬罵長官律。

雇工人罵家長小功親者。奴婢罵家長律。

罵内外緦麻兄姊者。罵尊長律。

妻妾罵夫内外緦麻兄姊者。妻妾罵夫期親尊長律。

軍民詞訟越本管官司輒赴上司稱訴者。越訴律。

誣告人罪笞三十加所誣罪二等者。誣告律。

年八十以上、十歲以下、及篤疾若婦人，除告謀反、叛逆、子孫不孝，或盜詐侵奪財産，及殺傷之類外，官司受而爲理者。見禁囚不得告舉他事律。

軍人有犯人命，管軍衙門約會有司檢驗，歸問其有占恪不發者，首領官吏。管軍官越分輒受民訟者。軍民約會詞訟律。

官吏受財，無禄人不枉法贓，一兩以下者。官吏受財律。

官吏人等非因事受財，至三十兩者。與者，至八十兩者。坐贓致罪律。

詐稱使臣乘驛，驛官失盤詰者。詐稱内使等官律。

官吏宿娼者，媒合人。官吏宿娼律。

官吏人等曲法囑託公事者。當該官吏聽從者。囑託公事律。

私和公事，情重者。私和公事律。

失火延燒官民房屋者。失火律。

違令者。違令律。

徒流遷徙充軍囚人役限内而逃，及起發已經斷決中途在逃者，一日，笞五十，每三日加一等，罪止杖一百。徒流人逃律。

鞫獄官於流囚應禁而不禁，應鎖杻而不鎖杻，及脱去者。死囚應杻而鎖，應鎖而杻者。流囚自脱去，及司獄官典獄卒私與囚脱去鎖杻者。提牢官知而不舉者。囚應禁而不禁律。

司獄官典失於檢點，致囚自盡者。與囚金刃解脱律。

獄官典卒容縱外人入獄，及走泄事情，於囚罪無增減者。主守教囚反異律。

獄囚應請給衣糧醫藥而不請給，患病應脱去鎖杻而不脱去，應保管出外而不保管，應聽家人入視而不聽，司獄官典獄卒，提牢官知而不舉者。獄囚衣糧律。

得相容隱之人及年八十以上、十歲以下、若篤疾皆不得令其爲證，違者。老幼不拷訊律。

鞫獄官於同伴罪囚已在他處事發者，聽輕囚就重囚，少囚從多囚，若囚數相等，送先發官司併問，若兩縣相去三百里之外者，各從事發處歸斷，違者。鞫獄停囚待對律。

孕婦犯死罪失於詳審，未産而決者。婦人犯罪律。

已處決訖別加殘毁死尸者。斷罪不當律。

刑例

一、子孫將祖父墳園樹木砍伐私賣及私買者。盜園陵樹木例。

一、失察偷出邊關刨參至一百名者，領催披甲人等鞭五十。盜田野穀麥例。

一、惡棍設法索詐官民，情罪重大，實在光棍，其家主父、兄。恐嚇取財例。

一、閑散及護軍、披甲人將該管官刃傷者，領催族長。毆制使及本管長官例。

一、奴僕毆辱職官者，家長。良賤相毆例。

一、賭博不行查首之總甲。賭博例。

《大清律例》卷四一《總類・杖六十》刑律

常人盜倉庫錢糧等物不得財，爲首者。常人盜倉庫錢糧律。

竊盜棄財逃走，事主追逐因而拒捕，爲從者。强盜律。

竊盜及掏摸得財一兩以下，爲首者。一兩至二十兩，爲從者。竊盜律。

和賣子孫爲奴婢，未賣者。窩主及買主知情者。略人略賣人律。

盜賊曾經刺字，若有起除原刺字樣者，補刺。起除刺字律。

常人私和人命者。尊長爲人殺私和律。

殿内忿爭者。宫内忿爭律。

流外官及軍民吏卒，以他物毆傷九品以上官，并公使人毆九品有司官，成傷者。毆制使及本管長官律。

流内九品以上官，以他物毆非本管五品以上官，及五品以上，毆非本管三品以上官，成傷者。九品以上官毆長官律。

以他物毆受業師，成傷者。毆受業師律。

奴婢毆良人，拔髮方寸以上者。毆大功親奴婢，折一齒、一指，眇一目，抉毁耳鼻，破骨及用湯火銅鐵汁傷者。良賤相毆律。

夫毆妾，折一齒、一指，眇一目，抉毁耳鼻，破骨及用湯火銅鐵汁傷者。妻妾毆夫律。

獄囚死罪，奏聞回報，故延不決者。有司決囚等第律。

尸傷不即檢驗，及檢驗不親臨監視，若初復檢官吏相見扶同尸狀，致移易輕重，增減尸傷不實者，正官。檢驗尸傷不以實律。

獄囚死罪，各喚囚及其家屬取服辯文狀，若不服者，更爲詳審，違者。獄囚取服辯律。

孕婦犯死罪，産訖，過限不決者。婦人犯罪律。

死罪囚覆奏回報應決者，聽三日乃行刑，若限未滿而刑，及過限不行刑者。死囚覆奏待報律。

死囚應絞而斬，應斬而絞者。斷罪不當律。

刑例

一、實係本人遠祖之墳，被人發掘盜葬，因將盜葬之棺發掘抛棄者。在田地場園内盜葬者，其盜葬人。發塚例。

一、牌頭知爲盜窩盜之人，舉報保正，而保正不行轉報者。盜賊窩主例。

一、押解人犯中途脱逃一名者，短解及護送營兵。主守不覺失囚例。

盜他人墳塋内樹木，爲從者。盜園陵樹木律。

《大清律例》卷四一《總類・杖七十》刑律

常人盜出倉庫錢糧等物，一兩以下者。常人盜倉庫錢糧律。

竊盜棄財逃走，事主追逐，因而拒捕，爲首者。强盜律。

竊盜及掏摸得財一兩至二十兩，爲首者。二十兩，爲從者。竊盜律。

和賣子孫爲奴婢者。略賣子孫爲奴婢，未賣者。窩主及買主知情者。略人略賣人律。

有主墳地内盜葬，爲從者。發塚律。

流外官及軍民吏卒毆九品以上官，并公使人毆九品有司官，拔髮方寸以上者。毆制使及本管長官律。

流内九品以上官毆非本管五品以上官，及五品以上毆非本管三品以上官，拔髮方寸以上者。九品以上官毆長官律。

毆受業師，拔髮方寸以上者。毆受業師律。

威力主使制縛人，及於私家拷打監禁，下手爲從者。威力制縛人律。

良人毆他人奴婢，血從耳目中出，及内損吐血者。毆緦麻小功親奴婢，折一齒、一指，眇一目，抉毁耳鼻，破骨及用湯火銅鐵汁傷者。毆大功親奴婢，折二齒、二指以上，及髡髮者。良賤相毆律。

家長及家長之期親，外祖父母毆雇工人，折一齒、一指，眇一目，抉毁耳鼻，破骨及用湯火銅鐵汁傷者。奴婢毆家長律。

夫毆妾，折二齒、二指以上，及髡髮者。妻妾毆夫律。

尊長毆服盡卑幼，血從耳目中出，及内損吐血者。同姓親屬相毆律。

本宗及外姻尊長毆大功卑幼，折一齒、一指，眇一目，抉毁耳鼻、破骨及用湯火銅鐵汁傷者。毆大功以下尊長律。

刑例

一、牌頭知爲盜、窩盜之人，舉報甲長，而甲長不行轉報者。盜賊窩主例。

《大清律例》卷四一《總類·杖八十》刑律

盜民間應禁軍器，一件者。盜軍器律。

盜他人墳塋内樹木，爲首者。盜園陵樹木律。

監守自盜倉庫錢糧等物，一兩以下者。監守自盜倉庫錢糧律。

常人盜倉庫錢糧等物，一兩以上至五兩者。常人盜倉庫錢糧律。

竊盜及掏摸得財，至二十兩，爲首者。三十兩，爲從者。竊盜律。

略賣子孫爲奴婢者。窩主及買主知情者。略人略賣人律。

棄屍賣墳，買地人、牙保知情者。祖父母、父母發子孫墳塚，開棺見屍者。毁棄子孫死屍者。穿地得屍，不即掩埋者。有主墳地内盜葬，爲首者。將尊長墳塚平治作地賣人，買主、知情者。地界内有死人，里長地隣不申報官司檢驗，輒移他處，及埋藏者。發塚律。

夜無故入人家者。夜無故入人家律。

强盜窩主不知盜情，只暫時停歇者。盜賊窩主律。

妻妾與人通姦，本夫於姦所親獲，止殺死姦夫者，姦婦。殺死姦夫律。

以他物置人耳、鼻及孔竅中，若故屏去人服食傷人者。屏去人服食律。

尊長將已死卑幼及他人身屍，圖賴人者。殺子孫及奴婢圖賴人律。

妻妾子孫及子孫婦、奴婢、雇工人被殺，而祖父母、父母、夫家長私和者。尊長爲人殺私和律。

毆人血從耳目中出，及内損吐血者。以穢物汚人頭面者。鬥毆律。

毆折人一齒、一指，眇一目，抉毁耳鼻，破骨及用湯火銅鐵汁傷人，辜内平復者。保辜限期律。

本衙門佐貳官毆六品以下長官者。佐職統屬毆長官律。

官司差人追徵錢糧，勾攝公事，而抗拒不服及毆所差人者。拒毆追攝人律。

威力制縛人，及於私家拷打、監禁者。威力制縛人律。

毆緦麻、小功親之奴婢，折二齒、二指以上，及髡髮者。毆大功親之雇工人，折一齒、一指，眇一目，抉毁耳鼻，破骨及用湯火銅鐵汁傷者。良賤相毆律。

雇工人毆家長之緦麻親者。家長及家長之期親外祖父母毆雇工人，折二齒、二指以上，及髡髮者。奴婢毆家長律。

夫毆妻及妻毆妾，折一齒、一指，眇一目，抉毁耳鼻，破骨及用湯火銅鐵汁傷者。妻妾毆夫律。

本宗及外姻尊長毆小功卑幼，折一齒、一指，眇一目，抉毁耳鼻，破骨及用湯火銅鐵汁傷者。毆大功卑幼，折二齒、二指以上及髡髮者。毆大功以下尊長律。

祖父母、父母非理毆子孫之婦，及乞養異姓子孫致令廢疾者。毆祖父母父母律。

妻毆夫小功卑幼，及期親以下尊長毆卑幼之妾，折一齒、一指，眇一目，抉毁耳鼻，破骨及用湯火銅鐵汁傷者。妻毆夫大功卑幼，折二齒、二指以上，及髡髮者。妾之子毆父妾，拔髮方寸以上者。妻妾與夫親屬相毆律。

毆已故子孫改嫁妻妾，至廢疾者。妻妾毆故夫父母律。

祖父母、父母爲人所毆，子孫即時救護還毆，至折二齒、二指以上及髡髮者。父祖被毆律。

軍民吏卒罵本屬、本管、本部首領官者。罵制使及本管長官律。

首領官及統屬官罵五品以上長官者。佐職統屬罵長官律。

奴婢罵家長大功親者。奴婢罵家長律。

罵内外大功尊屬者。罵尊長律。

妻妾罵夫大功尊屬者。妾罵夫並正妻者。妻妾罵夫期親尊長律。

投匿名文書，見者若不燒毁，送入官司者。投匿名文書告人罪律。

告殺人及强盜，官司不受理者。原告就被論官司告理命盜，推故不受理者。部院督撫等官巡歷去處，應有詞訟，發當該官司追問，若有遲錯，部院等官不即舉行改正，事情重者，吏典。告狀不受理律。

卑幼告小功尊長，及奴婢告家長小功親，雇工人告家長大功親，得實者。干名犯義律。

官吏受財，有禄人枉法贓，一兩至五兩者。不枉法贓，二十兩者。無禄人枉法贓，一十兩者。不枉法贓，三十兩者。官吏受財律。

官吏人等非因事受財，至六十兩者。與者，至三百兩者。坐贓致罪律。

詐傳五品以下衙門官言語，爲首者。當該官司知而聽行者。詐傳詔旨律。

官吏人等詐稱疾病，臨事避難，事重者。若無避故自傷殘者。受雇倩，爲人傷殘者。當該官司知避難而聽行者。詐病死傷避事律。

和姦者，姦夫、姦婦。若嫁賣姦婦與姦夫者，姦夫本夫。媒合、容止和姦，有夫者。私和刁姦者。犯姦律。

抑勒妻妾及乞養女與人通姦者，姦夫。抑勒親女及子孫之婦妾與人通姦者，姦夫。用財買休賣休，和娶人妾者，媒合人。縱容妻妾犯姦律。

良人和姦他人婢有夫者，姦夫、姦婦。良賤相姦律。

軍士在鎮守之處，丁夫雜匠在工役之所，而有疾病，當該官司不爲請給醫藥救療，因而致死者。若已行移所司，不差撥良醫，及不給對症藥餌，因而致死者。夫匠軍士病給醫藥律。

賭博財物者。開張賭坊者。賭博律。

庫藏及倉厫内燃火者。失火律。

不應得爲而爲之，事理重者。不應爲律。

官吏懷挾私讎，故禁平人者。提牢官及司獄官典獄卒知而不舉首者。因公事干連平人，在官無招，誤禁致死者。故勘平人者。故禁故勘平人律。

獄囚情犯已完，限外不斷決起發，因而致死囚，該流罪者。淹禁律。

司獄官、典獄卒，於獄囚應請給衣糧、醫藥，而不請給。應脱鎖杻，而不脱。應保出外，而不保出。應聽家人入視，而不聽。因而致死流罪囚者。提牢官知而不舉者。已申稟上司，不即施行，因而致死流罪囚者。獄囚衣糧律。

屍傷不即檢驗，及檢驗不親臨監視，若初復檢官吏相見扶同屍狀，移易輕重，增減屍傷者，吏典。仵作行人檢驗不實，扶同屍狀者。檢驗屍傷不以實律。

孕婦犯死罪，未産而決者。婦人犯罪律。

死罪囚若不待覆奏回報，而輒處決者。死囚覆奏待報律。

刑例

一、因事造言，捏成歌曲，及以褻嫚之詞傳播者。造妖書妖言例。

一、漕白二糧漕船頭舵明知旗丁盗賣，不首者。監守自盗倉庫錢糧例。

一、承緝盗案汛兵查緝不力者。

一、竊盗等事地保汛兵首報遲延者。

一、竊賊事主冒開贓物者。

一、强盗行劫鄰佑知而不協拿者。强盗例。

一、搶奪不得財及所搶之物即還事主者。探知强盗贓而於中途搶去者。

一、聚衆夥謀搶奪路行婦女，該管領催、總甲。白晝搶奪例。

一、盗牛一隻及窩家知情分贓者，俱枷號一個月。盗馬牛畜産例。

一、越度禁約山河偷採人參，家僕有犯，其主知而遣去者。

一、山海等關巡查人參、珠子不力，以致私帶過關者。盗田野穀麥例。

一、學臣考試有積慣隨棚代筆之鎗手，雇倩包攬之人，窩留之家不知情者。詐欺官私取財例。

一、盗葬者無發掘等情，止在切近墳傍而本家輒行發掘者。

一、以他骨暗埋預立封堆，僞説蔭基，私自偷埋者。發塚例。

一、保正、甲長、牌頭知爲盗窩盗之人，瞻徇隱匿者。盗賊窩主例。

一、本夫登時姦所獲姦殺死姦婦、姦夫，脱逃後被獲到官，審明姦情是實者，本夫。

一、姦婦自殺，其夫、姦夫果不知情者。殺死姦夫例。

一、瘋病之人親屬、鄰佑人等容隱不報，不行看守，以致瘋病之人自殺者。戲殺誤殺過失殺傷人例。

一、妻與夫角口被毆有重傷縊死者，其夫。夫毆死有罪妻妾例。

一、夫將妻屍圖賴人者。

一、凶棍遇有自盡之案，冒認屍親，吵鬧毆打，或將棺材攔阻打壞，抬去屍首，勒措行詐，該管地方兵役知而不拿者。殺子孫及奴婢圖賴人例。

一、閑散及護軍披甲人將該管官殺死之領催族長。毆制使及本管長官例。

一、地方衿監私置板棍擅責佃户者。奸頑佃户拖欠租課欺慢田主者。威力制縛人例。

一、典當雇工人限内逃匿者。奴婢毆家長例。

一、控告人命或誤聽人言情急妄告，於未經驗屍之先，盡吐實情，遞詞求息，别無賄和等情者。誣告例。

一、八旗有將家人爲養子分户、開户之人，值原主之子孫庸懦，或至絶嗣，自稱原爲養子，或謊稱爲近族兄，反行欺壓，希圖占産者，係官，革職，枷號一個月。干名犯義例。

一、直省書役年滿缺出，暗行頂買者，出結人等。書吏定稿高下其手，駁詰不已，無贓者。官吏受財例。

一、所犯本輕或本無罪，但許財營求者。官吏聽許財物例。

一、演弄拳棒射利惑民，容留不報之坊店寺院，及不行查拿之地保人等。詐教誘人犯法例。

一、流娼土妓，鄰保知情容隱者。買良爲娼例。

一、拿獲賭博人犯不將造賣之人供出、即將案内出具牌骰之人。賭博例。

一、城市、鄉村當街搭臺，懸燈唱演夜戲，地方保甲不行查拿者。搬做雜劇例。

一、各省發配充徒限滿回籍，若係强竊盗及光棍案内之犯，私自出境者。總甲人役并知情容留之房主。如有旗人容留居住，將知情容留之房主，若係另户，并族長，若係家人并伊主及領催。

一、流犯脱逃看守之保甲，逾限不獲，一名者。原籍之族長、保甲等容隱不首者。徒流人逃例。

一、在刑部衙門外左近探聽之徒，枷號一個月。主守教囚反異例。

《大清律例》卷四一《總類·杖九十》刑律

監守自盗倉庫錢糧等物，一兩以上至二兩五錢者。監守自盗倉庫錢糧律。

常人盗倉庫錢糧等物，至一十兩者。常人盗倉庫錢糧律。

竊盗及掏摸得財，三十兩，爲首者。四十兩，爲從者。竊盗律。

和賣子孫之妾，未賣者。窩主及買主知情者。略人略賣人律。

尊長於期親卑幼墳墓熏狐狸，因而燒棺槨者。子孫於祖父、母、父母，及奴婢雇工人於家長墳墓熏狐狸，爲從者。平治他人墳墓爲田園，爲從者。地界内有死人，里長、地鄰輒移他處及埋藏，以致失屍，爲從者。發塚律。

謀殺人已行，未傷人，爲從，不行者。謀殺人律。

緦麻卑幼被殺，而尊長私和者。尊長爲人殺私和律。

毆折人二齒、二指以上，及髡髮辜内平復者。保辜限期律。

威力主使人毆打至内損吐血，下手爲從者。威力制縛人律。

奴婢毆良人，血從耳目中出，及内損吐血者。良人毆他人奴婢，及毆緦麻小功親雇工人折一齒、一指，眇一目，抉毁耳鼻，破骨及用湯火銅鐵汁傷者。毆大功親奴婢折肋，眇兩目，墮胎及刃傷，并毆雇工人折二齒、二指以上及髡髮者。良賤相毆律。

雇工人毆家長之小功親者。毆緦麻小功親至内損吐血者。奴婢毆家長律。

夫毆妻及妻毆妾，折二齒、二指以上及髡髮者。夫毆妾折肋、眇兩目、墮胎及刃傷者。妻妾毆夫律。

尊長毆服盡卑幼折一齒、一指，眇一目，抉毁耳鼻，破骨及用湯火銅鐵汁傷者。卑幼毆服盡尊長，血從耳目中出，及内損吐血者。同姓親屬相毆律。

本宗及外姻尊長毆緦麻卑幼折一齒、一指，眇一目，抉毁耳、鼻，破骨及用湯火銅鐵汁傷者。毆小功卑幼折二齒、二指以上及髡髮者。毆大功以下尊長律。

祖父母、父母非理毆子孫之婦，及乞養異姓子孫，致令篤疾者。毆祖父母父母律。

妻毆夫緦麻卑幼及期親以下尊長毆卑幼之婦，折一齒、一指，眇一目、抉毁耳鼻、破骨及用湯火銅鐵汁傷者。妻毆夫小功卑幼及期親以下尊長毆卑幼之妾，折二齒、二指以上及髡髮者。妻之子毆父妾，血從耳、目中出，及内損吐血者。妻妾與夫親屬相毆律。

毆已故子孫之改嫁妻妾，至篤疾者。妻妾毆故夫父母律。

軍民吏卒罵本屬、本管、本部佐貳官者。罵制使及本管長官律。

誣告人罪杖六十，加所誣罪三等者。誣告律。

卑幼告大功尊長，及奴婢告家長大功親雇工人告家長期親外祖父母，得實者。干名犯義律。

官吏受財，有禄人枉法贓，至一十兩者。不枉法贓，至三十兩者。無禄人，枉法贓，至一十五兩者。不枉法贓至四十兩者。官吏受財律。

官吏人等非因事受財，至七十兩者。與者，至四百兩者。坐贓致罪律。

制書傳寫失錯，爲從者。詐爲制書律。

詐傳三四品衙門官言語，有所規避，爲從者。當該官吏知而聽行者。詐傳詔旨律。

詐稱見任官子孫、弟姪、家人於按臨部內有所求爲，爲從者。詐假官律。

和姦有夫者，姦夫、姦婦。媒合容止人在家刁姦者。犯姦律。

縱容妻妾與人通姦者，本夫、姦夫、姦婦。縱容親女及子孫之婦妾與人通姦者，父母、舅姑、姦夫、姦婦。用財買休賣休和娶人妾者。本夫、本婦，及買休人。用財買休賣休和娶人妻，及用計逼勒本夫休棄其妾者。抑勒妻妾及乞養女通姦，與用財買休賣休和娶人妻者，媒合人。縱容妻妾犯姦律。

姦同宗無服親之妾者，姦夫、姦婦。親屬相姦律。

奴和姦良人婦女，及良人刁姦他人婢者，姦夫、姦婦。良賤相姦律。

娼優樂人買良人子女爲娼優，及爲妻妾，或乞養爲子女者，媒合人。買良爲娼律。

職官賭博者。賭博律。

常人以金刃及他物與囚，及子孫與在獄之祖父母、父母、奴婢、雇工人與在獄之家長者。司獄官典及提牢官知而不舉者。與因金刃解脫律。

行杖人決人不如法，因而致死者。決罰不如法律。

刑例

一、異姓人無歃血盟誓焚表事情，止結拜弟兄，爲從者。謀叛例。

一、事主呈報盜情謊稱被劫，及以竊爲强，以姦爲盜，以人命鬥毆等事報盜，甲長鄰佑扶同者。强盜例。

一、盜牛二隻及窩家，知情分贓者，俱枷號三十五日。盜馬牛畜産例。

一、販參之犯，所販不滿十兩者。盜田野穀麥例。

一、燬化小制錢，房主鄰佑不知情者。私鑄銅錢例。

一、流犯脫逃，看守之保甲逾限不獲二名者。徒流人逃例。

《大清律例》卷四一《總類·杖一百》刑律

盜各衙門官文書者。盜制書律。

盜關防印記者。盜印信律。

盜倉庫等門鑰者。盜城門鑰律。

監守自盜倉庫錢糧等物，至五兩者。監守自盜倉庫錢糧律。

常人盜倉庫錢糧等物，至一十五兩者。常人盜倉庫錢糧律。

竊盜及掏摸得財四十兩，爲首者。五十兩，爲從者。竊盜律。

和賣子孫之妾者。略賣子孫之妾，未賣者。窩主及買主知情者。略人略賣人律。

尊長於大功卑幼墳墓熏狐狸，因而燒棺槨者。子孫於祖父母、父母，及奴婢雇工人於家長墳墓熏狐狸，爲首者。平治他人墳墓作田園，爲首者。將尊長墳塚爲首，平治作地賣與人得贓，輕者。地界內有死人，里長地鄰輒移他處及埋藏，以致失屍，爲首者。以致殘毀及棄屍水中，爲從者。棄而不失及髡髮若傷者。發塚律。

强盜窩主共謀不行，又不分贓者。盜賊窩主律。

謀殺人已行未傷人，爲從者。謀殺人律。

採生折割人，里長知而不舉者。採生折割人律。

造畜蠱毒殺人及教令人，里長知而不舉者。造畜蠱毒殺人律。

同謀共毆人，因而致死者，餘人。鬥毆及故殺人律。

妻妾因毆罵夫之祖父母、父母而夫擅殺死者。夫毆死有罪妻妾律。

子孫將已死緦麻尊長身屍圖賴人者。殺子孫及奴婢圖賴人律。

無故於鄉村曠野馳驟車馬，因而傷人致死者。車馬殺傷人律。

因事威逼人致死者。官吏公使人等非因公務，而威逼平民致死者。威逼人致死律。

緦麻尊長被殺，而卑幼私和者。小功卑幼被殺，而尊長私和者。尊長爲人殺私和律。

知同伴欲謀害他人，不即阻當救護，及被害後不首告者。同行知有謀害律。

毆人折一齒及一指、眇一目、抉毁人耳鼻、破骨及用湯火銅鐵汁傷人者。以穢物灌入人口鼻內者。鬥毆律。

宮內忿爭，聲徹於御在所，及相毆者。宮內忿爭律。

軍民吏卒毆六品以下首領官者。流外官及軍民吏卒毆九品以上官，并公使人毆打有司官，血從耳目中出及內損吐血者。毆制使及本管長官律。

本衙門首領官及統屬官毆六品以下長官者。佐職統屬毆長官律。

流內九品以上官毆非本管五品以上，若五品以上毆非本管三品以上官，血從耳目中出及內損吐血者。九品以上官毆長官律。

毆受業師，血從耳目中出及内損吐血者。毆受業師律。

威力拷打人，至内損吐血者。威力制縛人律。

良人毆他人奴婢，及毆緦麻、小功親雇工人，折二齒、二指以上及髡髮者。毆緦麻、小功親奴婢，折肋，眇兩目，墮胎及刃傷者。良賤相毆律。

雇工人毆家長之大功親者。傷重至内損吐血者。奴婢有罪，家長及家長之期親外祖父母不告官司而毆殺者。家長及家長之期親外祖父母毆雇工人，折肋，眇兩目，墮胎及刃傷者。奴婢毆家長律。

妻毆夫者。妻妾毆夫律。

尊長毆服盡卑幼，折二齒、二指以上及髡髮者。同姓親屬相毆律。

卑幼毆本宗及外姻緦麻兄姊者。本宗及外姻尊長毆緦麻卑幼，折二齒、二指以上及髡髮者。毆大功卑幼，折肋，眇兩目，墮胎及刃傷者。毆大功以下尊長律。

子孫違犯教令，而祖父母、父母非理毆殺者。毆祖父母父母律。

妻妾毆夫緦麻兄姊者，妾毆妻之父母者。妻毆夫緦麻卑幼，及期親以下尊長毆卑幼之婦，折二齒、二指以上及髡髮者。妻毆夫大功卑幼，折肋，眇兩目，墮胎及刃傷者。妻妾與夫親屬相毆律。

祖父母、父母爲人所毆，子孫即時救護還毆，至折人肋，眇人兩目，墮胎及刃傷者。父祖被毆律。

奉制命出使而官吏罵之，及部民罵本屬府、州、縣，軍士罵本管官，吏卒罵本部五品以上長官者。罵制使及本管長官律。

雇工人罵家長期親及外祖父母者。奴婢罵家長律。

罵期親兄姊者。罵尊長律。

妻妾罵夫期親兄姊者。妻妾罵夫期親尊長律。

迎車駕及擊登聞鼓申訴不實者。越訴律。

投匿名文書官司受而爲理者。投匿名文書告人罪律。

告惡逆官司不受理者。原告就被論官司告理惡逆，推故不受理者。告狀不受理律。

誣告人罪杖七十加所誣罪三等者。誣告律。

告期親尊長外祖父母，及妾告妻，得實者。奴婢告家長期親外祖父母者。雇工人誣告家長期親外祖父母者。干名犯義律。

子孫違犯祖父母、父母教令，及奉養有缺者。子孫違犯教令律。

官吏受財，有禄人枉法贓，至一十五兩者。不枉法贓，至四十兩者。無禄人枉法贓，至二十兩者。不枉法贓，至五十兩者。官吏受財律。

官吏人等非因事受財，至八十兩者。與者至五百兩者。坐贓致罪律。

制書傳寫失錯，爲首者。詐爲制書律。

詐傳三四品衙門官言語有所規避，爲首者。當該官司知而聽行者。詐傳詔旨律。

私鑄銅錢，里長知而不首者。將銅錢剪錯薄小取銅求利者。私鑄銅錢律。

詐稱見任官子孫、弟姪、家人於部内有所求爲，爲首者。當該官司知而聽行者。詐假官律。

犯罪待對，故自傷殘者。受雇倩爲人傷殘者。當該官司知而聽行者。詐病死傷避事律。

刁姦者，姦夫姦婦。犯姦律。

抑勒妻妾及乞養女與人通姦者，本夫、義父。抑勒親女及子孫之婦妾與人通姦者，父母、舅姑。用財買休賣休和娶人妻者，本夫本婦及買休人。與妾用計逼勒本夫休棄者，買休人及妾。買休之媒合人。因姦不陳告，而嫁賣與姦夫者。縱容妻妾犯姦律。

姦同宗無服之親及無服親之妻者，姦夫姦婦。親屬相姦律。

官吏和姦所部無夫妻女者。姦部民妻女律。

居父母夫喪，及僧尼、道士、女冠犯和姦者。居喪及僧道犯姦律。

奴姦良人婦女，和姦者，姦夫姦婦。良賤相姦律。

娼優樂人買良人子女爲娼優及爲妻妾，或乞養爲子女者。知情嫁賣者。買良爲娼律。

官吏人等曲法囑託公事，當該官吏聽從已施行者。監臨勢要曲法，爲人囑託者。囑託公事律。

失火因而致傷人命者。在外失火延燒山陵兆域者。在外失火延燒官府公廨及倉庫者。

守衛宫殿及倉庫，若掌囚者，但見火起皆不得離所守，違者。失火律。

放火故燒自己房屋者。放火故燒人房屋律。

樂人搬做雜劇戲文，不許妝扮歷代帝王、后妃及先聖、先賢、忠臣、烈士、神像，違者。官民之家容令妝扮者。搬做雜劇律。

一、罪人本犯應死，逃走已就拘執，及不拒捕而擅殺者。罪人拒捕律。

一、獄囚情犯已完，限外不斷決起發，因而致死囚，該徒罪者。淹禁律。

一、獄卒以金刃及他物可以自殺并解脱鎖杻之具與囚者。因而致囚在逃，能自捕得及他人捕得，若囚已死及自首者。常人以金刃及他物與囚及子孫，與在獄之祖父母、父母，奴婢、雇工人與在獄之家長，因而在逃，及自傷或傷人者。司獄官典及提牢官知而不舉者。與囚金刃解脱律。

一、司獄官、典獄卒於徒囚應請給衣糧醫藥而不請給，應脱鎖杻而不請脱，應保出外而不請保，應請聽家人入視而不聽，因而致死者。提牢官知而不舉者。已申稟上司不即施行，因而致死徒罪囚者。獄囚衣糧律。

一、官司決人不如法，因而致死者。決罰不如法律。

一、婦人懷孕犯罪未產拷決因而墮胎者。婦人犯罪律。

刑例

一、異姓人無歃血，盟誓，焚表事情，止結拜弟兄，爲首者。謀叛例。

一、淫詞小説買看者。造妖書妖言例。

一、車馬過陵及守陵官民入陵百步外下馬，違者。盗園陵樹木例。

一、呈報盗情並無被劫，謊稱者，及以竊爲强，以姦爲盗者。以人命鬥毆等事報盗，其本身無罪者。

一、官員恐嚇事主，抑勒諱盗，或改强爲竊者。承行書辦。

一、竊盗等事，地保汛兵通同隱匿，及地保已報文職，而汛兵不報武弁，或汛兵已報武弁，而地保不報文職者。

一、强盗重案，不許番捕等役私拷取供，違者，枷號一個月。

一、父兄不能禁約子弟爲盗者。

一、夥盗不行又不分贜者。强盗例。

一、總甲、快手、應捕人等以巡捕勾攝爲由，毆打平人，搶奪財物，里老、鄰佑知而不舉者。

一、苗人搶奪若至百人以上者，百户寨長。

一、出哨兵弁見船覆溺阻撓不救，以致淹斃人命，爲從者。

一、江南、通州、崇明、昭文沙民夥衆爭地，執持器械，及聚衆四五十人，有抗官重情，逼勒同行之人。白晝搶奪例。

一、盗牛三隻及窩家知情分贜者，俱枷號四十日。知情不分贜者。盗馬牛畜産例。

一、産礦山場山主違禁勾引礦徒偷挖，及約練勾引接濟夥同分利，保甲、地鄰知情容隱不報者。

一、越度禁約山河偷採人參，家僕有犯，其主知而巧供不知者。未得參之財主，及率領頭目係旗人枷號兩個月。係盛京及內地民人枷號一個月，并妻入官，爲從，枷號一個月。

一、山海等關有將人參、珠子私帶過關，巡查人等明知故縱者，枷號一個月。盗田野穀麥例。

一、苗人伏草捉人，横加枷肘勒銀取贖，該管官知情故縱者。恐嚇取財例。

一、學臣考試有積慣隨棚代筆之鎗手，其知情保結之廩生。詐欺官私取財例。

一、窩隱川販，鄰佑知而不首者。略人略賣人例。

一、强盗窩主之鄰佑，知而不首。

一、父兄不能禁約子弟窩盗者，各照强盗父兄論。盗賊窩主例。

一、竊盗等犯自行用藥，銷毁面膊上所刺之字者，枷號三個月。代毁之人枷號兩個月。起除刺字例。

一、兇棍遇有自盡之案，冒認屍親，吵鬧毆打，或將棺材攔阻打壞抬去屍首，勒揹行詐者，枷號兩個月。殺子孫及奴婢圖賴人例。

一、瘋病之人親屬鄰佑人等容隱不報，不行看守，致殺他人者。戲殺誤殺過失殺傷人例。

一、兇徒雖執兇器而未傷人者。執兇器自傷者。鬥毆例。

一、八旗兵丁因管教將本管官戳死之領催、族長。毆制使及本管長官例。

一、旗下家人莊頭在外倚勢害民，把持衙門，霸占子女，無故捆縛拷打良民致死，其主係平人。

一、地方鄉紳私置板棍，擅責佃户者。威力制縛人例。

一、官員將奴婢刃殺者。若將族中家僕刃殺者。

一、平人將奴婢責打身死者，枷號二十日；故殺者，枷號一個月；

刃殺者，枷號兩個月。毆雇工人致死者，枷號四十日；毆族中家僕致死者，枷號兩個月；將族中家僕故殺者，枷號三個月。

一、監生生員故殺刃殺奴婢者。

一、民人奴僕背主投營，審無挾制勒索者，枷號四十日。

一、漢人奴僕背主逃匿者。奴婢毆家長例。

一、毀罵公、侯、駙馬、伯，及京省文職三品以上、武職二品以上者。

一、在長安門外妄叫冤枉辱罵原問官者，用一百觔枷枷號一個月。罵制使及本管長官例。

一、車駕行幸瀛臺等處，申訴者，枷號一個月。

一、擅入午門、長安門内叫訴冤枉，勘問得實者，枷號一個月。

一、姦徒違禁入堂子跪告者。

一、生員越關赴京，在各衙門控告，或跪牌并奏瀆者。越訴例。

一、布散匿名揭帖及投遞部院衙門，不行拿送之步軍營兵及司坊衙役，並枷號三個月。設匿名文書告人罪例。

一、八旗有將伊祖父時或養子或分户年久之子孫復行混告者，係平人，枷號兩個月。誣告例。

一、八旗有將家人爲養子分户開户之人，值原主之子孫庸懦，或至絶嗣，自稱原爲養子，或謊稱爲近族兄，反行欺壓希圖占産者，係平人，枷號三個月。干名犯義例。

一、正身衙役違禁私帶白役者。

一、各省書役年滿考職時，若有冒籍、冒名等弊者。官吏受財例。

一、長隨鑽營上司引薦，别無情弊，但盤踞屬員衙門者，枷號一個月。在官求索借貸人財物例。

一、私鑄銅錢其父兄不能禁約者。

一、將前代廢錢攙使者，枷號一個月。

一、經紀舖户人等收買剪邊錢，攙和貨賣，錢不及十千者，枷號一個月。

一、將大制錢剪邊打造煙袋等物貨賣，剪邊一千文以下者，本犯枷號三個月。私鑄銅錢例。

一、游手好閑之流，演弄拳棒，教人及投師學習輪叉舞棍，遍游街市射利惑民者，枷號一個月。詐教誘人犯法例。

一、職官姦軍民妻者，革職，姦婦枷號一個月。軍民相姦者，姦夫、姦婦各枷號一個月。奴婢相姦及軍民與官員軍民之妾婢相姦者，姦夫、姦婦。

一、和同雞姦者，枷號一個月。犯姦例。

一、姦同宗無服之親，及無服親之妻者，枷號四十日。親屬相姦例。

一、僧道不分有無度牒，及僧尼女冠若犯和姦者，各枷號二個月。

一、僧、道官、僧人、道士有挾妓飲酒者。居喪及僧道犯姦例。

一、人牙私將領賣婦人久養在家，逾限不賣，希圖重利者。

一、無籍之徒及生監衙役兵丁，窩頓娼妓及得財架護者。買良爲娼例。

一、賭博，不分兵民，枷號兩個月。偶然會聚開場窩賭，及存留之人抽頭無多者，枷號三個月。官員有犯，革職，枷號兩個月。

一、官員賭錢，賭飲食，有打馬吊，鬥混江者，革職，枷號兩個月；上司與屬員鬥牌、擲骰者，均革職，枷號三個月。

一、地方保甲知造賣賭具之人，不首報者。

一、奸民私造賭具，左右緊鄰通同徇隱不舉首者。賭博例。

一、出征行獵處失火者。失火例。

一、民人附合結黨，妄預官府之事者。囑託公事例。

一、謀財放火尚未延燒之誘脅同行者，枷號兩個月。挾讎放火，當被救息，尚未延燒之爲從者，枷號三個月。放火故燒房屋例。

一、城市鄉村當街搭臺懸燈唱演夜戲者，爲首之人，枷號一個月。搬做雜劇例。

一、越獄人犯其代爲剃頭並銷毁刺字之人，俱枷號兩個月。

一、在監斬絞人犯如有强横不法，及賭博等事者。獄囚脱監及反獄在逃例。

一、流犯脱逃，看守之保甲逾限不獲三名及三名以上者。

一、在川流民犯罪遞回原籍，復逃至川者，如無爲匪，照逃人例。徒流人逃例。

一、正陽、崇文、宣武三門關廂内失事，專汛千把總及馬步兵丁。盜賊捕限例。

一、承審官吏遇一切命、盗案件，將干連人犯不應拷訊，誤執己見，刑訊致斃者。故禁故勘平人例。

一、問刑衙門不許獄内用柙牀，違者，禁卒。

一、徒罪以下人犯無病而串通獄官醫生，揑稱有病者。病已痊愈，而該佐領驍騎校地方官不即送監審結者。

一、番役將盗犯及死罪人犯私拷取供者，枷號一個月。陵虐罪囚例。

一、書辦、皂隸及官員家僕人等有擅自出入監所者，書隸革役；家人枷號一個月。主守教囚反異例。

一、遇告人命不先究致死根因明確，概行檢驗者。檢驗屍傷不以實例。

《蒙古律例》卷一〇《雜犯·看守瘋人》 一、凡瘋病之人，交伊祖、父、伯、叔、兄、弟、子、侄至近親戚看守，無親戚者交鄰舍鄉長看守。若疏脱致令殺人者，鞭八十。

（清）吴壇《大清律例通考》卷四《名例律·五刑》 律文

笞刑五：笞者，擊也，又訓爲恥。用小竹板。

一十，折四板。二十，除零折五板。三十，除零折一十板。四十，除零折一十五板。五十，折二十板。

杖刑五：杖，重於笞。用大竹板。

六十，除零折二十板。七十，除零折二十五板。八十，除零折三十板。九十，除零折三十五板。一百，折四十板。【略】

第一條例文

凡笞杖罪名，折責概用竹板，長五尺五寸。小竹板大頭闊一寸五分，小頭闊一寸，重不過一斤半。大竹板大頭闊二寸，小頭闊一寸五分，重不過二斤。其强盗、人命事件，酌用夾棍。

謹按：笞杖舊用大、小荆杖爲之，康熙八年及四十五年刑部復準：凡笞杖罪名，除旗人鞭責外，民人折責，概用竹板。長五尺五寸，大頭闊二寸，小頭闊一寸五分，重不過二斤。原附斷獄門故禁故勘條下，雍正三年館修，始改入獄具圖内。乾隆元年五月，署兵部侍郎王士俊密請申明刑具案内，又經復準通行。比例向列《會典》，乾隆五年館修，以笞杖罪名三十七年永行禁用矣。

又按：乾隆元年定例，用合板，不用陽板。此尚未入律，應補。

又按：五刑本條止言笞杖而不言夾棍，此條所載其强盗、人命事件，酌用夾棍二句，及第二條内應夾人犯云云，與斷獄門故禁故勘第一條例文義意重復，此處應節删。【略】

第四條例文

凡民人犯軍流徒罪者，俱俟到配所之日決杖。

謹按：此條係康熙年間現行則例，乾隆五年館修增入。

又按：所增例文，與徒流遷徙地方條下雍正三年律内所纂之例相仿，惟彼條有緣坐流不加杖之句，與此稍異。應合纂爲一條，以省繁贅。【略】

第八條例

每逢熱審之期，一應杖責之犯，無論題達重案以及其餘事件，統於減等之中遞行八折發落。

謹按：此條乾隆二年據福建巡撫盧焯條奏：熱審事宜，先經部議，以熱審減等之外，不必復行八折等因復奏。即於是年八月初一日奉旨：飭部另行妥議具奏，仍照舊遞行八折，通行遵照在案。乾隆五年館修，纂如前例。

（清）嵇璜等《清朝文獻通考》卷二〇四《刑考·徒流》 〔乾隆二十七年〕定奉天等處盗馬各犯，分别徒流例。奉天吉林黑龍江等處，凡民人盗馬一匹，枷號一月，杖八十。二匹，枷號三十五日，杖九十。三匹，枷號四十日，杖一百。四匹，枷號四十日，杖六十，徒一年。五匹，枷號四十日，杖八十，徒二年。五匹以上者，枷號四十日，杖一百，徒三年。十匹以上，杖一百，流三千里。

《清高宗實録》乾隆四十四年四月 〔丁卯〕刑部議覆大理寺卿虞鳴球奏稱：律内五徒三流各載杖數，至五軍發遣，及雜犯三流，總徒四年，雜犯斬絞，準徒五年，俱未載杖數，恐罪重者，轉得倖免，請照《大清會典》所載，於律内軍遣及總徒、準徒項下，逐一注明等語。查五徒三流俱杖一百，而總徒、準徒及軍遣罪名，律内轉未分晰者，滿杖至一百而止。名例所載，應杖之數，即《會典》所載並杖一百也。既有定例，未便添改，惟是外省問刑衙門，未曉全律，於軍犯等到配，或不復照例折責，嗣後除外遣當差之犯，例不加杖外，凡問擬五軍及總徒、準徒罪名者，俱於逐案題稿引律出語内添入。仍依名例至配所，照應杖之數杖一百，折責發落語句。通行辦理從之。

（清）沈家本《續修會典事例·共謀爲盗》　一、共謀爲盗，【略】不分贓者，杖一百。

（清）沈家本《續修會典事例·發塚》　一、平治他人墳墓爲田園，未見棺槨，止一塚者，仍照律杖一百。

（清）沈家本《續修會典事例·盗賊窩主》　一、順天府、五城及直隸、山東二省窩藏竊盗一、二名者，杖一百，徒三年。

紀事

《儀禮正義》卷一〇《鄉射禮》　射者有過則撻之。過，謂矢揚中人。凡射時矢中人，當刑之。今鄉會衆賢以禮樂勸民，而射者中人，本意在侯，去傷害之心遠，是以輕之，以扑撻於中庭而已。《書》曰：扑作教刑。疏：正義曰：敖氏云射時司射搢扑以涖事，然則撻之者，其司射與？注云過謂矢揚中人，凡射時矢中人當刑之者，以矢中人爲過之大者，本當刑之，但其本意在侯，非故有傷害人之心也，故僅用扑撻於中庭。鄭引漢時鄉會衆賢事以證之也。引《書》者，《古文尚書·堯典》文。吴氏廷華云：過本不一，注特舉其重言之。賓主大夫無撻理，或爲三耦及諸執事設也。

（宋）李昉等《太平御覽》卷六四九《刑法部·鞭》　《書》曰：鞭作官刑。爲辦治官事之刑也。

《傳》曰：齊襄公田于貝丘，見大豕，從者曰：公子彭生也。公怒曰：彭生敢見，射之，豕人立而啼。公懼，墜于車，傷足喪屨，反誅屨於徒人費，弗得，鞭之見血。

又曰：重耳過衛，衛文公不禮焉。出於五鹿，乞食於野人，與之塊，公子欲鞭之，子犯曰：天賜也。稽首受而載之。

又曰：楚子將圍宋，使子文治兵於睽，終朝而畢不戮一人。子玉復治兵於蔿，終日而畢，鞭七人，貫三人耳。

又曰：衛獻公初有嬖妾，使師曹誨之琴。誨，教也。師曹鞭之，公怒，鞭師曹三百。

（清）沈家本《歷代刑法考·刑法分考十四·鞭》　《左傳》：莊八年，誅屨於徒人費，弗得，鞭之，見血。走出，遇賊于門，劫而束之。費曰：我奚御哉！袒而示之背，信〔之〕。三十二年，雩，講于梁氏，女公子觀之。圉人犖自牆外與之戲。子般怒，使鞭之。僖二十七年，子玉復治兵於蔿，終日而畢，鞭七人，貫三人耳。襄十四年初，公有嬖妾，使師曹誨之琴，師曹鞭。

按：觀於徒人費之事，是古之鞭於背，與《説文》之言撻其背者正同，可見鞭扑皆於背也。觀於師曹之事，則當時教訓之事亦有用鞭者，鞭扑互相爲用不拘，拘於官刑，教訓之分矣。

《左傳·文公十八年》　歜以扑抶職。杜注：扑，箠也。抶，擊也。

（宋）李昉等《太平御覽》卷六四九《刑法部·鞭》　《穀梁傳》成公曰：梁山崩，雍河三日不流。晉君召伯遵而問焉。伯遵來遇輦者，不辟，使車右下而鞭之。輦者曰：所以鞭我者，取道遠矣。伯遵下車問焉，曰：子有聞乎。對曰：梁山崩。伯遵曰：君爲此召我如之何。輦者曰：天有山，天崩之，天壅之，雖召伯遵，其若之何。伯遵由悉問焉。悉，至疑欲重問之也。輦者曰：君親素縞，帥臣而哭之，既祀焉。

《左傳·襄公十八年》　子罕聞之，親執扑以行築者，而抶其不免者。杜注：扑，杖也。

甘肅省文物考古研究所《居延新簡》　☑李嚴嚴數榜笞，息息亡蘭。

甘肅省文物考古研究所《居延新簡》　移魏郡元城遝。書曰：命髡鉗笞二百☐。

（宋）司馬光《稽古録》漢景帝中元六年夏　詔減笞法，不過二百。自是，笞者始得全。

《後漢書》卷五五《劉寬傳》　典歷三郡，溫仁多恕，雖在倉卒，未嘗疾言遽色。常以爲齊之以刑，民免而無恥。吏人有過，但用蒲鞭罰之，示辱而已，終不加苦。

（清）沈家本《歷代刑法考·刑法分考十四·鞭》　魏明帝太和年間，定鞭督之令。

按：此事《魏志·明帝本紀》不載。《晉志》云：明帝改士庶罰金之令，婦人加笞還從鞭督之例。玩其文意，似本有鞭督之例，婦人還從之，非明帝始創也，當再考。

《魏志·明紀》青龍二年春二月癸酉，詔曰：鞭作官刑，所以糾慢怠也，而頃多以無辜死。其減鞭杖之制，著爲令。

《三國志》卷三《魏志·明帝紀》〔青龍〕二年春二月乙未，太白犯熒惑。癸酉，詔曰：鞭作官刑，所以糾慢怠也，而頃多以無辜死。其減鞭杖之制，著于令。

《三國志》卷三二《蜀志·先主傳》除安喜尉。《典略》曰：平原劉子平知備有武勇，時張純反叛，青州被詔，遣從事將兵討純，過平原，子平薦備于從事，遂與相隨，過賊於野，備中創陽死，賊去後，故人以車載之，得免。後以軍功，爲中山安喜尉。督郵以公事到縣，先主求謁，不通，直入縛督郵，杖二百，解綬繫其頸著馬枊，棄官亡命。

《宋書》卷四六《趙倫之傳》〔趙伯符字潤遠〕文帝即位，累遷徐、兗二州刺史，爲政苛暴，吏人畏之若豺虎，然而寇盜遠竄，無敢犯境。元嘉十八年，徵爲領軍將軍。先是，外監不隸領軍，宜相統攝者，自有別詔，至此始統領焉。二十一年，轉豫州刺史。明年，爲護軍將軍，復爲丹陽尹。在郡嚴酷，吏人苦之，或至委叛被録赴水而死。典筆吏取筆不如意，鞭五十。

《宋書》卷六三《沈演之傳》〔沈〕勃弟統，大明中爲著作佐郎。先是，五省官所給幹僮，不得雜役，太祖世，坐以免官者，前後百人。統輕役過差，有司奏免。世祖詔曰：自頃幹僮，多不祗給，主可量聽行杖。得行幹杖，自此始也。

《宋書》卷七四《沈攸之傳》先是，攸之在郢州，州從事輒與府録事鞭，攸之免從事官，而更鞭録事五十。謂人曰：州官鞭府職，誠非體要，由小人凌侮士大夫。倉曹參軍事邊榮爲府録事所辱，攸之自爲榮鞭殺録事。

《南齊書》卷三五《長沙威王晃傳》太祖踐阼，晃欲用政事，輒爲典籤所裁，晃執殺之，上大怒，手詔賜杖。

《南史》卷一八《蕭琛傳》〔蕭琛〕累遷尚書左丞。時齊明帝用法嚴峻，尚書郎坐杖罰者皆即科行，琛乃密啓曰：郎有杖起自後漢，爾時郎官位卑，親主文案，與令史不異。故郎三十五人，令史二十人，是以古人多恥爲此職。自魏、晉以來，郎官稍重。今方參用高華，吏部又近於通貴，不應官高昔品，而罰遵曩科。所以從來彈舉，雖在空文，而許以推遷。或逢赦恩，或入春令，便得息停。宋元嘉、大明中，經有被罰者，别由犯忤主心，非關常準。自泰始、建元以來，未經施行，事廢已久，人情未習。自奉敕之後，已行倉部郎江重欣杖督五十，皆無不人懷慚懼。兼有子弟成長，彌復難爲儀適。其應行罰，可特賜輸贖，使與令史有異，以彰優緩之澤。帝納之。

（宋）司馬光《資治通鑑》齊明帝建武二年五月　趙郡王幹在洛陽，貪淫不法，御史中尉李彪私戒之，魏置御史中尉以糾察百官，猶御史中丞也。且曰：殿下不悛，不敢不以聞。幹悠然不以爲意。悠，遠也。悠然，夷曠自得之意。悛，七緣翻。彪表彈之。彈，徒丹翻。魏主詔幹與北海王詳俱從太子詣行在。既至，見詳而不見幹，陰使左右察其意色，知無憂悔，言既無憂色，又無悔過之意。乃親數其罪，杖之一百，免官還第。數，所具翻。

（宋）司馬光《資治通鑑》梁武帝天監二年十一月　魏散騎常侍趙脩，寒賤暴貴，恃寵驕恣，陵轢王公，爲衆所疾。散，悉亶翻。騎，奇寄翻。轢，郎擊翻。魏主爲脩治第舍，擬於諸王，爲，于僞翻。治，直之翻。鄰居獻地者或超補大郡。脩請告歸葬其父，凡財役所須，並從官給。脩在道淫縱，脩自洛歸趙郡，在道淫縱。左右乘其出外，頗發其罪惡；及還，舊寵小衰高肇密構成其罪，侍中、領御史中尉甄琛、黄門郎李憑、廷尉卿陽平王顯，素皆詔附於脩，至是懼相連及，懼以黨附連坐及禍。甄，之人翻。琛，丑林翻。争助肇攻之。帝命尚書元紹檢訊，下詔暴其姦惡，免死，鞭一百，徙敦煌爲兵。敦，徒門翻。而脩愚疏，初不之知，方在領軍于勁第樗蒲，羽林數人稱詔呼之，送詣領軍府。甄琛、王顯監罰，先具問事有力者五人，迭鞭之，監，工銜翻。問事，行杖者也。欲令必死。脩素肥壯，堪忍楚毒，密加鞭至三百不死。卽召驛馬，促之上道，出城不自勝，上，時掌翻。勝，音升。轝縛置鞍中，轝，擎也。脩困極不能自勝乘騎，兩人對轝而置馬上縛著鞍中。急驅之行八十里乃死。

（宋）司馬光《資治通鑑》梁武帝普通元年九月　魏清河王懌死，汝南王悦了無恨元乂之意，以桑落酒候之，《水經註》：河東郡多徙民，民有姓劉名墮者，宿擅工釀，採挹河流，醖成芳酎，懸食同枯枝之年，排於桑落之辰，故酒得其名。香醑之色，清白若滫漿焉，別調氛氳，不與他同，蘭薰麝越，自成馨逸，方土之貢，最爲佳酌。自王公庶友牽拂相招，每云索郎，索郎返語爲桑落也。更爲籍徵之雋句，中書之英談。盡其私佞。乂大喜，冬，十月，乙卯，以悅爲侍中、太尉。悅就懌子亶求懌服玩，不時稱旨，既遷延不以時納，所納者又不稱悅意也。稱，尺證翻。杖亶百下，幾死。幾，居依翻。

《魏書》卷六四《張彝傳》〔張〕彝敷政隴右，多所制立，宣布新風，革其舊俗，民庶愛仰之。爲國造佛寺名曰興皇，諸有罪咎者，隨其輕重，謫爲土木之功，無復鞭杖之罰。

《北史》卷一〇《周本紀·宣帝》〔宣帝〕恐羣臣規諫，不得行己之志，常遣左右密伺察之，動止所爲，莫不抄録，小有乖違，輒加其罪。自公卿以下，皆被楚撻。其間誅戮黜免者，不可勝言。每捶人皆以百二十爲度，名曰天杖。宮人內職亦如之。后妃嬪御，雖被寵嬖，亦多被杖背。於是內外恐懼，人不自安，皆求苟免，莫有固志，重足累息，以逮於終矣。

《北史》卷五四《孫士文傳》隋文受禪，加上開府，封湖陂縣子，尋拜貝州刺史。性清苦，不受公料，家無餘財。其子嘗噉官廚餅，士文枷之於獄累日，杖之二百，步送還京。僮隷無敢出門。所買鹽菜，必於外境。凡有出入，皆封署其門，親故絶迹，慶弔不通。法令嚴肅，吏人股戰，道不拾遺。有細過，必深文陷害。

《隋書》卷六二《劉行本傳》〔劉行本〕爲治書侍御史，未幾遷黄門侍郎。上嘗怒一郎，於殿前笞之。行本進曰：此人素清，其過又小，願陛下少寬假之。上不顧，行本於是正當上前曰：陛下不以臣不肖，置臣左右，臣言若是，陛下安得不聽。臣言若非，當致之於理，以明國法。豈得輕臣而不顧也，臣所言非私，因置笏於地而退。上斂容謝之，遂原所笞者。

《隋書》卷二五《刑法志》〔高祖性猜忌〕每於殿廷打人，一日之中，或至數四。【略】十年，尚書左僕射高熲、治書侍御史柳彧等諫，以爲朝堂非殺人之所，殿廷非決罰之地。帝不納。熲等乃盡詣朝堂請罪，曰：陛下子育羣生，務在去弊，而百姓無知，犯者不息，致陛下決罰過嚴，皆臣等不能有所裨益，請自退屏，以避賢路。帝於是顧謂領左右都督田元曰：吾杖重乎？元曰：重。帝問其狀，元舉手曰：陛下杖大如指，棰楚人三十者，比常杖數百，故多致死。帝不懌，乃令殿內去杖，欲有決罰，各付所由。後楚州行參軍李君才上言，帝寵高熲過甚，上大怒，命杖之，而殿內無杖，遂以馬鞭笞殺之。自是殿內復置杖。未幾，怒甚，又於殿庭殺人，兵部侍郎馮基固諫，帝不從，竟於殿庭行決。帝亦尋悔，宣慰馮基，而怒群僚之不諫者。十二年，帝以用律者多致踳駁，罪同論異。詔諸州死罪不得便決，悉移大理案覆，事盡然後上省奏裁。十三年，改徒及流並爲配防。十五年制，死罪者三奏而後決。十六年，有司奏合川倉粟少七千石，命斛律孝卿鞫問其事，以爲主典所竊。復令孝卿馳驛斬之，没其家爲奴婢，鬻粟以填之。是後盜邊糧者，一升已上皆死，家口没官。上又以典吏久居其職，肆情爲姦。諸州縣佐史，三年一代，經任者不得重居之。十七年，詔又以所在官人，不相敬憚，多自寬縱，事難克舉。諸有殿失，雖備科條，或據律乃輕，論情則重，不即決罪，無以懲肅。其諸司屬官，若有愆犯，聽於律外斟酌決杖。於是上下相驅，迭行棰楚，以殘暴爲幹能，以守法爲懦弱。

《新唐書》卷一一七《裴炎傳》〔炎從子〕伷先未冠，推蔭爲太僕丞。炎死，坐流嶺南。上變求面陳得失，后召見，盛氣待之，曰：炎謀反，法當誅，尚何道？伷先對曰：陛下唐家婦，身荷先帝顧命，今雖臨朝，當責任大臣，須東宮年就德成，復子明辟，奈何遽王諸武、斥宗室？炎爲唐忠臣，而戮逮子孫，海內憤怨。臣愚謂陛下宜還太子東宮，罷諸武權。不然，豪桀乘時而動，不可不懼！后怒，命曳出，杖之朝堂，長流瀼州。

《舊唐書》卷一〇一《張廷珪傳》〔開元〕時監察御史蔣挺以監決杖刑稍輕，敕朝堂杖之，廷珪奏曰：御史憲司，清望耳目之官，有犯當殺即殺，當流即流，不可決杖。士可殺，不可辱也。時制命已行，然議者以廷珪之言爲是。俄坐泄禁中語，出爲沔州刺史，又歷蘇、宋、魏三州刺史。

《舊唐書》卷九九《張嘉貞傳》〔開元十年〕祕書監姜皎犯罪，嘉貞又附會王守一奏請杖之，皎遂死于路。俄而廣州都督裴伷先下獄，上召侍臣問當何罪，嘉貞又請杖之。兵部尚書張説進曰：臣聞刑不上大夫，以其近于君也。故曰：士可殺，不可辱。臣今秋受詔巡邊，中途聞姜皎以罪於朝堂決杖，配流而死。皎官是三品，亦有微功。若其有犯，應死即殺，應流即流，不宜決杖廷辱，以卒伍待之。且律有八議，勳貴在焉。皎事已往，不可追悔。伷先衹宜據狀流貶，不可輕又決罰。上然其言。嘉貞不悅，退謂説曰：何言事之深也？説曰：宰相者，時來即爲，豈能長據？若貴臣盡當可杖，但恐吾等行當及之。此言非爲伷先，乃爲天下士君子也。

（宋）王溥《唐會要》卷四〇《君上慎恤》　開元十二年四月勅：比來犯盜，先決一百。雖非死刑，大半殞斃。言念於此，良用惻然。今後抵罪人，合杖勅杖，並從寬，決杖六十。一房家口，移隸磧西。其嶺南人移隸安南。江淮人移隸廣府，劍南人移隸姚嶲州。其磧西姚嶲安南人，各依常式。

《新唐書》卷五六《刑法志》　代宗性仁恕，常以至德以來用刑爲戒。【略】即位五年，府縣寺獄無重囚。故時，別敕決人捶無數。寶應元年，詔曰：凡制敕與一頓杖者，其數止四十，至到與一頓及重杖一頓，痛杖一頓者，皆止六十。德宗性猜忌少恩，然用刑無大濫。刑部侍郎班宏言：謀反、大逆及叛、惡逆四者，十惡之大也，犯者宜如律。其餘當斬絞刑者，決重杖一頓處死，以代極法。故時，死罪皆先決杖，其數或百或六十，於是悉罷之。

《舊唐書》卷一七一《裴潾傳》　穆宗即位，柳泌等誅，徵潾爲兵部員外郎，遷刑部郎中。有前率府倉曹曲元衡者，杖殺百姓柏公成母。法官以公成母死在辜外，元衡父任軍使，使以父蔭徵銅，柏公成私受元衡資貨，母死不聞公府，法寺等以經恩免罪。潾議曰：典刑者，公柄也。在官得施於部屬之内，若非在官，又非部屬，雖有私罪，必告於官。官爲之理，以明不得擅行鞭捶於齊人也。且元衡身非在官，公成母非部屬，而擅憑威力，橫此殘虐。豈合拘於常典？柏公成取貨於讎，利母之死，悖逆天性，犯則必誅。奏下：元衡杖六十，配流。公成以法論至死。公議稱之。

《新唐書》卷一九七《薛元賞傳》　會昌中，德裕當國，復拜京兆尹。都市多俠少年，以黛墨鑱膚，夸詭力，剽奪坊閭。元賞到府三日，收惡少，杖死三十餘輩，陳諸市，餘黨懼，爭以火滅其文。元賞長吏事，能推言時弊，件白之。禁屯怙勢擾府縣，元賞數與爭，不少縱，由是軍暴折戢，百姓賴安。就加檢校吏部尚書。閱歲，進工部尚書，領諸道鹽鐵轉運使。德裕用元賞弟元龜爲京兆少尹，知府事。宣宗立，罷德裕，而元龜坐貶崖州司戶參軍，元賞下除袁王傅。久之，復拜昭義節度使，卒。

（宋）王溥《五代會要》卷一〇《刑法雜録》　〔周顯德〕五年七月敕，州縣自官已下，因公事行責情杖，量輕重用，不得過臀，十五杖。因責情杖致死者，具事由聞奏。

（明）丘濬《大學衍義補》卷一〇四《慎刑憲·制刑獄之具》　宋太祖定折杖之制，凡流刑四，加役流，脊杖二十，配役三年。流三千里，脊杖二十。二千五百里，脊杖十八。二千里，脊杖十七，竝配役一年。凡徒刑五。徒三年，脊杖二十。徒二年半，脊杖十八。二年，脊杖十七。一年半，脊杖十五。一年，脊杖十三。凡杖刑五。杖一百，臀杖二十，九十，臀杖十八，八十，臀杖十七，七十，臀杖十五，六十，臀杖十三。凡笞刑五。笞五十，臀杖十下，四十、三十，臀杖八下。二十，臀杖七下。常行官杖長三尺五寸，大頭闊不過二寸厚及小頭徑不得過九分。徒、流、笞通用常行杖，徒罪決而不役。

臣按：唐虞三代以來，俱用肉刑。知漢文帝始廢肉刑用笞。其原，蓋權輿虞刑之鞭扑也。除死罪外，自墨劓以下率以笞代之。然未爲笞令，所箠之具無常物，所箠之處無定在。景帝定箠令，箠之制始用竹。受箠之處專在臀。魏晉南北朝，其君臣仁暴不同，其俗尚厚薄不一，其所用刑各有不同。隋文帝始定爲今之五刑。凡前代考訊之具若大棒、束杖、車輻、鞵底之類盡除不用。唐宋因之，制爲刑具，各有等第。

《宋史》卷三《太祖本紀》　〔乾德〕七年春正月庚戌，不御殿。庚申，占城國王波美稅遣使獻方物。齊州野蠶成繭。癸亥，左拾遺秦亶、太子中允呂鵠並坐贓，宥死，杖，除名。

《宋史》卷二六七《李惟清傳》　蜀民尚淫祀，病不療治，聽於巫覡，惟清擒大巫笞之，民以爲及禍。他日又加箠焉，民知不神。然後教以醫藥，稍變風俗。

《宋史》卷二六七《陳恕傳》　淳化中，許王暴薨，或有以宮府舊事上聞者。太宗怒，追捕僚吏，將窮究之。〔魏〕羽乘間上言曰：漢戾太子竊弄父兵，當時言者以其罪當笞耳。今許王之過，未甚於是。太宗嘉納之，繇是被劾者皆獲輕典。

（宋）李燾《續資治通鑑長編》宋真宗咸平四年正月 以棣州防禦使石保興知澶州。保興在澶州，每捶人，輒令緩其杖，移晷方訖。上聞之，謂左右曰：如此用刑，無乃太酷乎？亟戒諭之。

（宋）桂萬榮《棠陰比事・孝肅杖吏》 包拯知開封。有犯杖脊徒罪者，吏受財與之約曰：今見尹，須使我責狀，汝但號呼自辯，我當與汝分罪，各受杖決。既而引責，囚如吏言，分辯不已，吏人大聲呼之，曰但受脊杖出去。拯謂其招權，捽吏杖之，特寬囚罪，亦令徒杖。公知以此折吏勢，不知乃爲所賣也。

按元魯齋許文正公告世祖防欺之要，備載是事，且曰：孝肅剛嚴峭直，而卒爲吏所賣。蓋在上者，難於知下。欲其不見欺也，難矣。今考孝肅繇進士除大理評事，出知建昌、天長二縣，拜監察御史，歷三司判官，改工部員外、直集賢院，出知端、瀛、楊、廬、池五州，四爲京東、陝西、河北轉運使，遷三司副使，天章閣待制，知諫院，陞龍圖閣直學士，知江寧府，繇江寧召拜京尹，歷練不爲不深，聲望不爲不重，資禀不爲不高，然爲吏所賣若此，況初學古入官之士乎？桂氏載於篇中，而愚特取以終編者，蓋欲讀者知所警也。噫！

《宋史》卷二〇一《刑法志》 熙寧二年，比部郎中、知房州張仲宣嘗檄巡檢體究金州金阬，無甚利。土人憚興作，以金八兩求仲宣不差官。及事覺，法官坐仲宣枉法贓應絞，援前比貸死，杖脊、黥配海島。知審刑院蘇頌言：仲宣所犯，可比恐喝條。且古者刑不上大夫，仲宣官五品，有罪得乘車，今刑爲徒隸，其人雖無足矜，恐汚辱衣冠爾。遂免杖、黥，流賀州。自是命官無杖、黥法。

《宋史》卷二一《徽宗本紀》 〔重和元年〕減捶刑。

《宋史》卷三四《孝宗本紀》 〔淳熙四年〕夏四月甲戌，以魏王愷爲荆南、集慶軍節度使，行江陵尹，判明州如故。乙亥，參知政事龔茂良以曾覿從騎不避道，杖之。戊寅，上奏乞罷政，不許。

《宋史》卷三六《光宗本紀》 〔紹熙二年十二月〕甲辰，詔：慶遠軍承宣使、內侍省都知楊皓懷姦兇恣，刺面杖脊，配吉州；和州防禦使、內侍省押班黃邁私相朋附，決杖、編管撫州。尋送皓撫州，邁常州居住。

（宋）陳襄《州縣提綱》卷一《用刑須可繼》 縣官追逮，多責里正。里正違初限，未可遽杖，且要緊事追人，初限五日不至，遽撻之矣，次限又不至，不再撻則益見緩慢。而前杖爲虛設，再撻之，則五百內杖瘡必未痊，非惟法所不許，兼恐過傷，罪在慘酷。故初限未至，不若量訊，或錮身示以不測，不專用杖。蓋縣令之威，不過杖一百耳。用之未盡，則彼猶勉强以自宜，遽盡用之，其如不可繼何。

（宋）陳襄《州縣提綱》卷一《三不行刑》 一我醉，二彼醉，三羸瘠。蓋我醉而行刑，則易至過誤，傍觀必以爲使酒。彼醉而行刑則辭中忿怒，不知守分，或無禮過甚，則事干刑憲，難於施行。羸疾者，多因監繫日久，飲食不時，僅存皮骨，若遽加刑，必有斃於杖下者，須資以飲食，俟其稍蘇，然後杖之。其他如夜不行刑，病不行刑，有法令在。

（明）張四維《名公書判清明集》卷一二《懲惡門・豪横・治豪横懲吏姦自是兩事》 天下未聞有因訴吏而坐罪者，明知其帶虛不坐，明知其健訟亦不坐，蓋訴吏猶訴賊失物，終無反坐也。然有名爲訴吏而實非訴吏者，却不可不察其故。監司爲耳目之官，于其名，不于其實，何以折姦慝，何以行實政？今駱一飛雖因訟吏到官，而其情乃大謬不然。駱一飛父子凶德參會，罪惡貫盈。一飛以强取民財，誑惑民聽，杖罪編管。其長子又以鼓倡妖教，欺騙良民，杖罪編管。其次子又加甚焉，甚至自將百姓行杖刺環，亦遭決脊刺配。此三項，凡經累政提刑，累政太守節次斷治。每一番懲斷，必一番分外猖獗，天下未有稔惡至於此極也。一飛係已編管，已移家人，曾未一年，潛身京城，改頭换面，變名易姓，兩月之內，經户部者四，經刑部者四，其玩視省部，已自可罪。然其名則訴吏也，所訴之吏，只是向來行案之人。其心蓋謂曾經催折，少損聲光，今雖逃回，難復恣横，唯有訴吏一節，可以必官司之施行，可以改鄉曲之視聽，可以取威定霸，可以當黥而王。且使聞者私相告語曰，駱一飛真可畏哉！臺郡雖能斷治，駱一飛又能論配吏人，官終弱，民終强。今後一飛有事到官，決不敢行案，決不敢承勘，毋自貽悔。彼其蛇入竹筒，曲性終在，虎兕出柙，咆哮愈甚。官不敢復問，吏不敢正視，善良其魚肉矣！保嘉禾者去稂莠，當職於駱一飛，不加忿嫉，但欲去之而已。只照前次所受編管罪名，今既再出，合與再斷。法官所定，係徒一年，且決臀杖二十，折徒杖十，仍編管池州。就移其家，牒諸池州，嚴與拘監，毋得放還，爲本鄉害。但所訴吏，稍得實者，亦當與之行，庶幾治豪横自是治豪横，懲吏姦自是懲吏姦，不失於偏。曹杰徒一年，編管五十里。徐超杖一百，并免監贓。一飛係杖已、已編管人，姑與盡情，更委本州通判録問，仍申省部、御史臺。

（明）張四維《名公書判清明集》卷一《官吏門·儆飭·催苗重疊斷杖》　縱是吏卒，亦不當於濕瘡上鞭撻，況吏人之子乎！又五日而兩勘杖乎！具析申。據趙主簿具析到公狀，奉判，人無貴賤，身體髮膚，受之父母，一也。先賢作縣令，遣一力助其子云，此亦人之子也，可善遇之。主簿似未知此様意思，只如三月十七日斷杖，四月初八日復決，豈非濕瘡上再決乎！似此催科，傷朝廷之仁厚，損主簿之陰騭，當職以提點刑獄名官，不得不諄諄告誡，今後不宜如此。

《遼史》卷六《穆宗本紀》　〔應歷〕十一年春二月丙寅，釋喜隱。辛亥，司徒烏里只子迭刺哥誣告其父謀反，復詐乘傳及殺行人，以其父請，杖而釋之。

《遼史》卷九《景宗本紀》　〔乾亨四年〕夏四月，自將南伐。至滿城，戰不利，守太尉奚瓦里中流矢死。統軍使善補爲伏兵所圍，樞密使斜軫救免，詔以失備杖之。

《遼史》卷七四《韓匡嗣傳》　〔景宗〕帝怒匡嗣，數之曰：爾違衆謀，深入敵境，爾罪一也；號令不肅，行伍不整，爾罪二也；棄我師旅，挺身鼠竄，爾罪三也；偵候失機，守禦弗備，爾罪四也；捐棄旗鼓，損威辱國，爾罪五也。促令誅之。皇后引諸内戚徐爲開解，上重違其請。良久，威稍霽，乃杖而免之。

《遼史》卷二三《道宗本紀》　〔大康三年五月〕乙亥，北院樞密使耶律乙辛奏，右護衛太保查刺等告知北院樞密使事蕭速撒等八人謀立皇太子，上以無狀，不治，出速撒等三人補外，護衛撒撥等六人各鞭百餘，徙于邊。

〔大康三年〕六月己卯朔，耶律乙辛令牌印郎君蕭訛都斡誣首嘗預速撒等謀，籍其姓名以告。即命乙辛及耶律仲禧、蕭余里也、耶律孝傑、楊遵勗、燕哥、抄只、蕭十三等鞫治，杖皇太子，囚之宫中。

（清）沈家本《歷代刑法考·刑法分考十四·鞭》　遼有鞭烙之刑。

按：　遼代鞭烙法乃考訊所用，遼刑多慘酷，此其一。

《金史》卷二《太祖本紀》　〔天輔五年〕六月癸巳，余覩與其將吏來見。丙申，千户胡离荅坐擅署部人爲蒲里衍，杖一百，罷之。

《金史》卷二《太祖本紀》　〔天輔七年〕三月甲寅朔，將誅昂，以習不失諫，杖之七十，仍拘泰州。戊午，都統杲等言耶律麻哲告余覩、吴十、鐸刺等謀叛，宜早圖之。上召余覩等，從容謂之曰：朕得天下，皆我君臣同心同德以成大功，固非汝等之力。今聞汝等謀叛，若誠然耶，必須鞍馬甲胄器械之屬，當悉付汝，朕不食言。若再爲我擒，無望免死。欲留事朕，無懷異志，吾不汝疑。余覩等皆戰慄不能對。命杖鐸刺七十，餘並釋之。宋使盧益、趙良嗣、馬宏以國書來。

《金史》卷四《熙宗本紀》　〔皇統九年八月〕侍從高壽星等當遷，訴於后，后以白上，上怒議者，杖平章政事秉德。

《金史》卷五《海陵本紀》　〔正隆五年四月〕甲寅，宿州防禦使耶律翼使宋失體，杖二百，除名。

《金史》卷一一《章宗本紀》　〔泰和元年正月〕尚書省奏：　今杖式輕細，民不知畏，請用大杖。詔不許過五分。

《金史》卷一六《宣宗本紀》　〔興定五年〕冬十月癸丑，進汝礪官榮禄大夫。命僕散毅夫行尚書省于京東，督諸軍芻糧。乙卯，太醫侯濟、張子英治皇孫疾，用藥瞑眩，皇孫不能任，遂不療，罪當死。上曰：濟等所犯誠宜死，然在諸叔及弟兄之子，便應准法行之，以朕孫故殺人，所不忍也。命杖七十，除名。

《金史》卷一七《哀宗本紀》　〔正大元年正月戊午〕有男子服麻衣，望承天門且笑且哭。詰之，則曰：吾笑，笑將相無人。吾哭，哭金國將亡。羣臣請置重典，上持不可，曰：近詔草澤諸人直言，雖涉譏訕不坐。法司唯以君門非笑哭之所，重杖而遣之。

《明太祖實録》洪武四年九月　〔戊寅〕江寧縣民入役内庫，盗出珊瑚羅斛香，於法當死。上以細民貪利無知，命杖之，庫官失覺察者，亦杖而罷其職。

（明）談遷《國榷》太祖洪武二十年四月　己酉，左都御史詹徽言：軍某犯罪當杖，第兩宥不悛，乞併前重論，上不聽，仍杖遣。

（明）談遷《國榷》太祖洪武二十二年九月　定外衛軍犯笞罪例。

《明宣宗實録》宣德五年四月　〔乙亥〕行在三法司奏，重罪應斬絞者十七人。上取奏牘親閱之曰，殺人者必死，其中有誣告人致死者，比之操刃故殺宜有不同，皆杖一百，發戍遼東。於是免死者十人。

《明宣宗實録》宣德五年秋七月　〔乙巳〕遼東總兵官都督巫愷奏，六月虜寇再犯境，官軍追捕，被寇殺傷十三人，虜掠男婦十有五人，馬牛八十有餘，都指揮劉斌失機悮事，請治其罪。上曰，備禦失機，罪皆當死。前寬宥止罰俸，今遂玩弛。勅愷等，凡失機官旗皆杖之，降充軍，令常瞭備，再犯必斬。

《明宣宗實録》宣德六年六月　壬寅，總兵官都督巫凱奏，比者軍卒馮春等告都指揮鄒溶屢嘗遣人交通漢庶人高煦及刋畫佛像數事，命臣體實，皆無實狀。上曰，朕固知之。大事不實，餘事更不足究。其妄告者皆杖一百，仍戍邊。

《明宣宗實録》宣德十年秋七月　〔癸巳〕監察御史莫敏、馬謹、虞琉下獄。先是敏等往雲南等處問辦銀課，上即位，詔罷坑冶，不許所司托故稽違，至是敏等始至京。監察御史王來等劾其稽緩之罪，遂下刑部獄鞫之。已而俱贖杖還職。

《明英宗實録》正統元年十二月　〔己卯〕行在都察院右僉都御史陳智等劾奏太師吴國公張輔等奉命議安攘之策，稽延數日尚未回奏，及上召王驥責問，逮繫之，輔等亦不出班叩頭伏罪。給事中、御史職當言路，却乃畏避不舉，請俱下法司究治。上是其言，宥輔等罪不問，御史、給事中各杖二十，仍住俸三月。

《明英宗實録》正統元年十二月　〔甲申〕駙馬都尉焦敬令其司副李昶於文明門五里建廣鯨店，集市井無賴，假牙行名，詐税商販者錢積數十千。又於武清縣馬駒橋遮截磁器、魚、棗數車，留店不遣。又令閽者馬進於張家灣、溧陽、閘河諸通商販處詐收米八九十石，鈔以千計。事覺，下刑部，衆等俱引伏。尚書魏源上其罪，請執敬治之。上曰：姑赦敬，昶等徵其贓，人杖八十釋之。

《明英宗實録》正統二年八月　庚申，罷行在兵科給事中金昭伯爲民。時考試明經儒士昭伯擅入午門，欲代所親爲文。事覺，行在都察院擬昭伯贖杖還職。上以近侍官所行如此，不黜之何以警衆，故有是命。

《明英宗實録》正統三年二月　辛未，宥綏德衛指揮程林等死罪，杖一百，謫戍綏德極邊巡哨。先是鎮守延安綏德都指揮同知王禎等奏林率領馬步官軍哨備響水寨，被韃賊入境，殺傷官軍，搶掠馬匹，宜治以罪。上命監察御史章聦執問，至是獄具，故有是命。

《明英宗實録》正統三年冬十月　〔戊寅〕巡按山東監察御史李純奏：東廣寧左屯衛典史趙琰、中屯衛司吏趙礪、前屯衛軍牟倫皆先任御史，以貪淫無恥罷職。今長惡不悛，礪詐稱陳情，倫囑人薦舉，俱詣京。琰假以守制還鄉，歲久離役。請速治之。都察院擬徒還役。上命各杖一百，發肅州哨守。

《明英宗實録》正統五年三月　〔乙巳〕通州張家灣軍餘邵斌等九人各立郎頭、鐵臉、閻王、太歲、先鋒、土地等名號，往來上下馬頭，欺侮良善，嚇騙財物，肆惡恃强，莫敢誰何。行在錦衣衛奉命擒付三法司鞫之，獄具，當贖罪寧家。上曰：斌等情犯深重，豈可以常律處之，皆決杖一百，與妻孥械發戍邊，再犯及逃處死。

《明英宗實録》正統五年九月　甲寅，致書慶王秩煃曰：比者護衛軍匠劉神保具訐府中事情，朕度其妄，即下錦衣衛獄，既而鞫之，所訐果詐，已杖一百，發戍遼東，但逃必處之以死，其家屬令在寧夏者即令本衛械送京師，轉發隨住。叔祖爲國親藩，素稱賢德，而府中小人往往告訐如此，尚宜以禮自度，以全令譽焉。

《明英宗實録》正統六年六月　〔己巳〕書復寧化王昊壤曰：得奏言胡信、馮完刁詐之狀，已命法司俱杖一百，械發遼東邊衛守墩哨瞭，如再犯及逃，治以重典。彭貴已置不問，丁貴從所喻釋之，丁立亦有其罪，但杖之，仍留府中應役。自今府中供役之人敢有構詞妄訴者，朝廷必治以公法，不宥。

《明英宗實録》正統十年五月　〔己卯〕達賊入掠安化縣，陝西操備都指揮僉事楊信淂報逗留不進，慶陽衛千户曹旺承調率兵策應，復推故不行，賊遂肆掠出境。巡按監察御史張文昌等按得狀，俱坐以失機斬。事聞，上命宥死，杖之充延安衛軍，當先殺賊立功。

《明英宗實録》正統十年八月〔甲辰〕湖廣施州衛指揮僉事陶敏因迎春行禮有百户喧閙失儀，翼日敏于公堂責問，因毆之致死。法司論贖杖還職。上曰：敏因細故毆人致死，兇狠如此，不可以常律論。杖之，謫戍廣西邊衛。

《明英宗實録》景泰元年二月〔戊子〕雲南洱海衛千户傅洪數集軍旗盗鑛於白塔、寶泉諸銀場，事發，調之屯守騰衝，久不行。恭贊軍務侍郎侯璡自臨促之，洪集衆持兵入分司，欲殺璡，諸指揮、千户、土官力救之，璡得免。救者多被毆傷。總兵官黔國公沐斌以聞，詔即誅之，爲從者杖戍廣西。

《明英宗實録》景泰元年八月〔乙酉〕山西民壯千百長姬英等十一人率所部九百餘人戍代州，途遇賊，俱亡歸，當杖充邊衛軍。隸守雁門關都指揮翁信、鎮守右副都御史羅通奏英等素不諳戰鬥，中途卒與賊遇，宜其敗走，請止杖一百，免其充軍，仍遣率諸民壯詣信處聽調，立功殺賊。從之。

《明英宗實録》景泰五年三月〔庚午〕萬全都司永寧衛指揮使周隆奏守備指揮姚貴占人地土，私役官軍。貴亦奏隆違法虐軍，欺蒸父妾。巡按御史璩安請俱究治。詔以邊方未寧，但令御史責取罪狀，釋之。

《明英宗實録》景泰五年十二月〔戊戌〕巡按貴州監察御史伍星會奏：總兵毛福壽、參政胡拱辰、曹琳、參議李顒、副使章敏、員外郎張惠坐虚出安知州許琳等白金、馬牛，諸時琳、顒、惠坐虚出通關已鞫于都察院，拱辰丁憂，敏致仕，皆歸其鄉。詔福壽拱辰敏置不問，琳顒惠命都察院併鞫之。都察院言，福壽武人，姑不論其搽守。拱辰、敏皆文職方面，若着一槩不問，恐天下貪官污吏籍爲口實，無以警戒將來，宜命巡按御史執治。從之。羽林前衛帶俸指揮王琦盗内府服御物，法司論贖斬還職。命杖一百，謫戍廣西極邊。

《明英宗實録》景泰七年六月〔辛酉〕直隷提督學校監察御史張諫試順義等縣生員於通州察院巡撫永平等處，右副都御史李賓弟貫與試，其父封太僕卿往囑諫取中，諫不從。賓馳至通州欲與諫言，諫方閉門試士，弗納。賓因忿摇門而入，手毆之。諫奏其狀，賓亦奏諫不遜避己紊體統。帝曰：賓姑不問。諫及賓父錦衣衛執鞫之。已而杖諫二十釋之。

《明憲宗實録》成化十年閏六月　丁亥，欽天監天文生楊昭奏本監監副張瑄自外官陞用，不習天文地里之術，乞調别任，以謹占驗之防，爲倖進之戒。詔曰：朝廷用人，凡有才能輒加陞擢。昭敢爲此言，法不可恕，姑命錦衣衛杖之。

《明憲宗實録》成化十一年十二月〔丁酉〕禮部奏：近有不逞之徒，往往自宫及其弟男子姪以希進用，聚至四五百人，告乞奏收，群衆閧然，阻遏無計。奏入，有旨：此輩逆天悖理，自絶其類，且又群聚喧擾，宜治以重罪，但遇赦宥，錦衣衛其執而杖之人五十，仍押送户部，如例編發海户當差。是後有再犯者，本身處死，全家發邊遠充軍，禮部仍移文天下禁約。

《明憲宗實録》成化十五年五月　癸酉，内官奉旨宣諭六科十三道曰：牟俸職居風紀，大肆貪婪，馬文升撫安無方，用致邊患。科道官胡爲互相容隱，緘默不言，可自陳狀。於是給事中李俊等二十七人，御史王濬等二十九人，合詞請罪。詔：廷杖之，人二十。時文升謫不以罪，俸職證未明，俊等莫有論列，及承詰責而又不敢辯明，冀以巽辭獲免，竟被撻云。

《明憲宗實録》成化十八年十二月〔辛未〕杖監察御史于璧、劉規于朝。先是一男子行東闕門，酒醉號呼，璧等執以聞。有旨：送錦衣衛獄，以御史但當糾奏，何得擅執人！令自陳狀。于是璧等服罪，復有旨：闕門號呼，當令守衛官軍拘執，御史何爲輕率自執，本當究治，姑宥其罪，杖而釋之。

《明史》卷九五《刑法志》　刑法有創之自明，不衷古制者，廷杖、東西廠、錦衣衛、鎮撫司獄是已。是數者，殺人至慘，而不麗於法。踵而行之，至末造而極。舉朝野命，一聽之武夫、宦豎之手，良可歎也。

太祖常與侍臣論待大臣禮。太史令劉基曰：古者公卿有罪，盤水加劍，詣請室自裁，未嘗輕折辱之，所以存大臣之體。侍讀學士詹同因取《大戴禮》及賈誼疏以進，且曰：古者刑不上大夫，以勵廉恥也。必如是，君臣恩禮始兩盡。帝深然之。

洪武六年，工部尚書王肅坐法當笞，太祖曰：六卿貴重，不宜以細故辱。命以俸贖罪。後羣臣詿誤，許以俸贖，始此。然永嘉侯朱亮祖父子皆鞭死，工部尚書薛祥斃杖下，故上書者以大臣當誅，不宜加辱爲言。廷杖之刑，亦自太祖始矣。宣德三年怒御史嚴皚、方鼎、何傑等沈湎酒色，久不朝參，命枷以徇。自此言官有荷校者。至正統中，王振擅權，尚書劉中敷，侍郎吴璽、陳瑺，祭酒李時勉率受此辱，而殿陛行杖習爲故事矣。成化十五年，汪直誣陷侍郎馬文升、都御史牟俸等，詔責給事御史李俊、王濬輩五十六人容隱，廷杖人二十。正德十四年，以諫止南巡，廷杖舒芬、黄鞏等百四十六人，死者十一人。嘉靖三年，羣臣爭大禮，廷仗豐熙等百三十四人，死者十六人。中年刑法益峻，雖大臣不免笞辱。宣大總督翟鵬、薊州巡撫朱方以撤防早，宣大總督郭宗皋、大同巡撫陳燿以寇入大同，刑部侍郎彭黯、左都御史屠僑、大理卿沈良才以議丁汝夔獄緩，戎政侍郎蔣應奎、左通政唐國相以子弟冒功，皆逮杖之。方、燿斃於杖下，而黯、僑、良才等杖畢，趣治事。公卿之辱，前此未有。又因正旦朝賀，怒六科給事中張思靜等，皆朝服予杖，天下莫不駭然。四十餘年間，杖殺朝士，倍徙前代。萬歷五年，以爭張居正奪情，杖吴中行等五人。其後盧洪春、孟養浩、王德完輩咸被杖，多者至一百。後帝益厭言者，疏多留中，廷杖寢不用。天啓時，太監王體乾奉敕大審，重笞戚畹李承恩，以悅魏忠賢。於是萬燝、吴裕中斃於杖下，臺省力爭不得。閣臣葉向高言：數十年不行之敝政，三見於旬日，萬萬不可再行。忠賢乃罷廷仗，而以所欲殺者悉下鎮撫司，士大夫益無噍類矣。

南京行杖，始於成化十八年。南御史李珊等以歲祲請振。帝摘其疏中訛字，令錦衣衛詣南京午門前，人杖二十，守備太監監之。至正德間，南御史李熙劾貪吏觸怒劉瑾，矯旨杖三十。時南京禁衛久不行刑，選卒習數日，乃杖之，幾斃。

《明憲宗實録》成化二十年冬十月〔丁巳〕刑部員外郎林俊以言事降雲南姚州判官。俊言太監梁方，招權黷貨，貢獻淫巧，引用妖僧繼曉，以左道惑上，建永昌寺，傾竭府庫，貽毒生靈，請誅二人，以謝天下。命下錦衣衛獄，獄具，上曰：俊不守本職，分外泛言，杖之三十，降邊方州判。時欲建寺西市，逼買居民數十家，工役甚鉅，而二人勢方熾，無敢言者，俊上此章，聞者壯之。

《明憲宗實録》成化二十年冬十月〔壬申〕調後軍都督府經歷張黻爲雲南師宗州州知。黻以員外郎林俊言事下獄，上疏言：今三邊未靖，四方灾旱，軍民愁苦萬狀。凡有禄伍者，惟恐陛下不得盡聞，時事不能盡言耳，使言之而反得罪，則遠近相傳以言爲諱，豈朝廷之福哉！乞察俊愚直，恕其僭越，使士氣益張，讜論無隱。詔責其回護，并逮于獄，法司擬贖杖還職。命杖之三十，調外任。吏部擬山西石州，再命調遠方，故改師宗。

《明憲宗實録》成化二十一年十一月〔甲戌〕禮部以自宫求進者，累有處斬事例，而徃徃不遵，雖發充軍爲民，至彼即逃，近復千百成羣，在部告擾乞行禁處。上謂：此輩相效成風，不畏明憲，命巡城御史同錦衣衛坐城官，嚴督五城兵馬司官并其所主之家，俱逮送錦衣衛。自宫者痛杖五十，不分新舊，充軍爲民，悉遞原籍寧家，仍令所司羈管，毋容外出。所主之家，法司議罪以聞。

《明憲宗實録》成化二十二年冬十月　乙亥，杖監察御史楊澄、李琨于朝。時御史歐陽復、劉翔俱陛辭失儀，澄等以齋戒日不面糾，已而獨糾翔。得旨：翔俟還京來奏，復何獨置之？令二御史對狀。澄等以察聽不審服罪，命各杖之十，復亦俟還京來奏。

《明憲宗實録》成化二十三年二月〔乙酉〕韓府有朝廷所賜内使四人，亡歸京師，王奏其狀，命下錦衣衛五城兵馬緝捕得之，付錦衣衛鎮撫司杖訊。四人者因出奏章訐王飲酒典膳家，并杖殺内使事，鎮撫司以聞。有旨：此等不守法度，擅離王府，摭拾細事，污衊親王。漸不可長，各痛杖五十，送都察院牢固押還本府着役。都察院覆請差人押送陝西按察司轉送本府，從之。

《明孝宗實録》弘治二年七月〔壬戌〕先是，遼東都司都指揮使胡忠等，以守備不設，致虜衆入境殺掠，已有旨下巡按御史逮問，而鎮巡等官合詞言，忠有追襲奪回功，足以掩過。兵部議奏，得旨：宥忠等罪。未幾，都察院上巡按所刻忠等罪狀，詔免充軍，各降一級。於是兵部復奏，謂前後旨不合，未知何據。命忠等如前旨宥之，并責兵部既得旨不即移報都察院，以致處置不一，令首實以聞。兵部委罪於遞送文書官，上宥部院官罪，而杖遞文者二十。

《明孝宗實録》弘治十六年五月　戊寅，降監察御史王獻臣爲福建上杭縣縣丞。獻臣爲監察御史，遇事敢言，無所〔畏〕避。巡按遼東，嘗駁勘張天祥等掩襲虜營事，未報擅委軍政官及今軍士導從出城，游山賦詩，爲緝事者所發，逮下錦衣衛獄，法司擬贖杖還職，特命杖三十，降調外任。

《明史》卷九五《刑法志》　正德元年殺東廠太監王岳，命丘聚代之，又設西廠以命谷大用，皆劉瑾黨也。【略】瑾又改惜薪司外薪廠爲辦事廠，榮府舊倉地爲内辦事廠，自領之。京師謂之内行廠，雖東西廠皆在伺察中，加酷烈焉。且創例，罪無輕重皆決杖，永遠戍邊，或枷項發遣。枷重至百五十斤，不數日輒死。

（明）孫世芳《宣府鎮志》卷一九《法令考·明》〔正德九年〕九年頒優恤邊鎮之令。凡各邊逃亡人户遺下田地，沙壓瘠薄無人承佃，負累官旗，被拷追納糧草積久拖欠，未完者，撫按衙門委官保勘是實，悉與除豁，保勘不實，聽撫按官問罪，□革。凡各邊近遇虜寇，有貞烈女婦被其殘害，志節不屈行跡顯著者，撫按官查勘是實明白，具奏俱與旌表門閭。凡邊方用兵去處，軍民職官有歿於戰陣未蒙優恤者，巡撫巡按及紀功官查勘明白，奏請定奪，軍民死于鋒鏑無人收埋者，所在官司俱與掩埋，毋致暴露。凡各邊問刑衙門問擬囚犯，除真犯死罪外，徒罪但有力者，止許納米穀贖罪，收入預備倉，以備賑濟，不許折收銀兩，希圖侵尅，違者聽撫按官糾舉，坐以贓罪，杖罪以下，一體發落。凡邊地兵荒相仍軍民困苦，今後非奉明文，一夫不許擅起，一錢不許擅科，巡按御史嚴加察訪，但有違者即便拿問，情重者，指實具奏，從重治罪。

《明武宗實録》正德十四年七月　辛亥，下原任主事林大輅、巡城御史洪異于獄。大輅居與漏刻博士朱裕隣，嘗鄙其爲人，絶不與通，裕子師稷又嘗與大輅僕争，爲異所笞，裕銜之。至是，大輅以言得罪，裕乘醉詆之於路，異不能平，復捕師稷治之，并折辱裕。裕遂誣奏大輅妻咒詛上，大不敬。詔俱下鎮撫司鞫問。時大輅杖創未愈，妻方娠，及拷訊無狀，及坐裕奏事不實罪，而大輅與異皆得釋。

（清）于敏中《日下舊聞考》卷三四《宮室》　嘉靖三年，羣臣争大禮，聚哭左順門，帝大怒，杖五品以下豐熙等一百三十有四人，死者王思等十七人，於時裹瘡吮血，填滿犴狴，此其最酷者矣。【略】故事：凡杖者，以繩縛兩腕，囚服，逮赴午門外。每入一門，門扉隨闔，至杖所，列校百人衣襞衣，執木棍林立。司禮監宣駕帖訖，坐午門西墀下左，錦衣衛使坐右，其下緋而趨走者數十人。須臾，縛囚定，左右厲聲喝，喝閣棍，則一人持棍出，閣於囚股上，喝打，則行杖，杖之三，則喝令著實打，或伺上意不測，曰用心打，則囚無生理矣。五杖而易一人，喝如前，每喝，環列者羣和之，喊聲動地，聞者股慄。凡杖，以布承囚，四人舁之，杖畢，舉布擲諸地，幾絶者十恒八九。

（明）沈德符《萬曆野獲編》卷一八《刑部·廷杖》　今上寛仁，古今所無。然廷杖一事則屢見之。如丁丑之杖五賢，則江陵相盛怒，馮璫主之，非上意也。此後不用者幾十年。而丙戌年盧禮部洪春，以修省疏忤旨得杖，至戊子給事李沂，以論廠璫張鯨得杖。壬辰春則孟給事養浩，請建儲杖一百。又數年庚子。而王給事德完請厚中宮，亦杖一百。此皆關係朝家綱常，有功名教者，雖見辱殿廷而朝紳視之，有若登仙，因思此風爲金元夷俗，而本朝沿之，趙宋時無有也。然自成化以前，諸臣被杖者，皆帶衣裹氈，不損膚膜。然猶内傷困臥，需數旬而後起，若去衣受笞，則始於逆瑾用事，名賢多死，迄今遂不改。此在聖朝明主，念可殺不可辱之旨，亟宜停止者也。士人受杖，古不經見。惟後漢顯宗，撞郎藥松，不過手自杖之，然已非禮。六朝則南齊陸澄傳有之，以郎吏積杖至千數，意如對對（原作尉，據寫本改。）簿受笞之類，未必廷杖也。北朝則元魏時有之，此索虜陋習，而宇文高氏遂因之。隋文帝亦撻人於殿廷，至唐猶然。如李邕之杖死朝堂而極矣。然姜皎、裴伷先輩，猶以曾爲大臣，得免此辱。蓋當時已覺其虧國體矣。本朝如諫南巡，及大禮大獄，被杖者多或數十人，至有再笞多死者，惟今上時，諸賢皆全活。又當時被杖畢仍供職者，即大臣有之。如左都御史屠僑，刑部侍郎彭黯之屬。今上則斥爲編氓，使被笞者優游養創，無靦顔視事之恥，且賜環尋亦相繼，其保完士節，更勝前朝云。吾鄉鄭端簡曉子光祿少卿履淳，父子俱以言事被杖，著直聲，亦本朝僅見。諫止江陵奪情被杖諸賢，聞吴趙稍輕，然亦創甚。第二疏爲沈艾，則加重矣。最後鄒疏入，杖最毒。余曾見沈繼山先生云，杖之日交右股於左足之上，以故止傷其半。出則剔去腐肉，以黑羊生割其臑，傅之尻上，用藥縫裹，始得再生。及行戍東粤，徒步過嶺，血猶涔涔下也。鄒南皐先生爲余言，每遇天陰，骨間輒隱隱作痛，以故晚年不能作深揖。至盧東麓先生，則先人與陸葵日宗伯，力爲經紀，不至重傷。余又問孟五岑給事，亦云被杖最毒，偶不死耳。聞王希泉給事，以上震怒。操梃者，不敢容情，亦瀕殆云。聞鄒疏上時，江陵閲之亦感動，歎曰：此人不怕死，真奇男子，意欲竟貸之，馮璫獨恨不許，以故不免，未知果否。又沈繼山云，爲郎署時，曾與曾確庵司空相識，是時爲左司馬，凡從戍定衛，俱出兵部手注，曾爲注廣之神電衛，且致意云。我宦粤，知神電善地，且沈令番禺，有惠愛，多門生，與彼相近。可藉以自給，沈甚感其意，若艾、鄒則俱貴州荒徼矣。

（明）余懋學《仁獄類編》卷二九《笞杖種苜蓿》 上諭刑官曰，五刑惟笞杖罪輕，然或肌膚傷殘，因而致死，朕甚憫焉，自今犯者悉送臨濠種苜蓿。笞十者十日，杖十者二十日，滿日釋之。

《明熹宗實録》天啓五年十二月 辛丑，江西道御史吴裕中疏糾大學士丁紹軾。得旨：次輔於皇祖初起熊廷弼時即首論廷弼，蓋已其先見之明，足徵實心爲國。今廷弼既伏厥罪，神人之所共歡，吴裕中乃以鄉戚兒女之情輒敢趂空乘機逞其報復，欺肆狂悖，詆辱大臣，顯與廷弼一樣肺腸，與廷弼尚在何異？似此擾亂，本當從重下獄鞫究根因，與廷弼同誅，姑從輕著錦衣衛拏來午門前，著實杖一百棍，革了職爲民當差，仍追奪誥命。

《明熹宗實録》天啓六年四月 〔壬辰〕刑部尚書等官徐兆魁等問過南京錦衣衛知事歐陽暉前在京與十方僧福本往來，題冬至遇雪詩黏壁，間有陰霾國事非之句，末寫羅浮道民，無姓名圖書。福本先藏有揚州知府劉鐸詩扇有圖書，遂套刻劉鐸圖書印暉詩後。因東廠緝獲，扭解來京究問明白：歐陽暉依凡奉制書有所施行而違者律，杖一百，革職爲民。劉鐸依不應得爲而爲之事笞四十，還職。福本依誆騙人財物者，以竊盗論律杖一百，流三千里。依從。

《明史》卷二二《熹宗本紀》 〔天啓六年〕冬十月。丙申，逮中書舍人吴懷賢下鎮撫司獄，杖殺之。

（明）蘇茂相《新鐫官板律例臨民寶鏡》卷六《乞救人命》 陳謙係僞吏陳謂家屬，陳謂既已到部，陳謙又發寧家，其原批應銷繳矣。但解兵劉云棺木，雖云帶回龍游，雖有批照，而清湖患病，則不當帶病起行。縱病狂下水，亦不宜袖手不救。況狀開同船五十餘人，又無姓名可據，其中不無可疑，特劉云貧兵無財可謀，姑弗深究。而其母老子幼，孤苦可憐，陳謙少有人心，其忍不顧乎。量助埋葬銀六兩，以贍其母子。陳謙杖刑。

（明）蘇茂相《新鐫官板律例臨民寶鏡》卷六《逼命》 陳宏一子一婦，素亦相和。夫耕婦汲，農家常事。夫以割禾而出，婦以溺水而死，兩地最不相聞。當會可等撈屍之時，尚未知其爲王氏，及得屍報夫而後知王氏死矣，況報者又有陳寶在乎。其致死根因，跡甚明白。崔氏之告，果何名乎？從二十三日死，二十七日始告，數日之中，所幹何事？分明索騙不遂，而後具詞也。王養志、養正、汝恭、汝敬猶曰王氏伯叔兄弟，至李某、黄某則異姓矣，以死者爲奇貨，而聚衆登門，將何爲乎？莆中惡濁莫甚於此，杖儆。

（明）蘇茂相《新鐫官板律例臨民寶鏡》卷九《雜犯類審語·争樹木》 據陳從祥手出買契，則年久無容争矣。如果係陳木，則一木砍伐即當告争，何不争於林皇三月砍伐二十四根之時，而争於七月耶，其意不過爲風水有礙耳。當投地方，何無的證，合杖。

（明）張肯堂《𥲅辭》卷一《張化新》 張化新有地四畝，向年售與王民，得價六兩有奇。今三月間，備價取贖，復轉鬻於張九盈矣。田雖歸張，而麥秀漸漸，猶是王民故物也。而乃聚衆搬搶，腰鐮作風雨聲。夫人耕之，我乃獲之耶。張九盈宜爲化新左袒，而亦侃侃公言。不待胡日勸等之交執，而蚤有以斷斯獄矣。地瘠歲侵，每畝不盈一釜，追出二石還給王民。化新蹊田奪麥，必非一人，念其所獲不多，兼屬原主，杖止其身。

（明）張肯堂《𥲅辭》卷二《孟可立》 孟季春，孟可立義男也，負販而出，經歲不歸，其爲客死無疑矣，然與孟守定無與也。可立之屢訟守定也，止憑宋思明一言耳，然即據思明之言，乃愈足明守定之無他。蓋思明謂守定曾與季春忿争，固已亦受傷耶，不傷而且得死耶。季春果傷，諸人豈能恝然於守視者，而乃旅而歸耶，何以宋良勤等諸人不言，而獨思明言之，豈諸人皆不在耶。如謂守定因此睚眦而別，以他時謀死，則良勤等出入是同，無頃刻離也，豈别有幻術，如所稱隱娘紅綫者耶。然此猶從守定論也，更就可立推之，而求子正復不急，何也？前此嘗訟之本縣矣，暫羈守定於倉，令其供可立路費，而責可立同思明以覓子。其不遺守定而遺可立者何？蓋使守定謀殺果真，方欲百計掩覆，其肯自供行徑乎？況以父求子最易亦最切也。其必下之獄者何，設令可立求之而其情確，則守定遂爲應抵之人，先事而逃，孰能禁之？且因此亦以堅可立之行也。其稍資之費者何？緩急之故，人所難言。方以失子爲悲，而乃以裹糧重累。是可立先受罰也，如是而可立可無却顧矣，況有思明爲之伴乎。乃侵尋月餘，殊無行意，將守定遂長縶耶，姑出之，而内黄之訟興矣。查河南王范集去濬邑路止七百里，而遥計可立赴愬往返之費亦足相當，乃何以求子則裹足，而搆訟且不憚重趼也。無已，姑誑之曰：多與汝金，免汝遠行，以息此訟可乎？則俛首曰唯唯，然後老奸之膽可剖而視也。季春本非毛裏，生死秦越，特欲借此爲奇貨耳。游魂未招，定應惓兹故土，然可立不求更有誰代之求者。守定願致居停主以自明，然隔省拘攝未便，即果對簿，亦但能明其生不能明其死也。此案似可無究，可立一杖奚辭。

（明）祁彪佳《莆陽讞牘》卷一《一件霸佔事》 審得戴生士琦有房五間，典林生正學之父人文，中見者周念溪也。原約五年聽贖，今逾五年矣。士琦稱原典價五十金，正學稱原典價一百金，是何多寡之相懸也？士琦之手立契所稱之數較真於正學，之傳父業明矣。若手契一出，是五十是一百較若列眉，何可混也？乃正學稱此契或係盜失，或係叔人麟緘藏。本館何所憑據？似必憑立契人之口矣。雖然猶未足服正學心，今准正學之請，寬期至今年盡，俟叔歸，出契辨之。契果百金，是曲在士琦，照契贖業，夫復何言？若今年不歸，契不出，此房終兩混耶？本館當斷之以理，無一間房而二十兩典價之理，士琦五十兩之説爲是。俟明歲正月交銀，量加銀五兩以全鄰親之好可也。今秋季房租聽正學收，冬季房租姑存，候贖業時仍還正學。念溪作中而陰陽反覆以致兹訟，杖之。

（明）祁彪佳《莆陽讞牘》卷一《一件劫塚抽棺事》 審得鄭志買林道盛之山葬墳久矣。山坑之外有謝輔一墳，朱國鼎希圖風水，買其舊墳欲爲新穴。則經前府判志承買，而國鼎不肯領銀，遂葬父於此地。去年國鼎僱工修砌，志以迫其墳界，率吴魁等來阻，執毁其石二三塊。國鼎恐志争山，遂先以抽棺戮墳爲詞，多屬無情，應杖之。墳聽國鼎修砌，鄭志及元章等皆素知禮法，惟曾魁協争，不宜傷及墓石，併杖之。

（明）祁彪佳《莆陽讞牘》卷二《本館一宗生員林鈺狀告吕廷為抗天殺佔事户左徐景淳承》 審得林鈺之山買自阮朝瑞、阮朝掄，其山共四崙，歷經案斷還山於林，蓋案已如山矣。而朝瑞復將子棺停於鈺山，漫稱己山三崙原未曾賣，是何孟浪之極耶？蓋朝瑞無賴代扳之人，而吕廷又係老奸，廷向以争山與鈺結怨久矣。廷遂串朝瑞出力，而己肆其舞文之智，即今朝瑞之停棺未必吕廷之唆使，而訴詞辯册確出其手，則廷之借朝瑞以陷青衿明矣。着朝瑞於月内遷移别處，朝瑞杖決，吕廷笞儆。

（明）佚名《新纂四六讞語·杖犯侯佃讞語》 審得侯佃，諸民中最狡最黠者。與族人侯斧、侯有功、侯有國等同宗異户，侯斧等有祖墳在佃宅後，佃懼其幫墳再葬，不利陽基。萬曆十五年，適值侯有國葬母，侯佃謂貧人可用利間，遂設立詭計，賴認祖墳，賄買侯有國暗寫合約，假認偷葬之罪，情願起遷其母。而侯斧、侯有功不知也。又一年，侯佃假告侯有國，賄惡黨侯儒證之。三人一口，扮作兩造。《書》：兩造具備，師聽五辭。又《禮記·周官》：以兩造聽民訟。兩造者，兩争者皆至也。官府易信，蒙斷起墳。更與印照硃批，不許户人偷葬。遂使侯斧等祖宗塋地暗易其主，而侯有功亦不知也。侯有國終實不起母墳，侯斧等亦遞年標祭祖墳無異。至二十七年，侯有功兄死，幫祖阡葬，侯佃始突前攔棺。有功不甘具告，對審時，侯佃乃突出合同印照，侯有功相顧錯愕，莫詰從來。比本縣虚心鞫之，驗其合約，係侯有國自寫：内有古葬祖墳翻死三丁之語，純似罪犯拷服招詞，不似兩意和同語氣。且侯有國即己不由威逼，意願起墳，何又遷延不起，逾一年而待侯佃之告？侯佃已具告在官，兩意既惡，且經官斷起，立限亦嚴，又何究竟不起，逾十年而侯佃亦寂然無一言？蓋侯有國實無遷其母墳之意，不過以虚字而受實財。侯佃亦意不在於侯有國之遷墳，不過套立合同，誆取供詞印照，以杜侯斧等之再葬。伏奸於十數年之前，掩跡於十數年之内，自謂秘計詭謀，無人覷破，而不虞真情自難掩也。陰謀天忌，本宜痛懲，姑從輕論杖。其塋地止許侯斧等標祭阡葬，不許侯佃冒認再争。

中國第一歷史檔案館《滿文老檔》天命七年六月 十七日，諸貝勒議定：百鞭折杖五十。嗣後，二鞭折一杖，廢止刺耳鼻之刑。

中國第一歷史檔案館《滿文老檔》天命十年五月 初三日，汗家北塔之基石，被周圍包衣人等盜取毀之。上奏後，遣衆大臣搜尋基石，並將被查獲之人各杖五十。該僧等亦因疏於看守而將爲首之八僧晝牢餓囚之，待衆僧修復後釋放。

中國第一歷史檔案館《盛京原檔》一六三號 崇德三年正月初七日，上諭巴圖魯郡王：出略時，順托惠淫額克親所獲婦人一事，爾既審實，何故鞭順托惠五十即釋之？章京哈哈納之子以奸淫俘獲婦女處死，彼罪偏重，此罪偏輕，爾非徇瞻循情面，故爲私庇乎？且出邊時，爾當於隊尾殿後，令人於邊內屯積糧草，以紅衣炮毀敵之邊臺，令輜重前行，爾於後再出邊，此乃爲王之道也。竟反令輜重在後，爾獨前行出邊，此與敗走何異？以皮島之罪，朕曾思革爾王爵，對爾訓誡已感厭煩，此後不復訓誨矣。免革王爵，仍爲郡王。

中國第一歷史檔案館《盛京原檔》一六〇號 崇德三年正月初八日，鑲紅旗額布特欲將本牛録下八十八之妻給伊弟庫里，故請於貝子碩托。貝子碩托詢問八十八有子嗣宗親否，額布特告稱：無，僅有兩幼子。碩托曰：將八十八家一應物件俱造册，付我一份，爾額布特執一份，給爾牛録分得撥什庫一份，待幼子成人後，令其分户。遂將八十八之妻嫁與庫里。嗣後，八十八之弟科特訟於貝子碩托曰：我兄家産何以令庫里承受？貝子碩托告稱：以額布特言八十八無子嗣宗親之故，所給是實。因額布特欺蒙貝子碩托，故將其執送刑部。額布特謊稱八十八無子嗣，而將其妻子家産俱給伊弟庫里一案，經審屬實，故將額布特鞭一百，解牛録任。令庫里休妻，幼子交付科特，令其撫養。

中國第一歷史檔案館《盛京原檔》一六〇號 崇德三年正月初八，先是，將前來之朝鮮人俱寫明情由，然後遣之。而駐防通遠堡之鑲白旗拜褚喀、正白旗馬元龍來文書寫草率，未加圈點，此次所來朝鮮人又未書來由，即迎而遣之。爾等應分别寫明情由方可內遣，駐防官若不盡職差遣，要爾等駐防何爲？以怠惰故將拜褚喀、馬元龍罰以規定之罪；將正白旗阿爾賽牛録下筆帖式庫什、張霸吉牛録下李傳玉各鞭二十七。

中國第一歷史檔案館《盛京原檔》一六〇號 崇德三年正月初八，正紅旗吴守進生日時，令巴圖魯郡王包衣之有夫之婦要戲，晝取而夜宿。故罰吴守進五十兩銀；要戲且奸宿之鑲黄旗馬光輝罰以規定之罪；巴圖魯郡王之擺塔大李耀功、邵禎言，爾等懈怠失職，對有夫之婦所行失於覺察，各鞭八十。

中國第一歷史檔案館《盛京原檔》一六〇號 崇德三年正月十一日，巴顔貝勒所養戴呑屬下四蒙古訴告巴顔貝勒：取我等二牛，索還時，聲稱已死而未還，僅償一牛；又於出略時，將〔我等〕所獲牛五頭、衣十八件俱取走；又取走在朝鮮所獲馬四匹；其房屋及一月口糧亦未給；因此，訟於法司。經審屬實。擬議付還馬、牛、衣物，其訴訟之四蒙古連同妻子送其欲往之處。以令巴顔貝勒善養蒙古而不養，且從中克扣，不發口糧，故巴顔貝勒應罰以規定之罪。奏上之際，巴顔貝勒又行申訴。經審，仍照原議。以巴顔貝勒執拗，加倍坐罰。與巴顔貝勒合謀應答之烏穆齊、古魯、多爾濟各鞭五十。審擬後奏聞，上命：巴顔貝勒罰以規定之罪。烏穆齊、古魯、多爾濟合謀應對，各鞭五十。需索的馬、牛、衣物俱還訴訟之四蒙古，四蒙古連同妻子準離其主，往爾等欲去之處。遂前往額爾克親王處。又以巴顔貝勒執拗申訴之故，集諸王、貝勒、貝子申斥之，貝子博洛，爾爲何不勸諫爾父之執拗申訴？若遇此情，勿再怠忽！俄羅塞臣，爾爲議政大臣，而似此情由，爲何不諫？

中國第一歷史檔案館《盛京原檔》一六一號 崇德三年正月二十日，鑲紅旗巴雅爾圖牛録下章尼泰之妻訟其小叔諸壘於法司：伊誣稱我無子，得由伊襲職。經審屬實。諸壘應鞭一百，革其世職。奏聞，上命：諸壘鞭一百，革職。是否由〔章尼泰之〕子襲職，著巴哈納送吏部議。

中國第一歷史檔案館《盛京原檔》一六三號 崇德三年正月二十七日，侍衛和托向皇上送鱘魚時，多羅俄親王當值守門之額申朱推説祭祀而未往送，當班六名護軍慌亂，指王之齋戒處而不去，推讓良久，乃指一名護軍前往。侍衛和托路遇土爾占，土爾占命護軍曰：爾等遲慢推拒以至延誤之處，要報與護軍參領。然彼護軍并未報護軍參領。故多羅俄親王訴於法司，經審屬實。指而未去，以至遲延，又未報護軍參領之護軍，應鞭一百，值班之五名護軍應各鞭七十，額申朱以曠班之故，應鞭七十。奏聞，上命：額申朱鞭七十，六名護軍各鞭二十七。

中國第一歷史檔案館《盛京原檔》一六三號　崇德三年正月二十七日，正黃旗夸蘭牛録下筆帖式阿爾津勒取本旗隋京宗牛録下楊仲豆六升。楊仲訴於法司，經審屬實。阿爾津應鞭一百，貫耳鼻，解部任。楊仲，爾爲何私給？應鞭八十二，貫耳。奏聞，上命：阿爾津鞭一百，貫耳鼻，不準重用。楊仲鞭八十二及貫耳之罪準折贖，罰銀三十三兩三錢。

中國第一歷史檔案館《盛京原檔》一六四號　崇德三年，正藍旗拜庫達、正黃旗特圖科二章京看守前來之朝鮮人，乘夜將鑲藍旗察爾賴所養大凌河高明松之包衣馬慶功，布喀牛録下阿哈布，安珠牛録下馮大、馮三、勞好善，乃格牛録下劉麻子、王賽珠，正白旗圖詹牛録下佟麻子，正藍旗賽爾牛録下周如長等九人放入交易。拜庫達、特圖科各鞭一百，貫耳之罪準折贖，各付銀六兩。交易之九人俱以竊盜例鞭責貫耳。所買紙五千三百張，蘇木二十二斤，薄荷二十五斤，蜂蜜一斛，水獺皮九張，毛青布九匹，綠斜皮兩張俱入官。

中國第一歷史檔案館《盛京原檔》一六六號　崇德三年，鑲黃旗布爾薩海牛録下青吉爾首告本牛録額托齊於法司：先前，額托齊曾持腰刀砍我門青吉爾，我方奪其所佩之弓，此情告於牛録章京布爾薩海後，將額托齊鞭二十七。又奪我青吉爾所佩之弓。經審屬實，鞭額托齊七十。牛録章京布爾薩海擅自了結持腰刀一事，鞭五十，準折贖，罰銀十六兩六錢六分入官。

中國第一歷史檔案館《盛京原檔》一六六號　崇德三年，鑲紅旗葉成額牛録下佟關訟於法司：曾將女兒嫁與本旗擺塔大周六所養之大凌河守備劉士登爲妻，後我女兒手被打折，牙被打斷，手又被咬傷。劉士登用出征朝鮮所賞二十兩銀，又賣了五匹緞，買了兩個人、一匹馬。又將此賣掉，得銀五十八兩，狎妓女劉達，將銀用光。後將牛賣掉，不得耕田，只得將人、田租賃它人。把我女兒趕回我家。我令他來取，他又不來。故岳父佟關訟於法司。鞫審時，劉士登供稱：手并未折，毆鬥時，咬我的衣服，拉扯時，牙齒折斷。并未賣牛，牛病死了，因無牛，方將人、田租賃。銀子都買衣裳穿，買食物吃了。又訊周六，據供：并未賣牛，牛亦未死，我知道將人、田租賃是實。經審，狎妓是實。劉士登鞭五十，準折贖，罰銀十六兩六錢六分。

中國第一歷史檔案館《盛京原檔》一七〇號　崇德三年五月初四日，正黃旗多多郭牛録下褚磊之家下莊頭豪巴爾爲其包衣赫耀賽訐於法司：換馬賺銀三兩未納税，換牛賺銀四兩亦未納税，用鳴鏑射我妻，賣掉粳米二十斛、稗子米二十斛，隱匿二丁。經審，換馬、牛之事，射舉首者妻之事，賣粳米、稗子米之事皆虛。舉首者赫耀賽鞭八十。一丁登記入册、隱匿另一丁是實。牛録章京多多郭罰以規定之罪，另罰隨丁銀五兩入官。

中國第一歷史檔案館《盛京原檔》一七〇號　崇德三年五月初十日。鑲黃旗舒書、正黃旗塔克珠率六十甲，分路遣往興凱湖之阿里甘處，彼處有丁三十。臨行，鑲黃旗塔塔海、正黃旗喀凱曰：地方約好了，話也指明了，三十丁得與不得皆來呼勒木代村。若多得，爾等親自作牢看守，每十人選派首領兩名，派遣知道地方的寧古塔之塔勒扎、方喀拉；若不得俘虜，爾等親率兵來我處會合。舒書、塔克珠將所指三十丁盡獲，而未赴約定地點，竟來到此處，兵部已派人往迎，并詢問其餘軍卒在何處。舒書、塔克珠回稱：前往興凱湖之阿里甘處，得獲指授給我等之三十丁後便回，未約定會合地點。事後，塔海、喀凱歸來講時，舒書、塔克珠回稱：約定是實，然爾等曾說未獲俘虜，豈可尋塔海、喀凱乎？遂往此處來矣；若不得，則自然去約會地點。十月十三日即歸來矣。事下法司審鞫。舒書、塔克珠未去約會地點，罪一；答稱并未定約會之地，罪二。舒書應革一世職，鞭一百，塔克珠應鞭一百。奏聞，上命，免革世職，舒書、塔克珠俱鞭一百。

中國第一歷史檔案館《盛京原檔》一七〇號　崇德三年五月初十日，正白旗李天魁牛録下分得撥什庫佟吉文被本牛録裴英哲、佟延齊、張琪等三人訐於法司：佟吉文隱匿一丁，未登記入册，未算入官差之内。經審，隱一丁、不登記入册是實。佟吉文鞭三十，罰隨丁銀五兩。牛録章京李天魁失察，罰以規定之罪，又罰隨丁銀五兩，俱入官。

中國第一歷史檔案館《盛京原檔》一七〇號　崇德三年五月十二日，令石廷柱旗鄧尚功前往丈量道路，是爲吏部衆官所薦舉。然鄧尚功未去，而差遣蘇大奎替代。吏部參政屯泰、朱瑪喇將鄧尚功移送法司。經審，鄧尚功未去是實。鞭鄧尚功五十。

中國第一歷史檔案館《盛京原檔》一七八號　崇德三年五月十七日，

出征後，正黃旗寧塔海牛録下滿都虎從正白旗門寨出去時，守門之額爾郭楞、法鈕問曰：爾去何處？答稱：因皇上家馬死，從軍中返回，我去取祭祀用豬。守門人信其言，使其出門而去。事後，諸王聞之，於各旗檢查時，命安達里、綽闊洛曰：取豬者在爾部，爾屬下之人要好生檢查。綽闊洛查後，獲滿都虎，來告法司。經審，所言是實。滿都虎大言欺誑，應論死。額爾郭楞、法鈕相信謊言，將撥什庫未送之人放出門寨，應各鞭五十。審後，冷僧機將滿都虎一案奏聞，上命：免滿都虎死，鞭一百，貫耳鼻。法鈕鞭二十七。額爾郭楞係牛録章京，計職鞭四十五。

中國第一歷史檔案館《盛京原檔》一七七號　崇德三年六月初二日，鑲藍旗西布海牛録下綽爾濟欲娶子婦，色本欲娶妻，故慾往巴林蒙古阿玉石地方。此事在興安嶺彼側之山呑河曾請於本旗固山額真貝子篇古，貝子篇古命曰：待奏上後再遣之。貝子篇古趨前，與皇上同行，於途中奏聞後，派本旗穆奈牛録下壯大温察、土延圖牛録下兑勒前去傳令於留下之錫林、葉勒諶曰：勿得將綽爾濟、色本擅自遣走，待到分撥衆蒙古後，再行派遣。至興安嶺之前，綽爾濟、色本又請於錫林、葉勒諶：我等欲去巴林蒙古。錫林、葉勒諶曰：爾等勿得妄行，待分撥衆蒙古後，派遣時候再去。當日，衆人前去打圍後，綽爾濟、色本及跟役額齊爾、布顔圖四人離去，路遇正黃旗多多郭牛録下噶爾呑，共五人，未請於任何人，擅往巴林蒙古。是日，西布海牛録下壯大海山告錫林、葉勒諶曰：綽爾濟、色本去矣。錫林、葉勒諶曰：明日再告與衆人。是日，鑲黃旗聚衆筵宴，錫林、葉勒諶又未報此事。次日，行至興安嶺此側杜爾吉爾，分撥衆蒙古，正黃旗甲喇章京囊古查點時，正黃旗多多郭牛録下缺一人，方知綽爾濟、色本已去。爲此兵部參政朱瑪喇送法司鞫審。錫林、葉勒諶，當時壯大已來告爾等，爾等不報衆人，言次日再報，次日設宴時，又未對衆言明，及囊古查點時方知。故錫林、葉勒諶俱罰以規定之罪。擅離之綽爾濟、色本、額齊爾、布顔圖、噶爾呑五人各鞭一百。

中國第一歷史檔案館《盛京原檔》一七三號　崇德三年六月初七日，皇上家牧群一牛死於牧場，鑲藍旗拖克拖洛言稱來年給一兩歲牛，遂將死牛之肉取走食之。然取牛時，拖克拖洛竟不還牛。三年過後，寧塔海牛録下額爾吉圖、科西圖二人去時，拖克拖洛適不在家，遂將包衣阿瑪里之牛抓來。木牛録下吴達海即將其一頭三歲牛送去，欲了其事。吴達海反要了拖克拖洛包衣之兩歲牛。拖克拖洛來涅罕處告稱：我的包衣中没有阿瑪里其人，皇上包衣來後，携走我牛，又把牛私自换給吴達海後，留下了。涅罕遂訟於法司，如此説來，并非隱匿之罪。經審，拖克拖洛取肉不給牛已三年一事屬實，所稱其包衣中没有阿瑪里一人是虚。欲令了事，吴達海將其牛送去。拖克拖洛，爾曾欲給牛是實，然欺騙涅罕，鞭八十，準折贖。

中國第一歷史檔案館《盛京原檔》一七四號　崇德三年六月初八日，喀爾喀蒙古來犯歸化城出兵那次，正藍旗南濟蘭謊稱鑲黃旗額齊爾桑射中之鹿乃額爾克親王所射，額齊爾桑因之死去。事後，扎塔往告南濟蘭：此鹿非王所射，要記住殺死此鹿的人，恐其鹿尾、鹿羔不獻上，王已有差遣。南濟蘭欲使本旗敦達里得到，故未告額齊爾桑。南濟蘭欲使本旗人得到而謊稱鹿爲王所射，額齊爾桑因而致死。鞭南濟蘭八十。

十二日二十二名朝鮮人來時，將一馬所馱之烟，處處發賣，另一馬空來。户部參政昂金查出，係駐防東京鑲白旗哈囊阿當值，然哈囊阿因家裏出痘未護送，由一撥什庫、五名甲士護送前來時，竟準其亂賣。遂移送法司鞫審，因哈囊阿未來，亂賣是實。哈囊阿，爾家中有事，應告吴爾噶納，令其代爾之班，竟使常人護送前來，以致亂賣。哈囊阿罰以規定之罪，護送之六人各鞭五十。

中國第一歷史檔案館《盛京原檔》一八〇號　崇德三年七月初五日，鑲藍旗喀木戚哈、塞赫往征黑龍江時，率甲士八十名至指授本旗之村寨，既成圍而縱敵俱遁去。又指授喀木戚哈另一村寨，喀木戚哈未趕至，亦令其脱逃。駐於彼處後，進行搶掠時，行動遲緩，一無所獲。喀木戚哈應論死，籍没其家産。塞赫亦應論死。此案於五月審理後奏聞，上命：暫緩執行。

七月初五日，上復命：喀木戚哈、塞赫量刑過重，且拘禁既久，已然受苦。喀木戚哈、塞赫各鞭一百。

正紅旗輝山，往征鴉蘭部時，俱獲所指授村寨之男丁後，作牢監禁之。然監守不嚴，以致所監禁之男丁全部逃散，一人未獲。又未去會師地方，徑直還家。法司鞫審屬實，輝山應論死，籍没家産。此案於五月審理後奏聞，上命：暫緩執行。七月初五日，上復命：輝山量刑過重，且監禁既久，牢中受苦，輝山鞭責一百。

鑲黃旗濟馬護於查薩克圖汗兵來犯歸化城，我兵往征時，遇明哨卒，追及之，仍被逸去。擬濟馬護除本身及妻外，奪奴僕、屬員，鞭一百，革御前侍衛。奏聞，上曰：令爾濟馬護入前鋒員內，爾騎射嫻熟，臨陣時若能身先擒斬敵人立功，即赦爾罪；倘爾先入之後，應退不退，恣意妄行，不能克終，仍照此定案坐罪。

中國第一歷史檔案館《盛京原檔》一八〇號 崇德三年七月十一日，葉臣旗阿囊噶、石廷柱旗林紹督催城工，所築屏城一側墩臺墻垣比定制少五庹二尺，墻厚少一拃，墻高矮三尺一拃，溝口短兩尺一拃，溝深淺一庹三尺。故擬阿囊噶、林紹各鞭一百。奏聞，上命，因禁三日兩夜。

中國第一歷史檔案館《盛京原檔》一八二號 崇德三年七月十八日，集衆於大政殿時，鑲藍旗穆奈、達斯歡二人未至，故穆奈應鞭一百，貫耳鼻，解甲喇、牛録任，達斯歡應革世職，鞭一百，奏聞，上命：穆奈、達斯歡俱鞭一百。

中國第一歷史檔案館《盛京原檔》一八四號 崇德三年七月二十四日，征加門時，派遣刑部鑲藍旗羅奇，羅奇未立即出發，以延誤故，曾擬鞭一百，上命免罪。此罪在三年考績時隱匿，羅奇應革一世職。奏聞，上命：免革職，鞭一百，準折贖。

中國第一歷史檔案館《盛京原檔》一八四號 崇德三年七月二十六日，鑲紅旗鐘布禄牛録下張承功，將給他的婦人未告牛録章京即偷賣給正紅旗碩古里牛録下莫天錐，獲銀三十兩。鑲紅旗牛録章京魏雲登竟信此抽税。牛録章京鐘布禄訟於法司，經審，未告（牛録章京）、賣人是實。賣婦人之張承功已身亡，姑免議。將婦人取還交付鐘布禄。因已付税之故，將婦人身價銀三十兩付還莫天錐。章京魏雲登當賣別牛録之人時，竟信之取税，應鞭八十二及貫耳之罪準折贖，罰銀三十三兩三錢三分入官。

正紅旗覺善對所養之戴呑屬下三蒙古不加善養，不給衣服、糧食、柴薪。三蒙古訟於法司。經審，不加善養是實，覺善告稱三蒙古反噬。經審，反噬是虚。覺善應鞭一百，分得撥什庫茂巴里扶同徇隱，應鞭五十，三蒙古應準離覺善。奏聞，上命：免覺善、茂巴里鞭罪，赴訴之三蒙古離覺善。

中國第一歷史檔案館《盛京原檔》一八四號 崇德三年七月二十八日，正白旗樊蘇被本牛録下佟延訐於法司。出征瓦爾喀時，樊蘇向本牛録衆人斂取六十兩銀，言稱出一匹良馬。然於起程時，又將巴顔貝勒驗視中款之馬未送，而送一既老且病之馬頂缺。又本年正月，樊蘇又取本牛録下佟文年銀四十兩，告稱去蒙古買馬給之，然買馬後不給馬，佟文年爲索銀事訟於法司。經審屬實。樊蘇鞭八十，解牛録任。將驗視中款之良馬給本牛録劉有善。送於軍中之老馬取還樊蘇。稱買馬而收取之四十兩銀令交還銀主佟文年。

中國第一歷史檔案館《盛京原檔》一九一號 崇德三年八月十一日，正黃旗阿哈廉牛録下新滿洲逃去，吏部遣官追緝。因鑲藍旗、鑲黃旗當直，遂簡派鑲藍旗海塞，又以鑲黃旗無官，簡派鑲白旗滿都户代之。後以海塞、滿都户懦弱，別選次班正紅旗伊希達、鑲白旗伊喇尼往追。有吏部筆帖式正紅旗圖爾吉牛録莫樂弘私告本旗伊希達曰：非我旗班次，乃代鑲旗之班而差遣爾也。伊希達遂以此言告多羅俄親王，王遣人謂阿拜阿哥曰：別旗班次，何故遣我旗伊希達？伊希達爲有罪之人，宜令之從軍攻城矣。後至郡王阿達禮府筵宴，多羅俄親王謂墨爾根親王曰：遣我旗之人代別旗班次，豈不冤乎？墨爾根親王聞言，遂於諸親王、郡王、貝勒、貝子、固山額真、議政大臣會議處告之，衆議曰：凡差遣官員，原聽吏部酌量調用，多羅俄親王爾，不願該部簡派，豈欲另立一部耶？多羅俄親王應罰銀五千兩，奪其五牛録屬員。伊希達於王前行讒，應論死。筆帖式莫樂弘，爾在吏部，却以本部事私告於伊希達，亦應論死。奏聞，上以多羅俄親王年邁妄言，姑宥其罪。伊希達處死。筆帖式莫樂弘鞭一百，貫耳鼻，解部任。

中國第一歷史檔案館《盛京原檔》一八九號 崇德三年八月十五日，鑲黃旗布爾薩海牛録下根都爾之包衣額拖齊，同包衣女人色布得通奸。被另一包衣阿哈尼堪拿獲。根都爾將通奸男女釋之。阿哈尼堪又告牛録章京布爾薩海，布爾薩海既未拿通奸男女，也未察問。次日，蘇拉遂往法司訴告，審實。通奸男女應各鞭一百，貫耳鼻。布爾薩海在舉首者告發後，不即行拿獲，應鞭五十。根都爾以擅釋通奸男女，應鞭一百，貫耳鼻。拿奸之阿哈尼堪應準離其主根都爾。奏聞，上命：牛録章京布爾薩海鞭五十，根都爾鞭一百、貫耳鼻之罪準折贖；通奸男女各鞭一百，貫耳鼻；舉首者準離主。

中國第一歷史檔案館《盛京原檔》一九〇號 崇德三年八月十六日，正白旗哈什譚往征朝鮮時，對本旗卓洛牛録下科約之子以無甲閑散而從征一事失於覺察，應鞭二十五，以兩部。審實，塔納喀應論死。奏聞，上命：塔納喀鞭一百，首告人準離主，交固山額真拜尹圖。

正白旗塞古德牛録下洪科，撥爲本旗額布忒牛録下親軍，洪科不受，謊稱甲喇章京塞赫不與，罪一。內護軍法庫立於塞赫之側。洪科曰：不宜在此隨侍，爾殆欲就死耶？罪二。查薩克圖蒙古來犯而出征時，洪科在彼行獵，將其所殺黄羊謊云王所殺，令穆祜牛録下護軍宏可馱歸，罪三。塞赫臨陣脱逃，已遇恩赦，洪科復告訐不休，罪四。故洪科應論死。奏聞，上赦其死，仍諭洪科曰：爾臨陣處處退縮，一無可嘉，今貸爾罪，嗣後當力戰圖功以贖罪。命鞭一百，以贖身銀一百一十兩給塞赫。

中國第一歷史檔案館《盛京原檔》一九〇號 崇德三年八月十八日，正白旗蘇爾曼巴圖魯妻的前夫所生子之包衣拉爾球妻訟於和碩額爾克親王：蘇爾曼巴圖魯令我主之子的奶母，乳其親生之子，并令照看我主之子的兩男童去看守馬、羊。額爾克親王送法司審實，部議將奶母仍給原主之子，其子并家産斷離蘇爾曼，蘇爾曼仍罰以規定之罪。

此訴訟女人之夫拉爾球又被蘇爾曼反訴：拉爾球在本牛録一新滿洲之家稱自己爲薩滿，手持女手鼓，置水一碗，占星而擊手鼓。經審，跳神卜吉凶是實，因議拉爾球應鞭一百，貫耳鼻。新滿洲應鞭五十。

奏聞，上命：蘇爾曼罰以規定之罪，準其子并家産斷離蘇爾曼，暫留於額爾克親王處，再由巴哈納交理藩院承政尼堪、塞冷議處，送至其兄弟處。拉爾球鞭一百，貫耳鼻。又鞭五十之新滿洲已自亡。

中國第一歷史檔案館《盛京原檔》一九〇號 崇德三年八月十八日，令管轄鑲黄旗移營蒙古之托諾喂養皇上五駝，托諾未精心收養而轉交喀爾拉代牛録下撥什庫叟色赫，叟色赫又交庫魯克達爾漢牛録下撥什庫伯伯樂，伯伯樂又交本牛録拖克拖會。拖克拖會承接後，收養怠惰，以致三駝死亡，兩駝丢失。因付法司審實。托諾，交付與爾之駱駝，未派可靠人看管，而輾轉交付下人，致使駱駝死亡丢失，托諾難辭其咎，應鞭一百，償三駝。伯伯樂應鞭一百，償一駝。固山額真吳賴、阿代先審拖克拖會，已鞭一百，再令償一駝。叟色赫，交付爾之駝，又經爾輾轉交托，終至死亡丢失，應償駝，叟色赫云：如言將此駝由我償還，先前已失之駝，償自天耶，抑償自地耶？叟色赫出言不遜，應論死。上命：托諾償三駝；免叟色赫死，鞭八十，貫耳，償一駝，伯伯樂鞭三十，償一駝；拖克拖會業經審理，已鞭一百，姑不令償駝。

中國第一歷史檔案館《盛京原檔》一九六號 崇德三年十月初六，鑲紅旗已故陶格之妻訟於本牛録冰圖：牛録章京巴雅爾圖强逼我爲索林之妻，賞我丈夫之三百兩銀又被鐸克辛强取。經法司審實，因議巴雅爾圖應解録任，鞭一百，鐸克辛索取之財俱還訴訟婦人。奏聞，上曰：巴雅爾圖鞭八十，解牛録任。强娶婦人之索先云，婦人爲巴雅爾圖所給，並非强娶，爾後又云，乃自娶。索林以言語反覆故，鞭七十。鐸克辛所取財物俱還婦人，準離鐸克辛。

中國第一歷史檔案館《盛京原檔》一九九號 崇德三年十二月，守衛禮部衙門之葉伯書盗竊放置於本部紙五百領，葉伯書正法。漢啓心郎周文義，爾收管鑰匙，失竊而不覺，難辭疏怠之咎，餓禁三日。正黄旗額賽牛録下筆帖式郭立、鑲黄旗丹代牛録下分得撥什庫哲庫訥當直，白晝失竊而不覺，以怠惰罪，各鞭二十七。

中國第一歷史檔案館《盛京原檔》一九九號 崇德三年十二月二十七日，正白旗張邦紀爲本牛録張國明、李春玉、崔章仁許於法司，張邦紀向村民斂取銀十六兩，又多設一馬伕，法司審實，故鞭張邦紀一百，貫耳，解牛録任。

中國第一歷史檔案館《盛京原檔》一九八號 崇德四年正月初九日，贊禮官窩赫元旦於大政殿叩拜時，在進表之前錯令叩拜，都察院送法司鞫審得實，因議窩赫鞭五十。奏聞，上命：鞭二十七。

中國第一歷史檔案館《盛京原檔》二〇〇號 崇德四年正月十八日，命正紅旗牛録章京庫色訥、鑲紅旗傅拉塔牛録下分得撥什庫外由看守祁充格，部官巡察時，未能當值，故告於刑部。審實，因議庫色訥應論死，分得撥什庫外山應鞭一百，貫耳鼻。奏聞，上命：庫色訥鞭一百，外山鞭八十。

中國第一歷史檔案館《盛京原檔》二〇一號　崇德四年四月三十日，拜音圖旗下托特退率每牛録甲士六名於樵採時，遇明豐潤縣兵，滿辟下馬步戰被殺，托特退逃歸，應論死，仍籍其家。奏聞，上命：免托特退死，鞭一百，籍其家。

中國第一歷史檔案館《盛京原檔》二〇三號　崇德四年四月三十日，正紅旗昂邦章京王世選籍吴守進家産時，承接吴守進隱匿、轉移之銀物收藏，爲王章京包衣一人、婦人四口訐於法司，審實。王章京革世職，罰銀百兩，首告者準離主。吴守進以竊盜罪罪之，轉移銀物入官。奏聞，上命：王章京免革世職，王章京、吴守進以竊盜罪各鞭八十，貫耳〔原檔殘缺〕，各罰九兩，將吴守進轉移銀物入官，首告者準離其主王章京。

中國第一歷史檔案館《盛京原檔》二〇五號　崇德四年四月三十日，巴圖魯郡王包衣沙渾、伯爾肯出略，於一臺得騾馬共三十匹。訊一漢人，稱有銀。沙渾、伯爾肯欲當晚去取，往請於梅勒章京綽和洛，未允。沙渾擅自以昂阿泰、門都爲首領，言稱差遣二十人前往守臺。翌晨，沙渾、伯爾肯、梅勒章京湯古代阿庫詢問綽和洛後，即前往臺堡。守臺之二十人因錯路而後至，準塔巴圖魯旗下梅勒章京拖克拖會、甲喇章京額莫爾吉已往彼臺堡，獲馬三匹、騾一頭，銀五十兩，沙渾、伯爾肯至，守臺漢人又私給三個元寶。沙渾、伯爾肯言：爾等何以取走我昨晚令二十人看守臺堡之銀？其時，二十人方至。拖克拖會、額莫爾吉言：不知爾等已占，僅取走銀五十兩、馬三匹、騾一頭。沙渾、伯爾肯取臺後，發窖，得銀三千兩。至出略各軍來到時，拖克拖會爲本旗人所訐：拖克拖會將守臺漢人所拋棄之五千兩銀爲巴圖魯郡王家所獲，已給沙渾、伯爾肯。沙渾、伯爾肯又對雅賴告稱：拖克拖會僅取走吾等二十人所占之守臺明軍所棄五十兩銀，三匹馬，一頭騾。當時，拖克拖會未説争五千兩銀之事，爾後又對和碩額駙古爾布什稱：我與沙渾、伯爾肯争其所獲五千兩銀。爲此訟於法司，訊證人，知情之薩穆什喀包衣，供稱：拖克拖會、額莫爾吉在時，把三個元寶拋棄，三千兩銀乃沙渾、伯爾肯攻取臺後發窖所得。以此，拖克拖會、額莫爾吉，爾等在時，欲將丢棄之三個元寶教巴圖魯郡王家所獲，而給與沙渾、伯爾肯是實。又逼問舉首者，供稱：曾有争五千兩銀之事。拖克拖會、額莫爾吉俱罰以規定之罪。攻占閣樓後，三個元寶，已給固山額真準塔巴圖魯。三千兩銀已給沙渾、伯爾肯。以妄行差遣二十人守臺，故沙渾鞭一百，折贖銀三十三兩三錢入官；帶領前去之昂阿泰鞭三十，折贖銀十兩，俱入官。門圖係大凌河新人，姑免罪。因將三個元寶謊稱五千兩銀，故舉首者不得罰罪之銀。

中國第一歷史檔案館《盛京原檔》二〇五號　崇德四年四月三十日，祁他特車爾貝所屬牛録章京喇巴希、額朱文同撥什庫博博圖往取糧米，與明三屯營兵相遇，額朱文及甲士一人、跟役一人被殺。喇巴希、博博圖帶甲士二十六人敗走。喇巴希擬死，以來歸功免死，鞭一百；撥什庫博博圖鞭一百，貫耳鼻，其下兵丁各鞭一百。

中國第一歷史檔案館《盛京原檔》二〇五號　崇德四年四月三十日，拜尹圖旗下牛録章京塔納喀、布爾薩海率每牛録甲士六名往取糧米時，遇明豐潤縣兵，不戰而逃。布爾薩海、塔納喀俱正法，仍籍其家。部下兵丁應各鞭一百。

中國第一歷史檔案館《盛京原檔》二〇六號　崇德四年五月二十三日，鑲黄旗前鋒俄木索科牛録下葉赫臣，正藍旗伊孫牛録下海努，星訥牛録下阿哈尼堪之跟役衛徵三人於松山坐堆子，弓箭、撒袋皆被奪，兩馬俱被射中。葉赫臣、海努應論死，跟役衛徵鞭一百，貫耳鼻；阿哈尼堪托病以跟役代往，前鋒章京索渾應鞭八十。奏聞，上命：葉赫臣、海努、衛徵各鞭一百，貫耳鼻；索渾餓禁兩晝夜。

中國第一歷史檔案館《盛京原檔》二〇六號　崇德四年五月二十三日，吴賴旗下巴雅喇出征回師時，在衆軍回師前，擅將金二兩、銀十兩送本牛録伊爾哈。巴雅喇應論死，奪所賞及所送之金銀。奏聞，上命：免死，免奪所賞，鞭八十，貫耳之罪準贖銀六兩。

正紅旗敦拜，巴木布率旗下護軍自松山往追阿爾薩蘭所擊敗之祖大壽兵，只取敵所棄馬匹，竟未斬敵而遁。敦拜、巴木布均應鞭一百，貫耳鼻。奏聞，上命：鞭敦拜、巴木布各一百，貫耳鼻之罪準各贖銀九兩。

中國第一歷史檔案館《盛京原檔》二〇六號　崇德四年五月三十日，鑲白旗滿都户牛録下霞惠之跟役於出略時始終牽馬而未獲一物，帶領前往之蘇納牛録下護軍校喀愷鞭五十；尹達理牛録下昂愛之跟役始終牽馬而未獲一物，昂愛鞭五十，償所缺之人；德希特牛録下護軍校巴岱之跟役於出略時離開被殺，護軍校巴岱鞭五十，償所缺之人。甲喇章京拖爾晋罰以規定之罪。

中國第一歷史檔案館《盛京原檔》二〇七號　崇德四年六月十一日，正紅旗下阿爾海之子阿爾綽分家時，爲何將男丁登記入簿，而未將馬、牛、駝、羊登記入簿？烏勒姆答稱：曾將馬、牛、駝、羊分項書寫送去，將男丁登記入簿後，方將牛、馬、駝、羊送去登記入簿。烏勒姆欺誑未送，應鞭一百，貫耳鼻。奏聞，上命：烏勒姆鞭一百，貫耳鼻。

中國第一歷史檔案館《盛京原檔》二〇八號　崇德四年六月，鑲白旗塞古德於左翼兵出邊時，不遵禁約，徑直冲入立於邊口之兵，致使馬傷，後於亂跑時又將飯撞落，罪一；及付有司訊罪時，又露刃起誓，罪二。塞古德應鞭一百，貫耳鼻。奏聞，上命：舉止輕狂以至亂跑得罪，可宥之；露刃則鞭一百。

中國第一歷史檔案館《盛京原檔》二一一號　崇德四年六月二十日，正紅旗護軍參領阿哈纏於内側坐堆子，未發覺敵人後次所掘之壕，又見敵追而未獲。阿哈纏應論死，籍没家産。奏聞，上命：阿哈纏圈禁三日，鞭八十，準折贖，解管甲喇事。巴雅木於闗厢一隅坐堆子，日間一敵騎出城偵察，巴雅木未覺，應鞭六十。阿爾機闌雖往視掘壕之處，但未加驗實且軍務耽延，應鞭五十。奏聞，上命：鞭巴雅木六十，阿爾機闌五十。

中國第一歷史檔案館《盛京原檔》二一二號　崇德四年六月二十一日，鑲紅旗朱齊啓將八家造紙畫匠奏上，命停其製作，而將六家畫匠叫來，令給本貝勒制作，故朱齊啓擬鞭一百。正黄旗額塞牛録筆帖式郭里，聽命朱齊啓，催促畫匠應役。問時，説已告知承政滿達爾漢。經審，所告不實，將筆帖式郭里鞭七十。奏聞，上命：將朱齊啓鞭八十，筆帖式郭里鞭七十。

中國第一歷史檔案館《盛京原檔》二一二號　崇德四年六月二十一日，正白旗護軍統領阿爾津在巴圖魯郡王率兵出略寧遠時，未躡前鋒軍踪迹而分道前進；又未出略，擅違王命，應鞭九十。奏聞，上命：鞭九十，準折贖，罰銀三十兩。

中國第一歷史檔案館《盛京原檔》二一一號　崇德四年六月二十二日，和碩墨爾根親王率軍出征時，鑲紅旗吴賴達爾漢將銀四千三百十四兩、金簪對、琥珀數珠一串、散琥珀二、小珍珠一錢隱匿拿走。固山額真葉臣執送法司，審實。吴賴達爾漢應鞭一百，貫耳，奪其俘獲，納入官差。吴賴達爾漢四僚友各鞭一百，貫耳。公碩托，爾不加詳查，隨意釋之，如此行事，要爾何用！奪達爾漢宗族，加倍罰以規定之罪，應罰銀二百兩。包衣大蘇巴太，爾牛録之達爾漢丁册未寫給户部，應鞭一百，貫耳鼻。奏聞，上命：吴賴達爾漢及四僚友無罪釋之。將達爾漢宗族納入官差，并入吴賴之弟阿拉木牛録。遵旨，達爾漢宗族已并入阿拉木牛録。上復諭：蘇巴太鞭一百。免公碩托罪。

中國第一歷史檔案館《盛京厚檔》二一二號　崇德四年六月二十八日出邊時，鑲藍旗護軍統領巴都禮率護軍與明追兵拒戰，舒賽牛録下尼喀孫被傷墜馬，巴都禮令孟格牛録下護軍校喇巴什希將尼喀孫送至行營。喇巴什希途遇尼喀孫本甲喇土彦圖牛録下避戰退却在後之圖漢，遂曰：爾將爾甲喇之人送歸行營。將尼喀孫交付之，復回拒戰。圖漢受之，未送至行營，竟將未死之尼喀孫棄之而去。圖漢應論死，巴都禮，爾敗敵返回後，未曾察問，比歸，路已遠，不能復往收取，將人遺棄。逮出邊之後，始令甲喇章京俄里堪將棄人之事往告兵部，俄里堪拒而不往曰：爾何不親告兵部？以此兩事，巴都禮應鞭一百，償一人。甲喇章京俄里堪，護軍統領令爾將棄人之事告兵部時，爾云，我不在行間，不知其事。遂拒而不往。護軍統領差遣而推拒，俄里堪應鞭五十。奏聞，上命：鞭巴都禮八十，償一人。俄里堪，交與護軍統領鞭五十。圖漢免死，鞭一百，貫耳鼻。

中國第一歷史檔案館《盛京原檔》二一六號　崇德四年六月三十日，穆祜牛録下祁充格既爲禮部啓心郎，本應對本部和碩額爾克親王啓迪其心，而和碩墨爾根親王出師遠征，聖上及諸王、貝勒、貝子出送時，祁充格不請王出送，罪一；師行時，祁充格本身不相送行，竟往莊屯，罪二。祁充格應論死。奏聞，上命：免祁充格死，鞭一百，貫耳，革世職，解啓心郎任。

中國第一歷史檔案館《盛京原檔》二一四號　崇德四年七月初一日，

鑲紅旗擺塔大郭山爲本旗大凌河守備朱邦俊、張國賓二人訐於法司。郭山於出征時曾獲一張姓生員。又郭山從本旗貝勒所携財物中隱匿竊取金四十兩，金簪三百餘兩，珍珠額箍六，冠四，大緞衣六十、綢衣三十，錦被三，氈片六等財物。又郭山於本旗貝勒福金守喪時，在家玩戲子。經審，所訐俱虛。大凌河守備朱邦俊、張國賓各鞭八十。

中國第一歷史檔案館《盛京原檔》二一七號 崇德四年，正紅旗葉克書牛録下囊球、覺善牛録下安朱户二人訐告本旗護軍在擊敗吴總兵官時臨陣退縮。經法司審鞫，臨陣退縮是實。甲喇章京阿蘭泰逃走，甲喇章京何利布牛録下布達里鞭一百，貫耳鼻，將此次所分俘獲盡奪之。

中國第一歷史檔案館《盛京原檔》二一七號 崇德四年，敗盧軍門之軍時，正黄旗甲喇章京松寧噶被殺，以其尸骸遺棄而未携回之故，牛録章京阿爾達鞭一百。

中國第一歷史檔案館《盛京原檔》二一八號 崇德四年七月十一日，正黄旗納愛牛録下牧群到禁牧之地牧養，爲皇上家牧馬長篇古所知，篇古即遣人往告納愛，納愛將本牛録馬長卓内執送法司。納愛，爾不能管束牛録下人，應鞭一百，貫耳鼻。卓内應鞭一百。奏聞，上命：納愛鞭六十，卓内鞭一百。

二十四日正黄旗趙宗科牛録下鄧文碩、李茂牛録下馬三、宋仁牛録下辛大、張承德牛録下石卓等四人種烟，户都理事官俄屯執送法司審實。種烟四人枷號八市各一日，各鞭八十二，貫耳，仍各罰銀九兩。牛録章京趙宗科，李茂，宋仁，張承德對種烟事失於覺察，俱罰以規定之罪。四分得撥什庫各鞭三十，準折贖。四村撥什庫各鞭五十。

出兵松山時，正紅旗喀布圖牛録下護軍校額申珠前去更换（原檔殘缺），將本旗烏勒姆牛録下護軍校阿機布魯稱爲敵人來報甲喇章京阿哈詹。塔哈布率二十人往尋，至阿機布魯處，額申珠又稱之爲敵而棄走。爲此額申珠應鞭一百，貫耳鼻。往視阿機布魯復又謊報敵情之四名護軍應各鞭一百。隨額申珠之一名護軍應鞭七十。甲喇章京噶布喇隱匿此事，本旗都木拜一直病卧，急令將此告於法司，噶木喇應鞭一百。奏聞，上命：額申珠鞭一百。謊報敵情之四名護軍各鞭八十。隨額申珠之護軍鞭五十。甲喇章京噶布喇鞭一百，準折贖。

中國第一歷史檔案館《盛京原檔》二二〇號 崇德四年，喀喇沁部落馬查所屬張機泰牛録下拉木布包衣漢人跟役明安離宿營寨外出被殺，牛録章京窩德其時在營地，失於覺察，鞭五十，并償一人，交張機泰。張機泰牛録小撥什庫蒙格、巴達瑪各鞭三十。

土謝圖親王下拜斯哈爾臺吉所屬王善之跟役於樵採時被殺，帶領樵採之牛録章京阿都户鞭五十，償所缺之人。

中國第一歷史檔案館《盛京原檔》二二一號 崇德四年八月初二日，鑲紅旗色棱訴於刑部：貝勒將其給我之拖克索六丁、二牛，以及我舅布顔代額駙給的一丁、三牛俱取走，給額莫齊喇嘛。請吴巴海告貝勒，吴巴海未告。再回軍時，布賽、哈爾薩遣我前行，將我三馬、一牛、一驢、三人俱棄。經審屬實。吴巴海應鞭一百，將托克索取還色棱。布賽、哈爾薩應各鞭一百，償還所棄之物。因結仇受害，色棱之宗族應離其主。奏聞，上命：將額莫齊喇嘛之拖克索取還色棱，令吴巴海償還額莫齊喇嘛，布賽、哈爾薩各鞭一百，準折贖，將所棄之物償還色棱。色棱之宗族離其主，交付户部承政英俄爾岱。

中國第一歷史檔案館《盛京原檔》二二一號 崇德四年八月初八日，鑲白旗固山額真準塔巴圖魯牛録下楞額得包衣邵狗子種烟，户部孫塔執送法司，經審，種烟是實。邵狗子枷號八市各一天，鞭八十二，貫耳，仍罰銀九兩入官。牛録章京準塔失於覺察，罰以規定之罪。分得撥什庫姆里瑪鞭三十。村撥什庫巴克纏鞭二十七。

宜爾喀鞫審。此案龍年三月二十日，準塔重訴後，免罪。

中國第一歷史檔案館《盛京原檔》二二一號 崇德四年八月初十日，正黄旗叟色被本牛録下阿辛訐於法司：叟色勒取本牛録阿民一馬、索伯一馬、奈曼一馬、海賽一駝、莽機一駝、拜褚惠一馬及一騾、達賴一馬，并給其壞馬頂缺。又於出略時，勒取所獲一騾，隱撥什庫勞薩户下一人。經審俱實。叟色應鞭一百，貫耳鼻，解牛録任，所勒取牲畜俱歸還原主，叟色所給頂缺之牲畜入官。奏聞，上命：鞭叟色一百，解牛録任，所罰九兩銀以及所隱之丁、所給之牲畜俱入官，叟色勒取之牲畜俱歸還原主。

中國第一歷史檔案館《盛京原檔》二二二號 崇德四年八月十八日，鑲白旗姚塔牛録下戴珠包衣董三珠買包衣杭蘇種烟，枷號八市各一日，各鞭八十二，貫耳，仍各罰銀九兩。牛録章京姚塔失於覺察，亦罰以規定之罪。

中國第一歷史檔案館《盛京原檔》二二二號　崇德四年八月十八日，正紅旗固山額真杜雷包衣黑勒當攻城時，越敖漢、奈曼兩旗汛地，於恩格圖一旗汛地竪梯，杜雷隱其罪。及出邊時，遇敵拒戰，復令黑勒避去。又隱匿其僚友噶布喇盗馬罪，又索每牛録所俘獲馬各一，又以一馬給酗酒之覺善，又三次入已降之城索取財物，又一漢人知濟南府王埋藏金銀珠寶處，爲覺羅喀蒙阿所獲，送於杜雷即藏匿之。及皇上包衣寧塔海等出城，乃乘夜發窖，將所獲金銀珠寶隱匿携回。本旗碩詹將此首於法司，鞫審得實。杜雷應論死，奪所俘獲及賞賜財物。喀蒙阿及固山額真之啓心郎鈕尼雅哈應各鞭一百，貫耳，追所俘獲。噶布喇因竊盗罪，應鞭八十二，貫耳。黑勒應鞭一百，貫耳鼻，給多羅俄親王爲奴，將黑勒家資俱給碩詹。奏聞，上命：杜雷革職，罷固山額真任，納贖免死，追所俘獲及財物，以其半入官，以其半給碩詹，將杜雷所屬人員撥給多羅俄親王，追開窖所獲金銀珠寶入内庫。喀蒙阿免罪，只奪俘獲。鈕尼雅哈鞭八十。噶布喇鞭八十二，貫耳。黑勒鞭一百，給多羅俄親王爲奴，其家資俱給碩詹。

中國第一歷史檔案館《盛京原檔》二二二號　崇德四年八月十八日，圍松山時，正藍旗甲喇章京劉松金將炮藥交付本甲喇崔明新牛録下分得撥什庫郭善玉、小撥什庫余克孫，甲喇章京劉松金玩忽職守，致炮藥浸濕，劉松金罰以規定之罪。二撥什庫俱鞭五十。

二十一日正白旗翁克牛録下寧古里、博倫徹、惠圖馬卡種烟，枷號八市各一日，各鞭八十二，貫耳，仍各罰銀九兩。牛録章京翁克失於覺察，亦罰以規定之罪。

正白旗庫爾纏牛録下翁魁種烟。枷號八市各一日，鞭八十二，貫耳，仍罰銀九兩。牛録章京庫爾纏失於覺察之罪，因去蒙古貿易不在，故免之。

正白旗佟泰之包衣王二種烟，枷號八市各一日，鞭八十二，貫耳，仍罰銀九兩。牛録章京佟泰失於覺察，亦罰以規定之罪。

鑲白旗穆舒牛録下村撥什庫邵百萬、趙山種烟，枷號八市各一日，各鞭八十二，貫耳，仍各罰銀九兩。牛録章京穆舒失於覺察，亦罰以規定之罪。

鑲白旗巴顔牛録下賽珠、齊石珠種烟，枷號八市各一日，各鞭八十二，貫耳，仍各罰銀九兩。牛録章京巴顔失於覺察，亦罰以規定之罪。

鑲白旗毛墨爾根牛録下德克真、吴色種烟，枷號八市各一日，各鞭八十二，貫耳，仍各罰銀九兩。牛録章京毛墨爾根失於覺察，亦罰以規定之罪。

正藍旗阿拉喀牛録下蘇完顔包衣狗子、喀齊包衣賽畢阿種烟，枷號八市各一日，各鞭八十二，貫耳，仍各罰銀九兩。牛録章京阿拉喀失於覺察，亦罰以規定之罪。

正藍旗尼薩爾牛録下洪吉、拜尹泰、海色、巴布代種烟，枷號八市各一日，各鞭八十二，貫耳，仍各罰銀九兩。牛録章京尼薩爾因在邊外，故不知情，無罪免議。

正黄旗伊哈納牛録下寇色良種烟，枷號八市各一日，鞭八十二，貫耳，仍罰銀九兩。牛録章京伊哈納失於覺察，亦罰以規定之罪。

正黄旗昂邦章京穆成格包衣張吉纏種烟，枷號八市各一日，鞭八十二，貫耳，仍罰銀九兩。牛録章京穆成格失於覺察，亦罰以規定之罪。分得撥什庫音圖鞭三十。

二十二日正黄旗大凌河祖澤洪包衣佟舍召種烟，枷號八市各一日，鞭八十二，貫耳，仍罰銀九兩。祖澤洪失於覺察，亦罰以規定之罪。

正黄旗大凌河守備蔣成良包衣小二種烟，枷號八市各一日，鞭八十二，貫耳，仍罰銀九兩。蔣成良失於覺察，亦罰以規定之罪。

中國第一歷史檔案館《盛京原檔》二二二號　崇德四年八月十八日，正黄旗黄一龍章京所管駐墩臺劉文都、尹達種烟，枷號八市各一日，各鞭八十二，貫耳，仍各罰銀九兩。牛録章京黄一龍亦罰以規定之罪。

鑲黄旗薩魯牛録下杭蘇、瑪拉喀種烟，枷號八市各一日，各鞭八十二，貫耳，仍各罰銀九兩。牛録章京薩魯失於覺察，亦罰以規定之罪。

鑲白旗梁五被本牛録吴國泰訐於法司：梁五以死牛肉放份子，經審，放份子是實。梁五鞭八十二，貫耳，準折贖，罰銀三十三兩三錢，另罰銀九兩及肉份銀八兩入官。

正黄旗多多郭牛録下隋英種烟，枷號八市各一日，鞭八十二，貫耳，仍罰銀九兩入官。牛録章京多多郭失於覺察，亦罰以規定之罪。

正紅旗李色登牛録下羅二、龍大、王大種烟，枷號八門各一日，各鞭八十二，貫耳，仍各罰銀九兩入官。牛録章京李色登失於覺察，亦罰以規定之罪。

鑲藍旗安珠牛録下察哈喇包衣勞哈種烟，枷號八門各一日，鞭八十二，貫耳，仍罰銀九兩。牛録章京安珠失於覺察，亦罰以規定之罪。

正藍旗賽爾牛録下莊頭滿代包衣崔麻子種烟，枷號八門各一日，鞭八十二，貫耳，仍罰銀九兩。牛録章京賽爾失於覺察，亦罰以規定之罪。

正黄旗塔布塔里牛録下戴華種烟，枷號八門各一日，鞭八十二，貫耳，仍罰銀九兩。牛録章京塔布塔里失於覺察，亦罰以規定之罪。

鑲白旗包衣穆成格牛録下阿民包衣張齊種烟，張齊枷號八門各一日，鞭八十二，貫耳，罰銀九兩。牛録章京穆成格失於覺察，亦罰以規定之罪。

正黄旗努山牛録下傅喀包衣陳子種烟，陳子枷號八門各一日，鞭八十二，貫耳，罰銀九兩。牛録章京努山失於覺察，亦罰以規定之罪。

鑲白旗奥得牛録下巴音珠包衣石子種烟，枷號八市各一日，鞭八十二，貫耳，仍罰銀九兩入官。牛録章京奥得失於覺察，亦罰以規定之罪。分得撥什庫佛都和鞭三十。宜爾喀鞫審。龍年三月二十日，奥得審訴後，再議免罪。

中國第一歷史檔案館《盛京原檔》二二三號 崇德四年九月初四日，正紅旗布書庫牛録下武云珠包衣那木賽種烟，户都副理事官埃木布執送法司，審實。那木賽枷號八市各一日，鞭八十二，貫耳，仍罰銀九兩。牛録章京布書庫失於覺察，亦罰以規定之罪。

正紅旗恩格圖牛録下博布圖種烟，户部副理事官埃木布執送法司，審實。博布圖枷號八市各一日，鞭八十二，貫耳，仍罰銀九兩。牛録章京恩格圖失於覺察，亦罰以規定之罪。

鑲紅旗郭汝極牛録下張國臣、馮守仁、老李三人種烟，俱枷號八市各一日，各鞭八十二，貫耳，各罰銀九兩。牛録章京郭汝極失於察覺，亦罰以規定之罪。

初六日出邊第七日，拜尹圖旗撤魯牛録下鐵匠瓦里帶來之漢人女俘丢失，尋找未得，是死是逃皆不知。本旗撥什庫塔寧阿棄置不管，鞭五十，償所失之人。帶領管理之巴山失於覺察，亦罰以規定之罪。

鑲紅旗譚泰牛録下胡呼納訐告席特庫於法司：往追葉雷時，我與席特庫、額爾都穆前去偵探敵人宿地，後續衆軍相繼而至。敵見此情狀，陣勢遂散亂，我胡呼納獨自進擊敵人，而席特庫、額爾都穆避戰逃走。吴巴海、噶爾球、納穆及衆軍亦隨席特庫、額爾都穆避戰而走。敵被我冲散，駐於岸下，恰遇敗走之吴巴海，噶爾球，納穆，額爾都穆，再復厮殺，故議定我冲入有功，而席特庫却隱瞞之。經刑部鞫訊，所云胡呼納獨自進擊敵人而衆皆避陣敗走者，俱虚。胡呼納謊報應論死。鑲黄旗伊木布於前次訊問時，曾言并未議定胡呼納先入擊敵之功，後再次訊問，又言議定胡呼納先入擊敵是實。伊木布與胡呼納合謀，言稱因席特庫離開彼處而未算人。因供詞反覆，應將伊木布鞭一百。奏聞，上命：胡呼納無罪開釋。伊木布鞭八十。

中國第一歷史檔案館《盛京原檔》二二六號 崇德四年九月二十四日，鑲藍旗德爾得赫之子羅基欲看分户檔册及户部抄没德爾得赫家資之檔册，但未得。埃木布見後即告德爾得赫，德爾得赫又告户部承政馬福塔。馬福塔曰：誰將此告於爾？對曰：埃木布告之。馬福塔遂將埃木布執送法司。經審，埃木布告德爾得赫是實。埃木布，爾既爲户部副理事官，何以看檔册後不告承政馬福塔，却擅自往告德爾得赫？埃木布鞭四十。

中國第一歷史檔案館《盛京原檔》二二八號 崇德四年十一月初四日，王世選旗下王國光訴於刑部，告圖賴詭稱上命，將我旗綿甲給馬光遠旗。經審，圖賴詭稱謊冒上命一事不實，王國光應反坐，鞭一百，貫耳鼻。石廷柱諂害圖賴，言圖賴詭稱奉上命，應罰銀百兩。何吉和里，應鞭五十。郎紹禎、張承德先言上無詔命，後反覆言詞，稱上命是實，應各鞭一百。奏聞，上命：王國光鞭一百，貫耳鼻，準折贖。石廷柱罰以規定之罪。何吉和里鞭五十，準折贖。郎紹禎、張承德各鞭一百，準折贖。

中國第一歷史檔案館《盛京原檔》二二八號 崇德四年十一月初四日，正黄旗擺塔大於石家牛録下任大被其包衣烏爾卓訐於法司：在濟南府，任大隱匿黄金十六兩一錢五分，給本旗章京色楞黄金六兩一錢五分，取其騾一頭，婦人一口。經審屬實，任大鞭一百，貫耳鼻。色楞，爾身爲章京，竟於行間容隱盜竊，故鞭一百，貫耳，準折贖，奪俘獲及賞賜。

正紅旗李壽牛彔下生員石詹首告本牛彔村撥什庫王子猷於刑部：王子猷將其包衣邵齊隱匿未入簿籍，經刑部審實，王子猷鞭八十二，貫耳，準折贖。牛彔章京李壽罰以規定之罪。

中國第一歷史檔案館《盛京原檔》二二九號　崇德四年十一月十三日，固山額真英俄爾岱牛彔下理藩院副理事官傅喀之兩馬已定遣送軍中，傅喀於驗視前將其兩馬送於屯中，而將多羅額駙英俄爾岱之一馬頂缺。遂訴於法司，審實，傳喀應鞭一百，將所隱兩馬入官。奏聞，上命：依議，鞭一百，罰兩馬入官。

中國第一歷史檔案館《盛京原檔》二二九號　崇德四年十一月十三日，遣正黃旗得特、正藍旗隋順、正紅旗鈕和、正白旗穆夫四章京往追正黃旗昂邦章京明安之四名逃亡蒙古，至羊石木河分散埋伏。十四日夜逃人既出，十六日方聞此消息復追捕，至我邊口遇扎喀納公而返。爾等特爲追捕逃人，却半途而返，四章京應各鞭七十。奏聞，上曰：特爲追捕而未能窮追，半途而返，應收捕於門內拴繫十日，各鞭七十。

三十日鑲黃旗俄木索科牛彔下拜褚和首告俄木索科於刑部：俄木索科隱丁二十六人，未納官賦，又令其跟役帶守城之披甲楊薩阿，烏申得去無甲軍中。經審，隱十六丁是實，其餘十丁是虛；跟役帶守城甲士楊薩阿去無甲軍中是實，所云帶烏申得一事是虛。遂議俄本索科應加倍罰以規定之罪，罰隨丁銀八十兩。分得撥什庫塔克通阿鞭三十，罰隨丁銀八十兩。小撥什庫布揚阿鞭三十，罰隨丁銀八十兩。村撥什庫杜拉什鞭三十，罰隨丁銀八十兩。本旗衛齊，爾身爲城守章京，竟將守城甲士楊薩阿遣去，亦罰以規定之罪。

中國第一歷史檔案館《盛京原檔》二三〇號　崇德四年十二月二十五日，正紅旗甲喇章京王一平被本牛彔章京李長順首告於刑部：去年九月因買馬，王一平借走我銀十五兩，至今未還。經審屬實，王章京應鞭八十二，貫耳，俱準折贖，罰銀三十三兩三錢。李章京，爾既爲章京，以借銀來告，免罪。將王章京所借原本及利息計二十七兩銀俱入官。

中國第一歷史檔案館《盛京原檔》二三〇號　崇德四年十二月二十五日，鑲白旗擺塔大袁松貴所管之范達、李達種烟，范達、李達枷號八市各一日，各鞭八十二，貫耳，仍各罰銀九兩。袁松貴失於覺察，罰以規定之罪。

中國第一歷史檔案館《雍正朝滿文硃批奏摺全譯・都察院左都御史朱軾等奏議笞杖折責案摺雍正二年三月二十一日》該臣等詳看，唐執玉奏文內：一款律載：笞杖折責，笞罪至輕杖罪略重，而杖六十者，折責二十板。笞五十者，亦折責二十板。罪名各異，而折責相同，似未允協，請以杖六十者責二十板，笞五十者責十五板。以五板折十杖，以三板折十笞。以次遞減，方分輕重。等語。

竊查，定例內：杖一百只折責四十板，笞杖折責俱以四折十，零數不及五者除免。如今，杖六十者，應折二十四板，除免不及五之零數，四板，故與笞五十者折責二十板之數相同，非律無輕重也。若將笞五十者折責十五板，是以三折十，以次遞減，至笞三十與二十又無分別矣。既然如此，應將所奏笞五十折責十五板之處，毋庸議。又奏稱：律載不應得爲而爲，事理重者，杖八十，折責三十板。惟不應得爲而爲所該者廣，所謂事理重者，如因起衅傷人，及州縣官征收錢糧，以銀易錢之類，雖無可坐之條，具理以圖，斷不可寬容。故此，方引此律。今承審各官，不分輕重，概引此條，似屬草率。請以不應得爲而爲之事理，重者杖八十，其事理輕者，只笞五十。等語。

查得，不應得爲而爲之事，所該者廣，既非重情，又無正條，皆得以不應論。而不應之中，就事論事，量其情之輕重，至輕者笞四十，至重者杖八十。既然律文甚明，應將所奏以事理輕者笞五十之處，毋庸議。又奏稱：律載：謀殺人因而得財者，同强盗論，不分首從皆斬。若果見財起意，謀害殺人，問擬立決，洵不爲枉。但有初意，非因得財殺人後見有財物，因而竊取者，概論斬決。似未允協蓋因律無謀財之正條，其因財謀死者，引用此律。死後得財者，亦引用此律。以致情罪參差，動煩駁詰，請以因財謀命者，應擬斬決。其殺傷人後因而得財者，所得之財，供追給主，其或故或謀或鬥毆，祇依本律科斷等語。

查得，律內謀殺人因而得財者，同强盗論皆斬，蓋指圖財害命者而言，若因他事殺人，後見有財物，因而取去者，其初意並非謀財，概擬斬決，原屬未協。但此等凶犯，或因財謀命，或殺人後取財，殊難得其確據。即使實係圖財害命，到官亦必狡稱殺人後偶見財物取去之供，計圖緩死。伏祈嗣後凡稱殺人後見財取去者，必審其行凶挾何讎隙，有何證據，果係初無圖財之心，殺人後見有隨身衣物，所值無多，及銀一兩以下，錢一千文以下，乘便取去者，應如所奏，將所得之財，倍追給主，照謀殺本律科斷。若殺人後掠取家財並知有藏蓄而取去者，審得實情，仍同强盗論罪。

又奏稱：鬥毆條載：同謀共毆人因而致死者，以致命傷爲重，下手者絞，元謀者杖一百，流三千里。又載：共毆之人，執持凶器亦有致命傷痕者，發邊衛充軍。等語。所謂凶器者，刀槍弓箭、銅鐵器械之類。此種器械，係殺人之器，非毆人之器。執持此等器械毆人至死，除下手元謀仍依律科斷外，餘人共毆者，雖非致命，但有傷痕，亦應照律杖百，加徒三年。等語。

竊查，律内共毆人因而致死者，以致命傷爲重，下手者絞，其執持凶器亦有致命傷痕者，發邊衛充軍，有重傷而無凶器，有凶器而無重傷，俱杖一百。條載甚明，若將毆有重傷而無凶器者，擬杖一百，有凶器而毆非重傷之人，從重加徒，是傷輕之罪反過於傷重，殊爲未協，應將所奏執持凶器而無重傷者，加徒三年之處，毋庸議。

《比引成案新編》卷一《典雇妻女》〔嘉慶二十年〕題，蔡有新毆死吴文燦案内，嚴氏被伊夫捏稱弟婦嫁賣。應比照將妻妾作姊妹嫁人者，妻妾杖八十例，杖八十離異。

（清）沈家本《刑案删存》卷四《驍騎校呈控佐領不準衆軍卸米一案直隸司咸豐十年》 李二即李福，查律載：官吏人等，非因事受財坐贓，折半科罪。一兩之上至二十兩笞三十。

廣義，律載：諸色人等，曲法囑託公事者，笞五十。

趙三即趙云鵬，律載：私和公事，減犯人罪二等，罪止笞五十。

（清）沈家本《刑案删存》卷四《驍騎校呈控佐領不準衆軍卸米一案直隸司咸豐十年》 二等護衛志格、四品典儀恒順、六品包衣達存興均託玉昆代賣米票，例無作何治罪明文。檢查辦過成案，已革萬安倉花户許九等收買旗員俸票案内聲明：旗員價賣俸票相習成風，應行文各旗，每届領俸之時，務令各該員專人赴倉支領。毋許賣米，致干功令等因在案。似應比照違制律杖一百。

（清）沈家本《刑案删存》卷三《兵丁偷竊庫銀山西司光緒五年》 該大臣奏稱：看守銀庫值更兵劉如海雖訊無謀夥竊情事，惟於銀庫重地，竟敢托人照看，夜不歸營，以致庫銀被竊。按擅離職役律，罪僅擬笞。劉如海應革退馬兵，仍照盗物出庫，守把之人不覺者減盗罪二等，罪止杖一百律，擬杖一百，折責發落。其未起獲大元寶三錠，應令該大臣飭屬嚴密訪查，務獲歸款。恭候命下，臣部行文該大臣，遵照辦理。再，此案於四月初七日抄出到部，合併聲明。所有臣等查核定擬罪名緣由，理合恭摺具奏請旨。

（清）沈家本《刑案删存》卷四《搶奪洋藥湖廣司光緒五年》 查例載：搶奪之案，聚衆不及十人，數在三人以上，但經持械威嚇及捆縛按捺並傷事主者，爲首及在場動手之犯，照强盗律擬斬立决。爲從在場並未動手者，均發遣新疆給官兵爲奴。又：搶奪洋藥，如係漏税之物，於本罪上酌減一等各等語。又：同治八年直隸督咨稱：搶奪之案，僅止隨同在場，並未動手之犯均發遣爲奴。動手二字，是否專指幫同捆按拒毆，抑係兼指搜贓而言？咨部示覆。經臣部以爲從並未動手之犯，係指並未幫同捆按拒毆者而言。其無前項重情，僅止隨同幫搶贓物者，即照爲從問擬發遣。通行照辦亦在案。此案范成茀起意邀允陸根仔、藍燕奴，並在逃之鄧麻古、蕭日江、鍾年古、郭英全搶奪過客漏税洋藥。同夥七人，隱身樹林。適有李萬春、李富娣、李貴生、李連姐，由廣東夥販洋藥來湘發賣，希圖偷漏韶州關税，並湖南省入境釐金。各自挑運繞道在彼經過。范成茀瞥見，知係漏税洋藥。喝令陸根仔扳刀上前攔搶，自與藍燕奴施放洋槍恐嚇，鄧麻古等擲石助勢。李萬春等畏懼，棄擔逃跑。范成茀等一齊趕攏，搶得漏税洋藥携贓逃逸。旋將首犯范成茀並夥犯陸根仔、藍燕奴獲案。該撫以范成茀糾夥七人，持械威嚇事主李萬春等搶得洋藥。藍燕奴、陸根仔俱聽糾同往，在場動手。將范成茀、陸根仔、藍燕奴均依搶奪聚衆三人以上，持械威嚇事主，爲首及在場動手之犯，照强盗律擬斬立决。聲明所搶洋藥，驗係漏税之物，應照例酌減一等，各杖一百流三千里。范成茀業已在監病故，應毋庸議等因具題。臣等查聚衆三人以上搶奪之案，持械威嚇及捆縛按捺並傷事主，照强盗律擬斬立决之例，係指爲首及在場動手傷人者而言。若係爲從，僅止隨同持械威嚇，並未幫同捆按拒毆傷人，例止發遣爲奴。定例各有指，斷無虞牽混。今范成茀糾夥七人，持械威嚇事主李萬春等，搶得洋藥。該撫將范成茀依搶奪聚衆三人以上，持械威嚇事主，爲首照强盗律擬斬立决。核與定例相符。惟陸根仔等係聽糾同往，陸根仔雖拔刀攔搶，藍燕奴亦施放洋槍恐嚇，第事主李萬春等並未受傷，核與動手捆縛按捺傷人者不同。自應照爲從問擬發遣。遽將該犯等與首犯范成茀同科，引斷殊未允協。該犯等所搶洋藥，驗係漏税之物，應照例各於本罪上酌減問擬。范成茀應於搶奪聚衆三人以上，持械威嚇事主，爲首照强盗擬斬律，量減一等，罪應滿流。第究係由斬决律上酌減，未便與尋常斬絞人犯一體減等擬流。應將范成茀照向辦成案，於斬決罪上減發新疆給官兵爲奴。陸根仔、藍燕奴，均改於搶奪聚衆三人以上爲從，在場并未動手者，發遣新疆給官兵爲奴例上酌減一等，各擬杖一百徒三年。范成茀業已在監病故，應與訊無凌虐之禁卒，均毋庸議。陸根仔、藍燕奴至配折責拘役。該撫疏稱陳玉清云云。

（清）沈家本《駁稿彙存・遣犯配逃復竊奉天司》 黑龍江將軍咨遣犯賀九配逃復竊一案。查例載：尋常發遣人犯在配脱逃後爲匪，罪止杖笞者，遞回發遣處，枷號兩箇月鞭一百等語。此案賀九先因屢竊，依積匪猾賊例擬軍，復配逃被獲，按照奏定章程改發黑龍江安插，兹復在配脱逃行竊，計贓在十兩以上，罪應杖七十，自應按遣犯逃後爲匪之例問擬。該將軍等將該犯依烟瘴人犯脱逃例改發新疆，係屬錯誤，應即更正。賀九應改依尋常發遣人犯在配脱逃後爲匪，罪止杖笞者，遞回發遣處，枷號兩箇月例擬遞回發遣處，枷號兩箇月鞭一百，枷滿日照舊安插云云。四月。

（清）沈家本《駁稿彙存・妾毆正妻逢恩不免奉天司》 盛尹題賈松年致傷伊妻王氏身死一案。查律載：夫毆妻至死者絞監候等語。此案賈松年因令其妻賈王氏向母家借錢不允，致相爭毆，輒將賈王氏毆扎致傷身死，自應按律問擬，應如該督所題。賈松年合依夫毆妻至死者絞律擬絞監候，秋後處决。

該督疏稱：賈宋氏被賈松年嚇令揪按，並未幫毆，且係畏懼勉從，與共毆不同，應酌照不應重律擬杖八十，事犯到官在光緒七年五月十四日恩詔以前，所得杖罪，請援免，並免收贖等語。查共毆案內，餘人但係幫同揪按，即應照杖一百律擬杖一百，况妾毆正妻名分攸關，應仍按律問擬。賈宋氏應改依妾毆正妻加妻毆夫罪一等律，於妻毆夫杖一百律上加一等，杖六十徒一年。事犯雖在光緒七年五月十四日恩詔以前，係妾毆正妻，有關十惡之條，應不準其援免，仍依例杖罪的決，餘罪收贖。該督將該犯婦照不應重律聲請援免，並免收贖之處，應毋庸議。該督又稱云云。

光緒九年八月。賈松年續報病故。此稿交館照辦。

徒刑部

論說

（唐）虞世南《北堂書鈔》卷四五《刑法部・徒刑七》 城旦三歲，張蒼定律：諸當髡者，完為城旦舂，滿三歲為鬼薪、白粲。鬼薪、白粲一歲，入於隸臣妾。隸臣妾一歲，免為庶人。隸臣妾滿二歲，為司寇。司寇一歲，及作如司寇二歲，皆免為庶人。補。司寇二歲，見上。任人以事，《周禮・司圜職》，掌收教罷民，凡害人者弗使。冠飾而加明刑焉，任之以事。役諸司空，《司寇職》云：以嘉石平罷民。凡萬民之有罪過而未麗於法，而害於州里者，桎梏而坐諸嘉石，云云。男子入於罪隸，《司厲職》云：其奴男子入於罪隸，女子入於舂槀。補。圜土罰人而不虧財。《周禮・司圜職》云：凡圜土之刑人也，不虧體；其罰人也，不虧財。按註云：言其刑人，但加以明刑罰人，但任之以事耳。補。收教罷民，又云：掌收教罷民。聚教罷民，《周禮・司寇職》云：以圜土聚教罷民。上罪三年而舍，中罪二年而舍，下罪一年而舍。並《周禮・司圜職》。髡頭衣赭，《風俗通》云：秦始皇遣蒙恬築長城，令徒卒皆髡頭衣赭。秋落之象。髡刑。英布爲黥徒，《漢書》云：黥布，姓英氏，少時客相之當刑而王。及壯，坐法，布欣然笑曰：人相我當刑而王，幾是乎。人有聞者共戲笑之。布以論輸驪山，驪山之徒數十萬人，布皆與其徒長豪傑交通，後為九江王。補。曹宗爲城旦，《曹參傳》云：參世孫宗有罪，免為城旦。許歷完士，王粲云：許歷為完士，一言猶敗秦。劉楨輸作。《典畧》云：太子嘗請文學酒酣坐歡，命夫人甄氏出拜，坐中衆人咸伏，而楨獨平視，太祖聞之，乃收楨減死，輸作也。

（清）沈家本《歷代刑法考・刑法分考十三・徒》 《周禮・天官・大宰》：胥十有二人，徒百有二十人。注：此民給徭役者，若今衛士矣。胥讀如諝，謂其有才智為什長。疏：胥有才智爲什長，徒給使役，故一胥十徒也。《王制》云，下士視上農夫食九人，祿足以代耕。則府食八人，史食七人，胥食六人，徒食五人，祿其官並亞士，故號庶人在官者也。鄭云，若今衛士者，衛士亦給徭役，故以漢法況之。《小宰》：掌百官府之徵令，辨其八職。七曰胥，掌官敘以治敘。八曰徒，掌官令以徵令。注：治敘，次序官中，如今侍曹伍伯傳吏朝也。徵令，趨走給召呼。疏：云治敘次序官中者，既有才智爲什長，當次序官中，須人驅役之，處則科次其徒，故云次敘官中也。云如今侍曹伍伯傳吏朝也者，漢時五人爲伍。伯，長也，是五人之長。言傳吏朝也者，傳在朝羣吏諸官事務於朝也。云徵令趨走給召呼者，其徒止爲在朝趨走，供給官人召呼使役之事也。

按：徒，使也。《廣雅・釋詁》：衆也。《公羊・昭八年傳》注。《周禮・地官・司徒》疏鄭目録云，司徒主衆徒。《詩・緜》乃召司徒，箋司徒，役之事。《荀子・王霸篇》注人徒謂胥徒，給徭役者也。《易・象上》傳舍車而徒，崔注徒，塵賤之事也。古者供役使者謂之徒，其人本庶人，故亦訓衆，其事爲人下，故亦曰塵賤之事，非有罪之人也。三代以上，罪無徒名，若戰國時之刑徒、《史記・孫子傳》孫臏以刑徒陰見，說齊使。黥徒，《范雎傳》令兩黥徒夾而馬食之。猶曰受刖之人、受黥之人耳，即《漢書・敘傳》之布實黥徒，《衛青傳》之有一鉗徒相青，語意亦如是，非指徒罪言也。秦漢始有徒稱，然其刑之名爲鬼薪、城旦之屬，不名爲徒，第以此等人供役使之事，故當時稱之爲徒耳。《唐律疏議》始云徒者，奴也，蓋奴辱之其說不知何本，實與古義不合。《論衡・四諱篇》云被刑謂之徒，王充雖漢人，亦徇於後起之義，非古也。

（宋）高承《事物紀原》卷一〇《律令刑罰部・徒》 《周禮》：凡民有罪，役諸司空即徒之始也。孫奭《律音》又曰：舊制犯徒者，依年配犯流者，流至配所居作，皆不決杖。宋朝建隆四年，制徒者加杖免役流者，加杖留住居役一年，加役流三年也。

（明）董説《七國攷》卷一二《韓刑法・囚》 《呂氏春秋》云：韓氏城，期十五日而成，段喬為司空。有一縣後二日，段喬執其吏而囚之。

余按：他國皆有酷刑，如秦剖腹、鑿顛、車裂、鑊烹，齊斮，燕刳腹，趙魏收孥，夷鄉，楚櫝棺、枝解，最為奇慘，韓獨無考。

（清）杜貴墀《漢律輯證》卷一 復作。《宣帝紀》注，李奇曰，復作者，女徒也，謂輕罪男子守邊一歲，女子軟弱不任，守復令作於宮亦一歲，故謂之復作，徒也。孟康曰，復音服，謂弛刑徒也，有赦令詔書去其鉗釱赭衣，置任輸作也。《趙充國傳》，時上已發輔太常徒弛刑，師古曰，弛刑謂不加鉗釱者也，弛之言解也。

（清）王明德《讀律佩觿》卷四下《徒刑五》 徒者，即古之所謂城旦舂也。拘繫其身心，使方供乎勞役，迨平準之法除，則無所用其為城旦舂矣。故配發於冲僻水陸郵驛中，一聽驛吏為驅使。所以加夫罪，浮於杖一百，應各為遞加以甚其罪者，特設此減杖加徒之法以通之。蓋罪浮於杖一百，則倍加以二十杖，應實杖以一百二十。倘概為倍加積漸以至雜犯斬、絞，不幾幾乎及于三百杖而後已耶？杖至三百，有不立至於死者乎？故為減其實杖之四十，仍以復乎出笞入杖之初，而益以徒一年，以代其應杖之六十杖。倘更有重焉，則層累遞加以復乎一百杖而止，此徒刑所自始也。計徒凡五等，苟於所犯更有重焉，則又出乎徒以入於流。然五徒正目，載在《名例》，盡人知之。若不盡乎五等者，則愚所謂閏徒也，人所易忽。

綜述

《周禮注疏》卷三六《秋官司寇·掌戮》 髡者使守積。鄭司農云：髡當爲完，謂但居作三年，不虧體者也。玄謂此出五刑之中而髡者，必王之同族不宮者。宮之爲翦其類，髡頭而已。守積，積在隱者、宜也。

〔賈公彥〕疏：髡者使守積。釋曰：先鄭以髡爲完，但居作三年不虧體。以此爲圜土罷民解之。不從者，掌戮所掌，皆虧體，獨以此爲不虧體，於義不可，故後鄭引《文王世子》解之也。玄謂此出五刑之中而髡者，必王之同族不宮者。此鄭亦無正文，若合宮者宮之，今按，《文王世子》據諸侯法，云公族無宮刑，不翦其類。王家同族犯淫罪者，亦當與諸侯同，不宮之，亦是不翦其類之色。按王同族犯餘罪，刑於甸師氏，刑於隱處。今同族既不宮，亦當於隱處罪之，此守積亦是隱處。故知髡者使守積是王同族，不言者必矣。是以鄭云守積積在隱者宜也。

（清）沈家本《歷代刑法考·刑法分考十一·髡》 《周禮·秋官·掌戮》：髡者使守積。注：鄭司農云，髡當爲完，謂但居作三年，不虧體者也。玄謂此出五刑之中，而髡者必王之同族不宮者，宮之爲翦其類，髡頭而已。守積，積在隱者宜也。疏：先鄭以髡爲完，但居作三年，不虧體。以此爲《圜土》罷民解之。不從者，《掌戮》所掌皆虧體，獨以此爲不虧體，於義不可，故後鄭引《文王世子》解之也。《周官義疏》：王氏應電曰，注以髡爲王族犯宮刑而減之者，非也，公族不翦，其類但可減爲刖以下耳。苟降從髡，則應劓刖者不獲減刑乃反重耶？案記所謂公族無宮刑，蓋議獄時不當以宮而降從劓刖耳。先鄭以髡者爲《司圜》所收罷民，似可通，其不冠飾而墨幪，疑卽爲其髡也。蓋能改者反其州里，不能改而出圜土者殺。其罪不至殺而又不能改者，州里莫任，將焉置之？則長髡而使之守積宜矣。

按：後鄭之說，固有難通，先鄭之說，賈疏已駁之。罷民必在圜土，守積則不在圜土中矣。髡者，鬄髮，罷民僅弗使冠飾，未嘗鬄髮，不得卽謂之髡也。竊意髡在五刑之外，乃刑之輕于肉刑者亦施之，于情罪稍輕之人而視圜土之罷民則較重，故使守積，守積亦居作之一端也。

《周禮注疏》卷三四《秋官司寇·大司寇》 凡萬民之有罪過，而未麗於灋，而害於州里者，桎梏而坐諸嘉石，役諸司空。重罪，旬有三日坐，朞役。其次九日坐，九月役。其次七日坐，七月役。其次五日坐，五月役。其下罪三日坐，三月役。使州里任之，則宥而舍之。有罪過謂邪惡之人所罪過者也。麗，附也。未附於法，未著於法也。木在足曰桎，在手曰梏。役諸司空，坐日訖，使給百工之役也，役月訖，使其州里之人任之，乃赦之。宥，寬也。

〔賈公彥〕疏：凡萬至舍之。釋曰：云未麗於法，秖謂入圜土爲法。此坐嘉石之罷民未入圜土，差輕故也。云害於州里者，謂語言無忌，侮慢長老。云桎梏而坐諸嘉石者，謂坐時坐日滿，役諸司空，則無桎梏也。此已下輕重有五節，皆就語言侮慢之中，斟酌爲輕重分五等也。云使州里任之者，仍恐習前爲非而不改，故使州長里宰保任，乃舍之。以稍輕，入鄉則得與鄉人齒，亦無垂緌五寸之事也。鄭云：木在足曰桎，在手曰梏。知者無正文，見掌囚云：上罪梏拲而桎。拲謂兩手共一木梏，與拲連言，故知梏在手，桎在足也。

《周禮注疏》卷三六《秋官司寇·司圜》 掌收教罷民。凡害人者弗使冠飾，而加明刑焉。任之以事而收教之。能改者，上罪三年而舍，中罪二年而舍，下罪一年而舍。其不能改而出圜土者殺，雖出，三年不齒。弗使冠飾者，著墨幪若古之象刑與？舍，釋之也。鄭司農云：罷民謂惡人不從化，爲百姓所患苦，而未入五刑者也。故曰凡害人者，不使冠飾，任之以事，若今時罰作矣。

〔賈公彥〕疏：司圜至不齒。釋曰：此罷民入圜土者不坐嘉石，《朝士》坐嘉石者不入圜土。云收教者，謂入圜土見收使困苦改悔，是收教也。云害人者，謂抽拔兵劍誤以傷人者也。云明刑者，以版牘書其罪狀與姓名，著於背，表示於人，是明刑也。注弗使至作矣。釋曰：著墨幪，若古之象刑與者，案《孝經緯》云：三皇無文，五帝畫象，三王肉刑。畫象者，上罪墨象赭衣雜屨，中罪赭衣雜屨，下罪雜屨而已。畫象刑者，則《尚書》象刑直墨象，略言之，其實亦有赭衣雜屨。無文，故云與，以疑之也。

《周禮注疏》卷一四《地官司徒・司救》 凡民之有衺惡者，三讓而罰，三罰而士加明刑，恥諸嘉石，役諸司空。罰謂撻擊之也。加明刑者，去其冠飾而書其衺惡之狀著之背也。嘉石，朝士所掌，在外朝之門左，使坐焉以恥辱之，既而役諸司空，使事官之作也。坐役之數存於司寇。

（清）沈家本《歷代刑法考・刑法分考十三・徒》 《周禮・秋官・大司寇》：以嘉石平罷民。凡萬民之有罪過而未麗於法而害於州里者，桎梏而坐諸嘉石，役諸司空。重罪旬有三日坐，朞月役；其次九日坐，九月役；其次七日坐，七月役；其次五日坐，五月役；其下罪三日坐，三月役。使州里任之，則宥而舍之。《司圜》：掌收教罷民。凡害人，弗使冠飾而加明刑焉，任之以事而收教之。能改者，上罪三年而舍，中罪二年而舍，下罪一年而舍。其不能改而出圜土者，殺。雖出三年不齒。

按：肺石之制與今之枷號相似，特此制既坐而又役之，與枷號不同。圜土之制實爲後來徒罪之所自昉，三年、二年、一年亦徒分五等之所昉，特此則聚而教之，後之徒罪但屬於官，不以圜土聚之，此與徒罪之不同者也。今日東西各國監禁習藝之法則甚爲近之。

（明）董説《七國攷》卷一二《趙刑法・刑徒》 山西《太原府志》：三角城在太原縣治西北，一名徒人城。《舊志》云：趙襄子所築以處刑徒，其城三面，故名三角。

（清）沈家本《歷代刑法考・刑法分考十三・徒》 《史記・秦皇紀》：隱宫徒刑者七十餘萬人，乃分作阿房宫，或作麗山。

按：徒刑二字，始見於此，然此文頗有可疑，隱宫之解説者分歧。《黥布傳》及壯，坐法黥。布已論輸麗山，《正義》言：布論決受黥竟，麗山作陵也。時會稽郡輸身徒。麗山之徒數十萬人，布皆與其徒長豪桀交通。所謂麗山之徒，猶《游俠傳》言布衣之徒，《過秦論》言遷徙之徒，謂徒衆也。布受黥刑，非徒刑而亦輸麗山。《高帝紀》送徒酈山，徒多道亡，乃解縱所送徒，此徒字明是徒衆，可以見麗山之徒不皆曾論徒刑者。秦雖暴虐，亦何至犯徒刑者七十餘萬之多？此《紀》先言始皇大怒，使刑徒三千人皆伐湘山樹，赭其山，其文作刑徒，此刑徒恐有譌。

（清）沈家本《歷代刑法考・刑法分考十一・城旦》 《史記・始皇紀》：丞相李斯曰：臣請史官非秦記皆燒之。令下三十日不燒，黥爲城旦。《集解》：如淳曰，《律説》論決爲髡鉗，輸邊築長城，晝日伺寇虜，夜暮築長城。城旦，四歲刑。《漢書・惠紀》注：應劭曰，城旦者，旦起行治城，四歲刑。

衛宏《漢舊儀》：秦制：凡有罪，男髡鉗爲城旦，城旦者治城也。女爲舂，舂者治米也。皆作五歲，完四歲。

按：城旦，秦制，漢因之。應、如二説並言四歲刑，而衛宏云作五歲，完四歲，《漢志》亦分完城旦舂、髡鉗城旦舂爲二，後漢仍之。城旦爲徒役之事，而罪之應充徒役者不止城旦，魏世有髡刑、完刑、作刑之分，北周始定名爲徒，後世亦稱徒爲城旦者，豈以徒役之事城旦居首歟？

（清）沈家本《歷代刑法考・刑法分考十三・徒》 《始皇紀》：輕者爲鬼薪。李斯曰：臣請史官非秦紀皆燒之。非博士官所職，天下敢有藏《詩》、《書》、百家語者，悉詣守、尉雜燒之。令下三十日不燒，黥爲城旦。

按：鬼薪、城旦，并徒役之事，此秦之徒刑也，而其名則曰鬼薪、城旦，可以見秦時并不名徒，前條徒刑語未可信也。

漢有罰作及耐罪。詳總考。

按：漢罰作爲一歲刑，正司寇爲二歲刑，鬼薪、白粲爲三歲刑，城旦舂爲四歲刑，其所爲并徒役之事。文十三年所定律文爲城旦舂等名，可知漢律不名徒也。其稱爲徒者，亦如《周官》胥徒之徒，因供徒役，遂以徒名。凡膺此罪之人，亦皆爲供徒役者，故其人亦稱爲徒，非謂所論之罪名爲徒。沿習既久，并罪名亦改爲徒，蓋自北周始。

睡虎地秦墓竹簡整理小組《睡虎地秦墓竹簡・法律答問》 （可）〔何〕謂耐卜隸、耐史隸卜、史當耐者皆耐以爲卜、史隸。後更其律如它。

（清）沈家本《歷代刑法考・刑法分考十一・司寇》 《漢志》：隸臣妾滿二歲，爲司寇；司寇一歲，及作如司寇二歲，皆免爲庶人。注：如淳曰，罪降爲司。

按：司，猶察也。《周禮》師氏注。古別無伺字，司卽伺察之字。司寇，伺察寇盗也，男以備守，其義蓋如此。作如司寇，不知所役者何事，此二歲刑也。

（清）沈家本《歷代刑法考·刑法分考十一·白粲》 《漢舊儀》：秦制：鬼薪三歲，女爲白粲者，以爲祠祀擇米也，皆作三歲。

（清）沈家本《歷代刑法考·刑法分考十一·鬼薪》 《史記·始皇紀》：及其舍人，輕者爲鬼薪。《集解》應劭曰：取薪給宗廟爲鬼薪也。如淳曰：《律説》鬼薪作三歲。

按：此嫪毐之舍人。毒反，吏滅其宗，其舍人重者刑戮，輕者罰徒役三年也。

《漢舊儀》：秦制：鬼薪三歲。鬼薪，男當爲不祠祀鬼神伐山之薪蒸也。

按：鬼薪，秦制，漢因之。

睡虎地秦墓竹簡整理小組《睡虎地秦墓竹簡·法律答問》 餽遺亡鬼薪於外，一以上，論（可）〔何〕毆〔也〕？毋論。

睡虎地秦墓竹簡整理小組《睡虎地秦墓竹簡·秦律十八種·司空》 毋令居貲贖（責）〔債〕將城旦舂。城旦司寇不足以將，令隸臣妾將。居貲贖（責）〔債〕當與城旦舂作者，及城旦傅堅、城旦舂當將司者，廿人，城旦司寇一人將。司寇不踐，免城旦勞三歲以上者，以爲城旦司寇。

睡虎地秦墓竹簡整理小組《睡虎地秦墓竹簡·秦律十八種·司空》 隸臣妾、城旦舂之司寇、居貲贖（責）〔債〕（毄）〔繫〕城旦舂者，勿責衣食；其與城旦舂作者，衣食之如城旦舂。隸臣有妾，妻更及有外妻者，責衣。人奴妾（毄）〔繫〕城旦舂，（貣）〔貸〕衣食公，日未備而死者，出其衣食。

睡虎地秦墓竹簡整理小組《睡虎地秦墓竹簡·秦律十八種·司空》 有罪以貲贖及有（責）〔債〕於公，以其令日問之，其弗能入及（賞）〔償〕，以令日居之，日居八錢；公食者，日居六錢。居官府公食者，男子參，女子（駟）〔四〕。公士以下居贖刑罪、死罪者，居於城旦舂，毋赤其衣，勿枸櫝欙杕。鬼薪白粲，群下吏毋耐者，人奴妾居贖貲（責）〔債〕於城旦，皆赤其衣，枸櫝欙杕，將司之；其或亡之，有罪。葆子以上居贖刑以上到贖死，居於官府，皆勿將司。所弗問而久（毄）〔繫〕之，大嗇夫、丞及官嗇夫有罪。居貲贖（責）〔債〕欲代者，耆弱相當，許之。作務及賈負（責）〔債〕者，不得代。一室二人以上居貲贖（責）〔債〕而莫見其室者，出其一人，令相爲兼居之。居貲贖（責）〔債〕者，或欲（籍）〔藉〕人與并居之，許之，毋除（繇）〔徭〕戍。凡不能自衣者，公衣之，令居其衣如律然。其日未備而柀入錢者，許之。以日當刑而不能自衣食者，亦衣食而令居之。官作品貲贖（責）〔債〕而遠其計所官者，盡八月各以其作日及衣數告其計所官，毋過九月而（觱）〔畢〕到其官；官相（紤）〔近〕者，盡九月而告其計所官，計之其作年。百姓有貲贖（責）〔債〕而有一臣若一妾，有一馬若一牛，而欲居者，許。

睡虎地秦墓竹簡整理小組《睡虎地秦墓竹簡·秦律十八種·司空》 （毄）〔繫〕城旦舂，公食當責者，石卅錢。

（清）沈家本《歷代刑法考·刑法分考十一·白粲》 《説文》：粲，稻重一秙，爲粟二十斗，爲米十斗曰毇，段《注》：此當有奪文，當以爲米十斗句絶。下云爲米九斗曰毇，〔稻〕粟二十斗爲米十斗者，《九章算術》所謂稻率六，糲米率三十也。稻粟二十斗爲米十斗，今目驗猶然，其米甚粗，不得曰毇明矣。爲米九斗曰毇者，下文云米一斛舂爲九斗曰毇是也，毇卽粺，禾黍言粺，稻言毇。稻米九斗而舂爲八斗，則亦曰糳。八斗而舂爲六斗大半斗則曰粲，猶之禾黍糳米爲七斗則曰侍御也。禾黍米至於侍御，稻米至於粲，皆精之至矣。爲米六斗大半斗曰粲。段《注》：謂以八斗舂爲六斗大半斗也。以今目驗言之，稻米十斗舂之爲六斗大半斗，精無過此者矣。

按：粲爲稻米之至精者，擇之使正白，故以白粲爲名。白粲與舂原是一事，而一爲四歲刑，一爲三歲刑，罪分二等者，以米之精粗爲差別，其工力亦有高下也。或謂白粲卽舂，混二爲一，非是。導官主擇米，則白粲必供役於導官，舂何屬？未詳。西漢導官屬少府，東漢改屬大司農。《漢官》曰員役百一十二人，似其制已與西漢不同矣。

睡虎地秦墓竹簡整理小組《睡虎地秦墓竹簡·秦律雜抄》 寇降，以爲隸臣。

睡虎地秦墓竹簡整理小組《睡虎地秦墓竹簡·法律答問》 人臣甲謀

遣人妾乙盗主牛，〔買〕〔賣〕，把錢偕邦亡，出徼，得，論各（可）〔何〕殹〔也〕？當城旦黥之，各畀主。

睡虎地秦墓竹簡整理小組《睡虎地秦墓竹簡・法律答問》 捕貲罪，即端以劍及兵刃刺殺之，（可）〔何〕論？殺之，完爲城旦；傷之，耐爲隸臣。

睡虎地秦墓竹簡整理小組《睡虎地秦墓竹簡・法律答問》 當耐爲隸臣，以司寇誣人，（可）〔何〕論？當耐爲隸臣，（有）〔又〕（毄）〔繫〕城旦六歲。

睡虎地秦墓竹簡整理小組《睡虎地秦墓竹簡・法律答問》 當耐司寇而以耐隸臣誣人，（可）〔何〕論？當耐爲隸臣，當耐爲（侯）〔候〕罪誣人，（可）〔何〕論？當耐爲司寇。

中國社會科學院考古研究所《居延漢簡甲乙編》 山糴得二人送囚昭武【略】四月旦，見徒，復作三百七十九人。夫以主領徒，復作爲職。

甘肅省文物考古研究所《居延新簡》 右止城旦舂以下及復作品書到，言所□

甘肅省文物考古研究所《居延新簡》 髡鉗城旦舂九百石。直錢六萬。

□□髡鉗爲城旦□

甘肅省文物考古研究所《居延新簡》 □□坐留不□行滿一日，耐爲鬼薪□

甘肅省文物考古研究所《居延新簡》 縣官直用常徒者，請丞相之當輸者，給有缺補其不得以歲數免，及漢諸侯侯國人有告劾罪司寇，作如司寇以□

《漢書》卷二三《刑法志》 鬼薪白粲一歲，爲隸臣妾。隸臣妾一歲，免爲庶人。隸臣妾滿二歲，爲司寇。司寇一歲，及作如司寇二歲，皆免爲庶人。注：師古曰，男子爲隸臣，女子爲隸妾。鬼薪白粲滿一歲爲隸臣，隸臣一歲免爲庶人。隸妾亦然也。

（清）沈家本《歷代刑法考・刑法分考十一・白粲》 《漢書・惠紀》：白粲。注：應劭曰，坐擇米使正白爲白粲，三歲刑。《御覽》六百四十八引應注正白下有粲然二字。

（清）沈家本《歷代刑法考・刑法分考十一・舂》 《漢書・惠紀》：及當爲城旦舂者。注：應劭曰，城旦，旦起治城；舂者，婦人不豫外徭，但舂作米，皆四歲刑也。

按：漢之舂實本于周制。

（清）沈家本《歷代刑法考・刑法分考十三・徒》 《漢書・昭紀》：元鳳元年，武都氐人反，遣執金吾馬適建、龍頟侯韓增、大鴻臚廣明將三輔、太常徒，皆免刑擊之。蘇林曰：是時太常主諸陵縣治民也。《宣紀》：神爵元年，西羌反，發三輔、中都官徒弛刑。李奇曰：弛，廢也。謂若今徒解鉗釱赭衣，置任輸作也。師古曰：中都官，京師諸官府也。《漢儀注》長安中諸官獄三十六所。弛刑，李説是也。若今徒囚但不枷鎖而責保散役之耳。《趙充國傳》：時上已發三輔、太常徒弛刑。師古曰：弛〔刑〕謂不加鉗釱者也。弛之文言解也。《後漢書・光武紀》：建武十二年，遣驃騎大將軍杜茂將衆郡施刑屯北邊，築亭候，修烽燧。注：施，讀曰弛。弛，解也。二十二年秋九月戊辰，地震裂。遣謁者案行，其死行罪繫囚在戊辰以前，減死罪一等；徒皆弛解鉗，衣絲絮。注：弛，解脱也。《倉頡篇》曰：鉗，釱也。音奇炎反。《前書音義》曰：釱，足鉗也。音徒計反，又大蓋反。舊法，在徒役者不得衣絲絮，今赦許之。二十六年，於是雲中、五原、朔方、北地、定襄、雁門、上谷、代八郡民歸於本土。遣謁者分將施刑補理城郭。施與馳同。《前書・宣紀》女徒復作，注孟康曰：復，音服，謂弛刑徒也，有赦令詔書去其鉗釱赭衣。更犯事，不從徒加，與民爲例，故當復爲官作，滿其本罪年月日，律名爲復作也。

按：據孟康之説，是弛刑徒即復作徒，觀《趙充國傳》，是充徒役者解其刑謂之弛刑，即《昭紀》之免刑。《光武紀》但曰施刑，惟《孝和紀》永元三年冬十月癸未，行幸長安，十二月庚辰，至自長安，減弛刑徒從駕者刑五月，以弛刑徒連文。充國之弛刑發以屯邊，《光武紀》之施刑發以充役，并與復作之義不合，孟康之説有未盡也。

（清）沈家本《歷代刑法考・刑法分考十三・徒》 《御覽》六百四十二：孔融《肉刑論》曰：今之洛陽道橋，作徒困於廝役，十死一生，故國家不嘗遣三府請詔月一案行，又置南甄官使者主養病徒，僅能存之。語所謂洛陽豪徒韓伯密，加笞十中一，髡頭至耳髮詣膝。此自爲刑，非國法之意。

按：作徒至於十死一生，情殊可憫，當時設官以案行之，病者養之，所以待之者亦云至矣，此漢法之善者也。此文《孔集》未收。百三家本。漢之徒大約多在本土，有事則徵發之。鍾離意辭大司徒府而送徒河内，見《後書·意傳》。此由都不下發往外郡之證也。在本土故逃亡者少，晋以後，情形蓋不同矣。

魏髡刑四，完刑、作刑各三。詳總考。

《御覽》六百四十二曰：《晋律》：髡鉗五歲刑，笞二百。若諸主亡詐僞將吏、越武庫垣、兵守逃歸家、兄弟保人之屬，并五歲刑也。四歲刑。若復上闌沃殿問上變事、通露泄選舉事、謀發密事、毆兄姊之屬，并四歲刑。三歲刑。若傷人上而謗、僞造官印、不憂軍事、戲殺人之屬，并三歲刑也。二歲刑。二歲刑減一等入罰金，三歲至五歲刑皆耐罪，皆越戍作弃。走馬衆中有挾天文圖讖之屬，并爲二歲刑。張斐《律序》曰：徒加不過六，囚加不過五，罪已定爲徒，未定爲囚。累作不過十二歲，五歲徒犯一等加六歲，犯六等加爲十二歲作。累笞不過千二百。五歲徒加六等，笞之一千二百。

按：《晋律》久亡，此其僅存者。張斐，《晋志》作張裴，其《律序》見《晋志》而無注文。張斐《律序》：刑等不過一歲。《晋志》。

《晋志》劉頌復肉刑表：今爲徒者，類性元惡不軌之族也，去家懸遠，作役山谷，饑寒切身，志不聊生，雖有廉士介者，苟慮不首死，則皆爲盗賊，豈況本性姦凶無賴之徒乎！又令徒富者輸財，解日歸家，乃無役之人也。貧者起爲姦盗，又不制之虜也。不刑，則罪無所禁；不制，則羣惡橫肆。爲法若此，近不盡善也。是以徒亡日屬，賊盗日煩，亡之數者至有十數，得輒加刑，日益一歲，此爲終身之徒也。自顧反善無期，而災困逼身，其志亡思盗，勢不得息，事使之然也。古者用刑以止刑，今反於此。諸重犯亡者，髮過三寸輒重髡之，此以刑生刑；加作一歲，此以徒生徒也。亡者積多，繫囚猥畜。議者曰囚不可不赦，復從而赦之，此爲刑不制罪，法不勝姦。下知法之不勝，相聚而謀爲不軌，月異而歲不同。故自頃年以來，姦惡陵暴，所在充斥。

按：徒刑之敝，在晋已然，此疏所文言，極爲病切，而究不能變通者，未得其術也。苟有其術矣，而必謂舊法之不可改也，何哉？劉頌言終身之徒，與張斐所言徒加不過六，累作不過十二歲者不合，殆渡江之後，舊法已不盡遵行與。

（漢）衛宏《漢官舊儀》：罪爲司寇，司寇男備守，女爲作如司寇，皆作二歲。

（清）杜貴墀《漢律輯證》卷一：在徒役者不得衣絲絮。《後書·光武紀》建武二十二年詔，徒皆弛解鉗衣絲絮。注，舊法在徒役者不得及絲絮，今赦許之。

（清）杜貴墀《漢律輯證》卷一：徒論決滿三月不得乞鞠。《秋官·朝士》期外不聽，注鄭司農引漢法。

（明）丘濬《大學衍義補》卷一〇五《慎刑憲·明流贖之意》：晋武帝時劉頌上疏曰：今爲徒者，類性元惡不軌之族也。去家縣遠，作役山谷，饑寒切身，志不聊生。況其本性姦兇，徒亡日屬，賊盗日繁。其有亡者得輒加刑，日益一歲，終身爲徒，自顧反善無期，而菑困逼身。其志亡思，盗勢不得息，事使之善也。

臣按：後世之亂多出自盗賊，盗賊多起自囚徒。劉頌之言先事防患，不可不爲之慮也。請自今凡罪囚之坐徒者，不許羣聚，各散處於一處，則其爲患，亦不甚矣。

（清）沈家本《歷代刑法考·刑法分考十三·徒》：北魏太和十六年，定流徒限制。詳總考。

按：《魏紀》言定流徒限制，而所定罪名仍爲一歲刑至五歲刑中，亦謂之年刑，是尚未以徒爲正名也。《魏志》所引《法例律》有當刑二歲，《獄官令》有諸犯年刑等文，其律令正文不以徒名，可見此乃修史者以後來之名加之，便於文詞耳。

（清）沈家本《歷代刑法考·刑法分考十三·徒》：北齊刑罪五。詳總考。其不合遠配者，男子長徒，女子配舂，并六年。《隋志》。刑罪：婦人配舂及掖庭織。《隋志》。

按：北齊刑名五，三曰刑，即耐罪，自五歲至一歲，乃後來之徒罪而不名徒。男子長徒者視五歲刑多一年，其作徒之年較長也。

北周徒刑五。詳總考。徒輸作者，皆任其所能而役之。《隋志》。

按：北周之徒刑卽舊日之年刑也，改名爲徒，實自周始，惟其年數爲一年至五年，隋改爲一年至三年，分五等。自唐以後，歷代相沿，至今不改。

（清）沈家本《歷代刑法考・刑制總考三・北周》 徒刑五：一年、二年、三年、四年、五年。

《隋書》卷二五《刑法志》 〔《梁律》〕徒居作者具五任，其無任者，著斗械。**【略】**〔《北齊律》〕三曰刑罪，**【略】**並鎖輸左校而不髡。無保者鉗之。

《隋書》卷二五《刑法志》 徒刑五：有一年、一年半、二年、二年半、三年。

（唐）長孫無忌等《唐律疏議》卷三《名例・徒刑五》 一年。贖銅二十斤。一年半。贖銅三十斤。二年。贖銅四十斤。二年半。贖銅五十斤。三年。贖銅六十斤。

疏議曰：徒者，奴也，蓋奴辱之。《周禮》云其奴男子入於罪隸，又任之以事，寘以圜土而收教之。上罪三年而捨，中罪二年而捨，下罪一年而捨，此並徒刑也。蓋始於周。

（唐）張九齡等《唐六典》卷六《尚書刑部》 都官郎中、員外郎掌配没隸簿録俘囚，以給衣糧藥療，以理訴競雪寃。凡公私良賤，必周知之。凡反逆相坐，没其家爲官奴婢。反逆家男女及奴婢没官，皆謂之官奴婢。男年十四以下者，配司農；十五已上者，以其年長，命遠京邑，配嶺南爲城奴。一免爲番户，再免爲雜户，三免爲良人，皆因赦宥所及則免之。凡免皆因恩言之，得降一等、二等，或直入良人。諸律、令、格、式有言官户者，是番户之總號，非謂别有一色。年六十及廢疾，雖赦令不該，並免爲番户。七十則免爲良人，任所居樂處而編附之。凡初配没有伎藝者，從其能而配諸司。婦人工巧者，入於掖庭。其餘無能，咸隸司農。凡諸行宫與監牧及諸王公主應給者，則割司農之户以配。諸官奴婢賜給人者，夫妻男女不得分張，三歲已下聽隨母，不充數。若應簡進内者，取無夫無男女也。其餘雜伎則擇諸司之户教充。凡配官曹長諭，其作番户、雜户，則分爲番。番户一年三番，雜户一年五番，番皆一月。十六已上當番請納資者，亦聽之。其官奴婢長役無番也。男子入於蔬圃，女子入於廚饎，廼甄爲三等之差，以給其衣糧也。

《新唐書》卷五《玄宗本紀》 〔開元十六年正月庚申〕許徒以下囚保任營農。

（宋）宋敏求《唐大詔令集》卷八二《政事・刑法・寬徒刑配諸軍効力敕》 敕：刑之所設，將以閑邪，法不在嚴，貴於知禁。朕自臨萬國，向逾三紀，思宏至道之化，實務好生之德。比者應犯極法，皆令免死配流，所以市無刑人，獄無寃繫。哀矜勿喜，冀洽於生靈，小大以情，寧忘於鑒寐。至於徒罪，雖非重刑，力役之外，不免拘縶，載罹寒暑，誠可矜量。自今以後，其犯罪應合徒者，並配諸軍効力。庶感激之士，因以成功，寬大之恩，協於在宥。且本置杖罪，是代肉刑，將以矜人，非惟重法。今官吏決罰，或有任情，因兹致死，深可哀憫。其犯杖罪情非巨蠹者，量事亦令効力。宜令所司作載限，仍立條例處分。天寶四年七月。

（宋）王溥《唐會要》卷四〇《君上慎刑》 〔天寶〕四年八月十二日敕：刑之所設，將以閑邪。法不在嚴，貴於知禁。今後應犯徒罪者，並量事宜，配於諸軍効力。

（清）沈家本《歷代刑法考・刑法分考十三・徒》 唐徒刑五。詳總考。《唐書・刑法志》：居作者著鉗若校，京師隸將作，女子隸少府縫作。旬給假一日，臘、寒食二日，毋出役院。病者釋鉗校、給假，疾差陪役。凡役，男子入于蔬圃，女子入于廚饎。玄宗詔曰：徒非重刑，而役者寒暑不釋械繫。杖，古以代肉刑也，或犯非巨蠹而捶以至死，其皆免，以配諸軍自効。

按：此杖徒充軍之始，蓋不獨明法爲然矣。時方以此爲恩，而後世則以爲重，此古今情形之不同也。

（元）徐元瑞《吏學指南・五刑・後周刑徒》 自一年至五年。

（元）徐元瑞《吏學指南・五刑・隋唐金宋刑》 徒奴也，蓋奴辱之。《周禮》云：其奴男子入罪隸，女子入於舂槁，置之圜土而教之者是也。隋制三等，自一年至三年。至唐增一年半，二年半，改爲五等。金增四年五年，通爲七等。

（元）徐元瑞《吏學指南・五刑・隋唐金宋刑》 鬼薪，漢令役人取薪給宗廟，三歲刑。

謫運，梁徒役也。男子謫運，女子貭作。

配役，宋文面流刑。今帶鐐居作。

白粲，漢令役人坐擇粲，使之上。三歲刑也。

（宋）竇儀等《宋刑統》卷一《名例律・五刑》　徒刑

徒三年決脊杖二十放。

徒二年半決脊杖十八放。

徒二年決脊杖十七放。

徒一年半決脊杖十五放。

徒一年決脊杖十三放。

（明）丘濬《大學衍義補》卷一〇五《慎刑憲・明流贖之意》　《周禮・大司寇》以嘉石之石也。平城也。罷民。凡萬民之有罪過而未麗附也。於法，而害於州里者，桎木在足。梏木在手。而坐諸嘉石，役諸司空。重罪旬有三日坐，朞役。其次九日坐，九月役。其次七日坐，七月役。其次五日坐，五月役。其下罪三日坐，三月役。使州里任保也。之，則宥而舍之。

吳澂曰：嘉石樹之外朝門左。平，成也。成之使善也。民有罪而未麗於法，謂罪輕未入於法也。役諸司空，謂坐嘉石之日訖，使給百工之役也。役之月訖，又使州里之人保任其不可再犯，然後寬而釋之也。

王安石曰：州里任之則宥而舍之，則無任者終不舍焉。是廼使州里相安也，先王善是法，以爲其刑人也，不虧體，其罰人也不虧財。非特如此而已，司空之役，不可廢也。與其徭平民而苦之，孰若役此以安州里之爲利也。

臣按：此後世役罪人以工庸，而里正相保任者，其原出於此。

《宋史》卷二五《高宗本紀》〔建炎二年正月〕丙申，詔：自今犯枉法自盜贓者，中書籍其姓名，罪至徒者，永不録用。

（清）沈家本《歷代刑法考・刑法分考十三・徒》　宋徒刑五。

《宋史・刑法志》：初，徒罪非有官當贖銅者，在京師則隸將作監役，兼役之宮中，或輸作左校、右校役。開寶五年，御史臺言：若此者，雖有其名，無復役使。遇祠祭，供水火，則有本司供官。望令大理依格斷遣。於是并送作坊役之。初，京師裁造院募女工，而軍士妻有罪，皆配隸南北作坊。天聖初，特詔釋之，聽自便。婦人應配，則以妻窑務或軍營致遠務卒之無家者，著爲法。時又詔曰：聞配徒者，其妻子流離道路，罕能生還，朕甚憐之。自今應配者，録具獄刑名及所配道里，上尚書刑部詳覆。未幾，又詔應配者，須長吏以下集聽事慮問。後以奏牘煩冗，罷録具獄，第以單狀上承進司。既又罷慮問焉。知益州薛田言：蜀人配徒他路者，請雖老疾毋得釋。帝曰：遠民無知犯法，終身不得還鄉里，豈朕意哉？察其情可矜者許還。後復詔罪狀獷惡者勿許。熙甯三年，中書上刑名未安者五：其二，徒、流折杖之法，禁網加密，良民偶有抵冒，致傷肌體，爲終身之辱；愚頑之徒，雖一時創痛，而終無愧恥。若使情理輕者復古居作之法，遇赦第減月日，使良善者知改過自新，凶頑者有所拘縶。

按：婦人應配，即以妻他人，徒罪妻子流離道路，此皆宋法之不善者。觀薛田事，宋之徒犯有配他路不得還鄉者，帝雖不允，而情稍重者仍勿許還，亦太苛矣。熙甯中書所議，事不果行，然觀此議，似徒罪折杖即不居作矣。顧折杖之制，定於太祖時，而薛田事則在仁宗時，與前説又不相符，未詳其故。

（清）嵇璜等《續通志》卷一四五《刑法略・歷代刑制》〔遼〕大安四年五月，詔免役徒終身者，五歲免之。五年十月，詔復行舊法。先是，校定官即重熙舊制更竊盜贓二十五貫處死一條增至五十貫處死，又删其重復者二條爲五百四十五條，取律一百七十三條，又創增七十一條，凡七百八十九條，增重編者至千餘條，皆分類列以太康間所定。復以律及條例參校，續增三十六條，其後因事續校，至大安三年止，又增六十七條。條約既繁，典者不能偏習，愚民莫知所避，犯法者衆，吏得因緣爲姦，故有是詔。

（清）沈家本《歷代刑法考・刑法分考十三・徒》　遼徒三年。

《遼史・興宗紀》：重熙五年，新定條制成，詔有司凡朝日執之，仍頒行諸道。蓋纂修太祖以來法令，參以古制，其刑有死、流、杖及三等之徒而五。

按：《圖書集成・祥刑典》云，《刑法志》徒刑之數詳於重熙，即指此文，然三等之徒亦遼初所有，非定於興宗也。

（清）嵇璜等《續文獻通考》卷一三七《刑考・徒流》〔金章宗承安〕五年八月，更定鎮防軍犯，徒配役法。【略】

泰和元年十二月，新律成，增徒至四年五年爲七。

（清）沈家本《歷代刑法考・刑制總考四・金》　徒刑七：一年，贖銅四十斤，決杖六十，加杖一百二十；一年半，贖銅六十斤，決杖六十，杖一百四十；二年，贖銅八十斤，決杖七十，加杖一百八十；二年半，贖銅一百斤，決杖七十，加杖一百八十；三年，贖銅一百二十斤，決杖八十，加杖二百；四年，贖銅一百六十斤，決杖九十，加杖二百；五年，贖銅一百八十斤，決杖一百，加杖二百。

（元）沈仲緯《刑統賦疏·第三韻》配所犯徒杖不過於二百。《名例律》諸犯罪已發及已配而更犯罪者，更重其事。犯流者，依留住法決杖於配所役三年，若已至配所及更犯者，亦准此。即累流徒應役者，不得過四年，若更犯流徒罪者，准加杖例，其杖罪以下亦各以數決之。累決笞杖者，不得過二百，其應加杖者亦如之。《疏議》曰，有徒役未滿，更犯徒，或流徒役内復犯徒流者，前後累徒，雖多役，以四年爲限。若役未訖，更犯流役罪者，准加杖刑，犯罪雖多，累決杖笞者，亦不得過二百。蓋先王立法，用之必恕，然或有時嚴者，惡其積惡而不知改也。苟不知改，又從犯之，雖欲寡之得乎，故犯罪已發已配而更爲罪者，各重其事。雖然，苟擬逐犯而二科之，則流而至於忍人矣，是故重犯流及已至配所而更犯者，依留住法而不得過四年。役未滿更犯流徒者，准加杖例，每五百里加杖三十而決不得過二百矣。

直解。若在配所更犯徒罪準加杖例，累決不過二百。

通例。至元四年五月中都路樊旻毆打和你赤法司，檢舊例諸犯徒應役而家無兼丁者徒一年，加杖一百二十，不居作一等加二十。若徒年限内無兼丁者總計應役日及應加杖準決放，徒一年一百二十，徒一年半一百四十，徒二年一百六十，徒二年半一百八十，徒三年二百，此是杖不過於二百也。延祐元年八月欽奉鹽法條劃内節該諸犯私鹽者，科徒二年決杖七十，財産一半沒官，決訖發鹽場鐐役，眞犯加等斷罪居役，三犯斷訖發付邊遠屯田，欽此。刑部議得，私鹽事發到官取訖招伏，合以赦後爲坐，其三犯與再犯者一體斷罪，配所再犯止杖八十加役流。至治元年八月初二日江浙省咨，慶元路賊人沈千四先竊盗刺斷發付鹽場居役，又盗鄧法保家財，緣徒年未滿配所再犯，出軍，論以赦後爲主，免放刺字。

《至元雜令·笞杖則例》徒罪，一年一年半，決六十七下，二年二年半，決七十七下，三年，決八十七下，四年，決九十七下，五年，決一百七下，右徒罪止五年。

（清）嵇璜等《續通志》卷一四七《刑法略·歷代刑制》〔至元十七年十一月詔，有罪配役者，量其程遠近。按《世祖本紀》至元二十四年扎爾固齊奏：去歲所録囚數，南京、濟南兩路應死者一百九十人。若總校諸路爲數必多，宜留扎爾固齊數人，分道行刑。帝曰：囚非羣羊，豈可遽殺耶？宜悉配隸淘金。據此則配役之法，亦不一轍也。

（清）嵇璜等《續文獻通考》卷一三七《刑考·徒流》〔元英宗至治二年〕定徒者減杖之例：時漳州路推官上言：律，徒者不杖，今杖而又徒，非恤刑之意，宜加徒減杖，遂定爲令。

《元史·曹伯啓傳》曰：五刑者，刑異五等，今黥杖徒役於千里之外，百無一生還者。是一人身被五刑，非五刑各底於一人也。法當改。丞相雖是之，卒不果行。

（清）沈家本《歷代刑法考·刑法分考十三·徒》元徒刑五。

《元史·成宗紀》：元貞二年五月，詔諸徒役者，限一年釋之，毋杖。

按：徒罪減年免杖，當爲一時之特恩，非常制也。

《續通考》一百三十七：時漳州路推官上言：律，徒者不杖，今杖而又徒，非恤刑之意，宜加徒減杖。遂定爲令。

按：此條《續通考》列于英宗至治二年，而《本紀》未見此文，未詳何本。徒者不杖，未知所言何律，《元史·刑法志》徒下有杖也。

《元史·曹伯啓傳》：英宗立，俄拜集賢學士、御史臺侍御史。有詔同刊定《大元通制》，伯啓言：五刑者，刑異五等，今黥杖役於千里之外，百無一生還者，是一人身備五刑，非五刑各底於一人也。法當改易。丞相是之，會伯啓除浙西廉訪使，不果行。

按：據此，元時徒罪發千里之外，與明例之以五百里爲限者不同。明徒罪五，又有准徒五年、准徒四年、准徒二年。詳總考。

《大明律》卷一《名例律·五刑》徒刑五　一年，杖六十。贖銅錢一十二貫。一年半，杖七十。贖銅錢一十五貫。二年，杖八十。贖銅錢一十八貫。二年半，杖九十。贖銅錢二十一貫。三年，杖一百。贖銅錢二十四貫。

（明）談遷《國榷》太祖洪武二十四年四月戊寅，定有罪罰役，充京官皁隷一年。

《明太宗實録》永樂十三年正月甲子，行在户部文言，漕運至者漸多，請發民置倉貯之。上曰，東作將興，不可役民，民失春種，則一歲之計廢。可令法司除死罪外，出徒流以下，定等第輸作，後不爲例。

《刑部現行則例》卷上《職制》 一、凡部院衙門書辦因病退役，或因不諳文移情願退役，而更名復入別門重役者，杖一百徒三年。

《大清律例》卷四《名例律・五刑》 徒刑五：一年，杖六十。一年半，杖七十。二年，杖八十。二年半，杖九十。三年，杖一百。

《大清律例》卷四二《總類・徒一年》 刑律：監守自盗倉庫錢糧等物，至七兩五錢者。監守自盗倉庫錢糧律。

常人盗倉庫錢糧等物，至二十兩者。常人盗倉庫錢糧律。

竊盗及掏摸，得財五十兩，爲首者。六十兩，爲從者。竊盗律。

和賣他人奴婢爲妻妾子孫，而未賣之被誘人。略賣子孫之妾者。和賣弟妹及姪、姪孫、外孫，若己之妾，子孫之婦，而未賣者。窩主及買主知情者。略人略賣人律。

尊長於小功卑幼墳墓熏狐狸，因而燒棺槨及燒期親卑幼屍者。地界内有死人，里長地隣輒移他處及埋藏以致殘毀，及棄屍水中，爲首者。發塚律。

卑幼將已死小功尊長身屍圖賴人者。殺子孫及奴婢圖賴人律。

小功尊長被殺，而卑幼私和者。大功卑幼被殺，而尊長私和者。尊長爲人殺私和律。

毆折人二齒、二指以上及髡髮者。鬥毆律。

毆折人肋，眇二目，墮胎及刃傷，辜内醫治平復者。保辜限期律。

殿内忿爭，聲徹於御在所，及相毆者。宫内忿爭律。

皇家袒免親而毆之者。皇家袒免以上親被毆律。

吏卒毆六品以下佐貳官者。軍民吏卒毆六品以下首領官，傷者。流外官及軍民吏卒毆非本管五品以上官，及公使人毆五品以上有司官者。毆制使及本管長官律。

本衙門首領官及所統屬官毆傷六品以下長官者。佐貳官毆五品以上長官者。佐職統屬毆長官律。

流内九品以上官毆非本管三品以上官者。九品以上官毆長官律。

威力拷打人折一齒、一指，眇一目，抉毀耳鼻，破骨及用湯火銅鐵汁傷，爲從者。威力制縛人律。

奴婢毆良人折一齒、一指，眇一目，抉毀耳鼻，破骨及用湯火銅鐵汁傷者。毆大功親奴婢折跌肢體及瞎一目者。毆大功親雇工人折肋，眇兩目，墮胎及刃傷者。良賤相毆律。

奴婢毆家長緦麻親者。雇工人毆家長緦麻小功親折一齒、一指，眇一目，抉毀耳鼻，破骨及用湯火銅鐵汁傷者。奴婢無罪，而長家及家長之期親外祖父母毆殺，或故殺者。奴婢毆家長律。

妾毆夫及正妻者。夫毆妻及妻毆妾折肋，眇兩目，墮胎及刃傷者。夫毆妾折跌肢體及瞎一目者。毆妻之父母者。妻妾毆夫律。

服盡卑幼毆尊長折一齒、一指，眇一目，抉毀耳鼻，破骨及用湯火銅鐵汁傷者。同姓親屬相毆律。

卑幼毆小功兄姊及緦麻尊屬者。毆本宗外姻緦麻兄姊折一齒、一指，眇一目，抉毀耳鼻，破骨及用湯火銅鐵汁傷者。本宗及外姻尊長毆小功卑幼折肋，眇兩目，墮胎及刃傷者。毆大功以下尊長律。

祖父母、父母故殺子孫者。子孫違犯教令，而嫡繼慈養母非理毆殺者。毆祖父母父母律。

妻妾毆夫小功兄姊及緦麻尊屬者。妻毆夫小功卑幼，及期親以下尊長毆卑幼之妾折肋，眇兩目，墮胎及刃傷者。妻之子毆父妾折一齒、一指，眇一目，破骨及用湯火銅鐵汁傷者。妾之子毆父妾，血從耳、目中出，及内損吐血者。妻妾與夫親屬相毆律。

毆不同居繼父者。毆妻前夫之子律。

罵伯叔父母、姑、外祖父母者。罵尊長律妻。

妻妾罵夫伯叔父母、姑、外祖父母者。妻妾罵夫期親尊長律。

誣告人罪杖八十，加所誣罪三等者。誣告律。

官吏受財，有禄人枉法，贓二十兩者。不枉法，贓五十兩者。無禄人，枉法，贓二十五兩者。不枉法，贓六十兩者。官吏受財律。

官吏人等非因受財，至一百兩者。坐贓致罪律。

詐爲瑞應者。詐爲瑞應律。

買休人與婦人用計逼勒本夫休棄者，買休人及本婦。縱容妻妾犯姦律。

軍民官吏和姦所部有夫妻女者。姦部民妻女律。

奴姦良人婦女，刁姦者，姦夫姦婦。良賤相姦律。

杖罪以下人犯情犯已完，限外不斷决，因而致一死者。淹禁律。

獄卒以金刃及他物與囚，致囚在逃及自傷或傷人者。司獄官典及提牢官知而不舉者。與囚金刃解脱律。

獄囚應請給衣糧醫藥而不請給，應脱鎖杻而不請脱，應保出外而不請保，應聽家人入視而不請聽，因而致死囚，該杖罪以下者。提牢官知而不舉者。已申稟上司不即施行，因而致死囚，該杖罪以下者。獄囚衣糧律。

婦人産限未滿，失於詳審拷決致死者。婦人犯罪律。

户例

一、坐糧聽及各倉書役人等，向連官連丁勒索銀一兩以下者。收支留難例。

一、隱匿侵盜案内家産一百兩者。隱瞞入官家産例。

一、鹽商欠課至六分者。人户虧兑課程例。

刑例

一、盜牛四隻及窩主知情分贓者，俱枷號四十日。盜馬牛畜産例。

一、盜葬者無發掘等情，止在切近墳旁盜葬，而本家毁棄屍骸者。發塚例。

一、描摸印信，行使誆騙財物一兩以下者。僞造印信時憲書等例。

一、在川流民犯罪遞回原籍，復逃至川者，如有爲匪，所犯在杖一百以下者。徒流人逃例。

一、承審官吏遇有一切命、盜案件，如有將徒、流人犯拷訊致斃二命者。故禁故勘平人例。

一、解役遞解人犯中途患病，若未取結在途身死一名者。陵虐罪囚例。

《大清律例》卷四二《總類·徒一年半》 刑律

監守自盜倉庫錢糧等物，至一十兩者。監守自盜倉庫錢糧律。

常人盜倉庫錢糧等物，至二十五兩者。常人盜倉庫錢糧律。

竊盜及掏摸，得財六十兩，爲首者。七十兩，爲從者。竊盜律。

盜官私驢、騾而殺者。盜馬牛畜産律。

和誘及相賣良人爲妻妾子孫，而未賣之被誘人。和誘他人奴婢爲妻妾子孫之被誘人，及和誘而未賣者。和賣他人奴婢爲奴婢，而未賣之被誘人。和賣弟妹及姪、姪孫、外孫，若己之妾、子孫之婦者。和賣同堂弟妹及姪、姪孫而未賣者。窩主及買主知情者。略人略賣人律。

尊長發期親卑幼墳塚開棺槨見屍者。毁棄期親卑幼死屍者。若於他人墳墓熏狐狸，因而燒棺槨，爲從者。尊長於緦麻卑幼墳墓熏狐狸，因而燒棺槨，及燒大功卑幼屍者。發塚律。

祖父母、父母故殺子孫，及家長故殺奴婢圖賴人者。將已死大功尊長身屍圖賴人者。殺子孫及奴婢圖賴人律。

大功尊長被殺，而卑幼私和者。期親卑幼被殺，而尊長私和者。尊長爲人殺私和律。

宫内毆人，折一齒及一指、眇一目、抉毁耳鼻、破骨及用湯火銅鐵汁傷者。宫内忿爭律。

皇家緦麻親而毆之者。皇家袒免以上親被毆律。

吏卒毆六品以下長官者。軍民吏卒毆六品以下佐貳官傷者，毆首領官折傷者。流外官及軍民吏卒毆非本管九品以上官，及公使人毆九品以上有司官，折一齒、一指、眇一目、抉毁耳鼻、破骨及用湯火銅鐵汁傷者。毆制使及本管長官律。

流内九品以上官毆非本管五品以上，若五品以上毆非本管三品以上官，折一齒、一指、眇一目、抉毁耳鼻、破骨及用湯火銅鐵汁傷者。九品以上官毆長官律。

毆受業師，折一齒、一指、眇一目、抉毁耳鼻、破骨及用湯火銅鐵汁傷者。毆受業師律。

威力拷打人，折二齒、二指以上，及髡髮，爲從者。折一齒、一指、眇一目、抉毁耳鼻、破骨及用湯火銅鐵汁傷，爲首者。威力制縛人律。

奴婢毆良人，折二齒、二指以上，及髡髮者。良人毆他人奴婢，折肋、眇兩目、墮胎及刃傷者。毆緦麻小功親奴婢，折跌肢體及瞎一目者。毆大功親奴婢，至篤疾者。毆緦麻小功親雇工人，折肋、眇兩目、墮胎及刃傷者。良賤相毆律。

奴婢毆家長小功親者。奴婢毆家長緦麻親并雇工人毆家長大功親，折一齒、一指、眇一目、抉毁耳鼻、破骨及用湯火銅鐵汁傷者。雇工人毆家長緦麻小功親，折二齒、二指及髡髮者。家長及家長之期親外祖父母毆雇工人，折跌肢體及瞎一目者。奴婢毆家長律。

夫毆妾，至篤疾者。毆妻之父母，折一齒、一指，眇一目，抉毀耳鼻，破骨及用湯火銅鐵汁傷者。妻妾毆夫律。

服盡尊長毆卑幼，折肋、眇兩目、墮胎及刃傷者。卑幼毆尊長，折二齒、二指以上及髡髮者。同姓親屬相毆律。

卑幼毆大功兄姊及小功尊屬者。毆緦麻兄姊，折二齒、二指以上及髡髮者。毆小功兄姊及緦麻尊屬，折一齒、一指，眇一目，抉毀耳鼻，破骨及用湯火銅鐵汁傷者。本宗及外姻尊長毆緦麻卑幼，折肋，眇兩目，墮胎及刃傷者。毆大功卑幼，折跌肢體及瞎一目者。毆大功以下尊長律。

嫡、繼、慈、養母故殺子孫者。毆祖父母父母律。

妻妾毆夫大功兄姊及小功尊屬者。妻毆夫緦麻卑幼，折肋、眇兩目、墮胎及刃傷者。毆大功卑幼，折跌肢體及瞎一目者。期親以下尊長毆卑幼之婦，折肋，眇兩目，墮胎及刃傷者。妻之子毆父妾，折二齒、二指以上及髡髮者。妻妾與夫親屬相毆律。

毆不同居繼父，折二齒、二指以上及髡髮者。毆同居繼父者。毆妻前夫之子律。

祖父母、父母爲人所毆，子孫即時救護而還毆之，至折跌人肢體及瞎一目者。父祖被毆律。

誣告人罪杖九十，加所誣罪三等者。誣告律。

官吏受財，有祿人枉法，贓至二十五兩者。不枉法，贓至六十兩者。無祿人枉法，贓至三十兩者。不枉法，贓至七十兩者。官吏受財律。

官吏人等非因事受財，至二百兩者。坐贓致罪律。

軍民官吏刁姦所部妻女者。姦部民妻女律。

居父母及夫喪，犯刁姦及僧尼、道士、女冠犯刁姦者。居喪及僧道犯姦律。

常人以金刃及他物與囚，及子孫與在獄之祖父母、父母，奴婢雇工人與在獄之家長，因而自殺者。司獄官典及提牢官知而不舉者。與囚金刃解脱律。

婦人懷孕犯罪失於詳審，拷決致死者。婦人犯罪律。

刑例

一、描摸印信行使，誆騙財物一十兩者。僞造印信時憲書等例。

一、僧道不分有無度牒，及尼僧女冠犯刁姦者，枷號一個月。居喪及僧道犯姦例。

《大清律例》卷四二《總類・徒二年》刑律

監守自盜倉庫錢糧等物，至一十二兩五錢者。監守自盜倉庫錢糧律。

常人盜倉庫錢糧等物，至三十兩者。常人盜倉庫錢糧律。

竊盜及掏摸，得財七十兩，爲首者。八十兩，爲從者。竊盜律。

和誘及相賣良人爲奴婢，而已賣之被誘人。和誘及相賣良人爲妻妾子孫，而未賣之被誘人。和誘他人奴婢爲妻妾子孫者。和誘他人奴婢爲奴婢之被誘人，及和誘而未賣者。略賣弟妹及姪、姪孫、外孫，或己之妾，子孫之婦者。和賣同堂弟妹及姪、姪孫者。窩主及買主知情者。略人略賣人律。

塚先穿陷及未殯埋而盜屍柩，爲從者。尊長發大功卑幼墳塚開棺見屍者。毀棄大功卑幼死屍者。若於他人墳墓熏狐狸，因而燒棺槨，爲首；及燒緦麻以上尊長棺槨，爲從者。燒小功卑幼屍者。發塚律。

造魘魅符書，咒詛令人疾苦者。造畜蠱毒殺人律。

子孫將已死期親尊長身屍圖賴人者。殺子孫及奴婢圖賴人律。

期親尊長被殺，而卑幼私和者。尊長爲人殺私和律。

毆折人肋、眇兩目、墮胎及刃傷者。鬥毆律。

毆打跌人肢體及瞎人一目，辜内平復者。保辜限期律。

宮内毆人，折二齒、二指以上及髡髮者。

殿内毆人，折一齒、一指，眇一目，抉毀耳鼻，破骨及用湯火銅鐵汁傷者。宮内忿爭律。

皇家袒免親而毆傷者。小功親而毆之者。皇家袒免以上親被毆律。

吏卒毆六品以下長官，傷者。軍民吏卒毆六品以下佐貳官，折傷者。毆五品以上首領官者。流外官及軍民吏卒毆非本管三品以上官，及公使人毆三品以上有司官者。毆五品以上官，傷者。毆九品以上官，折二齒、二指以上及髡髮者。毆制使及本管長官律。

本衙門首領官及統屬官毆五品以上長官者。佐貳統屬毆長官律。

流内九品以上官毆非本管五品以上，及五品以上毆非本管三品以上官，折二齒、二指以上及髡髮者。九品以上官毆長官律。

毆受業師，折二齒、二指以上及髡髮者。毆受業師律。

威力拷打人，折二齒、二指以上及髡髮，爲首者。威力制縛人律。

毆緦麻小功親奴婢至篤疾者。毆大功親雇工人，折跌肢體及瞎一目者。良賤相毆律。

奴婢毆家長大功親者。毆家長緦麻親，折二齒、二指以上及髡髮者。毆家長小功親，折一齒、一指，眇一目，抉毁耳鼻，破骨及用湯火銅鐵汁傷者。雇工人毆家長大功親，折二齒、二指及髡髮者。家長及家長之期親外祖父母毆雇工人，至篤疾者。奴婢毆家長律。

妻毆夫，折一齒、一指，眇一目，抉毁耳鼻，破骨及用湯火銅鐵汁傷者。夫毆妻及妻毆妾，折跌肢體及瞎一目者。毆妻之父母，折二齒、二指以上及髡髮者。妻妾毆夫律。

卑幼毆本宗大功尊屬者。毆小功兄姊及緦麻尊屬，折二齒、二指以上及髡髮者。毆大功兄姊及小功尊屬，折一齒、一指，眇一目，抉毁耳鼻、破骨及用湯火銅鐵汁傷者。本宗及外姻尊長毆小功卑幼，折跌肢體及瞎一目者。毆大功卑幼，至篤疾者。毆大功以下尊長律。

弟妹過失傷同胞兄姊者。毆期親尊長律。

祖父母，父母非理毆子孫妾，至死者。毆祖父母父母律。

妻妾毆夫大功尊屬者。妻毆夫小功卑幼，及期親以下尊長毆卑幼之妾，折跌肢體及瞎一目者。妻毆夫大功卑幼，至篤疾者。妾之子毆父妾，折一齒，一指，眇一目，抉毁耳、鼻，破骨及用湯火、銅鐵汁傷者。妻妾與夫親屬相毆律。

毆同居繼父，折二齒、二指以上及髡髮者。毆妻前夫之子律。

祖父母、父母爲人所毆，子孫即時救獲而還毆之，至篤疾者。父祖被毆律。

奴婢罵家長之期親及外祖父母者。雇工人罵家長者。奴婢罵家長律。

誣告人罪杖一百，加所誣罪三等者。誣告律。

官吏受財，有禄人枉法，贜至三十兩者。不枉法，贜至七十兩者。無禄人枉法，贜至三十五兩者。不枉法，贜至八十兩者。官吏受財律。

官吏人等非因事受財，至三百兩者。坐贜致罪律。

詐爲其餘衙門印信文書，未行，爲從者。詐爲制書律。

奉制推按問事報上不以實者。對制上書詐不以實律。

僞造關防印記未成，爲從者。僞造印信時憲書等律。

若有災祥之類，欽天監官不以實對者。詐爲瑞應律。

山陵兆域内失火者。官府公廨及倉庫内失火者。山陵林木在外失火延燒者。失火律。

獄卒以金刃及他物與囚，因而致囚自殺者。司獄官典及提牢官知而不舉者。與囚金刃解脱律。

《大清律例》卷四二《總類·徒二年半》　刑律

監守自盗倉庫錢糧等物，至一十五兩者。監守自盗倉庫錢糧律。

常人盗倉庫錢糧等物，至三十五兩者。常人盗倉庫錢糧律。

白晝搶奪人財物，爲從者。白晝搶奪律。

竊盗及掏摸，得財八十兩，爲首者。九十兩，爲從者。竊盗律。

設方略誘取良人，及略賣良人爲妻妾子孫，爲從者。假以乞養過房爲名，買良家子女轉賣爲妻妾子孫，爲從者。和誘及相賣良人爲妻妾子孫者。和誘及相賣良人爲奴婢之被誘人，及和誘而未賣者。略賣他人奴婢爲妻妾子孫者。和誘他人奴婢爲奴婢者。略賣同堂弟妹、堂姪及姪孫者。竊主及買主知情者。略人略賣人律。

發掘他人墳塚未至棺槨，爲從者。塚先穿陷及未殯埋而盗屍柩，爲從者。卑幼發尊長墳塚未至棺槨，爲從者。尊長發小功卑幼墳塚開棺槨見屍者。棄他人屍而不失及毁而髡髮若傷，爲從者。毁棄小功卑幼死屍者。於他人墳墓熏狐狸，因而燒屍，爲從者。燒緦麻以上尊長棺槨，爲首者。燒緦麻卑幼屍者。子孫於祖父母、父母，及奴婢雇工人於家長墳墓熏狐狸，因而燒棺槨，爲從者。發塚律。

謀殺人傷而不死，爲從不行者。謀殺人律。

卑幼威逼緦麻尊長致死者。威逼人致死律。

毆瞎人兩目，折人兩肢，損人二事以上，及因舊患令至篤疾，若斷人舌，及毁敗人陰陽，辜内平復者。保辜限期律。

殿内毆人折二齒、二指以上及髡髮者。宮内忿争律。

皇家緦麻親而毆傷者。大功親而毆之者。皇家袒免以上親被毆律。

吏卒毆六品以下長官，折傷者。軍民吏卒毆五品以上佐貳官者。毆首領官，傷者。流外官及軍民吏卒毆非本管五品以上官，及公使人毆五品以上有司官，折傷者。毆制使及本管長官律。

本衙門首領官及統屬官毆傷五品以上長官者。佐職統屬毆長官律。

威力拷打人，折肋，眇兩目，墮胎及刃傷，爲從者。威力制縛人律。

奴婢毆良人，折肋，眇兩目，墮胎及刃傷者。良人毆他人奴婢及毆緦麻小功親雇工人，折跌肢體及瞎一目者。毆大功親雇工人，至篤疾者。良賤相毆律。

奴婢過失傷家長之期親及外祖父母者。毆家長小功親，折二齒、二指以上及髡髮者。毆家長之大功親，折一齒、一指，眇一目，抉毀耳鼻，破骨及用湯火銅鐵汁傷者。雇工人過失傷家長及家長期親外祖父母者。毆家長緦麻小功親，折肋，眇兩目，墮胎及刃傷者。奴婢毆家長律。

妻毆夫，折二齒、二指以上及髡髮者。妾毆夫及正妻，折一齒、一指，眇一目，抉毀耳鼻，破骨及用湯火銅鐵汁傷者。夫毆妻及妻毆妾，至篤疾者。妻妾毆夫律。

服盡尊長毆卑幼，折跌肢體，瞎一目者。卑幼毆尊長，折肋，眇兩目，墮胎及刃傷者。同姓親屬相毆律。

卑幼毆本宗及外姻緦麻兄姊，折肋，眇兩目，墮胎及刃傷者。毆大功兄姊及小功尊屬，折二齒、二指以上及髡髮者。毆大功尊屬，折一齒、一指，眇一目，抉毀耳鼻，破骨及用湯火銅鐵汁傷者。本宗及外姻尊長毆緦麻卑幼，折跌肢體及瞎一目者。毆小功卑幼，至篤疾者。毆大功以下尊長律。

弟妹毆同胞兄姊者。姪過失傷伯叔父母、姑及外孫過失傷外祖父母者。弟妹過失折傷同胞兄姊，及姪過失折傷伯叔父母、姑，外孫過失折傷外祖父母者。毆期親尊長律。

祖父母、父母故殺子孫之妾者。毆祖父母父母律。

妻妾毆夫之期親兄姊者。妻毆夫緦麻卑幼，及期親以下尊長毆卑幼之婦，折跌肢體及瞎一目者。妻毆夫小功卑幼，及期親以下尊長毆卑幼之妾，至篤疾者。妻之子毆父妾，折肋，眇兩目，墮胎及刃傷者。妾之子毆父妾，折二齒、二指以上及髡髮者。妻妾與夫親屬相毆律。

毆不同居繼父，折肋，眇兩目及刃傷者。毆妻前夫之子律。

誣告人罪徒一年，加所誣罪三等者。誣告律。

雇工人告家長，得實者。干名犯義律。

官吏因事受財，有禄人枉法，贓至三十五兩者。不枉法，贓至八十兩者。無禄人枉法，贓至四十兩者。不枉法，贓至九十兩者。官吏受財律。

官吏人等非因枉法、不枉法之事而受人財，至四百兩者。坐贓致罪律。

詐爲其餘衙門印信文書，已施行，爲從；及未施行，爲首者。詐爲察院、布、按、府、州、縣衙門印信文書，未施行，爲從者。當該官司知而聽行者。詐爲制書律。

詐傳一、二品衙門官言語於各衙門分付公事有所規避，爲從者。當該官司知而聽行者。詐傳詔旨律。

僞造關防印記，爲從；及知情行用者。造而未成，爲首者。僞造印信時憲書等律。

僞造金銀，爲從；及知情買使者。私鑄銅錢律。

無官詐稱有官，有所求爲，或詐稱官司差遣捕人，及詐冒見任官員姓名有所求爲，爲從者。詐假官律。

姦内外緦麻以上親之妾者。姦夫姦婦。親屬相姦律。

監臨官因公事毆打人致死，聽使、下手之人。決罰不如法律。

婦人懷孕犯罪産限未滿，拷決致死者。婦人犯罪律。

刑例

一、强盗問擬發遣，其同居父、兄、伯、叔與弟雖經得財而不知情者。强盗例。

一、竊盗擬絞之同居父、兄、伯、叔與弟雖經得財而不知情者。竊盗例。

一、産礦山場約練勾引接濟夥同分利者。盗田野穀麥例。

一、因小事糾集多人越牆進院突入鼓廳，妄行擊鼓謊告之餘人。越訴例。

一、詐爲六部各司、軍衛各所文書，爲從者。

一、詐爲通政使、大理寺、鹽運司部屬各管軍所衙門印信文書，爲從者。詐爲制書例。

一、僞造關防印記，誆騙財物數多，造而未成者。爲數無多，爲從，及知情行用者。描摸印信行使，誆騙財物三十兩者。僞造印信時憲書等例。

一、私鑄之本犯問擬發遣，其同居之父、兄、伯、叔與弟雖經分利而實係並不知情者。

一、將銀挖孔傾入銅鉛等物，及用銅鉛等物傾成錠錁外用銀皮包好，並銅鉛等物每兩內攙實銀二、三、四、五錢，僞造銀使用，爲從者。私鑄銅錢例。

一、私買良家之女爲娼者。媒合人。買良爲娼例。

一、刁悍之徒借命打搶，爲從者。檢驗屍傷不以實例。

《大清律例》卷四二《總類·徒三年》 刑律

謀叛未行知而不首者。謀叛律。

私有妖書隱藏不送官者。造妖書妖言律。

盜大祀未進神御，及營造未成並已祭訖之祭器品物，及其餘官物者。盜大祀神御物律。

盜府、州、縣，鎮城關門鑰者。盜城門鑰律。

盜園陵內樹木者。盜園陵樹木律。

監守自盜倉庫錢糧等物，至一十七兩五錢者。監守自盜倉庫錢糧律。

常人盜倉庫錢糧等物，至四十兩者。常人盜倉庫錢糧律。

私竊放死囚逃走，爲從者。官司差人追徵錢糧勾攝公事及捕獲罪人，聚衆中途打奪，爲從者。劫囚律。

白晝搶奪人財物，爲首者。白晝搶奪律。

竊盜及掏摸，得財九十兩，爲首者。一百兩至一百二十兩，爲從者。竊盜律。

盜官私馬牛而殺者。盜馬牛畜產律。

設方略誘取良人，及略賣良人爲妻、妾、子孫，造意者。假以乞養過房爲名，買良家子女轉賣爲妻、妾、子孫，造意者。和誘及相賣良人爲奴婢者。略賣他人奴婢爲奴婢者。窩主及買主知情者。略人略賣人律。

發掘他人墳塚見棺槨，爲從；及未至棺槨，爲首者。卑幼發尊長墳塚見棺槨，爲從；及未至棺槨，爲首者。尊長發緦麻卑幼墳塚，開棺槨見屍者。殘毀他人死屍及棄屍水中，爲從者。棄他人屍而不失，及毀而髡髮若傷，爲從者。棄尊長屍而不失，及毀而髡髮若傷，爲從者。毀棄緦麻卑幼死屍者。於他人墳墓熏狐狸，因而燒屍，爲首者。燒緦麻以上尊長屍，爲從者。子孫於祖父母、父母及奴婢雇工人於家長墳墓熏狐狸燒棺槨，爲首者。發塚律。

夜無故入人家已就拘執，而擅殺傷致死者。夜無故入人家律。

謀殺人傷而不死，從而不加功者。謀而已行，未曾傷人，爲首者。未曾傷人，造意，身雖不行者。謀殺人，從而不行者。謀殺人律。

奉制命出使所在官吏謀殺，及部民謀殺本屬府、州、縣，軍士謀殺本管官，吏卒謀殺本部五品以上長官，已行，未傷，爲從者。謀殺制使及本管長官律。

卑幼謀殺緦麻以上尊長，及奴婢雇工人謀殺家長之緦麻以上親，已行，爲從者。已傷，爲從，不加功者。謀殺祖父母父母律。

採生折割人，若已行而未傷人，爲從，不加功者。採生折割人律。

造魘魅符書，咒詛欲以殺人者。用毒藥殺人，買而未用者。知情賣藥者。造畜蠱毒殺人律。

以他物置人耳、鼻及孔竅中，若故屏去人服食，致成殘廢疾者。屏去人服食律。

子孫將已死祖父母、父母，奴婢雇工人將家長身屍圖賴人者。殺子孫及奴婢圖賴人律。

打捕户於深山曠野猛獸往來去處，穿作陷井，及安置窩弓，不立望竿及抹眉小索，因而傷人致死者。窩弓殺傷人律。

卑幼威逼小功尊長致死者。威逼人致死律。

祖父母、父母及夫若家長爲人殺，而子孫妻妾、奴婢、雇工人私和者。尊長爲人殺私和律。

毆人折跌肢體及瞎一目者。鬥毆律。

宫內毆人，折肋，眇兩目及刃傷者。宫內忿爭律。

皇家袒免親而毆之，折肋、眇兩目、墮胎及刃傷者。小功親而毆傷者。期親而毆之者。皇家袒免以上親被毆律。

奉制命出使而官吏毆之，及部民毆本屬府、州、縣，軍士毆本管官，吏卒毆本部五品以上長官者。軍民吏卒毆五品以上佐貳官，傷者。毆首領官，折傷者。流外官及軍民吏卒毆非本管三品以上官，及公使人毆三品以上有司官，傷者。毆九品以上官，折肋、眇兩目及刃傷者。毆制使及本管長官律。

流内九品以上官毆非本管五品以上，及五品以上毆非本管三品以上官，折肋、眇兩目及刃傷者。九品以上官毆長官律。

毆受業師，折肋、眇兩目及刃傷者。毆受業師律。

威力拷打人，折肋、眇兩目、墮胎及刃傷，爲首者。威力制縛人律。

良人毆他人奴婢，至篤疾者，毆緦麻小功大功親奴婢，至死者。毆緦麻小功親雇工人，至篤疾者。良賤相毆律。

奴婢過失殺家長之期親及外祖父母者。毆家長緦麻親，折肋、眇兩目、墮胎及刃傷者。毆家長大功親，折二齒、二指以上及髡髮者。雇工人毆家長及家長期親，若外祖父母者，過失殺者。毆家長大功親，折肋，眇兩目、墮胎及刃傷者。家長及家長之期親外祖父母毆雇工人，因而致死者。奴婢毆家長律。

妾毆夫及正妻，折二齒、二指以上及髡髮者。夫毆妾，至死者。毆妻之父母，折肋、眇兩目、墮胎及刃傷者。妻妾毆夫律。

服盡尊長毆卑幼，至篤疾者。同姓親屬相毆律。

卑幼毆本宗及外姻小功兄姊并緦麻尊屬，折肋、眇兩目、墮胎及刃傷者。毆本宗大功尊屬，折二齒、二指以上及髡髮者。本宗及外姻尊長毆緦麻卑幼，至篤疾者。毆大功以下尊長律。

弟妹毆親兄姊，傷者。姪毆伯叔父母、姑，及外孫毆外祖父母者。弟妹過失殺親兄姊，若姪過失殺伯叔父母、姑，及外孫過失殺外祖父母者。期親兄姊毆殺弟、妹，及伯叔、姑毆殺姪與姪孫，外祖父母毆殺外孫者。毆期親尊長律。

子孫過失傷祖父母、父母，及妻妾過失傷夫之祖父母、父母者。祖父母、父母非理毆子孫之婦，及乞養異姓子孫，至死者。毆祖父母父母律。

妻妾毆夫伯叔父母、姑、及外祖父母者。毆期親兄姊，傷者。妻毆夫緦麻卑幼，至篤疾者。期親以下尊長毆卑幼之婦，至篤疾者。妻妾與夫親屬相毆律。

毆同居繼父，折肋、眇兩目及刃傷者。毆妻前夫之子律。

告謀反叛逆，官司不即受理掩捕者。告狀不受理律。

誣告人罪徒一年半，加所誣罪三等者。各衙門官進呈實封誣告人，及風憲官挾私彈事不實，若誣重反坐，及全誣加罪，不及徒三年之輕者。誣告律。

子孫告祖父母、父母，妻妾告夫，及告夫之祖父母、父母，得實者。奴婢告家長者。雇工人誣告家長者。干名犯義律。

官吏受財，有禄人枉法，贓至四十兩者。不枉法，贓至九十兩者。無禄人枉法，贓至四十五兩，五十兩、五十五兩者。不枉法，贓至一百兩、一百一十兩、一百二十兩者。官吏受財律。

官吏人等非因事受財，至五百兩者。坐贓致罪律。

詐爲部院、將軍、督撫、提鎮等衙門文書，套畫押字，盗用印信，及空紙用印，未施行，爲從者。詐爲其餘衙門印信文書，已施行，爲首者。詐爲察院、布、按、府、州、縣印信文書，已施行，爲從；及未施行，爲首者。當該官司知而聽行者。詐爲制書律。

詐傳一、二品衙門官言語，分付公事有所規避，爲首者。當該官司知而聽行者。詐傳詔旨律。

對制及奏事上書，詐不以實者。對制上書詐不以實律。

僞造關防印記，爲首者。僞造諸衙門印信及時憲書、符驗、茶鹽引，未成，爲從者。當該官司知而聽行者。僞造印信時憲書等律。

僞造金銀，爲首者。私鑄銅錢律。

無官詐稱有官，有所求爲，或詐稱官差捕人，及詐冒官員姓名，爲首者。當該官司知而聽行者。詐假官律。

詐稱使臣乘驛，爲從者。驛官知而應付者。詐稱内使等官律。

犯罪待對，詐死者。當該官司知而聽行者。詐病死傷避事律。

私和强姦者。犯姦律。

姦内外緦麻以上親及緦麻以上親之妻，若妻前夫之女，及同母異父姊妹者，姦夫姦婦。親屬相姦律。

奴及雇工人姦家長期親之妾者，姦婦。姦家長緦麻以上親之妾者，姦夫姦婦。奴及雇工人姦家長妻律。

軍民官吏姦囚婦者。姦部民妻女律。

放火延燒官民房屋及積聚之物者。放火故燒人房屋律。

內外問刑衙門事無寃枉，朦朧辯明者。所辯之人知情者。辯明寃枉律。

監臨官因公事於人虛怯去處，非法毆打至死者。決罰不如法律。

婦人懷孕犯罪，若未産拷決，因而致死者。婦人犯罪律。

兵例

保、船户、舵工人等知而不舉者。中途有謀害事情，雖未同謀下手，但同船知情不首告者。

一、洋船回時有照外多載，或頂充偷渡，及潛匿不同等弊，出結這族鄰、行保。私出外境及違禁下海例。

一、各衙門鄉親往來，並書吏人等濫捉民船，用旗鎗燈籠假借本管官官銜者。多乘驛馬例。

刑例

一、淫詞小説市賣者。造妖書妖言例。

一、犯死罪之侵那等贓，一年限内全完者。監守自盗倉庫錢糧例。

一、奉差緝賊審非本案正盗，若其人素行不端，或經犯竊有案者，將捕役人等照誣良爲盗例減一等。

一、姦豪憑空揑報盗劫陷害平人，訛詐印捕，官役、甲長、鄰佑扶同者。

一、强盗例擬發遣，其同居父、兄、伯、叔與弟有知情而又分贓者。强盗問擬斬決，其同居父、兄、伯、叔與弟雖經得財而不知情者。强盗例。

一、凡黔、楚兩省相接紅苗，彼此讎忿聚衆搶奪者。

一、糧船水手夥衆十人以下，又無器械搶奪者。

一、搶奪傷人，若傷非金刃，又輕傷平復，爲從，及自首者。

一、出哨兵弁遇商船失風被溺商民俱已救援，因而搶擄財物者。除應斬決不準自首外，其餘事未發覺而自首者。邊海居民以及採捕各船乘危搶奪者。白晝搶奪例。

一、竊盗拒捕傷人，傷非金刃，又傷輕平復，爲從，及自首者。

一、竊盗擬絞之同居父、兄、伯、叔與弟知情而又分贓者。竊盗例。

一、盗牛五隻以上，及窩家知情分贓者，俱枷號四十日。盗馬牛畜産例。

一、旗民越度禁約山河，偷採人參，所放之人不滿百名，所收之參不滿五百兩，爲從者。

一、拿獲販參之犯，所販不滿五百兩者。盗田野穀麥例。

一、和誘知情爲從及被誘之人。

一、窩留川販止知情，未經分贓之爲從者。略人略賣人例。

一、盗未殯未埋屍柩，及發年久穿陷之塚，未開棺槨者。發塚例。

一、黑夜偷竊或白日入人家内偷竊財物，事主毆打致死者。夜無故入人家例。

一、强盗窩主雖不行又不分贓，但知情存留一人者。盗賊窩主例。

一、非姦所獲姦，或聞姦數日殺死姦婦姦夫，到官供認不諱者。

一、姦夫已就拘執而毆殺，或雖在姦所捉獲非登時而殺者。

一、本夫之兄弟及有服親屬捉姦，登時殺傷者。殺死姦夫例。

一、奉差員役額外需索，逼死印官者。威逼人致死例。

一、沿江、濱海有持鎗執棍，混行鬥毆傷人之犯，杖一百。鬥毆例。

一、地方紳衿占佃户婦女，無犯姦情事者。威力制縛人例。

一、經法司、督撫等衙門問斷明白，意圖翻異，輒於登聞鼓下及長安左右門等處自刎、自縊、撒潑、喧呼，并教唆主使之人。因小事糾聚多人越墻進院，突入鼓廳，妄行擊鼓謊告，爲首者。捏開大款欲思報復，將已經法司、督撫衙門斷明事件意圖翻異，聚衆擊鼓之餘人。越訴例。

一、審無挾讎，止以誤執傷痕誣告蒸檢，爲從者。誣告例。

一、奴僕首告家主，雖所告皆實者。干名犯義例。

一、衙門蠹役恐嚇索詐十兩以上，爲從者。索詐貧民十兩以下，致令賣男鬻女，爲從者。

一、直省書役暗行頂缺之人，以財行求至五百兩者。官吏受財例。

一、幕賓鑽營上司引薦別無情弊，但盤踞屬員衙門者。在官求索借貸人財物例。

一、押解兵役驛夫人等姦污犯人妻女者。陵虐罪囚例。

一、刁悍之徒借命打搶，爲首者。檢驗屍傷不以實例。

一、詐爲六部各司軍衛各所文書，爲首者。

一、詐爲通政使、大理寺、鹽運司部屬各管軍所衙門印信文書，爲首者。詐爲制書例。

一、僞造諸衙門印信及欽給關防，誆騙財物數多，造而未成者。誆騙財物無多，爲從，及知情行用者。僞造關防印記，誆騙財物數多，爲從，及知情行用者。爲數無多，爲首者。描摸印信行使，誆騙財物四十兩者。

一、方造私鑄器具尚未鑄錢，其湊錢入夥并房主、鄰甲、十家長知情不拿首者。

一、私鑄之本犯問擬斬絞，其同居父、兄、伯、叔與弟雖經分利，而實係并不知情者。本犯問擬發遣，其同居父、兄、伯、叔與弟知情分利者。

一、將大制錢剪邊打造煙袋等物貨賣，剪邊不及十千文，爲從者。房主、鄰甲人等知情不拿首者。

一、將銀挖空傾入銅、鉛等物，及用銅、鉛等物傾成錠錁外用銀皮包好，并銅、鉛等物每兩内攙實銀二、三、四、五錢，僞造銀使用，爲首者。私鑄銅錢例。

一、私買良家之女爲娼者，枷號三個月。知情賣者。賣良爲娼例。

一、民人將自己銀錢開場誘賭，經旬累月，聚集無賴，放頭抽頭者之初犯。存留賭博人之再犯。

一、私造賭具，左右緊鄰通同徇隱不首，若得財，準枉法從重論，罪止杖一百，徒三年。賭博例。

一、民人販賣紙牌骰子，爲從者。

一、挾讎放火延燒誘脅同行者。放火故燒人房屋例。

一、在監斬絞人犯如有强横不法及賭博等事，知情故縱之禁卒。獄囚脱監及反獄在逃例。

一、原犯流罪人犯初次脱逃者，枷號一個月。徒流人逃例。

一、捕役串通盗犯教供妄認別案盗犯，以圖銷案者。盗賊捕限例。

一、承審官吏遇一切命盗案件將干連人犯不應拷訊，任意疊夾致斃者。故禁故勘平人例。

(清)吴壇《大清律例通考》卷四《名例律·五刑》 律文

徒刑五：徒者，奴也，蓋奴辱之。

一年，杖六十；一年半，杖七十；二年，杖八十；二年半，杖九十；三年，杖一百。

(清)沈家本《續修會典事例·共謀為盗》 一、共謀爲盗【略】不分贓者，杖一百徒三年。

(清)沈家本《續修會典事例·共謀為盗》 一、共謀爲强盗夥犯，臨時畏懼不行，而行者仍爲强盗。其不行之犯但事後分得贓物者，杖一百徒三年。

(清)沈家本《續修會典事例·發塚》 一、盗未殯、未埋屍柩及發年久穿陷之塚，未開棺槨者杖一百、徒三年，爲從杖九十、徒二年半。

(清)沈家本《續修會典事例·盗賊窩主》 一、〔强盗〕若并非造意又不同行分贓，但知情存留一人者，杖一百徒三年。

(清)沈家本《續修會典事例·發塚》 一、平治他人墳墓爲田園，【略】如平治多塚，每三塚加一等，罪止杖一百徒三年。卑幼於尊長有犯緦麻功服，各加凡人一等。期親又加一等。

(清)沈家本《續修會典事例·盗賊窩主》 一、强盗案内知情買贓之犯，照洋盗例分別數定擬。其知而寄藏及代爲銷贓者，一次杖八十徒二年，二次杖九十徒二年半，三次以上杖一百徒三年。

謹案：此條本與知竊盗贓而接買、受寄爲一條，同治七年分出增定。咸豐十一年將知强盗後而分贓并知而寄藏及代爲銷贓者，改爲無論已、未滿數，發新疆給官兵爲奴。遇赦不赦。知强盗贓而故買者，改爲無論贓數多寡，均杖一百流三千里。同治七年將知强盗後分贓一項，修併强盗門知而不首條内。故買、寄藏、銷贓三項分出，增定另爲一條。

(清)沈家本《續修會典事例·共謀為盗》 一、共謀爲盗。【略】如因患病及別故不行，不分贓者，杖一百徒三年。

(清)沈家本《續修會典事例·發塚》 一、盗未殯未埋屍柩，鋸縫、鑿孔爲首，一、二次者，杖一百徒三年；三次者，照雜犯流罪總徒四年。

(清)沈家本《續修會典事例·發塚》 一、盗未殯未埋屍柩，鋸縫、鑿孔，【略】爲從，一、二次者，杖九十徒二年半；三次者，杖一百徒三年；四次、五次者，總徒四年。

《大清法規大全·法律部》卷二一《法律草案一·刑律草案》 二、自由刑。自由刑於本案為徒刑、拘留刑二種。蓋於刑罰實占多數，是今世各國之通例也。

甲、無期徒刑。

徒刑分無期有期二種，凡囚人受無期徒刑之宣告者，則監禁於監獄，使服法定之勞役。無期之自由刑，與死刑同在各國有全廢止之者。如葡萄牙、墨西哥、委内瑞拉、烏魯魁愛加脱等是然。人有匈惡次於死刑者，必處以無期徒刑，以防其再犯。且如以上數國之外，各國大都仍而不廢。夫固有不能輕於廢止者，本案故亦採用此意。受無期徒刑之人，若能湔濯前愆，仍許其有出獄之望。第六十六條。蓋使國家能因此多一良民，未始非一國之福也。

乙、有期徒刑。

有期徒刑之最長期以十五年爲限，最短期以一月爲限。更別爲五等，各皆有長期短期。如第三十七條所列者然。

有期徒刑之最長期，各國不同。其最長者三十年，如白來齊、烏魯魁刑法是其最短者，如加拿大之七年，洪條拉司之十年是。除此等長短兩端之中，定爲十五年，各國之例實以此為多數。故本案定為十五年者，此也。

有期徒刑之最短期，各國之例愈益紛岐，在本案次於徒刑者，爲拘留刑，拘留之最長期不滿一月，以便與違警律銜接，則徒刑之最短期即宜以一月爲準。

有期徒刑分為五等，各等又附以最長期、最短期。因人之犯罪情節萬殊，必須揆損害之程度酌善惡之性質。本案除一二例外，其餘之刑特設上下之限，庶應用之際情理毫末不爽，此亦今世各國之通例也。

丙、不採無定役自由刑。

現今各國之立法例，往往以無定役自由刑與有定役自由刑并行。其始意不過出於優待非破廉恥之囚。即國事犯。而本案不採用者，其理由有四，拘置人於監獄，動經歲月。若不加以勞動，非優待實痛楚之耳，一也。各國爲無定役刑辯護者，恒謂囚人身體，不勝定役。果係屬實，監獄規則可以特定免役之例，若使一切盡處以無定役刑，在刑法實非所宜，二也。勞動與人之身分地位固不盡相宜，然既經犯罪，則應以罪為其刑之標準，不應再顧其人之身分及地位，況以勞動為賤民之卑業，則社會之託業於勞動者，又將何説，三也。監獄之費用浩繁，無非支撥於國帑，實則仰賴國民之供給，課囚徒以勞動，可以減少良民之擔負，四也。況犯罪之人大率游惰成性，於此更可養成其勞動之習，庶赦免之後，藉以謀生，不再犯罪，此定役尤所以必需也。

外國唱議廢止無定役刑者，近來日甚。本案察刑事政策之趨勢，故自由刑除拘留外，不取無定役之説也。

紀事

（宋）李昉等《太平御覽》卷六四九《刑法部·髡》　《風俗通》曰：秦始皇遣蒙恬築長城，徒士犯罪亡依鮮卑山，後遂繁息。今皆髡頭衣赭，亡徒之明效也。

《史記》卷九一《黥布列傳》　〔黥布者，六人也〕及壯，坐法黥。**【略】**布已論輸麗山，麗山之徒數十萬人，布皆與其徒長豪桀交通，迺率其曹偶，亡之江中爲羣盗。

謝桂華等《居延漢簡釋文合校》　望☐苑髡鉗鈦左右止大奴馮宣，年廿七、八歲，中壯，髮長五、六寸，青黑色，毋須，衣皂袍白布絝，必履白革舄，持

☐☐居延所年命髡鉗鈦左止洛都毋崔☐☐

薛英群《疏勒河流域出土漢簡》　☐☐☐☐戊戌令積蒲。八人完爲城旦。

薛英群《疏勒河流域出土漢簡》　林中隧弛刑許☐☐☐☐三，今月十二日餔時付☐

甘肅省文物考古研究所《居延新簡》　☐言何罪耐司☐

甘肅省文物考古研究所《居延新簡》　臨之隧卒魏郡内宜民里尹宗責故臨之隧長薛忘得鐵斗一，直九十；尺二寸刀一，直卅；緹績一，直廿五，凡直百卌五。

同隊卒魏郡、内黄、城南里、吴故　責故臨之隧長薛忘〔得〕三石布囊一，曼索一具，皆藾，忘得不可得。忘得見爲復作。

（清）**沈家本《歷代刑法考・刑法分考十一・舂》**《外戚傳》：惠帝立，吕后爲皇太后，迺令永巷囚戚夫人，髡鉗衣赭衣，令舂。戚夫人舂且歌曰：子爲王，母爲虜，終日舂薄幕，常與死爲伍！相離三千里，當誰使告女？

按：《百官公卿表》永巷令丞，宦者，屬少府。此囚戚夫人於永巷而令之舂也，似當時永巷有女舂之役。

《漢書》卷三九《曹參傳》〔曹〕窋嗣侯，高后時至御史大夫。傳國至曾孫襄，武帝時爲將軍，擊匈奴，薨。子宗嗣，有罪，完爲城旦。

《漢書》卷一六《高惠高后文功臣表》〔鹵嚴侯〕高后五年，侯〔張〕勝嗣，七年，孝文四年，有罪，爲隸臣。

《漢書》卷一六《高惠高后文功臣表》〔隆慮克侯〕孝文后二年，侯〔周〕通嗣，十二年，孝景中元年，有罪，完爲城旦。

《漢書》卷一六《高惠高后文功臣表》〔平棘懿侯〕孝文五年，侯〔林〕辟彊嗣，有罪，爲鬼薪。

《漢書》卷一六《高惠高后文功臣表》〔宣曲齊侯〕孝文十一年，侯〔丁〕通嗣，十七年，有罪，赦爲鬼薪。戶千一百。孝景中五年，通復封，十一年，有罪，免。

《漢書》卷一六《高惠高后文功臣表》〔杜衍嚴侯〕〔孝文〕十二年，侯〔王〕舍嗣，二十四年，有罪，爲鬼薪。戶三千四百。

《漢書》卷一六《高惠高后文功臣表》〔吴房嚴侯〕孝文十三年，侯〔楊〕去疾嗣，二十五年，孝景後三年，有罪，耐爲司寇。

《漢書》卷一六《高惠高后文功臣表》〔深澤齊侯〕孝景三年，侯〔趙〕脩嗣，七年，有罪，耏爲司寇。

（清）**薛允升《漢律輯存・漢書》**〔景帝時〕復修賣爵令，而裁其賈以招民；及徒復作，得輸粟於縣官以除罪。師古曰：裁謂減省之也。

《史記》卷八九《張耳陳餘列傳》於是上賢張王諸客，以鉗奴從張王入關，無不爲諸侯相、郡守者。

《漢書》卷一六《高惠高后文功臣表》〔南宮〕侯〔張〕生嗣，孝武初有罪，爲隸臣。萬六千六百戶。

（清）**沈家本《歷代刑法考・刑法分考十一・城旦》**《漢書・王子侯表》：平城修禮，元狩三年坐恐猲取雞以令買償免，復謾，完爲城旦。師古曰：恐猲取人雞，依令買雞以償，坐此免侯，又犯欺謾，故爲城旦也。

按：此文當是誣人取雞，出令責其買償也，師古之説未明。

樂侯義坐使人殺人，髡爲城旦。

（清）**沈家本《歷代刑法考・刑法分考十一・城旦》**《高惠高后文功臣表》平陽侯曹宗，征和二年，坐與中人姦，闌入宮掖門，入財贖完爲城旦。

留侯張不疑坐與門大夫殺故楚内史，贖爲城旦。師古曰：門大夫，侯之屬官也。

酇侯蕭獲坐〔使〕奴殺人，減死，完爲城旦。

汾陰侯周意坐行賕，髡爲城旦。

隆慮侯周通有罪，完爲城旦。

鄲侯周仲居坐爲太常收赤側錢不收，完爲城旦。如淳曰：民巧法，用之不便，又廢也。

安丘侯張拾坐入上林謀盗鹿，又搏揜，完爲城旦。師古曰：謂搏擊揜襲人而奪其物也。搏字或作博。一曰博，六博也，揜，意錢之屬也，皆謂戲而取人財也。

按：後説是。

邔侯黄遂坐掩搏奪公主馬，髡爲城旦。師古曰：搏字或作博，已解於上。

樊侯蔡辟方坐搏揜，完爲城旦。

山陽侯張當居坐爲太常擇博士弟子故不以實，完爲城旦。

成安侯韓延年坐爲太常行大行令事留外國書一月，乏興，入穀贖，完爲城旦。師古曰：當有所興發，因其遲留故闕乏。

將梁侯楊僕坐爲將軍擊朝鮮畏懦，入竹二萬箇，贖完爲城旦。師古曰：箇，枚也。

新時侯趙弟坐爲太常鞫獄不實，入錢百萬贖死，而完爲城旦。如淳曰：鞫者以其辭決罪也。晋灼曰：律説出罪爲故縱，入罪爲故不直。

（清）**沈家本《歷代刑法考・刑法分考十一・城旦》**《外戚恩澤侯

表》長平侯衛伉，太初元年嗣侯，闌入宮，完爲城旦。

平津侯公孫度坐爲山陽太守詔徵鉅野令史成不遣，完爲城旦。

牧丘侯石德坐爲太常失法罔上，祠不如令，完爲城旦。

按：城旦舂、鬼薪、白粲、隸臣妾、司寇諸名，魏、晋以降不具，蓋已除之。茲録漢諸《表》城旦之事，髡完並有，可以見漢法之大略焉。

甘肅省文物考古研究所《居延新簡》 番和髡鉗釱左止城旦服塗　故
民☒

甘肅省文物考古研究所《居延新簡》 永光元年四月施刑徒☒
今餘施刑二人　☒
第二十三隧施刑董玄　☒
㢮刑☐☐　☒
隧長當著幘
㢮刑迹、負薪水輒持服兵。
於亭前，前樹☐作☐便
居延丞印，廿六日寓中【略】
入北第一橐一封
㢮刑唐陽行
居延丞印，十二月廿六日日食一分受武彊驛卒馮斗，即入北第一橐書
一封
㢮刑張東行
第☐☐☐回旦符
㢮刑朝文山迹持出入
☒　又鉼庭候長輔逐亡施刑還☒
☒塞尉元告尉：施刑郭旨
城北施行皇豐　三月食三斛。
告鄣卿：王長、宣成、左隆食及得餘穀凡八石。成隆及王長妻主官
掾記
自言，府稟其食。隧長、施刑所貸一石七斗，譚☐三斗，同二石，
償。」
☒孫黨、施刑王詡等迺正月十三日壬午

番和完城旦莊晏　舉　故民　坐斗以大☐　永始三年☒

甘肅省文物考古研究所《居延新簡》 番和髡鉗釱左止城旦服涂　故
民☐
☒故　坐施髡鉗釱左止城旦昌☐等刺不☐毄☐☐☒
☒吏　永始三年五月己酉詣治所。

甘露三年三月甲申朔癸巳，甲渠鄣候漢彊敢言之。府下詔書曰：徒
髡鉗釱左
尉史常富
右止城旦舂以下及復作品書到，言所☐

謝桂華等《居延漢簡釋文合校》 髡鉗城旦孫☐坐賊傷人，初元五年七月庚寅論，初元五年八月戊申以詔書施刑。故騎士居延廣利里☒
完城旦錢萬年坐蘭渡塞，初元四年十一月丙申論，初元五年八月戊申以詔書施刑。故戍卒居延市☒
甲渠候官初元五年☐延吏☐☐簿
☐
凡☐二百十里九十三步

（宋）李昉等《太平御覽》卷六四二《刑法部·徒》 尚書使者亦當上之，光武皇帝得上狀，見司徒侯霸曰：所使吏何乃仁恕用心乎！誠良吏也。襦袴成，且悉到前縣，給賜糜粥。後謂徒曰：使者不忍善人妄刑，飢寒感惻於心，今以得衣矣。欲悉解善人械桎，得逃去耶？皆曰：明使君哀徒恩過慈父，身成灰土，不敢逃亡。意復曰：徒中無欲歸候親者耶？其有節義名者五六十人，番解械桎先遣之，與期日會作所，徒皆先期至也。

《後漢書》卷二五《魯恭傳》 建初元年，肅宗詔舉賢良方正，大司農劉寬舉〔魯〕丕。時對策者百有餘人，唯丕在高第，除爲議郎，遷新野令。視事朞年，州課第一，擢拜青州刺史。務在表賢明，慎刑罰。七年，坐事下獄司寇論。

《後漢書》卷七八《單超傳》 〔徐〕璜兄子宣爲下邳令，暴虐尤甚。先是求故汝南太守下邳李暠女不能得，及到縣，遂將吏卒至暠家，載其女

歸，戲射殺之，埋著寺內。時下邳縣屬東海，汝南黄浮爲東海相，有告言宣者，浮乃收宣家屬，無少長悉考之。掾史以下固諫爭。浮曰：徐宣國賊，今日殺之，明日坐死，足以瞑目矣。即案宣罪棄市，暴其尸以示百姓，郡中震慄。璜於是訴怨於帝，帝大怒，浮坐髡鉗，輸作右校。

《宋書》卷九五《索虜傳》 龍驤將軍兖州刺史徐琰、東郡太守王景度並坐失守，鉗髠居作，琰五歲，景度四歲。

（清）沈家本《歷代刑法考·刑法分考十三·徒》 梁耐罪四。

隋《刑法志》：帝鋭意儒雅，疏簡刑法，自公卿大臣，咸不以鞫獄留意。姦吏招權，巧文弄法，貨賄成市，多致枉濫。大率二歲刑已上，歲至五千人。是時徒居作者具五任，其無任者，著斗械。若疾病，權解之。是後囚徒或有優劇。大同中，皇太子在春宫視事，見而愍之，乃上疏曰：臣以比時奉敕，權親京師雜事。切見南北郊壇、材官、車府、太府下省、左裝等處上啓，並請四五歲已下輕囚，助充使役。自有刑均罪等，愆目不異，而甲付錢署，乙配郊壇。錢署三所，於辛原作辛，當辛之譌。爲劇，郊壇六處，在役則優。今聽獄官詳其可否，舞文之路，自此而生。公平難遇其人，流泉易啟其齒，將恐玉科重輕，全關墨綬，金書去取，更由丹筆。愚謂宜詳立條制，以爲永准。帝手敕報曰：頃年以來，處處之役，唯資徒謫，逐急充配。若科制繁細，義同簡約，切須之處，終不可得。引例興訟，今兹方始，防杜姦巧，自是爲難。更當别思，取其便也。竟勿之從。

按：觀於梁武言處處之役、逐急充配，是當日公家之役惟徒是賴，非若今日徒犯之無役可充也。

梁有徒罪。詳流。

按：梁自五歲刑至二歲刑名曰耐罪，即後來之徒罪也。天監三年，景慈流於交州，《隋志》遂曰至是復有徒流之罪，此徒字恐有誤。陳用梁法，仍爲五歲刑至二歲刑，不名徒也。

《新唐書》卷五六《刑法志》 太宗即位，詔長孫無忌、房玄齡等復定舊令，議絞刑之屬五十，皆免死而斷右趾。既而又哀其斷毁支體，謂侍臣曰：肉刑，前代除之久矣，今復斷人趾，吾不忍也。王珪、蕭瑀、陳叔達對曰：受刑者當死而獲生，豈憚去一趾？去趾，所以使見者知懼。今以死刑爲斷趾，蓋寬之也。帝曰：公等更思之。其後蜀王法曹參軍裴弘獻駁律令四十餘事，乃詔房玄齡與弘獻等重加刪定。玄齡等以謂古者五刑，刖居其一。及肉刑既廢，今以笞、杖、徒、流、死爲五刑，而又刖足，是六刑也。於是除斷趾法，爲加役流三千里，居作二年。

（清）王昶《金石萃編》卷一〇四《唐六十四·徐浩碑貞元十五年十一月》 碑云：除襄州刺史，加本州防禦使，賜金印紫綬。及京師失守云云。是浩自襄陽防禦使遇安祿山之難，遂從明皇在蜀，授尚書右丞。《新舊唐書》既遺浩趨行在之事。《舊書》則云安祿山反，出爲襄陽太守，本郡防禦使賜以金紫之服，誤以安祿山反，在浩爲防禦之前。又云肅宗悦其能，加兼尚書右丞。亦誤，以元宗爲肅宗矣。碑又言：當時以陷賊，衣冠正名，同惡百辟，會議三司定刑，其徒三千，將寘重典，公廷諍三進，竟蒙減。論是浩當時救陷賊官有力，與李峴議同此，實不朽之事，史俱不載，何也？浩墓在偃師，故碑云：葬於東都。偃師縣，先塋之左。今移碑至學，懼其日久遂致迷失也。

《宋史》卷三四四《馬默傳》 〔熙寧元年〕除知登州。沙門島囚衆，官給糧者纔三百人，每益數，則投諸海。砦主李慶以二年殺七百人，默責之曰：人命至重，恩既貸其生，又從而殺之，不若即時死鄉里也。汝胡不以乏糧告，而顯殺之如此？欲按其罪，慶懼，自縊死。默爲奏請，更定《配島法》凡二十條，溢數而年深無過者移登州，自是多全活者。其後蘇軾知登州，父老迎於路曰：公爲政愛民，得如馬使君乎？

《宋史》卷二〇〇《刑法志》 〔熙寧八年〕李士寧者，挾術出入貴人門，常見世居母康，以仁宗御製詩上之。百禄謂士寧熒惑世居致不軌，且疑知其逆謀，推問不服。禧乃奏：士寧贈詩，實仁宗御製，今獄官以爲反因，臣不敢同。百禄以士寧嘗與王安石善，欲鍛煉附致妖言死罪，卒論士寧徒罪，而奏禧故出之，以媚大臣。詔詳劾理曲者以聞。百禄坐報上不實，落職。

《明太宗實録》永樂十年十二月 丁丑，刑部等衙門右侍郎張本等言，御史劉翼同掌道御史袁綱挾讐，非法拷訊兵部主事李貞致死，論以斬罪，而御史陳耘知而不舉，律應徒。從之。

《明太宗實録》永樂十五年二月 癸未，四川都指揮使郭贇有罪，罰工役。初，贇在任，多不律。上遣監察御史羅通按之，贇以皮裘象笏賂，通并以聞。遂命罰役。

《明穆宗實録》隆慶五年二月　甲辰，時薊州遵化縣雜造局炒鐵囚徒在廠者百六十餘人，既耗囚糧而瘐死相望，守者亦苦之。工部欲如正德間例，歲以百人為率，滿則暫止配發。刑部言：在京贖例以工役為至輕，以炒鐵爲至重。今以百名爲率，則外此雖情重者無所懲矣。按律有做工、擺站、瞭哨、發充儀從、煎鹽、炒鐵，各條例自今請斟酌併行。情輕者仍擬工役，情重者自炒鐵百名之外，屬軍衛則發沿邊墩臺瞭哨，屬有司則發衝要驛遞擺站，庶法令不至輕縱而奸惡知警。詔：從其議。

《明神宗實録》萬歷二年十月　甲寅，擬原任唐府長史袁福徵徒罪。以革職爲民，仍借同鄉指揮周鼎勘合刑部袁郎中名色，騷擾驛遞也。

《明神宗實録》萬歷六年二月　庚戌，刑部覆刑科給事中姚學舉條陳竊盜徒犯通應查復爲便，恭候命下，各都察院轉行各省，直問刑衙門。凡犯徒該二年半以下，俱依舊制；與徒五年，總徒四年，並三流遷徙減徒者，俱定發擺站年限，滿日釋放。有旨：這充徒人犯，都照舊行。以後凡事干典制的，俱不許妄議，違者以變亂成法論。

《明神宗實録》萬歷四十五年二月　乙巳，刑部尚書李誌，以廣西巡司失印事，覆報巡簡翁元豐、指揮杜應勲、千户轉澄等徒杖有差。從之。

《明熹宗實録》天啟六年十一月　戊子，巡按直隸監察御史賈毓祥讞疑獄，吴觀禄等四名兇死改徒，刑部覆請，從之。

（明）佚名《新纂四六讞語·徒犯劉維坤讞語》　審得劉維坤，係劉谷再從弟也。靦有面目，叨列衣冠，敗檢喪心，淫於谷妻陳氏久矣。陳氏妖狐善媚，蠱劉谷使迷亂乖張，侵欺糧銀千有餘兩，置業者僅什之二三，其餘盡供陳氏浪費。陳氏與維坤逐日飲饌，透體絲紬，晝夜宣淫，無時無度。劉谷明知故縱，惟恐纖芥拂陳氏意者。比侵欺事發，劉谷以退贓故，椎骨裂膚。族衆以賠累故，鬻兒賣產。獨維坤與陳氏恬然淫宴享用如故。此其惡真神人共憤，覆載不容者矣。至今劉谷問遣，僉妻陳氏同解，劉維坤遂畫詭計，趕至烏江，假稱送贐，置酒勸醉劉谷，徑將陳氏奪載以逃。且伏且行，轉流他縣，纍纍如喪家之狗。《家語》：孔子去魯，纍纍若喪家之狗。虩虩若處穴之狐。音吸，恐懼貌，又虎驚貌。《易》：震來虩虩。比軍解人等各首到官，劉谷亦具情遥訴本縣，四面巡緝，莫肯居停。乃將陳氏寄頓於廬州，仍潛歸本室。又畏本縣捕得之也，於祖先香火之下掘一深坑，潛處其中，覆以蘆席，壓以香案，大類伏鼠莫可踪跡矣。本縣覘知之，差捕役捉獲於土坑内。臨庭訊鞫，俛首無詞。於此見乾坤覆載之中，無物不有也。照得劉維坤：姦佔服嫂，已人世之所不容；劫奪軍妻，又王法之所難宥。情狀明著，令人切齒腐心。先行褫去衣巾，如律問徒，以無爲人世士林之玷。陳氏另俟緝緒。

（明）祁彪佳《莆陽讞牘》卷一《守巡道府一件監守自盜事》　徒罪犯人翁學建。審得翁學建以團首掌櫃，秤收三年鹽折。卑縣催科之始，令納户自將司降法馬平秤投櫃，而首嚴僱倩包收之條。蓋知换等剪邊，種種侵欺，在包收積棍實叢之弊。不意學建弁髦法紀，輒僱郭聖祥與之共役，而聖祥固一無賴惡少也。卑職發有印票五百紙，以半給納户執照，以半存本縣稽查。合納票與存票銀數相符，印票與印簿銀數又相符，不容分毫錯謬。今聖祥有可異焉？據其印簿所開納數共二百七十一號，而存縣之票槩無一銀數開填。如不盡拘諸納户而質之，又焉知納票之多寡？其弊一也。即此二百七十一號中有以分易錢者也，有以釐易分者矣。且内有十數封竟歸烏有，所開六十一兩餘，而所盜乃至八兩九錢，其弊二也。此後自二百七十二號至五百號，簿無開填，而查出納票已納至三百五十二號，共計二十兩五錢零，係聖祥與學建分盜。蓋小民持銀赴納，正欲得一印票，不問其銀之入櫃與否，而聖祥輩竟入私槖矣，其弊三也。此侵盜之銀，存票并無開載。且於印簿中復扯去一頁，計一十五號，希倖查核不到此十五號之銀，蓋窮於無可稽，其弊四也。又於送印號票百紙中常多二一紙僥倖印發，即此以票給納户，而存照與印簿俱泯然無踪，其弊五也。卑職代庖莆掾，惟此禁革，余爲兢兢，懸鑼示懲。而聖祥敢於私立銀等，見鄉民蠢蠢不知約示者，即勒其加收或一錢二錢，盡供賭蕩，其弊六也。卑職初折封時，因其短數而遂查及少封，因其少封而遂查及匿票，因其匿票而遂查及加收。攖金蠹賦之奸於是彰彰不可掩，猶恨發覺之不早耳。搜其家，得歷年鹽票三千餘紙。究其父，原係本縣皂隸，每歲包收窟穴，此中已數十年侵欺，不知其幾。父死，叔郭太頂父役，聖祥襲父之餘弊，乘叔之積威，遂公然恣肆，視正供若私囊耳。猶可恨者，自知敗露，法所必加，拆封之際雇一替刑之彭如泉，幻黎丘之面目，自謂閃爍，莫可誰何？而今貫已滿矣，奸已無所逃矣。計其侵盜二十九兩餘，合應勒限追賠，而加收之數與歷年盜收之銀尤難悉計，所當變產入官。翁學建審分銀四兩，合令一併賠償。而私立合同，從中作奸者，又學建之弟學資也，應與積蠹之郭太、替責之彭如泉併擬參。看得郭聖祥膽可包天，奸能役鬼，剥小民之膏髓，恣意蠅營，侵國賦之征輸，多方鼠竊。司催科者方若出盈入，詘銖纍之莫充，工影匿者敢於罔上行私，侵漁之是計。父包收而子踵其習，視其蠹蝕爲家傳。己獲戾而人替其刑，視創懲於兒戲，繩以監守之律，難逃城旦之條。翁學建始既僱役，後復分贓，併擬無辭。至若郭太、彭如泉、翁學建，一杖未盡厥辜，仍請加責示儆。

（明）祁彪佳《莆陽讞牘》卷一《兵備道一起抄家冤嚇事》 徒罪鄒禄。審得去年閏六月十七日，有僊游縣興泰里保長陳霖環等獲送真盜林葉宇到，職時即當衆刑拷，供扳李二等數人，職以此賊立刻面吐，或非誣指，隨令館役鄒禄、黄書拘到。張二、林少屏、黄招治數人皆極口稱冤，且云原有與此賊訐告之案在永福縣。卑職即走檄於該縣，查三人之告案，及取鄰里之保結，并拘原供永福人之李二、樂野、林大仔，皆註有住址，防其混拘也。乃黄書未即同行，而鄒禄不稟明縣正官，敢擅其呈於晁典史内添出陳五、賴一、孔別進三名及跟要字樣，而牽枝附蔓，遂生出楊清、高二索詐吳德之事矣。卑職方以縣無回文，李二等未到，立限比責之，而此奴反開人以詐騙之門，而己亦濡首挨身其内，其肉真不足食矣。後案結已到，大仔亦到，惟李二、樂野未到。職亦經痛責之，竟不知其玩法誣良，一至於此。永福與僊游接界，流賊倏而之永，倏而之僊，故捕治之檄所時有也。乃該縣不行職之行，而典史又不行縣之行，致使飾名假姓，輒轉扳累，總繇一差役之違誤。即立死之，亦令人有餘恨也。然卑職不能擇人而使，復不及鈐束於後，亦無所逃罪焉。鄒禄雖所詐衹二錢五分，而審有尚挾賊犯吳振，則所詐騙斷不止此，且律應併贓計罪，與楊清、高二併徒，萬不爲枉。

（明）祁彪佳《莆陽讞牘》卷二《本館察院・一件勢寇事》 徒罪黄珠。審得黄珠乃無賴棍徒，影借陳國鎮失盜，遂爾挾詐生端，誣指吳世俊之子國梁，勒寫銀五兩，世俊未即酬，而珠輒强索其一牛、二猪、蛤肉六擔。此鄰居石贊盛等所目擊心傷，而世俊父子抱頭惟命者。無論其他，即計告俊，立和息合同，恐其鳴不平，而禁之使不言，殊非世俊意也。迫之禁之，非珠倚勢之伎倆耶？夫國鎮即失盜，何預珠事？及查原無鎮之名，與失盜之事，珠乃敢於飄空索詐，目中寧復知有三尺哉？計贓按律，鬼薪允宜，原詞所開財物，證者不盡證，供者不盡供，惟牛、猪、蛤三贓被索甚確，所當追給世俊。陳元愛等審不在場，姑免科。

流刑部

流放分部

論説

(宋)高承《事物紀原》卷一〇《律令刑罰部・流》《黄帝内傳》曰：帝斬蚩尤懸首軍門，以威天下。其衆流於八荒之外，即流刑之始也。舜去四凶族，流共工于幽州，放驩兜于崇山，竄三苗于三危，殛鯀于羽山，又其事也。故《舜典》曰：流宥五刑，五流有宅。

(清)皮錫瑞《今文尚書考證・堯典》流共工于幽州，放驩兜于崇山，竄三苗于三危，殛鯀于羽山，四罪而天下咸服。《大戴禮》、《淮南子》引皆作幽州，《漢書・王莽傳》曰流棻於幽州，則今文《尚書》亦作幽州。今文幽州一作幽陵。《史記・五帝紀》：驩兜進言共工，堯曰不可，而試之工師，共工果淫辟。四嶽舉鯀治鴻水，堯以爲不可，嶽彊請試之，試之而無功，故百姓不便。三苗在江、淮、荆州數爲亂。於是舜歸而言於帝，請流共工於幽陵，以變北狄；放驩兜於崇山，以變南蠻；遷三苗於三危，以變西戎；殛鯀於羽山，以變東夷。徐廣曰：變，一作燮。《索隱》曰：變謂變其形及衣服，同於夷狄也。徐廣云作燮。燮，和也。《正義》曰：言四凶流四裔，各於四夷放共工等爲中國之風俗也。《漢書・刑法志》曰：唐虞之際，至治之極，猶流共工，放驩兜，竄三苗，殛鯀，然後天下服。《論衡・恢國篇》曰：共工之行，靖言庸回，驩兜私之，稱薦於堯。三苗巧佞之人，或言有罪之國。鯀不能治水，知力極盡。罪皆在身，不加於上，唐虞放流，死於不秘。錫瑞謹案：《大戴禮》亦云變北狄、以變南蠻、以變西戎、以變東夷，與《史記》同。變者，謂流四凶於四夷，使變夷狄之俗，同於中國，蓋用夏變夷，非如《索隱》之説用夷變夏，使同於夷狄也。徐廣云作燮，則古本《史記》一作燮字，謂合四凶燮和夷狄主。班固《西都賦》曰：北燮丁令。其所據《史記》蓋作燮也。蓋四凶皆有過人之才，故使燮和夷狄俗。《夏本紀》曰：舜登用，攝行天子之政，巡狩。行視鯀之治之無狀，乃殛鯀於羽山以死。是因殛而死，殛非死刑也。《楚辭・天問》：永遏在羽山，夫何三年不施？王逸注曰：言堯長放鯀於羽山，絶在不毛之地，三年不舍其罪也。《漢書・鮑宣傳》曰：昔堯放四罪而天下服。《劉向傳》曰：故舜有四放之罰。《息夫躬傳》贊曰：《書》放四罪。《後漢書・楊震傳》曰：四凶流放，天下咸服。是殛亦放也。《後漢書・梁統傳》統上疏曰：是以五帝有流殛放殺之誅，三王有大辟刻肌之法。統説分别甚明。蓋唐虞本無肉刑，故四凶之罪止於流放也。《後漢書・朱浮傳》樊儵言於帝曰：唐堯大聖，兆人獲所，尚優遊四凶之獄，厭服海内之心，使天下咸知，然後殛罰。一作幽都。《後漢書・侯霸傳》光武賜霸璽書曰：崇山、幽都何可偶。則今文變作幽都，與《莊子・在宥篇》合。

(清)孫星衍《尚書今古文注疏》卷一《堯典》流宥五刑。

注馬融曰：流，放。宥，寬也。一曰幼少，二曰老耄，三曰惷愚。五刑，墨、劓、剕、宫、大辟。鄭康成曰：五刑，墨、劓、剕、宫、大辟。正刑五，加之流宥、鞭、朴、贖刑，此之謂九刑。其輕者或流放之，四罪是也。疏：五刑者，少昊時九黎之君苗民所作，《吕刑》謂之五虐之刑，劓、刵、椓、黥等是也。堯時則畫衣冠以象之，有其名目而已。《荀子・正論篇》云，墨黥，慅嬰，共，艾畢，菲，對屨，殺，赭衣而不純。楊倞注引《慎子》，其詞未全。《太平御覽》六百四十五，引《慎子》云，有虞氏之誅，以幪巾當墨，以草纓當劓，以菲履當刖，以艾韠當宫，布衣無領當大辟，此有虞之誅也。斬人肢體，鑿人肌膚謂之刑，畫衣冠，異章服，謂之戮。上世用戮，而民不犯也，當世用刑，而民不從，此象刑之大略。《慎子》及《文選・漢武賢良策》注引《墨子》亦君之，《晉書・刑法志》云，三皇設言而民不遠，五帝畫象而民知禁，則《書》所謂象以典刑。流宥五刑，鞭作官刑，朴作教刑者也。然則犯黥者皂其巾，犯劓者丹其服，犯臏者墨其體，犯宫者雜其屨，大辟之罪，殊刑之極，布其衣裾而無領緣，投之於市，與衆棄之，此唐已前經説也。馬注見《史記集解》，《釋文》引宥，寬也，作三宥也。云流，放者，鄭注《王制》同。宥，寬，《詩傳》文。云，三宥，一曰幼少云云者，《周禮・司刺》，掌三刺三宥三赦之法。一宥曰不識，再宥曰過失，三宥曰遺忘。馬氏所云以三赦爲三宥，亦見《司刺職》。《廣雅・釋言》云，宥，赦也，是可通。云墨、劓、剕、宫、大辟者。《周禮・司刑》注引《書傳》云，決關梁，踰城郭而略盜者，其刑臏。男女不以義處者，其刑宫。觸易君命，革輿服制度，姦軌，盜攘、傷人者，其刑劓。非事而事之，出入不以道義，而誦不祥之辭者，其刑墨。降畔賊、劫略攘矯虔者，其刑死。此則五刑之條目，亦飾其象以待犯者而已，又以流放及三宥之法宥之，故《大傳》又稱唐虞象刑而民不敢犯，苗民用刑而民興犯漸也。知此五刑爲畫象者，經文列於鞭朴之前，見其輕於傷體膚也。鄭注見《周禮・司刑》疏，鄭説九刑，以流宥爲一，與鞭、朴、贖刑而四，則五刑爲九。《春秋左氏》

文十八年傳云，在九刑不忘是也。案昭六年，《傳》又云周有亂政而作九刑，不應以說唐虞象刑之制，鄭氏失之。

（清）孫星衍《尚書今古文注疏》卷一《堯典》 竄三苗于三危。

注：史遷竄作遷，云，以變西戎。馬融曰：西裔也，三苗國名也。縉云氏之後爲諸侯，蓋饕餮也。竄一作𥨍。疏：史公竄爲遷者，竄遷聲相近，故亦爲遷。《周語》云，自竄於戎狄之間。馬注見《史記集解》及《釋文》，云縉雲氏之後者。高誘注《淮南·修務訓》云，三苗，蓋謂帝鴻氏之裔子渾敦，少昊氏之裔子窮奇，縉雲氏之裔子饕餮，三族之苗裔，故謂之三苗。一曰放三苗國民於三危，此與馬鄭說獨以縉云氏之後爲三苗者異，未知其審。《後漢書·西羌傳》云，舜流四凶，徙之三危，河關之西，南羌是也。注三危山。在今沙州敦煌縣東南，山有三峯曰三危也。案章懷注與《漢書》本文不相應，河關之西，即鄭注所云三危，在岷山之西南，非沙州之三危也。竄一作𥨍者，《說文》云，塞也。讀若《虞書》曰，𥨍三苗於三危。《孟子》又作殺者，粲字之省。

（清）沈家本《歷代刑法考·刑法分考十·流》 《書·舜典》：流宥五刑。傳：宥，寬也。以流放之法寬爲刑。《正義》曰：流謂徙之遠方，放使生活，以流放之法寬縱五刑也。鄭玄云，其輕者，或流放之，四罪是也。王肅云，謂君不忍刑殺，宥之以遠方，然則知此是據狀合刑，而情差可恕，全赦則太輕，致刑卽太重，不忍依例刑殺，故完全其體，宥之遠方。應刑不刑，是寬縱之也。

朱子曰：流宥五刑者，其人所犯，合此五刑。而情輕可恕，或因過誤，則全其肢體，不加刀鋸，但流以宥之，屏之遠方，不與同齒，如五流有宅，五宅三居之類。蔡傳：宥，寬也，所以待夫罪之稍輕，雖入於五刑，而情可矜，法可疑，與夫親貴勳勞而不可加以刑者，此而寬之也。

流共工于幽州，放驩兜于崇山，竄三苗于三危，殛鯀于羽山。孔傳：殛、竄、放、流，皆誅也。《正義》曰：《釋言》云，殛，誅也。傳稱流四兇族者，皆是流，而謂之殛、竄、放、流，皆誅者。流者移其居處，若水流然，罪之正名，故先言也。放者使之自活，竄者投棄之名，殛者誅責之稱，俱是流徙，異其文，述作之體也。四者之次，蓋以罪重者先，共工滔天，爲罪之最大，驩兜與之同惡，故以次之。祭法以鯀障洪水，故列諸祀典，功雖不就，爲罪最輕，故後言之。

五流有宅，五宅三居。傳：謂不忍加刑則流放之，若四兇者。五刑之流，各有所居，五居之差有三等之居，大罪四裔，次九州之外，次千里之外。《正義》曰：五刑之流，各有所居，謂徙有處也。五居之差有三等之居，量其罪狀爲遠近之差也。四裔最遠，在四海之表，故大罪四裔，謂不犯死罪也。故《周禮·調人職》云，父之讎，辟諸海外，卽與四裔爲一也。次九州之外，卽《王制》云：入學不率教者，屏之遠方。西方曰僰，東方曰寄。注云，偪寄於夷狄也。與此九州之外同也。次千里之外者，卽《調人職》云兄弟之讎，辟諸千里之外也。《立政》云中國之外不同者，言中國者，據罪之所居之國定千里也。據其遠近，其實一也。《周禮》與《王制》既有三處之别，故約以爲言，鄭玄云三處者，自九州之外至於四海，三分其地，遠近若周之夷鎮蕃也。然罪有輕重不同，豈五百里之校乎？不可從也。

（唐）虞世南《北堂書鈔》卷四五《刑法部·流刑八》 五流有宅，分北三苗，流宥五刑，舜流共工，禹疏儀狄，《淮南子》。流共工于幽州，《大戴禮》云：宰我曰：請問帝堯？孔子曰：堯舉舜彭祖而任之四時，先民治之，流共工於幽州，以變北狄；放驩兜於崇山，以變南蠻；殺三苗於三危，以變西戎；殛鯀於羽山，以變東夷。補。居檮杌于四裔，《左傳》：投之四裔，以禦魑魅。蓋指四裔。補。殺三苗于三危以變西戎，放驩兜于崇山以變南蠻。並《大戴禮》見上。不韋遷蜀，司馬遷《答任安書》云：不韋遷蜀，世傳《呂覽》。淮南遷蜀，《文帝紀》云：六年，淮南王長謀反，徙蜀青衣。蔡邕徙朔方，《後漢書·蔡邕傳》初，邕與司徒劉郃素不相平，叔父衛尉質又與將作大匠楊球有隙。球即中常侍程璜女夫也。璜遂使人飛章言邕質數以私事請托於郃，郃不聽，邕含隱切，志欲相中，於是詔下尚書召邕，詰狀論棄市，有詔減死一等，與家屬髡鉗徙朔方。補。禦魑魅，見上。徙不毛。

（清）焦循《孟子正義》卷一八《萬章上》 舜流共工于幽州，放驩兜于崇山，殺三苗于三危，殛鯀于羽山，四罪而天下咸服，誅不仁也。

正義曰：此《虞書·堯典》文也。段氏玉裁《說文解字注》云：𥨍，塞也。讀若《虞書》竄三苗之竄。二竄本皆作𥨍，妄人所改也。竄三苗於三危，與言流言放言極一例，謂放之令自匿。故《孟子》作殺三苗，卽《左傳》粲蔡叔之粲。粲爲正字，竄、殺爲同音假借。殛鯀爲極之假借。《左傳》曰：流四兇族，投諸四裔。劉向曰：舜有四放之罰。屈原曰永遏在羽山，夫何三年不施，王注：言堯長放鯀於羽山，絶在不毛之地，三年不舍其罪也。《周禮》廢以馭其罪，注：廢猶放也。舜極鯀於羽山是也。此條《釋文》宋本極紀力反可證。《洪範》鯀則殛死，《釋文》：本又作極。《多方》我乃其大罰殛之，《釋文》：本又作極。《左傳》昭七年昔堯殛鯀於羽山，《釋文》：本又作極。《魯頌》致天之届，于牧之野，箋云：届，極也。引《書》鯀則極死。又云天所以罰極紂于商郊牧野，正義云：届極，虞度，《釋言》文。《釋言》又云：極，誅也。武王致天所罰，誅紂於牧野。定本集注皆云殛紂於牧野。殛是殺，非也。《小雅》後予極焉，毛曰：極，至也。鄭曰：極，誅也。正義曰：極至，《釋詁》文。極誅，《釋言》文。合《魯頌》、《小雅》兩箋兩正義觀之，則《釋言》之爲殛誅甚明。今《爾雅》作殛誅也，蓋誤以《洪範》、《多方》殛字鄭作極例之，則知《周禮》注引極鯀於羽山，鄭所見《尚書》自是極，不作殛也。假殛爲極，亦如《孟子》假殺爲竄，鯀因極而死於東裔。韋昭注《晉語》云：殛，放而殺也。此當作放而死也。高注《吕覽》云先殛後死，此當作先極後死。若《吕覽》副之以吴刀，《山海經》殺鯀于羽郊，則言之不從，不可信矣。然則馬注《尚書》，趙注《孟子》，韋注《國語》，皆云殛，誅也。何也？曰：此皆用《釋文》極誅也之文，謂正文殛當作極也。江氏聲《尚書集注音疏》云：《史記》云：請流共工於幽陵，以變北狄；放讙兜於崇山，以變南蠻；遷三苗于三危，以變西戎；殛鯀于羽山，以變東夷。竄，塞也。謂塞之使不得通中國。《周禮·大司馬職》云犯令陵政則杜之，鄭注云：杜之者，杜塞使不得與鄰國交通。亦此義也。殛誅，誅謂責遣之，非殺之也。按萬章以舜放象爲問，故舉四罪之放以例之。

（清）孫星衍《尚書今古文注疏》卷三〇《書序》 太甲既立，不明，伊尹放諸桐。

注：史遷説：帝太甲既立三年，不明，暴虐，不遵湯法，亂德，於是伊尹放之於桐宫。鄭康成曰：桐，地名也，有王離宫焉。疏：桐宫者，《史記正義》引《晉太康地記》云，尸鄉南有亳坂，東有城，太甲所放處也。按：尸鄉在洛州偃師縣西南五里也，案：偃師，今河南縣，屬河南府。鄭注見《史記集解》。

（宋）李昉等《太平御覽》卷六四《刑法部·罪》 《書·舜典》曰：流共工于幽州，放歡兜于崇山，竄三苗于三危，殛鯀于羽山，四罪而天下咸服。

又《湯誓》曰：有夏多罪，天命殛之，殛，誅也。

又《泰誓》曰：予克受，非予武，惟朕文考無罪，受克予，非朕文考有罪，惟予小子無良。

睡虎地秦墓竹簡整理小組《睡虎地秦墓竹簡·封診式·遷子》 爰書：某里士（五）〔伍〕甲告曰：謁鋈親子同里士（五）〔伍〕丙足，（䙴）〔遷〕蜀邊縣，令終身毋得去（䙴）〔遷〕所，敢告。告法〔廢〕丘主：士（五）〔伍〕咸陽才〔在〕某里曰丙，坐父甲謁鋈其足，（䙴）〔遷〕蜀邊縣，令終身毋得去（䙴）〔遷〕所論之，（䙴）〔遷〕丙如甲告，以律包。今鋈丙足，令吏徒將傳及恒書一封詣令史，可受代吏徒，以縣次專詣成都，成都上恒書太守處，以律食。法〔廢〕丘已傳，爲報，敢告主。

（明）董説《七國攷》卷一二《秦刑法·遷》 《史記》：衛鞅初下令，有言令不便者。及刑太子師傅，有來言令便者。衛鞅曰：此皆亂法之人。盡遷於邊城。昭襄王時，白起有罪遷陰密，見士伍。

（清）董誥《全唐文》卷三七二嚴郢《駮論自徒已下罪人並徙邊州議》 臣伏以徙置邊州者，流之異名。流罪者有三等，一例移配，或恐未當。其死罪，除殺人之外，有十惡重罪、造僞刻印，並主典僞印，及强盗光火等。若一切免死徙邊，即於法太輕，不足懲戒。其徒罪條目至多，或鬭毆争競，小有傷損，或夫妻離異，不犯義絶，或養男别姓，或立嫡違式，或私行度關，或相冒合户。如此之類，不可悉數，令一切徙邊，與十惡造僞同等，即輕重懸殊。又準刑部格，京城縣雜，愆犯百端，觸網陷刑，徒罪偏廣，若皆送覆，繫滯實多。其徒已下罪，非除免官當及勅杖者，宜準外州例，州縣量事處分。今若天下徒罪，悉申所司，皆從讞報法司斷結，準式有程州縣禁囚，動盈千百，計天下每月徒配，必不啻五六千人。此則百姓動摇，刑章紊撓，又邊州及近邊犯死及徒流者，復何以處之，伏請下删定使詳覆，然後施行。

（明）丘濬《大學衍義補》卷一〇五《慎刑憲·明流贖之意》 神宗熙寧中，曾布言：律令大辟之次，處以流刑，代墨、劓、剕、宫之法，不惟非先王流宥之意，而又失輕重之差。古者鄉田同井，人皆安土重遷。流之遠方，無所資給，徒隸因辱以至終身。近世之民，輕去鄉土，轉徙四方，因而爲患。而居作一年，即聽附籍，比於古亦輕矣。况折杖之法，於古爲鞭朴之刑，刑輕不能止惡，故犯法日衆。其終必至殺戮，是欲輕反重也。

臣按：近制有誣告人十人以上者，發口外爲民。蓋欲以止嚚訟之風也。然此法行而天下之頑民皆知所儆，獨江右之民，略不以爲患，乃有如布所言者，蓋其地狹民貧，遊食四方，廼其素業。乞下法官集議，别爲法以處之，今日健訟之風，江右爲甚，此風不息，良善不安，異日將有意外之變。

(清)王明德《讀律佩觿》卷四下《流刑三》 流罪之制，始自上古。帝舜首罪四凶，流共工於幽州，則其始見。《書》曰：象以典刑，流宥五刑。是流之為法，乃以矜宥夫五刑之疑，而非一本乎五刑之正。若其省入為五刑之一，乃後世之法。初非古聖先賢之所謂流，則其流也，其亦有異乎，其為流矣，按三流之制，又獨以二千里為始，其義何居？愚為細思，甸侯、要荒為服，各以五百里為限。流二千里則迸之要服矣，二千五百里則荒服矣，若三千里則居荒服之外，所謂投諸四裔，不與同中國之義。迨乎後世，四海一統，淮彝、徐戎、荆蠻、秦翟盡屬版圖，幅員遼闊。車書既無要、荒之分，五刑復邀遞減之澤，以寬宥乎五刑之法，即以列入乎五刑之正。此流罪雖限地之遠近為差別，而三流併居五刑之一，則一程莫易之制矣。乃近世小為細按律義，概謂三流止以流及其地，即聽為民，不復更責以徒役年限。其說似是而實非。

愚謂三流，乃自五徒之上加等而重之。係一去不返之徒配，非止遣之遠去已也。是以律内概著以總徒四年，且於折贖圖無力款内註曰：無力，依律決配；於杖一百下註曰：以上的決；於徒一年下註曰：以下，民擺站、軍瞭哨云云，乃係通貫於後。直至雜犯斬、絞五年而止，并未於三流下另行分註。而起除刺字條内又復曰：該流者，于流所充警。蓋徒役年滿之後，發回原籍收充警跡。若犯三流者，則一去不返矣，并無原籍可以收回，故即於流所發充警跡。所云充警跡者，係發於交易肆市、人居稠集之地，夜則巡警、日則跡賊。較其迹獲賊犯之多寡，為其起除刺字之後先，乃責以警跡之微權，使之得以悔過自新，自著其復為善良之驗。如謂三流止以驅之遠去，即於彼地為民，不復再役以徒之年限。然則於流所充警之説，將何著落，豈一到地方，即以發充警跡？按充警跡之制，雖云苦役，而實則稍有微權，豈以有罪之人，并未一加懲戒，乃即假以警跡之微權乎？

倘曰：三流係流罪，如仍役以年限，是又從徒而非流矣，斷無復役以年限之理。信如斯言也，則折贖圖内，何以三流所折銀數，計杖一百徒三年為較增，而於此無力實流者，反不若杖一百徒三年者之為勞耶？比而較之，犯五等徒，何其苦；犯三流，何其逸。人亦何樂乎止以犯乎其為小，以入於五徒之苦，反不若犯乎其為大，以期入於三流之為愈矣。其於增徒為流、明刑敕法之旨安在哉？而况《捕亡》律内，其流徒人在逃條下，明開有凡徒、流、遷徙囚人已到配所，於所役限内而逃者，一日笞五十，每三日加一等，罪止杖一百，仍發配所。其徒囚照依元犯徒年，從新拘役，役過月日併不准理之文，夫非三流必役以年限之明驗耶？至於三流之外，又有安置、遷徙、充軍，及邊外為民、邊遠為民諸款，是又流中之閏也。

《大清法規大全·法律部》卷一一《法律草案一·刑律草案·廢止流刑》 流刑之制，最古在使兇惡之徒竄居遠方。然南朔東西皆中國土地也，與之相接者皆中國人民也。其中得失無待縷述。流刑廢止實無可疑，即使有無期或最長期徒刑之囚，必應移諸邊境者，從監獄規則以實施之可矣，於徒刑外另置流刑，誠爲無益，故删除之。

綜述

(宋)司馬光《稽古録》有虞氏 流共工、驩兜、三苗、鯀於四裔，而天下咸服，四門穆穆。

(清)沈家本《歷代刑法考·刑法分考十·流》 《禹貢》：五百里要服，三百里夷，二百里蔡。五百里荒服，三百里蠻，二百里流。傳：蔡，法也。法三百里而差簡。流，移也，言政教隨其俗。《正義》曰：蔡之爲法，無正訓也。上言三百里夷，夷訓平也，言守平常教耳。此名爲蔡，義簡於夷，故訓蔡爲法。法則三百里者，去京師彌遠差復簡易，言其不能守平常也。流如水流，故云移也。其俗流移無常，故政教隨其俗，任其去來，不復蠻來之也。馬融曰：蔡，法也。受王者刑法而已。流者，流行無城郭常居。《史記·夏本紀》。鄭玄曰：蔡之言殺，減殺其賦。《書》疏。蔡傳：蔡，放也。《左傳》云：蔡，蔡叔是也，流放罪人於此也。流，流放罪人之地，蔡與流皆所以處罪人，而罪有輕重，故地有遠近之別也。

按：蔡傳以二百里蔡、二百里流爲流放罪人之地，與古說不同。竊謂蔡當以鄭說爲是，流當以馬說爲是，蔡說並非也。五服之內，同歸覆幬，乃獨此要、荒二服，各分二百里，專爲流放罪人之地，則此二百里者將有人民乎？無人民乎？有人民則居此區域内者未有罪戾而膺流放之名，同居覆幬之中，何獨薄視此區域之人民也？無人民則安得如許空閒之地爲罪人居？又當聲教四訖之時又安得如許罪人也？近來講漢學者，仍遵古說，惟蔡傳久行於世，既有流放之說，仍録之而辨之如此。

《尚書·舜典》 帝曰：皋陶，蠻夷猾夏，寇賊姦宄。汝作士，五刑有服，五服三就。五流有宅，五宅三居。惟明克允。

(清) 沈家本《歷代刑法考·刑法分考九·放》 《尚書·太甲序》：太甲既立，不明，伊尹放諸桐。傳：不知朝政，故曰放。《正義》曰：舜放四凶，徙之遠裔。《春秋》放其大夫，流之他境。嫌此亦然，故辨之云。不知朝政，故曰放。使之遠離國都，往居墓側，與彼放逐事同，故亦稱放也。

(元) 徐元瑞《吏學指南·五流》 《書》云：五流有宅，五宅三居。

加役流，髡髮而配役者。

反逆緣坐流，反逆之人，罪及親口。

不孝流，聞喪不哀，詈繼慈母之類，得流者。

子孫過失流，不意誤犯尊長，得流者。

會赦猶流，謂身雖會赦，猶得流者。五宅下音咤，是五種獄器，謂桎一、梏二、拲二也。三居，謂流之三服也。凡去邦畿四千里曰夷服，又五百里曰鎮服，又五百里曰蕃服，皆流放遠地以居之也。

(明) 丘濬《大學衍義補》卷一〇五《慎刑憲·明流贖之意》 《舜典》曰：流宥五刑。

孔穎達曰：流謂徙之遠方，放使生活，以流放之法，寬縱五刑也。據狀合刑，情差可恕，全赦則太輕，致刑則太重，不忍依例刑殺，故完全其體，宥之遠方。應刑不用，是寬縱之也。

臣按：流宥而謂之五刑者，言流而宥之者，五刑皆有也。

流共工於幽州，非裔之地。放驩兜於崇山，南裔之山。竄三苗國名，恃險爲亂。於三危，西裔之地。殛鯀於羽山，東裔之山。四罪而天下咸服。朱熹曰：流遣之遠去，如水之流也。放置之於此，不得他適也。竄則驅逐禁錮之，殛則拘囚困苦之，隨其罪之輕重而異法也。服者，天下皆服其用刑之當罪也。《春秋》傳所記四凶之名，與此不同者，以窮奇爲共工，渾敦爲驩兜，饕餮爲三苗，檮杌爲鯀。

(宋) 朱熹《四書章句集注·孟子集注》卷九《萬章章句上》 萬章問曰：象日以殺舜爲事，立爲天子，則放之，何也？孟子曰：封之也，或曰放焉。敢問或曰放者，何謂也？曰：象不得有爲於其國，天子使吏治其國，而納其貢稅焉，故謂之放。豈得暴彼民哉？注：象不得施教於其國，天子命名吏代其治而納貢賦與之，比諸放也。

(宋) 朱熹《四書章句集注·孟子集注》卷九《萬章章句上》 太甲顛覆湯之典刑，伊尹放之於桐。顛覆，壞亂也。典刑，常法也。桐，湯墓所在。

(清) 沈家本《歷代刑法考·刑法分考九·放》 《周禮·夏官·大司馬》：放弒其君則殘之。注：放，逐也。鄭以逐解放，則若季氏逐昭公之類是也。

(清) 沈家本《歷代刑法考·刑法分考九·放》 《左傳》：昭元年，周公殺管叔而蔡蔡叔。杜注：蔡，放也。《釋文》：上蔡字，素達反。《說文》作𥻆，音同。下蔡叔如字。疏：《說文》云，𥻆，散之也。從米殺聲。然則𥻆字，殺下米也，𥻆爲放散之義，故訓爲放也。隸書改作，已失本體，𥻆字不復可識，寫者全類蔡字，至有重爲一蔡字，重點以讀之者。定四年《傳》正義同五經文字。槃，放也。《春秋》多借蔡字。段氏玉裁云：槃本謂散米，引伸之，凡放散皆曰槃，字譌作蔡耳。亦省作殺。《齊民要術》凡云殺米者，皆槃米也。《孟子》曰殺三苗於三危，即殺三苗也。

按：《說文》放，逐也。《大學》唯仁人放流之，迸諸四夷，不與同中國。屈原遷於江南，《史記》謂之放流，是放、流一義。放者，流之別名也。《周禮·司刑》五刑之法，《書·吕刑》言五刑，並無流之名。以《春秋》經傳考之，周蓋名曰放，或以情減，或以恩降，即《舜典》之流宥。鄭子産執子南而數之有云：君曰，余不女忍殺，宥女以遠，勉速行乎，無重而罪。可以見周之放亦由五刑而減降之。其地分遠近，若衛之於周，於秦，晋之於衛，於齊，齊之於燕，鄭，蔡之於吳，楚之於越。或在千里之外，或在九州之外，與馬融三居之説亦堪印證也。

《漢書》卷一上《高帝紀》〔高帝紀注引〕如淳曰：秦法，有罪遷徙之於蜀漢。

（明）孫世芳《宣府鎮志》卷一九《法令考·漢》 順帝永建元年詔：減死罪以下徙邊毋令還。凡徙邊者，占籍以長子孫，禁不得還。其亡命贖，各有差，謀反大逆不用此令。按減死徙邊令，此後若桓帝建和和平末典，靈帝建寧熹平光和中和年間俱嘗行之，蓋東漢輕刑之典寔相沿云。

《後漢書》卷七《孝桓帝紀》〔建和三年〕五月乙亥，詔曰：【略】蓋聞天生蒸民，不能相理，爲之立君，使司牧之。君道得於下，則休祥著乎上；庶事失其序，則咎徵見乎象。間者，日食毁缺，陽光晦暗，朕祇懼潛思，匪遑啓處。傳不云乎：日食修德，月食修刑。昔孝章帝愍前世禁徙，故建初之元，並蒙恩澤，流徙者使還故郡，没入者免爲庶民。先皇德政，可不務乎！其自永建元年迄乎今歲，凡諸妖惡，支親從坐，及吏民減死徙邊者，悉歸本郡；唯没入者不從此令。

（清）張鵬一《漢律類纂·具律·刑制》 大逆不道身斬，家屬從坐徙邊。《李尋陳湯翟方進傳》引律，《晋刑法志》，張裴《晋律序》，逆節絶理爲不道，陵上僭貴爲惡逆，虧理滅節爲不敬。餘依所犯輕劇易，減等論，案不道惡逆不敬，即後世律十惡中之三，而十惡名目，漢律不稱見，惟内亂禽獸行，漢表有之。

（清）杜貴墀《漢律輯證》卷一 二千石以令解仇怨，後復相報，移徙之。《地官司徒·調人》注，鄭司農引漢令《後書·桓譚傳》，今人相殺傷，雖已伏法，而私結寃讐，子孫相報，後忿深前，至於滅戶殄業。今宜申明舊令，若已伏官誅而私相殺傷者，雖一身逃亡，皆徙家屬於邊，其相傷者加常二等，不得顧山贖罪。如是則讐怨自解，盜賊息矣。《御覽》五百九十八引王褒僮約注云，漢時官不禁報怨，民家皆高樓鼓，其急即上樓擊鼓，以告邑里令救助。

（清）杜貴墀《漢律輯證》卷一 有罪失官爵稱士伍。《史記·淮南厲王傳》如淳注引律，按《前書》師古注：謂之士伍者，言從士卒之伍也。《史記·秦本紀》昭襄王五十年，武安君有罪爲士伍，遷陰密。如淳曰，嘗有爵而以罪奪之，謂之士伍，自二級以上有刑罰則貶爵，自一級以下有刑罰則刖矣。《藝文類聚》五十一，王粲論爵云，依律有奪爵之法，按奪爵遷，遷勿奪爵。見秦始皇十二年紀，《淮南王長傳》皆當免官削爵爲士伍，毋得宦爲吏。《功臣表》悼侯周昌曾孫沃侯國士伍明詔復家。師古注，舊有官爵免爲士伍，而屬沃侯之國也。

（清）朱銘盤《南朝宋會要·刑·流徙》 徙永嘉郡。《王儉傳》。

徙番禺。《恒崇祖傳》。

徙巴州《南史·孫詵傳》。

徙越州。《謝超宗傳》。《南史本傳》作越嶲。

徙廣州。《劉祥傳》。

（清）朱銘盤《南朝齊會要·刑·刑制》 徙建安郡。《傅亮傳》。

鏁付寧州。《蔡興宗傳》、《周朗傳》。

徙交州。《顔竣傳》、《徐爰傳》。

徙付安成郡。《彭城王義康傳》。

徙新安郡。《武紀》。

徙領南。《南史·垣榮祖傳》。

徙始安郡。《長沙王道憐傳》、《武昌王渾傳》。

徙廣州。《謝述傳》、《謝靈運傳》、《劉湛傳》、《范曄傳》。

長係。《范曄傳》。

徙始興郡。《沈演之傳》。

徙梁州。《沈演之傳》、《建平王宏傳》。

徙新安歙縣。《廬江王褘傳》。

徙丹陽縣。《始安王休仁傳》

徙晉平郡。《晉平王休仁傳》

長係尚方。《劉秀之傳》

係東冶。《劉穆之傳》

（清）朱銘盤《南朝梁會要·刑·刑制》 傳首西臺。曝尸建康市。《侯景傳》。

軍法從事。《武大同七年紀》下同。

死罪結正。

付冶十年。《南史·昭明太子傳》。

男子謫運，女子質作。《武中大同元年紀》。

徙越州。《王茂傳》。

流廣州。《南史·長沙王懿附傳》。

徙臨海郡。《蕭景弟昱傳》。

徙鬱林。《南史·樂山侯正則傳》。

徙廣州。《范縝傳》。

徙嶺南。《南史·臨賀王正行傳》下同。

係東冶。

沒臺府。《武紀》下同。

杖五十、四十。《南史·昭明太子傳》。

後宮樂計西解曝室。

邵陵王綸鎖在第，舍人諸曇粲並主帥領仗身守視，免爲庶。《南史本傳》。

仁威長史王僧孺，爲典簽湯道愍所糾，逮詣南司。《南史·僧孺傳》。

（清）沈家本《歷代刑法考·刑法分考十·流》 丘濬《大學衍義補》云：虞廷五刑之下有流而無徙，漢世除肉刑，完爲城旦舂、鬼薪、白粲之類，皆徒刑也，而無流。

梁律有流。詳總考。

按：秦、漢以降，未有流刑。梁武天監三年，因任提女之子景慈證成母罪，流於交州。自此復有流刑，蓋亦不在正刑之內。

按：六代時，南朝惟梁有流刑，然亦不入五刑之內。北魏流刑亦稱流徙。太和十六年，更定流徙限制。其獄官令亦年刑流徙並稱，似其時流已列入正刑。北周之制，史始詳耳。北齊流刑，投邊爲兵卒，有似後來之軍，而與流稍不同。

（元）徐元瑞《吏學指南·五刑·北齊刑》 流，鞭之百，役之邊裔。重者鞭背，輕者鞭臀，有六等之刑。

（元）馬端臨《文獻通考》卷一六五《刑考·刑制》（隋）開皇十三年，改徒及流並爲配防。

（元）馬端臨《文獻通考》卷一六五《刑考·刑制》 隋文帝令高熲定新律，流刑三，有千里，千五百里，二千里。應配者千里居作二年，千五百里居作二年半，二千里居作三年。徒刑五，有一年、一年半、二年、二年半、三年。其流徙之罪皆減從輕，流役六年改爲五年，徒刑五年改爲三年。犯法私罪以官當徒者，五品以上，一官當徒二年。九品以上，一官當徒一年。當流者，三流同，皆比徒三年。若犯公罪者加一年，當流者各加一等。其追徒過九年者，徒二千里，其後改徒及流並爲配防。

（元）徐元瑞《吏學指南·五刑·隋唐金宋刑》 流，《書》云：流宥五刑。謂不忍刑殺，宥而竄於邊裔，使其離別本鄉，若水流遠而去也。隋制三等，自一千里至三千里，宋改爲二千里至三千里，金相同。

（元）馬端臨《文獻通考》卷一六八《刑考·徒流》 唐初，徒流之刑皆因隋制。武德四年詔，裴寂等更定律令，流罪三皆加千里居作。三歲至二歲半悉爲一歲，居作者，着鉗。若校京師隸將作女子，隸少府縫作。旬給假一日，臘寒食二日，毋出役院。病者，釋鉗校，給假，疾差倍役。謀反者，男女奴婢沒爲官奴婢，隸司農。七十者免之。凡役男子，入於蔬圃，女子入於厨饍。流移人在道疾病，婦人免乳，祖父母、父母喪，男女奴婢死，皆給假，授程糧。非反逆緣坐六歲縱之。特流者，三歲縱之。有官者，得復仕。

（唐）杜佑《通典》卷一七〇《刑法·寬恕》 及（唐）太宗初，令公卿更議絞刑之屬五十條，免死，唯斷其右趾，應死者多蒙全活。太宗尋又矜其受刑之苦，謂蕭瑀曰：前代不行肉刑久矣，今斷人右趾，念其受痛，意甚不忍。瑀曰：古之肉刑，乃死刑之外。陛下於死刑之內，降從斷趾，便是以生易死，足爲寬法。上曰：朕意以爲如此，故欲行之。又有上書言此非便，公可更思之。其後，蜀王府法曹參軍裴弘獻上疏駁律令，遂令參軍刪改之。於是與房玄齡等建議，以爲古肉刑既廢，制爲死、流、徒、杖、笞凡五等，以備五刑，今復設刖足，則是爲六刑。減死意在於寬，加刑又殊煩峻。與八座定議奏聞。於是又除斷趾法，加役流三千里，居作二年。

（元）**馬端臨《文獻通考》卷一六六《刑考・刑制》**〔貞觀〕二年詔，長孫無忌、房元齡等復定律令，議絞刑之屬五十，皆免死而斷右趾。其後蜀王府法曹參軍裴弘獻又駁律令，不便者四十餘事，遂除斷趾法。爲加役流三千里居作，比古死刑殄除其半。據有司定律五百條，分爲十二卷，於隋代舊律減大辟入流九十二條，減入徒七十一條。

既定免死斷右趾法，帝又哀其斷毀支體，謂侍臣曰：肉刑前代除之久矣，今復斷人趾，吾不忍也。王珪、蕭瑀、陳叔達對曰：受刑者當死而復生，豈憚斷一趾。去趾所以使見者知懼，今以死刑爲斷趾，蓋寬之也。其後裴弘獻駁律令，房元齡等又以爲古者五刑，刖居其一，今肉刑既廢，以笞、杖、徒、流、死爲五刑，而又刖足，是六刑也，於是除之。

《新唐書》卷六二《刑法志》〔貞觀〕五年，【略】增損隋律。【略】流移人在道疾病，婦人免乳，祖父母、父母喪，男女奴婢死，皆給假，授程糧。非反逆緣坐，六歲縱之，特流者，三歲縱之，有官者得復仕。

《新唐書》卷六二《刑法志》〔貞觀〕十四年，詔流罪無遠近皆徙邊要州。後犯者寖少。十六年，又徙死罪以實西州，流者戍之，以罪輕重爲更限。

（元）**馬端臨《文獻通考》卷一六八《刑考・徒流》**〔貞觀〕十五年敕，犯反逆免死配流者，六歲之後，仍不聽仕。

《新唐書》卷二《太宗本紀》〔貞觀十六年正月〕戊辰，募戍西州者，前犯流死亡匿，聽自首以應募。辛未，徙天下死罪囚實西州。

（宋）**王欽若等《册府元龜》卷六一二《刑法部・定律令》**〔貞觀〕十六年正月制：徙死罪以實西州，其犯流徒者則充戍，各以罪名輕重爲年限焉。

（宋）**高承《事物紀原》卷一〇《律令刑罰部・加役流》**《唐刑法志》曰：太宗即位，長孫無忌議絞刑三十皆免死，而斷右趾。裴洪獻以謂五刑而刖足是六也。於是除斷趾法，為加役流。蓋自唐太宗始也。

（唐）**長孫無忌等《唐律疏議》卷一《名例・流刑三》**流刑三：二千里。贖銅八十斤。二千五百里。贖銅九十斤。三千里。贖銅一百斤。

疏議曰：《書》云流宥五刑。謂不忍刑殺，宥之於遠也。又曰：五流有宅，五宅三居。大罪投之四裔，或流之於海外，次九州之外，次中國之外。蓋始於唐虞。今之三流，即其義也。

（唐）**長孫無忌等《唐律疏議》卷三《名例・犯流應配》**諸犯流應配者，三流俱役一年。本條稱加役流者，流三千里，役三年。役滿及會赦免役者，即於配處從户口例。

疏議曰：役滿一年及三年，或未滿會赦，即於配所從户口例，課役同百姓。應選者須滿六年，故令云流人至配所，六載以後聽仕。反逆緣坐流及因反逆免死配流，不在此例。即本犯不應流而特配流者，三載以後亦聽仕。妻妾從之，父祖子孫欲隨者聽之。移鄉人家口亦準此。

疏議曰：依令，犯流斷定，不得棄放妻妾。若流移人身喪，家口雖經附籍，三年内願還者放還。即造畜蠱毒家口，不在聽還之例。諸流配人在道會赦，計行程過限者，不得以赦原。有故者，不用此律。若程内至配所者，亦從赦原。逃亡者，雖在程内，亦不在免限。即逃者身死，所隨家口仍準上法聽還。諸犯罪已發及已配而更爲罪者，各重其事。即重犯流者，依留住法決杖，於配所役三年。若已至配所而更犯者，亦準此。即累流徒應役者，不得過四年。若更犯流徒罪者，準加杖例。其杖罪以下，亦各依數決之。累決笞杖者，不得過二百，其應加杖者亦如之。

劉俊文《敦煌吐魯番唐代法制文書考釋・格・神龍散頒刑部格殘卷》

一、僞造官吏文書印，若轉將用行，並盗用官文書印，及亡印而行用，并僞造前代官文書印，若將行用，因得成官假與人官情受假，各先決杖一百，頭首配流嶺南遠惡處，從配緣邊，有軍府小州，並不在會赦之限，其同情受用僞文書之人，亦準此，銀青光禄大夫行尚書右丞上柱國臣。

劉俊文《敦煌吐魯番唐代法制文書考釋・格・神龍散頒刑部格殘卷》

一、官人在任緣贓賄計罪，成殿已上，雖非贓賄，罪至除免，會恩及別勅免，並即録奏，量所犯贓狀，貶授嶺南惡處及邊遠官。

一、該誘官奴婢及藏隱并替换者，並配流嶺南，無官蔭者，於配所役三年，有官蔭者，不得當贖官，奴婢犯者，配遠州苦使。

（宋）司馬光《稽古録》垂拱二年冬 同三品武承嗣譖李孝逸，流儋州。

（宋）王溥《唐會要》卷四一《左降官及流人》 〔開元〕十年六月十二日勅：自今以後，準格及勅應合決杖人，若有便流移左貶之色，決訖，許一月内將息，然後發遣。其緣惡逆指斥乘輿者，臨時發遣。

（宋）王欽若等《册府元龜》卷六三《帝王部・發號令》 〔唐開元〕十九年二月乙酉詔曰：令式條流，科制明具，行之已久，亦便於人。比者天下勲官加資納課，又因犯入罪罰鎮配州，言念於兹，有乖寬恤。宜各依令式處分，其先罰鎮及配隸人未歸者，並即放還。

（宋）王溥《唐會要》卷四一《左降官及流人》 天寶五載七月六日勅：應流貶之人，皆負譴罪。如聞在路多作逗留，郡縣阿容，許其停滯。自今以後，左降官量情罪狀稍重者，日馳十驛已上赴任。流人押領，綱典畫時，遞相分付。如是更因循，所由官當别有處分。

（元）馬端臨《文獻通考》卷一六八《刑考・徒流》 〔唐〕肅宗乾元元年敕，左降官非反逆緣坐及犯惡逆、名教、枉法、强盜、贓，如有親年八十以上及患在牀枕不堪扶持，更無兄弟者，許停官終養，其流移人亦準此。

（宋）王溥《唐會要》卷四一《左降官及流人》 建中三年正月勅：諸流貶人，及左降官，身死，並許親屬收之，本貫殯葬。其造蠱毒移鄉人不在此限。其年四月，御史臺奏：天下斷獄，一切請待讞報，以正刑名。唯除殺人當罪，自徒以上結竟者，並徙置邊州。京兆尹嚴郢駁奏曰：臣伏以徙置邊州者，流之異名。流罪者，有三等。一例移配，或恐未當。其死罪除殺人之外，又有十惡重罪，造僞刻印，並主典僞用印，及强盜光火等。若一切免罪徙邊，於法太輕，不足懲戒。其徒罪條目至多，或鬬毆爭競，小有傷損；或夫妻離異，不犯義絶；或養男别姓；或立嫡違式；或私行度關；或相冒合户。如此之類，不可悉數。今一切徙邊，與十惡造僞同等，即輕重懸殊。又準刑部格，京城殷雜，襍犯百端。觸網陷刑，徒罪偏廣。若皆送覆，繫滯實多。其徒已下罪，非除免官當及勅杖者，準外州縣例，量事處分。今若天下徒罪，悉申所司，皆待讞報。法司斷結，準式有程。州縣禁囚，動盈千百。計每月徒配，必不啻五六千人。此則百姓動摇，刑章紊撓。又邊州及近邊犯死罪及徒流者，復何以處？伏請下刪定使詳覆，然後施行。從之。

《舊唐書》卷一五《憲宗本紀》 〔元和八年九月〕丙寅，詔：減死戍邊，前代美政，量其遠邇，亦有便宜。今後兩京、關内、河南、河東、河北、淮南、山南東西道州府，除大辟罪外，輕犯不得配流天德五城。

（宋）王溥《唐會要》卷四〇《君上慎恤》 〔元和〕八年九月詔書：減死戍邊，前代美政。量其遠近，宜有便宜。自今已後，兩京及關内、河南、河東、河北、淮南、山西東西兩道州府犯罪繫囚，除大逆及手殺人外，其餘應入死罪，並免死配流天德五城諸鎮。有妻兒者，亦任自隨。又緣頃年已來，所有配隸，或非重辟，便至遠遷。有司上陳，又煩年限。今後如有輕犯，更不得配流五城。

（清）沈家本《歷代刑法考・律令四・元和死罪改流法》 《唐志》：元和八年，詔兩京、關内、河東、河北、淮南、山南東西道死罪十惡、殺人、鑄錢、造印，若强盜持杖劫京兆界中及它盜贓踰三匹者，論如故。其餘死罪皆流天德五城，父祖子孫欲隨者，勿禁。

按：貞觀徙死罪戍西州尚是實邊之策，天寶以重杖代極刑而斬絞之名廢。元和十惡等項外，餘悉流天德五城，並重杖亦幾於廢矣。是廢止死刑之説實胚胎於唐，雖未全廢而存者已少矣。今日西國廢止死刑之説，學者日揚其波而不能遂廢者，氣運猶未至也。

（清）沈家本《歷代刑法考・刑法分考十・流》 《通考》一百六十八：憲宗元和八年，刑部侍郎王播奏：天德軍五城及諸邊城記流人等，臣切見諸處配流人每逢恩赦，悉歸還。唯前件流人，皆被本道重奏，稱要防邊，遂令没身，終無歸日。臣又見比年邊城犯流者，多是胥徒小吏，或是鬥打輕刑，據罪可原，在邊無益。請自今流人準格例滿日六年後，並許放還。所冀抵法者，足以悛懲，滿歲者，絶其愁怨。從之。

按：據此所稱，格例六年放還，是已不用役滿從户口例之律。又稱恩赦悉得歸還，是又不用在道行程過限不得赦原律。可見《唐律》之文在唐代不能一律遵用矣。

（清）沈家本《歷代刑法考・刑制總考四・唐》死罪流天德五城。

《新志》：憲宗元和八年詔：兩京、關内、河東、河北、淮南、山南東西道死罪十惡、殺人、鑄錢、造印，若强盜持杖劫京兆界中及它盜贓逾三匹者，論如故。其餘死罪皆流天德五城，父祖子孫欲隨者，勿禁。蓋刑者，政之輔也。政得其道，仁義興行，而禮讓成俗，然猶不敢廢刑，所以爲民防也，寬之而已。今不隆其本，顧風俗謂何而廢常刑，是弛民之禁，啓其姦，由積水而决其防。故自玄宗廢徒杖刑，至是又廢死刑，民未知德，而徒以爲幸也。

《通鑑》天寶六載除斬、絞條：上慕好生之名，令應絞、斬者皆重杖流嶺南，其實有司率杖殺之。

按：《新志》謂廢死刑事在元和中，而《通鑑》有天寶六載除斬、絞之事，新、舊《志》皆不載，未知本於何書。德宗時又有重杖處死之法，見下條。然處死究較改流爲重也。近日泰西人有創除去死罪之議者，究未能實見諸施行，殆亦斯民之教育尚難臻此境界乎！

（宋）王溥《唐會要》卷四一《左降官及流人》〔元和〕十二年四月勅：應左降官流人，不得補職，及留連宴會。如擅離州縣，具名聞奏。

其年七月勅：自今已後，左降官及責授正員官等，并從到任後，經五考滿後，許量移。今日以前左降官等，及量移未復資官，亦宜準此處分。考滿後，委本任處州府具元貶事例，及到州縣月日，申刑部勘責。俾吏部量資望位量移官。仍每季具名聞奏，并申中書門下。其曾任刺史、都督，郎官，御史，并五品以上，及常參官，刑部檢勘其所犯事由聞奏。中書門下商量處分。其月勅：左降官等，考滿量移，先有勅令，因循日久，都不舉行。遂使幽遐之中，恩澤不及。自今已後，左降官及量移未復資官，亦宜準此處分。如是本犯十惡及指斥乘輿，妖言不順，假託休咎，反逆餘累，及贓賄數多，情狀稍重者，宜具事由奏聞。其曾任刺史、都督、郎官、御史、五品以上常參官，刑部檢勘，具元犯事由聞奏，并申中書門下，商量處分。未滿五考以前，遇恩赦者，準當時即處分。其復資度數，準元和二年六月二十七日勅。

其年九月，刑部奏：準今年七月二十一日勅，諸道左降官等，經五考滿日，許量移者，其貶降日授正員官。或無責辭，亦是責授。并請至五考滿，然後許本任處申闕。并餘左降官，緣任處州府，多是遐遠，至考滿日，其有申牒稽遲，致留滯者，其刺史、本判官、録事參軍等，并餘左降官，緣任處州府，多是遐遠，至考滿日，料并準天寶貞元兩度勅文，依舊支給。其本犯十惡等罪，已有正名，仍請依舊。從之。

其年十月勅：自今已後，流人不得因事差使離本處。

（元）馬端臨《文獻通考》卷一六八《刑考・徒流》穆宗長慶元年制，應亡官失爵及放還流人，如先有莊田不經沒官，被人請射作主，如本主及子孫已歸，并委州府却還，務令安業。

（宋）王溥《唐會要》卷四一《左降官及流人》〔長慶〕四年四月，刑部奏：準其年三月三日起，請準制以流貶量移，輕重相懸。貶則降秩而已，流爲擯死之。刑部寺論理，條件聞奏。今謹詳赦文，流爲減死，貶乃降資，量移者却限年數，流放者便議歸還。準今年三月赦文，放還人其中有犯贓、死，及諸色免死配流者，如去上都五千里外，量移校近處；如去上都五千里以下者，則約一千里内，與量移近處。如經一度兩度移，六年未滿者，更與量移。亦以一千里爲限。如經三度兩度量移，如本罪不是減死者，請準制放還。如左降官未復資，遇恩滿五考者，準元和十二年九月勅與量移。又準今年正月德音，諸色流人，與減一年，除贓限外，滿五年即放還收叙。其配流在德音已後者，不在減限。又天德五城流人，準長慶元年正月三日制，以十年爲限。又限準三月十二日勅，縱逢恩赦，不在放歸限。今請待十年滿，即放歸。仍任取配流日計年數，不在援引德音減年之限。制可之。

（宋）王溥《唐會要》卷四〇《君上慎恤》〔大和〕三年三月勅京畿之内，萬類聚居，觸刑章者，多於天下，加以百役牽應，由斯致咎，若一一不恕，則殺戮滋多。應京畿内見禁囚犯，死者降一等，從流當徒者，以遠近節級遞減一等處分。

（宋）王溥《唐會要》卷四一《左降官及流人》 會昌六年五月赦書節文：應徒流人，在天德振武者，官中量借糧種，佃令耕田，以爲生業。

《舊唐書》卷一八《宣宗本紀》〔六月癸未〕敕：先經流貶罪人，不幸歿於貶所，有情非惡逆，任經刑部陳牒，許令歸葬，絕遠之處，仍量事官給棺櫝。

（清）沈家本《歷代刑法考·刑法分考十·流》：《舊唐書·宣宗紀》：大中四年正月，大赦天下。徒流比在天德者，以十年爲限，既遇鴻恩，例減三載。但使循環添換，邊不闕人，次第放歸，人無怨苦。其秦、原、威、武諸州諸關先準格，徒流人亦量與立限，止於七年，如要住者亦聽。十一月，敕收復成、維、扶等三州，建立已定，條令制置，一切合同。其已配到流人，宜準秦、原、威、武等州流例，七年放還。

按：《唐律》流人在配，役滿即於配處從户口例，不得還歸本貫。然觀於貞觀五年六歲、三歲縱之之例，是其初不如是也，疑爲永徽中更定，當再詳之。若武德、大中之放還，乃遇恩赦，亦與流犯在道會赦之律不同。武德時此律未定，大中時則特恩也。

（宋）王溥《唐會要》卷四一《左降官及流人》〔大中四年〕五月，御史臺奏：起請赦書節文，流人該恩例須磨勘文書。雖曰放還，尚爲拘絆。其人經三度量移者，赦書後，委所在長吏，子細檢勘。無可疑者，便任東西。訖具名聞奏。臣今條流，其流人每量移之時，請委刑部具先流甚處，相承牒，準赦文，當日放東西訖，具名聞奏。其流人未有處分者，請委刑部，準此磨勘，牒報本道，並其事由報臺，庶免留滯。五年十一月，中書門下奏：今後有配長流，及本罪合死，遇恩得減等者，並勒將妻同去。有兒女情願者，亦聽。如流人所在身死，其妻等並許東西，州縣不任勾留，情願住者亦聽。

《舊唐書》卷一八《宣宗本紀》〔大中四年〕十一月己亥，敕：收復成、維、扶等三州，建立已定，條令制置，一切合同。其已配到流人，宜准秦、原、威、武等州流例，七年放還。

（宋）王溥《唐會要》卷四一《左降官及流人》〔乾符〕五年五月二十六日，刑部侍郎李景莊奏：配州府流人，流刑三等：流二千里至流三千里，每五百里爲一等。準律，諸犯流應配者，三流俱役一年，稱加役。流三千里，役三年。役滿及會赦免役者，即於配所，從户口例。今後望請諸流人應配者，依所配里數，無要重城鎮之處，仍逐罪配之準得就近。勅旨：從之。

（宋）王溥《五代會要》卷九《徒流人》後唐清泰三年，尚書刑部朗中李元龜奏：準《開成格》，應斷天下徒流人到所流處，本管畫時申御史臺，候年月滿日申奏，方得放還本貫。近年凡徒流人，所管雖奏，不申御史臺報大理寺，所以不知放還年月。望依律格處分。從之。

《舊五代史》卷一四七《刑法志》〔晋天福〕五年三月丙子，詔曰：自大中六年已來，劓耳稱冤，決杖流配，訴雖有理，不在申明。今後據其所陳，與爲勘斷，劓耳之罪，準律別科。

（宋）高承《事物紀原》卷一〇《律令刑罰部·配》舊云刺面而配，起於周太祖世宗之代，按王溥《五代會要》曰：晋天福三年八月，左街從人韓延嗣徒二年半，劓面配華州，發運務。蓋唐制有配流嶺南諸州之文，此始有配法，而刺面當起於晋也。

（元）徐元瑞《吏學指南·五刑·後周刑》徒，自一年至五年。

（宋）竇儀等《宋刑統》卷一《名例律·五刑》流刑三：二千里，贖銅八十斤。二千五百里，贖銅九十斤。三千里。贖銅一百斤。

疏議曰：《書》云：流宥五刑。謂不忍刑殺，宥之於遠也。又曰：五流有宅，五宅三居。大罪投之四裔，或流之於海外，次九州之外，次中國之外。蓋始於唐、虞。今之三流，即其義也。

□□□□□□□□敕尚書都省□□□□□□月十六日奉聖旨，徒流笞杖刑名應合該除免當贖上請外，據法書輕重等第，用常行杖施行，令臣等詳定可否奏聞，俾官吏之依凴，絶刑名之出入，立茲定制，始自聖朝。臣等參詳，伏請宣下法司，頒行天下者。奉敕宜依，仍付所司遍下諸道州府者。

（宋）竇儀等《宋刑統》卷三《名例律·五刑》流刑：加役流，決脊杖二十，配役三年。

流三千里，決脊杖二十，配役一年。

流二千五百里，決脊杖十八，配役一年。

流二千里，決脊杖十七，配役一年。

（宋）竇儀等《宋刑統》卷三《名例律·犯流徒罪犯死罪及流徒罪祖父母父母老疾家無兼丁留侍》諸犯流應配者，三流俱役一年，本條稱加役流者，流三千里，役三年。役滿及會赦免役者，即於配處從户口例。妻妾從之，父祖子孫欲隨者，聽之，移鄉人家口亦準此。若流移人身喪，家口雖經附籍，三年內願還者，放還。即造畜蠱毒，家口不在聽還之例。下條準此。

疏：諸犯流應配者，三流俱役一年。注云，本條稱加役流者，流三千里，役三年。議曰：犯流若非官當、收贖、老疾之色，即是應配之人。三流遠近雖別，俱役一年爲例。加役流者，本法既重，與常流理別，故流三千里，居役三年。

注云，役滿及會赦免役者，即於配處從户口例。議曰：役滿一年及三年，或未滿會赦，即於配所從户口例，課役同百姓。應還者須滿六年，故令云，流人至配所，六載以後聽仕。反逆緣坐流及因反逆免死配流不在此例。即本犯不應流而特配流者，三載以後亦聽仕。

又云，妻妾從之。議曰：妻妾見已成者，并合從夫，依令犯流斷定，不得棄放妻妾。

問曰：妻有七出及義絶之狀，合放以否？

答曰：犯七出者，夫若不入，於夫無罪。若犯流聽放，即假僞者多，依令不放，於理爲允。犯義絶者，官遣離之，違法不離，合得徒罪。義絶者離之，七出者不放。

又云，父祖子孫欲隨者聽之。議曰：曾高以下及玄孫以上，欲隨流人去者，聽之。

又云，移鄉人家口亦准此。議曰：移鄉人妻妾陰之，父祖子孫欲隨者聽，不得棄放妻妾，皆準流人，故云亦准此。

又云，若流移人身喪，家口雖經附籍，三年内願還者，放還。議曰：籍謂三年一造，申送尚書省。流人若到配所，三年必經造籍，故云雖經附籍，三年内聽還。既稱願還，即不願還者聽住。

又云，即造畜蠱毒，家口不在聽還之例。議曰：依本條，造畜蠱毒並同居家口雖會赦猶流，況此已至配所，故云不在聽還之例。

注云，下條准此。議曰：謂下條云流人逃者身死，所隨家口仍准上法聽還。上有下條准此之語，下有准上法之文，家口合還及不合還，一准上條之義。

諸流配人在道會赦，計行程過限者，不得以赦原。謂從上道日總計行程有違者。有故者不用此律。若程内至配所者，亦從赦原。逃亡者雖在程内，亦不在免限。即逃者身死，所隨家口仍准上法聽還。

疏：諸流配人在道會赦，計行程過限者，不得以赦原。議曰：行程，依令，馬日七十里，驢及步人五十里，車三十里。其水程江河餘水沿泝程各不同，但車馬及步人同行，遲速不等者，並從遲者爲限。

注云，謂從上道日總行程有違者。議曰：假有配流二千里，準步程合四十日，若未滿四十日會赦，不問已行遠近，並從赦原。從上道日總計行程有違者，即不在赦限。

又云，有故者不用此律。議曰：故謂病患、死亡及諸糧之類。準令，臨時應給假者，及前有阻難不可得行，聽除假，故不入程限，故云不用此律。

又云，若程内至配所者，亦從赦原。議曰：假有人流二千里，合四十日程，四十日限前已至配所而遇恩赦者，亦免。

又云，逃亡者雖在程内，亦不在免限。即逃者身死，所隨家口仍準上法聽還。議曰：行程之内逃亡，雖遇恩赦，不合放免。即逃者身死，所隨家口雖已附籍，三年内願還者，準上法聽還。

諸犯死罪非十惡，而祖父母老疾應侍，家無周親成丁者上請。犯流罪者，權留養親，謂非會赦猶流者。不在赦例，仍準同季流人未上道限内會赦者，從赦原。課調依舊。若家有進丁及親終周年者，則從流計程，會赦者依常例。即至配所應侍，合居作者，亦聽親終周年，然後居作。

疏：諸犯死罪非十惡，而祖父母、父母老疾應侍，家無周親成丁者上請。議曰：謂非謀反以下、内亂以上死罪，而祖父母、父母通曾高祖以來，年八十以上及篤疾，據令應侍，户内無周親年二十一以上、五十九以下者，皆申刑部，具狀上請，聽敕處分。若敕許充侍，家有周親進丁及親終更奏。如元奉進止者不奏。家無周親成丁者，律意屬在老疾人周親，其曾高於曾玄非周親，縱有亦合上請。若有曾玄數人，共中有一人犯死罪，則不上請。

又云，犯流罪者權留養親。注云，謂非會赦猶流者。議曰：犯流罪者，雖是五流及十惡，亦得權留養親。會赦猶流者，不在權留之例。其權留者，省司判聽，不須上請。又云，不在赦例。注云，仍準同季流人未上道在限内會赦者，從赦原。議曰：權留養親，動經多載，雖遇恩赦，不在赦限。依令，流人季別一遣，同季流人若未上道而會赦者，得從赦原。

又云，課調依舊。議曰：侍丁依令免役，唯輸調及租。爲其充侍未流，故云課調依舊。

問曰：死罪囚家無周親上請，敕許充侍，若逢恩赦，合免死以否？

答曰：權留養親，不在赦例，既無各字，止爲流人。但死罪上請，敕許留侍，經赦之後，理無殺法。況律無不免之制，即是會赦合原。又斷死之徒，例無輸課，雖得留侍，課不合徵，免課霑恩，理用爲允。

又問：死罪是重，流罪是輕，流罪養親，逢赦不免，死罪留侍，却得會恩，則死刑何得從寬，流坐乃翻爲急。輕重不類，義有惑焉。

答曰：死罪上請，唯聽敕裁，流罪侍親，準律合住。合住者須依常例，敕裁者已沐殊恩，豈將恩許之人，比同曹判之色。以此甄異，非爲重輕。

又云，若家有進丁及親終周年者，則從流計程，會赦者依常例。議曰：本爲家無成丁，故許留侍，若家有周親進丁，及親終已經周年者，並從流配之法計程。會赦者，一準流人常例。

又云，即至配所應侍，合居作者，亦聽親終周年，終後居作。議曰：流人至配所，親老疾應侍者，並依侍法。合居作者，亦聽親終周年，然後居作。

問曰：犯死罪聽侍，流人權留養親，中間各犯死罪以下，若爲科斷？

答曰：依下文，犯罪已發及已配，而更爲罪者，各重其事。若死囚重犯死罪，亦同犯流加杖法。若本坐是絞，重犯斬刑，即須改斷從斬。準前更犯絞者，亦依加杖例。若依前應侍，仍更重請。若犯流徒者，各準流徒之法，杖罪以下依數決之。流人聽侍者，犯死罪上請。若犯流，依留住法，加杖侍親終。於配所累役犯徒應役，亦準此。應蔭贖者，各依本法。

准：《獄官令》，諸流人應配者，各依所配里數，無要重城鎮之處，仍逐要配之，唯得就遠，不得就近。

准：唐乾元元年二月五日敕節文，其左降官非反逆緣坐及犯惡逆、名教、枉法贓，如有親年八十以上及疾疹患在牀枕，不堪扶侍，更無兄弟□□□□終養。其流移人等亦準此限。

准：唐寶應元年十二月十三日敕節文，覆訖合流者，省司便配所流州。

准：唐建中三年正月六日敕，諸色人及左降官身死，宜並許親屬收歸本貫殯葬，其造畜蠱毒移家口不在此限。

臣等參詳，應左降官及流貶配並收管人等身死者，並許親屬取便收葬。

准：唐貞元十八年五月二十九日敕節文，自今以後，流人及左降官稱遭憂請奔喪者，宜令所司先奏聽進止。

准：唐元和十二年九月十二日敕節文，自今以後，左降官及責授正員等，宜並從到任後經五考滿，許量移。考滿後，州府具元貶事由及到州縣月日，申刑部勘責者。其貶降日授正員官，或無責詞是責授正員官者，並請至五考滿。如本犯十惡及指斥乘輿、妖言不順、假託休□□逆緣累及犯贓合處絞刑，及除名、加役流等，（囚）〔因〕而貶者，奏聽進止。其餘贓犯，是徒流以下罪（囚）〔因〕而貶降者，請同餘貶官例處分。仍請編入格條，永爲常式。

准：唐開成四年十月五日敕節文，從今以後，應是流人六載滿日放歸。

准：唐開成四年十月五日敕節文，從今以後，應是流人□□名者，六載以後聽叙。

臣等參詳，以上三件，今後如有此色人至上件年限，所司臨時奏聽敕旨。

諸犯徒應役而家無兼丁者，妻年二十一以上同兼丁之限。婦女家無男夫兼丁亦同。徒一年加一百二十，不居作，一等加二十。流至配所應役者亦如之。若徒年限內無兼丁者，總計應役日及應加杖數，準折決放。盜及傷人者不用此律。親老疾合侍者，仍從加杖之法。

疏：諸犯徒應役而家無兼丁者。注云，妻年二十一以上同兼丁之限。婦女家無男夫兼丁亦同。議曰：應役者謂非應收贖之人，法合役身。而家無兼丁者，謂户内全無兼丁。妻同兼丁，婦女雖復非丁，據《禮》與夫齊體，故年二十一以上同兼丁之限。共婦人犯徒，户内無男夫年二十一以上，亦同無兼丁例。言以上者謂五十九以下。其殘疾既免丁役，亦非兼丁之限。

問曰：家内雖有二丁，俱犯徒坐，或一人先從征防，或任官，或逃走及被禁，並同兼丁以否？

答曰：家無兼丁，免徒加杖者，矜其糧餉乏絶，又恐家内困窮，一家二丁俱在徒役，理同無丁之法，便須決放。一人征防之徒，遠從戍役，及犯徒罪以上，獄成在禁，同無兼丁之例，據理亦是疏〔犯宣祖上一字廟諱，改爲疏。〕通。居官之人雖非丁色，身既見居榮禄，不可同無兼丁。若兼丁逃走在未發之前，既不預知，得同無兼丁之限。如家人犯徒事發後，兼丁然始逃亡，若其許同無丁，便是長其姦詐，即同有丁之例，依法役身。

又問：二人俱徒，許決放一人。若三人俱犯坐，家内更無兼丁，若爲決放？

答曰：律稱家無兼丁，本謂全無丁者。三人決放一人，即是家有丁在，足堪糧餉，不可更放一人。若一家四人徒役，決放二人，其徒有年月及尊卑不等者，先從應役日少者決放。役日若停，即決放尊長。其夫妻並徒，更無兼丁者，決放其婦。

又云，徒一年加杖一百二十，不居作，一等加二十。注云，流至配所應役者亦如之。議曰：徒一年加杖一百二十，一等加二十，即是半年徒加杖二十，不居作。既已加杖，故云免居作。流至配所應役者，謂流人應合居役，家無兼丁應加杖者，亦準此。

又云，若徒年限內無兼丁者，總計應役日及應加杖數，準折決放。議曰：徒限未滿，兼丁死亡，或人老疾，或犯罪征防，見無兼丁者，若犯徒一年三百六十日，合杖一百二十，即三十日當杖十。若犯一年半徒，五百四十日，合杖一百四十，即是三十八日當杖十。若犯二年徒，七百二十日，合杖一百六十，即是四十五日當杖十。若犯二年半徒，九百日，合杖一百八十，即五十日當杖十。若犯三年徒，一千八十日，合杖二百，即五十四日當杖十。若犯三年半徒，一千二百六十日，亦杖二百，即六十三日當杖十。若犯四年徒，一千四百四十日，亦合杖二百，即七十二日當杖十。其役日未盡，不滿杖十者，律云加者，數滿乃坐，既不滿十，據理放之。

又云，盜及傷人者不用此律。注云，親老疾合侍者，仍從加杖之法。議曰：盜及傷人徒以上，并合配徒，不入加杖之例。諸條稱以盜論，及以故殺傷論，以鬬殺傷論者，各同真盜及真殺傷人之法。親老疾合侍者，謂有祖父母、父母年八十以上及篤疾合侍，家無兼丁者，雖犯盜及傷人，仍依前加杖之法。

准：《獄官令》諸犯徒應配居作者，在京送將作監，婦人送少府監縫作。在外者，供當處官役。當處無官作者，聽留當州修理城隍、倉庫及公廨雜使。配流應住居作者亦準此。婦人亦留當州□□□配舂。又條，諸流徒罪居作者，皆著鉗，若無鉗著盤枷，病及有保者聽脱。不得著巾帶。每旬給假一日，臘、寒食各給二日，不得出所役之院。患假者陪日役滿，遞送本屬。

准：唐元和八年正月二十二日敕節文，自中及外徒□□□及年月滿日，並令奏知，並申牒臺省及□□寺，其徒人便任遞歸本管。

諸工樂雜户及太常音聲人犯流者，二千里決杖一百，一等加三十，留住，俱役三年。犯加役流者役四年。若無習業已成，能專其事及習天文，並給使、散使，各加杖二百。犯徒者準無兼丁例，加杖還依本色，其婦人犯流者，亦留住，造畜蠱毒應流者，配流如法。流二千里決杖六十，一等加二十，俱役三年。若夫子犯流配者，聽隨之至配所，免居作。

疏：諸工樂雜户及太常音聲人。議曰：工樂者，工屬少府，樂屬太常，並不貫州縣。雜户者，散屬諸司上下，前已釋訖。太常音聲人謂在太常作樂者，元與工樂不殊，俱是配隸之色，不屬州縣，唯屬太常。義寧釋曰：義寧，隋末年號。以來，得於州縣附貫，依舊太常上下，別名太常音聲人。

又云，犯流者，二千里決杖一百，一等加三十，留住，俱役三年。注云，犯加役流者役四年。議曰：此等不同百姓，職掌唯在太常、少府等諸司，故犯流者，不同常人例配。合流二千里者，決杖一百，二千五百里者，決杖一百三十，三千里者，決杖一百六十，俱留住役三年。犯加役流者役四年。《名例》云，累徒流應役者，不得過四年。故三年徒上止加一年，以充四年之例。若是賤人，自依官户及奴法。

又云，若習業已成，能專其事及習天文，並給使、散使，各加杖二百。議曰：工樂及太常音聲人皆取在本司習業，依法各有程試。所習之業已成，又能專執其習天文業者，謂在太史局天文觀生及天文生，以其主掌天文。依令，諸州有閹人，並送官配內侍省及東宮內坊，名爲給使，諸王以下爲散使。多本是良人，以其宫闈驅使，並習業已成天文生等，犯流罪並不遠配，各加杖二百。

又云，犯徒者準無兼丁例，加杖還依本色。議曰：工樂及太常音聲人習業已成，能專其事及習天文，並給使、散使犯徒者，皆不配役，準無兼丁例加杖。若習業未成，依式配役。如元是官户及奴者，各依本法。還依本色。還依本色者，工樂還掌本業，雜户太常音聲人還上本司，習天文生還歸本局，給使、散使各送本所，故云還依本色，其有官蔭，仍依本法當贖。若以流內官當徒及解流外任亦同。前還本色叙限，各依常法。

又云，其婦人犯流者，亦留住。注云，造畜蠱毒應流者，配流如法。議曰：婦人之法，例不獨流，故犯流不配，留住決杖居作。造畜蠱毒，所在不容，擯之荒服，絶其根本，故雖婦人，亦須投竄。縱令嫁向中華，事發還從配遣，並依流配之法，三流俱役一年。縱使遇恩，不合原免。婦人教令造畜者，只得教令之坐，不同身自造畜，自依常犯科罪。

又云，流二千里，決杖六十，一等加二十，俱役三年。議曰：婦人流二千里，決杖六十，流二千五百里，決杖八十，流三千里，決杖一百，三流俱役三年。若加役流，亦決杖一百，即是役四年，既決杖之文在上，明須先決後役。

又云，若夫子犯流配者，聽隨之至配所，免居作。議曰：婦人元不合配，以夫子流故，所以聽隨矜其本法無流，所以免居作，從流無杖，不在決例。其有夫子在路身死，婦人不合從流，既得卻還，不復更令居作。

問曰：婦人先犯流刑在身，乃有官蔭，夫子犯流，既聽隨去，未知官蔭合用以否？

答曰：律唯言至配所免居作，役既許免，更無罪名。若犯十惡、五流者，各依除名之律。若別犯流以下罪，聽從官當減贖法。

又問：注云，造畜蠱毒婦女應流者，配流如法。未知此注唯屬婦人，爲復總及工樂以否？

答曰：案《賊盜律》，造畜蠱毒者，雖會赦不免，同居不知情亦流。但是諸條犯流加杖配徒之色，若有蠱毒，並須配遣，故於工樂等留住下立例。注云，造畜蠱毒應流者，配流如法。斯乃工樂以下總攝，不獨爲婦人生文。

（宋）竇儀等《宋刑統》卷一八《賊盜律·殺人移鄉》 諸殺人應死，會赦免者，移鄉千里外。其工樂雜户及户奴，並太常音聲人，雖移鄉，各從本色。部曲及奴出賣及轉配事千里外人。若死家無周以上親，或先相去千里外，即習天文業已成，若婦人有犯，及殺他人部曲、奴婢，並不在移限。部曲、奴婢自相殺者亦同。違者徒二年。

疏：諸殺人應死，會赦免者，移鄉千里外。其工樂雜户及官户奴，並太常音聲人，雖移鄉，各從本色。注云，部曲及奴出賣及轉配事千里外人。議曰：殺人應死，而會赦免罪，而死家有周以上親者，移鄉千里外爲户。其有特赦免死者，亦依會赦例移鄉。工樂及官户奴，並謂不屬縣貫，其雜户若太常音聲人，有縣貫，仍各於本司上下，不從州縣賦役者，此等殺人會赦，雖合移鄉，各從本色，謂移鄉避讎，並從本色驅使。注云，部曲及奴出賣，謂私奴出賣，部曲將轉事人，各於千里之外。

又云，若羣黨共殺，止移下手者及頭首之人。若死家無周以上親，或先相去千里外，即習天文業已成，若婦人有犯，及殺他人部曲、奴婢，並不在移限。注云，部曲、奴婢自相殺者亦同。

又云，違者徒二年。議曰：羣黨共殺，謂謀殺造意合斬，從而加功者絞，同謀共鬬，以下手重者爲重罪，亦合處絞。律故云，止移下手及頭首之人，謂雖不下手，發意元謀，或以威力使人殺者，并合移鄉。雖有從而加功，準律合死，既不下手共殺者，即不移鄉。若死家無周以上親，或先相去千里外，既習天文，謂天文觀生、天文生以上，業已成者，若婦人有犯，謂無常居，隨夫所在，及殺他人部曲、奴婢，此等並不在移鄉避讎之限。注云，部曲、奴婢自相殺者亦同，謂亦不在移鄉之例。此以上應移而不移，不應移而移，違者各徒二年。

（清）沈家本《歷代刑法考·刑法分考十·流》 《宋書·刑法志》：太宗以國初諸方割據，沿五代之制，罪人率配隸西北邊，多亡投塞外，誘羌爲寇，乃詔：當徒者，勿復隸秦州、靈武、通遠軍及緣國諸郡。時江、廣已平，乃皆流南方。

按：刺配之法，宋傅軍籍，觀熙甯時中書議復古徒流移鄉之法，俟其再犯，然後決刺充軍。可知刺配與流不同也。宋初，刺配之條尚少，如此條之西北改流南方，又可知流罪未廢，與刺配爲二。後來軍流之分，實肇於此時。

（清）沈家本《歷代刑法考·刑法分考十·流》 《宋志》：先是，太祝刁衎上疏言：古者投姦人於四裔，今乃遠方囚人，盡歸象闕，配務役。神京天子所居，豈可使流囚於此聚役。望自今外處罪人，勿許解送上京，亦不留於諸務充役。

按：此條《志》列於雍熙二年，而有先是之文，未必果在是年。《圖書集成·祥刑典》定爲雍熙二年，未知别有所據否。然可見雍熙之時，流人送京應役，未全用刺配之法也。

曾布復肉刑議：大辟之次，處以流刑，代墨、劓、剕、宫，不惟非先王流宥之意，而又失輕重之差。古者鄉田同井，人皆安土重遷。流之遠方，無所資給，徒隸困辱，以至終身。近世之民，輕去鄉井。轉徙四方，固不爲患，而居作一年，即聽附籍，比於古亦輕矣。況折杖之法，於古爲鞭朴之刑，刑輕不能止惡，故犯法日益衆，其終必至於殺戮，是欲輕而反重也。

按：曾布此議在熙甯中，見《刑法志》，可以見一年附籍之法未盡泯也，特刺配者日多耳。遼流刑寘之邊郡部族之地，遠則投諸境外，又遠則罰使絶域。詳總考。

（宋）李燾《續資治通鑑長編》宋神宗元豐八年九月 乙未，三省、樞密院言：該配合從開封府及軍馬司斷遣者，並依法配行。無軍名者，五百里以上，並配牢城鄰州，本州並配本城。强盜，或三犯竊盜，因盜配軍後再犯罪，若謀殺並以刃故傷人，放火、强姦，或人力姦主已成，造畜蠱毒及教令人，並傳習妖教，故沈有人居止舟船，拒捕，以上於法合配者，並諸軍犯階級及逃亡應配千里以上，並依法配行。內無軍額，五百里以上，配牢城鄰州，或本州配本城。已繫本城，配牢城；已繫牢城，配重役。從之。此即十月八日己巳所詔改新配法也。《舊録》既於九月四日乙未詳書之，又於十月八日己巳特書，並著黄履有言。《新録》因之，蓋考之不詳耳！今並入此，仍取王巖叟所言，附元豐六年三月二十六日，可考。

初，神宗以流人離去鄉邑，或疾死於道，而護送禁卒失教習，有往來勞費，故放免犯罪應流者，加決刺，隨所在配諸軍重役。於是中丞黄履有言：故令應配者，悉配行如舊法。仍委長吏，無下所降敕。履言當考尋全章編入。《新録》削去仍委長吏，無下所降敕。《政目》七月二十二日，詔開封盜合配者，依舊條。餘令立法。此合參考。

監察御史王巖叟亦言：竊見諸州自行就配法以來，民間多苦兇徒騷擾之患。緣其人皆是狃於爲惡，無所畏憚，不復自新之人，平昔流之遠方，猶或逃歸以肆兇虐，今既不離本鄉，更無限隔，足以遂其爲惡之志，恣其報怨之心。使被苦與告捕之家，常憂仇害，一鄉上下，不獲安居。若日月益久，其徒轉盛，愈恐易於結集，爲患更深。伏望朝廷採察，罷就配法，以爲羣兇之戒，以爲良民之福。

（宋）留正等《中興兩朝聖政》淳熙十一年七月　校書郎羅點言，比年以來，所在流配人甚衆，强盜之獄，每案必有逃卒，積此不已，爲害不細，切謂欲戢盜賊，不可不銷逃亡之卒。欲銷逃亡之卒，不可不減刺配之法。望詔有司將見行刺配情輕者，從寬減降，別定居役或編管之令，其應配者檢會。淳熙元年五月指揮，擇其强壯刺充屯駐大軍，庶幾州郡黥配之卒漸少。上曰：近歲配隸稍多，久後當如何？王淮等奏如雜犯死罪猶可從輕，至如刼盜六項指揮之行爲盜者，莫不曉得將欲爲盜，必先虚立爲首之名，殺人濫姦之罪皆歸之，以故爲首者不獲，而犯者免死，盜何由死。上曰：可令刑寺集議奏聞。既而刑部大理寺奏上，壬寅進呈。上曰：朕夜來思量，配法雜犯死罪，只配本州牢城。犯私茶鹽之類不必遠配，只刺充本州廂軍，令著役。若是刼盜已經三次便可致之死。可諭刑寺官子細商議奏來。

（宋）謝深甫等《慶元條法事類》卷七四《刑獄門·老疾犯罪》

〔户婚勑〕諸老疾應贖人充莊宅牙人者，私牙人同。杖一百，許人告，仍五百里編管。

（宋）謝深甫等《慶元條法事類》卷七五《刑獄門·移鄉》〔盜賊勑〕諸應移鄉而又應配本州或鄰州者，配五百里，即配應贖者，移鄉如法。

諸因捕姦、盜，殺所捕人者，免移鄉。

（宋）謝深甫等《慶元條法事類》卷七五《刑獄門·移鄉》〔名例勑〕諸祖父母、父母老疾應侍，家無期親成丁，應移鄉者，移鄰州。

諸應比罪者，謂犯編配應當贖之類。移鄉比徒一年。

（宋）謝深甫等《慶元條法事類》卷七五《刑獄門·移鄉》〔給賜令〕諸移鄉人，貧乏不能自存者，地分人保明申州審察，不限時月。依乞丐人法於常平倉給口食。男子非老疾者，減半。

（宋）謝深甫等《慶元條法事類》卷七五《刑獄門·移鄉》〔斷獄令〕諸罪人應移鄉，而有瘡病或孕未決者，遣行報所詣處決之，即瘡病重及臨産月者，聽留。瘡病仍差人治療。俟堪遣乃行。

諸移鄉者，聽家屬隨行。家在佗所者，移文發遣。若罪人已死，而家屬願還者，亦聽。謂非外界人及本條不許還者。願隨而在他所，或願還而不能自致者，差遞鋪傳送。

諸移鄉者斷訖，節録所犯及以隨行家屬財物數、住家之所具載於牒，付部送人，乃給行程，歷經由縣鎮批書月日，病者仍保明。若須財物支用，聽經官自言，於牒內書印給付，應替者檢視交受。入別路界者，所至州縣，即時申提點刑獄司檢察，至所隸州受訖回報元斷官司。若未至而身死或逃亡，隨處受牒點檢，仍報元斷，若住家及所隸州。

諸移鄉人應部送者，皆注籍。先移文所詣州。俟得已至之報，即時勾銷。在路報逃死之類同。以上計程，應至未報者，根治。

諸犯流罪願歸住家之所居作者，決訖部送。若應移鄉者，役於移鄉之所。

諸移鄉人遇赦者，州具元犯申提點刑獄司詳定情理，輕者十年，稍重及重者遞加五年，放逐便訖，申尚書刑部。

諸移鄉人，應放者，給公憑。

（宋）謝深甫等《慶元條法事類》卷七五《刑獄門·編配流役》

〔斷獄令〕諸編配計地里者，以住家之所，諸軍以住營之所，各不得過里數三百里。三百里內，無州配以次最近州。應配本州及本城者，在京配近京州，應配鄰州者，緣邊次邊配近裏州，即再犯者，仍計元住或見住之所，從一遠編配。

諸應編配廣南及遠惡州，而已編配在逐處者，東西路互換編配。計地里編配，而應出本路者，準此。已編配在遠惡州人，各不得編配非遠惡處。係廣南、福建、江西、湖南路人，並編配河北、河東非緣邊或京東、京西路。又犯者，止於四路内從遠編配。計地里編配而應出本路者，準此。

諸編配人，備録年甲犯狀，以前過犯，若住家、犯事之所請軍仍具舊諸列。及所引條制、斷遣刑名，實封遞報所隸州，置簿録元牒仍付法司看詳。有不當者，受訖具奏。止以遠近不當者，改正訖報元斷路提點刑獄司。若無不當，即連元牒申提點刑獄司送檢法官詳覆。其應揀選移放者，以簿照驗，即配門島人別録所犯，謂鄉貫、年甲、犯杖及所引條制、斷遣刑名。付部送人報登州，餘準上法。【略】

諸配流編管羈管者，斷訖節録所犯及以隨行家屬財物數、住家之所，具載於牒元是命官不録家屬財物。付部。送人仍給行程，歷經由縣鎮批書月日，病者仍保明，若須財物支用，聽經自言於牒内書印給付。應替者，檢視交受。入別路界者，所至州縣，即申提點刑獄司檢察，至所隸州，訖回報元斷官司。若未至而身死或逃亡，隨處受牒點檢，仍報元斷，若住家及所隸州。【略】

諸罪人應編配羈管而有瘡病或孕未決者，遣行報所詣處決之，即瘡病重及臨産月者，聽留。瘡病仍差人治療。候堪遣乃行。

諸犯流罪，願歸住家之所居作者，決訖部送。若應編管者，役於編管之所。羈管人準此。

諸流囚決訖，髡髮去巾帶給口食二十日外居作，量以兵級或將校防轄。假日不得出所居之院，以病在假者，免陪。日役滿或恩則放。

諸責降安置及編配羈管人所在州常切檢察，無令出城及致走失。仍每季具姓名申尚書省。

諸編管羈管人，月赴長吏廳呈驗。元係品官，若婦人元有官品封邑者，所居廂止具見管狀申。

諸編管羈管人遇赦者，元係命官所屬，限十五日具元犯奏裁。安置者，準此。

諸編管羈管人在道會赦，非故有稽留者，依已至會赦法。

諸編管羈管人應放者，給公憑。【略】

諸州乞配及乞住配罪人，皆申尚書刑部。乞配者，仍據地里應配之人配往兩州以上乞配者，牒配闕人多處。即已聽住配而尚配到者，亦爲收管，仍報元斷路提點刑獄司。

諸州乞住配罪人，已無配而滿五年，遠惡州滿三年，仍舊配往。

諸罪人配沙門島及廣南，若遠惡州者，元斷官司限次月略具犯狀刑名，係特旨斷者亦具。遣行月日，申尚書刑部。罪人至所配州受訖，限五日申本部。其緣路逃死者，所在州縣準此。

配到罪人濫額及五分者，謂元額一百人，溢及五十人之類。申提點刑獄司審實保明，申尚書刑部。住配候年限滿日，本司再申刑部。歲終，州具見管人數、姓名，申提點刑獄司。

諸海洋强盗，不得配緣海州。

諸罪緣坐家屬應編管者，同處。

（宋）謝深甫等《慶元條法事類》卷七五《刑獄門·編配流役》

〔斷獄令〕諸强盗同火，殺人、放火、竊盗徒黨各不得同配一州，仍不得同時上道。五人以上不得同在一路。應配廣南，以情輕者分配福建路或三千里外。

（宋）謝深甫等《慶元條法事類》卷七五《刑獄門·編配流役》建炎四年十一月十二日，勑應諸路人犯配沙門島，權配海外州軍，謂萬安、昌化、吉陽軍，瓊州、廣東、福建、江西、湖南路人，應配廣南遠惡及廣南者，並止依本法配行，仍須各及二千里以上州軍，無二千里以上州軍，止於廣南東西兩路，從一遠配。

（宋）謝深甫等《慶元條法事類》卷七五《刑獄門·侍丁》〔名例勑〕諸犯死罪非十惡及持仗强盗，謀殺、故殺人已殺，而祖父母、父母老疾應侍，家無期親成丁者，奏裁。犯配沙門島，遠惡州及廣南，並配千里，五百里以上，配鄰州，鄰州配本州。應移鄉者，移鄰州，犯流應居作情理兇惡，故毆人至廢疾者非。及編管者，並免。即已編配居作而應侍者，準此移放。

諸緣坐應編管而年六十以上、十五以下及婦人於本條應編管而夫之祖父母、父母或祖父母、父母謂未嫁者，即雖已嫁而召贅婿者，同。老疾應侍，家無期親成丁者，並免。若已編管而應免者，亦放。

（宋）謝深甫等《慶元條法事類》卷七五《刑獄門・部送罪人》

〔斷獄敕〕諸配沙門島人，應别録所犯，付部送人報登州。而於令有違及隱漏者，各杖八十。即部送兇惡及走投化外情重罪人，而不依令選差兵級及關報根治者，罪亦如之。

（宋）謝深甫等《慶元條法事類》卷七五《刑獄門・部送罪人》

〔申明〕諸犯流已決未役，已役未滿而亡，捕獲者各杖一百，首身者減三等。雖會恩，仍補滿役日。主守不覺亡者，一名杖六十，每名加一等，罪止杖一百。【略】

諸緣坐人，應編管羈管謂永不放在省。而逃亡者，許人捕。羈管者杖六十，即已附籍而逃至不許往州縣者，依移鄉人逃亡法。

（宋）謝深甫等《慶元條法事類》卷七五《刑獄門・部送罪人》

〔名例敕〕諸罪應減等，若罪之坐之不在編配之例。

《遼史》卷六一《刑法志》 流刑量罪輕重，置之邊城部族之地，遠則投諸境外，又遠則罰使絶域。

（清）沈家本《歷代刑法考・刑制總考四・金》 流刑三：二千里，贖銅一百六十斤，配役一年；二千五百里，贖銅一百八十斤，配役一年，三千里，贖銅二百斤，配役一年。

（元）孟奎《粗解刑統賦》 今之選法，舉茂才臺賓舉廉能者是也，此議字非議罪也。配所犯徒杖不過於二百，配徒之法，古人恤刑，不忍害生之意，謂法重猶矜於死也。徒半年以至三年五年者，欲其改過自新耳。若配所更犯徒法者，其折役之杖，累其前犯，杖數加之不出二百，如前犯二百七，今不得加一百七之上，若加上則過二百矣。

流刑加役，里亦止於三千，應流之日更加役，罪止於三千里，計其前犯里數不出三千里之外，如前犯流二千里，今不得加一千里之外，若二千里之外則不止於三千里矣，加以原發地所里數較之。

《元典章》卷三九《刑部・刑制・刑法・徒》 疏義曰：《書》云：流宥五刑。謂不忍刑殺，宥於遠也。

二千里。比徒四年。

二千五百里。比徒四年半。

三千里。比徒五年。

《元史》卷二一《成宗本紀》 〔大德八年〕十一月壬子詔：内郡、江南人凡爲盜黥三次者，謫戍遼陽。諸色人及高麗三次免黥，謫戍湖廣。盜禁御馬者，初犯謫戍，再犯者死。

（元）沈仲緯《刑統賦疏・第三韻》 流刑加役里亦止於三千。《名例律》，流三千里，役三年，流俱一年。注本條稱加役流者，流三千里，役三年。役滿及會赦免役者，即於配處從户口例。蓋古之流刑有三等，近者二千里，稍遠者二千五百里，至遠者三千里。死刑有二等，一曰斬，二曰絞。唐太祖詔長孫無忌等議，絞刑輕者，免死而斷右趾。既而又愍之，曰：肉刑前代除之矣，今復斷趾，吾不忍也。遂改爲加役流，加役流者，流三千里，徒役三年，止加徒役一年，總不過四年，再不於三千里上加遠，若配流過此即是三居之外矣。故諸犯罪已配居配所更犯流者，依留住法止加役四年，里亦不過三千也。

直解：若在配所更犯流罪者，依留住法止加役三年，地里不過三千里。

通例：至大二年二月，部檢舊例，流刑有三，皆以里數定。立程限，限内遇赦則原，無故違限則不原。今遼陽離大都一千五百餘里，其流囚别無素定程限，賊人吴喜兒等至行省遇赦，未及流所，欽依免放，流囚中途，遇革放還。延祐七年八月部議平江路賊人余何官先犯竊盜朱煜家，刺斷一百七下，配役三年，逃回竊嚴勝二家，盗銀器，斷罪發付奴牛千出軍，又若如也。

《元典章》卷三九《刑部・刑制・遷徒・豪覇兇徒遷徒》 皇慶元年十二月，江西省準中書省咨刑部呈，欽惟聖朝之治天下也，以好生惡殺爲心。《書》曰：明德慎罰，爲政之恤。語云，刑罰不中，則民無所措手足。舊例殺人特與兇不在移鄉，今之牧民官吏或因喜怒生出好惡，喜怒好惡之不同，刑法輕重之失當，高下其手，出入任情，若此所爲，而望治安刑措，則未聞也。照得近承奉尚書省判送議擬事内，如江西行省胡光弼等結成羣黨，起滅詞訟，凌犯官府，欺虐良民，遷徒廣東。又熊雲翔騙要民財風聞公事，濫充貼書，毁罵縣官，杖斷六十七下，遷徒廣東。御史臺呈，張德安告松州吏不公，本州挾讎執羅張德安不孝爲名，枉斷八十七下，遷徒遼陽，沿路杖瘡潰發身死等事，除另竺議擬外，本部照得大德七年十一月初三日，中書省拠江西福建道奉使宣撫呈，巡行江西，拠諸人言告，一等縣富豪覇之家，内有曾充官吏者，亦有曾充軍役雜職者，亦有潑皮兇頑，皆非良善。以强凌弱，以衆害寡，妄興横事，羅摭平民，騙其家貲，奪占妻女，甚則害傷性命，不可勝言。交結官府，視同一家，小民既受其欺，有司亦爲所侮，非理害民，縱其姦惡，亦由有司貪猥馴致其然。莫若嚴禁各處行省已下大小官吏，非親戚不得與所部豪覇等户往來交通，受其饋獻一切之物。如有違犯，官吏依取受不枉法例科斷，其豪覇茶食安保人等，似前違犯，取問是實，初犯於本罪上比常人加二等斷罪，紅土粉壁標示過惡。再犯，痛行斷罪移徙。接連三犯，斷罪移徙邊遠。如此少革侵漁細民之弊，已經遍行合屬去訖。以此參詳，今後各處豪覇兇徒歹人，摭羅平民把持官府者，敗露到官，罪狀明白，合依奉使宣撫所言，痛行斷決。中間果有累犯不悛，必合移徙之徒，宜令事發官司開具情犯緣由，斷訖杖罪，明白申禀，俟獲省部明降至日，方許發遣。如蒙準呈遍行，合屬照會相應具呈，照詳得此，都省咨請依上施行。

《元典章》卷三九《刑部·刑制·遷徙·遷徙會赦不原》 延祐四年正月，江西行省準中書省咨來咨該龍興路申，經歷司呈，檢舉到本路司吏路克敏，承行黄州路關，爲童慶七、童庚二爲崇法院僧游慧元拐借辦穀不還，挾讎用挑牙篦子故將游慧元剌損雙睛，蒙本處官司將童慶七、童庚二斷罪，遷徙遼陽迤東屯種。遞發到於黄州路，欽遇釋放，切詳童慶七、童庚二情犯擬合依已行遷徙遼陽屯種，庶使兇頑之民，知畏刑憲。本省除已劄付龍興路將童慶七、童庚二牢固監收聽候外，咨請照詳準此送刑部。照得延祐三年九月十六日承奉中書省劄付，奏準將馮子振欽依斷訖罪，將本人遷徙遼陽行省。今據順德路申長押官縣尉高彬申將馮子振管押到來大都，知得欽遇詔赦回還等事。本部議得，今之遷徙即古移鄉之法，比之流囚事例不同，參詳馮子振所犯，雖是在途遇赦，合依已行遷徙相應都省準擬。今奉前因，本部議得童慶七、童庚二既係兇惡十虎之徒，無故將慧元雙目刺瞎不明，以致本人終身殘患，不分道路，罪已經斷，遷徙遼陽，雖是在途欽遇赦恩，擬合比依馮子振例，移咨江西行省遷徙相應，具呈照詳，都省咨請依上施行。

《元典章》新集《刑部·諸盗·出軍·押發流囚期限名數》 延祐六年二月日，江西行臺準御史臺咨，奉中書省札付來呈，監察御史呈，照得云：延家庭成員二年出軍賊人差人鋪馬押送例。欽此。參詳：人命至重，死非復生，出軍罪囚，杖瘡痊可，妻子從流，聽如鋪馬。直隸省部路分差相應人長押站赤，應付飲食，至刑部或行省宣慰司，通類幾名差人馳驛押發。若所差人敢有致死囚人者，依例結案。得此，照得延祐四年十一月，江浙省咨，押發出軍賊徒，如蒙斟酌起數，差官押發似爲長便，咨請照驗。送刑部議得：今後行省概管路分出軍賊人，擬一十名爲則，限六十日，總令一路順便，差官長押去所指地面。若已及期，雖名數不敷，亦行發遣。得此，準擬依上施行去訖。今據見呈送刑部議得：出軍囚徒，行省概官路分，若依前例，每運一十名押送，係聚人衆，恐有未便。今後量擬五名爲則，限六十日，總令一路順便，差官長押，前去所指地面交割。若已及期，雖名數不敷，或過元數一二，亦行發遣。妻子願者聽。腹裏各道宣慰司等衙門並直隸省部路分，依上發遣。被差人等敢有故行致死罪囚，所在官司檢覆明白，依例追問。若符同虚作病故申報，從監察御史廉訪司嚴加糾察。

《元史》卷一〇二《刑法志》 諸毁匿邊關文字者，流。

《元史》卷一〇三《刑法志》 諸南北兵馬司，罪囚八十七以下，決遣；應刺配者，就刺配之。

《元史》卷一〇三《刑法志》 諸犯罪流遠逃歸，再獲，仍流。若中路遭亂而逃，不再犯，及已老病並會赦者，釋之。

《元史》卷一〇三《刑法志》 諸流囚居役，非遇元正、寒食、重午等節，並勿給假。諸配役囚徒，遇閏月，通理之。諸應徙流，未行，會赦者釋之；已行未至，會赦者亦釋之。諸囚徒配役，役所停罷者，會赦，免放。諸有罪，奉旨流遠，雖會赦，非奏請不得放還。諸徒罪，晝則帶鐐居役，夜則入囚牢房。其流罪發各處屯種者，止令監臨關防屯種。諸流遠囚徒，惟女直、高麗二族流湖廣，餘並流奴兒干及取海青之地。諸徒罪，無配役之所者，發鹽司居役。

《元史》卷一〇五《刑法志》 諸豪右權移官府，威行鄉井，淫暴貪虐，累犯不悛者，徙遠惡之地屯種。諸頻犯過惡，累斷不改者，流遠。諸兇人殘害良善，强將男子去勢，絶滅人後，幸獲生免者，杖一百七，流遠。

《元史》卷三三《文宗本紀》〔天曆二年七月己未〕更定遷徙法：凡應徙者，驗所居遠近，移之千里，在道遇赦，皆得放還；如不悛再犯，徙之本省不毛之地，十年無過，則量移之，所遷人死，妻子聽歸土著。著爲令。

《元史》卷一〇二《刑法志》南人遷於遼陽迤北之地，北人遷於南方湖廣之鄉。

《大明令・刑令》凡犯流罪者，妻妾、家屬、父母、子孫願隨者，聽。移鄉人家口，準此。若流移人身喪，雖經附籍，願還鄉者，聽。若謀叛造蠱及讎殺者，家口不在聽還之例。

（明）何楝如《皇祖四大法》卷五《治法》〔洪武十四年三月〕庚寅，詔刑部犯流徙罪者，不宜處以荒蕪之地。但定其里遠近，令於有人民處居之，以全其生。

（清）嵇璜等《續文獻通考》卷一三七《刑考・徒流》洪武十五年正月，命將校士卒雜犯死罪者免死，杖發戍邊。十六年正月，令雜犯死罪者罰戍邊。英宗正統五年十月，刑部言：舊例，軍丁力士犯盜者皆戍邊，比者詔從律斷。但令輸作復役，以是人輕於犯盜。請復舊例，庶使知懼。從之。

（明）談遷《國榷》太祖洪武十六年正月　命徒流而下代農民力役贖罪。

《明史》卷九三《刑法志》　初制流罪三等，視地遠近，邊衛充軍有定所。蓋降死一等，唯流與充軍爲重。然《名例律》稱二死三流各同爲一減。如二死遇恩赦減一等，即流三千里，流三等以《大誥》減一等，皆徒五年。犯流罪者，無不減至徒罪矣。故三流常設而不用。

（清）查繼佐《罪惟録》紀卷三《太宗紀》〔永樂五年九月〕諭刑部尚書呂震，凡發戍者從南北風土所宜。

《明宣宗寶訓》卷二《恤民》　宣德七年二月己未，行在兵部請再遣官清理軍伍，上曰：軍伍當清，若果户絶，勿累平民，大抵深刻之徒，妄意朝廷在於得軍，展轉牽連累及良善，遂至訴訟紛紛。不知軍與民皆國之根本，朕撫視如一，未嘗有偏。今宜諭以朕意，是是非非，務盡至公，不可枉濫。

（明）清波逸叟《折獄明珠》卷一《五刑定例》　流刑有三：

流二千里，杖一百。

流二千五百里，杖一百。

流三千里，杖一百。

流罪，犯贓一百貫，流一千里。每五貫加一等，一百二十貫，流三千里。若再多，罪則問襍犯死罪也。

（明）海若湯《古今律條公案》附録《五刑定律・流刑有三》　流刑有三：流者，謂人犯重罪，不忍刑殺，流去遠方，終身不得還鄉。自二千里至三千里爲三等，每五百里一等加減。凡例犯贓一百貫，流一千里，每貫加一等，一百二十貫，流三千里，若再多則問雜犯死罪也。流二千里，杖一百。流二千五百，里杖一百。流三千里，杖一百。

（清）王明德《讀律佩觿》卷四下《不杖流》　流從徒增，流必加杖，定律也。故律内凡屬流罪，必冠之以杖一百。乃律中復有止曰流若干里，而并不冠以杖若干者，則其為不杖流可知。流而不杖，得毋異乎其為流也歟？異乎其為流，則不容不詳乎其為目。查户、禮、兵、工四部律内無有也。有之者惟吏、刑二律而已，計條惟八。謹詳其目于左。

吏

《職制》律交結近侍官員條内：凡交結内官及近侍人員，漏泄事情，夤緣作弊，符同啓奏。其妻子流二千里安置者。

刑

《賊盜》律謀叛條内：其父母、祖孫、兄弟，不限籍之同異，皆流二千里安置者。

《人命》律殺一家三人條例内：殺一家非死罪三人，妻子流二千里者。

《人命》律前條例内：支解人，為首，妻子流二千里者。

《人命》律採生折割人條内：採生折割人，其妻子及同居家口，雖不知情，併流二千里安置者。

《人命》律前條内：採生折割人已行而未曾傷人，其妻子流二千里者。

《人命》律造畜蠱毒殺人條内：凡造畜蠱毒殺人，其妻子及同居家口雖不知情，併流二千里安置者。

《人命》律前條内：以蠱毒毒同居人，其被毒之人妻子及同居家口，知造畜之情，仍流二千里者。

按，三流各杖一百，法所必然，此獨不加之以杖，其義何居？曰：罪繇緣坐，罪非其罪，無所為應杖之情故也。夫既不加杖矣，乃復不在收贖之限，更重之以常赦不原，會赦猶流者何？正犯惡備窮凶，慮遺餘孽，故重其法以遺之。是即無俾異種於兹之義云爾。

（清）王明德《讀律佩觿》卷四下《安置》 安置者，置之於彼，不得他適，名雖為流，實即古之所謂放也。然置之不令他適，與放固云無異，但於置字上既冠曰流，又復加以安之一字，且更不復冠以杖一百。前賢於此，豈竟同於衍文，了無義意，而故云然？愚謂置而曰安，必與三流流法有别。或棲以傳舍，或給以口糧，使之稍有以自遂，始得謂之安，抑或緣於杖流之流，必仍役以實徒四年。是彼應為杖流之人，皆係苦心志、勞筋骨，曉夜莫或得其為安，此則不復役而苦之。惟止於年為稽考，月為點驗，禁令不得恣行他適而已。以是為置，即以是為安，庶乎與三流之流迥别，方與安置之義允符。然必杖流罪犯，仍於流所役以實徒四年，而後於此緣坐之不杖流人犯，假以寬典之恩始見。否則，安置之流與杖流之流毫無異義矣。彼定律者，何不直書曰流二千里而已矣，乃復於二千里之下，贅以安置二字為耶？倘果如近世所云，凡一切杖流之人，止以流及彼地竟聽為民，是此不杖流之緣坐人犯，其罪反重於身犯杖流者之士，又何為定律者乃止以流二行里為？前賢準理酌法，捉筆命字之頃，恐不若是之疎也。静為體味，其重杖流以實徒也，固為必然矣。惜乎獻不足徵，徒滋煩聒，反以致貽衆楚之咻耳。惟俟高賢共有以訂之。查律中安置其條，止計其四，謹列其目於左。

吏

《職制》律交結近侍官員條内：若交結内官及近侍人員，漏泄事情，夤緣作弊，符同啓奏，妻子流二千里者。

刑

《賊盜》律謀叛條内：凡謀叛人，父母、祖孫、兄弟不限籍之同異，皆流二千里者。

《人命》律採生折割人條内：凡採生折割人，妻子及同居家口雖不知情，并流二千里者。

《人命》律造畜蠱毒殺人條内：造畜者，妻子及同居家口雖不知情，併流二千里者。

（清）王明德《讀律佩觿》卷四下《遷徙》 挈此置彼曰遷，舍此之彼曰徙。孟氏曰：遷其重器。又曰：死徙毋出鄉。觀此，則遷徙之義可概見矣。若律中所云遷徙之法，一則曰遷離鄉土一千里之外，一則曰準流減半，杖一百、徒二年。細為備思，乃知遷徙者即不出本省之流法耳。蓋五徒發配，近在隔府鄰封，不出五百里之外；而流則不獨出乎本省，且以越乎他省或更越數省而遠之；若遷徙，則止以千里為限。雖云亦係遣之遠去，實仍在本省鄉貫之中，得毋仍取死徙毋出鄉之義乎？因即所遷之地而較之，其于徒也則倍增，固不可以徒名；而較之一等流，則倍減，更不可以流著，乃其一去不返也，又復符。是此遷徙之法，實介乎似徒非徒、似流非流之界。既不得列之於三流之中，復不得隸之於五徒之列。故前賢特别而名之曰遷徙。備查律中，遷徙之條止於三，爰著其目於左。

吏

《職制》律濫設官吏條内：若吏典知印人等額外濫充者。

户

《户役》律禁革主保里長條内：若有妄稱主保、小里長、保長、主首等項名色，生事擾民者。

刑

《受贓》律官吏受財條内：凡説事過錢，有禄人減受財人一等，無禄人減二等者。

（清）王明德《讀律佩觿》卷四下《邊遠為民》 邊遠就邊之道里遥遠言。如秦之甘肅，寧夏、臨洮，遼之金復海，蓋開原、鐵嶺之類。總以邊為界，以遠為限，然斷不出乎邊之外，否則竟與邊外無異矣。用法者不可不留意而差别之。其條有二，謹著于左。

刑

《訴訟》律越訴條例内：凡驀越京，及巡撫、巡按、按察司處奏告叛逆等項機密重事，併全誣十人以上，屬有司者。

《訴訟》律前條例內：在外刁徒，身背黃袱，頭插黃旗，口稱奏訴，直入衙門，挾制官長。如不干己事，别無冤枉，併究主使之人，屬有司者。

（清）王明德《讀律佩觿》卷四下《邊外為民》 邊者，九邊也，燕及秦、晋各居其三，合而計之，共成為九。若邊以外，則茫無邊際，皆為屬國飄忽翔游之地矣。然邊以外，雖云屬國可以游牧，而相距則仍頗遠。其中樵蘇而排牧者，仍我民人也。若燕山後之邊外，向來設有八州，故明開國之初，分藩鎮之號曰寧王。至永樂間，始遷其藩于江右，山後八州於是乎遂淪棄而不可問。此律所以有邊外為民之法。查律內，計條凡十四，謹著其目於左。

吏

《職制》律官員襲蔭條例：保到應襲軍職，若有人奏告姦生、乞養、倫序不明等情已經勘明，繳報兵部，原告又行捏詞奏告屬有司者。

《職制》律貢舉非其人條例內：若買到士人倒過所司起送公文，頂名赴吏部投考者。

《職制》律前條例內：應試舉監生、儒人等，其旗軍、夫匠人等受財代替，夾帶傳遞，係夫匠者。

户

《田宅》律盜賣田宅條例內：用强占種屯田五十畝以上，不納籽粒屬民者。

《婚姻》律典雇妻女條例內：若將妻妾作姊妹，及將拐帶不明婦女，或將親女、居喪姊妹嫁賣與人騙財之後，設詞托故領去，或中途聚衆行凶邀搶人財，餘人屬有司者。

《錢債》律違禁取利條例內：凡勢豪舉放私債、交通運糧官、綁打官軍將官糧，準還私債屬有司者。

禮

《祭祀》律禁止師巫邪術條例內：凡官吏、軍民、僧道人等來京，妄稱一切左道、亂正邪術，擅入皇城，夤緣作弊，希求進用，屬有司者。

《祭祀》律前條例內：軍民容留左道惑衆之人，在家或寺觀容留披剃、冠簪探聽境内事情，及捨與應禁鐵器等項，屬有司者。

《儀制》律匿父母夫喪條例內：其父母喪，計原籍程途，每千里限五十日。如過限匿不舉哀，不離職役者。

刑

《賊盜》律白晝搶奪條例內：凡號稱喇唬等項名色，白晝在街撒潑，口稱聖號，及應捕人等指以勾攝為由，毆打平人，搶奪財物，除真犯死罪外，餘人屬有司者。

《鬭毆》律毆制使及本管長官條例內：凡因事聚衆，將本管官及公差監臨官毆打、綁縛，屬有司者。

《鬭毆》律毆期親尊長條例內：凡兄與伯叔謀奪弟侄財産、官職，故行殺害，屬有司者。

《訴訟》律教唆詞訟條例內：將本狀用財雇寄人，赴京奏訴，併受雇寄人，屬有司者。

《斷獄》律凌虐罪囚條例內：凡押解人犯，若擅加杻鐐、非法亂打，逼致死傷，及受財故縱、買求殺害徒罪以上，屬有司者。

《清聖祖實録》康熙四十七年七月 丁丑，諭刑部，凡減等流徙者，俱係死罪豁免之人，理當在流所安静守分，若仍不改過，逃回作惡，情罪殊爲可惡，嗣後流所逃回不犯罪者，仍照原定例完結。外逃回後又復犯罪，不論罪之輕重，並將舊案查出，立時正法。庶匪類知所警戒。著爲令。

《清世宗實録》雍正二年四月 庚申，刑部遵旨議覆，下五旗包衣佐領下人，嗣後因公事犯罪俱停其發往諸王所屬打牲烏喇處，均改發三姓地方當差，若情罪稍輕，酌量發黑龍江等處，請著爲令。從之。

《大清律例》卷四三《總類・雜犯流罪》 雜犯流罪總徒四年。

二千里。

刑律：

監守自盜倉庫錢糧等物，至二十兩者。監守自盜倉庫錢糧律。

常人盜倉庫錢糧等物，至四十五兩者。常人盜倉庫錢糧律。

二千五百里。

刑律：

監守自盜倉庫錢糧等物，至二十五兩者。監守自盜倉庫錢糧律。

常人盜倉庫錢糧等物，至五十兩者。常人盜倉庫錢糧律。

三千里。

刑律：

盜京城門鑰者。盜城門鑰律。

監守自盜倉庫錢糧等物，至三十兩者。監守自盜倉庫錢糧律。

常人盜倉庫錢糧等物，至五十五兩者。常人盜倉庫錢糧律。

年遠塚先穿陷，及未殯埋而開棺見尸，爲從者。發塚律。

二千里。

《大清律例》卷四三《總類·實犯流罪》 實犯流罪

刑律：

謀叛正犯之父母、祖、孫、兄弟。謀叛律。

竊盜及掏摸得財，至一百兩者。竊盜律。

於墳墓熏狐狸，因燒緦麻以上尊長尸者。發塚律。

奉制命出使，所在官吏謀殺，及部民謀殺本屬府、州、縣，軍士謀殺本管官，吏卒謀殺本部五品以上長官，已行未傷，爲首者。謀殺制使及本管長官律。

謀殺緦麻以上尊長已行，爲首者。奴婢及雇工人謀殺家長之緦麻以上親已行，爲首者。謀殺祖父母父母律。

殺一家非死罪三人，及支解人者之妻子。殺一家三人律。

採生折割人，已殺、已傷，爲首者之妻子及同居家口。已行而未曾傷人，爲首者之妻子。採生折割人律。

造畜蠱毒者之妻子及同居家口。以蠱毒毒同居人，被毒人之父母、妻妾、子孫知造蠱情者。造畜蠱毒殺人律。

殿內毆人，折肋，眇兩目及刃傷者。宮內忿爭律。

皇家緦麻親而毆之折肋，眇兩目、墮胎及刃傷者。大功親而毆之傷者。皇家祖免以上親被毆律。

奉制命出使，而官吏毆之，及部民毆本屬府、州、縣，軍士毆本管官，吏卒毆本部五品以上長官，傷者。流外官及軍民吏卒毆非本管三品以上官，並公使人毆打三品以上有司官，折傷者。毆制使及本管長官律。

奴婢毆良人，折跌肢體及瞎一目者。良賤相毆律。

奴婢毆家長、小功親，折肋、眇兩目、墮胎及刃傷者。雇工人毆家長緦麻、小功親折跌肢體，及瞎一目者。奴婢毆家長律。

妻毆夫，折肋，眇兩目及刃傷者。妻妾毆夫律。

卑幼毆服盡尊長，折跌肢體，及瞎一目者。同姓親屬相毆律。

卑幼毆本宗及外姻緦麻、兄姊折跌肢體，及瞎一目者。毆本宗大功、兄姊及本宗並外姻小功尊屬，折肋，眇兩目，墮胎及刃傷者。毆大功以下尊長律。

姪毆伯叔父母、姑，及外孫毆外祖父母，傷者。期親兄姊故殺弟妹，及伯叔姑故殺姪與姪孫，外祖父母故殺外孫者。毆期親尊長律。

祖父母、父母故殺子孫之婦，及乞養異姓子孫者。毆祖父母、父母律。

妻妾毆夫之期親伯叔父母、姑，及夫之外祖父母，傷者。妻之子毆父妾，折跌肢體及瞎一目者。妾之子毆父妾，折肋、眇兩目、墮胎及刃傷者。妻妾與夫親屬相毆律。

毆不同居繼父，折跌肢體及瞎一目者。毆妻前夫之子律。

誣告人罪徒二年，加所誣罪三等者。誣告律。

誣告人罪應遷徙於比流減半、準徒二年上加三等者。誣告充軍及遷徙律。

官吏受財，有祿人枉法贓，至四十五兩者。不枉法贓，至一百兩者。官吏受財律。

對制及奏事上書非密而妄言有密者。對制上書詐不以實律。

奴及雇工人姦家長之緦麻以上親，及緦麻以上親之妻者，姦夫、姦婦。奴及雇工人姦家長妻律。

失火延燒山陵兆域內林木者。失火律。

刑例：

一、僧尼謀殺受業師，已行而未傷者。毆受業師例。

一、漢人奴僕不遵約束，傲慢頑梗，酗酒生事者。奴僕毆家長例。

一、民人造賣紙牌、骰子，爲從，及販賣爲首者。賭博例。

一、承審官吏凡遇一切命盜案件，有將笞杖人犯拷訊至斃二命者。故禁故勘平人例。

二千五百里。

刑律：

竊盜及掏摸，得財至一百一十兩者。竊盜律。

宮内毆人，折跌肢體，及瞎一目者。宮内忿爭律。

皇家袒免親而毆之折跌肢體，及瞎一目者。小功親而毆之折肋、眇兩目、墮胎及刃傷者。期親而毆之傷者。皇家袒免以上親被毆律。

流外官及軍民吏卒毆九品以上官，並公使人毆打九品以上有司官，折跌肢體，及瞎一目者。毆制使及本管長官律。

流内九品以上官毆非本管五品以上，及五品以上毆非本管三品以上官，折跌肢體，及瞎一目者。九品以上官毆長官律。

毆受業師，折跌肢體及瞎一目者。毆受業師律。

奴婢毆家長緦麻親，折跌肢體及瞎一目者。毆大功親，折肋、眇兩目、墮胎及刃傷者。雇工人毆家長之大功親，折跌肢體及瞎一目者。奴婢毆家長律。

妾毆夫及正妻，至折肋、眇兩目、墮胎及刃傷者。毆妻之父母，至折跌肢體及瞎一目者。妻妾毆夫律。

卑幼毆本宗大功尊屬，折肋、眇兩目、墮胎及刃傷者。毆大功以下尊長律。

毆同居繼父，至折跌肢體及瞎一目者。毆妻前夫之子律。

誣告人罪徒二年半，加所誣罪三等者。誣告律。

官吏受財，有禄人枉法贓，至五十兩者。不枉法贓，至一百一十兩者。官吏受財律。

三千里。

刑律：

謀反及大逆，但知情不首者。謀反大逆律。

謀叛已行，知而不首者。謀而未行，爲從者。逃避山澤不服追唤，爲從者。謀叛律。

造讖緯妖書、妖言及傳用惑人，不及衆者。造妖書妖言律。

强盗已行，而不得財者。若以藥迷人圖財，不得財者。竊盜事主知覺棄財逃走追逐，因而拒捕毆人，折傷以上及殺人，爲從者。强盗律。

私竊放死囚逃走者。因而傷人及殺人，爲從者。官司差人追徵錢糧、勾攝公事及捕獲罪人，聚衆中途打奪，爲首者。因而傷差人并殺人，及聚衆至十人，爲從者。率領家人隨從打奪之尊長，及亦曾傷人、殺人之家人。劫囚律。

白晝搶奪人財物，傷人，爲從者。白晝搶奪律。

竊盜及掏摸，得財至一百二十兩，爲首者。一百二十兩以上，爲從者。竊盜律。

設方略誘取良人及略賣良人爲奴婢者。因而傷人及殺人，爲從者。若假以乞養過房爲名，買良家子女轉賣爲奴婢者。窩主及買主知情者。略人略賣人律。

發掘他人墳塚見棺槨，爲首；及開棺見尸爲從者。卑幼發尊長墳塚見棺槨，爲首；及開棺見尸，爲從者。棄尸賣墳地，爲從者。殘毁他人死尸，及棄尸水中，爲首者。毁棄緦麻以上尊長未葬死尸，爲從者。棄尊長而不失其尸，及毁而但髡髪若傷，爲首者。子孫毁棄祖父母、父母，及奴婢雇工人毁棄家長死尸，爲從者。於墳墓熏狐狸，因而燒祖父母、父母，及家長之尸，爲從者。發塚律。

强盗窩主造意，若不行又不分贓者。盗賊窩主律。

謀殺人，從而不加功者。從而加功，傷而不死者。謀殺人律。

謀殺緦麻以上尊長，已傷，爲從，加功者。緦麻以上尊長謀殺同堂弟妹、堂姪、堂姪孫，已傷者。奴婢及雇工人謀殺家長緦麻以上親，已傷，爲從，加功者。謀殺祖父母父母律。

採生折割人，已行，未傷人，爲從，加功者。採生折割人律。

用毒藥殺人，知情賣藥者。造畜蠱毒殺人律。

同謀共毆人，因而致死人，原謀者。鬭毆及故殺人律。

以他物置人耳鼻及孔竅中，若故屏去人服食令至篤疾者。屏去人服食律。

無故向城市及居宅放彈、射箭、投磚石傷人，因而致死者。弓箭傷人律。

無故於街市鎮店馳驟車馬，因而傷人致死者。車馬殺傷人律。

卑幼威逼大功尊長，致死者。威逼人致死律。

毆瞎人兩目，折人兩肢，損人二事以上，及因舊患令至篤疾，若斷人舌，及毀敗人陰陽者。鬬毆律。

宫内毆人，至篤疾者，殿内毆人，折跌肢體以上，及至篤疾者。宫内忿爭律。

皇家緦麻、小功親而毆之折跌肢體及瞎一目者。大功期親而毆之折肋、眇兩目、墮胎及刃傷，並折跌肢體及瞎一目者。皇家袒免以上親被毆律。

軍民吏卒毆五品以上佐貳官，折傷者。毆制使及本管長官律。

流内九品官毆非本管五品以上，及五品以上毆三品以上官，至篤疾者。九品以上官毆長官律。

毆受業師，至篤疾者。毆受業師律。

威力主使毆打人，因而致死者，下手之人。威力制縛人律。

奴婢過失傷家長者。毆家長之期親及外祖父母，爲從者。毆家長之小功親，折跌肢體及瞎一目者。雇工人毆家長及家長之期親，若外祖父母，傷者。毆家長緦功親，至篤疾者。奴婢毆家長律。

妻毆夫，折跌肢體及瞎一目者。妻妾毆夫律。

卑幼毆服盡尊長，至篤疾者。同姓親屬相毆律。

卑幼毆大功兄姊及小功大功尊屬，至折跌肢體及瞎一目者。尊屬毆殺同堂弟妹、堂姪及姪孫者。毆大功以下尊長律。

弟妹毆同胞兄姊，折傷者。若姪毆伯叔父母、姑，及外孫毆外祖父母，折傷者。毆期親尊長律。

子孫過失殺祖父母、父母，及妻妾過失殺夫之祖父母、父母者。毆祖父母父母律。

妻妾毆夫期親、兄姊、伯叔父母、姑，及夫之外祖父母，折傷者。妻毆殺夫之兄弟子者。妻之子毆父妾，至篤疾者。妾之子毆父妾，折傷以上至篤疾者。妻妾與夫親屬相毆律。

毆繼父，至篤疾者。毆妻前夫之子律。

誣告人罪徒三年及流三等者。誣告人死罪，未決者。被誣之人詐冒反誣犯人死罪，未決者。誣輕爲重至死罪，未決者。誣告律。

教唆詞訟及爲人作詞狀，增減情罪，誣告人至死者。教唆詞訟律。

官吏受財，有禄人，枉法贓至五十五兩者。不枉法贓，至一百二十兩者。無禄人，枉法贓至六十兩以上者。不枉法贓，至一百二十兩以上者。官吏受財律。

詐爲制書及增減未施行，爲從者。詐爲部院、將軍、督撫提鎮文書，套畫押字，盜用印信，及空紙用印，未施行，爲首者。詐爲察院、布、按、府、州、縣印信文書，已施行，爲首者。當該官司知而聽行者。詐爲制書律。

詐傳詔旨、懿旨、令旨，爲從者。當該官司知而聽行者。詐傳詔旨律。

僞造諸衙門印信，及時憲書、符驗、茶鹽引，爲從及知情行用者。造而未成，爲首者。當該官司知其僞造而聽行者。僞造印信時憲書等律。

私鑄銅錢，爲從；及知情買使者。私鑄銅錢律。

詐假官假與人官，爲從者。知情受假官者。當該官司知而聽行者。詐假官律。

詐稱内使、内閣、六科、部院、監察御史、按察司官在外體察事務，欺詐官府，煽惑人民，其知情隨行者。當該官司知而聽行者。詐稱使臣乘驛，爲首者。驛官知而應付者。詐稱内使等官律。

受雇倩爲人傷殘，因而致死者。詐病死傷避事律。

强姦未成者。犯姦律。

姦從祖及從祖伯叔、並兄弟及兄弟子之妾者。姦伯叔及子孫之妾者。親屬相姦律。

奴及雇工人姦家長之期親，若期親之妻女者，婦女。奴及雇工人姦家長之妾者，姦夫、姦婦。姦家長期親之妾者，姦夫。奴及雇工人姦家長妻律。

監臨勢要曲法，爲人囑託與官吏同罪，至死者。囑託公事律。

官民之家乞養他人之子閹割火者。閹割火者律。

拆毁申明亭房屋及板榜者。拆毁申明亭律。

失火延燒社者。失火律。

放火故燒人空閒房屋，及田場積聚之物者。放火故燒人房屋律。

犯罪逃走，拒捕毆人，至折傷以上，及殺人，爲從者。罪人拒捕律。

提牢官、獄卒、官典故縱死囚反獄在逃者。主守不覺失囚律。

官吏故禁平人因而致死，提牢官及司獄官典獄卒知而不舉首者。故勘平人因而致死，同僚官及獄卒知情共勘者。故禁故勘平人律。

獄卒非理在禁，陵虐罪囚，克減衣糧，因而致死，司獄官典及提牢官知而不舉者。陵虐罪囚律。

獄卒以金刃及他物與囚致脱越反獄在逃，於未斷之間，能自捕得，及他人捕得，若囚已死及自首者。常人以金刃及他物與囚，及子孫與在獄之祖父母、父母，奴婢雇工人與在獄之家長，致反獄及殺人者。禁卒及常人致囚反獄及殺人，司獄官典及提牢官知而不舉者。與囚金刃解脱律。

刑例

一、異姓人歃血訂盟，焚表拜弟兄。爲從者。謀叛例。

一、坊肆淫詞小説，軍民造作刻印者。

一、各省抄房軍民在京探聽事件，捏造言語録報各處者。貴近大臣家人子弟濫交匪類，前項事發者。造妖書妖言例。

一、犯死罪之侵那等贓，二次限内全完者。監守自盗倉庫錢糧例。

一、監守盗倉庫錢糧入己自六百六十兩至一千兩者。

一、竊匪穿穴壁封盗倉庫錢糧至九十五兩者。

一、强盗若止傷人，而未得財，爲從者。

一、響馬强盗白日邀劫道路傷人，不得財，爲從者。

一、誣竊爲盗，並無拷逼情事，或該犯自行誣服，並因别故收禁，因而監斃者，誣拿之人，杖一百。

一、姦豪憑空捏報，强劫陷害平人，詐官役者。强盗例。

一、聚衆夥搶奪路行婦女，知情故買者。其搶奪人犯之主知情不首者，照知情故買治罪。

一、糧船水手夥衆十人以上，執持器械搶奪，爲從者。白晝搶奪例。

一、竊盗三犯，贓銀不及十兩，錢不及十千者，俱杖一百。

一、捕役勾通竊賊，坐地分贓豢竊，至三、四名者，杖一百。竊盗例。

一、偷盗官馬三匹以上者。窩主及牧馬人役自行盗賣者。

一、盗牛十隻以上者，杖一百。窩家知情分贓者。盗馬牛畜産例。

一、旗、民越度禁約山河，偷採人參，所放之人不滿百名，所收之參不滿五百兩者，爲首之犯，杖一百。盗田野穀麥例。

一、窩隱川販，止知情，未經分贓，爲首者，杖一百。

一、略賣海外番仔之内地民人，不分首從，杖一百。略人略賣人例。

一、强盗窩主雖不行又不分贓，但知情存留二人者。盗賊窩主例。

一、謀殺人已行，其人知覺奔逃，迫於兇悍，當時失跌身死，爲從者，杖一百。謀殺人例。

一、姦夫因姦謀殺本夫，傷而不死者。殺死姦夫例。

一、鄉村愚民出語狎褻，致本婦羞忿自盡者，杖一百。威逼人致死例。

一、沿江、濱海有持鎗、執棍，混行鬬毆，爲首；及鳴鑼聚衆之犯，杖一百。鬬毆例。

一、祖父母、父母爲人所殺，本犯擬死，後或遇赦免，子孫報讎仍復擅殺者。父祖被毆例。

一、挾仇誣告人謀死人命，致尸遭蒸檢，爲從者。

一、期親以上尊長誣告人謀死人命，致蒸檢卑幼身尸者。

一、控告人命有誣告情弊者。如有教唆情弊，將教唆之人。誣告例。

一、子貧不能營生養贍其父，因致父母縊死者。子孫違犯教令例。

一、官吏因事受財，貪婪入己，果於一年限内全完之死罪。官吏受財例。

一、僞造諸衙門印信及欽給關防，事關軍機錢糧，假官大干法紀，造而未成者。止圖誆騙財物，數多，爲從者。誆騙財物無多之爲首；雕刻者。

一、盗用督撫、提學、兵備、屯田、水利等官欽給關防，未施行，爲首者。盗及棄毁僞造，爲從者。

一、各衙門吏役僞造本官印信，誆騙財物，其倩人雕刻，銀不及十兩，錢不及十千者。

一、方造私鑄器具，尚未鑄錢，起意，爲首並同夥商謀之人。

一、私鑄之本犯問擬斬絞，其同居父兄、伯叔與弟知情分利者。

一、燬化小制錢，爲從者。房主及鄰佑知情不拿獲舉首者。

一、將大制錢剪邊打造煙袋等物貨賣，剪邊至十千文以上，爲從者。

一、將銅、鐵、錫、鉛藥煮僞造假銀騙人行使，爲從；及知情買使者，係民枷號兩個月。

一、傾錫錁充假銀貨賣者，枷號一個月。私鑄銅錢例。

一、民人將自己銀錢開場誘賭，經旬累月，聚集無賴，放頭抽頭，再犯者。賭博例。

一、故燒孤村曠野並不毗連民居之空閒房屋，及田場積聚之物，爲首者，枷號兩個月。謀財放火，隨即救熄，尚未延燒之爲從，商謀，下手燃火者。放火故燒人房屋例。

一、强行雞姦，未成者。犯姦例。

一、官員擅取病呈致死監犯，獄官禁卒人等聽從指使，未曾下手者。

一、問刑衙門不許於獄内擅用格床，違者，官革職，杖一百。

一、獄卒受罪人讎家賄囑謀死本犯，爲從，不加功者。陵虐罪囚例。

《大清律例》卷四《名例律·流囚家屬》 凡犯流者，妻妾從之，父、祖、子、孫欲隨者，聽。遷徙安置人隨行家口，妻、妾、父、祖、子、孫。亦準此。若流徙人正犯身死，家口雖經附入配所之籍，願還鄉者放還。軍犯亦準此。其謀反、叛、逆，及造畜蠱毒，若採生折割人，殺一家三人，會赦猶流者，家口不在聽還之律。

條例

一、叛逆案内奉特旨免死，僉妻發遣給與盛京、寧古塔等處新滿洲爲奴者，永不許贖身。律應籍没家産者，仍行籍没。

一、凡軍、流、徒犯俱開明籍貫、年歲，行文配所。其軍、流犯之妻，及有子願隨者，亦開明年歲。若解部發遣人犯，造册送部。如係旗人，並開明旗色佐領。

一、軍、流人犯身故，除妻、子不願回籍並會赦不準放還外，其餘令該地方官給咨回籍。若婦人無子及子幼者，咨明本省督撫，令本犯親戚領回原籍。仍令原配地方官，將回籍妻、子每名每日給米一升，計其程途遠近，先行按數折給，年終於司庫公項銀兩内請領。仍將給過人口米石，造送刑部，轉咨户部核銷。

一、凡發遣當差人犯之妻、子，原係隨往遣所者，如本犯身故，妻、子情願攜骸回籍，該管官查明確實，令其回籍。其力不能來者，俱入於本處檔内，令其披甲。若係奉旨發遣，或部議僉遣，及發遣打牲烏喇人犯身故，其妻、子有願攜骸回籍者，令該將軍、督撫按情罪之輕重，分别具奏請旨遵行。

一、凡律應定擬僉遣之犯，承審官於審訊時即訊取本犯確供，將伊妻姓氏年貌即於招詳内聲明。如無妻室，即取具隣族甘結，加具印結，隨招申送。若係隔屬隔省，一面於招内申報，一面移查原籍取結，俟結到之日即行加結申送，不得俟結案後再行查僉。如有因妻患病留養，將本犯先行發遣者，俟伊妻病痊補解時，令伊親屬隨同差役解赴遣所，交與本犯收領。若伊妻年過六十以上，並原係有疾不能隨行，及患病留養後成篤廢不能補解者，該地方官取具隣族甘結，加具印結，申詳各上司行文本犯遣所，俾令知之。其有應行報部者，報部查覈。倘有捏結情弊，將具結之鄰族照軍流人犯捏報留養例，杖一百，犯妻立即補解。其不行詳察之地方官，並轉詳之該上司，交部分别議處。

一、犯軍、流等罪之土司，例發近省安插者，本犯身故或無子，及雖有子而幼小者，其妻、子並許回籍。

一、遣犯除有妻室者，例應僉發外，至遣犯之子女願隨，聽。其不願隨者，不得同妻僉發。若妻已故，有子女者，無論子女願隨與否，只將該犯發内地，不得因既有子女，同有妻之犯僉發外地。

一、除强盜減等及情罪重大僉妻發遣外，其他軍、流人犯，如父母年已衰邁，家無次丁，願留其妻侍養父母者，取具地方官印結，咨部免僉。

《大清律例》卷五《名例律·徒流遷徙地方》 凡徒役，各照應徒年限，並以到配所之日爲始，限滿釋放。流犯，照依本省地方，計所犯應流道里，定發各處荒蕪及瀕海州縣安置。應遷徙者，遷離鄉土一千里外。

徒五等：

發本省驛遞。

流三等：

直隸布政司府分，流陝西。

江南布政司府分，流陝西。

安徽布政司府分，流山東。

山東布政司府分，流浙江。

山西布政司府分，流陝西。

河南布政司府分，流浙江。

陝西布政司府分，流山東。

甘肅布政司府分，流四川。

浙江布政司府分，流山東。

江西布政司府分，流廣西。
湖北布政司府分，流山東。
湖南布政司府分，流四川。
福建布政司府分，流廣東。
廣東布政司府分，流福建。
廣西布政司府分，流廣東。
四川布政司府分，流廣西。
貴州布政司府分，流四川。
雲南布政司府分，流四川。

條例：

一、凡軍、流及外遣人犯，十月至正月終，及六月俱停其發遣，餘月照常發遣。

一、凡各省民人在京犯該應流並免死減等流犯，如無妻室及無應追埋葬銀兩者，順天府定地發配。如有妻室及應追銀兩，順天府轉發原籍地方，令其追銀僉妻，各照本省所定應流地方發配，追完銀兩解部，分別給主。不在本籍犯流者，亦照此例科斷。

一、雲南徒罪人犯發本省多羅松林等十二驛擺站，罪重者迤東各府人犯發諸鄧等井煎鹽，迤西各府人犯發固舊等廠熬鉛。

一、軍、流、徒犯俱至配所照應杖之數折責，惟緣坐流罪不加杖。

一、各旗將家奴吃酒行兇送部發遣者，令該旗都統確查，用印文送部發遣。如將應行發遣之奴，該旗故爲留難不行送部者，許伊主赴部遞呈。該部審明應行發遣者發遣，將留難官員交部查議。至於行止不端之人欲行占奪家人妻女，捏以吃酒行兇送部者，不準發遣，交與該佐領將伊妻室子女轉賣身價給主。倘被賣之後捏告原主希圖報復者，仍照誣告家長律治罪。其各省將軍處有送家奴吃酒行兇發遣者，該將軍審明照此遵行。

一、凡土司有犯徒罪以下者，仍照例遵行外，其改土爲流之土司，本犯係斬、絞者，仍於各本省分別正法、監候。其家口應遷於遠省者，係雲南遷往江寧，係貴州遷往山東，係廣西遷往山西，係湖南遷往陝西，係四川遷往浙江，在於各該省城安插。如犯軍、流罪者，其土司並家口應遷於近省安插，係雲南、四川遷往江西，係貴州、廣西遷往安慶，係湖南遷往河南，在於省城及駐劄提督地方分發安插。該地方文武各官不時稽查，毋許生事擾民出境。如疏縱土司本犯及疏脱家口者，交部分别議處。其犯應遷之土司及伊家口，該督撫確查人數多寡，每親丁十口帶奴婢四口造具清册，一並移送安插之省，仍具册並取該地方官並無隱漏印結咨報刑部。其安插地方每十口撥給官房五間、官地五十畝，俾得存養。獲所官地照例輸課，於每年封印前將安插人口及所給房産數目造册送户部查覈。

一、凡土蠻僮、瑤有讎殺刼擄及聚衆捉人靴禁者，所犯係死罪，將本犯正法，一應家口父母、兄弟、子姪俱令遷徙，如係軍、流等罪，將本犯照例枷責，仍同家口父母、兄弟、子姪一並遷徙。係流官所轄者，發六百里外之土司安插；係土司所轄者，發六百里外之營、縣安插。其兇惡未甚者，初犯，照例枷責，姑免遷徙。若仍不改惡將本犯人仍照原擬枷責，親屬家口亦遷徙別地安插，仍嚴飭文武官稽查約束，出具印結並年貌清册於年底報部。如安插十年後果能改惡遷善，有情願回籍者，查明咨部準予回籍。若本犯並各家口仍在安插地方行兇生事，照已徒已流而又犯罪律，再科。後犯之罪倘地方官不盡心約束，以致疎脱者，即將該管文武各官照例參處，其本犯審無別情照例治以逃罪。如有生事不法情由，照平常遣犯逃後爲匪例，分別治罪。至蠻、僮頭目犯法，必根究勾引之人，審明確實，照誘人犯法律，加等治罪，遇赦不宥，失察勾引之地方官，交部議處。

一、各省流寓之人犯徒者，即在所犯地方充徒；犯流者，仍依本省應發地方僉發。

一、奉天、寧古塔、黑龍江等處有犯枷責發遣者，令該將軍等查明或係另户滿洲，或係開户奴僕，逐一聲明送部，照例枷責。滿日，咨送兵部，將另户滿洲發西安、荆州、杭州、成都等處滿洲駐防之省城當差，若開户奴僕亦西安等處給滿洲駐防之兵丁爲奴，其同案之犯，不得共發一處。

一、軍流人犯在本地未起解者，遇隆冬及六月仍照例停遣。若已至中途，初冬十月經過州、縣照常接遞，至十一月初一日方準停遣，俟次年春融時轉解，如遇六月亦準停遣。倘抵配不遠，本犯情願前進者，將不行停遣緣由移咨前途州、縣，一體接遞，仍報刑部。其配所脱逃被獲者，照逃人例，分别刺字，押解原發配所照例治罪，雖遇隆冬盛暑不準停遣。

一、分發流犯，如計算該犯原籍府屬至分流省分有未及應流里數者，將該犯分撥遠處之府屬安插，如已逾應流里數者，即於本省府屬内，計道里足數之地方安插。

一、旗人犯該發遣者，分發黑龍江、寧古塔、吉林烏喇等處當差。旗人家奴暫發三姓地方給與八姓一千兵丁爲奴，俟數滿一千之後仍發遣黑龍江等處爲奴。若民人犯該發遣案内强盗免死減等者，行劫數家止首一家者，夥盗供出首盗即時拿獲者，竊盗臨時拒捕殺人爲從者，偷盗墳墓二次者，民人謊稱賣身在旗者，民人謊稱八旗逃人者，民人假稱逃人具告行詐者，民人賣逃買逃者，如查有妻室俱僉發寧古塔、黑龍江等處分給披甲之人爲奴；其查無妻室者，如係强盗免死及窩留强盗三人以上之犯，分發雲、貴、川、廣極邊烟瘴地方。其餘查無妻室並别項遣犯之有妻室者，俱分發雲、貴、川、廣烟瘴少輕地方，均交與地方官嚴行管束，仍照例分别刺字。如有逃走爲匪，及生事不法者，俱照發遣黑龍江等處之例，分别治罪。

一、直隸、江南、浙江、江西、湖廣、福建、山東、山西、河南、陝西人犯應發黑龍江等處者，俱發四川、廣東、廣西、雲南、貴州烟瘴地方。其雲、貴、川、廣五省人犯應發黑龍江等處者，照《軍衛道里表》内所編極邊地方足四千里僉發。

一、漢人犯該發遣者，如係舉貢生監及曾爲職官之人，俱酌發雲、貴、川、廣烟瘴少輕地方，交與地方官管束。

《大清律續纂條例》卷一《名例律·流囚家屬》 一、旗、民發遣人犯係奉特旨著僉妻子及例應僉妻者，聽遣所該管官同本犯一例管束。本犯身故後有情願攜骸回歸者，該將軍等照例查奏，準其回旗、回籍。若非特旨僉遣及例應僉遣之家屬，則本非罪犯各該衙門於起解文内務將隨往字樣註明，遣所該管官記檔安插，毋得概同本犯一例羈管。有願回旗、籍及本犯身故後有情願攜骸回歸者，即準回歸報部，不在奏請之例。倘該管各官故爲留難刁蹬，不行奏報及失於查察者，交部分别議處。

一、軍流發遣人犯到配後生長子孫，本犯在日其子孫如欲往他處耕種貿易，呈明該管衙門聽其自便，至配所生長之女，本犯或許嫁他處或寄養與人，亦聽其自便。

一、賞旗爲奴人犯之在籍子孫，有前往遣所省視及隨往之子孫，原不在僉遣之内，欲行回歸，即赴該管衙門報名，給與印票，準其回歸。仍將隨往子孫回歸之處照例報部，本犯之主不得挾勢羈留，倘有刁留計陷不得回歸者，將本主照存養良家男女爲奴婢律治罪，該管官一並交部議處。

《大清律續纂條例》卷五《名例律·徒流遷徙地方》 一、免死減等强盗，不論有無妻室俱照例解部，發遣寧古塔等處爲奴。其别項發遣人犯，未經到部及到部之時，妻室病故，將該犯遞回原籍，改發烟瘴。其已由刑部咨送兵部轉發者，以山海關爲界，如解至關外妻室病故，地方官一面竟行發遣，一面申報刑部；如在關内妻室病故，一面申報刑部，一面遞回原籍，照例改發。

一、直隸各省凡遇流寓之人於該省犯流者，照例解回原籍，若計應流之地即係該犯流寓之所，令各該督撫按所犯應流道里遠近分别改發。

《蒙古律例》卷一〇《雜犯·匪類發遣河南山東》 乾隆二十八年十一月内，軍機大臣等遵旨會同刑部、理藩院議奏定例：

一、官員、平人爲匪，不可留於旗下者，俱連妻子産畜發往河南、山東，交驛站充當苦差。

（清）吴壇《大清律例通考》卷四《名例律·五刑》 律文

流刑三：不忍刑殺，流之遠方。二千里，杖一百；二千五百里，杖一百；三千里，杖一百。

《清高宗實録》乾隆四十七年六月 〔壬申〕定發遣重犯非遇恩赦不得釋回例。刑部議，伊犁將軍伊勒圖奏：從前擬流改發伊犁之原任典史要俊卿，十年期滿，例應回籍。得旨，此案要俊卿一犯，本擬按律杖流，因該犯圖避處分，誣禀上司，居心險詐，情節較重，是以從重改發伊犁充當苦差。今以年滿釋回，則較原擬流罪不準限年回籍者轉輕，是雖嚴而實寬，殊不足以昭平允。嗣後凡遇此等情節可惡，發往新疆之犯，俟年滿時，仍將該犯發交應配地方，定地安插。遇有恩赦，再令回籍，著爲令。所有要俊卿一犯，即照此例行。

《清仁宗實録》嘉慶十八年二月 〔壬戌〕諭軍機大臣等，本日刑部議覆黑龍江改發遣犯事宜一摺，已依議行矣。昨據斌静奏墨爾根城有遣犯韓自有等糾衆行劫之案，已派松寧前往會同查辦。因思斌静接到部覆之後，即須將該處衆遣犯分別起解，各遣犯聞知現在韓自有等獲罪之由，紛紛疑慮，不可不明白曉諭。著斌静等即先繕發簡明告示，廣爲宣佈，以爾等在配各犯，本係犯罪應死之人，仰蒙天恩寬免，將爾等發遣爲奴。爾等自到配以來，俱能安静，歷有歲月，並未另犯罪名。既蒙皇上施恩於前，斷無此時再行加誅之理。此時係因黑龍江地方寒苦，連年發來犯人太多，衣食艱難將爾等改發新疆及内地省分。新疆地方，天氣温暖，食物價賤，内地更屬樂土。爾等到彼度日謀生，遠勝於黑龍江，不可因見辦理韓自有一案，心生疑懼。韓自有係因搶劫生事，另犯罪名，是以查拏審辦，與爾等毫無干涉。試思爾等若果犯罪應誅，朝廷頒到諭旨，何難將爾等即在黑龍江本處辦理，爾等又何能逃脱，屆有遠解萬里之外然後正法之理。即爾等在此數年，幾曾見伊犁烏嚕木齊犯罪之人，有解至黑龍江正法者，如此反復譬喻，各遣犯雖至愚蒙，亦必明白曉悟，安心就道。至於鎖項一節，伊等在配日久，安静營生，已無拘繫之苦，今一旦加以鎖項，亦恐不免疑畏，併當諭以此係改發犯人定例，不過暫時拘帶，到配後旋即開釋。該將軍並飭知承辦之員，不必用重斤鐵繩，過於纍繫，至於老病釋回各犯，情節輕重不同，即同一邪教會匪案犯，亦有區別。如會内教内狡黠重犯，恐其回籍復行煽惑，自難寬宥。若情節本輕者，亦可酌量減釋，並著該將軍等詳覈案情，分別辦理，其吉林應行改發遣犯，見黑龍江遣犯安静過境，自必易於辦理，其一切章程，即照部中議準黑龍江條例妥協照辦可也。將此諭令知之。

《清仁宗實録》嘉慶二十五年八月〔己酉〕又諭：吉林、黑龍江，爲本朝根本之地。近年發遣人犯過多，應如何再行酌定。將擬遣人犯，改發新疆，及各烟瘴地方之處。著刑部詳查覈議具奏。尋奏發吉林、黑龍江人犯，原例十六條，請概行停止。以九條改發雲貴、兩廣、極邊烟瘴充軍。以七條改發新疆，給官兵爲奴。得旨：照所議辦理，載入例册，永遠遵行。

（清）沈家本《續修會典事例・發塚》一、夫毁棄妻屍者比依尊長毁棄朞親卑幼死屍律，於凡人杖流上遞減四等，杖七十徒一年半；不失屍及毁而但髡髮若傷者，再減一等，杖六十徒一年。

謹按：此條道光五年定。

（清）沈家本《續修會典事例・盗賊窩主》一、强盗窩主造意不行又不分贓者，改發附近充軍如年愈五十，杖一百流三千里。若并非造意又不同行分贓，但知情存留一人者，杖一百徒三年。存留二人者，杖一百流三千里。

（清）沈家本《續修會典事例・共謀爲盗》一、共謀爲强盗夥犯，臨時畏懼不行，而行者仍爲强盗。其不行之犯但事後分贓者，杖一百流二千里。贓重者，仍從重論。

（清）席裕福《清朝政典類纂》卷三七一《刑三・名例律・流囚家屬》

凡犯流者，妻妾從之。父祖子孫欲隨者，聽。遷徙安置人隨行家口，妻妾、父祖、子孫亦準此。若流徙人正犯身死，家口雖經附入配所之籍，願遷鄉者，放還。軍犯亦準此。其謀反、叛逆及造畜蠱毒，若採生折割人，殺一家三人，會赦猶流者，家口不在聽還之律。謹案：小注乾隆五年增删。

條例

一、内地軍流人犯身故，除妻子不願回籍，並會赦不放還外，其餘令該地方官給咨回籍。若婦人無子及子幼者，咨明本省督撫，令本犯親戚領回原籍，不準官爲咨送。謹案：乾隆三十二年，查新例，僉妻人犯，情願攜子女，官爲咨送者，惟發往烏魯木齊一項，其餘内地人犯妻子，概不咨送。因將前例删改。

一、凡實犯大逆之子孫，緣坐發遣爲奴者，雖係職官及舉貢生監，應與强盗免死減等發遣爲奴人犯，俱不準出日。儻逢恩赦亦不得與尋常爲奴遣犯一體辦理。謹案：此條乾隆四十二年定。

一、凡軍流徒犯俱開明籍貫、年歲行文配所，其軍流犯之妻及有子願隨者，亦開明年歲。若解部發遣人犯造册送部，如係旗人，並開明旗色、佐領。謹案：乾隆五年查發遣者，乃專指外遣而言，與軍流徒犯不同。再道省惟發遣人犯始應解部，因改定此條。軍流發遣人犯到配後，生長子孫，本犯在日其子孫如欲往他處耕種、貿易，呈明該管衙門聽其自便。至配所生長之女，本犯或許嫁他處或寄養與人，亦聽其自便。

一、賞旗爲奴人犯之在籍子孫，有前往遣所少視及隨往之子孫，原不在僉遣之内，欲行回歸，即赴該管衙門報名，給與印票，準其回歸。仍將隨往子孫回歸之處，照例報部。本犯之主，不得挾勢覊留。儻有刁留計陷，不得回歸者，將本主照存養良家男女爲奴婢律治罪。該管官一並交部議處。謹案：此二條俱乾隆七年定。

一、凡律應定擬僉遣之犯，承審官於審訊時即訊取本犯確供，將伊妻姓氏年貌即於招詳內聲明，如無妻室，即取具鄰族甘結，承隨招申送。若係隔屬隔省，一面於招內申報，一面移查原籍取結。俟結到之日即行加結申送，不得俟結案後再行查僉。如有因妻患病留養，將本犯先行發遣者，俟伊妻病痊補送時，令伊親屬隨同差役解赴遣所，交與本犯收領。若伊妻年過六十以上，並原係有疾不能隨行，及患病留養後成篤廢不能補解者，該地方官取具鄰族甘結，申詳各上司，行文本犯遣所，俾令知之。其有應行報部者，報部查覈。儻有捏結情弊，將具結之鄰族杖一百，犯妻立即補解。其不行詳察之地方官，並轉詳之上司交部分別議處。謹案：此條乾隆四十二年刪定。

一、蒙古人犯例應僉遣之妻子，其隨從本夫者，照例交與河南、山東驛地當差。如本犯已經正法，其妻子單行發遣者，將該犯等酌發雲南省駐防兵丁爲奴。至僉解遞送之處，悉照應緣坐犯屬之例辦理。謹案：此條乾隆二十九年定。

一、發往烏魯木齊等處人犯，未經到配，本犯中途病故，跟隨妻子或因到配已近不願回籍，或子已年長堪勝力作，情願到配爲民者，令地方官訊明仍行發往。即入於各該處民籍，安插耕種，不必令其爲奴。如有寡妻弱子不任力作，或自願回籍者，該地方官照例遞回原籍。至已經到配，年限未滿以前，本犯身故者，其妻子即照年限已滿例準入民籍，一體安插。不必復令爲奴。謹案：此條乾隆五十三年刪定。

一、旗民發遣人犯係奉特旨，著僉妻子及例應僉妻者，聽遣所該管官同本犯一例管束。本犯身故後，有情願攜骸回歸者，該將軍等照例咨部準其回旗、回籍。若非特旨僉遣及例應僉遣之家屬，原係隨入遣所，本非罪犯，各該衙門於起解文內務將隨入字樣註明。遣所該管官記檔安插，毋得概同本犯一並覊管。有願回旗籍及本犯身故後有情願攜骸回歸者，即準回歸，咨部存案。其力不能來者，係旗人入於本處檔內，令其披甲。係民人，安插爲民。日後力能回歸，仍聽其便。倘該管各官故爲留難刁蹬不行諮報，及失於查察者，交部分別議處。謹案：此條乾隆七年原例，嘉慶六年修並。

一、凡罪應緣坐及造畜蠱毒，採生折割人殺一家非死罪三人等項犯屬仍照例僉發外，其餘一應軍流遣犯及應發烏魯木齊等處人犯家屬，均毋庸僉配。如有情願隨帶妻室子女者，聽其自便，不得官爲資送。謹案：此條乾隆二十四年原例，嘉慶六年修改。

一、滿州、蒙古、漢軍發往新疆當差人犯，如有情願隨帶妻室家口者，官爲資送，到配後不得同罪犯一例覊管。謹案：此條嘉慶六年修改。

一、旗下家奴酗酒行兇，經本主報明該旗，送部發遣之犯，所有妻室子女俱一體發遣賞給兵丁爲奴，其有年老殘疾及子女幼小不能隨帶者，或令於親屬依棲，或聽本婦另嫁，不準仍留原主處服役。謹案：此條乾隆二十七年上諭，嘉慶六年修改。

一、緣坐案內，例應僉遣伊犁等處爲奴人犯，在配所生之女及婦女本身犯罪發遣爲奴，單身到配者，俱準其各就該處擇配。永遠不回籍之遣犯，仍令各交所配自行報明該管官存案。其餘尋常遣犯，在籍隨往及在配所生之女，除力能回籍各聽其便外，或遇無力不能回籍，查明原依本主者，聽本主擇配。依本犯者，聽本犯擇配。亦令報明存案，不得官爲經理。謹案：此條嘉慶六年續纂。

事例

順治十五年題準，凡旗下流徙人犯，在配所身死者，將家屬解京交伊等親族收管。十八年諭，凡續解流犯妻子，有親戚人等隨送助給者，聽。仍嚴禁押解官兵不得横肆擾害。康熙二年定，凡流徙衙役，將其妻及未分家之子一並流徙。又定，流徙人犯將妻室一並流徙，無妻室者，取該管官印結繳部。如有限漏等情事發，議處。三年議準，凡流徙人犯身死，其妻有子有僕或無子有僕者，仍流徙。如無子無僕或有乳子無僕者俱免流處。若發遣之時，其妻家冀免並流致死伊壻者，以謀殺人律罪之。惡棍覬覦其妻，設謀行害者，照光棍例，立斬。地方官將流罪犯人稱係死逃，隱匿者，題參重處。四年諭，凡流犯除反叛案內干連者，妻子一並發遣。其餘應流徙之人，止僉妻發遣。十二年議準，叛案牽連流犯身故，其妻子亦免流徙。十八年議定，凡軍罪及免死擬流人犯，皆僉妻及未分家之子交户部安插。如分家之子，有情願隨去者，聽。二十年覆準，反案牽連流犯身故，其妻有子者，仍流徙。無子者亦免流徙。又恩詔，流徙人犯在配所身死，其妻子有願攜骸骨回籍者，該地方官報部，準其各回原籍。二十三年諭，凡犯重罪免死給與盛京、寧古塔等處新滿洲爲奴者，止並妻發去，仍籍没家産。此等犯重罪給與爲奴者，永不許贖身。二十六年覆準，一應查提審擬流犯之妻，將犯人先發順天府羈候，行文該地方官，查取妻室。俟解到之日發順天府，夫妻一同發遣。二十七年題準，凡流徙罪犯本身已死，妻子免其僉解。三十九年議準，一應問擬充軍人犯照例咨送兵部轉發順天府羈候，比依流犯，俟查提妻室到日一同發遣。又議準，一應軍流人犯，於原籍查提妻室，若延挨時日至熱審之期解送者，不準減等。四十一年議準，各省民人在京犯罪擬流並免死減等之流犯，有應追銀兩僉妻者，順天府即會發原籍該地方官，追完埋葬銀兩，僉妻俱照各省例發遣之地發遣，仍將發遣原由報順天府存案。所追銀兩解部，分别給付尸親各原主。如有故違定限及解役中途疏縱，需索陵虐情弊，該撫即行題名。各該犯内如無妻室，無銀可追者，仍照例順天府定地發遣。四十五年議準，凡各省民人在别省犯罪擬流並免死減等流犯，或犯罪處不能完埋葬銀者，均照例解回原籍追銀，僉妻發遣。乾隆元年奏準，嗣後軍流人犯身故，除會赦不準放還並伊妻子不願回籍者毋庸置議外，其情願回籍之軍流人犯妻子，飭令各該地方官，一面查明如有丁壯親戚，酌撥口糧給交領齊自行回籍。一面報明上司咨部存案。如係孤身犯婦，或止有幼子並無親戚者，即行詳報督撫，移咨本省飭令原籍親族人等前赴配所領文帶回，毋庸逐程撥差押解。所有沿途口糧，按其道里遠近發給，統照支給囚糧之例造册詳銷。八年議準，嗣後凡屬軍流妻室有願從者，不必拘唤到官驗看，祇令本夫開具年貌同往遣所，至例應妻室同遣者，飭令該州縣取具本夫開報妻室年貌、有無疤痣，並該犯之親族鄰佑人等甘結，驗明造册發遣，仍加具印結，送部備查。九年議準，嗣後除緣坐犯屬及强竊盗家屬例應僉遣者仍嚴查僉發外，其他軍流等犯止訊本夫，如情願帶往者，令其開具年貌一同僉發。其妻妾果有背義不從，必須該犯親告方準提解。如本夫已供不願攜帶，悉聽自便。其本夫不願而妻妾願者，報明地方官造册，一體隨行。毋庸豫先特提妻妾訊問。其訊係無妻者，即據供爲定，毋庸另行取結。二十四年議準，軍流遣犯在配脱逃拏獲，例應改發。其犯人家屬聽其自便。三十二年議準，嗣後未到配所本犯身故之妻子，其有到配已近，妻子因離家篤遠不願回籍，或子已年長堪任力作，自願到配爲民者，令地方官訊明仍令發往，即入於各該處民籍安插耕種，不必令其爲奴。如有寡妻弱子不任力作，或自願回籍者，應令地方官照例遞回原籍。四十年議準，遣犯隨帶之妻與發往爲奴者不同，被主毆死，雖例内向無專條，但若跟隨伊夫在主家倚食多年者，即與雇工人無異，應比照毆雇工人致死例擬徒三年，折枷號四十日，鞭一百。若隨帶之妻有自行謀生不在主家倚食者，係屬平人，應以凡論，不得概與雇工人同科。四十一年議準，發配婦女在配準其改適，律例並未著有明文，其有孤寡無依雖以全生者，不便準其擇配土著鄉農，止應於在配軍流人犯内任其嫁娶，如有子女亦聽其隨帶撫育。會典事例。嘉慶四年欽奉恩詔，軍流人犯有本人身故，其妻子情願回籍者，該管官報明該部，准令各回原籍。又奏軍流人犯家屬，本係無罪之人，向來毋論本犯曾否身故，俱聽其自便。惟照例僉妻發配一項，本犯身故不私自回籍。現在欽奉恩旨查辦，應將僉妻發配軍流遣犯，如有本犯身故，妻子家屬均令地方官一體查明報部，準其各回旗籍。若不願者，聽其自便。五年覆準，查僉遣家屬既準令其回籍，則在配由伊主配給之妻及所生之子，如係伊主契買婦女配給者，其人本無犯罪，伊夫已經物故，自應一體準其攜骸回籍。至在配犯婦本係有罪之人，配給遣犯爲妻，與僉配家屬不同，自不在釋放之列。如遇恩詔查辦時，核其原犯情罪，分别辦理。其在配所生之子，即屬無罪之人，有情願回籍者，亦準其釋回。不願者聽其自便。又奏準，嗣後凡有新疆土爾扈特等處發遣内地人犯病故，著即就近掩埋，毋庸行文查唤搬柩。道光十二年奏準，查一切軍流遣犯家屬，除罪應緣坐等項而外，其餘情重各犯，如强盗免死及棍徒擾害等項，均不在僉配之列。至穎屬兇徒結移共毆，其情較免死强盗等項爲輕，自未便獨令僉妻。致乖罪人不孥之義，應將例内俱僉妻發配五字删去。匯案。光緒元年議準，除謀反叛逆等項案内問疑軍流各犯，雖本犯業已身故，妻子仍不準回籍外，其餘尋常遣軍流犯本人身故，妻子有願回籍者，准其各回原籍。又議準，嗣後遇有旗人在配病故之案，應詳請咨部，照該部都統轉飭該管佐領傳知犯屬，赴配棺一面，照例申報順天府衙門查辦通行。

刑案

遣婦配給遣犯爲妻，不準隨帶。乾隆五十四年陝西司説帖。

遣犯娶妻無罪，婦女準其攜帶。嘉慶元年奉天司説帖。

呈送家奴發遣，妻子一並發配。嘉慶二十三年福建司説帖。

緣坐犯妻無子本犯已經正法，照叛案干連流犯無子免流例免流。乾隆十七年山東案。

在洋行刦致死四命以上，妻女給死者之家爲奴，如不願收領者，即改發厄魯特爲奴。乾隆四十二年江蘇案。

照兇惡棍徒例擬軍之犯脱逃無獲，妻在配所無依，準其回籍。嘉慶五年廣東案。

當差旗人在配生子，準入丁册。乾隆五十六年福建司説帖。

蒙古僉妻發遣，妻因病未解，仍俟病痊照例補解。倘因病成篤再行照例酌留免發。道光十一年直隸司説帖。

（清）席裕福《清朝政典類纂》卷三七六《刑八·名例律·徒流遷徙地方》 凡徒役各照應徒年限並以到配所之日爲始，限滿釋放。流犯照依本省地方，計所犯應流道里定發各處荒蕪及瀕海州縣安置。應遷徙者，遷離鄉土一千里上。徒五等，發本省驛遞。流三等，直隸布政司府分流陝西、江南布政司府分流陝西，安徽布司府分流山東，山東布政司府分流浙江，山西布政司府分流陝西，河南布政司儲分流浙江，陝西布政司府分流山東，甘肅布政司府分流四川，浙江布政司府分流山東，江西布政司府分流廣西，湖北布政司府分流山東，湖南布政司府分流四川，福建布政司府分流廣東，廣東布政司府分流福建，廣西布政司府分流廣東，四川布政司府分流廣西，貴州布政司府分流四川，雲南布政司府分流四川。謹案：雍正三年改定。

條例

一、直省軍流遣犯及實發新疆並由新疆條款改發内地人犯，未起解者十月至正月終及六月俱停其發遣。若已至中途，初冬十月經過州縣照常接遞，至十一月初一日方準停遣，俟次年二月轉解。如遇六月照前停遣。儻抵配不遠并發往東南省分各項人犯有情願前進赴配者，取具本犯確供，一體起解，並將不行停遣緣由移咨前途接遞，仍報刑部。惟雲南省並無盛暑嚴寒，各省解往軍流遣犯已入該省邊境者，不必停遣。其起解之時有情願前進者，亦照解往東南省分之例辦理。其軍流遣犯在配脱逃，例應解回原配及改調他省者，雖遇隆冬盛暑，不準停遣。其民人在外省犯徒，例應遞回原籍發配之犯，若離籍在一千外者，時遇隆冬盛暑亦準停解。其起解及接遞州縣，如有將應行停解之犯而不停解，及將不應停解之犯擅行停解者，均交吏部照例議處。謹案：嘉慶六年議準，指發雲南人犯必已入該省邊境者方不停遣其實發。新疆及由新疆改發内地者，一體準其停遣。改定此條。

一、凡下五旗包衣人經該王門上送部發遣者，由部覈準即咨送兵部轉發打牲爲烏喇。其因公事犯罪應發遣者，仍配發黑龍江等處。謹案：此條雍正二年定，嘉慶十一年將咨送該王門上改爲咨送兵部

一、各省民人流寓在京在外犯該軍流徒罪並免死減等之犯，其有應追銀兩，訊明本犯原籍有産可賠者，移查明確，將該犯解回原籍，追銀完交後，照應配地方發配。將所完銀兩移交犯事地方分别給主。如無應追銀兩，或贓項已經追完及移查原籍並無産業者，徒犯即在犯事地方定地充徒。軍流人犯於犯事地方按本犯原籍應配地方超解發配。若計原籍應配之地，即係該犯流寓之所，令各該督撫按所犯應流應充軍道里遠近，分别改發，仍迴避原籍相近之地。謹案：此條係乾隆五十三年修並。

一、奉天、寧古塔、黑龍江等處有犯枷責發遣者，令該將軍等查明或係另户滿洲或係奴僕逐一聲明，送部照例枷責，滿日咨送兵部，將另户滿洲發直隸、江寧、山東、河南、甘肅、西安、寧夏、凉州、成都、福建、廣東等處，滿洲駐防之省城當差，若奴僕亦發直隸等省給滿洲駐防之兵丁爲奴，其同案之犯不得共發一處。謹按：此條乾隆二十七年改定。

一、凡土司有犯徒罪以下者，仍照例遵行外，其改土爲流之土司本犯係斬絞者，仍於各本省分别正法，監候其家口，應遷於遠省者，係雲南遷往江寧，係貴州遷往山東，係廣西遷往山西，係湖南遷往陝西，係四川遷往浙江，在於各該省城安插。如犯軍流罪者，其土司並家口應遷於近省安插，係雲南、四川遷往江西，係貴州、廣西遷往安慶，係湖南遷往河南，在於省城及駐劄提督地方分發安插。該地方文武各官不時稽查，毋許生事擾民出境。如疏縱土司本犯及疏脱家口者，交部分别議處。其犯應遷之土司及伊家口，該督撫確查人數多寡，每親丁十口帶奴婢四名，造具清册一並移送安插之省，仍具册並取該地方官並無隱漏印結諮報刑部。其安插地

方，每十口撥給官房五間，官地五十畝，俾得存養。獲所官地，照例辦理課。於每年封印前，將安插人口及所給房産數目造册送户部查覈。謹案：此條雍正三年遵旨議定，乾隆五年節删重複，定爲此條。

一、各旗將、家奴喫酒行兇送部發遣者，令該旗都統確查用印文送部發遣。如將應行發遣之奴，該旗故爲留難不行送部者，許伊主赴部遞呈該部審明，應行發遣者發遣，將留難官員交部查議。至於行止不端之人，欲行占奪家人妻女，捏以喫酒行兇送部者，不准發遣。交與該佐領將伊妻室子女轉賣身價給主，儻被賣之後，捏告原主希圖報復者，仍照誣告家長律治罪。其各省將軍處有送家奴吃酒行兇發遣者，該將軍審明照此行。謹案：此條雍正三年定，乾隆五年删誣告家長律下從重二字。

一、凡發遣人犯酌定名數分起解送，如案內人犯衆多至五名以上者，每五名作一起，先後解送。至起解時，務必如法鎖鐐，將年貌鎖鐐填注批內，接遞官必按批驗明鎖鐐完全，於批內註明完全字樣，鈐蓋印信轉遞前。儻解役人等有受賄開放者，計贓照枉法律治罪。若轉解之地方官，因前途未曾鎖鐐，不復行查補，加鎖鐐，聽其散行，將該地方官與前途未曾鎖鐐官，均按罪犯輕重交部分別議處。謹案：此條係乾隆五年將雍正三年、九年所定之例改並爲一條，後半尚有解犯於經過處所生事不法，即所在地方正法示衆一節。原載徒流人又犯罪律後，嘉慶六年以前半係發遣起解章程移附此律。其後半自爲一條，仍載彼律。一、曾爲職官及進士、舉貢生員、監生並職官子弟，犯該發遣烏魯木齊、黑龍江等處，如衹係尋常過犯，不致行止敗類者，發往當差，其應發駐防者，亦改發烏魯木齊當差。若侮黨惡、窩匪、卑汚下賤者，俱照平人一例發遣爲奴。謹案：此條嘉慶十七年奏準改定。

一、凡土蠻猺獞苗人讎殺刦擄及聚衆捉人、詐禁者，所犯係死罪，將本犯正法。一應家口、父母、兄弟、子姪俱令遷徙。如係軍流等罪，將本犯照例枷責，仍同家口、父母、兄弟、子姪一並遷徙。係流官所轄者，發六百里外之土司安插。係土司所轄者，發六百里外之營縣安插。其兇惡未甚者，初犯照枷責姑免遷徙。若仍不悛，將本人仍照原擬枷責，親屬家口亦遷徙別地安插。仍嚴飭文武官稽查約束，出具印結，併年貌清册，於年底報部，如安插十年後，果能改惡遷善，有情願回籍者，查明咨部準予回籍。若本犯並各家仍在安插地方行兇生事，照已徒已流而又犯罪律，再科後犯之罪。儻地方官不盡心約束，以致疏脱者，即將該管文武各官，照例參處。其本犯審無別情，照例治以逃罪。如有生事不法情由，照平常遣犯逃後爲匪例，分別治罪。至蠻獞頭目犯法，必根究勾引之人，審明確實，照誘人犯法律加等治罪，遇赦不宥。失察勾引之地方官，交部議處。謹案：此條乾隆五年定。

一、八旗另户正身及曾爲職官發遣黑龍江、吉林及烏魯木齊等處者俱當差，係家奴發遣爲奴。至八旗逃人，匪類發遣黑龍江、吉林、寧古塔者，令該將軍酌量各該處所屬地方大小分發安插，嚴行約束。如有不知改悔，即銷除旗檔，照例報部改發雲貴、兩廣等處，令地方官與民人一體嚴加管束。仍將每年有無改發之處，於年終諮報軍機處，刑部會覈彙奏。謹案：此即嘉慶六年分輯旗人發遣之例，原文未及銷除旗檔句，嘉慶十一年查照《督捕則例》於照例報部上增銷除旗檔句，又於改發雲貴、兩廣等省下，增令地方官與民人一體嚴加管束句。

一、文武員弁犯徒及總徒四年，準徒五年者，即在犯事地方定驛發配，俟年限滿日，釋放回籍。其有應折枷號鞭責者，仍照例辦理。謹案：此條乾隆十年定。

一、各省僉發軍流人犯，除廣西土司所屬地方，不得撥發安置。並廣東瓊連二屬及四川、湖南有苗民州縣，令解巡撫衙門就地方情形通融派撥，不得與苗民聚處外，餘俱按照軍流道里表內應發省分，毋庸指定府州，悉聽該省督撫按其所犯罪名查照軍流道里表，酌量州縣大小遠近，在配軍流多寡，均勻撥發。起解省分豫行咨明應發省分督撫，先期定地飭知入境首站州縣，隨到隨發。其解犯兵牌內填明解填某省入境首站，某州縣遵照定地轉解配所，投收申繳字樣。謹案：此條乾隆五十三年删並。

一、發往伊犁烏魯木齊等處爲奴人犯，令該管大臣均勻酌撥與察哈爾兵丁及種地兵丁爲奴。如察哈爾兵丁係永遠屯駐者，發給人犯即永遠爲奴。其種地兵丁給與爲奴人犯如在烏魯木齊以內者，聽陝甘總督酌量分發。在烏魯木齊以外者，聽伊犁烏魯木齊大臣酌量分發，俱於派撥之時，令該管官將某犯給與某營兵丁之處，詳記檔案。至换班時交代與接班兵丁爲奴。或該兵丁等撤回內地及調往他所，並無接班之人，亦令該犯等另行撥給附近種地兵丁隨同力作。謹案：乾隆二十七年奉旨發遣伊犁及烏魯木齊等處人犯定例，只有發給種地兵丁爲奴字樣至已到配所給與何項兵丁及作何分別辦理之處，從前未經議及，著軍機大臣會同該部另行定議具奏。因議定此條。

一、雲南貴州苗人犯該徒流軍遣，仍照舊例枷責完結，其情節較重或再犯不悛，將本犯照例折枷後，仍同家口各就土流所轄，一併遷徙安插。至苗人中有薙髮衣冠與民人無別者，犯罪到官悉照民例治罪。謹案：此條乾隆二十九年定。

一、凡由新疆條款改發雲貴兩廣烟瘴地方人犯，無論在四千里外均編發有烟瘴省分安置。其籍隸烟瘴之雲南、貴州、廣東、廣西四省應發烟瘴人犯，應於隔遠烟瘴省分調發廣東省，與雲南省互調。廣西省與貴州省互調。至不足四千里鄰近烟瘴之湖南、福建、四川三省應發烟瘴人犯，湖南省發往雲南，福建省發往貴州，四川省發往廣東。其餘各省有跟烟瘴省分較遠者，如奉天府屬應發烟瘴人犯，編發廣西、貴州二省。甘肅之甘州、涼州、西寧、安西、寧夏等府及肅州各屬，應發烟瘴人犯編發雲南、貴州二省。均解交各該巡撫衙門，酌發安置。謹案：此條乾隆三十二年定，原文首句係凡各省應發烟瘴地方人犯嗣於三十七年奏準，惟新疆改發內地人犯，仍發雲貴兩廣烟瘴地方，其餘本例應發烟瘴人犯，均以極邊足四千里爲限。因將首句改定。

一、凡苗疆地方，如軍流徒遣等犯內民人，有捏稱土苗希圖折枷免徒者，事發之日除按其本律治罪外，仍先於本地方枷號一個月，再行充發。其捏結之鄰保人等，照證佐不言實情律減囚罪二等科斷。受賄重者，計贓以枉法論。如犯該斬絞者，亦令承審官於定案時查取鄰保切實甘結存案。如有捏結，亦照例分別治罪。其失察官員，俱視本犯之罪分別察議。謹案：嘉慶六年，將捏結鄰保治罪之處增入例內，改定此條。

一、發遣伊犁、烏魯木齊並吉林、黑龍江等處人犯，該將軍都統等務酌量所屬各地方大小均勻派撥，分別安插。於每年十月截數，將該處一年內發到遣犯名數同積年問發到配遣犯現存共計若干名，並該處安插遣犯有無脱逃及已未拏獲各數目詳細聲敘，咨報軍機處、刑部，均限十二月初旬咨齊照例彙奏。謹案：乾隆五十九年奉旨各省彙查遣犯，每年於十月截數，咨報軍機處、刑部等因，嘉慶六年改定此條。

一、滿洲、蒙古、漢軍發往新疆人犯，除罪犯寡廉鮮恥削去旗籍者，應照民人一體辦理外，其餘發往種地當差之犯，係滿洲、蒙古旗人，如原軍流者，定限三年，免死減等者，定限五年，果能改過安分，即交伊犁駐防處所編入本地丁册，挑補駐防兵丁食糧當差，係漢軍人犯照民人分定年限入於彼處緑營食糧。謹案：此條乾隆三十七年定，原載流囚家屬在後，嘉慶六年將原例內限年食糧之處分纂此條，移附本條。

一、派往烏魯木齊、伊犁等差換班種地滿漢屯兵，遇有脱逃，除依現行之例，案照初次、二次，投回、拏獲分別辦理外，從新留屯五年折磨差使，如果別無過犯，該處辦事大臣查明準其回籍。謹按：此條乾隆四十年定。

一、新疆及內地遇有爲奴之額嚕特土爾扈特布嚕特回子等酗酒生事，犯該發遣者，俱發往烟瘴地方。如係新疆犯事，解交陝甘總督定地轉發。若在內地有犯，即由該督撫定地解往，俱交與該營鎮協在兵丁內揀選力能管束之人，賞給爲奴，嚴加管束。謹按：此條係乾隆五十三年修并。

一、犯罪發往伊犁等處人犯，如年老力衰不能耕種納糧者，令該將軍等酌量該犯年力，應當差使，責令承充官給與半分口糧，以資養贍，仍令該管處管束。謹案：此條乾隆四十二年定。

一、發往伊犁、烏魯木齊等處遣犯，如在配安分，復能將該處脱逃遣犯拏獲者，除逃遣照例辦理外，其獲犯之遣犯，無論當差、爲奴，不拘年限，準爲彼處之民，不準回籍。若爲民後又能拏獲逃人，即準其回籍。其在廠在配年滿爲民遣犯，有能拏獲逃遣者，亦準回籍。儻逃犯力壯一人不能緝拏者，止許添一人幫拏，概不得過兩人。謹案：此條乾隆五十三年遵旨定例。

一、在京滿洲另户旗人於逃走後甘心下賤，受雇傭工，不顧顔面者，即銷除旗檔，發遣黑龍江等處嚴加管束，毋庸派撥當差，轉令得食餉養贍。其逃後訊無受雇傭工甘心下賤情事者，仍依本例辦理。謹案：此條係乾隆五十五年遵旨定例。

一、回民除犯該尋常軍流尚無兇惡情狀者仍案表酌發外，如有結夥三人以上執持兇器傷人，並搶奪數在三人以下，審有糾謀持械逞兇情狀者，俱實發雲貴、兩廣極邊烟瘴充軍，至籍隸烟瘴之雲貴、兩廣四省回民，如犯前項兇毆糾搶等情，仍照定例於隔遠烟瘴省分，互相調發，俱不得編發甘肅等回民聚集之地。謹案：此條乾隆五十二年定。

一、奉天所屬民人有犯軍流徒罪者，俱照各省民人犯罪例一體問發，不準折枷完結。謹案：此條乾隆十六年定，軍流徒罪下本有及邊外爲民五字，乾隆三十六年奏準刪去。

一、發遣新疆廢員，派令管理鉛鐵等廠，該將軍都統等詳覈案情輕重，摘敍原犯罪由，報部覈復。情罪較重者不準管理。其情節較輕之員，準其管理。俟兩年期滿，如果妥協，除原犯徒杖例止三年奏請者，毋庸置議外，其原犯軍流例應十年奏請者，準其於十年之内酌減，三年奏聞請旨。如蒙允準，即令特别回旗籍。謹案：此條嘉慶八年定。

一、奉天省應發黑龍江等處人犯，即由盛京刑部奉天府案照人數多寡定地刺字，徑交盛京兵部發遣。至外省應發黑龍江等處人犯，該督撫飭屬徑行解往。均毋庸解赴在京刑部轉發。謹案：此條嘉慶二年增定。

一、賞給爲奴人犯，除例應賞給功臣之人外，其發往黑龍江、吉林及各省駐防奴者，先儘未有遣奴之官員分給，每員不得過二名。再儘未有遣奴之兵丁，分給每兵只給一名，其賞給將軍副都統之處，永遠停止。謹案：此條嘉慶十九年修改。

一、發遣回疆各犯，除僅止在配不服拘管者，即令該管大臣酌量懲治外，若實係在配酗酒滋事怙惡不悛難於約束者，改發巴里坤充當折磨差使。如改發之後復行滋事，初犯枷號三月，再犯枷號一年，三犯永遠枷號。謹案：此條嘉慶十一年定。

一、民人在京犯該徒罪者，天府尹務於離京五百里州縣定地充配。至外省徒罪人犯，該督撫於通省州縣内覈計道里遠近，酌量人數多寡均匀酌派。俱不拘有無驛站，交各州縣嚴行管束。俟徒限滿日，釋放回籍安插。謹案：此條嘉慶六年增定。

一、發往熱河之員於解到日，即由該都統奏明派在何處當差，至三年期滿亦分别具奏請旨。若有事故者，隨時附奏。謹案：此條係嘉慶十五年遵旨定例。

一、發遣新疆及黑龍江、吉林等處効力。官犯如從前所犯僅止革職，及由徒杖等罪加重發遣者，到戍後已滿三年，聽該將軍都統及各該處辦事大臣具奏，奉旨準其釋回者，即令回旗、回籍。若原犯軍流從前加重改發者，定限十年期滿，該將軍等遵例奏聞。如蒙允準，亦即令各回旗籍，毋庸仍照原犯軍流再行發配。若三年、十年期滿，具奏奉旨，再留幾年者，俟所留年限滿日，即行照例釋回，不必復奏。謹案：此條嘉慶六年修並，十五年修改，十九年復奏頒修。

一、各省遷徙土司，若本犯身故，該管地方即行文原籍督撫，將該犯家口應否回籍之處，酌量奏聞請旨定奪。其本犯身故無子及雖有子而幼小者，其妻子並許回籍，不在此例。謹案：此條原載流囚家屬門，土司家屬條，嘉慶六年移並。

一、民人發往伊犁、烏魯木齊等處爲奴，遣犯如在配安分，已逾十年者，止令永遠種地，不準爲民。若發往當差遣犯果能悔過悛改，定限五年編入該處民户册内，給地耕種納糧，俱不準回籍。其有到配後呈請願入鉛鐵等廠効力捐資者，降奉特旨，發遣爲奴及有關大逆緣坐發遣爲奴，並叛案干連邪教、會匪及臺灣聚衆搶奪殺人放火爲從各項人犯，俱不準做工幫捐外，其餘無論當差、爲奴，罪由輕重，咨部記檔，準其入廠。設日久怠惰滋事，隨時懲治逐出。若果能始終實心悔過，入廠五年期滿，俱準其爲民，改入該處民户册内。查係當差人犯，再効力十年，準其回籍。爲奴人犯，詳核原犯罪由，罪重者不留廠，罪輕者，報部核覆，再加十二年，如果始終効力奮勉，準其回籍。謹案：此條嘉慶六年修並，十一年復奏頒修。

一、烏魯木齊等處安插兵民犯軍流者，除照例折責外，仍留烏魯木齊，照發往種地人犯分給屯鄉與種地兵丁，一體種地納糧，倘復有滋事脱逃等情，枷號兩個月，改給烏魯木齊兵丁爲奴。犯該徒罪者，照犯罪免發遣折枷例加一等折枷免其充徒。係民仍令種地，係兵交地方官指給地畝耕種納糧。其换緑旗兵丁及内地貿易商民，於新疆地方犯至軍流之罪者，俱解回内地，各按犯籍定地發配。若犯該徒罪者，係换班緑旗兵丁，仍留該處，不給口糧，在種地處効力。照應徒年限扣算，滿日再行發回。係内地民人，仍解回内地，照例辦理。謹案：此條道光十年修改。

一、逃人續供之窩家提來審明，又屬誣扳，如年力强壯者，改發烏魯木齊等處分别種地爲奴。移往拉林閒散滿洲有犯，二次逃走者，發往伊犁等處充當折磨差使，派往各省駐防滿洲兵丁，臨行及中途脱逃被獲者，發往伊犁充當步甲苦差，俱照例面刺外遣字樣，毋庸僉妻遣發。如有情願攜帶者，不准官爲資送。倘在配在途脱逃，並不服拘管者，獲日在配所用重枷枷號三個月，杖一百折責發落，毋庸即行正法。若越獄脱逃，仍照軍流越獄本例辦理。謹案：此條道光元年、十年、十五年三次修改。

一、八旗及各省駐防正身旗人有犯吃酒行兇者，如係平日安分偶爾醉鬧，並無兇惡情狀，該將軍都統按例自行責懲。若屢次酗酒行兇滋事，怙惡不悛者，該管佐領是呈報該將軍都統，查明滋事實蹟，送部審實，再行發遣吉林、黑龍江等處當差。如違例任意擅送及藉端陷害者，將送呈不實之該管各官交部議處。謹案：此條嘉慶六年續纂，咸豐三年修改。

一、各處永遠枷號人犯，於枷示已逾十年後，即咨明刑部彙題，分别發遣。若該犯原擬本係死罪，並應發新疆者，發往伊犁。如原擬係應發黑龍江等處者，發往烏魯木齊。其原擬軍流以下者，旗人發往黑龍江等處當差，民人實發雲貴、兩廣極邊烟瘴充軍。如係新疆地方犯事者，即照新疆等處互相調發之例辦理，俱令配所各官嚴加管束。倘在配在途乘間脱逃，除發烟瘴人犯照例加等改發外，餘俱用重枷枷號三個月，杖一百發落。若犯行兇擾害情事，仍按其所犯之罪照例問擬。謹案：此條道光元年、十年、咸豐三年三次修改。

一、凡發往軍臺効力廢員，三年期滿，臺費全數繳完者，由軍臺都統抄録獲罪原案，具奏請旨。如不能完繳臺費者，文職州縣以上，武職都司以上均由兵部行文，各旗籍任所查明委係赤貧，具結到部。兵部知照軍臺都統，該都統即抄録獲罪原案，並聲明無力完繳臺費，將該廢員再行留臺五年由具奏請旨，如能於留臺五年限内完繳者，準該都統隨時具奏請旨釋回。倘有隱匿寄頓情弊，發往烏魯木齊永遠充當苦差。其文職佐雜武職守備以下各員弁不能完繳臺費者，於期滿之日例應杖一百徒三年，仍令該都統抄録獲罪原案，聲明不能完繳臺費，例應改擬杖徒緣由具奏請旨。此内有仰邀特恩釋回者，兵部行文該都統，將其釋回。其照例改爲杖徒者，行文該都統將旗員解交刑部，照例辦理。漢員解交各該原籍督撫定驛充徒。謹案：此條嘉慶十五年續纂，道光十年修改。

一、凡内地回民犯罪應發回疆及回民在新疆地方犯至軍流例應調發回疆者，俱實發雲貴、兩廣極邊烟瘴充軍。謹案：此條嘉慶十五年續纂，道光元年修改。

一、發遣回城爲奴人犯，先行酌給印房各章京筆帖式等役使，該章京等於卸任時，列入交代不準攜回本旗。俟撥給章京等足敷役使，再分給大小伯克爲奴。毋庸分給小回子以免拖累。謹案：此條道光十年續纂。

一、停發新疆改發内地人犯，如竊盜滿貫擬絞秋審緩決一次者，竊盜三犯贓至五十兩以上，秋審緩決一次者，行竊軍犯在配復行竊者，三次犯竊計贓五十兩以下至三十兩，並三十兩以下至十兩者，竊贓數多罪應滿流者，積匪猾賊竊盜臨時拒捕，傷非金刃傷輕平復者，搶奪傷人非金刃傷輕平復者，發掘他人墳塚見棺槨爲首及開棺見尸爲從者，回民行竊結夥三人以上執持繩鞭器械者，搶奪金刃傷人及折傷下手爲從者，子孫犯姦盜致縱容之父母自盡者，察哈爾等處牧丁偷賣牲畜及辛食並作爲私産者，偷參爲從人犯，誣扳良民爲財主及頭目者，發功臣家爲奴人犯伊主不能養贍者，殺一家三四命以上案内，兇犯之子年十六歲以上，實無同謀加功者，奪犯殺差案内，隨同拒捕未經毆人成傷者，賊犯殺死捕役案内，未經幫毆成傷者，調姦未成和息後，因人恥笑其夫與父母親屬及本婦復追悔自盡，致死二命者，兇徒因事忿爭，執持軍器毆人至篤疾者，强盗窩主造意不行又不分贓者，殺一家三四命以上案内，兇犯之妻女實無同謀加功，並被殺之家未至絶嗣，兇犯之子年在十五歲以下者，姦婦抑媳同陷邪淫致媳情急自盡者。盛京旗下家奴爲匪逃走，至二次者，前項人犯從前已照原例應配地方充發在配，爲匪脱逃者。以上二十六項人犯，俱各照本例改定地方充發，面刺改發字様。應刺事由者，仍刺事由。如有在配在途脱逃，照本例加二等調發。謹案：此條道光元年、十年修改。

一、新疆各城駐劄官員兵丁之跟役，如有酗酒滋事在烏魯木齊一帶者，發往伊犁等處。在伊犁一帶者，發烏什葉爾羌等處。在烏什各城者，發往伊犁等處。交與該將軍等在駐防官兵内揀選力能管束之人，賞給爲奴。若發遣之後仍不悛改，復行酗酒者，在配所用重枷枷號三個月，杖一百發落至新疆等處。緑營兵丁有犯吃酒行兇，如平日安分偶爾醉鬧，沿無兇惡情狀者，該將軍都統等自行責革，若屢次酗酒行兇，怙惡不悛者，審明屬實，即照跟役酗酒滋事例擬發，視其情罪輕重量爲酌定，輕者當差，重者給官兵爲奴。謹案：此條嘉慶六年、道光五年二次修改。

一、新疆烏魯木齊等處在配遣犯，令該管官將每遣犯十名酌設散頭一名，每散遣頭十名酌設總遣頭一名，即於在配各遣犯内選擇充當，責令管束，並令各總遣頭出具連環保結互保。遇有遣犯脱逃，除主守之兵丁及專管之員弁仍照例辦理外，即將應管之散遣頭亦照主守之例一體問擬，總遣頭酌減一等治罪，如散遣頭有脱逃情事，即將應當之總遣頭亦照主守例治罪。倘總遣頭有脱逃情事即將互保之總遣頭，亦各照主守例治罪。如其所管遣犯三年内並無一名脱逃滋事者，散遣頭準在該處爲民。如散遣頭三年内並無一名脱逃滋事者，總遣頭準在該處爲民。總遣頭或有事故，即在散遣頭内挑充。該遣頭等如有故意凌虐情事，即嚴行懲治，並將總、散遣頭及所管遣犯俱造具花名清册，報明將軍都統，並送部備核。謹案：此條咸豐三年續纂。

一、應發各省駐防給官員兵丁爲奴之犯，仍由兵部核計該犯原籍及犯事地方道里，俱在四千里外均匀酌發。謹案：此咸豐三年續纂。

一、凡新疆條款内，改發雲貴、兩廣烟瘴地方人犯，仍照舊例實發烟瘴外，其本例應發四省烟瘴地方充軍人犯，均以極邊四千里爲限。按照五軍道里表内應發省分解交巡撫衙門均匀酌發充當苦差，照例分別刺字。如有脱逃，亦各照本例分別治罪。謹案：此條道光二十年删除，二十七年修復。

一、應行發遣黑龍江、吉林等處人犯，除宗室覺羅，太監並八旗零户正身各省駐防正身旗人及民人曾爲職官，暨舉貢生員、監生或職官子弟等項，仍照原例發往，其前項内應發新疆烏魯木齊等處者，亦改發黑龍江、吉林等處，分別當差、爲奴，交該將軍均匀酌撥安插。其餘應發黑龍江爲奴條例内，如閩省不法棍徒私充客頭包攬過臺，引誘偷渡之人，中途謀害未死，爲從同謀者。夥衆將良人子弟搶去强行雞姦，餘犯擬遣者。開窑誘取婦人子女勒賣爲從者。夥衆强搶犯姦婦女已成，爲首者。强姦犯姦婦女已成，致本婦羞愧自盡者。輪姦良人婦女已成案内餘犯同謀未經同姦者。因而致死本婦同謀並未下手又未同姦者。致本婦自盡同謀未經同姦者。輪姦良人婦女未成，爲首者。因而殺死本婦爲從未經下手者。致本婦自盡爲從者。輪姦犯姦婦女、已成爲首者。因而致死本婦，同姦並未下手者。致本婦自盡爲從同姦者。輪姦犯姦婦女未成，因而殺死本婦，係毆殺幫同下手者。致本婦自盡爲首者。强姦十二歲以下幼女、幼童未成者。奴及雇工人調姦家長之母與妻女未成者。共十八條，俱改爲實發雲貴、兩廣極邊烟瘴充軍。無庸以足四千里爲限，面刺改發二字。如在配逃脱被獲，用重枷枷號三個月，倘在配滋事及逃後行兇爲匪，並拏獲時有拒捕者，俱照平常遣犯治罪。謹案：此條同治九年續纂。

一、應發駐防爲奴人犯，除例内載明各條外，其隨征兵丁，在軍營私自潛逃，分别軍務已未告竣，投首患病受傷迷失路徑，查非有心脱逃，在軍務告成後拏獲者。隨征跟隨餘丁偷盗馬匹、軍器及衣服，銀兩潛逃投首，照兵丁投首按軍務已未告竣，分别問擬者。觸犯祖父母、父母發遣免罪釋回後，再有觸犯，復經呈送者。反逆案内，其子孫無論已未成丁，實係不知謀情者。其餘律應緣坐男犯，並非逆犯子孫年在十六歲以上者。私鑄銅錢十千以上或不及十千而私鑄不止一次爲從及知情買使者。私鑄銅錢不及十千，匠人及爲首者。鎔化些須鉛斤鑄錢不及十千，匠人及爲首者。共八條俱改發駐防給官兵爲奴，面刺改發二字。如有不服伊主管束及脱逃滋事，仍按遣犯本例問擬。謹案：此條同治九年續纂。

一、應發新疆及回城烏魯木齊等處，除例内如一切左道異端煽惑人民爲從者。傳習白陽、白蓮、八卦等邪教案内，爲從，年未逾六十及年逾六十而有傳徒情事者，造讖緯、妖書，妖言傳用惑人不及衆者。用藥迷人，甫經學習雖已合藥即行敗露或被迷人知覺未受累者。各項教會名目並無傳習咒語，但供有飄高老祖及拜師授徒者。用藥迷人已經得財，其餘爲從者。老瓜賊内，傳授技藝跟隨學習之人，未同行者，用藥及一切邪術迷拐幼小子女爲從者。共八條，均暫行監禁，俟新疆道路疏通，再行照例發往。其强盗及響馬，强盗傷人未得財，爲從者。未得財又未傷人，爲首者。强盗傷人，傷輕平復事未發自首及行刼數家止首一家者。洋盗案内，投回自首照强盗自首問擬發遣者。拏護盗犯之眼線，曾爲夥盗悔罪，五日内指護同伴者。船户店家圖財害命，同謀不行，事後分贓者。聚衆不及十人，數在三人以上，持械搶奪爲從者。糾衆發塚起棺，索財取贖，跟隨同行在場瞭望及未得財爲從者。共謀爲盗，因病及别故不行，事後分贓者。强盗窩主造意不行，又不分贜及存留二人者。窩線不上盗又未得財，但爲賊探聽事主消息，通線引路者。共十一條，俱改發極邊烟瘴充軍，仍以足四千里爲限，到配後鎖帶鐵桿，石墩二年。四川等省匪徒，在場市人烟凑集之所横行搶劫，糾夥不及五人者。在野攔搶四人以上，至九人者。糧船水手搶奪案内，殺人未經幫毆成傷及聚衆互毆，藏有火槍，擡槍者。山東省匪徒聚衆持械結捻、結幅搶奪得贜，數至四十人以上，被脅同行及四十人以下十人以上，爲從，并聚衆搶奪未得財者，捉人勒贖，將被捉之人拒殺毆殺爲從，幫毆傷非金刃，又非折傷者。將被捉之人幫同淩虐，及雖無淩虐，而助勢逼勒，致令自盡者。聚衆拒傷兵役爲從，傷非金刃，又非折傷者。傷人未死爲從，刃傷及折傷以上者，審無淩虐事情，止圖利關禁勒贖爲首者。洋盜案内，知情接買盜贓三次以上者，豫省並安徽等處兇徒，結夥聚衆十人以上，執持器械，無論曾否傷人者。聚衆十人以上，搶奪被脅同行者。廣東省匪徒，捏造圖記紙單名色，夥衆三人以上，帶有鳥槍、刀械未得財爲首者。並未帶鳥槍、刀械，亦未恃强擄掠，但係嚇詐得財爲首及爲從二次以上者。廣東廣西二省姦徒窩藏匪類關禁勒贖者。共十四條，亦照前改發，到配後鎖帶鐵桿、石墩一年。如有在配滋事犯法及乘間脱逃，在逃後另犯不法情事如强盜等項，例應正法，及另犯事應斬絞者，照例辦理外，其因罪無可加例止枷責之犯，即照烏魯木齊地方遣犯例，核其所犯事由，如係軍流徒罪，鎖帶鐵桿、石墩二年。如係笞杖等罪，鎖帶鐵桿、石墩一年。如果安分，限滿開釋，交地方官嚴加管束。釋放後仍不悛改，再鎖帶一年。倘仍怙惡不悛，即令永遠鎖帶。此外，例内載明應發新疆烏魯木齊等處者，俱改發極邊足四千里充軍。係酌撥種地當差人犯，到配後加枷號三個月，係爲奴人犯，到配後加枷號六個月。某原例應枷號者，仍遞加枷號，如在配脱逃被獲爲奴人犯，用重枷枷號三個月。當差人犯亦加枷號三個月。倘在配滋事及逃後行兇爲匪並拏獲時有拒捕者，俱照平常遣犯治罪，以上各犯應刺字者，如係强盜等項脱逃，例應正法者，面刺改遣二字，餘俱刺改發二字。俟新疆道路疏通，再行查明，分別核辦。

謹案：此條同治九年續纂。

事例

康熙九年諭：刑部等衙門向來定例流徙尚陽堡、寧古塔等處人犯，六月、十二月不行發遣，其餘月分俱發。今思十月至正月終俱屬寒冷之時，流人多有貧者，衣裝單薄無以禦寒，以罪不至死之人，凍斃道途，殊爲可憫。以後流徙尚陽堡、寧古塔人犯，十月至正月終及六月俱停其發遣，餘月照常發遣。二十六年恩詔：凡解部及遞解外省各項犯人，應按程給與口糧，勿致饑斃。又議準：遞解人犯中途患病者，原解即報該地方官親身驗明，出具印結。如取結後死者，其官役免議。若未取患病印結，途中死一二名者，將僉差之官罰俸一年，解役徒三年，至配所責四十板。死三四名者，僉差之官降一級留任，解役流三千里，至配所責四十板。二十九年議準：凡流徙官員遇寒暑發遣，俟命下三日内，分送户部、兵部、順天府等衙門，限十五日内令其束裝即行發遣。若限内不行發遣者，將遲延官員交部議處。四十一年議準：黑龍江、寧古塔等處將軍、捕牲總管等，將免死發遣人犯每月收領者若干，逃走若干，拏獲者若干，未獲者若干，查明造册咨部。至年底將總數令該將軍開明具奏。四十八年覆準：充發人犯仍不改惡，在配所又打死人，應在衆人前即行正法。五十一年覆準：嗣後免死減等盜犯起解，時值隆冬，應照軍流人犯停遣之例準其停遣。解至中途，時值封印，準其暫爲留養，於次年開印後再行轉解。雍正二年議準：嗣後除五旗該管門上送部發遣者，仍照舊例咨送該王門上轉發捕牲烏喇外，其五旗王府佐領下人，因公事犯罪俱停其送該管門上，發捕牲烏喇均改發三姓地方當差。若情罪稍輕者，酌量發黑龍江等處。四年議準：嗣後偷刨人參應擬發遣之犯，俱行解部。若係滿洲、蒙古發往江寧、荆州、西安、杭州、成都等處有滿洲駐防之省城當苦差。若係漢人，僉妻發往廣東、廣西等處地方當差。若係漢軍發往廣西、雲南、貴州等處烟瘴地方當差。十年諭：從前應行發遣黑龍江等處罪犯，改發查克拜達里克等處，令其開墾耕種後，伊等在彼甚不得力，是以停其改發。仍令照前發遣黑龍江、三姓等地方。上年賊人窺伺查克拜達里克時，彼地所有罪人跟隨官兵守護城垣，竭力捍禦，甚屬可憫。朕已加恩除其罪名，令充緑旗兵丁入伍効力。續據順承親王等奏稱，伊等深知感戴朕恩，共思黽勉，可見有罪之人，予以自新之路，可以望其改惡從善。若發往黑龍江、三姓諸處，不過終身爲人奴僕而已。朕意，嗣後將發往黑龍江等處人犯，改發於北路軍營附近可耕之地，令其開墾効力，在伊身可以努力自新，而於屯種亦屬有益，其如何遣發安置之處，爾等詳議具奏，欽此。遵旨議準：嗣後此等人犯改於軍營附近之處，一切衣食照康熙五十八年酌定條例，著該處給發。由京城派弁兵遞送軍前。該犯在途有妄行不法，逋逃拒捕者，即於本處立斬。乾隆二年諭：凡外遣人犯近日改發烟瘴地方者，原係此等惡人不宜在盛京等處，使滿洲直樸之習有所漸染也。但伊等原僉發與口外駐防兵丁爲奴之犯，聞彼地兵丁有籍以使用，頗得其力者，且内地軍流人犯太多，地方官亦難管束，應將作何按其情罪分別内地、外地遣發之處，妥議具奏，欽此。遵旨議準：查各項發遣爲奴之民人律例，載有三十餘條，其情罪輕重不甚懸殊，但就其中力堪使用於口外兵丁有益者，量爲酌定，請嗣後民人內有犯强盗免死減等者，强盗行刦數家而止首一家者，夥盗供出首盗即時拏獲者，竊盗拒捕殺人爲從者，偷刨墳墓二次者，謊稱賣身旗下者，民人謊稱旗下逃人者，民人假稱逃人具告行詐者，民人賣逃買逃者，以上九項遣犯，查明有妻室子女照舊例僉發寧古塔、黑龍江等處給披甲人爲奴。如無妻室子女者，伊等無家可戀，隻身易逃，難於使用，應將此等無妻子之遣犯並其餘各項遣犯，悉照乾隆元年定例改發雲貴、四川、兩廣等省分別極邊烟瘴與烟瘴少輕地方，交地方官嚴行管束。十年議準：向來甘省官員犯徒罪者，俱照各省流寓人犯徒例，即在所犯地方充徒。而各省官員犯徒，則有遞回原籍，定地發配者，辦理既不畫一，且遞回原籍充徒，衹該地方官與行文之上司知其犯罪事由，其餘各官俱不能知，惟於犯事地方充徒，上下同僚觸目警心，俱知懼憚。請嗣後各省俱畫一辦理。二十三年奏準：嗣後盗賊搶奪挖墳，應擬軍流人犯，不分有無妻室，概發巴里坤，於新闢夷疆並安西回目扎薩克公額敏和卓部落遷空沙地等處，指一屯墾地畝，另名圈卡，令其耕種。其前已配到各處軍流等犯，除年久安静有業者照常安插外，無業少壯曾有過犯者，一並改發種地，交駐防將軍管轄。此外情罪重大，軍流各犯，一體辦理。又奏準：嗣後粵西軍流遣犯七月內亦暫停遣，俟八月初起解至隆冬停遣之例，十月尚可前進，不必拘泥定限，可酌減一月，於十一月再爲停遣。二十四年議準：嗣後徒罪人犯及自內部外省解回發落管束之犯，統照現在軍流人犯例，於批解長文內載敘事由，並開明該犯年貌、疤痣、箕斗以備查覈。二十六年諭：嗣後凡有發遣巴里坤等處逃犯，原籍及路過省分盤獲者，一經移訊明確，即由各省督撫自行奏聞，於拏獲處所正法示衆。二十九年奏準：各省遣犯軍流人犯，俱照道里表內註定安置地方僉發。查豫省各府州現在安置數十名至一二百名不等，惟衛輝、光州二屬獨無，軍衛表內雖載湖北安陸、甘肅平凉、廣西慶遠軍流應配衛輝，而從未發到。三流表並未載及，至光州則二表俱不載，當係安陸等三府犯案本少，抑因道里不符應配之數。請嗣後各省解到軍流人犯，由巡撫衙門覈明，如應僉之處犯數過多，而與衛光相去不遠者，即勻撥二屬安置。庶不致集聚滋事。又諭：嗣後武職一品大臣、文職二品以上大臣獲罪，發往伊犁葉爾羌等處効力，自贖者，三年屆滿，不必具奏。其武職二品以下，文職三品以下人員，三年期滿之時仍照例請旨。三十一年議準：嗣後各省凡有發遣新疆人犯，中途遇有患病留養及病故等項事故，即令沿途該地方備印文隨犯申解陝甘總督衙門，以憑查覈。並於護牌內寫明事故鈐印，以杜沿途抽匿遺失等弊。三十二年諭：向來發遣新疆人犯，有中途竄逸者，除將該犯緝獲正法外，其疏縱之差役例應問擬絞候，一年不獲請旨正法。此等兵役管解重犯，膽敢怠玩疏縱以致免脱遠颺，不可不嚴示儆戒，所有新疆要犯脱逃之案，除審係有心賄縱，仍照與囚同罪例定擬。其餘應問絞候監禁一年之兵役内，爲首情重者，著改發伊犁等處。既足以昭創懲而若輩又皆年力强壯，堪資力作之人，非若積匪猾賊等類反教人爲匪可比，其於屯田墾闢自屬有益。嗣後由新疆改發烟瘴及黑龍江等處人犯，如有脱逃者，既照新疆例拏獲正法。其疏縱兵役亦著照新定發往伊犁等處之例辦理。其餘爲從情輕之兵役及以杖流問擬，至此等改發人犯情罪重大，本屬去死一間，今雖仍發內地，其僉解當與新疆遣犯一體嚴密。著各督撫嚴飭所屬文武員弁當遴選妥幹兵役小心管押，毋令稍有疏虞，致罹法網，可將此通諭知之。又奏準：嗣後凡係烟瘴人犯，無論四千里內外，總於有烟瘴省分安置，將不足四千里改發極邊之例停止。三十七年議準：嗣後凡發往各處駐防當差另户旗人，果能三年後悔罪改過，即照發遣黑龍江之例編入本地丁册，擇其善者挑選披甲給與錢糧。如三年內不行改過及已過三年造入丁册後，復行犯罪者，亦照發遣黑龍江人犯改發之例辦理，並令於年終將編入丁册並復犯改發數目，於收到人犯數目本內一並彙題。至奉旨發遣另户内，如有行兇爲匪者，仍令該將軍另行請旨辦理，再發遣新疆當差旗人，前經烏魯木齊辦事大臣奏準，原犯軍流者，定限三年免死減等者，定限五年果能改過安分，即交伊犁駐防處所，歸入各旗挑補駐防兵丁當差。惟編入丁册之處未經議及，請嗣後凡犯該軍流等罪發往新疆當差旗人，亦照黑龍江等處之例一體準入本地丁册，挑選食糧當差。四十年議準：例載新疆改發內地人犯，面刺改遣二字，如犯事到官，年在五十以上及成殘廢者，仍照本例刺字等語，雖無年正五十者作何辦理明文，惟查犯罪時未老疾律註內載：如六十九犯罪七十事發，得收贖等語，則年正五十人犯自可援照辦理。又議準：嗣後凡有兵丁閒散等項，原犯軍流改發新疆之犯，刑部於擬罪摺内聲明永遠不準回籍。行文該處大臣，照依向例分别辦理。四十一年烏什辦事大臣奏，噶岱墨特所買家奴額魯特生事不法，請發伊犁。奉旨，伊犁係額魯特原籍，若發遣伊犁，與發遣原籍無異。著解京發烟瘴地方。嗣後照此辦理。四十七年諭：要後卿一犯，本擬按律杖流。因情節較重，改發新疆，今年滿釋回，則較原擬流罪不準限年回籍者轉輕。嗣後凡遇此等情節可惡，發往新疆之犯，年滿時仍將該犯發交應配地方安插，遇有恩赦再令回籍。五十一年議準：永遠枷號人犯，其所犯情罪非係兇惡棍徒，擾害閭閻，即屬無恥莠民，有關風化，是以不計罪之輕重，概以永遠枷號示懲。數十年來，每月支給口糧，且需官兵晝夜嚴密看守，稍有不周難免滋生事端。查此等人犯既已枷示多年，若久令安食糜費轉無以蔽厥，辜自應投畀遠方，使身受磨折，方足以儆兇頑而昭國憲。惟各犯原犯罪名輕重不同，一概擬遣未免無所區别，請將枷示已逾十年之犯，其原擬死罪并發遣新疆情節較重者，發往伊犁等處，原擬發黑龍江等處者，發往烏魯木齊。原擬軍流以下者，發往黑龍江等處。其擬發新疆各犯，如當日犯事時係在伊犁、烏魯木齊等處者，互相調發。分别旗民當差，爲奴，旗人原擬銷去旗檔者，照民人例爲奴，令配所官員加意稽查管束。儻有在中途配所脱逃及滋事擾害者，無論發遣新疆及黑龍江等處俱即行正法，以示懲儆。並通行各省，嗣後遇有永遠枷號人犯，均照此例辦理。五十三年議準：嗣後凡尋常軍犯及由流加發軍犯脱逃被獲，應由配所計程定地發配之犯，如表内配所應發近邊、邊遠地方，與該犯原籍相近，他無可以改發者，即加一等改發。應近邊者，以邊遠計發。應邊遠者，以極邊計發。均以距原籍四千里爲限。庶足以迴避原籍之地，不致欲遠轉近。其應該枷號杖責之罪，及將來再有脱逃改發黑龍江給與披甲人爲奴之處，仍依定例從本罪科斷。五十八年諭：嗣後發遣伊犁、烏魯木齊等處，此等人犯年限期滿，具奏再留幾年，所留年限期滿不必復奏，即著照例釋回。著爲令。五十九年諭：嗣後除常犯外，如有起解新疆官犯，遵照前奉諭旨一概不準攜帶眷屬。如誤行攜帶起解，在途者，亦即照例截留，遞回本籍。嘉慶四年議準：發遣新疆人犯脱逃正法之例，原爲邊地甫經戡定不得不從嚴懲治，今新疆久隸版圖，沾濡聖化，已與内地無異，發往人犯與發遣黑龍江等處情罪相同。請嗣後發遣新疆人犯脱逃，亦照黑龍江之例由死罪減發者，仍行正法。其餘遣犯被獲，即在配所用重枷枷號三月，杖責管束。十年諭：近年來閩廣等省案犯，發吉林安插者有三百餘名，聞黑龍江較此更多，此等人犯均係獷悍無賴之徒，到配後無人管束，又無口食，三五成羣，易於滋事。安插各犯，自因其原犯罪案比之爲奴各犯較輕，是以量爲末減，但爲奴之犯各有本主約束，給予口食，轉可相安。至安插各處之犯，若因其無人管束，概令爲奴，則竟與緣坐家屬等項免死減等重犯一律辦理，未免太無區别，著刑部詳查舊時例案，悉心籌酌，將此項人犯如何安置，如何管束，俾餬口有資，共知畏法，可期行之永久，妥議章程具奏。欽此。遵旨議定，此項安插人犯，均係閩廣添弟會匪案内聽從被脅並未轉糾夥黨，於首犯死罪上減等擬流，照叛案干連流徙烏喇地方例發遣吉林之犯，不便與尋常軍流人犯散置内地，而究非大逆緣坐免死減等可比，亦不便概令爲奴。向來安置外遣人犯，除吉林、黑龍江外，惟新疆各處幅員最爲廣闊，當差種地在在需人。莫若將從前酌撥新疆之積匪猾賊、竊盜臨時拒捕、傷非金刃、傷輕平復者，搶奪傷人傷非金刃傷輕平復者，發掘他人墳冢見棺槨爲首及開棺見尸爲從者，回民行竊結夥三人以上，執持繩鞭器械者，搶奪金刃傷人及折傷下手爲從者六項，仍照舊例改發内地，將會匪一項全行發往新疆安插。會典事例。二十一年議準：嗣後發遣官常各犯及發軍臺効力與軍流徒罪人犯，奉準部文，定以五日分别轉行州縣，該州縣即以奉文日起請咨，亦照分别五日詳司呈院咨牌徑發，州縣即日提犯起解，並聲扣行文往返程限，起解月日通報。道光元年議準：嗣後遣犯除例内指明應發烏魯木齊、伊犁並無等處字樣者，仍徑發該處外，其餘發新疆並伊犁、烏魯木齊有等處字樣者，均由陝甘總督核計遣犯數目，於伊犁、烏魯木齊兩處均勻發配。各省於起解文内詳晰聲明。八年諭：曹振鏞等核議兵部奏軍臺効力廢員，無力完繳臺費，請照列辦理一摺，嗣後坐臺廢員，三年期滿無力措繳臺費，曾任州縣都司以上者，著照乾隆五十四年舊例，由部行令該旗籍，詳查結報並無捏飾，將該廢員再留臺五年始準釋回。如能於留臺五年限内設措完繳，亦準該都統隨時具奏請旨釋回。其縣丞守備以下坐臺廢員無力繳費，仍著於三年期滿時照例改擬杖徒完結。二十七年覆準：嗣後遇有本例應發四省烟瘴人犯，無實發改發字樣者，均應遵照定例以極邊足四千里爲限。咸豐二年奏準：嗣後應將例內實發烟瘴各犯均以極邊足四千里爲限，面刺烟瘴改發四字。如有脱逃仍照實發四省人犯脱逃本例改發新疆種地、當差。如此酌量辦理則四省軍犯既無虞其壅積，而各處監獄亦皆可以疏通。俟軍務告竣，仍復舊例辦理。五年議準：嗣後題奏專咨案内遣軍流徒各犯，無論八百里内外，均應先行造册請給咨牌存，俟奉到部覆即行起解。八年奏準：嗣後軍臺廢員，奏請留營，自奏準之日起予限一年。由該營大臣等察看廢員果否得力，分别奏明，免其發遣。其奏請發遣者，迅即照例起解，不得任其借留營之名，作藏身之計。其奏請免遣者，於奏準之日起，予限一年。遣人赴部按照例載每月臺費四十三兩，最多之數呈繳實銀。不準因公奏免，並不準於臺費未繳之前保舉開復官階。如逾限不繳，應仍照例發遣。不得以奏免在前爲詞，並不得藉口有經手未完事件，再請展限，以杜取巧違玩之弊。至該廢員或甫經到臺或到臺較久，經該營奏請釋回，發往軍營差遣者，亦應示以區别，如到臺已逾年半，請照向辦成案按在臺月日及所派之臺，核請臺費，如數呈繳。如在臺未及年半，擬令按照所派之臺，呈繳三年臺費之半，若該廢員曾經呈報無力完繳臺費，在臺三年期滿而留臺未符五年之例，得邀釋回，有呈請開復及保舉開復者，應令補繳三年臺費實銀，其留臺已滿五年釋回者，無論捐復呆舉概免補繳，以昭公允。此外應遣廢員未經奏請留營者，自應遵照定例於文到後限一月内起解。同治八年奏準：嗣後各省應發新疆官犯，毋庸改發黔省。其在途未入黔境，各官犯亦一體截留，均暫行改發黑龍江，俟新疆道路疏通，仍照舊例辦理。光緒四年覆準：查應發陝甘軍犯，既據兵部查明，道路已無阻滯，照舊發往。自毋庸改發别省。十年奏準：嗣後京城不法棍徒，情節較重之案，到配後即於配所監禁。俟十年後由獄官察看情形，如實知改悔，再予查辦。十一年奏準：嗣後凡係由流三千里加一等者，均改發極邊足四千里充軍，其餘均從其舊，似此量加變通，庶不必盡更成法，已足稍示區别矣。十三年奏準：嗣後擬將應發回城爲奴遣犯内，一切左道異端煽惑人民爲從者，傳習白陽、白蓮、八卦等邪教案内，爲從，年未逾六十及年逾六十而有傳徒情事者，造讖緯、妖書、妖言傳用惑人不及衆者，用藥迷人甫經學習雖已合藥即行敗露或被迷之人知覺未受累者，各項教會名目，並無傳習咒語，但供内有飄高老祖及拜師授徒者，用藥迷人已經得財其餘爲從者，老瓜賊内，傳授技藝，跟隨學習之人未同行者，用藥及一切邪術迷拐幼小子女爲徒者。等八條，均仿照免死强盗章程，自定案時起，監禁二十年，限滿後改發極邊烟瘴充軍，以足四千里爲限，到配所帶鐵桿、石礅二年。其從前此等監禁並比照定擬各犯，查明已及二十年者，即照現定章程改發，候新疆地方大定，能以安插此項遣犯，再行歸復舊制。彙案。

刑案

因毆死妻三次情實改緩減發官犯，應俟十年期滿始準奏請。嘉慶二十二年廣東司説帖。

官犯再留本無奏請字樣，期滿釋放。嘉慶二十一年陝西司説帖。

盗砍曾祖墳樹不準奏請之官犯，毋庸查辦。嘉慶十一年奉天司説帖。

革職後犯遣罪，未便援官犯發遣之條，分别年限奏請。嘉慶十八年奉天司説帖。

發遣官犯罪在未定新例以前，未便照旗人改發，應減杖徒折枷鞭責。嘉慶二十三年貴州司説帖。

銷檔男爵，妻雖宗室，未便改發，仍照例擬軍。道光五年山西司説帖。

骫法營私，致釀人命從重發遣官犯準管理銅廠。道光五年山西司説帖。

用藥迷人爲從遣犯，不準減發内地。道光四年陝西司説帖。

應發吉林、黑龍江爲奴人犯，既經奏明停止烏拉，亦未便發往，應改新疆。道光二年雲南司説帖。

本應改發，既經到配，即留該處爲奴。道光元年奉天司説帖。

烟瘴加等改發新疆，因奏明停止，仍發四省充軍加枷號三個月。道光六年山東案。

赦後復犯加等擬遣，因停止改回内地烟瘴，酌加枷號。道光七年湖北案。

糧船水手緩決減遣各犯，改發烟瘴，俱照例刺字。道光七年通行。

烟瘴少輕人犯加一等，仍發四千里。道光七年通行。

武生犯非行止敗類，未便爲奴，發邊遠充軍。嘉慶二十一年安徽案。

發駐防爲奴人犯，復行犯罪，遇赦援免，原主不願領回，未便改發他省，應仍在該省駐防中另擇賞給。嘉慶元年直隸司説帖。

發遣官犯年滿，奏請不計閏月。道光二年廣西司説帖。

斬決改遣官犯，到配十年奏請。道光四年直隸司説帖。

潁州民情愚妄，免其安置發配教匪。道光九年安徽司説帖。

監生攙和小錢使用，不應擬發爲奴。應照監生尋常過犯不致行止敗露，應發駐防者，改發烏魯木齊當差。

母老丁單，仍準查辦。道光十一年湖廣司説帖。

在配軍犯捐資助賑，請加獎勵，應由户部辦理。道光十二年江蘇案。

主人聽從行刦免死遣徙，在配脱逃，五日外拏獲，照免死發遣盜犯例正法。嘉慶二十二年廣西案。

原犯發遣吉林，永遠枷號。嘉慶二十四年案。

苗人奪犯傷差案内，隨同據捕未傷人擬軍之犯，情殊兇惡枷責遷徙。道光六年廣東案。

擬遣盜犯遇赦不準援免，後在配行竊擬絞緩決減軍，仍調發爲奴，不得將前後在配年分並計，減發内地充軍。道光四年陝西案。

職員窩藏强盜不首，枷號兩個月，發黑龍江充當苦差。道光九年邸抄。

私梟擬遣脱逃被獲，發黑龍江爲奴，照例刺字。道光十三年邸抄。

王府呈送太監發遣打牲烏拉。嘉慶二十一年安徽司現審案。

家奴係隨帶前夫之子，未便呈送發遣，照刃傷人本律充徒。嘉慶二十五年安徽司現審案。

準釋家奴因殘廢不能回旗，仍給配所原主。嘉慶二年奉天司説帖。

土人行刦未得財，遷徙脱逃，遞回原配，枷號一個月。道光六年廣西案。

土人犯遣病故，妻子免其遷徙。嘉慶二十四年廣西案。

公府投雇太監頂撞送部，發遣駐防爲奴。道光十一年浙江司案。

家奴之子，並未霸地抗租，未便發遣量減杖徒。道光十二年陝西案。

公府將包衣旗人呈送發遣，未便照旗下家奴科斷擬發打牲烏拉。道光九年廣東司案。

藏匪肆刦案内眷屬，隨賊遷徙。道光四年西藏案。

烟瘴軍犯擁擠，除免死盜犯及有關罪名等差者，餘酌發足四千里。道光十七年通行。

因搶擬軍加發烟瘴，毋庸實發。道光十七年江西司説帖。

甘肅民人犯遣改發伊犁等處爲奴。十七年邸抄。

烟瘴少輕逃軍由配易地調發。道光十五年廣東司説帖。

結夥行竊之回犯，應迴避甘省，照例改發兩廣極邊烟瘴地方安置。道光二年通行。

紀事

(清)沈家本《歷代刑法考·刑法分考九·放》《書·舜典》：放驩兜于崇山。傳：放，誅也。疏：放者，使之自活。《淮南·修務篇》放驩兜三苗。注：放，棄也。

《春秋左傳正義》卷八《莊公六年》夏，衛侯入，放公子黔牟於周，放寧跪於秦。注：宥之以遠曰放。

(清)沈家本《歷代刑法考·刑法分考九·放》《春秋》宣元年經：晉放其大夫胥甲父於衛。《公羊傳》：放之者何？猶曰無去是云爾。然則何言爾？近正也。此其爲近正奈何？古者大夫已去，三年待放，君放之非也，大夫待放正也。注：古者刑不上大夫，故有罪放之而已。《穀梁傳》：放猶屏也。稱國以放之，無罪也。注：屏，除。《左傳》注：放者，受罪黜免，宥之以遠。疏：《舜典》云，流宥五刑。孔安國云，以流放之，法寬五刑，是放者有罪，當刑而不忍刑之，寬其罪而放棄之也。三諫不從，待放。而去者，彼雖無罪，君不用其言，任令自去，亦是放棄之義。放之與奔，俱是去國，而去情小異。《釋例》曰，奔者，迫窘而去，逃死四鄰，不以禮出也。放者，受罪黜免，宥之以遠也。臣之事君，三諫不從有待放之禮，故《傳》曰義則進，否則奉身而退，迫窘而出奔。及以禮見放，俱去其國，故《傳》通以進爲文。仲尼修《春秋》，又以所稱爲優劣也。言優劣者，放者，君舍其罪，緩步而出，是其優也。奔者，止則懼死，奔馳而出，是其劣也。昭八年，楚人執陳公子招，放之于越。哀三年，蔡人放其大夫公孫獵於吴。與此胥甲父等皆甘心受罪，黜其官位，宥之以適遠方，是實放而書放也。襄二十九《傳》稱齊公孫蠆、公孫竈放其大夫高止於北燕。書曰出奔，罪高止也。高止好以事自爲功，且專，故難及之。彼罪高止，故實放而書奔也。然則文十四年《傳》稱宋高哀不義宋公而出，遂來奔。高哀無罪，亦改放而書奔者。放者，緣遣者之意。爲義奔者，指去國之人立文據，其所往之處，皆是從外來耳。高哀身來至魯，自魯而稱來奔，不書宋人之意，故不得言放，此乃外内之文異耳。叛者，以地適他稱叛入，魯則稱來奔，亦此之類也。

《左傳・成公五年》春，原、屏放諸齊。

（清）沈家本《歷代刑法考・刑法分考九・放》《春秋》昭公八年經：冬十月壬午，楚師滅陳，執陳公子招，放之於越。哀三年經：蔡人放其大夫公孫獵於吴。

（清）沈家本《歷代刑法考・刑法分考九・放》屈平既嫉之，雖放流，睠顧楚國。頃襄王怒而遷之。《集解》：《離騷》序曰：遷於江南。

按：屈原是遷亦曰放。

（清）沈家本《歷代刑法考・刑法分考九・遷亦曰徙》《史記・秦始皇紀》：八年，王弟長安君成蟜將軍擊趙，反，死屯留，軍吏皆斬死，遷其民於臨洮。《正義》：言屯留之民被成蟜略衆共反，故遷之於臨洮郡也。九年，長信侯毐作亂，車裂以徇，滅其宗。及其舍人，輕者爲鬼薪。及奪爵遷蜀四千餘家，家房陵。十二年，文信侯不韋死，竊葬。其舍人臨者，晋人也，逐出之；秦人六百石以上奪爵，遷；五百石以下不臨，遷，勿奪爵。《正義》：若是秦人哭臨者，奪其宫爵，遷移於房陵。不哭臨不韋者，不奪官爵，亦遷於房陵。

按：此三事皆有罪而遷。

《漢書》卷六《武帝紀》〔元狩五年春三月〕徙天下姦猾吏民於邊。

《漢書》卷七《昭帝紀》〔元鳳五年〕六月，發三輔及郡國惡少年吏有告劾亡者，屯遼東。

如淳曰：告者，爲人所告也。劾者，爲人所劾也。師古曰：告劾亡者，謂被告劾而逃亡。

《漢書》卷八《宣帝紀》〔本始四年〕秋，廣川王吉有罪，廢遷上庸，自殺。

《漢書》卷九六下《西域傳》地節二年，漢遣侍郎鄭吉、校尉司馬憙將免刑罪人田渠犁，積穀，欲以攻車師。至秋收穀，吉、憙發城郭諸國兵萬餘人，自與所將田士千五百人共擊車師，攻交河城，破之。

《漢書》卷八《宣帝紀》〔宣帝地節四年〕十二月，清河王年有罪，廢遷房陵。

《漢書》卷八《宣帝紀》〔宣帝甘露〕四年夏，廣川王海陽有罪，廢遷房陵。

《漢書》卷九《元帝紀》〔元帝建昭元年〕冬，河間王元有罪，廢遷房陵。

《漢書》卷一一《哀帝紀》〔哀帝建平元年春正月〕侍中騎都尉新成侯趙欽、成陽侯趙訢皆有罪，免爲庶人，徙遼西。

《漢書》卷一二《平帝紀》元始二年，遣執金吾侯陳茂假以鉦鼓，募汝南、南陽勇敢吏士三百人，諭説江湖賊成重等二百餘人皆自出，送家在所收事。重徙雲陽，賜公田宅。注：服虔曰：重，成重也。作賊長帥，故徙之也。

《漢書》卷一四《諸侯王表》〔梁〕八世，陽朔元年，王立嗣，二十七年，元始三年，有罪，廢徙漢中，自殺。

（清）沈家本《歷代刑法考・刑法分考九・遷亦曰徙》《梁孝王武傳》：元始中，立坐與平帝外家中山衛氏交通，新都侯王莽奏廢立爲庶人，徙漢中。立自殺。按：立，孝王七世孫。

《漢書》卷九九下《王莽傳》又增法五十條，犯者徙之西海。徙者以千萬數，民始怨矣。

《漢書》卷四三《酈食其傳》令適卒分守成皋。

師古曰：適讀曰謫。謫卒謂卒之有罪謫者，即所謂謫戍。

《後漢書》卷二《顯宗孝明帝紀》〔永平十三年〕十一月，楚王英謀反，廢，國除，遷於涇縣，所連及死徙者數千人。

《後漢書》卷三《肅宗孝章帝紀》〔建初元年〕夏四月戊子，詔還坐楚、淮陽事徙者四百有餘家，令歸本郡。

（清）沈家本《歷代刑法考・刑法分考九・遷亦曰徙》《楊終傳》：建初元年，大旱穀貴，終以爲廣陵、楚、淮陽、濟南之獄，徙者萬數，又遠屯絶域，吏民怨曠，乃上疏曰：臣聞善善及子孫，惡惡止其身，百王常典，不易之道也。秦政酷烈，違牾天心，一人有罪，延及三族；高祖平亂，約法三章；太宗至仁，除去收孥。萬姓廓然，蒙被更生，澤及昆蟲，功垂萬世。陛下聖明，德被四表。今以比年久旱，灾疫未息，躬自菲薄，廣訪失得，三代之隆，無以加焉。臣竊按《春秋》水旱之變，皆應暴急，惠不下流。自永平以來，仍連大獄，有司窮考，轉相牽引，掠拷冤濫，家屬徙邊。加以北征匈奴，西開三十六國，頻年服役，轉輸煩費。又遠屯伊吾、樓蘭、車師、戊己，民懷土思，怨結邊域。傳曰：安土重居，謂之衆庶。昔殷民近遷洛邑，且猶怨望，何况去中土之肥饒，寄不毛之荒極乎？且南方暑濕，障毒互生。愁困之民，足以感動天地，移變陰陽矣。陛下留念省察，以濟元元。

肅宗下其章。司空第五倫亦同終議。太尉牟融、司徒鮑昱、校書郎班固等難倫，以施行既久，孝子無改父之道，先帝所建，不宜回異。

終復上書曰：秦築長城，功役繁興，胡亥不革，卒亡四海。故孝元棄珠崖之郡，光武絶西域之國，不以介鱗易我衣裳。魯文公毁泉臺，《春秋》譏之曰先祖爲之而己毁之，不如勿居而已，以其無妨害於民也。襄公作三軍，昭公舍之，君子大其復古，以爲不舍則有害於民也。今伊吾之役，樓蘭之屯，久而未還，非天意也。

帝從之，聽還徙者，悉罷邊屯。終兄鳳爲郡吏，太守廉范爲州所考，遣鳳候終，終爲范遊説，坐徙北地。帝東巡狩，鳳皇黄龍並集，終贊頌嘉瑞，上述祖宗鴻業，凡十五章，奏上，詔貰還故郡。

按：詔還坐楚、淮陽事徙者四百餘家，令歸本郡。事在二年，見《本紀》。

《後漢書》卷三四《梁竦傳》 後坐兄松事，與弟恭俱徙九真。【略】顯宗後詔聽還本郡。【略】有三男三女，肅宗納其二女，皆爲貴人。小貴人生和帝，竇皇后養以爲子，而竦家私相慶。後諸竇聞之，恐梁氏得志，終爲己害，建初八年，遂譖殺二貴人，而陷竦等以惡逆。詔使漢陽太守鄭據傳考竦罪，死獄中，家屬復徙九真。辭語連及舞陰公主，坐徙新城，使者護守。

《後漢書》卷六〇上《馬融傳》 〔恒帝〕先是融有事忤大將軍梁冀旨，冀諷有司奏融在郡貪濁，免官，髡徙朔方。

《後漢書》卷八《孝靈帝紀》 〔建甯二年〕冬十月丁亥，中常侍侯覽諷有司奏前司空虞放、太僕杜密、長樂少府李膺、司隸校尉朱瑀、潁川太守巴肅、沛相荀（翌）〔昱〕、河内太守魏朗、山陽太守翟超皆爲鈎黨，下獄，死者百餘人，妻子徙邊。

《後漢書》卷六〇下《蔡邕傳》 〔光和〕初，邕與司徒劉郃素不相平，叔父衛尉質又與將作大匠（楊）〔陽〕球有隙。球即中常侍程璜女夫也，璜遂使人飛章言邕、質數以私事請託於郃，郃不聽，邕含隱切，志欲相中。【略】於是下邕、質於洛陽獄，劾以讎怨奉公，議害大臣，大不敬，棄市。事奏，中常侍吕强愍邕無罪，請之，帝亦更思其章，有詔減死一等，與家屬髡鉗徙朔方，不得以赦令除。【略】會明年大赦，乃宥邕還本郡。邕自徙及歸，凡九月焉。

《三國志》卷一六《魏志·杜畿傳》 〔子恕〕爲幽州刺史，加建威將軍，使持節，護烏丸校尉。時征北將軍程喜屯薊，尚書袁侃等戒恕曰：程申伯處先帝之世，傾田國讓於青州。足下今俱杖節，使共屯一城，宜深有以待之。而恕不以爲意。至官未期，有鮮卑大人兒，不由關塞，徑將數十騎詣州，州斬所從來小子一人，無表言上。喜於是劾奏恕，下廷尉，當死。以父畿勤事水死，免爲庶人，徙章武郡，是歲嘉平元年。

（清）沈家本《歷代刑法考·刑法分考九·遷亦曰徙》 《吴志·虞翻傳》：翻性疏直，數有酒失。權與張昭論及神仙，翻指昭曰：彼皆死人，而語神仙，世豈有仙人邪！權積怒非一，遂徙翻交州。注：《吴書》曰，翻雖在徙棄，心不忘國，常憂五谿宜討，以遼東海絶，聽人使來屬，尚不足取，今去人財以求馬，既非國利，又恐無獲。欲諫不敢，作表以示吕岱，岱不報，爲愛憎所白，復徙蒼梧猛陵。

按：魏、吴並有徙者，用漢法也。

（晋）常璩《華陽國志》卷一〇《廣漢郡士女讚第三》 依依義舊，抗原誤杭，劉、李本作抗。疏邦庭。誠感世主，徙女輟刑。義舊，狄道長姜穆女，綿竹司馬雅妻也。既許婚，父坐事徙朔方，雅就婚死，雇劉李本作顧。人送其喪，尋父母死朔方。義舊獨與弟孤居十年，士大夫求，終不肯。乃上疏自訟，求還鄉里。天子愍悼，下朔方使送。遂下詔書定律令：女已許嫁，不得從父母徙。

《晉書》卷七七《殷浩傳》 桓溫素忌浩，及聞其敗，桓溫上疏罪浩【略】坐廢爲庶人，徙於東陽之信安縣。

《北史》卷四〇《程駿傳》 程駿字驎駒，本廣平曲安人也。六世祖良，晉都水使者，坐事流涼州。

《宋書》卷五五《傅隆傳》 時會稽剡縣民黄初妻趙打息載妻王死亡。遇赦，王有父母及息男稱、息女葉，依法徙趙二千里外。〔傅〕隆議之曰：原夫禮律之興，蓋本之自然，求之情理，非從天墮，非從地出也。父子至親，分形同氣，稱之於載，即載之於趙，雖云三世，爲體猶一，未有能分之者也。稱雖創巨痛深，固無讎祖之義。若稱可以殺趙，趙當何以處載？將父子孫祖，互相殘戮，懼非先王明罰，咎繇立法之本旨也。向使石厚之子、日磾之孫，砥鋒挺鍔，不與二祖同戴天日，則石碏、秺侯何得流名百代，以爲美談者哉。舊令云，殺人父母，徙之二千里外。不施父子孫祖明矣。趙當避王朞功千里外耳。令亦云，凡流徙者，同籍親近欲相隨者，聽之。此又大通情體，因親以教愛者也。趙既流移，載爲人子，何得不從；載從而稱不行，豈名教所許？如此，稱、趙竟不可分。趙雖內愧終身，稱當沉痛没齒，孫祖之義，自不得永絶，事理固然也。從之。

《宋書》卷四《少帝本紀》〔景平〕二年二月癸巳朔，日有蝕之。廢南豫州刺史廬陵王〔劉〕義真爲庶人，徙新安郡。【略】執政使使者誅義真於新安。

《魏書》卷七上《孝文紀》〔延興二年三月〕連川敕勒謀叛，徙配青、徐、齊、兖四州爲營户。【略】〔太和四年正月〕戊午，襄城王韓積有罪，削爵徙邊。

（明）孫世芳《宣府鎮志》卷一九《法令考・齊》 武帝永明二年，魏文帝太和八年。魏令吏民有罪應減死者徙邊。時守宰坐贓死者四十餘人，受禄之官無不跼蹐賕賂殄絶，然吏民犯他法者，帝率寬之，疑罪奏讞多減死徙邊，歲以千計，都下决大辟，歲不過五六人，州鎮亦簡。

《北史》卷八六《循吏傳・王伽》 王伽，河間章武人也。開皇末，爲齊州參軍。初無足稱，後被州使送流囚李參等七十餘人詣京師。時制，流人並枷鎖傳送。次滎陽，憫其辛苦，悉呼而謂之曰：卿輩既犯國刑，虧損名教，身嬰縲紲，此其職也。今復重勞援卒，豈獨不愧於心哉。參等辭謝。伽曰：汝等雖犯憲法，枷鎖亦大苦辛，吾欲與汝等脱去，行至京師總集，能不違期不。皆拜謝曰：必不敢違。伽於是悉脱枷，停援卒，【略】舍之而去。流人感悦，依期而至，一無離叛。

（清）沈家本《歷代刑法考・刑法分考九・遷徙》 《唐律》：諸殺人會赦免者，移鄉千里外。

疏議曰：殺人應死，會赦免罪，而死家有期以上親者，移鄉千里外爲户。其有特勅免死者，亦依會赦例移鄉。

按：後來遷徙之法本此。

（清）沈家本《歷代刑法考・刑法分考十・安置》 《唐書・高宗紀》：顯慶四年四月，流長孫無忌於黔州。本《傳》：遂下詔削官爵封户，以揚州都督一品俸置於黔州，所在發兵護送。《舊書・本紀》：太尉、揚州都督、趙國公無忌帶揚州都督於黔州安置。《舊書・本傳》：遂去其官爵，流黔州，仍遣使發次州府兵援送至流所。【略】《太平公主傳》：玄宗以太子監國，使宋王、岐王總禁兵。主恚權分，乘輦至光範門，召宰相白廢太子。於是宋璟、姚元之不悦，請出主東都，帝不許，詔主居蒲州。《通鑑》云蒲州安置。

按：安置之名，見於《舊唐書》，《通鑑》從之。長孫無忌，《新書・紀》曰流，《傳》曰置，《舊傳》亦曰流，《舊紀》方曰安置，是安置即流也。郇王，《新傳》曰徙置，《舊紀、傳》並曰安置，澤王，《新傳》曰徙置，《舊傳》曰安置，是安置即徙也。零陵王，《新、舊傳》並曰徙，太平公主，《新傳》、《通鑑》並曰安置，然則唐之安置乃臨文之異，非當時有安置之名也。

《新唐書》卷一二三《奸臣傳・李義府》 又遣子津召長孫延，謂曰：吾爲子得一官。居五日，延拜司津監，索謝錢七十萬。右金吾倉曹參軍楊行穎白其贓，詔司刑太常伯劉祥道與三司雜訊，李勣監按，有狀，詔除名，流巂州，子率府長史洽、千牛備身洋及壻少府主簿柳元貞並流廷州，司議郎津流振州，朝野至相賀。三子及壻尤兇肆，既敗，人以爲誅四兇。或作河間道元帥劉祥道破銅山大賊李義府露布，榜於衢。乾封元年大赦，獨流人不許還，義府憤恚死，年五十三。

《新唐書》卷一一一《王方翼傳》 武后時，王后屬無在者，方翼自視功多，冀不坐，而后内欲因罪除之，未得也。及務挺被殺，即并坐方翼，追入朝，捕送獄，流崖州，卒於道，年六十三。

（宋）李上交《近事會元》卷五《貶崖州》 唐中宗神龍六年六月，浪州刺史平陽郡王敬暉貶崖州，司馬自此始也。

（宋）李上交《近事會元》卷五《貶李德裕》 唐宣宗大中元年七月，潮州司馬員外安置。二年九月，再貶崖州司户，至其年十二月死於崖州也。

（明）孫世芳《宣府鎮志》卷一九《法令考・晉》 齊王開運元年契丹會同七年契丹詔寘罪人於山後諸城。時制刑之凡有四，曰死，曰流，曰徒，曰杖，死刑有絞斬凌遲之屬，又有籍没之法，流刑量罪重輕，寘之邊城，輕者於山後諸州，并部族之地，重者設諸鄙外，或罰使絶域，徒刑有終身，有五年二年，杖刑至五百。

《宋史》卷一《太祖本紀》〔乾德二年四月壬申〕徙永州諸縣民之畜蠱者三百二十六家於縣之僻處，不得復齒於鄉。

（清）沈家本《歷代刑法考・刑法分考十・安置》 《宋史・太祖紀》：開寶四年四月，前左監門衛將軍趙玭訴宰相趙普，坐誣毁大臣，汝州安置。

按：宋王公及文武官犯罪有安置之法。有削其官爵而安置者，如雍熙二年廢楚王元佐爲庶人，均州安置；《太宗紀》。紹聖二年，梁惟簡除名，全州安置。《哲宗紀》。是也。有貶其官秩而安置者，如天聖七年二月，貶曹利用爲崇信軍節度副使，房州安置；《仁宗紀》。熙甯四年，种諤坐陷撫甯堡，責授汝州團練〔副〕使，潭州安置；《神宗紀》。元豐五年，知延州沈括以措置乖方，責授均州團練副使。隨州安置同上。是也。非流非徒非遷而又似流似徙似遷，乃宋法與唐之安置不同。

（清）沈家本《歷代刑法考・刑法分考九・遷亦曰徙》 〔《宋史》〕《盧多遜傳》：雍熙二年，卒於流所，徙其家於容州，未幾，復移置荆南。

《太宗紀》：太平興國八年四月，流樞密副使弭德超於瓊州，並徙其家。

（宋）李燾《續資治通鑑長編》宋真宗咸平六年六月 先是，儋州流人洪湛卒於此州調馬驛。湛一子偕行，甚幼，州以聞。湛之被罪也，參知政事王欽若亦内自愧，於是白於上。詔給錢二萬，官爲護喪還本貫。丁卯，因詔命官流竄没於嶺南者，給緡錢，聽歸葬，其親屬州遣吏部送之。

《宋史》卷二〇一《刑法志》 凡命官犯重罪，當配隸，則於外州編管，或隸牙校。其坐死特貸者，多杖，黥配遠州牢城，經恩量移，始免軍籍。【略】皇祐中，即赦，命知制誥曾公亮、李絢閲所配人罪狀以聞，於是多所寬縱。公亮請著爲故事，且請益、梓、利、夔四路就委轉運、鈐轄司閲之。自後每赦命官，率以爲常。配隸重者沙門島砦，其次嶺表，其次三千里至鄰州，其次羈管，其次遷鄉。

《宋史》卷二〇〇《刑法志》 仁宗時，單州民劉玉父爲王德毆死，德更赦，玉私殺德以復父讎。帝義之，決杖，編管。【略】〔熙甯〕九年，知桂州沈起欲經略交趾，取其慈恩州，交人遂破欽，犯邕管。詔邊人横遭屠戮，職其致寇，罪悉在起，特削官爵，編置遠惡州。

（宋）李燾《續資治通鑑長編》宋神宗熙寧九年二月 詔以交趾犯順，其應配廣南東、西路罪人，並權配三千里外。

《宋史》卷一八《哲宗本紀》〔紹聖二年〕二月乙亥，吕大防以監修史事貶秩，分司南京，安州居住。

《宋史》卷三一四《范純仁傳》〔哲宗〕貶武安軍節度副使，永州安置。【略】徽宗即位，欽聖顯肅后同聽政，即日授純仁光祿卿，分司南京，鄧州居住。

（宋）謝深甫等《慶元條法事類》卷七五《刑獄門・編配流役》 〔申明〕紹興五年十一月五日，尚書省劄子應犯罪合編配之人權住編配過江北州軍。

（清）沈家本《歷代刑法考・刑法分考十・居住》 《高宗紀》：紹興十七年十二月，鄭剛中落職，桂陽監居住。十八年二月，段拂罷，尋落職，興國軍居住。

按：居住亦宋法也，大約安置輕於編管，居住又輕於安置。有降官居住者，吕大防是；有落職居住者，鄭剛中等是；有由安置改居住者，范純仁是也。

《宋史》卷三一《高宗本紀》〔紹興二十四年十二月丙戌〕以故龍圖閣學士程瑀有《論語講解》，秦檜疑其譏己，知饒州洪興祖嘗爲序，京

西轉運副使魏安行鏤版，至是命毁之。興祖昭州，安行欽州編管，瑀子孫亦論罪。【略】

〔二十五年二月壬寅〕以通判常州沈長卿、仁和縣尉芮燁作詩譏訕，除名，長卿化州、燁武岡軍編管。【略】

〔五月癸丑〕以前知泉州宗室令衿譏訕秦檜，遂坐交結罪人，汀州居住。

《遼史》卷二三《道宗本紀》〔大康三年五月〕乙亥，北院樞密使耶律乙辛奏，右護衛太保查剌等告知北院樞密使事蕭速撒等八人謀立皇太子，上以無狀，不治，出速撒等三人補外，護衛撒撥等六人各鞭百餘，徙於邊。

《元史》卷一七八《王結傳》 先時，有罪者，北人則徙廣海，南人則徙遼東，去家萬里，往往道死。結請更其法，移鄉者止千里外，改過聽還其鄉，因著爲令。

《元史》卷一七《世祖本紀》〔至元二十九年〕八月己丑朔，賽甫丁處死，餘黨杖而徙之，仍籍其家産。

《元史》卷二一《成宗本紀》〔大德八年十月，戊戌〕命省、臺、院官鞫高麗國相吴（祈）〔祁〕及千户石天（輔）〔補〕等，以（祈）〔祁〕離間王父子，天（輔）〔補〕謀歸日本，皆笞之，徙安西。

（明）談遷《國榷》太祖洪武五年正月 〔癸丑〕詔：犯罪當戍兩廣者，發臨濠屯種。

《明太祖實録》洪武六年十二月 〔庚申〕降大同衛都指揮使曹興爲指揮僉事。以奏大同左衛指揮使薛壽不法事無狀，罪當坐。上念興勳舊，不忍加罰，降其職，使備禦岢嵐。

（明）談遷《國榷》惠宗建文四年九月 〔乙巳〕命武康伯徐理等往北平度地，處罪徙之民。

《明英宗實録》正統二年五月 〔庚戌〕四川布政司奏：重慶府武隆縣民逃徙死亡，鄉落空虚，乞補編户以承租税。事下行在户部議，以四川、湖廣所問罪囚應徙流遷徙者連家室遷往爲民。從之。

《明英宗實録》天順二年五月 〔壬寅〕時有詔嚴自宫之禁，總兵官忠國公石亨自首收留王昇等六名，會昌侯孫繼宗自首收留張通等一十八名，廣寧侯劉安自首收留蔡友等五名，及大名等府金吾等衛軍民人等于魁等五十八名各自首。上俱宥其罪，命發南海子藝蔬。

中國第一歷史檔案館《歷史檔案》一九九九年第三期《道光十九年慶玉案·著將慶玉發往伊犁充當苦差事上諭》 此案已革郎中慶玉承修工程，并不遵照原估開設運料門口，輒用地連載運重石，以致神路軋有轍迹，碰損門框，其房地建造亦多違式僭越，又將回乾樹株掉换木植，應行存貯公所印文稿件携回家内任意積壓。其歷次承辦鍍金活計，雖未貽誤要工，惟將領到官金陸續積存至二百兩之多。種種把持盤踞，貪贖營私情節，甚爲可惡。慶玉著發往伊犁充當苦差，年逾七十不準收贖。已革内管領魁明身任職官，違例吸食鴉片，著發往烏魯木齊充當苦差。

（清）沈家本《刑案删存》卷四《驍騎校呈控佐領不準衆軍卸米一案直隸司咸豐十年》 林三即林鳳先，例無作何治罪明文。檢查辦過成案，有已革萬安倉花户許九等夥開米局，收買旗員俸票三百餘張，與把持行市，專取其利無異。據供每米一石，得餘利京錢二百餘文，通算已在一百二十兩以上。許九比照把持行市，專取其利，若已得利，計贓準竊盜論，罪止滿流律，擬杖一百流三千里等因在案。

（清）沈家本《刑案删存》卷四《四人徒手搶奪》 爲片覆事。準理藩院片送黑龍江將軍咨，搶奪馬匹衣物賊犯鄂爾那斯塔等擬斬，會稿送議前來。查此案，前據該將軍將鄂爾那斯塔等比照刑例，搶奪數在三人以上，持械威嚇捆縛按捺並傷事主照强盜律擬以斬決。格吉爾圖依《蒙古例》擬遣。聲明該犯等捆縛事主並無拒傷威嚇，應作何定擬？聽候部議等因咨部。經本部查覈，案情未確。其間有無别情，抑係看馬工人陳得才等勾同夥竊，事後另有裝點捏飾情事？究竟是搶是竊，未據確切訊明。至鄂爾那斯塔等是否均係蒙古民人？亦未據分晰叙明。駁令詳究妥擬去後。現據該將軍咨稱：遵駁覆審，委無勾同夥竊等情。並查明該犯等均係蒙古。鄂爾那斯塔起意糾約格吉爾圖等偷竊馬匹。因看馬之工人陳得才等未經睡歇，無從偷竊。將事主捆縛，由圈内趕出馬匹，並携取衣物。雖未持械威嚇毆傷情事，惟搶奪人數已在三人以上。將鄂爾那斯塔、都爾伯岱丁什那，可否仍照搶奪數在三人以上，持械威嚇捆縛按捺並傷事主，照强盜律擬以斬決；格吉爾圖擬以革去臺吉職銜，枷號兩個月，發往烏魯木齊充當苦差。或照搶奪不及十人，俱係徒手例，將首犯鄂爾那斯塔擬以杖一百流三千里；從犯格吉爾圖擬以杖一百徒三年，係屬臺吉，仍照《蒙古例》行竊爲匪革去臺吉職銜，作爲平人。咨部示覆等因前來。經本部查，結夥三人以上，搶奪捆綁事主，爲首及在場動手之犯，均照强盗律擬斬之例，係指持械搶掠拒捕者而言。該犯鄂爾那斯塔糾邀格吉爾圖等共夥四人徒手將看馬工人陳得才等捆縛，搶取馬匹等物。既未持械，即與搶奪拒捕傷人無異。自應照搶奪傷人未死，傷非金刃，傷輕平復例，分別首從，擬以軍徒。行令該將軍，另行妥擬。相應將原稿送回貴院，俟該省咨報到部時，再行會同核覆可也。

（清）沈家本《刑案删存》卷三《監守自盗倉庫錢糧陝西司》 查例載：監守盗倉庫錢糧一千兩以上才，擬斬監候。一年限内不完，再限一年。勒追全完者，死罪減一等發落等語。此案已革同知文秀侵挪公款銀九千餘兩。該革員承辦支應，即係監守自盗。今已追交全完，係在二年限内，自應照例減等問擬。文秀合依監守盗倉庫錢糧一千兩以上斬監候，再限一年追完者，死罪減一等例，杖一百流三千里。事犯到官，在光緒十一年正月初四日恩旨以前，係監守盗倉庫錢糧，二年限内全完，減等擬流，應準減爲杖一百徒三年。係職官，應請發往軍臺効力贖罪。仍恭候欽定。再該大臣奏稱：查出離營委員花翎鹽運使銜候選知府周士適、串通文秀私借公款銀八百兩，合夥開設生意，奏參革職追交。該革員業將私借公款銀八百兩分爲兩次如數繳清，歸於文秀虧空案内收款訖，應請一並結案。可否將已革花翎鹽運使銜候補知府周士適隨案開復原官等語。查周士適既據該大臣查明係私借公款，並非串通侵盗，業將借款如數繳清，似可開復原官。恭候命下，臣部移咨吏部照例辦理。

充軍分部

論説

（明）孫世芳《宣府鎮志》卷一九《法令考·秦》 始皇帝二十六年，令有司發刑徒戍邊。虞舜制流刑，流共工於幽州是也。成周時亦有流刑，蓋以罪人有惡不至死，乃屏之遠方，終身不齒焉。然未有發刑徒戍邊者，其時軍役取諸田野，故耳有之，寔自秦始皇始。始皇既并天下，諸役繁興，北邊之戍，苦不足用，乃至發謫，先發弛刑之類，次發治獄不直者之類，次發隱宫刑徒之類，於是邊戍始充，然後世謫戍之法俑於此矣。

（清）沈家本《歷代刑法考·刑法分考十·謫戍》 《始皇紀》：三十三年，發諸嘗逋亡人、贅壻、賈人略取陸梁地，爲桂林、象郡、南海，以適遣戍。《集解》：徐廣曰：五十萬人守五嶺。《正義》：適音直革反。戍，守也。西北斥逐匈奴。自榆中並河以東，屬之陰山，以爲四十四縣，城河上爲塞。又使蒙恬渡河取高闕、（陶）〔陽〕山、北假，中築亭障以逐戎人。徙謫，實之初縣。《索隱》：徙有罪而謫之，以實初縣，即上自榆中屬陰山，以爲三十四縣是也。故漢七科謫亦因於秦。

按：此亦有罪而遷，爲實邊計。高帝十一年詔云：秦徙中縣之民南方三郡，使與百粵雜處。即此事也，此策漢亦用之。後世言實邊者，多主此策，然經理不得其宜，利害亦復相因，是在得其人矣。

《始皇紀》：三十五年，益發謫徙邊。

按：《集解》引《年表》徙民北河、榆中爲注，非也，彼是三十六年事。此言徙，實永戍也。

《陳涉世家》：二世元年七月，發閭左適戍漁陽。（九百人）《索隱》：閭左謂居閭里之左也。秦時復除者居閭左。今力役凡在閭左者悉發之也。

又云，凡居以富强爲右，貧弱爲左。秦役戍多，富者役盡，兼取貧弱者也。

《漢書》卷四九《鼂錯傳》 臣聞秦時北攻胡貉，築塞河上，南攻楊粤，置戍卒焉。【略】楊粤之地少陰多陽，其人疏理，鳥獸希毛，其性能暑。秦之戍卒不能其水土，戍者死於邊，輸者僨於道。秦民見行，如往棄市，因以讁發之，名曰讁戍。先發吏有讁及贅壻、賈人，後以嘗有市籍者，又後以大父母、父母嘗有市籍者，後入閭，取其左。

（清）杜貴墀《漢律輯證》卷一 讁徙。《魏書·刑法志》：世祖大延五年，少傅游雅疏云，漢武時始啓河右四郡議諸疑罪而讁徙之。《後書·明帝紀》永平十六年詔令，郡國中都官死罪繫囚減死罪一等，勿笞，詣軍營屯朔方燉煌，妻子自隨父母，同産欲求從者，恣聽之。女子嫁爲人妻，勿與。俱謀反大逆，無道不用。此書章帝建初七年詔，天下繫囚減死一等，勿笞，詣邊戍，妻子自隨，占所在有不到者，以乏軍興論。《郭躬傳》，章和元年，赦天下繫囚減死罪一等，勿笞，詣金城，而文不及亡命，未發覺者，躬上封事，言死罪已下並蒙更生，而亡命捕得，獨不沾澤。臣以爲赦前犯死罪而繫在赦後者可皆勿笞，詣金城，以全人命，有益於邊，肅宗從之。《安帝紀》，元初二年詔郡國中都官繫囚減死一等勿笞，詣馮翊扶風屯，妻子自隨，占著所在，女子勿輸，亡命死罪以下贖各有差，其吏人聚爲盜賊，有悔過者，除其罪。

（明）陳子龍等《明經世文編》卷六七何喬新《覆裨補治道事疏》

看得巡按河南監察御史文貴題稱，要將内外大小問刑衙門，今後但有問該準贖死罪囚犯，除文武職官、監生、旗軍校尉、勇士力士、天文生等項，仍照見行事例發落。其餘吏民、舍餘、匠竈、僧道、樂工人等，一應準贖斬絞死罪，及豪民犯該流罪、竊盜犯該徒罪，俱各免其做工運炭納米擺站等項，悉發本犯原籍附近衛分充軍。及民人誣告十人以上，發口外爲民，舍人妄爭嫡庶，官職侵奪卑幼産業，發原籍爲民者，俱各免其遷徙，就發本處附近衛分充軍。並拏獲礦賊，不分初犯、再犯，免其枷號，徑解原擬都司衛所充軍。等因。臣等將所奏事件逐一參詳明白，開立前件，伏乞聖明裁處。緣奉欽依該衙門看了來説事理，未敢擅便。弘治元年十月十八日，本部尚書何等具題，本月二十日奉聖旨：準擬，欽此。

計開

一、編罪囚以足兵戎。臣聞兵者，國之所恃以爲安者也。充足精强，邦家攸賴。臣看得河南衛所軍士消耗十分已五六矣，各處雖有充軍官員，但以歲久人亡，版籍更易，百名之中，清無二三見在。揆之天下，大抵皆然。若不量爲處置，兵政何自而足。查得見行事，文職官吏、監生有犯枉法滿貫絞罪者充軍。其餘軍職舍餘、民匠等項，犯該一應雜犯死罪者，立功哨瞭運炭做工納米擺站等項發落。切詳此等囚犯二日兇暴貪戾，蔑視憲章，犯罪至此，已該滅性。雖有準贖之例，終係死數之人。及照各該有司地方，有等丁多財富，挾衆行兇，欺打良善，把持官府，攙奪行市，厚取債利，侵奪平人産業，强臺欠户妻女豪民及竊盜，俱係梗化爲惡之人，合無乞勑該部計議，通行内外大小問刑衙門，今後但有問該準贖死罪囚犯，除文武職官、監生、旗軍校尉、勇士力士、天文生等項，仍照見行事例發落，其餘吏民、舍餘、匠竈、僧道、樂工人等。

一、應準贖斬絞死罪，及豪民犯該流罪，竊盜犯該徒罪，俱各免其做工運炭納米擺站等項，悉發本犯原籍附近衛分充軍。一年之内，奚止數千，數載之間，收集多矣。足兵之道，此其大端也。前件看得御史文貴，要將犯該準贖斬絞囚犯，除文武職官、監生、旗軍校尉、勇士力士、天文生等項，仍照見行事例發落，其餘吏民、舍餘、匠竈、僧道、樂工人等，及豪民欺打良善，把持官府，攙奪市利，侵佔田産，强奪妻女，犯罪至流者，竊盜得財犯罪至徒者，俱免做工運炭納米擺站等項，悉發原籍附近衛分充軍。蓋以兵備多缺，欲以此等囚犯填實軍伍也。切惟兵戎之備，固當究心，然祖宗之法，尤當慎守。我太祖高皇帝酌古準今，制爲律書，輕重適中，度越前代。其後以死刑條目頗多，又定爲真犯、雜犯之等。真犯以時處決，雜犯照例收贖。經今百有餘年，罔不稱便。今要將吏民人等，有犯前項斬絞罪名，及豪民竊盜有犯前罪至徒流者，俱發附近衛分充軍，非惟人情驚駭，亦於舊制有違，不若照舊爲便。

一、改遷民以助兵食。臣聞保邦大要，以兵爲先，守國良規，以食爲本。查得見行事例：凡民人誣告十人以上者，發口外爲民。舍人妄爭嫡庶，官職侵奪卑幼産業，發原籍爲民。臣於成化二十年，蒙先帝差往口北巡按，到於保安州，查得彼處自景泰年間以來遷民四百有奇，止有三户見在，其餘俱各隨到隨逃。其舍人發回原籍者，又百中無一而去。是徒有遷發之名，而無遷發之實也。切詳此等囚犯，刁詐險惡，或誣陷良善，或殘害宗枝，罪惡深重，實當遷徙。但多顧戀鄉土，不肯遠離，潛栖故廬，不敢顯出。官府不得其用，本犯不安其生，兩無益也。合無乞敕該部計議，通行內外問刑衙門，今後問有民人誣奏十人以上，該發口外爲民，舍人妄爭嫡庶，官職侵奪卑幼產業，該發原籍爲民者，俱各免其遷徙，就發本處附近衛分充軍，督令屯田，辦納子粒。如此不惟犯人得免遠離鄉土之苦，抑且衛所小得足食足兵之助。前件看得誣告十人以上，及舍人妄爭承襲，官職侵奪卑幼產業，俱係誣陷良善，殘害宗枝，罪惡深重之徒，誠如御史文貴所言。然此等囚犯，或發口外爲民，或發原籍當差，法如是足矣。若發附近充軍，彼無離鄉去井之苦，將益肆其誣陷殘害之心。視潛栖故廬，不敢出官者不侔矣。但發口外者，隨到隨逃，發原籍者，百無一去，誠有此弊。合無行移戶部，查遞年發去人犯姓名，轉行原發官司，逐一查究。中間在逃並未到者，除遇例放免外，其餘俱要行原籍官司，照名拘解前來，編入圖籍，責令里老收管，毋致逃竄，則前弊可革矣。

一、發礦賊以實邊衛。臣聞立法尚嚴，爲政貴簡。切照河南永寧盧氏等縣一帶山場，各有封閉礦洞，往往各處人民聚衆盜取。查得見行事例：偷採銀礦囚犯，初犯枷號三箇月，滿日哨瞭擺站。再犯免其枷號，不問軍民舍餘，係河南籍貫者，發遼東邊衛，浙江者，發福建沿海衛分，福建者，發浙江沿海衛所，各充軍，家小隨住。切詳此等囚犯，結黨聚衆，玩法爲非。爲其初犯，問發哨瞭擺站之人，往往逃回，又行恣肆侵盜，雖經再獲，原無刺字之律，俱各變易姓名，更改鄉貫，無所查對。是終無充軍之日也。即今前項山洞礦賊又復滋蔓，若不量爲處置，恐後糾聚日衆，不無貽患地方。合無乞敕該部計議，今後但有拏獲礦賊，不分初犯再犯，免其枷號，徑解原擬都司衛所充軍。庶使賊徒不遂變詐之謀，邊衛小得填實之助。前件查得先該巡視河南戶部左侍郎原傑奏稱軍民偷採銀礦，初犯枷號發落，再犯發邊衛充軍，已經通行遵守去後。近年以來，河南浙江福建有等姦頑之徒，嗜利玩法，往往聚集兇徒，少者二三百人，多者七八百人，強採銀礦，甚者憑據險阻，拒敵官軍，搔擾地方。訪得先年處州葉宗留亦因聚衆採礦，馴至攻刼府縣。況河南等處，連年饑饉，人民流亡者多，誠恐屯聚山谷，採礦圖利，漸生厲階。御史文貴所言，誠爲有理。合無依其所奏，通行各該布政司等衙門，今後但有糾集兇頑，盜採銀礦，百十爲羣者，不分初犯再犯，免其枷號，徑發原擬地方充軍。若有逃回潛住者，許令自首，仍發原衛着役。不首者，着該管地方里老緝拏送官，照依兵部見行事例，枷號三箇月，滿日改發極邊衛分充軍。里老隱情不首者，一體治罪。如此，雖未能足兵，亦可以懲惡矣。

中國第一歷史檔案館《歷史檔案》二〇〇三年第四期《乾隆朝管理軍流遣犯史料上·雲南按察使徐嘉賓為請酌釋軍流人犯事奏摺》 欽惟我皇上御極以來首頒恩詔，不特非常赦所不原之斬絞等犯獲蒙赦免，即常赦所不原之斬絞等犯間有寬宥於法外，此誠聖主浩蕩之恩同符覆載，凡罪囚所不敢泣吁而仰冀者，深荷宸衷哀矜垂恤生全，雖解網之仁未有如今日者也。

伏查，軍流二項律載：在道會赦未至配所者方準赦回。若計程過限及已至配所不在赦放之限，粵稽軍罪，肇自前明，凡充發軍犯設立衛所專管，藉以實伍當差，故至配者不準赦回。今業已裁革冗衛歸并州縣，即有照律擬軍者并無伍可着，無差可當。至於流罪人犯不忍刑殺，流之遠方，不得復歸原籍，故亦不準赦回。竊思軍流等犯雖獲重譴，蒙聖朝加恩，既曲有以生全，其情罪似輕於斬絞人犯。今積年朝審監候斬絞等犯恭遇恩詔，得邀寬免，而軍流已到配所不獲原赦，是軍流似重於絞斬之死罪，殊覺情堪憫惻。以臣愚見，在斬絞之死罪既得仰沐再造之天恩，而軍流等犯似應懇請酌釋，以沛我皇上一視同仁之曠典。請於軍流人犯中，除免死減等及發遣口外并披甲營兵爲奴，暨原犯有永遠字樣，并軍機獲罪及緣坐應流等項外，其餘軍犯流犯邀請放免。但軍流人犯在配年久，亦有置立產業墳墓者，若一概放還，或反致失所，又非仰體我皇上一夫不獲之聖心。如有到配年久情願在配者，各呈明該地方官準予仍留配所安插爲民。庶幾軍流人犯得與斬絞人犯共沐殊恩於無既矣。是否可採，伏乞皇上睿鑒，敕部議復施行。謹奏。硃批：國家自有定制，豈得屢爲更張？且汝爲臬司，何可作此市恩之奏乎？

中國第一歷史檔案館《歷史檔案》二〇〇三年第四期《乾隆朝管理軍流遣犯史料上·刑部左侍郎張照為酌定遣犯妻拏之例事奏摺》 竊查軍流發遣人犯僉妻之例，只因該犯長流異地，俾得偕妻拏以安其身心也。其妻拏究屬無辜之人，是以著有本犯身故妻子攜骸回籍之恩例。惟外流人犯，如黑龍江、寧古塔等處，多係強盜行凶免死減等賞旗爲奴，情罪重大，赦宥之所不及。初時止有此等人犯，迨後始有因罪發往當差之人。原與前項人犯不同，乃因係外流，雖本犯身故而妻子回籍之例亦每格而不行。蒙世宗憲皇帝憫念此等當差人犯情罪本非重大，開以自新之路，令該管官查明在配三年無過者，咨部奏聞請旨。又，於乾隆二年五月内欽奉上諭。是黑龍江等處遣犯本身三年無故及年逾七十者，俱得邀恩格外。至本犯身故後其連坐之妻子，俱準回旗回籍，又已奉有恩諭甚明。惟是各案内遣犯之妻子，有係例應僉遣者，有係報名隨往者，有子女係配所生長者，情節各有不同，所應詳核舊案酌加區別。臣素聞黑龍江、寧古塔等處將軍衙門，於遣犯妻子回籍等事并無畫一之章程，從前臣部所辦各案内，亦有因檔案不全或有據該將軍來咨辦理，案情既未詳酌，前後或有互異。伏思我朝寬大之政，仁恩翔洽，於懲奸戢暴之中，寓恤置矜孤之意。奉行之吏，誠不容意爲苛縱，稍有率略也。除該犯本身應否仰邀寬典已有定例遵行外，其案内之妻子有因分別查辦之處，謹就臣愚見所及，爲皇上陳之。

一、遣犯之妻子宜分別連坐與隨往也。查軍流發遣人犯例應僉妻，惟從前舊案内發遣黑龍江、寧古塔等處當差之犯，有奉特旨只將本身發往者，亦有妻子并遣者。至部内定議之案，則惟照例僉妻，如有子孫願隨往者聽，并不在應遣之例。向來旗人發遣，子孫願隨往者係由該旗咨明刑部，於僉解文内注明隨往字樣。至民人發遣子孫隨往者，係報明地方官，即於遣犯名下開寫，刑部據文轉咨，多不注明隨往字樣。是以各該將軍衙門每將此等隨往之人皆作爲僉遣有名，與本犯一例羈管。及本犯身故，妻子援例回籍，部内據咨辦理，亦無憑查其爲僉遣、爲隨往，每致無辜之人不得援奉恩例，沉淪異域，殊可矜憫。臣請嗣後，旗、民發遣人犯如係例應僉妻及奉旨僉妻子者，仍與本犯一例羈管；本犯身故之後，該管衙門遵照恩旨，查明報部奏聞，準其回旗回籍。如遣犯之妻女子孫係情願隨往者，令旗、民該管衙門於僉解之時，即於文内注明隨往字樣，以免濫行羈管之弊。本犯身故後，其妻子願抱骸骨回籍者，該管衙門即行給照，令其回旗回籍，仍報部存案。至從前臣部所辦各案内，有原文原咨未經分晰注明者，應悉查照原案所奉之旨及部議原案，内如未僉妻子而開有妻子，只僉妻子而開有孫者，即係隨往之人，既係隨往，即係無辜之人，俱令詳查改正，奏聞寬免，則從前所奉恩旨不致尚有向隅之人矣。

一、遣犯配所生長之子女宜酌爲寬恤也。查從前黑龍江、寧古塔等處安設站丁水手，有係三藩案内牽連者，有係緣罪發遣者。後因伊等當差效力年久，屢經移駐分防，子孫遂成土著，咸得除名戍籍，列身仕宦，誠以罪人不孥，父祖雖係罪籍，而子孫實非有罪之人也。又，查乾隆元年以來援赦各案内，凡發遣人犯配所生長之子女，於本犯身故後例得邀恩寬免。惟是在配多年者子女之生長漸繁，邊塞之衣食無出，本身既不敢他往，子孫又一例羈管，困頓饑寒，情殊可憫，似應稍加區別，以崇寬大。請嗣後軍流發遣人犯到配以後，所有生長之子孫，於該犯本身在日，如有欲於近地耕種，貿易謀生，并非私回本籍者，準呈明該管衙門，給以假限，準其前往。如逾限不回，將該犯本身查明情由處治。至配所生長之女，原不在查禁之例，或許嫁他處，或寄養與人，應悉聽其自便。

一、刁陷爲奴之弊宜示禁也。查各邊鎮賞旗爲奴人犯自屬情罪無可矜憫，至其在籍之子孫，并非例應僉遣者，則仍屬國家之良民。其有前往遣所省視父母者，去來應聽自便。乃伊等往往情殷依戀不忍即歸，或窮途艱苦不能即歸。而旗主藉其力役，資以饘粥，歲月浸久，遂與其父母并爲罪没之官奴。邊鎮定例，非特有該管衙門印票不得通卡入關，非本旗主不能爲請印票。此等窮困至賤之人，惟有聽其鈐制，不敢與争，遂爾終身淪没，呼吁無門，一夫雖微，豈容負屈？應請嗣後，凡賞旗爲奴人犯有在籍之子孫前往遣所省視者，準令自赴該管衙門報名存案，回日呈明，查照舊案即行給票放行。如旗主刁留詐陷，一經告發，照存養良家男女爲奴婢者杖一百律治罪。

中國第一歷史檔案館《歷史檔案》二〇〇三年第四期《乾隆朝管理軍流遣犯史料上·湖北按察使石去浮為請酌定軍流妻室之提訊取結事奏摺》

竊照軍流罪犯向俱僉妻發遣，上年四月内，刑部議準浙江撫臣常安條奏，惟緣坐犯屬及强竊案内免死減等并罪應軍流者，照舊嚴查僉發，其他軍流等犯，如本夫情願携帶妻妾，或其夫不願而妻妾願從者，或本夫願帶妻妾而妻妾背義不從者，俱行僉發，不準推故規避。如無以上情節，概令免僉，不得妄提并解。等因通飭遵照。此即古昔罪人不孥之意，仁至義盡，千載一時。只因無妻妾之罪犯舊例應行取結，又新例有妻妾願隨、不願隨之别，以致外省承辦此等案件，雖該犯稱係無妻，猶必將里鄰親族查取供結入招；雖該犯稱係不願携帶妻妾，猶必將無辜婦女提訊親供聲叙。倘事隷隔屬，更須往返移查，文案空煩，累延滋甚。

伏思，自稱無妻妾之軍流所以應行取結者，原以防其假捏也。若例得免僉，則何所庸其防範軍流妻室，故之所以應問其是否願隨者，蓋恐本夫情願而妻妾托故諉延也。若本夫既不願同遣，則妻妾之樂從與否，亦無事再爲推求。在定例原可通融查辦，第不揭出申明，則承問各官既拘文牽義，而衙門胥役又樂於有事，擾累之患在所不免。應請敕部行知各省，嗣後除妻妾緣坐應流并强竊盗案内免死減等及軍流人犯應行僉妻者仍照常辦理外，其餘例免同僉之犯，先止就本夫查訊，將現有妻妾情願帶往者令開具年貌，一同僉發。其妻妾果有背義不從，許該犯呈明提解。如本夫已供不願携帶，其從遣與否悉聽自便，有願隨者地方官只令報明姓氏造册一體隨行，餘俱不必特提訊問。至有訊係無妻，即據供爲定，毋庸另行取結，牽累無辜，則奉行較屬簡便，而恩例之推暨益無方矣。

中國第一歷史檔案館《歷史檔案》二〇〇三年第四期《乾隆朝管理軍流遣犯史料上·陝西按察使馬金門為嚴定在配不法軍流遣犯處分事奏摺》

竊查軍流人犯賦性本屬凶頑，犯法又極重大，或係律應斬絞，邀蒙我皇上如天好生，不忍概加誅戮；即平常因事發遣人犯，亦皆窮凶極惡，與死罪相去僅止一間，而均得保全首領投畀遠方。及既到配之後，又復分别老、廢、少、壯以及有無資財、手藝，或按給工食，或量予口糧，俾無失所。是該犯等自應安分悔過，共鼓舞於堯天舜日之下，以保餘生，不爲不幸矣。乃軍流各犯罔知改悔，舊惡難除，或毆人致死，或屢次行竊，或奸拐婦女等類，雖示札頻加，而藐玩如故，現在犯案者所在不乏。推原其故，實亦軍流又犯之條擬議太輕，無以使凶徒知所儆懼耳。查律載：已流而又犯罪者，依律再科復犯之罪。其重犯流者，三流并決，杖一百，於配所拘役四年，充軍又犯罪亦如之。等語。溯諸定律之始，只以已流、已軍之犯不便重復僉遣，是以定有拘役年限。殊不知，當日之拘役自必另有苦差，如舊律所載運磚運灰、煎鹽炒鐵之類，使之服勞茹苦，以重其罰。我朝定制悉去煩苛，雖有拘役之名，并無拘役之實，依然照常爲軍流人犯已耳。核諸平人之犯軍流，俱皆實在僉遣，毫無假借者，苦樂已屬徑庭。即犯至死罪，亦僅與平人之問擬無異。而其中有免死減等者，尚且謂死罪屢可幸免，絶無畏法之心，益長玩法之習，所以敢踏法綱而毫無忌憚者，未必不由於此。查現在援引恩旨免死減等及各省因事擬遣之軍流互相僉發者絡繹不絶，又加以舊管在配者尤係情重不應釋之犯。此輩凶徒日積日多，生事者衆，若不立法以懲，有相衆效尤，益無畏忌，爲害地方將無底止。

再，查定例：軍流脱逃復行凶爲匪，原係免死減等者即照原犯死罪立決，平常發遣者犯應斬絞監候亦加至立決，犯應軍流并加至絞候，而在配不法者反從輕減，殊無以懲凶暴而肅法紀。臣請嗣後，軍流人犯無論免死減等、因事發遣，在配有犯斬絞者，仍照律例定擬。但其中有應監候者，不得與平人有犯同邀矜減之恩。又，犯軍流等罪者三流四軍，并改發烟瘴，其犯徒罪者五徒，均各枷號三個月，照徒年限杖數定驛折責拘役。有犯笞杖者，均改爲杖一百，各加枷號三個月。若烟瘴人犯有犯軍流者，并改發黑龍江、寧古塔等處，犯該徒杖笞罪，照前各加枷號滿杖發落。庶若輩凶徒知在配又犯，止有加重之條，别無僥幸之路，小人怙惡之心原以少戢，而地方民生亦得免其擾害矣。

臣因軍流人犯每多怙惡不悛而又法無可加，故不揣冒昧瀆陳，以冀辟以止辟。是否有當，伏乞皇上睿鑒訓誨遵行。

中國第一歷史檔案館《歷史檔案》二〇〇三年第四期《乾隆朝管理軍流遣犯史料上·湖南巡撫陳弘謀為請嚴軍流遣犯逃回原籍事奏摺》

軍流人犯俱係擾害地方情罪重、較重之人，是以投畀遠方，使本犯不保其鄉土，小民各知儆戒，而地方良善不復受其擾害，懲惡正所以安良也。乃此輩性生狡惡，到配脱逃者比比而是。其所逃大率潛回本籍居多，或於附近藏匿。本籍之親屬及鄰保人等無有不知者，只因親屬例得容隱，而鄰保等又素畏其狡惡凶暴，雖有保甲連坐之法及命案之尸親、盗案之事主，亦各恐招怨惹禍，不肯首報，必須地方官着落親屬、鄰保根追，令其出結。如有隱匿事發連坐，則親屬即或容隱，鄰保自必舉發。無如向來地方官接到緝逃之文止出一票了事，不曾認真根究，親屬、鄰保遂共相隱匿，逃回者各得漏網安居。名曰罪應遠徒之軍流，其實更輕於本地之徒罪，凶惡之徒竟似法不能加，長奸釀惡，莫此爲甚。

臣歷任以來，于在配之軍流不時設法稽查約束，有自配所脱逃潛回本省之犯，俱飭行司道嚴督州縣，拘到該犯親屬、鄰保人等，逐一訊供，根究下落。如未回籍，取具親屬及鄰保確供甘結，通報存案，許其不拘何時回籍，即赴官密報拘拿。有回籍而不報官者，別經發覺，定將親屬、鄰保一并治罪，以冀官、民互相覺察，杜其容隱之弊。時有緝獲逃軍之案。今湖南發配各省脱逃之犯二十七年未獲者尚有十五名、二十六年八名、二十五年十二名，臣現飭究根拿取結具報。各省似此發配脱逃者不少，向無查取親鄰供結之例，可否通行各省一體仿照，訊取供結，嚴切責成，於緝拿脱逃軍流之法似較切實。

再，地方官於咨緝逃犯之案，每以奉文轉行即爲了事，因循玩縱，久在聖明洞鑒之中。嗣後應行令地方官訊取親屬、鄰保供結，地方官加具印結，通詳咨送刑部及配所省分存案。如有逃回本籍別經發覺，將率混出結之官照軍流捏結留養之例降二級調用。庶州縣知所儆惕，不時根究嚴緝，則軍流逃犯或漏網可少，在配軍流各知逃回本籍難以容身，不復作逃回之想，於除暴安良之法不無裨益。

中國第一歷史檔案館《歷史檔案》二〇〇四年第一期《乾隆朝管理軍流遣犯史料下·山東按察使富尼漢為請定軍流遣犯脱逃拒捕專條事奏摺》

竊查律載：犯罪逃走及拒捕者，各於本罪上加二等，罪止杖一百、流三千里。等語。向來辦理此等事件，如原犯本罪在徒罪以下，俱各按律遞加，即犯流至二千五百里，尚屬加至滿流。惟本罪已應滿流及軍遣等犯，因律内有罪止滿流之語，仍照各犯本罪定擬，即有因情節較重間請改發之案，亦屬援引別條比照辦理。

伏查乾隆二十七年九月間奏準定例：嗣後流罪人犯越獄脱逃，各按律加二等三流，以次遞加。其滿流人犯改發邊衛充軍，原犯充軍者即照在配脱逃加等調發，其原犯極邊烟瘴充軍者即改發黑龍江等處給披甲人爲奴，不得以罪止滿流定擬。等因。通行遵照在案。

竊思，犯罪到官，妄冀幸免脱逃，或不服拘拿拒捕，與被獲囚禁越獄逃走情無二致，犯罪越獄律内亦係本罪上加二等止滿流。今奉定例，將軍流人犯越獄分別加等改發。是凡罪犯軍流復又逃走及拒捕者，似亦不便以律内罪止滿流，僅照本罪定擬。請嗣後，罪犯軍流復又逃走及拒捕者，照越獄之例，滿流改發邊衛充軍；原犯軍罪者，亦各加等調發；原犯極邊烟瘴充軍者，改發黑龍江等處給披甲人爲奴。如此明立專條，引擬均歸畫一，而匪徒亦知所懲儆矣。臣管見如斯，是否有當，伏乞皇上聖明睿鑒訓示。謹奏。乾隆二十九年七月初八日奉硃批：該部議奏。欽此。

中國第一歷史檔案館《歷史檔案》二〇〇四年第一期《乾隆朝管理軍流遣犯史料下·四川總督阿爾泰為遵旨辦理候遣脱逃囚犯事奏摺》

竊臣接準大學士忠勇公傅恒、大學士尹繼善、大學士劉統勛遵旨寄信。内開：乾隆三十一年十月初四日奉上諭：向來發遣新疆各犯有在遣所及中途脱逃者，拿獲之日即於該處正法。其已經問擬尚未起解之犯在獄脱逃，向未立有明條。茲據浙江巡撫熊學鵬奏，嘉善縣問擬發遣烏魯木齊人犯陳阿祥在監乘間逃竄，情節可惡，已傳諭該撫即照遣所脱逃之例辦理矣。此等人犯本係身獲重罪，發遣以貸其死，一經免脱，已應速正刑章，而問遣候解之犯情罪即與彼無異，乃當身繫囹圄，輒敢藐法潛脱，是較之在遣所脱逃者又多一越獄之罪，豈復可稍稽憲典？且已至新疆及解在中途者雖欲逃回本籍，而道途遼隔，勢尚難於遠遁。若羈囚候遣之時，未離鄉土，該犯等私圖竄逸回家，事尤便易。從前外省遇有此等案件，率援軍流脱逃舊例照常科罪，法輕易犯，轉致凶狡之徒無所畏忌，幸逃法網，此而不嚴行懲創，何以使若輩知所儆懼乎？嗣後各省如有此等逃犯，俱照新定浙省之例辦理。著於各督撫奏事之便傳諭知之。欽此。遵旨寄信前來。臣跪讀諭旨，仰見我皇上立法周詳，明刑弼教至意。

伏查發遣新疆之犯本係身獲重罪之人，若羈囚候遣輒思逃竄，其凶狡情節實爲法所難貸，仰蒙聖明垂訓，明定科條，俾各省遵循辦理，實足以警愚玩而彰法紀。臣遵即恭録諭旨，札司通行各屬欽遵，遇有此等逃犯，即照浙省新定之例辦理。現并嚴飭職司監獄各員，慎密稽察防範，并嚴切曉諭在監人犯，候遣脱逃即干斬决重罪，俾知儆惕。

中國第一歷史檔案館《歷史檔案》二〇〇四年第一期《乾隆朝管理軍流遣犯史料下·署理浙江按察使郝碩為清嚴軍流徒犯起解限期事奏摺》

竊照軍流徒罪人犯，定例以文到日爲始，限兩個月起解。如兩月内不發解者，州縣官罰俸一年；過一年者，州縣官降一級調用；不行查催之上司，罰俸六個月。如兩月不解以致監斃者，州縣官降一級調用；不行查催之上司，罰俸一年。推原例意，蓋因此等人犯多係不逞之徒，久羈囹圄，易生事故。且不使淹留獄底，亦所以矜恤罪囚也。

惟是奴才歷任巡道、臬司，稽查案牘，每見各屬軍流徒犯於奉文後多不依限起解，迨經嚴飭，始以犯病支吾。總緣該犯等或戀住故鄉，或妄希恩赦，百計延展。而地方官因未滿一年之限，處分不過罰俸，亦遂無所顧忌，聽其自然。似此積習相沿，不獨稽留獄囚群聚滋事，亦非所以肅吏治也。奴才愚見，請嗣後軍流人犯，以州縣奉到部文爲始，徒罪人犯以上司定驛批示到日爲始，仍照舊例限兩個月起解。倘遇該犯實係患病，止準展限一個月。倘逾兩月之限，將州縣降一級留任，不曾查催揭報之知府，罰俸六個月。如逾半年者，無論有無犯病，將州縣官降一級調用，不行查催揭報之知府，罰俸一年。庶立限稍嚴，處分亦重，州縣官自顧考成，自必依限起解，似於清理獄囚、整飭吏治之道不無小補。

（清）沈家本《讀律贅言·充軍考》 王氏明德《讀律佩觿》曰：充軍之令，從古未有，始自前明。開創伊始，放牛歸馬，一倣漢充國遺制。分隸老師夙將，星屯遐荒，世守其地，各爲外捍而內衛。然征戰之餘，什伍恒缺而不周，故特出此以實之。其所謂軍者，好此分屯各隘，荷戈執戟之行列，而充即充此逃故傷亡之什伍也。故統其名曰充軍。律例中有此充軍一例，猶夫曆之置閏以成歲，所謂閏律也。愚按：此説似是而未盡也。秦始皇三十三年，發諸嘗逋亡人、贅婿、賈人略取陸梁地。二世二年，章邯曰：酈山徒，多請赦之授兵以擊楚。二世乃大赦天下，使章邯將，擊破周章軍。漢武帝元鼎五年，越馳義侯遣别將巴蜀罪人，發夜郎兵下牂柯江。元封六年，益州、昆明反，赦京師亡命令從軍，遣拔胡將軍郭昌將以擊之。天漢四年，發天下七科讁及勇敢士，遣貳師將軍李廣利將六萬騎、步兵七萬人，出朔方。七科，張晏以爲吏有罪一，亡命二，贅婿三，賈人四，故有市籍五，父母有市籍六，大父母有市籍七，凡七科也。東漢顯宗永平八年詔郡國中都官，死罪繫囚減罪一等，勿笞，屯朔方、五原之邊縣。肅宗建初七年詔天下繫囚減死一等，勿笞，詣邊戍。章和元年令郡國中都官，繫囚減死一等，詣金城戍。和帝永元八年詔郡國中都官，繫囚減死一等，詣敦煌戍。安帝元初二年中都官，繫囚減死一等，勿笞，詣馮翊扶風屯。延光三年詔郡國中都官，死罪繫囚減罪一等，詣敦煌、隴西及度遼營。是發罪人以充軍，秦、漢之時，久有此令，特不在常刑之內耳。自魏、晋相承，死罪其重者，妻子皆以補兵。宋制，爲劫者，同籍周親讁補兵。梁制，劫身皆斬，妻子補兵。此充軍爲常刑之始，然猶是緣坐之犯也。北齊河清三年，奏上《齊律》，流刑鞭、笞各一百，髡之，投於邊裔以爲兵卒。此爲本犯正身充軍之始，惟未有道里之差，且以流爲軍，與後代區軍於流者有異。《唐律》以加役爲最重，而未有充軍之制。天寶六載詔以徒役者寒暑不釋械繫，杖或捶以至死，皆免以配，諸軍自效。乃一時寬大之政，非常制也。宋沿五代之制，於流罪配役之外，其罪重者刺配充軍，始區軍、流爲二。明代之制，實沿於此。金天會七年詔，凡竊盜十貫以上徒五年、刺字、充下軍。此又徒罪充軍之制。謂從古未有，始自前明者，特考之未詳耳。至於今日軍衛，翻裁充軍之犯，與流無異，又徒有充軍之名矣。

綜述

（清）沈家本《歷代刑法考·刑法分考十·讁戍》 《漢書·食貨志》：發閭左之戍。注：應劭曰：戍者曹輩盡，復入閭，取其左發之，未及取右而秦亡。師古曰：閭左之釋，應最得之。

按：據錯言，先發賈人及有市籍者，則《索隱》後一説似爲得之。此所發者，無罪之人，似即更卒也。

《食貨志》：秦用商鞅之法，又加月爲更卒，已復爲正，一歲屯戍，一歲力役，三十倍於古。注：師古曰，更卒，謂給郡縣一月而更者也。正卒，謂給中都官者也。率計今人一歲之中，屯戍及力役之事三十倍多於古也。

《漢書》卷七《昭帝紀》〔元鳳四年注〕如淳曰：更有三品，有卒更，有踐更，有過更。古者正卒無常人，皆當迭爲之，一月一更，是謂卒更也。貧者欲得雇更錢者，次直者出錢雇之，月二千，是爲踐更也。天下人皆直戍邊三日，亦名爲更，律所謂繇戍也。雖丞相子亦在戍邊之調。不可人人自行三日戍，又行者當自戍三日，不可往便還，因便往一歲一更。諸不行者，出錢三百入官，官以給戍者，是謂過更也。《律説》：卒踐更者，居也，居更縣中五月乃更也。後從尉律，卒踐更一月，休十一月也。

《食貨志》：月爲更卒，已復爲正，一歲屯戍，一歲力役，三十倍於古。此漢初因秦法而行之也。後遂改易，有謫乃戍邊一歲耳。

《宋書》卷三《武帝本紀》〔永初二年〕冬十月丁酉，詔曰：兵制峻重，務在得宜。役身死叛，輒考傍親，流遷彌廣，未見其極。遂令冠帶之倫，淪陷非所。宜革以弘泰，去其密科。自今犯罪充兵合舉户從役者，便付營押領。其有户統及謫止一身者，不得復侵濫服親，以相連染。

《魏書》卷一一一《刑罰志》〔世祖〕真君五年，命恭宗總百揆監國。少傅游雅上疏曰：殿下親覽百揆，經營内外，昧旦而興，諮詢國老。臣職忝疑承，司是獻替。漢武時，始啓河右四郡，議諸疑罪而謫徙之。十數年後，邊郡充實，並修農戍，孝宣因之，以服北方。此近世之事也。帝王之於罪人，非怒而誅之，欲其從善而懲惡。謫徙之苦，其懲亦深。自非大逆正刑，皆可從徙，雖舉家投遠，忻喜赴路，力役終身，不敢言苦。且遠流分離，心或思善。如此，姦邪可息，邊垂足備。恭宗善其言，然未之行。【略】和平末，冀州刺史源賀上言：自非大逆手殺人者，請原其命，謫守邊戍。詔從之。【略】〔高祖〕哀矜庶獄，至於奏讞，率從降恕，全命徙邊，歲以千計。

《魏書》卷四一《源賀傳》〔高宗〕出爲征南將軍、冀州刺史，改封隴西王。賀上書曰：臣聞：人之所寶，莫寶於生全；德之厚者，莫厚於宥死。然犯死之罪，難以盡恕，權其輕重，有可矜恤。今勁寇遊魂於北，狡賊負險於南，其在疆埸，猶須防戍。臣愚以爲自非大逆、赤手殺人之罪，其坐贓及盜與過誤之愆應入死者，皆可原命，謫守邊境。是則已斷之體，更受全生之恩；徭役之家，漸蒙休息之惠。刑措之化，庶幾在兹。《虞書》曰流宥五刑，此其義也。臣受恩深重，無以仰答，將違闕庭，豫增係戀，敢上瞽言，唯加裁察！高宗納之。已後入死者，皆恕死徙邊。久之，高宗謂群臣曰：源賀勸朕宥諸死刑，徙充北番諸戍，自爾至今，一歲所活殊爲不少，生濟之理既多，邊戍之兵有益。卿等事朕，致何善意也？苟人人如賀，朕治天下復何憂哉！顧憶誠言，利實廣矣。

（清）沈家本《歷代刑法考·刑制總考四·唐》徒杖配諸軍《新志》：詔曰：徒非重刑，而役者寒暑不釋械繫。杖，古以代肉刑也，或犯非巨蠹而棰以至死，其皆免，以配諸軍自効。

按：此即六代補兵、明代充軍之意，其事在天寶改元後，《志》不詳何年。

（元）馬端臨《文獻通考》卷一六六《刑考·刑制》〔天寶〕六載勅：自今以後所斷絞斬刑者，宜削除此條，仍令法官約近例詳定處分。又詔曰：徒非重刑，而役者寒暑不釋械繫。杖，古以代肉刑，或犯非巨蠹而棰以至死。其皆免以配諸軍自効。民年八十以上及重疾有罪皆勿坐。侍丁犯法原之，俾終養。

（宋）謝深甫等《慶元條法事類》卷七五《刑獄門·編配流役》〔名例勅〕諸稱配者，刺面，不指定軍名者，配牢城。稱本城者，謂諸軍住營，諸色人住家之所。本州無牢城，本城即配鄰州牢城或本城。其兵級已係廂軍者配牢城，已係牢城而應本州，若本城者，配本州或鄰州重役，無重役即配鄰州牢城。應配鄰州或五百里本城者，準此。

（宋）謝深甫等《慶元條法事類》卷七五《刑獄門·編配流役》〔斷獄勅〕諸罪人應配沙門島而住配者，權配海南。謂瓊州、萬安、昌化、吉陽軍，餘應配遠惡州者，止配海北。即海南又住配者，權配海北遠惡州。

（宋）謝深甫等《慶元條法事類》卷七五《刑獄門·編配流役》〔斷獄令〕諸軍移配而名額不同或降配者所刺字不得過二分，仍不刺配字。逃亡及配本城四分，牢城五分，遠惡及沙門島七分。即舊字不明及出除遮改者，官司驗認添刺，不可添者別刺。

諸强盜貸命配軍，於額上添刺强盜字，仍差將校部送，餘依本法。

諸配流編管覊管及諸軍移降者，聽家屬隨行。配沙門島者不許。家在他所者，移文發遣。若罪人已死而家屬願還者，亦聽。謂非外界人及本條不許還者。其願隨而在他所或願還而不能自致，若配軍放停而願歸本鄉或他州者，差遞鋪傳送。

諸配流編管覊管人應部送者皆注籍。先移文所詣州内配軍仍計定程數報配所。俟得已至之報，即時勾銷。在路報逃死之類同。以上計程應至而未報者，根治内配軍仍牒會緣路州縣，輒截留者，許元斷州申所屬監司究治。

諸州刺面、不刺面配軍編管覊管人及奴婢，每半年一具開收見管，並本州編配過久數，依式造册，限六十日供申尚書刑部。收管奴婢編配到兩地供輸，及蕃部溪洞人依式先次供申。

諸罪人不得編配入京及往三路緣邊川峽路，若邕、宜、欽、廉、融州，情理兇惡或强盗不得配辰、沅、靖州。兇惡强盗亦不配全州武岡軍。

（宋）謝深甫等《慶元條法事類》卷七五《刑獄門·編配流役》

〔申明〕紹興元年七月二十二日勑京畿等路軍人百姓如合以住家住營定編配州軍者，權以見撥隸或寄居州軍爲限，謂如軍人，權以見撥隸處爲住營，若係逃亡未有撥隸去處，即以所斷州爲住營，並百姓以見寄居州軍爲住家，如係無家累住止人，即以所斷州爲住家之類計地里編配，候道路通行，却依常法施行。

紹興四年正月二十三日勑臨安府與開封府事體無異，若有合配本府之人，權配近本府州軍，所有四至州有合配本府之人，亦比附不得編配入京條，候回鑾日依舊。

紹興四年六月二十八日勑除本應配廣南及遠惡州而係廣南、福建、江西、湖南路人，合配河北、河南、河東、京西路者，即依建炎四年十一月十二日勑權依本法配行，須各及二千里以上州軍，無二千里以上州軍者，止於廣南東西路從一遠配，指揮施行外，若諸路應計地里，刺配而出本路界合配至河北、河東、京東、京西、陝西、淮南州軍罪人，內有委實道路不通去處，權配荆湖或廣西路，如係荆湖人即配廣南東西路，各依地里配行，如不及從一遠配，候道路通日依舊。

紹興七年四月二日勑諸州合配三千里罪人，如係道路不通州軍，權令配二千里以上州軍，如罪人數多或二千里州軍數少，並權分配二千里以下千里以上重役軍，分先從遠配，候路通日依舊。

紹興三十年八月二十三日勑諸路州軍犯罪合編配之人，不得編配至行在傍近五百里內州軍，其行在附近州軍合編配鄰州之人，自依見行條法施行。

《宋史》卷三八《寧宗本紀》〔開禧二年六月〕甲戌，奪李爽三官，汀州居住。再奪皇甫斌五官，南安軍安置。丙子，奪鄧友龍三官，興化軍居住。

《元史》卷六《世祖本紀》〔至元二年十月〕詔隨路私商曾入南界者，首實免罪充軍。〔十年十月〕有司斷死罪五十人，詔加審覆，其十三人因鬬毆殺人，免死充軍，餘令再三審覆以聞。〔十九年十一月〕中書省臣言：天下重囚，除謀反大逆，殺祖父母、父母，妻殺夫，奴殺主，因姦殺夫，並正典刑外，餘犯死罪者，令充日本、占城、緬國軍。從之。

（清）嵇璜等《續通志》卷一四七《刑法略·歷代刑制》〔至元十九年〕中書省臣言：天下重囚，除謀反大逆，殺祖父母、父母，妻殺夫，奴殺主，並正典刑外，餘犯死罪者，令充日本、占城、緬國軍。從之。定勢家爲商賈阻遏官民船者，没其家。

（清）沈家本《歷代刑法考·刑法分考八·充軍》《元典章》刑十一流遠出軍地面條：大德十一年，都省準擬合出軍的賊令，各路官司依例發遣。漢兒、蠻子人申解遼陽省，發付大帖木兒出軍；色目、高麗人申解湖廣省，發付劉二拔都出軍。

按：大帖木兒亦作奴兒干，劉二拔都亦作極邊地面。成宗元貞元年秋七月，立肇州屯田萬户府，以遼陽行省左丞阿散領其事。

《元史》卷一四〇《刑法志》諸出軍賊徒在逃，初犯杖六十七，再犯加二等，罪止一百七，仍發元流所出軍。

《明太祖實録》洪武五年十月戊子，上以時營中都恐力役妨農，詔自今雜犯死罪可矜者免死，發臨濠輸作。

《明宣宗寶訓》卷三《諭臣下》宣德元年七月甲午，上御奉天門諭兵部尚書張本等曰：近來民有訴妄解充軍者，此乃有司之過。彼意蓋謂朝廷所重在軍，不知民乃國家根本。夫朝廷於軍民正如舟車任載，不可偏有輕重。今後卿等須令有司審實，軍則爲軍，民則爲民，毋至妄冒，違者必罪不恕。

《明宣宗寶訓》卷二《仁政》宣德五年閏十二月庚申，上諭行在兵部尚書張本曰：前者詔書凡民年七十之上及篤廢殘疾者，許一丁侍養。念思各處取軍，其中豈無獨子而父母老疾者，若令遠役，則父母不免失所，令有司勘實，應充軍之人而父母年七十之上及篤廢殘疾者，許於附近衛所充軍。

《明宣宗實録》宣德十年秋七月〔戊寅〕鎮守甘肅總兵官都督同知劉廣奏：山丹衛指揮僉事陳瀚、百户夏禮怠於哨備，以致達賊入境劫掠。指揮使鄭鋐役軍出牧，被賊殺死。俱宜治罪。上曰：各官論法當死，姑輕之。瀚、禮充軍守哨，鋐充爲事官立功。

（明）孫世芳《宣府鎮志》卷一九《法令考・明》　睿皇帝正統元年申明盜糧之禁。令各邊倉場凡收支糧草官吏人等，有折受金銀并攬納偷盜者，許諸人首告，或拏送法司，正犯處斬，仍追原物入官，家屬發邊遠充軍，首告者賞鈔五千貫。革宣府大同各衛倉軍斗擻發囚人充當。

（明）孫世芳《宣府鎮志》卷一九《法令考・明》　〔正統〕二年詔革吏役弊政。凡邊方軍職衙門不許濫用軍吏，違者問調南丹等衛補伍。凡還俗僧道營充吏役罷歸爲民，若出入衙門屬託公事，結攬寫發蠹政害民者，發口外隆慶保安等處充軍爲民。凡吏典曾充隸兵者，歷三年滿日，不與出身。

（明）孫世芳《宣府鎮志》卷一九《法令考・明》　〔正統〕四年定軍役調衛則例。令北人充南軍，南人充北軍，除遼東萬全山西陝西等處邊衛逃軍及近年土豪鹽法編發充軍不動外，其餘清出軍丁各就地方改解附近衛分。若南人充南軍，北人充北軍，不在改調之例。計改調衛所，南直隸鳳陽府調宣府左衛，揚州府調宣府前衛，淮安府調宣府右衛，廬州府調萬全左衛，徐州調萬全右衛，和州調永寧衛，滁州調懷安衛，安慶府調隆慶左衛，河南布政司開封府調保安衛，河南府調萬全左衛，彰德府調開平衛，衛輝府調龍門衛，懷慶府調龍門守禦所，汝寧府調懷來衛，南陽府調美峪守禦所，已俱原充兩廣雲貴四川湖廣福建邊海衛分軍役。

（清）嵇璜等《續文獻通考》卷一三七《刑考・徒流》　英宗正統五年二月，定罪囚無力輸贖充軍擺站事例。刑部議定：凡罪囚無力贖罪者，沿海邊衛旗軍舍餘照舊例的決，還役隨住。陝西民雜犯死罪，文職官吏知印承差，贓罪滿貫，照例發莊浪等衛安遠等遞運所充軍擺站，其餘各處軍職旗軍舍餘笞杖的決。雜犯死罪、五年流罪、四年徒罪，照徒年限。福建、浙江、山東發本處沿海，貴州、四川、廣西、雲南、陝西、湖廣發本處沿邊，廣東發廣西沿邊，江西、南直隸發浙江金山衛沿海，北直隸、河南發宣府，俱送總兵官處定撥衛所立功，備禦瞭哨，滿日發回衛所，還職著役。民人、陰陽人等俱發附近衛要處擺站。【略】十一月，更定受枉法贓充軍之例。初制，凡官吏人等犯枉法贓者，不分南北，俱發北方邊衛充軍。至是，三法司言，洪武定律時鈔貴物賤，所以枉法贓至百二十貫免絞充軍。今鈔賤物貴，若以物估鈔，至百二十貫，枉法贓俱發充軍，輕重失倫矣。今後文職官吏人等受枉法贓，比律該絞者，估鈔八百貫之上俱發北方邊衛充軍，其受贓不及前數者，視見行例發落。」從之。

（明）孫世芳《宣府鎮志》卷一九《法令考・明》　〔正統〕八年定軍匠逃役之罪。令逃軍逃匠逃囚人等自首免罪，各發着役。罪重者從實開奏，量與寬減。其逃民不報籍復業團聚，非爲抗拒官府，不服招撫者，户長照配北地方發缺軍衛所充軍，家口隨住。逃軍逃匠逃囚人等不首者，發口外充軍，係口外者，發極邊衛分。

（明）孫世芳《宣府鎮志》卷一九《法令考・明》　景皇帝景泰二年禁寄籍户脱役。凡各處招撫外郡人民在境居住及軍民官員事故改調等項，遺下家人弟男子姪，置有田地已成家業者，許令寄籍，將户內人丁事産報官編入圖甲，納糧當差，仍於户下註寫原籍貫址，軍民匠竈等户，及今收籍緣由，不許止作寄籍名色。如違，所在官司解京發口外宣府等衛充軍，田産入官。

（明）孫世芳《宣府鎮志》卷一九《法令考・明》　〔景泰〕三年令官倉嚴革弊政。凡各處官倉舊隸衛所者，俱改隸有司，一切收放嚴革弊端，不許擅委軍職，其原無有司地方，仍令衛所管屬。凡各處倉有無藉之徒，更改姓名，營充斗級，并牌子積年在倉，通同官攢作弊，江南者，發廣西都司，江北者，發萬全都司充軍。凡倉場不係原委監臨提調人員，擅自下倉收放，侵越職掌，騙要民財者，許該處上司并管糧官徑自拏問，應奏請者，奏請定奪。凡各倉官攢斗級人等，不許勒要納户分例曬米地鋪及關糧人擡斛等項錢物。

（明）孫世芳《宣府鎮志》卷一九《法令考・明》　睿皇帝天順二年令官吏有罪者來讁。凡官吏以舊喪詐作新喪者，發順天府昌平遵化薊州等處爲民。係順天府者，發口外爲民。若父母見在，詐稱死亡者，發口外獨石等處充軍。其聞父母喪，匿不舉哀，不離職役者。原籍三千里之上，限一年，不及者，限半年，過限者，發口外隆慶永寧保安等處爲民。

（明）孫世芳《宣府鎮志》卷一九《法令考・明》　〔天順〕六年令驛路查明關文符驗。奏準馬快船裝運官物，除本船軍夫外，合用添撥人夫，並於關文開寫，上水二十名，下水五名，軍衛三分，有司七分。違者及應付者，治罪。其附載私貨者，本船小甲并附船之人俱發口外萬全等衛充軍。其空身附搭者，以違制論。凡私載及求索之物盡數入官。宣府等處分守協守副參遊擊等官所領符驗，止許用於本境傳報聲息及謝恩等項，餘事不許。

（明）孫世芳《宣府鎮志》卷一九《法令考·明》〔天順〕二十三年禁勢要占納鹽糧。令各邊開中引鹽糧草，俱不許勢要及內外官員之家求討占窩領價上納，違者，從巡按御史糾舉治罪。又令內外官豪舍餘不許占中鹽引其報中，客商引數不許過多，并轉賣與人，及聽人包攬，如違，在內從本部并户科參奏，在外從巡撫巡按等官究治。又令越境夾帶興販官私鹽至二千斤以上者，不拘軍民舍餘俱充軍，江南者，發廣西邊衛，江北者，發口外邊衛，係邊衛者，更發雲貴及遼東鐵嶺等處，經過官司照例問罪。

（清）嵇璜等《續文獻通考》卷一三七《刑考·徒流》憲宗成化二十一年正月，定軍犯族屬分別同異籍之例。時以妖言人犯，例應全家煙瘴充軍，中有疏遠族屬無辜受累，詔所司勘實。仍令今後坐全家充軍者，除謀逆不限籍之同異外，其餘罪犯戚屬各居異籍者並與分豁。

（清）嵇璜等《續文獻通考》卷一三七《刑考·徒流》弘治十二年六月，令問斷遷發罪人，有自願本地充軍者聽，不欲者仍口外爲民。時御史王哲奏遷發口外爲民者，風土不宜，往往疾病道死，請今後兩廣及雲、貴、四川、福建犯應遷發者，悉改撥本處附近衛所充軍。部議以充軍之罪甚於遷發，令聽其自願。從之。【略】〔十七年〕五月，定老幼廢疾犯罪充軍例。三法司議請年七十以上、十五以下及廢疾人真犯死罪者奏發充軍，徒流以上合充軍者，本身自犯聽收贖，有壯丁者主使者，罪坐主使之人，奏上報可。

《明孝宗實訓》卷三《重農》〔弘治十八年三月〕己酉，兵部奉旨議上處置軍伍事宜，謂律例窩藏逃軍者充軍，今未聞有充發之人，鄰里不首者問罪，今未見行連坐之法，以故清解雖多，不獲實用，及到營衛其弊尤多，且律例逃軍十名以上該管官遞減俸級，而今逃亡之軍何止於十名。私役五名以上該管官遞降一級，而今降級之例惟行於屬職輦轂之下。且如此況四方乎，今欲清查天下之軍伍，必須推究利弊之源流。

上曰：軍伍逃亡數多，實由統領人員掊尅淩轢及有司鄰里人等容隱埋沒弊病多端所致。兵部即備查減俸級充軍等項律例，申明禁約，其清軍官有虛應故事者，每年終仍從公核實以聞。

《明武宗寶訓》卷二《寬貸》〔正德五年〕八月己酉詔：官員犯罪充軍應放免者，不分永遠字樣悉皆放釋。已釋放者，免赴伍，其爲民不犯贓者，仍冠帶閒往。內遷發爲民者，仍查原犯事情以聞，從都察院奏，請改正瑾之弊法也。

（明）應檟《讞獄稿》卷三《常鎮等處會審疏》充軍逃回壹名徐經，招係直隸常州府宜興縣軍籍。正德元年經因雕刻假印事發，本縣問擬僞造諸衙門印信斬罪。正德二年，刑部彭郎中審有可矜，題奉欽依。定發廣東雷州衛永遠充軍。正德五年經明知有例，問發充軍人犯逃回，原犯真犯死罪免死充軍者，照依原問死罪處決事例。不合逃回躲住溧陽縣地方，向未事發。嘉靖年九本縣將經捉獲，仍議前罪監候間，臣等會審節該。正德九年正月二十八日，詔書一欵。原問真犯死罪免死充軍逃回不首例，該仍依原問死罪處決囚犯，免其處死，仍發原衛着役，欽此。徐經於正德二年犯該死罪，得奉欽依免死，發廣東雷州衛充軍，逃回至今不首，仍問前罪，固亦相應，但原有前項恩例，合免其處死，仍解原衛着役。緣係先問斬罪，今辯遇例解發原衛，未敢擅便發落。

充軍逃回壹名劉鉞，招係直隸常州府江陰縣軍籍。正德十三年五月鉞因毆已故仁富致傷，延至辜限外身死。本縣將鉞問擬鬭毆殺人絞罪，遇蒙正德十六年四月二十二日詔書，免死。解發清浪衛永遠充軍。嘉靖二年四月內，鉞明知有例，凡問發充軍人犯逃回，原犯真犯死罪者，照依原問處決。不合逃回，事發，本府仍擬前罪，轉詳刑部，該大理寺奏奉欽依處決，監候間，臣等會審查得，嘉靖九年十一月二十三日，詔書一欵。自正德十六年四月二十二日以後官吏軍民人等，爲事問發充軍者，若有赦前逃回不首，例該照依原擬處決者，免其處決，仍解原衛着役。欽此。劉鉞先因鬭毆殺人問擬絞罪，遇蒙恩宥免死，定發清浪衛永遠充軍，逃回，照例問擬前罪，固亦相應。但見又奉有前項恩例，亦合免其處決。止解原衛着役，緣係先問絞罪，今辯遇宥，解發原衛，未敢擅便發落。

充軍逃回壹名吳朝貴，招係直隸常州府無錫縣民。正德十二年朝貴因爲人命事告發，本府問擬威力主使毆打致死，以主使爲首絞罪，該刑部題奉欽依饒死，定發山西都司偏頭關千户所永遠充軍。正德十三年五月内不合故違凡問發充軍人犯逃回，原犯真犯死罪免死充軍者，照依原問死罪處決事例，逃回潛住。嘉靖八年事發，本縣仍擬朝貴前罪，監候間，臣等會審節該，正德十六年四月二十二日，詔書一欵，官吏軍民人等，自正德九年正月二十八日以後，至正德十六年四月二十二日以前，有爲事問發充軍，若有赦前逃回不首，例該處決者，免其處決，仍發原衛着役。欽此。吴朝貴於正德十二年奉欽依饒死，發山西偏頭關千户永遠軍。正德十三年逃回後，奉前例雖於革後不曾具首，亦該免其處決，仍解原衛着役，今擬前罪與例不合，合查照前例解去原衛着役。緣係先問絞罪，今辯遇例解發原衛，未改擅便發落。

（明）孫世芳《宣府鎮志》卷一九《法令考·明》〔嘉靖元年〕詔革邊官違例奏帶人員。各邊鎮守協守分守守備等官違例奏帶人衆，到於地方科斂財物，奪占功次，所在不才官員，因而乘機指一科十，貪利成風，以致百姓受害，深爲痛心。詔書到日，例外奏帶人員，即便各回原衛原籍，閑住當差，違者許撫按官訪察，參奏拿問，官舍旗軍調邊衛差操，民發口外爲民，書辦省祭等官革職不叙。正德元年以後，官旗軍舍人等但係例外奏帶，及稱報效，在各邊各處或一人數處或一時兩三處，報功及併功討授官旗者，除原祖職役照舊，其餘盡行除革，該衛所各將革過名數，造册送部。查考敢有受財隱蔽及抗違妄奏者，俱問發邊衛充軍。

（清）嵇璜等《續文獻通考》卷一三七《刑考·徒流》 世宗嘉靖三年十一月，詔今後除反逆緣坐外，凡減死充永遠軍未遣而死獄者，俱免勾補，著爲令。後十一年九月，刑部言，充永遠軍未遣者，本犯死或又逮其子孫，視死刑反重，近嘗奉準開釋，而在外有司或未諳曉，吏得緣以爲姦，請通行申諭。凡法當永戍而未發遣病故者，不必逮其子孫。從之。六年七月，更定充軍之制。御史楊彝奏，凡罪應充軍者，請勅所司從宜編發，遠不過三千里，程不過一二月，無使軍人走死，解户貽累。部議從之。二十九年五月，給事中俞鸞又奏，比者邊事孔棘，軍伍空虚，與其投生人於必死之地，不若少寛其法，因而用之。夫今之充軍罪犯，除附近之外，不過曰邊衛、曰邊遠、曰極邊而已。南北地里不過曰本省、隔省、再隔省而已，以罪之輕重權地之遠近。邊衛可以本省擬配，邊遠可以隔省擬配，極邊可以再隔省擬配。如内省無邊方者，可以隔省附近邊方擬配邊衛，其邊遠、極邊亦可依類遞配。庶解者易至，逃者易勾，而有司亦便於遵守。部覆從之。

《明世宗實録》嘉靖二十九年五月 丙戌，先是嘉靖初更定罪人充軍之制，南人發南，北人發北，遠不過三千里。其情重當發極邊者，北直隸、宣大、山西、山東、河南俱發甘肅，山西、陝西、宣大、河南發遼東。既而有司奉行，多不如，發遠軍不習水土，逃死過半，其押解人亦有坐累以死者。於是給事中俞鸞言：比年邊事孔棘，軍伍空虚，與其投生人於必死之地，不若少寛其法，因而用之。夫之充軍罪犯，除附近之外，不過曰邊衛，曰邊遠，曰極邊而已。南北地里不過曰本省、隔省、再隔省而已。以罪之輕重權地之近遠，邊衛可以本省擬配，邊遠可以隔省擬配，極邊可以再隔省擬配。如内省無邊方者，可以隔省附近邊方擬配邊衛，其邊遠極邊亦可依類遞配。庶解者易至，逃者易勾，而有司亦便於遵守。下兵部議覆。從之。

《明史》卷九三《刑法志》 初制流罪三等，視地遠近，邊衛充軍有定所。蓋降死一等，唯流與充軍爲重。然《名例律》稱二死三流各同爲一減。如二死遇恩赦減一等，即流三千里；流三等以《大誥》減一等，皆徒五年。犯流罪者，無不減至徒罪矣。故三流常設而不用。而充軍之例爲獨重。律充軍凡四十六條，《諸司職掌》内二十二條，則洪武間例，皆律所不載者。其嘉靖二十九年條例，充軍凡二百十三條，與萬曆十三年所定大略相同。洪武二十六年定，應充軍者，大理寺審訖，開付陝西司，本部置立文簿，注姓名、年籍、鄉貫，依南北籍編排甲爲二册，一進内府，一付該管百户，領去充軍。如浙江、河南、山東、陝西、山西、北平、福建，直隸應天、廬州、鳳陽、淮安、揚州、蘇州、松江、常州、和州、滁州、徐州人，發雲南、四川屬衛；江西、湖廣、四川、廣東、廣西，直隸太平、寧國、池州、徽州、廣德、安慶人，發北平、大寧、遼東屬衛。有逃故，按籍勾補。其後條例有發烟瘴地面、極邊沿海諸處者，例各不同。而軍有終身，有永遠。永遠者，罰及子孫，皆以實犯死罪減等者充之。明初法嚴，縣以千數，數傳之後，以萬計矣。有丁盡户絶，止存軍産者，或並無軍産，户名未除者，朝廷歲遣御史清軍，有缺必補。每當勾丁，逮捕族屬、里長，延及他甲，鷄犬爲之不寧。論者謂既減死罪一等，而法反加於刀鋸之上，如革除所遺謫，至國亡，戍籍猶有存者，刑莫慘於此矣。嘉靖間，有請開贖軍例者。世宗曰：律聽贖者，徒杖以下小罪耳。死罪矜疑，乃減從謫發，不可贖。御史周時亮復請廣贖例。部議審有力者銀十兩，得贖三年以上徒一年，稍有力者半之。而贖軍之議卒罷。御史胡宗憲言：南方之人不任兵革，其發充邊軍者，宜令納銀自贖。部議以爲然，因擬納例以上。帝曰：豈可預設此例，以待犯罪之人？復不允。

萬曆二年罷歲遣清軍御史，並於巡按，民獲稍安。給事中徐桓言：死罪雜犯準徒充軍者，當如其例。給事中嚴用和請以大審可矜人犯，免其永戍。皆不許。而命法司定例：奉特旨處發叛逆家屬子孫，止於本犯親枝内勾補，盡絶即與開豁。若未經發遣而病故，免其勾補。其實犯死罪免死充軍者，以著伍後所生子孫替役，不許勾原籍子孫。其他充軍及發口外者，俱止終身。崇禎十一年，諭兵部：編遣事宜，以千里爲附近，二千五百里爲邊衛，三千里外爲邊遠，其極邊烟瘴以四千里外爲率。止拘本妻，無妻則已，不許擅勾親鄰。如衰痼老疾，準發口外爲民。十五年又諭：欲令引例充軍者，準其贖罪。時天下已亂，議卒不行。

明制充軍之律最嚴，犯者亦最苦。親族有科斂軍裝之費，里遞有長途押解之擾。至所充之衛，衛官必索常例。然利其逃走，可乾没口糧，每私縱之。其後律漸弛，發解者不能十一。其發極邊者，長解輒賄兵部，持勘合至衛，虚出收管，而軍犯顧在家偃息云。

（明）吕坤《實政録》卷六下《風憲約》 祖軍設有三枝，第一枝從軍，是曰軍籍，則清勾者第一枝之子孫，至於兩弟不曾從軍即係民籍，法雜混。攝犯充永軍止用在戍所，生頂役犯前子孫並不清勾，此題。

準事例也，召募受賞軍人，止是終其本身。果逃則取當房兒男補役。惡騙賞也，果老且死子孫亦不清勾，謂無籍也。今州縣不分清白一體追呼騷擾殊甚，至其應解軍丁反被吏書影賣，覩清軍，而有司之政可知矣。

（清）沈家本《歷代刑法考・刑法分考八・充軍》 《明史・刑法志》：五刑之外，其重者曰充軍。充軍，明初惟邊方屯種，後定制，分極邊、烟瘴、邊遠、邊衛、沿海、附近。軍有終身，有永遠。初制流罪三等，視地遠近，邊衛充軍有定所。蓋降死一等，唯流與充軍爲重。然《名例律》稱二死三流各同爲一減。如二死遇恩赦減一等，即流三千里；流三等以《大誥》減一等，皆徒五年。犯流罪者，無不減至徒罪矣。故三流常設而不用。而充軍之例爲獨重。律充軍者凡四十六條，《諸司職掌内》二十二條，則洪武間例皆律所不載者。其嘉靖二十九年條例，充軍凡二百十三條，與萬曆十三年所定大略相同。洪武二十六年定，應充軍者，大理寺審訖，開付陝西司，本部置立文簿，注姓名、年籍、鄉貫。有逃故，按籍勾補。其後條例有發烟瘴地面、極邊、沿海諸處者，例各不同。而軍有終身，有永遠。永遠者，罰及子孫，皆以實犯死罪減等者充之。明初法嚴，縣以千數，數傳之後，以萬計矣。有丁盡户絶，止存軍産者，或並無軍産，户名未除者，朝廷歲遣御史清軍，有缺必補。每當勾丁，逮捕族屬、里長，延及他甲，鷄犬爲之不寧。論者謂既減死罪一等，而法反加於刀鋸之上，如革除所遺謫，至國亡，戍籍猶有存者，刑莫慘於此矣。嘉靖間，有請開贖軍例者。世宗曰：律聽贖者，徒杖以下小罪耳。死罪矜疑，乃減從謫發，不可贖。御史周時亮復請廣贖例。部議審有力者銀十兩，得贖三年以上徒一年，稍有力者半之。而贖軍之議卒罷。御史胡宗憲言：南方之人不任兵革，其發充邊軍者，宜令納銀自贖。部議以爲然。因擬納例以上。帝曰：豈可預設此例，以待犯罪之人。復不允。萬曆二年罷歲遣清軍御史，並於巡按，民獲稍安，給事中徐恒言：死罪雜犯準徒充軍者，當如其例。給事中嚴用和請以大審可矜人犯，免其永戍。皆不許。而命法司定例：奉特旨處發叛逆家屬子孫，止於本犯親枝内勾補，盡絶即與開豁。若未經發遣而病故，免其勾補。其實犯死罪免死充軍者，以著伍後所生子孫替役，不許勾原籍子孫。其他充軍及發口外者，俱止終身。崇禎十一年諭兵部：編遣事宜，以千里爲附近，二千五百里爲邊衛，三千里外爲邊遠，其極邊烟瘴以四千里外爲率。止拘本妻，無妻則已，不許擅勾親鄰。如衰痼老疾，準發口外爲民。十五年又諭：欲令引例充軍者，準其贖罪。時天下已亂，議卒不行。明制充軍之律最嚴，犯者亦最苦。親族有科斂軍裝之費，里遞有長途押解之擾。至所充之衛，衛官必索常例。然利其逃去，可乾没口糧，每私縱之。其後律漸弛，發解者不能十一。其發極邊者，長解輒賄兵部，持勘合至衛，虚出收管，而軍犯顧在家偃息云。

按：《志》言律充軍四十六條，而以明律考之，邊遠二十一條，各衛十八條，共三十九條，與《志》所言不合，未詳。

諸司職掌刑部司門科編發囚軍條：凡本部問有應合充軍者，必須照依與《大誥》内議擬明白，大理寺審無冤枉，開付陝西司，本部置立文簿，注寫各人姓名、年籍、鄉貫、住址明白，照依南北籍編成排甲，每一小甲，軍一十名，總甲管軍五十名，每百户該管一百一十二名，一樣造册二本，將各總、小甲軍人姓名、年籍、鄉貫、住址並該管百户姓名充軍衛分注寫明白，一本進赴内府收照，一本同總、小甲軍人責付該管百户領去充軍，仍咨呈該府作數。如浙江、河南、山東、陝西、北平、福建，並直隸應天、廬州、鳳陽、淮安、揚州、蘇州、松江、常州、和州、滁州、徐州人，發雲南、四川屬衛，江西、湖廣、四川、廣東、廣西，並直隸太平、甯國、池州、徽州、廣德、安慶人，發北平、大甯、遼東屬衛。其軍人遇有逃故，該管百户具呈合干上司，照籍勾補。合編充軍、販賣私鹽、詭寄田糧、私充牙行、私自下海、閑吏、土豪、應合抄劄家屬、積年民害官吏、誣告人充軍、無籍户、攬納户、舊日山寨頭目、更易姓名家屬、不務生理、遊食、斷指誹謗、小書生、主文、野牢子、幫虎、伴當、直司。

黄彰健《明代律例彙編》卷首《永遠充軍》

〔宗室違悖祖訓，越關來京奏擾，其同行撥置之人。〕

管莊佃僕人等，占守水陸關隘抽分，指取財物，挾制把持害人〔者〕。

撥置王府軍民人等充軍逃回，再犯者，〔改調〕極邊烟瘴。

〔凡天文生犯該永遠充軍，習業未成，未能專事者，照例科斷。〕

〔年七十以上，十五以下，及廢疾，例該永遠充軍者，不準收贖。〕

〔永遠充軍，或奉有特旨處發叛逆家屬子孫，止於本犯所遺親枝内勾補，盡絶即與開豁。若未經發遣監故，免其勾補。其真犯死罪免死充軍者，以着伍後所生子孫替役，不許行勾原籍子孫。以萬曆十三年新例頒行到日爲始，已前勾補過者，不得混行告脱。其餘雜犯死罪並徒流等罪照例充軍及口處爲民者，俱止終本身。〕

罷閒官吏在京潛住，有擅出入禁門交結者。

沿邊〔沿海〕軍民人等躲避差役，逃入土夷洞〔峒〕寨〔海島〕潛住者。

軍民人等，將爭競不明，並賣過，及民間起科，僧道將寺觀各田地，〔若子孫將公共祖墳山地〕，朦朧投獻王府及内外官豪勢要，捏契典賣者，〔投獻之人〕。山東河南北直隸各空閒地土，〔祖宗朝〕聽民盡力開耕，永不起科。若有占奪投獻者。【略】

漕運官軍，如有水次折乾，沿途盗賣，自度糧米短少，故將船放失漂流，及雖係漂流，損失不多，乘機侵匿，捏作全數，賄囑有司官吏，扶同奏勘者，軍官不分贓數多少。

捏稱皇店，在於京城内外，邀截客商，掯勒財物者。

川廣雲貴陝西等處，但有漢人交結夷人，互相買賣借貸，誆騙財物，引惹邊釁，及潛住苗寨，教誘爲亂，貽害〔患〕地方者。

守把海防武職〔官員，有犯〕通番土俗哪嗟報水分利金銀〔貨物等項，值銀〕百兩以上，〔名爲買港〕，許令船貨私入，串同交易，貽患地方，及引惹番賊海寇出没，戕殺居民〔者〕。

黄船附搭客貨，及夾帶私物者，小甲客商人等俱〔發〕極邊。

〔盗内府財物，係乘輿服御物者，仍作真犯死罪。其餘監守盗銀三十兩，錢帛等物值銀三十兩以上，常人盗銀六十兩，錢帛等物值銀六十兩以上者，内犯奏諸發充净軍。〕

倉庫錢糧若宣大甘寧榆遼四川建松廣西貴州並沿邊沿海去處，監守盗糧四十石，草八百束，銀二十兩，錢帛等物值銀二十兩以上，常人盗倍之。兩京衙門漕運，並京通臨淮徐德六倉監守盗，糧六十石，草一千二百束，銀三十兩，錢帛等物值銀三十兩以上，常人盗倍之。腹裏但係撫按等官查盤去處，監守盗糧一百石，草二千束，銀五十兩，錢帛等物值銀五十兩以上，常人盗倍之。各處徵收在官應該起解錢糧，有侵盗者，俱照腹裏例擬斷。

〔萬曆十五年正月内題奉欽依：除係真正監守自盗與真盗官物者，不論雜犯，俱行刺配。如係查盤坐侵等項，及非真盗而以監守自盗論者，照依節年會議，雜犯準徒，仍行免刺。〕

將自己及他人騎操官馬，盗賣五匹以上，屬軍衛者，〔發〕極邊。屬有司者，〔發〕邊衛。

將良民誣指爲盗，及寄買賊贓，捉拿拷打，嚇詐財物，或以起贓爲由，沿房搜檢，搶奪財物，淫辱婦女，除真犯死罪外，〔其餘〕不分首從。

設方略而誘娶良人，與略賣良人子女，〔不分已賣未賣〕，三犯者不分革前革後。

將腹裏人口，用强略賣與境外土官土人峒寨去處圖利，〔若未曾殺傷人〕，爲從者，〔軍民人等發〕邊衛。原係邊衛者，改發極邊。

〔因事〕威逼人致死，一家三命以上者。

聚衆執持兇器傷人，及圍繞房屋，搶檢家財，棄毀器物，姦淫婦女，除真犯死罪外，徒〔罪〕以上，〔俱〕不分首從。

沿邊地方〔各該鎮守〕總兵副參遊擊守備都司衛所〔等〕官，但有科斂〔軍人財物〕，及扣減〔月糧，計〕入己贓至三百兩以上。〔其沿海地方有犯，亦照前例〕。

描摸印信行使，誆騙財物，〔徒以上〕。

〔各處巡按御史都布按三司分巡分守官，查盤軍器，若有侵欺物料，那前補後，虛數開報，不論官旗軍人，贓重者，照侵欺倉庫錢糧事例。〕

〔儀賓犯該充軍，如郡縣主君鄉君已故者，照例發遣。仍奏請從永遠終身邊附各條下科斷。〕

黃彰健《明代律例彙編》卷首《極邊烟瘴邊遠沿海口外充軍》 〔王府軍校逃回，在京潛住者，極邊。窩藏及兩鄰不首，事發，一體遣發。〕

誘買各邊軍丁者，極邊。

土官襲替，其通事人等及逃流軍因客人撥置土官親族不該承襲之人，争襲刼奪讎殺者，俱極邊烟瘴。

太常寺光録寺厨役，逃三次以上口外。【略】

軍户子孫，另開户籍，或於別府州縣入贅寄籍，及買囑原籍官吏里書人等捏作丁盡户絶回申者，〔正犯〕烟瘴。

張種屯田五十畝以上，不納子粒，民發口外。

大同山西宣府延寧遼薊紫荊密雲等邊官旗軍民人等，擅將應禁林木砍伐販賣者，烟瘴。【略】

興販私茶，潛住邊境，與番夷交易，及在腹裏販賣與進貢回還夷人者，不拘斤數，連知情歇家牙保，俱烟瘴。

陝西洮河西寧等處〔行茶地方〕，冒頂番名，將老弱不堪馬二疋以上，中納支茶者，軍調極邊。

勢豪舉放私債，交通運糧官，擅拏官軍綑打，强將官糧準還私債，屬有司者口外。【略】

〔遼東馬市，不許通事交易人等，將各夷欺侮愚弄，虧少馬價，及偷盗貨物，亦不許撥置夷人，指以失物爲由，扶同詐騙財物分用。敢有擅放夷人入城，及縱容官軍人等無貨者任意入市，有貨者在内過宿，規取小利，透漏邊情者，俱烟瘴。〕

文職官吏人等，若父母見在，詐稱死亡者，發口外獨石等處〔充軍〕。

各處備倭貼守，其把總等官，縱容舍餘人等，代替正軍者，正軍調沿海，〔舍餘人等就收該衛〕。

臨陣强奪他人首級，報功旗降原役一級，係邊衛者，極邊衛分。

賊擁大衆入寇，官軍卒遇交鋒，〔損〕傷〔被〕虜數十人之上，〔不曾虧損大衆，或被賊衆入境，虜殺軍民數十人之上〕，不曾虜去大衆，或被賊白晝昏夜，突入境内，搶掠頭畜衣糧數多，不曾殺虜軍民者，俱問守備不設，被賊〔侵〕入境〔内〕虜掠人民本律〔發〕邊遠。若交鋒入境，損傷虜殺四五人，搶去衣糧頭畜不多者，亦問前罪。

沿邊沿海，若遇大虜及盗賊生發攻圍，不行固守，而輒棄去，及守備不設，被賊攻陷城池，刼殺焚燒者，府州縣掌印並捕盗官，與衛所同住一城，及設有守備官駐劄本城者，俱比照守邊將帥被賊侵入境内虜掠人民律，發邊遠。其有兩縣同住一城，及府州縣佐貳首領，但分有守城信地，各以賊從所管城分進入坐罪。【略】

各處總兵並分守守備等官，精選能通書算軍餘各一名，其餘號稱主文，干預書辦者，調極邊。

各邊將官並管軍頭目私役，及軍民人等私出境外，釣豹捕鹿，砍木掘鼠等項，並把守之人，知情故縱，官旗軍吏扶同隱蔽者，軍調烟瘴。

各處關堡墩臺等項，守備去處官軍，用錢買閑者，官調極邊。若原在關軍人逃回潛住及昏夜回家輪班不去者。

各邊夜不收出境探賊，若與夷人交易貨物者，調烟瘴。

州縣起解備用馬匹，若馬販交通官吏醫獸人等，兜攬作弊，再犯累犯者極邊。

大同三路〔官〕旗軍〔人〕將不堪馬匹，通〔同光棍〕，引〔赴該管官處，及管軍頭目〕收買〔私馬〕，詭令伴當人等，情囑〔各〕守備等官，俵與軍士，通同醫獸作弊，多支官銀者，調極邊。

官吏旗校舍餘軍民人等，爲事問發爲民，來京潛住，原係口外者，發口外充軍。

馬快船隻附搭客貨，及挾帶私物者，小甲客商人等，俱發口外。【略】

盜掘〔金銀銅錫水銀等項〕礦砂，〔若在山洞捉獲〕，持仗拒捕，不論人數礦數多寡，〔及初犯再犯〕，不分首從，俱〔發〕邊遠。〔其不曾拒捕，若聚至三十人以上，不論礦數多寡，及初犯再犯爲首者。若不曾拒捕，又人數不及三十名，爲首再犯者。〕

誆騙聽選官吏〔及舉〕監生〔員〕人等財物，〔不分首從，發〕烟瘴。〔其〕央浼營幹〔致〕被〔誆〕騙者。

因事聚衆，將本管〔及公差勘事催收錢糧等項一應監臨〕官，毆打綁縛〔者〕，不分首從，屬軍衛，發極邊。若止是毆打，爲首者。

在京在外無藉之徒，投託勢要，作爲心腹，誘引生事，綁縛平民，在於私家拷打，脅騙財物者，〔發〕烟瘴。

擅入午門長安等門内，叫訴冤枉，奉旨勘問，〔若〕涉虚者，〔發〕口外。【略】

官吏人等，〔犯該爲民等項罪名，不分已未結正，有〕妄奏冤枉，摭拾原問官員，勘〔問涉〕虚，原問充軍者，發極邊。

各處刁軍刁民，〔專一〕挾制官吏，陷害良善，起滅詞訟，結黨挄詞纏告，把持官府，不得行事等項，〔情犯深重者〕，若原係充軍口外爲民〔人犯，遇例放回原籍，有前項罪犯〕者，發極邊。

沿邊地方〔各該鎮守〕總兵副參遊擊守備都司衛所〔等〕官，但有科斂〔軍人財物〕及扣減〔月糧，計〕入己贓〔至〕二百兩以上，調烟瘴。其沿海地方有犯亦照前例。

將本狀用財雇寄與人，赴京奏訴者，並兜攬受雇受寄之人，屬有司者，發口外。

起解軍士，捏買僞印，批迴，原係邊衛〔者〕，調極邊。

〔弘治五年十月二十四日節該欽奉孝宗皇帝聖旨：今後敢有〕私自净身的，本身並下手之人處斬，全家〔發〕邊遠。

〔問發充〕軍〔人〕犯逃回，原犯雜犯死罪以下充軍者，〔再犯調〕極邊。

各處〔有司起〕解〔逃〕軍，〔並軍丁，及充軍人犯〕，違限一年之上，正犯原係邊衛，發極邊。

問發爲民人犯，若發自在安樂二州逃回者，照舊解發。再逃者，改發極邊充軍。

黄彰健《明代律例彙編》卷首《邊衛充軍》　〔各〕王府設謀撥置旗校舍餘人等。

〔各處〕郡王〔並〕將軍中尉，凡有奏請，啓王參詳後奏。違者。其無藉之徒，誆〔挾各府〕財物來京，交通歇家，打點例不該行事務者。

〔文職本身並同祖親枝有女爲王妃，男爲郡縣主儀賓，俱各見在，不許陞除京職。若保勘隱情，以存作亡，以有作無，正犯邊衛。保勘之人，屬軍衛者。〕

〔王府選婚，營求撥置之人。〕

王府人役，假借威勢，侵佔民田，攘奪財物，致傷人命，徒以上。

王府録米，〔若〕本府旗校官莊人等，干預撥置，折收銀兩，多收米麥，索要財物，及邀截納户，用强兑支，並擅自差人下府州縣催徵騷擾者，〔旗校人等〕，杖以上。

投充王府及鎮守總兵、兩京〔内臣〕功臣戚里勢豪之家，作爲家人伴當，事干嚇騙財物，撥置打死人命，强佔田地〔等項〕，情重者。

樂工縱容女子擅入王府，及容留將軍中尉在家行姦，並軍民旗校人等與將軍中尉賭博，及擅入府内教誘爲非者。

强盜聚衆至十人，及行刼累次，係小功以下親〔屬〕首告〔者〕。〔凡〕自首强盜，除〔殺死人命，姦人妻女，燒人房屋，罪犯〕深重，不準外，其餘〔雖〕曾傷人不死者，〔照兇徒執持兇器傷人事例〕。〔其〕放火燒〔人〕空房及田場積聚〔之〕物，〔若計所燒之物重於本罪〕者，〔亦止照放火延燒事例〕。

〔受財賣放充軍人犯者，即抵充軍役。若係永遠同罪者，止終本身。仍勾原犯應替子孫補伍。〕

不由銓選推舉，徑自朦朧奏請，希求進用，夤緣奔競，乞恩傳奉等項，阻壞〔祖宗〕選法者，旗軍舍餘發邊衛。

軍職考選。其刁潑之徒不得與選，輒生事端，教唆陷害已選官員者，軍調邊〔衛〕。

軍職應襲兒男弟姪，勘明繳部，原告又行捏詞奏告，屬軍衛者，

軍職襲替，不由軍功，例該減革，却行捏奏兵部官吏阻壞選者，調邊衛。

軍職〔受財，將官賣與〕異姓〔人冒襲，已經到部襲過者〕，買襲之人，〔照乞養子冒襲律〕。

應襲舍人，父在，詐稱死亡襲職者。

主文書算快手皂隷總甲門禁庫子人等，久戀衙門，説事過錢，把持官府，飛詭税糧，起滅詞訟，陷害良善，及賣放强盗，誣執平民，爲從，事發有顯跡〔情重〕者旗軍。若里書飛詭税糧二百石以上者。

旗軍受財，代替挾帶傳遞，及縱容不舉捉拿者。若冒頂正軍入場看守，屬軍衛者。

文職〔官員〕舉貢官恩〔援〕例監〔生並〕省祭〔知〕印承〔差人等，曾經考察論劾〕罷〔黜，及爲事問〕革，〔年老事故〕，例不入選，〔若〕買求〔官吏，復起〕選〔用〕，已除授者。

在京在外軍民人等，與朝貢夷人，私通往來，投托管顧，撥置害人，因而透漏事情者。

漢人詐冒番人者。

〔用〕强〔占〕種屯田五十畝以上，不納子粒旗軍軍丁人等。〔其〕屯田人等，將屯田典賣與人至五十畝以上，與典主買主各不納子粒者。

西山一帶，密邇京師地方，内外官豪勢要之家，私自開窑賣煤，鑿山賣石，立廠燒灰者。

陝西榆林等處近邊地土，各營堡草場，界限明白，敢有那移條款，盗耕草場，及越出邊墻界石種田者，軍民係外處，發榆林〔衛〕；本處發甘肅衛。

將妻妾作姊妹，及將拐帶不明婦女，或將親女，並居喪姊妹，嫁賣與人，騙財之後，設詞托故，公然領去，或瞰起程中途，聚衆行兇，邀搶人財，屬〔軍〕衛者。

〔在外官員，通同勢要，賣納户口等課鈔，賣鈔之人〕。

大户不納秋糧二百石以上。〔敢有不行運赴官倉，逼軍私兑者。〕

〔在京在外，並各邊收放糧草，若職官子弟，積年光棍，跟子買頭，小脚〔歇家〕伴當人等，三五成羣，搶奪籌斛，占堆行槩等項，打攬倉場，及欺凌官攢，或挾詐運納軍民財物，徒以上與再犯杖以下，屬軍衛者。〕

糧草軍需，但有包攬誆騙，〔銀一百兩、糧二百石以上〕，事發三箇月不完者。經年不完者，仍枷號一箇月。各邊武職主使家人伴當跟隨交結人員，挾持攬納作弊，聽使之人。

在京刁徒光棍，訪知舖行，但與解户交關價銀，輒便邀集黨類，數十爲羣，入門嗓鬧，指爲攬納，捉要送官。其家畏懼罪名，厚賂買滅，所費錢物，出在解户，以致錢糧累年不完。如有犯者查照打攬倉場事例，屬軍衛者。

各處司府州縣並各鈔關解到布絹錢鈔等項赴部，送甲字等庫驗收，若有指稱權貴名色，指勒解户，誆詐財物者，不分軍民匠役。

〔跟漕運把總指揮千百户等官〕書筭人等，〔指稱使用〕，科索軍人財物入己，贓至二十兩以上。

各邊召商上納糧草，若内外勢要官豪家人，詭名占窩，轉賣取利者。

豪强鹽徒，聚衆至十人以上，撑駕大船，張掛旗號，擅用兵仗響器，拒敵官兵，不曾殺傷人，爲從者。

越境興販官私引鹽，至三千斤以上，原係腹裏衛所者。其客商買餘鹽，買求掣摯。巡逋官乘機興販，〔俱〕至三千斤以上。

兩淮等處運司商人，〔必須納過銀兩紙價，方給引目守支。若先年〕不曾上納，故捏守支年久等項虚詞奏擾者，〔照各處鹽場無藉之徒把持詐害事例。〕

僞造鹽引印信，賄囑運司吏書人等，將已故並遠年商人名籍，中鹽來歷，填寫在引轉賣，誆騙財物，爲從，並經紀牙行店户運司吏書，一應知情人等，但計贓滿貫者，不拘曾否支鹽出場。

各運司總催該管鹽課納完，方給通關。若買囑官吏，并覆委官，指倉

指囤，符同作弊者。

各處鹽場無藉之徒，把持官府，詐害客商，犯徒以上，及再犯杖以下者。

私茶有興販夾帶五百斤，照私鹽例。〔屬軍衛者〕。

私茶在西寧甘肅洮河販賣，三百斤以上。若守備把關捕巡等官，自行興販私茶通番者。

做造假茶五百斤以上，本商並轉賣之人，原係腹裏衛所者。店户窩頓一千斤以上。

勢豪舉放私債，交通運糧官，挾勢擅拏官軍，綁打凌辱，强將官糧，準還私債，屬軍衛者。

會同館内外四鄰軍民人等，代夷收買違禁貨物者。

客商輻輳去處，若牙行及無藉之徒，誆賒貨物，監追年久無還，累死客商，屬軍衛者。

楊村蔡村河西務等處，如有用强攔截民運糧船，在家包僱車輛，逼勒多出脚錢者。【略】

官吏軍民僧道人等來京，妄稱諳曉扶鸞禱聖，書符咒水，一切左道亂正邪術，扇惑人民，爲從者。及稱燒煉丹藥，出入内外官家，或擅入皇城，夤緣作弊，希求進用，屬軍衛者。

左道惑衆之人，或燒香集徒，夜聚曉散，爲從者，及稱爲善友，求討布施，至十人以上，並軍民人等，不問來歷，窩藏接引，或寺觀主持，容留剃簪，探聽境内事情，及被誘軍民，捨與應禁鐵器等項，屬軍衛者。

皇城各門各鋪上直守衛該管官旗，鈐束不嚴，及容情故縱所管軍人離直，點視不到，十名以上者，小旗降軍，調邊衛。若受財賣放者，不分人贓多寡降調。其留守五衛各該直宿官旗軍人，點視不到，三次以上者。

聖駕出郊，衝突儀仗，妄行奏訴者，追究主使教唆捏寫本狀之人。

各衛直宿軍職，使令上直軍人，内官使令上直校尉，各懸掛銅牌，出百里之外，營幹私事者，〔内官發充净軍。〕軍人校尉〔俱邊〕。

臨陣報有斬獲賊級，若用錢買者賣者，軍發邊衛。若强奪他人首級，〔及妄割被殺漢人首級，冒功者。若擅殺平人，及被虜逃回人口，冒作賊級報功，本管將官頭目失於鈐束者。五名口以上，降級調衛。十名口以上，罷職充軍。〕

在京在外各都司衛所勾到新軍，官吏旗甲〔附寫名數，送營差操〕，如有〔指稱使用等項名色〕勒要財物，逼累在逃者，不問指揮千百户鎮撫，俱照賣放正軍事例，計所逃人數多寡，降級充軍。

輪操軍人軍丁，沿途刼奪人財，殺傷人命，占奪車船，作踐田禾等項，許被害之人赴所在官司具告，拏解兵部，轉送法司究問。〔徒以上〕。

各處京操官故行不肯赴操者，撫按鎖解兵部發操。若抗違不服，參奏問調邊衛。

中都山東河南各都司衛所，〔掌印官〕將原額京操〔班〕軍，〔實在正身，照名查點，督發赴班。中間或有受賣放者，以賣放正軍事例，從重論。〕

各處〔鎮守〕總兵，協守〔副總兵〕，遊擊〔將軍，分守參將〕，守備〔都指揮，指揮，千百户，鎮撫，不管事者，但有額外多占，賣放正軍，至二十名以上，餘丁至三十名以上，俱罷職充軍〕。其役占賣放紀録幼軍者，照餘丁例。役占賣放備邊壯勇者，照正軍例。【略】

軍職賣放並役占軍人，二罪俱發，其賣放已至十名以上，役占不及數者，依賣放例，〔罷職充軍。〕

輪操軍在逃三次者，不分革前革後，外衛調邊衛。

武官有爲事問發充軍，來京潛住者。

居庸山海等關引送口外邊衛逃軍過關，並守把盤詰之人，賣放者。

夷人貢船到岸，先行接買番貨，及爲夷人收買違禁貨物者。

〔姦豪勢要及〕軍民人等，擅造二桅以上〔違式〕大船，將帶違禁貨物下海，前往番國買賣，潛通海賊，同謀結聚，及爲響導，刼掠良民者，正犯處〔斬梟示〕，全家發邊衛。〔其打造前項海船賣與夷人圖利，爲從者〕。若止將大船雇與下海之人，分取番貨，及雖不曾造有大船，但糾通下海之人，接買番貨，與探聽下海之人番貨到來，私買販賣，蘇木胡椒至一千斤以上者。

私〔自〕販〔賣〕硫黄焰硝，與外夷〔及邊〕海賊〔寇，不拘多寡〕，爲從者，〔若〕合成火藥，賣與鹽徒者。

官員軍民人等，私將應禁軍器賣與進貢夷人〔圖利〕，爲從者。

州縣起解備用馬匹，若馬販交通官吏醫獸人等，兜攬作弊者。

各舖司兵，若有〔無籍之徒，不容正身應當〕用强包攬，多取工錢，致將公文稽遲沉匿〔等項〕，旗軍〔發邊衛〕。

〔各處水馬〕驛遞〔運所〕夫役，巡〔檢〕司弓兵，若〔有〕用强包攬，〔不容正身著役〕，多取工錢害人，攬擾衙門者，旗軍〔調邊衛〕。

〔南北〕直隸山東等處，〔各屬〕馬驛，僉到馬頭，若用强包攬者，旗軍〔發邊衛〕。其光棍交通〔包〕攬〔之〕徒，將正身姓名，捏寫虛約，投託官豪勳戚之家，前去原籍，妄拿正身家屬，逼勒取財者。

會同館夫，五年以上不行替役，及近館〔無藉〕軍民人等，用强攬當者。

指稱〔勳戚文武大臣〕近侍官員〔姻黨族屬〕家人名目，〔虛張聲勢〕，擾害〔經過軍衛〕有司驛遞〔衙門〕，占宿公館，索取〔人夫〕馬匹〔車輛財物等項，及姦徒詐稱勢要衙門，乘坐黑樓等船隻，懸掛牌面，希圖免税，誆騙違法者。徒罪以上〕。

〔凡鳳陽〕皇陵、〔泗州祖陵、南京孝陵、天壽山列聖陵寢、承天府顯靈〕山前山後，各有禁限。若〔有〕盜砍樹株，爲從者。取土取石，開窑燒造，放火燒山者，孝陵〔神烈山〕舖舍以外，去墻二十里，開山取石，安插墳墓，築鑿臺池者。

官司差人追徵錢糧，勾攝公事，並捕獲罪人，但聚衆〔至〕十人以上，中途打奪，爲從者。若係異姓同惡相濟，及撾師打手〔俱邊衛〕。

號稱喇唬等〔項〕名〔色〕，白晝撒潑，口稱聖號，及總甲快手應捕人等，以巡捕勾攝爲由，各毆人等財，犯徒以上，不分人多人少，若初犯一次，屬軍衛者。雖係初犯，若節次搶奪，及再犯累犯，笞杖以上者。

〔凡〕盜御馬者。若將自己及他人騎操官馬，盜賣〔至〕三匹以上，及再犯不拘匹數，屬軍衛者。

冒領太僕寺官馬至三匹者。【略】

指稱〔打點〕，誆騙財物，計贓犯徒以上〔者，俱〕不分首從。

設方略而誘取良人，與略賣良人子女，不分已賣未賣〔俱邊衛〕。

發掘王府〔將軍中尉〕夫淑人等，郡縣主，郡縣鄉君，及歷代帝王名臣先賢墳塚，開棺，爲從，與發見棺槨，爲首者。

各處大户家人佃僕，結構爲盜，殺官劫庫，劫獄放火，若大户知情故縱，徒流杖罪，屬軍衛者。

皇親功臣管莊家僕佃户人等，及諸色軍民大户，勾引來歷不明之人，窩藏强盜二名以上，竊盜五名以上，坐家分贓者。

知强竊盜贓，而接買受寄，三犯以上，不分贓數多寡，與知强盜後，而分贓至滿〔貫者〕。

同謀共毆人，〔其共毆之人〕審係執持〔鎗刀等項〕兇器，〔亦〕有致命傷痕者。

〔萬曆十六年正月内題奉欽此依：今後審録官員，凡審共毆下手擬絞人犯，果於未結之前，遇有原謀助毆重傷之人監斃在獄，與解審中途因而病故者，準其抵命。若係配發事結之後，在家病亡者，不得濫改抵償。仍將下手之依律處決〕。

故殺妾及弟〔妹〕子孫〔姪、姪孫〕，與子孫之婦，圖賴人，屬軍衛者。

因事用强毆打，威逼人致死，果有致命重傷，及成殘廢篤疾，雖有自盡實跡者。

因事威逼人致死一家二命，〔及非一家，但至三命以上〕者。

婦人夫亡，願守志，别無主婚之人。若有用强求娶，逼受聘財，因而致死者。

軍民人等〔因事〕威逼本管官致死，爲從者。

兇徒因事忿争，執持〔鎗刀弓箭銅器簡劍鞭斧扒頭流星骨朵麥穗秤錘〕兇器，但傷人，及誤傷旁人，與凡剜瞎人〔眼〕睛，折跌人〔肢體〕，全抉人耳鼻口唇，斷人舌，毁敗人陰陽者。

卑幼毆期親尊長，執有刀刃趕殺，情狀兇惡，雖未成傷〔者〕。

兄與伯叔謀奪弟姪財産官職等項，故行殺害，屬軍衛者。

假以建言爲由，挾制官府，及將曖昧不明，姦贓事情，汙人名節，報復私讎〔者〕，旗軍人等。

漢人投入土夷〔地方〕，冒頂夷人親屬頭目名色，〔代爲奏告〕報讎，占騙財産者。

驀越赴京，及赴〔巡〕撫〔巡〕按按察司〔官處〕，各奏告叛逆等項機密重事不實，並全誣十人以上，屬軍衛者。

在外刁徒，身背黄袱，頭插黄旗，口稱奏訴，直入衙門，挾制官吏，不〔係〕干己事情，別無冤枉，並追究主使之人，一體問罪，屬軍衛者。

軍旗欲告運官不法事情，候完糧回南之日，赴漕司告理。如赴別衙門挾告詐財者，徒以上。

各處刁軍刁民，專一挾制官吏，陷害良善，起滅詞訟，結黨捏詞纏告，把持官府不得行事等項，情犯深重者，軍發邊衛。

各處姦徒串結衙門人役，假以上司訪察爲由，纂集事件，挾制官府，陷害良善，或詐騙財物，或〔報〕復私讎，名爲窩訪者。

無籍棍徒，私自串結，將不干己事情，捏寫本詞，聲言奏告，恐嚇得財，計贓滿貫，不分首從。若妄指宫禁親藩爲詞，誣害平人，不分首從。

代人捏寫本狀，教唆或扛幫赴京，或赴〔巡〕撫〔巡〕按〔並〕按察司〔官處〕，各奏告叛逆等項機密强盗人命重事不實，並全誣十人以上者。

將本狀用財雇寄與人，赴京奏訴者，並受雇受寄之人，屬軍衛者。

文武職官，索取土官夷人猺獞財物，犯徒三年以上者。

詐偽察院布〔政司〕按〔察司〕府州縣及其餘衙門文書，誆騙科斂財物者。

起解軍士。捏買偽印批廻者，軍士調邊衛。

私鑄銅錢，爲從者，旗軍調邊衛。

廣西雲貴湖川等處，但有冒籍生員，食糧起貢，若買到土人倒過所司起送公文，頂名赴部投考，賣者。

詐冒皇親旗屬姻黨家人，在京在外巧立名色，挾騙財物，侵佔地土，並有禁山場，攔當船隻，掯要銀兩，出入大小衙門，囑託公事，販賣錢鈔，私鹽，包攬錢糧，假稱織造，私開牙行，擅搭橋樑，侵漁民利，徒〔罪〕以上。

假充大臣〔及近侍官員〕家人名目，豪横鄉村，生事害民，强佔田土房屋，招集留移住種，〔犯徒以上〕者。

假冒内官〔親屬家人名色〕，恐嚇官司，誆騙財物者。

詐〔充錦衣衛旗校，假以差遣體訪事情，緝捕盗賊〕占宿公館，妄拿平人，嚇取財物，擾害軍民，〔徒以上〕。

親屬犯姦至死罪，强姦未成者。

先年浄身人曾經發〔回，若不候朝廷收取官司明文起送〕，私自來京，圖謀進用者。

放火故燒〔自己房屋，因而延燒官民房屋，及〕積聚之物，〔與故〕燒人〔空閑〕房屋，〔及田場積聚之物〕者。

〔各處有司起解逃軍並軍丁及充軍人犯，違限一年以上，正犯原係附近，發邊衛〕。

内外問刑衙門，若酷刑〔官員〕致死〔至〕三命以上者，武官〔發邊衛〕。

法司問斷過各處進本等項人犯，發各衙門程遞者。押解人役，若擅加杻鐐，非法亂打，搜檢財物，剥脱衣服，逼致死傷，及受財故縱，並聽憑狡猾之徒，買求殺害，徒以上，屬軍衛者。

〔萬曆十八年三月内奉欽依：凡人命當檢驗者，仵作受財增減傷痕，符同尸狀，以成冤獄，審出真情，贓至滿貫者，查照誆騙情重事例問遣〕。

巡按三司分巡分守官，查盤軍器，若衛所官旗人等，侵欺物料，那前補後，虚數開報，若三年不行造册奏繳者，旗軍人等。

故決盗決〔山東〕南旺〔湖，沛縣〕昭陽〔湖〕，屬山〔湖〕，安山積水湖，〔揚州高寶湖，淮南高家堰，柳浦灣，及徐邳上下濱河一帶〕，各隄岸，並阻絶山東泰山等處泉源，有干漕河禁例，爲首〔之人，係〕軍〔調邊衛〕。其閘官人等，用草捲閣閘板，盗泄水利，串同取財，〔徒以上〕。

河南〔等處〕地方盗決〔及〕故決隄防，毁害人家，漂失財物，渰没田禾，徒以上，爲首〔者，係〕軍〔調邊衛〕。

運河一帶，〔用〕强包〔攬〕閘夫溜夫二名〔之上〕，撈淺舖夫三名之上，旗軍〔發邊衛〕。

黄彰健《明代律例彙編》卷首《附近充軍》 僧道官受財枉法滿貫。

〔五府〕差舍押解軍犯，若受財賣放，舍人抵充軍役，候獲替放。若酷害軍犯，搜檢財物，縱不脱放，〔舍人發外衛〕。

錦衣衛將軍校尉，犯該姦盗搶奪誆騙恐嚇求索枉法〔者〕。

天文生犯該充軍，係習業已成，能專其事者，仍定擬衛分，就於本監應役。

老幼廢疾，犯該充軍，若有壯丁主使，就將主使之人照例。

强盗聚衆至十人，及行劫累次，係大功以上親〔屬〕首告〔者〕。

謀故殺死總小旗者，〔正犯抵死，旗役仍令本户餘丁補當。若無本户餘丁，勾取犯人〕户内壯丁，抵充軍數。

校尉事故，别姓朦朧詐冒替補者，〔冒替之人〕，調衛〔充軍〕。

主文書筭快〔手〕皂〔隸〕總甲門禁庫子人等，久戀衙門，説事過錢，把持官府，飛詭税糧，起滅詞訟，陷害良善，及賣放强盗，誣執平民，爲從，事發有顯跡，情重者，民並軍丁。

冒頂正軍，入場看守，屬有司者。

夫匠人等，受財代替夾帶文字傳遞，屬有司者。

文職〔官員〕舉貢，官恩〔援〕例監〔生，並省祭知印承差人〕等，〔曾經考察論劾〕罷〔黜，及爲事問〕革，〔年老事故〕，例不入選，〔若〕買求〔官吏起復〕選〔用〕，未除授者。〔其起送官吏，不分軍衛有司，但知情受賄者〕。

軍户捏作丁盡户絶，回申者里書人等。

遇各部派到物料，豪猾規利之徒，買囑官吏書妄禀，編派下屬承攬害民者。

勾補軍役，若正軍户下本有人丁，捏作無勾，扶同回申，原結里隣人等。

大户不納秋糧五十石以上者。〔敢有〕不〔行〕運赴〔官〕倉，逼軍私兑者。

〔在京在外並各邊收放糧草，若職官子弟，積年光棍跟子買頭小脚歇家伴當人等，三五成羣，搶奪籌斛，占堆行槩等項，打攪倉場，及欺凌官攢，或挾詐運納軍民財物，徒以上，與再犯杖以下，屬有司者。〕

〔在京刁徒光棍，訪知舖行，但與解户交關價銀，輒便邀集黨類，數十爲羣，入門噪鬧，指爲攬納，捉要送官。其家畏懼罪名，厚賂買滅，所費錢物，出在解户，以致錢糧累年不完。如有犯者，查照打攬倉場事例，屬有司者。〕

越境興販官私引鹽，〔至三千斤以上者〕。客商收買餘鹽，買求掣摯。巡捕官乘機興販，俱至三千斤以上者。

私茶有興販夾帶五百斤，照私鹽例，〔屬有司者〕。

私茶在西寧甘肅洮河販賣，一百斤以上者。若守衛把關巡捕等官，在西寧甘肅洮河販賣，三百斤以上者。

陝西洮河西寧等處行茶地方，冒頂番名，將老弱不堪馬二匹以上，中納支茶者，民並舍餘人等。

做造假茶五百斤以上，本商並轉賣之人。店户窩頓，一千斤以上。

在京在外〔税課司局批驗茶引所〕，但係納税去處，若權豪無藉之徒，結黨把持，〔攔截〕生事，攪擾〔商税，徒以上〕。

甘肅西寧等處，遇有番夷到來，勢豪之家，主使弟男子姪家人頭目人等，將夷人好馬奇貨包收，逼令減價，以賤易貴，及將粗重貨物，並瘦損頭畜拘收，取覓用錢，方許買賣者，聽使之人。

客商輻輳去處，若牙行及無藉之徒，誆賒貨物，監追年久無還，累死客商，屬有司者。

内官使令上直校尉，懸掛銅牌，出百里之外，營幹私事，發充净軍。

〔僧道軍民人等，於各寺觀神廟刁姦婦女，因而引誘逃走，或誆編財物者〕。

臨陣報有斬獲賊級，若用錢買者賣者，民並軍丁人等。若强奪他人首級〔及妄割被殺漢人首級冒〕功者。

各處清解軍丁，若不係同宗子孫，頂替起解，及將長解正身賣放，執批頂名者，正軍調衛，頂軍就收本衛。長解受雇之人，附近。里老隣佑受財者，一體發遣。

輪操軍在逃三次者，不分革前革後，京衛調外衛。

擅殺平人報功，其本管將官頭目，失於鈐束者，得則罷職充軍。

各處備倭貼守，其把總等官，縱容舍餘人等，代替正軍者，舍餘人等，就收該衛。

大同三路民舍人等，將不堪馬匹，通〔同光棍〕，引〔赴該管官處，及管軍頭目〕，收買〔私馬〕，詭令伴當人等，〔出名〕，情屬〔各〕守備等官，俵與軍士，通同醫獸作弊，多支官銀者。

案殺耕牛，並私開圈店，及知情販賣牛隻，與宰殺者，再犯累犯。若盜而宰殺及貨賣者，不分初犯再犯。

各鋪司兵，若有〔無藉之徒，不容正身應當〕，用强包攬，多取工錢，致〔將〕公文稽遲沉匿〔等項〕，民並軍丁人等。

〔各處水馬〕驛遞〔運所〕夫役，巡〔檢〕司弓兵，若有用强包攬，〔不容正身著役〕，多取工錢害人，攬擾衙門者，民並軍丁人等。

〔南北〕直隸山東等處，〔各屬〕馬驛，僉到馬頭，若用强包攬者，民並軍丁人等。其光棍交通〔包〕攬〔之〕徒，將正身姓名，捏寫虛約，投託官豪勳戚之家，前去原籍，妄拿正身家屬，逼勒取財者。

黄船若客商人等，止是空身附搭者，〔亦〕連小甲，俱〔發〕附近。

將自己及他人騎操官馬，盜賣〔至〕三匹以上，及再犯不拘匹數，屬有司者。〔若〕養馬人户盤賣官馬〔至〕三匹以上。

發掘王府〔將軍中尉〕夫淑人等，郡縣主，郡縣鄉君，〔及〕歷代帝王名臣先賢墳塚，見棺槨，爲從；與發而未至棺槨，爲首；及發常人塚，開槨見尸，爲從，與發見棺槨，爲首者。

各處大户家人佃僕，結搆爲盜，殺官劫庫，劫獄放火，若大户知情故縱，徒流杖罪，屬有司者。

故殺妾及弟〔妹〕子孫〔姪，姪孫〕，與子孫之婦。圖賴人，屬有司者。

假以建言爲由，挾制官府，及將暧昧不明姦贓事情，汙人名節，報復私讎者，民〔發〕附近。

各處刁軍刁民，〔專一〕挾制官吏，陷害良善，起滅詞訟，結黨捏詞纏告，把持官府不得行事等項，〔情犯深重者〕，民發附近。

文職官吏監生知印承差受財枉法，至〔滿貫〕絞罪者。

雲貴兩廣四川湖廣等處流官，擅〔自〕科〔歛〕土官財物，僉取兵夫，徵價入己，强將貨物發賣，多取價利，各贓至滿貫，徒三年以上者。

起解軍士，捏買僞印批廻〔者〕，解人〔發附近〕。

私鑄銅錢，爲從〔者〕，民匠舍餘。

〔犯〕姦〔内外〕緦麻以上親及緦麻以上親之妻，若妻前夫之女，同母異父姊妹者，〔姦夫〕。

各處有司〔起〕解〔逃〕軍〔並軍丁及充軍人犯〕，違限一年之上，〔解人發附近〕。

內外問刑衙門，若酷刑〔官員〕致死〔至〕三命以上者，文〔官發附近〕。

故決盜決〔山東〕南旺〔湖，沛縣〕昭陽〔湖〕、屬山〔湖〕、安山積水湖、〔揚州高寶湖、淮安高家堰、柳浦灣、及徐邳上下濱河一帶〕各隄岸，〔並〕阻絶山東泰山等處泉源，有干漕河禁例，爲首之人。其閘官人等，用草捲閣閘板，盜泄水利，串同取財，〔徒以上〕。

河南〔等處〕地方，盜決〔及〕故決隄防，毁害人家，漂失財物，渰没田禾，徒以上，爲首〔者〕，旗舍餘丁人民人。

運河一帶，〔用〕强包〔攬〕閘夫溜夫二名〔之上〕，撈淺鋪夫三名之上，民並軍丁人等。

黄彰健《明代律例彙編》卷首《邊遠充軍》 官員乞養子許冒承襲者。他人教令者。官知而聽行者。

詐稱軍人，不當軍民差役者。

寺觀庵院不許私自剏建增置，違者。

不係宿衛應直合帶兵仗之人，但持寸刃入皇城門内者。門官及宿衛官軍故縱者。

從車駕行而逃者。

内使私將兵器進入皇城門内者。門官及守衛官失於搜檢者。皇城門應閉而誤不下鎖者。

將帥擅調軍馬及所擅發與者。

若不即調遣會合，或不即申上司，及鄰近衛所不即發兵策應者。

上司及大臣將文書調遣將士提撥軍馬者，非奉御寶聖旨，不得擅離信地。若軍官有改除別職或犯罪取發，如無奏奉聖旨，亦不許擅動，違者。

被賊侵入境内，擄掠人民。

軍人私出外境擄掠傷人，爲從者。

各處守禦官不守紀律，不操練軍士，及城池不完，衣甲器仗不整。再犯，小旗。

隄備不嚴，撫馭無方，致有所部軍人反叛者，親管指揮千户百户鎮撫。

軍人闕給軍器私賣者。

若私使出境，因而致死或被賊拘執者。本管官吏容隱不舉，及虚作逃亡報官者。

軍官軍人聽從公侯役使，及不出征時，輒於公侯門首伺立者。

從征守禦官軍人在逃，再犯者。在京各衛各處守禦城池軍人在逃，再犯。

各處守禦及屯田官軍遞送逃軍妻女者。逃軍賣求者。守門之人知情故縱者。

誣告充軍者，民告抵充軍役軍告者。

內外各衛指揮千百户鎮撫總小旗不得接受公侯所與寶鈔金銀段疋衣服糧米錢物，若受者。

黄彰健《明代律例彙編》卷首《充軍》 軍者有犯私罪該徒流者，照依地里遠近，發各衛。

軍官軍人犯罪該徒五等，皆發二千里内衛分。流三等，照依地里遠近，發各衛。

殺死軍人者，依律處死。仍將正犯餘丁抵數。

在京軍民若犯杖八十以上者，軍發外衛。

守禦去千户百户鎮撫有缺，具本奏聞選用。若先行委人權管希望實授者，當該官吏各罷職役。

跟隨官員隱蔽差役者。

內使出入不服搜檢者。

軍人不親出征，雇倩人冒名代替者，替身收籍，正身依舊，各充軍。

邊將私令軍人於外境擄掠人口財物者。

軍人出征獲到馬匹，軍官賣者。

軍官私賣軍器者。

管軍百户及總旗小旗軍吏，縱放軍出百里之外買賣，或種田土，或隱占在己使喚空歇軍役罪止者。若小旗總旗百户縱放軍人，本管指揮千户鎮撫當該首領官吏故縱不舉，及指揮千户鎮撫故縱軍人，百户總小旗知而不首告者。

軍官軍人從軍征討，私逃還家，及逃往他所，再犯；在京各衛各處守禦城池軍人在逃，三犯；知情窩藏者。本管頭目知情故縱者。

在京各衛軍人在逃初犯者。

不行用心鈐束，小旗名下逃去五名者。

軍出百里之外，不給引者，以逃軍論。

起發充軍囚徒，中途在逃，押解人長押官故縱者。

應充軍囚徒，斷决後，限外無故稽留不送，因而在逃者，就將提調官吏，抵犯人本罪發遣。

中國第一歷史檔案館《雍正朝漢文諭旨》雍正八年四月十八日 所有提到光發雲南貴州人犯十一名，普貴阿爾圖著賞與恒親王辛者，庫八哥著發阿爾泰種地贖罪，諾木圖麻色存見著俱發黑龍江當苦差，曹六朱蘭泰朱成額南齡俱仍發三姓地方，長進發回貴州。

《大清律例》卷五《名例律·充軍地方》 凡問該充軍者，附近，發二千里；邊衛，發二千五百里；邊遠，發三千里；極邊、烟瘴，俱發四千里。如無烟瘴地方，即以極邊爲烟瘴，定衛發遣。充軍人犯，在京，兵部定衛；在外，巡撫定衛，仍抄招知會兵部。其問該邊外爲民者，抄招解送户部編發。

直隸布政司府分，發山東，附近。山西，附近、邊衛。江南，附近、邊衛、邊遠。湖廣，附近、邊衛、邊遠。陝西，附近、邊衛、邊遠、極邊。浙江，邊衛、邊遠、極邊。江西，極邊。廣東，煙瘴。衛所。

江南布政司府分，發湖廣，附近。山東，附近、邊衛。浙江，附近、邊衛。陝西，附近、邊衛、邊遠、極邊。直隸，附近、邊衛、邊遠。山西，邊衛、極邊。廣東，邊遠、極邊、煙瘴。衛所。

山東布政司分，發登州府，附近。直隸，附近、邊衛。江南，附近、邊衛、邊遠。山西，附近、邊衛、邊遠。浙江，附近、邊衛、邊遠、極邊。陝西，邊衛、邊遠、極邊。廣東，煙瘴。衛所。

山西布政司府分，發山東，附近、邊衛。江南，附近、邊衛、邊遠。陝西，附近、邊衛、邊遠、極邊。湖廣，附近、邊衛、邊遠、極邊。浙江，邊遠、極邊。江西，邊遠。廣東，極邊、煙瘴。衛所。

河南布政司府分，發山東，附近。山西，附近、邊衛。直隸，附近。江南，附近、邊衛、邊遠、極邊。陝西，附近、邊衛、邊遠、極邊。浙江，附近、邊衛、邊遠、極邊。廣東、邊遠、極邊、煙瘴。衛所。

陝西布政司府分，發寧夏衛、河州衛、附近。直隸、附近。山西、附近。本都行都司，附近、邊衛、邊遠。山東、附近、邊衛、邊遠、極邊。湖廣、附近、邊衛、邊遠、極邊。江南、邊衛、邊遠、極邊。廣東、邊遠、極邊、煙瘴。衛所。

浙江布政司府分，發江南、附近、邊衛、邊遠。山東、附近、邊衛、邊遠。湖廣、附近、邊衛、邊遠。直隸、邊衛、邊遠、極邊。山西、極邊。陝西、極邊。廣東、極邊。衛所。

江西布政司府分，發山東、附近。浙江、附近。湖廣、附近、邊衛。廣東、附近、邊衛、邊遠。直隸、邊衛、邊遠、極邊。山西、極邊。陝西、極邊。四川、極邊。衛所。

湖廣布政司府分，發襄陽府、附近。江西、附近、邊衛。浙江、附近、邊衛、邊遠。四川、附近、邊遠。江南、附近、邊衛、邊遠、極邊。山西、附近、邊衛、邊遠、極邊。陝西、附近、邊衛、邊遠、極邊。直隸、邊衛、邊遠。廣東、附近、邊衛、邊遠、極邊、煙瘴。衛所。

福建布政司府分，發浙江、附近。江西、附近。江南、附近、邊衛、衛遠。廣東、附近、邊衛、邊遠。湖廣、附近、極邊。山東、邊衛、邊遠、極邊。直隸、邊遠、極邊。四川、極邊。衛所。

廣東布政司府分，發潮州府、附近。湖廣、附近、邊衛、邊遠、極邊。山西、極邊。四川、極邊。山東、極邊。衛所。

廣西布政府分，發江西、附近、邊衛、邊遠。湖廣、附近、邊衛、邊遠。四川、邊衛、邊遠、極邊。山西、極邊。陝西、極邊。浙江、極邊。廣東、附近、邊衛、邊遠、極邊、煙瘴。衛所。

四川布政府分，發越嶲衛、附近。陝西、附近、邊衛、邊遠、極邊。湖廣、附近、邊衛、邊遠、極邊。江南、邊衛、邊遠、極邊。山西、極邊。浙江、極邊。廣東、邊衛、邊遠。極邊、煙瘴。衛所。

貴州布政司府分，發四川、附近。江西、附近、邊衛。湖廣、附近、邊衛。陝西、附近、邊衛、邊遠、極邊。江南、邊衛、邊遠、極邊。浙江、邊衛、邊遠、極邊。山西、極邊。廣東、附近、邊衛、邊遠、極邊、煙瘴。衛所。

雲南布政司府分，發廣東、附近、邊衛、邊遠、極邊、煙瘴。湖廣、邊衛、邊遠。陝西、極邊。江西、極邊。衛所。

條例

一、凡問發邊外爲民者，僉妻起發，如原係邊外邊境民人俱發別處邊外。

一、凡充軍及邊外爲民人犯，屬軍衛者，軍衛僉解；屬有司者，有司僉解。

一、凡各省充軍人犯，除發現在各衛所外，其有應發之衛所已改設州、縣者，亦照舊發遣，仍註軍籍當差，以該州縣爲專管，該府爲統轄。如有脱逃疏縱，將該府州縣職名查參。

一、犯該邊衛永遠充軍者，改爲邊遠充軍。犯該邊遠永遠充軍者，改爲烟瘴充軍。若該犯離家四千里外，並無煙瘴，即發極邊充軍。犯該極邊、煙瘴永遠充軍者，亦止發極邊、烟瘴充軍。

《大清律例》卷四四《總類·發配》刑例

一、反逆案内干連流犯並妻子，俱流徙烏喇地方。謀反大逆例。

一、叛案内干連流犯並妻子，俱流徙烏喇地方。謀叛例。

一、竊盗拒捕殺人，爲從者。

一、竊盗三犯贓五十兩以下至三十兩者，分別發遣。

一、旗人另户正身竊盗三犯擬以枷責之後，復行偷竊，如在五十兩以下者，不計贓數，俱發寧古塔當差。竊盗例。

一、旗、民越度禁約山河偷採人參，所放之人至百名以上，所收之參五百兩以上，爲從者。刨參人犯免死減等者。

一、凡旗、民偷刨人參，應擬發遣之犯，係滿州、蒙古發江寧、荆州、西安、杭州、成都等處滿州駐防省城當苦差。係漢軍，發廣西、雲南、貴州等處各水土平和地方當差。係民人，僉妻發廣東沿海及廣西水土平和地方當差。盗田野穀麥例。

一、兇惡光棍好鬥之徒生事行兇，無故擾害良人者，發往寧古塔、烏喇地方；官員有犯該部奏聞發遣。恐赫取財例。

一、盛京、烏喇等處居住之人，若不詳詢來歷，混買人者，係另户，連妻子發江寧、杭州披甲；係家人、止將本人發往江寧、杭州給窮披甲之人爲奴。

一、凡誘拐婦人子女及迷拐幼小子女，爲從者，分別發遣。

一、凡和誘知情之人，爲首者，亦照例發遣。略人略賣人例。

一、圖財害命不行而人贓者。傷人未死，而已得財，不加功者。謀殺人例。

一、家長殺奴僕非死罪三人者，不分官民俱發黑龍江。

一、發遣當差爲奴之犯殺管主一家三人，並三人以上，未及年歲子孫並妻妾俱給寧古塔等處披甲人爲奴；如已經寧古塔等處者，轉給西安、成都等處駐防兵丁爲奴。殺一家三人例。

一、八旗兵丁因管教將本管官戳死者，其妻子發遣黑龍江。毆制使及本管官例。

一、平人將族中家僕刃殺者，發黑龍江當差。

一、家主占奪奴僕之妻，或圖姦不遂，因將奴僕毒毆，或將其妻致死，確有實據者，不分官員平人，發黑龍江當差。奴婢毆家長例。

一、貪贓官役罪至死減等發落者，及罪不至死擬流者，并發川、陝邊省，按原罪定地遠近安插。官吏受財例。

一、用銅，鐵，錫，鉛藥煮僞造假銀騙人行使，爲首者，係旗人另户，枷號兩個月，鞭一百，發黑龍江當差。係家人，枷號兩個月，鞭一百，發黑龍江給披甲人爲奴。私鑄銅錢例。

一、指稱雞姦，誣害人罪至斬決者，問遣。犯姦例。

《大清律例》卷四四《總類·邊外為民》 刑例

一、總甲快捕人等指以巡捕勾攝爲由，毆打平人，搶奪財物，除實犯死罪外，該徒以上，初犯一次，屬有司者。雖係初犯，若節次搶奪，及再犯，累犯笞杖以上者，枷號一個月。白晝搶奪例。

一、土哨奸民附和苗人伏草捉人，横加枷肘，勒銀取贖者，枷號兩個月。恐嚇取財例。

一、因事聚衆將本管官及公差並一應監臨官毆打綁縛，屬有司者。若止是毆打，爲首者。毆制使及本管長官例。

一、驀越赴京及督撫，按察司處奏告機密重事不實，並全誣十人以上，屬有司者。

一、刁徒身背黄袱，口稱奏訴，挾制官吏，别無冤枉，並主使人，屬有司者。越訴例。

一、將本狀雇寄與人赴京奏訴，並受雇受寄之人，屬有司者。教唆詞訟例。

一、買他人起送赴考，赴選之公文頂名赴部者。詐假官例。

一、内外程遞人犯，其押解人役逼致死傷，及受財故縱，並聽憑買求殺害，除實犯死罪外，徒罪以上，屬有司者。陵虐罪囚例。

《大清律例》卷四四《總類·充軍》 刑律

誣告充軍者，照所誣告地里遠近抵充軍役。誣告充軍及遷徙律。

起發充軍囚徒中途在逃，押解人及長押官故縱者。徒流人逃律。

應充軍囚徒限外不起解，無故稽留，因而在逃，及鄰境官司充軍囚到，無故稽留，致逃者，當該吏典抵罪。稽留囚徒律。

《大清律例》卷四四《總類·附近充軍》 刑例

一、捕役勾通積匪猾賊，一、二名者。竊盗例。

一、盗賣騎操官馬三匹以上，及再犯者。養馬人户盗賣官馬，至三匹以上者。

一、盗牛宰殺，其窩家知情分贓者，枷號一個月。盗馬牛畜産例。

一、發掘常人墳塚，開棺見尸，爲從，與發塚見棺槨，爲首者。

一、偷刨墳墓爲從之犯一次者。發塚例。

一、各處大户家人佃僕結構爲盗，殺官劫庫，劫獄放火，大户知情故縱，除實犯死罪外，杖徒流罪者。盗賊窩主例。

一、故殺妾及子孫姪、姪孫與子孫之婦，圖賴人者。殺子孫及奴婢圖賴人例。

一、假以建言爲由，挾制官府，及污人名節，報復私讎者。越訴例。

一、姦内外緦麻以上親，及緦麻以上親之妻，若妻前夫之女，同母異父姊妹者。親屬相姦例。

《大清律例》卷四五《總類·邊衛充軍》 刑例

一、山前山後各有禁限，盗砍樹株，爲從者。取土取石，開窰燒造，放火燒山，爲從者。盗園陵樹木例。

一、未傷人之盗首，罪未發而自首者。窩家盗線，自首者。親屬首告者。强盗例。

一、官司差人追徵錢糧，勾攝公事，捕獲罪人，但聚衆至十人以上，中途打奪，爲從者，係異姓及槌師打手。劫囚例。

一、總甲、快手、應捕人等以巡捕勾攝爲由毆打平人，搶奪財物，除實犯死罪外，徒罪以上初犯一次，屬軍衛者。雖係初犯，若節次搶奪，及再犯，累犯笞杖以上者，枷號一個月。

一、搶奪傷人，下手，爲從者。若傷非金刃，又傷輕平復，爲首者。

白晝搶奪例。

一、竊盜拒捕傷人未死，爲從者。傷非金刃，又傷輕平復，并拒捕不傷人者，首犯。

一、竊盜三犯，贓三十兩以下十兩以上者。

一、捕役勾通竊賊，豢竊五名以上者。

一、積匪猾賊爲害地方者。竊盜例。

一、盜御馬者，枷號三個月。

一、冒領太僕寺官馬三匹者，枷號一個月。盜馬牛畜産例。

一、盜掘金、銀等礦砂，在山捉獲，不曾拒捕，聚衆至三十人以上，爲首者；並人數不及三十名，爲首之再犯。盜田野穀麥例。

一、指稱内外大小官員名頭，並各衙門打點使用名色，誆騙財物，計贓犯該徒罪以上者。情重者枷號兩個月。詐欺官私取財例。

一、窩隱川販無指引綑拐遞賣情事，但窩隱護送分贓者，不分首從。

略人略賣例。

一、奴僕雇工人發掘家長墳塚，未見棺，爲從者。子孫犯者。發塚例。

一、窩主若止勾引容留往來住宿，並無造意共謀者。

一、皇親功臣、管莊、家僕、佃户人等及軍民大户窩藏强盗二名以上，竊盜五名以上，坐家分贓者。

一、知强、竊盜贓而接買受寄三犯以上，不拘贓數多寡，與知强盗後而分贓滿數者。

一、容留外省流棍者。盜賊窩主例。

一、同謀共毆人，除下手致命傷重處絞外，其共毆人審係執持兇器，亦有致命傷痕者。鬥毆及故殺人例。

一、因事用强，毆打威逼人致死，有致命重傷，及成殘廢、篤疾，雖有自盡實跡者。

一、因事威逼致死一家二命，及非一家至三命以上者。

一、婦人夫亡願守志，别無主婚之人若有用强求娶，逼受聘財，因而致死者。

一、軍民人等因事威逼本管官致死，爲從者，枷號三個月。威逼人致死例。

一、兇徒因事忿爭，執持兇器，但傷人及誤傷旁人，與凡剜瞎人眼睛，折跌人肢體，全抉人耳、鼻、口唇，斷人舌，毁敗人陰陽者。鬥毆例。

一、主使兩人數人毆一人，有致死、重傷及成殘廢篤疾者。威力制縛人例。

一、卑幼毆期親尊長，執有刀刃赴殺，情狀兇惡者，雖未傷。毆期親尊長例。

一、姦徒身藏金刃欲行叩閽，擅入午門、長安等門者，杖一百。

一、驀越赴京，及赴督撫、按察司處奏告機密重事不實，並全誣十人以上，屬軍衛者。

一、刁徒身背黄袱，頭插黄旗，口稱奏訴，挾制官吏，不干己事，别無寃枉，並主使人，屬軍衛者。

一、旗軍陳造運官不法事情，不赴漕司告理，赴别衙門挾告詐財，犯該徒罪以上者。越訴例。

一、姦徒假以上司察訪爲由，挾制官府，陷害良善，名爲窩訪，犯徒流者。

一、無籍棍徒私自串結，將不干己事情聲言奏告，詐贓滿數者。妄指宫禁親藩誣害平人者，枷號三個月。

一、誣告人謀死人命，審無挾讎，止以誤執傷痕誣告，蒸檢，爲首者。誣告例。

一、代人捏寫本狀教唆奏告强盗人命重罪，不實，並全誣十人以上者。

一、將本狀雇寄與人赴京奏訴，並受雇、受寄之人，屬軍衛者。教唆詞訟例。

一、文武職官索取土官、外國、瑶、僮財物，犯徒三年以上者。

一、雲、貴、川、廣等處流官擅科土官財物，僉取兵夫，徵價入己，强將貨物發賣，多取價利，贜至該徒三年以上者。在官求索借貸人財物例。

一、衙門蠹役恐嚇索詐銀十兩以上者，及十兩地以下致令貧民賣男鬻女者。官吏受財例。

一、詐爲察院、布、按、府、州縣及其餘衙門文書，誆騙科斂財物者。詐爲制書例。

一、假冒官職者。

一、買他人起送赴考赴選之公文，頂名赴部，若已受職賣者。

一、詐冒皇親、族屬姻黨，家人挾騙財物，侵漁民利，除實犯死罪外，徒罪以上者，枷號一個月。

一、假充大臣及近侍官員家人，强占田土房屋，招集流移住種，犯徒以上者。詐假官例。

一、詐冒內官親屬家人恐嚇官司，誆騙財物，除實犯死罪外者，枷號一個月。

一、假充各衙門人役差遣訪事，緝捕盜賊，占宿公館，妄拿平人，嚇取財物，擾害軍民，除實犯死罪外，徒罪以上者。枷號一個月。詐稱內使等官例。

一、親屬犯姦至死罪，若强姦未成者。親屬相姦例。

一、軍民人等擅入宗室府內教誘爲非，及賭博誆哄財物者。

一、旗人販賣紙牌骰子，爲從者。賭博例。

一、淨身人曾經發回，私自來京，圖謀進用者。閹割火者例。

《大清律例》卷四五《總類·邊遠充軍》 刑律

內外武官接受公、侯、伯所與金銀緞疋等物者。私受公侯財物律。

刑例

一、內府監守盜銀三十兩，錢帛等物值銀三十兩以上，常人盜銀六十兩，錢帛等物值銀六十兩以上者。內員同。盜內府財物例。

一、漕運糧米監守盜六十石，入己者。監守自盜倉庫錢糧例。

一、漕運糧米常人盜一百二十石，入己者。常人盜倉庫錢糧例。

一、捕役人等奉差緝賊，本係良民，捏稱跡跡可疑素行不軌，妄行拿獲者。雖犯竊有案已改惡爲善，仍復妄拏者。所獲之人不論平人、竊盜，拷打嚇詐逼勒認盜者。因夥盜未獲，將犯有竊案之人教供誣扳濫拿充數者。强盜例。

一、捕役勾通積匪猾賊三、四名者。竊盜例。一、將自己及他人騎操官馬盜賣，至五匹以上者。盜馬牛畜産例。

一、盜掘金銀等礦砂，在山捉獲，持杖拒捕者。盜田野穀麥例。

一、誣指良民爲盜，及寄買賊贜，拷打嚇詐，或以起贜爲由，搜撿搶奪，淫辱婦女，除實犯死罪外，其餘不分首從。恐嚇取財例。

一、發掘貝勒、貝子、公等墳冢，未至棺，爲從者。發掘歷代帝王陵寢，先賢名臣，及前代藩王墳冢，未至棺，爲從者。

一、盜未殯未埋尸柩，及發年久穿陷之冢。開棺見尸一次者，爲首之犯。爲從，二次者。發冢例。

一、因事威逼致死一家三命以上者。威逼人致死例。

一、兇徒因事忿爭，聚衆執持兇器傷人，及圍繞房屋搶撿家財，棄毁器物，姦淫婦女，除實犯死罪外，徒罪以上者，不分首從。鬥毆例。

一、擅入午門、長安門內叫訴寃枉，勘問涉虛者。

一、跪午門、長安門等門及打長安門內石獅鳴寃者。

一、捏開大款欲思報復，並將已經法司、督撫衙門斷明事件，意圖翻異，聚衆擊鼓，爲首者，並教令主使之人。越訴例。

一、描摸印信行使誆騙財物，犯該徒罪以上者。僞造印信時憲書等例。

一、旗人將自己銀錢開場誘賭，經旬累月，聚集無賴，放頭抽頭之容留房主，初犯者。

一、旗人造賣紙牌骰子，爲從者。販賣爲首者。

一、民人造賣紙牌骰子，爲首者。

一、私造賭具自首免罪後又復造賣者。賭博例。

一、私自淨身並下手者，全家。閹割火者例。

《大清律例》卷四五《總類·極邊充軍》 刑例

一、竊盜應遣者。竊盜例。

一、因事聚衆，將本管官及公差並一應監臨官毆打綁縛，屬軍衛者。若止是毆打，爲首者。毆制使及本管長官例。

一、問發充軍人犯逃回，若係雜犯死罪以下充軍者，再犯，枷號兩個月。

一、免死減等流犯，三次脱逃者。徒流人逃例。

《大清律例》卷四五《總類・煙瘴充軍》　刑例

一、未傷人之盗首聞拿投首，如無妻室者。窩家盗線投首者。親屬首告者。强盗例。

一、誆騙聽選官吏及舉監生員人等財物者，枷號三個月。央浼營幹致被誆騙者。

一、學臣考試有積慣隨棚代筆之鎗手，審實枷號三個月，其雇倩包攬者。詐欺官私取財例。

一、偷刨墳墓爲從之犯，二次者。發塚例。

一、投託勢要綁縛平民，私家拷打，脅騙財物者，枷號一個月。勢要知情者。威力制縛人例。

一、各部院書辦指稱部費，招摇撞騙，干犯國憲非尋常犯贓可比，知情朋分銀兩之人。官吏受財例。

一、僞造關防印信誆騙財物，數多，爲首，雕刻者。

一、各衙門吏役僞造本官印信，其倩人雕刻，誆騙財物在十兩十千以外者。僞造印信時憲書等例。

一、燬化小制錢，爲首者，枷號兩個月，杖一百。該管地方知情故縱者。

一、經紀鋪户人等攙和私錢行使者。

一、經紀鋪户人等收買剪邊錢，攙和貨賣數至十千以上者。

一、將大制錢剪邊打造煙袋等物貨賣，不及十千文，爲首者，枷號兩個月，杖一百。

一、用銅、鐵、錫、鉛藥煮僞造假銀騙人行使，爲首者，係民，枷號兩個月，杖一百。私鑄銅錢例。

一、惡徒夥衆搶去良人子弟，强行雞姦者之餘犯。犯姦例。

一、藉充人牙將領賣婦人逼勒賣姦圖利者，枷號三個月，杖一百。買良爲娼例。

一、凡問發充軍人犯逃回，若係雜犯，死罪以下充軍者，三犯，枷號三個月，調發。徒流人逃例。

《大清律例》卷四五《總類・極邊煙瘴充軍》　刑例

一、捕役勾通積匪猾賊，五名以上者。竊盗例。

一、盗未殯屍柩，及發年久穿陷之塚開棺見屍，二次者。爲從，三次者。發塚例。

一、旗人將自己銀錢開場誘賭，經旬累月，聚集無賴，放頭抽頭，初犯者。容留賭博之房主，再犯者。

一、旗人造賣紙牌骰子，爲首者。賭博例。

（清）沈家本《續修會典事例・發塚》　一、凡發掘貝勒、貝子、公夫人等墳塚，【略】未至棺者，爲首絞監候，爲從皆僉妻發邊衛永遠充軍。云云。

謹案：爲從皆僉妻發邊衛永遠充軍，乾隆五年改爲爲從僉妻發邊遠充軍。二十四年删僉妻二字。又爲首者爲從者，二者字原例無，應删。

（清）沈家本《續修會典事例・盗賊窩主》　一、知强竊盗贓而接買、受寄，若馬贏等畜至二頭匹以上，銀貨作贓至滿數者，俱問罪。不分初犯再犯，枷號一月發落。若三犯以上，不拘贓數多寡與知强盗後而分贓至滿數者，俱免枷號發邊衛充軍。接買盗贓至八十兩爲滿數；受寄盗贓至一百兩爲滿數，盗後分贓至一百二十兩以上爲滿數。

謹案：邊衛充軍乾隆三十二年改爲近邊充軍。又查銀貨作贓，原例係銀貨坐贓，枷號一月原例一下有個字，似應添改。

（清）沈家本《續修會典事例・盗賊窩主》　一、容留外省流棍者，照勾引來歷不明之人例，發近邊充軍。

謹案：近邊原例作邊衛，乾隆三十二年改。

（清）沈家本《續修會典事例・盗賊窩主》　一、凡皇親、功臣、管莊家僕、佃户人等及諸色軍民大户勾引來歷不明之人窩藏强盗二名以上、竊盗五名以上坐家分贓者，俱問發邊衛充軍。若有造意共謀之情者，各依律從重科斷。干礙勳戚、功臣者，參究治罪。

謹案：邊衛充軍乾隆三十二年改爲近邊充軍，又查勳戚二字例文原作皇親，似應改正。

（清）沈家本《續修會典事例・發塚》　一、凡奴婢、雇工人發掘家長墳塚已行未見棺者，爲首擬絞監候，爲從發近邊充軍。云云。

謹案：近邊原例作邊衛。乾隆三十二年改爲近邊。

（清）沈家本《續修會典事例·盜賊窩主》 一、强盜窩主造意不行又不分贓者，改發烏魯木齊等處當差。如年逾五十不能耕作者，杖一百流三千里。若非造意又不同行分贓，但知情存留一人者，杖一百徒三年。存留二人者，杖一百流三千里。存留三人以上者，發極邊足四千里充軍。謹案：嘉慶六年查窩主造意不行又不分贓律，應滿流之犯，於乾隆二十三年改發新疆。四十二年仍發内地，照原律加一等。故改爲附近充軍。惟年逾五十不能耕作之人，本不發新疆者，仍照原律滿流。因將例文改定。

謹案：此條案語四十二年乃三十二年之譌。附近充軍下應添入四十四年仍發新疆。

（清）沈家本《續修會典事例·發塚》 一、盜未殯、未埋屍柩及發年久穿陷之塚【略】，如開棺見尸，爲首一次者，發邊遠充軍；二次者，發極邊烟瘴充軍，三次者，絞。爲從一次者，仍照雜犯流罪總徒四年；二次者，發邊遠充軍；三次者，發極邊烟瘴充軍；三次以上者，亦絞。

（清）沈家本《續修會典事例·發塚》 一、發掘常人墳塚見棺槨爲首與開棺見屍爲從一次者，俱改發近邊充軍。開棺見屍爲從二次者，實發煙瘴充軍。如年在五十以上，見棺槨爲首與開棺見屍爲從一次者，發附近充軍。開棺見屍爲從二次者，仍發煙瘴充軍。若爲從開棺三次以外，均以見一屍爲一次，不得以同時、同地連發多塚者作一次論。審有贓證次數，確據事主告發實情者，照竊盜三犯律擬絞監候。爲從三次審係幫同開棺，秋審入於情實。僅止在墳外瞭望，入於緩決。至三次以外，雖止瞭望俱擬情實。其發塚見棺鋸縫，鑿孔抽取衣物首飾，並非顯露尸身者，發近邊充軍。爲從減一等。

謹案：此條嘉慶十八年改定。將末段糾衆發塚起棺一節分出另爲一條。二十一年復將鋸縫，鑿孔首從罪名改爲爲首一、二次發近邊充軍；三次發邊遠充軍；四次及四次以上者照積匪猾賊例發極邊煙瘴充軍。爲從一、二次，杖一百徒三年，三次者，照雜犯流罪總徒四年；四次、五次者，發邊遠充軍；六次及六次以上者，發極邊煙瘴充軍。

（清）沈家本《續修會典事例·發塚》 若子孫平治祖墳並奴僕、雇工平治家長墳，一塚者，杖一百徒三年。每一塚加一等，仍照加不至死之例，加至實發雲、貴、兩廣極邊、烟瘴充軍爲止。

（清）沈家本《續修會典事例·發塚》 一、奴僕、雇工人盜家長未殯、未埋屍柩，未開棺槨，事屬已行確有顯跡者，照發塚已行未見棺例，爲首絞監候，爲從發近邊充軍。

（清）沈家本《續修會典事例·發塚》 一、盜未殯未埋屍柩，鋸縫、鑿孔爲首，【略】四次、五次者，發邊遠充軍；六次及六次以上發極邊煙瘴充軍。

（清）沈家本《續修會典事例·盜賊窩主》 一、窩留積匪之家果有造意及同行分贓、代賣，改發極邊烟瘴充軍，面刺改發二字。如有脱逃被獲，即改發新疆，酌撥種地當差。其未經造意又不同行，但經窩留分得些微財物或止代爲賣贓者，均減本犯一等治罪。於窩藏回民行竊犯至遣戍者，亦照窩藏積匪例分別治罪。

謹案：此條道光六年調劑新疆遣犯，將例内應發新疆當差者，改發雲、貴、兩廣極邊煙瘴充軍，到配加枷號三個月。二十四年新疆遣犯照舊發往，仍復原例。

（清）沈家本《續修會典事例·盜賊窩主》 一、回民窩竊罪應發極邊煙瘴者，改發新疆給官兵爲奴。

謹案：此條嘉慶二十年定，道光六年調劑新疆遣犯，將例内應發新疆者，改發雲、貴、兩廣極邊煙瘴充軍，到配加枷號三個月。二十四年新疆遣犯照舊發往，仍復原例

（清）沈家本《續修會典事例·發塚》 一、凡發掘貝勒、貝子、公夫人等墳塚開棺槨見屍者，爲首斬立决梟示，爲從皆絞立決。見棺者，爲首絞立決，爲從皆絞監候。未至棺者，爲首絞監候，爲從發邊遠充軍。如有發掘歷代帝王陵寢及《會典》内有從祀名位之先賢、名臣並前代分藩親王或遞相承襲分藩親王墳墓者，俱照此例治罪。若發掘前代分封郡王及追封藩王墳墓者，除犯至死罪，仍照發掘常人墳塚例定擬外，餘各於發掘常人墳塚本罪上加一等治罪。以上所掘金銀交與該督撫飭令地方官修葺墳塚，其玉帶珠寶等物仍置塚内。

謹案：此條道光二年增定。同治四年又於爲首斬立決下增入梟示二字。

（清）沈家本《續修會典事例·發塚》 一、凡奴婢、雇工人發掘家

長墳塚已行未見棺者，爲首擬絞監候，爲從發近邊充軍。

（清）沈家本《續修會典事例·發塚》 一、有服卑幼發掘尊長墳塚未見棺槨者，爲首期親卑幼發極邊足四千里充軍；功緦卑幼發邊遠充軍。爲從期親卑幼發邊遠充軍；功緦卑幼發近邊充軍。見棺槨者，爲首期親卑幼實發雲、貴、兩廣極邊煙瘴充軍；功緦卑幼發極邊足四千里充軍。爲從期親卑幼發極邊足四千里充軍；功緦卑幼發極邊充軍。如有尊長或外人爲首、爲從，分別服制，凡人各以首從論。開棺見屍並鋸縫、鑿孔，首從之卑幼無論期親、功緦均照常人一例問擬。

謹案：此條同治四年嚴定發塚罪名，常人開棺見屍及鋸縫、鑿孔首犯已加至斬、絞立決。爲從俱擬絞候。卑幼有犯無可再加，是以改定。

（清）沈家本《續修會典事例·盜賊窩主》 一、强盜窩主造意不行又不分贓，改發新疆給官兵爲奴。若非造意又不同行分贓，但知情存留一人發近邊充軍。存留二人亦發新疆給官兵爲奴。存留三人以上於發遣處加枷號三個月。五人以上加枷號六個月。如知情而又分贓，無論存留人數多寡，仍照窩主律斬。

謹按：此條嘉慶二十二年調劑新疆遣犯，將原例發烏魯木齊等處當差，改發附近充軍。節刪不能耕作者五字。道光九年將例文改爲强盜窩主造意不行又不分贓者，改發極邊足四千里充軍。若非造意又不同行分贓，但知情存留一人者，杖一百徒三年。存留二人者，杖一百流三千里。存留三人以上者，亦發極邊足四千里充軍。咸豐十一年嚴定窩盜章程，改爲凡窩藏强盜之家，雖非造意亦不同行分贓，但知係强盜而窩藏，不論窩藏人數多寡，照强盜窩主問擬斬決。其暫時存留者，仍照舊例核辦。至窩留持械搶奪、倚强肆掠案犯，亦照此辦理。同治七年查章程，與推鞫窩主之例不符，是以改定。

（清）沈家本《續修會典事例·盜賊窩主》 一、知竊盜贓而接買、受寄若馬贏等畜至二頭匹以上，銀貨坐贓至滿數者，俱問罪，不分初犯再犯，枷號一個月發落。若三犯以上，不分贓數多寡，俱免枷號發近邊充軍。接買盜贓至八十兩爲滿數，受寄盜贓至一百兩爲滿數，盜後分贓至一百二十兩以上爲滿數。

謹案：此條同治七年改定此例。

（清）沈家本《續修會典事例·發塚》 發掘常人墳塚見棺槨爲首者，改發近邊充軍。年在五十以上，發附近充軍。爲從者，杖一百徒三年。

（清）沈家本《續修會典事例·發塚》 一、盜未殯未埋屍柩，鋸縫、鑿孔爲從【略】六次、七次者，發邊遠充軍；八次及八次以上者，發極邊煙瘴充軍。

（清）席裕福《清朝政典類纂》卷三七六《刑八·名例律·充軍地方》 凡問該軍者附近發二千里，近邊發二千五百里，邊遠發三千里，極邊烟瘴俱發四千里。定地發遣充軍人犯，在京兵部定地，在外巡撫定地，仍抄招知會兵部。

直隸布政司府分，發山東、附近。山西、附近、近邊。江南、附近、近邊、邊遠。湖廣、附近、近邊、邊遠。陝西、附近、近邊、邊遠、極邊。浙江、近邊、邊遠、極邊。江西、極邊。廣東、烟瘴。地方。

江南布政司府分，發湖廣、附近。山東、附近、近邊。浙江、附近、近邊。陝西、近邊、邊遠、極邊。直隸、附近、近邊、邊遠。山西、近邊、極邊。廣東、邊遠、極邊、烟瘴。地方。

山東布政司府分，發登州府、附近。直隸、附近、近邊。江南、附近、近邊、邊遠。山西、附近、近邊、邊遠。浙江、附近、近邊、邊遠、極邊。陝西、近邊、邊遠、極邊。廣東、烟瘴。地方。

山西布政司府分，山東、附近、近邊。江南、附近、近邊、邊遠。陝西、附近、近邊、邊遠、極邊。湖廣、附近、近邊、邊遠、極邊。浙江、邊遠、極邊。江西、邊遠。廣東、極邊、烟瘴。地方。

河南布政司府分，發山東、附近。山西、附近、近邊。湖廣、附近、近邊。直隸、附近。江南、附近、近邊、邊遠、極邊。陝西、附近、近邊、邊遠、極邊。浙江、附近、近邊、邊遠、極邊。廣東、邊遠、極邊、烟瘴。地方。

陝西布政司府分，發寍夏衛、河州衛、附近。直隸、附近。山西、附近。本都行都司、附近、近邊、邊遠。山東、附近、近邊、邊遠、極邊。湖廣、附近、近邊、邊遠、極邊。江南、近邊、邊遠、極邊。廣東、邊遠、極邊、烟瘴。地方。

浙江布政司府分，發江南、附近、近邊、邊遠。山東、附近、近邊、邊遠。湖廣、附近、近邊、邊遠。直隸、近邊、邊遠、極邊。山西、極邊。陝西、極邊。廣東、烟瘴。地方。

江西布政司府分，發山東、附近。浙江、附近。湖廣、附近、近邊。廣東、附近、近邊、邊遠。直隸、近邊、極邊、邊遠。山西、極邊。陝西、極邊。四川、極邊。地方。

湖廣布政司府分，發襄陽府、附近、近邊。江西、附近、近邊。浙江、附近、近邊、邊遠。四川、附近、邊遠。江南、附近、近邊、邊遠、極邊。山西、附近、近邊、邊遠、極邊。陝西、附近、近邊、邊遠、極邊。直隸、近邊、邊遠。廣東、附近、近邊、邊遠、極邊、烟瘴。地方。

福建布政司府分，發浙江、附近。江西、附近。江南、附近、近邊、邊遠。廣東、附近、近邊、邊遠。湖廣、附近、極邊。山東、近邊、邊遠、極邊。直隸、邊遠、極邊。四川、極邊。地方。

廣東布政司府分，發潮州府、附近。湖廣、附近、近邊、邊遠、極邊。山西、極邊。四川、極邊。山東、極邊。地方。

廣西布政司府分，發江西、附近、近邊、邊遠。湖廣、附近、近邊、邊遠。四川、近邊、邊遠、極邊。山西、極邊。陝西、極邊。浙江、極邊。廣東、附近、近邊、邊遠、烟瘴。地方。

四川布政府分，發越巂衛、附近。陝西、附近、近邊、邊遠、極邊。湖廣、附近、近邊、邊遠、極邊。江南、近邊、邊遠、極邊。山西、極邊。浙江、極邊。廣東、近邊、邊遠、極邊、烟瘴。地方。

貴州布政司府分，發四川、附近。江西、附近、近邊。湖廣、附近、近邊。陝西、附近、近邊、邊遠、極邊。江南、近邊、邊遠、極邊。浙江、近邊、邊遠、極邊。山西、極邊。廣東、附近、近邊、邊遠、極邊、烟瘴。地方。

雲南布政司府分，發廣東、附近、近邊、邊遠、極邊、烟瘴。湖廣、近邊、邊遠。陝西、邊遠、極邊。江西、極邊。地方。謹案：首節律文，雍正三年刪改。原例一條，定並核準道里遠近。乾隆三十七年，又奏準刪改。

條例

一、凡各省充軍人犯該州縣仍註軍籍當差，以該州縣爲專管。該府爲統轄，如有脱逃疎縱，將該府州縣職名題參。謹案：此條乾隆三十三年改定。

一、奉天、直隸不便安插軍流罪犯。嗣後各省軍流均按照五軍道里表及三流道里表分別等次改發別省。其應發奉天、直隸府州等處永行停止。謹案：此條乾隆二十一年定。

事例

乾隆二十四年定，四川一省發遣軍流。四十三年覆準，停發四川。係專指例發雲、貴、兩廣烟瘴充軍情重之犯而言，其餘應發附近、近邊、邊遠、極邊充軍各犯，並不在停發川四之例。彙案。

紀事

（清）沈家本《歷代刑法考·刑法分考八·充軍》：《史記·始皇紀》：三十三年，發諸嘗逋亡人、贅壻、賈人略取陸梁地。二世二年冬，陳涉所遣周章等將西至戲，兵數十萬。二世大驚，與羣臣謀曰：奈何？少府章邯曰：盗已至，衆彊，今發近縣不及矣。酈山徒多，請赦之，授兵以擊之。二世乃大赦天下，使章邯將，擊破周章軍。

按：發罪人以從軍自秦始，即其謫戍亦充軍也。詳謫戍。

（清）沈家本《歷代刑法考·刑法分考十·屯戍》：《趙充國傳》：遂上屯田奏：願罷騎兵，留弛刑應募，及淮陽、汝南步兵與吏士私從者，分屯要害處。冰解漕下，繕鄉亭，浚溝渠，治湟陿以西道橋七十所，令可至鮮水左右。田事出，賦人二十畮。至四月草生，發郡騎及屬國胡騎伉健各千，倅馬什二，就草，爲田者游兵。以充入金城郡，益積蓄，省大費。

按：謫戍者發罪人以守邊也，屯戍者發罪人以實邊，農戍兼修也。其事是一是二？秦之謫戍，一時之計，不以爲常，漢之屯戍，時時行之，後且成爲赦罪降等之常制。謫戍、屯戍二者，遂難區別，茲姑列爲二門，互備參考。

《漢書》卷一下《高帝紀》〔十一年〕秋七月，淮南王布反。【略】上赦天下死罪以下，皆令從軍；徵諸侯兵，上自將以擊布。

《漢書》卷六《武帝紀》〔武帝元鼎三年〕常山王舜薨。子勃嗣立，有罪，廢徙房陵。

《漢書》卷六《武帝紀》〔元鼎五年〕夏四月，南越王相呂嘉反，殺漢使者及其王、王太后。【略】遣伏波將軍路博德出桂陽，下湟水；樓船將軍楊僕出豫章，下湞水；歸義越侯嚴爲戈船將軍，出零陵，下離水，甲爲下瀨將軍，下蒼梧。皆將罪人，江淮以南樓船十萬人。越馳義侯遺別將巴蜀罪人，發夜郎兵，下牂柯江，咸會番禺。【略】〔元封二年〕朝鮮王攻殺遼東都尉，乃募天下死罪擊朝鮮。【略】秋，作明堂於泰山下。遣樓船將軍楊僕、左將軍荀彘將應募罪人擊朝鮮。【略】〔六年〕益州、昆明反，赦京師亡（人）〔命〕令從軍，遣拔胡將軍郭昌將以擊之。

《漢書》卷六《武帝紀》〔漢武帝太初元年〕遣貳師將軍李廣利發天下謫民西征大宛。【略】〔天漢〕四年春正月，朝諸侯王於甘泉宮。發天下七科謫及勇敢士，遣貳師將軍李廣利將六萬騎、步兵七萬人出朔方。注：張晏曰，吏有罪一，亡（人）〔命〕二，贅壻三，賈人四，故有市籍五，父母有市籍六，大父母有市籍七，凡七科也。

（明）孫世芳《宣府鎮志》卷一九《法令考·漢》大初四年謫有罪吏民戍邊。凡吏有罪并惡少年亡命弛刑，皆謫出朔方。按高帝十一年赦天下死罪，令從軍，至帝元封六年又赦京師亡命，令從軍，至是年，帝又令有罪吏民謫戍邊，罪不曲赦，兵不虛伍。漢之治，蓋如此。

《漢書》卷七《昭帝紀》〔元鳳五年〕六月，發三輔及郡國惡少年吏有告劾亡者，屯遼東。注：如淳曰，告者，爲人所告也。劾者，爲人所劾也。師古曰：惡少年謂無賴子弟也。告劾亡者，謂被告劾而逃亡。

（明）孫世芳《宣府鎮志》卷一九《法令考·漢》宣帝神爵元年詔郡國出繫囚詣邊。時發三輔中都官徒弛刑，詣金城，其近邊郡國繫囚，亦得出戎塞下釋罪。按漢踵秦法，故令有罪者戍邊，自黷武以來，一切調發雖無罪人，且儕之謫戍矣。本始地節間帝雖屢下省刑之詔，而此令終不可除之，固久而難變耶。

《後漢書》卷二《顯宗孝明帝紀》〔永平八年冬十月〕詔三公募郡國中都官死罪繫囚，減罪一等，勿笞，詣度遼將軍營，屯朔方、五原之邊縣；妻子自隨，便占著邊縣。注：占著謂附名籍。父母同産欲相代者，恣聽之。【略】凡徒者，賜弓弩衣糧。【略】九年春三月辛丑，詔郡國死罪囚減罪，與妻子詣五原、朔方占著，所在死者皆賜妻父若男同産一人復終身，其妻無父兄獨有母者，賜其母錢六萬，又復其口筭。【略】〔十六年〕九月丁卯，詔令郡國中都官死罪繫囚減死罪一等，勿笞，詣軍營，屯朔方、敦煌；妻子自隨，父母同産欲求從者，恣聽之；女子嫁爲人妻，勿與俱。謀反大逆無道不用此書。【略】〔十七年〕秋八月丙寅，令武威、張掖、酒泉、敦煌及張掖屬國，繫囚右止已下任兵者，皆一切勿治其罪，詣軍營。

《後漢書》卷三《肅宗孝章帝紀》〔建初七年〕詔天下繫囚減死一等，勿笞，詣邊戍；妻子自隨，占著所在；父母同産欲相從者，恣聽之；有不到者，皆以乏軍興論。

《後漢書》卷三《肅宗孝章帝紀》〔元和元年秋八月〕其改建初九年爲元和元年，郡國中都官繫囚減死一等，勿笞，詣邊縣；妻子自隨，占著在所。

《後漢書》卷三《肅宗孝章帝紀》〔章和元年〕夏四月丙子，令郡國中都官繫囚減死一等，詣金城戍。【略】〔秋〕死罪囚犯法在丙子赦前而後捕繫者，皆減死，勿笞，詣金城戍。【略】〔九月〕詔郡國中都官繫囚減死罪一等，詣金城戍。

《後漢書》卷四《孝和帝紀》〔永元元年〕冬十月，令郡國弛刑輸作軍營。其徙出塞者，刑雖未竟，皆免歸田里。【略】八年辛酉，飲酎。詔郡國中都官繫囚減死一等，詣敦煌戍。

（明）孫世芳《宣府鎮志》卷一九《法令考·漢》安帝元初二年詔中都官繫囚減死戍邊。詔曰，律云掠者唯得榜笞立，又令丙善長短有數項者掠考多酷，慘苦無極，念其痛毒，怵然動心，自今中都官繫囚減死一等，勿笞，詣各邊郡屯，妻子自隨，占著所在，女子勿輸，亡命死罪以贖，各有差。其吏人聚爲盗，有悔過者，除罪。

《後漢書》卷五《孝安帝紀》〔元初二年〕冬十月，遣中郎將任尚屯三輔。詔郡國中都官死罪繫囚減死一等，勿笞，詣馮翊、扶風屯，妻子自隨，占著所在；女子勿輸。【略】〔延光三年九月乙巳〕詔郡國中都官繫囚減罪一等，（詔）〔詣〕敦煌、隴西及度遼營。

《後漢書》卷六《孝順帝紀》〔永建元年冬十月辛巳〕詔減死罪以下徙邊。〔五年冬十月丙辰〕詔郡國中都官死罪繫囚皆減罪一等，詣北地、上郡、安定戍。〔建康元年冬十一月乙酉〕沖帝已即位。令郡國中都官繫囚減死一等，徙邊；謀反大逆不用此令。

（清）沈家本《歷代刑法考·刑法分考八·充軍》《桓紀》：建和

元年，減天下死罪一等，戍邊。和平元年冬，減天下死罪一等，徒邊戍。永興元年冬。同上。二年秋。同上。

按：漢代戍邊之事東京爲多，其初爲守邊計，其後遂爲死罪遇赦減等之法。始於永平，訖於永興，蓋已著於令甲矣。洎乎建安，天下分裂，遂無此事。

《中國簡牘集成二編》江蘇省卷《尹灣漢墓簡牘·東海郡下轄長吏不在署、未到官者名籍》 郯獄丞司馬敞，正月十三日送罰戍上谷。

郯左尉〔孫〕嚴，九月廿一日送罰戍上谷。

朐邑丞楊明，十月五日上邑計四。

費長孫敞，十月五日送衛士。

開陽丞家聖，九月廿一日市魚就財物河南。

即丘丞周喜，九月廿一日市□弓就□□。

〔況〕其邑左尉宗良，九月廿三日守丞上邑計。

厚丘丞王恁，十月廿□日□□邑□。

厚丘右尉周並，三月五日市材。

平曲丞胡毋〔欽〕，七月七日送徒民敦□煌□。

司吾丞北宮憲，十月五日送罰戍上谷。

《元史》卷一二《世祖本紀》〔至元十九年十一月壬申〕以勢家爲商賈者阻遏官民船，立沿河巡禁軍，犯者没其家。癸酉，分元帥綦公直軍戍曲先。甲戌，中書省臣言：天下重囚，除謀反大逆，殺祖父母、父母，妻殺夫，奴殺主，因姦殺夫，並正典刑外，餘犯死罪者，令充日本、占城、緬國軍。從之。

（清）沈家本《歷代刑法考·刑法分考十·屯戍》 元《成宗紀》：元貞元年秋七月，立肇州屯田萬户，以遼陽行省左丞阿散領其事。

按：至元三十年，世祖以乃顔故地曰阿八剌忽者，立城名曰肇州。《元史·地理》云不知其所屬所領之詳。惟屯田府既領於遼陽左丞，其地亦當屬於遼陽。當時出者俱發遼陽，疑屯田即用此出軍之人也。

《明太祖實録》洪武二十九年九月 丙子，民有犯死罪者，其弟訴於通政使司，願爲軍以贖兄罪，辭意懇切。上憫之，命同繫者三十餘人皆減死戍邊。

《明太宗實録》永樂七年九月〔癸巳〕監察御史顧斌坐貪淫苛刻，謫戍廣西。

（明）孫世芳《宣府鎮志》卷一九《法令考·明》 章皇帝宣德元年申明隱縱逃軍罪例。凡逃軍三月不首者，并里鄰人等問罪，就點親鄰管解窩家發附近充軍，係軍籍者發口外邊衛，能自首者，止罪。逃軍遞送隱藏者，烟瘴衛分充軍，官司故縱者，論如律。凡起解逃軍户丁須量地立限遞解，若長解縱容違限半年以上者，依律問罪，一年以上者，發附近充軍，犯人發口外充軍，係口外者，發極邊衛分。

《明英宗實録》正統二年六月〔己未〕謫萬全都司都指揮僉事杜衡戍廣西。初，衡誣奏都指揮楊洪謀爲不軌，又擅執夜不收以誤事機。下行在刑部，論衡絞罪。上特命謫之。

《明英宗實録》正統二年冬十月〔癸酉〕謫大興縣知縣李觀、主簿王斌戍邊衛。初觀與斌俱犯贓罪，命杖一百，發保安州爲民。觀等托故不往，爲校尉所察。上曰：觀等無狀如此，再杖一百，械發甘肅充軍，敢復遷延，必不宥。

《明英宗實録》正統三年六月 辛酉，行在吏部文選主事吴昉告歸省祭，恃勢縱恣，奴役鄉人，辱詈有司，受賄賂無算，爲縣官訐奏。法司論當贖死免官。上命謫戍大同。

《明英宗實録》正統三年六月〔甲戌〕廣東宜倫縣知縣方季仕年老，坐詐取財物徒罪，於律當收贖，於例當戍邊。上命擇其籍内壯者代戍。

《明英宗實録》正統三年六月〔丁丑〕謫行人李叙戍威遠衛。初叙爲御史，坐貪酷，宥死，爲行人使雲南車里。既還，復坐罪，當輸贖免官。叙不即輸，屢搆詞告訐。刑部尚書魏源以叙刁譎，累惡不悛，請勿以常律治。上然之，遂謫戍焉。

《明英宗實録》正統三年十一月〔乙未〕廣西平樂守禦千户所百户陳林襲父官，詣京比試畢，兵部以林過期當罪引奏，林令叔父安代引，事覺，刑部論林當杖還職，安當徒。上以林姦詐，亦必倩人，情不可恕，其與安俱發充威遠衛軍。

《明英宗實録》正統五年十一月〔丙寅〕復書慶王秩烽曰：承喻小

旗王保妄陳府中事，法司鞫出本人的爲盜賣官牛，不納糧食，及因退作餘丁，以故赴京妄告，已械本人編戍遼東，令所司起取當房妻子隨住。叔祖宗藩至親，素謹禮法，豈被小人所能間哉。

《明英宗實録》正統九年閏七月　〔壬寅〕順天府固安縣知縣李鐸索所部財，宜黄縣丞袁玘因公科斂。下錦衣衛鞫問，送法司論罪，俱當贖徒爲民。上命謫戍邊衛，以警其餘。

《明英宗實録》正統九年八月　庚午，浙江台州府知府李性坐枉死府吏，侵盜贓銀諸罪。法司論雜犯死赦前免科。上以性貪暴，特命謫戍邊衛。

《明英宗實録》景泰元年秋七月　〔辛酉〕巡撫貴州大理寺右寺丞王恂奏：貴州諸處衛分站堡軍卒比年勦賊，殺亡數多，有户絶無從勾補者，乞以見問囚當充軍者補之。奏下刑部議，將南直隸湖廣、浙江、江西見問充軍囚暫發貴州都司補伍。從之。

《明英宗實録》景泰六年七月　辛巳，刑科給事中徐正有罪謫戍邊。正素憸邪無學識，往往倩人代具奏草，條陳時政，掩爲己能，覬得重用。先是與冠帶軍餘汪祥謀密奏請帝御便殿言機事。帝亟召入，請屏左右乃言：太上皇帝臨御日久，威德在人。沂王常位儲副，在天下臣民所仰戴，不宜居於南宫，宜遷置所封之地，以絶人望，别選宗室親王之子育於宫中。

帝聞之，驚愕大怒，指正曰：當死，當死。即叱出之。命調爲雲南臨安衛經歷，然怒猶不解，欲明正其罪，又慮駭衆，乃遣人伺察之。正留戀淫婦家，久不行，遂下錦衣衛獄。至是，復謫充遼東鐵嶺衛軍。

《明英宗實録》天順元年正月　〔甲申〕府軍前衛指揮使顧英奏都督僉事張義實于謙黨，今仍宿衛，恐有異謀，乞剪除之。上命執義下錦衣衛獄，事連署都督僉事都指揮同知王英，俱杖一百，謫戍雲南騰冲衛。

《明英宗實録》天順四年七月　〔己卯〕户部主事劉永通爲校尉發其索輸草者賂，且同郎中張勉於五里屯携妓飲燕。錦衣衛鞫，送刑部論永通當充軍，勉當爲民。上曰：勉行撿不端，亦發充邊衛軍。

《明英宗實録》天順四年八月　〔己酉〕巡按直隸監察御史焦顯奏，丁憂郎中潘暄囑其脱有罪。暄奏顯貪酷，及用黄旗前導，俱執至錦衣衛獄鞫之。顯罪誣，暄罪實，奏送都察院論，暄當充軍，顯當還職。從之。

《明英宗實録》天順七年秋七月　〔壬寅〕湖廣生員李春、譚瑄以四十歲以上起送，被巡按監察御史考試黜充吏，詣闕跪奏：御史考試時患病，不能行文，故見黜，乞再試。禮部奏其違事例，瀆聖聽，請下法司完治。上命翰林院覆試，皆大理不通，遂謫戍於大同威遠衛。

《明憲宗實録》成化六年秋七月　己丑，監察御史鄭己坐罪謫戍邊。己巡按甘肅，頗矜傲，文移有總兵等官一體遵守等語，將定西侯蔣琬爲總兵官，憾之。及己檢閱軍士，謂琬鎮守與太監顔義多役占，當究。其事吏舉而語泄。琬乃奏己與隨行吏人受屬衛賂遺，及往來肅府儀賓高嵩家飲酒，嵩多用樂婦歌唱侑飲，且嵩有所受業，師亡而娶其妾趙氏，俾出見奉觴。又謂己所至騎從鼓吹甚盛，數答辱下人，責其不能承奉諸事。因命官往勘，械己等至京。仍命法司會問，己、嵩初俱擬爲民。詔以己不遵憲體，特謫充邊衛軍。琬所奏受賄侑飲事皆誣，置不問。

《明憲宗實録》成化八年八月　〔丁亥〕都督僉事徐恕以罪謫充遼東邊衛軍。恕先充副總兵鎮守大同，嘗杖殺人，用財買免，爲讎家所發，一時稱寃受害者二十餘家。巡撫都御史林聰以聞。命官往會，巡按御史勘實，械送至京，法司覆審坐斬，至是恕母吴氏乞恩請貸，故有是命。

（明）王錡《寓圃雜記》卷一〇《爲法自弊》　近例：官吏充軍者止及本身。牟俸爲外臺時具奏，必欲勾捕，使人驚懼。朝廷從之。成化十三年，俸巡撫南畿獲重罪，謫戍五開衛以死。其子泣訴於兵曹乞免，僉曹主曰：此尊翁所奏例也。其子語塞。

《明憲宗實録》成化十五年秋七月　〔己未〕掌錦衣衛事都指揮同知牛循有罪下獄。循初爲浙江都指揮，（使）〔倚〕門達得爲漕運總兵官，達敗，發廣東立功，復夤緣入京，結權幸得掌衛事，至是爲西廠發其戲狎樂婦，欺罔貪暴，故勘平人致死，奏保所親百户章瑾涖鎮撫司事，瑾因挾勢，强姦良人妻女及爲本衛千百〔户〕等官通賄於循，希求進用，科道交章劾之，下本衛鎮撫司鞫問得實。法司擬循坐斬，瑾坐絞，餘各坐罪有差。上宥循、瑾死。俱發充軍，循廣西邊衛，瑾湖廣衛分，家屬隨住，餘準擬。

《明憲宗實録》成化二十年十二月　乙丑，東城兵馬及宣府守臣，執送已誅罪人韋瑛李琳等家屬二十有九人，其丁男五人謫戍雲南烟瘴衛分，幼男並婦女二十五人俱隨住。

《明憲宗實録》成化二十三年二月〔丁亥〕貴州按察司僉事尹仁謫充遼東廣寧衛軍。仁先任御史，差往貴州巡按，所行多違法。布政司照磨黎昊與仁同鄉，因私忿搆怨，昊乃訐仁巡按時貪婪怠政、不迎詔勅、教唆詞訟、侵盗價銀數事。奏聞，刑部請差官按之，得實，械仁、昊至京，下錦衣衛鞫治。上以仁違法多端，遂發遣充軍。昊以訐告風憲多誣，發口外爲民。

《明孝宗實録》弘治元年閏正月〔丁卯〕宥方士鄧常恩、趙玉芝死，復遣戍邊衛。李孜省既死於獄，法司具常恩等罪狀，擬交結内官夤緣作弊者律斬，妻子流二千里，遇赦應免，仍發戍原衛。上因而宥之，常恩徙鎮夷千户所，玉芝仍肅州衛，竟得逃其死云。是日，又有濟寧人崔鳳，樂清人謝轉，莆田人吴猷，麻城人黄大經及其子越並逮自戍所，覆問坐死，俱宥之，復戍邊衛。鳳附太監柯興，傳（陞）〔陞〕指揮僉事，轉以捕鬼術得以補鴻臚寺主簿，猷能挾箕降仙掌靈濟宫事，大經以識篆文得太常寺少卿，越亦至鴻臚寺丞，其夤緣亂政，皆與孜省同，敗亦相類，皆太監尚銘、梁芳、韋興、錢義等所薦進也。

《明孝宗實録》弘治十年十二月〔壬午〕初，烏思藏闡化王死，其子班阿吉汪束劄巴乞襲封闡化王。上命番僧剌麻叄曼答實哩爲正使，鎖南窩資爾副之，同剌麻劄失堅衆等十八人，共齎誥勅並賞賜綵叚、衣服、食茶等物，徃封之，行三年至其地，時新王亦已死，其子阿汪劄失劄巴堅衆巴班藏卜即欲受封，並領所齎誥勅諸物，叄曼答實哩等，不得已授之，遂具謝恩，方物並其父原領禮部勘合印信圖書番本，付叄曼答實哩等齎回爲左驗。至四川，巡撫官劾其擅封之罪，逮至京坐斬，至是，屢奏乞貸死。上以爲番人不足深治，特免死，發陝西平涼衛充軍，副使以下宥之。

（清）龍文彬《明會要》卷六四《刑·刑制》〔弘治〕十六年，御史劉洪奏：浙江人張悦以罪發充軍。託病回籍醫治；至家援例納粟，授衛指揮。請革職，仍發原伍。其浙江布政司官許令納粟者，亦宜逮問。兵部復奏當從。仍行令各處，有似此者通治以罪。

《明武宗實録》正德二年八月〔壬辰〕陝西巡按御史李高、兵備副

使張天衢、蘭州知州姜閎俱謫戍。初，閎與甘肅遊擊將軍徐謙有隙，因謙麾下百户劉欽、王欽累騎而行，與閎遇衝，其導從閎叱而縛之。欽部下軍士遂率衆入州喧閧，閎避伏床下，以爲謙主之也。因並訐謙貪淫曖昧之事，以呈於高。會虜入莊浪搶掠，西寧兵備副使亦以諸將領失事之狀呈於高。高委天衢鞫問，坐謙貪淫及失事罪以獄上。謙奏辯，亦訐高、天衢及閎交通鍛鍊之情。命刑部右侍郎陶琰、錦衣衛指揮余寘徃訊之。琰等言各奏多非情實，因劾高失憲體，天衢情涉交通，閎肇啓禍端，遂非誣衆。奏上，俱發肅州衛永遠充軍。事内指揮同知星拱辰以宿娼應調衛，止令納米；正千户楊銘以提調墩臺防守不密應充軍，止降級；謙以御衆欠嚴，分守莊浪，副總兵把琮以守備不設計，皆當逮問，止奪俸三月。盖瑾方欲右武左文，而琰、寘所上獄辭，於謙等亦多從末減，故瑾得以高下其手也。後琰、寘自陜歸，報命内批陞寘爲指揮同知。

《明武宗實録》正德十年七月〔己亥〕謫前監察御史朱志榮戍貴州。初，志榮巡按廣西，挾取土官財物，及受梧州知府曹琚等賂至萬餘兩。又嘗於公署私通女婦，醜聲甚著。兵備副使陳陽分守柳慶，參將張祐慮其爲地方害也，具以聞。兩廣總鎮等官亦繼言之。詔逮志榮，送錦衣獄拷治。且命刑部郎中顧正等徃按之。正等還奏其狀，時志榮已值考察去官，詔追贓畢，發貴州充軍。琚及州縣官納賂者，俱降三級。以陽挾持之，亦降一級。議者爲陽惜之。

《明世宗實録》嘉靖二十三年十一月〔乙卯〕總督宣大兵部尚書翟鵬、巡撫薊州右僉都御史朱方逮至，下詔獄拷訊，法司具獄以請。上以鵬負恩不忠，法當處死，姑從寬發烟瘴地面永遠充軍。方情罪深重，不必擬審，命錦衣衛逮至午門前杖八十，發極邊衛分充軍。

《明穆宗實録》隆慶六年九月〔庚戌〕兵部覆：山東巡按朱文科勘過隆慶四年遼東開原等處地方失事，守堡等官魏顯等四員發邊衛充軍，烏邦奇等九員降罰，張世武等三員以别卷充軍重發遣。

《明神宗實録》萬曆十三年十一月〔癸卯〕謫王一鳳永戍，王乾亨外任管德州倉主事。王乾亨發前差署員外郎王一鳳將錠銀剪邊，勘問有之。一鳳坐戍邊衛，乾亨亦有旨調外。

《明神宗實録》萬曆十九年閏三月庚寅，萬曆十八年，達賊入犯舊

洮州官軍獲功者另奏。其失事守備高崇謙發邊遠充軍終身，孫繼祖等各坐不應，從巡撫周盤之請也。

《明神宗實録》萬曆二十二年八月〔壬子〕刑科給事中喬胤等疏救馮時泰，謂臣等與刑部諸臣俱以法事陛下。今查時泰所犯罪止於杖，律無可加，且聖諭謂已問擬明白，奈何因一不識忌諱之言，遽加重譴。乞稀職免戍。上怒，改時泰烟瘴地面，永遠充軍。

《明神宗實録》萬曆二十八年六月〔辛卯〕都察院題，犯官馬卿馴先以侵欺擬戍，維以贓完改擬邊方立功，五年滿日，回衛帶俸差操。從之。

《明神宗實録》萬曆四十六年十二月〔壬戌〕户部奏管糧府佐侵盜軍餉，復王國禎問過，犯官徐承武等發配。從之。

《明熹宗實録》天啓元年十月〔丙子〕下昭陵神宫監監丞劉馨獄，發充南京浄軍。杖内官李受等，降二級。以馨等放債部軍，復鼓衆挾賞也。下兵仗局奉御宋進獄，仍發配，以内織染局匠張祥盗内庫財物，進爲鄰窩也。

《明熹宗實録》天啓五年十月 戍原任御史閑住康丕揚。先是，楚宗之獄，丕揚疏參禮部右侍郎郭正域匿罩傾害，楚王及妖書事起，株連多人，郭正域、周嘉慶、于玉立等俱幾罹不測。言者論丕揚前受楚王厚賄，後爲輔臣沈一貫鷹犬，故爲羅織，丕揚坐獲罪，至是具疏自辯，且備陳楚宗妖言書二案顛末，乞宣付史館。得旨：康丕揚向爲沈一貫鷹犬，邪媚貪酷，數掛彈章，已經察處，今又借端具疏，希圖起用，著九卿科道從公會議，參看的確具奏。吏部等衙門會議削籍，上謂削籍未盡其辜，還照憲臣犯贓例發邊遠充軍，仍追奪誥命。

《明熹宗實録》天啓五年十一月〔甲戌〕刑部上何棟如獄辭言：棟如贓私已完，乞照原擬遣戍。得旨依擬。

《明熹宗實録》天啓五年十二月〔戊子〕刑部等衙門尚書周應秋等會審原任吏部尚書趙南星言：南星行詖言僞，東山久盗，虚聲納賄，招權立朝，盡隳晚節。任胥小以爲耳目，假子姓以充橐囊。遣戍自有本律，收贖姑憐年老。得旨：趙南星姦黨渠魁，依律追戍，不準收贖。

《明熹宗實録》天啓六年二月〔丁亥〕山西巡撫柯泉：張慎言追贓已完，乞定衛遣戍。得旨：張慎言黨邪害正，避差鑽差，罪難枚舉。今只以監守自盗永戍，姑依擬。其周宗建贓私，該撫按久不回奏，聽其逍遥無忌，成何法紀，繆昌明已經削奪，仍補服黄蓋，開館招賓，愈見縱肆，即著錦衣衛差的當官旗將宗建、昌期扭解來京究問。

《明熹宗實録》天啓六年七月〔庚辰〕刑部署部事右侍郎曹思誠等會審錦衣衛都督同知邢元吉贓私，遣戍。都指揮使周顯祚、指揮僉事趙昌胤爲元吉羽翼，結黨罔利，擬徒。上命追贓完日具奏。

（明）祁彪佳《莆陽讞牘》卷二《福清縣·一起擒獲勾夷海賊事》 永遠充軍犯人王耀策等。看得王耀策等以漢居民，潛通外夷，留兄弟爲質，領銀私販，惟利是牟，故違海禁，手書與合同犁然皆確證也。前此海氛未靖之時，即按以軍法亦不爲苛，乃得以律戍配之，倖矣。伏候上裁。

（明）祁彪佳《莆陽讞牘》卷二《泰寧縣監·一起發劫事》 原依發塚開棺見屍爲首律絞罪續改爲從充軍今復駁問犯人一名廖傑。前件看得廖傑與侯九發楊氏棺中之物，至於破柩剥裳，致死者不得安一抔之土，慘何如哉？開棺見屍律無首從，不必論也。至盗取衣飾而後議絞也，爲徒充軍出自條例，其時二犯之目擊同，垂涎同，行兇亦同，傑與九原不得分首從也，九既死，傑似可以生矣。既經恤請，合聽覆行。

（明）祁彪佳《莆陽讞牘》卷二《寧德縣·一起勢殺事》 依因事逼人致死律照例免杖發邊衛終身充軍見詳未結犯人一名林舜堂。前件看得林舜堂與楊廷禄争山相搆，輒鎖之私家，叢而毆之，致不任傷，以毒自盡。而且於訊案之日改單改結，肆圖詭脱，儼然行魍魎於白晝，幾無天日矣。第檢固多傷，而驗毒有徵。即照例戍之，猶恨未盡其辜耳。

《清高宗實録》乾隆五十八年三月〔丙申〕刑部議奏，陝甘總督勒保參奏，署甘肅寧州知州環縣知縣于煇，於州民揚爾儉等，毆斃胡常胡久一案，漏驗傷痕，錯擬正兇，應杖徒。得旨，于煇於承審毆斃二命重案，並不詳細相驗，誤將共毆之犯，定擬正兇，即經批駁，仍照原擬率詳，幾致罪名出入，擬以杖徒尚不足示儆，著發往軍臺効力贖罪。

（清）西清《黑龍江外紀》卷五 協領索某，達呼爾也，掌刑司印，號稱能事。一日薄暮過市曹，聞人大呼其名，視之烏有，以爲鬼物，遂狂語如囈。漸至不識妻子，或疾走出東郭，且行且言。若與人辯是非，久之竟死。後有協領阿某，滿洲也。初不預刑司事，因屯官獄久不定，阿自薦能審。數日，案果結。屯官論死。死之夕，阿忽長跽街門外，口稱老大，我錯我錯，明日禳之。殺牛馬無算，自是得狂疾，死於火。老大云者，屯官行大而兄事阿也。屯官某，崔尚書孫。每歲五月，布特哈官兵悉來齊齊哈爾，納貂皮互市。號楚勒罕，譯言盟會也。初在城西北四十里因沁屯，故俗有北關集之稱。先是在因沁屯楚勒罕，將軍、副都統率屬僚駐劄其地。凡穹廬馬匹及羊酒，皆布特哈按項供應。後當事者誅求無厭，布特哈苦之，未有以發。會部卒爲齊齊哈爾兵所毆，走白將軍，反得荷校罪。於是副總管奇三，列款潛之木蘭行在奏之。勅重臣來省案問，得實。將軍、副都統以下皆論罪。奇三亦以越分上書戍伊犁。余嘗見土人家清文一帙，敘奇三上書始末甚悉，且言奇三將上書。請於其母，母曰：救一部出湯火，即死不辱汝父，吾何恨？此文疑即奇三作，亦達呼爾巨擘也。然齊齊哈爾、布特哈不相能自此始，交納貂皮，楚勒罕第一事也。選入格者充貢，餘聽布特哈自售，謂之瑪克塔哈色克，譯言擲還之貂也。在因沁屯時，入格者故爲擲還，陰以賤值逼買，無問大小，概銀九錢。布特哈怒不敢言，而減價之議未已，後聞奇三入訴，朝使將臨，亟瘞所買貂於墟墓間。多爲樵牧拾去，今則將軍至貴買貂，亦索重價，餘可知。

《比引成案新編》卷一《犯罪存留養親》 四川司嘉慶二十年奏，余長安原因屢次滋事照棍徒擬軍，該犯本有弟兄並非獨子，輒捏親老丁單，在配遣女余酉州赴京具呈，仰蒙聖恩，以該犯父母逾八旬無人侍奉，並幼女遠赴京師具呈，情甚可憫，加恩將該犯釋放。乃於回籍後復更名捐監，刁唆詞訟，圖詐錢文，實屬怙惡不悛。其詞内擅稱伊女係奉旨旌表孝女，本屬詐傳，惟原奉恩旨，内曾有伊女年甫十一歲，不遠千里來京申訴，其情甚屬可憫等諭。尚非平空捏造，固未便遽擬斬候，若照本律量減一等，及誣告人徒罪於滿徒上加三等，罪止滿流，將余長安比照軍流徒犯捏報留養，本犯仍發原配之例量加一等問擬。情罪本屬相符，惟原係烟瘴少輕改發極邊足四千里之犯，今量加一等應發極邊烟瘴充軍。查例内烟瘴少輕與極邊烟瘴，同以足四千里爲限，惟在配脱逃者極邊烟瘴之犯，改發新疆爲奴。今該督將該犯擬發烟瘴少輕地方充軍，設將來有在配脱逃等事加等問擬，則輕重迥屬懸殊，余長安應改發極邊烟瘴充軍，仍以足四千里爲限。

中國第一歷史檔案館《歷史檔案》一九九九年第三期《道光十九年慶玉案上·著陳官俊革職并將全孚發行軍臺效力贖罪事上諭》 此案查辦慶玉各款，與陳官俊原不相涉，陳官俊傳詢全孚時稽核經手工程，不應以臆揣之詞提出難免動家字樣，以致全孚藉端送信，指虚爲實，已屬失於檢點，至降旨飭令明白回奏并解任取供，兩次所陳俱含混隱飾，及至嚴旨切責，始行供明，殊失大臣之體。陳官俊著照部議革職。全孚係陳官俊隨帶辦公之員，輒因詢問工程，遂將陳官俊疑似之詞爲戚誼家屬通信，先事預防，實屬有心漏泄。全孚亦著照議發往軍臺效力贖罪，以示懲儆。

中國第一歷史檔案館《咸豐同治兩朝上諭檔》咸豐三年三月初四日 兵部奏查明擬發軍臺各官犯，日久未據起解等語，向來發遣官犯於奉旨後應即押令起程，近日各省官犯往往以交代未清爲詞，任意逗留，實屬延玩。如江蘇已革知縣秋家丞朱學海、把總蘇錦堂，廣西已革知縣許鵾王烈，游擊吉祥都司趙如勝，貴州已革護總兵王夢麟，河南已革參將高俊等經該部疊次咨催，迄今日久仍未據解部轉發，顯係該管官市恩寬縱，故違定制，著各該督撫等迅即起解，無得再事遷延，致干重咎，其餘各省擬遣未解各官犯著該部一併嚴查，催令迅速起解，如仍違例遲延，即行參奏。

（清）沈家本《駁稿彙存·流犯配逃奉天司》 黑龍江將軍咨流犯幅荃在配脱逃一案。查例載：尋常案内流三千里人犯在配脱逃被獲者，改發附近充軍等語。此案幅荃先犯竊贓滿貫爲從，擬以滿流，配逃被獲，應按流犯在配脱逃問擬。該將軍將該犯依發遣人犯脱逃被獲例遞回發遣處，枷號三個月，係屬錯誤，應即更正。幅荃即稜扇應改依尋常流三千里，人犯在配脱逃被獲者改發附近充軍例擬改發附近充軍，就現配地方計程發配，仍按流犯初次脱逃例枷號一個月云云。

（清）沈家本《駁稿彙存·用强毆打致令自盡奉天司》 黑龍江將軍咨蒙庫珠爾克毆辱倭勒氏致令羞忿自縊身死一案。查例載：因事用强毆打，威逼人致死致命而非重傷，杖一百徒三年等語。此案蒙庫珠爾克因借用德克濟布之妻倭勒氏火爐，倭勒氏取加，蒙庫珠爾克向索不給，負氣奪爐摔壞，倭勒氏不依，蒙庫珠爾克用火棍毆傷其顋門偏左，倭勒氏撲抓，蒙庫珠爾克揪住倭勒氏髮辮，用手毆傷其嘴臉，並將其梳頭匣摔壞，倭勒氏拾鞋擲毆，蒙庫珠爾克復用鞋將其很毆，並聲詈攆逐，不容居住，經倭勒氏之姑謝氏勸息。蒙庫珠爾克出門回家，復捏稱往尋德克濟布，歸時定將倭勒氏治死洩忿等詞向倭勒氏威嚇，詎倭勒氏羞忿莫釋，於是夜投繯殞命。該將軍將蒙庫爾克依因事與婦女口角，彼此罵詈，婦女一聞穢語氣忿輕生者，杖一百流三千里例，擬杖一百流三千里等因咨部。

本部查：婦女一聞穢語氣忿輕生之例，應以當場有無穢語爲斷。檢閱此案犯供暨屍親人等各供，均無蒙庫珠爾克穢語村辱情事，殊與所擬之例不符，自應仍依用强毆打威逼致死科斷。惟蒙庫珠爾克因不借火爐細故，輒將倭勒氏迭毆多傷，捏詞威嚇，致令氣忿自縊身死，實屬情兇勢惡，且死係婦女，應酌量加等問擬。蒙庫珠爾克應革去養育兵，銷除旗檔，改依因事用强毆打，威逼人致死致命而非重傷，杖一百徒三年例上量加一等，擬杖一百流二千里，不準折枷，實行發配，折責安置，仍依律追埋葬銀兩給屍夫具領。該將軍所請依例問擬滿流之處，應毋庸議，餘均應如將軍所咨辦理，仍令照例彙題，相應咨覆該將軍可也。十一月。

此稿交館未用，照該將軍所擬咨覆，館尾不錄，館意係酌量辦理。

（清）沈家本《刑案删存》卷一《徒流遷徙地方奉天司》 查逆犯呂留良後裔呂晋來，因五世祖呂念先於緣坐發遣甯古塔後，幫助堂叔品懿，兼違例捐監獲罪，改發黑龍江給披甲人爲奴，係乾隆年間奉旨飭辦之件。該將軍聲請，可否援例將呂晋來免其緣坐之處，本部未便據咨率覆。應令該將軍自行奏明辦理可也。

（清）沈家本《刑案删存》卷一《徒流遷徙地方貴州司》 查應發回城爲奴遣犯，於光緒十三年閏四月間，本部因此等人犯道路未通，暫行監禁。嗣又以無裨屯政，仍停發遣，勢必終老囹圄，殊堪矜憫。酌擬將應發回城爲奴內，用藥迷人已經得財，其餘爲從等項八條，均仿照免死强盜章程，自定案時起，監禁二十年，限滿後改發極邊烟瘴充軍，以足四千里爲限。到配鎖帶鐵桿石礅二年等因，奏準通行在案。兹據湖北巡撫咨稱：爲從截留貴州省應發新疆遣犯曾定祥、謝鼎山，均係聽從用藥迷竊得財，爲從擬遣，應否遞回犯籍監禁限滿改發之處，咨部示覆等因。本部查曾定祥、謝鼎山，均係用藥迷竊案內，擬發新疆爲奴。因截留尚未起解之犯。按照奏定章程，如定案監禁已逾二十年，應改發內地充軍。惟原咨並未叙明監禁年分，礙難核辦。應如該撫所咨，將曾定祥、謝鼎山遞回犯事貴州地方，飭令該撫查明該二犯，自定案時起，核計監禁已逾二十年，即照章改發。倘監禁尚未及二十年，應俟期滿後，再行核辦。相應咨覆該撫，並知照貴州巡撫可也。

（清）沈家本《刑案删存》卷一《給没贓物福建司》 此案已革道劉璈，前在臺灣道任內，將所部各營空額繳入道署銀一萬一千六百五十四兩零，又夫價銀兩扣存帳户銀四千五百三十二兩，又於其子劉濟南招募船價浮冒銀一萬零六十三兩。訊係入己，依監守盗倉庫錢糧一千兩以上例，擬斬監候。現據該督奏稱：該革員應繳之款，除抄産備抵外，下短銀一萬一千六百兩，於一年限內全數完繳。核與減等之例相符，應請將劉璈於斬監候例上減二等，擬杖一百徒三年。係職官，從重發往軍臺效力贖罪，仍恭候欽定。如蒙俞允，臣部行文該督，遵照辦理。至該革員所支項，係另案飭追，與此案罪名無涉，應由户部自行催繳。所有臣等照例定擬緣由，謹恭摺具奏請旨。光緒十二年八月十七日奏。奉旨：劉璈著減一等，發往黑龍江效力贖罪。欽此。

死刑部

絞斬分部

論説

（宋）高承《事物紀原》卷一〇《律令刑罰部·梟首》 昔黄帝斬蚩尤，懸首軍門，此梟首之起也。《左傳》曰：叔孫昭子殺豎牛，投其首寧風之棘上。秦、漢曰梟首，始於黄帝之斬蚩尤。顧野王《玉篇》曰：梟首，秦刑也，今謂之簽首級。

（元）徐元瑞《吏學指南·五刑·黄帝刑》 斧鉞：斬刑，軍戮也。

（宋）高承《事物紀原》卷一〇《律令刑罰部·絞》 古者棄市，《周禮》有磬於甸人之説。秦曰磔。漢文帝二年改曰棄市，取刑人於市，與衆棄之之義。隋謂之絞，即絞蓋興於周代矣。

（宋）高承《事物紀原》卷一〇《律令刑罰部·斬》 《尸子曰》：黄帝斬蚩尤於中冀。《黄帝内傳》曰：擒蚩尤於版泉之〔闕〕，或斬之，則知斬起於軒轅也。

（清）沈家本《歷代刑法考·刑法分考三·殺》 《左傳》： 昭十四年，《夏書》曰昏、墨、賊，殺，《逸書》三者皆死刑。皋陶之刑也。

按：《舜典》鄭注怙其姦邪，終身以爲殘賊。則用刑之見。《史記·集解》與孔傳異。近來説經者多主鄭説，不以賊爲殺。然據《左傳》所引《夏書》，皋陶之時實有殺刑，杜注但言死刑，究為何者之刑？今無以定之。

（清）沈家本《歷代刑法考·刑法分考三·梟首》 《史記·殷本紀》： 甲子日，紂兵敗，走，入登鹿臺，衣其寶玉衣，赴火而死。周武王遂斬紂頭，縣之白旗。殺妲己。《逸周書·克殷解》： 商辛奔内，登於鹿臺之上，屏遮而自燔於火。武王乃手大白以麾諸侯，先入適王所，乃克，射之三發，而後下車而擊之，以輕吕斬之，以黄鉞折，縣諸大白，乃適二女之所。既縊，王又射之三發，乃右擊之，以輕吕斬之，以玄鉞，縣諸小白。孔晁注： 輕吕，劍名。折，絶其首。二女，妲己及嬖妾。朱氏右曾云： 此事世多疑之，然《墨子》云武王折紂而係之赤繯，載之白旗；《荀子》云紂縣於赤旆；《尸子》云武王親斫殷紂之頸；《汲郡古文》云武王親禽紂於南單之臺，正與此同。《孟子》所謂聞誅一夫紂，未聞弑君也。又《世俘解》： 武王在祀，大師負商王紂，縣首白旂，妻二首赤旂，乃以先馘入燎於周廟。《列女傳》： 紂乃登廩臺，衣寶玉衣而自殺，於是武王遂致天之罰，斬妲己頭，懸於小白旗，以爲亡紂者是女也。

按： 此疑戰國策士造設之言，非真實也。《逸書》爲孔子所删，其言不盡雅馴，此則并非删定時原文，恐是後人羼入。齊宣王以湯放桀，武王伐紂問孟子，蓋當未稱東帝之時，策士早有勸進之辭假以爲説，故宣王有此問也。《趙策·希寫見建信君篇》有武王羈於玉門，卒斬紂之頭而縣於大白者云云，亦其一證。楊用修云，武王伐紂，爲天下除暴也。紂已死矣，又斬以黄鉞而縣之白旗，何悖耶？賈子言，紂死，棄玉門之外，觀者皆進蹴之，武王使人帷而守之，猶不止也。此近於事理。《容齋隨筆》云，武王之伐紂，應天順人，不過殺之而已。紂既死，至梟戮俘馘，且用之以祭乎？其不然者也。顧亭林云，上古以來，無殺君之事，湯之於桀也放之而已。使紂不自焚，武王未必不以湯之所以待桀者待紂，紂而自焚，此武王之不幸也。此言得聖人之心矣。夫友貞受戮尚許全義之葬，從珂自焚亦入徽陵之封，豈武之聖轉不如亂世之主乎？《列女傳》但言斬妲己頭懸之，以爲亡紂者是女，而不言斬紂頭，較爲近理。顧野王以梟首爲秦法，而言懸首者莫先於此事，故録之。

（清）沈家本《歷代刑法考·刑法分考三·殺》 《周禮·掌戮》注： 殺以刀刃，若今棄市也。

按： 周之五刑，《司刑》但言殺罪，《吕刑》但言大辟，並不言爲何者之刑。《掌戮》鄭注始以殺爲斬首之刑，乃以漢制言之，難定其爲周之刑也。竊謂古者死刑唯一，故皋陶之刑曰殺，周制亦但言殺。《夏書·胤征》言：先時者殺無赦，不及時者多殺無赦。《禮記・檀弓》言：臣弒君，凡在官者殺無赦；子弒父，凡在官者殺無赦。《王制》記四誅，亦但言殺。《說文》：殺，戮也。《釋名・釋喪制篇》：罪人曰殺，殺，竄也，埋竄之使不復見也。夫必生命絶而後不復見，罪如是亦云至矣。夏刑大辟二百，《司刑》殺罪五百，《吕刑》大辟之罰，其屬二百。凡言死罪者，統於二百、五百之中，未聞於其中有等差之别，此可以見古者死刑唯一，未嘗有二也。《春秋》書楚殺其大夫得臣及公子側，皆畏罪而自殺，王使止之，弗及。鄭殺其大夫公孫黑，先自縊，而後尸諸衢。是《春秋》之書殺不必皆爲斬刑也。南宫萬、猛獲、夙沙衛之醢，高渠彌、夏徵舒、觀起之轘，二百四十年之間亦不多見，自當别論。公族之罄，下卿之絞縊，又爲異於尋常者。

(清) 沈家本《歷代刑法考・刑法分考三・斬》　《周禮・秋官・掌戮》　掌斬殺賊諜。注：斬以鈇鉞，若今要斬也。殺以刀刃，若今棄市也。

按：此分斬、殺爲二事，鄭蓋據漢法言之，以今況古也。惟《吕刑》言大辟疑赦，其罰千鍰，與墨辟之百鍰、劓辟之二百鍰、剕辟之五百鍰、宫辟之六百鍰分爲五等，是大辟祇有一等。如果三代之時大辟有要斬、棄市二項，則必有輕重之差，不應贖鍰之數毫無區别也。《魯語》：臧文仲言：刑五：大刑用兵甲，其次用斧鉞，中刑用刀鋸，其次用鑽笮，薄刑用鞭扑。《周禮》疏引斧鉞，注：謂犯斬罪者。刀鋸，注：刀以劓之，鋸以笮之。如是，刀中容棄市。此未詳何人之注。韋昭注：割劓用刀，斷截用鋸。亦有大辟，故《周語》曰兵在其頸。據舊説則中刑亦有大辟，然既謂之大辟，豈得又謂之爲中刑？其説未安。是大刑之死刑但用斧鉞，不得有他刑也，是據文仲之言大辟祇有一項也。《條狼氏》之誓衆曰殺、曰車轘，而不曰斬，車轘當爲軍中之刑。韋昭《魯語》注：斧鉞，軍器也。《書》曰後至者斬，《條狼氏》之殺，即謂斬刑。《爾雅》：斬，殺也。斬、殺二字，義相轉注，不可區爲二也。

(清) 沈家本《歷代刑法考・刑法分考三・要斬》　《秦策・范子因王稽入秦篇》今臣之胸不足以當椹質，要不足以待斧鉞。

按：古者斬人大多是要斬，故往往以要領並言。《管子・小匡》：管仲曰：斧鉞之人，幸以獲生，以屬其要領，屬，綴速也。臣之禄也。《檀弓》：是全要領以從先大夫於九京也。注：全要領者，免於刑誅也。《後漢書・李雲傳》：成帝赦朱雲腰領之誅。不但云保首領，而必云全要領，可知要斬爲多，至漢世然也。范雎謂胸當椹質，要待斧鉞。言胸伏於椹質之上，而以斧鉞斬其要也，其狀甚明。《漢書・張蒼傳》：蒼當斬，解衣伏質，身長大，肥白如瓠，時王陵見而怪其美士，迺言赦勿斬。又《王訢傳》：繡衣御史暴勝之使持斧逐捕盗賊，過被陽，欲斬訢，訢已解衣伏質，仰言曰云云。勝之壯其言，貰不誅。並言解衣伏質，即范雎所謂胸當椹質也。《項籍傳》：孰與身伏斧質。注師古曰：質謂鍖也。古者斬人，加於鍖上而斫之也。《公羊傳》之鑕即質也。鈇有二解，《倉頡篇》：鈇，椹也，質也，鐵斧也。《文選・策魏公九錫文》注引。《後漢書・李固傳》：河内趙承等數十人亦要鈇鑕詣闕通訴。注：《字林》曰：鈇鑕，椹也。《固傳》又言：固弟子汝南郭亮，乃左提章鉞，右秉鈇鑕，詣闕上書，乞收固尸。是亦以鈇鑕爲椹。段若膺云：古多訓鈇爲椹質。說《倉頡》者，謂椹質爲鈇，以古詩斬芻之質謂之稾砧隱語。夫字言之說，《倉頡》者是也。《後漢・獻帝紀》加鈇鉞，注引《倉頡篇》鈇，斧也，此奪去椹質也鉞四字，爲俗誤所本，此一解也。《說文》：鈇，莝斫刀也。《一切經音義》引《說文》有謂莝刀也一句《後漢書・獻帝紀》注引《說文》作莝刀也。《列子・說符》注鈇，鉞也，《泥犂經音義》引《倉頡》曰：鈇亦横斧也。玉函山房輯本。《漢書・戾太子傳》不顧鈇鉞之誅，注師古曰：鈇所以斫人，如今莝刃也。王菉友云：刀之用在切，鈇之用在斫。鈇，今謂之鍘。鍘牀，古謂之椹質，又謂之稾砧。此一解也。愚謂二解實一義也，今之鍘刀，刀與牀相連，疑古亦如是。合言之曰鈇質，或亦謂之椹，分言之則刀爲鈇，牀爲椹爲質，鈇亦謂之横斧，言其形也。

(漢) 韓嬰《韓詩外傳》卷一　居下而好干上，嗜慾無厭，求索不止者，刑其殺之。

(清) 沈家本《歷代刑法考・刑法分考四・絞》　《吕氏春秋・慎行論》：崔杼歸無歸，因而自絞也。注絞，經也。

按：此以自經爲絞。《說文・交部》：絞，縊也。《糸部》：縊，經也。《手部》：摎，縛殺也。段《注》：縛殺者，以束縛殺之也。且縣死者曰縊，亦曰雉經。凡以繩帛等物殺人者曰縛殺，亦曰摎，亦曰絞。《廣韻》曰：摎者，絞縛殺。多絞字，爲長。今之絞罪，即古所謂摎也。居求切，亦力周切。

按：絞罪之名，漢以前未見，春秋時多曰縊，其見於《左傳》者，如莫敖縊於荒谷、桓十三。夷姜縊、桓十六。太子申生縊於新城、僖四。楚成王縊，文元。此皆自絞者也。公子圍人問王疾，縊而弑之。杜注縊，絞也，孫卿曰以冠纓縊之，此人縊之者之也。亦曰雉經，《晉語》申生乃雉經於新城之廟。《釋名》：縣繩曰縊，縊阨其頸也。屈頸閉氣曰雉經，如雉之爲也。分雉經與縊爲二，然皆是別死之名，而非罪名。《釋名》乃劉熙作。熙，漢人。其《釋喪制篇》列棄市、斬、轘、烹之名而不及絞，可以見漢法無絞。《戰國策·秦策》：甘羅曰：應侯欲伐趙，武安君難之，去咸陽七里，絞而殺之。此言絞殺者，然亦非罪名也。晋之時，絞曰棄市。杜預，晋人，其釋《左傳》以絞爲縊人之物，不以爲罪名，可以見晋法無絞也。六代時，南朝並曰棄市，北朝魏亦曰棄市，惟周、齊曰絞，絞之名當定於此時。隋《開皇律》定絞與斬爲死罪之二等，《唐律》承之，絞遂列於正刑之内。竊嘗論之，古者刑人於市，與衆棄之，刑至於死極矣，若以死爲未足，而必欲使之多受痛苦，是以刑爲洩忿之方，而無當於衆棄之義。且充洩忿之意而立一重法，久之而習見之，習聞之，必將又以此法爲未重而更立一重法，重之又重，更無窮已，此歷代慘酷之刑，所以名目繁多也。自開皇定律，死刑惟斬、絞，而蠲除重法，由是烹、轘諸刑世遂罕見。惜梟首、陵遲諸法，後來又復施行。作法於輕，猶懼其重，矧作法於重，將何所底止哉？世之議律者，尚其慎之又慎，一法之敝，禍延百世，可懼也。

(宋)洪邁《容齋五筆》卷六《漢武帝喜殺人者》　漢武帝天資剛嚴，聞臣下有殺人者，不唯不加之罪，更喜而褒稱之。李廣以故將軍屏居藍田，夜出至亭，爲覇陵醉尉所辱。居無何，拜右北平太守，請尉與俱，至軍而斬之，上書自陳謝罪。上報曰：將軍者，國之爪牙也。怒形則千里竦，威振則萬物伏。夫報忿除害，朕之所圖於將軍也。若乃免冠徒跣，稽顙請罪，豈朕之指哉！胡建守軍正丞，時監軍御史穿北軍壘垣以爲賈區，建欲誅之。當選士馬日，御史與護軍諸校列坐堂皁上，建趨至拜謁，因令走卒曳御史下斬之。遂上奏曰：案軍法：正亡屬將軍，將軍有罪以聞，二千石以下行法焉。丞於用法疑，臣謹以斬。謂丞屬軍正，斬御史於法有疑也。制曰：三王或誓於軍中，欲民先成其慮也；或誓於軍門之外，欲民先意以待事也；或將交刃而誓，致民志也。建又何疑焉。建繇是顯名。觀此二詔，豈不開妄殺之路乎？

(清)沈家本《歷代刑法考·刑法分考四·絞》　《後漢書·吴祐傳》安丘男子毋丘長與母俱行市，道遇醉客辱其母，長殺之而亡，安丘追蹤於膠東得之。祐移安丘逮長妻，到，解其桎梏，使同宿獄中，妻遂懷孕。至冬盡行刑，長泣謂母曰云云，因投繯而死。注：謂以繩而繯，投之而縊也。繯音胡犬反。

按：漢律殺人棄市，毋丘長不及行刑而自縊，非當時有此投繯之罪也，然後來稱絞爲繯者，實本於此。

(清)沈家本《歷代刑法考·刑法分考三·斬》　張斐律表注：梟首者惡之長，斬刑者罪之大，棄市者死之下。

按：此以梟首、斬、棄市爲死罪之三等，曹魏刑也，梟首居首，是以斬爲斷首，棄市爲絞矣。腰斬之刑，此時蓋已除之，而史無明文。其後南朝皆遵行之，梁、陳則有梟首、棄市，而無斬刑。後魏大辟有殊死。

按：後魏大辟四等，殊死在要斬、棄市之間，自當爲斷首之刑。顔師古《匡謬正俗》殊死條：每見赦書，或云殊死以下，或云死罪以下，爲有異否？何謂殊死？董勛答曰，殊，異也。死有異死者，大逆族誅、梟首、斬腰。《易》有焚如之刑也。漢高帝初興之際，死罪已下是爲異死者，不赦也。世祖始起，赦殊死以下，是謂異死者皆赦也。按稱殊死、絶死，謂斬刑也。《春秋傳》曰：斷其木而不殊，班書《韓延壽傳》云門下掾自剄，人救不殊。殊者訓絶，而死有斬、絞，故或云殊死，或云死。但云死者，絞縊刑也。云殊死者，身首分離，死内之重也，非取殊異爲名。又漢高帝五年，赦天下殊死已下。何言不赦乎？《説文》：殊，死也。从歺，朱聲。段《注》：凡漢詔云殊死者，皆謂死罪也。死罪者，首身分離，故云殊死。《左傳》、《釋文》引《説文》有一曰斷也四字，段依以補之而注之曰斷，與死本無二義。許以字从歺，故以死爲。《正義》凡物之斷，爲別一義。《左傳》曰：武城人塞其前，斷其後之木而勿殊。郲師過之，乃推而蹷之。《史記・蘇秦傳》：刺蘇秦，不死，殊而走。按弗殊者，謂不絶也。不死殊而走者，謂人雖未死，創已決裂也，皆斷之説也。宣帝詔曰骨肉之親，粲而不殊。凡言殊異、殊絶，皆引伸之義。桂氏《義證》云：《後漢・光武紀》罪非犯殊死，一切勿案。注云，殊死，謂斬刑殊絶也。魏之《陳羣傳》：漢律所殺殊死之罪。《增韻》：漢律殊死謂斬刑。愚按：以上各説，並以殊死爲斬刑，後魏改斬之名爲殊死，亦必用舊説也。惟據鄭氏《掌戮》注，漢有要斬、棄市即斬首。二刑，而無絞刑，師古分殊死與死爲二，似尚未確。要斬亦殊絶者，不得但云身首分離也。

（元）方回《續古今攷》卷二五《論棄市》　五刑始見《舜典》。孔傳五刑，墨、劓、剕、宫、大辟。《漢刑法志》以剕為刖，而盡第四。師古曰：則斷足也。《書》曰：五服三就。孔傳謂行刑當就三處，大罪于原埜，大夫于朝，士于市。正義謂孔本《魯語》，《魯語》云：刑五而一無有隱者，大刑用甲兵，次刑斧鉞，中刑刀鋸，其次錢笮，薄刑鞭朴以威民，故大者陳之原埜，小者致之市朝。馬、王、鄭合市朝為一而增甸師氏，顯達不然之，又謂惟死罪分就處所，墨、劓、剕、宫無常處可就。回謂：唐虞肉刑五，流刑、鞭刑、朴刑三，共為八。而以流宥乎犯五刑者，當亦分五等。王荆公不然孔安國三就之説，謂：朝非用刑之所，或重或輕或輕重之中曰三就。如五流，三居。孔傳謂：大罪四裔，次九州之外，次千里之外。荆公亦不然，以或遠或近或遠近之中為三居。王晦叔然之。《漢志》謂：殺人者踣諸市。則墨、劓、宫、刖不於市乎。《説命下》言：伊尹弗克俾厥後為堯舜，其心愧恥，若撻于市。則鞭朴之刑，亦于市也。世謂春秋片言之貶，辱過市朝之撻。則朝亦用刑，若後世杖之朝堂，監司太守當廳杖罪人是也。《秦始皇紀》李斯燒書，有敢偶語詩書，棄市。以古非今者，族。然棄市之名，已見秦昭王五十二年，王稽棄市，此死刑也，其亦斬刑之罪也。古未有絞刑，今之決重杖二十，處死，加以索繫其頸，曰絞。笞、杖、徒、流刑皆五等，絞斬死刑二等，絞且杖全其屍，並於市曹行刑。古之棄市，殆非絞也。墨、劓、剕、宫皆用刀鋸，以此知棄市者，斬也。周穆王《吕刑》以死罪為大辟，而《漢志》改剕為髕。師古注：髕，謂去膝骨頭，又與斬左趾、右趾異，何也。漢文帝十三年五月，除肉刑，當斬右趾，及殺人先自告及吏，坐受賕枉法，守縣官財物而即盜之，已論命復有籍笞異者，皆棄市。其後外有輕刑之名，内實殺人。師古謂：斬右趾者棄市，故入于死。以笞五百代斬左趾，笞三百代劓，笞數既多，死亦多也。先時笞背，笞未畢而死。景帝笞五百減為三百，笞三百減為二百，又改三百為二百，二百為一百。定箠令，箠長五尺，其本大一寸，其竹也，末薄半寸，皆平其節。當笞者笞臀，毋得更人。畢一罪，乃得更人。景紀中二年二月，改磔句曰棄市，勿復磔。師古曰：磔，謂張其屍也。回謂他注皆非，是合以改磔為句，其詔之之辭曰：棄市，勿復磔，免張其屍也。若以棄市為句，則又有此刑，非改磔始於此時也。近世笞刑五十至七十，小木杖杖刑，五六十至百，大木杖立而杖臀。學舍夏楚用竹篦，徒刑、五流刑、三坐而杖，皆笞，不于市杖。一百始或于市徒流，亦不皆市。監司太守斷事不檢法，但決脊杖若干，刺配某州軍耳。今笞杖用七數，自七至百單七，十一等，伏而決臀，視前代輕，而五決或更一人，則無賄而犯私怒者不能當。

（元）徐元瑞《吏學指南・五刑・隋唐金宋刑》　死：二等，隋唐宋金皆同。一曰絞，謂身首不殊，纏縛而縊者；二曰斬，謂以刀刃殺誅其身首者。

（宋）李攸《宋朝事實》卷一六《兵刑》　太祖嘗讀《虞書》，嘆曰：堯舜時，四凶之罪，止從投竄，何近代憲網之密耶？蓋有意于措刑也。故自開寶以來，犯大辟，非情理深害者，多貸其死。

（宋）蘇頌《蘇魏公文集》卷一八《奏乞春夏不斷大辟》　臣伏思，國家以仁恩被冒天下，祖宗慎用刑辟，陛下丕承謨烈，憲章大備，輕重得宜，上自朝廷，下及州縣，遵守條詔，無有違者，雖杖笞之責不合法令，未嘗輒行，其已斷之獄猶加審察，官司縱出者坐罰，深故者或至廢黜而不用。臣嘗謂自堯舜以來，經史所著用刑詳慎，未有及我朝之仁恕平允者也，惟論決重辟猶不以時而議者，未嘗及之，誠恐亦為聖世當行之一事。臣愚戇不識大體，故敢以前古之説言之，《傳》曰，賞以春夏，刑以秋冬。是三代之時，春夏未嘗行誅殺也。史載秦世四時行刑，王莽盛夏殺人，是皆譏其虐政也。漢制斷獄報重常盡三冬之月，蓋不於陽盛之時，勦絶生類，所以協天意助人情也。東漢以後或行或否，近世遂廢而不舉其説，蓋患囚繫之淹久耳，臣以謂獄官案鞫苟有連逮，不以輕重追呼，參驗動涉歲時，未嘗以淹久故釋而不問也。臣愚欲望聖慈參酌古義，采用周漢，詔天下獄囚自非惡逆以上決不待時外，其餘衆罪，並俟秋冬論決，免當温煦之日而有愁痛之聲，亦足以成聖朝仁恩之美也。且無知之民輕犯刑網，殺之為可矜，貸之為廢法，萬一待決踰時，或遇恩降得從末減，是陛下不廢法而全人命者多矣。恩威並行，民知畏愛，是當天心感召和氣，誠太平之高致也。

（清）沈家本《歷代刑法考·刑法分考三·要斬》《唐六典》：崔浩定大辟有轘、腰斬、殊死、棄市四等。

按：魏、晋以後，南朝已無腰斬，而元魏尚用之。齊、周二代則並無此名，又不用矣。唐太和九年，王涯等要斬；詳梟首。宋太平興國三年，殿直霍瓊坐募兵劫民財腰斬；《宋史·太宗紀》。熙寧八年，張靖武等腰斬；詳淩遲。宋齊愈謀立異姓以危宗社腰斬都市；《宋志》。遼聖宗時，劉哥等要斬。詳總考。皆間或行之，非常法也。

（清）沈家本《歷代刑法考·刑法分考四·絞》《春明夢餘録》：元世祖定天下之刑，笞、杖、徒、流、絞五等。天下死囚，審讞已定，亦不加刑，皆老死於囹圄。自後惟秦王伯顔出天下死囚，始一加刑，故七八十年之中老稚不曾覩斬戮，及見一死人頭，輒相驚駭，可謂勝殘去殺，黎元在海涵春育之中矣。

按：元《刑法志》言死刑，有斬無絞，此以絞列五刑，或係傳寫之誤。陶宗儀《輟耕録》二：國初立法，死則有斬、有陵遲，而無絞。陶，元末人，所言元法與《刑法志》合，可以證孫説之不足據。第就孫説言，可見元之五刑，死刑亦惟一種。陵遲，其特别法也。

《明太宗寶訓》卷五《恤刑》（永樂元年）閏十一月甲子，上因與侍臣論慎刑。上曰孔子云：何以守位曰仁。法司每奏死囚當決，朕未嘗不反覆究思，稍有一毫可生之情，即從寬減。猶慮獄訟不得其平，故嘗勑諸司慎卹。又曰：徃年朕躬臨戰陣，凡所俘獲，亦未嘗輕戮一人，况今日爲天下之主，可妄殺哉？

《明英宗寶訓》卷三《恤刑》正統元年五月戊寅勑諭雲南都司、布政司、按察司、巡按、監察御史曰：爾等具奏會審過真犯死囚二十九名，朕已備悉其罪，勑至再會官公同審實，果無冤枉，依律處決。蓋人命至重，法貴當罪，其中或有冤枉者，即與伸理明白。當放者就發回復業，不許徇私羅織其罪，以取己便，爾等切宜體朕欽恤之心，詳慎審録，勿致下人誣罔冤抑以取罪愆，欽哉。

（明）楊廷和《楊文忠三録》卷一《請處決重囚疏》具官臣楊廷和等，謹題爲處決重囚事，近該司禮監官傳諭聖意，欲將今年該決重囚，曾經刑科三覆奏者，俱押赴市曹，示將處決，以警凶惡之徒。隨即傳旨取回，仍送各該原問衙門，照舊監禁，此固皇上用刑警衆而又慎重人命，不輕殺戮之意。但臣等竊謂，聖駕既遠臨邊境，凡賫去一應題奏事理，往返動經旬日，然後得旨批出，行下所司。今乃不出半日之內，概將該決重囚方欲處決隨即取回，則人心孰不驚疑？以爲是何衙門頃刻之間便從何處得奉旨意？如此之速，不知將何辭以解之？况重囚臨刑，其親屬有擊鼓訴寃者，直鼓給事中於校尉手上批字走赴市曹，暫免行刑。具本連鼓狀封進候旨裁決，或殺或留，皆在臨時，有難預處，此係祖宗舊制，累朝遵行，孰敢輕變？所以臣等前日擬票，欲將各項該決重囚俱且監著，留待明年秋後審録畢日，照舊三覆具奏，依律處決。伏望仍依原票批出，庶事體允當，人心不至驚疑，而於祖宗立法之意，朝廷欽恤之仁，亦兩全矣。伏惟聖明鑒納。正德十二年十一月二十三日。

（明）海若湯《古今律條公案》附録《五刑定律》死刑有二。絞：死者身首俱全，雖入於極刑，而法比斬者爲稍輕也。

斬：斬者身首異處，蓋入於極刑，法比絞爲尤重。若弑逆大罪則凌遲處死，剮碎其尸，尤重於斬，其刑之極，無以復加矣。

《大清法規大全·法律部》卷三《變通舊例律二·刑部奏斬絞人犯無論監候立決俱應按照正例議擬摺》臣等竊謂除惡固在用猛，而折獄貴持其平，寬縱不足戢澆風，而枉濫尤有乖治理。伏讀嘉慶四年正月十六日欽奉上諭：向來刑部引律斷獄，於本律之外，多有不足蔽辜無以示懲，及從重定擬并有加至數等者，是仍不按律辦理，又安用律例爲耶？即案情內有情節較重，朕自可隨案酌定，嗣後問刑衙門，俱行恪遵憲典，專引本律，不得於律外又稱不足蔽辜及從重字樣，即雖字但字亦不准用等因，當經軍機大臣會同刑部議定，嗣後一切罪犯俱應各照本律例問，無得聲明不足蔽辜，無以示懲從重加等，亦不得用雖但字樣，并請嗣後官民人等有犯軍流等罪，即照本律定擬請旨，不得以情重字樣擅擬配發新疆。十六年復奉諭旨令問刑衙門斷罪，應照本律，飭禁從重字樣，應請嗣後除奉特旨發遣黑龍江、新疆等處外，其餘罪應軍流人犯，須照本律本例定擬，不准加重發往黑龍江等處，如有實在案情重大，罪浮於法，仍按本律例擬罪聲明請旨，恭候聖裁等因，纂入例册在案。恭繹諭旨：以斷罪應照本律，不得於律外從重爲戒。聖訓煌煌，理宜遵守。又律内載明，獄囚鞫問明白，犯罪者在外聽督撫審録無冤，依律議擬，法司復切實議奏，候有回批應立決者，委官處決等語。是死罪皆應具奏，成憲昭然，乃日久視爲具文。各省審辦案件間有不足蔽辜從重定擬者，亦有并不先行奏聞者，辦理殊未允協，即如本年正月間兩廣總督岑春煊奏審辦門丁李雲甫等藉案詐贓一案，遽爾親提正法，並不先行議奏。在李雲甫等，係屬奸惡衙蠹，就令盡法嚴懲亦不爲過。惟律内載明合奏公事須依律定擬罪名明白奏明，原以朝廷設立刑章，内外俱應遵守。臣部爲執法衙門，一切皆有定例可循，尤不得不杜其漸，李雲甫一案，既據該督事後據實奏明，自可無庸置議。第恐此風一開，各省紛紛效尤，將例應具奏之案，率皆藉口嚴懲，親提正法，致與定律及歷年諭旨不符，不特成例虚設，且恐冤獄滋多，聚而成沴，非所以保護國脈感召天和也。至官犯發遣新疆，去死罪祇差一間，向來必須罪應軍流，情節較重者，始行奏請發遣，間有革職杖徒之犯，奉特旨改發新疆者，宸衷自有權衡，非臣下所敢專擅。故自嘉慶年間，纂定不得擅擬改發新疆之例。所有一切官犯其由革職杖徒改發新疆者，案不常見，其非罪犯已至軍流者，從無請發新疆之案。乃近來各省審辦官犯，往往不問罪名輕重，率請遣戍，殊非慎重刑章之道。將來恭逢恩赦，原案之輕重所涉含糊，則辦理諸多窒礙。臣部忝司邦審，職在持天下之平，若不申明實例，竊恐流弊無窮。謹公同酌議，嗣後各省審辦案件，除例應恭請王命先行正法及强盜案内重犯仍照章就地懲辦外，其餘斬絞人犯，無論監候、立決，俱應按律例議擬具奏，不得先行正法。倘有不先奏聞竟行斬決者，即由臣部照例參處。至罪應軍流之官犯，情節較重，請照向例發往新疆効力贖罪，仍恭候欽定。若罪應革職及杖徒之罪不得以空泛考語，並不准以不足蔽辜等詞率請從重發遣新疆，庶足以飭法紀而免冤濫。如蒙俞允，臣部即通行各省一體遵照。

《大清法規大全·法律部》卷一一《法典草案一·刑律草案》第七章　刑名　本案分刑爲主刑、從刑二種，死刑、徒刑、拘留、罰金爲主刑。褫奪公權及没收爲從刑。夫刑名，乃刑律之全體，所關至重，故必詳細調查各國組織之法，折衷甄擇，庶臻完美也。一、死刑，世界全廢死刑之國，殆居多數。在歐羅巴，若意大利、瑞士聯邦中之七邦，羅馬尼、葡萄牙、荷蘭、那威。在美洲北部者，若密機勘羅士，愛蘭維斯康，新哥倫比亞，蔑印。在中部，若洪條拉司，夸對馬，尼加拉加，波蘭基利。在南部，若委内瑞拉。然在中國，若使全廢，必非所宜。且在法理固有以死刑科元惡者，本案故仍採用之，至執行之方法，擬採絞罪，在獄内密行之主義。茲將各國行用死刑之例，列表比較之如左：

法蘭西	斬	照原則密行
德意志	斬	密行
瑞典	斬	密行
塞魯華脱	槍斃	公行
波利維亞	槍斃	公行或絞密行
愛加特	槍斃	公行
烏魯魁	槍斃	或公行或密行
日本	絞	密行
英吉利	絞	密行
布加利亞	絞	密行
墺地利	絞	密行
匈牙利	絞	密行
英屬東印度	絞	密行
加拿大	絞	密行

右列各國不外斬、絞、槍斃三種，而用槍斃之國皆係維持往昔西班牙殖民地之舊慣，非以此法有所獨優也。斬、絞二者，各有短長。然身首異處非人情所忍，見故以絞爲優，今用絞之國獨多，殆爲此也。故本案擬專用絞刑。

死刑公行乃肆諸朝市與衆共棄之義，其後變其意爲警戒衆人，使不敢犯。然按之古來各國之實驗，非惟無懲肅之效力，適養成國民殘忍之風，故用絞之國無不密行者，本案亦然。

《大清法規大全·法律部》卷一一《法典草案一·刑律草案》 第三十八條，凡死刑用絞於獄内執行。

受死刑之宣告者，迄至其執行，與他囚人分別監禁。

第三十九條，凡死刑非經法部覆奏回報，不得執行。

第四十九條，凡孕婦受刑之宣告者，産後經一百日非更受法部之命令，不得執行。

沿革

按《漢書·刑法志》，景帝詔孕而未乳當鞫繫者，皆頌繫之。又《王莽傳》莽子宇以血灑莽門飲藥死，宇妻懷子繫獄，須産子乃殺於室。《晉書》毌邱儉起兵被誅。其孫女適劉氏以孕繫廷尉。《北史》崔浩定律令，婦人當刑而有孕者，許産後百日乃決。蓋孕婦緩刑，本漢魏之制，至元魏時始定爲律也。《唐律》婦人犯死罪懷孕當決者，聽産後一百日乃行刑。元《刑法志》孕婦有罪，産後百日決遣，臨産之月聽令召保，産後二十日復追入禁。無保及犯死罪，令婦人入侍。《明律》孕婦犯死罪聽令穩婆入禁，亦聽産後百日行刑。現行律同。

綜　述

《尚書·舜典》 怙終賊刑。孔傳：賊，殺也。

《尚書·胤征》 惟仲康肇位四海，胤侯命掌六師，羲和廢厥職，酒荒于厥邑。胤后承王命徂征，告于衆曰：嗟予有衆！聖有謨訓，明徵定保。先王克謹天戒，臣人克有常憲，百官修輔，厥后惟明明。每歲孟春，遒人以木鐸徇于路。官師相規，工執藝事以諫。其或不恭，邦有常刑。惟時羲和顛覆厥德，沈亂于酒，畔官離次，俶擾天紀，遐棄厥司。乃季秋月朔，辰弗集于房。瞽奏鼓，嗇夫馳，庶人走。羲和尸厥官，罔聞知，昏迷于天象，以干先王之誅。《政典》曰：先時者殺無赦；不及時者殺無赦。

（清）孫星衍《尚書今古文注疏》卷二六《費誓》 甲戌，我惟征徐戎。峙乃糗糧，注：史遷乃作爾。糗糧一作餱粻。無敢不逮，汝則有大刑。

注：馬融曰：大刑，死刑。

疏：峙从止，俗誤從山。《釋詁》云：峙，具也。糗者，《説文》云：熬米麥也。逮者，《釋詁》云：逮，及、與也。糗一作餱者，《説文》云：餱，乾食也。《周書》曰：峙乃餱粻。案：《説文》無粻字，疑當爲糧。以糗爲餱者，《説文》云：餥，餱也，陳楚之間，相謁食麥飯曰餥，是糗爲熬米麥乾而食之，義得通也。《詩·伐木》云，乾餱以愆，史公汝作爾者，爾汝通字。馬注，見《史記集解》。以大刑爲死刑者，死刑，大辟是也。

《周禮·秋官司寇·掌戮》 掌斬殺賊諜而搏之。注：斬以鈇鉞，若今要斬也。殺以刀刃，若今棄市也。

《周禮·秋官司寇·司刑》 殺罪五百。注：殺，死刑也。

（清）胡培翬《儀禮正義》卷一九《公食大夫禮》 甸人陳鼎七，當門。南面西上，設扃鼏，鼏若束若編。疏：【略】《儀禮釋官》云：《周禮·甸師職》曰：掌帥其屬而耕耨王藉。又曰：王之同姓有辠則死刑焉。《禮記·文王世子》曰：公族有死辠則磬於甸人。

《左傳·哀公二年》 若其有罪，絞縊以戮。

睡虎地秦墓竹簡整理小組《睡虎地秦墓竹簡·法律答問》 譽適（敵）以恐衆心者，（翏）〔戮〕。（翏）〔戮〕者（可）〔何〕如？生（翏）〔戮〕，（翏）〔戮〕之已乃斬之謂（殹）〔也〕。

睡虎地秦墓竹簡整理小組《睡虎地秦墓竹簡·為吏之道·魏奔命律》 廿五年閏再十二月丙午朔辛亥，告將軍：（叚）〔假〕門逆（闟）〔旅〕，贅壻後父，或（衛）〔率〕民不作，不治室屋，寡人弗欲。且殺之，不忍其宗族昆弟。今遣從軍，將軍勿恤視。（享）〔烹〕牛食士，賜之參飯而勿（鼠）〔予〕殽。攻城用其不足，將軍以堙（豪）〔壕〕。

《漢書》卷二三《刑法志》 漢興，高祖初入關，約法三章曰：殺人者死，傷人及盜抵罪。

（清）薛允升《漢律輯存·漢書》 山曰：丞相擅減宗廟羔、菟、鼃，可以此罪也。卷六十八《霍光金日磾傳》

如淳曰：高后時定令，敢有擅議宗廟者，棄市。師古曰：羔、菟、鼃所以供祭也。

高后時患臣下妄非議先帝宗廟園官，故定著令，敢有擅議者棄市。卷七十三《韋賢傳》

（清）薛允升《漢律輯存・周書》鄉士，異其死刑之罪而要之。

（清）薛允升《漢律輯存・春秋左氏傳》〔沈欽韓《左傳補註》〕不得尸，吾不反矣。

《御覽》卷六百四十：董仲舒決獄曰：甲夫死未葬，法無許嫁。以私爲人妻當棄市。按漢律夫喪既葬，嫁。未葬而嫁爲不道。夏姬將適巫臣，故詭求襄老之尸。

要之，爲其罪法之要辭，如今劾矣。疏：劾實也。《左傳》疏：漢世，名斷獄爲劾。

協日刑殺。協，合也，和也。和合支幹善日，若今時望後利日也。

（清）薛允升《漢律輯存・説文解字》蠱，腹中蟲也。

段玉裁曰：中蟲皆讀去聲。腹中蟲者，謂腹内蟲食之毒也。《周禮》庶氏掌除毒蠱。注云：毒蠱，蟲物而病害人者。《賊律》曰：敢蠱人及教令者棄市。左氏正義曰：以毒藥藥人令人不自知，今律謂之蠱。

（清）杜貴墀《漢律輯證》卷一　立子姦母見乃得殺之。《公羊。桓六年》傳注引律解云，猶言封子姦母也。

狂易殺人。《御覽》六百四十六引廷尉決事曰，河内太守上民張大有狂病，病發殺母弟，應梟首，遇赦，謂不當除之，梟首如故。《王子侯表》樂平侯訢病狂易免。《後書・陳寵傳》杜林奏請行狂易殺人得減重論。

（清）杜貴墀《漢律輯證》卷一　棄市。《亢倉子》，楚平王棄左右近習三人於市。《史記》昭襄王五十二年，河東守王稽坐與諸侯通，棄市。注：秦法論死於市謂之棄市。《景帝紀》中二年改磔曰棄市，勿復磔。注：應劭曰，先此諸死刑皆磔於市，今改曰棄市，自非妖逆，不復磔也。師古曰，磔，謂張其尸也，棄市，殺之於市也，按斬者皆裸形伏鑕，《張蒼傳》：當斬，解衣伏質，身長大，肥白如瓠。

（清）薛允升《漢律輯存・後漢書》十一年春二月己卯，詔曰：天地之性人爲貴。其殺奴婢，不得減罪。【略】八月癸亥，詔曰：敢灸灼奴婢，論如律，免所灸灼者爲庶人。冬十月壬午，詔除奴婢射傷人弃市律。卷一下《光武帝紀下》

（清）薛允升《漢律輯存・後漢書》遺詔無起寢廟【略】敢有所興作者，以擅議宗廟法從事。卷二《顯宗孝明帝紀》

前書曰：擅議宗廟者棄市。

（清）沈家本《歷代刑法考・刑制總考二・漢》殺人者死，傷人及盗抵罪。《史記・高祖本紀》：與父老約法三章耳：殺人者死，傷人及盗抵罪。《集解》應劭曰：抵，至也，又當也。除秦酷政，但至於罪也。李斐曰：傷人有曲直，盗臧有多少，罪名不可豫定，故凡言抵罪，未知抵何罪也。《索隱》韋昭云：抵，當也。謂使各當其罪。

夷三族，《漢書・刑法志》：法興之初，雖有約法三章，網漏吞舟之魚，然其大辟，尚有夷三族之令。令曰：當三族者，皆先黥，劓，斬左右止，笞殺之，梟其首，菹其骨肉於市。其誹謗詈詛者，又先斷舌。故謂之具五刑。彭越、韓信之屬皆受此誅。至高后元年，乃除三族罪。

要斬，《周禮・掌戮》鄭注：斬以鈇鉞，若今要斬也。殺以刀刃，若今棄市也。

棄市，見上。

梟首，《漢書・高紀》：梟故塞王欣頭櫟陽市。又《薛宣傳》：況宣子梟首於市。

磔，《漢書・景紀》：中二年，改磔曰棄市，勿復磔。注：師古曰：磔謂張其尸也。

《晉書》卷三〇《刑法志》　減梟、斬、族誅、從坐之條。

《隋書》卷二五《刑法志》〔《梁律》〕其制，刑爲十五等之差。棄市已上爲死罪，大罪梟首，其次棄市。

《隋書》卷二五《刑法志》　陳氏承梁季喪亂，刑典疏闊。及武帝即位，思革其弊。【略】制律三十卷，令律四十卷。【略】輕重繁簡，一用梁法。【略】死罪將決，乘露車，著三械，加壺手。至市，脱手械及壺手焉。當刑于市者，夜須明，雨須晴。晦朔、八節、六齊、月在張心日，並不得行刑。

《魏書》卷一一一《刑罰志》　世祖即位，以刑禁重，神䴥中，詔司徒崔浩定律令。除五歲四歲刑，增一年刑。分大辟爲二科死，斬死，入絞。大逆不道腰斬，誅其同籍，年十四已下腐刑，女子沒縣官。

《隋書》卷二五《刑法志》　河清三年，尚書令、趙郡王叡等，奏上《齊律》十二篇。【略】又上新令四十卷，大抵採魏、晉故事。其制，刑名五：一曰死，重者轘之。其次梟首，並陳屍三日；無市者，列於鄉亭顯處。其次斬刑，殊身首。其次絞刑，死而不殊。凡四等。

(元)徐元瑞《吏學指南・五刑・後周刑》死：五等，謂罄、絞、斬、梟、裂也。

《隋書》卷二五《刑法志》〔大統元年〕死刑五，一曰罄，二曰絞，三曰斬，四曰梟，五曰裂。

《隋書》卷二五《刑法志》〔開皇元年〕更定新律，奏上之。其刑名有五：一曰死刑二，有絞，有斬。

《隋書》卷二《高祖紀》〔開皇十六年〕秋八月庚戌，詔決死罪者，三奏而後行刑。

(唐)吴兢《貞觀政要》卷八《刑法》貞觀五年，張蘊古爲大理丞。相州人李好德，相、好，亟去聲。後同。素有風疾，言涉妖妄，詔令鞫其獄。令，平聲。蘊古言：好德癲病有徵，法不當坐。太宗許將寬宥，蘊古密報其旨，仍引與博戲，持書侍御史權萬紀劾奏之。太宗大怒，令斬於東市。既而悔之，謂房玄齡曰：公等食人之禄，須憂人之憂。事無巨細，咸當留意。今不問，則不言，見事都不諫諍，何所輔弼？如蘊古，身爲法官，與囚博戲，漏洩朕言，此亦罪狀甚重。若據常律，未至極刑。朕當時盛怒，即令處置。處，上聲。後同。公等竟無一言，所司又不覆奏，遂即決之，豈是道理！因詔曰：凡有死刑，雖令即決，皆須五覆奏。五覆奏自蘊古始也。又曰：守文定罪，或恐有冤。自今以後，門下省覆，有據法令合死而情可矜者，宜録奏聞。

(唐)吴兢《貞觀政要》卷八《刑法》貞觀五年，詔曰：在京諸司，比來比，音鼻。後同。奏決死囚，雖云五覆，一日即了，都未暇審思，五奏何益！縱有追悔，又無所及。自今後，在京諸司奏決死囚，宜三日中五覆奏，天下諸州三覆奏。又手詔勑曰：比來有司斷獄，多據律文，雖情在可矜，而不敢違法。守文定罪，或恐有冤。自今門下省復有據法合死，而情在可矜者，宜録狀奏聞。

(唐)長孫無忌等《唐律疏議》卷一《名例・死刑二》絞。斬。贖銅一百二十斤。

疏議曰：古先哲王，則天垂法，輔政助化，禁暴防姦，本欲生之，義期止殺。絞、斬之坐，刑之極也。死者魂氣歸於天，形魄歸於地，與萬化冥然，故鄭注《禮》云：死者，澌也。消盡爲澌。《春秋元命包》云：黃帝斬蚩尤於涿鹿之野。《禮》云：公族有死罪，罄之于甸人。故知斬自軒轅，絞興周代，二者法陰數也，陰主殺罰，因而則之，即古大辟之刑是也。

(宋)孫奭《律音義・名例第一》絞古卯切。絞，殺之也，不殊身首。斬側減切。殺而殊其身首。

(唐)杜佑《通典》卷一七〇《刑法・寬恕》〔天寶〕六載正月敕：自今以後，所斷絞、斬刑者，宜削除此條，仍令法官約近例，詳定處分。

(唐)杜佑《通典》卷一六五《刑法・刑制》〔上元〕二年六月，刑部奏：謹按五刑，笞、杖、徒、流、死是也。今准勑除削絞死罪，准有四刑。每有思慮，須降死刑，不免還許斬絞。勑律互用，法理難明。又應決重杖之人，令式先無分析，京城知是蠹害，決殺者多死；外州見流嶺南，決不至死。決有兩種，法開二門。勑旨：斬、絞刑宜依格律處分。

(元)馬端臨《文獻通考》卷一六六《刑考・刑制》德宗建中三年，刑部侍郎班宏奏，其十惡中，謀反、大逆、叛、惡逆四等，請準律用刑。其餘犯別罪，合處斬者，今後竝請重杖一頓處死，以代極法。重杖既是死刑，諸司使不在奏請決重杖限。勑旨：依。

貞元八年勑，比來所斷罪，拘守科條，或至死刑，猶先決杖，處之極法，更此傷殘，惻隱之懷，實所不忍，今後罪至死者，先決杖宜停。

《舊五代史》卷一四七《刑法志》〔開運〕三年十一月丁未，左拾遺竇儼上疏曰：臣伏睹名例律疏云：死刑者，古先哲王，則天垂象，本欲生之，義期止殺，絞斬之坐，皆刑之極也。又准天成三年閏八月二十三日勑，行極法日，宜不舉樂，減常膳；又刑部式，決重杖一頓處死，以代極法，斯皆人君哀矜不捨之道也。竊以蚩尤爲五虐之科，尚行鞭扑；漢祖約三章之法，止有死刑。絞者筋骨相連，斬者頭頸異處，大辟之目，不出兩端，淫刑所興，近聞數等。蓋緣外地，不守通規，肆率情性，或以長釘貫篸人手足，或以短刀臠割人肌膚，乃至累朝半生半死，俾冤聲而上達，致和氣以有傷。將宏守位之仁，在峻惟行之令，欲乞特下明勑，嚴加禁斷者。勑曰：文物方興，刑罰須當，有罪宜從於正法，去邪漸契於古風。竇儼所貢奏章，實裨理道，宜依所奏，准律令施行。

（宋）江少虞《宋朝事實類苑》卷二一《官政治績·諸州斷死罪奏案》

建隆二年，太祖謂宰相曰：五代以來，諸侯跋扈，有枉法殺人者，朝廷置而不問，刑部之職僅廢。且人命至重，姑息藩鎮，當若是耶？自今諸州決大辟訖，録案聞奏，委刑部覆視之。奏案自此始。

（宋）竇儀等《宋刑統》卷一《名例律·死刑二》 絞、斬贖銅一百二十斤。

疏議曰：古先哲王，則天垂法，輔政助化，禁暴防姦，本欲生之，義期止殺。絞斬之坐，刑之極也。死者魂氣歸於天，形魄歸於地，與萬〔物〕冥然。故鄭注《禮》云：死者澌也，消盡爲澌。《春秋元命〔苞〕》云：黄帝斬蚩尤於涿鹿之野。《禮》云：公族有死罪，罄之於甸人。故知斬自軒轅，絞興周代，二者法陰數也。陰主殺罰，因而則之，即古大辟之刑是也。

問曰：答以上死以下，皆有贖法，未知贖刑起自何代？

答曰：《書》云：金作贖刑。注云：誤而入罪，出金以贖之。甫侯訓夏贖刑云：墨辟疑赦，其罰百鍰；劓辟疑赦，其罰唯倍；剕辟疑赦，其罰倍差；宫辟疑赦，其罰六百鍰；大辟疑赦，其罰千鍰。注云：六兩曰鍰，鍰，黄鐵也。晉律應八議以上皆留官收贖，勿髠鉗笞也。今古贖刑，輕重異制，品目區別，備有章程，不假勝條，無煩縷説。

准：唐建中三年八月二十七日敕節文，其十惡中惡逆以上四等罪，請准律用刑，其餘應合處絞、斬刑，自今以後，並決重杖一頓處死，以代極法。釋曰：惡逆以上四等罪，謂謀反、謀大逆、謀叛、惡逆。

（宋）竇儀等《宋刑統》卷三〇《斷獄律·決死罪諸州斷遣死罪申奏》

諸立春以後、秋分以前決死刑者，徒一年。其所犯雖不待時，若於斷屠月及禁殺日而決者，各杖六十。待時而違者，加二等。

疏議曰：依《獄官令》，從立春至秋分，不得奏決死刑，違者徒一年。若犯惡逆以上，及奴婢、部曲殺主者，不拘此令。其大祭祀及致齋、朔望、上下弦、二十四氣、雨未晴、夜未明、斷屠日月及假日，並不得奏決死刑。其所犯雖不待時，若於斷屠月，謂正月、五月、九月，及禁殺日，謂每月十直日，月一日、八日、十四日、十五日、十八日、二十三日、二十四日、二十八日、二十九日、三十日，雖不待時，於此月日亦不得決死刑。違而決者，各杖六十。待時而違者，謂秋分以前、立春以後，正月、五月、九月及十直日，不得行刑，故違時日者，加二等，合杖八十。其正月、五月、九月有閏者，令文但云正月、五月、九月斷屠，即有閏者，各同正月，亦不得奏決死刑。

准：《獄官令》，諸決大辟罪，官爵五品以上，在京者大理正監決，在外者上佐監決，其餘並判官監決。

又條，諸決大辟罪，經宿，所司即爲蘖瘞。若有親故，亦任收葬。

又條，諸因死無親戚者，皆給棺，於官地内權殯。若犯惡逆以上，不給棺。

准：唐元和六年三月二十七日敕，決囚准令以未後者，不得過申時。如敕到府及諸司已至未後者，即至來日，仍勒本司准舊例與御史同監引決。

准：唐會昌元年九月五日敕節文，刑部奏，犯贓五品以上，合抵死刑，請准《獄官令》，賜自盡於家。敕旨依奏。

准：唐天成三年閏八月二十三日敕，在京或遇行極法日，宜不舉樂，朕減常膳。天下諸州府或遇行極法日，宜逐處不舉聲樂。

准：晉天福七年十一月二十九日敕節文，兩京諸道州府應決大辟罪，起今後，遇大祭祀、正冬、寒食、立春、立夏、雨雪未晴，以上日並不得行極刑。如有已斷下文案，可取次日及雨雪定後施行。

諸死罪囚不待覆奏報下而決者，流二千里。即奏報應決者，聽三日乃行刑。若限未滿而行刑者，徒一年。即過取，違一日杖一百，二日加一等。

疏議曰：死罪囚謂奏畫已訖，應行刑者，皆三覆奏訖，然始下決。若不待覆奏報下而輒行決者，流二千里。即奏報應決者，謂奏訖報下，應行決者，聽三日乃行刑。稱日者，以百刻，須以符到三日乃行刑。若限未滿三日而行刑者，徒一年。即過限，違一日杖一百，二日加一等。在外既無漏刻，但取日周晬子對反時爲限。

准：《獄官令》，諸決大辟罪，若犯惡逆以上，及部曲、奴婢殺主者，唯一覆奏。

准：唐建中三年十一月十四日敕節文，應決大辟罪，自今以後，在京者宜令行決之司三覆奏，決日一覆。在外者，所司兩覆奏，仍每覆不得過三日。餘依令式。

准：唐開成二年十一月八日敕節文，諸道以下闕。

（宋）錢若水《太宗皇帝實録》太平興國九年正月 甲子，有司言：

有以竊盜計贓至死者，特詔貸之。因謂宰相曰：朕常重惜人命。如此類者，往往貸其極刑，但時於其中，取其甚者以警衆多耳。不欲小人知寬貸之意，恐其犯法者衆。

（宋）莊綽《雞肋編》卷下　安鼎爲御史，論本朝歲斷大辟人數：天聖中，一歲二千三百餘人，當時患其數多，大議改制。元豐歲率二千三百餘人。元祐元年、二年、四年，各四千餘人；三年，三千人已上。按《國朝會要》淳化初置詳覆官，專閲天下奏到已斷案牘。熙寧中，始罷閲奏之法，止申刑部。元豐中，又罷申省，獨委提刑司詳覆，刑部但抽摘審核。元祐初，始復刑部詳覆司，然不專任官屬，又有摘取二分之限，乞依祖宗法，專委刑部郎官三兩員通明法律者，不限分數，盡覆天下之案。庶令内外官司知所畏懼，而盡心於刑獄焉。

（宋）趙與時《賓退録》卷八　律文，罪雖甚重，不過絞斬而已。淩遲一條，五季方有之，至今俗稱爲法外云。

《遼史》卷六一《刑法志》　制刑之凡有四：曰死，曰流，曰徒，曰杖。死刑有絞、斬、淩遲之屬，又有籍沒之法。

《遼史》卷七《穆宗本紀》　應曆十五年二月，以獲鴨，除鷹坊刺面、腰斬之刑。

（清）沈家本《歷代刑法考·刑制總考四·金》　死刑二，絞、斬，贖銅二百四十斤。

按：此金泰和律文也。《泰和律義》原書久亡，元鄭汝翼《永徽法經》以唐律、金律分類相附，尚存其略，而《永徽法經》僅有四庫所輯《永樂大典》本，其書僅列于存目中，未經發刻，故世無傳本。此五刑之制，見於元王元亮《唐律表五刑圖説》，故備録之。

《元史》卷一〇二《刑法志》　死刑：斬、陵遲處死。

《元典章》卷三《聖政·理冤滯》　中統元年五月，欽奉詔書内一欵，凡有犯刑至死者，如州府審問獄成便行處斷。則死者不可復生，斷者不可復續。案牘繁冗，須臾決斷，萬一差誤，人命至重，朕實哀矜。今後凡有死刑，仰所在官司推問得實，具事情始末及斷定招欵，申宣撫司再行審復無疑，呈省聞奏，待報處決。欽此。

《明太祖寶訓》卷五《恤刑》　〔明洪武十四年〕九月辛丑，勑刑部尚書胡禎等曰：帝王撫臨百姓，皆欲其從化，至于刑罰，不得已而用之。故唐虞之法，罪疑惟輕，四凶之罪，止于流竄。今天下已安，法令已定，有司既不能宣明教化，使民無犯，及有小過或加以苛刻，朕甚閔焉。夫上有好生之德，則下有爲善之心，改過者多則輕生者少。自今惟十惡真犯者決之如律，其餘雜犯死罪皆減死論。

（明）孫世芳《宣府鎮志》卷一九《法令考·明》　洪武二十二年禁邊塞官軍交通外夷。凡守禦邊塞官軍不得與外夷交通，如有假公事出境交通，及私市易者，全家坐罪。凡將貨物出境市易者，杖一百，挑擔馱載之人減一等，貨物入官，於内以十分之三付告人充賞。若將人口軍器出境者，絞。因而走泄事情者，斬。

《大明律》卷一《名例律·五刑》　死刑二：絞、斬。贖銅錢四十二貫。

《明宣宗寶訓》卷五《審刑罰》　宣德五年四月乙亥，行在三法司奏，重罪應斬絞者，十七人。

上取奏牘親閲之曰：殺人者必死，其中有誣告人致死者，比之操刃故殺，宜有不同。皆杖一百發戍遼東，於是免死者十人。

《明英宗實録》天順五年六月　〔丁亥〕降府軍左衛指揮同知樊雄爲正千户，於直隸興州後屯衛帶俸。時有例，在京軍官犯雜犯絞斬死罪者降於外衛。雄所犯應斬，故有是命。

（明）孫世芳《宣府鎮志》卷一九《法令考·明》　〔弘治三年〕禁沿邊盗取軍餉。令各邊倉庫有盗糧四百石，草八千束，錢帛直銀二百兩以上者，不分文武官員吏典斗庫人等斬首示衆。不及前數者，本身并子孫永遠充軍。後又奏準凡倉庫錢糧，若宣府等沿邊去處有監守盗糧三十石、草四百束、銀一十兩、錢帛等物直銀一十兩以上，常人盗糧四十石、草八百束、銀二十兩、錢帛等物直銀二十兩以上，俱問發邊衛永遠充軍。若盗沿邊糧四百石、草八千、束銀二百兩、錢帛等物直銀二百兩以上，不分監守常人俱照弘治三年事例斬首示衆。其人犯俱依律併贓論罪，仍各計入己之贓數，滿，方照前擬斷，不及數者，照常發落。若正犯逃故者，於同爨家屬名下追陪，不許濫及各居親屬。其各處行徵收在官軍需物料，應該起解料價銀兩，即係腹裏去處錢糧，如有侵盗者，追贓完日亦照前例擬斷發落。

（明）談遷《國榷》世宗嘉靖四十五年閏十月〔乙未〕監察御史陳聯芳請死罪矜疑者勿充戍，從之。

黃彰健《明代律例彙編》卷首《真犯雜犯死罪例弘治十年奏定》　真犯死罪決不待時

斬罪：

收父祖妾及伯叔母。

謀反大逆，祖父、父、子孫兄弟，及同居之人，不分異姓，及伯叔父兄弟之子，不限籍之同異，年十六以上，不論篤疾廢疾。

謀反大逆，知情故縱隱藏者。

謀叛，但共謀者，不分首從。

逃避山澤，拒敵官兵者。

盗大祀神祇御用祭器等物，及饗薦玉帛之屬者。

盗制書及起馬御寶聖旨起船符驗者。

盗乘輿服御物。

强盗得財者，不分首從。

以蘗迷人圖財者，罪同强盗，不分首從。

强盗窩主造意分贓者。若共謀者，行而不分贓，及分贓而不行。

謀殺人因而得財者，同强盗，不分首從。

部民謀殺本屬知府知州知縣，軍士謀殺本管指揮千户百户，吏卒謀殺本部五品以上長官，已殺者。

謀殺緦麻以上尊長，已殺者。

謀殺祖父母父母，及期親尊長，外祖父母，夫，夫之祖父母父母，已行者。

奴婢及雇工人謀殺家長，及家長之期親外祖父母，已行者。若緦麻以上親，已殺者，罪與子孫同。

妻妾謀殺故夫之祖父母父母，已行者。

殺一家非死罪三人，及支解人爲從者。

採生折割人，爲從者。若已行而未曾傷人者。

造畜蠱毒殺人及教令者。

造魘魅符書，呪詛殺人者。

部民毆本屬知府知州知縣，軍士毆本管指揮千户百户，吏卒毆本部五品以上長官死者。

奴婢毆家長死者。

毆受業師死者。

雇工人毆家長死者。

妻妾毆夫死者。

卑幼毆本宗小功大功兄姊尊屬死者。

弟妹毆兄姊，若姪毆伯叔父母姑，及外孫毆外祖父母死者。

子孫毆祖父母父母，及妻妾毆夫之祖父母父母者。

妻妾毆夫之期親以上尊長死者，與夫毆同。

妻妾毆故夫之祖父母父母者。

姦小功以上親，强者。

姦從祖祖母姑，在室從祖伯叔母、從父姊妹、母之姊妹，及兄弟妻、兄弟子妻，强者。

姦父祖妾、伯叔母姑、姊妹、子孫之婦、兄弟之女，及與和者。

奴及雇工人姦家長妻女者。

絞罪：

兄亡收嫂，弟亡收弟婦者。

謀叛，知情故縱隱藏者。若謀而未行，爲首者。

逃避山澤，不服追唤者。

部民謀殺本屬知府知州知縣，軍士謀殺本管指揮千户百户，吏卒謀殺本部五品以上長官，已傷者。

謀殺緦麻以上尊長，已傷者。

奴婢及雇工人謀殺家長之緦麻以上親，已傷者，罪與子孫同。

妻妾毆夫至篤疾者。

卑幼毆本宗小功兄姊尊屬篤疾者。

弟妹毆兄姊，若姪毆伯叔父母姑，外孫毆外祖父母，刃傷及折肢瞎一目者。

罵祖父母父母，及妻妾罵夫之祖父母父母者。

妻妾罵故夫之祖父母父母者。

子孫告祖父母父母，妻妾告夫之祖父母父母，誣者。

姦從祖祖母姑，在室從祖伯叔母姑，從父姊妹，母之姊妹，及兄弟妻，兄弟子之妻，及與和者。

真犯死罪秋後處決

斬罪：

凡官員，大臣專擅選用者。

大臣親戚，非奉特旨，除授官職者。

文官非有大功勳，所司朦朧奏請封公侯爵者。當該官吏，及受封之人。

姦邪進讒言左使殺人者。

犯罪該死，巧言諫免，暗邀人心者。

在朝官員，交結朋黨，紊亂朝政者。

刑部及大小各衙門官吏，不執法律，聽從上司官主使，出入人罪者。

諸衙門官吏與內官及近侍人員互相交結，漏泄情事，夤緣作弊，符同奏啓者。

諸衙門官吏及士庶人等，上言宰執大臣德政者。

官吏人等，挾詐欺公，妄生異議，變亂成法者。

棄毀制書及起馬御寶聖旨起船符驗。各衙門印信，及夜巡銅牌者。

奏事及當該官吏，若有規避增減緊關情節，朦朧奏准施行者。

聞知調兵討襲外番，及收捕反逆賊徒，機密大事，漏泄於敵人者。

近侍官員漏泄機密重事於人者。

增減官文書，因而失誤軍機者，無問故失。漏使印信，因而失誤軍機者。

販私鹽拒捕者。

儀禮司將應朝見官員人等留難，不即引見者。

百工技藝之人，應有可言之事，亦許奏聞，各衙門但有阻當者。

向太廟太社及宮殿射箭放彈投擲磚石傷人者。

文武官內官廚子校尉牌面僞造者。

在京被極刑家屬，並經斷人，朦朧充當近侍及宿衛守把皇城京城門禁者。當該官司聽囑，及受財，容令充當者。

貪取來降人財物，因而殺傷人，及中途逼勒逃竄者。

飛報軍情，隱匿不速奏聞，因而失誤軍機者。

邊將取索軍器錢糧等物，不即奏聞，及不依式申報，因而失誤軍機者。

軍器糧草，臨敵缺乏，及承調遣，不依期策應，告報軍期違限，因而失誤軍機者。

軍臨敵境，托故違期三日不至者。

邊將不固守，及守備不設，因而失陷城寨者。

與賊臨境，望高巡哨之人，失於飛報，以致陷城損軍者。

官軍臨陣先退，及圍困敵城而逃者。

軍人私出外境虜掠傷人，爲首者。

於已附地面虜掠者，不分首從。

守禦官致有所部軍人反叛，棄城而逃者。

牧民官激變良民，失陷城池者。

軍器輒棄毀者，二十件以上。

犯夜拒捕，及打奪，因而毆人致死者。

境內姦細走透消息於外，及境外姦細入境內，探聽事情，接引起謀之人。

將人口軍器出境及下海，因而走漏事情者。

實封公文，中途邀截取回者。

出使馳驛違限，因而失誤軍機者。

調遣軍馬及報軍務軍情文書，故不遣使給驛，因而失誤軍機者。

軍需管送違限，以致臨敵缺乏，失誤軍機者。

造讖緯妖書妖言，及傳用惑衆者。

盗各衙門印信，及夜巡銅牌者。

竊盗拒捕，及殺傷人者，因盗而姦者。

刼囚者。

私竊放囚人逃走，因而殺人者。

官司差人，追徵錢糧，勾攝公事，及捕獲罪人，聚衆打奪，因而殺人，及聚至十人，爲首者。

白晝搶奪，傷人者，失火行船遭風，搶奪傷人者。

略誘略賣良人，因而殺人者。

卑幼發尊長墳塚，開棺槨見屍者，若棄屍賣墳地者。

毁棄緦麻以上尊長死屍者。

子孫毁棄祖父母父母，及奴婢雇工人棄毁家長死屍者。

謀殺人，造意者。

奉制命出使，而官吏謀殺，已殺者。

因姦同謀殺死親夫者，姦夫。

用毒藥殺人者。

故殺者。餘條以故殺論者，依此。

故用蛇蝎毒蟲，咬傷人，因而致死者。

庸醫故違本方，詐療疾病，取財，因而致死，及因事故，用藥殺人者。

因姦盜而威逼人致死者。

皇家袒免以上親而毆死者。

奉制命出使，而官吏毆之至死者。

吏卒毆本部六品以下長官佐貳官首領官死者。

首領官及屬官佐貳官毆長官死者。

官司差人追徵錢糧，勾攝公事，而毆死者。

奴婢毆良人死者。

奴婢毆家長之期親及外祖父母傷者。

奴婢毆家長之緦麻小功大功親死者。

雇工人毆家長之期親若外祖父母死者。

雇工人毆家長之緦麻小功大功親死者。

妾毆正妻死者。

毆妻之父母死者。

卑幼毆本宗緦麻及外姻緦麻小功大功兄姊尊屬死者。

妻妾毆夫緦麻尊長至死者。

毆繼父至死者。

告謀反叛逆，官司不即受理掩捕，以致聚衆攻陷城池，及刼掠人民者。

詐僞制書及增減者。

詐傳詔旨者。

各衙門當該官吏，將奏准合行事理，妄稱奉旨追問者。

僞造諸衙門印信及曆日符驗，夜巡銅牌、茶鹽引者。

僞造寶鈔，不分首從及窩主，若知情行使者。

詐假官、假與人官者。

假稱內使及都督府四輔諫院等官六部監察御史按察司官在外體訪事務，扇惑人民者。

近侍之人，在外詐稱私行體察事務，扇惑人民者。

姦緦麻親及妻、若妻前夫之女、及同母異父姊妹，强者。

姦從祖祖姑，出嫁從祖姑，强者。

男婦誣執親翁，及弟婦誣執夫兄，欺姦者。

姦家長緦麻以上親及妻妾，强者。

放火延燒官民房屋，及積聚之物，因而盜取財物者。

放火故燒官民房屋，及公廨倉庫，係官積聚之物者。

罪囚反獄在逃者。

故勘平人因而致死者。

死囚令人自殺，子孫爲祖父母父母，奴婢雇工人爲家長者。

絞罪：

棄毁官文書，事關軍機錢糧者。

强奪良家妻女，姦占爲妻妾者，配與子孫弟姪家人者。

背夫逃走因而改嫁者。

税糧違限一年以上不足提調部糧官吏。

以私債强奪人妻妾子女，因而姦占婦女者。

師巫假降邪神。

一應左道亂正之術，扇惑人民，爲首者。

擅入御膳所及御在所。

不係宿衛應直合帶兵仗之人，但持寸刃入宮殿門內者。

皇家祖免以上親而毆之篤疾者。
奉制命出使，而官吏毆之，及部民毆本屬知府知州知縣，軍士毆本管指揮千户百户，吏卒毆本部五品以上長官，折傷者，若毆六品以下長官佐貳官首領官篤疾者。
首領官及屬官佐貳官毆長官篤疾者。
官司差人追徵錢糧，勾攝公事，而毆至篤疾者。
以威力制縛人，及私家拷打監禁，因而致死者。
奴婢毆良人至篤疾者。
良人毆他人奴婢，若死及故殺者。
故殺緦麻小功親奴婢者。
毆緦麻小功大功親雇工人至死，及故殺者。
奴婢過失殺家長者，若毆家長之期親及外祖父母者。
雇工人毆家長，及家長之期親、若外祖父母，折傷者。
家長及家長之期親外祖父母，故殺雇工人者。
妾毆正妻至篤疾者。
夫毆妻至死者。
毆妻之父母至篤疾者。
卑幼毆本宗緦麻，及外姻緦麻小功大功兄姊尊屬，至篤疾者。
尊長毆卑幼緦麻小功大功至死者，故殺同堂弟妹堂姪及姪孫者。
嫡繼慈養母殺子孫致令絶嗣者。
妻毆卑屬至死者。
故殺夫之兄弟子者。
尊長毆卑幼之婦妾至死者。
毆妻前夫之子至死者。
奴婢罵家長者。
投匿姓名文書告言人罪者。
誣告人因而致死隨行有服親屬一人者。
詐僞制書，及增減未施行者。
詐僞將軍總兵官五府六部都察院都指揮使司内外各衛指揮使司守禦千户所文書，套畫押字，盜用印信，及空紙用印者。

從車駕行而逃，百户以上。
在宫殿内營造，至申時分，照數點出，其不出者。
至夜持杖入殿門者。
内使私將兵器入宫殿門内者。
向太廟及宫殿射箭放彈投甎石者。
越皇城者。
皇城門非時擅開閉者。
文武官内官厨子校尉牌面，詐帶朝參，及在外詐稱官員名號，有所求爲者。
私使軍人出境，因而致死者，或被賊拘執，至三名者。
官軍征討私逃再犯。
軍人在逃三犯。
犯夜拒捕及打奪，因而毆人，至折傷以上者。
將人口軍器出境及下海者。
盜各衙門官文書，事干軍機錢糧者。
越度沿邊關塞，因而出外境者。
私盜放囚人逃走，因而傷人者。
官司差人追徵錢糧，勾攝公事，及捕獲罪人，聚衆打奪，因而傷人及聚至十人，下手致命者。
竊盜三犯，掏摸罪同。
略誘略賣良人，因而傷人者。
發塚開棺槨見屍者。
子孫於祖父母父母，奴婢雇工人於家長墳墓内熏狐狸，燒屍者。
謀殺人從而加功者，若傷而不死，造意者。
奉制命出使而官吏謀殺，已傷者。
姦夫自殺其夫，姦婦雖不知情。
鬬毆殺人者。餘條以鬬毆論者，依此。
同謀共毆人，因而致死，下手者。
以他物置人耳鼻並孔竅中，及屏去人服食，至死者。
威逼期親尊長致死者。

詐傳皇后懿旨、皇太子親王令旨者。

私鑄銅錢者。

强姦者。姦幼女十二歲以下者。

姦從祖祖姑，出嫁從祖姑者。

姦親屬妾，强者。

奴及雇工人姦家長之期親若妻者。

失火延燒宗廟及宫闕者。

犯罪拒捕毆人，至折傷以上者。

官吏懷挾私讐，故禁平人，因而致死者。

獄卒凌虐罪囚，尅減衣糧，因而致死者。

獄卒以金刃及他物與囚，至囚反獄，及殺人者。

雜犯死罪。

斬罪：

內府承運庫交割餘剩之物，朦朧擅將出外者。

稱訴寃枉，借用印信封皮入遞，借者及借與者。

盗內府財物者。

監守自盗倉庫錢糧等物，不分首從，并贓論罪，四十貫。餘條以監守自盗論者，依此。

絞罪：

軍官犯罪，不請旨上議，當該官吏。

車駕行處，軍民衝入儀仗內者。

衝入儀仗內，訴事不實者。

在京守禦官軍遞送逃軍妻女出京城者。逃軍買求者。

常人盗倉庫錢糧等物，不分首從，并贓論罪，八十貫，餘條以常人盗官物論者，依此。

塚先穿陷，及未殯埋，開棺槨見屍者。

官吏受財枉法，有祿人八十貫，無祿人一百二十貫。餘條以枉法論者依此。

黃彰健《明代律例彙編》卷首《真犯死罪嘉靖二十九年定，附三十一年續增》

斬罪：

盗沿邊沿海糧四百石，草八千束，銀二百兩，錢帛等物直銀二百兩以上者。

鹽徒聚衆十人以上，撑駕大船，擅用兵仗響器，拒敵官兵，殺傷人至三命者，比强盗得財律。

迤北小王子等，差來使臣人等，赴京朝貢，官軍人等將兵器並違禁銅鐵等物交易者。

虜寇犯邊，官軍將被虜人口妄殺，冒作賊級，或虜寇近邊劄營，猶未入境，官軍覘知寡弱，乘機擣穴，斬獲老弱婦女，妄作犯邊，以圖功次陞賞者。

打造違式海船，賣與夷人圖利者。比將應禁軍器下海，因而走泄事情律。

將應禁軍器賣與夷人圖利者，比將軍器出境走泄事情者律。

擅造違式大船，將帶違禁貨物，往番國買賣，潛通海賊，同謀結聚，及爲嚮導，劫掠良民者，正犯極刑。

都司衛所，自住一城，及與府州縣，同住一城，遇賊攻城，不行固守，或先期避出，或臨時棄去，致賊入城，及守備不設，被賊掩襲殺虜焚燒者，都司並各該城分衛所掌印，與專一捕盗官；同住府州縣掌印，與專一捕盗官；若兩縣同城，以賊從所管城分入城掌印與專一捕盗官；及原無衛所而府州縣聯守專城各掌印，與專一捕盗官，俱比失陷城寨律。

盗棄輿服御物者，仍作真犯死罪。

鳳陽皇陵、泗州祖陵、南京孝陵、天壽山列聖陵寢、承天府顯陵，山前山後禁限內，若有盗砍樹株者，比盗大祀神御物律。若取土取石，開窯燒造，放火燒山者，俱照前擬斷。

同居卑幼，將引他人，盗己家財物，係强劫者，比各居親屬行强盗，卑幼犯尊長律。

各處無藉之徒，引賊劫掠，以復私讎，探報消息，致賊逃竄者，比姦細律。

子孫威逼祖父母父母，妻妾威逼夫之祖父母父母，至死者，俱比毆者律。

各邊海總兵副參遊擊守備都司衛所官員，但有科斂及扣減入己贓私，至四百兩以上者。

若盜、及棄毀、僞造巡撫、審録、勘事、提學、兵備、屯田、水利等官,欽給關防,與印信同科。

廣西雲貴湖川等處,冒籍生員,食糧起貢,及買到土人倒過所司起送公文,頂名赴吏部投考,若已授職,依詐假官律。

私自浄身,本身并下手之人。

充軍人犯逃回,原問真犯斬罪免死充軍者。

絞罪:

强奪良家妻女,賣與他人爲妻妾者,比强奪良家妻女,姦占爲妻妾律。

鹽徒聚衆,止十人以下,原無兵仗響器,遇有追捕,拒敵傷人,至二命者,下手之人,比罪人聚衆打奪下手者律。

軍官軍人,征調起程,避難在逃,編發宣府獨石等處,沿邊墩臺哨瞭,半年還職著役。若仍出征,及哨瞭在逃者,依從征私逃再犯者律。

在京在外守禦城池軍人在逃,三次者。

私自販賣硫黄焰硝,賣與外夷者,不拘多寡,比私將軍器出境律。

盜内府財物,及監守常人,盜倉庫錢糧等物,三次犯罪者,不分革前革後,俱比竊盜三犯律併論。

搶奪至三次犯罪者,不分革前革後,俱比竊盜三犯律。

將腹裏人口,用强略賣與境外峒寨去處圖利,除殺傷人,律該處死外,中間罪不至死者,比將人口出境律。

鬭毆傷人,辜限内不平復,延至限外而死,情真事實者。

誣告人,因而致死,被誣之人,委係平人,及因拷禁身死者,比誣告人因而致死隨行有服親屬律。

充軍人犯逃回,原問真犯絞罪免死充軍者。

黄彰健《明代律例彙編》卷首《真犯死罪萬曆十三年定》斬罪:

鹽徒聚衆十人以上,撑駕大船,擅用兵仗響器,拒敵官兵,若殺人,及傷三人者,比照强盜得財律。

聚衆十人以下,原無兵仗響器,拒敵傷至二人以上,爲首者。

擅殺平人,及被虜逃回人口,冒作賊級報功者,以故殺論。

各府州縣與衛所同住一城,遇賊攻圍,不行固守,及守備不設,被賊攻陷城池,劫掠焚燒者。衛所掌印,與專一捕盜官,俱比照守邊將帥失陷城寨者律。若原無設有衛所,但有專城之責者,掌印、捕盜官,亦照前律。

私賣硝黄與外夷,及邊海賊寇,爲首者,比私將軍器出境因而走泄事情者律。

盜沿邊沿海銀三百兩,糧四百石,草八千束,錢帛等值銀二百兩以上,漕運錢糧銀三百兩,糧六百石以上,係監守者。

强盜傷人而未得財,比照搶奪傷人事。

糾衆發塚起棺,索財取贖者,比依强盜得財律。

絞罪:

强奪良人妻女,賣與他人爲妻妾,及投獻王府,并勳戚勢豪之家者,比强奪良家妻女,姦占爲妻妾者律。

盜沿邊沿海銀二百兩,糧四百石,草八千束,錢帛等值銀三百兩以上,漕運錢糧銀三百兩糧六百石以上,係常人者。

因事威逼本管官致死,爲首者,比威逼期親尊長致死律。

充軍人犯,逃回三次,通係著伍以後者,依守禦官軍律。

黄彰健《明代律例彙編》卷首《真犯死罪充軍為民例》斬罪:

凡豪强鹽徒聚衆至十人以上,撑駕大船,張掛旗號,擅用兵仗響器,拒敵官兵,若殺人及傷三人以上者,比照强盜已行得財律皆斬。爲首者仍梟示。其雖拒敵不曾殺傷人,爲首者處斬。若止十人以下,原無兵仗,遇有追捕拒敵,因而傷至二人以上者,爲首處斬。

僞造鹽引印信,賄囑運司吏書人等,將已故並遠年商人名籍中鹽來歷填寫在引轉賣,誆騙財物,爲首者,依律處斬。

〔弘治十一年二月十五日節該欽奉孝宗皇帝聖旨:迤北小王子等差來使臣人等赴京〕朝貢,官員軍民人等與〔他〕交易,止許光素紵絲絹布衣服等件,不許將一應兵器并違禁銅鐵等物,〔敢有〕違〔犯〕的,〔都拿來〕處以極刑。

臨陣,若擅殺平人及被虜逃回人口,冒作賊級報功者,俱以故殺論。

沿邊沿海及腹裏府州縣與衛所同住一城,及衛所自住一城者,若遇大虜及盗賊生發攻圍，不行固守，而輒棄去，及守備不設，被賊攻陷城池劫殺焚燒者，衛所掌印與專一捕盗官，俱比照守邊將帥失陷城寨者律斬，若府州縣原無設有衛所，但有專城之責者，不分邊腹，遇有前項失事，掌印捕盗官照前比律處斬。

姦豪勢要及軍民人等，擅造二桅以上違式大船，將帶違禁貨物下海，前往番國買賣，潛通海賊，同謀結聚，及爲嚮導，劫掠良民者，〔正犯比照謀叛已行律〕處斬，〔仍梟示〕，〔其〕打造〔前項〕海船，賣與夷人圖利者，比〔照私〕將應禁軍器下海，因而走泄事情律，〔爲首〕處斬。

〔私自販賣硫黄焰硝與外夷及邊海賊寇者，不拘多寡，比照私將軍器出境，因而走泄事情律，爲首處斬〕。

凡官員軍民人等，私將應禁軍器賣與進貢夷人圖利者，比依將軍器出境因而走泄事情者律，斬。

〔凡〕盗〔内府財物係〕乘輿御物者，仍作真犯死罪。

〔凡鳳陽〕皇陵、〔泗州祖陵、南京孝陵、天壽山列聖陵寢、承天府顯靈〕，山前山後，各有禁限。若有盗砍樹株者，驗實真正椿楂，比照盗大祀神御物斬罪，奏請定奪。

沿邊沿海錢糧，有〔侵〕盗銀二百兩，糧四百石，草八千束，錢帛等物值銀二百兩以上。漕運錢糧有〔侵〕盗銀三百兩，糧六百石以上，〔俱照本律，仍坐真犯死罪，〔係〕監守盗者，〔斬，奏請定奪〕。

强盗殺人，放火燒人房屋，姦污人妻女，打劫牢獄倉庫，及干係城池衙門，并積至百人以上，不分曾否得財，俱照得財律斬，隨即奏請審決，梟示。若止傷人而未得財，比照搶奪傷人律科斷。

萬曆十六年正月内題奉欽依：各處巡按御史，今後奉單强盗，必需審有贓證明確，及係當時見獲者，照例即決。如贓跡未明，招扳續緝，涉于疑似者，不妨再審。其問刑衙門，以後如遇鞫審强盗，務要審有贓證，方擬不時處決。或有被獲之時，夥賊供證明白，年久無獲，贓亦花費，夥賊已決，無證者，俱引秋後處決。

響馬强盗，執有弓矢軍器，白日邀劫道路，贓證明白，俱不分人數多寡，曾否傷人，依律處決，於行劫處梟示。

盗掘金銀銅錫水銀等項礦砂，殺傷人，爲首者，比照竊盗拒捕殺傷人律，斬。

同居卑幼，將引他人盗己家財物，如係强劫，比依各居親屬行强盗，卑幼犯尊長，以凡人論，斬罪。奏請定奪。

糾衆發塚起棺，索財取贖者，比〔照〕强盗得財〔律，不分首從皆斬〕。

各處無藉之徒引賊劫掠，以復私讐，探報消息，致賊逃竄〔比照姦細律斬，梟示〕。

子孫威逼祖父母父母，妻妾威逼夫之祖父母父母致死者，俱比〔依〕毆者律〔斬〕，奏請定奪。

廣西雲貴湖川等處，但有冒籍生員，食糧起貢，若買到土人倒過所司起送公文，頂名赴部投考，若已授職〔比依詐假官律〕。

有自净身的，本身并下手之人處斬。

各邊倉場，若有故燒係官錢糧草束者〔正犯梟示〕。

若盗及棄毁僞造總督巡撫審録勘事提學兵備屯田水利等官欽給關防，悉與印信同科。僞造及棄毁〔斬〕，盗皆斬。

凡問發充軍人犯逃回，原問真犯死罪免死充軍者，俱照原問死罪處決。

絞罪：

受財故縱與因同罪人，犯該凌遲斬絞，依律罪止擬絞者，俱要固監緩決，候逃囚得獲審豁。

强奪良家妻女，賣與他人爲妻妾，及投獻王府并勳戚勢豪之家者，〔俱〕比照强奪良家妻女姦占爲妻妾絞罪，奏請定奪。

豪强鹽徒聚衆，止十人以下，原無兵仗，遇有追捕拒敵，因而傷至二人以上者，下手之人，比照〔聚衆中途打奪罪人因而傷人律，絞〕。

軍官軍人，遇有役調，點選已定，至期起程，避難在逃〔者〕，依律問斷。其征期已過，〔送兵部〕編發宣府獨石等處沿邊墩臺哨瞭半年，〔滿日發回原衛〕還職着役。若仍〔發〕出征及哨瞭在逃者，依從征私逃再犯者律，處絞。

在京在外守禦城池軍人，在逃三次，依律處絞。

盗内府財物〔係雜犯〕及監守常人盗〔竊盗掏摸搶奪等項，但三次者〕不分〔所犯各别曾否刺字〕、革前革後，俱〔得併論。〕比照竊盗三犯〔律處絞〕。奏請定奪。

沿邊沿海〔錢糧，有侵〕盗銀二百兩，糧四百石，草八千束，錢帛等物值銀二百兩以上，漕運錢糧有〔侵〕盗銀三百兩，糧六百石以上，〔俱照本律，仍坐真犯死罪，係〕常人盗者〔絞，奏請定奪。〕

萬曆二十年二月内題奉欽依：凡監守常人盗以後侵欺人犯，但有贓至二十兩以上者，限一箇月；二百兩以上者，限三箇月，果能盡數通完，例該永戍者，止照本律發落。真犯死罪者，減等，免死充軍，以着伍後所生子孫替役。過期不完，各依本等律例，從重定擬。

竊盗初犯，刺右臂〔的，〕革後再犯，刺左臂。若兩臂俱刺，赦後又犯〔的，〕准三犯論。還將所犯，赦前赦後，明白開奏定奪。

萬曆十六年正月内題奉欽依：今後審録官員，凡遇三犯竊盗，中有贓數不多，或在赦前一次，赦後二次，或赦前二次，赦後一次者，俱遵照恩例，併入矜疑辯問疏内，參酌奏請改遣。

將腹裏人口，用强略賣，與境外土官土人峒寨去處圖利，比依將人口出境律絞。

妻妾威逼夫致死者，比〔依〕妻毆夫至篤疾者律絞，奏請定奪。

軍民人等，〔因事〕威逼本管官致死。爲首者，〔比依威逼期親尊長致死律，絞〕。

誣告人因而致死。被誣之人，委係平人，及因考禁身死者，比依誣告人因而致死隨行有服親屬一人絞罪，奏請定奪。

鬭毆傷人，辜限内不平服，延至限外而死，情真事實者，仍擬死罪，奏請定奪。

問發充軍人犯，逃回。原犯雜犯死罪以下充軍者，若犯至三次，通係着伍以後者，即依守禦官軍律，絞，其有在逃遇宥者，三犯亦併論擬絞，奏請定奪。

（明）蕭良泮《重刻釋音參審批駁四語活套》卷二《參語》：趙甲始則糾賊以劫財，繼則造意以陷害。反揑誣於失主，致死三命無辜。王辛心存奸險，志尚貪淫。詭計誘取人妻，陰謀致殞其命。二犯惡跡昭彰，按律均當斬首。張氏繼同親母，宜存撫愛之心。慘毒不仁，戕殺前夫之子。致令絶嗣，法應處絞。

（明）蘇茂相《新鐫官板律例臨民寶鏡》卷七《匿名類審語·匿名》

審得吴正險如墉隼，奸似城狐。欲報睚眦之仇，則匿名而告罪。好逞角牙之訟，輒隱跡而投詞。一紙飛書，陷應輅於死地。數行誣狀，繫施卿以爲囚。非張保證明，定成濫獄。不設計賺出，誰得真情。是爲亂法之奸民，宜入絞刑之憲綱。

《大清律例》卷四六《總類·雜犯死罪》 絞罪准徒五年。

刑律

常人盗倉庫錢糧等物，至八十兩者。常人盗倉庫錢糧律。

塚先穿陷及未殯埋，開棺槨見屍者。發塚律。

刑例

一、車駕出郊行幸，有申訴者。越訴例。斬罪。准徒五年。

刑律

盗内府財物者。盗内府財物律。盗皇城門鑰者。盗城門鑰律。監守自盗倉庫錢糧等物，至四十兩者。監守自盗倉庫錢糧律。

刑例

一、侵盗倉庫錢糧入己，數在一千兩以下者。監守自盗倉庫錢糧例。

《大清律例》卷四六《總類·實犯死罪》 絞罪監候

吏律

棄毁官文書，事干軍機錢糧者。棄毁制書印信律。

户律

强奪良家妻女，姦占爲妻妾者。配與子孫弟姪家人者。强占良家妻女律。

妻背夫在逃，因而改嫁者。出妻律。

刑律

盗各衙門官文書，事干軍機錢糧者。盗制書律。

竊盗棄財逃走，事主追逐，因而拒捕，毆至折傷以上，爲首者。强盗律。

私竊放囚人逃走，因而傷人者。官司差人追徵錢糧、勾攝公事及捕獲罪人，聚衆打奪，因而傷差人者。殺人及聚至十人，下手致命者。率領家人隨從打奪家人，亦曾傷人之尊長。刼囚律。

竊盜及掏摸，得財一百二十兩以上者。竊盜及掏摸三犯者。竊盜律。

略誘略賣良人，因而傷人者。略人略賣人律。

發塚開棺槨見屍者。子孫於祖父母、父母，奴婢雇工人於家長墳墓，熏狐狸燒屍者。發塚律。

謀殺人，從而加功者。傷而不死，造意者。謀殺人律。

奉制命出使而官吏謀殺，已傷，爲首者。謀殺制使及本管長官律。

姦夫自殺其夫姦婦雖不知情者。殺死姦夫律。

鬥毆殺人者。同謀共毆人，因而致死，下手者。鬥毆及故殺人律。

以他物置人耳鼻及孔竅中，若故屏去人服食，至死者。屏去人服食律。

因戲而殺人及因鬥毆而誤殺旁人者。知津河水深泥濘，及橋梁渡船朽漏，誑令人過渡，以致陷溺死者。戲殺誤殺過失殺傷人律。

威逼期親尊長致死者。威逼人致死律。

保辜限内因傷死者。保辜限期律。

毆皇家袒免以上親，至篤疾者。皇家袒免以上親被毆律。

奉制命出使而官吏毆之，及部民毆本屬府、州、縣，軍士毆本管官，吏卒毆本部五品以上長官，折傷者。若吏卒毆六品以下長官，佐貳官、首領官篤疾者。毆制使及本管長官律。

本衙門首領官及所統屬官、佐貳官毆長官，篤疾者。佐職統屬毆長官律。

官司差人追徵錢糧，勾攝公事，而毆至篤疾者。拒毆追攝人律。

以威力制縛人及私家拷打監禁，因而致死者。威力制縛人律。

奴婢毆良人，至篤疾者。良人毆他人奴婢，至死及故殺者。故殺緦麻、小功、大功親奴婢者。毆緦麻、小功、大功親雇工人，至死及故殺者。良賤相毆律。

奴婢過失殺家長者。毆家長期親及外祖父母者。毆家長、緦麻、小功親至篤疾，大功親至折傷以上者。雇工人毆家長及家長期親，若外祖父母折傷者。家長及家長之期親外祖父母故殺雇工人者。奴婢毆家長律。

妾毆正妻，至折跌肢體及瞎一目者。夫毆妻并妻毆妾，至死及故殺者。毆妻之父母至篤疾者。妻妾毆夫律。

卑幼毆本宗緦麻及外姻緦麻、小功、大功兄姊尊屬，至篤疾者。尊長毆緦麻、小功、大功卑幼，至死及故殺者。故殺同堂弟、妹、堂姪及姪孫者。毆大功以下尊長律。

嫡、繼、慈、養母毆殺及故殺子孫，致令絶嗣者。毆祖父母父母律。

妻毆夫卑屬至死者。故殺夫之兄弟子者。尊長毆卑幼之婦妾，至死及故殺者。妻妾與夫親屬相毆律。

毆妻前夫之子，至死者。毆妻前夫之子律。

奴婢罵家長者。奴婢罵家長律。

投隱匿姓名文書告言人罪者。詭寫他人姓名詞帖，訐人陰私陷人，或空紙用印虛捏他人文書，買囑鋪兵遞送，詐以他人姓名註附木牌進入内府不銷名字，陷人得罪者。投匿名文書告人罪律。

誣告人因而致死隨行有服親屬，一人者。誣告人絞罪所誣之人，已決者。誣告律。

官吏受財，有祿人枉法贓至八十兩者。不枉法贓，至一百二十兩以上者。無祿人枉法贓，至一百二十兩者。官吏受財律。

内外武官不得接受公、侯、伯金銀緞疋等物，若接受再犯者。私受公侯財物律。

詐爲制書及增減未施行，爲首者。詐爲部院、將軍、督撫、提鎮等衙門文書，套畫押字，盜用印信及空紙用印者。詐爲制書律。

詐傳懿旨、令旨，爲首者。詐傳詔旨律。

私鑄銅錢者。匠人同。私鑄銅錢律。

强姦者。姦幼女十二歲以下者。犯姦律。

姦出嫁祖姑及出嫁從祖伯叔姑，和者姦夫姦婦。姦親屬妾，强者。親屬相姦律。

奴及雇工人姦家長之期親，若期親之妻，和者姦夫。奴及雇工人姦家長妻律。

失火延燒宗廟及宮闕者。失火律。

犯罪拒捕毆人，至折傷以上者。罪人拒捕律。

官吏懷挾私讎故禁平人，致死者。故禁故勘平人律。

獄卒陵虐罪囚，剋減衣糧因而致死者。陵虐罪囚律。

獄卒以金刃及他物與囚，致囚反獄及殺人者。與囚金刃解脱律。

刑例

一、異姓人歃血訂盟焚表結拜弟兄，爲首者。謀叛例。

一、盗内府財物，及監守、常人盗、竊盗、掏摸但三次者。盗内府財物例。

一、漕運糧米常人盗入己，數滿六百石者。

一、常人盗倉庫錢糧，不分腹裡沿邊沿海入己，數滿三百兩者。

一、竊盗餉鞘，至一百兩以上者。常人盗倉庫錢糧例。

一、誣竊爲盗，嚇詐逼認，因而致死及致死二命者。强盗例。

一、聚衆夥謀搶奪路行婦女，或賣或自爲奴婢，爲從者。

一、黔、楚紅苗聚至五十人殺人，下手者。

一、白晝搶奪人財物，至一百二十兩以上者。

一、江南通州、崇明、昭文沙民夥衆爭地，執持器械及聚衆四五十人，有抗官重情，爲從者。白晝搶奪例。

一、竊盗三犯，贓至五十兩以上者。

一、竊盗贓至滿貫者。竊盗例。

一、偷盗官馬十四以上者。窩主及牧馬人役自行盗賣者。盗馬牛畜産例。

一、越度禁約山河偷採人參，財主及率領頭目一人名下，所放之人至百名以上，所得之參至五百兩以上，爲首者。盗田野穀麥例。

一、奴婢勾引外人同盗家長財物，至一百二十兩以上者。親屬相盗例。

一、惡棍設法索詐官民，或因詐財不遂，竟行毆斃，爲從者。

一、旗、民結夥，指稱隱匿逃人，索詐財物，爲從者。恐嚇取財例。

一、將腹裡人口用强賣與境外土官、土人、峒寨圖利，未曾殺傷人者。

一、誘拐婦人子女或典賣或爲妻妾子孫，被誘之人若不知情，爲首者。略人略賣人例。

一、發掘貝勒、貝子、公等墳塚見棺，爲從；及未至棺，爲首者。

發掘歷代帝王陵寢、先賢名臣，及前代藩王墳墓見棺，爲從；及未至棺，爲首者。

一、奴婢、雇工人發掘家長墳塚，未見棺，爲首者；及見棺之爲從者。子孫犯者。

一、貪人吉壤將遠年之墳盗發者。

一、田地場園内盗葬而地主發掘開棺見屍者。

一、偷刨墳墓爲從之犯，開棺三次，及至三次以外有贓證，次數確據者。

一、盗未殯未埋屍柩及發年久穿陷之塚，開棺見屍三次者。爲從，三次以上者。發塚例。

一、圖財害命未得財，傷人，爲首者。

一、謀殺人已行，其人知覺奔走，追于兇悍，當時失跌身死者，原謀。謀殺人例。

一、非姦所獲姦，將姦婦逼供而殺害，無姦情，確據者。本夫登時姦所獲姦，將姦婦殺死，姦夫當時脱逃，後被拿獲到官，審明姦情是實者，姦夫。

一、姦夫已離姦所，本夫逐至門外，非登時殺之者。

一、本夫之兄弟及有服親屬捉姦，非登時殺傷者。

一、非應許捉姦之人，有殺傷者。

一、姦夫造意謀殺本夫，傷而不死者。

一、姦夫自殺夫之父母，姦婦雖不知情者。

一、本夫先經縱容，抑勒妻妾與人通姦，後因索詐不遂，殺死姦婦者。殺死姦夫例。

一、殺期親奴僕一家三人者。

一、聚衆共毆原無必殺之心，而亂毆一家三命至死，爲從、下手、傷重者。殺一家三人例。

一、好鬥兇徒見人鬥毆，輒約夥尋釁，將人父母毆斃，爲從者。鬥毆及故殺人例。

一、强姦未成，但經調戲，本婦羞忿自盡者。

一、强姦未成，或但經調戲，其夫與父母親屬羞忿自盡者。

一、軍民人等因事威逼本管官致死，爲首者。

一、喇嘛、和尚等强姦致死人命，爲從者。威逼人致死例。

一、地方紳衿將佃户婦女姦占爲婢妾者。威力制縛人例。

一、官員故殺他人奴婢者。

一、旗人故殺白契所買并典當之人。奴婢毆家長例。

一、兄及伯叔因爭奪弟姪財産官職，并讎隙故殺者。

一、故殺期親弟妹者。毆期親尊長例。

一、誣告致死平人，及因拷禁身死者。或將案外之人拖累拷禁，致死二人者。

一、挾讎誣告謀死人命致屍遭蒸檢，爲首者。

一、律應抵命之親屬尊長，誣告謀死人命致蒸檢卑幼之屍，及卑幼誣告致蒸檢尊長之屍者。誣告例。

一、衙蠹恐嚇索詐，至一百二十兩者。

一、書役年滿，暗行頂買索取租銀，至八十兩者。官吏受財例。

一、僞造諸衙門印信及欽給關防，事關軍機錢糧，假冒官職，大干法紀，爲從者。

一、盜用督撫、提學、兵備、屯田、水利等官欽給關防者。

一、各衙門吏役僞造本官印信，其倩人雕刻誆騙財物，至五十兩以上者。僞造印信時憲書等例。

一、將大制錢剪邊打造煙袋等物貨賣，剪邊至十千文以上，爲首者。私鑄銅錢例。

一、職官及軍民姦職官妻者姦夫姦婦。

一、輪姦，爲從者。

一、惡徒夥衆將良人子弟搶去强行雞姦，爲從；若同姦者。和姦十二歲以下十歲以上幼童者。若止一人强行雞姦，并未傷人者。

一、和姦十二歲以下十歲以上幼女者。

一、因强姦執持兇器戳傷本婦，及拒捕致傷旁人，未成姦者。犯姦例。

一、奴姦家長之妾者，姦夫、姦婦。奴及雇工人姦家長妻例。

一、旗人將自己銀錢開場誘賭，經旬累月聚集無賴放頭、抽頭，再犯者。賭場例。

一、謀財放火隨即救熄，尚未延燒，爲首者。挾讎放火因而殺人，及有焚壓致死之爲從；商謀下手，燃火者。放火故燒人房屋例。

一、越獄人犯通線之人，與囚同罪至死者。獄囚脱監及反獄在逃例。

一、官員擅取病呈致死監犯，獄官禁卒人等聽從指使，下手者。

一、獄卒受人賄囑謀死本犯，爲從；加功者。陵虐罪囚例。

一、承審官改造口供故入人死罪，已決者。官司出入人罪例。

《大清律例》卷四六《總類·實犯死罪》 斬罪監候

刑律

造讖緯妖書、妖言，及傳用惑衆者。造妖書妖言律。

盜各衙門印信者。盜印信律。

竊盜拒捕及殺傷人者。因盜而姦者。强盜律。

切囚者。私竊放囚人逃走，因而殺人者。官司差人追徵錢糧，勾攝公事，及捕獲罪人聚衆打奪，因而殺人，及聚至十人，爲首者。率領家人隨從打奪，家人亦曾殺人者，尊長。切囚律。

白晝搶奪傷人，爲首者。白晝搶奪律。

略誘略賣良人，因而殺人者。略人略賣人律。

卑幼發尊長墳塚，開棺槨見屍者。棄屍賣墳地者。毁棄緦麻以上尊長死屍者。子孫毁棄祖父母、父母，及奴婢雇工人毁棄家長死屍者。發塚律。

謀殺人造意者。謀殺人律。

奉制命出使而官吏謀殺，已殺者。謀殺制使及本管長官律。

因姦同謀殺死親夫者，姦夫。殺死姦夫律。

造魘魅符書咒詛，因而致死者。用毒藥殺人者。造畜蠱毒殺人律。

故殺者。鬥毆及故殺人律。

故用蛇蝎毒蟲咬傷人，因而致死者。屏去人服食律。

謀殺故殺人，而誤殺旁人者。戲殺誤殺過失殺傷人律。

庸醫故違本方，詐療疾病取財，因而致死，及因事故用藥殺人者。庸醫殺傷人律。

因姦盜而威逼人致死者。威逼人致死律。

毆皇家袒免以上親死者。皇家袒免以上親被毆律。

奉制命出使而官吏毆之，及部民毆本屬府、州、縣，軍士毆本管官吏，卒毆本部五品以上長官，死者。若吏卒毆本部六品以下長官、佐貳官、首領官，死者。毆制使及本管長官律。

本衙門首領官及所統屬官、佐貳官毆長官死者。佐職統屬毆長官律。

官司差人追徵錢糧，勾攝公事，而毆死者。拒毆追攝人律。

奴婢毆良人死者。良賤相毆律。

奴婢毆家長之期親，及外祖父母傷者。奴婢毆家長之緦麻、小功、大功親至死，及故殺者。雇工人毆家長之期親，若外祖父母，及緦麻、小功、大功親至死，及故殺者。奴婢毆家長律。

毆妻之父母至死，及故殺者。妻妾毆夫律。

卑幼毆本宗緦麻，及外姻緦麻、小功、大功兄姊尊屬死者。毆大功以下尊長律。

妻妾毆夫之期親以下、緦麻以上尊長死者。妻妾與夫親屬相毆律。

毆繼父至死者。毆妻前夫之子律。

告謀反叛逆，官司不即受理掩捕，以致聚衆作亂，或攻陷城池，及刼掠人民者。告狀不受理律。

姦夫教令姦婦誣告其子不孝者。教唆詞訟律。

誣告人斬罪，所誣之人已決者。誣告律。

詐爲制書及增減者。詐爲制書律。

詐傳詔旨，爲首者。各衙門當該官吏將奏准合行事理，妄稱奉旨追問者。詐傳詔旨律。

僞造諸衙門印信，及時憲書、符驗、茶鹽引，爲首者。僞造印信時憲書等律。

詐假官及假與人官者。詐假官律。

詐稱内使及内閣、六科、部院、監察御史。按察司官，在外體察事務，煽惑人民者。詐稱内使等官律。

近侍之人在外詐稱私行體察事務，煽惑人民者。近侍詐稱私行律。

姦同宗無服之親及無服親之妻，强者。姦緦麻以上親及妻，若妻前夫之女，同母異父姊妹，强者。姦出嫁小功再從姊妹、堂姪女、姪孫女。强者。親屬相姦律。

男婦誣執親翁，及弟婦誣執夫兄欺姦者。誣執翁姦律。

奴及雇工人姦家長緦麻以上親及妻妾，强者。奴及雇工人姦家長妻律。

奴姦良人婦女强者。良賤相姦律。

放火延燒官民房屋及積聚之物，因而盜取財物者。放火故燒官民房屋，及公廨倉庫係官積聚之物者。放火故燒人房屋律。

犯罪拒捕殺人者。罪人拒捕律。

罪囚反獄在逃者。獄囚脱監及反獄在逃律。

故勘平人，因而致死者。故禁故勘平人律。

死囚令人自殺，而子孫於祖父母、父母及奴婢雇工人於家長者。死囚令人自殺律。

刑例

一、妄布邪言寫貼，煽惑人心，爲從者。造妖書妖言例。

一、漕運糧米監守盜，數滿六十石，入己者。

一、侵盜倉庫錢糧，數滿一千兩以上者。監守自盜倉庫錢糧例。

一、强盜傷人，而未得財，爲首者。

一、響馬强盜執有弓矢軍器，白日邀刼道路。傷人不得財者。

一、誣竊爲盜，拷打致死者。

一、官員抑勒諱盜，苦累事主致死者。

一、續獲强盜無自認口供，贓跡未明，夥盜已決無證者。强盜例。

一、行刼罪囚，未經殺人傷人之爲從者。刼囚例。

一、黔、楚紅苗讎忿聚衆搶奪，人數不及五十名，殺人。爲首者。聚衆至五十人，雖不殺人，爲首者。聚衆至百人，殺人下手者。

一、搶奪傷人爲首者。

一、出哨兵弁遇商船遭風覆溺人未死，不速救護，止顧撈搶財物，以致商民淹斃者，爲從之兵丁。在船將備雖不同謀，而分贓者。見船覆溺阻撓不救，以致淹斃人命者。爲首阻救之人。白晝搶奪例。

一、竊盜拒捕傷人未死，爲首者。竊盜例。

一、盜掘金銀等項礦砂，若在山洞捉獲，持仗拒捕殺傷人，爲首者。盜田野穀麥例。

一、苗人伏草捉人，横加枷肘，勒銀取贖，初犯，爲首者。恐嚇取財例。

一、奴婢、雇工人發掘家長墳塚，開棺槨見屍，爲從者，子孫同。

一、因爭墳阻葬開棺，易罐埋藏占葬者。發塚例。

一、圖財害命，得財而殺死人命，不加功者。傷人未死，已得財之加功者。未得財，殺人爲首者。謀殺人例。

一、因姦謀死親夫，若本夫縱容抑勒妻妾與人通姦，或被妻妾起意謀殺，或姦夫起意，知情同謀者。姦夫。其縱容抑勒妻妾與人通姦，如因别情，將姦夫姦婦一齊殺死者。殺死姦夫例。

一、因姦威逼致死，有挾制窘辱情狀，其死者無論本夫、本婦、父母，親屬將姦夫。

一、强姦既成，本婦羞忿自盡者，姦夫。

一、强姦既成，其夫與父母、親屬羞忿自盡者，姦夫。

一、强姦内外緦麻以上親，及緦麻以上親之妻，妻前夫之女，同母異父姊妹未成，本婦羞忿自盡者，姦夫。

一、强姦未遂，將本婦毆傷，越數日後因傷身死者，姦夫。威逼人致死例。

一、殺内外功服、緦麻，及族中奴僕一家三人者。

一、發遣當差爲奴之犯殺死伊管主一家三人，并三人以上其不知情之子孫。殺一家三人例。

一、文武生員欺壓平民，毆人致死者。

一、與人鬥毆後遷怒於其父母，毒毆致斃者。鬥毆及故殺人例。

一、太監在皇城内持金刃自傷者。宫内忿爭例。

一、軍民人等毆死在京現任官者。毆制使及本管長官例。

一、僞造諸衙門印信，及欽給關防，誆騙財物，數多，爲首者。

一、盗及棄毁，僞造督撫、提學、兵備、屯田、水利官欽給關防者。僞造印信時憲書等例。

一、買他人考選公文頂名赴部，已受職者。詐假官例。

一、强姦十二歲以下十歲以上幼童者。若止一人强行雞姦，傷人未死者。

一、强姦十二歲以下十歲以上幼女者。

一、因强姦執持兇器戳傷本婦，及拒捕致傷旁人，已成姦者。犯姦例。

一、私自净身，并下手者。

一、誆騙强勒閹割者。閹割火者例。

一、惡徒謀財放火延燒，尚未搶掠財物，又未傷人者，爲首之人。挾讎放火延燒，其未傷人及傷而不死者。爲首之人。放火故燒人房屋例。

一、官員擅取病呈致死監犯者。

一、獄卒受人賄囑謀死本犯，爲首者。陵虐罪囚例。

一、承審官改供故入人斬罪，已決者。

一、承審官於本罪外捏造情罪重大，誣指朋黨，株連父母、兄弟、妻子，籍没家産者。官司出入人罪例。

一、承審官吏凡遇一切命盗案件，倘事實無干，或因勒詐不遂，暗行賄囑罪人誣扳，刑訊致死者。故禁故勘平人例。

《大清律例》卷四六《總類·實犯死罪》 絞罪決不待時。

刑律

謀叛知情故縱，隱藏者。謀而未行，爲首者。逃避山澤，不服追唤，爲首者。謀叛律。

部民謀殺本屬府州、縣，軍士謀殺本管官，吏卒謀殺本部五品以上長官，已傷，爲首者。謀殺制使及本管長官律。

謀殺緦麻以上尊長，已傷，爲首者。奴婢及雇工人謀殺家長之緦麻以上親，已傷，爲首者。謀殺祖父母父母律。

妻妾毆夫，及妾毆正妻，至篤疾者。妾毆夫至折跌肢體及瞎一目者。妻妾毆夫律。

卑幼毆本宗功服兄姊尊屬篤疾者。毆大功以下尊長律。

弟妹毆兄姊，若姪毆伯叔父母姑，外孫毆外祖父母，刃傷及折一肢，瞎一目，爲首者。毆期親尊長律。

駡祖父母、父母，及妻妾駡夫之祖父母、父母者。駡祖父母父母律。

刑例

一、在中途打奪罪囚，因而殺人，下手致命者。

一、白晝搶奪三犯者。白晝搶奪例。

一、以藥餅及邪術迷拐幼小子女，爲首者。略人略賣人例。

一、發掘貝勒、貝子、公等墳塚，開棺見屍，爲從；及見棺，爲首者。發掘歷代帝王陵寢、先賢名臣，及前代藩王墳墓，開棺見屍，爲從；及見棺，爲首者。

一、奴婢雇工人發掘家長墳塚見棺槨，爲首者。發塚例。

一、本宗及外姻尊長殺期服卑幼一家主僕雇工三人者。殺一家三人例。

一、妻妾威逼夫，致死者。威逼人致死例。

一、僧尼謀殺受業師，已傷者。毆受業師例。

一、揑造悖謬言詞，投貼匿名揭帖，及知而不首者。

一、布散匿名揭帖，及投遞部院衙門者。不肖官員唆使惡棍粘貼布散投遞揭帖者。投匿名文書告人罪例。

一、姦妻之親生母者，姦夫，姦婦。親屬相姦例。

《大清律例》卷四六《總類·實犯死罪》斬罪決不待時。

刑律

謀反大逆，祖父、父、子孫、兄弟及同居之人，并伯叔父、兄弟之子年十六以上者。知情故縱，隱藏者。謀反大逆律。

謀叛但共謀者。逃避山澤拒敵官兵者。謀叛律。

盜大祀神祇御用祭器等物，及饗薦之屬者。盜大祀神御物律。

盜制書者。盜制書律。

强盜得財者。以藥迷人圖財者。强盜律。

强盜窩主造意分贓者。若共謀行而不分贓，及分贓而不行者。盜賊窩主律。

謀殺人因而得財者。謀殺人律。

部民謀殺本屬府，州，縣，軍士謀殺本管官，吏卒謀殺本部五品以上長官，已殺者。謀殺制使及本管長官律。

謀殺祖父母、父母，及期親尊長、外祖父母、夫、夫之祖父母、父母，已行者。謀殺緦麻以上尊長，已殺者。奴婢及雇工人謀殺家長，及家長之期親外祖父母，已行者。緦麻以上親，已殺者。謀殺祖父母父母律。

妻妾謀殺故夫祖父母、父母，已行者。謀殺故夫父母律。

殺一家非死罪三人，及支解人，爲從者。殺一家三人律。

採生折割，爲從，及行而未傷人，爲首者。採生折割人律。

造畜蠱毒殺人，及教令者。造畜蠱毒殺人律。

毆受業師死者，毆受業師律。

奴婢毆家長者。雇工人毆家長死者。奴婢毆家長律。

卑幼毆本宗功服兄姊尊屬，死者。毆大功以下尊長律。

弟妹毆兄姊，若姪毆伯叔父母姑，及外孫毆外祖父母，死者。毆期親尊長律。

子孫毆祖父母、父母，及妻妾毆夫之祖父母、父母者。毆祖父母父母律。

妻妾毆故夫之祖父母、父母者。妻妾毆故夫父母律。

姦從祖祖母、從祖祖姑、從祖伯叔母、從祖伯叔姑、從父姊妹、母之姊妹、及兄弟妻、兄弟子妻，强者。姦在室小功、再從姊妹、堂姪女、姪孫女，强者。姦父祖妾、伯叔母姑、姊妹、子孫之婦、兄弟之女，和者，姦夫，姦婦；强者，姦夫。親屬相姦律。

奴及雇工人姦家長妻女，和者，姦夫，姦婦；强者，姦夫。奴及雇工人姦家長妻律。

刑例

一、妄布邪言書寫張貼，煽惑人心，爲首者。造妖書妖言例。

一、盜御寶，乘輿服御物者。盜內府財物例。

一、山前山後各有禁限，若有盜砍樹株，爲首者。取土取石，開窰燒造，放火燒山，爲首者。盜園陵樹木例。

一、强盜殺人放火，燒人房屋，姦污人妻女，打刦牢獄倉庫，及干係城池衙門，并積百人以上者。梟示。

一、響馬强盜執有弓矢軍器，白日邀刦道路，贓證明白，俱不分人數多寡，曾否傷人，依律處決。梟示。江洋行刦大盜。梟示。

一、强盜內有老瓜賊，或在客店內用悶香藥麪等物迷人取財，或在路將同行客人殺害者。不分首從。

一、捕役爲盜者。

一、投首之賊借追贓名色，將平人揑稱同夥，挾讎扳害，或索詐財物者。

一、强盜誣扳良民首盜殺人，及傷人夥盜并行劫三次者。其未傷人之夥盜。强盜例。

一、行刦罪囚，不論曾否得囚，有無傷人，爲首之人。傷人者之夥犯。有殺人者，爲首之人及夥犯。梟示。其在中途打奪罪囚，因而殺人，爲首者。刦囚例。

一、聚衆夥謀搶奪路行婦女，或賣，或自爲奴婢，爲首者。

一、黔、楚紅苗讎忿聚衆搶奪，人數至五十名，殺人，爲首者。聚衆至百人，雖不殺人，爲首者。聚衆至百人，殺人，爲首者。梟示。

一、苗人搶奪，該土官教令指使，或通同圖利者。

一、糧船水手夥衆十人以上，執持器械搶奪，爲首者。

一、白晝搶奪殺人者。

一、出哨兵弁遇商船在洋遭風，尚未覆溺，及著淺不致覆溺，不爲救護，反搶取財物，拆毀船隻者，不分首從。梟示。遭風覆溺人尚未死，不速救護，止顧撈搶財物，以致商民淹斃者，爲首之兵丁。在船將備同謀搶奪者。若明知事犯重罪，在無人處所故將商人全殺滅口者，無論官兵，但係在船同謀，不分首從。梟示。

一、江南通州、崇明、昭文沙民夥衆爭地，執持器械，及聚衆四五十人，有抗官重情，爲首者。白晝搶奪例。

一、竊盜拒捕殺人，爲首者。竊盜例。

一、駐劄外邊官兵及跟役等，偷盜蒙古馬匹者。盜馬牛畜産例。

一、同居卑幼引他人强刼己家財物者。親屬相盜例。

一、惡棍設法索詐官民，或因詐財不遂，竟行毆斃，爲首者。

一、旗、民結夥指稱隱匿逃人，索詐財物，爲首者。

一、太監逃出索詐者。

一、苗人伏草捉人，横加枷肘，勒銀取贖，再犯者，不分首從。土哨姦民勾通取利，造意者。恐嚇取財例。

一、夥衆開窖，誘取婦人子女藏匿勒賣，爲首者。

一、窩隱川販，指引綑拐藏匿遞賣者，同川販，首犯。略人略賣人例。

一、糾衆發塚起棺，索財取贖者，不分首從。

一、發掘貝勒、貝子、公等墳塚，開棺槨見屍，爲首者。發掘歷代帝王陵寢，先賢名臣，及前代藩王墳墓，開棺槨見屍，爲首者。

一、奴婢、雇工人發掘家長墳塚，開棺槨見屍，爲首者。毁棄撇撒死屍者，不分首從。子孫同。發塚例。

一、各處無籍之徒引賊刼掠以復私讎，探報消息，致賊逃竄者。梟示。

一、窩線同行上盜，得財者。盜賊窩主例。

一、謀財害命者。殺人後掠取家財，并知有藏蓄而取去者。

一、圖財害命得財，而殺死人命之首犯，與從而加功者。傷人未死，而已得財之爲首者。謀殺人例。

一、因姦謀殺本夫，傷而不死者，姦婦。

一、姦夫同謀殺死親夫，起意者。謀殺之後將姦婦拐逃，或爲妻妾，或得銀嫁賣，并拐逃幼小子女，賣爲奴婢者。

一、因姦謀死親夫，若本夫縱容抑勒妻妾與人通姦，被妻妾起意謀殺，或姦夫起意，知情同謀者，姦婦。

一、親屬相姦，如姦夫將本夫殺死，或與姦婦商通謀死者，姦夫。殺死姦夫例。

一、本宗及外姻尊長殺緦麻、功服、卑幼一家非死罪主僕雇工三人者。殺期服、卑幼一家主僕雇工三人内有功服緦麻卑幼者。謀占家産，圖襲官職，殺期服卑幼一家三人者。

一、發遣當差爲奴之犯，殺死伊管主一家三人，并三人以上其知情之子孫。

一、聚衆共毆原無必殺之心，而亂毆一家三命至死者，率先聚衆之人。殺一家三人例。

一、好鬥兇徒見人鬥毆，輒約夥尋釁，將人父母毆斃，爲首者。鬥毆及故殺人例。

一、因强姦將本婦立時殺死者。

一、强姦人妻女，其夫與父母親屬聞聲赴救，姦夫逞兇拒捕，立時殺死其夫與父母親屬者。

一、强姦内外緦麻以上親，及緦麻以上親之妻，妻之前夫女，同母異父姊妹已成，本婦羞忿自盡者。

一、子孫威逼祖父母、父母，妻妾威逼夫之祖父母、父母，致死者。

一、喇嘛、和尚等强姦致死人命，爲首者。威逼人致死例。

一、太監在紫禁城内持金刃自傷者。宫内忿爭例。

一、軍民人等謀死在京見任官員者。

一、八旗兵丁因管教，將本管官戳死者。閒散及護軍披甲人記讎，將該管官刃傷者。毆制使及本管長官例。

一、僧尼謀殺受業師，已殺者。毆故殺者。毆受業師例。

一、民人奴僕背主投營，挾制家長，勒索原契，及妻子財物者。奴婢毆家長例。

一、各部院衙門書辦，指稱部費，招摇撞騙，干犯國憲，非尋常犯贓可比者。官吏受財例。

一、僞造諸衙門印信及欽給關防，事關軍機錢糧，假冒官職，大干法紀，爲首者。僞造印信時憲書等例。

一、輪姦，爲首者。

一、惡徒夥衆搶去良人子弟，强行雞姦，爲首者。其雖未夥衆，因姦殺死良人子弟，及强行雞姦未至十歲之幼童者。

一、强姦十二歲以下幼女因而致死，及强行姦汚未至十歲之幼女者。犯姦例。

一、故燒各邊倉場官糧草束者。梟示。

一、兇徒糾衆謀財放火，故燒官民房屋、公廨、倉庫係官積聚之物，并街市鎮店，人居稠密之地，延燒搶奪財物者。不分首從。殺傷人者。梟示。有因焚壓致死者，爲首之人。梟示。挾讎放火延燒，因而殺人，及有焚壓致死者，爲首之人。放火故燒人房屋例。

一、强盗拒捕，殺傷官兵，其同在一處，或三五成群同惡共濟者。罪人拒捕例。

一、原擬斬梟及斬決之盗犯，若越獄脱逃，被獲者。免死發遣之犯，如越獄脱逃，被獲者。若因越獄，殺死兵役者。其外省越獄，及在途脱逃盗犯，被别省拿獲者。其從部刺字發遣，在途用酒灌醉用藥迷倒解差，乘間遠颺者。若因脱逃，殺傷兵役者。獄囚脱監及反獄在逃例。

《蒙古律例》卷一二《斷獄·斬絞人犯解送原犯事地方正法》 乾隆二十五年，刑部議覆奉天副都統增海所奏定例：

一、蒙古内行刼傷人得財者，將首從加功人等法應立決，并偷四項牲畜等犯内秋後勾到者，俱解送原犯事地方正法，應梟首示衆者令梟首示戒。

（清）吴壇《大清律例通考》卷四《名例律·五刑》 律文

死刑二：絞，斬。内外死罪人犯，除應决不待時外，餘俱監固，候秋審朝審分别情實、緩決、矜疑，奏請定奪。

《清仁宗實録》嘉慶四年正月 丁丑，諭内閣大學士九卿文武大員翰詹科道等定擬和珅、福長安罪名，請將和珅照大逆律凌遲處死，福長安照朋黨律擬斬，請即行正法等因一摺。和珅種種悖妄專擅，罪大惡極，於法實無絲毫可貸。因思聖祖仁皇帝之誅鼇拜，世宗憲皇帝之誅年羹堯，皇考之誅訥親，此三人分位與和珅相等，而和珅之罪，尤爲過之。從前辦理鼇拜、年羹堯皆蒙恩賜令自盡。訥親，則因貽誤軍機，於軍前正法。今就和珅罪狀而論，其壓擱軍報，有心欺隱，各路軍營，聽其意指，虚報首級，坐冒軍糧，以致軍務日久未竣，貽誤軍國，情罪尤爲重大。即不照大逆律凌遲，亦應照訥親之例，立正典刑，此事若於一二年後辦理，斷難寬其一綫，惟現當皇考大事之時，即將和珅處決。在伊固爲情真罪當，而朕心究有所不忍，且伊罪雖浮於訥親，究未身在軍營，與訥親稍異。國家本有議親議貴之條，以和珅之喪心昧良，不齒人類，原難援八議量從末減，姑念其曾任首輔大臣，於萬無可貸之中，免其肆市。和珅著加恩賜令自盡。此朕爲國體起見，非爲和珅也。至福長安受皇考厚恩，即居和珅之次，且與和珅朝夕聚處，於和珅罪狀知之最悉，且常有獨對之時，如果據實舉劾，罪蹟昭著，皇考必將和珅即正刑誅，斷不肯偏護和珅。轉坐福長安以訐發之罪，即謂皇考春秋已高，恐觸聖怒，藉小忠小信爲辭，不敢舉發。自朕立爲皇太子，及受寶後，已及四年，此數年中，伊常有在朝内直宿，不與和珅同直之時，何難自請獨對，或將和珅罪狀臚列，具密摺奏陳。如先前曾有片紙隻字，則此時朕不但不肯將伊與和珅一同治罪，並不肯奪伊官爵，乃始終並無一語。是其有心扶同徇隱，百喙難辭，現在查抄伊家内財産已非伊分内之所應有，若非平日肆意貪婪，何從得此饒裕。即照大學士等所請，按例辦理。實罪所應得，但科道中並未將福長安指款參劾，而所抄資産，究不及和珅十分之一二。和珅現已從寬賜令自盡，福長安亦著從寬改爲應斬監候，秋後處決。並著監提福長安，前往和珅監所，跪視和珅自盡後，再押回本獄監禁。至和琳本無功績，祇因伊紥奏福康安木植一案，得以屢邀擢用，此案並非和琳秉公劾參，實係聽受和珅指使，爲傾陷福康安之計。今和珅籍没家産，查出所葢柟木房屋，僭妄踰制，較之福康安託帶木植之咎，孰重孰輕，且和琳同福康安勦辦湖南苗匪，亦因和琳從中掣肘，以致福康安及身未能辦竣，是和琳於苗匪一案，有罪無功，所有和琳公爵，自應照議革去。至配享太廟尤爲非常鉅典，和琳何人，乃與開國功臣同列，著即照議徹出太廟，並將伊家所立專祠，一併拆毁。豐紳殷德，係固倫額駙，且公主平日最爲皇考所鍾愛，自應仰體恩慈，曲加體恤。若此時將豐紳殷德職銜斥革，齒於齊民，於體制亦覺未協。和珅公爵，係因拏獲王三槐所得，應照議革去，著加恩仍留伊伯爵，即令豐紳殷德承襲，在家閒住，不許出外滋事。豐紳伊綿，亦著革去公爵，斥退侍衛，不准在乾清門行走，仍加恩賞給雲騎尉，在本旗當閒散差使。錫麟，原係承襲傅靈安雲騎尉世職，福長安獲罪，侯爵自應斥革，與傅靈安無涉，著仍加恩准錫麟承襲雲騎尉，亦斥退侍衛，不准在乾清門行走，回本旗當閒散差使。大學士蘇凌阿，年老龍鍾，和珅因係和琳姻親，且利其昏憒充位，藉顯己才。伊年逾八十，跪起維艱，豈能勝綸扉重任。蘇凌阿，著即以原品休致。侍郎吴省蘭、李潢，太僕寺卿李光雲，皆係和珅引用之人。李光雲現患痰疾，著以原品休致。吴省蘭、李潢，雖無人列款条劾，但未便倖列卿貳，俱著降爲編修，吴省蘭著徹回學政，不必在南書房行走。

（清）沈家本《續修會典事例・發塚》　一、子孫盗祖父母、父母未殯、未埋屍柩，不分首從、開棺見屍者，皆斬立決。如未開棺槨，事屬已行確有顯跡者，皆絞立決。如有尊長、卑幼或外人爲首、爲從，分别服制、凡人各以首從論。

謹按：此條嘉慶十九年因子孫盗屍柩不皆因貧，而原例子孫下有因貧二字，遇有犯罪毁棺抵制或挾仇誣陷者，引斷未免窒礙，是以節删。

（清）沈家本《續修會典事例・歷年事例・發塚》　嘉慶二十二年六月奉旨：此案張成標因圖奸張盤沅不從，起意殺死。復將張盤沅屍身用水澆燙，刮去皮肉，剖開胸腹，挖出臟腑飼犬，殘忍已極。僅照因姦殺死良人子弟例問擬斬決，尚覺情浮於法。張成標著即處斬，再加梟示。將該犯兇殘情節於榜示内載明，俾衆共知警惕。嗣後斬決之犯，有情節凶殘似此者，俱照此例辦理。餘依議。欽此。

謹案：此條已遵旨修纂爲例，在人命殺一家三人門内。應該諭旨移歸彼門。

（清）沈家本《續修會典事例・發塚》　凡發掘貝勒、貝子、公夫人等墳塚【略】，見棺者，爲首絞立決，爲從皆絞監候。未至棺者，爲首絞監候。

（清）沈家本《續修會典事例・發塚》　凡發掘貝勒、貝子、公夫人等墳塚開棺槨見屍者，爲首斬立決梟示，爲從者絞立決。

（清）沈家本《續修會典事例・發塚》　凡奴婢、雇工人發掘家長墳塚已行，【略】見棺槨，爲首絞立決，爲從絞監候。開棺槨見屍者，爲首斬立決梟示，爲從斬監候。毁棄、撇撒死屍者，不分首從皆斬立決梟示。如有家長、尊卑親屬或外人爲首、爲從，分别服制、凡人各以首從論。

謹按：此條同治四年《嚴定發塚章程》於斬立決下均加梟示。

（清）沈家本《續修會典事例・發塚》　一、發掘常人墳塚，開棺見屍爲首者，擬斬立決，爲從無論次數，俱擬絞監候。其發塚見棺鋸縫、鑿孔抽取衣飾尚未顯露屍身，爲首擬絞立決，爲從俱擬絞監候。發塚開棺見屍爲從幫同下手開棺者，不論次數，秋審俱入情實。在外瞭望一、二次者，入於緩決，三次及三次以上者，入於情實。其發塚見棺鋸縫、鑿孔爲從幫同鑿棺、鋸棺三次及三次以上者，入於情實，一、二次者，入於緩決。在外瞭望六次者，入於情實，一次至五次者，入於緩決。

紀事

（宋）司馬光《稽古録》有熊氏　黄帝乃治五兵以征之，與蚩尤戰于涿鹿之野，禽而殺之。

（宋）司馬光《稽古録》夏后氏　堯命鯀治水，功不成。舜臣堯，殛鯀于羽山。

（清）羅振玉《殷虚書契前編・一・一八・四》　王宜武丁伐十人，卯三牢，鬯【略】卣；王宜且庚伐二人，卯二牢，鬯二卣；王宜文武丁伐十人，卯六牢，鬯六卣。

《左傳・隱公四年》　九月，衛人殺祝吁于濮。稱人以殺，殺有罪也。

（宋）司馬光《稽古録》周襄王鄭元年　鄭欲納文公，乃殺奚齊。

（宋）司馬光《稽古録》周定王瑜十一年冬 晋殺先穀。

（宋）司馬光《稽古録》周靈王泄心元年 晋侯之弟陽干亂行，魏絳戮其僕。

（宋）司馬光《稽古録》周景王貴九年秋 楚薳洩伐徐，吴救之，令尹子蕩伐吴，吴敗其師於房鐘，子蕩歸罪於薳洩而殺之。

（宋）司馬光《稽古録》周敬王三十六年 吴子及魯侯大敗齊師於艾陵，獲國書，歸賜子胥屬鏤以死。

《左傳·襄公十九年》 子孔當罪，以其甲及子革、子良氏之甲守。甲辰，子展、子西率國人伐之，殺子孔而分其室。

《左傳·襄公二十七年》 殺甯喜及右宰穀，尸諸朝。

《左傳·昭公元年》 將戰，魏舒曰：彼徒我車，所遇又阨，以什共車必克。困諸阨，又克。請皆卒，自我始。乃毁車以爲行，五乘爲三伍。荀吴之嬖人不肯即卒，斬以徇。

《公羊傳·昭公二十六年》 君不忍加之以鈇鑕。何休注：鈇鑕，要斬之罪。

《亢倉子·全道篇》〔楚平王〕棄左右近習三人於市。

（清）沈家本《歷代刑法考·刑法分考三·斬》《左傳》：僖三十三年，先軫曰：匹夫逞志於君而無討，敢不自討乎？免冑入狄師，死焉。狄人歸其元，注：元，首。面如生。文十一年冬十月甲午，敗狄於鹹，獲長狄僑如。富父終甥摏其喉，以戈殺之，埋其首於子駒之門。齊襄公之二年，鄋瞞伐齊，齊王子成父獲其弟榮如，埋其首於周首之北門。襄十八年，中行獻子將伐齊，夢與厲公訟，弗勝；公以戈擊之，首隊於前，跪而戴之，奉之以走。昭五年，豎牛懼，奔齊。孟仲之子殺諸塞關之外，投其首於甯風之棘上。定十四年，使罪人三行，屬劍於頸，而辭曰：二君有治，臣奸旗鼓，不敏於君之行前，不敢逃刑，敢歸死。遂自剄焉〔師屬之目。〕哀十三年，吴人告敗於王，王惡其聞也，自剄七人於幕下。

按：此皆春秋時斷首之事，然非刑也。

《戰國策》卷一七《楚四》 楚考烈王崩，李園果先入，置死士止於棘門之内，春申君後入，止棘門園，死士夾刺春申君，斬其頭，投之棘門之外。於是楚使吏盡滅春申君之家。

（明）董説《七國攷》卷一二《燕刑法·斬》《通鑑》：樂毅圍齊二邑，三年而猶未下，或讒之于燕昭王。昭王于是置酒高會，引言者而讓之曰：汝何敢言若此！乃斬之。

《戰國策》卷一三《齊六》 齊負郭之民有孤狐咺者，正議，閔王斮之檀衢，百姓不附。

睡虎地秦墓竹簡整理小組《睡虎地秦墓竹簡·封診式·賊死》 爰書：某亭求盜甲告曰：署中某所有賊死、結髮、不（智）〔知〕（可）〔何〕男子一人，來告。即令令史某往診。令史某爰書：與牢隸臣某即甲診，男子（死）〔屍〕在某室南首，正偃。某頭左角刃痏一所，（北）〔背〕二所，皆（從）〔縱〕頭（北）〔背〕，袤各四寸，相耎，廣各一寸，皆臽中類斧，腦角（出）〔頔〕皆血出，（柀）〔被〕污頭（北）〔背〕及地，皆不可爲廣袤；它完。衣布禪帬、襦各一。其襦（北）〔背〕直痏者，以刃（夬）〔决〕二所，（應）〔應〕痏。襦（北）〔背〕及中衽□污血。男子西有鬃秦綦履一兩，去男子其一奇六步，一十步；以履履男子，利焉。地堅，不可（智）〔知〕賊迹。男子丁壯，（析）〔皙〕色，長七尺一寸，髮長二尺；其腹有久故瘢二所。男子（死）〔屍〕所到某亭百步，到某里士（五）〔伍〕丙田舍二百步。令甲以布帬剡（貍）〔埋〕男子某所，（侍）〔待〕令。以襦、履詣廷。訊甲亭人及丙，（智）〔知〕男子（可）〔何〕日死，聞（讙）〔號〕寇者不（殹）〔也〕？

睡虎地秦墓竹簡整理小組《睡虎地秦墓竹簡·封診式·經死》 爰書：某里典甲曰：里人士（五）〔伍〕丙經死其室，不（智）〔知〕故，來告。即令令史某往診。令史某爰書：與牢隸臣某即甲、丙妻、女診丙。丙（死）〔屍〕縣其室東内中北辟權，南（鄉）〔嚮〕，以枲索大如大指，旋通繫頸，旋終在項。索上終權，再周結索，餘末袤二尺。頭上去權二尺，足不傅地二寸，頭（北）〔背〕傅辟，舌出齊唇吻，下遺矢（弱）〔溺〕，污兩（卻）〔脚〕。解索，其口鼻氣出（渭）〔喟〕然。索迹（枺）〔椒〕鬱，不周項二寸。它度（毋）〔無〕兵刃木索迹。權大一圍，袤三尺，西去堪二尺，堪上可道終索。地堅，不可（智）〔知〕人迹。索袤丈。衣絡禪襦、帬各一，踐□。即令甲、女載丙（死）〔屍〕詣廷。診必先謹審視其迹，當獨抵（死）〔屍〕所，即視索終，終所黨有通迹，乃視舌出不出，頭足去終所及地各幾（可）〔何〕，遺矢（弱）〔溺〕不（殴）〔也〕？乃解索，視口鼻（渭）〔喟〕然不（殴）〔也〕？及視索迹鬱之狀。道索終所試脱頭，能脱，乃□其衣，盡視其身、頭髮中及篡。舌不出，口鼻不（渭）〔喟〕然，索迹不鬱，索終急不能脱，□死難審（殴）〔也〕。（節）〔即〕死久，口鼻或不能（渭）〔喟〕然者。自殺者必先有故，問其同居，以（合）〔答〕其故。

（明）董説《七國攷》卷一二《秦刑法·棄市》《史記》昭襄王五十二年，河東守王稽坐與諸侯通，棄市。注：秦法，論死于市，謂之棄市。

《史記》卷六《秦始皇本紀》（始皇）八年，王弟長安君成蟜將軍擊趙，反，死屯留，軍吏皆斬死，遷其民於臨洮。將軍壁死，卒屯留蒲鶮反，戮其屍。

《史記》卷六《秦始皇本紀》〔秦始皇九年〕長信侯毐作亂而覺，矯王御璽及太后璽以發縣卒及衛卒、官騎、戎翟君公、舍人，將欲攻蘄年宫爲亂。王知之，令相國昌平君、昌文君發卒攻毐。戰咸陽，斬首數百，皆拜爵，及宦者皆在戰中，亦拜爵一等。毐等敗走。即令國中：有生得毐，賜錢百萬；殺之，五十萬。盡得毐等。衛尉竭、内史肆、佐弋竭、中大夫令齊等二十人，皆梟首，車裂以徇，滅其宗。及其舍人，輕者爲鬼薪，及奪爵遷蜀四千餘家，家房陵。

（唐）杜佑《通典》卷一六三《刑法·刑制》始皇即位，遣將成蟜擊趙，反，死屯留，軍吏皆斬，及戮其屍。士卒死皆戮其屍。其後，嫪毐作亂，敗其徒二十人，皆梟首，懸首於木上曰梟。車裂，徇滅其宗。輕者爲鬼薪。取薪給宗廟爲鬼薪，律曰鬼薪作三歲。後又體解荆軻。及平六國，制曰：人藏《詩》《書》及偶語，棄市。禁人聚語畏其謗也。以古非今者族。吏見知不舉與同罪。令下三十日不燒，黥爲城旦。律説論決為髡鉗輸邊築長城。城旦，四歲刑也。燕人盧生竊言，始皇樂以刑殺為威，因亡去。始皇聞之，怒。諸生在咸陽者，四百六十餘人，皆坑之。其後東郡星隕為石，或刻其石曰：始皇死。始皇盡誅石旁人。胡亥立以趙高為郎中令，更變律令。有罪者相坐收族。又羣盗起，胡亥責李斯。斯懼，上書請行督責刑者相半。其後趙高譖斯，具五刑，腰斬，夷三族。

（宋）司馬光《稽古録》始皇三十七年　始皇崩，趙高説斯曰：長子若立，蒙恬必相，君無死所矣。乃矯詔立胡亥爲太子，賜扶蘇、蒙恬、蒙毅死。

（宋）司馬光《稽古録》漢高祖邦十二年　周勃斬陳豨。

《漢書》卷一六《高惠高后文功臣表》〔東武侯〕西漢，高后六年，侯它嗣，三十一年，孝景六年，有罪，棄市，户萬一百。

《漢書》卷一六《高惠高后文功臣表》〔成陽定侯〕孝文十一年，侯信嗣，二十九年，建元元年，有罪要斬。

《漢書》卷五《景帝紀》〔中二年春二月〕改磔曰棄市，勿復磔。

應劭曰：先此諸死刑皆磔於市，今改曰棄市，自非妖逆不復磔也。師古曰：磔謂張其尸也。棄市，殺之於市也。謂之棄市者，取刑人於市，與衆棄之也。

《史記》卷一一《孝景本紀》〔漢景帝啓元〕三年正月乙巳，赦天下。長星出西方。天火燔雒陽東宫大殿城室。吴王濞、楚王戊、趙王遂、膠西王卬、濟南王辟光、菑川王賢、膠東王雄渠反，發兵西鄉。天子爲誅晁錯，遣袁盎諭告，不止，遂西圍梁。

（清）薛允升《漢律輯存·漢書》格明詔，當棄市。卷四十四《淮南衡山濟北王傳》

按，即《食貨志》所謂廢格之獄也。《義縱傳》：縱捕楊可使者，天子以爲廢格沮。蓋同此律條。

（宋）司馬光《稽古録》漢武帝元光二年　單于入塞，覺之，亡去。漢追至塞，不及而罷。誅王恢。

《漢書》卷六《武帝紀》〔元光〕四年冬，魏其侯竇嬰有罪，棄市。

《漢書》卷四七《梁平王襄傳》李太后，親平王之大母也。而平王之后曰任后，任后甚有寵於襄。初，孝王有罍尊，直千金，戒後世善寶之，毋得以與人。任后聞而欲得之。李太后曰：先王有命，毋得以尊與人。他物雖百鉅萬，猶自恣。任后絶欲得之。王襄直使人開府取尊賜任后，又王及母陳太后事李太后多不順。有漢使者來，李太后欲自言，王使謁者中郎胡等遮止，閉門。李太后與爭門，措指，太后啼謼，不得見漢使者。【略】後病薨。病時，任后未嘗請疾；薨，又不侍喪。

元朔中，睢陽人犴反，【略】乃上變告梁王與大母爭尊狀。時相以下具知之，欲以傷梁長吏，書聞。天子下吏驗問，有之。公卿治，奏以爲不孝，請誅王及太后。天子曰：首惡失道，任后也。朕置相吏不逮，無以輔王，故陷不誼，不忍致法。削梁王五縣，奪王太后湯沐成陽邑，梟任后首於市，中郎胡等皆伏誅。

（宋）司馬光《稽古録》漢武帝元狩元年　淮南王安、衡山王賜謀反，伏誅。

（宋）司馬光《稽古録》漢武帝元封三年夏　朝鮮王來降，以其地爲四郡。軍還，荀彘坐爭功，棄市。

（清）薛允升《漢律輯存·漢書》〔天漢三年〕秋，匈奴入鴈門，太守坐畏愞棄市。卷六《武帝紀》

如淳曰：軍法，行逗留畏愞者要斬。孟康曰：逗遛律語也，謂軍行頓止稽留不進也。

《漢書》卷六《武帝紀》〔武帝〕太始元年，春正月，因杅將軍敖有罪，要斬。

《漢書》卷六《武帝紀》〔武帝征和三年〕六月，丞相屈氂下獄要斬，妻〔子〕梟首。

（宋）司馬光《稽古録》漢武帝後元元年夏　侍中僕射馬何羅謀反，伏誅。

（宋）司馬光《稽古録》漢昭帝始元元年　燕王旦自以年長不得立，與齊王澤、中山王長謀反，事覺。秋，澤、長等伏誅，旦以至親，勿治。

《漢書》卷八《宣帝紀》〔宣帝元康二年〕冬，京兆尹趙廣漢有罪，要斬。

（漢）荀悦《前漢紀》元康二年　冬，京兆尹趙廣漢有罪，腰斬。廣漢字子都，涿郡人也。坐殺人不辜，丞相按驗之。廣漢疑丞相夫人殺侍婢，以此脅丞相。丞相按之甚急，廣漢乃將吏突之丞相府，召其夫人跪堂下，収奴婢十餘人考問其事。丞相上書自陳曰：妻實不殺婢，婢有過自殺耳。丞相司直劾奏廣漢摧辱大臣，欲以劫持奉公，不道。上乃下廣漢廷尉獄，又坐賊殺不辜罪，吏民守闕號泣者數萬人。初，廣漢為京兆尹，廉明，抑强扶弱，小民得職，而吏士盡心，其盜賊姦邪纖微皆知之。長安少年數人會窮里空舍謀欲劫人，語未及竟，廣漢知之，使吏捕治之，具伏。富人蘇回為郎，二人私劫質之。有頃，廣漢至，曉賊曰：釋質，束手，善相遇，幸逢赦。賊驚愕，即出，叩頭。廣漢為跪謝曰：幸全活郎，甚厚！遂送獄，勅吏謹遇之，給酒肉。冬當斷，預為調棺斂具，皆曰：死無所恨矣！廣漢嘗召湖都亭長，湖亭長西經界上，界上亭長戲曰：為我通問趙君。湖亭長至，廣漢曰：界上亭長謝我，何故不為致問？其摘姦發伏如神，皆此類也。廣漢奏令長安游徼獄吏秩百石，其後百石吏皆差自重，不敢枉法。京兆清正，長老稱之，以漢興京兆尹無及廣漢者，百姓追思而歌之。

《漢書》卷八《宣帝紀》〔宣帝神爵四年〕十一月，河南太守嚴延年有罪，棄市。

（漢）荀悦《前漢紀》神雀四年十一月　河南太守嚴延年有罪，棄市。延年為治嚴酷，冬月傳屬縣囚會府下，流血數里，河南號曰屠伯。府丞年老頗悖，素畏延年，恐見中傷。延年實親厚之，而丞愈自恐，自筮得死卦，乃求告至京師，上書言延年罪名十事。拜奏，因飲藥自殺，以明不欺。事下案驗，有此數事。延年坐誹謗政理，不道。先是延年母從東海來，適見報囚，母怒延年曰：天道神明，人不可獨殺。行矣，去汝東歸，除掃墓地待汝耳。母還歸，復為宗族昆弟言之，後歲餘而誅矣。延年雖酷，然敏於政事，令行禁止，郡國肅清。先是為涿郡太守，豪彊放縱，盜賊橫行，吏民皆曰：寧負二千石，無負豪彊大家。延年至，則案誅大姓高氏等，所殺十人，郡中畏慄，道不拾遺。初，上即位，延年為御史，劾奏霍光擅廢立主上，無人臣禮，大不道。奏雖寢，朝廷肅然敬憚之。延年兄弟五人，皆有吏才，至二千石大官。東海賢嚴母，號曰萬石嚴嫗。延年次弟彭祖，有才藝，學《春秋》，明經傳作註，即名《嚴氏春秋》也。官至左馮翊、太子太傅，不求當世，為儒者宗。或謂彭祖曰：天時不勝人事，君不修小禮曲意，無貴人左右之助，經義雖高，不至宰相矣。願少自勉！彭祖曰：大凡通經術，故當修先王之道，何可委曲從容，苟求富貴乎！卒以太傅官終。

《漢書》卷八《宣帝紀》〔五鳳元年十二月〕左馮翊韓延壽有罪，棄市。

（漢）荀悦《前漢紀》五鳳元年十二月　乙酉朔，日有蝕之。左馮翊韓延壽有罪，棄市。延壽字長公，燕人也。先是為東郡太守，放散官錢，奢僭逾制。御史大夫蕭望之按驗之，丞相邴吉以為更大赦，不須考。會御史當案問東郡事，望之因令并得問之。延壽聞之，即案校望之在左馮翊時放散廪犧官錢數十萬，吏掠治急，引與望之為姦。延壽劾望之，移殿門禁止望之。望之自奏職在總領天下，聞事不得不問，而為延壽所拘持。上由是不直延壽，各令窮竟所考。望之果無事實，而御史案驗東郡，具得延壽在東郡時試騎士，治飾兵車，畫龍虎朱雀。延壽駕駟馬，植羽葆，鼓車歌車。功曹引車，皆駟馬，載棨戟。五騎為伍，分左右部，軍正、假司馬、千人持幢傍轂。延壽坐射室，騎吏持戟夾陛列衛。騎士兵車四面營陣，被甲鞮鞪居馬上，抱弩負蘭。又使騎士戲車弄馬。又取官銅物，候月蝕鑄作劔鉤鐔，放效尚方。取官錢帛，私假徭役吏民。及飾車騎甲用三百萬以上。於是望之劾奏延壽上僭不道。事下公卿，公卿議以延壽前既無狀，又誣訴典法大臣，欲以解罪，狡猾不道，坐棄市死。然延壽為治，甚得吏民心，吏民數千人送至渭橋，老小扶持車轂，莫不涕泣。初，延壽以父義諫燕刺王而死，霍光顯賞其子，擢延壽為諫議大夫，遷潁川太守，承趙廣漢之後。初，廣漢患郡俗名黨大族相依，以憑凌長吏，乃陰交構之，以生其隙。於是吏民多相怨讐，風俗灕薄。延壽乃道之以禮讓，和輯其俗，俾有制度為之禮節，養生送死不逾禮法。百姓遵用其教，賣偶人車馬下里偽物者，棄之市道。徙為東郡太守，政理大行，吏民畏而愛之。其或欺負之者，延壽痛自刻責：豈其負之，何以至此？吏民聞之，自傷悔，不復欺犯，其縣尉至刺死。及門下掾自剄人救之不死，因失瘖不能言。延壽聞之自傷，對掾吏涕泣，遣醫治之甚厚，復其家。延壽嘗出，臨上車，騎吏一人後至，敕功曹議罰。府門卒當車前願有所言，因曰：《孝經》云：資於事父以事君而敬同。今旦明府早駕，久駐而不出，騎吏父至府門，騎吏趨出，父適反，會明府登車。以敬父而受罰，得無毀大化乎？延壽車中舉手曰：微子，太守不自知過。還舍，召見府門卒，遂特用之。卒是老書生，聞延壽賢，故自隱於門下。時延壽在東郡治為天下最，及守馮翊，行縣至高陵，邑人有兄弟訟田自言者，延壽大傷之，深自責，稱病不聽事，卧傳舍，而縣令、丞、三老亦自繫待罪。於是訟者深自悔，皆髡鉗肉袒謝罪，請以田相讓，至死不復敢爭。延壽見，勉勵之，乃起視事。郡中翕然，轉相勸勵。周徧二十四縣，莫復以辭訟自言者。推其至誠，吏民不忍欺也，治化茂矣。

（宋）司馬光《稽古録》漢成帝陽朔元年冬　京兆尹王章言王鳳過惡，章坐死，妻子徙合浦。

《漢書》卷六七《云敞傳》　云敞字幼（儒）〔孺〕，平陵人也。師事同縣吴章，章治《尚書經》爲博士。平帝以中山王即帝位，年幼，莽秉政，自號安漢公。以平帝爲成帝後，不得顧私親，帝母及外家衛氏皆留中山，不得至京師。莽長子宇，非莽鬲絶衛氏，恐帝長大後見怨。宇與吴章謀，夜以血塗莽門，若鬼神之戒，冀以懼莽。章欲因對其咎。事發覺，莽殺宇，誅滅衛氏，謀所聯及，死者百餘人。章坐要斬，磔尸東市門。

（宋）司馬光《稽古録》新王莽建國二年　甄豐子尋、劉歆子棻、復獻符命，莽怒，殺之。

（宋）司馬光《稽古録》漢和帝永元六年　帝後知崇、徽亂匈奴，致其背誕，乃誅崇、徽。

《後漢書》卷五《安帝紀》〔元初五年〕十二月丁巳，中郎將任尚有辠，棄市。

《後漢書》卷六《質帝紀》〔永熹元年九月〕丁未，中郎將趙序坐事棄市。

《後漢書》卷七《桓帝紀》〔延熹九年九月〕南陽太守成瑨、太原太守劉質，並以譖棄市。

（宋）司馬光《稽古録》漢獻帝建安十七年　劉備屯葭萌，張松謀泄，劉璋殺松。

（宋）司馬光《稽古録》漢獻帝建安二十年夏　斬韓遂。

（宋）司馬光《稽古録》魏文帝黄初四年　蜀人斬黄元。

（宋）司馬光《稽古録》魏明帝太和四年　吴廷尉隱蕃叛，誅。

（宋）司馬光《稽古録》魏邵陵厲公嘉平元年春　曹爽兄弟從帝出謁高平陵，司馬懿發兵閉門，奏爽罪惡。帝還，懿收爽及其黨，悉誅之。

《三國志》卷四〇《蜀志·劉琰傳》〔建興〕十二年正月，琰妻胡氏入賀太后，太后令特留胡氏，經月乃出。胡氏有美色，琰疑其與後主有私，呼〔卒〕五百撾胡，至於以履搏面，而後棄遺。胡具以告言琰，琰坐下獄。有司議曰：卒非撾妻之人，面非受履之地。琰竟棄市。

（宋）司馬光《稽古録》晋愍帝建興四年冬　劉曜圍長安，城中食盡，帝出降，曜以索綝爲不忠，斬之。

（宋）司馬光《稽古録》晋元帝建武元年　劉聰倖臣郭猗、王沈譖太弟乂，殺之。

（宋）司馬光《稽古録》晋穆帝永和二年　漢將李奕反，死。

（宋）司馬光《稽古録》晋穆帝升平二年　秦主任處士王猛以國政，太后弟苟强譖之，秦主怒，斬强，由是無人能間者。

（宋）司馬光《稽古録》晋海西公太和三年　秦主使王猛及將軍楊威世分討柳、雙。秋皆斬之。

（宋）司馬光《稽古録》晋安帝隆安二年夏　燕蘭汗弑惠閔，惠閔子盛殺汗。

《晋書》卷三〇《刑法志》　改漢舊律不行於魏者皆除之，更依古義，制爲五刑，其死刑有三。

（唐）張九齡等《唐六典》卷六《尚書刑部》〔晋氏受命〕其刑名之制，大辟之刑有三：一曰梟，二曰斬，三曰棄市。

《宋書》卷五《文帝本紀》〔元嘉三年〕建安太守潘盛有罪伏誅。

《宋書》卷六《孝武帝本紀》〔孝建三年〕十一月癸丑，淮南太守袁景有罪棄市。

《宋書》卷八《明帝本紀》〔泰始二年〕八月己卯，司徒建安王休仁率衆軍大破賊，斬僞尚書修射袁顗，進討江、郢、荊、雍、湘五州，平定之。晋安王子勛、安陸王子綏、臨海王子頊、邵陵王子元並賜死；同黨皆伏誅。諸將軍帥封賞各有差。【略】

十月乙卯，永嘉王子仁、始安王子真、淮南王子孟、南平王子産、廬陵王子輿、松滋侯子房並賜死。

（宋）司馬光《稽古録》齊武帝永明元年夏　車騎將軍張敬兒有罪，誅。

《南齊書》卷四九《王奂傳》〔永明十一年〕奂長子太子中庶子融，融弟司徒從事中郎琛，於都棄市。

《南齊書》卷六《明帝本紀》〔永泰元年四月〕丁卯，大司馬會稽太守王敬則舉兵反。五月壬午，遣輔國將軍劉山陽率軍東討。乙酉，斬敬則，傳首。

（宋）司馬光《資治通鑑》齊和帝中興元年九月　蕭衍之克江、郢也，東昏遊騁如舊，謂茹法珍曰：須來至白門前，當一決。騁，丑郢翻。茹，音如。須，待也。白門，建康城西門也；西方色白，故以爲稱。一決，言一戰以決勝負也。衍至近道，乃聚兵爲固守之計，簡二尚方、二冶囚徒以配軍；建康有左、右二尚方，東、西二冶。其不可活者，於朱雀門内日斬百餘人。

（宋）司馬光《稽古録》陳文帝天嘉四年　侯安都以驕慢賜死。

（宋）司馬光《稽古録》陳宣帝太建三年　春，章昭達討歐陽紇，斬之。

（宋）司馬光《稽古録》陳宣帝太建五年冬　拔壽陽，斬王琳。

（宋）司馬光《稽古録》陳長城煬公至德三年春　前豐州刺史章大寶反，夏，豐州將陳景詳斬之。

（宋）司馬光《稽古録》陳長城煬公至德四年　隋柱國梁士彦、宇文忻、劉昉謀反，誅。

《魏書》卷七三《奚康生傳》　肅宗既上殿，康生時有酒勢，將出處分，遂爲乂所執，鎖於門下。至曉，乂不出，令侍中、黄門、僕射、尚書等十餘人就康生所訊其事。處康生斬刑，難處絞刑。乂與剛並在内矯詔決之。康生如奏，難恕死從流。難哭拜辭父，康生忻子免死，又亦慷慨，了不悲泣。語其子云：我不反死，汝何爲哭也？有司驅逼，奔走赴市，時已昏闇，行刑人注刀數下不死，於地刻截。咸言稟乂意旨，過至苦痛。嘗食典御奚混與康生同執刀入内，亦就市絞刑。

《北齊書》卷二《神武帝紀》〔天平元年〕八月甲寅，召集百官，謂曰：爲臣奉主，匡救危亂，若處不諫爭，出不陪隨，緩則耽寵爭榮，急便逃竄，臣節安在！遂收開府儀同三司叱列延慶、兼尚書左僕射辛雄、兼吏部尚書崔孝芬、都官尚書劉廞、兼度支尚書楊機、散騎常侍元士弼並殺之，誅其貳也。士弼籍沒家口。神武以萬機不可曠廢，乃與百僚議以清河王亶爲大司馬，居尚書下舍而承制決事焉。

《北史》卷一〇《周本紀・高祖武帝》〔建德〕六年春正月乙亥，

齊主傳位於其太子恆，改年曰承光，自號太上皇。壬辰，帝至鄴。癸巳，帥諸軍圍之，齊人拒守，諸軍奮擊大破之，遂平。齊主先送其母及妻子於青州，及城陷，帥數十騎走青州，遣大將軍尉勤追之。

是戰也，於陣獲其齊昌王莫多婁敬顯，帝數之曰：汝有死罪三：前從并州走鄴，棄母攜妻妾，是不孝；外爲僞主戮力，内實通啓於朕，是不忠；送款之後，猶持兩端，是不信。如此用懷，不死何待。遂斬之。是日，西方有聲如雷。

甲午，帝入鄴城。詔去年大赦班宣未及之處，皆從赦例。己亥，詔曰：晉州大陣至鄴，身殞戰場者，其子即授父本官。尉勤擒齊主及其太子恆於青州。

《隋書》卷六二《趙綽傳》 刑部侍郎辛亶，嘗衣緋褌，俗云利於官，上以爲厭蠱，將斬之，綽曰：據法不當死，臣不敢奉詔。上怒甚，謂綽曰：卿惜辛亶而不自惜也？命左僕射高熲將綽斬之。綽曰：陛下寧可殺臣，不可殺辛亶。至朝堂，解衣當斬。上使人謂綽曰：竟如何？對曰：執法一心，不敢惜死。上拂衣入，良久乃釋之。明日，謝綽，勞勉之，賜物三百段。

時上禁行惡錢，有二人在市以惡錢易好者，武候執以聞，上令悉斬之。綽進諫曰：此人坐當杖，殺之非法。上曰：不關卿事。綽曰：陛下不以臣愚暗，置在法司，欲妄殺人，豈得不關臣事？上曰：撼大木不動者，當退。對曰：臣望感天心，何論動木！上復曰：啜羹者，熱則置之。天子之威，欲相挫邪？綽拜而益前，訶之不肯退。上遂入。治書侍御史柳彧復上奏切諫，上乃止。上以綽有誠直之心，每引入閤中，或遇上與皇后同榻，即呼綽坐，評論得失。前後賞賜以萬計。後進位開府，贈其父爲蔡州刺史。

（明）孫世芳《宣府鎮志》卷一九《法令考·隋》 文帝開皇十五年敕盜邊糧斗以上皆斬。有司奏合川倉粟少七千石，命斛律孝卿鞫問其事，以爲主典所竊，令孝卿馳驛斬之，没其家爲奴婢，鬻粟以填之，是後盜邊糧者一斗以上皆死，家口没官。先是盜一錢罪死，未幾罷。至是盜邊糧之令復行。隋氏之法，峻哉。

（宋）司馬光《稽古録》隋煬帝大業九年 兵部侍郎斛律斯政亡入高麗。玄感西趨關中，宇文述等追斬之。

（明）孫世芳《宣府鎮志》卷一九《法令考·隋》 煬帝大業十一年敕將吏討賊無功者罪死。時上谷賊帥王須拔自稱漫天王，魏刁兒自稱歷山飛，將衆各十餘萬，北連突厥南寇燕趙，朝廷患之，特敕上谷嬀州等處將吏討平，其無功者械繫京師處以極刑。自是各處盜起，刑不能禁，卒底於亡云。

（明）孫世芳《宣府鎮志》卷一九《法令考·唐》 高祖武德四年令邊鎮征人逃亡者罪勿赦。帝躬録囚徒，以天下因亂冒法者，衆盜非刼傷其主，及邊鎮征人逃亡者，皆原之。已而又詔僕射裴寂等十五人更撰律令，大畧以開皇爲準，除其鞭刑及梟首轘裂之酷，多從寬恕。惟於軍中之令從重焉。

（宋）司馬光《稽古録》唐高祖武德五年夏 黑闥復引突厥入寇，河北皆應之。秋，突厥圍并州，太子建成及秦王擊却之。冬，太子討黑闥，斬之。

《新唐書》卷一〇八《劉仁軌傳》 劉仁軌字正則，汴州尉氏人。少貧賤，好學。值亂，不能安業，每動止，畫地書空，寓所習，卒以通博聞。武德初，河南道安撫大使任瓌上疏有所論奏，仁軌見其稾，爲竄定數言。瓌驚異，赤牒補息州參軍。轉陳倉尉。部人折衝都尉魯寧者，豪縱犯法，縣莫敢屈。仁軌約不再犯，而寧暴横自如，仁軌榜殺之。州以聞，太宗曰：尉而殺吾折衝，可乎？召詰讓。仁軌對曰：寧辱臣，臣故殺之。帝以爲剛正，更擢咸陽丞。

（宋）司馬光《稽古録》唐高祖武德九年 幽州都督盧江王瑗反，誅。

（宋）司馬光《稽古録》唐太宗貞觀十七年 齊州都督齊王祐謀反，賜死。

（宋）司馬光《稽古録》唐高宗永徽四年春 駙馬都尉房遺愛、柴令武、寧州刺史薛萬徹謀反，伏誅。

（明）吴訥《棠陰比事續編·有功好生》 徐有功舉明經，累遷司刑丞。時武后畏唐大臣謀己，周興等揣識后旨，置獄捕將相，引天下豪傑，一切按以反論。獨有功數犯顔爭，周興劾有功故出反囚，當誅。坐免官，起爲侍御史。辭曰：今以法官用臣，臣守正行法，必坐此死。后固授之。

薛季昶復劾有功黨惡逆，當棄市。令史泣以告，有功曰：豈獨吾死，而諸人長不死耶？后詰曰：公比斷獄多失出何也？對曰：失出人臣小過，好生人君大德。后默然，免爲民。起拜右司郎中，轉司刑少卿，凡二坐大辟，將死泰然不憂，赦之亦不喜。后以此重之，改司僕少卿。卒六年，八贈司刑卿。中宗即位，加贈越州都督，授一子官。會昌中，追謚中正。

（宋）司馬光《稽古録》武則天后光宅元年　侍中裴炎，勸太后歸政，太后斬之。

（宋）司馬光《稽古録》武則天后永昌元年秋　内史張光輔棄市，納言魏玄同賜死。

（宋）司馬光《稽古録》唐中宗神龍二年春　駙馬都尉王同皎謀殺武三思，以反法誅之。

（宋）司馬光《稽古録》唐睿宗景雲元年秋　譙王重福謀反，伏誅。

（宋）司馬光《稽古録》唐玄宗開元二十五年　武惠妃與李林甫共譖太子瑛、鄂王瑤、光王琚謀反，皆賜死。

（宋）司馬光《稽古録》唐玄宗天寶五年春　李林甫構太子妃兄刑部尚書韋堅，云與皇甫惟明謀立太子，皆坐死。太子離婚。

《新唐書》卷二〇二《李邕傳》　天寶中，左驍衛兵曹參軍柳勣有罪下獄，邕嘗遺勣馬，故吉溫使引邕嘗以休咎相語，陰賂遺。宰相李林甫素忌邕，因傅以罪。詔刑部員外郎祁順之、監察御史羅希奭就郡杖殺之，時年七十。代宗時，贈秘書監。

（宋）司馬光《稽古録》唐玄宗天寶六年冬　李林甫及御史中丞王鉷誣戶部侍郎楊慎矜謀反，其兄弟皆坐誅。

（宋）司馬光《稽古録》唐玄宗天寶十一年夏　李林甫譖御史大夫京兆尹王鉷，賜死。以貴妃從兄楊國忠代之。

（宋）司馬光《稽古録》唐肅宗至德二年　永王璘謀反，誅。

（宋）司馬光《稽古録》唐代宗廣德元年春　誅平章事來瑱。

（宋）司馬光《稽古録》唐代宗大曆二年春　同、華帥周智光反，誅。

（宋）司馬光《稽古録》唐德宗建中二年　平章事盧杞譖楊炎，賜死。

《新唐書》卷一二六《韓休傳》〔建中四年〕時里胥有罪，輒殺無貸，人怪之。滉曰：袁晁本一鞭背史，禽賊有負，聚其類以反，此輩皆鄉縣豪黠，不如殺之，用年少者，惜身保家不爲惡。又以賊非牛酒不嘯結，乃禁屠牛，以絶其謀。婺州屬縣有犯令者，誅及鄰伍，坐死數十百人。又遣官分察境内，罪涉疑似必誅，一判輒數十人，下皆愁怖。

《新唐書》卷二一三《藩鎮傳・李師道》〔永貞〕初，遣大將劉悟屯陽穀，當魏博軍，疑其逗留，悟懼不免，引兵反攻城。師道晨起聞之，白其嫂裴曰：悟兵反，將求爲民，守墳墓。即與弘方匿溷間，兵就禽之。師道請見悟，不許，復請送京師，悟使謂曰：司空今爲囚，何面目見天子！猶俯仰祈哀，弘方曰：不若速死！乃并斬之，傳首京師。棄其尸，無敢收視者，有士英秀爲殯城左。馬揔至，以士禮更葬。

《新唐書》卷一五二《武元衡傳》〔憲宗元和〕八年，召還秉政。吉甫、李絳數爭事帝前，不叶，元衡獨持正無所違附，帝稱其長者。吉甫卒，淮、蔡用兵，帝悉以機政委之。王承宗上疏請赦吴元濟，使人白事中書，悖慢不恭，元衡叱去。承宗怨，數上章詆訕。未幾入朝，出靖安里第，夜漏未盡，賊乘暗呼曰：滅燭！射元衡中肩，復擊其左股，徒御格鬬不勝，皆駭走，遂害元衡，批顱骨持去。邏司傳譟盗殺宰相，連十餘里，達朝堂，百官恟懼，未知主名。少選，馬逸還第，中外乃審知。是日，仗入紫宸門，有司以聞，帝震驚，罷朝，坐延英見宰相，哀慟，爲再不食。贈司徒，謚曰忠愍。詔金吾、府、縣大索，或傳言曰：無搜賊，賊窮必亂。又投書於道曰：毋急我，我先殺汝。故吏卒不窮捕。兵部侍郎許孟容言於帝曰：國相横尸路隅而盗不獲，爲朝廷辱。帝乃下詔：能得賊者賞錢千萬，授五品官。與賊謀及舍賊能自言者亦賞。有不如詔，族之。積錢東西市以募告者。於是左神策將軍王士則、左威衛將軍王士平以賊聞，捕得張晏等十八人，言爲承宗所遣，皆斬之。逾月，東都防禦使吕元膺執淄青留邸賊門察、訾嘉珍，自言始謀殺元衡者，會晏先發，故藉之以告師道而竊其賞，帝密誅之。

（宋）司馬光《稽古録》唐文宗太和三年夏　横海帥李祐破李同捷，斬之。

（清）沈家本《歷代刑法考・刑法分考三・梟首》《通鑑》：唐文宗太和九年十一月，李訓將奔鳳翔，爲盩厔鎮遏使宋楚所擒，械送京師。

至昆明池，訓恐至軍中更受酷辱，謂送者曰：「得我則富貴矣！聞禁兵所在搜捕，汝必爲所奪，不若取我首送之。」送者從之，斬其首以來。左神策出兵三百人，以李訓首引王涯、王璠、羅立言、郭行餘，右神策出兵三百人，擁賈餗、舒元輿、李孝本獻于廟社，徇於兩市。命百官臨視，腰斬於獨柳之下，梟其首於興安門外。親屬無問親疏皆死，孩稚無遺，妻女不死者没爲官婢。

按：甘露之變，奄禍最烈。《唐律》無梟首及要斬之文。仇士良等戕害朝臣，乃用此律外之文，不可以尋常論也。

《新唐書》卷一八九《高仁厚傳》 〔中和〕敬瑄與仁厚謀曰：「秀昇未禽，貢輸梗奪，百官乏奉，民不鹽食。公能破賊，當以東川待公。」仁厚許之。詔拜行軍司馬。仁厚聞賊儲械，子女皆在屯，乃以鋭兵濒江，伐木頹水礙舟道，負岸而陣。使游軍逼賊，久不戰，則夜以千卒持短刀，彊弩直薄營，火而譟之。秀昇率舟兵救火，仁厚遣人鶩沒鑿舟，皆沉，衆懼，多潰。秀昇斬潰兵，欲脅止之，衆怒，執秀昇以降。仁厚問狀，對曰：「天子蒙塵，反者何獨我？」仁厚檻車送行在，斬於市。

（宋）司馬光《稽古録》宋太祖開寶四年 河決澶淵，泛數州，澶州通判姚恕坐死。

《宋史》卷二〇〇《刑法志》 太平興國六年，自春涉夏不雨，太宗意獄訟冤濫。會歸德節度推官李承信因市葱笞園戶，病創死。帝聞之，坐承信棄市。

（宋）司馬光《稽古録》宋太宗至道三年八月 西川戍兵劉旰作亂，招安使上官正討斬之。

（宋）司馬光《稽古録》宋真宗乾興元年二月 庚申，雷允恭以擅移皇堂，及盜山陵物，伏誅。

（宋）司馬光《稽古録》宋仁宗康定元年五月 有輦官千餘人應戍邊，遮兩府馬，諠呼不遜，張士遜馬驚墜地，詔斬二人。

（宋）司馬光《稽古録》宋仁宗慶歷五年十一月 徐州人孔直溫等謀反，誅。

（宋）司馬光《稽古録》宋仁宗慶歷八年 親從顔秀等作亂，夜殺軍校，入禁中，斫傷宮人，捕得，誅之。

（宋）司馬光《稽古録》宋仁宗皇祐二年春 男子冷青詐稱皇子，伏誅。

（宋）司馬光《稽古録》宋仁宗至和二年 儂智高死於大理。六月乙巳，誅其母及弟。

《宋史》卷一四《神宗本紀》 〔治平四年二月〕甲辰，西蕃首領拽羅鉢、鳩令結二人誘蕃部三百餘帳投夏國，捕獲，斬之以徇。

《宋史》卷一五《神宗本紀》 〔熙寧八年夏四月，閏月〕壬子，沂州民朱唐告前餘姚縣主簿李逢謀反，辭連右羽林大將軍世居及河中府觀察推官徐革，命御史中丞鄧綰、知諫院范百祿、御史徐禧雜治之。獄具，世居賜死，逢、革等伏誅。

《宋史》卷一五《神宗本紀》 〔熙寧八年五月〕甲申，熙河路蕃官殿直頓埋謀叛伏誅。

《宋史》卷一八《哲宗本紀》 〔紹聖四年二月〕閏月丙戌朔，張天説坐上書詆訕先朝處死。

《宋史》卷二〇《徽宗本紀》 〔大觀元年〕五月己丑，封子棫爲揚國公。朝散郎吴儲、承議郎吴侔坐與妖人張懷素謀反，伏誅。

《宋史》卷二一《徽宗本紀》 〔政和六年秋七月〕諸盜晏州卜漏、沅州黄安俊、定邊軍李吪哆伏誅，詔函首于甲庫。

《宋史》卷二二《徽宗本紀》 〔宣和二年夏四月〕甲戌，青溪令陳光以盜發縣内棄城，伏誅。

《宋史》卷二三《欽宗本紀》 〔靖康元年二月〕辛酉，梁方平坐棄河津伏誅。

《宋史》卷二三《欽宗本紀》 〔靖康元年〕九月丙寅，金人陷太原，執安撫使張孝純，副都總管王禀、通判方笈皆死之。辛未，貶吴敏爲崇信軍節度副使，安置涪州。移蔡攸于萬安軍，尋與弟翛及朱勔皆賜死。乙亥，詔編修敕令所取靖康以前蔡京所乞御筆手詔，參祖宗法及今所行者，刪修成書。丁丑，禮部尚書王寓爲尚書左丞。戊寅，有赤氣隨日出。李綱罷知揚州。壬午，梟童貫首于都市。

《宋史》卷二五《高宗本紀》 〔建炎三年七月〕壬辰，言者又論范瓊逼遷徽宗及迎立張邦昌，瓊辭伏，賜死，子弟皆流嶺南。

《宋史》卷二六《高宗本紀》〔紹興元年六月〕南安賊吴忠、宋破壇、劉洞天作亂。庚寅，江西提刑司遣官討之，破壇、洞天皆伏誅，忠遁去。

《宋史》卷二六《高宗本紀》〔紹興元年冬十月〕丁卯，以李允文恣睢專殺，賜死大理獄。

《宋史》卷二六《高宗本紀》〔紹興元年冬十月〕戊子，崔紹祖伏誅。詔邵青以舟師赴行在。己丑，升越州爲紹興府。李成軍正李雱伏誅。

《宋史》卷二七《高宗本紀》〔紹興二年十二月〕江西兵馬副鈐轄張忠彦坐縱暴不法，斬于潭州。

《宋史》卷二九《高宗本紀》〔紹興十一年六月〕乙丑，明州僧王法恩等謀反伏誅。

《宋史》卷二九《高宗本紀》〔紹興十一年十二月〕癸巳，賜岳飛死于大理寺，斬其子雲及張憲于市，家屬徙廣南，官屬于鵬等論罪有差。

《宋史》卷三八《寧宗本紀》〔開禧三年二月〕四川宣撫副使司隨軍轉運安丙及興州中軍正將李好義、監四川總領所興州合江倉楊巨源等共誅吴曦，傳首詣行在，獻于廟社，梟三日，四川平。併誅曦妻子，家屬徙嶺南，奪其父挺官。遷吴璘子孫出蜀，存其廟祀，玠子孫免連坐。

《宋史》卷三八《寧宗本紀》〔開禧三年三月〕丁丑，斬僞四川都轉運使徐景望于利州。

《宋史》卷三九《寧宗本紀》〔嘉定四年〕三月己未，臨安府振給病民，死者賜棺錢。丙子，沔州將劉世雄等謀據仙人原作亂，伏誅。

《宋史》卷三九《寧宗本紀》〔嘉定〕七年春正月丁卯朔，四川制置司遣提舉皂郊博馬務何九齡率諸將及金人戰于秦州城下，敗還。丁丑，章良能薨。壬午，沔州都統王大才斬何九齡，梟首境上，以其事聞。

《宋史》卷四〇《寧宗本紀》〔嘉定十一年四月〕戊午，金人復犯大散關，守將王立遁。己未，金人犯黄牛堡，興元都統吴政拒退之。癸亥，政至大散關，執王立斬之。

《宋史》卷四二《理宗本紀》〔淳祐二年〕十二月丙午，光州守臣董堯臣伏誅，司户柳臣舉配雷州。

（明）孫世芳《宣府鎮志》卷一九《法令考·宋》 理宗景定元年元禁京邊官軍不得擅離職役。凡都畿及邊要州鎮諸軍官離職，屯軍離營，行軍離其部伍者，奏請定罪。諸軍官不得擅離部署，赴闕言事，有必合言者實封附遞以聞。諸防戍軍人於屯所者杖一百七，再犯者處死。若科定出征逃匿者斬以徇。

《遼史》卷一一二《逆臣傳·耶律滑哥》太祖即位，務廣恩施，雖知滑哥兇逆，姑示含忍，授以惕隱。六年，滑哥預諸弟之亂。事平，群臣議其罪，皆謂滑哥不可釋，於是與其子痕只俱陵遲而死，勅軍士恣取其産。

《遼史》卷一《太祖本紀》〔太祖七年六月〕甲申，上登都庵山，撫其先奇首可汗遺跡，徘徊顧瞻而興歎焉。聞獄官涅離擅造大校，人不堪其苦，有至死者，命誅之。

《遼史》卷一《太祖本紀》〔太祖八年〕秋七月丙申朔，有司上諸帳族與謀逆者三百餘人罪狀，皆棄市。上嘆曰：致人于死，豈朕所欲。若止負朕躬，尚可容貸。此曹恣行不道，殘害忠良，塗炭生民，剽掠財産。民間昔有萬馬，今皆徒步，有國以來所未嘗有。實不得已而誅之。

《遼史》卷三《太宗本紀》〔天顯十二年〕二月丁亥，以軍前所獲俘叛入幽州者皆斬之。

《遼史》卷四《太宗本紀》大同元年春正月丁亥朔，備法駕入汴，御崇元殿受百官賀。戊子，以樞密副使劉敏權知開封府，殺秦繼旻、李彦紳及鄭州防禦使楊承勳，以其弟承信爲平盧軍節度使，襲父爵。初，楊光遠在青州求内附，其子承勳不聽，殺其判官丘濤及弟承祚等自歸于晋，故誅之。己丑，以張彦澤擅徙重貴開封，殺桑維翰，縱兵大掠，不道，斬於市。

《遼史》卷五《世宗本紀》〔天禄〕二年春正月，天德、蕭翰、劉哥、盆都等謀反。誅天德，杖蕭翰，遷劉哥於邊，罰盆都使轄戛斯國。

《遼史》卷五《世宗本紀》〔天禄〕三年春正月，蕭翰及公主阿不里謀反，翰伏誅，阿不里瘐死獄中。

《遼史》卷六《穆宗本紀》〔應曆二年〕六月壬辰，國舅政事令蕭眉古得、宣政殿學士李澣等謀南奔，事覺，詔暴其罪。乙未，祭天地。壬寅，漢爲周所侵，遣使求援，命中臺省右相高模翰赴之。丁未，命乳媪之兄曷魯世爲阿速石烈夷離堇。

秋七月乙亥，政事令婁國、林牙敵烈、侍中神都、郎君海里等謀亂就執。

八月己丑，眉古得、婁國等伏誅，杖李澣而釋之。

《遼史》卷一一三《逆臣傳·耶律敵獵》亂既平，帝嘉賞，然未顯用。敵獵失望，居常怏怏，結群不逞，陰懷不軌。應曆二年，與其黨謀立婁國，事覺，陵遲死。

《遼史》卷一一三《逆臣傳·蕭革》阿剌陳利病，言甚激切。革伺帝意不悦，因譖曰：阿剌恃寵，有慢上心，非臣子禮。帝大怒，縊阿剌于殿下。

後上知革姦計，寵遇漸衰。八年，致仕，封鄭國王。九年秋，革以其子爲重元婿，革預其謀，陵遲殺之。

《遼史》卷六《穆宗本紀》〔應曆〕四年春正月戊寅，回鶻來貢。己丑，華割、稭幹等伏誅，宛及罨撒葛皆釋之。是月，周主威殂，養子晋王柴榮嗣立。

《遼史》卷八《景宗本紀》〔保寧元年二月〕以殿前都點檢耶律夷臘、右皮室詳穩蕭烏里只宿衛不嚴，斬之。

《遼史》卷八《景宗本紀》〔保寧二年〕九月辛丑，得國舅蕭海只及海里殺蕭思温狀，皆伏誅，流其弟神覩于黄龍府。

《遼史》卷一三《聖宗本紀》〔統和十一年〕二月癸亥，霸州民妻王氏以妖惑衆，伏誅。

《遼史》卷一八《興宗本紀》〔天平十一年六月〕乙未，奉大行皇帝梓宫，殯于永安山太平殿。辛丑，皇太后賜駙馬蕭鉏不里、蕭匹敵死，圍場都太師女直著骨里、右祗候郎君詳穩蕭延留等七人皆棄市，籍其家。

《遼史》卷一一〇《姦臣傳·耶律乙辛》〔大康〕七年冬，坐以禁物鬻入外國，下有司議，法當死。乙辛黨耶律燕哥獨奏當入八議，得減死論，擊以鐵骨朶，幽於來州。後謀奔宋及私藏兵甲事覺，縊殺之。乾統二年，發塚，戮其屍。

《遼史》卷二四《道宗本紀》〔大康九年〕冬十月丁丑，謁觀德殿。己卯，南院樞密使劉筠薨。壬辰，混同郡王耶律乙辛謀亡入宋，伏誅。

《遼史》卷二七《天祚帝本紀》〔天慶三年〕夏閏四月，李弘以左道聚衆爲亂，支解，分示五京。

《遼史》卷二八《天祚帝本紀》〔天慶九年〕冬十月甲戌朔，耶律陳圖奴等二十餘人謀反，伏誅。

《遼史》卷二九《天祚帝本紀》〔保大四年〕二月，耶律遥設等十人謀叛，伏誅。

《金史》卷二《太祖本紀》〔天輔〕三年正月甲寅，東京人爲質者永吉等五人結衆叛。事覺，誅其首惡，餘皆杖百，没入在行家屬資産之半。

《金史》卷二《太祖本紀》〔天輔〕五年春正月，斡魯敗實里古達於合撻剌山，誅首惡四人，餘悉撫定。

《金史》卷三《太宗本紀》〔天會三年〕九月壬午，廣寧府獻嘉禾。癸巳，保州路都孛堇加古撒曷有罪伏誅，以孛堇徒單烏烈代之。

《金史》卷三《太宗本紀》〔天會四年二月〕丁巳，次澤州。海濱王家奴誣其主欲亡去，詔誅其首惡，餘並杖之。

《金史》卷三《太宗本紀》〔天會十年〕九月，元帥右都監耶律余睹謀反，出奔。其黨燕京統軍使蕭高六伏誅，蔚州節度使蕭特謀葛自殺。

《金史》卷三《太宗本紀》〔天會十一年八月〕戊子，趙楞誣告其父昏德公謀反，楞及其壻劉文彦伏誅。

《金史》卷四《熙宗本紀》〔天眷二年〕六月己酉朔，初御冠服。辛亥，吴十謀反，伏誅。

《金史》卷四《熙宗本紀》〔天眷二年〕七月辛巳，宋國王宗磐、兗國王宗雋謀反，伏誅。丙戌，以右副元帥宗弼爲都元帥，進封越國王。丁亥，以誅宗磐等詔中外。己丑，以左副元帥撻懶爲行臺左丞相，杜充爲行臺右丞相，蕭寶、耶律暉行臺平章政事。甲午，咸州詳穩沂王暈坐與宗磐謀反，伏誅。辛丑，以太傅、領三省事宗幹爲太師，領三省如故，進封梁宋國王。

《金史》卷四《熙宗本紀》〔皇統九年五月〕命翰林學士張鈞草詔，參知政事蕭肄擿其語以爲誹謗，上怒，殺鈞。

《金史》卷五《海陵本紀》〔正隆四年十二月〕乙亥，太醫使祁宰上疏諫伐宋，殺之。

《金史》卷五《海陵本紀》〔正隆五年〕四月庚戌，昭妃蒲察阿里忽有罪賜死。

《金史》卷六《世宗本紀》〔大定二年正月〕辛巳，以兵部尚書可喜等謀反，伏誅，詔中外。

《金史》卷七《世宗本紀》〔大定二年正月〕丁酉，北京曹貴等謀反，伏誅。

《金史》卷一〇《章宗本紀》〔明昌五年十二月〕戊戌，定武軍節度使鄭王永蹈以謀反，伏誅。

《金史》卷一四《宣宗本紀》〔貞祐三年十二月〕太康縣人劉全、時温，東平府民李寧謀反，伏誅。

《金史》卷一六《宣宗本紀》〔興定五年六月〕戊寅，僕散安貞坐謀反，并其三子，皆伏誅，己卯，越王永功薨。庚辰，輟朝。壬午，上親奠于殯所。

《金史》卷一六《宣宗本紀》〔興定五年十一月〕蒲城縣民李文秀等謀反，伏誅。

《金史》卷一七《哀宗本紀》〔正大元年正月〕南陽民布陳謀反，伏誅。

《金史》卷一七《哀宗本紀》〔正大元年〕十二月乙巳，恒州刺史蒲察合住有罪，伏誅。

《元史》卷三《憲宗本紀》〔元憲宗元年〕冬，以宴只吉帶違命，遣合丹誅之，仍籍其家。

《元史》卷三《憲宗本紀》〔元憲宗二年〕定宗后及失烈門母以厭禳事覺，並賜死。

《元史》卷四《世祖本紀》〔中統二年〕是歲，天下户一百四十一萬八千四百九十有九。斷死罪四十六人。

《元史》卷五《世祖本紀》〔中統五年〕是歲，天下户一百五十七萬九千一百一十。賦，絲七十萬六千四百一斤，鈔四萬九千四百八十七錠。斷死罪七人。

《元史》卷六《世祖本紀》〔至元三年二月〕壬午，平陽路僧官以妖言惑衆伏誅。

《元史》卷六《世祖本紀》〔至元三年〕三月辛巳，分衛輝路爲親王玉龍答失分地。戊戌，賑水達達民户饑。己未，壬晉及侍中和哲斯，濟南益都轉運使王明，以隱匿鹽課皆伏誅。

《元史》卷七《世祖本紀》〔至元九年〕是歲，天下户一百九十五萬五千八百八十。賜先朝后妃及諸王金、銀、幣、帛如歲例。斷死罪三十九人。

《元史》卷一六八《陳祐傳》〔至元〕二十一年三月，拜監察御史。會右丞盧世榮以掊克聚斂驟陞執政，權傾一時。御史中丞崔彧言之，帝怒，欲致之法，世榮勢焰益張。左司郎中周戭，因議事微有可否，世榮誣以沮法，奏令杖一百，然後斬之，於是臣僚震懾，無敢言者。

《元史》卷一八《成宗本紀》〔至元三十一年〕是歲，斷大辟三十一人。

《元史》卷一八《成宗本紀》〔元貞元年十二月〕荆南僧晋昭等僞撰佛書，有不道語，伏誅。

《元史》卷二二《武宗本紀》〔大德〕十一年春，聞成宗崩，三月，自按台山至於和林。諸王勳戚畢會，皆曰今阿難答、明里鐵木兒等熒惑中宫，潛有異議，諸王也只里昔嘗與叛王通，今亦預謀。既辭服伏誅，乃因闔辭勸進。帝謝曰：吾母、吾弟在大都，俟宗親畢會，議之。先是，成宗違豫日久，政出中宫，命仁宗與皇太后出居懷州。至是，仁宗聞訃，以二月辛亥與太后俱至京師。安西王阿難答與諸王明里鐵木兒已於正月庚午先至。左丞相阿忽台，平章八都馬辛，前中書平章伯顏，中政院使怯烈，道興等潛謀推成宗皇后伯要真氏稱制，阿難答輔之。仁宗以右丞相哈剌哈孫之謀言于太后曰：太祖、世祖創業艱難，今大行晏駕，德壽已薨，諸王皆疏屬，而懷寧王在朔方，此輩潛有異圖，變在朝夕，俟懷寧王至，恐亂生不測，不若先事而發。遂定計，誅阿忽台、怯列等，而遣使迎帝。

《元史》卷二四《仁宗本紀》〔大德十一年二月〕左丞相阿忽台等潛謀推皇后伯要真氏稱制，安西王阿難答輔之。時（左）〔右〕丞相哈剌哈孫答剌罕稱疾，守宿掖門凡三月，密持其機，陽許之，夜遣人啓帝曰：懷寧王遠，不能猝至，恐變生不測，當先事而發。三月丙寅，帝率衛士入内，召阿忽台等責以亂祖宗家法，命執之，鞫問辭服。戊辰，伏誅。諸王闊闊出、牙忽都等曰：今罪人斯得，太子實世祖之孫，宜早正天位。帝曰：王何爲出此言也！彼惡人潛結宫壼，搆亂我家，故誅之，豈欲作威覬望神器耶！懷寧王吾兄也，正位爲宜。乃遣使迎武宗於北邊。五月乙丑，帝與太后會武宗於上都。甲申，武宗即位。

《元史》卷二二《武宗本紀》〔大德十一年〕五月，至上都。乙丑，仁宗侍太后來會，左右部諸王畢至會議，乃廢皇后伯要真氏，出居東安州，賜死。執安西王阿難答、諸王明里鐵木兒至上都，亦皆賜死。

《元史》卷二七《英宗本紀》〔至治元年〕冬十月辛丑朔，修佛事於大内。妖僧圓明等伏誅。

《元史》卷三二《文宗本紀》〔致和元年八月〕隆鎮衛指揮使黑漢謀附上都，坐棄市，籍其家。

《元史》卷三二《文宗本紀》〔致和元年九月〕前尚書左丞相三寶奴以罪誅，其二子上都，哈剌八都兒近侍，命以所籍家貲及制命還之。

《元史》卷四一《順帝本紀》〔至正五年〕十一月甲午，《至正條格》成。奉元路陳望叔僞稱燕帖古思太子，伏誅。

《元史》卷二〇五《姦臣傳・哈麻》〔至正十六年二月〕御史大夫搠思監因劾奏哈麻與雪雪罪惡，帝曰：哈麻、雪雪兄弟二人雖有罪，然侍朕日久，且與朕弟懿璘質班皇帝實同乳，可姑緩其罰，令其出征。已而中書右丞相定住、平章政事桑哥失里，復糾劾哈麻、雪雪之罪不已，乃命其兄弟出城受詔，遂詔哈麻於惠州安置，雪雪於肇州安置。比行，俱杖死。哈麻既死，仍籍其家財，也先帖木兒所封之庫藏，其封識固未嘗啓也。哈麻兄弟寵幸方固，而一旦遽見廢外，人皆謂帝怒其譖害脱脱兄弟之故，而不知其罪蓋由於不軌。其兄弟之死，人無恤之者。

《元史》卷四五《順帝本紀》〔至正十九年〕三月癸巳朔，陳友諒遣兵由信州略衢州，復遣兵陷襄陽路。辛丑，京城北兵馬司指揮周哈剌歹與林智和等謀叛，事覺，伏誅。

《元史》卷四六《順帝本紀》〔至正二十二年〕十一月乙巳，擴廓帖木兒復益都，田豐等伏誅。

《元史》卷四六《順帝本紀》〔至正二十五年七月〕黎安道、方脱脱、雷一聲皆伏誅。

《元史》卷四七《順帝本紀》〔至正二十六年〕九月甲申，李思齊兵下鹽井，獲川賊余繼隆，誅之。

《明太祖實録》洪武二十八年冬十月丙午，湖廣衡州衛指揮使司指揮僉事張大有以罪誅，以千户朱真爲指揮僉事。先是，洞蠻盤滿仔等叛，大有率兵捕之，遣千户康寧署白水洞，仍分兵三道搜捕。寧領軍至小塘，遇賊，戰死，官軍死者二十餘人，大有按兵不救。真等由别道分擊敗之，俘獲七十餘人，并降隣境流民男女一百五十餘口，賊平奏功，乃下大有獄，以失律伏誅，遂以真爲指揮僉事領衛事。

《明宣宗實録》宣德四年二月庚辰，行在刑部奏真犯重囚二十四人，請依律處決。上問嘗審覆無冤否。對曰：屢會衆官審覆，皆服罪。遂從之。因顧侍臣曰：古有道之世，刑措不用。今重犯滋多矣，爲人上能不怍乎。惻然久之。

《明英宗實録》正統元年八月〔辛未〕廣東都指揮僉事朱瑛貪贓恣肆，挾私杖殺百户人等，又失機致賊殺死官軍數多。法司以聞，上命鞫實斬之。

《明英宗實録》正統五年秋七月〔丁卯〕提督福建備倭都指揮同知張翥初坐桃渚城失機諸罪，上每曲宥之，翥愈驕肆，不奉法。巡按御史成規奏其狀，行在都察院請寘于法。詔翥詣京自陳，翥至復不論罪。於是六科、十三道交章劾之。上命三法司鞫問，坐失機論斬，錮之都察院獄。

（明）余永麟《北牕瑣語》故老相傳，于肅愍公臨刑時，謂刑者曰：且停刀得完一詩，云：莊椿居士老維摩，做盡人間好事多。正統已添新歲月，大明重整舊山河。功過吕望扶周室，德邁張良散楚歌。顧我於今歸去也，白雲堆裡笑呵呵。及憶少時聞黄南崖先生言未嘗有詩，但臨刑時云：皇天后土可表此心者三四。時有同刑都御史王文在側，云：斫頭就斫頭，何用多言？由此觀之，不免畏死戰慄，無從容就死之義。肅愍剛大之氣，小大可知，豈至此而錯亂畏邪？余終以南崖之言爲可疑。

《明英宗實録》天順元年三月〔癸卯〕誅司禮監少監許源。源初事上于南内，至是訕上，誅。

《明憲宗實録》成化十四年秋七月〔丙子〕海西阿古河衛野人兀丁

哥等六人，并兀者衛野人張阿古等二人，倶以犯邊被獲，命斬之。

《明憲宗實録》成化十四年冬十月〔癸巳〕兩廣總兵官平鄉伯陳政，右副都御史朱英等，各奏獲後山强賊黄梨檢等八十三人，請以便宜處決，梟首示衆。都察院覆奏，從之。

《明孝宗實録》弘治二年五月　庚午，初，嘉興賊餘黨曹阿壽等爲官兵所獲。巡按御史陳金奏阿壽依共謀叛不分首從律斬，梟首示衆。并具各犯家屬財産應没入安置給親等第以聞，詔阿壽依議行法，家屬應没官者，婦女送浣衣局，男子别奏。應安置者，編發湖廣武岡州，婦女隨住。女子許嫁者歸其夫，餘給親。收領財物入官，房産給軍民承業，税糧子粒並如舊徵納。

《明孝宗實録》弘治十一年閏十一月〔丁丑〕斬山西大同前衛指揮僉事劉桂，梟首示衆，以私賣軍器于夷人也。

《明孝宗實録》弘治十五年十月〔戊午〕南京户部尚書王軾等，械貴州叛賊米魯等之黨阿雜、米朶、洪子華、阿舊、李聰、適得攝授等至京，有旨：令錦衣衛會三法司廷鞫之獄。上命雜等五人即斬于市，不必覆奏。適得攝授給功臣之家爲奴。

《明武宗實録》正德五年十月〔己丑〕斬逆瑾親屬劉傑等十五人并劉二漢于市，姦黨左堂等發廣東海南衛永遠充軍，婦女送浣衣局。二漢甫十歲，術士俞倫余曰明謂當大貴，至是併收繫論死，仍籍其家。

《明神宗實録》萬曆二年七月〔壬辰〕都察院覆巡按直隸御史王湘奏：吴光裕等先擬失機斬罪，合照恩詔例改發邊衛充軍。詔以失事重大，照舊監候。

《明神宗實録》萬曆二十五年九月　辛丑，三法司會審前兵部尚書石星釀患禍國，擬極邊永戍。上以法司狥私朋比，切責回話，石星另擬罪。于是刑部尚書蕭大亨等惶恐引罪，命革大亨官銜、世襲恩廕。白棟革職爲民，餘奪俸一年。石星坐隱匿軍情失悮律論死，妻子倶流發烟瘴永戍。獄成，刑科給事中羅棟仍數星十二罪劾奏。上是其説。

《明神宗實録》萬曆四十五年五月〔戊子〕梟斬河南劫賊程正國，張明吾等擒獲有功員役奬賞如例。

《明熹宗實録》天啓元年二月〔庚午〕刑部擬楊鎬、李如楨大辟，具爰書上聞。得旨：楊鎬輕率寡謀，李如楨退縮欺罔，覆軍喪地，貽禍至今，罪狀甚明，刑章宜正。既會審明確，倶依擬。

《明熹宗實録》天啓元年四月〔戊子〕巡視南城御史方震孺報捉獲姦細邢子成，御史高弘圖緝獲姦僧劉方泰，通州復報獲姦細唐良幹等，倶得旨，命梟示正法。時搜捕姦細甚急，且懸賞格以購之，于是駢首藁街，真贋莫辨矣。

《明熹宗實録》天啓五年十一月〔甲戌〕又覆援黔總兵官麻鎮言：鎮初奉命援黔，而藉調兵之名，爲縮身之計。從征後至，按律應誅，幸得免解立功，自宜矢身報國，乃壁威清而不出，援普定而不前。先退則託言兵火，未戰而冒稱功多，人人如鎮，半壁何賴，宜伸前旨，以彰國法。得旨：麻鎮著監候處決。

《明熹宗實録》天啓六年五月〔庚戌〕新城使王昇于錦衣衛指揮王國興以魏忠賢誣奏論斬。初，忠賢有憾于國興，令人告訐，謂國興擅伐祁昌胤塋樹，逼死族叔王五，冒請承運庫官王中所承種没官莊田種種不法。又王昇奏討墳價，有旨給銀三萬兩，先給七千兩，國興領過銀一萬一千零二十兩，謂陳乞時託人居間，詞連舊輔韓爌，令撫按械其家人韓三送詔獄，迫令誣服，韓三竟斃獄中，又株累工部莞庫主事徐石麟、制勑房中書鄭崇光，倶削爲民，追奪誥命。

《明熹宗實録》天啓六年九月〔己亥〕東廠太監魏忠賢捏皇親張國紀聽信家人徐自强、劉應乾、趙三省干與人事，仍矯傳中宫懿旨。謂自强主謀，妄生事端，著東廠拏究。鎮撫司文致自强等罪云：自强謀同應乾，誘惑國紀，娶發出宫女爲妾，又曾喝令三省毆斃無辜，及强買民房，逼勒詐厲，諸種種不法。得旨：徐自强等送刑部如律擬罪，張國紀身係皇親，宜恪遵禮義，不得濫用匪人，本當送國子監演禮三年，始著自行改省。於是部擬自强斬，應乾、三省絞。

（明）佚名《新纂四六讞語·斬犯李棖審疑開釋讞語》　審得李棖，與其兄李樸，迎父柩於楚。舟次中途，李樸暴故。初審謂：是日李棖妻舅程元生至，李樸誶之。李棖幫助元生，遂毆殺樸。徑擬以斬。情節可疑，部院駁之，至詳至確，無容再議矣。終變而云毒殺，亦不無可疑焉。夫毒人者，謀必深，事必秘，地必僻，爲時必暇預從容。今計李樸上岸回船，不過俄頃。偶遇元生，忽相辯鬩。樸與根皆卒不及謀也。飯內砒霜豈臨時之易得？李根即幫護元生，思起鬩墻舊恨，亦豈能於倏忽之間，陡造深謀？旋買毒，旋置毒，而令人不知覺耶？此可疑一也。問其置毒之時，供詞又多矛盾。既云飯後上岸，又云飯訖回船，又云回船食飯。夫曰飯後上岸，則在未遇元生之前，李樸尚無辯鬩事情，李根又何所幫護，何因記忿，而必致兄於死地。且李樸上岸時固無恙也。《風俗通》云：恙，草蟲，能食人心。故問病者必曰無恙。若云飯訖回船，則必係店家之飯，炊爨擡擺在店家，各自有人，豈容李根置毒飯中，而店主與李樸俱不之察？且李樸之僕李興又在主人左右也。若云回船食飯，則同船四十餘人共視其指，李樸僕李冬兒先已在船，李興又相隨俱至。李根豈能以一手掩衆目，一手置毒飯中，而李樸與衆人俱不知覺也。此可疑二也。據招詞云：李樸一見程元生即疑其前來助根，有必然謀害我之説，則是視李根若寇仇，疑李根若鬼蜮。凡飯食一經其手，豈其不一隄防？何謀害之語親自口出，不逾一刻而輒忘之耶？此可疑三也。李根即有險心毒計，一聞其兄謀害之言，謂已照破真情，必且沮喪中止。不然，亦需之異日。何顯然下手，即在此一刻耶？此可疑四也。毒死情形，萬不可掩。冬兒於李樸有主僕相關之分，豈其長受密囑，向遂不洩一言？鄭氏於李樸，則母子天性之恩，豈其甘心忘仇，而又誰能嚇噤？此可疑五也。初檢銀釵，黄色似毒矣。顧仵作妄指皮不破，肉不損，爲石塊狠打之傷。則當時銀釵或黄或不黄，黄色或深或（不）淺，安知非問官過求，仵作畏刑承意，而率爾妄報乎？不然，何二檢、三檢、四檢皆白色也。此可疑六也。初招不稱毒死下砒，義無眼見。黄氏原爲争財動訟，姑以毒死裝情。止云沿途露跡，未有實證審檢。凡須覆讞多番，而終乃歸之毒殺，此可疑七也。罪疑從出，《書》：罪疑惟輕，言凡罪有疑處，即當從輕處分。有求其生而不得，則死之者矣。若李根似求其死而不得者，生之不爲失出乎？理應申豁。

（明）佚名《新纂四六讞語·出斬犯楊秀讞語》　審得徐景章，故宦徐少浦繼妻吴氏子也。兇慘之性成於天，而染於父，視人命直草芥耳。徐宦有東園，池亭岩洞之美於吴下無收，序應前妻長子管受。而景章恃有母吴氏在，謂被恩當篤於前生，遂公然以囊中物視之。至本年月日除宦病且危，以東園與其長子。景章怒從心熾，若火燎原，徑向園中，將景物盡欲折毁。命灌園人沈惠砍伐桂樹，惠不即從。遂向前捉惠狠毆，又一脚踢其陰囊，内子突出，而沈惠即時無生命矣。下手者的係景章，無容推卸。其羣僕龔秀、李成等可證也。長洲鄧初審，置景章於局外，以故殺論其家奴楊秀、毛成。毛成脱逃，楊秀定斬。據讞詞云：吴氏忿沈惠伐樹不前，喝令楊秀、毛成拿惠至堂下行杖。二僕與惠有却，乘機欲甘心焉。楊秀捉住惠，毛成持大棍亂毆。秀復抄起惠陰囊一擊而破，惠遂死。時景章守舊宅，吴氏呼之畫計不至。若爾，則景章於沈惠之死因，風馬牛不相及也。《左傳》：惟是風馬牛不相及，不虞君之涉吾之境也何故？牛馬相誘曰風。楊秀等何辭一斬乎？第以情求之，尚有可疑者。如云吴氏止喝其打，原無死惠之心，是矣。第三徑堂一花亭耳，非若重宫邃洞，盼響不道之處也。《説文》：布貌，又深邃貌。吴氏坐堂中，沈惠杖堂下，惠既遍體寸傷，皮綻骨折，必且盡力呼叫，震天沸地。豈吴氏耳無聞耶？既無死之之心，何遂有死之之事，則不得以母氏之喝令爲景章諱矣。又沈惠之死，速於腎囊一擊。腎囊藏在兩胯間，沈惠被杖時兩手未縛，如楊秀一手可以抄之，則沈惠兩手可以護之。且行杖者隨意亂箠，受杖者輾轉顛頓。楊秀此時亦豈能一手按之，使平卧地下，復一手抄其腎囊，使帖定受此一擊耶？傷不以楊秀之抄，毛成之棍，則不能爲景章諱此一足之力矣。沈惠既死於吴氏之喝令，則母氏作孽，子安得秦越視之？《國語》：若秦越人之視肥瘠。而是夜呼之，竟不一至，此其人情可信乎？至次日，乃始駕詞以撩釋，前何緩後何急也。疑竇種種，似難定獄。若謂景章係縉紳之後，又係青衿之子，不忍其無知入阱，一引手救之，乃取無罪之人，推而内諸爲填阱計，是徐氏自斃一命不足，又斃一命以附之也。與其生死兩冤，何如竟置死者之命於不究乎？若死者之命不容不究，生者之命又不容枉，則景章安得脱然不一議及乎？况獄歸景章，止正得其城旦之罪，轉歸楊秀等，遂使泉廉有夜泣之魂。關係頗大，不容草草擬合，具由申解。

（明）張肯堂《噲辭》卷七《李進德王成長垣人》　是獄屢讞屢駁，迄無成案者，則以意見偶拘，律意未諧故也。蓋葉文秀之中途潛逸也，僱役代解，則李進德與王成罪同；受僱致逃，則陳貴與孫光罪同。前審始則重擬陳貴，既則改擬進德、王成。一出一入，二者必居似也。然進德轉覓陳貴，貴猶在也。王成轉覓孫光，光何往乎？夫押囚致逃，駭聽已甚，何至並押因之人而亦逃也。僱人押囚，骫法實深，何至並受僱之人而亦逃也。則王成之罪與進德可同律而擬乎。查文秀妻在滑縣，而孫光亦滑縣人也。當成僱人押囚時，夫豈無至戚密友，可肩重寄，而必委之滑人。謂非明明開以縱逸之路乎！竊謂故縱之律，惟王成爲無辭耳。若李進德代僱是僱覓也，非故也。陳貴受僱失囚，是受僱也，非故也。夫律不有起解囚徒僱人代送因而失囚者，依律從重論乎，律又不有受僱者各減一等乎。是兩人各有應得之罪，而兩讞游移，謾擬故縱，何也？且所失絞犯一耳，而併絞兩人，雖懲奸不妨過峻乎？然非法之平矣。則請改擬之曰：王成依故縱律，絞。李進德、陳（貢）〔貴〕依僱人受僱因而失囚律，各徒。俟葉文秀、孫光緝獲之日，再行酌擬。其餘輕犯悉從原審。輕重之間，庶幾可以無枉縱矣。

（明）祁彪佳《按吴親審檄稿・一件漏斬神奸等事》 行據崑山縣解犯劉蘭等到院，審得劉蘭與兄劉二即劉世龍乃南京人，傭工於金彥奎家。彥奎家有販布客人失去布疋，疑及於二，蓋以二次早即逃歸南京耳。劉蘭願至南京尋其兄質明其事，而蘭至京即詭捏楊惟忠之名告金敬川，乃彥奎已故之父名也。刑部牌提一次，崑山縣差即索詐一次，不許時，而劉世龍又催告矣，更金彥奎之名爲金成，其所牽連益衆。又牌提一次，崑山縣差又行索詐，縣差爲陳玉、張信、時琳、王云，過付銀十兩，所當追贓擬徒者也。原差一次，羅舉一次，馬元亦有需索，姑不深查。夫劉蘭之盜布雖尚未真，然彥奎亦從未以此陷蘭，客布乃彥奎自賠，而蘭安得越經法司，致鄉民警擾。縣差張皇，蘭之罪應重究。尤可異者，沈父元乃縣庫吏，而詐稱爲京吏，亦索銀五兩。今該縣承行亦即庇護朦朧不爲起解，無法極矣。應與陳玉等同究承行，並究劉蘭之刁詞，楊惟忠之詭名。該縣即申呈法司註銷前案，則縣民受福多矣。相應立案。

（明）祁彪佳《莆陽讞牘》卷一《分守道一件出巡事》 審得陳二奇之弟陳尾以獄卒而沉湎盃酒。王考者，與尾浮白相友也。二奇方責弟以戒酒，而尾已陶然。此時二奇不能無憾於考矣。獄官戒樸之後，遂爾兄弟操戈。二奇以愛弟之故，迫成箕豆之剪，方不勝，憤憤欲逞，況佐鬥者又其夙憤之王考乎？持石以致腦傷，考乃奄然長逝。考之冤命捨二奇何問哉？雖然以酩酊之戒因變鶺鴒，而友弟之誼致遭犴狴。讞者矜之，欲爲開三面之網，或者責善之情可原乎？夫尾實不弟，考也何辜？即誘飲宜嗤，而法不至死。二奇死之，不能爲二奇解也。或者誤傷之例可寬乎？夫一擊或誤，而太陽、右眼種種傷痕誰其致者？二奇致之，不能爲二奇解也。無已則惟准抵一議耳。考方護尾，尾正欲借考力以解紛，肯以毆兄者毆尾乎？然而二奇與考原無仇，以尾故仇之也。二奇非貪盃之尾，則奇之於考，路人耳。尾實階之戾，倘尾而尚在，以罪兄者罪尾，當何辭？是尾雖非元謀，雖非助鬥，而謀繇尾，鬥繇尾，二者即以坐尾亦可。尾之斃獄，考其瞑目乎？以法論情原非失入，以情寬法或非失出，蓋於萬死之中求一生，以爲愚民友弟者勸耳。

覆得獄有無可疑而有可矜者，若陳二奇一案是也。蓋以責善之故，而弟死於獄，兄死於法，舉同氣而胥淪焉，不無可矜耳。況二奇無死考之心，而尾之俑禍亦似原謀，故姑爲之寬一線耳。其實，擊石致傷，按傷論抵。尾無助鬥之狀。考無不償之冤，欲爲二奇生之而不得也。雖可矜之情，已定無疑之法，惜哉！二奇不能不爲法受過矣。合照原招，允爲定案。

（明）祁彪佳《莆陽讞牘》卷一《一起急救父命事》 照例依威逼本管官致死依比威逼期親尊長致死爲首者律絞秋後處決，會審類轉京詳未示重犯一名林斌。前件看得林斌包夫積棍，目中久無此驛官矣。乃投蒭之爭，則起於垂涎站銀，迫欲預貸。一不遂其欲，而懷毒負母詬誶驛庭。翁驛丞跪誓脱衣，林斌等猶然怒詈。驛官外無以解羣兇，內不堪對妻子，徬徨中夜，何以生爲？嗟乎！七尺雉經，一官鷄肋。生前牛衣同泣，悵面目之可羞；死後旅櫬天涯，嘆游魂之莫寄。參閲至此，可爲髮上指而涕下零。按本犯挾夫甲爲虎翼，貪以恣兇，藐驛秩如孤豚，下輒犯上，環擁郵舍，大肆鴟張，深匿雨壇，幾思免脱，諸惡皆備，一絞非冤。

（明）祁彪佳《莆陽讞牘》卷一《莆田縣監・一起移屍劫殺事》 依鬥毆殺人不問手足他物金刃者律絞，秋後處決，會審類轉京詳未示重犯一名林紳。前件看得林紳助毆己父而移怒人妻。在高氏目擊夫之受毆，且護且詈，亦不失爲同室之情，乃爲紳者鋤擊未已，手掌繼之，扭扯又繼之。傷哉，村婦救夫而卒以忘身，眩倒一時，命畢七日。致匹夫抱失偶之冤，孕婦灑重泉之淚。林紳一絞，尚得援舔犢之私爲脱樊之計哉？當高氏奔救之際，鄭國寶衆鬨之場，則林榮四力敵國寶，而紳始得逞兇於婦人，國寶不及左右顧也。敵各有人，毆各有主，傷與死各有條。以父代子，無此法也。

（明）祁彪佳《莆陽讞牘》卷一《分守道一件攻獲海洋强寇事》審得周四老、楊標、劉三英、梁晚成、劉二仔、楊八皆陣擒之虜也。周四老於五月初十日以捕魚爲張第所擄，禁之於草寮，十七始下賊船，十八日開駕。楊標五月初十日於此港山爲張第等所擄，禁之於草寮，十六日始下賊船。同舟被擄者三人，其二逸去。劉三英、梁晚成、劉二仔三人同舟捕魚，於五月初四日出海，初六日爲賊首所擄。舟係小艓，祇此三人，俱下賊船。楊八於十四日爲賊所擄，同舟有六十人，而賊祇携八過船。此各犯入夥之崖略也。始未嘗不爲漁爲販，而繼且肆劫肆强。他若寨游所供，候李旦之舟，劫韓前山之貨。雖各犯有隱匿不盡吐者，而今即以各犯之所吐窮之，被擄而釘艙，猶曰舟中皆敵國，茫茫巨浸，誰其逸諸水濱？若周四老、楊標，則禁之草寮者，此時或驚竄，或喊救，無不可者，而何以至六七日之久，不知賊首何所禁押？而二犯緘口束手，乃爾是即甘心作賊之一徵矣？況其言禁寮者，恐亦飾詞也。而彈傷，蔡賢確指爲楊標，是又一死案矣。被擄、作賊之分，當分於時日之久近。蓋日久，則賊已威脅於前，以利誘於後，其不革良民之面，成兇寇之心者有幾？劉三英、梁晚成、劉二仔，與賊卧起烟波已十五日，其爲標掠之黨，不問可知。楊八稱搭船往廣尋覓表兄。其船主黄春戢關海澄縣查提，係無是公也。況同舟六十人，何以祇擄八一人？雖年才十五，擄日較淺，癯然五尺童賊，特以龍陽畜之，非他夥劫佐鬥者比，情在可原。原供有係楊標從兄一語，未易言開釋也。各犯皆以本縣有被擄原案爲詞，此正未足深信也。從來劫掠巨憝，未有不先告一案以爲護身符者。即果以漁販出洋，而家屬能信之於被賊擒擄之日，亦能信之於被賊糾合之時乎？數犯者嘯集兇儔，連䑸海面，盈前兇器，率多倭虜中携來，滿載羈囚，盡是殺越時擄去。肆標掠則贓齊熊耳，慘屠戮則血赭鯨波，逆我顏行，儼然巨敵。按法論斬，誰曰不宜？第贓物已飄險浪，害生俱作夜號，揔之一辟，仍照原擬，軍器下海爲妥也。至許一仔等三犯，初審的係脅縶，業從保放。及奉駁審，差役守提，據海澄縣回稱，同舟捕魚，遭風溺水，且有家屬許興、韓正等在據，相應准從。若游才仔與已故之黄五仔被擄於二十日之午，職取有灣長各結，極口保之，似宜併釋。梁六、梁三、高經、洪興緒四犯在先論辟，各當厥辜，已受天刑，可勿追論。

覆審得海上劇賊，敢於聚衆連䑸，一舟而至二十五人，軍器而至六十餘件，此其鯨氛鯤浪，幾於横海翻濤。而況揮戈挾刃，格鬥官兵。倘樓船一不勝，而今日沉舟馘首之狀，且將倒而致之我矣。此時肯以被擄之故而反戈相向乎？肯以被擄之故而呼號求援乎？肯以被擄之故而飲泣向隅，不與賊同跳躍乎？是則庭中之俯首以乞憐者，皆當日之奮臂以從事者也。以故内地之賊必訊證、訊贓，若陣擒之虜，即盡舟人而置之法，誰曰不可？獨是於治亂用重之時，存疑罪惟輕之意，則當律之以時日之久近，年力之强弱耳，若周四老等一案是也。四老與楊標、劉三英、梁晚成、劉二仔等，縱横雖止三日而已，前草寮、小艓，名雖被禁，實則甘心也。是當以入夥之時爲作賊之時，久者半月，近者亦十日矣。大抵被擄則釘艙從賊，則逍遥於艟艦矣。被擄則分押，從賊則共飲食於中艙矣。被擄則衆人畜之，從賊則稱老而岸焉自雄矣。今各犯非逍遥飲食，以老自命者乎？以此定賊，而賊無容置喙矣。至若楊八者，謂其非甘心從賊，誰其信之？然賊第用以爲狡童之烏合，不用以作羽翼之鴟張，且其在賊之年方祇十四，其不能捉刀以用命也，明甚。楊標如戟丈，夫年已二十四，可以辯八從兄之惑矣，不特此也，嚴訊八不肯認標爲同族，此或迫於脱罪之心。若標知己之罪無所脱矣，而嚴訊亦不肯認八爲同族也。其有所利誘之耶？此一犯者事無可疑，情實可矜。所謂時日之近、年力之弱蓋謂此也。或與被擄之游才仔同開一面，令本縣之親族里約保領，以約束其後，似未爲縱也。許一仔等奉駁再行嚴提，而該縣堅稱出海被溺，不特有許興、韓正等之呈訴，且有保正紀亨、家甲沈俊等之具結，溺水果真，似不得窮而問之鬼籙者。然使三人而在，亦當確以被擄論。蓋以周四老無命老之供，游才仔無作賊之認也。數犯而以得財之律論，其所乘之舟亦財也，但十八日之後未見有所劫奪，是此舟亦不能定其爲劫贓也。捨現在之軍器，而揣已前之劫贓，反滋辯竇。按軍器之律絞，雖不言皆，而亦不言首者。其不言首者，即不分從者也。況各犯執軍器以拒官兵，人自爲敵，人皆爲首者乎？職反覆參詳，庶惟此律當其情耳。

又覆審得周四老等被擄真，而從賊亦真者。十餘日之糾合，三日之出海，倘非官兵擒獲之速，其流毒幾與海波長矣。雖有多贓，不若質人勸導之爲確。今已質人矣，勸導矣，多贓可不問也。雖有害主，不若拒捕傷人之爲兇，今已拒捕矣，傷人矣，害主可不問也。按律駢絞，夫復何辭？若楊八一犯，職不能信其非從賊，自有從賊之常刑，原無可疑也。特以其爲賊狎使，與同賊縱横者稍異，被擄之時其年果幼，以童年處羣賊之中，即欲思歸，有何歸路？捕盜對敵之際，亦不見有未冠者揮戈相向，且年來海民被擄過多，從賊甚衆，誅之不可勝誅，姑議開一面，亦罪疑惟輕之意耳。況初十日出海，十四日被擄，二十日被執，在賊舟不過七日，較四老等之十日、十五日迥然不同。今取到龍溪縣申解鄰甲結狀，是其初之爲良民已確乎可信。原招稱年十四，今鄰甲僉稱年十五。所作賊不論壯穉，而本犯可矜之中，此亦其一端耳，似不宜與四老等同類而辟也。

（明）祁彪佳《莆陽讞牘》卷一《分守道一件窩寇劫殺事》 審得朱廷起與已故親兄廷永皆巨窩，而堂弟廷烈、堂侄朱呆、姻家魏志苞及流棍王世恩、陳遠、已故莊六，皆劇賊也。職請條言各賊之來歷，而後合按劫盜之情形。查得廷永、廷起、廷烈兄弟三人與子侄輩朱呆及年幼之朱鷄、在逃之朱魁住居海邊，鋪名吴埭。其屋五六間，不入保甲，亦少鄉鄰，雖無深房邃宇，盡足藏盜藪奸。結連者皆異郡無賴，駕船乘潮，潛泊其地。及偷劫得贓，片帆載匿。蓋其肆毒也，在可强可竊之際，而糾夥也，在亦海亦陸之間，如馬峰、海雲、東許、沈厝等八九鋪地最磽確，民極困窮。乃當懸磬覆釜之時，受此輩胠篋探囊之害，事後泣訴某家被劫、某女被姦，自去年六月至今年四月，異慘極兇，天日爲晦。然而各賊踪迹詭秘，羽翼衆多，地方畏不敢言，懼不敢告，惟不能寢處之是憾耳。王世恩，惠安人，於三月二十九日至。陳遠，住福清，於三月二十八日至。已故莊六，亦惠安人，於三月二十七日至。魏志苞係廷永兒女之戚，向作牛牙，今爲虎翼。之數賊者，倏來倏往，亦惡亦奸。此諸犯入夥之始末也。已前之劫盜未有告案，而事後來訴者無論矣。四月初二日有沈厝鋪民唐師念開張小店，廷起偵知有賣苧之銀，遂夥廷永、廷烈、朱呆、世恩、陳遠、莊六、志苞等明火執械。陳遠執鐵杵，世恩執鐵鋭，廷烈、廷起木棍，朱呆、志苞執扁挑，各用手巾裹脚，布袋包頭，而不塗面，斧門破壁，燒傷失主，欲其吐出本銀，因而劫去銀十八兩五錢，并苧布米穀衣服等物。師念身臂傷痕可驗。師念確認傷之者王世恩、陳遠面貌也，時師念即狀告，防館已差健步陳盛、應捕蘇川挨緝矣。陳遠供分苧一觔，廷永、廷起供分苧二觔、藍布衫一件、米四斗、穀十四觔。王世恩供分襪一雙、布裙一件、苧三觔。廷烈供分苧三觔、米四斗。志苞供分苧十觔、米三斗、銀四錢、大衫一件、網巾一頂。已上諸贓皆師念失單所載。惟銀一十八兩各犯含糊不肯供認。所分者日食變賣，苧仍窩於廷起家，此諸犯行劫之始末也。賊欲愈熾，賊膽愈張，遂於初七夜復糾舊夥，又加以初七日駕船至岸之高朝慶、高屎，内惟王世恩病不曾去，餘俱至馬峰鋪民許茂信家，竊出猪、酒、衣服、苧瓶等物，茂信驚覺追躡之。心亦疑廷永等之爲盜也。乃至本鋪鄰近廷永之族朱向家。適向挑賣魚鮮從外歸，茂信執而詰之。向曰非我也，或是族廷永等也。茂信呼同鋪居民張廷寵等數十人，令朱向指認，前至廷永家，天將明矣，殘燈未滅，餘酒尚温，蓋盜徒羣聚而飲，飲而醉，不能脱矣。惟朱氏諸賊拒捕以逃，陳遠、莊六、王世恩，併廷永之妻陳氏俱被縛，高朝慶、高屎在船，亦同被縛矣。隨於家搜贓物二袋，其强竊等物未全獲者，蓋搜時人衆，不無搶失。現在者分數人送至本府收審。餘鋪民蔣大、黄明臺等仍分頭追廷永、廷起諸犯。至初九日下午，馬峰民黄明台等十餘人送朱廷起到府。而廷永執鎗拒敵，且拒且逃，尚未就獲也。朱廷烈、朱呆俱前府差役續拘。魏志苞姓名原吐之於世恩等口者，即原縣中之志保也。職詳讞時，檢之前牘，合之後供。本犯原係莆人，因差役拘之時漏下已二更，差役次日至其家，而志苞揚言曰，昨晚早已知之矣，贓物已搬燬，且欲拒捕以逸。職遣保長及其族人魏紹考諭之，乃併其弟志秀出就訊。異哉，志苞何以呼吸若神？則結連綫索，狡盜之故智耳。此諸犯敗露之始末也。當其時，衆議渠魁未得，不特盜源不杜，亦且肆螫，可率衆追尋，而廷永勢迫，遂投淺灘，欲浮海以遁，追者羣以瓦石遥擲。廷永身已負傷，值本地營邊居民放小艇追及，縛永登岸。居民以憎盜之心，乘衆共之憤，又聚馬峰、海雲地方之積恨積仇，無論知與不知，俱以手足相加，攘臂如雨，議送至府，過翁厝鋪，廷永飲水血攻，遂斃於東許鋪，此廷永致死之始末也。衆獲王世恩等時，因去城遥遠，暫羈約所，而未獲之賊猶敢聚衆搶奪，林挺陞、林桂娘之被傷足據，所以鄉衆之怨憤愈深耳。當廷永已死，廷烈未獲之先，廷烈倚黃水瑩爲訟師，以廷起出名，誣無干之周志禮、鄭懷春等爲殺人、爲打搶，而鄉衆之怨憤益深。值水瑩於府城書狀，而五百餘人執送號冤，是豈有私惡於水瑩哉？即令事後，而水瑩猶唆賊妻陳氏告生員蘇賛於提學道。及詢陳氏，不認也。非水瑩而誰實主之？其見疾於閭里所繇來矣。嗟哉！此海濱貧苦之小民。當賊之未獲也，怒目切齒，無敢矯首而控官。當賊之將獲也，奮臂張拳，猶且捨身以敵盗。及賊之既獲也，被其以人命反誣，疑者疑，畏者畏，退則懼死於賊也，進則懼死於法也。人無固志，家無寧宇，洶洶皇皇，憤心與懼心交併。使非潘知府責誡羽翼，慰諭平民，其時景象尚堪言哉？此地方輿情之始末也。及賊與贓到官，而唐師念認青襦一件、花單被一件、腰刀一柄、綿絮一張、苧一束矣。許茂信認裙二件、衫二件、道袍二件、苧一束矣。此皆朱廷永家贓也，衆犯所分之贓自稱花費，況多竊之廷永，則廷永之贓即衆犯之贓也。劫贓雖微，已甚確矣。原繇稱莊六於本月初四，陳遠於本月初八日各至朱家，則是六之狡計，欲掩初二之强耳，而遠則欲併竊掩之矣。即高朝慶、高屎之來，亦初七日，非初八日也。陳遠今供從福清來，以釣蛙爲生，是與朝慶叔侄之從惠安來已風馬牛不相及矣。王世恩指認諸夥入劫之情甚確，乃曰我病也，豈有病於永家，而當時之景況歷歷可數乎？即陳氏稱，世恩初七夜因病不曾去，其他夜之去可知。況遠與世恩又爲劫主所明認也。及審廷起，而盡諉之其死兄矣。審廷烈、朱呆，而極口認初七日之竊矣。再一詳訊，而三犯口口承供與陳元、世恩同也。魏志苞不待刑訊，俯首伏罪，搜雖無贓，蓋時隔五月矣，口中所認之贓皆劫單所有之贓也。及查，本犯被告劫者，纍纍盈牘，是久於漏網者矣。此職府訊盗之始末也。總之，廷起家非居停，路非通衢，流棍團聚，意欲何爲？世豈有同窩同宿，同日同擒，而不同盗之理？竊盗真矣。而劫贓現出其家，劫狀現吐其夥，强盗有不真者乎？律中原不問分贓之多寡，即一贓可以定諸辟矣。況朱氏三犯，當時之脱逃，非畏罪乎？未獲他賊社約之鬨鬥，非拒捕乎？而且有萬耳萬目可質也。而且有成牘成案可憑也。數載縱横，一朝就法，誠地方一快事哉！乃本是一夥强犯，而偏不發於强，發於竊，是天之厭其惡，而巧於殲頑兇耳。若朱廷永死亦何辭？惜不死於法，死於捕者之手。然雖不在當場當夜，而逐者即因當場之事而逐，逸者即繼當夜之時而逸，是猶之死在當場當夜也。況驚弓執械，非鄉衆傷賊，賊即傷鄉衆矣。懸想其景，即立磔有餘辜。今若欲因其死而過吹求於捕者，將使良民束手，不敢與盗賊争一語。良民之氣不幾喪，盗賊之風不益長乎？即欲問傷之者誰，而失主、保約在府候審，志禮、懷春等歷訊無預，於千百人叢毆之中求二一下手之輩，亦必不得之數也。此一犯者，國人皆曰可殺，一鄉疾若寇仇大哉！憲批所謂應死之人，死無足惜者。高朝慶、高屎，審確係初七日到岸竊盗，的是預事，雖船中無贓，而許茂信所認之贓即是也，一徒不枉。志苞之弟志秀耐刑不招，羣犯皆白其誣，即志苞亦稱己之强是真，而弟實未去。世無捨其身以爲弟者，其言似可信。然亦須再加嚴刑，委無疑竇方便於開釋也。朱鷄年幼，自非劫夥，批釋保候，已往地方乞食，今未到官。黃水瑩爲賊主唆，祇擬一杖，則情窮於法耳。投二老等行臬緝提無踪，朱魁久游未獲，現在者似儘足正法，不必因而延閣本案，反貽不結之局也。朱廷起、廷烈、朱呆、王世恩、陳遠、魏志苞，應以强盗已行得財律擬斬。

（明）祁彪佳《莆陽讞牘》卷一《巡海道一件嚴緝逃亡以肅部伍事》

審得洪宇應募援遼，在天啓元年十月間，越數月，楊都司率之北行。至二年十月間逃歸，而楊都司緝逃之文至矣。乃今宇稱主將有病，奉命同歸，則何楊都司行文又云未蒙遣歸，擅自逸去耶？果爾則宜揚揚歸閭里矣，又何屢更姓名，潛竊他處，久作抱頭鼠態耶？且郭時禎係其義父，雖有被累之根，寧不爲一言白，而固苦口稱逃，必欲置之死地耶？爐仔爲宇同伍，因宇逃而爐仔受責，家書歷歷可據。至於狗偷鼠竊，素行無良，必不能禦侮從軍，此又宇之確案也。其稱病歸之，主將即係原部之都司，豈有行文緝獲，而復自同之歸？緝獲時宇已爲驚弓之鳥，同歸者又屬何人？即云同時十七人皆有，則彼時宇豈無口，而今始曉曉逞辯也？以茫無一據之言，異耶必不可原之罪，誰其聽之？若據從征初逃之律，似應別論。總在上裁，非卑職所敢擅擬也。

（明）祁彪佳《莆陽讞牘》卷二《本館一起出巡事》 依同謀共毆人因而致死以致命傷爲重下手律絞犯人一名詹新。前件看得詹新，一市井庸奴，有謝進等酒友以恣貪饕，有戴昇死友以肆虐餤。羣詐宰狗償犬之酒而鬨。怒朱兒仔羣奴之言，遂挾謝進、蕭十八毒毆之，不可謂兒仔之死不在限内，不可謂限内之死非出毆傷。則三人者必有一抵。謝進先扭兒髮，兒仔遂扯進衣，是進之力分於扭扯，而不能致重傷也。蕭十八繼用木柴，柴之毒殆甚於拳，非不能速兒仔之斃，然太陽腰眼等處可用拳，不可用木也。求其張拳逞臆疊加致命者，惟一新耳。新奚逃於絞哉？兒仔以乘醉詈人，而殞厥命，詹新以索酒起釁，而典重刑。酒濁其神，爲害甚矣。伏候裁奪。

（明）祁彪佳《莆陽讞牘》卷二《南安縣·一起取發事》 依官司差人捕獲罪犯聚衆打奪殺人下手致命律絞犯人一名蔡舉仔。前件看得蔡舉仔，盗賊之雄，及脱樊而氣益横矣，倚陳用宣，護盗如驕子。林壯之捕楊闊三，是用宣之所惡也。乃以死兔悲狐之心，作進狼居虎之策。螺聲一鳴而毆壯立死，舉仔之力居多。洪元非救解，吕陳非健逃，當亦無生還者。是清時之夷膚，而内土之獠蠻也。改斬爲絞，夫亦法外行仁耳。伏候裁奪。

（明）祁彪佳《莆陽讞牘》卷二《南安縣·一起强姦殺命事》 依夫毆妻至死律絞犯人一名王國進。前件看得王國進始戲戍仔而恣姦淫之狀，繼殺蕭氏而肆嫁禍之謀，是蓋梟獍爲心，豺狼成性者也。戍仔係小功之侄女，而山間樓上强勒聚麀，姦即未成，已不免於一遺，况殺妻抵賴，國進之兇狡益彰乎？其憤吴居之證其姦，而蕭氏之不諱其姦也，遂思一計而兩害之，假姦爲名，鐵箍、拳椎、毒藥、繩索集於一身，蕭氏一婦人也，即微自縊已無生理，况自縊實國進致之哉？國進上悖王法，下滅人倫，一絞尚有餘辜，伏候裁奪。

（明）祁彪佳《莆陽讞牘》卷二《南安縣·一起殺官事》 依威力主使毆打人致死者以主使之人爲首律絞犯人一名翁尚淡。前件看得翁尚淡庇親逞憤，等職官於弁髦。李鐘岳方在夢寐中，而尚淡糾周三、周四排闥直入，誶辱踢毆沓至交加，不越六日，鐘岳就斃。證莫真於吴榮、施選，聞聲趨救，頂心額頰之傷，又爲會相時所的據者，尚淡一抵何説之有？乃此案因未檢久懸，在李紹雖出護骨之至情，在尚淡即滋求檢之辯。實檢則必見傷，傷則必論絞，然非所論於未檢未見之前也。李紹亦何惜一檢？辟此豪民，以安冤魂於九京哉。伏候裁奪。

（明）祁彪佳《莆陽讞牘》卷二《南安縣·一起分守地方事》 依竊盗三犯律絞犯人一名張二。前件該本館看得張二以兩墨刺徒，再配再逃，即當發哨之日，復恣盗婺婦家以去。生有賊骨，死無悔心。業已論絞，幸徼恤矜，雖犯在革前，而結案亦在革前，論法無可原者，蓋至是而怙惡偷兒終無生路矣，伏候裁奪。

（明）祁彪佳《莆陽讞牘》卷二《福清縣·一起横冤事》 絞罪犯人曾旺。看得曾旺乘醉買曾廷元鴿不得，輒撲殺之，肆加凌詈。曾尾特居間解紛人耳，何便恁兇狠毆，致尾匍匐尺步而不能前也，斃在傾刻。酗以鼓暴，逞以忘身，麯生之禍人也如此哉。須絞此囚以申酒戒。

（明）祁彪佳《莆陽讞牘》卷二《長泰縣·一起打死人命事》 絞罪犯人陳六。看得陳六之父陳龍與張文綱争水互毆，張文紀則救互毆者，陳六則毆救毆者，兩脇俱傷，便足致死。在田衆農俱是鐵證，絞復何辭？原其情，雖迫於父，然彼時涕泣而道可也，何乃添薪助沸乎？已不能解父之焚，復不肯聽人之解，情可矜而法不可貸。

（明）祁彪佳《莆陽讞牘》卷二《海澄縣·一起地方人命事》 絞罪犯婦一口王氏。看得王氏昵姦林春治，而必欲迫休以從姦夫，其罪已不勝誅。迨一入林門，則氏爲妾而陳氏其主母也。夫何恃寵凌嫡，日肆詈虐，詒喬守而欲去之。嗟嗟！陳氏翁窘於前，夫辱於後，而擅寵之狐媚又且咄咄逼人，滿懷幽恨，惟有一泓潭水可以旌心耳。異哉！王氏爲人妻則無其夫，爲人妾則無其嫡，真尤物也。速應纏其頸以肅壼教。

（明）祁彪佳《莆陽讞牘》卷二《海澄縣·一起人命事》 絞罪犯婦一口鄭氏。看得鄭氏怨林氏之誣爲攘鷄也，籬下誶語，何所不至？羞極變惡，輒以杵擊其首，碎顱破骨，立殞當場。按傷訊證，獄已逾年，乃始以姦自認，嫁禍他人，此正奕家所謂倒跌法也。獨不思十九即姦，林氏即遇能移殺人之杵在十九之手乎？若然則姦者自姦，殺者自殺，何能桃代李僵乎？使果有姦狀，益信林氏因隻鷄癸其隱，而長舌含憤所自來也。一絞何辭？

（明）祁彪佳《莆陽讞牘》卷二《泉州府·一起賊情事》 依强盗已行得財不分首從斬罪黄欽七等。看得黄欽七等烏合緑林，虎視閭里。號召至五十餘人，羽翼衆矣。燒毁民房五座，焚掠慘矣。手戮楊應春等三人，劫殺毒矣。即非番仔，以造瓦之故被元中識破，而各犯造惡滔天，流毒遍地，寧能一日保首領哉？逆天至此，一斬猶遲，伏候裁奪。

（明）祁彪佳《莆陽讞牘》卷二《泉州府・一起血戰擒獲大夥倭賊事》

依奸民潛通海賊同謀結衆及爲響導劫掠良民比照謀叛已行斬罪黄十二。看得黄十二誘結真倭，反戈内地，以久逋之亂民，爲門庭之大寇，劫掠陸船，或駕於潮州，或泊於比港，或至東番，或至甘吉，流移行劫。劉瑞春等首被其毒者也，及虎井嶼之役，把總奮力長呼，兵士争先用命，至死傷相繼，而師無退心，擒斬十人，餘賊驚遁。被擒黄十二、倭如完皆渠魁也。維時血濺波紅，鯨殲浪走，以七十一人之殺傷，而僅得此四賊之就繫，二犯一斬，猶恨無以慰海上之凄魂耳。伏候裁奪。

（明）祁彪佳《莆陽讞牘》卷二《泉州府・一起查盤邊儲錢糧事》

斬罪犯人蔡修。看得蔡修倚糧役爲狐城，藉侵欺作兔窟，合林龔三等九人，計贓得八千有奇，即蔡修一人計贓亦四百餘兩，小民錙銖而輸之，此輩泥沙而盗之，不痛懲則無法矣。雖有五月完減之例，而蔡修繫獄年深，終無償理，則惟有一死以謝公帑耳。伏讀恩詔一款，正犯已經監故正法，家屬拘禁年久産盡者，相應免釋。乃蔡修餘息相存，不能爲本犯寬者。又追贓人犯，有係查盤坐侵，訪察坐入，原無證據者，相應免釋。乃蔡修贓私纍纍，不能爲本犯寬也。一斬誰曰不宜？伏候裁奪。

（明）祁彪佳《莆陽讞牘》卷二《泉州府・一起軍務事》

律斬罪犯人蘇玉泉。看得蘇玉泉，一捕魚船户耳。其合夥也較遲，後格鬥而戕我兵之臂，則實爲戎首；其被獲也最後，初脱繫而思振翮以逃，則居然兇徒。雖搜獲皆民間常畜之物，而磁灣之劫荔銀，白犬之劫絲緞，芙蓉山之劫銀苧，豈盡屬無何有之鄉？尚得爲玉泉寬一斬哉？伏候裁奪。

（明）祁彪佳《莆陽讞牘》卷二《南安縣・一起殺兄大變事》

依謀殺緦麻以上尊長已殺律斬犯人一名戴有梅。前件看得戴有梅等挾頑父之勢，生異母之嫌，有椿之不齒於諸弟久矣。乃釁起於賣産，父若弟謀邀於洪賴。有柏灰塞未已，有梅繼以鋤柄，良資繼以兇拳，有梧、有檜繼以拖扯，有椿已魂游夜臺，而良資尚欲屍捐溝壑，骨肉之殘至此極矣。誰無父子？誰無兄弟？而有椿獨處人倫之變乎？獨不思椿雖出繼，猶然家督也？椿雖不肖，猶然親兄也？有梅若是其暴横，一斬尚何所逃？招稱有柏先到，有梅隨之，則似有梅之逞毆較有柏稍遲，而頭額太陽之傷實爲致命矣。迨何知縣之審詞則稱柏與椿初猶笑語，有梅驟至，而木棍加焉，則有梅實爲首難矣。總之，殺人者死，論當場，論下手，而原不論遲速也，況有梅之毆擊殆甚於柏，安得援父爲解耶？伏候裁奪。

（明）祁彪佳《莆陽讞牘》卷二《南安縣・一起憫准冤訟事》

依造畜蠱毒殺人者律斬犯人二名林文會等。前件看得林文會、鄭三仔在其畜蠱同，其害人亦同，而所以致害之因則不同耳。文會之毒孫氏也，因林朝肅逐社之隙而移禍於其妻。三仔之毒嚴誥也，因蠱神臨家之日而畢命於盃酒。骨可朽，而未聞有如綿者。蠱可飾，而未聞有蛇狀者。慘哉，毒手一至於此。林文雅之求解而生之，孫氏、嚴誥之被毒而死之。神奸操生死之權，司命幾爲不靈。林明及三仔之供吐已確，林文福、鄭君穆等之質對亦真，畜蠱之律若何森嚴，二犯尚得緩一斬乎？鄭鳥僕允應遠流，以絶蠱種，伏候裁奪。

（明）祁彪佳《莆陽讞牘》卷二《晉江縣・一起出巡事》

依侄毆叔死者律斬犯人一名林際熙。前件看得忍哉林際熙！親叔林松貧，而流傭，即無租亦宜周給，況公分祭器尚有存焉者乎？嗔其索取，遂與學詩攢毆，林松孤形貧骨，何勘繩縛械傷？無計謀生，遂因斃命。閲松當日之情形，真不勝涕淚俱集矣。何物頑民，兇殘至此？且也移家閉户，不知欲蓋彌彰。學詩自經，亦其應抵之辟，際熙安得援以爲解？檢詳傷確，律當情真，斬復何説？伏候裁奪。

（明）祁彪佳《莆陽讞牘》卷二《晉江縣・一起慘害事》

依因姦同謀殺死親夫者姦夫律斬犯人一名蕭國賓。前件看得蕭國賓與葉氏以嫂叔之親爲聚麀之行，民藩俛首聽之則亦已矣，而復置杯中之毒，欲拔眼前之釘，民藩目視牝淫，口貪杯酒，卒之命不保而屍棄潭。昏愚之夫，誠可哀憫。當時雙往獨歸，民珍悉冷眼之覷，縛屍投水，葉氏作掩耳之謀。十六金買和，過自達宇，出自國賓，即有毒傷，復多贓證。此一犯者滅倫傷化，犬家不食其餘，毒手淫心，虎狼尚遜其酷，亟宜伏誅，伏候裁奪。

（明）祁彪佳《莆陽讞牘》卷二《晉江縣・一起申詳交盤事》

依監守自盗倉庫錢糧二百兩以上各照沿海事例坐真犯斬罪奏請定奪犯人一名蔡懋禎等。前件看得蔡懋禎、張建狼狽爲奸，視倉庾猶外府。積猾至一十二年，侵盗至五千餘石。壯哉！鼠雀一斬何逃？嚴追半粒未納，勘産片瓦無餘，以邊海之官糧，飽此輩之囊橐，而僅以一罪結案，將糧糈終委之漏卮乎？應令覆勘，仍合監追，伏候裁奪。

（明）祁彪佳《莆陽讞牘》卷二《晉江縣・一起現獲劫賊事》 依强盗已行得財不分首從律斬犯人一名陳謀仔。前件看得陳謀仔向入陳曜仔之盗羣。當其劫林進於白犬洋，前矛後勁，綑擊事主，捲其銀衣而去，自以森爲森逝遠舉，不可物色矣。曜仔且以盗物爲樗蒲之貲，而猝遇林進，鎖匙獲自曜仔之橐，血衣寄自蔡進之家，贓極確矣。如謀仔者，曜仔之親供，與其自供如出一口，使湯網可寬，當時何不與劉齊天同一省發，蓋其盗迹已彰，初供難掩，烟波浩淼之中不得以贓無現起爲辯也，斬自不冤，伏候裁奪。

（明）祁彪佳《莆陽讞牘》卷二《晉江縣・一起故殺賴劫事》 依侄毆叔乃弟毆兄死者律斬犯人一名姚日昇。前件看得姚日昇之叔嗣覬初饒而割田讓兄，後貧而索田贍己。初爲義舉，後亦常情也。乃日昇倍縣斷之二金，倚莊族之兇焰，毆之至再矣。並移怒於左袒之姚嗣英，挾莊十九等棍石交擊，聲震原野，雖曰叢毆疊傷，非出一手，然日昇抱憤最久，則下手更狠，腦肋太陽之傷皆日昇所致也。雖曰死在限外，而傷在限內，嗚鑼赴援，鄉黨側目。以同室之人作纓冠之救，日昇之殘迫可知也。雖曰嗣凱初詞止造連傷三婦，然日昇力而諸擊原者，則嗣英也。嗣凱何所利而勒毆嗣英，憑虚圖賴乎？嗣萌爲其子輾轉開辯，而不知罪狀益昭矣。殺叔之兇，一斬無容末減。伏候裁奪。

（明）祁彪佳《莆陽讞牘》卷二《晉江縣・一起捉獲假印事》 依僞造諸衙門印信者律斬犯人一名蘇德。前件看得蘇德積猾奸書，舞文弄智。夫納糧編號，用印付收，昭明信也。乃蘇德私雕懸篆，冒收正供。及許福發覺，而空收三紙，木印一顆，儼是本犯之鐵證矣。當堂覆刻，運刀如風，何物兇頑有此包天之膽，如鬼之奸乎？一斬不枉。若黄三廷表裏奸欺，即擬城旦，猶恨其罪無可加耳，伏候裁奪。

（明）祁彪佳《莆陽讞牘》卷二《晉江縣・一起殺命滅財事》 依謀殺人因而得財同强盗不分首從律斬犯人一名徐遜。前件看得徐遜與趙思燦、徐新四窺陳鑛羈旅孤身，挾此數金，視爲几上肉耳，鴆毒藏機，而猶恐其死之不速，迹之不滅也。乃折肋拉胸，取其腰纏，而沉之潭底。及幽魂未瞑而水面屍浮，真令人髮指心寒。遜亦何能寬此斬也？夫原謀助毆斃獄者論抵例亦有之，況原謀寬思燦也。使當時僅以殺人之條，則三犯止一辟，以一命斃兩囚似亦已矣。乃以强律坐遜，則遜方當引首就刑，無從開一線耳，伏候裁奪。

（明）祁彪佳《莆陽讞牘》卷二《晉江縣・一起殺弟謀叛事》 依謀殺人造意者律斬犯人一名盧七。前件看得盧七以盗錢累余景山兄弟，而猶恨其洩謀也。淼茫巨浸，敵起舟中，盧七鼓刀，而前船衆膽寒股栗，一夫發難，咤叱自雄。其伏艙受責，碎額而畀諸海也惟命。其勒抑乞哀，砍鷄而矢諸誓也惟命。幸而陳二抱擒，兇頑就縛，景岩海魄夜號，冤目未瞑，七真窮兇極惡哉，令人切齒腐心，恨不寸磔此獠，而使視息於囹圄耳。伏候裁奪。

（明）祁彪佳《莆陽讞牘》卷二《晉江縣・一起查盤邊儲錢糧事》 依監守自盗倉糧四十貫罪止律斬犯人一名陳寶環。前件看得陳寶環奸漁無忌，谿壑不盈。其曰那者，使東西易不及知。其曰侵者，使日月銷蝕而不及察，既侵盗入己，復那貸弁軍三餘石之穀，僅以飽一奸胥之腹耳。按律嚴追，法無容議，伏候裁奪。

（明）祁彪佳《莆陽讞牘》卷二《晉江縣・一起人倫大變事》 依子威逼母致死比子毆母律斬犯人一名尤萬昭。前件看得尤萬昭孀母李氏苦育兇雛，形影相弔，稱未亡人者幾四十年，亦恃有子萬昭在耳。爲萬昭者，即裂膚奉養猶恐草露風燈，來日苦短。乃逐之外爨，令嫠婦悲失所焉，萬昭之良心盡喪矣。迎以同居而復吝數斗穀，詬誶輒加八旬老嫗，其絶望於生養死葬也，焉得不泣而取毒，悲而赴淵？即途人尚當慘凄，而萬昭悍然不顧。有子若此，何以生爲？卒之垂暮殘軀，投繯自盡，嗟乎！誰獨無子，而使李氏至於此極也？生無色養，死復雉經，古人尚不欲毁體以傷親，萬昭尚敢於迫親而恣惡，即寸磔之猶餘恨耳，一斬寬典，伏候裁奪。

（明）祁彪佳《莆陽讞牘》卷二《閩縣・一起拿獲假印事》 依僞造印信律斬監候會審犯人一名魏耀。前件該本館看得魏耀假雕印信，不惟主證明確，即當堂翻刻更相肖也。所謂描模者必原無形質者方可，今自供鎔化，則未鎔化之前已明有形質矣。柰何引描模之例乎？描模且不可引，乃竟捨假印一節，止照局騙擬戍，試問以何物局騙乎？則假印也。耀又何可卸於辟也？伏候裁奪。

（明）祁彪佳《莆陽讞牘》卷二《福清縣·一起申嚴越販之禁以遏亂萌事》 斬罪犯人徐微宇。看得徐微宇潛通日本，遣其弟爲渠謀主，往來私販，獲利無算，甚至以巨舶資其所需，倘島夷以片帆入内港，海濱其有寧乎？罪更浮於下海漏洩者，按例當坐極刑，今論之斬，倖矣。尚可令久偷息圄底哉？伏候上裁。

（明）祁彪佳《莆陽讞牘》卷二《福清縣·一起海戰大捷事》 斬罪犯人林七娘。看得林七娘與故盔連媽娘等窟穴於鯨海之中，通夷夥劫，凡漁商被其禍者，未容枚舉，一旦官軍夾擊，當陣活縛，兇械洎多，贓纍纍盈樓櫓，真海上劇盗也。即無被擄楊宗逸之質證，而斬刑已不可逃矣。

（明）祁彪佳《莆陽讞牘》卷二《福清縣·一起擒獲海洋大夥賊黨事》 斬罪犯人蔡六姐等。看得蔡六姐等僞立名號，鼓衆於鯨波鮫室間，劫貨擄人，勒索報水命銀，閩粤之界幾成夷虜。不有曾九等之供首，流禍寧有已日哉？六姐向雖以無贓致辯，而從賊爲香公，分贓於艙上，陳鳳輩證之甚明，自難以花費爲辭也。

（明）祁彪佳《莆陽讞牘》卷二《福清縣·一起地方事》 斬罪犯人盧番四等。看得盧番四二犯之劫葉安也，始則楊實謀起盃中，繼則番四色盈眼底，售猪之假客，忽爲翼虎之真兇，呼黨綁婦行姦，夷虜不啻也。弘沛之途遇證的，林氏之認面更真，騈誅何枉？彼時葉仙殺鷄留客，一段高情之竟致開門揖盗，人情之難測也。若是哉，盧梭七病故，照首相應别改。

（明）祁彪佳《莆陽讞牘》卷二《詔安縣·一起强劫官銀事》 斬罪犯人羅二。看得羅二垂涎官帑，夥衆尾行許濟良至分水嶺中，伺隙而發，幾令三軍之餉齊作盗糧矣。當時收獲，而原鏹百兩獲自二之腰纏，是盗狀最熾，發覺最早，贓證最明者，羣兇俱已瘐獄，此賊安可獨生？

（明）祁彪佳《莆陽讞牘》卷二《漳浦縣·一起毒死五命事》 斬罪犯人蔡心塘等。看得蔡心塘兇過窮奇，惡同梼杌。康禄等即有睚眦之怨，而非心塘之挾仇招致，謀不起也。康禄等即有毒人之具，而非心塘之暗通指引，謀不成也。卒之，藥水一投，五命旋斃。奸人操生死之柄，司命幾爲不靈。尤可恨者，始假手謝六，而必殺之以滅其口。五命之外復有此投繯之鬼，非心塘，其誰致之？故始而同盟報復，使康禄蹈非常之辜，是禄雖自殺，而所以殺禄者，心塘也。繼而揮金買差，致陳正造彌天之罪，是正雖自殺，而所以殺正者，心塘也。二犯自應駢斬，心塘尤宜首誅。伏候上裁。

（明）祁彪佳《莆陽讞牘》卷二《延平府監·一起狡弁被參不去倚賊作奸等事》 依境内奸細走透消息者律斬罪招詳批允犯人一名馮元壯。前件看得海濱之民，不恨賊而德賊，海上之將，不拒賊而通賊，此閩事之所以壞也。治亂用重，安得不首嚴奸弁之誅？馮元壯以待罪回籍之人，倏來倏往於銅山中左間，亦可異矣。今不必論其詭秘之蹤迹爲士民所共識，爲上臺所確聞者若何，即其萬不能諱者，奉副戎之令而挺身往賊，夫非昔日取還器藥之故智耳。且其往賊者，副戎畏賊焚我舟、殺我兵耳。今舟已焚矣，兵已殺矣，我往賊而反致賊來，是則致其焚之、殺之者，元壯其何喙之有？

（明）祁彪佳《莆陽讞牘》卷二《福寧州·一起地方事》 依軍人不繇本管頭目擄掠傷人爲首律斬監候會審犯人二名王一經等。前件看得王一經等之舉，州佐衙役有以致之也，在贓官之智昏金注，在猾胥之計假叢神，固有常法所不原者。然一經等果有積怒深怨，獨不可一控於上臺乎？而白旗黄票，輒發難端何爲也？明是二刁軍，乘有衆怨，借事生端。蚩蚩者氓，皆受其籠絡。彼刁軍勢成騎虎，於是挾青衿哭廟，挾赤子罷市，無非欲張其勢，使大家分過，以解免己罪也。迨傳諭而獸散鳥驚，則其窮蹙無聊之狀已見於前事矣。蓋有斬木揭竿之勢，而無亂臣賊子之心，二斬九戍已足示法矣。衙役分别軍徒，已當厥辜。徐士璋贓私狼藉，雖不必以亂衆要挾之故，反致深求，而律以考功常法，則追贓亦其宜也。惜寬處之耳。

（明）佚名《崇禎記聞録》卷二 〔崇禎十四年〕今秋未差決部，是以繫囚倖免一歲。然冬至後，撫屬有解盗犯決不待時者，先後各二人，梟首號令本處，而四屍委棄北寺前，慘不可言。

（明）佚名《崇禎記聞録》卷三 前任撫院張國維，陞河道侍郎去任，代之者黄希憲。今秋兵部尚書陳新甲，以罪論斬，繫獄；陞張國維爲兵部尚書，即以希憲代河道侍郎之職。皇上欲警本兵僕，張國維已莅任，特令監斬陳新甲。設身處地，能不凜然！

中國第一歷史檔案館《滿文老檔》天命八年六月　二十五日，兆德牛録之雅爾古，原任海州城管路大臣，曾向居該處之諸申及漢人勒索酒餚糠燈，並且未經報上即擅自釋放盜取倉糧之人，未請示何人即容二漢人入其家宅。聞其罪，即拿之。經訊問，皆屬實，故斬首示衆。

中國第一歷史檔案館《滿文老檔》天聰二年六月　初一日，誅阿山之弟阿達海。初穆奇地方阿兒塔西姑夫所生長子阿山、次子阿達海及三子濟爾海、四子噶賴，英明汗賜諸申與諸子時，將伊等分給大貝勒。伊等自用，以爲精强有才而不得官，便由界藩地方逃往明國，貝勒阿敏連夜追射，阿山二子，中矢死，阿山被創，兄弟離散。時孟坦追射阿達海，阿達海迎戰，砍孟坦墜馬，幾乎殞命，取其弓矢馬匹，進入明邊，復又來歸。太祖未令從大貝勒，留於左右備使令，以觀其後效。嗣後幾經效力行間，見其才能，阿山、阿達海，俱授副將職，優養之。及太祖崩，阿達海竊匿太祖御用兜鍪，乃爲阿山、阿達海叔父之子阿爾津首告，下法司鞫問。阿達海出兜鍪，擲諸地。遂以阿達海將太祖御用兜鍪擲諸地，鞭五十。天聰汗以舅阿布泰讒惡，諭令諸貝勒勿與結親，諸貝勒勿娶阿布泰之女，諸貝勒之女永勿嫁給阿布泰之子。阿達海不遵汗命，引誘額爾克楚虎爾，阿達海以親女妻舅阿布泰之子，結爲婚姻。又勸額爾克楚虎爾，請於汗及諸貝勒，欲娶阿布泰之女。故擬阿達海死罪。因念其父功，顧其兄面，遂宥而養之，盡没家産。至是阿達海又不請命於汗及諸貝勒，率十騎潛踰故居興京城，託辭捕魚，爲薩爾滸城守將克車尼追回。時阿達海謂其諸友曰：我欲亂箭射死克車尼，奈爾等不從等語。此語爲貝勒額爾克楚虎爾家莊頭之妻聞得舉發，汗與諸貝勒議曰：彼非我友，罪犯多端。遂誅之。

中國第一歷史檔案館《滿文老檔》天聰四年四月　二十三日，祖總兵官遣奸細三人，二至張知府所，一至孟副將所。彼等執之來首，訊之，乃無言以對，供稱：遣我等來覘爾國兵若干，及馬匹肥瘦，倘兵力單薄，則我祖總兵官率六萬兵來圍攻。於是將祖姓所遣奸細二人，押赴漢人街斬之。又執導引奸細之降民一人，割其耳鼻，令持書還。諭之曰：有奸細由彼處來者聽之，歸附降民有引進奸細者誅之。

中國第一歷史檔案館《清初内國史院滿文檔案譯編》天聰七年二月　十七日，誅巴克希庫爾禪。處死緣由：曾向薩木哈言：貝勒於汗前言爾過惡，爾當謹慎，我已於貝勒前爲爾解釋。及薩木哈獲罪被執，遂將巴克希庫爾禪之言作書奏云：聞貝勒素有謀我之心，恐汗誤聽貝勒之言，是以奏聞等語。誹謗貝勒罪之一。出使朝鮮時，在安州城，召朝鮮通事入其帳内。及抵王城，不令同行之滿達喇漢、董納密等知，繕寫漢字書遺朝鮮國，又與朝鮮侍郎私講漢語。所受朝鮮禮物，較之滿達喇漢、董納密獨多，所受饋贈物品，概未令同行諸友見之。又攜帶鳥槍給其貝勒岳託。起行時，曾報汗曰：時勢動亂，此次不必攜帶貨物，惟議政事。既去，所到之處，索取煙幣。及彼返回，部人照舊往迎，搜查時被執，下法司議革職，科以重罪。以奏聞於汗，汗曰：諸貝勒大臣議擬其罪，甚是，然彼爲我驅使，出力頗多，此次可寬免，坐以應得之罪，没收所得財物。又於汗前言，董納密驕矜，凡應對之詞，不與我等商議，即向朝鮮人答言等語。汗自察哈爾還，遣董納密同巴都禮往朝鮮時，汗諭董納密曰：人言爾驕矜之詞，不與諸貝勒大臣商議，即自答言等語。爾嗣後，務謹慎行事。董納密跪曰：告我者必爲庫爾禪也。我以彼係汗之近人，何敢檢舉！彼爲亂罪重，故據實奏聞檢舉。其罪二：自察哈爾還時，遣庫爾禪至伊奇里門，與明人議和。時汗諭庫爾禪曰：爾明早來，從速定議，後赴宣府。迨至翌晨，庫爾禪遲到。次日，明伊奇里門人，以牛羊等食物獻汗。汗諭庫爾禪曰：可於明早引見，見畢我等即起行。次日，又久候不來。遂令阿哈尼堪、范文程、羅碩引見。至起行時方到。其罪三。巳年征明，聞愛塔尚在，遣貝勒濟爾哈朗率兵往誅愛塔，生擒其弟。欲攜愛塔屍還，時巴克希庫爾禪對貝勒云：既已誅之，攜屍何爲？我國人終將聞之也。遂留其屍。彼復折回，以衣衾殮而葬之。汗謂諸貝勒及貝勒濟爾哈朗曰：何不備愛塔屍還？答曰：因庫爾禪之言而留之。復命取屍至，汗、貝勒及衆士兵看屍時，大貝勒、貝勒岳託、貝勒薩哈廉舉刀斫愛塔屍爲三段。復竊收其屍，裹以被，置樹上。初愛塔與巴克希庫爾禪交厚。愛塔欲逃，爲汗及諸貝勒察覺，嚴加約束。庫爾禪保之云：斷不潛逃，若誣傷忠誠之人，使彼聞知，生有何樂哉！汗與諸貝勒信其言，遂免稽察。愛塔乘間潛逃，拿獲誅之，又收葬其屍。此罪重大，庫爾禪，應誅籍沒家產。汗念其出力頗多，但令誅其身，免籍没家產，止收其貝勒所與之物。

中國第一歷史檔案館《盛京原檔》一六九號　崇德三年五月初一日，正紅旗杜雷牛録下守街人華木巴實、伊希達牛録下闌扎二人守街時，乘夜將鑲白旗薩海、博迪之兩朝鮮婦人搶去奸淫。又捉獲一盜賊後，索取褲、靴中之工錢即縱之而去。兵部薩璧圖執送法司。經審，奸淫婦女是實，取盜賊工錢即擅縱之亦是實。以此二罪之故，將華木巴實、闌扎二人在八處市場示衆各一天，即斬。牛録章京伊希達將蒙古闌扎放入避痘所，罰以規定之罪。分得撥什庫約拜鞭三十。

中國第一歷史檔案館《盛京原檔》一七五號　崇德三年六月十八日，將從皮島携來的無夫之婦母女寄於正黃旗章京楊瑞之處，楊章京之包衣楊朱將女孩搶去奸淫。女孩之母來告楊章京：爾之包衣楊朱將我女搶去奸淫。楊章京將此事隱匿未告。故鞭楊章京一百及貫耳鼻，準折贖，罰銀四十二兩三錢三分入官。奸淫犯楊朱於八市示衆各一天後正法。

中國第一歷史檔案館《盛京原檔》一八四號　崇德三年七月二十六日，完丹屬下綽布格之包衣王義柱原係昌平州所獲之漢丁，完丹屬下宮郎中同一包衣漢人來盛京時，王義柱寫一書扎送張道吏。宮郎中雖將書扎帶來，然未交張道吏，而留於大凌河王鑾子處，令其交張道吏。王鑾子即將書扎送交都察院承政張存仁，張存仁遂將書扎呈送内秘書院。奏聞，上命將王義柱、宮郎中、宮郎中之包衣阿哈執送刑部鞫審。經審，招認與張道吏通謀之事。王義柱、宮郎中、宮郎中之阿哈應論死。奏聞，上命：王義柱正法，宮郎中及其阿哈著理藩院尼堪、塞冷交完丹，由完丹執送衆蒙古前誅之。

中國第一歷史檔案館《盛京原檔》一八六號　崇德三年八月初三日，正黃旗固山額真譚泰告阿拉密之母於法司：往祭巴牙爾圖時，携鑲藍旗安朱牛録下古木布禄家女巫同往。女巫云，阿拉密父來矣。又謂巴牙爾圖身在，爾等何必用祭？因將送葬衣服携回。又以皇上所賜蟒裘應焚化者，取其衣裏改制皮端罩服之。又往温泉薩穆什喀、龔衮宴飲。刑部審實定擬，阿拉密之母應論死；女巫應論死；女巫之主古木布禄一議死，一議鞭一百；牛録章京安朱罰以規定之罪；牛録撥什庫羅卓户、渾他什、達敏、察哈喇應按規定的鞭責，應阿拉密之母所請之薩穆什喀、龔衮均應罰以規定之罪。奏聞，上命：阿拉密之母及女巫皆正法；古木布禄免死贖身；安朱罰以規定之罪；撥什庫四人按規定的鞭責；薩穆什喀、龔衮俱免議。

中國第一歷史檔案館《盛京原檔》一九〇號　崇德三年八月十八日，集衆官於大政殿時，鑲黃旗蘇達喇未至。本牛録下吏部筆帖式納爾庫纏來告蘇達喇已記其名。後吏部大臣兩次召之，俱不至。吏部以其居於園房不至，送刑部鞫審，審實，并發其前罪：初征北京時，令爾蘇達喇往視北京城池，未見敵兵即遁走，失道，遇碩翁科洛巴圖魯，被携回，罪一。征囊努克時，見持弓者輒懼，不隨侍皇上，私自逃遁，罪二。爲牧馬長時，科斂牧人財物，取村人糧米，罪三。爾有此重罪，在前鋒員内，選良馬乘騎，竟無一次建樹。今大政殿集會，爾竟不至，吏部往召兩次，又不至，而留於園中之屋，藐法已甚，將蘇達喇正法。

中國第一歷史檔案館《雍正朝滿文硃批奏摺・刑部尚書阿爾松阿等奏請移前辦理秋審案件摺雍正二年二月十三日》　該臣等查，定例内直隸各省秋審監禁重犯，該督撫會審，審擬情實緩決矜疑具題，每年於七月十五日内到部，若於七月十五日内不到部者，將該督撫交與吏部議處。臣部將各省重犯原案，并該督撫所題貼黄、看語，刊刷招册，進呈御覽後，送九卿科道。於八月内會議詳核具題請旨定奪。命下之日，咨行直隸各省，將情實人犯，於霜降以後，冬至以前正法。等語。歷年照例遵行在案。

今十月内，恭逢皇上萬壽聖節，自十月初十日至十一月初十日，一月不行刑。查今歲冬至，係十一月初六日，如各該督撫將秋審案件，仍照舊例於七月十五日内到部，必致將情實人犯在於十一月初六日以前行刑。臣等請將今歲秋審，應令各該督撫，務於六月十五日内，具題到部。如六月十五日内不到部者，將該督撫照例與吏部議處。嗣後如每年冬至在十一月初十日以内者，照此例行；如在十一月初十日以外者，仍照舊例遵行。俟命下之日，通行直隸各省督撫，一體遵行。其在京朝審重犯，亦照此例移前一月辦理。【略】硃批：因朕之聖誕節，即催行定例，甚爲不符，此又係小人肇事，將摺扔回。

《清高宗實録》乾隆六年七月　刑部議奏，參革山西學政喀爾欽，賄賣生童，縱僕營私，違禁漁色一案，準欽差吏部右侍郎楊嗣璟審奏，應將喀爾欽擬斬立決，解部正法。得旨：喀爾欽著解部即行正法，餘依議。

《清仁宗實録》嘉慶四年四月（丁巳）諭内閣，刑部具題，議覆陝西省民人曹得華等謀殺陳東海一家三命，將曹得華定擬凌遲處死一案，詳覈案情，曹得華因伊父曹金陵係被陳東海鬬毆殺死。陳東海擬抵減等，遇赦釋回。曹得華蓄意報讐，商同蘇良隴等，將陳東海連戳斃命。陳東海之母吴氏，攜孫陳黑子探聽下落，從曹得華門首經過，曹得華瞥見，慮其查出報官，復商同蘇良隴，將陳吴氏、陳黑子砍毆滚溝，同時殞命。此案，曹得華爲父報讐，若僅將陳東海殺害而止，則照例定擬，尚可入於緩決，永遠監禁。今因殺死讐人之母子，總計一家三命，問擬凌遲，原屬按律辦理，惟是曹得華究有爲父報讐情節，且殺斃陳東海後，若因忿逞兇，復找尋至陳東海家内，將伊母子一同殺害，自應依殺一家非死罪三人律定擬。今因陳吴氏、陳黑子在伊門首經過，致被瞥見，恐查詢報官，遂行殺害，則與臨時逞忿連殺數命者，究屬有間。以爲父報讐之犯，殺斃三命，固未便稍爲寬縱，但有此情節，殺非同時，遂致處以極刑，亦覺過重。曹得華著從寬改依斬立決例，即行處斬，其家屬並免發遣。蘇良隴業經病故外，曹子金依擬應絞，著監候，秋後處決。

（清）西清《黑龍江外記》卷五　囚絞既決，折其脊至斷，曰：不然有甦而亡去者。識者以爲此腰斬也。口號云：盛世不聞腰斬律，莫教泉路怨非刑。主者微聞之，其俗漸改。

中國第一歷史檔案館《咸豐同治兩朝上諭檔》咸豐八年九月二十三日

刑部奏酌擬因瘋斃命罪名請改歸畫一等語，向來因瘋連斃人命案犯係平人非一家二命者，俱擬絞監候，入於情實。而另致斃期功尊長尊屬一命、另斃平人一命者，向援服制之例夾籤聲請，雖絞斬輕重不同，而一勾一免，殊不平允。至連斃三命内有期功尊長尊屬一命者，亦俱援服制之例夾籤，更覺寬縱，著照該部所請。嗣後此項人犯除連殺平人非一家三命，或一家二命者，仍照例入於情實，致斃服制一命，復另斃平人一命者，仍照例夾籤聲請外，所有因瘋致斃平人，非一家二命之犯著改入緩決辦理，以昭畫一而示持平。其致斃期功尊長尊屬一命，另斃平人二命之犯，無論是否一家俱著按律擬斬立決，毋庸夾籤聲請，以重人命。其本年秋審案内張懷一犯即著改入緩決辦理。

中國第一歷史檔案館《咸豐同治兩朝上諭檔》同治二年九月初三日

同治二年，貴州省秋審新事常犯情實，盧公第等一起人犯共二名，謹將勾到時所奉諭旨恭録於後。

一起絞犯屈么第、張茛保，聽從謀命，下手加功，雖非貪賄，究屬挾嫌，是以俱勾決。

中國第一歷史檔案館《咸豐同治兩朝上諭檔》同治四年七月二十六日

同治四年，辦理三年貴州省秋審常犯情實，劉佩倡一起人犯一名，謹將勾到時所奉諭旨恭録於後。

一起絞犯劉佩倡，挾嫌聽從謀命，下手加功，是以勾決。

中國第一歷史檔案館《咸豐同治兩朝上諭檔》同治四年八月初二日

同治四年，辦理三年陝西神木秋審常犯情實，薩瑪哈達里一起一人一名，謹將勾到時所奉諭旨恭録於後。

一起斬犯薩瑪哈達里，姦匪因姦同謀殺死本夫，是以勾決。

中國第一歷史檔案館《咸豐同治兩朝上諭檔》同治四年九月初四日

同治四年，廣東省秋審常犯情實，池亞城一起人犯一名，謹將勾到時所奉諭旨恭録於後。

一起絞犯池亞城，搶奪拒殺事主，爲捉幫毆刃傷，是以勾決。

中國第一歷史檔案館《咸豐同治兩朝上諭檔》同治六年十一月初八日

同治六年，直隸察哈爾秋審常犯情實，班扎拉克察一起人犯一名，謹將勾到時所奉諭旨恭録於後。

一起絞犯班扎拉克察，軍犯糾夥越獄脱逃被獲，業經奏明入於情實，藐法難寬，是以勾決。

中國第一歷史檔案館《咸豐同治兩朝上諭檔》同治七年十月二十三日

同治七年，熱河秋審常犯情實，蘇洤即蘇驢子一起人犯一名，謹將勾到時所奉諭旨恭録於後。

一起絞犯蘇洤即蘇驢子，聽從發塚開棺，見屍剝取屍衣，業經幫同下手，法無可寬，是以勾決。

中國第一歷史檔案館《光緒宣統兩朝上諭檔》光緒四年九月二十四日

光緒四年，貴州省秋審官犯情實，吴延堯一起人犯一名，謹將勾到時所奉諭旨恭録於後。

一起絞犯吴廷堯，係已革候補同知，曾委署永從縣事，到任後，因見縣署城垣毀壞，起意藉修理爲名，科歛財物，飭傳梁運開、楊鳳舉到縣諭赴各硐，向苗民派捐，梁運開商允楊鳳舉向苗民石名珂嚇詐得贓二百兩分用，石名珂又與石文烺、石大才、梁學義、吴士道、吴仁年、吴起太等各捐銀，由梁運開等轉繳，該革員收明提用一千四百五十兩，修理縣署，餘銀並未交出辦公，亦未稟報存案，旋被奏參，計入己贓四千六百兩，依枉法贓定擬，職官枉法，得贓逾貫，法無可寬，是以勾決。

中國第一歷史檔案館《光緒宣統兩朝上諭檔》光緒六年九月十八日

光緒六年，雲南省秋審常犯情實，鄧潰㴒等四起，人犯四名，謹將勾到時所奉諭旨恭録於後。

一起斬犯鄧潰㴒，逞忿故殺，法無可寬，是以勾決。

一起斬犯沈荃，故殺人命，疑姦究屬有因，且事在恩赦以前，情稍可原，是以未勾。

一起斬犯韓八犇，因姦誘拐不從，逞忿故殺，淫兇難寬，是以勾決。

一起斬犯計得潰，糾毆致斃緦尊，傷重情兇，法無可寬，是以勾決。

中國第一歷史檔案館《光緒宣統兩朝上諭檔》光緒六年九月十八日

光緒六年，雲南省秋審情實官犯袁樹勳一起，人犯一名，謹將勾到時所奉諭旨恭録於後。

一起斬犯袁樹勳，與和述廷無嫌，該犯係東川營把總和述廷補東川營叅將到任，因整頓營務，查知守備孫士誠放餉少平，濫交紳士，當向申斥。又將該犯之弟把總袁應詳因人地不宜撤任。並訪聞武舉朱履贇與廖治汝堂姪女廖小存通姦，係廖治詳等貪利縱容，知會府縣出示驅逐。該犯等均懷怨恨。嗣孫士誠風聞和述廷已將伊稟撤，即令伊戚張五隻往邀朱履贇，廖治詳進署商允，帶人暗中埋伏，俟和述廷查夜拏住，誣以强姦廖小存捆毆洩忿，並傳該犯及把總許應春到署告知前情，該犯應允，許應春含糊答應各散。嗣孫士誠探知和述廷夜間出署巡查，即通知嗣廖治詳等約人在舉人雷之聲堂弟藥鋪會齊，並令張五隻轉約武舉田占魁及雇得不識姓名十餘人，在巷内埋伏。孫士誠自帶張連喜等與朱履贇在藥鋪等候，和述廷隨帶兵丁走至，廖治詳等一齊上前，打滅燈籠，將和述廷拉住各用械毆，傷和述廷頂心等處，倒地，因係黑夜亂毆，不辨何人，毆傷何處，兵丁等攏救，均被毆散，孫士誠等將和述廷拖至廖治詳屋内捆縛，該犯帶人走至，孫士誠囑令該犯等將和述廷髮辮割落，並因雷之聲回鋪，孫士誠拉令一同報案。審悉前情，職官挾仇聽從誣姦，毆傷本管官，藐法難寬，是以勾決。

中國第一歷史檔案館《光緒宣統兩朝上諭檔》光緒六年九月十八日

光緒六年，四川省秋審情實官犯孫定揚等一起，人犯共二名，謹將勾到時所奉諭旨恭録於後。

一起斬犯孫定揚、李有恒，孫定揚係已革知縣，李有恒係已革提督，因袁廷蛟係東鄉革役京控局士浮收糧捐，發回審訊被責。袁廷蛟約衆在城外，稱向城内局士清算糧賬，經知府易蔭芝彈壓，當將糧捐等價酌減出示，解散，孫定揚到任議辦。次年捐輸局紳冉正杓張裕康稟懇較前多派錢文，袁廷蛟藉口遣人向官渡鹽店借得鹽包，場人議將袁廷蛟誘拏，袁廷蛟帶人到場，夜寒烤火，延燒豬圈。場人李開邦等遂言袁廷蛟放火，集衆圍拏，袁廷蛟潛逃，李開邦等控袁廷蛟放火搶場，袁廷蛟糾數百人至場復仇。以前次圍拏係花行出錢雇人，因將各家門壁打毁，時開縣會匪吴奉山率人來助，乘間搶掠，袁廷蛟尋局士算帳，打毁門壁，索錢數百串，分給吴奉山等始回。孫定揚聞袁廷蛟滋事，移調汛弁許安國前往官渡，復移請千總楊開泰等帶兵彈壓，縣民疑定揚誣民逆黨致釀多命，統兵官李有恒逞忿，慘殺無辜，法無可寬，是以俱勾決。

中國第一歷史檔案館《光緒宣統兩朝上諭檔》光緒二十一年九月十四日

光緒二十一年，貴州省秋審常犯情實，楊淋笎等六起人犯六名，謹將勾到時所奉諭旨恭録於後。

一起斬犯楊林笎，逞忿故殺，復另斃一命，法無可寬，是以勾決。

一起斬犯張佬二，逞忿故殺幼孩，法無可寬，是以勾決。

一起斬犯羅貴梳，挾恨謀斃二命，法無可寬，是以勾決。

一起斬犯朱老急，假差嚇詐致斃無辜，法無可寬，是以勾決。

一起斬犯吴阿貓，逞忿故殺，法無可寬，是以勾決。

一起斬犯朱盡之，謀殺人命傷而未死，致下手之人誤殺其人之妻，復誤斃一命，法無可寬，是以勾決。

中國第一歷史檔案館《光緒宣統兩朝上諭檔》光緒二十一年九月十四

日　光緒二十一年，廣東省秋審常犯情實，陳痴瘠等八起人犯九名，謹將勾到時所奉諭旨恭録於後。

一起斬犯陳痴瘠，逞忿故殺幼孩，法無可寬，是以勾決。

一起斬犯謝亞八，逞忿故殺婦女，法無可寬，是以勾決。

一起斬犯關亞雙，挾恨謀斃兄妻，法無可寬，是以勾決。

一起斬犯梁木嬌，火器殺人，法無可寬，是以勾決。

一起斬犯何閏詳，圖姦未成，拒斃逾七捕人，淫兇難寬，是以勾決。

一起斬犯李四即李廣莒，逞忿故殺，法無可寬，是以勾決。

一起斬犯溫亞莨，因姦聽從姦婦謀斃縱姦本夫，淫兇難寬，是以勾決。

一起斬犯李樂勝，絞犯伍亞飛，挾恨謀命，李樂勝造意，伍亞飛挾嫌聽從加功，均法無可寬，是以俱勾決。

中國第一歷史檔案館《光緒宣統兩朝上諭檔》光緒二十八年九月十六日

光緒二十六、二十七兩年廣東省秋審常犯情實吴錦等四起人犯謹將勾到時所奉諭旨恭録於後。

一起斬犯吴錦，火器誤殺旁人，法無可寬，是以勾決。

一起斬犯戴五，火器殺人，法無可寬，是以勾決。

一起斬犯何經，火器殺人，法無可寬，是以勾決。

一起斬犯梁亞華，火器殺人，法無可寬，是以勾決。

中國第一歷史檔案館《光緒宣統兩朝上諭檔》光緒二十八年九月十六日

光緒二十六年，廣西省秋審常犯情實庚開睦一起，人犯一名，謹將勾到時所奉諭旨恭録於後。

一起斬犯庚開睦，火器殺人，法無可寬，是以勾決。

中國第一歷史檔案館《光緒宣統兩朝上諭檔》光緒二十八年九月十六日

光緒二十八年，福建省秋審除二十六年常犯情實黄水源等三起，人犯三名另開榜示外，所有新事常犯情實陳漳妹一起，人犯一名，謹將勾到時所奉諭旨恭録於後。

一起斬犯陳漳妹，逞忿故殺，法無可寬，是以勾決。

中國第一歷史檔案館《光緒宣統兩朝上諭檔》光緒二十九年九月十二日

光緒二十九年，新疆省秋審常犯情實，齊密特策業等一起，人犯四名，謹將勾到時所奉諭旨恭録於後。

一起斬犯齊密特策業、彭楚克、姜布拉諾爾布，絞犯旺丕勒，齊密特策業、彭楚克、姜布拉諾爾布乘亂夥搶商民牲畜財物均在三十匹以上，旺丕勒容留外人搶奪，事後分贓，均法無可寬，是以俱勾決。

中國第一歷史檔案館《光緒宣統兩朝上諭檔》光緒二十九年九月十二日

光緒二十九年，貴州省秋審常犯情實，何憒憘一起，人犯一名，謹將勾到時所奉諭旨恭録於後。

一起斬犯何憒憘，挾恨謀命，法無可寬，是以勾決。

中國第一歷史檔案館《光緒宣統兩朝上諭檔》光緒二十九年九月十二日

光緒二十九年，廣東省秋審常犯情實，黄亞鐸一起，人犯一名，謹將勾到時所奉諭旨恭録於後。

一起斬犯黄亞鐸，竊盜拒斃捕人，法無可寬，是以勾決。

中國第一歷史檔案館《光緒宣統兩朝上諭檔》光緒三十一年九月十五日

光緒三十一年，雲南省秋審常犯情實，李著滉等十五起，人犯十六名口，謹將勾到時所奉諭旨恭録於後。

一起絞犯李著滉，逞忿故殺，法無可寬，是以勾決。

一起絞犯劉小潤，聽從發塚，開棺見屍，幫同下手，法無可寬，是以勾決。

一起絞犯楊倡賫，因姦聽從姦婦謀殺本夫，淫兇難寬，是以勾決。

一起絞犯戴云舟，貪賄聽從謀命，下手加功，法無可寬，是以勾決。

一起絞犯黄佶淋，逞忿故殺，法無可寬，是以勾決。

一起絞犯趙桃捷，姦匪拒捕，致斃本夫，淫兇難寬，是以勾決。

一起絞犯張蟻慍，姦匪拒捕，刃斃捕人，淫兇難寬，是以勾決。

一起絞犯楊葆沅，因姦聽從姦婦謀殺本夫，淫兇難寬，是以勾決。

一起絞犯徐濼誥，姦匪妬姦故殺姦婦，淫兇難寬，是以勾決。

一起絞犯蕭佬三，姦匪妬姦故殺姦匪，淫兇難寬，是以勾決。

一起絞犯王石匠即王蘋，聽從謀命，下手加功，圖娶死者之妻，與貪賄無異，法難寬宥，是以勾決。

一起絞犯張小卯，子毁母屍圖賴，業因自首免其立決，法難再寬，是以勾決。

一起絞犯何小、劉旺、婦彭氏，因姦謀命，何小、劉旺造意，彭氏下手加功，均淫兇難寬，是以俱勾決。

一起絞犯尹椿庭，貪賄聽從謀命，下手加功，法無可寬，是以勾決。

一起絞犯單小二，聽從姦婦謀殺縱姦本夫，淫兇難寬，是以勾決。

中國第一歷史檔案館《光緒宣統兩朝上諭檔》光緒三十一年九月十五日　光緒三十一年，四川省秋審常犯情實，李幗汶等二十三起，人犯二十三名，謹將勾到時所奉諭旨恭録於後。

一起絞犯李幗汶，逞忿故殺，法無可寬，是以勾決。

一起絞犯周海娃，竊盜護夥，刃斃事主，法無可寬，是以勾決。

一起絞犯劉椿棺即劉幅萊，竊盜護夥，刃斃事主，法無可寬，是以勾決。

一起絞犯張近渟，逞忿故殺，法無可寬，是以勾決。

一起絞犯陳潮懙，姦匪妬姦連斃二命，淫兇難寬，是以勾決。

一起絞犯鄧芸潰，誘姦十歲以下幼女已成，業因畏懼逃逸，免其立決，法難再寬，是以勾決。

一起絞犯陳五，竊盜拒捕，刃斃事主，法無可寬，是以勾決。

一起絞犯戴岐山，逞忿故殺，法無可寬，是以勾決。

一起絞犯彭娃，竊盜拒捕，刃斃事主，法無可寬，是以勾決。

一起絞犯喻換葵，竊盜拒捕，刃斃事主，法無可寬，是以勾決。

一起絞犯向蔭柯，逞忿故殺，法無可寬，是以勾決。

一起絞犯歐四，竊盜拒捕，刃斃事主，法無可寬，是以勾決。

一起絞犯楊懙莽即楊仔菁，逞忿故殺，法無可寬，是以勾決。

一起絞犯胡荃老么即胡協荃，姦匪逞忿故殺姦婦，淫兇難寬，是以勾決。

一起絞犯徐輝莛，逞忿故殺幼孩，法無可寬，是以勾決。

一起絞犯王老蕢即汄老么，聽從謀命，下手加功，脱逃二年後就獲，法無可寬，是以勾決。

一起絞犯陳滐汰，因姦聽從姦婦謀斃本夫，淫兇難寬，是以勾決。

一起絞犯陳則荃，竊盜護夥拒捕，刃斃事主，復另傷事主之姪，法無可寬，是以勾決。

一起絞犯章普澐，逞忿故殺，法無可寬，是以勾決。

一起絞犯董禾尚，火器殺人，法無可寬，是以勾決。

一起絞犯文崽崽，竊匪逞忿故殺竊匪，復另傷事主之姪，法無可寬，是以勾決。

一起絞犯符必亯，姦匪拒捕，刃斃捕人，法無可寬，是以勾決。

一起絞犯岳錠理，火器殺人，法無可寬，是以勾決。

中國第一歷史檔案館《光緒宣統兩朝上諭檔》光緒三十一年九月十七日　光緒三十一年，奉天省秋審常犯情實，阮惸蟻等十三起，人犯十四名口，謹將勾到時所奉諭旨恭録於後。

一起絞犯阮惸蟻，竊匪挾恨謀命，法無可寬，是以勾決。

一起絞犯李剛，逞忿故殺，法無可寬，是以勾決。

一起絞犯劉廣，賭匪逞忿故殺，法無可寬，是以勾決。

一起絞犯劉幅，逞忿故殺婦女，法無可寬，是以勾決。

一起絞犯徐化年，連斃應抵二命，法無可寬，是以勾決。

一起絞犯瑞碌，軍犯聽從反獄隨同助勢，法無可寬，是以勾決。

一起絞犯張灝訕，營兵火器殺人，法無可寬，是以勾決。

一起絞犯傅占訕，縱姦故殺姦夫，復另傷姦婦一人，法無可寬，是以勾決。

一起絞犯劉詳、婦韓氏，劉詳因姦聽從姦婦，謀斃本夫，法無可寬，是以勾決。韓氏聽從謀斃女壻，惟究有妻母名分，且一命已有二抵，不無可原，是以未勾。

一起絞犯邵滿碌，姦匪因姦聽從姦婦謀斃本夫，淫兇難寬，是以勾決。

一起絞犯馮汶，調姦未成拒斃本婦，淫兇難寬，是以勾決。

一起絞犯程蔓良，姦匪妬姦謀斃姦匪，淫兇難寬，是以勾決。

一起絞犯闞泳漥，連斃應抵二命，法無可寬，是以勾決。

中國第一歷史檔案館《光緒宣統兩朝上諭檔》光緒三十一年九月十七日　光緒三十一年，陝甘省秋審常犯情實，王忯濈等十九起，人犯二十一名口，謹將勾到時所奉諭旨恭録於後。

一起絞犯王忯濈，挾恨謀命，法無可寬，是以勾決。

一起絞犯劉篙娃，逞忿故殺，法無可寬，是以勾決。
一起絞犯楊淇苓，火器殺人，法無可寬，是以勾決。
一起絞犯崔苛荃，姦匪事後故殺本夫，法無可寬，是以勾決。
一起絞犯趙百拴、朱洛兒，均因姦聽從姦婦謀斃縱姦本夫，淫兇難寬，是以俱勾決。
一起絞犯方計城，逞忿故殺，法無可寬，是以勾決。
一起絞犯劉黑娃仔，因姦聽從姦婦謀斃縱姦本夫，淫兇難寬，是以勾決。
一起絞犯宋水娃，逞兇故殺，法無可寬，是以勾決。
一起絞犯薛登炲，因姦聽從姦婦謀殺縱姦本夫，淫兇難寬，是以勾決。
一起絞犯何慣三即何削擋，圖詐謀命，法無可寬，是以勾決。
一起絞犯李櫨才，因姦商同姦婦謀殺縱姦本夫，淫兇難寬，是以勾決。
一起絞犯李僖娃即李大辮子、何登沅，會匪謀殺會匪李僖娃造意，何登沅聽從加功，法無可寬，是以俱勾決。
一起絞犯竇存娃，逞忿故殺，法無可寬，是以勾決。
一起絞犯石鈺淋，火器殺人，法無可寬，是以勾決。
一起絞犯李雙櫨，聽從發塚，開棺見屍，幫同下手，法無可寬，是以勾決。
一起絞犯樊汧兒，貪賄聽從謀命，下手加功，法無可寬，是以勾決。
一起絞犯楊盆盆，挾恨謀命，復聽從謀斃一命，法無可寬，是以勾決。
一起絞犯淋秀，逞忿故殺，法無可寬，是以勾決。
一起絞犯胡添才，因謀殺誤殺妻母，復聽從謀斃一命，法無可寬，是以勾決。

中國第一歷史檔案館《光緒宣統兩朝上諭檔》光緒三十一年九月十七日

光緒三十一年，湖廣省秋審常犯情實，王漋沅等十四起，人犯十四名，謹將勾到時所奉諭旨恭録於後。

一起絞犯王漋沅，竊盜拒捕，致斃事主，法無可寬，是以勾決。
一起絞犯劉汶睬，竊盜護夥刃斃事主，法無可寬，是以勾決。
一起絞犯胡自暢，賭匪逞忿故殺幼孩，法無可寬，是以勾決。
一起絞犯劉雲鐵匠，姦匪逞忿故殺，法無可寬，是以勾決。
一起絞犯何汰樺，逞忿故殺，法無可寬，是以勾決。
一起絞犯黃大睬，逞忿故殺，法無可寬，是以勾決。
一起絞犯趙五灦，犯罪拒捕，殺所捕人，復另刃傷其兄，法無可寬，是以勾決。
一起絞犯楊幅懎，逞忿故殺，復另傷婦女一人，法無可寬，是以勾決。
一起絞犯張汰倫，調姦未成，拒殺捕人，淫兇難寬，是以勾決。
一起絞犯鄧惿菉即鄧葆菖，竊盜拒捕，刃斃事主，復另傷一人，法無可寬，是以勾決。
一起絞犯沅洸，僧人挾恨謀命，法無可寬，是以勾決。
一起絞犯周茂松，火器殺人，法無可寬，是以勾決。
一起絞犯何士滿，姦匪挾恨謀斃姦匪，法無可寬，是以勾決。

中國第一歷史檔案館《光緒宣統兩朝上諭檔》光緒三十二年九月十八日

光緒三十二年，四川省秋審常犯情實，康玩嚴等十九起，人犯十九名口，謹將勾到時所奉諭旨恭録於後。

一起絞犯康玩嚴，逞忿故殺，法無可寬，是以勾決。
一起絞犯謝懷五，逞忿故殺幼孩，法無可寬，是以勾決。
一起絞犯張彩亭，火器誤殺旁人，惟衅起指拏賊犯，衡情不無可原，是以未勾。
一起絞犯蕭固城即蕭膝牛，竊盜拒捕，刃斃事主，法無可寬，是以勾決。
一起絞犯盧禦亭，挾恨謀命，法無可寬，是以勾決。
一起絞犯唐益牲，逞忿故殺，法無可寬，是以勾決。
一起絞犯蕭黃狗，逞忿故殺幼孩，法無可寬，是以勾決。
一起絞犯梁二么即梁洸棕，逞忿故殺，復另傷一人，法無可寬，是以勾決。

一起絞婦邱氏，挾恨謀命，法無可寬，是以勾決。
一起絞犯周慣，蠹役詐贓致被詐之人自盡，法無可寬，是以勾決。
一起絞犯劉萌初，毆死兄弟一家二命，業由立決改爲監候，法難再寬，是以勾決。
一起絞婦鄒氏，係姦婦挾恨謀斃姦匪，惟死者代借銀兩誘與通姦，嗣後逼令賣姦償還，情殊淫狡，該氏殺由忿激，衡情不無可原，是以未勾。
一起絞犯教民倪萇發，恃教詐財喝毆斃命，法無可寬，是以勾決。
一起絞犯黄鈞幅即黄濼，挾恨捏造姦私污衊，致被誣之人忿激自盡，法無可寬，是以勾決。
一起絞婦蔣氏，聽從發塚，開棺見屍，幫同下手，法無可寬，是以勾決。
一起絞犯楊荃汰，負恩昧良致斃緦麻妻父，情傷均重，法無可寬，是以勾決。
一起絞犯袁家奈，致斃兄妻，情兇傷重，法無可寬，是以勾決。
一起絞犯趙蒖憘，致斃族兄，金刃傷多且重，法無可寬，是以勾決。
一起絞犯曹添濼，致斃徒手，金刃傷多且重，法無可寬，是以勾決。

中國第一歷史檔案館《光緒宣統兩朝上諭檔》光緒三十三年九月十六日　光緒三十三年，雲南省秋審常犯情實，熊喬淋等二十一起，人犯二十二名，謹將勾到時所奉諭旨恭録於後。

一起絞犯熊喬淋，姦匪拒捕，致斃近八老婦，復將姦婦砍傷，淫兇難寬，是以勾決。
一起絞犯張添得，賭匪火器殺人，復另傷一人，法無可寬，是以勾決。
一起絞犯蔡云峯，賭匪逞忿故殺賭匪，法無可寬，是以勾決。
一起絞犯胡升濼，貪賄聽從謀命，下手加功，法無可寬，是以勾決。
一起絞犯周小幅，姦匪造意謀命，淫兇難寬，是以勾決。
一起絞犯陳老么，圖財害命，雖未得財，業已殺人，法無可寬，是以勾決。
一起絞犯朱仔青，賭匪挾恨謀命，法無可寬，是以勾決。
一起絞犯傅鈺青，逞忿故殺，法無可寬，是以勾決。
一起絞犯田蒖蒷，賭匪逞忿故殺，法無可寬，是以勾決。
一起絞犯李二，雇夫行竊餉銀，惟解餉營兵並未知照地方官派人護守，該犯乘便攫取，與藐法肆竊有間，情稍可原，是以未勾。
一起絞犯張智踩，姦匪主使拒捕，刃傷二人，情除兇暴，是以勾決。
一起絞犯李芳淋，火器殺人，法無可寬，是以勾決。
一起絞犯蕭銀山，金刃傷多且重，情兇近故，法無可寬，是以勾決。
一起絞犯羅三，姦匪逞忿故殺二命，淫兇難寬，是以勾決。
一起絞犯李綱沅、李鈺發，李綱沅逞忿故殺，李鈺發造意謀命，均法無可寬，是以俱勾決。
一起絞犯范得鈺，火器誤殺幼孩，法無可寬，是以勾決。
一起絞犯石黑濼，姦匪拒捕，致斃捕人，淫兇難寬，是以勾決。
一起絞犯朱汶莠，火器殺人，法無可寬，是以勾決。
一起絞犯楊保阡，姦匪拒捕，致斃捕人，淫兇難寬，是以勾決。
一起絞犯師洝梆，父子三人共毆刃斃徒手債主，情傷均重，法難寬宥，是以勾決。
一起絞犯劉慣蟻，因細故致斃伊父收養義子，金刃傷多且重，法無可寬，是以勾決。

中國第一歷史檔案館《光緒宣統兩朝上諭檔》光緒三十三年九月十六日　光緒三十三年，貴州省秋審常犯情實，楊四等十一起，人犯十一名，內除舊事常犯情實，田應發一起一名，業於上年免勾時開列榜示外，謹將新事常犯情實，楊四等十起人犯十名勾到時所奉諭旨恭録於後。

一起絞犯楊四，因姦聽從謀殺縱姦本夫，淫兇難寬，是以勾決。
一起絞犯陳了頭，盜浮厝屍棺，依發塚抽竊爲首定擬，照章由立決改爲監候，惟棺蓋未釘並無鑿鋸實跡，情稍可原，是以未勾。
一起絞犯方懙彝，逞忿故殺，法無可寬，是以勾決。
一起絞犯戴椿五，賭匪逞忿故殺，復另傷其兄，法無可寬，是以勾決。
一起絞犯陳登紅，連斃非一家三命，照章由立決改爲監候，法難再寬，是以勾決。
一起絞犯羅九，毆死兄弟一家二命，照章由立決改爲監候，法難再寬，是以勾決。
一起絞犯張二，竊盜拒捕，致斃事主，復另傷其弟，法無可寬，是以勾決。
一起絞犯楊懙憒，强姦已成，致本婦羞忿自盡，淫兇難寬，是以勾決。
一起絞犯楊三葆，强姦未成，致室女羞忿自盡，淫兇難寬，是以勾決。
一起絞犯王恅地，聽從發塚，開棺見屍，幫同下手，法無可寬，是以勾決。

中國第一歷史檔案館《光緒宣統兩朝上諭檔》光緒三十三年九月十六日　光緒三十三年，四川省秋審常犯情實，陳棕幅等二十七起，人犯二十九名口，内除舊事常犯情實，張彩亭等二起人犯二名口，業於上年免勾時開列榜示外，謹將新事常犯情實，陳棕幅等二十五起人犯二十七名勾到時所奉諭旨恭録於後。

一起絞犯陳棕幅，逞忿故殺，法無可寬，是以勾決。
一起絞犯陳老么即陳裙漈，姦匪拒殺捕人，淫兇難寬，是以勾決。
一起絞犯高洪彝，逞忿故殺，法無可寬，是以勾決。
一起絞犯劉驚三，姦匪妒姦謀斃姦匪，淫兇難寬，是以勾決。
一起絞犯曾雨亭，竊盜拒捕殺人，復另傷事主二人，法無可寬，是以勾決。
一起絞犯楊忠發即楊八爾，造意謀斃幼孩，法無可寬，是以勾決。
一起絞犯羅筅銀，姦匪因姦聽從姦婦謀斃本夫，淫兇難寬，是以勾決。
一起絞犯楊昌茀，逞忿故殺幼孩，法無可寬，是以勾決。
一起絞犯顧大懙，拉手求姦致本婦羞忿自盡，淫兇難寬，是以勾決。
一起絞犯劉沅勝，逞忿故殺，法無可寬，是以勾決。
一起絞犯謝佬三即謝發詳，逞忿故殺竊匪，惟業已悔過自新，因死者復約偷竊不允致斃其命，不無可原，是以未勾。
一起絞犯向佬么，竊盜拒捕，刃斃事主，法無可寬，是以勾決。
一起絞犯胡毛娃，竊匪挾恨謀命，法無可寬，是以勾決。
一起絞犯郭紹巾，逞忿故殺，復另傷一人，法無可寬，是以勾決。
一起絞犯劉三娃，丐匪逞忿故殺幼孩，法無可寬，是以勾決。
一起絞犯唐炳南，刃傷要害奇重，情兇近故，法無可寬，是以勾決。
一起絞犯王夜娃，姦匪聽從姦婦謀殺本夫，淫兇難寬，是以勾決。
一起絞犯明庚娃，逞忿故殺，法無可寬，是以勾決。
一起絞犯熊滭理，挾恨致斃父子一命，二命内一命係訛詐罪人，業由斬梟改爲斬決，罪上量減斬候，法難再寬，是以勾決。
一起絞犯毛新年即毛瀰三，逞忿故殺婦女，法無可寬，是以勾決。
一起絞犯昝蟻彝，姦匪拒斃捕人並誤斃姦婦，復另刃傷三人，情殊淫惡，法無可寬，是以勾決。
一起絞犯陳七娃、林娃、余黑疤仔，丐匪挾恨謀命，陳七娃造意，林娃、余黑疤仔聽從加功，均法無可寬，是以俱勾決。
一起絞犯易仔穀即易蠻仔，丐匪挾恨謀命，法無可寬，是以勾決。
一起絞犯湯汶志，强姦年甫十一歲緦麻姪女已成，淫兇難寬，是以勾決。
一起絞犯羅添幅，金刃致命，穿透傷重，法無可寬，是以勾決。

中國第一歷史檔案館《光緒宣統兩朝上諭檔》光緒三十四年九月二十四日　光緒三十四年，奉天省秋審常犯情實，張城花即張小狗仔等二十二起人犯二十二名，内除舊理常犯情實，孫九占等二起人犯二名業於上年免勾時開列榜示外，謹將新事常犯情實，張城花即張小狗仔等二十起人犯二十名勾到時所奉諭旨恭録於後。

一起絞犯張城花即張小狗仔，會勇火器殺人，法無可寬，是以勾決。
一起絞犯郝砡蒠即郝喜頭，賭匪逞忿故殺幼孩，法無可寬，是以勾決。
一起絞犯田廣淋，刃傷要害奇重，情兇近故，法無可寬，是以勾決。
一起絞犯徐萇汶，糾搶得贓逾貫，例實，惟贓係手票，與實贓不同，情稍可原，是以未勾。
一起絞犯孫幅，賭匪謀斃二命，法無可寬，是以勾決。
一起絞犯崔振幅，火器殺人，法無可寬，是以勾決。
一起絞犯蔣真，逞忿故殺，法無可寬，是以勾決。

一起絞犯劉荿堇，軍勇火器殺人，法無可寬，是以勾決。

一起絞犯史城得，逞忿故殺，法無可寬，是以勾決。

一起絞犯管幅淮仔，逞忿故殺幼孩，法無可寬，是以勾決。

一起絞犯崔渢起，逞忿故殺，法無可寬，是以勾決。

一起絞犯梁四，竊盜拒捕鎗斃捕人，法無可寬，是以勾決。

一起絞犯戴巨椿，逞忿故殺婦女，法無可寬，是以勾決。

一起絞犯董澫葆，逞忿故殺，法無可寬，是以勾決。

一起絞犯李葆菖，巡勇火器殺人，復另傷一人，法無可寬，是以勾決。

一起絞犯安鈺椿，營兵火器殺人，法無可寬，是以勾決。

一起絞犯徐甸澾，姦匪拒捕刃斃本夫，淫兇難寬，是以勾決。

一起絞犯傅汏川，賭匪逞忿故殺，法無可寬，是以勾決。

一起絞犯李洤滕，搶奪拒捕，鎗傷捕人，情殊兇暴，法無可寬，是以勾決。

一起絞犯蔡葆山，姦匪拒捕，刃斃捕人，淫兇難寬，是以勾決。

中國第一歷史檔案館《光緒宣統兩朝上諭檔》光緒三十四年九月二十四日　光緒三十四年，江蘇省秋審服制情實，沈氏等四起人犯四名口，內除舊事服制情實孫守才賈運修劉導迎等三起業於上年免勾時開列榜示外，謹將新事服制情實，沈氏一起犯婦一口勾到時所奉諭旨恭録於後。

一起絞婦沈氏，與胞兄沈二宏素睦，該氏因出嫁降服大功，沈二宏性情強橫不務正業，時至該氏家借錢，該氏並夫蔣二九隨時應酬，有時湊手不及，沈二宏即向吵鬧，該氏夫婦未與深較，沈二宏胞叔沈喬壽亦屢向戒勸。嗣沈二宏稱欲外出覓工，復向該氏家借錢，蔣二九回覆，沈二宏吵罵，經沈喬壽聞知，將耳環付給當錢花用。詎沈二宏並未外出，又往該氏家借錢，未給，將伊揪毆，該氏情急用拳毆傷其右額角帶傷咽喉，沈二宏肆罵，蔣二九無法，往邀沈喬壽趕至禁阻。沈二宏不服，將沈喬壽扭毆，沈喬壽生氣喝令該氏等捆縛，蔣二九將其抱住，該氏取麻繩，同沈喬壽捆住其兩手，沈二宏臥地罵稱將來一併殺害，沈喬壽氣忿喝令勒死，該氏央情，沈喬壽嚇稱如不將其致死，將來必被殺害。該氏無奈勉從，取繩遞給沈喬壽打成活套，套入沈二宏項頸，沈喬壽逼令該氏分執繩頭一同拉勒，沈二宏登時氣閉殞命。死者逞兇犯尊，勒由尊長嚇逼，並非無故逞兇干犯，情稍可原，是以未勾。

中國第一歷史檔案館《光緒宣統兩朝上諭檔》宣統二年十月初九日　宣統二年，雲南省秋審常犯情實小暬等十七起，人犯十八名，謹將勾到時所奉諭旨恭録於後。

一起絞犯小暬，竊匪拒捕致斃捕人，法無可寬，是以勾決。

一起絞犯李連科，貪賄聽從謀命，下手加功，法無可寬，是以勾決。

一起絞犯老汪，貪賄聽從謀命，下手加功，法無可寬，是以勾決。

一起絞犯楊水泉，姦匪因姦聽從姦婦殺本夫，淫兇難寬，是以勾決。

一起絞犯楊發存，逞忿故殺，法無可寬，是以勾決。

一起絞犯鍾小甲，聽從謀殺人胞兄幫同下手，業由立決改爲監候，法難再寬，是以勾決。

一起絞犯廖開萌，造意謀命，法無可寬，是以勾決。

一起絞犯梁葆菖即梁二甲，造意謀命，法無可寬，是以勾決。

一起絞犯李一淋，挾恨謀命，法無可寬，是以勾決。

一起絞犯駱荒鍾，挾恨謀命，法無可寬，是以勾決。

一起絞犯余彬，聽從謀殺一家二命，下手加功，法無可寬，是以勾決。

一起絞犯陳葆新，賭匪逞忿故殺，法無可寬，是以勾決。

一起絞犯普淮淋，逞忿故殺，法無可寬，是以勾決。

一起絞犯郭汶彬，賭匪，挾恨謀命，法無可寬，是以勾決。

一起絞犯王城漳即白老黑，火器殺人，法無可寬，是以勾決。

一起絞犯徐阿沅，姦匪，拒捕刃斃本夫，淫兇難寬，是以勾決。

一起絞犯合泳淋，丁少滐，挾恨謀命，合泳淋造意，丁少滐聽從下手加功，均法無可寬，是以俱勾決。

中國第一歷史檔案館《光緒宣統兩朝上諭檔》宣統二年十月初九日　宣統二年，貴州省秋審常犯情實曾青河等九起，人犯九名口，內除舊事常犯情實楊逢椿一起一名，業於光緒三十四年免勾時開列榜示外，謹將曾青河等八起八名口勾到時所奉諭旨恭録於後。

一起絞犯曾青河，竊盜護夥拒捕，刃斃事主，法無可寬，是以勾決。

一起絞犯徐洝，逞忿故殺，法無可寬，是以勾決。
一起絞犯斯仔合，挾恨謀命，法無可寬，是以勾決。
一起絞犯楊芋城，姦匪因姦謀斃縱姦本夫，淫兇難寬，是以勾決。
一起絞犯楊老炳，逞忿故殺，法無可寬，是以勾決。
一起絞犯唐常妹，竊盜拒捕，刃斃事主，法無可寬，是以勾決。
一起絞婦王氏，因姦聽從謀命，下手加功，淫兇難寬，是以勾決。
一起絞犯張懋倡即張澐山，造意謀命，法無可寬，是以勾決。

中國第一歷史檔案館《光緒宣統兩朝上諭檔》宣統二年十月初九日

宣統二年，四川省秋審常犯情實朱復菴等二十二起，人犯二十二名，謹將勾到時所奉諭旨恭録於後。
一起絞犯朱復菴，姦夫聽從姦婦謀斃本夫，淫兇難寬，是以勾決。
一起絞犯劉椿遠，調姦未成，拒斃本婦，淫兇難寬，是以勾決。
一起絞犯黃佬五，因姦謀斃幼孩，淫兇難寬，是以勾決。
一起絞犯周三毛即周基淋，逞忿故殺幼孩，法無可寬，是以勾決。
一起絞犯張昆衫，圖娶人妻聽從謀命，下手加功，法無可寬，是以勾決。
一起絞犯王仔佶，逞忿故殺，法無可寬，是以勾決。
一起絞犯沈炳南，逞忿故殺，法無可寬，是以勾決。
一起絞犯禹麻仔，竊盜拒捕，刃斃事主，法無可寬，是以勾決。
一起絞犯張登相，逞忿故殺，復另刃傷一人，法無可寬，是以勾決。
一起絞犯張佬幺，逞忿故殺，法無可寬，是以勾決。【略】
一起絞犯向聾仔，竊盜拒捕，刃斃事主，法無可寬，是以勾決。
一起絞犯方河醯，連斃應抵二命，法無可寬，是以勾決。
一起絞犯楊怔錫，連斃應抵二命，法無可寬，是以勾決。
一起絞犯彭保鈺，金刃火器殺斃婦女，復另轟傷一人，法無可寬，是以勾決。
一起絞犯馬盅令即馬鈺山，逞忿故殺，復另斃一命，法無可寬，是以勾決。
一起絞犯唐築薅，逞忿故殺，法無可寬，是以勾決。
一起絞犯黃老九，竊盜拒捕，致斃事主，法無可寬，是以勾決。
一起絞犯劉萇沅，竊盜拒捕，刃斃事主，法無可寬，是以勾決。
一起絞犯辛蕻八即辛蕻薅，逞忿故殺，法無可寬，是以勾決。
一起絞犯文佬九，竊盜拒捕，刃斃事主，法無可寬，是以勾決。

族刑分部

論說

（清）沈家本《歷代刑法考·刑法分考一·夷三族》

《書·泰誓》：罪人以族。孔傳：一人有罪，刑及父母、兄弟、妻子，言淫濫。疏：秦政酷虐，有三族之刑，謂非止犯者之身，乃更上及其父，下及其子。經言罪人以族，故以三族解之。父母前世也，兄弟及妻當世也，子孫後世也。一人有罪，刑及三族，言淫濫也。蔡傳：族，親族也。一人有罪，刑及親族也。

按：此族字未必便是三族，三族乃秦法，恐古未有此制。蔡傳渾言親族較妥。今《書·泰誓》，說者咸以爲東晋人僞作，幾成定論，然其語亦必有所本，非盡臆造。或據《荀子·君子篇》有亂世夷三族之文，遂謂今《泰誓》取諸《荀子》，第荀子乃周末人，所稱亂世未必專指商紂，大約古有是說，東晋人采入今《書》耳。

（清）沈家本《歷代刑法考·刑法分考一·夷三族》

《史記·秦本紀》：文公二十年，法初有三族之罪。《集解》張晏曰：父母、兄弟、妻子也。如淳曰：父族、母族、妻族也。武公三年，誅三父等而夷三族，以其殺出子也。《漢書·高紀》：罪三族。注師古曰：如說是也。《刑法志》：秦用商鞅，造參夷之誅。注師古曰：參夷，夷三族。

按：文公二十年爲周平王二十五年，武公三年爲周莊王二年，皆在東周之初。三族之罪，史言始於文公，而班《志》在爲商鞅所造者，疑文公、武公之後，秦亦不常用此法，至鞅而始著爲常法歟？杜貴墀《漢律輯證》云：《李陵傳》於是族陵家，母弟妻子皆伏誅。按：據此，是三族者即文帝所謂父母、妻子、同産也。如淳注非。仲尼燕居三族。注：父、子、孫也。《儀禮·士昏禮》注：三族，謂父昆弟、己昆弟、子昆弟。鄭康成所謂三族如此。《周禮·秋官·司烜氏》鄭司農注：屋誅，謂夷三族，無親屬收葬者。無親屬收葬則是並母族妻族盡誅矣，三代時烏得有此？故後鄭不從。《後書·肅宗紀》：元和元年，詔曰往者妖言大獄，所及廣遠，一人犯罪，禁至三屬。賢注：即三族也。謂父族、母族、妻族。蓋承如淳之謬。本按三族之説，諸家不同，漢儒説《尚書》九族者有今古文之異説，三族者就九族中推衍而出，故亦兩説並行也。《書·堯典》以親九族，鄭玄云：九族，上自高祖，下至玄孫，凡九族。馬融同，見《釋文》。此古文《尚書》説也，皆同姓有服者，孔傳亦承用之。觀於《詩·葛藟序》，毛傳云據己上至高祖，下及玄孫；《漢書·高紀》七年，置宗正以序九族。可見漢初以九族爲同姓，皆古文家説也。夏侯歐陽等以爲九族者，父族四、母族三、妻族二，皆據異姓有服。許慎《五經異義》、應劭《風俗通》皆主之，此今文《尚書》説也。杜預《左傳》注桓六年説雖小異，然亦是父族四、母族三、妻族二，仍即今文之説而稍變之。《周禮·小宗伯》三族，鄭玄注謂父、子、孫。張晏之説本之，《泰誓》孔傳亦同，蓋衍自古文之説。如淳分父、母、妻三族，蓋衍自今文之説。鄭衆注司烜氏屋誅，其義爲説者所不取，然可見其説亦主今文家也。右古文者謂《堯典》經文下云百姓可該異姓，右今文者謂人生九十始有曾孫，高祖玄孫，無相及之理，各持一是。國朝説經家亦人人殊，未有定論。顔師古注夷三族，以如説爲是，而杜貴墀以爲謬。然據《文紀》、《李陵傳》爲證，則尚未確吕后時已除三族刑，文帝所言乃收坐法，雖其後新垣平尚有夷三族之誅，然與收坐法無涉。夷三族者，必具五刑，而《鼂錯傳》丞相等劾奏錯曰：大逆無道，錯當要斬，父母妻子同産無少長皆棄市。臣請論如法。制曰可。此所引者必當時之律文，其僅止腰斬，即所言父母妻子同産無少長皆棄市者，未必即爲夷三族之法。《主父偃傳》遂族偃；《郭解傳》大逆無道，遂族解；《公孫賀傳》遂父子死獄中，家族；此三《傳》之言族者，似皆止於一家。《灌夫傳》及繫，灌夫罪至族，悉論灌夫支屬，其時灌氏支屬自得棄市，罪不緣夫也。《王溫舒傳》人有變告溫舒受員騎錢，它姦利事，罪至族，自殺。其時兩弟家及兩婚家亦各自坐它罪而族。光祿勳徐自爲曰：悲夫！夫古有三族，而王溫舒罪至五族乎！注師古曰：溫舒與弟同三族，而兩妻家各一，故爲五也。溫舒兩弟之罪不緣溫舒，可見漢時族法實與夷三族者不同，《李陵傳》未足爲三族之證。徐自爲以兩婚家爲五族，則妻族似不在三族之内，然兄弟與己身，本但爲一族，而自爲以溫舒及兩弟爲三族，與鄭、張之言三族者亦不合，似所謂五族，猶言五家耳，不足以證三族之義也。《晉志》言魏改漢律，大逆從坐，不及祖父母、孫。至於謀反大逆，臨時捕之，夷其三族，不在律令。是三族本有祖父母、孫在内，不止父、子、孫三世。鄭、張之説，亦未能合。《後漢書·桓紀》：延熹二年，大將軍梁冀謀爲亂。詔司隸校尉張彪將兵圍冀第，收大將軍印綬，冀與妻皆自殺。衛尉梁淑、河南尹梁胤、屯騎校尉梁讓、越騎校尉梁忠、長水校尉梁戟等，及中外宗親數十人，皆伏誅。《梁冀傳》：諸梁及孫氏中外宗親送詔獄，無少長皆棄市。《傳》所言孫氏，乃冀妻孫壽之族，是妻族也，雖《紀》、《傳》皆不言三族，亦三族兼及妻族之一證。

（清）沈家本《歷代刑法考·刑法分考一·族》

《左氏襄二十三年傳》：晉人克欒盈于曲沃，盡殺欒氏之族黨。

按：《傳》言族黨，未必不誅及三族，當不止於欒氏。第晉國當日，乃諸大夫自相并吞，就其同黨而胥夷之，初非有族誅之法。他如昭二十八年，晉滅祁氏、羊舌氏與欒氏之情形相同。宣四年，楚滅若敖氏，昭十四年，楚滅養氏族，皆滅其一族而已。大約春秋之時，中國尚未有三族之法，故《史記》於秦文公特著之。

《荀子·君子》

古者刑不過罪，爵不踰德。故殺其父而臣其子，殺其兄而臣其弟。刑罰不怒罪，爵賞不踰德，分然各以其誠通。是以爲善者勸，爲不善者沮；刑罰綦省而威行如流，政令致明而化易如神。《傳》曰一人有慶，兆民賴之。此之謂也。亂世則不然，刑罰怒罪，爵賞踰德，以族論罪，以世舉賢。故一人有罪而三族皆夷，德雖如舜，不免刑均，是以族論罪也。先祖當賢，後子孫必顯，行雖如桀、紂，列從必尊，此以世舉賢也。以族論罪，以世舉賢，雖欲無亂，得乎哉！

（明）董説《七國攷》卷一二《魏刑法・族》：族，滅宗也。又《國策》云：魏王與龍陽君共船而釣，龍陽君得十餘魚而涕下。于是魏王布令于四境之内，有敢言美人者，族。

（明）董説《七國攷》卷一二《魏刑法・夷鄉》：夷鄉之法，他國無有，果行，魏酷於秦矣，及妻氏，及母氏。妻氏，母氏，猶言妻族，母族也。

（明）董説《七國攷》卷一二《秦刑法・三族》：《史記》：秦文公二十年，法初有三族罪。武公三年，誅三父等而夷三族，以其殺出子也。《漢志》：秦用商鞅連相坐之法，造參夷之誅。師古曰：參夷，夷三族。張晏曰：父母、妻子、兄弟。如淳曰：父族、母族、妻族。又《范雎傳》云：秦之法，任人而所任不善者，各以其罪罪之。應侯罪當收三族。秦昭王恐傷應侯之意，乃下令國中：有敢言鄭安平事者，以其罪罪之。

（明）丘濬《大學衍義補》卷一一三《慎刑憲・戒濫從之失》：秦文公二十年，初有三族罪。孝公用衛鞅變法令。令民爲什伍，而相收司連坐，不告姦者腰斬。始皇并吞六國。毀先王之法，滅禮誼之官，專任刑罰。躬摽文墨，晝斷獄，夜理書。自程決事，日懸石之一。而姦邪竝生，赭衣塞路，囹圄成市，天下愁怨，潰而叛之。

臣按：秦不師古，專用刑法以致民不聊生，而天下潰叛，後世所當，以爲鑒戒者也。

（明）董説《七國攷》卷一二《秦刑法・七族》：鄒陽獄中上書云：荆軻之湛七族。應劭曰：荆軻為燕刺秦王，不成而死，其族坐之湛沒。劉向曰：荆軻刺秦王，不中而死，秦兵至燕，求軻七族，一時並殺之也。張晏曰：七族，上至曾祖，下至曾孫。《索隱》：七族：父之姓一也，姑之子二也，姊妹之子三也，女之子四也，母之姓五也，從子六也，及妻父母，凡七族也。

（明）董説《七國攷》卷一二《秦刑法・十族》：《韓詩外傳》：秦攻魏，破之，少子亡而不得，令魏國曰：有得公子者，賜金千斤。匿者，罪至十族。按《書》以親九族。孔注：高祖玄孫之親。釋文：上自高祖，下至玄孫，凡九族。夏侯、歐陽等以九族者，父族四、母族三、妻族二，皆緣異姓有服。《左傳》隨季梁曰：親其九族，以致其禋祀。注：九族，謂外祖父、外祖母、從母子及妻父、妻母、姑之子、姊妹之子、女子之子、并己之同族，皆外親有服者也。今秦有十族之法，無考。

（宋）洪邁《容齋隨筆》卷二《漢輕族人》：爰盎陷鼂錯，但云：方今計，獨有斬錯耳。而景帝使丞相以下劾奏，遂至父母妻子同産無少長皆棄市。主父偃陷齊王於死，武帝欲勿誅，公孫丞相爭之，遂族偃。郭解客殺人，吏奏解無罪，公孫大夫議，遂族解。且偃解兩人本不死，因議者之言殺之足矣。何遽至族乎？漢之輕於用刑如此。

（清）沈家本《歷代刑法考・刑法分考一・夷三族》：《文獻通考》：文所行，獨新垣平一事，爲盛德之玷。然此事所關甚重，蓋其寵新垣平也。惑於求仙希福之説，而淫諂之祀迄漢世而未能正者以此，其誅新垣平也。復行收孥相坐之律，而濫酷之刑迄漢世而未能除者亦以此。帝恭儉，仁賢之主，而此二事，失禮失刑，遂令後嗣遵而守之，以爲漢家制度，不敢革正，惜哉！

按：新垣平後，如主父偃、郭解等本《傳》但言族，未必即是三族。上官桀等之變，並父母同産當坐者，亦免爲庶人而不殺。昭、宣以後，用刑爲輕矣。洪邁《容齋隨筆》：漢族誅之法，每輕用之。袁盎陷鼂錯，但云：方今計，獨有斬錯耳。而景帝使丞相以下劾奏，遂至父母妻子同産無少長皆棄市。主父偃陷齊王於死，武帝欲勿誅，公孫丞相爭之，遂族偃。郭解客殺人，吏奏解無罪，公孫大夫議，遂族解。且偃，解二人本不死，因議者之言，殺之足矣，何遽至族乎？用刑之濫如此！本按：此論甚當，偃、解之獄，主於公孫，律不應死而遽族之，酷吏當以弘爲首。漢代三族之誅，韓、彭外，惟新垣平。東漢之末，董卓賊臣也，李傕卓黨也，它不多見。至若董承、王服、种輯、耿紀、韋晃、金禕皆謀誅曹操，則漢室之忠臣馬騰亦異於操者，司馬氏踵其智，曹爽、王淩、毌丘儉、諸葛誕之徒並蒙此禍。誅鋤異己，以遂其篡逆之圖，豈尚可以常法言哉？

（清）張鵬一《漢律類纂・賊律・惡逆》：大逆不道。父母妻子同産，皆棄市。《景紀》三年注引律。

案族刑著令，實始於秦。《史記・秦本紀》。文帝除收孥相坐律，其後猶相緣用。魏世始定大逆不道，從坐不及祖父、父母。晉世又定適養母，出嫁女，不復還坐，見《晉刑法志》考漢世重罪，分大逆不道及不道二法，大逆不道，專指有害君國者。不道，則語言觸犯，或殺害人，情節重大者，身斬，家屬徙遠郡及邊。《陳湯傳》不道無正法，以所犯劇易爲罪是也。

其有所憎惡而造厭魅，及祝詛，事涉乘輿者，要斬，家屬從坐減一等。《功臣表》。蠱人及教令者，棄市。《周禮・庶氏》鄭注引律。

不道妖言惑衆，傾覆國家，誣罔主上者，身斬，餘減死一等，徙遠郡。《眭弘李尋傳》。

殺一家不辜三人者，爲不道，身斬。家屬徙邊。《翟方進傳》注引律。

諸無故入人室宅廬舍，上人車船，牽引人欲犯法者，其時格殺之，勿論。《周禮・朝士》注引《賊律》。

案此條爲保護個人身體財産最貴實之律文，唐律此條加夜字，失立法精義矣。

（清）沈家本《歷代刑法考・刑法分考一・夷三族》 文帝爲晋王，令賈充定法律。減梟斬族誅從坐之條，除謀反、適養母出女嫁皆不復還坐，父母棄市。

按：魏代夷三族不在律令，似因於漢。漢惠除三族罪，雖其後有行之者，殆亦非常之事。若主父偃、郭解等，本《傳》言族而不言三族，當非三族者也。迨魏又減族誅之條，自是，此法稍寬。

《晋書》卷六八《紀瞻傳》 又問，昔唐虞垂五刑之教，周公明四罪之制，故世歎清問而時歌緝熙。姦宄既殷，法物滋有，叔世崇三辟之文。暴秦加族誅之律，淫刑淪胥，虐濫已甚。漢魏遵承，因而弗革。亦由險泰不同而救世異術，不得已而用之故也。寬剋之中，將何立而可？族誅之法，足爲永制與不？

（清）沈家本《歷代刑法考・刑法分考一・夷三族》 《晋書・刑法志》： 及景帝輔政，是時魏法，犯大逆者誅及已出子女。毌丘儉之誅，其子甸，妻荀氏應坐死，其族兄顗與景帝姻，通表魏帝，以匄其命。詔聽離婚。荀氏所生女芝，爲潁川太守劉子元妻，亦坐死，以懷妊繫獄。荀氏辭詣司隸校尉何曾乞恩，求没爲官婢，以贖芝命。曾哀之，使主簿程咸上議曰： 夫司寇作典，建三等之制；甫侯修刑，通輕重之法。叔世多變，秦立重辟，漢又修之。大魏承秦、漢之弊，未及革制，所以追戮已出之女，誠欲殄醜類之族也。然則法貴得中，刑慎過制。臣以爲女人有三從之義，無自專之道，出適他族，還喪父母，降其服紀，所以明外成之節，異在室之恩。而父母有罪，追刑已出之女；夫黨見誅，又有隨姓之戮。一人之身，内外受辟。今女既嫁，則爲異姓之妻；如或産育，則爲他族之母，此爲元惡之所忽。戮無辜之所重，於防則不足懲姦亂之源，於情則傷孝子之心。男不得罪於他族，而女獨嬰戮於二門，非所以哀矜女弱，蠲明法制之本分也。臣以爲在室之女，從父母之誅；既醮之婦，從夫家之罰。宜改舊科，以爲永制。於是有詔改定律令。

按：此事魏《志》、《紀》、《傳》皆不載，《晋志》無年月可考，《通鑑綱目》列於高貴鄉公正元二年，並云魏朝從之，遂著爲令。《圖書集成・祥刑典》載高貴鄉公正元二年詔改定三族律令，即據《通鑑綱目》及《晋志》也。

（清）沈家本《歷代刑法考・刑法分考一・夷三族》 《明紀》： 太寧三年，復三族刑，惟不及婦人。

按：明帝太寧二年，王敦反逆，事平後，詔王敦群從一無所問，蓋爲王導，故不坐。其時尚未復三族刑，至三年之復三族刑，是否爲王敦之黨，史亦不詳。又《愍紀》建興三年六月丁卯，地震。辛巳，敕雍州掩骼埋胔，修復陵墓，有犯者誅及三族。此事在大寧之前，是懷帝時雖曾除之，亦偶一設此厲禁也。

（清）沈家本《歷代刑法考・刑法分考一・夷三族》 《高祖紀》： 延興四年六月乙卯，詔曰：朕應歷數開一之期，屬千載光熙之運，雖仰嚴誨，猶懼德化不寬，至有門房之誅。然下民兇戾，不顧親戚，一人爲惡，殃及合門。朕爲民父母，深所愍悼。自今以後，非謀反、大逆、干犯、外奔，罪止其身而已。今德被殊方，文軌將一，宥刑寬禁，不亦善乎？太和三年，詔中書令高閭集中祕官等修改舊文，隨例增減。五年冬訖，凡八百三十二章，門房之誅十有六。十一年，詔曰：前命公卿論定刑典，而門房之誅猶在律策，違失《周書》父子異罪。推古求情，意甚無所取。可更議之，删除繁酷。

按：門房之誅，乃後魏舊典，而其制未詳。觀於《志》言親族男女無少長皆斬，又言誅其同籍，蓋即夷三族之法也。惟魏世此法甚爲繁苛，如世祖太延元年，詔自今以後，亡匿避難，羈〔旅〕他鄉，皆當歸還舊居，不問前罪。民相殺害，牧司依法平決，不聽私輒報〔復，敢有報〕者，誅及宗族；鄰伍相助，與同罪。太平真君五年，詔自王公已下至於庶人，有私養沙門、師巫及金銀工巧之人在其家者，皆遣詣官曹，不得容匿。限今年二月十五日，過期不出，師巫、沙門身死，主人門誅。又詔自王公已下至於卿士，其子息皆詣太學。其百工伎巧、騶卒子息，當習其父兄所業，不聽私立學校。違者師身死，主人門誅。《世祖紀》。群行剽刧，首謀門誅。《刑罰志》：太和五年除。不僅反逆者用此法，延興詔云非大逆、干紀者，皆止其身，可見當時此法之濫。高祖雖曾詔罷門房之誅，而太和修律尚有十六章，後又詔删除，而史未詳其所議。蓋終魏之世，此法未能除也。

综　述

（清）孫星衍《尚書今古文注疏》卷二《皋陶謨》　用殄厥世。注：其史遷殄作絶，厥作其。疏：殄者，《釋詁》云：絶也。厥者，《釋言》云：其也。世者，韋昭注《周語》云：父子相繼曰世。

《呂氏春秋・貴卒》　荆國之法麗兵於王尸者，盡加重罪，逮三族。

（清）沈家本《歷代刑法考・刑法分考一・七族　九族　十族》

《史記・鄒陽傳》：然則荆軻之湛七族。《集解》應劭曰：荆軻爲燕刺秦始皇，不成而死，其族坐之湛没。張晏曰：七族，上至曾祖，下至曾孫。《索隱》：又一説云，父之族，一也；姑之子，二也；姊妹之子，三也；女子之子，四也；母之族，五也；從子，六也；及妻父母凡七。《漢書・陽傳》無荆字。注師古曰：湛七族，無荆字也。尋諸史籍，荊軻無湛族之事，不知陽所云定何人也。

周氏壽昌《漢書注校補》云：鄒陽不過甚其辭以明秦酷，何關事實也？王充《論衡・語增篇》秦王誅軻九族，復滅其一里，充在後漢亦是因陽此言造之，未足爲據。

按：秦政之暴，何所不至？鄒陽在漢初，必有所據，恐非虛造。

《史記》卷六《秦始皇本紀》　以古非今者族。

（清）沈家本《歷代刑法考・刑法分考一・族》　《漢書・高紀》：父老苦秦苛法久矣，誹謗者族，偶語者棄市。注師古曰：族，謂誅及其族也。

按：此族字，未必便是三族，故注但云誅及其族。

《漢書》卷二三《刑法志》　漢興之初，雖有約法三章，網漏吞舟之魚。然其大辟，尚有夷三族之令。令曰：當三族者，皆先黥、劓，斬左右止，笞殺之，梟其首，葅其骨肉於市。其誹謗詈詛者，又先斷舌。故謂之具五刑。彭越、韓信之屬皆受此誅。

《漢書》卷三《高后紀》　元年春正月，昭曰：前日孝惠皇帝言欲除三族辠、妖言令，議未決而崩，今除之。

（唐）虞世南《北堂書鈔》卷四五《刑法部・族刑十》　三族者，先黥劓葅骨肉，《刑法》志云：當三族者，皆先黥、劓、斬左右趾，笞殺之，梟其首，葅其骨肉於市。其誹謗詈詛者，又先斷舌，故謂之具五刑。罪人以族。誹謗者族。《漢書・高紀》云：漢王元年，沛公還霸上。十一月告諸豪傑曰：父老苦秦苛法久矣，誹謗者族，偶語棄市。以古非今者族。《秦始皇本紀》云：十三年，丞相李斯奏曰：臣請史官非秦記皆燒之，以古非今者族之。威以參夷之刑。張衡《東京賦》曰：秦政利觜長距，終得擅場。思專其侈，以莫己若也。乃搆阿房，起甘泉，結雲閣，觀南山，征稅盡，人力殫。然後收以太半之賦，威以參夷之刑。補。垣平夷三族。《漢書・文紀》云：中元年冬十月，新垣平詐覺謀反，夷之三族也。荆軻沈七族。《文選》應劭注曰：荆軻為燕刺秦王，不成而死，其七族坐之。沈，没也。張晏曰：七族者，上至高祖，下至曾孫。温舒罪至五族。《漢書・王温舒傳》云：温舒為右輔行中尉，遇有變告温舒受員騎錢它姦利事，罪至五族，自殺。其時兩弟及兩婚家亦各自坐它罪而族。高后除三族罪。《高后紀》云：元年正月詔曰：合除三族之刑。

（清）杜貴墀《漢律輯證》卷一　夷三族。《史記・秦本紀》文公二十年法初有夷三族之罪。張晏注，父母、兄弟、妻子也。如湻曰，父族、母族、妻族也。《後書・崔寔傳》昔高祖令蕭何作九章之律，有夷三族之令。黥、劓、斬趾、斷舌、梟首，故謂之具五刑。《前書・刑法志》夷三族者，先黥、劓、斬左右止，笞殺之，梟其首，葅其骨肉，其謗詈詛者又先斷舌。吕后初除三族罪。孝文元年詔丞相太尉御史，今犯法者已論，而使無罪之父母妻子同産坐之及收，朕甚勿取云云。其後新垣平爲逆，復行三族之誅。又《李陵傳》：於是族陵家母弟妻子皆伏誅，按据此是三族者，即文帝所謂父母妻子同産也。如淳注，非仲尼燕居三族。注父、子、孫也。《儀禮·士昏禮》注，三族謂父、昆弟、己昆弟、子昆弟，鄭康成所謂三族如此。《周禮·秋官·司烜氏》鄭司農注屋誅謂夷三族，無親屬收葬者。無親屬收葬則是並母族妻族盡誅矣，三代時烏得有此，故後鄭不從。《後書·肅宗紀》元和元年詔曰，往者妖言大獄所及廣遠，一人犯罪禁至三屬。賢注即三族也，謂父族、母族、妻族，蓋承如淳之謬。

《魏書》卷一一一《刑罰志》〔昭成建國二年〕，犯大逆者，親族男女無少長皆斬。【略】神麚中，詔司徒崔浩定律令。【略】大逆不道腰斬，誅其門籍，年十四已下腐刑，女子沒縣官。【略】正平元年，【略】改定律制【略】門誅四。【略】〔太安四年〕，增律【略】門房之誅十有三。【略】延興四年，詔自非大逆干犯者，皆止其身，罷其門房之誅。

紀事

（清）沈家本《歷代刑法考·刑制總考二·秦》　夷三族：《史記·秦本紀》：文公二十年，法初有三族之罪。武公三年，誅三父等而夷三族。

（宋）司馬光《稽古録》周莊王二年　秦武公討三父，夷三族。

（宋）司馬光《資治通鑑》周安王二十一年　楚悼王薨，貴戚大臣作亂，攻吴起，起走之王尸而伏之。之，往也，往赴王尸而伏其側。擊起之徒因射刺起，並中王尸。射，而亦翻。刺，七亦翻。中，竹仲翻。既葬，肅王即位。《謚法》：剛德克就曰肅，執心決斷曰肅。使令尹盡誅爲亂者，令尹，楚相也。坐起夷宗者七十餘家。夷，殺也；夷宗者，殺其同宗也。

（唐）余知古《渚宫舊事》卷二　悼王時，魏吴起來奔，以爲令尹。起言於王曰：大臣太重，封君太衆，若此則上逼主而下虐人，貧困弱兵之道。不如使封君子孫三代而收其爵禄，減百吏之秩，損不急之役，杜私門之財，以奉選練之士。王從之。遂南平百越，北却三晋，西伐强秦，諸侯畏楚。及悼王薨，魯陽公騏期及陽城君殺王母闞姬而攻起。起呼曰：吾示子吾用兵也。拔矢而走，伏王屍，插矢疾言曰：羣臣亂。吴起死。楚國之法，麗兵於王屍者，加重罪。及肅王立，於是誅滅中王屍者七十餘人家。故當時稱吴起之智，所速于鏃矣。初郢以兩版築垣，起變之用四，國人惡之。《韓非子·和氏篇》、《吕氏春秋·貴卒篇》、《史記》、《吴起傳》。

（明）吴訥《棠陰比事續編·温舒展月》　王温舒少時椎埋爲奸，累遷河内太守。捕郡中豪猾相連坐千餘家，大者至族，小者乃死。論報至血流十餘里。其頗不得者，往旁郡追求之。會春，温舒頓足曰：嗟乎！令冬月再展一月，足吾事矣。其好殺行威，不愛人如此。遷爲中尉，其治復放河内，善諂事有勢者。即無勢者，視之如奴；有勢家雖有奸如山，弗犯爪牙。吏虎而冠，數歲其吏多以權貴富。會院軍發詔征豪吏，温舒匿其吏華成。及有人告温舒受員騎錢，及他奸利事。罪至族，乃自殺。

（宋）司馬光《稽古録》漢武帝天漢三年夏　丞相劉屈氂坐與李廣利謀立昌邑王爲嗣，皆族誅。

（宋）司馬光《稽古録》漢昭帝元鳳元年夏　上官桀與霍光爭權，詐爲燕王旦上書，言光罪。帝知其詐，益親厚光，有毀光者，輒怒之。桀乃與蓋長公主、桑弘羊謀殺光，廢帝，立燕王，事覺，皆族誅。

（宋）司馬光《稽古録》漢宣帝地節四年秋　霍禹憂懼，謀反，族誅，廢霍后，連坐誅滅數十家。

（宋）司馬光《稽古録》王莽始建國二年　甄豐子尋、劉歆子棻復獻符命，莽怒，殺之，連坐死者數百人。

《後漢書》卷九《獻帝紀》　〔建安〕三年夏四月，遣謁者裴茂率中郎將段煨討李傕，夷三族。《獻帝起居注》曰傳傕首到許，有詔高懸之也。

《後漢書》卷九《獻帝紀》　〔建安〕五年春正月，邊騎將軍董承、偏將軍王服、越騎校尉种輯受密詔誅曹操，事洩。壬午，曹操殺董承等，夷三族。

《後漢書》卷九《獻帝紀》　〔建安十三年八月〕壬子，曹操殺太中大夫孔融，夷其族。

《後漢書》卷九《獻帝紀》　〔建安〕十七年夏五月癸未，誅衛尉馬騰，夷三族。

《後漢書》卷九《獻帝紀》〔建安十九年〕十一月丁卯，曹操殺皇后伏氏，滅其族及二皇子。《山陽公載記》曰：劉備在蜀聞之，遂發喪。

《後漢書》卷九《獻帝紀》〔建安〕二十三年春正月甲子，少府耿紀、丞相司直韋晃起兵誅曹操，不克，夷三族。《三輔決録》注曰：時有京兆金禕，字德偉，自以代爲漢臣，乃發憤，與耿紀、韋晃欲挾天子以攻魏，南援劉備。事敗，夷三族。

（宋）司馬光《稽古録》魏元帝咸熙元年秋　吴景帝殂，大臣濮陽興、張布立太子和之子皓。皓既立，族誅興、布。

《三國志》卷四〇《蜀志·魏延傳》　延獨與其子數人逃亡，奔漢中。儀遣馬岱追斬之，【略】遂夷延三族。

（宋）司馬光《稽古録》晉武帝泰始六年春　吴李勗以建安道不通，引軍還，坐族誅。

《晉書》卷五《懷帝紀》　永嘉元年春正月癸丑朔，大赦，改元，除三族刑。

《晉書》卷五九《東海王越傳》　及懷帝即位，委政於越。吏部郎周穆，清河王覃舅，越之姑子也，與其妹夫諸葛玫共説越曰：主上之爲太弟，張方意也。清河王本太子，爲羣凶所廢。先帝暴崩，多疑東宫。公盍思伊霍之舉，以寧社稷乎？言未卒，越曰：此豈宜言邪！遂叱左右斬之。以玫、穆世家，罪止及身，因此表除三族之法。

（清）沈家本《歷代刑法考·刑法分考一·九族》　《隋書·刑法志》：及楊玄感反，帝誅之，罪及九族。

按：九族之誅，史傳惟見此事。

（清）沈家本《歷代刑法考·刑法分考一·夷三族》　《唐書·王世充傳》：裴仁基與其子行儼及宇文儒童、崔德本等謀劫世充，復立侗，不克，夷三族。

按：《隋書·裴仁基傳》不言夷三族事，《世充傳》亦無此文。

（宋）司馬光《稽古録》武則天后永昌元年冬　右武衛大將軍黑齒常之族誅，皆酷吏周興所誣也。

（宋）司馬光《稽古録》唐懿宗咸通十一年秋　同昌公主薨，醫官皆族誅。

（宋）司馬光《稽古録》唐懿宗咸通十三年　國子司業韋殷裕表論郭淑妃弟敬述陰事，上怒，杖殺殷裕，籍没其家。

（宋）司馬光《稽古録》宋太祖建隆三年二月　庚寅，初令文班常參官舉幕職、令録，有罪連坐。

（宋）司馬光《稽古録》宋仁宗天聖七年正月　曹利用貶官，連坐者甚衆。

《金史》卷五《海陵帝本紀》〔天德二年〕十月癸卯，太師、領三省事勗致仕。辛未，殺太皇太妃蕭氏及其子任王偎喝。使使殺行臺左丞相、左副元帥撒離喝于汴，并殺平章政事宗義、前工部尚書謀里野、御史大夫宗安，皆夷其族。以魏王斡帶之孫活里甲好修飾，亦族之。

（清）沈家本《歷代刑法考·刑法分考一·七族　九族　十族》

《明史·方孝孺傳》：孝孺之死，宗族親友前後坐誅者數百人。《通鑑輯覽》注：《遜國名臣傳》云，孝孺大書數字，投筆于地曰：死即死，詔不可草。帝大怒曰：汝焉能遽死？朕當滅汝十族。《紀事本末》採其説，改作，文皇大聲曰：汝獨不顧九族乎？孝孺曰：便十族奈我何！乃收其門生廖鏞、杜嘉猷等為一族並坐。然後詔磔孝孺于市。《舊史例議》以鏞、嘉猷逮論在孝孺死後，十族之説非實，今亦不採。

（清）沈家本《歷代刑法考·刑法分考一·夷三族》　《明史·卓敬傳》：燕王即位，被執，帝猶不忍殺。姚廣孝故與敬有隙，進言曰：敬言誠見用，上寧有今日？乃斬之，誅其三族。

按：成祖時誅夷甚衆，而史稱夷三族者惟敬一人。

（清）谷應泰《明史紀事本末》卷一八《壬午殉難》　孝孺大批數字，擲筆於地，且哭且罵曰：死即死耳，詔不可草。文皇大聲曰：汝安能遽死。即死，獨不顧九族乎？孝孺曰：便十族奈我何！聲愈厲。文皇大怒，令以刀抉其口兩旁至兩耳，復錮之獄，大收其朋友門生。每收一人，輒示孝孺，孝孺不一顧，乃盡殺之，然後出孝孺，磔之聚寶門外。

（清）谷應泰《明史紀事本末》卷一八《壬午殉難》　大理寺丞鄒瑾，與甥魏冕同毆徐增壽於朝，請誅之。京師陷，自殺。詔諸其族，凡男婦四百四十八人。

（清）谷應泰《明史紀事本末》卷一八《壬午殉難》　監察御史王度，

奉敕勞軍徐州，比還，鳳陽失守，方孝孺與度書，誓死社稷。壬午秋，坐黨戍賀縣千戶所，以語不遜論死，諸其族。

（清）谷應泰《明史紀事本末》卷一八《壬午殉難》　檢察院御史高翔，在建文時，戮力戎事，激發忠義。文皇聞翔名，召之，翔持喪服入見，大哭，語不遜，乃命殺之，沒產誅族。

（清）谷應泰《明史紀事本末》卷一八《壬午殉難》　宗人府經歷宋徵，嘗上疏請削罪宗屬籍，數言李景隆失律，懷二心。被執，責問不屈，遂磔之，誅其族。

（清）谷應泰《明史紀事本末》卷一八《壬午殉難》　盧振，當燕兵起時，與徐輝祖攻守力為多，後逮至京，不屈，榜振名，數其罪，殺之，誅其族。

（清）谷應泰《明史紀事本末》卷一八《壬午殉難》　監察御史巨敬，被執，不屈，死之，誅其族。

其他死刑分部

論說

（宋）羅泌《路史》卷三四《發揮・原焚》　在昔三代，罪至惡逆，乃有焚尸，所以示凌遲而絕之人類也，奈何末代不知其故，反狥夷俗舉凌遲，惡逆之刑而施其親，豈不大可哀耶？

（宋）羅泌《路史》卷一三《後紀・蚩尤傳》　作五虐之刑，延于平民，罔不寇賊，鴟義姦宄，敓攘矯虔。《書》云：蚩尤惟始作亂，延及于平民，惟作五虐之刑，曰法。《刑統》音云：尤，性酷毒，作五虐刑，謂車裂、燒銅柱使抱及泌之類。發葛盧雝狐之金，啓九冶，作兵刑劍撥，劍撥作而歲之諸侯相兼者二十一。

（元）徐元瑞《吏學指南・五刑・舜刑》　怙終賊刑：怙恃其惡，終不悛改，既害於人則殺。

《尚書・泰誓》　王曰：嗟！我友邦冢君，越我御事、庶士，明聽誓。惟天地萬物父母，惟人萬物之靈。亶聰明，作元后，元后作民父母。今商王受弗敬上天，降災下民，沈湎冒色，敢行暴虐，罪人以族，官人以世，惟宫室臺榭陂池侈服，以殘害于爾萬姓，焚炙忠良，刳剔孕婦。

《韓非子・内儲說上》　齊國好厚葬，布帛盡於衣衾，材木盡於棺槨。桓公患之，以告管仲，曰：布帛盡則無以爲幣，材木盡則無以爲守備，如民之厚葬不休，奈何？管仲對曰：凡民之有爲也，非名之則利之。於是乃下令曰：棺過度者戮其尸，罪當喪者。夫戮尸無名，罪當喪者無利。無名無利，民何故爲之？

（清）沈家本《歷代刑法考・刑法分考二・炮格格作烙》　《御覽》六百四十七：《符子》曰：桀觀炮烙於瑶臺，謂龍逢曰：樂乎？龍逢曰：樂。桀曰：觀刑何無惻怛之心？龍逢曰：天下苦之而君以爲樂，臣君之股肱，何不悦乎？桀曰：聽子諫，諫得我改之，諫不得我刑之。龍逢曰：臣觀君冠危石也，臣觀君履春冰也，未有冠石而不壓，蹈〔履〕春冰而不陷。桀笑曰：是日亡則與俱亡，子知我之亡而不知亡乎？子就炮烙之刑，吾觀子。龍逢趨而歌曰：造物勞我以生息，我〔以〕炮烙故涉薪，我樂而人不知。赴火而死。

按：炮烙之法，紂所作也，此言桀有炮烙之刑。《韓非》、《淮南》又兼桀、紂言之，説見下。

《史記・殷本紀》：百姓怨望而諸侯有畔者，於是紂乃重刑辟，有炮格之法。《集解》：《列女傳》曰：膏銅柱，下加之炭，令有罪者行焉，輒墮炭中，妲己笑，名曰炮格之刑。《索隱》：鄒誕生云：格，一音閣。又云見蟻布銅斗，足廢而死，於是爲銅格，炊炭其下，使罪人步其上。與《列女傳》少異。

按：炮格，宋本如是，今本譌作炮烙。段氏玉裁云：炮烙本作炮格，《江鄰幾雜志》引陳和叔云《漢書》作炮格。今案《索隱》云云，又楊倞注《荀子・議兵篇》音古責反，觀鄒、楊所音，皆是格字無疑。鄭康成注《周禮・牛人》云，互若今屠家縣肉格意。紂所爲亦相似。庋格、庋閣，兩音皆可通。《吕氏春秋·過理篇》云肉圃爲格，高氏注：以銅爲之，布火其下，以人置上，人爛墮火而死。《列女傳》所説亦相類，是其爲格顯然。而但以燔灼爲義，今諸書皆爲後人改作炮烙矣。王氏念孫云：《漢書》謂《谷永傳》榜棰瘠於炮格也。師古曰：膏塗銅柱，加之火上。此正釋炮格二字，而今本亦改爲炮烙矣。

《韓非子·難勢篇》：桀、紂爲高臺深池以盡民力，爲炮烙以傷民性。《淮南子·俶真訓》：逮至夏桀、殷紂，燔生人，辜諫者，爲炮烙，鑄金柱。鑄金柱，然火其下，以人置其上，墮陊火中，而對之笑也。剖賢人之心，析才士之脛，醢鬼侯之女，菹梅伯之骸。

按：此二書述炮烙事，並兼桀、紂二人言之，第紂作炮烙見《殷本紀》，而《夏本紀》不載桀事。《竹書紀年》亦言紂作炮烙之刑，而桀無之。鄒誕生言紂見蟻布銅斗而爲炮格，《淮南子·齊俗訓》云炮烙生乎熱斗，高誘注庖人進羹于紂，熱以爲惡，以熱斗殺之。趙國斗可以殺〔人〕，故起炮烙。可見前無此刑，紂始作之也。羅泌《路史·發揮》云：炮烙之事，考之書則紂之行，不聞其爲桀也。大抵書傳所記桀、紂之事多出模倣。如《世紀》等倒拽九牛，撫梁易柱，引鉤申索，握鐵流湯，傾宮瑶室，與夫璿臺三里，金柱三千。車行酒，騎行炙，酒池糟丘，脯林肉圃，宫中九市，牛飲三千。丘鳴鬼哭，山走石泣，兩日並出，以人食獸。六月獵西山，以百二十日爲夜等事。紂爲如是，而謂桀亦如是，是豈其俱然哉？觀於羅氏此説，則炮烙之事，可以類推矣。

《周本紀》：西伯乃獻洛西之地，以請紂去炮格之刑，紂許之。

按：紂因天下怨畔而重刑辟，肆其暴虐，而終于滅亡。文王獻地，請去炮烙之刑，而周室以興。一興一亡，肇于仁暴，後之議刑者，當知此意。

(清) **沈家本《歷代刑法考·刑法分考二·醢附脯》**《殷本紀》：紂囚西伯羑里。注：《帝王世紀》云，囚文王，文王之長子曰伯邑考，質於殷，爲紂御，紂烹爲羹，賜文王，曰聖人當不食其子羹。文王食之。紂曰誰謂西伯聖者？食其子羹尚不知也。

按：烹人子以食其父，紂之暴虐滋甚，非殷之常法也。

《周禮·秋官司寇·條狼氏》 凡誓，執鞭以趨於前，且命之。誓僕右曰殺，誓馭曰車轘，誓大夫曰敢不關，鞭五百，誓師曰三百，誓邦之大史曰殺，誓小史曰墨。前，謂所誓衆之行前也。有司讀誓辭，則大言其刑以警所誓也。誓者，謂出軍及將祭祀時也。出軍之誓，誓左右及馭，則《書》之《甘誓》備矣。《郊特牲》説祭祀之誓曰：卜之日，王立於澤，親聽誓命，受教諫之義也。車轘，謂車裂也。

(元) **徐元瑞《吏學指南·五刑·周刑》** 大辟：死罪也。辟字從尸辛，所以制節其罪也；從口，用法也。有七等：一曰斬，誅之以斧鉞；二曰殺，以刀刃棄市；三曰搏，去衣磔之也；四曰焚，燒殺也；五曰辜，磔之也；六曰踣，斃之於市肆也；七曰罄，縊之於隱處。

(清) **杜貴墀《漢律輯證》卷一** 要斬。《周禮·秋官·掌戮》注：斬以鈇鉞，若今要斬也。殺以刀刃，若今棄市也。祝禮要斬屬見王子侯功臣諸表。

(清) **杜貴墀《漢律輯證》卷六** 行而逗留畏橈者，要斬。《史記·韓安國傳》索隱注如淳引軍法。《匈奴傳》上以虎牙將軍不至期，而祁連知虜在前，逗留不進，皆下吏自殺。孟康曰律語也，謂軍行頓止稽留不進也。《霍去病傳》合騎侯敖、博望侯騫坐行留當斬。《功臣表》作畏懦當斬。《後書·南匈奴傳》鄧鴻還京師坐逗留失利下獄死。賢當軍法逗留畏懦者斬。光武建武十二年詔邊吏力不足戰則守，追虜料敵不拘以逗留法。

(唐) **虞世南《北堂書鈔》卷四五《刑法部·死刑九》** 象天之刑，《書刑德教考》云：大辟之屬二百，象天之刑。如水滅火，《白虎通》云：大辟謂死也，如水滅火。磔之於市，《刑法志》云：中元二年，改曰棄市。注曰：先時，死刑皆磔之於市，今改曰棄市。肢體分散，《釋名》曰：車磔曰轘，轘，散也。失道之刑，《孔叢子》云：齊王行車磔之刑，羣臣諫，不聽。子高見齊王曰：聞君行車磔之刑，竊為下吏之過，齊乃除車磔之刑。上不及天，下不及地，《晉律》註云：梟斬棄之於市者，斬頭也。令上不及天，下不及地也。考得其情，竟命於獄，《釋名》曰：死囚曰考，得其情，竟其命，於獄也。狂矞亂法易教，《韓子》曰：太公望東封於齊。海上賢者，名狂矞。太公望聞之，往請焉，三却馬於門，而狂矞不報見也。太公誅之。周公曰：狂矞天下賢者也，何為誅之？太公曰：矞也，義不臣天子，不友諸侯。吾恐其亂法易教也。少正順非而澤，《家語》云：孔子為魯司寇，攝相朝政，七日而誅少正卯。門人進問，孔子曰：天下有大惡者五，而竊盜不與焉，一曰心逆而險，二曰行辟而堅，三曰言僞而辯，四曰記醜而博，五曰順非而澤。此乃人之姦雄，不可不誅也。按王肅註：醜謂非義。補。丁公爲臣不忠，《後漢·季布傳》云：丁公為項王將，常窘。高祖曰：兩賢豈相阨哉。丁公引兵還。及項王滅，高祖以丁公狥軍中曰：丁公為項王臣，不忠斬之。按：《楚漢春秋》云：丁公，薛人，名固。兩賢，孟康曰：丁公及彭城賴齮追上故曰兩賢也。師古曰：孟説非也。兩賢，高帝自謂并謂固耳。言吾與固俱是賢，豈相阨困也。故固感此言而止也。雖與賴齮俱追，而高祖獨與固言耳。補。誅伯鯀於羽郊，《竹書紀年》云：堯欲禪舜，共工、鯀諫以為不可，舜即位，殛鯀於羽山。補。斬防風於會稽，《韓非子》云：昔者舜使吏決鴻水，先令有功，而舜殺之。禹朝諸侯之君會稽之上，防風之君後至，而禹斬之。以此觀之，先令者殺後令者斬，則古者必貴如令矣。補。晉文斷顛頡之脊，《左傳》云：晉侯圍曹，令無入僖負羈之宮，而免其族報施也。魏犨顛頡怒曰：勞之不圖報，於何有爇？僖負羈氏，魏犨傷於胷。公欲殺之而愛其材。使問，且視之病。將殺之，魏犨束胷，見使者曰：以君之靈，不有寧也。距躍三百，曲踊三百，殺顛頡以狥于師。補，魏絳戮揚千之僕，《左傳》云：晉侯之弟揚千亂行于曲梁，魏絳戮其僕。管叔挾武庚作亂，周公殺之，《史記・管蔡世家》云：武王封叔鮮於管，封叔度於蔡，二叔乃挾武庚以作亂，周公誅之。鄧析操兩可之説，子産誅之，《列子》云：鄧析操兩可之説，設無窮之辭，當子産執政，作竹刑，子産戮而誅之。威王烹大夫，《史記》：昔日齊威王召阿大夫語曰：自子之守阿，譽言日聞，然使使視阿，田野不闢民貧苦。昔日趙攻鄄子，弗能救衛，取薛陵。子不知，是子以幣厚吾左右，以求譽也。是日烹阿大夫。及左右嘗譽者，皆并烹之。簡子沈鸞徼，《吕氏春秋》趙簡子沈鸞徼於河曰：吾嘗好聲色矣，而鸞徼致之；吾嘗好宮室臺榭矣，而鸞徼為之；吾嘗好良馬善御矣，而鸞徼來之。今吾好士六年矣，而鸞徼未嘗進一人也。是長吾過絀善也，故若簡子者，能後以理督責於其臣矣。補。

（清）沈家本《歷代刑法考・刑法分考二・焚》

《秋官・掌戮》：凡殺其親者焚之。鄭注：親，緦服以內也。焚，燒也。《易》曰：焚如，死如，棄如。賈疏：親謂五服。五服多，故云凡殺其親。據人之親與王之親，皆謂五服已内知者。案僖二十五年，衛侯燬滅邢，《公羊傳》曰，何以名絶？曷爲絶之？滅同姓也。滅同姓尚絶之，況殺緦麻之親得不重乎？以此而言，故知親謂緦已上也。《易》曰焚如死如棄如者，按《離卦》九四突如，其來如，焚如，死如，棄如。注云，震爲長子，爻失正，又互體兑，兑爲附決，臣子居明法之家而無正，何以自斷？其君父不志也。突如，震之失正，不知其所如，又爲巽。巽爲進退，不知所從。不孝之罪，五刑莫大焉，得用議貴之辟刑之，若如所犯之罪。焚如，殺其親之刑。死如，殺人之刑也。棄如，流宥之刑。

按：焚如之刑太慘，古三代勝時何以有此？殊屬可疑。至《易・離卦》九四焚如死如棄如，《九家易》荀爽曰：陰以不正，居尊乘陽，歷盡數終，天命所誅。位喪民畔，下離所害，故焚如也。以離入坎，故死如也。火息灰損，故棄如也。荀説與鄭不同，可見漢儒師説，不盡同康成也。

（清）沈家本《歷代刑法考・刑法分考二・磔》

《荀子・正論篇》斬斷枯磔。楊倞注：斷如字。枯，棄市，暴屍也。磔，車裂也。《周禮》以疈辜祭四方百物，注謂披磔牲體也，或者枯與疈辜義同歟？《韓子》曰：楚南之地、麗水之中生金，民多竊采之。采金之禁，得而輒辜磔。所辜磔甚衆，而民竊金不止。疑辜即枯也。

按：磔有張、開二義。《玉篇》磔，張也；《通俗文》張申曰磔；《廣雅》張也，開也；《廣韻》同。《周禮》、《左傳》、《景紀》皆是張義。《漢書・云敞傳》磔尸東市門，《後漢書・陽球傳》僵磔王甫尸於夏城門，《王吉傳》凡殺人皆磔尸車上。《釋天》祭風曰磔。郭云：今俗當大道中磔狗，云以止風，此其象。李巡云：祭風以牲頭蹄及皮，破之以祭，故曰磔。孫炎云：既祭，披磔其牲，以風散之。《王尊傳》：取不孝子，縣磔著樹，使騎吏五人，張弓射殺之。亦皆張義也。《荀子・宥作篇》：吳子胥不磔姑蘇東門外乎？楊倞注：磔，車裂也。《史記・李斯傳》：十公主矺死於杜。《索隱》云：矺，音宅，與磔同，古今字異耳。磔謂裂支體而殺之。此開義也。《周禮・大宗伯》以疈辜，注：玄謂疈，疈牲胷也。亦開義。開義與陵遲爲近，然謂磔即陵遲，恐未必然。成二年之文，先殺而後膊，僖二十八年《傳》本言尸諸城上，杜以磔解之，師古之所謂張其尸也。《釋天》孫炎之注亦謂既祭而披磔其牲。惟《李斯傳・索隱》謂裂支體而殺之，大似後世之陵遲，然恐非古義。楊倞以磔爲車裂，不知有所本否。車裂自有轘名，似不得以磔當之，兩《漢書》之磔亦祗爲榜示之意。觀《陽球傳》言曹節見磔，甫屍道次，《王吉傳》言隨其罪目，宣示屬縣。夏月腐爛，則以繩連其骨，周徧一郡，可以見支體之未嘗分裂也。後來以磔爲陵遲，似即本《索隱》諸説矣。自漢景除磔刑，班、范二書惟云敞諸《傳》偶一見之，非常法也。宋、遼、元三史《本紀》頗載磔事。宋太（祖）〔宗〕淳化五年五月，磔李順黨八人于鳳翔市。八月，貝州言驍捷卒劫庫兵爲亂，推都虞候趙咸雍爲帥，轉運使王嗣宗率屯兵擊敗之，擒咸雍，磔于市。仁宗慶歷八年閏月，貝州平，磔王則于都市。遼太祖七年，以轄賴縣人掃古非法殘民，磔之。元文宗至順二年三月，豫王阿喇忒納失里等禽雲南諸賊，悉斬之，磔尸以徇。此諸《紀》所言之磔，似爲陵遲之別名，非漢之磔也，然無明文以證之。

（清）沈家本《歷代刑法考·刑法分考二·轘》 《孔叢子》四：齊王行車裂之刑，群臣諍之，弗聽。子高見齊王曰：聞君行車裂之刑，無道之刑也，而君行之，臣切以爲下吏之過也。王曰：寡人爾民多犯法，爲法之輕也。子高曰：然，此誠君之盛意也。夫人含五常之性，有喜怒哀樂，喜怒哀樂，無過其節，過則毀於義。民多犯法，以法重，無所措手足也。今天下悠悠，士無定處，有德則往，無德則去。欲規霸王之業與衆大國爲難，而行酷刑以懼遠近，國内之民將叛，四方之士不至，此乃亡國之道。君之下吏，不具以聞，徒恐逆主意以爲憂，不慮不諫之危亡。其所矜者小，所喪者大，故曰下吏之過也。臣觀之，又非徒不諍而已也，必知此事之爲不可，將有非議在後，則因曰君忿意實然。我諫諍，必有龍逢、比干之禍，是爲虛自居于忠正之地，而闔推君主使同於桀、紂也。且夫〔爲〕人臣見主然而不諍，以陷主於危亡，罪之大者也。人主疾，臣之弼，已而惡之，資臣以箕子、比干之忠，惑之大者也。齊王曰：謹聞命。遂除車裂之法焉。

《説文》轘，車裂人也。

《釋名》車裂曰轘。轘也者，散也，支體分散。

按：轘，見《周禮》，當爲周制。鄭注謂軍中之誓用之，是爲軍中特設徇示於衆之刑，非常刑也。高渠彌、夏徵舒並關軍事，夏徵舒、商鞅、趙高並先殺而後轘，嫪毐先梟首而後車裂，蘇秦亦死後車裂，可以見此刑之制，實爲既殺之後分裂其屍，以徇於衆。《説苑》謂始皇取毒四支，分裂之。觀起之事，亦謂分裂其屍以徇于四竟也。秦後，此事不多見。《吳書·孫奮傳》：民間或謂皓死，訛言奮與上虞侯奉當有立者。奮母仲姬墓在豫章，豫章太守張俊疑其或然，掃除墳塋。皓聞之，車裂俊，夷三族。《續漢書》：張角別黨馬元義爲山陽所捕得，鎖送京師，車裂于市。又姑臧民白興以女爲妻，復以妻爲婢，轘殺于姑臧市。崔鴻《前涼録》。池陽民婦唆其夫殺母，轘殺之。《前秦録》。左僕射封嵩言慕容超非太后所生，超五車裂之。《南燕録》。人有盜其母之錢而逃者，太后轘而殺之。《前秦録》。并見《御覽》六百四十五。又乞伏乾歸爲兄子公府所弒，熾磐討之，公府走，追擒，並其四子轘之于譚郊。魏范陽盧溥聚衆攻掠，生獲溥及其子焕，轘之。見《魏書·道武紀》。至桓寬《鹽鐵論》云李斯車裂于雲陽之市，然《史記》斯本《傳》二世二年七月，具斯五刑論，腰斬咸陽市。非車裂也。

（清）薛允升《漢律輯存·周書》 掌戮，凡殺其親者，焚之；殺王之親者，辜之。親，緦服以内也。焚，燒也。《易》曰：焚如、死如、棄如。辜之言枯也，謂磔之。《荀子·正論》云：斬斷枯磔。注云：韓子曰：采金之禁得而輒辜磔。辜即枯也。

（清）薛允升《漢律輯存·周書》 司烜氏，邦若屋誅，則爲明竁焉。玄謂：屋讀如其刑剭。剭誅，謂所殺不於市而以適甸師氏者也。明竁，若今楬頭明書其罪法也。李光坡謂：屋誅爲明竁者，蓋凡殺人皆肆之三日，明暴其罪。今殺於甸師者，因不肆諸市，壙埋之，楬其罪於竁上。孔廣森《禮學卮言》：案明竁者，殺人瘞其尸而楬著之。《漢書》：尹賞殺少年惡子，瘞寺門桓東，楬著其姓名。師古曰：楬，杙也。《廣雅》褐櫫，杙也。蜡氏注：有楬櫫。何並斷王林卿奴頭置都亭下，署曰故侍中王林卿坐殺人埋冢舍，使奴剝寺門鼓。此即楬頭，明書其罪法者。惠士奇《禮説》：司烜掌之則罪人夜葬歟。《漢書》：長安令尹賞爲虎穴，收捕輕薄惡少年内穴中，皆死。出瘞寺門桓東，楬著其姓名。康成所謂：楬頭即此。師古曰：楬，杙也。椓杙於瘞處而書死者名也。楬從木，音竭。屋誅蓋刑於喪國之社。荀子曰：罪人之喪不行晝，行以昏殣，古之法也。然則罪人夜喪，漢法亦然矣。既葬而楬著罪名，立於其地焉，蓋與尹賞之事合。非若子產誅公孫黑，以木加尸也，且楬者，表識之名，蜡氏有死於道路者，埋而置楬。楬之言桀也，立於地不加於尸。賈疏失之。説穿穴曰竁，喪國之社屋之。屋之者，掩其上而棨其下，使不得達於上。邦若屋誅，司烜氏穿穴以通明，故曰明竁。蓋事畢，則仍揜之火，秉明故職在司烜氏。班固述哀紀曰：底剭鼎臣。服虔曰：周禮有屋誅，誅大臣於屋下，不露也。古者複穴開上取明，謂之霤，明竈之義取諸此。《廣雅》云：拐㯫，杙也。

（清）沈家本《歷代刑法考·刑法分考二·烹》《史記·齊太公世家》：哀公時，紀侯譖之周，周烹哀公。《集解》徐廣曰：周夷王。《周本紀》：是爲夷王。《正義》：《紀年》云，三年，致諸侯，烹齊哀公于鼎。《韓子·十過篇》：公曰：然則易牙何如？管仲曰：不可。夫易牙爲君主味，君之所未嘗食唯人肉耳，易牙蒸其子首而進之，君所知也。人之情莫不愛其子，今蒸其子以爲膳於君，其子弗愛，又安能愛君乎？

按：此非刑，乃烹人事，故附見於此。此事不近人情，恐是傳聞之過。桓公，五霸之首，烏至有食人之事？戰國策士每多造設之詞，以聳動時人之聽，不盡可信。

（宋）李昉等《太平御覽》卷三四三《兵部·劍中》《琴操》云：聶政父為韓王冶劍，過期不成，王殺之。

《史記》卷四三《趙世家》公子章死，公子成、李兑謀曰：以章故圍主父，即解兵，吾屬夷矣。乃遂圍主父，令：宮中人後出者夷。

（漢）劉向《説苑》卷一《君道》趙簡子與欒激遊，將沈於河，曰：吾嘗好聲色矣，而欒激致之。吾嘗好宮室臺榭矣，而欒激為之。吾嘗好良馬善御矣，而欒激求之。今吾好士六年矣，而欒激未嘗進一人，是進吾過而黜吾善也。

（明）董説《七國攷》卷一二《燕刑法·截》應劭《漢書注》引田光謂燕太子丹曰：今燕國之法，欺上罔國者截。截，謂腰斬也。

（明）董説《七國攷》卷一二《燕刑法·刳腹》劉歆《七畧》云：戰國之世，刑法深苦。秦立鑿顛，燕設刳腹。余按《國策》：張丑謂燕境吏曰：我言子之奪我珠而吞之，燕王必當殺子，刳子之腹。歆之説豈據是耶？

（漢）劉向《説苑》卷一《君道》〔魏文侯時〕師經鼓琴，魏文侯起舞，賦曰：使我言而無見違。師經援琴而撞文侯，不中，中旒，潰之。文侯謂左右曰：為人臣而撞其君，其罪如何？左右曰：罪當烹。

（明）董説《七國攷》卷一二《魏刑法·暴屍》魏法：戰而怯，守而降，暴其尸于市。詳見《兵制考》。又惠王軍兵法有全伍全付之誅，不重録。

（明）董説《七國攷》卷一二《魏刑法·誅》左右伏誅。余按：左右伏誅者，刑不上丞相，故誅左右。蔡邕所謂秦漢已前有恥辱之刑是也。又受金罪薄，故僅用辱刑耳。

（明）董説《七國攷》卷一二《楚刑法·轘》《左傳》：楚子為陳夏氏亂故伐陳，謂陳人無動，將討於少西氏。遂入陳，殺夏徵舒，轘諸栗門。杜預曰：轘，車裂也。又《淮南子》云：吴起刻削而車裂。然吴起本枝解，非車裂也。淮南以吴起枝解于楚作車裂，而以商鞅車裂于秦作支解。

（明）董説《七國攷》卷一二《楚刑法·烹》《説苑》：楚莊王大怒解揚，將烹之。《左傳》：楚白公為亂，既死，其徒微之。生拘石乞而問白公之死焉，乞曰：此事也，克則為卿，不克則烹，固其所也，何害？乃烹石乞。

（明）董説《七國攷》卷一二《田齊刑法·烹》《吕氏春秋》：齊王疾痏，使人迎文摯，至，視王疾。謂太子曰：非怒王則疾不可治，王怒則摯必死。太子頓首，強請曰：苟已王疾，臣與母以死争之，願先生勿患也。摯曰：諾。與太子期而至，將往不當者三，齊王固已怒矣。摯至，不觧履登牀，問疾。王怒不與言。摯因出固辭以重怒，王吐而起，疾乃遂已。王大怒，不悅，將烹摯。太子與王左右急争之，不得。果以鼎烹摯，爨之三日三夜，顔色不變。摯曰：誠欲殺我，則胡不覆之，以絶陰陽之氣。王使覆之，乃死。又《史記》：威王召阿大夫語曰：自子之守阿，譽言日聞，然使使視阿，田野不闢，貧民日多。是子以幣厚我左右以求譽也。是日烹阿大夫，及左右嘗譽者，皆并烹之。《釋名》曰：煮之於鑊曰烹，若烹禽獸之肉也。又齊威王設大鼎于庭中，烹無鹽令，見《淮南子》。

（明）董説《七國攷》卷一二《田齊刑法·殺》《史記》：威王三十三年，殺其大夫牟辛。徐廣曰：一作夫人。又湣王時，齊孫室子陳舉直言，殺之東閭。

（明）董説《七國攷》卷一二《田齊刑法·車裂》孔叢子云：齊王行車裂之刑，羣臣諫争之，弗聽。子高見齊王曰：車裂之刑，無道之刑也，而君行之，臣竊以為下吏之過也。王曰：謹聞命。遂除車裂。又

《蘇秦傳》云：齊大夫多與蘇秦爭寵者，使人刺蘇秦，不死，殊而走。齊王使人求賊，不得。蘇秦且死，乃謂齊王曰：臣即死，車裂臣以狥于市。曰蘇秦為燕作亂于齊。如此則臣之賊必得矣。于是如其言。

（明）董説《七國攷》卷一二《秦刑法·收孥》 詳見《什伍之法》。謂收録其妻子，沒為奴婢。秦法：一人罪，收其室家。《鹽鐵論》云：紂為炮烙之刑，而秦有收孥之法。

（明）董説《七國攷》卷一二《秦刑法·車裂》 《商君傳》：秦惠王車裂商君。其後始皇車裂嫪毐。《文選注》云：商鞅車裂，李斯腰斬，刑轘之辟，二人為首。陸子謂：秦始皇帝設為車裂之刑以斂姦邪。非也。

（明）董説《七國攷》卷一二《秦刑法·剖腹》 桓譚云：秦惠文王剖賢人之腹，刑法大壞。《鍾離意別傳》引《周書》云：秦史趙凱以私恨告國民吴旦生盗食宗廟御桃，旦生對曰：民不敢食也。王曰：剖其腹，出其桃。《史記》惡而書之曰：食桃之肉，當有遺核，王不知此而剖人之腹以求桃，非禮也。

（明）董説《七國攷》卷一二《秦刑法·腰斬》 不告姦者腰斬。詳見《什伍之法》。許氏《説文序》，腰本作要，後人加月。

（明）董説《七國攷》卷一二《秦刑法·賜死》 《史記》：昭襄王五十年十二月，白起有罪死。注：謂賜死也。《清軒筆記》云：自周以來有大臣之優刑。優刑者，賜死之類是也。

（漢）孔鮒《孔叢子》卷四《對魏王》 齊王行車裂之刑，群臣諍之，弗聽。子高見齊王，曰：聞君行車裂之刑，無道之刑也。而君行之。臣竊以爲下吏過也。王曰：寡人爾，以民多犯法，爲法之輕也。子高曰：然。此誠君之盛意也。夫人含五常之性，有哀樂喜怒。哀樂喜怒無不過其節，節過則毁於義。民多犯法，以法之重，無所措手足也。今天下悠悠，士亡定處，有德則往，無德則去。欲規霸王之業與諸大國爲難，而行酷刑以懼遠近，國内之民將畔，四方之士不至，此乃亡國之道。君之下吏不具以聞，徒恐逆主意以爲憂，不慮不諫之危亡。其所矜者小，所喪者大。故曰，下吏之過也。臣觀之，又非徒不諍而已也。心知此事之爲不可，將有非議在後，則因曰君忿意實然。我諫諍必有龍逄比干之禍，是爲虚自居於忠正之地，而闇推君主使同於桀紂也。且夫爲人臣見主非而不諍，以諂主於危亡，罪之大者也。人主疾臣之弼己而惡之，資臣以箕子比子之忠，惑之大者也。齊王曰：謹聞命。遂除車裂之法焉。

（清）沈家本《歷代刑法考·刑法分考二·烹》 《漢書·刑法志》秦大辟有鑊亨之刑。注師古曰：鼎大而無足曰鑊，以鬻人也。

按：烹事盛行於周及秦、漢之間，秦并設爲常刑，秦法之慘，此其一端也。春秋之後，如齊威王烹阿大夫，及左右嘗譽者皆並烹之，見《史記·齊敬仲完世家》。中山之君烹樂羊之子而遺之羹，見《韓非子·説林》。周苛見《漢書·高紀》。酈食其見本《傳》。高祖欲亨蒯通見《通傳》。侯景南奔，高澄命先剥景妻子面皮，以大鐵鑊盛油煎殺之，見《南史·景傳》。石勒執劉寅，以鑊湯煮之，見《晋中興書》。董卓攻得李旻、張安，畢圭苑中，生烹之，二人臨入鼎，相謂曰不同日生乃同日烹，同上。此外即罕見矣。

《釋名》：煮之於鑊曰烹，若烹禽獸之爲也。

按：烹人之器，或言鼎，或言鑊。主父偃曰丈夫生不五鼎食，死即五鼎亨耳。《新序》言：田單處中牟，佛肸以中牟叛，置鼎於庭。至士大夫曰：與我者受邑，不吾與者烹。並言鼎，文摯事亦言鼎，《釋名》則言鑊。《史記·藺相如傳》：謂秦王曰，臣令人持璧歸，知欺大王之罪當誅，請就湯鑊。亦言鑊。鄭叔詹事，一言鼎，一言鑊，他書亦鼎、鑊錯雜。考《淮南·説山訓》嘗一臠肉，知一鑊之味，高注：有足曰鼎，無足曰鑊。顔師古亦謂鼎大而無足曰鑊，然則鼎、鑊乃有足無足之分，實一類。析言之，則鼎爲鼎，鑊爲鑊。渾言之，則鑊亦得稱鼎也。《唐書·魏元忠傳》既誅賊謝天下，雖死鼎鑊所甘心。高適詩秦王轉無道，誅者鼎鑊親。皆鼎鑊連言。

（清）沈家本《歷代刑法考·刑法分考二·烹》 《吕氏春秋·上德篇》：公子重耳之鄭，鄭文公不敬，被瞻諫曰：君不禮也，不如殺之。鄭君不聽。晋既定，興師攻鄭，求被瞻，被瞻謂鄭君曰：不若以臣與之。鄭君曰：此孤之過也。被瞻曰：殺臣以免國，臣願之。被瞻入晋軍，文公將烹之，被瞻據鑊而呼曰：三軍之士，皆聽瞻也。自今以來，無有忠於其君。忠於其君者，將烹。文公謝焉，罷師歸之於鄭。

按：《晋語》亦載此事，文少異。被瞻作叔詹，據鑊而呼作擄鼎耳而疾號。《左傳》無此事。

（清）沈家本《歷代刑法考·刑法分考二·陵遲》　《荀子·宥坐篇》：百仞之山任負車登焉，何則？陵遲故。楊倞注：遲，慢也。陵遲，言丘陵之勢漸慢也。王肅云：陵遲，陂池。謝校案，《淮南子》山以陵遲，故能高。陵遲，猶迆邐陂陀之謂。此注與《匡謬正俗》俱訓陵遲爲丘陵，似泥。

按：陵遲之義，本言山之由漸而高，殺人者欲其死之徐而不速也，故亦取漸次之義。至其行刑之法，《讀律佩觿》所言同於葅醢，至爲慘毒，豈明制如此歟？律無明文，不能詳也。今律亦不言此法。相傳有八刀之說，先頭面，次手足，次胸腹，次梟首，皆儈子手師徒口授，他人不知也。京師與保定亦微有不同，似此重法。而國家未明定制度，未詳其故，今幸際清時，此法已奉特詔刪除，洵一朝之仁政也。

（清）沈家本《歷代刑法考·刑法分考二·支解》　《史記·秦始皇紀》：燕太子丹患秦兵至國，恐，使荆軻刺秦王。秦王覺之，不中，體解軻以徇。

按：支解之事，古無此名而有此事。荆卿之外，石季龍太子宣殺石韜，季龍誅宣及其妻子九人，又誅其四率已下三百人，宦者五十人，皆車裂節解，棄之漳河。《晉書·石季龍載記》。劉裕攻慕容超于廣固，張綱爲攻具，超大怒，懸其母而支解之。《慕容超載記》。崔㥄爲東兖州刺史，其妻馮氏受納狼籍，爲御史劾，與㥄俱〔召〕，詔付廷尉，諸囚多姦焉，獄中致斃。尋別詔斬馮氏於都市，支解爲九段。《北史·崔㥄傳》。此數事皆在遼以前。至遼以後，如元中統三年李璮伏誅，體解以徇。至元二十二年，西川趙和尚自稱宋福王子廣王以誑民，民有信之者，真定劉驢兒有三乳，自以爲異，謀不軌，皆磔裂以徇。《元史·世祖紀》。大德十年三月，河間民王天下奴弑父，磔裂于市。十二月，磁州民田雲童弑母，磔裂于市。亦皆支解之事，磔裂連文，必非漢之磔也。

（清）沈家本《歷代刑法考·刑法分考二·磔》　《說文》：磔，辜也。段《注》：《掌戮》辜之言枯也，謂磔之，鄭與許合。凡言磔者，開也，張也。刳其胷腹而張之，令其干枯不收。桀，磔也。從舛，在木上也。王注：玄應引《說文》磔字說，曰張也，開也。雖與今本不同，而與桀從舛意相合。舛字向背，象人骨肉分解離之狀，在木上者，磔梟於木上。

（漢）劉熙《釋名》卷九　車裂曰轘，轘，散也，肢體分散也。煑之於鑊曰烹，若烹禽獸之肉也。

《漢書》卷三《高后紀》　元年春正月，詔曰：前日孝惠皇帝言欲除三族辠、妖言令，議未決而崩，今除之。

師古曰：罪之重者戮及三族，過誤之語以爲妖言，今謂重酷，皆除之。

《漢書》卷五《景帝紀》　三年冬十二月，詔曰：襄平侯嘉晉灼曰：紀通子也。子恢說不孝，謀反，欲以殺嘉，大逆無道。師古曰：恢說有私怨於其父，而自謀反，欲令其父坐死也。其赦嘉爲襄平侯，及妻子當坐者復故爵。如淳曰：律，大逆不道，父母妻子同産皆棄市。今赦其餘子不與恢說謀者，復其故爵。論恢說及妻子如法。

《漢書》卷八《宣帝紀》〔地節四年〕夏五月，詔曰：父子之親，夫婦之道，天性也。雖有患禍，猶蒙死而存之。誠愛結于心，仁厚之至也，豈能違之哉！自今子首匿父母，妻匿夫，孫匿大父母，皆勿坐。其父母匿子，夫匿妻，大父母匿孫，罪殊死，皆上請廷尉以聞。

師古曰：凡首匿者，言爲謀首而藏匿罪人。

《漢書》卷三六《楚元王傳》　王戊稍淫暴，二十年，爲薄太后服私姦，削東海、薛郡，乃與吴通謀。二人諫，不聽，胥靡之，衣之赭衣，使杵臼雅舂於市。

應劭曰：《詩》云若此無罪，淪胥以鋪。胥靡，刑名也。晉灼曰：胥，相也。靡，隨也。古者相隨坐輕刑之名。師古曰：聯繫使相隨而服役之，故謂之胥靡，猶今之役囚徒以鎖聯綴耳。晉說近之，而云隨坐輕刑，非也。

《漢書》卷四七《文三王傳》　謀篡死罪囚。【略】天子遣廷尉賞、大鴻臚由持節即訊。【略】王陽病抵讕，置辭驕嫚，不首主令，與背畔亡異。

《漢書》卷六七《胡建傳》　《黃帝李法》曰：壁壘已定，穿窬不繇路，是謂姦人，姦人者殺。臣謹按軍法曰：正亡屬將軍，將軍有罪以聞，二千石以下行法焉。丞於用法疑，執事不諉上，臣謹以斬，昧死以聞。

《漢書》卷八一《孔光傳》定陵侯淳于長坐大逆誅，長小妻迺始等六人皆以長事未發覺時棄去，或更嫁。及長事發，丞相方進、大司空武議，以爲：令，犯法者各以法時律令論之，明有所訖也。長犯大逆時，迺始等見爲長妻，已有當坐之罪，與身犯法無異。後乃棄去，於法無以解。請論。光議以爲：大逆無道，父母妻子同産無少長皆棄市，欲懲後犯法者也。夫婦之道，有義則合，無義則離。長未自知當坐大逆之法，而棄去迺始等，或更嫁，義已絶，而欲以爲長妻論殺之，名不正，不當坐。有詔光議是。

《漢書》卷八三《薛宣傳》博士申咸給事中，亦東海人也，毀宣不供養行喪服，薄於骨肉，前以不忠孝免，不宜復列封侯在朝省。宣子況爲右曹侍郎，數聞其語，賕客楊明，欲令創咸面目，使不居位。會司隸缺，況恐咸爲之，遂令明遮斫咸宮門外，斷鼻脣，身八創。事下有司，御史中丞衆等奏：況朝臣，父故宰相，再封列侯，不相敕丞化，而骨肉相疑，疑咸受修言以謗毀宣。咸所言皆宣行迹，衆人所共見，公家所宜聞。況知咸給事中，恐爲司隸舉奏宣，而公令明等迫切宮闕，要遮創戮近臣於大道人衆中，欲以鬲塞聰明，杜絶論議之端。桀黠無所畏忌，萬衆讙譁，流聞四方，不與凡民忿怒爭鬭者同。臣聞敬近臣，爲近主也。禮，下公門，式路馬，君畜産且猶敬之。春秋之義，意惡功遂，不免於誅，上浸之源不可長也。況首爲惡，明手傷，功意俱惡，皆大不敬。明當以重論，及況皆棄市。廷尉直以爲：律曰鬭以刃傷人，完爲城旦，其賊加罪一等，與謀者同罪。詔書無以詆欺成罪。《傳》曰：遇人不以義而見痏者，與痏人之罪鈞，惡不直也。咸厚善修，而數稱宣惡，流聞不誼，不可謂直。況以故傷咸，計謀已定，後聞置司隸，因前謀而趣明，非以恐咸爲司隸故造謀也。本爭私變，雖於掖門外傷咸道中，與凡民爭鬭無異。殺人者死，傷人者刑，古今之通道，三代所不易也。孔子曰：必也正名。名不正，則至於刑罰不中；刑罰不中，而民無所錯手足。今以況爲首惡，明手傷爲大不敬，公私無差。春秋之義，原心定罪。原況以父見謗發忿怒，無它大惡。加詆欺，輯小過成大辟，陷死刑，違明詔，恐非法意，不可施行。聖王不以怒增刑。明當以賊傷人不直，況與謀者皆爵減完爲城旦。上以問公卿議臣。丞相孔光、大司空師丹以中丞議是，自將軍以下至博士議郎皆是廷尉。況竟減罪一等，徙敦煌。

（清）薛允升《漢律輯存・漢書》丞相宣以一不道賊。卷八十四《翟方進傳》如淳曰：律，殺不辜一家三人爲不道。

按，漢自文帝遺詔，以日易月後遂爲常，故翟方進後母終既奠三十六日，除服起視事，自以身備漢相不也踰國家之制。後漢劉愷所謂舊制，公卿二千石刺史不得行三年喪也。至哀帝時，博士弟子父母死，予寧三年。鄧太后詔，長吏以下不爲親行服者不得典城選舉。安帝初元，死三年初聽大臣二千石刺史行三年喪。建光元年斷之。桓帝永興二年，又聽刺史二千石行三年喪。延熹二年復斷之。梁氏玉繩曰：此律不知何時所定，蓋爲未入吏人立法，二千石以上不用此律也。

《漢書》卷九〇《酷吏傳・義縱》爲定襄太守。縱至，掩定襄獄中重罪二百餘人，及賓客昆弟私人相視者亦二百餘人。縱壹切捕鞠，曰爲死罪解脫。是日皆報殺四百餘人。

孟康曰：壹切皆捕之也。律，諸囚徒私解脫桎梏鉗赭，加罪一等；爲人解脫，與同罪。縱鞠相賂餉者二百人以爲解脫死罪，盡殺之。

《漢書》卷九〇《酷吏傳・義縱》楊可方受告緡，縱以爲此亂民，部吏捕其爲可使者。天子聞，使杜式治，以爲廢格沮事，棄縱市。

孟康曰：武帝使楊可主告緡，沒入其財物，縱捕爲可使者。此爲廢格詔書，沮已成之事也。師古曰：沮，壞也，音材汝反。格讀曰閣。

《漢書》卷九〇《酷吏傳・嚴延年》事下御史中丞，譴責延年何以不移書宮殿門禁止大司農，而令得出入宮。於是覆劾延年闌内罪人，法至死。

《後漢書》卷一下《光武帝紀》〔二十八年〕冬十月癸酉，詔死罪繫囚皆一切募下蠶室。

（清）薛允升《漢律輯存・説文解字》迟，曲行也。段曰：軍法有逗留，有迟橈。《光武紀》不拘以逗留法。如淳曰：軍法行而逗留畏愞者要斬。此謂止而不進者，史、漢《韓安國傳》廷尉當恢迟橈當斬。服虔曰：迟音企。應劭曰：迟，曲行避敵也。橈，顧望也，軍法語也。此謂有意回遠遲誤者。淮南書云兩軍相當屈橈者要斬是也。

（清）薛允升《漢律輯存・後漢書》詔天下繫囚減死一等，勿笞，詣邊戍；妻子自隨，占著所在；父母同産欲相從者，恣聽之；有不到者，皆以乏軍興論。卷三《肅宗孝章帝紀》

軍興而致闕乏，當死刑也。按，漢世屢有是詔。

（清）薛允升《漢律輯存・後漢書》〔子忠拜尚書〕上除蠶室刑，解臧吏三世禁錮；狂易殺人，得減重論；母子兄弟相代死，聽，赦所代者。事皆施行。【略】穿窬不禁，則致彊盜；强盜不斷，則爲攻盜；攻盜成羣，必生大姦。故亡逃之科，憲令所急，至於通行飲食，罪致大辟。卷四十六《郭陳列傳》　通行飲食，猶今律云過致資給，與同罪也。

（元）徐元瑞《吏學指南・五刑・北齊刑》死：重者轘之，輕者梟首。

（宋）孫奭《律音義・名例第一》死息姊切。斯也。澌，盡也，精神澌盡也。澌音賜。

（宋）孫奭《律音義・名例第一》支解佳買切。離析也，謂離析其支體。

（清）沈家本《歷代刑法考・刑制總考四・唐》重杖處死。《新志》：故時，別敕決人捶無數。寶應元年，詔曰：凡制敕與一頓杖者，其數止四十；至到與一頓及重杖一頓、痛杖一頓者，皆止六十。德宗性猜忌少恩，然用刑無大濫。刑部侍郎班宏言：謀反、大逆、（及）〔反〕叛、惡逆四者，十惡之大也，犯者宜如律。其餘當斬、絞刑者，決重杖一頓處死，以代極法。故時，死罪皆先決杖，其數或百或六十，於是悉罷之。

賜死。《新志》：五品已上論死，或賜死于家。太宗時。《舊志》：會昌元年九月，庫部郎中、知制誥紇干泉等奏：準刑部奏，犯贓官五品已上，合抵死刑，請準獄官令賜死於家者，伏請永爲定格。從之。

按：德宗之世，斬、絞改爲重杖處死，則天寶之除斬、絞條，殆行之未久即復舊制歟？以法制而言，杖輕於斬、絞，以人身之痛苦言，杖不能速死，反不如斬、絞之痛苦爲時較暫。且杖則血肉淋灕，其形狀亦甚慘。以斬與絞相較，則斬殊身首又不如絞之身首尚全，故近來東西各國有單用絞刑者，亦仁術之一端也。

又按：綜論有唐一代，除武后之時、李林甫之時以及甘露之變、清流之禍，並由于閹宦之肆虐，其餘諸帝，無有淫刑以逞者。貞觀、開元之治，代宗之仁恕，無論矣。德宗之猜忌少恩，然用刑無大濫。憲宗之英果明斷，然於用刑喜寬仁。穆宗之童騃，然頗知慎刑法。此皆其開創貽謀之善，故後嗣尚守其法。肅宗之治僞官，當時以爲少過，然諸人中如陳希烈、張均、張垍輩，或任受鈞衡，或親聯肺腑，心懷怨望，甘心從賊，此而不誅，政何以肅？溫公以六等議刑爲可，實正論也。史稱自高祖、太宗除隋虐亂，治以寬平，民樂其安，重於犯法，致治之美，幾乎三代之盛時。考其推心惻物，其可謂仁矣！斯言非溢美也。後代治律之士莫不以唐爲法，世輕世重，皆不能越其範圍，然則今之議刑者，其亦可定厥宗旨乎？

《宋史》卷一九九《刑法志》　御史臺嘗鞫殺人賊，獄具，知雜王隨請臠咼之，帝曰：五刑自有常制，何爲慘毒也。入內供奉官楊守珍使陜西，督捕盜賊，因請擒獲强盜至死者，望以付臣陵遲，用戒凶惡。詔：捕賊送所屬，依法論決，毋用凌遲。凌遲者，先斷其支體，乃抉其吭，當時之極法也。蓋真宗仁恕，而慘酷之刑，祖宗亦未嘗用。

（清）沈家本《歷代刑法考・刑制總考四・遼》戮尸。《志》又云：天祚乾統元年，凡大康三年預乙辛所害者悉復官爵，籍没者出之，流放者還鄉里。至二年，始發乙辛等墓，剖棺戮尸，誅其子孫，餘黨子孫減死，徙邊。《志》又云：賞罰無章，怨讟日起，劇盜相挺，叛亡接踵。天祚大恐，益務繩以嚴酷，由是投崖、砲擲、釘割、臠殺之刑復興焉。或有分尸五京，甚者至取其心以獻祖廟。雖由天祚救患無策，流爲殘忍，亦由祖宗有以啓之也。遼之先代，用法尚嚴。使其子孫皆有君人之量，知所自擇，猶非祖宗貽謀之道；不幸一有昏暴者，少引以藉口，何所不至。然遼之季世，與其先代用刑同，而興亡異者，何歟？蓋創業之君，施之於法未定之前，民猶未敢測也；亡國之主，施之於法既定之後，民復何所賴焉。此其所爲異也。傳曰新國輕典，豈獨權事宜而已乎？

按：遼起朔方，以用武立國。太祖之世，刑多酷慘；穆宗性尤好殺，天祚荒暴，遂至于亡。論者咎其貽謀之不善，與唐代相考鏡，其仁與暴何適相反也？史稱其季世與先代用刑同而興亡異者，由於法之未定與既定，是固然矣，實則昏明之判耳。太祖時，下特詔以疏滯獄，置鍾院以達民冤，朝政明而法度立，此其所以興也。穆宗虐止褻御，不及大臣百姓，其知女巫妖妄見誅，諭臣下濫刑切諫，亦非不明也。天祚則昏暴兼之，此其所以亡也。豈盡由於法之定不定哉？後之鑒古者，當如唐之仁，毋若遼之暴，斯可矣。

（清）王明德《讀律佩觿》卷四下《死刑二》 刑至於死，則刑居其極。是即《洪範》九疇六極首著之凶短折。人主建皇極以威萬民，所持以重剛克之權，範斯民於在囿者，惟恃乎法，所以上申天討也。五罰之極曰死，死刑有二：一曰斬，一曰絞。斬者，身首異處，血濺泉壤也，始於黄帝伐蚩尤以正其惡，即上古五刑中所列之大辟是。若絞，則止於斃其命，猶為保乎全體，非若身首異處之備具慘烈耳，其刑較斬為差善。往古之世，未之或聞，據稱始自有周，然亦未備詳其所自。要之，總以畢乎其為命，故二死科條雖有殊分，然其備具於五刑之列則一，緣其同歸於死故也，若遇援減又皆共為一視。是以《名例》特著以二死同為一減，是皆五刑之正。然二死之外，有等而下之曰雜犯斬、雜犯絞者，有等而上之者曰梟斬、曰凌遲，更有從凌遲而上曰梟示，曰戮尸以剉碎其骨者。是愚所謂刑中之閏而又閏也。其蓋本乎朔盈氣虚之義，以制乎其為刑者歟？予更分而著之於後。

絞監候，斬監候，立絞，立斬。

附閏

雜犯絞準徒五年，雜犯斬準徒五年。

梟斬，凌遲梟示，戮屍。

閏刑條目

按五刑正目，自漢景以後惟止笞、杖、徒、流、死而已，是以《名例》特冠其例於首，以明刑之為法各有其正。雖云五者之外，仍有凌遲、梟示、戮屍等類，初非國之常刑，要皆因時或為一用者，終不可以五刑之正名。故止散見於律例各條中，或備著乎律例各條外，卒不得與五刑正目同儔而併列。總以明夫刑者，原非聖人所得已，固不容不為顯揭以垂世，更不容同其混迹而無分。此先賢定律明教、澄序篇章之大旨也。但於真犯、雜犯以及監候、决不待時等類，皆已備著律首矣，而於梟示、戮尸諸款，則置而未備，不免缺然。因為細檢，匯而集之。舉凡律首所已備者，概不再復，以災楮墨。

（清）王明德《讀律佩觿》卷四下《凌遲》 凌遲者，極刑外之極刑也，不獨《名例》五刑中所未列，即上古五刑中亦所未見。其法乃寸而磔之，必至體無余臠，然後為之割其勢，女則幽其閉，剖其腹，出其臟腑以畢其命。仍為支分節解，菹其骨而後已。昔商王受刳孕婦，剖賢人，醢伯邑考，始兆其端。延至戰國，韓用申子，秦用商鞅，遂有鑿顛、抽肋、鑊烹、族誅之法，而車裂假父，則即凌遲之一類也。漢興之初，雖云約法三章，其誅滅三族令，沿習未除。迨後又復著令曰：當三族者，皆先黥劓，斬左右趾，割其勢，笞殺之，梟其首，菹其骨肉，謂之五刑具備。彭韓之屬，皆受此誅。則律之所謂凌遲，其殆一本乎，漢制為然歟。查律内凌遲條目，已備載正律卷首，故不再附以眩觀覽。

（清）王明德《讀律佩觿》卷四下《梟示》 梟示者，斬其首，暴其罪，著其名，標之以竿，即其地而懸之，用以示警乎衆，故曰梟示。其條惟户、兵、刑律内有之。若吏、禮、工三部内則無。計條一十有五，謹摘而著之于左。

吏無

户

《課程》律鹽法條例内：豪强鹽徒聚衆至十人以上，撑駕大船，張挂旗號，擅用兵仗響器，拒敵官兵，若殺人，及傷三人以上，為首者。

禮無

兵

《關津》律私出外境及違禁下海條例：擅造違式大船，帶違禁貨物下海，前往番國買賣，潛與海賊同謀結聚，係正犯者。

《關津》律前條内：違禁下海，前往番國買賣，為海賊嚮導，劫掠良民，係正犯者。

刑

《賊盗》律强盗條例内：强盗殺傷人者。

《賊盗》律前條内：强盗放火燒人房屋者。

《賊盗》律前條内：强盗姦污人妻女者。

《賊盗》律前條内：强盗打劫牢獄、倉庫者。

《賊盗》律前條内：强盗行劫千係城池衙門者。

《賊盗》律前條内：强盗集至百人以上者。

《賊盜》律前條內：響馬强盗執有弓矢、軍器，白晝邀劫，贓證明白，俱不分人數多寡，曾否傷人者。

《賊盜》律賊盜窩主條例內：引賊劫掠、復讐，探報消息，致賊逃竄者。

《人命》律殺一家三人條例內：殺一家非死罪三人，為首凌遲處死者。

《人命》律前條內：支解人，為首凌遲處死者。

《人命》律前條內：本欲支解人，因力不敵，先殺死而後支解，為首凌遲處死者。

《雜犯》律放火故燒人房屋條例內：各邊倉場，故燒係官錢糧草束者。

工無

按梟示之令，本乎有周。武王伐殷，懸紂之首于白旆，示天下以罪人斯得，是即梟示之所自始。蓋敢行暴虐，至紂為極。其刳孕婦，炙忠良，斮朝脛，剖賢人，所謂凶踰檮杌，惡貫窮奇，逆溯往古，未有甚於此者。普天共懟，率土同讐，故梟而示之，以大快乎衆志。若梟之命名，則義取乎鳥物至禽獸，率多同類相殘。而禽獸敗類，又惟梟獍居其最，梟食母，獍食父，性固使然，莫可維挽。且梟之為鳥，形類鴟，首類虎，隼目而鷹喙。朝盲不見，暮冥則翔，乃陰虺鬼魅之屬。其質大小不一，大曰鴟梟，小曰鵂鶹。雖形有巨細，然其貪殘則一，惟務破群鳥之巢，毀其卵以自利。要皆所貪少、所害衆，故周公取以比管蔡之不仁。若其方生之初，母為多方哺以供飽。母不能避，惟堅嚙木枝，任其肆食而斃。群梟必以食盡其母，方能各為奮飛。其不盡者，惟餘一首，空懸木枝之上。此造物禍淫伐惡之陰用，固有莫之為而為者。人主即其義而取之以警乎衆，每於所關最重，應為警示一切，以申杜漸防微之權者，則於凌遲立斬之外，更立梟示之法以甚之。

（清）王明德《讀律佩觿》卷四下《戮尸》　凡人氣散曰死，形存曰尸。讞獄定例，如罪犯身死，則曰已服天刑，不復更為推訊。其於罪大惡極、情同梟獍之流，雖云已服天刑，而法有不容于不盡者，則仍即其尸而戮之。蓋所以盡乎法之極而又極也。查律中所著吏、户、禮、兵、工等律內，皆無其條，推刑律為獨著，然亦止於四者而已，餘皆不及也。謹摘著其目於左。

吏無

户無

禮無

兵無

刑

《人命》律謀殺祖父母、父母條內：子孫謀殺祖父母、父母，凌遲處死者。

《人命》律殺一家三人條例內：殺一家非死罪三人，為首凌遲處死者。

《人命》律前條例內：支解人，為首凌遲處死者。

《人命》律前條例內：若初心本欲支解其人，勢力不遂，乃先行殺，隨又支解，惡狀昭著，凌遲處死者。

工無

按律內戮尸之令，止此四者。其餘十惡，皆不與，殊未可解。夫罪莫重於反逆，而反未及乎戮尸，似為失之太縱。然備為靜思，前人敕法之義，實有斟酌存焉。蓋推反逆所自始，多由激奮以成變。即忌刻殘惡如始皇帝，其於博浪副車之中，亦惟大索十日而止。故定律者，惟止重以凌遲，緣坐以盡法，而不更究及乎已服天刑之後，所以示寬大也。即以弟戕兄、妻謀夫，雖云各關倫常異變，然弟乃同輩，妻則終屬異姓而假合，非若父子祖孫，一脈相承，重關至性。天倫滅絕，莫可抵極。故不因其已服天刑也而貸之，蓋所以重倫常也。至殺一家非死罪三人，及支解人，則惡極凶窮，一死奚足蔽辜。欲為匹夫匹婦復讐，又不容不極其法而甚之。

綜　述

（清）沈家本《歷代刑法考・刑法分考二・磔》　《周禮・秋官・掌戮》：掌斬殺賊諜而搏之。鄭注：搏當爲膊諸城上之膊字之誤也。膊，謂去衣磔之。《釋文》：膊，普博反，磔也。

殺王之親者辜之。鄭注辜之，言枯也，謂磔之。

（清）沈家本《歷代刑法考・刑法分考二・醢》《禮記・明堂位》：昔殷紂亂天下，脯鬼侯以饗諸侯。鄭注：以人肉爲薦羞，惡之甚也。孔疏：脯鬼侯者，《周本紀》作九侯。九與鬼聲相近。

按：見《殷本紀》，作醢九侯，脯與醢不同，詳下。

睡虎地秦墓竹簡整理小組《睡虎地秦墓竹簡・法律答問》 癘者有罪，定殺。定殺（可）〔何〕如？生定殺水中之謂殹〔也〕。或曰生埋，生埋之異事殹〔也〕。

（清）沈家本《歷代刑法考・刑法分考二・醢》《黥布傳》：漢誅梁王彭越，盛其醢以偏賜諸侯。至淮南，淮南王方獵，見醢，因大恐。注師古曰：反者被誅，皆以爲醢，即《刑法志》所云菹其骨肉是也。《李陵答蘇武書》：韓彭菹醢。

按：菹醢，秦法之極慘者也，漢承用之，并著于令。惠帝時雖已除之，而《吴王濞傳》膠西王卬之謁弓高侯曰敢請菹醢之罪，是其名尚在人心目間也。迨新垣平又有夷族之事，重法之難除也如此。始作俑者，可勝誅哉！

（清）沈家本《歷代刑法考・刑法分考二・磔》《漢書・景紀》：中二年，改磔曰棄市，勿復磔。注應劭曰：先此諸死刑皆磔於市，今改曰棄市，自非妖逆不得磔也。師古曰：磔謂張其尸也。

按：《廣雅・釋詁》：県，磔也。是凡磔必張其尸並県首，至是改爲棄市，既不張尸，亦不県首矣。然此後言磔尸者亦屢見，是法雖除而習慣未盡除也。

（清）沈家本《歷代刑法考・刑法分考二・醢》《晉書・刑法志》：至於謀反大逆，臨時捕之，或汙瀦，或梟菹，夷其三族，不在律令。

按：晉時菹醢，不著律令，而其事出於臨時，視漢已寬矣。

《北齊書》卷四《宣帝紀》 〔文宣〕凡諸殺害，多令支解，或焚之於火，或投之於河。

（清）沈家本《歷代刑法考・刑法分考二・陵遲》 《遼史・刑法志》：死刑有絞、斬、陵遲之屬。

按：陵遲之刑，始見於此，古無有也。放翁謂起於五季，然不詳爲何時。

（清）沈家本《歷代刑法考・刑法分考二・轘》《遼史・刑法志》：淫亂不軌者，五車轘殺之。

按：遼代刑法嚴酷，多爲歷代所不經見，車轘尚是古法，特已廢而復行，遂爲遼代酷刑之一。

《金史》卷四五《刑志》 金國舊俗，輕罪笞以柳葼，殺人及盗劫者，擊其腦殺之，沒其家貲，以十之四入官，其六償主，併以家人爲奴婢。其親屬欲以馬牛雜物贖者，從之。或重罪亦聽自贖，然恐無辨於齊民，則劓、刵以爲别。

《元史》卷一〇二《刑法志》 死刑則有斬而無絞，惡逆之極者，又有陵遲處死之法焉。

《元史》卷一〇四《刑法志》 諸子弑其父母，雖瘐死獄中，仍支解其屍以徇。【略】諸因爭虐殺其兄者，雖死，仍戮其屍。

（元）徐元瑞《吏學指南・肉刑》 殺：戮也。神農氏殺諸侯夙沙氏。

戮：殺也。皇帝擒戮蚩尤。

剮：古瓦切。謂剔人置其骨也。唐安祿山反，執常山太守顔杲卿剮之。

淩遲：即剮也。謂碎臠肢體，身首異處。

支解：《漢紀》注：謂截其四肢也。

醢：葅其骨肉也。商紂醢九侯。

烹：鼎鑊之刑也。齊哀公烹於周。

誅：《釋名》曰：罪及餘人曰誅。帝堯誅三苗君。

族誅：平除其族也。商紂有誅及九族之條。

赤族：《漢書》注曰：流血赤其族。顔師古曰：見誅殺者必流血，故曰赤族。

誅夷：《賦釋》曰：誅者，罪連一宗；夷者，殺及九族。周刑。

爰及五屬：謂刑及五服之親也。漢靈帝黨錮五屬。

典：没罪過也。

具五刑：漢令曰：黥、劓、斬趾、梟首、殖骨，曰具五刑。秦法。
五虐：蚩尤性酷毒，作五虐之刑。謂車裂等類。
車裂：殺而分屍也。商鞅殘酷，秦人殺而車裂之。
分屍：支解其體也。漢分王莽屍。
鑿顛：謂刃鑿人腦頂也。秦商鞅法。
炮烙：商紂造熨斗、火坑之刑。
抽脅：謂抽人脅肋之類。秦商鞅法。
梟：斬首懸於木上也。漢梟彭越之首。
腰斬：以刃斷腰也。秦腰斬李斯。
剿：勞師誅殺也。《書》曰大用剿絶其命。
轘：《左傳》注：車裂曰轘。
棄市：刑人於市，與衆棄之。棄市，秦法。
傌：音罵。漢賈誼曰棄市之法也。
肆：《文選》注：殺人陳其屍也。
斫：斬擊也。蜀張飛欲斫嚴顏首。
炙：晉大將軍穎炙殺長沙王艾。
撲：以囊盛人而殺。秦法。
脯：殺人以肉爲乾。商紂脯鄂侯。
鋸：以木解人也。李克用鋸孫揆。
僇：音溜，戮也。秦法。
擣：幾春也。梁侯景以犯法者擣殺之。
坑：陷也。秦白起詐坑趙降卒。
剭：漢誅大臣於屋南下，謂不露天也。
横分：顏師古曰身首分離也。
剄：《文選》注：以刀割曰剄。
格：擊死也。漢蔡遵格殺舍中兒。
拉：摧折也。宋武帝拉殺諸葛長民。
天：睽卦，《釋文》：刺鑿其額曰天。
抵死：《漢·文紀》：細民之愚，無知抵死。顏師古曰：抵，觸也，亦至也。
沉命：應劭曰：沉，没也，没其命也。
斧質：《項籍傳》：身伏斧質。顏師古曰：質，鍖也。古者斬人加於鍖上而斫之也。鍖，竹林反切。
首級：秦法，斬首一者進爵一級，故曰首級。
殊死：漢律，斬刑也。
鉗灼：《江充傳》：燒鐵鉗灼强服之。
剥皮：《後晉紀》注：刻割也。
瘐：漢注：囚以飢寒死曰瘐。
纍：《揚雄傳》注：諸不以罪死曰纍。

《明史》卷九三《刑法志》　二死之外有凌遲，以處大逆不道諸罪者。充軍、凌遲非五刑之正，故圖不列。

黄彰健《明代律例彙編》卷首《附真犯親犯死罪弘治十年奏定》　真犯死罪決不待時

凌遲處死。

謀反及大逆，但共謀者，不分首徒。

謀殺祖父母父母，及期親尊長外祖父母、夫、夫之祖父母父母，已殺者。

奴婢及雇工人謀殺家長及家長之期親外祖父母，已殺者，罪與子孫同。

妻妾因姦，同謀殺死親夫者。

妻妾謀殺故夫祖父母父母，已殺者。

謀殺一家非死罪三人，及支解人者。

採生折割人者。

妻妾故殺夫者。

弟妹故殺兄姊，若姪故殺伯叔父母姑，及外孫故殺外祖父母者。

奴婢毆殺家長者，若故殺家長之期親及外祖父母者。

雇工人故殺家長及家長之期親若外祖父母者。

黄彰健《明代律例彙編》卷首《真犯死罪充軍為民例萬曆十三年奏定並新續題》　凌遲處死。

〔萬曆十六年正月内題奉欽依〕：今後在外衙門，如有子孫謀殺祖父母父母者，巡按御史會審情真，即單詳到院，院寺即行單奏，決單到日，御史即便處決。如有監故在獄者，仍戮其尸。

殺一家非死罪三人，及支解人，爲首監故者，仍剉碎死屍梟示。

義子過房在十五歲以下，恩養年久，或十六歲以上，曾分有財產，配有室家，若於義父母及義父之祖父母父母有犯，即同子孫，取問如律。若過房雖在十五以下，恩養未久，或十六以上，不曾分有財産，配有室家，及於義父之期親并外祖父母有違犯者，以雇工人論。義子之婦亦依前擬歲數，如律科斷，從謀故殺毆罵凌遲斬絞各條下科斷。

〔萬曆十六年正月内題奉欽依：〔今後〕官民之家，凡倩工作之人，立有文券，議有年限者，以雇工人論。止是短雇月日，受值不多，依凡論。其財買義男，如恩養年久，配有室家者，士庶之家依雇工人論；縉紳之家，比照奴婢律論。從謀故殺毆罵凌遲斬絞各條下科斷。

《問刑條例·刑律二·人命》謀殺祖父母父母條新題例：萬歷十六年正月題奉欽依，今後在外衙門，如有子孫謀殺祖父母、父母者，巡按御史會審情真，即單詳到院，院寺即行單奏，決單到日，御史即便處決。如有監故在獄者，仍戮其尸。

《問刑條例·刑律二·人命》殺一家三人條例：一、殺一家非死罪三人及支解人，爲首監故者，將財産斷付被殺之家，妻子流二千里，仍剉碎死屍，梟首示衆。

《大清律例》卷四六《總類·實犯死罪》凌遲處死。

刑律

謀反及大逆，但共謀者。謀反大逆律。

謀殺祖父母、父母，及期親尊長、外祖父母、夫、夫之祖父母、父母，已殺者。奴婢乃雇工人謀殺家長，及家長之期親、外祖父母，已殺者。謀殺祖父母父母律。

妻妾因姦同謀，殺死親夫者。殺死姦夫律。

妻妾謀殺故夫祖父母、父母，已殺者。謀殺故夫父母律。

殺一家非死罪三人，及支解人，爲首者。殺一家三人律。

採生折割人，爲首者。採生折割人律。

奴婢毆殺家長者。若故殺家長之期親，及外祖父母者。雇工人故殺家長，及家長之期親，若外祖父母者。奴婢毆家長律。

妻妾故殺夫，及妾故殺正妻者。妻妾毆夫律。

弟妹故殺兄姊，若姪故殺伯叔父母姑，及外孫故殺外祖父母者。毆期親尊長律。

子孫殺祖父母、父母，及妻妾毆夫之祖父母、父母，殺者。毆祖父母父母律。

妻妾夫亡改嫁，毆故夫之祖父母、父母，殺者。妻妾毆故夫父母律。

刑例

一、因姦同謀殺死親夫，本夫不知姦情，及雖知姦情，迫於姦夫强悍，不能報復，并非有心縱容者，姦婦。

一、親屬相姦，如姦夫將本夫殺死，與姦婦商通謀死者，姦婦。殺死姦夫例。

一、殺一家非死罪三人，及支解人，爲首，監故者，仍剉碎死屍，梟示。

一、本欲支解其人行兇時勢力不遂，乃先殺訖隨又支解者。

一、本宗及外姻尊長殺大功、小功、緦麻、卑幼一家三人者。

一、發遣當差爲奴之犯，殺死伊管主一家三人，并三人以上者。殺一家三人例。

紀事

（宋）李昉等《太平御覽》卷六四七《刑法部·雜死刑》《淮南子》曰：夏桀，殷紂生燔人辜頓者，爲炮烙鑄金柱。鑄金柱。然火其下，以人置上，人火中而對笑之。

《符子》曰：桀觀炮烙於瑶臺，謂龍逢曰：樂乎。龍逢曰：樂。桀曰：觀刑何無惻怛之心。龍逢曰：天下苦之，而君以爲樂，臣，君之股肱，何不悦乎。桀曰：聽子諫，諫得我改之，諫不得我刑之。龍逢曰：臣觀君冠危石也，臣觀君履春冰也。未有冠石而不壓，蹈春冰而不陷。桀笑曰：是日亡則與俱亡，子知我之亡，而不自知乎亡。子就炮烙之刑，吾觀子。龍逢歌曰：造物勞我以生息，我以炮烙故涉新，我樂人不知。赴火而死。

（清）沈家本《歷代刑法考・刑法分考二・醢》　《離騷》：不量鑿而正枘兮，固前修以菹醢。王逸注：菹醢，龍逢、梅伯是也。

按：桀殺關龍逢，他書不言。菹醢，惟見此注。王逸，漢人，當別有所本，故列於首。《莊子・胠篋篇》：龍逢斬。

（宋）司馬光《稽古録》殷紂王　紂終不悛，比干强諫，紂怒曰：吾聞聖人之心有竅。剖比干心。

（清）沈家本《歷代刑法考・刑法分考二・醢》　《殷本紀》：九侯有好女，入之紂。九侯女不憙淫，紂怒，殺之，而醢九侯。鄂侯爭之彊，辨之疾，并脯鄂侯。《集解》徐廣曰：一作鬼侯。鄴縣有九侯城。《正義》：《括地志》云，相州滏陽縣西南五十里爲九侯城，亦名鬼侯城，蓋殷時九侯城也。《吕氏春秋・行論篇》：昔者紂爲無道，殺梅伯而醢之，殺鬼侯而脯之，以禮諸侯於廟。高注：肉醬爲醢，肉熟曰脯。梅伯、鬼侯，皆紂之諸侯也。梅伯説鬼侯之女美，令紂取之，紂聽妲己之譖，曰以爲不好，故醢梅伯，脯鬼侯，以其脯燕諸侯於廟中。又《過理篇》：刑鬼侯之女而取其環，殺梅伯而遺文王其醢，不適也。高注：聽妲己之譖，殺鬼侯之女以爲脯，而取其所服之環也。《春秋繁露・王道》：殺梅伯以爲醢，刑鬼侯之女取其環。《離騷》：后辛之菹醢兮，殷宗用而不長。

按：鬼侯之事，諸書皆言脯，獨《史記》以爲醢。梅伯之事，諸書相同，獨《史記》不稱梅伯。高誘又稱以鬼侯之女爲脯，而諸書皆不及，此並傳聞之異辭。紂之暴虐，無所不至，故《書》云紂之罪，浮于桀也。

（漢）韓嬰《韓詩外傳》卷四　紂作炮烙之刑。王子比干曰：主暴不諫，非忠也；畏死不言，非勇也。見過即諫，不用即死，忠之至也。遂諫，三日不去朝，紂囚殺之。《詩》曰：昊天大憮，予慎無辜！

（漢）王符《潛夫論》卷二《潛歎》　昔紂好色，九侯聞之，乃獻厥女，紂乃大喜，以爲天下之麗莫若此也，以問妲己，妲己懼進御，而奪己愛也。乃僞俯而泣曰：君之年即耆邪，明既衰邪，何貌惡之若此而覆謂之好也。紂於是渝而以爲惡。妲己恐天下之愈進美女者，因白九侯之不道也，乃欲以此惑君王也，王而弗誅，何以革後。紂則大怒，遂脯厥女而烹九侯。自此之後，天下之有美女者，乃皆重室晝閉。惟恐紂之聞也。

《戰國策》卷三一《燕三》　張丑爲質於燕，燕王欲殺之，走且出境。境吏得丑。丑曰：燕王所爲將殺我者，人有言我有寶珠也，王欲得之，今我已亡之矣，而燕王不我信。今子且致我，我且言子之奪我珠而吞之，燕王必當殺子，刳子腹，及子之腸矣。

（清）沈家本《歷代刑法考・刑法分考三・戮尸》　《御覽》六百四十七：《韓子》：齊國好厚葬，布帛盡於衣衾，林木盡於棺槨。桓公患之，以告管仲，曰：布帛盡則無以爲幣，林木盡則無以爲守備，如民之厚葬不休，奈何？管仲對曰：凡民之有爲也，非名則利。於是乃下令曰棺過度者戮其尸，罪當喪者。夫戮死無名，罪當喪者無利，無名利，何故爲之？

按：戮尸事始見於此，然與後來之戮尸其命意不同。

《左傳・莊公二十年》　冬十月，蕭叔大心及戴、武、宣、穆、莊之族以曹師伐之。殺南宫牛于師，殺子游于宋，立桓公。猛獲奔衛。南宫萬奔陳，以乘車輦其母，一日而至。

宋人請猛獲于衛。衛人欲勿與。石祁子曰：不可。天下之惡一也，惡於宋而保於我，保之何補？得一夫而失一國，與惡而弃好，非謀也。衛人歸之。亦請南宫萬于陳，以賂。陳人使婦人飲之酒，而以犀革裹之。比及宋手足皆見。宋人皆醢之。

（宋）李昉等《太平御覽》卷六四五《刑法部・烹》　《傳》曰：寒浞伯明氏之讒子弟也，伯明后寒弃之夷，羿收之。夷氏也。信而使之以爲己相，浞行媚于内，内宫人。信施賂于外，愚弄其民。欺罔也。而虞羿于田，樂之以游田。樹之詐慝以取其國家，樹，立也。外内咸服。信足詐。羿猶不悛，悛，改也。將歸自田，羿獵還。家衆殺而烹之，以食其子。食羿子。其子不忍食諸，死于窮門。殺之於國門。

又曰：楚客聘於晉。過宋，太子知之，請野烹之。公使往，伊戾請從之。公曰：夫不惡汝乎。對曰：小人之事君也，惡之不敢遠，好之不敢近，敬以待命，敢有二心乎。縱有供其内，莫供其外，臣請往也。遣之，至則欿。用牲，加書徵之，詐作盟處爲太子反徵驗也。而騁告公曰：太子將爲亂。既與楚客盟矣。公囚太子，乃縊而死。公徐聞其無罪也，乃烹伊戾。

又曰：楚白公爲亂，既死其徒徵之。生拘石乞而問白公之死焉，乞曰此事也。克則卿，不克則烹。何害？固其所也，乃烹石乞。

《左傳·宣公十一年》冬，楚子爲陳夏氏亂故，伐陳。謂陳人：無動，將討於少西氏。遂入陳，殺夏徵舒，轘諸栗門。因縣陳。陳侯在晉。

（清）沈家本《歷代刑法考·刑法分考二·烹》《左傳》：襄四年，羿猶不悛，將歸自田，家衆殺而烹之，以食其子。其子不忍食諸，死於窮門。

按：此烹之見於夏時者，然是既殺而烹，與烹人之事少異。

《左傳·襄公十九年》齊慶封圍高唐，弗克。冬十一月，齊侯圍之。見衞在城上，號之，乃下。問守備焉，以無備告。揖之，乃登。聞師將傅，食高唐人。殖綽、工僂會夜縋納師，醢衞于軍。

《左傳·襄公二十二年》楚觀起有寵於令尹子南，未益禄而有馬數十乘。楚人患之，王將討焉。子南之子棄疾爲王御士，王每見之，必泣。棄疾曰：君三泣臣矣，敢問誰之罪也？王曰：令尹之不能，爾所知也。國將討焉，爾其居乎？對曰：父戮子居，君焉用之？洩命重刑，臣亦不爲。王遂殺子南於朝，轘觀起於四竟。

（漢）劉向《説苑》卷一《君道》師經鼓琴，魏文侯起舞，賦曰：使我言而無見違。師經援琴而撞文侯，不中，中旒潰之。文侯謂左右曰：爲人臣而撞其君，其罪如何？左右曰：罪當烹。提師經下堂一等。師經曰：臣可一言而死乎？文侯曰：可。師經曰：昔堯、舜之爲君也，唯恐言而人不違；桀、紂之爲君也，唯恐言而人違之。臣撞桀、紂，非撞吾君也。文侯曰：釋之，是寡人之過也。懸琴於城門，以爲寡人符；不補旒，以爲寡人戒。

（清）沈家本《歷代刑法考·刑法分考二·支解》《韓詩外傳》曰：齊景公之時，民有得罪于景公者，景公大怒，縛置之殿下，召左右支解之。晏子左手持頭，右手磨刀，仰面而問曰：古者明王，每支解人，不審從何支解也？景公離席曰：縱之！罪在寡人。

按：據此則古無支解之刑也。陵遲之刑與支解無異，固明王所不用也。

（清）沈家本《歷代刑法考·刑法分考三·戮尸》《左傳》：襄二十八年，求崔杼之尸，將戮之，不得。既，崔氏之臣曰：與我其拱璧，吾獻其柩。於是得之。十二月乙亥朔，齊人遷莊公，殯於大寢。以其棺尸崔杼於市。國人猶知之，皆曰：崔子也。杜注：崔氏殺莊公，又葬不如禮，故以莊公棺著崔杼尸邊，以彰其罪。

《左傳》：昭十四年，邢侯怒，殺叔魚與雍子於朝。宣子問其罪於叔向。叔向曰：三人同罪，施生戮死可也。乃施邢侯而尸雍子與叔魚於市。

按：戮尸之文，此二事最爲明著，古者殺人必陳尸於市三日。《周禮·秋官敍官·掌戮》注：戮猶辱也，既斬殺又辱之。叔魚事，《晉語》作殺其生者而戮其死者，韋昭注：陳尸爲戮。然則此二《傳》亦陳尸之謂。《傳》文明言尸於市，非必於既死之尸，猶梟其首也，與後來戮尸梟首之事微有不同。管仲之令亦陳尸以示辱耳，否則棺之過度乃當喪者之罪，但以示辱尚可，若必施以梟示之刑，死者何幸枉受此慘禍哉？必不然矣。

（明）余懋學《仁獄類編》卷二三《納女以求直》士景伯如楚，叔魚爲贊理邢侯與雍子爭田，雍子納其女於叔魚以求直，叔魚抑邢侯，邢侯殺叔魚與雍子于朝，韓宣子患之。叔向曰：三奸同罪，請殺其生者而戮其死者。宣子曰：若何？對曰：鮒也，鬻獄，雍子賈之以其子，邢侯非其官也，而干之。夫以賄鬻國之中，與絕親以賣直，與非司寇而擅殺，其罪一也。邢侯聞之，逃，遂施邢侯氏，而屍雍子與叔魚於市。

（清）沈家本《歷代刑法考·刑法分考二·焚》《左傳》：昭二十二年辛卯，鄩肸伐皇，大敗，獲鄩肸。〔壬辰〕，焚諸王城之市。杜注：焚鄩肸。

按：春秋時言焚者僅此事。

（清）沈家本《歷代刑法考·刑法分考二·炮格》《左傳》：昭二十七年，將師退，遂令攻郤氏，且爇之。子惡聞之，遂自殺也。國人弗爇。令曰：不爇郤氏，與之同罪。或取一編菅焉，或取一秉秆焉，國人投之，遂弗爇也。令尹炮之。杜注燒燔郤宛。《正義》曰：令尹炮之一句，是鄢將師令衆之辭。服虔云：民不肯爇也，鄢將師稱令尹使女燔炮之。燔、炮、爇，皆是燒也。

按：郤宛自殺，杜注云燒燔郤宛，似爲燒其尸在。然依《傳》文，乃是燒郤宛之家，非燒郤宛。杜語微欠分曉。

（清）沈家本《歷代刑法考·刑法分考二·醢》《禮記·檀弓》：孔子哭子路於中庭，有人弔者，而夫子拜之。既哭，進使者而問故。使者曰：醢之矣。鄭注：醢之者，示欲啗食以怖衆。遂命覆醢。

按：此哀十五年事，《左傳》但稱結纓而死，不言醢，此傳聞之異。然衛莊昏暴，不必無此事也。

（清）沈家本《歷代刑法考·刑法分考二·烹》《左傳》：哀十六年，白公奔山而縊，其徒微之，生拘石乞而問白公之死焉，對曰：余知其死所，而長者使余勿言。曰：不言將烹。乞曰：此事也克則爲卿，不克則烹，固其所也。何害？乃烹石乞。

按：觀石乞以烹爲固其所，可見烹人之事春秋時常有之，不足異也，然而慘矣。

（清）沈家本《歷代刑法考·刑法分考二·焚》《左傳》：哀二十六年，掘褚師定子之墓，焚之于平莊之上。

按：此役也，魯、宋、越會師納衛輒。定子，褚師比之父。輒怨比而焚其父尸以逞忿，非刑也。

（清）沈家本《歷代刑法考·刑法分考二·沈河》《吕氏春秋·驕恣篇》：趙簡子沈鸞徼於河，《説苑·君道篇》作鸞激。曰：吾嘗好聲色矣，而鸞徼致之；吾嘗好宫室臺榭矣，而鸞徼爲之；吾嘗好良馬善御矣，而鸞徼來之。今吾好士六年，而鸞徼未嘗進一人也，是〔長〕長吾過而絀善也。

按：《左傳》：成十一年，郤犨來聘，求婦于聲伯。聲伯奪施氏婦以與之，生二子于郤氏。郤氏亡，晋人歸之施氏。施氏逆諸河，沈其二子。杜注：沈之于河。此亦沈河也，而事屬私家，鸞徼之事則竟以爲官刑矣。後來惟元魏有沈淵之刑，他無所見。

（清）沈家本《歷代刑法考·刑法分考二·支解》《淮南子·繆稱訓》故商鞅立法而支解。

按：車裂，支體分散，與支解無異，故此言支解。

《史記》卷五《秦本紀》孝公卒，子惠文君立。是歲，誅衛鞅。鞅之初爲秦施法，法不行，太子犯禁。鞅曰：法之不行，自於貴戚。君必欲行法，先於太子。太子不可黥，黥其傅師。於是法大用，秦人治。及孝公卒，太子立，宗室多怨鞅，鞅亡，因以爲反，而卒車裂以徇秦國。

（宋）司馬光《資治通鑑》秦始皇九年夏四月 初，王即位，年少，太后時與文信侯私通。王益壯，文信侯恐事覺，禍及己，乃詐以舍人嫪毐爲宦者，進於太后。太后幸之，生二子，封毐爲長信侯，以太原爲毐國，政事皆決於毐；客求爲毐舍人者甚衆。王左右有與毐爭言者，告毐實非宦者，王下吏治毐。毐懼，矯王御璽發兵，欲攻蘄年宫爲亂。王使相國昌平君、昌文君發卒攻毐，戰咸陽，斬首數百；毐敗走，獲之。秋，九月，夷毐三族；黨與皆車裂滅宗；舍人罪輕者徙蜀，凡四千餘家。遷太后於雍萯陽宫，殺其二子。下令曰：敢以太后事諫者，戮而殺之，斷其四支，積以闕下！死者二十七人。齊客茅焦上謁請諫。王使謂之曰：若不見夫積闕下者邪？對曰：臣聞天有二十八宿，今死者二十七人，臣之來固欲滿其數耳。臣非畏死者也！使者走入白之。茅焦邑子同食者，盡負其衣物而逃。王大怒曰：是人也，故來犯吾，趣召鑊烹之，是安得積闕下哉！王按劍而坐，口正沫出。使者召之入，茅焦徐行至前，再拜謁起，稱曰：臣聞有生者不諱死，有國者不諱亡；諱死者不可以得生，諱亡者不可以得存。死生存亡，聖主所欲急聞也，陛下欲聞之乎？王曰：何謂也？茅焦曰：陛下有狂悖之行，不自知邪？車裂假父，囊撲二弟，遷母於雍，殘戮諫士；桀、紂之行不至於是矣！令天下聞之，盡瓦解，無嚮秦者，臣竊爲陛下危之！臣言已矣！乃解衣伏質。王下殿，手自接之曰：先生起就衣，今願受事！乃爵之上卿。王自駕，虚左方，往迎太后，歸於咸陽，復爲母子如初。

《史記》卷六《秦始皇本紀》八年，王弟長安君成蟜將軍擊趙，反，死屯留，軍吏皆斬死，遷其民於臨洮。將軍壁死，卒屯留、蒲鶮反，戮其屍。《索隱》：高誘云屯留，上黨之縣名。謂成蟜爲將軍而反，秦兵擊之，而蟜壁於屯留而死。屯留、蒲鶮二邑之反卒雖死，猶皆戮其屍。

（清）沈家本《歷代刑法考·刑法分考二·焚》《漢書·匈奴傳》：和親侯王歙者，王昭君兄子也。莽遣歙、歙弟騎都尉展德侯颯使匈奴，賀單于初立，賜黄金衣被繒帛，因購求陳良、終帶等。單于盡收四人及手殺校尉刀護賊芝音妻子以下二十七人，皆械檻付使者，遣廚唯姑夕王富等四十人送斂，颯。莽作焚如之刑，燒殺陳良等。注應劭曰：《易》有焚如、死如、棄如之言，莽依此作刑名也。如淳曰：焚如、死如、棄如者，謂不孝子也。不畜於父母，不容於朋友，故燒殺棄之，莽依此作刑名也。

按：此《傳》言莽作焚如之刑，是前此所無，至莽始造也。《易》義固不必如鄭説，即《周禮》之語，或亦疑劉歆所附益以諂莽者，非無故也。

《史記》卷五〇《楚元王世家》 吴、楚反，趙王遂與合謀起兵。其相建德、内史王悍諫，不聽。遂燒殺建德。

（清）薛允升《漢律輯存·漢書》 美陽女子告假子不孝，曰：兒常以我爲妻，妒笞我。【略】尊曰：律無妻母之法，聖人所不忍書，此經所謂造獄者也。【略】取不孝子縣磔著樹，使騎吏五人張弓射殺之。卷七十六《王尊傳》。

晋灼曰：歐陽尚書有此造獄事也。師古曰：非常刑名，造殺戮之法。

《後漢書》卷五七《杜根傳》 〔杜〕根性方實，好絞直。永初元年，舉孝廉，爲郎中。時和熹鄧后臨朝，權在外戚。根以安帝年長，宜親政事，乃與同時郎上書直諫。太后大怒，收執根等，令盛以縑囊，於殿上撲殺之。執法者以根知名，私語行事人使不加力，既而載出城外，根得蘇。太后使人檢視，根遂詐死，三日，目中生蛆，因得逃竄，爲宜城山中酒家保。積十五年，酒家知其賢，厚敬待之。

（清）沈家本《歷代刑法考·刑法分考三·戮尸》 《後漢·靈紀》中平元年冬十月，皇甫嵩與黄巾賊戰於廣宗，獲張角弟梁。角先死，迺戮其屍。注：發棺斷頭，傳送馬市。

按：此云發棺斷頭，與後來戮屍梟示之事相符。

《三國志》卷二四《魏志·高柔傳》 初，公孫淵兄晃，爲叔父恭任内侍，先淵未反，數陳其變。及淵謀逆，帝不忍市斬，欲就獄殺之。柔上疏曰：《書》稱用罪伐厥死，用德彰厥善，此王制之明典也。晃及妻子，叛逆之類，誠應梟縣，勿使遺育。而臣竊聞晃先數自歸，陳淵禍萌，雖爲凶族，原心可恕。夫仲尼亮司馬牛之憂，祁奚明叔向之過，在昔之美義也。臣以爲晃信有言，宜貸其死；苟自無言，便當市斬。今進不赦其命，退不彰其罪，閉著囹圄，使自引分，四方觀國，或疑此舉也。帝不聽，竟遣使齎金屑飲晃及其妻子，賜以棺、衣，殯斂於宅。

（清）沈家本《歷代刑法考·刑法分考三·戮尸》 《晋書·王敦傳》有司議曰：王敦滔天作逆，有無君之心，宜依崔杼、王淩故事，剖棺戮尸，以彰元惡。於是發瘞出尸，焚其衣冠，跽而刑之。敦、充首同日縣于南桁，觀者莫不稱慶。

按：此用杼淩故事，彼但暴尸，此則梟示矣。後來戮屍之制仿於此。

《宋書》卷七四《臧質傳》 〔臧〕質先以妹夫羊沖爲武昌郡，質往投之。既至，沖已爲郡丞胡庇之所殺。無所歸，乃入南湖逃竄，無食，摘蓮噉之。追兵至，窘急，以荷覆頭，自沈於水，出鼻。軍主鄭俱兒望見，射之中心，兵刃亂至，腸胃纏縈水草，隊主裘應斬質首，傳京都，時年五十五。録尚書江夏王臣義恭、左僕射臣宏等奏曰：臧質底棄下才，而藉遇深重，窮愚悖常，構煽凶逆，變至滔天，志圖泯夏，違恩叛德，罪過恒科。梟首之憲，有國通典，懲戾思永，去惡宜深。臣等參議，須辜日限意，使依漢王莽事例，漆其頭首，藏于武庫。庶爲鑑戒，昭示將來。詔可。

《宋書》卷九九《二凶傳》 〔元嘉三十年〕道育、鸚鵡并都街鞭殺，於石頭四望山下焚其尸，揚灰於江。

《梁書》卷五六《侯景傳》 〔侯〕景首至江陵，世祖命梟之於市，然後煮而漆之，付武庫。

《南史》卷八〇《賊臣傳·王偉》 〔王偉〕上五百字詩於帝，帝愛其才將捨之，朝士多忌，乃請曰：前日偉作檄文，有異辭句。元帝求而視之，檄云：項羽重瞳，尚有烏江之敗；湘東一目，寧爲赤縣所歸。帝大怒，使以釘釘其舌於柱，剜其腸。顔色自若。仇家臠其肉，俛而視之，至骨方刑之。石珍及亶並夷三族。

《魏書》卷一六《清河王紹傳》 於是賜紹母子死，誅帳下閹官、宫人爲内應者數十人，其先犯乘輿者，羣臣於城南都街生臠割而食之。

（清）沈家本《歷代刑法考·刑法分考三·戮尸》 《魏書·王淩傳》：朝議咸謂《春秋》之義，齊崔杼、鄭歸生皆加追戮，陳尸斲棺，載在方策。淩、愚罪宜如舊典。乃發淩、愚冢，剖棺，暴屍於所近市三日，燒其初綬，朝服，親土埋之。

按：王淩飲藥死，令狐愚先一年病死，亦可已矣，朝臣諂司馬懿，故有發冢剖棺之舉，此孔子所謂鄙夫無所不至者也。《傳》文言用崔杼歸生故事，而但云暴尸於市而不言梟首，是尚與後來之戮尸者不同。

《魏書》卷一二《孝靜帝紀》〔武定八年〕常侍侍講荀濟知帝意，乃與華山王大器、元瑾密謀，於宮内爲山，而作地道向北城。至千秋門，門者覺地下響動，以告文襄。文襄勒兵入宮，曰：陛下何意反邪！臣父子功存社稷，何負陛下邪！將殺諸妃嬪。帝正色曰：王自欲反，何關於我。我尚不惜身，何況妃嬪！文襄下床叩頭，大啼謝罪，於是酣飲，夜久乃出。居三日，幽帝於含章殿，大器、瑾等皆見烹於市。

《北齊書》卷三二《王琳傳》〔王〕琳亦疑禍，令長史陸納率部曲前赴湘州，身徑上江陵。將行，謂納等曰：吾若不返，子將安之？咸曰：請死相報。泣而別。及至，帝以下吏，而廷尉卿黃羅漢、太府卿張載宣喻琳軍。陸納等及軍人並哭對使者，莫肯受命。乃執黃羅漢，殺張載。載性刻深，爲帝所信，荊州疾之如讎，故納等因人之欲，抽腸繫馬脚，使繞而走，腸盡氣絶，又臠割備五刑而斬之。

《北齊書》卷八《後主紀》〔武平五年二月〕南安王思好反。【略】尚書令唐邕等大破思好，思好投水死，焚其尸，及其妻李氏。

《北齊書》卷八《後主紀》 六年春三月乙亥，車駕至自晉陽。丁丑，烹妖賊鄭子饒於都市。

（清）沈家本《歷代刑法考・刑法分考二・轘》 隋高祖開皇元年，更定新律。蠲除前代鞭刑及梟首轘裂之法。詔頒之曰：帝王作法，沿革不同，（所）〔取〕適于時，故有損益。夫絞以致斃，斬則殊（形）〔刑〕，除惡之體，於斯已極。梟首轘身，義無所取，不益懲肅之理，徒表安忍之懷。鞭之爲用，殘剥膚體，徹骨侵肌，酷均臠切。雖云遠古之式，事乖仁者之刑，梟轘及鞭，并令去也。煬帝更立嚴刑，及楊玄感反，帝誅之，罪及九族。其尤重者，轘裂梟首之刑。或磔而射之，命公卿已下，臠噉其肉。同上。

按：六代時，北朝尚有轘裂之名，而南朝已無此法。隋文帝除之，而煬帝又用之。迨唐室受命，不用此刑，此後遂罕見矣。

《隋書》卷四《煬帝紀》〔大業九年〕十二月甲申，車裂玄感弟朝請大夫積善及黨與十餘人，仍焚而揚之。

（明）吴訥《棠陰比事續編・俊臣羅織》 來俊臣天資殘忍。天授中擢侍御史，按治獄最稱旨脅制。俊臣前後夷千餘族，生平有纖芥皆入於死。拜左臺御史中丞，陰唆不逞之徒，使飛語誣衊公卿，上急變。每摘一事，千里同時輒發，契驗不差，時號爲羅織。鞫囚不問輕重，皆注醯於鼻，掘地爲牢，或寢以矢溺，或絶其糧，非死終不得出。俊臣知羣臣不敢斥己，乃有異圖。常自比石勒，諸武共證其罪。有詔斬西市，人皆相賀，爭抉目擿肝，醢其肉，以馬踐其骨無餘。

《新唐書》卷一七九《李訓傳》 明年秋七月，進翰林學士、兵部郎中，知制誥，居中倚重，實行宰相事。宦人陳弘志時監襄陽軍，訓啓帝召還，至青泥驛，遣使者杖殺之。復以計白罷守澄觀軍容使，賜鴆死。又逐西川監軍楊承和、淮南韋元素、河東王踐言於嶺外，已行，皆賜死。而崔潭峻前物故，詔剖棺鞭尸。元和逆黨幾盡。

《新唐書》卷一八四《保衡傳》〔保衡〕性浮淺，既恃恩據權，以嫌愛自肆，所悦即擢，不悦擠之。保衡舉進士王鐸第，于籍、蕭遘與同升，以嘗薄于己，皆見斥。逐楊收，傾路巖，人益畏之。主薨，而寵遇不衰。僖宗立，進司徒。俄爲怨家白發陰罪，貶賀州刺史，再貶澄邁令，遂賜死。

（宋）司馬光《稽古録》唐德宗貞元十七年 或告浙西觀察使李錡謀反，上執送錡，燒殺之。

（明）孫世芳《宣府鎮志》卷一九《法令考・宋》 太宗至道元年，契丹諭有司致人誤入行幸禁地者死。諭有司曰，自先朝行幸頓次，如武、新、嬀、儒諸地，必高立標識，以禁行者，比聞楚古輩故低置其標深草中，利人誤入，因之取財，自今有復然者，以死論。

（清）沈家本《歷代刑法考・刑法分考二・陵遲》《通考》：仁宗天聖六年，詔如聞荆湖殺人祭鬼，自今首謀若加功者陵遲斬。熙寧八年，沂州民朱唐告越州餘姚縣主簿李逢有逆謀，提點刑獄王廷筠等言其無跡，但謗讟朝政，語涉指斥及妄説休咎，請法外編配。仍治告人之妄。帝疑之，遣權御史推直言官蹇周輔劾治，中書以廷筠等所治不當，並劾之。廷筠懼，縊死。逢辭連右羽林大將軍、秀州團練使世居，醫官劉育等，詔捕繫。御史臺獄令范百禄、徐禧雜治差官，即世居及育家索圖讖簡牘。獄具，世居賜死，逢、育及河中府觀察推官徐革並陵遲處死。將作監簿張靖、武舉進士郝士宣皆腰斬。司天監學生秦彪、百姓李士寧杖脊，湖南編管。馬端臨曰：陵遲之法，昭陵以前雖兇强殺人之盜亦未嘗輕用，自詔獄既興，而以口語狂悖者皆麗此刑矣。詔獄盛於熙豐之間，蓋柄國之權臣借此以威縉紳。祖無擇之獄，王安石私怨所誣也；鄭俠、蘇軾之獄，杜絶忠言也；世居之獄，則吕惠卿欲文致李士寧以傾王安石；陳世儒之獄，則賈種民欲文致世儒妻母吕以傾吕公著。至王安石欲報吕惠卿，而特勘張若濟之獄，蔡確欲勘吴充，而特勘潘開之獄。其事皆起於纖微，而根連株逮，坐累者甚衆，蓋其置獄之本意，自有所謂非深竟黨與不能以逞其私憾，而非中以危法則不能以深竟黨與。此所以濫酷之刑至於輕施也。

陸游《渭南文集·條對狀》：一、伏覩律文，罪雖甚重，不過處斬。蓋以身首異處，自是極刑，懲惡之方，何以加此。五季多故，以常法爲不足，於是始於法外特置陵遲一條。肌肉已盡，而氣息未絶，肝心聯絡，而視聽猶存。感傷至和，虧損仁政，實非聖世所宜遵也。議者習熟見聞，以爲當然，乃謂如支解人者，非陵遲無以報之。臣謂不然，若支解人者必報以陵遲，則盗賊蓋有滅人之族者矣，蓋有發人之丘墓者矣，則亦將滅其族，發其丘墓以報之乎？國家之法，奈何必欲稱盗賊之殘忍哉？若謂斬首不足禁姦，則臣亦有以折之。昔三代以來用肉刑，而隋、唐之法杖脊，當時必亦謂非肉刑杖脊不足禁姦矣。乃漢文帝、唐太宗一日除之，而犯法者乃益稀少，幾致刑措。仁之爲效，如此其昭昭也。欲望聖慈特命有司除陵遲之刑，以明陛下至仁之心，以增國家太平之福，臣不勝至願。

按：放翁此狀，仁人之言，亦可見爾時常用此刑。《讀律佩觿》云：陵遲者，其法乃寸而磔之，必至體無餘臠，然後爲之割其勢。女則幽其閉，出其臟腑，以畢其命，支分節解，菹其骨而後已。

（清）沈家本《歷代刑法考·刑法分考二·醢》《宋朝事實》十六：歐希範，環州思恩縣人。謀爲亂。慶曆四年，遂領衆三千餘人破環州，明年，轉運使杜杞大領兵至環州，使攝官歐曄、進士曾子華、宜州押司官吴香誘其黨六百餘人，始與之盟，置蔓陀花酒中。既昏醉，稍呼起，問勞至，則皆推于後廡下，盡擒殺之。後三日，得希範等十數人，剖其腹，繪五臟圖，仍醢之以賜諸溪洞〔中〕。

按：剖腹繪圖，已無所取，醢以賜諸溪洞，尤駭聽聞。當時梅摯曾劾其誘降之罪，僅止賜書申戒，而在事者仍行賞有差，宋法之寬如此。

《宋史》卷二七《高宗本紀》〔紹興四年六月〕岳飛將牛皋復隨州，執僞齊守王嵩磔之。

《宋史》卷四一《理宗本紀》〔紹定三年二月〕閏月癸酉，逃卒穆椿夜竊入皇城，燒毁甲仗，衛士捕得之，詔磔于市。

《遼史》卷六一《刑法志》又爲梟磔、生瘗、射鬼箭、砲擲、支解之刑，歸於重法。

《遼史》卷一《太祖本紀》〔太祖七年〕六月辛巳，至榆嶺，以轄賴縣人掃古非法殘民，磔之。

《遼史》卷七七《耶律安摶傳》〔天贊〕三年，爲南院夷離堇，征渤海，攻忽汗城，俘斬甚衆。太祖崩，淳欽皇后稱制，欲以大元帥嗣位。迭里建言，帝位宜先嫡長；今東丹王赴朝，當立。由是忤旨。以黨附東丹王，詔下獄，訊鞫，加以炮烙。不伏，殺之，籍其家。【略】穆宗即位，以立世宗之故，不復委用。應曆三年，或誣安摶與齊王罨撒葛謀亂，繫獄死。婭撒給，左皮室詳穩。

《遼史》卷七《穆宗本紀》〔應曆十五年〕三月癸酉，近侍東兒進匕筯不時，手刃刺之。丁丑，大黄室韋酋長寅尼吉叛。癸未，五坊人四十户叛入烏古。癸巳，虞人沙剌迭偵鵝失期，加炮烙、鐵梳之刑而死。

（清）沈家本《歷代刑法考·刑法分考二·炮格》《遼史·刑法志》：穆宗嗜酒好獵，不恤政事，五坊、掌獸、近侍、奉饍、掌酒人等，輒加炮烙、鐵梳之刑。甚者至於無算。《穆宗紀》：應歷十五年三月，虞人沙剌迭偵鵝失期，加炮烙、鐵梳之刑而死。

按：穆宗凶暴，故用此等刑法，第遼代本有烙法，此所謂炮烙者，亦即爲常用之烙法，故至于無算，而人不必遽死，與殷紂之炮格迥不同也。

又云：拷訊之具有鞭烙法，凡烙三十者鞭三百，烙五十者鞭五百。

（清）沈家本《歷代刑法考·刑法分考三·剉尸》《遼史·穆宗紀》

〔應曆〕十八年三月，殺鶻人胡特魯、近侍化葛及監囚海里，仍剉海里之尸。十九年二月，殺前導末及益剌，剉其屍，棄之。

按：剉尸之名始見於此。

《遼史》卷九《景宗本紀》〔保寧十年〕九月癸未朔，平王隆先子陳哥謀害其父，車裂以徇。

《金史》卷五《海陵帝本紀》〔貞元二年五月丁丑〕太原尹徒單阿里出虎伏誅，復命其子朮斯剌乘傳焚其骨，擲水中。【略】〔正隆六年八月〕癸丑，以諫伐宋弑皇太后徒單氏于寧德宮，仍命即宮中焚之，棄其骨水中。

《元史》卷一二《世祖本紀》〔至元十九年三月〕益都千户王著，以阿合馬蠹國害民，與高和尚合謀殺之。壬午，誅王著、張易、高和尚于市，皆醢之，餘黨悉伏誅。

《元史》卷一二《世祖本紀》〔至元十九年五月〕追治阿合馬罪，剖棺，戮其尸於通玄門外。

《元史》卷三〇《泰定帝本紀》〔泰定四年〕潮州判官錢珍，挑推官梁楫妻劉氏，不從，誣楫下獄殺之。事覺，珍飲藥死，詔戮尸傳首。海北廉訪使劉安仁，坐受珍賂除名。

《元史》卷四五《順帝本紀》〔至正十九年十二月〕皇太子憾太平忤己，以中書左丞成遵、參知政事趙中皆太平所用，使監察御史誣成遵、趙中以贓罪，杖殺之。

《明太祖實録》洪武二十三年五月乙卯，太師李善長自殺。先是善長有過，詔累宥之。善長益恃恩。時京民通惟庸作亂者法當徙邊，善長受姦民賕，數奏請給其親。又從掌都督府事信國公湯和假衛卒三百人營第宅，和攘臂大怒曰，非奉命，太師敢擅發兵邪。善長慙謝。至是事敗，善長益危懼。上詔慰諭之，復召詣奉天門，興語開創艱難之際，爲之流涕。復至右順門，上謂群臣曰，吾欲宥李佑等死以慰太師，太師老年，旦暮無以爲懷。群臣復奏善長開國舊臣，任寄腹心，親托骨肉，而所爲如此，臣等考其事反狀甚明，敢以死奉法。上曰，法如是，爲之奈何。善長大慚曰，臣誠負罪，無面目見百官矣。乃撫遣歸第，賜佑及陸亨等死，善長遂自經。上命以禮葬之，厚卹其家。子祺爲駙馬都尉，後卒於江浦。孫茂今爲指揮僉事。

（清）查繼佐《罪惟録》紀卷二《惠宗紀》〔建文四年六月〕燕王列奸臣榜於朝門左右，左凡二十五人。爲黄子澄、齊泰、陳迪、練子寧、方孝孺、黄觀、鄒瑾、胡閏、郭任、盧迥，侯泰、暴昭、陳繼之、鄭賜、黄福、尹昌隆、張紞、毛泰、蕭鏞、曾鳳韶、王度、高翔、魏冕、宋徵、巨敬。右凡二十六人。爲王鈍、黄魁、戴德彝、韓永、葛誠、王叔英、周是修、盧振、顔壞，張昺、卓敬、鐵鉉、謝昇、龔泰、茅大方、陳彦回、鄭恕、宋忠、姚善、胡子昭、周璿、葉惠仲、高巍、廖鏞、徐輝祖。失其一。已而有續榜。甘霖、鄭公智、王璡、黄希範、劉璟、程通、王良、盧原質、韓永、葉希賢、林嘉猷、蔡運、牛景先等，仍以方孝孺爲首。懸賞格縛獻者爵有差。尋鄭賜、王鈍、尹昌啓自愬，得免，并免張紞。景隆復指黄福爲奸，福大言曰：臣誠萬死，但目以爲奸則非。並得免。初方孝孺既逮至，王勒草禪詔，孝孺衰杖哭闕下，大書數字，正王罪，且泣且罵，詔必不可得。改命御史高翔及右補闕胡閏，兩人咸喪服入，號震殿廷，語不遜甚，與孝孺並族誅。究竟禪草，相傳王遠善受命而作，或云實學士王景彰筆。又云繼命御史樓璉，璉勉承，草訖，歸見其妻，妻曰：得無愧潛溪先生地下乎？蓋璉爲宋濂門下士，輒内愧自經。百户楊華者，執太常卿黄子澄以獻。子澄稱殿下如故，且曰：殿下自念子孫効尤，即何以爲訓？蓋微指高煦，刺燕私，王爲憬然。副都御史練子寧語極悖，王令斷其舌，曲引周公故事以塞。子寧探舌血書地：成王安在？會齊泰逮至，四人並族誅。獨方、黄二氏夷族十數，殺及萬人，最慘。王以工部侍郎卓敬常請内徙燕封，欲貸其死，敬請死，大言曰：果如敬策，大王安得至此？遂並坐。下魏國公徐輝祖於獄。召駙馬都尉梅殷，至自淮安，不屈，密令人擠水死。逮禮部侍中黄觀，觀投羅剎磯水死。凡大臣兵部尚書鐵鉉、禮部尚書陳迪、刑部尚書暴昭、户部侍郎郭任，咸族誅，而不列奸榜。翰林修撰王良、太常少卿廖升咸自殺。獨御史景清委蛇隨班迎謁，王疑之，已密及行殿，且劫駕，事露，磔死，張其皮於市，猶乘風爲厲。谷府長史劉璟召至，稱殿下，不受官，獄死。其餘内外職官以至山林氓隸，多殉義死者，並有傳。

（明）余懋學《仁獄類編》卷二八《詹徽斷手足》詹徽，武昌人，同之子，性殘忍，用法好刻。洪武中以左都御史兼吏部尚書，嘗陷太師李善長，竟坐死，又惡解縉爲虞部郎，王朝用草疏救善長，并中縉危法，初懿文太子惡徽刻，嘗因録囚欲有所出，徽輒文附重法，且密言于上，謂太子妄有縱舍，太子爲囚白于上，上執先入言，謂太子曰，爾所言者情也，徽所持者法也，太子因言立國以仁厚爲本，上不悦曰，待汝做皇帝自爲之。太子懼，因感疾卒，謂建文君曰，詹徽殺我。及建文爲皇太孫，監徽録藍玉，徽鞫玉，玉不肯服。徽叱玉吐實無但株連。玉乃太呼曰，徽實吾黨，故欲促殺玉，恐相株連耳。上聞之，命併鞫，既服，太孫令先斷徽手足，戮于市，人皆以爲天道之報。

《明太宗實録》永樂十年夏四月 都察院右副都御史王彰等言，肅州衛寄居回回指揮哈制馬牙殺御史陳錡、都指揮劉秉謙，大掠而去，由陝西按察司僉事馬英激之，當寘英大辟，命磔於市。

《明太宗實録》永樂十四年秋七月 〔乙巳〕掌錦衣衛事都指揮僉事紀綱有罪伏誅。綱，濟南臨邑人，由郡庠生，從上平内難，累官錦衣指揮使，陞都指揮僉事，日見信任，而時思驕横，朋比罔上，與指揮僉事莊敬等興販私塩，居處服食器皿僭擬上用。畜歌童舞女於家，出入迎導，詐傳詔旨，役臨邑之民營創私，擅作威福，以危法中人，受四方賂遺，及侵盜官物，不可勝紀，氣勢傾中外。事覺，時敬在海上，逮至。上命磔綱、敬於市，籍其家，無少長咸謫戍邊。

（清）谷應泰《明史紀事本末》卷一八《壬午殉難》 兵部尚書鐵鉉被執至京，陛見，背立廷中，正言不屈，令一顧不可得，割其耳鼻竟不肯顧，爇其肉納鉉口中，令啖之，問曰：甘否？鉉厲聲曰：忠臣孝子肉有何不甘！遂寸磔之，至死猶喃喃罵不絶。文皇乃令舁大鑊至，納油數斛熬之。投鉉屍，頃刻成煤炭，導其屍使朝上，轉展向外，終不可得。文皇大怒，令内侍用鐵棒十餘夾持之，使北面。笑曰：爾今亦朝我耶！語未畢，油沸蹙濺起丈餘，諸内侍手糜爛，棄棒走。屍仍反背如故。文皇大驚詫，命葬之。

《明史》卷一四二《鐵鉉傳》 燕王即皇帝位，執之至，反背坐廷中嫚罵。令其一回顧，終不可，遂磔於市，年三十七。

（清）谷應泰《明史紀事本末》卷一八《壬午殉難》 僉都御史司中，召見，不屈，命以鐵帚刷其膚肉，至盡而死。

《明英宗實録》正統九年春正月 〔丙申〕錦衣衛卒王永爲匿名書，數太監王振罪惡揭之通衢及張姪王山家。緝事者得之，刑部論以造妖言斬罪，詔即磔之于市，不必覆奏。

《明英宗實録》景泰元年秋七月 〔辛亥〕貴州反賊阿趙僞稱趙王，號其黨爲總兵等官，劫掠清平等衛地方，官軍獲阿趙及其黨三十餘人。總督軍務兵部尚書侯璡等遣人械送京師，法司訊驗，命俱磔之。

（清）查繼佐《罪惟録》紀卷七《代宗紀》 〔景泰四年〕夏四月，南京大理少卿廖莊應詔上言，請篤親親之情，朝上皇於南宮，或講明家法，或商榷治道，仍令群臣時得朝見，以慰清宴。又曰：上皇諸子，皇上之猶子也，宜令親近儒臣日侍講讀，以待皇嗣之生，使天下曉然知皇上有公天下之心。奏入，不報。新建龍福寺成，車駕擇日臨幸，太學生楊浩、姚顯並上疏諫。儀制司郎中章綸曰：佛者聖人所不道，以萬乘之君，臨非聖之地，史官書之，傳之萬世，如聖德何？上即日罷行。五月，下章綸及御史鍾同於獄。同手疏請朝上皇，復沂王爲皇太子，未上，以示都御史劉廣衡，廣衡止之，因諷尚書胡濙，濙縮不敢，對曰：作死！作死！同不聽，竟上之，下禮部會多官議，適章綸疏陳修德弭災十四事，其一謂上皇君臨天下十四年，是天下之父也，陛下嘗登受册封，是上皇之臣也，朝見南宮之禮似不宜緩。更請復汪后于中宮，以正天下之母儀；復沂王於儲宮，以定天下之大本。帝覽疏大怒，時已暝，旨從門隙出，夜收綸入獄，又二日并逮同，並酷掠，流血被體，副令誣引大臣及南宮通謀狀，不承，復炮烙窮治，慘毒濱卒，無一語。

《明英宗實録》景泰六年六月 〔庚辰〕誅反賊祝岳二等二十一人。岳二等俱浙江處州府民，僞稱總兵元帥等號，披執兵器，逼逐居民萬餘，劫燒武義縣等處，殺虜官軍甚衆，被擒至京，法司坐凌遲處死。從之。

《明英宗實録》天順元年二月 〔己亥〕罷職僧官清昊，坐魘昧磔于市。

（清）查繼佐《罪惟録》紀卷八《英宗後紀》 〔天順元年三月〕械前給事中吴江徐正坐離間、伐樹、錮門之罪，磔。

《明英宗實録》天順元年五月 〔丙寅〕遼東鉄嶺衛軍徐正伏誅。正在景泰時爲刑科給事中，常密請召見便殿，屏左右言：宜置沂王于所封沂州，出太上皇與俱，以絶覬覦者之心。郕王聞之不懌，出正爲雲南衛經歷，正復眷所淫者留京不即行，乃謫戍遼東。至是左右有言其事於上者，收鞫之，具伏謀，以謀反凌遲，仍藉没其家。有軍餘汪祥初與正同謀，至是亦執而斬之。

《明憲宗實録》成化二年十二月〔辛亥〕磔犯邊達賊把禿等七人于市。有中國人爲達賊所虜者二人，今隨來犯邊，法司論罪當杖，命斬之。

《明憲宗實録》成化三年十二月〔丁酉〕磔毛憐衛女直指揮同知苦女等三人于市，以其屢犯邊地。

《明憲宗實録》成化七年夏四月丙寅，浙江嘉善縣知縣林弘伏誅。弘初在任時貪虐，以縣吏周顯訟己挾私，誣己罪，杖殺顯一家四人，并其親屬被累死者十八人。顯妻孕將産，既死，孕在腹尚動，逼焚其屍。既而爲讎家所發下獄，歲久屢辯，法司得實，擬罪坐斬。大理寺審録以有正律駁回，再擬，遂坐以凌遲處死。

《明孝宗實録》弘治十一年八月〔戊寅〕山東樂陵縣僧洪海，以賣藥爲業。本縣民吕通妻董氏病，海藥之，愈。通留于家，因以其子從海爲徒併學醫，海遂與董及通姪厚妻張氏私通，又用迷藥屬張誘其夫弟山妻云服之即成佛，張信然，遂揉置麪中，舉家食之，少頃，藥發，無男婦少長，率昏迷眩亂，各持杖相擊，死者十一人。按察司鞫問，海坐殺一家非死罪三人律，凌遲處死。刑部覆奏，下巡撫等官會審無詞，待報處決，從之。

《明武宗實録》正德五年九月〔乙卯〕戮逆賊何錦等于市。先是，三法司奉旨械錦等至諸王館，與寘鐇置對，復以錦等至午門前，會官鞫問具狀。于是，皇親公侯駙馬伯五府六部科道等官劾奏：寘鐇以王室至親，爲國藩屏，乃悖逆天常，交結逆黨，謀爲不軌，戕害重臣，屠戮軍士，僞授官號，窺伺神器，法不可赦。上曰：寘鐇之罪，朕不敢私其，且禁之西内，敕天下諸親王共議之，宫眷置鳳陽高墻，餘人送浣衣局，錦等十一人凌遲處死。申居敬等五十五人并親屬孟繼祖等三十八人俱斬。幼男及家屬一百九十人俱謫戍邊遠，婦女隨往。

（清）查繼佐《罪惟録》紀卷一一《武宗紀》〔正德五年〕冬十月，姚江賊汪澄三、王浩八等欵，復叛，破安仁縣。復劉大夏、楊守隨、林瀚、韓文、許進等原官。敕寘鐇自盡，焚其屍。何錦等伏誅。張綵死於獄，剉屍；籍没錦衣石文義；凌遲斬逆瑾親屬傑等十五人。

《明武宗實録》正德六年五月〔壬戌〕磔賊首宫大保于市。大保，永清縣吏，縱酒賭博，遂曠役糾集無賴與賊劉七、合景虹、靈璧、沂水、濰樂、安泰、安陽、信各州縣及吕梁洪官署皆爲攻破，僭號大王，所至屠戮，天津兵備副使陳天祥、督兵捕獲之。以聞，詔陞天祥俸一級，仍賜勑奬勵。大保及其黨十三人皆梟首。

（清）查繼佐《罪惟録》紀卷一一《武宗紀》〔正德七年九月〕拆賊魁趙燧等六人皮，以爲鞍韂，騎乘之，餘三十人皆磔於市。

《明武宗實録》正德十五年十一月〔己丑〕賜宸濠死。先是，有旨召皇親、公侯、駙馬、伯、内閣府部大臣、科道官俱至通州議宸濠獄。於是，列上其罪狀言：宸濠大逆不道，宜正典刑，栱樤、覲鐮、宸溉、宸瀾、宸澀、宸洧、宸瀷、宸汲、宸湯、宸漩及已死栱耕、覲鋌、栱槭、宸澅助遞皆宜同罪，死者亦戮如法。上曰：宸濠等得罪祖宗，朕不敢赦，但念宗枝姑從輕，悉令自盡，仍焚棄其屍。上之北還也，每令宸濠舟與御舟銜尾而行，意甚防之，及駐通州，謂左右曰：吾必決此獄。乃入群臣議請如先年處置高煦、寘鐇例，祭告天地、宗廟仍敕天下諸王議罪，然後明正其法，乃爲合體。上使人諭意再三，群臣莫能奪，傳者皆以江彬將復邀上北幸，故欲速決此獄云。

（清）查繼佐《罪惟録》志卷三《五行志》〔正德十六年〕十一月，乾清宫災。時刑部主事陳祐公事至陝西，會公廨缺，有司以布政司行臺居之。内一室扃不啓者百五十年矣。祐病，伏枕三月，心疑，令人排户入扃室，見僵尸釘壁，如塵封蛙臘，詢之，乃洪武時陝西左右布政使得罪，奉詔釘此，久爲厲。祐大駭，移居而病愈，室仍扃。

《明世宗實録》嘉靖四年四月〔癸巳〕大同鎮巡等官上大同逆黨罪狀。首惡僅論斬，刑部以爲未當，乃改擬胡雄、郭疤子等四人凌遲，家屬緣坐，財産没入官。助惡焦亞雲等三十八人各論死。仍刻榜梟示如前擬。從之。

《明穆宗實録》隆慶四年九月〔壬申〕御史張守約追論故掌錦衣衛事都督陸炳，當先帝時，結納嚴世蕃竊弄威權，播惡流毒，其罪有十。世蓄既以就戮，而炳乃得保首領以當厚遺子姪，宜追戮炳屍，逮治其子繹、姪緒、家人佐，籍其家。疏上，詔錦衣衛捕繹、緒、佐送法司問，併逮疏內諸有名者。于是炳故怨家多（諸）〔詣〕闕陳訴，獄既具，刑部乃上言炳心懷悖逆，連結權重睚（此）〔眦〕殺人，顛越取償，擅侵（威）〔戚〕里，搜匿守財莊房田地，歲入萬計，珠宝金（土）〔玉〕，動至數千。信王法所不容，人心所共憤，繹、緒踵習餘虐，益肆猖狂，隱世蓄之贓，匿嚴紹庭于家，狡猾不道，繹、緒宜褫職，炳宜會三法司問議開棺戮屍，削奪官爵，籍沒其產，追贓還官。諸疏內有名者如炳（第）〔弟〕太常寺卿煒宜革職，惡黨支琮等五人宜永遠戍邊，陸顯等八人宜徒杖。得旨：炳負國擅權，播弄威福，戕害無辜，本當戮屍盡法，第身故既久，姑削其官職，進奪誥命。繹、緒、煒俱革職發原籍爲民。餘如擬。資產贓物如數籍入，紹庭發口外爲民，佐邊衛永遠充軍。

《明穆宗實録》隆慶五年九月〔辛未〕魯山王府輔國將軍勤熢有罪賜死，坐殺宗叔原武王府奉國將軍睦甄，爲撫按官劾奏也。

《明神宗實録》萬曆四年八月〔甲申〕大理寺覆擬殺母犯人劉芾凌遲死，報可。

《明神宗實録》萬曆八年八月〔甲辰〕磔河南妖逆曹崙、王遷善、楊廷友於市，而斬吉廷有等十二人，餘各處治如律。崙以左道妖術，倡亂犯儀封縣城。遷善、廷友其助逆通謀者。

《明神宗實録》萬曆十一年六月〔辛亥朔〕棗强王府輔國將軍充炡以稔惡敗倫，賜死。

《明神宗實録》萬曆三十八年十月〔丁酉〕打死親母犯人賈全凌遲處死。

《明熹宗實録》天啓元年四月〔庚子〕磔劉保于市，並誅其子于翰。保父子就訊，各供吐素與李永芳通好，每月傳送邸報，逐月報銀一百兩，又時有書往來，密輸情實，謀爲不軌。巡視中城御史梁之棟以聞，擬坐謀反大逆之律。從之。

《明熹宗實録》天啓二年三月〔壬子〕趙府奉國將軍翊諡毆死宗兄翊鈐，詔勒令自盡。

《明熹宗實録》天啓二年十一月 丙申，以四川獻俘，遣撫寧侯朱國弼祭告南郊，惠安伯張慶臻告北郊，駙馬都尉侯拱宸告宗廟。是日，四川監軍道戴君恩獻逆犯樊友邦等，上御樓閱俘，刑部奏請分別磔斬如律，從之。時首犯何若海已先故，以提牢疏玩，奪刑部主事石維岳俸三月。

《明熹宗實録》天啓六年三月〔戊申〕刑部尚書徐兆魁等擬：姦細武長春合依謀反律，季應誠等五人俱依知情故縱律。得旨：武長春著凌遲處死，首級號令各邊，餘犯季應誠等俱即會官處決。

《明熹宗實録》天啓七年正月〔庚辰〕先是聽選官徐緬宗一家十二命爲盜所殺。緬宗，松江人，已應撫緝獲真犯趙貞、李龍，即其家奴也。獄具，磔于市。

《明史》卷二三《莊烈帝本紀》〔崇禎元年正月〕丙戌，戮魏忠賢及其黨崔呈秀屍。

（清）劉於義《陝西通志》卷六二《人物八・孝義》 李珍，榆林衛指揮歷官条將，總督曾銑議復河套，咸寧侯仇鸞搆之，棄市。更誣銑子淳侵官銀，械珍至京師，證之。珍身受五毒，辭終不撓。幽閉中，每曰：寧我死，無絶曾氏。後自誣銀一千兩繫獄。淳得末減，長流三千里。鸞敗，淳得於流所放歸。聞者義之。

（明）祁彪佳《莆陽讞牘》卷二《福清縣・一起報實大變事》 死罪犯人張思回。看得張思回與兄所争錙銖稅直，輒手刃刺之，腹裂腸潰，應手畢命，悖倫弒尊，真犬彘不食其餘者，尚可容視息人間世哉？亟磔爲宜。

（明）祁彪佳《莆陽讞牘》卷二《漳浦縣・一起乞除姦殺以厚民風事》 凌遲處死犯婦歐氏。看得歐氏之暱姦王尊參也，目中無其夫久矣。枕邊之私語方殷，潭底之沉寃不曉。手雖假於姦夫，謀實倡於淫婦。向非招巫扶鸞之自獻其情也，不幾爲終天不白之寃乎？誅尊參之心，慕色其小，而田契金環實所眈眈自攝者，而歐氏一念情痴，遂謂真夫死而僞夫長不死矣，獨不思一鵰既死，尊參遂可爲居巢之鳩，而親鄰里甲終默然聽之乎？是尊參淫以濟貪，歐氏狡而實愚者也。姦夫已受天刑，兇犯亟應寸斬，伏候上裁。

《盛京滿文軍情戰報・紙寫檔案》崇德元年十一月 ，多羅武英郡王諭：近聞義州官員之妻等赴孟山吊其丈母之喪，我兵遇之，甚是無禮等語。豈可違聖汗所定法度乎？不得妄行擾害，仍有違命者，必拿獲凌遲。

雜刑部

論說

(清) 孫星衍《尚書今古文注疏》卷一《堯典》 象以典刑。

注：馬融曰：言咎繇制五常之刑，無犯之者，但有其象，無其人也。

疏：象者，畫象。典者，《釋詁》云：常也。《漢書・武帝紀》：元光元年詔曰：昔在唐虞，畫象而民不犯。《周禮・司圜》疏引《孝緯》云：三皇無文，五帝畫象，三王肉刑。畫象者，上罪墨蒙赭衣雜屨，中罪赭衣雜屨，下罪雜屨而已。《荀子・正論篇》云：古無肉刑，而有象刑。《漢書・刑法志》云：禹承堯舜之後，自以德衰而制肉刑，湯武順而行之者，以俗薄於唐虞故也。是明唐虞無肉刑。鄭注《周禮・司圜》云：弗使冠飾者著墨幪，若古之象刑與。知鄭氏亦信象刑之說也。馬注見《史記集解》，以典爲常。故云皋陶制五常之刑。實則此時皋陶未制刑也，疑是《皋陶謨》方施象刑之注，裴氏誤附于此，云五常之刑。《周禮》：大司徒之職，以鄉八刑糾萬民，一曰不孝之刑，二曰不睦之刑，三曰不婣之刑，四曰不弟之刑，五曰不任之刑。注鄭司農云：任，謂朋友。是此八刑之五，因五常而設，疑即馬義也。《白虎通・五刑篇》云：五刑者，五常之鞭策也。云但有其象無其人者，言無犯之，惟有畫衣冠之象耳。

(清) 沈家本《歷代刑法考・刑法分考一・緣坐》 《書・甘誓》：予則孥戮汝。孔傳：孥，子也。非但止其身，辱及汝子，言恥累也。《正義》：《詩》云樂爾妻孥，對妻別文，是孥爲子也。《湯誓》：予則孥戮汝，罔有攸赦。孔傳：古之用刑，父子兄弟罪不相及。今云孥戮汝，無有所赦，權以脅之，使勿犯。《正義》不於《甘誓》解之者，以夏啓承舜禹之後，刑罰尚寬，殷周以後，其罪或相緣坐，恐其實有孥戮，故於此解之。鄭玄云大罪不止其身，又孥戮其子孫。《周禮》云其奴男子入于罪，隸女子入于舂槀。鄭意以爲實戮其子，故《周禮》注云奴謂從坐而沒入縣官者也。孔以孥戮爲權脅之辭，則《周禮》所云非從坐也。鄭衆云，謂坐爲盜賊而爲奴者，輸於罪隸、舂人、槀人之官，引此奴戮女，又引《論語》云箕子爲之奴。或如衆言，別有沒入，非緣坐者也。《說命・正義》：《史記・殷本紀》云是時說爲胥靡，築於傅險。晋灼《漢書音義》云：胥，相也。靡，隨也。古者相隨坐，輕刑之名。

按：孥戮，先鄭引作奴戮，說與孔傳異；後鄭則以爲孥戮其子孫，注《周禮》則以爲從坐，故論緣坐不得不先列此文。《魏志・毛玠傳》大理鍾繇詰玠曰：自古聖帝明王，罪及妻子。《書》云左不共左，右不共右，予則孥戮女。與後鄭同。是漢時二說並行，其今古文之異歟？孔傳謂權以脅之，殆以其說爲未安而作此游移之語，第法有一定，無權脅之理，是其說尤不可通。胥靡爲隨坐，晋灼既有此說，故附見於此。《荀子・儒孝篇》鄉也，胥靡之人。楊倞注：胥靡，刑徒人也。胥，相靡繫也。謂鏁相聯相繫。《漢書》所謂鋃鐺者也。《漢書・楚元王傳》：二人諫，不聽，胥靡之。注應劭曰：《詩》云若此無罪，論胥以鋪。胥靡，刑名也。師古曰：聯繫使相隨而服役之，故謂之胥靡，猶今之役囚徒以鎖聯綴耳。晋說近之，而云隨坐輕刑，非也。觀此《傳》下文云衣之赭衣，使杵臼雅舂於市，則胥靡之解自當以顏、楊爲是，晋灼之注不可從也。

(清) 沈家本《歷代刑法考・刑法分考十五・奴》 《書・甘誓》：予則孥戮汝。《史記》孥作帑。江氏聲《尚書集注音疏》：孥或爲奴，當從奴，謂有罪而沒爲奴也。或奴，或戮，視其所犯。鄭仲師注《周禮・司厲職》引此作奴，帑是子孫之稱，先王惡惡止其身，當止奴。其有辜者，必不子孫從坐。《湯誓・正義》引鄭注《湯誓》孥戮云大辠不止其身，又帑戮其子孫，然則鄭說此經，當亦謂然，今不從之者。《左傳》引《康誥》曰：父子兄弟罪不相及，虞夏政尚寬簡，豈反子孫從坐，其說非是。段氏玉裁《古文尚書撰異》：古奴婢、妻孥字，皆作奴，故鄭司農釋《尚書》之奴爲奴婢，假如今本作孥，則司農何至釋爲奴婢？故知孥是俗，衛包所改。《尚書》原文只作奴也。《王莽傳》：莽曰秦置奴婢之市，與牛馬同蘭，《書》曰予則奴戮汝，唯不用命者被此辜矣。師古曰奴戮之以爲奴也。說《書》者以爲帑子也。戮及妻子，此說非也。《泰誓》曰囚奴正士，豈及子之謂乎？按莽所用者，今文《尚書》說也，先鄭注《司厲》引《尚書》亦用今文說。《漢書・季布欒布傳》贊曰奴僇苟活，亦是用今文說其字，則古文、今文皆作奴也。孫氏星衍《尚書今古文注疏》：史遷孥作帑，一作奴。奴者，《漢書》注李奇曰男女徒總名爲奴。戮者，《廣雅・釋詁》云辱也。《周禮・司厲》注鄭司農云今之奴婢，古之罪人也。鄭注《周禮》云奴，從坐而没入縣官者，男女同名。案三代已前，父子兄弟罪不相及，至秦始有連坐收帑之法，以此説《夏書》更不合。僞孔既以爲辱及汝子，其于《湯誓》又云權以脅之使勿犯，皆失之。孥俗字，當爲奴，鄭司農所引蓋今文也。《詩・棠棣》樂爾妻帑，疏引此文作帑，亦假借字。

《湯誓》：予則孥戮汝。顔師古《匡謬正俗》：翏，古文戮字。《尚書・湯斷》古誓字。云予則孥翏汝，《孔安國傳》云古之用刑，父子兄弟罪不相及。今云，孥戮權以脅之，使勿犯也。案孥戮者，或以爲奴，或加刑戮，無有所赦耳。此非孥子之孥，猶《周書・泰誓》稱囚孥正士，亦謂或囚或孥也，豈得復言并子俱囚也？又班固《漢書・季布傳》贊云及至困厄奴僇苟活，蓋引《商書》之言以爲折衷矣。段氏玉裁云：此條除孥子之孥外，盡正爲奴字而後可讀，亦可以證《尚書》之本作奴矣。其實孥子之孥兩孥字，亦當正爲奴，古子女奴婢統稱奴，其既也假帑爲奴字，其後又制孥字爲之。孫氏《書疏》：古無從坐之法，漢法因暴秦之舊，未能盡除，鄭用漢法説經，失之。

《論語》：箕子爲之奴。何晏注：馬曰，箕子佯狂爲奴。《殷本紀》：箕子懼，乃佯狂爲奴，紂又囚之。皇侃《論語義疏》：箕子者紂之諸父也，時爲父師，是三公之職，屢諫不從，知國必殞。己身非長，不能輒去，職任寄重，又不可死，故佯狂而受囚爲奴。黄氏式三《論語後案》：爲之奴者，罪隸之奴也。《周官・司厲》其奴男子入於罪隸，女子入於舂稾。《夏書》云奴隸，殷亦是有制，武王勝殷釋囚，是其徵也。《書・泰誓》：囚奴正士。孔傳：箕子正諫而以爲囚奴。武成釋箕子囚。孔傳：囚奴徒隸。《正義》：鄭衆云爲之奴者繫於衆隸之官，是囚爲奴，以徒隸役之也。

《書・説命》：説築傅巖之野。孔傳：傅氏之巖在虞虢之界，通道所經，有澗水壞道，常使胥靡刑人築護此道。説賢而隱，代胥靡築之，以供食。《史記・殷本紀》：於是迺使百工營求之野，得説於傅巖中。是時説爲胥靡，築於傅險。《墨子・尚賢篇》：昔者傅説居北海之洲圜土之上，衣褐帶索，築於傅巖之城。

《周禮・司厲》：其奴男子入于罪隸，女子入于舂稾。注：鄭司農云，謂坐爲盜賊而爲奴者，輸於罪隸、舂人、稾人之官也。由是觀之，今之爲奴婢，古之罪人也。《書》曰予則奴戮汝，《論語》曰箕子爲之奴，罪隸之奴也，故《春秋傳》曰，斐豹隸也，著於丹書。請焚丹書，我殺督戎，恥爲奴，欲焚其籍也。玄謂奴從坐而没入縣官者男女同名。疏：先鄭《尚書》予則奴戮女及《論語》箕子爲之奴，皆與此經奴爲一。若後鄭義《尚書》奴，奴爲子，若《詩》樂爾妻奴，奴即子也，後鄭不破者，亦得爲一義。

按：《甘誓》、《湯誓》並有孥戮之文，孔傳訓孥爲子，當是舊説，第古者罰弗及嗣，夏、商開創之初，恐未必有此不正之法。先鄭訓爲罪隸之奴，其説較長。《匡謬正俗》説與先鄭同，是古説如是。後鄭《司厲》注以爲從坐没入，而不破先鄭之説，《正義》謂亦得爲一義，乃模棱之見。文王治岐，罪人不孥，《康誥》又稱父子兄弟罪不相及，《左氏昭二十年傳》引。周之家法如是。《周禮》爲元公所作，豈能顯然違背哉？近儒江氏、段氏、孫氏皆非後鄭而從先鄭，自是定論。説代胥靡，箕子爲奴，皆足爲殷法之證，周法則《司厲》詳矣。

（清）王先謙《荀子集解》卷一二《正論》 世俗之爲説者曰：治古無肉刑而有象刑：治古，古之治世也。肉刑，墨劓剕宫也。象刑，異章服恥辱其形象，故謂之象刑也。《書》曰：皋陶方施，象刑惟明。孔安國云：象，法也。案《書》之象刑，亦非謂形象也。墨黥；世俗以爲古之重罪，以墨涅其面而已，更無劓刖之刑也。或曰：墨黥當爲墨幪，但以墨巾幪其頭而已。慅嬰；當爲澡嬰，謂澡濯其布爲纓。鄭云：凶冠之飾，令罪人服之，《禮記》曰緦冠澡纓。鄭云：有事其布以爲纓也。澡或讀爲草，《慎子》作草纓也。共，艾畢；共未詳，或衍字耳。艾蒼白色。畢與韠同，紱也。所以蔽前，君以朱，大夫素，士爵韋。令罪人服之，故以蒼白色爲韠也。菲，對屨；菲草屨也。對當爲紂，傳寫誤耳。紂枲也。《慎子》作紂。言罪人或菲或枲爲屨，故曰菲紂屨。紂方孔反。對或爲蒯。《禮》有疏屨，傳曰藨蒯之菲也。殺，赭衣而不純。以赤土染衣故曰赭衣。純，緣也。殺之，所以異於常人之服也。純音準，殺，所介反。《慎子》曰：有虞氏之誅，以畫跪當黥，以草纓當劓，以履紂當刖，以艾畢當宫，此有虞之誅也。又《尚書大傳》曰：唐虞之象刑，上刑赭衣不純，中刑雜屨，下刑墨幪。幪巾也。劉台拱曰：共當作宫，菲當作剕，殺當如字讀。言犯墨黥之罪者以草纓代之，宫罪以艾畢代之，剕罪以紂履代之，殺罪以赭衣不純代之。注引《尚書大傳》及《慎子》之言，正可參證。郝懿行曰：此皆謂古有象刑也。墨一名黥，此墨黥謂以墨書代黥，不加刻涅。《慎子》所謂畫跪當黥也。慅嬰《慎子》作草纓，草與慅蓋音同假借字耳。《詩》之勞人，草草即慅慅矣。共，艾畢者，共當爲宮，亦假借字，《慎子》謂以艾畢當宮是也。艾讀當與刈同，蓋斬艾其韠以代宮刑也。對屨，《慎子》作屨紨。殺，赭衣而不純。純，緣也。殺，殺罪也。今《慎子》作布衣無領當大辟。布衣即赭衣，無領即不緣也。去其衣領以代死刑。《慎子》以爲有虞氏之誅，《尚書大傳》以爲唐虞之象刑，竝與此義合。王念孫曰：墨黥二字，語意未完，當有脱文，以《慎子》言畫跪當黥，《書大傳》言下刑墨幪，知之。慅嬰上蓋脱劓字，以《慎子》言草纓當劓，知之。治古如是。世俗説以治古如是。是不然，以爲治邪？則人固莫觸罪，非獨不用肉刑，亦不用象刑矣。以爲人或觸罪矣，而直輕其刑，然則是殺人者不死，傷人者不刑也。罪至重而刑至輕，庸人不知惡矣，亂莫大焉。惡，烏路反。凡刑人之本，禁暴惡惡，且徵其未也。徵，讀爲懲。未，謂將來。殺人者不死而傷人者不刑，是謂惠暴而寬賊也，非惡惡也。故象刑殆非生於治古，竝起於亂今也。今之亂世妄爲此説。治古不然。凡爵列、官職、賞慶、刑罰，皆報也，以類相從者也。報，謂報其善惡，各以類相從，謂善者得其善，惡者得其惡也。一物失稱，亂之端也。失稱，謂失其所稱，類不相從也。稱，尺證反。先謙案：稱，權稱也。失稱謂失其平。楊注非。夫德不稱位，能不稱官，賞不當功，罰不當罪，不祥莫大焉。昔者武王伐有商，誅紂，斷其首，懸之赤旆。《史記》武王斬紂頭，懸之大白旗。此云赤旆，所傳聞各異也。《禮記·明堂位》説旗曰殷之大白，周之大赤。即《史記》之説非也。夫征暴誅悍，治之盛也。殺人者死，傷人者刑，是百王之所同也。未有知其所由來者也。刑稱罪則治，不稱罪則亂。故治則刑重，亂則刑輕，治世刑必行，則不敢犯，故重。亂世刑不行，則人易犯，故輕。李奇注《漢書》曰：世所以治，乃刑重；所以亂，乃刑輕也。犯治之罪固重，犯亂之罪固輕也。治世家給人足，犯法者少，有犯則衆惡之，罪固當重也。亂世人迫於飢寒，犯法者多，不可盡用重典，當輕也。郝懿行曰：治期無刑，故重。亂用哀矜，故輕。注兩説，前義較長。《書》曰：刑罰世輕世重。此之謂也。

（清）沈家本《歷代刑法考·刑法分考十五·奴》 《風俗通》：古制本無奴婢，即犯事者或原之。臧者，被臧罪没入爲官奴婢。獲者，逃亡獲得爲奴婢也。

按：今本《風俗通》無此條，見《初學記》十九、《藝文類聚》三十五。奴之名自夏迄周皆有之，而應劭謂古無之者，蓋古者無買賣奴婢之事，秦始有之，見《漢書·王莽傳》，漢承秦俗，其時奴婢與財貨相等。《食貨志》：東置滄海郡，人徒之費疑於南夷。又與十餘萬人築衛〔朔方〕，轉漕甚遠，自山東咸被其勞，費數十百鉅萬，府庫竝虚。乃募民入奴婢得以終身復，爲郎增秩。《陸賈傳》：陳平迺以奴婢百人，車馬五十乘，錢五百萬遺賈。《張安世傳》：家童七百人，皆有手技作事。《霍光傳》：賞賜前後黄金七千斤，錢六千萬，雜繒三萬匹，奴婢百七十人。《貨殖傳》：蜀卓氏富至童八百人。《史記》作千人。齊俗賤奴虜，而刁間獨愛貴之。桀黠奴，人之所患，唯刁間收取。使之逐魚鹽商賈之利，或連車騎交守相，然愈益任之，終得其力，起數千萬。故曰寧爵無刁，言能使豪奴自饒，而盡其力也。此可見漢代畜奴之風甚盛，舉凡輸納、賞賜、贈遺等事，皆可以奴婢當之，而家業之富饒及生産之盡力，皆可於奴婢卜之，此等奴婢不皆爲有罪之人矣。《季布傳》：周氏曰：漢求將軍急，迹且至臣家，能聽臣，臣敢進計；即否，願自頸。布許之。迺髡鉗布，衣褐，置廣柳車中，並與其家僮數十人，之魯朱家所賣之。朱家心知其季布也，買置田家。《欒布傳》：爲人所略，賣爲奴於燕，爲其主家報仇。《成紀》永始四年，禁民踰制，詔内亦有多畜奴婢之語。《哀紀》又有多畜奴婢亡限之詔，可見西漢風俗，買賣奴婢之習未能改也。後世相沿，不以爲非。桂氏馥云：《説文》奴婢，皆古罪人，今之奴婢，其祖父初無罪惡，而世世不可逃，亦可痛已。

漢律：罪人妻子没爲奴婢，黥面。《魏志·毛玠傳》。

按：漢之奴婢有二類：一爲官奴婢，如文、武二《紀》所稱，乃有罪而入官爲奴婢者。漢律久亡，何罪當入官，已無可考。《司厲》先鄭注謂坐爲盗賊而爲奴，後鄭謂從坐而没入縣官，二者蓋兼有之。《高紀》郎中田叔、孟舒等十人，自髡鉗爲王家奴。《田叔傳》云赭衣，自髡鉗，此僞爲官奴者，可見當日之官奴必皆髡鉗也。一爲私家之奴婢，《高紀》五年，詔民以飢餓自賣爲人奴婢者，皆免爲庶人。此民間之自相買賣者，本非罪人。觀於免爲庶人之詔，則當日之奴婢無論爲官奴婢、爲私家之奴婢，未嘗令其世世爲奴婢也。後世奴婢但有主家放出及本人贖身之事，而國家無赦免之文，亦刑法中一缺典也。文帝已除黥刑，何以奴婢尚有黥面之律？證諸《毛玠傳》，是魏世尚承用此法，豈緣坐之妻子特黥面以示別歟？《後漢書・朱穆傳》有臣願黥首繫趾之語，殆此一事尚未除也。

《三國志》卷一二《魏志・毛玠傳》 後有白玠者：出見黥面反者，其妻子没爲官奴婢，玠言曰使天不雨者蓋此也。太祖大怒，收玠付獄。大理鍾繇詰玠曰：自古聖帝明王，罪及妻子。《書》云：左不共左，右不共右，予則孥戮女。司寇之職，男子入于罪隸，女子入于舂槀。漢律，罪人妻子没爲奴婢，黥面。漢法所行黥墨之刑，存於古典。今真奴婢祖先有罪，雖歷百世，猶有黥面供官，一以寬良民之命，二以宥并罪之辜。此何以負於神明之意，而當致旱？

（清）董誥《全唐文》卷八六八沈顏《象刑解》 舜禹之代，象刑而人不敢犯。言象刑者，以赭以墨染其衣冠，異其服色，凡爲三等。及秦法苛虐，方用肉刑。鋸鑿棰朴，楚毒畢至。而人犯愈多，俗益不治。其故何也？非徒上古醇樸，人易爲化，亦由聖智元遠，深得其理故也。夫法過峻則犯者多，犯者多則刑者衆，刑者衆則民無恥，民無恥則雖曰劓之、刖之、笞之、扑之，而不爲畏也。何以知其然也？夫九人冠而一人髽，則髽者慕而冠者勝。九人髽而一人冠，則冠者慕而髽者勝。民不知冠之、髽之爲勝，但見衆而爲慕矣。今免者多，而刑者少，人尚慕其多矣。及刑者多而免者少焉，以少爲勝乎？故曰法過峻則犯者多，犯者多則刑者衆，刑者衆則民無恥，民無恥則雖曰劓之、刖之、笞之、扑之，而不爲畏也。凡民之心，知恣其所爲，而不知戒其所失。今辱而笞之，不足以爲法也。何者？蓋笞絶則罪釋，痛止則恥滅，恥滅則復爲其非矣。故不足以爲法也。虞舜染其衣冠，異其服色，是罪終身不釋，恥畢世不滅，豈特已以爲恥也。人之見之者，皆以爲恥也，皆以爲戒也，愚故曰：非徒上古醇樸，人易其化，亦由聖智元遠，深得其理故也。

《大清法規大全・法律部》卷一一《法典草案一・刑律草案》 四、褫奪公權，即第四十六條所列舉喪失資格之從刑。凡分則規定爲褫奪公權者，喪失公權之全部。若其規定爲得褫奪全部或一部者，終身喪失公權之全部或一部。以上第四十七條是。均無不可，其區别全由審判官之鑑衡爲準。

應否褫奪公權，不可拘泥犯罪之大小，須洞察犯人之心術。所犯雖輕，苟出於無廉恥者，亦應褫奪。所犯雖重，苟有可恕之理，即不褫奪可也。

此從刑非被宣告徒刑以上之刑不得科之。故拘留及罰金不在此限。然受死刑之宣告者，仍應科之而使喪其資格也。

五、没收，古有籍没之例，今各國已皆廢止。蓋籍没者，没收全部，累及他人。大戾刑止於一身之原則，本案没收僅限於三種之物件，一、私造及私有違禁之物，是所以禁止人使不私造，私有危險之物品也。二、供犯罪所用及預備之物，使民不留犯罪之紀念，易於悛改之政策也。三、因犯罪而得之物，使人不能以犯罪爲自利也。

綜　述

睡虎地秦墓竹簡整理小組編《睡虎地秦墓竹簡・法律答問》 當貲盾，没錢五千而失之，(可)〔何〕論？當誶。告人曰邦亡，未出徼闌亡，告不審，論(可)〔何〕(殹)〔也〕？爲告黥城旦不審。

睡虎地秦墓竹簡整理小組編《睡虎地秦墓竹簡・法律答問》 完城旦，以黥城旦誣人，(可)〔何〕論？當黥。甲賊傷人，吏論以爲鬥傷人，吏當論不當？當誶。

甘肅省文物考古研究所等《居延新簡》 甘露三年三月甲申朔癸巳，甲渠鄣侯漢張敢言之，府下詔書曰：徒髡鉗鈦左右止城旦舂以下及復作品書

甘肅省文物考古研究所等《居延新簡》 移魏郡元城還書曰：命髡鉗笞二百

甘肅省文物考古研究所等《居延新簡》 番和髡鉗鈦左止城旦服塗。

《晉書》卷三〇《刑法志》 去捕亡，亡没爲奴婢之制。

《南史》卷三二《張融傳》 〔張融〕舉秀才，對策中第。爲尚書殿中郎，不就，改爲儀曹郎。尋請假奔叔父喪，道中罰幹錢敬道鞭杖五十，寄繫延陵獄。大明五年制，二品清官行僮幹杖，不得出十。爲左丞孫緬所奏，免官。

《新唐書》卷五六《刑法志》〔德宗時〕刑部侍郎班宏言：【略】其餘當斬、絞刑者，決重杖一頓處死，以代極法。

（清）梁廷柟《南漢書》卷四《中宗紀》〔中宗〕性荒暴，既弑殤帝，立；不順，益以刑威御下，好誅滅舊臣。與諸弟有隙，數年間慘戮殆盡。越王洪昌賢而得衆，高祖所欲立者，尤忌之，遂先及害。又設爲湯鑊、銑床、刳剔諸刑，號生地獄。嘗醉，以瓜置伶人尚玉樓頸以試劍，因斬其首。明日復召，乃知之。【略】建乾和殿，鑄鐵柱十有二，周七尺五寸，高丈二尺。凡殿側必置宫人望明窗以候日曉，謂之候窗監。

（清）吴任臣《十國春秋》卷一五《南唐一·東紀》〔昇元二年六月〕壬午，有人獻毒酒方，帝曰：犯法自有常刑，奚用此爲！

《舊五代史》卷一四七《刑法志》〔晋天福〕五年三月丙子，詔曰：自大中六年已來，務耳稱冤，決杖流配，訴雖有理，不在申明。今後據其所陳，與爲勘斷，務耳之罪，准律别科。

《宋史》卷二〇〇《刑法志》而又擅置獄具，非法殘民，或斷薪爲杖，掊擊手足，名曰：掉柴；或木索并施，夾兩脰，名曰夾幫；或纏繩於首，加以木楔，名曰腦箍；或反縛跪地，短豎堅木，交辮兩股，令獄卒跳躍於上，謂之超棍，痛深骨髓，幾於殞命。

《明會典》卷二二《户部·事例》洪武五年，令蒙古色目人氏，既居中國，許與中國人家結婚姻，不許與本類自相嫁娶，違者男女兩家抄没入官爲奴婢，其色目奇徹自相婚姻不在此限。

《明神宗實録》萬曆十六年二月〔戊辰〕鎮平縣民婦白氏奏，男趙元被眥國久毆死，賄脱未抵，乞伸冤。仰暨行該部覆勘，國久之父眥税業以主使論抵刑斃。國久法不當坐。擬白氏妄奏，坐。上如議，命以後軍民奏訴虚捏者，着於本處枷號三月。

（清）嵇璜等《清朝文獻通考》卷二〇四《刑考·徒流》〔康熙二十六年〕定發遣巴里坤人犯，分别種地、當差、爲奴之例。刑部奏准，發往巴里坤人犯，照旗人有犯發遣之例，將旗人内之曾任職官及另户正身並民人内之舉監生員以上及職官子弟，俱發往種地、當差。其餘人犯俱給與種地緑旗兵丁爲奴。

《清世宗實録》雍正二年二月　庚戌，諭刑部，部内彙奏本内。有罪應割筋者，定例固然，但割後即成廢人，理宜審慎。今部奏人彙題册中恐致疏忽，嗣後滿洲人等，有此罪之案，另行具奏。

《清世宗實録》雍正三年二月〔辛未〕停止竊賊、逃人等割脚筋例。

《大清律例》卷四《名例律·除名當差》律

凡職兼文武官犯私罪，罷職不敘，應追奪誥勅除名削去仕籍者，官階勲、爵皆除。不該追奪誥勅者，不在此限。僧道犯罪，曾經決罰者，追收度牒，並令還俗。職官僧道之原籍軍民竈，各從本色，發還原籍當差。

條例

一、凡失陷城池，行間獲罪，及貪贓革職各官，封贈俱行追奪。其别項革職者免追。

一、凡知縣以上，及佐貳雜職等官，因貪贓枉法革職者，任内有降罰案件，照例仍追編俸外。如佐雜等官實係因公詿誤，毋論任内降罰案件多寡，所有食過編俸，一概免其追賠。

（清）吴壇《大清律例通考》卷四《名例律·五刑》第二條例文

夾棍，中梃木長三尺四寸，兩旁木各長三尺，上圓下方。圓頭各闊一寸八分，方頭各闊二寸。從下量至六寸處，鑿成圓窩四個，面方各一寸六分，深各七分。拶指，以五根圓木爲之，各長七寸，徑圓各四分五釐。其應夾人犯，不得實供，方夾一次。再不實供，許再夾一次。用刑官有任意多用者，該管上司不時察參。倘有徇隱，事發並交部議處。

謹按：夾棍式，先於康熙四十三年刑部議覆川撫能泰條奏案内，照部式，中梃長三尺四寸，兩旁木各長三尺，上圓下方。原定圓頭各闊二寸，方面各闊二寸二分。從下量至六寸處，鑿成夾懷子骨窩四個，面方各闊一寸六分，深各六分。拶指式，用五根圓木爲之，各長七寸，徑圓舊例原粗五分，康熙四十三年改減五釐。雍正三年館修，附入斷獄門故禁故勘條下。乾隆元年五月，署兵部侍郎王士俊條奏，刑部議改夾棍方圓各減去二分，圓頭俱闊一寸八分，面闊二寸，夾懷子骨窩改深七分。拶指徑圓，仍各四分五釐。乾隆五年館修，纂如前例，改附本條。再查，從前曾有尺許短夾棍，於康熙三十七年禁止。

（清）吴壇《大清律例通考》卷四《名例律·五刑》第三條例文

凡監禁人犯，止用細鍊，不用長枷。其應枷號人犯，除律例開載應用重枷枷號者仍照遵行外，其餘枷號，俱重二十五斤。

謹按：枷號之式，查舊律内開：長五尺五寸，頭闊一尺五寸。死罪，重二十五斤；徒流，重二十斤；杖罪，重十五斤。長短輕重，刻志其上。康熙八年，經刑部議準：部禁人犯，止用細鍊，不用長枷。其應枷號人犯，重者七十斤，輕者六十斤，長三尺，闊二尺九寸。内外問刑衙門，俱照部式遵行。此例向列《會典》，乾隆五年律例館奏準，應枷人犯俱重二十五斤，始纂爲專條，附例律後。其一百斤重枷，斤數另見罵詈門罵制使條下。再查從前曾有一百三十斤重枷，於康熙三十七年永行禁止。

（清）吴壇《大清律例通考》卷四《名例律·五刑》第九條例文

各省問刑衙門夾棍，州縣呈明知府驗烙，知府呈明按察司驗烙，按察司呈明督撫驗烙。其尺寸、長短、寬窄，俱刻於中梃之上。如有擅用未曾驗烙夾棍者，以酷刑題參。

謹按：此條係乾隆五年閏六月，刑部議覆山東按察使李珣條奏，乾隆八年館修，纂如前例。

《大清法規大全·法律部》卷一一《法典草案一·刑律草案》第四十六條。凡褫奪公權，以應宣告徒刑事以上之刑者爲限，從各分則所定，終身褫奪左列資格全部或一部：

一、爲吏員之資格。二、膺封錫勳章職銜出身之資格。三、入軍籍之資格。四、爲學堂監督提調教習之資格。五、爲律師之資格。

第四十七條。凡於分則有得褫奪一部公權之規定者，以應宣告徒刑以上之刑爲限，得褫奪現時所有之地位，或於一定期限内褫奪前條所揭資格一款以上。

紀事

《尚書·益稷》皋陶方祇厥叙，方施象刑，惟明。

（清）孫星衍《尚書今古文注疏·皋陶謨》方施象刑，惟明。

注：史遷説：令民皆則禹，不如言，刑從之。《大傳》説：唐虞象刑，而民不敢犯。苗民用刑，而民興犯漸。唐虞之象刑，上刑赭衣不純，中刑雜屨，下刑墨幪。以居州里，而民恥之，而反于禮。馬融曰：言咎繇制五常之刑，無犯之者，但有其象，無其人也。方一作旁。注：史遷説：爲舜德大明。疏：《白虎通·聖人篇》云：何以言皋陶聖人也，皋陶聖人而能爲舜陳道，朕言惠，可底行。又旁施象刑，維明，方作旁者。説文旁，溥也。《新序·節士篇》云：《書》曰象刑旁施，惟明，及禹不能。《漢書》本紀，元光元年詔曰：昔在唐虞，畫象而民不犯。《楊子·先知篇》云：唐虞象刑，惟明。夏后肉刑三千。俱以象刑爲畫象也。《大傳》説赭衣不純云云者，鄭注云：純，緣也。時人尚德義，犯刑者但易之衣服，自爲大恥。屨，履也。幪，巾也。使不得冠飾以恥之也。《周禮》罷民亦然，上刑易三，中刑易二，下刑易一，輕重之差。幪音蒙。《荀子·正論》云：古無肉刑，而有象刑：墨黥，慅嬰；共，艾畢；菲，對屨；殺，赭衣而不純。楊倞注引《慎子》慅嬰作草纓，是墨刑黥俱刑在面，故以草爲冠飾也。共，艾畢，楊倞云：共，未詳。案共當爲宫。宫刑别異其蔽前之飾，故以艾色爲韠也。菲，對屨，楊倞云：對或爲蒯，案菲當爲剕，言剕刑，蒯屨也。楊倞注引《慎子》曰：有虞氏之誅，以畫跪當黥，以草屨當劓，以履紨當刖，以艾畢當宫。《御覽·刑法部》引《慎子》曰：有虞氏之誅，以蒙巾當墨，以草履當劓，以菲屨當刖，以艾韠當宫，布衣無領當大辟，此有虞之誅也。斬人肢體，鑿其肌膚，謂之刑。畫衣冠異章服，謂之戮，上世用戮，而民不犯也。中世用刑，而民不從。《周禮·司圜》疏引《孝經緯》云：三皇無文，五帝畫象，三王肉刑。畫象者，上罪墨蒙赭衣雜屨，中罪赭衣雜屨，下罪雜屨而已。是象刑之説自古傳之。鄭注《周禮·司圜》云：弗使冠飾者，著墨幪，若古之象刑與。知鄭氏亦同古説也。史公説方施爲令民皆則禹云云者。《詩傳》云：方，則也。是説方爲則，説象刑以不如言，刑從之者，言設此畫象以示民，告以不從教則當加刑，而民無犯者，故云舜德大明也。《白虎通·五行篇》云：刑所以五何，法五行也。大辟法水之滅火，宫者法土之壅水，臏者法金之刻木，劓者法木之穿土，墨者法火之勝金。五帝畫象者，其衣服象五行也。犯墨者蒙巾，犯劓者以赭著其衣，犯臏者以墨蒙其臏處而畫之，犯宫者履雜扉，犯大辟者布衣無領。科條三千者，應天地人情也。已上文多脱落。多見《北堂書鈔》、《初學記》、《後漢書》注、《太平御覽》所引。《五刑大義》引《周書》曰：因五行相剋而作五刑，墨劓刵宫大辟是也。火能變金色，故墨以變其肉。金能剋木，故刵以去其骨節。木能剋土，故劓以去其鼻。土能塞水，故宫以斷其淫泆。水能滅火，故大辟以絶其生命。又引《尚書刑德放》云：太辟象天刑，罰贖之數三千，應天地人。此是《周書》所説，非象刑也，蓋後又用其意而制肉刑。然大辟可贖，則肉刑亦可贖矣。此今文以象刑爲象天道而作刑也。馬注見《史記集解》引，在象以典刑之下，案其文當是象刑惟明注，故移于此，云五常之刑，史公所謂令民皆則禹，先教以五常，不如言而施之刑也。云無犯之，亦謂舜德明也。

（宋）司馬光《稽古録》殷紂王　伐有蘇，得其女妲己，惟妲己之言是用。作奇技淫巧以悦之。淫湎肆虐，作炮烙之法，膏銅柱，下加之炭，令有罪者行焉，輒墮炭中，以取妲己笑。

《周禮注疏》卷三四《秋官司寇・大司寇》　罪隸百有二十人。盜賊之家爲奴者。

賈公彦疏：　罪隸至十人。釋曰：　此中國之隸。言罪隸，古者身有大罪，身既從戮，男女緣坐。男子入於罪隸，女子入於舂槀。故注云：　盜賊之家爲奴者，蠻隸已下皆百二十人者。鄭云：　凡隸衆矣，此其選以爲役員者，謂隸中選取善者，以爲役之員數爲限，其餘衆者以爲隸民。故《司隸職》云帥其民而搏盜賊，役國中之辱事之等，是百二十人外，謂之民者也。

中國社會科學院考古研究所《居延漢簡甲乙編》　夫以主領徒復作爲職。居延茭徒髡鉗城旦大男厮殷署作府中寺舍。

中國社會科學院考古研究所《居延漢簡甲乙編》　望□苑髡鉗鈦左右止大奴馮宣，年廿八歲，中壯，發長五、六寸，青黑色，毋須，衣皂袍。

中國社會科學院考古研究所《居延漢簡甲乙編》　施刑孫田，今留不。

十一月餘施刑一八，毋出入。

施刑故司寇。

二月，尉簿食施刑屯士四人，爲穀小石。

中國社會科學院考古研究所《居延漢簡甲乙編》　髡鉗城旦孫□，坐賊傷人。初元五年七月庚寅論。初元五年月戊申，以詔書施刑，故騎士，居延廣利里。

完城旦錢萬年，坐蘭渡塞，初元四年十一月丙申論，初元五年八月戊申，以詔書施刑，故戍卒延市。

甘肅省文物考古研究所等《居延新簡》　番和完城旦莊晏。

《考古》一九七二年第四期《東漢洛陽城南郊的刑徒墓地》　無任河南雒陽髡鉗金陵。

無任河南雒陽髡鉗趙巨元初六年閏月四日物故死。

無任陳留封丘髡鉗王勤元初六年閏月六日死。

右部無任少府若盧髡鉗尹孝永初元年五月四日物故死在此下。

右部無任南宛髡鉗陳便永初元年五月廿五日物故死在此下。

右部五任下邳下相髡鉗曹福代胡非永初元年六月廿六日物□。

右部無任清河厝髡鉗宋文永初元年五月十四日物故死在此下。

《考古》一九七二年第四期《東漢洛陽城南郊的刑徒墓地》　無任南陽武陰完城旦捐祖永初元年七月九日物故死在此下；

□部無任上黨復留完城旦王平永初元年四月□日物故死在此下；

右部無任江夏鄂完城旦謝郎永初元年七月一日物故死在此下。

《考古》一九七二年第四期《東漢洛陽城南郊的刑徒墓地》　右部無任沛國贊完城旦謝亥永初二年正月廿六日物故，第四官不負。

《考古》一九七二年第四期《東漢洛陽城南郊的刑徒墓地》　右部無任陳留俊儀完城旦張仲永初二年十月廿九日物故死在此下。

《考古》一九七二年第四期《東漢洛陽城南郊的刑徒墓地》　五任汝南南頓鬼新黄柏元初六年閏月二日死。

右部無任勉刑潁川潁陰鬼新范雍不能去留官屚致醫永初元年六月廿五日物故死在此下。

五任南陽魯陽鬼新胡生代路次元初六年閏月十四日死。

《考古》一九七二年第四期《東漢洛陽城南郊的刑徒墓地》　左無任南陽武陰完城旦委文永寧元年五月十二日死；

無任河南於陵完城旦李壽延光三年十二月十五日死左部。

（宋）李昉等《太平御覽》卷六五〇《刑法部・督》　《晉律》曰：　諸有所督罰，五十以下，鞭如令。平心無私而以辜死者，二歲刑。

《晉令》曰：　應受杖而體有瘡者，督之也。

束皙《勸農傳》曰：　乃有老閑舊猥，欺狡難覺，時雖被考，不過校督，歌對囹圄，笑向桎梏。

（清）沈家本《歷代刑法考・刑法分考十五・奴》　《隋志》：　開皇元年，定新律，唯大逆謀反叛者，家口没官。六年，詔免尉遲迥、王謙、司馬消難三道逆人家口之配没者，悉官酬贖，使爲編户。因除孥戮相坐之法。十六年，有司奏合州倉粟少七千石，命斛律孝卿鞫問其事，以爲主典所竊。復令孝卿馳驛斬之，没其家爲奴婢，鬻粟以填之。是後盜邊糧者，一升已上皆死，家口没官。

按：隋文帝始除孥戮之法，其後盜糧一升者家口没官，何其先後仁殘之懸絶也？其始沽名，其後任性。

（清）吴任臣《十國春秋》卷五八《南漢一·高祖本紀》〔天子〕用刑殘酷，果於殺戮。設湯鑊鐵牀諸具，有灌鼻、割舌、支解、刳剔、炮炙、烹蒸之法。間聚毒蛇水中，以罪人投之，謂之水獄。或投湯鑊之後，更加日爆，沃以鹽酢，肌體腐糜，尚能行立，久之乃死。至若鎚鋸互作，血肉交飛，寃痛之聲充沸庭廡，必垂簾便殿視之，垂涎呀呷，不覺朶頤。有司竢其復常，方引罪人而退，人以謂真蛟蜃也。【略】

論曰：予采南漢逸事，至先主每視殺人不勝其喜，復創爲水獄、湯鑊、鋸解、剥炙之刑，不禁掩卷歎曰：《十國世家》有云，牢牲視人，嶺蜑遭劉，豈虚語哉！

（清）梁廷楠《南漢書》卷一六《宦者傳》後主作燒、煮、剝、剔諸刑，令罪人搏虎擊象。

（清）梁廷楠《南漢書》卷六《後主紀》大海中生金鋑蜆，味殊珍異，後主取以自奉，私採者禁。作燒煮、剝剔、刀山、劍樹之刑，或令罪人鬥虎、抵象以爲笑樂，怨聲載道。

《遼史》卷七《穆宗本紀》〔應曆十八年〕三月庚戌，殺鶻人胡特魯、近侍化葛及監囚海里，仍剉海里之屍。

（清）李有棠《遼史紀事本末》卷三一《耶律伊遜之奸》〔大康〕七年冬十一月，伊遜坐以禁物鬻於外國，罪當死。詔擊以鐵骨朶，囚之來州。〔考異〕《本傳》作萊州。遼置，廢城在今錦州府甯遠州。《紀》作十二月辛未。《本傳》時下有司議，法當死。其黨雅克獨奏當入八議，得減死論。王易《燕北録》云，鐵骨朶，亦曰鐵爪。番呼髮靚。以熟鐵打作，八片虚合，或用柳木作柄，約長三尺，兩邊鐵裹。打數不過七下。又，沙袋以牛皮夾縫如鞋底，内盛沙半升，柄以木作胎，亦用牛皮裹，約長二尺。打數不過五百。《刑法志》云，沙袋者，穆宗時制。長六寸，廣二寸，柄一尺許。又有木劍大棒者，太宗時制。木劍面平背隆，大臣犯罪重，欲寬則擊之。其數三：自十五至三十；鐵骨朶之數，或五或七；有重罪者將決以沙袋，先於脽骨之上及四周擊之。又凡杖五十以上者，以沙袋決之。所載甚詳。

（明）沈德符《萬曆野獲編補遺》卷一《列朝·直諫奇刑》李忠文時勉初爲侍讀，以疏忤旨下獄。時永樂初年至二十一年，始釋得復官。已而洪熙改元，復上二疏，言人所不敢言。其一乞留中疏入，召問，對不屈，命金瓜士扑之。凡十七瓜而肋斷，恍惚中見有朱衣人庇之，曳出下獄。先是折肋内向不相續，及用挺紐斷，骨忽自接。至宣德初，以學士晋祭酒，至正統中，又以忤王振枷項，尋得釋告歸。此《李本傳》所紀也。又宣德間，有刑部主事郭循者，以開拓西内皇城，大興土木，極諫不可。上命以氈裹至大内，問之不屈，乃射傷其顱，血流被面，下錦衣獄。至正統改元，過恩宥復職。仕至廣東參政，卒於官。此見英宗史者，以仁、宣二聖神明。而二臣不免奇刑若此，李爲安福人，郭爲盧陵人，俱吉州産也。

《明英宗實録》正統五年冬十月〔丁丑〕行在户部郎中楊寧爲其子城武、主簿政託事於光禄寺典簿蔚能，事覺，罪當杖，詔枷示長安左右門及六部都察院門首各三日，以爲徇私者戒。

《明英宗實録》正統五年十二月〔乙亥〕司禮監火者賈麥兒以私事囑吏部尚書郭璡、户部尚書劉中敷，皆從之。事覺，上命宥璡、中敷，戒勿犯。麥兒送法司論如律，枷示於司禮監之新房。

《明英宗實録》正統六年三月〔癸卯〕行在大理寺卿王文等上于謙罪狀，坐謙徒，罰贖還職。上以狀示六科給事中，黨恭等言謙爲臣不忠，罪不止徒，遂并劾右都御史陳智及文等曲法庇謙。上命禁錮謙而宥智等。

《明英宗實録》正統六年三月〔甲子〕監察御史章珪等下獄。初有旨做工犯人起土填街，申丙等二十七人因便掘土於天地壇禁地，行在刑部以珪等係巡視等官，俱合究治。上命如律罪之，仍枷號丙、亨等於掘土之處。

《明英宗實録》正統九年十月〔己未〕謫監察御史李儼戍遼東鐵嶺衛。儼在光禄寺監收祭物，太監王振過之，怒儼應對不跪，遂下錦衣衛獄。已而謫之。

（明）沈德符《萬曆野獲編》卷一九《臺省·科道被三木》正統二年七月，行在福建道御史王學敏，納巡檢陳永證賂。托行在工部郎中崔鏞薦陞知縣，事發。上命杖一百，枷示各衙門三月，謫戍遼東邊衛。其年九月，兵科給事中金昭伯、户科給事中吴繪，俱受廷試明經儒士賂，輒入午門代爲文字。詔用大枷枷於長安門一月，發遼東充軍。事在一年兩月之内，臺瑣清班，俱膺三木。雖其罪皆自取，然辱言路甚矣。至正統六年，遂以枷項及大臣户部尚書劉中敷等，未幾復官視事，十二月又下獄。又未幾王振用事，遂及儒臣國子祭酒李時勉，戚臣駙馬都尉焦敬而極矣。天順復辟後，坐法荷校者，遂不可勝紀。蓋錦衣門達，動以詞事酷暴得上眷也。直至憲宗嗣位，而縉紳之禍稍解云。

《明武宗實録》正德三年六月〔癸未〕籍江西南康縣民吴登顯等三家。先是，設立西廠令太監谷大用領之，分遣邏卒四出刺民間陰事。登顯等遇端午爲競渡之戲，蓋江南舊俗也。邏卒歸報以爲擅造龍舟，遂罹此禍。自是四方傳聞，遠近大怖。偏州下邑見有華衣怒馬作京師語音者，輒相警告跼蹐。有司間夙密賂之，冀免奇禍，亦無賴子虚喝以售姦獲利者，天下皆重足屏息，嚣然喪其樂生之心矣。

《明世宗實録》嘉靖三年七月〔辛卯〕是時，大禮獄已處分，上怒猶未已。有言當戊寅朝罷，群臣業已散去，乃修撰楊慎、檢討王元正、給事中劉濟、安磐、張漢卿、張原、御史王時柯等七人寔糾之伏闕哭。上大怒，詔錦衣衛曰：楊慎輩倡率叫哭，〔欺〕慢〔君〕上，震驚闕廷，大肆〔悖〕逆，其各杖拎廷。拎是原〔狀〕〔杖〕死，慎、元正、濟充戍，磐、漢卿、時柯俱削籍爲民。

（明）沈德符《萬曆野獲編》卷一八《刑部·立枷》　三木囊頭自古有之，蓋如桎梏示辱耳。至唐酷吏，始有鳳凰晒翅，猿猴獻果諸名。亦用以一時拷訊耳。本朝枷號，始漸濫行。如正統間王振、正德間劉瑾二閹盗柄，始以重枷示威，至及士大夫。然亦未聞有立枷之説也。近來廠衛多用重枷，以施御囚。其頭號者，至重三百觔，爲期至二月，已百無一全，而最毒則爲立枷，荷此者不旬日必絶，偶有稍延者，命殀低三數寸，則頃刻殞矣。以余所見聞蓋不勝數，大抵皆因罪輕情重，設爲此法以斃之。或得罪禁廷，萬無可活之理。惟壬辰年之樂新爐，以及諸龍光，則實出聖意。命東廠速以死上聞，蓋痛恨游棍之流謗也。然自古無此慘刑，雖五代之立釘坐釘，無以過之。曾聞京師人云，倘非廠衛注意，及有仇家者，夜間竊雇乞丐，背承其尻，稍息足力。每日啖一生貓，亦可偷生，未知果否。凡枷未滿期而死，守者捂土掩之，俟期滿以請，始奏聞領埋。若值炎暑，則所存僅空骸耳。故談者謂酷於大辟云。嘉靖初年，神棍劉東山，告戚畹、張延齡兄弟大逆，錦衣帥王佐，力證其誣，反坐東山，用大枷三月發戍，未幾死。東山受恩反噬，其罪蓋浮於諸龍光。當時人心大快，佐以此得縉紳聞聲，然亦不云立枷。

（明）沈德符《萬曆野獲編》卷二一《禁衛·晝夜用刑》　嘉靖四十五年，户部主事海瑞上疏規切上過，已下錦衣拷問。刑部擬絞，其疏留中久不下。户部司務何以尚者疏請寛宥之，上大怒，杖之百，下錦衣鎮撫司獄，命晝夜用刑，初意用刑不問晝夜，不浹日必死矣。後以尚逢穆宗登極赦出，仕宦又二十餘年。心嘗疑之，以問前輩仕人，云此刑以木籠四而攢釘内向，令囚處其中，少一轉側釘入其膚，囚之膺此刑者，十二時中但危坐如偶人。噫，此亦不堪其苦矣。史謂以尚探知上無殺瑞意，故上此疏釣奇博名，且疏内云，臣已收買龍涎香若干，爲醮壇祝延聖壽之用，其詞諂佞，故上燭其奸，而深罪之。此史張江陵筆也，以尚後起從部郎得光祿寺丞。又外轉四川僉事，尋以考察降調，亦江陵意也。其後又從謫籍起爲南户部郎。時海瑞已拜南少宰，以尚欲與講鈞禮不許，大詬而出，不復再見。海亦不悔謝，蓋二人俱負氣士也。《五代史》記，閩臣薛文傑爲王鏻造檻車，謂古制疎略，乃更其制，令上下通中以鐵芒内向，動輒觸之，既成而首罹其毒。今何以尚所入者，正與此同。

《明神宗實録》萬曆十六年閏六月〔甲申〕南京河南道御史方萬山劾江西巡撫陳有年故違明旨，遏糴殃民。部議謂：該省大祲，本官用心良苦，且清望素著，擬留用。上怒其故違，奪秩。兵科左給事中胡汝寧疏救，不聽。

《明熹宗實録》天啓五年十二月〔辛巳〕四川道御史倪文焕疏叅吏部尚書李宗延刑部侍郎朱世守爲東林渠魁，太常寺少卿金世俊爲左光斗、魏大中私人，前任吏部賣官受賄，贓迹有據，江西按察使米萬鍾出淮撫李三才門下，且與盗伐陵樹趙剛爲至親，薊州道右叅議王繼謨爲王之寀私黨，貪婪素著，乞俱罷斥。得旨：朱世守已有旨了，金世俊爲左光斗、魏大中私人，賣官贓迹有據，趙剛盗伐皇陵神樹，已經處分，米萬鍾係剛至親，又出李三才門下，王繼謨爲王之寀私黨，貪婪素著，都著削了籍爲民當差，仍追奪誥命。内金世俊行彼處撫按提問追贓，以助大工。

《明熹宗實録》天啓六年閏六月〔己巳〕河南巡按楊維垣奏問過犯官李若星、霍振芳、余思明等遣戍，并徒杖有差。得旨：是李若星誥命已經追繳，其霍振芳，余思明并著一體追奪。

中國第一歷史檔案館《滿文老檔》天聰三年十一月 十一日，在駐營地科爾沁蒙古兵殺一降民，劫其衣。汗聞之，命執其人，親以鳴鏑射之。

中國第一歷史檔案館《盛京原檔》一八〇號 崇德三年七月十一日，篇古旗下莽庫築屏城時工程落後，工部部員驗視後謂莽庫云：爾工程雖落後，勿得趕工，需好生謹築。然莽庫連夜趕工，致使城坍。莽庫應鞭一百，罷管牛録，償還城工及灰石。奏聞，上命：將莽庫囚禁三日兩夜。

篇古旗巴圖魯窩黑築屏城時修城竈，工部部員驗視後謂巴圖魯窩黑：土質惡，要用好土修。巴圖魯窩黑未用好土修築，以摻沙壞土修之，致城坍，罪一。屏城一側第四臺之墻垣夯土不實，以致頹毁六庹，罪二。巴圖魯窩黑應鞭一百，革職，償還城竈。奏聞，上命：將巴圖魯窩黑囚禁三日兩夜。

正白旗班布里催督夯土工程，其所築藩城一側第五臺墻垣西側角墻頹毁六庹，班布里應鞭一百。奏聞，上命：將班布里囚禁三日兩夜。

中國第一歷史檔案館《盛京原檔》一八〇號 崇德三年七月十一日，拜尹圖旗喀喀木，馬光遠旗崔英泰督催城工，所築屏城一側墩臺墻垣周長比定制少七庹四尺，墻厚少一尺，墻高矮三尺一拃，溝口短二尺，溝深淺一庹二尺。故擬喀喀木、崔英泰各鞭一百。奏聞，上命：囚禁三日兩夜。

杜雷旗宜希達、石廷柱旗李茂督催城工，所築屏城一側墩臺墻垣周長比定制少六庹四尺，墻厚少一尺一拃，墻高矮一尺，溝深淺一庹。故擬宜希達、李茂各鞭一百。奏聞，上命：宜希達、李茂囚禁三日兩夜。

鑲白旗闞泰督催城工，所築藩城一側第五墩臺墻垣門之西角墻夯土不實，坍毁六庹，罪一。該第五墩臺夯土未實，致坍毁十庹，罪二。故擬闞泰鞭一百。奏聞，上命：囚禁三日。

藩城第五墩臺之墻垣，拜尹圖旗拖特退督催之施工處坍毁九庹，達爾哈額駙旗拜庫達督催施工處坍毁八庹，故擬拖特退、拜庫達各鞭一百。奏聞，上命：各囚禁三日。

杜雷旗安達里牛録分得撥什庫訥琴督催城工，所築藩城第一墩臺墻垣門之兩甕圈頹毁，北邊兩甕圈開裂頹毁。篇古旗溫扎督催施工之第三墩臺墻垣漢軍所築角墻南邊毁壞兩庹。故擬訥琴、溫扎各鞭一百。奏聞，上命：各囚禁三日。

達爾哈額駙旗蘇爾都督催所築藩城第一墩臺墻垣門之兩甕圈頹毁，罪一。屏城一側墻之周長比定制少四庹四尺，墻厚少一拃，墻高矮三尺，溝深淺一庹半。故擬蘇爾都鞭一百。奏聞，上命：囚禁三日。

石廷柱旗諶圖督催所築屏城一側墩臺墻之周長比定制少四庹四尺，墻厚少一拃，墻高矮三尺，溝深淺一庹半。故擬諶圖鞭一百。奏聞，上命：囚禁三日。

中國第一歷史檔案館《盛京原檔》一八〇號 崇德三年七月十一日，正白旗拉薩里、馬光遠旗法克素督催城工，所築屏城一側墩臺圍墻周長較定制少七庹一拃，墻厚少一拃五分，墻高矮二尺，又因小石子未挖溝，故擬拉薩里、法克素各鞭一百。奏聞，上命：拉薩里、法克素俱餓禁三日兩夜。

篇古旗布喀、石廷柱旗宋仁督催城工，所築屏城一側墩臺墻垣周長較定制少六庹，墻厚少一尺，墻高矮一拃，溝口短一尺，溝深淺一庹一尺一拃。故擬布喀、宋仁各鞭一百。奏聞，上命：餓禁三日兩夜。

中國第一歷史檔案館《盛京原檔》一八〇號 崇德三年七月十一日，鑲白旗伊拉尼、石廷柱旗梁五督催城工，所築屏城墩臺墻垣周長比定制少四庹四尺一拃，墻厚少一尺一拃，墻高矮二尺。故擬伊拉尼、梁五各鞭一百。奏聞，上命：餓禁三日兩夜。

中國第一歷史檔案館《盛京原檔》一八一號 崇德三年七月十七日，正黄旗和碩額駙額爾克戴青偕巴圖魯詹與妓狎，解朝帶與之。巴圖魯詹曰：我欲將在朝鮮所獲馬匹、人口贈妓。於是，額爾克戴青亦曰：我亦取而贈之。巴圖魯詹將此事奏聞，付法司鞫之，審實。額爾克戴青應革世職，以別子承襲，和碩格格離居，不許侍上左右，仍罰銀一百兩。奏聞，上命：集諸親王、郡王、貝勒、貝子、固山額真及承政於大政殿會議。議曰：仍照前例辦理。奏聞，上命：免額爾克戴青罪，餓禁兩晝夜。

中國第一歷史檔案館《盛京原檔》一八五號 崇德三年八月初三日，鑲藍旗喀喇沁牛録章京阿哈乘夜毁邊寨潛逃，爲同去之巴布代訐於法司，經審屬實，阿哈應論死。奏聞，上命：免阿哈死，餓禁三日。

中國第一歷史檔案館《盛京原檔》一九〇號 崇德三年八月十八日，

鑲黃旗庫魯克達爾漢牛録下希達奏稱：托訥挾仇，離散我妻，配與伊牛録下巴達什。上命固山額真吴賴鞫之。吴賴私受有罪之人托訥一駝，指教希達曰：爾自認詞虚，其罪尚輕；若云托訥離散，則罪必重。庫魯克達爾漢亦受托訥一馬。希達復告於刑部，經審皆實。因議托訥鞭一百，貫耳鼻，出一婦人與巴達什，將巴達什所娶希達妻仍給希達。吴賴應解固山額真任，籍其家，庫魯克達爾漢應罰銀一百兩。吴賴所受一駝、庫魯克達爾漢所受一馬，俱斷給希達。奏聞，上命：托訥罷管移營蒙古，鞭一百及貫耳鼻之罪準折贖，罰銀四十二兩三錢，罰托訥一婦人給巴達什，巴達什所娶之婦仍歸希達。吴賴所取一駝，庫魯克達爾漢所取一馬，準給希達。吴賴、庫魯克達爾漢餓禁三日，仍俱坐竊盜罪。

中國第一歷史檔案館《盛京原檔》一九〇號　崇德三年八月十九日，鑲紅旗松格里、李國基，鑲白旗宜漢，正藍旗齊爾格申、充什喀、馬福，正白旗扎努，武爾噶納，正紅旗格穆布禄、李長順、何伯舍，正黄旗胡什察漢、胡鈕、郭道，鑲藍旗董阿密、薩拉布、邵廣弼等十七名章京所督築之蓋州一側之墩臺、墻垣、壕溝不合定制，夯土不實，以致坍毁。故十七章京應各鞭一百。奏聞，上命：俱餓禁三日。

中國第一歷史檔案館《盛京原檔》二二六號　崇德三年九月二十八日，駐防瀋城首領鑲藍旗額蒙格既知逃人逃亡，而未出城於邊口堵截，十六日既聞十五日未獲逃人之消息，又未將此情告於本城前往追拿逃人之阿固達、納齊喀、碩倫，而額蒙格亦未往。額蒙格應鞭一百，革世職。駐防開城扎福尼既聞逃人逃走，未往邊口堵截，亦未拴繫知蹤迹之人馬匹，致使缺位，聞十五日晚逃人出逃消息，未即告於盛京專往追拿逃人之正黄旗得特，故扎福尼應鞭一百，革職。奏聞，上命：各餓禁三日。

中國第一歷史檔案館《盛京原檔》二〇四號　崇德四年五月初七日，往略松山下殘令每旗章京一、每牛録披甲一前去取米，又令搗米處每旗章京、每牛録甲士回家取砲子：爾等於遠處停留，彼等去遠，爾等取米送來，不得亂行相會。違令，鑲紅旗胡什塔牛録一甲士回家，搗米一撥什庫返回其班。以悖旨故，取米章京闊爾郭利鞭一百，搗米章京鍾郭不知有旨，它旗無例，如何處理，故應鞭七十，牛録章京胡什塔以別旗無例，令撥什庫來，又寄信令取米披甲人前去，故應鞭七十。奏聞，上命：闊爾郭利餓禁兩晝夜，罰以規定之罪，鍾郭、胡什塔各餓禁兩晝夜。

中國第一歷史檔案館《盛京原檔》二〇四號　崇德四年五月十四日，自土默特扎薩袞薩穆巴達爾漢來的喀爾喀人，送鑲紅旗布顔代馬二、正白旗古魯馬一、鑲黄旗喀喇沁之巴特瑪馬一，而未向部員呈明即收受。以此，俱以竊盜罪罰之。奏聞，上命：布顔代罰以規定之罪，古魯、巴特瑪宥其罪，部員取其馬。【略】

圍困松山時，兵部參政昂邦章京穆成格、副理事官巴爾泰、阿爾機闐、唐貴設置卡倫而未奏上，故昂邦章京穆成格罰銀百兩，巴爾泰、阿爾機闐、唐貴各鞭五十，卡倫章京鑲白旗夏克撒尼、正藍旗包依渾、鑲藍旗阿穆達里、鑲紅旗施哈里，此四章京未將此問明兵部即脱滑駐扎，故各鞭一百。奏聞，上命：卡倫四章京之罪俱宥之，昂邦章京穆成格、巴爾泰、阿爾機闐、唐貴各圈禁二日。

中國第一歷史檔案館《盛京原檔》二二一號　崇德四年六月二十日，鑲白旗薩哈納未架起雲梯，罪一。將雲梯丢棄，而未攜至，罪二。將色紐克牛録下兵丁遺骸棄而未取，罪三。薩哈納應鞭一百，貫耳鼻。德辛特其汛地先被掘壕溝，罪一。未架起雲梯，罪二。將雲梯丢棄，而未攜至，罪三。德辛特應鞭一百。貫耳鼻。鑲紅旗阿什圖其汛地前次曾被掘壕溝，而未追擊挖壕之敵，阿什圖應鞭一百，貫耳鼻。正藍旗耿格見敵人前來其汛地，退縮而未追，耿格應鞭一百，貫耳鼻。吴納金見敵前進至其汛地，退縮而不追擊，罪一。未架起雲梯，罪二。將雲梯丢棄，而未攜至，罪三。吴納金應鞭一百，貫耳鼻。鑲白旗薩璧圖，未架起雲梯，罪一。將雲梯丢棄，而未攜至，罪二。曾往查掘壕之處，但未驗實，罪三。怠惰逃避，且與喀木戚哈爭鬥，罪四。置哨探而未奏上，罪五。薩璧圖應鞭一百，革職。奏聞，上命：俱餓禁三日，準贖身。

正藍旗鄂内未架起雲梯，應鞭八十。阿機拜未架起雲梯，應鞭六十，革世職。隋赫德未架起雲梯，應鞭六十，革世職。鑲紅旗阿拉木未架起雲梯，應鞭八十。阿囊噶未架起雲梯，應鞭八十。鑲白旗巴顔未架起雲梯，應鞭八十。正白旗冬古爾未架起雲梯，應鞭六十，革世職。鑲藍旗窩黑巴圖魯未架起雲梯，應鞭六十，革世職。塔哈布未架起雲梯，應鞭六十，革世職。奏聞，上命：俱餓禁三日。

中國第一歷史檔案館《盛京原檔》二一五號　崇德四年七月初九日，前次，正白旗翁凱見敵來犯其汛地，臨陣脫逃，翁凱應鞭一百。奏聞，上命：將翁凱囚禁三日，罰以規定之罪。

馬光遠旗郎紹禎於攻松山城時，未竪雲梯，罪一。又將雲梯丢棄而未攜至，罪二。郎紹禎應鞭一百，革世職，奏聞，上命：將郎紹禎囚禁三日，罰以規定之罪。

馬光遠旗佟泰於攻松山時，未竪雲梯，罪一。又將雲梯丢棄而未攜至，罪二。佟泰應鞭一百，奏聞，上命：囚禁三日，罰以規定之罪。

馬光遠旗王克明於攻松山時，未竪雲梯，罪一。又將雲梯丢棄而未攜至，罪二。王克明應鞭一百，奏聞，上命：將王克明囚禁三日，罰以規定之罪。

馬光遠旗孫應於攻松山時，未竪雲梯，罪一。又將雲梯丢棄而未攜至，罪二。孫應應鞭一百，奏聞，上命：將孫應囚禁三日，罰以規定之罪。

中國第一歷史檔案館《盛京原檔》二一五號　崇德四年七月初九日，正白旗得穆圖見敵來犯其汛地，臨陣脫逃，得穆圖應論死。奏聞，上命：免得穆圖死，罰贖，拴縶十五日，囚禁三日。

正白旗牙布喀於攻松山時，未將雲梯置於指授之處，罪一。未竪雲梯，罪二。牙布喀應論死。奏聞，上命：免牙布喀死，罰贖，拴縶十五日，囚禁三日。

正紅旗法譚於內側坐堆子，敵人後次夜出，掘壕未覺，天明後已見敵人，追而未獲。法譚應論死，籍家。奏聞，上命：免法譚死，罰贖，拴縶十五日，囚禁三日。

鑲紅旗下泰什喀於內側坐堆子，敵人後次夜出，掘壕未覺，罪一。天明後已見敵人，追而未獲，罪二。泰什喀應論死，籍家。奏聞，上命：免泰什喀死，罰贖，拴縶十五日，囚禁三日。

中國第一歷史檔案館《盛京原檔》二一五號　崇德四年七月初九日。鑲藍旗葉勒申汛地先曾被掘一壕，後於內側遣人坐堆子，敵人夜出掘壕又不覺，天明後，追敵亦未獲。葉勒申應論死，籍家。奏聞，上命：免葉勒申死，罰贖，拴縶一月，餓禁三日。

正紅旗庫塞訥汛地先曾被掘一壕，後敵復夜出，掘深壕未覺，天明後追敵未獲。庫塞訥應論死籍家。奏聞。上命：免庫塞訥死，罰贖，拴縶一月，餓禁三日。

正白旗班布里於攻松山時，未將雲梯置於指授之處，而緊接鑲白旗處，罪一。未竪雲梯，罪二。將雲梯丢棄而未攜至，罪三。置哨探事，未經奏上，罪四。往視掘壕處未能驗實，且耽延時日，罪五。有此五罪，班布里應論死。奏聞，上命：免班布里死，罰贖，拴縶一月，餓禁三日。

鑲紅旗畢禮克圖遣人伏於松山城闉一角，日間一敵騎自城出探，竟未察覺，罪一。後敵人乘夜掘壕亦未覺，罪二。天明後追敵亦未獲，罪三。有此三罪，畢禮克圖應論死。奏聞，上命：免畢禮克圖死，罰贖，拴縶一月，餓禁三日。

中國第一歷史檔案館《盛京原檔》二一五號　崇德四年七月初九日，石廷柱旗魏齊、王格於攻松山時，未竪雲梯，應鞭八十。奏聞，上命：王格、魏齊各餓禁三日。

中國第一歷史檔案館《盛京原檔》二一八號　崇德四年七月十五日，出兵錦州時，上命架橋。護軍統領索爾果令伊爾都齊守門，伊爾都齊拒命，離開防守之處而去。伊爾都齊應鞭一百，解甲喇任，仍罰當差。索爾果雖令伊爾都齊守衛，然其未留，致使守衛皇上之處缺值，索爾果世職應俱削革，鞭一百，仍罰當差。奏聞，上命：索爾果、伊爾都齊俱餓禁三日。

中國第一歷史檔案館《清初內國史院滿文檔案譯編》崇德七年九月初二日，多羅安平貝勒薨後月餘，有房婢自縊死。法司議，誠欲殉葬，當與貝勒同死，何至剪髮日久乃縊？明係爲福晉所逼，福晉應論死。奏聞，上命福晉餓禁三晝夜。

《清仁宗實録》嘉慶四年四月〔甲寅〕諭內閣：刑部審訊和珅家奴劉全，太監呼什圖等，分別定擬一摺。劉全、呼什圖等，以下賤家奴太監，倚藉和珅聲勢，招搖受賄，婪索多贓，恣肆妄行，目無法紀。今刑部將該二犯俱按律問絞監候，所議雖是，但朕辦理此案，以和珅之蠹國病民，專擅狂悖，尚且法外施恩，賜令自盡。況其家奴太監，祇係狐假虎威，倚勢營私，情同爲從，自應稍從末減。且即照刑部所擬辦理，將來秋審時亦不予勾，而該二犯仍令監禁，轉得安坐囹圄，支食囚糧。本案雖已辦結，而留犯在監，猶恐無識之徒，從中搜剔，又復妄疑留查寄頓，别生枝節。劉全、呼什圖，俱著從寬發往黑龍江，給索倫達呼爾爲奴，遇赦不赦，其擬發駐防爲奴之劉印、劉陔、王平、方二、張五、方大、胡六、方四、周七等犯，俱著依擬分發廣東福建省分，給駐防兵丁爲奴，不許發往近畿腹地。此數人如有脱逃頂替等項情獘，一經發覺，即行正法。自此定案之後，斷不許摭拾浮言，復事吹求，必欲陷朕等於貪利之主，是欲爲和珅報復矣。諒諸臣亦不忍爲也。

贖罰部

論說

（明）丘濬《大學衍義補》卷一〇五《愼刑憲·明流贖之意》　《舜典》曰：金作贖刑。

朱熹曰：金作贖刑者。使之入金而免其罪，所以贖夫犯鞭朴之刑，而情又輕者也。

或問朱熹曰：贖刑非古法歟？曰：古之所謂贖刑者，贖鞭朴耳。夫既已殺人、傷人矣，又使之得以金贖，則有財者皆可以殺人傷人，而無辜被害者，何其大不幸也。且殺人者安然居乎鄉里，彼孝子順孫之欲報其親者，豈肯安於此乎。所以屏之四裔，流之遠方，彼此兩全之也。

（宋）黎靖德《朱子語類》卷七八《尚書·舜典》　五流所以寬五刑，贖刑又所以寬鞭扑之刑。石林說亦曾入思量。鄭氏說則據他意胡說將去爾。廣。

古人贖金，只是用於鞭、扑之小刑而已，重刑無贖。到穆王好巡幸，無錢，便遂造贖法，五刑皆有贖，墨百鍰，劓惟倍，剕倍差，宮六百鍰，大辟千鍰。聖人存此篇，所以記法之變。然其間亦多好語，有不輕於用刑底意。淳。

（宋）羅泌《路史》卷一八《後紀·高辛氏》　訓夏贖刑，而書不續。又再世懿益衰，詩人遂刺。又五世幽王不道，死於驪山之下。申侯立平王而東遷，黍離遂作。

（唐）虞世南《北堂書鈔》卷四四《刑法部·贖刑五》　金作贖刑，《書·舜典》云。誤者之試，張斐律序云：贖罰誤者之試。墨辟疑赦，其罰百鍰；剕辟疑赦，其罰惟倍；宮辟疑赦，其罰六百鍰；大辟疑赦，其罰千鍰。甲兵贖死，【略】贖死金二斤；贖囚金四兩。諸侯不敬皆贖論。八議得減皆收贖，已上並《晉律》。入錢五十萬，減死。《漢武帝紀》天漢四年秋九月，令死罪入贖錢五十萬，減死罪一等。買爵三十級，免罪。《漢書·惠帝紀》云：民有罪得買爵三十級，以免死罪。按應劭曰：一級直錢二千，凡為六萬。若今贖罪入三十疋縑矣。師古曰：令出買爵之錢，以贖罪。補。

（元）馬端臨《文獻通考》卷一七一上《刑考·贖刑》　虞舜，金作贖刑。金，黃金。誤而入刑，出金以贖罪。《周官·職金》掌受士之金罰、貨罰入於司兵。給治兵及工直也。貨，泉貝也。罰，贖也。《書》曰金作贖刑是也。穆王呂刑，墨辟疑赦，其罰百鍰，閱實其罪。劓辟疑赦，其罰惟倍，閱實其罪。剕辟疑赦，其罰倍差，閱實其罪。宮辟疑赦，其罰六百鍰，閱實其罪。大辟疑赦，其罰千鍰，閱實其罪。註並見《刑制門》。

蔡氏曰：舜典之金作贖刑，蓋官府學校鞭扑之刑爾。夫刑莫輕於鞭扑，入於鞭扑之刑，而又情法猶有可議者，則是無法以治之，故使之贖，特不欲遽釋之也。五刑之寬，惟處以流；鞭扑之寬，方許其贖。今穆王贖法，則皆及五刑，雖大辟亦許其贖免矣。漢張敞以討羌兵食不繼，建為入穀贖罪之法，初亦未嘗及夫殺人及盗之罪，而蕭望之等，猶以為如此則富者得生，貧者獨死，恐開利路，以傷治化。曾謂唐虞之時而有是贖法哉？愚論見《刑制門》。

（清）孫星衍《尚書今古文注疏》卷二七《呂刑》　罰懲非死，人極于病。

疏：懲者，鄭注《表記》云，謂創乂，極與劇聲相近，《文選·北征賦》注，引《說文》：劇，一曰甚也，言罰者謂五刑之四，及罰鍰也。罰所以懲創之，非欲其死，而人已苦于病矣。言當深愼，斷者不可以復續也。王應麟《藝文志考》云，漢世諸儒所引《尚書》異字曰，罰懲非死，佞極于病。或今文《尚書》。今未檢得所出書，故不以爲注。

（清）皮錫瑞《今文尚書考證·呂刑》　墨辟疑赦，其罰百鍰，閱實其罪。今文墨作黥，鍰作率。《史記》曰：黥辟疑赦，其罰百率，閱實其罪。徐廣曰：率即鍰也，音刷。《索隱》曰：舊本率亦作選。鍰一作饌。《大傳》曰：禹之君民也，罰弗及强而天下治。一饌六兩。古文《尚書》作其罰百鍰，《僞孔傳》云：六兩曰鍰。鍰，黃鐵也。《釋文》云：鍰，户關反，六兩也。鄭及《爾雅》同。《說文》云：亦〔從段氏訂。〕鋝也。鋝，十一〔二〕銖二十五分銖之十三也。馬同，又云：賈逵說：俗儒以鋝重六兩。《周官》劍重九鋝，俗儒近是。王鳴盛說：馬既不從古文家，而於俗儒六兩亦但云近是引《周禮》劍重九鋝爲證。《考工記・桃氏》爲劍，上制重九鋝，中制七鋝，下制五鋝。彼《注》以九鋝爲三觔十二兩，七鋝爲二觔十四兩三分兩之二，五鋝爲二觔一兩三分兩之一。十六兩爲一觔，則鄭意以一鋝爲六兩太〔一〕半兩。《考工記》又有《冶氏》弋、戟重三鋝。彼《注》云：許叔重《說文解字》云：鋝，鍰也。今東萊稱或以大半兩爲鈞，十鈞爲鍰，鍰重六兩大半兩。鍰、鋝似同矣，則三鋝爲一觔四兩。又《弓人》膠三鋝。彼《注》云：鋝，鍰也。彼《疏》云：《尚書》其罰百鍰等言鍰，此與《冶氏》言鋝，鋝與鍰爲一物，皆是六兩大半兩也。據此諸文，知鄭意以鍰即是鋝，其數當爲六兩大半兩，必與馬合也。《說文・金部》云：鋝，十一銖二十五分銖之十三也。從金寽聲。《周禮》曰：重三鋝。北方以二十兩爲三〔二〕鋝。又云：鍰，鋝也。從金爰聲。《周書》曰：罰百鍰。《說文》編字，以類相從，鋝與鍰文雖異，而義則同，故連比編之。鋝見《周禮》，故於鋝下引《周禮》爲證；鍰見《周書》，故於鍰下引《周書》爲證。雖分兩經，其義是一。故云：鍰，鋝也。鄭既從之以解《考工記》，馬注《尚書》又與之同，則其說不可易也。十一銖二十五分銖之十三，此本《尚書》古文家說鍰字之義，非鋝字之訓，今乃入之鋝字，聊存古義。其下即繼以二十兩爲三鋝，然後次以鍰字，則許意以鍰即是鋝，俱爲六兩大半兩明矣。今文家說雖脫去大半兩，但云六兩，猶爲近之，較古文家言一鍰十一銖二十五分銖之十三，百鍰僅爲銅三觔，可贖黥面之罪，推之大辟，亦只用銅三十觔可贖死罪，有是理乎？案：王說是也。此古文說不及今文說之一證。今文但言六兩，舉成數耳。鍰作選。《漢書・蕭望之傳》張敞曰：《甫刑》之罰，小過赦，薄罪贖，有金選之品。應劭曰：選音刷，金銖兩名也。師古曰：音刷是也。字本作鋝，鋝即鍰也，其重十一銖二十五分銖之十三，一曰重六兩。王鳴盛說：《史記・平準書》有白選，蘇林：音選擇之選。包愷及劉氏：音息戀反。《尚書大傳》死罪罰千饌，《漢書・食貨志》作撰，音同。或作率，或作選、饌，撰，皆鋝之異文，音近而假借也。一作墨罰疑赦，其罰百率。夏侯、歐陽說：墨罰疑赦，其罰百率。古以六兩爲率。《大傳》曰：非事而事之，出入不以道義，而誦不詳之辭者，其刑墨。《白虎通》曰：墨者，法火之勝金。墨者，墨其額也。《刑德放》曰：墨象斗度。錫瑞謹案：墨辟，夏侯、歐陽作墨罰，則三家今文於下文劓、臏、宮、大辟等句辟字皆當作罰，不以爲五刑而以爲五罰也。今文家所以作罰者，蓋肉刑始於苗民，堯、舜之時未可盡廢，乃以畫象代之，所謂象以典刑是也。至夏后始正用肉刑，然亦未嘗輕用，乃制罰以贖罪。《大傳》云：語曰：夏后氏不殺不刑，罰有罪而民不輕犯。揚子雲云：延于苗民，夏氏不寧。《書序》以此篇爲訓夏贖刑，蓋五刑不輕用，而但用罰。故今文家不云墨辟，而云墨罰。若罪可疑，則並不罰，赦之而已，故云墨罰疑赦。其不可赦者，乃罰之六百兩，故云其罰百率。推之下文劓、臏、宮、大辟，其說當同。夏侯、歐陽作罰，較古文家作辟爲長。《史記》作黥辟，或所據本異，或後人以古文改之也。

《周禮注疏》卷三六《秋官司寇・職金》曰：掌受士之金罰貨罰入于司兵。給治兵及工直也。貨，泉貝也。罰，罰贖也。《書》曰金作贖刑。贖，常戍反，下同，一音蜀。

賈公彥疏：掌受至司兵，釋曰云，掌受士之金罰者，謂斷獄訟者，有疑即使出贖，既言金罰，又曰貨罰者，出罰之家，時或無金即出貨以當金直，故兩言之。注給治至贖刑。釋曰云：貨，泉貝也者，《漢書・食貨志》云：王莽時有貨布大泉及貨貝。故知貨中泉貝兩有也。云《書》曰者，《舜典》文《呂刑》云墨罰疑赦，其罰百鍰。《考工・冶氏》云：戈戟重三鋝，夏侯歐陽說云墨罰疑赦，其罰百率。古以六兩爲率，古《尚書》說百鍰。鍰者，率也。一率十一鐵二十五分銖之十三也。百鍰爲三斤。鄭玄以爲古之率多作鍰。鄭注《冶氏》云，許叔重《說文解字》云：鋝，鍰也。今東萊稱或以大半兩爲鈞，十鈞爲鍰，鍰重六兩大半兩。若然鍰鋝一也，言大半兩是三分兩之二。鄭意以此爲正，故不從諸家以六兩爲鍰。且古者言金。金有兩義，若相對而言，則有金銀銅鐵爲異。若散而言之揔謂之金，是以《考工記》云：六分其金，而錫居一之等，皆是銅。是以《禹貢》揚州云貢金三品，孔以爲金銀銅，鄭以爲銅三色，是對散有異。但古出金贖罪，皆據銅爲金，若用黃金百鍰，乃至大辟千鍰，無濟之理。

（三國魏）王肅《孔子家語》卷二《致思》魯國之政法贖人臣妾于諸侯者，皆取金於府。子貢贖之辭而不取。孔子聞之曰：賜失之矣，夫聖人舉事也，可以移風易俗，而教導可以施之於百姓，非獨適身之行也。今魯國富者寡而貧者衆。贖人受金則爲不廉，則何以相贖乎。自今以後，魯人不復贖人法於諸侯矣。

（明）丘濬《大學衍義補》卷一〇五《慎刑憲・明流贖之意》《呂刑》曰：墨辟疑赦，其罰百鍰，六兩曰鍰。閱實其罪。閱視也實其罪。劓辟疑赦，其罰惟倍，二百鍰也。閱實其罪。剕辟疑赦，其罰倍差，倍而又差，五百鍰也。閱實其罪。宮辟疑赦，其罰六百鍰，閱實其罪。大辟疑赦，其罰千鍰，閱實其罪。

蔡沈曰：皋陶謂罪疑惟輕者，降一等而罪之耳。今五刑疑赦，直罰之以金，是大辟、宮、剕、劓、墨，皆不復降等用矣。舜之贖刑，官府學校鞭朴之刑耳。夫刑莫輕於鞭朴，入於鞭朴之刑而又情法猶有可議者，則是無法以治之，故使之贖，特不欲遽釋之也。而穆王之所謂贖，雖大辟亦贖也。舜豈有是制！

（明）王圻《稗史匯編》卷七四《贖》 《世本》曰，夏作贖刑。《吕刑》穆王訓夏贖刑，則贖刑疑書名也。《舜典》曰，金作贖刑。注謂誤而入刑，出金以贖罪，蓋始于虞氏也。

（清）沈家本《歷代刑法考・刑法分考十六・贖》 《虞書》：金作贖刑。傳：金，黄金。誤而入刑，出金以贖罪。《正義》曰：此以金爲黄金。《吕刑》其罰百鍰，傳爲黄銕，俱是贖罪而金、銕不同者，古之金、銀、銅、銕總號爲金，别之，四名耳。此傳黄金，《吕刑》黄銕，皆是今之銅也。古之贖罪者皆用銅，漢始改用黄金，但少其斤兩，令與銅相敵，故鄭玄《駁異義》言贖死罪千鍰。鍰，六兩大半兩，爲四百一十六斤十兩大半兩銅，與金贖死罪金三斤爲價相依附，是古贖罪皆用銅也。實謂銅，而謂之金銕，知傳之所言謂銅爲金銕耳。漢及後魏贖罪皆用黄金，後魏以金難得，合金一兩收絹十匹。今律乃復依古，死罪贖銅一百二十斤，於古稱爲三百六十斤。孔以鍰爲六兩，計千鍰爲三百七十五斤，今贖輕於古也。誤而入罪，出金以贖，即律過失殺傷人，各依其狀以贖論是也。《吕刑》所言疑赦乃罰者，即今律疑罪各從其實以贖論是也。疑，謂虚實之證等，是非之理均，或事涉疑似，旁無證見，或雖有證見，事涉疑似，如此之類，言皆爲疑罪，疑而罰贖，《吕刑》已用。言誤而輸贖，於文不顯，故此傳指言誤而入罪以解此贖。鞭扑加於人身，可云扑作教刑，金非加人之物，而言金作贖刑，出金之與受扑，俱是人之所患，故得指其所出以爲刑名。蔡傳：贖其罪也，蓋罪之極輕，雖入鞭扑之刑而情法猶有可議者也。據此經文，則五刑有流宥而無金贖，《周禮・秋官》亦無其文，至《吕刑》乃有五等之罰，疑穆王始制之，非法之正也。蓋當刑而贖則失之輕，疑赦而贖則失之重，且使富者幸免，貧者受刑，又非所以爲平也。朱子曰：金作贖刑者，使之入金而免其罪，所以贖，夫犯鞭扑之刑而情又輕者也。

馬融曰：意善功惡，使出金贖罪，坐不戒慎者。《史記・五帝本紀・集解》。江聲曰：意善功惡者，功謂事也，謂意本無惡而所爲之事或不戒慎而有傷害，縱之則無所懲，刑之則恐枉濫，姑使出金贖之，故云坐不戒慎者。《尚書集注音疏》。

《尚書大傳》：夏后氏不殺不刑，死罪罰二千饌。《史記・平準書・索隱》。禹之君民也，罰弗及强而天下治。一饌，六兩。注：所出金鐵也。死罪出三百七十五斤，用財少爾。《路史・後紀》十三《夏后氏紀》引《甫刑傳》。陳壽祺《大傳定本》案：饌，他本作譔，非。惟震澤王氏《史記》本不誤。鄭注：三百七十五斤，適合千饌六千兩之數。《索隱》引《大傳》二字當衍。

《周禮・秋官・職金》：掌受士之金罰貨罰，入于司兵。注：給治兵及工直也。貨，泉貝也。罰，罰贖也。《書》曰金作贖刑。疏云：掌受士之金罰者，謂斷獄訟者有疑即使出贖。既言金罰又曰貨罰者，出罰之家，時或無金，即出貨以當金直，故兩言之。金有兩義，若相對而言，則有金、銀、銅、鐵爲異，若散而言之，總謂之金。但古出金贖罪，皆據銅爲金，若用黄金百鍰，乃至大辟千鍰，無齊之理。

按：《夏官》司兵掌五兵五盾，各辨其物與其等，以待軍事，是司兵掌五兵者。此金罰入于司兵，當即以此金治兵器。孔疏言古者贖罰，據銅爲金，其説頗有據，鄭云給治兵及工直者，金以治兵，貨以給直也。

《吕刑》序：吕命穆王訓夏贖刑。傳：吕侯以穆王命作《書訓》，暢夏禹贖刑之法，更從輕以布告天下。疏：經言陳罰贖之事，不言何代之禮，故序言訓夏，以明經是夏法。王者代相，革易刑罰，世輕世重。殷以變夏，周又改殷。夏法行於前代，廢已久矣，今復訓暢夏禹贖刑之法，以周法傷重，更從輕以布告天下。以其事合於當時，故孔子録之以爲法。《周禮・職金》掌受士之金罰貨罰，入于司兵，則周亦有贖刑，而遠訓夏之贖刑者，《周禮》惟言士之金罰，人似不得贖罪，縱使亦得贖罪，贖必異於夏法，以夏刑爲輕，故祖而用之。

《吕刑》：墨辟疑赦，其罰百鍰，閲實其罪。刑疑則赦，從罰。六兩曰鍰。鍰，黄鐵也。閲實其罪，使與罰各相當。劓辟疑赦，其罰惟倍，閲實其罪。倍百爲二百鍰。剕辟疑赦，其罰倍差，閲實其罪。倍差，謂倍之又半，爲五百鍰。宫辟疑赦，其罰六百鍰，閲實其罪。大辟疑赦，其罰千鍰，閲實其罪。死刑也。五刑疑，各入罰，不降，相因古之制也。墨罰之屬千，劓罰之屬千，剕罰之屬五百，宫罰之屬三百，大辟之罰其屬二百，五刑之屬三千。别言罰之，合言刑屬，明刑罰同屬，互見其義，以相備。蔡傳：今按《皋陶》所謂罪疑惟輕者，降一等而罪之耳。今五刑疑赦而直罰之以金，是大辟、宫、剕、劓、墨皆不復降等用矣。蘇氏謂五刑疑，各入罰，不降，當因古制。非也。舜之贖刑，官府、學校鞭扑之刑耳。夫刑莫輕於鞭扑，入於鞭扑之刑而又情法猶有可議者則是無法以治之，故使之贖，特不欲遽釋之也。而穆王之所謂贖，雖大辟亦贖也，舜豈有是制哉？

《職金》疏：《考工·冶氏》云，戈戟重三鋝。夏侯歐陽說云墨罰疑赦，其罰百率，古以六兩爲率。古《尚書》說百鍰。鍰者，率也。一率十一銖二十五分銖之十三也，百鍰爲三斤，鄭玄以爲古之率多作鍰。鄭注《冶氏》云，許叔重《說文解字》云鋝，鍰也。今東萊稱或以大半兩爲鈞，十鈞爲鍰，鍰重六兩大半兩。若然，鋝、鍰一也。言大半兩是三分兩之二，鄭意以此爲正，故不從諸家，以六兩爲鍰。《說文》：鋝，十一銖二十五分銖之十三也。從金寽聲。《周禮》曰重三鋝。北方二十兩爲三鋝。鍰，鋝也。從金爰聲。《書》曰罰百鍰。段氏玉裁《尚書撰異》云：今文《尚書》作率，或作選，或作饌，古文《尚書》作鍰。《史記·周本紀》百率、五百率、千率，此依今文《尚書》也。徐廣曰：率音刷。《索隱》曰：舊本率，亦作選。考《漢書·蕭望之傳》曰甫刑之罰，小過赦，薄罪贖，有金選之品。《尚書大傳》曰一饌六兩，率與選、饌皆雙聲。《職金》正義云云，按此蓋出《五經異義》。今文《尚書》作率，古文《尚書》作鍰。今文《尚書》說率重六兩，古文《尚書》說鍰重十一銖二十五分銖之十三。其字其說皆異也。古文家說鍰即率者，比合伏生《尚書》言之耳。馬季長云賈逵說俗儒以鋝重六兩。俗儒者，謂歐陽夏侯，即《大傳》一饌六兩也。鄭、孔、王及小《爾雅》以六兩訓鍰，此用今文《尚書》說說古文《尚書》也。馬季長、許叔重則用古《尚書》說，謂鍰即《考工記》之鋝字。馬注《考工記》曰鋝，量名，當與《呂刑》鍰同。（《尚書正義》引。此許謂鍰即鋝之所本也。

按：今文、古文《尚書》二說，多寡之數懸殊。古文說鍰者，十一銖二十五分銖之十三，百鍰爲三斤，其數輕；今文說鋝者六兩三分兩之二，百鋝爲四十一斤十兩三分兩之二，其數重。王氏鳴盛《尚書後案》是今文而非古文，謂四十斤十兩三分兩之二以贖墨罪不爲重，等而上之至千鍰，亦祇四百十六斤十兩三分兩之二，約計今銅價，僅值白金一百二三十兩。如百鍰爲銅三斤，可贖黥面之罪，推之大辟，祇用銅三十斤，就今銅價，僅值白金五六兩，以贖死罪，有是理乎？江氏聲《尚書集注音疏》則是古文而非今文，謂百鋝爲四十一斤十兩三分兩之二太重。竊謂古今物價之貴賤不能盡同。《左傳》僖十八年，鄭伯始朝于楚。楚子賜之金，既而悔之，與之盟曰：無以鑄兵！故以鑄三鐘。杜注：古者以銅爲兵。是此傳之所謂金乃銅也。夫三鐘之銅，爲數幾何？而貴重之如此，是必當時銅少而貴，不與今同也。然則據今之價以論古法，未必符也。《舜典》疏引鄭《駁異義》云云與金贖死罪金三斤爲價相依附，與金之金，陳氏《異義疏證》改作今，是也。今謂漢時，似鄭說較長。

蔡傳又云：按此篇專訓贖刑，蓋本《舜典》金作贖刑之語。今詳此書，實則不然，蓋《舜典》所謂贖者，官府學校之刑爾，若五刑，則固未嘗贖也。五刑之寬，惟處以流，鞭扑之寬，方許其贖。今穆王贖法，雖大辟亦與其贖免矣。漢張敞以討羌，兵食不繼，建爲入穀贖罪之法。初亦未嘗及夫殺人及盜之罪，而蕭望之等猶以爲如此則富者得生，貧者獨死，恐開利路以傷治化。曾謂唐虞之世而有是贖法哉？穆王巡遊無度，財匱民勞，至其末年，無以爲計，乃爲此一切權宜之術以斂民財。夫子録之，蓋亦示戒，然其一篇之書哀矜惻怛，猶可想見三代忠厚之遺意云爾。

馬氏端臨《通考》云：《呂刑》一書。先儒蔡九峯以爲《舜典》所謂贖刑者云云，愚以爲未然。蓋熟讀此書，哀矜惻怛之意千載之下猶使人爲之感動且拳拳乎？訖富惟貨之戒，則其不爲聚斂征求設也審矣。鬻獄取貨，末世暴君汙吏之所爲，而謂穆王爲之，夫子取之乎？且其所謂贖者，意自有在，學者不能詳味經意而深考之耳。其曰：墨辟疑赦，其罰百鍰，蓋謂犯墨法之中疑其或赦者，不遽赦之而姑取其百鍰以示罰耳。繼之曰閱實其罪，蓋言罪之無疑則刑，可疑則贖，皆當閱其實也。其所謂疑者何也？蓋唐虞之時，刑清律簡，是以贖金之法止及鞭扑，而五刑無贖法。至於周而律之繁極矣，五刑之屬至于三千，若一一按之律盡從而刑之，何莫非投機觸罟者？天下之人無完膚矣。是以穆王哀之，而五刑之疑各以贖論。姑以大辟一條言之，夫所犯者，死罪而聽其贖金以免，誠不可以訓也，然大辟之屬二百，則豈無疑赦而在可議之列者？有如殺人反逆之類，則是不可不殺，雖萬鍰亦難貰死矣。而二百之屬，其罪不皆至此也。以經傳考之，其在周則王制之析言破律、行僞學非、酒誥之羣飲，其在漢則列侯坐酎金不敬，將帥出師失期之類，於律皆死罪也，而其情則可矜，其法則可議，豈必盡殺之乎？此則死罪之疑赦者也。意周所以斷斯獄，必在其罰千鍰之科，而漢制則不過或除其國，或贖爲庶人，亦其遺意也。蓋哀矜庶獄，乃此書之大旨，贖特其一事。序者專以訓夏贖刑言之，已失其義。而此書之首又止言耄荒度作刑以詰四方，夫曰作刑以詰四方者，主於用刑之意也，而此書所言，大概哀民之罹於法而不忍刑之，懼有司之不能審克而輕用之，其意蓋期於無刑而非作刑也。故愚疑篇首或有脱簡，如耄荒度之語，亦難通。二序既不得書之意，而後之儒者復因穆王有巡遊之事，遂於此書肆爲譏評，而不復味其辭亦已疏矣。以愚觀之，一篇之中，察獄情之隱痛，鑒天道之神明，而示勸戒於報應之間，咨嗟懇惻諄復詳練，老者之言也。其作於既聞祈招之後乎？是豈復有侈心之可議哉？或曰罪疑則降等施刑可矣，何必贖乎？曰古之議疑罪者，降殺一法也，《虞書》所謂罪疑惟輕，此書所謂上下比罪，上刑適輕，下服是也。罰贖一法也，《虞書》所謂金作贖刑，此書所謂五刑之贖是也，固並行而不悖也。且其言曰罰懲，非死人極於病，蓋財者人之所甚欲，故奪其欲以病之，使其不爲惡耳，豈利其貨乎？至又以爲所言臯陶不與三后之列，遂使後世以刑官爲輕。後漢楊賜拜廷尉，自以代非法家，言曰三后成功，臯陶不與，蓋吝之也，亦此書立言之疵啓之陋哉？俗儒之論也。夫刑以齊民，古人重之謹之而非所先也。故夫子以政，刑不若德禮，而此書曰三后成功，惟殷於民，士制百姓於刑之中，以教祗德，蓋曰必居以安之，食以養之，禮以教之，然後及於刑耳。豈以臯陶爲劣於禹稷而後之乎？然即此章先後輕重之意觀之，蓋可以明此書之不爲作刑以詰四方而作矣。

或問朱子曰：贖刑非古法歟？曰：古之所謂贖刑者贖扑耳。夫既已殺人傷人矣，又使之得以金贖，則有財者皆可以殺人傷人，而無辜被害者何其大不幸也？且殺人者安然居乎鄉里，彼孝子順孫之欲報其親者，豈肯安於此乎？所以屏之四裔，流之遠方，彼此兩全之也。

董鼎曰：舜既以五流而宥五刑矣，鞭扑之輕者乃許以金贖，所以養其愧恥之心而開以自新之路。曰眚災肆赦，則直赦之而已。穆王乃以刑爲致罪，以罰爲贖金。既謂五刑之疑有赦，而又曰其罰若干鍰，則雖在疑赦，皆不免於罰贖。五刑盡贖，非鬻獄乎？自是，有金者雖殺人可以無死，而刑者相半於道必皆無金者也，中正安在哉？

《通考》一百七十一：致堂胡氏曰：按《舜典》五刑之目，一曰象以典刑，二曰鞭作官刑，三曰扑作教刑，四曰金作贖刑，五曰怙終賊刑。何爲設贖？謂罪之疑者也。三代相承，至周穆王其法尤密，乃有罰鍰之數，皆爲疑刑也。鞭施於官，蓋胥吏徒隷也。扑施於教，蓋學校夏楚也，是則鞭重而扑輕，鞭以痛懲，扑以愧恥而已。夫當官典刑教，臨時之用，有何可疑而使贖乎？無疑而贖，則頑者肆怠者縱，法不嚴而人易犯，其末流乃至於惟贖之利，變亂正刑，其弊有不可勝言者。且使士流與卒伍同條，豈刑不上大夫之義乎？案《虞書》言金作贖刑而已，九峯蔡氏則以爲贖，特爲鞭扑輕刑設，五刑本無贖法，而以穆王贖鍰之事爲非。致堂胡氏則以爲贖本爲五刑之疑者，而鞭扑輕刑則無贖法，二論正相反。然以《書》之本文考之，固未見其專爲五刑設或專爲鞭扑設也。愚嘗論之五刑，刑之大者所以懲創其罪愆，鞭扑，刑之小者，所以課督其慵怠，五刑而許之論贖者，蓋矜其過誤之失。《書》所謂，罪疑惟輕，所謂五刑之疑有赦是也。鞭扑而許其論贖者，蓋養其愧恥之心記。所謂刑不上大夫，東坡所謂鞭撻一行則豪傑不出於其間，故士之刑者不可用，用者不可刑是也，二者皆聖人忠厚之意也。

丘氏濬云：馬氏之言謂穆王之贖法非利其貨人，蓋因後世禁網深密，犯罪者多，閔其實有可疑者，則罰其甚欲之金，以貸其罪也。夫罪入五刑而可疑者，使富而有金者出金以贖其罪可矣。若夫無立錐之民而犯大辟之罪，何從而得金千鍰乎？如是則罪之疑者，富者得生，貧者坐死，是豈聖人之刑哉？然則罪之有疑者如之何則可？《書》固自謂上下比罪，上刑適輕下服，是即《虞書》罪疑惟輕也，奚用贖爲哉？

按《呂刑》贖法，議者紛如，自以胡氏之言爲近於事理，馬氏之説尤爲詳明，若蔡九峯之説則拘墟之見，未見其確也。《舜典》贖刑雖列于鞭扑之次，自爲刑之一項，初無鞭扑得贖明文，謂鞭扑方許其贖乃臆度之詞，別無證據，此其未確者一也。夏后氏之刑多承於虞，邁種之法，必無所改。而死罪千饌，見於伏生《大傳》，則謂有虞必無五刑，贖法何所據而云？然《書》缺有間，未可臆斷，此其未確者二也。《職金》金罰貨罰，載在《秋官》，周法當必本于虞夏，乃謂《秋官》無文，穆王始制，況《書》序明言訓夏贖刑，故傳疏有周法傷重更從輕之語，乃一概抹殺，此其未確者三也。巡守之禮，不始於周穆王，肆其侈心，周流荒遠，有如《穆天子傳》所紀者。然自祈招詩進獲没祇宫，則其暮年之不復巡遊，克終厥德，可以想見。乃謂財匱民勞，爲一切權宜之術，以斂民財，果又何所據而云然？三復此篇，但見哀矜惻怛之意，形于言表，何嘗爲聚斂計哉？此其未確者四也。罪而可赦，赦之而已，有疑于赦，故使從罰，《書》中於疑赦反覆言之，可謂詳盡。當刑者決無贖理，何患失之輕？疑于赦，不可遽赦，而使得贖，何患失之重？若不可遽赦而遽赦之，則反失其平矣，乃抹殺一疑字。一若穆王之法，凡麗于五刑者皆可以金贖，此其未確者五也。富者得生，貧者坐死，自漢以來，議贖法者皆以此爲言。第國家立法，但問其當於理否耳，苟當於理，則法一而已，祇論罪之當贖不當贖，不能論其人之富與貧。富者之得生，法如是，非幸也；貧者之不能自贖，貧者之不幸，非法使之也。且果爲疑赦者，法亦必有以濟其窮，何至忍視其受刑哉？此其未確者六也。蔡之持論甚正，朱子亦取之，然按之事理，未見其允，故就胡、馬二家之説而推衍之如此。季長意善功惡之説，必漢儒師傳所授受，故近日釋《尚書》者皆宗馬説。孔傳乃魏晋人所作，其説蓋亦衍于馬也。邱氏謂《周禮》金罰貨罰，以爲治兵之工直，後世有罰者，往往歸之内藏以爲泛用，或以爲繕脩營造之費，非古制也。按此蓋指明制而言，書此以爲諷也，歷代則未聞。

（明）董説《七國攷》卷一二《秦刑法·贖死》　杜氏《通典》：秦昭襄王與夷人盟：傷人者論，殺人得以賧錢贖死。何承天纂文曰：賧，蠻夷贖罪貨也。賧，徒濫反。《華陽國志》作煞人顧死倓錢。

《漢書》卷二《惠帝紀》　〔漢惠帝〕元年冬十二月，趙隱王如意薨。民有罪，得買爵三十級以免死罪。

（元）馬端臨《文獻通考》卷一七一上《刑考·贖刑》　孝文時，納鼂錯之説，募民入粟塞下，得以除罪。

（元）馬端臨《文獻通考》卷一七一上《刑考·贖刑》　武帝天漢四年，令死罪入贖錢五十萬減死一等。時大司農陳藏錢經用，賦税既竭，不足以奉戰士。有司請令民得買爵，贖禁錮、免贓罪。

《漢書》卷七二《貢禹傳》　〔元帝時〕禹又言：孝文皇帝時，貴廉絜，賤貪汙，賈人贅壻及吏坐贓者皆禁錮不得為吏，賞善罰惡，不阿親戚，罪白者伏其誅，疑者以與民，亡贖罪之法，故令行禁止，海内大化，天下斷獄四百，與刑錯亡異。武帝始臨天下，尊賢用士，闢地廣境數千里，自見功大威行，遂從耆欲，用度不足，乃行壹切之變，使犯法者贖罪，入穀者補吏，是以天下奢侈，官亂民貧，盜賊並起，亡命者衆。郡國恐伏其誅，則擇便巧史書習於計簿能欺上府者，以為右職；姦軌不勝，則取勇猛能操切百姓者，以苛暴威服下者，使居大位。故亡義而有財者顯於世，欺謾而善書者尊於朝，誖逆而勇猛者貴於官。故俗皆曰：何以孝弟為？財多而光榮。何以禮義為？史書而仕宦。何以謹慎為？勇猛而臨官。故黥劓而髡鉗者，猶復攘臂為政於世，行雖犬彘，家富勢足，目指氣使，是為賢耳。故謂居官而置富者為雄桀，處姦而得利者為壯士，兄勸其弟，父勉其子，俗之壞敗，乃至於是。察其所以然者，皆以犯法得贖罪，求士不得真賢，相守崇財利，誅不行之所致也。今欲興至治，致太平，宜除贖罪之法。相守選舉不以實，及有臧者，輒行其誅，亡但免官，則爭盡力為善，貴孝弟，賤賈人，進真賢，舉實廉，而天下治矣。

《漢書》卷七八《蕭望之傳》　〔神爵元年〕是歲西羌反，漢遣後將軍征之。京兆尹張敞上書言：國兵在外，軍以夏發，隴西以北，安定以西，吏民並給轉輸，田事頗廢，素無餘積，雖羌虜以破，來春民食必乏。窮辟之處，買亡所得，縣官穀度不足以振之。願令諸有辠，非盜受財殺人及犯法不得赦者，皆得以差入穀此八郡贖罪。務益致穀以豫備百姓之急。事下有司，望之與少府李彊議，以為民函陰陽之氣，有（仁）〔好〕義欲利之心，在教化之所助。堯在上，不能去民欲利之心，而能令其欲利不勝其好義也；雖桀在上，不能去民好義之心，而能令其好義不勝其欲利也。故堯、桀之分，在於義利而已，道民不可不慎也。今欲令民量粟以贖罪，如此則富者得生，貧者獨死，是貧富異刑而法不壹也。人情，貧窮，父兄囚執，聞出財得以生活，為人子弟者將不顧死亡之患，敗亂之行，以赴財利，求救親戚。一人得生，十人以喪，如此，伯夷之行壞，公綽之名滅。政教一傾，雖有周召之佐，恐不能復。古者臧於民，不足則取，有餘則予。《詩》曰爰及矜人，哀此鰥寡，上惠下也。又曰雨我公田，遂及我私，下急上也。今有西邊之役，民失作業，雖戶賦口斂以贍其困乏，古之通義，百姓莫以爲非。以死救生，恐未可也。陛下布德施教，教化既成，堯舜亡以加也。今議開利路以傷既成之化，臣竊痛之。

於是天子復下其議兩府，丞相、御史以難問張敞。敞曰：少府左馮翊所言，常人之所守耳。昔先帝征四夷，兵行三十餘年，百姓猶不加賦，而軍用給。今羌虜一隅小夷，跳梁於山谷間，漢但令辠人出財減辠以誅之，其名賢於煩擾良民横興賦斂也。又諸盜及殺人犯不道者，百姓所疾苦也，皆不得贖；首匿、見知縱、所不當得爲之屬，議者或頗言其法可蠲除，今因此令贖，其便明甚，何化之所亂？《甫刑》之罰，小過赦，薄罪贖，有金選之品，所從來久矣，何賊之所生？敞備皁衣二十餘年，嘗聞罪人贖矣，未聞盜賊起也。竊憐涼州被寇，方秋饒時，民尚有飢乏，病死於道路，況至來春將大困乎！不早慮所以振救之策，而引常經以難，恐後爲重責。常人可與守經，未可與權也。敞幸得備列卿，以輔兩府爲職，不敢不盡愚。

望之、彊復對曰：先帝聖德，賢良在位，作憲垂法，爲無窮之規，永惟邊竟之不贍，故《金布令甲》曰邊郡數被兵，離飢寒，夭絶天年，父子相失，令天下共給其費，固爲軍旅卒暴之事也。聞天漢四年，常使死罪人入五十萬錢減死罪一等，豪彊吏民請奪假貣，至爲盜賊以贖罪。其後姦邪横暴，群盜並起，至攻城邑，殺郡守，充滿山谷，吏不能禁，明詔遣繡衣使者以興兵擊之，誅者過半，然後衰止。愚以爲此使死罪贖之敗也，故曰不便。時丞相魏相、御史大夫丙吉亦以爲羌虜且破，轉輸略足相給，遂不施敞議。

（宋）楊侃《兩漢博聞》卷一一《贖刑顯宗紀》　詔曰：方春戒節，人以耕桑。其敕有司務順時氣，使無煩擾天下，亡命殊死已下聽得贖論死罪入縑二十匹，右趾至髡鉗城旦舂十匹，完城旦舂至司寇作三匹。

注云：前書音義曰右趾，謂刖其右足，次刖左足，次劓，次黥，次髡鉗為城旦舂。城旦者，晝日伺寇虜，夜暮築長城。舂者，婦人犯罪不任軍役之事，但令舂以食徒者。完者，謂不加髡鉗而築城也。次鬼薪白粲，次隸臣妾，次司寇作。

（清）沈家本《歷代刑法考・刑制分考十六・贖》　《明紀》：中元二年四月，詔中二千石下至黄綬，貶秩贖論者，悉皆復秩還贖。十二月，詔天下亡命殊死已下，聽得贖論：死罪入縑二十匹，右趾至髡鉗城旦舂十匹，完城旦舂至司寇作三匹。其未發覺，詔書到先自告者，半入贖。永平八年十月，詔亡命者令贖罪各有差。十五年二月，詔亡命自殊死已下贖：死罪縑四十匹，右趾至髡鉗城旦舂十匹，完城旦至司寇五匹；犯罪未發覺，詔書到日自告者，半入贖。十七年五月，制中二千石、二千石下至黄綬，貶秩奉贖，在去年已來皆還贖。十八年三月，詔其令天下亡命，自殊死已下贖：死罪縑三十匹，右趾至髡鉗城旦舂十匹，完城旦至司寇五匹；吏人犯罪未發覺，詔書到自告者，半入贖。

《章紀》：建初七年九月，詔亡命贖：死罪縑二十匹。餘與永平十八年同。元和元年八月，詔亡命者贖，各有差。和帝永元三年正月、八年八月；安帝延光三年九月；順帝永建元年十月、陽嘉元年九月並同。章和元年九月，詔亡命者贖。與建初七年同。

《安紀》：永初元年九月，詔死罪已下及亡命贖，各有差。順帝永和五年五月，桓帝建和三年九月並同。六年五月，令中二千石下至黄綬，一切復秩還贖，賜爵各有差。元初二年，詔亡命死罪以下贖，各有差。

《順紀》：永建四年正月，詔從甲寅赦令已來復秩屬籍，三年正月已來還贖。漢安二年十月，令郡國中都官繫囚殊死已下出縑贖，各有差；其不能入贖者，遣臨羌縣居作二歲。

《靈紀》：建甯元年十月，令天下繫囚罪未決入縑贖，各有差。熹平三年十月，四年十月，六年十月；光和三年八月，五年七月；中平四年九月並同。

《陳寵傳》：寵又鉤校律令條法，溢於《甫刑》者除之。今律令死刑六百一十，耐罪千六百九十八，贖罪以下二千六百八十一，溢於《甫刑》者千九百八十九，其四百一十大辟，千五百耐罪，七十九贖罪。宜令三公，廷尉平定律令，應經合義者，可使大辟二百，而耐罪、贖罪二千八百，並爲三千，悉删除其餘。

按：《呂刑》五刑之屬三千，謂疑赦應罰者。《周禮・司刑》五刑各爲五百，共二千五百。穆王改墨、劓各千，剕五百，宮三百，大辟二百，蓋減重刑而增輕刑，故爲三千。然五刑之不應罰者自别爲三千，不在此數也。寵欲合贖罪定爲三千以符《甫刑》之數，疑漢時説《尚書》者有此一解，然與經文不符。《甫刑》之墨爲漢之耐，《甫刑》之劓、剕爲漢之笞，此文不言笞罪，已該於耐罪之中，《甫刑》墨、劓、剕爲二千五百，與此傳之數亦不相中，所未詳也。

又按：東漢贖法不傳，今將各《紀》所載彙録於此：建武時殊死已下及徒減而不贖，其餘贖。所謂其餘者，不知指何者而言。明帝以後，贖罪以縑，死罪有二十匹、三十匹、四十匹之分，完城旦舂至司寇有三匹、五匹之分，右止至髡鉗城旦舂則無分別，殆其初亦隨時增損。永初以後，詔不言縑數，則已有定制，應劭所謂贖罪人三十匹縑是也。至貶秩贖論者得還贖，自告者半贖，亡命者贖，罪未決者贖，不能贖者居作，東京之制亦可以得其大凡矣。

漢《金布律》：罰贖以呈黃金爲價。晉《刑法志》。

《尚書·舜典》疏：古之贖罪者皆用銅，漢始改用黃金，但少其斤兩，令與銅相敵。故鄭玄《駁異義》言贖死罪千鍰。鍰，六兩大半兩，爲四百一十六斤十兩大半兩銅，與今贖死金三斤爲價相依附。

按：東漢贖罪以縑不以金，史有明文，應劭亦言用縑，而《金布律》言以黃金爲價，康成之駁即本漢律言也。第西京死罪之贖惟天漢、太始兩行之，爲錢五十萬，亦不以金。元狩六年所定贖禁錮免贓罪法是否以金，亦無可考。律言以金爲價，疑是準此爲贖之數，不必定用金也。

（明）丘濬《大學衍義補》卷一〇三《慎刑憲·定律令之制》 晉武帝時，有邵廣者，坐盜官物當棄市。其二幼子宗雲，撾登聞鼓。乞恩求自没爲奚官奴，以贖父命。議者欲特聽減廣死罪爲五歲刑，宗等付奚官爲奴，而不爲永制。尚書右丞范堅駁之曰：自淳朴既散，刑辟乃加，刑之所以止刑，殺之所以止殺，雖時有赦過宥罪。議獄緩死，未有行不忍而輕易典刑者也。且既許宗等宥廣罪，若復有宗比而不求贖父者，豈不擯絶人倫同之禽獸耶。今聽宗等而不爲永制，臣以爲王者之作動關盛衰，嚬笑之間尚慎所加。今之所以宥廣，正以宗等爾。人之愛父，誰不如宗，今既許之，將來訴者，何獨匪人。特聽之意，未見其益。不以爲例，交興怨讟，此爲施一恩於今，而開萬怨於後也，從之。

臣按：人君所舉，即以爲例。故凡事謀始，事苟不可繼於後，即必不可創於前也。

（清）沈家本《歷代刑法考·刑法分考十六·贖》 《晉書·刑法志》：魏法贖刑十一，罰金六。

按：此贖刑，罰金顯分爲二，魏法承於漢也。

《魏志·明紀》：太和四年十月，令罪非殊死聽贖各有差。

晉律：其年老小篤癃及女徒，皆收贖。諸應收贖者，皆月入中絹一匹，老小女人半之。

晉律：贖死金二斤。注曰：謂其贖五歲以下一等減半，四歲以下一等減半也。凡諸侯上書言及不敬，皆贖論。諸侯應八議以上，請得減收留贖，勿髡鉗笞也。

按：收贖專就年刑言，月入絹一匹，五歲刑得月六十，入絹六十匹；四歲刑得月四十八，入絹四十八匹；三歲刑得月三十六，入絹三十六匹；二歲刑得月二十四，入絹二十四匹。後來梁律實本於此。贖死罪金二斤，梁亦同也。鄭康成言漢贖死金三斤，而晉減爲二斤，殆以其時金價貴歟。觀於晉、宋、齊兼用絹，梁、陳全用絹，北朝齊、周亦皆用絹，隋又改用銅，此可以見金貴之故。

《晉志》：泰始四年，班新律。其後，明法掾張斐又注律，表上之，其要曰：五刑不簡，正于五罰。五罰不服，正于五過，意善功惡，以金贖之。金等不過四兩，月贖不計日，日作不拘月。贖罰者誤之誡。

《御覽》六百五十一：《會稽典録》：楊璚爲右丞，詣南宮取急案條閣舊事，於複道中逢太常羊柔不避車，璚糾奏柔，以爲知丞即應行威儀，有敍九列外官而公干犯，請廷尉治柔罪。詔勿治，以三月俸贖罪。

按：此與蔡邕事正同，蓋承用漢法。

《梁書》卷二《武帝本紀》〔天監元年〕又詔曰：金作贖刑，有聞自昔，入縑以免，施於中世，民悅法行，莫尚乎此。永言叔世，偷薄成風，嬰諐入罪，厥塗匪一。斷弊之書，日纏於聽覽；鉗釱之刑，歲積於牢犴。死者不可復生，刑者無因自返，由此而望滋實，庸可致乎？朕夕惕思治，念崇政術，斟酌前王，擇其令典，有可以憲章邦國，罔不由之。釋愧心於四海，昭情素於萬物。俗僞日久，禁網彌繁。漢文四百，邈焉已遠。雖省事清心，無忘日用，而委銜廢策，事未獲從。可依周、漢舊典，有罪入贖，外詳爲條格，以時奏聞。

《梁書》卷三《武帝本紀》〔大同十一年〕冬十月己未，詔曰：

堯、舜以來，便開贖刑，中年依古，許罪身入貲，吏下因此不無姦猾，所以一日復勑禁斷。川流難壅，人心惟危，既乖内典慈悲之義，又傷外教好生之德。《書》云：與殺不辜，寧失不經。可復開罪身，皆聽入贖。

（清）沈家本《歷代刑法考·刑法分考十六·贖》 《隋志》：梁武帝即位，乃制權典，依周、漢舊事，有罪者贖。

按：此梁武帝初即位之制，未詳。

梁律：收贖四等，贖五等。

按：梁收贖之法本於晉，説見前，其贖法當亦本於晉也。罰金自爲五等，而梁律罰金一兩已上爲贖罪，是罰金亦統於贖罪矣。男子云云者，對於女子各半之，而言女子半之，亦晉制也。此天監元年八月修定之律，其時删定郎蔡法度取齊武時删定郎王植之集注張、杜舊律，就其本損益以爲梁律，故其法多用晉，此律之源流可以討尋者。

（清）沈家本《歷代刑法考·刑法分考十六·贖》 陳存贖罪之科。

《魏書·刑罰志》：昭成建國二年，當死者，聽其家獻金馬以贖。神麚中，崔浩定律令，當刑者贖。

按：昭成，代王什翼犍也。其時法度未備，故有金馬之贖。迨崔浩定律令，當刑者贖，刑罪即年刑也，惟年刑許贖，則死罪不得贖，已不用金馬之法矣。

北齊贖罪十五等。《隋志》：齊又列重罪十條：一曰反逆，二曰大逆，三曰叛，四曰降，五曰惡逆，六曰不道，七曰不敬，八曰不孝，九曰不義，十曰内亂。其犯此十者，不在八議論贖之限。

按：八議論贖之法，《隋志》不具，他無可考。

北周贖罪，杖、鞭、徒、流各五等，死刑爲一等。詳總考。

按：北齊、北周之制，有贖而無罰金，雖輕罪至笞十亦名贖，蓋已删罰金之名矣。

又按：梁死刑二，北齊死罪四，北周死罪五，而贖法則同，不復分等，蓋即唐法二死同一減之意也。

隋贖罰，以銅代絹，自笞至死罪凡十九等。詳總考。

按：古者贖本以銅，漢始改用黄金，而武帝則或以錢，東京用縑，晉律收贖用絹，而贖罪用金。《唐六典》謂宋、齊兼用絹，或不分別收贖與贖罪矣。梁律收贖用絹，自六十四匹至二十四匹凡四等，其數多。贖罪以金，而以絹代，自十六匹至二丈凡十等，其數少，其法蓋本于晉。而贖罪亦不用金，以絹一匹抵金二兩，故贖死者金二斤，男子十六匹，餘可類推也。北齊、北周亦皆以絹代金，至隋又以銅代絹，復古制矣，唐、宋遂相沿不改。元以鈔，明以銅錢。

（元）徐元瑞《吏學指南·五刑·隋唐金宋刑》 贖銅即輸贖也。自唐宋以來，定數不等。今國家定例，每一下罰鈔一兩，其贖例有四。聽贖，謂犯罪之人情有可矜者。罰贖，謂犯公罪而贖免者。收贖，謂老幼疾病之人應收贖者。蔭贖，藉親蔭而收贖罪者，所謂藉蔭親屬也。

（明）丘濬《大學衍義補》卷一〇五《慎刑憲·明流贖之意》 太宗淳化四年，詔諸州犯罪，或入金贖，長吏得以任情而輕用之，自今不得以贖論。

臣按：贖刑乃帝王之法，孔子脩書，載在聖經。蓋惟用之學校以寬鞭朴之刑，所以養士大夫之廉恥也。後世乃一槩用之，以爲常法。遇有邊防之警，則俾之納粟於邊；遇有帑藏之乏，則俾之納金於官。此猶不得已而爲之，是以《職金》納金貨于司兵之意也。若當夫無事之時，而定以爲常制，則是幸民之犯以爲國之利，可乎？然此猶爲國也。今之藩臬州邑往往假以繕造公宇，脩理學校爲名，隨意輕重而取之，名雖爲公，實則爲己。

朝廷雖有明禁，公然爲之，恬無所畏。乞敕法司申明舊比，再有犯者，坐以枉法，終身不齒，庶幾姦弊少息乎。

臣按：《虞書》五刑之下有流，所以宥夫疑獄及不可加刑之人。鞭朴之下有贖，所以宥夫輕罪及以養士大夫廉恥之節。然未有徒刑也。而徒之刑始見于《周官》，然亦未明言其爲徒也，而有徒之意焉。所以爲此刑者，蓋亦流宥之意，而其罪視流爲輕矣。

本朝因隋唐舊制以笞、杖、徒、流、死，爲五刑。所謂流者，率從寬減以爲徒，真用以流者，蓋無幾也。至於贖刑，國初雖因唐制而贖以錢，五刑一十九等，自六百文以至四十二貫。第立制以爲備而不盡用也。其後或隨時以應用而有罰米贖罪之比。然皆以貸輕刑爾，而真犯死罪者則否。是以一世之人得以安其室家之樂，而無流徒之苦。役作於外者，曾不幾時，限滿而歸者，即復如舊。富者不以財而幸免，貧者不以匱而獨死。其制刑視前代爲輕，其用刑視前代爲省。民心之親戴，國祚之綿長，豈無所自哉。

（宋）李燾《續資治通鑑長編》宋仁宗慶曆三年九月　仲淹又言：臣數日前，面奏三代帝王子孫綿遠，蓋由積德之深。臣請陛下日修至仁之德，下及民庶，以感動天地，此聖嗣無疆之本也。今有劄子三道進呈，內一道爲議贖法事，即乞降出。臣近覩詔旨，令御史臺、審刑院、大理寺、修編敕所同議贖刑。此陛下至德深仁，被於億姓，天下幸甚。今諫官孫甫上言，乞令大臣定奪施行。臣欲乞特降聖旨，令中書、樞密院同與見議官員疾速定奪聞奏。仍乞具贖杖罪已下情理輕者，所貴易行。二道乞不降出。其一曰：臣聞唐武德九年八月十八日詔曰：觀省宮掖，其數實多，憫茲深閉，久離親族，一時減省，各從娶聘。自是宮中前後所出三千餘人。又貞觀二年七月二日，太宗謂侍臣曰：婦人幽閉深宮，情實可憫。隋氏末年，採訪無已，此皆竭人財力，朕所不取。灑掃之餘，更何所用？於是命尚書右丞戴胄、給事中杜正倫於掖庭西門揀出之。臣不知今來宮中人數幾多，或供使有餘，宜降詔旨，特令減放，以遂物性，又省冗費，亦人君盛德之事，可以感動天意。其二曰：臣聞淳化中，太宗皇帝以邊户饑荒，多賣人口入蕃，頗憫惻之，時遣使以物貨收贖，各還父母。此人君之盛德也。近年緣邊漢户被西戎俘掠不少，今既通人使，乞出聖意，以內帑物帛，委邊臣漸次收贖陷蕃漢户人口，各還其家，使父母子孫再得完聚。則不惟邊上生民恩淪骨髓，必也至德動天，降祐王室，書之史册，光於後代。

（明）丘濬《大學衍義補》卷一〇五《慎刑憲·明流贖之意》　宋制：凡用官蔭得減贖。太祖乾德四年，大理正高繼申言：《刑統·名例律》，三品、五品、七品以上官親屬犯罪，各有等第減贖。恐久恃先蔭，不畏刑章。今犯罪身無官者，須祖父曾任本朝官，據品級等，乃得減贖。如仕于前代，須有功德及民，爲時所推，乃得請。從之。

太祖又定流內品官任流外職準律文徒罪以上，依當贖法。

仁宗至和初，詔前代帝王後，嘗任本朝官不及七品者，祖父母父母妻子罪流以下，聽贖。

臣按：宋朝贖法，惟以待輕刑，非獨以優見仕之臣，凡其親屬亦蒙其澤。非獨以待當世之臣，雖前代之臣，其子孫亦得霑其惠。

（宋）范仲淹《范文正奏議》卷上《奏乞於陝西河東沿邊行贖法》

臣竊見陝西河東邊計不足，遂鑄鐵錢以助軍費，而民多盜鑄，日犯極典，爲法之弊，久將不堪。臣觀《舜典》曰：金作贖刑。又《吕刑》曰：五刑不簡，正于五罰。注謂不應五刑，當正五罰出金贖罪。是虞舜、周公皆用贖法。孔子删《書》垂於後世，明其可行之法也。歷代嘗行，今久不用，人或疑之。臣欲乞且於陝西、河東沿邊，次邊州軍行之，候戎事稍息官不闕用，則別從朝旨，今具條如後。《舜典》曰：金作贖刑。金，黄金。誤而入刑，出金以贖罪。《吕刑》曰：五刑不簡，正于五罰。不簡核謂不應五刑，當正五罰，出金贖罪。五罰不服正于五過。不服不成罰也。正于五過，從赦免。墨辟疑赦，其罰百鍰。劓辟疑赦，其罰惟倍。剕辟疑赦，其罰倍差。宮辟疑赦，其罰六百鍰。大辟疑赦，其罰千鍰。漢惠帝，民得買爵三十級，以免死罪。令民出買爵之錢，一級直錢二千，凡爲六萬。文帝輸粟，縣官得以除罪。武帝令死罪入贖，錢五十萬減死一等。梁高祖詔依周漢舊典，有罪入贖，外詳爲條格，以時奏聞。齊武時以尚書令王亮、侍中王瑩、僕射沈約等參定刑書。其制刑爲十五等之差。棄市以上爲死罪，梟其首。其次棄形。二歲已上爲耐罪，言各隨伎能而任使之也。有髡鉗五歲刑，笞二百收贖絹，男子六百疋。又有四歲刑，男子四十八疋。又有三歲刑，男子三十六疋。又有二歲刑，男子二十四疋。罰金一兩已上，爲贖罪。贖死者，金二斤，男子十六疋。贖髡鉗五歲刑，笞二百者，金一斤十二兩，男子十四疋。贖四歲刑者，金一斤八兩，男子十二疋。贖三歲刑者，金一斤四兩，男子十疋。贖二歲刑者，金一斤，男子八疋。罰金十二兩者，男子六疋。罰金八兩者，男子四疋。罰金四兩者，男子二疋。罰金二兩者，男子一疋。罰金一兩者，男子二丈。女子各半之。五刑不簡正於五罰，五罰不服正於五過，以贖論。故爲此十五等之差。

一、徒以上罪不贖。

一、杖以下罪依下項。

一、侵損於人者，皆不贖。侵謂侵財物，損謂傷折於人。

一、兵士公人不贖。內公人不因公事，私自失誤者，亦聽贖。

一、爲盜並造作詐僞及誣告論不干己事者，皆不贖。

一、捕捉賊盜公人違限等罪不贖。

一、興販私茶鹽，醞賣私酒並賭賻人並不贖。

一、所犯罪新條該贖，至第三犯者不贖。

一、衆人共犯一事合贖。富貴不均者不贖。內有物力願與衆人納罰錢者，即皆聽贖。造意人不以貧富不贖。

一、軍人百姓同犯一事者不贖。

一、應有蔭並老小疾患之類，但舊條合贖者，並依舊法。每斤納錢一百二十文足。

一、舊條不該贖而今得贖者，並取情願之人，其銅每納錢一貫二百文足，亦許以粟帛依時價折納其錢。無物贖納者，自依常法區分。

一、逐縣典押保舉有行止、會筆札曹司一名，赴本州法司習學法律，委本州長吏以下聚廳試驗，稍通刑名義理，即放歸本縣充法司。候三周年撿斷無失者，與轉一資。有失誤無贓私者，五年與轉一資。

一、所斷贖刑失錯者，官吏各凖其罪，不以失減。官典受贓者，並以枉法贓論。

（元）馬端臨《文獻通考》卷一七一上《刑考・贖刑》〔神宗熙寧〕四年，前單州碭山縣尉王存立言：嘉祐中，同學究出身，以父坐事配，納官贖自便，而鄉縣不免丁役，願同舉人例。詔復賜出身，仍注合入官。中書言刑名未安者五條。其四，令州縣考察士民，有能孝悌力田為衆所知者，給帖付身。偶有犯令，情輕可恕者，特議贖罰；其不悛者，科決。後竟不行。

（宋）黎靖德《朱子語類》卷七九《尚書・吕刑》 問：贖刑所以寬鞭扑之刑，則《吕刑》之贖刑如何？曰：《吕刑》蓋非先王之法也。故程子有一策問云：商之《盤庚》，周之《吕刑》，聖人載之於《書》，其取之乎？抑將垂戒後世乎？廣。

問：鄭敷文所論《甫刑》之意，是否？曰：便是他們都不去考那贖刑。如古之金作贖刑，只是刑之輕者。如流宥五刑之屬，皆是流竄。但有鞭作官刑，扑作教刑，便是法之輕者，故贖。想見穆王胡做亂做，到晚年無錢使，撰出這般法來。聖人也是志法之變處。但是他其中論不可輕於用刑之類，也有許多好說話，不可不知。又問：本朝之刑與古雖相遠，然也較近厚。曰：何以見得？義剛曰：如不甚輕殺人之類。曰：也是。但律較輕，勑較重。律是古來底，勑是本朝底，而今用時，勑之所無，方用律。本朝自徒以下罪輕。古時流罪不刺面，只如今白面編管樣。是唐五代方是黥面。決脊，如折杖；却是太祖方創起，這却較寬。安師問：律起於何時？曰：律是從古來底，逐代相承修過，今也無理會了。但是而今《刑統》，便是古律，下面注底，便是周世宗者。如宋莒公所謂律應從而違，堪供而闕，此《六經》之亞文也。所謂律者，《漢書》所引律便是，但其辭古，難曉。如當時數大獄引許多詞，便如而今款樣，引某罪引某法爲斷。本朝便多是用唐法。義剛曰：漢法較重於唐，當時多以語辭獲罪。曰：只是他用得如此，當時之法却不曾恁地。他只見前世輕殺人，便恁地。且如楊惲一書，看得來有甚大段違法處？謂之不怨不可，但也無謗朝政之辭，却便謂之腹誹而腰斬！義剛。

仲默論五刑不贖之意。曰：是穆王方有贖刑。嘗見蕭望之言古不贖刑，某甚疑之，後來方省得贖刑不是古。

《大清法規大全・法律部》卷三《變通舊律例二・刑部奏婦女犯罪收贖銀數太微不足以資警戒擬請酌量變通摺》 竊維讞典昭垂，範圍全國。固不能因中外而殊科，不能因男女而異制。中外法律之最不相同，以婦女收贖一條爲最甚。考東西各國刑法，死刑之次爲徒刑，與中國軍流名異而實同。婦女犯徒罪，惟英、法、日、俄、比五國或留內地懲役場，或改拘監獄及製造所役使之刑。餘國俱與男子同論。良由平素教育，無問男女，不能因犯罪致生軒輊也。中國自周官司屬男子入於罪隸，女子入於舂槀，實爲男女異罰之始。至漢則有女徒名曰雇山。《唐律》婦女犯徒，與男子同。犯流決杖留住居作，三流俱役三年。此漢唐以來婦女犯流徒之大較，其時尚無所謂收贖也。收贖之法，始於《明律》，國朝因之。於權衡輕重之中，寓保全名節之意。洵係曠典，惟收贖諸圖記與往古贖銅之制，其數甚微。現在笞杖改爲罰金，滿杖即應十五兩，本屬折中之數。而律圖收贖滿流僅四錢五分，即納贖亦不過一兩三錢，相衡以下輕重懸殊。雖例內有實發爲奴十餘條，大率婦女犯不孝姦盜及刁健翻控等項始得科以實發，且節經修改，有改監禁者，有改爲凖其收贖一次者，援引之間，易滋轇轕。

而婦女實發之案，累年不獲一見，定例幾等具文。至收贖舊例不特與新章輕重背馳，抑且法輕易犯。揆以各國刑制，亦難收齊一之益。矧人情詭詐百出，習知婦女犯罪可邀輕典，往往與人涉訟，輒令婦女出頭賄買主使諸弊，尤不可不杜漸防微。臣等公同商議，擬請嗣後凡婦女犯罪，除笞杖照新章一律改爲罰金外，如犯該遣軍流徒，係不孝及姦盜詐僞等項，舊例應實發者改爲留於本地習藝所一體工作，以十年爲限。應禁者，照原定年限亦收入本地習藝所工作。其尋常各案，準其贖罪，徒一年折銀二十兩，每五兩爲一等，五徒準此，遞加。由徒入流，每一等加十兩，三流準此遞加。遣軍照流科罪。如無力完繳，將應罰之數照新章按銀數折算時日，改習工藝。其犯該枷號，不論日數多寡，俱酌加五兩以示區别。至老幼廢疾有犯流徒等罪，勢難使之工作，應仍照舊律舊例贖銀數科斷。如蒙俞允，即通行內外問刑衙門一體遵照辦理，並請飭下各省督撫將軍、都統府尹，將女犯習藝所作速推廣，以昭畫一。其尚未設立以前，所有女犯即照應得工作期限，暫予監禁。謹奏。光緒三十一年九月初二日，奉旨依議。欽此。

《大清法規大全・法律部》卷三《變通舊律例二・法部奏申明罰金定章並酌擬詳密辦法摺》　奏爲申明罰金定章並酌擬詳密辦法恭摺仰祈聖鑒事。宣統元年十一月初七日，軍機大臣欽奉諭旨，都察院代奏江西舉人廖爾焱以地方罰款諸多浮濫，呈請飭下法部，申明定章，切實整頓條陳一件，著法部知道，欽此欽遵。並鈔録原呈，交出到部，臣等查原呈內稱：國家定例於犯罪之最輕者，恆科以相當之罰金，所以養國民之廉恥而鼓其自新之機，非以是爲籌款之别法也。夫罰款之多寡，恆視案情之重輕爲斷。故必案情既定，而後罰金隨之，法典具在，昭然若揭，乃證以今日之所聞，則有大謬不然者。州縣以爲，律有罰金明條也，不問案情之何若，犯罪之何等，一口角之微疵，一行動之細故，今日催堂，明日索金，富者垂涎已久，固不憚無厭誅求，即貧者地無力錐，亦不惜以地方官之威權爲竭澤而漁之計。小民既畏敲扑，復懼追呼，鬻産破家，必足其額而後已。加以差役之侵蝕，胥吏之分肥，公家之所入無幾，而貧民之脂膏盡矣。即地方新政迫於要需，亦萬不能以便民之端，轉而爲擾民之舉。萬一不肖官吏藉逞其貪饕之私，民窮財盡，後患亦何可言。懇據情代奏。請旨飭下法部，申明定章，切實整頓，不得於案情未定之先，恣意苛索，亦不得於案情既定之後，額外搜求。一有侵漁，執法以議其後。庶幾國家新政不致爲閭閻詬病之資，於憲政前途不無裨益等語。臣等竊維罰金之制，自古已然。即東西各國，亦均參用此法。是以光緒三十一年三月間，修訂法律大臣奏請，變通笞杖辦法改爲罰金，並明定章程奉旨允準通行各省在案。查章程內稱：凡律例內笞五十以下者，改爲罰銀五錢以上二兩五錢以下，杖六十者，改爲罰銀五兩。每一等加銀二兩五錢，以次遞加，至杖一百改爲罰十五兩而止。如無力完納者，折爲作工，罰一兩折作工四日，以次遞加至作工六十日而止等語。推原變法之意，恐笞杖一廢，小民或輕於嘗試，故必罰金以示警。而又慮無力完納者之因而增累也，故折作工以濟其窮。立法之意本屬無可訾議，若如該舉人所呈州縣官因有罰金之條，遂恣意苛索，額外搜求，是直以恤民之新政轉而擾民，殊與憲政初基大相剌謬，自非重申誥誡無以蘇民困而肅官方。惟是此項情弊由來已久，並不自近年始，當笞杖未改罰金以前，地方官藉案勒罰，不恤民艱，經督撫隨時奏參者無省無之。其所罰之數，並非如罰金章程自五錢至十五兩而止。其所罰之人亦未必均係例應笞若干杖若干之人也。遇事微求幾成錮習，頻年計典劣迹昭彰，該舉人以爲有罰金之條而後不肖官吏藉以逞其貪饕，似未盡然。蓋笞杖改罰爲數無多，彼貪官污吏動輒盈千累百以罰之者，並不屑藉此有限之科條以爲依據也。今欲湔除此弊，非專守罰章限制，恐州縣仍蹈故常。非責成該管上司切實考查，亦恐奉行不力。臣等公同商酌，擬請嗣後各州縣遇有笞杖應行罰金之犯，務先擬定罪名，照章科罰。總以自五錢至十五兩爲限，不得絲號加增。一面開列犯名、事由、銀數若干，張貼署外，俾衆咸知。一面具報該管上司查考。如有背章苛罰者，各督撫隨時據實嚴參，該管上司如有意徇隱及失於覺察别經告發者，一併分别交部從嚴議處。庶公令森嚴，不敢仍前翫視。而罰章完備，亦無庸另議更張矣。如蒙俞允，恭候命下即由臣部行知各直省督撫、將軍、都統、府尹，通飭所屬一體遵照辦理。所有申明罰金定章並酌擬辦法緣由是否有當，謹恭摺具奏。宣統元年十二月二十三日，奉旨依議。欽此。

綜　述

（清）皮錫瑞《今文尚書考證·堯典》 扑作教刑，金作贖刑。《潛夫論·述赦篇》曰：金作贖刑，赦過宥罪，皆謂良人吉士，時有過誤，不幸陷離者爾。韋昭《國語注》曰：小罪不入于五刑者，以金贖之，有分兩之差，今之罰金是也。

《尚書正義》卷三《舜典》 金作贖刑。金，黄金，誤而入刑，出金以贖罪。疏： 正義曰：此以金爲黄金。《吕刑》其罰百鍰，傳爲黄鐵，俱是贖罪而金鐵不同者，古之金銀銅鐵揔號爲金，别之四名耳。《釋器》云：黄金謂之璗，白金謂之銀。是黄金白銀俱名金也。《周禮·考工記》攻金之工築氏爲削，冶氏爲殺矢，鳧氏爲鐘，㮚氏爲量，段氏爲鎛，桃氏爲劍。其所爲者有銅、有鐵，是銅鐵俱名爲金，則鐵名亦包銅矣。此傳黄金，《吕刑》黄鐵皆是今之銅也。古之贖罪者皆用銅，漢始改用黄金，但少其斤兩，令與銅相敵。故鄭玄《駁異義》言：贖死罪千鍰，鍰六兩大半兩，爲四百一十六斤十兩大半兩銅，與金贖死罪金三斤爲價相依附。是古贖罪皆用銅也。實爲銅而謂之金鐵，知傳之所言謂銅爲金鐵耳。漢及後魏贖罪皆用黄金，後魏以金難得，合金一兩收絹十匹。今律乃復依古，死罪贖銅一百二十斤，於古稱爲三百六十斤。孔以鍰爲六兩，計千鍰爲三百七十五斤，今贖輕於古也。誤而入罪，出金以贖，即律過失殺傷人，各依其狀以贖論是也。《吕刑》所言疑赦乃罰者，即今律疑罪各從其實，以贖論是也。疑謂虚實之證等，是非之理均，或事涉疑似，旁無證見，或雖有證見，事非疑似，如此之類，言皆爲疑罪。疑而罰贖，《吕刑》已用言。誤而輸贖，於文不顯，故此傳指言誤而入罪以解此贖。鞭扑加於人身，可云扑作教刑，金非加人之物而言金作贖刑，出金之與受扑俱是人之所患，故得指其所出以爲刑名。

（清）皮錫瑞《今文尚書考證·吕刑》 劓辟疑赦，其罰惟倍，閲實其罪。 今文辟作罰，其罰惟倍作其罰倍灑。辟作罰，見上。《史記》曰：劓辟疑赦，其罰倍灑，閲實其罪。徐廣曰：一作蓰。五倍曰蓰。《大傳》曰：觸易君命，革輿服制度，姦軌盗攘傷人者，其刑劓。《白虎通》曰：劓者，法木之穿土。劓墨者何？其下刑者也。劓者，劓其鼻也。《刑德放》曰：劓象七政，日月五星應象變易也。陳喬樅説：案：蓰、灑聲相近，故纚字亦作縰。此倍灑以下文倍差例之，則於倍爲二百之數，又加十之五，二百五十鍰也。徐廣以蓰爲五倍，則比剕辟有加，輕重失倫，非其誼矣。

（清）皮錫瑞《今文尚書考證·吕刑》 剕辟疑赦，其罰倍差，閲實其罪。今文剕作臏，辟作罰。辟作罰，見上。《史記》曰：臏辟疑赦，其罰倍差，閲實其罪。《集解》：馬融曰：倍二百爲四百鍰也，差者又加四百之三分一，凡五百三十三三分一也。《大傳》曰：決關梁、踰城郭而略盗者，其刑臏。《白虎通》曰：臏者，法金之刻木。臏者，脱其臏也。《刑德放》曰：臏象七精，宿變易即氣色生也。《風俗通》曰：謹案：《尚書》夏禹始作肉刑，則天象而慎其過。故穿窬盗竊者髕，髕者，去膝蓋骨也。段玉裁説：凡古文《尚書》剕字，今文《尚書》作臏。考《周禮·司刑》注及《尚書大傳》注皆云周改臏作刖，而《駁異義》云：皋陶改臏爲剕，《吕刑》有剕，周改剕爲刖。鄭云皋陶改臏爲剕，《吕刑》有剕者，此據古文《尚書》言之。云周改剕爲刖者，此據《周禮·司刑》言之。臏者，《白虎通》云：脱其臏也。剕，《説文》作跸，云：跀也。刖，《説文》作跀，許、鄭皆云：斷足也。然則臏與剕異制，剕與刖制同而異字耳。鄭云皋陶改臏爲剕，謂改其制。云周改剕爲刖，謂改其名。但皋陶既改臏爲剕，夏刑用之，不識今文何以作臏字。蓋賓聲、非聲相關通，如玭、蠙同字之比。伏生教於齊、魯之間，誤作臏字，失其實也。又云《周《禮·司》刑》注云：周改臏作刖，夏刑臏辟三百。按：鄭君此注獨從今文《尚書》作臏，鄭意謂夏刑實用臏，至周乃改剕，今文得其實，古文乃用周制説夏政耳，與《駁異義》不符。錫瑞謹案：唐、虞象刑，雖有臏名，以非履象之而已，皋陶無緣改臏爲剕。至夏始正用肉刑，然亦多不用刑而用罰。此經今文《尚書》蓋作臏罰疑赦，與《書序》訓夏贖刑相應。至周始改用剕，不去其臏而斷其足耳。段云今文得其實，然則鄭《周禮》注是也，《駁異義》蓋未定之説。

（清）皮錫瑞《今文尚書考證·吕刑》 宫辟疑赦，其罰六百鍰，閲實其罪。今文辟作罰，六作五。鍰作率，亦作饌，亦作選。辟作罰，見上。《史記》曰：宫辟疑赦，其罰五百率，閲實其罪。徐廣曰：一作六。《大傳》曰：男女不以義交者，其刑宫。《白虎通》曰：宫者，法土之壅水。宫者，女子淫，執置宫中，不得出也，丈夫淫，割其勢也。段玉裁説：《周本紀》作五百率，而張守節《正義》從之，此今文《尚書》之别本也。

（清）皮錫瑞《今文尚書考證·吕刑》 大辟疑赦，其罰千鍰，閲實其罪。今文大辟作大辟之罰。鍰作率，亦作饌，亦作選。大辟當作大辟之罰見上。《史記》曰：大辟疑赦，其罰千率，閲實其罪。《大傳》曰：降畔、寇賊，劫略、奪攘、矯虔者，其刑死。又曰：夏后氏不殺不刑，死罪罰二千饌。鄭注曰：饌，所出金鐵，死罪出三百七十五觔，用財少爾。《白虎通》曰：大辟，法水之滅火。大辟者，謂死也。陳喬樅説：鄭《注》云三百七十五觔，通合千饌六千兩之數，此用今文家説也。如以鍰重六兩大半兩計之，當爲四百十六觔十兩大半兩。今文經云大辟疑赦，其罰千率，《史記索隱》引《大傳》死罪罰二千饌，二字衍文也。

（宋）李昉等《太平御覽》卷六五一《刑法部·收贖》　《國語》曰：桓公問：齊國寡甲兵爲之若何？甲鎧兵弓矢之屬。管仲對曰：輕過而移諸甲兵，諸，之也，謂輕其過，使以甲兵贖罪。制重罪贖以犀甲一戟。重罪，死罪。犀，犀皮，可爲甲。戟，車戟也。戟長二丈六尺。輕罪贖以鞼劬位切。盾一戟。輕罪，劓刖之屬。鞼盾，綴革有文加繢。小罪讁以金分。小罪，不入五刑者。以金贖，有分兩之差。今之罰金是也。《書》曰：金作贖刑也。

（清）戴望《管子校正》卷八《中匡》　〔齊桓公〕公曰：民辦軍事矣，則可乎。對曰：不可，甲兵未足也。請薄刑罰以厚甲兵，於是死罪不殺，刑罪不罰，使以甲兵贖。有罪，使出甲兵以贖之也。死罪以犀甲一戟，刑罰以脅盾一戟，脅，盾也。既出盾又令出一戟也。過罰以金。過誤致罰，出金以贖之。軍無所計而訟者，成以束矢。不計於軍事，而以私訟者，令出束矢，以平其罪。成，平也。

民辦軍事矣，元刻辦作辨。死罪以犀甲一戟。刑罰以脅盾一戟。王氏引之云：刑罰當爲刑罪。死罪以犀甲一戟，是承上死罪不殺而言。刑罪以脅盾一戟，是承上刑罪不罰而言，齊語作重罪贖以犀甲一戟，輕罪贖以鞼盾一戟。重罪即死罪，輕罪即刑罪也。今作刑罰者，涉上文薄刑罰而誤。過罰以金，軍無所計而訟者，成以束矢。王氏引之云：軍當爲鈞，鈞軍聲相亂，又涉上文軍事而誤，過罰以金鈞者，謂過失之罰，令出金一鈞也。《小匡篇》作小罪入以金鈞，是其證。若無鈞字，則所罰之金無定數矣，下文無所計而訟者，別是一事。《小匡篇》作：無坐抑而訟獄者。句法亦相同。尹以軍字屬下讀，謂不計於軍事而以私訟者，非也。此是獄訟之事，與軍事無涉。

睡虎地秦墓竹簡整理小組《睡虎地秦墓竹簡·秦律十八種·司空》　百姓有母及同〔牲〕〔生〕爲隸妾，非〔適〕〔謫〕罪〔殹〕〔也〕而欲爲冗邊五歲，毋〔賞〕〔償〕興日，以免一人爲庶人，許之。或贖〔䙴〕〔遷〕，欲入錢者，日八錢。

睡虎地秦墓竹簡整理小組《睡虎地秦墓竹簡·秦律十八種·司空》　有罪以貲贖及有〔責〕〔債〕於公，以其令日問之，其弗能入及〔賞〕〔償〕，以令日居之，日居八錢；公食者，日居六錢。居官府公食者，男子參，女子〔駟〕〔四〕。公士以下居贖刑罪、死罪者，居於城旦舂，毋赤其衣，勿枸櫝欙杕。鬼薪白粲，群下吏毋耐者，人奴妾居贖貲〔責〕〔債〕於城旦，皆赤其衣，枸櫝欙杕，將司之；其或亡之，有罪。葆子以上居贖刑以上到贖死，居於官府，皆勿將司。所弗問而久〔毄〕〔繫〕之，大嗇夫、丞及官嗇夫有罪。居貲贖〔責〕〔債〕欲代者，耆弱相當，許之。作務及賈而負〔責〕〔債〕者，不得代。一室二人以上居貲贖〔責〕〔債〕而莫見其室者，出其一人，令相爲兼居之，居貲贖〔責〕〔債〕者，或欲〔籍〕〔藉〕人與并居之，許之，毋除〔繇〕〔徭〕戍。凡不能自衣者，公衣之，令居其衣如律然。其日未備而被入錢者，許之。以日當刑而不能自衣食者，亦衣食而令居之。官作居貲贖〔責〕〔債〕而遠其計所官者，盡八月各以其作日及衣數告其計所官，毋過九月而〔觱〕〔畢〕到其官；官相〔紤〕〔近〕者，盡九月而告其計所官，計之其作年。百姓有貲贖〔責〕〔債〕而有一臣若一妾，有一馬若一牛，而欲居者，許。

睡虎地秦墓竹簡整理小組《睡虎地秦墓竹簡·秦律十八種·軍爵律》　欲歸爵二級以免親父母爲隸臣妾者一人，及隸臣斬首爲公士，謁歸公士而免故妻隸妾一人者，許之，免以爲庶人。工隸臣斬首及人爲斬首以免者，皆令爲工。其不完者，以爲隱官工。

睡虎地秦墓竹簡整理小組《睡虎地秦墓竹簡·秦律雜抄》　冗募歸，辭曰日已備，致未來，不如辭，貲日四月居邊。軍新論攻城，城陷，尚有棲未到戰所，告曰戰圍以折亡，〔叚〕〔假〕者，耐；〔敦〕〔屯〕長、什伍〔智〕〔知〕弗告，貲一甲；稟伍二甲。

睡虎地秦墓竹簡整理小組《睡虎地秦墓竹簡·秦律雜抄》　膚吏乘馬篤、〔辈〕〔胔〕，及不會膚期，貲各一盾。馬勞課殿，貲廄嗇夫一甲，令、丞、佐、史各一盾。馬勞課殿，貲皂嗇夫一盾。牛大牝十，其六〔毋〕〔無〕子，貲嗇夫、佐各一盾。羊牝十，其四〔毋〕〔無〕子，貲嗇夫、佐各一盾。牛羊課。

匿敖童，及占〔痒〕〔癃〕不審，典、老贖耐，百姓不當老，至老時不用請，敢爲〔酢〕〔詐〕僞者，貲二甲；典、老弗告，貲各一甲；伍人，户一盾，皆〔䙴〕〔遷〕之。傅律。

睡虎地秦墓竹簡整理小組《睡虎地秦墓竹簡·秦律雜抄》　〔爲〕〔僞〕聽命書，〔法〕〔廢〕弗行，耐爲〔侯〕〔候〕；不〔辟〕〔避〕席立，貲二甲，〔法〕〔廢〕。

睡虎地秦墓竹簡整理小組《睡虎地秦墓竹簡·秦律雜抄》　故大夫斬首者，〔䙴〕〔遷〕。分甲以爲二甲蒐者，耐。縣毋敢包卒爲弟子，尉貲二甲，免；令，二甲。輕車、赿張、引强、中卒所載（傳）〔傳〕到軍，縣勿奪。奪中卒傳，令、尉貲各二甲。

睡虎地秦墓竹簡整理小組《睡虎地秦墓竹簡·秦律雜抄》 不當稟軍中而稟者，皆貲二甲，（法）〔廢〕；非吏（殹）〔也〕，戍二歲；徒食、（敦）〔屯〕長、僕射弗告，貲戍一歲；令、尉、士吏弗得，貲一甲。軍人買（賣）稟稟所及過縣，貲戍二歲；同車食、（敦）〔屯〕長、僕射弗告，戍一歲；縣司空、司空佐史、士吏將者弗得，貲一甲；邦司空一盾。軍人稟所、所過縣百姓買其稟，貲二甲，入粟公；吏部弗得，及令、丞貲各一甲。稟卒兵，不完（善）〔繕〕，丞、庫嗇夫、吏貲二甲，（法）〔廢〕。

睡虎地秦墓竹簡整理小組《睡虎地秦墓竹簡·秦律雜抄》 驀馬五尺八寸以上，不勝任，奔（摯）〔縶〕不如令，縣司馬貲二甲，令、丞各一甲。先賦驀馬，馬備，乃鄰從軍者，到軍課之，馬殿，令、丞二甲；司馬貲二甲，（法）〔廢〕。

睡虎地秦墓竹簡整理小組《睡虎地秦墓竹簡·法律答問》 内公孫（毋）〔無〕爵者當贖刑，得比公士贖耐不得？得比焉。

睡虎地秦墓竹簡整理小組《睡虎地秦墓竹簡·法律答問》 （可）〔何〕謂贖鬼薪鋈足？（可）〔何〕謂贖宮？臣邦真戎君長，爵當上造以上，有罪當贖者，其爲群盜，令贖鬼薪鋈足；其有（府）〔腐〕罪，〔贖〕宮。其它罪比群盜者亦如此。

睡虎地秦墓竹簡整理小組《睡虎地秦墓竹簡·法律答問》 甲徙居，徙數謁吏，吏環，弗爲更籍，今甲有耐、貲罪，問吏（可）〔何〕論？耐以上，當貲二甲。

睡虎地秦墓竹簡整理小組《睡虎地秦墓竹簡·法律答問》 贖罪不直，史不與嗇夫和，問史可（何）論？當貲一盾。

睡虎地秦墓竹簡整理小組《睡虎地秦墓竹簡·法律答問》 以其乘車載女子，（可）〔何〕論？貲二甲。以乘馬駕私車而乘之，毋論。

睡虎地秦墓竹簡整理小組《睡虎地秦墓竹簡·法律答問》 或自殺，其室人弗言吏，即葬（貍）〔薶〕之，問死者有妻、子當收，弗言而葬，當貲一甲。

（明）丘濬《大學衍義補》卷一〇五《慎刑憲·明流贖之意》 漢惠帝元年，令民有罪得買爵三十級，以免死罪。顔師古曰：令出買爵之錢以贖罪。

臣按：《舜典》金作贖刑，非利之也，而後世則利之矣。惠帝令民有罪得買爵以免死罪，則是富者有罪，非徒有財而得免死，又因而得爵焉。嗚呼，是何等賞罰耶！

《漢書》卷四《文帝紀》 有司請令縣道，年八十以上，賜米人月一石，肉二十斤，酒五斗。其九十以上，又賜帛人二匹，絮三斤。賜物及當稟鬻米者，長吏閱視，丞若尉致，不滿九十，嗇夫、令史致。二千石遣都吏循行，不稱者督之，刑者及有罪耐以上，不用此令。

（明）孫世芳《宣府鎮志》卷一九《法令考·漢》 文帝十二年詔罪民入粟邊自贖。晁錯上言，石城十仞，湯池百步，帶甲百萬，而無粟弗能守也。爵者，上之所擅，出於口而無窮，粟者民之所種，生於地而不乏，使人入粟於邊以受爵免罪，不過三歲，塞下之粟必多矣。按贖刑始虞舜用之罪輕者，周穆王後則大罪亦准贖矣。

甘肅省文物考古研究所《居延新簡》 大司農臣延奏罪人得入錢贖品。贖完城旦舂六百石，直錢四萬。髡鉗城旦舂九百石，直錢六萬。

甘肅省文物考古研究所《居延新簡》 ⊠□罰金三兩。況辨其⊠⊠事不辨，法罰金四兩。

謝桂華等《居延漢簡釋文合校》 罰金二兩直千□

甘肅省文物考古研究所《居延新簡》 毋罪名者，亦罰金一⊠

謝桂華等《居延漢簡釋文合校》 ⊠□□□□當罰金二千五⊠□□□亡人罰金五千

（明）丘濬《大學衍義補》卷一〇五《慎刑憲·明流贖之意》 武帝天漢四年，令死罪人入贖錢五十萬，減死罪一等。

臣按：辟以止辟，此二帝三王立法之初意也。若死者而可以利贖，則犯法死者皆貧民，而富者不復死矣。其他雜犯贖之可也，若夫殺人者而亦得贖焉，則死者何辜，而其寡妻孤子，何以洩其憤哉。死者抱千載不報之寃，生者含沒齒不平之氣，以此感傷天地之和，致災異之變，或馴致禍亂者，亦或有之。爲天地生民主者，不可不以武帝爲戒。

《漢書》卷六《武帝紀》〔太始二年〕秋，旱。九月，募死罪（人）〔入〕贖錢五十萬減死一等。

（元）馬端臨《文獻通考》卷一七一上《刑考·贖刑》後漢光武建武二十九年，令天下罪囚殊死以下及徒各減本罪一等，其餘贖罪輸作有差。明帝即位，詔罪囚中二千石下至黄綬，貶秩贖論者，悉皆復秩還贖。又詔天下亡命殊死以下，聽得贖論。死罪入縑二十疋，右趾至髡鉗城旦春十疋，全城旦春至司寇作三疋。其未發覺，詔書到日先自告者，半入贖。八年，詔犯罪亡命者，贖罪各有差。十五年，詔亡命殊死以下贖：死罪縑四十疋，右趾及髡城旦春十疋，全城旦至司寇五疋，犯罪未發覺，詔書到日自告者，半入贖。十八年，詔天下亡命自殊死以下贖：死罪縑三十疋，右趾髡鉗以下各有差。肅宗建初七年，詔亡命贖：死罪入縑二十疋，餘各有差。永元六年，廷尉陳寵言：今律令贖罪以下二千六百八十一，溢於甫刑者七十九事。順帝漢安二年，令罪囚殊死以下出縑贖，各有差；其不能入贖者，遣詣臨光縣居作二歲。桓帝建和三年，詔死罪及亡命以下贖，各有差。靈帝建寧元年，令天下繫囚未決入縑贖，各有差。三年及熹平六年、光和三年、中和四年，俱有此令。橋元乞天下凡有刼質，皆并殺之，不得以財寶開張姦路。詔下其章。

《後漢書》卷二《明帝紀》〔中元二年〕十二月甲寅，詔曰：方春戒節，人以耕桑。其敕有司務順時氣，使無煩擾。天下亡命殊死以下，聽得贖論：死罪入縑二十匹，右趾至髡鉗城旦舂十匹，完城旦舂至司寇作三匹。其未發覺，詔書到先自告者，半入贖。今選舉不實，邪佞未去，權門請託，殘吏放手，百姓愁怨，情無告訴。有司明奏罪名，並正舉者。又郡縣每因徵發，輕爲姦利，詭責羸弱，先急下貧。其務在均平，無令枉刻。

《後漢書》卷二《明帝紀》〔永平八年冬十月〕丙子，臨辟雍，養三老、五更。禮畢，詔三公募郡國中都官死罪繫囚，減罪一等，勿笞，詣度遼將軍營，屯朔方、五原之邊縣；妻子自隨，便占著邊縣；父母同産欲相代者，恣聽之。其大逆無道殊死者，一切募下蠶室。亡命者令贖罪各有差。凡徙者，賜弓弩衣糧。

（清）張鵬一《漢律類纂·具律·刑制》罰贖刑八。永平六年律令贖罪以下二千六百八十一。一歲刑，金四兩。二歲刑，金八兩。三歲刑，金十二兩。四歲刑，金一斤。五歲刑，金斤四兩。笞一百，金斤八兩。笞二百，金斤十二兩。死刑，金二斤。女子犯罪作如徒，已論決，得歸家，出錢雇人於山伐薪，曰雇山。月錢三百，凡六月。《成帝紀》注、《光武紀》注引令甲。案贖刑始於《舜典》，詳於《吕刑》。後世立法不本經義，謂爲偏枯長亂，以《吕刑》爲口實。馬貴與《文獻通考》，始辨其非，然知《吕刑》之罰鍰非贖，而於孔子有取罰鍰之故，未及發明，終不足以通經義而釋群疑。蓋六經論政，重禮教而惡刑殺。肉刑沿用實乖仁育之道。《吕刑》首定罰鍰，有合金作贖刑之制，蓋虧貨財以全肢體，仁者之所惻也。且安知無力出鍰之人不以役作抵其數，如後世贖罪輸作，以罪之大小等差，爲役之久暫輕重。即當金之多少額限，使力當其值。官即免其役。勞苦其身，實悔悟其心。有俾政刑，何損治體。删書取之，義自可見。漢承秦法，既有鬼薪城旦舂諸罪名，又有罰金之科，又有納粟入錢入縑輸作等事，始利其財以亂法。後世不究經義，變通贖金罪役爲一，執漢法以議《吕刑》，又知其不合《舜典》也。則曰贖刑所以教官吏。夫平民有貧富之分，官吏豈皆厚實之人，既利其財，而又强分彼此，此名之所以不正，而刑之所以日緐歟。

（清）張鵬一《漢律類纂·户律·平庸坐臧》平庸坐臧者，計一人一日，百錢。《昭紀》四年注律說，平賈，一月錢二千。《溝洫志》注平賈，以錢取人作卒，顧其時庸之平賈也。《功臣表》任當千以賣馬一匹買錢十五萬，過平，臧十萬以上免。

案如淳注，戍邊過更三日，得錢三百。證之唐律，一人一日爲絹三尺，亦不外百錢。如淳謂平賈月二千錢。二或當爲三。

（清）薛允升《漢律輯存·周禮》夏官大司馬，遂以蒐田，有司表貉誓民。

誓民，誓以犯田法之罰也。誓曰：無干車，無自後射。疏曰：此據漢田律而言，無干車謂無干犯他車；無自後射者象戰陣不逐奔走。又一解云：前人已射中禽，後人不復射。秋官士師五禁注：今野禁有田律。疏云：舉漢法以光之。又見後。

（清）薛允升《漢律輯存·周禮》職金，掌受士之金罰、貨罰，入于司兵。

罰，罰贖也。《書》曰：金作贖刑。疏曰：古者出金贖罪，皆據銅爲金。既稱金罰又曰貨罰者，出罰之家或時無金，即出貨以當金直。

(清) 薛允升《漢律輯存·尚書》 其罰百鍰。

《史記》作率。徐廣曰：率即鍰也。音刷。《說文》作鍰，云鋝也。《索隱》曰：舊本率亦作選。漢《蕭望之傳》，張敞曰：甫刑之罰，小過赦，薄罪贖，有金選之品。應劭曰：選音刷，金銖兩名也。師古曰：字本作鋝，鋝即鍰也。蓋古文作鍰，今文作選。《五經異義》云：夏侯歐陽說云墨辟疑赦，其罰百率。古以六兩爲率。古《尚書》說：百鍰，鍰者，率也。一率十一銖二十五分銖之十三也。百鍰爲三斤。鄭氏以爲古之率多作鍰。《周禮·職金》疏《考工記·冶氏》云：重三鋝。注，鄭司農云：鋝，量名也，讀爲刷。元謂許叔重《說文解字》云鋝，鍰也。今東萊稱或以大半兩爲鈞，十鈞爲環，環重六兩大半兩，鍰鋝似同矣。則三鋝爲一斤四兩。《說文》鋝十銖二十五分之十三也。《周禮》：重三鋝。北方以二十兩爲鋝。

《經學卮言》：其罰百鍰，鍰《史記》從今文作率。《五經異義》曰：今夏侯歐陽說墨辟疑赦，其罰百率古以六兩爲率。古《尚書》說：百鍰爲三斤。廣森按：率即《考工記》之鋝，實六兩大半兩也。言六兩者舉成數。《冶氏》重三鋝注云：三鋝爲一斤四兩。其字或爲鐉，伏生《大傳》如此。或爲選，《蕭望之傳》：甫刑之罰，小過赦，薄罪贖，有金選之品。應劭曰：選音刷。按鄭司農讀刷亦爲卒。鍰者十一銖二十五分之十三，與率字不同，輕重亦異。鄭君以鍰亦爲六兩大半兩，偏信今文也。許叔重以鋝亦爲十一銖二十五分之十三，偏信古文也。《說文》序曰：書稱孔子。今孔傳云：六兩曰鍰，則傳古文之書而用今文之訓，其僞明矣。如真古文說大辟罰千鍰才三十斤銅耳。漢時唯今文立於學官，故漢律以金代銅，西漢一斤八兩見《淮南王傳》，東漢三斤，皆准千率之數。鄭《駁異議》云：贖死罪千鍰。鍰六兩大半兩，爲四百一十六斤十兩大半兩銅，與今贖死罪金三斤爲價相依附。按《公羊傳》解詁曰：黃金一斤若今萬錢，漢錢重五銖，萬錢共重百三十斤，是金三斤，眞銅三百九十斤，故言相依附。唐律復贖銅死罪百二十斤，於古稱爲三百六十斤，據《舜典》疏：周隋斗秤於古三而爲一。輕於今文之千率而重於古文之千鍰多矣。

銅賤則罰宜多，銅貴則罰宜少，固不得百王一致也。《漢書·淮南王安傳》：其非吏，它贖死金二斤八兩。

(清) 薛允升《漢律輯存·說文解字》 貲，小罰財以自贖也。漢律：民不繇，貲錢二十三。

段曰：漢儀注曰：人年十五至五十六出賦錢，人百二十爲一筭。又七歲至十四出口錢，人二十以供天子。至武帝時又口加三錢以補車騎馬。見《昭帝紀》、《光武紀》二注，及今《四庫全書》内《漢舊儀》。按《論衡·謝短篇》曰：七歲頭錢二十三，亦謂此也，然則民不傜者，謂七歲至十四歲貲錢二十三者，口錢二十併武帝所加三錢也。〔按〕而出一夫故以名之。

(清) 杜貴墀《漢律輯證》卷一 贖。《尚書·舜典》正義：古之贖罪者皆用銅，漢始改用黃金，但少其斤兩，令與銅相敵。《惠帝紀》民有罪得買爵三十級以免死罪。應劭注一級直錢二千，凡爲六萬，若今贖罪入三十匹縑矣。師古曰，令出買爵之錢以贖罪。《武帝紀》太始二年，募死罪人贖錢五十萬減死，《明帝紀》中元二年詔天下亡命自殊死以下聽得贖論，死罪入縑二十匹，右趾至髡鉗城旦舂十匹，完城旦舂至司寇作三匹，犯罪未發覺詔書到日自首者半入贖。《章帝紀》建初七年詔，亡命贖死罪縑二十匹云云，與中元二年詔同。按《御覽》引《後漢書》永平十四年詔，四十匹作二十匹。中元三年詔五匹作三匹。永平十八年詔四十匹改三十匹。章帝建初七年三十匹改二十匹。章和元年十匹改七匹。《順帝紀》漢安二年令，郡國中都官司繫囚殊死以下出縑贖各有差，其不能入贖者遣詣臨羌縣居作二歲。《蕭望之傳》天漢四年常使死罪人入五十萬錢減死罪一等，豪彊吏民請託假貸至爲盜賊以贖罪。

(清) 杜貴墀《漢律輯證》卷四 鞫獄不實。《功臣表》新時侯趙弟，太始三年坐爲太常鞫獄不實入錢百萬贖死，完爲城旦。《趙廣漢傳》下廣漢廷尉獄，又坐賊殺不辜，鞫獄故不以實，擅斥除騎士乏軍興數罪。按唐律官司出入人罪在斷獄二。

(清) 杜貴墀《漢律輯證》卷五 三人以上無故群飲罰金四兩。《文帝紀》酺五日，注文穎引律郡國十月行鄉飲酒禮，見《儀禮·鄉飲酒禮》注。《宣帝紀》五鳳二年詔令郡國二千石或擅爲苛禁，禁民嫁娶不得相賀召，繇是廢鄉黨之禮，令民無所樂，非所以導民也。《詩》不云乎民之失德，乾餱以愆，勿行苛政。《桓帝紀》永興二年禁郡國不得賣酒，祠祀裁足。詔曰，饑饉薦臻，其不被害郡縣，當爲饑餒者儲。天下一家，趣不糜爛，則爲國實。《東觀漢記》順帝漢安二年詔，禁民毋得酤賣酒麴，酒黨見《桓彬傳》。

(元) 馬端臨《文獻通考》卷一七一上《刑考·贖刑》 魏明帝改士庶罰金之令，男聽以罰代金。太和五年，令罪非殊死聽贖，各有差。魏律，贖刑十一，贖金六。晋新律，意善功惡，以金贖之。金等不過四兩。梁武帝依周漢故事，有罪者贖。其科：凡在官身犯，罰金。鞭扑杖督之罪，悉入贖停罰。其臺省令史、士卒欲贖者，聽之。五歲刑笞二百，收贖絹，男子六十疋。又有四歲刑，男子四十八疋。又有三歲刑，男子三十六疋。又有二歲刑，男子二十四疋。罰金一兩以上為贖罪。贖死者金二斤，男子十六疋。贖髡鉗五歲刑笞二百者，金一斤十二兩，男子十四疋。贖四歲刑者，金一斤八兩，男子十二疋。贖三歲刑者，金一斤四兩，男子十疋。贖二歲刑者，金一斤，男子八疋。罰金十二兩者，男子六疋。罰金八兩者，男子四疋。罰金四兩者，男子二疋。罰金二兩者，男子一疋。罰金一兩者，男子二丈。女子各半之。五刑不簡，正於五罰，五罰不服，正於五過，以贖論。故為此十四等之差。將吏以上及女子應有罰者，以罰金代之。致堂胡氏曰：按《舜典》五刑之目，一曰象以典刑，二曰鞭作官刑，三曰扑作教刑，四曰金作贖刑，五曰怙終賊刑，何為設贖？謂罪之疑者也。三代相承，至周穆王，其法尤密，乃有罰鍰之數，皆為疑刑也。鞭施於官，蓋胥吏徒隸也。扑施於教，蓋學校夏楚也。是則鞭重而扑輕，鞭以痛懲，扑以愧耻而已。夫當官典刑教，臨時之用，有何可疑，而使贖乎？無疑而贖，則頑者肆，怠者縱，法不嚴而人易犯，其末流乃至於惟贖之利，變亂正刑，其弊有不可勝言者。且使士流與卒伍同條，豈刑不上大夫之義乎？案：《虞書》言金作贖刑而已，九峯蔡氏則以為，贖特為鞭扑輕刑設，五刑夲無贖法，而以穆王贖鍰之事為非。致堂胡氏則以為贖本為五刑之疑者，而鞭扑輕刑，則無贖法。二論正相反。然以《書》之本文考之，固未見其專為五刑設，或專為鞭扑設也。愚嘗論之，五刑，刑之大者，所以懲創其罪愆。鞭扑，刑之小者，所以課督其慵怠。五刑而許之論贖者，蓋矜其過誤之失，《書》所謂罪疑惟輕，所謂五刑之疑有赦是也。鞭扑而許其論贖者，蓋養其愧耻之心，記所謂刑不上大夫，東坡所謂鞭撻一行，則豪傑不出於其間，故士之刑者不可用，用者不可刑是也。二者皆聖人忠厚之意也。

《晋書》卷三〇《刑法志》 其見知而故不舉劾，各與同罪。失不舉劾，各以贖論。

《晋書》卷三〇《刑法志》 依古義制爲五刑。其死刑有三，髡刑有四，完刑、作刑各三，贖刑十一，罰金六，雜抵罪七，凡三十七名，以爲律首。

《晋書》卷三〇《刑法志》 五刑不簡，正于五罰，五罰不服，正于五過，意善功惡，以金贖之。

《宋書》卷六〇《王韶之傳》 有司奏東冶士朱道民禽三叛士，依例放遣，韶之啓曰：尚書金部奏事如右，斯誠檢忘一時權制，懼非經國弘本之令典。臣尋舊制，以罪補士，凡有十餘條，雖同異不紊，而輕重實殊。至於詐列父母死，誣罔父母淫亂，破義反逆，此四條，實窮亂抵逆，人理必盡，雖復殊刑過制，猶不足以塞莫大之罪。既獲全首領，大造已隆，寧可復遂拔徒隸，緩帶當年，自同編户，列齒齊民乎。臣懼此制永行，所虧實大。方今聖化惟新，崇本棄末，一切之令，宜加詳改。愚謂此四條不合加贖罪之恩。侍中褚淡之同韶之三條，却宜仍舊。詔可。

《南史》卷六《梁本紀・武帝》 〔天監元年夏四月〕庚午，詔分遣內侍，周省四方，觀政聽謠，訪賢舉滯。其有田野不闢，獄訟無章，忘公徇私，侵漁是務者，悉隨事以聞。若懷寶迷邦，藴奇待價，蓄響藏真，不求聞達，各依名騰奏，罔或遺隱。又詔曰：金作贖刑，有聞自昔，入縑以免，施於中代。永言叔季，偷薄成風，嬰愆入罪，厥塗匪一。死者不可復生，刑者無因自反，由此而望滋實，庸可致乎。可依周、漢舊典，有罪入贖，外詳爲條格，以時奏聞。

(宋)司馬光《資治通鑑》梁武帝天監元年夏四月 庚午，詔：有司依周、漢故事，議贖刑條格。《舜典》曰：金作贖刑。注曰：誤入而刑，出金以贖罪。周穆王訓夏贖刑，亦以五刑之辟，疑者罰贖。至漢文帝令民入粟以贖罪；武帝令死罪入贖，錢五十萬減死一等。蓋自虞及周疑誤者贖，漢則凡犯罪者皆可得而入贖。凡在官身犯鞭杖之罪，悉入贖停罰，其臺省令史、士卒欲贖者聽之。

《梁書》卷二《武帝本紀》 〔天監三年〕冬十一月甲子，詔曰：設教因時，淳薄異政，刑以世革，輕重殊風。昔商俗未移，民散久矣，嬰網陷辟，日夜相尋。若悉加正法，則赭衣塞路；並申弘宥，則難用爲國，故使有罪入贖，以全元元之命。今遐邇知禁，囹圄稍虛，率斯以往，庶幾刑措。金作權典，宜在蠲息。可除贖罪之科。

(元)馬端臨《文獻通考》卷一七一上《刑考・贖刑》 天監三年，

詔以金作權典，宜在蠲息。於是除贖罪之科。十一年，復開贖罪之科。陳存贖罪之律。其三歲刑，若有官，準當二年，餘一年贖。若公坐過誤，罰金。其二歲刑，有官者，贖論。一歲刑，無官亦贖論。後魏起自朔方，其初刑法甚峻，死罪至多，後乃令當死者，其家獻金馬以贖。北齊律，贖罪舊有金，皆代以中絹。死百疋，流九十二疋，刑五歲七十八疋，四歲六十四疋，三歲五十疋，二歲三十六疋。各通鞭笞論。一歲無笞，則通鞭二十四疋。鞭杖每十，贖絹一疋。無絹之鄉，皆準絹收錢。自贖笞十以上至死，又為十五等之差。當加減次，如正決法。合贖者，謂流內官及爵秩比視，老小閹癡并過失之屬。犯罰絹一疋及杖十以下，皆各為罪人。後周制，其贖杖刑五，金一兩至五兩。贖鞭刑五，金六兩至十兩。贖徒刑一年，金十二兩，二年十五兩，三年一斤二兩，四年一斤五兩，五年一斤八兩。贖流刑，一斤十二兩。贖死刑，金二斤。婦人當笞者，聽以贖論。應贖金者，鞭、杖十，収中絹一疋。流、徒者，依限歲収絹十二疋。死罪者百疋。其贖刑，死罪五旬，流刑四旬，徒刑三旬，鞭刑一旬。限外不輸者，歸於法，貧者請而免之。

《北史》卷一〇《周本紀・武帝》〔保定五年元月〕辛未，詔江陵人年六十五已上爲官奴婢者，已令放免，其公私奴婢年七十以外者，所在官私宜贖爲庶人。

（元）馬端臨《文獻通考》卷一七一上《刑考・贖刑》《隋志》，官品第九以上犯罪者，聽贖。應贖者，皆以銅代絹。銅一斤爲負，負十爲殿。笞十者，銅一斤。加至杖百，則十斤。徒一年，贖銅二十斤。每等加銅十斤。三年則六十斤。流千里，贖銅八十斤。每等則加銅十斤。三千里則百斤。絞斬二死刑，皆贖銅百二十斤。

煬帝即位，以文帝禁網深刻，每加減降，然斗秤皆小舊二倍，其贖銅，亦加二倍爲差。其實不異開皇舊制。

（唐）長孫無忌等《唐律疏議》卷一《名例・死刑二》　問曰：答以上、死以下，皆有贖法。未知贖刑起自何代？

答曰：《書》云：金作贖刑。注云：誤而入罪，出金以贖之。甫侯訓夏贖刑云：墨辟疑赦，其罰百鍰；劓辟疑赦，其罰唯倍；剕辟疑赦，其罰倍差；宫辟疑赦，其罰六百鍰；大辟疑赦，其罰千鍰。注云：六兩曰鍰。鍰，黄鐵也。晋律：應八議以上，皆留官收贖，勿髡、鉗、笞也。今古贖刑，輕重異制，品目區別，備有章程，不假勝條，無煩縷説。

（唐）長孫無忌等《唐律疏議》卷二《名例・應議請減》　諸應議、請、減及九品以上之官，若官品得減者之祖父母、父母、妻、子、孫犯流罪以下，聽贖。

疏議曰：此名贖章。應議、請、減者，謂議、請、減三章内人。亦有無官而入議、請、減者，故不云官也；及九品已上官者，謂身有八品、九品之官；若官品得減者，謂七品以上之官，蔭及祖父母、父母、妻、子孫；犯流罪以下並聽贖。

若應以官當者，自從官當法。

疏議曰：議、請、減以下人，身有官者，自從官當、除、免，不合留官取蔭收贖。

其加役流。

疏議曰：加役流者，舊是死刑，武德中改爲斷趾。國家惟刑是恤，恩弘博愛，以刑者不可復屬，死者務欲生之，情軫向隅，恩覃祝網，以貞觀六年奉制改爲加役流。

反逆緣坐流。

疏議曰：謂緣坐反、逆得流罪者。其婦人有官者，比徒四年，依官當之法，亦除名。無官者，依留住法，加杖、配役。

子孫犯過失流。

疏議曰：謂耳目所不及、思慮所不到之類，而殺祖父母、父母者。

不孝流。

疏議曰：不孝流者，謂聞父母喪，匿不舉哀，流；告祖父母、父母者，絞，從者流；咒詛祖父母、父母者，流；厭魅求愛媚者，流。

問曰：居喪嫁娶，合徒三年；或恐喝或强，各合加至流罪。得入不孝流以否？

答曰：恐喝及强，元非不孝，加至流坐，非是正刑，律貴原情，據理不合。

及會赦猶流者。

疏議曰：案《賊盜律》云，造畜蠱毒，雖會赦，並同居家口及教令人亦流三千里。《斷獄律》云，殺小功尊屬、從父兄姊及謀反、大逆者，身雖會赦，猶流二千里。此等並是會赦猶流。其造畜蠱毒，婦人有官、無官，並依下文，配流如法。有官者，仍除名，至配所免居作。

各不得減贖，除名、配流如法。除名者，免居作，即本罪不應流配而特配者，雖無官品，亦免居作。

疏議曰：男夫犯此五流，假有一品已下及取蔭者，並不得減贖，除名、流配如法。三流俱役一年，稱加役流者，役三年。家無兼丁者，依下條加杖、免役，故云如法。

注：除名者，免居作，即本罪不應流配而特配者，雖無官品，亦免居作。

疏議曰：犯五流之人，有官爵者，除名，流配，免居作。即本罪不應流配而特流配者，雖無官品亦免居作，謂有人本犯徒以下及有蔭之人本法不合流配，而責情特流配者，雖是無官之人，亦免居作。

其於期以上尊長及外祖父母、夫、夫之祖父母，犯過失殺傷，應徒；若故毆人至廢疾，應流；男夫犯盜謂徒以上。及婦人犯姦者亦不得減贖。有官爵者，各從除、免、當、贖法。

疏議曰：過失殺祖父母、父母，已入五流，若傷，即合徒罪，故云期以上。其於期親尊長及外祖父母、夫、夫之祖父母，犯過失殺及傷，應合徒者；故毆人至廢疾應流，謂恃蔭合贖，故毆人至廢疾，準犯應流者；男夫犯盜徒以上，謂計盜罪至徒以上，强盜不得財亦同；及婦人犯姦者：並亦不得減贖。言亦者，亦如五流，不得減贖之義。

注：有官爵者，各從除、免、當、贖法。

疏議曰：謂故毆小功尊屬至廢疾，及男夫於監守內犯十惡及盜，婦人姦入內亂者，並合除名。若男夫犯盜，斷徒以上及婦人犯姦者，並合免官。其於期親以上尊長犯過失殺傷應徒，及故毆凡人至廢疾應流，並合官當。犯除名者，爵亦除；本犯免官、免所居官及官當者，留爵收贖。縱有官爵合減，亦不得減。故云各從除、免、當、贖法。

問曰：五流不得減贖，若會降，合減贖以否？

答曰：五流，除名，配流，會降至徒以下，有蔭、應贖之色，更無配役之文，即有聽贖者，有不聽贖者。止如加役流、反逆緣坐流、不孝流，此三流會降，並聽收贖。其子孫犯過失流，雖會降亦不得贖。何者？文云：於期以上尊長犯過失殺傷應徒，不得減贖。此雖會降，猶是過失應徒，故不合贖。其有官者，自準除免、當、贖、之例。本法既不合例減，降後亦不得減科。其會赦猶流者，會降灼然不免。

（唐）長孫無忌等《唐律疏議》卷二《名例·婦人有官品邑號》　諸婦人有官品及邑號犯罪者，各依其品，從議、請、減、贖、當、免之律，不得蔭親屬。

疏議曰：婦人有官品者，依令，妃及夫人，郡、縣、鄉君等是也。邑號者，國、郡、縣、鄉等名號是也。婦人六品以下無邑號，直有官品，即媵是也。依《禮》：凡婦人，從其夫之爵位。注云：生禮死事，以夫爲尊卑。故犯罪應議、請、減、贖者，各依其夫品，從議、請、減、贖之法。若犯除、免、官當者，亦準男夫之例，故云各從議、請、減、贖、當、免之律。婦人品命既因夫、子而授，故不得蔭親屬。

若不因夫、子別加邑號者，同封爵之例。

疏議曰：別加邑號者，犯罪一與男子封爵同。除名者，爵亦除。免官以下，並從議、請、減、贖之例，留官收贖。

（唐）長孫無忌等《唐律疏議》卷二《名例·五品以上妾有犯》　諸五品以上妾犯非十惡者，流罪以下，聽以贖論。

疏議曰：五品以上之官，是爲通貴，妾之犯罪，不可配決。若犯非十惡，流罪以下聽用贖論。其贖條內不合贖者，亦不在贖限。若妾自有子孫及取餘親蔭者，假非十惡，聽依贖例。

（唐）長孫無忌等《唐律疏議》卷二《名例·以理去官》　其假版官犯流罪以下，聽以贖論。

疏議曰：假版授官，不著令、式，事關恩澤，不要耆年，聽以贖論，不以假版官當罪。其準律不合贖者，處徒以上，版亦除削。

（唐）長孫無忌等《唐律疏議》卷二《名例·無官犯罪》　諸無官犯罪，有官事發，流罪以下以贖論。謂從流外及庶人而任流內者，不以官當、除、免。犯十惡及五流者，不用此律。

疏議曰：無官犯罪，有官事發，流罪以下，皆依贖法。謂從流外及庶人而任流內者，其除名及當、免，在身見無流內告身者，亦同無官例。

其於贖章內合除、免、官當者，亦聽收贖。故云不以官當、除、免。若犯十惡五流，各依本犯除名及配流，不同此條贖法，故云不用此律。會

問曰：無官犯罪，有官事發，流罪以下以贖論。雖稱以贖，如有七品以上官，合減以否？

答曰：既稱流罪以下以贖論，據贖條內不得減者，此條亦不合減。自餘雜犯應減者，並從減例。據下文無蔭犯罪，有蔭事發，並從官蔭之法，故知得依減之例。

（唐）長孫無忌等《唐律疏議》卷二《名例·官當》 其流內官而任流外職，犯罪以流內官當及贖徒年者，各解流外任。

疏議曰：假有勳官，任流外職者，犯徒以上罪，以勳官當之。或犯徒用官不盡，而贖一年徒以上者，各解流外任。

即在禁身死，若免死別配及背死逃亡者，並除名；皆謂本犯合死而獄成者。

疏議曰：其雜犯死罪，謂非上文十惡、故殺人、反逆緣坐、監守內姦、盜、略人、受財枉法中死者。即在禁身死者，謂犯罪合死，在禁身亡。若免死別配者，謂本犯死罪蒙恩別配流、徒之類。及背死逃亡者，謂身犯死罪，背禁逃亡者。此等四色，所犯獄成，並從除名之律，故注云皆謂本犯合死而獄成者。背死逃亡者，即斷死除名，依法奏畫，不待身至。其下文犯徒獄成逃走，亦準此。

會降者，聽從當、贖法。

疏議曰：雜犯死罪以下，未奏畫逢降，有官者聽官當，有蔭者依贖法。本法不得蔭贖者，亦不在贖限。其會赦者，依令解見任職事。

問曰：文云十惡、故殺人、反逆緣坐，會赦猶除名。雜犯死罪等，會降從當贖法。若有別蒙敕放及會慮減罪，得同赦、降以否？

答曰：若使普覃惠澤，非涉殊私，雨露平分，自依常典。如有特奉鴻恩，總蒙原放，非常之斷，人主專之，爵命並合如初，不同赦、降之限。其有會慮減罪，計與會降不殊，當免之科，須同降法。慮若全免，還從特放之例。

又問：加役流以下五流，犯者除名、配流如法。未知會赦及降，若爲處分？

答曰：會赦猶流，常赦所不免，雖會赦、降，仍依前除名、配流。其不孝流、反逆緣坐流，雖會赦亦除名。子孫犯過失流，會赦免罪；會降，有官者聽依當、贖法。其加役流，犯非一色，入十惡者，雖會赦、降，仍合除名。稱以枉法論、監守內以盜論者，會赦免所居官，會降同免官之法。自餘雜犯，會赦從原，會降依當、贖法。凡斷罪之法，應例減者，先減後斷。其五流先不合減者，雖會降後亦不合減科。

（唐）長孫無忌等《唐律疏議》卷三《名例·除免官當敘法》 若官盡未敘，更犯流以下罪者，聽以贖論。敘限各從後犯計年。

疏議曰：謂用官當、免並盡，未到敘日，更犯流罪以下者，聽以贖論。以其年限未充，必有敘法，故免決配，聽依贖論。本犯不合贖者，亦不得贖。

問曰：此條內有毆告大功尊長、小功尊屬者，合以贖論否？

答曰：上條毆告大功尊長、小功尊屬，不得以蔭論。今此自身官盡，聽以贖論，即非用蔭之色，聽同贖法。

（唐）長孫無忌等《唐律疏議》卷三《名例·以官當徒不盡》 諸以官當徒者，罪輕不盡其官，留官收贖。官少不盡其罪，餘罪收贖。

疏議曰：假有五品以上官，犯私坐徒二年，例減一等，即是罪輕不盡其官，留官收贖。官少不盡其罪者，假有八品官，犯私坐一年半徒，以官當徒一年，餘罪半年收贖之類。

其犯除、免者，罪雖輕，從《例》除、免。

疏議曰：假有五品以上職事及帶勳官，於監臨內盜絹一疋，本坐合杖八十，仍須準《例》除名；或受財六疋一尺而不枉法，本坐徒一年半，亦準《例》免官；或姦監臨內婢，合杖九十，亦準《例》免所居官。

罪若重，仍依當、贖法。

疏議曰：凡是除名、免官，本罪雖輕，從《例》除、免。罪重者，各準所犯，準當徒、流及贖法。假有職事正七品上，復有歷任從七品下，犯除名、流不合例減者，以流比徒四年，以正七品上一官當徒一年，又以從七品下一官當徒一年。更無歷任及勳官，則徵銅四十斤，贖二年徒坐。仍準例除名。若罪當免官者，亦準此當、贖法，仍依《例》免官。此名罪若重，仍依當贖法。

其除爵者，雖有餘罪，不贖。

疏議曰：爵者既得傳授子孫，所以義同帶礪。今並除削，在責已深，爲其國除，故有殘罪不贖。

（唐）長孫無忌等《唐律疏議》卷四《名例·老小及疾有犯》　諸年七十以上、十五以下及廢疾犯流罪以下，收贖。犯加役流、反逆緣坐、會赦猶流者，不用此律；至配所，免居作。

疏議曰：依《周禮》：年七十以上及未齔者，並不爲奴。今律：年七十以上、七十九以下、十五以下、十一以上及廢疾，爲矜老小及疾，故流罪以下收贖。

問曰：上條贖章稱犯流罪以下聽贖，此條及官當條即言收贖。未知聽之與收有何差異？

答曰：上條犯十惡等，有不聽贖處，復有得贖之處，故云聽贖。其當徒，官少不盡其罪，餘罪收贖；及矜老小廢疾，雖犯十惡，皆許收贖。此是隨文設語，更無別例。

注：犯加役流、反逆緣坐流、會赦猶流者，不用此律；至配所，免居作。

疏議曰：加役流者，本是死刑，元無贖例，故不許贖。反逆緣坐流者，逆人至親，義同休戚，處以緣坐，重累其心。此雖老疾，亦不許贖。會赦猶流者，爲害深重，雖會大恩，猶從流配。此等三流，特重常法，故總不許收贖。至配所免居作者，矜其老小，不堪役身，故免居作。其婦人流法與男子不同：雖是老小，犯加役流，亦合收贖，徵銅一百斤。反逆緣坐流，依《賊盜律》：婦人年六十及廢疾，並免。不入此流。即雖謀反，詞理不能動衆，威力不足率人者，亦皆斬，父子、母女、妻妾並流三千里。其女及妻妾年十五以下十一以上，亦免流配，徵銅一百斤；婦人犯會赦猶流，唯造畜蠱毒，并同居家口仍配。

八十以上、十歲以下及篤疾犯反、逆、殺人應死者，上請。

疏議曰：《周禮》三赦之法：一曰幼弱，二曰老耄，三曰戇愚。今十歲合於幼弱，八十是為老耄，篤疾戇愚之類，並合三赦之法。有不可赦者，年雖老小，情狀難原，故反、逆及殺人，準律應合死者，曹司不斷，依上請之式，奏聽勑裁。

盜及傷人者，亦收贖。有官爵者，各從官當、除、免法。

疏議曰：盜者雖是老小及篤疾，並爲意在貪財。傷人者，老小疾人未離忿恨。此等二事，既侵損於人，故不許全免，令其收贖。若有官爵者，須從官當、除、免之法，不得留官徵贖。謂毆從父兄姊傷，合除名；盜五匹以上，合免官；毆凡人折支，合官當之類。

問曰：既云盜及傷人亦收贖，若或强盜合死，或傷五服內親亦合死刑，未知並得贖否？

答曰：盜及傷人亦收贖，但盜既不言强竊，傷人不顯親疏，直云收贖，不論輕重，爲其老小，特被哀矜。設令强盜，傷親合死，據文並許收贖。

又問：既稱傷人收贖，即似不傷者無罪。若有毆殺他人部曲、奴婢，及毆已父母不傷，若爲科斷？

答曰：奴婢賤隸，唯於被盜之家稱人，自外諸條殺傷，不同良人之限。若老小篤疾，律許哀矜，雜犯死刑，並不科罪。傷人及盜，俱入贖刑。《例》云：殺一家三人爲不道。注云：殺部曲、奴婢者非。即驗奴婢不同良人之限。惟因盜殺傷，亦與良人同。其應出罪者，舉重以明輕。雜犯死刑，尚不論罪；殺傷部曲、奴婢，明亦不論。其毆父母，雖小及疾可矜，敢毆者，乃爲惡逆。或愚癡而犯，或情惡故爲，於律雖得勿論，準禮仍爲不孝。老小重疾，上請聽裁。

又問：八十以上，十歲以下，盜及傷人亦收贖。注云：有官爵者，各從除、免、當、贖法。未知本罪至死，仍得以官當贖以否？

答曰：條有收贖之文，注設除、免之法，止爲矜其老疾，非謂故輕其罪。但雜犯死罪，例不當贖，雖有官爵，並合除名。既死無比徒之文，官有當徒之例，明其除、免、當法，止據流罪以下。若欲以官折死，便是律外生文，自須依法除名，死依贖例。餘皆勿論。

（唐）張九齡等《唐六典》卷六《尚書刑部》　凡贖罪以銅。自笞一十銅一斤，至杖一百即十斤。徒一年二十斤，至徒三年則六十斤。流二千里銅八十斤，至流三千里則百斤。絞與斬，銅止一百二十斤。其私坐也，一斤爲一負；其公坐也，則二之。十負爲殿。凡贖者，謂在八議之條及七品已上官祖父母、父母、妻、子；五品已上，上至曾、高祖，下至曾、玄孫；五品已上妾犯非罪十惡；八品已下身犯流已下罪者，及年七十已上、十五已下及廢疾等犯罪加役流、反逆緣坐流、會赦猶流已下罪者，及年八十已上、十歲已下及篤疾犯盜與傷人者，及過誤殺人，及大辟疑罪者並以贖論。

（元）馬端臨《文獻通考》卷一七一《刑考·贖刑》　唐玄宗天寶六載敕節文：其贖銅，如情願納錢，每斤一百二十文。若欠負官物應徵正贓，及贖物無財以備，官役折庸。其物雖多，限三年。一人一日折絹四匹。若會恩其物合免者，停役。

（元）馬端臨《文獻通考》卷一七一《刑考·贖刑》　僖宗乾符三年，敕應殘疾篤疾犯徒流罪，或是連累，即許徵贖，如身犯罪，不在免限，其年十五以下者，準律文處分。

《舊五代史》卷一四七《刑法志》　内外官當贖之法，梁、唐皆無定制，多示優容，或因時分輕重。晋天福六年五月，尚書刑部員外郎李象請：今後凡是散官，不計高低，若犯罪不得當贖，亦不得上請詳定院覆奏。應内外文武官，有品官者自從品官法，無品官有散試官者，應内外帶職廷臣賓從、有功將校等，並請同九品官例。其京都運巡使及諸道州府衙前職員、内外雜任鎮將等，並請准律，不得上請當贖。其巡司馬步司判官，雖有曾歷品官者，亦請同流外職。准律，杖罪以下，依決罰例，徒罪以上，仍依當贖法。至周顯德五年七月，新定《刑統》：今後定罪，諸道行軍司馬、節度副使、副留守，准從五品官例；諸道兩使判官、防禦團練副使，准從六品官例；節度掌書記、團判官、兩蕃營田等使判官，准從七品官例；諸道推巡及軍事判官，准從八品官例；諸軍將校内諸司使、使副、供奉、殿直，臨時奏聽敕旨。由是内外品官當贖之法，始有定制焉。

（宋）竇儀等《宋刑統》卷一《名例律·五刑》　笞刑五。一十贖銅一斤。二十贖銅二斤。三十贖銅三斤。四十贖銅四斤。五十贖銅五斤。

疏議曰：笞者，擊也。而律學者云，笞訓爲耻。言人有小愆，法須懲誡，故加捶撻以耻之。漢時笞則用竹，今時則用楚。故《書》云：扑作教刑。即其義也。漢文帝十三年，太倉令淳于意女緹縈上書，願没身爲官婢，以贖父刑。帝悲其意，遂改肉刑，當黥者髡鉗爲城旦令舂，當劓者笞三百，此即笞杖之目，未有區分。笞擊之刑，刑之薄〔者〕也。隨時沿革，輕重不同，俱期無刑，義唯必措。《孝經·援神契》云：聖人制五刑以法五行。《禮》云：刑者侀也，成也，一成而不可變，故君子盡心焉。《孝經·鉤命决》云：刑者侀也，質罪示終。然殺人者死，傷人者刑，百王之所同，其所由來尚矣。從笞十至五十，其數有五，故曰笞刑五。徒杖之數亦准此。

杖刑五。六十贖銅六斤。七十贖銅七斤。八十贖銅八斤。九十贖銅九斤。一百贖銅十斤。

疏議曰：《説文》云：杖者持也，而可以擊人者。《家語》云：舜之事父，小杖則受，大杖則走。《國語》云：薄刑用鞭朴。《書》云：鞭作官刑。猶今之杖刑也。又蚩尤作五虐之刑，亦用鞭朴，原其濫觴，所從來遠矣。漢景帝以笞者已死，而笞未畢，改三百曰二百，二百曰一百。奕代沿流，曾微增損。爰洎隋室，以杖易鞭。今律云累決笞杖者不得過二百，蓋循漢制也。

□□□□□□□□□□條其今常行杖制□□□□□□□尺五寸，大頭闊不得過二□□不得過九分，小頭徑不得過九分，依此行用。

准：周顯德五年七月七日敕條，州縣自長官以下，因公事行責情杖，量情狀輕重，用今時杖，不得過臀杖十五。因責情杖至死者，具事由聞奏。

徒刑五。一年贖銅二十斤。一年半贖銅三十斤。二年贖銅四十斤。二年半贖銅五十斤。三年贖銅六十斤。

疏議曰：徒者奴也，蓋奴辱之。《周禮》云：其奴男子入于罪隸，又任之以事，寘以圜土而收教之。上罪三年而捨，中罪二年而捨，下罪一年而捨。此並徒刑也。蓋始於周。

流刑三。二千里贖銅八十斤。二千五百里贖銅九十斤。三千里贖銅一百斤。

疏議曰：《書》云：流宥五刑。謂不忍刑殺，宥之于遠也。又曰：五流有宅，五宅三居。大罪投之四裔，或流之於海外，次九州之外，次中國之外。蓋始於唐、虞。今之三流，即其義也。

□□□□□□□□□□敕尚書都省□□□□□□□□□月十六日奉聖旨，徒流笞杖刑名應合該除免當贖上請外，據法書輕重等第，用常行杖施行，令臣等詳定可否奏聞，俾官吏之依憑，絶刑名之出入，立兹定制，始自聖朝。臣等參詳，伏請宣下法司，頒行天下者。奉敕宜依，仍付所司遍下諸道州府者。【略】

死刑二。絞、斬贖銅一百二十斤。

疏議曰：古先哲王，則天垂法，輔政助化，禁暴防姦，本欲生之，義期止殺。絞斬之坐，刑之極也。死者魂氣歸於天，形魄歸於地，與萬〔物〕冥然。故鄭注《禮》

云：死者澌也，消盡爲澌。《春秋元命〔苞〕》云：黄帝斬蚩尤於涿鹿之野。《禮》云：公族有死罪，罄之於甸人。故知斬自軒轅，絞興周代，二者法陰數也。陰主殺罰，因而則之，即古大辟之刑是也。

問曰：答以上死以下，皆有贖法，未知贖刑起自何代？

答曰：《書》云：金作贖刑。注云：誤而入罪，出金以贖之。甫侯訓夏贖刑云：墨辟疑赦，其罰百鍰；劓辟疑赦，其罰唯倍；剕辟疑赦，其罰倍差；宫辟疑赦，其罰六百鍰；大辟疑赦，其罰千鍰。注云：六兩曰鍰，鍰黄鐵也。晋律應八議以上皆留官收贖，勿髡鉗笞也。今古贖刑，輕重異制，品目區別，備有章程，不假勝條，無煩縷説。

准：唐建中三年八月二十七日敕節文，其十惡中惡逆以上四等罪，請准律用刑，其餘應合處絞、斬刑，自今以後，並決重杖一頓處死，以代極法。釋曰：惡逆以上四等罪，謂謀反、謀大逆、謀叛、惡逆。

准：《獄官令》，諸傷損於人及誣告得罪，其人應合贖者，□□被告及傷損之家，即兩人相犯得罪，□□□□□□□□□□□□條請□□□□□□六十日徒限五□□□□□□□□□□□若無故過限□□□□□□□訴據理不移前□□□□□□□□□□□□□□月八日敕節文其贖銅每□□□□□□□□□□

《宋史》卷二〇一《刑法志》　金作贖刑，蓋以鞭扑之罪，情法有可議者，則寬之也。穆王贖及五刑，非法矣。宋損益舊制，凡用官蔭得減贖，所以尊爵禄、養廉耻也。

乾德四年，大理正高繼申上言：《刑統·名例律》：三品、五品、七品以上官，親屬犯罪，各有等第減贖。恐年代已深，不肖自恃先蔭，不畏刑章。今犯罪身無官，須祖、父曾任本朝官，據品秩得減贖；如仕于前代，須有功惠及民，爲時所推，歷官三品以上，乃得請。從之。後又定：流内品官任流外職，准律文，徒罪以上依當贖法。諸司授勒留官及歸司人犯徒流等罪，公罪許贖，私罪以決罰論。淳化四年，詔諸州民犯罪，或入金贖，長吏得以任情而輕重之，自今不得以贖論。婦人犯杖以下，非故爲，量輕重笞罰或贖銅釋之。

仁宗深憫夫民之無知也，欲立贖法以待薄刑，迺詔有司曰：先王用法簡約，使人知禁而易從。後代設茶、酒、鹽税之禁，奪民厚利，刑用滋章。今之《編敕》，皆出律外，又數改更，官吏且不能曉，百姓安得聞之？一陷于理，情雖可哀，法不得贖。豈禮樂之化未行，而專用刑罰之弊與？漢文帝使天下人入粟於邊，以受爵免罪，幾于刑措。其議科條非著于律者，或冒利犯禁，奢侈違令，或過悞可憫，别爲贖法。鄉民以穀麥，市人以錢帛，使民重穀麥，免刑罰，則農桑自勸，富壽可期矣。詔下，論者以爲富人得贖而貧者不能免，非朝廷用法之意。時命輔臣分總職事，以參知政事范仲淹領刑法，未及有所建明而仲淹罷，事遂寢。

至和初，又詔：前代帝王後，嘗仕本朝官不及七品者，祖父母、父母、妻子罪流以下，聽贖。雖不仕而嘗被賜予者，有罪，非巨蠹，亦如之。隨州司理參軍李抃父毆人死，抃上所授官以贖父罪，帝哀而許之。君子謂之失刑，然自是未嘗爲比。而終宋之世，贖法惟及輕刑而已。

《宋史》卷二〇〇《刑法志》　〔開寶〕八年，有司言：自三年至今，詔所貸死罪凡四千一百八人。帝注意刑辟，哀矜無辜，嘗歎曰：堯、舜之時，四凶之罪止於投竄。先王用刑，蓋不獲已，何近代憲網之密耶！故自開寶以來，犯大辟，非情理深害者，多得貸死。

（宋）佚名《宋大詔令集》卷二〇一《政事·刑法·外路繫囚晝時斷決詔咸平元年二月乙未》　朕欽承先訓，嗣守鴻圖。視民如傷，惟刑是恤。言念庶獄，尚多繫囚。或冤枉而莫伸，或滯淹而未決。感傷和氣，莫甚於斯。凡爾庶寮，各宜匪懈。應在京見禁罪人，朕已躬親疎決，其四京及諸路繫囚，勑到日，仰長吏晝時斷決。如有冤濫，即與伸理，限三日内畢具聞奏。追證未圓候對款者，亦速爲結絶。老幼疾患者不任科責者，流徒罪準律收贖，杖已下釋之。

（宋）佚名《宋大詔令集》卷二〇二《政事·刑法·張舒等贖銅詔景德四年九月乙丑》　宣聖之祠，布在郡國。儻加完葺，屬在官司。輒賦民財，是違詔令。致其牒訟，宜舉刑章。知耀州起居舍人張舒等，並依法贖銅。

（宋）李燾《續資治通鑑長編》宋神宗熙寧四年十月　庚辰，詔：自今吏民犯杖以下，情可矜者，聽贖錢以充助役。不當贖而贖者，監司糾正之。

（宋）謝深甫等《慶元條法事類》卷七三《刑獄門·檢斷》　諸傷損於人得罪應贖者，銅入被傷損之家，即考法罪人有犯，銅入官。

（宋）謝深甫等《慶元條法事類》卷七四《刑獄門・犯罪更為》 諸應贖人爲僧道而合還俗者，不在比罪收贖之例。

（宋）謝深甫等《慶元條法事類》卷七四《刑獄門・過犯遺闕》 諸罰俸、罰直應理遺闕者，兩經罰俸或罰直，此一犯，笞。

（宋）謝深甫等《慶元條法事類》卷七四《刑獄門・過犯遺闕》 諸犯過失收贖而應具案奏，及由省寺報在京所屬，若批書印紙者，並免仍不理遺闕。

（宋）謝深甫等《慶元條法事類》卷七六《當贖門・總法》 諸除名及未入官人犯罪依品官法者，同。除免官當未敘，或已敘而未應當贖者，更犯流以下官各以贖論。

（宋）謝深甫等《慶元條法事類》卷七六《當贖門・蔭贖》 諸品官之家知鄰保有犯不糾，若失火罪不至死者，以贖論。

諸有蔭人三犯私罪杖各情重，或正犯鬥殺罪至死，該恩減等應流配者，並不得以蔭論。餘犯徒流罪，情不可贖者，奏裁。即雖有蔭犯私罪，經真決而更犯私罪者，依無蔭人法。

〔斷獄令〕諸犯罪以蔭應贖者，追告驗實。如真僞不明或毀失，若在遠者，召保二人。內命官一員。

〔斷獄令〕諸有蔭人犯私罪，州縣置籍録犯狀及所贖刑名，即犯在他所者，贖訖，以所犯報本州縣注籍。

紹興五年六月六日勅：申明應書填空名告劄綾紙之人去失，如未曾召保保奏，給到付身公據，即不合作有官人從官蔭之法。若元有朝廷補授官資告劄綾紙，止是去失，後來書填空名遷轉告劄綾紙，雖未曾召保保奏、給到付身公據，其元有官資，自合從官蔭之法。

紹興二十三年六月七日勅：從軍使臣、校尉自紹興九年以前承受到宣撫司劄子綾牒，因功賞便宣補轉官資之人，今來出限，未曾换給朝廷。告勅依紹興十四年二月六日指揮，不許理當付身。若有犯罪，比附紹興三年三月十五日指揮，應朝廷許便宜從事。實因功勞先次，擬補官之人有犯，依攝諸州助教法犯贓私罪杖，公罪徒以下並贖。若有其餘罪犯，即仰開具情犯，依條奏裁斷遣。

〔申明〕淳熙十五年八月二十六日勅刑部大理寺看詳科場取中待補太學生，合此附外舍生私罪杖以下聽贖。謂非重害者。國子監看詳竊恐泛濫，欲將當舉取中待補人以三年爲限。有犯私罪杖以下，許聽贖一次。奉聖旨依。

〔衛禁〕淳熙元年十二月十五日，樞密院劄子盱眙軍申乞，今後有蔭贖人並不許通放過淮博易。其有蔭贖人，若隱匿蔭贖通放過淮博易，如偷傳錢銀，事發到官，並不許引用蔭贖。奉聖旨依。

〔名例勅〕諸攝諸州助教，犯贓私罪杖。稱私罪贓罪，並謂非重害者。公罪徒以下並贖。

（宋）謝深甫等《慶元條法事類》卷七六《當贖門・罰贖》 諸罰俸者，以半月。罰直者，以十直爲一等，不在官蔭減等之例。

〔名例勅〕諸犯罪情輕杖以下聽以贖論。即公人有罪，而朝省或按察官司令勘決者，不用此例。

諸州縣學生、醫生、州職醫助教犯公罪杖以下。太學、武學外舍生、僧道犯私罪杖以下。攝諸州助教、翰林、祗候曾得解，及應免解舉人。武舉同。太學、武學、上舍、内舍生，僧道録犯贓私罪。以上稱私罪、贓罪並謂非重害者。公罪徒以下。御前忠佐犯贓私罪、公罪流以下。並贖。坑户以賞得副尉，而依舊充應者，於本場治犯，公罪流以下準此。

〔斷獄勅〕諸罪人遇聖節，杖以下情輕者，聽免。稍輕者，聽贖。

〔斷獄令〕諸學生於非本貫犯法應贖，所屬斷訖，具犯由刑名報本貫及見諸學。

諸贖銅而貧乏無可理者，本州長吏取保放之。

諸以銅贖罪者，死罪限八十日，流六十日，徒五十日，杖四十日，笞及罰俸、罰直、罰食、直錢各三十日。身死或限內未輸而遇恩者，並免。

諸誣告及傷損於人得罪應贖者，銅入被誣及傷損之家。即考決罪人或在任官於所部有犯，若兩俱有罪同及居相犯者，銅入官。【略】

〔斷獄格〕贖銅，每斤，一百二十文足。罰直，每直，二百文足。罰俸，每月，一品，八貫。二品，六貫五百文。三品，五貫。四品，三貫五百文。五品，三貫。六品，二貫。七品，一貫七百文。八品，一貫三百文。九品，一貫五十文。

《遼史》卷六一《刑法志》 品官公事誤犯，民年七十以上、十五以下犯罪者，聽以贖論。贖銅之數，杖一百者，輸錢千。

《遼史》卷六二《刑法志》 重熙元年，詔職事官公罪聽贖，私罪各從本法。子弟及家人受賕，不知情，止坐犯人。

《金史》卷四五《刑志》〔世宗大定〕八年，制品官犯賭博法，贓不滿五十貫者其法杖，聽贖。再犯者，杖之。

（清）沈家本《歷代刑法考・刑法分考十六・贖》 泰和元年，所修律成，實唐律也，但加贖銅皆倍之。

按：泰和贖銅之數，視唐、宋加倍，惟徒增爲七。其四年、五年贖銅之數與流二千里、二千五百里同。

《金史》卷一〇〇《完顔伯嘉傳》〔貞祐二年〕伯嘉至歸德，上言，乞雜犯死罪以下納粟贖免。宰臣奏：伯嘉前在代州嘗行之，蓋一時之權，不可爲常法。遂寢。

（清）嵇璜等《續文獻通考》卷一三五《刑考・刑制》〔興定〕三年十月，定贓吏計罪，以銀爲則。先是貞祐三年五月，有司輕重謀罰，率以錢贖而當罪不平，遂命贖銅計贓皆以銀價爲準。至是省臣奏，向以物重錢輕，犯贓者計錢論罪則太重，於是以銀爲則，每兩爲錢二貫。有犯通寶之贓者，直以通寶論。如因軍興調發受通寶及三十貫者，已得死刑，準以金銀價纔爲錢四百有奇，則罪止當杖，罪重懸絶如此，遂命準犯時銀價論罪。後參政李復亨言，近制犯通寶贓者並以物價折銀定罪，每兩爲錢二貫，而法當贖銅者止納通寶見錢，乞亦令輸銀，既足懲惡，又有補於官。詔省臣議。遂命犯公錯過誤者止徵通寶見錢，贓汚故犯者輸銀。

《元史》卷一〇二《刑法志》 贖刑附

諸牧民官，公罪之輕者，許罰贖。

諸職官犯夜者，贖。

諸年老七十以上，年幼十五以下，不任杖責者，贖。

諸罪人癃篤殘疾，有妨科決者，贖。

《元史》卷一〇四《刑法志》 諸幼小爲盜，事發長大，以幼小論。未老疾爲盜，事發老疾，以老疾論。其所當罪，聽贖，仍免刺配，諸犯罪亦如之。諸年未出幼，再犯竊盜者，仍免刺贖罪，發充〔景〕〔警〕跡人。諸竊盜年幼者爲首，年長者爲從，爲首仍聽贖免刺配，爲從依常律。

（元）沈仲緯《刑統賦疏・第六韻》 篤疾癡愚亦合於三赦。篤疾者顛狂惡疾，即大風癩疾、二支癈、兩目盲之類是也。癡愚者，愚而至蠢。《周禮》有三赦之法，一赦曰幼弱，再赦曰老耄，三赦曰癡愚。十歲以下爲幼弱，八十以爲老耄，愚而至蠢爲癡愚。《名例律》諸年八十以上十歲以下及篤疾犯反逆殺人應死者上請，盜及傷人者亦收贖，餘皆勿論。然則據理幼弱老耄癡愚有犯不以罪之輕重皆赦。據律則有上請收贖者何耶。蓋十惡之罪莫大於反逆，侵損於人莫甚于盜竊。殺傷人雖老幼疾愚猶有能發謀於中抵冒於外者，苟不嚴爲之禁，則無知之民將緣此而爲姦矣。

直解。老幼篤疾癡愚犯罪古有三赦，今從上請收贖。

通例。元貞元年六月刑部議：得諸犯罪人若年七十以上、十五以下及篤廢殘疾不任杖責，每笞一下掛罰贖中統鈔一貫，相准都省准擬老幼殘疾斷罪罰贖。

（元）沈仲緯《刑統賦疏・第八韻》 聽贖收贖語無別異。聽而宥之謂之聽贖，必收其責謂之收贖。《名例律》諸應議請減及九品以上之官，若官品得減者之祖父母父母妻子孫犯流罪以下聽贖。又條，諸年七十以上十五以下及廢疾犯流罪以下者收贖，八十以上十歲以下及篤疾殺人應死者上請，盜及傷人者亦收贖。問答，此是隨文設語更無別例，然詳其聽贖者有寬宥之辭，收贖者有篤責之意，此又不可不察也。

直解。聽而宥之謂之聽贖，必收其責謂之收贖。

通例。大德四年十月部議：諸犯罪時雖未老疾而事發時老疾者依老疾論，犯罪時幼小事發時長大依幼小論，聽依合得杖數收贖。

（元）孟奎《粗解刑統賦》 聽贖收贖語無別例。

官罪曰聽贖，民罪曰收贖，七十以上十五以下及廢疾者除正犯以下并依例贖之。

《大明令・刑令》 凡民官月俸錢米，相兼罰俸，止罰俸錢。軍官月支全米，如遇罰俸，合與民官一體扣算，追罰俸錢。

《大明令・刑令》 贖刑

笞一十，贖銅半斤。

杖一十，贖銅一斤。

徒一年，贖銅一百二十斤。

徒一年半，贖銅一百四十斤。
徒二年，贖銅一百六十斤。
徒二年半，贖銅一百八十斤。
徒三年，贖銅二百斤。
流二千里，贖銅二百二十斤。
流二千五百里，贖銅二百四十斤。
流三千里，贖銅二百六十斤。

《明太祖寶訓》卷五《恤刑》 洪武八年二月甲午勑刑官，自今凡雜犯死罪者，免死輸作終身；徒流罪，限年輸作。官吏受贓及雜犯私罪當罷職役者，謫鳳陽屯種。民犯流罪者，鳳陽輸作一年，然後屯糧。

太祖復諭刑官曰：天道好生，人情惡死，朕御天下，夙夜靡寧，常懼刑罰失中，以乖天道，所以特降寬宥之典。凡雜犯死罪皆令輸作屯種，以全其生，且冀其悔罪改過，復爲善人。爾等宜體朕此意，務求公平，使刑罰得中，下無寃抑，則不負朕委任矣。

《明太祖實録》洪武八年十二月 癸巳，上諭御史臺臣曰，比設糧長，令其掌收民租，以總輸納，免有司科擾之弊，於民甚便。自今糧長有雜犯死罪及徒流者，止杖之，免其輸作，使仍掌税糧。御史臺臣言，糧長有犯，許納銅贖罪。制可。

《明太祖寶訓》卷五《恤刑》 洪武十四年五月丙申，刑部奏決重刑，太祖諭之曰：朕嘗命汝等，凡有重獄，必三覆奏。以人命至重恐不得其情，則刑罰濫及，而死者不可復生也，故必欲詳審。今汝等槩以重刑來奏，其間固有瀆倫亂法罪不可原者，亦有一時過誤情有可矜者，必當分别，若一槩言之則輕重不分矣。自今凡十惡非常赦所原者，則云重刑，其餘雜犯死罪許聽收贖者，毋槩言也。

〔清〕龍文彬《明會要》卷三二《職官·刑部尚書侍郎》 〔洪武〕二十二年，以户部尚書楊靖與刑部尚書趙勉换官，諭曰：愚民犯法，如啗飲食。設法防之，犯者益衆。推恕行仁，或能感化。自今惟犯十惡並殺人者，死。餘罪，皆令輸粟北邊。

《明太祖寶訓》卷五《恤刑》 洪武二十三年十二月癸亥，太祖諭刑部尚書楊靖等曰：自今惟犯十惡並殺人者，論死，餘死皆令輸粟北邊以自贖，力不給者或二人或三人併力輸運，仍令還家備貲以行。翰林學士劉三吾等曰：聖心仁恕，垂念及此，罪人受更生之恩矣。

〔明〕孫世芳《宣府鎮志》卷一九《法令考·明》 〔洪武〕二十三年令罪囚輸粟北邊自贖。凡罪囚運米贖罪，除十惡並殺人者論死，餘死罪運米北邊，力不及者，或二人併力運納。又令死罪一百石，徒流遞減，力不及者，死罪備米三十石，徒流罪十五石，俱運赴近虜地方，該管官司上納就彼充軍。

《明會典》卷二五《户部·邊糧》 〔洪武〕三十年，令法司將徒流遷徙死罪囚人，先自平涼起，擺到西涼，將運去糧米，就西涼收貯，候擺到甘肅完訖，却從西涼起，擺至平涼接遞。每囚二名，共買車一輛，牛二隻，運米四石。後每車一輛，再貼囚人兩名共當。永樂十年，令陝西鞏昌臨洮等府税糧，以附近府縣民運納，蘭縣抵甘州，每五十里設一站，令囚人及官軍轉遞。【略】

〔宣德〕七年奏準，法司囚犯送本部，通類差官押赴通州各衛倉支糧，自備車輛，運赴山海衛倉。【略】

〔正統〕十二年令直隸永平府、永平、盧龍等衛罪囚，運山海倉糧，赴遼東寧遠等倉贖罪。【略】

〔景泰〕四年，令法司及直隸罪囚，於通州倉支豆運赤城，直隸并萬全都司等處罪囚，於隆慶衛倉支米，運龍門。【略】

六年，令法司罪囚，領運通州倉糧赴宣府，不完者發巡撫官處減半，自備米納宣府。斬、絞罪，二十石；流并徒三年，十六石；徒二年半，十三石五斗；徒二年，十一石；一年半，九石；一年，六石五斗；杖每十四斗。

《明太宗寶訓》卷五《恤刑》 洪武三十五年九月甲午，上謂刑部都察院臣曰：前勑法司令囚人入米贖罪，以省轉輸之勞。近聞有貧不能致米憂感而死者，期欲生之乃速之死，非朕本意。自今凡人命、十惡死罪、强盜、傷人者，依律處決，其餘死罪及流罪，令挈家赴北平種田。流罪三年，死罪五年，後録爲良民。其徒罪令煎塩，杖罪輸役如故。自願納米贖罪者，聽。仍選徒罪以下罷黜官，假以職名，俾督民耕種三年，有成績寔授，無成仍坐原罪。

（明）談遷《國榷》成祖永樂二年五月（辛丑）命北京百姓有犯應決者，許收贖。

《明太宗實録》永樂三年秋七月（壬寅）户部尚書郁新奏，官民雜犯死罪以下，舊令於北京納米贖罪。今議莫若量增其米，雜犯死罪納米百一十石，流罪三等八十石，加役者九十石。徒罪三年者，六十石，二年半五十石，二年并遷徙者四十五石，一年半三十五石，一年三十石，杖罪九十一百俱二十五石，六十至八十二十石，笞罪十石。聽於京倉輸納爲便。從之。

（明）談遷《國榷》成祖永樂四年十一月（己卯）命雜犯死罪以下聽贖發遣。

《明太宗寶訓》卷五《恤刑》（永樂四年）十一月己卯法司進月繫囚數，上閲之，凡數百人，大辟蓋十之二。謂刑部尚書吕震、大理寺少卿虞謙等曰：既非皆死罪，今天氣寒沍而悉繫不決，必有死不當罪者，誰之過耶？凡雜犯死罪以下約二百，悉準贖罪例發遣，大辟決繫德決。

《明太宗實録》永樂十年冬十月　己未，勑刑部、都察院、大理寺，出繫囚之輕者輸作贖罪，有病令順天府遣醫療之。因諭之曰：古人不得已而用刑，故常存欽恤。後世以治刑爲能事，則必流於刻。刻吏必爲朝廷斂怨於平民。卿等不宜有此，有此者宜速改之。

《明太宗實録》永樂十一年五月（庚辰）先是，命法（西）〔司〕更定運糧贖罪例。至是，副都御史李慶等擬奏，死罪六十石。流罪四十石。徒罪三年三十五石，二年半三十石，二年二十五石，一年半二十石，一年十五石。杖罪十石。笞罪五石。俱於北京官倉給糧，自備車牛，運赴懷來輸納。無力運糧者，發天壽山種樹。死罪終身，徒罪年限有差，杖罪每等種樹五百株，笞罪一百株。從之。

（清）龍文彬《明會要》卷六七《刑·贖罪》　永樂十一年五月，命法司定議，死罪情重者殺之，情輕者得納贖，斬八千貫，絞六千貫。流徒以下，納鈔有差；無力者發天壽山種樹。

仁宗即位，諭都察院言：輸罰工作之令行，有財者悉倖免，宜一論如律。

宣德元年正月，赦死罪以下，運糧宣府自贖。

（明）孫世芳《宣府鎮志》卷一九《法令考·明》（永樂）十一年令罪人來輸粟自贖。死罪運米四十石。徒罪三年，三十五石，二年半，三十石，二年，二十五石，一年半，二十石，一年，十五石。杖罪，十石。笞罪，五石。俱於北京官倉給糧，自備車牛運赴懷來等處上納。

《明太宗寶訓》卷五《宥過》永樂十二年二月甲申，兀良哈福餘泰寧朵顔三衛納（馬）贖罪。馬至遼東，勑都指揮王真等每馬予綿布四疋。初三衛嘗竊掠邊戍，勑令納馬三千疋贖罪，至是馬悉至。上曰，蠻夷之人服則赦之，故命予布。

（明）談遷《國榷》成祖永樂十五年三月　丙申，命天下有司雜犯死罪及徒流以下，悉縱還家營資斧，徒作北京自贖。

（明）孫世芳《宣府鎮志》卷一六《軍儲考·明》（永樂）十九年令罪人輸粟。時以鎮倉缺糧，乃令法司囚人運糧贖罪，雜犯死罪十石，流罪八石，徒罪六石，杖罪四石，笞罪二石。又令各處贓贖布絹貨物籍記差官送京分發各邊，充該年備冬花布，又令各廣州縣民運邊糧者，俱免差役一年。

（明）談遷《國榷》成祖永樂二十二年十月　癸卯，許民犯笞杖者輸鈔自贖，以通鈔。

（清）龍文彬《明會要》卷六七《刑·贖罪》（宣德）二年七月，令官吏軍民入米贖罪。自死罪至笞四十分十等，納米百石至二石有差。納者，贓罪得不死，徒流以下皆復用。不能納者，雖笞杖久繫不釋。

《明宣宗實録》宣德四年春正月（丙子）定納米贖罪例，時上欲寬恤罪囚，令納米贖罪，命三法司會官議擬以聞。至是，行在都察院右都御史顧佐等奏，凡納米贖罪，南京水運良便，北京陸運頗難，今斟酌定擬。北京法司并直隸、河間等八府及河南、山東逮至官吏軍民人等雜犯死罪以下，納米於北京倉，依今定例。雜犯死罪五十石。流罪比死罪減十石。徒罪五等，徒三年者三十五石，以下四等遞減五石。杖罪五等，杖一百者十石，以下四等遞減一石。笞罪五等，笞五十者五石，四十減一石，三十比四十減五斗，二十比三十減一石，一十比二十減五斗。南京法司及湖廣、江西并江南、直隸、太平等府州縣所問雜犯死罪以下，官送北京，吏典軍民人等納米於南京倉，依見行例。浙江并直隸蘇、松、常、鎮四府及江北直隸、鳳陽等府州縣所問雜犯死罪以下，官送北京，吏典軍民人等納米於淮安倉。其徐州納米於臨清倉，俱依南京例。死罪官吏一百石，軍民減十之二。流罪比死罪減十之四。徒罪五等，徒三年者五十石，二年半者四十石，以下三等遞減五石。杖罪五等，杖一百者二十石，九十者十五石，八十者十二石，七十六十比八十遞減二石。笞罪五等，笞五十者六石，以下四等遞減一石。納畢，雜犯死罪，武職調衛，文職官吏皆罷爲民。流徒罪，武官還職，文官降一等，吏改撥。笞杖罪，文武官吏人等各還職役，再犯者依律科斷。其監守盜糧兇攬物貨與逃亡軍囚夫匠厨子等項，及力不能納米者，依舊例斷。從之。

《明宣宗實録》宣德四年二月〔甲午〕定陝西寧夏諸衛罪人加米贖罪例。先是，寧陽候陳懋奏，寧夏軍士有犯罪者令於西安府倉納米贖罪。各軍延緩規免征操，且寧夏倉無儲偫，月支不足，乞令於本處加倍納米。上命法司議。於是，行在刑部都察院議，岷州、洮州於西安府倉納米，舊例，死罪十石，流罪八石，徒罪六石，杖罪三石，笞罪一石五斗。宜準此例倍之。死罪二十石，流罪十六石，徒罪十二石，杖六石，笞三石，納完依例發遣。從之。

《明宣宗實録》宣德四年六月 甲午，命法司文職官有犯贓罪者，俱依律科斷。先是，監察御史言，比年因營建宫殿，官吏有犯，不問輕重，皆令運甎贖罪，復其職役。其間犯贓者若概令復職役，是明啓貪汙之路，誰復爲善。如使犯贓罪律應死者運磚畢，罷爲民，徒流者官降用，吏改撥，重歷非犯贓及笞杖者還職役。如是，庶有階勸懲，而人思勉于善。上從之。至是，行在吏部尚書郭璡引奏，官之贖罪應降者請降用。上問璡，徒流贓罪何以降。璡曰，以納米贖罪例，徒流贓罪降一等。上曰，例者所以權一時之宜，豈可常行。若久行之，使貪汙者益肆其志，廉公者無所激勸，其可乎。今後文職官吏犯贓罪俱依律。仍命諭法司知之。

《明宣宗實録》宣德六年秋七月〔庚午〕行在户部奏四川納米贖罪例。先是，四川按察司副使朱與言奏松潘諸衛山路險遠，糧餉難運。四川布政司及巡按監察御史王翔復奏，會川衛密勒山新開銀場歲用米八千石，給礦夫僣運不便，各請以屬内罪囚非文職官吏坐贓及真犯死罪者納米於二處贖罪。上命行在户部議，至是請如所奏。議以松潘去四川城一千里，其米每笞一十五斗，杖亦如之。徒一年六石，每等加一石，徒三年及三流皆十石。雜犯死罪二十石。會川去四川城道里倍於松潘，其來視松潘則笞杖每一十減二斗，徒流減二石，雜犯死罪減五石。四川行都司近於會川，請如松潘之例。從之。

《明宣宗實録》宣德六年八月 丙午，初行在後軍都督府奏萬全都司近邊糧餉爲重，請如雲川諸衛，令罪囚納米贖罪。上命三法司與户部議，今後萬全都司及屬衛所問罪囚，除真犯外，其文職官吏犯贓者皆如律，若非犯贓，其輕重罪囚有力納米者，以近就近運赴獨石等衛倉，納完俱如運甎例，各還職役。死罪一十二石，流罪十石，徒八石，杖五石，笞三石。宣府、隆慶、永寧、懷來、開平、保安諸衛興和千户所有犯運赴獨石倉，懷安、萬全、保安右衛，美峪、廣昌二千户所有犯運赴宣府倉。從之。

《明宣宗實録》宣德六年十二月〔甲午〕命罪囚納米贖罪。時犯罪者俱發運甎贖罪，行在工部尚書吴中言，近無甎可運，請改發納米。命行在户部禮部議，雜犯死罪納米一百石，流罪減二十石。徒五等，三年者七十石，二年半至一年遞減十石。杖五等，一百者二十石，九十至六十遞減二石。笞五等，五十者七石五斗，四十者六石，三十者四石五斗，二十者三石，一十者減二十之半。從之。

《明宣宗實録》宣德九年夏四月〔壬申〕行在刑部奏，北直隸諸處及山東罪囚納米例。初，巡按陝西監察御史陳穀奏，比者南京、直隸、江西、河南、陝西等處罪囚，除真犯死罪及文武官吏犯贓罪者解京發落，其餘輕重罪囚俱發本處及淮安常盈倉納米贖罪，各還職役。惟山東、北直隸、真定等府輕重罪囚尚解北京。乞勑法司依南京等處例議定納米多寡及所輸倉分，完日各復職役，免其赴京。上命法司定議以聞。至是行在刑部左侍郎魏源等上議，雜犯死罪納米五十石，流罪減十石。徒罪五等，三年納米三十五石，餘四等遞減五石。杖罪五等，一百米一十石，餘四等遞減一石。笞罪五等，五十米五石，四十、三十比五十遞減一石，二十比三十減五斗，一十比二十又減五斗。其有力運納者，山東輸於濟寧、德州、臨清等倉，北直隸輸於各府倉，完日就彼各還職役，無力者如律。上從其議。

《明會典》卷二五《户部·漕運》〔宣德〕九年，令漕運官軍有犯，罰運淮安、徐州倉糧，赴京贖罪。流罪五十石；徒罪五等，自四十石至十五石；杖罪每一十，一石；笞罪每一十，五斗。【略】〔正統〕三年，令各衛所運糧官，有比試違限者俱住俸，於淮安倉支糧運米數，赴京完納復職。又令犯罪罰運者，仍運該運之數，無力者，發極邊衛分。【略】〔天順〕四年，令運糧官軍，雜犯死罪者，比流罪加納米三十石，共八十石，於淮安、徐州倉支運。【略】七年，令運糧官軍犯罪者，照例納米收贖罷淮徐支運糧例。

《明英宗實録》**正統元年九月**〔戊戌〕定蘭縣等處倉納糧贖罪例。先是鎮守陝西右副都御史陳鎰、巡撫山西、河南右侍郎于謙俱奏納米、麥、豆贖罪，上命廷臣定則例，至是行在户部、刑部議：蘭縣倉死罪三十石，三流并徒三年二十五石，徒二年半二十二石，徒二年二十石，徒一年半一十七石，徒一年十五石，杖罪每一十一石，笞罪每一十五斗。黄河迤北、莊浪等處上倉者宜稍減輕：死罪二十石，三流并徒三年十八石，徒二年半十六石，徒二年十四石，徒一年半十二石，徒一年十石，杖罪每一十八斗，笞罪每一十四斗。從之。

（明）談遷《國榷》**英宗正統二年四月** 癸卯，湖廣、四川、廣西、雲南、貴州官旗雜犯坐死以下，俱送總兵官立功，滿日復秩。其犯盜及土官軍民情輕者，納米贖罪。

《明英宗實録》**正統三年八月**〔乙亥〕陝西按察司按察使陳正倫奏：關中比歲旱澇，軍民艱食，兼以轉輸邊儲，勞瘁尤甚。今小醜就擒，而渠魁未殄，飛輓之役，未有紀極。請以山東、浙江、江西、南直隸諸處坐法者，自雜犯死罪而下，以罪之輕重爲差，俱於本處納銀贖罪，積至半年，令人類解赴陝西布政司，轉送各邊管糧官收貯，依時直易米上倉，庶可蘇關中民力之萬一。事下行在户部以爲宜，從所請，遂定例：雜犯死罪者納銀三十六兩，三流二十四兩，徒五等，視流遞減三兩，杖五等，一百者六兩，九十以下及笞五等俱遞減五錢。上悉從之。

《明英宗實録》**正統三年八月** 辛巳，漕運總兵及各處巡撫官與廷臣會議事宜：一、近制運糧官軍犯笞杖徒流者罰運米贖罪，然罰運之數不及該運之數，以此輕於犯法。自今有犯者，罰運之外仍運該運之米，其無力者謫戍極邊，則人知所警矣。【略】一、湖廣鎮遠、偏橋、平溪、清浪、銅鼓、施州六衛俱臨極邊，不通舟楫，挽運艱苦。請以湖廣罪囚該納米贖罪者每米一石折銀三錢，積至半歲，類送各衛與米相兼支給。一、運糧官有比試違限已經法司論斷者，即令復任，於次年自備米九石運赴京倉贖罪。上悉從之。

《明英宗實録》**正統四年二月**〔甲戌〕更定山東等處罪囚贖銀例。先是陝西按察使陳正倫言所屬府縣旱澇，邊儲不敷，河南、山東民力頗舒，河南罪囚納米贖罪者已行折銀，類送陝西備用，山東等處亦宜照例。事下行在户部奏準，將山東、浙江、江西、直隸犯罪該納贖米者折銀：死罪三十六兩，流罪二十四兩，徒罪三年二十一兩，二年半一十八兩，二年至一年遞減三兩。杖一百六兩，九十五兩五錢，八十至六十遞減五錢。笞五十二兩五錢，四十至一十遞減五錢。俱本處官司收貯，半年一次差人類解陝西布政司交收。不願納銀者照舊納米，笞杖本處，徒、流、死赴蘭縣，貧難者笞杖的決，徒、流、死煎鹽備禦，徒照年限，流四年，死五年，滿日疎放。命下，而山東按察司僉事薛瑄奏云：山東每銀一兩買米五石，以銀折米數多三倍有餘，乞將贖罪銀數照依時直，斟酌輕重，使之送納，無力者官吏解京做工，其餘仍照舊例發落，庶贖刑得輕重之宜，獄囚蒙寬恤之惠。上命户部、三法司會議以聞。至是議將山東納米罪囚有力者死罪納銀二十兩，流罪十三兩，徒三年十一兩，二年半十兩，二年九兩，一年半八兩，一年六兩，杖一百五兩，九十四兩，八十至六十遞減五錢，笞五十二兩，四十至一十仍照原定則例。所收銀類解赴京，不願納銀者仍照原先納米例赴濟寧、臨清、德州倉納，軍民官吏受贓該罷職役降調者解京，無力者俱照前例發落。上從之。

《明英宗實録》**正統四年夏四月**〔壬辰〕命陝西府衛犯人納草贖罪。時鎮守陝西右副都御史陳鎰奏：延安、綏德等處榆林莊等堡操備軍馬衆盛急缺草束，而各堡距有草之地遠至百里，且屬外境，分遣軍士採辦，恐致韃賊寇邊，暫借延安、綏德州縣地畝草束分撥支用，又恐民難，不可以繼。請將西安、慶陽、延安三衛府文職官吏、舍人、承差有犯非贓罪笞杖、徒流及軍民犯笞杖審其有力與軍職犯笞杖不該立功者俱照蘭縣納米例，每糧一石折穀草一十五束，束重十五斤，運赴各堡，候除授倉官至日通行收受，並秋青草束兼支，仍令都指揮王禎、按察司副使周廉等比較每歲具數以聞。奏下，行在户部覆奏，稱便。上命從之。

《明會典》卷二三《户部・已上徵納》 正統元年，令刑部都察院問完囚人以四分爲率，内二分納草贖罪。其斬絞罪者，納草一千八百束；三流並徒三年者，一千四百束；徒二年半者，一千二百束；徒二年者，一千束；徒一年半者，八百束；徒一年者，六百束。笞杖者，每一十四十束。每束重一十五斤。十四年，令陝西西安、慶陽、延安等衛府官吏舍人所犯，不係贓罪笞杖徒流，及軍民人等犯該笞杖不該立功者，定撥各堡納草。【略】

〔成化〕十四年，令遼東二十五衛囚犯，納草贖罪。除笞罪并真犯死罪及例該充軍等項，并無力外，其餘雜犯死罪納草三百五十束，徒三年納草二百五十束，徒二年納草二百束，徒一年納草一百五十束，杖罪每一十納草十束。

《明英宗實録》景泰元年閏正月 〔戊申〕重定山西所屬罪囚於大同納米豆贖罪例：雜犯死罪納米豆四十石，三流并徒三年減十石，徒二年半以下等每遞減五石，杖一百納米豆八石，餘四等遞減八斗，笞五十納米豆二石，餘四等遞減四斗。

（明）孫世芳《宣府鎮志》卷一九《法令考・明》 〔景泰二年〕令法司罪囚來運邊粟。凡法司罪囚於京倉運米赴宣府宣德倉贖罪，雜犯死罪四十五石，三流并徒三年二十五石，餘四等遞減五石，杖一百十石，餘四等遞減一石。後又令法司罪囚杖以上，自備米運赴宣府上倉，斬絞罪二十石，三流并徒三年十六石，徒二年半十三石五斗，徒二年十一石，一年半九石，一年六石五斗，杖每十四斗。後又令在京法司并北直隸罪囚俱運米宣府沿邊贖罪，雜犯死罪九十石，三流并徒三年七十石，俱減二十石，杖九十徒二年半六十石，減十五石，杖八十徒二年五十石，杖七十徒一年半四十石，杖六十徒一年三十石，俱減十石，杖罪每一十二石減作一石五斗，笞罪不減。自洪武永樂以後，罪人運粟之令，無歲不講，其重邊餉如此。

《明會典》卷一九《户部・事例》 景泰四年奏準，山東、河南、江北直隸、徐州等處災傷，令所在問刑衙門，責有力囚犯，於缺糧州縣倉納米賑濟。雜犯死罪六十石。流徒三年四十石，徒二年半三十五石，徒二年三十石，徒一年半二十五石，徒一年二十石。杖罪，每一十一石，笞罪每一十五斗。

（明）孫世芳《宣府鎮志》卷一九《法令考・明》 〔景泰〕五年令法司罪囚來運邊粟。令法司及直隸罪囚於通州倉支豆運赤城直隸府分，并大寧萬全二都司等處，罪囚於隆慶衛倉支米運龍門。又令召人自通州倉運米赴獨石，每石給脚銀六錢，馬營五錢五分。又令法司罪囚領運通州倉糧赴宣府，不完者，發巡撫官處減半，自備米納宣府，斬絞罪二十石，流并徒三年十六石，徒二年半十三石五斗，徒二年十一石，一年半九石，一年六石五斗，杖每十四斗。按先朝轉運邊餉，或令罪人出力運官粟，或令罪人自出粟運之，其法不同云。

《明憲宗實録》成化四年二月 〔丙辰〕詔：囚人例運灰炭及輸工作者量發其半運石，俱赴正陽門外交納，所司仍斟酌其則例以聞。於是刑部尚書陸瑜等奏：正統間工部議奏，張家灣運磚止四十餘里，馬鞍山運石路倍之，所運石比磚，其輕重宜減半折運，比雖舊例，但囚人貧富不同，其所擬送必因其力可運者，否則多致誤事。宜令工部準舊例，視運石所在，酌量輕重遠近，定爲中制行之便。從之。

（明）陳仁錫《明世法録》卷七一《邊防》 〔弘治十一年〕六月，都御史史琳奏：榆林等處，歲荒民貧，恐軍儲不繼，有誤機事。户部奉旨會官議上事宜，請以近日禮部所借各處鈔關課銀仍還户部，爲供邊之數。仍開中河東弘治十六年至十八年鹽課一百五十五萬四千引。并令浙江等布政司及南直隸所屬凡問過徒流雜犯死罪囚犯，俱照弘治十年事例納銀贖罪。其按察司折收罪人紙價，及各處扣除在官祇候齋夫及均徭餘剩銀兩，俱清查解部，轉發榆林等處，以給軍儲。

《明史》卷九三《刑法志》 贖刑本《虞書》，《吕刑》有大辟之贖，後世皆重言之。至宋時，尤慎贖罪，非八議者不得與。明律頗嚴，凡朝廷有所矜恤、限於律而不得伸者，一寓之於贖例，所以濟法之太重也。又國家得時藉其入，以佐緩急。而實邊、足儲、振荒、宫府頒給諸大費，往往取給於贓贖二者。故贖法比歷代特詳。凡贖法有二，有律得收贖者，有例得納贖者。律贖無敢損益，而納贖之例則因時權宜，先後互異，其端實開於太祖云。

律凡文武官以公事犯笞罪者，官照等收贖錢，吏每季類決之，各還職役，不附過。杖以上記所犯罪名，每歲類送吏、兵二部，候九年滿考，通記所犯次數，黜陟之。吏典亦備銓選降敍。至於私罪，其文官及吏典犯笞四十以下者，附過還職而不贖，笞五十者調用。軍官杖以上皆的決。文官及吏杖罪，並罷職不敍，至嚴也。然自洪武中年已三下令，准贖及雜犯死罪以下矣。三十年命部院議定贖罪事例，凡內外官吏，犯笞杖者記過，徒流遷徙者俸贖之，三犯罪之如律。自是律與例互有異同。及頒行《大明律》御製序：雜犯死罪、徒流、遷徙等刑，悉視今定贖罪條例科斷。於是例遂輔律而行。

仁宗初即位，諭都察院言：輸罰工作之令行，有財者悉倖免，宜一論如律。久之，其法復弛。正統間，侍講劉球言：輸罰非古，自公罪許贖外，宜悉依律。時不能從。其後循太祖之例，益推廣之。凡官吏公私雜犯准徒以下，俱聽運炭納米等項贖罪。其軍官軍人照例免徒流者，例贖亦如之矣。

贖罪之法，明初嘗納銅，成化間嘗納馬，後皆不行，不具載。惟納鈔、納錢、納銀常並行焉，而以初制納鈔爲本。故律贖者曰收贖律鈔，納贖者曰贖罪例鈔。永樂十一年令，除公罪依例紀録收贖，及死罪情重者依律處治，其情輕者，斬罪八千貫，絞罪及榜例死罪六千貫，流徒杖笞納鈔有差。無力者發天壽山種樹。宣德二年定，笞杖罪囚，每十贖鈔二十貫。徒流罪名，每徒一等折杖二十，三流並折杖百四十。其所罰鈔，悉如笞杖所定。無力者發天壽山種樹。死罪終身，徒流各按年限，杖，五百株；笞，一百株。景泰元年令問擬笞杖罪囚，有力者納鈔。笞十，二百貫，每十以二百貫遞加，至笞五十爲千貫。杖六十，千八百貫，每十以三百貫遞加，至杖百爲三千貫。其官吏贓物，亦視今例折鈔。天順五年令罪囚納鈔，每笞十，鈔二百貫，餘四笞，遞加百五十貫；至杖六十，增爲千四百五十貫，餘杖各遞加二百貫。成化二年令婦人犯法贖罪。

弘治十四年定折收銀錢之制。例難的決人犯，并婦人有力者，每杖百，應鈔二千二百五十貫，折銀一兩；每十以二百貫遞減，至杖六十爲銀六錢；笞五十，應減爲鈔八百貫，折銀五錢，每十以百五十貫遞減，至笞二十爲銀二錢；笞十應鈔二百貫，折銀一錢。如收銅錢，每銀一兩折七百文。其依律贖鈔，除過失殺人外，亦視此數折收。

正德二年定錢鈔兼收之制。如杖一百，應鈔二千二百五十貫者，收鈔千一百二十五貫，錢三百五十文。嘉靖七年，巡撫湖廣都御史朱廷聲言：收贖與贖罪有異，在京與在外不同，鈔貫止聚於都下，錢法不行於南方。故事，審有力及命婦、軍職正妻，及例難的決者，有贖罪例鈔；老幼廢疾及婦人餘罪，有收贖律鈔。贖罪例鈔，錢鈔兼收，如笞一十，收鈔百貫，收錢三十五文，其鈔二百貫，折銀一錢。杖一百，收鈔千一百二十五貫，收錢三百五十文，其鈔二千二百五十貫，折銀一兩。今收贖律鈔，笞一十，止贖六百文，比例鈔折銀不及一釐；杖一百，贖鈔六貫，折銀不及一分，似爲太輕。蓋律鈔與例鈔，貫既不同，則折銀亦當有異。請更定爲則，凡收贖者，每鈔一貫，折銀一分二釐五毫。如笞一十，贖鈔六百文，則折銀七釐五毫，以罪重輕遞加折收贖。帝從其奏，令中外問刑諸司，皆以此例從事。

是時重修條例，奏定贖例。在京則做工，每笞一十，做工一月，折銀三錢。至徒五年，折銀十八兩。運囚糧，每笞一十，米五斗，折銀二錢五分。至徒五年，五十石，折銀二十五兩。運灰，每笞一十，一千二百斤，折銀一兩二錢六分。至徒五年，六萬斤，折銀六十三兩。運甎，每笞一十，七十箇，折銀九錢一分。至徒五年，三千箇，折銀三十九兩。運水和炭五等。每笞一十，二百斤，折銀四錢。至徒五年，八千五百斤，折銀十七兩。運灰最重，運炭最輕。在外則有力，稍有力二等。初有頗有力、次有力等，因御史言而革。其有力，視在京運囚糧，每米五斗，納穀一石。初折銀上庫，後折穀上倉。稍有力，視在京做工年月爲折贖。婦人審有力，與命婦、軍職正妻，及例難的決之人，贖罪應錢鈔兼收者，笞、杖每一十，折收銀一錢。其老幼廢疾婦人及天文生餘罪收贖者，每笞一十應鈔六百文，折收銀七釐五毫。於是輕重適均，天下便之。至萬曆十三年，復申明焉，遂爲定制。

凡律贖，若天文生習業已成、能專其事，犯徒及流者，決杖一百，餘罪收贖。婦人犯徒流者，決杖一百，餘罪收贖。如杖六十，徒一年，全贖鈔應十二貫，除決杖准訖六貫，餘鈔六貫，折銀七分五釐，餘倣此。

其決杖一百，審有力又納例鈔二千二百五十貫，應收錢三百五十文，鈔一千一百二十五貫。

凡年七十以上十五以下及廢疾犯流以下，收贖；八十以上十歲以下及篤疾、盜及傷人者，亦收贖。凡犯罪時未老疾，事發時老疾者，依老疾論；犯罪時幼小，事發時長大者，依幼小論，並得收贖。

如六十九以下犯罪，年七十事發，或無疾時犯罪，廢疾後事發，得依老疾收贖。他或七十九以下犯死罪，八十事發，或廢疾時犯罪，篤疾時事發，得入上請。八十九犯死罪，九十事發，得勿論，不在收贖之例。

若在徒年限內老疾，亦如之。

如犯杖六十，徒一年，一月之後老疾，合計全贖鈔十二貫。除已杖六十，准三貫六百文，剩徒一年，應八貫四百文計算。每徒一月，贖鈔七百文，已役一月，准贖七百文外，未贖十一月，應收贖七貫七百文。餘倣此。

老幼廢疾收贖，惟雜犯五年仍科之。蓋在明初，即真犯死罪，不可以徒論也。

其誣告例，告二事以上，輕實重虛，或告一事，誣輕爲重者，已論決全抵剩罪，未論決笞杖收贖，徒流杖一百，餘罪亦聽收贖。

如告人笞三十，內止一十實已決，全抵，剩二十之罪未決，收贖一貫二百文。

如告人杖六十，內止二十實已決，全抵，剩四十之罪未決，收贖二貫四百文。

如告人杖六十，徒一年，內止杖五十實已決，全抵，剩杖一十、徒一年之罪未決，徒一年，折杖六十，并杖共七十，收贖四貫二百文。

如告人杖一百，流二千里，內止杖六十、徒一年實已決，以總徒四年論，全抵，剩杖四十、徒三年之罪未決，以連徒折杖流加一等論，共計杖二百二十，除告實杖六十、徒一年，折杖六十，剩杖一百，贖鈔六貫。若計剩罪，過杖一百以上，須決杖一百訖，餘罪方聽收贖。

又過失傷人，准鬬毆傷人罪，依律收贖。至死者，准雜犯斬絞收贖，鈔四十二貫。內鈔八分，應三十三貫六百文，銅錢二分，應八千四百文，給付其家。已徒五年，再犯徒收贖。鈔三十六貫。若犯徒流，存留養親者，止杖一百，餘罪收贖。其法實杖一百，不准折贖，然後計徒流年限，一視老幼例贖之。此律自英宗時詔有司行之，後爲制。天文生、婦女犯徒流，決杖一百，餘罪收贖者，雖罪止杖六十，徒一年，亦決杖一百，律所謂應加杖者是也。皆先依本律議，其所犯徒流之罪，以《誥》減之。至臨決時，某係天文生，某係婦人，依律決杖一百，餘收贖。所決之杖並須一百者，包五徒之數也。然與誣告收贖剩杖不同。蓋收贖餘徒者決杖，而贖徒收贖剩杖者，折流歸徒，折徒歸杖，而照數收贖之，其法各別也。其婦人犯徒流，成化八年定例，除姦盜不孝與樂婦外，若審有力并決杖，亦得以納鈔贖罪。例每杖十，折銀一錢爲率，至杖一百，折銀一兩止。凡律所謂收贖者，贖餘罪也。其例得贖罪者，贖決杖一百也。徒、杖兩項分科之，除婦人，餘囚徒流皆杖決不贖。惟弘治十三年，許樂戶徒杖笞罪，亦不的決，此律鈔之大凡也。

例鈔自嘉靖二十九年定例。凡軍民諸色人役及舍餘審有力者，與文武官吏、監生、生員、冠帶官、知印、承差、陰陽生、醫生、老人、舍人，不分笞、杖、徒、流、雜犯死罪，俱令運灰、運炭、運甎、納米、納料等項贖罪。此上係不虧行止者。若官吏人等例應革去職役，此係行止有虧者。與軍民人等審無力者，笞、杖罪的決，徒、流、雜犯死罪各做工、擺站、哨瞭、發充儀從，情重者煎鹽炒鐵。死罪五年，流罪四年，徒按年限。其在京軍丁人等，無差占者與例難的決之人，笞杖亦令做工。時新例，犯姦盜受贓，爲行止有虧之人，概不許贖罪。唯軍官革職者，俱運炭納米等項發落，不用五刑條例的決實配之文，所以寬武夫，重責文吏也。於是在京惟行做工、運囚糧等五項，在外惟行有力、稍有力二項，法令益徑省矣。

要而論之，律鈔輕，例鈔重。然律鈔本非輕也。祖制每鈔一文，當銀一釐，所謂笞一十折鈔六百文定銀七釐五毫者，即當時之銀六錢也。所謂杖一百折鈔六貫銀七分五釐者，即當時之銀六兩也。以銀六錢，比例鈔折銀不及一釐，以銀一兩，比例鈔折銀不及一分，而欲以此懲犯罪者之心，宜其勢有所不行矣。特以祖宗律文不可改也，於是不得已定爲七釐五毫、七分五釐之制。而其實所定之數，猶不足以當所贖者之罪，然後例之變通生焉。

考洪武朝，官吏軍民犯罪聽贖者，大抵罰役之令居多，如發鳳陽屯種、滁州種苜蓿、代農民力役、運米輸邊贖罪之類，俱不用鈔納也。律之所載，笞若干，鈔若干文，杖若干，鈔若干貫者，垂一代之法也。然按三十年詔令，罪囚運米贖罪，死罪百石，徒流遞減，其力不及者，死罪自備米三十石，徒流十五石，俱運納甘州、威虜，就彼充軍。計其米價、腳價之費，與鈔數差不相遠，其定爲贖鈔之等第，固不輕於後來之例矣。然罪無一定，而鈔法之久，日變日輕，此定律時所不及料也。即以永樂十一年令斬罪情輕者，贖鈔八千貫，絞及榜例死罪六千貫之詔言之，八千貫者，律之八千兩也；六千貫者，律之六千兩也；下至杖罪千貫，笞罪五百貫，亦一千兩，五百兩也。雖革除之際，用法特苛，豈有死罪納至八千兩，笞杖罪納至一千兩、五百兩而尚可行者，則知鈔法之弊，在永樂初年，已不啻輕十倍於洪武時矣。

宣德時，申交易用銀之禁，冀通鈔法。至弘治而鈔竟不可用，遂開准鈔折銀之例。及嘉靖新定條例，俱以有力、稍有力二科贖罪：有力米五斗，准律之納鈔六百文也；稍有力工價三錢，准律之做工一月也。是則後之例鈔，纔足比於初之律鈔耳。而況老幼廢疾，諸在律贖者之銀七釐五毫，准鈔六百文，銀七分五釐，准鈔六貫。凡所謂律贖者，以比於初之律鈔，其輕重相去尤甚懸絶乎？唯運炭、運石諸罪例稍重，蓋此諸罪，初皆令親自赴役，事完寧家，原無納贖之例。其後法令益寬，聽其折納，而估算事力，亦略相當，實不爲病也。

大抵贖例有二：一罰役，一納鈔，而例復三變。罰役者，後多折工值納鈔，鈔法既壞，變爲納銀、納米。然運灰、運炭、運石、運甎、運碎甎之名尚存也。至萬曆中年，中外通行有力、稍有力二科，在京諸例，并不見施行，而法益歸一矣。所謂通變而無失於古之意者此也。初，令罪人得以力役贖罪：死罪拘役終身，徒流按年限，笞杖計日月。或修造，或屯種，或煎鹽炒鐵，滿日疏放。疏放者，引赴御橋，叩頭畢，送應天府，給引寧家。合充軍者，發付陝西司，按籍編發。後皆折納工價，惟赴橋如舊。宣德二年，御史鄭道寧言：納米贖罪，朝廷寬典，乃軍儲倉拘係罪囚，無米輸納，自去年二月至今，死者九十六人。刑部郎俞士吉嘗奏：囚無米者，請追納於原籍，匠仍輸作，軍仍備操，若非軍匠，則遣還所隸州縣追之。詔從其奏。

（清）查繼佐《罪惟録》紀卷一一《武宗紀》〔正德三年〕夏四月，開武職納銀補官贖罪例。

（清）俞森《荒政叢書》卷九《義倉考》〔正德二年〕又議准，各司府州縣衛所問刑衙門，凡有例該納米者，每石折穀二石五斗，收貯各預備倉。【略】七年，令在外問刑衙門，凡問擬囚犯，該納紙劄者，二分納紙，八分折米穀上倉，不許折收銀兩。又議准，陝西所屬問刑衙門，將一應該收人犯贖罪，紙價准其收納粟米穀麥等項上倉。八年議准，遼東遇有本鎮犯該立功官員，免其立功，納穀一百石，收貯預備倉。其別處發來立功，照舊行。十四年，令遼東比照宣大事例，將巡按並大小衙門問過，一應贖罪銀兩，存留本處，以備買糧賑濟。嘉靖三年，令各處撫按官，督各該司府州縣，於歲收之時，多方處置預備倉糧，其一應問完罪犯納贖納紙，俱令折收穀米。每季具數開報撫按衙門，以積糧多少，爲考績殿最。如各官任内三年六年全無蓄積者，考滿到京，户部參送法司問罪。【略】

〔嘉靖〕二十四年議准，徒杖笞罪審有力者俱令照例納米入預備倉，不許以稻黍雜糧准折上納。

（清）查繼佐《罪惟録》紀卷一二《世宗紀》〔嘉靖十六年五月〕以雷震謹身殿，鴟吻，求言。開贖罪例，以補工費。

《明史》卷九三《刑法志》初制流罪三等，視地遠近，邊衛充軍有定所。蓋降死一等，唯流與充軍爲重。然《名例律》稱二死三流各同爲一減。如二死遇恩赦減一等，即流三千里；流三等以《大誥》減一等，皆徒五年。犯流罪者，無不減至徒罪矣。故三流常設而不用。而充軍之例爲獨重。律充軍凡四十六條，《諸司職掌》内二十二條，則洪武間例皆律所不載者。其嘉靖二十九年條例，充軍凡二百十三條，與萬曆十三年所定大略相同。洪武二十六年定，應充軍者，大理寺審訖，開付陝西司，本部置立文簿，注姓名、年籍、鄉貫，依南北籍編排甲爲二册，一進内府，一付該管百戶，領去充軍。如浙江、河南、山東、陝西、山西、北平、福建，直隸應天、廬州、鳳陽、淮安、揚州、蘇州、松江、常州、和州、滁州、徐州人，發雲南、四川屬衛；江西、湖廣、四川、廣東、廣西，直隸太平、寧國、池州、徽州、廣德、安慶人，發北平、大寧、遼東屬衛。有逃故，按籍勾補。其後條例有發烟瘴地面、極邊沿海諸處者，例各不同。而軍有終身，有永遠。永遠者，罰及子孫，皆以實犯死罪減等者充之。明初法嚴，縣以千數，數傳之後，以萬計矣。有丁盡戶絶，止存軍產者，或并無軍產，戶名未除者，朝廷歲遣御史清軍，有缺必補。每當勾丁，逮捕族屬、里長，延及他甲，雞犬爲之不寧。論者謂既減死罪一等，而法反加於刀鋸之上，如革除所遺謫，至國亡，戍籍猶有存者，刑莫慘於此矣。嘉靖間，有請開贖軍例者。世宗曰：律聽贖者，徒杖以下小罪耳。死罪矜疑，乃減從謫發，不可贖。御史周時亮復請廣贖例。部議審有力者銀十兩，得贖三年以上徒一年，稍有力者半之。而贖軍之議卒罷。御史胡宗憲言：南方之人不任兵革，其發充邊軍者，宜令納銀自贖。部議以爲然。因擬納例以上。帝曰：豈可預設此例，以待犯罪之人。復不允。

黄彰健《明代律例彙編》卷一《名例律·五刑》 笞刑五。一十贖銅錢六伯文，二十贖銅錢一貫二伯文，三十贖銅錢一貫八伯文，四十贖銅錢二貫四伯文，五十贖銅錢三貫。

杖刑五。六十贖銅錢三貫六伯文。七十贖銅錢四貫二伯文。八十贖銅錢四貫八伯文。九十贖銅錢五貫四伯文。一百贖銅錢六貫。

徒刑五。一年，杖六十贖銅錢一十二貫。一年半，杖七十贖銅錢一十五貫。二年，杖八十贖銅錢一十八貫。二年半，杖九十贖銅錢二十一貫。三年，杖一百贖銅錢二十四貫。

流刑三。二千里，杖一百贖銅錢三十貫。二千五百里，杖一百贖銅錢三十三貫。三千里，杖一百贖銅錢三十六貫。

死刑二。絞，斬贖銅錢四十二貫。

弘治問刑條例

一、凡軍民諸色人役，及舍餘審有力者，與文武官吏監生生員冠帶官知印承差陰陽生醫生老人舍人，不分笞杖徒流雜犯死罪，俱令運炭運灰運磚納料納米等項贖罪。若官吏人等，例該革去職役，與軍民人役審無力者，笞杖罪的決；徒流雜犯死罪，各做工擺站哨瞭發充儀從；情重者煎鹽炒鐵。死罪五年，流罪四年，徒罪照徒年限。其在京軍丁人等無差占者，與例難的決之人，笞杖亦令做工。

一、在外徒罪囚犯，發充儀從者，每月追銀叁錢。照徒年追足，即將囚犯先行發落。所追銀兩轉送該府，聽其雇人充當。不許將犯人拘禁擾害。違者，先將該府旗校人等挐問。輔導等官參奏究問。果礙宗室儀賓，具實奏請定奪。

一、在京在外運炭納米贖罪等項囚犯，監追半年之上，如果貧難，改撥做工擺站的決等項發落。若軍職監追三個月之上不完者，在京就改做工；在外先發還職。準令將該支俸糧實米，照該納米數，扣除在官準算。

一、囚犯紙劄照依時估，聽其自行買納。若無籍之徒，及管押吏典人等，通同作弊，分外增騙財物者，問罪，枷號一個月發落。若監追紙劄三個月之上，不能完納者，放免。【略】

新例

一、嘉靖三年三月，刑部題稱：該都御史王藎題：據僉事周期雍呈看得囚犯折納工銀則例，每日追銀一分。如笞一十做工一個月，折銀三錢。徒罪照依充儀從事例，每年追銀三兩六錢。在京法司見行，難以更變。家道稍次者，折納工食。因在外巡撫便宜處置。照前稍有力之數，量減一半。如笞一十，折銀一錢五分。徒一年，銀二兩八錢。徒五年，銀九兩。似覺稍重，辦納不前。查得法司見行納工食則例，徒罪每年該銀一兩二錢，杖罪以上每一十該銀一錢，餘皆依數準折，俱令納穀，等因，奉聖旨：是。預備倉糧是救荒急務。今後囚犯應折徒折工的，都着納穀收貯，以備賑濟。不許別項支銷。巡撫官年終造册繳部，以憑查考。還通行與兩直隸及各布政司，都照這例行。欽此。

計開：稍有力，折納工價。

笞一十折銀三錢	笞二十折銀四錢五分
笞三十折銀六錢	笞四十折銀七錢五分
笞五十折銀九錢	杖六十折銀一兩二錢
杖七十折銀一兩三錢五分	杖八十折銀一兩五錢
杖九十折銀一兩六錢五分	杖一百折銀一兩八錢
杖六十，徒一年折銀三兩六錢	杖七十，徒一年半折銀五兩四錢
杖八十，徒二年折銀七兩二錢	杖九十，徒二年半折銀九兩
杖一百，徒三年折銀十兩八錢	總徒四年折銀一十四兩四錢
雜犯準徒五年折銀一十八兩	

稍次有力，折納工食。

笞一十折銀一錢	笞二十折銀二錢
笞三十折銀三錢	笞四十折銀四錢
笞五十折銀五錢	杖六十折銀六錢
杖七十折銀七錢	杖八十折銀八錢

杖九十折銀九錢　杖一百折銀一兩
杖六十，徒一年折銀一兩二錢　杖七十，徒一年半折銀一兩八錢
杖八十，徒二年折銀二兩四錢　杖九十，徒二年半折銀三兩
杖一百，徒三年折銀三兩六錢　徒四年折銀四兩八錢
徒五年折銀六兩　遷徙比流減半，準徒二年
充軍比流二千里【略】

一、嘉靖七年閏十月刑部奏稱：犯罪有力納米，無力做工，俱有舊制。後因擺站瞭哨，監守賣放，不得實用，又奏添稍有力納工價之例，頗亦便民。但今添稍次有力納工食之説，則繁瑣益甚。且資出入之弊，所當禁革。合行撫按各照土俗查處。奉聖旨：是。準議行。欽此。【略】

一、嘉靖十年七月刑部等衙門議奏：一應軍職有犯，俱令運炭納米等項贖罪。若監追三月不完者，在京就改做工，在外還職折俸。其皇陵等衛及守衛等項官旗厨役人等，犯該笞杖，有礙的決，俱令納鈔。條例所據，可謂曲全。然而猶有所未盡者。蓋以軍職做工，雜處徒役，名器似爲輕褻。納鈔軍厨，貧難無措，人情亦所當原。合無今後内外一應軍職及前項軍厨人等，除有力運炭等項贖罪，若中半折收錢鈔外，其有貧難監追贖罪銀米錢鈔等項軍職三月，旗軍人等各一月不完者，俱一體先令還職着役，扣除俸米月糧，準抵還官。如此，庶情法曲盡，而官軍無憾矣。奉聖旨：都準擬行。欽此。

一、嘉靖二十年九月初二日刑部議題：今後内外問刑衙門將犯該徒罪，滿徒三年，並總徒四年，準徒五年，審有力者，每徒一年贖銀一十兩。稍有力者贖銀五兩。年終類解兵部，給發各邊，募兵使用。其徒三年以下者，仍照舊例施行。奉聖旨：準議。欽此。【略】

嘉靖新例

一、嘉靖拾陸年刑部題準：南京部解錢糧等役，審係有力，並應犯該公罪例該準贖者，送問擬議明白，照舊開坐運灰運炭等項名色，開送工部，不得作爲別用。立功軍職，照在京運灰贖罪則例，納銀伍拾柒兩陸錢，免發立功。已發而年月未滿者，亦遞減。納銀完日，行令回衛，待限滿伍年，方許支俸。不願者仍發立功。囚徒除盜情並審係無力者照舊編配。如力猶可辦，仍照有力稍有力事例，準其納贖。已發而年月未滿者，亦遞減納銀。前項叁等納贖，在京照依舊例，陸續開送工部交納。其南京並十三省，各按季類解工部，以濟大工之用。待工役事畢，各照舊例施行。

一、嘉靖貳拾年户部題準：在外問刑衙門，今後問擬一應輕重罪名，照舊例除貳分本色紙張外，其餘捌分，並贖罪，俱要米穀上倉，不許折收，以便侵欺花費。如違，聽各撫按等官，嚴加訪禁，坐贓致罪。

嘉靖問刑條例

一、贖罪囚犯，除在京已有舊例外，其在外審有力稍有力二項，俱照原行則例擬斷，不許妄引別例，致有輕重。其有錢鈔不行去處，若婦人審有力，與命婦軍職正妻及例難的決之人贖罪，應該兼收錢鈔者，笞杖每一十，折收銀一錢。其老幼廢疾及婦人天文生餘罪收贖鈔貫者，每鈔一貫折銀一分二釐五毫。若錢鈔通行去處，仍照舊例收納，不在此限。

一、問刑衙門以贓入罪，若奏行時估則例該載未盡，及原估粗舊今係新美者，各照時值，占鈔擬斷。

萬曆問刑條例

一、凡軍民諸色人役及舍餘總小旗，審有力者，與文武官吏、舉人、監生、生員、冠帶官、知印、承差、陰陽生、醫生、老人、舍人，不分笞杖徒流雜犯死罪，俱令運炭運灰運甎納米納料等項贖罪。若官吏人等，例該革去職役，與舍餘總小旗軍民人等，審無力者，笞杖罪的決，徒流雜犯死罪各做工擺站哨瞭。情重者煎鹽炒鐵。死罪五年，流罪四年，徒罪照徒年限。其在京軍丁人等，無差占者，與例難的決之人，笞杖亦令做工。

一、凡在京在外運炭納米贖罪等項囚犯，監追兩月之上，如果貧難，改擬做工、擺站，的決等項發落。若軍職監追三個月之上，及守衛上直旗軍人等，納鈔贖罪，監追一月之上，各不完者，俱先發還職著役。扣俸糧月糧準抵完官。其一應納紙囚犯，追至三月不能完者，放免。

一、凡囚犯遇蒙恩例，通減二等者，罪雖遇例減等，若律應仍盡本法，及例該充軍、爲民、立功、調衛等項者，仍依律例，一體擬斷發遣。

一、問刑衙門以贓入罪，若奏行時估則例該載未盡，及雖係開載，而貨物不等，難照原估者，仍各照時值，估鈔擬斷。

黄彰健《明代律例彙編》卷首《在京罰運則例在京折收錢鈔則例》　笞

一十。灰一千二百斤，磚七十箇，碎磚二千八百斤，水和炭二百斤，石一千二百斤，鈔一百五十貫折錢七十文，米五斗折穀七斗五升，做工一箇月。

答二十。灰一千八百斤，磚一百五箇，碎磚四千二百斤，水和炭三百斤，石一千八百斤，錢三百貫折錢一百四十文，米一石折穀一石五斗，做工一箇半月。

答三十。灰二千四百斤，磚一百四十箇，碎磚五千六百斤，水和炭四百斤，石二千四百斤，鈔四百五十貫折錢二百一十文，米一石五斗折穀二石二斗五升，做工二箇月。

答四十。灰三千斤，磚一百七十五箇，碎磚七千斤，水和炭五百斤，石三千斤，鈔六百貫折錢二百八十文，米二石折穀三石，做工兩箇半月。

答五十。灰三千六百斤，磚二百一十箇，碎磚八百四十斤，水和炭六百斤，石三千六百斤，鈔七百五十貫折錢三百五十文，米二石五斗折穀三石七斗半，做工三箇月。

杖六十。灰四千二百斤，磚二百四十五箇，碎磚九千八百斤，水和炭七百二十斤，石四千二百斤，鈔一千四百五十貫折錢四百二十文，米六石折穀九石，做工四箇月。

杖七十。灰四千八百斤，磚二百八十箇，碎磚一萬一千二百斤，水和炭八百二十斤，石四千八百斤，鈔一千六百五十貫折錢四百九十文，米七石折穀十石五斗，做工四箇半月。

杖八十。灰五千四百斤，磚三百一十五箇，碎磚一萬二千六百斤，水和炭九百二十斤，石五千四百斤，鈔一千八百五十貫折錢五百六十文，米八石折穀十二石，做工五箇月。

杖九十。灰六千斤，磚三百五十箇，碎磚一萬四千斤，水和炭一千二十斤，石六千斤，鈔二千五十貫折錢六百三十文，米九石折穀十三石五斗，做工五箇半月。

杖一百。灰六千六百斤，磚三百八十五箇，碎磚一萬五千四百斤，水和炭一千一百二十斤，石六千六百斤，鈔二千二百五十貫折錢七百文，米十石折穀十五石，做工六箇月。

杖六十徒一年。灰一萬二千斤，磚六百箇，碎磚二萬四千斤，水和炭一千七百斤，石一萬二千斤，米十五石折穀二十二石五斗。

杖七十徒一年半。灰一萬八千斤，磚九百箇，碎磚三萬六千斤，水和炭二千六百斤，石一萬八千斤，米二十石折穀三十石。

杖八十徒二年。灰二萬四千斤，磚一千二百箇，碎磚四萬八千斤，水和炭三千五百斤，石二萬四千斤，米二十五石折穀三十七石五斗。

杖九十徒二年半。灰三萬斤，磚一千五百箇，碎磚六萬斤，水和炭四千三百斤，石三萬斤，米三十石折穀四十五石。

杖一百徒三年。灰三萬六千斤，磚一千八百箇，碎磚七萬二千斤，水和炭五千二百斤，石三萬六千斤，米三十五石折穀四十七石五斗。

流罪。灰四萬二千斤，磚二千一百箇，碎磚八萬四千斤，水和炭五千八百斤，石四萬二千斤，做工四年，米四十石折穀六十石。

雜犯死罪。灰六萬四千二百斤，磚三千二百箇，碎磚一十二萬八千斤，水和炭九千斤，石六萬四千二百斤，做工五年，米五十石。

在京折收錢鈔則例

答一十。該鈔一百五十貫，共折銅錢七十文。兼收鈔一百貫，銅錢三十五文。

答二十。該鈔三百貫，折銅錢一百四十文。兼收鈔一百五十貫，銅錢七十文。

答三十。該鈔四百五十貫，折銅錢二百一十文。兼收鈔二百二十五貫，銅錢一百五文。

答四十。該鈔六百貫，折銅錢二百八十文。兼收鈔三百貫，銅錢一百四十文。

答五十。該鈔七百五十貫，折銅錢三百五十文。兼收鈔三百七十五貫，銅錢一百七十五文。

杖六十。該鈔一千四百五十貫，折銅錢四百二十文。兼收鈔七百二十五貫，銅錢二百一十文。

杖七十。該鈔一千六百五十貫，折銅錢四百九十文。兼收鈔八百二十五貫，銅錢二百四十文。

杖八十。該鈔一千八百五十貫，折銅錢五百六十文。兼收鈔九百二十五貫，銅錢二百八十文。

杖九十。該鈔二千五十貫，折銅錢六百三十文。兼收鈔一千二十五貫，銅錢三百二十文。

杖一百。該鈔二千二百五十貫，折銅錢七百文。兼收鈔一千一百二十五貫，銅錢三百五十文。

黄彰健《明代律例彙編》卷首《會定運磚運灰等項做工則例》 笞一十。灰一千二百斤，磚七十箇，碎磚二千八百斤，水和炭二百斤，石一千二百斤，米五斗，做工一箇月，鈔二百貫，折銅錢七十文。

笞二十。灰一千八百斤，磚一百五箇，碎磚二千五百斤，水和炭三百斤，石一千八百斤，米一石，做工一箇半月，鈔三貫，折銅錢一百四十文。

笞三十。灰二千四百斤，磚一百四十箇，碎磚五千六百斤，水和炭四百斤，石二千四百斤，米一石五斗，做工二箇月，鈔四百五十貫，折銅錢二百一十文。

笞四十。灰三千斤，磚一百七十五箇，碎磚七千斤，水和炭五百斤，石三千斤，米二石，做工二箇半月，鈔六百貫，折銅錢二百八十文。

笞五十。灰三千六百斤，磚二百一十箇，碎磚八千四十斤，水和炭六百斤，石三千六百斤，米二石五斗，做工三箇月，鈔七百五十貫，折銅錢三百五十文。

杖六十。灰四千四百斤，磚二百四十五箇，碎磚九千八百斤，水和炭七百二十斤，石四千二百斤，米八石，做工四箇月，鈔一千四百五十貫，折銅錢四百六十文。

杖七十。灰四千八百斤，磚二百八十箇，碎磚一萬二千六百斤，水和炭八百二十斤，石四千八百斤，米七石，做工四箇半月，鈔一千六百五十貫，折銅錢四百九十文。

杖八十。灰五千四百斤，磚三百一十五箇，碎磚一萬二千六百斤，水和炭九百二十斤，石五千四百斤，米八石，做工五箇月，鈔一千八百五十貫，折銅錢五百六十文。

杖九十。灰五千斤，磚三百五十箇，碎磚一萬四千斤，水和炭一千二十斤，石六千斤，米九石，做工五箇半月，鈔二千五十貫，折銅錢六百三十文。

杖一百。灰六千六百斤，磚三百八十五箇，碎磚一萬五千四百斤，水和炭一千一百二十斤，石六千六百斤，米十石，做工六箇月，鈔二千二百五十貫，折銅錢七百文。

徒一年。灰一萬二千斤，磚六百箇，碎磚二萬四千斤，水和炭一千七百斤，石一萬二千斤，米一十五石。

徒一年半。灰一萬八千斤，磚九百箇，碎磚三萬六千斤，水和炭二千六百斤，石一萬八千斤，米二十石。

徒二年。灰二萬四千斤，磚一千二百箇，碎磚四萬八千斤，水和炭三千五百斤，石二萬四千斤，米二十五石。

徒二年半。灰三萬斤，磚一千五百箇，碎磚六萬斤，水和炭四千三百斤，石三萬斤，米三十石。

徒三年。灰三萬六千斤，磚一千八百箇，碎磚七萬二千斤，水和炭五千二百斤，石三萬六千斤，米三十五石。

流罪。灰四萬二千斤，磚二千一百箇，碎磚八萬四千斤，水和炭五千八百斤，石四萬二千斤，做工四年，米四十石。

絞斬罪。灰六萬四千二百斤，磚三千二百箇，碎磚一十二萬八千斤，水和炭九千斤，石六萬四千二百斤，做工五年，米五十石。

黄彰健《明代律例彙編》卷首《原行贖罪則例》 笞一十。在京做工一箇月，納米五斗，運灰一千二百斤，折銀一兩八分，運磚七十箇，折銀三錢，運水和炭二百斤，折銀五錢，運石一千二百斤。在外有力納米五斗，折穀七斗五升，折銀二錢五分，稍有力，納工價銀三錢。贖罪鈔二百貫，兼收鈔一百貫，錢三十五文，折銀一錢，收贖鈔六百文，折銀七釐五毫。

笞二十。在京做工一箇月零十五日，納米一石，運灰一千八百斤，折銀一兩六錢二分，運磚一百五箇，折銀六錢，運炭三百斤，折銀七錢五分，運石一千八百斤。在外有力納米一石，折穀一石五斗，折銀五錢，稍有力納工價銀四錢五分。贖罪鈔三百貫，兼收鈔一百五十貫，錢七十文，折銀二錢。收贖鈔一貫二百文，折銀一分五釐。

笞三十。在京做工二箇月，納米一石五斗，運灰二千四百斤，折銀二兩一錢六分，運磚一百四十箇，折銀九錢，運炭四百斤，折銀一兩，運石二千四百斤。在外有力納米一石五斗，折穀二石二斗五升，折銀七錢五分，稍有力納工價銀六錢。贖罪鈔四百五十貫，兼收鈔二百二十五貫，錢一百五文，折銀三錢。收贖鈔一貫八百文，折銀二分二釐五毫。

笞四十。在京做工二箇月零十五日，納米二石，運灰三千斤，折銀二兩七錢，運磚一百七十五箇，折銀一兩二錢，運炭五百斤，折銀一兩二錢五分，運石三千斤。在外有力納米二石，折穀三石，折銀一兩，稍有力納工價銀七錢五分。贖罪鈔六百貫，兼收鈔三百貫，錢一百四十文，折銀四錢。收贖鈔二貫四百文，折銀三分。

笞五十。在京做工三箇月，納米二石五斗，運灰三千六百斤，折銀三兩二錢四分，運磚二百一十箇，折銀一兩五錢，運炭六百斤，折銀一兩五錢，運石三千六百斤。在外有力納米二石五斗，折穀三石七斗五升，折銀一兩二錢五分，稍有力納工價銀九錢。贖罪鈔七百五十貫，兼收鈔三百七十五貫，錢一百七十五文，折銀五錢。收贖鈔三貫，折銀三分七釐五毫。

杖六十。在京做工四箇月，納米六石，運灰四千二百斤，折銀三兩七錢八分，運磚二百四十五箇，折銀一兩八錢，運炭七百二十斤，折銀一兩八錢，運石四千二百斤。在外有力納米六石，折穀九石，折銀三兩，稍有力納工價銀一兩二錢。贖罪鈔一千四百五十貫，兼收鈔七百二十五貫，錢二百一十文，折銀六錢。收贖鈔三貫六百文，折銀四分五釐。

杖七十。在京做工四箇月零十五日，納米七石，運灰四千八百斤，折銀四兩三錢二分，運磚二百八十箇，折銀二兩一錢，運炭八百二十斤，折銀二兩五分，運石四千八百斤。在外有力納米七石，折穀十石五斗，折銀三兩五錢，稍有力納工價銀一兩三錢五分。贖罪鈔一千六百五十貫，兼收鈔八百二十五貫，錢二百四十五文，折銀七錢。收贖鈔四貫二百文，折銀五分二釐五毫。

杖八十。在京做工五箇月，納米八石，運灰五千四百斤，折銀四兩八錢六分，運磚三百一十五箇，折銀二兩四錢，運炭九百二十斤，折銀二兩三錢，運石五千四百斤。在外有力納米八石，折穀十二石，折銀四兩，稍有力納工價銀一兩五錢。贖罪鈔一千八百五十貫，兼收鈔九百二十五貫，錢二百八十文，折銀八錢。收贖鈔四貫八百文，折銀六分。

杖九十。在京做工五箇月零十五日，納米九石，運灰六千斤，折銀五兩四錢，運磚三百五十箇，折銀二兩七錢，運炭一千二十斤，折銀二兩五錢五分，運石六千斤。在外有力納米九石，折穀十三石五斗，折銀四兩五錢，稍有力納工價銀一兩六錢五分。贖罪鈔二千五十貫，兼收鈔一千二十五貫，錢三百一十五文，折銀九錢。收贖鈔五貫四百文，折銀六分七釐五毫。

杖一百。在京做工六箇月，納米十石，運灰六千六百斤，折銀五兩九錢四分，運磚三百八十五箇，折銀三兩，運炭一千一百二十斤，折銀二兩八錢，運石六千六百斤。在外有力納米十石，折穀十五石，折銀五兩，稍有力納工價銀一兩八錢。贖罪鈔二千二百五十貫，兼收鈔一千一百二十五貫，錢三百五十文，折銀一兩。收贖鈔六貫，折銀七分五釐。

杖六十，徒一年。在京納米一十五石，運灰一萬二千斤，折銀十兩八錢，運磚六百箇，折銀四兩，運炭一千七百斤，折銀四兩二錢五分，運石一萬二千斤。在外有力納米一十五石，折穀二十二石五斗，折銀七兩五錢，稍有力納工價銀三兩六錢。收贖鈔一十二貫，折銀一錢五分。

杖七十，徒一年半。在京有力納米二十石，運灰一萬八千斤，折銀十六兩二錢，運磚九百箇，折銀六兩，運炭二千六百斤，折銀六兩五錢，運石一萬八千斤。在外有力納米二十石，折穀三十石，折銀十兩，稍有力納工價銀五兩四錢。收贖鈔一十五貫，折銀一錢八分七釐五毫。

杖八十，徒二年。在京納米二十五石，運灰二萬四千斤，折銀二十一兩六錢，運磚一千二百箇，折銀八兩，運炭三千五百斤，折銀八兩七錢五分，運石二萬四千斤。在外有力納米二十五石，折穀三十七石五斗，折銀十二兩五錢，稍有力納工價銀七兩二錢。收贖鈔一十八貫，折銀二錢二分五釐。

杖九十，徒二年半。在京有力納米三十石，運灰三萬斤，折銀二十七兩，運磚一千五百箇，折銀十兩，運炭四千四百斤，折銀一十一兩，運石三萬斤。在外有力納米三十石，折穀四十五石，折銀一十五兩，稍有力納工價銀九兩。收贖鈔二十一貫，折銀二錢六分二釐五毫。

杖一百，徒三年。在京有力納米三十五石，運灰三萬六千斤，折銀三十二兩四錢，運磚一千八百箇，折銀十二兩，運炭五千三百斤，折銀一十三兩二錢五分，運石三萬六千斤。在外有力納米三十五石，折穀五十二石五斗，折銀十七兩五錢，稍有力納工價銀十兩八錢。收贖鈔二十四貫，折銀三錢。

流二千里。收贖鈔三十貫，折銀三錢七分五釐。

流二千五百里。收贖鈔三十六貫，折銀四錢五分。

總徒四年。在京有力納米四十石，運灰四萬二千斤，折銀三十七兩八錢，運磚二千一百箇，折銀十四兩，運炭六千三百斤，折銀一十五兩五錢，運石四萬二千斤。在外有力納米四十石，折穀六十石，折銀二十兩。稍有力納工價銀十四兩四錢。收贖鈔三十六貫，折銀四錢五分。

準徒五年。在京有力納米五十石，運灰六萬四千二百斤，折銀五十七兩七錢八分，運磚三千二百箇，折銀十六兩，運炭九千斤，折銀二十二兩五錢，運石六萬四千二百斤。在外有力納米五十石，折穀七十五石，折銀二十五兩。稍有力納工價銀一十八兩。收贖鈔四十二貫，折銀五錢二分五釐。

過失殺。依律收贖鈔四十二貫，内鈔八分，該鈔三十三貫六百文；錢二分，該錢八千四百文。在外錢鈔不行去處，錢照鈔關事例，每錢七文，折銀一分，共銀一十二兩，鈔照收贖事例，每鈔一貫，折銀一分二釐五毫，該銀四錢二分。共該收贖銀一十二兩四錢二分，給付其家。

（清）嵇璜等《清朝通典》卷八九《刑·贖刑》　臣等謹按贖罰並見《虞書》至《呂刑》，以贖爲罰，蔡傳議之。孔穎達疏曰：意善功惡，令出金贖罪，是於其本應罪者，而予贖以答其意。總之皆以濟律法權耳。我朝初制罰贖並行，用於軍旅，用於獵射，用於牧放，於後有王公職官，罪應金贖者，改爲罰俸，而贖與罰分矣，乃有捐銀運米、河工、邊墻諸例，凡以興事便民，申國憲而俾自新也。聖祖世宗哀矜折獄，重訂贖款之圖。皇上初政遵憲典而行之，罪疑惟輕，罰懲非死，良法美意，仁之至而義之盡也。近則請贖之案經部臣按月彙題可否，總奉聖裁，無敢妄爲準駁。自有贖法以來，無若斯審慎者也。從兹作奸犯科者，無納鍰逃罪之虞，而罪重情輕者，受金作贖刑之福矣。天聰二年十月諭敖漢柰曼諸貝勒曰：聞各處來降者，爾等每殺之，嗣後若明知而殺者，罰民十户。爾諸國可周圍遍置哨卒，違者罰牛五。如哨卒不聽遣者，罰牛一。三年三月定出京違令罰例，凡征察哈爾管諸旗貝勒年七十以下十三以上俱從征，違者罰馬百駝十。遲三日至者，罰馬十。軍出入敵境有不至者，罰馬百駝十。凡征明國每旗大貝勒各一員，台吉各二員以精兵百人從，違者罰馬千駝百，遲三日至者罰馬十。軍出入敵境有不至者，罰馬千駝百。所至輒行擄掠者，罰馬百駝十。五月定私娶蒙古部落女罰例，時貝勒阿濟格私娶蒙古喀喇沁部落女，議罰銀千兩。上命免其三分之二。定越界駐牧罰例，時柰曼扎嚕特部落貝勒等越界駐牧，定議各罰馬百駝十。五年六月定縱畜入田罰例。凡豕入人田者，令送還本主。每次計豕罰銀五錢，過三次詳赴告。該牛彔額真即以其豕給之。羊入人田者，計每隻罰銀三錢。駝牛馬驢騾入人田者，計每頭匹罰銀一兩。仍償其禾。定諸貝勒犯罪罰例。凡諸貝勒擅殺人命者，罰銀千兩。姦屬下婦女者，罰銀六百兩。屬下有効力戰士隱匿不報，以私人冒功濫薦者，罰銀三百兩。七月諭國家立法不遺貴戚，斟酌罰鍰以示懲儆。凡諸貝勒審事枉斷人死罪者，罰銀六百兩。枉斷人杖贖等罪及私遣人與外國交易，或怠忽職業或擅取民間財物、馬匹，或將本旗人女子不行報部，短價收納在家者，均罰銀二百兩。七年十一月定獵罰例。凡行獵處有擅入圍中者，貝勒罰良馬一，甲喇額真罰銀十五兩，旗長罰銀十兩，閑散人罰銀九兩，離伍退後者，與入圍同。八年正月，定蒙古諸貝勒罰例時，上召集外藩各蒙古貝勒諭之曰：向因法制未備，陋習不除，今與諸貝勒約，凡貝勒奪有夫之婦配他人者，罰馬五十駝五。其納婦之人，罰七九之數，給與原夫。姦有夫之婦，拐投别貝勒，如貝勒不執送者，罰馬五十駝五。崇德七年十一月，定圍獵誤射罰例。凡諸王、貝勒、貝子、公等誤射王者，罰銀三千兩與被射之王。誤射貝勒罰銀二千兩，與被射貝勒。誤射貝子、公等罰銀千兩，與被射貝子公。如王、貝勒、貝子公等誤射以下之人，視受傷輕重給銀。若致死者，除償身價外仍罰銀二百兩給被射之家，傷未致死者，除照常給銀外，罰銀百兩給被射之人。無傷痕者罰銀五十兩，給被射之人。八年七月，定失誤朝會罰例。凡常朝之期，有一次不到者，和碩親王罰大牛一，多羅郡王罰中牛一，多羅貝勒罰中次牛一，固山貝子罰小牛一，公等罰大羊一。

順治元年十月，定罰贖無完免追之例。二年八月定審擬狗庇罰例。按班章京譚泰訐告按班章京索尼罪狀，公塔瞻鰲拜俱狗庇。索尼前後口供不符，塔瞻應削公爵降爲按班章京，罰銀一百兩。鰲拜革職，罰銀二百兩。

三年頒行五刑贖罪之圖。凡贖刑輕者，爲收贖。若年七十以上、十五以下及廢疾犯軍流以下罪者，若樂户象奴及習業已成之天文生罪止杖笞者，若過失殺傷人自笞罪至絞罪者，並準收贖。次輕者爲折贖。若命婦正妻例難的決者，杖罪餘罪並準贖免。重者爲納贖。分有力、稍有力二等。若軍民有力，若舉貢生監人等犯非姦盜詐僞者，流徒以下並聽納贖。凡笞杖徒流雜犯死罪，在京俱令其做工、及運米炭磚石等，計數準銀各有差。此例至雍正三年停止。外省照例分別有力、稍有力依數遞折贖增定。老幼篤疾重犯分別請旨收贖例。凡八十以上十歲以下，及篤疾者，犯殺人死罪擬奏取自上裁。盜及傷人者，收贖。五年十一月定官員罪應鞭笞杖責者俱依律折贖免責例。八年四月定軍營罰例。凡行軍擅離旗纛者，罰銀三兩。馬匹無印罰銀二兩。箭上無姓名者，罰銀十兩。如不能出銀鞭三十。十一年九月定拏獲逃人不即起解及隱匿逃人罰贖例。凡拏獲逃人不即起解，該管官革職，仍罰銀一百兩給與出首之人。凡滿洲家人隱匿逃人，鞭一百罰銀五兩。其本主不論官民罰銀十兩。或另户人隱匿逃人鞭一百，罰銀十兩。宗室公以上家下莊頭人等窩隱逃人，鞭一百罰銀五兩。管莊撥什庫罰銀十兩，逃走二次或三次如本主不行報明，被旁人首告，平人鞭一百，有頂帶官員鞭一百折贖。十二年九月定先叅婪贓審無入己止擬挪移加派坐贓罪者，既經革職，免其杖徒，收贖。定官員贖罪例。凡文武官員犯罪，除實犯死罪外，餘罪俱準納贖。衙蠹犯罪不準折贖。十三年四月定滿洲蒙古漢軍武職官員犯罪，除案情重大交部審擬外，其情輕應贖身者，免其贖身，名色照漢官例改爲罰俸。定滿洲蒙古漢軍官員有祖父、叔伯兄弟陣亡及本身出征負傷者，除死罪外餘準折贖。六月定旗員本身及妻子兄弟犯軍流徒罪例應鞭責枷號者，俱照例準贖。十五年五月定三品以上官，兄弟子姪犯杖罪準折贖。定直省贓、贖銀兩逐項造册送臬司按季清查例。十六年閏三月增定折贖例。凡在京軍民人等犯徒罪以下，照律例分別折贖。旗下婦女除犯姦盜逃走外，餘罪亦準收贖。四月更定杖罪贖鍰之例。十八年二月聖祖仁皇帝御極，定無力民人杖罪不折贖之例。定官員認工贖罪之例。舊例有罪之人修蓋城樓準其贖罪，至是刑部題準官員有犯流徒籍没等罪，情願修造城樓，營建贖罪者，議奏請旨定奪。申定箭上不書名罰例。國初定例箭不書名姓者，罰銀十兩。至是復定箭上不書名姓或書他人名姓者杖八十。仍罰銀十兩。康熙元年定革職官員杖罪準收贖例。四年二月定官員贖罪例。凡革職官員犯罪，在原任内者，準其折贖。革職後又犯別罪者，不準折贖。文武現任官員犯流罪以上者，照應得之罪的決，徒罪以下準其折贖。六年四月停認工贖罪之例。先是順治十八年定官員認工贖罪例。嗣康熙二年刑部又奏定軍民犯罪有願認工贖罪者，移咨工部查核，奏請修建工程，至是左都御史尼滿奏犯人家産籍没，工費從何而來，恐有挾詐逼勒，苦累良民，嗣後應請停止，從之。六月申不能折贖而强令折贖之禁。諭前因無力小民納贖難完，反致苦累，故令懲決。但律内開載有力折贖無力的決，原聽從民便，非强逼令其折贖。以後通著照律行。如有不能折贖，而强令折贖者，該督撫指名叅處。定旗人犯雜犯死罪以下有力願贖者，照民人例一體折贖。七月，定王公縱容家人累商罰例。王公等縱容家人强佔關津要地，不容商民貿易者，王罰銀一萬兩，公罰銀一千兩。又定凡内外王公以下官員家人有領本霸佔關津要地者，除本犯立斬外，若係内務府人佐領革職，係宗室王公家人親王罰銀一萬兩，郡王罰銀五千兩，貝勒罰銀二千五百兩，貝子罰銀一千三百兩，公罰銀七百兩。仍交宗人府議處。若係在外王等家人親王罰銀一萬兩，降爲郡王，貝勒貝子請旨定奪。郡王、貝勒、貝子罰銀五千兩，降爲公。若係大臣官員家人，伊主皆革職。七年五月申隱漏贖鍰之禁。十年六月改定王公以下及各官員罪應罰贖爲罰俸之例。凡王公以下及文武各官有應得之罪例應罰贖者，各量其罪之輕重，改爲罰俸，自一月遞增至一年。十一年敕刑官詳定贖罪。刑部奏準，律例折贖内，有開載未盡之條，問刑官臨時詳審情罪，應準贖。而出自本犯情願者，準其折贖。不應準者仍的決。如濫準折贖，并多取肥己者，叅處。十六年定出征之處殺人，凡奉旨免死者，鞭一百，追銀二十兩給死者之家，枷號兩月，存案令軍前效力贖罪。其口外蒙古等有犯，亦鞭一百，追銀二十兩，折牲口一九給死者之家，令軍前效力贖罪。若不行效力，仍追牲口三九，給死者之家。二十九年四月定邊口輸米贖罪例。凡死罪現監人犯，除十惡、强盜及殺人人犯外，米一穀二聽其捐輸。死罪如内外三品以上堂官，與兼堂官職銜之人，捐米一萬石，在外實係二品、三品文職官員，捐米七千石，道府官捐米二千五百石。在内四品堂官及司官捐米一千五百石，在外同知通判、知州、知縣、叅將、遊擊捐米一千五百石，筆帖式、佐貳、雜職守備、千總及文武進士、舉人、監生人等捐米五百石，生員及平人捐米二百五十石，皆免死釋放。再考職候缺人等，照伊等品級令其捐納。凡捐贖死罪，如有因家産盡絶免追及家産已經入官者，捐納數目，各減一半。此例以一年爲限。於三十年四月初一日停止。捐輸以具呈後三月爲期，逾期概不準行。三十年三月復定軍流人犯，除叛逆干連，並强盜及殺人等犯内，有免死減等流犯，並山海關以外等處發遣安置，與各直省安插等犯，俱不準捐贖外，其餘軍流等罪内，外三品以上堂官及兼堂官職銜之人，捐米三千三百石，在外實係二品、三品文職官員捐米二千三百石，道府官捐米八百石，在内四品堂官、司官及在外同知、通判、知州、知縣，叅將、遊擊捐米五百石，其州同、縣丞、守備、千總各項雜職文武官員，進士、舉人、監生等捐米一百五十石，生員、平人捐米八十石，皆以米一穀二計算，準其免罪。此例亦以一年爲限，於次年四月初一日停止。三十三年正月定修理邊墻捐贖罪例。十一月定因贓審擬流徒，贓銀全完方準捐贖之例。三十四年十月定通倉運米捐贖例。凡死罪在外道府運米五百五十石，在内司官運米三百五十石，在外同知通判、知州、知縣、叅將、遊擊運米三百五十石，筆帖式、州同、縣丞、守備、千總雜職等官，進士、舉人、監生運米一百石，生員、平人運米五十五石，俱免死釋放。考職候缺人等，照依品級捐運。免死減等人犯，亦準捐運。流犯運米四十石，徒犯運米三十石，俱免罪回籍。三十八年九月停河工捐贖例。先是刑部會同工部議準河工捐贖例。除犯係十惡外，三品以上死罪捐工五百丈，流罪捐工二百丈，五品以上死罪捐工八十丈，流罪捐工四十丈，九品以上死罪捐工六十丈，流罪捐工三十丈，庶民死罪捐工二十丈，流罪捐工十丈，俱免罪以修完日爲始，保固三年，至是奉旨停止。三十九年十一月定永定河捐贖例。凡内外除十惡及重罪不準原赦外，三品以上死罪捐銀三千三百兩，軍流罪捐銀一千三百二十兩，徒罪捐銀六百六十兩，五品以上死罪捐銀五百二十八兩，軍流罪捐銀二百六十四兩，徒罪捐銀一百九十八兩。九品以上死罪捐銀三百九十六兩，軍流罪捐銀一百九十八兩，徒罪捐銀一百三十二兩。庶民死罪捐銀一百三十二兩，軍流罪捐銀六十六兩，徒罪捐銀三十三兩。俱以修築完日爲始，保固三年，準其免罪。五十二年定福建開捐事例。軍流人犯除發山海關外者不準捐贖外，其餘不論已未發配，捐穀五百石，徒犯不拘年限捐穀三百石，俱免罪發回原籍。六十年四月定河工捐贖例。凡死罪監禁人犯照二十九年邊口捐輸贖罪例行。凡軍流人犯，捐駝五隻，徒罪人犯捐駝四隻，俱準免罪回籍。凡罪人并妻子發遣奉天、寧古塔、船廠、打牲烏拉、伯都訥、黑龍江、墨爾根、三姓地方者，除犯人本身現在不準捐免外，本身已故者，其妻子家口存留彼處，捐駝十二隻，準其回籍。

《西寧青海番夷成例·謀娶人妻》　一、平人將平人所定之婦謀娶者，主婚與謀娶之人如係頭目等，各罰三九，如係平人，各罰一九，其婦離異，仍歸前夫。

《西寧青海番夷成例·少納牲畜計數折鞭》　一、凡罰服牲畜，若係無力之人，少納一頭者，鞭二十五，少納兩頭者，鞭五十，少納三頭者，鞭七十五，少納四頭者，鞭一百，罪止。

《西寧青海番夷成例·無力納罰立誓》　一、凡稱無力完納罰服牲畜者，令小頭目於該部落内選有顔面之人立誓。如保無力立誓之後，若被查出者，將查出牲畜罰服外，向立誓之人罰一九牲畜。

《西寧青海番夷成例·被竊牲畜》　一、被竊牲畜，失主認着，若指稱有他人所給者，即令其人封質。如其人不行承認，仍令本人立誓。若立誓，失主只將牲畜收回，免其罰服。

《西寧青海番夷成例·過往之人不令歇宿》　一、凡過往之人如有不令歇宿，以致凍死者，抵賠外，罰一九；未死者罰二歲牛。留宿被竊財畜者，着落房主賠償。

《西寧青海番夷成例·惡疾傳染》　一、凡患惡病之人在人家住歇，其病人賣物以致傳染他人身死者，罰三九；病愈者，罰一九；未傳染者，罰牲畜一件。

《西寧青海番夷成例·失去牲畜報知鄰近頭目找尋》　一、凡失去牲畜，三日後報知鄰近頭目找尋。一匹牲畜謝羊一隻。若將所收之牲畜乘騎者，罰牲畜五件；冒稱自己者，罰三九；錯認者，罰一九。若無主承認，準其收養。隱匿者罰一九。

《西寧青海番夷成例·收取遺失牲畜》　一、凡遺失牲畜，過往之人不得收取。如有收取者，依竊盜問擬。如羊于所見之日收取者，過一夜，二十隻以下罰羊一隻，如多，計二十隻遞加罰一隻。

《西寧青海番夷成例·罰服牛馬定數》一、凡罰服一九之數，馬二匹，騸牛二條，乳牛二條，三歲牛二條，二歲牛一條。五件之數，騸牛一條，乳牛一條，三歲牛一條，二歲牛二條。至追取罰服之人向犯人取三歲牛一條等語，查番地産馬甚少，如罰服内應取馬匹者，準改給犏牛。

《西寧青海番夷成例·私報失牲》一、凡暗自私行報信，其牲畜若從他人處得者，將私行報信之人罰三九，所罰牲畜給與立誓之頭目並被牽連之人，各分一半。

《西寧青海番夷成例·行竊毆死追趕之人》一、（凡）〔番〕民行竊毆死追趕之人，追九九罰服。

（清）嵇璜等《清朝通典》卷八九《刑·贖刑》雍正三年二月重定贖罪例。先是順治三年定五刑贖罪之圖。至是部臣以舊例做工、運炭、運磚等項今已不行，但照有力稍有力納贖，所有從前做工、運炭等項條例俱改爲納贖充徒字樣。其官員犯罪，俱以罰俸降級處分，不入贖例。奏準改定頒發遵行。定婦女贖罪例。凡婦女犯雜犯死罪以下，該決杖一百者，與命婦正妻一體折贖。五年正月定營田贖罪事例。凡不論旗民罪擬斬絞，非常赦不原者，原任三、四品官營田四十頃，五、六品官營田三十頃，七品以下、進士、舉人營田十五頃，貢監生員營田十頃，平人營田八頃，準免罪。其軍流罪犯各減十分之六，徒罪以下各減十分之八，俱準免罪，仍記檔案，倘有再犯徒罪以上者，前後通論從重治罪。九年四月增定營田贖罪事例。户部奏準照營田原例，四品官以下死罪各酌加十頃，平人酌加四頃，俱準免罪。軍流罪犯原例各減十分之六，今定減十分之四，徒罪以下原例各減十分之八，今定減十分之六，再有所犯軍流以下之罪，情重法輕者，按所定之數再加十分之六，準其免罪。十年四月定孀婦、獨子犯軍流徒罪者，照例杖一百，餘罪收贖例。十二年八月定預籌糧運捐贖事例。凡不論旗民罪擬斬絞非常赦不原者，三品以上官捐銀一萬二千兩，四品官捐銀五千兩，五六品官捐銀四千兩，七品以下進士、舉人捐銀二千五百兩，貢監生員捐銀二千兩，平人捐銀一千二百兩，俱準其免罪。其軍流罪犯各減十分之四。三品以上官捐銀七千二百兩，四品官捐銀三千兩，五六品官捐銀二千四百兩，七品以下、舉人、進士捐銀一千五百兩，貢監生員捐銀一千二百兩，平人捐銀七百二十兩，俱準其免罪。徒罪以下各減十分之六，捐銀俱準其免罪。凡罪人並妻子發遣奉天、寧古塔、船廠、打牲烏拉、伯都納、齊齊哈爾、黑龍江、墨爾根、三姓地方，除十惡强盗光棍等犯不準免外，其餘發遣罪犯，一二品官捐銀六千兩，三四品官捐銀四千八百兩，五六品官捐銀三千六百兩，七品以下、進士、舉人捐銀二千四百兩，貢監生員捐銀一千二百兩，平人捐銀六百兩，準其本身及妻子家屬回籍。如本犯已死，其子孫册内有名並家口存留彼處者，酌議捐銀各減十分之六，準其妻子家屬回籍。其軍流徒罪已經發遣者，流犯捐銀六百兩，徒犯捐銀四百八十兩，準其免罪回籍。十三年二月定直省自理贖鍰銀兩造册題報之例。

乾隆元年三月復行贖罪舊例。五年十一月增定老幼實犯死罪減流收贖之例。又定過失傷人收贖銀數例。部議查例内止載過失殺人銀數，並無過失傷人若干銀兩之文。按過失殺人，絞罪收贖銀十有二兩，今將收贖過失傷人銀數，其致傷輕重應得罪名，不成傷笞二十，贖銀三錢五分四釐。手足傷笞三十，贖銀五錢三分二釐。他物傷笞四十贖銀七錢九釐。拔髮方寸以上笞五十，贖銀一兩四錢一分九釐。折人齒一、指一、眇人一目者，杖一百贖銀一兩七錢七分四釐。折人二齒、二指者杖六十，徒一年，贖銀三兩五錢四分八釐。折肋、墮胎、眇人兩目及刃傷者，杖八十徒二年，贖銀五兩三錢二分二釐。致成廢疾者，杖一百徒三年，贖銀七兩九分七釐。成篤疾者，杖一百徒三千里，贖銀十兩六錢四分五釐。九年三月定命案贖罪者倍追給埋葬銀兩。又定各省贖罪銀兩改收稻穀貯倉例。四月定妻過失殺夫，妾過失殺家長及過失殺正妻者杖罪的決流徒等罪收贖例。十七年十一月定笞杖捐贖例。又定笞杖贖罪分别題結外結例。二十三年三月停止斬絞捐贖例。三十一年十二月嚴定問刑官多取贖鍰之例。三十二年三月泰州知州僧保住審理逃犯金三未將起除刺字疤痕親驗，率行扶同吏目曾自揀呈覆將金三訊無另竊案件，交捕管押，致捕役賄縱。督臣高晋將僧保住照不曾點視之提牢官減獄卒罪三等，已經捕得再減一等律杖八十徒二年，不準納贖。部查僧保住不知逃犯更名，不加審究，其捕役賄縱又在公出之後，尚與有心疏縱者有間。可否準贖。出自聖恩題請奉旨，準其贖罪。閏七月刑部奏，已革四川叙永同知王銘環經管關務，查出漏税布三十疋，並不詳報充公，私自侵盜，依律杖七十，徒一年半，不準納贖。今該犯之子呈請捐銀一千六百兩，代父贖罪。查王銘環將漏稅之物不行詳報充公，與因事枉法受財者情稍有間，伊係職官，可否準其贖罪之處，請旨。奉旨準其贖罪。三十六年十二月，廣東四會縣減等流犯王瑞可，呈請照例捐銀一千二百兩納贖。部議查乾隆二十三年三月奉旨斬絞各犯納贖之例永行停止。俟遇有恩赦減等，其憚於遠行者，再準收贖。而贖鍰則仍照原擬罪名不得照減等之罪。又定例平人犯死罪遇有減等者，仍照原犯罪名捐銀一千二百兩，準其免罪等語。該犯因鬬毆石傷人命擬絞緩決，三次。欽奉恩旨，減流納贖與例相符請準贖罪。三十八年四月前署杞縣承辦兵差，科派衆革，審擬從重比照擬絞監候緩決之犯官蔡淮英之母，呈請納銀一萬兩，代子贖罪。部臣奏請得旨準其贖罪。四十年四月已革貴州平越縣知縣侵盜錢糧六百六十兩，照例杖流之張宗柏，在配呈請加倍捐銀三千兩贖罪，並請自備資斧赴川省軍營効力。部請從之。亳州民李學書之父，於雍正年間曾充皂隸，後李學書之父李義於乾隆九年及二十七年捐納布政司理問職銜，李學書捐貢並捐郎中職銜。又自行加捐即用。事發照隱匿公私過名以圖選用例，發附近充軍。伊母情願捐銀一萬兩，爲子贖罪。部核其情節尚無別項過犯，請從之。四十八年十二月部議，臣部辦理贖罪一條，除斬絞各犯已於乾隆二十三年三月内欽奉諭旨，俟減等後再準收贖外，其餘軍流徒罪官常各犯，無論旗民於具呈後，臣部檢查原案，核其情節輕者，遂案專摺具奏，情重者即指摘批駁。罪應杖笞官犯，四品以上亦照徒罪以上例辦理。四品以下官犯及常犯，即由臣部核定準贖，仍於年底彙題，至發遣新疆、烏嚕木齊，伊犂等處之犯，有核其情節可憫，情願破格捐贖者，開具事由，據呈轉奏，久經遵照在案。伏思贖鍰各案，原係皇上格外加恩，予人悔過自新之路，本非臣下所可專是，以凡一切準贖者，固無不仰懇聖鑒共沐矜全。至於情節較重，未能準贖之犯，向例即由臣部議駁。但未經與準贖各犯，一體奏明，誠恐其中未必悉歸平允。請嗣後外遣軍流以下，罪犯如有在部呈請贖罪者，無論應準、應駁俱開列案由，分別似應準贖不準贖兩項按月彙題。如一月内僅止一件，即歸入下月彙題。俟命下之日，將不準贖者，原呈發還。準贖者，照例辦理。如此則準駁總由欽定，不特事歸核實，而辦理亦昭詳慎。上如其請。

《大清律例》卷五《名例律·老小廢疾收贖》 一、每年秋審人犯，其犯罪時年十五以下及現在年逾七十，經九卿擬以可矜，蒙恩宥免減流者，俱准其收贖。朝審亦照此例行。

《蒙古律例》卷二《斷獄·罰罪九數》 一、罰罪之九數，乃馬二匹、犍牛二隻、乳牛二隻、三歲牛二隻、兩歲牛一隻，五數，則犍牛一隻、乳牛一隻、三歲牛一隻、兩歲牛二隻。罰犯人三歲牛一隻，給與追罰之人。

《蒙古律例》卷二《斷獄·罰罪無畜者令章京等發誓》 一、凡罰取無畜者，令佐領或擇佐領内材幹人發誓。若誓保其無畜而續經犯出者，將犯出牲畜追取，其發誓人罰一九牲畜。

《蒙古律例》卷二《斷獄·罰三九以上案件，擇管旗章京等令其發誓》 一、罰三九以上案件，擇管旗章京發誓。罰一九以下案件者，於佐領内揀擇發誓。

《蒙古律例》卷二《斷獄·凡罰罪案件，不令王等發誓》 一、凡罰罪案件，不令已未管旗王、貝勒、貝子、公、額駙、協理台吉等發誓。令擇伊旗内台吉、塔布囊等發誓。

《蒙古律例》卷二《户口差徭·十家之人行竊，十家長罰馬一匹》 一、十家之人行竊，將十家長罰馬一匹。若十家長將賊舉出，照出首之例收領。若十家之牲畜被竊，十家長領取罰馬一匹。

《蒙古律例》卷二《斷獄·食俸王台吉等議處》 凡食俸之蒙古王、貝勒、貝子、公、台吉、官員等，若犯私罪，其應罰馬匹牲畜給付事主者，仍罰給馬匹牲畜；若犯公罪，其馬匹牲畜應存公者，俱按伊所犯之罪，連俸銀緞疋一併罰。無俸之人仍罰馬匹牲畜。

《蒙古律例》卷二《斷獄·緩決減等之蒙古人犯應罰牲畜無獲》

乾隆三十七年九月，本院奏準定例：

一、凡傷人致死擬絞緩決之蒙古重犯，遇恩詔減等後，仍照《蒙古律》罰取三九牲畜，給付屍親完（給）〔結〕。如照數無獲者，即照蒙古偷竊牲畜爲從賊犯不能交納所罰牲畜例，發山東、河南等省，交驛站充當苦差。

《蒙古律例》卷二《斷獄·罰罪牲畜不足者責打》 一、凡罰取牲畜，不足一則鞭二十五，不足二則鞭五十，不足三則鞭七十五，不足四數以上牲畜則鞭一百。不許多責。

《蒙古律例》卷一二《斷獄・凡罰罪牲畜，兩造扎薩克差人取牛》　一、罰給牲畜犯人之扎薩克，差人取三歲牛一隻，受贓罰之扎薩克，差人於其牲畜內十中取一，二十中取二，三十中取三，此外不準多取。

《蒙古律例》卷一二《斷獄・凡罰罪，貝勒各取其一》　一、凡罰罪，其貝勒按九數取一，不足九數不取。

凡出首事件，所罰物內給首者一半

一、凡出首事件，所罰物內給首者一半。

《蒙古律例》卷一二《斷獄・懷讎取畜》　一、凡以首出事件讎取牲畜者，已未管旗王罰三九牲畜，貝勒、貝子、公等罰二九牲畜，台吉、塔布囊等罰一九牲畜。其以讎所取牲畜給回伊主，將其人遣赴伊願往之處。

《蒙古律例》卷一〇《雜犯・不容行人住宿，致被凍死》　一、凡不容行人住宿，致被凍死者，額賠罰一九牲畜，未死者罰兩歲牛。若令歇宿，其財畜被竊者，令家主賠補。

《蒙古律例》卷一〇《雜犯・誤留行人所騎之馬》　一、凡將行人所騎牲畜稱伊被竊走失之牲畜，誤取留下者，罰五牲畜，給被索之人。

《蒙古律例》卷一〇《雜犯・病人臥人家內》　一、出痘之病人臥人家內，若此病人禳病由此傳染，以致死人者，罰三九牲畜，痊癒者罰一九牲畜，不出痘者罰馬一匹。

《蒙古律例》卷六《盜賊・走失牲畜移知鄰封扎薩克》　一、凡走失牲畜，三日後報明鄰封扎薩克貝勒、貝子、公等尋拿，每畜一隻以一羊作謝儀。若騎所獲牲畜者，罰五畜。若詐稱(巳)〔已〕畜冒領者，罰三九牲畜；誤領者罰一九牲畜。若畜主不出暫收之隱匿者，罰一九牲畜。

《蒙古律例》卷一二《斷獄・死罪人犯收贖》　一、死罪蒙古有人納贖者，令納九九馬匹，準贖。若贖妻子者，聽兩主之便。若贖干涉內地民人之死罪，蒙古等視其妻、十歲以上子女數目，各納三九牲畜，其妻子一併準贖。若不贖妻子，該犯亦不準贖。

《理藩院則例》卷五一《收贖・死罪人犯收贖》　一、凡收贖蒙古死罪人犯，令出九九馬匹入官，再令出三九牲畜給付屍親，如無屍親，將三九牲畜存公備賞。

《理藩院則例》卷五一《收贖・謀殺故殺不準收贖》　一、內外扎薩克等蒙古地方，凡故殺、謀殺情重者，概不準收贖外，其尋常鬥毆致死情輕者，仍照舊例準其收贖。

（清）吴壇《大清律例通考》卷四《名例律・五刑》　第十條例文附

贖刑

贖刑五刑中俱有應贖之款，附列於此，以便引用。

納贖無力依律決配，有力照律納贖。

收贖老幼、廢疾、天文生及婦人折杖，照律收贖。

贖罪官員正妻及例難的決並婦人有力者，照律贖罪。

謹按：以上三項係乾隆五年館修，查照雍正三年律例館原改舊例摘出，標列贖法，分別注明。其贖刑之下小注二行，係是年館修進呈清漢合璧時增注。至各項折贖銀數，詳見律首贖圖。

又按：金作贖刑，《虞書》垂爲令典。今律載納贖、收贖、贖罪而外，現行例內尚有捐贖一項，未經列入，似屬未備。查現行捐贖之例，肇自康熙年間之《營田例》及雍正元年之《西安駝例》。雍正十二年，户部會同刑部奏準《予籌糧運事例》，內開：一、不論旗民，罪擬斬絞，非常赦所不原者：三品以上官，照《西安駝例》捐運糧銀一萬二千兩；四品官，照《營田例》捐運糧銀五千兩；五、六品官，照《營田例》捐運糧銀四千兩；七品以下、進士、舉人，照《營田例》捐運糧銀二千五百兩；貢、監生，照《營田例》捐運糧銀二千兩；平人，照《營田例》捐運糧銀一千二百兩：俱準其免罪。其軍流罪犯，各減十分之四；三品以上官，捐運糧銀七千二百兩；四品官，捐運糧銀三千兩；五、六品官，捐運糧銀二千四百兩；七品以下、進士、舉人，捐運糧銀一千五百兩；貢、監生，捐運糧銀一千二百兩；平人，捐運糧銀七百二十兩：俱準其免罪。徒罪以下，各減十分之六：三品以上官，捐運糧銀四千八百兩；四品，捐運糧銀二千兩；五、六品官，捐運糧銀一千六百兩；七品以下、進士、舉人，捐運糧銀一千兩；貢、監生，捐運糧銀八百兩；平人，捐運糧銀四百八十兩：俱準其免罪。仍照例請旨。再，軍流人犯已經發遣者，照《西安駝例》捐運糧銀六百兩；徒罪人犯，捐運糧銀四百八十兩：准其免罪回籍。仍照例請旨，並記檔案。倘再犯徒罪以上者，前後通算，從重治罪。如有罪犯家屬具呈到部，刑部即查明原案，分別准贖、不准贖具奏。俟命下之日，不准贖者，將原呈發還。蒙恩准贖者，刑部咨明户部，交銀完日，給發實收，轉咨刑部，遵旨將該犯寬釋。若於文到户部一月之内尚未全交者，除本犯不准贖免外，被具呈犯屬按本犯罪名減三等治罪，捐贖銀兩，免其着追等因在案。乾隆元年三月内欽奉上諭：贖罪一條，原係古人金作贖刑之義，况在内由部臣奏請，在外由督撫奏請，皆屬斟酌情罪有可原者，方准納贖，其事尚屬可行。嗣後，將贖罪一條仍照舊例辦理。欽此。至乾隆八年三月，經湖北按察使石去浮條奏，又經刑部覆准，將現行予籌糧運事例逐一開明通行，知照有願贖罪者，該督撫一面具摺請旨，一面咨報户、刑二部。乾隆九年，據安徽巡撫范璨條奏，又經刑部議覆，若衿監犯褫革之外尚應笞杖及平人應笞杖之犯，均照徒罪以下銀兩數日捐贖。如係題結之案，該督撫即附疏聲明，刑部核議請旨。倘係例得外結之案，有情願贖罪者，該督撫即將犯案並贖罪緣由咨明刑部，刑部仍遵例核覆請旨。乾隆十四年八月，部覆雲南按察使張坦熊條奏，嗣後贖罪案件在刑部具呈者，仍照例於奏准之後行文户部，限一個月交納。其在外省具呈者，於文到州縣之日一月之外，再限一月交納，各等因在案。乾隆十七年，復經刑部會同户部議覆西安布政使張若震條奏，請定捐贖笞杖等事案内，查《予籌糧運事例》，杖笞人犯與徒罪人犯，不分輕重，一例捐贖，究未允協。除律應納贖、收贖之罪仍各照例辦理，及犯該枷號、杖責者照徒罪捐贖外，其例應杖笞的决人犯情有可贖者，酌議分杖爲一等，笞爲一等。如：貢、監生犯杖罪者，捐穀四百石，納銀二百兩；笞罪，捐穀二百石，納銀一百兩。平人犯杖罪者，捐穀二百石，納銀一百兩；犯笞罪者，捐穀一百石，納銀五十兩。更請將三品以上官犯革職後，有餘罪例不納贖者，如犯該杖罪，捐穀二千四百石，納銀一千二百兩；犯該笞罪者，捐穀一千二百石，納銀六百兩。四品官犯該杖罪者，捐穀二千石，納銀一千兩；犯該笞罪者，捐穀一千石，納銀五百兩。五、六品官犯該杖罪者，捐穀一千六百石，納銀八百兩；犯該笞罪者，捐穀八百石，納銀四百兩。七品以下官及進士、舉人，犯該杖罪者，捐穀一千二百石，納銀六百兩；犯笞罪者，捐穀六百石，納銀三百兩。查笞杖人犯原係輕罪，若概行奏請，未免章奏煩瑣，各犯羈候需時。應令在京具呈刑部查辦，按季彙題，銀兩咨付户部查收。其外省笞杖贖罪人犯，令各地方官將犯罪情節並可原應贖緣由，詳報督撫核明，批允辦理。限一月之内銀穀交貯倉庫，准其免罪。如係題結之案，附疏聲明。若事由外結，諮報户、刑二部，由部造册，按季彙題。乾隆二十三年三月二十六日，刑部議駁浙江道御史葉啓豐條奏，裁酌贖罪之例一摺，奉旨：刑部議駁御史葉啓豐所奏，斬絞捐贖之例，應請删除，以《虞書》金作贖刑、《吕刑》大辟疑赦爲訓，不知《虞書》原引而未發，而《吕刑》則穆王耄荒時所爲也。欲准贖抵，係可緩之類，然能贖與否，終視乎有力無力。該御史所言，未嘗不是，朕不能附該部之强詞奪理也。著將斬絞緩决各犯納贖之例，永行停止。俟遇有恩赦減等，其憚於遠行者再准收贖，而贖鍰則仍照原擬罪名，不得照減等之罪。如此，則犯死罪者貧富一律，不能倖逃法紀。而既減等以後，有力者得免遠徙，無力者莫可尤人，然亦幸慶再生。其著爲令，欽此。乾隆三十一年九月，據江西按察使揆義條奏，經部以平常軍流人犯捐贖之例，未到配者捐銀七百二十兩，已到配者捐銀六百兩，其中雖有分別，而到配之軍流官犯，則於乾隆二十一年既經奏明，仍照原官品級銀數捐贖，並不以到配議減。至斬絞各犯捐贖之例，久經停止，前奉恩旨，遇有恩赦減等者，再准收贖，係屬格外皇仁。是以此等人犯，如有情願捐贖者，無論已未到配，亦俱係仍照原擬罪名銀數捐贖，毋庸另立加減銀數科條等因議覆。奉旨：知道了。欽此。欽遵各在案。是此項捐贖銀數條欵，歷經酌定，久著爲令。第恐外省未能周知，辦理不無岐誤。應於此條贖刑下三項之後，並列捐贖二字，並注不論旗民、官弁、士庶，凡律不准納贖、收贖之人，核其情罪尚輕而非常赦所不原者，照例捐贖。並將犯屬具呈交銀期限、逾限治罪之處，纂爲專條列後。至各欵項銀數，另立捐贖一圖附於律首，以便永遠遵行，以昭畫一。合並聲明。

又查贖臺定例，乾隆十四年五月内，軍機大臣具奏，嗣後坐臺人員有情願贖罪者，令其在部具呈，兵部奏明請旨等因。奉旨：依議。欽此。欽遵在案。又，乾隆三十七年十月十一日奉上諭：嗣後凡遇坐臺贖罪人員，着咨查户、刑、工等部，如有本名下應行追賠未完銀兩，概不准其奏請贖免。著爲令。欽此。欽遵亦在案。應並附列律後，以便查用。

第十一條例文

凡軍民諸色人役審有力者，與舉人、監生、生員、冠帶官，不分笞杖徒流雜犯死罪，應準納贖者，俱照有力、稍有力圖内數目，折銀納贖。若舉監生員人等例該除名革役罪不應贖者，與軍民人等罪應贖而審無力者，笞杖徒流雜犯死罪，俱照律的決發落。

謹按：此條係仍前代增删唐律舊例迭次酌修改定。查康熙以前原例内開：凡軍民諸色人役及舍餘、總小旗審有力者，與文武官吏、舉人、監生、生員、冠帶官、知印、承差、陰陽生、醫生、老人、舍人，不分笞杖徒流雜犯死罪，俱令運炭、運灰、運磚、納米、納料等項贖罪。若官吏人等例該革去職役，與舍餘、總小旗、軍民人役審無力者，笞杖罪的決；徒流雜犯死罪各做工、擺站、哨瞭、發充儀從，情重者煎鹽、炒鐵，死罪五年，流罪四年，徒罪照徒年限。其在京軍丁人等無差占者與例難的決之人，笞杖亦令做工等語。雍正三年館修，以本朝無舍餘、總小旗名色，因將舍餘、小旗等字删去。又，現行例：官員革職有餘罪者，準納贖，其文武官犯罪，俱以罰俸、降級等項處分，並不納贖，故並將文武官吏四字删除。又，運炭、運灰、做工等項，現已不行，俱照有力、稍有力納贖，故並將運炭、運灰、做工等字全行删改。至乾隆五年館修，又以本朝並無老人、舍人名色，其知印、承差、陰陽生俱係衙役，律例内俱無納贖之條。至官醫生雖非衙役，亦未有職銜，已包在軍民諸色人等之内。又將知印吏、承差、陰陽生、醫生、老人、舍人等名色一併節删，纂如前例。

第十二條例文

凡文武官革職有餘罪及革職後另犯笞杖徒流雜犯死罪，俱照有力圖内數目納贖。若無力，的決發落。其貪贓官役，概不準納贖。

謹按：此條係照康熙年間現行則例改定。查現行原例内開：文武官員有犯笞杖徒流雜犯死罪，俱照例折贖。其律内運炭、運灰、運磚、納米、納料贖罪等罪名，俱照律文有力圖内折銀收贖。如不能納銀者，照無力的決。其貪贓官役，流徒杖罪概不準折贖等語。雍正三年館修，以現任官員犯笞杖等罪，以降罰革職分别處分，已註明文武官犯罪律内，此條應纂明：官員革職有餘罪及革職後另案犯罪者，準其折贖。其運炭、運灰等項，律文已經擬删，應並節删。再，收贖亦應改爲納贖字樣，纂正入律。惟若無力，的決發落句，原改例文内係不能贖者，照無力發落字樣，至乾隆五年館修，删去不能納贖等字，始改爲若無力，的決發落，纂如前例。

第十三條例文

凡官員有先參婪贓、革職提問者，如審無婪贓入己，止擬因公挪用、因公科斂坐贓致罪，則除革職外，餘罪納贖皆免。如别案革職者，仍照例納贖。

謹按：此條係照康熙十二年題準現行則例改定。查現行例開：凡官員有先參婪贓及借名耗費等項加派入已革職提問者，如審無婪贓，止擬挪用錢糧因公科斂坐贓致罪，則除革職外，其徒杖等罪納贖俱免。如别案革職者，仍照律納贖等語。雍正三年館修入律。至乾隆五年館修，以此條所開借名耗費等項，加派入已二語，已包在婪贓之内，應删。再，例内語句亦有未明之處，改如前例。

第十四條例文

名壇祠祭署奉祀、祀丞，神樂觀提點、協律郎、贊禮郎、司樂等官，並樂舞生及養牲官軍，有犯姦盜、詐僞、失誤供事並一應贓私罪名，官及樂舞生罷黜，軍革役，仍照律發落。若訐告詞訟及因人連累、並一應公錯過誤犯罪者，照律納贖。

謹按：此條係前代歸例，康熙年間纂入職官有犯條下。其例文首句係皇陵祠祭署，並有太常寺典簿及養牲官軍，軍發原伍，徒罪以上不礙行止者運炭等項，各還職著役，各等語。雍正三年館修，以本朝陵寢無祠祭署名色，惟各壇有祠祭署，其太常寺典簿非係道官，養牲所軍並無原伍，徒罪以上亦無運炭等項之例，故將凡皇陵、太常寺典簿、軍發原伍及運炭等項、各還職著役字樣，删除改正，仍附職官有犯條内。惟條末一應公錯句下，仍有不礙行止四字。乾隆五年館修，以此例應歸贖類，移附贖刑條後。又因不礙行止四字無所指實，改爲過誤犯罪，纂如前例。

第十五條例文

太常寺厨役，但係訐告詞訟、過誤犯罪及因人連累問該笞杖罪名者，納贖，仍送本寺著役；徒罪以上，及姦盜詐僞並有誤供祀等項，不分輕重，俱的決，撥光禄寺應役。

謹按：此條係前代舊例，康熙年間列入現行則例。雍正三年館修，始纂入律。乾隆五年館修，又增入過誤犯罪四字，纂如前例。

第十六條例文

僧道官有犯徑自提問，及僧道有犯姦盜、詐僞並一應贓私罪名，責令還俗，仍依律例科斷。其公事失錯、因人連累及過誤致罪者，悉準納贖，各還職爲僧爲道。

謹按：此條係改定明律舊文，康熙年間列入現行則例，附載職官有犯條內。其原文內開：僧道官係京官，具奏提問；在外，依律徑自提問。受財枉法滿數，亦問充軍，及僧道有犯姦盜、詐僞、逞私争訟、怙終故犯，並一應贓私罪名，有玷清規妨礙行止者，俱發還俗。若犯公事失錯、因人連累及過誤致罪，於行止戒規無礙者，悉令運炭、納米等項，各還職爲僧爲道等語。雍正三年館修，以現在僧道官有犯，不論在京在外一體提問，應删去京官具奏等字。又，枉法贓滿數充軍，今無此例，故改爲計贓問罪。將運炭、納米等字，改爲納贖字樣。仍附職官有犯條內。惟僧道官有犯句下，尚有依律及受財枉法計贓問罪，並逞私争訟、怙終故犯及有玷清規、妨礙行止，究出俗家姓名等語。又過誤致罪句下，尚有於行止戒規無礙字樣。乾隆五年館修，以此條應歸贖類，移附贖刑條後。又以職官有犯前代本另有律文，故徑自提問句上有依律二字，今前代律文已經從前纂輯時删改，且僧道官終不可與職官概論，依律二字應删。再，受財枉法亦計贓問罪及逞私争訟等語，已包在一應贓私及依律例科罪之中，其所稱有玷清規、戒規無礙之處，均非律例所宜載，故並經節删，纂如前例。

第十七條例文

婦女犯姦，杖罪的決，枷罪收贖。

謹按：此條係乾隆二年三月，據協理浙江道事四川道監察御史薛醞條奏，經部覆準定例。乾隆五年館修入律。

又按：此條應移載工樂户及婦人犯罪本條内，與婦人犯罪分別收贖、納贖之例相並，較爲允協。

第十八條例文

凡律例開明準納贖不準納贖者，仍照舊遵行外；其律例内未經開載者，問刑官臨時詳審情罪，應準納贖者聽其納贖，不應準納贖者，照律的決發落。如承問官濫準納贖者，交該部議處；多取肥己者，計贓科罪。

謹按：此條係康熙年間現行則例，雍正三年館修入律。原例條末承問官濫準納贖並多取肥己者，交部議處等語，乾隆三十二年館修，以問官多取肥己，自應計贓科罪，將多取肥己，交部議處之句改爲計贓科罪，濫準納贖者仍交該部議處，纂如前例。

《清文宗實録》咸豐九年正月〔戊戌〕又諭，刑部奏，覈議捐輸贖罪章程，請照常赦條款，變通辦理，開單呈覽一摺。朕披閱准贖各條，尚多輕縱，業經親加删定。嗣後官常各犯，除枷杖情節本輕，准予捐贖外，其遣軍、流、徒各犯，不在常赦不原之列者，於捐贖時，仍隨案覈定，以持情法之平。該部即將此次原奏硃筆删改各條，行知火器營遵照辦理。

（清）席裕福《清朝政典類纂》卷三六九《刑一·名例律·五刑》

贖刑五刑中俱有應贖之款，附列於此，以便引用。納贖無力依律決配，有力照律納贖。收贖老幼廢疾、天文生及婦人折杖，照律收贖。贖罪官員正妻及例難的決，並婦人有力者，照律收贖。

條例

一、凡進士、舉人、貢監生員及一切有頂戴官，有犯笞杖輕罪，照例納贖。罪止杖一百者，分別咨參除名，所得杖罪免其發落。徒流以上，照例發配。至生監犯罪，除應杖一百及徒流以上，並速議速題案内，無論笞杖，均於辦結後知照禮部外，其尋常律應納贖之生監，應否褫革開復，會同禮部辦理。謹案：此條嘉慶六年修改，道光五年、十五年二次復奏頒行。

一、凡官員有先參婪贓革職提問者，如審無婪贓入己，止擬因公那用，因公科斂及坐贓致罪，犯該杖一百者革職。徒流軍罪依例決配。如罪在杖一百以下者，依文武官犯私罪律，交部議處，分別降罰。其先經革職之處，准予開復。參看無官犯罪並文武官犯公私罪條。謹案：此條道光六年修改。

一、各壇祠祭署，奉祀祀丞神樂觀提點協律郎、贊禮郎、司樂等官，並樂舞生及養牲官軍，有犯姦盜詐僞失誤供祀並一應贓私罪名，官及樂舞生罷黜，軍革役，仍照律發落。若訐告詞訟及因人連累並一應公錯過誤犯罪者，照律納贖。謹案：此條雍正三年改定，原載職官有犯律下，乾隆五年移附此律。

一、太常寺廚役但係訐告詞訟過誤犯罪，及因人連累問該笞杖罪名者，納贖仍送本寺，著役徒罪以上及姦盜詐僞並有誤供祀等項，不分輕重俱的決改撥光禄寺應役。謹案：此條乾隆五年增定。

一、婦女犯姦，杖罪的決，枷罪收贖。謹案：此條乾隆五年定。

一、凡僧、道官有犯徑自提問及僧道有犯姦盜詐僞並一應贓私罪名，責令還俗。仍依律例科斷。其公事失誤，因人連累及過誤致罪者，悉准納贖。各還職爲僧、爲道。謹案：此條乾隆五年改定，又案原載職官有犯律下，乾隆五年移附此律。

一、凡律例開明准納贖不准納贖者，仍照舊遵行外，其律例内未經開載者，問刑官臨時詳審情罪，應准納贖者，職其納贖。不應准納贖者，照律的決發落。如承問官濫准納贖者，交該部議處。多取肥己者計贓科罪。謹案：此條乾隆三十二年改定。

一、婦人有犯姦盜不孝者，各依律決罰，其餘有犯笞杖並徒流充軍雜犯死罪該決杖一百者，與命婦官員正妻俱准納贖。謹案：此條嘉慶六年由工樂户婦人犯罪門移改。

一、生員不守學規好訟多事者，俱斥革按律發落，不准納贖。謹案：此條道光元年續纂。

一、凡文武官犯罪，本案革職。其笞杖輕罪毋庸納贖，若革職後另犯笞杖罪者，照律納贖。徒流軍遣依例發配，有呈請其贖罪者，刑部核其情節，分別准贖、不准贖二項擬定奏明請旨。不得以可否字樣雙請入奏。其貪贓官役，概不准納贖。謹案：此條嘉慶六年修改，道光五年修改。

事例

天命六年諭，凡有武功授職者必行間獲罪，乃革其官。或他事獲罪勿議革，俾自贖。又定，有罪之人修蓋城樓，准其贖罪。順治十二年覆准，犯人罪贖，春夏二季照律例納銀，秋冬二季令有司收銀，照時價糴穀貯倉，年底將收納罪銀并糴穀數目彙造清册，報户部、刑部查覈。又覆准，道府州縣折贖銀兩，設立循環簿，逐件登報布政司，彙報督撫積銀備賑，歲底彙報户部稽察。又題准，文武官員有犯，除實犯死罪外，餘罪俱准折贖。衙蠹犯罪者，不准折贖。十五年覆准，直省大小衙門贓贖銀兩，逐項造册送按察司。案季清查有隱漏不報者，計贓論罪。儻該司通同容隱者，該撫案指名題參，一併治罪。十六年覆准，在京軍民人等犯流罪以上，及姦盜、强盜知情故縱罪囚，以卑犯尊，衙蠹犯贓等罪，仍不准收贖外，其犯徒罪以下有力者，俱照律例分別收贖。旗下婦女，除犯姦盜逃走等情的決外，餘罪亦准照例收贖。又題准贖鍰定數，杖一百者折銀三十五兩，杖九十者折銀三十一兩二錢五分，杖八十者折銀二十七兩五錢，杖七十者折銀二十三兩七錢五分，杖六十者折銀二十兩。十八年題准，官員人等有犯流徒籍没等罪情願修造城樓，營建贖罪者，呈明該原問衙門，豫爲啓奏，下工部查議，奏聞請定奪。又定官員仍聽折贖，其無力小民犯杖罪者即著的決，不必折贖。又議定，官民人等犯杖六十徒一年者折銀二十三兩七錢五分，杖七十徒一年半者折銀二十九兩三錢七分五釐，杖八十徒二年者折銀三十五兩，杖九十徒二年半者折銀四十兩六錢二分五釐，杖一百徒三年者折銀四十六兩二錢五分，杖一百流罪准徒四年者折銀五十兩，雜犯死罪准徒五年者折銀五十三兩七錢五分。又議准，凡贖鍰由督撫按批行者，承問官通詳互相稽覈解部。司道府州縣官自理贖鍰，亦全數報部備賑。康熙二年題准，犯人有願認工贖罪者，呈明刑部移咨工部會同將犯人情罪修建工程查覈情罪與工程相符，奏聞請建造。又定，内外官員革職後犯杖罪者，仍准折贖。六年覆准，旗下人犯罪有力情願折贖者，照民人例一體折贖，無力者仍的決。十六年議准，有出征之處殺人奉旨免死者，鞭一百，照律追埋葬銀二十兩給付死者之家，將枷號兩月存案令軍前効力贖罪。如効力有據及身受重傷者，免其枷號。若不行効力者，出兵回日，仍行枷號，將妻子家産人口一併發與辛者庫，其口外、蒙古等有犯亦鞭一百，以追銀二十兩，折牲口一九給付死者之家，令軍前効力贖罪。如効力有據及身受重傷者，免其折枷號，牲口三九。若不行効力者，仍追牲口三九，給付死者之家，妻子家産人口一併給與該管之主爲奴。至贖罪人犯之効力與否，該將軍並該管官登記明白，俟出兵回日，送部查議。十九年議准，革職處分等官，及各項人犯有願認修葺京都城樓公署及倉庫牌樓贖罪者，除十惡等實犯死罪、姦細、光棍、誣告、叛逆、放火等罪不准認贖外，其餘斬絞重罪並充軍流徙人犯，具呈工部查覈情罪輕重，與例相符，准其具題定限修理，完日免罪。又題准，認工復職贖罪人員，將原估銀兩定限赴工部交納隨到即收，不得借端留難措勒。雍正十二年議准，凡犯罪例不准納贖而情有可原者，其捐贖之數，斬絞罪三品以上官一萬二千兩，四品官五千兩，五六品官四千兩，七品以下官及進士、舉人二千五百兩，貢監生員二千兩，平人一千二百兩。軍流罪各減十分之四，徒罪以下各減十分之六，枷號杖責照徒罪捐贖。乾隆元年諭，贖罪一條，原係古人金作贖刑之義，況在内由部臣奏請，在外由督撫奏請，皆屬斟酌情罪有可原者方准納贖。其事尚屬可行，嗣後將贖罪一條仍照舊例辦理。二年覆准，例載婦女犯姦杖罪的決枷罪准其收贖，查《納贖圖》内並未定有枷號如何收贖之文，惟名例犯罪免發遣條内，徒一年者，枷號二十日，每等遞加五日等語。則枷號三十日者，應折徒二年。查徒五年俱包杖在内。今於徒二年内，除包杖八十應折銀六分外，其徒二年者止應贖銀一錢六分五釐。婦人犯姦，既決杖一百，其枷號一月，應照徒二年除包杖八十，折銀六分外，止應收贖銀一錢六分五釐。至於親屬犯姦，應枷號四十日者，除決杖一百折銀七分五釐外，應照徒三年收贖銀二錢二分五釐。其和同誘拐犯姦，應枷號兩月者，除決杖外，應照流三千里收贖銀三錢七分五釐。九年議准，嗣後文武職官有實犯姦贓、十惡、不孝等罪，律應的決者，照舊的決。其准枉法，准不枉法論等贓律應納贖者，仍照原律納贖，免其的決。又定凡贖罪之案，每銀一兩改折稻穀二石，覈算收納。又議准，嗣後命案死罪人犯，有呈請捐贖情罪尚有可原，奏准贖罪者，應照免死減流人犯追埋葬銀二十兩，例倍追銀四十兩，給付屍親收領。二十三年奉旨，斬絞各犯納贖之例，永行停止。俟遇有恩赦減等其憚於遠行者，再准收贖。而贖鍰則仍照原擬罪名，不得照減等之罪。三十年議准，嗣後外結枷杖以下人犯，如有情願捐贖者，即將該犯原案全行抄録附咨送部覈覆，以免延滯，以省案牘。三十一年議准，查平常軍流人犯捐贖之例，未到配者捐銀七百二十兩，已到配者捐銀六百兩。其中雖有分別而到配之軍流官犯，則於乾隆二十一年奏明，仍照原官品級銀數捐贖，並不以到配議減。至斬絞各犯，捐贖之例久經停止。前奉恩旨，遇有恩赦減等者，再准收贖，係屬格外皇仁，是以此等人犯如有情願捐贖者，無論已未到配，亦仍照原擬罪名銀數捐贖。四十九年奏准，外遣軍流以下罪犯，在部呈請贖罪者，俱開明案情，分別似應准贖，似不應准贖兩項按月彙奏。如一月僅止一件，歸入下月彙奏。嘉慶八年奏准，嗣後進士、舉人捐復，情有可原，仍照舊覈定，奏明請旨外，其貢監生員捐復者，禮部咨查原案。如果情尚可原，酌量准加三倍捐復。其或事關倫紀，或弊在科場，或賄賂有據，或唆訟誣良，或豪霸横行，或釀成命案之類，仍應不准其三倍捐復。至武進士、武舉捐復，由兵部咨查原案。如果情有可原，仍照舊覈定，附入彙題。其武生捐復，亦請一律辦理。二十二年諭，嗣後各省凡係部議降革，有旨送部引見之員，俱不准先行奏請捐復。若部議降革，未經奉有送部引見之旨，如該員官聲素好，熟悉地方情形，准該督撫代爲奏請捐復，仍聲明將該員先行送部引見，俟引見奉旨准其捐復，再令該員交納捐款，以原官補用。二十四年諭，嗣後凡降調道員呈請改捐郎中，降調知府呈請改捐員外郎者，吏部無庸奏請，俱照此例概行批駁。道光五年議准，嗣後生監犯事，總當以情節之公私爲斷。不得以杖不滿百，概准納贖。所有應革、應復並擬杖、擬笞各案，均由該督撫學政將全案供招分咨報部，以憑核辦。毋再遺漏。

刑案

枷號收贖銀數，比照徒罪折算。乾隆二年通行。

官犯到配後，贖罪仍照原品。乾隆二十一年河南案。

武弁誣人，加所誣罪三等。應杖一百徒三年，例准納贖。但又侵用不枉法，贓銀一兩六錢八分，折半科罪。一兩以下杖六十，已經吐出，應減一等，照例的決。其餘剩杖准其納贖。乾隆二十二年河南案。

納贖流罪，銀數比照總徒辦理。乾隆五十年直隸司説帖。

官員規避諱飾，問擬徒罪。雖非事涉贓私，不准照有力納贖，仍准捐贖。乾隆五十一年浙江案。

録遺代作詩文，照例枷號四十日。因有喘證，呈請照軍罪例捐贖，准其贖罪。乾隆五十九年邸抄。

賄和人命案内，説事過錢之武生，係有心故犯，不得以因人連累准其收贖，應照例發配。嘉慶二十二年湖廣案。

官犯擬徒援減杖罪，准其納贖。嘉慶七年湖廣司説帖。

官員犯軍流徒罪，止准奏請贖罪，不准聲明例准納贖。嘉慶二十一年陝西案。

生監犯滿杖，應斥革毋庸發落。道光十二年湖廣司説帖。

毆死人命減流之犯，准其贖罪。道光十二年廣西撫奏邸抄。

擲傷雇工人身死，審依毆雇工人致死律擬徒，犯母以孀守獨子援例呈請捐贖，奉旨准其贖罪。道光二年湖北撫奏邸抄。

舉貢生監不得例外加擬枷號。道光五年四川案。

共毆斃命擬軍監犯，年逾七十已成篤疾，不准援照到部人犯中途成廢之例收贖。同治六年安徽案。

幫毆殺人聽從埋屍不失，犯時年未及歲，准其收贖。同治十年安徽案。

本婦有服親屬捉姦毆傷姦夫，越日身死，擬徒准其贖罪。嘉慶十年安徽案。

誣告無事緦麻服弟致死，不准贖罪。乾隆三十九年江蘇案。

《大清法規大全·法律部》卷一一《法典草案一·刑律草案》　罰金，本案總則於罰金定其最少額，而於其最多額未嘗明示。蓋其額有無從預定者。例第一百二十四條，第二百二十九條，第二百六十九條，第二百八十條，第二百九十五條，第三百五十七條，第三百七十一條，第三百七十五條，第三百七十六條，第三百八十三條等。

分則定三千圓爲罰金之最多額，初疑失之過鉅。然此種應科多額罪例如第一百零七條，第二百九十三條，第二項第三百十二條。之犯人，以其地位而論，固有與少額之罰金不相適者，且易重大之自由刑，亦必以鉅額乃能相抵也。

其餘情形其最多額與最少額之距，約在十倍以上。因人之貧富不同，審判官當查勘其境遇而定。庶其刑方有效力，例如過失傷人，貧人宣告百圓亦覺力有不逮。若在富人，則五百圓猶太倉之一粟。第三百十條。此爲形律之精神。背乎精神，其裁判爲不當矣。

《大清法規大全·法律部》卷一一《法典草案一·刑律草案》　第四十四條，凡罰金以分則有明文者爲限，與徒刑或拘留併科之。

第四十五條，罰金於裁判確定後，令一月以内完納，逾限不完納者，從左例：

第一，有資力者，强制令完納之。第二，無資力者，以一日折算半圓，易禁監處分。第三，監禁處分執行之於監獄，其日數未滿二月者，得執行之於警察署内拘留場。監禁處分日數不得逾三年。

罰金繳納一部分者，照前項第二款之例執行監禁處分。

罰金總額之比例，逾三年之日數時，繳納其一部分者，用按分比例定處分之日數。據本條之規定，受易刑處分者，除關於脱逃罪外，餘法律上以受罰金之執行者論。

紀事

（清）沈家本《歷代刑法考·刑法分考十六·贖》　《左傳》：宣二年，宋人以兵車百乘、文馬百駟以贖華元於鄭。

按：此俘虜之贖，非常法。

（清）沈家本《歷代刑法考·刑法分考十六·贖》　《家語·致思》：魯國之法，贖人臣妾于諸侯，皆取金于府。子貢贖之，辭而不取金。孔子聞之曰：賜失之矣。夫聖之舉事也可以移風易俗，而教導可以施之於百姓，非獨適身之行也。今魯國富者寡而貧者衆，贖人受金則爲不廉，則何以相贖乎？自今以後，魯人不復贖人於諸侯。

按：此贖臣妾於鄰國之法，當時之臣妾有罪者也。

中國社會科學院考古研究所《居延漢簡甲乙編》　鄣卒樂勝之粟三石三斗三升少，十一月戊子自取卩。施刑桃勝之粟三石，十一月庚子自取。

甘肅省文物考古研究所《居延新簡》　☐其減罪一等，當。安世以重罪完爲城旦，制曰：以贖論。神☐

☐六百八十九。

《史記》卷一〇九《李將軍列傳》　〔元光六年〕廣以衛尉爲將軍，出雁門擊匈奴。匈奴兵多，破廣軍，生得廣【略】得脱，於是至漢，漢下廣吏。吏當亡失多，爲虜所生得，當斬，贖爲庶人。

《漢書》卷六《武帝紀》　〔武帝天漢四年〕秋九月，令死罪〔人〕〔入〕贖錢五十萬減死一等。

《漢書》卷九七《外戚傳》　〔上官〕桀妻父所幸充國爲太醫監，闌入殿中，下獄當死。冬月且盡，蓋主爲充國入馬二十匹贖罪，乃得減死論。

（清）沈家本《歷代刑法考·刑法分考十六·贖》　《司馬遷傳》：因爲誣上，卒從吏議。家貧，財賂不足以自贖。

按：李廣諸人皆以軍法當斬而贖者，司馬遷被宮刑，而與任安書言家貧不足自贖，是武帝時宮刑亦可贖也，何以宣帝時張敞之議又格不行，豈孝武時之贖乃特恩非常制歟？

《漢書》卷一二《平帝紀》〔平帝元始元年〕天下女徒已論，歸家，顧山錢月三百。復貞婦，鄉一人。

《後漢書》卷一《光武帝紀》〔建武六年〕十一月丁卯，詔王莽時吏人沒入奴婢不應舊法者，皆免爲庶人。

（清）沈家本《歷代刑法考·刑法分考十六·贖》《續漢書》：建武初，令天下繫囚減罪一等，出縑贖罪，輕重有差。《白孔六帖》四十四。

《後漢書·光武紀》建武二十九年夏四月乙丑，詔令天下繫囚自殊死已下及徒各減本罪一等，其餘贖罪輸作，各有差。

按：東漢贖法，《續漢書》謂始於建武初，而《本紀》惟此一事，其後每遇赦有輒行之而輕重不同。

《後漢書》卷二《明帝紀》〔永平〕十五年春二月庚子，東巡狩。辛丑，幸偃師，詔亡命自殊死以下贖：死罪縑四十匹，右趾至髡鉗城旦舂十匹，完城旦至司寇五匹；犯罪未發覺，詔書到日自告者，半入贖。徵沛王輔會睢陽。進幸彭城。癸亥，帝耕于下邳。

《後漢書》卷二《明帝紀》〔永平〕十八年春三月丁亥，詔曰：其令天下亡命，自殊死已下贖：死罪縑三十匹，右趾至髡鉗城旦舂十匹，完城旦至司寇五匹；吏人犯罪未發覺，詔書到自告者，半入贖。

《後漢書》卷三《章帝紀》〔建初七年〕九月甲戌，幸偃師，東涉卷津，至河內。下詔曰：車駕行秋稼，觀收穫，因涉郡界。皆精騎輕行，無它輜重。不得輒修道橋，遠離城郭，遣使逢迎，刺探起居，出入前後，以爲煩擾。動務省約，但患不能脫粟瓢飲耳。所過欲令貧弱有利，無違詔書。遂覽淇園。己酉，進幸鄴，勞饗魏郡守令已下，至于三老、門闌、走卒，賜錢各有差。勞賜常山、趙國吏人，復元氏租賦三歲。辛卯，車駕還宮。詔天下繫囚減死一等，勿笞，詣邊戍；妻子自隨，占著所在；父母同產欲相從者，恣聽之；有不到者，皆以乏軍興論。及犯殊死，一切募下蠶室；其女子宮。繫囚鬼薪、白粲已上，皆減本罪各一等，輸司寇作。亡命贖：死罪入縑二十匹，右趾至髡鉗城旦舂十匹，完城旦至司寇三匹，吏人有罪未發覺，詔書到自告者，半入贖。

《後漢書》卷三《章帝紀》〔章和元年〕八月癸酉，南巡狩。壬午，遣使者祠昭靈后於小黃園。甲申，徵任城王尚會睢陽。戊子，幸梁。己丑，遣使祠沛高原廟，豐枌榆社。乙未，幸沛，祠獻王陵，徵會東海王政。乙未晦，日有食之。九月庚子，幸彭城，東海王政、沛王定、任城王尚皆從。辛亥，幸壽春。壬子，詔郡國中都官繫囚減死罪一等，詣金城戍；犯殊死者，一切募下蠶室；其女子宮；繫囚鬼薪、白粲已上，減罪一等，輸司寇作。亡命者贖：死罪縑二十匹，右趾至髡鉗城旦舂七匹，完城旦至司寇三匹；吏民犯罪未發覺，詔書到自告者，半入贖。復封阜陵侯延爲阜陵王。己未，幸汝陰。冬十月丙子，車駕還宮。

《後漢書》卷四《和帝紀》〔永元〕三年春正月甲子，皇帝加元服，賜諸侯王、公、將軍、特進、中二千石、列侯、宗室子孫在京師奉朝請者黃金，將、大夫、郎吏、從官帛。賜民爵及粟帛各有差，大酺五日。郡國中都官繫囚死罪贖縑，至司寇及亡命，各有差。

《後漢書》卷四《和帝紀》〔永元八年〕八月辛酉，飲酎。詔郡國中都官繫囚減死一等，詣敦煌戍。其犯大逆，募下蠶室；其女子宮。自死罪已下，至司寇及亡命者入贖，各有差。

《後漢書》卷五《安帝紀》〔永初元年秋九月〕丙戌，詔死罪以下及亡命贖，各有差。

《後漢書》卷五《安帝紀》〔元初二年冬十月〕詔郡國中都官繫囚減死一等，勿笞，詣馮翊、扶風屯，妻子自隨，占著所在；女子勿輸。亡命死罪以下贖，各有差。其吏人聚爲盜賊，有悔過者，除其罪。

《後漢書》卷五《安帝紀》〔延光三年九月〕乙巳，詔郡國中都官死辠繫囚減罪一等，（詔）〔詣〕敦煌、隴西及度遼營；其右趾以下及亡命者贖，各有差。

《後漢書》卷六《順帝紀》〔永建元年〕冬十月辛巳，詔減死罪以下徙邊；其亡命贖，各有差。

《後漢書》卷六《順帝紀》〔陽嘉元年〕九月，詔郡國中都官繫囚減死一等，亡命者贖，各有差。

《後漢書》卷六《順帝紀》〔永和五年五月〕丁丑，令死罪以下及亡命贖，各有差。

《後漢書》卷六《順帝紀》〔漢安二年〕冬十月辛丑，令郡國中都官繫囚殊死以下縑贖，各有差；其不能入贖者，遣詣臨羌縣居作二歲。

《後漢書》卷七《桓帝紀》〔建和三年〕八月乙丑，有〔星〕孛于天市。京師大水。九月己卯，地震。庚寅，地又震。詔死罪以下及亡命者贖，各有差。

《後漢書》卷八《靈帝紀》〔建寧元年〕冬十月甲辰晦，日有食之。令天下繫囚罪未決入縑贖，各有差。

《後漢書》卷八《靈帝紀》〔熹平三年〕冬十月癸丑，令天下繫囚罪未決，入縑贖。

《後漢書》卷八《靈帝紀》〔熹平四年〕冬十月丁巳，令天下繫囚罪未決，入縑贖。

《後漢書》卷八《靈帝紀》〔熹平六年冬十一月〕辛亥，令天下繫囚罪未決，入縑贖。

《後漢書》卷八《靈帝紀》〔光和三年〕八月，令天下繫囚罪未決，入縑贖，各有差。

《後漢書》卷八《靈帝紀》〔光和五年秋七月〕癸酉，令繫囚罪未決，入縑贖。

《後漢書》卷八《靈帝紀》〔中平四年〕秋九月丁酉，令天下繫囚罪未決，入縑贖。

《永泰河西巡撫使判集殘卷》　瓜州別駕楊顏犯罪，出斛斗三百石贖罪。

楊顏所犯，罪過極多。縱不累科，事亦非少。既願納物，以用贖刑。正屬艱難，打煞何益。雖即屈法，理貴適時。犯在瓜州，納合彼處。事從發斷，義不可移。既有保人，任出輸納。

《三國志》卷三《魏志·明帝紀》〔太和四年〕冬十月乙卯，行，還洛陽宮。庚申，令：罪非殊死聽贖各有差。

《魏書》卷四二《酈範傳》　是時，鎮將元伊利表〔酈〕範與外賊交通。高祖詔範曰：卿身非功舊，位無重班，所以超遷顯爵，任居方夏者，正以勤能致遠。雖外無殊效，亦未有負時之愆。而鎮將伊利妄生姦撓，表卿造船市玉與外賊交通，規陷卿罪，窺覦州任。有司推驗，虛實自顯，有罪者今伏其辜矣。卿其明爲算略，勿復懷疑。待卿別犯，處刑及鞭，今恕刑罷鞭，止罰五十。卿宜克循，綏輯邊服，稱朕意也。

《魏書》卷五八《楊播傳》　永平初，徐州城人成景儁以宿預叛，詔椿率衆四萬討之，不克而返。久之，除都督朔州撫冥武川懷朔三鎮三道諸軍事、平北將軍、朔州刺史。在州，爲廷尉奏椿前爲太僕卿日，招引細人，盜種牧田三百四十頃，依律處刑五歲。尚書邢巒，據《正始別格》奏椿罪應除名爲庶人，注籍盜門，同籍合門不仕。世宗以新律既班，不宜雜用舊制，詔依寺斷，聽以贖論。尋加撫軍將軍，入除都官尚書，監修白溝堤堰。復以本將軍除定州刺史。

（宋）桂萬榮《棠陰比事·戴争異罰》　唐戴胄爲大理少卿時，長孫無忌被召，不解佩刀入東上閤，右僕射封德彝論：監門校尉不覺察，罪死；無忌當贖。胄曰：校尉與無忌罪均。臣子於君父不得稱誤，御湯藥飲食，舟船誤不如法，皆死。陛下録無忌功，原之可也；若罰無忌，殺校尉，不可謂刑。帝曰：法爲天下公，朕安得阿親戚？詔復議。德彝固執，胄駁之曰：校尉緣無忌以致罪，法當從輕。若皆過誤，不當獨死。由是無忌與校尉皆免死。

嗚呼，至哉！

謹按：《大明律》云：若罪人自首告，及遇赦、原免，或蒙特恩，減罪收贖者，亦准罪人原免減等贖罪法。註曰：謂因人連累，皆依罪人全罪免減等收贖。今觀唐戴胄所諍長孫無忌事，則我朝律文已備載之矣。

（元）馬端臨《文獻通考》卷一七一《刑考·贖刑》　晉天福六年尚書刑部員外郎李象奏請：今後凡是散官，不計高低，若犯罪不得當贖，亦不得上請。詳定院覆奏：應内外文武官，有品官者自依品官法；無品官，有散試官者，應内外帶職廷臣賓從，有功將校等，並請同九品官例。其京都軍巡使及諸道州府衙前職員，内外雜任鎮將等，並請准律，不得上請當贖。其巡司馬步司判官，雖有曾歷品官者，亦請同流外職。准律，杖罪已下依決罰例，徒罪已上仍依當贖法。

《宋史》卷六《真宗本紀》〔咸平二年春正月〕定諸司使以下至三班使臣有罪，比品聽贖。

《宋史》卷六《真宗本紀》〔咸平二年二月〕乙未，慮囚，老幼疾病聽贖，杖以下釋之。

〔宋〕王栐《燕翼詒謀録》卷三　國初，吏人皆士大夫子弟不能自立者，忍恥爲之，犯罪許用廕贖，吏有所恃，敢於爲奸。天聖七年三月乙丑，三司吏毋士安犯罪，用祖令孫廕，詔特決之。仍詔今後吏人犯罪，並不用廕。又詔吏人招募，責狀在身無廕贖，方聽入役。苟吏可用廕，則是士宦不如爲吏也，誘不肖子弟爲惡，莫此爲甚，禁之，誠急務不可緩也。

〔宋〕王栐《燕翼詒謀録》卷二　舊制，士人與編氓等。大中祥符五年二月，詔貢舉人曾與省試，公罪聽收贖，而所贖止於公罪徒，其後私罪杖亦許贖論。

〔宋〕李燾《續資治通鑑長編》宋神宗熙寧八年六月　詔駙馬都尉王詵罰銅三十斤。坐嘗因事至睦親宅見趙世居交語，雖會降，特罰之。

《宋史》卷一七《哲宗本紀》〔元豐八年秋七月丙辰〕吏部侍郎熊本奏歸化儂智會異同，坐罰金。

《宋史》卷一七《哲宗本紀》〔元祐二年十一月〕庚申，獻鬼章于崇政殿，以罪當死，聽招其子及部屬歸以自贖。

《明太祖實録》洪武八年九月〔癸未〕山西理問所官坐出囚死罪，刑部奏叅政顏希哲、王仲立等當連坐。上曰，司刑獄者，理問也。持案牘者，吏也。叅政綜理大綱，其過在於失覺察耳。命停其半俸。

〔明〕余懋學《仁獄類編》卷二九《贖罪造軍舍》　洪武二十四年，上謂副都御史袁泰曰，重囚繫獄，罪固當死，然不忍悉寘于法，且天氣炎熱，久繫者豈能皆生，全姑宥之，俾造金吾衛軍舍，以贖其罪，於是罪重者皆得免死。

〔明〕余懋學《仁獄類編》卷二九《吳英贖父罪》　洪武二十五年，天策衛卒吳英父得罪繫獄，英詣闕陳情，願沒入爲官奴，以贖父罪。上諭英曰，汝之情固有可矜，但汝平時何不勸諫，使不犯法。今罪不可赦，然貸汝愛父天性，特屈法宥之。汝自今凡遇父不善，當即諫止，若不聽，必再三言之，使不陷於非義，斯爲孝也。又顧謂侍臣曰，此卒非知書者，能如此亦可謂難矣，故特屈法以宥其父，將以勵天下之爲人子者。

《明太宗實録》永樂二十二年春正月〔壬午〕下廣西右布政使周幹等獄。時天下布政司、按察司及府州縣官來朝者二千四百七十二人。刑部右侍郎張本、都察院左都御史劉觀、及浙江等道監察御史、六科給事中交章劾奏幹等曠官棄政，請寘于法。勑付錦衣衛獄。尋命輸作贖罪。

《明宣宗實録》宣德十年三月〔戊子〕·行在都察院右都御史顧佐等奏：陝西洮岷官軍俱缺俸糧，甘泉運站亦乏軍甲。巡按監察御史熊翼等欲將輕重罪囚除非真犯死罪者、非文武官重罪待報者，其餘一遵舊例納米擺站。臣已會諸大臣集議，令暫允翼等所請。從之。

《明宣宗實録》宣德十年秋七月〔辛未〕行在大理寺卿徐初、少卿賀祖嗣、行在刑部陝西司郎中劉寬等下獄。先是揚州府泰興縣選民人嵇盛九等充力士，主簿宋仲祥受賂脱之，而以韓保伍等充選。保伍訴于縣丞謝希哲，希哲不能理。保伍憾之，告希哲受財。希哲坐絞，遇赦爲民。希哲負屈伸訴，得辯其誣。於是給事中、監察御史劾刑部侍郎施禮及初、祖嗣、寬職專問理審録，乃故入人罪，俱合究問。上宥禮，住俸三月，下初等於都察院獄鞫之。

《明宣宗實録》宣德十年八月　己未，薊州等處總兵官都督同知王彧奏：擦崖于百户孟山、東勝左衛指揮張琳不行嚴督軍士瞭守，以致達賊至関，殺傷軍人，請治罪。上以山、琳罪不可恕，俱罰俸半年，令於本関架砲。其死者妻孥俱給與米布。

《明英宗實録》正統元年閏六月　己卯，寧夏總兵官都督同知史昭、監察御史顧理奏胡寇犯寧夏屯營，掠耕牛七十頭、官馬百餘匹，都指揮陳忠率兵追之，惟獲牛以還。忠與指揮丁昱、林英等俱依寘於法，並追馬以償。上宥忠罪，仍住俸半年，餘逮問如律。

《明英宗實録》正統元年八月〔辛未〕逮監察御史邵嵩、李杲下獄。嵩巡按遼東時，右僉都御史李濬巡撫其地，與之有隙。嵩將滿，懼爲所留，乃以書求脱於隨濬巡撫御史李杲。濬知之，索其書於杲，甚急。杲固稱其無，且以語侵濬。濬怒，遂發其事。杲懼，亡歸京。嵩復上章掩飾。俱逮下獄，坐嵩贖徒，杲贖杖，詔特免嵩官，降杲外。

《明英宗實録》正統三年秋七月〔庚子〕復直隸蘇州府崑山縣典史葉俊輝職。先是兵部右侍郎徐琦等考察俊輝行檢不飭，已黜罷之，縣民數千保留不允，俊輝訴冤。下巡撫侍郎周忱等覆之，具言俊輝勤謹，琦等誤聽豪黠誣枉。至是行在吏部以聞，上命俊輝復職，琦等罰俸半年。

《明英宗實録》正統三年十二月〔丁卯〕先是行在兵部奏在京新軍各衛專委官員存恤，今往往逃亡，皆其不能存恤所致，宜勘實治罪。監察御史張勗等奉旨勘實，具逃亡軍數并掌印官存恤官姓名以聞。上以掌印官姑從寬貸，存恤官若新軍逃亡逾二百人者罰俸五月，逾百人者罰俸三月，不及百人者罰俸二月，如更蹈前失，俱治罪不宥。

《明英宗實録》正統四年十一月〔辛未〕先是遼東邊軍有爲胡寇所掠逸歸者，上怪所司不以聞，命行在兵部移文責之。至是都指揮鄒溶等言軍人實亡去，非被掠，因自劾其約束不嚴之罪。上曰：邊軍被掠，既不以聞，又肆欺誑，法可容乎。都指揮姑記其罪，指揮及管軍守瞭官俱責死罪狀，仍罰俸三月，再犯不宥。

《明英宗實録》正統五年十二月〔乙未〕鎮守延安綏德都指揮使王驥奏：備邊官軍道亡及原衛潛匿者六百九十餘人，乞加究治。行在兵部尚書王禎以爲宜令所在按察司治罪，如例立功哨瞭一年，復其職役。上曰：此輩姦頑玩法，罪誠難容，今姑記之。官旗俱住俸糧三月，再犯充軍，軍發極邊，守瞭終身。

《明英宗實録》景泰元年六月 庚寅，錦衣衛鞫左都御史陳鎰、王文、監察御史宋瑮、謝琚不劾金英狀，具狀。鎰文宥之，瑮等送刑部論，贖杖還職。刑科都給事中林聰等復劾瑮等阿倭權要，難居憲職。贖既，宜付吏部調用。從之。

《明英宗實録》景泰元年秋七月〔丙寅〕監察御史宋瑮坐不劾太監金英，贖杖調用。瑮奏實左都御史王文所沮，文亦自疏瑮嘗囑諸道御史懇左都御史陳鎰及己爲奏免調，己却之，因爲所誣。法司鞫瑮奏不實贖徒，仍調用。并奏鎰、文互聽瑮囑不糾，宜逮問。詔瑮贖。既付吏部降用之，鎰、文俱置不問。

《明英宗實録》景泰元年十二月 癸巳，萬全都司署都指揮周全初爲右僉都御史，李秉奏其侵欺官銀，論杖絞立功。訴調巡按御史張鵬辦之。未幾，秉復奏全擅以官糧借所部指揮等官。下鵬并問按全侵欺官銀無狀，其私借官糧具如奏，乃改論以贖斬還。從之。

《明英宗實録》景泰六年四月 壬辰，都察院奏：廣東巡撫兵部左侍郎揭稽、巡按御史盛昶先以貪污不法等事相訐奏，令下本院獄鞫之，多無狀，俱應坐奏不以實律，贖徒還職。而稽先〔爲〕都督翁信奏其杖死平民，遣官勘之，未至，宜令輸贖待報。從之。

《明英宗實録》景泰七年十二月 丁巳，山東按察司僉事陳蘭巡運河，夜至南陽閘，值杭州前衛運糧指揮僉事杜成、千户張斌、百户汪昇縱飲，閘聽中糧船阻弗行。蘭令閘官催其行，昇醉懼逃避，誤墜塹死。成、斌等集衆圍蘭舟，掠其衣物且拘繫之，明日始釋。蘭憤奏成等，誣其有不若謀反之語，下都察院。成等俱抵罪。蘭坐奏事不實，贖徒還職。

《明英宗實録》天順元年二月〔癸亥〕湖廣剌惹峒已故峒長向黑稍聳次子剌惹施并姪麥昔等三人以罪發口外充軍，其母阿秦陳情納馬一匹以贖罪，事下兵部議，土人犯罪例該納馬二十匹，今剌惹施等三人止納馬一匹，宜當增加。上曰：朝廷一視同仁，念此遠人情有可矜，不必增加馬匹，準其贖罪，放回寧家。

《明英宗實録》天順元年三月〔丙寅〕河南都指揮僉事趙貴初赴京管操，還過河南衛，索指揮同知王璇賂。已而璇赴京操後期，貴責之。璇恚，面誣貴爲于謙黨，貴懼，以所得賂還璇。璇以白于官，且誣其嘗賂謙，下錦衣衛，鞫得實，送刑部論，貴赦後不自首，當贖杖還職。從之。

《明英宗實録》天順二年六月〔辛酉〕初，都察院會官鞫陳汝言，得其受鎮守延安内官王春、都督王禎、寧夏叅將馬讓、宣府都督張林等賂。遺狀，都察院惟請執問春、禎，而脱漏讓、林，既而得旨宥春、禎，餘令巡按陜西御史郭紀執問。又脱漏春、禎所得旨，以故紀復請裁決春、禎。都察院乃及劾紀謬戾煩擾，執紀下錦衣衛獄問。門達等劾都御史寇深、馬昂、副都御史林聰、僉都御史韓雍及承行御史高門、陳全罪。時昂爲兵部尚書，聰出巡江上，全爲福建僉事，明乞歸省。上曰：全、明其逮治之，深、雍令具狀以聞，昂、聰宥之。於是深、雍自輸罪。六科十三道劾深、雍怠忽疏畧，顛倒錯亂，累及無辜。上命姑從寬貸。而六科劾章又有洗改字，上曰：六科自不能謹，何以糾人。給事中劉洙等自輸罪，乃宥之。已而明、全俱下獄，論贖徒還職。

《明英宗實録》天順三年十二月〔乙丑〕初錦衣衛掌衛事都指揮僉事王喜、指揮使袁彬徇太監夏時囑，差百户季福往江西公幹，福還。上曰：福乃乳媪之夫，孰遣之。於是喜、彬自請罪。上曰：必有主之者，其毋隱。喜、彬言福自求去，臣等徇之。遂下都察院獄鞫，得其受時囑狀，請下時于獄。上曰：時其宥之。已而論喜、彬奏事不實，當贖徒還職。上從之。且戒自今敢徇内外官私囑遣官者，必殺無赦。

《明英宗實録》天順四年七月〔癸卯〕降工部右侍郎翁世資爲湖廣衡州府知府。初上欲命中官往蘇、松、杭、嘉、湖五府於常額外增造綵段七千匹。工部奏其處巧匠多取赴内局，且絲料有限，請減增造之數，以蘇民困。上怒訊其主意者，尚書趙榮、左侍郎霍瑄俱稱出於世資。上曰：世資欺公要譽，錦衣衛其收鞫問，榮等姑宥之。既而世資具伏請罪，送刑部論贖徒。贖既，故有是命。

《明英宗實録》天順五年夏四月〔乙亥〕免代府儀賓許琮官。琮尚居順郡主，定安王成鏻誕日，琮與郡主往賀，琮不勝酒脱身去。王使人召之不還，召者因言琮毆之，王怒詈之，因與郡主相詈，誣郡主與家人通，郡主亦誣定安王欲與亂，俱啓代王。代王奏之，遣官覈狀，覈者報琮初尚主，以主所得賜銀器酬所貸，且買小民于鑾爲家人，私其妻。其妻至與邵主共乘肩輿出入。琮又數與歌妓淫樂，此具實，餘皆誣。乃執琮下錦衣衛獄，鞫送都察院論琮當贖徒。上特命贖畢，免其官。

《明英宗實録》天順五年十一月〔辛丑〕河南都司指揮使夏忠、按察司副使張諫下錦衣衛獄。初河溢入城，按察司劾忠賣放築城士卒，城未就，致水爲患。忠素惡諫，疑所劾皆出於諫。遂誣奏諫侵欺賑濟粟麥諸罪。上命錦衣衛官往案之，互有虚實，遂俱下獄。忠坐徒，諫坐杖，俱贖還職。

《明英宗實録》天順七年十一月〔丁卯〕刑部員郎貝鈿與百户李榮善。榮死，鈿淫其妻杜，因數爲杜請託。有百户馬祥者，其女與指揮趙禄通，祥訴禄强姦，下刑部郎中馮維鞫之，祥賄杜請鈿爲屬維，釋祥治病于外，病愈乃論決。榮姪剛襲榮職，杜以非己子，恒詈辱剛，剛與杜争訟下刑部。郎中孫瓊鞫之，鈿又爲杜請於瓊，稱病得釋，不繫，尋亦論決。給事中黄甄與剛鄰，亦以剛借貸不償詈之，剛因數揚言于通衢，謂杜與鈿及甄皆有姦，且盡發其諸事，爲校尉所覺，鈿、維、瓊、甄等俱下錦衣衛獄。門達奏請三法司會鞫，論鈿贖徒除名，維、瓊贖杖，甄贖笞，俱還職。上特命枷鈿于刑部前，發維、瓊充鐵嶺衛軍，甄如擬。鈿竟死焉。

《明憲宗實録》成化四年冬十月〔庚戌〕雲南按察司提學僉事劉倫正初携家往雲南時誤援事例，乘傳食廪，道遇鄉人，挾以抵任，俾充龍里衛學生應貢，御史黜之。倫正懼且覺其傳食之誤，遂依律檢舉，納米入雲南倉以償。而貴州驛適有發其事者，巡撫等官以聞。上命巡按雲南御史按治之，坐常人盗倉糧律當絞，除名。倫正愬辯其誤，復命御史之代巡雲南者再鞫之，乃坐贖杖還職。倫正安福人，其得脱罪也，所親侍讀彭華蓋有力焉。

《明憲宗實録》成化十年十二月 癸巳，調南京兵科給事中吴傑，户部主事柳琰于外任。先是琰往淮安府監督倉糧，與内官王增福、王剛同事，琰頗自專，不聽其所爲，民有侵倉地爲屋者皆撤之使復舊，怨者甚衆。適江都縣民輸税於倉，以琰家儀真爲同郡，而傑亦江都人，適丁允家居，因索書求庇，琰拒不納。增福等微聞之，執問其人，其人方怨琰，即誣伏通書納賂，增福、剛遂奏于朝，命錦衣衛官往會巡按御史按之，獄成，械傑、琰等至京師重鞫，皆坐杖，當贖還職。詔贖罪畢俱調除外任，傑湖廣沔陽州判官，琰河南南陽府通判。

《明憲宗實録》成化十二年夏四月〔癸未〕降山東按察司副使鄭銘爲山西布政司右參議，松江府知府白行中爲兩淮都轉運鹽使司同知，南京刑部主事張衎爲四川保寧府推官。先是松江有義民張溥犯罪，事連衎、銘，行中，詔巡撫南直隸右副都御史畢亨鞫之。亨奏衎初授刑官，不守禮法，枉道回家，私囑公事。銘先任御史，不知法律，用人書辦以致主文者陰受人賄。行中決問罪囚，不究明白，以致吏胥欺謾官府。俱坐贖杖還職。詔衎降二級，銘、行中降一級，至是吏部乃擬奏之。

《明憲宗實録》成化十四年十二月 甲寅，監察御史王崇之巡按遼東，守備鐵嶺衛都指揮王英舉呈指揮王宗受財枉法諸事，琮亦訐英私用官鐵，崇之方按問，會太監汪直廉得其事，因奏執崇之并英等下錦衣衛獄，且言崇之嘗以公事杖殺人，受都指揮廷參不爲禮，所部衛卒有餒死逃竄者，皆不能撫循之，故併以爲罪。刑部以崇之因公毆人致死罪當徒例贖，英等擬罪有差。大理寺以具獄奏，詔：崇之贖罪畢，調除外任，餘悉如所擬。吏部擬崇之浙江金華府推官，特命改邊郡，遂調陝西延安府。崇之嘗劾奏都御史陳鉞啓釁冒功之罪，直與鉞比，故憾而去之。

《明憲宗實録》成化十九年九月〔癸丑〕停都察院右都御史李裕，右副都御史屠滽俸半年。裕等奏劾太監汪直偏信兵部尚書陳鉞、錦衣衛指揮吴綬之言，報復私讎，擯斥良善，時與都御史牟俸不協，誣俸譎死，且累其親翰林院侍讀學士江朝宗，調遠任巡視遼東。兵部侍郎馬文升，巡按御史王崇之、强珍，俱以奏鉞遼東冒功，致忤直意，謫戍調官。至於給事中趙良、張善吉，工部主事方賓，御史沃頖、張鋭、陳遵毅，按察司副使王齊，皆以忤直官校，被誣枉下法司綬文致其罪，或除名或遠調。今直等罪露，前事已明而猶有未滿人望者，乞復各官原職，并賜召還。上以事已處分，裕等煩擾，且其人有非直所誣者，命從實陳狀。既而奏上，又以其〔不〕輸情，命錦衣衛先執首領官鞫問，遂下經歷李晟于獄，至是宥之，各停俸半年。

《明憲宗實録》成化二十二年六月〔丁亥〕監察御史劉魁巡按浙江時，有湖州民赴愬本府同知汪貴、推官周文、歸安縣知縣張璄所爲貪滛横暴諸事。下分巡按察司副使張蕙鞫問，蕙張聲勢，作威福，不得其實，貴、文坐除名而璄還職，具獄于魁，魁因與璄舊，亦置不問，文遂訐魁、蕙不法事以聞。至是命官往鞫得實，蕙、文坐贓除名，餘準擬。魁贖杖當還職，竟降湖廣黄梅縣縣丞。

《明憲宗實録》成化二十二年十一月〔丁未〕魏國公徐俌有從兄儀，奏其違法侵占房産諸事，俌母亦許儀事奏之，事下南京三法司，俌家僮有當逮者皆匿不出，事踰二年不得决。儀復奏於朝，命錦衣衛指揮使季成，同刑部郎中楊光溥，往會南京三法司雜治，得其始末。事下，刑部以具獄覆請。有旨：儀贖罪畢，令遷滁州莊所居住。俌免逮治，停禄兩月。

《明憲宗實録》成化二十三年秋七月 乙卯，太宗文皇帝忌辰，奉先殿行祭禮，遣駙馬都尉蔡震祭長陵。上以朝官少，命錦衣衛、鴻臚寺按門籍點閲之，文武官不至者一千一百一十八員，奏上。得旨：此輩不畏禮法，懶惰朝条，當治以罪，姑從輕處之。三品以上者運灰五千斤，四品以下者三千斤，九品以下者一千五百斤，有病者仍查驗以聞。獨英國公張懋以自請罪免罰，已而錦衣衛、鴻臚寺以患病病痊、及無病者名上。上以注病者多不以實，姑宥之。病痊及無病者，俱運灰如例。

《明孝宗實録》弘治四年五月〔甲午〕致仕南京工部尚書程宗贖杖還職，仍致仕。先是本邦宣慰司頭目思柄，劫占本司地方，宗以右副都御史奉朝命，率〔房〕〔序〕班蘇銓撫諭之，銓受思柄金，紹宗爲之奏設孟密安撫司，即以思柄爲安撫。銓復嗾思柄焚所占木邦分地孟邦等十八寨，僞爲狀歸之〔本〕〔木〕邦，寔未歸也，思柄由是益横。至是〔本〕〔木〕邦宣慰罕㐌法發其事，時宗以尚書致仕，巡按御史請追治其罪，獄具。上以宗處事不審，宜寘重罪，但事在革前，姑依擬贖杖云。

《明孝宗實録》弘治六年五月〔癸未〕刑部員外郎王嘉慶，主事王銓，大理寺左寺副徐諫、王章，左評事謝湖，俱對品調外任。先是，軍人馬英妻羅氏，自宫其幼男馬伍，同居人丁買等發之，羅氏等例當死，嘉慶等止擬杖罪。獄上，命下嘉慶等于都察院獄，都察院擬贖杖還職，上特有是命。

《明孝宗實録》弘治七年五月〔乙巳〕命下致仕監察御史倪進賢及閒住知府沃頖于錦衣衛獄。進賢徽州府人，由庶吉士爲御史，素無行檢，媚事大學士萬安，士夫醜之。初按四川，多納賄，及按宣府貪縱益甚，序班錢金者，其妻弟也，私至宣府以事囑進賢，不從，遂嗾傷其指，進賢乞養病，安庇之乃得致仕。頖寧波人，由御史降内鄉知縣，時有當道過其境，頖盛供帳厨傳以逢迎之，遂得知荆州。頖頗有治才，在荆州王府軍職不敢縱肆，然性狠暴，持己亦多不謹，朝覲考黜冠帶閒住。至是二人皆潛至京師，夤緣求復起，爲科道所劾，故下獄。既而贖杖，仍命致仕閒住，且令兵馬司催併回鄉，不許在京潛住。

《明孝宗實録》弘治九年三月〔庚子〕錦衣衛都指揮僉事陳雲，先以馬紀事違例受詞下獄，法司覆奏雲在衛時，有民人劉福、張鐸相毆，福自殺幼女以害鐸，及逼其母自盡，既而恐鐸稱冤，因屬雲捕之，鐸自刎不殊，乃擒其姊夫趙達誣以爲盜，禁錮于獄，雲罪應贖杖還職。上以雲骫法受囑，久禁平人，難居近侍，發原衛帶俸差操，雲由蔚州左衛夤緣求入錦衣衛，至是還，衛人皆快之。

《明孝宗實録》弘治九年六月〔己亥〕山東右布政使柳淳，先爲御史時，與同鄉人羽林前衛軍餘馬壽往來，後至山東，壽往謁之，因言欲還原籍。淳遂附銀百兩，皮甲一副，令寄其家。壽以甲獻都指揮丁全，詐爲中貴所遺，又以事屬副使趙鶴齡，全與鶴齡皆原餽之。又與姦民劉紀、馬欽僞稱中貴家人，同往青、萊等處，淳與全遣人送之，所至索餽饟、夫馬，而知府童梲、杜源贈遺尤厚。後爲東廠發其事，下巡按御史王表案問，時鶴齡已陞按察使，仍在山東，表奏淳等所遺之物皆已出，非科斂於民，鶴齡雖聽囑法亦無枉，俱應贖杖還職。刑部覆奏，從之。

《明孝宗實録》弘治十二年六月〔乙巳〕初，廷鞫華泉、程敏政之獄，刑部尚書白昂，左都御史閔珪，以舊例廷鞫，皆有六科在旁，令御史王恩、王鼎言于掌科者，於是，吏科都給事中魏玒，工科都給事中林廷玉，兵科都給事中于宣，刑科左給事中王洧，户科左給事中胡易俱往會鞫。時泉辭少屈，廷玉從旁助之。東廠奏：玒等皆泉同僚，乃不避嫌，輒與其事。有旨：執玒等送鎮撫司推問。詞連恩、鼎，亦併逮之。昂等以事由己出，具疏請罪，亦罰俸二月。至是，泉等事已釋，而玒等猶繫獄。府部大臣同疏謂：近奉恩詔，以天氣暄熱，凡徒流以下皆得寬減，今言官下獄，顧經旬月未見裁處，請赦小過以全政體。上曰：既卿等爲言，俱從輕處之。於是玒、宣、洧、易俱贖杖，并恩、鼎各還職，廷玉以越衆出言降一級調外任，爲海州判官。後户部主事陳仁，太常寺丞周序，及南京給事中彭（城）〔誠〕等，皆繼有論列，請宥廷玉罪，不允。

（清）查繼佐《罪惟録》紀卷一一《武宗紀》 正德五年庚午春正月，刑部尚書洪鍾督勦四川流賊，捷聞。山東巡撫而下，坐修孔廟不合旨，咸坐罰米。傳旨南給事中葉良致仕，尚書楊守隨並爲民，仍罰米。

《明神宗實録》萬曆三十年三月 丙寅，上怒給事中蕭近高、御史余懋衡、李培申請起用建言諸臣，有詔本當拏問重治，姑各罰俸一年，而追及在前狂妄沽名鄒元標等降革有差。大學士沈一貫在寓養病，上疏申救，云蕭近高等三臣妄言干威，罰俸示戒，臣何敢言，若在鄒元標諸臣，時移事改懲創已深，近旨準其留用，今乃追記其過，以加之罰，回視起用之意，不亦大相懸哉。此非皇上本意，特爲三臣所激，不覺移怒至此。伏望俯從寬宥，則至公至仁之心，照然于天下，而多口哆口之風，亦不禁自息矣。得旨，朕怒南企仲于君父有恙之時，輒敢妄言，狂肆無上，今乃唆使兩衙門新進官不論是非，擅逞冒臆屢行激擾，已從輕處矣。卿今在告懇奏，降二級者，姑各罰俸一年。降雜職者各降一級用。革職爲民者，仍留用。卿可傳示吏部，如有再行黨救瀆激者，并重治不宥。

（明）陳子龍等《明經世文編》卷二二王翺《便宜五事疏》 其五、四川會州衛，開設銀場，布政司歲運糧八千餘石，供給軍夫，往復數千里。若以四川三司及所屬衙門所問罪囚，除文職官吏犯贓及真犯死罪外，其餘皆依陝西囚人納米贖罪例，自備糧米，往彼納足，依運磚例發遣，則民省轉輸，官足供給。

（明）張肯堂《䇲辭》卷八《楊進忠滑縣人》 趙國賢與其鄰之嫠婦張氏各有養媳一人，年皆孩稚，於四月二十五日相携游於楊進忠場圃，因拾麥穗，兒童嬉戲，何損毫末，爲進忠者撫之而教之可也。不則白之家長挈以歸耳，何至手奪其麥，且震以非常乎！倉皇驚遁，雙墜井中。微獨國賢等不知，即進忠直以爲駭而走耳，固不虞其至此也。日暮不歸，兩家覓女，肝腸欲裂。而焦二以販油遇此，無端漫言，以爲不久尋歸，何用汲汲。至五月初四日，陳三俊窺井見屍，急告國賢，漉之以出，方知已作陷井游魂，而後乃悟事繇進忠也。兩幼非命，殊爲可傷，進忠誤蹈凶機，實非有意。斷銀六兩，分給兩家，爲殯埋費。張氏雖未對簿乎，然不容觭輕重也。進忠一杖，無得倖免。焦二老而饒舌，並作贖刑。

中國第一歷史檔案館《滿文老檔》天命八年五月〔二十四日〕是日，命有糧者出糶，糶則償以價銀；有糧而不糶者，一經他人告發，則無償收取，並由首告者及中人監守其糧。爲恐有隱匿之事，可密告駐復州、蓋州之佟駙馬、劉副將。由佟駙馬、劉副將差人徵收散給之。

中國第一歷史檔案館《滿文老檔》天命九年 汗曰：額亦都巴圖魯，獨取舒勒格布占、克巴爾達城，敗薩克寨之來兵，奪戰於尼瑪蘭城前，著爲一等大臣，授總兵官之職，其本身及子孫三世，食百人之錢糧。同烏拉大國之戰中，身先士卒，下馬步行奮勇攻戰，擊敗烏拉兵，滅大國。著賞阿達海一等備禦之錢糧，十人，賞一千總四人，三名把總各三人，三名守堡各二人，駐都城之甲兵、哨兵、門卒、匠人各二人，鐵匠、瓦匠各三人，台上四人，守豬六人。達龍阿在烏拉被砍傷一處，賞七人。窩濟在烏拉被刺傷二處，砍傷一處，准折十三兩之罪。勞札在輝發被傷一處，在烏拉被傷一處，額赫楚在扎庫塔被傷八處，在烏拉被傷一處，准各折七兩之罪。寧古里在烏拉被傷一處，佟色在烏拉被傷一處，准各折五兩之罪。阿海在宜罕山被傷一處，託密多在扎庫塔被傷一處，阿里布在宜罕山被傷一處，准此三人各折五兩之罪，免差丁之人未賞免銀敕書。未免差丁之人，仍賞免銀敕書。

中國第一歷史檔案館《滿文老檔》天命十年正月 初十日，汗御八角殿，曰：我國内之盜賊已起。誰之牛録因偷盜而治罪者多，誰之牛録無因偷盜而治罪者，著查檔册。五日後查完上奏，汗曰：總之，按牛録核計，牛録額真賞銀二十兩，二名代子、四名章京賞銀三十兩，百名甲兵賞銀百兩。倘牛録額真犯一罪，則將賞其二十兩皆罰之。倘牛録下人犯罪，則按罪計算，犯一罪罰二兩，二名代子、四名章京各罰一兩，牛録下人之百兩内罰十兩。犯十罪，則將所賞牛録額真、六名章京、百名甲兵之銀兩皆罰之。

中國第一歷史檔案館《滿文老檔》天聰六年二月 初六日，汗往諸子避痘所，未具旗傘。故禮部啓心郎祁充格議罰羊。達海巴克什、庫爾禪巴克什聞之，遣豁托侍衛奏汗曰：聞汗今日將復至諸子處，昨因未具旗傘，部人議罰羊。我等既聞之，則奏聞啓迪。汗於是命索尼、豁托以羊付禮部貝勒，並解釋曰：非忘具旗傘也，因往忌地，故不用耳。然未轉告部首領知之，咎在於我，我若廢法，法將何以施行？此羊爾等可收之。今後，凡往忌地，免用儀仗。

中國第一歷史檔案館《滿文老檔》天聰九年正月 十九日，天聰汗嘉察哈爾部歸附大臣多尼克魯克護送察哈爾汗福晋前來，賜以甲胄鞍馬，號爲都喇兒達爾漢貝勒，給之金印敕書，并命於國中行，每宿給以公糧，子孫永免驛馬、乾糧，從獵居中，行兵居前，男呼其原名，則罰鞍馬，女呼其原名，罰揑折女朝褂。

中國第一歷史檔案館《滿文老檔》天聰九年五月〔初三〕是日，多羅饒餘貝勒受制於妻，汗兩次有旨，令嫁其女，然聽妻言，違命不從。諸和碩親王、多羅郡王及大臣等審訊，擬多羅饒餘貝勒原配之妻以死罪，奏聞。聖汗宥之，免其死。諸和碩親王、多羅郡王及大臣等復擬罰銀千兩，入奏。漢復宥之，諭福晋曰：嗣後若再干預政事，强抑爾夫，逆理而行，則必殺之。多羅饒餘貝勒攻袁都堂軍時，不與肅親王進擊而散，武英郡王曾鞭饒餘貝勒之馬首。時於彼處，議定饒餘貝勒罪，奉聖汗命，寬免其罪，乃遺忘之，反誑稱與袁都堂交戰有功，故擬罰鞍馬十匹，銀四百兩。又以汗兩次有旨，令嫁其女，然聽妻言，違命不從，罰銀四百兩，共罰銀八百兩、鞍馬十匹，入官。

中國第一歷史檔案館《滿文老檔》天聰九年八月 初六日，初，汗以超品頭等公揚古利弟譚泰爲護軍統領，凡護軍中關白諸事，令其管理，於汗前任事。汗叔卓禮克圖貝勒子濟馬虎以居址狹隘而汗撥大地與超品頭公揚古利居住，其所遺之地，適與相鄰，欲得之，揚古利不與。濟馬虎乃囑譚泰轉奏汗，譚泰庇其兄，不以奏聞。濟馬虎又囑圖賴、阿哈尼堪轉奏汗，圖賴、阿哈尼堪曰：譚泰不以聞，我等何以奏聞，亦不以聞。於是，濟馬虎奏言：我居址狹隘，欲轉告汗，而諸臣不允。汗召譚泰、圖賴等問之，果實。汗大怒，責譚泰曰：爾原係卑賤之人，用爲耳目，録用提拔。凡事爾秉公持正，不徇偏私，以所見所聞，入告無隱。爾乃不行公道，欺罔主上，專尚巧詐。人之賢否，我何由知，我惟不能周知。故即爾等所賢者賢之，所否者否之。爾今若此，我何以信哉。濟馬虎乃我叔之子，其言尚壅蔽不達，彼在下小人有勞苦嗟怨之事，又何由而得達乎。爾侍宗族强盛，欺凌愚弱，此乃奸惡之舉，我一向所深惡。遂下譚泰等于刑部，審訊轉奏汗。罰譚泰銀百兩，斥遠之，不許于汗前任事。罰圖賴銀五十兩。阿哈尼堪坐以應得之罪。濟馬虎、鞏阿岱啓奏汗時，以無干之寧他海與譚泰、圖賴、阿哈尼堪一并牽連，亦坐以應得之罪。

中國第一歷史檔案館《滿文老檔》天聰九年九月〔二十五日〕哈達格格曾謀於濟農曰：爾言托古常勸我殺格格，若不從我言，我即死矣。及格格自開原來，以此事告費揚古貝勒、岳托貝勒、豪格貝勒。三貝勒召濟農問之，濟農供稱是托古所言。遂論托古死，奏聞于汗。汗以格格自開原來，親往見之。格格曰：何不殺謀害我之托古耶？汗曰凡人有罪，不可以一人之言而遂殺之，當集衆審定是非，然後殺之耳。格格向汗詛曰：不從我言殺托古，天必鑒之。汗還，召集察哈爾、喀爾喀諸蒙古貝勒會審。濟農跪于汗前曰：不殺托古，格格將殺我。若殺托古，則托古之父與我父同居，托古與我二人又親如兄弟，殺托古，我將何以生。時蒙古諸貝勒皆在，汗有慚色，曰：我若聽爾三貝勒之言殺托古，是彼無辜而死也。爾三貝勒因格格爲親戚而庇護之耳。諸貝勒、大臣公議擬罪，罰費揚古貝勒銀五百兩，豪格貝勒銀五百兩。岳托貝勒徇格格情，欲殺托古，罪一。審托古時，召之不至，罪一。往征察哈爾，還至巴延蘇門浚壕駐守時，親奏請汗，允準其父先還，罪一。有此三罪，罰銀千兩，雕鞍轡馬五四。

中國第一歷史檔案館《滿文老檔》天聰九年九月（二十五）爾薩哈廉台吉從征歸化城時，對汗曰：已留瓦克達。爾父自歸化城還至巴延蘇門浚壕駐守時，爾親代爲奏請，言準父返還等語。於迎接孔果爾處，將爾行李諸物付爾父前行，止以本身留汗所。此罪狀，諸貝勒會議擬定。留瓦克達情節，奏聞于汗。時汗曰：是爾私留。征歸化城時，爾父三次欲還。又出迎孔果爾時，前行三日。其意爾豈有不知之理？遂擬罪，罰雕鞍轡馬五匹，空馬五匹，銀二千兩，奪二牛錄屬人。汗命還其二牛錄屬人。

中國第一歷史檔案館《盛京原檔》一六一號　崇德三年正月二十日，元旦設宴於大政殿時，都察院承政張存仁、參政吳景道遲至。經審，應罰以規定之罪。奏聞，上命：將所罰分爲三份，免其二，將其一入官。

恭順王、懷順王、智順王三王進表官員受賞時，贊祝官令其班列却進，令其進却跪。因禮部參政郭汝極監跪，故郭汝極罰以規定之罪。二次跪時，參政朱世起先令恭順王官員跪於東側，後又令跪於西側，以順序錯亂之故，朱世起罰以規定之罪。

中國第一歷史檔案館《盛京原檔》一六一號　崇德三年正月二十三日，令正黃旗額爾克守邊，稱病不去；迎朝鮮人時，又稱墜馬受傷，未去。今又拒送石灰，且與克福毆鬥，並攀稱：爲何不遣雅賴、朱拉卡，而差遣我？故將其執送法司。經審，拒絶守邊；攀扯雅賴、朱拉卡；與克福鬥毆三事俱實。應罰額爾克銀五十兩。令其往迎朝鮮人，因墜馬被傷未去，理也。然巴爾泰告稱：去額爾克家時，一漢婦將我迎入，入室後，並未停留。巴爾泰反誣額爾克體胖無病，巴爾泰應加倍罰以規定之罪。阿哈廉牛録下筆帖式根特，將巴爾泰上述誣告額爾克之言加以掩飾，根特應鞭三十。奏聞，上命：罰額爾克銀五十兩，巴爾泰、根特俱免罪。

中國第一歷史檔案館《盛京原檔》一六一號　崇德三年正月二十五日，鑲紅旗阿拉木與希漢口角，希漢曰：先前我訴訟時，爾唆使去告，薩畢干、薩朱惠訴訟時，爾又唆使去告。希漢以此訟於法司。經審，阿拉木供稱：我所言是實。希漢曾謂我云：彼曾往其岳母家，謂給岳母之房屋好，給別人之房屋壞，胡什之子的包衣落泪，要換地方。希漢矢口否認。阿拉木回稱：如爾未説，先前爾離主時，貝勒碩托曾言三年未見爾，爾反説，何止三年，五年亦未曾見。此事曾問過我本人，也派中人問過，都未曾告訴。爾挑撥離間，將我的屬人，反爲爾所得。希漢，將貝勒岳托所令辦理之事謂爲貝子碩托所爲，此其一；否認對阿拉木所言，此其二。故罰希漢銀七兩。

中國第一歷史檔案館《盛京原檔》一六一號　崇德三年正月二十六日，正紅旗坦太珠前往貿易歸來時，稱王之馱不足用，遣色德里赴本旗駐牧蒙古拖克拖依處取駝。拖克拖依取本牛録下貴勒黑一駝、民人一駝送至。馱載後，來取駝時，貴勒黑之駝已死。多羅俄親王訴於法司。經審屬實。坦太珠取民人之駝，應鞭一百，革其世職，罷管牛録事。拖克拖依瞻顧王爺情面，竟取民人之駝給之，應鞭一百，革世職，罷管牛録及梅勒事。死駝令共同賠償。奏聞，上命：坦太珠加倍罰以規定之罪，拖克拖依亦加倍罰以規定之罪。拖克拖依、坦太珠共同賠償一駝給貴勒黑。

中國第一歷史檔案館《盛京原檔》一六五號　崇德三年，正藍旗章京張朝林應去衙門而未去，吏部寧格查問，告稱因病卧於家中。往家看視時，並不在，係因出痘，然未經請示即擅離。吏部執送法司。經審，張朝林供稱：曾告本旗查痘之馬慶耀後方離去。馬慶耀供稱：問我是實，然我説勿去，後來並未告我。將防守邊門之馬法拿訊，養此官員，何不告我即放其出去？馬法回稱：是否出痘，去查者，乃正黃旗塔穆布牛録下王三、鑲黃旗費揚古牛録下吳巴海二人。經查，出了小痘是實。張朝林若出痘，理應放出，且又告於馬慶耀後，令準出，免張朝林罪。守門之馬法放走出痘之人，亦免罪。馬慶耀，先問爾時，爾準去，理也；復又否認，以欺誑鞭一百，準折贖，罰銀三十三兩三錢三分。

中國第一歷史檔案館《盛京原檔》一七〇號　崇德三年五月，初五日正白旗阿爾津、瑪克圖、齊莫克圖、卓洛告鑲白旗貝子和托於法司曰：和托打圍時，進入圍內騎馬射獸。經審，貝子和托供稱：我馬上射獸有之，然我内側之貝子博洛及俄羅塞臣亦曾騎馬射獸。貝子博洛及俄羅塞臣否認。經審，所説貝子博洛、俄羅塞臣圍内馬上射獸不實，貝子和托馬上射獸是實。貝子和托，爾圍內馬上射獸，反誣並未馬上射獸之貝子博洛及俄羅塞臣，應罰一馬。圍內騎馬射獸，應再罰一馬。奏聞，上命：免罰圍內射獸之一馬，誣告貝子博洛及俄羅塞臣應罰之馬，由兵部承政古爾布什額駙、伊孫去取。

嗣後，貝子和托去貝勒豪格家，對貝子博洛云：若爾等並未進圍馬上射獸，我誣指馬上射獸，我即墜馬斷頸而死；若爾等進圍馬上射獸，卻謊稱沒有，爾等墜馬斷頸而死。貝子和托對天下跪，叩首三次，口含小刀，懷忿發誓。故應罰銀五百兩，仍鞭責。奏聞，上命，免鞭責，罰銀五百兩。

中國第一歷史檔案館《盛京原檔》一八一號 崇德三年七月十一日，同一次，鑲紅旗梅勒章京吴善、吴巴海進兵時，曾諭衆曰：將各旗之米留下，俟還軍時，仍各領其米。吴巴海跟役及本旗人，盗取鑲黄旗圖赫臣之米。圖赫臣往告吴善曰：爾旗之人取走我米，請將米還我，查出取米之人。吴善並不查出還給。圖赫臣遂告於刑部，審實。故此，吴巴海違法，因其跟役盗米，鞭責一百，貫耳鼻，罷管梅勒、牛録事。圖赫臣既將盗米之事告知，吴善亦不查出還給，扶同隱匿，坐盗竊例，擬革職，解梅勒章京任。奏聞，上曰：吴善、吴巴海隱匿本旗罪人，已成積習。身爲大臣，復庇護偷盗之人，知其罪而不究，更誰責耶？遂集衆於大政殿諭之。坐吴善、吴巴海以盗竊罪，其鞭責貫耳之罪俱準折贖，各罰銀三十三兩三錢，又各罰銀九兩入官。

中國第一歷史檔案館《盛京原檔》一八四號 崇德三年七月二十四日，鑲黄旗伊勒慎駐防之海州河口處之墩臺爲正紅旗李承順章京督工所築，爾後此墩臺坍毁，駐防海州之正紅旗傅代、列列渾、奇布西移咨工部，内稱，伊勒慎、李承順所督築之墩臺坍毁。工部移送法司，經審，坍毁墩臺僅李承順一人所督築，傅代、列列渾、奇布西不加察明即咨稱未參與築臺之伊勒慎亦參與所築，傅代、列列渾、奇布西俱罰以規定之罪。

二十五日兵部巴爾泰牛録下薩滿阿爾達喀在公武訥格病時，以鬼狐惑人，巴爾泰失於覺察，應罰以規定之罪。又駐蓋州時，漢民劉二逃走，巴爾泰令郎紹禎拿獲後詢問，然詢問之後，未報承政，曾擬罰規定之罪。上述罪遇赦宥免，而後三年考績時隱匿未言，故巴爾泰應革世職。奏聞，上命：免革世職，付刑部加倍罰以規定之罪，罰入官。

駐蓋州地方漢民劉二逃走被獲，命兵部郎紹禎詢問，然詢問後未報承政，曾擬罰規定之罪，此罪遇赦宥免，而三年考績時隱匿未言，郎紹禎應革一世職。奏聞，上命：免革世職，罰以規定之罪，罰入官。

工部額孟格築城不堅，曾罰銀十五兩，此罪於三年考績時隱匿，額孟格應革世職。奏聞，上命：免革世職，罰銀十五兩。

中國第一歷史檔案館《盛京原檔》一八五號 崇德三年八月初三日，鑲藍旗莽庫牛録下拉賽陣亡於軍中，羅洛、孫塔以拉賽無兄弟，將其妻連同家産俱給莽庫之侄薩虎。此事禀於和碩烏真親王時，努木渾牛録下錫翰在焉。烏真親王曰：恐拉賽之兄弟尚在某處，再去訪察！令其訪察三次，羅洛、孫塔均稱，經察訪，確無兄弟。遂將拉賽之妻並家産給薩虎。拉賽叔父於是訟於法司，經審，拉賽其有兄弟是實。爲此，莽庫擬鞭一百，罷管牛録；羅洛擬鞭一百，貫耳鼻；孫塔應革世職，鞭一百。錫翰，爾於禀告親王時在焉，然知有兄弟在而不言，應鞭一百，罷議政。奏聞，上命：莽庫、孫塔、錫翰各鞭一百，準折贖，錫翰罷議政，羅洛鞭一百，貫耳鼻，準折贖。

中國第一歷史檔案館《盛京原檔》一八八號 崇德三年八月初八日，查薩克圖汗蒙古來歸化城出征那一次正黄旗巴布泰違法，將其所携貿易銀兩私與本旗囊努阿二十四兩，又私與鑲白旗蘇南二百二十九兩二錢。法司鞫審得實。巴布泰應籍没家産；蘇南應罰銀五百兩，並奪其屬人，所持貿易銀兩入官；囊努阿應革職，罰銀三百兩，並奪其屬人，所持貿易銀兩入官。奏聞，上命：巴布泰罰銀一百三十兩入官，收回征朝鮮時私隱之銀五百兩，紅青緞八十匹，還置内庫；蘇里於國家寧晏時有來歸之功，故罰銀一百六十兩，所持貿易銀兩七十兩八錢入官，巴爾泰私與之銀二百二十九兩二錢還置内庫；囊努阿於國家寧晏時有來歸之功，以竊盗例，將所携貿易銀兩七十一兩入官，巴布泰私與之銀二十四兩置内庫。

中國第一歷史檔案館《盛京原檔》一八八號 崇德三年八月初八日，又以出略時洪科訐固山額真阿山之子塞赫於旭永山之石橋會戰臨陣退縮一事問阿山，阿山云：並無石橋遇敵交戰之事。將此告於衆親王、郡王、多羅貝勒、貝子時，巴圖魯郡王曰：阿山曾疏稱石橋遇敵會戰事，我以爲並無擒殺敵人、未獲敵物，將書塗抹，阿山含怒而去，此事阿山亦言未有乎？阿山對曰：既未具疏，亦無告王之事。及查驗阿山所奏之疏，有交戰字樣，且涂抹是實。阿山，爾以會戰之疏，誑以爲無，欺王玩法，邀功則云我曾交戰，及聞其子塞赫臨陣退縮，又云未嘗對敵，以偏徇其子故，阿山應革世職，解固山額真任，奪其屬員，籍家産之半。奏聞，上命：阿山罰銀五百兩入官。

初九日刑部參政鑲白旗李云二月於本部齋戒時曾飲酒。都察院移送刑部鞫訊，飲藥酒是實，李云罰以規定之罪。

中國第一歷史檔案館《盛京原檔》一九〇號　崇德三年八月十八日，看守蘇達喇之鑲黄旗塔納喀於夜間私解蘇達喇手銬脚鐐，縱其偃卧，令其吸烟。蘇達喇包衣蒙古訐告於刑其牛録九丁。經審，隱匿三丁是實。庫爾古里欲開脱其中一丁之罪，遂與本旗達揚阿、牛録下筆帖式圖勒什共謀，擅在檔中注上漏寫字樣。及携來男丁請户部承政英俄爾岱看視，稱此丁並非漏寫之丁。筆帖式畏懼，將所寫檔册三頁私下抽出。將此情審實，庫爾古里應解牛録任，鞭一百，罰隱四丁之罪；筆帖式在檔中舞文作弊，應論死；統計男丁之分得撥什庫阿爾泰、小撥什庫喀木布魯俱應打規定數的鞭子，各罰隨丁銀二十兩，舉首者準離主。奏聞，上命：庫爾古里鞭一百之罪準折贖，罰銀三十三兩三錢，又罰規定之罪銀十兩入官，仍管牛録事；筆帖式圖勒什免死，鞭一百，貫一耳及鼻，割一耳，解部任；分得撥什庫阿爾泰、小撥什庫喀木布魯各鞭規定的三十鞭；隱四丁之事照例罰銀，將所罰庫爾古里二十兩、阿爾泰二十兩、喀木布魯二十兩，共六十兩分爲三份，將四十兩入官，二十兩給舉首者達米布魯；將所隱四丁及官差納入牛録檔册；舉首者準離牛録，交付户部副理事官鍾古，令在貝子尼堪牛録中辦理。

中國第一歷史檔案館《盛京原檔》一九〇號　崇德三年八月十八日，鑲紅旗塔蓋牛録下額布根爲其包衣王固善、王固屏、王栓所訐，告其隱丁三十人。經查覈檔册，額布根隱三十丁是實。據額布根供稱：部官與我蒙古十丁，而又錯將漢人二十丁計入，寫成三十丁。又訊額布根，爾詭稱蒙古不納官差，故未算其數。再本牛録下二十七户蒙古之五十三丁、漢人十五丁全未記入檔册，而將二十户之半丁記入檔册，蒙古十五、漢人十二又不準記入。移營蒙古六十丁亦無每家之數。共登記一百六十三丁，將檔册勾抹。據塔蓋供稱：此盛京所屬蒙古、漢人共九十五丁並未記檔。將移營蒙古六十丁錯寫成一百六十三丁，記入其内，乃部員錯寫等語。爾額布根詭稱移營蒙古不納官差，故未算其數。移交户部，請户部審核送回。經户部理事官喀愷核算，將未登記入册之九十五丁並入披甲、執事人中，未寫八十五丁，又隱十丁官差。計算披甲當差者，乃本旗副理事官伊木布，筆帖式圖勒什，故罪在伊木布，圖勒什。將其解送法司，經審，額布根應革甲喇章京世職，罰以規定之罪，追回所隱三十丁；首告者準離主；牛録章京塔蓋應鞭一百，罰規定之罪銀十兩，並罰隨丁銀二百兩及本牛録所隱十丁官差之磚瓦灰石，解牛録任；訐丁之小撥什庫阿都應鞭三十，罰隨丁銀二百兩。村撥什庫圖塔海應鞭二十七，罰隨丁銀二百兩。又盛京所屬九十五丁無檔册，將移營蒙古六十丁寫成一百六十三丁，復加勾抹，無每家之數，副理事官伊木布計算時誠不知乎？乃明知故隱，應鞭一百。奏聞上命：俱照部議。額布根兩世職俱革，罰規定的銀三十兩；首告者離主；追回所隱三十丁。牛録章京塔蓋鞭一百，解牛録任，仍罰規定之銀十兩，並罰隨丁銀二百兩；訐丁之撥什庫阿都鞭三十，罰隨丁銀二百兩；村撥什庫圖塔海鞭二十七，罰隨丁銀二百兩；副理事官伊木布鞭一百；將筆帖式圖勒什之罪記入本旗庫爾古里案内。

中國第一歷史檔案館《盛京原檔》一九〇號　崇德三年八月十九日，鑲藍旗穆奈於七月十日大政殿聚會時未至，記其名。是日，令穆奈出獵，本旗吏部筆帖式拖渾堆往查時，察喇孫告稱穆奈有病。吏部塔木拜、庫拜、喀喀木移送刑部審鞫。察喇孫以穆奈未病，謊稱有病，顯係徇庇，鞭一百，準折贖，罰銀三十三兩三錢。

鑲藍旗察喇孫往察藩城第三墩臺坍毁之處，將本旗温察督築坍毁者，並去告稱係辛特庫所築。辛特庫帶其家下伕役前去將温察所築之處拆毁，大政殿前跪訴，請準我重築。察喇孫誣告以致浪費工力，告於法司，經審屬實。罰察喇孫以規定之罪，罰銀十五兩。

中國第一歷史檔案館《盛京原檔》一九三號　崇德三年九月初六日，命馬光遠旗梅勒章京佟一鵬、牛録章京劉一鵬率十二人守護載紅衣炮之車，佟一鵬、劉一鵬違令，只留任名世牛録下老高、崔章京牛録下羅康、鄧尚功牛録下老彭三人看守。任名世牛録下老高病故，老彭、羅康二人不能防守，釘在車上的一千四百五十四斤鐵被盜。故罰佟一鵬、劉一鵬各五十兩銀入官。令甲喇章京戴都、張承德甲喇之分得撥什庫劉克宗、張一貴牛録下分得撥什庫老尢、馬三牛録下小撥什庫秦邦京等四人簡派防護紅衣炮之人，然並未簡派，故戴都罰銀三十兩，劉克宗鞭五十之罪準折贖，罰銀十六兩六錢，老尢、秦邦京各鞭五十。被盜之鐵，著佟一鵬、劉一鵬各償兩份，戴都償一份，兩分得撥什庫共償一份。

中國第一歷史檔案館《盛京原檔》一九五號　崇德三年十月初四日，正黄旗牛録章京趙文翰被本牛録金永久所訐，蘇三之妻與蘇英成通姦，被獲，〔趙文翰〕僅執蘇英成鞭三十即釋之，並隱而未告刑部。經審，通姦是虚。牛録章京趙文翰，爾擅自抓人鞭責，既釋又未告刑部，故罰以規定之罪。

初六日正黄旗鰲塔、多多郭，額色圖，鑲黄旗佟克申、昂吉，正白旗班布里，塞古德，鑲白旗噶布喇，薩哈納，正藍旗薩奇庫，鑲藍旗伊勒慎，錫蘭，羅洛，石廷柱旗王棟，楊星垣，郎廷府，趙文翰，趙宗科，劉京明，張朝林，韓棟，馬光遠旗圖詹，圖賴，林家賓，祝文駟，崔英泰，李義宗，佟一鵬，王國柱，周天宇等稱其朝服已舊，於九月二十七日未來聚集，爲都察院官員寧格移送法司，審實，鰲塔等應各按世職加倍罰以規定之罪。奏聞，上命：免加倍罰規定之罪，罰一份規定之罪。

中國第一歷史檔案館《盛京原檔》一九九號　崇德三年十二月二十七日，正白旗甲喇章京阿爾津隨額爾克親王出兵中後所時，額爾克親王三調不至，擅違王命，罪一。遇相當之敵而敗走，以至部卒被殺，罪二。追額爾克親王及貝子博洛至，又未進擊臨近之敵，棄遺骸而走，罪三。既敗走，誑云敗敵，王本按兵不動，乃欺上云：曾往迎敵。阿爾津應論死，籍没家産。

甲喇章京翁克，擅離俄羅塞臣，率本部兵敗走。翁克應論死，籍没家産。

正藍旗護軍參領哈寧噶，額爾克親王三調不至，擅違王命，罪一。遇相當之敵，臨陣敗走，至部卒被殺，罪二。額爾克親王，貝子博洛至，又未進擊臨近之敵而走，罪三。哈寧噶應論死。

甲喇章京俄羅塞臣，遇相當之敵，臨陣敗走，致部卒被殺，罪一。額爾克親王、貝子博洛至，又未進擊臨近之敵而走，罪二。俄羅塞臣應論死。

奏聞，上命：阿爾津、哈寧噶、俄羅塞臣俱革職，論死準贖，各罰銀三百兩。翁克因其伯父巴都禮有功，免死，鞭一百，罷管甲喇事。

中國第一歷史檔案館《盛京原檔》一九九號　崇德三年十二月二十七日，廣泰、賀思和禮違王令不前，各鞭一百，廣泰革公爵。

中國第一歷史檔案館《盛京原檔》二〇一號　崇德四年正月三十日，鑲黄旗崔應泰、馬光輝領取庫中財物，以官商爲其包衣人，私自賒買，馬光輝至三年尚未歸還欠銀十九兩三錢。馬光輝、崔應泰應革世職，論死贖身，購買顔料所糜費財物令償還，解部任。奏聞，上命：革世職，解部任，照竊盜罪罰之。

正黄旗參政馬福塔負官商胡有徵買金之銀六兩二錢未還，其包衣陶官持賤紙抵與有徵，不足其值。再，馬福塔之妻親往市易之地，勒買官商金。爾婦人違禁赴市易處，罪一；勒買官商之金，罪二。以此，馬福塔妻論死，馬福塔應革世職，論死罰贖，仍償所欠銀兩，降參政爲副理事官。

鑲白旗承政英俄爾岱牛年十一月其包衣小三借官商張環銀五錢，虎年六月又索狐皮五張，止與綿紬一匹，綠綃四匹。又索大磁花碗碟，止與銀十兩。查其庫簿，發庫銀買顔料，多亦付，少亦付。英俄爾岱應革世職，論死罰贖，償還買顔料糜費銀兩。降承政爲參政。

中國第一歷史檔案館《盛京原檔》二〇一號　崇德四年正月三十日，是日，正紅旗吴守進曾向官莊莊頭李虎山勒索金三兩，獾皮褥一條，紅氈一條，向官商王來任勒索銀百兩，酒一瓶，拉索一條腿，又勒取樂户張成賽等銀，一次十三兩，一次五十兩，修實勝寺佛座採買顔料時，故令其包衣邵麻子增值冒破，發庫内貨物貿易以長爲短，吴守進將餘價歸入己，直至吾等此訴狀寫就，據聞復勒索銀二十七兩，羊一隻，爲人首告，都察院移送刑部鞫之。供稱：勒索官商王來任酒一瓶，拉索一條腿是實，銀則未取。勒取官莊莊頭李虎山紅氈一條，獾皮褥一條是實，金三兩則無。付還庫銀之後，賒欠吴守進所管官商之銀於議罪時已歸還。經審俱實，吴守進應論死，籍没家産。丁姓生員倚主威勢詐財，應論死。奏聞，上命：免吴守進死，革世職，解部任，籍家産之半，仍以虚銜管梅勒、牛録事。丁姓生員處死。

中國第一歷史檔案館《盛京原檔》二〇五號　崇德四年四月三十日，圖爾格旗色紐克牛録下厄伯諾，瑪青噶，詹楚喀牛録下阿有、瓦色、歪庫等五人取草料時，亂行被殺。甲喇章京色紐克不約束兵丁，故罰以規定之罪，色紐克償還滿洲一、蒙古一、漢人三，共五人。

圖爾格旗葉蘇赫牛録下綽爾吉之漢人跟役麻子出略時，亂行被殺。牛録章京葉蘇赫不約束兵丁，故罰以規定之罪，償還一人。

和碩額駙達爾哈旗宜成格牛録下巴奇，蘇爾都牛録下富拉塔取草料時，亂行被殺。率領前去之甲喇章京哈喇庫不約束兵丁，故罰以規定之罪，償還二人。

和碩額駙達爾哈旗察哈爾蒙古僧格之跟役巴寨，戴都之跟役巴圖率領八名漢人俘虜取草，巴寨爲其所帶漢人所殺。甲喇章京隋孫失於覺察，故罰以規定之罪，償還一人。

和洛會旗拉布士希牛録下巴尹圖出略時，所帶本牛録三名跟役亂行，一跟役被殺。甲喇章京奇雅哈不約束兵丁，故罰以規定之罪，償還一人。

吴賴旗巴雅喇牛録下喀拉呑之跟役莽秦，拜虎之跟役吴爾岱，書格之跟役特布希勒亂行取木，莽秦被殺。固山額真吴賴失於覺察，故罰以規定之罪，償還一人。

吴賴旗巴雅喇對本牛録莽秦亂行取木被殺一事失於覺察；又於出略時，忽龍達爾漢牛録下癩子亂行被殺，亦失於覺察，巴雅喇罰以規定之罪，償還一人。

哲爾門之蘇朗率領出略時，内戴亂行被殺，蘇朗失於覺察，故罰以規定之罪，償還一人。

和碩額駙達爾哈旗碩色牛録下碩利之滿洲跟役錫伯德取草亂行被殺。甲喇章京席特庫失於覺察，故罰以規定之罪，償還一人。

和碩額駙達爾哈旗護軍統領鍾金，於察哈爾蒙古僧格之跟役巴寨被漢人俘虜所殺一事失於覺察，罪一；碩色牛録碩利之跟役錫伯德取草亂行被殺失於覺察，罪二，鍾金罰以規定之罪。

巴顔貝勒家人賽闘、和巴孫，不行樹柵自蔽，輕敵玩寇，明兵至時，有音達虎齊追逐逃婦於營外被殺。營内綏哈、沙巴蘭、糾三名跟役亦被殺。賽闘、和巴孫各加倍罰以規定之罪。

察哈爾衛寨桑下額貴率領取糧米時，本牛録下拜圖亂行被殺。額貴不約束兵丁，故罰以規定之罪，償還一人。

杜棱郡王之巴圖旗拜甘牛録下渾機於取木時亂行被殺，固山額真巴圖失於覺察，故罰以規定之罪；牛録章京拜甘罰以規定之罪，償還一人。

土默特部落額爾柴圖旗牛録章京凌華、達漢牛録下阿衮之跟役多爾吉等二人於出略時，亂行被殺。率領前去之梅勒章京鍾拖來不約束兵丁，故罰以規定之罪，償還二人。

鑲白旗和碩額駙古爾布什私隱莽緞一匹、石青素緞一匹、緞七匹、錦二匹、平緆紬五匹、紗五匹、紡絲十四匹、衣二件，爲其包衣祁它特所訐，審實。和碩額駙古爾布什以竊盗罪罰之。

中國第一歷史檔案館《盛京原檔》二〇五號　崇德四年四月三十日，喇巴希取糧遇敵時，祁他特車爾貝、固山額真伊拜、梅勒章京布達席理、甲喇章京訥爾得，土默特部落阿濟奈、額爾濟圖、古木布、俄木布等八人俱率所部不顧而走。祁他特車爾貝罰馬一，伊拜罰馬一，布達席理罰馬一，訥爾得罰馬一，阿濟奈罰馬一，額爾濟圖罰馬一，古木布罰馬一，俄木布罰馬一。

扎魯特部落拉布泰、額林車、額騰、齊根，因軍隊至喀喇沁部落前鋒處，衆軍列隊行進時，超越和洛會旗而行，拉布泰罰馬一，額林車罰馬一，額騰罰馬一，將罰齊根一馬由和碩墨爾根親王給還。

土默特部落俄木布屬下牛録章京布達里、莽薩里率領往取糧米時，八人離隊亂行，四人被殺。布達里、莽薩里不約束兵丁，故罰以規定之罪，各償還二人。

土默特部落薩穆巴達爾漢牛録章京霍托取糧米時，五人亂行，三人被殺。霍托不約束兵丁，故罰以規定之罪，償還三人。

額騰告於法司：扎魯特部落固山額真綽洛會以隊尾三甲士掉隊，執額騰我馬韁，令前進攻城，以至争鬥，因此結仇。於列隊停留時，綽洛會又鞭打額騰我兩次。經審，綽洛會供稱：並無執額騰馬韁，令前進攻城，以至争鬥事。衆軍披甲行進時，管轄向前離隊之人，令其返回，因塵埃未曾看清，曾鞭打一次是實。又訊證人薩漢、拉布泰、額林車，言稱争鬥、攻城是實。拉布泰問執旗二人，鞭打額騰時，隊伍停留，且無塵埃。綽洛會，爾若治軍不義，即有大罪；雖説有治軍之理，然未能令人接受正言，以致背離，故綽洛會罰以規定之罪，取一馬給額騰乘騎。

拜尹圖旗文都理率領甲喇出略時，龔衮牛録滿都海之跟役三泰亂行被殺。文都理不約束兵丁，故罰以規定之罪，償還一人。

拜尹圖旗圖梅率甲喇出略時，本牛録富達理之漢人跟役亂行被殺。圖梅不約束兵丁，故罰以規定之罪，償還一人。

拜尹圖旗佟泰牛録下雅沁之蒙古跟役巴噶戴於未令出略之日亂行被殺。侍衛古納戴不約束兵丁，故罰以規定之罪，償一人。

中國第一歷史檔案館《盛京原檔》二〇五號 崇德四年四月三十日，達爾漢卓禮克圖得齊旗阿齊孫牛録下伯爾堆之跟役哈寨，布顔泰牛録白泰，楊古利之跟役圖魯格，牛録章京莫洛魁之跟役伯希等四人於出痘之際亂行取木被殺。梅勒章京昂阿寨失於覺察，故罰以規定之罪，償還三人。牛録章京莫洛魁罰以規定之罪，償還一人。牛録章京巴珠戴罰以規定之罪。

扎魯特部落内齊博多旗綽妥牛録下肯騰之跟役拜圖、祁它特之跟役齊齊克圖於出痘之際亂行取草被殺，固山額真博多以未置首領，故罰以規定之罪，償還二人。

吴賴旗下護軍珠蘭以和碩墨爾根親王屬下農噶里、海西拜亂行，拔其箭，其趕回之牛五十、驢三十五、男丁十五口、婦女三口、女孩一，俱離散。農噶里言，我等非亂行者，並對行走之珠蘭言，至爾旗處相會。之後，珠蘭還給其箭，令訥合雷收聚牛、驢、人遣還農噶里。訥合雷收聚後未給。護軍珠蘭，爾屬下之人將離散之牛、驢、人奪之，爾何以察處後不給。護軍珠蘭罰以規定之罪，令償還人畜。

土默特部落扎薩克代達爾漢阿張牛録下阿布圖於出略時亂行被殺。率領前去之梅勒章京祁它特不約束兵丁，故罰以規定之罪，償還一人。

和碩額駙達爾哈旗下窩米納牛録下達堆之滿洲跟役勒納都於宿營之際率四名漢人俘虜取水未歸，牛録章京希福失於覺察，故罰以規定之罪，償還一人。

和碩額駙達爾哈旗沙努喀牛録下吴爾賽私自亂行取木，爲其所帶漢人所殺。梅勒章京雅爾納失於覺察，罰以規定之罪。甲喇章京伊里布罰以規定之罪，償還一人。

準塔巴圖魯旗下梅勒章京拖克拖會因其載財物之車毁壞，丢失旗纛，逗留隊尾，罪一；前鋒之侍衛吉爾塔巴拔其箭，不給，反責打吉爾塔巴，罪二；拖克拖會加倍罰以規定之罪，取其乘騎付與吉爾塔巴。

譚泰旗安達里牛録下愷里之跟役郭基、康拜之跟役騷子、喀爾圖之跟役拜德亂行取木被殺。安達里失於覺察，罰以規定之罪，償還三人。

祁他特車爾貝旗下牛録章京俄爾果鐸率十人哨探時，阿南牛録下阿爾弼薩户亂行被殺，鄂莫克牛録下博洛爾兑亂行，其乘馬亦被奪去，遂乘阿爾弼薩户之馬而還。博洛爾兑論死，博洛爾兑、阿爾弼薩户俱籍家，妻子爲奴。俄爾果鐸不約束兵丁，加倍罰以規定之罪，償人、馬各一。

阿拜旗甲喇章京海斯海出略時，其下一蒙古跟役亂行被殺。海斯海罰以規定之罪，償還一人。

中國第一歷史檔案館《盛京原檔》二〇五號 崇德四年四月三十日，前鋒列隊在前，衆護軍列隊在後，與明軍交戰，明軍敗走時，前鋒額碩、蘇爾得追擊，額碩將所得馬匹禀告和碩墨爾根親王之後，將馬分與前鋒及衆護軍。蘇爾得告額碩於法司：是我追擊敵兵得馬九匹、纛兩杆。額碩，爾因有伏兵停留未進，爾將我所獲之馬作爲爾之所獲，何以不等我即分馬？訊護軍參領鑲白旗都善、正藍旗隋順，供稱：不知額碩逗留，前鋒在前，我等率護軍在後追擊。以此，蘇爾得，爾謊稱額碩逗留不前，明知敵軍爲衆兵所敗，而言稱爲爾獨自所敗。和碩墨爾根親王所辦之事不合爾意，何以分衆護軍一分，故同額碩争鬥。蘇爾得罰以規定之罪。

固山額真伊拜不禀告和碩墨爾根親王，擅執本旗牛録章京得爾格爾，罪一；喀喇車里克部落杜爾麻與伊拜包衣争草鬥毆，伊拜偏庇家人，以鳴鏑射杜爾麻凡十有四，尋自悔之，遺之一騾以塞其口。伊拜罰銀五十兩，再罰馬一匹給杜爾麻乘騎，原騾入官。

中國第一歷史檔案館《盛京原檔》二一四號 崇德四年四月三十日，先是和碩墨爾根親王率軍出征，駐於通州河，敵兵來犯敗敵之日，正黃旗護軍統領圖賴、碩翁科羅巴圖魯來此打聽消息。國舅阿什達爾漢曰：爾右翼貝勒應來此處會師矣！皇上曾有旨：若兩翼會師，聽左翼墨爾根親王節制。圖賴對曰：國舅，爾身爲都察院承政，何以只言左翼，不言右翼，豈將右翼棄之乎？適在此處之多羅貝勒豪格謂圖賴曰：爾豈敢在此頂撞，去將此處所言回報，任彼處貝勒裁奪。圖賴對曰：豈可不將心迹表白？墨爾根親王曰：圖賴爾與右翼貝勒合謀，將皇上忘矣！圖賴對王曰：千刀萬剮，亦不能忘記皇上！經法司鞫審，圖賴爾言，稱右翼貝勒來會師時，竟對多羅貝勒豪格曰：豈可不將心迹表白，罪一。又對王曰：千刀萬剮不忘記皇上，罪二。故圖賴罰銀五十兩。

中國第一歷史檔案館《盛京原檔》二〇四號　崇德四年五月初二日，上遣梅勒章京冷僧機、哈世屯往問固山額真阿山：曾取其兼管外藩蒙古進獻銀兩否？對曰：無。蒙古告於理藩院，言阿山曾取銀七百兩。移送刑部審實。罰阿山銀百兩，奪所俘獲入官。奏聞，上命：以其出征有勞，免奪俘獲入官，罰銀百兩。

上遣梅勒章京冷僧機、哈世屯往問固山額真杜雷：曾取其兼管外藩蒙古進獻銀兩否？對曰：無。經法司鞫審，曾私取與其所兼管蒙古一同歸降之城市銀兩。罰杜雷銀百兩，奪所俘獲入官。奏聞，上命：免奪俘獲入官，罰銀百兩。

中國第一歷史檔案館《盛京原檔》二〇六號　崇德四年五月十九日，正黃旗甲喇章京張承德出兵松山時，擅自在紅衣砲車上裝五袋米帶走，爲本旗甲喇章京郎廷福所訐。經審，五袋是虛，一袋是實。張承德爾爲甲喇章京爲何在紅衣砲車上裝米，張承德罰以規定之罪。

正白旗下額爾齊圖之五頭牛爲本牛録撥什庫古穆帶往兵部紅衣大砲之處驗看。額爾齊圖言：何以驗看我牛？故將撥什庫古穆關入門内，用鳴鏑射之。撥什庫古穆訐於鎮國將軍阿拜阿哥，阿拜阿哥告於法司，經審屬實。額爾齊圖革世職，罰銀五十兩，準被射之撥什庫離本牛録。奏聞，上命：額爾齊圖革世職，罰銀五十兩，撥什庫準離。

中國第一歷史檔案館《盛京原檔》二〇八號　崇德四年六月十六日，吏部承政鎮國將軍阿拜以多羅貝勒岳托祭葬時以郡王等級備辦祭儀之故，誤認岳托之子自然襲封郡王，並告固山額真葉臣。而管吏部和碩墨爾根親王並無是言。阿拜應論死，罰贖。又阿拜妻兄翁克死罪結案之前，阿拜奏請襲其父世職，顯係徇隱。阿拜又應罰銀一百兩。

參政薩璧翰亦以多羅貝勒岳托祭葬時以郡王等級備辦祭儀之故，誤認岳托之子自然襲封郡王，並告固山額真葉臣。而管吏部和碩墨爾根親王並無是言。薩璧翰應罰銀百兩。又薩璧翰對承政阿拜明顯徇庇，奏請將罪人翁克承襲父職一事瞻顧不言，又應罰銀五十兩。

參政鮑承先、滿珠習禮、祖澤洪亦以多羅貝勒岳托以郡王等級備辦祭儀之故，誤認岳托之子自然承襲郡王，並告固山額真葉臣。而管吏部和碩墨爾根親王並無是言，各罰銀五十兩。

阿拜徇庇罪人翁克，奏請其承襲父職，和碩墨爾根親王並未察奏，應罰銀二百兩。

啓心郎索尼，以無有詔命而擅傳岳托之子承襲郡王，並同三王共議，罰銀百兩。

中國第一歷史檔案館《盛京原檔》二〇八號　崇德四年六月十六日，墨爾根親王出兵時，鑲紅旗固山額真葉臣之子車爾布令桑阿爾寨口含木棍並説殺，罪一；射阿蘭寨之跟役，罪二；車爾布應鞭一百，貫耳鼻。喀爾胡吉審理阿蘭寨與洛都里鬥毆一事，明知洛都里有罪而不了了之，罪一。阿津、車爾布因争鹿而鬥，明知而言不知，罪二。喀爾胡吉應革世職，罰銀七十兩。承政吴善審理洛都里與阿蘭寨互鬥一事不了了之，吴善革世職，罰銀七十兩。布山對阿津、車爾布因争鹿互鬥一事明知而言不知，罪一，訊問車爾布令桑阿爾寨口含樹棍且曰殺一事時，回護車爾布，未能秉公回答，罪二，布山鞭一百。鄂特會以阿蘭寨等二人亂行，以箭桿射之，聲稱厭惡阿蘭寨，故意射之。鄂特會鞭一百。舉首者阿蘭寨、桑阿爾寨、沙賴準離主。奏聞，上命：吴善、喀爾胡吉免罪。車爾布鞭一百、貫耳鼻之罪，看其父之情面，準折贖。布山、鄂特會各鞭一百。舉首之人，爾主在時何以不舉？不過瞻顧爾主之故，而後方出首。爾不過兩面取好，不準離主。交付固山額真葉臣。上復諭：主人亡故，諸子尚幼，對舉首者勿得記仇。

中國第一歷史檔案館《盛京原檔》二一一號　崇德四年六月二十日，正藍旗碩色未架起雲梯，罪一。將雲梯丢棄，未携至，罪二。碩色應鞭一百。尼堪未架起雲梯，罪一。將雲梯丢棄，未携至，罪二。尼堪應鞭一百。鑲白旗哈爾松噶未架起雲梯，罪一。將雲梯丢棄，而未携至，罪二。哈爾松噶應鞭八十，革世職。滿都户未架起雲梯，罪一。將雲梯丢棄，而未携至，罪二。滿都户應鞭八十，革世職。昂阿於其汛地已見先至之敵，退縮而未追，昂阿應鞭一百。鑲黄旗佟士禄未架起雲梯，罪一。違背指授之意，於它處滯留，罪二。置哨探處未經奏上，罪三。佟士禄應鞭一百，革世職。鑲藍旗托克托爾當值，城内之敵出至關厢撒藥而未覺，罪一。一騎者從其駐地徑直過來亦未覺，罪二。托克托爾應鞭一百。奏聞，上命：俱餓禁三日，罰以規定之罪。

中國第一歷史檔案館《盛京原檔》二一二號　崇德四年六月二十九日，和碩墨爾根親王率師遠征時，聖駕親送，額爾克親王獨不出送，罪一。各旗兵由錦州界入，額爾克親王率本旗及正藍旗護軍從錦州、寧遠之間入，和碩烏真親王率本旗及鑲紅旗護軍從中後所、前屯衛之間入，迨令額爾克親王從各旗會師之錦州往助烏真親王時，中後所兵出犯我軍，額爾克親王只留兵兩隊，本人竟帶衆軍遠走，罪二。敵兵來犯時，阿爾津、哈寧噶三次遣人請王駐兵，王不聽，繼走，反遣人招之還，意在令彼等敗走，己可乘機遠遁，罪三。敵來追執我兵，貝子博洛迎敵，王竟不前，但率執纛之衆以立，罪四。原未臨敵，乃稱執纛率衆與貝子博洛同進，誑言欺上，罪五。衆軍會師後，仍不進擊近處之敵，復不收陣亡骸骨，棄之而逃，罪六。元旦慶賀，以瘸馬進上，罪七。額爾克親王應削王爵，除本身及妻外，奴僕、屬員並家産悉入官。奏聞，上命：各罪俱免。唯以不送墨爾根親王故，罰銀萬兩。又以中後所敗走時被殺九人，失馬三十三匹故，分其奴僕、牧群、庫中財物及本旗滿洲、蒙古、漢人牛録爲三份，留二份給額爾克親王，其一份奴僕、屬員，牧群獨給墨爾根親王，滿洲、蒙古、漢人牛録及庫中財物，和碩墨爾根親王與巴圖魯郡王均分，降和碩親王爲多羅貝勒。

中國第一歷史檔案館《盛京原檔》二一八號　崇德四年七月十一日，鑲藍旗任名世牛録下金有官種煙，枷號八門各一日，鞭八十二，貫耳，仍罰銀九兩。牛録章京任名世失於覺察，罰以規定之罪。

鑲白旗擺塔大李偉凡牛録下覺沙種煙，枷號八門各一日，鞭八十二，貫耳，仍罰銀九兩。擺塔大李偉凡失於覺察，罰以規定之罪。

上聞强買喀爾喀蒙古馬之事，命前去拿捕之甲喇章京索爾果將人犯俱拿獲告兵部，索爾果未將其弟繆色告之。昂邦章京祖澤潤告於兵部。及問鑲黄旗達爾泰時。先告稱繆色曾在買馬處，後又否認之。移送刑部鞫訊時，達爾泰復言繆色曾在是實。部議索爾果將其弟徇隱不告，應以竊盜罪罰之。繆色否認曾在買馬處，故以竊盜罪罰之。達爾泰言詞反覆，爾不能持正相告，應罰以規定之罪。奏聞，上命：索爾果罰以規定之罪，達爾泰罰以規定之罪，繆色免罪。

皇上頒給工部部官織毛青布規制被改變，所織毛青布尺幅短缺，質地粗糙。多羅巴顔貝勒，爾不明白交待部員驗看，應罰銀三百兩。工部吴善，囊努克各罰銀五十兩。啓心郎喀木圖，及巴山、額蘇圖、萬塔西、西爾都、傅喀納、傅喀纏、星鼐、法談、烏朱昂邦、阿爾賽、吴泰、塞紐克、薩哈納、額穆格、托密善應各罰銀三十兩。奏聞，上命：依議罰銀。

鑲黄旗輔國將軍鞏阿岱出征時，將一漢人女俘賣給本旗馬圖蘭牛録下王二、王三，取金二十兩。鞏阿岱，爾既爲護軍統領，竟乘買賣女俘之便，詐取皇上包衣所獲之金，應罰五十兩入官，將二十兩金交於皇上家。

鑲黄旗牛録章京馬圖蘭將本牛録下王三家二男丁扣壓不給，馬圖蘭罰以規定之罪。

中國第一歷史檔案館《盛京原檔》二一八號　崇德四年七月十五日，鑲紅旗傅拉塔於出邊時，伊牛録下阿哈舒色失踪，牛録章京傅拉塔未加約束，故罰以規定之罪，償一人。

正白旗巴依牛録下親滿洲星額里所屬一漢人，去喀喇烏蘇宿夜逃去，不知何往，星額里未經請示，私自追趕亦未歸。牛録章京巴依罰以規定之罪，償一人。

鑲藍旗圖爾特牛録下德衣布種煙，枷號八門各一日，鞭八十二，貫耳，仍罰銀九兩入官。牛録章京圖爾特失於覺察，罰以規定之罪。

正白旗王殷周牛録下佟克昌種煙，枷號八門各一日，鞭八十二，貫耳，仍罰銀九兩入官。以失於覺察之故，牛録章京王殷周亦罰以規定之罪。

正白旗圖賴牛録下佟外郎種煙，枷號八門各一日，鞭八十二，貫耳，仍罰銀九兩入官。以失於覺察之故，圖賴亦罰以規定之罪。

鑲白旗薩虎牛録下巴都利包衣何三種煙，枷號八門各一日，鞭八十二，貫耳，仍罰銀九兩入官。以失於覺察之故，薩虎亦罰以規定之罪。

十八日鑲藍旗顔代牛録下巒子種煙，枷號八門各一日，鞭八十二，貫耳，仍罰銀九兩入官。以失於覺察之故，顔代亦罰以規定之罪。

鑲白旗大凌河甲喇章京劉廉臣包衣郭沙耀種煙，枷號八門各一日，鞭八十二，貫耳，仍罰銀九兩入官。以失於覺察之故，劉廉臣亦罰以規定之罪。

鑲紅旗擺塔大覺善管下苟竪子種煙，枷號八門各一日，鞭八十二，貫耳，仍罰銀九兩。擺塔大覺善失於覺察，罰以規定之罪。

中國第一歷史檔案館《盛京原檔》二二八號 崇德四年七月三十一日，往祭公和爾本時，固倫公主知阿達禮郡王母福金來，前去等候，福金未言而過。祭事完畢，進入靈堂，公主欲坐一處，福金不依。福金與公和爾本之母坐於下首炕上，兩次抽煙，喝茶，竟未讓公主。又將固山額真杜雷呼至，曰：爾摘帽纓，爾妻戴耳環者，何故？此旗之王、貝勒俱死後，爾豈非貝勒，爾妻豈非福金耶？法司鞫審得實。阿達禮郡王母福金應圈禁。公和爾本之母與福金同謀，辱駡杜雷，且又抽煙，亦應圈禁。杜雷妻，爾守喪時，竟戴金耳環，往來歡笑，應鞭七十。奏聞，上命：罰福金銀千兩，公和爾本之母六百兩，俱給公主。杜雷之妻免死罰贖，囚禁三日。噶達渾，爾言公主未受挫辱，欲宥福金之罪，鞭一百。

中國第一歷史檔案館《盛京原檔》二二九號 崇德四年七月二十八日，鑲紅旗納爾賽鞫訊首告鑲黄旗馬圖蘭牛録下王三一案，經部王、承政、諸參政衆議，準舉首者離主，納爾賽竟擅自對舉首者言，爾等不準離主。故納爾賽罰以規定之罪。

正紅旗吴守進牛録下萬傳包衣劉大種煙，户部喀凱執送法司，鞫審得實。劉大枷號八市各一天，鞭八十二，貫耳，仍罰銀九兩入官。萬傳之五丁未記入檔籍，吴守進罰以規定之罪，罰隨丁銀二十五兩俱入官。

三十日正紅旗包衣阿哈丹牛録下張千種煙，户部理事官喀凱執送法司，審實。張千枷號八市各一日，鞭八十二，貫耳，仍罰銀九兩入官。牛録章京阿哈丹失於覺察，亦罰以規定之罪。

鑲黄旗額爾格圖包衣海什種煙，户部理事官喀凱執送法司，經審得實。海什枷號八市各一日，鞭八十二，貫耳，仍罰銀九兩入官。額爾格圖失於覺察，罰以規定之罪。

正黄旗凡擔章京金丙士所管莊頭尼尼、崔利畢種煙，經法司審實。莊頭枷號八市各一日，各鞭八十二，貫耳，各罰銀九兩，金丙士失於覺察，亦罰以規定之罪。

鑲白旗固山額真圖爾格包衣金善種煙，審實。金善枷號八市各一日，鞭八十二，貫耳，仍罰銀九兩。圖爾格失於覺察，亦罰以規定之罪。

中國第一歷史檔案館《盛京原檔》二三二號 崇德四年八月初二日，準塔巴圖魯、吴它齊前去分外察哈爾蒙古時，未至之前，吴它齊墜馬，返回家中。巴圖魯郡王召吴它齊問曰：如何分蒙古？對曰：我不知。據聞，昌平州之殘弱蒙古三名，強壯蒙古六名，準塔巴圖魯將此九丁取走。巴圖魯郡王遂曰：昌平州之蒙古，乃給我翼所養之蒙古，察哈爾蒙古乃私養之蒙古也，何故取之？準塔，爾豈將我於皮島助爾之事忘却乎？又暗中遣派吴它齊前往，令其重新分配。準塔巴圖魯將分訖之册籍請巴圖魯郡王驗看時，巴圖魯郡王抽出本分之册籍。爾身爲郡王，竟剪取我分内海色塔布囊之十八丁之册籍，將此訟於法司。按理而分，巴圖魯郡王反責準塔：爾將我於皮島助爾之事忘却矣，又暗中派人令其重分，抽掉給看之册籍等情，經審俱實。故巴圖魯郡王應罰銀五百兩，暗中遣去之吴它齊，應鞭一百，本身入官。奏聞，上命：罰巴圖魯郡王銀五百兩入官。吴它齊罰以規定之罪，入官。

中國第一歷史檔案館《盛京原檔》二三一號 崇德四年八月初十日，鑲白旗荆古爾達牛録下充阿包衣尹達渾種煙，户部筆帖式姚貴執送法司，經審屬實。尹達渾枷號八門各一日，鞭八十二，貫耳，仍罰銀九兩入官。牛録章京荆古爾達失於覺察，亦罰以規定之罪。

正黄旗伊爾德牛録下傅達理包衣田五種煙，户部孫塔執送法司，審實。田五枷號八門各一日，鞭八十二，貫耳，仍罰銀九兩入官。牛録章京伊爾德失於覺察，亦罰以規定之罪。

鑲紅旗鍾布録牛録下莊頭傅格種煙；户部孫塔執送法司，審實。傅格枷號八門各一日，鞭八十二，貫耳，仍罰銀九兩入官。牛録章京鍾布録失於覺察，亦罰以規定之罪。

正藍旗擺塔大屈環吉牛録下潘達第、潘三種煙，户部孫塔執送法司，審實。潘達第、潘三枷號八市各一日，各鞭八十二，貫耳，仍各罰銀九兩。屈環吉失於覺察，亦罰以規定之罪。

鑲白旗王三牛録下李樹功種煙，户部孫塔執送法司，審實。李樹功枷號八門各一日，鞭八十二，貫耳，仍罰銀九兩入官。牛録章京王三失於覺察，亦罰以規定之罪。

正藍旗寇柱兒所管李英碩及包衣六人種煙，枷號八市各一日，各鞭八十二，貫耳，仍各罰銀九兩。寇柱兒失於覺察，亦罰以規定之罪。

中國第一歷史檔案館《盛京原檔》二二二號 崇德四年八月十一日，鑲黄旗馬圖蘭牛録下康穆年、李二、石昌三人種煙，枷號八市各一日，各鞭八十二，貫耳，仍各罰銀九兩。牛録章京馬圖蘭失於覺察，亦罰以規定之罪。

正黄旗于世佳牛録下王三、米子、扎克達、周五四人種煙，枷號八市各一日，各鞭八十二，貫耳，仍各罰銀九兩。牛録章京于世佳失於覺察，亦罰以規定之罪。

鑲白旗包衣阿吉納牛録下勒福慎之妻種煙，枷號八市各一日，鞭八十二，貫耳，仍罰銀九兩。牛録章京阿吉納失於覺察，亦罰以規定之罪。

鑲白旗舒三牛録下張大夫之包衣張三，隋大夫之包衣張文晋種煙，枷號八市各一日，各鞭八十二，貫耳，仍各罰銀九兩。牛録章京舒三失於覺察，亦罰以規定之罪。

鑲白旗塔木拜牛録下布頼包衣傅珠種煙，枷號八市各一日，鞭八十二，貫耳，仍罰銀九兩。牛録章京塔木拜失於覺察，亦罰以規定之罪。

十三日正藍旗擺塔大劉科晋所管張昌五、鮑五種煙，枷號八市各一日，各鞭八十二，貫耳，仍各罰銀九兩。擺塔大劉科晋失於覺察，亦罰以規定之罪。

鑲白旗綽和洛牛録下扈圖格、衛赫圖包衣邵豪善種煙，枷號八市各一日，各鞭八十二，貫耳，仍各罰銀九兩。牛録章京綽和洛失於覺察，亦罰以規定之罪。

十七日正紅旗色勒布與布頼喀爲立撥什庫事相争，故將其帶往固山額真杜雷前説理。布頼喀罵色勒布云：天知道。色勒布云：爾非罵我也，乃罵上也。固山額真杜雷因執送法司。經審，言詞犯上是實，色勒布鞭六十。

中國第一歷史檔案館《盛京原檔》二二三號 崇德四年八月十八日，理事官星訥等違旨，命傳集舊喀爾喀、察哈爾諸大臣未傳，乃傳集未奉召之固山額真，王、貝勒下侍衛等，又不令在刑部衙門集聚而在大政殿集聚，特命集聚之諸大臣未令聚集，反謊稱已令聚集。星訥應論死；參政巴哈納、啓心郎額爾格圖，將特命集聚之諸大臣未令集聚，反謊稱已令集聚，未啓禀刑部和碩烏真親王即行奏聞。巴哈納、額爾格圖俱應論死。和碩烏真親王，上命集聚之旨爾既聞之，雖未報爾，爾何不査覈集聚與否？烏真親王亦應罰以規定之罪。和碩額駙古爾布什、内大臣多爾濟，爾等既知詔命集聚之諸大臣未至，却未奏明宣召，也未將未至之諸大臣察覈召之前來，更未奏上，應各罰銀一百兩。奏聞，上命：免星訥死，罰贖身銀三百兩，再罰一百兩，共計四百兩。巴哈納免死，罰贖身銀二百五十兩。額爾格圖免死，罰贖身銀二百四十兩。和碩額駙古爾布什、多爾濟姨父俱應罰以規定之罪。和碩烏真親王免罪。

中國第一歷史檔案館《盛京原檔》二二五號 崇德四年八月三十日，公扎喀納聞逃人出走，不即報聞，罪一。令傅爾丹等即於所遣處退歸，罪二。未將後至之軍編隊，使之陸續隨傅爾丹後，公扎喀納既不親往堵截，又不設法追捕，罪三。扎喀納應奪公爵及所屬人員，仍罰銀千兩。公杜爾祜、顧爾瑪洪，未將後至之軍編隊，使之陸續隨傅爾丹後，本身既不親往堵截，又不設法追捕，應奪公爵及所屬人員，各罰銀五百兩。梅勒章京多濟里，當遣發傅爾丹等時，不即躡其後而進，輒自還歸，罪一。與德爾得赫同追逃人，既已望見，復棄之而返，罪二。多濟里應革世職，鞭一百，籍其家。梅勒章京德爾得赫，已望見逃人，竟棄之而返，應革世職，鞭一百，籍其家。傅爾丹、塔海、翁愛、訥爾德、卓布托依、巴代等六章京，先行前往半途即返，罪一。還至七里許，途遇梅勒章京多濟里、德爾得赫，又復向前往追五里許，已望見逃人，不盡力追緝，竟棄之而還，罪二。應各鞭一百，籍家。塔海仍革世職，傅爾丹應論死。堪泰、博羅尼敦、穆成格、塔思户里、益木圖、喇巴什希、魯木拜、雅薩昂邦等八章京，既至公扎喀納處，不相繼追躡，向前堵截，亦未設法追捕，八章京應各鞭一百，罰贖免死。奏聞，上命：扎喀納免奪公爵及所屬人員，罰銀五百兩。杜爾祜亦免奪公爵及所屬人員，罰銀三百兩。顧爾瑪洪免罪。傅爾丹、穆成格並治舊罪，正法，籍其家。户部奏聞後，將傅爾丹家産給馬福塔，穆成格家産給父叟根。上復命：多濟里、德爾得赫俱革世職，解梅勒任，將多濟里家産籍没，僅給弓矢甲胄及馬三匹，德爾得赫籍家産之半。塔海、堪泰、魯木拜、雅薩昂邦四人俱革世職，解牛録任，籍家，各以弓矢甲胄及馬三匹與之。翁愛、訥爾德、卓布托依、巴代、博羅尼敦、塔思户里、益木圖、喇巴什希八人俱解牛録任，籍家，亦各以弓矢甲胄及馬三匹與之。此十四家家資俱交付户部參政馬福塔、墨爾根侍衛。

中國第一歷史檔案館《盛京原檔》二三〇號 崇德四年十一月二十五日，正白旗多爾濟牛録下俄兑被其包衣李克金、張有功、嚴新科、李國耀、馬三、塔占達、麻子、德蘇勒、松額里、方子、鮑薩、姚叔禄、拖和齊等十三人首於法司：俄兑將一乾草色無主馬匹認作己馬牽走藏之；不餵養拉紅衣砲之牛；隱九丁不納官賦；越分令人找蜜。經審，此四事俱虚。俄兑曰：我越分找蜜者，無也。我陪同姻親席特庫包衣去找蜜是實。經審，陪同席特庫包衣找蜜是實。席特庫，爾，何以將無世職俄兑之人納入爾之世職令其找蜜，故席特庫罰以規定之罪。俄兑，爾既無世職，何以找蜜？故亦罰以規定之罪。找蜜漢人男丁入官。

中國第一歷史檔案館《雍正朝滿文硃批奏摺全譯・鑲黃滿洲旗副都統吴禮奏陳族長犯罪罰俸摺雍正十二年八月二十日》 切查補放族長例載，俱由族内揀選阿思哈尼哈番、阿達哈哈番品級大員補放。倘族内無官員者，則視其族内護軍、領催、披甲等内長輩補放。族長仍有因故治罪之處。惟族長無固定品級。若係身無官職之族長，犯罪准鞭責完結；若係有官職之族長，則罰俸。以臣深思，因爲族長獲罪，並無因其官級獲罪之處，而有事罰俸，即視其官級罰俸。再定例内自身有襲職之官員犯罪，惟罰其官任俸禄。族長雖係一長，但亦有管教族人之任。請在職族長犯罰俸罪，視爲何品級之處，諭部議之。可否可行之處，祈請聖主睿鑒。

《明清史料》戊編《户部爲内閣抄出大學士公阿桂等奏移會單鴻俊代子**贖罪》** 户部爲移會事，捐納房案呈内閣抄出大學士公阿等議覆，調任閩督福等奏，擬發新疆效力贖罪，原任同安縣知縣單瑞龍之父單鴻俊，代子捐贖罪銀八千兩，在浙江原籍就近完繳藩庫充公一摺。乾隆五十四年三月二十七日奉旨，單瑞龍于流犯吕辰，在途頂替潛逃失于覺察，咎有應得。但正犯即係該員拿獲，且熟悉閩省情形，單瑞龍準其贖罪，仍着發往臺灣差遣委用。如果能奮勉出力，着該督撫酌量以知縣縣丞奏請補用，欽此。遵于本年三月二十九日抄出到部。相應抄録原奏移會可也。須至移會者，計粘原奏，右移會稽察房。乾隆五十四年四月初五日，臣阿桂等謹奏：爲遵旨議奏事，内閣抄出協辦大學士公調任閩浙總督福、福建巡撫徐奏稱，原任泉州府同安縣知縣單瑞龍，年三十九歲，浙江進士。于乾隆五十一年十一月到任後，即值臺灣逆匪滋事。該縣一面料理民事，一面籌辦軍需，民人等不待督責，追呼咸來急公趨事，是以當軍郵旁午之時，該縣辦理毫無貽悮。臣福前歲督師渡海道，由泉州見該員往來承應兵差，實能認真出力，隨委令招募義民三千名。百姓等一聞該縣招募，踴躍趨赴，剋期而集。因而留心訪知，其平日素著循聲，民心悦服，不但善良者戴其附循，即桀驁者亦聞而（訓）〔馴〕服。及凱旋内渡，行至該縣地方，詢知該員業經叅革，緣該縣有流犯吕辰，串囑刑書吏夫郭大等于起解後在前途頂替潛逃。經單瑞龍親往拿獲吕辰，審明賄弊屬實，前督臣李侍堯以該員失察書役舞弊叅革，審擬從重發往新疆效力。贖罪在監，收禁候部議覆，當有該縣耆老數十人，攔輿叩籲請將該叅員奏明留任。臣福以事屬違例，尤不應向欽差懇請。再三曉諭散去，臣徐素悉其人官聲甚好，由□溪具奏調同安要缺。上冬渡洋回省，經由同邑亦有耆老百餘人，訴述單瑞龍在任清勤，願爲集資贖罪，情詞肫切。臣徐恐涉斂派，未便準行。面爲諭止，兹臣等正在飭查該員原任同安縣任内，有無經手未清即日勒催起解，據單瑞龍之父單鴻俊呈稱，由本籍措變家産，情願繳銀八千兩籲請贖罪臣等。查單瑞龍失察流犯頂替，擬以發遣。咎固難辭，但正值軍需緊急之時，該員來往同安、厦門一帶奔走，以致失于覺察，且正犯吕辰業經該員拿獲，尚足少補前愆。今據伊父單鴻俊呈稱贖罪，合無仰懇聖恩，俯念單瑞龍平日居官尚好，其失察書役舞弊，情尚可原，準其贖罪。至單瑞龍年力正强，才具明幹，如蒙恩準贖罪，不便令其閑棄。該員曾任海疆要缺知縣，于（務）〔撫〕緝事宜素爲諳悉，現在臺灣甫經蕩平，一切查辦叛産緝拿

□□在在需人經理，該員係獲譴之人，理宜出力報効，應請將該員發往臺灣交與奎林、萬鍾傑差遣委用。如果實在奮勉再行酌量奏請録用，倘不能振作或始勤終怠，即當參奏重治其罪，斷不敢稍存回護，至單瑞龍贖罪銀兩，據伊父呈稱，變産完繳。應令其在浙江原籍就近完繳藩庫充公等因。于乾隆五十四年二月二十七日，奉硃批該部議奏，欽此。欽遵于三月初一日抄出，到部臣等檢查原案，緣單瑞龍原任福建同安縣知縣，乾隆五十二年八月，内有該縣絞犯吕辰減等擬流，行知發配廣西。吕辰乘伊母到監探時，囑令伊母找尋素好之提牢書辦許誠商議賄雇更夫郭大跟至龍溪縣點解接遞時頂名赴配。吕辰送給該縣解役兵丁洋銼疑誤乘間逃回，旋經配所廣西貴縣究出頂替情弊，將郭大解回該縣，單瑞龍當將吕辰拿獲，經該督等將單瑞龍參奏革職，審明單瑞龍于監獄書役，平日既不能稽察嚴密，致書役預謀賄頂赴配，而解役人等知情得贓容隱。該縣全無覺察，雖吕辰係該員親往拿獲解究，但其昏庸怠玩之罪未便僅予革職。除吕辰、郭大、許誠及知情得贓容隱之解役，郭成等正法外，將單瑞龍擬發新疆效力，贖罪。等因。奏結在案。今據該督等奏稱，據單瑞龍之父單鴻俊呈稱情願捐銀八千兩代子贖罪。臣等查單瑞龍失察書役舞弊預謀流犯頂替赴配，固屬罪無可辭，但據該督等奏稱，該參員於軍需緊急之時來往奔走，以致失于覺察。且正犯吕辰係經該參員拿獲，可否準其贖罪恭候欽定。再該督等奏稱，單瑞龍年力正强，才具明幹，曾任海疆要缺知縣，于撫緝事宜素爲諳悉。現在臺灣甫經蕩平，在在需人經理，請將該員發往臺灣，交與奎林等差遣委用等語，應俟命下之日，如蒙恩準其贖罪，臣部再行移咨吏部核辦。爲此謹奏請旨等因。乾隆五十四年三月二十七日，奉旨單瑞龍于流犯吕辰在途頂替潛逃失于覺察，咎有應得，但正犯即係該員拿獲，且熟悉閩省情形，單瑞龍準其贖罪仍着發往臺灣差遣委用。如果能奮勉出力，着該督撫酌量以知縣縣丞，奏請補用。欽此。

《清宣宗實録》道光二十六年八月　諭内閣賀長齡奏軍犯奮力效誠請援照回疆遣勇將功贖罪成案，準其釋回等語，所奏甚屬謬妄。内地與回疆情形迥不相同。在配軍犯，自宜嚴加管束，不得藉端遽請免罪，致使妄生希冀。該督總制兩省營伍，不惟雲南之兵歸其統轄，即貴州各營亦無難隨時檄調。此次辦理幺麽回匪，何必藉一軍犯之力，練勇相助耶。所請著不準行，賀長齡辦事毫無見識，懦弱無能，有負朕望，著傳旨嚴行申飭，仍交部議處。

（清）沈家本《刑案删存》卷一《應追贓贖各項遇赦援免山東司咸豐元年》　查臣部辦理道光三十年正月二十六日恩詔事宜，所有臣部應追贓贖各項，除埋葬銀兩，並現犯免罪應行追贓各案，及應行給主之贓不準豁免外，其餘入官贓罰，變價收贖各案，均與豁免之例相符，奏請分別豁免等因。于三十年十二月十六日具奏奉旨依議。欽遵在案。兹據山東巡撫將該省道光三十年分奉文行追，及歷年承追未完贓贖共銀九千二百三十二兩八錢四分四釐，題報到部。内除杜小堯、狗子等贓銀三十三兩，現據該撫題報，無力完繳，俟臣部另行核覆外。已完銀六錢二分二釐五毫，未完銀九千一百九十九兩二錢二分一釐五毫。臣等查核册造數目，均屬相符。惟查三十年分行追之項，如係正月二十六日以後之案，已在赦後，仍應按例著追。至正月二十六日以前之案，並歷年承追未完贓贖等項，業經臣部奏準查辦，應令該撫查明，分别題請豁免。臣等未敢擅便。謹題請旨。

（清）沈家本《駁稿彙存·故殺奉天司》　奉尹題吴得亮故殺吴仲荒身死一案。

查審理命案，務得致死實在根由，按律定擬，方足以成信讞。此案吴得亮與已死吴仲荒同姓認識，吴仲荒給伊作夥，時相往來，吴仲荒之妻吴崔氏習見不避。光緒七年七月間，吴得亮與吴崔氏乘隙通姦，吴仲荒並未知情。後因吴仲荒病卧，無人照料，留吴得亮在家暫住。十一月初三日，吴崔氏出外撿柴，梁挺化前往探望，見吴仲荒頭枕炕沿躺卧，吴得亮在旁陪坐，梁挺化閒談一會，因天氣寒冷，順取鐵斧在炕前劈柴引火，不期斧柄脱落，劃傷吴仲荒顱門，吴仲荒嗔駡吴得亮不將斧柄修好，吴得亮分辯，吴仲荒即欲將其攆逐。吴得亮因服侍其病並未見情，反欲攆逐，一時氣忿，起意將其致死，即用鐵斧向其顱門近右砍傷，又掉轉斧背狠毆，登時殞命。吴崔氏回歸，見其夫身死，哭駡不依，當欲告官。吴得亮用言挾制嚇阻，即將屍棺斂，央允梁挺化幫同擡至山坡私埋，一同逃逸。該督將吴得亮依故殺擬斬，梁挺化依刃傷人律擬徒，照過失傷律收贖等因具題。

臣等查吴仲荒既爲吴得亮作夥，吴得亮前往吴仲荒家照料，自非傭工可比，則斧柄之未曾修好本非吴得亮分内之事，何以吴仲荒遽向嗔駡，並欲攆逐，殊非情理所有。即謂當日起釁真由斧柄脱落劃傷致相口角，在吴伸荒爲受傷氣忿，而在吴得亮實非深仇積恨，又無受辱難堪及慮恐報復情事，何至頓起殺機，遂欲將其致死，恐係吴得亮與吴崔氏通姦，被吴伸荒窺破姦情，斥罵攆逐。吴得亮欺吴伸荒病卧，乘吴崔氏外出，遽將其砍毆斃命，謂非釁起因姦，殊難憑信。至梁挺化係吴伸荒親戚，前來看望，何以當吴伸荒斥罵吴得亮之時，既不從旁勸解，吴得亮砍毆吴伸荒之時，亦不上前攔阻，吴崔氏哭罵之時，復不幫同鳴官，反聽從吴得亮私埋，實屬可疑。雖據原供稱：連忙拉勸，吴伸荒已氣絶身亡。然吴伸荒果與吴得亮口角，爲時必非俄頃，且據吴得亮供稱：拏斧砍了一下，又掉轉斧背狠毆一下。是先砍一傷，猶可云倉猝未防，而後此掉轉斧背之際，豈得云攔阻不及。梁挺化既認有斧劃一傷，即難保無同謀幫毆情事。到案後，捏飾情節，希圖卸罪。該督將梁挺化擬徒，照過失傷律收贖。查原供稱：吴伸荒頭枕炕沿躺卧，梁挺化既在炕前劈柴。相離切近，此豈耳目所不及，思慮所不到者，亦與過失傷之律不符。吴崔氏於其夫身死時，閲四月之久，雖曾給伊姪吴中海送信，究未報官，亦難免無知情私和情事。案情既未真確，罪名亦未允協，臣部礙難率復，應令該督另委賢員，研鞫確情，按律妥擬具題，到日再議。八月。

（清）沈家本《駁稿彙存・共毆正兇病故奉天司》 黑龍江將軍咨張富等共毆陳崔氏身死並張富在監病斃一案。

查人命重案，務須於兇犯就獲即訊取確切供詞，按律妥擬，方成信讞，不得任意遲逾，含糊了結，致多枉縱。此案張富與張賀氏合夥共爨，張賀氏有女丫頭年十七歲，許給陳崔氏爲媳，尚未過門。光緒七年十一月十二日，張賀氏同張富乘車赴陳崔氏家，找房在彼住宿，張富車馬二匹賊竊去，徧尋無蹤，張富先行回去。十四日，陳崔氏將張賀氏送回，即在張賀氏家住宿，商量接丫頭過門童養，張賀氏未允，陳崔氏亦即無語。張富提起丟馬之事，疑是陳崔氏作成圈套，向其追問，陳崔氏答以不知。張富混罵，陳崔氏亦未言語。張賀氏幫同追問，陳崔氏氣忿罵鬧，並將家具摔壞，張賀氏拾棍連毆，傷其額顱，陳崔氏潑鬧，連張富辱罵，張富用鐵庫木靶毆傷其眉角眼角，陳崔氏拼命，張富將其推跌，仰卧地上，陳崔氏欲起，張富用腳踢傷其右顴骨，並騎坐身上，陳崔氏辱罵不休，張富用木靶將其咽喉横壓良久，陳崔氏當即氣絶殞命。張富起意，商同張賀氏棄屍井中。報驗獲犯解案，正在提訊間，張富於八年十月初三日在監因病身死。該將軍聲明：陳崔氏應以張富擬抵，業已監斃，應毋庸議，張賀氏依共毆餘人擬杖收贖等因咨部。

本部詳核案情，該犯張富與張賀氏並無戚誼，何以合夥共爨。據鄉約原報及委員詣驗，皆稱爲張賀氏家，張富又别無親屬，則張賀氏之於張富其爲苟合容留已可概見。至張賀氏與張富同至陳崔氏家住宿，馬匹被竊，本與陳崔氏無干，張富當時亦未詰問，其初不疑及陳崔氏可知，迨陳崔氏送張賀氏回家，並向商接年已十七之媳過門，張賀氏託詞未允，陳崔氏並無他言，何以張富忽疑丟馬之事係陳崔氏做成圈套，遽向追問，並出言混罵，張賀氏亦幫同追問。種種情節支離，難保非别有起釁根由及因姦謀害情事，況所稱張賀氏先用棍連毆，張富後用鐵庫木靶將其毆傷，推跌倒地，復用木靶壓傷其咽喉身死。此等情形，但據張賀氏一面之詞，張富既未取供即行病斃，究竟當場是否二人一同下手，孰先孰後，豈得任令現犯捏詞狡避，不復逐細推詳。且此案於七年十一月十五日呈報獲犯解案，張富於八年十月初三日病斃，相去幾及一年，乃云正在提訊間張富患病身死，並未取有隻字供詞，是承審之員於此等之人命重案始則延閣不辦，繼則顢頇了事，殊不足以成信讞。案情既未確鑿，本部礙難率覆，應令該將軍再行提犯，嚴訊確情，妥擬報部，到日再議可也。十一月。

交館照繕。

（清）沈家本《刑案删存》卷一《幼孩斃命直隸司光緒八年》 查律載：鬥毆殺人者，不問手足他物金刃，並絞監候。又例載：十五歲以下被長欺侮，毆斃人命之案，死者年長凶犯四歲以上，而又理曲逞凶者，準援照丁乞三仔之例，聲明恭候欽定各等語。又雍正十年奉旨：丁乞三仔年僅十四，與丁狗仔一處挑土。丁狗仔欺其年幼，令其挑運重筐，又將土塊擲打。丁乞三仔拾土回擲，適中丁狗仔小腹殞命。丁乞三仔情有可原，著從寬免死，照例減等發落等因。欽此。欽遵在案。張有頭因向史棕征之侄史鈺厮索欠争鬧。史棕征趨護，用刀將該犯並伊母扎劃致傷，該犯奪刀將史棕征扎傷身死，自應按律問擬，應如該督所題，張有頭合依鬥毆殺人者，不問手足他物金刃並絞律，擬絞監候。惟查該犯年僅十五，已死史棕征年已三十五歲，長於凶犯四歲以上。死者因該犯向其侄索欠趨護，用刀將該犯並伊母扎劃致傷，實屬恃長欺凌，理曲逞凶。該犯刀由奪護，嚇扎適斃。核與丁乞三仔之案情相同。既據該督於疏内聲明，相應援例兩請恭候欽定。倘蒙聖恩準其減等，臣部行文該督將該犯減爲杖一百流三千里，年未及歲照律收贖，追取贖銀入官，並追埋葬銀二十兩，給付屍屬具領，以資營葬。該督疏稱云云。

（清）沈家本《刑案删存》卷三《飭拏教匪直隸司光緒九年》　該署督疏稱：郭二張六拜王九爲師，隨同習念邪教咒語，即屬爲從，亦應按例問擬。郭二年僅五十六歲，除臨拏放火燒燬閑房輕罪不議外，合依爲從年未逾六十，改發回城給大小伯克及力能管束之回子爲奴，左面刺傳習邪教四字，右面刺外遣二字，仍暫行監禁，俟新疆善後事竣，再行照例發往。張六即張中，年已六十，並未傳徒，合依被誘學習尚未傳徒而年逾六十以上者，改發雲貴兩廣烟瘴地方充軍。仍以極邊足四千里爲限，至配杖一百，折責安置，左面刺傳習邪教，右面刺烟瘴改發各四字。此外，訊無隨同學習之人，亦無另犯爲匪不法情事，應毋庸議。郭曲氏聽信王九係伊夫郭五借屍還魂，將其認回姦宿成爲夫婦，雖訊係不知假捏情事，第事屬荒誕，該氏輒聽信妄認，實屬無耻。自應仍科姦罪。郭曲氏合依軍民相姦者，姦婦枷號一個月杖一百例，擬枷號一個月杖一百。係犯姦之婦，杖決枷贖追取贖銀入官。張長、郭三係教匪鄰居，第有父兄習教，律得容隱，未便科以知情不舉之罪。惟該犯等當該教匪習念教書之時，常往觀看，雖未聽從講習，究屬不應。張長、郭三均應照不應重律擬杖八十，各折責發落。潘狗子訊無將王九知情容留同逃，應與年未及歲之郭永頭均免置議。地方張幅增與牌頭于信等，一經風聞，即行呈首，尚無不俣，亦均免其置議。郭二臨拏放火燒燬閑房麥稭，飭估追賠。教書銷燬等語。均應如該署督所題辦理。該署督又稱：案係該縣自行訪獲，失察處分應予免議等語。恭俟命下，臣部咨吏部照例辦理。惟查該省爲畿輔重地，近年傳習邪教案件層見疊出。而此案又與從前逆黨部四牽涉，郭曲氏之夫郭五，因窩留部四正法。部四本係嘉慶年間教匪餘孽，至同治十年始行殄除，而其妻子漏網未獲。今王九原籍與部四同在山東復在郭曲氏家演習邪教，道路傳言，王九係部四之子，或非無因。第既據該督查明，王九實非部四之子，且罪已至絞決，未便往復駁查，致稽時日。惟逸犯張五等在逃未獲，難保不另滋事端。應請旨飭下該督，嚴行查拏，務獲究辦。並統飭各屬時加密訪，遇有姦民容留外來教匪，即行拏辦，從重治罪，以警邪黨而遏亂萌。臣等爲慎重地方起見，以由題改奏，合併聲明。所有臣等核議緣由，謹恭摺具奏請旨。光緒九年五月十三日奏。奉旨：王九著即處絞。餘依議。欽此。

（清）沈家本《駁稿彙存·毆死童養媳奉天司》　盛刑咨王吳氏毆死童養子媳梅二妞一案。查律載：非理毆子婦至死者杖一百徒三年等語。此案王吳氏因童養子媳梅二妞逃走，找回管教，毆戳致傷身死，自應按律問擬，王吳氏應依非理毆子婦至死者杖一百徒三年律擬杖一百徒三年。該犯婦事犯到官在光緒七年五月十四日恩詔以前，所得徒罪應準減爲杖一百，照例收贖。至光緒九年本部奏定故殺童養幼媳酌予監禁章程係專指逞忿故殺情節殘忍者而言，與此案之釁起管教邂逅至死者不符。該侍郎所請或照新章擬流監禁之處，應毋庸議。王九成聽從棄屍罪有應得，事犯雖在恩詔以前，仍應緝拏，相應咨覆該侍郎可也。十一月二十二日。

交館核過。

（清）沈家本《刑案删存》卷四《奉天司光十一》　查張賀氏因與陳崔氏口角爭鬧，與伊夫張富共毆陳崔氏身死。前據該將軍以陳崔氏身受各傷，惟後被張富用木靶壓傷咽喉爲重，應以擬抵。聲明張富於訊供之先，在監病斃，應毋庸議。將張賀氏依共毆餘人律擬杖等因咨部。經本部查覈，案情未確，駁令再行嚴訊妥擬去後。茲據該將軍遵駁覆訊張賀氏，係憑媒招贅張富爲夫，並非苟合。其陳崔氏食氣嗓之傷，定係被張富用木靶橫壓所致。應以張富擬抵，將張賀氏仍照原擬，依共毆餘人律擬杖。本部查覈，情罪尚屬相符，應如所咨辦理。該犯事犯到官在光緒十一年正月初四日恩旨以前，所得杖罪，應準援免，並免收贖。餘如所咨完結，相應咨覆該將軍可也。

（清）沈家本《刑案删存》卷六《陝西司》　惟查新疆一帶奏定命案章程，應入秋審緩決人犯，俱係隨本減流，於南北兩路互相調發，伊犁似未便辦理兩歧。今達西春之妻因姦致夫被殺，並不知情。雖係旗人在伊犁地方犯事，與民人不同。第核其情節，該犯婦尚無戀姦忘仇情事，秋審應入緩決。應否照章即行減流收贖，抑仍歸入秋審辦理之處，該將軍並未聲叙明晰。相應請旨飭下伊犁將軍，酌量情形，妥擬具奏。至犯婦達西春之妻係何姓氏，亦未叙明，應令一併查明具奏。光緒十四年三月二十七日奏，奉旨：依議，欽此。

（清）沈家本《刑案删存》卷一《犯婦逢恩漏未查辦湖廣司光緒十五年》

查劉侯氏、劉維清，係已革提督劉效忠妻、子。同治八年間經前撫丁以劉效忠出言狂悖，並與水套匪徒往來交密，將劉效忠密拏正法，因其家屬人等均屬逆類，縱之恐貽後患。奏奉諭旨，將劉侯氏等一併牢固監禁等因在案。兹據該撫咨稱：劉侯氏在監患病，批飭取保醫治。恭逢歷次恩旨、詔，因係逆犯家屬，未經查辦。劉侯氏因年老病衰，悞會取保在外多年，係逢恩寬免。意謂伊子劉維清亦可釋放，冀養邁年，並圖準添砌前撫挾嫌陷害等情，遣抱京控。咨解回東，訊非有心誣告，將該犯婦酌照不應重律，擬杖八十，收贖。並以劉侯氏及其子劉維清，雖係逆犯劉效忠妻、子，奏明永遠監禁，未便曲予從寬，第劉維清監禁已逾二十年，則其少壯人獄，徒令白首含悲。且該犯屬等因親連累，與實犯叛逆不同。溯查光緒十五年三月十六日恭逢恩詔，查辦永遠監禁及未定罪名各犯，均已得邀曠典，該犯婦等未便獨令向隅。可否取保釋放，抑仍監禁之處，咨請部示等因。本部查例内監候待質人犯，俱係分別罪名，定有年限，今劉侯氏、劉維清係劉效忠妻、子，劉效忠當日暗與套匪往來，尚無謀叛顯迹。該犯婦等因親連累，並未定擬罪名，與實犯叛逆例應緣坐者不同，現又無可待質，且該家屬在監病斃者已有五名口。若將劉侯氏、劉維清終身羈禁，老死囹圄，情本可憫。惟係該前撫奏奉諭旨監禁之犯，又與尋常監候待質定有年限者不同。該撫以其監禁已逾二十年，可否將該犯婦等一並保釋，抑乃監禁？咨請部示。本部未便據咨率準。應由該撫將從前監禁查辦各緣由詳晰聲叙，奏明辦理。相應咨覆該撫可也。

圖表

《明會典》卷一七六《刑部・五刑贖罪》 按贖法有二，有律得收贖者，有例得納贖者，律贖無敢損益，而納贖之例，則因時權宜，先後互

異。嘉靖中重修條例，奏定在京則做工、納米、運灰、運甎、運炭、運石六等。在外則有力、稍有力二等。輕重適中，至今遵守。萬曆十三年，復題准申明，詳見律例，其節年事例仍載此，并具圖于後。如國初贖銅，成化間納馬，例皆不行，存之以備參考。

凡贖銅，洪武年間令，各處知府知州知縣，有犯公罪，笞四十以下者，許令贖銅。凡贖銅，每笞一十半斤，杖一十一斤，徒一年一百二十斤，一年半一百四十斤，二年一百六十斤，二年半一百八十斤，三年二百斤。流二千里二百二十斤，二千五百里二百四十斤，三千里二百六十斤。

凡納鈔、納錢、折銀，永樂十一年令，除公罪依例紀録收贖。及死罪情重者，依律處治。其情輕者，斬罪，贖鈔八千貫，絞罪及榜例死罪，六千貫。流罪三千貫，徒罪二千貫，杖罪一千貫，笞罪五百貫。宣德二年定，笞杖罪囚，每一十贖鈔二十貫，其徒流罪名，每徒一等，折杖二十，三流並折杖一百四十。其所罰鈔，悉如笞杖所定。景泰元年，令内外法司，問擬笞杖罪囚，有力者納鈔，笞一十，二百貫，每十以二百貫遞加，至笞五十，爲一千貫。杖六十，一千八百貫，每十以三百貫遞加，至杖一百爲三千貫。其貪贓官吏，除金銀珠寶，仍追本色，餘物亦照今例折鈔，羅緞每疋八百貫，綾紗三百貫，大絹一百貫，小絹三梭布各三十貫，大綿布二十貫，小綿布八貫。天順五年，令罪囚納鈔，每笞一十，鈔二百貫，餘四笞，各遞加一百五十貫。至杖六十，增爲一千四百五十貫，餘杖各遞加二百貫。弘治十四年奏准，刑部都察院問完例難的決人犯，并婦人，有力者每杖一百，該鈔二千二百五十貫，折銀一兩，每十以二百貫遞減，至杖六十，爲銀六錢。笞五十，該鈔七百五十貫，折銀五錢，每十以一百五十貫，遞減至笞二十，爲銀二錢，笞一十，該鈔二百貫，折銀一錢。如收銅錢，每銀一兩折七百文，其依律贖鈔，除過失殺人外，其餘亦照此數折收。按季類送户部明立文案，照數支給。正德二年，令囚犯贖罪，照舊兼收錢鈔，如杖一百該鈔二千二百五十貫，折銀一兩，該折收銅錢七百文，今收鈔一千一百二十五貫，收錢三百五十文，餘四杖五笞，俱照原遞減鈔數，錢鈔中半收受。嘉靖七年議准，老幼廢疾，并婦人，天文生餘罪等項，律該收贖，原定鈔貫數少，折銀太輕，更定則例，每鈔一貫，折銀一分二釐五毫。如笞一十，贖鈔六百文，則折銀七釐五毫，以罪輕重遞加折

收。令天下問刑諸司，皆以此例從事。又議准，軍民犯罪，除納米、擺站、哨瞭外，笞一十，准工一箇月，四笞遞加半月。杖六十，准工四箇月，四杖，遞加半箇月。徒罪照徒年限各納銀，內稍有力，每月工價銀三錢，三年，共十兩八錢，其近行稍次有力，每月工食銀一錢，事例革去。

凡納運米穀。洪武二十三年，令罪囚運米贖罪，除十惡并殺人者論死。餘死罪，運米北邊，力不及者，或二人併力運納。三十年，令罪囚運米贖罪，死罪一百石，徒流遞減。其力不及者，死罪自備米三十石，徒流罪十五石，俱運赴甘州威虜地方上納，就彼充軍。永樂三年，令官民雜犯死罪以下，量增贖罪米，聽於京倉上納，免赴北京。雜犯死罪納米一百一十石，流罪三等，八十石。加役者，九十石。徒罪三年者，六十石。二年半，五十石。二年并遷徙者，四十五石。一年半，三十五石。一年，三十石。杖罪九十、一百俱二十五石。六十至八十，二十石。笞罪十石。十一年，令流罪運米四十石。徒罪三年，三十五石。餘四徒減五石。杖罪十石，笞罪五石。俱於北京官倉給糧，自備車牛，運赴懷來上納。宣德二年，令南京法司，問擬監守自盜雜犯死罪以下，各自備米於南京倉上納贖罪。死罪，官吏一百石，軍民人等八十石，流罪六十石。徒三年、二年半，遞減十石。二年，三十五石。一年半，至杖九十，遞減五石。杖八十，一十二石。七十、六十遞減二石。笞五十，六石。四笞遞減一石。三年，令雜犯死罪以下，官吏依例納米，軍匠力能納者，亦如之。若家遠不能者，行原籍追納，就彼官倉收貯。若非存留操備上工者，遞回納米。四年，令納米贖罪者，北京法司，并直隸河間等八府，及河南山東官吏軍民人等，俱於京倉雜犯死罪五十石。流罪比死罪減十石，徒三年，二十五石，以下四等，遞減五石。杖一百，十石，以下四等，遞減一石。笞五十，五石，四十，減一石，三十又減五斗，二十又減一石，一十又減五斗。南京法司，及湖廣、江西并南直隸太平等府州縣，官送北京，吏典軍民人等俱於南京倉。浙江并直隸蘇松常鎮四府，及江北直隸鳳陽等府州縣官送北京，吏典軍民人等，俱於淮安倉，徐州於臨清倉，俱依宣德二年納米南京倉石數。其監守盜糧，兜攬貨物與逃亡軍囚夫匠厨子等項，及力不能納米者，依律問斷。五年，令在外罪囚贖罪，除真犯外，文武官吏，犯贓者送京師如律處治，軍職犯死罪者，納米贖罪，送京師調衛，非贓罪，則不分輕重，俱納米還職役。正統十四年，令通州運米至京倉，雜犯死罪，三百六十石。三流并杖一百。徒三年者，二百八十石。餘四等遞減四十石。杖每一十，八石。笞每一十，四石。通州運至居庸關，隆慶衛等倉，雜犯死罪，九十石。三流并杖一百，徒三年，七十石。餘四等，遞減十石。杖，每一十，二石。笞，每一十，一石。景泰三年，令法司罪囚於京倉運米，赴宣府宣德倉贖罪，雜犯死罪，四十五石。三流并徒三年，三十五石。餘四等，遞減五石。杖一百，十石。餘四等遞減一石。六年，令法司罪囚杖以上，自備米運，赴宣府上倉，斬絞罪，二十石。三流并徒三年，十六石。徒二年半，十三石五斗。徒二年，十一石。一年半，九石。一年，六石五斗。杖每一十四斗。又令在京法司，并北直隸罪囚運米沿邊贖罪，雜犯死罪，九十石。三流并徒三年，七十石。俱減二十石。杖九十，徒二年半，六十石，減十五石。杖八十，徒二年，五十石。杖七十，徒一年半，四十石。杖六十，徒一年，三十石。俱減十石。杖罪，每一十，二石減作一石五斗。笞罪不減。弘治四年，令法司徒杖罪囚仍照舊例，不分軍民人等，但審有力，犯該杖六十，徒一年，納米十五石。餘四徒，遞加五石。正德二年，議准罪人例該納米者，每石折穀一石五斗，收預備倉備賑。七年，令在外囚犯紙劄，二分納紙，八分折米穀上倉備賑，不許折收銀兩。嘉靖四年奏准陝西各邊及近邊軍職犯罪，准徒立功，未經起解，及已到配所者，俱許令納米，或折納雜糧上倉，贖罪，完日還職。仍於原衛所帶俸差操。每徒半年，納米一十石，折雜糧一十五石。其未到配所者，亦照前數遞減。五年奏准，大同、宣府、榆林、山西等處，及寧夏等邊，凡問軍職立功，未經起解，及已到配所願納贖者照四年例，折納雜糧，或折銀，完日回衛閑住，待年限滿日帶俸。若本鎮錢糧不乏，有犯者，仍令立功，不准贖。

凡運灰、運甎、運炭。永樂十七年，令見發做工笞杖徒流罪囚，有願併工運甎者，每人日運四箇，各照所犯計算。雜犯死罪囚亦准併工，每人運甎一萬箇。天順五年，令官員與有力之人，照例運甎炭等物，每笞一十，運灰一千二百斤，甎七十箇，碎甎二千八百斤，水和炭二百斤，石一千二百餘斤，四笞、五杖，灰各遞加六百斤，甎各遞加三十五箇，碎甎各遞加一千四百斤，水和炭各遞加一百斤，石各遞加六百斤。徒一年，運灰一萬二千斤，甎六百箇，碎甎二萬四千斤，水和炭一千七百斤，石一萬二千斤。餘四徒及流罪，灰各遞加六千斤，甎各遞加三百箇，碎甎各遞加一萬二千斤，水和炭各遞加九百斤，石各遞加六千斤。雜犯二死，各運炭六萬四千二百斤，甎三千二百箇，碎甎一十二萬八千斤，水和炭九千斤，石六萬四千二百斤。

凡納馬，成化二年，令在京文武官吏軍民人等，犯該徒流等罪，有力者，送兵部估算運灰脚價納馬。徒一年，約脚價銀一十三兩三錢。二年半，約一十六兩六錢俱納馬一匹。三年，約二十兩，三流，約二十三兩三錢，俱納馬二匹。雜犯死罪，約銀三十五兩六錢，納馬三匹。每馬一匹，准銀十兩，外剩脚價銀兩，不勾買馬一匹者，追收在官，會太僕寺委官隨時買馬。

凡工役。見拘役囚人。

在京納贖諸例圖

	做工	米	灰	甎	碎甎	水和炭	石	老疾折錢
笞一十	一箇月	米五斗穀七十五升	一千二百斤折銀一兩八分	七十箇折銀三錢	二千八百斤	二百斤折銀四錢	一千二百斤	
二十	一箇半月	米一石穀一石五斗	一千八百斤折銀一兩六錢二分	一百五箇折銀六錢	四千二百斤	三百斤折銀六錢	一千八百斤	
三十	二箇月	米一石五斗穀二石二斗五升	二千四百斤折銀二兩一錢六分	一百四十箇折銀九錢	五千六百斤	四百斤折銀八錢	二千四百斤	俱一文
四十	二箇半月	米二石穀三石	三千斤折銀二兩七錢	一百七十五箇折銀一兩二錢	七千斤	五百斤折銀一兩	三千斤	
五十	三箇月	米二石五斗穀三石七斗五升	三千六百斤折銀三兩二錢四分	二百一十箇折銀一兩五錢	八千四百斤	六百斤折銀一兩二錢	三千六百斤	
杖六十	四箇月	米六石穀九石	四千二百斤折銀三兩七錢八分	二百四十五箇折銀一兩八錢	九千八百斤	七百二十斤折銀一兩四錢四分	四千二百斤	俱二文
七十	四箇半月	米七石穀十石五斗	四千八百斤折銀四兩三錢二分	二百八十箇折銀二兩一錢	一萬一千二百斤	八百二十斤折銀一兩六錢四分	四千八百斤	
八十	五箇月	米八石穀十二石	五千四百斤折銀四兩八錢六分	三百一十五箇折銀二兩四錢	一萬二千六百斤	九百二十斤折銀一兩八錢四分	五千四百斤	
九十	五箇半月	米九石穀十三石五斗	六千斤折銀五兩四錢	三百五十箇折銀二兩七錢	一萬四千斤	一千二十斤折銀二兩四分	六千斤	

一百	徒一年	一年半	二年	二年半	三年	流罪	雜犯死罪
六箇月	照徒年限						
米十石穀十五石	米一十五石穀二十一石五斗	米二十石穀三十石	米二十五石穀三十二石五斗	米三十石穀四十五石	米三十五石穀四十七石五斗	米四十石穀六十石	米五十石穀七十五石
六千六百斤折銀五兩九錢四分	一萬二千斤折銀十兩八錢	一萬八千斤折銀十六兩二錢	二萬四千斤折銀二十一兩六錢	三萬斤折銀二十七兩	三萬六千斤折銀三十二兩四錢	四萬二千斤折銀三十七兩八錢	六萬四千二百斤折銀五十七兩七錢八分
三百八十五箇折銀三兩	六百箇折銀四兩	九百箇折銀六兩	一千二百箇折銀八兩	一千五百箇折銀十兩	一千八百箇折銀一十二兩	二千一百箇折銀一十四兩	三千二百箇折銀十六兩
一萬五千四百斤	二萬四千斤	二萬六千斤	四萬八千斤	六萬斤	七萬二千斤	八萬四千斤	一十二萬八千斤
一千一百二十斤折銀二兩二錢四分	一千七百斤折銀三兩四錢	二千六百斤折銀五兩二錢	三千五百斤折銀七兩	四千三百斤折銀八兩六錢	五千二百斤折銀十兩四錢	五千八百斤折銀一十一兩六錢	九千斤折銀一十八兩
六千六百六斤	一萬二千斤	一萬八千斤	二萬四千斤	三萬斤	三萬六千斤	四萬二千斤	六萬四千二百斤
俱三文	六文		九文		十一文		

在外納贖諸例圖

		舊例
無力	依律	
有力	照例	折銀上庫
稍有力	納工價	照儀從事例
收贖律鈔	老幼廢疾工樂户婦人折權餘罪及一應輕贖者	刑部覆都御史陳洪謨奏與例鈔應別
贖罪例鈔	軍職正妻例難的決之人有力者	先將鈔一貫折銀三釐比納米九重
錢鈔兼收	即上件人犯該贖鈔者	在京常用銀鈔故見行兼收
贖鈔雜犯又犯者		

今定	笞一十	二十	三十	四十
折穀上倉	米五斗穀一石	米一石穀二石	米一石五斗穀三石	米二石穀四石
每做工一月折銀三錢	三錢	四錢五分	六錢	七錢五分
刑部覆都御史朱廷聲奏每貫折銀一分二釐五毫	鈔六百文折銀七釐五毫	錢一貫二百文折銀一分五釐	鈔一貫八百文折銀二分二釐五毫	鈔二貫四百文折銀三分
都御史朱廷聲題照尚書閔珪議與工食同	鈔一百五十貫折錢七十文折銀一錢	鈔三百貫折錢一百四十文折銀二錢	鈔四百五十貫折錢三百一十文折銀三錢	鈔六百貫折錢二百八十文折銀四錢
在外錢鈔不便故奏行折銀見上	錢二十五文鈔一百貫	錢七十文鈔一百五十貫	錢一百五十文鈔一百二十五貫	錢二百四十文鈔二百貫
	雜犯再犯笞杖決訖照前發遣			

五十	杖六十	七十	八十
米二石五斗穀五石	米六石穀十二石	米七石穀十四石	米八石穀十六石
九錢	一兩二錢	一兩三錢五分	一兩五錢
鈔三貫折銀三分七釐五毫	鈔三貫六百文折銀四分五釐	鈔四貫二百文折銀五分二釐五毫	鈔四貫八百文折銀六分
鈔七百五十貫折錢三百五十文折銀五錢	鈔一千四百五十貫折錢四百二十文折銀六錢	鈔一千六百五十貫折錢四百九十文折銀七錢	鈔一千八百五十貫折錢五百六十文折銀八錢
錢二百七十文鈔三百七十五貫	錢三百一十文鈔七百二十五貫	錢二百四十五文鈔八百二十五貫	錢二百八十文鈔九百二十五貫

九十		米九石穀十八石	一兩六錢五分		鈔五百貫四百文折銀六分七釐五毫	鈔二千五十貫折錢六百三十文折銀九錢	錢三百一十五文鈔一千二十五貫	
一百	以上俱的決	米十石穀二十石	一兩八錢		鈔六貫折銀七分五釐	鈔二千二百五十貫折錢七百文折銀一兩	錢三百五十文鈔一千一百二十五貫	
		連杖總折			全贖銅錢兼徒杖收折	徒流情重不准納鈔	折杖誣輕爲重者	
徒一年	以下俱民擺站軍瞭哨	米十五石穀三十石	三兩六錢		鈔十二貫折錢一錢五分	婦人餘罪收贖鈔六貫折錢三文	杖六十連徒共折杖一百五十	雜犯再犯贖鈔六貫
一年半		米二十石穀四十石	五兩四錢		鈔十五貫折銀一錢八分七釐五毫	鈔九貫折錢四文半	杖七十連徒共折杖一百四十	贖鈔九貫
二年		米二十五石穀五十石	七兩二錢		鈔十八貫折銀二錢二分五釐	鈔一十二貫折錢六文	杖八十連徒共折杖一百六十	贖鈔一十二貫

二年半		米三十石穀六十石	九兩		鈔二十一貫折銀二錢六分二釐五毫	鈔一十五貫折錢七文半	杖九十連徒共折杖一百八十	贖鈔一十五貫
三年		米三十五石穀七十石	十兩八錢		鈔二十四貫折銀三錢	鈔一十八貫折錢九文	杖一百連徒共折杖二百	贖鈔一十八貫
流二千里					鈔三十貫折銀三錢七分五釐	充軍比此贖鈔三十貫	流徒共折杖二百二十	
二千五百里					鈔三十三貫折銀四錢一分二釐五毫		流杖共折二百三十	
三千里					鈔三十六貫折銀四錢五分		流杖共折杖二百四十	
總徒四年		米四十石穀八十石	十四兩四錢		遷徙准徒二年除杖贖止贖鈔一十三貫二百文		干名者實以服制虛加三等不折杖	已徒又犯徒遇例減一年

雜犯五年	軍職立 功有力米五十一十八 納米年石穀一兩 滿復職百石 帶俸	誣致死未決流三千里不折杖 再犯收贖鈔三十六貫
絞斬	鈔四十二貫折銀五錢二分五釐	全誣者流三千里加役三年
過失殺	依律收贖鈔四十二貫，内鈔八分該三十三貫六百文銅錢，二分該八千四百文給付其家	

收贖鈔圖

誣輕爲重，已決全抵剩罪未決，笞杖收贖，徒流杖一百，餘收贖　徒限内老疾收贖

笞一十		
二十		
三十	如告人笞三十内，止一十實，已決全抵剩二十之罪，未決收贖一貫二百文	
四十	如告人笞四十内，止一十實，已決全抵剩三十之罪，未決者收贖一貫八百文	
五十	如告人笞五十内，止二十實，已決全抵剩三十之罪，未決收贖一貫八百文	
杖六十	如告人杖六十内，止二十實，已決全抵剩四十之罪，未決收贖二貫四百文	
七十	如告人杖七十内，止三十實，已決全抵剩四十之罪，未決收贖二貫四百文	
八十	如告人杖八十内，止三十實，已決全抵剩五十之罪，未決收贖三貫	
九十	如告人杖九十内，止四十實，已決全抵剩五十之罪，未決收贖三貫	
一百	如告人杖一百内，止四十實，已決全抵剩六十之罪，未決收贖三貫六百文	
徒一年 杖六十	如告人杖六十徒一年内，止笞五十實，已決全抵剩杖一十徒一年之罪，未決徒一年折杖六十并共七十收贖四貫二百文	除杖外徒該八貫四百文計未役每日贖鈔三十三文三分三釐三毫，每月贖七十文
一年半 杖七十	如告人杖七十徒一年半内，止杖八十實，已決全抵剩徒一年半之罪，未決徒一年半折杖七十，并杖一百四十，除杖八十剩杖六十，收贖三貫六百文	除杖外徒該十貫八百文計未役每日贖鈔二十文月贖鈔六百文

二年	杖八十	如告人杖八十徒二年內，止杖八十實，已決全抵剩徒二年之罪，未決者，徒二年折杖八十收贖四貫八百文	除杖外徒該一十三貫二百文計未役每日贖十八文三釐三毫四絲，月贖五百五十文
二年半	杖九十	如告人杖九十徒二年半內，止杖六十徒一年，實已決全抵剩杖三十徒一年半之罪，未決徒二年半，折杖七十并杖三十共杖一百收贖四貫	除杖外徒該一十貫六百文計未役每日贖一十七文三分三釐三毫四絲，月贖五百二十文
三年	杖一百	如告人杖一百徒三年內，止杖八十實，已決全抵剩杖二十徒三年之罪，未決徒三年折杖共一百二十，止杖一百餘二十收贖一貫二百文	除杖外徒該一十八貫計未役每日贖一十六文六分七釐，每月五百文
流二千里	杖一百	如告人未決杖一百流二千里折杖一百二十內，止杖六十徒一年折杖六十實，剩杖一百，收贖鈔六貫，已決准徒四年，除實外全抵剩杖四十徒三年	
二千五百里	杖一百	如告人未決杖一百流二千五百里折杖一百三十內，止杖六十徒一年折杖六十實，剩一百一十止杖一百餘收贖六百文，已決准徒四年除實外全抵剩杖四十徒三年	
三千里	杖一百	如告人杖一百流三千里准徒四年內，止杖一百流二千里准徒三年實，已決全抵剩徒一年未決折杖一百四十除一百二十剩二十收贖一貫二百文	

	贖米	有力納工價	稍有力納工價
笞一十	五斗	三錢五分	銀三錢
二十	一石	五錢	四錢五分
三十	一石五斗	七錢五分	六錢
四十	二石	一兩	七錢五分
五十	二石五斗	一兩二錢五分	九錢
杖六十	六石	三兩	一兩二錢
七十	七石	三兩五錢	一兩三錢五分
八十	八石	四兩	一兩五錢
九十	九石	四兩五錢	一兩六錢五分
一百	十石	五兩	一兩八錢
杖六十徒一年	十五石	七兩五錢	三兩六錢
杖七十徒一年半	二十石	十兩	五兩四錢
八十徒二年	二十五石	十二兩五錢	七兩三錢
九十徒二年半	三十石	十五兩	九兩
一百徒三年	三十五石	十七兩五錢	十兩八錢
徒四年	四十石	二十兩	十四兩四錢
徒五年	五十石	二十五兩	一十八兩

黄彰健《明代律例彙編》卷首《附律例錢鈔圖》

附律例錢鈔圖

在京仍收錢鈔。在外收贖鈔，照例每貫折銀一分二釐五毫。其婦人兼收錢鈔及贖罪例鈔，俱每笞杖一十，折銀一錢。

	老小廢疾收贖	婦人兼收錢鈔	婦人餘罪收贖	贖罪例鈔
笞一十	六百文	錢三十五文，鈔一百貫		一百五十貫
二十	一貫二百文	錢七十文，鈔一百五十貫		三百貫
三十	一貫八百文	錢一百五文，鈔二百二十五貫		四百五十貫
四十	二貫四百文	錢一百四十文，鈔三百貫		六百貫
五十	三貫	錢一百七十五文，鈔三百七十五貫		七百五十貫
杖六十	三貫六百文	錢二百一十文，鈔七百二十五貫		一千四百五十貫
七十	四貫二百文	錢二百四十五文，鈔八百二十五貫		一千六百五十貫
八十	四貫八百文	錢二百八十文，鈔九百二十五貫		一千八百五十貫
九十	五貫四百文	錢三百一十五文，鈔一千二十五貫		二千五十貫
一百	六貫	錢三百五十文，鈔一千一百二十五貫		二千二百五十貫
徒一年	十二貫		鈔六貫	徒流不準納鈔
一年半	十五貫		九貫	
二年	十八貫		十二貫	
二年半	二十一貫		十五貫	
三年	二十四貫		十八貫	
流二千里	三十貫，充軍終身例得收贖准此			
二千五百里	三十三貫			
三千里	三十六貫			
總徒四年	三十九貫			
雜犯五年	四十二貫			
過失殺人	收贖鈔三十三貫六百文，折銀四錢二分；銅錢八千四百文，折銀一十二兩，共十二兩四錢二分			

黄彰健《明代律例彙編》卷首《附在京諸贖罪例附在外諸贖罪例》

附在京諸贖罪例

橫看	無力做工	有力納米	運灰石	運磚	運碎磚	運水和炭	錢鈔兼收
笞一十	一個月	五斗	一千二百斤	七十個	二千八百斤	二百斤	錢三十五文，鈔一百貫
二十	一個半月	一石	一千八百斤	一百五個	四千二百斤	三百斤	錢七十文，鈔一百五十貫

三十	二個月	一石五斗	二千四百斤	一百四十個	五千六百斤	四百斤	錢一百五文，鈔二百二十五貫
四十	二個半月	二石	三千斤	一百七十五個	七千斤	五百斤	錢一百四十文，鈔三百貫
五十	三個月	二石五斗	三千六百斤	二百一十個	八千四百斤	六百斤	錢一百七十五文，鈔三百七十五貫
杖六十	四個月	六石	四千二百斤	二百四十五個	九千八百斤	七百二十斤	錢二百一十文，鈔七百二十五貫
七十	四個半月	七石	四千八百斤	二百八十個	一萬一千二百斤	八百二十斤	錢二百四十五文，鈔八百二十五貫
八十	五個月	八石	五千四百斤	三百一十五個	一萬二千六百斤	九百二十斤	錢二百八十文，鈔九百二十五貫
九十	五個半月	九石	六千斤	三百五十個	一萬四千斤	一千二十斤	錢三百一十五文，鈔一千二十五貫
一百	六個月	十石	六千六百斤	三百八十五個	一萬五千四百斤	一千一百二十斤	錢三百五十文，鈔一千一百二十五貫

徒一年	照徒年限	十五石	一萬二千斤	六百個	二萬四千斤	一千七百斤	徒流情重，例無納鈔
一年半		二十石	一萬八千斤	九百個	三萬六千斤	二千六百斤	
二年		二十五石	二萬四千斤	一千二百個	四萬八千斤	三千五百斤	
二年半		三十石	三萬斤	一千五百個	六萬斤	四千四百斤	
三年		三十五石	三萬六千斤	一千八百個	七萬二千斤	五千三百斤	
流罪	四年	四十石	四萬二千斤	二千一百個	八萬四千斤	六千二百斤	
雜犯死罪	五年	五十石	六萬四千二百斤	三千二百個	一十二萬八千斤	九千斤	

附在外諸贖罪例

橫看	無力徒流照例	稍有力納工價	有力納穀	納銀	收贖鈔	贖罪鈔	贖鈔，雜犯死罪人又犯罪者
笞一十	笞杖俱依律的決	三錢	七斗五升	二錢五分	錢六百文，折銀七釐五毫	鈔二百貫，折錢七十文，或折銀一錢	雜犯再犯，笞杖決訖，照前發落

二十		四錢五分	一石五斗	五錢	錢一貫二百文，折銀一分五釐	鈔三百貫，折錢一百四十文，折銀二錢	
三十		六錢	二石二斗五升	七錢五分	錢一貫八百文，折銀二分二釐五毫	鈔四百五十貫，折錢二百一十文，折銀三錢	
四十		七錢五分	三石	一兩	錢二貫四百文，折銀三分	鈔六百貫，折錢二百八十文，折銀四錢	
五十		九錢	三石七斗五升	一兩二錢五分	錢三貫，折銀三分七釐五毫	鈔七百五十貫，折錢三百五十文，折銀五錢	
杖六十		一兩二錢	九石	三兩	錢三貫六百文，折銀四分五釐	鈔一千四百五十貫，折錢四百二十文，折銀六錢	

七十		一兩三錢五分	十石五斗	三兩五錢	錢四貫二百文，折銀五分二釐五毫	鈔一千六百五十貫，折錢四百九十文，折銀七錢	
八十		一兩五錢	十二石	四兩	錢四貫八百文，折銀六分	鈔一千八百五十貫，折錢五百六十文，折銀八錢	
九十		一兩六錢五分	十三石五斗	四兩五錢	錢五貫四百文，折銀六分七釐五毫	鈔二千五十貫，折錢六百三十文，折銀九錢	
一百		一兩八錢	十五石	五兩	錢六貫，折銀七分五釐	鈔二千二百五十貫，折錢七百文，折銀一兩	
						天文生婦人餘罪鈔	
徒一年	以下係民擺站，軍哨瞭，並免杖	三兩六錢	二十二石五斗	七兩五錢	錢一十二貫，折銀一錢五分	鈔六貫，折銀七分五釐	決訖杖六十，準鈔三貫六百文，再贖鈔八貫四百文，照前發落

一年半		五兩四錢	三十石	十兩	錢一十五貫，折銀一錢八分七釐五毫	鈔九貫，折銀一錢一分二釐五毫	決訖杖七十，準鈔四貫二百文，再贖鈔一十貫八百文
二年		七兩二錢	三十七石五斗	十二兩五錢	錢一十八貫，折銀二錢二分五釐	鈔十二貫，折銀一錢五分	決訖杖八十，準鈔四貫八百文，再贖鈔十二貫二百文
二年半		九兩	四十五石	十五兩	錢二十一貫，折銀二錢六分一釐五毫	鈔一十五貫，折銀一錢八分七釐五毫	決訖杖九十，準鈔五貫四百文，再贖鈔十五貫八百文
三年		十兩八錢	五十二石五斗	十七兩五錢	錢二十四貫，折銀三錢	鈔一十八貫，折銀二錢二分五釐	決訖杖一百，準鈔六貫，再贖鈔十八貫
流二千里	三流並准徒四年				錢三十貫，折銀三錢七分五釐	鈔二十四貫，折銀三錢	決訖杖一百，準鈔六貫，再贖鈔二十四貫
二千五百里					錢三十三貫，折銀四錢一分二釐五毫	鈔二十七貫，折銀三錢三分七釐五毫	決訖杖數，再贖鈔二十七貫
三千里					錢三十六貫，折銀四錢五分	鈔三十貫，折銀三錢七分五釐	決訖杖數，再贖鈔三十貫
總徒四年	此重犯徒者依律再科後犯之罪，決訖今得杖數，總徒不過四年	十四兩四錢		二十兩	遷徙准徒二年，除杖，止贖錢一十三貫二百文		
雜犯死罪	准徒五年，軍官立功限滿還職帶俸，其老小廢疾者，運炭納米等項發落	一十八兩	七十五石	二十五兩	錢四十二貫，折銀五錢二分五釐	婦人餘罪鈔三十六貫，折銀四錢五分	決杖一百，除准鈔六貫，再贖鈔三十六貫，照前發落

在京納贖諸例橫圖

	笞一十
無力做工	一箇月
納米	米五斗，穀七斗五升
運灰	一千二百斤
運磚	七十箇
運碎磚	二千八百斤
運水和炭	三百斤
運石	一千二百斤
老疾折錢	

黃彰健《明代律例彙編》卷首《在京納贖諸例橫圖在外納贖諸例橫圖》

二十	一箇半月	米一石，穀一石五斗	一千八百斤	一百五箇	四千二百斤	三百斤	一千八百斤	
三十	二箇月	米一石五斗，穀二石二斗五升	二千四百斤	一百四十箇	五千六百斤	四百斤	二千四百斤	俱一文
四十	二箇半月	米二石，穀三石	三千斤	一百七十五箇	七千斤	五百斤	三千斤	
五十	三箇月	米二石五斗，穀三石七斗五升	三千六百斤	二百一十箇	八千四十斤	六百斤	三千六百斤	
杖六十	四箇月	米六石，穀九石	四千二百斤	二百四十五箇	九千八百斤	七百二十斤	四千二百斤	俱二文
七十	四箇半月	米七石，穀十石五斗	四千八百斤	二百八十箇	一萬一千二百斤	八百二十斤	四千八百斤	
八十	五箇月	米八石，穀十二石	五千四百斤	三百一十五箇	一萬二千六百斤	九百二十斤	五千四百斤	
九十	五箇半月	米九石，穀十三石五斗	六千斤	三百五十箇	一萬四千斤	一千二十斤	六千斤	

一百	六箇月	米十石，穀十五石	六千六百斤	三百八十五箇	一萬五千四百斤	一千一百二十斤	六千六百斤	俱三文
徒一年	照徒年限	米一十五石，穀二十一石五斗	一萬二千斤	六百箇	二萬四千斤	一千七百斤	一萬二千斤	六文
一年半		米二十石，穀三十石	一萬八千斤	九百箇	二萬六千斤	二千六百斤	一萬八千斤	
二年		米二十五石，穀三十二石五斗	二萬四千斤	一千二百箇	四萬八千斤	三千五百斤	二萬四千斤	九文
二年半		米三十石，穀四十五石	三萬斤	一千五百箇	六萬斤	四千三百斤	三萬斤	
三年		米三十五石，穀四十七石五斗	三萬六千斤	一千八百箇	七萬二千斤	五千二百斤	三萬六千斤	十二文
流罪		米四十石，穀六十石	四萬二千斤	二千一百箇	八萬四千斤	五千八百斤	四萬二千斤	

雜犯死罪
米五十石，穀七十五石
六萬四千二百斤
三千二百箇
一十二萬八千斤
九千斤
六萬四千二百斤

在外納贖諸例橫圖

		舊例	今定
無力	依律		
有力	照例	折銀上庫	折穀上倉
稍有力	納工價	照儀從事例	每做工一月折銀三錢
收贖律鈔	老幼廢疾工樂户婦人折杖餘罪及一應輕贖者	刑部覆都御史陳洪謨奏與例鈔應別	刑部覆都御史朱廷聲奏，每貫折銀一分二釐五毫
贖罪例鈔	軍職正妻例應的決之人有力者	先將鈔一貫折銀三釐，比納米尤重	都御史朱廷聲題照尚書閔珪議，與工食同
錢鈔兼收	即上件人犯該贖鈔者	在京常用銀鈔故見行兼收	在外錢鈔不便故奏行折銀見上
贖鈔贖銅雜犯又犯者出會典			

笞一十	二十	三十	四十	五十
米五斗，穀一石	米一石，穀二石	米一石五斗，穀三石	米二石，穀四石	米二石五斗，穀五石
三錢	四錢五分	六錢	七錢五分	九錢
錢六百文，折銀七釐五毫	錢一貫二百文，折銀一分五釐	錢一貫八百文，折銀二分二釐五毫	錢二貫四百文，折銀三分	錢三貫，折銀三分七釐五毫
鈔一百五十貫，折錢七十文，折銀一錢	鈔三百貫，折錢一百四十文，折銀二錢	鈔四百五十貫，折錢二百一十文折銀三錢	鈔六百貫，折錢二百八十文，折銀四錢	鈔七百五十貫，折錢三百五十文，折銀五錢
錢三十五文，鈔一百貫	錢七十文，鈔一百五十貫	錢一百五十文鈔二百二十五貫	錢二百四十文鈔三百貫	錢二百七十文鈔三百七十五貫
雜犯再犯，笞杖決訖，照前發遣				每笞一十贖銅半斤

杖六十		米六石，穀一十二石	一兩二錢	錢三貫六百文折銀四分五釐	鈔一千四百五十貫折錢四百二十文，折銀六錢	錢三百一十文鈔七百二十五貫	
七十		米七石，穀十四石	一兩三錢五分	錢四貫二百文折銀五分二釐五毫	鈔一千六百五十貫折錢四百九十文，折銀七錢	錢二百四十五文鈔八百二十五貫	
八十		米八石，穀十六石	一兩五錢	錢四貫八百文折銀六分	鈔一千八百五十貫折錢五百六十文，折銀八錢	錢二百八十文鈔九百二十五貫	
九十		米九石，穀十八石	一兩六錢五分	錢五貫四百文折銀六分七釐五毫	鈔二千五十貫折錢六百三十文，折銀九錢	錢三百一十五文鈔一千二十五貫	
一百	以上俱的決	米十石，穀二十石	一兩八錢	錢六貫折銀七分五釐	鈔二千二百五十貫折錢七百文，折銀一兩	錢三百五十文鈔一千一百二十五貫	每杖一十贖銅一斤

		連杖總折		全贖銅錢兼徒杖收折	徒流情重不准納鈔	折杖誣輕爲重者	
徒一年	以下俱民擺站，軍瞭哨	米十五石，穀三十石	三兩六錢	錢十二貫折銀一錢五分	婦人餘罪收贖鈔六貫折錢三文	杖六十連徒共折杖一百二十	贖銅一百二十斤，雜犯再犯，贖鈔六貫
一年半		米二十石，穀四十石	五兩四錢	錢十五貫折銀一錢八分七釐五毫	鈔九貫折錢四文半	杖七十連徒共折杖一百四十	贖銅一百四十斤，雜犯再犯，贖鈔九貫
二年		米二十五石，穀五十右	七兩二錢	錢十八貫折銀二錢二分五釐	鈔一十二貫折錢六文	杖八十連徒共折杖一百六十	贖銅二百六十斤，雜犯再犯，贖鈔一十二貫
二年半		米三十石，穀六十石	九兩	錢二十一貫折銀二錢六分一釐五毫	鈔二十五貫折錢七文半	杖九十連徒共折杖一百八十	贖銅一百八十斤，雜犯再犯，贖鈔一十五貫
三年		米三十五石，穀七十石	十兩八錢	錢二十四貫折銀三錢	鈔一十八貫折錢九文	杖一百連徒共折杖二百	贖銅二百斤，雜犯再犯，贖鈔一十八貫

流二千里				錢三十貫折銀三錢七分五釐	充軍終身例得收贖鈔三十貫	流徒共折杖二百二十	贖銅二百二十斤
二千五百里				錢三十三貫折銀四錢一分二釐五毫		流徒共折杖二百三十	贖銅二百四十斤
三千里				錢三十六貫折銀四錢五分		流徒共折杖二百四十	贖銅二百六十斤
總徒四年		米四十石，穀八十石	十四兩錢	遷徙準徒二年除杖贖止贖錢一十三貫二百文		干名者實以服制虛加三等不折杖	已徒又犯徒，遇例減一年
雜犯五年	軍職立功有力納米年滿復職帶俸	米五十石，穀一百石	一十八兩			誣致死未決流三千里不折杖	再犯，收贖鈔三十六貫
絞斬				鈔四十二貫折銀五錢二分五釐		全誣者流三千里加役三年	
過失殺	依律收贖鈔四十二貫。內鈔八分，該三十三貫六百文；銅錢二分，該八千四百文，給付其家。						

在京納贖諸例圖

	笞一十	二十	三十	四十
做工	一箇月	一箇半月	二箇月	二箇半月
米	米五斗，穀七斗五升	米一石，穀一石五斗	米一石五斗，穀二石二斗五升	米二石，穀三石
灰	一千二百斤折銀一兩八分	一千八百斤折銀一兩六錢二分	二千四百斤折銀二兩一錢六分	三千斤折銀二兩七錢
甎	七十箇折銀三錢	一百五箇折銀六錢	一百四十箇折銀九錢	一百七十五箇折銀一兩二錢
碎甎	二千八百斤	四千二百斤	五千六百斤	七千斤
水和炭	二百斤折銀四錢	三百斤折銀六錢	四百斤折銀八錢	五百斤折銀一兩
石	一千二百斤	一千八百斤	二千四百斤	三千斤
老疾折錢			俱一文	

五十	杖六十	七十	八十	九十
三箇月	四箇月	四箇半月	五箇月	五箇半月
米二石五斗，穀三石七斗五升	米六石，穀九石	米七石，穀十石五斗	米八石，穀十二石	米九石，穀十二石五斗
三千六百斤，折銀三兩二錢四分	四千二百斤，折銀三兩七錢八分	四千八百斤，折銀四兩三錢二分	五千四百斤，折銀四兩八錢六分	六千斤，折銀五兩四錢
二百一十箇，折銀一兩五錢	二百四十五箇，折銀一兩八錢	二百八十箇，折銀二兩一錢	三百一十五箇，折銀二兩四錢	三百五十箇，折銀二兩七錢
八千四十斤	九千八百斤	一萬一千二百斤	一萬二千六百斤	一萬四千斤
六百斤，折銀一兩二錢	七百二十斤，折銀一兩四錢四分	八百二十斤，折銀一兩六錢四分	九百二十斤，折銀一兩八錢四分	一千二十斤，折銀二兩四分
三千六百斤	四千二百斤	四千八百斤	五千四百斤	六千斤
	俱二文			

一百	徒一年	一年半	二年	二年半
六箇月	照徒年限			
米十石，穀十五石	米一十五石，穀二十一石五斗	米二十石，穀三十石	米二十五石，穀三十二石五斗	米三十石，穀四十五石
六千六百斤，折銀五兩九錢四分	一萬二千斤，折銀十兩八錢	一萬八千斤，折銀十六兩二錢	二萬四千斤，折銀二十一兩六錢	二萬斤，折銀二十七兩
三百八十五箇，折銀三兩	六百箇，折銀四兩	九百箇，折銀六兩	一千二百箇，折銀八兩	一千五百箇，折銀十兩
一萬五千四百斤	二萬四千斤	二萬六千斤	四萬八千斤	六萬斤
一千一百二十斤，折銀二兩二錢四分	一千七百斤，折銀三兩四錢	二千六百斤，折銀五兩二錢	三千五百斤，折銀七兩	四千三百斤，折銀八兩六錢
六千六百六斤	一萬二千斤	一萬八千斤	二萬四千斤	三萬斤
俱三文	六文		九文	

在外納贖諸例圖

	三年	流罪	雜犯死罪
無力			
有力	米三十五石，穀四十七石五斗	米四十石，穀六十石	米五十石，穀七十五石
稍有力	三萬六千斤，折銀三十二兩四錢	四萬二千斤，折銀三十七兩八錢	六萬四千二百斤，折銀五十七兩七錢八分
收贖律鈔	一千八百箇，折銀一十二兩	二千一百箇，折銀一十四兩	三千二百箇，折銀十六兩
贖罪例鈔	七萬二千斤	八萬四千斤	一十二萬八千斤
錢鈔兼收	五千二百斤，折銀十兩四錢	五千八百斤，折銀一十一兩六錢	九千斤，折銀一十八兩
贖鈔雜犯又犯者	二萬六千斤	四萬二千斤	六萬四千二百斤
	十二文		

	舊例	今定	笞一十	二十	三十
依律					
照例	折銀上庫	折穀上倉	米五斗，穀一石	米一石，穀二石	米一石五斗，穀三石
納工價	照儀從事例	每做工一月折銀三錢	三錢	四錢五分	六錢
老幼廢疾樂户婦人折杖餘罪及一應輕贖者	刑部覆都御史陳洪謨奏與例鈔應別	刑部覆都御史朱廷聲奏，每貫折銀一分二釐五毫	鈔六百文折銀七釐五毫	鈔一貫二百文折銀一分五釐	鈔一貫八百文折銀二分二釐五毫
軍職正妻例難的決之人有力者	先將鈔一貫折銀三釐，比納米尤重	都御史朱廷聲題照尚書閔珪議，與工食同	鈔一百五十貫折錢七十文，折銀一錢	鈔三百貫折錢一百四十文，折銀二錢	鈔四百五十貫折錢二百一十文，折銀三錢
即上件人犯該贖鈔者	在京常用銀鈔故見行兼收	在外錢鈔不便故奏行折銀見上	錢三十五文，鈔一百貫	錢七十文，鈔一百五十貫	錢一百五十文鈔一百二十五貫
			雜犯再犯，笞杖決訖，照前發遣		

四十		米二石，穀四石	七錢五分	鈔二貫四百文折銀三分	鈔六百貫折錢二百八十文，折銀四錢	錢二百四十文鈔二百貫	
五十		米二石五斗，穀五石	九錢	鈔三貫折銀三分七釐五毫	鈔七百五十貫折錢三百五十文，折銀五錢	錢二百七十文鈔三百七十五貫	
杖六十		米六石，穀十二石	一兩二錢	鈔三貫六百文折銀四分五釐	鈔一千四百五十貫折錢四百二十文，折銀六錢	錢三百一十文鈔七百二十五貫	
七十		米七石，穀十四石	一兩三錢五分	鈔四貫二百文折銀五分二釐五毫	鈔一千六百五十貫折錢四百九十文，折銀七錢	錢二百四十五文鈔八百二十五貫	
八十		米八石，穀十六石	一兩五錢	鈔四貫八百文折銀六分	鈔一千八百五十貫折錢五百六十文，折銀八錢	錢二百八十文鈔九百二十五貫	
九十		米九石，穀十八石	一兩六錢五分	鈔五百貫四百文折銀六分七釐五毫	鈔二千五十貫折錢六百三十文，折銀九錢	錢三百一十五文鈔一千二十五貫	

一百	以上俱的決	米十石，穀二十石	一兩八錢	鈔六貫折銀七分五釐	鈔二千二百五十貫折錢七百文，折銀一兩	錢三百五十文鈔一千一百二十五貫	
		連杖總折		全贖銅錢兼徒杖收折	徒流情重不準納鈔	折杖，誣輕爲重者	
徒一年	以下俱民擺站，軍瞭哨	米十五石，穀三十石	三兩六錢	鈔十二貫折銀一錢五分	婦人餘罪收贖鈔六貫折錢三文	杖六十連徒共折杖一百五十	雜犯再犯，贖鈔六貫
一年半		米二十石，穀四十石	五兩四錢	鈔十五貫折銀一錢八分七釐五毫	鈔九貫折錢四文半	杖七十連徒共折杖一百四十	贖鈔九貫
二年		米二十五石，穀五十石	七兩二錢	鈔十八貫折銀二錢二分五釐	鈔一十二貫折錢六文	杖八十連徒共折杖一百六十	贖鈔一十二貫
二年半		米三十石，穀六十石	九兩	鈔二十一貫折銀二錢六分二釐五毫	鈔一十五貫折錢七文半	杖九十連徒共折杖一百八十	贖鈔一十五貫
三年		米三十五石，穀七十石	十兩八錢	鈔二十四貫折銀三錢	鈔一十八貫折錢九文	杖一百連徒共折杖二百	贖鈔一十八貫

《大明律讀法》所載在外納贖諸例橫圖

知府孫存編

		舊例	今定	笞一十
無力	依律			
有力	照例	折銀上庫	折穀上倉	米五斗，穀一石
稍有力	納工價	照儀從事例	每做工一月折銀三錢	三錢
稍次有力	納工食	惟比工價減半	河南兵備周期雍呈行奏準輕則，每笞杖一十，折銀一錢	一錢
收贖律鈔	老幼廢疾工樂户婦人折杖餘罪及一應輕贖者	刑部覆都御史陳洪謨奏，與例鈔有別	刑部覆都御史朱廷聲奏，每貫折銀一分二釐五毫	錢六百文，折銀七釐五毫
贖罪律鈔	軍職正妻，例難的決之人，有力者	先將鈔一貫折銀三釐，比納米尤重	都御史朱廷聲題照尚書閔珪議，與工食同	鈔一百五十貫，折錢七十文，折銀一錢
錢鈔兼收	即上件人犯該贖鈔者	在京常用銀鈔，故見行兼收	在外錢鈔不便，故奏行折銀見上	錢三十五文，鈔一百貫
贖鈔銅錢，雜犯又犯者出會典				雜犯再犯，笞杖決訖，照前發遣

流二千里	二千五百里	三千里	總徒四年	雜犯五年	絞斬	過失殺
				軍職立功有力納米年滿復職帶俸		依律收贖鈔四十二貫，內鈔八分，該三十三貫六百文；銅錢二分，該八千四百文，給付其家。
			米四十石，穀八十石	米五十石，穀一百石		
			十四兩四錢	一十八兩		
鈔三十貫折銀三錢七分五釐	鈔三十三貫折銀四錢一分二釐五毫	鈔三十六貫折銀四錢五分	遷徒準徒二年，除杖贖，止贖鈔一十三貫二百文		鈔四十二貫折銀五錢二分五釐	
充軍比此贖鈔三十貫						
流徒共折杖二百二十	流杖共折杖二百三十	流杖共折杖二百四十	干名者實以服制虛加三等不折杖	誣致死未決流三千里不折杖	全誣者流三千里，加役三年	
			已徒又犯徒，遇例減一年	再犯收贖鈔三十六貫		

二十		米一石，穀二石	四錢五分	二錢	錢一貫二百文，折銀一分五釐	鈔三百貫，折錢一百四十文，折銀二錢	錢七十文，鈔一百五十貫	
三十		米一石五斗，穀三石	六錢	三錢	錢一貫八百文，折銀二分二釐五毫	鈔四百五十貫，折錢二百一十文，折銀三錢	錢一百五十文，鈔二百一十五貫	
四十		米二石，穀四石	七錢五分	四錢	錢一貫四百文，折銀三分	鈔六百貫，折錢二百八十文，折銀四錢	錢二百四十文，鈔三百貫	
五十		米二石五斗，穀五石	九錢	五錢	錢三貫，折銀三分七釐五毫	鈔七百五十貫，折錢三百五十文，折銀五錢	錢二百七十文，鈔三百七十五貫	每笞一十，贖銅十斤
杖六十		米六石，穀一十二石	一兩二錢	六錢	錢三貫六百文，折銀四分五釐	鈔一千四百五十貫，折錢四百二十文，折銀六錢	錢三百二十文，鈔七百二十五貫	

七十		米七石，穀十四石	一兩三錢	七錢	錢四貫二百文，折銀五分二釐五毫	鈔一千六百五十貫，折錢四百九十文，折銀七錢	錢三百四十五文，鈔八百二十五貫	
八十		米八石穀十六石	一兩五錢	八錢	錢四貫八百文，折銀六分	鈔一千八百五十貫，折錢五百六十文，折銀八錢	錢二百八十文，鈔九百一十五貫	
九十		米九石穀十八石	一兩六錢	九錢	錢五貫四百文，折銀六分七釐五毫	鈔二千五十貫，折錢六百二十文，折銀九錢	錢三百一十五文，鈔一千二十五貫	
一百	以上俱的決	米十石，穀二十石	一兩八錢	一兩	錢六貫，折銀七分五釐	鈔六百五十貫，折錢七百文，折銀一兩	錢三百五十文，錢一千一百二十五貫	每杖一十，贖銅一斤
		連杖總折		每徒一月折銀一錢	全鈔□銅錢兼徒杖收折	徒流情重，不準納鈔	折杖，誣輕爲重者	

徒一年	以下民擺站，竈加煎，軍瞭哨，軍職立功	米十五石，穀三十石	三兩六錢	一兩二錢	錢十二貫，折銀一錢五分	婦人餘罪，收贖鈔六貫，折錢三文	杖六十，連徒共折杖一百二十	贖銅一百二十斤，雜犯再犯，贖鈔六貫
一年半		米二十石，穀四十石	五兩四錢	一兩八錢	錢十五貫，折銀一錢八分七釐五毫	鈔九貫，折錢四文半	杖七十，連徒共折杖一百四十	贖銅一百四十斤，雜犯再犯贖鈔九貫
二年		米二十五石，穀五十石	七兩二錢	二兩四錢	錢十八貫，折銀二錢二分五釐	鈔一十二貫，折錢六文	杖八十，連徒共折杖一百六十	贖銅一百六十斤，雜犯再犯，贖鈔一十二貫
二年半		米三十石，穀六十石	九兩	三兩	錢二十一貫，折銀二錢六分二釐五毫	鈔一十五貫，折錢七文半	杖九十，連徒共折杖一百八十	贖銅一百八十斤，雜犯再犯，贖鈔一十五貫
三年		米三十五石，穀七十石	十兩八錢	三兩六錢	錢二十四貫，折銀三錢	鈔一十八貫，折錢九文	杖一百，連徒共折杖二百	贖銅二百斤，雜犯再犯，贖鈔一十八貫

流二千里					錢三十貫，折銀三錢七分五釐	充軍比此，贖鈔三十貫	流杖共折杖二百二十	贖銅二百二十斤
二千五百里					錢三十三貫，折銀四錢一分一釐五毫		流杖共折杖二百三十	贖銅二百四十斤
三千里					錢三十六貫，折銀四錢五分		流杖共折杖二百四十	贖銅二百六十斤
總徒四年		米四十石，穀八十石	十四兩四錢	四兩八錢	遷徙準徒二年，除杖贖，止贖錢一十二貫二百文		干名者實以服制虛加三等，不折杖	已徒又犯徒，遇例減一年
雜犯五年		米五十石，穀一百石	一十八兩	六兩	鈔四十二貫，折銀五錢二分五釐		誣致死未決，流三千里，不折杖	再犯收贖鈔三十六貫

絞斬罪	過失殺
全誣者流三千里，加役三年	依律收贖鈔四十二貫。内鈔八分，該三十三貫六百文。銅錢二分，該八千四百文，給付其家。每鈔八貫，折銀一錢，共四錢二分。每銅錢七百文，折銀一兩，共十二兩。載法家要覽。

黃彰健《明代律例彙編》卷首《附納贖例圖》

附納贖例圖

	在京見行凡五則					在外見行凡二則	
	做工	運囚糧	運灰	運甎	運水和炭	有力	稍有力
笞一十	一個月折銀三錢	五斗	一千二百斤折銀一兩二錢六分	七十個折銀九錢一分	二百斤折銀四錢	米五斗穀一石	工價三錢
二十	一個半月折銀四錢五分	一石	一千八百斤折銀一兩八錢九分	一百五個折銀一兩三錢六分五釐	三百斤折銀六錢	米一石穀二石	四錢五分
三十	二個月折銀六錢	一石五斗	二千四百斤折銀二兩五錢二分	一百四十個折銀一兩八錢二分	四百斤折銀八錢	米一石五斗穀三石	六錢
四十	二個半月折銀七錢五分	二石	三千斤折銀三兩一錢五分	一百七十五個折銀二兩二錢七分五釐	五百斤折銀一兩	米二石穀四石	七錢五分
五十	三個月折銀九錢	二石五斗	三千六百斤折銀三兩七錢八分	二百一十個折銀二兩七錢三分	六百斤折銀一兩二錢	米二石五斗穀五石	九錢
杖六十	四個月折銀一兩二錢	六石	四千二百斤折銀四兩四錢一分	二百四十五個折銀三兩一錢八分五釐	七百二十斤折銀一兩四錢四分	米六石穀十二石	一兩二錢
七十	四個半月折銀一兩三錢五分	七石	四千八百斤折銀五兩零四分	二百八十個折銀三兩六錢四分	八百二十斤折銀一兩六錢四分	米七石穀十四石	一兩三錢五分
八十	五個月折銀一兩五錢	八石	五千四百斤折銀五兩六錢七分	三百一十五個折銀四兩九分五釐	九百二十斤折銀一兩八錢四分	米八石穀十六石	一兩五錢
九十	五個半月折銀一兩六錢五分	九石	六千斤折銀六兩三錢	三百五十個折銀四兩五錢五分	一千二十斤折銀二兩四分	米九石穀十八石	一兩六錢

	一百	徒一年	一年半	二年	二年半	三年	四年	五年
	六個月折銀一兩八錢	折銀三兩六錢	折銀五兩四錢	折銀七兩二錢	折銀九兩	折銀十兩八錢	折銀十四兩四錢	折銀十八兩
	十石	十五石	二十石	二十五石	三十石	三十五石	四十石	五十石
	六千六百斤折銀六兩九錢三分	一萬二千斤折銀十二兩六錢	一萬八千斤折銀十八兩九錢	二萬四千斤折銀二十五兩二錢	三萬斤折銀三十一兩五錢	三萬六千斤折銀三十七兩八錢	四萬八千斤折銀五十兩四錢	六萬斤折銀六十三兩
	三百八十五個折銀五兩五釐	六百個折銀七兩八錢	九百個折銀十一兩七錢	一千二百個折銀十五兩六錢	一千五百個折銀一十九兩五錢	一千八百個折銀二十三兩四錢	二千四百個折銀三十一兩二錢	三千個折銀三十九兩
	一千一百二十斤折銀二兩二錢四分	一千七百斤折銀三兩四錢	二千五百五十斤折銀五兩一錢	三千四百斤折銀六兩八錢	四千二百五十斤折銀八兩五錢	五千一百斤折銀十兩二錢	六千八百斤折銀十三兩六錢	八千五百斤折銀十七兩
	米十石穀二十石	米十五石穀三十石	米二十石穀四十石	米二十五石穀五十石	米三十石穀六十石	米三十五石穀七十石	米四十石穀八十石	米五十石穀百石
	一兩八錢	三兩六錢	五兩四錢	七兩二錢	九兩	十兩八錢	十四兩四錢	十八兩

黃彰健《明代律例彙編》卷首《附納贖例圖》

附納贖例圖

	笞一十	二十	三十
做工	一箇月折銀三錢	一箇半月折銀四錢五分	二箇月折銀六錢
運囚糧	五斗	一石	一石五斗
運灰	一千二百斤折銀一兩二錢六分	一千八百斤折銀一兩八錢九分	二千四百斤折銀二兩五錢二分
運甎	七十箇折銀九錢一分	一百五箇折銀一兩三錢六分五釐	一百四十箇折銀一兩八錢二分
運水和炭	二百斤折銀四錢	三百斤折銀六錢	四百斤折銀八錢
運碎甎	二千八百斤	四千二百斤	五千六百斤
運石	一千二百斤	一千八百斤	二千四百斤
老疾折錢			俱一文

四十	二箇半月折銀七錢五分	二石	三千斤折銀三兩一錢五分	一百七十五箇折銀二兩二錢七分五釐	五百斤折銀一兩	七千斤	三千斤	
五十	三箇月折銀九錢	二石五斗	三千六百斤折銀三兩七錢八分	二百一十箇折銀二兩七錢三分	六百斤折銀一兩二錢	八千四十斤	三千六百斤	
杖六十	四箇月折銀一兩二錢	六石	四千二百斤折銀四兩四錢一分	二百四十五箇折銀三兩一錢八分五釐	七百二十斤折銀一兩四錢四分	九千八百斤	四千二百斤	俱二文
七十	四箇半月折銀一兩三錢五分	七石	四千八百斤折銀五兩零四分	二百八十箇折銀三兩六錢四分	八百二十斤折銀一兩六錢四分	一萬一千二百斤	四千八百斤	
八十	五箇月折銀一兩五錢	八石	五千四百斤折銀五兩六錢七分	三百一十五箇折銀四兩九分五釐	九百二十斤折銀一兩八錢四分	一萬二千六百斤	五千四百斤	

九十	五箇半月折銀一兩六錢五分	九石	六千斤折銀六兩三錢	三百五十箇折銀四兩五錢五分	一千二十斤折銀二兩四分	一萬四千斤	六千斤	
一百	六箇月折銀一兩八錢	十石	六千六百斤折銀六兩九錢三分	三百八十箇折銀五兩五釐	一千一百二十斤折銀二兩二錢四分	一萬五千四百斤	六千六百六斤	俱三文
徒一年	折銀三兩六錢	十五石	一萬二千斤折銀十二兩六錢	六百箇折銀七兩八錢	一千七百斤折銀三兩四錢	二萬四千斤	一萬二千斤	六文
一年半	折銀五兩四錢	二十石	一萬八千斤折銀十八兩九錢	九百箇折銀十一兩七錢	二千五百五十斤折銀五兩一錢	二萬六千斤	一萬八千斤	
二年	折銀七兩二錢	二十五石	二萬四千斤折銀二十五兩二錢	一千二百箇折銀十五兩六錢	三千四百斤折銀六兩八錢	四萬八千斤	二萬四千斤	九文

二年半	折銀九兩	三十石	三萬斤折銀三十一兩五錢	一千五百箇折銀一十九兩五錢	四千二百五十斤折銀八兩五錢	六萬斤	三萬斤	
三年	折銀十三兩八錢	三十五石	三萬六千斤折銀三十七兩八錢	一千八百箇折銀二十三兩四錢	五千一百斤折銀十兩二錢	七萬二千斤	三萬六千斤	十二文
四年	折銀十四兩四錢	四十石	四萬八千斤折銀五十兩四錢	二千四百箇折銀二十一兩二錢	六千八百斤折銀十三兩六錢	八萬四千斤	四萬二千斤	
五年	折銀十八兩	五十石	六萬斤折銀六十三兩	三千箇折銀三十九兩	八千五百斤折銀十七兩	一十二萬八千斤	六萬四千二百斤	

黃彰健《明代律例彙編》卷首《附收贖鈔圖》

附收贖鈔圖

	誣輕爲重，已決全抵。剩罪未決，笞杖收贖，徒流杖一百，餘收贖。	徒限內老疾收贖
笞一十		
二十		
三十	假如告人笞三十，內止一十實，已決全抵，剩二十之罪未決，收贖一貫二百文	
四十	假如告人笞四十，內止一十實，已決全抵，剩三十之罪未決，收贖一貫八百文	
五十	假如告人笞五十，內止二十實，已決全抵，剩三十之罪未決，收贖一貫八百文	
杖六十	假如告人杖六十，內止二十實，已決全抵，剩四十之罪未決，收贖二貫四百文	
七十	假如告人杖七十，內止三十實，已決全抵，剩四十之罪未決，收贖二貫四百文	
八十	假如告人杖八十，內止三十實，已決全抵，剩五十之罪未決，收贖三貫	
九十	假如告人杖九十，內止四十實，已決全抵，剩五十之罪未決，收贖三貫	
一百	假如告人杖一百，內止四十實，已決全抵，剩六十之罪未決，收贖三貫六百文	
徒一年杖六十	假如告人杖六十徒一年，內止笞五十實，已決全抵，剩杖一十徒一年之罪未決，徒一年折杖六十，並杖共七十，收贖四貫二百文	除杖外，徒該八貫四百文，計未役每日贖鈔二十三文三分三釐三毫，每月贖七百文
一年半杖七十	假如告人杖七十徒一年半，內止杖八十實，已決全抵，剩徒一年半之罪未決，徒一年半折杖七十，並杖一百四十，除杖八十，剩杖六十，收贖三貫六百文	除杖外，徒該十貫八百文，計未役每日贖鈔二十文，月贖鈔六百文

二年杖八十	假如告人杖八十徒二年，內止杖八十實，已決全抵，剩徒二年之罪未決者，徒二年折杖八十，收贖四貫八百文	除杖外徒該一十三貫二百文，計未役每日贖十八文三釐三毫四絲，月贖五百五十文
二年半杖九十	假如告人杖九十徒二年半，內止杖六十徒一年實，已決全抵，剩杖三十徒一年半之罪未決，徒一年半折杖七十，並杖三十，共杖一百，收贖六貫	除杖外徒該一十貫六百文，計未役每日贖一十七文三分三釐三毫四絲，月贖五百二十文
三年杖一百	假如告人杖一百徒三年，內止杖八十實，已決全抵，剩杖二十徒三年之罪未決，徒三年折杖一百，並杖共一百二十，止杖一百，餘二十收贖一貫二百文	除杖外徒該一十八貫，計未役每日贖一十六文六分七釐，每月五百文
流二千里杖一百	假如告人未決杖一百流二千里折杖一百二十，內止杖六十徒一年折杖六十實，剩杖一百，收贖鈔六貫，已決準徒四年，除實外全抵，剩杖四十，徒三年	
二千五百里杖一百	假如告人未決杖一百流二千五百里折杖一百三十，內止杖六十徒一年折杖六十實，剩一百一十，止杖一百，餘收贖六百文已決準徒四年，除實外全抵，剩杖四十，徒三年	
三千里杖一百	假如告人杖一百流三千里準徒四年，內止杖一百流二千里準徒三年實，已決全抵，剩徒二年未決折杖一百四十，除一百二十，剩二十，收贖一貫二百文	

黃彰健《明代律例彙編》卷首《新增收贖鈔圖》

新增收贖圖新例每鈔一貫折銀一分二釐五毫

	老幼收贖	天文生婦人餘罪收贖	誣輕爲重，已決全抵。剩罪未決，笞杖收贖。徒流杖一百，餘收贖	徒限內老疾收贖
笞一十	六百文			
二十	一貫二百文			
三十	一貫八百文		假如告人笞三十，內止一十實，已決全抵，剩二十之罪未決，收贖一貫二百文	
四十	二貫四百文		假如告人笞四十，內止一十實，已決全抵，剩三十之罪未決者收贖一貫八百文	
五十	三貫		假如告人笞五十，內止二十實，已決全抵，剩三十之罪未決，收贖一貫八百文	
杖六十	三貫六百文		假如告人杖六十，內止二十實，已決全抵，剩四十之罪未決，收贖二貫四百文	
七十	四貫二百文		假如告人杖七十，內止三十實，已決全抵，剩四十之罪未決，收贖二貫四百文	
八十	四貫八百文		假如告人杖八十，內止三十實，已決全抵，剩五十之罪未決，收贖三貫	

九十	五貫四百文		假如告人杖九十，內止四十實，已決全抵，剩五十之罪未決，收贖三貫。	
一百	六貫		假如告人杖一百，內止四十實，已決全抵，剩六十之罪未決，收贖三貫六百文	
徒一年杖六十	全贖一十二貫。杖該三貫六百文，徒該八貫四百文	全贖一十二貫。除杖一百，准六貫，餘收贖六貫	假如告人杖六十徒一年，內止笞五十實，已決全抵，剩杖一十徒一年之罪未決，徒一年折杖六十，并杖共七十，收贖四貫一百文	除杖外，徒該八貫四百文，計未役每日贖鈔二十三文三分三釐三毫，每月贖七十文
一年半杖七十	全贖一十五貫。杖該四貫二百文，徒該十貫八百文	全贖一十五貫。除杖一百，准六貫，餘贖九貫	假如告人杖七十，徒二年半，內止杖八十實，已決全抵，剩徒一年半之罪未決，徒一年半折杖七十，并杖一百四十，除杖八十，剩杖六十，收贖三貫六百文	除杖外，徒該十貫八百文，計未役每日贖鈔二十文，月贖鈔六百文
二年杖八十	全贖十八貫。杖該四貫八百文，徒該一十三貫二百文	全贖十八貫。除杖一百，准六貫，餘贖十二貫	假如告人杖八十，徒二年，內止杖八十實，已決全抵，剩徒二年之罪未決者，徒二年折杖八十，收贖四貫八百文	除杖外，徒該一十三貫二百文，計未役每日贖十八文三釐三毫四絲，月贖五百五十文

二年半杖九十	全贖二十一貫。杖該五貫四百文，徒該一十五貫六百文	全贖二十一貫。除杖一百，准六貫，餘贖一十五貫	假如告人杖九十，徒二年半，內止杖六十徒一年實，已決全抵，剩杖三十徒一年半之罪未決。徒一年半，折杖七十，并杖三十，共杖一百，收贖六貫	除杖外，徒該一十貫六百文，計未役每日贖一十七文三分三釐三毫四絲，月贖五百二十文
三年杖一百	全贖二十四貫，杖該六貫，徒該十八貫	全贖二十四貫。除杖一百，准六貫，餘贖一十八貫	假如告人杖一百徒三年，內止杖八十實，已決全抵，剩杖二十徒三年之罪未決。徒三年折杖一百，并杖共一百二十，止杖一百，餘二十收贖一貫二百文	除杖外，徒該一十八貫，計未役每日贖一十六文六分七釐，每月五百文
流二千里杖一百	全贖三十貫。杖該六貫，流該二十四貫	全贖三十貫。除杖一百，准六貫，餘收贖二十四貫	假如告人未決杖一百流二千里，折杖一百二十，內止杖六十徒一年折杖六十實，剩杖一百，收贖鈔六貫，已決准徒四年，除實外全抵，剩杖四十，徒三年。	
二千五百里杖一百	全贖鈔三十三貫。杖該六貫，流該二十七貫	全贖鈔三十三貫。除杖一百，准六貫，餘贖二十七貫	假如告人未決杖一百流二千五百里，折杖一百三十，內止杖六十徒一年折杖六十實，剩一百一十，止杖一百，餘收贖六百文。已決，准徒四年。除實外全抵，剩杖四十，徒三年。	

三千里杖一百	全贖鈔三十六貫。杖該六貫，流該三十貫	全贖鈔三十六貫。除杖一百准六貫，餘贖三十貫	假如告人杖一百流三千里，准徒四年，内止杖一百流二千里准徒三年實，杖一百已決全抵，剩徒一年未決，折杖一百四十，除一百二十，剩二十，收贖一貫二百文	
絞斬	全贖四十二貫			
圖終				

（清）吴壇《大清律例通考》卷二《諸圖·誣輕為重收贖圖》 凡誣輕爲重，如告人一百杖，内止四十杖得實，所誣六十杖被誣之人已經受決，告誣者必全抵杖決六十，不準贖銀。如未決，方準照後收贖。

笞一十	杖之小者，每一十，贖銀七釐五毫。杖亦同之，徒折杖亦同之。
二十	
三十	如告人笞三十，内止一十得實，所剩誣二十已經受決，將告誣者必全抵笞決二十。如未決，準贖銀一分五釐。
四十	如告人笞四十，内止一十得實，所剩誣三十已經受決，將告誣者必全抵笞決三十。如未決，準贖銀二分二釐五毫。
五十	如告人笞五十，内止二十得實，所剩誣三十已經受決，將告誣者必全抵笞決三十。如未決，準贖銀二分二釐五毫。
杖六十	如告人杖六十，内止二十得實，所剩誣四十已經受決，將告誣者必全抵杖決四十。如未決，準贖銀三分。
七十	如告人杖七十，内止三十得實，所剩誣四十已經受決，將告誣者必全抵杖決四十。如未決，準贖銀三分。
八十	如告人杖八十，内止三十得實，所剩誣五十已經受決，將告誣者必全抵杖決五十。如未決，準贖銀三分七釐五毫。

九十	如告人杖九十，内止四十得實，所剩誣五十已經受決，將告誣者必全抵杖決五十。如未決，準贖銀三分七釐五毫。
一百	如告人杖百一，内止四十得實，所剩誣六十已經受決，將告誣者必全抵杖決六十。如未決，準贖銀四分五釐。
徒一年杖六十	如告人杖六十徒一年，内止笞五十得實，被誣之人若已論決，將告誣者必全抵杖一十徒一年之罪。如未決，杖六十徒一年，折杖一百二十。除告實笞五十外，剩杖七十，準贖銀五分二釐五毫。
一年半杖七十	如告人杖七十徒一年半，内止杖七十得實，被誣之人若已論決，將告誣者必全抵剩徒一年半之罪。如未決，杖七十徒一年半，折杖一百四十。除告實杖七十外，剩杖七十，準贖銀五分二釐五毫。
二年杖八十	如告人杖八十徒二年，内止杖八十得實，被誣之人若已論決，將告誣者必全抵剩徒二年之罪。如未決，杖八十徒二年，折杖一百六十。除告實杖八十外，剩杖八十，準贖杖六分。
二年半杖九十	如告人杖九十徒二年半，内止杖六十徒一年得實，被誣之人若已論決，將告誣者必全抵剩杖三十徒一年半之罪。如未決，杖九十徒二年半，折杖一百八十。除告實杖六十徒一年折杖一百二十外，剩折六十，準贖銀四分五釐。
三年杖一百	如告人杖一百徒三年，内止杖八十得實，被誣之人若已論決，將告誣者必全抵剩杖二十徒三年之罪。如未決，杖一百徒三年，折杖二百。除告實杖八十外，剩杖一百二十，仍決杖一百，餘杖二十方準贖銀一分五釐。
流二千里杖一百	如告人杖一百流二千里，内止笞二十得實，被誣之人若已論決，三流並準徒四年，仍包原杖一百。除告實二十外，剩杖八十徒四年，務必全抵。如未決，三流準徒四年，皆以一年爲剩罪，折杖四十，共該折杖二百四十。除告實笞二十外，決杖一百，剩杖一百二十，準作杖六十徒一年，方準贖銀一錢五分。

二千五百里杖一百	如告人杖一百流二千五百里，内止杖六十徒一年得實。被誣之人若已論決，三流並準徒四年，仍原杖一百。除告實杖六十徒一年外，剩杖四十徒三年，務必全抵。如未決，三流準徒四年，皆以一年爲剩罪，折杖四十，共該折杖二百四十。除告實杖六十徒一年折杖一百二十外，剩杖一百二十，決杖一百，餘杖二十，方準贖銀一分五釐。
三千里杖一百	如告人杖一百流三千里，内止杖一百流二千里得實，被誣之人若已論決，其近流人遠流，每流一等準徒半年。除告實外，務必全抵徒一年之罪。如未決，每流一等亦折杖二十，流三千里共該折杖二百六十。除告實杖一百流二千里折杖二百二十外，剩杖四十，準贖銀三分。

此贖與老幼婦人收贖不同，彼徒流皆直照徒年限收贖，此徒流皆折杖照杖收贖。

按：圖内已論決之笞杖徒流全抵剩罪，俱無異。即未論決之笞杖準贖，亦無異。唯未論決之徒流折杖，既每一等折杖二十，則杖六十徒一年者，當於原杖六十之上加杖二十，似不應折杖至一百二十。不知徒罪起於一年，杖數起於六十，折杖之法，即視其原杖之數，徒一年者，原杖六十，將徒一年亦折杖六十，合之原杖六十，得一百二十。徒一年半者，原杖七十，將徒一年半亦杖折七十，合之原杖七十，得一百四十。徒二年者，原杖八十，將徒二年亦折杖八十，合之原杖八十，得一百六十。徒二年半者，原杖九十，將徒二年半亦折杖九十，合之原杖九十，得一百八十。徒三年者，原杖一百，將徒三年亦折杖一百，合之原杖一百，得二百。此徒罪折杖之法也。過此以往，即入於流罪。三流原杖總皆一百。流二千里者，較徒三年加一等，徒三年折杖一百，則流二千里應折杖一百二十，合之原杖一百，得二百二十。流二千五百里較流二千里又加一等，流二千里折杖一百二十，則流二千五百里應折杖一百四十，合之原杖一百，得二百四十。流三千里較流二千五百里又加一等，流二千五百里折杖一百四十，則流三千里應折杖一百六十，合之原杖一百，得二百六十。此流罪折杖之法也。凡被告之人本係近流，而誣人遠流，未決者，俱準此科算。若被告之人本係笞杖及徒罪，而乃誣人流罪，未決則不論遠近，三流準徒四年，皆以一年爲剩罪。蓋徒五等，至三年而止。今準徒四年，則比滿徒多一年，即比滿徒多二等。每一等折杖二十，應折杖四十，連滿徒之折杖一百，原杖一百，共該折杖二百四十。内將告實或笞或杖或徒之本罪照數除去外，餘下折杖不及一百，俱收贖。若過一百，則決杖一百外，所剩杖數收贖。

（清）吳壇《大清律例通考》卷二《諸圖・納贖諸例圖》

	無力	有力	稍有力	收贖	贖罪
	依律決配	照例贖罪		老、幼、廢、疾、天文生及婦人折杖照例收贖	官員正妻例難的決及婦人有力者，照例贖罪
例		折銀上庫			
		折穀上倉，每穀一石折米五斗，每米一石折銀五錢			
笞一十	杖之小者	贖銀二錢五分，如納米五斗，如穀一石	贖銀三錢，照做工一月例折銀三錢	贖銀七釐五毫	贖銀一錢
二十		贖銀五錢，如納米一石，如穀二石	贖銀四錢五分	贖銀一分五釐	贖銀二錢
三十		贖銀七錢五分，如納米一石五斗，如穀三石	贖銀六錢	贖銀二分二釐五毫	贖銀三錢

四十		贖銀一兩，如納米二石，如穀四石	贖銀七錢五分	贖銀三分	贖銀四錢
五十		贖銀一兩二錢五分，如納米二石五斗，如穀五石	贖銀九分	贖銀三分七釐五毫	贖銀五錢
杖六十	杖之大者	贖銀三兩，如納米六石，如穀十二石	贖銀一兩二錢	贖銀四分五釐	贖銀六錢
七十		贖銀三兩五錢，如納米七石，如穀十四石	贖銀一兩三錢五分	贖銀五分二釐五毫	贖銀七錢
八十		贖銀四兩，如納米八石，如穀十六石	贖銀一兩五錢	贖銀六分	贖銀八錢
九十		贖銀四兩五錢，如納米九石，如穀十八石	贖銀一兩六錢五分	贖銀六分七釐五毫	贖銀九錢

一百	以上俱的	贖銀五兩如納米十石，如穀二十石	贖銀一兩八錢	贖銀七分五釐	贖銀一兩
					婦人餘罪收贖例
徒一年		贖銀七兩五錢，如納米十五石，如穀三十石	贖銀三兩六錢	贖銀一錢五分	杖六十連徒共折杖一百二十。其一百正罪，贖銀一兩，其二十餘罪，折銀七分五釐
一年半		贖銀十兩，如納米二十石，如穀四十石	贖銀五兩四錢	贖銀一錢八分七釐五毫	杖七十連徒折杖一百四十。其一百正罪，贖銀一兩，其四十餘罪，折銀一錢一分二釐五毫
二年		贖銀十二兩五錢，如納米二十五石，如穀五十石	贖銀七兩二錢	贖銀二錢二分五釐	杖八十連徒共折杖一百六十，其一百正罪，贖銀一兩，其六十餘罪折銀一錢五分

二年半		贖銀十五兩，如納米三十石，如穀六十石	贖銀九兩	贖銀二錢六分二釐五毫	杖九十連徒，共折杖一百八十。其一百正罪，贖銀一兩，其八十餘罪折銀一錢八分七釐五毫
三年	以上五徒，俱發本省驛遞	贖銀十七兩五錢，如納米三十五石，如穀七十石	贖銀十兩零八錢	贖銀三錢	杖一百連徒，共折杖二百。其一百正罪，贖銀一兩，其一百餘罪，折銀二錢二分五釐
流二千里				贖銀三錢七分五釐	該折杖二百二十。其一百正罪，贖銀一兩，其一百二十餘罪，折銀三錢
二千五百里				贖銀四錢一分二釐五毫	該折杖二百四十。其一百正罪，贖銀一兩，其一百四十餘罪，折銀三錢三分七釐五毫
三千里				贖銀四錢五分	該折杖二百六十。其一百正罪，贖銀一兩，其一百六十餘罪，折銀三錢七分五釐
總徒四年		贖銀二十兩，如納米四十石，如穀八十石	贖銀十四兩四錢	遷徒準徒二年，折贖罪銀四錢五分	
雜犯五年		贖銀二十五分，如納米五十石，如穀一百石	贖銀一十八兩		
絞斬				贖銀五錢二分五釐	除贖正罪銀一兩外，餘罪折銀四錢五分

徒一年杖六十	凡犯杖六十徒一年，老疾合計全贖銀一錢五分。除已受六十，準去四分五釐，剩徒一年該贖銀一錢零五釐計算，每徒一月贖銀八釐七毫五絲。如已役一月，準贖徒銀八釐七毫五絲外，未役十一個月，該收贖銀九分六釐二毫五絲
一年半杖七十	凡犯杖七十徒一年半，老疾合計全贖銀一錢八分七釐五毫。除已受杖七十，準去五分二釐五毫，剩徒一年半該贖銀一錢三分五釐計算，每徒一月贖銀七釐五毫。如已役一月，準贖徒銀七釐五毫外，未役一十七個月，該收贖銀一錢二分七釐五毫

（清）吴壇《大清律例通考》卷二《諸圖・徒限内老疾收贖圖》

二年杖八十	凡犯杖八十徒二年，老疾合計全贖銀二錢二分五釐。除已受杖八十，準去六分，剩徒二年該贖銀一錢六分五釐計算，每徒一月贖銀六釐八毫七絲五忽。如已役一月，準贖徒銀六釐八毫七絲五忽外，未役二十三個月，該收贖銀一錢五分八釐一毫二絲五忽
二年半杖九十	凡犯杖九十徒二年半，老疾合計全贖銀二錢六分二釐五毫。除已受杖九十準去六分七釐五毫，剩徒二年半該贖銀一錢九分五釐計算，每徒一月贖銀六釐五毫。如已役一月，該贖徒銀六釐五毫外，未役二十九個月，該收贖銀一錢八分八釐五毫
三年杖一百	凡犯杖一百徒三年，老疾合計全贖銀三錢，除已受杖一百準去七分五釐，剩徒三年該贖銀二錢二分五釐計算，每徒一月贖銀六釐二毫五絲。如已役一月，準贖徒銀六釐二毫五絲外，未役三十五個月，該收贖銀二錢一分八釐七毫五絲

			笞五十。八錢八分七釐
			杖八十。一兩四錢一分九釐

謹按：此圖係乾隆五年律例館奏準增列。

（清）吴壇《大清律例通考》卷二《諸圖·過失殺傷收贖圖》

過失殺	廢疾篤疾	折傷以上	折傷以下
絞，依律收贖，折銀十二兩四錢二分。給被殺之家營葬	杖一百、徒三年，七兩九分七釐	杖一百，一兩七錢七分四釐	笞二十。三錢五分四釐
	杖一百、流三千里，十兩六錢四分五釐	杖六十、徒一年。三兩五錢四分八釐	笞三十。五錢三分二釐
		杖八十、徒二年。五兩三錢二分二釐	笞四十。七錢九釐

罪名總部

綜論部

論說

（宋）王益之《西漢年紀》神爵元年秋七月　京兆尹張敞上書言：充國兵在外，軍以夏發，隴西以北，安定以西，吏民並給轉輸，田事頗費，素無餘積，雖羌虜已破，來春民食必乏，窮辟之處買亡所得。縣官穀度不足以振之。願令諸有辠，非盜、受財殺人及犯法不得赦者，皆得以差入穀，以豫備百姓之急。事下有司，左馮翊蕭望之、少府李彊議，以爲：民函陰陽之氣，有仁義欲利之心，在教化之所助。堯在上，不能去民欲利之心，而能令其欲利不勝其好義也；雖桀在上，不能去民好義之心，而能令其好義不勝其欲利也。故堯、桀之分，在於義利而已，道民不可不慎也。今欲令民量粟以贖罪，如此則富者得生貧者獨死，是貧富異刑而法不一也。人情，貧窮，父兄囚執，聞出財得以生活，爲人子弟者將不顧死亡之患敗亂之行，以赴財利求救親戚。一人得生，十人以喪，如此伯夷之行壞，公綽之名滅。政教一傾，雖有周召之佐，恐不能復。古者臧於民，不足則取，有餘則予。詩曰：爰及矜人，哀此鰥寡，上惠下也。又曰：雨我公田，遂及我私，下急上也。今有西邊之役民失作業，雖戶賦口斂以贍其困乏，古之通義，百姓莫以爲非。以死救生，恐未可也。陛下布德施教，教化既成，堯舜亡以加也。今議開利路以傷既成之化，臣竊痛之。於是復下其議，兩府丞相、御史以難問張敞，敞曰：少府左馮翊所言，常人之所守耳。昔先帝征四夷，兵行三十餘年，百姓猶不加。而軍用給。今羌虜一隅小夷，跳梁於山谷間，漢但令辠人出財減辠以誅之，其名賢於煩擾良民橫興賦斂也。又諸盜及殺人犯不道者，百姓所疾苦也，皆不得贖。首匿、見知縱所不當得爲之屬，議者或頗言其法可蠲除。今因此令贖，其便明甚，何化之所亂？甫刑之罰，小過赦，薄罪贖，有金選之品，所從來久矣，何賊之所生？敞備皂衣二十餘年，嘗聞罪人贖矣，未聞盜賊起也。竊憐涼州被寇，方秋饒時，民尚有饑乏，病死於道路，況至來春將大困乎！不早慮所以振救之策，而引常經以難，恐後爲重責。常人可與守經，未可與權也。敞幸得備列卿，以輔兩府爲職，不敢不盡愚。望之、彊對曰：先帝聖德，賢良在位，作憲垂法，爲無窮之規，永惟邊竟之不贍，故《金布令甲》曰：邊郡數被兵離飢寒，夭絶天年，父子相失，令天下共給其費，固爲軍旅卒暴之事也。聞天漢四年，常使死罪人入五十萬錢減死罪一等，豪强吏民請奪假貸，至爲盜賊以贖罪，其後姦邪橫暴，羣盜並起，至攻城邑，殺郡守，充滿山谷，吏不能禁。明詔遣繡衣使者以興兵擊之，誅者過半，然後衰止。愚以爲此使死罪贖之敗也，故曰不便。時丞相魏相、御史大夫丙吉亦以爲羌虜且破，轉輸略足相給，遂不施敞議。

（宋）秦觀《淮海集》卷一九《晁錯論》　臣聞世之論者，皆以爲漢用爰盎之謀，斬晁錯以謝天下爲非是。以臣觀之，漢斬晁錯，七國之兵所以破也。何則？勝敗之機，繫於理之曲直。理直則師壯，師壯勝之機也。理曲則師老，師老敗之機也。故善戰者，戰理。昔晉欲報楚之惠，退師三舍，軍吏以爲師老，子犯曰：師直爲壯，曲爲老，豈在久乎？若子犯，可謂善戰理矣。蓋不退師，則背惠食言，而曲在晉。師退而楚不還，則曲在楚。我直彼曲，所以勝也。漢斬晁錯之事，何異於此？夫漢之諸侯，連城數十，地方千里，雖號彊大，然則皆高帝之封也。一旦用錯計，擿其罪過而削奪之，則天下忿然，皆有不直漢之心。當此之時，諸侯直而漢曲，故吳王得以藉口反也。然吳王即山鑄錢，煮海爲鹽，以其子故，招致天下亡命，欲爲反者三十餘年。其稱兵也，發憤削地，以誅錯爲名耳。漢斬錯而兵不罷，則逆節暴露，天下亦忿然有不直七國之心。當此之時，諸侯曲而漢直，故太尉得以破其兵也。雖然，漢之斬錯也，其謀發於爰盎。盎與錯有隙，故世之論者以錯死爲寃。此正樓緩所謂以母言之則爲是，以妻言之則爲妬。夫言之者異，而其意同也。就使盎與錯素無眥睚之嫌，其爲漢計亦當出此。然則漢不斬錯柰何？即七國之兵未易破也。何以知之？以唐安祿山之事可知也。方明皇之時，奸臣楊國忠用事，天下皆切齒不平，故祿山以誅國忠爲名而反。是時唐若斬國忠以謝天下，則祿山安得而至長安乎？惜其不知此，至賊入潼關，人神共怒，然後爲陳元禮之所殺也。由是觀之，漢不斬錯，則七國之兵豈易破哉？或曰：王思禮之徒嘗以此勸哥舒翰用其計，留卒三萬守關，悉精鋭渡滻水以誅君側，祿山可遂破乎？曰：不然。漢斬晁錯，事出景帝，爰盎發其端而已，故足以激忠義之氣而折奸雄之心。使翰雖斬國忠，事不出於人主，亦不能感動天下，祇足以危身矣，尚爲祿山之成敗哉？故斬國忠以破祿山事，非明皇不可爲也。

（宋）徐夢莘《三朝北盟會編》卷一四九《炎興下帙》〔監察御史劉行簡論尚書六曹及百司法令之弊〕一止上言曰：臣愚不肖，蒙誤恩擢置臺察之司。伏見尚書六曹下逮百司凡所用法令，初無畫一之論。類以人吏省記，便爲與奪。夫法令具在，姦吏猶得舞文。今乃一切聽其省記，故欺弊何所不有。欲與則陳與例，欲奪則陳奪例。或與或奪，在其牙頰。其患可勝言哉？陛下聖明，灼見此弊，嘗降處分，令左右司郎官以其省記之文刊定頒行。然左右司職事，號爲最煩。竊恐於此不能專一，無由速得成書。臣愚伏望聖慈特降睿旨，改送詳定，一司依敕令所立限刊定鏤板頒降。內吏部條法，最爲急務。乞責近限先次施行，庶幾杜絶姦吏弄法受賕之弊，天下幸甚。上納之。

（宋）趙鼎《忠正德文集》卷三《奏議下·建康府軍兵强奪民物等狀》

臣聞天子所至曰幸，以其布德澤，問疾苦，號令風化所從而出。今車駕駐蹕建康，宜其加惠斯民，使之忻戴，而軍律不嚴，羣政不舉，以强淩弱，無復紀綱。每兵數人結爲一黨，或强奪所賣之物，不還價錢，或抑令空手之人般負錢米，小不如意，毆擊隨之。寃痛之聲，聞者傷惻。將佐自以爲得志廂界，亦不敢誰何。遂使闤闠之中，日有横逆之苦。臣嘗建言，乞令三衙廣布察視分占地，分嚴立賞罰，及令諸軍貼差使臣應有所犯，以次坐之，不知曾無降出，而民間之患甚於前日。今欲檢舉臣前章，早作措置，仍乞責問建康府縱容弛慢、坐視不恤之罪，或令所在火保團頭等常切覺察。應有似此之人，即仰率衆捕捉，如敢拒捕，不以所犯重輕並依軍法，捉事人量加激賞。如此則姦惡小戢，而嗷嗷疲悴之民有所赴愬矣。

（宋）陸九淵《象山集》卷一七《書·與張鹽》　某效職如昨，皆依大庇。子城土工歲前畢事，包砌東北一隅猶未周浹，見甎已盡。鄉蒙台旨令自致買名銀之請。今方圖之，俟得消息，當遂一稟聞也。恐通廟堂朝士書，更望一言之賜。此事之就，可壯邊城之勢。常平倉庫如在枕上矣，計必蒙垂念也。

去冬少雨，此間幸得雪頗大，麥今甚秀。正月尾又得薄雪，比來殊未有雨意，園蔬甚渴，高田亦需水而耕，不無可慮者。去冬得家書，謂江東西秋獲稻皆虛耗，民多流移。此間却無是患，自今皆熙熙。但和糴與租米亦皆不如常歲，以此知米穀不能無耗折，但人不覺耳。商稅榷酤，皆虧於往時，稍詢旁郡，往往皆如此。

凡事自十數年來細校之，大抵益難。《易》曰：窮則變，變則通，通則久，是以自天佑之，吉無不利。所謂變而通之者，必有其道。斷願承教，不敢爲累牘之禮以溷記史。當蒙亮恕！

（宋）陸九淵《象山集》卷一七《書·與張鹽二》　屬承手翰，風誼凜然，三復之餘，益深降嘆。魯欲使樂正子爲政，孟子曰：吾聞之喜而不寐。以孟子所喜，亦曰：君將蒙其益，民將被其澤。道將行於時而已。某前日贊喜之牘，竊自附於此。固知外物不足爲賢者輕重也。

歸正人伊信者，嘗至庭，備諭以賢監司宣佈聖朝恩德之意，見其衣服藍縷，因得賙之，今不復叫呼矣。其類有二三人，相次陳乞，計次第闕聞也。

使華過此，時有一陳狀者，乃長林係官畫匠。後自知理曲，復藏避不欲追逮，以開其自新之路。近方出頭，喻之以理，令下當陽，與其嫂行踏田界，旦晚即申聞其詳。

簿書捐絶，官府通弊，是間僻左，忽畧尤甚。公私文書，類難稽考，鄉來郡中公案，只寄收軍資庫中，間嘗置架閣庫，元無成規，殆爲虛設。近方令諸案，就軍資庫各檢尋本案文字，收附架閣庫，隨在亡登諸其籍，庶有稽考。若去秋以來文案全不容漏脱矣。

使臺所索屈彥誠公案，申發已久，續索所毁公據斷由，以不曾啓縣封，不知在否？尋呼縣吏問之，果不在其中。責令搜求，累日不得。即追薛諒、劉習問之。薛諒老病，扶杖出頭，勢必擡輿而後可前。劉習自陳初不與事。薛諒亦云省憶追屈氏公據斷由時，里正是吴文海，非是劉習。後追到吴文海，果無異辭，然謂當時已追到官。薛諒亦云：省憶得當時二文公據斷由，皆已附索，今若不在，乃是案中漏失。長林見其事如此，重於發人，親監縣吏倒架搜尋，得斷由一截，然情理尚可考，公據則竟不在。今且發斷由去。三人皆知責侯命，若不妨裁斷，得免解其人，尤幸！

比來訟牒益寡，有無以旬計，終月計之不過二三紙第，積年之訟尚有六七事未竟。此數日已決三事，勢不復起矣。如蘄榮、屈彥誠二事，旦莫必決。餘二事亦皆諭之以理，使自和鮮，未知能從否。要亦在旬日當決。

過社節來屢得雨，高田皆可耕。每多夜雨，農者之占以爲必稔，未知果驗否。

此間平時多盜，今乃絶無，有則立獲。前政有二盜未獲，今巡守亦皆是後任者。憲臺督責常文，久已因循，近乃押至，其辭加峻。此盜在當時即已遠逃，今固無可得之理。當時巡尉已逃責罷去久矣。今巡尉一人且將滿，一人且書考矣，一旦責以前任，不可得之賊，行移如此似亦非宜。此間平時爲害之盜，今盡捕獲。能爲盜之人與常停盜之家，皆已密籍在此，苟有盜亦不容不獲也。平時剽奪於道路者近獲二人，已斷配一人，一人見在獄。鄉來稟聞當陽界内有六七輩打奪人錢物，縛之於深林中而去者，皆已斷配。今日之無盜大抵以此。憲臺輒駁下此案，令檢斷去，析其所駁之説無道理。此間檢斷官具析之文，條理粲然，謾令録呈，得一過目，幸甚！

又有大囚，其犯乃在某未到任時，到此未久，即見一人來投牒，乃被殺之家，訟當陽勘囚情節未盡，觀其辭即知其爲健訟者。已而聞之，果無狀之人，以好訟不已嘗遭徒刑矣。即判送當陽縣，令從公盡情根勘，不得稍有鹵莽。沈宰亦在郡，某亦嘗摘其詞中所訟相與反覆。沈宰謂大囚在獄，只得盡情，出入皆不可，其事皆親自研勘，不在吏手。觀沈宰序説本末，果皆不苟。及其解本軍，軍院猶研究有節目未盡者，竟追縣吏斷遣，今奏案上矣。健訟之人，自憲使之至，即投牒於憲臺。計其投牒之日，乃在此間奏上之後。憲臺遂索案，此既奏又先申憲矣。然既索案，只合發往。前月方得牒，改送司理院，且言已專人發案下。然其案逮今未至，司理院亦無從照勘。本軍相尋有兩奏案，一後奏者下已久矣，此案獨未下，豈憲臺致疑於其間，以上聞也。此事本末甚詳，當時憲臺但以其詞與所疑令本軍具析，則事其渙然矣！刑獄淹延，亦憲臺之任，其囚已於絞刑上定斷，獨以殺人無證，法當奏裁。縱令別勘，其情與其刑皆不能有所加。

張丈老成前輩，近自鄉里過九江時亦嘗侍尊俎，未必有心相困。近物色之，知今憲臺法司黄亮者，乃此間人吏。鄭守窘、王守之時，此人多不用事。今聞自孔目已下多與之有隙，或謂其人爲此以報私怨。萬一出此，所簽客人廳官與檢法官亦惟黄亮是聽而已。張丈前輩，某本欲作書，又恐不暇省録，敢借一言之重以調護之，幸甚！鄉來張丈有公劄問人材，某嘗以兩縣宰與教官爲對，以沈爲宰，某備員守臣，莫不至甚有寃濫也。張丈尊年，諸事未可直致，恐反致疑也。幹官檢法者不知何等人品，幸有以調護之，恃契愛浼瀆，伏幸恕察！

（宋）孫奭《律音義·雜律第十》 摭諸篇之遺糅羣罪之目，匪類匪次雜成此篇。里悝首曰雜法。後周更爲雜犯。隋去犯字還爲舊名。

作樂，如字。鑄，之戍切。磨，莫婆切。錯，七各切。令薄，吕呈切，下故今同，下步各切。街，音皆。畜産，許又切，下同。僨，時亮切，又音常，後皆同。駭，侯揩切。徑射，古定切，步道也，下食亦切，又時夜切。放彈，徒旦切。機槍，音鏘，下七羊切。坑，客庚切。穽，音浄，機槍者，檻屬也，以捕虎豹穿地爲深坑施槍於中，又設機於上，防其躍而出也。穽者亦穿地爲深坑，施鋒刃於中，不設機於上，以捕小獸人，必不能出也。標識，昌志切，又音志，亦音試，作幟非下同。爲人，于僞切，下不爲爲罪人同。合藥，音閤。題疏，所去切。刺，七賜切，作剌俗。債，側賣切，下同。過本，古卧切，越也。用質，音致。以當，丁浪切。賭，當古切。已分，扶問切，注同。出九，九分出一以爲息，若貸子錢之類。和合，如字，又音閤。塋，音營。於令，力政切，下依令同。皆令，吕呈切，後同。改去，起吕切，後同。阡陌，南北爲阡，東西爲陌。種殖，常職切，作植非。墾，音懇，治田也。穢汙，烏路切。占固，章豔爲切。陂，彼爲切。經過，古禾切。從征，才用切，下同。公使，色吏切。即卒，子聿切。勝致，音升。傳送，張戀切。折傷，之舌切，又時設切，下同。謂曾，昨登切。媒合，如字，又音閤。校斛，古孝切，下胡谷切，升十爲斗，斗十爲斛。稱，尺證切，作秤俗。度，如字。行濫，下孟切，注同下。盧暫切注同。《周禮》胥師職云，察其詐僞、飾行、儥慝者而誅罰之，鄭氏謂使人行賣惡物於市巧飾之欺誑買者。儥音育。狹，侯甲切。鏃，作木切。販，方願切。評物，皮命切，下評贓同。其爲，于僞切。較固，音角，字亦作榷，音同，《漢書》初榷酒酤，顔師古曰，榷者步渡橋。《爾雅》謂之石杠，今略約也。禁閉其事摠利入官而下無由得有。若渡水之榷焉。固字亦作辜。各讀如本字。鄭注《曲禮》

云：欲專之曰固，《後漢書・紀》云辜較在聽珍寶，又云豪右辜榷注云前書音義曰，辜障也，權專也。謂障餘人賣買而自取其利也。障，之亮切，又音章。更出，古行切。參市，七南切。駝，徒何切。騾，郎戈切。已過，古卧切，下同。劵，昔顧切。聽悔，荒對切。令擾，吕呈切，下而小切。隄防，丁兮切，下音房。漂，四消切，下同。津濟，音祭，下同。航，音杭。栰，音伐，下同。若爲，丁僞切。聽載，車載之載，下及注同。茹船，人恕切，《易》曰：繻有衣袽子夏作茹塞也。湍磧，他端切，下七迹切。卒遇，倉没切。庫藏，才浪切。然火，作燃者非。離所，力政切。壝，唯癸切，又音遺。解牒，古隘切。漏泄，私烈切。【略】致數，色具切。稼穡，種曰稼，斂曰穡。碣，音揭。各令，吕呈切，下同。一當，丁浪切。戰陳，直刃切。棄擲，直赤切。之分，扶問切。違令，力政切，下注同。

(宋)孫奭《律音義・捕亡第十一》 亡逃不擊罪惡寖長，建此捕律以絶厲階。里悝首制捕法。後魏益曰捕亡。北齊改亡從斷。後周易斷爲逃。隋世遂復爲捕亡律。

將吏，子亮切，下同。受使，色吏切，又如字。逗留，音豆，下如字，又力救切，字或作遛，《前漢・匈奴傳》云，祈連知虜在前逗遛不進。孟康曰：律語也，謂軍行頓止稽留不進也。顔師古曰：逗讀與住同，又音豆。自首，舒救切，後倣此。即爲，于僞切，後爲捕同。拒，音巨。捍，音汗。迫，音伯。窘，渠隕切。折傷，之舌切，又設設切，下同。捕繫，古詣切。險難，如字又，乃旦切。令得，吕呈切，至卷末同。未斷，丁亂切，下同。從駕，才用切。宦，胡慣切。償，時亮切，又音常。過致，古卧切。展轉，陟兖切。

(元)王結《文忠集》卷六《善俗要義・三十二曰罷祈享》 古人云：神不歆非類，民不祀非族。蓋士庶人所當祭者，惟已之祖考及五祀之一。故聚衆祈享，朝廷屢有禁條，所以正人心而消姦宄也。近年俗薄教廢，所在人民類多不知祗奉祖考，往往鳩錢集衆，僭越祠祭及冒犯非族，殊失禁約之旨。且幽明人鬼之間，褻瀆爲甚，神既不歆，有罪無福。今後士大夫家欲盡奉先之孝者，以時致祭，典禮具存。庶人亦當歲時祭其祖考，以盡追遠之誠。其閭里鄉村之人，不得聚集人衆，祈享祠廟。凡金書旂幟，俗號曰賽社者，仰社長省諭，即時拆毁罷散。若訓誨不從，尚蹈前非，是爲頑悖，官有嚴刑。

(元)徐元瑞《吏學指南・三罪》 公罪，緣公事致罪，而無私曲者。私罪，不緣公事，私自犯者，若雖緣公事，意涉阿曲者亦是。贓罪，犯贓濫致罪者。

(元)徐元瑞《吏學指南・五糾》 野刑，《周禮》注：上功糾力。以成功爲上，以不致力爲糾察。軍刑，上命糾守，以用命爲上，以不死守爲糾察。鄉刑，上德糾孝，以成德爲上，以不致孝爲糾察。官刑，上能糾職，以賢能爲上，以不稱職爲糾察。國刑，上願糾暴，以謹願爲上，以不致恭爲糾察。

(元)徐元瑞《吏學指南・五禁》 官禁，《周禮》注：王宫之門，有符籍禁。官禁，官府有無故擅入之禁。國禁，謂城中之禁也。野禁，郊野田律之禁。軍禁，謂車旅有夜行之禁。

(元)徐元瑞《吏學指南・八議》 即周之八辟也。《禮》云：八辟麗邦法，附刑罰。議親，王者宗室有犯刑法，則議其罪。議故，謂議王之故舊罪也。議賢，謂議有德者罪也。議能，謂議有才者罪也。議功，謂議有功勛者罪也。議貴，謂議有爵位者罪也。議勤，謂議勤勞王事者罪也。議賓，謂議承先代之後，爲國賓者罪也。

(元)徐元瑞《吏學指南・八例》 謂以、準、皆、各、其、及、即、若也。以，罪同真犯謂之以。凡稱以者，悉同其法而科之。假如不枉法，二十貫以上，三十貫以下，解見任別行求叙。其風憲之官，於任所並巡按去處，因而受人獻賀財物，以贓論，故與真犯同。準，止準其罪謂之準。凡稱準者，止同以贓計錢爲罪。假如官吏毋得指克敵爲名，取要一切撒花拜見禮物，如違並準贓論，故曰止準其贓定罪，不在除名賠贓之例。皆，罪無首造謂之皆。凡稱皆者，不以造意隨從人數多寡，皆一等科斷也。假如强盗殺人，罪無首從，並皆處死者是也。各，各主其事謂之各。凡稱各者，彼此各主其事而已。假如和誘人口者，各斷一百七下，蓋爲買主、賣主各主其事，同科此罪也。其，反於先義謂之其。夫犯罪之人，或先有事而後無事，或先是而後非，文意相違，而不相通，曲直相背，而不相入，若此之類，故稱其以別之。假如僞造寶鈔，但是同情并合處死，其買使、分使者，斷一百七下是也。及，事情連後謂之及。夫事陳於前，義終於後，進言數事而總之以一，若此類者故稱及以明之。假如結攬税石及自願令結攬與官司者，並斷按打罪戾是也。即，即者，條雖同而首別陳，蓋謂文盡而後生，意盡而後明也。假如見血爲傷，非手足者，其餘皆爲他物，即兵不用刃亦是。所謂條雖相因，事則别陳也。若，若者，文雖殊而會上意，蓋因其所陳之事而廣之，以盡立法之意也。變此言彼而未離乎此，捨内言外而未離乎内。假如私宰牛馬，正犯人決杖一百，仍徵鈔二十五兩充賞。若馬牛不堪爲用者，依上申官，辨驗烙印開剥。若禁月内宰殺者，并合一體斷罪。所謂文雖殊而會上意也。

（元）徐元瑞《吏學指南·較名》 明其用法字義也。西晉明法掾張斐撰有二十等焉。故，知而犯之謂之故。假如知畜性能踢嚙人，不標幟羈絆而故放，令傷殺人者是也。非，不知而犯謂之非。假如主司公事失錯，原情不涉於私，是意以爲然而非故也。謾，違忠欺詐謂之謾。假如密有征討，而告賊消息，是違忠也。又如知而隱欺，及有所求避之類，不以實告者，是欺詐也。詐，背信藏巧謂之詐。假如知津河深濘，橋船朽敗，而詐云津河平淺，橋船牢固，是背信也。又如犯禁者，不知有罪，教令人誤相墜陷，是藏其巧詐也。不敬，虧神廢節謂之不敬。假如盗大祀神御之物者，是虧損於神也。又如對捍制使而無人臣之禮者，是廢臣節，故爲不敬也。鬭，兩訟相趨謂之鬭。且如相争爲鬭，相擊爲毆，兩相忿争因而毆傷者，名兩訟相趨也。戲，兩和相害謂之戲。假如以力共戲，終雖至死，和而不相瞋恨而致死者，是和而相害也。賊，無變斬擊謂之賊。假如謀殺人者，謂二人以上同心計謀，潛行屠戮者。《書》云殺人曰賊，是無變斬擊，乃賊害也。過失，不意誤犯謂之過失。假如有人於幽僻去處，不聞人聲，目不見人出入，因於本處投磚瓦及彈射，因而傷於人者，是名不意誤犯也。不道，逆節絶理，謂之不道。假如造畜蠱毒，邪見左道，是逆其正節也。又如殺一家三人及支解人，是棄絶人理，此等有乖正道，並爲不道也。惡逆，凌上僭貴謂之惡逆。假如毆擊父祖者，是凌上也。又如臣下將圖逆節，而有謀君之心，是僭貴也。戕，將害未發謂之戕。戕者殘也。謂人已懷惡心，欲圖損害，是爲殘賊也。造意，倡首先言謂之造意。假如數人同犯一事，斂財共與，先用意謀斂者爲首，其餘爲從，是倡首先言爲造意也。謀，二人以上謂之謀。稱謀者，二人以上同心協謀也。若謀狀彰明，雖一人同二人之法。率，制衆建議謂之率。假如勢要之人獨建計謀，妄托名目，斂衆人之物，或饋與人，或自入己之類，是名制衆建議率斂也。强，不和謂之强。假如恐喝詐欺，及以威若力，或與人藥酒，使其狂亂取財者，並爲取與不和，故名强也。略，攻惡謂之略。假如略人者，謂設方略而取之，是攻行兇惡之事，而謂之略也。群，三人以上謂之群。假如稱衆者三人以上，始成群衆也。盗，取非其物謂之盗。假如公取竊用者爲盗，此謂皆是取非其財，故曰盗。贓，財利謂之贓。假如以私財物畜産之類貿易官物者，合計所得之利，以贓論罪戾也。

（元）徐元瑞《吏學指南·字類》 謂依、同、加、減、如、止、聽、從、仍、並、論、坐也。依，照其正犯謂之依。凡稱依者，謂所犯照其正犯科斷也。假如諸客販鹽，引數外夾帶，及引不隨行者，依私鹽法科罪是也。同，比類真犯謂之同。凡稱同者，謂所犯與真犯相類也。假如劫墓賊人，已發壙冢者同竊盗，開棺槨者同强盗，殘毀屍首者同傷人是也。加，罪就重次謂之加。凡稱加者，謂於本罪之上增加其罪也。謂如糾彈衙門官吏犯贓，比之有司官吏加一等罪是也。減，罪就輕次謂之減。凡稱減，謂比之正犯減等得罪也。假如犯私鹽者科徒三年，決杖七十，財産一半没官，決訖發下鹽司帶鐐居役，犯界鹽貨減罪一等是也。如，義明於後謂之如。凡稱如者，謂前意雖舉而取結其事於後也。假如投下並諸色户計遇有刑名詞訟，從本處達魯花赤管民官約會本管斷遣；如約會不至，就便斷遣是也。止，無所加及謂之止。凡稱止者，謂坐罪止此，不可復加於他人也。假如犯界酒一十瓶以下，追罰鈔二十兩，決二十七下；一十瓶以上，追罰鈔四十兩，決四十七下；酒雖多，罪止杖六十，罰鈔五十兩是也。聽，從人所欲謂之聽。假如與賣田宅，欺昧親鄰，雖過百日，亦聽依價收贖。又如婦人夫亡，服闋守志，並欲歸宗者，聽其舅姑，不得一面改嫁者是也。從，酌情就罪謂之從。凡稱從者，驗所犯輕重，就得其罪也。假如諸造作官物，工畢之日，其元給物料雖經覆實，而但有所餘者，須限十日呈解還官；限外不納，從隱盗官錢法科是也。仍，罪應頻坐謂之仍。凡稱仍者，謂本罪之外應須頻坐者。假如僞造寶鈔者死，首告者賞銀五錠，仍給犯人家産，故曰罪應頻坐也。並，情無輕重謂之並。凡稱並者，謂不分彼此，首從輕重皆合得罪也。假如諸差科皆用印押公文，其口傳言語科斂者，不得應副；違者所取雖公，並須治罪是也。論，理爲正罪謂之論。凡稱論者，謂因有所犯，理成正罪也。假如各處過納秋糧，縣官並不得拘留糧米，以點綱爲名，取斂錢物；違者計贓論罪是也。坐，罪有相連謂之坐。如家人共犯，罪坐尊長是也。

（元）徐元瑞《吏學指南·十惡》　謀反，謂謀危社稷也。謀大逆，謂謀宗廟山陵及宮闕。謀叛，謂謀背國從僞。惡逆，毆及謀殺父母兄弟之類。不道，殺非死罪之人，及支解、蠱毒、厭魅。大不敬，盗誤御物，無君臣之禮。不孝，毆詈祖父母、父母之類。不睦，謀殺及賣緦麻以上親等。不義，殺本屬官長、受業師長。内亂，姦小功以上親、父祖妾。

（元）徐元瑞《吏學指南·七殺》　謀，二人對議。故，知而犯之。劫，威力强取。鬭，兩怒相犯。誤，出於非意。戲，兩和相害。過失，不意誤犯。

（元）徐元瑞《吏學指南·六贓》　以强盗，比同强也。以盗論，比同竊也。以枉法，比同枉法。不枉法，受有罪人錢，判斷不曲者。受所監臨財物，監臨之官，不因公事，受所監臨財物者。坐贓，非監臨主司，因事受財者。

（元）徐元瑞《吏學指南·六色》　真强盗，謂以威若力。真竊盗，謂潛形隱面。真枉法，謂曲法受財。準盗論，謂準爲盗論。恐喝，謂告訐取財。詐欺，詭譎曰詐，誣罔曰欺。

（元）徐元瑞《吏學指南·首過》　四首，過而不改，斯成過矣。有咎自陳，名之曰首。自首，謂事未發而先陳者。漢曰首服，謂自陳其罪而服也。五代曰自首，謂服其過也。出首，謂事將彰露，未經取問而出者。代首，謂遣人代名而首者。不準首，謂如姦盗傷人越關之類，及於物不可備償並先已事發者。

過：　悔過，謂昔非今是也。伊尹放太甲於諸桐，悔過自責反善。改過，即悔過也。悛改，去惡從善也。又悛者，正過也。《左傳》曰：内外以悛。改正，過而能改，錯而能正，名曰改過。謂以嫡爲庶，以庶爲嫡，以奴爲子，以良爲賤，違律爲婚，私入僧道，詐免徭役，及增減年紀，侵隱田園，脱漏户口，公事失錯，私罪枉被愆犯者，雖會恩并合改正。叙復，述其衷曲曰叙，挽回原職曰復。

（元）徐元瑞《吏學指南·四罪》　帝舜舉四罪，天下咸服。流，流共工於幽州，謂流於北裔水中可居之洲也。放，放驩兜於崇山，謂放於南裔之山也。竄，竄三苗於三危，謂竄於西裔三危之地也。殛，殛鯀於羽山，謂誅於東裔海中之山也。

（明）馬文升《馬端肅奏議》卷六《陳言申明職掌清理刑獄事》　陝西道呈刑科抄出大理寺右寺右評事魯永清奏：竊聞刑者，民命所關，刑清則化行，化行則民用和睦而百順，至否，則天降災譴而百異興，自古君天下者，未有不以刑獄爲重也。仰惟皇上初登寶位，維新治化，首頒明詔，大赦天下，是以久禁囹圄者，悉蒙大造之恩。犯至死刑者多獲再生之德，中外歡騰，華夷稱慶，和氣乍周於兩間，嘉祥已彌於六合，故郊祀一舉而瑞日增輝，籍田一耕而靈雨即降，是皆聖德和氣感召之所致也。太平休徵，何以加此，將見五穀豐登，刑期無刑，誠有在於今日。臣幸際明時，備員法曹，顧所司者刑名，所專者參駁，不敢越職妄言，謹以目擊耳聞，弊所當革，有關職掌並不便事件，條成五事，上瀆天聽，伏乞優容採擇施行等因。具本該通政使司官於奉天門奏，奉聖旨：該衙門知道。欽此。欽遵。抄呈到院，除均地方以便審録一件，行移吏部施行及遵律令以平刑罰等三件，先已詳議具奏外，内一件詳律意以重大，辟節該，伏覩宣德三年三月初四日欽奉宣宗皇帝勅諭内載：聖人制刑罰，用昭天討以弼治化。刑罰當，則天道和平，人心悦服，國家天下，並受其福。否則，感傷和氣，災沴百出，是以古者帝王必慎簡刑官。我國家稽古爲治，建三法司。自祖宗以來慎重人命，務在恤刑。欽此。及讀《大明律》保辜限期内一條：以手足及他物毆傷人者，限二十日；以刃及湯火傷人者，限三十日；折跌肢體及破骨墮胎者，無問手足他物皆限五十日。莊誦再三，不能無疑。夫鬬毆成傷，既立辜限，則辜外身死，當依本條。今律云辜内因傷死者，以鬬毆殺人論。該載已明，其在辜限外及雖在辜限内傷已平復，官司文案明白別因他故死者，又若各從本毆傷法，該載已明。今問刑衙門，未審據何所見，遇有毆傷辜外死者，不分原傷有無平復，輒依毆殺之條坐以絞罪，恐非律文之意。曰：辜外因傷死者，不合償命，則死者何辜。誠如所云，則辜限一條可以刪去矣。何用保辜哉。況本條又云：若折傷以上辜内醫治平復者，各減二等；辜内雖平復而成殘廢篤疾及辜限滿日不平復者，各依律全科。切詳立限之意原以限滿爲期，若傷未平復，辜限一日不滿，雖笞杖之輕，未敢便決。蓋恐被傷者死必令償命，則杖刑難贖。若辜限已滿傷未平復，雖徒流之重，就便斷決，隨即發遣，且限滿不平復，毆傷必重，有死之理，若該償命，豈肯遽以毆傷全科其罪乎。假有毆人至篤疾，該杖一百，流三千里，仍將犯人財產一半斷付篤疾之人養贍。設使被毆之人限滿不平復，既將犯人坐以全流，又斷以財產。若斷後被毆之人因傷身死，復坐以死，則非惟立法無有紀極，而前之已流斷付財產，又何所處乎。今笞、杖、徒、流，悉依此斷，獨辜外死者不依此條，何其不考律意而矛盾若是也。及覩墮人胎條内注云：墮胎者，謂辜内子死者乃坐。其雖因毆，若辜外子死者，各從本毆傷法，不坐墮胎之罪。以此推之，則辜外因傷死者，不坐以死明矣。謹按太祖高皇帝制律之時，屢詔大臣更定新律，至五六而弗倦者，凡欲生斯民也。後又勑刑部尚書劉惟謙重會衆律以協厥中，每一篇輒繕成書上奏，揭於西廡之壁，親御翰墨爲之裁定。雖笞杖徒之輕，尚歷歷明著其罪。若辜外因傷死者律該處死，必明定其罪，如何又云：各從本毆傷法乎。昔待制馬宗元之父馬麟毆人致死，雖在辜限四刻之外，尚不抵死，葢以刑主欽恤，法無夂。近我祖宗立法初意，正在於此，故《名例律》云：凡稱日者，以百刻。又曰八十以上十歲以下犯反逆殺人應死者，議擬奏聞，取自上裁。九十以上七歲以下雖有死罪不加刑。夫五刑之條，莫重於反逆殺人，矜其老幼，猶不加刑。況鬭毆不過一時忿怒，彼此交爭，初無殺意，比之謀殺、故殺不同，所以特立辜限。若辜外因傷死者一槩坐以絞罪，是與辜内因傷死者之罪無異矣。豈祖宗欽恤之意乎？《傳》曰：死者不可復生，斷者不可復續。一或失當，則刑斯濫矣。昔高宗以刑不濫而致中興，寇準以刑不平而爲旱魃，刑之所繫如此，可不慎歟。《書》曰：罪疑惟輕，與其殺不辜，寧失不經。又曰：欽哉欽哉，惟刑之恤哉。此之謂也。伏乞斷自宸衷，或勑都察院會議奏請通行内外問刑。衙門今後問擬鬭毆辜外因傷死者，罪名合無，照依辜限條内該載擬罪，辜外因傷死者，律該難復，仍依鬭毆殺人律條科斷，務求至當，永爲定規，毋曰行之已夂，難以更改。如此庶欽恤稱情，人心悦服，而辜限一條，不致虚設矣。查得先該本院奏爲講明律意，以重民命事。近年以來，兩京法司官員，或由進士初除寺正、寺副，主事、評事，或由知州、行人就陞員外郎中。而御史亦多知縣，所除到任之後，未經問刑，就便斷獄。公差所以於律條多不熟讀，律意亦不講明，所問因人，不過移人就律，將就發落，笞杖徒流縱有所枉，爲害未大。至於人命一有所冤，關繫非輕，有將强盜窩主未曾造意同謀，官吏因公毆人致死，本無挾私故勘而俱擬斬罪者，本係故殺却擬鬭毆殺人絞罪者，其他以是爲非，以重作輕。且以法司尚然，則其餘府、州、縣、衛、所囚犯枉抑而死者，又不知其幾何。此皆原問官員律學未講，律意未明之故也。乞勑兩京法司堂上官督令所屬，天下都布二司督令斷事理，問及浙江等按察司官並各府推官，各要將大明律條熟讀講解，深明其意，不許似前忽畧置而不講。其問囚之際，參錯訊鞫，務在得其真情，方才取招，議罪之時，尤須原情定擬，不許輕易致死，有寃抑獄成之後，難以分辯明白等因具題。奉聖旨：是。欽此。已經通行，欽遵。去後今評事魯永清奏稱，前因臣會同刑部尚書何、大理寺卿馮等計議，切惟條律之設，肇自往古，我朝斟酌最爲適中。互相鬭毆，若於虚怯致命去處被傷即時身死者，律有明條，固不暇論。其餘致傷有輕重，所以辜限有遠近，保辜者毆人成傷，保其犯人之罪，責令醫治被傷之人，恐其致死，使彼此各全其生也。律曰：辜限内皆須因傷死者，以鬭毆殺人論，律條甚明，固無別議。又曰：其在辜限外及雖在辜限内傷已平復，官司文卷明白，別因他故死者，各從本毆傷法。且其者變於先意及者事情連後，是言若在辜限内傷已平復不因毆傷別因他病死者，止擬毆傷本罪，不坐毆殺之條。曰：別因他故死者從本傷法，則限外因傷死者雖不明開以鬭毆殺人論，而其意亦甚明矣，不然何以折傷以上。又曰：辜限滿日不平復者，依律全科。且折跌人肢體致成殘癈篤疾尚流三千里，又將犯人財產一半斷付被傷篤疾之人養贍。若因毆人頭傷，風從頭瘡而入限外死者，既不坐死又不斷付財產，而止擬毆傷流罪，則是於死者反輕，於生者反重，不惟死者含寃於地下，而彼孝子慈孫亦抱恨於生前矣。再考《祥刑要覽》載：待制馬宗元之父麟毆人被繫，守辜而傷者死，將抵法。宗元推所毆時在限外四刻，因訴於郡，得原父死者。葢唐律文云：保辜限内死者，依殺人論，限外死者，依本毆傷法，無別因他故字樣，於我朝《大明律》保辜條内文意自不同也。但人多不肯講明，往往引宗元爲説而致疑耳。且人命至重，律文之意，況限外因傷而死者，擬以鬭毆殺人絞罪。自國初至今，已踰百年，若有所疑，前人豈不具奏合無。今後凡鬭毆傷人如前折跌人肢體、毁敗人陰陽、破人骨、墮人胎、斷人舌等傷，官司責其保辜限內不能平復，纏綿至於限外而死，情真事實者，仍擬鬬毆殺人。絞罪原問衙門，臨時備由，奏請定奪。其辜限內傷已平復，官司文案明白別因他故死者，務與推究真情，力爲辯明，不許拘於限內，畏懼原告刁潑，將被告之人一槩問擬死罪，致有寃抑，有傷和氣，庶於律意不違而刑罰罔濫，事體歸一而法司有據，緣係申明律意，及奉欽依，該衙門知道事理，未敢擅便。謹題請旨。

（明）林俊《見素集奏議》卷七《秋臺稿·平大法疏》 題爲平大法以召大和事。陝西清吏司案呈先爲建言民患事，該巡按直隸監察御史陳實叅稱內史葛景、盧佐違法事情，該本部覆題。奉聖旨，葛景、盧佐縻費廩給，佔用夫船，本當提問，且饒這遭。欽此。又爲乞治倚勢挾仇陷死平人，兇犯以公法令事。該刑科給事中劉濟等叅稱，先鎮守太監劉寶並伊弟錦衣衛中所副千户劉文挾仇誣陷等，因該本部覆題節，該奉聖旨，劉文已有旨了，劉寶既去任，都免提問。欽此。又該河南清吏司案呈皇城守衛事，該犯人梅清招稱，西中等門，左少監李舉用，內使范寶、薛安，奉御劉孟陽强索贓銀等情，該本部覆題節，該奉聖旨，李舉用等不必提都，着司禮監奏請發落。欽此。又該廣東清吏司案呈爲陳情辯明分豁誣害事，該本部題，看得內宮監、右監丞李文昌，長隨劉景，鞏陽和史監張馳，保內使甄受、劉景爵、李囊强索財物，合行提究等因節，該奉聖旨，李文昌等不必提，着司禮監奏請發落。欽此。又該廣西清吏司案呈爲守衛事，該給事中王瑄等叅稱，長隨李文賢於金水河內渰死家人李優子等，因該本部覆題奉聖旨，死的已相視明白了，合該官員都免提問。欽此。欽遵。

看得內使葛景、盧佐强索廩給，佔用夫船，羅織挾騙，倚勢賤買，千户劉文爭占樂婦，挾仇陷死田灛，太監劉寶聽信撥置煅鍊害人，俱難輕貸。左少監李舉用，內使范寶、薛安，奉御劉孟陽剋削軍士，索要贓銀。右監丞李文昌等承委管工强索財物，長隨李文賢禁密之地渰死人命，俱屬違法律，當提問。今俱奉欽依免提，不必提，不惟廢法長姦，亦且事難歸結，合呈查處等因。案呈到部，臣等竊惟法立於祖宗，守於陛下，而奉行於法官。漢武侯曰：宮中府中俱爲一體，不宜偏私，使內外異法，所以坊官邪，齊民志也。今法干於內臣，至內臣之親屬者皆得饒免，是法獨行於外而不行於內。陛下神化之妙，左右自皆革心。萬一作姦犯科而無法制之，是教之，使犯其流，安可止邪？夫人情不甚相遠，論細謹，內臣豈無論輕，縱外臣難免。惟外臣有六年之考察，三年之黜陟，科道之糾劾，撫按二司守巡之，摧擊一千吏，議終身不敘。大約三數年間，沙汰而去者不下三四千人，是皆內臣所無。故法易犯，而事無大小，又須具奏。故祇見叅論之多，若偏於外臣者，實非敢輕重其間也。所據前項，內臣似宜各下法司明正其罪，罪之不當，自宜廢不法之官，不宜廢祖宗之法。而司禮奏請發落，亦須獄上方下其奏與。凡貴戚之臣一無所假，則奉上無私，畫一不二。疏戚內外皆無越我防制之中，相率遷善，以罔干予政，泰和之治成矣。若彼此猜疑，殆非國家之福，亦非內外臣之利也。臣等無任勤惓，緣係平大法以召大和事理，未敢擅便。謹題奉聖旨已各有旨了。欽此。

（明）林俊《見素集奏議》卷七《秋臺稿·論盜內府財物不當輕貸疏》

題爲訪獲事。錦衣衛、鎮撫司題，稱少監王玘等、軍匠陳俊等偷盜內府財物。緣由奉聖旨，是陳俊等並任氏送法司，擬了罪來説，王玘等送司禮監奏請發落，未獲的著挨拏送問守門守衛，內外官軍，本當查究，但既無的記日期罷，張德玉等饒他。欽此。欽遵。將陳俊等開送前來，各問罪，送大理寺，待報發落外。該本部看得內府嚴密之地，內監親近之臣，而內庫之儲付以監守，責亦專矣。不謂王玘、盧能、韋祥、霍通、韋訓、范誨、蒙浩、孫忠、李忠、董鏞息堂王廷佑，甄得盧良、李惠、張約、李進、郭靖大肆姦貪，串同陳俊等恣意侵盜銀共二千七十九兩、紵絲絹布共一千餘匹、紵絲紬絹衣服共二百領，又有金紐玉束等物。夫一時侵盜如是，平時侵盜何如？一起事發如是，各起未事發何如？中間侵隱又有不可以數計者。夫當正德蠱極之時，嘉靖起而應亨嘉之會。豹房等財物，天意爲中興積也。而道路相傳，多見侵沒。今被該廠訪出，宜示大戒，顧乃得送司禮監奏請發落。夫以近日內，臣有犯，不付有司，猶非大盜，尚爲失刑。今王玘等大盜容不付有司邪？成化間，刑部陝西司一起內使張來保盜昭德宮財物，計贓約銀百兩，問擬盜內府財物斬罪，奏奉憲宗皇帝聖旨，即押赴市曹處決。掌宮太監被累，知罪人不行，捕告亦發南海，子充淨軍。夫昭德之財猶私財也，尚示大戒，內府，公家之積，內而大禮外而大費，皆是乎出不示大戒。誠恐江河不足以實漏巵，群盜效尤，國計一空，其弊可勝道耶。《書》君曰辟曰宥，臣曰勿辟，勿宥。言不當徇君，以爲生殺惟當審輕重之中。此法官萬世訓也。臣等爲國守法，豈容忍默以漏大姦，所據王玘、盧能等一十八員名，似宜下之有司明正其罪，太監張德玉等，及該直守門、守衛内外官軍亦各查究如律，庶羣姦屏息積弊一清。緣王玘、張德玉等俱内臣及係治盜，臣以防耗國事理，未敢擅便。謹題請旨。奉聖旨：是王玘等已各打五十，降小火者發南京，打更了張德玉，並該日守門守衛内外官軍已有了旨了。欽此。

（明）海若湯《古今律條公案》附録《擬罪問答》 問曰：一、如人先犯徒罪逃躲人家知情藏匿，後又過出犯該死罪，事發到官，藏匿之人減犯人一等，未知干何犯之罪減斷？

答曰：其人藏匿之時，止知是徒，不知至死也。今之收露止該減初犯徒罪一等，不該於死罪上減也。凡各條同罪及減犯人罪者亦仿此。

（明）林時對《荷牐叢談》卷二《枉做小人》 君子與小人，勢不兩立。往往君子待小人疏，而小人伺君子密，故君子恒不勝而小人勝。然小人能去君子、害君子，而終不能奪其名。千百世而下，痛君子横罹冤酷，無不寢其皮而食其肉，則君子落得爲君子，小人真枉做小人。究亦何利之有？本朝靖難時，方、黄之獄，參夷瓜蔓，禍起陳瑛。當其受燕賄，通密謀，爲僉事湯宗所告，謫戍河西。長陵踐祚，召爲都御史，請追戮黄觀、廖昇、王叔英、周是修、王良、顔伯瑋等。上曰：彼食其禄，自盡其心耳，弗問。孝儒宗族，受禍慘毒，皆瑛羅織。至胡閏一案，抄提數百家男女至東市，冤號之聲徹天，兩列御史皆掩泣。瑛曰：不以叛逆處此輩，則我等爲無名。於是諸忠臣無噍類矣。未幾，給事中耿通劾其朋比蒙蔽，中允劉子春劾其方命刻薄，下獄誅死，夷其家。馬順黨奄振，害劉忠愍於詔獄。己巳變起，王給諫竑手捽順頭，群毆之。俄頃，踹爲肉醬。奪門之役，英廟欲全於忠肅。徐有貞曰：不殺謙，今日之事爲何名？孫太后聞之，咨嗟竟日，爲上白其冤，有貞遂有金齒之謫。陳恭愍選忤瑺，遣比部郎李行同撫按宋旻、徐同愛等會鞫，竟黨魏奄，誣摭公罪論徙，反不若所黜吏張裴，猶能上疏爲公號冤，不以私憾滅公義也。楊忠愍被杖後，以門扇抬至刑部，巡風主事南昌李天榮希嵩意，斥去門扇，並藥餌諸物。提牢主事山陰劉檟，特下公民監，禁繫甚嚴，内外不通。詔擬罪，尚書何鰲、侍郎王學益，博會詐傳親王令旨律絞。郎中史朝賓以例不合，欲輕擬，學益怒目視之，遂被降黜。公病疫，提牢主事浮梁曹天祐阿嵩意，斷絶醫藥。人咸謂公必死，幸海寧應明德代爲提牢，乃出公老監，病爲稍愈。甲寅朝審，冢宰李古冲默，判情真俟决，竟以乙卯九月晦論死。夫王學益、何鰲、李天榮、劉檟、曹天祐等，殺人、媚人，犬豕不食。默爲大臣，素負物望，何喪心若是！令此時引祖宗不殺諫臣例上請，永陵英明，未必不悔。即得罪嵩，不過拚一去耳。厥復古冲以他譴隕獄，得非天降之罪乎？又如楊順、路楷，附嵩而殺沈青霞，順、楷隨亦被戮。薛貞以詩扇殺劉鐸，貞亦誅死償命。倪文焕媚瑺而害周蓼洲、周由貞，文焕亦驚悸亡魂死。縱逃顯戮，章羞遺臭，千載英掩，亦馬牛而衣冠耳。然則小人之枉害君子，或尚知所戒哉！

（清）劉錦棠《劉襄勤公奏稿》卷一一《訊明不法鄉約正法片》 再臣等前據民人丁三成喊控伊犂回民鄉約馬鳳三借公詐害等情。當委道員袁垚齡訊明，丁三成原領牛籽銀八十八兩，馬鳳三屢向催繳，强折牛車又逼令出買兒媳，實共收過丁三成銀一百九十六兩之多。而馬鳳三原日承領各户民牛籽銀共一千零十二兩。至今僅呈繳一半，捏報逃亾屬實。檢閲伊犂撫民同知衙門案卷，馬鳳三欠交牛籽數目亦皆相符，旋飭解赴省城交兼臬司訊，取供詞具詳前來。臣錦棠復經親提審訊據供認前情不諱。查馬鳳三原係甘肅狄道州叛回，關内關外地方擾害殆偏，其在金積堡時尤爲獷悍，前此大軍進剿新疆南路追至烏什，馬鳳三始由山徑逃匿得以漏網，嗣查知在伊犂充當鄉約。比以爲果能革面洗心，自應仰體朝廷寬大之仁，不加深究。乃馬鳳三怙惡不悛，冒領牛籽，捏報逃亾，索詐窮民，至於破家鬻女，自未便再事姑容。况伊犂土曠人稀，全賴安撫流亾，漸興屯墾，以實邊陲，似此不法鄉約，爲害閭閻，若不從嚴懲辦，何以安孑遺而儆傚尤？臣錦棠於訊明後，即飭將馬鳳三正法，俾昭炯戒，合將訊明不法鄉約即行正法緣由，謹合詞附片具陳。

綜　述

（清）杜貴墀《漢律輯證》卷一 考竟。《釋名》曰：獄死曰考竟。

考竟者考得其情竟其命於獄中也。《順帝紀》陽嘉三年春詔，以久旱京師諸無輕重皆且勿考竟。《質帝紀》其令中都官繫囚罪非殊死考未竟者一切任出以須立秋。按唐律，死罪囚辭窮竟在《斷獄一》。《朱暉傳》再遷臨淮太守數年坐法免。注：《東觀記》曰：坐考長吏囚死獄中。按唐律考囚不得過三度。《後書·韓稜傳》竇氏敗稜典案，其事深竟黨異。安帝詔，自今長吏被考竟未報，自非父母喪無故輒者云云。据已上紀傳所述非竟命於獄中，乃考實以竟其事耳。

（清）杜貴墀《漢律輯證》卷三　不道。張斐《律表》曰：逆節絶理謂之不道。《翟方進傳》不道賊注，如湻引律，殺一家三人爲不道。按《史記·酷吏杜周傳》獄詭久者，至更數赦十有餘歲，而相告言大抵盡詆以不道。《前書·杜延年傳》時御史大夫子遷亡過父故吏，侯史吳會赦，侯史吳自出繫獄。議者知大將軍指皆執吳爲不道。延年奏記，光以爲吏縱罪人有常法令，更詆吳爲不道，恐於法深。《陳湯傳》廷尉增壽議以爲不道，無正法以所犯劇易爲罪，臣下承用失其中，故移獄廷尉。無比者以聞，所以正刑罰重人命也。明主哀憫百姓，下制書罷昌陵勿徙吏民，已申布，湯妄以意相謂且復發徙。雖頗驚動，所流行者少，不可謂惑衆。湯稱虛設不然之事，非所宜言，大不敬也。據此二傳云云知漢律不道非有專科讞者，欲與重比則以坐之，故同一。非所宜言《陳湯傳》爲大不敬，《師丹傳》爲大不道，而楊秉韋著二人被徵不至，有司並劾以大不敬。樂成侯丁義言五利侯且以不道棄市矣。《鮑宣傳》宣坐距閉使者，無人臣禮大不敬、不道。宋祁曰，南本無不道二字。按《匈奴傳下》元帝即位明年，遣車騎都都尉韓昌、光禄大夫張猛送呼韓邪侍子即與爲盟約。昌猛還奏事，公卿議者以爲昌猛擅以漢國世世子孫與夷狄詛盟，令單于得以惡言上告於天，羞國家，傷威重，不可得行。昌猛奉使無狀罪至不道。《趙充國傳》是時光禄大夫義渠安國使行諸羌，先零豪言願時度湟水北，逐民所不田處畜牧。安國以聞，充國劾安國奉使不敬。《朱博傳》彭宣劾奏博玄晏股肱大臣云云，博執左道虧損上恩以結信貴戚，背君嚮臣，傾亂政治，奸人之雄附下罔上爲臣不忠不道。玄知博所言非法枉義附從大不敬。据已上各傳文知不道重於不敬。又按《馮野王傳》大將軍鳳風御史中丞劾奏野王賜告養病而私自便持處符出界歸家，奉詔不敬。杜欽奏記鳳，罰疑從去，所以愼刑，闕難知也。今釋令與故事而假不敬之法甚遠，闕疑從去之意，師古注假託法律而致其罪也。《薛宣傳》博士申咸給事中毀宣不供養行喪服。宣子況爲右曹侍郎，數聞其語，賕客楊明令遮斫咸宫門外，斷鼻脣，身八創。御史中丞衆等奏言敬近臣，爲其近主也，禮下公門，式路馬，君畜産且猶敬之，上浸之原，不可長也，況首爲惡，明手傷，功意俱惡，皆大不敬。廷尉直以爲本爭私變，雖於掖門外傷咸道中，與凡民爭鬭無異。今以況爲首惡，明手傷爲大不敬，加誣欺，輯小過，成大辟，陷死刑，違明詔，恐非法意，不可施行。据此知不敬大不敬亦如不道之無正當。按《秋官·士師職》注詔司寇若今白聽正法解也。是漢時聽斷獄訟各有正法。

（清）杜貴墀《漢律輯證》卷五　不如令。《功臣表》元狩六年，嗣侯欒賁坐爲太常犧牲不如令免。《外戚恩澤表》天漢元年，嗣侯石德坐爲太常失法罔上祠不如令，完爲城旦。《百官公卿表》元封四年，鄭侯蕭壽成爲太常坐犧牲不如令論。按唐律大祀犧牲不如法在《廐庫一》。《功臣表》孝景二十一年，嗣侯蕭勝坐不齊，耐爲隸臣。師古曰，謂當侍祠而不齊也。按《史記·孝文本紀》諸侯王列侯使者侍祠天子歲獻祖宗之廟。《集解》張晏曰，王及列侯歲時遣使侍嗣助祭也。如湻曰，不使王侯祭者諸侯不得祖天子也。今据此表是列侯親侍祠或指八月嘗酎會諸侯廟中而言。《百官公卿表》元狩五年衛尉充國坐齊不謹，棄市。元朔二年蓼侯孔臧爲太常坐南陵橋壞衣冠道絶，免。元朔六年繩侯周平爲太常坐不繕園陵，免。後元二年當塗侯魏不害坐爲太常孝文廟風發瓦，免。孝昭始元六年轑陽侯江德爲太常坐廟郎夜飲失火，免。按唐律山陵兆域内失火在《雜律二》。《功臣表》孝武後二年秺侯商丘成坐爲詹事侍祠孝文廟醉歌堂下大不敬，自殺。元鼎二年嗣侯任越人坐爲太常廟酒酸，免。太始四年嗣侯靳石坐爲太常行幸離宫道橋苦惡赦，免。《百官公卿表》武彊侯嚴青翟爲御史大夫，建元四年坐竇太后喪不辦，免。《張湯傳》人有盜發孝文園瘞錢，丞相嚴青翟自殺。《外戚恩澤表》嗣侯王況綏和二年坐出陵未成置酒舞，免。

（宋）洪邁《容齋續筆》卷五《秦隋之惡》　自三代訖于五季，爲天下君而得罪於民，爲萬世所麾斥者，莫若秦與隋。豈二氏之惡浮於桀紂哉？蓋秦之後即爲漢，隋之後即爲唐，皆享國久長。一時論議之臣，指引前世，必首及之，信而有徵，是以其事暴白於方來，彌遠彌彰而不可蓋也。嘗試裒舉之。張耳曰：秦爲亂政虐刑，殘滅天下，北爲長城之役，南有五領之戍，外内騷動，頭會箕斂，重以苛法，使父子不相聊。張良曰：秦爲無道，故沛公得入關，爲天下除殘去賊。陸賈曰：秦任刑法不變，卒滅嬴氏。王衛尉曰：秦以不聞其過亡天下。張釋之曰：秦任刀筆之吏，爭以亟疾苛察相高，以故不聞其過，陵夷至於二世，天下土崩。賈山借秦爲喻曰：爲宮室之麗，使其後世曾不得聚廬而託處，爲馳道之麗，後世不得邪徑而託足，爲葬薶之麗，後世不得蓬顆而託葬。以千八百國之民自養，力罷不能勝其役，財盡不能勝其求，人與之爲怨，家與之爲讎，天下已壞而弗自知，身死才數月耳，而宗廟滅絶。賈誼曰：商君遺禮誼，棄仁恩，并心於進取，行之二歲，秦俗日敗，滅四維而不張，君臣乖亂，六親殃戮，萬民離叛，社稷爲虚。又曰：使趙高傅胡亥，而教之獄。今日即位，明日射人，其視殺人若刈草菅然。置天下於法令刑罰，德澤亡一有，而怨毒盈於世，下憎惡之如仇讎。晁錯曰：秦發卒戍邊，有萬死之害，而亡銖兩之報。天下明知禍烈及己也，陳勝首倡，天下從之如流水。又曰：任不肖而信讒賊，民力罷盡，矜奮自賢，法令煩憯，刑罰暴酷，親疏皆危，外内咸怨，絶祀亡世。董仲舒曰：秦重禁文學，不得挾書，棄捐禮誼而惡聞之。其心欲盡滅先聖之道，而顓爲自恣苟簡之治。自古以來，未嘗有以亂濟亂，大敗天下之民如秦者也。又曰：師申、商之法，行韓非之説，憎帝王之道，以貪狼爲俗，賦歛亡度，竭民財力，羣盗並起，死者相望，而姦不息。淮南王安曰：秦使尉屠睢攻越，鑿渠通道，曠日引久，發適戍以備之，往者莫反，亡逃相從，羣爲盗賊。於是山東之難始興。吾丘壽王曰：秦廢王道，立私議，去仁恩而任刑戮，至於赭衣塞路，羣盗滿山。主父偃曰：秦任戰勝之威，功齊三代，務勝不休，暴兵露師，百姓靡敝，孤寡老弱，不能相養，死者相望，天下始叛。徐樂曰：秦之末世，民困而主不恤，下怨而上不知，俗已亂而政不脩，陳涉之所以爲資也。此之謂土崩。嚴安曰：秦一海内之政，壞諸侯之城，爲知巧權利者進，篤厚忠正者退。法嚴令苛，意廣心逸。兵禍北結於胡，南掛於越，宿兵於無用之地，進而不得退，天下大畔，滅世絶祀。司馬相如曰：二世持身不謹，亡國失勢，信讒不寤，宗廟滅絶。伍被曰：秦爲無道，百姓欲爲亂者十室而五。使徐福入海，欲爲亂者十室而六。使尉佗攻百越，欲爲亂者十室而七。作阿房之宮，欲爲亂者十室而八。路溫舒曰：秦有十失，其一尚存，治獄之吏是也。賈捐之曰：興兵遠攻，貪外虚内，天下潰畔，禍卒在於二世之末。劉向曰：始皇葬於驪山，下錮三泉，多殺宮人，生薶工匠，計以萬數，天下苦其役而反之。梅福曰：秦爲無道，削仲尼之跡，絶周公之軌，禮壞樂崩，王道不通，張誹謗之罔，以爲漢敺除。谷永曰：秦所以二世十六年而亡者，養生泰奢，奉終泰厚也。劉歆曰：燔經書，殺儒士，設挾書之法，行是古之罪，道術由是遂滅。凡漢人之論秦惡者如此。唐高祖曰：隋氏以主驕臣諂亡天下。孫伏伽曰：隋以惡聞其過亡天下。《薛收傳》：秦王平洛陽，觀隋宮室，歎曰：煬帝無道，殫人力以事夸侈。收曰：後主奢虐是矜，死一夫之手，爲後世笑。張元素曰：自古未有如隋亂者，得非君自專法日亂乎？造乾陽殿，伐木於豫章，一材之費已數十萬工。乾陽畢功，隋人解體。魏徵曰：煬帝信虞世基，賊徧天下而不得聞。又曰：隋唯貴不獻食，或供奉不精，爲此無限，而至於亡。方其未亂，自謂必無亂，未亡，自謂必不亡。所以甲兵亟動，傜役不息。又曰：恃其富强，不虞後患，役萬物以自奉養，子女玉帛是求，宮室臺榭是飾。外示威重，内行險忌，上下相蒙，人不堪命，以致隕匹夫之手。又曰：文帝驕其諸子，使至夷滅。馬周曰：貯積者固有國之常，要當人有餘力而後收之，豈人勞而强斂之以資寇邪？隋貯洛口倉，而李密因之，積布帛東都，而王世充據之，西京府庫，亦爲國家之用。陳子昂曰：煬帝恃四海之富，鑿渠決河，疲生人之力，中國之難起，身死人手，宗廟爲墟。楊相如曰：煬帝自恃其彊，不憂時政。言同堯舜，跡如桀紂，舉天下之大，一擲棄之。吴兢曰：煬帝驕矜自負，以爲堯舜莫己若，而諱亡憎諫。乃曰：有諫我者，當時不殺，後必殺之。自是謇諤之士去而不顧，外雖有變，朝臣鉗口，帝不知也。柳宗元曰：隋氏環四海以爲鼎，跨九垠以爲鑪，爨以毒燎，煽以虐焰，沸湧灼爛，號呼騰蹈。李珏曰：隋文帝勞於小務，以疑待下，故二世而亡。凡唐人之論隋惡者如此。

（明）王道修等《朝邑縣志》卷二《嚴譔》 嚴譔，唐則天時爲詳番使。活死囚八百餘人，罷疑獄百人，又原不實者千餘。姓譔善風角，繼李淳風爲太史令。占熒惑入輿與鬼及諸張敗及諸陵墓事俱驗。譔子向爲鳳翔尹，有政聲。

（唐）柳宗元《柳河東集》卷四《駁復讎議》 事之本始詳《新史・張琇傳》所載：子復父讎者，凡七人，韓文公亦有此議，見於集。韓謂子復父讎，雖不詳於律，然先王之意將使法吏一斷於法，而經術之士得引經而議不可。著爲定制，公則以服孝死義之人不可以王法從事，欲下所議附於令。豈公之意深罪。夫陳子昂議法之爲非其人哉。史載公此議甚詳，蓋有以夫駁音剥。

臣伏見天后時有同州下邽人徐元慶者，父爽爲縣吏趙師韞所殺，卒能手刃父讎，束身歸罪。當時諫臣陳子昂建議誅之而旌其閭，且請編之於令，永爲國典。臣竊獨過之。臣聞禮之大本，以防亂也。若曰無爲賊虐，凡爲子者殺無赦，刑之大本亦以防亂也。若曰無爲賊虐，凡爲理者殺無赦。其本則合，其用則異，旌與誅莫得而並焉一作不得並也，誅其可旌，茲謂濫，黷刑甚矣。黷音讀。旌其可誅，茲謂僭，壞禮甚矣。果以是示於天下，傳於後代，趨義者不知所以向，違害者不知所以立，以是爲典可乎？蓋聖人之制窮理以定，賞罰本情以正褒貶，統於一而已矣。嚮使刺讞其誠僞，考正其曲直原始而求其端，則刑禮之用判然離矣，何者？若元慶之父，不陷於公罪，師韞之誅，獨以其私怨奮其吏氣，虐於非辜，州牧不知罪，刑官不知問，上下蒙冒，籲號不聞；而元慶能以戴天爲大恥，枕戈爲得禮，處心積慮以沖讎人之胸，介然自克，即死無憾是守禮而行義也。執事者宜有慚色，將謝之不暇，而又何誅焉？其或元慶之父不免於罪，師韞之誅不愆於法，是非死於吏也，是死於法也，法其可讎乎？讎天子之法而戕奉法之吏，是悖驁而淩上也悖音孛，驁音傲。執而誅之，所以正邦典而又何旌焉？

且其議曰：人必有子，子必有親，親親相讎，其亂誰救？是惑於禮也甚矣。禮之所謂仇者，蓋以寃抑沉痛，而號無告也，非謂抵罪觸法，陷於大戮，而曰彼殺之，我乃殺之，不議曲直，暴寡脅弱而已。其非經背聖，不已甚哉。《周禮》調人掌司萬人之仇。凡殺人而義者，令勿仇，仇之則死。有反殺者，邦國交讎之。又安得親親相讎也？《春秋公羊傳》曰：父不受誅，子復讎可也；父受誅，子復讎，此推刃之道，復讎不除害。今若取此以斷兩下相殺，則合於禮矣，且夫不忘讎，孝也；不愛死，義也。元慶能不越於禮，服孝死義，是必達理而聞道者也。夫達理聞道之人，豈其以王法爲敵讎者哉？議者反以爲戮黷刑壞禮，其不可以爲典，明矣。請下臣議，附於令，有斷斯獄者，不宜以前議從事。謹議。

（宋）王溥《唐會要》卷四一《雜記》　貞觀十一年正月勅：在京禁囚，每月奏。自立春至秋分，不得奏決死刑。十三年八月四日勅：身體髪膚，受之父母，不合毀傷。比來訴競之人，即自刑害耳目。自今以後，犯者先決四十，然後依法。

十六年十月二十六日詔：盜賊之作，爲害實深。州縣官人，多求虚譽，苟言盜發，不欲陳告。鄉村長正知其此情，遞相勸止，十不言一，假有被論，先拘物主，爰及鄰伍，久嬰縲絏，有一於斯，實虧正化。自今以後，勿使更然。

永徽五年三月制：州胥吏犯贓一匹以上，先決一百，然後準法。

六年十一月二十七日詔：投匿名書，國有常禁。凡厥寮庶，咸應具悉。近遂有人向朝堂之側，投書於地，藏其姓名，誣人之罪。朕察其所陳，皆極虚妄，此風若扇，爲蠹方深。自今已後，内外法司，及別勅據事，宜並依律文，勿更別爲酷法，其匿名書，亦宜準律處分。

永淳二年二月制：官人犯法，經斷後得雪者，並申尚書省詳定，若前被枉斷及有妄雪者，具狀聞奏。

延載元年勅：盜公私尊像，入大逆條。盜佛殿内物，同乘御物。

神龍三年八月七日勅：反逆緣坐人，應没官者，年至十六以上，並配嶺南遠惡州爲城奴。

景雲二年九月二十六日勅：新授官已上者，不得更訴屈。

開元三年二月勅：禁别宅婦人。如犯者，五品已上貶遠惡州，婦人配入掖庭。四年正月六日勅：除長官以外，因公事責決，罰不過十下，其私事專執當者，不得過二十。二十二年十月九日勅：犯罪逃走者，其贓即先徵納，後捉獲推勘，贓數減少，不在却還之限。

天寶五載十一月五日：其僞畫印，宜用僞刻印鑄印之例處分。永爲常式。九載十二月二十九日勅：責情狀專知官，有二十減十下。自今已後，判司縣令一人，犯奪太守一季祿。丞簿尉一人有犯，與縣令中下考三人已上，既量事貶黜。

建中元年二月十五日勅：責情狀宜準格式處分。

至正元六年十一月八日勅：自今已後，太守縣令有犯贓者，宜令加常式一等。

至元年建丑月二十一日京兆尹魏少遊奏：令長職在親人丞簿尉有犯，

無不委悉。比來各相蒙蔽，悉狥人情，百姓艱辛，職由於此。今已後丞簿尉有犯贓私，連坐縣令，其罪減所犯官二等，冀遞相管轄，不得爲非。勅旨：依。天下諸州準此。

乾元元年二月五日勅節文：州縣佐官已下，笞杖不得過十下，已上須取長官處分。

廣德元年七月十一日勅節文：應天下刑獄，大理正斷，刑部詳覆，下中書門下處分。

元和六年三月二十七日，御史臺奏：决囚。準令。以未後者，不得申時，如州府及諸司已至未後者，許至來日。仍請勒本司官準制，與御史同監引決。從之。

長慶二年九月勅：應犯贓罪，今後不得以散試官當罪。

元和三年四月勅：應勳官及六品以下，階宜準散試官例，不得當罪。

大中五年四月：應勅諸道州府及京諸司所有推勘奏狀，宜令具小節目，狀於大狀前同進。今天下謂之小狀自此始也。

七年四月六日勅：法司斷罪，每脊杖一下，折法杖十下，臀杖一下，折笞杖五下，則吏無逾制，法守常規。

（宋）王欽若等《册府元龜》卷九二四《總録部·詐僞》 先聖有言曰：天下之惡有五，盗竊不與焉，一心逆而險，二行僻而堅，三言僞而富，四記醜而博，五順非而澤。此皆謂姦宄之徒，不免君子之誅也。其或矯稱皇嗣，虚畫戰圖，對稠人而禍吏，臨都街而自撻，造僞書而取賞，效嘉遯而覬徵。至於詐僞外戚，則遽列藩宣。假於靈草，則爰剖符竹。罪大而貽神怒，惡盈而掛天網，至有棄之於市而投之於荒汙，彼簡編貽笑後世者矣。

《宋律》卷二一《捕亡律》 諸罪人逃亡將吏已受使追捕而不行及逗留謂故方便之者，雖行與亡者相遇，人仗足敵不鬭而退者減罪人罪一等，鬭而退者減二等，即人仗不敵不鬭而退者減三等，鬭而退者不坐。即非將吏臨時差遣者各減將吏一等，三十日內能自捕得罪人獲半以上，雖不得半但所獲者最重皆除其罪。雖一人捕得餘人亦同若罪人，已死及自首各盡者亦從免，法不盡者止以不盡人爲坐，限外若配贖以後能自捕得者各追減三等，即爲人捕得及罪人已死，若自首各追減二等。已經奏決者不在追減之例，餘條追減准此。

諸捕罪人而罪人持仗拒捍其捕者，格殺之，及走逐而殺，走者持杖空手等。若迫窘而自殺者皆勿論。即空手拒捍而殺者徒二年，已就拘執及不拒捍而殺或折傷之，各以鬭殺傷論，用刃者從原主殺傷法。罪人本犯應死而殺者加役流，即拒毆捕者加本罪一等，傷者加鬭傷二等，殺者斬。

諸被人毆擊折傷以上，若盗及强姦雖旁人皆得捕擊以送官司，捕格法准上條即奸同稽内，雖和聽從捕格法。若餘犯不言請而輒捕擊者笞三十，殺傷人者以故殺傷論，本犯應死而殺者加役流。

諸追捕罪人而力不能制告道路行人，其行人力能助之而助者杖八十，勢不得助者勿論。勢不得助者，謂隔險難及馳驛之類。

諸捕罪人有漏露其事令得逃亡者減罪人罪一等，罪人有數罪，但所收捕罪爲坐。未斷之間能自捕得除其罪相容隱者爲捕得亦同，餘條相容隱爲捕得准此。即佗人捕得若罪人已死及自首又各減一等。

諸隣里被强盗及殺人告而不救助者，杖一百，聞而不救助者速告隨近官司。若不告者亦以不救助論，其官司不即救助者徒一年，竊盗者各減二等。

諸征名已定及從軍征討而亡，若一日徒一年，一日加一等，十五日絞。臨對寇賊而亡者斬，主司故縱與同罪。下條准此。軍還而先歸者各減五等，其逃亡者同在家逃亡法。

諸防人向防及在防未滿而亡者，鎮人亦同。一日杖八十，三日加一等。

諸流徒囚役限内而亡，者犯流徒應配及移鄉人來到配所而亡者。亦同。一日笞四十，三日加一等過杖一百，五日加一等。主守不覺失因減囚罪三等，即不滿半年徒者一人笞三十，三人加一等，罪止杖一百。監當官司又減三等，故縱者各與同罪。諸宿衛人在直而亡者一日杖一百，二日加一等，即從駕行而亡者加一等。

諸丁夫雜匠在役及工樂雜户亡者太常音聲人亦同。一日笞三十，十日加一等，罪止徒三年。主司不覺亡者一人笞二十，五人加一等，罪止杖一百。故縱者各與同罪，即人有課役全户亡者亦如之。若有軍名而亡者加一等，其人無課役及非全户亡者減二等，即女户亡者又減三等。其里正及監臨主司故縱户口亡者，各與同罪，不知情不坐。

諸非亡而浮浪佗所者十日笞十，二十日加一等，罪止杖一百。即有官事在佗所事了留住不還者亦如之。若營救資財及學宧者各勿論。闕賦役者各依亡法。

諸宫户官奴婢亡者一日杖六十，三日加一等，部曲、私奴婢亦同。主司不覺亡者一口笞三十，五口加一等，罪止杖一百。故縱官户亡者與同罪，奴婢准盜論，即誘導官私奴婢亡者准盜論，仍令備償。

諸在官無故亡者一日笞五十，三日加一等，過杖一百，五日加一等，邊要之官加一等。

諸被囚禁拒捍官司而走者流二千里，傷人者加役流，殺人者斬，從者絞。若私竊逃亡以徒亡論。事發未囚而亡者亦同。

諸主守不覺失囚者減囚罪二等，若囚拒捍而走者又減二等，皆聽一百日追捕。限内能自捕得及他人捕得，若囚已死及自首除其罪。即限外捕得及囚已死若自首者各又追減一等，監當之官各減主守三等。故縱者不給捕限即以其罪罪之，未斷決間能自捕得及他人捕得，若囚已死及自首各減一等。謂此篇内監臨主司應坐當條不立捕訪限及不覺故縱者並准此法。

諸部内容止佗界逃亡浮浪者一人，里正笞四十，謂經十五日以上者坊正、村正同里正之罪。若將家口逃亡浮浪者一户同一人爲罪。四人加一等，縣内五人笞四十，十人加一等，州隨所管縣通計爲罪。各罪止徒二年，其官户部曲、奴婢亦同。若在軍役有犯者，隊正以上折沖以下各准部内有盜賊之法。

諸知情藏匿罪人若過致資給謂事發被追及亡叛之類。令得隱避者各減罪人罪一等，藏匿無日限過致資給亦同。若卑幼藏隱匿狀已成，尊長知而聽之，獨坐。卑幼、部曲、奴婢首匿，主後知者與同罪。即尊長匿罪人，尊長死後卑幼仍匿者卑五等，尊長死後雖經匿但已遣去事發及匿得相容隱者之侣并不坐，小功以下亦同減例。若赦前藏匿罪人而罪人不合赦免，赦後匿如故及不知人有罪容寄之後知而匿者，皆坐如律。其展轉相使而匿罪人知情者皆坐，不知者勿論。罪人有數罪者止坐所知。

（宋）范成大《吴郡志》卷二五《程師孟》　程師孟，字公辟，郡人。其高祖思爲錢氏營田使，遂居吴。師孟居南園側，號晝錦坊。景祐元年，舉進士。累遷判三班院給事中、判將作都水監，盡知楚、遂、洪、福、廣、越、青州。爲政簡而嚴，剸煩制劇。才刃有餘，罪非死者，不以屬有司，獄每爲空。寬猛得中，所至人悦。性樂易純，質言無隱情。喜爲詩，効白樂天而尤簡直，至老不改。

（宋）范成大《吴郡志》卷二五《錢象先》　錢象先，字資元，郡人，中進士高第，宰相吕夷簡薦其經行，爲國子監直講。歷大理少卿、三司判官、河北江東轉運使、天章閣待制、龍圖閣直學士、官尚書刑部侍郎。又歷知河中、河南府許、潁、陳、蔡、亳州，以吏部侍郎致仕。象先長於經術，仁宗留神經藝，象先以古學進侍。間有顧問，依經以對。因以諷諭政事時務，有啓迪獻納之益。留侍經筵前後十五年。又通刑名之學，所尚詳平。又以犯勅者重，犯令者輕，請移勅文入於令者甚衆。又省去許捕之條百餘，其持法近厚如此。修勅成例，賜勳爵獨賜三品服。仁宗謂輔臣曰：象先以孝聞，有母八十歲以此慰其母心。熙寧九年卒，年八十一。

（宋）史能之《咸淳毘陵志》卷一七《錢即》　錢即，字中道，宜興人。登熙寧九年進士第，授安州司理。初莅事吏，有誣服抵死罪，即明其冤，守將欲薦之。答曰：治獄得情，職也。擠人以論功非。吾志調睦州推官，有冤獄久不決部使者。檄往按治且誘以薦剡即折獄平反，全活二十三人。或誚之。對曰：吾寧老選中，忍以數十人命易一薦哉？卒不受。歷鄜延環慶經略，安撫所至，有聲績。童貫宣撫陝西，患物價騰踴，嚴設科條，又行均糶法。陝西騷然，即上疏力詆，時貫權傾中外，人皆危之，不顧也。坐是謫永州，後以龍圖閣學士致仕。謚忠定。

（宋）潛説友《咸淳臨安志》卷六六《虞奕》　虞奕，字純臣，錢塘人。元豐八年舉進士第，崇寧中，提舉河北西路常平，洛、相饑，徙東路。入對，徽宗問行期，對曰：臣退即行。流民不以時復，則來歲耕桑廢矣。上悦。西部盜起，徙提刑，自詭討賊，悉降之。入爲開封府少尹，故時大理開封治獄，得請實蔽罪，其後悉任情棄法。奕言廷尉持天下平，京師諸夏本法且不行，何以示萬國。請自今非情法，實不相當，毋得輒請。從之。累遷户部侍郎，内侍總領左藏，予奪顓己，視户部如僚屬。奕白宰相曰：計臣不才，當去之而易能者，不可使他人侵其官。即自劾不稱職。詔爲罷内侍。卒，贈龍圖閣學士。

（宋）張鎡《仕學規範》卷三一《陰德》　張文規，字正夫，筠州高安人。以特奏名入官。再調英州司理參軍。真陽縣有民張五者，數輩盜牛。里人胡達、朱奎、張運、張周孫等率保五追捕之，羣盜散走，獨張五拒抗不去，達殺之，而取其貲。盜不得志，反以被刼告於縣。縣令吳邈欲邀功，盡取達、奎以下十一人送獄，劾以爲强盜殺人，鍛鍊備至，皆自誣服，奎、運二人病死。既上府，事下理院。文規察囚辭色，疑不實，一問得其情，又獲盜牛黨以證。獄具，胡達以手殺人杖背，餘人但等第杖臀而已，奎、運乃無罪。時元祐七年也。吳邈計不行，恚忿歸畨禺，嘔血死。文規雪寃獄活十人，當得京秩，郡守方希覺以其老生無援，不剡奏，但以舉者遷撫州臨川丞。紹聖四年之官，明年夏四月癸夘以驗屍感疾遂困，勺飲不入口者一月，昏不知人，四體皆冷，喘息不屬。醫以爲必死，家人環泣待盡。越五月辛未，忽微作聲，索水飲，身漸能動，大言曰：速差人般取船上行李。家人以爲狂。至夜半，神氣始定。乃言方病在床，聞一人呼云：英州下文字，即出視之，有公吏三四輩曰，攝官人照證事，吾甚恐，不知其由，告以病篤，乏力不能行，又無公服。吏曰：彼中自有公服，已具舟岸下矣。不得已與俱往登舟。頃刻間已至英入城，視井邑人物，歷歷如舊，唯市中酒樓不見，問左右，曰：焚之矣。吏止之，令少待，曰：俟取公案。須臾而至，問何等文書，曰：吳邈解胡達案也。吾念邈死已夂，何爲追我，方悟已死。稍行前，入大官府，門廡嚴峻，戈戟列衛甚整，有同行者十餘人。將入門，一卒持衣冠至，服而入，或告曰：有持水漿來者，切勿飲，飲則不得還。又前至一門，衛兵愈盛，力士數十皆執斧鉞。果有持水至者，同行皆飲，吾辭以不渴，又易茶以來，復辭之。其人怒曰：何爲難伏事也。遂復前行，追者先入門，出引衆俱進，見殿宇樓觀，金碧相照，殿上垂簾，皆不敢仰視，潛問追者殿上爲誰。曰：王。俄傳呼驅同行者使前，旋即捽去，最後方及吾。聞簾內所問果吳邈事，一一以實對，王曰：吾亦詳知，然必須卿至結正者，貴審實爾。吾奏曰：臣自勘此獄，使十人將死得生，獨不蒙朝廷賞勞，敢問其說。王曰：臨川丞即酬賞也。吾曰：凖賞格，當改合入官，而今但用舉者，循資耳。王曰：豈有舉主二人，而遽得丞大邑乎。蓋吾初得三薦章既赴部，而廣東提刑王彭年者，已不可用，不謂冥間知之如此之的。遂奏曰：官職既有定分，願以微功少延壽數。即聞殿上索簿，俄有吏抗聲云：已蒙王判。則見文書自簾出，降付衛者。引吾至所司，遥見吳邈荷校於簾下，而朱奎、張運立其傍。吾借書欲觀，衛者不可，曰：至司則見矣。指司吏曰：此濮州舉人也，行己正直，明法不第，故死得主判於此。至司揖吏，問所判。吏出示紙，尾有添一紀三字。吾佯爲不曉以問吏，吏曰：子宿學老儒，豈不曉一紀之義乎，十二年也。子有雪活十人之功，故王以一紀報子，此人間希有事也。適在王所聞子應對，王甚喜。夫上帝好生而惡殺，經云：與其殺不辜，寧失不。經又云：好生之德，洽於民心。凡引此類數十端，不能盡記。吾從容謂之曰：公本貫濮州邪。吏愕曰：何以知之。吾笑曰：平生聞濮州大鍾，果有之乎。吏作色曰：此非戲，所勿輕言。復引出至殿下，叩簾奏訖。吏舉手令退，吾又前白曰：適蒙判增一紀，今六十七矣，計其所增當至七十九，然先父壽止七十八，豈有人子而壽過其父乎。王曰：不然，人壽短長，係乎所修。父子雖親，不必同也。遂拜謝而出，見廊下一大門，守衛嚴密。吏曰：都獄門也。其間各有獄，凡貪淫殺害，嚴刑酷法，讒譖忠良，毀敗善類，不問貴賤夂近，俱受罪於此。欲入觀，不可，望見門內一僧持磬。吏曰：道冥和尚也。凡人魂魄，皆此僧道引廊上。京師人戲語有濮州鍾，有欄楯，如州縣所謂沙子者，其間因亦多，一女子年十七八，呼曰：聞官人得歸撫州，煩爲白知州許朝散云：十二娘至今未得生天，願營功果救援我，朝散將來亦解保舉官人。吾默思，許守今年舉狀已盡，安能及我。俄聞傳呼：張文規與罪人通語言，驅至王所。王問焉，以實告，王曰：能爲言之，理無所礙，彼此當有利益。吾遂行，恐忘女子之言，又至司就吏借筆書十二字於臂。急趍出，見元追者引登舟，行至一城，乃南雄州也。有黃衣來報，方提舉已死，追至此，乃英守方希覺者，見提舉江西常平，吾猶意其在英時不保奏鞫獄事，走卒妄言悦我以求利，詰其所在，曰：在某所往求之不見。復登舟即抵岸，送者推出船，遂寤，視臂間十二字隱隱若存。時病已經月，腰胯間肉壞見骨，善醫者以水銀粉傅之，肌肉立生。許朝散者，臨川守許中復也。十二娘者，乃其兄之女，聞其事爲誦佛書，飯僧薦之。而方希覺者，以文規蘇後始死，蓋氣未絶時精爽已逝矣。文規在告幾百日，漕司以爲不勝任，檄郡守體量，將罷之。許守具事實保明，言病愈已堪釐務。乃悟女子所謂保舉，及王言彼此利益之說。後有客自英來，云：市樓果爲火所毀。明年，文規以通直郎致仕。大觀二年，七十八矣，夢一羽衣來云：向增壽一紀，今數足矣。陰君以公在英州嘗權司法，斷婦人曹氏斬罪降作絞刑，又添半紀。文規寤而思之，曹氏者，本罪當斬，欲全其首領，故以處死定斷。既去官，刑部駁問，以爲失出。偶事在赦前，又王氏已死，無所追正，但索印紙批書而已。至和四年乃卒，年八十三，考其再生及夢，凡增一紀有半，當得十八年，而只十六年者。蓋自生還之歲，至得夢時首尾爲一紀，又自夢歲至終年爲半紀云。

（元）孟奎《粗解刑統賦》　渡關三等自首而獲免者冒渡。關津渡棧俱有常禁，無文引而自渡者謂之私渡，不以正道而已過者謂之越渡，假以他人名字之文引而渡者謂之冒渡，此三者惟冒渡者容首而免罪，謂其終有文引耳。

（元）孟奎《粗解刑統賦》　贓罪六色共犯而合并者盜贓。贓雖有六情拘輕重除强竊盜贓係罔理取人之物或致人命，情由重也，故并贓而累其罪。若其他贓濫係取與求謂之財，止依本罪。

（元）孟奎《粗解刑統賦》　他捕或同於自捕。盜賊罪囚逃避隱匿主守有怠慢之罪立限之内雖諸人捕獲得完者即與主守自行捕完同。

（元）孟奎《粗解刑統賦》　囚亡有異於徒亡。徒囚者徒役在外之囚，雖所在官司有禁錮之例，必有年限輕重。終係已行受刑，因囚或沿途或地所因而逃亡者其罪稍輕。在禁之囚故縱失放，主守監臨罪重於徒亡也。

（元）沈仲緯《刑統賦疏·第三韻》　觀夫觀者，詳觀也，夫者，語端辭。首從之法有正而有權。先王造律有正有權，正者常也，常行之正法。權者變也，權宜之變法。觀其《刑統》首從之法則知有常有變矣。蓋天下之事固非一端，犯法之情亦無一定。先王以首從之一法不足以稱人情之輕重，故例與法不得不爲權變也。是以刑統律有以造意爲首，有以所由爲首，有以唱之爲始而爲首，有以成之終而爲首，有元謀之首變而爲從，有同謀之從變而爲首，有使毆擊以威力爲首，有同謀共毆傷人以下手重者爲首，蓋事有不同則其法不能無異。以造意爲首者，《名例律》共犯罪者以造意爲首，隨從者減一等，此律之通例也。又以非造意爲首者，本條又云，即共監臨主守爲犯雖造意仍以監主爲首，凡人以常從論，以其主之在人也。以所由爲首者，又條，同職犯公坐應連坐者各以其所由爲首，餘皆節級減之，此亦條律之通例也。又以非所由爲首者，若《戶婚律》，嫁娶違律期親尊長主婚者，雖事由男女亦以尊長爲首，以其主之在己也。以唱之於始而爲首者，《職制律》漏泄大事機密者絞，仍以初傳者爲首，以其唱之爲始也。以成之爲終而爲首者，《鬬訟律》教令人告事虛應反坐得實應賞者皆以告者爲首，教令人爲從以其成之於終也。元謀之首變而爲從者，《雜律》賭博財物甲雖造意及其輸而計贓重則依已分爲從，故曰原謀之首變而爲從也。同謀之從變而爲首者，《賊盜律》共盜并贓論造意者不行又不受分，即以行人專進止曰爲首，故曰同謀之從變而爲首也。使人擊毆人以威力爲首者，《鬬訟律》諸以威力使人毆擊人而致死傷者，雖不下手猶以爲首，科重罪下手者減一等，謂其主威力驅使人也。同謀共毆傷人以下手重者爲重，又條，同謀共毆傷人者則以下手重者爲重，罪原謀減一等，爲其逞兇毆人而特重也。由是觀之，則可以見首從之法以常以變而無一定之論也。【略】

棄囚拒捕亦事之罪因緣。《賊盜律》諸劫囚者流三千里，傷人及劫死囚者絞，殺人者皆斬。若竊囚而亡與囚同罪。問曰：竊囚而亡被人追捕，棄囚逃走，後始拒捍因而殺傷罪同劫囚以否？答曰：下條，竊盜發覺棄財逃走，因相拒捍如此之類事有因緣者，非强盜。今者竊囚而亡棄囚逃走，理與竊盜發覺棄財逃走義同，止得拒捕而科，不同劫囚之坐。夫凡以威力而强劫掠取其財者，或先强加迫脅而後盜取其財者，或先盜竊其財，覺之後始加威力者，如此之類并從强盜法。若竊盜發覺財主迫之棄財逃走因相拒捍，原情不過避免拒執而已，若此之類止以鬬毆及拒捍論。此律注所謂事有因緣非强盜也，觀其竊囚在律理同竊盜劫囚，亦同强盜竊囚而亡被人追捕棄囚逃走後始拒捍如此者，所謂事有因緣難同劫囚論坐。

（元）佚名《別本刑統賦解》　已囚而竊則親等於人。犯法之人親屬隱藏有可容者有不可容者。若未獲到官避罪逃于親屬之家，官司追捕得出所據容隱者，蓋恩愛所使，情亦可恕。其有親屬係在官司，私竊逃避然雖恩愛所使，緣官司猶主於義，豈可棄義欺官乎。故雖親人亦與他人論罪也。

（元）佚名《別本刑統賦解》　囚走而殺則仗等空手。禁繫之囚而有逃避者，主監追捕因而拒捍有許殺者有不許殺者。謂罪人本犯死罪持杖抵捕，若不與殺反被□害，及空手逃竄雖不持杖，然逃竄其遠有甚於持仗，若不敎之則愈遠而難捕，故雖空手亦與持仗同也。

（元）佚名《别本刑統賦解》 妄認或依於錯認。知是他人之物而認之謂妄，形色相類而認之謂錯，妄認錯者與故誤不殊。妄認奴婢及財物者準盗論減一等，若非親臨之主不識其物，輒有妄認者，原其本心亦是錯誤，合從錯認之法。故曰妄認或依於錯認也。

（元）佚名《别本刑統賦解》 贓罪六色共犯而合并者盗贓。六贓者，强盗、竊盗、枉法、不枉法、受所監臨、坐贓是也。內除强竊二贓外，枉法以下皆是彼此和同取與。【略】故同伴之賊贓雖多寡不均然共盗之情不異，故皆併贓論也。今例諸共盗者併贓論，即與《刑統》一義也。

（元）佚名《别本刑統賦解》 他捕或同於自捕。逃失罪囚有主守故縱而逃者，有不覺而逃者，二者法皆定限追捕。若故縱之囚雖在限內主守自能捕獲，猶坐故縱之罪，況於他捕乎。其不覺而逃者雖在限外，他人捕獲亦從自捕之法也。

（元）佚名《别本刑統賦解》 囚亡有異於徒亡。囚者被禁之人也，徒者配役之人也，亡者逃也。二者雖繫亦有逃者，囚在牢獄，雖欲逃亡比徒則難。囚之逃亡有三等，有枉禁而逃者，有私竊而逃者，有拒捍而逃亡者。其枉禁而逃者，理事理論私竊逃者，依徒亡之罪論之。其拒捍逃亡者重於私竊，得罪不同徒亡之論。故曰囚亡有異於徒亡也。

（元）佚名《别本刑統賦解》 故屏服食論以鬬殺。知而犯之謂之故藏，掩人物謂之屏。其知而故犯者，法所不容。亦推其情之輕重，冬月故屏去人之衣，饑渴故屏去人之飲食，致有傷人者，則其所犯，初雖故意，而終非刃仗害人，故以斗殺論之。及屏去梯轡之物致有殺傷者罪亦如之。

（元）佚名《别本刑統賦解》 貿易官婢同於和誘。屬官之奴謂之官奴，貿易者謂以婢換之也。和誘者空言引誘也。其監守空言誘引官婢入己者重於己婢換之，若以己婢貿易官婢者，計所利以盗論贓。重者同和誘法。故曰貿易官婢同於和誘。

（元）佚名《别本刑統賦解》 并贓累并法也而法兼於贓。贓法不等，有輕有重。舊例重贓并滿輕職者不可以兼法，重法并滿輕法者可以兼於贓，即不贓而不兼法，并法兼於贓也。今例取受至元二十貫者四十七，若是枉法贓則從枉法論，故無枉法之外又論贓罪之者，蓋法兼於贓也。

（元）佚名《别本刑統賦解》 本部如本屬也而屬尊於部。統轄之謂屬，管領之謂部，屬者刺史縣令牧民之官也，其親屬家口皆統者也。部者官吏視吏卒也，故止管其身。本屬主恩，本部主義。若毆及殺并人十惡，然犯本屬之罪重於本部，有傷於恩蓋恩重於義也。故誣告屬官加所誣罪二等，誣告部則無加法。故曰本屬尊於部也。

（明）宋奎光《寧海縣志》卷五《黄溍》 黄溍，字晉卿，義烏人，延祐二年進士。縣丞地瀕鹽場亭户，恃其不統於有司，肆毒害民編氓之隸。漕司洎財賦府者，亦謂各有所憑，横暴尤甚。溍皆痛繩以法，吏懼以利害，白弗顧也。有後母與僧通而鴆殺，其夫者反誣夫前子。獄將成，溍變衣冠察之，具知其姦僞，卒直其冤。人稱神明。巡兵捕販鹽者，急，遂沈鹽於河，帥衆以拒。巡兵怒，迺取他私販事以實之。民有在盗籍者，謀爲刼奪，未行，邑大姓執之，以圖中賞格。初無獲財，無左驗，事皆久不決。溍爲之疏剔，以其獄上，各論如本條，免死者三十餘人。部使者行縣廉知其治狀事悉委焉。溍爲黜其以賄販者，上百户一人縣吏二人在官無禄者四十人。歲大旱請於靈湫有白龍蜿蜒見湫中，已而雲興雨澍，遂以有年。踰再期，遷監運。歷官翰林直學士知制誥修國史，同知經筵事階中奉大夫，年八十一卒。謚文獻。

《大元通制·十惡》 條令：一曰謀反，謂謀危社稷。

二曰謀大過，謂謀毁宗廟、山陵及宫闕。

三曰謀叛，謂謀背國從僞。

四曰惡逆，謂毆及謀殺祖父母、父母、殺伯叔父母、姑、兄、姊、外祖父母、夫、夫之祖父母、父母。

五曰不道，謂殺一家人，及支解人，造畜蠱毒，採生厭魅者。

六曰大不敬，謂盗宗祀神御之物，鑾輿御服；僞造御寶；合和御藥，誤不依本方，誤封題；御造御饍，犯食禁；御幸舟車，常御之殿不牢固；指斥鑾輿，情理切害，厭咒求媚而涉鑾輿，及對捍制使，而無人臣之禮者。

七曰不孝，謂告言罵詈祖父母、父母，及外祖父母，在别籍異財，奉養有闕；居父母喪，不丁憂，服内嫁娶，忘哀作樂，釋服從吉；聞父母喪匿不降哀，及詐稱父母、祖父母身死者。

八曰不睦，謂謀殺及賣緦麻以上親屬毆告夫及大功以上尊長、小功親屬者。

九曰不義，謂殺本屬路府州縣官員及受業師傅，又吏卒殺本屬官長，及聞夫喪匿不舉哀，釋服從吉，及改嫁它人者。

十曰内亂，謂姦小功以上親屬及父妾繼母者。

《大元通制・聚衆祈賽》　立集場，唱淫詞，犯人四十七下，社長、主首、鄰佑人等二十七下。鳩斂錢物，聚衆粧扮，鳴鑼擊鼓，迎神賽社，爲首正賽人五十七下，爲從者四十七下，里正、主首、社長失覺察知而不首，決三十七下。詐稱神降，妄言禍福，扇惑鄉民，爲首者決五十七下，爲從者決三十七下，社長失覺察決一十七下。婦人衣男子服神附，決五十七下。

《大元通制・宰殺》　私宰馬牛，正犯人決杖一百，仍徵至元鈔二十五貫，付告人充賞；兩鄰知而不首，決廿七下，坊里正、主首、巷長、局院軍人頭目有失覺察，決五十七下。見殺馬牛人要訖錢物，決七十七下。

《大元通制・田宅》　諸典賣田宅，取問房親鄰人。典主違限不批退，決一十七下；違限不酬價，決二十七下。典賣田宅，具情由告給公據，許令成，賣主買主一同賫契赴官銷照□取承□推收税石。

聽親鄰典主百日内收贖，限外不得争告，雖過百日，並聽依價收贖。若親鄰典主在它所者，百里之外，不在由問之限。欺昧親鄰典主故不成交，決四十七下。親鄰典主故行刁蹬，取要畫字錢物，取問是實，決二十七下。正軍貼户破賣田土，許相由問。站户典賣田土，依例許親鄰典主成交。年幼因饑饉同祖母賣訖田土，斷付賣主。站户消乏賣訖田土，先行隨地收税。軍人消乏賣地土，軍官奥魯官根底與文字貨賣。

《大元通制・債負》　諸借取錢債，每鈔一兩，月息三分，年月雖多，不過一本一利。若有已還之數，準算。如已還訖一本一息者，雖經倒换文契，並不準，使當官追毁，債主不得將少債人私下監收，拖拽人口頭疋。軍官私債照依通例取息。軍官多取軍人息錢，越例取息當留人口，各決三十七下。軍官將百姓枷征私債，決二十七下。舉借谷粟，依鄉原例，年月雖多，不過一本一息。應解典金銀諸物，二周歲下架。誤典賊贓，只宜取索，不可致罪。

《大元通制・户絶承繼》　户絶女幼，官爲知在，候長召嫁，繼户當差。寡婦無子，承夫分。兄弟另籍，許令承繼。同户另居，姪許令承繼。户絶田産，同宗弟侄雖係軍民另籍，許令承繼。若有户絶，别無承繼之人，謂子姪弟兄之類，其田宅、浮財、人口、頭疋，盡數拘收入官，召人立租承佃。所收子粒等物，通立文簿，申報上司。若抛下男女，十歲以下，付親屬可托者撫養，度其所需支給。雖有母招後夫，或携以適人者，其財産亦官爲知數，如或嫁娶，或年十五，盡數給還。若母寡子幼，其母不得非理典賣田宅人口，放賤爲良。若須合典賣者，經所屬陳告，勘當得實，方許交易。婦人夫亡，服闋守志者，從其所願。若志節卓異，無可養贍，官爲給糧存恤。如果家貧不能終制，不在此限。其夫亡，已有所出男女，抛下事産，可以養贍，不守婦節，輒就夫家再行招婿，破蕩前夫家私，甚犯風化。今後有犯，如未終制，本婦、後夫、媒合、保見人等，比依服内成親例，一體斷罪。若已服闋者，量事輕重科決，並聽離異，仍追破費前夫家業給主，元下財錢没官。

（元）蘇天爵《滋溪文稿》卷二七《章疏・禁治死損罪囚》　洪惟聖朝奄有中夏，深仁厚澤普洽於黎元，明罰詳刑務存乎寬大。然自近歲伊始，有司或不得人，以致刑獄滋章，重使生靈彫弊，無辜者牽連受刑，有罪者僥幸獲免，舞文弄法悉快於貪婪，肆虐逞威尤便於皂隸。始則因事以織羅，決則受財以脱放。及聞審囚官將至，却稱被罪人在逃。縱慾陳告，其取受却緣本宗事未絶。設計害民無所不至，其有結案之囚當使明正其罪。今縣未嘗申解於州，州未嘗申解於路，或畏刑名之錯，或因結案之難，不問罪之輕重，盡皆死於囹圄，斷遣者既未嘗有平反者，蓋所絶無夫廟堂。宰輔惟恐一人失所，而州縣官吏輒敢恣意殺人，感傷天地之和，蓋亦莫重於此。近因欽奉詔書巡行畿甸，詢民疾苦，疏滌冤滯。念國家治安既久，本欲生全其民。今中外一歲之中死者不知其幾，其在江南猶稍知懼。結案幸達於中書，判送悉歸於刑部，議擬方在吏手。囚徒已死獄中，且重罪飛申，先使知事之元發有司，月報又欲考事之施行。今皆視爲虚文，一切置之不問。夫朝廷作法如此，郡縣慢令可知；京畿積弊如此，天下之事可知。故憤怨蘊於人心，災異形於天變，水旱大損於禾稼，生靈日入於貧窮。聞者可以傷心，見者當爲痛哭。《傳》曰國家閒暇，及是時明其政刑。今海宇承平，百年正當，申明刑政，感格和平而乃因循苟，且隳廢如此。欲望禎祥駢臻，黎民安乂，蓋亦難矣。宜從都省明白聞奏，今後內外輕重罪囚，某事一起自某年月日到禁某年月日，申解所司或斷訖笞杖等罪，或審復結案待報。某事一起自某年月日到禁某年月日因患某病，某醫用何藥餌竟因某病身故，年終通行開寫署節情犯緣由，次年三月以裏申達省部，選委刑部文資正官一員巡行仔細披詳。如有淹滯，刑獄決遣不當，妄申急證，死損數多，皆當驗事輕重，依例治罪。庶幾朝廷明其政刑，天下知所警畏，有司不敢生事擾民，罪囚不至冤濫死損。

（宋）蘇天爵《滋溪文稿》卷二七《章疏·乞差官録囚》　欽惟祖宗混一區宇，既有民庶之衆，尤宜刑政之修，蓋發政施仁。固朝廷之急務，戢姦禁暴，亦郡縣所當爲。是以司刑官吏允貴得人，若官不得人則乏推鞫之，明吏不得人，惟務文深之害或無罪枉陷於刑章，或有罪僥幸以苟免，以致下有冤抑之苦，則必上干陰陽之和。故累朝以來，屢差官審決，蓋欲刑政肅清，臣民畏懼故也。竊惟本省控制四道，總轄三十餘路，至正八年十二月分共計見禁輕重罪囚一千三百一十五起，三千九百三十六名，每歲約支囚糧七八千石，冬夏衣鈔若干百（定）〔疋〕。夫以江浙四道固曰，地大民繁，犯法者衆。若使官吏得人，治化清簡，則獄訟亦不至如此之多也。考其罪囚在禁月日有十五年者，有二十年者。又至正八年之內四道共計死損罪囚五百餘人。夫既不能明正典刑，皆徒死於囹圄，何如以爲姦惡之勸乎？況兼本省之地，東南與海相接，近年海中爲盜者衆，除已招安爲民各居鄉里當差外，其餘在禁之人亦合一體明白審録區處，且以累朝審囚條目具載憲章。伏覩聖天子即位以來，所降詔書屢以罪囚爲念，其惻隱之仁，欽恤之意，可謂至矣。元統二年十月內一欵：刑期於無刑，蓋以弼教而助治也，議刑之際可不慎歟。司刑之官宜加詳慎，務在平允，毋使寃濫致傷和氣。又一欵：內外見禁重囚中間，若有贓仗未完，屍傷不明，證佐爭差累審，累番禁繫係，三年不能決者，仰監察御史肅政廉訪，司官用心詳讞。果是疑獄，即與疏放。至元四年正月內一欵：各處見禁重囚果有贓證不明事情，疑似累審累番虛實難辨，三年不能決者，從監察御史廉訪司詳讞疏放。至元六年七月內一欵：各處刑獄冤濫，蓋因捕盜官迫於期限，推問官暗於刑名，審復之司不加詳讞，以致在禁之人輕則淹延歲月，破蕩家産，重則死於非命。朕甚憫之，在內監察御史，在外廉訪司，即與有司正官詳加審理，輕者與決寃者辨明，累審累番，果無顯驗，在禁日久疑不能決者，即與疏放，具所放緣由申達上司。如無寃，抑依例結案。至正三年十月內一欵：比來獄犴滋多，中間寧無寃濫，其有累審累番別無證驗在禁日久疑不能決者，在內監察御史，在外廉訪司研窮審理，具由申達省部詳讞疏放，如無寃抑依例結案。至正五年二月內一欵，內外獄囚有司不得其人，中間不無寃濫，仰監察御史、廉訪司詳加審理，輕者疏決，重者依例結案寃。抑不能自明者即與明辨，累審累番三年疑不能決者，疏放具由行移有司申達省部。至正七年七月內一欵：諸禁囚枷鎖監收飲食治療具有成法，近年有司失於奉行，畏上司之審録，惡上司之駁問，往往將病囚不即治療。無糧者弗與，飲食甚者託以患病，其實抑死囚中，使爲惡者失正，其罪寃抑者含恨九泉，監察御史、廉訪司嚴加究治。又當年十二月內一欵：刑獄之重，民命繫焉，死者不可復生，傷者不可復息，各處見禁罪囚，恐有淹滯。詔書到日，所在有司即與用心推理，合疏決者疏決，合結解者結解，毋以小節不完，淹滯囹圄。其有在禁五年之上，累審累番疑不能決者，在內監察御史，在外廉訪司吏爲讞疑狀，昭著釋之，仍具所由省達省部，欽此。

夫以聖上好生之德見於明詔者，一一可考。然自元統二年至至正九年十有六年之間，不知各處辨明疏放者幾人，結案待報者幾起，司刑者獨可置之不考其故乎，是以徒見囚徒日益以衆，文移日益以繁，有傷聖明仁厚之至，化以致雨暘連年之失。時當國者可不爲之深思長慮乎？宜從都省聞奏，精選通曉刑名官員，先將各省見禁罪囚多處，一一審録。比及立春，使罪狀明白者各正其罪。情犯疑似者悉與辨明。庶幾國家刑罰見於施行，民庶知所畏懼而不敢犯，寃抑淹延亦得寬釋而無怨恨矣。務施聖上恤刑之實惠，勿爲有司一切虛文，不勝幸甚。《易》曰：君子明慎用刑而不留獄。又曰：聖人感人心而天下和平。此之謂也，本省除將輕囚行下各處依例斷決，重囚催督追會完備聽候死損者，行移究治。

（清）胡文學《甬上耆舊詩》卷一二《太子少保刑部尚書陸康僖公瑜》　字廷玉，號省菴。年十四爲名諸生，弱冠中進士，授刑曹。奉命出録兩淮、江南北十七郡獄，衆錯訊鞫務得平。所釋繫囚三百餘人，改從輕比者千餘人。歷遷郎中，以才望擢爲山東布政使。齊魯大飢，民相聚鬨取富人粟，監司坐强刦，當死。公曰：民苦饑，攘粟以免道殣耳。奚更殺之，改從搶奪例，俱得免死。英廟初，復辟。李文達公賢時，爲上言公才，及刑部尚書闕朝議，數擬以進，俱不許。遂徵拜，公及陛謝，上語左右曰：國家持刑得人矣。公先在刑曹，於格律輕重，盡若披掌。凡有大獄，諸曹不能决，先質於公。公曰：某年某所獄類，此可比擬曹吏，發故牒。視之不少差，時門達治錦衣獄用法酷，弘農衛卒誣指揮李斌謀反，事下達煅煉，具獄。會廷議，公獨言其寃，達怒，語侵公。公曰：瑜所執者，祖宗法耳。奈何枉人至族耶？達奏公庇反者，上不聽，爲赦斌妻子。未幾，達敗。言者俱欲置之死，李文達以質公，公曰：達典制獄，任情輕重，是其罪。然貤紀綱馬，順則有間矣。達卒得不死。曹欽夜爲亂，公被執，已知爲公，遂釋不害，或執欽佃人數千，俱爲逆黨。公以欽謀逆，倉卒諸佃相去各數百里，豈得與謀？盡釋之。上素重公名，凡游上苑、出獵，俱召公從行，禮遇甚渥。憲廟初年，公歷九載，乞致仕。上曰：國家方倚任老成，卿安得去？每遇小疾，上遣御醫往視，中使臨問賜飲饌相望，疾少間特免公朝參。復六年，堅乞骸骨歸老，上特賜寶鈔治行，進公階榮禄大夫。公初在曹，年少有重名，故以郎擢長外藩，以外藩特召爲尚書，俱異數也。方官主事時，郎中仲閔爲之長，仲君心知公大器，每舉太祖太宗朝法比沿革告公，且曰：陸君他日必大用，此國家舊典，當先盡心。故公於律例條格，無不精晰。既入掌邦，憲每舉仲君所言，教其屬吏見諸曹賢者，禮之若賓友，其用法酷者，輒嚴責之，務使持平乃已。都御史寇深暴戾自用，凡會鞫强斷，衆莫敢抗。公徐發一言，執理定罪。深不覺自詘。前後在刑曹十八年、尚書十五年，倚任既久，遂爲國家名法臣第一。公家在鑑湖，晚年鶴髮曳杖，逍遥十洲，間爲詩。吊賀季真里居，復十七年，卒。年八十一，謚康僖。其族人世有顯者。

（明）蕭良泮《重刻釋音參審批駁四語活套》卷三《審語類》

褚子佃業多年，所以伺察其起居者甚久。諝探聽人之動静。積寃一族，所以横罹其屠毒者尤深，非特不共戴天之仇，抑亦不俱生之勢也。《記·曲禮》上篇：父之仇，弗與共戴天，言必求以殺之也。父者，子之天。不能復父之仇，抑無以視乎皇天矣。報之之意，誓不與仇人俱生也。矧寢室無層墻之固，伴宿僅五尺之童。五尺，言幼小無知之童。欲睥睨而求逞於一擊者有日矣。睥睨，音比又。傍視也，又輕視也。

趙角挖墻入室，跡若涉於穿窬。操刃殺人，惡甚將於荆、聶。荆軻、聶蓋古之刺客。砞灰塗面，彼雖欲掩其形容，蹤醒竊視，竊視，偷看也。錢小已得其近視。一豎逞兇，雙刃入腹，本宦之命，不旋踵而亡矣。夫殺人至死，童子知之。各犯雖愚，豈不知其爲不赦之辟哉？今逮係數月，鞫讞多番。然吐於前而不改於後，出諸口而復書諸紙。審雖隔别，言無異同。執箠楚之，《韓延壽傳》：民無箠楚之憂。師古曰：箠，杖也。楚，荆木也。執鈎鉅之，《史》云：誠能爲保重之石父而不爲鈎鉅之廣漢，言慘酷之甚。即今之爲政者，造木人於外，便將民之過失投於中也。而就死地耶。蓋天理人心，不容泯滅。又彼快意於大仇之後，故不被乎抵死之誅也。王三雖未下手，實同造意。又已入內，執鎗策應，均合擬斬。周乙被拉同行，委未加功，相應問徒。

周戊因争田之故，忘族叔之親。傷證俱真，抵償無枉。吳巳結黨行財，陳乙圖和受賄。既講於初死之日，復誣結於屢告之時，使數人之計得行，則陳癸之寃將終於覆盆矣。均應擬罪示懲。

何丑因奪田之忿，逞血氣之强。聚衆執棍，恃勢逞兇。王寅父子四人，時方徒手力田。以數人而毆四人，衆寡之勢既不相如。以徒手而當木棍，無備之攻尤不可敵。兹王寅之所以負痛深重也。况未死之先，縣相已明。今經檢審，傷證俱的。擬以抵償，情無虧枉。吳卯同行助毆，均應併究。吳辰起釁，不行勸阻，恃富不服拘提，罪亦難逃。

褚子負債致隙，頓施惡謀。褚小助從其虐，便逞兇强。將趙甲斃之江濆，沉之潭底，意謂莫可究詰矣。豈其根因登於周戊，屍骸獲於江干。檢傷與供詞皆同，難謂偶合。滴血與枯骨相蔭，豈曰不經？雖指未驗於署官，而佞口奚憑於黠賊。屢鞫屢變情因辭遁而露真，初認初供事以案存而證實。從犯即以就斃，元兇焉得偷生。

金子之殺死張氏，事雖無據而理則甚明。蓋子之長揖而入也，欲以續舊好。長揖，作揖也。續舊好，言與張氏原有舊情今而再續之也。張氏則始以索銀而重其羞，繼以抛鍾而激其怒。故拂袖之去，抽身而去。操戈之來，持刀而來。擲身之盞，碎身之刃也。機露於架賊勿告之言，詞窮於鬼神共快之語。且始而託之乎賊，繼而貽之於甥。揆理原情，張氏之死非子之殺而誰也？乃初審不察，而信其爲劫盜。夫盜不過利其財，而未必殺其軀。即殺之亦何至三十刀之慘也？此其積忿所爲，一常人能辨之矣。擬以斬罪，尚有餘辜。

王丁、胡十，事起於乍見，氣奮於有激。驗胡十之耳肋，鈎棍所傷也。鈎棍，王丁所執也。是倡首者丁，下手者丁，豈得爲之助毆爲辭耶？相應擬抵無枉。

陳子毆死褚丑，質證已明。既而焚屍滅跡，希圖展辨，此計愈狡而情愈真矣。褚小貪彼微利，已忘大義。律紀昭昭，豈容辭也？衛寅説合私和，均應併究。

江甲一卑猥驛官耳，雖其支應之間不無冒破，而當道之濫費，權從之横索，既不能與之抗違，又不能登諸循環。因致虧折，亦理所有者。然其憲紀森嚴，罪懲安所免哉！

何乙既侵夫價，復索例金，訪究庶足懲惡，擬徒允爲當辜。周戊、吴巳，各以開役，下索常例，上盜公帑，數以千計。擬徒誠不盡辜。

鄭角既誣告於縣庭，復遮毆於道路。生前驗傷已明，死後檢證尤確。王亢好勇鬥狠，《孟》云：好勇鬥狠，言其人好鬥之甚。均屬無良，逞忿忘身。語云：逞一朝朝之忿，忘其身以及其親。同罹非（身）〔命〕，罹，遭也。非命，非正死之命也。《孟》云：盡其道而死者，正命也。其餘縊死、刑死、鬥死皆非正命。自貽伊戚，死何足憐？但馮氏之束手坐視，罪亦當究。

何角等掠人之財，傷人之命，而復碎其屍，此兇狠已無極矣。何角元惡，元惡是爲首者。律合凌遲。吕亢幾等從寇，均應梟示。施氏明知地方有此巨孽，巨，大也。孽，惡也。而不能設法剪除。恐民間之罹禍者，不止於王辛等數家而已。姑不深究，應從薄擬示儆。

孔房謬理縣符，符，印信也。沈心專守帑藏。帑藏，庫也。侵盜者其咎在心，故縱者其責在房。各照律例，庶可懲奸。

朱一戀充捕役，僅十餘年。素知陳二慣竊實跡，索騙駸駸不已。是以陳二厭忿，包藏禍心非一日也。《左》昭公元年，鄭子羽，鄭之行人，使致倖於楚。對楚曰：將恃大國之安靖已，而無乃包藏禍心以圖之。言人之欲立心以害人者。正此之謂也。詎意朱一姦淫其妻，陳二使而從之。偶爾執獲，頓萌一念之慘。致朱一之生不旋踵而殞其首矣。謀殺情已明確，擬斬用快公憤。褚氏假姿色以狐媚朱一之來，縱淫欲以籠陷之命。應擬加功，委無虧枉。

趙天、錢地，因争小忿，輒逞兇强。在趙則持刃而先功，先功者，先欲聘其兇也。在錢則操戈而相應。操戈相應，亦持鎗刀之屬，與之相敵也。交鋒格鬥，勢同虜敵。格鬥，兩相以鬥也。虜敵，如夷人之相敵也。賄證曲執，嫁罪孫玄，以求展脱。卒之情爲畢露，而贓證俱明。人謀之狡莫逃於天網之恢也。擬以抵償，用雪冤憤。李黄受財證誣，查係老人，應坐枉法之條，用示奸惡。

馮氏、陳甲，六十日夫妻。方在新愛之頃，頃，時也。何暇責望其他。新娶之婦，愛猶未足，何暇責望别事。中間必有未協於所好者，故易生嗔嫌耳。陳甲固童性太侈，童性，小兒之性。侈，奢侈也。馮氏亦陰忿過急，此以凑成不祥。然女死無辜，終歸自刎。欲致罪於翁姑，翁姑未減無科。欲致罪於親夫，親夫未嘗操刃。必求甲等死，報復難矣。是不過戮死一番，徒增慘毒，大傷兩家斯文體面也。今著陳大反馮氏之粧，更加厚葬，以贖其辜。馮氏兄弟亦當自念其妹之不成其爲婦，而凶於人之家，且勿圖小勝而暴其屍骸，以示人於不可觀也。此有司以人情行王法，任爾兩家擇取之。

看得馮氏，自刎有餘慘，而舅夫被累無重辜，再加蒸檢，悲傷特甚。今願息免檢，處死者之道得矣！且冤鬼不同穴，而又不得及葬於丘，恨鬼不附食，而又不還享於廟。馮氏迎歸而立祀，陳氏返葬而出貲，皆禮之權也。似宜之，但情雖已通，法則難宥，陳大父子仍問不應。

周宇市井無賴之徒，素與趙氏姦，稔非一日矣。後吴宙見趙氏姿色，即與銀米包贍其家，是趙氏之至願也。每見周宇之來，便厭舊生嫌。故周宇以妬姦起釁，謀捏人令圖賴。欲其無抵，孰意明有法紀，幽有鬼神，豈容肆其毒哉！周宇之謀殺乞丐，謂其無主，然真情畢露。欲掩可得，擬償何辭？吴宙、趙氏，姦罪當懲。

何子先（難）〔雖〕因病身故，然數日之前，與吕丑争鬧一番，則亦有釁可乘，得棺盛貯未爲過也。彼吕丑者，亦宜自念冤孽相凑，深用解脱，乃爲畏罪之民也。而顧反起情辭，逞刁索價，不亦甚乎，希圖洗刮前瘢，謂前有過，而今欲洗刮也。而不知一割將濱於死也。今既念親兩悔，各吐真情，免戮枯骨。理應俯順，取供立案。

施寅、施卯，二命皆以寒熱病故，（罪）〔非〕私債拆屋勒契逼死明矣。又據張辰口稱，孔巳爲因私債，准屋拆毁日時不良，觸死二命。竊照陰陽忌諱，不麗於法，亦不得擬以人命。惟孔巳身讀儒書，放行私債，致拆人房屋，露人屍棺，尤盡利極算，揹人文契，貧民實不堪命矣。故拆屋之時二命俱康，一月之久二命俱殞。雖無殺人之跡，實有致死之因。若脱然無累，恐未厭於人心也。孔巳擬以私債律。

鄭洪素稱良善，鄉閭周知。因遠房之叔鄭甲妬其殷厚，向與參商。參商，二星名。無相見之理，謂之參商。故藉委官行訪之機，交合積書王荒，纂集無稽之辭，多屬畫蛇添足之語。妄有增加，爲蛇安足。《史》：陳軫見楚使昭陽，曰：人有遺舍人一卮酒。舍人相謂曰：請畫地爲蛇。先成者獨飲，一人先成。舉酒而起曰：吾能爲足。及爲後成，人奪飲酒。曰：蛇無足，今爲之足，非蛇也。審據鄭甲、王荒形色理意，羅織情顯。均合重究，用安善類。

據告鍾三打死義男，罪亦有限。叔之愛侄，豈如父之愛子乎？父和而叔首，叔和而侄首，侄和而他人又首，雖碎鍾三之骨髓，亦不足以填餓虎之喂也。和者可恕，首者可惡，立案不行。

廖一兩世爲盗，濟惡不悛。向不發露者，鄉鄰畏其毒而重發故也。今一發而罪不可勝誅矣，及觀初發犯以刺爲坐之罪，則惡積如丘埠，而坐不及毫毛。謂罪惡如山，而懲罪之輕也。恐法外縱奸，斷餘原毒。鄉鄰不敢舉，官府不知禁，後將不能保其復爲鷄鳴狗吠之盗否也。合應引例重治，以杜禍端。

趙一委因盗魚被戮，錢二委以巡魚戮人，其情固無疑矣！但隻身盗魚，所取無幾，無幾，謂取之不多也。而主單賊勢不相敵，且塘鄰熟識，鎗胸已知其人，及畏避却行鎗背，尤見其惡。擬以抵死，似乎不枉。再勘越中風俗，大盗小盗，罔不持刃行兇，是以防盗防身，亦必操刃待急。則我雄彼雌，弱肉强食。若殺盗者死，是助盗而奪良民之資矣！此又不可之甚者。輕縱不可，抵死不可，法當擬贖。合着錢二、錢三，納穀以正其不當擅殺之罪。

馮日、馬氏，原非至親。一旦往來不絶，日久情密。姦聲已露，致其夫之有詞也。而馮日旋欲避瓜李之嫌，噬臍已莫及矣。瓜李之嫌，即瓜田不納履，李下不整冠也。噬臍，言悔事不及曰噬臍。噬，口咬也。臍，腹間臍也。謂人作事已過，即若以口咬臍，何可得與。均治如律，陳月處家失嚴，不應當懲。

王乾税田四畝，經今四十餘年。交手者俱以物故，人已死謂物故。還來争奪告擾，不過恃老憊耳。且田既名蒸嘗，祭祀曰蒸嘗。乃一家私號。以示子孫世守，不得輕貿。貿，易賣也。非謂子孫既賣，而使他人世聽其奪也。况本非蒸嘗，而假此以爲人攘奪之口實耶。取供問杖，以警其刁。合斷王乾照舊耕管辦納糧役。

張一之產既賣，則產爲他人之產矣。張大雖仗義執言，能施之於一日，施之他人乎！且大何不保之於未賣之先，而乃挽回於既賣之後也。分明叔侄僞相乖異，圈套索詐買主耳。古來田地自無定主，有則置，無則廢。雖張大將不能保其子也，而安保其侄乎？彼張大者必老奸巨猾，假公行私之人也。此輩最巧於蠹民，不可不誡。張一原賣前田，合斷於李二等管業。

吴小父死非命，母著惡聲。覺發在官，曲圖完保。當時妄費已不貲矣，用價買產之人何過乎？爲小計者，正宜包羞含垢，幹蠱立身，顧乃規求小利，挑動前愆，竊謂舊家兒女不取也。且賣產之時，其主尚存，其無錯賣可知矣，應無別處。但念天倫遭變，稚子無辜，乳口失依，髫年可憫，聽伊族老開單勸處。

又吴小之母王氏，先年居家不檢，以致夫死不明，敗露在官。其時王氏只圖自免，破家弗恤。所謂立身一敗，萬事瓦裂者是矣！今見事遠羞微，乃尋思當用事之人，而令其子吴小告訴。蓋訟事方畢之初，王氏寧家。其祖未没，何故獨以二百兩而託之於舅氏之手乎？何無隻眼在傍，隻字爲照，而使今日可驗也？事屬無稽，但念一寡三孤，皆王仁姊弟甥舅骨肉。而王仁家富，不宜令王氏之母獨貧，且當時爲姊出没錢財豈無微利？義責出銀五十兩，與伊存活。生員王學，其時尚幼，未曾識事，不得概扳。

卜甲故絶無繼，產業應歸親房子弟。卜氏乃出嫁之人，將房四間半佔半賣。卜文止得田八畝，婦人尤欲起釁分拆。蓋祖宗香火所係，官府户役所歸。若依婦人心，不奪不饜。設有虚税遣逋將誰抵當耶？今除賣屋三間免追外，其餘俱卜文得業。

孔孝視官銀爲己物，目公帑若私囊。巧計侵盜，恣意乾没。恣意，任意也。乾没，即侵欺也。《張湯傳》：始爲小大乾没。服虔曰：乾没如成敗也。如淳曰：豫居物以待之，得利爲乾，失利爲没。郡邑錢糧多弊，帑藏不清，皆此輩爲之蠹也。不盡追其贓而明正其法，何以懲今而戒後哉！

趙一以妬姦懷忿，以搜穀成仇，以破棋激忿。乘吴二之夜歸，伺諸途，碎其首而殞其身。根因之審究已明，衣鞋之究取見在，坐斬允爲有據。

錢二等同與孫三相毆，拳石交加。雖云出自衆手，而腎囊脚踢則錢二獨先也。擬絞與情允協。

周戊以契交而託幹官之謀，契，約也。至交爲金蘭約。及至事未濟而吴巳將銀已費。困之則斷金之誼頓忘，《易·繫辭》：二人同心，其利斷金。此言二人心意相合，凡事無不利順，至難之事則能之。石雖堅而能破，金雖堅而能斷。而下石之心遂起矣。下石，解見一卷。謀情已確，處斬無虧。

周壬名爲義舉，志在詐人，豈有暴露自己祖父骨殖，而顧人之祖父者耶？周癸三代骸骨，權厝民居屋側，本非長久之計。今買山安葬，貧不能舉，即將原地變易，以作入土之費，無不可者。於禮既可，律亦許之。周壬兄弟指税不開，妄稱義舉，豈有己不義而能以義望人耶？凡此刁民，允宜懲究。

吴丁父將産賣之時，未成田業，其價因廉。廉，少也。鄭壬過賣之後，漸成坵段，其值稍進。值，價值也。稍進，價已添也。時有今昔，業有遷變，固不得追補前值。但塘田四畝五分，止得銀十兩。通縣物土，未有若此之賤者也。今斷鄭壬照虚契追銀六兩，給還吴丁收領，以培其值。前田責令鄭壬照契承掌，收糧歸户當差。

趙甲、錢乙，兩姓争雄，叢手駢集。叢手，言人手之多也。一時失跌，難保必無。蓋錢乙之死，雖因於跌，由毆致之也。檢有腰肋重傷，惡容辭其不償哉！

孫丙改葬，造屋本有貪地之心，但遷葬從山，冀免水患，則祖宗骨殖亦賴安矣。存没兩便，未爲不可。至身爲正軍，幹批躲回投充約副，是孫丙之罪不能逃也。若孫丁苟圖必勝，平治塚墩，其辜反重。愚民無知，輕入法網。可惡可憐，相應兩懲。

李小年方弱冠，弱冠，年小之稱。於衆非長，於族非尊。即惡少性剛，焉能出令使人，焉音烟，言其性之燥暴，專制於人，而人不能爲其所制也。古有曰：身之不正，安能出令以使人哉！人豈肯一一惟令是從哉！

周戊、吴巳，無藉棍徒，素爲酒交。周戊私通其妻，吴巳蓄疑於中久矣。始而縱容以貪心而利其有，利其有，是利其財也。終而觸怒以妬心而殞其命。故殺情真，擬斬無罔。鄭氏縱淫貪利，罔顧廉恥，合當杖懲。

宜家宜室，人之大禮。古云：男子生而願之有室，女子生而願之有家。此乃人之大禮，無容議也。趙甲則有已冠之男，錢乙則有已笄之女。男女長大，自當與之配也。何乃錢乙，之不許嫁，將欲有厭貧之念，是天下之極無仁心者。姑從輕擬，責令與女於歸，毋再抗違。

孫丙、李丁以争山釀禍，輒聚衆格殺，格鬥也。在孫則立誓以先功，在李則奮勇而應敵。羣兇鬥毆，棍石交加，何異中國之夷虜也？均宜重究，以正惡俗。

張壬倚仗族盛人衆，刁惡無忌。稔知鄉民易騙，乃因墳鄰病死之人，輒架打死人命之訟，恣肆誣罔，使愚蠢鄉民四外奔竄，無干人衆拖累經年。狀詞名字更改不同，節行拘審推調不出，可爲刁誣甚矣。

周戊兄在不同其居，兄歿不恤其寡。歿，死也。煢煢三四，倚贍周巳之家，煢煢，孑立貌。贍，足也，養也。何其忍也！周巳乘充差役，輒敢架詞越告，又何誑也！誑，欺也。今扛埋張氏，則有張二可證。禮嫁中玉，則有媒妁可憑，媒妁即媒人也。周戊雖百喙亦無以掩其誣矣。本應反坐，但念貧民，事亦有因，姑擬不應示戒。周巳葬嫂不通其親，收銀不贍其侄。然則周戊之告，周巳有以致之也，似應併究。

鄭庚分授田産，出自繼父繼母之情；而爲人後者，毅然奪之，是不有父母之命也。今既奪之田，不可復挽矣！且尚存之屋，不許再奪。着李氏子母棲身。

王辛、王乙，雖係同族，然派遠籍殊。派遠即分派之遠也，籍殊即貫籍之殊也。其妻之改醮，再嫁與人謂之改醮。宜俟彼弟主之。匪特劉氏不得而與，雖王二亦不得而與也。只緣王丙外趁，在外營謀，爲外趁。李氏無依。奸貪之徒，視若在野之兔，各懷競逐之心。言李氏之無依倚，即若在野之兔，人見之各争麗逐之。王辛主婚守禮，劉一乘釁告爭，其子畏罪甘心自斃。揆厥所由，雖其父之貪得致之，而王壬威逼之情焉可逃也？相應照律治罪。

馮壬頭頂儒巾，妄執故父之虛數。陳癸身穿吏服，希負債主之血金。競作奸欺强相對抵，正如狗彘争碟，不知人之在前也。然公道自在，誰能掩之？今多寡已較然矣。令馮壬照數取償，陳癸照數還給。毋得冒衣冠人於禽獸而不知也。

張七市棍積攬，變詐百端，其視吴一奚啻嬰兒之在掌也。嬰兒，童子之稱。掌，人手掌也。始託袁二攬解，已啓騙端。節稱王府執批，漸肆奸計。吴一見官司之追併未急，張七之顧監供贍，可延一日復一日。尚冀取批免罪，輒隱而未告，不知此張七緩兵之計也。歷究各情，鑿鑿可據。鑿鑿，空也，有源頭之意。張七雖有如簧之口，簧口，言多而巧也。昔張儀、蘇秦，舌如電光，論如波濤。遊説六國，人謂之簧口。亦焉能逃攬侵之禍哉！

王一因不能撑架而貼費以圖安，吴二因不供上運而受銀以代募。二家兩便，世世守之。雖非正法，亦恒情也。何三因充里書，遂習奸狡。始而負欠貼銀，繼而中途脱逃。輸挽之勞，豈一人之能當哉？

祝天爲主棄妻，事主不情。卜氏被黜，改嫁勢所不免。陳九明買既黜之婦，不爲姦佔。卜大明賣既離之女，不爲背婚。明媒並非計惑，黜婦安得帶資？姨夫姨婦的是牽聯。將祝天問罪，黜妻之情，天地鬼神皆所不忍者。合斷完聚，仍著歸宗。

李子娶妾，在於五年之春；王氏生子，在於六年之秋。相去十六七月，其爲簡信可骨血無疑也。今當堂滴水試血，孩與信可渾融爲一。李子截然不相蒙，如犬馬之與人不同類也。至掌文天然，父子自定，子何得而冒爲之哉？李子無子自宜别圖，不得復想矣。取供究罪，永絶後擾。

談氏志在守制，而其姑丘氏，其叔談文，共貪淫老曾武財禮銀兩，逼令改嫁爲妾，情甚殘忍可惡！曾武探知談氏之青年色相，染黛鬚髮，掩其皤老之態。用媒王氏，挑引於内，吕一、施二説合於外，强奪成婚。談氏堅執不從，則亦已矣。而舉辭告逼，事屬無恥。及訪李一等，與曾武乃賭博之交。王氏乃潑賤之婦，不顧風化，戲弄婚姻。俱所當究，依律治罪。

周族子孫，雖已改行，而未忘報復之心。徐大兄弟，仍治世惡，而輒肆侵凌之害。所以致告擾之紛紛也。均合重治。

吕子惡逆夙成，甘旨久缺。甘旨，飲食類。孝子事親，以甘美之味奉養。故曰甘旨。受人桌席，曾無片肉以啖其親。因父憤罵，復出惡言以傷其父。不思七十之年，非肉不飽，《孟》云：五十非帛不暖，七十非肉不飽。忍忘反哺之恩；三千之屬，不孝居先，《孝經》：〔五〕刑之屬三千，而罪莫大於不孝。輒加對罵之語。按法論死，夫復何辭？

施一假官債之故，圖匿私囊。借變産之名，白開騙局。大率告有十人，而瞞官暗了者，常居七人。騙得十兩，而交官償債者，不及二三。前審被告之家，尚未完銷。後審更業之户，又行勾攝。甚至有一族而遭其屢騙者，良由追比之官，率委幕職。施一以生員爲子，勢可請求。今稱冤而赴訴者，不過十中之一而已。竊謂林一逋官之罪，尤爲可宥。而食民之害，實不容誅也。李小幫父囑騙，法應黜治。但緣父子之情，姑存學校之體。

楊小幫子陷父，騙分典價。陳乙恃愛挑禍，令父子相夷。夷，傷也。均當問罪。

他人禮娶之婦，我以無費而得之姦，今日久又受財禮而嫁之，尤不通之論也。吴成縱弟姦合，復代休書。法應重究，念厠衣冠，姑從薄擬。

兩家相争，務必求勝。敵人者，必不用殘疾之人；應敵者，必不加手於殘疾之身。譬諸兩兵交戰，未有以老弱充隊者也。大凡鬥毆殺死殘疾者，類多苦主欺心，既願殘疾人死，又願他人償命。設心用計殺二人者，皆苦主也。彼空身者軀馳而納諸罟獲隱阱之中，而不自知耳。今殺死殘疾人者，盡朱丑所爲也，宜反坐罪。

仇十恣意宣淫，甘心麀聚親姑，族衆捕諸姦所。宰猪用銀，買彼私和。况姦生之胎見在，趙氏之言甚真。仇十欲掩其罪，不可得也。且趙氏名雖嫁夫，實同室女。仇十誘而姦之，不亦忍乎？仇十猶稱，胎係冬生之生。夫冬生幼蠢，未諳居室。未知夫婦之道。不但族衆可憑，即形體亦可見也。仇十與趙氏私奔，均合擬罪，以爲貪淫之戒。

陳小挾母之勢，而以弟凌兄；假詞之名，而欺孤弱寡。佔其産、搬其物、奪其給女之田，尤且恃母駕虛誣嫂通姦，致令煢煢寡婦，煢煢，孑立貌。措身無地。措，置也。無地，無安身之所。即其逆理忍心，可謂不仁甚矣。相應擬徒，以懲兇惡。陳十濟父行兇，褚相徇情偏證，均宜併究。衛九、衛七，母異父同。名雖至親，實成仇敵。若立元禮爲嗣，非惟母子不和，無以慰孤嫠之心，慰，安也。嫠，寡也。竊恐死者有知，亦未免啣冤於地下也。

何氏慣以色迷人。先年逐姦夫趙子逃走，訟而捕獲；訟，告狀也。今又逐姦夫錢丑逃走，露而就擒。未經三載，而兩度迷人，真色妖也。刎而不死幸矣！刎，自殺也。其夫不知恥，反誣錢丑伊父錢老縱子犯姦。人生有子，但願成人。今當血氣未定之時，而遇孤媚不良之婦。孤媚，狐狸能成精怪。以致狂瞀顛倒，自陷於惡，乃爲人父者之大不幸也，而顧謂其父道之耶？且併竊父金，誰則使之？此不必深辯，是惟併逃事情真，各依律擬罪。

義會之際，事出無經。無經，言無益也。古云：事出無經，誠不得已。吴二之不從，非放而不祀也。吴大僨其違衆，僨：怒也。恃尊合攻。兹吴二之所以敢於忤叔也。及其忤叔，懼罪及，託未葬之母，架言吴三拋棺抄劃，赴上告之。特爲釋罪地耳，豈知所以甚其罪乎？愚民無知，大率類此。言小民無知，而犯比比皆然。法應擬誣。吴大殺叔之詞，雖亦近誣，而尊長之分，尤不可紊。紊，亂也。姑同吴三輕擬示戒。

王辛素恃刁潑，屢架虛誣。本府惡之，反誣示戒。常照磨不得而擬其罪也，豈得而受其賄乎？馮壬因欠飯銀，輒行毒打。挾獄卒而毆囚徒，情亦可惡。均應擬罪革役，以警其餘。

林阿異鄉孤嫗，孤嫗，即寡婦之稱也。四顧無親，乃不憚千里之遥，憚，畏也。遥，遠也。數年之累，自與土著之民土著，本土住坐之人。《張騫傳》：其俗土著。師古曰：土著者，謂有城郭常居，不許畜牧移徙也。告争墳産，如果得真斷而還之，猶以爲晚。但查征、黄二册歷歷無據，交易諸契種種可疑。百三十畝之糧差亦云多矣，惟正之供一歲不可缺也。惟正之供，云税糧所當納也。果於誰户輸納百三十畝之桴粒亦云厚矣。程鄉至撫，俱縣與地名。半月而可抵也，何以久不來收？且林一以夫而在逃，林阿以婦而健心。明知婦人之罪止於收贖故耳。今窮鄉之民，淹纏四載，受累已甚。若憐其孤獨而信之，則民之罹害，曷其有極也。林阿刁潑健訟，纏告良民，相應問罪示戒。王魁孑然隻身，停藏寡婦，同食同居。今經三年，主唆之情勢所不免，本應重究，但念貧民，且無實跡，姑從輕擬。責限即將本婦逐回，不許仍再容留，復滋後擾。

謝三膏粱乳臭之子，膏粱，言其富足也。《孟》云：膏肥肉，粱米穀。王堂積棍健訟之徒，本非敵也。王堂之捏告，意謂富室驕子，可以虛聲而恐挾之也。借不返誣，何以懲惡？法應擬徒示戒。

吴二姦淫宗婦，姦淫，即通姦而無所忌憚。挾騙船銀，拖負四差，懼罪遠燀。燀，逃也。吴九恃族長之尊，嫡兄之親，假欠差之名，將田擅賣，意其避罪而不歸也。及吴九積愆致訪，吴二乘釁取田，殆所謂今而後反之者乎！

周戊見卜氏婦人易哄，恒遠夫之族，而别親其親。人情喜貪，每假親之名，而遂利其利。而戊之産遂瓜分於朋奸之手矣。

馮壬無賴〔遊〕民，慣開騙局，誘人子弟，敗人田産。遂使陳一兄弟一生刻苦之家，祇充蕩子數年花酒之費。兹陳一兄弟所以痛心切齒而欲啖其肉也。啖音淡。《詩》云：瞻彼讒人，恨不得剥其膚而啖其肉。相應重治，以爲棍騙之戒。陳小不體父伯成立之難，比之匪人蕩縱不檢，法應問革役。姑念年幼無知，量從薄治。

又陳一心怨蕩侄，外恨棍徒，屢架虛詞，肆行誣擾。躬自恐而後責人，蓋小人而無忌憚者也。本宜反坐，姑念費産之故，仍照原擬發落。陳小酗酒敗度，行檢有虧，相應問革。

喜争健訟，求洩不平之氣者，東鄉梗悍之風也。健訟，刁訟也。梗悍，即奸頑之謂也。糾衆架虛，不顧反誣之罪者，東鄉刁詐之習也。宜彰憲法，用警澆民。澆民即不古之民。《語》云：三代之民，直道而行，迄今漸澆灕矣。許乙因争界之故，架無彰之詞。不遵府斷，赴上肆誣。不加重治，曷儆刁俗。

晁氏私弟忤姑，盛氏樂淫失節，均應併治。

吴天因乏嗣而贅婿，周地因乘産而送終，亦人情也。鄭壬恃里長之尊，挾牛食麥苗之恨，挑伊侄修齋争産，蓋啓鷸蚌之釁，兩争不解謂鷸蚌相持。泄睚眦之忿。

王金倚伏富豪，圖謀風水。假先朝無憑之譜，以捏釁端。指屢勘無影之地，以爲祖塚。不思私家族譜，孰信於丈量之官籍？前朝之浪説，孰真於憲司之明斷？況伊富六百年，族隃四百口。説有祖塚在焉，則上豈無堆隴之微跡，下豈無棺槨之微形。歲時豈無拜掃之禮，丈量豈無告理之詞。焉有六百載之墓，而始争於三四年之間也哉？若謂前爲失照，則今何憑而指認？若謂今據舊譜，則此譜先年又何在也？然終不敢謂有墳者，亦天理之在心，地形之在目，公論之在人，不容盡誣者也。倘緣此而容其醮祭焉，則豪强之併者，將愈無忌憚矣。

溺水不撈其屍骸，久死不報其父知，熊涼之視人命亦甚輕矣。曾三之抱忿具告，亦至情所不已也。今死者無踪，生者擬配，不亦過乎？相應豁免，量問不應。

楊三受恩陳氏殆四十年，娶妻育子，習藝資生，秋毫皆伊力也。秋毫即些小也。《孟》云：秋毫之末。毛至秋而末鋭，小而難見也。饑鷹飽飼，輒有凌云之思。後因失火之故，從而怨之，豈肯久居人下乎？王辛身居别省，父死異鄉，婢僕數人皇皇無主。幸有吴乙，體念親誼，而稱貸以殮之，恩亦厚矣。王辛因苗氏不歸，捏告吴巳擄苗爲妾，殆以怨報德者也。據由稱吴巳與婦異處，似非擄苗。王辛久作楚囚，雖爲接取，但禮貴遠嫌，昔有嫠婦，被風雨漏其室，不得已投之鄰人。鄰人曰：暮夜昏昏，正君子别嫌明微之際。婦曰：願君效柳下惠之坐懷不亂，休效魯男子之閉户不納鄰人。曰：與其學柳下惠之可，孰若學魯男子之不可。情誼曲盡。死者固當殯殮，生者尤不可不送還也。今使異鄉嫠婦，與我相依而忘其夫家，王辛雖不肖嘗寄名仕籍矣，豈肯甘心自己乎！

趙甲賄賂公行，殊昧四知之戒；苞苴私殖，不顧三尺之章。聽外役上送爲奸，受厚貲同放罪犯。上下交征其利，盜賊踵弊横行。身道不行不能行於妻子，家居莫理其治何移於官？父子所犯，各别當擬得罪名。

（明）海若湯《古今律條公案》附録《金科一誠賦》

金科慎一誠

金者刑也，曹也；科者條也，斷也。謂刑曹之官折獄當慎，不可孟浪。盡一心之誠以應萬事之變，斯無冤抑矣！

玉律貴原情

玉者國之信實，律者國之定憲。人君以律爲實，故曰玉律。參之歷代，得其中道以爲刑名，本欲刑期無刑也。但人心不古，險詐百端，當官者貴在原情，庶可無冤也！

夫姦妻有罪

中一子曰：以婚不以禮曰姦，謂居父母之喪，夫妻交媾是忘親也。芳致有娠可驗，合坐杖六十、徒一年之罪。

子殺父無刑

以子孫殺父母、祖父母，凌遲處死，出於五刑之外，故曰無刑。辨擬云翁若黑夜姦子婦，子莫得知；及塗抹面目遇晚行盜，子不見聞而誤殺之，并合無罪是也。

不殺得殺罪

凡主謀令殺人者，身雖未操刃挺，當以首論，坐償其命是也。

流罪入徒縈

如先犯徒三年已役，又犯杖八百流三千里，合杖一百，拘役四年。若犯徒一年，亦總徒四年。

出杖從徒斷

謂如杖一百加一等，杖六十徒一年，加徒減杖之類是也。

入徒復杖徵

謂如被告笞五十，誣輕爲重告人杖一百、徒三年者，反坐所剩未論，决五徒及折杖二百。反坐原告，杖一百五十，止杖一百，餘五十聽收贖鈔三貫，此爲復杖徵也。

紙甲殊皮甲

謂如盜軍器計贜，以凡盜論者，紙甲價低，皮甲價高，計贜定罪，自有輕重，故曰殊也。

銀瓶類瓦瓶

謂如盜大祀祭器皆斬，瓶有銀瓦之分，而其問罪則一，初不計銀重於瓦，故曰類也。

傷賤從良斷

謂如奴婢毆良人，加凡人一等，至篤疾者斬，至死者斬。良人毆傷他人奴婢者，減凡人一等，至死及故殺者絞，故知有良賤之分矣。若相侵財物則不用此律，謂賊盜相侵，劫財物傷賤者，合從良人一體問罪，故曰傷賤從良斷也。

屠牛以豕名

謂如盜大祀未進神御之犧牲，合杖一百徒三年。又曰若有盜祀豕者罪與盜殺牛者同，罪皆坐滿徒而無減等也。

達茲究奥理，決獄定詳明

茲，此也，指上十章。而言人能達此究奥之理，則決獄之際，必能舉類以推其餘，原情定罪，豈有不詳明者哉？

（明）吕柟《高陵縣志》卷六《高恕》 高恕，字子推，縣郭下里人。賦性剛直，其事父母善，伺顔色以悦之。家法甚嚴，至教子，已雖未嘗爲學，然於其子之所讀書，必令背誦。遇有齟齬輒痛朴焉，豐採峻厲。每至，族中婦女無不趨避者。嘗應里長自具飲食，分毫不以科泒於里中。若里中有所忤犯，必於通衢杖之。其人亦心服不怨，或有争訟者多就質判，不至官而退。其所操履信有異於鄉人，故子選，卒至顯名。勅命褒贈如其子官，鄉人以爲得教子之效，無不榮羡之也。

紀 事

《中國簡牘集成二編》新疆維吾爾自治區卷《趙阿仲家書》 承前囚釬二具。

□囚釬二具。

《中國簡牘集成二編》江蘇卷《邗江胡場五號漢墓出土木牘、木楬封檢》 卌七年十二月丙子朔辛卯，廣陵宫司空長前丞□敢告土主，廣陵石里男子王奉世有獄事，事已，後故郡鄉里。遺自致移栺穴。卌八年，獄□承書從事，如律令。

《漢書》卷二五《郊祀志》 〔漢新垣平趙人以望氣見文帝，至上大夫平〕使人持玉杯，上書闕下獻之。平言上曰：闕下有寶玉氣來者。已視之，果有獻玉杯者，刻曰人主延壽。平又言曰：臣候日再中。居頃之，日卻復中。於是始更以十七年爲元年，令天下大酺。平言曰：周鼎亡在泗水中，今河決通於泗，臣望東北汾陰有金寶氣，意周鼎其出乎？兆見不迎則不至。於是上使使治廟汾陰南，臨河，欲祠出周鼎。人有上書告平所言皆詐也。下吏治，誅夷平。

（明）吴訥《祥刑要覽》卷上《惡者為戒・漢周陽曲法》 周陽由景帝時爲郡守。武帝即位，由最爲酷暴驕恣，所愛者撓法活之，所憎者曲法滅之。爲守則視都尉如令，爲都尉則凌太守。後爲河東都尉，與其守勝屠公争權，相告言，勝屠公自殺，由棄市。

（明）吴訥《祥刑要覽》卷上《善者為法・漢郭弘傳律》 郭弘爲潁川決曹掾，斷獄三十年，用法平恕。爲弘所決者，退無怨情，郡内比之東海。於公年九十五卒。子躬元和三年拜廷尉，條奏重罪從輕者四十一事，其所奏讞多得生全。中子晊至南陽太守，政有名迹。從子鎮，延光中爲尚書。順帝立有功，封定潁侯，拜河南尹，轉廷尉。長子賀襲封，復遷廷尉。賀弟楨，亦以能法律，至廷尉。鎮弟子禧，延熹中亦爲廷尉，代劉寵爲太尉。禧子鴻，至司隸校尉，封城安鄉侯。郭氏自弘後數世，皆傳法律務尚平恕，子孫至公者一人，廷尉七人，侯者三人，刺史二千石侍中郎將者二十餘人，侍御史正監者甚衆。

（明）吴訥《祥刑要覽》卷上《惡者為戒・漢張湯深文》 張湯，武帝時以善治獄，補侍御史，遷太中大夫。與趙禹定律令，務在深文。及爲廷尉，舞智以御人，所治即上意所欲罪，予監吏深刻者，而深刻吏多爪牙，其治獄巧排大臣，自以爲功。遷御史大夫，會伐匈奴，山東水旱，縣宫空虚。湯承上旨，排富商大賈，出告緡令，舞文巧詆，百姓不安其生。李文爲御史中丞，於是有傷湯者不能爲地，湯怨之。湯所愛吏魯謁居知湯意，使人告文，湯論殺之，及他奸利事詞頗聞。帝問湯，湯不謝又陽驚曰，固宜有減宣，亦奏謁居事，帝以湯懷詐面欺使，使八輩薄責，湯遂自殺。

（明）吴訥《祥刑要覽》卷上《惡者為戒・漢漫舒展月》 王温舒少時椎埋爲姦，累遷河内太守。捕郡中豪猾，相連坐千餘家，大者至族，小者迺死論報，至血流十餘里。其頗不得者，往旁郡追求之。會春，温舒頓足曰：嗟乎！令冬月再展一月，足吾事矣。其好殺行威不愛人如此，遷爲中尉。其治復放河内善諂事有勢者，即無勢者，視之如奴。有勢家雖有姦，如山弗犯，爪牙吏虎而冠。數歲，其吏多以權貴富，會宛軍發詔徵豪吏，温舒匿其吏葉成，及有人告温舒受員騎錢及他奸利事，罪至族，乃自殺。

（漢）荀悦《前漢紀》漢成帝陽朔元年春二月 丁未晦，日有蝕之，三月赦天下。冬，京兆尹王章下獄死。章，泰山人也。好節義，敢直言。元帝時爲左曹中郎將，爲石顯所排，免。上即位，大將軍王鳳專權，舉章爲司隸校尉，貴戚皆敬憚之，以選爲京兆尹。章雖爲鳳所舉，疾鳳專權，不親附鳳。乃奏封事，召見，言鳳誣罔不忠，不堪任用。上悟，謂章曰：微京兆尹直言，吾不聞吾社稷計！且唯賢知賢，君試爲朕求可以自輔者。因薦琅邪太守馮野王。上欲以代鳳，時鳳弟侍中王音私聽之，告鳳。鳳懼，稱病就第，乃上書乞骸骨，辭旨甚哀切。太后聞之，流涕不食。上少而親鳳，亦不忍廢鳳，復起視事。先是，鳳進小婦弟爲美人，已嘗適人。章以爲羌、胡尚殺首子以盪腸以正世，而鳳進已出之女，不忠不敬。於是尚書劾奏，章知野王前以王舅出補吏而薦，欲令在朝阿附諸侯。又比上於夷狄，非所宜言。罪至大逆，死獄中，妻子徙合浦。初，章學長安，疾病，無被，臥牛衣中，與妻子辭訣，涕泣。其妻怒之曰：仲卿，京師尊貴在朝廷者誰逾仲卿也？今疾病困厄，不自激昂，乃反涕泣，何其鄙也！及上封事，妻止之曰：人當知足，獨不念牛衣中事邪？章曰：非女子所知也。及章下獄，妻子皆收繫。章小女年十一，夜起號泣曰：我君死矣。獄上呼囚常至九，今八而止。我君素剛，先死者必我君也。章果已死，衆庶愍而痛之。先是王尊爲京兆尹，及章死，王吉子駿爲京兆尹，皆有能名。故京兆爲之語曰：前有趙、張，後有二王。九江人梅福，以布衣因縣道上書言變事，曰：故京兆尹王章質性忠直，非有反逆之辜，而戮及妻子，折直士之節，結諫臣之舌，羣臣皆知其非罪，然不能爭，天下以言爲戒，此最國家之大患也。羣臣順旨，莫有執正。何以明其然也？試取民所上書，陛下之所善者，試下之廷尉，必曰：非所宜言，大不敬。以此卜之可見矣。方今君命犯而主威奪，外戚之權日以盛隆。漢興以來，社稷三危。呂、霍、上官皆母后之家，親親之道，全之爲右，當以賢師良傅，教以忠孝之道。今乃尊寵其位，授以魁柄，使之驕逆，至於夷滅，此失親親之大者也。後福又上書曰：臣聞不在其位而謀其政者，越職也。位卑而言高，觸罪也。越職觸罪，危言世患，雖伏鑕横分，臣之願也。守職不言，沒齒全身，死之日，屍未腐而名滅。雖有齊景之位，伏櫪千駟，臣不貪也。故願一登文石之陛，涉赤墀之塗，當戶牖之法坐，展平生之愚慮。雖無益於當時，有遺於後世，此臣寢所以不安，食所以忘味也。昔武王伐紂，未及下車而存五帝之後，封殷於宋，紹夏於杞，明著三統，示不獨有。《春秋經》曰：宋殺其大夫。《穀梁傳》曰：其不稱名氏，以其在祖位尊之也。此言孔子故殷後也，雖非正統，封其子孫以爲殷後，禮亦宜之。《傳》曰：賢者子孫，宜有土地，而況聖人，又殷之後哉！今仲尼之廟不出闕里，孔氏子孫不免編户，以聖人之德而歆匹夫之祀，非皇天之意也。今陛下誠能據仲尼之素功，以封其子孫，則國家必獲其福，又陛下之名與天無極。何則？追聖人之素功，封其子孫，未有法也。若能爲之，後世必以爲法。不滅之名，可不勉哉！福自以疏遠，又譏切王氏，前後數上書，輒不見納。及後王莽專政，福一朝棄妻子，去九江，人傳以爲僊去。其後，有人見福於會稽，變姓名爲市門吏。

（五代）和凝《疑獄集》卷一《李崇察悲嗟》 後漢李崇爲揚州刺史。縣民勾泰者有子三歲失之。後見在趙奉伯家，各言己子，並有鄰證，郡縣不能斷。崇乃令二父與兒各别禁數日，忽遣獄吏謂曰：兒已暴卒，可出奔喪。泰聞之悲不自勝，奉伯嗟歎而已，殊無痛意。遂以兒還泰，奉伯伏罪。

（五代）和凝《疑獄集》卷一《符融察善走》 冀州有一老母日暮遇刼盗，喝，行人爲母逐之，擒盗。盗反誣行人。符融曰：二人當並走，先出奉陽門者非盗。既還，融正色謂後至者曰：汝的盗也。盗伏罪。其發姦擿伏如此。葢融性明察，能懸料其事。以爲盗若善走，則初不被行人所獲，以此則知善走者是捕逐人也。

（五代）和凝《疑獄集》卷二《周紓屍語》 後漢周紓，字文通，爲邵陵侯相。廷掾憚紓嚴明，欲損其威，乃晨取死人斷手足立於寺門。紓聞，便往至死人邊，若與死人共語笑狀。陰察視其口眼中乃有稻芒，密問守門者曰：誰載藁入城？對曰：惟有廷掾耳。又問，鈴下曰：外有疑吾與死人共語者否？對曰：廷掾疑君。乃收廷掾拷問，具服云：不是殺人，但取道邊死人也。自後莫敢犯之。

（五代）和凝《疑獄集》卷三《慕容執假銀》 漢慕容彦超善捕盗。爲鄆帥日，有州息庫，遣吏主之。有人以白金二鋌質錢十萬與之。既去而驗之，乃假銀也。彦超知其事，召主庫吏密令出榜，虚稱被盗竊所質白銀等財物，今備賞錢一萬，召知情，收捉元賊。不數日間，果有人來贖銀者，執之伏罪。人服其知。

（五代）和凝《疑獄集》卷二《陳表求情》《吴志》：有盜官物者數人，惟收施明。桎梏甚酷，俟死無辭。廷尉以疑聞。權以陳表能得士卒之心，詔以明付表，使求情實。表乃去桎梏，沐浴更其衣服，厚設酒食，歡心以誘之。明乃首服，具列支黨。權奇之，欲全表名，遂釋明過，戮其黨。明乃感表變行，致位爲將軍。

（明）張景《疑獄集》卷五《曹攄明婦》晉曹攄爲臨淄令日，有寡婦養姑甚謹。姑以其年少，勸令改適。婦守節不移，姑愍之，密自殺，親黨乃誣其婦。婦不勝拷訊，即自誣服。攄初到，疑其冤，更加辯究，具得實情。時稱其明。

（宋）桂萬榮《棠陰比事·商原詐服》晉商仲堪爲荆州牧。有桂陽人王欽生，二親久没，詐服衰麻，言迎父喪。府曹擬依律棄市，商曰：原律以二親生存而横言死没，情事悖逆，固當棄市。今欽生父母已殁，特誕妄耳。遂免死。

（五代）和凝《疑獄集》卷三《希崇斷義嫡》晉張希崇鎮汾州日，有民與郭氏爲義子，自孩提以至成人，因戾不受訓，遣之。郭氏夫婦相次俱死，有嫡子，已長。時郭氏諸親與義子相約，云是親子，欲分其財，助而訟之，前後數政不能理，遂成疑獄。希崇覽其訴狀，斷云：父在已離，母死不至，雖假稱義子，辜二十年撫養之恩。儻曰親兒，犯三千條悖逆之罪。大爲傷害名教，安敢理認田園！其生涯並付親子，所訟人與朋黨者，委法官以律定刑。聞者服其明斷。

（五代）和凝《疑獄集》卷四《遺書婦翁智》又有富民病將死，子方三歲。乃命其壻主其資，而與壻遺書曰：他日分財，即以十之三與子，而七與壻。子長立，果以財爲訟。壻持其遺書詣府，請如元約。公閱之以酒酹地，曰：汝之婦翁，智人也。時以子幼，故以此屬汝。不然子死汝手矣。乃命以其財三與壻，而子與七，皆泣謝而去，服公明斷。

（五代）和凝《疑獄集》卷二《高柔察動色》魏護軍營士竇禮出不還營，以爲没身，其妻盈氏及男女詣廷尉。高柔曰：夫不與人錢財乎？妻曰：嘗出錢與焦子文，因追察焦子文色動，應對失節，於是叩頭首殺禮之罪。

（宋）桂萬榮《棠陰比事·揚牧笞巫》後魏李崇爲揚州刺史。有定州流人解思安背役亡歸，其兄慶賓規絶名貫，乃認城外死屍詐稱是弟，爲蘶顯甫、李盖所殺。有女巫楊氏托鬼附，説思安被害之苦。李盖等不勝其楚，各自欵服。崇疑之，乃遣二人僞從外來，詣慶賓，寄弟口信，慶賓悵然失色。崇乃攝而問之，即自引伏。數日間，思安亦爲人縛至，崇笞女巫一百，遂釋盖等。

（明）吴訥《祥刑要覽》卷上《善者為法·漢蘇瓊化争》北齊蘇瓊，初爲刑獄參軍，平反强劫冤獄。徐南清河太守，有百姓乙普明兄弟爭田，據迺至百人。瓊召普明兄弟諭之曰：天下難得者，兄弟；易求者，田地。假令得田地失兄弟，心如何因而下淚。諸證人莫不灑泣，普明兄弟叩頭乞外，更思分異十年遂還同住。瓊每集郡儒衛凱等講於郡學，郡吏文案之暇，悉令受書，禁斷淫祠，婚喪教民儉而中禮。在郡六年，遭憂解職，故人贈遺一無所受。尋起爲司直廷尉，推察務在得情，多所申雪。後陞大理卿，克享高壽。至隋開皇中始卒。

（明）張景《疑獄集》卷八《魏明墜死》魏朝奉濤知沂州永縣兩仇門而傷，既決遣而傷者死。濤求其故而未得。死者子訴於監司，監司怒，有惡語。濤歎曰：官可奪，因不可殺。後得其實，乃因是夕罷歸，騎及門而墜死。隣證既明，其誣遂解。

（五代）和凝《疑獄集》卷一《王璥案伏聽》唐貞觀中，左丞李行廉弟李行詮子中與父妾亂，遂與之潛藏，追詰極急。長安縣獲之，縣司王璥引就房推問，不伏。璥先令一人於案褥下伏聽，令一人走報云：長史喚。璥鎖門去。中與妾相謂曰必不得承，及私密之語。而璥至開門，案下之人遂起白璥，各大驚而伏罪。

（唐）陳子昂《陳子昂集》卷三《爲將軍程處弼謝放流表》臣某言：臣無教訓，家有逆子，臣合汚宗滅族，以顯國刑，天慈哀矜，放從流竄，臣爲慶賴，已是非圖。今月，遂蒙天恩，以臣所坐流刑，特從放釋。窮骸枯骨，一朝再生，踴躍章惶，再崩再殞。中謝。臣山東孤子，朝無親故，性識愚魯，非有才能。陛下超羣越輩，崇以榮寵。昔任郎將十有三年，遂無涓塵，一階昇録。自陛下踐極，謬荷恩私，冒寵叨榮，超絶時輩，從郎將檢校將軍。才逾一年，即加正授，皆從宸眷，非有因人寵渥隆崇，莫與臣比。臣之孤賤，榮顯知慙，臣又凶殃積罪，甘投魑魅，孤負陛下之恩，永爲遐荒之鬼，肝腦塗地，無以微酬。豈謂天造曲矜，恩及枯骨，收骸溝壑，返魄幽泉，使魑魅窮魂，重生聖日，糞土殘命，不滅荒陬，荷德戴恩，萬死無報，不勝感荷再生之慶。

（唐）陳子昂《陳子昂集》卷四《為張著作謝父官表》 臣某言：臣父某守官不謹，獲罪自躬，犯非清廉，法宜不赦，實由臣爲子不孝，使父陷刑，天恩不肅嚴科，放全首領，臣得父子相見，已是非圖。豈謂天澤無涯，更垂休命。臣父子兄弟免罪從榮，載惶載殞，實慶實躍。中謝。臣父子凡品，守道幽微，天恩矜憫，見垂採録，叨承恩幸，厠列陪臣。自侍奉已來，於今十有八載。雖業藝無紀，勞勩不聞，小心恭勤，庶免愆過，明明昊天，實昭實察，不敢有二，不敢有私，夙夜兢兢，祇惕若厲。所以父母兄弟皆荷恩私，叨職謬官，並預供奉，摩頂至趾，豈足上酬。愚臣兢兢，實慙實悚。不意臣父衰髦，恃寵忘公，貪潤微財，取犯朝憲，應是臣不忠不孝，事父無良，廉恥不羞，幾諫有闕，遂使陷於刑法，有玷國章。臣之萬死，無補此責，刻肌刻骨，泣血泣天，恨負聖恩，以媿朝列。臣宜代父蒙罪，自殞闕庭，不合偷安，尚求苟免，誠以天波昭洗，得更自新。所以忍垢偷生，克躬自勵，期効萬一補過酬恩，灰軀糜骨以甘心願。伏惟神皇陛下恩同父母，矜照懇誠，信其赤心，實有罄竭。

（唐）陳子昂《陳子昂集》卷九《申宗人冤獄書》 臣聞古人言，爲國忠臣者半死，而爲國諫臣者必死。然而至忠之臣不避死以諫主，至聖之主不惡直以廢忠。臣幸逢陛下至聖大明，好忠愛直，每正言直諫特見優容。今陛下方御寶圖，以臨陽館，崇闡玄化，寧濟蒼生，固臣精心潔意，願陛下至德與三皇比矣。然臣伏見陛下有至聖之德，至忠之臣，猶使上下不通，內外壅隔。臣竊懼之，恐後代或以聖朝無至忠之臣，敢冒萬死，越職上奏，伏乞天恩寬臣喘息，畢盡忠言。臣聞上有聖君，下無枉臣。昔舜去四兇，堯不罪舜；周公誅管蔡，成王不罪周公；霍光誅燕王，昭帝不罪子孟。何者？此數公者爲國討賊，爲君殄仇，假雖擅權猶不可罪，況奉君命而執法者乎？臣伏見宗人嘉言，有至忠之誠，徇公之節，執法不撓爲國殄仇。頃者，逆子賊臣陰搆禍難，潛圖密計，將危社稷。當時逆節初露，朝野震驚，賴陛下神武之威，天機電斷，得奉聖決，恭順天誅，不

顧軀命，不避彊禦，唯法是守，唯惡是仇，幸能察罪明辜，窮姦極黨。使伏法者自首情實，天衢得以清泰，萬國得以歡寧。誠是陛下神斷之明，抑亦盡忠之効。陛下所以自監察御史擢拜爲鳳閣舍人者，豈不以表其臣節，報其竭誠，使天下之人知其忠懇者也。當此之時，忠必見信，行必見明，自謂專一，事君無貳也。今乃遭誣罔之罪，被搆架之詞，陷見疑之辜，困無驗之告，幽窮詔獄，吏不見明，肝血赤心無所控告。母年八十，老病在床，抱疾喘息，朝不保夕。今日身幽獄户，死生斷絶，朝蒙國榮，夕爲孤囚，臣竊痛之。頃者至忠，而今日受賂，固知不免此禍，不能度德量力，貪榮昧進，以訟受服。誰能免尤，向使辭寵讓榮，陳力下列，雷同衆輩，勤恪在公，與全軀保妻子之臣，恭默聖代。臣固知今日未招此患，何者？古人云：盜憎主人，被誅者不能無怨。頃來執法誅罪，多是國之權豪，父仇子怨，豈可勝道？親黨陰結，同惡相從，使肝爲朝脯，肉爲葅醢，宗誅族滅，肝腦塗地，彼兇仇也，未足以快其心。況蒙國寵榮，位顯朝列。兇仇切齒，怨讟何窮？臣竊恐今日之辜已是讎怨者相結搆矣，陛下至聖明察，豈不爲之降照哉？倘萬一仇誣濫罪，使兇嚚者得計，忠正者見辜，爲賊報仇，豈不枉苦？夫孤直者，衆邪所憎，至公者，羣惡之所疾，寡不敵衆，孤不勝羣，羣誣成罪，聖不能救，自古所有，非止於今。古者吴起事楚，抑削庶族，以尊楚君，楚國既强，吴起蒙戮。商鞅事秦，專討庶孽，以明秦法，秦國既霸，商鞅極刑。晁錯事漢，諸侯威彊，七國驕奢，將凌宗室，錯削弱其勢以尊，漢景帝不悟，惑奸臣之説，遂族滅晁氏。此三臣豈不盡忠願保其君？然而身死族滅，爲仇者快，皆當代不覺，而後代傷之，聖主明君，可不爲之痛傷邪？臣以嘉言，雖無三子之智，竊恐獲罪或與之同。伏惟陛下仁慈矜憐，憫察其忠臣。聞漢高祖謀楚與陳平四萬金，及其爲帝，不問金之出入，何者？立大功略小過。夫有大忠者不求小過，所謂聖主之至道者也。陛下豁達大度，至聖寬仁。觀於漢祖，固已遠矣，齷齪小吏何足爲陛下深責哉？伏願天恩，矜愚赦罪，念功補過，乞將終養老母，獲盡餘年，豈非聖主之恩，仁君之恵，有禮有訓，善始善終哉。臣於嘉言，親非骨肉，同姓相善，臣知其忠，然非是丘園之賢，道德之茂，大雅明哲，能保其身。假使獲罪於天，身首異處，蓋如一螻蟻爾！亦何足可稱？然臣念其曾一日承恩，蒙聖主驅使，不以赤

誠取信，今乃駕罪見疑，臣實痛之，恐累聖主之明，傷其老母之壽，身汚明法，爲後代所悲。臣知其忠，豈能無惜，所以敢冒萬死，乞見矜憐。臣若言非至忠，苟有僥幸，請受誅斬。伏表惶怖，魂魄飛揚。

（宋）王欽若等《册府元龜》卷六六《刑法部·議讞》 嚴郢爲京兆尹兼御史中丞，時御史臺奏：天下斷獄，一切謂待讞報以正刑名。唯除殺人罪，當自徒已下結竟者，並徙置邊州。郢駁奏曰：臣伏以徙置邊州者，流之異名。流罪者有三等，一例移配，或恐未當。其死罪，除殺人之外有十惡，重罪，造僞，刻印並主典，僞印及强盗、光火等，若一切免死徙邊，即於法太輕，不足懲戒。其徒罪條目至多或鬭毆爭競，小有傷損，或夫妻離異，不犯義絶，或養男别姓，或立嫡違式，或私行度關，或相冒合戶，如此之類，不可悉數令一切徙邊，與十惡造僞同等，即輕重懸殊。又準刑部格，京城縣雜愆犯百端，觸網陷刑，徒罪偏廣，若皆送覆，繫滯實多。其徒已下，罪非除免官，當及勅杖者，宜準外州例州縣量事處分。今若天下徒罪悉申所司，皆從讞報，法司斷結準式，有程州縣禁囚動盈千百計。天下每月徒配，必不啻五六千人，此則百姓動摇，刑章紊撓。又邊州及近邊犯死及徒流者，復何以處之？伏請下删定，使詳覆然後施行。從之。

（宋）桂萬榮《棠陰比事·至遠憶姓》 唐李至遠典選，疾令史受賕，多所黜易，吏亦斂手。有王忠者被黜放，而吏乃謬書士姓，欲擬訖增成之。至遠曰：調者三萬人，無士姓者，此決王忠也。吏伏罪。

（宋）江少虞《宋朝事實類苑》卷二二《官政治績·張乖崖》 乖崖張公咏尹益都日，值李順兵火之後，郡政未舉。因決一吏，枝詞不伏，公曰：這漢要劍吃。彼云：決不得，吃劍則得。公命斬之以徇。軍吏愕眙相顧，自是始服公之威信。李順黨中有殺耕牛，避罪亡逃者，公許其首身。拘母十日，不出，釋之。復拘其妻，一宿而來。公斷云：禁母十夜，留妻一宵，倚門之望何疎？結發之情何厚？舊爲惡黨，因之逃亡。許令首身，猶尚顧望。就市斬之。於是首身者繼至，並遣歸業，蜀民由此安居。

（明）吴訥《祥刑要覽》卷上《善者為法·唐素立守法》 李素立，武德初擢監察御史，民犯法不至死，高祖欲殺之，素立諫曰：三尺法天下所共，一動摇人無所措手足。帝嘉納，親喪解官，起授侍御史，爲瀚海都護，夷人感其惠，率馬牛以獻，素立止，受酒一杯，虜益畏服，卒曰平。

（明）吴訥《祥刑要覽》卷上《善者為法·唐戴胄違詔》 戴胄爲大理少卿時，□者有詭資廕胄牒取調者，詔許自首，不首罪死。俄有詐得者，獄具胄以法當流。太宗曰：朕詔不首者死，今當流是示天下不以信。胄曰：法者，布大信於人，言迺一時喜怒所發。太宗感悟，遷尚書左丞，卒贈尚書右僕射，追封道國公，謚曰忠。

（明）吴訥《祥刑要覽》卷上《善者為法·唐有功好生》 徐有功舉明經，累遷司刑丞，時武后畏唐大臣謀己，周興等揣識后指置獄捕將相，引天下豪傑，一切按以反論，獨有功數犯顔爭。周興劾有功故出反囚，當誅，坐免官。起爲侍御史，辭曰：今以法官用臣，臣守正行法，秘坐此死後固授之。薛季昶復劾有功黨惡逆，當棄市。令史泣以告有功曰：豈獨吾死而諸人長不死耶？后詰曰：公此斷獄多失出何也？對曰：失出人臣小過，好生人君大德。后默然免爲民，起拜右司郎中，轉司刑少卿，凡三坐大辟將死，泰然不憂，赦之，亦不喜。后以此重之，改司僕少卿。卒年六十八，贈司刑卿。中宗即位，加贈越州都督，授一子官會昌中，追謚中正。

（明）吴訥《祥刑要覽》卷上《惡者為戒·唐元禮鐵籠》 索元禮天性殘忍。徐敬業兵興，武后欲因大獄去異己者，即擢元禮爲推使，作鐵籠等囚具。每訊一囚，窮根柢相牽顯，至數百未能訖，故論殺最多。後以受賕收下吏不服，吏曰：取公鐵籠來，元禮服罪，死獄中。

（明）吴訥《祥刑要覽》卷上《惡者為戒·唐俊臣羅織》 來俊臣天資殘忍。天授中擢侍御史，按詔獄最稱旨，脅制群臣，前後夷千餘族，生平有纖芥皆入於死。拜左臺御史中丞，陰嘯不逞之徒，使飛語誣蠛公卿。上急變每摘一事，千里同時輒發，契驗不差。時號爲羅織，鞠囚不問輕重，皆注醯於鼻，掘地爲牢，或空寢以矢溺，或絶其粮，非死終不得出。俊臣知群臣不敢斥己，乃有異圖，常自比石勒。諸武共證其罪，有詔斬西市，人皆相賀，爭抉自擿肝醢其肉，以馬踐其骨無餘。

（明）吴訥《祥刑要覽》卷上《惡者為戒·唐周興熾甕》 周興自尚

書史積遷秋官侍郎，屢決制獄文深哨，妄殺數千人。天授中，或告興謀反，詔來俊臣鞫狀初，興未知被告，方對俊臣食，俊臣曰：囚多不伏，柰何？興曰：易耳，納之大甕，熾炭周之，何事不承。俊臣曰：善。取甕且熾火，徐謂興曰：有詔按君請嘗之。興駭汗，叩頭伏罪。詔竄興嶺表，道爲人所殺。

（明）吴訥《祥刑要覽》卷上《惡者為戒·唐吉温獄網》　吉温，天寶初調萬計，廷尉李林甫摘銓吏僞選六十餘人。帝命御史雜治累日，情不得，温佐訊，日中獄具。林甫以爲能，林甫久當國，陰構大獄，除不附己者，引温居門下。與羅希奭推鍜詔獄，相勉以虐，號羅鉗吉網。公卿見者，莫敢耦語，後以罪貶端溪尉，遣使殺於貶所。

（五代）和凝《疑獄集》卷二《元膺知喪詐》　唐吕元膺之鎮岳陽，因出遊賞，乃登高阜瞰原野，忽見有喪轝者駐之於道左，男子五人皆縗服隨之。公曰：遠葬則休，近葬則省，此姦黨爲詐也。乃令左右搜索之，棺木皆兵刃，擒之。公詰其情，衆曰：某盜賊也，欲謀過江掠貨，是以假喪轝，使渡者不疑。公令劾之，更有同黨數十輩，已於彼岸期集。亦擒之，俱付於法。

（五代）和凝《疑獄集》卷二《韋皐劾司店》　唐韋皐之鎮劍南日，鄉俗之弊，逆旅大賈有貨殖萬餘者，因病而酖之，既卒，所有財貨十隱其七八，因兹多致富盛。公密知之。有北客蘇延，家屬太鹵，因商販於蜀川，得病，當夜而卒，以報於公。公使驗其簿，已被店主易，其文字才遺一二。公乃究尋經過，密勘於里屬，辭多異同。遂劾其司店者，立承隱欺數千餘貫，與諸吏分張，二十餘人，悉命付法。由是劍南無横死之客。

（五代）和凝《疑獄集》卷二《韋丹察威權》　唐韋丹字文明，鎮江西日，有倉吏主掌十餘年，數盈五十萬斛，因復量負欠三十石，公憫之曰：斯吏也，主掌十餘年，計欠三十石，必不自取而費也，必爲權要者所須。乃假令搜索家私文案驗之，及分用明歷具在。因輸示諸吏曰：爾等恃以威權取索於倉吏，吏之缺也，豈獨陪填？又將代爾之罪？今各據其所得，限一月納足，則舍爾罪。羣吏頓首曰：君侯以至明察下，某等合當刑責，儻舍重罪，則陪填不恨矣！既足，倉吏釋錮而歸。

（五代）和凝《疑獄集》卷三《行成叱盜驢》　唐懷州河内縣董行成，能察賊。有一人從河陽長店盜行人驢一頭並囊袋，天欲曉，至懷州，行成於街中見之，叱曰：彼賊住！賊下驢即承伏。人問：何以知之？行成曰：此驢行急而汗，非長行人也；見人則引驢遠過，怯也，以此知之。收下獄，有頃，驢主尋蹤而至，皆如其言。

（五代）和凝《疑獄集》卷三《張鷟括詐書》　唐張鷟字文成，爲河陽尉。有人言吕元者詐作倉督馮忱書，盜糶倉米。忱不認書，元乃堅執，不能斷。鷟取元告狀，用紙貼兩頭，唯留二字，問：是汝書，即注云是；不是，即注云非。元乃注曰：非。乃去貼，即是元狀，先決五十。又貼詐爲馮忱書，留二字以問之，注曰：是。去貼，乃詐書也。元於是叩頭伏罪。

（五代）和凝《疑獄集》卷三《放驢求匿鞍》　又有一客驢韁斷，並鞍失之。三日尋不獲，詣縣告。鷟推勘急，賊乃夜放驢出而藏其鞍。鞍可直五千文。鷟曰：此可知也。遂不令秣飼，去轡放之。驢尋向餵處，乃令搜索其家，其鞍於草積下得之。人服其智。

（五代）和凝《疑獄集》卷三《宗裔驗軖核》　王蜀時，其下將帥，鮮不好貨。有宗裔者，分符仗節，獨守廉隅。嘗典劍州，民有致冦者，燈下識認暴客，迨曉告巡捕吏，掩而獲之。所收贓，惟絲鈎紬線，贓主言是本物，其囚不禁拷捶，遂伏其罪。乃送州，宗裔引慮，縲囚訴絲鈎紬線乃是家物，與被盜主遞相辭説。宗裔促命取囚家繰車，又各責紬線卷時心有何物，一云杏梜，一云瓦子。因令相對開紬線，見杏梜，與囚欵同。仍以絲鈎安於軖上量軖大小，亦是囚家本物，即被劫主伏妄認之罪，巡捕吏伏拷決之辜。指顧之間，乃雪寃枉。

（五代）和凝《疑獄集》卷四《唐公問筐篚》　大定唐公爲冠氏縣令。縣界有種瓜者一婦人，因過瓜圃摘一枚與其子，瓜主執之詣官。其瓜主意謂一瓜不能致罪，又自摘三十枚以誣告其婦。令曰：婦人盜瓜，挈何筐篚？瓜主曰：並無。令即叱瓜主抱子，並使盡拾其瓜。至十餘枚，已不能抱也。遂伏誣告之罪。

（五代）和凝《疑獄集》卷四《伯通舐鋤刃》　章廟時，路伯通爲原武縣令。有以種瓜爲業者，一夕，爲人盡鋤其苗。遂詣伯通陳告，無明證，即遣之，翌日，命於種瓜鄰近村莊盡借所有之鋤，託以他用。令各書姓名，潛舐鋤刃果有苦味者，默遣吏捕獲，遂伏其罪。

（五代）和凝《疑獄集》卷二《孔公察枉盜》 後唐同光年，故滄帥孔相循以邦計二職權莅夷門軍府事。長垣縣有四盜巨有財産，及敗，所牽挽四人則貧民耳。時都虞候姓韓者，則樞密郭崇韜之僚壻也。與權吏暨獄典等同議，鍛成其欵，都不訊鞫，但以四貧民代四巨盜。欵成而上，孔公斷令棄市。將赴市，又親慮之，則又卒無一言，命令就法。將過蕭屏，因屢回首向在廳顧之，公察之，疑情未究，即復召問曰：爾數次回顧，得非枉耳？令吏卒緩詢之，稍得其情。對曰：實枉適何不言？曰：適引問之時，獄吏高其枷尾，遂不得言也，請去左右，因而細述。公曰：得非虚否？對曰：某則已死之人，豈徒延瞬息之生邪？即令移於州獄，俾郡主簿鞫之。自韓已下凡受賂近數十，人計贓約七千緡，則並校而推之，具欵而吐。韓即使人馳告於崇韜，移書於公，公不諾，即具伏法。四人獲雪，用畫像以荅孔公之德。

（宋）李上交《近事會元》卷五《配衙前安置》 後唐末帝清泰元年十月，罪興州刺史馮暉坐屯乾渠爲蜀人來侵，奔歸鳳翔，配同州。衙前安置自此始也。

（宋）包拯《包孝肅奏議集》卷四《去刻薄・論疎决》 臣竊見常年四五月内，皇帝親臨疎决罪人，並從減降，已成定制。竊聞當四月後，三司、開封府等處，應有收坐干連人，合行追勘公事，及寄杖人，多是用情拖延，等候疎决，深成僥幸。欲乞指揮，今後才入三月，應有合行，結絶公事，嚴緊催促了當，仍令當職官員躬親檢舉，庶絶姦弊。

（宋）包拯《包孝肅奏議集》卷五《明禁・請斷銷金等事》 臣竊見中外臣僚士庶之家，衣服首飾之多用銷金，工匠於闤闠之中任意製造，殊不畏憚。臣伏詳編勑節文，除大禮法物外，上從中禁，下曁庶邦。但係衣服裝著之類，土木玩用之物，並不得以金爲飾。如違，並科違制之罪。其元業匠人，輒更造作，犯者當行處斬。此蓋真宗皇帝躬行儉德，以化天下。故自中禁以及庶邦，凡衣服玩用，以金爲飾者，一切禁斷，工匠置於極典。致數十年間，中外絶無犯者。而自近年以來，時俗相尚，銷金之作，寖以公行，近日尤甚。其戚里及臣僚士庶之家，衣服首飾並用銷金及生色内間金之類，並無避懼。蓋是匠人等故違條制，厚取工錢，上下相蒙，無敢言者。若不速行禁止，切慮麋壞金寶，扇長澆風，競事浮華，大損聖化。欲乞嚴賜指揮，申明舊制，上以遵先帝崇儉之意，下以絶臣庶好奢之漸。

（宋）包拯《包孝肅奏議集》卷五《明禁・請開封府司録左右軍巡官屬不得請謁並追贓事》 臣昨於八月十七日，上殿進呈劄子，内一道以開封府司録左右軍巡院刑禁最繁，其官屬等但務請謁，本局之事，罕所究心。欲乞今後應司録司本職官員及左右軍巡判官，如勘大辟罪人，非公事不得出入請謁，所貴閲實獄情，不至寃濫。並一道起請凡諸處勘鞫盜賊公事，合追取典賣寄留贓物，並驟子細根問確實月日件號錢數，具牒所屬州縣，仍先檢索簿歷照證，委無差異，即取索典解及收買受寄人等的實因依文狀入案，方得追取逐件贓物牒送。仍於回牒内一一附録簿，歷上月日件號及逐人分析因依文狀，以憑照會行遣，免致抑勒人戶陪備贓物，枉陷平人，兼申明先降條貫。至今多日，未見指揮，伏望聖慈特令檢會所進劄子施行。

（宋）包拯《包孝肅奏議集》卷五《明禁・論妖人冷清等事第一章》 臣奉勑差與趙槩等録問冷清公事，臣尋往軍巡院將公案看詳。據冷清欵招伏，前後狂言非一，原其情狀，法所無赦，致之極典，固在不疑。兼詳放停軍人高繼安欵，先因罪犯配鼎州，尋却入京，託病放免，而妄談幻術，交結權貴，所至之處，多以禱祠爲名，扇惑州縣。頃年於潭州即將帶冷清隨行，沿路累造妖言，知而故縱，不以告官。及冷清事發，則教令詐作心風，果得免罪。尋又教以狂悖之語，所不忍聞。且都城之内，豈可令此輩輕慢憲法，惑亂大衆。若不速行顯戮，以戒未來，則啓姦邪之心，爲國生事，防微杜漸，不可忽也。乞令盡法施行。

（宋）包拯《包孝肅奏議集》卷五《明禁・論妖人冷清等事第二章》 臣近以開封府勘到冷清、高繼安等，乞早行顯戮，免惑中外。況狂僞之狀，灼然明白，决無可疑，天地所不容，人神所共棄，豈宜引用常法，遷延不斷。此而可忍，孰不可恕！兼風霾暴作，日色無光，上下蒙蔽之象，故天示此變，所以警悟人君如是之至也。伏願陛下察變異之來，顧宗社之重，特出宸斷，速令誅夷，免姦邪之類別起釁端，寖成大患。

（明）張景《疑獄集》卷六《安禮神明》 王安禮知開封，邏者得匿告人不軌，書上，命治之。驗所指略同，後刑三人有薛姓者，安禮曰：得之矣。召薛曰：若有讎乎？曰：有售筆者，固拒之，鞅鞅去。廼即命捕訊，果得所爲。梟其首，人稱爲神。

（宋）李心傳《建炎以來朝野雜記乙集》卷七《朝事・史文惠以直諫去位》 隆興初，龍大淵除樞密都承旨。劉汝一爲諫長，累疏論其漏禁中語，上不樂，汝一以此罷諫議大夫，又罷工部侍郎，又罷建寧府，又罷祠。而史丞相適以與張魏公和戰之議不同，力請免相。然當時之論，以爲避大淵權勢而去也。故王元龜鑒爲諫長，爲上言史浩以龍大淵避權引去，大淵之勢遂昂。蓋史公爲相，才百餘日耳。汝一之罷建寧也，實自內批出。給舍黃通老、馬德駿封還録黄，上大怒，再批：劉度黨附欺罔，可依已降放罷指揮施行。時二年春矣。後二十餘日，通老亦坐繳駿、修吉等賜田指揮放罷。自是史公不召者凡十三年。及淳熙再相，適樞密都承旨王抃建議以殿、步二司軍多虛籍，請各募三千人充之。已而殿前司輒捕市人，城中騷動，號呼滿道，被掠者多斷指，以示不可用。軍人怙衆，因奪民財。史公聞知，即飛奏釋所捕，而執軍民之讙呶者送詔獄。上聞，有旨：目下詔降奉國軍節度使、殿前都指揮使王友直爲武寧軍承宣使，而命抃暫權殿前司公事，五年十月二十五日乙卯也。獄既上，有旨：皆從軍法施行，時十一月七日丙寅矣。史公見上曰：此未得其平，當原其情而別其輕重。上曰：如之何則可？史公曰：諸軍掠人奪貨以至於哄，則始釁者軍人也，固當以軍法從事。若市人陸慶童特與之抗鬥耳，可同罰乎？且民有常刑，惡可一律行軍法哉？必不得已，流之可也。上大怒，不可。史公曰：陛下惟懼軍人怨咨，故欲一其罪以安之。夫民不得其平，其言亦可畏：等死，死國可乎？是豈軍人語？上愈怒，曰：然則比朕於秦二世也。執政皆失色流汗。史公復進曰：自古民怨其上者多矣，時日曷喪，予及汝皆亡。豈惟奏時爲然。上拂袖而入。趙温叔時爲參知政事，退，奏疏曰：招軍一事，區處獨斷，輕重緩急，無不得宜，推此以往，恢復不足辦也。臣不勝心誠悦服之至。然適聞聖諭，推軍人之最重者，明正典刑，固當如此，然不知以何者爲重乎？若以拖拽爲重，則彼曰本爲國家招軍也，必將有詞。臣聞昨有軍人入保正家，傷人掠財，縱火焚薪，又逼亂其婦女，宜推其尤者肆諸市朝，則以劫掠得罪，誰敢不服。至於百姓之陵踐軍人者，亦不可不兼行。爲政不可偏，適聞聖諭詳矣。奏人，上甚悦，乃詔陸慶童本非被拖拽人，輒用柴棒助謝六三毆打軍人，扇鼓百姓。陸慶童與軍人秦忠、楊忠並令大理寺依軍法施行。其餘作鬧軍人，令殿前司斟酌輕重，從軍制施行。見禁百姓，並日下疏放。謝六三令臨安府從杖罪斷遣。王友直再降宜州觀察使，信州居住。先是，史公以衰病丐免，且面薦温叔自代，上慰留之，時六月二十四日也。九月，史公復請候過會慶節去位。是月十九日，上留温叔面諭之，已呼温叔爲丞相矣。比陸慶童斷旨下，乃上章稱疾求罷。八月丁卯，以後洋街趙密故第賜史公。是日，神勇軍統制官孫安祖、策選鋒權統制官牛遇、馬軍統制官常丙以下至正副準備將三十一人，追停降罷有差。而工部侍郎兼知臨安府趙磻老以失於彈壓，又不能收捕首先聚衆作鬧之人，亦放罷。後三日，送饒州居住。史公既押入，不肯視印。温叔偕執政王季海、錢師魏就其閣見之，史公逡巡不肯居主位。温叔乃入奏，乞遣中使到堂宣諭史公視事。史公堅求去，十五日甲戌，拜少傅、節度使，復以京祠兼侍讀。後三日，温叔乃越次拜右丞相云。

（明）吴訥《祥刑要覽》卷上《善者爲法・宋歐陽無恨》 歐陽觀爲泗綿二州推官，留心於獄，嘗夜治官書，屢廢而嘆，妻問之，曰：此死獄也，我求其生不得爾。妻曰：生可求乎？曰：求其生而不得，則死者與我皆無恨也。矧求而有得耶，以其有求而得，則知不求而死者有恨也。夫嘗求其生猶失之死，而況求其死也。子脩才三歲，乳母抱立於旁，指而嘆曰：吾不見兒之立也，後當以我言告之。脩既成立，以學問文章爲天下所宗。張芸叟初游京師，見修多談吏事，張疑之，且曰：學者之見先生，莫不以道德文章爲欲聞者，今先生多教人吏事所未喻也。脩曰：不然，吾子皆時材，異日臨事當自知之，大抵文學止於潤身，政事可以及物。吾昔官夷陵，方壯年，未厭學，欲求漢史一觀，彼無有也，因取架閣陳年公案，反覆觀之。見其枉直乖錯不可勝數，以無爲有以枉爲直，違法徇情，滅親害義，無所不有。當時仰天誓心，自爾遇事不敢忽，芸叟起謝曰，先生所教，所謂仁人之言，其利博哉。脩後敭歷清要，入副樞密遂叅知政事，推恩褒其三世，追封觀鄭國公。脩卒，贈太子太師，謚文忠。

（明）吴訥《祥刑要覽》卷上《善者為法・宋陳洎任晉》 陳洎爲開

封府功曹時，章獻臨朝族人，杖殺一卒。洎當驗屍中，使十數輩諭旨，吏惶偲，欲以病死聞，洎獨正色曰：彼實冤死，待我而伸，柰何偲罪，而驗不以實乎。爾曹勿預，吾當任咎。乃自爲牘以白府尹程琳，琳喜曰：官人用心如此，前程非琳可及。亟索馬入奏。洎自此遂顯名。不數年，歷官臺省，終三司副使，後二孫傳遺履常，皆以詞學顯任，爲一時聞人。

（明）吳訥《祥刑要覽》卷上《善者為法·宋立節論情》 孫立節，崇寧間爲桂州節度判官時，謝麟經制溪洞事宜，州守王奇與蠻戰死，立節被旨鞠吏士有罪者。謝因收大小使臣十二人付立節，欲盡斬之。立節持不可，謝以語侵立節。立節曰：獄當論情，吏當從法。逗撓不進諸將罪也，既伏其辜，其餘可盡戮乎？若必欲非法斬人，則經制司自爲之，我何預焉？謝即奏，立節抗拒。立節奏謝侵獄事，刑部議如立節言，十二人皆不得死，其後立節遷官，進秩子二人，皆舉進士，遂至大貴。

（明）吳訥《祥刑要覽》卷上《惡者為戒·宋蔡確煆煉》 蔡確爲邠州司理參軍，遷御史，裹行希王安石意出熙河王韶罪遷御史，知雜劾知制誥熊本，代爲知制誥煆煉，皇城卒獄成，中丞鄧潤甫由是得罪，而確得中丞，大學生訟學官確□□其獄鏈引學士許將以下，皆逮捕械繫，令獄卒與同寢處，凡美飯餅截置一盆中，以杓混攪，分飼之如犬豕，久繫不問，幸而得問，無一不承，遂劾叅知政事元絳出知亳州，復代其位，確歷知制誥中丞參政書，以起獄奪人位而居之，士大夫交口咄罵，而確自爲得計。元豐中拜右僕射，屢興羅織之獄，士大夫重足而立，陰與章惇刑恕合志邪謀誣謗，宣仁後貶英刑別駕改新州，死於貶所。史入奸臣傳。

（明）吳訥《祥刑要覽》卷上《惡者為戒·宋安惇忮心》 安惇由成都教授擢監察御史，章惇蔡下造同文謗獄，使惇與蔡京雜治，肆其忮心。上言司馬光、劉摯、梁燾等交通陳衍以變成法，慁一日新政有欺君之誅，密爲傾摇之計，死有餘，責乃誅衍及禁錮摯等子孫。又鞠鄒浩事檄廣東使者鐘正，甫攝治於新州，士大或千里赴逮，蹝蹇序辰初議，閱訴理書牘，被禍者七八百人，天下怨疾，爲二蔡二惇之謠。徽宗惡之，出知澤州，尋放歸田里，蔡京爲相，復同知樞密院死，長子郊後坐指斥，被誅，追貶惇官。次子邦流竄涪州死，子嗣遂絶。史臣以爲數陷忠良之報，與蔡京同入奸臣傳。

（明）吳訥《祥刑要覽》卷上《惡者為戒·宋萬俟誣忠》 萬俟卨，紹興初提典湖北刑獄宣撫，岳飛遇不以禮，卨憾之，入覲希秦檜意譖飛於朝。留爲監察御史，令卨劾飛罪，命中丞何鑄治飛獄，明其無罪，檜怒以卨代治，遂誣飛與其子雲，令張憲虛中警報，及措置還飛軍中，又誣飛淮西逗遛，飛父子與憲俱死，天下冤之。宗室士㒟請以百口保飛，卨劾士㒟竄死。又爲檜劾李光孫，近朋比，皆被竄謫。又誣劾張浚卜宅踰制。除參知政事，使金還與檜忤謫貶歸州死，與秦檜同入奸臣傳。

（明）吳訥《祥刑要覽》卷中《濂溪晤酷》 周敦頤爲分寧主簿，有獄久不決，敦頤至，一訊立辯。邑人驚曰：老吏不如也。部使者薦之，調南安軍司理參軍。有囚法不當死，轉運使王逵欲深治之。逵酷悍吏也。衆莫與争，敦頤獨與之辯，不聽，乃委手版歸，將棄官去，曰：如此尚可仕乎？殺人以媚人，吾不爲也，逵悟，囚得免。

（明）吳訥《祥刑要覽》卷中《高柔察色》 高柔遷廷尉，護軍營士竇禮近出不還營，以爲亡。表言沒其妻盈及男女爲官奴婢，盈稱冤自訟，乃詣廷尉。柔問曰：汝何以知夫不亡？盈泣曰：夫少單，特養一老嫗爲母，又哀兒女，撫視不離，非是輕狡不顧室家者。柔重問曰：汝夫無仇乎？對曰，夫良善，與人無仇。又曰：汝夫不與人交財乎？對曰：嘗出錢與同營士焦子文，久求不得。時子文適坐事繫獄，柔乃見子文問所坐言，次曰：汝曾舉人錢否？子文曰：單貧初不敢舉人物也。柔察子文色動，遂曰：汝昔舉竇禮錢，何言不舉耶？子文怪事露，應對不次，柔曰：汝已殺禮，宜早服。子文於是叩頭具首本末，柔遣吏卒承子文辭，掘得屍。詔書復盈母子爲平民，抵子文罪。

（元）張鉉《至大金陵新志》卷三中之下《金陵表》 〔紹興〕二十九年已卯，燾以法律進其居守也。御僚吏甚嚴，事無敢可否。民有刃傷盜桑者，投繯死，吏當其主故殺。獄已具察推。蕭之敏抗執不書，初大怒，已而薦之，改秩朱熹松子也，築室武夷山以講學。上聞其名召之。不至。

（宋）桂萬榮《棠陰比事·王珣辨印》 少師王珣知昭州日，有誣告僞爲州印文書，獄久不決，吏以印文不類。珣索景德舊牘，視其印文，則無少異，誣者乃伏。蓋其文書乃景德時者。

（宋）桂萬榮《棠陰比事·蘊請祔柩》 蘊寀爲大理寺詳斷官時，有父卒而母嫁，後聞母死已葬，乃盜其柩而祔於父，法當死。寀獨曰：子盜母柩，納於父墓，豈可與發塚取財者比？上請，得減死。

（宋）桂萬榮《棠陰比事·孝肅杖吏》　包拯知開封。有犯杖脊徒罪者，吏受財與之約曰：今見尹，須使我責狀，汝但號呼自辨，我當與汝分罪，各受杖決。既而引責，囚如吏言，分辨不已。吏入大聲呼之，曰但受脊杖出去。拯謂其招權，捽吏杖之，特寬囚罪，亦令從杖。公知以此折吏勢，不知乃爲所賣弄也。

按元魯齋許文正公告世祖防欺之要，備載是事。且曰：孝肅剛嚴峭直，而卒爲吏所賣。蓋在上者，難於知下。欲其不見欺也，難矣。今考孝肅由進士除大理評事，出知建昌、天長二縣，拜監察御史，歷三司判官，改工部員、直集賢院，出知端、瀛、揚、廬、池五州，四爲京東、陝西、河北轉運使，遷三司副使，天章閣待制，知諫院，陞龍圖閣直學士，知江寧府，由江寧召拜京尹。歷練不爲不深，聲望不爲不重，資稟不爲不高，然爲吏人所賣若此？況初學古入官之士乎？桂氏載於篇中，而愚特取以終編者，蓋欲讀者知所警也。噫！

（宋）桂萬榮《棠陰比事·附録·袁安別繫》　袁安，永平中，守楚郡時，楚王英謀逆，詞連繫者數千人。安到郡，不入府，先案獄，理其無明驗者，條上出之。府丞、掾吏皆爭以爲阿附反虜，法與同罪。安曰：如有不合，太守自當，不以相及也。遂分別具奏。明帝感悟，即報許，得出者四百餘家。

（宋）桂萬榮《棠陰比事·附録·崔碣霽潦》　崔碣爲河南尹，邑有大賈王可久轉貨江湖間，值龐勛亂，盡亡其貲，不得歸。妻詣卜者楊乾夫咨存亡。乾夫悦其色，且利其富，既占，陽驚曰：乃夫殆不還矣。陰以百金謝媒者，誘聘之。妻乃嫁，乾夫遂爲富人。及徐州平，可久困甚，丐衣食歸閭里，往見妻。乾夫大怒，訽逐之。妻詣吏自言，乾夫厚納賄，可久反得罪。再訴，復坐誣。可久恨歎失明。碣至，可久陳冤，碣得其情，即勅吏掩乾夫並前獄吏，悉發賕姦，殺之，以妻還可久。時淫潦，獄決而霽。

（宋）桂萬榮《棠陰比事·附録·德輝察冤》　李德輝世祖時爲右三部尚書，録囚山西河東，懷仁民有魏氏發得木偶，持告其妻，挾左道爲厭勝，謀不利於己，移數獄，詞皆具。德輝察其冤，知其有愛妾，疑妾所爲，將搆陷其妻也。召妾鞫之，不移時而服。遂杖其夫而論妾以死。

（宋）桂萬榮《棠陰比事·附録·田滋得稿》　田滋爲浙西廉訪使，有縣尹張或者，被誣以贓，獄成。滋審之，但俯首泣而不語。滋以爲疑。明日齋沐詣城隍祠，禱曰：張或坐事有冤，伏願神明其誣。守廟道士進曰：曩有王成等五人，同持誓狀到祠焚禱，火未盡而去之。爐中得其遺稿，今藏於壁間，豈其人耶？視之果然。明日，詣憲司詰成等，不服。因出所得火中誓狀示之，皆驚伏罪。張或得釋。

（宋）桂萬榮《棠陰比事·附録·澤民訊僧》　汪澤民同知岳州事。州民李氏以貲雄，其弟死，妻誓不他適，兄利其財，嗾族人誣婦以姦事，獄成。而澤民至，察知其枉，爲直之。及爲平江府推官，有僧淨廣，與他僧有憾，久絶往來。一日邀廣飲，廣弟子急欲得師財，且苦其捶楚，潛往他僧所殺之。明日訴官，他僧不勝拷掠，乃誣服。三經審録，詞無異，結案待決。澤民取行兇刀視之，刀上有鐵工姓名。召工問之，乃其弟子刀也。一訊吐實，即械之而出。他僧罪。

（宋）桂萬榮《棠陰比事·附録·清獻原情》　趙清獻公抃，景祐中爲武安推官，有僞造印者，吏以爲當死。公獨曰：造在赦前，用在赦後。赦前不用，赦後不造，法皆不死。遂以疑讞之，卒免死。

（宋）桂萬榮《棠陰比事·附録·承議持平》　紹興間，鄭承議爲蕭山丞，有朱統制在縣牧馬，侵西興鹽塲草。鹽司申請於朝，降榜許人格捕。其卒打草如故，爲鹽停屍殺傷四人。統制謀曰：若不得西興草，則馬不可牧矣。乃醵金囑案吏作鬬殺，停户八人皆抵死。案成，知縣簽訖，次及承議，曰：黄榜許人格捕，今若作鬥殺，是本縣先自拒榜，狀不得書我名銜。吏皇恐謝罪，易作拒捕結斷，停户八人止得杖。放歸日，拜天曰：願鄭公子孫益昌。後公二子預薦登第云。

（宋）桂萬榮《棠陰比事·附録·安禮神明》　王安禮知開封。邏者得匿告人不軌，書上，命治之。驗所指略問後加二人，有薛姓者。安禮曰：得之矣。召薛曰：若仇乎？曰：有。售筆者固拒之，怏怏而去。乃即命捕訊，果得所爲，梟其首，人稱爲神。

（宋）桂萬榮《棠陰比事·附録·彭祥還貲》　郭彭祥弘治間守眉州，

問刑明決。鄰封合州有兄弟二人，兄宦別省，其貲每托弟携歸置産，契券俱弟收掌。兄卒於官，嫂扶櫬歸，弟絶無所與，又無籍可稽。嫂訴於州，訊不服，乃越境訴於郭。郭即隱告者，取獄中賊，指攀其弟與盗同夥，移文本州械致，詰曰：汝與某人爲盗致富？其弟泣曰：吾兄仕宦所得，未嘗盗也。固詰之，詞甚詳，一一録記，乃速其嫂語之，弟遂服，還貲産。

（宋）桂萬榮《棠陰比事·附録·筠守釋誣》弘治末，稽察江郡帑藏及筠，筠守周君津、貳王君珀，鋭志治盗，義民廖顯六素効巡捕劇盗甘乾八報復焚掠，廖殺之。二君益追治，逮捕一惡少，怡然就獄，云與某村某某等隨甘行兇，衆將信之。察曰：死地人所苦也，彼甘就焉，容非其情，可稍須之，倘得訊醜，參鞫未晚。後兩月，馳報曰：子言是也，向惡少嘗行竊，數爲某某窘辱，因亡身攀誣，今獲真盗，辨釋矣。觀此，聽訟者可以躁心乘之哉？

（明）張景《疑獄集》卷六《張洽伏盗》張洽，嘉定元年改袁州司理參軍，有大囚，訊之則服。尋復變異，且力能動摇官吏，累年不決，而逮繫者甚衆。洽以白提點刑獄殺之。有盗黠甚，辭不能折。會獄有兄弟爭財者，洽諭之曰：訟於官，秖爲胥吏之地，且冒法以求勝，孰與各守分以全手足之愛乎？辭氣懇切，訟者感悟。盗聞之自伏。

（明）張景《疑獄集》卷七《捕冦得妓首》寶慶年間，臨江蕭某赴臨安。往來娼武賽賽家經年所有盡喪，娼遂拒之。蕭不能給，其僕反爲娼用。蕭大困逼，遂歸家，將家産盡賣，復往臨安，就蒸餅橋開典舗，不復往娼家矣。越二年，嘗有人持布衫一領，欲典錢五百者。蕭止典三百，其人云：上舍，上舍，在武賽賽家使了許多錢，不爭今日較這二百錢甚利害！蕭曰：我自使我錢，干你甚事？遂以四百錢與之而去。其人起身曰：你帶行人到在武賽賽家，你如今慳吝，可知不敢去了？蕭感其言，追憶前事，心不能平。夜携提籠扣武賽賽門，其僕啓關，知是夕無客，入見武賽賽叙間闊。武方應聲，蕭斷其頭以去。僕亦遂逃。蕭致其頭器中，滿浸以油，致卧榻下。時提一觀之，曰：武賽賽你如今卻識我了。明日莫知蹤跡。兩廂吏議曰：但有張四官人，常往娼家乞覓不厭，武賽賽亦拗性，必其人殺之。可尋張四官人觀其辭色，縱不是，且將去展限。遂往瓦子裏得張解官，付獄推勘。張不勝拷掠，乃誣服焉。稱刀與武賽賽頭棄海中，遂絞於市。年餘，有冦真土入蕭室，蕭驚捕冦，忽巡牌者至，入蕭室集捕，冦已逃矣。巡牌者見床下器中乃武賽賽頭也，明日捕蕭鞫之，具得其情，遂伏其辜。仍斬西廂吏以償張命，獄官亦定罪有差。

（明）張景《疑獄集》卷八《彭節齋額刺二形》宋咸淳間，浙人寓江西，招一尼教其女刺繡。女忽有娠，父母究問，曰：尼也。父母怪之，曰：尼與同寢，常言夫婦咸恒事，時偶動心。尼曰：妾有二形，逢陽則女，逢陰則男。揣之，則儼然男子也。遂數與合。父母聞官，尼不服，驗之無狀，至於憲司。時翁丹山合作憲，亦莫能明。某官曰：昔端平丙申年廣州尼董師秀有姿色，偶有欲濫之者，卒揣其陰，男子也。事聞於官，驗之，女也。一坐婁曰：令仰卧，以鹽肉水漬其陰，令犬舐之。已而，陰中果露男形，如龜頭出殼。轉申上司，時彭節齋爲經畧，判云：在天之道，曰陰與陽；在人之道，曰男與女。董師秀身帶二形，不男不女，是爲妖物。所歷諸州縣，富室大家，作過不可枚舉，豈可復容於天地間？額刺二形兩字，決脊二十，枷令十日，押下摧鋒軍寨拘鎖，月具存亡。申之如其説，驗之果然。遂處死。

（明）張景《疑獄集》卷一〇《光祖詰蛙》馬光祖知處州，禁民捕蛙。一村民犯禁，乃將冬瓜切作蓋，刳空其腹，實蛙於中。黎明持入城，爲門卒所捕，械至於庭。公心怪之，問曰：汝何時捕此蛙？答曰：夜半。曰：有知者否？曰：唯妻。公輒疑其妻與人通姦，進妻詰之。妻曰：與人通，其人俾妾教夫。如此又先往語之，卒以故捕得，意欲陷其夫於罪，而據其妻也。公窮究其罪，遂寘妻並姦夫於法。

《通制條格》卷二〇《賞令·私曆》至元十七年六月，太史院欽奉聖旨：印造授時曆，頒行天下。敢有私造者，以違制論。告捕者，賞銀一伯兩。如無本院曆日印信，便同私曆。欽此。

（元）沈仲緯《刑統賦疏·第七韻》大德五年二月，江浙省爲處州路楊立於念藏經禁斷日殺鷄，照依部例決二十七下，委曾明白戒諭，依律斷決施行。

（元）沈仲緯《刑統賦疏·第五韻》泰定元年二月，江浙省咨：考《服書》云，爲人後者，爲本生父母降服齊衰不杖期，解官申其心喪，及本生父母爲其子爲人後者報降服亦不杖期。《刑統》議曰：生服雖曰降服，若有相犯，推恩重於義，則服三年反輕於降服，養殺其本生聽告，此禮之所以定上下、别親疏、遠嫌疑、正名分也。男子外繼，皆降本服一等，相犯取蔭各依本服也。考之斷例，父故殺子孫，誣賴平人，是本生父母之親恩重。以子殺父，恐傷人倫，故得減斷。繼父勒死妻同居前夫之女，以故殺結案。以此推之，繼養他人子女非己出憎惡之私，可見恩之輕於本生，故當償命。

（明）王世貞《弇山堂别集》卷一八《皇明奇事述三·五元功皆不利》 太祖開國元功，文臣太師、韓國公李善長，以嫌賜死。太宗靖難元功，太子太師、淇國公丘福北征敗，沒，削爵，全家謫海南。景帝禦虜元功，兵部尚書于謙讒僇。天順復辟元功，武臣忠國公石亨下獄，論斬。文臣大學士徐有貞，下獄，流金齒。世宗入繼元功，大學士楊廷和奪官，遂無一利者。

（明）王世貞《弇山堂别集》卷一八《皇明奇事述三·衍聖真人同坐事》 成化丙戌三月癸卯，衍聖公孔弘緒坐姦淫樂婦四十餘人，勒殺無辜四人，法當斬，詔以宣聖，故削爵爲民，以弟弘泰代沒，後弘緒子聞韶襲爵。四月戊午，正一嗣教大真人張元吉坐僭用器物，擅易制書，强奪子女，先後殺平人四十餘人，至有一家三人者，法當凌遲處死，下獄禁錮，尋杖一百，戍鐵嶺，而子玄慶得襲，元吉竟以母老放歸。弘治戊午，闕里文廟災，真人府亦災，凡二氏之品秩應朝給賜，無不同者，至禍譴亦同，何其異也！

（明）余繼登《典故紀聞》卷一一 成化十一年冬，有自宫聚至四五百人，哄嚷求收用。憲宗云：此輩逆天悖理，自絶其類，且又群聚喧擾，宜治以重罪。但遇赦宥，錦衣衛其執而杖之，人各五十，押送户部，如例編發海户當差。是後有再犯者，本身處死，全家發邊遠充軍。禮部移文天下禁約。【略】

成化十八年十二月，通州右衛軍余金鳳等三百九十一人自宫以求進，都察院言：中三百十四人，俱年及十五歲，法當收贖；五十九人才十歲以下，乃其父兄教令爲之者，當坐教令之人。因奏：近例凡自宫者本身處死，全家發烟瘴地面充軍，今犯者衆，並援例上請。奉憲宗聖旨：金鳳等百九十八人枷項示衆，滿一月仍杖一百，並年幼者俱如擬皆發原籍原衛收管。【略】

成化間，京城内外姦惡之徒，行兇害人，荒淫賭博，甚至占人妻女，爲人報讎。憲廟因錦衣衛官奏，謂之曰：昔漢郭解一豪俠之雄耳，武帝因公孫弘之言，殺之以懲不逞，論者謂其有關治體。今群惡少相倚爲姦，恐將來傚尤者無所不至，宜榜禁之。仍令保伍，互相覺察，知而不告者，各治以罪。

（明）王世貞《弇山堂别集》卷一八《皇明奇事述三·癸丑壬戌三及第之異》 嘉靖壬戌一科，首甲三人申時行、王錫爵、余有丁，皆大拜，位師傅，已見《盛事》矣。其最不顯而又最不利者，無如嘉靖之癸丑。其明年第三人温應禄舉家疫死。又明年第一人陳謹被逮，謫推官，累遷至右中允，丁憂歸，爲亂，卒所毆死。後第二人曹大章以編修廢疾罷，復用脅受商人財，削職爲民。二科榮辱之相反如此。按洪武丁丑廷試，三人尤爲不祥，狀元陳䢿、劉鍔責徙昌化安置，取回爲鴻臚寺司賓署丞，尋俱殺之。惟尹昌隆爲禮部主事，永樂初改春坊右中允，亦下獄，賜死。其覆取進士内，僅狀元韓克忠至按察僉事，餘二人俱終本官。

（明）王世貞《弇山堂别集》卷一八《皇明奇事述三·四横緹帥皆不終》 自錦衣衛典詔獄，領刺事官校張權者四人皆不終。永樂，紀綱爲都指揮僉事，凌遲處死，族滅家籍。天順，門達爲都指揮僉事，遠戍家籍。正德，朱寧爲左都督，凌遲處死，族滅家籍。嘉靖，陸炳爲太保、左都督，死後削奪，諸子流徙家籍。

（明）王世貞《弇山堂别集》卷一八《皇明奇事述三·親王大臣犯廟謚》 廟號定而臣下之謚有犯者：如懿祖之後有周王子埅、申王祐楷、鄭王祐檡、代王俊杖、德王祐榕，與太子之懿文、世子之懿莊。文臣則吕原、楊守陳、諸大綬之文懿，張鵬之懿簡，周瑄、張鎣、胡拱辰、閔珪之莊懿，陳俊、徐貫、林庭㭿之康懿。成祖之後，有唐王彌鍗、蜀王讓栩，文臣則王守仁之文成。宣宗之後，有秦王懷埢，文臣則黄福、劉大夏之忠宣。憲宗之後，有瀋王胤栘、淮王厚燾，文臣則宋濂、費宏之文憲。聖謚定而臣下之謚有犯者：如昭皇帝之後有秦王秉欆、蜀王賓瀚、韓王旭櫏、代王充燿、肅王縉炯、益王載增，文臣則江瀾之爲文昭。敬皇帝之後有伊王詡淳、唐王宇溫。毅皇帝之後有傅珪、羅倫、黄孔昭、張治之文毅，李桂之毅勇，劉玉之端毅，許進、潘鑑、王邦瑞、彭澤、楊博之襄毅，王憲之康毅。肅皇帝之後有劉瑞、趙貞吉之文肅，林俊之貞肅，顧佐、梁材、葛守禮之端肅，潘璜、方鈍、方良永、陳瓚之簡肅。莊皇帝之後，有衡王厚燆，文臣則馬自强之文莊，王學夔之莊簡，了不以爲嫌也。若文皇帝之爲文，武皇帝之爲武，與郡王妃主之謚之犯者，又不可勝紀矣。

（明）祁彪佳《莆陽讞牘》卷一《本府一件詐嚇勢騙事》 審得餘沖寰假宦幹也，有租穀填於黄什四家，已經挑回，而詐稱失盗，欲行騙詐。黄開六所以不甘來控也。面質肯息，是闍六畏勢，冲寰之懼法顯然矣。冲寰姑免責治，薄杖示儆。

（明）張景《疑獄集》卷六《易衣匿婦箬籠》 又袁州萍鄉有高嶺，嶺北張姓娶嶺南周氏女。周氏歸寧，張遣其弟候之。至嶺中，妻倦少坐，弟先抱其孩歸。久而妻不歸，張與其弟同至坐處，無有也，復至周宅，又無有。同周復登嶺尋訪，則妻死於叢林中，且無首矣。周扭其弟赴官，疑弟欲淫之，不從殺之，以滅口，弟遂誣服。官勒都官索頭與刃，都官解頭與刃，將弟處死。踰年，張之鄰人遇其妻於建康旅邸，相視駭愕。少焉，同炊鄰告以故。妻泣曰：冤哉！其時坐嶺上時，有一髯客擔箬籠上山，四顧無人，拔刀脅取我衣服與鞋，喚出籠中一婦人衣之，斷其頭致籠中，推其屍於林，令我入籠中，負擔以行。凡半月餘日，到此。未幾，髯客歸，二鄰人扭之聞官，即承準無詞，申刑部取旨。髯客處死，以款司償其弟，命州縣吏各黜，籍邑宰，郡司理，檢覆官皆降罷。二鄰人給元告捕兇身，賞妻歸夫家。先都官迫於官司，盗開他人棺，取婦人頭申解，亦處死。

（明）張景《疑獄集》卷六《王端識櫝母》 王通議端知襄邑縣，有鬻櫝於市者，或執以爲盗，詰之，不服。端取兩家櫝，識其母輒從之。盗遂服。

（明）張景《疑獄集》卷六《孫沔脱會飲》 孫沔副樞爲趙州司理參軍時，盗發屬縣，爲捕者所迫，乃棄其刀兵並所盗贓於民家。後即其家，得會飲者十六人，適如其數，捕繫縣獄，掠使服罪。法皆當死，以具獄上。沔疑其枉而留訊之。州將怒，然終不敢決。未幾，得真盗。州將反喜，謂沔曰：微子，吾得自脱耶？

（明）張景《疑獄集》卷六《李兊按榜傫僕》 李尚書兊知鄧州，有富人榜僕至死，係頸投井中而以自經爲解者，兊曰：投井故不自經，自經豈復能投井？必吏有受財者，故使不承爾。已案吏，果然。

（明）張景《疑獄集》卷六《雨巖詰冦倅》 建寧府建陽縣麻沙鎮吳提刑雨巖勢卿知處州時，報添差通判王某來，雨巖十數年前某處相識，甚喜。及見，覺非是。問舊事，亦不知，心稍疑駭。一日會其家眷凡十八人，内一人年老，而憔悴不樂。令夫人與之從容言王倅舊事，婦人潸然。詰之再三，乃知正雨巖所識王某之妻。蓋冦掠其舟，取其妻就用其勑，仕至本州添倅也。雨巖付吏推勘得實，申朝正其罪。時寶祐年間也。

（明）張景《疑獄集》卷六《行德捕桑門》 武節使行德遷河南尹、西京留守時，官禁鹽入城，犯者法至死，募告者賞錢十萬。洛陽縣民家嫗持菜入城中賣，有桑門從嫗買，少估其直，取菜反覆顧視，不買而去。嫗既不售，持入城門。抱關者搜筥中得鹽，擒以詣府。行德詰嫗，嫗言桑門嘗買菜，顧視良久而去。即令捕桑門具伏，與抱關吏相結，以鹽誣嫗，欲希其賞。行德釋嫗治桑門及抱關吏數輩。人皆畏之若神明，都下清肅。

（明）張景《疑獄集》卷七《輿妓屈盗》 又昔安吉州富家新娶，有盗乘人冗雜時入婦室，潛伏床下，伺夜行盗。不期明燭達旦，率三夕。饑甚，奔出，羣搏執之。旦以聞官，盗懇曰：我實有罪，但未有所盗，遭捶極矣，幸免聞官，當有以報，否則亦將有説。富家不從。盗至官，曰：我非盗也，醫也。婦有僻疾，令我相隨，常爲用藥爾。宰乃三山陳某，詰問再三，備言婦家事體及平昔甚詳。蓋潛伏時所聞枕席密語也。宰信之，逮婦供證。富家餽遺關節，懇宰免追，皆不從。富室謀之老吏，俾請於宰曰：彼婦初歸，使與盗辯，不論勝負，辱莫大焉。彼盗潛入突出必不識婦，若以他婦出對，盗若執之，可見其誣矣。宰曰：善。選一妓盛服輿至，盗遽呼婦乳名，曰：汝邀我治病，乃執我爲盗耶？宰大笑，盗遂伏罪。

（明）張景《疑獄集》卷七《節齋集觀音認姦僧》 某州士夫携妻候差於臨安，嘗與妻聯輿而出，至市井叢雜處，偶停市買，轉盼間不見妻輿矣。士夫聞官，執輿夫推問，莫可究竟。年餘，忽有輿在所寓門外，乃其妻也。妻云：初被人扛去時，不知非元輿夫也，約行數里，至大門，從長廊至暗屋下出輿，當問官人何處，輿夫不答。又行數步，乃僧出招之，心疑欲退。而僧從後推之，大呼。僧拽之以入，曰：此間是要性命去處。轉巷數曲，又於暗室中。扃閉甚嚴，略無人聲，雖聞鍾聲，亦甚遠。望久稍明，僧携酒餚至，當憂憤不能飲食，僧强合焉。每日僧兩次送飯，暮則携酒就與同寢。一日僧忘扃戶，行出暗巷中，遥望甚遠有火光，乃是長明燈，祀觀音處。遂禮拜，願再見天日，解手帕上金錢，落索環繫觀音身，用指甲掐觀音足上成川字文，復回入室角。有覺僧力疲意闌，懇之求歸。僧曰：到此本無出理，但念汝本分，又可商量。一夕歡合達旦，天微明引之出暗屋下，登輿送至此也。士夫經臨安府，時趙節齋尹京，時正亢旱，祈禱無應，明日行香集僧衆，曰：夜夢觀音感應，凡遠近寺院，但有觀音皆迎請至此，若本寺觀音感應，則申朝，寺主加號賜紫，行童並給度牒。備榜遍排。明日輻輳迎至，果有身繫金錢落索環者，足上川字文亦然。遂集合院僧行以至，令士夫妻於簾内識認，正本寺主僧也。送獄推問，承服就戮。

（明）張景《疑獄集》卷一〇《德甫聲冤》 元白余三爲行臺御史臺掾時，至元戊寅夏，與監察御史李德甫慮江淮行省囚，流人張傑等聲冤。其説云：傑，亡宋時池州軍之馬醫也。一日夜分寢已，騎卒錢勝者叩門，泣謂傑曰：吾暮夜誤殺吾所飼馬，明日將以暴死聞，有司驗實，必以屬君，君倖脱我，當有厚報。時重馬政，殺一馬如殺人罪。傑素謹畏，具以實聞。勝抵罪。爾後或相值於道，輒出怨言，謂必報傑，不殺傑不已。明年，池州降，勝自稱宋故官，得管軍把總，乃大得志，加害於傑者屢矣。然非其部曲，弗能也。無何，勝兼捕盗職，傑以散卒調砟木於池之西山。一日勝跨馬擁衆，捕傑及同役二十四人，械以巨木，棰而問曰：疇昔之夜，劫估舟於江岸者，汝也，當速承之，不承死矣。又謂同役者曰：張傑我讎仇也，於若輩無預。第指渠爲賊，即廼若等，毋自苦爲也。衆曰：我輩與張傑同役，跬步未嘗相違，即作賊，我輩皆賊也，實未有此。言未竟，白梃四落，二人死焉。明日解州，州將劉素信錢勝，獄吏張友仁亦勝之故舊，惟勝之言是理。所訴一切不聽，搒掠燒爇，身無完膚，遂皆誣服。所索之贓物，信口妄指，即得不知其由。數日後，張友仁者持文字數紙謂傑等曰：朝廷沛恩到州，汝等獄未具，恐不得預，押即得出。傑等不知爲所紿，尋即著字。已而曰：詔減死流遠，汝等强盗當流。即械送行省。某等數號訴於省，吏謂錢勝指傑等爲盗之夜，實在山中祠神，巫祝某及州之走卒某同飲。抵明，乞一會問，雖死且無憾。事竟不行，欲見宰相面訴之而不可得。今繫獄一季矣，餘二十二人，死已過半，嗚呼，冤哉！ 予與李君視其案，與此言合，乃上書於臺，臺官曰惜哉。

（明）張景《疑獄集》卷一〇《趙廉訪檄城隍》 廣州某大家，交結上位而蔑視邑官。嘗私繫一逋債者死焉，其家經官取屍。時邑尹王某有私忿，逮至拷楚，勒令招承，輒復異詞。大家雖竭力營救，而王尹亦百端究竟，累經省憲審覆，展轉數年，不得明白。元貞乙未，廉訪趙副使到，首及此事，聞本州城隍及判官靈異，移文兩紙及紙錢，至廟焚化。喚廟祝責限三日報應。三日無報應，則廟祝決二十七下，判官決三十七下。越一日，大家於囹圄中呼曰：其人將到矣，可疏我。明日，逋債者詣廉訪衙呼曰：我某人也。雙手如縛，抱頭不致。問其來故，曰：釋我縛，容言之。趙副使曰：請城隍釋其縛。其人遂下手，悉言逃故。在三百里外某處，昨日被人繫其手於首，驅之至此。遂釋大家，而問罪王尹焉。

（清）陳芳生《疑獄箋》卷一《代刑》 吉州王某幹者殺人，以錢三百千與一村老，令代認日，爾不致償命，但杖六七十下而已，民以爲然。時奚司理政疑之，曉以禍福，村老遂以實告。時奚見同囚者一人，項有傷痕，疑爲死者傷之，故殺死者，鞫之，未伏。王因言於奚以爲然，且力言於郡守，同囚者不勝苦，遂準伏抵死，奚以平反，改秩旋死，時咸淳年也。後幹者認殺人遂伏法，方言前斷之枉。

朱壽昌知閬州，有大姓雍子良殺人，乃買里民，使出就吏獄具，壽昌因得其情，引囚訊之，囚對如初。乃告之曰：吾聞子良遺汝錢十萬，納汝女爲子婦，許嫁其女汝家，有之乎？囚色動，又告之曰：汝且死，書僞券，抑汝女爲婢，指十萬顧直，而嫁其女他人。汝將奈何？囚泣下，吐實，收子良付法。【略】

建康溧陽市民同日殺人，皆繫獄，獄具，以囚上府，亦同日就道，二囚時相與語，監者不虞也。夕宿邸舍，甲謂乙曰：吾二人事已至此，死固其分，願事適同日，計亦可有爲者。我有老母，貧不能自活，君到府弟，稱寃，悉以諉我，我當兼任之，等死耳。幸而脱君，君家素温，爲我養母終其身，則吾死爲不徒死矣。乙欣然許之。時張定叟杓尚書知府事，號稱嚴明，囚既至，皆呼。使前問之，及乙則曰，某實未嘗殺人，殺之者亦甲也。張駭異，使竟其説。曰：甲已殺某人，既逸出，其家不知爲甲所殺也，平日與某有隙，遂以聞於官，已而甲又殺某人，乃就捕。某非不自明，官閽而吏賄，故寃不得直也。張以問甲，甲對如乙言，立破械縱乙，一縣大驚。甲既論死，官吏皆坐失入抵罪，而張竟不悟。甚哉，獄之難明也。

幹者殺人，村老既以實告矣，何爲更疑，同囚者豈所告者未悉，與如告以幹者云，然何不即訊幹者，何故云然耶，惜乎，記之不詳，然所疑不惟是，夫王固言之於奚以爲然，夫非切己，何以知其其而爲奚言耶，惜奚莫之疑也。

杖徒者法也，法所在不可故爲加減也，開封吏招權舞法也，包公特寬罪囚廢法也，因吏招權并廢法，不可以訓，然則如之何，曰，杖吏脊，囚杖脊徒如初。

甲乙殺人，同日同地，甲故可以兼任之，然獄未具，則可耳，獄已具矣，囚上府矣，有由有狀有見有仗有傷，爲仇爲盗爲爭由也，爲謀爲故爲毆狀也，爲鄰馬族馬伍保見也，爲梃爲刃爲他物使也，爲長短爲淺深爲尖圓廣狹傷也，二之不可以一，猶一之不可以二也，甲何可兼而乙何脱耶，其甲之得兼而乙之得脱也，由于初案之未確也，不然，傳者妄也。

譚棣華等《廣東碑刻集·奉縣主馬廉明飭拏解究碑》　特授海豐縣正堂加十級紀録十次馬，爲嚴禁爛崽滋擾以安良善事。現據約正顔羡高、莊崇英，貢生謝立榜、監生顔振鳳、武生謝桂香等呈稱：緣霞邊約内，近有不法强徒爛崽，三五成群，聚寮結黨，恃强酗酒强借，或招集游棍，窩盗分贓，或籍神分符，直人廳堂，滋擾閭閻，驚嚇婦女，肆意妄行，甚且串同丐匪，扛屍嚇詐，割頭勒索，持藥撒賴。更有破爛麻瘋，入室强討，歷日不休。連名呈請，飭令差保嚴拿解究，給示勒石嚴禁，等情到縣。據此，查爛崽籍端勒索，實爲地方之害。除飭差保嚴拿外，合行出示嚴禁。爲此，示諭該處居民人等知悉：自示之後，凡有前項匪徒，務宜各安本分，努力謀生。倘再結黨成群，生端勒索，滋擾訛詐，許被害之人協同保練，捆解赴案，以憑盡法究辦。本縣言出法隨，決不姑寬。各宜凜遵，毋違。特示。

吳明哲《溫州歷代碑刻二集》第二編《前調署平陽縣知縣胡公壽海墮泪碑記》　胡公壽海者，江蘇清和縣舉人，以大挑來吾浙知西安縣事。於光緒三十一年冬十月來攝吾平。三十三年夏六月卒於官。其卒也，夫人、公子乃幾無以治喪。已而以乏正供，被吏議，親屬將在縲絏之中，平民聞之咸慘然曰：平故優缺，公又儉已，迹其一窘至此，實由屢拯吾難，解囊不足，益移正供，計二年中爲平負累蓋，幾及白金二萬兩，其尤關重大者則有四案：曰靈溪埠案，曰南港塘案，曰鰲江鹽案，曰蒲門網案。

靈溪埠務舊屬許氏，陳、黄搆争，經前知縣程公捐廉購址别建官埠，判將埠規充供縣校，許氏遷怒吾南，毀校辱師，争端甚烈，幸公調停，是案也，公負累千餘金。

南港沙淤，屢遭水患，築塘捍水，南鄉苦潴，衆議毁塘，西鄉弗從，互傷多命，行省檄剿，公不忍，遽親臨勸和，保全其衆。是案也，公負累二千餘金。

鰲江鹽棧，激怒被毁，省檄嚴懲。公復不忍，自償報失，救群蚩蚩，是案也，公負累二千餘金。

蒲門學董，籌加網租，漁户仇董，省檄拘刑。公行陰德，不虐窮漁，是案也公負累千餘金。

嗚呼！是四案者，使不值公而值酷吏，吾平之難當如何，即不值酷吏而值庸吏，吾平之難亦當如何？況公爲平負累不止是四案乎！然而公之卒則幾無以治喪矣，且以乏正供被吏議矣，親屬將在縲絏之中矣，平民聞之能勿墮泪乎！爰共立碑以永紀念，而名之曰《墮泪碑》。

宣統元年歲在己酉春正日，平陽縣士民公立。宋存禮代邑紳陳承紱作。

欽加同知銜江西用知縣瑞安孫詒澤篆書丹并篆額。

謀反叛國部

論說

《尚書・大禹謨》帝曰：咨！禹，惟時有苗弗率，汝徂征。禹乃會群后，誓于師曰：濟濟有衆，咸聽朕命。蠢兹有苗，昏迷不恭，侮慢自賢，反道敗德，君子在野，小人在位，民棄不保，天降之咎。肆予以爾衆士，奉辭罰罪，爾尚一乃心力，其克有勳。

《尚書・多方》今我曷敢多誥？我惟大降爾四國民命。爾曷不忱裕之于爾多方？爾曷不夾介乂我周王，享天之命？今爾尚宅爾宅，畋爾田，爾曷不惠王熙天之命？爾乃迪屢不静，爾心未愛，爾乃不大宅天命，爾乃屑播天命。爾乃自作不典，圖忱於正。我惟時其教告之，我惟時其戰要囚之，至于再，至于三。乃有不用我降爾命，我乃其大罰殛之。非我有周秉德不康寧，乃惟爾自速辜。

《尚書・大誥》肆予告我友邦君，越尹氏、庶士御事曰：予得吉卜，予惟以爾庶邦，于伐殷逋播臣。爾庶邦君，越庶士御事，罔不反曰：艱大，民不静。亦惟在王宫、邦君室，越予小子，考翼不可征，王害不違卜。

《尚書・費誓》公曰：嗟！人無譁，聽命。徂兹淮夷、徐戎並興，善敹乃甲冑，敿乃干，無敢不弔。備乃弓矢，鍛乃戈矛，礪乃鋒刃，無敢不善。今惟淫舍牿牛馬，杜乃擭，敜乃穽，無敢傷牿。牿之傷，汝則有常刑。馬牛其風，臣妾逋逃，勿敢越逐。祗復之，我商賚爾。乃越逐，不復，汝則有常刑。無敢寇攘，踰垣墻，竊馬牛，誘臣妾，汝則有常刑。甲戌，我惟征徐戎。峙乃糗糧，無敢不逮，汝則有大刑。魯人三郊三遂，峙乃楨榦。甲戌，我惟築，無敢不供，汝則有無餘刑，非殺。魯人三郊三遂，峙乃芻茭，無敢不多，汝則有大刑。

《周禮・夏官司馬・大司馬》放弒其君，則殘之。

（宋）李昉等《太平御覽》卷六四七《刑法部・殺》《尚書大傳》

曰：武王殺紂而繼，封紂公子禄父，使管叔、康叔監禄父。武王死成王幼，周公盛，養成王，盛，猶長之。使召公奭爲傅，周公身居位，聽天下爲政。管叔疑周公，流言於國曰：公將不利王。奄君薄姑謂禄父曰：武王已死矣，成王幼，周公見疑矣，此世之時也，請舉事。言周弱，且不和，欲代之而復政也。然後禄父三監叛，周公以成王之命殺禄父。

《禮》曰：邾婁定公時，有殺其父者，有司以告，公瞿然失席曰：是寡人之罪也。寡人嘗學斷斯獄矣，臣弒君，凡在官者，殺無赦，子弒父，凡在官者，殺無赦。言諸臣子孫，無尊卑皆罔殺之，其罪無赦也。殺其人，壞其室，洿其宫而豬焉。明其大逆，不欲人復之也。盍君逾月而後舉爵。自也損也。

又《王制》曰：析言破律，亂名改作，執左道以亂政者，殺。析言破律，巧賣法令也。亂名改作，謂變易官與物之名，更作法度也。左道，若巫蠱及俗禁也。作淫聲、異服、奇技、奇器，以疑衆，殺。淫聲，鄭衛之聲。異服，若聚鷸冠瓊弁。奇技，奇器，若公輸般請以機窆也。行僞而堅，言僞而辯，學非而博，順非而澤，以疑衆，殺。皆謂虚華捷給，無誠也。假於鬼神、時日、卜筮，以疑衆，殺。今用時喪葬、築蓋、嫁娶、卜數文書，使民倍禮違制者也。此四誅者，不以聽。

（清）汪琬《堯峯文鈔》卷五《盗竊寶玉大弓定八年》南蒯以費叛陽虎，以鄆、讙龜陰叛，矦犯以郈叛，皆不書書。竊寶玉大弓何也。費也，鄆、讙龜陰也，郈也，是皆三桓之私邑，非公邑也。故以之叛不書，寶玉大弓魯之分器，其不得以私邑，比明矣。而可以不書乎。然則陽虎之辠倍於南蒯矦犯者也，先儒謂分器重於地，聖人賤貨而重命者，皆不識孔子墮三都之義，而妄為之説也。是故吾無取焉。

《周禮・秋官司寇・禁暴氏》禁暴氏掌禁庶民之暴亂力正者，撟誣犯禁者，作言語而不信者，以告而誅之。

（明）蔡清《易經蒙引》卷六上《九二利貞征凶弗損益之》九二，志在自守，不肯妄進，宜若無益於上矣。然由是而敢，夫時君尊德，樂道之心，士習可正，風俗可厚，則其為益於上也。不少如不顧廉隅而苟於進焉，徒足以滋君心之驕慢，而長士習之奔競，非惟損己，抑且無益於上矣。故桐江一絲，扶漢九鼎，節義之有益於人，國也。固如此。一説：

不可專就隱逸之士言。如在朝有守正、骨鯁之臣，如漢汲黯、魏高允之徒，是已汲黯以秉直不苟容，至使武帝内嚴憚而疎之。然有臣如此，實足以禁制上心，使有所畏，所謂入則法家弼士者。又淮南王謀反，差等朝臣所謂獨畏黯不敢發，所謂汲黯在朝，淮南寢謀者，其益於上何如哉！魏王謂羣臣曰：汝等在朕左右，未嘗有一言規正，惟伺朕喜悦，祈官乞爵，今皆無功而至三公。高允佐國家數十年，為益不少，不過為郎耳。以此觀之，短於守者，乃爵位日進，而廉介日持者，乃數十年不徙官，信乎？二之志在自守，不肯妄進矣。然以魏主為益不少之言，則其所以益於上者，又何如哉？此亦一説也。看來九二不是幽人，後説更長，且云不肯妄進，非不進而遯世者也。一説：以占辭征凶照看，只以隱逸之士言。

《晉書》卷三〇《刑法志》及景帝輔政，是時魏法：犯大逆者誅及已出之女。毌丘儉之誅，其子甸妻荀氏應坐死，其族兄顗與景帝姻，通表魏帝，以匄其命。詔聽離婚。荀氏所生女芝，為潁川太守劉子元妻，亦坐死，以懷姙繫獄。荀氏辭詣司隸校尉何曾乞恩，求沒為官婢，以贖芝命。曾哀之，使主簿程咸上議曰：夫司寇作典，建三等之制；甫侯修刑，通輕重之法。叔世多變，秦立重辟，漢又修之。大魏承秦漢之弊，未及革制，所以追戮已出之女，誠欲殄醜類之族也。然則法貴得中，刑慎過制。臣以為女人有三從之義，無自專之道，出適它族，還喪父母，降其服紀，所以明外成之節，異在室之恩。而父母有罪，追刑已出之女；夫黨見誅，又有隨姓之戮。一人之身，内外受辟。今女既嫁，則為異姓之妻；如或產育，則為他族之母，此為元惡之所忽。戮無辜之所重，於防則不足懲奸亂之源，於情則傷孝子之心。男不得罪於他族，而女獨嬰戮於二門，非所以哀矜女弱，蠲明法制之本分也。臣以為在室之女，從父母之誅；既醮之婦，從夫家之罰。宜改舊科，以為永制。於是有詔，改定律令。

《三國志》卷三《魏志·文帝紀》〔黄初〕五年春正月，初令謀反大逆乃得相告，其餘皆勿聽治；敢妄相告，以其罪罪之。

《魏書》卷六五《邢虬傳》虬駁奏云：君親無將，將而必誅。今謀逆者戮及期親，害親者今不及子，既逆甚梟鏡，禽獸之不若，而使禋祀不絶，遺育永傳，非所以勸忠孝之道，存三綱之義。若聖教含容，不加孥戮，使父子罪不相及，惡止於其身，不則宜投之四裔，敕所在不聽配匹。《盤庚》言無令易種於新邑，漢法五月食梟羹，皆欲絶其類也。奏入，世宗從之。

《魏書》卷一一《刑罰志》〔神䴥〕中定律令，大逆不道腰斬，誅其同籍，年十四已下腐刑，女子没縣官。

《隋書》卷二五《刑法志》〔梁武帝《梁律》〕其謀反、降叛、大逆已上皆斬。父子同產男，無少長，皆棄市。母妻姊妹及應從坐棄市者，妻子女妾同補奚官為奴婢。資財没官。【略】舊獄法：夫有罪，逮妻子，子有罪，逮父母。天監十一年正月壬辰，乃下詔曰：自今捕謫之家，及罪應質作，若年有老小者，可停將送。【略】中大同元年七月甲子，詔自今犯罪，非大逆，父母、祖父母勿坐。

（唐）温大雅《大唐創業起居注》大業十三年冬十月〔唐高祖〕帝曰：弘弩長戟，吾豈不許用之。所冀内外共知，以安天下。斯志不果，此外任諸公從民所欲。然七廟及代王並宗室支戚，不得有一驚犯。乃下教：有違此者，罪及三族。

（唐）吴兢《貞觀政要》卷八《刑法》貞觀二年，太宗謂侍臣曰：比有奴告主謀逆，此極弊法，特須禁斷。假令有謀反者，必不獨成，終將與人計之，衆計之事，必有它人論之，豈藉奴告主也。自今奴告主者，皆不須受，盡令斬決。【略】貞觀十一年太宗謂侍臣曰：詔令格式，若不常定，則人心多惑，奸詐益生。《周易》稱：渙汗其大。言發號施令，若汗出於體，一出而不復也。又《書》曰：慎乃出令，令出惟行，弗惟反。且漢祖日不暇給，蕭何起於小吏，制法之後，猶稱畫一。今宜詳思此義，不可輕出詔令，必須審定，以為永式。又曰：國家法令，唯須簡約，不可一罪作數種條。格式既多，官人不能盡記，更生奸詐。若欲出罪，即引輕條。若欲入罪，即引重條。數變法者，實不益道理，宜令審細，毋使互文致疑。

《舊唐書》卷五〇《刑法志》又舊條疏，兄弟分後，廕不相及，連坐俱死，祖孫配没。會有同州人房强，弟任統軍於岷州，以謀反伏誅，强當從坐。太宗嘗録囚徒，憫其將死，爲之動容，顧謂侍臣曰：刑典仍用，蓋風化未洽之咎。愚人何罪，而肆重刑乎？更彰朕之不德也。用刑之道，當審事理之輕重，然後加之以刑罰。何有不察其本而一概加誅，非所以恤刑重人命也。然則反逆有二：一爲興師動衆，一爲惡言犯法。輕重有差，而連坐皆死，豈朕情之所安哉？更令百僚詳議。於是玄齡等復定議曰：案禮，孫爲王父屍。案令，祖有蔭孫之義。然則祖孫親重而兄弟屬輕，應重反流，合輕翻死，據禮論情，深爲未愜。今定律，祖孫與兄弟緣坐，俱配没。其以惡言犯法不能爲害者，情狀稍輕，兄弟免死，配流爲允。從之。自是比古死刑，殆除其半。

（宋）王欽若等《册府元龜》卷六一二《刑法部・定律令》　〔貞觀十四年〕四月制：犯反逆免及緣坐配流者，六歲之後仍不聽仕。十月戊寅制：決罪人不得鞭背。

〔貞觀〕十五年五月定制：從征人背軍不在嘗赦之限。

（唐）元稹《元氏長慶集》卷三三《論討賊表》　臣伏見賊闢有不庭之罪，陛下尚覆露以待之，此誠陛下罪己泣辜之仁也，微臣何足以識之哉？然臣聞之，天之所以爲天者，以其能化物也。物之性不一，故天之道有和煦震曜之異焉。始其生也，動之以幽伏，被之以春陽，扇之以仁風，潤之以膏雨，則百果草木之柔者順者，油然而生矣。及夫勾曲角觡，堅本頑心，凝者滯者，幽者蟄者，扇之以和煦而不出，潤之以膏雨而不滋，則必迅之以雷霆，曜之以威赫，然後頑滯之心改，幽蟄之氣宣。豈天之道，仁於彼而厲於此乎？化與不化之異也。是以蚩尤之亂作，黄帝鑄五兵以殺絶之，共工之行惡，虞舜揭五刑以放死之。豈不欲夢華胥舞干羽，而躋之於仁壽哉？蓋不可化也。及夫舞干而適至，因壘而來歸，此又物之可化者也。豈黄帝、虞舜、文王之德有優劣哉？蓋蚩尤、共工、苗人、崇人罪有深淺也。

今陛下法天之德，與物爲春，凡在生成，孰不柔茂，而蕞爾微醜，天將棄之。寘蠢賊於其心，假螻蟻以爲聚，忠臣孝子，思得食其肉而快其心久矣。陛下猶聳之以名爵，導之以訓誥，崇之以寵章而不至，假之以旄鉞而益驕。戕賊我忠貞，損汚我仁義，人人不勝其憤，有司不忍其威。是以違陛下匿瑕含垢之仁，順皇天震曜殺戮之用，此誠天下人人快憤激忠之日也。陛下猶思因壘以降之，舞干以化之，善則善矣，其如天下之憤何！其如天下之憤何！臣願陛下可有司之奏，法皇天之威，與公卿大臣議斬叛弔人之師，以快天下人人之憤，實天下幸甚，微臣無任懇悃嫉惡之至。

（宋）司馬光《傳家集》卷三〇《章奏十三・乞今後有犯惡逆不令長官司自劾劄子治平元年四月二十日上》　臣竊以國家承百王之弊俗，化陵夷不肖，愚民犯誼，侵禮無所不至。此朝廷所宜留意，不可忽也。昔賈誼歎秦俗之薄惡，以為借父耰鉏，慮有德色，母取箕帚，立而誶語，抱哺其子，與公併倨，婦姑不相説則反脣而相稽。以今閭巷之民，旦夕所為，如彼數者，皆何足言。近聞開封府屢有子殺父母者，相繼事發，以京邑之中，猶有如此悖逆之民，況於遠方教化之所不及哉。臣竊見刑部格勑：百姓間有犯惡逆以上者，州縣長官量事貶降；隱而不言，委録事叅軍糾察聞奏。《刑統》叅詳條部内有：犯惡逆以上罪者，今後刺史以上附表自劾，以敦風教。責與不責，並聽勑裁。朝廷近年務行寬政，吏有故出人罪者，率皆不問，或小有失入，則終身廢棄。以此民有謀殺及毆詈尊長者，州縣之吏，專務掩蔽縱釋，惟恐上聞，往往止從杖罪斷遣，少肯處以正法。蓋避自劾之恥，務為身謀，遂使頑民益無顧憚，名敦風教，其實壞之。王者之政，當善善惡惡。若寬此悖逆之民，以為仁政，臣實愚淺，未之前聞。況教化之失，風俗之弊，任其責者，豈特州縣長吏而已。若長吏隱而不言，乃使録事叅軍糾察聞奏，斯亦難矣。臣愚伏望朝廷今後除去上件貶降長吏及附表自劾二條，更不施行。在京則委糾察刑獄，畿内則委府界提點。在外則委轉運使提點刑獄，常切覺察州縣官吏。如有敢將惡逆不孝不睦等罪寬縱隱蔽，不依正法，勘鞫斷遣者，並畫時糾舉聞奏。隨其輕重，各以故出人罪論。若上件諸司不糾，舉者委臺諫官察訪聞奏，取進止。

（宋）歐陽修《文忠集》卷九八《奏議・再論王倫事宜劄子》　臣竊見近日四方盗賊漸多，兇鋒漸熾，撲滅漸難，皆由國家素無禦備，官吏不畏賞罰。臣謂邊隅夷狄者皮膚之患，尚可治，盗賊者腹心之疾，深可憂。而朝廷弛緩，終未留意，每遇有一火賊，則臨事驚駭倉皇，旋發兵馬，終不思經夂禦賊之計。只如王倫者，今若幸而剪撲，則其殺害人民，爲患已廣，如更未能剪撲，使其據城邑，則患禍不細矣。臣數日前已有奏論，只是條列招捉王倫一火事宜。至如池州、解州、南京、鄧州諸處强賊甚多，今後亦須禁絶其端，不可更令頻有。臣欲乞陛下特勑兩府大臣，議定經制，臣亦有短見數事，備列如後：

一、臣竊見一作知。王倫所過楚泰等州，知縣、縣尉、巡檢等並不鬥敵，卻赴王倫茶酒，致被奪卻衣甲，蓋由法令不峻，無所畏稟。官吏見一作知。朝廷寬仁，必不深罪，而賊黨兇虐，時下可懼。寧是畏賊，不畏朝法。臣今欲乞凡王倫所過州縣奪卻衣甲處官吏，並與追官勒停，其巡檢仍先除名，令白身從軍自効，俟賊破日，卻議敘用，仍今後用此爲例。

一、外處知州，本號郡將，都監監押，只管在城巡檢，若賊入城不能擒捕，則設之何用？臣欲乞應有不能禦備，致賊人入城打劫，不尋時鬬敵，致全火走透者，知州亦特勒停。都監監押除名，白身從軍自効，能獲賊，則議敘用。

一、臣見諸處有賊，多是自京師別差使臣兵馬捉殺，則本地分元置都監巡、檢縣、尉等，設之何用？每有些小盜賊，不獲又無深責，稍似强賊，則別差人捉殺。如此可以推避因循。臣欲乞若朝廷別差人捉獲，則本地分巡檢、縣尉，仍坐全不獲賊之罪，及從初不切收捕致走透他處及潰散後，別地分巡檢、縣尉捉獲者，元出賊處官吏，不得與破全火批書。

一、竊見諸處縣尉，多是新及第少年，儒生怯懦，往往不能捉賊，虛令陷罪。臣今欲乞下銓司詳議選擇縣尉之格，以武勇人材堪充者充，仍重定賞罰之法。其一作若。見今有新及第少年怯懦者，委諸路按察使先次舉奏替換。

一、臣竊見自來所差巡檢兵士，多不能捕賊，反與州縣爲患。臣今欲乞自朝廷選募使臣，令使臣自選募兵卒，不拘廂禁軍，令所在州軍指名抽射，仍重立賞罰之法。

（宋）歐陽修《文忠集》卷一〇三《奏議·論光化軍叛兵家口不可赦札子》　臣竊見近日盜賊縱横，張海等二三百人未能敗滅，光化軍宣毅又二三百人作亂。臣謂朝廷致得盜賊如是者，不惟中外無備，蓋由威令不行。昨王倫賊殺主將，自置官稱，著黄衣，改年號，事狀如此，乃是反賊。使其不敗，爲患如何？既敗之後，不誅家族。凡小人作事，亦須先計成敗。今使其事成則獲大利，不成則無大禍。有利無害，誰不欲反？只如淮南一帶官吏與王倫飲宴，率民金帛獻送，開門納賊，道左參迎。苟有國法，豈敢如此，而往來取勘。一作會。已及半年，未能斷遣。古者稱罰不逾，所以威激士衆。今遲緩如此，誰有懼心。遂至張海等，官吏依前迎奉。順陽縣令李正已延賊飲宴，宿於縣廳。恣其劫掠，鼓樂送出城外。其人敢如此者，蓋爲不奉賊則死，不奉朝廷則不死。所以畏賊過如畏國法。臣恐朝廷威令，從此遂弱，盜賊兇勢，從此轉强。臣聞刑期無刑，殺以止殺，寬猛相濟，用各有時。伏望陛下勿採迂儒所説婦人女子之仁，尚行小惠以誤大事。其宣毅兵士，必有家族。伏乞盡戮於光化市中，使遠近聞之悚畏，以止續起之賊。其李正已，仍聞已有臺憲上言，亦乞斬於鄧州，使京西一路官吏聞之畏恐，知國法尚存，不敢奉賊。從來只被迂懦之人因循不斷，誤陛下事，壞得天下事，勢已如此，不可更循舊弊，有失威斷。惟陛下力行之。取進止。

（宋）歐陽修《文忠集》卷一〇五《奏議·論湖南蠻賊可招不可殺劄子》　臣風聞楊畋近與蠻賊鬬敵，殺得七八十人首級，仍聞入彼巢穴，奪其糧儲，挫賊之鋒，增我士氣，畋之勇略，固亦可嘉。然朝廷謀慮事機，宜思久遠，竊恐上下之心急於平賊，聞此小捷便形虛喜，不能鎮静外示輕脱，其間二事，尤合深思。一曰不待成功，便行厚賞；二曰謂其可殺，更不肯招。苟或如此，則計之大失而事之深害也。今湖南捕賊者，殺一人頭，賞錢十千，官軍利賞，見平人盡殺，平人驚懼，盡起為盜。除鄧和尚、李花脚等數十一作大。頭項外，其餘隨大小成火者，不可勝數。今畋所擊只一洞，所聚已二千餘人，於二千人中殺七八十人，是二十分之一。其餘時暫鳥散，必須復集。臣見自古蠻蜑為害者，不聞盡殺，須是招降。昨緣邵飾等失信於黄捉鬼，遂恐更難招誘。今若因畋小勝，示以恩威，正是天與招服之一有時字。機，不可失也。若令畋自作意度，招取大頭項者，因此小勝，傳布捷聲，其餘諸處結集者，分行招誘，藉此聲勢，必可盡降。旬日之間，湖南定矣。若失此時，漸向夏熱，以我所病一作病暑。之兵，當彼慣習水土之賊，小有敗衂，則彼勢復堅，不惟為害湖南，必慮自此貽朝廷憂患。今於未了之間便行厚賞，則諸處巡檢、捕賊官等見畋獲賞，爭殺平人，而畋等自恃因戰得功，堅執不招之議，朝廷亦恃畋小勝，更無招輯之心，上下失謀，必成大患。其楊畋等，伏乞且降勑書獎諭，授與事宜，俟彼招安，便行厚賞。今湖南賊數雖多，然首惡與本賊絶少，其餘盡是枉遭殺戮，逼脅為盜之徒，在於人情，豈忍盡殺？惟能全活人命多者，則其功更大。仍乞明説此意，諭與楊畋。其賞典，乞少遲留，庶合事體。取進止。

（宋）劉摯《忠肅集》卷四《論降詔疏》　臣聞朝廷議欲降詔中外，慰安人情，傳聞二三。臣不敢信，儻果如此。臣實未喻。伏見陛下即位以來，修先朝政事，增損法令，進退官吏，大要專以安民四方，曉知上旨，坦然明白矣。至於懷私負釁，貴近不赦，而忠信之言，雖小必録，此又人人皆能道之。臣獨不知國家尚安所疑，欲家至而戶曉也。若謂日者黜責一二臣僚，恐附離黨與不無反側，故以詔書安之。臣謂人情無甚相遠，不從上令而從其意，動民以言，不若示之以行事，自古而然。朝廷果將吹毛洗垢，搜抉宿過，則詔令隨行亦不信。今但朝廷罰罪之意出於公議，惟責大體不問，其餘則雖無所言，何患人不知之。近者朝廷法令方具功罪明白，吏民安堵自如，正宜鎮靜無事，何故自生疑貳，猥欲望以言語區區過，自分說以勝士大夫之心。臣恐中外有以窺陛下也。前世自漢唐以來，因誅鉏叛逆，或剋復僭偽危疑之始，慮有動搖，故亟下詔令，慰撫未萌。今升黜官吏，何時無之，何至張皇自生不安之意。臣竊以為過矣。抑臣聞之人才實難，自非大奸大猾，懷邪怙終，此外安有終身棄置之理。古人以功贖過，所謂使功不如使過，良以此爾。前以罪退，後以功進，是乃國家所以公天下者。見之一二則中外將不待言而信矣。臣謂安反側計，無以尚此。何必空言哉。伏望睿斷，寢降詔之議，免四方疑惑，以幸天下。臣不勝拳拳。

（宋）劉摯《忠肅集》卷四《再論降詔疏》　臣近聞朝廷議欲降詔中外，得於傳聞，未見本末。然竊謂朝廷舉動，不可不慎。昨已具狀論列，今者外議籍籍，又異於前。大意謂陛下即位以來，增損法令，進退官吏。今已改意自悔，故欲下詔委曲解説，又深厭臺諫言事，故欲止約多士，轉相告語。且謂自此臣寮雖有罪犯，無復憂畏，臺諫雖有聞見，無復敢言。詔令未下，人已非議。臣備位言路，所聞如此，不敢不論。臣竊謂刑賞予奪，天下公器，非苟順人情，惟當而已。日者朝廷加惠元元，取官吏，蠹國賊。民之尤無狀者，顯黜一二以勵其餘。此甚大惠。陛下其以為當耶？未當耶？誠以為當，則足矣。何必家至戶曉，自啓疑貳之意，使忠義自失，奸罔幸免？臣所未喻也。臺諫臣寮，類皆踈賤孤寒之人，而使以譏切主上彈治貴近為職，其勢固已不勝，若稍加沮抑，且使有誅夷之憂，則人人顧私自便，誰肯盡言。又況聽與不聽，上繫朝廷去取。大抵欲言十事，退思反顧已去五六，其言雖上，又經裁擇，則言而聽者，率不過十一二。然則朝廷聽言可謂審慎，論議雖多，言者何罪？且臺諫以言為職，今若明出詔令戒使勿言，則是予之官而奪其職，為小人之所睥睨輕誚，必不能自立，相率引去。然則言路塞絶，誰復以利害之計上聞。此又臣所未諭也。臣思慮累晝夜，其事甚易見，不知為陛下建此計者誰乎？臣願陛下深思臣言無忽，速賜寢罷降詔之議，以安士論。若本無此議，臣聞之誤妄罪當萬死，臣不勝拳拳。

（宋）劉摯《忠肅集》卷四《三論降詔疏》　臣近兩具狀奏乞寢罷降詔指揮，未知聖旨賜與不賜。省察朝士大夫億度風旨，轉相傳誦，不無非議。臣謂降詔本欲安人情，而詔令未下事已宣露，反使人情疑惑，則利害固已可見。甚非陛下鎮靜中外之意。臣備負言路，此而不論，臣則有罪，是以不避煩紊，願畢其說。臣謹按齊桓公與管仲謀伐莒，謀未發而聞於國人，國人曰：君子善謀，小人善意。臣下竊意之也。故朝廷之人不為則已，苟有所為，雖秘謀密計，人且意而知之。況陛下已脩政事，清人物，遂欲闊略細故，含垢匿瑕，示天下以寬大誠大惠也。但此意一定，何患人之不知。若更施於行事一二，則中外喻意坦然洞達矣。何必空言喋喋，過自分辨，急於取信，無乃害國家大體哉。詔書大意不過以謂罪惡者已治，欲使其餘改行自新。恭惟先皇帝養育人材，布滿内外，其中邪慝不能無之，今已行懲勸，則是乃所以成就先帝之意。若必形於詔書，示蕩滌之惠使之自新，則似分別前日政事虧損，治道無大於此。然則人情安與不安，乃在陛下立意行事，其實何如耳，不在降詔。詔下之後，事體窒礙，其害乃至如此。臣願陛下深賜省照，特罷降詔，以全大體。臣不勝拳拳。取進止。

（宋）李燾《續資治通鑑長編》宋哲宗元祐元年六月　左司諫王巖叟上奏曰：臣累日來風聞陛下欲降詔書以安人心，反側則臣不知果有果無。然臣既有所聞，不可不先事而言，以備採擇。未審此事出於聖慮邪？出於左右者之謀耶？出於聖慮則臣以謂陛下私憂過計耳，出於左右之謀則臣以謂誤陛下矣。自古以來，朝廷黜邪退奸，亦是常事，何須過以為憂，反動奸人之心。將謂陛下畏之，必潛增凶燄，陰造禍機，傾搖善良，窺伺新政矣。可不戒哉。伏惟陛下即位以來，上合天心，下從民欲，斥遠奸邪，登崇忠直，納天下善言而不厭，革天下弊事而不疑。故能使四夷靖安，百姓歌詠，以復見祖宗太平之盛。陛下惟當日篤此心，隆此道，以永社稷無疆之休，不宜少移初意也。夫奸心抑之且不可止，況於進之直言求之且不可得。況於沮之長君子而消小人，在陛下一言。長小人而消君子，亦在陛下一言。此國家否泰之關，而天下治亂之機也。陛下不可不深思，不可不豫防。臣恐詔書一出則言之後時，故冒犯而先論，願陛下納臣愚忠。收詔勿下，使羣邪自靜，以養朝廷之威，衆正自安，以重國家之勢。天下幸甚。

貼黄稱：臣竊思降詔之後，老奸宿邪則安矣，而忠臣義士必不自安。陛下方求天下大治，以追祖宗之盛，而使忠臣義士不得盡其心，非陛下之福也。願因臣之言反復思之，重此詔書之發。幸甚。舜去四凶，當時四凶之黨不應無人尚在中外，未聞下詔安四凶之黨也。臣自風聞下詔寢食不復，自安心料陛下畏見多言，故有此指揮。不知令臣今後如何居職，有言則犯令，不言則負恩。進退之間，未知所處。幸陛下察之，無誤此舉。言事官當忠於主上，公於天下是為稱職，忠則不肯立朋黨，故言無所隱；公則不敢任喜怒，故言無所欺。或朋邪罔上，或意在報私，或厚誣其人，或以訐為直，或陰懷顧忌，則陛下當深察其情，罷之則可也，竄黜之則可也。以爲約束一切，閉其言則不可也。如果有詔書，即望陛下採納臣言，只作聖意取入禁中，以安言路之心。

（宋）徐夢莘《三朝北盟會編》卷一一一《炎興下帙》（建炎元年七月）左正言鄧肅劄子，言叛臣乞立格定罪。劄子曰：臣謂叛臣曾事僞楚，大小輕重固有不等，欲乞先立一定罪格於此，然後按僞楚之籍，取叛臣姓名，就格斷之。庶幾君臣之間，皆不得容私，伏蒙陛下爲臣昨在圍城之中，固知姓名，令臣奏來，臣謹取旨。所撰二格，以按叛臣之罪，爲陛下盡陳言之。所論叛臣之上者，其惡有五：一曰諸侍從而爲僞執政者。王時雍、徐秉哲、吳幵、莫儔、李回是也。其二曰諸庶官及宮觀而起爲侍從者。如司農卿胡思、大府卿朱宗之爲侍郎。大理卿周懿文爲大尹。盧襄、李擢、范宗尹等皆起於宮觀以爲侍從是也。胡思、周懿文等今在桎梏，固不足論。諸餘者，且虜破城，自南壁始，李擢、盧襄提舉其事，日聚群小，浩歌城上，虜已塞濠，恬然不顧，破京城者，實此二人。范宗尹昔嘗宣和廷對，揣王黼之意，數蔡京之罪，遂竊虛名，以居臺諫，當官則以奴僕事耿南仲，以取侍從，城破則以妾婦事范瓊，以資口腹。及僞楚一立，則起於宮觀以爲諫議，然不知所陳者何事哉。其三曰撰勸進文與撰赦書是也。且赦書之惡，不減勸進。其詞云：有堯舜之揖遜，無湯武之征誅。不惟不忠之語可駭天下，至於廟諱更不復顧，雖犬馬有所不爲。朝廷取撰勸進文者投之嶺外，而以撰赦書者止令分司，是不知亦何私於顏博文哉。其四曰事務官者，金人已有立僞楚之語，朝士集議，恐不能如禮，遂私結十友，作事務官，講論册命之儀，搜求供奉之物，悉心竭力，無所不至。使邦昌安然得爲揖遜，以事美觀，皆事務官之力也。且陛下登九五之位，無不欣躍，如獲再生，朝廷不聞先時以爲事務官者，及僞楚之立，而十友紛然如水就下，此其情尤可罪也。其五曰因邦昌改名是也。何昌言先奏於僞楚之庭，乞改爲善言。其弟昌辰遂請於吏部，改爲知言，惡犯昌字也。以上數等，乞定爲叛臣之上，置之嶺外。所爲叛臣之次，其惡有三。其一曰諸執政、侍從、臺諫，稱臣於僞楚，及拜於庭下者是也。所謂執政者，如馮澥、曹輔是也。所謂侍從者，其餘已行遣矣，獨有李會尚爲中書舍人。所謂臺諫者，洪芻、黎確等及舉臺之臣是也。當時臺中有爲金人根括，而被杖四人以病得免，其餘無不在僞楚之庭矣。且臺諫者，天子耳目之官也。虜騎迫城，尚持講和之論，聖駕將出，曾無一言之戒。天作奇禍，則倉皇失措，遂於他人之庭，復處臺諫之職，今日尚有不易舊職者，不知其所立如此，又何論他人之過耶。其二曰以庶官而昇擢差遣是也。然此不可勝數，僞楚以後，謂之權官，而被僞命札子者皆是也。臺省、寺諫、學校、敕局，無所不有。乞專委留守司按籍取之，則無有遺者。其三曰願爲奉使者是也。黎確之使趙野，李健、陳戩之使翁彥國，擁黃旗，持僞詔，左右僕從，皆受僞恩，馬上洋洋，自號奉使。力說勤王之師，以爲邦昌久居計。故邦昌曉諭曰：只候勤王師退，然後開門。蓋恃有二三奉使耳。已上數等，乞立爲叛臣之次，於遠小處編管。吏部供到：王時雍見係高州安置，徐秉哲見係梅州安置，吳幵永州安置，莫儔全州安置，李回袁州居住，朱宗之朝奉郎，李擢柳州安置，范宗尹通直郎提舉杭州洞霄宮，盧襄大中大夫權開封府尹，胡思、周懿文朝散大夫，顏博文澧州安置，何昌言生前尚書工部侍郎，何昌辰通直郎，通判南劍州，馮澥中大夫提舉成都府玉局觀，李會中書舍人、洪芻朝散大夫，孫確朝請大夫，李健請郎，陳戩虞部員外郎。奉聖旨：吴開移韶州安置，顔博文移賀州安置，朱宗之責授蘄州團練副使岳州安置，范宗尹責授忻州團練副使鄂州安置，盧襄責授陳州團練副使衡州安置，何昌言責授隰州團練副使，及追致仕恩澤，何昌辰除名勒停，送永州編管，馮澥責授朝議大夫秘書少監分司南京，成州居住，黎確、李健、陳戩遠小處監，當撰勸進文及事務官劄子，留守司開具姓名，申尚書省。

（宋）葉紹翁《四朝聞見録》卷五《戊集·給舍繳駁論疏》 臣寮上言：臣聞人臣之罪，莫大於植黨擅權，又莫大於稱兵首亂。有一於此，法不容誅。况乎兼有二罪，又稔衆惡，其在明時，豈宜容貸？臣伏念韓侂胄貪緣攀附，浸極顯榮，背負國恩，締結親黨，兇愎自用，鉗結人言。凡除擢要官，選用兵帥，皆取決斯役蘇師旦之口。交通賄賂，動以千萬。祖宗法令，肆爲紛更。軍政、財計、田制、鹽法，關國禮之大者，率情變易，朝令暮改，人無適從。自知積失人心，中外交怨，乃爲始禍之計，蓄無君之心。謀動干戈，圖危社稷，横開邊隙，喪失師徒。征行者有戰鬥暴之虞，轉輸者有流徙死亡之苦。荆、襄、兩淮，生齒百萬，罹其兇害；遠近州縣，科斂頻仍，雖深山窮谷之民，皆不安其生業。至如吴曦之叛，郭倪之敗，皆侂胄容養激成。所致用鄧友龍之徒，喪師辱國，罪狀顯著，曲爲掩覆，止從輕典，俱置善地。原其用心，寔不可測。天下之人，切齒扼腕，恨不食其肉。如陳自强者，昏繆無耻，但知侂胄薦進之私恩，陰拱固位，聽其所爲，噤不出一語。如用兵之謀，不惟不能沮止，乃從而附和，曲意逢迎，貽害生民，恬不知恤。其他背公營私，貪鄙猥瑣之狀，雖小夫賤隸，亦所竊笑。仰惟陛下至明獨斷，雖行罷斥，尚亦優容，而侂胄等罪惡貫盈，公論未快。臣誤蒙親擢，置之封駁，祗命之初，不敢隱默。欲望聖慈特發英斷，將侂胄明正典刑，自强遠加貶竄，以慰天下之心，以正國家之法。所有録黄，未敢書讀，謹録奏聞，伏候敕旨。

（明）周璽《垂光集·論誅大逆疏》 題為誅大逆以彰天討，事嘗聞挾無將之心者，有誅無赦逐亂賊之黨者，讐不共天，竊見司禮監太監劉瑾專權擅政，蠹國殃民，抑且私意妄干，潛謀不軌。臣儻知而不言，一旦逆謀果肆，雖與之同科，亦難逭緘默之罪矣。故敢昧死上聞，伏惟陛下之天下，祖宗之天下，陛下之臣工，祖宗之臣工。瑾敢擅作威福於各衙門大小官員，每每尋事，陷害打死科道等官，一言觸犯即行枷號充軍，如薛堂、王岳之死尤為慘毒。夫二三羣工糾察奸邪，所以共保社稷也，乃敢恣意殘蹴，略無忌憚，豈惟全軀保命之臣畏之如虎，即矯矯素著者，亦將惕於烈熖而杜口矣，指鹿之奸復見。今日彼一切不法等情，誰肯蹈湯火冒白刃為陛下言耶？甚之差委指揮楊玉等管事害人不時，差出府司州縣訪察官員賢否，所過地方重遭擾害，一時百姓如罹荼毒，寃號之事徹於遠近。臣嘗奉使道經寧夏，百姓遮訴，至不得行所在，有司不敢訶問。間有一二慫慂之輩潛入，其黨反假聲勢助之牙爪是專權之。瑾一而附權之，瑾百往往至於激變，嗟嗟小民安能叩九閽見天子哉？近又貪緣掌管本監印事，權勢益重，内外百寮一應，章奏不與各官，計較不與内閣，相干一二抽回私宅，與孫聰、張文冕等揑寫旨意，屢更屢變，是非混淆。時常分付吏兵工部。陞遷先於已處，允行方許奏請，内有今日陞職明日黜退，賄賂一通，隨即起用。夫鬻爵賣官，此漢唐季主所為，而瑾敢盜弄大權至於如此，天下後世謂陛下為何如主？此瑾之假勢，張威負罪滔天者也。近又招引術士余明、余倫、余子仁出入，監中占侯天文相面筭命，妄意圖度，至有臣子所不忍言者，葢因見財貨充盈及勢熖張大故輒起異心。臣既知之不敢不言，又訪得於本年四月，密令心腹牛昭、潘明等暗造衣甲牌面千有餘副，弓弩五百餘張，潛匿私宅。夫春秋之誼家不藏甲，瑾之逆謀尤為彰著已。經河南道御史蔣欽等劾之，陛下不惟不問，反坐之罪果出，自聖旨以為此等欺誑耶。抑瑾之矯命恣行箝言者口耶，夫人奸起於下而忠言壅於上。有識者莫不為陛下危而陛下處之自若，此不幾養虎貽患胎變稔禍耶。臣思祖宗來，豈無權奸？豈無邪黨？而大逆不道無如瑾比？陛下即欲過狎昵，當如宗廟社稷，何臣待罪言路素性愚戇每憤及此，誓不共天。故區區之心惟願陛下擴日月之明，奮雷霆之威，即將臣瑾俱下，法司面相勘問。如果臣言不謬，乞斬劉瑾以謝天下，復斬臣首以謝劉瑾，則死之日猶生之年也。祖宗幸甚，天下幸甚。〔疏入，帝不納。〕

（明）于慎行《穀山筆麈》卷一〇《明刑》 大臣貴官有不可不慎者，世殊不知趨避，殊可駭汗。試舉一事：南齊尚書令王晏推奉明帝謀廢鬱林，而事多專決，爲上所忌，乃輕淺無防，意望開府，數呼相工自視，云：當大貴。與賓客語，好屏人請問，明帝聞之，疑其欲反，遂召而誅之。公卿大臣當權位隆盛時，與技藝、星相等談，及數接昵客，造膝密語，皆所當忌。王劇爲鳳閣舍人，王勔勔爲荆州刺史，王助爲監察御史，皆王勃兄弟，文中子之孫也。當武后之朝，以劉思禮謀反，株連皆至族誅。勔、助出妄引。若劇掌銓選，進用由思禮，未必不與其謀，宜其及也。大賢之后、文雅之族，一旦横罹楚毒，至於赤族，其非高陽之世可知矣。近時一二名家子弟，妄交俠邪，輕捍文網，幸遇仁明之代，免於重典，使當虐政之朝，嗟乎殆哉！以此言之，子安之溺海，未爲不幸也。

《明熹宗實録》天啓三年五月〔己亥〕廣西道御史宋師襄追論罪璫劉朝，言：朝自鬒緣脱獄之後，日夜與沈漼密畫爲固寵計。漼以募兵爲朝外護，朝以内操爲漼内援，漸而兵柄在握，遂謀行邊。幸天牖聖明，一旦發覺，屏逐南京。今朝雖去，恐其窺隙，再圖進用，乞將劉朝罪狀昭示中外，所蓄内操之兵即爲解散，以清近憂。凡爲朝所傾陷之正人，如王紀、鄒元標等或復其原官，或明爲昭雪，以爲守正之勸。其爲朝所加膝者，如姚思仁，孫杰輩或褫斥，或諭戒，以爲鮮耻之防。至如無賴貲郎爲朝作合，如陸宗本、莊士元等，仍速行驅逐，毋爲清明之祟。得旨：劉朝横肆詐財，已經處分。内操原有舊制，且稽查嚴密，不必疑慮。陸宗本聽吏部議處，莊士元著行撫按官嚴行拏解。

《明熹宗實録》天啓四年六月〔癸未〕左副都御史楊漣劾魏忠賢專擅旨意，多出傳奉，三五成群，勒逼誼褒，政事之堂幾成鬨市，大罪一。交通孫杰，去閣臣劉一燝、冢臣周嘉謨急欲剪己之忌，不容皇上不改父之臣，大罪二。執春秋討賊之義者，孫慎行也，明萬古綱常之重者，鄒元標也，忠賢一則逼之引去，一則嗾黨劾歸，顧於護黨氣、毆聖母者，曲意綢繆，終加蟒玉，是何親於亂賊，何仇於忠義，大罪三。王紀執法如山，鍾羽正清修如鏡，忠賢一則使人喧辱，一則搆陷削籍，顧於側媚善侮者，破格點用，大罪四。國家最重，無如枚卜，忠賢力阻孫慎行、盛以弘，豈真欲門生宰相乎？大罪五。去歲南太宰、北少宰皆點陪推，掉弄不測，大罪六。滿朝薦文震孟等抗論稍忤，傳令降斥，屢經恩典，競阻賜環，皇上之怒易解，忠賢之憤難銷，大罪七。去年南郊傳聞宫中貴人貞静荷寵，忠賢恐其露己驕横之私，托言急病，立刻掩死，大罪八。裕妃以有喜傳封，忠賢捏僞旨，勒令自盡，大罪九。中宫有慶，已經成男，乃繞電流虹之祥，化爲飛星墮月之慘，忠賢實有謀焉，大罪十。先帝青宫四十年，所護持僅王安一人，忠賢以私忿矯旨掩殺於南海子，大罪十一。今日求獎，明日立祠，近於河間毁民居建坊，築愁樹怨，飲恨吞聲，大罪十二。今日蔭中書明日蔭錦衣，金吾之堂口皆乳臭，誥敕之館目不識丁，如魏良卿等五侯七貴，何以加兹，大罪十三。用立枷之法以示威，前歲枷死皇親數人，其排陷皇親，摇動中宫也，若非閣臣護持，言官糾正，椒房之戚幾興大獄，大罪十四。良鄉生員章士魁以争煤窖傷其墳脈，托言開礦而致之死，大罪十五。王思敬、胡遵道侵佔牧地，徑自拷掠，大罪十六。周士樸執糾織監，在工言工，竟停其昇遷，使困頓以去，大罪十七。北鎮撫司劉僑不肯殺人媚人，竟令削籍，大罪十八。科臣魏大中到任，奉旨鴻臚寺報單，忽傳詰責，大罪十九。忠賢受事東廠，鷄犬不寧，野子傅應星等招摇引納，陳居恭傳繼教助之，片語違忤，駕帖立下，勢不至興同文之獄，不黨禁之碑不已者，大罪二十。韓宗功潛入忠賢之家，事露始避，發銀七萬創肅寧新城，可作郿塢，大罪二十一。用姦輔沈漼創立内操，安知無大盜刺客寄名家丁，倘或伺隙，可爲寒心，大罪二十二。近日忠賢進香涿州，鐵騎簇擁，蟒玉追隨，警蹕傳呼，歸則駕駟馬，羽幢青蓋，夾擁環遮，入幕密謀，叩馬獻策者，實煩有徒，大罪二十三。忠賢今春走馬御前，皇上射其馬，貸以不死，進有傲色，退有怨言，大罪二十四。奉聖夫人客氏又彌縫其罪戾，而遮飾其回衺，故掖廷都城即大小臣工皆知有忠賢，不知有皇上。乞正法以快神人之憤，客氏俾居外宅，無厚其毒。

《明熹宗實録》天啓五年四月〔己丑〕大學士顧秉謙等題：今蚕文書官郝隱儒、楊國瑞持科臣霍維華本到閣，云：上傳這本，條議一字不差，所參劉一燝專政爲禍，韓爌比護元兇，孫慎行借題紅丸，悦黨陷正，張問達改抹旨意、朋比爲姦，俱著削了籍。臣等欽承嚴命，敢不遵行！第念國體悠関，義當申救。漢臣賈誼曰：廉遠地則堂高，廉近地則堂卑。蓋言輔弼股肱之臣，係國體之輕重也，若以一疏而削大臣五人，無論諸臣削當其罪，而於皇上優禮大臣之體無乃太輕乎？即據科臣之意，止欲昭一代之信史，存萬世之公議，非有激怒皇上之心也。況諸臣事皇上有年，或親承顧命，或贊襄密勿，或勤勞部務，功過亦宜相準古人，惟蓋尚且不棄，而一旦譴責至是，恐聖衷亦有不忍矣。臣等拭觀新政，非不仰頌日月之明，而責在調羹，實望少霽雷霆之怒，用是冒昧上懇，得賜轉還，國家幸甚。上曰：本内説張差風疾逼真，至如進藥移宫情形，尤朕所目睹，劉一燝黨邪害正，韓爌庇復元兇，孫慎行借題修怨，張問達、周嘉謨擅改旨意，朋比爲姦，本當削籍，念係輔弼股肱之臣，姑不深究。慎行既監生楊維休私刻，便行彼處撫按追出立毁，維休革去衣巾，仍將此本宣付史館從實紀載，其修成皇考實録另行改正。王之寀誣陷騙官，待楊漣，左先斗逮至追贓後一體治罪。范世濟、王志道、汪慶百、劉廷元、徐景濂、郭如楚、張捷當狂瀾既倒之時，有特挺不移之節，濟世候巡撫缺用，王志道等六員升太常、太僕少卿添注，唐嗣美、岳駿聲、曾道唯守正政排，嗣美候起復，仍以左布政用，駿聲二員即與推用，李可灼免戍回籍，冠帶閑住。上傳傅淑訓，盛世承供著削籍，許念敬送法司依律擬罪，照數追贓，其過付趙南星各款秋贓私，著行彼處撫按嚴追充餉。

《明熹宗實録》天啓五年四月　戊子，刑科給事中霍維華疏言：頃者，邪臣假借題目誣衊宫庭，虧損聖德。如所謂挺擊、紅丸、移宫三案，已捝形章奏，簧惑聽聞，更欲竄入纂修，迷亂萬世是用不避忌諱，據實剖明，快祖宗在天之靈，暢皇上繼述之志。倘稍參一毫私念於其間，明討幽罰，臣曷能逭當？神祖壯年在御，册立東宫稍遲，一時諸臣私憂過計，群起而争。委出忠愛，乃争之愈衆，持之愈堅，無非欲事出宸斷，以見欲行册立之本懷。是以建言者皆蒙譴謫，而篤愛震器之心始終不渝，及外庭寂然無言，而明綸忽涣，元良既建，宗社有主，二十餘年宫闈晏然，未嘗有他説也。倘果有如姦邪所捏稱廢主、巫蠱之謀，則九閽邃密，必别有詭秘之術，而後可僥倖於萬一，乃徒藉一風癲之張差，白晝持挺，闖重門，入大内，而行刺弑，有是理乎？當日巡視御史劉廷元之奏報，鞫審司官唐嗣美、曾道唯、岳駿聲等之口詞，明白恰當，獨贓私狼籍、自分被察之王之寀，與同惡相濟之陸大受等，無端造舛謬之説，問張差爲山間窑户，麗保、劉成領西宫金錢數萬，起蓋廟宇，差謀包燒甎，打點使費多金，半出稱貸，業已得之，復爲有力者所奪，懷恨二璫，不勝憤忿，待挺尋覓，氣激迷心，不自覺其亂闖而闖入禁地耳。向非神祖同先帝與皇上慈寧之御，親賜剖決，其開釁骨肉，流毒縉紳，可勝道哉？及先帝嗣位，一月之内未聞有纖毫芥蒂，疑及張差之事，則神祖之止慈、先帝之止孝，與平日宫庭原未有嫌疑猜忌之情，益大彰明較著矣。此《實録》之當確者一也。

先帝至性天成，體素清弱，當皇祖昇遐之初，哀毁逾禮，飲食不時，幾務煩殷，勞苦爲甚，以致夙疾陡發，荏苒委頓，理所必然。而悠悠之口，致疑於宫掖之太盛，豈臣子所忍言？夫先帝即位不二旬，而疾作十餘日而不諱，女謁而病耶？煢煢在疚之時，而溺情女謁，季世之碎所不爲也。病而女謁耶？岌岌不起之際而女謁是殉，千金之子所不屑也。況先帝以千古純孝之衷，當四海托重之日乎？伊時以誤用下藥，歸其罪於崔文昇，先帝猶口授皇上，傳諭群臣，以爲原有夙疾，因勞致甚，大小臣工莫不欽承。此當日父子君臣出口鑿衷之言，亦至仁至明，危而不亂之證，足盡破從前狐疑之説矣。先是，元輔方從哲等疏請蚤建儲嗣以奠國本，並請如期視朝以慰群小。及聞病日增劇，慮且不測，率九卿科道官問安寢殿，再申建儲之議，跪求望見嗣皇請光，此際此情，臣子之心蓋百迴腸而後敢一啓口也。先帝矍然首肯，出皇上於榻，並承顧命，有輔道皇子爲堯舜之旨，是先帝業以天下事授之皇上，業以皇上託之輔臣矣。且云壽宫要緊者再此，其旦夕莫保之情景，群臣耳聞目見者，誰不願得長生久視之方，延萬載無疆之壽？李可灼復神其藥之奇驗，群臣無不思幸一試，莫敢先發，遂流□禁中。有旨召可灼進藥，少頃，傳諭稱進藥善，戒姑退勿去，褒賞有加。日昃，復傳諭進藥，可灼難之，謂日止可一丸而退。詰旦昧爽，而龍馭上賓矣。夫先帝病係勞弱，則可灼紅丸正屬對證，況迫以先帝立待之嚴旨，可灼安能不進藥？先帝與群臣亦安忍不令可灼進藥？特無救於大漸之勢，即今日豈遂忘徬徨無已之情哉。孫慎行自隔年之後，起自田間，突興大難之端，借題紅丸，誣先帝以受鴆之慘，加從哲以弑逆之罪，片紙傳播，旋奉旨舊輔方從哲素稱忠慎，皇考彌留，李可灼進藥原出聖意，卿言雖忠愛，然事係傳聞，並進封彩宫等事。當日九卿科道官司多所親見，還着據實會奏，以釋群疑。其李可灼輕易進藥，不能無罪，著並議來説該部知道。吏部尚書張問達削去前段，止將卿言雖忠愛以下半段發出，並改會奏爲會議，以啓邪黨之附和。承望風旨者，欲殺人以媚人；

畏避兇鋒者，不信心而違心，饒有半吞半吐之詞，多屬畏首尾之論。獨黃克纘、王志道、徐景濂、汪慶百等明目張膽，連篇累牘，侃侃鑿鑿，足砥一時之狂瀾，定千秋之鐵案。時非皇上天語親傳，有皇考進藥亦昇天，不進藥亦昇天之旨，邪黨窮追不已，羅織之禍，勢且燎原而不可撲滅矣。至可灼情出迫切，似亦未忍深求，乃業知睿照難欺，猶懣心昧己，故遣戍以存，不了之薪火亦太毒而狡哉。夫可灼之心果出於毒先帝耶，即支解不足盡其罪。果出於愛先帝耶，卽遣戍寧不重其冤。先帝之逝果出於毒耶？不獨從哲當任其咎。果不出於毒耶？何爲從哲偏受其誣？此《實録》二當確者二也。

先帝彌留之際，所拳拳丁寧不厭諄切者，輔道嗣皇與册封李選侍而已。

選侍之居乾清宮也，從侍先帝也。宮車晏駕，選侍自應移居別宮，亦自應候旨□選侍移居何宮，而後可移也，選侍何敢擅移，亦何俟臣子争執之而始移也？丙子昧爽，元輔以下文武大臣，以及臺省郎署無弗入者，何謂楊漣一人獨以排闥稱也？比群臣見皇上卽羅拜，呼萬歲，又何煩劉一燝、楊漣、左光斗等侈口擁戴之功哉？且元輔之方從哲、首垣之范濟世、掌道之顧慥無日無事不在一燝、漣、光斗之前者，又何以擁戴之功獨三人攘臂自居也？使當時灑掃別宮，請選侍入居，諭以登極後，遵遺命行册封貴妃禮，此不過一内使傳示足矣，何至煩諸臣之紛紛也？臣嘗聞其槩矣：當濟世與漣、光斗等之入也，見一官者手握數紙，箕踞怒罵，有於今還要我叩頭，叫他認得我之語，濟世等詢之，乃知爲王安也。問其所罵何人，則應爲李選侍也，所持之紙卽排選侍之揭也。安將揭人授一紙，濟世等心訝而面拒之，獨漣與光斗口誦心維，不自覺其席前膝足，神曠而形就也。繇是而播自后之説，繇是而扇垂簾之議，繇是而挽宮嬪之詞，誣告選侍之孺名，繇是而興盜寶之獄，羅及選侍之生父，粃成莫須有之疑，以熒惑聖聽，矯詔咨惡，震駭遠邇，皆王安一人居中爲祟。漣與光斗等入幕運籌而助之虐也。移宮之日，密佈多人，罄擄選侍之奩篋，併攫及頭上之簪珥，俾令自負，皇八公主踉蹌徒跣而奔一號殿，吞聲飲泣莫從控吁，而隨侍之李進忠、劉朝等十餘人且毆傷，狼狽面縛下獄，立刻擬斬，連及侍父，惴惴思死。此不過假盜寶以爲名，因殺此數人以滅口耳。向非刑部沿書黃克纘據法力□，開諭保全侍父亦不得其死矣，選侍何以安其生。進忠等三人旋畢命於刑殿之餘，劉朝等數人又安能延喘於犴狴之中。他日復得見皇上之面，赦其餘生以正王安矯詔之罪哉。觀於李進忠、劉朝等之下獄，而皇上不及知，則選侍當日踉蹌之狀與一號殿蕭條之景，皇上亦必不及知，以至自後垂簾種種不情之波，槩可推矣。臣以爲選侍之請封也，請封妃也。册封貴妃之旨，先帝之親傳者三，皇上之親促者再，王安猶能朦朧排激，煬蔽稽停，迄今讀范濟世請對選侍一疏猶令人痛哭而流涕焉。妃之未封，而况於垂簾？倘選侍而果有自後垂簾之威權也，王安焉終不叩頭，又安敢箕踞而怒罵之哉？臣以爲宮不難移也，王安等故難之也。當日皇上一見群臣，安等卽奉皇上歸慈慶宮，不復至乾清一步者，欲皇上不與選侍相見，乃可以行其離間之計也。故難移宮者，用以激怒皇上而重選侍之罪，眩惑中外而張擁戴之功也。不然何御史、郭如楚疏有移宮原係定理，不得居以爲功之説。邪黨恨之入骨，俾不得一日安乎其位也，豈非犯其所深忌哉？使是時有旨令選侍移宮而據不肯出，或皇上力不能使之出，然後臣子得以藉口而幸功耳。乃移宮之説甫出，遽使選侍徒跣奔避，進忠等束手就縛，而皇上尚不知也，是尚得知宮之難移哉。臣又以爲李進忠等未嘗盜寶也，乃王安等搶之也。夫寶誰之寶？選侍之物，實先帝之賜予也，以選侍之物，選侍之人自移之，何得謂之盜也？且徒手數人所執有限，何得謂之盜至數萬也？以先帝之賜予者，王安等搶而還之皇上，臣果知皇上之不忍受也，乃竟以選侍之奪篋據而充王安之囊，不罪搶而罪盜，不亦顛倒之極哉？王安罪狀彰彰如是，死不足贖，而周嘉謨且感且憐，忿然不平代爲報復，矯語向人曰王安罪不至死夫假親王令旨者死，况矯天子詔一朝而辟無辜之數命哉？幸皇上日月之明，雷霆之斷，立正王安罪，並遵先帝遺命，加選侍以康妃之封，恩禮優隆，家庭骨肉之情歡然如故。此《實録》之當確者三也。

繇今而論，王之寀罷矣，劉廷元等之官不可不復也。孫慎行斥矣，李可灼之遣不可不還也。楊漣、左先斗褫矣，劉一燝、周嘉謨之罪不可不明也，此三事者，業已本末俱明，臣猶惓惓於實録者，特以年來門户爲政，授意纂修，實者未必録，録者未必實也。臣又聞鄒元標、鍾羽正當日亦各有疏入告，而秘不發抄，兩人立名非真，晚節不振，委身門户，敗壞生平，其秘疏不抄，必陰附鬼魅之説而又欲明逃非刺之外也。韓爌會議之疏，足破一時之謊，何以元兇罪惡貫盈，猶再倒身庇護？説者謂良心難昧，是非各不相掩也。至如江西監生楊惟休，泰昌實録一書，草莽一介，何從而記注朝廷之起居，且刺及宫庭之隱微，中間語意閃爍，稱述舛錯，非潛授意指以欺人，則揣合嚬笑而獻媚耳，真無忌憚之小人，豈非聖世衣冠之玷哉。伏乞皇上嚴諭監修、纂修諸臣，將未完神祖實録，從實紀載，已完。先帝實録，再行磨勘，並將公忠發憤如劉達元、黄克纘、王志道、范濟世等，與假借誣蔑如王之寀、孫慎行、楊漣、左光斗等一應章奏，單揭備細摻録，與臣疏一並宣付史館，務存公案，以垂信史。庶是非邪正，開卷了然，其於三朝聖德，慈孝深衷，光大闡揚，所裨不小矣。

《明熹宗實録》**天啓五年九月**〔甲寅〕御史賈繼春上言：忆昔皇考升遐，皇上以元良嗣登大位，在康妃自然避正殿而居側室。何待移宫？祇因以王安修怨之念，倡爲移宫之説，手投揭帖於楊漣、左光斗等，遂昧心説謊，如垂簾聽政等語，敢爲之以蔑先帝而慢皇上，罪已不容誅矣。而王安且業知皇上之在慈慶宫也，乃蒙蔽假傳，立刻驅逐群鬧打搶，漣等復號呼罵詈於宫門，攘臂咆哮於大内，俾康妃與皇妹踉蹌徒步，備受慘辱。曩者，臣首發孤憤，曾何讎於漣輩？必欲殺之於先又巧錮之於後，幸逢聖鑒如日，逮繫漣等。今漣與光斗，暨魏大中俱在獄身故，而先後持正不阿如黄克纘、范濟世、徐大化、高弘圖、張論、徐景濂、王志道、周昌晋等互相發明，揭如中天，科臣霍維華又有三朝慈孝之疏，臣可無言？臣伏念漣等可死之罪，莫大於交結王安毁誣先帝，虧損聖德，逼辱康妃與皇八公主，而受賄尤其小也。去歲，科臣傅櫆疏發汪文言、左光斗、魏大中朋比亂政之姦，即不言楊漣在其中矣。蓋漣也，文言、光斗、大中也，四人而一心者也。漣見文言就縛，則光斗、大中必不免，而已亦必不免於是，爲先發遮飾之計而光斗等實主之。於是乎，參内之疏迫而上矣。參内，其所借之題目也，而漣非其人也，然而漣等附安以得罪先帝，其惡大，而止以納追贓死，則所以當死之罪未明也。乞蚤定爰書，頒佈中外，昭示史册，使天下萬世曉然知漣等結黨納賄之罪固重，而移宫犯上之罪更重也。得旨：先帝昇遐，朕躬嗣服，父子承繼，正統相傳，臣子何得居功？而揚漣、左光斗等妄希定策、串通王安倡爲移宫之事，捏造垂簾等語。王安姦惡異常，乘機報怨，内外交結，黨衆恃强，不許康妃從容奉旨而逼令踉蹌出宫，先帝體尚未寒，言猶在耳，漣等即有權勢，固亦人臣。乃棄禮忘君，犯上不道，至於此極。使非賈繼春疏揭明斥於前，天牖朕心憬悟補封於後，將始終蒙蔽、恩禮有虧，朕於皇考且不得爲純孝？即寸斬楊漣，左光斗何救於事？況與魏大中、周朝瑞、袁化中深盟固結，招權納賄，罔上行私，黨讙廷弼，夥壞封疆，鐵案既定，猶貪其重賄，力爲出脱。汪文言内探消息，暗弄機關，遍樹私人，布滿津要，壞法亂紀。及文言事發，姦謀畢露，自知理屈，乃巧借别樣題目以掩其罪，剪所忌而肆其兇，信口裝誣，毫無影響，肺肝如見，欲蓋彌彰。朕言念及此，深切痛恨，已將廷弼處決，傳首九邊，楊漣等雖追贓身故，而顧大章係同惡之人，即送法司將前後事情逐一研審，取其招詞，從重擬罪，限十日内問結，仍送鎮撫司追贓。爰書既成，就依這本將諸姦罪狀及守正諸臣向來疏揭並近日屢次明旨，俱著史臣編緝成書，頒行天下，垂示將來，以昭朕孝思。據事直書，毋得回護，使善惡邪正炳如日星，而黨與不得藉口文姦飾非惑衆，其傳記小書便著禮部，行與各撫按官嚴加禁止，自今以後非有部文不許擅刻書籍，違者著緝事衙門訪護，治以妖言惑衆之罪。

《明熹宗實録》**天啓五年十二月**〔乙酉〕江西道御史盧承欽言：近日邪黨復熾，皆調停爲害，幸皇上英明立斷，巨姦斯脱，而猶有姑容不盡之虞。如原任大理寺卿曹珍，狎主講席，獻媚東林；工部右侍郎董應舉侵擾鹽政；兵科給事中李遇知插身門户。乞重加斥削，仍敕下部院將一切黨人姓名罪狀榜示海内，使其躲閃無地，倒翻無期。得旨：姦黨宜清，調停當戒，這本説的是。曹珍狎主邪盟，董應舉侵撓鹽政，李遇知薦舉匪類，獻媚東林，都著削籍爲民當差，仍追奪誥命，其一切黨人，不拘曾否處分，俱著該部院會同九卿科道，從公查確集議奏請，將姓名、罪狀，並節次明旨刊刻成書，榜示海内，垂鑒將來，以永保清平之治。

《明熹宗實録》**天啓六年二月**〔丁亥〕南京江西道御史徐復陽疏奏：近閲邸報，諸臣在輦轂者，擊邪之章日上，而奪邪之旨亦日下，海内共快。微臣今敢據所知而陳之有三人焉：一為原任太僕寺少卿曾汝召。汝召阿附黨人，與楊漣、左光斗倡和，就其羽翼移宫至謂主少國艱之時，有垂簾聽政之舉，不幾傳千古之疑乎？闖宫一案，泯然無迹，政以著先朝慈孝之美，而汝召必證其謀逆，何也？知諛姦黨而不知有君父，汝召於是乎無人臣禮矣。今誇定策、煽邪議者，俱已褫黜，而汝召顧可獨貫耶？一爲浙江參政魏士前。作令貪穢有聲、甑幾砍破，仗熊廷弼庇護，幸逃考功法。而周嘉謨以姻戚受賄引援，俄而穎僉，俄而臬憲。夫風紀之地，豈容齷齪輩濫厠其間？今廷弼誅，嘉謨奪，士前之冰山解矣，尚晏然膴仕，何以爲外吏樹觀型乎？一爲奉旨降調之郝土膏。其生平罪狀，有降處未盡厥辜者。間其令芮城時，贓私狼籍，邑騰怨聲，天性刻薄，有謂麾其父於衙門之外，其父忿詈而歸者。居鄉稔惡，道路流傳，有謂其造宅占佐署地基，挾制强奪官房屋以至嚇挾縣官，保舉署印，招摇受賄，而鄉民被害，具揭開單偏貼長安。有臣若此衣冠盜跖，真門户狼籍之尤，似不可不一問者。乞將曾汝召、魏士前、郝土膏立賜褫奪，以爲黨比稔惡著之戒。得旨：曾汝召阿附邪黨、羽翼移宕、希圖定策，魏士前倚恃熊廷弼、周嘉謨恣肆貪婪、驟躋臬憲，郝土膏作令麾親無父，典試訕上無君，拜前降處的右逢年、章允儒、顧錫疇，丁乾學、熊奮渭、李繼貞、都著削了籍爲民，仍追奪誥命。其董承業、文氣稍平，姑照前旨，郝土膏贓私狼籍，仍行撫按提追，從重擬罪。

《明熹宗實録》天啓六年四月〔乙酉〕應天巡撫毛一鷺、御史徐吉復奏：周順昌之被逮也，主持自有宸斷，勘問自有法司，分宜逮到之日，官旗即行開讀，而不虞其以三日淹也。比傳開讀，臣等丞趨公所，見聚觀者如堵，即行呵斥，而各官以爲向者周宗建等開讀日光景亦是如此，且傳鼓相催，遂辟除從人，上階行禮，不意呼號之聲如疾雷響應，莫可向邇。執香稠衆一涌而上，勢如鼎沸。臣等相顧錯愕，唯以身爲捍蔽，力諭道府。諸臣喊示功令，幸順昌拘繫無虞，而奉差官旗輩遂把捉不定，驚潰却走。衆益揮號攘臂，直入後堂，致涌躋踐踏，攀援撲跌，幾成狼狽決裂矣。臣等速調防禦官兵以次鱗集，衆稍稍奔軼，乃烏合之衆，秉風鶴之驚。復聞河下有旗從需擾，若輩遂如狂如顛，隨奔閔城外，臣等復急促有縣正官立刻嚴拏禁戢，而旋亦散逸，此十八日真情景也。次日，訛言偶語偏街塞巷，臣等惟有密加防護，嚴行申飭，自辰到酉方始解散。距三日而從役内有李國柱者，因驚竄獨先踏傷偶斃矣，竊念事漢禀於王言，法莫嚴於三尺，詎意清平世界，有此異嘗大變，舉國若狂，幾於不可收拾，何人惜之洶洶而時事之叵測至此甚也。方周順昌奉旨被逮，縣官往即就繫，當令府縣力促開讀，而官旗不應逗遛，需索訂期十八，致生遠邇之心，此變之所繇肇也。蘇郡法紀陵夷，已非朝夕，臣等德不足以綏民、威不足以肅衆，抑何辭於溺職之罪。除一面將犯官周順昌交發官旗，即日起解至京，伏候聖明處分外，仍次第擒緝倡亂渠魁，另行正法，以重國典。得旨：愚民狂逞，至擠傷旗尉，雖云變起倉卒，撫按等官平日禁約謂何？據奏犯官既已前來，姑不深究，逞着密拏首惡以正國法。不得累及無辜。其蘇常等處私造書院書行拆毁，刻期回奏。

《明熹宗實録》天啓六年十月〔己未〕順天府府丞劉志選疏叅戚臣張國紀言：國紀仰荷國恩、薰天勢焰，謂宜如何謙抑，如何收斂而詎料種種罪狀：如謀宮婢以作妾，則色膽包天；占民房以拓居，則弱肉避地。選官而納賄行求，則銓曹可以不設；鬻獄而輒稱懿旨，則法司幾於無權，甚則睚眦之小不過語言相争，而立斃於拳毆之下。通侯之賞自是優崇異數，而陳乞於至尊之前。此等情節，雖云幫惡徐自强、劉應乾等狐假横行，致捍文法，而實繇國紀狼貪酷噬，自取誅連。臣以外家慎輯，則國母之壼德綦光；戚畹譸張，即聖主之優容亦過。恐區區習禮省讜，猶未足弭官方之謗，而塞道路之口也。伏乞皇上特加申節飭，俾閉閣思過，洗心自新，毋令輦轂之下多不平之鳴，甚至訾及於丹山之穴，藍田之種者，此又臣所不敢深言者也。疏入，上責令國紀自新，勿再執迷取罪。初忠賢欲傾母后，令鎮撫司廉國紀罪狀，無所得，以徐自强事誣奏于連，上不爲動，尋令幕客自草疏藁，趣人上之，志選實應其募而御史梁夢環亦有疏參國紀，與志選語相類云。

中國第一歷史檔案館《雍正朝滿文硃批奏摺全譯・閩浙總督滿保等奏報官兵追拿福州府越獄牢犯等情摺雍正元年三月初五日》再奴才等詳思，福建地屬海疆，愚民仍然糾集成伙、欺壓良民，或造謡惑衆，或寫僞札付散發於民，或聚衆搶劫。有時舉人、貢生、監生、秀才等尚聯合上呈公文，欺惑良民，張貼匿名書札威脅地方官吏。種種弊端，聖主早已明鑒。奴才等查得，此次越獄之賊，皆爲逆行海外殺人之重犯，今又冲出獄門拒捕，傷及官吏，罪大惡極。倘不即予懲處正法，刁民不知有法，而福建海疆愚民亦不知儆戒也。奴才等共同磋商，現值省城鄉試，各府州縣秀才民人會聚前來，爲儆戒於衆，恭頒欽命證書，派文武官員，將現獲賊犯黃殿、賴日輝、王必謝、王巴、丘寶宣、胡恩方、黄恩顯、張恩順、蘇齊、李青、張吾昌、曾三、陳正達、鄭文原、肖順、朱遷等十六犯綁赴省城人群稠密之地梟示正法。此間又有十餘犯緝獲，陸續解決前來。奴才等核審，凡罪重情節惡劣者，俱照此即予正法示衆。至朱一貴案内未越獄出逃之郭國禎等三十一犯，又三林江案内未出逃之劉國華等三十二犯，既已具奏，照常聽候部文了結外，珠載覺案内未逃之犯魏金等五人，請準奴才等詳查視罪情輕重，在外完結。如此福建海疆愚民畏懼於法，嗣後恣意犯法者恐可少也。於之地方大有裨益。奴才等深知福建地方民人刁蠻，非同内地，仰念皇上爲之地方，故將惡犯即行正法，以示儆戒。叩請聖主明鑒寬宥，照奴才等所請準予完結。至陣亡之都司葉衛、守備楊石虎，皆爲擒賊負傷身亡，小領催趙邦新、披甲占宜奎、王廷長皆爲阻擊賊犯負傷，應否照陣亡負傷之例分別議叙之處，伏乞皇上明裁。爲此，奴才等會折謹奏，請旨。

硃批：此事爾等多已妥善辦理，甚爲合宜。楊石虎等理應以軍功施恩。著繕本具奏。

（清）岑毓英《岑毓英奏稿》卷一九《拏獲會匪正法片》　再，臣等前訪聞省城附近地方，有哥老會匪潛匿結盟拜會，窩盜聚賭情事，當即出示嚴禁，並飭地方文武各員，督同保甲局紳，隨時查拏。先後將匪首郭應培、羅洪順、劉端楷、夏宗潰拏獲解案，搜出號片等件。又搜獲昭通會匪李添沅寄夏宗潰密信一封，約俟秋收後與會匪黄雙籠，及越獄逃走之撤二開等，聚衆謀逆，語甚狂悖。經臬司督同署雲南府知府鄧華熙，訊供不諱。

查會匪滋事，大干例禁，前欽奉上諭：翰林院編修吴觀禮，應詔陳言摺内，請防患未然一條，哥老會散在各省，大率弁勇居多，其伏處鄉里並未爲匪者，自不可遽事搜查，致形擾累。其糾約黨類，行劫商旅，甚至惡迹昭著者，亟應隨時嚴拏懲辦，以遏亂萌。等因，欽此。歷經遵照辦理在案。

今該會匪等，膽敢潛匿省城附近地方，擾害閭閻，並與李添沅等句結謀逆，實屬目無法紀，若不及早殲除，必致釀成巨患。茲將郭應培、羅洪順、劉端楷三犯，先行正法，以昭炯戒。並將夏宗潰一犯，牢固監禁，俟督飭昭通鎮府將匪首李添沅等拏解到省，質訊明確，再行懲辦。其餘脇從人等，示諭據實自首，繳出號片，從寬免究。目前邊事孔棘，必須清釐内匪根本之地，乃無他虞。臣等已嚴飭省外文武各員，認真查緝，以仰副朝廷除暴安良之至意。

謹合詞附片具陳，伏乞聖鑒訓示。謹奏。

（清）劉錦棠《劉襄勤公奏稿》卷二《首逆逋誅請　飭使臣向俄理論解送懲辦摺三月二十八日奏爲首逆逋誅。請飭行使臣向俄理論，解送懲辦，以靖後患。恭摺具陳，仰祈聖鑒事。竊逆酋白彦虎與其黨馬壯，及安夷阿古柏之子伯克胡里等久爲叛逆。關内新疆遭其蹂躪迨大軍痛勦，窮竄入俄，因敦睦鄰之誼，姑未加兵。一切情形經左宗棠奏報在案。四年二月二十二日欽奉。

諭旨總理各國事務衙門奏，新疆首逆逃入俄界，現與俄國使臣理論情形一摺。逆首白彦虎與伯克胡里及馬壯等，均逃入俄國境内，經總理各國事務衙門與俄國使臣布策理論，據布策面稱，及其照會均謂咨報本國。本國於此事能查照條約所載辦理，仍須左宗棠照會圖爾齊斯坦總督等語。白彦虎爲積年惡首，罪不容誅。現與伯克胡里及馬壯等竄匿俄疆。亟應執約理論，令其迅速交出，以免死灰復然，致貽後患。著左宗棠查照總理各國事務衙門前函，即日行文俄國圖爾齊斯坦總督並令劉錦棠先行就近行知。務將白彦虎等照約解回，聽憑治罪。未可稍涉大意，該衙門王大臣仍不時催詢布策轉咨本國，後究係如何辦理，亦不得稍涉鬆勁等因。欽此。

（清）劉錦棠《劉襄勤公奏稿》卷三《辦結纏回阿不拉等糾衆謀亂片四月初二日》　再臣於上年五月十五日，據英吉沙爾善後局委員知縣羅正湘報稱，訪聞英屬忙升莊纏頭回子阿不拉有圖當帕夏糾衆謀亂情事。正密拏間，據署阿奇木愛沙禀報前來，隨知會分防。英吉沙爾之嵩武軍統領，記名提督孫金彪派撥弁勇，會同局員等，首先拏獲阿不拉、外思定二名，訊據供出夥黨姓名又續獲紫牙五定一名，庫萬占一名，毛拉阿洪一名，尼牙子一名，沙一提一名，賽一提阿吉一名，隔別研訊。欲乘英城隊伍換防之際，起意謀亂屬實，竝在阿不拉家搜出洋槍、火藥、弓刀各件，逆迹顯然。録供馳報等情，竝准幫辦軍務廣東陸路提臣張曜咨，據英吉沙爾營局禀，同前情等因各到營。臣以案關重大，當經咨請張曜就近提訊，仍批飭羅正湘會營嚴緝餘犯，安撫人心去後，嗣准張曜咨開，飭派副將李福雲前往將該犯等一律提到，發交喀英善後。總局道員張宗翰審訊犯供，均與原審相符，惟纏回同謀共事以抱經盟誓爲信。此案抱經立誓者共係六人，已獲阿不拉、外思定、紫牙五定三名，尚有五受兒、蘇傅尼牙子、買賣土的三名未獲。行據羅正湘會營設法緝獲，續交張宗翰隔訊無異。詳解張曜行營督同局委各員覆加研審，各供符合尚有知情在逃之毛拉克等未獲。行據羅正湘稟稱，該犯等聞拏在逃，懸賞通緝獲日另解是逃犯弋獲無期，現犯應先擬結咨會到臣哈密行營，臣詳加確覈，緣阿不拉係英吉沙爾忙升莊人，充當玉子巴什。因上年三月臣布置邊防，飭將英城所紮之定遠軍移防葉爾羌所遺防地，經張曜派嵩武軍統領孫金彪填紮，該犯阿不拉探聞一軍將去一軍未來，遂乘隙想當帕夏，起意謀亂。帕夏者即華言大元帥也。該犯先與素好之外思定商允，並捏稱手下已約定數百人，囑外思定往阿拉堡地方邀約，賽一提阿吉充當頭目，緣賽一提阿吉向係念經纏回人眾悅服。該犯往約，意在勾結多人，易於成事。詎外思定一再相邀，堅拒不從，阿不拉只得捏稱賽一提阿吉允當頭目，許帶一百五十人前來，軍火器械均已齊備等語。囑外思定即以此言送信各莊，邀人希圖煽惑，曾遇面識之毛拉阿洪、尼牙子、沙一提、庫萬占等四人，說過約其一同起事，不准聲張。毛拉阿洪等以其妄言不置可否而去，外思定一面邀得素好之紫牙五定、蘇傅尼牙子、買賣土的三人，並阿不拉均到五受兒即烏舒兒白的克家說明作亂情事，阿不拉家向埋有洋槍九桿，火藥三大包，並弓刀各件，係前逆酋阿古柏當帕夏時埋的。外思定知其軍火確實，遂一共六人，抱經立誓都算頭目。內蘇傅尼牙子、買賣土的二人初不願意，阿不拉又僞以賽一提阿吉入夥爲詞，勉强逼令抱經。約定四月二十二日夜間破城，外思定仍連日逢人密語，又向面識之毛拉克説知。不料臨期各莊都無人來，蘇傅尼牙子、買賣土的二人亦均未至，不能動手。阿不拉知事已敗露，並聞善後局有人訪拏甚嚴，該犯遂以外思定等作亂先到阿奇木處首告，冀圖卸罪。賽一提阿吉距城較遠，正行首告，聞案已破，因即中止，旋獲外思定到案，訊悉前情，並供出同夥人名不諱。當在阿不拉家起獲洋槍、火藥等件，阿不拉亦自認起意謀亂屬實，飭拏各犯。毛拉克等聞拏，先期逃逸，旋經營局將案内各要犯先後拏獲，隔别研訊，口供相符。羅正湘一面懸賞嚴緝逃犯，安撫人心，報經發交道員張宗翰訊明詳由，張曜督同局委各員覆審無異，嚴詰各犯，此外並無同謀，知情窩隱之人，咨請查照擬結等因前來自應擬結。查該犯阿不拉身充玉子巴什，乃欲乘換防之際，圖當帕夏，糾眾倡亂，實屬不法，迨至事機敗露，率以外思定等作亂爲名，向阿奇木首告，妄希卸罪，復與真心悔過自行投首不同。若遂科以謀反大逆之條究與攻城戕官釀成巨案者有别，新疆案件前經臣奏請變通辦理奉旨允准。欽遵在案，應將此案首犯阿不拉與抱經立誓之從犯外思定紫牙五定、五受兒四犯，不分首從，即行就地正法。並將首犯阿不拉梟首縣竿示眾，以昭炯戒而快人心。蘇傅尼牙子、買賣土的二犯，當時抱經既係逼從，臨期舉事亦均未到，較之外思定等四犯情罪稍輕，擬即在於英吉沙爾永遠錮禁。其餘毛拉阿洪、尼牙子、沙一提、庫萬占四犯，雖未同謀，而於外思定等告語之時，並不力拒其非，亦屬首鼠兩端，應一概遷徙喀喇沙爾地方，到日由局折責安置。以上各犯，查明家屬，一併遷徙財産人官，槍藥、弓刀驗明存局。賽一提阿吉屢次拒不從亂，正行首告，案犯業已破獲，應免置議。逃犯毛拉克獲日另結。除咨覆張曜飭局遵照分别辦結，仍將辦結緣由繕具簡明通俗告示，繙譯回字實貼犯事地方俾共懔知。並飭據羅正湘稟稱，英吉沙爾地方人心現已一律安定。臣維新疆纏回，犬羊性成，瞀不畏死，一切頑梗凶惡之徒所在皆有。全在各城營局員弁等，隨時留心訪察，庶奸宄不致潛生。此次該犯阿不拉等圖當帕夏，糾眾謀亂，事雖未成，若非該營局員弁等先期訪拏迅獲首要各犯，難保不搖動人心，釀成巨案。所有拏獲此案首從各犯之員弁緝捕，尚屬迅速。應請天恩俯準將頭品頂戴缺簡放提督總兵博奇巴圖魯，孫金彪鹽提舉銜留甘儘先補用知縣，羅正湘等交部分别議叙，以昭激勸實，於新疆地方營務捕務兩仍禆益。所有英吉纏回阿不拉等糾衆謀亂訊明辦結，並請將緝拿捕出力員弁獎叙。緣由，謹附片陳明。

（清）劉錦棠《劉襄勤公奏稿》卷四《審訊甘泰澍捏造逆書奏請定奪摺九月二十四日》 查此案前准烏魯木齊都統臣恭鏜咨，據署瑪納斯協副將余蘭桂，署綏來縣知縣甘泰澍申報，拏獲私招營勇之李福貴等，復又搜通逆信件等情。當因傳聞歧異，恐有别情，即經委員赴綏來會訊，一切供情與原報大不相符，其中疑竇尤多。既有所聞據實咨會辦理等因，臣比調余蘭桂、甘泰澍來營查訊，甘泰澍因任內交代未清，并有折收科斂一案。經恭鏜調往烏魯木齊審辦，嗣准恭鏜咨，據鎮迪道福裕詳，據迪化州知州陶模訊明，甘泰澍科斂銀六十六兩，折征長餘銀四十七兩，供認不諱。自應計贓科罪，惟該革員另有通詳李福貴等通逆一案，鈔録原供，咨臣併案審辦。十月二十日准臣恭鏜委員將甘泰澍解回臣營，一面咨查塔爾巴哈臺參贊大臣，臣錫綸所部提督劉文和有無札，飭李福貴等招勇情事，及札內因何銜名不符。旋准錫綸咨覆，據劉文和呈稱，該營正在刪汰募補，適衛隊哨長都司梁炳炎稱有舊識。參將李福貴兄弟願自募馬勇數十名投效，比經應允，下札時梁炳炎請署其弟守備李福德銜名，以致與參將軍李福貴銜名不符。嗣因日久未到，復經札飭停招，並函屬李福貴儘所招人數帶赴塔城，聽候挑選。鈔粘開招停招札稿咨覆前來，臣查此案原問官留甘補用知府楊杰，於上年閏七月內在營病故。臣督同營務處浙江題奏道袁垚齡分省補用，知縣鄭錫滜、許茂光提集人證，隔別研訊。緣甘泰澍，係湖南長沙縣人，由文童投效，歷保同知銜留甘補用知縣，六年委署綏來縣事。李福貴、李福德同胞兄弟，安徽亳州人，李福貴係副將銜，河南即補參將。李福德係守備銜拔補千總。光緒四年由嵩武軍請假離營，流寓昌吉縣務農爲業，及李福德奉劉文和札委招募，遂由昌吉招得曾國勝、鄒祖玉、董永和等十二名，交李福貴照管，自攜札赴吐魯番添募。及奉文停招，李福貴時在昌吉。比即函知李福德停招，自帶馬勇曾國勝等赴綏來擬俟，李福德續招隊到，同往塔城。十月初一日行抵綏來，李福貴失去洋礮一桿，疑爲鄒祖玉所竊，遂將鄒祖玉訓責追問。曾國勝亦因告假不准反被詈駡，二人挾忿，同於初三日赴縣喊控李福貴私刑弔拷，假冒招勇各情。先是劉文和令李福德停招之後，恐有不肖，閒員假招募名色別生枝節。因將前情移請迪化州飭屬查拏。甘泰澍正奉查拏冒招之文，適有曾國勝等喊控假冒招勇之事，遂疑劉文和來文必隂指李福貴而言，隨會同署瑪納斯協副將余蘭桂將李福貴並所招馬勇全行拏案。追問文憑，其時開招札文，經李福德帶去，而停招札文倉卒未能尋獲。甘泰澍更疑假冒屬實，遂將李福貴等悉數收押，通詳請示。迨初六日搜出停招札文。而李福貴原稱參將札內填寫守備銜名均不相符，益滋疑議。至初八日甘泰澍因公赴州，適李福德由吐魯番率隊抵綏來，詢知李福貴被押，當遣馬勇六名追甘泰澍，勢甚兇悍。甘泰澍只得半途折回。綏來居民曾受叛回之害，見在押隊勇多係回民，李福德又帶馬勇多名入城追逼官長，遂起驚疑譌傳吐魯番尚有馬隊數百，人心惶惑。初九日早，據甘泰澍稱，在李福貴得勝袋內搜出通逆回白彥虎信二封，比會同余蘭桂派所部營勇，並拏獲李福德及馬夫王清近，餘皆逃逸。詎去勇往取李福德等行裝馬匹，因而溷取同店客物，致米賢炤赴臣恭鏜衙門呈控。余蘭桂縱勇搶奪，咨臣併案究追。甘泰澍初稱該營勇往取李福德行裝時，誤取客民米賢炤各物，旋經請查給領等語。臣恐不實，不盡委員行查，並飭鎮迪道福裕查覆給領屬實，並取具米賢炤銷案，領狀甘結到營。臣覆覈無異。此查訊此案實在原委也。臣維此案甘泰澍等草率詳報李福貴兄弟舉動離奇，經臣併案奏請革職。在案，即甘泰澍科收折征，另案，亦已根查確實無難援案據實奏結。無如案情支離，尤在逆信虛實，亟應澈底根究，俾成信讞。據李福貴供得勝袋是勇丁董永和之物，其中有無信件不得而知。迨至鎮迪道委員會審，始問到通白彥虎信件來歷，革員實在不知頭緒，信上馬如虎三人名字都不知道等語。據董永和供得勝袋是自己在旌善營做的，內裝洋火、礮子各數十顆，並未放過書信。李福德先在吐魯番未同，據供不知此信原委，尤屬可信。又據病故原告之已革守備曾國勝供，當初喊控李福貴假冒招勇，實因抱病告假不准心中疑憾。因此説出李福貴改從回教，並娶回婦的話。今蒙審問李福貴並未改教，亦無娶回婦的事。不敢誣執得勝袋是董永和的書信，事實不知道。又據鄒祖玉供：小的喊控李福貴，實因他失去六響洋礮，大眾都賴小的，責打追問，小的害怕，因此告他私刑弔拷，至假冒招勇，是曾國勝喊控的，餘與曾國勝供詞略同。臣謹案案情虛實，全在聽斷詳審。此案原告革弁曾國勝雖已在監病故，經臣委驗填格取結存卷而其生前口供確鑿可據。鄒祖玉亦係首告李福貴之人，均稱不知逆書來歷，李福貴始終堅供不知，察其情節，似屬虛誣。自非反復推求，難期水落石出，細覈附卷逆書兩函，筆迹係出一手，後註三字回文，不成字體，顯係僞造。信尾署八月十六日，內有劉大人來文，又不要一語，意指劉文和而言及調查劉文和停招札文，係九月初六日籤發，寄信在二十日以前，何以逆知停招之事？顯係臨時意造，其詐書之馬如虎趙成龍信內馬金子，經臣通飭查覆，均無其人。據甘泰澍等續詳，搜獲李福貴得勝袋檢出通逆回白彥虎信二件，初未敘明何人何時在於何地搜獲，有無見證，曾否質訊取供率爾通詳，本涉荒謬。卷查曾國勝、鄒祖玉喊控李福貴假冒招勇事在六年十月初三日，取出得勝袋事在初六日，而甘泰澍乃稱初九日早晨因取袋中洋火試槍，見有白線痕迹，檢出逆信。其時有道署幕友劉良星阜康縣幕友劉春園因公到署，眼同拆視等語。嗣臣飭迪化州知州陶模委員知縣張熙載先後查覆，詢據劉良星面稱十月初八日路遇甘泰澍邀宿署中，次早與劉春園同至甘泰澍臥室，瞥見案上有封完書信二件，旁擱得勝袋，適余蘭桂至甘泰澍，遂與余蘭桂一同拆看。伊等比即迴避外出，並未從旁與聞。復詢劉春園所稱無異。質諸余蘭桂稱十月初九日早飯後，甘泰澍邀去商量公事，案上先擱有信兩封，當面拆開説是投白彥虎的話，革員甚是詫異，因是甘泰澍親自搜出來的，故未想到假的，一邊去等語。查甘泰澍原申亦稱親手搜出，比與余蘭桂公同拆看。迨七年十月提集臣營覆訊，詰以兩信初未拆閲，何以預知其有通逆情事？而甘泰澍則又忽稱兩信初只私拆其一，後又同衆拆看一封，先後情詞自相矛盾，此信虛誣情狀已不啻自發其伏。又據該家丁徐喜即小喜子供：六年十月初六日，家長叫魏升到李福貴住處取回馬刀一把，得勝袋一箇，交小的點收，只見洋火、洋礮子各一匣，袋上白線縫的比時並未看著。提訊魏升及其門丁余升，均供得勝袋上初時並無白線痕迹，餘供相同。而徐喜且有十月初八夜四更後瞥見甘泰澍獨自披衣然燈，在於臥房案上鋪紙執筆作信。魏升並有七年二月二十一日早晨，甘泰澍兩次説到逆信，是曾國勝害我，令將這宗事推到曾國勝身上，該丁不允各等供。此案提營以後，凡案内有名人證，業經臣督飭，先後承審各員隔別研訊數十次，覈對大衆供單，均各符合無異。惟甘泰澍申詳情節，與後此親供，反覆不定。如果通逆信件屬實，則當取獲得勝袋時上有白線綻痕，自應當堂憑衆取驗，以昭明信。何至案内物件攜入私室，且延擱三日之久，經手家丁人等均不知覺，忽稱查出逆信。當時並不窮究，後復設套串供，均出情理之外，及至理屈辭窮，又稱信尾日期與劉文和停招札文日期，先後相懸，此信明是假造，但不知出在誰手。是其因案負氣，捏故求勝，既知情不可掩，遁辭致飾，已可概見。又該縣幕友廖小峯供稱，十月初九日甘泰澍向稱搜出李福貴等通白逆信函屬辦詳稿，伊比勸令取供出詳，甘泰澍堅執不從，後聞外間物議，追憶信上字畫，彷彿甘泰澍筆迹，當堂給看，益覺逼真，比令甘泰澍作書比對。雖臨時故變其體，而細覈筆法實出一手。臣復親提逐細鞫訊，並令其家丁魏升等三面環質，甘泰澍口塞，氣屏不能登對一語，反復推究，衆供確鑿，遂令隨營刑書彙録成招，披單按名，當堂朗誦一過。各令靜聽明晰，自稱無屈，始令親手畫押。臣復再四研訊，各許自行陳辯，衆情咸服，矢口不移，獨甘泰澍異常刁健，狡展如故。臣旋據其續呈逐層駁詰。甘泰澍似知悔悟，俯首流涕，然捏造逆信始終不肯招認。臣維此案肇衅由於李福貴兄弟之招勇投效，恃符驕肆，蔑視印官，適鄒祖玉等銜憾喊控街市，謡風肆起，環相湊合，遂成疑團。甘泰澍以地方印官，因案查拏申報，本無不合。惟虛實未明，草率詳報，雖屬事出有因，究非尋常顢頇可比。今既衆供確鑿，逆書筆迹與甘泰澍相符，其爲甘泰澍所造，已無疑義。自未便因一人堅不承招，懸案莫結，致滋拖累。查例載問刑衙門審辦案件遇有實在刁健堅不承招者，即具衆證情狀，奏請定奪。誣告叛逆被誣之人已決者斬立決，未決者擬斬監候。又斷罪無正條，引律比附應加應減定擬罪名，又二罪俱發，以重論。錢糧不收本色，折收財物，亦以監守自盜論，四十兩斬，雜犯徒五年。又因公科斂坐贓論六十兩杖八十，又同僚犯公罪，其餘不知私情者，只依失出入人罪問擬。其申訴不實者杖一百，又不應重律杖八十各等語。此案甘泰澍因公科斂，改收折色又復捏造書信，誣李福貴等投逆，罪名按二罪俱發，以重論。除科斂銀兩改收折色均在輕罪不擬外，自應照依誣告叛逆未決，擬斬監候例。甘泰澍應斬監候，惟原情定擬究屬事出有因與平空誣告人從逆者有間，應於誣告叛逆未決，擬斬監候上量減一等，擬以滿流係職官從重改發黑龍江充當苦差，犯事雖在光緒七年五月十四日恩詔以前，係誣逆減流改發，應不准援免。係職官仍恭候欽定，甘泰澍堅不承招，謹遵例臚列衆證情狀，奏請定奪。已革署瑪納斯副將記名簡放提督，納清額巴圖魯、余蘭桂查明尚無縱勇搶奪情事，該勇丁等混取客物，業經如數給領完結，既非有心，亦未入己。例得免議，即以不知逆信虛實，附和會詳而論，祇應按同僚犯公罪，其餘不知私情應依失出入人罪問擬。僅止降級特事開通逆，情節較重，余蘭桂冒昧會詳，已由另案革職，應毋庸議。已革副將銜河南即補參將李福貴，已革守備銜，拔補千總李福德，雖訊無通逆情弊，然劉文和開招札文，係署李福德銜名，李福貴即不應事外干預。李福德擅派馬勇威逼印官，舉動均屬乖謬，既經革職均請無庸開復。鄒祖玉因李福貴失去洋礮將其訓責妄以私刑弔拷，喊控應照申訴不實杖一百律。鄒祖玉擬一百，恭逢恩詔以前請予援免。曾國勝挾告假不准微嫌，率以私招喊控，實肇衅端，罪有應得，業已身死，應與訊無凌虐之看役，並不知信係僞造，代擬詳稿之廖小峯，均免置議。兩次所取李福貴等行李軍器、馬匹，除行李等項已經甘泰澍點交外，其餘軍器收存綏來縣庫，馬匹給領無干省釋，前此遞回原籍取保之蔣吉昌等，行文一併開釋。除全案供招咨部外是否有當，謹會同陝甘總督臣譚鍾麟，烏魯木齊都統臣恭鏜，烏魯木齊提督臣金運昌，合詞恭摺具奏。伏乞。

（清）曾國荃《曾忠襄公奏議》卷二二《續獲匪犯正法疏光緒十年五月初二日》 奏爲續獲傳習邪教匪徒訊明正法，分別按律擬結，恭摺仰祈聖鑒事。竊查山東教匪王覺一，勾煽海沭安桃一帶匪徒，意圖起事，迭次拏獲晏儒棟李保中等多犯訊明，分別懲辦，業於上年八月十二、十一月十一等日會摺具奏嗣經續獲王覺一之子王際泰，匪黨朱星圃，僧大通三名。經臣昌濬及前督臣左宗棠飭委江蘇題補道段哲、署淮陽海道徐文達會審，明確先後解經提勘正法。復由臣昌濬於本年二月十七日附片奏報。聲明該犯等由督臣議擬奏結，各在案茲，據該道等覈，明王際泰等供情原案，分別按擬會詳請奏前來。臣等復加察覈，緣王繼太即王際泰，朱行普即朱星圃，僧大通俗姓名居照明，分隸山東益都，江蘇桃源，甘泉等縣。或販布營生或讀書種地度日，均先未不法犯案。該犯王繼太在逃之父王覺一即王希孟，又名王養浩，在家賣卜持齋有年四十歲，後因見左手掌紋形似古字，即自稱係古佛降生，並言夢見菩薩，令其傳道。當即設立教名，始稱先天無生教，後爲末後一著教，勸人入教持齋，每人出錢數百文或千文不等，收作用度，並用紅色印出手紋，給教徒收執，稱可免災。又做諸佛諸祖等句咒語，教人念誦，并做《一貫探原》、《三易探原》等書刊刻刷印。兼印《無極》《太極》《皇極》三圖，令人供奉。另設九品等級，一品衆生，二品天恩，三品正恩，四品引恩，五品保恩，六品頂行，七品十果，八品十地，九品連臺等名目，藉圖斂錢。歷年在直隸、山西、河南、安徽，江蘇、江西、湖北等省地方傳教，收徒甚衆。王繼太向在本籍不能傳教。光緒四五年間，王繼太出外尋父，到過江南湖北認識，先已獲辦之張懷松、蕭鳳儀、蘇添爵、熊定國、沈觀濱，現獲之朱行普，在逃之趙雲山，張道符、錢振元、劉至剛、范國恩、黄永、黄延隣、李萬成等，此外不記姓名。王繼太左手生有紅記，經王覺一稱係貴相，因致各教匪造謡惑人。王繼太在外數月仍行回家。八年八月間復又出門，在不知地名之沿江地方尋見王覺一。詢知七年冬間，河南教徒蘇添爵、蘇鳳儀、張懷松等在汝甯傳教，因聞連界之安徽亳州起有天主堂，想欲糾人焚刼，乘機起事。王覺一以時候尚早之言向阻，不依，旋經府縣訪獲，衆人逃散。王覺一即往各處潛避，自買划船一隻，在船居住。王繼太自八年至江南後，亦買小船一隻，在各處遊蕩，常至王覺一船中會面。是年十一月曾至荆州住宿船上，未與王覺一同行，旋往他處遊玩，並無定址。九年二月初間，王繼太與王覺一先後前赴漢口會見劉至剛、趙雲山、熊定國，問知伊等在武漢荆州等處傳徒甚衆。劉至剛等即與王覺一、王繼太商議以王覺一父子出名，可以號召衆人。在武漢同時起事，王覺一與王繼太見衆人同心，當時商定即令劉至剛等糾人製物，隨經該地方文武訪聞查拏，各犯分逃。王覺一稱往四川出家，王繼太仍逃江南。其時海州、沭陽等處亦係劉至剛等信知張道符等布散謡言，欲圖乘亂搶掠，並勾結徐金洪等欲在常州滋事。因致人心驚惶，經營縣同時查拏，王繼太乘船四處潛匿。此該犯王繼太與在逃之伊父王覺一同謀不軌之原委實情也。該犯朱行普平素信佛持齋，光緒四年六月間王覺一往朱行普家勸令入教，告知教中九品名目及伊手掌古佛字紋，伊子王繼太手有紅記，實係貴相之語。朱行普聽從入教，即拜王覺一爲師，幫同校對《一貫探原》等僞書刊，列姓名。七年冬，王覺一派其爲天恩名目，即印給掌紋，並教誦諸佛諸祖等咒語，令其傳教斂錢。朱行普應允，當時送給王覺一錢五千文。八年春，朱行普前往泰興如臯鄉閒勸得男婦十餘人入教，僅記李連西、徐志賢兩人，餘俱記憶不清，各給錢數百或數千文不等。積得錢文陸續託便帶給王覺一收用。秋間於江邊王覺一船中與王繼太會晤。九年春，海州、沭陽一帶傳言王覺一父子糾人滋事，各處查拏教匪。朱行普當在裏河各處鄉僻避匿，並無定址。九月間會遇同教之李萬成，問知王覺一等謀反屬實，王覺一有往四川之語，朱行普慮及王覺一無錢用度，即將積存洋錢三十元交給李萬成，令其覓便寄送王覺一收用，各散。該犯僧大通於壯歲出家爲僧，在瓜埠鎮太平庵住持。光緒六年春，會遇在逃之張道符向言王覺一設立末後一著教，掌有古佛字紋，係古佛降生之語，勸其入教免災，僧大通即拜張道符爲師。張道符當給《三師條》及《三極圖》、《三易探原》等書，并教誦諸佛諸咒語。僧大通送給洋錢一元。八年三月僧大通在揚州觀音山茶庵遇見張道符與錢振元同行。向伊告知王覺一船在城外令往相會，當與張道符等赴船叩見王覺一，即給手掌印紋一紙，隨即走回。秋間途遇王覺一，偕至江邊王覺一船中與王繼太會面。九年三月間傳聞王覺一父子謀爲不軌，各處嚴拏。十月間在鄉途遇張道符談及王覺一逃往遠方，王繼太仍來江南，在沿江往來不定。僧大通慮王繼太被獲，即向張道符説知嚴拏情形，令其尋見王繼太，速囑遠走，不可再在江南等語，各散。此該犯朱行普入教傳徒寄錢接濟首逆，該犯僧大通聽從入教，有心庇縱逆犯之實，在情形也。旋經臣昌濬飭委守備郎桂林購線將王繼太緝獲。並先後拏獲朱行普、僧大通二名，解經飭發署淮揚海道徐文達審辦。嗣因犯供狡展，復咨由左宗棠札委江蘇題補道段哲會同嚴鞫。據經該道等會督印委各員連日提犯嚴詰，據王繼太供認，與伊父王覺一商同教徒謀爲不軌，朱行普等供尚游移，當因王繼太情罪重大，未便稽誅經。臣昌濬親提訊明，先行依律凌遲處死。飭提朱行普、僧大通詳細研訊，據朱行普將入教傳徒寄錢接濟逆首，僧大通將聽從入教有心庇縱逆犯各情逐一供明。嚴詰不移，似無遁飾。時值前督臣左宗棠赴江北閲看河工，飭提該犯朱行普、僧大通親勘無異，即將該二犯立予就地正法。飭據該道等彙録犯供，議擬會詳。臣等復覈無異，應即擬結。查律載：謀反大逆，但共謀者不分首從，皆凌遲處死。又謀叛者不分首從，皆斬。又斷罪無正條者，引律比附定擬各等語。此案王繼太因在逃之伊父王覺一設立末後一著邪教，傳徒甚眾，即在湖北漢口地方與伊父及在逃之教徒劉至剛等謀爲不軌，欲在武漢起事，並勾結海沭、常州等處教徒，分別造謡圖搶及剋期滋事，實屬罪大惡極。自應按律問擬王繼太一犯合依謀反大逆，但共謀者不分首從凌遲處死。律擬凌遲處死業經提勘，依律正法，應無庸議。仍傳首犯事地方懸竿示眾，以昭炯戒。該犯朱行普、僧大通先後聽從逸犯王覺一、張道符傳習邪教。嗣後王覺一與已獲之伊子王繼太等謀爲不軌，該犯等雖未同謀但破案之後，俱已知情且經各處嚴拏，乃該犯朱行普不知改悔，尚敢傳徒斂錢，且將所積錢文寄給王覺一，資其用度。該犯僧大通慮王繼太被官緝獲，膽敢託其同黨，暗通信息，囑令遠颺，均屬同惡相濟，不法已極。較之先經獲辦之晏儒棟僅止探信者，情節尤重，自未便稍事輕縱，惟遍查律例並無，作何治罪專條。自應比例問擬朱行普、僧大通二犯除傳習邪教輕罪不議外，均請比照謀叛者不分首從皆斬律，擬斬立決。均於訊明後經左宗棠先行就地正法，亦毋庸議，在逃首犯王覺一及同謀之劉至剛等分飭嚴密緝拏，務獲究辦，應行緣坐之犯。母王李氏、犯妻王馮氏業經犯籍益都縣獲，案犯弟王際和俟緝獲到案，分別照律擬辦。朱行普、僧大通二犯係比例問擬應免查辦緣坐。其餘訊無同居親屬知情同謀，及逃後容留之人。該犯王繼太在外謀反，原籍牌保無從覺察，均請免其置議。僞書掌紋等件，案結銷燬，是否允洽，除供招咨部外，謹合詞恭摺具陳。伏乞。

（清）李秉衡《李忠節公奏議》卷三《奏拏獲宣化縣漏匪雷麻大就地正法片光緒十二年四月初八日》 再宣化縣漏匪雷麻大閉全彰前當關外軍務喫緊之際，乘機思逞經左江鎮道，飭派勇營緝拏未獲。臣於上年秋間責成該地方官捕獲夥黨多名，就地懲辦，仍飭嚴拏首要，務絶根株，曾經附片奏明。在案自去冬以迄今春節，據南甯府知府昭然，該縣知縣蕭憲章等多方購捕，續獲悍目多名。該首匪因捕拏嚴緊，潛逃遠地。三月初間據綫人赴臣營稟報，查得雷麻大潛匿附近邊境，臣即飭派親兵同往捕拏。是月初六日，將雷麻大獲解到來，派員驗訊，確係該犯正身。據供歷年搶刦拒捕，戕害兵差，並糾眾結盟拜會，圖攻武緣縣城，情事歷歷如繪，該犯罪大惡極，未便久稽顯戮，即飭就地正法。傳首犯事地方懸竿示眾，以昭炯戒。仍飭上緊捕拏閉全彰，務獲嚴辦。臣秉衡謹附片陳明。伏乞聖鑒，謹奏。

（清）李秉衡《李忠節公奏議》卷三《奏拏獲煽結哥老會匪徒景清寅綁赴軍前正法片光緒十二年四月初八日》 再臣接准提臣蘇元春咨訪，聞南關地方近有匪徒煽結哥老會情事。當經密飭各營嚴拏，旋據管帶毅新、前營遊擊楊昌魁稟，據所部勇丁楊洪春報稱，有舊日認識曾在各處當勇之景清寅邀伊同結哥老會，未經允從，報請拏辦。隨帶哨勇，於本年正月初五日將該匪犯景清寅拏獲，搜出隨帶哥老會號片數十張，解送到營，當即委員提訊。供係四川台三縣人，曾在貴州等處當勇，因事被革出營，就在各處游蕩，流入關外遊匪夥黨。該匪夥多有曾結哥老會者伊亦入會，領得號片隨帶在身，來至邊關潛蹤窺探，欲誘人入會，伺隙勾結滋事，尚無人信從，後遇舊識之楊洪春邀同結會，未允，即被拏獲等情不諱。詰以曾在內地何處結會堅不供認等因，經臣派員提訊，供亦無異。查該犯以革勇流入游匪，潛來邊關窺探，欲煽結哥老會以圖乘隙滋事，實屬瞻玩，應即嚴辦示儆，當與提臣會商派員，將該犯景清寅綁赴軍前正法。仍飭各營員及地方官隨時認真查緝，毋任奸匪潛匿煽結滋生事，端理合附片陳明。伏乞。

（清）張之洞《張文襄公全集》卷三二《奏議·查辦湖南刊布揭帖僞造公文一案摺光緒十八年三月二十五日》　竊臣等前經承准總理各國事務衙門咨，開匿名揭帖本干例禁立法甚嚴。自髮逆掃平後，地方又安而散勇惰民思欲藉端爲亂，輒假西人傳教爲言，刊爲書説，編作歌謡，繪爲圖畫，率皆鄙俚不經，不堪寓目，而愚民無識，往往爲所煽惑，甚或釀成巨案。迭准德國使臣屢次送到刊板書籍，説詞歌曲，畫圖種種，並有捏造總理衙門公文及督撫文函各件，居心甚爲詭誕。此等謡言徵特有礙，邦交即中國内治，亦宜嚴懲咨行，通飭各屬查禁究查捏造之人，從重懲辦以消隱患，並迭次承准電，開長沙府有周漢開設寶善堂，鄧懋華書舖刊刻詆毁洋教書籍布散甚多，查各處教案之起，皆由造言生事者，搖惑人心，各書皆由湖南而來。有三家書舖鄧懋華、曾郁文、陳聚德皆代周漢刻書，各等因均經通飭嚴禁，並行湖南臬司嚴切查究。本年二月承准總理衙門電催辦理當，經臣之洞電請總理衙門代奏派委湖北督糧道惲祖翼馳往湘省，會同湖南臬司確查稟覆奏明懲辦。奉旨允准。在案，兹據該道惲祖翼自湘回鄂會同署湖南按察使吕世由稟稱，查此案先經該臬司飭據長沙府知府趙環慶稟稱，查得周漢係甯鄉縣人，由軍功薦保道員，留陜西補用，向以寶善堂之名在湖南省城刊刻善書，蹤跡無常，現在遠出未歸。鄧懋華、曾郁文、陳聚德三人均以刻字爲業，曾郁文已於上年身故，當訊據鄧懋華供向在長沙省城小西門内路邊井獨自開店，刷賣帳薄，並未與周漢合夥刊刻書籍，惟與之熟識往來。上年周漢曾至店中寄居數日，隨即出省。有時言語荒誕，狀似瘋迷，其所輯各種善書，聞係陳聚德、曾郁代爲刊刻。據陳聚德供，開設刻字店多年，曾代周漢刊刻《得一録》、《官紳實訓》、《育嬰良法》、《拯溺實筏》、《格言聯璧》、《傳家寶訓》、《擴充惻隱》各種善書所有板片，隨時取去自行刷印。夥店人數衆多不諳文義，向來刻書照字算錢不問來歷，所有辣手文章等書並一切畫圖，是否間有店夥代刻實在記憶不清。據曾郁文店夥吴東海供，店主曾郁文曾代周漢刊刻善書，已於上年身故。至於毁罵洋教書本，曾否刊刻，實不知情。自奉將店門封閉，各夥俱已散去，各等供該道到湘當即會同該司派委湖南候補通判蔣聯庚馳赴甯鄉查。傳周漢解省訊究，旋據該員會同甯鄉縣知縣鄭之梁稟稱：周漢自光緒十年由新疆請假回籍，隨即攜眷出外，至今並未復回原籍。當將周漢胞姪周德之、户族周昆玉、團總唐篠楠、鄰右黄樹秋一併傳解來省，經該府訊。據周德之供，周漢係其胞叔，自光緒十年回籍後，即攜眷出外，隨意遨遊，六七年來並未回至甯鄉，近患痰疾，時發時愈，病劇時言語不清，有似癲狂，又羡慕神僊，自稱鐵道人，最信扶箕。平日雖不信洋教，並未編刊書歌圖畫各處布散，或係不逞之徒，因伊叔周漢保至監司大員，託名刊刻，並捏造總署湘撫公文及致鄂撫書信，希圖聳聽，亦未可知。質之户族周昆玉，團鄰黄樹秋、唐篠楠等各供相同，惟所有書歌圖畫，究係向人秉筆未能得其主名。自應先將板片搜獲銷毁淨盡，以副朝廷輯睦中外之至意。當經該府督同長沙、善化兩縣懸賞購覓，並恐民間心懷疑懼，知而不舉。特於賞格内，聲明隨繳隨賞並不追究來歷，復派差分路搜尋。始據長沙縣民萬富安等陸續繳到《鬼叫該死》、《辣手文章》、《擎天柱滅鬼歌》，稟天主邪教並圖畫各種板片，計三十一面共二十五塊，内多殘缺不全，自係畏罪毁棄所有板片，及人證供結均由該府稟解該司道等親提覆訊。所供均與該府原訊相同，誠恐尚有不實不盡，究竟周漢是否在家避匿，並該書鋪等有無諱飾情事，復向周德之究詰。據供伊叔周漢實係由新疆請假回籍後，攜眷外出，行蹤靡定，平日不喜洋教，僅止信口詆訾委，無刊刻書畫各處散布情事，且身係職官，斷不敢僞造公文。其致湖北巡撫信函伊叔並未到鄂省，從不好與官場往來，顯係他人假託。總因伊叔是四品大員，平日好發議論，是以匪徒盜竊姓名，希圖易於煽惑。提訊户鄰周昆玉等供詞俱同復訊。據陳聚德供，曾經代周漢刻過善書數種，實未刻過毁教書畫。該鋪在省開設多年代，刊刻善書主顧甚多，向來照字算錢，書板隨刻隨取，其帳簿或僅記一姓或僅記一堂名，或係輾轉交來，實不能假行登記姓名。且店夥甚多來去無常，這《辣手文章》等書，其中是否有店夥刊刻者，委實無從查悉。如有代周漢刻過毀教諸書，亦只係工匠受雇，該鋪並不知情，儘可據實供明。何必代爲捏飾，自受拖累。又提鄧懋華再三質對，堅不承認代刻書畫，惟據供與周漢熟識，遇其肆口妄論之時，不免羣相稱贊，事所時有，反覆研鞫供仍如前，加以刑嚇，矢口不移。該司道等因案關重大，不厭精詳，復飭長善兩縣確查，周漢實係早經外出，久未在省。又經派員明查暗訪，咸謂周漢患有心疾，語言怪誕，近來痰迷更甚，見人動輒謾罵，至刊刻毀教等書圖等事，並無聞見，異口同聲，供證既屬確鑿。應即據供擬結。查周漢遠出未歸，痰疾既劇，言語支離，即使傳喚到案，亦難訊取供詞，業已傳到該家屬及户族、團鄰人等嚴訊明確僉供。周漢並無刊播揭帖，及捏造公文等件情事，衆供如一。稱係匪徒託名僞造，希圖煽惑尚屬可信。即如致鄂撫信函一節，湖北撫署號房並未接收此信，其爲假託捏造更屬無疑。惟周漢以在籍道員，專好扶箕諂信鬼神，語言怪誕，跡類瘋狂，病發之時，乖謬尤甚，逢人輒罵，此等形狀仕途罕見。自應稟請奏明，予以懲處以儆謬妄，而免生事。書賈鄧懋華既知周漢形類瘋狂，性好生事，仍復與之往來，遇事稱贊，殊屬無知附和。陳聚德平日代人刊書籍並不查詢來歷，又不看明書畫内文義，有無流弊任令店夥誤行刊刻，以致滋生事端，均有不合。鄧懋華、陳聚德均請照不應重律，各擬杖八十加枷號三箇月，滿日折責發落。吴東海訊係曾郁文幫夥，不知店務應與病故之，曾郁文均無庸議，仍將各該鋪永行封閉，不准復開，無干人證，省釋免累。至匪徒竊名造言，刊播揭帖，希圖煽惑已屬可惡，並膽敢僞造總署督撫公文四處傳播，尤爲大干法紀。除由司道飭湖南各屬一體訪查，務得主名，嚴拏究辦外，合將查起書圖各種板片彙同供招，户族、團鄰、甘結、並地方官印結呈繳，稟請會核具奏等情前來。臣等查西人傳教乃條約所准行，久已中外相安，民人入教與否聽其自便，西人亦不强人必從。其教教堂如實有不近情理，不合條約之事，儘可稟官照會查辦。何得捏造不根之言惑衆生事，況現值沿江各省嚴辦會匪之際，豈容推波助瀾擾動大局？此案周漢雖查無刊播揭帖，及僞造公文情事，惟該員以在籍四品職官，理應謹言慎行，矜式鄉里，乃平日專以扶箕爲事，惑於鬼神，言語荒誕，跡類瘋狂，近來痰迷更甚，見人動輒謾罵，以致匪徒假託其名，僞造公文，造言煽惑，自未便漫無懲戒，致令滋生事端。相應請旨將在籍花翎，陝西補用道周漢暫行革職，查傳到籍交地方官嚴加管束，不准潛至省城妄爲生事，仍隨時察看，將來痰疾如能痊愈，果能謹飭改過，再行申請核辦。儻瘋狂益甚，滋生事端即據實稟請，奏明嚴懲。其書賈曾文郁業經身故，鄧懋華、陳聚德自應各予懲儆，應照該司道等所擬辦理。至竊名刊播揭帖，僞造公文信件之匪徒臣等自當督飭該臬司嚴飭各屬實力查緝。務獲究辦，以儆效尤，其起到書圖各種板片，由臣之洞派委江漢關道孔慶輔眼同漢口領事銷毁。

硃批：該衙門議奏。欽此。

（清）張之洞《張文襄公全集》卷五一《奏議·拏獲悖逆惑衆匪犯審明懲辦摺光緒二十六年三月二十八日》 竊照上年十月據長江水師漢陽鎮總兵周芳明呈，轉據田鎮營前哨守備王文明稟，稱漳源口地方有土客船隻經過，船上數人登岸游行，至已經封禁之土娼家内，有少年楊姓大言恫喝，勒令揭封，當經彈壓不服，旋持楊國麟名片傳該守備上船謁見，痛加呵詈，自稱係江西按察司携有官銜燈籠，忽又稱係宗人府官，語言狂妄，形跡可疑。當將一行人等解交蘄州，經該州凌兆能提訊。其楊姓一人情形狂傲，言語支離，先供稱名楊國麟即楊海樓，係廣東大埔縣人，郎中楊姓之子，由四川遊峨眉山、重慶、涪州一帶回來，將往江西龍虎山張天師處，正擬將其遞解，忽自稱係康有爲之弟，又稱係五王爺，語言多無倫次。臣等接據該州稟報後，當即提省查訊，該犯到讞局後，供詞益復變幻。初供係康有爲之第三胞弟康有章，年二十八歲，訪之各處粤人僉云未聞康有爲有此胞弟，因詰以康有爲之祖父子女住址，及鄉試科分歷年蹤跡，一概茫然不知。則又供係康有爲之族弟，查訊同行土販等據稱該犯自四川重慶、涪州至湖北利川、宜昌、漢口，其僕從，及衆人皆呼爲楊少爺。帶有楊國麟名片，又聞人呼爲楊海樓，所携摺扇上寫有海樓字様，一路忽稱甲午科翰林，忽稱吏部尚書楊暉廷之子，忽稱和碩親王，忽稱五王爺，忽稱宗人府查事人員，並稱有九頭獅子印，六花玉牌等物被竊失去，其僕從皆係在川楚沿路雇覓。該犯自涪州始搭坐該土販船隻，嗣後該犯在讞局忽自稱宛平縣人，又稱係宗人府正藍旗人，真姓真名斷斷不能説出等語。父母名氏住居地方隨口改變，每逢問供踞坐傲慢，並據供帶有黄馬褂、貂褂、珍珠、朝珠多件。當在漢口、漢陽當鋪查提均無其事。其在江夏縣外監内向同押各犯言語狂悖，益甚自稱爲天下一人，又自稱爲寡人，又自稱爲本朕，並云此間督撫兩司皆所素識。同時有在禁之犯張鴻澤、朱華山等被其煽惑代爲書寫信件，傳至外間借銀使用，令人救伊出監，語多荒誕悖謬。當有漢口行醫之楊端臣潛至外監窺探，信爲大貴人，一見即行跪拜。楊國麟因口授言語，令楊端臣書寫封固交管獄官署江夏縣典史趙慶頤，交付臣等閱看。函内大意自稱僞旨索取庫銀二百兩，令送伊往江西龍虎山等語，實爲狂悖可駭。但詩意鄙俚有類戲劇，因署江夏縣知縣陳樹屏，將該犯刑責，故函内痛詆該縣，當飭該典史將楊端臣拏獲發交讞局歸案嚴訊。其時正值海外逆報紛騰之際，武漢地方訛言繁興，廣播匿名揭帖自稱兵馬大元帥，糾衆爲亂，語多影射此案，以致衆情惶惑，顯係會匪互相句串造謡生事。臣等因案情重大，督同藩臬兩司親提會鞫該犯楊國麟，供詞一味狂誕，閃爍訊其籍貫，忽南忽北，語音亦南北夾雜，絶非京城口音。詰以宗人府衙門在何處，宗人府所修玉牒係何事，以及清文清語，一概不知，大約係外省人曾到過京城，而爲時不久者。最後供係山西平遥縣人，歷舉山西太原、直隸、獲鹿、天津、奉天一路城關鎮市，甚爲熟悉，據供真名係李成能，山西、天津、山海關、奉天、吉林鋪店甚多，因游蕩破家，出游各省。該犯有在上海素識之廣東連州人洪春圃，即洪金能，係髮逆洪秀全之後。武漢揭帖内所稱兵馬大元帥即是此人。手下人馬甚多，其人能觀星象，占文王課。上年八月間，曾在漢口與洪春圃見面，該犯一切舉動，悖逆言詞皆洪春圃教唆等語。臣等查該犯楊國麟即李成能，自稱僞旨種種狂悖，句串會匪造言惑衆，實屬罪不容誅。且該犯自川至楚沿路所帶銀兩金葉甚多，用度甚爲揮霍，如此舉動，其爲會匪無疑。因該犯行徑狂悖過甚，以致傳播外間，匪徒藉端造謡，展轉附會。鄂省人心浮動，以該犯如此悖逆狡詐，若不速爲懲辦，不足以安靖人心。當經飭將該犯楊國麟即李成能正法梟示，以息訛言，而靖地方。其楊端臣一名訊據供稱係江南上元縣人，曾在甘肅軍營充當書識。現在漢口行醫，與楊國麟素不相識，因外間訛言，赴監探視信爲貴人。經楊國麟口授，令伊代繕悖逆函件。朱華山一名係潛江縣從前拏辦會匪案内留禁省監待質之犯。又已革同知銜候選知縣張鴻澤係四川人向在沙市充當商董，於前兩年沙市毁焚華洋房屋案内奏明革職，驅逐回籍，因復潛回沙市生事。經臣之洞訪拏發府審辦之犯，乃竟不知畏罪守法，甘受楊國麟之愚，傳遞信件。雖該三犯所寫各件俱係言詞鄙俚文義不通，跡近瘋迷，形同戲劇，然當謡言紛騰之時，附和生事，均屬大干法紀。若擬以軍流，必致潛逃，復行生事，該三犯楊端臣、朱華山、張鴻澤應均予永遠監禁，其餘同行人等，皆係無知鄉愚小販，尚未隨同生事，分别責懲開釋。至撤任前署江夏縣典史、本任崇陽縣桂口巡檢趙慶頤以管獄之官，於楊端臣赴外監窺探未加禁察，並將其封固悖逆函件不行拆看，輒爲代投，雖據將楊端臣拏獲審辦究屬咎無可辭。相應請旨將趙慶頤即行革職，驅逐回籍，以示懲儆。在逃會匪洪春圃即洪金能，咨行廣東及沿江各省一體嚴懲辦。

硃批：知道了。趙慶頤著即行革職，餘依議該部知道。欽此。

（清）張之洞《張文襄公全集》卷一〇三《公牘·按律治罪光緒二十六年閏八月初六日》 案據江漢關道詳稱，漢鎮拏獲會匪唐才常等一案，内有日本人甲斐靖，解交日本領事審辦。兹准該領事照送審問，甲斐靖書册一本，理合抄録詳祈查核等情到本部堂，據此查外國國會乃國家所設下議院之稱，斷非民間所敢僭擬，其民間所設黨會不過糾約同志，隨時聚集公所議論公家之事而已，斷無號召徒黨，編立軍營，私刻關防，僞稱官職，公然自立不認國家，潛圖佔據城池，刦掠府庫，戕害官吏，焚殺商民之理。苟犯有此等逆跡，無論何國必知其爲叛黨無疑。今唐才常等在漢口造謀作亂，搜獲逆信、逆簿、僞印、僞札、僞檄文、僞告示及軍火旗幟種種，謀反證據確鑿可憑。唐才常等各匪到案審訊，亦俱供認不諱，是唐才常所謂實行自立黨之本意，即謀反之本意。唐才常所謂計策實力，即謀反之計策實力。唐才常所謂部署一切，即謀反之部署。唐才常所謂起事，即謀反之起事。兹查核日本領事録送甲斐靖口供，第七問答稱，唐才常要實行自立黨之本意一併告訴我了，他們志願所在，我心裏也有幾分同意之處。又稱如果看定他們計策實力，有十分靠頭，我要幫他的意思也是有的。十四問答稱，唐姓告訴我挑三箇地方部署一切，就以安慶爲自立前軍，漢口爲中軍，長沙爲後軍的話。第十五問答稱，我告訴他若沒有實力，你們東奔西走也是枉然，二來要起事須有一死之決心，唐姓答我實有實力，又暗指哥老會官兵，也可以利用的話。又稱我心裏看透他們起事的有靠，那時我也不辭效勞的等語。是甲斐靖非獨與搆陰謀，實且甘心助逆，無論軍火是否代購，當場是否拒捕，但觀其親口供認各節確係爲罪之實憑，更無絲毫疑義。中國與日本同文同種，唇齒相依，中國如果大亂，日本亦必受虧。況各國商務勢必全局糜爛，於日本尤爲不利，是甲斐靖在中國助亂，即無異在日本謀亂，若不秉公從嚴懲辦，殊不足以昭公道而饜衆心。本部堂深知日本政府素敦睦誼，辦理此案自必一秉至公。第前據日本領事瀨川之進面稱，甲斐靖所犯案由查本國刑律，並無治罪專條。惟日本領事辦事章程內有日本人在中國及朝鮮國有妨害是處地方安甯，及壞亂是處風俗之憂，可以禁止在留一年以上三年以下之文，現止能援照此例辦理等語。查各國條例凡洋人在中國犯法者，各按本國律例懲辦，所謂按照本國律例懲辦者蓋即按照在其本國犯法之罪科斷，並無在中國犯法另有擬罪之條。今日本刑律中既無在中國謀反應得罪名，自應照謀叛本國之刑律比擬，毫無疑義，不得援引辦事章程定案，方與條相符。昔年英國人美生在中國句通匪徒，私運軍火，發覺後經英國政府將美生監禁三年，限滿復加遣戍。今甲斐靖與中國會匪同謀爲逆，供認不諱，情節較美生尤重。相應抄録日本領事所問供詞，暨本部堂前次札，飭江漢關照會日本領事文稿一併咨送，即希察核前後供詞之虛實，往復推究之情形，切實照會日本外務省轉達司法省，按照日本人民在日本謀叛例治以應得之罪，或延聘律師公同判斷，或詢問各國評定曲直，均請斟酌辦理。

綜　述

（清）杜貴墀《漢律輯證》卷四　阿黨阿附。《外戚恩澤表》汝昌侯傅商，元壽元年坐外附諸侯免。師古注，外附謂背正法而附私家。《高五王傳贊》張晏注，諸侯有罪傅相不舉，奏爲阿黨。按《魏志·楚王彪傳》彪之官屬以下及監國謁者坐知情無輔道之義，皆伏誅。蓋承用漢法。《光武紀》建武二十四年詔：有司申明舊制，阿附蕃王法注引前書音義曰，阿曲附益王侯者將有重法。《韓稜傳》孫演桓帝時爲司徒大將軍，梁冀被誅，演坐阿黨抵罪以減死論，《黃瓊傳》梁冀被誅，太尉胡廣、司徒韓縯、司空孫朗皆坐阿附免廢。《袁安傳》拜楚郡太守不入府，先往案獄理其無明驗者條上，出之府丞掾史皆叩頭以爲阿附反虜法，與同罪。傳又云安劾司隸校尉河南尹阿附貴戚無盡節之義，謂免官案罪。馮石、劉喜以阿黨閻顯、江京等順帝時策免，見《馮魴傳》。《鄭衆傳》太子儲君無外交之義，漢有舊防蕃王不宜私通賓客。《禮·月令》鄭注阿黨謂治獄吏以私恩曲橈相爲也。按疑此亦當時律説。

張家山二四七號漢墓竹簡整理小組《張家山漢墓竹簡·二年律令·賊律》　以城邑亭障反，降諸侯，及守乘城亭障，諸侯人來攻盗，不堅守而棄去之若降之，及謀反者，皆（要）〔腰〕斬。其父母、妻子、同産，無少長皆棄市。其坐謀反者，能（偏）〔遍〕捕，若先告吏，皆除坐者罪。

（清）杜貴墀《漢律輯證》卷四　刺探尚書事。《周禮》邦汋鄭司農注斟酌盗取國家密事，若今刺探尚書事。疏漢尚書掌機密，《後書·楊倫傳》尚書奏倫探知密事徼以求直坐不敬結鬼薪。

擅離部署。《王尊傳》坐擅離部署會赦免歸家。《王子侯表》嗣楊邱侯偃孝景四年坐出國界耐爲司寇。《功臣表》邗侯李壽坐爲衛尉居守擅出長安界送海西侯至高橋，又使吏謀殺方士不道誅。嗣終陵侯華禄坐出界耐爲司寇。唐律刺史縣令私出界在《職制》。《王子侯表》祝茲侯延年坐棄印綬出國免。《功臣表》嗣下摩侯寇支神爵三年詔居弋居山坐將家屬闌入惡師居免。師古曰，惡師地名，有官所置居室。

（明）程敏政《新安文獻志》卷二一九王霖《黥布論》　薛公論黥布之反曰：是故當反，往年殺彭越，今年殺韓信，自疑禍及身，故反。爾其意，謂高祖薄待功臣，不能保全終始，以至黥布疑懼，此言固切於事情，而曰是固當反，則過矣。君臣之義，與天地並，天地不變，則綱常倫紀亘千古而不可紊者也。昔郤錡欲攻晉公，郤至曰：人所以立，智信勇也。信不叛君，智不害民，勇不作亂。又曰：待命而已。當是時，厲公方欲殺之，滅亡之禍近在目前，而其言猶如此，況高祖之於黥布，未有纖芥之隙乎！韓信自誅，彭越自醢，於布何與？為布之計，用之則盡心，而前不用則奉身而退。守吾忠誠，安吾義命，則何疑懼之有？張子房辟穀願從赤松子遊，善處功名之上者也。郭令公讒毁百端，詔書一紙，徵之無不即日就道，善處功名之次者也。黥布近不能為張子房，獨不可遠為郭令公乎？不知出此而乃為反，謀其取禍也，宜矣吁，謀反，布之罪也。當反之言，薛公亦不能無罪焉。

《漢書》卷八四《翟方進傳》　諸將東（破）〔至〕陳留菑，與義會戰，破之，斬劉璜首。莽大喜，復下詔曰：太皇太后遭家不造，國統三絶，絶輒復續，恩莫厚焉，信莫立焉。孝平皇帝短命蚤崩，幼嗣孺沖，詔予居攝。予承明詔，奉社稷之任，持大宗之重，養六尺之託，受天下之寄，戰戰兢兢，不敢安息。伏念太皇太后惟經藝分析，王道離散，漢家制作之業，獨未成就，故博徵儒士，大興典制，備物致用，立功成器，以為天下利。王道粲然，基業既著，千載之廢，百世之遺，於今乃成。道德庶幾於唐虞，功烈比齊於殷周。今翟義、劉信等謀反大逆，流言惑衆，欲以篡位，賊害我孺子，罪深於管蔡，惡甚於禽獸。信父故東平王雲，不孝不謹，親毒殺其父思王，名曰：鉅鼠。後雲竟坐大逆誅死。義父故丞相方進，險詖陰賊，兄宣靜言令色，外巧内嫉，所殺鄉邑汝南者數十人。今積惡二家，迷惑相得，此時命當殄，天所滅也。義始發兵，上書言宇、信等與東平相輔謀反，執捕械繫，欲以威民，先自相被以反逆大惡，轉相捕械，此其破殄之明證也。已捕斬斷信二子穀鄉侯章、德廣侯鮪，義母練、兄宣、親屬二十四人，皆磔暴於長安都市四通之衢。當其斬時，觀者重疊，天氣和清，可謂當矣。命遣大將軍共行皇天之罰，討海内之讎，功效著焉，予甚嘉之。《司馬法》不云乎：賞不踰時。欲民速覩為善之利也。今先封車騎都尉孫賢等五十五人，皆為列侯，户邑之數別下。遣使者持黄金印、赤韍縌、朱輪車，即軍中拜授。

《漢書》卷九九中《王莽傳》〔始建國二年〕十一月，立國將軍建奏：西域將欽上言，九月辛巳，戊己，校尉史陳良終帶共賊殺校尉刁護，劫略吏士，自稱廢漢大將軍，亡入匈奴。又今月癸酉，不知何一男子遮臣建車前，自稱漢氏劉子輿，成帝下妻子也。劉氏當復，趣空宮。收繫男子，即長安姓武字仲，皆逆天違命，大逆無道。請論仲及陳良等親屬當坐著。漢氏高皇帝比著戒云，罷吏卒，為賓食，誠欲承天心，全子孫也。其宗廟不當在常安城中，及諸劉為諸侯者，當與漢俱廢。陛下至仁，久未定。前故安衆侯劉崇、徐鄉侯劉快、陵鄉侯劉曾、扶恩侯劉貴等，更聚衆謀反。今狂狡之虜，或妄自稱亡漢將軍，或稱成帝子子輿，至犯夷滅，連未止者，此聖恩不蚤絶其萌芽故也。臣愚以為漢高皇帝為新室賓，享食明堂。成帝異姓之兄弟，平帝壻也，皆不宜復入其廟。元帝與皇太后為體，聖恩所隆，禮亦宜之。臣請漢氏諸廟在京師者皆罷。諸劉為諸侯者，以户多少就五等之差，其為吏者，皆罷。待除於家。上當天心，稱高皇帝神靈，塞狂狡之萌。

（清）汪森《粤西文載》卷六二《名宦》　陶侃，字士行，潯陽人。忤王敦，左遷廣州刺史。時，王敦以王機為交州刺史，杜弘據臨賀，與溫邵及交州秀才劉沉謀反。侃擊杜弘，破之。執劉沉於小桂。又遣部將許高討機斬之。大興初，進平南將軍，尋加都督交州軍事。時，交州刺史王諒為賊梁碩所陷，侃遣將高寶進擊，平之。以侃領交州刺史，録前後功，加都督，交廣寧七州軍事。

（宋）司馬光《資治通鑑》唐太宗貞觀十七年十二月　刑部以反逆連坐律兄弟没官爲輕，請改從死。敕八座議之。議者以爲秦漢魏晋之法，反者皆夷三族，今宜如刑部所請。給事中崔仁師駁曰：古者父子兄弟罪不相及，奈何以亡秦酷法變隆周中典！且誅其父子，足累其心。此而不顧，何愛兄弟。上從之。

（唐）杜佑《通典》卷一六七《刑法·雜議》〔貞觀〕二十一年，刑部奏言：準律：謀反大逆，父子皆死，兄弟處流。此則輕而不懲，望請改重法。制遣百僚詳議。司議郎敬播議曰：昆弟孔懷，人倫雖重，比於父子，情理有殊。生有異室之文，死有別宗之義。今有高官重爵，本蔭唯逮子孫；胙土析珪，餘光不及昆季。豈有不沾其蔭，輒受其辜，背理違情，恐爲太甚。必其反茲春令，踵彼秋荼，創次骨於道德之辰，建深文於刑措之日，臣將不可，物論誰宜！詔從之。

（唐）長孫無忌等《唐律疏議》卷一《名例·十惡》　疏議曰：五刑之中，十惡尤切，虧損名教，毁裂冠冕，特標篇首，以爲明誡。其數甚惡者，事類有十，故稱十惡。然漢制《九章》，雖並湮没，其不道、不敬之目見存，原夫厥初，蓋起諸漢。案梁陳已往，略有其條。周齊雖具十條之名，而無十惡之目。開皇創制，始備此科，酌於舊章，數存於十。大業有造，復更刊除，十條之内，唯存其八。自武德以來，仍遵開皇，無所損益。

一曰謀反。謂謀危社稷。

疏議曰：案《公羊傳》云：君親無將，將而必誅。謂將有逆心，而害於君父者，則必誅之。《左傳》云：天反時爲災，人反德爲亂。然王者居宸極之至尊，奉上天之寶命，同二儀之覆載，作兆庶之父母。爲子爲臣，惟忠惟孝。乃敢包藏兇慝，將起逆心，規反天常，悖逆人理，故曰謀反。

注：謂謀危社稷。

疏議曰：社爲五土之神，稷爲田正也，所以神地道，主司嗇。君爲神主，食乃人天，主泰即神安，神寧卽時稔。臣下將圖逆節，而有無君之心，君位若危，神將安恃。不敢指斥尊號，故託云社稷。《周禮》云左祖右社，人君所尊也。

二曰謀大逆。謂謀毁宗廟、山陵及宮闕。

疏議曰：此條之人，干紀犯順，違道悖德，逆莫大焉，故曰大逆。

注：謂謀毁宗廟、山陵及宮闕。

疏議曰：有人獲罪於天，不知紀極，潛思釋憾，將圖不逞，遂起惡心，謀毁宗廟、山陵及宮闕。宗者，尊也。廟者，貌也。刻木爲主，敬象尊容，置之宮室，以時祭享，故曰宗廟。山陵者，古先帝王因山而葬，黄帝葬橋山即其事也。或云，帝王之葬，如山如陵，故曰山陵。宮者，天有紫微宮，人君則之，所居之處故曰宮。其闕者，《爾雅·釋宮》云：觀謂之闕。郭璞云：宮門雙闕也。《周禮·秋官》正月之吉日，懸刑象之法於象魏，使人觀之，故謂之觀。

三曰謀叛。謂謀背國從僞。

疏議曰：有人謀背本朝，將投蕃國，或欲翻城從僞，或欲以地外奔，即如莒牟夷以牟婁來奔，公山弗擾以費叛之類。

四曰惡逆。謂毆及謀殺祖父母、父母，殺伯叔父母、姑、兄姊、外祖父母、夫、夫之祖父母、父母。

疏議曰：父母之恩，昊天罔極。嗣續妣祖，承奉不輕。梟鏡其心，愛敬同盡，五服至親，自相屠戮，窮惡盡逆，絶棄人理，故曰惡逆。

注：謂毆及謀殺祖父母、父母，殺伯叔父母、姑、兄姊、外祖父母、夫、夫之祖父母、父母。

疏議曰：毆謂毆擊，謀謂謀計。自伯叔以下，卽據殺訖，若謀而未殺，自當不睦之條。惡逆者，常赦不免，決不待時；不睦者，會赦合原，惟止除名而已。以此爲別，故立制不同。其夫之祖父母者，夫之曾、高祖亦同。案喪服制，爲夫曾、高服緦麻，若夫承重，其妻於曾、高祖，亦如夫之父母服期。故知稱夫之祖父母，曾、高亦同也。

問曰：外祖父母及夫，據禮有等數不同，具爲分析。

答曰：外祖父母，但生母身，有服、無服，並同外祖父母，所以如此者，律云不以尊厭及出降故也。若不生母身者，有服同外祖父母，無服同凡人。依禮，嫡子爲父後及不爲父後者，並不爲出母之黨服，卽爲繼母之黨服，此兩黨俱是外祖父母；若親母死於室，爲親母之黨服，不爲繼母之黨服，此繼母之黨無服，卽同凡人。又，妾子爲父後及不爲父後者，嫡母存，爲其黨服；嫡母亡，不爲其黨服。《禮》云：所從亡，則已。此既從嫡母而服，故嫡母亡，其黨則已。夫者，依禮有三月廟見，有未廟見，或就婚等三種之夫，並同夫法。其有克吉日及定婚夫等，唯不得違約改嫁，自餘相犯，並同凡人。

（唐）長孫無忌等《唐律疏議》卷一七《賊盜·謀反大逆》 諸謀反及大逆者，皆斬，父子年十六以上皆絞，十五以下及母女、妻妾、子妻妾亦同。祖孫、兄弟、姊妹若部曲、資財、田宅並没官，男夫年八十及篤疾、婦人年六十及廢疾者並免；餘條婦人應緣坐者，準此。伯叔父、兄弟之子皆流三千里，不限籍之同異。

疏議曰：人君者，與天地合德，與日月齊明，上祗寶命，下臨率土。而有狡豎兇徒，謀危社稷，始興狂計，其事未行，將而必誅，卽同真反。《名列》：稱謀者，二人以上。若事已彰明，雖一人同二人之法。大逆者，謂謀毁宗廟、山陵及宮闕。反則止據始謀，大逆者謂其行訖。故謀反及大逆者皆斬，父子年十六以上皆絞。言皆者，罪無首從。十五以下及母女、妻妾，注云子妻妾亦同，祖孫、兄弟、姊妹，若部曲、資財、田宅並没官。部曲不同資財，故特言之。部曲妻及客女，並與部曲同。奴婢同資財，故不別言。男夫年八十及篤疾，婦人年六十及廢疾，並免緣坐。注云餘條婦人應緣坐者，準此，謂謀叛已上道及殺一家非死罪三人，並告賊消息，此等之罪，緣坐各及婦人，其年六十及廢疾亦免。故云婦人應緣坐者，準此。伯叔父、兄弟之子，皆流三千里，不限籍之同異，雖與反逆人別籍，得罪皆同。若出繼同堂以外，即不合緣坐。

即雖謀反，詞理不能動衆，威力不足率人者，亦皆斬；謂結謀真實，而不能爲害者。若自述休徵，假託靈異，妄稱兵馬，虚説反由，傳惑衆人而無真狀可驗者，自從袄法。父子、母女、妻妾並流三千里，資財不在没限。其謀大逆者，絞。

疏議曰：即雖謀反者，謂雖構亂常之詞，不足動衆人之意；雖騁兇威若力，不能驅率得人；雖有反謀，無能爲害者：亦皆斬。父子、母女、妻妾並流三千里，資財不在没限。注云謂結謀真實，而不能爲害者。若自述休徵，言身有善應；或假託靈異，妄稱兵馬；或虚論反狀，妄説反由：如此傳惑衆人，而無真狀可驗者，自從袄法，謂一身合絞，妻子不合緣坐。謀大逆者，絞，上文大逆即據逆事已行，此爲謀而未行，唯得絞罪。律不稱皆，自依首從之法。

問曰：反、逆人應緣坐，其妻妾據本法，雖會赦猶離之、正之；其繼、養子孫依本法，雖會赦合正之。準離之、正之，即不在緣坐之限。反、逆事彰之後，始訴離之、正之，如此之類，并合放免以否？

答曰：刑法慎於開塞，一律不可兩科，執憲履繩，務從折中。違法之輩，已汨朝章，雖經大恩，法須離、正。離、正之色，即是凡人。離、正不可爲親，須從本宗緣坐。

（唐）長孫無忌等《唐律疏議》卷一七《賊盗・口陳欲反之言》 諸口陳欲反之言，心無真實之計，而無狀可尋者，流二千里。

疏議曰：有人實無謀危之計，口出欲反之言，勘無實狀可尋，妄爲狂悖之語者，流二千里。若有口陳欲逆、叛之言，勘無真實之狀，律、令既無條制，各從不應爲重。

（唐）長孫無忌等《唐律疏議》卷一七《賊盗・謀叛》 諸謀叛者，絞。已上道者皆斬，謂協同謀計乃坐，被驅率者非。餘條被驅率者，準此。

疏議曰：謀叛者，謂欲背國投僞，始謀未行事發者，首處絞，從者流。已上道者，不限首從，皆斬。注云謂協同謀計乃坐，協者和也，謂本情和同，共作謀計，此等各依謀叛之法。被驅率者非，謂元本不共同情，臨時而被驅率者，不坐。餘條被驅率者，準此，餘條謂謀反、謀大逆，或亡命山澤，不從追喚，既肆兇悖，堪擅殺人，並劫囚之類，被驅率之人，不合得罪。

妻、子流二千里；若率部衆百人以上，父母、妻、子流三千里；所率雖不滿百人，以故爲害者，以百人以上論。害，謂有所攻擊虜掠者。

疏議曰：叛者，身得斬罪，妻、子仍流二千里。若唯有妻及子年十五以下合贖，婦人不可獨流，須依留住之法，加杖、居作。若子年十六以上，依式流配，其母至配所免居作。在室之女，不在配限，《名例律》緣坐者，女不同故也。若率部衆百人以上，罪狀尤重，故父母及妻、子流三千里。所率雖不滿百人，以故爲害者，以百人以上論。注云害，謂有所攻擊虜掠者，或攻擊城隍，或虜掠百姓，依百人以上論，各身處斬，父母、妻、子流三千里。其攻擊城隍，因即拒守，自依反法。

即亡命山澤，不從追喚者，以謀叛論，其抗拒將吏者，以已上道論。

疏議曰：謂背誕之人，亡命山澤，不從追喚者，以謀叛論，首得絞刑，從首流三千里。抗拒將吏者，謂有將吏追討，仍相抗拒者，以已上道論，並身處斬，妻、子配流。抗拒有害者，父母、妻、子流三千里，並準上文：率部衆百人以上，不須有害；若不滿百人，要須有害，得罪乃與百人以上同。

（唐）長孫無忌等《唐律疏議》卷二三《鬭訟・知謀反逆叛不告》

諸知謀反及大逆者，密告隨近官司，不告者，絞。知謀大逆、謀叛，不告者流二千里。知指斥乘輿及妖言不告者，各減本罪五等。官司承告，不即掩捕，經半日者，各與不告罪同。若事須經略，而違時限者，不坐。

疏議曰：謀反者，謂知人潛謀欲危社稷。大逆者謂知人於宗廟及山陵、宫闕已有毁損，並須密告隨近官司。知而不即告者，絞。若知謀大逆，謂知始謀欲毁宗廟、山陵等；謀叛者，謂知謀欲背國從僞，亦須密告官司。不告者，流二千里。若知指斥乘輿謂情理切害，及妖言者，謂妄説休咎之言，不告者，各減本罪五等。本應死者，從死上減五等。妖言惑不滿衆者，流上減五等，是名各減五等。官司承告謀反以下，不即掩捕，若經半日者，謂經五十刻，不即掩捕，各與不告罪同。若事須經略，謂人衆既多，須得人兵器仗，如此經略，以故違時限而失罪人者，不坐。其知謀反以下，雖不密告隨近官司，能自捕送者，亦與密告同。因其自捕，驚失罪人，或已就拘執而失者，並同失囚之法。

《舊唐書》卷一〇《肅宗本紀》〔至德二載十二月〕己丑，賊將僞范陽節度使史思明以其兵衆八萬之籍，與僞河東節度使高秀巖並表送降。庚午，制：人臣之節，有死無二；爲國之體，叛而必誅。况乎委質賊廷，宴安逆命，耽受寵禄，淹延歲時，不顧恩義，助其效用，此其可宥，法將何施？達奚珣等或受任台輔，位極人臣；或累葉寵榮，姻聯戚里；或歷踐臺閣，或職通中外。夫以犬馬微賤之畜，猶如戀主；龜蛇蠢動之類，皆能報恩。豈曰人臣，曾無感激？自逆胡作亂，傾覆邦家，同在黎元，皆含怨憤，殺身殉國者，不可勝數。此等黔首，猶不背國恩。受任於梟獍之間，諮謀於豺虺之輩，静言此情，何可放宥。達奚珣等一十八人，並宜處斬；陳希烈等七人，並賜自盡；前大理卿張均特宜免死，配流合浦郡。是日斬達奚珣等於子城西南隅獨柳樹，仍集百僚往觀之。

《新唐書》卷五六《刑法志》德宗性猜忌少恩，然用刑無大濫。刑部侍郎班宏言：謀反、大逆及叛、惡逆四者，十惡之大也，犯者宜如律。其餘當斬、絞刑者，决重杖一頓處死，以代極法。故時，死罪皆先决杖，其數或百或六十，於是悉罷之。

（宋）李上交《近事會元》卷五《吴元濟》唐德宗時，先是吴少陽，本滄州人，與吴翔者相善。翔子少誠，知淮西留後，乃以金帛取少陽，至名為堂弟，置為軍職，充申州刺史。五年，少誠病，因家童蔣，以少誠意，召少陽至。少誠已困，乃偽置少陽攝副使，知軍州，遂告少誠死之，少陽自為留後。爾後少陽據蔡，五年不朝，憲宗元和九年卒，子元濟僭襲逆命，却畧近郡邑千餘里，關東大恐。九年十月，以李光顔為忠武節度，光，蔡等州招撫使。十年正月，詔奪元濟在身官。五月，裴度經制，屢戰不已。至十二年，裴度得賊帥吴秀琳、李佑。因委信國計，其年將臣李愬，十一月率兵於十日夜，越牆而入，十一日擒元濟并家屬赴京，斬於獨柳樹下，年二十五。自少誠阻兵已來，三十餘年也。

《舊唐書》卷一一二《李國貞傳》〔元和二年十一月〕斬李錡並男師回于子城西南隅。初，詔書削錡屬籍。〕宰臣鄭絪、等議錡所坐親疏未定。乃召兵部郎中蔣武問曰：詔罪李錡一房，當是大功内耶？又曰：大功是錡堂兄弟，即淮安王神通之下，淮安有大功於國，不可以孽孫而上累。又問曰：錡親兄弟當連坐否？武曰：錡親兄弟皆是若幽之子。若幽有死王事之功，若令錡兄弟從坐，若幽即宜削籍亦所未安。宰臣頗以爲然。

（宋）王溥《唐會要》卷三九《議刑輕重》〔元和五年五月〕又敕：李宗奭本於兇狠，自抵誅夷，用戒倡狂，合從孥戮。茲從解網貸，以刑章特示，令宏載寬緣坐。其妻常氏及男女等，先收在掖庭，並宜放出。前數日，上謂宰臣曰：李師古雖自襲祖父，然朝廷待以始終。其妻於師道，即嫂叔也。雖曰逆人親屬，量其輕重，宜降等。又宗奭雖抵嚴憲，其事情比之大逆，亦有不同。其妻士族也。今與其子女俱在掖庭。於法皆似過深，卿等曾留意否？崔群對曰：聖情仁惻，罪非止兇魁。其妻子近屬，儻獲寬恕，實合宏覆之道。上遂出之！準法：逆人親屬，得原免者，唯止一身。至是，其奴婢資貨，悉令還付。

劉俊文《敦煌吐魯番唐代法制文書考釋·律疏·開元名例律疏殘卷》

〔前缺〕

開皇創制，始備此科，酌於舊典，數存於十。大業有造，復更刊除，十條之内，唯存其八。自武德已來，仍遵開皇，無所損益。

一曰：謀反。

議曰：按《公羊傳》云，君親無將，將而必誅。謂將有逆心，而害於君父者，則必誅之。《左傳》云，天反時爲灾，人反德爲亂。然王者居宸極之至尊，奉上天之寶命，同二儀之覆載，作兆庶之父母。爲子爲臣，惟忠惟孝。乃敢苞藏兇慝，將起逆心，規反天常，悖逆人理，故曰謀反。

注云：謂謀危社稷。

議曰：社爲五土之神，稷爲田正也，所以神地道，主司嗇。君爲神主，食乃人天，主泰即神安，神寧即時稔。臣下將圖逆節，而有無君之心，君位若危，神將安恃。不敢指斥尊號，故託云社稷。《周禮》云，左祖右社。人君所尊也。

二曰：謀大逆。

議曰：此條之人，干紀犯須，還道悖德，逆莫大焉，故曰大逆。

注云：謂謀毁宗廟、同陵及官闕。

議曰：有人獲罪於天，不知紀極，潛思釋憾，將圖不逞，遂起惡心，謀毁宗廟、山陵及宫闕。宗者，尊也；廟者，貌也。刻木爲主，敬象尊容，置之宮室，以時祭享，故曰宗廟。山陵者，古先帝王，因山而葬，黄帝葬橋山卽其事也。或云，帝王之葬，如山如陵，故曰山陵。天有紫微宮，人君則之，所居之處故曰宮。其闕者，《爾雅·釋宮》云，觀謂之闕。郭璞云，宮門雙闕也。《周禮·秋官》，正月之吉日，懸政象之法於象魏，使人觀之。故謂之觀。

三曰：謀叛。

注云：謂謀背國從僞。

議曰：有人謀背本朝，將投蕃國，或欲翻城從僞，或欲以地外奔，卽如莒牟夷以牟婁來奔，公山弗擾以費叛之類。【略】

四曰：惡逆。

議曰：父母之恩，昊天罔極，嗣續妣祖，承奉不輕，梟鏡其心，愛敬同盡，五服至親，自相屠戮，窮惡盡逆，絶棄人理，故曰惡逆。

注云：謂毆及謀殺祖父母、父母，殺伯叔父母、姑、兄姊、外祖父母、夫、夫之祖父母、父母。

議曰：毆謂毆擊，謀謂計謀。自伯叔以下，卽據殺訖。若謀而未殺，自當不睦之條。惡逆者，常赦不免，決不待時；不睦者，會赦合原，唯止除名而已。以此爲別，故立而制不同。其夫之祖父母者，夫之曾、高祖亦同。按喪服，爲夫曾、高服緦麻。若夫承重，其妻於曾、高祖，亦如夫之父母服周。故知稱夫之祖父母，曾、高亦同也。

問曰：外祖父母及夫，據禮有等數不同，具爲分析？

答曰：外祖父母，但生母身，有服無服，並同外祖父母。所以如此者，律云，不以尊壓及出降故也。若不生母身者，有服同外祖父母，無服同凡人。依禮，嫡子爲父後，及不爲後者，並不爲出母之黨服，卽爲繼母之黨服，此兩黨俱是外祖父母。若親母死於室，爲親母之黨服，不爲繼母之黨服，此繼母之黨無服，卽同凡人。又妾子爲父後，及不爲父後者，嫡母存，爲其黨服；嫡母亡，不爲之黨服。《禮》云，所從亡則已。此既從嫡母而服，故嫡母亡，其黨則已。夫者，依禮有三月廟見，有未廟見，或就婚等三種之夫，並同夫法。其有克吉日及定婚夫等，唯不得違約改嫁，自餘相犯，並同凡人。

五曰：不道。

議曰：安忍殘賊，背違正道，故曰不道。

注云：謂殺一家非死罪三人，支解人。

議曰：謂一家之中，三人被殺，俱無死罪者。若三人之内，有一人合死，及於數家各殺二人，唯合死刑，不入十惡。或殺一家三人，本條罪不至死，亦不入十惡。支解人者，謂殺人而支解。亦據本罪合死者。

注云：造畜蠱毒、厭魅。

議曰：謂造合成蠱，雖非造合，乃傳畜之，堪以害人者，皆是。卽未成者，不入十惡。厭魅者，其事多端，不可其述，皆謂邪俗陰行不軌，欲令前人疾苦及死者。

六曰：大不敬。

議曰：禮者，敬之本；敬者，禮之輿。故《禮運》云，禮者君之柄，所以別嫌明微，考制度，別人義。責其所犯既大，皆無肅敬之心，故曰大不敬。

注云：謂盗大祀神御之物、乘輿服御物。

議曰：大祀者，依《祠令》，昊天上帝、五方上帝、皇地只、神州、宗廟等爲大祀。

《職制律》又云，凡言祀者，祭、享同。若大祭、大享，並同大祀。神御物者，謂神祇報御之物。本條注云，謂供神御者，帷帳几杖亦同，造成未供而盗亦是。酒醴饌具及籩豆簠簋之屬，在神前而盗者，亦入大不敬。不在神所盗者，非也。乘輿服御物者，謂主上服御之物。人主以天下爲家，乘輿巡幸，不敢指斥尊號，故托乘輿以言之。本條注云，服通衾茵之屬，真、副等。皆須監當之官部分擬進，乃爲御物。

《舊五代史》卷三〇《唐書·莊宗本紀》〔同光元年冬十月〕丙戌，詔曰：懲惡勸善，務振紀綱；激濁揚清，須明真僞。蓋前王之令典，爲歷代之通規，必按舊章，以令多士。而有志萌僭竊，位忝崇高，累世官而皆受唐恩，貪爵禄而但從僞命，或居台鉉，或處權衡，或列近職而預機謀，或當峻秩而掌刑憲，事分逆順，理合去留。僞宰相鄭珏等一十一人，皆本朝簪組，儒苑品流。雖博識多聞，備明今古；而修身慎行，頗負祖先。昧忠貞而不度安危，專利禄而全虧名節，合當大辟，無恕近親。無恕，原本作無恐，今據文改正。朕以纘嗣丕基，初平巨憝，方務好生之道，在行含垢之恩。湯網垂仁，既矜全族；舜刑投裔，兼貸一身。爾宜自新，我全大體，其爲顯列，不並庶僚。餘外應在周行，悉仍舊貫，凡居中外，咸體朕懷。

是日，以梁將段凝上疏奏：梁朝權臣趙巖等，並助成虐政，結怨於人，聖政惟新，宜誅首惡。乃下詔曰：

朕既殄僞庭，顯平國患。好生之令，含弘雖切於予懷；懲惡之規，決斷難違於衆請。況趙巖、趙鵠等，自朕收城數日，布惠四方，尚匿迹以潛形，罔悛心而革面，須行赤族，以謝衆心。其張漢傑昨於中都與王彦章同時俘獲，此際未詳行止，行止，原本作行致，今據文改正。偶示哀矜。今既上將陳詞，群情激怒，往日既彰於僭濫，此時難漏於網羅，宜置國刑，以塞群論。除妻兒骨肉外，其他疏屬僕使，並從釋放。敬翔、李振，首佐朱温，共傾唐祚，屠害宗屬，殺戮朝臣，既寰宇以皆知，在人神而共怒。

《舊五代史》卷一〇一《漢書·隱帝本紀》〔乾祐元年〕十一月甲寅，誅太子太傅李崧及其弟司封員外郎嶼、國子博士嶬，夷其族，爲部曲誣告故也。詔曰：稔惡圖危，難逃天網；虧忠負義，必速神誅。李崧頃在前朝，最居重位，略無裨益，遂至滅亡。及事契丹，又爲親密，士民俱憤，險佞可知。先皇帝含垢掩瑕，推恩念舊，擢居一品，俾列三師。不謂潛有苞藏，謀危社稷，散差人使，潛結姦兇，俯近山陵，擬爲叛亂。按其所告，咸已伏辜，宜正典章，用懲姦逆。其李崧、李嶼、李嶬一家骨肉，及同謀作亂人，並從極法云。

（宋）王溥《五代會要》卷一〇《刑法雜録》 周廣順元年正月五日赦節文：今後應諸色犯罪，除反逆罪外，並不得籍没家貲，誅及骨肉，一依格令處分。

（宋）竇儀等《宋刑統》卷一七《賊盗律·謀反逆叛唱反 亡命山澤》

諸謀反及大逆者，皆斬，父子年十六以上皆絞，十五以下及母女、妻妾、子妻妾亦同。祖孫、兄弟、姊妹，〔若〕部曲、資財、田宅並没官，男夫年八十及篤疾，婦人年六十及廢疾者並免，餘條婦人應緣坐者準此。伯叔父、兄弟之子，皆流三千里，不限籍之同異。即雖謀反，詞理不能動衆，威力不足率人者，亦皆斬，謂結謀真實而不能爲害者。若自述休徵，假託靈異，妄稱兵馬，虛説反由，傳惑衆人，而無真狀可驗者，自從祆法。父子、母女、妻妾並流三千里，資財不在没限。其謀大逆者絞。

疏：諸謀反及大逆者，皆斬，父子年十六以上皆絞，十五以下及母女、妻妾。注云，子妻妾亦同。又云，祖孫、兄弟、姊妹，若部曲、資財、田宅並没官，男夫年八十及篤疾，婦人年六十及廢疾釋曰：篤疾、廢疾，具在第十二丁中老小疾條。者並免。注云，餘條婦人應緣坐者準此。又云，伯叔父、兄弟之子，皆流三千里，不限籍之同異。

議曰：人君者，與天地合德，與日月齊明，上祗寶命，下臨率土，而有狡豎兇徒，謀危社稷，始興狂計，其事未行，將而必誅，即同真反。《名例》稱謀者二人以上，若事已彰明，雖一人同二人之法。大逆者，謂誅毁宗廟、山陵及宫闕。反則止據始謀，大逆者謂其行訖，故謀反及大逆者皆斬。父子年十六以上皆絞，言皆者，罪無首從。十五以下及母女、妻妾，注云子妻妾亦同，祖孫、兄弟、姊妹，若部曲、資財、田宅並没官。部曲不同資財，故特言之。部曲妻及客女，並與部曲奴婢同資財，故不別言。男夫年八十及篤疾，婦人年六十及廢疾，並免緣坐。注云，餘條婦人應緣坐者準此，謂謀叛已上道，及殺一家非死罪三人，並告賊消息，此等之罪，緣坐各及婦人，其年六十及廢疾亦免，故云婦人應緣坐者準此。伯叔父、兄弟之子皆流三千里，不限籍之同異，雖與反逆人別籍，得罪皆同。若出繼，同堂釋曰：出繼謂伯叔父及兄弟之子、己之孫内，有出繼同宗者。同堂謂伯叔父之子，今俗呼爲親堂兄弟者。以外，即不合緣坐。

又云，即雖謀反，詞理不能動衆，威力不足率人者，亦皆斬。注云，謂結謀真實而不能爲害者。若自述休徵，假託靈異，妄稱兵馬，虛説反由，傳惑衆人，而無真狀可驗者，自從祆法。又云，父子、母女、妻妾並流三千里，資財不在没限。其謀大逆者絞。

議曰：即雖謀反者，謂雖構亂常之詞，不足動衆人之意，雖騁兇威，若力不能驅率得人，雖有反謀，無能爲害者，亦皆斬，父子、母女、妻妾並流三千里，資財不在没限。注云，謂結謀真實而不能爲害者。若自述休徵，言身有善應，或假託靈異，妄稱兵馬，虛論反狀，妄説反由，如此傳惑衆人而無真狀可驗者，自從祆法。謂一身合絞，妻子不合緣坐。謀大逆者絞。上文大逆，即據逆事已行，此爲謀而未行，唯得絞罪。律不稱皆，自依首從之法。

問曰：反逆人應緣坐其妻妾，據本法雖會赦猶離之、正之，其繼養子孫，依本法雖會赦合正之。準離之、正之，即不在緣坐之限。反逆事彰之後，始訴離之、正之，如此之類，并合放免以否？

答曰：刑法慎於開塞，一律不可兩科，執憲履繩，務從折中。違法之輩，已汩朝章，雖經大恩，法須離正。離正之色，即是凡人。離正不可爲親，須從本宗緣坐。

諸緣坐非同居者，資財、田宅不在没限。雖同居非緣坐，及緣坐人子孫應免流者，各準分法留還。老疾得免者，各準一子分法。若女許嫁已定，婦其夫，出養入道，及聘妻未成者，不追坐。出養者，從所養坐。道士及婦人若部曲、奴婢犯反逆者，止坐其身。

疏：諸緣坐非同居者，資財、田宅不在没限。雖同居非緣坐，及緣坐人子孫應免流者，各準分法留還。注云，老疾得免者，各準一子分法。

議曰：緣坐非同居者，謂謀反、大逆人親伯叔、兄弟已分訖，田宅、資財不在没限。雖見同居，準律非緣坐，謂非周以上親及子孫，其祖母及伯叔母、姑、兄弟妻各謂無夫者，律文不載，並非緣坐。其緣坐人子孫，謂伯叔子及兄弟孫，據律亦不緣坐。各準分法留還，謂未經分異，犯罪之後，並準《户令》依分法。其孫婦雖非緣坐，夫没即合婦宗，準法不入分限。注云，老疾得免者，男夫年八十及篤疾，婦人年六十及廢疾，各準户内應分人多少，人別得準一子分法留還。

問曰：老疾得免者，各準一子分法。假有一人年八十，有三男十孫，或一孫反逆，或一男見在，或三男俱死，唯有十孫，老者若爲留分？

答曰：男但一人見在，依令作三男分法，添老者一人，即爲四分。若三男死盡，依令諸子均分，老人共十孫爲十一分，留一分與老者，是爲各準一子分法。

又云，若女許嫁已定，歸其夫，出養入道，及聘妻未成者，不追坐。注云，出養者，從所養坐。又云，道士及婦人若部曲、奴婢犯反逆者，止坐其身。

議曰：女許嫁已定，謂有許婚之書及私約，或已納聘財，雖未成，皆歸其夫。出養謂男女爲人所養，入道謂爲道士、女冠若僧尼。聘妻未成者，雖克吉日，男女未相見，並不追坐。出養者，從所養家緣坐，不涉本生。道士及婦人，稱道士，僧尼亦同。婦人不限在室及出嫁、入道，若部曲、奴婢者，奴婢不限官私，犯反逆者，止坐其身。自道士以下，若犯謀反、大逆，並無緣坐，故云止坐其身。

問曰：雜户及太常音聲人犯反逆，有緣坐否？

答曰：雜户及太常音聲人，各附縣貫，受田、進丁，老免衆百姓同。其有反逆及應緣坐，亦與百姓無別。若工衆官户不附州縣貫者，與部曲例同，止坐其身，更無緣坐。

準：周廣順元年正月五日赦節文，今後應諸色犯罪人，除反逆罪外，並不得籍没家資，誅及骨肉，一依格令處分。

諸口陳欲反之言，心無真實之計，而無狀可尋者，流二千里。

疏議曰：有人實無謀危之計，口出欲反之言，勘無實狀可尋，妄爲狂悖之語者，流二千里。若有口陳欲逆叛之言，勘無真實之狀，律令既無條制，各從不應爲重。

準：周顯德五年七月七日敕條，若有人或因鬥争，或是酒醉，輒高聲唱反者，決臀杖七十。

諸謀叛者絞，已上道者皆斬，謂協同謀計乃坐，被驅率者非。餘條被驅率者準此。妻子流二千里。若率部衆百人以上，父母、妻子流三千里。所率雖不滿百人，以故爲害者，以百人以上論。害謂有所攻擊虜掠者。即亡命山澤，不從追喚者，以謀叛論。其抗拒將吏者，以已上道論。

疏：諸謀叛者絞，已上道者皆斬。注云，謂協同謀計乃坐，被驅率者非。餘條被驅率者準此。

議曰：謀叛者，謂欲背國投僞，始謀未行，事發者，首處絞，從者流。已上道者，不限首從皆斬。注云，謂協同謀計乃坐。協者和也，謂本情和同，共作謀計，此等各依謀叛之法。被驅率者非，謂元本不共同情，臨時而被驅率者不坐。餘條被驅率者準此，餘條謂謀反、謀大逆。或亡命山澤，不從追喚，既肆兇悖，堪擅殺人，並劫囚之類，被驅率之人不合得罪。

又云，妻子流二千里。若率部衆百人以上，父母、妻子流三千里。所率雖不滿百人，以故爲害者，以百人以上論。注云，害謂有所攻擊虜掠者。

議曰：叛者身得斬罪，妻子仍流二千里。若唯有妻，及子年十五以下，合贖，婦人不可獨流，須依留住之法，加杖居作。若子年十六以上，依式流配。其母至配所，免居作。在室之女不在配限，《名例律》，緣坐者，女不同故也。若率部衆百人以上，罪狀尤重，故父母及妻子流三千里。所率雖不滿百人，以故爲害者，以百人以上論。注云，害謂有所攻擊虜掠者。或攻擊城隍，或虜掠百姓，依百人以上論，各身處斬，父母、妻子流三千里。其攻擊城隍，因即拒守，自依反法。

又曰，即亡命山澤，不從追喚者，以謀叛論。其抗拒將吏者，以已上道論。

議曰：謂背誕之人，亡命山澤，不從追喚者，以謀叛論，首得絞刑，從者流三千里。抗拒將吏者，謂有將吏追討，仍相抗拒者，以已上道論，並身處斬，妻子配流。抗拒有害者，父母、妻、子流三千里。並準上文率部衆百人以上，不須有害，若不滿百人，要須有害得罪，乃與百人以上同。

（宋）竇儀等《宋刑統》卷二三《鬭訟律・告反逆諸色誣告反坐糾不實》

諸知謀反及大逆者，密告隨近官司，不告者絞。知謀大逆、謀叛不告者，流二千里。知指斥乘輿及祅言不告者，各減本罪五等。官司承告，不即掩捕，經半日者，各與不告罪同。若事須經略，而違時限者，不坐。

疏議曰：謀反者，謂知人潛謀，欲危社稷。大逆者，謂知人於宗廟及山陵、宮闕已有毀損，並須密告隨近官司，知而不即告者絞。若知謀大逆，謂知始謀欲毀宗廟、山陵等，謀叛者，謂知謀欲背國從僞，亦須密告官司，不告者流二千里。若知指斥乘輿，謂情理切害，及祅言者，謂妄説休咎之言，不告者各減本罪五等，本應死者，從死上減五等。祅言惑不滿衆者，流上減五等。是名各減五等。官司承告謀反以下，不即掩捕，若經半日者，謂經五十刻，不即掩捕，各與不告罪同。若事須經略，謂人衆既多，須得人兵器仗，如此經略，以故違時限而失罪人者，不坐。其知謀反以下，雖不密告隨近官司，能自捕送者，亦與密告同。因其自捕，驚失罪人，或已就拘執而失者，並同失囚之法。

諸誣告謀反及大逆者斬，從者絞。若事容不審，原情非誣者，上請。若告謀大逆、謀叛不審者，亦如之。

疏議曰：誣告謀反及大逆者，謂知非反逆，故欲誣之，首合斬，從合絞。若事容不審者，謂或奉別敕閱兵，或欲修葺宗廟，見閱兵疑是欲反，見修宗廟疑爲大逆之類，本情初非誣告者，具狀上請聽敕。若告謀大逆、謀叛不審，亦合上請，故云亦如之。

諸誣告人者，各反坐。即糾彈之官挾私，彈事不實者，亦如之。反坐致罪，準前人入罪法。至死而前人未決者，聽減一等。其本應加杖及贖者，止依杖贖法。即誣官人及有蔭者，依常律。若告二罪以上，重事實，及數事等，但一事實，除其罪。重事虛，反其所贜。即罪至所止者，所誣雖多，不反坐。其告二人以上，雖實者多，猶以虛者反坐。謂告二人以上，但一人不實，罪雖輕，猶反其坐。若上表告人，已經聞奏，事有不實，反坐，罪輕者，從上書詐不實論。

疏：諸誣告人者，各反坐。即糾彈之官挾私，彈事不實者，亦如之。注云，反坐致罪，準前人入罪法。至死而前人未決者，聽減一等。其本應加杖及贖者，止依杖贖法。如誣官人及有蔭者，依常律。

議曰：凡人有嫌，遂相誣告者，準誣罪輕重，反坐告人。即糾彈之官，謂據令應合糾彈者，若有憎惡前人，或朋黨親戚，挾私飾詐，妄作糾彈者，並同誣告之律，反坐其罪，準前人入罪之法。至死而前人雖斷訖未決者，反坐之人聽減一等。若誣人反逆，雖復未決，引虛不合減罪。本應加杖者，謂誣告部曲、奴婢流罪，若實，部曲、奴婢止加杖二百，既虛，誣告者不流，亦準杖法反坐。單丁應加杖者，亦依決杖反坐。及贖者，謂誣告老小廢疾，若實，即前人合贖；虛即反坐者，亦依贖論。即誣官人及有蔭者，假有白丁誣七品官流罪，若實，官人即合例減官當，如虛，反坐還得流罪。誣告有蔭之人，事合減贖，反坐之者不得準前人減贖法，並真配徒流，是名依常律。

又云，若告二罪以上，重事實，及數事等，但一事實，除其罪。重事虛，反其所贜。即罪至所止者，所誣雖多，不反坐。

議曰：若告二罪以上，重事實，假有甲告乙毆人折一齒，合徒一年，又告人盜絹五匹，亦合徒一年，或故殺他人馬一匹，合徒一年半，推殺馬是實，毆盜是虛，是名告二罪以上，重事實。又有丙告丁三事，各徒一年，此名數事等。但一事實，除其罪。重事虛，反其所贜者，假如甲告乙盜絹五匹，合徒一年，又告故殺官私馬牛，合徒一年半，若其盜是實，殺馬牛是虛，即是贜告半年之罪，反坐半年，故云反其所贜。即罪至所止者，所誣雖多，不反坐。假有告人非監臨主司，因事受財百匹，勘當五十匹實，坐賊五十匹，罪止徒三年，贜告五十匹爲罪至所止；不反坐之類。

又云，其告二人以上，雖實者多，猶以虛者反坐。注云，謂告二人以上，但一人不實，罪雖輕，猶反其坐。又云，若上表告人，已經聞奏，事有不實，反坐，罪輕者，從上書詐不實論。

議曰：告二人以上罪，雖實者多，猶以虛者反坐。以其人事各別，故得罪不同。注云，謂告二人以上，但一人不實，罪雖輕，猶反其坐。假有人告甲乙丙丁四人之罪，三人徒罪以上並實，一人笞罪事虛，不得以實多放免，仍從笞罪反坐。若上表告人，已經聞奏，事有不實，反坐。罪輕於上書不實，準從上書詐不實，處徒二年。不應反坐者無罪。假如甲上表告乙兩個徒一年，一實一虛，準律既免反坐，於甲無上書不實之罪。

諸告小事虛，而獄官因其告，檢得重事，及事等者，若類其事，則除其罪，離其事，則依本誣論。

疏議曰：告小事虛，而獄官因其告，檢得重事者，假有告人盜驢，檢得盜馬，其價又貴，是爲得重事。及事等者，假如告盜甲家馬，檢得盜乙家騾，其價相似，是爲事等。若類其事，謂騾馬驢等，色目相類，所告雖虛，除其妄罪。離其事者，謂告人盜馬，檢得鑄錢之屬，是離其事，則依本誣論，仍得誣告盜馬之罪。此條爲依告狀檢贜生文，不同獄官狀外求罪之例。

問曰：告人私有弩，獄官因告，乃檢得甲，是類事以否？

答曰：稱類者，謂其形狀難辨，原情非誣，所以得其罪。然弩之與甲，雖同禁兵，論其形樣，色類全別，事非疑似，元狀是誣。如此之流，不得爲類。

諸誣告人流罪以下，前人未加拷掠，而告人引虛者，減一等。若前人已拷者，不減。即拷證人亦是。誣告周親尊長、外祖父母、夫、夫之祖父母，及奴婢、部曲誣告主之周親、外祖父母者，雖引虛各不減。

疏議曰：誣告死罪，自有別制。唯誣告人流罪以下，前人未知拷掠，而告人自引虛者，得減反坐之罪一等。若前人已拷者，無問杖數多少，然後引虛，即不合減。即拷證人亦是，謂雖不拷被告之人，拷旁證之者，雖自引虛，亦同已拷不減。其誣告周親尊長以下，及奴婢、部曲誣告主之外祖父母以上，雖即引虛，各不合減。

問曰：律云，前人未知拷掠，而告人引虛，減一等。未知前人已經斷訖，然後引虛，合減以否？

答曰：律文但言已加拷掠，不言事經斷訖。拷訖已傷，律有成制，斷訖未損，理合減科。若事經奏訖，不合追減。及已役已配，亦是已損已傷前人，計與拷掠義同，不在減科之例。

（清）徐松《宋會要輯稿·刑法二·禁約》〔咸平〕四年十二月二日，詔曰：昨益利彭戍兵謀亂，自貽刑憲，來就誅鋤，聲彼黎甿，或多反側，用寬詿誤，式廣好生，宜令逐州除逃亡徒黨見擒捕外，其餘一切不問。及以西蜀自王均叛渙之後人心未寧，亦有小民潛相誑惑，宜令長吏嚴切警察，如有訛言動衆，情理切害者，斬訖以聞。

（宋）李燾《續資治通鑑長編》宋神宗熙寧四年三月 又詔：廣州叛兵親屬緣坐者，令環慶路經略司檢勘服紀、年甲。應元謀反手殺都監、縣尉，捕殺獲者，其親屬當絞者論如法；沒官爲奴婢者，其老、疾、幼及婦女配京東、西，許人請爲奴婢，餘配江南、兩浙、福建爲奴；流者決配荆湖路牢城。非元謀而嘗與官軍鬥敵，捕殺獲者，父子並刺配京東、西牢城；老、疾者配本路爲奴。諸爲奴婢者，男刺左手，女右手；餘親屬皆釋之。叛軍家屬皆誅者，凡九指揮。李清臣謂韓絳：軍士謀叛，初不告妻子，宜用恩州故事，配隸爲奴婢。絳奏從其言，故有是詔。此據清臣詔旨內附傳。

（宋）熊克《中興小紀》建炎元年六月 辛酉，詔潛邸名昇陽宮。先是，圍城百官中有余大鈞、陳冲、王及之、洪芻等八人，皆誘內人爲妾。及因抄金銀，自盜入己。事覺，送御史臺鞫治。壬戌，李綱再論圍城中受僞命者。上曰：國家顛覆，士大夫不聞死節，往往因以爲利。如余大鈞、洪芻誘宮嬪爲妾，王及之坐蕃衍門詬諸王，卿知否？曰：見鞫之必得其情。綱又曰：靖康之禍，在內惟李若水，在外惟霍安國，死節甚著。而吳开、莫儔、王時雍、徐秉哲，皆奉金人指立張邦昌。及捕宗室戚里，又受僞命爲執政，此爲罪首。先是若水已贈觀文殿學士，至是詔贈霍安國延康殿學士。時雍高州，开永州，儔全州，並安置。時在圍城中者，綱槩欲以叛逆罪之，右丞呂好問曰：王業艱難，正含垢納污之時。遽繩以峻決，懼者衆矣。責以不能死則可，若直謂之叛逆，彼豈無辭乎？綱意不厭，乃遣其客正字晉陵胡珵，要説好問，區別圍城人爲三等，以差行戮。且曰：必如是，方可表公之忠節。好問謂珵曰：某與君俱處城中，衆以爲可罪者，才十許人耳。餘人本末，吾輩可共悉，寧可以叛逆加之邪？綱由是不樂。

（宋）熊克《中興小紀》紹興四年十一月 戊辰趙鼎言，張孝純、李鄴、子弟復在近僚，可見陛下德意，乞降詔示從僞之臣。他日來歸，亦不加罪，上曰：中原陷没，致士大夫不幸污於僭逆，皆朕之過。朕備嘗艱難，不忘恢復，蓋欲拯之塗炭，咸與惟新，要使人人知朕此意。僉書樞密院胡松年曰：禹湯罪己，其興勃焉，臣知中興有期矣。

（宋）周密《癸辛雜識後集·簿録權臣》 前後權臣之敗，官籍其家，每指有違禁之物爲叛逆之罪。若韓侂胄家有翠毛裀褥、虎皮，及有織龍男女之衣，及有穿花龍團之類是也。近世籍賈似道，至以籍御書、龍團錦袱之類爲違法。此則大不然。蓋大臣之家平日必與禁苑通，往往有賜與，帝后之衣謂之御退，衣服皆織造龍鳳，他如御書，必籍以龍錦，又何足爲異。余妻舍有兩朝賜物甚多，亦皆龍鳳之物。至於御退羅帕，四角皆有金龍小印凡數十枚，亦皆御前之物，諸閤分遞相饋，無足怪者。今若一切指此爲違法，恐不足以當其罪，適足以起識者之笑耳。大臣誤國，其罪莫大，以此爲罪，死魄游魂，不得而逃。若借此以重其罪，則恐九泉有知，反得以有辭耳。昔侂胄敗，捕其黨於大理獄，獄吏加以不道，欲以違法諸物文致之。大理卿奚遜明其不然，曰：侂胄首兵權，自有定罪，若欲誣之以叛逆，天不可欺也。廟堂無以奪其議。

《金史》卷二《太祖本紀》〔金太祖天輔〕三年正月甲寅，東京人爲質者永吉等五人，結衆謀叛事覺，誅其首惡，餘皆杖百没人家屬資産之半。詔知東京事鄂啰，繼有犯者並如之。

史金波等譯《天盛改舊新定律令》卷一《謀逆門》 一、欲謀逆官家，觸毀王座者，有同謀以及無同謀，肇始分明，行爲已顯明者，不論主從一樣，皆以劍斬，家門子、兄弟節親連坐，没畜物法按以下所定實行：

一、等謀逆者已發，有毀傷，則父及兒子等應如何斬決，依時節奏計實行。

一、等謀逆已發及未發等之兒子、妻子、孫及孫媳等，同居不同居一樣，而父母、祖父母、兄弟、未嫁女姐妹、此等同居者應連坐，當易地居，使入收農主中。畜、穀、寶物、地、人等，所有當並皆没收入官。其中祖父母、父母、兄弟、姐妹、女等非同居，則畜、穀、寶物、地、人等勿没收。

一、等謀逆者之伯叔、姨、侄等同居不同居一樣，當隨其連坐，應易地而居，無疑者當遣往邊地，有城，則當終身守城，無城，入邊軍中。疑者，則當於内地記名。畜、穀、寶物、地、人者，與謀逆者同居則連坐没收入官，分居者勿没收。同居屬亦不應算上述節親者，則依邊等法，按分居份額應得多少而得一份。

一、等謀逆者應連坐家門中妻子、媳、孫媳等，雖與其人爲婚姻，但未迎家中，婿未往有主家，未及家門，勿入一種連坐中。原來女父母取何價數，當交官，女可隨意出嫁。

一、等應連坐中，男人滿八十，女人滿六十，及未及老年中男有重病，女有棄病等勿連坐。原本與謀逆者同居，畜物共者，各自養身用資於罰没畜物中，在二百緡以内計，應給若干。

一、等祖母、伯叔之妻子、小大侄母、姑，此等寡居，及有女妹，或已嫁，或爲他人養女，或有爲僧人、道士等者，莫入連坐中。女祖妹者，有主明，則當給有主，不須給嫁妝。

一、等子、兄弟已爲他人之養子，在其處有謀逆，其在養處若已襲抄官、軍職者，若其人應著於籍上，則養者父母當連坐，養子父母之節親及原本來處父母節親等勿連坐。若養者依父母原計來處父母姓，以及節親原應連坐，則養者父母當連坐，原來父母節親應按連坐法實行。若爲養子處非於他人籍上者，續抄者等，依舊應是自己原本父母籍上著，則原處父母、節親等連坐，養者父母人勿連坐，若父母謀逆，亦當由養子取何姓籍

上有處連坐。

一、等妻子、媳婦、使軍、奴僕等有謀逆，犯者當依法承罪，公公、婆母、丈夫、頭監及婦人有之子、女等勿連坐。其中使軍、奴僕屬畜、物、地、人所有多少，當付囑頭監，彼人之節親應連坐各數等，臣民中，當按謀逆家門連坐法連坐，使易地而居，當入牧農主中，對頭監以因公獲罪人中數等多少賜給，若所賜人無有，則應按當地現賣法給人價。

一、等應連坐人早已爲僧人、道士，已出家與家院不往來，於彼處謀逆後，原主父母、節親等勿連坐，父母等犯逆罪，亦依前所示出家人勿入連坐中。

一、謀逆人中，或以語言摇動衆心未得，以威力攝人道引未能等者，造意、同謀皆以劍斬，父母、妻子、子、女等當連坐，應易地而居，送邊地守城，終身在軍中，畜、穀、寶物勿没。

一、説講謀逆語者中，若酒醉，若有瘋癲，衆民共知，有可信見，則當依時節奏告實行。

一、謀逆語本來已發生，雖未入議計中，然□□□已告别人之耳時，説他人以强力逼迫恐嚇，因畏殺順從而做者，已接語或計議時，在邊上人已知覺，樂不樂意未説，後掩遮聞等，在京師者，在何職管屬司，及在邊中者，其所屬經略史、監軍司等，何就近處當速告知，若報告稽緩及未告知，謀逆者行爲已得未得，依理使與同謀相等判斷。若謀逆語已入耳中時，依告處司地程遠近計量，無論日期時節，已阻未至而未能舉告，已發生，有可知證信見，舉告未稽緩，另外報出時，與犯罪者同樣入捕□中，則不列入本犯罪肇始，並亦因舉告未稽緩，莫連罪。

一、謀逆語耳已聽時，確已發不樂語，説此事不應爲也，已勸不助，舉告他人未聽者已發生，有可信見雖是實，而按告處司與告者之間地程近遠，依日期時節計量，告舉明顯未稽緩，其内中他人出舉者，罪勿連。告舉稽誤時，不告舉，則謀逆行爲已行，判無期徒刑，尚未行，徒十二年。

史金波等譯《天盛改舊新定律令》卷一《背叛門》 一、諸人議逃，已行者造意以劍斬殺，各同謀者發往不同地守邊城無期徒刑，做十三年苦役。主、從犯一樣，自己妻子、兒女當連坐，當入牧農主中。其父母者，當視逃者總數，係百人以内，則不連坐；係百人以上，則同居不同居一

樣，當因子連坐，入牧農主中，應無期服役。載持畜物多少，追捕者當取，半路上丟棄及家中所遺物中，三分之二當交官，一分給告舉者。其中地、院、人、鎧甲、兵器種種物沒收入官。使軍、奴僕者，當入牧農主中，無期服役。若屋舍中男人多，畜物較少，舉告者所取一分數不定，則在其所在處就近當用罰贓之官穀物中，分撥給足。若無告者，以問解明，則當交官。

一、上述因率百人以上叛者應連坐父母之畜、穀、寶物，勿沒收，其中與犯罪者兒子同居，畜、物共有者，按邊等法分居應得份數，依法得自份數。而後叛人應得數，按官私分份，按前給捕告賞法所示，依法實行。

一、諸人議叛逃未行者，造意絞殺，從犯遷居異地，當持守邊地城中無期徒刑，做十二年苦役。造意主從一律家門勿連坐。畜、穀、寶物、地、人有多少，三分之一留給屬者，一分當送舉告者，一分當交官。若以問解明，則告者一分當交官。

一、諸叛逃中使軍、婦人共逃等者，造意之罪，叛逃已行，則以劍斬之；未行，則絞殺之。從犯已行、未行，一律無期徒刑，依法當受黥杖，當長期戴鐵枷，應給捕告者。若以問解明者，當送守邊城中無期徒刑，做苦役，當依法給正軍。其中婦人者，當給守城無家室者爲妻子。除無期徒刑外，苦役日長者，日滿依舊當還給原屬者。

一、諸人往來敵界，提供密事，及爲敵人偵察、隱藏等者，其人計劃投降他國，則與叛逃同樣承罪，家門連坐，畜物沒收，當依叛逃已行爲辦。所捕獲偵察者皆以劍斬之。

史金波等譯《天盛改舊新定律令》卷一《失孝德禮門》 一、庶民自身有因，有過錯，不念不服，因欲思行報怨，生惡心，在祖帝之影像、地墓、碑表、堂殿等上動手及損壞官鬘金抄等，一律與向官家謀逆者已行爲之罪狀相同。若未動手則造意絞死，從犯當遷往異地，在守邊城軍中無期徒刑，做十二年苦役。

一、以直接貪財，對祖帝之影像、地墓、堂殿等上動手盜毀，及盜竊隱藏毀官鬘金抄等，不分主從，以劍斬殺，自己妻子、同居子、女等當連坐，遷往異地，當入牧農主中。畜、穀、寶物、地、人等當沒收入官。若與父母、節親等同居，則因不入連坐中，畜、穀、寶物、地、人多少，依分居之份應得多少，當給予。其中在墓地上動手者，已至棺椁上，則當與犯謀逆已行之罪狀相同。若未動手，則造意徒十年，從犯徒六年。

《元史》卷一〇三《刑法志》 諸內郡官仕雲南者，有罪依常律；土官有罪，罰而不廢。諸左右兩江所部土官，輒興兵相讎殺者，坐以叛逆之罪。其有妄相告言者，以其罪罪之。有司受財妄聽者，以枉法論。諸土官有能愛撫軍民，境內寧謐者，三年一次，保勘陞官。其有勛勞，及應陞賞承襲，文字至帥府，輒非理疏駁，故爲難阻者，罷之。

《元史》一〇四《刑法志》 諸大臣謀危社稷者誅。諸無故議論謀逆，爲倡者處死，和者流。諸潛謀反亂者處死，安主及兩鄰知而不首者同罪，內能悔過自首者免罪給賞，不應捕人首告者官之。諸謀反已有反狀，爲首及同情者陵遲處死，爲從者處死，知情不首者減爲從一等流遠，並沒入其家。其相須連坐者，各以其罪罪之。諸父謀反，子異籍不坐。諸謀反事覺，捕治得實，行省不得擅行誅殺，結案待報。諸匿反叛不首者，處死。諸妖言惑衆，嘯聚爲亂，爲首及同謀者處死，沒入其家；爲所誘惑相連而起者，杖一百七。諸假託神異，狂謀犯上者，處死。諸亂言犯上者處死，仍沒其家。諸指斥乘輿者，非特恩，必坐之。諸妄撰詞曲，誣人以犯上惡言者，處死。諸職官輒指斥詔旨亂言者，雖會赦，仍除名不叙。【略】諸部內有犯惡逆，而鄰佑、社長知而不首，有司承告而不問，皆罪之。

《明太祖實録》洪武九年八月 辛亥羅田縣盜藍丑兒詐稱彭營玉，造妖言以惑衆，鑄印章，設官吏，剽劫旁近居民。麻城里長袁寶率鄉人襲捕之，禽丑兒以獻。上曰：民能仗義殺賊，宜旌賞之。即賜以綺帛。仍命中書懸賞格，凡有司官能殺獲賊者，一次賞綺帛三疋，二次加倍，三次縣官陞州官，州官陞府官，府官别議之。民能殺獲者亦量功賞賫。

（明）談遷《國榷》太祖洪武二十三年十月 禁通外蕃。

（明）談遷《國榷》成祖永樂十四年七月 〔乙巳〕署錦衣衛都指揮僉事臨邑紀綱有罪伏誅。綱雖諸生善騎射，從靖難，累官錦衣衛指揮使。治詔獄，逆鈎人意所嚮，先發當上旨。謦欬無間，特恩驕横，朋比罔上。與指揮僉事莊敬等販鹽，居食器飾僭上供，畜歌童舞女，出入迎道。詐詔役臨邑人治第，危法中人脅賂，及侵盜官物亡算，氣勢傾中外。事覺，下法司，獄具，磔綱，敬夷三族。指揮袁江、千户王謙、李春、鎮撫龐瑛、俱論死。

（明）談遷《國榷》成祖永樂十四年十月　甲申，成國公朱勇、都察院左都御史劉觀等奏谷王橞罪狀不可赦。上曰：橞朕弟。楚王楨、周王橚、蜀王椿、遼王柏、寧王權、瀋王模其與諸王雜議。【略】

癸亥，廢谷王橞爲庶人。敕曰：爾反性滅倫，自作孽於不靖。賴天地宗社之靈，蜀王忠孝，發爾陰謀，顯暴不可覆。諸王群臣咸求昭討，朕隱於懿親，削爾王，降庶人。嗚呼，省念哉。誅其黨，釋都督張興不問。

（明）談遷《國榷》成祖永樂十五年三月　丙午，漢王高煦有罪。徙居樂安州。初，高煦封雲南，失望不行，曰：我何罪？處我荒徼。已又改青州。曰：我何罪？處我瘠土。數離間皇太子，多不法。長史程石琮、紀善、周巽等俱罪謫交趾，請天策爲護衛，擁軍三千，不隸於伍符。自詫天策上將，唐太宗之號也。侵各公主牧地，占民田。長史蔡瑛、紀善、周岐鳳數直諫，怒而附繫之詔獄。皇太子不得已降岐鳳長洲教諭，縱衛士行劫，兵馬指揮徐野驢執治。高煦捽野驢，鐵瓜撾殺之。又支解無罪人投之江，漆革爲舟，以習水戰，造大量收禄米。上怒甚，面詰之，褫王衣冠，繫之西華門數日。皇太子力救解，上曰：吾爲人父，不知子耶？彼方以秦王世民自與，居爾於建成。他日，皇太子又言之，乃有樂安之命，曰：是怏怏者必爲變，處之樂安、朝發夕擒之矣。初，上問高煦於蹇義，不對。問楊士奇，曰：漢王辭雲南、青州之封，其心惟陛下督之。

《明宣宗寶訓》卷五《恤刑》　洪熙元年十月辛巳，金壇民有相告訐，官司捕之，而持兵拒捕傷人。都察院以謀反論，首從皆斬，妻子爲奴，家産没官。其所在大赦前，請旨裁決。

上曰：固當死，但已經赦，推其情則初因相告訐，畏吏捕，故逃，捕急愈畏，遂持刃拒抗，此愚戇所爲也。殺之則可，於宥之則廢法，姑全其生，悉發戍邊衛。

（明）鄧士龍《國朝典故》卷四二《立齋閑録四》　天順元年正月二十六日，都察院左都御史蕭維禎等於奉天門欽奉聖旨：于謙、王文結同内賊王誠、舒良、張永、王勤等搆成邪謀，逢迎景泰，篡位易儲，依阿從諛，廢黜正后，内外朋姦，紊亂朝廷，擅奪兵權，將軍國大事都弄壞了。近因祁鈺有疾，不能臨朝視政，這厮每自知罪惡深重，恐朕不容，因共謀爲不軌，糾合心腹都督范廣等，要將總兵官等擒殺，迎立外藩，以樹私恩，動摇宗社。其一般奸臣黨陳循、蕭鎡、項文曜、江淵、俞士悦、王偉、古鏞、丁澄、商輅，亦略密知前謀，不行舉發。及朕復位，這厮每姦謀節次敗露。已將于謙、王文、王誠、舒良、張永、王勤處以極刑，籍没家産，成丁男子俱發充軍。仍將其餘姦黨陳循等發口外永遠充軍及原籍爲民了。論這厮每圖危宗社的情理，窮兇極惡，本當滅族。如今上天好生之德，都從輕處治了。今後内外的官，務要竭力盡忠，奉公守法，以保身家，不許似這厮每朋姦亂政。違了，必誅不饒。恁都察院出榜，曉諭多人每知道。欽此。

《明憲宗寶訓》卷二《恤刑》〔成化二年〕十月辛酉。巡按河南監察御史械送逆賊劉通再從弟侄男女三十三人，並藉其財産，上奏三法司、錦衣衛會審，皆别居疏屬，律不緣坐者。

上曰：族誅非聖世法。此三十三人，微會審則銜冤甚矣。其亟發寧家，所籍財産悉還之。

《明憲宗寶訓》卷二《正法》　成化十九年八月壬申。降南京御馬監太監汪直爲奉御，除威寧伯王越名，安置安陸州，革南京工部尚書戴縉、錦衣衛帶俸指揮吴綬職，俱爲民。工部右侍郎張順致仕，越等皆附直取富貴。已而事漸敗，多見疏斥。至是科道復交劾直八罪，請俱逮治。上曰：直等結黨亂政，欺罔弄權，開啓邊釁，排擯正直，引用姦邪，當置重典。姑從輕處治，乃降黜直等，仍追奪越誥券編發，其餘黨七人悉爲民充軍。

《明史》卷一五《孝宗本紀》〔弘治十二年二月〕戊申，嚴左道惑衆之禁。

《明武宗寶訓》卷一《英斷》　正德五年八月甲午，太監張永還自寧夏，密奏劉瑾不法十七事。上出永奏示内閣，遂降旨曰：朕嗣承大業，務期法祖保民，以安天下。委劉瑾以腹心，整理庶務，瑾乃不體朕心，蒙蔽專擅，變亂成憲，肆行酷虐。使官員軍民，無不受害，愁嘆之聲，有干和氣，朕深悔焉。瑾降奉御令鳳陽閑住，文武官員順從緘默，多非得已，今皆貸之。各處新查屯田文册，即令燒燬，照舊徵收。巡捕巡鹽查盤等項新設官員，俱革去。法司問擬囚犯，但有新例，俱改正，照舊制行。凡瑾所行，有虧國體者，法司即會衆官一一條具奏，革瑾所當坐罪名，從重議擬以聞。及籍其家金銀累數百萬，其他寶貨不可勝計，又得僞璽一、牙牌五、百扇中所置刀二，及衣甲弓弩之屬。上大怒曰：瑾果反。乃以付獄，於是六科給事中謝納十三道御史賀泰等瑾罪。上令法司錦衣衛執瑾於午門前，會多官鞫訊，皆謂瑾罪大惡極，反形已具，當置重典獄。上命徇於市，凌遲三日，不必覆奏。仍以招情並處決圖狀榜示天下。行刑之日，仇家每以一錢易一臠，有得而生啖之者。海内聞之，莫不踴躍相賀。瑾竊柄五年，驕横無上，生殺予奪皆自己出。累朝成憲，變易幾盡。自古宦官，肆虐未有如瑾之甚者。上信任既久，威柄已移，一旦震怒，去之不疑，卒能正其法，由上之英斷也。

（明）楊廷和《楊文忠三録》卷三《視草餘録》 正德五年八月十三日。劉瑾既收下獄，内外多所連逮，被逮者輒封其門，差出官校相望於道。十六日，諸司禮同至閣中，予言逆瑾亂政，挾天子之權，所謂狐假虎威，天下誰不畏之。况諸監局官同在禁内，朝夕相接，安得不曲意事之，若概以爲交通，恐人人自危，肘腋之間不可不慮。果有罪惡顯著者，下法司鞫問，明正其罪，而後籍其家，安能逃乎。予又言：首惡既除，附麗之徒去其太甚者可矣。諸司禮皆曰：先生之言是也。自是封門者少，人心稍安。又數日，散本官王奉持二軸來，令寫敕。乃秦府兩郡王壽劉瑾詩也，皆泥金書。稱瑾連用兩公字。王傳諭上意，謂以金枝玉葉卑諂如此，敕中務要重加切責，欲坐待閣中。西涯云：且回至門上，即時有稿進呈。謂左順門也。送至階下，予詢西涯須熟思之。此敕一下，宗室疑懼者多矣，因要王復坐，予云：劉瑾專政，各處宗室或請名請婚，請封，或請禄米。誰不有求於瑾？此軸秖據搜出者，朝廷見之以爲天潢之派，而稱瑾如此。是誠可罪，但其初意不過媚瑾以干恩澤耳。當其時，瑾爲司禮掌印，所媚者太監也。今反賊矣。以宗室與反賊交通，彼一念及於此，或將自裁，豈不傷天下宗室之心。昔漢光武尚欲安王郎反側之黨，今聖明顧欲動天下宗室之心耶。王云：然則將何如處？予曰：焚之以滅其迹，不獨此耳，凡瑾私宅搜出問遺私書之類，當一切焚之，以釋群疑，以安人心。王曰：果如此。便寫揭帖進。乃先持二軸去，西涯遂進揭帖云云。明日問之，則云已不行矣。

《明武宗寶訓》卷二《厚親》 正德十年三月辛未，寘鐇之敗也，以其孫鼐材托僧大千者與俱亡，即以家人子冒名鼐材就繫。鼐材時年十七，削髮走河南永寧之千山刱庵居焉。更名正奉，未幾大千死，鼐材爲土僧所凌，復走故縣鎮寓三官廟。久之，鼐材憤懣不勝，遂自詣官言狀，乃送之慶府王，厚遇之。與鎮巡官皆以狀聞，尋傳致京師，置鐇府中舊人在浣衣局者，已不能辨識，法司會多官審訊，鼐材抗言曰：我高皇帝七代孫義不辱於齊民，歸命君上。於是上念鼐材雖在不宥之列，既束身歸命，姑從輕送鳳陽高墻安置，仍以書諭諸王知之。

（明）楊廷和《楊文忠三録》卷一《議處反賊第二疏》 具官臣楊廷和等謹題：臣等欽遵敕旨，於本月二十五日恭詣行在。伺候朝見。伏聞聖意，欲命多官會議逆賊宸濠等罪狀。臣等切惟宸濠悖逆天常，滅絶人紀，肆行反叛，覆載不容。今幸皇上親統六師布昭聖武，罪人既得，速宜明正典刑，以雪神人之憤。但我朝祖宗以來，凡議擬大罪，忙於内闕，即古廟議之意。處決重囚必於市曹，即古刑人於市與衆棄之之意。此乃一定不易之成規，百五十餘年莫之敢變。况前項逆賊，聖駕親征之時，已嘗告於天地宗廟社稷，今日奏凱還京，豈可不復行祭告，以荅庇護之靈貺乎。合無請聖駕到京之日，先將賊平班師通行祭告，俟郊祀禮畢，仍照近日提督贊畫機密軍務御用監太監張永題奉欽依事理。獻俘之後，將各該逆黨應處置者即爲處置，會問者通行會問，議擬明白。奏請聖斷，然後論功行賞，詔告天下。如此則大禮既舉，大法以彰，國是不摇，人心胥定。我皇上攘外安内之功，兼備而無遺矣。臣等身爲大臣，叨受厚恩，知而不言，死有餘罪，干冒天威，無任殞越之至。謹題請旨。正德十五年十一月二十六日。

《明武宗寶訓》卷二《討叛》〔正德十四年七月〕丁巳，以宸濠反，削其封爵屬籍，詔告天下。詔曰：惟我祖宗列聖，開創洪業，封建親藩，所以拱衛國家，奠安宗社，朕以菲德，嗣承大統，恪遵祖訓，惇厚親親，天地神明，所共臨鑒。豈意寧王宸濠，天性兇惡，自作不靖，誣陷郡王，淫亂宗女，打死無罪平人不下千數，强奪官民田産動以萬計，脅奏良善，毒害忠貞，聚集郡盜，招納叛亡，私造戰船，擅置軍器，造謀作孽，積有歲年，流言日聞，朕未遽信。前年本府内官赴京告變，近日在京科道交章舉發，朕猶念在親誼，曲爲保全。特遣親臣，賫書戒諭。宸濠自知罪在不赦，使者未及半途，先已肆行反逆，殺害巡撫，囚禁守臣，分遣賊徒，四散流劫。佔據官府，縱放囚獄，攻圍城池，燒燬郡縣，搜劫印信，搶奪運船。南京各處守臣連日飛章奏報。具有實迹，反狀甚明。爰下大廷會官集議，僉謂宸濠悖逆天道，得罪祖宗，古今大惡。朕不敢赦，祗告天地宗廟，革其封爵，削其屬籍。親統六師，正名討罪，除首惡宸濠及同謀有名逆賊不赦外，其餘脅從之徒，盡行寬釋。占奪田地，悉還本主。本處並經過人員，近因迫脅拘繫妻子禁錮者，即與釋放。護衛及軍民職官，先因陳奏宸濠非罪謫降者，查奏起用。死者贈官，生者優恤，上以慰列聖在天之靈，下以救一方塗炭之苦。兵出有名，事非得已。内外大小之臣，遠近忠義之士，同心合志，協力交謀，旬日之間，罪人可得。尤念匹夫作難，毒我良民，惡聲傳聞，玷我宗室，重以師徒所過，閭井騷然，供饋之繁，從庶勞止，疾苦在下，憂切朕心。俟大功之告成，將大賚於海宇。嗚呼，奉天討罪，大義不私於所親；和衆安民，至仁無敵於天下。故茲詔示，咸使聞知。諭江西城中並附近地方官員軍民人等曰：惟爾衆悉我祖宗列聖之遺民，平日服事朝廷。皆爲良善，今反者宸濠一人，非爾衆罪。間有被其迫誘不得已從之者，朕已悉知之。今天兵征討，誠恐鋒鏑之下，玉石不分，有傷爾生，害及爾父母妻子，其有能去逆效順者，俱宥之。若終不改悔，事定之日，全家處死。中有糾聚義兵，擒殺逆賊者，量功之大小，封拜侯伯，及昇授都指揮。指揮千百户等官，世世承襲。賊黨内有能自相擒斬首官者，與免本罪，仍一體昇賞。其轉相告諭，俾知朕意。

（明）王守仁《王文成全書》卷三八霍韜《地方疏》 竊見新建伯、南京兵部尚書兼都察院左都御史王守仁，奉命巡撫兩廣，已將田州、思恩撫處停當，隨復勦平八寨及斷藤峽等賊。臣等皆廣東人，與賊鄰壤，備知各賊為患實迹，竊嘗切齒蹙額而嘆，曰：兩廣良民，何其不幸？生鄰惡境，妻子何日寧也？又嘗竊計曰：兩廣何日得一好官員，勦平各賊，俾良民各安其生，而頑民染患未深者，亦得格心向化也。乃今恭遇聖明，特起王守仁撫勦田州、思恩地方。臣等竊謀曰：兩廣自是有底寧之期也。聖天子知人之澤也，是役也。臣等為王守仁計曰：前巡撫動調三省兵若干萬，梧州三府積年儲蓄軍餉費用，不知若干萬，復從廣東布政司支去庫銀若干萬，米不知支去若干萬，殺死、疫死狼兵、鄉兵、民壯打手不知若干萬，僅得田州安靖五十日耳。自是而思恩叛矣，弔巖賊出，圍肇慶府矣，殺數千家矣，此賊併時同出，蓋與田州、思恩東西相應和者也。若王守仁者，乘此大敗極敝之後，仰承聖明特擢之恩，雖合四省兵力，再支庫銀百餘萬，支米數百萬，勦平田州，報功級數萬人，亦且曰天下大功也。然而守仁不役一卒，不費斗糧，只宣揚陛下聖德，遂致思恩、田州兩府頑民稽首來服，其奉揚聖化以來遠人，雖舜格有苗，何以過此？臣等是以歎服王守仁，不惟能肅將天威，實能誕敷天德也。若八寨之賊，斷藤峽之賊，又非田州、思恩可比也。天下十二省俱多平壤，惟廣西獨在萬山之叢，其土險，其水迅，其山之高，有猿猴不度，飛鳥不越者，故諺語曰：廣西民三而賊七。由山高土惡，氣習兇悍，雖良民至者亦化為賊也。八寨賊，洪武年間所不能平。斷藤峽，成化八年，都御史韓雍僅得討平，及今五十餘年，遺孽復熾，故廣西賊巢，柳州、慶遠、欝林府江諸賊，雖時出刼掠官兵，亦屢請征之。若八寨賊則自國初至今，未有輕議征勦者，蓋謂山水兇惡，進兵無路，消息少，動，賊已先知。一夫控險，萬兵莫敵。故百六十年，未有敢征八寨賊者也，賊亦恃險肆惡，時出攻圍城堡，殺掠良民，何啻萬計。四方頑民犯罪脱逃，投入八寨，則有司不敢追攝矣。鄰近流賊，避兵追勦投入八寨，則官兵不敢誰，何矣？是八寨者，實四方寇賊淵藪也，斷藤峽又八寨之羽翼也。廣西有八寨諸賊，猶人有心腹疾也，八寨不平則兩廣無安枕期也。今王守仁沉機不露，掩賊不備，一舉而平之。百數十年豺虎窟穴掃，而清之如拂塵，然非仰藉聖人神武不殺之威，何以致此？臣等是以歎服王守仁能體陛下之仁，以懷綏田州、思恩向化之民，又能體陛下之義，以討服八寨、斷藤峽梗化之賊也。仁義之用，兩得之也。謹按王守仁之成，功有八善焉：乘湖兵歸路之便，則兵不調而自集，一也。因田州、思恩効命之助，則勞而不怨，二也。機出意外，賊不及遁，所誅者真積年渠惡，非往年濫殺報功者比，三也。因歸師討逆賊，無糧運之費，四也。不役民兵，不募民馬，一舉成功，民不知擾，五也。平八寨，平斷藤峽，則極惡者先誅，其細小巢穴可漸施德化，使去賊從良，得撫勦之宜，六也。八寨不平，則西而柳慶，東而羅旁、綠水、新寧、恩平之賊，合數千里共為窟穴。雖調兵數十萬，費糧數百萬，未易平伏。今八寨平定，則諸賊可以漸次撫勦，兩廣良民可漸安生業，紓聖明南顧之憂，七也。韓雍雖平斷藤峽賊矣，旋復有賊者，實當爾時未及區畫其地為經久圖，俾餘賊復據為巢穴故也。今五十年生聚，則賊復熾盛也，亦宜若八寨乃百六十年所不能誅之，劇賊山川天險尤難為功。今守仁既平其巢窟，即徙建城邑以鎮定之，則惡賊失險後日，固不能為變，逋賊來歸，不日且化為良民矣。誅惡綏良，得民父母之體，八也。或者議，王守仁則曰：所奉命撫勦田州、思恩也，乃不勦田州則亦已矣，遂勦八寨可乎？臣則曰：昔吴楚反攻，梁景帝詔周亞夫救。周亞夫不奉詔而絶吴楚糧道，遂破吴楚而平七國，安漢社稷。夫不奉詔，大罪也。景帝不以罪亞夫，何也？《傳》曰：閫以内，寡人制之；閫以外，將軍制之。又曰：大夫出疆，有可以安國家、利社稷專之，可也，古之道也。是故周亞夫知制吴楚在絶其食道，而不在於救梁也。是故雖有詔命，有不受也。惟明君則以為功，若腐儒則以為罪。今王守仁知田州、思恩可以懷德也，遂約其降而安定之。知八寨諸賊百六十年未易服也，遂因時仗義而討平之。仁義之用達天德者也。雖無詔命，先發後聞可也。況有便宜從事之旨乎。或者又曰：建置城邑，大事也，區處錢糧，户部職也。不先奏聞而輒興功，可乎？臣則曰：古者，帝王千里之内自治，千里之外付之方伯而已。是豈堯、舜、湯、武聖智，反後世不如哉！蓋慮輿圖既廣，則智力不及，與其役一己耳目之力而無益於事，孰若以天下賢才理天下事為逸而有功也。是故帝王之職，在於知人而已，既知其人之賢而委任之矣，則事之舉錯一以付之，而責其成功，若功效不孚，乃制其罪，可也。今既任之，又從而牽制之，則豪傑何所措手足乎？是故王守仁之平八寨也，所殺者，賊之渠魁耳，若逋逃者固未及殺也，乘此時機，建置城邑，遂招逋逃之賊復業焉，則積年之賊皆可化為良民也。失此機會，撤兵而歸，俟奏得旨，乃興版築，則賊漸來歸，又漸生聚，據險結寨，以抗我師。雖欲築城，亦不能矣。昔者范仲淹之守西邊也，欲築大順城，慮敵人爭之，乃先具版築，然後巡邊，急速興工，一月成城。西夏覺而爭之，已不及矣。爾時，范仲淹若俟奏報，豈不敗乃事哉！王守仁於建置城邑之役，蓋計之熟矣。錢糧夫役，固不仰足户部，而後有處也，其以一肩而分聖明南顧之憂，可謂賢矣。不以為功反以為過，可乎？先是正德十四年，宸濠謀反，江西兩司俛首從賊，惟王守仁同御史伍希儒、謝源誓心效忠，不幸，奸臣張忠、許泰等欲掩王守仁之功，以為己有，乃揚諸人曰：王守仁初同賊謀。及公論，難掩，乃又曰：宸濠金帛，俱王守仁、伍希儒、謝源滿載以去。當時大學士楊廷和、尚書喬宇亦忌王守仁之功，遂不與辨白，而黜伍希儒、謝源，俾落仕籍，王守仁不辨之，謗至今未雪，可謂喑啞之寃矣。夫國家論功有二道焉：有開國效功之臣焉，有定亂拯危之臣焉。開國之臣成可則侯也，敗則寇也。雖勿祟焉，可也，惟禍變倏起，社稷安危凜乎一髮，效忠定亂之臣則不忘也，何也？所以衛社稷也。昔者王守仁之執宸濠也，可謂定亂拯危之功矣。奸人猶或忌之，而謗其短，夫如是，則後有事變，誰肯效忠乎？甚矣，小人忌功，足以誤國也。臣等是以歎曰：王守仁等江西之功不白，無以勸勵忠之臣，若廣西之功不白，又無以勸策勲之臣，是皆天下地方大慮也。王守仁，大臣也。豈以功賞有無為重輕哉！第恐當時有功之人及土官立功之人視此解體，則在外撫臣遂無所激勸以為建功之地耳。臣等，廣人也。目擊八寨之賊為地方大患百數十年，一旦仰賴聖明，任用守仁以底平定，不勝慶忭。今兵部功賞未見施行，户部覆題又復再勘。臣恐機會一失，大功遂沮，城堡不得修築，逋賊復據巢穴，地方不勝可慮也。是故冒昧建言：惟聖明察焉，乞早裁斷，俾官僚早得激勸，城寨早得修築，逋賊早得招安，良民早得復業，嶺海之外，歌詠太平，祝頌聖德。實臣等所以報陛下知遇一節也，亦臣等自為地方大慮也，不得已也。為此具奏。

（明）談遷《國榷》世宗嘉靖三十二年正月　庚子，兵部武選員外郎楊繼盛，劾大學士嚴嵩無丞相之名，有丞相之權。各官陞遷，未及謝恩而先謝嵩，壞祖宗之成法，一罪也。嵩票本竊威福，皇上用一人，曰我薦之；宥一人，曰我救之；及罰一人，曰此得罪於我，故報之。竊皇上之大權，二罪也。皇上行政之善，令子世蕃傳曰，上無此意，我議而成之。刊《嘉靖疏議》，欲天下後世善盡己出，掩皇上之治功，三罪也。嵩票本，子世蕃及諸義子趙文華等群會，機密漏泄，縱姦子之僭竊，四罪也。長孫嚴效忠，冒兩廣功陞所鎮撫，又冒瓊州手斬七級功。次孫嚴鵠加錦衣衛千户，效忠、鵠皆世蕃豢養子，冒朝廷之軍功，五罪也。受仇鸞三千金，逼兵部薦大將。及鸞勢出嵩上，姑設異同泯其迹，引背逆之奸臣，六罪也。令丁汝夔不戰，汝夔臨刑，始知見給。誤國家之軍機，七罪也。刑部郎中徐學詩劾嵩削籍，考京察，斥學詩兄中書舍人徐應豐，荷聖明留用。户科都給事中厲汝進劾嵩降典史，外察罷斥，專黜陟之大柄，八罪也。文武官陞遷，不論賢否，惟論賄多寡。將官有司既納賄，不得不剥軍虐民。失天下之人心，九罪也。諂諛欺君，貪污率下，通賄殷勤者貪如盗跖而亦薦，疏拙者廉如夷齊而斥，守法度者爲固滯，巧彌縫者爲有才，勵廉介者爲矯激，善奔走者爲練事。壞天下之風俗，十罪也。嵩大罪十，皇上若不知者何哉？先用重賄結皇上之左右，其姦一。義子趙文華爲通政使，凡副本送嵩，世蕃先閲後進，疏少有干涉，即爲彌縫，其姦二。畏廠衛緝訪，籠絡結姻，其姦三。考選科道，非通賄不與列。又擇熟軟圓融者補科道，無所建白，即陞京堂方面，其姦四。令世蕃羅部屬有才望者，凡事先報，得預布置，各官少異議，早爲斥逐，其姦五。嵩之罪賴此姦彌縫之，姦一破則罪立見矣。望皇上察嵩之姦，群臣畏威，固不必問。或召問二王，令其面陳嵩惡。賊嵩去，胡虜不足平也。上怒，摘引二王果何謂，下鎮撫司，坐詐傳親王令旨律，論死，杖之百。

吴明哲《温州歷代碑刻二集》第四編熊相《泰順縣建置沿革記》 泰順温之瑞安、平陽二邑隸境也，南拒閩之福安、福寧，西抵括之青田、麗水，皆數百里。長山大谷，僻壤避陬，民負險阻之固，易於失馭，有司羈縻之而已。羅洋隸瑞安，又爲避僻之土中，三州六縣之咽喉，險阻之樞軸處也。入國朝來，洪武辛酉十四年，青田民葉丁香叛惡，劫掠至境，衆附之，安遠侯帥師至羅洋，是伐是肆，戮亡者十八九，村落空虚，括民徙居之，歲以益密，漸至富庶。永樂甲辰二十二年，慶元縣黄壇坑盗拆官封，偷採銀礦者，多是土之衆，三司大臣宿重兵於羅洋，擒獲數人，遇宥獲免。厥後陳得祚、柳廣等同麗水徐子舉入閩劫掠，致王師敗績於福寧，焦千户等死之。兩省藩閫率軍民兵駐羅洋，殲厥陳得祚，餘惡罔治，時宣德辛亥六年歲矣。虱附福州劉洋坑醜孽逆弑閩藩參議竺淵，福安縣僞指作羅洋，文武大臣總師至羅洋，據詞核實，遂得謀者十一人，餘無所究，時正統甲子九年矣。迨至丁卯十二年，福建鄧茂七、處州葉宗留謀爲不軌，衆心眩惑。是歲冬參政葉、僉事陶，招撫蘿蔔坑流民及本境逃民，按臨三峰寺處置事訖，召諭鄉民曰：縱横數百里，山多峻峭，惟羅洋爲平曠，風氣攸萃，可請設縣治以便於賦役、親於教化，耆老遂舉行而事未獲允。戊辰十三年歲，人心稍有摇惑，不服事於攸司矣。己巳十四年春，括寇葉無敵等來迫衆從謀，富義者，懸金募客數人戳葉無敵等四人首級，里中葉友名、□文習、彭孟通等獻之於郡，粗定一時。未幾，群黨昌熾，衆附渠魁王□□□□肆劫，掠□□□之東林寺松□□□堂圍之，時軍士竟日立□□□□□店火含□□□奮刃□□□披靡，延頸受刃而已。都指揮王英等死之，喪亡殆盡，虜掠□婦，動□□□□□□□□□□。景泰改元，□□□□□平陽城，時浙江布政司□□□□□□□□□□□□□□□温州府推官温儀等，俱以整飭軍務經略賊情留城中，人情汹懼危□，□□□□□□□□□□□□□□□□□矢一發，渠魁應弦而殞，衆□□□□□□□□□師戰□□□□□不可守矣。有司以聞，欽差總戎李信、御史陳璃、布政使孫原貞、按察使軒輗、都指揮張永等總兵以討之。及四月，師次温州□□□□□□□□□□□□□之時也，遂分兵駐於三港臺湖爲後援，中軍堅壁莒岡作連珠營，知府黄玘總民兵進屯仙居，瑞安縣丞陳醇同□長潘尹序等入羅洋，誘諭群盗，□□□一□□□□□□□□□□□□□□莒□二處官□□□□□，一鼓而并擒之，餘孽奔官臺山。八月□□，賊黨轉掠羅洋，官軍尚未撤營，其屯戳州者受總戎命拒敵於交洋，失利，指揮顧銘、千户洪珍等死之，□□□□□□。歲辛未景泰二年四月間，同知李鉞受任招撫，單騎至敵壘，誓誘祝必真等三人至羅洋戳之，□□□□□土安輯矣。僉議官臺山寇□□未易破，姑置之，孫公原貞以爲羅洋之民□□□，同處一國中也，非荒服異俗之倫，特以所習爲有異耳。朝廷選用賢良，將安之也，當如陶、葉二公策，疏瑞安十二里、平陽六里之土地人民建縣治境□□，政以親之，教以化之，庶可以安之。事聞，賜邑名曰泰順，如所請也。壬申三年歲之八月，□□主簿徐福昌始佩銅篆，至□來闢治署，縣丞邵忠、典史鄧灝繼之。明年癸酉四年，蜀涪郭顯宗來宰邑政，興衰撥亂，而紀綱條布，分田立教而法度□明，於是廳堂、門廡、麗譙、退署以□□□□郡制□□□□落成，屬隸□□，環視内向衣冠禮樂之所，□□□命令之所，出力役□□□□□□或後行一之，賦而輸之，惟思慫□□□，孫方伯累升至兵部尚書，受任糾□□□鎮守之，時□□□□□山寇首鄭懷冒等叛擾尤甚，進僉事沈訥等曰：官臺山與唐蔡□□□□□□□四旁皆國家州縣，無鄰黨援助，腹心之疾不可不除，天誅不可以留□，□□□□不得先發，後聞，進兩省軍民兵且戳且擒，大憝授首而餘孽殄亡過半。明年乙亥六年，都御史劉廣衡以督戰至，衆咸思奮，剿滅無遺，毀其巢穴，封閉坑冶，百年逋寇而凈滌於一旦矣。

（明）陳子龍等《明經世文編》卷二八三王忬《條處海防事宜仰祈速賜施行疏》 臣惟春秋之義每嚴於華夷之限而祖宗之制，尤重於倭寇之防。國初於沿海要害處所，設立衛所，分布兵船，武備振修，規制詳密，自非通貢之國，互市之地，夷人番舶，俱絶往來。以故海濱之民，安生樂業，亦賴無内奸以勾引之也。邇來漳泉等處奸民，倚結勢族，私造雙桅大船，廣帶違禁軍器，收買奇貨，誘博諸夷，日引月滋倭舟聯集。而彭亨佛郎機，諸國相繼煽其兇威，入港則佯言貿易，登岸則殺擄男婦，驅逐則公行拒敵，出洋則劫掠商財。而我内地姦豪，偃然自以爲得計。如去歲倭船三十餘只，統領倭賊數千，久泊泉州之白沙，所過一空，聲震城邑。寧波賊首，則身穿緋袍，直入定海操江亭，而官軍閉城求哀不發一矢。即今各島諸夷，窺我淺深，愈見猖獗，非獨有損國體，而將來之禍，更有不可言者。臣仰叨重寄，豈敢延度歲月養成癰疽？竊以内奸若清，外寇自杜。但人心懲創之餘，事體倍難展佈，姦宄盤踞之久，法制未易祛除。臣巡歷福省，節行禁約，許容自新，而泉州畏罪申嚴海禁閩省，士紳俱所不便，必將造飾阻撓。之徒，則預有造爲訛言，嚇民驚竄者矣。臣恐後之阻撓行事者，不止此也。除戰守之具，譏察之條，已督同兩省各官晝夜經理，漸有次第。惟海防軍機關係緊切，中□一條。反覆參酌，妄想可行者，謹列十條，伏乞敕下該部再加查議，速爲題請施行。

計開

一、申明律以正刑誅。臣查得海賊之種有二：有劫掠而不通番者，有通番而兼行劫掠者。其潛從他國則爲謀叛，其擾劫中國則爲强盜，均之罪惡貫盈者也。自昔年查勘之後，誤認姦宄爲平民，安養俘虜於善地，而任事殺賊之臣，幽禁重獄。中國之威遂挫，夷寇之勢日張。今後番船突入，勢必加兵逐捕。但恐各該將上懲覆轍，臨一遲疑。關係匪細況漳之人，父母衣食盡在此中。倘致克捷必有借前議以陷人者。此臣所以不得不預陳也。合無敕下該部參詳無異，行臣嚴令參將、備倭等官遇有前項番船突入爲患，於法不許互市通貢者，即時會兵驅剿，生擒入犯鞫問明白，聽遵照謀叛强盜之律，奏請處決，梟示沿海。庶幾内奸寒心，外寇屏迹，而將士亦無反坐之慮矣。接濟之名於令門海猶未絶也。

一定新例以嚴接濟，臣訪得夷寇在海勺水門米，仰給内地。若岸上之人不行接濟，兼有我兵相持勢必坐困遠遁。奈何濱海頑民圖賊厚利，從而販取柴米酒肉以餽之，打造槍刀鉛銃以助之，收買違禁貨物以資之，飾送娼優戲子以悦之。每覘官兵動静，則星火徒報官府。密令哨探，則推避不從。寧殺可愛之身，而不忍背、不可附之賊。究其情罪，尤甚通番。但查歷年明例，止嚴通番之條而不及於接濟，蓋彼時此風尚少，未便奏聞。即今接濟之姦，已遍於漳、泉、寧波矣，而可不嚴定法制乎？合無敕下該部，再加參詳。此照前往番國買賣、潛通海賊同謀結聚，及爲向道劫掠良民者，正犯處以極刑，全家發邊衛充軍事例。特爲題請增入轉行都察院榻示沿海地方，以杜接濟。至如居民數少，孤懸海隅慮與賊通者，聽臣行各該有司遷移内地，量爲處恤。庶幾情法兩盡，而夷寇無資矣。

一、懲首惡以絶禍本。臣訪得漳、泉各灣之民，僻處海隅，俗如化外，而勢豪數姓人家又從而把持之，以故羽翼衆多，番船聯絡，遂貽東南莫大之害。斷非從容文法，可以坐消。臣身任其事，怨仇固所不避。但春秋之義，得誅首惡，而漢吏之良貴去太甚，殺一人而千萬人懼，必雷霆之威擊搏自天，而後下土之民竦然斂惡。昔年太倉州秦璠、王艮之變，時有崇明耆民交鬥煽禍，已而逮捕至京，悉置於法，即令一十餘載，海波不揚。此天威特擊之明驗也。合無容臣先以利害曉諭各該通番勢家，如肯自逐黨羽，折毀船隻，屏絶奸路，則以前罪惡，姑免搜求。如仍前勾引倭夷，查究明實，一面先行拘繫，一面具由奏聞。即遣官拿解京師，明正典刑，以警其餘。臣亦得仰竊餘威禁伏姦宄。

（明）陳子龍等《明經世文編》卷四三四馮時可《紀邊事二》 甘鎮支餉本折間給，萬曆三年冬，應支折色。兵使鄒廷望以金少穀多，盡給本色。伍長石明挾要折色。官曰：未可得也，明曰：不得，吾叛從虜。明日率黨三百餘人，鼓噪以入，大詬廷望，慰諭不散。令王别駕給一月金，而衆恨少，焚公門鼓噪以出。廷望窘，盡與折色，方解。巡撫侯東萊，設法獲明輩六人下獄，餘置不問。事聞，鄒廷望改調臬司，治諸犯罪，依謀叛未行律。石明、董子佩，首惡絞。餘四人從罪，杖百遣徙。侯公以罪浮千律，改依强盗例梟首。章下兵部，譚公議云：細察招情，諸所叛逆，悉已見之行事。不可謂謀之未行也。若必待其竄入虜中，方謂已行，恐亦未便。執而誅之，律意必不然。苟以爲輕，宜盡律本意。若擬强盗，於律未合。爲從四人，罪宜同科。即依强盗，亦不分首從，乃止論流，未免姑息。子時閲疏，語唐老云：石明等以謀叛已行論誅，意也。第出城而未遠去，不無顧忌之心，或執於途，則無辭矣。愚以爲薄於已行而浮於未行，其家屬財産免盡本法，則當矣。公不然，後奉旨如予議。

《明神宗實録》萬曆三十年三月〔甲申〕雲南騰越州税監委官張安民播虐官民，地方激變，燒毁廠房，安民焚死。撫按以聞，詔：前屢有旨，各差人員安静行事，張安民既激變致死，有何足惜，但倡亂之徒，宜正法典。姑念人衆，令該撫按同税監訪拏真正首惡，依律處治，其餘脅從，都免追究。

《明神宗實録》萬曆三十年七月〔丁戌〕黔國公沐昌祚托名會稿，遨遊東粤，騷擾地方，爲巡按御史李時華所劾。上切責之，令行該撫按官嚴加戒諭，若再妄動招尤，決不輕宥。各驛遞但有借行勘合縱迹可疑者，許該地方即拿盤詰，申詳根究，奏來處治。乙亥，鳳陽人徐應龍亡命流入貴州銅仁府苗寨，詐稱親王，屢傳僞令，恐嚇諸夷，召號黨類，出没劫掠者九月，爲地方官所覺，多方懸構擒之。撫按以聞乞將參政尤錫類，守備葛如錦、指揮蔣崇賢，知府等官何大縉等，分别叙録，以勸有功。徐應龍監候會審詳决，兵部覆如議，詔從之。

《明神宗實録》萬曆三十一年三月　陝西西寧都司張大紀家丁鄭大海等以誘殺冒級下獄，乘夜糾衆，劫獄鼓噪，燔官署，掠錢糧，攻逼主將，奪城而遁。按督上其事，於是兵科都給事中田大益、給事中孫善繼等交章論，以爲即西寧之妄殺，則該鎮之屢報捷書，俱不可知，即該鎮之冒功事發，則各鎮之類叙功級亦皆不可知。乞敕各鎮，以後功級，務要按臣親詣查覈，上下其奏。兵部覆請該任文武官員俱行議處，張大紀革任治罪。從之。

《明神宗實録》萬曆三十二年十月　庚戌，傳諭兵部、都察院：朕覽湖廣巡按奏報，楚宗崇仁輒敢聚衆强劫董杠，戕殺撫臣，今又肆出反叛榜文，好生悖逆，着本省各官上緊發兵擒拏。鄖陽、江西、河南撫臣兵備，南京兵部操江等官，各相機發兵脅剿，毋得顧忌觀望，養成大釁。一面榜諭各宗及城中居民，毋得畏懼，朝廷討除惡人，正以撫安善良，不許濫及傷害。

《明神宗實録》萬曆三十三年冬十月〔癸丑〕天壽山守備太監李浚奏，左監丞劉學毆死小厮來喜兒，敕法司提問擬罪。【略】〔甲寅〕刑部會問，得妖徒吴回五等崇尚左道，謀爲不軌。始則托教蓮社，因而弄兵潢池，非社稷有靈，旋爲殲縛。會見建延諸郡在荆棘中耳，其愚氓惑溺福田而詿誤事中者，情固不無可矜，姦徒羽翼戎首而狡脱事外者，法則難以漏網。該撫按屢駁細鞫，業已劑量得中，情罪允協矣。臣等遵奉明旨，再三酌議，分别正法有差。迹若可誅，嗜芳餌而冒鈎芒，情則可憫，擬以徒配，似當厥辜。至若陳生者，思冒功而擅割賊級，因修怨而影射職官，兩罪並罹，一戍非枉。祖廷機等不行舉首，致吴建釀成禍亂，駱良日等藏匿引送。俾得旨，妖徒吴回五等着會官處決，仍與已梟吴建等，已死吴昌等各首級，懸示儆衆，其餘俱依擬。

《明神宗實録》萬曆三十五年六月〔庚子〕南京兵部尚書孫鑛疏言，臣自去歲擒獲妖犯劉天緒等後，即同内外守備出示撫諭，第造惡渠魁尚多伏莽。今年正月，復得妖帖。臣見其語斥乘輿，不可復縱，密訪民間，皆相顧啼號，謂前妖復作，而不軌之徒，仍復嘯聚扇亂無已。自二月以來，妖犯再擒，訛言逆止。從邪反正，鄉井不驚。向若縮手聽其自息，則妖勢愈張，今不知作何景象矣。今乃加司官，以悖旨生事之名，捃摭無干人命，以文致其罪，則臣累司官，臣罪滋重矣。乞罷臣以謝言官，並行南刑部勘諸言官所論劉宇事。於是劉宇始不脱於物議矣。先是，南中言官所捃摭諸命，以迫死者數十家，他所噏取倍是。雖南中士紳亦以爲然也。而孫礦持之稍激，言留都十羊九牧，事多掣肘，九卿科道，權力既分，每一事出，相顧持疑，所以奸雄鼓掌，狂逆攘臂。宜將南京各衙門分定職掌，論職課效，所轄屬官，俱從舉劾，意甚銜諸言者，而北中言者攻之益甚。

上一日持孫礦疏，召文書官趣内閣擬旨。内官至輔臣處傳言，留都根本重地，陵寢尊臨，設内外守備衙門及兵部參贊機務，俱有專敕，如何事多掣肘使姦黨跳梁，法紀何在？且近來科道借言時政，挾私滅公，誣害忠良，見任者杜門推避，盡職者解體寒心，致機務遲疑，殊非激濁揚清之任，意凜凜不測也。輔臣稍爲寬譬，又疏言朝廷只赦脅從，不赦渠首。據妖帖訛言，有臣子所不忍聞者，必非脅從所爲。孫礦擒獲一二造寫之人，似不爲過。但以根本重地，人心未定，罪人既獲，只宜撫綏安静，宣佈朝廷德意，使人人樂業，不必搜求，以生釁端。上意良鮮，仍命南京刑部，將論列劉宇事情一一勘明具奏，前事遂不赦功，而留都亦無復更爲妖帖者。

《明神宗實録》萬曆四十三年十月〔甲辰〕巡按廣東御史田生金奏，廣西歸德州狼目黄貴屢持僞契越界，混爭羅定四十年承糧之田業，節經官斷無據，貪謀未遂，適各兵抽調征黎之時，遂聚衆揚旗放砲，傳箭封刀，以從征爲名，以爭田爲實，繇是猺獞附從，不過數日，有衆二千，焚劫擄掠，此其意固將不利州城，幸我兵聲援已集，自知不濟，猶圖再舉，立食血同盟之誓，傳刻日交戰之書，僞印僞票，紛然四出，若非藍村計窘，中流被擒，終爲患於異日。故首惡之就縛可快心，而坐困之機權尤得策也。黄貴難辭叛逆不道之誅，韋用、黄保等均爲助逆，並擬伏辜，其黄貴妻龍氏照例没入功臣家爲奴，刑部題覆。上從之。

《明會典》卷一三〇《刑部・賊盜・盜大祀神御物》　凡盜大祀神祇用祭器帷帳等物，及盜饗薦玉帛牲牢饌具之屬者，皆斬。其未進神御，及營造未成，若已奉祭訖之物，及其餘官物，皆杖一百，徒三年。若計贓重於本罪者，各加盜一等。

《明會典》卷一三〇《刑部・賊盜・謀叛》　凡謀叛，但共謀者，不分首從皆斬。妻妾子女，給付功臣之家爲奴。財産並入官。父母祖孫兄弟，不限籍之同異，皆流二千里安置。知情故縱隱藏者，絞。有能告捕者，將犯人財産全給充軍，知而不首者，杖一百，流三千里。若謀而未行，爲首者，絞。爲從者皆杖一百，流三千里。知而不首者，杖一百，徒三年。若逃避山澤，不服追喚者，以謀叛未行論。其拒敵官兵者，以謀叛已行論。

《明會典》卷一三〇《刑部・賊盜・謀反大逆》　凡謀反，及大逆，但共謀者，不分首從，皆凌遲處死。祖父、父、子、孫、兄弟、及同居之人，不分異姓，及伯叔父兄弟之子，不限籍之同異，年十六以上，不論篤疾廢疾，皆斬。其十五以下，及母女妻妾姊妹，若子之妻妾，給付功臣之家爲奴。財産入官。若女許嫁已定，歸其夫，子孫過房與人，及聘妻未成者，俱不追坐。知情故縱隱藏者，斬。有能捕獲者，民授以民官，軍授以軍職，仍將犯人財産全給充賞。知而首告，官爲捕獲者，止給財産。不首者，杖一百，流三千里。

《明史》卷二三《莊烈帝本紀》〔天啓七年〕十一月甲子，安置魏忠賢於鳳陽。戊辰，撤各邊鎮守内臣。己巳，魏忠賢縊死。癸酉，免天啓時逮死諸臣贓，釋其家屬。

黄彰健《明代律例彙編》卷一八《刑律一・賊盜・盜制書》　凡盜制書，及起馬御寶聖旨，起船符驗者，皆斬。盜各衙門官文書者，皆杖一百，刺字。若有所規避者，從重論。事干軍機錢糧者，皆絞。

附例：成化二十年奏準：偷抄洗改後湖黄册者，依制書，不分首從皆斬監侯，奏請定奪。

黄彰健《明代律例彙編》卷一五《兵律三・關律・盤詰奸細》　凡緣邊關塞，及腹裏地面，但有境内奸細，走透消息於外人，及境外奸細，入境内探聽事情者，盤獲到官，須要鞫問接引起謀之人，得實，皆斬。經過去處，守把之人，知而故縱，及隱匿不首者，並與犯人同罪。失於盤詰者，杖一百。軍兵，杖九十。

弘治問刑條例

一、在京在外軍民人等，與朝貢夷人私通往來，投托管顧，撥置害人，因而透漏事情者，俱問發邊衛充軍。軍職有犯，調邊衛帶俸差操。通事並伴送人等係軍職者，從軍職之例。係文職有贓者，革職爲民。

一、川廣雲貴陝西等處，但有漢人結交夷人，互相買賣借貸，誆騙財物，引惹邊釁，及潛住苗寨，教誘爲亂，貽患地方者，俱問發邊衛，永遠充軍。

胡瓊集解附例

一、各處有等無籍之徒，多有引賊劫掠，以復私仇，探報消息，致賊逃竄者，比照奸細律條，問擬斬罪，本犯梟首，全家發烟瘴地面充軍。

一、内外問刑衙門，今後遇有奸細入境，隱匿不首，律與同罪，得減入流，與燒香惑衆爲從，及稱善友，求討布施，聚至十人以上，接引窩藏之人，不問來歷，若寺觀住持容留披剃冠簪，致令入境探聽事情，若軍民人等被誘，舍與應禁鐵器等項事發，有如犯人賈成劉安定，俱發隔別衛分，永遠充軍。

嘉靖新例

一、嘉靖貳拾貳年伍月兵部會題準：備行在京輯事衙門，五城兵馬司，在外總督大臣，督同各該鎮巡官，嚴行各該文武官員軍民人等。今後地方有乞食，或爲僧，或與人傭工，並假裝啞吧婦人，但舌硬可疑之人，俱要一一盤詰，果能擒獲真正奸細臺名者，不分官旗軍民，照擒斬例，議昇壹級，仍賞銀拾兩。不願昇者，賞銀伍拾兩。仍要追究奸細，從何地方進入，將所過一帶官司，通行查提問罪。其所在人家，敢有與虜人交通，潛爲内應者，事發，全家處以死罪。

一、嘉靖貳拾叁年拾貳月兵部題準：申明前例，奸細入境之始，先行嚴令各關堡守把官軍，能盤詰奸細壹名，送該管軍門，追問明白，官賞銀貳拾兩，旗軍爲首者賞銀拾兩，爲從陸兩，擒獲貳名倍賞。至叁名者方昇官壹級，軍昇總旗。不分首從先後起數，俱準通論。若越過邊關至腹裏州縣，巡司驛遞軍民人等盤獲者，叁等賞格，與前例同。仍追究初入邊境在何關保，將失事官軍通行提問。

嘉靖問刑條例

一、沿邊關塞及腹裏地面，但有盤獲奸細，所在鎮守等官，追究來歷根因明白，依律坐罪。干得接引起謀之人，並經該關隘守把人員，應提問者提問，應參究者具實參奏。若有歸復鄉土，偶被邏獲者，查審明白，照例起送，毋致冤抑。其奸細有能首降者，一體給賞安插。

萬曆問刑條例

一、川廣雲貴陝西等處，但有漢人交給夷人，互相買賣借貸，誆騙財物，引惹邊釁，及潛住苗寨，教誘爲亂，貽害地方者，除真犯死罪外，俱問發邊衛，永遠充軍。

一、沿邊關塞，及腹裏地面，盤詰奸細處所，有歸復鄉土人口，被獲到官，查審明白，即照例起送。有妄作奸細，希圖冒功者，以故入人罪論。若真正奸細，能首降者，亦一體給賞安插。

《刑部現行則例》卷下《雜犯》 一、凡異姓人歃血訂盟，焚表結拜弟兄者，不分人之多寡，照謀叛未行律。爲首者，擬絞監候，秋後處決。爲從者，杖一百，流三千里。其未歃血盟誓焚表，止結拜弟兄者，爲首杖一百，爲從杖八十。

《大清律例》卷二〇《兵律·關津·盤詰奸細》 凡緣邊關塞，及腹裏地面，但有境内奸細，走透消息於外人，及境外奸細，入境内探聽事情者，盤獲到官，須要鞫問接引入内起謀出外之人，得實，不分首從皆斬監候。經過去處守把之人，知而故縱，及隱匿不首者，並與犯人同罪至死減等，失於盤詰者，官杖一百，軍兵杖九十。罪坐直日者。

條例

一、交結外國及私通土苗，互相買賣借貸，誆騙財物，引惹邊釁或潛住苗寨，教誘爲亂，如打劫民財，以强盜，分別貽患地方者，除實犯死罪如越邊關出外境，將人口軍器出境，賣與硝黄之類。外，俱問發邊遠充軍。

一、沿邊關塞及腹裏地面盤詰奸細處所，有歸復鄉土人口被獲到官，查審明白，即行起送歸籍。有妄作奸細，希圖冒功者，以故入人罪論。若實係奸細，能首降者，亦一體給賞，安插。

一、凡州縣城鄉十户立一牌頭，十牌立一甲頭，十甲立一保長。户給印牌一張，書寫姓名，丁數。出則註明所往，入則稽其所來。其客店亦令各立一簿，每夜宿客姓名幾人，行李牲口幾何，作何生理，往來何處，逐一登記明白。至於寺觀，亦分給印牌，上寫僧道口數、姓名，稽察出入。如有虚文應事，徒委捕官吏胥需索擾害者，該上司查參治罪。

一、凡盤獲形迹可疑之船，貨物人數不符税單牌票者，限三日内查明。果係商船，即速放行。如係賊船，交與地方官審鞫有無行劫，按律例分別治罪。如巡輯官兵以賊船作爲商船釋放者，照諱盜例治罪。以商船作爲賊船擾害者，照誣良爲盜例治罪。索取財物者，拿問。該管上司失察，照例議處。

一、沿柳條邊之蒙古地方有内地民人種地、居住者，交與渣薩克等，十家内設立一長，逐户嚴查，不許閒人存留，取具十家長保結。如民人内有隱匿内地逃人者，著該渣薩克將逃人與隱匿逃人之民人一並查拿，解部治罪。

一、沿邊近蒙古地方，令汛渡弁兵將貿易、割草人於去時登記人數，回時照數稽查。如有發遣人犯混入逃匿，即行文知會蒙古，拿送該處，照本犯原罪分别治罪。倘弁兵疏縱脱逃，漫無覺察，將弁員交部議處。兵照失於盤詰律治罪。若蒙古知係内地逃犯，仍容留隱匿者，照窩藏逃人例治罪。

一、廣東省窮民趕山搭寮，取香、砍柴、燒炭、種麻、種靛等項，令各州縣每寮給牌，遇有遷徙消長，赴縣添除，違者，寮長照脱漏户口律治罪。倘窩藏姦宄，勾通匪類，寮長不報官究治，或被旁人首告者，照總甲容留棍徒例治罪。如有不赴官報明，徑自搭寮居住者，照盗耕田畝律治罪。山主不經官驗準，私令批佃搭寮者，照違令律治罪。若文武各官漫不約束，以致藏姦，該督撫即行題參，交部議處。

一、浙江、江西、福建等省棚民，在山種麻、種靛、開爐扇鐵、造紙、做菰等項，責成山地主並保甲長出具保結、造册，送該州縣官，照保甲之例，每年按户編查，並酌撥官弁防守。該州縣官於農隙時務會同該營汛逐棚查點，毋得懈馳。如有窩匪姦盗等事，山地主並保甲長不行首告，照連坐律治罪。該管官失察，交部議處。

《大清律例》卷二三《刑律·賊盗·謀叛》 凡謀叛，謂謀背本國，潛從他國。但共謀者，不分首從皆斬；妻妾子女，給付功臣之家爲奴；財産並入官。姊妹不坐。女許嫁已定，子孫過房與人，聘妻未成者，俱不坐。父母、祖孫、兄弟，不限籍之同異，皆流二千里安置。餘俱不坐。知情故縱隱藏者，絞。有能告捕者，將犯人財産全給充賞。知已行而不首者，杖一百，流三千里。若謀而未行，爲首者，絞；爲從者，不分多少，皆杖一百，流三千里。知未行而不首者，杖一百，徒三年。未行則事尚隱秘，故不言故縱隱藏。

若逃避山澤，不服追喚者，或避差，或犯罪，負固不服，非暫逃比。以謀叛未行論。依前分首從。其拒敵官兵者，以謀叛已行論。依前不分首從律。以上二條，未行時事屬隱秘，須審實乃坐。

條例

一、叛案内干連流犯流徙烏喇地方，如本犯身故，妻、子免流。

一、凡叛犯之孫，如有年幼、不便與父母拆離流徙者，一並交與該管衙門，令其親屬收養。

一、凡審擬叛案，如果謀叛情實，在本省者，取本犯確實口供，原籍住址，將該犯父母、祖孫、兄弟、妻妾、子女、家屬、財産，俱察明，嚴行看守，詳開數目具題。如係隔省，確取本犯口供，行文該地方官，嚴拿看守。有隱漏者，該督撫即將該管官指名題參，以憑議處。

一、叛逆旗下人口，照例交與該管衙門。其民人叛犯之奴僕，交與户部入官。

一、就撫盗賊，有爲盗時擄掠婦女，若原夫及其父母期親認識而堅執不與者，聽赴官司告理，將婦女斷歸完聚。女已配，合不願還者，聽。

一、如有潛匿山林有名大盗投歸者，準其免罪。

一、凡異姓人歃血訂盟，焚表結拜弟兄，不分人數多寡，照謀叛未行律，爲首者，擬絞監候。其無歃血盟誓焚表事情，止結拜弟兄，爲首者，杖一百；爲從者，各減一等。

一、凡不逞之徒歃血訂盟，轉相結連土豪、市棍、衙役、兵丁，彼倡此應，爲害良民，據鄰佑鄉保首告，地方官如不準理，又不緝拏，惟圖掩飾，或致蜂起爲盗，抄掠横行，將地方文武各官革職，從重治罪。其平日失察，首告之後不自隱諱，即能擒獲之地方官，免其議處。至鄉保鄰佑知情不行首告者，亦從重治罪。如旁人確知首告者，該地方官酌量給賞。倘藉端妄告者，仍照誣告律治罪。

《清仁宗實録》嘉慶元年二月〔壬寅〕 諭軍機大臣等哈當阿等，奏拿獲首從各犯審辦一案問匪犯施蘭所供：因伊兄施斐於陳周全案内正法，欲圖報仇，起意糾人結會謀逆。此等匪犯，即與叛逆無異。自應凌遲，以昭炯戒。今僅將該犯與從犯等一律正法。臺灣遠隔重洋，民俗刁悍，不足以示懲創。並著傳諭哈當阿等，嗣後遇有此等起意爲首，糾人謀逆之犯一經審明，即應凌遲處死。不得以其糾伙未成，稍從輕縱。庶足以昭法紀而肅海疆。

《清仁宗實録》嘉慶元年四月 甲申，定大逆緣坐法。諭内閣：向來刑部定擬大逆緣坐等犯，請旨斬決者，皆改爲監候，秋審時率免其予勾。原以案犯如編造逆詞等事，其父兄子弟，情尚可原，是以寬其一綫。至如現在湖北邪教，乃公然造反重案，該匪等糾集多人，肆行劫掠，甚至戕官攻城，與官兵公然抗拒，實爲大逆，不法已極。無論其父兄子弟，皆當概予駢誅，方足以彰國憲。但因其子不法，而遽置其父於重辟，朕心究有所不忍，有違以孝治天下之意。所有此案向文魁、張成勛、張成榮、張成瑶，真大貴，皆係逆犯弟兄，著即處斬。其逆犯之父向朝德、張文學、真典章，俱著從寬改爲應斬監候，永遠牢固監禁，遇赦不赦。嗣後湖北逆匪案內，例應緣生人犯，俱照此辦理，以示朕法外施仁，明刑敦孝至意。

《清仁宗實録》嘉慶二年九月〔乙酉〕諭內閣：向來大逆緣坐人犯，刑部等衙門按律定擬斬決者，俱從寬改爲監侯。但此等人犯久禁囹圄，難免親戚往視，别滋事端。所有從前及嗣後大逆緣坐人犯，俱著發往黑龍江，給索倫達呼爾爲奴，可省監獄防範之煩，而該犯等發往爲奴，又不致日久復生萌蘖。

（清）祝慶祺《刑案匯覽》卷一〇《禮律祭犯·禁止師巫邪術》 據東撫咨曹縣稟，獲習教之蔡五魁一案。原咨内稱，緣蔡五魁充當曹縣快役。嘉慶十八年五月間蔡五魁患病，有素識之同縣人李孟魁前往看視，自言向習八卦教，勸令蔡五魁入教，可免災病。蔡五魁應允，李孟魁囑咐蔡五魁敬天地，孝父母，不欺大壓小，並教令，常念真空家鄉，無生父母八字。是年九月初九日，蔡五魁路過該縣大茶庵地方，見李孟魁與曹縣人趙秉仁、朱成貴及不知姓名多人衆在一處，李孟魁聲言伊等定於初十日進曹縣起事，糾邀蔡五魁入伙。蔡五魁未允，李孟魁以如不充從，即要全家誅戮之言向嚇。蔡五魁畏懼，假意允從。是晚，蔡五魁即乘間脱逃，不及赴縣稟首。至初十日，蔡五魁因教匪果然反逆，即隨同莊衆逃赴各處躲避。維時蔡五魁自知悔悟，不敢再行習教，因恐治罪，故未呈首。是年十月間，中軍守備劉興隆在邑家集拽捕賊匪，蔡五魁即奔劉守備帳下充當鄉勇，隨同該守備拿獲教匪馬金玉、張元甲、張四、耿善同、歐良臣、歐高來、崔林何等訊供，稟明正法。後因劉守備調赴軍營，蔡五魁亦即回家，旋被拿獲。該撫以蔡五魁聽從習教，雖經悔悟，並隨同劉守備拿獲教匪多名，惟不據實首明，未便稍從輕減。將該犯依傳習八卦邪教爲從例，擬發新疆爲奴等因。查例載：傳習八卦等邪教，習荒誕不經咒語，拜師傳徒惑衆者，爲首擬絞立決，爲從發新疆爲奴等語。又十八年，臣部奏請先習白陽教，後經悔過出教，並未到官呈首者，發往烏魯木齊爲奴。又臣部審辦逆案內，宋進實、宋六二犯均係先人邪教，後經悔過出教。因宋進實會隨同順天府委員任烜充當眼目，宋六曾在右營作眼，查訊屬實，經臣等先後奏明，遵百將宋進實、宋六仍交各該衙門充當眼目，等因。各在案誠以悔過出教，及作眼拿人，均與始終執迷者有間。且現在緝拿逆犯所用眼線，必須熟識匪犯，始爲得力，是以開其感奮之心，予以自新之路，實爲搜擒要逆、解散匪途之要道。此案蔡五魁聽從李孟魁學習邪教，後經悔過出教，並未到官呈首。按照奏定章程，應發烏魯木齊爲奴。惟查蔡五魁因李孟魁告知反逆，邀令入伙，該犯不允；李孟魁以如不允從即要全家誅戮之言向嚇，該犯畏懼，假意允從，是晚即乘間脱逃，不及赴縣稟首。次日聞知教匪果反，隨赴各處躲避，自知悔悟，不敢再行習教。旋赴守備劉與隆帳下充當鄉勇，節經拿獲教匪馬金玉等七名，稟明正法。經該省查明屬實。是所供悔悟出教及拿獲教匪之處，均屬確鑿。與宋進實等情事相同。若如該撫所咨，仍行發遣，恐此外會經習教，認識要逆之人，因無可效之途，不復指拿逆犯，於輯捕事宜轉致窒礙。蔡五魁一犯可否免其發遣，仍令作眼，輯拿逆匪之處。理合據咨奏聞，請旨遵行。

譚棣華等《廣東碑刻集·奉廉明縣主馮示禁碑》 署海豐縣事即補州正堂加十級紀録十次馮，為嚴禁匪徒結盟拜會，爛棍藉端勒索，以靖地方而安良民事。現據監生張茂棱、翁藏虎、陸梅，耆老鄭宏龍、鄧碩堪、趙成鳳、黃本表、陳懷謙、陳雅國、楊守遴、劉悦能、陳元征、周鎮香、劉文恭、林德仁、張任俊、王置侯、陳英桂、周美强、鄭佳輝、黃正元、林喜蕃、洪克疇等呈稱：切地方不靖，匪惡未除，約束不嚴，必釀巨禍。生等青草墟遭外棍林亞秀流入境内，與匪徒張亞鶱等聚衆結拜會匪，横行無忌，擾害墟場，經生等赴階稟究，并營移查拘，蒙飭差協同拿獲匪犯□□□□□□□□□□□□□□□□□□□六名解案。訊認聽從張亞鶱起意，在林亞秀家内結拜三點會，責懲繳禁在案，勒差嚴拏逸犯張亞鶱、林亞秀等，務獲究辦，墟衆稍安。茲誠恐會匪潛回聚集，及爛棍藉端勒詐，擾害地方，勢得聯名侚叩示嚴禁，拘飭究辦，等情到縣。據此，除飭差嚴拿外，合行出示嚴禁。為此，示諭青草墟軍民人等知悉：爾等須知，結盟拜會，為首者罪應絞決，為從者分别遣軍流徙，知情容留人等，各視本犯罪名之輕重，分别等差定擬。律例何等森嚴，豈容以身嘗試，各有身家性命，當知自保，同為盛世良民，共享升平之福。務宜父誡其子，兄勉其弟，切勿聽人搧惑，自罹法網。凡有外來面生可疑之人，應即嚴加監詰，如能查明實係會匪，知會該處保甲，禀報拿解，自當從重獎賞，慎勿貪圖小利，妄為招接。倘有無知愚民，曾經勉從結拜，及早悔悟自首，并將會匪首報送官，定當從寬免罪，予以自新。如敢執迷不悟，覆蹈前轍，一經訪聞，或被告發，定即會營按名嚴拿，從重究辦，決不姑寬。各宜凛遵，毋違。特示。

青草墟右諭知悉

道光十八年十二月初十日示禁

（清）席裕福《清朝政典類纂》卷三九一《刑二十三・刑律賊盜・謀反大逆》 凡謀反不利於國，謂謀危社稷。及大逆不利於君，謂謀毀宗廟、山陵及宮闕。但共謀者，不分首從，已、未行。皆凌遲處死。正犯之祖父、父、子、孫、兄弟及同居之人如本族無服親屬及外祖父、妻父、女婿之類。不分異姓。及正犯之期親。伯叔父兄弟之子，不限已、未析居籍之同異，男年十六以上，不論篤疾、廢疾，皆斬。其男十五以下及正犯之母、女、妻妾、姊妹、若子之妻妾，給付功臣之家爲奴。正犯財産入官。若女兼姊妹許嫁已定，歸其夫。正犯子孫過房與人。及正犯之聘妻未成者，俱不追坐。上止坐正犯兄弟之子，不及其孫，餘律文不載，並不得株連。知情故縱隱藏者，斬。有能捕獲正犯者，民授以民官，軍授以軍職。量功授職。仍將犯人財産全給充賞。知而首告，官爲捕獲者，止給財産。雖無故縱，但不首者，杖一百流三千里。未行，而親屬告捕到官，正犯與緣坐人俱同自首免。已行，惟正犯不免，餘免。非親屬首捕，雖未行，仍依律坐。

條例

一、反逆案内律應問擬凌遲之犯，其子孫訊明，實係不知謀逆情事者，無論已未成丁，均解交内務府閹割，發往新疆等處，給官兵爲奴。如年在十歲以下者，牢固監禁，俟年届十一歲時再行解交，内務府照例辦理，内務府大臣遇有解到閹割人犯，即選派官員認真驗看，並出具無弊切結，送交刑部，再行覆驗。如有情弊，節行奏參。務須查驗明確。再交兵部發往新疆，給官爲奴。至其餘律應緣坐男犯，並非逆犯子孫，年在十六歲以上者，發往新疆等處給官兵爲奴。若年在十一歲以下、十五歲以下者，牢固監禁，俟成丁時發往伊黎，烏魯木齊等處安插。緣坐婦女，發各省駐防，給官員兵丁爲奴。其知情不首干連人犯，仍依律擬流。謹案此條嘉慶六年修並十九年、道光十年、十五年、二十五、四次修改。

一、除實犯反逆及糾衆戕官反獄、倡立邪教，傳徒惑衆滋事，案内之親屬仍照律緣坐外，其有人本愚妄，書詞狂悖，或希圖誆騙財物，興立邪教，倘未傳徒惑衆，及編造邪説尚未煽惑人心，並姦徒懷挾私嫌，將謀逆重情，捏造，匿名揭帖，冀圖誣陷，比照反逆及謀叛定罪之案，正犯照律辦理，其家屬一概免其緣坐。謹案，嘉慶六年，因嘉慶四年奉旨比照反逆之案，家屬概免緣坐，將前例修並改定此條。

一、反逆緣坐案内給功臣爲奴人犯，除有脱逃干犯别情照例從重辦理外，其有伊主呈明不能養贍，訊無别情者，改發各省駐防爲奴。謹案此條嘉慶六年續纂，十九年復奉頒修，道光元年修改。

紀事

《左傳・定公十三年》 晉趙鞅謂邯鄲午曰：歸我衛貢五百家，吾舍諸晉陽。午許諾。歸告其父兄。父兄皆曰：不可。衛是以爲邯鄲，而置諸晉陽，絶衛之道也。不如侵齊而謀之。乃如之，而歸之於晉陽。趙孟怒，召午，而囚諸晉陽，使其從者説劍而入，涉賓不可。乃使告邯鄲人曰：吾私有討於午也，二三子唯所欲立。遂殺午。趙稷、涉賓以邯鄲叛。夏六月，上軍司馬籍秦圍邯鄲。邯鄲午，荀寅之甥也；荀寅，范吉射之姻也，而相與睦，故不與圍邯鄲，將作亂。董安于聞之，告趙孟曰：先備諸？趙孟曰：晉國有命，始禍者死，爲後可也。安于曰：與其害於民，寧我獨死。請以我説。趙孟不可。秋七月，范氏、中行氏伐趙氏之宮，趙鞅奔晉陽，晉人圍之。

范臯夷無寵於范吉射，而欲爲亂於范氏。梁嬰父嬖於知文子，文子欲以爲卿。韓簡子與中行文子相惡，魏襄子亦與范昭子相惡。故五子謀，將逐荀寅，而以梁嬰父代之；逐范吉射，而以范臯夷代之。荀躒言於晉侯曰：君命大臣，始禍者死，載書在河。今三臣始禍，而獨逐鞅，刑已不鈞矣。請皆逐之。冬十一月，荀躒、韓不信、魏曼多奉公以伐范氏、中行氏、弗克。

《左傳·定公十四年》　梁嬰父惡董安于，謂知文子曰：不殺安于，使終爲政於趙氏，趙氏必得晉國，盍以其先發難也討於趙氏？文子使告於趙孟曰：范、中行氏雖信爲亂，安于則發之，是安于與謀亂也。晉國有命，始禍者死。二子既伏其罪矣，敢以告。趙孟患之。安于曰：我死而晉國寧，趙氏定，將焉用生？人誰不死？吾死莫矣。乃縊而死。趙孟屍諸市，而告於知氏曰：主命戮罪人安于，既伏其罪矣，敢以告。知伯從趙孟盟，而後趙氏定，祀安于於廟。

《史記》卷六《秦始皇本紀》　嫪毐封爲長信侯。予之山陽地，令毐居之。宮室車馬衣服苑囿馳獵恣毐。事無小大皆決於毐。又以河西太原郡更爲毐國。九年，彗星見，或竟天。攻魏垣、蒲陽。四月，上宿雍。己酉，王冠，帶劍。長信侯毐作亂而覺，矯王御璽及太后璽以發縣卒及衛卒、官騎、戎翟君公、舍人，將欲攻蘄年宮爲亂。王知之，令相國昌平君、昌文君發卒攻毐。戰咸陽，斬首數百，皆拜爵，及宦者皆在戰中，亦拜爵一級。毐等敗走。即令國中：有生得毐，賜錢百萬；殺之，五十萬。盡得毐等。衛尉竭、內史肆、佐弋竭、中大夫令齊等二十人皆梟首。車裂以徇，滅其宗。及其舍人，輕者爲鬼薪。及奪爵遷蜀四千餘家，家房陵。

（明）董説《七國攷》卷一二《奉刑法·梟首》　始皇初，嫪毐作亂，敗。其徒二十人皆梟首。車裂以徇，滅其宗。輕者爲鬼薪。見《史記》。在並天下之前。

《史記》卷七九《范睢列傳》　王稽爲河東守，與諸侯通，坐法誅。

《漢書》卷一下《高帝紀》〔漢九年十二月〕貫高等謀逆發覺，逮捕高等，並捕趙王敖下獄。詔敢有隨王，罪三族。郎中田叔、孟舒等十人自髡鉗爲王家奴，從王就獄。王實不知其謀。春正月，廢趙王敖爲宣平侯。徙代王如意爲趙王，王趙國。丙寅，前有罪殊死以下，皆赦之。

《史記》卷九〇《魏豹彭越列傳》　十年秋，陳豨反代地，高帝自往擊，至邯鄲，徵兵梁王。梁王稱病，使將將兵詣邯鄲。高帝怒，使人讓梁王。梁王恐，欲自往謝。其將扈輒曰：王始不往，見讓而往，往則爲禽矣。不如遂發兵反。梁王不聽，稱病。梁王怒其太僕，欲斬之。太僕亡走漢，告梁王與扈輒謀反。於是上使使掩梁王，梁王不覺，捕梁王，囚之雒陽。有司治反形已具，請論如法。上赦以爲庶人，傳處蜀青衣。西至鄭，逢呂后從長安來，欲之雒陽，道見彭王。彭王爲呂后泣涕，自言無罪，願處故昌邑。呂后許諾，與俱東至雒陽。呂后白上曰：彭王壯士，今徙之蜀，此自遺患，不如遂誅之。妾謹與俱來。於是呂后乃令其舍人告彭越復謀反。廷尉王恬開奏請族之。上乃可，遂夷越宗族，國除。

《史記》卷九一《黥布列傳》　布所幸姬疾，請就醫，醫家與中大夫賁赫對門，姬數如醫家。賁赫自以爲侍中，迺厚餽遺，從姬飲醫家。姬侍王，從容語次，譽赫長者也。王怒曰：汝安從知之？具説狀。王疑其與亂。赫恐，稱病。王愈怒，欲捕赫。赫言變事，乘傳詣長安。布使人追，不及。赫至，上變，言布謀反有端，可先未發誅也。上讀其書，語蕭相國。相國曰：布不宜有此，恐讎怨妄誣之。請繫赫，使人微驗淮南王。淮南王布見赫以罪亡，上變，固已疑其言國陰事；漢使又來，頗有所驗，遂族赫家，發兵反。反書聞，上迺赦賁赫，以爲將軍。

（宋）洪邁《容齋續筆》卷八《蕭何紿韓信》　黥布爲其臣賁赫告反，高祖以語蕭相國，相國曰：布不宜有此，恐仇怨妄誣之，請繫赫，使人微驗淮南。布遂反。韓信爲人告反，呂后欲召，恐其不就，乃與蕭相國謀，詐令人稱陳豨已破，紿信曰：雖病，强入賀。信入，即被誅。信之爲大將軍，實蕭何所薦，今其死也，又出其謀，故俚語有成也蕭何，敗也蕭何之語。何尚能救黥布，而翻忍於信如此？豈非以高祖出征，呂后居內，而急變從中起，己爲留守，故不得不亟誅之，非如布之事尚在疑似之域也。

《漢書》卷一下《高帝紀》〔漢十一年〕春正月，淮陰侯韓信謀反長安，夷三族。

《漢書》卷一下《高帝紀》〔漢十一年〕三月，梁王彭越謀反，夷三族。

（清）沈家本《歷代刑法考·刑法分考九·遷》　《漢書·彭越傳》梁大僕有罪，亡走漢，告梁王與扈輒謀反。於是上使使掩捕梁王，囚之雒陽。有司治反形已具，請論如法。上赦以爲庶人，徙蜀青衣。西至鄭，逢呂后從長安東，欲之雒陽，道見越。越爲呂后泣涕，自言亡罪，願處故昌邑。吕后許諾，詔與俱東。至雒陽，吕后言上曰：彭越壯士也，今徙之蜀，此自遺患，不如遂誅之。妾謹與俱來。於是吕氏令其舍人告越復謀反。廷尉奏請，遂夷越宗族。

按：漢無流罪，此言徙者，乃由死罪减等，不忍誅而赦之也。越雖未至徙所，而漢世言徙者自越始。此後淮南、濟川諸王皆用此法。雖謀反大逆，亦得減死，親親之誼，與常人不同也。

（宋）洪邁《容齋隨筆》卷八《彭越無罪》 韓信、英布、彭越皆以謀反誅夷。信乘高祖自將征陳豨之時，欲詐赦諸官徒，發兵襲吕后太子。布見漢使驗問，即發兵東取荆，西擊楚，對高祖言欲爲帝，其爲反逆已明。唯越但以稱病不親詣邯鄲之故，上既赦以爲庶人，而吕后令人告越復謀反，遂及禍。三人之事，越獨爲冤，且扈輒勸越反，越不聽，有司以越不誅，輒爲反形已具。然則貫高欲殺高祖，張敖不從其事等耳，乃以爲不知狀，而赦得釋何也？欒説告信，賁赫告布，皆得封列侯。而梁大僕告越不論賞，豈非漢朝亦知其故耶？欒布爲越大夫，使於齊而越死，還，奏事越頭下，上召罵布，欲烹之，布謂越反形未見，而帝以苛細誅之。上乃釋布，釋爲都尉。然則高祖於用刑，爲有負於越矣，傷哉！

《漢書》卷一六《高惠高后文功臣表》 〔陽夏侯〕正月丙午封，十年，以趙相國反，自爲王，十二年，誅。

《漢書》卷一六《高惠高后文功臣表》 〔舞陽侯〕孝惠七年，侯伉嗣，九年，高后八年，坐吕氏誅。

《漢書》卷一六《高惠高后文功臣表》 〔博成敬侯〕四年，侯代嗣，八年，坐吕氏誅。

《漢書》卷一六《高惠高后文功臣表》 〔俞侯〕〔高后四年〕四月丙申封，四年，坐吕氏誅。

《漢書》卷一六《高惠高后文功臣表》 〔棘蒲侯〕〔高帝六年〕三月丙申封，〔三〕十八年，孝文後元年薨。子奇反，謀，不代。

《漢書》卷一五上《王子侯表》 〔宛朐侯〕〔孝文元年〕四月乙巳封，三年，反，誅。

《漢書》卷一四《諸侯王表》 〔孝文二年〕二月乙卯，王興居以悼惠王子東牟侯立，二年謀，反，誅。

《史記》卷五七《絳侯周勃世家》 文帝既立，以勃爲右丞相，賜金五千斤，食邑萬户。居月餘，人或説勃曰：君既誅諸吕，立代王，威震天下，而君受厚賞，處尊位，以寵，久之即禍及身矣。勃懼，亦自危，乃謝請歸相印。上許之。歲餘，丞相平卒，上復以勃爲丞相。十餘月，上曰：前日吾詔列侯就國，或未能行，丞相吾所重，其率先之。乃免相就國。

歲餘，每河東守尉行縣至絳，絳侯勃自畏恐誅，常被甲，令家人持兵以見之。其後人有上書告勃欲反，下廷尉。廷尉下其事長安，逮捕勃治之。勃恐，不知置辭。吏稍侵辱之。勃以千金與獄吏，獄吏乃書牘背示之，曰以公主爲證。公主者，孝文帝女也，勃太子勝之尚之，故獄吏教引爲證。勃之益封受賜，盡以予薄昭。及繫急，薄昭爲言薄太后，太后亦以爲無反事。文帝朝，太后以冒絮提文帝，曰：絳侯綰皇帝璽，將兵於北軍，不以此時反，今居一小縣，顧欲反邪！文帝既見絳侯獄辭，乃謝曰：（吏）〔事〕方驗而出之。於是使使持節赦絳侯，復爵邑。絳侯既出，曰：吾嘗將百萬軍，然安知獄吏之貴乎！

《漢書》卷四八《賈誼傳》 是時丞相絳侯周勃免就國，人有告勃謀反，逮繫長安獄治，卒亡事，復爵邑，故賈誼以此譏上。上深納其言，養臣下有節。是後大臣有罪，皆自殺，不受刑。至武帝時，稍復入獄，自甯成始。

《漢書》卷四九《爰盎傳》 及絳侯就國，人上書告以爲反，徵繫請室，諸公莫敢爲言，唯盎明絳侯無罪。絳侯得釋，盎頗有力。絳侯乃大與盎結交。

《漢書》卷一六《高惠高后文功臣表》 〔厭次侯〕孝文元年，侯〔賀〕嗣，五年，謀反，誅。

《漢書》卷六《文帝紀》 〔文帝六年〕十一月，淮南王長謀反，廢遷蜀嚴道，死雍。

《漢書》卷六《文帝紀》 〔文帝〕後元年冬十月，新垣平詐覺，謀反，夷三族。

《漢書》卷一六《高惠高后文功臣表》 〔高景侯〕四月戊寅封，三十五年，孝文後五年，謀反，下獄死。

《漢書》卷一六《高惠高后文功臣表》〔辟陽幽侯〕孝文四年，侯平嗣，二十一年，孝景二年，坐謀反，自殺。

《漢書》卷一六《高惠高后文功臣表》〔紀信匡侯〕孝文後二年，侯煬嗣，八年，孝景二年，反，誅。

《漢書》卷一六《高惠高后文功臣表》〔魏其嚴侯〕高后五年，侯簡嗣，二十九年，孝景三年，謀反，誅。户三千。

《漢書》卷一六《高惠高后文功臣表》〔下相嚴侯〕孝文三年，侯順嗣，二十三年，孝景三年，坐謀反，誅。

《漢書》卷一六《高惠高后文功臣表》〔臺定侯〕孝文四年，侯午嗣，二十二年，孝景三年，坐謀反，誅。

《漢書》卷一六《高惠高后文功臣表》〔高陵圉侯〕孝文十三年，侯行嗣，十二年，孝景三年，謀反，誅。

《漢書》卷一六《高惠高后文功臣表》〔昌圉侯〕孝文十五年，侯通嗣，十一年，孝景三年，坐謀反，誅。

《漢書》卷一六《高惠高后文功臣表》〔缾侯〕〔孝文〕十四年三月丁巳封，十二年，孝景前三年，坐反，誅。

《漢書》卷一五上《王子侯表》〔管共侯〕〔高帝〕六年，侯戎奴嗣，二十年，孝景〔三〕四年，反，誅。

《漢書》卷一五上《王子侯表》〔管平侯〕〔孝文前元〕十四年，侯廣嗣，十一年，孝景三年，反，誅。

《漢書》卷一五上《王子侯表》〔氏丘侯〕〔孝文前元〕十五年，侯偃嗣，十年，孝景三年，反，誅。

《漢書》卷五《景帝紀》　三年冬十二月，詔曰：襄平侯嘉子恢説不孝，謀反，欲以殺嘉，大逆無道。其赦嘉爲襄平侯，及妻子當坐者復故爵。論恢説及妻子如法。

《漢書》卷一四《諸侯王表》　菑川〔孝文十六年〕四月丙寅，王賢以悼惠王子武城侯立，十一年反，誅。

《漢書》卷一四《諸侯王表》　膠西〔孝文十六年〕四月丙寅，王卬以悼惠王子平昌侯立，十一年反，誅。

《漢書》卷一四《諸侯王表》　膠東〔孝文十六年〕四月丙寅，王熊渠以悼惠王子白石侯立，十一年反，誅。

《漢書》卷一四《諸侯王表》　濟南〔孝文十六年〕四月丙寅，王辟光以悼王子扐侯立，十一年反，誅。

《漢書》卷一四《諸侯王表》〔楚元王交孫，孝文〕六年，王戊嗣，二十一年，孝景三年，反，誅。

《漢書》卷一四《諸侯王表》　吴高祖十二年十月辛丑，王濞以故代王子沛侯立，四十二年，孝景三年，反，誅。

《漢書》卷一四《諸侯王表》　趙孝文元年，王遂以幽王子紹封，二十六年，孝景三年，反，誅。

《漢書》卷四九《鼂錯傳》　後十餘日，丞相青翟、中尉嘉、廷尉歐劾奏錯曰：吴王反逆亡道，欲危宗廟，天下所當共誅。今御史大夫錯議曰：兵數百萬，獨屬群臣，不可信，陛下不如自出臨兵，使錯居守。徐、僮之旁吴所未下者可以予吴。錯不稱陛下德信，欲疏群臣百姓，又欲以城邑予吴，亡臣子禮，大逆無道。錯當要斬，父母妻子同産無少長皆棄市。臣請論如法。制曰：可。錯殊不知。乃使中尉召錯，紿載行市。錯衣朝衣斬東市。

《漢書》卷一四《諸侯王表》　衡山〔孝文十六年〕四月丙寅，王賜以厲王子陽周侯立爲廬江王，十二年，徙衡山，〔三〕〔四〕十三年，謀反，自殺。

（清）沈家本《歷代刑法考·刑法分考三·梟首》　《漢書·武紀》：元光五年七月，皇后陳氏廢。捕爲巫蠱者，皆梟首。《外戚孝武陳皇后傳》：后又挾婦人媚道，頗覺。元光五年，上遂窮治之，女子楚服等坐爲皇后巫蠱祠祭祝詛，大逆無道，相連及誅者三百餘人。楚服梟首於市。又《武紀》：征和三年六月，丞相屈氂下獄要斬，妻子梟首。《劉屈氂傳》：是時治巫蠱獄急，内者令郭穰告丞相夫人以丞相數有譴，使巫祠社，祝詛主上，有惡言，及與貳師將軍共禱祠，欲令昌邑王爲帝。有司奏請按驗，罪至大逆不道。有詔載屈氂廚車以徇，要斬東市，妻子梟首華陽街。

按：此大逆不道之梟首，即何休之所謂無尊上者也，屈氂但要斬而不言梟首，或因非正犯歟？

《漢書》卷九七《外戚傳·孝武陳皇后》　孝武陳皇后，長公主嫖女也。曾祖父陳嬰與項羽倶起，後歸漢，爲堂邑侯。傳子至孫午，午尚長公主，生女。

初，武帝得立爲太子，長主有力，取主女爲妃。及帝卽位，立爲皇后，擅寵驕貴，十餘年而無子，聞衛子夫得幸，幾死者數焉。上愈怒。後又挾婦人媚道，頗覺。元光五年，上遂窮治之，女子楚服等坐爲皇后巫蠱祠祭祝詛，大逆無道，相連及誅者三百餘人。楚服梟首於市。使有司賜皇后策曰：皇后失序，惑於巫祝，不可以承天命。其上璽綬，罷退居長門宮。

《漢書》卷六四上《嚴助傳》 後淮南王來朝，厚賂遺助，交私論議。及淮南王反，事與功相連，上薄其罪，欲勿誅。廷尉張湯爭，以爲助出入禁門，腹心之臣，而外與諸侯交私如此，不誅，後不可治。助竟棄市。

《漢書》卷一四《諸侯王表》 淮南〔孝文〕十六年四月丙寅，王安以厲王子阜陵侯紹封，四十（二）〔三〕年，元狩元年，謀反，自殺。

《漢書》卷一六《高惠高后文功臣表》 〔陽陵侯〕光景四年，侯偃嗣，三十一年，元狩元年，坐與淮南王謀反，誅。

《漢書》卷六《武帝紀》 〔元狩元年〕十一月，淮南王安、衡山王賜謀反，誅。黨與死者數萬人。

〔漢〕荀悦《前漢紀》元狩元年十一月 淮南王安、衡山王賜謀反，誅之。安好讀書，招致賓客方術之士數千人，作《内書》二十一篇，《外書》甚衆，又有《中書》八卷，言神仙黄白之事。上以安屬諸父，甚尊重之。初，安朝上，使作《離騷賦》，旦受詔，食時畢。上每與燕會，昏暮乃罷。建元六年，彗星見，或謂安曰：天下兵當大起。安心以為上未有太子，天下有變，諸侯竝爭，陰治戰攻具，積金錢，賂遺郡國遊士，羣臣賓客。江淮間人輕薄安以妖言阿諛安。又以厲王遷徙感激之後，安以壅閼求奮擊匈奴者，雷被等廢格明詔，當棄市，官削三縣，安由是怨望，反謀益甚。初將作亂，召中郎伍被欲與計事，呼之曰：將軍。伍被曰：王安得此亡國之言邪。昔者子胥諫吴王，吴王不用，曰，吾今見麋鹿遊於姑蘇之臺。今臣將見王宫中生荆棘而露霑衣也。於是，繫被父母，囚之三月。王復召被，曰：將軍許寡人乎。被曰：否。臣將為大王劃計耳。王曰：天下治乎、亂乎？被曰：竊觀朝廷紀綱之叙，皆得其理。上之舉錯，遵古之道，雖未太平，然猶為治也。王曰：公以為大將軍何如人也。被曰：臣聞大將軍遇士大夫以禮，與士卒有恩，衆皆樂為用，騎上下山谷若飛，材力絶人，常為士卒先須休乃敢舍，穿井得水乃敢飲，軍罷士卒已逾河乃渡，上所賜金錢盡以賞賜，雖古名將不能過也。王不悦，復曰：公以吴王之起兵非也。被曰：吴王賜號為劉氏，祭酒受几杖而不朝，王四郡之衆，地方數千里，舉兵而西，破敗而還，身滅祀絶，為天下笑。夫以吴衆不能成功者何？誠逆天違理而不見時也。王曰：男子之所死者，一言耳。且吴王何知反。今我令樓緩輕兵先要成皋之口，周被下潁川之兵塞轘轅，守伊闕之道，陳定發南陽之兵守武關，河南太守獨有洛陽耳，何足憂。人言絶成皋之口，天下不通，據三川之險，招天下之兵，公以為何如？被曰：臣見其禍，未見其福。後王恐謀泄，謂被曰：吾欲遂發兵，天下勞苦有間矣。諸侯頗有失行者，皆自疑我舉兵而西，向必有應者。無應則還畧衡山，勢不得不發。被曰：畧衡山以致廬江，有潯陽之船；守下雉之城，結九江之浦，杜豫章之口，彊弩臨江而守，以禁南郡之下；東保會稽，南通勁越，屈彊江淮之間，可以延歳月之壽矣，未見其福。王曰：陳勝、吴廣奮臂大呼比至戲衆百二十萬，今吾國雖小，精兵可二十萬，公何言無福？被曰：臣不敢避子胥之誅，願王無為吴王之聽。往者秦為無道殘賊天下，殺儒術之士，燔詩書，棄禮義，任刑法，轉海濱之粟致乎江西。當此之時，男子疾耕不足於糧餽，女子紡績不足以盖形。遣蒙恬築長城，東西數千里，暴兵露師嘗致千百萬，僵尸滿野，流血千里，於是百姓力屈，欲為亂者十室而五。又使徐福入海求神仙，多齎童男女三千餘人，五種百工而行。徐福至平原大澤止，王不來，於是百姓怨痛，欲為亂者十室而六。又使尉佗逾五嶺攻百越，佗知中國勞極，乃止王南越行者不還，往者莫返，於是百姓心離瓦解，欲為亂者十室而七。興百萬之衆，作阿房之宫，收大半之賦，發閭左之戍，父不寧子，兄不安弟，政苛刑慘，民皆引領而望，側耳而聽，悲號仰天，叩心怨上，欲為亂者十室而八。於是勝廣大呼，劉項竝會，天下響應，百姓願之若枯旱之望雨，故能起行陣之間，以成帝王之業。今大王見高祖得之易，獨不見近世之吴楚乎。當今陛下臨制海內，一齊天下，口雖未言，聲疾雷電，令雖未發，行化如神，心有所懷，威動千里，下之應上，猶影響也。大將軍材能非直章邯、楊熊也，且大王之兵衆，未能十分吴楚之一。天下安寧，又萬倍於秦時。王以陳勝論之，臣竊以為過矣。臣聞箕子過故國而悲泣，作《麥秀之歌》，痛紂之不用比干也。孟子曰：紂貴為天子，死曾不如匹夫。是紂先自絶於天下矣，非死之日天去之也。臣竊悲大王棄千乘之君，將賜絶命之書為羣臣，先身死於東宫也。被因流涕而起，後復召被，曰：苟如公言，不可徼幸邪。被曰：必不得已，被有愚計。方今諸侯無異心，百姓無怨氣。朔方之地廣美，徙者不足以實其地。可偽為丞相御史請書，詔徙郡國豪傑及耏罪已上赦令，除家産五十萬已上皆徙朔方郡，益發兵卒，急其會日。又偽為左、右都尉、司空、上林、都中官詔獄官書，罪諸侯太子及幸臣。如此則民怨諸侯懼，因使辯士隨而説之，儻可以徼幸。王曰：如此可也。然吾以為不至於此，詐作皇帝玉璽，丞相、御史大夫、中二千石、將軍、都官令丞，及旁近郡太守、相、都尉印綬，因漢使持節法官。欲如伍被計，又使人偽得罪而西事大將軍、丞相，一旦發兵，則刺殺大將軍衛青，而説丞相弘已下，如發蒙耳。又曰：汲黯喜直諫，守節死義，唯憚黯也。欲發國中兵，恐丞相二千石不聽，謀偽失火宫中，丞相二千石救火，因殺之。又欲令人持羽檄從南方來，呼曰南越兵入，又欲因以發兵。後王更以他事，大臣多逮繫獄者，無所任，未敢發兵。伍被知事已發覺，詣吏自告，與淮南王謀反蹤跡如此。上以被雅辭多稱漢美，欲勿誅，廷尉張湯爭之曰：被首為反計，罪無赦。遂族被而淮南王自殺，黨與死者數萬人。初，嚴助之使南越，淮南王與相結。及淮南王來朝，厚賂遺助，交私論議。廷尉張湯以為助腹心之臣，而外交諸侯，當誅。助坐棄市。有司以衡山王淮南王親弟，請追捕衡山王，上曰：諸侯各以其國為本，不當相坐。會衡山王謀發覺。初，衡山王陰知淮南王謀，畏淮南王并其國，以為淮南王發西，欲起兵江淮間而有之，陰與淮南王約束作反具。公卿請遣宗正大行治衡山王，王聞之，自殺。

《漢書》卷一四《諸侯王表》　江都易王非。　元朔二年，王建嗣，六年，元狩二年，謀反，自殺。

（宋）王欽若等《册府元龜》卷六一七《刑法部・守法》　張湯，武帝時爲廷尉。伍被與淮南王謀反，後詣吏自告踪迹如此，天子以伍被雅辭多引漢美，欲勿誅。湯進曰：被首爲王畫反計，罪無赦，遂誅被。又嚴助與淮南王相結，後淮南王來朝，厚賂遺助，交私論議。及淮南王反，事與助相連，帝薄其罪，欲勿誅以其過爲輕小。湯争，以爲助出入禁闥腹心之臣，而外與諸侯交私如此，不誅，後不可治。助因棄市。

《漢書》卷六《武帝紀》　〔武帝征和二年〕秋七月，（案）〔按〕道侯韓説、使者江充等掘蠱太子宫。壬午，太子與皇后謀斬充，以節發兵與丞相劉屈氂大戰長安，死者數萬人。庚寅，太子亡，皇后自殺。初置城門屯兵。更節加黄旄。御史大夫暴勝之、司直田仁坐失縱，勝之自殺，仁要斬。八月辛亥，太子自殺於湖。

《漢書》卷六三《戾太子劉據傳》　武帝末，衛后寵衰，江充用事。充與太子及衛氏有隙，恐上晏駕後爲太子所誅，會巫蠱事起，充因此爲姦。是時，上春秋高，意多所惡，以爲左右皆爲蠱道祝詛，窮治其事。丞相公孫賀父子，陽石、諸邑公主，及皇后弟子長平侯衛伉皆坐誅。語在《公孫賀》、《江充傳》。

充典治巫蠱，既知上意，白言宫中有蠱氣，入宫至省中，壞御座掘地。上使按道侯韓説、御史章贛、黄門蘇文等助充。充遂至太子宫掘蠱，得桐木人。時上疾，辟暑甘泉宫，獨皇后、太子在。太子召問少傅石德，德懼爲師傅並誅，因謂太子曰：前丞相父子、兩公主及衛氏皆坐此，今巫與使者掘地得徵驗，不知巫置之邪，將實有也，無以自明，可矯以節收捕充等繫獄，窮治其姦詐。且上疾在甘泉，皇后及家吏請問皆不報，上存亡未可知，而姦臣如此，太子將不念秦扶蘇事耶？太子急，然德言。

征和二年七月壬午，乃使客爲使者收捕充等。按道侯説疑使者有（詔）〔詐〕，不肯受詔，客格殺説。御史章贛被創突亡，自歸甘泉。太子使舍人無且持節夜入未央宫殿長秋門，因長御倚華具白皇后，發中廄車載射士，出武庫兵，發長樂宫衛，告令百官曰江充反。乃斬充以徇，炙胡巫上林中。遂部賓客爲將率，與丞相劉屈氂等戰。長安中擾亂，言太子反，以故衆不肯附。太子兵敗，亡，不得。

上怒甚，群下憂懼，不知所出。壺關三老茂上書曰：臣聞父者猶天，母者猶地，子猶萬物也。故天平地安，陰陽和調，物乃茂成；父慈母愛，室家之中，子乃孝順。陰陽不和則萬物夭傷，父子不和則室家（散）〔喪〕亡。故父不父則子不子，君不君則臣不臣，雖有粟，吾豈得而食諸！昔者虞舜，孝之至也，而不中於瞽叟；孝己被謗，伯奇放流，骨肉至親，父子相疑。何者？積毀之所生也。由是觀之，子無不孝，而父有不察。〔令〕〔今〕皇太子爲漢適嗣，承萬世之業，體祖宗之重，親則皇帝之宗子也。江充，布衣之人，閭閻之隸臣耳，陛下顯而用之，銜至尊之命以迫蹵皇太子，造飾姦詐，群邪錯謬，是以親戚之路鬲塞而不通。太子進則不得上見，退則困於亂臣，獨冤結而亡告，不忍忿忿之心，起而殺充，恐懼逋逃，子盜父兵以救難自免耳，臣竊以爲無邪心。《詩》云：營營青蠅，止於藩；愷悌君子，無信讒言；讒言罔極，交亂四國。往者江充讒殺趙太子，天下莫不聞，其罪固宜。陛下不省察，深過太子，發盛怒，舉大兵而求之，三公自將，智者不敢言，辯士不敢説，臣竊痛之。臣聞子胥盡忠而忘其號，比干盡仁而遺其身，忠臣竭誠不顧鈇鉞之誅以陳其愚，志在匡君安社稷也。《詩》云：取彼譖人，投畀豺虎。唯陛下寬心慰意，少察所親，毋患太子之非，亟罷甲兵，無令太子久亡。臣不勝惓惓，出一旦之命，待罪建章闕下。書奏，天子感寤。

太子之亡也，東至湖，臧匿泉鳩里。主人家貧，常賣屨以給太子。太子有故人在湖，聞其富贍，使人呼之而發覺。吏圍捕太子，太子自度不得脱，卽入室距户自經。山陽男子張富昌爲卒，足蹋開户，新安令史李壽趨抱解太子，主人公遂格鬭死，皇孫二人皆並遇害。上既傷太子，乃下詔曰：蓋行疑賞，所以申信也。其封李壽爲邘侯，張富昌爲題侯。

久之，巫蠱事多不信。上知太子惶恐無他意，而車千秋復訟太子冤，上遂擢千秋爲丞相，而族滅江充家，焚蘇文於横橋上，及泉鳩里加兵刃於太子者，初爲北地太守，後族。上憐太子無辜，乃作思子宫，爲歸來望思之臺於湖。天下聞而悲之。

《漢書》卷六六《劉屈氂傳》 其秋，戾太子爲江充所譖，殺充，發兵入丞相府，屈氂挺身逃，亡其印綬。是時上避暑在甘泉宫，丞相長史乘疾置以聞。上問丞相何爲？對曰：丞相祕之，未敢發兵。上怒曰：事籍籍如此，何謂祕也？丞相無周公之風矣。周公不誅管蔡乎？乃賜丞相璽書曰：捕斬反者，自有賞罰。以牛車爲櫓，毋接短兵，多殺傷士衆。堅閉城門，毋令反者得出。

太子既誅充發兵，宣言帝在甘泉病困，疑有變，姦臣欲作亂。上於是從甘泉來，幸城西建章宫，詔發三輔近縣兵，部中二千石以下，丞相兼將。太子亦遣使者撟制赦長安中都官囚徒，發武庫兵，命少傅石德及賓客張光等分將，使長安囚如侯持節發長水及宣曲胡騎，皆以裝會。侍郎莽通使長安，因追捕如侯，告胡人曰：節有詐，勿聽也。遂斬如侯，引騎入長安，又發輯濯士，以予大鴻臚商丘成。初，漢節純赤，以太子持赤節，故更爲黄旄加上以相别。太子召監北軍使者任安發北軍兵，安受節已，閉軍門不肯應太子。太子引兵去，敺四市人凡數萬衆，至長樂西闕下，逢丞相軍，合戰五日，死者數萬人，血流入溝中。丞相附兵浸多，太子軍敗，南犇覆盎城門，得出。會夜司直田仁部閉城門，坐令太子得出，丞相欲斬仁。御史大夫暴勝之謂丞相曰：司直，吏二千石，當先請，柰何擅斬之？丞相釋仁。上聞而大怒，下吏責問御史大夫曰：司直縱反者，丞相斬之，法也，大夫何以擅止之？勝之皇恐，自殺。及北軍使者任安，坐受太子節，懷二心，司直田仁縱太子，皆要斬。上曰：侍郎莽通獲反將如侯，長安男子景建從通獲少傅石德，可謂元功矣。大鴻臚商丘成力戰獲反將張光。其封通爲重合侯，建爲德侯，成爲秺侯。諸太子賓客，嘗出入宫門，皆坐誅。其隨太子發兵，以反法族。吏士劫略者，皆徙敦煌郡。以太子在外，始置屯兵長安諸城門。後二十餘日，太子得於湖。**【略】**

其明年，貳師將軍李廣利將兵出擊匈奴，丞相爲祖道，送至渭橋，與廣利辭決。廣利曰：願君侯早請昌邑王爲太子。如立爲帝，君侯長何憂乎？屈氂許諾。昌邑王者，貳師將軍女弟李夫人子也。貳師女爲屈氂子妻，故共欲立焉。是時治巫蠱獄急，内者令郭穰告丞相夫人以丞相數有譴，使巫祠社，祝詛主上，有惡言，及與貳師共禱祠，欲令昌邑王爲帝。有司奏請案驗，罪至大逆不道。有詔載屈氂廚車以徇，要斬東市，妻子梟首華陽街。

《漢書》卷六《武帝紀》 〔征和三年〕九月，反者公孫勇、胡倩發覺，皆伏辜。**【略】**

〔後元元年〕夏六月，御史大夫商丘成有罪自殺。侍中僕射莽何羅與弟重合侯通謀反，侍中駙馬都尉金日磾、奉車都尉霍光、騎都尉上官桀討之。

（漢）荀悦《前漢紀》後元年秋七月 丙午，丞相周舍免。乙巳，先晦一日，日有食之。八月壬辰，御史大夫衛綰為丞相，衛尉直不疑為御史大夫。不疑，南陽人也，好黃老術，隱名迹。初為郎，其同舍郎有告歸者，誤持其同舍郎金去。郎意不疑，不疑買金償之，後告歸者還，乃知之。或毁不疑淫嫂，不疑曰：我乃無兄，終不自明矣。吳楚反時，為將軍封塞侯，條侯周亞夫下獄死。時為父買尚方工官，甲稍五百枝可以葬者，取庸治之，不與顧直。庸怒而上變反告之，事連亞夫，召至廷尉責問：君侯欲反邪。亞夫曰：臣所買乃葬器，何謂反乎。吏曰：君侯縱不反地上，即反地下耳。初捕亞夫，亞夫欲自殺，其夫人止之，及至廷尉，因不食五日嘔血死。亞夫為河內太守，許負相之曰：君侯三年為侯，八年為將，九年為相，貴重於人臣無二，其後當餓死，縱理入口，餓死法也。居三歲，兄勝有罪免。文帝封亞夫續絳侯，後盡如負言。上欲廢栗姬太子，亞夫固爭之不得，上由是疏之。而梁孝王以吳楚之圍怨亞夫不救，每朝嘗與太后言亞夫之短，太后欲封其兄王信，上謙讓不許，太后曰：人生各以時行耳。竇長君在時，不得侯，及死，其子彭祖乃侯。吾甚恨之。帝趣侯信也。上曰：請得與丞相計之。亞夫曰：高皇帝約，非劉氏不王，非有功不侯。不如約者，天下共擊之。上默然，遂不封。

荀悦曰：高皇帝刑白馬而盟曰：非劉氏不王，非有功不侯，不如約者，當天下共擊之。是教下犯上，而興兵亂之階也。若後人不修是盟，約不行也。《書》曰：法惟上行，不惟下行。若以為典，未可通也。匈奴徐盧等五人降，上欲封之。亞夫曰：彼背其王，陛下何以責人臣守節哉？上曰：丞相議不可用。乃悉封之。荀悦曰：春秋之義，誅叛臣者不一而足也。若以利害由之，則以功封其逋逃之臣，賞有等差，可無列土矣。上嘗居禁中召亞夫賜食，獨置大胾無欑，又不置箸，亞夫心不平，顧謂掌席者取箸，亞夫前食既出，上目送之，曰：此怏怏非少主之臣也。亞夫以數忤上意，故得罪也。

《漢書》卷八《文帝紀》　後元年冬十月，新垣平詐發覺，謀反，夷三族。

《漢書》卷一四《諸侯王表》　濟北〔孝武〕天漢四年，王寬嗣，十一年，後二年，謀反，自殺。

《漢書》卷一五上《王子侯表》　〔爰戚侯〕不得封年，後三年，坐與兄廖謀反，自殺。

《漢書》卷七《昭帝紀》　〔始元年〕八月，齊孝王孫劉澤謀反，欲殺青州刺史雋不疑，發覺，皆伏誅。遷不疑爲京兆尹，賜錢百萬。

《漢書》卷九〇《酷吏傳·田廣明》　歲餘，故城父令公孫勇與客胡倩等謀反，倩詐稱光祿大夫，從車騎數十，言使督盜賊，止陳留傳舍，太守謁見，欲收取之。廣明覺知，發兵皆捕斬焉。而公孫勇衣綉衣，乘駟馬車至圉，圉使小史侍之，亦知其非是，守尉魏不害與廄嗇夫江德、尉史蘇昌共收捕之。

《漢書》卷七《昭帝紀》　〔元鳳元年〕九月，鄂邑長公主、燕王旦與左將軍上官桀、桀子票騎將軍安、御史大夫桑弘羊皆謀反，伏誅。初，桀、安父子與大將軍光争權，欲害之，詐使人爲燕王旦上書言光罪。時上年十四，覺其詐。後有譖光者，上輒怒曰：大將軍國家忠臣，先帝所屬，敢有譖毁者，坐之。光由是得盡忠。

《漢書》卷七《昭帝紀》　〔元鳳元年〕冬十月，詔曰：左將軍安陽侯桀、票騎將軍桑樂侯安、御史大夫弘羊皆數以邪枉干輔政，大將軍不聽，而懷怨望，與燕王通謀，置驛往來相約結。燕王遣壽西長、孫縱之等賂遺長公主、丁外人、謁者杜延年、大將軍長史公孫遺等，交通私書，共謀令長公主置酒，伏兵殺大將軍光，徵立燕王爲天子，大逆毋道。故稻田使者燕倉先發覺，以告大司農敞，敞告諫大夫延年，延年以聞。丞相徵事任宫手捕斬桀，丞相少史王壽誘將安入府門，皆已伏誅，吏民得以安。封延年、倉、宫、壽皆爲列侯。又曰：燕王迷惑失道，前與齊王子劉澤等爲逆，抑而不揚，望王反道自新，今乃與長公主及左將軍桀等謀危宗廟。王及公主皆自伏辜。其赦王太子建、公主子文信及宗室子與燕王、上官桀等謀反父母同産當坐者，皆免爲庶人。其吏爲桀等所詿誤，未發覺在吏者，除其罪。

《漢書》卷六三《燕刺王劉旦傳》　即與劉澤謀爲姦書，言少帝非武帝子，大臣所共立，天下宜共伐之。使人傳行郡國，以摇動百姓。澤謀歸發兵臨淄，與燕王俱起。旦遂招來郡國姦人，賦斂銅鐵作甲兵，數閱其車騎材官卒，建旌旗鼓車，旄頭先敺，郎中侍從者著貂羽，黃金附蟬，皆號侍中。旦從相、中尉以下，勒車騎，發民會圍，大獵文安縣，以講士馬，須期日。郎中韓義等數諫旦，旦殺義等凡十五人。會缾侯劉成知澤等謀，告之青州刺史雋不疑，不疑收捕澤以聞。天子遣大鴻臚丞治，連引燕王，有詔弗治，而劉澤等皆伏誅。益封缾侯。

久之，旦姊鄂邑蓋長公主、左將軍上官桀父子與霍光爭權有隙，皆知旦怨光，即私與燕交通。旦遣孫縱之等前後十餘輩，多齎金寶走馬，賂遺蓋主。上官桀及御史大夫桑弘羊等皆與交通，數記疏光過失與旦，令上書告之。桀欲從中下其章。旦聞之，喜，上疏曰：昔秦據南面之位，制一世之命，威服四夷，輕弱骨肉，顯重異族，廢道任刑，無恩宗室。其後尉佗入南夷，陳涉呼楚澤，近狎作亂，內外俱發，趙氏無炊火焉。高皇帝覽蹤迹，觀得失，見秦建本非是，故改其路，規土連城，布王子孫，是以支葉扶疏，異姓不得問也。今陛下承明繼成，委任公卿，群臣連與成朋，非毀宗室，膚受之愬，日騁於廷，惡吏廢法立威，主恩不及下究。臣聞武帝使中郎將蘇武使匈奴，見留二十年不降，還亶爲典屬國。今大將軍長史敞無勞，爲搜粟都尉。又將軍都郎羽林，道上移蹕，太官先置，臣旦願歸符璽，入宿衛，察奸臣之變。

是時昭帝年十四，覺其有詐，遂親信霍光，而疏上官桀等。桀等因謀共殺光，廢帝，迎立燕王爲天子。旦置驛書，往來相報，許立桀爲王，外連郡國豪桀以千數。旦以語相平，平曰：大王前與劉澤結謀，事未成而發覺者，以劉澤素夸，好侵陵也。平聞左將軍素輕易，車騎將軍少而驕，臣恐其如劉澤時不能成，又恐既成，反大王也。旦曰：前日一男子詣闕，自謂故太子，長安中民趣鄉之，正讙不可止，大將軍恐，出兵陳之，以自備耳。我帝長子，天下所信，何憂見反？後謂群臣：蓋主報官，獨患大將軍與右將軍王莽。今右將軍物故，丞相病，幸事必成，徵不久。今群臣皆裝。

是時天雨，虹下屬宮中飲井水，（水泉）〔井水〕竭。厠中豕群出，壞大宮竈。烏鵲鬥死。鼠舞殿端門中。殿上户自閉，不可開。天火燒城門。大風壞宮城樓，折拔樹木。流星下墮。后姬以下皆恐。王驚病，使人祠葭水、台水。王客吕廣等知星，爲王言當有兵圍城，期在九月十月，漢當有大臣戮死者。【略】

王愈憂恐，謂廣等曰：謀事不成，妖祥數見，兵氣且至，柰何？會蓋主舍人父燕倉知其謀，告之，由是發覺。丞相賜璽書，部中二千石逐捕孫縱之及左將軍桀等，皆伏誅。旦聞之，召相平曰：事敗，遂發兵乎？平曰：左將軍已死，百姓皆知之，不可發也。王憂懣，置酒萬載宮，會賓客群臣妃妾坐飲。王自歌曰：歸空城兮，狗不吠，鷄不鳴，横術何廣廣兮，固知國中之無人！華容夫人起舞曰：髮紛紛兮置渠，骨籍籍兮亡居。母求死子兮，妻求死夫。裴回兩渠間兮，君子獨安居！坐者皆泣。

有赦令到，王讀之，曰：嗟乎！獨赦吏民，不赦我。因迎后姬諸夫人之明光殿，王曰：老虜曹爲事當族！欲自殺。左右曰：黨得削國，幸不死。后（妃）〔姬〕夫人共啼泣止王。會天子使使者賜燕王璽書曰：昔高皇帝王天下，建立子弟以藩屏社稷。先日諸吕陰謀大逆，劉氏不絶若髮，賴絳侯等誅討賊亂，尊立孝文，以安宗廟，非以中外有人，表裏相應故邪？樊、酈、曹、灌，攜劍推鋒，從高（皇）帝墾菑除害，耘鉏海內，〔當此之時，頭如蓬葆〕，勤苦至矣，然其賞不過（諸）〔封〕侯。今宗室子孫曾無暴衣露冠之勞，裂地而王之，分財而賜之，父死子繼，兄終弟及。今王骨肉至親，敵吾一體，乃與他姓異族謀害社稷，親其所疏，疏其所親，有逆悖之心，無忠愛之義。如使古人有知，當何面目復（舉）〔奉〕齊酎見高祖之廟乎！

旦得書，以符璽屬醫工長，謝相二千石：奉事不謹，死矣。即以綬自絞。后夫人隨旦自殺者二十餘人。天子加恩，赦王太子建爲庶人，賜旦謚曰刺王。旦立三十八年而誅，國除。

《漢書》卷六〇《杜延年傳》 延年本大將軍霍光吏，首發大姦，有忠節，由是擢爲太僕右曹給事中。光持刑罰嚴，延年輔之以寬。治燕王獄時，御史大夫桑弘羊子遷亡，過父故吏侯史吳。後遷捕得，伏法。會赦，侯史吳自出繫獄，廷尉王平與少府徐仁雜治反事，皆以爲桑遷坐父謀反而侯史吳臧之，非匿反者，乃匿爲隨者也。即以赦令除吳罪。後侍御史治實，以桑遷通經術，知父謀反而不諫争，與反者身無異；侯史吳故三百石吏，首匿遷，不與庶人匿隨從者等，吳不得赦。奏請覆治，劾廷尉、少府縱反者。少府徐仁即丞相車千秋女壻也，故千秋數爲侯史吳言。恐光不聽，千秋即召中二千石、博士會公車門，議問吳法。議者知大將軍指，皆執吳爲不道。

《漢書》卷八《宣帝紀》〔本始四年〕秋七月，大司馬霍禹謀反。詔曰：乃者，東織室令史張赦使魏郡豪李竟報冠陽侯霍雲謀爲大逆，朕以大將軍故，抑而不揚，冀其自新。今大司馬博陸侯禹與母宣成侯夫人顯及從昆弟冠陽侯雲、樂平侯山、諸姊妹婿度遼將軍范明友、長信少府鄧廣漢、中郎將任勝、騎都尉趙平、長安男子馮殷等謀爲大逆。顯前又使女侍醫淳于衍進藥殺共哀后，謀毒太子，欲危宗廟。逆亂不道，咸（服）〔伏〕其辜。諸爲霍氏所詿誤未發覺在吏者，皆赦除之。八月己酉，皇后霍氏廢。【略】〔地節元年〕冬十一月，楚王延壽謀反，自殺。

《漢書》卷六六《楊惲傳》 惲既失爵位，家居治産業，起室宅，以財自娱。歲餘，其友人安定太守西河孫會宗，知略士也，與惲書諫戒之，爲言大臣廢退，當闔門惶懼，爲可憐之意，不當治産業，通賓客，有稱（譽）〔譽〕。惲宰相子，少顯朝廷，一朝〔以〕晻昧語言見廢，内懷不服，報會宗書曰：

惲材朽行穢，文質無所底，幸賴先人餘業得備宿衛，遭遇時變以獲爵位，終非其任，卒與禍會。足下哀其愚，蒙賜書，教督以所不及，殷勤甚厚。然竊恨足下不深惟其終始，而猥隨俗之毁譽也。言鄙陋之愚心，若逆指而文過，默而息乎，恐違孔氏各言爾志之義，故敢略陳其愚，唯君子察焉！

惲家方隆盛時，乘朱輪者十人，位在列卿，爵爲通侯，總領從官，與聞政事，曾不能以此時有所建明，以宣德化，又不能與群僚同心并力，陪輔朝廷之遺忘，已負竊位素餐之責久矣。懷禄貪勢，不能自退，遭遇變故，横被口語，身幽北闕，妻子滿獄。當此之時，自以夷滅不足以塞責，豈意得全首領，復奉先人之丘墓乎？伏惟聖主之恩，不可勝量。君子游道，樂以忘憂；小人全軀，説以忘罪。竊自思念，過已大矣，行已虧矣，長爲農夫以没世矣。是故身率妻子，戮力耕桑，灌園治産，以給公上，不意當復用此爲譏議也。

夫人情所不能止者，聖人弗禁，故君父至尊親，送其終也，有時而既。臣之得罪，已三年矣。田家作苦，歲時伏臘，亨羊炰羔，斗酒自勞。家本秦也，能爲秦聲。婦，趙女也，雅善鼓瑟。奴婢歌者數人，酒後耳熟，仰天拊缶而呼烏烏。其詩曰：田彼南山，蕪穢不治，種一頃豆，落而爲其。人生行樂耳，須富貴何時！是日也，拂衣而喜，奮褎低卬，頓足起舞，誠淫荒無度，不知其不可也。惲幸有餘禄，方糴賤販貴，逐什一之利，此賈豎之事，污辱之處，惲親行之。下流之人，衆毁所歸，不寒而栗。雖雅知惲者，猶隨風而靡，尚何稱譽之有！董生不云乎？明明求仁義，常恐不能化民者，卿大夫意也；明明求財利，常恐困乏者，庶人之事敢。故道不同，不相爲謀。今子尚安得以卿大夫之制而責僕哉！

夫西河魏土，文侯所興，有段干木、田子方之遺風，漂然皆有節槩，知去就之分。頃者，足下離舊土，臨安定，安定山谷之間，昆戎舊壤，子弟貪鄙，豈習俗之移人哉？於今乃睹子之志矣。方當盛漢之隆，願勉旃，毋多談。

又惲兄子安平侯譚爲典屬國，謂惲曰：西河太守建平杜侯前以罪過出，今徵爲御史大夫。侯罪薄，又有功，且復用。惲曰：有功何益？縣官不足爲盡力。惲素與蓋寬饒、韓延壽善，譚卽曰：縣官實然，蓋司隸、韓馮翊皆盡力吏也，俱坐事誅。會有日食變，騶馬猥佐成上書告惲驕奢不悔過，日食之咎，此人所致。章下廷尉案驗，得所予會宗書，宣帝見而惡之。廷尉當惲大逆無道，要斬。妻子徙酒泉郡。譚坐不諫正惲，與相應，有怨望語，免爲庶人。召拜成爲郎，諸在位與惲厚善者，未央衛尉韋玄成、京兆尹張敞及孫會宗等，皆免官。

（漢）荀悦《前漢紀》地節四年秋七月 大司馬霍禹謀反，誅。初，霍氏酖殺許后，事頗漏泄而未察。上乃徙霍氏諸女婿在内及為將校者皆為郡守，更以禹為大司馬，罷其屯兵。霍氏由是恐懼，而顯乃以許后事告禹等。禹等驚恐，曰：縣官所以斥逐諸女壻，必以是故也。霍雲所親張放謂雲曰：可令太夫人言於太后，先殺丞相及平恩侯。移徙陛下，在太后耳。男子張章告之，事下廷尉。執金吾捕霍山及張放等，後有詔勿捕。山等愈恐，曰：惡端已見之，久猶未發，發即族我矣，不如先之。遂謀反。令太后為博平君置酒，召丞相、平恩侯，因令其女壻光禄勛范明友等承太后制，引斬丞相、平恩侯因，廢帝而立禹。會發覺，雲、山、明友等自殺，禹具五刑，顯腰斬。先是禹夢見第門皆壞，有人發第端門屋瓦投之地，就視之，則不見。先是茂陵徐福上疏曰：霍氏太盛，陛下即愛厚之，宜以時抑制，無令亡。書三上，輒不報聞。霍氏既誅，而告霍氏反者金安上等五人皆封侯。或為徐生上書曰：臣聞客有過主人者，見其竈直突，旁有積薪。客曰：更為曲突，遠徙其薪，不者恐有火患。主人不聽，俄而其家失火，鄰人救之，幸而得息。於是殺牛置酒，謝其鄰，灼爛者在上，其餘以功次坐，而言曲突者不得與焉。或謂主人曰：向使聽客之言，不費牛酒，終無火患。今論功請客，不及曲突徙薪。曲突徙薪反無恩，澤燋頭爛額復為上客邪？主人乃悟而請之。向使徐福之言早行，國無列土之費，而臣無逆亂之敗矣。上乃賜福帛千匹，以為郎中。初，禹與張安世長子千秋俱為郎中，將兵從擊匈奴還。霍光問千秋戰鬬方略，山川形勢，千秋口對兵事，畫地成圖，無所忘失。光復問禹，禹不能對。光由是賢千秋，以禹為不才，乃歎曰：霍氏世衰，而張氏興矣。八月己酉，皇后霍氏廢，處昭臺宮。九月，詔曰：令繫者或以掠辜，若饑寒凍死獄中，何為用心逆人道也！朕甚痛之。其令郡國歲上繫囚，以笞掠若瘐死者，所坐名、縣、爵、里，丞相御史課殿最以聞。

《漢書》卷八《宣帝紀》〔元康四年〕二月，河東霍徵史等謀反，誅。

（漢）荀悅《前漢紀》神爵三年春　令諸侯相位在郡守下。珠崖郡山南縣反，上博謀羣臣，欲擊之。待詔賈捐之對曰：臣聞堯舜聖之盛也，禹入聖域而不優，故孔子稱堯曰大哉，舜曰韶盡美矣，禹曰吾無間然矣。以三聖之德，地不過數千里，東漸於海，西被於流沙，北盡朔裔，南暨聲教，與聲教者則治之，不欲與者不彊治。殷、周之時，東不過江、黃，西不過氐、羌，南不過蠻荆，北不過朔方。而君臣歌德，頌聲並作。及秦興兵遠攻，貪外虛內，而天下內叛。孝文偃武行文，時有獻千里馬者，詔曰：鸞旗在前，屬車在後，師行三十里為程，騎行五十里為程，朕乘千里馬，獨安之乎？乃還馬，勅四方無來獻。當此時，天下無事，斷獄數百。及孝武皇帝，西連諸國至於安息，東過碣石至於樂浪，北却匈奴數萬里，南制南海為八郡。兵革數起，父戰於前，子鬬於後，女子乘亭鄣，孤兒嚎於道，老母寡婦飲泣街巷，設虛祭於道旁，招神魂於萬里之外。擴地泰大，征伐不休，而天下斷獄餘數萬人。今關東困乏，至有嫁妻賣子，此社稷之憂。《詩》云：蠢爾蠻荆，大邦為讎。言聖人起則後服，中國衰則先叛，自古而患之，何況乃復南方萬里外之蠻乎！駱越之人，父子同川而浴，相習以鼻飲，於禽獸無異。有之不足郡縣置也，棄之不足惜也，不擊之不損威。臣竊以往事羌軍言之，暴師曾不滿一年，兵出不逾千里，費四十餘萬錢，大司農錢盡，乃以少府禁錢續之。今陛下不忍悁悁之忿，欲驅士衆捐之大海之中，快心幽冥之地，非所以拯饑饉、全元元也。方之往古則不合，施之當今又不便。臣愚以為本非冠帶之國，《禹貢》所不及，《春秋》所不理，皆可便宜廢之，且無以為。上以問丞相定國，御史大夫陳萬年。萬年以為當擊之，定國以捐之議是。上乃罷珠崖郡，民欲內屬者處之，不欲者勿彊。上數見捐之，言多納用，後為石顯所毀，稀復得見。其後長安令楊興以才能幸於上，捐之欲因求見，謂興曰：令我得見上言，君蘭京兆尹立可得。我前後所薦，皆如其言。興曰：縣官嘗言興逾於薛大夫，我易助也。使君房為尚書令，勝五鹿充宗甚遠。捐之曰：令我得代充宗，君蘭為京兆尹，京兆尹郡國之首，尚書百官本也，天下宜大治，士則不隔矣。興曰：石顯上所信用，今且以合意，則得入矣。捐之因與興共為奏，稱薦石顯，又薦興京兆尹。顯聞其議，白之。乃下興、捐之獄。有司劾捐之，興懷詐偽，更相薦舉，漏泄省中語，罔上不道。捐之棄市，興減死。

《漢書》卷一四《諸侯王表》　廣陵厲王胥　〔孝武元狩六年〕四月乙巳立，六十三年，五鳳四年，坐祝詛上，自殺。

甘肅省文物考古研究所《居延新簡釋粹・甘露二年御史書》　甘露二年五月己丑朔甲辰朔朔字衍，丞相少史充、御史守少史仁以請，詔有逐驗大逆無道故廣陵王胥御者惠同產弟，故長公主弟卿大婢外人，移郡大守：逐得試知外人者，故長公主大奴千□等曰：外人，一名麗戎，字中夫，前太子守觀奴嬰齊妻，前死。麗戎從母捐之字子文私男弟偃，居主馬市里第。捐之姊子，故安道侯奴林，取不審縣里男子字游爲麗戎婿，以牛車就載籍田倉爲事。始元二年中，主女孫爲河間王后，與捐之偕之國。後麗戎、游從居主柧□莽□第，養田孫丁子□。元鳳元年中，主死，絶户。奴婢没入諸官。麗戎、游俱亡。麗戎脱籍，疑變更名字，遠走絶迹，更爲人妻，介罪民間，若死，毋從知。麗戎此時年可二十三、四歲，至今年可六十所。爲人中狀，黃色，小頭，黑髮，（隋）〔橢〕面，拘頤，常戚額，如顯狀，身小長，託瘦少言。書到，二千石遣毋害都吏嚴教屬縣官令以下，嗇夫、吏、正、父老雜驗問鄉里吏民，賞取婢及免奴以爲妻，年五十以上，〔刑〕〔形〕狀類麗戎者，問父母昆弟，本誰生子，務得請實，發生〔從〕〔蹤〕迹，毋督聚繁擾民。大逆同產當坐重事，推迹未窮，毋令居部界中不覺。得者書言自報，以郵亭行，詣長安傳舍。重事當奏聞，必謹密之，毋留，如律令。

六月，張掖太守毋適、丞勛敢告都尉卒人，謂縣，寫移書到，趣報，如御史書律令，敢告卒人/掾□、守卒史安國、佐財。

七月壬辰，張掖肩水司馬陽以秩次兼行都尉事，謂候、〔城尉〕，寫移書到，搜索部界中，毋有，以書言，會廿日，如律令/掾遂、守屬弘。

七月乙未，肩水候福謂候長□□□□，寫移書到，搜索部界中，毋有，以書言，會月十五日，須報府，毋□□，如律令/令史□。

《漢書》卷七五《京房傳》 初，淮陽憲王舅張博從房受學，以女妻房。房與相親，每朝見，輒爲博道其語，以爲上意欲用房議，而群臣惡其害己，故爲衆所排。博曰：淮陽王上親弟，敏達好政，欲爲國忠。今欲令王上書求入朝，得佐助房。房曰：得無不可？博曰：前楚王朝薦士，何爲不可？房曰：中書令石顯、尚書令五鹿君相與合同，巧佞之人也，事縣官十餘年；及丞相韋侯，皆久亡補於民，可謂亡功矣。此尤不欲行考功者也。淮陽王卽朝見，勸上行考功，事善；不然，但言丞相、中書令任事久而不治，可休丞相，以御史大夫鄭弘代之，遷中書令置他官，以鉤盾令徐立代之，如此，房考功事得施行矣。博具從房記諸所說災異事，〔固〕〔因〕令房爲淮陽王作求朝奏草，皆持柬與淮陽王。石顯微司具知之，以房親近，未敢言。及房出守郡，顯告房與張博通謀，非謗政治，歸惡天子，詿誤諸侯王。**【略】** 初，房見，道幽厲事，出爲御史大夫鄭弘言之。房、博皆棄市，弘坐免爲庶人。

《漢書》卷一〇《成帝紀》 〔陽朔三年〕夏六月，潁川鐵官徒申屠聖等百八十人殺長吏，盜庫兵，自稱將軍，經歷九郡。遣丞相長史、御史中丞逐捕，以軍興從事，皆伏辜。

《漢書》卷一〇《成帝紀》 〔鴻嘉四年〕冬，廣漢鄭躬等黨與寖廣，犯歷四縣，衆且萬人。拜河東都尉趙護爲廣漢太守，發郡中及蜀郡合三萬人擊之。或相捕斬，除罪。旬月平，遷護爲執金吾，賜黃金百斤。

《漢書》卷一〇《成帝紀》 〔綏和元年〕冬十一月，定陵侯淳于長大逆不道，下獄死。廷尉孔光使持節賜貴人許氏藥，飲藥死。

《漢書》卷九七下《外戚傳・孝成趙皇后》 明年春，成帝崩。帝素彊，無疾病。是時楚思王衍、梁王立來朝，明旦當辭去，上宿供張白虎殿。又欲拜左將軍孔光爲丞相，已刻侯印書贊。昏夜平善，鄉晨，傅絝襪欲起，因失衣，不能言，晝漏上十刻而崩。民間歸罪趙昭儀，皇太后詔大司馬莽、丞相大司空曰：皇帝暴崩，群衆讙譁怪之。掖庭令輔等在後庭左右，侍燕迫近，雜與御史、丞相、廷尉治問皇帝起居發病狀。趙昭儀自殺。

哀帝既立，尊趙皇后爲皇太后，封太后弟侍中駙馬都尉欽爲新成侯。趙氏侯者凡二人。後數月，司隸解光奏言：

臣聞許美人及故中宮史曹宮皆御幸孝成皇帝，產子，子隱不見。臣遣從事掾業、史望驗問知狀者掖庭獄丞籍武，故中黃門王舜、吳恭、靳嚴，官婢曹曉、道房、張棄，故趙昭儀御者于客子、王偏、臧兼等，皆曰宮卽曉子女，前屬中宮，爲學事史，通《詩》，授皇后。房與宮對食，元延元年中宮語房曰：陛下幸宮。後數月，曉入殿中，見宮腹大，問宮。宮曰：御幸本身。其十月中，宮乳掖庭牛官令舍，有婢六人。中黃門田客持詔記，盛綠綈方底，封御史中丞印，予武曰：取牛官令舍婦人新產兒，婢六人，盡置暴室獄，毋問兒男女，誰兒也！武迎置獄。宮曰：善臧我兒胞，丞知是何等兒也！後三日，客持詔記與武，問：兒死未？手書對牘背。武卽書對：兒見在，未死。有頃，客出曰：上與昭儀大怒，奈何不殺？武叩頭啼曰：不殺兒，自知當死，殺之，亦死！卽因客奏封事，曰：陛下未有繼嗣，子無貴賤，唯留意！奏入，客復持詔記予武曰：今夜漏上五刻，持兒與舜，會東交掖門。武因問客：陛下得武書，意何如？曰：憆也。武以兒付舜。舜受詔，內兒殿中，爲擇乳母，告善養兒，且有賞。毋令漏泄！舜擇棄爲乳母，時兒生八九日。後三日，客復持詔記，封如前予武，中有封小綠篋，記曰：告武以篋中物書予獄中婦人，武自臨飲之。武發篋中有裹藥二枚，赫蹏書，曰告偉能：努力飲此藥，不可復入。女自知之！偉能卽宮。宮讀書已，曰：果也，欲姊弟擅天下！我兒男也，額上有壯髮，類孝元皇帝。今兒安在？危殺之矣！奈何令長信得聞之？宮飲藥死。後宮婢六人召入，出語武曰：昭儀言女無過。寧自殺邪，若外家也？我曹言願自殺。卽自繆死。武皆表奏狀。棄所養兒十一日，宮長李南以詔書取兒去，不知所置。

許美人前在上林涿沐館，數召入飾室中若舍，一歲再三召，留數月或半歲御幸。元延二年褱子，其十一月乳。詔使嚴持乳醫及五種和藥丸三，送美人所。後客子、偏、兼聞昭儀謂成帝曰：常紿我言從（宮中）〔中宮〕來，卽從中宮來，許美人兒何從生中？許氏竟當復立邪！懟，以手自擣，以頭擊壁户柱，從床上自投地，啼泣不肯食，曰：今當安置我，欲歸耳！帝曰：今故告之，反怒爲！殊不可曉也。帝亦不食。昭儀曰：陛下自知是，不食爲何？陛下常自言約不負女，今美人有子，竟負約，謂何？帝曰：約以趙氏，故不立許氏。使天下無出趙氏上者，毋憂也！後詔使嚴持緑囊書予許美人，告嚴曰：美人當有以予女，受來，置飾室中簾南。美人以葦篋一合盛所生兒，緘封，及緑囊報書予嚴。嚴持篋書，置飾室簾南去。帝與昭儀坐，使客子解篋緘。未已，帝使客子、偏、兼皆出，自閉户，獨與照儀在。須臾開户，呼客子、偏、兼，使緘封篋及緑綈方底，推置屏風東。恭受詔，持篋方底予武，皆封以御史中丞印，曰：告武：篋中有死兒，埋屏處，勿令人知。武穿獄樓垣下爲坎，埋其中。

故長定許貴人及故成都、平阿侯家婢王業、任孋、公孫習前免爲庶人，詔召入，屬昭儀爲私婢。成帝崩，未幸梓宮，倉卒悲哀之時，昭儀自知罪惡大，知業等故許氏、王氏婢，恐事泄，而以大婢羊子等賜予業等各且十人，以慰其意，屬無道我家過失。

元延二年五月，故掖庭令吾丘遵謂武曰：掖庭丞吏以下皆與昭儀合通，無可與語者，獨欲與武有所言。我無子，武有子，是家輕族人，得無不敢乎？掖庭中御幸生子者輒死，又飲藥傷墮者無數，欲與武共言之大臣，票騎將軍貪耆錢，不足計事，奈何令長信得聞之？遵後病困，謂武：

今我已死，前所語事，武不能獨爲也，慎語！

皆在今年四月丙辰赦命前。臣謹案永光三年男子忠等發長陵傅夫人冢。事更大赦，孝元皇帝下詔曰：（比）〔此〕朕不當所得赦也。窮治，盡伏辜，天下以爲當。魯嚴公夫人殺世子，齊桓召而誅焉，《春秋》予子。趙昭儀傾亂聖朝，親滅繼嗣，家屬當伏天誅。前平安剛侯夫人謁坐大逆，同産當坐，以蒙赦令，歸故郡。今昭儀所犯尤悖逆，罪重於謁，而同産親屬皆在尊貴之位，迫近幃幄，群下寒心，非所以懲惡崇誼示四方也。請事窮竟，丞相以下議正法。哀帝於是免新成侯趙欽、欽兄子成陽侯訢，皆爲庶人，將家屬徙遼西郡。

《漢書》卷一四《諸侯王表》〔東平〕鴻嘉元年，煬王雲嗣，十六年，建平三年，坐祝詛上，自殺。

《漢書》卷一二《平帝紀》〔元始三年〕安漢公世子宇與帝外家衛氏有謀。宇下獄死，誅衛氏。

《漢書》卷一五下《王子侯表》〔嚴鄉侯〕〔孝哀建平二年〕五月丁酉封，四年，坐父大逆，免，元始元年復封。六年，王莽居攝二年，東郡太守翟義舉兵，立信爲天子，兵敗，死。

《漢書》卷一五下《王子侯表》〔武平侯〕〔孝哀建平二年〕五月丁酉封，四年，坐父大逆，免，元始元年復封，居攝二年舉兵死。

《漢書》卷九九上《王莽傳》初，莽欲擅權，白太后：前哀帝立，背恩義，自貴外家丁、傅，撓亂國家，幾危社稷。今帝以幼年復奉大宗，爲成帝後，宜明一統之義，以戒前事，爲後代法。於是遣甄豐奉璽綬，卽拜帝母衛姬爲中山孝王后，賜帝舅衛寶、寶弟玄爵關内侯，皆留中山，不得至京師。莽子宇，非莽隔絶衛氏，恐帝長大後見怨。宇卽私遣人與寶等通書，教令帝母上書求入。語在《衛后傳》。莽不聽。宇與師吴章及婦兄吕寬議其故，章以爲莽不可諫，而好鬼神，可爲變怪以驚懼之，章因推類説令歸政於衛氏。宇卽使寬夜持血灑莽第，門吏發覺之，莽執宇送獄，飲藥死。宇妻焉懷子，繫獄，須産子已，殺之。莽奏言：宇爲吕寬等所詿誤，流言惑衆，（惡）與管蔡同罪，臣不敢隱其誅。甄邯等白太后下詔曰：夫唐堯有丹朱，周文王有管蔡，此皆上聖亡奈下愚子何，以其性不可移也。公居周公之位，輔成王之主，而行管蔡之誅，不以親親害尊尊，朕甚嘉之。昔周公誅四國之後，大化乃成，至於刑錯。公其專意翼國，期於致平。莽因是誅滅衛氏，窮治吕寬之獄，連引郡國豪桀素非議己者，内及敬武公主、梁王立、紅陽侯立、平阿侯仁，使者迫守，皆自殺。死者以百數，海内震焉。

（漢）荀悅《前漢紀》居攝元年春二月　立嬰為皇太子，號曰孺子。夏四月，安衆侯劉崇與丞相張紹謀曰：安漢公必危劉氏。吾帥宗族為先，海内必和之。遂合黨萬餘人攻宛城，不能入而敗。紹者，張竦之從弟。竦與崇族父劉嘉詣闕自歸，莽赦之不罪。竦為嘉作奏曰：建初元壽之間，大統幾絶。陛下聖德拯救，國命復延。臨朝統政，動以宗室為始，登用九族為先。故亂則統其理，危則致其安，禍則引其福，絶則接其繼，幼則代其任，夙夜孜孜不已，凡以為天下，厚劉氏也。建辟雝，立明堂，班大法，流聖化，天下顒顒引領而歎，頌聲洋洋滿耳，人無賢愚男女，皆喻旨意。而劉崇獨懷悖惑之心，操畔逆之慮，惡不忍聞，罪不容誅。誠子臣之仇，宗室之讎也。是故親屬震落而告其罪，民人潰叛而棄其兵，進不跬步，退伏其殃。臣聞叛逆之國，既以誅討，則豬其宫以為汙池，納垢濁焉，名曰凶墟。雖生菜茹，而民不食。四牆其社，覆上棧下，著以為誡。臣不勝憤憤之情，願為宗室倡始，父子兄弟持畚荷鍤，馳到南陽，豬崇宫室，令如古制。及崇社宜如亳社。盛稱功德。莽大喜，封為師禮侯，七日皆賜爵關内侯。封竦淑德侯。長安為之語：欲得封，過張伯松，力戰鬬，不如巧作奏。自後反者皆汙池云。羣臣復白太后：劉崇等所以謀反者，莽權，輕也。宜尊莽以鎮海内。五月甲辰，莽稱假皇帝。冬十月丙辰，日有食之，是歲西羌龎恬、傅幡反，遣護羌校尉竇況平之。【略】

〔居攝三年〕明、鴻等皆破。莽自以威德遂盛，獲天人助，乃謀即真之事。秋七月，莽母功顯君死，意不在喪，為緦衰服而加麻環絰，如天子弔諸侯之禮，自以為攝天子位，不敢服其私親也。凡一弔再會葬皆如初，令新都侯宗為主，服喪三年。廣饒侯劉京上書言：齊郡臨淄縣亭長辛當夢見人曰：天公使我告亭長，居攝皇帝當為真。不信我，亭中當有新井。亭長起視亭中，有新井百尺。又太保屬臧洪奏新井亭長符命，言雍巴郡得銅符帛圖，文曰：天告帝符，獻者封侯。莽於是改居攝三年為初始元年。期門郎張充等交謀共劫莽，立楚王。發覺，誅死。梓潼人哀章作銅匱，為兩檢。其一曰天帝行璽金匱圖，其二曰赤帝璽某傳與黄帝莽金策書。某者，高皇帝名也。言莽為真天子，圖書莽大臣八人，有王盛、王興，哀章因自竄其名，凡十一人，皆署官爵，為輔佐，以付高廟僕射以聞。戊辰，莽到高廟拜受金匱，遂即天子位，改正朔，易服色，以十二月為正，以雞鳴時為朔，色尚黄。初高帝時得秦玉璽，因服命之名傳國璽，莽令王舜從太后求之。太后怒，駡舜：汝不顧義。我漢家老寡婦，旦暮且死，用此璽俱葬。終不可得。太后因號泣而言，左右莫不垂涕。舜悲不自勝，良久乃白太后曰：臣等已無可言。莽必欲得之，太后寧能終不與邪！太后恐欲劫之，乃出投之於地，曰：我老已死矣，知汝兄弟不久滅族矣！乃尊太后為新室文母。莽以十月癸酉朔為建國元年。春，大赦天下。乃策命孺子曰：咨爾嬰，昔皇天佑乃太祖，歷代十二，享國二百一十載，天之歷數在於予躬。詩不云乎，侯服於周，天命靡常。封爾為安定公，永為新室賓。於戲！敬天之休，往踐乃位，無廢朕命。以平原、安德、漯陰、鬲、重丘合凡萬戶為安定公國。立漢祖宗之廟於其國，與周後竝行其正朔、服色。讀策畢，莽親執孺子手，流泣歔欷，曰：昔周公攝位，終得復子明辟，今予獨迫皇天威命，不得如意。哀歎良久。中傅將孺子下殿，北面稱臣。百僚陪位，莫不感動。以孝平皇帝后為安定太后，復更號曰黄皇室主，欲嫁之，主不聽。莽按金匱，輔臣皆封拜：王舜為太師，平晏為太傅，劉歆為國師，哀章為國將，是為四輔。甄邯為大司馬，王尋為大司徒，王邑為大司空，是為三公。甄豐為更始將軍，王興為衛將軍，孫建為立國將軍，王盛為前將軍，是為四輔將軍。凡十一人，以應符命之名。孺子居其邸，使者監護。敕阿保乳母不得與語，至壯大，不能名六畜。莽定諸侯王皆稱公，及四夷皆更為侯。更作小錢，徑六分，文曰小錢，與大錢一直五十者為二品，竝行。夏四月，徐鄉侯劉快結黨千數，起兵於其國。快兄殷，故漢膠東王，時改為扶崇公，國在即墨。快攻殷，殷閉城拒。快敗走，死。莽增殷國為萬戶。復井田制。遣五威將軍王奇等班符命四十二篇於天下，以著代漢之符，赦天下。五威將軍皆乘乾文車，駕坤六馬，背負鷩鳥之毛，服飾甚偉。各置左右前後中帥，凡五帥。衣冠各如其方色。將軍持節，稱太一之使，帥持幢，稱五帝之使。冬，雷，桐華。真定劉都等謀起兵，發覺，誅。真定、常山大雨雹。

甘肅省文物考古研究所《居延新簡釋粹》□朔乙酉，萬歲候長宗敢言之。官下名捕詔書曰：清河不知何七男子共賊燔男子李

▨强盗兵馬有不知何男子凡六十九人黠謀更□□□怨攻盜賊燔人舍，攻亭。

《後漢書》卷一上《光武帝紀》〔建武二年春正月〕真定王楊、臨邑侯讓謀反，遣前將軍耿純誅之。

《後漢書》卷二二《王梁傳》　子禹嗣。禹卒，子堅石嗣。堅石追坐父禹及弟平與楚王英謀反，弃市，國除。

《後漢書》卷四二《楚王英傳》　楚王英，以建武十五年封爲楚公，十七年進爵爲王，二十八年就國。母許氏無寵，故英國最貧小。三十年，以臨淮之取慮、須昌二縣益楚國。自顯宗爲太子時，英常獨歸附太子，太子特親愛之。及即位，數受賞賜。永平元年，特封英舅子許昌爲龍舒侯。

英少時好遊俠，交通賓客，晚節更喜黄老，學爲浮屠齋戒祭祀。八年，詔令天下死罪皆入縑贖。英遣郎中令奉黄縑白紈三十匹詣國相曰：託在蕃輔，過惡累積，歡喜大恩，奉送縑帛，以贖愆罪。國相以聞。詔報曰：楚王誦黄老之微言，尚浮屠之仁祠，絜齋三月，與神爲誓，何嫌何疑，當有悔吝？其還贖，以助伊蒲塞桑門之盛饌。因以班示諸國中傅。英後遂大交通方士，作金龜玉鶴，刻文字以爲符瑞。

十三年，男子燕廣告英與漁陽王平、顔忠等造作圖書，有逆謀，事下案驗。有司奏英招聚姦猾，造作圖讖，擅相官秩，置諸侯王公將軍二千石，大逆不道，請誅之。帝以親親不忍，乃廢英，徙丹陽涇縣，賜湯沐邑五百户。遣大鴻臚持節護送，使伎人奴婢（妓士）〔工技〕鼓吹悉從，得乘輜軿，持兵弩，行道射獵，極意自娱。男女爲侯主者，食邑如故。楚太后勿上璽綬，留住楚宫。

明年，英至丹陽，自殺。立三十三年，國除。詔遣光禄大夫持節弔祠，贈賵如法，加賜列侯印綬，以諸侯禮葬於涇。遣中黄門占護其妻子。悉出楚官屬無辭語者。制詔許太后曰：國家始聞楚事，幸其不然。既知審實，懷用悼灼，庶欲宥全王身，令保卒天年，而王不念顧太后，竟不自免。此天命也，無可柰何！太后其保養幼弱，勉强飲食。諸許願王富貴，人情也。已詔有司，出其有謀者，令安田宅。於是封燕廣爲折姦侯。楚獄遂至累年，其辭語相連，自京師親戚諸侯州郡豪桀及考案吏，阿附相陷，坐死徙者以千數。

《後漢書》卷四二《阜陵質王延傳》　阜陵質王延，建武十五年封淮陽公，十七年進爵爲王，二十八年就國。三十年，以汝南之長平、西華、新陽、扶樂四縣益淮陽國。

延性驕奢而遇下嚴烈。永平中，有上書告延與姬兄謝弇及姊館陶主婿駙馬都尉韓光招姦猾，作圖讖，祠祭祝詛。事下案驗，光、弇被殺，辭所連及，死徙者甚衆。有司奏請誅延，顯宗以延罪薄於楚王英，故特加恩，徙爲阜陵王，食二縣。

延既徙封，數懷怨望。建初中，復有告延與子男魴造逆謀者，有司奏請檻車徵詣廷尉詔獄。肅宗下詔曰：王前犯大逆，罪惡尤深，有同周之管、蔡，漢之淮南。經有正義，律有明刑。先帝不忍親親之恩，枉屈大法，爲王受愆，群下莫不惑焉。今王曾莫悔悟，悖心不移，逆謀内潰，自子魴發，誠非本朝之所樂聞。朕惻然傷心，不忍致王於理，今貶爵爲阜陵侯，食一縣。獲斯辜者，侯自取爲。於戲誡哉！赦魴等罪勿驗。使謁者一人監護延國，不得與吏人通。

《後漢書》卷四五《袁安傳》　永平十三年，楚王英謀爲逆，事下郡覆考。明年，三府舉安能理劇，拜楚郡太守。是時英辭所連及繫者數千人，顯宗怒甚，吏案之急，迫痛自誣，死者甚衆。安到郡，不入府，先往案獄，理其無明驗者，條上出之。府丞掾史皆叩頭爭，以爲阿附反虜，法與同罪，不可。安曰：如有不合，太守自當坐之，不以相及也。遂分别具奏。帝感悟，即報許，得出者四百餘家。

《後漢書》卷二二《杜茂傳》　子元嗣，永平十四年，坐與東平王等謀反，減死一等，國除。永初七年，鄧太后紹封茂孫奉爲安樂亭侯。

《後漢書》卷四一《寒朗傳》　〔寒朗〕永平中，以謁者守侍御史。與三府掾屬共考案楚獄顔忠、王平等，辭連及隧鄉侯耿建、朗陵侯臧信、護澤侯鄧鯉、曲成侯劉建。建等辭未嘗與忠、平相見。是時顯宗怒甚，吏皆惶恐，諸所連及，率一切陷入，無敢以情恕者。朗心傷其冤，試以建等物色獨問忠、平，而二人錯愕不能對。朗知其詐，乃上言建等無姦，專爲忠、平所誣，疑天下無辜類多如此。帝乃召朗入，問曰：建等即如是，忠、平何故引之？朗對曰：忠、平自知所犯不道，故多有虚引，冀以自明。帝曰：即如是，四侯無事，何不早奏，獄竟而久繫至今邪？朗對曰：臣雖考之無事，然恐海内别有發其姦者，故未敢時上。帝怒罵曰：吏持兩端，促提下。左右方引去，朗曰：願一言而死。小臣不敢欺，欲助國耳。帝問曰：誰與共爲章？對曰：臣自知當必族滅，不敢多污染人，誠冀陛下一覺悟而已。臣見考囚在事者，咸共言妖惡大故，臣子所宜同疾，今出之不如入之，可無後責。是以考一連十，考十連百。又公卿朝會，陛下問以得失，皆長跪言，舊制大罪禍及九族，陛下大恩，裁止於身，天下幸甚。及其歸舍，口雖不言，而仰屋竊歎，莫不知其多冤，無敢牾陛下者。臣今所陳，誠死無悔。帝意解，詔遣朗出。後二日，車駕自幸洛陽獄録囚徒，理出千餘人。後平、忠死獄中，朗乃自繫。會赦，免官司。復舉孝廉。

《後漢書》卷四《孝和孝殤帝紀》〔永元四年六月〕竇憲潛圖弑逆。庚申，幸北宫。詔收捕憲黨射聲校尉郭璜，璜子侍中舉，衛尉鄧疊，疊弟步後校尉磊，皆下獄死。使謁者僕射收憲大將軍印綬，遣憲及弟篤、景就國，到皆自殺。【略】

〔永元四年〕秋七月己丑，太尉宋由坐黨憲自殺。【略】

〔永元六年二月〕許〔陽〕侯馬光自殺。《東觀記》曰：光前坐黨附竇憲，歸國，爲憲客奴所誣告，乃自殺。

《後漢書》卷六《孝順帝紀》〔延光四年〕十一月丁巳，京師及郡國十六地震。是夜，中黄門孫程等十九人共斬江京、劉安、陳達等，迎濟陰王於德陽殿西鍾下，卽皇帝位，年十一。近臣尚書以下，從輦到南宫，登雲臺，召百官。尚書令劉光等奏言：孝安皇帝聖聰明茂，早弃天下。陛下正統，當奉宗廟，而奸臣交搆，遂令陛下龍潛蕃國，群僚遠近莫不失望。天命有常，北鄉不永，漢德盛明，福祚孔章。近臣建策，左右扶翼，内外同心，稽合神明。陛下踐祚，奉遵鴻緒，爲郊廟主，承續祖宗無窮之烈，上當天心，下猒民望。而卽位倉卒，典章多缺，請條案禮儀，分别具奏。制曰：可。乃召公卿百僚，使虎賁、羽林士屯南、北宫諸門。閻顯兄弟聞帝立，率兵入北宫，尚書〔郎〕〔郭〕鎮與交鋒刃，遂斬顯弟衛尉景。戊午，遣使者入省，奪得璽綬，乃幸嘉德殿，遣侍御史持節收閻顯及其弟城門校尉耀、執金吾晏，並下獄誅。己未，開門，罷屯兵。壬戌，詔司隸校尉：惟閻顯、江京近親當伏辜誅，其餘務崇寬貸。壬申，謁高廟。癸酉，謁光武廟。

《後漢書》卷三四《梁統傳》〔梁〕商自以戚屬居大位，每存謙柔，虚己進賢，辟漢陽巨覽、上黨陳龜爲掾屬，李固、周舉爲從事中郎，於是京師翕然，稱爲良輔，帝委重焉。每有飢饉，輒載租穀於城門，賑與貧餧，不宣己惠。檢御門族，未曾以權盛干法。而性慎弱無威斷，頗溺於内豎。以小黄門曹節等用事於中，遂遣子冀、不疑與爲交友，然宦者忌商寵任，反欲陷之。永和四年，中常侍張逵、蘧政，内者令石光，尚方令傅福，冗從僕射杜永連謀，共譖商及中常侍曹騰、孟賁，云欲徵諸王子，圖議廢立，請收商等案罪。帝曰：大將軍父子我所親，騰、賁我所愛，必無是，但汝曹共妒之耳。逵等知言不用，懼迫，遂出矯詔收縛騰、賁於省中。帝聞震怒，敕宦者李歙急呼騰、賁釋之，收逵等，悉伏誅。辭所連染及在位大臣，商懼多侵枉，乃上疏曰：《春秋》之義，功在元帥，罪止首惡，故賞不僭溢，刑不淫濫，五帝、三王所以同致康乂也。竊聞考中常侍張逵等，辭語多所牽及。大獄一起，無辜者衆，死囚久繫，纖微成大，非所以順迎和氣，平政成化也。宜早訖竟，以止逮捕之煩。帝乃納之，罪止坐者。

《後漢書》卷七《孝桓帝紀》〔建和元年〕陳留盜賊李堅自稱皇帝，伏誅。

《後漢書》卷七《孝桓帝紀》〔建和元年十一月〕清河劉文反，殺國相射暠，欲立清河王蒜爲天子；事覺伏誅。蒜坐貶爲尉氏侯，徙桂陽，自殺。【略】

〔建和二年〕冬十月，長平陳景自號黄帝子，署置官屬，又南頓管伯亦稱真人，並圖舉兵，悉伏誅。

〔和平元年〕二月，扶風妖賊裴優自稱皇帝，伏誅。【略】

〔永興二年閏九月〕蜀郡李伯放稱宗室，當立爲太初皇帝，伏誅。【略】

〔延熹二年〕大將軍梁冀謀爲亂。八月丁丑，帝御前殿，詔司隸校尉張彪將兵圍冀第，收大將軍印綬，冀與妻皆自殺。衛尉梁淑、河南尹梁胤、屯騎校尉梁讓、越騎校尉梁忠、長水校尉梁戟等，及中外宗親數十人，皆伏誅。太尉胡廣坐免。司徒韓縯、司空孫朗下獄。《東觀記》曰：并坐不衛宫，止長壽亭，減死一等，以爵贖之。【略】

〔延熹八年春正月〕勃海王悝謀反，降爲〔癭〕〔廮〕陶王。【略】

〔延熹八年冬十月〕勃海妖賊蓋登等稱太上皇帝，有玉印、珪、璧、鐵券，相署置，皆伏誅。【略】

〔延熹九年春正月〕沛國戴異得黄金印，無文字，遂與廣陵人龍尚等共祭井，作符書，稱太上皇，伏誅。【略】

〔延熹九年冬十二月〕司隸校尉李膺等二百餘人受誣爲黨人，并坐下獄，書名王府。

《後漢書》卷六七《范滂傳》 范滂字孟博，汝南征羌人也。少厲清節，爲州里所服，舉孝廉、光禄四行。【略】

後牢脩誣言鈎黨，滂坐繫黄門北寺獄。獄吏謂曰：凡坐繫皆祭皋陶。滂曰：皋陶賢者，古之直臣。知滂無罪，將理之於帝；如其有罪，祭之何益！衆人由此亦止。獄吏將加掠考，滂以同囚多嬰病，乃請先就格，遂與同郡袁忠爭受楚毒。桓帝使中常侍王甫以次辨詰，滂等皆三木囊頭，暴於階下。餘人在前，或對或否，滂、忠於後越次而進。王甫詰曰：君爲人臣，不惟忠國，而共造部黨，自相褒舉，評論朝廷，虚搆無端，諸所謀結，並欲何爲？皆以情對，不得隱飾。滂對曰：臣聞仲尼之言，見善如不及，見惡如探湯。欲使善善同其清，惡惡同其污，謂王政之所願聞，不悟更以爲黨。甫曰：卿更相拔舉，迭爲脣齒，有不合者，見則排斥，其意如何？滂乃慷慨仰天曰：古之循善，自求多福；今之循善，身陷大戮。身死之日，願埋滂於首陽山側，上不負皇天，下不愧夷、齊。甫愍然爲之改容。乃得並解桎梏。

滂後事釋，南歸。【略】

建寧二年，遂大誅黨人，詔下急捕滂等。督郵吴導至縣，抱詔書，閉傳舍，伏牀而泣。滂聞之，曰：必爲我也。即自詣獄。縣令郭揖大驚，出解印綬，引與俱亡。曰：天下大矣，子何爲在此？滂曰：滂死則禍塞，何敢以罪累君，又令老母流離乎！其母就與之訣。滂白母曰：仲博孝敬，足以供養，滂從龍舒君歸黄泉，存亡各得其所。惟大人割不可忍之恩，勿增感戚。母曰：汝今得與李、杜齊名，死亦何恨！既有令名，復求壽考，可兼得乎？滂跪受教，再拜而辭。顧謂其子曰：吾欲使汝爲惡，則惡不可爲；使汝爲善，則我不爲惡。行路聞之，莫不流涕。時年三十三。

《後漢書》卷八《孝靈帝紀》〔熹平元年〕宦官諷司隸校尉段熲捕繫太學諸生千餘人。冬十月，渤海王悝被誣謀反，丁亥，悝有妻子皆自殺。

《後漢書》卷六七《黨錮傳》 孔子曰：性相近也，習相遠也。言嗜惡之本同，而遷染之塗異也。夫刻意則行不肆，牽物則其志流。是以聖人道人理性，裁抑宕佚，慎其所與，節其所偏，雖情品萬區，質文異數，至於陶物振俗，其道一也。叔末澆訛，王道陵缺，而猶假仁以效己，憑義以濟功。舉中於理，則强梁褫氣；片言違正，則廝臺解情。蓋前哲之遺塵，有足求者。

夫上好則下必甚，矯枉故直必過，其理然矣。若范滂、張儉之徒，清心忌惡，終陷黨議，不其然乎？

初，桓帝爲蠡吾侯，受學於甘陵周福，及即帝位，擢福爲尚書。時同郡河南尹房植有名當朝，鄉人爲之謡曰：天下規矩房伯武，因師獲印周仲進。二家賓客，互相譏揣，遂各樹朋徒，漸成尤隙，由是甘陵有南北部，黨人之議，自此始矣。後汝南太守宗資任功曹范滂，南陽太守成瑨亦委功曹岑晊，二郡又爲謡曰：汝南太守范孟博，南陽宗資主畫諾。南陽太守岑公孝，弘農成瑨但坐嘯。因此流言轉入太學，諸生三萬餘人，郭林宗、賈偉節爲其冠，並與李膺、陳蕃、王暢更相褒重。學中語曰：天下模楷李元禮，不畏强禦陳仲舉，天下俊秀王叔茂。又渤海公族進階、扶風魏齊卿，並危言深論，不隱豪强。自公卿以下，莫不畏其貶議，屣履到門。

時河内張成善説風角，推占當赦，遂教子殺人。李膺爲河南尹，督促收捕，既而逢宥獲免，膺愈懷憤疾，竟案殺之。初，成以方伎交通宦官，帝亦頗誶其占。成弟子牢脩因上書誣告膺等養太學遊士，交結諸郡生徒，更相驅馳，共爲部黨，誹訕朝廷，疑亂風俗。於是天子震怒，班下郡國，逮捕黨人，布告天下，使同忿疾，遂收執膺等。其辭所連及陳寔之徒二百餘人，或有逃遁不獲，皆懸金購募。使者四出，相望於道。明年，尚書霍諝、城門校尉竇武並表爲請，帝意稍解，乃皆赦歸田里，禁錮終身。而黨人之名，猶書王府。

自是正直廢放，邪枉熾結，海内希風之流，遂共相摽搒，指天下名士，爲之稱號。上曰三君，次曰八俊，次曰八顧，次曰八及，次曰八廚，猶古之八元、八凱也。竇武、劉淑、陳蕃爲三君。君首，言一世之所宗也。李膺、荀翌、杜密、王暢、劉祐、魏朗、趙典、朱寓爲八俊。俊者，言人之英也。郭林宗、宗慈、巴肅、夏馥、范滂、尹勳、蔡衍、羊陟爲八顧。顧者，言能以德行引人者也。張儉、岑晊、劉表、陳翔、孔昱、苑康、檀（敷）〔敷〕、翟超爲八及。及者，言其能道人追宗者也。度尚、張邈、王考、劉儒、胡母班、秦周、蕃向、王章爲八廚。廚者，言能以財救人者也。

又張儉鄉人朱並，承望中常侍侯覽意旨，上書告儉與同鄉二十四人別相署號，共爲部黨，圖危社稷。以儉及檀彬、褚鳳、張肅、薛蘭、馮禧、魏玄、徐乾爲八俊，田林、張隱、劉表、薛郁、王訪、劉衹、宣靖、公緒恭爲八顧，朱楷、田槃、疎耽、薛敦、宋布、唐龍、嬴咨、宣褒爲八及，刻石立墠，共爲部黨，而儉爲之魁。靈帝詔刊章捕儉等。大長秋曹節因此諷有司奏捕前黨故司空虞放、太僕杜密、長樂少府李膺、司隸校尉朱寓、潁川太守巴肅、沛相荀翌、河內太守魏朗、山陽太守翟超、任城相劉儒、太尉掾范滂等百餘人，皆死獄中。餘或先殁不及，或亡命獲免。自此諸爲怨隙者，因相陷害，睚眦之忿，濫入黨中。又州郡承旨，或有未嘗交關，亦離禍毒。其死徙廢禁者，六七百人。

熹平五年，永昌太守曹鸞上書大訟黨人，言甚方切。帝省奏大怒，即詔司隸、益州檻車收鸞，送槐里獄掠殺之。於是又詔州郡更考黨人門生故吏父子兄弟，其在位者，免官禁錮，爰及五屬。

光和二年，上祿長和海上言：「禮，從祖兄弟別居異財，恩義已輕，服屬疎末。而今黨人錮及五族，既乖典訓之文，有謬經常之法。」帝覽而悟之，黨錮自從祖以下，皆得解釋。

中平元年，黃巾賊起，中常侍呂彊言於帝曰：「黨錮久積，人情多怨。若久不赦宥，輕與張角合謀，爲變滋大，悔之無救。」帝懼其言，乃大赦黨人，誅徙之家皆歸故郡。其後黃巾遂盛，朝野崩離，綱紀文章蕩然矣。

凡黨事始自甘陵、汝南，成於李膺、張儉，海內塗炭，二十餘年，諸所蔓衍，皆天下善士。三君、八俊等三十五人，其名迹存者，並載乎篇。陳蕃、竇武、王暢、劉表、度尚、郭林宗別有傳。荀翌附祖《淑傳》。張邈附《呂布傳》。胡母班附《袁紹傳》。王考字文祖，東平壽張人，冀州刺史；秦周字平王，陳留平丘人，北海相；蕃嚮字嘉景，魯國人，郎中；王璋字伯儀，東萊曲城人，少府卿：位行並不顯。翟超，山陽太守，事在《陳蕃傳》，字及郡縣未詳。朱寓，沛人，與杜密等俱死獄中。唯趙典名見而已。

《後漢書》卷八《孝靈帝紀》〔光和二年〕冬十月甲申，司徒劉郃、永樂少府陳球、衛尉陽球、步兵校尉劉納謀誅宦者，事泄，皆下獄死。

《後漢書》卷九《孝獻帝紀》〔初平元年三月〕戊午，董卓殺太傅袁隗、太僕袁基，夷其族。隗，紹之叔父。基，袁術之母兄。卓以山東兵起，依紹、術爲主，故誅其親屬。《獻帝春秋》曰：尺□以上男女五十餘人，皆下獄死。

【略】

〔建安二十一年〕是歲，曹操殺琅邪王熙，國除。坐謀欲渡江，被誅。

（宋）鄭克《折獄龜鑑》卷八《矜謹·李允元袁安附》 李允元給事通判寧州時，州卒謀亂，事發，連逮者衆。允元極意辨析，止坐首惡數人，誅之。按後漢袁安舉能理劇，拜楚郡太守。時楚王英謀為逆，事下郡考覈，辭所連及繫者數千人，顯宗怒甚，吏案之急，迫痛自誣，死者甚衆。安到郡，不入府，先往按獄，理其無明驗者，條上出之。府丞、掾吏皆叩頭爭，以為阿附反虜，法與同罪，不可。安曰：如有不合，太守自當坐之，不以相及也。遂分別具奏。帝感悟，即報許，得出者四百餘家。允元殆有袁安之心歟？事在州郡，辨析固易，然其矜謹亦可嘉也。

《三國志》卷一《魏志·武帝紀》〔建安二十四年〕九月，相國鍾繇坐西曹掾魏諷反免。《世語》曰：諷字子京，沛人，有惑衆才，傾動鄴都，鍾繇由是辟焉。大軍未反，諷潛結徒黨，又與長樂衛尉陳禕謀襲鄴。未及期，禕懼，告之太子，誅諷，坐死者數十人。

《三國志》卷二四《魏志·高柔傳》〔明帝〕初，公孫淵兄晃，為叔父恭任內侍，先淵未反，數陳其變。及淵謀逆，帝不忍市斬，欲就獄殺之。柔上疏曰：《書》稱用罪伐厥死，用德彰厥善。此王制之明典也。晃及妻子叛逆之類，誠應梟縣，勿使遺育。而臣竊聞晃先數自歸，且陳淵禍萌，雖為凶族，原心可恕。夫仲尼亮司馬牛之憂，祁奚明叔向之過，在昔之美義也。臣以為晃信有言，宜貸其死，苟自無言，便當市斬。今進不赦其命，退不彰其罪，閉著囹圄，使自引分四方觀國，或疑此舉也。帝不聽。

《三國志》卷二八《魏志・王淩傳》　是時，〔王〕淩外甥令狐愚以才能爲兗州刺史，屯平阿。舅甥並典兵，專淮南之重。淩就遷爲司空。司馬宣王既誅曹爽，進淩爲太尉，假節鉞。淩、愚密協計，謂齊王不任天位，楚王彪長而才，欲迎立彪都許昌。〔魏〕嘉平元年九月，愚遣將張式至白馬，與彪相問往來。淩又遣舍人勞精詣洛陽，語子廣。廣言：廢立大事，勿爲禍先。其十一月，愚復遣式詣彪，未還，會愚病死。二年，熒惑守南斗，淩謂：斗中有星，當有暴貴者。三年春，吳賊塞涂水。淩欲因此發，大嚴諸軍，表求討賊，詔報不聽。淩陰謀滋甚，遣將軍楊弘以廢立事告兗州刺史黄華，華、弘連名以白太傅司馬宣王。宣王將中軍乘水道討淩，先下赦赦淩罪，又將尚書廣東，使爲書喻淩，大軍掩至百尺逼淩。淩自知勢窮，乃乘船單出迎宣王，遣掾王彧謝罪，送印綬、節鉞。軍到丘頭，淩面縛水次。宣王承詔遣主簿解縛反服，見淩，慰勞之，還印綬、節鉞，遣步騎六百人送還京都。淩至項，飲藥死。宣王遂至壽春。張式等皆自首，乃窮治其事。彪賜死，諸相連者悉夷三族。朝議咸以爲《春秋》之義，齊崔杼、鄭歸生皆加追戮，陳屍斲棺，載在方策。淩、愚罪宜如舊典。乃發淩、愚冢，剖棺，暴屍於所近市三日，燒其印綬、朝服，親土埋之。

《三國志》卷四《魏志・三少帝紀》〔甘露五年五月〕戊申，大將軍文王上言：高貴鄉公率將從駕人兵，拔刀鳴金鼓向臣所止；懼兵刃相接，即敕將士不得有所傷害，違令以軍法從事。騎督成倅弟太子舍人濟，横入兵陳傷公，遂至隕命；輒收濟行軍法。臣聞人臣之節，有死無二，事上之義，不敢逃難。前者變故卒至，禍同發機，誠欲委身守死，唯命所裁。然惟本謀乃欲上危皇太后，傾覆宗廟。臣忝當大任，義在安國，懼雖身死，罪責彌重。欲遵伊、周之權，以安社稷之難，即駱驛申敕，不得迫近輦輿，而濟遽入陳間，以致大變。哀怛痛恨，五内摧裂，不知何地可以隕墜？科律大逆無道，父母妻子同産皆斬。濟兇戾悖逆，干國亂紀，罪不容誅。輒勑侍御史收濟家屬，付廷尉，結正其罪。太后詔曰：夫五刑之罪，莫大於不孝。夫人有子不孝，尚告治之，此兒豈復成人主邪？吾婦人不達大義，以謂濟不得便爲大逆也。然大將軍志意懇切，發言惻愴，故聽如所奏。當班下遠近，使知本末也。

（晋）常璩《華陽國志》卷四《南中志》〔太安元年〕永昌從事江陽孫辨，上南中形勢：七郡斗絶，晋弱夷强，加其土人屈塞。何本誤寒。應復寧州，以相鎮慰。冬十一月丙戌，何本誤成。詔書復置寧州，增統牂柯。李本作牱。益州朱提，合刺劉吴何李本作七。郡爲刺史，加龍驤將軍，進封成都縣侯。二年，于陵承詣毅請怨睿何本作督。罪，毅許之。睿至，群下以爲誅睿破亂州土，李本作上。必殺之。毅不得已許諾。及睿死，何本作死督。于陵承及誅猛逞耶怒，扇動謀反。奉建寧太守巴西馬恢爲刺史。燒郡僞發，毅方疾作，力出軍，初以救恢。及聞其情，乃殺恢，夷愈强盛，破壞郡縣，役吏民。會毅疾甚，軍連不利，晋民或入交州，或入永昌牂柯，李本作牱。半亦爲夷所困虜。夷因李本作囚。攻圍州城，毅但病何本作併。力固孤城，病篤不能戰討。時李特、季雄作亂益州，而所在有事，救援莫至，何本作致。毅上疏陳謝，不能式遏寇虐。疾與事遇，使虜遊魂，兵穀既單，器械窮盡，而求救無望，坐待殄斃。若必不垂矜憂，乞請大使，及臣尚存，加臣劉吴何李本作臣。重罪。若臣已死，陳屍爲戮。

《晋書》卷四《惠帝紀》〔永興二年〕冬十月丙子，詔曰：得豫州刺史劉喬檄，稱潁川太守劉輿迫脅驃騎將軍虓，距逆詔令，造構兇逆，擅劫郡縣，合聚兵衆，擅用苟晞爲兗州，斷截王命。鎮南大將軍、荆州刺史劉弘，平南將軍、彭城王釋等，其各勒所統，徑會許昌，與喬并力。今遣右將軍張方爲大都督，統精卒十萬，建武將軍吕朗、廣武將軍騫貙、建威將軍刁默等爲軍前鋒，共會許昌，除輿兄弟。

《宋書》卷五二《褚叔度傳》〔褚淡之爲會稽太守〕景平二年，富陽縣孫氏聚合門宗，謀爲逆亂，其支黨在永興縣，潛相影響。永興令羊恂，覺其姦謀，以告淡之。淡之不信，乃以誣人之罪，收縣職局。於是孫法亮，號冠軍大將軍，與孫道慶等攻没縣邑，即用富陽令顧粲爲令，加輔國將軍。遣僞建威將軍孫道仲、孫公喜、法殺攻永興。永興民濁恭期初與賊同，後反善就羊恂，率吏民拒戰，力少退敗。賊用縣人許祖爲令，恂逃伏江唐山中，尋復爲賊所得，使還行縣事。賊遂磐據，更相樹立，遙以鄭令司馬文寅爲征西大將軍，孫道仲爲征西長史，孫道覆爲左司馬，與公喜、法殺等建旗鳴鼓，直攻山陰。

（宋）司馬光《資治通鑑》宋文帝元嘉三年正月　丙寅，下詔暴羨之、亮、晦殺營陽、廬陵王之罪，命有司誅之，且曰：晦據有上流，或不卽罪，卽，就也。朕當親帥六師爲其過防。帥，讀曰率。可遣中領軍到彦之卽日電發，征北將軍檀道濟駱驛繼路，符衛軍府州，以時收翦，符衛軍府及荆州官屬，使收誅晦也。已命雍州刺史劉粹等雍，於用翻。斷其走伏。走，逃也；伏，匿也；斷其逃匿之路也。斷，丁管翻。罪止元兇，餘無所問。

《宋書》卷五《文帝本紀》（宋文帝元嘉十七年）冬十月戊午，前丹陽尹劉湛有罪，及同黨伏誅。大赦天下，文武賜爵一級。

（宋）司馬光《資治通鑑》宋文帝元嘉十八年春正月　魏新興王俊荒淫不法，三月，庚戌，降爵爲公。俊母先得罪死，俊積怨望，有逆謀；事覺，賜死。

《宋書》卷六八《彭城王義康傳》（元嘉）二十二年，太子詹事范曄等謀反，事逮（劉）義康，事在《曄傳》。有司上曰：義康昔擅國權，恣心凌上，結朋樹黨，苞納兇邪。重舋彰著，事合明罰。特遭陛下仁愛深至，敦惜周親，封社不削，爵寵無貶。四海之心，朝野之議，咸謂皇德雖厚，實橈典刑。而義康曾不思此大造之德，自出南服，詭飾情貌，外示知懼，內實不悛。窮好極欲，干請無度。聖慈含弘，每不折舊，矜釋屢加，恩疇已往。而陰敦行李，方啓交通之謀，潛資左右，以要死士之命。崎嶇伺隙，不忘窺窬。時猶隱忍，罰止僕侍。狂疾之性，永不懲革，兇心遂成，悖謀仍構。遠投群醜，千里相結，再議宗社，重闚鼎祚。賴陛下至誠感神，宋曆方永，故姦事昭露，罪人斯得。周公上聖，不辭同氣之刑；漢文仁明，無隱從兄之惡。況義康舋深二叔，謀過淮南，背親反道，自棄天地。臣等參議，請下有司削義康王爵，收付廷尉法獄治罪。詔特宥大辟。於是免義康及子泉陵侯允、女始寧豐城益陽興平四縣主爲庶人，絶屬籍，徙付安成郡。以寧朔將軍沈邵爲安成公相，領兵防守。義康在安成讀書，見淮南厲王長事，廢書嘆曰：前代乃有此，我得罪爲宜也。

二十四年，豫章胡誕世、前吴平令袁惲等謀反，襲殺豫章太守桓隆、南昌令諸葛智之，聚衆據郡，復欲奉戴義康。太尉録尚書江夏王義恭等奏曰：投畀之言，義著《雅》篇，流殛之教，事在《書》典。庶人義康負舋深重，罪不容戮。聖仁不忍，屢加遲回，宥其大辟，賜遷近甸，斯乃至愛發天，超邈終古。曾不遇愆甘引，而讒言同衆，佷悖儌幸，每形辭色，內宣家人，外動民聽，不逞之族，因以生心。胡誕世假竊名號，搆成兇逆。杜漸除微，古今所務，況禍機驟發，庸可忽乎。臣等參議，宜徙廣州遠郡，放之邊表，庶有防絶。奏可，仍以安成公相沈邵爲廣州事。未行，值邵病卒，索虜來寇瓜步，天下擾動。上慮異志者或奉義康爲亂，世祖時鎮彭城，累啓宜爲之所，太子及尚書左僕射何尚之並以爲言。二十八年正月，遣中書舍人嚴龍賫藥賜死。義康不肯服藥，曰：佛教自殺不復得人身，便隨宜見處分。乃以被揜殺之，時年四十三，以侯禮葬安成。

《宋書》卷六七《謝靈運傳》　文帝以爲臨川內史，加秩中二千石，在郡游放，不異永嘉，爲有司所糾，遣使隨州從事鄭望生收靈運。靈運執録望生興兵叛逸，遂有逆志爲詩曰：韓亡子房奮，秦帝魯連恥。本自江海人，忠義感君子。追討擒之，送廷尉治罪。廷尉奏靈運率部衆反叛，論正斬刑，上愛其才，欲免官而已，彭城王義康堅執謂不宜恕。乃詔曰：靈運罪舋累仍，誠合盡法。但謝玄勳參微管，宜宥及後嗣，可降死一等，徙付廣州。

《南史》卷一九《謝靈運傳》　在郡游放，不異永嘉，爲有司所糾。司徒遣使隨州從事鄭望生收靈運。靈運興兵叛逸，遂有逆志。爲詩曰：韓亡子房奮，秦帝魯連恥。本自江海人，忠義感君子。追討禽之，送廷尉，廷尉論正斬刑。上愛其才，欲免官而已。彭城王義康堅執，謂不宜恕。詔以謝玄勛參微管，宜宥及後嗣，降死徙廣州。後秦郡府將宋齊受使至涂口，行達桃墟村，見有七人下路聚語，疑非常人，還告郡縣，遣兵隨齊掩討禽之。其一人姓趙名欽，云同村薛道雙先與靈運共事，道雙因同村成國報欽云：靈運犯事徙廣州，給錢令買弓箭刀楯等物，使道雙要合鄉里健兒於三江口篡之。若得志如意後，功勞是同。遂合部黨要謝不得，及還饑饉，緣路爲劫。有司奏收之，文帝詔於廣州棄市。臨死作詩曰：龔勝無餘生，李業有終盡，嵇公理既迫，霍生命亦殞。所稱龔勝，李業，猶前詩子房、魯連之意也。時元嘉十年，年四十九。所著文章傳於世。

（南朝宋）劉義慶《世説新語》卷下《黜免》　殷中軍被廢，在信安，終日恒書空作字。揚州吏民尋義逐之，竊視，唯作咄咄怪事四字而已。

《晉陽秋》曰：初，浩以中軍將軍鎮壽陽，羌姚襄上書歸降。後有罪，浩陰圖誅之。會關中有變，苻健死。浩僞率軍而行，云修復山陵。襄前驅，恐，遂反。軍至山桑，聞襄將至，棄輜重馳保譙。襄至，據山桑，焚其舟實。至壽陽，略流民而還。浩士卒多叛，征西溫乃上表黜浩，撫軍大將軍奏免浩，除名爲民，浩馳還謝罪。既而遷於東陽信安縣。

《宋書》卷六九《范曄傳》 詔曰：湛之表如此，良可駭惋。曄素無行檢，少負瑕釁，但以才藝可施，故收其所長，頻加榮爵，遂參清顯。而險利之性，有過谿壑，不識恩遇，猶懷怨憤。每存容養，冀能悛革，不謂同惡相濟，狂悖至此。便可收掩，依法窮詰。

其夜，先呼〔范〕曄及朝臣集華林東閣，止於客省。先已於外收綜及熙先兄弟，並皆款服。于時上在延賢堂，遣使問曄曰：以卿觕有文翰，故相任擢，名爵期懷，於例非少。亦知卿意難厭滿，正是無理怨望，驅扇朋黨而已，云何乃有異謀。曄倉卒怖懼，不即首款。上重遣問曰：卿與謝綜、徐湛之、孔熙先謀逆，並已答款，猶尚未死，徵據見存，何不依實。曄對曰：今宗室磐石，蕃嶽張跱，設使竊發僥幸，方鎮便來討伐，幾何而不誅夷。且臣位任過重，一階兩級，自然必至。如何以滅族易此。古人云：左手據天下之圖，右手刎其喉，愚夫不爲。臣雖凡下，朝廷許其觕有所及，以理而察，臣不容有此。上復遣問曰：熙先近在華林門外，寧欲面辨之乎？曄辭窮，乃曰：熙先苟誣引臣，臣當如何。熙先聞曄不服，笑謂殿中將軍沈邵之曰：凡諸處分，符檄書疏，皆范曄所造及治定。云何於今方作如此抵蹋邪。上示以墨迹，曄乃具陳本末，曰：久欲上聞，逆謀未著，又冀其事消弭，故推遷至今。負國罪重，分甘誅戮。

其夜，上使尚書僕射何尚之視之，問曰：卿事何得至此？曄曰：君謂是何？尚之曰：卿自應解。曄曰：外人傳庾尚書見憎，計與之無惡。謀逆之事，聞孔熙先説此，輕其小兒，不以經意。今忽受責，方覺爲罪。君方以道佐世，使天下無冤。弟就死之後，猶望君照此心也。明日，仗士送曄付廷尉，入獄，問徐丹陽所在，然後知爲湛之所發。熙先望風吐款，辭氣不撓，上奇其才，遣人慰勞之曰：以卿之才，而滯於集書省，理應有異志。此乃我負卿也。又詰責前吏部尚書何尚之曰：使孔熙先年將三十作散騎郎，那不作賊。

熙先於獄中上書曰：囚小人猖狂，識無遠概，徒狥意氣之小感，不料逆順之大方。與第二弟休先首爲姦謀，干犯國憲，鞶膾脯醢，無補尤戾。陛下大明含弘，量苞天海，録其一介之節，猥垂優逮之詔。恩非望始，没有遺榮，終古以來，未有斯比。夫盜馬絶纓之臣，懷璧投書之士，其行至賤，其過至微，由識不世之恩，以盡軀命之報，卒能立功齊、魏，致勛秦、楚。囚雖身陷禍逆，名節俱喪，然少也慷慨，竊慕烈士之遺風。但墜崖之木，事絶升躋，覆盆之水，理乖收汲。方當身膏鈇鉞，詒誡方來，若使魂而有靈，結草無遠。然區區丹抱，不負夙心，貪及視息，少得申暢。自惟性愛群書，心解數術，智之所周，力之所至，莫不窮攬，究其幽微。考論既往，誠多審驗。謹略陳所知，條牒如故別狀，願且勿遺棄，存之中書。若囚死之後，或可追存，庶九泉之下，少塞釁責。所陳並天文占候，讖上有骨肉相殘之禍，其言深切。

曄在獄，與綜及熙先異處，乃稱疾求移考堂，欲近綜等。見聽，與綜等果得隔壁。遥問綜曰：始被收時，疑誰所告？綜云：不知。曄曰：乃是徐童。童，徐湛之小名仙童也。在獄爲詩曰：禍福本無兆，性命歸有極。必至定前期，誰能延一息。在生已可知，來緣憻無識。好醜共一丘，何足異枉直。豈論東陵上，寧辨首山側。雖無嵇生琴，庶同夏侯色。寄言生存子，此路行復即。

曄本意謂入獄便死，而上窮治其獄，遂經二旬，曄更有生望。獄吏因戲之曰：外傳詹事或當長繫。曄聞之驚喜，綜、熙先笑之曰：詹事嘗共疇昔事時，無不攘袂瞋目。及在西池射堂上，躍馬顧眄，自以爲一世之雄。而今擾攘紛紜，畏死乃爾。設令今時賜以性命，人臣圖主，何顔可以生存。曄謂衛獄將曰：惜哉！薶如此人。將曰：不忠之人，亦何足惜。曄曰：大將言是也。

將出市，曄最在前，於獄門顧謂綜曰：今日次第，當以位邪？綜曰：賊帥爲先。在道語笑，初無暫止。至市，問綜曰：時欲至未？綜曰：勢不復久。曄既食，又苦勸綜，綜曰：此異病篤，何事强飯。曄家人悉至市，監刑職司問：須相見不？曄問綜曰：家人以來，幸得相見，將不暫別。綜曰：別與不別，亦何所存。來必當號泣，正足亂人意。曄曰：號泣何關人，向見道邊親故相瞻望，亦殊勝不見。吾意故欲相見。

於是呼前。曄妻先下撫其子，回罵曄曰：君不爲百歲阿家，不感天子恩遇，身死固不足塞罪，奈何枉殺子孫。曄乾笑云罪至而已。曄所生母泣曰：主上念汝無極，汝曾不能感恩，又不念我老，今日奈何？仍以手擊曄頸及頰，曄顔色不怍。妻云：罪人，阿家莫念。妹及妓妾來别，曄悲涕流漣，綜曰：舅殊不同夏侯色。曄收淚而止。綜母以子弟自蹈逆亂，獨不出視。曄語綜曰：姊今不來，勝人多也。曄轉醉，子藹亦醉，取地土及果皮以擲曄，呼曄爲别駕數十聲。曄問曰：汝恚我邪？藹曰：今日何緣復恚，但父子同死，不能不悲耳。曄常謂死者神滅，欲著《無鬼論》；至是與徐湛之書，云當相訟地下。其謬亂如此。又語人：寄語何僕射，天下决無佛鬼。若有靈，自當相報。收曄家，樂器服玩，並皆珍麗，妓妾亦盛飾，母住止單陋，唯有一厨盛樵薪，弟子冬無被，叔父單布衣。曄及子藹、遥、叔蔓、孔熙先及弟休先、景先、思先，熙先子桂甫、桂甫子白民、謝綜及弟約、仲承祖、許耀，諸所連及，並伏誅。曄時年四十八。曄兄弟子父已亡者及謝綜弟緯，徙廣州。藹子魯連，吴興昭公主外孫，請全生命，亦得遠徙，世祖即位得還。

（宋）司馬光《資治通鑑》宋文帝元嘉二十八年春正月　魏所得宋民五千餘家在中山者謀叛，州軍討誅之。州軍，定州之軍也。冀州刺史張掖王沮渠萬年坐與叛者通謀，賜死。沮，子餘翻。

《宋書》卷七九《竟陵王誕傳》　〔孝建〕三年，建康民陳文紹上書曰：私門有幸，亡大姑元嘉中蒙入臺六宫，薄命早亡，先朝賜贈美人，又聽大姑二女出入問訊。父饒，司空〔劉〕誕取爲府史，恒使入山圖畫道路，勤劇備至，不敢有辭，不復聽歸，消息斷絶。姑二女去年冒啓歸訴，蒙陛下聖恩，賜敕解饒吏名。誕見符至，大怒，唤饒入交問：汝欲死邪？訴臺求解。饒即答：官比不聽通家信，消息斷絶。若是姊爲啓聞，所不知。誕因問饒：汝那得入臺？饒被問，依實啓答。既出，誕主衣莊慶、畫師王强語饒：汝今年敗，汝姊誤汝。官云小人輩敢持臺家逼我。饒因叛走歸，誕即遣王强將數人逐，突入家内縛録，將還廣陵。至京口客舍，乃陊死井中，託云饒懼罪自殺。抱痛懷冤，冒死歸訴。吴郡民劉成又詣闕上書，告誕謀反，稱：息道龍昔伏事誕，親見姦狀。又見誕在石頭城内，修乘輿法物，習倡警蹕。道龍私獨憂懼，向伴侣言之，語頗漏泄，誕使大吏令監内執道龍，道龍逸走，誕怒鞭殺監，又捕殺道龍。又豫章民陳談之上書訴枉，稱：弟詠之昔蒙誕採録，隨從歷鎮，大駕南下，爲誕奉送箋書，經涉危險，時得上聞。聖明登阼，恩澤周普，回改小人，使命微勤，賜署臺位。詠之恒見誕與左右小人莊慶、傅元祀潛圖姦逆，言詞醜悖，每云：天下方是我家有，汝等不憂不富貴。又常疏陛下年紀姓諱，往巫鄭師憐家祝詛。詠之既聞此語，又不見其事，恐一旦事發，横罹其罪，密以告建康右尉黄宣達，並有啓聞，希以自免。元祀弟知詠之與宣達來往，自嫌言語漏泄，即具以告誕。誕大怒，令左右飲詠之酒，逼使大醉，因言詠之乘酒駡詈，遂被害。自顧冤枉，事有可哀。

（宋）司馬光《資治通鑑》宋孝武帝大明三年三月　東揚州刺史顔竣遭母憂，送喪還都，上恩待猶厚，竣時對親舊有怨言，竣，七倫翻。或語及朝廷得失。會王僧遠得罪，僧遠死見上卷上年。疑竣譖之；將死，具陳竣前後怨望誹謗之語。上乃使御史中丞庾徽之劾奏，免竣官。鄭樵曰：御史之名，周官有之，蓋掌贊書而授法令，非今任也。戰國時，秦、趙澠池之會，各命御史書事。又，淳于髡謂齊王曰：御史在前，則皆記事之任。至秦、漢爲糾察之任。竣愈懼，上啓陳謝，且請生命；上益怒，詔答曰：卿訕訐怨懟，已孤本望；乃復過煩思慮，懼不自全，訐，居謁翻。復，扶又翻；下復沈同。豈爲下事上誠節之至邪！及竟陵王誕反，上遂誣竣與誕通謀，五月，收竣付廷尉，先折其足，折，而翻。然後賜死。妻子徙交州，至宫亭湖，宫亭湖，即彭蠡湖，在彭澤縣西。復沈其男口。

（宋）司馬光《資治通鑑》宋孝武帝大明三年夏四月　是時，道路皆云誕反。會吴郡民劉成上書稱：息道龍昔事誕，息，子也。見誕在石頭城修乘輿法物，習唱警蹕。此蓋言誕爲揚州刺史時。誕時一心奉上，必無是事，劉成誣告之也。乘，繩證翻。道龍憂懼，私與伴侣言之，誕殺道龍。《考異》曰：《宋略》、《南史》作道就。今從《宋書》。又豫章民陳談之上書稱：弟詠之在誕左右，見誕書陛下年紀姓諱，往巫鄭師憐家祝詛。祝，職叔翻。詛，莊助翻。詠之密以啓聞，誕誣詠之乘酒駡詈，殺之。劉道龍、陳詠之蓋先皆爲誕所殺，其父兄希指誣告以報子弟之讎耳。詈，力智翻。上乃令有司奏誕罪惡，請收付廷尉治罪。治，直之翻。乙卯，詔貶誕爵爲侯，遣之國。詔書未下，下，遐稼翻。先以羽林禁兵配兗州刺史垣閬，使以之鎮爲名，與給事中戴明寶襲誕。

《宋書》卷六《孝武帝本紀》〔宋孝武帝大明三年〕夏四月乙卯，司空、南兗州刺史竟陵王誕有罪，貶爵。誕不受命，據廣陵城反，殺兗州刺史垣閬。以始興公沈慶之爲車騎大將軍、開府儀同三司、南兗州刺史討誕。

《宋書》卷四六《張邵傳》暢子浩，官至義陽王昶征北諮議參軍。浩弟淹〔張淹〕黄門郎，封廣晋縣子，太子左衛率，東陽太守。逼郡吏燒臂照佛，百姓有罪，使禮佛贖刑，動至數千拜。免官禁錮。起爲光禄勳，與晋安王子勛同逆，軍敗見殺焉。

《宋書》卷七二《晋熙王昶傳》〔劉〕休仁年與太宗鄰亞，俱好文籍，素相愛友。及廢帝世，同經危難，太宗又資其權譎之力。泰始初，四方逆命，兵至近畿，休仁親當矢石，大勳克建，任總百揆，親寄甚隆。朝野四方，莫不輻湊。上漸不悦。休仁悟其旨，其冬，表解揚州，見許。六年，進位太尉，領司徒，固讓，又加漆輪車，劍履。太宗末年多忌諱，猜害稍甚，休仁轉不自安。及殺晋平王休祐，憂懼彌切。其年，上疾篤，與楊運長等爲向後之計，慮諸弟强盛，太子幼弱，將來不安。運長又慮帝宴駕後，休仁一旦居周公之地，其輩不得秉權，彌贊成之。上疾嘗暴甚，内外莫不屬意於休仁，主書以下，皆往東府詣休仁所親信，豫自結納，其或直不得出者，皆恐懼。上既宿懷此意，至是又聞物情向之，乃召休仁入見。既而又謂曰：夕可停尚書下省宿，明可早來。其夜，遣人齎藥賜休仁死，時年三十九。【略】

上既殺休仁，慮人情驚動，與諸方鎮及諸大臣詔曰：

休仁致殞，卿未具悉，事之始末，今疏以相示。【略】

上與休仁素厚，至於相害，慮在後嗣不安。休仁既死，痛悼甚至，謂人曰：我與建安年時相鄰，少便狎從。景和、泰始之間，勳誠實重。事計交切，不得不相除。痛念之至，不能自已。今有一事不如與諸侯共説，歡適之方，於今盡矣。因流涕不自勝。

《宋書》卷九《後廢帝本紀》〔元徽五年〕四月甲戌，豫州刺史阮佃夫、步兵校尉申伯宗、朱幼謀廢立，佃夫、幼下獄死，伯宗伏誅。六月甲戌，誅司徒左長史沈勃、散騎常侍杜幼文、遊擊將軍孫超之、長水校尉杜叔文，大赦天下。

〔宋〕范成大《吴郡志》卷二一《張暢》張暢，字少微，禕之子，少與從兄敷演鏡齊名。爲後進之秀。元嘉中，累遷安北長史，魏太武南侵至彭城，暢於城上與魏尚書李孝伯語，吐屬如流，音，韻詳雅，風儀華潤。魏人相視歎息。改爲南譙王義宣長史，元凶弑逆，義宣舉兵，暢哀容俯仰蔭映，當時見者，皆願爲盡命。事平，封夷道縣侯。義宣有異圖，暢遣門生苟僧寶下都因顔竣陳義宣釁狀。義宣敗，暢見原轉侍中會稽太守，卒謚曰宣。【略】

王廞，以母喪居吴。王恭舉兵假廞，建武將軍吴國内史令起軍爲聲援，廞即墨經合衆誅殺異己。仍遣前吴國内史虞嘯父入吴，興義興聚兵衆潰奔走不知所在。

〔宋〕司馬光《資治通鑑》齊高帝建元元年八月 己未，魏安樂厲王長樂謀反，賜死。

〔宋〕司馬光《資治通鑑》齊高帝建元三年二月 沙門法秀以妖術惑衆，謀作亂於平城，妖，於遥翻。苟頹帥禁兵收掩，悉擒之。帥，讀曰率。魏主還平城，有司因法秀，加以籠頭，鐵鎖無故自解。魏人穿其頸骨，祝之曰：若果有神，當令穿肉不入。遂穿以徇，三日乃死。議者或欲盡殺道人，《考異》曰：《齊書·魏虜傳》：咸陽王欲盡殺道人。按咸陽王禧，時尚幼，太和九年始封，恐非也。馮太后不可，乃止。

《南齊書》卷四二《王晏傳》〔明帝建武四年奉朝請鮮于文粲密探上旨，告晏有異志〕。世范又啓上云：晏謀因四年南郊，與世祖故主帥於道中竊發。會虎犯郊壇，帝愈懼。未郊一日，敕停行。元會畢，乃召晏詣之。下詔云：【略】〔晏〕與北中郎司馬蕭毅、臺隧劉明達等剋期竊發。以河東王鉉識用微弱，可以爲主，得志之日，當守以虚器。

〔宋〕司馬光《資治通鑑》齊明帝建武四年二月 癸酉，魏主至平城，引見穆泰、陸叡之黨問之，見，賢遍翻。無一人稱枉者；時人皆服任城王澄之明。穆泰及其親黨皆伏誅；賜陸叡死於獄，宥其妻子，徙遼西爲民。《考異》曰：《齊書·魏虜傳》云：僞征北將軍恒州刺史鉅鹿孤賀鹿渾守桑乾，宏從叔平陽王安壽戍懷柵，在桑乾西北。渾非宏任用中國人，與僞定州刺史馮翊公自鄰、安樂公拓跋阿幹兒謀立安壽，分據河北。期久不遂，安壽懼，告宏。殺渾等數百人，任安壽如故。與《魏書》名姓全不同。今從《魏書》。

太子恂自平城將遷洛陽，元隆與穆泰等密謀留恂，因舉兵斷關，規據陘北。陘北，即恒、朔二州之地。關，即題門之東陘、西陘二關也。不在并州，隆等以其謀告之。不外慮不成，口雖折難，心頗然之。及事覺，丕從帝至平城，帝每推問泰等，常令丕坐觀。有司奏元業、元隆、元超罪當族，丕應從坐。帝以丕嘗受詔許以不死，聽免死爲民，留其後妻、二子，與居於太原，殺隆、超、同産乙升，同産，同母兄弟。餘子徙敦煌。敦，從門翻。

初，丕、叡與僕射李冲、領軍于烈俱受不死之詔。叡既誅，帝賜冲、烈詔曰：叡反逆之志，自負幽冥；違誓在彼，不關朕也。反逆既異餘犯，雖欲矜恕，如何可得？然猶不忘前言，聽自死別府，不就恒州刺史府賜死而死於獄，故曰別府。免其拏戮。《書・甘誓》曰：予則拏戮汝。孔安國《注》曰：拏，子也。免其拏戮，謂叡妻子免死徙遼西也。拏，音奴。元丕二子、一弟，首爲賊端，連坐應死，特恕爲民。朕本期始終而彼自棄絶，違心乖念，一何可悲！故此別示，想無致怪。謀反之外，皎如白日耳。冲、烈皆上表謝。

（宋）司馬光《資治通鑑》齊明帝建武四年四月〔辛未〕魏太子恂既廢，頗自悔過。御史中尉李彪密表恂復與左右謀逆，魏主使中書侍郎邢巒與咸陽王禧奉詔齎椒酒詣河陽，賜恂死，椒味辛，太熱，有毒，其合口者尤甚。漢桓思后之議，李咸搗椒自隨；帝煮椒二斛，以殺高、武諸子孫；皆是物也。斂以粗棺、常服，瘞於河陽。【略】

魏穆泰之反也，中書監魏郡公穆羆與之通謀，赦後事發，削官爵爲民。羆弟司空亮以府事付司馬慕容契，上表自劾，魏主優詔不許；亮固請不已，癸亥，聽亮遜位。

（宋）司馬光《資治通鑑》齊東昏侯永元元年九月〔丙戌〕枝江文忠公徐孝嗣，以文士不顯同異，言依違取容於昏暴之朝。故名位雖重，猶得久存。虎賁中郎將許準爲孝嗣陳説事機，勸行廢立。孝嗣持疑久之，謂必無用干戈之理；須帝出遊，須，待也。閉城門，召百官集議廢之，雖有此懷，終不能決。諸嬖倖亦稍憎之。西豐忠憲侯沈文季自託老疾，不豫朝權，侍中沈昭略謂文季曰：叔父行年六十，爲員外僕射，文季雖爲僕射而不預事，故昭略謂之員外僕射。欲求自免，豈可得乎！文季笑而不應。冬，十月，乙未，帝召孝嗣、文季、昭略入華林省。文季登車，顧曰：此行恐往而不反。帝使外監茹法珍賜以藥酒，昭略怒，罵孝嗣曰：廢昏立明，古今令典；宰相無才，致有今日！以甌擲其面甌，小器也。所以盛酒。曰：使作破面鬼！孝嗣飲藥酒至斗餘，乃卒。孝嗣子演尚武康公主，況尚山陰公主，武康公主，武帝女；山陰公主，明帝女。皆坐誅。昭略弟昭光聞收至，家人勸之逃。昭光不忍舍其母，入，執母手悲泣，收者殺之。昭光兄子曇亮逃，已得免，聞昭光死，歎曰：家門屠滅，何以生爲！絶吭而死。沈慶之、沈文季皆託老疾不預朝權而終不免於死。國無道而富貴，則進退皆陷危機也。

（宋）司馬光《資治通鑑》齊和帝中興元年正月 時通已入河内，列兵仗，放囚徒矣。于烈遣直合叔孫侯虎將賁三百人收禧。禧聞之，自洪池東南走，僮僕不過數人，濟洛，至柏谷塢，追兵至，擒之，送華林都亭。華林都亭蓋在華林園門外。帝面詰其反狀，壬戌，賜死於私第。同謀伏諸者十餘人，諸子皆絶屬籍，微給資産、奴婢，自餘家財悉分賜高肇及趙脩之家，其餘賜内外百官，逮於流外，雜色補官不入品者，謂之流外官。多者百餘匹，下至十匹。禧諸子乏衣食，獨彭城王勰屢賑給之。河内太守陸琇聞禧敗，斬送禧子通首。魏朝以琇於禧未幾之前不收捕通，責其通情，徵詣廷尉，死獄中。陸馛以傅孝文於受内禪之初，福澤及其子；至是，其子敗矣。帝以禧無故而反，由是益疏忌宗室。

（宋）司馬光《資治通鑑》梁武帝天監四年四月 益州民焦僧護聚衆作亂，蕭淵藻年未弱冠，集僚佐議自擊之；或陳不可，淵藻大怒，斬於階側。乃乘平肩輿巡行賊壘，平肩輿，使人就擱肩之，故曰平肩。賊弓亂射，矢下如雨，從者舉楯禦矢，淵藻命去之。由是人心大安，擊僧護等，皆平之。

（宋）司馬光《資治通鑑》梁武帝普通元年二月 魏太傅、侍中、清河文獻王懌，美風儀，胡太后逼而幸之。然素有才能，輔政多所匡益，好文學，好，呼到翻。禮敬士人，時望甚重。侍中、領軍將軍元乂在門下，兼總禁兵，恃寵驕恣，志欲無極，懌每裁之以法，義由是怨之。衛將軍、儀同三司劉騰，權傾内外，吏部希騰意，奏用騰弟爲郡，人資乖越，人非其才爲乖，資非其次爲越。懌抑而不癸，騰亦怨之。龍驤府長史宋維，弁之子也，宋弁見用於魏孝文帝。懌薦爲通直郎，通直郎，即通直散騎侍郎，隋後遂爲寄禄官。浮薄無行。行，下孟翻。乂許維以富貴，使告司染都尉韓文殊父子謀作亂立懌。《周官》有染人，漢有平準令，主練染作採色。後魏置司染都尉，後齊太府寺屬官有司染署令、丞。懌坐禁止，按驗，無反狀，得釋，維當反坐；反坐，誣告失實者以其所告之罪坐之。乂言於太后曰：今誅維，後有真反者，人莫敢告。乃黜維爲昌平郡守。昌平縣，漢屬上谷郡，後魏置昌平郡，屬燕州，隋復廢郡爲縣，屬幽州。

乂恐懌終爲己害，乃與劉騰密謀，使主食中黄門胡定自列主食，主御食者也。列，陳也。云：懌貨定使毒魏主，若己得爲帝，許定以富貴。帝時年十一，信之。秋，七月，丙子，太后在嘉福殿，未御前殿乂奉帝御顯陽殿，騰閉永巷門，太后不得出。懌入，遇乂於含章殿後，乂萬聲不聽懌入，懌曰：汝欲反邪！乂曰：乂不反，正欲縛反者耳！命宗士及直齋執懌衣袂，將入含章東省，魏置宗師，宗士其屬也。直齋，直殿内齋閤者也，屬直閤。將，引也，送也。使人防守之。騰稱詔集公卿議，論懌大逆；衆咸畏乂，無敢異者，唯僕射新泰文貞公游肇抗言以爲不可，《五代志》新泰縣屬琅邪郡。終不下署。不下筆署名也。

（宋）司馬光《資治通鑑》梁武帝普通二年正月 甲午，魏主朝太后於西林園，文武侍坐，酒酣迭舞，康生乃爲力士儛，蓋爲勇士進退坐作之氣勢而舞也。及折旋之際，每顧視太后，舉手、蹈足、嗔目、頷首，爲執殺之勢，太后解其意而不敢言。日暮，太后欲攜帝宿宣光殿，侯剛曰：至尊已朝訖，嬪御在南，何必留宿！康生曰：至尊陛下之兒，隨陛下將東西，更復訪誰！群臣莫敢應。太后自起援帝臂，下堂而去。康生大呼，喝萬歲！帝前入閤，左右競相排，閤不得閉。康生奪難當千牛刀，斫直後元思輔，乃得定。帝既升宣光殿，左右侍臣俱立西階下。康生乘酒勢將出處分，爲乂所執，鎖於門下。光禄勛賈粲給太后曰：侍官懷恐不安，陛下宜親安慰。太后信之，適下殿，粲即扶帝出東序，前御顯陽殿，閉太后於宣光殿。至晚，乂不出，令侍中、黄門、僕射、尚書等十餘人就康生所訊其事，處康生斬刑，難當絞刑。乂與剛並在内，矯詔決之：康生如奏，難當恕死從流。難當哭辭父，康生慷慨不悲，曰：我不反死，汝何哭也？時已昏闇，有司驅康生赴市，斬之；尚食典御奚混與康生同執刀入内，亦坐絞。難當以侯剛婿，得留百餘日，竟流安州；久之，乂使行臺盧同就殺之。

《陳書》卷二五《孫瑒傳》〔太建〕十二年，〔郢州刺史孫瑒〕坐壃場交通抵罪。

《魏書》卷三三《張蒲傳》 泰常初，丁零翟猛雀驅逼吏民入白澗山，謀爲大逆。詔蒲與冀州刺史長孫道生等往討。道生等欲徑以大兵擊之，蒲曰：良民所以從猛雀者，非樂亂而爲，皆逼兇威，强服之耳。今若直以大軍臨之，吏民雖欲返善，其道無由。又懼誅夷，必並勢而距官軍，然後入山恃阻，誑惑愚民。其變未易圖也。不如先遣使喻之，使民不與猛雀同謀者無坐，則民必喜而俱降矣。道生甚以爲然，具以奏聞。太宗詔蒲軍前慰喻。乃下數千家，還其本屬，蒲皆安集之。猛雀與親黨百餘人奔逃。蒲與道生等追斬猛雀首，送京師。

《魏書》卷四《世祖紀》〔太延〕元年十月癸卯，左僕射安原謀反，誅。

《魏書》卷四《世祖紀》〔太平真君五年〕六月，魏北部民殺立義將軍、衡陽公莫孤，帥五千餘落北走。追擊於漠南，殺其渠帥，餘徙居冀、相、定三州爲營户。

《魏書》卷二八《劉潔傳》 潔朝夕在樞密，深見委任，性既剛直，恃寵自專。世祖心稍不平。時議伐蠕蠕，潔意不欲，言於世祖曰：虜非有邑居，遷徙無常，前來出軍，無所擒獲，不如廣農積谷，以待其來。羣臣皆從其議。世祖決行，乃問於崔浩，浩固言可伐。世祖從浩議。既出，與諸將期會鹿渾谷。而潔恨其計不用，欲沮諸將，乃矯詔更期，故諸將不至。時虜衆大亂，恭宗欲擊之，潔執不可，語在《帝紀》。停鹿渾谷六日，諸將猶不進。賊已遠遁，追至石水，不及而還。師次漠中，糧盡，士卒多死。潔陰使人驚軍，勸世祖棄軍輕還，世祖不從。潔以軍行無功，奏歸罪於崔浩。世祖曰：諸將後期，及賊不擊，罪在諸將，豈在於浩。浩又言潔矯詔，事遂發。輿駕至五原，收潔幽之。世祖之征也，潔私謂親人曰：若出無功，車駕不返者，吾當立樂平王。潔又使右丞張嵩求圖讖，問：劉氏應王，繼國家後，我審有名姓否？嵩對曰：有姓而無名。窮治款引，搜嵩家，果得讖書。潔與南康公狄隣及嵩等，皆夷三族，死者百餘人。

《魏書》卷四六《竇瑾傳》興光初，瑾女婿鬱林公司馬彌陀以選尚臨涇公主，瑾教彌陀辭託，有誹謗咒詛之言，與彌陀同誅。瑾有四子，秉、持、依並爲中書學生，與父同時伏法。唯少子遵，逃匿得免。

《魏書》卷二四《張袞傳》〔孝文帝〕太和初，懷州民伊祁苟初三十餘人謀反，將殺刺史。文明太后欲盡誅一城之民。〔雍州刺史張〕白澤諫曰：臣聞上天愛物之生，明王重民之命，故殺一人而取天下，仁者不爲。且《周書》父子兄弟，罪不相及。今羣凶肆虐，轘裂誅盡，合城無辜，奈何極辟。不誣十室，而況一州，或有忠焉，或有仁者，若淫刑濫及，殺忠與仁，斯乃西伯所以歎息於九侯，孔子所以回輪於河上。伏惟聖德昭明殷鑒，水鏡前禮，止迅烈之怒，抑雷霆之威，則溥天知幸矣。昔厲防民口，卒滅宗姬，文聽輿頌終摧彊楚。願不以人廢言，留神省察。太后從之。

《魏書》卷一〇五之二《天象志》〔太和〕二十年二月，恒州刺史穆泰謀反，伏誅，多所連及。

《魏書》卷一〇五之四《天象志》〔太和二十年〕，皇太子恂坐不軌，黜爲庶人。

《魏書》卷一九中《任城王傳》恒州刺史穆泰在州謀反，推朔州刺史陽平王頤爲主。頤表其狀。高祖召澄入見凝閑堂，曰：適得陽平表曰，穆泰謀爲不軌，招誘宗室。脱或必然，遷京甫爾，北人戀舊，南北紛擾，朕洛陽不立也。此事非任城不辦，可爲我力疾向北。如其弱也，直往擒翦；若其勢强，可承制發並肆兵以殄之。雖知王患，既是國家大事，不容辭也。澄曰：泰等愚惑，正戀本爲此，非有遠圖。臣誠怯弱，不憚是輩，雖復患惙，豈敢有辭。謹當罄盡心力，繼之以死，願陛下勿憂。高祖笑曰：得任城此行，朕復何憂也。遂授節，銅虎、竹使符，御仗，左右，仍行恒州事。行遠雁門，太守夜告泰已握衆西就陽平，城下聚結，唯見弓仗。澄聞便速進。時右丞孟斌曰：事不可量，須依敕召並肆兵，然後徐動。澄曰：泰既構逆，應據堅城，而更迎陽平，度其所爲，似當勢弱。泰既不相拒，無故發兵，非宜也。但速往鎮之，民心自定。遂倍道兼行，出其不意。又遣治書侍御史李焕先赴，至即擒泰，民情怡然。窮其黨與，罪人皆得，鉅鹿公陸叡、安樂侯元隆等百餘人皆獄禁。具狀表聞，高祖覽表大悦，召集公卿以下以表示之，曰：我任城可謂社稷臣也，尋其罪案，正復皐陶斷獄，豈能過之。顧謂咸陽王等曰：汝等脱當其處，不能辦此。車駕尋幸平城，勞澄曰：任城此行，深副遠寄。對曰：陛下威靈遠被，罪人無所逃刑，臣何勞之有。引見逆徒，無一人稱枉，時人莫不歎之。高祖顧謂左右曰：昔仲尼云：聽訟吾猶人也，必也使無訟乎。然聖人之聽訟，殆非常人所匹，必也無訟，今日見之矣。以澄正尚書。

《魏書》卷一九下《南安王楨傳》〔恒州刺史〕穆泰謀反，〔南安王〕楨知而不告，雖薨，猶追奪爵封，國除。

《北史》卷二八《陸俟傳》時穆奉爲定州刺史，以疾病，請恒州自效，乃以叡爲定州刺史。未發，遂與泰等同謀構逆，賜死獄中。聽免孥戮，徙其妻子於遼西。

《魏書》卷三二《封懿傳》子〔封〕玄之，坐與司馬國璠、温楷等謀亂，伏誅。臨刑，太宗謂之曰：終不令絶汝種也，將宥爾一子。玄之請曰：弟虔之子磨奴，字君明，早孤，乞全其命。乃殺玄之四子，而赦磨奴。

《魏書》卷三八《刁雍傳》〔後魏王基爲御史，先是，驍騎將軍刁整丁父憂，時〕相州刺史、中山王熙在鄴起兵，將誅元叉等，事敗。傳首京師，熙之親故莫敢視。整弟婦卽熙姊，遂收其屍藏之，後乃還熙所親。叉聞而致憾，因以熙弟略南走蕭衍，誣整將叛，送整與弟宣及子恭等幽繫之，賴御史基、前將軍檢事使魏子建理雪，獲免。

《魏書》卷三〇《安同傳》〔安〕原在朝無所比周，然恃寵驕恣，多所排抑。爲子求襄城公盧魯公元女，魯元不許。原告其罪狀，事相連逮，歷時不決。原懼不勝，遂謀爲逆，事洩伏誅。

《魏書》卷一〇五之四《天象志》〔武定五年〕八月，淮南三王謀反，誅。

《魏書》卷九九《盧水胡沮渠蒙遜傳》初，官司軍未入之間，牧犍使人斫開府庫，取金銀珠玉及珍奇器物，不更對閉。小民因之入盜，巨細蕩盡。有司求賊不得。真君八年，其所親人及守藏者告之，上乃窮竟其事，搜其家中，悉得所藏器物。又告牧犍父子多畜毒藥，前後隱竊殺人乃有百數；姊妹皆爲左道，明行淫佚，曾無愧顏。始罽賓沙門曰曇無讖，東入鄯善，自云能使鬼治病，令婦人多子，與鄯善王妹曼頭陀林私通。發覺，亡奔涼州。蒙遜寵之，號曰聖人。曇無讖以男女交接之術教授婦人，蒙遜諸女、子婦皆往受法。世祖聞諸行人，言曇無讖之術，乃召曇無讖。蒙遜不遣，遂發露其事，拷訊殺之。至此，帝知之，於是賜昭儀沮渠氏死，誅其宗族，唯萬年及祖以前先降得免。是年，人又告牧犍猶與故臣民交通謀反，詔司徒崔浩就公主第賜牧犍死。牧犍與主訣，良久乃自裁，葬以王禮，謚曰哀王。

（宋）范成大《吴郡志》卷二一《雜志》　隋大業九年，劉元進舉兵應楊玄感。將渡江而玄感敗，吴郡朱燮、晉陵管崇亦舉兵共迎。元進據吴郡衆至十萬，燮還俗道人，長不滿七尺，涉獵經史，微知兵略，時爲崑山博士。知天下將亂，謀於學而起兵赴者。如歸自東陽至京口千餘里，并受燮節度。崇隱居常熟，美姿容，少不藉，長七尺三寸，推崇爲主。煬帝將吐萬緒進軍逼之。相持百餘日，爲緒所敗。保於黄山，緒復破之，燮戰死。帝令江都郡丞王世充發淮南兵擊之。世充既渡江，元進與崇俱爲世充所殺，劫魁帥先降世充，於通聖寺佛像前燒香爲誓，誓不誅殺。吴人聞世充有信，誓一旬之間歸首。略盡世充貪而無信，利在子女資財，並坑斬首八千餘人於黄山之下。時以爲負誓，殺降不祥，武德之際，果遂殲夷。

《舊唐書》卷五六《蕭銑傳》〔大業十三年〕景珍遣徐德基、郭華率州中首領數百人詣軍迎謁，未及見銑，而前造柳生。柳生謂其下曰：我先奉梁公，勛居第一。今岳州兵衆，位多於我，我若入城，便出其下。不如殺德基，質其首領，獨挾梁公進取州城。遂與左右殺德基，方詣中軍白銑。銑大驚曰：今欲撥亂，忽自相殺，我不能爲汝主矣。乃步出軍門。柳生大懼，伏地請罪，銑責而赦之，令復舊位。銑陳兵入城，景珍進言於銑曰：徐德基丹城奉主，柳生兇悖擅殺之，若不加誅，何以爲政？且其爲賊，兇頑已久，今雖從義，不革此心，同處一城，必將爲變。若不預圖，後悔無及。銑又從之。景珍遂斬柳生於城內，其下將帥皆潰散。

《舊唐書》卷六四《漢王元昌傳》　漢王元昌，高祖第七子也。少好學，善隸書。武德三年，封爲魯王。貞觀五年，授華州刺史，轉梁州都督。十年，改封漢王。元昌在州，頗違憲法，太宗手敕責之。初不自咎，更懷怨望。知太子承乾嫉魏王泰之寵，乃相附託，圖爲不軌。十六年，元昌來朝京師，承乾頻召入東宮夜宿，因謂承乾曰：願殿下早爲天子。近見御側，有一宫人，善彈琵琶，事平之後，當望垂賜。承乾許諾。又刻臂出血，以帛拭之，燒作灰，和酒同飲，共爲信誓，潛伺間隙。

十七年，事發，太宗弗忍加誅，特赦免死。大臣高士廉、李世勣等奏言：王者以四海爲家，以萬姓爲子，公行天下，情無獨親。元昌苞藏兇惡，圖謀逆亂，觀其指趣，察其心府，罪深燕旦，釁甚楚英。天地之所不容，人臣之所切齒，五刑不足申其罰，九死無以當其愆。而陛下情屈至公，恩加梟獍，欲開疏網，漏此鯨鯢。臣等有司，期不奉制，伏願敦師憲典，誅此兇慝。順群臣之願，奪鷹鸇之心，則吴、楚七君不幽歎於往漢，管、蔡二叔不沉恨於有周。太宗事不獲已，乃賜元昌自盡於家，妻子籍没，國除。

（宋）桂萬榮《棠陰比事·御史失狀》　唐李靖為岐州刺史。或告其謀反，高祖命御史往案之。御史知其誣，請與告事者偕行。行數驛，御史詐稱失去原狀，驚懼異常。乃祈告事者别疏一狀，比驗乃與原狀不同，即還以聞。高祖大驚，告事者伏誅。

《新唐書》卷九九《崔仁師傳》　崔仁師，定州安喜人。武德初擢制舉，調管州録事參軍。陳叔達薦仁師才任史官，遷右武衛録事參受罪，與脩梁、魏史。貞觀初，改殿中侍御史。時青州有男子謀逆，有司捕支黨，纍係填獄，詔仁師按覆。始至，悉去囚械，爲具食，飲湯瀋，以情訊之，坐止魁惡十餘人，它悉原縱。大理少卿孫伏伽謂曰：原雪者衆，誰肯讓死？就決而事變，奈何？仁師曰：治獄主仁恕，故諺稱殺人刖足，亦皆有禮。豈有知枉不申，爲身謀哉？使吾以一介易十囚命，固吾願也！及敕使覆訊，諸囚咸叩頭曰：崔公仁恕，必無枉者。舉無異辭。由是知名。

《舊唐書》卷六九《薛萬徹傳》　貞觀初，太白頻晝見，太史占曰：女主昌。又有謡言：當有女武王者。太宗惡之。時君羡爲左武衛將軍，在玄武門。太宗因武官內宴，作酒令，各言小名。君羡自稱小名五娘子，太宗愕然，因大笑曰：何物女子，如此勇猛！又以君羡封邑及屬縣皆有武字，深惡之。會御史奏君羡與妖人員道信潛相謀結，將爲不軌，遂下詔誅之。天授二年，其家屬詣闕稱冤，則天乃追復其官爵，以禮改葬。

《舊唐書》卷七六《恆山王承乾傳》　貞觀十七年，齊王祐反於齊州。承乾謂紇干承基曰：我西畔宮墻，去大內正可二十步來耳，此間大親近，豈可並齊王乎？會承基亦外連齊王，繫獄當死，遂告其事。太宗召承乾幽之別室，命司徒長孫無忌、司空房玄齡、特進蕭瑀、兵部尚書李勣、大理卿孫伏伽、中書侍郎岑文本、御史大夫馬周、諫議大夫褚遂良等參鞫之，事皆明驗。廢承乾爲庶人，徙黔州，元昌賜令自盡，侯君集等咸伏誅。其宮僚左庶子張玄素、右庶子趙弘智令狐德棻、中舍人蕭鈞，並以材選用，承乾既敗，太宗引大義以讓之，咸坐免。十九年，承乾卒於徙所，太宗爲之廢朝，葬以國公之禮。

（唐）吴兢《貞觀政要》卷五《論公平》　刑部尚書張亮坐謀反下獄，亮爲相州刺史。假子公孫節，以讖有弓長之主當別都。亮自以相舊都。弓長其姓，陰有怪謀。陝人常德告發其謀，並言亮養假子五百。太宗曰，正欲反耳。遣房玄齡謂曰：法者天下平，與公共爲之，公不自修乃至山，將柰何？於是斬之，籍其家。詔令百官議之，多言亮當誅，惟殿中少監唐制，殿中監掌天下服御之事，少監，其貳也。李道裕奏亮反形未具，明其無罪。太宗既盛怒，竟殺之。俄而，刑部侍郎有闕，侍郎尚書之貳。令宰相妙擇其人，累奏不可。太宗曰：吾已得其人矣！往者李道裕議張亮云反形未具，可謂公平矣。當時雖不用其言，至今追悔。遂授道裕刑部侍郎

（唐）張鷟《朝野僉載》卷三　高宗時，有劉龍子妖言惑衆，作一金龍頭藏袖中，以羊腸盛蜜水繞繫之，每相聚，出龍頭，言聖龍吐水，飲之百病皆差。遂轉羊腸水於龍口中，出與人飲之，皆罔云病愈，施捨無數。遂起逆謀，事發逃走。捕訪久之，擒獲斬之於市，並其黨十餘人。

《舊唐書》卷六六《房玄齡傳》　〔房玄齡薨〕子遺直嗣，永徽初爲禮部尚書、汴州刺史。次子遺愛，尚太宗女高陽公主，拜駙馬都尉，官至太府卿、散騎常侍。初，主有寵於太宗，故遺愛特承恩遇，與諸主婿禮秩絶異。主既驕恣，謀黜遺直而奪其封爵，永徽中誣告遺直無禮於己。高宗令長孫無忌鞫其事，因得公主與遺愛謀反之狀。遺愛伏誅，公主賜自盡，諸子配流嶺表。遺直以父功特宥之，除名爲庶人。停玄齡配享。

（宋）王欽若等《册府元龜》卷六一七《刑法部·守法》　崔敦禮爲兵部侍郎，高宗永徽四年二月，司徒荆王元景、司徒吴王恪、房州刺史駙馬都尉房遺愛、寧州刺史駙馬都尉柴令武等坐謀反。遺愛、萬徹、令武並斬。元景及恪、遺愛妻高陽公主令武妻巴陵公主並賜死。上引遺愛謂曰：與卿親故，何恨遂欲謀反！遺愛奏曰：臣包藏姦慝，誠合謀夷。但臣告吴王恪，異以贖罪。竊見貞觀中紇，于承基，游文芝，並與侯君集劉蘭同謀不軌。於後承基告君集，文芝告劉蘭，並全首領，更加官爵。帝曰：卿承籍緒餘，身尚公主，豈比承基等！且告吴王反事，無乃晚乎！遺愛遂伏罪。帝因泣謂侍臣曰：朕兄弟不多，荆王是朕長叔，吴王是朕兄，雖犯國經，欲就公等乞叔及兄姊等命。敦禮進曰：昔周公誅管、蔡，漢景夷七國，至於孝昭之時，燕王蓋主謀逆，皆正刑典。此乃前事不遠，陛下豈可屈法申恩！乃從之。

（宋）王欽若等《册府元龜》卷六一七《刑法部·守法》　段寶玄爲大理卿，永徽四年十二月，代州都督劉文器坐妄説圖讖，情有窺窬，特免死流配峰州。高宗手詔示百僚曰：窺窬圖讖，必以亾身滅族，斯皆先賢設教，歷代舊章，令文器乃與妖人往還，虛占禍福，矯託天命，包藏逆心，非意自彰，以歸嚴憲。今屈法免死者，由朕寡德所致故也。去春遺愛等逆起於前，今冬文器禍彰於後，一歲之內，再有此釁，朕宵興自思，非無深愧。御史大夫長孫祥與寶玄奏言：劉文器苞藏禍心，罪合極法，天恩寬貸，特免其罪。臣聞君親無將，將而必誅，此法歷代嘗行，文器不可縱舍。臣等忝是法司，敢以死請。帝曰：卿等執奏，誠知守法，朕恕其性命，不敢二三。竟赦之。

《舊唐書》卷八七《裴炎傳》　文明元年，官名改易，〔裴〕炎爲內史。秋，徐敬業構逆，太后召炎議事。炎奏曰：皇帝年長，未俾親政，乃致猾竪有詞。若太后返政，則此賊不討而解矣。御史崔察聞而上言，曰：裴炎伏事先朝，二十餘載，受遺顧託，大權在己，若無異圖，何故請太后歸政？乃命御史大夫騫味道、御史魚承曄鞫之。鳳閣侍郎胡元範奏曰：炎社稷忠臣，有功於國，悉心奉上，天下所知，臣明其不反。右衛大將軍程務挺密表申理之，文武之間證炎不反者甚衆，太后皆不納。光宅元年十月，斬炎於都亭驛之前街。炎初被擒，左右勸炎遜詞於使者，炎嘆曰：宰相下獄，焉有更全之理！竟無折節。及籍没其家，乃無儋石之

蓄。胡元範，申州義陽人，坐救炎流死瓊州。程務挺伏法，納言劉齊賢貶吉州長史，吏部侍郎郭待舉貶岳州刺史，皆坐救炎之罪也。

《舊唐書》卷七六《紀王慎傳》 紀王慎，太宗第十子也。貞觀五年，封申王。七年，授秦州都督。十年，改封紀王，賜實封八百户。十七年，遷襄州刺史，以善政聞，璽書勞勉，百姓爲之立碑。二十三年，加實封滿千户。永徽元年，拜左衛大將軍。二年，授荊州都督，累除邢州刺史。文明元年，加授太子太師，轉貝州刺史。慎少好學，長於文史，皇族中與越王貞齊名，時人號爲紀、越。初，貞將起事，慎不肯同謀，及貞敗，慎亦下獄。臨刑放免，改姓虺氏，仍載以檻車，配流嶺表，道至蒲州而卒。

《新唐書》卷一一三《徐有功傳》 有韓紀孝者，受徐敬業僞官，前已物故，推事使顧仲琰籍其家，詔已報可。有功追議曰：律，謀反者斬。身亡即無斬法，無斬法則不得相緣。所緣之人亡，則所因之罪減。詔從之，皆以更赦免，如此獲宥者數十百姓。

（唐）杜佑《通典》卷一六九《刑法·守正》 推事使顧仲琰奏稱：韓純孝受逆賊徐敬業僞官同反，其身先死，家口合緣坐。奉敕依曹斷，家口籍没。有功議：按《賊盜律》：謀反者斬。處斬在爲身存，身亡即無斬法。緣坐元因處斬，無斬豈合相緣？緣者是緣罪人，因者爲因他犯。犯非己犯，例是因緣。所緣之人先亡，所因之罪合減。合減止於徒坐，徒坐頻會鴻恩。今日却斷没官，未知據何條例。若情狀難舍，敕遣戮屍，除非此途，理絶言象。伏惟逆人獨孤敬同柳明肅之輩，身先殞没，不許推尋。未敢比附敕文，但欲見其成例。勘當尚猶不許，家口寧容没官？申覆，依有功所議，斷放。此後援例皆免没官者，三數百家。

《舊唐書》卷六四《韓王元嘉傳》 高宗末，（韓王）元嘉轉澤州刺史。及天后臨朝攝政，欲順物情，乃進授元嘉爲太尉，定州刺史、霍王元軌爲司徒，青州刺史、舒王元名爲司空，隆州刺史、魯王靈夔爲太子太師，蘇州刺史、越王貞爲太子太傅，安州都督、紀王慎爲太子太保，並外示尊崇，實無所綜理。其後漸將誅戮宗室諸王不附己者，元嘉大懼，與其子通州刺史、黄公譔及越王貞父子謀起兵，於是皇宗國戚内外相連者甚廣。遣使報貞及貞子琅邪王冲曰：四面同來，事無不濟。冲與諸道計料未審而先發兵，倉卒唯貞應之，諸道莫有赴者，故其事不成。元嘉坐誅。

《舊唐書》卷九〇《張光輔傳》 張光輔者，京兆人也。少明辯，有吏幹。累遷司農少卿、文昌右丞。以討平越王貞之功，拜鳳閣侍郎、知政事。永昌元年，遷納言。旬日，又拜内史。皆有能名。其年，洛州司馬房嗣業、洛陽令張嗣明坐與徐敬業弟敬真陰相交結。敬真自流所繡州逃歸，將北投突厥，引虜入寇。途經洛下，嗣業、嗣明二人給其衣糧而遣之。行至定州，爲人所覺。嗣業於獄中自縊死。嗣明與敬真多引海内相識，冀緩其死。嗣明稱光輔征豫州日，私説圖讖天文，陰懷兩端，顧望以觀成敗。光輔由是被誅，家口籍没。

史務滋者，宣州溧陽人。累至内史。天授中，雅州刺史劉行實及弟渠州刺史行瑜、尚衣奉御行感，並兄子左鷹揚將軍虔通，並爲侍御史來子珣誣以謀反誅。又於盱眙毁其行父左監門大將軍伯英棺柩。初，務滋素與行感周密，意欲寢其反狀。則天怒，令俊臣鞫之，務滋恐被陷刑，乃自殺。

《舊唐書》卷二〇九《來俊臣傳》 （周）興，少習法律，自尚書史積遷秋官侍郎，屢決制獄，文深峭，妄殺數千人。武后奪政，拜尚書左丞，上疏請去唐宗正屬籍。是時左史江融有美名，興指融與徐敬業同謀，斬于市。臨刑，請得召見，興不許，融叱曰：吾死無狀，不赦汝。遂斬之，尸奮而行，刑者蹴之，三仆三作。天授中，人告子珣、興與丘神勣謀反，詔來俊臣鞫狀。初，興未知被告，方對俊臣食，俊臣曰：囚多不服，奈何？興曰：易耳，内之大甕，熾炭周之，何事不承。俊臣曰：善。命取甕且熾火，徐謂興曰：有詔按君，請嘗之。興駭汗，叩頭服罪。詔誅神勣而宥興嶺表，在道爲讎人所殺。

（宋）王欽若等《册府元龜》卷五二二《憲官部·誣譖》 來俊臣累遷侍御史。天授初，王公百僚皆勸革命。右衛將軍李安靜、太子少保綱之孫獨義形於色，無所陳請。及被收下制獄，俊臣詰其反狀，安靜謂曰：以我是唐家老臣，須殺任殺，若問以謀反，實無可對。俊臣竟誣搆殺之。

二年臘月，劉行感兄弟坐謀反。制令納言史務滋與俊臣同鞫其獄。俊臣奏言務滋素與行感周密，意欲寢其反狀。則天怒，令俊臣鞫之。務滋恐被陷於極刑，遂自殺，俊臣遷御史中丞。三年十月，奏鳳閣侍郎任知古、地官侍郎狄仁傑、冬官侍郎裴行本、司農卿裴宣禮、前文昌右丞盧獻、御史中丞魏元忠、潞州刺史李嗣真並謀逆，請誅之。制不許，特令免死。文昌左相魏王承嗣曰：仁傑等包藏逆節，事迹並彰。陛下雖欲屈法申恩，無以懲艾兇慝。則天曰：朕好生惡殺，志在恤刑，涣汗已行，不可更返。殿中侍御史霍獻可奏曰：陛下不殺裴宣禮等，臣請絶命於前。遂以頭觸殿階，流血覆面。獻可卽禮之甥，以此表人臣之節。鳳閣令人向光道，侍御史張知默又極言請誅之，不許。唯左授知古江夏縣令，仁傑彭澤令，宣禮夷陵令，元中涪陵令，獻西鄉令，行本嗣真流於嶺表。又羽林將軍蘇幹遷東宮尚書，俊臣素忌疾之，遂誣奏在魏州與琅琊王冲書疏往復，囚繫獄，發憤而卒。又泉獻誠爲右衛大將軍，俊臣怒，遂誣其謀反，縊殺之。又俊臣與太僕少卿李昭德素不協，遂誣搆以反罪。

《舊唐書》卷五〇《刑法志》 則天嚴於用刑，屬徐敬業作亂，及豫、博兵起之後，恐人心動摇，欲以威制天下，漸引酷吏，務令深文，以案刑獄。長壽年有上封事言嶺表流人有陰謀逆者，乃遣司刑評事萬國俊攝監察御史就案之，若得反狀，斬決。國俊至廣州，遍召流人，擁之水曲，以次加戮，三百餘人，一時並命，然後鍛鍊曲成反狀。乃更誣奏云：諸道流人，多有怨望。若不推究，爲變不遥。則天深然其言，又命攝監察御史劉光業、王德壽、鮑思恭、王處貞、屈貞筠等，分往劍南、黔中、安南、嶺南等六道，按鞫流人。光業所在殺戮，光業誅九百人，德壽誅七百人，其餘少者不減數百人。亦有雜犯及遠年流人，亦枉及禍焉。

（唐）劉肅《大唐新語》卷四《持法》 魏元忠、張説爲二張所構，流放嶺南。夏官侍郎崔貞慎、將軍獨孤祎之、郎中皇甫伯瓊等八人并追送於郊外。易之乃假作告事人柴明狀，稱貞慎等與元忠謀反。則天命馬懷素按之，曰：此事并實，可略問，速以聞。斯須，中使催迫者數焉，曰：反狀皎然，何費功夫，遂至許時？懷素奏請柴明對問，則天曰：我亦不知柴明處，但據此狀，何須柴明！懷素執貞慎等無反狀，則天怒曰：爾寬縱反者耶？懷素曰：魏元忠以國相流放，貞慎等以親故相送，誠則可責，若以爲謀反，臣豈誣罔神明。只如彭越以反伏誅，欒布奏事尸下，漢朝不坐。况元忠罪非彭越，陛下豈加追送者罪耶？陛下當生殺之柄，欲加之罪，取決聖衷足矣。今付臣推勘，臣但守法耳。則天曰：爾欲總不與罪耶？懷素曰：臣識見庸淺，不見貞慎等罪。則天意解，曰：卿守我法。乃赦之。時朱敬則知政事，對朝堂執懷素手曰：馬子，馬子，可愛，可愛！時人深賞之。

則天朝，或羅告駙馬崔宣謀反者，敕御史張行岌按之。告者先誘藏宣家妾，而云：妾將發其謀，宣殺之，投尸於洛水。行岌按無狀。則天怒，令重按，行岌奏如初。則天曰：崔宣反狀分明，汝寬縱之。我令俊臣勘當，汝無自悔。行岌曰：臣推事不弱俊臣，陛下委臣，必須狀實。若順旨妄族人，豈法官所守，臣必以爲陛下試臣矣。則天厲色曰：崔宣若實殺妾，反狀自然明矣。不獲妾，如何自雪？更不得實，我即令俊臣推勘，汝自無悔也。行岌懼，逼宣家訪妾。宣再從弟思競，乃於中橋南北，多致錢帛，募匿妾者，數日略無所聞。而其家每竊議事，則告者輒知之。思競揣家中有同謀者，乃佯謂宣妻曰：須絹三百疋，雇刺客殺此告者。而侵晨微服俟於臺側。宣家有館客姓舒，婺州人，言行無缺，爲宣家所信，委之如子弟。須臾，見其人至臺側門入，以通於告者。遽密稱云：崔家雇人刺我，請以聞。臺中驚擾。思競素重館客，館客不之疑，密隨之行，到天津橋，料其無由至臺，乃罵之曰：無賴險獠，崔宣破家，必引汝同謀，汝何路自雪？汝幸能出崔家妾，我遺汝五百縑，歸鄉足成百年之業；不然，殺汝必矣。其人悔謝，乃引思競於告者之黨，搜獲其妾，宣乃得免。

《永泰河西巡撫使判集殘卷》 潛構異端，公然縱逆。僞立符敕，矯授旄麾，動摇軍州，

結託戎狄。恣行險勃，妄有覬覦，文牒太半死人，虚誑輒求進焉。論情巨蠹，在法難容。牒張判官與關東兵馬使對，推問得實狀具申。仍所在收禁訖報。管内官吏，盡是賢良，無混淄澠，須明逆順。細宜詳審，勿陷刑名。甘州臣寮，尤須擇地。儻被塵黜，不得怨人。如到覆亡，卒難迴避。各求生路，無事守株。

（唐）杜佑《通典》卷一六九《刑法·守正》 〔唐徐有功爲司刑丞時〕故左相蘇良嗣亾後，被告反。男踐言、踐足、踐義，推事使、金吾將軍丘神勣奏稱請准法絞刑者。奉敕依。頃又有敕：蘇良嗣往者頻被言告，指驗非虚，朕以其年迫桑榆，情敦簪履，掩其惡迹，竟不發揚。洎乎歸壤之辰，爰備飾終之禮，不謂因子重發逆蹤。所司執法論科，請申毁柩之罰，朕念勞志切，惟舊情深，是於因赦之科，特降非常之霈。式延恩於朽

骼，俾流渥於幽魂，特免斫棺之刑，寬其籍没之典者。少卿郭奉一等所奏：蘇良嗣作逆先死，準敕免斫棺，矜其籍没，其男踐言等緣坐。既在敕無文，請準法處絞刑，奉依者，有功斷執奏曰：踐言、踐忠，良嗣之子，緣其父逆，並令絞刑。但爲敕稱：屈法申恩，特降非常之霈。又言：念勞志切，惟舊情深，特免斫棺之刑，寬其籍没之典。兩節皆具特字，信知恩是非常。父免斫棺之刑，子無緣坐之死，既寬籍没之典，理免收録其家。按《名例律》云：因罪人以致罪，若罪人遇恩原減，亦推罪人原減法。又云：卽緣坐家口，雖以配没，罪人得免者，亦免斫棺。爲其父逆，因父致其絞刑，父卽特遇殊恩，子便不拘常律。踐言等並卽不合緣坐處。盡録奏者，奏敕：踐言等録坐合死，朕好生惡殺，不忍加刑，宜特免死配流。逆人丘神勣弟神鼎並男陵，被奴羊羔告反，司刑司直劉志素推案，奏稱：神鼎身居文職，里襖子卽是武夫之衣，若不夙懷叛心，擬投荆豫州，無故不合輒造又燒却，反狀分明，請付法者。曹斷：神鼎處斬，家口籍没。有功批云：邱神鼎，邱神勣之弟。兄先反，弟合没官。憑狀以推，事迹可驗。在於斷結，理固難逾。羊羔稱投豫州，並作兩個皂襖。假令事實，終在赦前，況乃涉虛，何以爲據？往時從犯，今日方告準赦，據赦不合推科。使人爲鼎著皂衣，將爲叛逆，曹司以燒却文狀，處以叛謀，切尋此途，頗傷苛酷。且衣之五彩，隨人好尚，武夫一著，豈限玄黄？燒書雖匪赦前，推勘須窮窟穴，或言《周易》，或道卜書，既云拋諸厠中，又云鼎自裂破。書既著標，便非反書。必是反書，論何事爲？是簿帳，爲是讖圖，竟不甄明，遂無承款，卽處以斬，乃籍没其家。請更審詳，務令免當者。劉志素又批：神鼎反逆，夙蘊包藏，非只一途，豈唯令日！虺貞豫州，作逆之歲，於時秩滿神泉，準其家在西京，言旋卽合歸舍，爲與虺貞相應，汗道水下嘉州，更至荆襄，路過淹留，遂經一歲。當聞豫州起逆，星夜卽向唐州，接荆河界首，於懸泉館，遂共男畯俱作黑褐襖子，擬充戰服，卽明事相應接。及聞貞敗，星夜走來神都，卽將襖子布施天官寺。明知原來所造緣反，近以兄勣反彰之後，復燒却反逆文書。此反不誅，誰反合殺？況又聖澤哀矜，重令來中丞推覆，追奴問鼎，勘接逾明，論其本愆，辜當萬死。徐丞内縱姦（匿）〔慝〕，外詐平反。奉敕令推反人得實，寧敢隱默者！又曹依前斷者，舉申秋官詳議者。符下，員外鄭思齊判：凡斷刑名，須得指實，朦朧作狀，斟酌結刑，司刑此申，過爲非理。欲令集議，須審議由，狀未止歸，遣議何事？仰尋所推之案，取堪據之，由，處分訖申者。曹斷又依前者。有功又批：赦前從實合免，恩後謀狀未分。不反何爲燒書？法家無文臆度。使人的知是反，鞫案何不具言？當時撫狀朦朧，奏後方便□略。人命至重，一死不可再生。王法須平，居輕無宜入重。恐乖泣辜之惠，方虧祝網之慈。在愚所窺，請更商度者。劉志素又批：神鼎謀反，與虺族同謀，苞藏日深，又共逆黨連結。有功侮文弄法，黨逆不忠，批退欲縱反人，每事唯希僥幸，不尋案狀，孟浪卽批，批卽不據科條，法外豈得依免？請據志素所批之狀，與有功意故縱逆人之平，卽請申秋官及臺集衆官議。奉敕依得春官員外郎楊思雅等一百一十七人依志素議，依緣坐爲允。又得夏官楊執柔等百二十二人等議，並無反狀，更差明使推。準議狀，奏請差五品使。推事使杜無二奏無反狀，準赦例處分釋放。汾州司馬李思順，臨川公德懋子也，被韋秀告稱：思順共秀竊語云，汾州五萬户，管十一府，多尚宿宵，好設齋戒。《大雲經》上道：理復思順好，李三五年少。思順恰第三，兄弟五個者。監察御史李恒等稱：據思順潛謀逆節，苞藏禍心，研核始引唐興辯占，復承應讖。請從極法。奉敕依奏者。司直裴談斷：處斬刑，家口籍没者。主簿程仁正批：合從妖處絞，只向韋秀一人道狀，當不滿衆，合斷流三千里者。裴談又判：請依前斷録奏者。焦元亶判：退司寺官却議者。有功議曰：謀危社稷，罪合反條。自述休徵，坐當妖例。反依斬法，妖從絞論。律著成文，犯標定狀。狀在事難越狀，文存理無棄文。若違狀以結刑，舍文而斷獄。譬乘馬不俟銜勒，遏流不用堤防！今判官處以反謀，何司批從妖説，不耻下問，竊欲當仁。李思順解《大雲經》，韋秀稱共竊語私解，明非衆説。竊語不合人知，虛實唯出秀辭，是非更無佗證。縱解三五年少，只是自述休徵，既異結謀之蹤，元非背叛之事。卽從叛逆，籍没其家，便是狀外棄文，豈曰文中據狀！請依程仁正批，妖不衆，處流三千里者。焦元亶判，具申秋官請議者。右臺中丞李嗣等二十人議稱，請依王行感例，流二千里，庶存畫一者。守司府卿思言等六十三人議稱，依徐有功議者，録奏。敕：思順志懷姦慝，妄説圖讖，準其犯狀，合置嚴刑。爲其已死，特免籍没者。緣有功議，遂免没家。推事使顧仲琰奏稱：

韓純孝受逆賊徐敬業僞官，同反。其身先死，家口合緣坐。奏敕，依曹斷，家口籍没。有功議：案律，謀反者斬。處斬，本爲身存，身亾即無斬法。緣坐元因處斬，無斬豈合相緣？緣者，是緣罪人。因者，爲因佗犯。非已所犯例是因，緣所緣之人先亾，所因之罪合減。合減止於徒、坐，徒坐頻會鴻恩。今日却斷没官，未知據何條例？若情狀難舍，敕遣戮屍。除非此途，理絶言象。伏惟逆人徐敬業同柳明肅之輩，身先殞歿，不許推尋。未敢比附敕文，但欲見其成例。勘當尚猶不許，家口寧容没官？申覆。依有功所議，斷放。此後，援例皆免没官者，三數百家。

推事使奏：瀛州人李仁里等三十七人被告稱謀反。曹斷：並處斬，父母妻子流三千里。有功執曰：元淑里正，元得户人，緣祖紛争，因相言告。或以反逆相喚，或將奔叛相牽。反逆須有同謀，奔叛寧無葉契。無謀無契，口語口陳，即以實論，頗亦以苛酷。搶揜元無影響，星文本自參差，縱使實有反言，只恨换其宗姓。因恨稱有，正是口陳，徒侣絶無，明非實反。《賊盗律》云：口陳欲反之言，心無真實之計，流三千里。疏云：口陳欲叛者，杖八十。準依告狀。並是口陳之言，原究犯情，皆非心實之計，忝居商度。用此當宜，如不使推，請從鄙見。將或未允，終須重推。録奏。敕依。得宗君哲狀，稱無反可尋，請依徐丞見流三千里。奉敕依。會敕免，御史郭弘霸奏：宕州刺史皇甫懷節爲芳州司倉薛璟所告。稱共當州刺史李思徵謀反。曹斷：斬，籍没者。有功批執曰：思徵芳部宣條，懷節宕州分竹，爰因羌叛，奏使討擒，暫見思徵屏人共語，即疑懷節與徵同謀。同謀須述謀由，共語當論語狀。語既無狀，謀又無由。思徵伏誅，一無牽引，薛璟陷辟，方始言。璟元共徵同情，懷節復與徵連結，節當共徵私語，語狀在璟合知，徵在不知語由，徵死誰明反狀？寧有比州刺史，奉敕討羌，白日入州，官人參謁，暫與思徵相見，遂即平章反謀。察獄以情，未聞此理，羌走出界，無賊可擊，所領之兵，更留何用？爲此放散，致將爲反。節實擬反，更須發兵，成集之兵，何須放却？非謀之狀，於此更明。懷節據狀無反，請差使推鞫。無反，爲發兵遲，斷爲官當。會赦，總免。推事使左臺監察御史盧侶奏稱：告事人問趙推之，得款唐子産與推之手狀，遣告長孫仲宣，實不知事由者。依問唐子産，得款與推之手狀，令告仲宣宅中私置爐，擬打鎗稍，謀反是實。其長孫仲宣是子産親舅，爲子産先與三舅庶幾妾成蹊私通，仲宣既知，即罵辱子産，爲此誣告者。曹斷：準律誣告謀反，大逆者斬，從者絞。又條云：放令人告事虚，應反坐。得實，應賞。皆以告者爲首教令爲從，推之爲首處斬，子産爲從，處絞。推之在禁告密，因得引見，遂訴枉屈。武太后曰：趙推之得唐子産手狀，即告。今子産引虚，自是子産之罪。何得枉斷殺推之？宜令停決，正斷奏聞者。有功重執曰：推之所告反由，元於子産處得。奏敕勘當，具狀是誣，付法科繩，已斷處斬。奏書臨決，恩旨遣停。聖上爲子産引虚，則將推之枉死，但教令告事，律著正文，告者爲首，教者爲徒。若其事虚受責，推之合當重科。如其反實論功，子産才沾薄賞。律開此制，本防避罪争功，在於憲司，固當守文奉法。奉敕依奏。

《舊唐書》卷八五《徐有功傳》（徐有功爲侍御史）時潤州刺史竇孝諶妻龐氏爲奴誣告，云夜解祈福，則天令給事中薛季昶鞫之。季昶鍛鍊成其罪，龐氏當坐斬；有功獨明其無罪。而季昶等返陷有功黨援惡逆，奏付法，法司結刑當棄市。有功方視事，令史垂泣以告，有功曰：豈吾獨死，而諸人長不死耶？乃徐起而歸。則天覽奏，召有功詰之曰：卿比斷獄，失出何多？對曰：失出，臣下之小過；好生，聖人之大德。願陛下弘大德，則天下幸甚。則天默然。於是龐氏減死，流於嶺表，有功除名爲庶人。尋起爲左司郎中，累遷司刑少卿。

《舊唐書》卷五七《劉文静傳》（劉）義節從子思禮，萬歲通天二年，爲箕州刺史。思禮少嘗學相術於許州張憬藏，相己必歷刺史，位至太師。及授箕州，益自喜，以爲太師之職，位極人臣，非佐命無以致之。與洛州録事參軍綦連耀結構謀反，謂耀曰：公體有龍氣。耀亦謂思禮曰：公是金刀，合爲我輔。因相解釋圖讖，即定君臣之契。又令思禮自衒相術，每所見人，皆謂之合得三品，使務進之士，聞之滿望，然始謂云：綦連耀有天分，公因之以得富貴。事發繫獄，乃多證引朝士，冀以自免。所誅陷者三十餘家，耀、思禮並伏誅。鳳閣侍郎李元素、夏官侍郎孫元亨、知天官侍郎事石抱忠、鳳閣舍人王勮、勮兄前涇州刺史勔、太子司議郎路敬淳等坐與耀及思禮交結，皆死。

初，則天命河内王武懿宗按思禮之獄。懿宗寬思禮於外，令廣引逆徒。而思禮以爲得計，從容自若，嘗與相忤者，必引令枉誅。臨刑猶在外，尚不之賞，及衆人就戮，乃收誅之。

（宋）王溥《唐會要》卷六一《彈劾》　大足元年，張易之縱恣益橫。常私引相士李宏泰占吉凶，言涉不順。御史中丞宋璟，請窮究其狀，則天曰：易之等已自上聞。璟曰：謀反大逆，無容首免。易之等分外承恩，臣知言出禍從，義激於心，雖死不恨。則天不悦。内史姚璹恐忤旨，遽宣敕令出。璟曰：天顔咫尺，親奉德音。不煩宰相，擅宣王命。則天意解。乃收易之等就臺。俄有敕特原之。仍令易之等就璟宅謝罪。璟拒而不見曰：公事當公言之；若私見，法無私也！

《舊唐書》卷七八《張行成傳》　長安二年，〔張〕易之贓賂事發，爲御史臺所劾下獄，兄司府少卿昌儀、司禮少卿同休皆貶黜。及則天臥疾長生院，宰臣希得進見，唯易之兄弟侍側，恐禍變及己，乃引用朋黨，陰爲之備。人有榜其事於路，左臺御史中丞宋璟請按之。則天陽許，尋敕宋璟使幽州按都督屈突仲翔，令司禮卿崔神慶鞫之。神慶希旨，雪昌宗兄弟。

神龍元年正月，則天病甚。是月二十日，宰臣崔玄暐、張柬之等起羽林兵迎太子，至玄武門，斬關而入，誅易之、昌宗於迎仙院，並梟首於天津橋南。則天遜居上陽宫。易之兄昌期，歷岐、汝二州刺史，所在苛猛暴橫，是日亦同梟首。朝官房融、崔神慶、崔融、李嶠、宋之問、杜審言、沈佺期、閻朝隱等皆坐二張竄逐，凡數十人。

（唐）張鷟《朝野僉載》卷三　白鐵余者，延州稽胡也。左道惑衆，先於深山中埋一金銅像於柏樹之下。經數年，草生其上。紿鄉人曰：吾昨夜山下過，每見佛光。大設齋，卜吉日以出聖佛。及期，集數百人，命於非所藏處斸，不得。乃勸曰：諸公不至誠布施，佷不可見。由是男女争布施者百餘萬，更於埋處斸之，得金銅像。鄉人以聖，遠近傳之。莫見能，乃宣言曰：見聖佛者，百病卽愈。左側數百里，老小士女皆就之。乃以緋、紫、紅、黄綾爲袋數十重，盛像，人聚觀者，去一重，一回布施，收千端，乃見像。如此矯僞，一二年，鄉人歸伏，遂作亂，自號光王，署置官職，殺長吏，數年爲患。命將軍程務挺斬之。

《舊唐書》卷九一《崔玄暐傳》　〔崔日昇，玄暐之弟。玄暐爲鸞臺侍郎平章事，日昇爲司刑少卿。〕則天季年，宋景劾奏張昌宗謀爲不軌，玄暐亦屢有讜言，則天乃令法司正斷其罪。玄暐弟昇時爲司刑少卿，又請置以大辟，其兄弟守正如此。

（宋）王欽若等《册府元龜》卷五二一《憲官部·希旨》　袁守一，爲監察御史時，節愍太子重俊搆亂，魏元忠子昇時爲脅從，宗楚客等將誣元忠通謀。侍中楊再思、中書令李嶠，又希楚客旨，欲致其罪。中宗不從，守一遂表彈元忠曰：臣聞，去疾冝遠，史策攸存，惡逆不誅，禍難未已。故潘崇進説，宫甲遂典，霍禹陰謀，芒刺可驗。謹案。魏元忠擢自布衣，越昇台衮，十旬遠至，一歲九遷。日月借其光彩，風雲姿其鳴躍。享營丘之大名，食睢陽之茅土。當湏钖誠畢命，狗義酬恩，而乃構惑儲宫，躬爲謀主。位高勢重，狼顧豺聲，親典五兵，又司百揆，儲宫向闕，先召賊臣，北軍斬關，未聞死難。至於陷重俊，令犯逆，誘臣下使謀君，戎馬蒲於宫中，戰場在於闕下。宸座驚逼，兆庶憂懼，一日之間，中外隔絶，禍交之首，實階元忠。宜肅朝章，以明典法，用塞人只之怨，稍清郊廟之耻。罪狀既實，自孽難逃。義士忠臣，誰不憤激！重俊是陛下之子，猶加昭憲。元忠非勛非戚，焉得獨漏嚴刑？縱陛下惡死好生，其如國典何？元忠等請汙宫以謝罪，赤族以申刑，伏望付法，據狀科斷。

《舊唐書》卷八八《蘇瓌傳》　〔神龍二年三月〕侍中蘇瓌充西京留守。時秘書監鄭普思謀爲妖逆，雍岐二州妖黨大發，瓌收普思繫獄，考訊之。普思妻第五氏，以鬼道爲韋庶人所寵，居止禁中。由是，中宗特敕慰諭瓌，令釋普思之罪。瓌上言：普思幻惑，罪當不赦！中宗至京，瓌又面陳其狀。尚書左僕射魏元忠奏曰：蘇瓌長者，其忠懇如此！願陛下察之。遂配流普思於儋州。

《舊唐書》卷一〇一《韓思復傳》　韓思復，京兆長安人也。祖倫，貞觀中爲左衛率，賜爵長山縣男。思復少襲祖爵。初爲汴州司户參軍，爲政寬恕，不行杖罰。在任丁憂，家貧，鬻薪終喪制。時姚崇爲夏官侍郎，知政事，深嘉歎之，擢授司禮博士。景龍中，累遷給事中。時左散騎常侍嚴善思坐譙王重福事下制獄，有司言：善思昔嘗任汝州刺史，素與重福交遊，召至京師，竟不言其謀逆，唯奏云東部有兵氣。據狀正當匿反，請從絞刑。思復駁奏曰：議獄緩死，列聖明規；刑疑從輕，有國常典。嚴善思往在先朝，屬韋氏擅内，恃寵宫掖，謀危宗社。善思此時遂能先覺，因詣相府有所發明，進論聖躬必登宸極。雖交遊重福，蓋謀陷韋氏。及其謁見，猶不奏聞，將此行藏，即從極法。且敕追善思，書至便發，向懷逆節，寧即奔命？一面疏網，誠合順生；三驅取禽，來而可宥。惟刑是恤，事合昭詳。請付刑部集羣官議定奏裁，以符慎獄。是時議者多云善思合從原宥，有司仍執前議請誅之。思復又駁曰：臣聞刑人於市，爵人於朝，必僉謀攸同，始行之無惑。謹按諸司所議，嚴善思十纔一人，抵罪惟輕。夫帝閽九重，塗遠千里。故借天下之耳以聽，聽無不聰；借天下之目以視，視無不接。今羣言上聞，採擇宜審，若棄多就少，臣實懼焉。輿誦一乖，下情不達，雖欲從衆，其可及乎！凡百京司，逢時之泰，列官分職，有賢有親。親則列藩諸王，陛下愛子；賢則胙茅開國，陛下名臣。見無禮於君，寧肯雷同不異？今措詞多出，法合從輕。上納其奏，竟免善思死，配流静州。

《舊唐書》卷五〇《刑法志》 自明慶至先天六十年間，高宗寬仁，政歸宫闈。則天女主猜忌，果於殺戮，宗枝大臣，鍛於酷吏，至於移易宗社，幾亡李氏。神龍之後，后族干政。景雲繼立，歸妹怙權。開元之孫，刑政賞罰，斷於宸極，四十餘年，可謂太平矣。及冢臣懷邪，邊將内侮，乘輿幸於巴、蜀，儲副立於朔方。曾未逾年，載收京邑，書契以來，未有克復宗社若斯之速也。而兩京衣冠，多被協從，至是相率待罪闕下。而執事者務欲峻刑以取威，盡誅其族，以令天下。議久不定，竟置三司使，以御史大夫兼京兆尹李峴、兵部侍郎吕諲、户部侍郎兼御史中丞崔器、刑部侍郎兼御史中丞韓擇木、大理卿嚴向等五人爲之。

初，西京文武官陸大鈞等陷賊來歸，崔器草儀，盡令免冠徒跣，撫膺號泣，以金吾府縣人吏圍之，於朝謝罪，收付大理京兆府獄繫之。及陳希烈等大臣至者數百人，又令堂徒跣如初，令宰相苗晉卿、崔圓、李麟等百僚同視，以爲棄辱，宣詔以責之。朝廷又以負罪者衆，獄中不容，乃賜楊國忠宅鞫之。器、諲多希旨深刻，而擇木無所是非，獨李峴力争之，乃定所推之罪爲六等，集百僚尚書省議之。肅宗方用刑名，公卿但唯唯署名而已。於是河南尹達奚珣等三十九人，以爲罪重，與衆共棄。珣等十一人，於子城西伏誅。陳希烈、張垍、郭納、獨孤朗等七人，於大理寺獄賜自盡。達奚摯、張岯、李有孚、劉子英、冉大華二十一人，於京兆府門决重杖死。大理卿張均引至獨柳樹下刑人處，免死配流合浦郡。而達奚珣、韋恒乃至腰斬。

先是，慶緒至相州，史思明、高秀巖等皆送款請命，肅宗各令復位，便領所管，至是懼不自安，各率其黨叛。其後三司用刑，連年不定，流貶相繼。及王璵爲相，素聞物議，請下詔自今已後，三司推勘未畢者，一切放免，大收人望。後蕭畢拔魏州歸國，嘗話於朝云：初河北官聞國家宣詔放陳希烈等脅從官一切不問，各令復位，聞者悔歸國之晚，舉措自失。及後聞希烈等死，皆相賀得計，無敢歸者。於是河北將吏，人人益堅，大兵不解。

後有毛若虚、敬羽之流，皆深酷割剥，驟求權柄，殺人以逞刑，厚斂以資國。六七年間，大獄相繼，州縣之内，多是貶降人。肅宗復聞三司多濫，嘗悔云：朕爲三司所誤，深恨之。及彌留之際，以元載爲相，乃詔天下流降人等一切放歸。

《舊唐書》卷一〇五《楊慎矜傳》 楊慎矜，隋煬帝玄孫也。**【略】**〔天寶〕五載，慎矜遷户部侍郎，中丞使如故。林甫見慎矜受主恩，心嫉之，又知王鉷於慎矜有間，又誘而啗之，鉷乃伺其隙以陷之。慎矜奪鉷職田，背詈鉷，詆其母氏，鉷不堪其辱。慎矜性疏快，素昵於鉷，嘗話讖書於鉷，又與還俗僧史敬忠游處，敬忠有學業。鉷於林甫構成其罪，云慎矜是隋家子孫，心規克復隋室，故蓄異書，與兇人來往，而説國家休咎。

時天寶六載十一月，玄宗在華清宫，林甫令人發之。玄宗震怒，繫之於尚書省，詔刑部尚書蕭隱之、大理卿李道邃、少卿楊璹、侍御史楊釗、殿中侍御史盧鉉同鞫之；又使京兆士曹吉温往東京收慎矜兄少府少監慎餘、弟洛陽令慎名等雜訊之；又令温於汝州捕史敬忠獲之，便赴行在所。先令盧鉉收太府少卿張瑄於會昌驛，繫而推之，瑄不肯答辯。鉉百端拷訊不得，乃令不良枷瑄，以手力絆其足，以木按其足間，擨其枷柄向前，挽其身長校數尺，腰細欲絶，眼鼻皆血出，謂之驢駒拔撅，瑄竟不肯答。又使鉉與御史崔器入城搜慎矜宅，無所得，拷其小妻韓珠團，乃在堅櫃上作一闔函盛讖書等，鉉於袖中出而納之，詬以示慎矜。慎矜曰：他日不見，今乃來，是命也。吾死矣。及温以敬忠至戲水驛東十餘里，使典説之：若至温湯，即求首陳不可得矣。去温湯十餘里，敬忠乞紙筆於桑樹下具吐之。比見慎矜，敬忠證之，慎矜皆引實。二十五日，詔楊慎矜、慎餘、慎名並賜自盡；史敬忠決重杖一百，鮮于賁、范滔並決重杖，配流遠郡；愼矜外甥前通事舍人辛景湊決杖配流。義陽郡司馬、嗣虢王巨與敬忠相識，解官於南賓郡安置；太府少卿張瑄決六十，長流嶺南臨封郡，亦死於流所。愼矜兄弟並史敬忠莊宅官收，以男女配流嶺南諸郡，其張瑄、万俟承暉、鮮于賁等準此配流。乃使監察御史顏眞卿送敕至東京，殿中侍御史崔寓引愼名，令河南法曹張萬頃宣敕示之。愼名見愼矜賜自盡，初尚撫膺，及聞愼餘及身皆爾，遂止。及宣敕了，愼名曰：今奉聖恩，不敢稽留晷刻，但以寡姊老年，請作數行書以別之。寓揖眞卿，眞卿許之。愼名神色不變，入房中作書曰：拙於謀運，不能靜退。兄弟並命，唯姊尚存，老年孤煢，何以堪此！書後又數條事。又宅中作一板池，池中魚一皆放之，遂縊而死。監察御史平冽齎敕至大理寺，愼餘聞死，合掌指天而縊。

（清）沈家本《歷代刑法考・刑制總考四・唐》安、史之亂，定僞官罪爲六等，達奚珣、韋恒要斬。見《新志》。

按：唐無要斬之法，此蓋加重於律之外者。

《舊唐書》卷一一二《李峘傳》〔李峴，肅宗至德中爲御史大夫，時中丞崔器性刻樂禍，陰忍寡恩，又希旨深文，奏陷賊官，云：反逆從者，據律并合處死。帝初收復，欲懲勸天下，以爲器議是。〕時峴爲三司使，執之曰：夫事有首從，情有輕重。若一槩處死，恐非陛下含弘之義，又失國家惟新之典。且羯胡亂常，無不凌據，二京全陷，萬乘南巡，各顧其生。衣冠蕩覆，或陛下親戚，勛舊子孫，皆置極法，恐乖仁恕之旨。昔者明王用刑，殲厥渠魁，脅從罔理。況河北殘寇未平，官吏多陷，苟容漏網，適開自新之路。若盡行誅，是堅叛逆之黨，誰人更肯歸順？困獸猶鬥，況數萬人乎！崔器、呂諲皆守文之吏，不識大體，殊無變通。廷議數日，方從峴奏。

《新唐書》卷八二《永王璘傳》璘未敗時，上皇下誥：降爲庶人，徙置房陵。及死，侁送妻子至蜀，上皇傷悼久之。肅宗以少所自鞠，不宣其罪。謂左右曰：皇甫侁執吾弟，不送之蜀而擅殺之，何邪？由是不復用。

《舊唐書》卷一八四《宦官傳・程元振》〔程〕元振常請託於襄陽節度使來瑱，瑱不從。及元振握權，徵瑱入朝，瑱遷延不至。廣德元年，破裴茙，遂入朝，拜兵部尚書。元振欲報私憾，誣瑱之罪，竟坐誅。宰臣裴冕爲肅宗山陵使，有事與元振相違，乃發小吏贓私，貶冕施州刺史。來瑱名將，裴冕元勛，二人既被誣陷，天下方鎭皆解體，元振猶以驕豪自處，不顧物議。

九月，吐蕃、党項入犯京畿，下詔徵兵，諸道卒無至者。十月，蕃軍至便橋，代宗蒼黃出幸陝州，賊陷京師，府庫蕩盡。及至行在，太常博士柳伉上疏切諫誅元振以謝天下，代宗顧人情歸咎，乃罷元振官，放歸田里，家在三原。

十二月，車駕還京，元振服縗麻於車中，入京城，以規任用。與御史大夫王昇飲酒，爲御史所彈。詔曰：

族談錯位，法尚不容，同惡陰謀，議當從重，有一於此，情實難原。程元振性惟兇愎，質本庸愚，蕞爾之身，合當萬死。頃已寬其嚴典，念其微勞，屈法伸恩，放歸田里。仍乖克己，尚未知非，既忘含煦之仁，別貯覬覦之望。敢爲嘯聚，仍欲動搖，不令之臣，共爲睥睨，妄談休咎，仍懷怨望。東兵裹甲，變服潛行，無顧君親，將圖不軌。按驗皆是，無所逃刑，首足異門，未云塞責。朕猶不忘薄效，再捨罪人，特寬斧鉞之誅，俾正投荒之典。宜長流溱州百姓，委京兆府差綱遞送，路次州縣，差人防援，至彼捉搦，勿許東西。縱有非常之赦，不在會恩之限。凡百僚庶，宜體朕懷。

《舊唐書》卷一二三《班宏傳》班宏，衛州汲人也。祖思簡，春官員外郎。父景倩，秘書監。宏少舉進士，授右司禦胄曹，後爲薛景先鳳翔掌書記，又爲高適劍南觀察判官，累拜大理司直，攝監察御史。時青城山有妖賊張安居以左道惑衆，事覺，多誣引大將，冀以緩死，宏驗理而速殺之，人心乃安。既而郭英乂代適，以壓人望，奏署秘書郎，兼雒令，以疾免。

《舊唐書》卷一一八《楊炎傳》黎幹者，戎州人。始以善星緯數術進，侍詔翰林，累官至諫議大夫。尋遷京兆尹，以嚴肅爲理，人頗便之。而因緣附會，與時上下。大曆二年，改刑部侍郎。魚朝恩伏誅，坐交通出爲桂州刺史、本管觀察使。至江陵，丁母憂。久之，會京兆尹缺，人頗思幹。八年，復拜京兆尹，兼御史大夫。幹自以得志，無心爲理，貪暴益甚，徇於財色。十三年，除兵部侍郎。性險，挾左道，結中貴，以希主恩，代宗甚惑之。時中官劉忠翼寵任方盛，幹結之素厚，嘗通其姦謀。及德宗初卽位，幹猶以詭道求進，密居輿中詣忠翼第。事發，詔曰：兵部侍郎黎幹，害若豺狼，特進劉忠翼，掩義隱賊，並除名長流。既行，市里兒童數千人譟聚，懷瓦礫投擊之，捕賊尉不能止，遂皆賜死於藍田驛。忠翼，宦官也，本名清潭，與董秀皆有寵於代宗。天憲在口，勢回日月，貪饕納賄，貨産巨萬。大曆中，德宗居東宫，幹及清潭嘗有姦謀動摇。及是，積前罪以誅之。

《舊唐書》卷一一二《李國貞傳》〔李國貞〕子錡，以父廕貞元中累至湖、杭二州刺史。多以寶貨賂李齊運，由是遷潤州刺史兼鹽鐵使，持積財進奉，以結恩澤，德宗甚寵之。錡恃恩驕恣，有浙西人布衣崔善貞詣闕上封，論錡罪狀，而德宗械送賜錡，錡遂坑殺善貞，天下切齒。乃增置兵額，選善弓矢者聚之一營，名曰挽硬隨身；以胡、奚雜類虬鬚者爲一將，名曰蕃落健兒。德宗復於潤州置鎮海軍，以錡爲節度使，罷其鹽鐵使務。錡雖罷其利權，且得節度，反狀未發。

憲宗卽位已二年，諸道倔强者入朝，而錡不自安，亦請入朝，乃拜錡左僕射。錡乃署判官王澹爲留後。既而遷延發期，澹與中使頻喻之，不悦，遂諷將士以給冬衣日殺澹而食之。監軍使聞亂，遣衙將趙琦慰喻，又臠食之。復以兵注中使之頸，錡佯驚救解之，囚於别館。遂稱兵，室五劍，分授管内鎮將，令殺刺史。於是常州刺史顔防用客李雲謀，矯制傳檄於蘇、杭、湖、睦等州，遂殺其鎮將李深；湖州辛秘亦殺其鎮將趙惟忠，而蘇州刺史李素爲鎮將姚志安所繫，釘於船舷，生致於錡，未至而錡敗，得免。

初，錡以宣州富饒，有并吞之意，遣兵馬使張子良、李奉仙、田少卿領兵三千分略宣、池等州。三將夙有向順志，而錡甥裴行立亦思向順，其密謀多決於行立，乃回戈趣城，執錡於幕，縋而出之，斬於闕下，年六十七。其挽硬、蕃落將士，或投井自縊，紛紛枕藉而死者，不可勝紀。

宰相鄭絪等議錡所坐，親疏未定，乃召兵部郎中蔣武問曰：詔罪李錡一房，當是大功内耶？武曰：大功是錡堂兄弟，卽淮安王神通之下，淮安有大功於國，不可以孽孫而上累。又問：錡親兄弟從坐否？武曰：錡親兄弟是若幽之子，若幽有死王事之功，如今錡兄弟從坐，若幽卽宜削籍，亦所未安。宰相頗以爲然，故誅錡詔下，唯止元惡一房而已。

《舊唐書》卷一五《憲宗本紀》〔元和十年〕八月【略】丁未，淄青節度使李師道陰與嵩山僧圓净謀反，勇士數百人伏於東都進奏院，乘洛城無兵，欲竊發焚燒宫殿而肆行剽掠。小將楊進、李再興告變，留守吕元膺乃出兵圍之，賊突圍而出，入嵩岳，山棚盡擒之。訊其首，僧圓净主謀也。僧臨刑嘆曰：誤我事，不得使洛城流血！

《舊唐書》卷一五九《崔群傳》〔元和〕十二年七月，拜中書侍郎、同中書門下平章事。十四年，誅李師道，上顧謂宰臣曰：李師古雖自襲祖父，然朝廷待之始終。其妻於師道卽嫂叔也，雖云逆族，若量罪輕重，亦宜降等。又李宗奭雖抵嚴憲，其情比之大逆亦有不同。其妻士族也，今與其子女俱在掖廷，於法皆似稍深。卿等留意否？群對曰：聖情仁惻，罪止元兇。其妻近屬，倘獲寬宥，實合弘煦之道。於是師古妻裴氏、女宜娘，詔出於鄧州安置。宗奭妻韋氏及男女先没掖廷，並釋放，其奴婢、資貨皆復賜之。

《舊唐書》卷一五三《盧坦傳》〔盧坦〕累遷至庫部員外郎，兼侍御史知雜事。會李錡反，有司請毁錡祖父廟墓。坦常爲錡從事，乃上言曰：淮安王神通有功於草昧。且古之父子兄弟，罪不相及，况以錡故累五代祖乎？乃不毁。因賜神通墓五户，以備灑掃。

《舊唐書》卷一四〇《韋皐傳》元和元年正月，〔高〕崇文出師。三月，收復東川。乃下詔曰：朕聞皇祖玄元之誡曰：兵者兇器也，不得已而用之。恭惟聖謨，常所祇服。故惟文誥有所不至，誠信有所未孚，始務安人，必能忍耻，朕之此志，亦可明徵。近者德宗皇帝舉柔服之規，授宰衡之柄，弘我廟勝，遂康巴、庸，故得南詔入貢，西戎寢患。成積始究，元臣喪亡，劉闢乘此變故，坐邀符節。朕以成狂命者雖乖於理體，從權便者所冀於輯寧，竟乖卿士之謀，遂允幸求之志，朕之於闢，恩亦弘矣。曾不知恩，負牛羊之力，飽則逾兇；畜梟獍之心，馴之益悖。誑惑士伍，圍逼梓州；誘陷戎臣，塞絶劍路。師徒所至，燒劫無遺，干紀之辜，擢髮難數。朕爲人司牧，字彼黎元，如闢之罪，大非朕敢捨，可削奪在身官爵。

六月，崇文破鹿頭關，進收漢州。九月，崇文收成都府。劉闢以數十騎遁走，投水不死，騎將酈定進入水擒闢於成都府西洋灌田。盧文若先自刃其妻子，然後縋石投江，失其屍。闢檻送京師，在路飲食自若，以爲不當死。及至京西臨皋驛，左右神策兵士迎之，以帛繫首及手足，曳而入，乃驚曰：何至於是！或紿之曰：國法當爾，無憂也。是日，詔曰：劉闢生於士族，敢蓄梟心，驅劫蜀人，拒扞王命。肆其狂逆，詿誤一州，俾我黎元，肝腦塗地。賊將崔綱等同惡相扇，至死不回，咸宜伏辜，以正刑典。劉闢男超郎等九人，並處斬。闢入京城，上御興安樓受俘馘，令中使於樓下詰闢反狀，闢曰：臣不敢反，五院子弟爲惡，臣不能制。又遣詰之曰：朕遣中使送旌節官告，何故不受？闢乃伏罪。令獻太廟、郊社，徇於市，即日戮於子城西南隅。

初，闢嘗病，見諸問疾者來，皆以手據地，倒行入闢口，闢因磔裂食之；惟盧文若至，則如平常。故尤與文若厚，竟以同惡俱赤族，不其怪歟！

《舊唐書》卷一三二《蔣乂傳》　〔蔣乂〕遷兵部郎中。與許孟容、韋貫之刪正制敕三十篇，爲《開元格後敕》。李錡誅，詔宗正削一房屬籍。宰相召乂問：一房自大功可乎？答曰：大功，錡之從父昆弟。其祖神通有功，配饗於廟，雖裔孫之惡，而忘其勳，不可。自期可乎？曰：期者錡昆弟。其父若幽死社稷，今以錡連坐，不可。執政然之。故罪止錡及子息，無旁坐者。

（宋）李上交《近事會元》卷五《盜殺武元衡陽傷裴度》　唐憲宗元和十年六月，鎮帥王承宗遣盜夜伏靖安坊刺宰相武元衡，死之，又於通化坊刺中丞裴度，傷首不死。

《舊唐書》卷一六《穆宗本紀》　〔長慶二年〕九月戊子朔，浙西大將王國清謀叛，觀察使竇易直討平之，同惡二百餘人並誅之。韓充送李㝏男道源、道樞、道瀹等三人，斬於西市；㝏妻馬氏、小男道本、女汴娘配於掖庭。

《舊唐書》卷一七《敬宗本紀》　〔寶曆元年〕徐州王智興奏，大將武華等四百人謀亂，並伏誅。

《舊唐書》卷一七《文宗本紀》　〔文宗大和九年十一月〕壬戌，中尉仇士良率兵誅宰相王涯、賈餗、舒元輿、李訓，新除太原節度王璠，郭行餘、鄭注、羅立言、李孝本、韓約等十餘家，皆族誅。時李訓、鄭注謀誅內官，詐言金吾仗舍石榴樹有甘露，請上觀之。內官先至金吾仗，見幕下伏甲，遽扶帝輦入內，故訓等敗，流血塗地。京師大駭，旬日稍安。

《舊唐書》卷一七一《高元裕傳》　開成三年，〔高元裕〕充翰林侍講學士。文宗寵莊恪太子，欲正人爲師友，乃兼太子賓客。四年，改御史中丞，風望峻整。上言曰：御史府紀綱之地，官屬選用，宜得實才。其不稱者，臣請出之。監察御史杜宣猷柳瑰崔郢、侍御史魏中庸高弘簡，並以下稱，出爲府縣之職。尋而藍田縣人賀蘭進與里內五十餘人相聚念佛，神策鎮將皆捕之，以爲謀逆，當大辟。元裕疑其冤，上疏請出賀蘭進等付臺覆問，然後行刑，從之。

（宋）王欽若等《册府元龜》卷六一六《刑法部·議讞》　陳商，武宗會昌中爲刑部郎中。敕以劉從諫妻裴氏合誅與不誅，商議曰：臣等徵諸古典。《周禮·司寇之職》男子入於罪隸，女子入於舂藁。《漢律》云：妻子没爲奴婢。鍾繇曰：自古帝王，罪及妻子。又《晉朝議》：在室之女從父母之誅，既醮之婦，隨夫家之罰。謹按奴婢舂藁罪罰之類，名則爲重，而非罪罰。故法律明文，古今通議。夫、子有罪，母、妻無誅死之制。然事出一時，法由情斷。帝王刑辟，豈在一途！昔少卿降虜，漢武誅其母。玄宗時安慶宗妻榮義郡主，夫以逆誅，主亦賜死。此則是夫子有罪，母妻不舍之例。臣等伏以從諫犬羊狼戾，蛇豕兇殘，抱逆節於明時，遺禍胎於孽子。裴氏爲惡有素，爲姦已成。分衣以固其人心，申令以安其逆志，在於國典，情實難容。臣等參議，宜從重典。從之。

《舊唐書》卷一七七《劉鄴傳》　朝廷用兵誅劉稹，澤潞既平，朝議以劉從諫妻裴氏是裴問之妹，欲原之。法司定罪，以劉稹之叛，裴以酒食會潞州將校妻女，泣告以固逆謀。三復奏曰：劉從諫包藏逆謀，此雖已露，今推窮僕妾，尤得事情。據其圖謀言語，制度服物，人臣僭亂，一至於斯。雖生前幸免於顯誅，而死後已從於追戮。凡在朝野，同深慶快。且自古人臣叛逆，合有三族之誅。《尚書》曰：乃有顛越不恭，我則劓殄滅之，無遺育，無俾易種於茲新邑。如此則阿裴已不得免於極法矣。又況從諫死後，主張狂謀，罪狀非一，劉稹年既幼小，逆節未深，裴爲母氏，固宜誡誘。若廣説忠孝之道，深陳禍福之源，必冀虺毒不施，梟音全革。而乃激厲兇黨，膠固叛心。廣招將校之妻，適有酒食之宴，號哭激其衆意，贈遺結其群情。遂使叛黨稽不舍之誅，孽童延必死之命，以至周歲方就誅夷。此阿裴之罪也！雖以裴問之功，或希減等，而國家有法，難議從輕。伏以管叔，周公親弟也，有罪而且除之。以周公之賢，尚不舍兄弟之罪，況裴問之功效，安能破朝廷之法耶？據阿裴廢臣妾之道，懷逆亂之謀，裴問如周公之功，尚合行周公之戮，況於朝典，固在不疑。阿裴請準法。從之。

《舊唐書》卷一七九《崔昭緯傳》 崔昭緯，清河人也。祖庇，滑州酸棗縣尉。父璙，鄂州觀察使。昭緯進士及第。昭宗朝，歷中書舍人、翰林學士、户部侍郎、同平章事。性姦纖，忌前達。内結中人，外連藩閫，屬朝廷微弱，每託援以凌人主。昭宗明察，心不能堪。以誘召三鎮將兵詣闕，賊殺宰輔内臣，帝深切齒。會太原之師誅行瑜，罷相，授右僕射。後又以託附汴州，再貶梧州司馬。尋降制曰：

崔昭緯頃居内署，粗著微勞。擢於侍從之司，委以燮調之任。不能忠貞報國，端慎處身，潛交結於奸臣，致漏泄於機事。星霜累换，匡輔蔑聞。爾罪一也。又快其私忿，輒恣陰謀。托崔鋋之險巇，連行瑜之計畫，遂致稱兵向闕，怙衆脅君。故宰臣韋昭度、李谿並以無辜見害，幾危宗社，顯辱君親。爾罪二也。及行瑜敗滅，京國甫安，而及自懼欺誣，别謀託附。又於藩閫，潛請薦論，不唯苟免罪愆，兼亦再希任用。貪榮冒寵，僭濫無厭，敗俗傷風，賢愚共鄙。爾罪三也。又將厚賂，欲結諸王，輕侮我憲章，玷瀆我骨肉。貨財之數，文字具存。賴諸王作朕腹心，嫉其蠹害，盡將昭緯情款，兼其親吏姓名，直具奏聞，拒其求託。昭緯曾居宰輔，久歷清崇，但欲逞其回邪，都不顧其事體。觀其識見，實駭聽聞。爾罪四也。自姦邪既露，情狀難容。尚示寬刑，未行嚴憲，投於荒裔，冀其自新。而不能退省過尤，恭承制命，速赴貶所，用守常規。而猶自務宴安，尋聞所在留駐，攪擾藩鎮，侮慢朝章。曾無稟畏之心，可驗苞藏之計。罔知愆咎，唯謗朝廷。爾罪五也。朕以恩澤者帝王之雨露，刑法者邦國之雷霆，無雨露則庶物不榮，無雷霆則萬邦不肅。朕體天道以化育；遵王度以澄清，罪既昭彰，理難含垢。凡百多士，宜體予懷。宜所在賜自盡。

時昭緯行次至荆南，中使至，斬之。

（宋）李上交《近事會元》卷五《黃巢》 唐僖宗乾符四年四月，宛朐賊黃巢聚萬人，起攻鄆州，陷之。至中和四年六月，鄆州宋□奏敗巢於合鄉。七月，巢將林言斬巢，黃、揆秉三人降也。

（唐）皮日休《文藪》卷七《白門表》 三年秋，徐卒無狀，叛兵逐其帥。不再日，剽公私財，析盡。異時卒有不平者，至是皆門坑之。監戎者以聞，上赫然大怒，命大將職正其罪。卒有首叛者，前後累刼其將曰銀刀，至是命皆僇之，無赦。將至，先令徐裨將曰：銀刀族無老幼，强者斬之，弱者幽之，及徐之枝邑泒聚捕銀刀族且盡，或僇而梟者，或拳而送者。不浹日，其族不餘。或有詐弱懼僇皆論幽於牢，迨六七百人，且俟大將命業兵之。居無何，上愍徐卒盡死，中或有不干其謀者偕僇，降内貲人於徐，詔曰：銀刀族，詔至未死者貫之。六七百人分屬數郡，未至屬所途亡為盗。四年夏，盗推其率，鼓而徐入。火里舍，將縣令，誅制使，係虜民輜而掠貨。徐守閉中城，竟不命偏將禦之，盗得志徐去。四年秋，進士皮日休之白門，道逢徐民之耄者，泣曰：翁世冨於徐，子孫嗣其業，祈二百年。前日以徐卒亂，翁之資已竭於兵刼矣。獨存者居第，而已為殘燼。翁以為天子命將盡殺之，且銀刀族無三千人耳。遇聖天子在上，四境無征伐。重糧其屬，厚衣其身。有餔兒啜孫，至死手不執干戈，體不被鎧甲者，上於徐卒厚矣，今乃忘上恩，叛主帥，逐天子命將，殘天子兆民，如此逆之甚也，上又活其半。今反盗而寇徐，前日翁之亡，獨賄與産耳。今子孫為賊隸，妻女為賊室，餘骸殘齒，溘然無取。嗚呼！皇天仁於數百人，反不仁於一郡，豈得言者過耶？且兵者，聖王不能免其征，仁帝不能無其伐。是以逆者必殺，順者必生，所以示天下不私也。往年數萬之卒，逐天子命將，自樹其便者，國家以不忍盡殺，因聽之，皆賊而不貢，兵而不從，死，而輒代，名為列藩，實一州之主也。故春秋譏世卿得專公禄者，以春秋小國，尚貶而不空，況今聖天子在上，百執事稱職，萬方雀息以無虞，四夷駿奔而入貢哉。前日徐卒幸活，而為盗於民，時苦國家無辱。或不盡僇而赦之，則自樹其便者。日休曰，翁其力之賢者耶。吾知夫今之食其食者，未必有翁之是心也。幸以文貢而未得入上言列，固不合陳便宜事。因採翁之説為表，庶天子召直言極諫者，得以遺之。

《舊唐書》卷一八四《宦官傳・楊復恭》 崔胤秉政而排擯宦官，季述等外結藩侯，以爲黨援。〔光化四年〕十一月六日，季述矯詔以皇太子監國，遂廢昭宗，居東内，奪傳國寶授太子。昭宗以何皇后宫嬪數人隨行，幽於東宫，季述手持銀檛，於上前以檛畫地數上罪狀，云：某時某事，你不從我言，其罪一也。其悖逆如此。乃令李師虔以兵圍之，鎔錫錮其局鐍。時方凝冽，嬪御無被，哭聲聞於外。穴墻通食者兩月。十二月晦，崔胤等謀反正，誅季述、奉先，復迎昭宗卽位，改元天復元年。

《新唐書》卷一二〇《崔玄暐傳》〔崔碣爲河南尹〕。邑有大賈王可久轉貨江湖間，值龐勛亂，盡亡其貲，不得歸。妻詣卜者楊乾夫諮在亡。乾夫名善數，而内悦妻色，且利其富。既占，陽驚曰：乃夫殆不還矣。即陰以百金謝媒者，誘聘之。妻乃嫁，乾夫遂爲富人。它年徐州平，可久困甚，丐衣食歸閭里，往見妻。乾夫大怒，詬逐之。妻詣吏自言，乾夫厚納賄，可久反得罪。再訴，復坐誣。可久恨嘆，遂失明。碣之來，可久陳冤，碣得其情，即敕吏掩乾夫並前獄吏下獄，悉發賕奸一日，殺之，以妻還可久。時淫潦，獄決而霽都民相語，歌舞於道。

（宋）洪邁《容齋續筆》卷六《朱溫三事》 義理所在，雖盜賊凶悖之人，亦有不能違者。劉仁恭爲盧龍節度使，其子守文守滄州，朱全忠引兵攻之，城中食盡，使朱説以早降。守文應之曰：僕於幽州，父子也，梁王方以大義服天下，若子叛父而來，將安用之？全忠愧其辭直，爲之緩攻。其後還師，悉焚諸營資糧，在舟中者鑿而沉之。守文遺全忠書曰：城中數萬口，不食數月矣，與其焚之爲煙，沉之爲泥，願乞其所餘以救之。全忠爲之留數囷，滄人賴以濟。及篡唐之後，蘇循及其子楷，自謂有功於梁，當不次擢用。全忠薄其爲人，以其爲唐鴟梟，賣國求利，勒循致仕，斥楷歸田里。宋州節度使進瑞麥，省之不懌，曰：宋州今年水災，百姓不足，何用此爲？遣中使詰責之，縣令除名。此三事，在他人爲不足道，於全忠則爲可書矣，所謂憎而知其善也。

《舊五代史》卷八一《晉書・少帝本紀》〔天福六年九月〕癸未，帝御乾明門，觀襄州行營都部署高行周、都監張從恩等獻俘馘，有司宣露布訖，以安從進男弘受等四十四人徇於市，皆斬之。曲赦京城禁囚。

《宋史》卷二五二《楊承信傳》 開運初，〔楊〕光遠以青州叛，少帝遣李守貞等討之，食盡勢窮，承信兄承勳劫其父以降，青州平，光遠死。承信與弟承祚詣闕請死，詔釋之，以承信爲右羽林將軍，承祚爲右驍衛將軍，放歸，服喪私第，尋安置鄭州。初，光遠送款契丹求援，兵未至而光遠降。及契丹來寇，承勳時爲鄭州防禦使，召數其罪殺之。

（宋）路振《九國志》卷七《張業》 業，開封浚儀人。性沈厚，有果斷，事梁爲東頭供奉官。時兩河兵革未息，業頻領監護之任，皆立戰功，法令峻整，士卒畏之。莊宗入洛，聞業有幹略，擢爲列校，繼岌伐蜀，以業監先鋒，兵補右厢馬步軍都指揮使。蜀平，以所步兵駐成都。知祥入蜀，奏授檢校司空、簡州刺史。時蜀漢賊盜群起中，燒劫鎮戍，百姓驚擾，知祥遣業率兵捕之。業令五家爲小保，五十家爲大保，旬日之内，擒獲殆盡。討夏魯奇於遂州，以功授寧江軍節度使兵馬留後。董璋襲成都，業在夔州，聞之，率所部赴難，東川平，正授節鉞加檢太傅。明德初，領右匡聖步軍都指揮使。會武定、興元兩鎮來附，令業將兵二萬屯漢水。業至褒梁，分佈寨柵，控扼駱谷、秦鳳諸隘。會武定軍衙將與蒲谷鎮將任漢謙同謀，導晋師入武定，業遣戍卒擊走之。昶襲位，改武信軍節度使、同平章事。是歲，昶殺判六軍事李仁罕。業，仁罕之甥也。昶慮其爲變，詔歸本道。未幾，召入，依舊同平章事，兼判度支，新收征税，多爲主吏乾没。業作盜税法，犯者十倍征之，吏民不堪其命。業多視事私第中，宰相之門被桎梏者常滿。昶知之，遽除十倍之法。業子繼昭，好擊劒，嘗與浄衆寺僧歸信，同訪劒術士，右匡聖指揮使孫漢韶與業不協，告業與繼昭同謀不軌，翌日令壯士就都堂擊殺之，年五十七。

《宋史》卷二《太祖本紀》〔乾德四年〕九月壬辰朔，水。虎捷指揮使孫進、龍衛指揮使吴瓌等二十七人，坐黨吕翰亂伏誅，夷進族。【略】十二月庚辰，妖人張龍兒等二十四人伏誅，夷龍兒、李玉、楊密、聶贇族。

《宋史》卷二五七《李崇矩傳》〔乾德五年〕時劍南初平，禁軍校吕翰聚衆構亂，軍多亡命在其黨中，言者請誅其妻子。太祖疑之，以語崇矩。崇矩曰：叛亡之徒固當孥戮，然案籍合誅者餘萬人。太祖曰：朕恐有被其驅率，非本心者。乃令盡釋之。翰衆聞之，亦稍稍自歸。未幾，翰敗滅。

《宋史》卷二《太祖本紀》〔開寶二年〕冬十月戊子，畋近郊。庚寅，散指揮都知杜延進等謀反伏誅，夷其族。

《宋史》卷三〇四《周渭傳》 殿直傅延翰爲監軍，謀作亂走契丹，爲部下所告，渭擒之以聞；命械至闕下，鞫得實，斬於西市。

《宋史》卷三《太祖本紀》〔開寶六年〕二月丙戌朔，棣州兵馬監押、殿直傅延翰謀反伏誅。

《宋史》卷二六四《盧多遜傳》 會有以多遜嘗遣堂吏趙白交通秦王廷美事聞，太宗怒，下詔數其不忠之罪，責授守兵部尚書。明日，以多遜屬吏，命翰林學士承旨李昉、學士扈蒙、衛尉卿崔仁冀、膳部郎中知雜事滕中正雜治之。獄具，召文武常參官集議朝堂，太子太師王溥等七十四人奏議曰：謹案兵部尚書盧多遜，身處宰司，心懷顧望，密遣堂吏，交結親王，通達語言，咒詛君父，大逆不道，干紀亂常，上負國恩，下虧臣節，宜膏鈇鉞，以正刑章。其盧多遜請依有司所斷，削奪在身官爵，準法誅斬。秦王廷美，亦請同盧多遜處分，其所緣坐，望準律文裁遣。

遂下詔曰：臣之事君，貳則有辟，下之謀上，將而必誅。兵部尚書盧多遜，頃自先朝擢參大政，洎予臨御，俾正台衡，職在燮調，任當輔弼。深負倚毗，不思補報，而乃包藏姦宄，窺伺君親，指斥乘輿，交結藩邸，大逆不道，非所宜言。爰遣近臣，雜治其事，醜迹盡露，具獄已成，有司定刑，外廷集議，僉以梟夷其族，污瀦其宮，用正憲章，以合經義。尚念嘗居重位，久事明廷，特寬盡室之誅，止用投荒之典，實汝有負，非我無恩。其盧多遜在身官爵及三代封贈、妻子官封，並用削奪追毁。一家親屬，並配流崖州，所在馳驛發遣，縱經大赦，不在量移之限。期周已上親屬，並配隸邊遠州郡。部曲奴婢縱之。餘依百官所議。中書吏趙白、秦王府吏閻密、王繼勳、樊德明、趙懷禄、閻懷忠並斬都門外，仍籍其家，親屬流配海島。

閻密初給事廷美左右，太宗卽位，補殿直，仍隸秦邸，恣横不法。王繼勳尤廷美所親信，嘗使求訪聲妓，繼勳因怙勢以取貨賄。德明素與趙白游處，多遜因之傳達機事，以結廷美。又累遣懷禄私召同母弟軍器庫副使趙廷俊與語。懷忠嘗爲廷美使詣淮海國王錢俶遺白金、釦器、絹扇等，廷美又嘗遣懷忠賫銀器、錦綵、羊酒詣其妻父潘璘營宴軍校。至是皆伏罪。

（宋）李燾《續資治通鑑長編》宋太宗太平興國三年五月 初，秦州節度判官李若愚有子曰飛雄，兇險無行，不爲其家所容，常客游京師、魏、博間，與無賴惡少年縱酒蒱博。以若愚官秦州，盡知其府庫倉廩所有及地形險易、兵籍多少。而鳳翔盩厔尉張季英者，飛雄妻父也。飛雄自京師往省季英，竊乘其馬，詐爲使者，夜抵厩，呼置卒索馬，卒秉炬出，飛雄復以私市馬纓示之，卒不能辨纓，卽授以馬。飛雄令一卒前導，遂矯稱制以巡邊馬名，掠巡驛殿直姚承遂，至隴州掠監軍供奉官王守定，至吴山縣掠縣尉盧贇，皆令從行。

時秦州内屬戎人爲寇，都巡檢使周承瑨與田仁朗、仁朗亦秦州都巡檢使，事見三月末。劉文裕、文裕太平興國二年以內弓箭庫副使出爲秦、隴巡檢。王侁、侁前以東頭供奉官加閤門祗候，未知今爲何官。梁崇贊、崇贊，未見。韋韜、馬知節知節前爲西頭供奉官。等皆受詔屯兵清水縣。於四月庚辰，飛雄至清水，矯制盡縛之。承瑨等見姚承遂數輩同至，不覺其詐，仁朗獨號泣求觀詔書，飛雄怒叱曰：吾受密旨，以汝輩逗撓不用命，且令盡誅汝輩。豈不聞封州殺李鶴耶，詔書豈得見也？先是，上卽位，分命親信於諸道廉官吏善惡密以聞，嶺南使者言知封州李鶴不奉法，誣奏軍吏謀反，詔誅之不問狀，故飛雄以爲言。將以承瑨等詣秦州戮之，因謀劫守卒據城爲亂。

飛雄初矯稱制，自言上南府時親吏，會劉文裕哀告飛雄曰：我亦嘗事晋邸，使者忍不營救之乎？飛雄屏左右謂文裕曰：汝能與我同富貴否？文裕覺其詐，僞許之，飛雄乃釋其縛。文裕策馬前，附耳語仁朗，仁朗卽佯墜馬若殞絶狀，飛雄與從卒共視之，又釋其縛，仁朗奮起搏飛雄，與文裕等共擒之，飛雄尚呼云：田仁朗等謀反，殺使者。既而繫秦州獄，劾之，具得其狀。有詔夷其三族，並捕先與飛雄善者何大舉等數輩，悉誅之，及姚承遂等皆腰斬於秦州市，先授飛雄馬厩置卒，亦夷其族。文裕，保塞人也。《馬知節傳》云：知節先辨飛雄之詐，因語文裕，與《文裕傳》不同，當考。

是月戊申，以飛雄事布而告天下，令中外臣庶家子弟或懷兇險，有乘檢率，屢加教戒，曾不悛改，許其尊長聞於州縣，錮送闕下，當配隸遠惡處。容隱不以聞者，期功以上親坐之。

《宋史》卷二六八《周瑩傳》〔雍熙二年〕會妖僧紹倫爲變，瑩擒獲之，逮捕就戮者三百餘人，人以爲酷濫。

《宋史》卷五《太宗本紀》〔雍熙三年三月丁亥〕司門員外郎王延範與秘書丞陸坦、戎城縣主簿田辯、術士劉昂，坐謀不軌棄市。【略】〔端拱元年〕六月丙辰朔，右領軍衛大將軍陳廷山謀反伏誅。

《宋史》卷二六七《趙昌言傳》有傭書翟穎，性險誕，與〔胡〕旦狎，且爲作大言之辭，使穎上之，爲穎改姓名馬周，以爲唐馬周復出也。其言多毀時政，自薦爲大臣，及歷舉數十人皆公輔器，期昌言爲內應。陳王尹開封，廉知以聞，詔捕穎繫獄，鞫之，盡得其狀。昌言坐貶崇信軍節度行軍司馬，穎杖脊黥面，流海島，禁錮終身。

（宋）徐鉉《騎省集》卷七《招討妖賊制》朕聞先王之静人也，四裔咸賓，尚先慎德之誠，一夫不獲，則軫納隍之心。是故導以仁聲，浹之惠澤，猶不可化，遂威有刑。昨者，嶺表遺甿，聚為寇盜，違其上命，犯彼戰鋒。而敢乘我國哀，伺我邊隙，侵軼我封部，誘惑我黔黎，保據谿山，肆為剽掠。朕以肇膺丕業，先洽德音，矜彼狂徒，皆吾赤子，弗忍盡殺，冀其自新。所以雖命師徒，且令招撫。而兇愚不革，結聚愈繁。暴害吏民，攻圍縣邑。一至於此，其能久乎？國有常刑，吾又何愛？仍聞衆軍致討，累有殺傷，平人無辜，曝骨於野。興言及此，永惻朕心。況常賦及期，三農失業，特申矜恤，更示懷來。處州今年應屬省租税，並可放免。仍委諸縣長史，安存編户，宣示國恩。防護警巡，勿令擾動。妖賊張茂賢，首為刼盗，罪在難容。若能束身歸降，亦與洗滌收録。如聞命之後，因循未賓，即令招撫諸軍，分路進討。如所在百姓，及徒黨中，有能擒斬茂賢者，不計有官無官，並賜三品，賞錢一萬貫，莊一區，并已分産業，並永放苗税差役，傳之子孫，此恩不改。若能同心計畫，及數内，或擒獲得稱王稱統軍軍使之屬，并次第首級止於一隊一寨頭領者，即約此例等降優賞，放免苗税差役。或能自出身歸投，有田畆者，各令歸業，仍放三年賦租。無田者，委本道録奏，各與逐便優穩安排，及重加賞賚。如兇惡不悛，為諸軍擒獲者，不問人數，即便處斬，明申威信。汝自擇焉。諸軍將士，有能斬獲茂賢，殺戮支黨，官賞之制，並越常規，予不食言。爾宜自勵。朕永惟止殺，許彼悛心。且妖賊等燒毀倉儲，蹂踐禾稼，聚食則資糧立盡，外取則穀實不收。進則大軍扼其前，退則領兵掎其後。況烏合之衆，本不同心。緩則苟避征租，急則各圖恩賞。函首來獻，翹足可期。資〔咨〕爾羣黨等，自保家鄉，共思寧息。與其碎身於鋒刃，孰若樂業於閭里。咨爾將士等，各奮驍勇，早成功績。與其暴師於境上，孰若受賞於轅門。體我深懷，速清邊徼，佈告本道，咸使聞知。

（宋）洪邁《容齋四筆》卷一〇《錢忠懿判語》王順伯家有錢忠懿一判語，其狀云：臣贇寧，右臣伏奉宣旨選文疏，今進呈，乞給下，取設齋日五更前上塔，臣自宣却欲重建，乞於仁政殿前夜開化却，不然便向塔前化，並取聖旨。判曰：便要吾人宣讀後，於眞身塔前焚化。二十七日。而在前花押。予謂錢氏固嘗三改元，但或言其稱帝，則否也。此狀内進呈聖旨等語，蓋類西河之人疑子夏於夫子，故自貽僭帝之議，想它所施行皆然矣。

《宋史》卷五《太宗本紀》〔淳化二年二月〕乙丑，斬夔州亂卒謝榮等百餘人於市。

《宋史》卷二六八《張遜傳》西蜀李順爲亂，詔發兵水陸進討，以荆渚居其要害，命遜爲右驍衛大將軍、知江陵府，賜錢二百萬，白金三千兩。遜既至，會峽路諸漕卒數千人聚江陵，有告其謀變以應蜀寇，府中議欲盡誅之。遜止捕首惡楊承進等二十一人斬於市，餘黨親加尉撫，飛奏以聞。太宗嘉之，詔以其卒分配州郡。

《宋史》卷五《太宗本紀》〔淳化五年〕冬十月庚辰，西川行營指揮使張嶙殺其將王文壽以叛，遣使招撫其衆，遂共斬嶙首以降。【略】〔淳化五年十二月〕乙未，秘書丞張樞坐知榮州降賊，棄市。

《宋史》卷三〇八《裴濟傳》至道二年，改内客省使、知鎮州。立春日，出土牛以祭，酌奠始畢，有卒挾牛去。濟察其舉止，知欲爲變，亟命擒之，果有竊發者數十人，已刼鄽閈矣，悉蒐捕腰斬之，軍民肅然。

《宋史》卷三〇八《周審玉傳》淳化中，知貝州。有驍捷卒戍州者三十七人，同謀殺審玉，刼庫兵而叛，推虞候趙咸雍爲首。審玉覺之，與轉運使王嗣宗率兵悉擒其黨，斬十五級，磔咸雍於市。先是，咸雍父鏻，晉天福中，嘗誘契丹屠州城。至是五十年，而其子戮於都市，舊老猶記其事，咸異之。審玉以功領順州刺史。

至道初，徙并州鈐轄。咸平初，知鳳翔府。有桑門乘傳而西，以市木爲名，威動府縣。審玉曰：此有所倚而爲也。因按詰之，盡得其姦狀，杖其背，械送闕下。

（宋）李燾《續資治通鑑長編》宋真宗咸平三年四月　己巳，以魯山縣令李旦爲大理寺丞，賜緋。時縣民劉用聚徒造符讖，謀作亂，旦知之，盡擒其黨，部送至闕下，御史臺鞫問得實，故旌賞焉。用等並磔於京城諸門，連逮者杖脊配流遠惡處，其親戚交舊不問。

（宋）李燾《續資治通鑑長編》宋真宗咸平三年四月　癸酉，魯山賊劉用等七人，與龍衛軍使張能，坐共占星變，説讖緯，欲結衆爲亂，並磔於京城諸門，緣坐如律，同謀者二人亦斬，連逮者杖脊，配流遠惡。

《宋史》卷二八《真宗本紀》〔咸平四年〕十二月丁未，詔：蜀賊王均既平，除追捕亡命，餘詿誤之民並釋不問。【略】〔咸平五年冬十月〕辛巳，涇原部署繫内屬蕃族數叛者九十一人，請誅之，詔釋其罪。

《宋史》卷八《真宗本紀》〔天禧四年〕八月，永興軍都巡檢使朱能殺中使叛。丙戌，朱能自殺。甲辰，【略】入内押班鄭志誠坐交朱能削兩任，配隸房州。〔九月〕丙辰，始御崇德殿視事，治朱能黨，死、流者數十人。壬戌，給事中朱巽、工部郎中梅詢坐不察朱能姦謫官。【略】己巳，遣使安撫永興軍。

（宋）司馬光《涑水紀聞》卷四　張昷之爲河北都轉運使，保州界河巡檢兵士常以中貴人領之，與州抗衡，多齟齬不相平，州常下之。其士卒驕悍，糧賜優厚，雖不出巡徼，常廩口食。通判石待舉以爲虚費，申轉運司罷之。士卒怨怒，遂作亂，殺知州、通判等，梟待舉首於木上，每旦射之，箭不能容則拔去更射。推都監爲主，不從，則以槍刺之，洞心，刃出於背。又脅監押韋貴，貴曰：必若此，能用吾言乃可。衆許之，遂立貴爲主。貴以言諭之，令勿動倉庫及妄殺人，且説之以歸順朝廷，衆頗聽之。會朝廷遣知制誥田況齎詔諭之，況遣人於城下遥與賊語，出詔示之，賊終狐疑不聽，稍近城則射之，不能得其要領。有殿直郭逵者徑逾壕詣城下，謂賊曰：我班行也，汝下索，我就汝語。賊乃下索，即授之登城，謂賊曰：我班行也，豈不自愛，苟非誠信，肯至此乎？朝廷知汝非樂爲亂，由官吏遇汝不以理，使汝至此。今赦汝罪，又以禄秩賞汝，使兩制大臣奉詔書來諭汝，汝尚疑之，豈有詔書而不信邪？兩制大臣而爲妄誕邪？辭氣雄辨，賊皆相顧動色曰：果如此，更使一二人登城。即復下索，召其所知數人登城。賊於是信之，争投兵，下城降，即日開門。大軍入，收一指揮坑之，餘皆勿問。殿直加閤門祗候。

保州城未下時，有中貴人張懷敏，與張昷之不協，在軍中密奏云：賊於城上呼云，得張昷之首，我當降。願賜昷之首以示賊，宜可得。上從之，遣中使奉劍往，即軍中斬昷之首以示賊。是時參知政事富弼宣撫河北，遇之，即遣中使復還，且奏曰：賊初無此言，是必怨仇者爲之。藉令有之，若以一卒之故斷都轉運使頭，此後政令何由得行上乃解，昷之落職知虢州。

（宋）陸游《老學庵筆記》卷九　蜀父老言：王小皤之亂，自言我土鍋村民也，豈能霸一方？有李順者，孟大王之遺孤。初，蜀亡，有晨興過摩訶池上者，見錦箱錦衾覆一襁褓嬰兒，有片紙在其中，書曰：國中義士，爲我養之。人知其出於宫中，因收養焉，順是也，故蜀人惑而從之。未幾，小皤戰死，衆推順爲主，下令復姓孟。及王師薄城，城且破矣，順忽飯城中僧數千人以祈福。又度其童子亦數千人，皆就府治削髮，衣僧衣。晡後分東西門兩門出。出盡，順亦不知所在，蓋自髡而遯矣。明日，王師入城，捕得一髯士，狀頗類順，遂誅之，而實非也。有帶御器械張舜卿者，因奏事，密言：臣聞順已逸去，所獻首非也。太宗以爲害諸將之功，叱出將斬之；已而貸之，亦坐免官。及真廟天禧初，順竟獲於嶺南。初欲誅之於市，且令百官賀。吕文靖爲知雜御史，以爲不可，但即獄中殺之。人始知舜卿所奏非妄也。蜀人又謂：順逃至荆渚，入一僧寺，有僧熟視曰：汝有異相，當爲百日偏霸之主，何自在此？汝宜急去，今年不死，尚有數十年壽。亦可怪也。又云方順之作，有術士拆順名曰：是一百八日有西川耳，安能久也。如朝而敗。

（宋）李攸《宋朝事實》卷一六《兵刑》　平廣西蠻賊歐希範。歐希範，環州思恩縣人，嘗舉進士試。景祐五年，應募從官軍擊安化州叛蠻，既而詣登聞求録用。下宜州，而知州馮伸己言其妄要賞，朝廷遂編管全州。未幾輒遁歸，其族百餘人謀爲亂，殺馮伸己，而曰：若得廣西一方，當建爲大唐國。因問術士石太清。太清曰：君貴不過封侯也。乃殺牛建壇場祭天神，推白崖山酋蒙趕爲帝，叔歐正辭爲奉天開基建國桂王。慶曆四年正月十三日，遂領衆二千餘人，破環州，劫州印，以環州爲武成軍。又破鎮寧州及普義寨。宜州捉賊李德用出韓婆嶺，擊却之，獲僞將崖盈、譚護二人。希範遂入保荔波洞，間出拒官軍。明年，轉運使杜杞大領兵至環州，使攝官歐曄、進士曾子華、宜州押司官吴香誘其黨六百餘人，始與之盟，置蔓陀花酒中，既昏醉，稍呼起，問勞至，則皆推於後廡下，盡擒殺之。后三日，得希範等十數人，剖其腹，繪五臟圖，仍醢之以賜諸溪洞。殿中侍御史梅摯等言：廣州轉運使杜杞誘降人歐希範等六百餘人，悉於會上殺之，失朝廷所以推信遠人之意，宜劾罪以聞。上爲賜書申戒之。廣西捉殺歐希範兵官禮賓使陳拱等四十三人，并行賞有差。

《宋史》卷三〇四《王彬傳》　撫州民李甲、饒英恃財武斷鄉曲，縣莫能制。甲從子詈縣令，人告甲語斥乘輿。彬按治之，索其家得所藏兵械，又得服器有龍鳳飾，甲坐大逆棄市。並按英嘗强取人拏，配嶺南，州里肅然。

《宋史》卷三〇五《楊億傳》　會巡檢部卒李素合州卒二百餘人，謀殺巡檢使，入鼓角門，州將不敢出。偉挺身往問曰：若屬何爲而反？俱曰：將有訴於州，非反也。偉曰：持兵來，非反而何？若屬皆有父母妻子，以一朝忿而欲魚肉之乎？悉令投兵，坐籍首惡得十餘人，斬之。

《宋史》卷三一一《呂夷簡傳》　糾察在京刑獄。虎翼卒劉慶告變，下吏案驗，乃慶始謀，衆不從，慶反誣衆以邀賞。因言：京師衛兵百萬，不痛懲之，則衆心摇。遂斬慶以徇。

（宋）歐陽修《文忠集》卷九八《奏議・論沂州軍賊王倫事宜劄子》慶曆三年　臣近聞沂州軍賊王倫等殺却忠佐朱進，打刼沂密海楊泗楚等州，邀呼官吏，公取器甲，横行淮海，如履無人。比至高郵，軍已及二三百人，皆面刺天降聖捷指揮字號，其王倫仍衣黄衫。據其所爲，豈是常賊，驟聞可駭，深思可憂。臣竊見自古國家禍亂，皆因兵革先興而盗賊繼起，遂至横流，後漢隋唐之事，可以爲鑒。國家自初兵興，必知須有盗賊，便合先事爲備，而謀國之臣，昧於先見，致近年盗賊縱横，不能撲滅。未形之事，雖或有所不及，已兆之患。豈可因循不爲。臣遍思天下州軍，無一處有備，假令王倫等周遊江海之上，驅集罪人，徒衆漸多，南越閩廣而斷大嶺，西走巴峽以窺兩蜀，所在空然，誰能禦之。之一作制禦。若不多爲方略，竊恐未可剪除。而朝廷之臣，尚若常事，不過差一兩人，使臣領兵捕捉。此外更無處置，竊以去患宜速，防禍在微。伏望陛下深懼禍端，督責宰輔，早爲擘畫。速務剪除。臣亦有短見數事，謹具條列，以裨萬一。

一、乞訪尋被殺朱進，或有兒男，便與一官，令其捕賊，以復父讎，仍許令乘驛，隨逐一作處指射兵士隨行。

一、竊知王倫在沂密間，只有四五十人，及至高郵，已二三百人，皆是平民，被其驅脅。欲乞除軍賊不赦外，特赦驅脅之人。先與安慰其家，各令家人以書招諭，有能殺軍賊脱身自歸者，等第重與酬賞。可使自相疑貳，壞散兇徒。

一、竊慮江淮諸處，先有賊盗，漸與王倫合勢，則兇徒轉熾，卒難剪滅。欲乞指揮募諸處未獲盗賊，有能謀殺軍賊者，亦等第重行酬獎。可使賊心自疑，徒黨難集。

一、乞出榜招募諸處下第舉人及山林隱士、負犯流落之人，有能以身入賊筭殺首領，及設計誤賊陷於可敗之地者，重與酬獎。所貴兇黨懷疑，不肯招延無賴之人以爲謀主。

一、竊見朝廷雖差使臣領兵追捕，而兇賊已遍刧江淮，深慮趕趂一作追趕。不及，徒黨漸多。欲乞特差中使馳騎，先計會沿江淮諸路州軍，會合巡檢縣尉，預先等截，續發禁兵隨後追逐。所貴不至走透。

右臣所陳五事，伏乞詳擇施行外，有先被王倫脅從人等首身者百餘人，其中有當與酬賞及合行分配者，乞早賜施行，用安反側，謹具狀奏聞。

（宋）歐陽修《文忠集》卷三〇《墓誌・兵部官員外郎天章閣待制杜公墓誌》　慶曆三年，盗起京西，掠商、鄧、均、房。叛兵燒光化軍，逐守吏，吏不能捕。天子患之，問宰相誰可任者。宰相言：度支判官、尚書虞部員外郎杜某，名家子，一有好字。學通知古今，宜可用。乃以君爲京西轉運按察使。居數月，賊平，叛兵誅死。明年，廣西歐希範誘白崖山蠻蒙趕，襲破環州，陷鎮寧、帶溪、普義，有衆數千，以攻桂管。宰相又言：前時杜杞守横州，言蠻事可聽，宜知蠻利害。天子驛召君，見便殿，所對合意，即除君刑部員外郎、直集賢院、廣南西路轉運按察安撫等使。杞君至宜州，得州人吴香及獄囚歐世宏，脱其械，使入賊洞，説其酋豪。杞乘其怠，急擊之，破其五洞，斬首數百級，復取環州。因盡焚其山林積聚，希範窮迫走荔波洞。蒙趕率僞將相數十人，以其衆降。君與將佐謀曰：夫蠻習險恃阻，如捕猩猱，而吾兵以苦暑難久，是進退遲速皆不可爲，故常務捐厚利以招之。蓋威不足以制，又恩不能以懷，此其所以數叛也。今吾兵雖幸勝，然蠻特敗而來耳，豈真降者哉。啖之以利，后必復動。乃慨然嘆曰：蠻知利而不知威久矣，吾將先威而後信，庶幾信可立也。一無此字。乃擊牛爲酒，大會環州，戮之坐中者六百餘人，而釋其尫病脅從與其非因敗而降者百餘人。後三日，兵破荔波，擒希範至，并戮而醢之，以賜諸溪洞。於是叛蠻無噍類，而君威震南海。言事者論君殺降，爲國失信於蠻貊，天子置之不問，詔書諭君，賜以金帛。杞即上書引咎。

（宋）李攸《宋朝事實》卷一六《兵刑》 仁宗平保州雲翼叛軍。慶曆四年八月壬寅，降勅榜招安保州叛軍。又詔：保州兵亂，本路見領兵甲捉殺，慮恐北界緣邊人户驚疑，可令知雄州王德基牒報之。蔡襄言：保州兵士閉城爲亂，殺黨中懦兵十餘人，指爲首惡，以要朝廷招安，臣與臣修、臣甫已有論列，欲令知定州王果引兵隨招榜入城，盡行誅戮。不聞施行。竊以天下内外之兵百有餘萬，苟無誅殺决行之令，必開驕慢叛亂之源。今州兵殺官吏，閉城門，從而招之，使傳於四方，明朝廷有畏衆不殺之意、官司有觸事畏忌之勢，則奸何憚而不爲議者若謂今日北戎妄生釁端，不可便於極邊之地張皇其事，爲敵人所窺，是不知制兵之權而昧威戎之略也。夫以中國爲夷狄所輕者，本由朝廷威令不行。今以勁兵入城，誅一二千叛卒，以絶天下禍亂之萌，而敵人咫尺，必將竦動，安慮其見窺乎况事機不可失，惟陛下特發睿斷而行之。丙辰，田况言：保州緣邊人户多煽言軍賊作亂，將引契丹軍馬入界。以臣所料，必有奸人固欲摇動邊民。乞下沿邊安撫使密令緝捕，法外施行。從之。又言：保州累有人縋城，不得其造，逆不肯開城門。軍士雲翼左第九指揮一十一人、招收第三指揮一十一人、第四指揮一十人姓名，已令用床子弩射箭射入城中，告示韋貴，若能設畫擒戮得叛人，則當優遷官資。如軍中人能自相殺并一人以上，并與軍員高排，三兩人則不次擢之。丁巳，命内侍武繼隆賫赦敕赴保州招安，令田况、李昭亮、劉涣、楊懷敏相度，如已開六，即更不以赦敕示之。初，河北自五代以來，保州、廣信、安肅别領兵萬人，爲三部，號都巡檢司，亦曰策先鋒。以知州軍爲使，置副使二人，使鄰道相爲援。太祖嘗用此兵有功，因詔每出巡，别給錢糧以優之。其後州將不出巡，惟巡檢司所領得給爲不均。通判秘書丞石待舉乃建議於都轉運使張昷之，請領所部兵更其出入，季一出巡，出則别給錢糧，餘悉罷之。至是，巡檢司雲翼等軍悉揚言爲亂，知州如京使、興州刺史劉繼宗不自安，乃悉令納所置教閲器仗。會都監韋貴與待舉射弓賭酒而於衆辱之，貴憑酒慢詈曰：徒能以減削軍糧爲己功。因激其衆。八月五日給軍衣，衆遂劫持兵入衙門。待舉挈家上城，出東門，入無敵營。會繼宗挈家至，與待舉列敵兵守關城，率神衛、招收兵收入東門以拒亂。既而轉鬥不敵，繼宗、待舉復上城避之。遂下城，繼宗墮城死，待舉藏鹿角中，爲亂卒所害。衆怒待舉甚，揭其首。於是又疑走馬承受公事劉崇古，言與待舉同議，亦害之。始迫沿邊巡檢都監王守一，不從而死。乃擁韋貴，據城以叛。賊平，既降昷之等，又降知定州。

《宋史》卷一一《仁宗本紀》〔慶曆六年五月〕丁酉，京東人劉巹、劉沔、胡信謀反伏誅。

（宋）李攸《宋朝事實》卷一六《兵刑》 平貝州妖賊王則。慶曆七年十二月，河北安撫使知北京賈昌朝奏，十一月二十八日，貝州宣毅軍大將王則據城叛。則本涿州人，以饑饉，流亡至貝州。始去涿時，母與之别，刺福字於其背，以爲記。恩、冀之俗，多尚妖術。後因習妖法，謀爲亂，遂言背有福字自然隱起，以惑衆。衆頗信事之，而州吏張巒、卜吉爲之主謀。會冬至，知州張得一與官屬俱謁聖祖於天慶觀，則率其徒劫庫兵，得一保驍捷營。賊焚營門，執得一囚之。兵馬監押内殿承制田斌以從卒巷斗，不勝而出。城門閉，提點刑獄田京、任黄裳持印，棄其家屬縋城出，保南城。賊從通判董元亨取軍資庫鑰不得，殺之，遂縱獄囚。囚有憾司理王奬者，遂殺奬。既而節度判官李浩、清河令齊開、主簿王湙皆被害。則僭號東平王，以張巒爲宰相，卜吉爲樞密使，建國曰安陽。榜所居門曰中京，居室厩庫皆立號。改元曰得聖，以十二月爲正月。置破趙得聖等軍，百姓年十二以上并刺爲軍，所用旗幟號令率以佛爲稱。城上置四總管，各主一方。又列其徒爲知州。然縋城下者日衆，於是令守者五人爲保，一人縋，則四人悉斬之。貝州民汪文慶、郭斌、趙宗本、汪順自城中爲書射出，約爲内應。夜以索引官軍數百人上城，焚敵棚。賊率衆拒，文慶等與官軍復自城而下。功雖不就，上曰：文慶等能向順，可嘉也，悉録以官。三班奉職馬遂爲北京指揮使，則叛，遂中夜叱咤。晨起詣留守賈昌朝，請擊賊自效。昌朝因使持招降榜入城，則盛服見之。遂諭以禍福，不答。時知州事張得一侍側，遂目之，不應。乃起投杯於地，扼則喉，擊之流血，左右無助者。賊黨至，斷其一臂，殺之。將死猶罵賊曰：妖賊，恨不斬汝萬段。上聞，嘆息久之，贈宫苑使，封其妻爲旌忠縣君，仍賜冠帔，官其五子。及賊平，得殺遂者驍捷卒石慶，上使其子剖心而祭之。則始與妖黨謀，以八年正旦，斷澶州浮橋，相應爲亂。會其黨潘方净者以書謁留守賈昌朝，昌朝執之，故未及期而發。所習妖書，有《五龍經》、《滴泪經》。始則之叛也，上以權知開封府明鎬爲端明殿學士、河北體量安撫使，節制討賊。既屢攻未克，上憂賊熾，亟召高陽關總管王信問貝州事，且戒信曰：凡軍營在關城内，與賊爲亂者家屬，悉羈管之。餘非是作亂者，當加曉諭，勿使之憂疑也。又曰城中軍民來投者，毋得枉有殺戮以來功賞，使諭河北安撫使賈昌朝，與言亟示之以約束，違者以軍法從事。上又曰：城下要害處既多設寨柵，以防奔冲。即陰晦雨雪，賊乘夜突出，以害吾主將，不可無備。軍中盛寒，凡係官材植及河防物料，權許就取爲薪。上之憂恤軍民如此。一日，得賈昌朝奏貝州事，憂形於色，悵然曰：相公樞密日上殿來，無一人與國家了事者，何益彦博早朝，慷慨請行，以破賊自任，上大喜。既而左右贊曰：官家無憂，貝加文，則敗矣。上益喜。丁丑，右諫議大夫參知政事文彦博爲河北宣撫使，本路體量安撫使、樞密直學士、左諫議大夫明鎬副之。戊寅，詔文彦博以便宜從事，仍以將作監主簿鞠真卿、試將作監主簿成偉、進士李景元掌機宜文字。其明鎬所辟官吏，并仍舊。彦博行，上燕餞賜賚，榮盛傾一時。乙酉，降空名敕告、宣頭札子三百道下河北宣撫使，以備賞功。是時明鎬功垂成，將士知上委任彦博隆重，人百其勇，待彦博之來以自效。上亦曰：彦博必生擒此賊矣。至未逾月，閏正月辛丑，彦博等遣承受公事李繼和來告貝州平，總管王信生捕獲王則。則自反至敗，凡六十六日。凱旋。戊申，以彦博爲同中書門下平章事。制曰：膺重任者必勵許國之忠，建奇功者必峻登賢之賞。其有早毗大政，夙負偉材，自奮臨戎之行，遂成蕩寇之略，宜揚顯命，以告治廷。推忠佐理功臣、朝散大夫、右諫議大夫、參知政事、上輕騎都尉、平陽郡開國侯，食邑一千户，賜紫金魚袋。文彦博器業異倫，智謀適用，有强明果斷之才而濟之以温裕，有周通敏洽之識而輔之以端方，自班近途，浸發賢蘊。向以預政之地，深念擇人之難，採西南之治聲，陪左右之機論。屬凶徒構孽，孤壘偷生，巢幕之勢雖危，拒轍之狂尚肆。始定恢於勝策，往即殄夫妖氛，賞而緩功，庸何以勸宜陞臺席之貴，更陟中臺之華，兼書殿之美資，衍輮田之真賦，褒功馭賞，并示優崇。於戲！舍爵策勛，已奉謀於太室；代天理化，終濟治於王家。其懋乃猷，用祇攸訓。可特授金紫光禄大夫、行尚書禮部侍郎、同中書門下平章事、集賢殿大學士、上柱國，進封開國公，加食實封四百户。仍賜推忠協謀佐理功臣。上顧彦博曰：卿，朕之裴度也。彦博歸功於明鎬，讓位久之，上屢詔不允。詔以鎬爲端明殿學士、給事中，遂除參知政事。以王信爲感信軍節度觀察留后。自餘兵官，各以功次遷，京朝官及選人預軍期者六十人，都虞候至士卒八千四百人，第其功爲五等：第一等一百六十人，轉五資，第二等二百人，轉四資；第三等三百人，轉三資；第四等六百人，轉二資；第五等一千八百人，轉一資。王則檻送京師。乙丑，剮則於都市，誅西上閤門使知貝州張得一於麗景門外。得一，太子太師耆之少子也，視事八日而遇亂，匿營中爲賊所得，置其家屬於州廨之西廳，日爲具飲食。初，賊取州二印，猶語曰：用訖却見還。後每見必呼，則曰大王，先揖而後坐，坐必東向。又爲則僭排儀衛，以故得不害。既誅，而兄弟悉降黜，妻子論如律。

《宋史》卷三〇〇《王沿傳》　王則以貝州反，深卒龐旦與其徒，謀以元日殺軍校，劫庫兵應之。前一日，有告者。鼎夜出檄，遣軍校攝事外邑，而陰爲之備。翌日，會僚吏置酒如常，叛黨愕不敢動。鼎刺得實，徐捕首謀十八人送獄。獄具，俟轉運使至審決。未至，軍中恟恟謀劫囚。鼎因謂僚吏曰：吾不以累諸君。獨命取囚桀驁者數人，斬於市，衆皆失色，一郡帖然。轉運使至，囚未决者半，訊之，皆伏誅。

《宋史》卷一一《仁宗本紀》　〔慶曆八年閏月〕辛酉，親從官顔秀等四人夜入禁中謀爲變，宿衛兵捕殺之。

《宋史》卷二六五《吕蒙正傳》 徐州妖人孔直温挾左道誘軍士爲變，或詣轉運使告，不受詞。居簡令易其牒，盡捕究黨與，貸詿誤者，請於朝，斬直温等。濮州復叛，都民驚潰，居簡馳往，護首惡誅之。

（宋）李攸《宋朝事實》卷一六《兵刑》 平廣南蠻賊儂智高。皇祐四年四月，廣源州蠻儂智高反，陷邕州横山寨。五月，破邕州，又入横州、貴州、龔州、藤州、梧州、康州、端州、昭州，圍廣州、廣源州。其先韋氏、黄氏、周氏、儂氏爲首領，互相劫掠。邕管經略使徐申厚撫之，黄氏遂納質，而十三部二十九州之蠻皆定。自交趾竊據，而廣源等州多服役之。州在邕管西南，鬱江之源，其地岩險峭深，産黄金、丹砂。俗尚椎髻、左衽，善戰斗，輕死好亂。初，知儻猶州儂全福殺其弟知萬涯州存禄及其妻之弟知武勒州儂當道，而并有其地。交趾怒，興兵虜全福及其子智聰以歸，而其妻阿儂遂嫁商人而生智高。智高生十三年，殺其父商人曰：天下豈有二父耶因冒儂姓，與其母奔雷火洞。久之，復出據儻猶州，建國曰大歷國。阿儂僞稱皇太后，天資慘毒，嗜小兒肉，每食必殺小兒。智高攻陷城邑，皆其謀也。交趾復伐儻猶州，執智高，釋其罪，使知廣源州、文火、雷火、頻婆四洞，又以思浪州附之。居四年，智高内怨交趾，攻安德州據之，僭稱南天國，改年景瑞。皇祐元年，寇邕州。明年，廣西轉運使蕭固遣邕州指揮使元贇往候之，而贇擅發兵，攻智高，爲其所執，且問中國虚實。贇頗爲陳大略，説智高内屬。由是遣贇還，并奉表，願歲貢方物，許之。遂賫金函書，請獻金、銀、朱砂。知邕州陳拱以其事上聞，不報。智高既不得請，又與交趾爲仇，且擅山澤之利，遂招納亡命。數出弊衣易米，給言本洞饑，部落離散，拱信其微弱，不設備。乃與廣州進士黄瑋、黄師宓及其黨儂建侯、儂志忠等日夜謀入寇。一夕，焚其巢穴，給其衆曰：平生積聚，今爲天火焚，無以爲生，計窮矣。當拔邕州，據廣州以自王，否則死於兵刃之下。四年四月，率衆五千沿鬱江東下，攻横山寨，破之，又破邕州。自號仁惠皇帝，改年啓歷，赦境内，黄師宓以下皆稱中國官名。相繼破沿江九郡貴、横、龔、潯、藤、梧、封、康、端，所至殺官吏，焚府庫。進圍廣州。知英州蘇誠屯兵邊渡村，扼其歸路。番禺令蕭注募土丁，具戰艦。賊少俱。會張忠自京師至，不介馬戰於白田，死之。賊圍廣州，凡五十三日。又再戰於皇渡村。七月壬戌，由清遠濟江，擁婦女作樂而去。攻賀州，不克，殺蔣偕於太平場。破昭州，殺王正倫於館門驛。復據邕州。十二月壬申，又敗陳曉於金城驛。自智高初叛，上擢狄青宣徽南院使，充京湖南北路宣撫使，提舉廣南經制賊盜事，降空名宣頭一百道付青，以備賞功。明年正月旦，會兵於賓州，責斬廣西兵馬鈐轄、崇儀使陳曉及左班殿直袁用等三十二人於賓州。初，曉遇智高於金城驛，令東頭供奉官王永吉將宜州勇敢兵五百爲先鋒，輕而失利，曉又素無威令，既遇賊，士卒猶聚博營中，倉卒被甲以前。曉既先受青節制，令不得輕進，恐青至成功，故僥幸一戰以至覆軍，爲青所斬，軍中股栗。遂下令更十日進軍。賊諜者既去，詰旦遂行，至歸仁鋪，遇賊迎戰，前鋒少却，左第一將孫節死之。青親執旗幟，麾左右蕃落騎，馳出賊後，大破之，斬首二千二百，傷創重者三千三百，獲賊謀主黄師宓、儂志忠等五十七人，牛馬器用數萬，得賊所擄士女三千餘人，招復丁壯七千三百。以所得賊財四十萬均給戰士，仍築京觀以志功，露布曰：臣青言：臣出身行伍，備位要樞，屬嶺表之虔劉，致聖情之宵旰，董師而出，承命不違。受斧鉞之初，皆親禀於睿算；當矢石之際，則全仗於天威。石投卵以何虚，竹迎刃而自解。臣戊辰自連州整兵，甲戌至潯州遇寇，蕩平小蠢，若躡無人，度越重江，始逢大敵。戊寅，儂賊領烏合之衆，帥蟻附之徒，親統全軍，結爲一陣，輕兵搏我，驕氣凌人。臣堅壁不争，張翼而待，候其鋭鋒稍挫，剛氣微衰，奮驍勇而斬將搴旗，侮敗亡則追奔逐北，自旦至暄，殺獲無餘。既梟凶獷之俘囚，遂舉甌城之降附，民歸慈母，氣廓遐陬。元凶已縶於檻牢，餘黨合尸諸市肆。伏念濱潯之地，脅從者皆是吾民；僭僞之中，緣坐者不無非罪。今則重輕差罰，首級書功，續遣使臣，別具敷奏。謹先具露布，馳驛以聞。云云。初，廣南謡言農家種，羅家收，至是爲青所破，如謡言云。是時，朝廷以承平之久，嶺外州縣類不爲備，官吏狃以爲常，故寇至如入無人之境。前后遣將又不得人，以至暴踐一方幾一年云。二月班師，詔加青檢校太尉、河中尹，召爲樞密使，賜城南第一區。青始受命討賊，即言於上曰：官軍征蠻，數敗走，士氣不振，請選馬步軍及虎翼五指揮嘗經御邊者以往，庶於必勝。上悉選精鋭而遣之，曰：此皆吾勁兵，累歷戰斗，可用也。青果以此敗賊。始，上以青爲宣撫使，付以廣南討賊，言者以青武人，不可專任以事。上以問大臣，宰相龐籍對曰：青起行伍，若以文臣副之，彼視青爲何者不如不遣。乃詔嶺南一皆受青節制。既行，上謂侍臣曰：青有威名，賊當畏其來，左右使令非青之親信不可，雖飲食起卧亦宜防竊發。乃特使以戒之。及捷至，上喜顧左右曰：向非委青專制，豈能成功如是之速也！

（宋）李燾《續資治通鑑長編》宋神宗熙寧八年三月　甲午，命知制誥沈括、同知諫院范百禄赴御史臺推李逢等公事，蹇周輔鞫逢反謀，得右羽林軍大將軍、秀州團練使世居交通狀，故有是命。世居，南陽侯從贄子也。

丙申，中書言：沂州鞫李逢等反逆，結構有端，而本路提點刑獄王庭筠等先奏逢無大逆謀，告人妄希賞，顯不當。詔並劾庭筠，先衝替；見鞫李逢等，更切研窮，旋具情節奏知，仍速具告發當酬獎人數以聞。庭筠自縊而死，捕世居及醫官劉育，繫御史臺獄。詔御史臺差官同中使即世居及育家索圖讖、書簡等。

（宋）李燾《續資治通鑑長編》宋神宗熙寧八年閏四月〔壬子〕賜右羽林軍大將軍、秀州團練使世居死，翰林祗候劉育陵遲處死，試將作監主簿張靖腰斬，司天監學生秦彪、百姓李士寧杖脊，並湖南編管；大理評事王鞏追兩官勒停，知瀛州、祠部員外郎、天章閣待制劉瑾落職，知明州，前翰林侍讀學士、禮部侍郎滕甫落職，候服闋與知州。世居子孫貸死，除名、落屬籍，隸開封府官舍監鏁，給衣食；妻女、子婦、孫女，並度爲禁寺尼；兄弟並追兩官勒停，伯叔兄弟之子，追一官，停參。劉育妻子分配廣南，爲軍員奴婢。張靖父母妻，決杖，廣南編管。大宗正司宗旦等劾罪以聞。世居並子令少、令譽名去世字、令，字孫五歲以上聽所生母若乳母監鏁處鞠養，及五歲以上取旨。差御史臺推直官監世居至普安院，縊殺之，中使馮宗道視瘞埋世居。育、靖并坐與李逢等結謀不軌，彪以《星辰行度圖》與世居，士寧收鈒龍刀及與世居飲，甫瑾與世居書簡往還，鞏見徐革言涉不順而不告，皆特斷也。徐革，五月十七日乃斷。

先是，范百禄言徐禧論滕甫事過當。上謂王安石，滕甫不合移鄧州，甫元無罪，因禧有方故移。安石曰：甫移鄧州，臣尚未至，不與此議。然甫姦慝小人，陛下若廢棄之於田里，乃是陟降上合帝心。今令安撫一路，而妻弟謀反於部中，豈得無不覺察罪？且因妻弟反獄在其部，移與別路安撫，有何所苦於公議，有何不允？上曰：若明其平生罪狀，廢放可也，不當因此事害之。安石曰：移鄧州安撫，害甫何事？上又言：有言逆於汝心，必求諸道；有言遜於汝志，必求諸非道。安石曰此固然，但恐以非道爲道，以道爲非道，即錯處置事矣。翼日，王珪、吕惠卿進呈滕甫乃徐禧未言以前，上令移之。上又言劉瑾與世居往還書簡比甫更多，有不容居内之語。安石曰：不容居内是何意，不知謂陛下不能容，或謂執政不能容，或謂簡汰不容，皆不可知，亦未可深罪瑾也。上曰：然要不可令作帥。聞説瑾甚懼朝廷放棄。安石曰：宗室如此事，近世未有，瑾自宜恐懼。吕惠卿又言：王鞏與韓絳親戚，取下狀三日不奏，王珪點檢方奏，元狀甚疑，韓知情後，勘得乃無罪。若使鞏臣及王安石親戚，三日取下狀不奏，因王珪點檢方奏，即大涉嫌疑也。上曰：鞏情不佳。安石曰：鞏情亦無甚可惡。上曰：鞏見徐革言世居似太祖，反勸令焚燬文書。安石曰：杜甫《贈漢中王瑀詩》云虬鬚似太宗，與此何異。令燒燬文書，文書若燒燬，即於法無罪。既與之交遊，勸令避法禁，亦有何罪，罪止是不合入宮邸耳。上問處置世居事，安石曰：世居當行法，其妻及男女宜寬貸，除屬籍可也。今此一事，既重責監司，厚購告者，恐開後人誣告干賞，官司避罪，將有横被過者。願陛下自此深加省察。方今風俗，不憚枉殺人命，陷人家族以自營者甚衆。上曰：事誠不可偏重也。及是，斷獄如安石議。士寧初議免真決，韓絳力爭之，遂依法。

嘉王頵以嘗奏劉育本府醫藥祗應待罪，詔答曰：執伎賤工，取其方術，非緣覲行之舉，曷累知人之明，奚煩抗章至自分咎？可趣奏朝請如故。

（宋）李燾《續資治通鑑長編》宋神宗熙寧八年五月〔丁丑〕詔前餘姚縣主簿李逢、河中府勸察推官徐革凌遲處死；武舉進士郝士宣腰斬；李逢妻爲逢久棄出外，免没官，度爲尼，男女没官爲奴婢；逢叔司農少卿禹卿，姪分宜縣主簿襲、汝州推官毅，前永濟縣主簿顔，並免真流；兄秘書丞逵免没官，並除名勒停，逵送湖南編管；姪襲免決配，江東編管；徐革妻、男女、弟並没官爲奴婢，叔配湖北編管；郝士宣父左侍禁賁除名勒停，潮州編管，母妻分配廣南編管；本路轉運，提點刑獄司並沂州干繫官司理院勒鞫不當官吏及知彭城縣陳愓、尉竇士隆，並劾罪以聞，內知情不告人，並編管。逢、革、士宣坐與趙世居結搆，謀不軌，朱唐告發逢等謀，而愓等不受，及蹇周輔推治得失故也。

又詔京東西路轉運副使、太常丞趙濟降一官，東路轉運判官、太子中舍李察展磨勘四年，提點京西南路刑獄、國子博士張復禮降一官，前通判沂州、司門員外郎周禹錫勒停，判官楊緯、推官王中正、司理參軍鄭延各追一官，知彭城縣、殿中丞陳愓追兩官，並勒停。

（宋）李燾《續資治通鑑長編》宋神宗熙寧八年五月〔丁卯〕監察御史裏行蔡承禧言：前日世居之獄，徐禧乞不簽書，而鄧綰、范百禄故在也，朝廷即令二中使就審其誠否。乞自今大獄有疑，或勘官異同，精擇侍從或録問官以往，事已之後明辨曲直。又聞禧、百録爲李士寧刑名封章互上，乞降二人書辨之。不報。朱史簽貼云：無施行，合删，今復存之，但云不然。案孝寬、琥被命，或因承禧有言也，豈得謂無施行。

詔曾孝寬、張琥看詳監察御史裏行徐禧、同知諫院范百録互奏李士寧文字，劾理曲者以聞。

先是，百禄與顧綰、徐禧雜治世居獄，士寧以術游公卿，間嘗遇居母，以時遺之，有耿、鄧忠勳後，門連坤日榮之語，初以爲士寧所爲，既而內出《仁宗御集》，乃賜曹傅挽詞，士寧亦以此自解。百録許士寧贈詩之意，士寧對曰：彼乃太祖之後，帝子王孫是甚其是？百禄謂士寧熒惑居，以致不軌之禍，且疑知居逆謀，推問不服。居及李逢亦以士寧爲不與謀也。禧語百録：豈有人十七八年前率意作詩，便欲加罪？百禄以爲不然，禧乃奏：士寧贈詩未爲狂悖，彼亂人挾借解釋，何所不至。而百禄之意以爲士寧嘗在王安石門下，擅增損案牘，必欲鍛練附致妖言死罪，迫勒引諭，屢通屢却。夫挾大臣故舊以枉陛下之法，與借人死命以增己之疑者，相去幾何？臣皆不忍行此。乞免簽書，差公平官結勘。詔不許，卒論士寧徒罪。

於是百禄奏：士寧詼詭誕謾，惑世亂俗，終身隱匿，一旦顯敗，此王制之所必誅，而不以聽者也。向士寧未到時，禧嘗謂臣曰：若士寧罪不至死，禧須奏乞誅之。及見本人，何遽翻覆如此！臣竊謂禧之所存，固非仁於士寧，其意必欲承此間隙，收恩掠美，使執政大臣愛己而惡人耳！禧，御史，而敢昌言於朝，挾詐罔上，此風寖長，陛下將何恃耶？今案牘分明，因人尚在，請據禧章治其虛實，如臣果有迫勒引諭、屢通屢却、鍛練附致之狀，則臣敢從放棄，不齒士論。若臣實無之，而禧率爾言，則是懷邪黨姦，不憚欺罔，以誤朝聽，以媚大臣，恐不足以當陛下耳目風憲之任。乃詔孝寬、琥辨其曲直。

始禧奏乞免簽書，上即令內侍李舜舉、馮宗道推問士寧，謂王安石曰：百禄意亦無他，兼未結案，禧遽入文字，似有意傾百禄。人心難知，朕雖見禧曉事，然豈保其心？安石曰：如此，則百禄素行忠信，必能上體聖意；禧必爲邪，有所黨附。上曰：士寧更有罪，於卿何損？況今所坐，並無他。安石曰：士寧縱謀反，陛下以爲臣罪，臣敢不伏辜！然內省實無由知，亦無可悔恨。然初聞士寧坐獄，臣實恐懼。自陛下即位以來，未嘗勘得一獄正當，臣言非誣，皆可驗覆也。今士寧坐獄，語言之間稍加增損，臣便有難明之罪。既而自以揣心無他，横爲憸邪誣陷，此亦有命，用此自安。然陛下以爲人心難知，亦不至此，若素行君子必不爲小人，素行小人豈有復爲君子？上曰：如曾布，卿亦豈意其如此？安石曰：曾布性行，臣所諳知。方臣未薦用時，極非毀時事，臣以其材可使，故收之。及後宣力，臣傾心遇之，冀其遂爲君子，非敢保其性行有素也。布且如此，陛下豈可不知其故？若陛下以一德遇群臣，布知利害所在，必不至此，陛下豈可不思？他日又言：昨臣論奏范百禄、徐禧事，不顧上下禮節，犯陛下顏色者，誠激於事君之義也。子路行行如也，然孔子教之事君，曰：勿欺也而犯之。子路雖行行然，至於衛君以正名爲迂，於孔子則欲以門人爲臣，未免爲欺也。然則不欺而犯，人臣之所難，臣所以如此，徒以報陛下故爾。陛下於徐禧等事，何須遽有適莫？此兩人相訟，自當有曲直。陛下有適莫，小人承望，便於曲直有所撓。曲直有所撓，即害朝廷政事。臣備位執政，政者，正也，今曲直有所撓，即害臣職事，此臣所以不免犯顔論奏。如向時曾布事，臣屢奏力爭，願陛下勿倉卒，倉卒即上下承望，所推事皆失實。陛下不聽。不知後來事果如何？及孝寬、琥受詔，百禄竟得罪。

（宋）李燾《續資治通鑑長編》宋神宗熙寧八年五月〔甲子〕詔腰斬進士李侗。坐與世居、李逢等謀不軌也。

《宋史》卷一五《神宗本紀》〔熙寧八年閏月〕甲申，熙河路蕃官殿直頓埋謀叛伏誅。

（宋）李燾《續資治通鑑長編》宋神宗熙寧九年七月〔癸亥〕成都府路體量邊事王中正言：茂州所管静州州將楊文緒因蕃部謀燒劫市户，圍逼州城，並率張仁貴結連背叛。今雖擒獲文緒，然已病困，恐且死，無以徇衆，遂輒斬之。其張仁貴並妻女等，乞裁斷。詔仁貴陵遲處死，並楊文緒妻子並依謀叛已上當法。仁貴，茂州牙校也。

（宋）李燾《續資治通鑑長編》宋神宗元豐二年十二月〔壬子〕定州路安撫司言，廣信軍民于原逃入北界，妻子初實不知。詔原家屬送荆南編管，廣信軍官吏不覺察，劾罪以聞，雖遇德音不原。

（宋）李燾《續資治通鑑長編》宋神宗元豐八年五月〔丙辰〕刑部言趙譽等坐父世居嘗謀不軌，除名、停降、鎖閉，就增屋居之。

《宋史》卷三三〇《杜紘傳》嘗有揭幟城隅，著妖言其上，期爲變，州民皆震。俄而草場白晝火，蓋所揭一事也，民又忿恐。或請大索城中，紘笑曰：姦計正在是，冀因吾膠擾而發，奈何墮其術中？彼無能爲也。居無何，獲盜，乃奸民爲妖，如所揣，遂按誅之。

（元）張鉉《至大金陵新志》卷三中之下《金陵表》二年戊申，户部尚書葉夢得請上南渡，阻江爲險以備不虞，又請以重臣爲宣總使，一居金陵，總江浙之師以備退保。群盜張遇號一窩蜂破鎮江，屯金山寺及楊子橋，詔吕頤浩率江淮制置使劉光世、兩浙制置使王淵等圖之，頤浩單騎入賊營遇等皆出迎，惟劉彦不至，乃主謀不降者，頤浩斷其足釘於楊子橋上，餘黨怖而釋甲。

《宋史》卷一九《徽宗本紀》〔崇寧元年二月〕奉議郎趙諗謀反伏誅。

（宋）熊克《中興小紀》建炎元年五月　初江寧府禁卒周德等叛，執知府宇文粹中殺官吏嬰城自守。會經制官屬官鮑貽遜統勤王兵七千。至城下，發運判官方孟卿檄貽遜進兵逼城，德等乃受招安。粹中，華陽人。靖康初自右丞出帥。貽遜，龍泉人。孟卿，鄱陽人也。時新除右僕射李綱，行次江寧，因與漕臣權府事吴人李彌遜謀，是日誅首惡五十人，共衆千餘人，令提舉當平官王枋、部赴行在。

《宋史》卷二四《高宗本紀》〔建炎元年六月〕乙亥，增諸縣弓手，置武尉領之。宗室叔向以所募勤王兵屯京師，或言爲變，命劉光世捕誅之。

《宋史》卷二四《高宗本紀》〔建炎元年七月〕甲辰，以右諫議大夫宋齊愈當金人謀立異姓，書張邦昌姓名，斬於都市。

《宋史》卷二四《高宗本紀》〔建炎元年十月〕丁卯，以王淵爲杭州制置盜賊使，統制官張俊從行。庚午，次泗州，幸普照寺。甲戌，太白晝見。己卯，次楚州寶應縣。後軍將孫琦等作亂，逼左正言盧臣中墮水死。庚辰，命劉光世討鎮江叛兵。辛巳，以光世爲滁和濠州、江寧府界招捉盜賊制置使，御營統制官苗傅爲使司都統制。朝請郎李棫提舉廣西左、右兩江峒丁公事。癸未，至楊州，禁内侍統兵官相見。丙戌，王淵、張俊誘趙萬等悉誅之。

（宋）熊克《中興小紀》建炎二年四月　初建州叛卒張員等雖受招安，而疑權監押魏勝，圖己一日勝於通衢。呼員等曰：我心爲汝而見疑如此，可決於神，若卜不吉，汝當殺我。員等舉筶擲之而吉，自此始安。時以職方郎邵武謝如意，爲福建轉運判官。如意自建陽密遣人結路分都監黄濤及勝兵，共誅員等首惡六人，勝招員等赴路分廳受宣札。既至，悉擒誅之。後數日，如意入城，人情稍定。

（宋）熊克《中興小紀》建炎三年夏四月　戊申朔，上御朝。太后便欲還政，上以問朱勝非。對曰：捲簾當先降詔。乃乞太后蹔出，仍下詔：明日捲簾，並復建炎年號。勝非又奏二兇未有一處。乃並除淮南兩路制置使，許以所部兵行，仍以其屬張達爲本路轉運判官，二兇請鐵券，乃令有司檢故事，如法制焉。二兇又言王世脩尚可從軍否？勝非曰：渠爲從官，難復預軍謀矣。時傅遣其弟翊、伏赤心軍於臨平，伺擊勤王之師。御營前將軍韓世忠曰：乳臭兒敢爾邪！是日翊戰敗，二兇遣兵救之。朝廷諸將皆集皇城門外，守臣康允之以爲不可，不若遣人諭二兇速引兵去。是夕，二兇乃開湧金門以出，遇大雨，倉遑而遁。世忠勤王之師至北闕。辛亥人城，擒工部侍郎王世脩、及中軍統制官吴湛，皆戮之。

《宋史》卷二〇〇《刑法志》建炎三年四月，苗傅等疾閹宦恣横，及聞王淵爲樞密，愈不平，乃與王世脩謀逆。詔御史捕世脩鞫之，斬於市。七月，韓世忠執苗傅等，磔之建康。

（宋）熊克《中興小紀》建炎三年五月　丙戌，苗傅等寇浦城縣，韓世忠將兵夜至縣北十里，賊跨溪據險，設伏於路。世忠使統制官馬彦輔擊賊，伏發，死之。賊乘勝至中軍。世忠率親兵力戰，傅大敗。遂擒劉正彦。有舉子程妥者，崇安人。時擄在傅軍，乃爲傅畫策，領餘衆由小路入崇安縣境。既又夜棄其軍，變姓名作賈人，偕妥及其愛將張政，西走至斂鋒村，爲土豪承節郎詹標所邀，苛留數日。政覺不免，密告標曰：此苗傅也。標卽報福建提刑林杞，遂聞於朝。杞，永嘉人既而告者謂政本誘傅出降杞等惡分其功而殺之。故杞、標皆就逮，杞除名，連州安置。而標死於獄。《林杞遺事》曰：苗傅、劉正彦卽敗，擁衆南走，大將韓世忠尾賊而追之。時杞爲閩憲，恐賊至得脱，預檄諸郡，扼其奔衝。既而正彦先爲大軍所擒，傅與其徒數人，變姓名竄伏，人莫能踪迹。杞立重賞捕之，俄而幕士詹標擒傅與其徒張政以至。是時世忠已班師，由太末以歸，杞冒暑親部送傅、政，欲追赴世忠，至富沙境上，會日暮大雨，政乘此謀竄去，爲護兵所殺，杞獨以傅追及世忠授之。世忠得傅，喜曰：今當還朝，首爲公論功。杞曰：此非某之本心，况太尉自浙右提師破賊而追至，某借大軍餘威獲之，匹夫力耳，何功可論？初知建某人者，與當軸爲姻，恃勢貪婪，用官錢至累鉅萬，而監司忌於投鼠，皆不敢發。杞曰：吾爲憲官，豈可開眼放過贓吏，亟以其罪聞。某人讒於當軸，遂以張政爲告苗傅反者，爲得重賞，而杞殺之，遂下杞於獄，幾置之死，不得已，猶削籍連州安置。然傅事有本末，傅天資狠暗，正彦直狂者耳。而政實爲之腹心，既敗，猶與傅同竄，其不告之明矣。臺諫知杞冤，相繼論列。不數月，有旨許自便。《遺事》所記小異，蓋其辭不無緣飾也。

（宋）熊克《中興小紀》建炎三年十二月　金人既破杭州，乃遣人檄秀州令降。守臣程俱言：小邦不敢專，遂解橐人赴平江宣撫司又慮見襲，遂率官吏棄城，出保華亭縣。朝廷遂命俱押米綱赴行在，於是同知樞密院宣撫使周望、追俱赴司，幾爲所斬。遂劾之云：朝廷私此一人。遂失億兆之心。士論是之。

（宋）熊克《中興小紀》建炎三年十二月　壬午，上將登海舟，只帶親兵三千餘人。吕頤浩《逢辰記》言精兵萬餘人。與此處不同。隨駕有衛士張寶、譚焕等，不欲入海，謀作亂。因宰執入朝，百餘輩譟而前，吕頤浩怒詰之。范宗尹曰：此豈可以口舌爭？引其裾人殿門，門閉，衆不得入。上遣内侍宣諭，衆遂定。命中軍都統制辛企宗勒兵捕寶、焕輩十七人誅之，餘黨分隷指軍。除衛門外，盡廢其直。《趙鼎事實》曰：駕之幸四明也，敵騎侵追，乃議登舟。以一舟處班直六十人，人不得過。兩日，諸班相語曰：我有父母，有妻子，不知兩者如何去留。訴於皇城司内侍陳省，省不能決，令自陳於朝。人衆語喧，有肆惡言者，蓋激於一時，非本謀也，後數日擒之斬其同謀二十餘人。

（宋）熊克《中興小紀》建炎四年四月　先是，湖北帥司檄本路捉殺官孔彦舟，權副總管領兵往鼎州捕鍾相。彦舟過澧州，而澧州之民有應相者，乘而攻之，彦舟喪甲，僅以身免。及入鼎，慮復有應相者，遂屠其城。民死十八九，餘悉黥爲兵。時賊勢甚盛，彦舟據城時，出兵與戰，勝負相當。彦舟每得賊黨不殺，惟斷其指及耳鼻，縱之出。曰：汝爺有神，能爲汝續則復來。相得之，惡其彰己之妄。而養之密室，自是其黨亦生疑心。彦舟乃聚竹爲筏，若將去者。且爲竹籤題云：爺若休時我也休，依舊乘舟向東流。遇獲相黨，則簪其首而遣之。相得籤喜，謂實將避己。彦舟又潛遣人投相，謂之入法。相素自誇，喜人從己，亦受之。至是彦舟乘筏夜渡，而入法之人内應，相敗走。癸未，獲之。並其妻子及僞官，悉檻送行在。詔擢彦舟爲利州觀察使。時宣撫處置使亦檄彦舟權北湖副總管。

（宋）熊克《中興小紀》建炎四年十一月　先是，趙哲既誅死，陝西漕臣權慶帥孫恂，又斬敗軍統領官喬澤、張忠等。時統制官慕洧案《北盟會編》《繫年要録》皆作慕容洧。守慶陽，懼將及己。洧乃本路熟户，其族甚大，遂首以城叛，進攻環州。宣撫處置使張浚，檄涇原經略使兼知渭州劉錡，以兵解圍。錡至環州，與洧相拒，金以輕兵破渭州，次潘原縣。錡留統制官張中孚、李彦琪捍洧，親率精鋭赴渭州而城已陷，錡退屯瓦亭。中孚與其弟統領官中彦，送款降賊。彦琪以餘兵遁歸古原州，中孚等又引金人劫降之。中孚、彦琪皆自羈管中起以爲將而叛錡。至花石峽，統制官趙彬又劫其軍與金帛降金。彬乃書生，嘗爲曲端館客，其人尤桀黠。金進犯秦州，秦無帥，又犯熙河，總管劉惟輔死之，統制官俱重亦降於金。金由秦鳳還，趙彬引之圍慶州，守將楊可弁以城降。於是五路相繼悉陷。張浚以中孚、彦琪、皆恭州流人，曲端心腹，其降也，端必知其情。而參謀官王庶譖端不已，時人多上書爲端訴冤，浚亦畏其得衆心，乃送於恭州獄，逼而殺之。然議者以爲無辜，其後追復宣州觀察使，謚壯愍。制略曰：屬委任之非人，致刑誅之横被，悉還舊秩，申賁美名。制辭李誼作。王之望《西事記》曰：張浚之敗於富平也，人皆歸咎於曲端之職，多上書訟其冤。浚畏其得衆心，殺之獄中，以病死聞，西人以此益非之。然端負才喜犯上，非浚所能禦也，既不能禦之，不若殺之。天下無一曲端，未必便乏才。端而不死，一日得志，逞其廢辱之憾，一摇足，川陝非朝廷有也。然則雖殺之可也，議者罪浚以據天下富强之地，權侔人主，而不能有尺寸功。蜀之士人，貽書訶詆者不可勝數，浚皆優容之，或有金帛之賜。浚其去陝西而至於房陵也，有題六書詩於傳舍者，又有從而跋之者，皆訕罵難堪之詞。浚見之，命籠以碧紗，且書於其後，謂中其病。此其所以獨當一面，累年雖敗而不亡者耶。

（宋）葉紹翁《四朝聞見録》卷一《甲集·請斬秦檜》　胡忠簡公銓以樞掾請誅秦檜以謝天下，請竿王倫之首以謝檜，斬臣以謝陛下。【原注】奏藁本。高宗震怒，以爲訐特，欲正典刑。諫者以陳東啓上，上怒爲霽，遂貶胡儋耳。胡之州里，競傳公以誅死，獨有一卜者謂公命當階政府，必不死。又揭榜通衢，以驗他日，人皆目爲狂生。先是，敵入中原，朝廷議割四鎮，不決，敵騎奄至，欽宗亟引從臣入内問計，倫遂竄名綴從臣入直前，乞上早戒嚴。上驚問曰：爾爲誰？倫對上以臣乃咸平宰相王旦孫。上知爲旦孫，故置不問。忠肅劉公珙以其才薦之高宗，故用以奉使。銓疾其從敵人貶號之議，故請斬之，非疾和議也。胡公南歸，孝宗嘉嘆，置之經筵，欲大用之，惜其已老。□□□□□□□□□□□□□□□□□□□□□公封事未達金廷，間者募以千金。及金得副本，爲之動色，益知本朝之有人，由是和議堅矣。按此條諸本俱缺二十一字。

（宋）李心傳《建炎以來朝野雜記乙集》卷一三《雜事·愛王之叛》　愛王，葛王孫也。始允恭既早世，葛王愛其兄越王，欲立之，既而不果。今主立，愛王遂謀叛，爲其妻父僕散琦所告，事覺，乃以放牧會寧府爲名，據上京以叛。明昌六年三月丁酉也。金主三召之不至，因結契丹、韃靼、蒙古以叛，取慈、岳等州。時越王在咸平，契丹檄金人請立之爲帝。金主徙王於慶陽。五月丁酉，賜王死，誅其家人八十餘人，惟越王在焉，至今爲金國患。僕散琦即承安四年來賀上生辰者。明昌六年，本朝慶元元年。承安來賀生辰慶元六年。作此録後數年，乃見有記虜中事者，以允恭之子愛王爲鄗王。按允恭乃原王之父，淳熙十六年三月，密劄下沿邊諸州，避其名諱甚詳。悉若録之鄗王，實以爲甚誤也。

（宋）熊克《中興小紀》紹興元年五月　初鄂州李允文殺袁植江東大帥吕頤浩卽奏其事。植有愛將袁衮，詣行在擊登聞鼓訟冤。而臺臣繼亦論列，參知政事張守素與植厚，乃啓上密諭招討使張俊令收允文。俊既破李成，卽與統制官陳思恭謀。思恭言允文兵亦衆，須以計取。有前三省樞密院屬官汪若海者，歙縣人，被罪責英州，行至臨川，允文以書招之。至是，招討司參議官湯東野引若海謁俊曰：君與李節制善，盍往説之與俱來，免盛夏提師至鄂。若海曰：説與俱來，而招討誅之，則若海爲賣友。俊曰：某以百口保之。若海先以書與允文曰：張少保既破李成，欲移戈指武昌，若海言君無反狀，其屬曰：節制非朝命而殺袁植，與留四川綱運，非反而何？惟少保言以百口相保，今有三説：劉豫新立君能引張用之衆，擒豫以取重賞，一也。或引衆西投宣撫使張樞密，既相辟，必爲君白於朝，二也。信少保百口相保之言，三也。君勿恃張用之徒爲强，彼見李成既破，皆已喪魂。若知朝廷怒君，必回戈相逐矣。允文感悟，乃舉軍東下，因檄若海並招張用，亦以衆俱來。於是俊執允文歸行在，詔付大理寺。既而遂正典刑。贈植直龍圖閣，復若海承務郎，時俊得允文與用之衆，軍勢益盛矣。

《宋史》卷二六《高宗本紀》〔紹興元年六月〕南安賊吴忠、宋破壇、劉洞天作亂。庚寅，江西提刑司遣官討之，破壇、洞天皆伏誅，忠遁去。

（宋）熊克《中興小紀》紹興二年春正月　宣撫副使韓世忠圍建城，辛丑夜，賊稍怠，官軍梯而上城，遂破殺賊衆一萬餘人。賊將葉諒以一軍徑走邵武，范汝爲竄入回源洞，自縊死。世忠遣兵追捕，並賊驍將張雄等，皆擒戮之。初，世忠意城中人皆附賊，欲盡殺之。至福州，見觀文殿學士李綱，綱因曰：建城百姓多無辜。世忠受教，故民得全活。及師還，父老送之，請爲建生祠。世忠曰：活爾曹者，李相公也。

《宋史》卷二六《高宗本紀》〔紹興二年二月〕甲子，楊華復叛，擾鼎、澧、潭三州。詔立賞禽捕首領，赦貸脅從。

（宋）熊克《中興小紀》紹興二年夏四月　時劉豫欲遷居東京，而忠護軍翟興屯伊陽山以阻其路。豫每遣人往陝西則假道於金，由懷衛太行取蒲津濟河以達。豫患之，嘗遣迪功郎蔣頤持書誘興以王爵，興戮頤而焚其書，於是豫力請於左副元帥尼雅滿，期必破興。會興將楊偉降金，具陳破興之計。乃命女真萬户察罕瑪勒波河攻興，興盡發兵應之，而偉潛引賊兵由間道以襲興營，興力戰而死。豫遣人至元帥府議，遂乘勢以是月遷居東京。至之日，大風拔木，都人震恐。豫曲赦以安之，因與民約，曰：今後更不肆赦，及不用宦官，不度僧道，文武雜用，不限資格。且奉其祖父爲帝，從祀郊社。徙弟益爲京兆留守，禮部侍郎鄭億年爲開封尹。時僞相張孝純致仕，豫更以李鄴、范恭爲左右丞相。其後上密詔孝純、鄴及李儔，令東身來歸，當待之如初。孝純等不奉詔，僞太常博士直史館祝簡、獻遷都及國馬賦，其吠堯之言。略曰：蠢爾蠻荆，弗賓弗降，固將突騎長驅，不資一葦之杭，豈惟觀長淮飲大江而止哉！豫批云：文賦非治天下者所尚，此賦極陳馬之爲用，有補馬政，與減磨勘。以示無言不酬。西京奉先營卒賣玉椀，疑非民間物，鞫之，知得於山陵，遂以僞臣劉從善爲河南淘沙官，求金人所收不盡之物。有前尚書郎李互者，乾封人，建炎末，避地不及，遂爲豫用，豫使留守北京，既而互謀歸本朝，豫族誅之。

《宋史》卷二七《高宗本紀》〔紹興二年閏四月〕辛丑，韓世清以狂悖伏誅。

（宋）熊克《中興小紀》紹興二年八月 時南雄州境有賊鄧慶吴忠，聚賞千餘州兵不能敵。守臣奏江西帥司，有統兵官傅樞，見駐南安軍，雖在別路，去本州才九十里，願得其兵擊賊。辛亥，詔：傅樞總兵，累年糜費錢糧，未嘗立功。仰躬率所部兵捕賊，如敢逗遛，重置典憲。

（宋）熊克《中興小紀》紹興二年九月 辛巳，上謂宰執曰：湖南巨盜既平，殘嘗復能作過否？呂頤浩曰：有未滅者，令李綱收之。然聞綱縱暴，其治潭恐無善狀。上曰：朕選任賢才，惟恐有遺。朕蓋嘗任綱，不知其有何功可紀。若宣和論水災，以此得望可也。權邦彦曰：綱只是掠盧美。頤浩曰：綱之爲黨，與蔡京一體，靖康伏闕薦綱者皆其黨。陳公輔、張燾、余應求、程瑀鼓唱爲之。至殺内侍，幾生大變。上曰：如伏闕事，儻再有，當誅之。

（宋）熊克《中興小紀》紹興二年九月〔乙酉〕金諸將請其主晟如中京，以觀遼王及兩河之地。是秋，左右副元帥尼雅滿、鄂勒琿、監軍烏克紳、都監烏珠拳兀術自奉翔回。皆會於燕山以迓之。留左監達喇守祁州，都監伊都守雲中。伊都久不遷，當快快有叛意。至是，約燕京統制浩里原名槁里，今改正。同反。蓋統軍之兵，皆契丹人。伊都密諭燕兩河郡守之契丹漢兒，令盡誅女真人。天德知軍僞許之，遣妻來告。時烏克紳獵於居庸關，見二騎交馳甚遽，追獲之，於靴中得其反狀。悟室回燕，統軍來謁，縛而戮之。伊都既覺，父子以遊獵爲名，遁入夏國，不納，遂之韃靼。韃靼先已受烏克紳之命，以兵圍之。伊都父子皆死焉。烏珠馳至雲中，凡預謀者悉誅之，併殺尼雅滿次室蕭氏。烏珠回燕請罪於尼雅滿。曰：蕭氏乃天祚元妃，與兄實仇，然忍死以事兄者，蓋將有待，今事既不成，他日帷間不測，寸刃可以害兄矣。某愛兄故擅殺之。尼雅滿泣而謝。於是令諸路蓋殺契丹，其得脱者皆西亡入夏，北奔沙漠矣。

（宋）熊克《中興小紀》紹興二年十二月 初，金人以伊都之叛，收平州守郭藥師、相州守杜充、平陽總管蕭慶，皆下元帥府獄。既而悉免之。惟雲中副留守李處能預謀族誅。左副元帥尼雅滿問：充滿欲復南歸耶？充曰：他人敢歸南朝，惟充不敢歸也。尼雅滿顧而笑之。時金主晟已至中京，欲遂之燕雲，以伊都亂復還本土。至是副元帥而下，知其主已回，亦各歸所部。

（宋）熊克《中興小紀》紹興三年夏四月 鼎寇楊幺，拒官軍累年，賊徒亦多被殺。至是以諸處會兵來討，人心頗摇，乃爲肆赦，立鍾相之幼子子義爲太子。自幺與黄誠以下，皆盡臣禮之，以固其黨之心。初賊有寨僅七十，中間爲官軍所破，或葺或廢，惟夏誠、劉衡二寨，險不可破。

（宋）熊克《中興小紀》紹興三年六月 鼎寇楊幺犯鄂之公安、石首兩縣。甲午，詔天武捧日四廂都指揮、神武前軍都統制王𤫉爲荆南潭鼎澧岳制置使。率所部全軍，並帶統制官崔增水軍，擣其巢穴。仍仰淮東宣撫使韓世忠、江東宣撫使劉光世各以船五百只與𤫉。又詔統制巨師古，以兵二千，亦隨𤫉去，并力討之。𤫉又請金字牌，欲招安其衆。上曰：建炎以來，盗蹠起而不息者，由黄潛善其事招安，而無弭盗之術。高官厚禄，以待渠魁，是賞盗也。故不逞之徒，胥動爲盗。楊幺罪惡貫盈，何以招爲？仍命將來破賊，誅止渠魁。貸其脅從，許以自新。

（宋）熊克《中興小紀》紹興三年秋七月 初，劉豫將李成，統衆與金合兵二萬，攻盧氏縣。河南鎮撫使董先率兵五千禦之，衆寡不敵，遂棄元守州縣，將二千餘人退寓襄陽府，願聽李横節制。許之。金僞兵復犯襄陽，橫以食盡不繼，遂引其兵棄城而遁。金僞兵南至隨郢，遠近震恐。橫欲奔荆南以俟朝命，其屬趙去疾、閻大鈞等，勸使歸朝待罪。橫曰：我有烏合之衆，所至自謀衣食，人皆指爲賊，萬一諸部不見納，若何？二人曰：我亦官軍也，何至是？既而鄂帥鈞洪道果拒之，橫大怒，欲殺二人。皆呼曰：江西帥趙樞密可歸也。橫猶未決，而趙鼎已遣米船至，其衆遂安。董先與信陽軍鎮撫使牛皋，先渡江至洪州。鼎復以銀數千兩犒橫之衆，且檄知黄州鮑貽遜迎勞於境。橫大喜。是月，詔橫駐洪州，既而鼎發橫赴闕，將佐以下隨之。橫至闕，爲桑仲訟冤，乃追洪州都監霍明，送大理鞫之，亦竟薄其罪。

（宋）熊克《中興小紀》紹興五年五月　都督張浚聞楊幺據洞庭湖，實占上流，不先去之，爲腹心害，將無以立國。然寇阻重湖，春夏則耕耘，秋冬水落，則收糧於寨。載老小於船中，而驅其衆四出爲暴。前此朝廷以夏多水潦，必冬乃出師，故寇得并力而我多不利。今乘其怠而討之，彼衆既散，一旦復合，固已疲於奔命，又不得守其田畝禾稼，則有絶食之憂，黨與必攜，可招來也。雖已命湖南制置使岳飛往討，而兵將必未喻此，或逞兵殺戮，則失勝算，傷國體。遂奏請自行。上許焉。浚因辟樞密都承旨馬擴爲都督府都制。初，湖南制置大使席益，獲楊幺控者數百人，皆傅致遠縣囚之。浚行至醴陵縣，召囚問之，盡釋其縛，給以文書，俾分示諸寨曰：今既不得保田畝禾稼，必乏食且餒死矣，不如早降不死。數百人歡呼而往，及潭州，而首領黄誠、周倫等，先請受約束。然嘗殺招安使，人猶不自安。浚令岳飛分屯鼎澧，益陽，壓以兵。戊戌，飛至鼎之城外，置寨列艦。飛素有威望，而軍律甚嚴，乃遣先出降人楊華入賊招安。華未降時爲賊魁，以寬厚得衆，遂與故部曲潛結幺黨，殺幺以降。時大旱湖水涸，如冬閒。

（宋）熊克《中興小紀》紹興五年六月　先是，都督張浚親臨湖以觀賊勢，疑未可攻。復欲還朝爲防秋之計，會制置使岳飛來，以小圖白浚曰：此易擒耳。浚曰：恐誤防秋之期。飛請浚少留八日擒之。浚乃遣飛往。初，湖南統制官任士安、王俊、郝晸領兵二萬餘，慢王璞，不稟其令，以此無功。飛始至，鞭士安以折其氣，使爲賊餌，先揚言指太尉兵二十萬至矣。及是，止見士安等軍，賊并力拒之，飛伏大兵四合。賊敗走，悉乘舟入據水寨。賊將陳瑫内變，劫僞太子鍾子義船，獲金交床與龍鳳輦等，詣飛降。楊幺赴水死。黄誠、周倫遂挾子義奔潭州都督府降。餘黨相繼皆降。飛入水寨，殺賊衆殆盡。惟夏誠寨恃險固守，飛擇善罵者二十人，夜往罵之，且悉衆運草木流下填滿，乃長驅入營，遂擒賊誠。果應飛來之讖，於是浚言除楊幺就戮外，招到黄誠、周倫等衆二十餘萬，湖寇盡平。李龜年記楊幺本末曰：初，賊自恃其險，官軍陸襲則入湖，水攻則登岸。賊中爲之語曰有能害我須是飛來，蓋言其險，非有羽翼莫能近也。俄詔用岳飛，適隨大旱，而湖水涸，飛命軍士伐君山之木爲巨筏無數。賊意謂以木筏塞諸港汊。賊戰敗，急趨舟欲出湖，而港汊木筏已滿。舟爲所礙，不能遁。戮死而外，盡招降之。飛來之讖，於是乎驗。

（宋）熊克《中興小紀》紹興五年八月　是月，劉豫之子麟出獵於陳留。有義黨百餘人，欲擒麟南歸。其徒首之，悉斬於汴京。豫又以其弟復知濟南府，觀、知淮寧軍。

（宋）熊克《中興小紀》紹興六年二月　先是，郴衡桂陽草盜紛起，〔吕〕頤浩遣統領官步諒、裴鐸招捕悉平。鼎寇楊幺既滅，有雷進者尚據慈利縣。是春，其黨伍俊斬進首，詣知鼎州張覺降。覺統制官覃敵、梁吉提兵悉撫定之。

（宋）熊克《中興小紀》紹興七年四月　時金人以尼雅滿悟室爲相，左副元帥達蘭居祁州。右副元帥烏珠已歸燕山。左丞高慶裔者，尼雅滿之腹心也。皇伯領三事省宗磐欲挫尼雅滿，伺慶裔以賊敗，下之大理寺，獄具，當斬。尼雅滿乞免官爲庶人，以贖其罪，國主亶不從，遂斬都市。臨刑，尼雅滿哭與之别。慶裔曰：公早聽我言，豈至今日？我死，公其善保之。蓋慶裔嘗教尼雅滿反也。尼雅滿於是絶食縱飲，未幾病而死。

（宋）熊克《中興小紀》紹興七年秋七月　〔癸未〕兵部尚書吕祉至淮西軍，統制官酈瓊復訟王德於祉，祉密聞於朝。瓊等遂謀叛。八月戊戌，擁兵衆數百謁祉外階，取中軍統制官張景，並行營左護軍喬仲福，殺之。遂執祉及盧之新舊二帥趙康直、趙不群皆北去。祉謂瓊曰：爾等如此負朝廷。壬寅，到淮岸。祉曰：豫逆臣爾。乃降之，遂爲瓊所害，統領官尚世元持其首去。於是瓊以全軍七萬人，北走降豫。趙鼎逸事曰：張浚獨當國引吕祉爲援，除兵部尚書。復用韓璡爲淮南漕。璡嘗倅建康，劉光世待之不以禮，又嘗爲其屬劉覿所辱，積此二忿，故力建議罷光世軍。遂以祉代爲宣撫判官，祉爲人剛愎自任，昧於應變，既代光世，謂執政可跬步而得。琎亦狠傲，志在復仇。李著、王默、光世所厚也，悉以罪去。王德者，光世之腹心也。酈瓊者，光世舊招來之盜也。光世以瓊屢立奇功，待之與德等。祉慮其部曲難制，故專任德以悦軍情，瓊不自安。會祉密奏朝廷，乞罷瓊及靳賽軍權。書吏朱照漏謀於瓊，瓊賽懼，翼日殺祉，舉軍奔僞齊。鄭克作《呂祉行述》曰：祉乞吴錫一軍駐廬州，以備緩急，又遣轉運判官韓璡詣建康言諸將反側已定。而錫猶未至，璡以疾作滯留。時有旨除張浚、楊沂中、劉錡，三人爲淮西宣撫使副判官。軍中已傳聞。而八月七日，金字牌指揮令易置分屯，次日，瓊等遂叛。然是時説者皆謂祉簡倨自處。將士之情不達，遂致叛。今鄭克所言，恐非其實。

（宋）熊克《中興小紀》紹興八年十一月 樞密院編修官廬陵胡銓上書言：王倫無故誘置金使，以詔諭江南爲名，是欲臣妾我也。倫論我一屈膝，則梓宮可還，太后可復。嗚呼！自來主和議者，誰不以此説啗陛下，然卒無一驗，則敵情亦可知矣。向者陛下間關海道，危如累卵，尚不忍北面臣敵。今無故而反臣之，百官軍民，皆欲食倫之肉。倫不足道，而秦檜亦爲之。近者曾開引古誼以折檜，檜厲聲曰：侍郎知故事，檜獨不知耶？檜畏天下議己，又令侍從臺諫僉議以分謗。孫近傅會檜議，遂得執政。臣謂倫可斬，近亦可斬也。願斬三人頭，竿之藁街，然後羈留使者，而興師問罪。則三軍之氣，不戰而自倍。不然，則臣有蹈東海而死耳。辛亥，詔銓狂妄上書，意在鼓衆，除名勒停，昭州編管。時銓有孕妾臨月，遂寓湖上僧舍，欲少遲行。而臨安府已差使臣挾錮身來矣。館職范如圭與删定官方疇，同見吏部侍郎晏敦復，爲銓求緩。敦復曰：某嘗言秦檜之姦。諸公不以爲然，今方專國，便敢如此。趙元鎮雖無狀，不至是也。此人得君，何所不爲。敦復即往見知府張澄語之曰：銓論宰相，天下共知，祖宗朝言事官被謫，開府必不如是。澄愧謝曰：即追回矣。方疇《稽山語録》曰其後疇見趙鼎於稽山，誦晏敦復有趙元鎮無狀之語。鼎曰：景初亦出此語乎。疇曰：某親聞之。疇又曰：敦復久在銓部有人望，當遷尚書。而鼎謂敦復嘗抗呂頤浩被送吏部。鼎執政，召爲都司除吏部侍郎。但其性介僻不通，故遲之也。於是秦檜、孫近上章待罪，詔無罪可待。檜等又奏：若銓重竄，則臣等有所不安，遂寢前命，送吏部與廣南監當。右諫議大夫李誼言：陛下臨御，於今一紀，所用相凡二人，執政三十三人。然皆不允而去。規模數易，士夫知其不久，則肆爲同異而無忌憚，吏知其不久，則專爲苟簡以幸蔽欺。陛下夙夜憂勤，而治不加進，殆必由此。今左相虚位，參政闕員，乃擇賢之時，望考以聖心，參以公論。倘選而得天下之材，則責之專，任之久，可革數易之弊。臣備位言責，不敢復避形迹，惟陛下察焉。

（宋）熊克《中興小紀》紹興九年四月 是夏，金國左副元帥達蘭之蔚州避暑。達蘭下令，諸藏避我而逃者，家長罪死，籍其産及人口，半以充賞。四鄰之家，共追賞錢三百緡，仍發番軍分諸路搜捕。民間大擾，群起爲盜，以拒番軍，遂復止之。達蘭在諸帥中，最號寬恕，今顧爲此。蓋陰與皇伯宗磐同謀，將以致亂，使民嘯聚，則借之起兵。又令中山府拘奉使王倫於館，且會諸路僉事以復取河南爲名，皆所以應宗磐也。

（宋）熊克《中興小紀》紹興九年秋七月 己卯朔，金國有郎君仲和什案原鈔本作烏克紳，注云原名吴矢，今改正。語當有誤，下交金主亶與右丞相陳王烏克紳室謀誅諸父，郎君不應與之同名。考《繫年要録》作仲和什。今據改。者反，擒獲之，下大理獄。事連宋國宗磐、兖國王宗雋、虞國王宗英、滕國王宗偉、案《繫年要録》作滕國王宗英、虞國王宗偉。殿前左副點檢罕都。原名渾睹。今改正。時金主亶與右丞相陳王烏克紳室謀誅諸父，因朔旦伏兵於内，宗磐等入見，擒送大理獄。辛巳，悉夷其族。詔略曰：周行管叔之誅，漢政燕王之辟，惟兹無赦，古不爲非。翰林韓昉作也。時左副元帥魯國王達蘭，方握兵在外，難遽誅之。乃除達蘭爲燕京行臺左丞相，又以僉書杜充爲右丞相，仍擢右副元帥烏珠爲都元帥。命下，達蘭語使者：我開國功臣，何罪而與降奴杜充爲伍耶？不受命而叛。初欲歸本朝不克，既而北走沙漠，烏珠遣右都監托卜嘉追獲之，下祁州元帥府，獄具殺之。達蘭臨刑，謂烏珠曰：我死之後，禍必及爾，宜速圖之。烏珠俯首無言，遂囚達蘭子泰伊。原名太拽。今改正。久之，因赦得出。

（宋）李心傳《建炎以來繫年要録》宋高宗紹興九年九月 時金人法苛賦重，加以饑饉，民不聊生，又下令，欠債者以人口折還，及藏亡命而被告者皆死。至是將相大臣如魯王昌、宋王宗磐之徒皆被誅，二帥久握重兵，植黨滋衆，今則悉爲亡命，保聚山谷，官司不能制。

（宋）陳淵《默堂集》卷一四《與李丞相論王權等家屬》 淵竊惟江西盜賊服叛不常，皆緣自來治之無法，所以連年猖獗不已，大為民害，比者王權、蘇勝、劉文脩、潘汝霖等四人伏誅，上下交慶，乃知天之所不赦，亦必待人而後行也。自茲兇渠宜亦知所畏懾，而一路之害可悉除矣。然前日賊首赴使司，唯蘇勝以其老弱偕至，比以呈稟蒙鈞旨押下吉州，並王權等家屬並送千里外軍州編管。若以王權等殺人之多，則其家屬罪止編管已為輕典，緣王權等之黨，無慮數百人當時皆受招安，後來有違節制者四人而已，其兄弟妻子無與也。四人既誅，其家屬不可依其餘黨而盡釋之乎。夫誅四人，違節制也，釋其家屬從吉州之始招也。如是則既來者，足以安其反側之心，未來者亦可以開其自新之路。人情愛生而惡死，使來者知必可以得生，孰肯舍生而就死哉。消弭未然之患，或出於此淵，愚意欲乞以此四人家屬送吉州依元招安，指揮放令逐，便庶幾威不獨立，恩有所歸，兩得其道也。儻有可採，伏望不棄狂言。特賜施行。

（宋）陸游《渭南文集》卷三《上二府論事劄子壬午六月五日》　某伏見大理寺奏北界蒙城縣官邢珪罪狀，竊緣有司之議，據其侵犯邊城，殺害義旅，雖置極典，未足當罪。然既已具奏，則當有特旨，恐與有司之議不可同日而語。何者？有司謹守律令，朝廷當斷以大義故也。按邢珪生於涿易，非祖宗涵養之人，仕於偽界，非國家祿使之吏，身有官守，一旦危急，力雖不及，猶能死守。雖懵於逆順，不知革面，然春秋之義，天下之善，一也。若遂誅之，恐非所以勸天下之為人臣者。奏陳之際，儻為一言，貸其草芥微命，以示中國禮義，實非小補。又慮議者以謂張安國殺耿京事，與此略同。恐啓寬貸之路，無以慰歸附之人。則某謂不然，張安國中國人，又嘗受旗牓招安，見利而動，賊殺耿京，反覆姦猾，罪惡明白，與珪實為不類。兼邢珪所犯，在未被大赦蕩滌之前，張安國所犯，在已受旗牓招安之後，伏乞鈞察。

（宋）黃榦《勉齋集》卷三三《判語·劫盜祝興逃走處斬》　照得安豐軍遞押到配軍祝興、徐青爲妄傳邊事，各持軍器作威，執火劫奪客人財物，決脊杖二十，刺配二千里。本府差寨兵亮成管押前去，至路中，其徐青、祝興反將高成毆打逃走。當捉獲到祝興一名，據各人供責分明。本府照得邊事方興，小人喜於倡亂，並緣劫掠，自不應更分首從。今安豐軍從輕決配，已是失刑，今又尚敢毆打防送人逃走，祝興押赴市曹斬首，府城號令三日，傳下諸縣，各號令三日。未到人徐青賞錢五百貫文，許諸色人捕捉。申朝廷，乞行下邊郡，應有此等兇惡之人，並不分首從處斬。所有本府不合擅斬强賊，乞賜竄謫施行。仍申諸司。

《宋史》卷二八〇《王延範傳》　延範日夕與掌市舶陸坦議欲發兵，會坦代歸，延範寓書左拾遺韋務昇爲隱語，偵朝廷機事。延範奴視僚屬，峻刑多怨。會懷勇小將張霸給使轉運司，延範因事杖之，霸知延範與知廣州徐休復不協，詣休復告延範將謀不軌及諸不法事。休復馳奏之。太宗遣高品閻承翰乘傳，會轉運副使李琯暨休復雜治延範，具伏。與昴、辨、坦俱斬廣州市，籍没延範家，務昇除名配商州，延貴等皆抵罪，賜霸錢十萬。

（宋）岳珂《桯史》卷六《汪革謠讖》　淳熙辛丑，舒之宿松民汪革，以鐵冶之衆叛，比郡大震，詔發江池大軍討之，既潰，又詔以三百萬名捕。其年，革遁入行都，廂吏執之以聞，遂下大理獄，具梟於市。支黨流廣南。余嘗聞之番易周國器元鼎，曰：革字信之，本嚴遂安人，其兄孚師中嘗登鄉書，以財豪鄉里，爲官榷坊酤，以捕私醞人民家，格鬭殺人，且因以掠兌，黥隸吉陽軍。壬午、癸未間，張魏公都督江淮，孚逃歸，上書自詭，募亡命爲前鋒，雖弗效，猶以此脫黥籍，歸益治貲產，復致千金。革偶鬩牆不得志，獨荷一繖出，聞淮有耕冶可業，渡江至麻地，家焉。麻地去宿松三十里，有山可薪，革得之，稍招合流徙者，治炭其中，起鐵冶其居旁。又一在荊橋，使里人錢某秉德主焉，錢故吳越支裔也，貧不能家，妻美而豔，革私之。邑有酤坊在倉步白雲，革訟而擅其利，歲致官錢不什一。別邑望江有湖，地饒魚蒲，復佃爲永業。凡廣袤七十里，民之以漁至者數百戶，咸得役使。革在淮仍以武斷稱，如居嚴時，出佩刀劒，盛騎從。環數郡邑官吏，有不愜志者，輒文致而訟其罪，或莫夜嘯烏合，毆擊瀕死，乃寘。於是爭敬畏之，願交驩奉頤旨。革亦能時低昂，折節與游，得其死力，聲焰赫然，自儔夷以下不論也。初江之統帥曰皇甫倜，以寬得衆，別聚忠義爲一軍，多致驍勇。繼之者劉光祖，頗矯前所爲，奏散遣其衆。太湖邑中有洪恭訓練，居邑南門倉巷口，舊爲軍校，先數年已去尺籍，家其間。軍士程某，二人素識之，往歸焉。恭無以容，又不欲逆其意，革之長子某，好騎射，輕財結客，遂以書薦之往，果喜，留之。一年而盡其技，革貲用適窘，謝以鐵鏹五十緡，二人不滿。問其所往，曰將如太湖，革因寄書以遺恭。革與恭好，有私幹，期以秋，以其便之，弗端亶書紙尾曰：廼事俟秋涼即得踐約。二人既出，飲它肆，酣，相與咨怨，竊發緘窺之而未言。至太湖見恭，恭門有茗坊，延之坐，自入於室，取四緋將遺之。恭有妾曰小姐，躬蠶織勞，以恭之好施也，恪不予緋。屏後有詈言，二人聞之，怒。恭堅持緋出，不肯受，亦不投以書，徑歸九江。揚言於市，謂革有異謀，從我學弓馬兵陣，已約恭以秋叛，將連軍中爲應，我因逃歸。故使邏者聞之，意欲以籍手冀復收。光祖廉得之，恐，捕二人送後司，既無以脫，遂出其書爲證。光祖繳上之朝，有詔捕革。郡命宿松尉何姓，忘其名，素畏其豪，彎卒又咸辭不敢前，妄謂拒捕，幸其事之它屬以自解。時邑無令，有王某者以簿攝邑事，郡檄簿往說諭。革已聞之，頗爲備，飲簿以酒，烹鵝不熟而薦，意緒倉皇，簿覺有異，不敢言而出。行數里，解後，郡遣客將郭擇者至。擇與汪革交稔，故郡使繼簿將命，從以吏卒十餘人，簿下馬道革語，勸勿往，擇不可，曰：太守以此事屬擇，今徒還，且得罪。遂入，革復飲之。時天六月方暑，虐以酒，自巳至申，不得去。擇初謂革無他，既見，乃露刄列兩廂門下，憧憧往來，袒裼呼嘯，頗懼，亶孫辭匄去。革畢飲字，謂擇曰：希顏，吾故人，今事藉藉，革且不知所從始，雀鼠貪生，未敢出，有楮券四百，匄希顏爲我展限。擇陽諾，方取楮，捕吏有王立者，亦以革之餉飲也，醉，聞其得錢，扣窗呼曰：三省樞密院同奉聖旨，取謀反人，教練乃受錢展限耶？革長子聞之，躍出縛擇，曰：吾父與爾善，爾乃匿聖旨文書，給吾父死地。戶闔，甲者興，王立先中二刀，僕，僞死。盡殲捕吏，鈎曳出寘牆下。將殺擇，探懷中，得所藏郡移，擇搏頰祈哀曰：此非他人，乃何尉所爲，苟得尉辨正，死不恨。革許之，分命二子往起炭山及二冶之衆。炭山皆鄉農，不肯從，爭迸逸。惟冶下多逋逃羣盜，寔從之。夜起兵，部分行伍，使其腹心龔四八、董三、董四、錢四二及二子分將之，有衆五百餘。六日辛亥，遲明，蓐食趨邑。數人者故軍士，若將家子弟，亦有能文者，俠且武，平居以官人稱，革皆親下之。革有三馬，號惺惺騮小驄騍曰番婆子，駿甚，馭曰劉青，驍捷過人。革是日被白錦袍，屬櫜鞬，腰劍，總鵝梨旋風髻，道荊橋，秉德之妻闖於垣，匿，弗之見，乃過之。未至縣五里，錢四二有異心，因謂革曰：今捕何尉，顧不足多煩兵，君以親騎入，大隊姑屯此可也。革然其言，以三十騎先入郭門，問尉所在，則前一日以定民訟，舍村寺未歸。乃耀武郭中，復南出，劉青方鞚，忽顧革曰：今雖不得尉，能質其家，尉且立來。革曰：良是。反騎趨縣，尉廨在縣治，革將至，有長人衣白立門間，高與樓齊，其徒俱見之，人馬辟易，亟奔還。則錢四二者已與其衆潰逃略盡，惟龔董守郭擇不去者，尚五六十人，計無所出，廼殺擇而還麻地。其居屋數百間，藏書甚富，穀粟山積，盡火之。幼孫千一甫十一歲，使乘惺惺騮，如無爲漕司，分析非敢反，特爲尉迫脅狀。遂殺二馬，挈其孥至望江，以五舟分載入天荒湖，泊葦間，與龔、董灑涕別去，曰：各逃而生，毋以爲君累也。其次子有婦張，實太湖河西花香鹽賈張四郎之女，有智數，嘗勸革就逮，弗從，至是與其子相泣，自湛於湖，時人哀之。王立既不死，負傷而逃，歸郡。郡聞革起聚民兵，會巡尉來捕，且驛書上言，詔發兩統帥偏裨撲滅，勿使熾。居十日，而兵大合，徒知其在湖，不敢近。視舟有煙火且聞伐鼓聲，稍久不出，使闖之，則無人焉。煙乃爇麻屑，爲詰曲如印盤，縛羊鼓上，使以蹄擊，革蓋東矣。革之至江口，劫二客舟，浮家至雁汊、採石，僞官歸峽者，謁征官而去，人莫之疑。舒軍既失革，朝廷益慮其北走胡，大設賞購。革乃匿其家於近郊故死友家，夜使宿弊窑，曰：吾事明，家可歸師中兄。遂入北關，遇城北廂官白某者於塗，白嘗爲同安監官，識革，方駭避。革曰：聞官捕我急，請以爲君得。束手詣闕，下天獄，獄吏訊其家所在，備楚毒，卒不言。從獄中上書，言臣非反者，蹭蹬至此，蓋嘗投匭請得以兩淮兵，恢復中原，不假援助，臣志可見矣。不知訟臣反而捕者爲誰，請得以辨。乃詔九江軍送二人，捕洪恭等雜驗，皆無反狀，書所言秋期乃它事，革亶坐手殺平人，論極典，從者末減。二人亦以首事妄言，杖脊竄千里。方其孫訴漕司時，遞押繫太湖，荷小校過棠梨市，國器嘗見之，惺惺騮棄野間，爲人取去。宿松人復攘之，以瘠死。革之壻曰毛翥，字時舉，第百一，居倉步，亦業儒，以不預謀，至今存。後其家果得免，依乎而居。後一年，事益弛，乃如宿松，識故業董四，從有總首詹怨之，捕送郡，郭擇家人逆諸門，搏擊之，至郡庭，首不髮矣。其捕董時，亦賞緡十，郡不復肯畀，薄其罪，僅編管撫州。革未敗，天下謠曰：有箇秀才姓汪，騎箇驢兒過江。江又過不得，做盡萬千趨鏘。又曰：往在祁門下鄉，行第排來四八。首尾皆同，凡十餘曲，舞者率侑以鼓吹，莫曉所謂。至是始驗，革第十二，以四合八，其應也。二人初言，蓋謂革將自盧起兵如江云。國器又言，革存時，每酒酣，多好自舞，亦不知兆止其身。宿松長人，或謂其邑之神，曰福應侯，威靈極著。革時亦欲縱火殺掠，使無所睹，邑幾殆。時守安慶者李，歲久，亦不知其爲何人也。

（宋）**葉紹翁《四朝聞見録》卷五《戊集·逆曦歸蜀》** 逆〔吴〕曦既用，賂蘇師旦，遂舉全蜀以授之。其在殿巖也，嘗命工圖畫上乘輿、鹵簿，卷軸甚詳。人問曰：太尉何用此？曦紿之曰：把歸去，教孩兒男女看了消災滅一作減。罪。及出北關，遂焚香拜天於鵠首云：且得脱身歸去。其反狀已萌於此矣。惟吴公琚嘗目曦以必反。何公澹既因韓致政府，亦以爲不可遣，忤韓，出知福州。

（宋）**葉紹翁《四朝聞見録》卷五《戊集·滿潮都是賊》** 韓用事歲久，人不能平，又所引用，率多非類，天下大計，不復白之上。有市井小人以片紙摹印烏賊出没於潮，一錢一本以售。兒童且誦言云：滿潮都是賊，滿潮都是賊。京尹廉而杖之。又有賣漿者，敲其盞以唤人曰：冷底喫一盞，冷底喫一盞。冷謂韓，盞謂斬也。亦遭杖。不三月，而韓爲鄭發所刺，及籍其家，得所收真聖語，末一句云：遭他羅網禍非輕，又一句云遠竄遐荒始得平。韓嘗怪其言。韓外有陳自强，内有周筠，啓韓有圖之者，韓猶以一死報國爲辭。周苦諫，韓遂與自强謀，用林行可爲諫議大夫，劉藻爲察官，一網盡謀韓之人。僅隔日，未發而錢、李、史三公亦有所聞，命夏震速下手。【原注】事已載前集。震歸，遂命鄭發刺韓。震復刊御批於傑閣以記之。史惡之，旋以疽發於背而死於殿司。

（宋）**葉紹翁《四朝聞見録》卷五《戊集·臣寮上言》** 臣聞《書》載舜之事曰：流共工于幽州，放驩兜于崇山，竄三苗于三危，殛鯀于羽山。四罪而天下咸服。當舜之時，可謂至治，而流放竄殛之刑行焉。蓋天討有罪，有不容恕也。恭惟陛下光紹丕基，寅畏天命，寬仁恭儉之德，度越百王。凡在臣工，宜思盡忠以輔成治道。而韓侂胄夤緣肺腑，竊弄大權，蒙蔽聖明，擅作威福；首引群邪，一作枉。分佈要途；排阻忠臣，陷之大戮；賊害善類，斥逐無餘。凡陛下親信之臣，有不便於侂胄，則外挾言路，以罔宸聽。私意既行，兇焰日熾；出入禁旅，恣爲欺罔；一作姦欺。侵盗貨財，遍滿私室；交通賂遺，奔走四方；鑿山爲園，下瞰宗廟；窮奢極侈，僭擬宫闈。十年之間，罪惡盈積。侂胄慮禍之及，思固其業，乃復設爲計謀，竊據平章軍國事。此乃祖宗所以待元老大臣，侂胄何人，乃以自處？安坐廊廟，紊亂紀綱。又于此時，輕開邊釁，上不稟於陛下，旁不謀之在廷。盛夏出師，挑患召釁，使沿邊赤子，骨肉流離，肝腦塗地，死于非命者不知幾萬人矣。昵比吴曦，利其厚賂，畀以節鉞，授之西兵。又使程松與之共事，取輕納侮，啓其姦心。自非宗社之靈，忠義興起，則全蜀之地，豈不重貽陛下之憂？侂胄罪狀著明，人怨神怒，而猶專愎自用，殊無悛心，以國事快己私，視民命如草芥。原其用意，欲以何爲？昔之所謂四兇，其罪復有大於此者乎？陳自强昏昧闒冗，本無寸長。徒以侂胄私人，驟加汲引，拔自選調，置之清華。曾未數年，躐登宰輔。兵釁既開，邊鄙不寧，復以自强兼領樞密，幸春徇己，倚爲腹心。而自强憑藉其威，不知顧忌。日暮途遠，貪得無厭；援引朋邪，濁亂班列；呼吸群小，納賂賣官；請託公行，贓罪狼藉。訕笑譏罵，萬口一詞。社鼠城狐，蓋未有甚於此者也。仰惟陛下奮發英斷，斥此二姦。成命初傳，都人相慶。而猶畀以祠禄，未愜輿情。臣愚欲望聖明將韓侂胄明正典刑，以謝天下。仍將陳自强削奪官爵，竄之遠方。則舜除四兇之事，復見今日。可以壯國勢，可以正人心，可以開忠直之門，可以弭窺覦之患。海内幸甚！所有録黄，臣未敢書行，謹録奏聞，伏候敕旨。十一月六日，三省樞密院同奉聖旨並依。韓侂胄送英德府安置，陳自强責武泰軍節度副使依舊永州居住。

（宋）**葉紹翁《四朝聞見録》卷五《戊集·又臣寮上言》** 臣至愚極陋，初乏寸長，陛下過聽，擢任言職。臣辭不獲命，黽勉就職，自量無以補報高一作隆。天厚地之恩，惟遇事盡言，始爲無負。一有爾字。臣今早立班，恭聽麻制，竊見太師韓侂胄罷平章軍國事，特進陳自强罷右丞相，姦人去國，公道開明，天下幸甚！社稷幸甚！然二人之罪重於邱山，罰未傷其毫毛，雖曰朝廷欲存體貌之禮，而罪大罰輕，公論沸然。臣職在言責，既有所聞，豈容緘默？請詳爲陛下陳之。侂胄始以肺腑夤緣，置身閤職，典司賓贊之事，不過若此而已。光宗皇帝以父傳子，國朝之家法，陛下賢聖仁孝，親承大統，加以慈福太皇太后重幃一作華。之命，天命所歸，人心所向，臣子何功之有？侂胄乃以與聞內禪爲功，竊取大權。自是以後，無復顧忌，童奴濫授以節鉞，嬖妾一作幸。竄籍於宮庭。創造亭館，震驚太廟之山；宴樂笑語，徹聞神御之所。齒及路馬，禮所當誅；簡慢宗廟，罪宜萬死。其始也，朝廷施設，悉令稟命。其後託以臺諫大臣之薦，盡取軍國之權，决之于己。且如御前金一作軍。牌，祖宗專隸内侍省，而乃多自其私家發遣。至於調發人馬、軍期，並不奉知，此豈征伐自天子出之義？臺諫侍從，惟意自用，不恤公議。親黨姻婭，躐取美官，不問流品。名器僭濫，動違成法。竊弄威柄，妄開邊隙。兵端一啓，南北生靈，强者殞于鋒刃，弱者填于溝壑。流離凍餓，骨肉離散。荆、襄、兩淮之地，暴屍盈野，號啼震天。軍需百端，科斂州縣，海内騷然。迹其罪狀，人忿神怒，覆載之所不容，國人皆曰可殺。而况陛下即位以來，以恭儉守己，一作位。以仁厚化一作保。民。無聲色玩好之娱，無燕游土木之費。凡可以裕民生、厚邦本者，無所不用其至。不惟人知之，天亦知之；不惟中國知之，四夷亦知之。自軍興以來，人情洶洶，物議沸騰。而侂胄鉗制中外，罔使陛下聞知。甚至宦官宫妾，亦其私人，莫敢爲陛下言者。至如西蜀吴氏，世掌重兵，頃緣吴挺之死，朝廷取其兵柄，改畀他將，此爲得策甚矣。侂胄與曦結爲死黨，假之節鉞，復授以全蜀兵權。曦之叛逆，罪將誰歸？使曦不死，侂胄未可知也。人皆謂侂胄心無有極，數年之間，位極三台，一作公。列爵爲王。外則專制東西二府之權，内則窺伺宫禁之嚴，姦心逆節，具有顯狀。縱使侂胄身膏斧鉞，猶有餘罪，况邊釁未解，朝廷倘不明正典刑，則何以昭國法？保以示敵人？何以謝天下？今誠取侂胄肆諸市朝，戮一人而千萬人獲安其生。况比者小使之遣，金使嘗以侂胄首謀爲言，是金人亦知兵事之興，非出於陛下之意也。使誅侂胄，而敵不退聽，則我直而彼曲，我壯而彼老，自然人心振起，天意昭回。以此示敵，何敵不服？以此感人，何人不奮？臣尚慮議者謂國朝家法仁厚，大臣有罪，止於竄斥，未嘗誅戮。臣切謂侂胄非大臣比也。祖宗之法，位至平章軍國者，皆東班也。元勳□臣而後得有此，未有如侂胄，一介武弁，自環衛而知閤，自知閤而徑爲平章太師者。若此，則破壞祖宗成法自侂胄始，乃亂法之奸臣，非朝廷之大臣也。侂胄既有非常之罪，當伏非常之誅，詎可以常典論哉！又竊見右丞相陳自强素行污濁，志益貪鄙，徒以貧賤私交，自一縣丞超遷越授，徑登宰輔。不思圖報陛下之恩，惟侂胄之意自徇。侂胄始雖怙權，猶奉内詞，凡所設施，尚關廟堂；自强巧爲柔佞，上表力請平章軍國。侂胄驕心，乃貪榮而冒處；自强狡計，一作詐。因借庇以營私。驅虎狼爲之前道，而狐狸舞於其後。自强之爲己深矣！姑以大者言之：用兵一事，舉國以爲不可，而自强曲爲附和，力援私黨，佔據言路，以脅制天下之公議。至若縱容子弟，交通關節，饕餮無厭，皆臣所未暇言。獨其姦憸附麗，黷亂國經，較其罪惡，與侂胄相去無幾。臣愚，伏望陛下奮發威斷，將侂胄顯行誅戮，以正元惡之罪。其自强，亦乞追責遠竄，以爲爲臣不忠、朋姦誤國者之戒。謹録奏聞，伏候敕旨。貼黄：照得韓侂胄久專國政，一作柄。將朝廷府庫，視同私帑，公肆竊取，莫敢誰何。見今邊鄙軍費方殷，欲乞睿斷，將侂胄應有一作干。家財産業，盡行籍没，拘入封椿庫，專備邊庭之用，仍不許諸處妄有支動。伏候敕旨。十一月六日三省同奉聖旨：韓侂胄除名，送吉陽軍安置。陳自强改送韶州安置。餘依。

（宋）葉紹翁《四朝聞見録》卷五《戊集·給舍繳駁論疏》 臣寮上言：臣聞人臣之罪，莫大於植黨擅權，又莫大於稱兵首亂。有一於此，法不容誅。况乎兼有二罪，又稔衆惡，其在明時，豈宜容貸？臣伏念韓侂胄夤緣攀附，浸極顯榮，揹負國恩，締結親黨，兇愎自用，鉗結人言。凡除擢要官，選用兵帥，皆取决厮役蘇師旦之口。交通賄賂，動以千萬。祖宗法令，肆爲紛更。軍政、財計、田制、監法，關國體之大者，率情變易，朝令暮改，人無適從。自知積失人心，中外交怨，乃爲始禍之計，蓄無君之心。謀動干戈，圖危社稷。横開邊隙，喪失師徒。征行者有戰鬥暴露之虞，轉輪者有流徙死亡之苦。荆、襄、兩淮，生齒百萬，罹其兇害；遠近州縣，科斂頻仍，雖深山窮谷之民，皆不安其生業。至如吴曦之叛，郭倪之敗，皆侂胄容養激成。所用鄧友龍之徒，喪師辱國，罪狀顯著，曲爲掩覆，止從輕典，俱置善地。原其用心，實不可測。天下之人，切齒扼腕，恨不食其肉。如陳自强者，昏謬無耻，但知侂胄薦進之私恩，陰拱固位，聽其所爲，噤不出一語。如用兵之謀，不惟不能沮止，乃從而附和，曲意逢迎，貽害生民，恬不知恤。其他背公營私，貪鄙猥瑣之狀，雖小夫賤隸，亦所竊笑。仰惟陛下至明獨斷，雖行罷斥，尚亦優容，而侂胄等罪惡貫盈，公論未快。臣誤蒙親擢，置之封駁，祗命之初，不敢隱默。欲望聖慈特發英斷，將侂胄明正典刑，自強遠加貶竄，以慰天下之心，以正國家之法。所有録黃，未敢書讀，謹録奏聞，伏候敕旨。

（宋）葉紹翁《四朝聞見録》卷五《戊集·尚書省榜》　臣寮上言：臣學問荒疏，器能淺薄，際遇陛下勵精敷化之初，首蒙拔擢，俾職風憲。臣不自量度，願勉竭綿力，仰助陛下振舉紀綱，一新觀職。連日拜疏奏論韓侂胄、陳自强罪惡，已蒙睿鑒一作旨。施行。然二兇同惡相濟，專務欺蔽。一作蔽明。一旦威斷震發，天日清明，中外欣快，咸願亟見二兇罪狀。欲望聖慈宣論執政，檢會今來臺諫給舍章疏及已施行次第，特降敕榜曉示，以慰人心，以昭國憲。不勝幸甚！取進止。十一月六日，三省同奉聖旨並依。

（宋）葉紹翁《四朝聞見録》卷五《戊集·因韓黨詔諭中外百官》　開禧三年十一月内有旨：韓侂胄怙權擅朝，一作怙據朝權。殘民誤國，已行罷斥。緣其專政之久，中外縉紳，洎於將帥，凡才望勳績之臣，應爲丞相之用者，彼乃指國名器，權爲私恩。朕方丕示至公，惟賢能是亟，咨爾有位，其各悉心盡忠，毋或不安，益修厥職，以副朕意。故兹劄示，宜體至懷。是月，又降詔：朕德不明，信任非人。韓侂胄懷姦擅權，一作朝。威福自己，劫制上下，首開兵端，以致兩國生靈肝腦塗地。興言及此，痛切於衷。矧復長惡罔悛，深負國恩，一云負國彌甚。疏忌忠讜，廢公徇私。氣焰所加，道路以目。今邊戍未解，怨毒孔滋。凡百縉紳，洎于將士，當念前日過舉，皆侂胄欺罔專恣，非朕本心。今既罷逐，一正權綱，各思勉旃，爲國宣力，飭兵謹備，以圖休息。稱朕此意焉。

（宋）葉紹翁《四朝聞見録》卷五《戊集·侂胄師旦周筠等本末》

按：筠原本避理宗嫌諱作均，今改正。初，蘇師旦本平江書吏，韓氏爲戎副，一作副戎。籍子于廳。韓用事，師旦實爲腹心。韓一有爲字。知閤門事，猶在韓側立侍。迨冒節鉞，韓則曰：皆使相也。始乃與之均席。由是海内趨朝一作韓。之士，欲造其一作晏。門而不得見。蘇林者，子由之孫也。師旦以微賤附之爲族，林遂以兄事之。師旦嘗以窘之求金于韓。韓不知其受諸將賄動以億萬，每輟俸金與之，謂其出于真誠。及江上諸將致敗，而邱公密爲督視，廉知敗將之賂師旦尺牘往來具存，因作書以遺韓。韓大怒，遂竄師旦于海上。嘉定初，下所編郡取師旦首級，郡守召至客次，師旦以韓念己，必復召用。已而赴市，則曰：太師京如是忍耶？蓋不知韓已誅矣。遂籍其家，得金箔金二萬九千二百五十片，金錢六十辯，馬蹄金一萬五千七百二十兩，瓜子金五斗，生金羅漢五百尊，各長二尺五寸，金酒器六千七百三十兩，釵釧金一百四十三片，金束帶十二條，他物稱是。初，侂胄欲使師旦爲節度使，密諭詞臣使草制。時秘書監陳峴兼直學士院，語人曰：節鉞以待將臣之功高者。師旦何人，可辱斯授？以此見命，吾惟有去而已。未幾，中貴人有以特旨躐遷遥郡者，公復論之。中貴人者，侂胄之所主也。御史權相一作臣。意，遂假駁死獄事，劾公以免。公銘文曰：或問公與熙寧三舍人之事孰難？曰：李定之除，公朝顯行之令也；師旦之命，權臣密諭之旨也。方熙寧初，王安石雖用事，然詔令猶付之有司。故三舍人得以職争之，其爲力也易至。侂胄有所欲爲，則陰使人諭以意指，一有違忤，遂假他罪逐之，不使得以守職言事去也。故在公拒之爲難。先是，峴召試學士院日，對策言帝王號令不可輕出，倘不經三省施行，從中徑下，外示獨斷，内啓倖門，禍患將伏於中而不自知。時侂胄已居中用事，假御筆以竊朝權，故峴及之。峴持身謹閟，權臣無得而窺其間，且寧皇以公爲先朝宏博第一選，故遷至中書。然在詞一作禁。掖不能一月也。峴知泉州，未上，韓誅，召除兵部侍郎兼學士院。賜詔，其略曰：衆怒翼飛，儀鳳之翔何遠；洪流奔注，砥柱之立不移。蓋嘉其疑脱安字。義命於權勢翕赫之日。制詞真文忠所草，銘文亦文忠所爲也。按：《齊東野語》云：蘇師旦將建節，學士顏棫、莫子純，皆莫肯當制。易被彦章爲樞密院檢詳文字，師旦爲都承旨，與之昵，欣然願任責，遂以國子司業兼兩制，竟爲師旦草麻，極其諛佞云云。則當日不肯草麻，不獨峴一人也。德壽宫門路梐枑闌入，凡持蓋肩負者，皆由夾墻以入。有興薪數十人闌入，司梐者呵止之。曰：周總管柴。呵者默而聽之。周筠原本避作從竹，從均，今改。亦亞於師旦。自慶元以來，政出于韓，而師旦之門如市。帝相已爲具官，左右不復預事，曹吏號爲冷局。自趙忠定爲相之時，人從侂胄覓官者，韓猶答以當白之廟堂。自京鏜居相位，而韓猶答以當與丞相一作宰相。議之。自陳自强相，韓對客有請，直曰當爲敷奏而已。師旦既逐，韓爲平章。事無決，專倚省吏史邦卿奉行文字，擬帖撰旨，俱出其手。權炙縉紳，侍從簡札，至用申呈。時有李其姓者，嘗與史游，於史几間大書云：危哉邦卿，侍從申呈。未幾致黜云。時又有李士謹者，亦用申呈。有乞兼職者，其詞甚哀，後果由兼職階相位。士謹家居白洋池田家橋側，相傳莫知名橋所自，芰荷渺然，鷗鷺雜集，號小水晶宮，其實近在北關門之內。開禧朝廷以賜田俊邁之子，蓋已有兆之於其先矣。按：此條內自遂籍其家至他物稱是止八十一字，原本脫落。今從姜南《蓉塘詩話》補足。

（元）劉一清《錢塘遺事》卷七《誅韓震》乙亥三月初一日，誅韓震。三省奉聖旨云：韓震身爲殿岩，陰懷異志，當此危急，不肯出戰，聲言提兵，闌入禁闕。姦謀叵測，罪不容赦，國人皆曰可殺。吾念其父有功於蜀，不料其子負國若此，除已明正典刑，罪止其身，若家屬親黨，決非同謀，一切並爲免罪。

時有言震謀脅遷都者，宜中與容潘希仁議。請計，乃伏甲士於樞密府擊殺之，以步軍指揮使領其衆震部曲百餘人聞變大哄而入，射火箭入大內，又以大刀斫嘉會門，宜中遇兵遂之奔建康府。

《通制條格》卷二〇《賞令・告獲謀反》至元六年二月十二日，伯顏右丞等奏：東平府司吏元鑑告，至元五年親手拿住胡王先生伴當任萬寧，今知首告四人已蒙遷賞。臣等議得，擬充部令史，仍賞鈔十定。奉聖旨：那人勾當得呵，行者。勾當不得呵，止與賞賜者。欽此。

《元典章》卷四一《刑部・諸惡・謀叛・禁約作歹賊人》至元十七年七月十二日，中書省奏過事內一件。史塔剌渾説：新附地面歹人每叛亂，人口不安，有省諭百姓每，今後做歹的人，爲頭兒處死，財產、人口斷没；安主、兩鄰不首，同罪。這般排門粉壁禁治，更差知軍馬的官人調度呵，歹人不生這般説的。上頭省官人每，樞密院、御史臺老的每商量來：爲頭兒做歹的、一同商量來的、理會的不首告的人，都一般處死斷没者。於內悔過自首，免罪，更與賞者。不干礙的人首告呵，量加官職，更與賞者。這般各家立排門立粉壁，省會禁約呵，怎生？奏呵。聖旨了也。欽此。

（明）陳邦瞻《元史紀事本末》卷一《江南羣盜之平》世祖至元十七年十二月，漳州民陳桂龍兵起，福建都元帥完者都等擊走之。桂龍及其兄子陳弔眼有衆數萬，屯高安砦據之，朝廷命完者都及副帥高興討之。時建寧賊黃華，勢尤倡獗，完者都先引兵壓其境，華驚懼乞降，完者都奏以華為副元帥，凡軍行悉以咨之。桂龍等乘高為險，人莫敢進，興命人挾束薪，進至半山，棄薪走。如是六日，誘其矢石皆盡，乃爇薪焚山，斬首二萬級，桂龍遁走入畬洞。十九年夏四月，陳桂龍降。初，桂龍既遁，陳弔眼猶擁衆連五十餘砦未下，高興等擊斬之，桂龍等遂帥其黨來降。詔流桂龍於邊地。十二月，獲福州叛賊林天成，戮於市。

二十年三月，廣州新會林桂方、趙良鈐等擁衆萬餘，號羅平國，稱延康年號。擒之。

《元典章》卷四一《刑部・諸惡・謀叛・典刑作耗草賊》至元二十年十二月，江西行省：近爲作耗草賊數多，已令軍民正官一同親詣賊巢招諭，如不歸降，并力征討。及有諸人能擒賊首一名者，賞鈔四定；兩名以上，別加官賞。又擬：今後獲到草賊，於作耗地面，對衆明正典刑，籍没家產。移準中書省咨，議得：今後獲賊於作耗地面，對衆明正典刑，籍没家產。依準所擬。外，據諸人擒獲賊人送官，斟酌輕重給賞。

（明）陳邦瞻《元史紀事本末》卷一《江南羣盜之平》〔世祖至元二十一年〕十一月，江西行省叅知政事月的迷失擒獲海盜黎德，及招降餘黨百三十三人。即其地誅黎德，弟黎浩及僞招討吴興等檻送京師。

（明）陳邦瞻《元史紀事本末》卷一《江南羣盜之平》〔世祖至元〕二十三年春正月，西川趙和尚自稱宋福王子廣王以誑民，謀作亂，伏誅。

八月，婺州永康縣民陳巽四等謀反，伏誅。

（明）陳邦瞻《元史紀事本末》卷二《北邊諸王之亂》世祖至元二十四年夏四月，諸王乃顏反。乃顏，烈祖第五子別里古台之曾孫，也速不花之孫，廣寧王（瓜）〔爪〕都之次子也。

始乃顏遣使徵東道兵，帝諭諸王闍里鐵木兒毋輒發。或告乃顏反，帝遣伯顏往覘之。伯顏多載衣裘入其境，輒以與驛人。既至，乃顏謀執之，伯顏覺，與其從者趨出，分三道逸去。驛人以得衣裘故，爭獻健馬，遂得脱，馳還白狀。至是，乃顏反。時西北諸王多欲從之，帝以為憂。宿衛（使）〔士〕阿沙不花曰：此莫若先撫安諸王，乃行天討，則叛者勢自孤矣。帝曰：善，爾試為朕行之。乃北説諸王納牙曰：大王聞乃顏反耶？曰：聞之。曰：大王知乃顏已遣使自歸耶？曰：不知也。曰：聞大王等皆欲為乃顏外應，今乃顏既自歸矣，是獨大王與主上抗耳。大王何不往見上自陳，為萬全計。納牙許之，於是諸王之謀乃解，帝遂議親討之。

五月，遣也先傳旨諭北京等處宣慰司。凡隸乃顏所部者，禁其往來。毋（得）〔令〕乘馬持弓矢。時將校多乃顏部人，或其親昵，立馬相嚮語，輒釋仗不戰，帝患之。浙西道儒學提舉葉李密啟曰：兵貴奇，不貴衆，臨敵當以計取。彼既親昵，誰肯盡力？徒費陛下糧餉，四方轉輸之勞。臣請令漢軍列前少戰，而聯大軍斷其後，以示死鬭。彼嘗玩我，必不設備，我以大衆蹈之，無不勝矣。帝然之，乃詔左丞李庭等將漢軍，用漢法以戰。六月，帝至撒兒部魯之地，乃顏黨金家奴、塔不歹擁衆號十萬，進逼乘輿。帝親麾諸軍圍之，乃顏堅壁不出。司農卿鐵哥曰：彼衆我寡，當以疑退之。於是帝張蓋據胡牀，鐵哥進酒，塔不歹按兵不敢進。李庭曰：彼夜當遁耳。乃引壯士（千）〔十〕餘人抱火礮，夜入其陣，礮發，果自潰散。帝曰：何以知之？庭曰：塔不歹兵雖多，然無紀律，見車駕駐此而不戰，必疑有大軍繼之，是以知其必遁。遂命庭將漢軍，玉昔帖木兒將蒙古軍，並進。乃顏敗走，追執之。

《元史》卷一三三《塔出傳》〔至元二十四年秋七月〕塔出探知乃顏謀叛，遣人馳驛上聞，有旨，命領軍一萬，與皇子愛也赤同力備禦。女直、水達達官民與乃顏連結，塔出遂棄妻子，與麾下十二騎直抵建州。距咸平千五百里，與乃顏黨太撒拔都兒等合戰，兩中流矢。繼知其黨帖哥、抄兒赤等欲襲皇子愛也赤，以數十人退戰千餘人，扈從皇子渡遼水。乃顏軍來襲，塔出轉鬭而前，射其酋帖古歹，中其口，鏃出於項，墮馬死，追死乃退。遂軍懿州，州老幼千餘人，焚香羅拜道傍，泣曰：非宣慰公，吾屬無遺種矣。塔出曰：今日之事，上賴皇帝洪福，下賴將士之力，吾何功焉。至遼西熊山北小龍泊，得叛酋史禿林臺、盧全等納款書，期而不至，塔出即遣將討擒之，又獲其黨王賽哥。復與曲迭兒大王等戰，破之，將士欲俘掠，塔出一切禁止。與僉院漢爪、監司脫脫臺追乃顏餘黨，北至金山，戰捷。帝嘉其功，召賜黃金、珠機、錦衣、弓矢、鞍勒。

（元）陶宗儀《南村輟耕録》卷二《叛黨告遷地》 至元二十四年，宗王乃顏叛，後伏誅，徙其餘黨於慶元之定海縣。延祐間，倚納脫脫公來為浙相，其黨屢以水土不便為詐，乞遷善地。公曰：汝輩自尋一箇不死人的田地，當為汝遷之。衆遂不敢再言。

（明）陳邦瞻《元史紀事本末》卷二《北邊諸王之亂》 二十五年春正月，諸王海都犯邊。海都者，太宗之孫，合失大王之子也。世居北方，自定宗以來，日尋干戈。至元初即有叛意，廷議欲伐之，帝曰：朕以宗室之情，惟當懷之以德，其擇謹密足任大事者往使焉。左右以平陽馬步站達魯花赤鐵連對，遂召見。鐵連應對稱旨，帝嘉其辨慧，曰：此事非連不可，然必先詣拔都蒙哥鐵木王所，相與計事而後行。使二人副。鐵連既奉命，欲直造海都境，視其虛實，然後議於諸王。副者持不可。鐵連曰：親承密旨，違則當誅。副者懼而從之。既至，海都日召宗親宴飲，將伺其隙謀害之。鐵連厲聲斥之曰：且食，毋令語言脫口，相摭為罪。海都愕然曰：直哉！酒半，鐵連求衣為歡，海都嘉其雄辨，將解與之，其妃止之，以皮服三襲付之，因語其屬曰：為使者當如是矣。厚贈以行。乃至拔都蒙哥鐵木王所，具告之故。王曰：祖宗有訓，叛者人得誅之。如通好不從，舉師以行天罰，我即外應，勦絶何有。鐵連還，悉以事聞，因言曰：海都兵繁而銳，不宜速戰，來則堅壘待之，去則勿追。自守既固，即無虞矣。帝深然之，勅所受海都皮服全飾以金，凡朝會宜服以表示焉。是歲，詔封皇子那木罕為北平王，率諸王兵鎮守，而以安童行省院事。既而海都叛，帝大閱兵將討之，先命戶部尚書昔班使海都，諭令罷兵，置驛來朝。昔班至海都傳旨，海都聽命，既退軍置驛，而丞相安童軍先已克火（和）〔本〕〔大〕王部曲，盡獲其輜重。海都懼，將逃，謂昔班曰：我不難殺汝，念我父嘗受書於汝，歸以安童之事聞，非我罪也。昔班以聞，帝曰：汝言是也。尋命為中書右丞，議政事，妻以宗王女不魯真公主。明年，復使諭海都，且曰：苟不從我，〔爾〕能諸〔敵〕王蕃衛〔之〕兵乎？海都辭以畏死不敢。至是復寇邊，拔都也孫脫迎擊，死之。【略】

二十六年二月，哈丹兵寇胡魯口，開元路治中兀顏牙兀格戰連〔日〕，破之。

六月庚申，諸王乃蠻帶敗哈丹兵於托吾爾河。辛巳，海都犯邊，土土哈從皇孫晉王征之，抵杭海嶺。敵先據險，諸軍失利，惟土土哈以其軍直前鏖戰，翼晉王而出。追騎大至，乃選精銳，設伏以待之，寇不敢逼。海都兵至和林，宣慰使怯伯、同知乃蠻帶、副使八黑鐵兒皆反應之。劉哈剌八都魯乘間逃歸。

（明）陳邦瞻《元史紀事本末》卷一《江南羣盗之平》〔世祖至元二十七年春正月，江西賊華大老、黃大老等掠樂昌諸郡，行樞密院討平之。

（明）陳邦瞻《元史紀事本末》卷二《北邊諸王之亂》〔至元〕二十七年二月，哈丹寇遼東海陽。五月，寇開元。平章政事闍里帖木兒帥師戰於烏法，大破之。

（明）陳邦瞻《元史紀事本末》卷一《江南羣盗之平》〔世祖至元二十七年〕三月，建昌賊邱元等稱大老，集衆千餘人掠南豐諸郡。太平縣賊葉大五，集衆百餘人寇寧國，皆擒斬之。【略】

六月，徽州績溪賊胡發、饒必成，杭州賊唐珎，建平賊王靜照，蕪湖賊徐汝安、孫惟俊等皆伏誅。

〔十一月〕，興化路仙遊賊朱三十五寇青山。處州青田賊劉甲、乙等集衆萬餘人寇温州平陽。二十八年秋七月，遣憨敢總兵討平江南盗賊。二十九年春正月，詔江南避亂者令復業。九月治書侍御史裴居安言：月的迷失遇盗起不即加兵，盗去乃延誅平民。詔臺院遣官雜問之。

《通制條格》卷二〇《賞令・告獲謀反》　至元二十八年九月，尚書省刑部呈：興寧縣主簿李宇告發李英俊謀反等事，已將各賊處斷，家産籍没，不爲無功，擬於本官應得資品上量陞二等。都省準呈。

《元典章》卷四一《刑部・諸惡・謀叛・賊人復叛起遣赴北》　至元二十九年二月，行中書省劄付：該近據廣東宣慰司呈南雄路申，招到保昌縣大老謝發并手下親人劉通，赴司公參。手下頭目孫大老并賊衆受招之後，又行出劫，結構循、梅等處賊人作耗。若準本司所擬，將謝發并從賊劉通等分付本處鎮守司，差軍押赴行院公參，就便起遣赴北安置。已後官司招到投降賊首，皆依此例。爲此，移準中書省咨，準擬。咨請照驗施行。

《通制條格》卷二〇《賞令・告獲謀反》　至元二十九年三月，中書省湖廣行省咨：興國路大冶縣民户周鼎親獲謀反首賊范文興等，若將本人擢賞相應。都省議得：周鼎首獲叛賊功效，量擬本人於縣尉内任用。

《元史》卷一二七《伯顔傳》　二十九年秋，宗王明理鐵木兒挾海都以叛，詔伯顔討之，相值於阿撒忽秃嶺，矢下如雨，衆軍莫敢登，伯顔令之曰：汝寒君衣之，汝饑君食之，政欲效力於此時爾。於此不勉，將何以報！麾諸軍進，後者斬，伯顔先登陷陣，諸軍望風争奪，大破之。明里鐵木兒挺身走，命速哥、梯迷秃兒等追之。伯顔引軍夜還，至必失秃，卒遇伏兵，伯顔堅壁不動，黎明，遂引去，伯顔輕騎追至别竭兒，速哥、梯迷秃兒等兵亦至，乃夾擊之，斬首二千級，俘其餘衆以歸。諸將言：古禮，兵勝必禡旗於所征之地。欲用囚虜爲牲，伯顔不可，衆皆歎服。軍中獲諜者，忻都欲殺之，伯顔不許，厚賜之，遣賫書諭明里鐵木兒以禍福，明里鐵木兒得書感泣，以衆來歸。

（明）陳邦瞻《元史紀事本末》卷一《江南羣盗之平》〔世祖至元三十年二月，江西行院月的迷失言：江南豪右多庇匿盗賊，宜誅為首者，餘徙内縣。從之。

（明）陳邦瞻《元史紀事本末》卷二《北邊諸王之亂》〔至元〕三十年三月，括諸路馬。時以海都入寇，詔羣臣議所以為備。從樞密李廷言，復括天下馬，凡得十一萬匹。

六月，詔皇孫鐵木耳撫軍北邊，召伯顔還，以玉昔帖木兒代之。時有譖伯顔久居北邊，與海都通好，因仍保守，無尺寸之獲者。詔受皇孫鐵木耳以皇太子寶撫其軍，以太傅玉昔貼木兒輔行，召伯顔居大同，以俟後命。玉昔貼木兒未至三驛，海都兵復至，伯顔遣人語玉昔貼木兒曰：公姑止，待我剪此寇而來，未晚也。遂與海都兵交，且戰且却，凡七日。諸將以為怯，憤曰：果懼戰，何不授軍於太傅？伯顔曰：海都懸軍涉吾地，邀之則遁，誘其深入，一戰可擒也。諸君必欲速戰，若失海都，誰執其咎？諸將曰：請任之。即還軍擊敗之，海都果脱去。乃召玉昔鐵木兒至軍中，授以印而行。

《元典章》卷四一《刑部・諸惡・謀叛・禁斷賊人作耗》　至元三十年九月，福建行省準江西等處行樞密院咨：所轄地面，東接浙東、温、台、衢、婺，南瀕大海，西抵湖南，北至大江，自來草賊生發去處。節次剿除積年作耗賊首丘鄧三、雷大老等起數，并無嘯聚賊徒。正是南安、贛州等處鄉都民寨，少者三五十，多者百餘之上，忽散東出西没，劫掠人民作耗。調兵追捕，各散元住鄉都，遞相隱庇，無可追究。又照得至元二十九年十月内，南康縣賊人行劫人民，獲到正賊葉道等，本賊供指出同徒賊人一百餘人，俱系南安、贛州、南雄、循州管下住坐民户。嚴督拘該管軍官，約會管民官一同暗行於各處民團捕捉。參詳：賊人積年作耗，非唯管民官、鎮守官不嚴收捕怠慢，實緣牧民之官，有失覺察，少加撫治，鄉民遞相窩藏，善惡難分，以致不能盡絶。請照驗聞奏回咨事。準此。於至元三十年二月二十二日，本院官奏，月的迷失奏將來有：民户裏賊寇生發呵，俺收捕了他每，行分付與，有管民官每不肯治約的上頭，有氣力富豪民户裏窩藏著，轉做賊説謊的上頭，那般的每根底合敲呵，是有。麽道，説將去了來。官人每回説將來窩藏的是何名字？人賊是何名字，有麽道明白説將來呵，那時節奏了，回言語也者。説將來，如今窩藏做賊的，俺一百個來人得了也。一半拏著，分付管民官了也。俺如今怎生般理會呵？是説將來有俺商量來：行省、行院官人每一同問了，取招實呵，爲首的根底敲了，其餘的那田地裏不交，往往這壁發將出來。麽道擬定奏呵。奉聖旨：那般者麽道。聖旨了也，欽此。

《元典章》卷四一《刑部·諸惡·謀叛·草賊生發罪例》　元貞元年行御史臺劄付，據各道申：洞賊扇聚，殺死收捕軍民官，燒劫站赤馬疋，鋪陳，奪去縣印，劫掠良民，寇盜縱横，相繼蜂起，無所忌憚，所在軍官，雖曰追襲，但離本境，便稱寧息等事。爲此，委監察御史與本道廉訪司官，取到鎮守軍官鎮遏不嚴，收捕怠慢，民官撫字不到，以致草賊生發，各各招伏。移準御史臺咨。議得：江南草賊生發，蓋是歸附之後，軍官鎮守不嚴，民官撫治不到，積弊日久，以致如此。若不懲戒，誠恐賊人滋蔓，利害非輕。欲依取到招狀斥罷，又恐耽誤公事。今擬：軍官，量決二十七下，民官，量決二十七下，遍行合屬，以警其餘。移咨上都御史臺，聞奏過下項事理。欽此。本臺除外，咨請依上決罪，遍行合屬，欽依施行。

一件：江南行臺咨：昭州、邕州、藤州、邕州路、澧州、全州路、衡州路、郴州路、贛州路、南安路、吉州路、上有攸縣這十三處地面裏，草賊洞蠻作耗，殺擄百姓，劫掠財物。那田地裏鎮守官軍每鎮守不嚴，著賊每走了呵，不趕去的，都取了招伏説來。這底每根底不要罪過呵，更後頭怠慢呵，怎生治呵？是這底頭六個萬户府達魯花赤，更八個萬户、四個千户，兩個百户，俺商量來：各斷三十七下，見受散官，削降一等，職事如故換受，依舊勾當，標注鎮守不嚴過名。這底每這般斷了呵，應有軍官每都交省會，再有不嚴切鎮守犯著底，一般要罪過呵，怎生？奏呵，那般者。麽道，聖旨了也。

一件：江南行臺咨：南安路、南康縣、衡州路、藤州路這幾處，四個府官、三個州官、三個縣官，爲他每田地裏草賊生發，交百姓投入賊人裏去了，把截道子不嚴，交賊每出入劫掠，殺死百姓，劫奪財物；賊每入來呵，不申上司。他每撫治百姓不到，都取招伏。俺商量來，這底每各打二十七下，見授散官，削降一等，職事如故換授，依舊勾當標注有失撫治百姓過名，勾滿了底有呵，一體交遷轉，上位根底奏過呵，遍行省會。再有這般不用心撫治百姓，這般一體斷罪過呵，怎生？奏呵，那般者。麽道，聖旨了也。

《元典章》卷四一《刑部·諸惡·謀反·謀反處死》　濟南路捉獲謀反賊人胡王先生、任萬寧、苦瓜先生一起人等，蒙中書省參知政事欽奉聖旨，時起初同謀造反人任萬寧、胡王先生、苦瓜先生於市曹處死。誣告謀反者流東平路，歸問到軍户周僧兒招狀不合誣告，趙千户糾合新茶等一十三人。至元四年四月，謀反罪犯，部擬處死，省斷入鷹房子種田。

（明）陳邦瞻《元史紀事本末》卷一《江南羣盜之平》　成宗元貞二年冬十月，贛州民劉六十聚衆至萬餘，建立名號，朝廷遣將討之，多觀望不進，賊勢益盛。江南行省左丞董士選請自往，進至興國，距其營〔不〕百里，命將校分兵守地，悉置激亂之人於法，復誅奸民之為囊橐者。於是民爭出自効，不數日，六十就擒，餘黨悉散。事平，士選遣使奏聞，但請黜贓吏數人而已，略不及破賊事，時稱其不伐。

（明）陳邦瞻《元史紀事本末》卷二《北邊諸王之亂》　成宗大德元年冬十月，欽察都指揮使牀兀兒攻破八鄰之地，還擊海都軍，敗走之。八鄰之地時為海都所據，牀兀兒帥師（於）〔踰〕金山進攻之。其將貼良臺阻答魯河而軍，伐木柵岸以自庇，士皆下馬跪坐，持弓矢以待。牀兀兒奮師馳擊，大破之，盡得其人馬廬帳。還次阿嚕河，與海都援將孛伯遇，牀兀兒麾軍渡河蹙之，孛伯敗走，僅以身免。

〔二年〕十二月，駙馬闊里吉思遇寇敗没。是歲秋，諸王將帥共議備邊事，咸曰：敵往歲不冬出，且可休兵於境。闊里吉思（特）〔獨〕嚴兵待之。冬，敵果大至，闊里吉思三戰三克，乘勝逐北，馬蹶為敵所執。誘使降，不屈。又欲妻以女，闊里吉思毅然曰：我天子壻也，非天子命而可再娶乎！竟不屈死焉。

《元典章》卷四一《刑部·諸惡·大逆·僞寫國號妖説天兵》大德元年十二月，準御史臺咨，奉中書省劄付：江浙等處行中書省温州路備平陽州申：陳空崖坐禪説法，竪立旗號，僞寫羅平國正治元年，妖言惑衆，稱説天兵下降，書寫善慧大言等事，問了招伏。大德元年十月二十一日奏過：將陳空崖爲頭來的四個人敲了，斷没媳婦、孩兒、家産呵，怎生？商量來：那的每之下十八個，各一百七、九十七、八十七打了，媳婦，孩兒都起將這裏來。到這裏呵，教那裏住的，那其間奏也者。又十一個人，比這的每輕有，七十七、四十七、三十七下斷没。又知覺這賊每，赴官告報來的，一個陳景春名字的里正，又拿賊去來的州司吏林朴，這兩個行的是來。這兩個根底做顯驗，各與他每一領袄子，委付他兩個做縣尉，斷没到典刑，賊每的田産，也與這兩個。又這兩個之下做伴當來的三個人，各與十定中統鈔，怎生？商量來，奏呵，奉聖旨：那般者。欽此。

（明）陳邦瞻《元史紀事本末》卷二《北邊諸王之亂》〔大德〕三年十二月，命兄子海山鎮漠北。海山帝兄答剌麻八剌之長子，帝以寧遠王闊闊出總兵北邊，怠於備禦，命海山即軍中代之。

四年八月，海山與海都軍戰於闊別列之地，敗之。

《元典章》卷四一《刑部·諸惡·大逆·妖言虚説兵馬》大德五年七月，中書省咨：近準河南行省咨：追問到賊人段丑厮等，詐稱神異，妄造妖言，虚説兵馬，扇惑人衆。除將爲首及信從，并知情不首者并行處斬，妻子籍没入官。首捉人張德林等别行遷官給賞外，今後若有似此詐妄之人，聞者隨即捕送赴官，依上理賞。其信從及不首者，準上斷罪。都省咨請多出文榜禁治，及遍行合屬排門粉壁曉諭，施行。

（明）陳邦瞻《元史紀事本末》卷二《北邊諸王之亂》〔成宗大德〕五年九月，海都與篤哇諸部大舉入寇，海山躬督牀木兒等五軍，合擊，大破之。阿失克射篤哇中膝，號（哭）遁。去海都不得志引還，旋亦死。

七年秋七月，篤哇遣使降。篤哇既，敗聚其屬及海都之子，謀遣使請命。使至，月赤察兒會諸王將帥議曰：篤哇乞降，事當待命於上，然往返再閲月，恐失事機。乃使馬兀合剌往報之，既遣，始以聞。帝嘉之，詔慎飭軍士，安置驛傳以俟。自是諸王叛者相率來歸。

武宗至大元年十二月，月赤察兒進攻察八兒諸部，平之。月赤察兒言：諸王之在邊境者，素無悛過之心，儻諸部合謀，必為國患。請撫安篤哇之子款徹，及處諸部來歸者於金山之陽，遣軍屯田山北，脱彼有謀，吾已據其腹心矣。帝稱善，趣（軍）進〔軍〕攻之。察八兒等果欲奔款徹，不納，遂相率來降，漠北悉平。

（明）陳邦瞻《元史紀事本末》卷二《北邊諸王之亂》〔武宗至大〕三年三月，賜諸王察八兒幣帛。初，世祖以海都叛，詔積其分地五户絲為幣帛，俟其來降賜之。至是，其子察八兒來歸，尚書省臣請以賜之。帝曰：世祖謀慮深遠若是。待諸王朝會，班賞既畢，卿等備述其故，然後與之，使彼知愧。

《元典章》卷四一《刑部·諸惡·謀反·亂言平民作歹》至大三年九月□日，福建宣慰司承奉江浙行省劄付：準尚書省咨：刑部呈：於至大三年三月二十五日，蒙都室鈞旨，分付到木八剌告指亂言文狀一紙。仰本部約請尚書省斷事官懷都、詹事院斷事官朵兒只，一同歸問明白，連御呈省。奉此。依上約請各官到部，一同歸問得木八剌狀招：既是回回人氏，庄農爲業，自合守分過日，却不合於至大三年三月十九日，爲知官司捉獲帖里等謀歹，將首告人給与官賞，及懷恨本村住坐人馬三等，時常指攀木八剌應當一切雜泛差役，因此將木八剌幼小聽得妄傳詞話，自行捏作亂言事情，虚摭馬三。於至大元年六月二十日，有馬三就於甸内鋤田處，對木八剌道：往常時，漢兒皇帝手裏有兩個好將軍來，殺底這達達剩下七個，走底山洞裏去了，上頭吊著一個驢，下面一個鼓兒，聽得撲洞洞響，謊得那人不敢出來。您殺了俺，幾時還俺？那將軍道：日頭月兒厮見呵，還您。如今日月厮見也。這的是還他也。又虚捏：於當月二十日，有本莊住人小甲，就於甸内鋤田處，對木八剌言説：如今真定府皆後河元曲吕未，直了也。漢兒皇帝出世也。趙官家來也。漢兒人一個也不殺，則殺達達、回回，殺底一個没。又妄指攔十，於當年十二月内不記日上燈前後，就於伊家對木八剌説道：簸箕星下界也。達達家則有一年半也。又虚供：在先累次前來赴省陳告，爲是不識人等，將木八剌當欄以此還家，不曾陳訴。如此亂言。木八剌又親筆寫到文字一紙，意望官司將各人栲問坐罪，木八剌請受官員。又招：既於三月十九日，止曾對阿藍沙到俺村裏漢兒人每謀反語句，又不合虚招：將上項言語，對阿藍沙説，本人道：好，咱每告去。又不合於三月二十四日，就降福宫前問不得名校尉道：官裏有那無太子？有那無太后？有那無多少怯薛歹？蒙將木八剌拿住，於木八剌沿身搜出木八剌親筆捏合亂言文字，與一千人等面對得木八剌逐項虚誑不實罪犯，及取訖阿藍沙，既是木八剌説稱村裏漢兒人謀反，不行告首招伏。議得：木八剌，比例於市曹杖斷一百七下；阿藍沙，擬決四十七下，相應。呈奉

尚書省判送：準奏事房付：至大三年三月十八日

奏將來：木八剌小名的人，告訖馬三、攔十等人每寫立著文字，説大言語麽道説有。奏呵，差的買買去，將他每已招了的，典刑了，轉遞號令者。再似這般發露的，好生問得端的，招了呵，尚書省官人每忽剌出等提調著典刑了，轉遞號令者。麽道，聖旨了也。欽此。覆過奉都堂鈞旨：木八剌所招罪犯，連送刑部，欽依施行，余準所擬，就行各處照會。奉此。依上將木八剌於市曹欽依典刑訖。除已依上施行，各處照會外，據行省地面，宜從都省行移照會，相應。具呈照詳。得此。照得：先謂帖里、八扎哈牙等作歹，一千人等，明正典刑訖，告人已經升賞。爲此，二等不畏公法小人，貪圖功賞，似此亂言人數，俱已典刑了當。若不遍行，誠恐愚民不知，枉遭刑憲。都省咨該遍行合屬，禁治施行。

《元典章》卷四一《刑部・諸惡・謀反・失口道大言語》　河間路申：睢用告肅寧縣典史孫泰不公件内，責得睢用狀招：不合爲孫泰將用所告名件，分析支破，著言北道：孫泰，你將一百定來也，都支破了。南蠻皇帝要了五十定，意想背叛呵，藍歹兒等是北賊，要了五十定。罪犯。法司擬：舊例：矢口亂言，杖一百七下。部擬：五十七下。省斷：一百七下。

（元）陶宗儀《南村輟耕録》卷二《賊臣攝祭》　至治癸亥十月六日甲子，先一夕，因晋邸入繼大統，告祭太廟之頃，陰風北來，殿上燈燭皆滅，良久方息。蓋攝祭官鐵失也。先帖木兒、赤斤帖木兒等，皆弑君之元惡也。時全思誠以國子生充齋郎，目擊之。此無他，必祖宗威靈在上，不便姦臣賊子得以有事於太廟，而明示嚴譴之耳。彼徒罪無所逃，至於身誅族赤而後已。吁，可畏哉！

（元）陶宗儀《南村輟耕録》卷八《志苗》　楊完者，字彦英，武岡綏寧之赤水人。為人陰鷙酷烈，嗜斬殺。初，群無賴嘯聚溪洞，完者内深賊，持權詐，故衆推以為長。王事日棘，湖廣陶夢禎氏舉師勤王，聞苗有衆，習鬭擊，遣使往招之，由千户累階至元帥。夢禎死，樞密院判阿魯恢，總兵駐淮西，仍用招納。既得旁緣入中國，不復可控制，略上江，順流而下，直抵楊州。禽獸之行，絶天逆理，民怨且怒，共起義，攻殺之。餘黨奔潰，度楊子，宿留廣德吴興間。至正十六年春二月朔，淮人陷平江，時江浙行中書省丞相塔失帖木兒，有旨得便宜從事。嘉興北連平江，南去杭州無二百里，為藩鎮喉舌，有司告援急星火，馹使交道中不絶。丞相兵少，策無所出，以完者來守之，完者取道自杭，以兵刼丞相。陞本省參知政事，填募民人粟空名告身予之，即拜添設左丞。所統苗獠洞猺荅剌罕等，無尺籍伍符，無統屬，相謂曰阿哥，曰麻線，至稱主將亦然。喜著斑斕衣，製衣袖廣狹修短與臂同，衣幅長不過膝，袴如袖，裙如衣，總名曰草裙、草袴。固脰以獸皮，曰護項。束要以帛，兩端懸尻後若尾。無間晴雨，被氊毯，狀絶類犬。按《邕管雜記》《溪蠻叢笑》等書所載，伍溪之蠻，盡槃瓠種屬，曰猫，曰猺，曰賴，曰犵狑，曰犵狫，字皆從犬，則諺所謂猫犬者，信然。軍中無金鼓，雜鳴小鑼以節進止，其鑼若賣貨郎擔人所敲者。夜遣士卒伏路，曰坐草。軍行尚首功，資抄掠。抄掠曰檢刮，檢刮者，盡取而靡有孑遺之意。所過無不殘滅，擄得男女，老羸者，甚幼者，色陋者，殺之。壯者曰土乖，幼者曰賴子，皆驅以為奴。人之投其黨者，曰入火。婦人艶而皙者，畜為婦，曰夫娘。人有三四婦，多至十數，一語不合，即剚以刃，與之處者，得至日莫無恙，則心竊自賀。古云：好則人，怒則獸。形容盡之矣。是月，丞相又以王與敬攝元帥事，守松江，與敬據郡應平江。完者遣部將蕭亮負成來，與敬奔。苗有松江，火一月不絶，城邑殆無噍類。偶獲免者，亦舉刖去兩耳。掠婦女，刼貨財，殘忍貪穢，慘不忍言。官庾尚有粟四十萬餘，籍為己有。越五十日，平江兵

破淀湖棚，苗夜遁去。秋，平江兵入杭，苗將吴太旺敗，完者自嘉興來，駐兵城東菜市橋外，未即進，民自為戰勝，完者兵淫刑以逞，嘉興僅保孤城，城之外悉遭兵燹，有窮目力所至無寸草尺木處。完者雖陽浮尊事丞相，生殺予奪，於已是决，丞相僅得署成案。然浙江之南則行御史臺總督官邁里古思，建德路則達魯花赤古篤魯丁，各自為守，苗不敢犯其境。完者之威令，僅行於杭州嘉興兩郡而已。築營德勝堰，周圍三四里，子女玉帛皆在焉，且以為郿隖計。用法刻深，任執立威。而鄧子文、金希尹、王彦良之徒，又悉邪佞輕佻，左右交煽，氣焰翕忽。時左丞李伯昇、行樞密同知史文炳、行樞密同僉吕珍等，皆先魁淮旅而降順者，丞相以其衆攻殺之。既受圍，遣吏致牲酒於文炳，為可憐之意曰：願少須庚毋死，得以底里上露。報不可，完者乘躁力戰，敗，盡殺所有婦女，自經以死。獨平章慶童女，以先往在富陽得免。平章女已嘗許嫁親王，為完者强委禽焉。至是，未及三月，故數其罪者此居首。諸軍開門納欵，惟恐弗先。文炳解衣裹屍之，祭哭盡哀，十八年秋八月也。完者部將宋興在嘉興閉城自守，亦攻降之。城中燔燬者三之二，民遇害者十之七。南村野史曰：苗入華夏，民之不幸，亦國家之不幸也。國以民為本，本不固矣，邦奚以寧？為之將若相者，在於明黜陟，嚴賞罰，奉將天威，降者招之，逆者討之，以培國家之本可也。顧於此而不為，又無它奇謀遠畧，而乃借重於非類，正猶開虎兕之柙而使赴犬羊耳，尚兾保民命為社稷計，一何愚哉！罪惡貫盈，天怒於上，敗亡戮辱，身膏草野，民爭以為快，實亦自取之也。

吴明哲《温州歷代碑刻二集》第四編《陳君惠澤記》 温之平陽，其鄉爲金舟有善士焉，曰陳君國英，隱居而好義，凡遇事有益於人者必奮力勇爲之，其惠澤及人甚衆。至若修水利以濟農民，遇寇亂以保鄉井，此功尤灼灼明著者也。【略】

〔至正〕十三年□□賊起，州之邊境，山谷之民亦相聚爲寇盜，殘毁州治，所過焚掠，有惡少謀欲乘時起亂，應之未發，衆且汹汹，君乃率豪右結集義民而召致其人，諭以禍福，遂止不動。會山寇爲湖南里人所敗，遁走。而□江浙行中書省亦命周君宗道權知州事，總兵討賊，人情始安。當是時，微君鄉里幾不可保，方州之新破也。里中凡欲訟曲直者悉詣君所，君爲處平，多得其當，咸服去，不怨。既，鄉之人士僉曰水門及堰非君修之，則吾不食其土而饑死流離久矣，奸獷造變，非君之力則吾不能保有其老稚居業，君之惠澤在吾鄉者可謂至深，吾欲貨之以賄，則君所不欲，吾欲尸而祝之，社而稷之，則君又不可，將圖報於君者無由，惟勒之堅石以示厥後，其庶幾焉，乃相率來言，而以文爲請。

(清)谷應泰《明史紀事本末》卷一三《胡藍之獄》 太祖洪武二年冬十月，上欲以楊憲爲丞相，問劉基。基素與憲厚，以爲不可。上怪之，基曰：憲有相才，無相器。夫宰相者，持心如水，以義理爲權衡，而已不與焉者也。今憲不然，能無敗乎！上曰：汪廣洋何如？基曰：此褊淺。上曰：胡惟庸何如？基曰：小犢耳，將僨轅而破犁。上曰：吾之相，無踰於先生。基曰：臣非不自知。臣疾惡太深，又不耐繁劇，爲之，且負大恩。天下何患無才，願明主悉心求之。如目前諸人，臣誠未見其可也。

六年秋七月，以胡惟庸爲中書左丞相。

八年夏四月，誠意伯劉基卒。初，上既相胡惟庸，基大感曰：使吾言不驗，蒼生之福也；言而驗者，其如蒼生何！因憂憤增疾。基嘗爲上陳甌、閩事。蓋甌、閩之間，有隙地曰淡洋，其南抵閩界曰三魁，爲鹺盜藪，方氏所由亂，基奏於其地立巡檢司以控扼之。其奸民弗便也，相率挾逃戍之卒以叛，而大豪復陰持其妥。基使子璉上書奏之，而不先白中書省。惟庸故銜基，使刑部尚書吴雲劾之，以淡洋踞山海有王氣，欲圖爲墓地，民勿與，則建立司之策以窘其人，致激變。疏入，上下有司，惟庸請加以重辟，又欲逮基子璉獄。上皆不問，而第令移文使基知。基乃馳入朝見上，不敢辨，惟引咎自責而已，亦不敢言歸。俄有疾，惟庸覘上念基息，乃陽爲好者，以正月朔，挾醫求視疾。基飲之，覺有物積胸中如拳石。間以白上，上不省也。又三月，寢劇。使使問之，知不能起，驛舟護歸青田。亡何，竟卒。

十三年春正月，左丞相胡惟庸謀不軌伏誅。自楊憲、汪廣洋既敗，惟庸總中書政，專生殺黜陟，以恣威福。内外諸司封事入奏，惟庸先取視之，有病己者，輒匿不聞，由是奔競之徒趨其門下。魏國公徐達深嫉其姦邪，常從容言於上，惟庸銜之。達有閽者福壽，惟庸陰誘致爲己用，爲福壽所發。惟庸故起家寧國令，時太師李善長秉政，惟庸餽遺善長黄金二百兩，遂得召入爲太常卿，累遷中書參政，遂與善長深相結，以兄女妻善長從子祐，貪賄弄權，益無所忌。一日，其定遠舊宅井中忽出竹笋，出水高數尺，諛者争言爲丞相瑞應，又言其祖父三世塚上，夜有光燭天，於是惟庸稍自負，有邪謀矣。會惟庸家人爲奸利事，道關，榜辱關吏，吏奏之。帝怒，殺家人，惟庸謝不知。帝又究故誠意伯死狀，惟庸懼且見發，乃計曰：主上草菅勳舊臣，何有我！死等耳，寧先發，毋爲人束手寂寂。而是時吉安侯陸仲亨、平凉侯費聚者，常犯法，帝切責之。二人懼，惟庸陰以權利脅誘之。二人素戇勇，又見惟庸用事，因與往來，久之益密。惟庸與御史大夫陳寧坐省中，閱天下軍馬籍，令都督毛驤取衛士劉遇寶及亡命魏文進等爲心膂，曰：吾有用爾也。太僕寺丞李存義，善長之弟，惟庸之婿父也，以親故，往爲惟庸家，惟庸令存義陰説善長以邪謀。惟庸又使指揮林賢下海招倭軍，約期來會，又遣元臣封績致書，稱臣於元，請兵爲外應，皆未發。會惟庸子乘馬奔入輓輅中，馬死，惟庸殺輓輅者。上怒，命償其死。惟庸逆謀益急。而是時日本貢使適私見惟庸，惟庸約其王，令以舟載精兵千人，僞爲貢者，及期，會府中力士掩執帝，度可取取之；不可，則掠庫物泛海就日本，有成約。

正月戊戌，惟庸因詭言第中井出醴泉，邀帝臨幸，帝許之。駕出西華門，内使雲奇衝蹕道，勒馬銜言狀，氣方勃，舌駃不能達意。太祖怒其不敬，左右撾捶亂下。雲奇右臂將折，垂斃，猶指賊臣第，弗爲痛縮。上悟，乃登城望其第，藏兵複壁間，刀槊林立。卽發羽林掩捕，考掠具狀，磔於市，並其黨御史大夫陳寧、中丞涂節等皆伏誅，僚屬黨與凡萬五千人，株連甚衆。群臣請株李善長、陸仲亨等，上曰：朕初起兵時，李善長來謁軍門曰：有天有日矣。是時朕年二十七，善長年四十一。所言多合吾意，遂命掌書記，贊計畫。功成，爵以上公，以女與其子。陸仲亨年十七，父母兄弟俱亡，恐爲亂兵所掠，持一升麥藏於草間，朕見之，呼曰：來！遂從朕。既長，以功封侯。此皆吾初起時股肱心膂，吾不忍罪之，其勿問。

癸卯，詔罷中書省，陞六部官秩。倣古六卿之制，改大都督府爲中、左、右、前、後五軍都督府。《祖訓》云：自古三公論道，六卿分職，不聞設立丞相。自秦始置丞相，不旋踵而亡。漢、唐、宋雖有賢相，然其中多小人專權亂政。今罷丞相，設五府、六部、都察院、通政司、大理寺等衙門，分理天下庶務，事皆朝廷總之。

十二月，致仕學士承旨宋濂以孫慎坐胡惟庸黨被刑，藉其家，械濂至京。上怒，欲誅之，皇后諫曰：民間延一師，尚始終不忘恭敬。宋先生親教太子諸王，豈忍殺之！且宋先生家居，寧知朝廷事耶？上意解，濂得發茂州安置。行至夔州，以疾卒。

十四年春二月，有訴浦江鄭氏交通胡惟庸者。時四方讎怨相告訐，凡指爲胡黨，率相收坐重獄。鄭氏素以孝義聞，兄弟六人，吏捕之急，諸兄争欲行，其弟鄭湜曰：弟在，乃使諸兄罹刑辟耶！獨詣吏請行。仲兄濂先有事京師，暨弟至，迎謂曰：吾家長，當任罪，弟無與焉。湜曰：兄老，吾往辨之。萬一不直，弟當伏辜。二人争入獄。上聞，俱召至廷，勞勉之，謂近臣曰：有人如此，而肯從人爲非耶！卽宥之，擢湜爲福建布政司參議。

二十三年夏五月乙卯，太師李善長自縊，虞部郎中王國用上書訟冤，略曰：人情之愛其子，必甚於愛其兄弟之子。善長於胡惟庸，姪之親耳，於陛下，則子之親也。使善長佐惟庸成事，亦不過勳臣第一而已矣，太師、國公，男尚主，女納妃而已矣。且善長豈不知天命之不可倖求，當元之季，欲爲此者何限？莫不世絶宫污，不保首領，此善長之所熟見也。人年邁，精神意慮鼓舞倦矣。偷安苟容，則善長有之，曾謂有血氣之强暴感動其中也哉？且善長子事陛下，托骨肉無纖芥之嫌。凡爲此者，必有深仇急變，大不得已，而後父子之間或至相挾以求脱禍，未有平居晏然，都無形迹，而忽起此謀者，此理之所必無也。若謂天象告變，大臣當災，則殺人以應天象，夫豈上天之意哉！今不幸已失刑，而臣懇惻爲陛下明之，猶願陛下作戒於將來也。天下孰不曰：功如李善長，又何如哉？臣恐四方之解體也。不報。國用疏，解縉代草也。

命刑部以肅清逆黨事播告天下，韓國公李善長，列侯胡美、唐勝宗、陸仲亨、費聚，已故侯顧時、陳德、華雲龍、王志、楊璟、朱亮祖、梅思祖、陸聚、金朝興、黄彬、薛顯，都督毛驤、陳萬亮、耿忠、於琥，凡二十人。

二十五年秋八月丙子，靖寧侯葉昇坐交通胡惟庸，伏誅。

太祖洪武十〔八〕〔二〕年秋八月，命西平侯沐英爲征西將軍，率都督藍玉等統兵征西番。玉，開平王常遇春婦弟也，長身赬面，有勇略。從遇春麾下，每戰先登陷陣，所當無前。遇春素稱於上，上亦以遇春故寵異之，累功至都督僉事。至是，同英討西番，擒其渠瘦脖子，斬獲以千計，獲馬二萬餘匹，牛羊十餘萬，還，封永昌侯。

十四年秋九月，命永昌侯藍玉以征南副將軍同潁川侯傅友德討雲南，轉戰平之。事見《太祖平滇》。

二十年春正月，命永昌侯藍玉爲右副將軍，同宋國公馮勝襲金山，納哈出降之，並降其衆十餘萬。勝以詿誤召還，即軍中拜玉爲大將軍。事見《故元遺兵》。

二十一年夏四月，大將軍藍玉襲捕魚兒海，獲元主次子地保奴、后妃公主百三十餘人，吴王朵兒只等將相官校三千人，男女七萬，馬駝五萬。上大悦，下璽書褒玉，比之衛青、李靖。

秋七月戊寅，大將軍藍玉遣人送元主次子地保奴及后妃公主等至京。既而有言玉私元主妃事，上大怒，曰：玉無禮如此，豈大將軍所爲哉！元主妃聞之，惶懼自盡。玉還朝，上切責之，戒以率德改行。

十二月壬戌，封永昌侯藍玉爲涼國公。先是，擬封玉梁國公，至是，改封涼，鐫其過於券。

二十三年春正月，西番蠻人復叛，命涼國公藍玉率都指揮瞿能往大渡河邀擊之。玉討平嵓川、雜道，克散毛峒，擒土目刺惹等萬餘人，置大水田千户所。進平施南、忠建二宣撫司叛蠻。還，增歲禄，賜黄金、文綺，尋詔還鄉。

二十四年冬十月，命涼國公藍玉往陝西訓練軍士。

二十五年夏四月，涼國公藍玉捕逃寇祁者孫，遂略西番罕東之地。玉兵入罕東，遣都督宋晟徇阿真州，番衆皆遠遁。而會蜀故降將月魯帖木兒反建昌，使玉移師討之。至則裨將瞿能已大破其衆，月魯帖木兒走柏興。玉以計誘縛其父子，送京師斬之，盡降其餘黨，便宜請增設諸衛，且請籍民爲兵。上報設諸衛，而不許籍民。遂班師。

二十六年春正月乙酉，涼國公藍玉謀不軌，伏誅。初，胡惟庸之叛，有稱玉與其謀者。上以其功大，宥不問。後諸老將多歿，乃擢爲大將，總兵征伐，甚稱上意。嘗措置陝西邊事，至蘭川，墜馬微傷，手詔慰勞之，比於中山、開平二王。然玉素不學，性復狠愎，見上待之厚，又自恃功伐，專恣橫暴。畜莊奴假子數千人，出入乘勢漁獵。嘗占東昌民田，民訟之。御史按問，玉執御史，捶而逐之。先是，北征還，私其珍寶駝馬無算。度喜峰關，吏以夜，不即納，玉大怒，縱兵毁關而入。上聞之，不樂，並詰責其私元主妃，玉慢不省。嘗見上，命坐或侍宴飲，玉動止傲慢，無人臣禮。及總兵在外，擅陞降將校，黥刺軍士，甚至違詔出師，恣作威福，以脅制其下。至是，征西還，意圖陞爵。及命爲太傅，玉攘袂大言曰：我固不當爲太師也！恒怏怏，不樂居宋、潁二公下。間奏事，上不從，玉懼，退語所親曰：上疑我矣。乃謀反。當是時，鶴慶侯張翼、普定侯陳桓、景川侯曹震、舳艫侯朱壽、東莞伯何榮、都督黄恪、吏部尚書詹徽、侍郎傅友文及諸武臣嘗爲玉部將者，玉乃遣親信召之，晨夜會私宅謀議，集士卒及諸家奴，伏甲將爲變。約束已定，爲錦衣衛指揮蔣瓛所告。命群臣訊狀具實，磔於市，夷三族。徹侯、功臣、文武大吏以至偏裨將卒，坐黨論死者，可二萬人，蔓衍過於胡惟庸。三月辛酉，會寧侯張温，都督蕭用、瀋陽侯察罕，坐藍玉黨伏誅。

九月，詔：胡黨藍黨，除已捕在官者外，其未發，不究。

《明太祖實録》洪武三年五月〔丁酉〕山西忻州官安時敏，靜樂縣丞譚章等私通元四大王，陰洩軍中消息，欲爲亂，事覺，誅之。

《明太祖實録》洪武四年三月〔癸未〕是月，故元院判劉原利，副樞張時用，平章郭伯通等既降，聞四大王聚岢嵐山中，欲攻太原，乃謀相應爲亂。伯通潛入城中爲内應，原利等率衆從外起。軍士林旺等覺其謀，密以告指揮桑桂，桂領兵捕伯通，復收原利等，斬之。

（明）談遷《國榷》太祖洪武十三年正月　甲午，御史中丞進賢涂節，告左丞相胡惟庸與御史大夫陳寧等謀逆，上親臨鞫。初，惟庸得上意，竊肆威福橫甚，封事稍嫌，匿不奏，四方饋遺亡算，家人爲奸利事，道關榜辱關吏。吏奏之，上怒，殺家人，切責丞相，謝不知乃已。又以中書違慢，數詰問所由。惟庸懼，乃計曰：主上魚肉勳舊臣，何有我耶？死等耳，寧先發，毋爲人束死。惟庸兄女妻李善長弟存義子祐，相表裏爲重。其定遠故里第井中忽生石笋，水溢數尺，三世塚皆夜有光怪燭天。而數以事見督，遂誘吉安侯陸仲亨，平涼侯費聚，使出招士馬爲外應，間與存義謀，令微諷善長。善長驚曰：爾言何爲者，寧欲族我耶？居旬日，惟庸復謂存義，苟事成，盡捐淮西地王太師。善長心動，乃動息起曰：吾老矣，惟爾等所爲。惟庸乃遣元臣封續致書漠北請兵，又使指揮林賢通倭使，俾載精兵千人僞貢，及期會府中，掩執上，度可取取之，不可則掠武庫兵入海。惟庸因僞稱第中甘露降，請上臨幸。許之，會西華門内使雲奇走告變，當蹕勒上馬言狀，氣鬱舌駃不能宣，上恚甚，左右撾棰亂下，奇臂將折，猶奮指惟庸第。上悟，登西皇城樓而眺，顧見丞相第中壯士伏甲屏間數匝，亟發禁兵擒之。而後召奇，氣絶矣，贈奇内官左少監。

王世貞曰：考贈司禮監太監雲奇碑，奇以内使守西華門。時胡丞相居第距門甚邇，而欲謀逆，詭稱所居井涌醴泉，邀上幸而伏甲以待。奇偵知之，亟走當蹕道勒上馬言狀，氣鬱舌駃不能宣，上恚甚，左右撾棰亂下，奇臂將折，猶奮指逆臣第。上悟，登西皇城樓而眺，顧見丞相第中壯士里甲伏屏間數匝，亟發禁兵捕擒之。而後召奇，氣絶矣，詔贈奇内官監左少監。而國史則謂惟庸以驕恣漸露，不自安，而會故所居定遠里第井忽生石笋，水涌起數尺，三世塚火光燭天，遂爲瑞，有非分之覬。右丞相汪廣洋以巽懦不能持正外謫，益自潁。而其子嘗走馬衢道中，誤踐人死，上怒，欲抵償。請納馬贖罪，不許。於是構李善長諸將陸仲亨、費聚、御史大夫陳寧，中丞涂節，同謀逆。節恐事露，奏發之，尚書商暠，時謫爲省吏，京發之。上臨鞫皆驗，惟庸與陳寧皆砣死。史之紀茲事詳矣。第不及醴泉出要上臨而伏甲謀爲逆也。雲奇發惟庸逆謀，功甚大，而史逸之。且又以府第醴泉溢爲故里第石笋發井涌起數尺，何牴牾若此？第上既發城樓覩伏甲，掩捕之得反狀矣，而又何假於涂節之告變也？豈節以事發始首，故不免於死耶。

戊戌，誅左丞相定遠胡惟庸，御史大夫茶陵陳寧，夷三族，盡誅其僚黨，凡萬五千人。以涂節不早告，亦棄市。惟庸初事上，爲元帥府奏差，轉宣使。丁酉授寧國主簿，晋知縣吉安通判，歷湖廣按察僉事，漸大用。陳寧，元末鎮江小吏，來金陵，代軍帥草奏稱旨，因薦用，通經有治才。嘗守蘇州，燒鐵烙人肌，入拜御史大夫，益嚴酷，雖詔責不改。子孟麟數諫，寧杖之死，上怒其不情，寧懼，遂同逆。惟庸誅後，指揮林賢以倭兵四百餘人與僧如瑶來獻巨燭，中藏火藥兵器，事泄磔賢，倭兵戍雲南，降詔切責日本云。

談遷曰，胡丞相猥才竊柄，睥睨名器，見於雲奇之走訴，則已伏甲，據涂節猶在謀議間，大抵雲奇爲不妄也。第英主龍興，手剪群雄，如竈上埽除，事且大定。而逆黨不數人，藏甲不數百，覬專諸於窟室，冀聶政於東社，自非嬰孺，其敢任之。或曰，惟庸非叛也，素作威福，怵於汪廣洋之斬首，積疑成獄，既斧鉞不少貸，而緩李善長、陸仲亨、費聚何也。可以知其故矣。

群臣言胡惟庸任寧國知縣，賂太師李善長黄金五百，得躐拜太常少卿。惟庸在相多不法，懼上英明欲反，以玉具劍奉善長，善長遣奴操兵四十人從，待日舉事。善長爲國首輔，負大恩，當斬。上如善長坐，與食，語舊事甚悉。雪涕顧群臣曰：吾初見太師，長吾十四歲，而謀計多合不爽，累功至貴顯，吾女女太師子，謝諸臣爲我曲宥太師。請誅吉安侯陸仲亨。上曰：仲亨年十七，父母兄弟俱亡，以一升麥藏草間，朕見而呼之曰來，遂從朕長育，以功封侯，此吾微時股肱腹心，其勿問。並宥平涼侯費聚，遂止誅存義，並赦祐。

（明）談遷《國榷》太祖洪武十四年十月　己巳，禁瀕海軍民私通外夷。

《明太祖實録》洪武十七年秋七月（壬戌）盱眙縣民有僞造天書獻者，命誅之。

《大誥三編・李茂實胡黨》　鎮江新港李茂實係胡黨人數。初，未知茂實乃胡黨。由上元縣民孫才四投胡惟庸門下，説誘鄰里鄉民暗爲義兵。胡惟庸伏誅，本人逃竄，直至十九年於沙縣客店内事發。將至京師，詢問本人，本人供稱與鎮江李小官畏懼黨事漏泄，假商在外，不敢還鄉。所以著令法司行下鎮江，督令搜索李小官家屬，數次不獲。忽淫婦嚴阿周赴法司訴訟，因而訐出李茂實係李小官父。提取李茂實到官，招供明白：洪武九年見胡惟庸，於惟庸家飲酒，西廳宿歇，明日，胡惟庸令李茂實領大銀一百三十個，用車推赴船所，裝運至本家，遂作大商，支鹽二十萬引。嗚呼！李茂實無知，不守己分，樂天之樂。朕，君也。茂實，富民也。家本不缺用，富且有餘，不能報天地陰騭之恩，猶敢舍朕生殺予奪之主而投門下，把持官府，欺壓良善，惡貫神人，所以出幼者皆誅之，是怒及神人也。

《大誥三編·陸和仲胡黨》 蘇州府吳江縣糧長陸和仲，當十八年糧長。其年水災民田，朕謂諸糧長曰：今年水爲民患，低下之田必傷。爾等歸，明白查踏，親自回奏。熟者輸納稅糧，災者以憑賑濟。設有包荒、灑派、移丘換段，不行推收過割並積荒田地，以憑開除，以憑正收作數。凡所聽者，糧長人等不下數百餘名。人各不聽朕命，歸則邪謀設計，將無藉之民妄爲狀首，伸訴水災。糧長竟不出名，亦不親詣災所，故行以一分災傷作十分報官，其中以熟作荒者多，以荒作熟者少。比比皆然，未有無者。及至差進士、監生人等親詣查踏，其糧長豪猾之民，各備資財、緞匹、靴襪、冠帽、衣服、金銀、鈔錠，説誘進士監生人等，朦朧作災來聞。準其奏，待災民來賑，久而不至。行下有司催併，其催併之詞，命户部謂有司曰：有産之家不賑，無産之家佃户人等領赴京來。其有司通同作弊，及敢回文曰：據各户所申，人各有田不多，皆非無田之户。係是有産之家，不敢受賑。嗚呼！贓心所迷，不知自己造罪淵深，亦不知民患有此，所以殺身。進士、監生初出爲人，未有不中此浸潤而污名者也。初本糧長及有司不行執正主張，故生貪心，累及人多甚矣。所以不敢將民賑濟者爲何？災已報十分，所災者止有一分，若以全災將至賑濟，熟田之家良民安肯爲之？熟田之家良民人等既不準此，其罪發矣，所以姦頑不肯將至，正欲謾良善，隱熟田。所以災及災民，終無賑濟，無可伸訴。嗚呼！如此之徒，其身家吉昌，果有此乎！未久，蘇州府吏楊復罪該斷没，籍没家私，於本家籍内搜出告胡黨狀三紙。原告沈慶童等三名告黨陸和仲，三番告黨，皆被此吏受財匿歇不行，以致陸和仲以一千貫買原告沈慶童等不語，又鈔一千六百貫買和勸人陸覯保等。因事之發，驗陸和仲所納糧。其糧一萬石，上倉止該七百石，尚有九千三百餘石恃頑托故不行上倉，意欲侵欺入已。因黨事發，身亡家破。嗚呼！惡人造罪，終不自已，直候殺身方止，家破人亡，智者詳觀。

《大誥三編·指揮林賢胡黨》 前明州衛指揮林賢，帥兵守禦，以備東海。所任之職，務在精操士卒，做古名將，務要軍民安妥，使境内外無虞，竭忠事上，顯揚父母，貴其身名，榮及妻子，同諸將名書史册，垂年不朽，豈不偉哉！本官出海防倭，接至日本國王使者歸廷用入貢方物。其指揮林賢移文赴都府，都府轉奏，朕命以禮送來至京。其歸廷用王事既畢，朕厚賞令歸，仍命指揮林賢送出東海，既歸本國。不期指揮林賢當在京隨駕之時，已與胡惟庸交通，結成黨弊。及歸廷用歸，胡惟庸遣宣使陳得中密與設計，令林指揮將歸廷用進貢船隻，假作倭寇船隻失錯打了，分用朝廷賞賜，却乃移文中書申稟。胡惟庸佯言奏林指揮過，朕責指揮林賢，就貶日本，居三年。胡惟庸暗差廬州人充中書宣使李旺者，私往日本取回，就借日本國王兵，假作進貢來朝，意在作亂。其來者，正使如瑶藏主，左副使左門尉，右副使右門尉，率精兵倭人帶甲者四百餘名，倭僧在外。比至，胡惟庸已被誅戮，其日本精兵就發雲南守禦。洪武十九年，朕將本人命法司問出造反情由，族誅了當。嗚呼！人臣不忠者如是。且昔者天下大亂，有志有德者，全民命，全民居。無志無德者，焚民居而殺民命，所過蕩然一空。天下群雄以十數爲之，其不才無志者誠有七八。惟姑蘇張士誠，雖在亂雄，心本智爲，德本施仁。奈何在下非人，兄弟不才，事不濟於偃兵。然而相從者父母妻子，當歸我之時，各各見存。其餘從諸雄者，十七八年間，日遷月播，略無寧息。以其妻之説，朝爲己妻，暮爲他人之所有。若此者互相生離，後嗣不能立，父母不能奉。不幾年，諸來從朕者，一夫之後，再無異居。妻室爲之已有，男女歲爲之生産，祖宗後嗣已立。天下大定，守在四夷。其指揮林賢年將六旬，又將輔人爲亂，致黔黎之不寧，傷生所在，豈不得罪於天人者乎！遂於十九年冬十月二十五日，將賢於京師大中橋，及男子出幼者皆誅之，妻妾婢之。

《明太祖實録》洪武十九年五月 〔乙亥〕廣東潮州府程鄉縣民鍾文遠作亂，捕至京，伏誅。

《明太祖實録》洪武十九年五月 戊辰，妖僧彭玉琳與新金縣民楊文、曾尚敬等謀作亂，事覺，伏誅。玉琳，福建將樂縣陽門庵僧，初名全無用，行脚至新淦，自號彌勒佛祖師，燒香聚衆，作白蓮會。縣民楊文、曾尚敬等皆被誑惑，遂同謀爲亂。玉琳稱晉王，僞置宫屬，建元天定。縣官率民兵掩捕之，檻玉琳並其黨七十餘人送京師，皆誅之。

《大誥武臣·常茂不才》 鄭國公常茂，他是開平王庶出的孩兒。年紀小時，爲他是功臣的兒子，又是親上頭，撫恤他，着與諸王同處讀書，同處飲食，則望他成人了，出來承襲。及至他長成，着承襲做鄭國公，他却交結胡惟庸，討他母親封夫人的誥命，又姦宿軍婦，及姦父妾，多般不才。今年發他去征北，他又去搶馬，搶婦人，將來降人砍傷，幾乎誤事。他的罪過，説起來是人容他不得。眷戀開平王上頭，且饒他性命，則發雲廣西地面裏安置。這等人，你怕他長久得。

（明）談遷《國榷》太祖洪武二十五年三月　癸卯，兩浙都轉運鹽使陳龔坐胡黨，宜論死，以元忠臣福壽子，宥之，謫雲南，敕西平侯善遇。

談遷曰：陳龔再坐罪，一宥戍，一宥死。豈福壽遺烈果獨結主知，耿耿不可泯者哉。上取天下，斬艾人亡算，寧無一福壽也者，必福壽而追念之不衰，則幸在京國，示其重爲式閭表墓之勸耳。彼福壽才猶在余安慶李江州下，奉詔討張士誠不即進，群盗蝟起不即滅，借一死炳然天壤間。人奈何不自勵也。

《明太祖實録》洪武二十五年三月　癸卯，兩浙鹽運使陳龔坐黨事謫居雲南。時有言龔嘗爲中書省宣使，係胡惟庸黨屬，召還京，法司奏當付獄。上曰，龔，元忠臣福壽之子，姑宥之，今往雲南西平侯沐英處聽差。別敕西平侯善遇之。

（明）談遷《國榷》太祖洪武二十三年五月　〔丁酉〕御史劾奏太師李善長。詔勿問。初，胡惟庸謀亂，私遣元臣封績通漠北，事敗，績留胡中，藍玉獲績於捕魚兒海，善長不以聞。至是或告之，訊績得狀，及善長私書，法司請罪善長。寢之。於是御史糾善長，追理胡惟庸事，不報。

庚子，御史復請按李善長，並其從子佑伸，下佑伸獄。時善長家奴盧仲謙等言，胡惟庸令寧國善長薦爲太常卿，謝黄金二十斤。善長送家奴耿子忠等四十人於惟庸。惟庸皆厚與金帛，酬善長古劍及白玉酒壺、玉刻龍蟠盞、玉蟠桃杯。而吉安侯陸仲亨家奴亦告仲亨及延安、平凉、南雄三侯皆黨善長，謀變未發，下廷臣訊之，得實。群臣請誅善長，上不許，復使讞，皆具伏。【略】

乙卯，太師韓國公李善長自殺，時年七十七。耄不能飭下，有言善長私鬻定遠水達淮，便芻粟，治第從信國公私假衛士三百，信國公怒不與。京民向通惟庸，法當徙邊。善長入其賂，數奏請給其親，上固疑之。會夏星變，占爲大臣災，上大殺都民之怨逆者應之，善長曰：是中亦有良民。上怒曰：善長事朕二十九年，陰陽朕意。凡事皆待朕發端，念或有過，則可歸責於君父，斯可居上公，理天道，應陰陽者耶。善長昔黨胡惟庸得曲原，乃爲悖民求情。而封績之事見告，至是上召善長奉天門，語舊事甚悉，流涕顧群臣曰：諸君爲我曲宥太師。群臣不可。上曰，法如是，奈何？善長大慟曰：臣誠負陛下，即歸自經。賜佑及吉安侯陸仲亨、延安侯唐勝宗、平凉侯費聚、南雄侯趙庸皆死。上命葬善長，爵除。善長定遠人，從起義早，足饋餉，定章程，一制度，厥伐不細，卒以嫌死，天下莫能明也。子駙馬都尉祺，卒江浦，祺子芳留守中衛指揮僉事。茂旗手衛鎮撫，茂子恒，停襲。恒生城，城生宜，宜生鸞。嘉靖中，録絶封，改文資，世襲七品。

袁袠曰：昔劉項戰滎陽成臯間，蕭何功第一，史稱高祖知人善任使，舉國而委之，非至明孰能之哉。方高皇帝之趨彭蠡也，西畏强楚，東逼勁吴，謀臣猛將，空國以争死敵。建康草創，人無固志，岌岌乎殆哉。李公一書生，固守根本，晏然亡虞。此與蕭相何異？東討西征，給饋餉，繕器械，未嘗乏絶，和輯諸將，一心同力，以贊王業。其所奏定法制，綱洪目細，可法可傳，雖聖謨宏遠，匡畫不少矣。而學士大夫罕述焉，豈以胡黨少之哉。

王世貞曰：高帝神武，所斷決皆自臆，而善長奉行之，即善長功胡能比蕭酇侯哉。爵爲上公，位至太師，贈王之約，同於帶礪。其班先徐武寧，恩數百劉文成，而中不恧，人亦不異議者，帝固有以心知之也。人臣無將，將必誅。身從逆而再屈法以寬之，必不得已而令自盡，以禮葬恤，帝之恩德，不亦深厚加諸公萬萬哉。雖然，其初獄詞抑何曖昧少證也，隱之十載而後發，發之後一獄詞視初十年而詳者，寧能使善長瞑也。嗟乎，王國用之疏，可味也已。

何喬遠曰：蕭何雖買田宅自污，而不治恒産，曰，後世賢，師吾儉。彼亦有以自高於人主。善長當日月之下，雖破私捐愛，猶慮不足以承之也。況有所徇比，而賣惠於夫人，進言雖忠，服刑雖不衷，欲謡以免，難矣。

顧起元曰：逆臣作難，片語株連，高皇帝既幸已釋，公乃終不免蒙疑以死。何也？嗚呼，難言矣。公心以爲上幸不爲相國何之暴繫者，臣得去鍾室畢命牖下足矣。牦纓盤水，北面而謝主恩，即言之竟何爲也。或曰，庚申初訊，公嘗奉詔歸鳳陽矣，復召理臺事，稱疾力辭，或可以免，不見信國之休沐而安乎。信國之謹厚，上所信也，公之智略，上所疑也，疑而欲遠迹以自引，則益厚其疑。東西南北，惟命之從，毋寧束身以聽於上耳。公之此心，高皇帝亦知之。夫以韓國之封，寢於身後，朝堂之榜，夷於大憝。上意似終恕然公者，何以知？以駙馬祺之亡恙。王國用之無罪知之，上臨馭久，天下安危之慮深，無將之戒，不得不嚴，以肅臣紀耳。此高皇帝所以獨斷於九重，而公之所爲甘瞑於萬世者與。

談遷曰：漢之興，借三杰。明初，徐中山類淮陰侯，而勞慎過之。劉文成則子房也，保身之道不足。李太師褒然酇侯矣，聲榮冠於列服。究其終，去葅醢無幾耳。末年刑書，定自家奴之口。此厮養者流，果足蔽大獄，示大信於天下乎。噫，貴賤有等，胡囂亂之甚也。又史稱禮葬之，厚恤其家。夫當時籍入六萬金，僅免孥僇，則所云禮恤。或史筆曲爲之飾也耳。

頒逆黨二十人姓名於天下，韓國公李善長，豫章侯胡美，亂宮死，延安侯唐勝宗，擅乘傳責捕代縣，期年下獄，久之復爵，遂反。吉安侯陸仲亨，謀逆，爲家奴所覺。臨江侯陳德，匿西征畜產，餓死軍數千。言之而怒，遂反。平涼侯費聚，往姑蘇不奉命，責之，遂反。營陽侯楊璟，屢敗兵，責之而反。永嘉侯朱亮祖，本粗鹵，爲誑所惑，與之反耳。汝南侯梅思祖，本元義旅，造反身故，事覺於家奴，族滅。弟侄子孫但存婦女。河南侯陸聚，宣德侯金朝興，宜春侯黃彬，爲胡所誘。淮安侯華忠，六安侯王志，都督僉事毛驤，于顯，陳方亮，爲胡陳所誘。耿忠，于琥。先在寧夏任指揮，聽胡陳計通虜。

（明）沈德符《萬曆野獲編》卷五《勳戚·李善長》 太師韓國公李善長之死，不特後世冤之。即解縉代處部郎中王國用疏爲善長理枉，其言不啻辨矣。然觀洪武二十六年之詔，有曰：朕自甲辰即王位，戊申即帝位，尊居兩間，兵偃民息。今三十年矣，邇者朝臣其無忠義者。李善長等，陰與搆禍，事覺人各伏誅。今年藍賊爲亂，謀洩，捉拿族誅，已萬五千人。今特大誥天下，除已犯拿在官者不赦外，其已犯未拿，及未犯者，不分胡黨、藍黨，一概赦宥之。是時李死已三年，若衹以天變塞咎，上必不引藍玉爲對，且云伏誅。又似非自裁明矣，況青田之死，已荷昭雪，與以世爵。而李竟泯泯，其長子祺，爲駙馬都尉，並所尚皇長女臨安公主，俱已先歿，亦不蒙一恤，何也？則韓公之禍，似未必甚冤。

《明太祖實録》洪武二十五年八月 丙子，靖寧侯葉昇坐交通胡惟庸，事覺，伏誅。

《明太祖實録》洪武二十六年二月 〔乙酉〕涼國公藍玉謀反，伏誅。初，玉以開平王常遇春妻弟屢從征伐有功，胡陳之反，玉嘗與其謀。上以開平之功及親親之故，宥而不問。後諸老將多歿，乃擢爲大將，總兵征伐，所向克捷，甚稱上意。然玉素不學，性復狠愎，見上待之厚，又自恃功伐，專恣暴横，畜莊奴假子數千人出入，乘勢漁獵。嘗占東昌民田，民訟之，御史按問，玉捶逐御史。及征北還，私其駝馬珍寶無算，夜度喜峰關，關吏以夜不即納，玉大怒，縱兵毁關而入。上聞之，不樂，會有發其私元主妃者，上切責之。玉漫不省嘗見，上命坐，或侍宴飲，玉動止傲悖，無人臣禮。及總兵在外，擅陞降將校，黥刺軍士，甚至違詔出師，恣作威福，以脅制其下。至是，征西還，意覬陞爵，命爲太傅。玉怒，攘袂大言曰，吾此回當爲太師，乃以我爲太傅。及時奏事。上惡其無禮，不從，玉退語所親曰，上疑我矣。乃謀反。當是時，鶴慶侯張翼，普定侯陳桓，景川侯曹震，艫侯朱壽，東莞伯何榮，都督黄輅，吏部尚書詹徽，侍郎傅友文，及諸武臣嘗爲玉部將者。玉乃密遣親信召之，晨夜會私第，謀收集士卒及諸家奴伏甲爲變，約束已定，爲錦衣衛指揮蔣瓛所告。命群臣訊狀具實，皆伏誅。

（明）談遷《國榷》太祖洪武二十六年二月 乙酉，太子太傅涼國公藍玉謀大逆，族誅。玉定遠人，以常遇春婦弟，勇敢善戰，所向有功，既貴，狠愎不學。在軍中擅陞拔將校，黥刺軍士，家畜莊奴假子數百人，出入乘勢漁獵。嘗占東昌民田，民訟之御史，御史按問，玉棰逐之。其先征北還時，匿駝馬珍珠亡算，夜度喜峰關，關吏不即納，玉毁關入。上聞不悦，及切責其私元妃事，漫不省，侍坐侍宴，動止輕傲。至是還，以爲太傅，玉攘袂後言曰：吾故當爲太師。玉時奏事，上不之從。退曰，疑我矣。將收集其舊部將及諸士卒家奴，伏甲爲變，錦衣指揮蔣瓛以聞，廷鞫，命皇太孫及吏部尚書詹徽録玉，玉不服，徽叱曰，速吐實，毋徒株連人。玉大呼徽即臣黨，太孫曰，有是哉，捽徽下，獄具，磔玉於市。鶴慶侯臨淮張翼，普定侯定遠陳桓，景川侯鳳陽曹震，南雄侯趙庸，舳艫侯朱壽，會寧侯張温，瀋陽侯察罕，東莞伯何榮，都督僉事黄銘蕭用馬俊，尚書詹徽，侍郎傅友文等，凡諸功臣文武大吏以至偏裨將卒，坐黨論死者，可二萬人。知名之士，若南海孫蕡，長洲王行，皆在誅中。蕡嘗爲玉題畫，非其罪也。詹徽父同，亦吏部尚書，徽才敏果決，上所最委任。先是楊憲凌説高見賢夏煜開濟俱强執，前後皆坐法，徽殆兼諸人，而内行修潔過焉，然好窺上旨，終及於禍。

何喬遠曰：涼國公之亡也，豈不有狗烹弓藏之悲。然涼國以汰，宋國以貪，潁國公之功，豈不大哉？抑古人有云，主上急，有死而已，何至行無禮，不然，勳且與徐常鄭湯差次矣。

談遷曰：藍涼公非反也，虎將粗暴，不善爲容。彼猶沾沾一太師，何有他望，胡惟庸通倭虜頗有迹，涼公欲以部校家奴數百千人冀幸萬一，雖至愚不爲也。富貴驕溢，動絓疑網，積疑不解，釁成鐘室。噫，功臣菹醢，安得止大樹之下，晚游赤松，庶幾哉不殆不辱矣。

《明太祖實録》洪武二十六年三月 〔壬戌〕會寧侯張温、都督蕭用等，坐與藍玉同謀，伏誅。

（明）談遷《國榷》太祖洪武二十六年八月 赦胡藍餘黨。

朱國楨曰：功臣自杞公陳德外，多坐胡藍二黨，或即死，或已死得免，然猶有僇其家奪其襲封者，大抵飛揚跋扈。自武人常事，難以爲非黨，以爲無謀，太祖諄諄告誡，未必即從，熟窺情狀，先事誅夷，寧過無不及，前後坐者至三萬餘人。當時已難分别，何况二百年後，得以意懸斷乎。惟陸仲亨、胡美、曹震趙庸附胡藍之後，其鶴慶侯張翼，普定侯陳桓，會寧侯張温，已不可考，餘皆入功臣傳中。以爲枉則聖人不宜大忍，以爲當則疑似之間，爲身後慮，何所不至。蓋曹公事已有確據，宋潁二公亦太倉卒，故朱亮祖詰而不服，即藍玉面叱詹徽，徽非反者，雷霆之下，何所不靡。爲聖人生，即爲聖人死，乘化往來，其亦何憾之有。

（明）談遷《國榷》太祖洪武三十年三月 刑部署尚書夏恕、都察院署左僉都御史司中等，請加反逆夷三族法。不許。

（明）談遷《國榷》惠宗建文四年七月 〔癸未〕召前北平按察使陳瑛爲都察院左副都御史，瑛性殘刻，怨革朝甚深。暨入朝，曰：不以叛逆處彼，則我輩何名？舉朝大吏俱不答，瑛遂決意泄忿。一日，聞傳建文帝尚在，與諸遁臣圖復，瑛密奏方孝孺、黄子澄諸家門生故吏，結黨可慮，宜下令捕之，正犯論磔，妻子流二千里，家産没入，庶無後艱。上惑之，命瑛便宜行事。恣意羅織，鈐壓刑部大理諸臣，殺身外且録九族外親，以至外親之外親，師友交遊，隻字相通，即誣姦黨，蔓延十族，村里爲墟。

（明）談遷《國榷》惠宗建文四年八月 殺御史大夫真寧耿清。清洪武甲戌進士及第，授翰林編修。丁丑春，命署都察院左僉都御史，詿誤下獄。尋宥之，出巡茶川陝。建文初擢左都御史，改北平布政司參議，往察燕起居，燕王甚稱之。還臺改御史大夫，至是知讓帝出亡，猶思興復，詭自附。上喜曰：吾故人也。厚遇之，仍其官，因伏利刃於衣衽中。是日早朝，清緋衣入。先是靈臺奏文曲犯帝座甚急，色赤，上見清衣緋，命左右搜之，得利刃，詰之。曰，欲爲故主報仇耳。遂醜詆上，武士抉其齒，含血噀御袍，命剝其膚，草實之，械繫長安門。其夕，精英迭見，後駕過屍所，忽索斷直前數步。若犯駕狀，乃火之。已夢清仗劍追繞御座，覺曰：清猶爲厲耶，命赤其族，籍其鄉，轉相攀染，曰瓜蔓抄。清姊適劉國，國兄固授山東青州教諭，養母同依清京師，並遇害，固子超年十五，臨刑一怒縛斷，奪刀連殺十餘人，被磔，固字永貞，年三十六，耿清報籍誤爲景。崇禎已巳，有神降乩於南京大理寺卿徐良彦官舍，詢之，曰劉固，因著《幽忠記》。

（明）談遷《國榷》成祖永樂元年五月 〔乙未〕時議洪武中犯黨逆黥刺。爲建文中用者，俱發原配所。有未犯罪爲齊黄薦用者俱爲氓，上不聽，但洪武中黨逆發原配，非黨逆而黥刺者，罷爲氓。

《明太宗實録》永樂元年六月 壬子，代王桂有罪，削其三護衛，止給校尉三十人隨從。仍賜敕諭之曰，爾所爲，傲狠悖慢，上違祖訓，下虐軍民，無君無兄，大逆不道。朕以同氣之故，不欲遽絶，特遣人召爾冀面訓誨，庶其改過，以全親親之義。爾拒命不至，及再召，始就道。然今天氣已熱，道路遼遠，於朕心有不忍焉。敕至，即日歸國，其本府三護衛官軍悉革去，惟留校尉三十人隨從，其文職官俱存輔導。爾宜省愆改行，毋貽後悔。

《明太宗實録》**永樂四年五月** 庚戌，齊王榑至京師。先是，榑結無賴，養刺客，私僭帝號，及爲咒詛魘鎮等事，屢有告之者，察之皆有徵驗。上不忍罪之，但賜書諭令改行。於是榑請入朝面謝，既至，廷臣交章劾奏榑罪不當宥。榑厲聲曰：奸臣又欲喋喋效建文時殺我耶，會當盡斬此輩。上聞之，不懌，曰，此其心可知已。命罷去其隨侍護衛及長史等官，處之京師。敕山東都司布政司按察司，革青州中左二護衛，及齊府長史司，儀衛司官軍校尉，分調附近衛所，凡王王府監繫及拘留造作一應之人皆釋之。

《明太宗實録》**永樂四年冬十月** 〔甲午〕是日，征討安南右副將軍新城侯張輔【略】以上意傳檄安南官吏軍民人等曰【略】皇上即位之初，隆懷遠之德，黎賊父子遣使入朝，挾姦請命，稱陳氏宗族已絶，已爲其甥，暫權國事。朝廷惟務推誠，未嘗逆詐，而前安南王之孫爲所迫逐，逃入老撾，轉詣京師，訴其罪惡，朝廷初未之信。後因安南使人識其非僞，悲喜慰勞，不忘故主，遂以璽告諭，且欲興師。黎賊父子知國主之有後，慮天兵之下誅，遣使陳詞，乞赦誣罔，請迎歸國，以君事之。朝廷信而不疑，略其舊過，嘉與自新，悉從所請。遣使者以兵伍千護送還國，而黎賊父子包藏禍心，設伏境上，遮拒天兵，阻遏天使，執殺前安南國王之孫。使臣以聞。皇上震怒，特命將八十萬討除逆賊。惟茲伐暴之師，必著聲罪之實。賊人黎季犛父子，兩弑前安南國王，以據其國，罪一也。賊殺陳氏子孫宗族殆盡，罪二也。不奉朝廷正朔，僭改國名大虞，妄稱尊號，紀元元聖，罪三也。視國人如仇讎，淫刑峻法，暴殺無辜，重斂煩徵，剥削不已，使民手足無措，窮餓罔依，或死填溝壑，或生逃他境，罪四也。世本姓黎，背其祖宗，擅自改易，罪五也。憑籍陳氏之親，妄稱暫權國事，以上罔朝廷，罪六也。聞國王有孫在京師，誑詞陳請迎歸本國，以臣事之，及朝廷赦其前過，俯從所請，而益肆邪謀，遮拒天兵，阻遏天使，罪七也。其安南國王之孫始被迫逐，萬死一生，皇上仁聖，矜憫存恤，資給護送，俾還本土，黎賊父子，不思感悔，竟誘殺之，逆天滅理，罪八也。寧遠州世奉中國職貢，黎賊恃强，奪其七寨，占管人民，殺虜男女，罪九也。又殺其土官力吉罕之婿力猛慢，虜其女嚢亦，以爲驅使，强徵差發銀兩，驅役百端，罪十也。威逼各處土官趨走執役，發兵捜捕夷民，致一概驚走，罪十一也。侵佔思明府録州西平州永平寨之地，及朝廷遣使索取，巧詞支吾，所還舊地，十無二三，罪十二也。還地之後，又遣賊從據西平州，劫殺朝廷命官，復謀來寇廣西，罪十三也。占城國王占巴的賴新遭父喪，即舉兵攻其舊州格列等地，罪十四也。又攻占城板達郎白黑等四州，盡掠其人民孳畜，罪十五也。又加兵占城，取其象百餘隻，及占沙離牙等地，罪十六也。占城爲中國藩臣，既受朝廷印章服物，黎賊乃自造鍍金銀印、九章冕服、玉帶等物，以逼賜其王，罪十七也。占城國王惟尊中國，不重安南，以此一年凡兩兵加，罪十八也。天使以占城使者同往本國，黎賊以兵劫之於尸毗柰港口，罪十九也。朝貢中國，不遣陪臣，乃取罪人假以官職使之，爲使如此，欺侮不敬，罪二十也。斯其大者，餘不悉言，惟黎賊父子不臣之罪，滔天罔既，理不能容。其諸國人遭罹荼毒，積有歲年，深可憐憫，天兵之來，政爲吊爾民之困苦，復陳氏之宗祀。已嚴飭將士，秋毫無犯，可皆按堵如故，勿妄驚疑。其脅從官吏，本出威逼，實非必從，可各安職役，皆不加罪。若曾同惡協謀，今能改心易慮，幡然效順，亦許自新，原任官職，亦仍其舊。其有各國之人見在安南經商或被拘留者，可悉赴軍門自陳，即與護送還國。其有願留買賣者聽。若能爲一國之人造福，生禽黎賊父子送至軍門者，重加爵賞。敢有昏迷不悛，助惡拒命，天戈一指，掃蕩無遺。待黎賊父子就禽之日，即會集爾官員將吏國人耆老，選求陳氏子孫，復其王爵，雪幽冤於地下，解倒懸于國中，上以副皇上之心，下以慰爾民之望。

《明太宗實録》**永樂八年三月** 〔辛未〕陝西凉州衛韃官千户虎保，張孛，羅臺，韃軍伍馬沙等及永昌衛韃千户亦令真巴土韃軍老的罕等叛，殺虜人口，掠奪馬畜，屯據驛路。陝西行都司都指揮李智率軍捕之，賊盜猖獗，欲攻永昌凉州城。事聞，皇太子命後軍都督僉事費瓛往討之，又命刑部尚書劉觀贊其軍事。蓋虎保等歸順已久，安於其地，至是，有訴言朝廷欲移置別衛者，虎保等懼，遂叛。而新附韃官伯顔帖木兒等諸部落皆叛，脅都督吴允誠所部與俱。時允誠扈從北征，其子管者不從，賊既去。管者謀於其母，率所部逐之，至紅岸山，獲五馬，兒沙米剌伯顔帖木兒等三十人，都指揮李智及凉州衛指揮李旺等亦獲哈剌張等五十四人，悉下凉州獄。及智等戰炭山口不利，賊欲攻凉州，劫取其黨，遂即獄中皆斬之。

（明）談遷《國榷》成祖永樂十年九月 是月，大理寺卿耿通有罪，廷鞫論死，特磔之，曰，通所犯譚源清事，止徇情出罪耳。先回鑾時，每朝罷，輒窺伺動静，言東宫過舉，此離間罪重也。或言大理寺丞馬麟坐視之失，上宥不問。時漢王構東宫，故上每事怒之，耿通言及，觸上怒，遂被極刑。《實録》不載，豈有所諱耶。事具《南院故牘》，不可不存。

《明太宗實録》永樂十四年秋七月 〔辛亥〕蜀王椿密遣儀賓顧瞻奏谷王橞謀不軌。先是，谷府隨侍都督張興因奏事北京，密言於上曰：橞陰養死士，造戰船，有不臣之心，宜豫爲之備。上曰：朕待橞厚於諸王，豈當有此？興言：願陛下察之。有如臣言不實，甘就顯戮。上曰：朕徐察之。興還，過南京，入見皇太子，又以橞所爲密啓，且曰：臣已具言於上，上以至親之故，若有未信臣言者。今言於殿下，幸他日免臣連坐也。皇太子遣人密奏之，上猶未决。至是，椿盡發其事，蓋橞萌異志久矣。以椿同母兄，獨嘗一再遣人諂蜀言之，椿不聽，然猶未忍發，但嚴書戒止之。會橞子崇寧王悦燇獲罪於父，逃避橞所。橞詭衆曰：建文君初實不死，今已在此。椿聞之，遂具奏於上，並奏其他事，謂橞恃寵縱横，有無君之心，藏匿亡叛，造作舟艦、弓弩器械，教習兵法戰鬬之事，大建佛寺，造天成閣，私度僧千人，晝夜所禱祝詛。又與都指揮張成、宦者吴智等日夜謀議，蹤跡詭秘。又莫之知，號張成爲師尚父，（控）〔捏〕造圖讖，謂已於親王中次在十八，與讖相應，傳報於人。又密遣典寶劉信獻帶實於椿，藏所爲讖語於帶匣示之。復致書於椿，有曰：德蒼時不可言桓文之事，桓文時不可言德蒼之施。辭意含蓄，往往類此。又令巧匠制燈，於上元節獻於朝，就俾請内府架構，偵伺動静。又選壯士習音樂，擬獻於朝，供應殿庭，以圖間隙。前長史盧庭綱屢諫不聽，反誣以誹謗，具奏磔殺之。王府僚屬遂無敢復諫者。指揮唐彰、舍人覃常泄其事，咸被槌殺。又於長沙山林、池沼、竹木、花果、鳥獸、魚鼈之利，盡專之，税及六畜糞壤。若奇花怪石之類，不以遠近，盡移入府内，爲游觀之具，長沙之民苦之。上得奏，歎曰：朕何如待橞，乃有此心。又曰：蜀王忠孝人，宜不見欺，且張都督嘗有言矣。遂遣中官賫敕諭橞，令送崇寧王還蜀，且察其所爲。

《明太宗實録》永樂十四年冬十月 〔甲申〕初，谷王橞在長沙造謀，事將發，而召命遽至，不得已就徵。至是，成國公朱勇、都察院左都御史劉觀，同文武群臣奏言：切聞封建親支，藩屏宗社，傳之萬年，相爲悠久，此聖王之制也。其有包藏禍心，謀爲不軌，如周官之管蔡，漢之淮南，必至於割恩正法者，亦聖王之制也。誠以宗社之安危，生民之休戚，公義所存，不以私廢。今谷王橞包藏禍心，以爲天命可以幸求，大寶可以力致，詐爲圖讖，造作妖言，誑惑黎庶，摇撼人心，陰養無賴，招納亡命，演習兵法，私造戰艦，匿於瀏陽僻處，屯田積穀廣設倉厫，日夜礪兵器，造作機弩毒矢，專爲反謀。進賀冬至表文，不行拜送。嘗目都指揮張爲師尚父，呼宦者吴智劉信爲國老令公。又令巧匠制上元燈進奉，就俾入内架構，選壯士工習音樂，欲獻於朝，冀供應殿庭，逞其奸計。蜀府崇寧王逃至長沙，入其府内，詐云，建文君實不死，來歸於我，欲與舉事。崇寧王不從，留府中數月。蜀王聞之，遣人諭以禍福，橞終不悛。長史盧庭綱極諫，既不能聽，又誣以死罪殺之。大建佛寺，私度僧尼，祈天禱命，擅磔殺無罪人，投其屍水中。跡其所犯，大逆不道，有非一端。賴天地宗社之靈，蜀王忠貞，發其奸謀，此而不誅，何以示戒。皇上雖篤於親親，有所不忍，其如天下公義何。伏請割恩正法，必不可宥。謹昧死以言。前後章凡五六奏。上曰，朕自有處置。

《明太宗實録》永樂十四年三月 庚申，前貴州普安安撫慈長有罪，下獄死。先是，慈長謀占營長黄暹阿賽地方，私置金鼓、旗幟、火器，聚衆殺掠，强娶民人囉囉爲妾，不從，遂□其夫，閹其子。事聞，命布政使孟驥勘視，慈長領兵萬餘，圍驥，驥以計擒之，解京師將誅之，而死於獄。

《明太宗實録》永樂十五年八月 〔己酉〕福建沙縣賊陳添保等伏誅。初，添保與縣人杜孫、李烏觜及龍溪余馬郎，龍巖樊添受、永春林九十、德化張五官等聚衆作亂，燒劫龍溪銀場，殺中官及土民三十餘人，官軍捕之，四散逃匿。既又僭稱太平大人、先烽等號，招集賊衆，燒清劫流等縣，殺縣官軍民三十餘人。至是，福建守臣執送京師，誅之。

《明太宗實録》永樂十七年春正月 〔辛酉〕同庶人尚炌謀逆，内使阮奉等，術者張景名等，並陝西中護衛千户尚彬，李謙，百户劉瑜等二十八人皆伏誅。教授李惟則，指揮千百户石琦等知而不首，亦斬。餘爲從者，發戍交阯。

《明太宗實録》永樂十八年十一月　壬辰，真定府曲陽縣人楊得春、蔚滿圈等以妖術惑衆伏誅。得春等素不事産業，不服役，官府有司將治其罪，得春變黄冠服，滿圈削髮披僧衣，俱逃入晋州，以妖術妖書符咒惑衆，自稱善治兵甲，能令人飛行十里，遂聚無賴，號五百羅漢，謀作亂。事覺，有司捕獲，械送京師，即日皆棄市，家口財産没官。

（清）查繼佐《罪惟録》紀卷三《太宗紀》〔永樂十九年夏四月〕時以唐賽兒未獲，盡逮北京、山東諸尼及天下未披剃出家婦女，先後合萬人。山東左參政段氏，曲爲緩解，人情即安。

（明）卜世昌等《明通紀述遺》宣宗章皇帝宣德丙午元年八月　御史李濬，樂安人，棄其家，變姓名，間道詣京，上變，言高煦反狀。遣中官侯太，賜書高煦言：昨枚青來言叔督過朝廷，予誠不信。皇考至親，惟二叔。予所賴，亦惟二叔。小人離間，不得不敷露中懇。且傳播驚疑，或有乘間竊發者，不得不略爲之備。惟叔鑒之。太至樂安，高煦盛兵見太，傲倨不拜敕，南面坐，跪太，大言曰：太宗信讒，削我護衛，徙我樂安。仁宗徒以金帛餌我。今又輒云：祖宗舊制。殊令我鬱鬱，豈能久居此！汝試觀我士馬，豈不横行天下！汝報上，急縛奸臣來，徐議吾所欲。太懼，唯唯歸。上問高煦何言，太對三無所見。上曰：太二心。已而錦衣官從太往者，具陳所見，上大怒太。是月丁卯，高煦遣百户陳剛進疏言：仁宗違洪武、永樂舊制，與文臣誥敕封贈，今上，修理南巡席殿等事，爲朝廷過，斥二三大臣夏原言等爲姦佞，並索誅之。又書與公侯大臣，驕言巧詆，污衊乘輿。上議遣陽武侯將兵討高煦。輔臣楊榮力言不可。曰：皇上獨不見李景隆事乎？上默然。立召張輔，諭親征。輔對曰：高煦素怯。今所擁非有謀能戰者。願假臣兵二萬獻闕下。上曰：卿誠足擒賊，顧朕新即位，小人或懷二心。行決矣。令大索樂安奸諜。乙丑，敕遣指揮黄謙，同總兵平江伯陳瑄防守淮安，勿令賊南走。令指揮芮勛守居庸，令法司盡馳軍旗刑徒從征。戊辰，命定國公徐景昌、彭城伯張昶守皇城。安鄉伯張安、廣寧伯劉瑞、忻城伯張榮、建平伯高遠守京師。己巳，命豐城伯李賢，侍郎郭璡、郭敦，李昶督軍餉。鄭王瞻埈、襄王瞻墡留守北京。廣平侯袁容、武安侯鄭京、都督張升、山雲、尚書黃淮、黃福、李友直協守輔。少師義、少傅士奇、少保原吉、太子少傅榮、太子少保吳中、尚書胡濙、張本、通政使顧佐扈行，陽武侯禄爲先鋒。辛未，發京師。癸酉，駕過楊村，馬上顧問從臣曰：試度高煦計安出？或對曰：樂安城小，彼必先取濟南爲巢窟。或對曰：彼曩不肯離南京，今必引兵南去。上曰：不然。濟南雖近，未易攻。聞大軍至，亦不暇攻。護軍家在樂安，不肯棄此走南京。高煦外多誇詐，内實怯懦，臨事狐疑，展轉不能斷。今敢反，輕朕少年新立，衆心未附。又謂朕不能親征，即遣將來，得以甘言厚利，誘餌幸成事。今聞朕行，已膽落，敢出戰乎，至即擒矣。戊寅，獲樂安歸正人，益知賊中虚實。言賊初約靳榮取濟南，山東布按二司官覺之，防榮不得發。又聞大軍至，不敢出。朱恒，應天人，力言：宜引精兵取南京。得南京大事成矣。衆不從曰：爾顧赴家，柰我輩何？又曰：高煦初聞陽武侯等將兵，攘臂喜曰：此易與耳。聞親征，始懼。于是授歸正人官，厚賞，給榜，令還樂安諭衆。上仍書諭高煦曰：張敖失國，本之貫高，淮南受誅，始于伍被。今六師壓境，王即擒獻倡謀者。朕與王除過，恩禮如初。不然一戰，或擒，或以王爲奇貨縛來獻，悔無及矣。辛巳昧爽，駐蹕樂安城北，城中累氣黯黲，我兵壁其四門。賊乘城舉砲，我軍發神機銃箭，聲震如雷，城中股栗。諸將請即攻城，上不許。敕諭高煦，再遣敕，皆不答。圍中人多欲執獻高煦者。高煦密遣人詣行幄，願假今夕訣妻子，明旦出歸罪。上許之。是夜，高煦盡焚兵器，及交通逆謀書。壬午，移蹕樂安城南，高煦將出，王斌等力止曰：寧一戰死，無爲人擒。高煦紿斌等，復入宫，遂潛從間道出，見上。群臣請正典刑。上不允。以劾章示高煦，高煦頓首言：臣罪萬萬死。惟陛下命。上令高煦爲書，召諸子同歸京師，赦城中，罪止同謀，脅從者不問。遂執王斌等下行錦衣獄。癸未，令禄本鎮撫樂安，改樂安爲武定。八月乙酉，班師，命中官頌繫高煦父子，赴北京。錦衣衛械繫王斌、朱恒、盛堅、典仗侯海、長史錢巽、教授錢常、百户井授至京，皆伏誅。惟長史李默以嘗諫，免死，謫口北爲民。誅靳榮子義，天津鎮守都督孫勝等皆約舉城應者，先納軍馬糧仗數，事覺，相繼誅六百四十餘人。其故縱與藏匿坐死、戍邊者一千五百餘人。編邊氓者七百二十七人。庶人至京，鎖繫大内逍遥城。一日，上欲往觀，左右力止，不聽。及至，熟視久之，庶人出，不意伸一足，勾上僕地。左右卽扶起。上大怒，亟命壯士舁銅缸覆庶人。缸重三百斤，庶人有力，頂負缸起。積炭缸上如山，燃炭逾時，火熾銅鎔，庶人死。

（明）卜世昌等《明通紀述遺》宣宗章皇帝戊申宣德三年正月　王通之與利賊盟而班師也，凡文武吏士得還者八萬六千六百四十人。利賊閉留不遣者尚數萬人。通至京，群臣交劾通及梁瑛等下反嵩王，通失律喪師棄地，山壽曲護叛賊，馬騏激變藩方，皆論死，繫詔獄，籍其家。梁瑛等坐罪有差。

《明宣宗實録》宣德三年閏四月　〔庚戌〕公、侯、伯、五府、六部、都察院等衙門奏王通、陳智、馬瑛、方政、弋謙等上違朝命，擅與賊和，棄城來歸，山壽庇護叛賊，馬騏激變一方，皆已伏罪，宜寘重典。命悉下錦衣衛獄。法司又奏通等於律皆應籍没其家。從之。

（明）余懋學《仁獄類編》卷二九《察射書誣陷》　宣德三年，掌彰德衛事。都指揮王友奏比於城外得一矢，上繫書，發視，乃祥符王有爝與趙王通謀爲逆者，謹以上聞。上覽之，書辭悖逆，皆忿怒，朝廷指斥輿，且約連兵犯闕以復高煦之讐。書內外皆有祥符印識。上曰，此奸人造詐，欲禍趙叔與祥符爾，豈王友所自造乎。蓋友前爲趙王奏其暴慢無禮。故上疑之，卽追友。并捕其左右所親信，上勑召祥符王面詢之，友先至，鞫訊無所得。祥符王至，以書示之，王言此非外人，臣愚不能事弟，新安王有熹素惡臣，或其下人爲此，然不可必。上乃遣書遺周王，并勑召有熹。有熹未至，周王遣人馳奏，言密訪得新安王曾遣人往彰德，至彼遽還，考其日月與書合。上曰，是矣。命中官以錦衣官校馳詣河南，潛執所遣者，又得新安王所使造僞書僞印之人。皆執之至京，鞫之，皆引伏拜。追得新安王所賞白金珎寶綵幣等物。新安言此謀實汝南王有勳主之，非獨臣也。遂勑召有勳至，命京師親王及皇親文武大臣詢之，且出書及造僞之人，與賞物示汝南新安，兩人皆俛首。羣臣問有何言，兩人共對罪應萬萬死。惟陛下矜憐，於是還奏兩人，皆已承伏無異詞。上曰：於法何如？對曰：律凡投隱匿姓名文書告言人罪者，絞。又誣告期親，重者加所誣三等。今有勳、有熹所訴詐爲祥符王與趙王通謀，干係反逆大罪，兩人於律應死。上乃遣書録示趙王，拜以書徧告諸王，免有勳、有熹爲庶人處之。北京勑法司以所造僞書僞印，及送書彰德與凡同謀之人戮於市，家屬給功臣之家爲奴，其知謀不首者徒邊。

《明宣宗實録》宣德五年正月　〔戊申〕山東文登縣執妖僧明本、法鍾等解京師。明本等皆栖霞縣太平寺僧，以化緣至成山衛，依百户朱勝，因涂改舊領敕諭度牒，爲妖言惑衆，詐稱轉輪王出世，作僞詔，紀湧安年號。遣法鍾持詔文登，誘惑愚民。縣官執之以聞，而成山衛亦執勝等械至京。上謂侍臣曰，道佛二教，本欲離世絶俗，養生治性。其後乃説禍福，亦欲誘人爲善。而亡賴之徒往往以妄言造禍，其付錦衣衛窮治之。

《明宣宗實録》宣德五年秋七月　甲辰，斬鄜州妖人申敏。敏，府軍前衛軍逃至寧州，自稱王居士，假佛法以禍福惑衆，州民被其誑誘，褒樂巡檢司執之，解京師。上命行在都察院鞫訊得實，斬於市。

《明宣宗實録》宣德六年三月　〔乙亥〕江西永新縣賊艾長腦等伏誅。長腦聚衆于邑之梅花洞，出没不時，劫殺人民，虜掠子女資財，又拒敵官兵，殺百户張本等。至是就擒，特命誅之。

《明宣宗實録》宣德六年夏四月　〔丙辰〕應天府溧陽縣妖人錢成等謀反伏誅。初，成言其子賔嘗病死復生，云見李老君，謂其有福，可圖大事，遂招集土黨殺人，焚廬舍謀反，從者六十四人。有司捕之不獲，南京守備襄城伯李隆以聞。上曰，道家貴清淨，絶嗜慾，後來小人苟求利己，詐張禍福以誑惑愚民，謂不忠不孝誦經皆得免罪。愚民無知，傾心嚮之。是以姦人多托以舉事。前代禍亂不可悉舉，今此輩又欲爲張角邪。敕隆發兵捕之，至是悉就獲，械至，斬諸市。

《明宣宗實録》宣德六年五月　〔壬申〕浙江麗水等縣强賊陳才等十三人伏誅。初，敕福建都指揮劉海追捕，至是悉獲才等，護送至京。上命斬之，梟首行劫之處以徇。

《明宣宗實録》宣德八年六月　己未，命行在都察院嚴私通番國之禁。上諭右都御史顧佐等曰，私通外夷已有禁例，近歲官員軍民不知遵守，往往私造海舟，假朝廷斡辦爲名，擅自下番，擾害外夷，或誘引爲寇。比者已有擒獲，各寘重罪。爾宜申明前禁，榜諭緣海軍民，有犯者許諸人首告，得實者給犯人家貲之半。知而不告，及軍衛有司縱之弗禁者，一體治罪。

《明宣宗實録》宣德九年春正月　〔乙亥〕妖僧李皋等謀反伏誅。皋，陝西咸寧縣人，爲僧無賴，遂造妖言，糾集山西汾州僧了真等二十四人謀反。事覺，有司捕得之，械送至京，上命三法司訊之有驗，悉棄市。

《明英宗實録》宣德十年二月〔甲午〕巡按江西監察御史程富奏：賊曾子良等僞立名號，執益猖獗。臣等會三司官議調官軍民壯至大盤山下，與賊對敵，生擒嚴季茂等男婦千餘人，前後殺死者不可勝計。子良馬亂軍所殺，已獲首級，餘黨俱潰散。上命以正賊首梟示，餘賊俱發戍廣西，脅從者悉皆疎放。先是江西連年水旱，人民艱窘，有司不能賑恤。子良等因而據險聚嘯，僞稱永順王、都督、太師、萬户、指揮、行刑主事等名號，造妖言，張僞榜，逼脅居民爲亂，衆至三萬餘。至是始平。

《明宣宗實録》宣德十年三月〔己亥〕妖賊班興等伏誅。初，興等師事張普祥，刻期集衆爲亂，其黨彭舉爲廣平府所獲。興等欲謀殺府官以出舉，未發事露，悉就擒。命誅之。

《明宣宗實録》宣德十年十一月　壬申，妖賊緣旭林等伏誅。旭林，江西吉水縣僧，妄談禍福。至安福縣武功山，見婦人匡氏亦依託佛法以惑衆，旭林遂與爲夫婦。至南京，以符水療病。言已有玉印、刀劍，俱辛天君付與者，用黄紙寫坐殿字，從者授以官爵，入東安門，爲守衛者所詰。旭林等以刀劍傷之，官軍追至東華門外擒獲，械送京師。上命法司鞫實誅之。

《明英宗實録》宣德十年十二月〔己亥〕妖賊張普祥伏誅。普祥，真定衛軍，以妖書惑衆，潛居井陘縣，自號七佛祖師。遣其黨往河南、山東、山西、直隸等處度人，約先取彰德城，以次攻奪諸城。其黨李名顯等百餘人入磁州城，焚千户所，官軍攻敗之。普祥挈家屬竄伏柏鄉縣，遞運大使魏景原引官軍至其黨張林家土洞内擒之，械送京師。上命廷臣鞫實，誅之。

《明英宗實録》正統元年十一月〔丙申〕湖廣、貴州總兵官都督同知蕭授等奏：比者蠻賊阿遲、阿哈等作耗，僞擬名稱，傳寫妖書，焚毁衙門，大肆劫掠。屢委都指揮等官顧勇等領兵剿捕，多所殺獲，即令首賊阿哈等一十七人並其徒屬俱械於獄。上敕授及巡按監御史等官再行審實，將賊首處決，梟示警衆，其餘宥死，謫戍廣西，家屬給有功官軍。

《明英宗實録》正統四年秋七月〔辛酉〕書復寧化王濟焕曰：曩火者陳英、張彪告鎮國將軍美珞僞爲詔書，自稱三太子，呪詛朝廷，及欲擁兵誅賊臣諸罪狀，令法司逮問，具得其妄，已坐英、彪造妖言罪斬，餘所連俱如律問遣。叔祖自令宜恪守祖宗法度，勿縱無賴人在府結構是非，以累清德，仍戒飭鎮國將軍奉法循理，勿與小人戲謔，以啓禍端。庶副朕眷念親親之意。

《明英宗實録》正統五年十一月〔乙丑〕雲南師宗州賊金郎刺、金福、阿牟等僞稱皇、稱后、稱總兵，誘聚州民及羅羅白頭蠻、儂人、沙人數千爲亂。總兵官沐昂與戰於曰者鄉，敗之，迫至發召寨，擒阿牟，至發支寨，斬金福，并獲其僞后，金郎刺奔貴州，爲土官儂郎舉所敗，衆遂潰。昂以阿牟及僞后奏捷。上命誅之，梟其首以徇。

《明英宗實録》正統八年秋七月〔庚申〕浙江黄巖縣民周來保、福建龍溪縣民鍾普福，洪熙間俱困徭税叛入倭。倭每來寇，輒爲鄉導，殺擄桃渚、大嵩諸處，皆與焉。至是復道倭千餘徒欲寇樂清縣，先登岸偵之，既而倭遁去，二人潛留縣境，往來丐食，爲縣官所執，械至京，鞫得實，凌遲處死。上令梟首於浙江、福建緣海，揭榜圖形以示戒。

《明英宗實録》正統八年十一月　辛未，河南汝州人張端卞寓湖廣均州，更名清古潭，假佛法扇衆謀爲亂。謂寧山卞卒張清乃紫薇星降生，推以爲主，餘皆青衣、童子諸星象，可爲將期甲子歲於光化縣九龍岡起事。欲先陷泌陽、棗陽、彝陽，次陷襄陽、汴梁諸處，黨將聚矣，覺者言之巡撫左少卿于謙。謙擒之，並家屬百餘人以聞。因言河南地連湖廣，逋逃所萃中多姦頑無賴，如曩者張普祥、李普昇等，俱以修善誦佛惑人，自速殺身忘家之禍，今此曹仍跡前非，請審實，誅之，以徇於逃民聚居處。並敕湖廣、河南三司官常巡視其地，但有嘯聚或爲不法者，即收治之，重則奏請，輕則械歸本鄉。其僧人無度牒而號爲師父、師兄、善人、善友凡集禮佛者，俱問遣戍邊。寺觀菴院非古額者即毁之没官。庶法令昭明，妖妄杜絶。上嘉納之，下其章法司議行。

《明英宗實録》正統九年五月〔辛亥〕靖遠伯王驥等執麓川叛賊思機、發男、菡蓋等至京，命宥菡蓋等四人死，没入御馬監養馬，餘十二人謫戍口外邊衛。

《明英宗實録》正統十四年三月〔壬寅〕浙江及賊陳鑑胡黨僞指揮

趙滿等械至京，命凌遲三日以飼犬。時誅反賊皆然。

《明英宗實録》正統十四年五月〔丁酉〕江西南安府妖人羅天師等妄稱彌勒佛，謀聚衆作亂。巡撫刑部右侍郎楊寧等執而斬之。

《明英宗實録》正統十四年八月〔乙亥〕令籍没太監郭敬、内官陳璵、内使唐童、欽天監正彭德清等家，以皆王振黨也。

《明英宗實録》正統十四年九月〔癸未〕法司疏姦惡王振同居異姓之人皆當斬。帝曰：振傾危社稷，罪惡深重，但朕即位之初，體天地生物之心，姑屈法伸恩，但係振本宗，不問大小，皆斬首以徇，婦女給付功臣之家爲奴，其家人閹者宥死，杖一百，發戍邊衛。

《明英宗實録》正統十四年九月〔丙戌〕鎮守大同太監郭敬下獄。初敬素與王振厚，遞年多造鋼鐵箭頭，用甕盛之，以遺瓦剌使臣，也先每歲用良馬等物賂振及敬以報之。宋瑛等陽和之敗又由敬專制所致，太上皇帝至大同百官劾敬失機，振詐傳聖旨不問，至是敬家已籍没，敬潛回京，法司執鞫，罪當凌遲處死。命固禁之。

《明英宗實録》正統十四年冬十月〔乙酉〕御馬監少監跛兒干伏誅。跛兒干本降虜，給事宫禁數十年，及土木之敗，即助虜反攻，射内使黎定，既又爲虜使來，有所需索。命執而誅之。

《明英宗實録》正統十四年冬十月〔己未〕欽天監監正彭德清死獄中，命仍斬其首。德清坐黨王振，匿天變不奏，及從征不擇地利處駐師也。

《明英宗實録》正統十四年冬十月〔庚午〕旗手衛百户朱忠奏成國公朱勇、鎮遠候顧興祖、修武伯沈榮黨王振爲姦，請如淇國公丘福喪師塞外例俱族誅之。帝曰，事在赦前，其勿論。

《明英宗實録》正統十四年冬十月壬申，降虜之編置京畿者因虜入寇，遂編髮胡服，肆抄掠人，目爲家達子，又有驅避難人以附虜者，在在紛然，官軍間有獲之，俱命斬首以徇。

《明英宗實録》正統十四年十一月〔庚辰〕官軍獲虜諜者三人，其二人太監喜寧家奴，其一人忠勇伯把台麾下指揮使安猛哥也。寧自土木隨侍上皇，把台戰敗降虜，俱爲虜用。虜之遁去也，謀明年春夏復入寇，故使三人者來覘，且囑猛哥潛約都指揮石連台率素所厚將軍爲内應。法司鞫三諜者，得實，命斬之。籍寧家。把台家置不問，恐降胡驚疑者衆也。

《明英宗實録》正統十四年十一月〔乙未〕浙江賊陳鑑胡伏誅。鑑胡，麗水縣人。同葉宗留于福建盜銀礦，殺死參議竺淵，後與宗留酒色相爭，宗留爲鑑胡所殺。及鄧茂七稱剗平王，鑑胡集陳唐其等四百餘人俱以紅帕首往附之，散掠福建、浙江、江西諸縣境。都指揮吴剛死于建陽書坊，都督陳榮死于鉛山祝公橋，知縣鄧顒死于永豐，指揮龔禮死于遂昌，皆其所殺。徒黨至二千餘，於是自稱大王，國號太平，建元泰定，立統兵元帥、都指揮諸官名，編成什伍，攻圍處州，復分遣其黨掠武義、松陽、龍泉、永康、義烏、東陽、浦江諸縣。衆議耿定、僉事王晟、千户楊清、百户葉廣等又爲所殺。久之鑑胡知事不就，適巡撫等官諭之，遂自首降，械詣京師，遇赦，充留守衛軍，虜寇之擾，私亡歸，中途被獲，命斬之。

《明英宗實録》正統十四年十二月〔庚戌〕宣府亡卒孟普原自言嘗夢玉帝釋迦佛，謂己乃紫微星，當爲帝滅也。先爲人所發，命誅之。

（明）卜世昌等《明通紀述遺》宣宗景皇帝景泰元年三月〔恭仁康定景皇帝〕叛賊御用監太監喜寧伏誅。寧既從上皇陷虜，輒爲也先畫策，邀求賞賜及導以入邊寇掠。尚書于謙授策邊將使成擒，而會上皇知寧謀，患之，乃言於也先，欲使寧及總旗高鑾達于納哈出，還京索禮物也，先許之。上皇乃命校尉袁彬以密書報宣府。寧至獨石遂爲參將楊俊所誘擒，至京，文武大臣並科道等官劾奏寧猥以俘虜，荐沐恩榮，受列聖之深恩，居太監之重任，而乃欺天負國，背義忘恩，屬奸臣之不軌，致上皇之蒙塵。喜寧回自虜中，詐傳詔旨，妄指迎駕爲名，重要朝廷金帛，既又乘機復往，主令賊首來侵，據我邊境，犯我京畿，上而宗廟震驚，下而軍民荼毒。雖天威所加，而數萬之衆遂遁，柰生靈受害，而千古之恨難消。若不正之典刑，碎屍萬假，不惟無以大彰天討，垂戒將來，抑亦無以慰宗社之靈，萬民之忿。詔群臣鞫之，具伏，命磔諸市三日。

《明英宗實録》景泰元年春正月〔庚子〕山西徐溝縣民王文簡嘗爲陰陽生，造妖言惑人。比因胡寇之擾，遂糾集無賴者孫彪、焦恕、張斌、樊伯興等欲爲亂，云己乃龍華三會中法主，也先已之連襟，彪乃東方青龍神，恕西方白虎神，斌北方黑虎神，伯興火德真君，給恕等符帖，封爲侯、伯、總兵、尚書諸僞官，期是月十五日奪太原城起事。既而恕懼，發之官，俱就擒，至是伏誅。

《明英宗實録》景泰元年二月〔戊子〕居庸關擒得虜覘者劉玉，乃鎮守獨石官韓政家人，云也先令玉來窺覘中國軍馬多少，石亨、楊洪有無。命錦衣衛嚴錮之。

《明英宗實録》景泰元年五月〔癸丑〕廣東反賊黄蕭養率其黨分道攻廣州城者數月，左副總兵都督董興等敗之，蕭養中流矢死，函首詣京師梟於市。其餘黨僞總五府、都元帥、慶國公、曾賢等百餘人俱伏誅。

《明英宗實録》景泰元年秋七月〔丁未〕有僧爲虜所獲，因叛附之，潛自鴈門關入以覘我師虚實，爲緝盜百户所獲。命付法司鞫之。

《明英宗實録》景泰二年秋七月〔己未〕校尉獲萬寧寺僧趙才興等言，才興自謂能通兵法及氣候諸術，與廣通寺僧真海道人譚福通、内使蕭保父蕭亮刺血誓天，謀欲爲亂。謂才興趙太祖後，推爲皇帝，封真海爲二王，福通爲三王，蕭亮爲四王。取素與姦者義勇衛百户女爲后，立其徒如海爲太子。至是真海誘集無賴數十人聚飲朝陽門外，事始覺，法司訊問，具伏，命即誅之。

《明英宗實録》景泰二年八月〔庚辰〕山西蔚州民吴伯通諳兵法，天文，逃居京師。永清衛餘丁郭福得亦觧陰陽術，藏《金鎖玉關》等書，云己是計都星，當爲軍師。大興縣軍匠房福山有天分，今年八九月虜必入寇，期集敢勇者二三百，侍其來，假報效名與之戰，即於沿途收州縣衛所，而南立福山爲帝。事發，獄具，詔誅之。

《明英宗實録》景泰二年冬十月〔己巳〕總督貴州、湖廣軍務右都御史王來劾奏守備武岡寶慶衛指揮湯勝，永州衛指揮梁忠等俱以馬騾進結廣通王府。其原委署都指揮僉事畢通職專守備武岡，略不聞知，及王潛謀發露亦不即奏，乞俱下法司究其知情故縱之狀。時遣籍段友洪等家錦衣衛千户李溶未行，都察院因請即命溶執通等詣京鞫治。從之。

《明英宗實録》景泰二年冬十月〔丁卯〕先是湖廣武岡州民段友洪等十餘人投入廣通王徽煠府爲家人，導王不法。友洪父洪山復以妖術進，友洪又言致事後府都事于利賓善相術，引以見王。利賓言王有異相，當主天下，且言當於去年六月起兵，否則不過今年五六月當趣據南京登殿。王悦其言，遂有反謀，以金造轟王之寶，銀飾靈武侯、欽武侯印二，改元玄武，作敕書，分遣友洪、蒙能、陳添仔等。並齎印幣等物封都厫寨苗首楊文伯爲靈武侯，天住寨苗首金龍爲欽武侯，及以銀牌賜横嶺峒苗首吴英頭等，誘使起兵三五十萬。八月初旬來併攻武岡諸處。文伯等不敢受，友洪齎以歸，爲鎮南王徽煣所執，能、添仔等尚招誘諸苗未歸。巡撫湖廣右都御史李實以聞，敕遣監察御史劉孜，錦衣衛指揮盧忠與鎮南王及湖廣三司收鞫友洪等，遂遣駙馬都尉焦敬、内官李琮徵廣通王，遣錦衣衛官籍友洪等家，並械利賓赴京鞫之。以文伯未受僞命，令三司善加撫恤，毋因而激變。時湖廣總兵官保定伯梁珤又奏陽宗王徽焟使其家人李祥偕友洪等召誘苗兵，實與廣通王共謀。奏下，都察院請馳付李實、劉孜、盧忠、焦敬、李琮從公覆實，奏聞處置。從之。

（明）沈德符《萬曆野獲編》卷四《宗藩・郡王謀叛貸命》宗室中謀不軌者，親王則有漢府高煦、寧府宸濠，郡王則有安化王寘鐇，皆罪狀顯著，夷滅無辭。若正德中，歸善王當沍之死，人尚以爲冤。其他支庶，如代府充灼之屬，尤幺麽不足數。惟情罪最昭灼，審鞫最詳確，猶得死牖下者。無若景帝初年，處岷藩事，最爲失刑。岷府廣通王徽煠者，太宗第十八子，莊王之第四子也。有武岡州民蒙能等，投爲家人，導以不法。又引致仕後府都事于利賓，以相術干之，謂煠有異相，當王天下，因謀逆。將以景泰二年五六月起兵，直趨南京，據大位。先以金造轟天王之寶，又以銀造靈武侯、欽武侯諸印，改年號曰元武，僞作敕書。遣蒙能及陳添仔等，以貲幣並印，賜諸苗帥。會兵大舉，未行而事洩。上遣駙馬焦敬，内臣李琮往徵之。煠時未有兵，束手就道。比至鞫於廷，俱伏反狀。適湖廣督臣王來等，亦奏陳添仔、蒙能等所招苗賊助煠。會煠已行，官軍連擊敗之，大潰。蒙能隨苗兵遁還廣西，並以煠所頒僞敕來上。景帝謂謀危宗社，法不當恕。姑屈法貸死，斥爲庶人，並家屬禁錮鳳陽，第斬于利賓以徇。又五年爲景泰乙亥，蒙能匿蠻中，自稱蒙主，糾引生苗三萬餘，寇龍里等城。湖廣鎮臣以聞，帝命貴州廣西文武大帥，會湖廣合剿。時能已破銅鼓諸衛所，殺都指揮汪迪，聲勢大振。撫臣尚書王永壽告急，兵部尚書于謙至自請往討，帝不許，但命總兵南和伯方瑛進兵。至英宗復位，始殲焉，凡平寨一百九十五，斬級三千，而他帥不與焉。此事首尾五年，黔楚騷動，蒙能何足道。徽煠者，僭號紀元，僞造符璽，圖踞留都，其罪豈在寘鐇之下，猶得保首領，終天年。政刑如此，宜景帝之不終。此事紀傳既少見，爰書亦不存。人無知者，故備列之。若較之近年楚府劫損一事，至論斬傳首，真可謂倒置矣。

《明英宗實録》景泰二年十一月 〔丁未〕工部給事中路璧言：趙才興爲僧于京謀反，請籍其家鄉人口，傴僂提抱情甚可憐，恐連染無辜之民。乞敕三法司及六科都給事中會審，罔使小民死於非命，從之。果得疎族律不當籍者一百四十三人，命還財産釋遣之。

《明英宗實録》景泰三年春正月 〔戊午〕致仕都事于利賓及武崗州民段友洪等伏誅。坐同庶人徽煠等謀反也。

《明史》卷一七三《石亨傳》 〔景泰〕三年秋，彪謀鎮大同，令千户楊斌等奏保。帝覺其詐，收斌等拷問得實，震怒，下彪詔獄。亨懼，請罪，帝慰諭之。亨請盡削弟姪官，放歸田里，帝亦不許。及鞫彪，得繡蟒龍衣及違式寢床諸不法事，罪當死。遂籍彪家，命亨養病。亨嘗遣京衛指揮裴瑄出關市木，遣大同指揮盧昭追捕亡者。至是事覺，法司請罪亨，帝猶置不問。法司再鞫彪，言彪初爲大同遊擊，以代王增禄爲己功，王至跪謝。自是數款彪，出歌妓行酒。彪凌侮親王，罪亦當死。因劾亨招權納賄，肆行無忌，與術士鄒叔彝等私講天文，妄談休咎，宜置重典。帝命錮彪於獄，亨閒住，罷朝參。時方議革奪門功，窮治亨黨，由亨得官者悉黜，朝署一清。

明年正月，錦衣指揮逯杲奏亨怨望，與其從孫後等造妖言，蓄養無賴，專伺朝廷動静，不軌迹已著。廷臣皆言不可輕宥，乃下亨詔獄，坐謀叛律斬。没其家貲。踰月，亨瘐死，彪、後並伏誅。

《明英宗實録》景泰五年六月 癸卯，太子太保兼吏部尚書翰林院學士王文奏，臣奉命賑饑蘇州，獲長洲縣强賊許道師等二百人鞫之，具得謀反狀。道師自稱趙王出世，誘鄉民爲亂，焚其室廬，以絶歸心。今械送京，事下法司，坐道師等八十二人凌遲籍没，餘俱知情故縱斬。六科都給事中王鎮等言，御史李堅、都督李信但奏道師縱火强劫，而文欲大己功，故言謀反，請會官辯其實。於是坐道師等十六人謀反，餘俱因饑寒被脅，獄上。詔誅十六人，其被脅皆充口外軍。

《明英宗實録》景泰六年五月 〔丁巳〕軍民徐山等六人逃住鳳陽府地方，〔山〕于土中得銅印，自謂吾命當爲君，孟晋貴爲丞相，劉清爲軍師，朱謹、鄭祥爲總兵官，楊鐸爲招撫副使。衆以爲然，皆尊從之。事覺，法司請斬首示衆。詔固禁之。

《明英宗實録》景泰七年夏四月 〔乙卯〕山西平定州民趙能逃住直隸獲鹿縣，爲逃卒劉玔所誘，妄稱宋苗裔。玔復爲出妖書，持以惑衆，潛謀不軌。事覺，被執，連十餘人。法司言，能、玔及其舍者情重，諸所連皆田野愚民，且無証佐，可有矜疑。詔斬能等三人，其諸連者俱宥之死，戍遼東。

《明英宗實録》天順元年正月 〔丁亥〕命斬于謙、王文、王誠、舒良、張永、王勤于市，籍其家。謫陳循、江淵、俞士悦、項文曜充鐵嶺衛軍。罷蕭鎡、商輅、王偉、古鏞、丁澄爲民。上初命群臣雜治謙及循等罪，群臣言謙與文、淵，及誠、良、永、勤景泰中串同故都督黄玹構成邪議，更立東宫。尋又逢迎黜汪后，循、鎡、輅不能阻而附之。謙、文欲樹私黨，舉文曜、偉、鏞、澄進用。比因景泰皇帝不豫，在廷文武群臣合詞請立皇儲，而謙、文、誠、良、永、勤意欲别圖，遲疑不决。已而，見群情欲迎皇上，乃圖爲不軌，糾合逆旅欲擒殺總兵等官，迎立外藩。循、鎡、輅、淵、士悦、偉、鏞、澄、文曜俱知逆謀而不告言謙等坐謀反凌遲處死，循等坐謀反知情故縱斬。章既上，越二日，乃有是命。謙字廷益，浙江錢塘縣人。永樂辛丑進士，拜監察御史，從征武定州，被命數庶人高煦罪，稱旨。巡按江西，執法不撓，豪猾攝服，還陞行兵部右侍郎。巡撫河南山西轉左侍郎，招徠流民，設勸糴法，奏免沿河鹵地馬户。正統間，王振用事，有御史與謙同姓名者忤振，振疑爲謙，因事下謙獄，久之得釋。左遷大理少卿，罷巡撫，尋以親王及有司奏復，命往巡撫。未幾，復兵部右侍郎親部事。正統十四年八月，郕王攝政，陞謙爲兵部尚書，委以軍國重務。時北征將士十亡八九，械器略盡，京師人心洶洶，侍講徐珵勸南遷避之，謙厲聲曰言遷者可斬。京師根本重地，惟召天下兵以死守之，群議乃定，武備稍緝，而虜已奪關入犯京師，列營九門禦之。謙與石亨營德勝門，數戰敗之，虜衆宵遁，進少保兼兵部尚書，總督軍務。時獨石等八城失守，議者欲因棄之，謙薦宣府副將孫安率兵收復。上在虜中，廷臣議講和爲迎復計。謙言虜欲無厭，雖竭府帑予之，車駕未必還。莫若内修外攘，使彼不得遂其欲，車駕當自還矣。卒如其謀。後以寇難漸平，求解兵柄，不允。又以天變自劾，乞罷歸田里，亦不允。有小田兒者亡命投虜中受僞官，導虜入寇，又以貢馬爲名，入窺虛實。謙密計授侍郎王偉至大同誅之。初謙與石亨同事，謙論議斷制宿將斂伏，而亨不能贊，一辭衛之。至是亨迎上復位，誣謙與王文謀立外藩，嗾言官劾之，鞫於廷。文反覆力辯，謙曰：亨意如此，辯之何益。竟誣伏，斬于市。既久事白，上亦知其冤。謙英邁過人，歷事三朝，知無不言。巡撫十有八年，政達大體，土木之變毅然以天下事爲己任，朝廷卒賴以安。年未五十喪妻，不復娶，門第蕭然，不容私謁，故鄉惟舊廬，不治田宅。官籍其家，惟所賜金帛而已。學問該博，善詩文，尤長於奏疏。政務旁午，章日數十，上累千萬言，揮筆立就。然恃才自用，務己傲物，視勳庸國戚若嬰稚，士類無當其意者，是以事機陰發，卒得奇禍。文初名强，字千之，直隸録束鹿縣人。永樂中會試下第，時太宗皇帝欲振作士類，命禮部選下第舉人給冠帶，送國子監進學，文預焉。後登辛丑進士，擢四川道監察御史，持廉奉法。宣廟賢之，爲改名文。宣德十年陞陝西按察使，賜敕之任。正統初以廷臣薦陞右僉都御史，巡撫寧夏兼理軍務，尋遷右副都御史。未幾，被召赴京轉大理寺卿，久之陞右都御史，風紀大振，朝野憚之。十年命代陳鎰鎮守陝西，鎮静不擾。十四年轉左都御史，仍鎮其地。尋以疾求退，召還京，復留掌院事。景泰初加太子太保，三年山東及南直隸被災，奉命往撫安之。事竣還朝，以少保高穀薦轉吏部尚書兼翰林院學士，入文淵閣典機務。疏言舉官賑民數事，悉得其當。五年應天、蘇松大水，命往巡視。時蘇州妖人惑衆，讎殺所司，以反報。文令捕獲，悉坐反罪解京誅之，時以爲冤。及還進少保兼東閣大學士，修《寰宇通志》，充總裁官，書成加謹身殿大學士。上復登寶位，石掌等欲大己功，嗾言官劾文與于謙等有迎立外藩邪謀。命鞫于廷，文辯曰：召親王須用金牌信符，事之有無，稽此可知。詞直氣壯，衆不敢達其情。遂坐誅，籍没其家，諸子悉發戍邊衛。久之，上悟，乃宥還其子。文爲人深沉，有岸谷，剛果廉介。每廷議百官會集莫先發言，文以一二語裁决，衆皆帖服。屢鎮大藩，兩總憲政，振舉綱維，無敢干以私者。景泰初與陳鎰同事一揖之外，未嘗交談，諸御史仰其風裁若神明，及入閣毅然欲以身任衆務，事有不可多所匡正。然性强忮少恕，而又恩讐顯白。文學不能逮人，其子不中鄉試，訐考官得恩澤，尤爲時論所鄙云。

《明英宗實録》天順元年二月〔癸卯〕命誅都督范廣。廣素驍勇，爲于謙所信任。石亨等嫉之，云與謙等謀反，故誅之。

《明英宗實録》天順元年夏四月〔戊午〕府軍前衛軍餘王斌祝髮爲僧，名悟真全，逃居陝西褒城縣、嘗與洋縣天台山僧僞稱真明帝王韋能者謀爲亂。事覺，能充軍，斌得脱，結庵於胡城山以居，爲妖言誘流民作亂，製斧鉞及五方日月旗，號所居爲錢龍川八寶臺，建國名曰極樂，改年號曰天繡。期今年，焚棧道，據漢中，更名烏龍城，起事封其黨周曾等爲定天侯，左右副將等官，取所淫女子王氏爲后。且假天將言：斌乃紫微星下世，當王天下。至正月元旦，衣黄朝衆，號令之，斬男子一人祭旗，即率以攻掠傍近諸縣，得衆數千人。令其先鋒劉英持書入漢中府約戰，行至梳洗橋，猝遇官軍，斌等及其黨數百人俱被擒。至是獄具。上命誅斌及同謀者四人以徇，謂餘皆愚民被脅，發充軍及寧家。

《明英宗實録》天順四年春正月〔乙巳〕文武群臣言石亨誹謗妖言，圖爲不軌，具有實迹，論謀叛罪當斬，其家當籍。上曰：然。其令内官同御史及錦衣衛官籍之。

《明英宗實録》天順四年春正月〔丙午〕三法司請遣官籍石亨家屬莊田之在陝西渭南縣及山西蒲州大同府者，從之。

《明英宗實録》天順四年二月 甲寅，致書宗室諸王曰：曩者朕託天地之眷，祖宗之靈，以復大位。而犯人石亨因緣幸會，掩以爲功，特封爲國公。寵賚之厚，群臣莫比。不意亨賣官鬻爵千百餘衆，冒陞子弟五十餘人。招權納賂，勢傾中外，違法事情難以枚舉。而又縱姪彪姦淫婦女，虐殺無辜，欺悔親王，濫報軍功，暗結人心，謀圖鎮守。法司論亨罪當連坐。朕特令閒住，以保全之。亨乃捏造妖言，潛謀不軌，家人告變，事乃敗露。文武大臣僉謂亨反行已具，不可再赦。朕不得已，置之於法，籍其家動以萬計，器服類多用龍鳳，其兇逆如此，雖欲保全不可得矣。且有功必賞，有罪必罰，此祖宗之成法也。朕遵而行之，豈敢有私。兹特專書以報，庶知亨負朝廷，非朝廷負亨也。

《明英宗實録》天順四年二月 辛未，雲南都司帶俸都指揮同知杜清以石後造妖言，有土木掌兵權之句，土木杜字也。其意指清，俱下獄。法司論清當比謀叛，兄弟流二千里。上命削其官，發雲南金齒爲民。

《明英宗實録》天順四年二月〔辛未〕石後坐妖言誅，籍没其家。後，亨姪孫也。

《明英宗實録》天順四年二月〔丁卯〕誅定遠侯石彪。彪驍勇善戰，自舍人累積邊功，至封侯。北虜亦知其名，然心術險譎，矜能恃功，犯法多矣，謀鎮大同。欲與亨表裏握重兵，不能不啓上下之疑也，及誅。人既快之，復惜朝廷失一驍將云。

《明英宗實録》天順五年秋七月〔戊申〕達官都督同知也先貼木兒從曹欽反，既敗越城。逃至通州民瓜田中盗食瓜，民欲毆之，也先帖木兒窮蹙吐實，民執送鎮守官，械赴京，法司論當凌遲處死。上命錦衣衛禁錮之。

《明英宗實録》天順五年秋七月〔乙卯〕蔚州衛帶俸都指揮趙旺、錦衣衛帶俸都指揮侯通、致仕千户馮益伏誅。旺、通皆吉祥欽腹心，同謀爲逆。益浙江慈溪縣人，初爲教官，坐事戍邊，以軍功陞千户，後附欽得調錦衣衛。欽反時益爲之謀主。欽敗，下獄鞫，具服，并其二子誅之，籍没其家。

《明英宗實録》天順六年夏四月〔庚辰〕都察院等衙門右都御史等官李賔等奏，河南弘農衛指揮李斌謀逆已處決，其不同居族弟李義等九人彼時被執，懼箠楚招爲斌之伯叔兄弟，亦坐以斬。臣等今鞫出義等與斌無相干，當發寧家。上從之。

《明英宗實録》天順六年秋七月　庚申，江西贛州府會昌縣長河保民朱紹綱等恃山谿險阻，藏奸作惡，縱肆殺掠，又拒捕殺官軍，已而爲官軍所獲。事聞，命磔紹綱于市，梟首長河洞，其家屬斬者四十人，没爲奴婢者五十人。

《明英宗實録》天順六年秋七月〔乙未〕山西平陽府安邑縣民李真、交城縣民宋普貴等妖言惑衆，聚劫鄉村，僞稱王，立年號。汾州民蔚顯等格殺其黨，縛真等詣官，械至京。真瘐死，普貴伏誅，俱籍没其家。

《明英宗實録》天順七年春正月　丙辰，鎮守湖廣太監郭閔奏貴州洪江苗賊苗蟲蝦等糾集二十餘徒僞稱王侯，攻劫鎮遠囤寨，殺虜人財。屢遣官撫諭不服，第恐滋蔓爲患，宜行所轄總兵撫捕之。章下兵部，諸行湖廣貴州鎮守總兵等官各再遣人招撫，如舊仍不悛，會兵剿捕。從之。

《明英宗實録》天順七年三月〔癸巳〕福建上杭縣捕獲反賊闕永華、鍾奴孜等七十餘人，鎮守巡按及三司官奏請於本處處決，梟首示衆。上從之。但命不必梟首，仍設法撫捕其餘黨。

《明英宗實録》天順七年冬十月〔乙巳〕鹽徒劉清伏誅。清俗名劉奤子，父銓，初爲邳州衛百户得窮盗鍛煉爲强盗，以功遷副千户，事覺，坐誣殺人誅。清發萬全懷安衛充軍。既而逃歸，集無賴子販私鹽，横行江海中。及都御史林聰捕鹽徒時，清逃匿湖廣。聰還，清又收集二十餘人，置巨艦百餘艘，列兵器，其上刻欽差工部辦事宦關防，遇官軍巡捕輒拒敵，甚至縛其官，乞死命乃釋之。魏國公徐承宗奏請捕之。清自安慶衛指揮朱昇家出，擁衆以去。詔許脅從者自首免罪，衆乃散去。清勢孤逃之湖廣，又之廣東。久之爲千户周清所執，械至京。上命錦衣衛遣官往護以來，法司論以謀叛誅之。

《明憲宗實録》天順八年正月〔己卯〕發廣西爲事右參政羅綺爲民，給還原抄没人口房屋。綺，河南磁州人，景泰中任刑部左侍郎，鎮守松潘。天順初調左副都御史，爲科道所糾，降廣西右參政，便道過家，久不赴任，會本州同知龍約還自京師，過綺飲，談及朝政之失。其縣人有侍側者竊聽之，奏發其事。差官械綺並籍其財産人口至京，命法司會問，擬綺唱造妖言律斬監候處決。所籍財産入官，丁壯發充軍，婦女送浣衣局。綺繫獄者八年，至是遇赦。錦衣衛官奏請如赦例爲民。綺因引詔書有抄提人口律不該載放免之條，具奏乞免都察院以聞，命給還人口房屋。

《明憲宗實録》天順八年四月〔乙酉〕四川安岳縣賊悟昇、何文讓聚衆攻掠州縣。都指揮何洪等討昇斬之，文讓等伏誅。

《明憲宗實録》天順八年冬十月〔庚寅〕福建政和縣民許有仔等二十人作亂伏誅。湖廣平溪衛軍李容僞稱總兵官名號，糾集苗人，協助賊首蒙能，共謀不軌。事覺，伏誅。

《明憲宗實録》天順八年十一月〔戊午〕湖廣會同縣吏陳三清等十有四人逃入山峒，糾合賊首苗蟲蝦等作亂，其黨苗金虎捕送軍前巡撫都御史王儉以聞。上付法司議，擬誅之。

《明憲宗實録》成化元年夏四月〔庚寅〕連賊既脱犯邊，械至京，命磔于市。

《明憲宗實録》成化元年五月〔丁巳〕妖人趙春、張仲威伏誅。春，寧夏中護衛軍餘游食山東及京畿間，自稱宋後，與景州人張仲威等倡造妖言，衆頗信之。久而事覺，至是誅于市，梟其首示衆。特方重妖言之禁，緝捕者例得官賞，蓋自是犯者多矣。

《明憲宗實録》成化元年五月〔甲子〕反賊趙鐸伏誅。鐸，四川德陽縣人，稱貸于人，以賂縣官，求本縣陰陽訓術，文移展轉歲餘不得，家益貧，自顧終不能償所貸者。會與綿竹人徐貴有隙，貴告鐸家匿群盗，縣官捕之急，遂有逆謀。時天澗溝賊楊瓚、漠州賊僧悟昇等皆來從之，瓚等相繼敗死。鐸凡再聽招復業，輒復爲亂，糾合番夷四散劫略，有趙王及安將軍、席評事諸僞號，官軍屢擊走之，鐸趨彰明縣，千户田儀等設伏梓潼道間待之，參將周貴兵直搗其巢，賊大敗。是夜鐸與餘黨奔石子嶺，儀偵知之，麾兵亟進，儀手刃鐸，墜馬斬之，傳首成都。或傳鐸爲龍州土兵所殺，不知其爲鐸也，儀舊識鐸，長身黑面，左頰有刀痕，遂紿土官，取爲己功。好事省取鐸首稱之，重可十八斤。初鐸起殺都督何洪等，將士皆寒心，綿竹典史蕭讓率里長王志恭等數百人擊敗之，其黨稍散去，勢遂沮。既而録志恭死事，贈百户，而賞不及讓，蜀人惜之。

《明憲宗實録》成化元年八月〔戊寅〕命戮四川反賊趙鐸餘黨任凱等一百九十九人，梟首於各府州縣示衆。

《明憲宗實録》成化二年六月〔癸亥〕反賊劉通等謀伏誅。通即千斤劉，河南西華縣人。幼有膂力，縣門有石狻猊，約重千斤，能獨手舉之，人因以爲號。正統中惑於妖言，潛往襄陽房縣，與妖僧允天峰謀亂。至天順八年，有石龍者，即石和尚，糾合馮子龍等四散劫掠，通令男聰約子龍等舉事。乃於地名大木廠立黄旗聚衆，移住梅溪寺，僞稱王，建僞號爲漢，稱德勝年。立僞國師總兵等官，聚徒至四萬人，大肆劫掠，攻陷城池，爲官軍殺敗。通等就擒。至是，命官會問其謀反實狀，各擬所當坐者律，通等四十人磔於市，馮全等四人並男子十一歲以上者皆斬之。

《明憲宗實録》成化三年六月〔癸卯〕都察院奏：湖廣俘獲叛賊石龍、殘黨余勝等一百五十八人，情罪可矜。上命俱宥死，發遼東邊衛充軍，家屬給與完聚，初男失記鄉貫者，於湖廣分紀録充軍。

《明憲宗實録》成化四年五月 乙酉，南京都察院右僉都御史高明奏：罪囚六十二人皆下海販鹽，强劫拒捕，並巡邏受賕，私造軍器爲賊囊者，内當死者十四人，充邊軍者四十人，餘八人法當立功守瞭，而情罪深重，併以上請。詔：皆從所擬，八人者亦發充邊衛軍。

《明憲宗實録》成化四年六月 壬子，建州女直董山、餘黨開原保等四人法當凌遲，知其謀者納郎哈等六人并賊弟馬毋都俱當斬，幼男十二人當爲奴，無罪當留内地者七人。獄具，大理寺詳審以聞。上以山既誅，原保等十人姑送錦衣衛獄，馬毋都并幼男俱發充廣東邊衛軍，無罪七人聽留内地。

《明憲宗實録》成化四年冬十月〔戊申〕縣民張中因遊食臨清，遇民人孫榮善説佛法，得《金鎖》、《洪陽大策》等妖書，遂刺左右肩臂各二龍，左右手掌山河二字，更於左臂刺排王計三字，自號白毛祖師，四散紿誘，得瓢氏爲妻。復誘民王聰言，其四外招集，已有萬餘人，欲伺秋冬攻河南城池。聰知其詐，奏聞，捕獲。都察院問擬坐斬，至是遇赦，復請區處。上以中情犯深重，命禁錮之。餘黨從輕發落，中尋死于獄。

《明憲宗實録》成化五年閏二月〔甲子〕逆賊苗老潭伏誅。老潭初隨賊首僞平定王苗蟲蝦等謀反，爲官軍所散，潛遁清水江，其黨執送于官，下湖廣巡按御史鞫治。至是以聞，命誅之。

《明憲宗實録》成化五年秋七月 辛丑，斬逆賊李洪、火聰於市。二人皆滿俊黨也。俊既伏誅，乃獲。法司論罪當凌遲。詔斬之，且免其孥。

《明憲宗實録》成化六年八月 乙丑，山西交城縣民孫関兒等以妖言惑衆，緝事者獲之，命依律處死，其黨趙洪等悉發邊衛充軍，情輕者杖而釋之。

《明憲宗實録》成化六年十二月 己酉，山西太谷縣民杜文翥號都太歲，與兄弟結群惡少，號十虎、二賢、八大王，暴横鄉里，數聚衆爲姦惡事，爲人所告，事下巡按御史會都布按三司官鞫之，具得其罪狀。當死者文翥等十人情罪深重，而法止坐徒者十七人，餘五十人俱坐罪有差，都御史李賓以具獄奏。詔當死者如律處決，十七人徒充邊軍，餘悉從所擬。

《明憲宗實録》成化七年十二月〔丁丑〕總督軍務右都御史項忠、

鎮守湖廣右都督李震獻荆襄俘李鬍子等二十三人，坐謀反，論當凌遲。鄂福名等五十三人坐謀叛，論當斬。家屬楊伍兒等五十三人，論給配功臣爲奴。刑部尚書陸瑜等會奏，李鬍子等聚衆作亂，死有餘辜，無足矜疑。但其間亦有不得已而從之者，宜察其情，以從輕典爲幸。上從其言，發三十四人戍邊，一人給配，婦女送浣衣局。鬍子名原，河南新鄭縣人，寓居葉縣，始與石和尚等嘯聚爲逆。千斤劉等就擒，原與其黨蔣虎等遁免，糾合殘黨小王洪、石歪膊等往來襄陽之南漳、南陽之内鄉、西安之渭南等縣，劫虜人民行旅，聚衆日多，乃僞稱平王，内署其黨爲僞總兵、先鋒等名稱。又私立一條蛇、坐山虎等號。官軍累捕不獲，荆襄南陽諸府爲之騷然，及忠等奉命征之，駐軍襄陽，調集官軍士兵分布山口，截其要路。頒給榜文招諭，脅從者聞風涣散，原等勢孤，潛伏山寨，伺隙出劫。至是督等官差按察副使余洵、都指揮李震率兵追捕原等，遇之於竹山縣，盡命拒敵，爲官軍所擒。

《明憲宗實録》成化八年夏四月〔癸酉〕福建龍溪縣民二十九人泛海，通番官軍追之，拒捕，爲風破其舟，浮水登陸，被獲下獄，多庾死，伏誅者十四十。

《明憲宗實録》成化八年五月〔庚子〕釋死罪囚開原保等七人充廣西邊衛軍。原保等皆建川衛女直都督指揮等官，先坐董山等謀反罪，繫獄四年多瘐死者。至是因審録以聞，乃有是命。

《明憲宗實録》成化八年秋七月〔戊午〕廣西鎮安府土官知府岑永壽姪岑宗詔糾集土兵攻破府治，殺傷嫡母兄姪，流劫鄉村。巡撫等官撫諭不服，又復拒敵官兵，都指揮岑瑛擒之坐斬。己未，誅犯邊虜寇阿林帖木兒于市。

《明憲宗實録》成化十年二月〔乙亥〕山西靈石縣民李鐸造妖言惑衆，自稱金盆李氏，結黨有不軌意，事覺就擒，下法司擬罪坐斬。

《明憲宗實録》成化十年夏四月　己巳，直隸東光縣民劉通等四人以妖言謀反誅。命都察院書其罪狀，榜禁天下。

《明憲宗實録》成化十年秋七月〔丙子〕巡撫山東左僉都御史牟俸奏：濮州人董現、房勝等，私造兵器，僞署官職，欲乘饑荒作亂。知州謝縝等捕而殺之。所獲逆黨十餘人，尋皆瘐死，惟勝弟敖，依律擬斬。今詳審敖，初不同謀，又未嘗拒捕，止因同居連坐，情有可矜，且饑民無知，陷于大惡，如依律問擬不無太過。上曰：民以饑荒欲倡亂，有司不能撫治，例以常律處死，朕甚憫焉，同居者既不預謀，宜宥其死，杖而戍邊。已死者家屬財產，悉宥勿籍。

《明憲宗實録》成化十一年二月〔己卯〕陝西鎮夷守禦千户所戍卒夏澄貴，嘗爲僧還俗，聞鄉人妄言見白龍繞其頂，大星墜其家，竊自喜，因述異夢惑衆。衆信之，争出牲醴祈禱。令其黨具表拜佛，自稱天子。將爲逆，事覺，鎮守巡撫等官各奏其事，法司以所犯雖在赦前，而情罪深重未可輕貸，詔：澄貴依律處斬，其黨治罪有差。

《明憲宗實録》成化十三年春正月〔甲子〕直隸安肅等縣民李文友等八人，以妖言謀逆坐斬。

《明憲宗實録》成化十四年三月〔戊辰〕妖言人陳廣平伏誅。廣平，山東濟寧州民，假以黄冠，私習兵法，遍〔歷〕秦、汴、楚、蜀間，僞爲星象陣圖惑人，交結不逞之徒，潛謀不軌。至南京，爲都督府都事卜馬翊誘獲之，執至京，下都察院獄鞫之。恐有隱匿，奏請差官勘實。上命太監汪直，錦衣衛指揮陳璽，會南京守備内外官拘事干證佐者，械至京併鞫之。至是得廣平姦惡罪狀，坐死，監候聽决。都察院論其情犯比常妖言不同。詔即誅之，餘坐累者，罪各有差。

《明憲宗實録》成化十九年三月〔丙辰〕遼東遼海衛軍燕狗子，先爲福餘衛虜人所掠，居二年，竊其三馬亡歸，官收其馬，狗子仍補伍。又二年，乃結二卒同竄去，屢引虜寇爲邊患。至是入義州衛清河堡獲之，巡按御史擬以謀叛罪當斬，詔可。

《明孝宗實録》弘治元年十一月　癸亥，叛賊陳輔等平。輔，嘉興百户，先以販鬻私鹽革見任，遂招集無賴作兵器，四出劫掠，衆知而未敗。縣人恐之。輔知不免，乃與其父端，謀率其子文、武，婿鄧夔等四十餘人攻嘉興府治，知府徐霖逾墻走，輔等遂劫府印，及獄囚八人、庫銀數千兩，又劫弓張局軍器，千户所印，執千户白鑒及其妻。因放兵掠城中金帛婦女，挈家趨太湖。已而官兵大集，追至吴江壇丘鎮敗之。端等就執，餘黨殺傷或赴水死。輔走至秀水陶家橋，官兵追捕急，亦自刎死。事聞，下巡視浙江刑部右侍郎彭韶等覆實。獄上，都察院覆奏。詔端等十二人皆斬首梟。令幼者二人並妻妾子女配功臣家，財産入官。父母祖孫兄弟，不限籍之同異，皆流二千里安置，仍榜示一方。

《明孝宗實録》弘治九年八月　己亥。初，雲南廣南衛指揮僉事張宗，以巡撫右副都御史張誥委董築堤之役，用刑太酷，衆弗能堪，嘗詣黔國公沐琮白事。軍人李正等率衆持杖，欲執而箠殺之，宗覺遯去。明日，往訴於誥，正等復集千餘人，大聲索宗。門者訶之不止，誥令閉門。不退，仍怒毆門者，並投石碎其門。巡按監察御史金獻民，會鎮守總兵同往戒諭，且命羈宗于按察司以息其亂。正等復要宗于路箠之，幾死，衆遂逃匿金馬山坡。鎮巡官撫之，至再諭以罷工免罪，並革宗不治事，始散歸。既而千户楊震等察知正等十三人爲首，乃白于上官，欲治其罪。正等復持兵聚衆，大掠千户等家。久之，乃就擒。獻民奏宗酷虐召亂，誥委任非人，琮失於鈐束，皆當究問。都察院覆奏，謂：宗宜逮治，誥及琮事，請令鎮巡官覆（戡）〔勘〕以聞。至是，鎮巡官奏正等十三人法當處斬，宗當贖杖還職。掌印都指揮劉鏞、雲南中衛指揮張經等，皆失於鈐束，法當究問。誥與琮非知而故犯，請薄其罰。得旨：李正等情罪深重，即處斬，梟首示衆。張宗酷刑激變，免贖杖，降三級，調邊衛差操。劉鏞、張經等皆逮問。張誥、沐琮俱宥之。

《明孝宗實録》弘治十一年正月〔辛酉〕直隸定遠縣人楊潮等造妖書惑衆，攻劫縣治，既而被擒，命潮等十一人俱依律處決，餘黨並家屬各各發邊衛永遠充軍。

《明孝宗實録》弘治十二年九月　壬午。初，貴州普安州土官判官隆暢既老，子禮幼而代職，聽營長阿保等之讒，由是父子相讎。暢有妾曰米魯，乃霑益州土官安民女，嘗以罪見遂，後乃依禮同居，禮及阿保皆通焉。暢遂毀阿保居室，據其財物，阿保乃與禮等借兵作亂，焚暢所部寨舍、倉廩，殺其從者。久之，暢遣兵誅禮。阿保見禮既死，欲助米魯攘竊其柄，乃與其子阿鮓莫、阿歹兒等率兵攻暢，破其寨百餘，殺掠人畜甚衆。暢懼逃之雲南亦佐縣。鎮巡等官召阿保等與暢會盟，戒以息兵。既散，米魯潛令人挾暢上馬歸，暢中毒而死。既而阿保、米魯等爲亂滋甚，數攻寨堡，殺傷官軍，屢撫不聽。暢有庶子珀，與其母居安南衛城中。阿保欲害其母子，乃于安南城外築阿先硬寨，自率兵守之，又築普墨硬寨於普安城外，令阿歹兒守之，又築猴場硬寨於拖長江東，令阿鮓莫守之。又於拖長江外築查剌硬寨，據險以自固。四寨相去凡三百餘里，復號猴場寨爲承天寨，出入僭用黄旗，自稱無敵大王。鎮守貴州總兵官東寧伯焦俊，巡撫都御史錢鉞，巡按御史張淳，命都指揮劉英率兵往捕，爲賊衆所拒。賊乃益肆猖獗，劫掠軍民，焚燒屯堡，聲言欲攻普安、安南二城。鎮巡等官乃發十衛官軍，及諸長官司土兵萬有三千七百餘人，分命劉英與部指揮王璋、李雄等領之。英、璋由普安衛分道往捕，雄等由烏撒後所直抵拖長江，截其後路。先期以檄招諭諸脅從旨，由是賊黨歸順者八百餘人。阿保父子逆戰於猴場寨，兵潰奔查剌寨，已而復渡江劫營。官軍繫卻之，賊徒死傷甚衆，阿保等皆逃去。雄召霑益州知州安民賞之，使訪賊所在，民乃率土兵爲先鋒，追斬阿保於查剌山（簣）〔箐〕。未幾，阿歹兒亦爲民所執，官軍復深入（簣）〔箐〕洞，擒阿鮓莫，米魯亡走。俊、鉞等奏言：兇賊阿保等弄兵十一年，先後據順復夷寨百三十餘，殺納税夷民，掠人畜財物不可勝計。至於僭立名號，殺傷官軍。臣等調發漢軍、土兵分道進討，首惡阿保、阿鮓莫、阿歹兒或授首轅門，或繫頸犴獄。但米魯及從賊張保容等寔肇亂階，今悉逃匿雲南霑益州土官安民家，若不乘勝追剿，竊恐後將蔓延，乞敕雲南鎮巡官委（守）〔分〕巡、守備等官親詣霑益州，追責安民執送米魯、張保容等以殲餘孽。其從賊夷民阿昌氈兒等罪固當誅，但多由脅從，且事干人衆，昔永樂間，隨從宣慰田琛惡黨嘗蒙寛貸充軍，今所俘盗賊乞容臣等詳審。罪惡深重者處以極刑，情犯稍輕者遣戍西北邊衛。賊所遺田土，除給主賞功外，悉分給鄰近屯堡官軍，從輕起科。事下，兵部覆奏，言：阿鮓莫等宜令審問明白，就彼行誅，梟（首賊）〔賊首〕于路要〔之〕衢示衆。其餘情罪稍輕者，發遼東邊衛充軍。俘獲婦女給配有功（營長）〔軍人〕及附近聽撫村寨無妻者。其督軍運糧承調諸有功者，並陣亡、陣傷官軍，令覈實奏聞。土舍隆珀等及歸順夷人宜加意優恤。米魯、張保容等，仍移文雲南鎮巡等官督安民捕送。從之。

（清）查繼佐《罪惟録》紀卷一一《武宗紀》〔正德二年三月〕太監瑾矯旨，令文武群臣列大學士劉健、謝遷、尚書楊文等五十六人罪，授鴻臚寺宣讀，榜其名於朝堂，名曰奸黨，頒示天下。詔曰：朕以幼沖嗣位，惟賴廷臣輔弼不逮。乃去歲奸臣王岳、范亨、徐智等竊弄威福，顛倒是非，私與閣臣劉健、謝遷、尚書楊文、楊守隨、張敷華、林瀚、郎中李夢陽、主事王守仁、檢討劉瑞、給事中徐昂、御史陳琳等，彼此交通，穿鑿附會，傷殘善類，煽動浮言，爲禍國家。敕内未盡者，吏部察令致仕，毋俟惡稔。鎮守太監許理里民詞訟，自内旨。

《明武宗實録》正德二年九月　癸卯，巡撫都御史艾璞擒獲海賊施天泰餘黨，以其獄上。謂：天泰已平，其黨施安等二百六十一人復肆剽掠，陳宗海等二人舍匿分財，皆當所。張進保等十三人年初出幼，其情可矜，黄永吉十二人以伎藝從逆，其情則重。刑部覆奏，得旨：安及宗海等處決如律，其中有稱冤者仍與辯問以聞。進保等宥死發南州衛，永吉等發靖州衛，俱充軍。其蘇州衛指揮僉事朱傅等以守禦無謀，俱逮問。初，天泰就擒，止擬戍邊，其黨以爲首惡，猶得減死論，故復效其所爲，縱横海上，蓋刑不當，罪人無所懲也。

《明武宗實録》正德五年四月　〔庚寅〕慶府安化王寘鐇及指揮何錦、周昂、丁廣反，殺鎮守寧夏太監李增、少監鄧廣、總兵官姜漢、巡撫都御史安惟學、少卿周東，執分守參議侯啓忠囚之。初寘鐇在郡王中，狀貌魁梧，有相者給謂當大貴，又妖巫託鸚鵡神言如相者。寘鐇惑之，錦、昂及儒生孫景文者嘗出入府中，寘鐇爲言：今朝〔政〕出於劉瑾，援用姦兇，樹黨中外，此欲何爲者？籍令瑾遂移祚，置吾屬何地？若推我爲主，以誅瑾爲名，必成大事。自是有逆謀，惟學素苛刻，數杖辱將士妻，廣及諸將士怨之，會東被命丈量屯地，希瑾意督責嚴急，率以五十畝爲一頃，又畝斂銀爲賂瑾資。啓忠亦以催征至人情大擾。錦、昂乃與廣等謀，令寘鐇置酒，因會殺之，奪其符印，傳檄起兵，寘鐇大喜。是日，惟學、東不至。酒半，錦、昂及廣率其屬直入，執漢、增、廣，殺之。又殺惟學、東於公署，遂焚燬案籍，釋五衛重囚，撤黄河渡船於横城西岸，以絶渡者。啓忠逃匿，尋獲之，囚於左衛。副總兵楊英先以警出屯楊顯堡，不與難，所部軍士聞變亦皆潰去。英走靈州，寘鐇僞授錦討賊大將軍，昂左副將軍，廣右副將軍，諸從叛者，皆爲督護總管。又令景文草僞令傳寫數百紙，遣人分諭諸鎮，僞令曰：近年以來，主幼國危，姦宦用事，舞弄國法，殘害忠良，蔽塞言路，無復忌憚，致喪天下之心，幾亡神器之重，今闔城官軍，兵誅守臣之虐民害政者。持首來獻，余不得避，奨率三軍，以誅黨惡，以順人心，特玆曉諭官軍人等，貿易耕種業藝者，皆仍故。其逋負雜徭盡免之，仍保守疆界，聽候調用。各鎮軍馬數目及地里圖籍，宜即齎至，敢抗者弗貸。

《明史》卷三〇四《劉瑾傳》　瑾既得志，遂以事革韓文職，而杖責請留健、遷者給事中吕翀、劉茝及南京給事中戴銑等六人，御史薄彦徽等十五人。守備南京武靖伯趙承慶、府尹陸珩、尚書林瀚，皆以傳翀、茝疏得罪，珩、瀚勒致仕，削承半禄。南京副都御史陳壽、御史陳琳、王良臣，主事王守仁，復以救銑等謫杖有差。瑾勢日益張，毛舉官僚細過，散布校尉，遠近偵伺，使人救過不贍。因顓擅威福，悉遣黨閹分鎮各邊。敘大同功，遷擢官校至一千五百六十餘人，又傳旨授錦衣衛官數百員。《通鑑纂要》成，瑾誣諸翰林纂修官謄寫不謹，皆被譴，而命文華殿書辦官張駿等改謄，超拜官秩。駿由光禄卿擢禮部尚書，他授京卿者數人，裝潢匠役悉授官。創用枷法，給事中吉時，御史王時中，郎中劉繹、張瑋，尚寶卿顧璿，副使姚祥，參議吴廷舉等，並摭小過，枷瀕死，始釋而戍之。其餘枷死者無數。錦衣獄徽纆相屬。惡錦衣僉事牟斌善視獄囚，杖而錮之。府丞周璽、五官監候楊源杖至死。

〔明〕楊一清《關中奏議》卷一〇《後總制類·一為衆官反逆殺死鎮巡大臣等事》　題為衆官反逆，殺死鎮、巡大臣等事，準兵部咨，該本部題前事。

會官議得：慶府安化王寘鐇叨居遠裔，安享厚禄，不知感恩圖報，却乃逆理亂常，交結逆賊何錦、周昂、丁廣等，謀為不軌，戕害重臣，反形已彰，天誅難逭。伏望皇上斷以大義，先將寘鐇削去封爵，俟擒獲之日議罪。再乞命將專征，聲罪致討等因具題。奉聖旨：寘鐇交結羣小，殺害鎮、巡重臣，占據城池，索要軍馬地圖，反形已露。卿等既這等説，遣官祗告宗廟，革去寘鐇王爵，正名討罪。着都察院右都御史楊一清提督軍務，涇陽伯神英掛平朔將軍印，充總兵官，一同節制京營并陝西、寧夏、延綏、甘凉各路軍馬，前去勦殺。各寫制勑與他。欽此欽遵。備咨到臣。

切照逆賊何錦、周昂、丁廣等交結寘鐇，潛謀不軌，罪惡滔天，神人共怒，天討之所必加，大義之不容已。皇上軫念西土蒼生恐遭荼毒，致煩京營人馬，冒暑遠征。此與虞舜有苗之征，高宗鬼方之伐，異世而同揆者也。

臣初到陝西，提督軍務勅書尚未齎至。各鎮將官相離尚遠，未據呈報。傳聞鎮守陝西總兵官曹雄，與寧夏遊擊將軍仇鉞內外約應舉兵，將周昂擒斬，何錦等捉獲，寘鐇拘禁在官，軍民安堵，地方無事。此皆仰荷宗社神靈之福，皇上聖武之威，將帥効忠，士卒用命，不逾兩旬，罪人斯得。若使曠日持久，必至外引邊寇，內扇人心，為患誠難測度。臣今仰遵勅旨，星馳前去，撫諭軍民，申明號令，務俾經久無事。但入關以來，道路相傳，京軍將至。此風傳至寧夏，彼反側之徒，未免心懷驚疑，恐生他患。況時方盛暑，迤西一帶水土鹹苦，人馬易生疾疫，其可慮不獨縻費糧草而已。

竊料各鎮將官必已將事寧緣由具奏，此時廟謨必有區處。若待親到彼處，方纔論列，不無躭延日月，徒勞人馬。但地方安危所繫，臣責任重大，不敢不言。伏望聖明乞勅該部查議，如果各鎮奏報事寧，合無將京營軍馬急為取回，以安反側之心，以免供億之費，不勝幸甚。

緣係取回京營事理，未敢擅便，為此具本，謹題請旨。

（明）楊一清《關中奏議》卷一〇《後總制類·一為擒獲同謀叛賊撫諭軍民以靖邊境等事》 題為擒獲同謀叛賊，撫諭軍民以靖邊境等事。

臣自到陝西地方，節據鎮守陝西、寧夏總兵官曹雄、楊英各呈稱：擒斬叛賊，地方寧靖緣由前來。訪得彼處人心驚疑未定，此蓋愚昧之徒自知罪不勝誅，故寬釋之。詔雖降，而反側之情未安。臣將朝廷誅勦首惡，分別脅從德意出榜，差官齎去，張掛曉諭：一應官軍士漢人等，各安職役，勿懷驚疑。部領官員加意撫恤，不許聽人讐攀誣指，濫及無辜，及詢軍民疾苦，禁革各衙門科擾剋害情弊，俱通行外。

續該欽差總督軍務御用監太監張永訪得，前項叛賊，首惡造意者雖已斬獲，其同謀黨惡者實多脱漏。節差旗牌官楊義、山玉、王瓛、谷大中等星夜兼程前去寧夏地方，督同鎮、巡等官，將未獲同謀賊黨夜不收申居敬等五十八名陸續捉獲監候。及又書寫大字榜文，宣布皇上恩威，曉諭本城官舍軍民人等，俱要安心樂業，各保身家。彼處人心，始漸安妥。

本年六月十二日，臣等俱到寧夏靈州守禦千戶所。據寧夏鎮、巡等官總兵官楊英等呈稱：先獲寘鐇并的親宫眷台溍等及反賊何錦等，連的親家屬并後獲同謀反賊申居敬等共四百五十五名口，先解過河聽候等因。臣會同欽差總督軍務御用監太監張永議照，各賊未經查審，恐有異詞，及看得各該守臣各呈原奏本內事情，多有不同。會案通行，帖仰鎮守陝西總兵官曹雄，會同寧夏鎮守太監張弼、總兵官楊英、巡撫都御史馬炳然、巡按御史周廷徵，督同都、布、按三司委官，審取供詞，分別造意根因，首謀、共謀、脅從等第，及行巡按御史周廷徵，督同守、巡官員，查勘各官原奏報功次，務取歸一情詞回報。

續該太監張據寘鐇男□栝妻沈氏哭說，被拿之時，混失三歲幼男喚名老哥兒等情。看係寘鐇嫡派親孫，就差頭目劉奎及帖仰鎮、巡等官，當將幼男老哥兒尋獲，見在。及又看得寘鐇見患傷寒病症，何錦亦患噎食病症，各令撥醫調治，及宫眷人等，已選良善婦人看守，供送飯食，各施行外。為照寘鐇肆行反狀，非何錦等不能起事，何錦等非申居敬等同謀，不能張威。彼此結搆為惡，占據城池，索要軍馬地圖，殺害大臣，鑄造銀印關防，偽封官爵，意欲內外搆連，侵擾邊疆。幸而仰仗宗社威靈，聖神妙算，旬月之間，盡遭擒戮。所據同謀叛賊實非脅從之比，若不從重處治，無以示懲天下。除待各賊問明，將寘鐇眷屬伴送，何錦等家口押解赴京，并追收册印、官服、儀仗等物，及追各賊家産財物，籍没入官，與各鎮官軍獲功大小，俱另行具奏外。

緣係擒獲同謀反叛賊寇及撫諭人心以靖邊境事理，為此具本，謹具題知。

（明）楊一清《關中奏議》卷一〇《後總制類·一為遵奉勅諭起解反逆賊寇事》 題為遵奉勅諭，起解反逆賊寇事。

據鎮守陝西總兵官、署都督同知曹雄會同鎮守寧夏都知監太監張弼、巡撫寧夏右副都御史馬炳然、鎮守寧夏總兵官、署都督僉事楊英、巡按陝西監察御史周廷徵各呈前事。行據陝西都司等衙門都指揮僉事陳善呈，會同陝西布政司右叅議許莊、陝西按察司副使黄繡，將先後擒獲何錦、申居敬等取出，責與革爵安化王寘鐇面證，逐一研審原先起謀根因，首謀、共謀、脅從情節，及見在、殺死、病故人犯姓名，明白取具備細供詞。除偽封將軍銀印、關防并封官命詞、告示板榜及各犯家財産業另行外，今將取到供詞呈乞施行等因。

據此案查，先蒙欽差總督軍務御用監太監張永鈞帖，會同欽差提督軍務都察院右都御史楊一清議行前事，已經會行去後，今據前因，各職恐有不的，會同重取何錦等一干人證到官。

審據何錦供：年四十歲，原籍直隸廬州府六安州人。先任寧夏右屯衛後所百户，招軍陞副千户。正德三年，納銀授都指揮僉事。

正德元年，有先未殺寧夏衛儒學生員孫景文、黜退生員孟彬、史連，不時常往今革爵安化王寘鐇府行走情熟。一日酒後，寘鐇向孫景文說：曾有人相我有帝王像貌。又有寄住未到師婆王九兒會跳鸚鵡神，每神降時，就呼寘鐇是老天子。以此，寘鐇動心。因無兵權，一向延捱，不得起手。

正德三年七月十五日，有例納銀陞職，錦與先未殺都指揮周昂，借銀二百兩作保，錦借寘鐇銀二百七十兩，周昂借銀二百兩，俱納級陞都指揮，以後往來稠密。正德四年八月內，寘鐇使令未到校尉史成，邀請錦與周昂、孫景文、孟彬、史連及先前在府唱詞無目人張會通到府。喫酒間，寘鐇言說：如今時世不同，人民難過。人說我有天分，你們若肯扶我為主，必成大事等語。錦與周昂等各聽允，當就對天發誓，不許泄漏事情。

正德五年正月初六日，遊擊將軍仇鉞因有聲息，領兵往玉泉營按伏。彼有今在官本府教授高元吉不能覺察。

本年二月內，有周少卿前來寧夏丈量地土。三月二十三日，又有分守關西道侯參議亦到寧夏催糧。本月二十六日，寘鐇向錦等謀說：你們拖欠錢糧，馬價數多，追徵緊急，人心慌亂，正好乘此機會，將前者所謀大事舉行，人無不從，但恐人少不能成事。錦等聽記，因思先未殺指揮丁廣，千户楊泰、陳忠、胡濟、王輔，百戶魏鎮、陳賢、朱霞、姚鐸、雷英、李榮、李森、劉鉞、何鋭、胡璽等多係掌印管屯、管隊官員，常受比較，必然忿恨，易於糾合。錦謀令孫景文置酒，將各官與孟彬及教讀殷哲請到孫景文家內。會飲間，孫景文說：你衆人錢糧，馬價無從辦納，不時比較，何日是了。今安化王算有天分，要舉大事。若肯取巧將三堂殺了，扶立安化王為主，必定成事。我們同享富貴，却不强如比較喫打。丁廣等意正忿恨，各稱情願等語。隨即孫景文開具姓名，當天焚香發誓，及喫血酒。就計說：着安化王殿下置酒請三堂到府，衆人齊來，將他們殺死，奪了兵權，傳檄起兵，有何不可。謀畢，衆人說：好。各散。次日，孫景文向寘鐇備説前情，回報甚喜。本日，寘鐇思起平邊城充軍逃回千戶徐欽常在府內藏躲，必肯從謀。又令先未殺儀賓夏琳親去平虜城與徐欽約謀，轉約先未殺百戶朱洗，舍人蔣泰、程保、胡英、賈浩、朱成、王卿、孫浩、張閏、楊擧、徐愷，軍人陸原保并見在張欽等到家。説稱：安化王要替寧夏人做主起兵，差人來約我們，此事有益不可推却各人亦就依聽約定下月初五日早到城。當令夏琳回說。三月二十九日，姜總兵分付周昂挑選精鋭夜不收五六十名，遇警前哨殺賊。周昂思得前項謀事人少，正合機會，於四月初三日，選得在官夜不收申居敬、馬官保，鎖七兒、耿婆孫、史三、張成、陳□孫、陳均生、陸升保、楊敬先、龐守信、鄒貴二、施官得、宋驢兒、朱千昇、陸巴子、匡升、王興、古興兒、任從義、竇克敬、韋名四、孫昇保、林伏進、夏保保、張成、李榮闕、朱永年、王天惠、張友文、郁小一、馬五、安伯狗、陳拜拜、陳士中、郭雙孫、謝官音奴、張禮、谷顯中、劉文善、李安子、侯得、朶列哥、李伏二、吴成、林雄、韓當兒、芮和、姚正、楊長孫、倪小弟、張來兒、汪成、沈官兒、王子厚，先未故尤全、羅漢、藍真、鄧全、戴平共六十名，着令常在身邊跟用。本日辰時，寘鐇差今在官同謀百戶李蕃前去邀請三堂并周少卿，假說與新來李太監接風，約至本月初五日會飲。

初三日午時，副總兵楊英因有聲息，領兵往楊顯堡按伏。

初五日早，周昂聚集申居敬等到家，將大門關閉，向申居敬等言說：如今追併你們欠的馬錢至急，今日又該比較。人說安化王有福，你衆人肯跟隨我扶助安化王為主，得了天下，你我衆人都做了大官。各人忻喜承應。當即取出線香一把，令衆人當天各拈香説誓，及各與酒三鍾。飲訖，就令在家伺候。隨差先未死夜不收藍真前來與錦說知。錦就使令未到周全保前去請丁廣、孫景文、胡璽分投相約楊泰等，俱至周昂家內取齊。周昂等又計說：今在官指揮張欽係管夜不收把總官，若不用他，恐有後害。就令魏鎮前去賺請張欽亦到周昂家內，備說前情。張欽依從。寘鐇復差李蕃前來周昂家內言說：止請得姜總兵、李太監、鄧監鎗到府，其餘不來。是錦同周昂、丁廣等佯言要出兵截殺，各帶家人伴當，并申居敬等各披執軍器，將各巷口把住。寘鐇令先未殺本府儀賓高嵩、夏琳、千户王環、家人王保，并孟彬、殷哲與先未故高聰男高士俊，今在儀賓韓廷璋各藏兵器，先在殿後埋伏，及令今在官知情内使姚玉、施恩、田成、韓宣、王堂在傍隨侍。彼有今在儀賓謝廷槐來府伺候，方纔知覺，事已窘迫，只得在傍答應使喚。寘鐇先與各官把酒。序坐間，錦等領前項夜不收人等到於安化府前，一齊撲入殿内。錦與高嵩等各執鐶刀，裏外相合，丁廣并弟丁二哥子、魏鎮將姜總兵砍訖二刀，不死，錦照頭臉再砍一刀，方死。高聰、高士俊、高嵩、王保將李太監殺死。高嵩、高聰又與楊泰、姚鐸將鄧監鎗殺死。錦同周昂、丁廣當率官軍前去都察院，又與姚鐸、陳賢、胡璽將安都御史當堂殺死，正遇都指揮楊忠在院稟事，亦被周昂、丁二哥子殺死。史連同未到指揮馮經，并先未殺舍人馮濟，未到閻添孫等一齊到按察司前，將周少卿同書吏屠成、岳寧三人殺死。雷英、姚鐸、申居敬等到鼓樓街遇都指揮李睿，亦就殺死。魏鎮、王輔又到公議府，尋殺侯叅議，正遇大使張瓛在内稟事，并與書吏董良佐一同殺死，書吏杜緒、劉尚禮殺傷，侯叅議知覺脱走。錦當時差人將各監重囚四十四名盡數脱放，又將各衙門文卷盡行燒毁，又將閒住曲都御史并妻子砍傷，及各官原領制勑、符驗、印信、關防、旗牌、家財人口盡行搶去。不知名軍人夜不收亦乘亂混搶。又令李森將黄河官私大小船并魚船共一十七隻掣去横城西岸灣泊，委未殺充軍百户姜永看守。本日，指揮尹清、都指揮劉端，慮恐禍及，急走出城，前去楊顯堡報與楊副總兵知會。

初六日，侯叅議被鎮撫楊剛尋獲，捉送寘鐇處。本官不肯屈服，綁送寧夏左衛監禁，言説留着祭旗。及有管糧張通判亦被捉去安化王府内，强逼使用。本日，錦與周昂等率衆扶立寘鐇為主，朝暮朝拜，聽其命令。寘鐇令孫景文寫告示張掛，以收人心。又寫令旨二道，并錦等書二封，差未到鎮撫陳淮、百户阮宣調取楊副總兵、仇遊擊前來聽用。各官收訖前項令旨書信，心實不從。當日，楊副總兵分付官軍要往王宏堡，彼有都指揮胡顒并各軍士陸續潰散，走回寧夏城内，及將旗牌賈欽祖亂打身死。楊副總兵無奈，只得與尹清往廣武營轉渡靈州去訖。本日，仇遊擊領軍回城。寘鐇令伊卸去衣甲什物等件，方得入城，後將原領遊兵人馬分散各隊。本日，寘鐇又出令旨帖子與姜永今在男百户姜忠，管河西關遞運所，兼管三十六堡。又寫令旨五張，調取中衛、廣武、興武、花馬池、靈州等處兵馬地圖，及調官軍前來領賞。本日未時，儀賓夏琳原約平虜城官舍徐欽等一十三名方纔到城内。有張欽一名不到，寘鐇嗔恠來遲，苦告路遠，饒了。

初六日，寘鐇要動支寧夏倉官銀賞軍，當有張通判説留在後用，不曾支去，却將寧夏等五衛賞剩冬衣布花銀兩查出聽賞。又差高嵩去慶府并各郡王、將軍人等，逼要金共五百二十六兩六分，銀八千四百八十四兩九錢，各色紵絲四百四十一疋，各色紗一十一疋，各色大絹一十五疋，青白三梭并藍白布共一千九百四十二疋，各色紵絲紗羅衣服八件，金合包一箇到府，聽賞官軍。

初七日，守備靈州都指揮史鏞聞知前情，差夜不收李得等分投馳報鎮守陝西曹總兵官并各路將官知會。本日，寘鐇令未到銅匠楊茂鑄銀關防一顆，令未到刋字匠王得洪篆討賊大將軍關防字様在上，先未死銀匠王時雍剔鑿篆文，又偽造黄令旗二十面。又令孫景文寫告諭，王得洪刋板印刷四五百張，散與各處行人，傳示腹裏地方，警動人心。彼有百戶鍾翊、陳儆為因强剥姜總兵家眷衣服，夜不收羅漢為因强搶財物，俱被寘鐇得知，拿來梟首。

初八日早，寘鐇將前項脅要慶王等府金銀緞布等物賞犒官軍人等，每官一員，賞叚一疋，每征操軍、夜不收一名，連金布等項折算，賞銀二兩，守城軍每人賞銀一兩。

（明）梅守德等《徐州志》卷八《國朝》 國朝正德五年辛未，流賊劉六等作亂，攻破城邑。及山東漕運巡撫，都御史張縉奏，以宣府總兵白王守徐州。詔從之。壬申正月甲子賊黨河南賊賈勉兒等三千人破碭山。丙寅破蕭，皆焚縣治殺人無筭。二月癸卯劉六等過吕梁，燒工部分司巡檢司房，村驛民房，艦皆煨燼，殺死税課局大使崔綸，餘人殺死者無筭。甲子，副總兵劉暉破賊于滕之、吕孟社。賊敗趨徐州，暉等帥兵追襲賊，徑趨邳。四月壬辰都指揮楊鼎擊賊於徐州之莊里集，斬首七人。

（明）卜世昌等《明通紀述遺》正德五年四月 慶府安化王寘鐇反，殺總兵官江漢巡撫御史安惟學。時劉瑾擅權，毒亂天下，安化王寘鐇遂起逆謀，告生員孫景文曰：日者言我有帝王骨相，覘王九見降鸜鵒神妄言禍福，每見置鐇，呼老天子。寘鐇益異，望非分。會大理寺少卿周東度田寧夏，倍益頃畝，畝索厚租，徵馬屯祖甚急。景文謂寘鐇曰：殿下欲啚大事，此其時矣。寘鐇遂爲酒召都指揮何璟、周昂，指揮丁廣謀反，以誅奄瑾爲名。是年四月五日，寘鐇爲酒大會巡撫安惟學、總兵姜漢、少卿周東，鎮守太監趙弼。弼及漢至，巡撫少卿辭不至。錦等矯言虜入塞，急呼壯士申居敬捕虜執兵械跨馬呼譟。儀賓韓廷璋等伏府序下，錦等趨安化府，推門入序中，伏兵起，殺漢及弼，遂走行臺，殺惟學，都指揮楊忠，又殺周少卿，縛侯參議。放獄囚，焚官府，劫庫藏，奪河舟，大索慶諸王將軍金幣萬計，召逆黨平虜城千户徐欽引兵入城。僞造印章旗牌，又令景文爲僞檄，言瑾蠱惑朝廷，變亂祖法，屏棄忠良，收集兇狡，阻塞言路，括斂民財，籍没公卿，封拜侯伯，數興大獄，羅織無辜，散遣官校，脅持遠近。張綵、劉機、曹雄、毛倫，文臣武將，内外交結，意謀不軌。今特舉義兵，清除君側。凡我同心，並宜響應，傳布邊鎮。以錦爲討賊大將軍，昂廣左右副將軍，景文軍師。張欽先鋒，將軍魏鎮等十七人都護，朱霞等十一人總管。

（明）任弘烈《泰安州志》卷二《宦績》 高嶼，北京錦衣衛人。登弘治壬戌進士以監察御史，調新鄉令。正德辛未，擢守泰安，剛明沈毅，抑豪横，招流亡，視民如子。時劇盜劉六、劉七、楊虎、齊彦明等各有衆數千人，横行中原，所過州縣，殘破者十六七。先是，三月一日，賊破泰安城，縱火荼毒，州長貳以罪去。四月嶼蒞政於殘破之餘，簡士卒設禦土城，舊頽圮倉卒修繕莫能堅完。五月四日，賊奄至城下移時去。七月二日賊擁衆攻城，嶼督兵臨禦，有驍賊號破城土，率衆登城。我兵少却，嶼怒罵曰：平時養爾輩何爲？予先死職事，爾輩能獨生乎？引刀自剄，衆抱持曰：願爲公効死力。鄧鳳等奮激賈勇殺破城王，餘醜怖懾而退，乘勝擊走之。八月賊至蟿汶河，嶼發兵擊之，追及玉兒莊，斬七賊首。十二月賊復至城下，知嶼有備遂去，不復來矣。嶼當大寇攻圍，躬擐甲胄倥偬危急之時，裁決機宜，籌畫若素，定無疾言遽色。後逾年擢都水郎中，民鎸石頌功德，尋擢濟南守，終山東按察副使。子進登進士累官山西按察副使。

《明武宗實録》正德五年八月 〔甲午〕 太監張永還自寧夏，上戎服御東安門，文武諸大臣候于橋東，寘鐇及親屬十八人，有旨送諸王館鎖繫。何錦及諸從逆者數百人皆反接，由東華門入，獻俘御前，畢，復出西華門，金鼓之聲，徹于大内。是日，上置酒勞永，劉瑾及馬永成等皆侍，比夜，瑾辭退，永密白瑾反狀。且出袖中奏，數其不法十七事。上在酒所俛首曰：瑾負我。永曰：此不可緩矣！永成等因共詆瑾，上意遂決，令長隨四人往執之。上隨其後，特夜且半，瑾宿於内直房聞喧聲曰：誰也？應曰：有旨。瑾亟披青蟒衣以出，長隨縛之。乃夜啓東華門（擊）〔繫〕於菜廠。後分遣官校封瑾内外私第。初瑾與永不相能，永還期以十五日獻俘，瑾故令緩之，有泄其謀于永者，永遂先期入。瑾愕然，以上方嚮永，未有以中之。永爲計亦甚秘，故瑾卒爲所制。明日，晏朝後，外人始微知之，猶莫敢顯言者。上出永奏示内閣，遂降旨曰：朕嗣承大業，務期法祖保民，以安天下。委劉瑾以腹心，整理庶務，瑾乃不體朕心，蒙蔽專擅，變亂成憲，肆行酷虐，使官員軍民無不受害，愁歎之聲有干和氣，朕深悔焉。瑾降奉御，令鳳陽閑住。文武官員順從緘默，多非得已，今皆貸之，各處新查屯田文册，即令燒燬，炤舊徵收，巡捕、巡鹽查盤等項，新設官員並革去，法司問擬囚犯但有新例，俱改正一，照舊制行，凡瑾所行有虧國體者，法司即會衆官一一條具奏革。瑾所當坐罪名，從重議擬。以聞。是時，事猝從中發，邏卒飛騎交馳于道，黄紙黑索驚駭見聞，衣冠失度，府寺閭巷喧囂如沸，浹日乃定。

《明武宗實録》正德五年八月 〔戊戌〕 降敕切責慶王台浤，革其護衛并禄米三之一。太監張永還奏：王屈身置鐇行君臣禮，負皇上展親之仁，失諸侯維藩之義，其郡王以下及承奉長史俱宜罪。禮部覆奏：命會勳戚文武大臣議。議入，上曰：台浤當寘鐇反叛之時，朝廷意其必不通謀，及奏陳爲寘鐇阻截，已累有敕旨慰勞。今乃委身從叛，國典難容，卿等既會議明白，本當削爵，姑從輕，革禄米三之一，降敕切責。郡王以下皆免究。承奉、長史等官執赴鎮撫司考訊，中護衛革爲寧夏中屯衛隸陝西都司。仍諭各王府今後不許與文武官交結，及誘引邪説之人在府出入，違者聽鎮巡官指實糾舉，後長史等坐謫戍者五人。

《明史》卷一六《武宗本紀》 〔正德五年〕 八月甲午，劉瑾以謀反下獄。詔自正德二年後所更政令悉如舊。戊戌，治劉瑾黨，吏部尚書張綵下獄。己亥，曹元罷。丁未，革寧王護衛。戊申，劉瑾伏誅。己酉，釋謫戍諸臣。

（清）查繼佐《罪惟録》紀卷一一《武宗紀》〔正德五年〕八月，太監張永至自安化，上戎服受寘鐇之俘。永夜發劉瑾不道十七事，上親執之，籍其家，得衣甲弓弩。上怒付獄，下廷議，誅之。收其黨吏部尚書張綵及掌錦衣衛鎮撫司兩指揮使楊玉、石文義於獄，黜大學士劉宇、曹元及逆黨二十六人，又焦芳以下數十人分別處治，芳與子侍讀黄中奪爵爲民。凡瑾所更置予奪者，悉復故。復革寧王宸濠護衛。以慶王台浤屈身逆鐇，革護衛禄米三分之二。侍郎韓福戍邊。致仕吏部尚書許進卒。起梁儲及諸翰林官於南京，改禮部尚書劉機於吏部，召楊一清爲户部尚書。

《明武宗實録》正德五年十月〔己亥〕吏部尚書張綵有罪伏誅。綵性黠辯淫邪，不修行檢，初爲文選司郎中，被劾家居。大學士焦芳以其與劉瑾同鄉力薦之，得復職，蓋媚瑾也。不數月間，超擢僉都御史、吏部侍郎、進尚書，加太子少保。日出入瑾家，與朝士言輒稱瑾才略過人，常呼瑾爲老者，進退人才一惟瑾意。是徇其有所言，瑾亦無不從之。因不時考察内外官員諸所選補，不循舊格，率意變亂，賄賂肆行。後與瑾侄結親，往來益稔，瑾陰懷不軌，常屏左右與綵謀。瑾敗，綵收考死獄中，仍剉其尸於市，籍其家，妻子流之海南。同時有石文義者，本内官石巖養子也。因饋送瑾留爲爪牙，累陞錦衣衛指揮同知，理北鎮撫司事。官員以事繫獄者，納賄非滿瑾意，不與問理。又有錦衣衛百户沈彬者，因賄楊玉入東司房辦事，往往詐稱訪事，扇惑人民，以張瑾威。錦衣衛副千户郝凱者，賂瑾，與文義同在鎮撫司理刑，陞正千户。至是皆伏法。文義，凌遲處死。彬，處斬。凱，發邊衛永遠充軍。文義，家屬亦戍海南。

（明）鄧士龍《國朝典故》卷一〇七《後鑒録上》 又該刑部等衙門，將會問日期具題。奉聖旨：是。便會同鞫問明白來説。欽此。欽遵。依法鞫問前來無異，坐擬各犯應得罪名，並議處寘鐇及家屬發落緣由明白，别無餘情。臣等參照犯人何錦，交通王府，首倡逆謀，貪饕富貴，扶立僞主。張欽等一十一名，協謀黨惡，搆成亂階。申居敬等五十九名，聞謀樂從，助張虐焰，以致守臣被其殺害，居人遭其屠戮。各犯罪大惡極，律雖處以極刑，合仍照例梟首示衆，圖形榜示天下，以爲不臣之戒。孟繼祖等三十九名，俱何錦等親屬同居之人，俱律該連坐。高三兒、王氏等一百二十三名口，俱十五以下，及母女妻妾姊妹人等，律該給配。其王太等三名，順從逆賊。指麾爪探諸路消息。楊茂等三名，各職從鑄篆僞印，寫刻僞主榜文，問以斬罪，法不爲過。謝廷槐初雖出於不知情，後亦失於舉首，問擬徒罪，情亦相應。【略】

又該總制楊都御史，將各犯家屬年甲，並同居知情等項緣由，備咨前來，將錦等奏蒙會官鞫問前情明白。取問犯罪張欽等七十七名，並家屬孟繼祖一百六十五名口，各招同照出病故犯人張會通等二十二名口，各遵奏欽依。張會通、張禮係正犯，行令所在官司剉屍，將首級解去寧夏地方梟掛。周令係家屬，斬首示衆。朱哇子、袁妙玉、孟六兒、王三哥、范氏、胡氏、張漠、趙氏、何英、何奈、李剛、馬永安、卞桂花、李所兒、丁伴哥、楊汝義、奴陳保女兒、何瘦兒，俱係宫眷、家屬。並教授高元吉，行令各該地方，領埋寘鐇印册、冠服、儀仗、金銀器皿等件，及僞造封官命詞、令旗、誓牌、告示、印板，並各犯没官家産，來文備開造册繳照。

何錦招出劉瑾外結曹雄，内結張綵、劉機，各先奉有欽依。曹雄拿解來京，張綵都察院並問，劉機發落訖。紀廠金榮並未到王九兒、史成、周金保、胡顒、陳淮、阮宣、楊剛、張江，俱另行會議。得何錦、張欽等七十名，所犯俱各依謀反，俱依謀者不分首從律，皆凌遲處死。孟繼宗等五十名，俱依謀反父子兄弟及同居之人，不分異姓及兄弟之子，不限籍之同異，年十六以上律各斬，俱決不待時。内周廣招年八十，取自上裁。高三兒等一百五十三名口，俱年十五以下，及母女妻妾姊妹若子之妻妾，律各給付功臣之家爲奴，財産入官。王太、劉雄、臧文，俱依奸細探聽事情者律；楊茂比依僞造諸衙門印信律；各斬。王得洪、官域俱比依詐爲將軍、總兵官文書者律，皆絞，與王太等俱秋後處決。謝廷槐依謀反知而不首者律，杖一百，流三千里，准徒四年，係儀賓，照例送工部運炭，完日還職，與供明保安郡君多人，簡招兒家人潘成各隨住。

臣等又議得今革爵寘鐇，以王室至親爲國家藩屏，正宜恪守臣職而保障一方。顧乃悖逆天常而謀爲不軌，戕害重臣，屠戮軍士，招誘諸路軍馬，索取各鎮地圖，摇動人心，窺竊神器，罪惡深重，法所難容。但臣等節該伏睹《皇明祖訓》内一款：凡親王有過，重者遣皇親或内官宣召。如三次不至，再遣流官同内官召之至京。天子親諭，以所作之非果有實迹，以在京諸皇親及内官陪留十日，其十日之間五見天子，然後發放。雖有大罪，亦不加刑。重則降爲庶人，輕則當因來朝，面諭以禍福，使之自新。欽此。欽遵。臣等難擅定議，伏望聖明體乾獨斷，割恩正法。將寘鐇重加懲治，及將伊子台溍等一百四名口俱各量爲區處。務在使其知所警懼，不敢輕易犯法。

（明）鄧士龍《國朝典故》卷一〇八《後鑒録中》 本年八月十三日，太監張永班師回京，備將瑾前項不法事情開條具奏。蒙拿送錦衣衛鎮撫司監候。隨於本家搜出前項假寶，違禁衣甲、牌面、弓弩等件，金銀數百餘萬，寶貨不計其數。科道等官，備將瑾各項事情條陳，奏奉欽依，將瑾等拏在午門前，三法司、錦衣衛，會同多官逐一追問，前情委各是實。除已獲張綵、楊玉、張文冕等，該衙門從重問結。未到劉二漢并親屬同居人等，及别有干礙人犯，另行各衙門拏獲緝訪，至日另問奏請定奪外，將瑾等取問罪犯。

一議得劉瑾所犯，除詐傳詔旨，變亂成法，紊亂朝政，專權選官，假與人員互相交結，貪緣作弊。持刀刃入宫殿門，發掘故塚，各絞斬等罪不坐外，合依謀反者律，凌遲處死，決不待時。財産入官。照出劉二漢及親屬同居人等，並孫聰、曹雄、毛倫、曹謐、韓福、余日明、余倫、余子仁、孫和、潘牛、蔡昭等，俱另行。劉瑾所壞事情，逐查明白，徑自奏請改正。

參照犯人劉瑾，本以憸邪，謬膺重託，盗竊政柄，播弄威權，擯斥忠良，援引奸黨。官爵視苞苴爲進退，刑罰任喜怒爲重輕。黷貨積如丘山，人命等如草芥。專權亂政於今五年，蠹國害民非止一事。毒流中外，惡貫古今。祖宗百餘年之元氣，斲喪無遺；國家億萬載之紀綱，變亂殆盡。自歷已往之罪，已負滔天；尚昧無將之戒，深懷不軌。僞造寶印而反狀已形，私蓄甲兵而逆謀已著。似此不法，宜當速誅亟刑。伏望皇上獨奮乾綱，大彰天討。即將劉瑾押赴市曹，明加顯戮，懸首示衆。仍將本犯招情並處決屍形，畫圖榜示天下，以爲臣子萬世不忠之戒。【略】

法司問刑，自有條例，要得嚴刑峻法，懾服人心。不合屢爲更改，不分輕重罪囚，並强竊、盗賊、私鹽、逃軍、鄰佑人等，一槩妄行枷號，決打，永遠充軍，致死人命數多。原問原審官員稍不順從，輒便罰打降級。又凡文武官員，不分公私大小罪名，罰米動至千餘石。各邊浥爛糧草，不係侵盗人員，槩加倍追，多至人亡家破。已故尚書秦紘、通政强珍，並都御史錢鉞，致仕侍郎黄景，都御史王嵩，各原無反逆重情，是瑾不合懷挾私忿，俱各籍没財産，家屬發遣充軍。又凡職官封贈犯該贓罪，律方追奪，瑾不合違例，將弘治元年以後，不分充軍爲民、冠帶閑住等項，一槩行令追奪，致使朝廷恩典盡廢。

（明）鄧士龍《國朝典故》卷一〇七《後鑒録上》 再照見監寧夏等處申居敬等，與程保等，馮經等，各屬共一百七十九名口，比照父子兄弟並同居之人，年一十六歲以下，依律俱該處斬。十五以下，及母女妻妾人等，依律俱該爲奴。但申居敬等，既異於原謀，各該家屬罪亦當從末減。合無仍照總督等官所奏，就彼押發南方煙瘴地面充軍，家小隨住。數内程保等家屬李氏等，不見開有男兒，合無行令彼處查明，給配有功無妻官軍，惟復别爲定奪。内古興兒等四名，情既與申居敬等不同，其家屬陳氏等一十二名口，理難發遣，合令隨住。楊茂等三名家屬，尤氏等七名口，律不連坐，合當釋放。未到都指揮胡顒，臨陣先退，不顧主將。所鎮撫陳淮、百户阮宣，職賣僞旨，召調將官。鎮撫楊剛等，奉承逆賊意向，尋捉分守官員，律有名條，法難輕貸。所據胡顒，未到王九兒等，俱各行巡按御史，胡顒等捉解來京，送法司依律問擬。奏請定奪。王九兒等，務要挨拿得獲，從重問擬，具由面奏。管糧通判張江，不能堅守臣節，忍聽逆賊使令，宜從貶斥，用戒將來。均乞聖明裁處。

臣等又思得革爵寘鐇，以藩王而叛朝廷，以臣子而悖君父，敗壞綱常，無復倫理。正宜因法以著教，懲一而戒百。合撫俯候命下之日，仍將寘鐇罪惡曉諭諸王府，以爲萬世不守藩輔之鑑。庶幾人心知所警懼，而宗社可保無虞矣。緣寘鐇等俱係宗室，何錦等俱重刑，謝廷槐係應議儀賓，楊茂等三名，俱比附律條，申居敬等家屬，俱奏請發落人犯，胡顒等四十名俱軍職，及節該奏欽依，着三法司照例會皇親、公侯、駙馬、伯多官鞫問明白來説。續奉欽依，何錦等緊關人犯，押赴諸王館，與寘鐇一並會問來説。及奉欽依，便會同鞫問明白來説事理，未敢擅便開坐。謹題請旨。

（明）王世貞《弇山堂别集》卷九五《中官考六》 下劉瑾於獄，降奏御，上猶未有意誅之。及親詣其家，見金銀累數百萬，其他寶貨不可勝計，又得僞穿宫牙牌五百扇、所置刀二，及衣田弓弩之屬，上大怒曰：

瑾果反。乃以付獄。於是六科給事中謝訥、十三道御史賀泰等奏列瑾十九罪，請亟賜誅戮，上以慰祖宗之靈，下以雪臣民之憤。奏入，上是之，令法司、錦衣衛執瑾於午門外，會多官鞫訊。巡撫兵備官裁革者添補，考察京官、鄉試解額並會試南北中卷如舊制。餘姚、萬安、新城三縣，仍選京官，翰林官調外任者，具名以聞。文武官誥俱免追，追者仍給之；追賠浥爛糧米並罰米者，免之；職官籍没家産不係叛逆者，乃還其田宅。韓福出爲民，劉俸、曾謐革職閑住，神英革伯爵，仍爲右都督，焦芳、劉宇既致仕，已之。其餘事應改正者，諸司詳擬以聞。既而鞫瑾於午門外，刑部尚書劉璟畏瑾，噤不能出一語。諸公卿旁列，亦稍稍退却，獨駙馬蔡震折斥之，仰曰：若何人？忘我德。震厲聲曰：震國戚，何賴於汝！呼官校前拷掠之。是日微震，幾不能成獄。

戊戌，大學士李東陽上疏言：臣誤蒙先帝及陛下委託，扶衰力疾，强效驅馳，顧以駑劣之才，綿薄之力，誠不足以動物，術不足以救時。比者劉瑾專權亂政，備員禁近，事體相關，凡票本擬旨，撰寫敕書，或駁下再三，或徑自改竄，或帶回私宅，假手他人，或遞出謄黄，逼令落底，真假混淆，無從辯白。臣雖委曲匡持，期於少濟，而因循隱忍，所損亦多。蒙荷淵衷明見，謂不干内閣，然玉毁櫝中，亦難辭責，理宜罷黜，更復何言？伏望特降俞音，放歸田里。上曰：卿以宏才碩德，佐政先朝，嘉謀嘉猷，播在天下。先帝顧命，輔導朕躬，四五年來劉瑾恣爲蒙蔽，卿委曲匡特，朕已具悉。宜安心辦事，不允所辭。瑾亂政害人事件，即令各衙門逐一查革改正。

傳旨，收吏部尚書張綵、掌錦衣衛事都指揮使楊玉、掌鎮撫司事指揮使石文義，送都察院獄。

户部尚書劉璣、兵部右侍郎陳震罷。璣、震俱瑾鄉人也。

科道等官復自劾不職，因劾内外官爲瑾奸黨者二十六人：大學士曹元，吏部尚書張綵，户部尚書劉璣，兵部右侍郎陳震，南京禮部尚書朱恩，都御史魏訥、楊武、劉聰、徐以貞，翰林院修撰康海，侍讀焦黄中，編修劉仁，大理寺少卿董恬，南京太常寺少卿劉介，去任司務孫聰，都給事中李憲，捕盗御史薛鳳鳴，員外郎改御史朱衮，河南僉事白思誠，參議王欽，掌真定府事參政楊儀，順慶府知府莊襗，徽州知府何英，杭州知府楊孟瑛，吏部郎中王九思、王納誨，請明正其罪，或賜罷黜。得旨：瑾引用憸邪，布列中外，或交通賂賄，或憑藉權勢，或阿意奉行，盗竊名器，圖利害人，致傷國體，法當重治，但以連及者衆，姑分别等第處之。綵已逮問，元、劉聰、震、憲、海、恬、襗、訥、武、鳳鳴、孫聰、儀、思誠、恩、欽、英、介、孟瑛、黄中、仁俱黜爲民，以貞、衮、九思、納誨降二級調外任，璣已致仕，已之。新陞僉都御史蕭選阿奉超遷，革其陞職，並翰林院傳奉檢討庶吉士者，俱對品調外任。文武官爲瑾挾私廢黜者非一，吏部訪其才可用者以聞。各科道官以言爲職，乃不能預發瑾奸，既引咎，姑宥之。於是以貞降鳳祥府同知，選鄜縣知縣，九思壽州同知，納誨易州同知，衮新昌縣丞。其與黄中同傳奉爲檢討者爲胡纘宗，調嘉定州判官，與仁同傳奉爲庶吉士爲編修邵鋭、黄芳，主事李志學、韓守愚，俱調外任，黄芳寧國府推官，志學真定府通判，守愚濟南府通判，鋭以丁憂，俟服闋調用。

左給事中等官張瓚等奏劾陝西總兵官曹雄與劉瑾交通賄賂，結爲婚姻，增置掛印，總攬衆權；都督毛倫納賄冒陞，並及家人陳鑑亦傳陞指揮；伏羌伯毛鋭求管漕運，納賄不貸；浙江都督僉事劉昶、備倭僉事魏文禮、先任揚州備倭官袁傑、凉州副總兵徐謙，俱以賕進，内外交通，驕縱不法，乞執送法司，明正其罪。得旨：爾等言是，雄、倫已有别旨，鋭著回京，昶、文禮、傑、謙各回原衛閑住，鑑革職爲民。

捕劉瑾内行廠官校彭珏等五十七人，楊玉等司房旗校秦志通等五人置於獄，令拷訊以聞。

楊玉既下獄，科道等官因劾玉先年勘事遼東，誣枉人罪，蒙先帝優容，不即誅戮，調廣南衛副千户。乃乘劉瑾專權，夤緣進用，陞錦衣衛都指揮管事，考選軍職，擅自去留，貪財壞法，奸惡萬狀，遍差旗校，多樹爪牙，密共姦謀，親爲心腹，劉瑾之惡，由玉以成。乞將玉肆諸市朝，以泄神人之忿。奏入，命都察院並問以聞。

浙江道監察御史舒晟等劾奏致仕大學士焦芳、劉宇阿附權奸，夤緣入相，黨惡之罪，同於張綵；去任侍郎韓福，險詐回邪，諂媚權姦；兵部尚書五畝，交結權貴，薦陟崇階；通政吴釴，小道取容，擅權納賄；南京工部尚書李善、都御史屈直，貪婪桀驁；刑部右侍郎張子麟、南京太僕寺卿王彥奇，清議不齒；工部右侍郎胡諒，處脂膏而大肆奸貪；丁憂都御史馬炳然，司郡牧而首先納賂；南京户部尚書張粲，催科急而恒存媚竈之心；南京禮部侍郎常麟，素行虧而叨濫春卿之位；秦昂出按西藩，而爲營私第；趙松違限賂免，而反得美官；左布政潘楷、按察使張禎，貪濫倖進；府丞石禄、按察使仲本，奔競取容；檢討段炅之陰險，主事侯自明之輕浮，員外郎徐聰、寺丞紀世梁貪財怙勢，御史宇文鍾陷害忠良，皆劉瑾之黨。芳、宇、福雖已閑住致仕，然罪惡深重，必重治乃快人心。會禮科給事中李貫等亦以爲言，且及副使閻潔、郎中高選，夤緣陞遷，並乞罷黜。上俱納其言，謂芳、宇、福已有旨，姑置之，敞、鈇、子住，楷、禎、鍾爲民，禄、本降三級，潔、選降二級，自明、旻對品調外任。本尋調兩浙鹽運司同知，潔延平府同知，自明安慶府通判，禄茶陵州知州，選均州同知，炅徐州判官。炅爲焦芳門客，援致翰林，又以陝人，與劉瑾、張綵皆厚善，後瑾少厭芳、炅，綵因共傾之。至是被謫，衆稱快焉。

命南京兵部員外郎徐穆、刑部員外郎吴一鵬、工部員外郎汪俊，丁憂擬調南京兵部員外郎顧清，禮部署員外郎賈詠，吏部員外郎劉龍，兵部主事劉廷相，户部主事温仁和，吏部主事董玘，刑部主事翟鑾，南京吏部主事崔銑，户部主事易舒誥，禮部主事汪偉、穆孔暉，丁憂擬調南京禮部主事陸深，俱復原職，穆、清翰林院侍讀，一鵬侍講，俊、詠、龍、廷相、仁和、玘、鑾、銑、深編修，偉、孔暉、舒誥檢討。初，焦芳及其子黄中暨段炅乘劉瑾惡翰林，因擠其所素怨者，假擴充政事之説調之。及是瑾敗，穆等始復，而黄中、炅皆削奪云。

劉瑾伏誅。瑾，陝西興平人，本姓談。幼自宫投中官劉姓者得進，因冒其姓。鷙悍陰狡有口辨，嘗慕王振之爲人。在孝廟時憤鬱不得志，每切齒文臣。上登極，瑾以執役鐘鼓司與同輩谷大用等俱得幸，外廷攻之甚急，瑾大言曰：此由司禮監無人耳。同輩以爲能，因共推引入司禮監。由鐘鼓司而入司禮監，瑾以前蓋未有也。時上希親政，且厭苦言者，瑾揣知上意，巧爲迎合，乃變置大臣，日求官僚細過，深文以督責之。言官小有觸犯，輒中以危禍。散遣官校，遠近偵察，使人皆自救不給，莫敢進言。上喜，謂瑾可任，乃悉以機務委之，大小章奏，不復親决。瑾持回私第，與孫聰、張文冕輩譔僞旨付外施行，多或累數百言，任其恣睢，往往有不可解者。諸司事無巨細，必先關白，而後奏聞。在外，鎮巡以下官奏事，皆先以紅揭帖取進止，謂之紅本，其下通政司者，謂之白本。由此，大權一歸于瑾，天下不復知有朝廷矣。始，焦芳泄外廷之謀，得援入内閣，芳亦欲與瑾爲奸，中外附和。凡瑾所言，與芳同出一口，其所中傷，無不立應。瑾又用鄉里親故曹元、劉宇、張綵并楊玉、曹雄、毛倫等，布列要地，以爲腹心爪牙。變易選法，任情黜陟，官謝薄者，隨卽革罷，加賄，又輒用之。或徑自傳奉，或别本帶批，惟意所欲，無復顧忌。各處鎮守中官，輒假以便宜行事，撫按官亦以賂瑾故，競爲苛斂。將官或失律不究，反加陞擢，有至伯都督者。寧府已革護衛，瑾受賄復之，常與交通，以養成其亂。公侯勳戚以下，因事私謁者，率叩頭爲一拜禮，瑾踞受之，小拂其意，麾叱如僕隸，然往往惶怖踧踖，不敢仰視，至有奏内不書名直稱爲劉太監者。凡公差官還，餽送少不滿意，卽誣以重罪。官員坐事罰米，動至千百名。又鉤致遠年故牘，錢糧虧損非侵盗者，槩加倍追賠，以致身亡家破者，不可勝數。創爲新例，罪無輕重，類决杖永遠戍邊。或枷號發遣，枷數日輒死，數年死者殆數千人。或一家有犯，輒連坐左右鄰，有瞰河而居無鄰右者，以河外居民坐之。屢起大獄，枷三品以下官及籍没已故致仕大臣，並收其妻子謫戍，冤號之聲聞於道路。民間稍有違禁，事覺卽舉家收捕，寘之重典。故官校一出，所過皆厚賂之。雖遠方小邑，莫不畏瑾之威，重足屏息，惟恐得禍。瑾又欲私取天下庫藏，及剥斂民財，以益其富，添設巡鹽、巡捕、查盤等官，四出搜索，法令日繁。又差官檢覈各邊屯田，倍增其税。用是，天下紛紛多事，民不堪命，盗賊乘之而起。寘鐇之變，移檄以誅瑾爲名，官司封上其檄，瑾匿不以奏。至是爲張永所發，繫獄，按治反狀。蓋術士俞日明、俞倫、俞子仁輩嘗出入瑾家，以瑾姪孫二漢者當大貴，瑾遂有不軌之謀。凡四方災異及天象有變，瑾俱禁令勿奏。兵仗局太監孫和嘗私以衣甲遺瑾，鎮守兩廣太監蔡昭、潘午爲造弓弩，瑾皆私貯之。又造僞璽，藏刀扇中，出入宫殿。皆謂瑾罪大惡極，反形已具，當寘重典。獄上，命徇于市，凌遲三日，不必覆奏。仍以招情並處决圖狀榜示天下。行刑之日，讎家每以一錢易一臠，有得而生噉之者。海内聞之，莫不踴躍相賀。瑾竊權五年，驕横無上，生殺予奪，皆自己出，累朝成憲，變易幾盡。自古宦官肆虐，未有如瑾之甚者。上信任既久，威柄已移，一旦震怒，去之不疑，卒能正其法，由上之英斷也。

謫前侍郎韓福戍固原衛。福，瑾鄉人，賑濟湖廣時，斂銀巨萬餽瑾，致所在盜起，累年不靖。又差往遼東丈量屯田，致錦、義二城作亂。瑾敗，爲言官所劾，令爲民，瑾獄詞復連及福，故治其罪。

工部查奏劉瑾亂政害人事：一、親王並妃薨逝，宜照舊差官造墳。一、自來内臣已故父母，無修墳蓋祠例，宜令陝西布政司將瑾父塋祠堂碑亭石器等項，拆毁没官。一、内臣無生前造墳建祠例，宜差官將瑾朝陽門外祠堂折毁還官。一、在京軍民，各色匠藝，犯該竊盜、掏摸、搶奪，一應情重者，方擬炒鐵，其情輕者，宜仍舊例做工。一、法司問擬徒囚犯情重炒鐵者，宜革除永遠字樣。一、造作軍器不堪者，提調三司及軍衛有司正官並管局官家産入官，宜如舊例，止參問降級。一、盜決河防，宜依律科斷，其充軍降級事例革之。一、抽分廠主事任滿，照舊造册繳報，本部不必再行類奏。一、長寧伯周彧崇文門外房屋，不應没官，宜給還管業。一、各處府縣衛所解送戊字庫盔甲弓箭不堪者，宜照舊領回，改造補納。一、瑾奏占猫竹廠地，并吞併小民房屋墳墓及在官草場幾千餘區，宜以廠仍還本部，堆放猫竹木料，官民地土，查明還官給主。一、戊字等庫驗收銀硃胖襖等項雜料，不必添差主事監收。一、管理通州閘座兼督尹兒灣五廠主事，宜仍舊三年更替。得旨：如擬改正。其占買官址地土，俱入官，京城内外並原籍祠亭石器等項，係瑾本身者拆毁，其父母不必動。朝廷内外官一體，内官建祠造墳，亦先朝舊例也，該部不諳事體，堂上官奪俸二月，該司官三月。

十三道御史趙應龍等劾奏右副都御史楊綸行姦心險，貌厚情深，以劉瑾有鄉里之親，張綵有腹心之託，自按察未幾而爲巡撫，巡撫未幾而入内臺。二奸既敗，綸豈獨存？况綸爲綵所用之人，而復治綵之獄，故觀望遷延，以希輕典。且曹元、陳震以瑾黨猶知引罪自陳，今二人既罷爲民，而綸安居如故，又元、震之罪人也。乞即罷黜，以清朝列。六科給事中胡玥等亦劾之。得旨：綸既因瑾進用，又不自陳引避，令致仕。綸方與段炅争買居第，不虞其皆敗，士論嗤之。

户部查奏劉瑾變亂舊制三十餘事：一、甲字等十庫添差太監一員，户工部屬三員，宜革，並免皇店税。一、各處大户錢糧寄庫，三月以上未完不準正數，仍令重徵並治官吏罪者，宜免。一、九江等七鈔關，本部委官，令六年更代，税有羨餘者，旌獎陞擢，宜仍舊歲一更，税如常。一、停止各邊軍送年例銀及運司開中引鹽宜復。一、刷印鹽引，仍隸南京户部。一、停止差官查盤錢糧。一、浙江布政司額外歲補進銀礦課二萬並福建税課司河泊所新增鈔額，大同應州鹽錫，宜罷。一、虧折鹽課，責令原任御史等官鬻産賠納，宜令未納者俱免。一、河南、山東起運京邊糧草，加添幫價，並山東歲派海運布絨折銀，宜革，仍造海舡，以復舊規。一、差官丈量各邊屯田，侵奪民業，焚其籍，其清查王府功臣及没官田土派民起科者，俱免之。一、富民兑買直府禄米戍邊没産，宜如律例問擬。一、周府護衛所遺營地，徽府廣潤坡莊田及今藩府改給食鹽，歲加禄米並折色改本色，俱革，仍舊。一、官員罰米違限倍徵，已遇赦宥而逮係如故者，悉免。一、北直隸屯田僉事改差御史，鳳陽倉添設監收内臣，各布政司管糧官，革其敕，及有司糧未完轉遷者不許離任，宜復舊。一、錢糧總目已具册者，不必疏陳。詔俱改正。

六科給事中張潤、十三道御史房瀛等言：逆瑾已誅，群黨繼黜，其遺姦尚存者，如尚書畢亨、洪鍾、柴昇、劉纓，侍郎李瀚、夏昂、陸完、崔巖、張志淳，都御史文貴，大理寺卿張綸，府尹陳良器，御史崔哲、李紀，皆賂瑾求進者也。亨聞瑾敗，感念私恩，爲之泣下；鍾掌憲議法，惟事迎合，至撻屬官以張威，及總制軍務，復湛樂玩寇；昇巡撫陝西，爲瑾治第修墳，極其華侈，民受其殃；纓、志淳當瑾初熾，攘臂納賂，一時小人，靡然争趨；瀚總督漕運，貽毒江淮；昂行污，完心險，而巧於夤緣，嚴督河渠，僨事尤甚；貴築修墩臺，盜國財凡數十萬，而太半輸之權門；綸側媚小人，與瑾舊識；良器先任藩司，黷貨無厭；紀以親故，哲以府同知，而皆甞任風憲；僉都御史張繪、大理寺丞張禴、都給事中段炅、尚寶司卿吴世忠、司丞屈銓、御史周霖，皆助瑾爲虐者也，禴、繪、炅查盤苛察，世忠請查屯田，銓請刊行新法，霖恃同鄉，大壞風紀；他如都御史林廷選一歲屢遷，功名實損於憲副，右通政王雲鳳，五經埽地，行檢有玷於司成；太常少卿楊廷儀力致要地，侍郎李遜學升越常資，通政參議張龍行類俳優，大理寺丞蔡中孚進招物議。乞量情罪重輕，調用罷黜，或置之於法。得旨：亨冠帶閑住，良器、嚴、志淳、哲致仕，貴已政仕免究，銓、中孚、豸、紀、霖各對品調，綸、龍各降三級，俱調外任，餘留供職。

兵部奏，京衛武學事例爲劉瑾變亂三事：一、武舉仍六年一開科。一、公侯伯及軍職應襲子孫，考試文理不通者降一級，公侯伯子孫革禄米三之一。二例，例宜革。今後勛戚子孫，仍聽訪保門館以充教習。一、軍職應襲子孫，有志文舉，并弟侄願入武學作養者，俱照科舉，不堪者，方送營操。得旨：武舉武學新例，俱改正，教習門館，仍照先年事例，吏部選用，不許自行訪保。

南京十三道御史張球等劾奏僉都御史張綸、通政司參議張龍、尚寶司丞相屈銓、南京鴻臚寺卿趙履祥、南京大理寺少卿王彦奇、四川布政使潘楷、湖廣參政尹灝、山西參政甯杲、原任湖廣荆州府知府王綬，俱結交劉瑾納賄轉遷者，而致仕大學士焦芳、劉宇，首爲阿附，同惡相濟，其罪尤著。乞將綸等罷黜，芳、宇仍加重罪，追奪封誥，以爲朋黨不忠之戒。詔黜綬爲民，履祥、灝降三級，其餘已處者罷之。灝降嚴州府知府，履祥瀘州知州。

十三道御史平世用等奏，五官挈壺正皇甫政爲瑾相看塋宅，五官司晨李文及其父監正源教瑾私習天文，丁憂員外郎邵伯宗希求進用，以其子舉人昇瑾侄婿，全無廉耻，乞明正其罪。詔政革職爲民，文降天文生，源姑宥之，停俸六月，伯宗、昇俱爲民。

斬張文冕於市。文冕，華亭人，初爲縣學生，被黜，潛至京師，投劉瑾門下，遂用事。冒軍功授錦衣衛千户。瑾傳旨意，多出其手。交通賄賂，氣焰傾一時。至是，瑾敗並誅，妻妾送浣衣局。

兵部奏改正劉瑾變法十八事：一、各處鎮守内外官，請敕總制三司裁決各衙門大小事者，俱宜换敕從舊。一、新江市泊司内臣，宜革去兼管沿海軍衛有司。一、臨清守備都指揮宜復設。一、鎮守陝西總兵官與布按二司文移，俱仍由都司轉達。一、鎮巡官造報官軍馬騾文册，仍五年一次，軍職賢否，撫按歲一造報。京衛軍職候考選之年，仍行點城驗軍官，開注送部。一、軍職放糧違限者，仍依律問罪還職。一、軍職應襲子孫，兩京送武學，在外送衛儒學讀書。其祖父事故，仍於衛所徑自保送襲替。一、保母子孫，仍如傳陞乞陞例，不許承襲，其襲替目，具奏定奪。一、軍職犯不孝典刑者，不許正犯子孫承襲，其父祖次子有應襲者，仍許之。一、軍職爲事調衛帶俸差操者，革去永遠字樣。一、舊官爲人命典刑，其子仍準與半俸，優給新官全俸，俱候出幼襲職，調衛帶俸差操。一、軍職爲事降級，子孫替職，若祖職大於所降職者，許其子暫替父見降職事，待父故，仍襲祖職；若續後功陞，爲事見降，又大於祖職者，先替祖職，父故，仍襲所降之職；中間有見降職於祖職等，暫令其子於祖職上降一級承替，父故，仍襲祖職，俱如舊例。一、軍職陣亡，仍不分子孫弟侄，襲陞一級。一、旗役犯奉養有缺者，仍問罪復役。一、各處見任官，遇有陞調等項，仍交代錢糧明白，隨即離任。一、武舉例陞級加米，今革去，武舉安國等陞級月米，宜復之。一、武職非軍功不陞，今陝西署都指揮同知未瑄等五人、遼東署都指揮僉事韓璽等二十人，以丈量地土各陞一級，宜革去。一、軍職爲事爲民終身，及六十以上許襲替祖職，于原衛失職等項，充軍病故或處決，應襲之子，準令優給承襲調衛，俱如舊議。上從之。

斬逆瑾親屬劉杰等十五人並劉二漢於市，姦黨左堂等發廣東海南衛永遠充軍，婦女送浣衣局。二漢甫十歲，術士俞倫、俞日明謂當大貴。至是並收繫論死，仍籍其家。

吏部議改正劉瑾變法二十四事：一、舉人監生告選遠方者，仍選司府州縣正佐首領官。一、兵馬司吏目仍選用吏員二等雜職。一、選簿仍類寫舉人、歲貢、官生、納粟，以次取用，其舉人不得別附選簿。一、大選，舉人、監生仍試論判，不得增試時務策及行移告示。一、王妃、夫人、儀賓已故無子孫者，其親屬保勘明白，仍陞授京職。一、行人考選科道，仍待三年考滿，不得如主事例徑授。一、六科給事中仍徑與實授。一、中書習字秀才考選蔭叙者，除授應陞改者，仍陞改别官。一、翰林院官仍舊陞授作養，不得會官舉黜，及以别衙門調補。一、書辦官隨征一次有勤勞者，仍六年以上選用，其在選者，仍須八年。一、納銀冠帶知印，辦事半年，滿日以次選用，不得省祭。一、倉場攢典，仍舊收支，省祭選用，不得別立行頭爭先行取。一、提督四夷館，仍用太常寺卿、少卿各一員。一、各布政司管糧官，仍給敕，以便行事。一、近例，選除兩廣、南直隸，浙江官，不用鄰省人，漕運都御史不用江南人，宜仍舊，不得迴避。一、南京國子監仍設司業。一、提控、都吏、通吏三考役滿吏典，仍舊格選用，省祭。一、十庫大使等項，九年周歲考滿，改除陞授，宜仍舊。一、推陞急選大選過官員，於選除後，宜卽類奏除授處所。一、裁革兵備、勸農、管糧、捕盜、水利等官及山海關主事，仍宜復設。一、兩京九卿堂上、在外方面官履歷，仍按季開寫揭帖進呈。一、撫按官不得差委州縣正官，正官亦不許受委，違者各降二級。一、尼山、洙泗書院各設世職學録，應否裁革。一、爲民翰林院秀才華淳、祝啓光、張文憲並閑住冠帶少卿華英、祝祥俱無罪，宜復原職。得旨：書院學録，先聖子孫，不必裁革。南京國子監司業準復設，華淳準監生應試，祝啓光、張文憲令於本處儒學肄業出身，其餘俱準改正。

治瑾黨太監陶錦、監丞賈振等二十三人罪。錦、振爲瑾親信，干進者率因以通賄。而錦不法事尤多，嘗往福建查盤，凌轢三司，不異僕隸，所索餽遺以數萬計。至是，俱被收。法司擬朋黨亂政律當斬。詔錦、振各杖八十，與高諒、王鎮、王保、劉堂、劉聰、呂祥、殷俊、郭洪俱充孝陵衛净身軍，仍籍其家。臧林、王成、朱瑛、張鏜、布通、戴玉、黄瑄、劉清、劉瑤、鄭喜、尹鑾、劉景亦充净軍，永不叙。

吏部尚書張綵，性黠辨淫邪，不修行檢。初爲文選郎中，被劾家居，大學士焦芳以其與劉瑾同鄉，力薦之，得復職，蓋媚瑾也。不數月間，超擢僉都御史、吏部侍郎，因進尚書，加太子少保。日出入瑾家，與朝士言輒稱瑾才略過人。嘗呼瑾爲老者，進退人才，一惟瑾意是徇。其有所言，瑾亦無不從之。因不時考察内外官員，諸所選補，不循舊格，率意變亂，賄賂肆行。後與劉瑾侄結婚，往來益稔。瑾陰懷不軌，常屏左右與綵謀。瑾敗，綵收拷死獄中，仍剉其屍於市，籍其家，左右流之海南。同時石文義者，本内官石嚴養子也，因以別禮餽瑾，留爲爪牙，累陞錦衣衛指揮同知，理北鎮撫司事。官員以事繫獄者，納賄非滿瑾意不與問理。又有錦衣衛百户沈彬者，因賄楊玉，入東司房辦事，往往詐稱訪事，扇惑人心，以張瑾威。錦衣衛副千户郝凱者，賂瑾，與文義同在鎮撫司理刑，陞正千户。至是，皆伏法，文義凌遲處死，彬處斬，凱發邊衛永遠充軍，文義家屬亦戍海南。

《雙溪雜記》則云：初張綵爲文選司郎中，每見瑾談論，喜納之，陞右僉都御史，尋陞吏部左侍郎。未幾劉宇入閣，以綵代之。綵嘗勸瑾：今天下官有饋送禮物者，非出於官庫，則斂於小民，取怨貽患，公所當知也。瑾大開納，遂禁察饋者。適山東巡按御史胡節回，饋未至，瑾偵知之，捕下錦衣獄捶死。少監李宣、侍郎張鸞、指揮趙良，差往福建，斂銀二萬饋於瑾，瑾收其銀於承運庫，宣降長隨，趙良降南京百户，張鑾以不知斂銀，令致仕，其餘因饋送得罪者甚多，剥削之弊，一時少息。綵又言於瑾曰：公左右用事者，多騙財壞事。瑾遂逐之。其他救正頗多，衣冠之禍少減。然綵在吏部，惟知敬瑾。其同謀事者以爲瑾之疏同類，皆綵教之。又楊廷和弟楊廷儀爲劉宇心腹，宇過吏部，調廷儀爲郎中，親信之。及宇入閣，廷儀不爲綵所親，有所私，綵不聽，廷儀兄弟深憾之。今故事，吏部推大臣，密謀於内閣官，綵以爲事在於瑾，内閣不得預，每輕之。東陽等以爲廢内閣權，共銜之。及瑾被繫，亦捕綵下都察院獄，議以交結近侍扶同奏啓斬罪，遇赦免死。廷和等與都察院改擬同劉瑾謀反罪。綵病死獄中，仍正其罪，然非真謀反。流其母妻子弟於嶺南，不誅配。綵爲郎中時，楊一清嘗薦綵諳曉韜略，堪任邊方都御史。及寧夏之變，一清致仕居鎮江，綵薦於瑾，起用一清，同征寧夏。至是綵被誣謀反，一清亦不能救。

正德五年，贊皇縣知縣王鑾疏稱太監張永功，言今歲五月，赤旱千里，永奉辭西征，過真定，大雨隨注，百姓稽首曰：天上雨露，張永帶來也。永不坐乘，不張蓋，不作威福，真今之皋、夔、伊、傅。先後數千言，極其諛媚。上覽奏，亦褒永百餘言，再賜璽書諭意。蓋劉瑾擅權，臣民被其荼毒，如在膏火，永能以計除之，人以爲大快事，故頌其功者多溢美云。

楊文襄《西征録》云：初張公總督命下，西人震懾畏罪。然雅性慎重，所過秋毫無犯，與將士同甘苦，行不乘輿，暑不張蓋，日給公廩數升，餘雖片楮莖蔬無所取用。恒以己資散給群下，徒隸厮役，無不沾惠。駐靈州及夏城兩浹旬，所隨從貴近數十輩，部曲五百餘人，寂然遵約束，無敢嘩者，居人若罔聞知。

總督張公嘗語及地方事，輒斥瑾曰：天下事被伊壞得如此！時瑾焰方烈，張公與予初傾蓋，又左右多腹心爪牙，予默不敢應。時貴近家人隨征者數十，張公每名給銀百兩，令買蔬及供馬匹食用，曰：此外不許分毫侵擾軍民，犯者以軍法從事。瑾姪男劉奎等二人後至，獨不賞，曰：不愁伊無有也。予曰：彼亦參隨之數，難分彼此，若謂其有，將聽其取受耶？乃笑而與之。又欲將瑾盤糧招商諸事，有所論列。予恐嫌隙遂成，密告之曰：二公皆帷幄腹心重臣，公今在外，宜存形迹，不宜輕起釁端。張公厲聲曰：先生不知，吾何畏彼哉！予曰：固然，彼方在帝左右，有言，能保其必達乎？且扶蘇父子之親，蒙恬之有功，卒墮趙高之手，不可不慮也。張公首肯久之。後乃知瑾亦頗聞張言，將謀不利，幸其歸速，不能有所爲。卒除姦宄於呼吸間，然亦危矣。祖宗在天之靈實相之，主上之剛斷，又豈近代人主之可及哉！

宥曹雄死，謫海南戍。雄附瑾，鎮守陝西，瑾爲增置鎮西將軍印，遂陞署都督同知。與總制尚書才寬不協，寬之死也，雄擁兵不救，言官有糾其罪者，皆被切責。瑾愛其子謐，復以侄之女妻之，雄再陞左都督，謐亦授千户。凡雄所請，瑾無不從者，自是相結益深，人莫測其謀也。瑾敗，降指揮僉事，尋收繫都察院獄，以逆黨論斬，詔竟宥之，與妻子俱永遠謫戍不赦。

巡撫四川右副都御史林俊言：劉瑾逆謀未覺之先，臣嘗草一疏，擬俟賊平隨上。天幸假手張永先發其姦，陛下神武英斷，立決此獄，誠爲國家大幸。然徐思之，危亦至矣。昔夙沙衛殿國楊思勗平亂，前史書之，謂政出閹寺，國爲無人。今瑾賊謀逆，舉朝文武，無一人言之，獨幸一內臣永也，幸一永，傷文武之無人，亦以見陛下信文武之臣不如永也。謹録前奏稿附進。其略曰，劉瑾，古今惡魁也。陛下視朝不時，瑾西南向倨立，鴻臚傳與某官敕，賜某酒饌，皆出瑾口，各官叩頭，已而鴻臚唱東向揖。以給事內臣，朝著之上，敢受諸臣朝見之揖，可乎？又言：瑾對諸臣，嘗許臣忠義，今又起爲巡撫，臣宜以知己爲報，而乃操戈入室，不敢以一德之私，忘天下公論也。得旨：瑾已正典刑，俊乃稱奏成於瑾亂政之日，未及進呈，其懷姦畏罪明矣，宜從究問，但以流賊未平，姑令自劾。俊好名，進退皆矯矯爲異。當瑾用事時，乃應召命，出爲巡撫，蓋亦欲避禍以全身耳。及瑾既敗，又覬保完名節，故上此奏，然亦爲計已拙，士類莫不笑之。

初，陝西西安縣人韓範以承差服役焦芳門下，會劉瑾用事，以範陝人，每私造瑾，輒以範隨，時令往來傳語，爲奸利。範巧黠得瑾意，一時奔競者遂群附之，有所干請，皆因範以通賄，雖達官亦與抗禮，忘其爲賤役也。後選水源驛丞，甫之任，復假公事留京中，上官亦莫敢問。瑾既誅，械繫錦衣衛獄拷治，辭連吏部尚書劉宇，刑部侍郎張鸞，南京太常寺少卿劉介，通政司參議吕元夫，大理寺丞蔡中孚，按察使仲本，參政彭桓，僉事王相，知府郭經、羅璋，皆因範通賄者也，宇銀三千，介、中孚、相、桓、經、璋各千，元夫、本金百。蓋範所招止此數人，賄實不止此數，如宇者，前後所賄蓋數萬，而範所入者亦不貲。獄具，招範及家屬俱發廣西馴象衛永遠充軍。諸所連及者，以人衆，且多遷謫爲民病故，姑宥之，在任者仍奪俸兩月。

六科十三道御史王廷相等劾奏兵仗局太監孫和先爲逆瑾造衣甲牌面，死有餘辜，今復倡爲成造盔甲之請，宜治和罪及寢所請，上曰：業已停矣，和姑宥之。

巡按直隸監察御史李嵩言：南宫、寧晋、新河、隆平四縣管皇莊太監劉祥、金鳳等，先後十數人，專肆剋剥，民甚苦之，恐相率爲盜。乞將祥等取回，以侵地歸民，税歸有司。永平、河間諸府莊田亦如之。户部議覆。得旨：皇莊以奉順兩宫，宜仍舊，祥等其取回，以太監馬昂、左少監范禮代之，戒其毋蹈前弊。

（明）林俊《見素集奏議》卷七《秋臺稿・辯李夢陽獄疏》 題為別忠邪昭勸戒以圖治安事，該欽差巡撫河南右副都御史何題為前事，據河南按察司呈問，得犯人李夢陽招稱，原任江西按察司提學副使，在任時，宸濠知夢陽頗有文名，時常討要詩文，夢陽不合與伊交結。正德七年，夢陽與巡按御史江萬實因事互相訐奏，蒙行總制陳都御史轉委三司掌印官會勘，按察使鄭岳因與夢陽言語相激就不合，將跟隨鄭岳門子拘送宸濠拷打逼供，鄭岳無名贓私奏，蒙欽差大理寺卿燕勘問衆奏，鄭岳為民，夢陽有虧士行冠帶閒住。正德九年，夢陽回還河南省城居住。正德十四年，宸濠差監生方儀齎《周易古註》一部龍掛香一百枝，前到夢陽家求作陽春書院序文并小蓬萊詩，夢陽作詩二首付與，並不知宸濠叛逆情由等情，問擬夢陽，風憲官挾私彈事有不實者，罪亦如誣告人，流罪，所誣罪三等減等徒罪，節經駁問。仍依原擬呈解到，臣看得犯人李夢陽本以文字内交宸濠，方在任之時，已嘗附勢借威逞私誣善，比擬前律似亦相應，但事未勘結且犯在革前，罪猶未盡其罷閒之後，仍復通情修好，受饋作詩。雖未共謀有同助逆，況事已彰聞却隱情不首，於法難容。今臣推情引律，議得李夢陽所犯，合比依謀反知而不首者律，減等杖一百，徒三年，緣本犯原已節奉欽依冠帶閒住，今又犯該前罪干碍行止有虧，例該為民，合無照舊，仍發冠帶閒住。惟復照例為民或別有定奪，通乞聖裁等因奏，奉聖旨法司知道，欽此。欽遵抄送到部，看得犯人李夢陽與原任布政使今任大理寺卿鄭岳俱有時名，同為宸濠所忌，李夢陽與巡按御史江萬實訐奏事情，鄭岳兩與善處反激其怒，妄起事端，宸濠乘之中傷本犯，遂為士論不齒，亦坐閒廢但其居住。河南與江西相去窵遠，宸濠行逆又在本犯回家七年之後，似無交通知謀之情，以故司府擬杖比徒數四，至巡撫始擬比依知謀反而不首徒罪，終涉過深，合無仍照先奉欽依閒住，惟復別有定奪，伏乞聖明裁處緣奉，欽依法司知道事理，謹題請旨，奉聖旨是既已閒住了罷，欽此。

《明武宗實録》正德九年十一月 辛酉，降歸善王當沍爲庶人，守鳳陽祖陵。當沍健悍，賊攻兗州時，嘗借護衛盔甲弓弩率家衆登城射殺之。魯王以聞，降敕褒諭。由是喜弄兵，聞袁質善射，召與角，勝，因賞之。時縱酒過多，行與長史馬魁有隙，嘗欲納校餘李（志）〔智〕爲家人，屬魁啓王，魁不應，審嗾王重縲智，謫爲樂工。當沍不能平，欲縛魁辱之，魁避匿，畏王責之，乃乘醉佯言欲反，會梁穀告質等謀逆，魁因譖之王且（於）〔曰〕不先發，禍且及王。王懼，遂奏之，既被執，當沍曰：我何罪而繫我？索其兵器，乃前所借弓弩也。魁恐事敗，乃諷所（原）〔厚〕陳環及啗術士李秀，使誣證之，復以書及賄抵，鎮守太監畢真使逮二人詰問。已而，二人者以實對，書賄亦爲真所發。於是法司會勳戚府部大臣以質等及魁赴諸王館與當沍驗問，皆知當沍無反狀，無敢爲白者，竟以違祖訓成獄。軍校坐擯置，戍者五人。質（其）〔及〕家屬至戍肅州。西、鳳、竹、屈、昂徒口外。魁以誣妄坐斬。諸所連逮多瘦死者，千户王瓚亦死於途。山東鎮巡及三司掌印者以失覺察，奪俸有差，穀罪尤甚於魁，獨得免。當沍之鳳陽。有旨：令中官護送。當沍猶未知所坐，中官紿曰：謁祖陵耳。比至，問曰：此何地？曰：高墻。乃大慟曰：冤乎！即日以首觸墻而死，聞者傷之。

《明武宗實録》正德十年六月 〔己卯〕初貴州銅仁府銅仁長官司與湖廣鎮溪千户所筸子坪長官司、四川酉陽長官司、梅洞長官司地犬牙相入。弘治八年中，鎮溪苗民龍麻陽等與銅仁苗頭龍童保聚徒攻剽，殺虜人畜，及焚蕩官民廬舍不可勝筭。土官李椿、段昂、田宗璽等實縱之。而筸子百夫長龍真與之同謀，嘗逼司府。其後遂率衆十餘四出，三省之民騷然，屢奏告急，前後鎮巡惟務撫諭，終莫能制。正德七年春，賊聞將會兵征之，乃分路出掠，入大山深箐中，爲拒守計。其冬，巡撫都御史劉丙率土漢官兵進攻，三日破其諸寨，餘黨走擄天生崖及陸龍山。後都御史沈林繼至，連攻破之，前後所擒童保等百九十五人，斬首八百七十四級，俘男女三百八十二人。湖廣都指揮潘勳破鎮筸亞酉、亞保等處，擒賊龍麻陽等百六十三人，斬首七百五十八級。至是，都御史蕭翀、御史鄺約上其事，請誅童保等，其家口及幼弱皆論如叛法，且言龍真宗强服衆，宜釋而嚴飭之，俾統餘黨，反賊者椿等及鎮溪所百户孫繼勳縱賊皆宜罪。詔誅童保等梟首示衆，宥龍真罪，令湖廣巡撫官戒諭，使約束諸夷，毋更侵亂，繼勳並椿等俱逮治。

《明武宗實録》正德十年六月 〔丁巳〕斬四川賊黨雷伯定於市。初藍廷瑞等既平，伯定等逋走，後與廖麻子流劫，殺人甚衆。都御史彭澤督兵擒獲伯定等五人，械至京鞫治，二人處死。其三人李茂堅等稱怨，令巡按御史再審訊以聞。

（明）鄧士龍《國朝典故》卷一〇八《後鑒録中》 正德十二年，有不在官原任本府典寶閻順，内官陳宣、劉良，脱逃赴京，具奏宸濠不法事件。被伊聞知，當將已故内官雷龍未到辛明、李勇、馬安拷問，招稱承奉周儀主使。怒將周儀並家人六十餘人，及典仗查武等，盡行打死。令吉齎本赴京捏奏，要將閻順等陷死。當送臧賢銀一千兩，錢寧二千兩，張雄、張鋭各一千兩。各不合接受，拴同閻順等，俱發南京孝陵衛充軍訖。彼因求討消息，又送盧明銀二百兩，趙秀、秦用各銀一百兩，亦各不合收訖。

《明武宗實録》正德十四年四月〔戊寅〕先是，福州左衛軍葉元保、進貴等以月糧價減，積憾布政使（五）〔伍〕符，乃糾合軍士二千餘人於開元寺（軟）〔歃〕血，閉城爲亂。求符不得，縛其子，掠其官舍財物以出，執經歷顔玉等於市擊之，烘以火。鎮巡等官大懼，與致仕尚書林瀚等議，補糧價。元保等不聽，僭稱總兵等號，逼取各鄉官資財，及勒鎮守太監羅侖銀三千兩，犒賞衆軍，屯駐日久。於是，鎮巡等官密諭脅從者令解散，並募集義勇擒獲元保等鞫問以獄。上詔斬元保等五十人梟首示衆，發王鑑等十四人各永遠戍邊，林天興等七十七人俱解京給配發遣。

（明）卜世昌等《明通紀述遺》正德十四年六月 南贛都御史王守仁，奉敕勘處福建叛軍。自贛啓行至豐城，知縣顧佖迎告濠反，遂易小舟轉至吉安，上疏告變。因推都御史王懋中，評事羅僑才識，復薦驛丞季忠、王思當擢用，以勸忠貞。守仁以未奉討濠成命，乃與知府伍文定等共謀牽制，傳檄四方，暴濠罪惡，張疑兵、設詐牒，以緩賊勢。仍奏留，復命御史謝源，伍希儒以紀驗軍功，濠初欲徑襲南京，以圖北向。至是亦爲少沮，猶據南昌，集亡命，括丁壯，命凌十一等奪船順流襲南康，知府陳霖等遁，隨襲九江兵備副使曹雷，知府汪潁及衛縣官屬俱遁走，濠令師夔守之。

（明）王守仁《王文成全書》卷一二《别録·奏疏四·飛報寧王謀反疏》 正德十四年六月初五日，節該欽奉勅：福州三衛軍人進貴等脇衆謀反，特命爾暫去彼處地方會同查議處置，叅奏定奪，欽此。欽遵臣於本月初九日，自贛州啟行，至本月十五日行至豐城縣，地名黄土腦。據該縣知縣等官顧佖等禀稱，本月十四日寧府稱亂，將孫都御史、許副使并都司等官殺死。巡按及三司、府、縣大小官員不從者俱被執縛，不知存亡。各衙門印信盡數收去，庫藏搬搶一空。見監重囚俱行釋放。舟楫蔽江而下，聲言直取南京，一面分兵北上。各官皆來沮臣不宜輕進。其時臣尚未信，然逆亂之民果已四散奔潰，人情洶洶，臣亦自顧單旅危途，勢難復進。方爾同程，隨有兵卒千餘，已夾江竝進，前來追臣。偶遇北風大作，臣亦張疑設計，整舟安行；兵不敢逼，幸而獲免。本月十八日，回至吉安府，據知府伍文定等禀稱，地方無主，乞留暫回區畫，遠近軍民亦皆遮擁呼號。隨據臨江府并新淦、豐城、奉新等縣各差人飛報，寧府遣兵四出攻掠，拘收印信，及拿掌印官員，調取兵快，水兌糧船盡被驅脇而去等因。臣奉前旨，欲遂徑往福建。但天下之事莫急於君父之難，若彼順流東下，萬一南都失備，爲彼所襲，彼將乘勝北趨，旬月之間，必且動摇京輔。如此，則勝負之算未有所歸，此誠天下安危之大機。慮念及此，痛心寒骨，義不忍舍之而去。故遂入城撫慰軍民，督同知府等官伍文定等調集兵糧，號召義勇。又約會致仕鄉官右副都御史王懋中、養病評事羅僑等，與之定謀設策，收合渙散之心，作起忠義之氣。相機乘間，務爲躡後之圖，共成犄角之勢，牽其舉動，而使進不得前，搗其巢穴，而使退無所據。日望天兵之速至，庶解東南之倒懸。伏望皇上省愆咎已，命將出師。因難興邦，未必非此。臣以弱劣多病，屢疏乞休，況此地方之責，本亦非臣之任。今兹扶疾赴閩，實亦意圖便道歸省。臨發之前，已具哀懇。齎奏之人去纔數日，適當君父之急，不忍失此事機，姑復暫留，期紓國難。候區畫稍定，各官略可展布，朝廷命師一臨，亦遂遵照前旨，入閩了事，就彼歸省父疾。進不避嫌，退不避罪，惟民是保，而利於主，臣之心也。直行其報國之誠而忘其緩命之罪，求伸其哀痛之情而甘冒棄職之誅，臣之罪也。竊照都御史王懋中，評事羅僑，忠義自許，才識練達。知府伍文定，果捷能斷，忠勇有謀，累立戰功，皆抑而不賞，久淹外郡，實屈而未伸。今江西闔省見無一官，若待他求，緩無所及。乞遂將各官授以緊要職任，庶可責之拯溺救焚。其餘若裁革兵備副使羅循，養病副使羅欽德，郎中曾直，御史周魯，同知郭祥鵬，省親進士郭持平，驛丞李中、王思等，雖皆本土之人，咸秉忠貞之節。況亦見在同事，當多難之日，事宜從權，庶克有濟。再照寧府逆謀既著，彼若北趨不遂，必將還取兩浙，南擾湖、湘，窺留都以斷南北，收閩、廣以益軍資。若不即爲控制，急遣重兵，必將噬臍無及。又照撫州知府陳槐，臨江府知府戴德孺，贛州府知府邢珣，袁州府知府徐璉，寧都縣知縣王天與，豐城縣知縣顧佖，新淦縣知縣李美，奉新縣知縣劉守緒，泰和縣知縣李楫，南安府同知朱憲，贛州府同知夏克義，龍泉縣知縣陳允諧，及闔省各官今見在者，乞勅吏部就於其中推補本省方面知府兵備等官，庶可速令供職。其有城守之責者，亦各量陞職銜，重其權勢，使可展布。又照南、贛軍餉，惟資鹽商諸稅。近因戶部奏革，顧募之兵無所仰給，悉已散遣。今未兩月，即遇此變，復欲召募，將倚何資？

輒復遵依勅旨，便宜事理，仍舊舉行。然亦緩不及濟，必須先於兩廣積儲軍餉數内量借一十餘萬，庶幾軍衆可集，地方有賴，國難可平。緣係飛報地方謀反重情事理，爲此具本專差舍人來儀親齎，謹題請旨。

（明）王守仁《王文成全書》卷一二《别録・奏疏四・再報謀反疏十四年六月二十一日》 節該欽奉勅福州三衛云云，緣係飛報地方謀反重情事理，爲此具本，先於本月十九日專差舍人來儀奏報外。但叛黨方盛，恐中途爲所攔截，合再具本專差舍人任光親齎，謹題請旨。

《明武宗實録》正德十四年六月 丙子，寧王宸濠反，巡撫江西都御史孫燧、按察司副使許逵死之。宸濠陰蓄異志，自正德以來，驕蹇不法。術士李自然、李曰芳輩數獻諛且言：城東南有天子氣。濠因創陽春書院，時出游以當之。又西山青嵐龍口穴先朝所禁者，濠復以葬其母，招集四方亡命群盗，匿于丁家山諸墅，時令出掠居積及商舶以資饋賂，稍忤其意，即縱盗屠戮之，備極慘酷。有一姓數百口，無孑遺者，以財力劫持，上下交通，肘掖中外，畏其威，茹其餌，皆爲之耳目，伺察機密，以報之。緣途驛舍皆置良馬數匹，以備傳報。偵事者不半月輒到府，由是京朝動静纖毫必聞。有發其事者，往往中以危法，得重譴以去。勢益張無敢言者，道路以目。時上久無繼嗣，又不時巡幸，人情危懼，濠日夕覬覦大物，既與錢寧輩定謀，寧矯上命，以玉帶賜之。濠喜，令府中官屬衣紅者四十餘日，及駕將東巡，陰遣樂人秦榮等於大院張設勾欄、雜劇，令致仕都御史李士實撰司傳布兩浙及直隸。旬日間張揭幾遍，意欲邀上臨幸。會朝廷遣官戒諭，及遂其旗校留京邸者，濠聞之，疑懼，遂決計反。前一日，燧與巡按御史王金、三司官及公差主事馬思聰、金山、廣西參政季敎入府賀濠生日，如例張宴。至是，燧等入謝，濠令閉門，甲士露刃環之，僞云：太后有密旨，召我。衆相顧愕眙。燧曰：果有旨，巡撫大臣當與聞，請出觀之。濠大怒，叱甲士牽燧出，副使許逵奮身起，罵不絶口，並縛逵，斬之於惠民門外。於是，布政使梁辰、胡濂、按察使楊漳、參政王綸劉棐程杲、副使唐錦賀鋭、參議楊學禮許效廉、僉事師夔潘鵬賴鳳王疇、都指揮馬驥許清白昂王汜郟文等皆稽首稱乎萬歲。濠令各羈置之，遂釋獄囚，收庫藏，遣人分詣諸郡邑，奪印起兵。宜春王拱樤、瑞昌王拱栟、鎮輔將軍覲鋋、宸渢、宸瀾、宸盜、觀瀛、宸洧、拱樤、宸淯、宸汲、派湯、宸瀆、宸浐皆相率聽命。是夕，參議黄宏憂憤卒，數日思聰亦卒，濠迎士寧至府，僞授爲國師，又授安福縣舉人劉養正爲軍師，遂令養正草僞檄傳播遠近，指斥不遜，且云：我祖宗不血食者，今十有四年。語尤狂悖不根，檄及榜諭皆去正德年號，惟書大明己卯，逵至死所，謂燧曰：公早用吾言，豈至此？燧氣垂絶，不能答，蓋逵有先事之圖，故云然。濠始欲懾逵，將用之，久未行刑，逵駡曰：何不速殺我？竟不屈死。

（明）卜世昌等《明通紀述遺》正德十四年七月 宸濠自率兵攻安慶，知府張文錦，守備都指揮楊鋭、指揮崔文禦却之。初，宸濠在南昌未出，議僭大號，改年順德。李士實、劉養正勸至南京正位，然後改元布詔。士實遂與養正造僞檄、指斥朝廷，謂上以莒滅鄭，高皇帝不血食，建寺禁内，褉處妓女胡僧玩弄邊兵，身衣異衣，至於市井屠販下流賤品之事，靡不樂爲，棄置宗杜陵寢而造行宫於宣府，稱爲家裡，黷貨無厭，荒游無度，東至永平諸處，西游山陝三邊，所過掠民婦女，索取贖錢。又常懸都太監牙牌稱威武大將軍，又謂既奪馬指揮妻稱馬皇后，復納山西娼婦稱劉娘娘。原其爲心不能御女，又將假此婦人以欺天下，抱養異姓之子。如前所爲也，乃留宜春王拱條典寶萬鋭等守南昌，僞敕劉吉提督軍務叅政王綸叅替軍機分諸賊爲伍哨一百四十隊。宸濠自以妃媵世子登舟，欲直取南京，經安慶，知府張文錦、都指揮楊鋭、指揮崔文令軍士鼓噪登城大駡之。宸濠怒，遂駐師安慶。戊戌，攻城不克。庚子，復攻不克。甲辰，以天梯攻之，又不克，安慶府益堅，以潘鵬安慶人，令鵬遣家人持書入城，諭降，楊鋭手斬之，支解其屍投城下，以殉。張文錦即誅鵬家，賊勢遂怯。

（明）鄧士龍《國朝典故》卷一〇九《後鑒録下》 事發，先彼在甘肅巡撫鄧都御史將米兒馬黑麻等前情奏行兵部，於正德十四年七月内，題奉武宗皇帝聖旨，差刑部等衙門陳郎中、彭千户前去會勘。本月内，火者馬黑木又不合與錢寧扶同捏奏，就帶同官校差往肅州，選取人口，地方幾致激變。本年八月十一日，虎仙與侄女婿米兒馬黑麻，各不合夤緣改從朱姓，俱傳陞錦衣衛指揮使。本月二十二日，俱隨駕南征。正德十五年五月内，陳郎中等會同巡按潘御史，查勘米兒馬黑麻等前情明白。會問擬添哥乩兒的、拜只克、添哥乩的兒，俱犯該越度緣邊關塞，因而出外境律，各絞，秋後處決。米兒馬黑麻犯該比依强盜窩主，造意不行又不分贓律，減等，杖一百，徒三年，各罪名具奏。未蒙問，本年十二月終，駕到南京，火者馬黑木從陝西徑到彼處，奏見先帝，亦就跟隨，與虎仙等不合生事害人，及沿途索要經過軍衛有司財物，各有千餘兩。本年十二月初十日，聖駕到京，虎仙等仍俱在會同館安歇，彼有米兒馬黑麻、火者馬黑木，各先放回去訖。

正德十六年三月十四日，先帝駕崩。本年四月二十二日，該錦衣衛欽奉詔書，將虎仙拏送刑部監候，其家人添哥乩兒的等，於本年五月内，奉欽依，刑部移咨都察院轉送巡按甘肅監察御史，將添哥乩兒的等依擬監候處決。米兒馬黑麻查照詔旨發落。本年六月内，蒙刑部將科道官原擬虎仙謀叛罪名具題，奉欽依，會同多官，將虎仙並未到男米兒馬黑麻，婿火者馬黑木，侄女婿米兒馬黑麻，各譯審前情明白。虎仙執稱父母祖兄弟俱故年久，亦無孫，止有妻右力哈屯、妾你加兒哈屯，與男米兒馬黑麻，見在甘州城居住。又有妾倒剌哈屯。猛的力哈屯，在哈密居住。及蒙查得虎仙與侄女婿米兒馬黑麻，俱改姓，傳陞官職，遇詔革除。米兒馬黑麻與婿火者馬黑木，俱先放回，各是實。將虎仙再問罪犯，照出寫亦虎仙財産，並律該緣坐未到妻右力哈屯，妾你加兒哈屯，猛的力哈屯，倒剌哈屯，男米兒馬黑麻及侄女婿米兒馬黑麻等，俱各抄招移咨都察院轉行巡按甘肅御史查提到官，各依律議擬，財産抄沒入官，徑自奏請發落。議得寫亦虎仙所犯，除不應並教誘人犯法，及境内消息走透與外人各罪名外，合仍依原擬謀叛，但共謀者不分首從律斬，決不待時。妻妾子女給付功臣之家爲奴，財産並入官。緣寫亦虎仙係重刑，及夷官並係干夷情，合候會議畢日，奏請定奪。

（明）鄧士龍《國朝典故》卷一〇八《後鑒録中》 會議得劉吉等所犯，劉吉、徐欽等二十七名，俱依合謀反，但與謀者不分首從，律皆凌遲處死。吴江、徐芳、朱熉等三十名，俱合比依謀反知情故縱者律斬。劉金二、劉其三、劉養賢等三十二名，俱依合謀反，但共謀者子孫弟侄及同居之人，不分異姓兄弟之子，不限籍之同異，劉金二等四十三名，俱年六十以上，律皆斬，俱決不待時。丁效等十名，俱年十五以下，律給付功臣之家爲奴。蘇文四、樂節、婁懌、方儀、方侃、徐大才、李蓁、萬鋭、失廣、盧富、盧奉、蕭進才、婁墨童、吴奎、孫澄、萬邦德、余瓊、柴忠、孫福、金章、黄昇、尚惠、樂鳳、張貫、江梧、婁相童、婁真十四名，俱合依謀反，知而不出首者律。陳鳳、劉奇等二十名，俱合比依謀反知而不首者律。胡萬真依知人犯罪事發，指引道路，送令隱避者。減罪人何綏謀反共謀罪一等，律皆杖一百，流三千里，各準徒四年。蘇文四、樂節、婁懌，俱係職官，方儀、方侃、李蓁、徐大才、萬鉞，俱係監生，審俱有力，照例送工部，各照徒年限運炭，完日仍彼照行止有虧事例，各革去職役，送順天府，給引照回原籍爲民。朱廣等四十一名，俱係舍人軍民匠校等役，審俱無力，照例送順天府，遞解各回原籍。官司查發衝要驛遞，各照徒年限擺站。滿日各着役寧家隨住。合候覆審畢日，通行奏請定奪。

（明）鄧士龍《國朝典故》卷一〇九《後鑒録下》 會議得王綸等所犯，王綸依合謀反，但共謀者不分首從，律皆凌遲處死。潘鵬、師夔、季斆俱合比依知情故縱者律。王縉、王綎、來昇、王法會、王娱懷、趙氏、郭氏、陳氏，俱依謀反。但共謀者王縉與同居之人，不分異姓，俱年十六以上，律皆處斬，決不待時。王法會、王娱懷俱兄弟之子，不限籍之同異，年十五以下律。趙氏等俱妾，合給付功臣之家爲奴。王宏等三名，俱合比依守邊將帥，守備不設計，爲賊所掩襲，因而失陷城寨者律。汪穎合比依守邊將帥，被賊攻圍城寨，不行固守而輒棄去者律，各斬。俱秋後處決。杜甫合依奏事詐不以實者律，杖一百，徒三年，係太監，照例送工部運灰，完日送司禮監發落。汪一魯等一百一十一名口，俱供明人。杜聰、密宣、楊汝棠，俱送兵部。汪一魯等一百一十一名口，俱送順天府，給引照回原籍，各查發還職，着役肄業，寧家隨住，俱候覆審。奏請定奪。

《江西通志》卷一一六王守仁《勦平安義叛黨疏》 正德十六年五月十五日據江西按察司按察使伍文定關稱：奉臣批據南康府通判林寬，安義縣知縣熊價，奉新縣典史徐誠呈開俱奉本院紙牌及巡按御史唐龍、朱節等計委追勦逆賊楊本榮等。依奉前後誘捕，及於沿湖各處敵戰，擒斬共一百二十六名顆，并於楊子橋巢内搜獲伊原助逆領授南昌護衛中千戶所印信一顆，合就解呈。奉批仰按察司會同都、布二司官將解到賊級紀驗，賊犯鞠審明白，解赴軍門，以憑遵照欽奉勅諭事理，就行斬首示衆；有功員役分別等第，呈來給賞施行。并蒙巡按江西監察御史唐龍批：按察司會同各掌印官審究，及將有功官役并陣亾之人查明，具招呈報。又蒙巡按江西監察御史朱節批：看得各犯罪惡貫盈，致勤提督衙門調兵擒勦，事情重大。按察司會勘明白，中間如有事出脇從，情可矜疑者，通具呈報等因。依奉會同都指揮僉事高厚，左布政使陳策等，議得賊犯楊正賢等累世窮兇，鄱湖劇患，近復從逆，幸而漏網，嘯聚劫囚，敵殺官兵，滔天之罪，遠近播聞。通判林寬等克承方略，首事緝捕，雖有小釁，竟收成功。知縣熊價到任甫及半月，倉卒偶當其衝，終能有備，多所擒獲。典史徐誠奉調領兵破賊，適中機會。署都指揮僉事馮勳鼓勇而前，賊遂奔潰。其典史周祐陰謀散黨，隱然之蹟，未可泯棄。合無呈乞鈞裁，將署都指揮僉事馮勳，通判林寬，知縣熊價，典史徐誠，俱優加犒奬；林寬、熊價仍旌其除盗安民之勞；典史周祐另行賞賚；隨征南昌前衛千戶馬喜，新建縣縣丞黃仲仁，南昌縣主簿陳紀，安義縣主簿崔錠，建昌縣稅課局大使江象，安義縣領哨義官楊震七，協守縣治，安義縣縣丞何全，典史陳恒昭，把截九里三渡，南昌前衛指揮梁端，千戶周鎮，俱量行犒勞。其餘獲賊吏兵哨長保長總小甲人等，查照近日告示事理，分別等第，一一給賞。陣亾陣傷義兵程碧，程魁七等，俱各優恤其家，給賞湯藥之費。如此，庶使有功者録而人知所勸，死事者酬而人無所憾矣。仍行該府縣將逆賊楊正賢等妻男財産估變，價銀修築縣城，尤爲便益。緣繇同查過功次文册關繳到司，備繇轉呈到臣，簿查正德十五年十一月初十日，據江西按察司副使陳槐關稱：原問犯人胡順并楊子橋等家屬財産通該查抄解報，呈詳已批該司查照施行，務得的實，毋致虧枉外，續據安義縣申稱：依奉拏獲楊子橋妻周氏，男楊華五、華七、華八，月保等伊同居親弟楊子樓收監，起解間，十二月二十二日辰時，不期子樓未獲男楊本榮統集百十餘徒，各持鎗刀衝縣。當同巡捕主簿崔錠督領機兵防禦。彼賊勢勇打入獄門，劫去楊華五等，并原監楊正江、楊紹鑑及别犯胡清等一十八名，燒燬總甲張惟勝房屋，劫掠舖戶傅甫七等貨物。隨即起集哨長陳魁四等屯兵設法擒獲楊華五等，仍舊收監。一面追獲餘賊楊子樓等，合行申報等情。又據通判林寬呈稱首惡楊本榮、楊華二等照舊立寨嘯聚，批仰按察司會同各官議處。隨據該司呈稱：依奉會同署都指揮僉事王繼善，左布政使陳策，副使顧應祥等議得楊本榮等罪惡，據法即當督兵擒捕，但訪得楊姓一族，稔惡從亂者有數，若使兵刃一加，未免玉石未辯。合行該縣再諭楊本榮等作急投首，庶幾楊紹鑑等之罪可辨，楊本榮之情可原。若使負固不服，即將稔惡賊黨指實，申來議處。呈詳到臣，照得本院前年駐兵省城，擒勦叛賊之後，即欲移兵撲滅逆黨楊子橋等。彼因訪得各犯親族亦多良善連居，若大兵一臨，未免玉石俱焚，方爾遲疑。當據楊子橋等自行投赴軍門，本院仰體朝廷好生之德，正欲保全一方之生靈，當即遵照詔書黃榜事理，將子橋等量加杖責，釋放回家，諭令改惡遷善。其餘黨惡，悉不根究外，後因解京逆黨劉吉、陳賢等供攀不已，朝廷之意：將復發兵加誅，則恐失信於下；將遂置而不問，則一般從逆之人乃至極刑抄沒，而子橋等獨不略加懲創，亦何以警戒將來。故照舊釋其黨從以示信，獨行拘子橋以明罰。其遷徙抄沒，亦止及於子橋一身。朝廷之處，可謂仁至義盡矣。爲之親族黨與者，正宜感激朝廷浩蕩再生之恩，皆宜爭出到官，輸誠効欵，自相分别，洗滌其既往之愆，而顯明其維新之善。卻乃略不改創，輒敢抗逆官府，衝縣劫囚，自求誅滅。據法論情，己在必誅無赦。但念中間良善尚多，止因楊子橋同居稔惡之徒，繆以危言激誘，族黨扇惑鼓動，以至於此，恐亦非其本心。今據三司各官呈議，亦與所訪略同。準依所議，姑且未即加兵，就經批行該道守巡官先行分别善惡，令其親族素非同惡者自行告明官司，各另屯住。其被脇之人，若能投首到官，亦準免罪。有能并力擒捕首惡送官者，仍一體給賞。俱限一月之内投首輸服。若過期不出，即將各犯背叛情繇備細呈來，以憑發兵勦滅。一面行仰該縣及各附近官司整集兵快義勇，固守把截，聽候本院進止。仍備出告示，曉諭遠近外。續據通判林寬呈稱：遵照明文，密喚楊姓良善戶丁楊庸、楊邦、十五等七名到職，示以禍福，給以犒賞，着令分别良善，止捕衝縣逆賊送官。隨該楊庸等誘擒逆賊九名到縣，又獲賊犯一十七名。隨給牌面，令通縣老人分投撫諭。而各賊仍前立寨不服。續又擒獲賊犯四名。後聞官司要搗巢穴，連夜鼓挾鄰族，約有百十餘徒擄船奔入鄱陽湖。欲即率兵追勦，緣該縣空虛，誠恐賊計中途同鋒衝突，未可輕出除差人飛報沿河保長，立寨防勦，一面牒府督率星子、建昌、都昌兵沿湖巡捕外，呈乞施行等因。據呈，臣會同巡按御史等官看得賊既入湖，良善已分，正可四面合兵追勦，除行南昌守巡兵備點選兵快，就行都司馮勳統領，星夜前去跟躡賊蹤，設法勦捕，就經批仰按察司，即便通行該道守巡官及沿湖各該官司地方保甲人等一體集兵防勦追捕，毋令遠竄貽患。臣等又慮安義縣治單弱，恐各賊乘虚歸劫，另行牌調奉新縣典史徐誠選兵四百，密從間道星夜前去該縣，會同知縣熊價協力防勦。又行牌仰各官於九姓良善之中，挑選義勇武藝，及於沿湖諸處，起集習水壯健慣戰之人，各官身自督領，密取知因鄉導，四路爪探，或躡賊蹤，或截要路，或歸防縣治，張疑設伏，聲東擊西。一應事機，俱聽從宜施行，合用糧賞，就於司府庫内原貯軍餉銀内支給。及差官齎執令旗、令牌前去督押行事。軍兵人等但有軍前不聽號令，及退縮逗遛，侵擾良善者，遵照故論事理，就以軍法從事。各官俱要竭忠盡力，慎重勇果，殺賊立功，以靖地方。若畏避輕忽，致賊滋蔓，貽患地方，軍令具存，決難輕貸。完日通將擒斬功次獲功人員等項一併開報，以憑施行去後。今呈前因，照得臣先節該欽奉敕諭：但有盗賊生發，即便設法調兵勦殺，聽爾隨宜處置，欽此。欽遵，除將前項有功官員吏兵人等及陣亾被傷等項，俱準議於南昌府動支本院貯庫支剩軍餉銀兩，除已犒獎給賞優恤外，其未經獎犒給賞優恤者，批仰該司查照等第，逐一補給。賊屬男婦估價變賣銀兩，亦準修築該縣城垣支用。擒獲賊犯，鞫問明白，仍解軍門斬首示衆。斬獲賊級，行令造册繳報，并行巡按衙門知會外。臣等議照叛黨楊正賢等肆其兇獷之習，恃其族類之繁，稔惡一方，流劫遠近。既積有世代，比復興兵助逆，脱漏誅殄，略無悔創，乃敢攻縣劫獄，聚衆稱亂。惡貫滿盈，天怒人怨，遂爾一旦掃滅。在朝廷固猶疥癬之搔爬，在江西實亦疽癰之潰決。巡按御史唐龍、朱節運謀監督，而按察使伍文定，布政使陳策等相與協議贊畫，都指揮馮勳及通判林寬、知縣熊價等又各趨事効命，并力干下。論各勞績，皆宜旌録。臣守仁卧病待罪之餘，僅存喘息，幸賴諸臣，苟免咎愆。緣係勦平叛黨事理，爲此具本題知。

《明世宗實録》正德十六年十二月〔甲辰〕法司奏：原任御史王金巡按江西，值逆濠之變，不能先事舉發，臨難又不能死，法司先擬謀反知情故縱律斬。今詳其所犯，事出迫脅，情有可矜，宜從末減。得旨：發邊衛充軍。

（明）鄧士龍《國朝典故》卷一〇八《後鑒録中》 寧府招由。【略】會問得犯人一名劉吉，年五十三歲，係江西撫州府臨川縣民，狀招，吉自幼私自净身，投入寧府，收充火者，歷陞任承奉。先年寧府原有護衛，後因不法革改南昌左衛。弘治十一年，有今死宸濠襲封寧王。正德二年間，宸濠要復護衛，差已故内官梁安賄通逆瑾，朦朧奏討準復，改爲護衛。正德五年八月内，逆瑾事敗，仍革爲南昌左衛訖。有宸濠因愛在官樂人秦榮質美會唱，爲伊奏討樂官，伊就不合因而出入宫闈，撥置行事。後宸濠恣肆妄爲，意生不軌，常請已故術士李自然等，推命相面，妄稱伊有天子分。又招已故術士李日芳等，看得本省城内東南有天子氣穴，就盖陽春書院，僭號離宫，時去游樂。又將西山地名青嵐，先朝禁革龍口舊穴葬母，俱要謀當其氣。又暗蓄姦謀，誣陷宗室，打死軍民不計其數。每年止收禄米，違例每石折銀二兩，過限倍徵。訪知先任江西按察使鄭岳要行劾奏，就暗令與伊有仇，今閑住未到本司副使李夢陽，不合依聽將跟隨鄭岳門子劉奉，送府拷打，逼供無名贓私，奏陷鄭岳爲民。

（明）鄧士龍《國朝典故》卷一〇九《後鑒録下》 刑部等衙門爲開讀事。欽奉正德十六年四月二十二日詔書内一款：江西並各處地方，先因宸濠反逆事敗，及因人告報謀反妖言等項事情，一時追捕餘黨，急於撲滅，不暇審辨，未免有跡涉疑似，被誣逮繫者，經該問刑衙門務要嚴加詳審。果係誣枉，即與釋放。若係逼脅順從者，問擬明白，奏請定奪，毋得冤抑淹禁。又一款：見監與宸濠謀反事情有干。正德十四年就陣擒獲及續拿人犯，三法司、錦衣衛先行會問明白，其真正共謀逆賊，並臨時脅從，及先年交通不曾與謀者，各依律議擬應得罪名，再會多官覆審相同，具奏定奪，毋致輕縱冤枉。欽此。

續該司禮監太監韋彬傳奉聖旨：説與三法司、錦衣衛知道。在京各衙門見監輕重罪囚，或因領兵官員鍛鍊成獄，拘泥文案，多有枉抑，致傷和氣，上干天變，朕心憂惻。便着多官查照詔旨，從公會審。分别情罪輕重等第明白，奏來定奪，不許仍前冤枉。欽此。欽遵。

（明）鄧士龍《國朝典故》卷一〇九《後鑒録下》 刑部等衙門爲亟處大獄，以昭國法事。該本部等衙門題前事，奉聖旨：是。江彬黨比逆賊，蒙蔽先朝，詐傳詔旨，邀截實封，擅作威福，紊亂朝政。劄調邊軍，操習近地。誘引巡遊，致虧聖體。樹立姦黨，謀爲不軌。逼取京城各門鎖鑰，欲行乘機興兵篡亂。欺君誤國，大逆不道。罪惡萬端，神人共怒。你三法司、錦衣衛既會審明白，便依律處決凌遲，不必覆奏。仍將所犯招罪並處決屍形，榜示天下。其妻妾子女及同居家屬並抄没財産等項，都查照律例施行。欽此。欽遵。卷查先該刑科等科都給事中等劉□等，題爲速處大姦，以彰國法事。又該河南掌道事，江西等道監察御史王□等，題爲急處大姦，以彰國法，以快人心事。俱奉聖旨：這所言有理。着三法司便會同多官，究問明白來説。欽此。欽遵。續該錦衣衛、鎮撫司，題爲傳奉牢固監候事。奉聖旨：是。江彬欺罔蠱惑，潛蓄異謀。神周、李琮同惡相濟，都情罪深重，神人共怒。着三法司、錦衣衛議擬罪名來説。欽此。欽遵。

刑部等衙門爲開讀事。正德十六年四月二十三日，節該欽奉詔書内一款：見監與宸濠謀反事情有干，正德十四年就陣擒獲及續拿人犯，三法司、錦衣衛先行會問明白，各依律議擬應得罪名，再會多官覆審相同，具奏定奪。毋致輕縱、冤枉。欽此。又該刑部等衙門題爲因變陳言以回天意事。奉聖旨：是。錢寧私交逆藩，共謀不軌，傳復南昌護衛，謀取宸濠長男，罪惡昭彰，神人共怒。你三法司、錦衣衛既審明白，便依律決了，不必覆奏。仍將所犯招罪並處決屍形，榜示天下。其妻妾子女及同居家屬，並抄没家産等項，都查照律例行。欽此。欽遵。【略】

本年五月内，蒙三法司、錦衣衛會審明白，將錢寧問擬謀反，凌遲處死。題奉欽依處決訖。復蒙查審得傑與錢靖等九名，委俱先年投與錢寧爲家人，冒功授職，助惡年久。錢惠等一十名俱係隨後投充，李信等一十九名俱係錢寧收買使喚，俱無助惡之情，亦各歷年未久。内利市等一十一名與錢永安，俱年十五以下，並李氏等四口，俱律皆緣坐。大進保等五十七名，俱係太監胡爵等買送錢寧使喚，李堂委因扮戲，被錢寧拘留在家，俱係被害之人，並進保兒等六十二名口，俱於律不該緣坐。内小進保等二十八名及桂香兒等二十七名口，俱不記父母姓名鄉貫，錢俊等七名口，俱供明各是的。將傑等取問罪犯，錢永安等四十四名口，各招同。大進保等一百二十七名口各供同。照出錢寧財産，除已經奉有欽依抄没入官外，其餘未盡見在財産，合行工部查照鈔没施行。未獲錢經、錢喜、李海，合行錦衣衛緝事衙門及五城兵馬司挨拏，至日另問。未到胡爵、崔安等一十四名，俱另行。李冕係供明人，免提。會議得錢傑等二十八名，俱各依謀反者及同居之人不分異姓年十六以上律，皆斬，俱決不待時。李氏、劉耐驚兒等四口，俱亦謀反者妻妾律。永安謀反者子，利市、住兒等九名，俱亦謀反者同居之人，俱年十五以下者，各給付功臣之家爲奴。大進保等一百四十三名口，俱於律不該緣坐。錢俊、永睿等五名口，俱供明，各還職給親隨住。

（明）朱國禎《湧幢小品》卷二《大獄》　李福達一獄，張桂爲政，仗郭勛報怨，朝士四十餘人皆被杖黜。福達父子獨得無恙，刻《欽明大獄録》頒天下。後郭勛下獄死，而福達之孫同踵妖術，行徐溝洛川間，自言爲大唐子孫，當出世安民。撫按捕下獄，查刻《大獄録》，姓名來歷，一一相同。同依律處斷。都御史龐尚鵬題準，同殊死。福達剖棺斷尸，其族皆覆。又追論桂萼、張璁之罪，天下快之。

（明）張瀚《松窗夢語》卷一　終南山高大，綿亘極遠，西連空峒、太白，東接太華、少華，南出爲嵩山，又南出爲衡山。其間故多礦洞，遇荒，饑民嘯聚，動至數千。時關南、關内兩道會議夾剿，兵糧已集，惟俟余以示進兵之期。余思此輩迫於饑窘，未有殺人攻劫之罪，情可原憫。即手書曰：民窮爲盜，原非本心，律有明條，許得自首。凡收執憲票者，聽復業生理，官司不得追究。命工匠刻刷三千餘張，用關防印識，給以大字榜文，遣撫民同知李愚馳往，諭以禍福。衆皆歡呼，投棄戈梃，羅拜於地，領票而去。時嘉靖丙寅三月也。

《明世宗實録》嘉靖元年七月　己巳，廣西巡按御史張鉞劾刑部尚書張子麟私交宸濠，納其重賄，鍛鍊胡世寧獄，復具獄辭，署啓稱臣，報濠以申私款，子法當誅。子麟訴辯稱冤，並下都察院勘實。

《明世宗實録》嘉靖二年五月〔癸酉〕初哈密都督寫亦虎仙伏誅，其子米兒馬黑麻、婿米者馬黑木、侄婿米兒馬黑麻以同密逆，俱下吏鞫問。至是撫按上其狀，命斬於市，子女没入，安置如法。

（明）楊一清《關中奏議》卷一五《提督類·為地方賊情事》　題為地方賊情事。嘉靖四年九月二十八日午時，據陝西布政司分守關内道參政楊叔通呈：本月二十二日，據西安府同知王暘禀，及據乾州知州趙時禀帖，内開：本月二十一日辰時分，强賊樊紳領馬步人約有五百餘名，各帶弓箭器械，張打旗號，將本州四門圍困，喊聲殺害。本職率領城内居民對敵，内有劉起東將賊射傷二人、馬一匹，賊將城上守把老人李森等二人射傷，見今攻圍不退，理合稟乞，早發兵馬前來救援一州生靈等情。先該各道會同已將賊首樊紳、窩主韓恭等六名口拏獲在縣供：該縣地方多有無藉光棍暗行順從，先時張勢挾財。節經首告取供間，今據前因，看得賊首樊紳合謀結黨已非一日，雖稱烏合之衆，然當民窮易亂之時，若不早為撲滅，恐致蔓延，遠近為害不淺。況今省城兵馬單弱，合無量調邊兵三五百名，行令將官一員統領前來，隨宜勦殺，以安地方等因到。臣查得固原等處邊兵俱發各邊城堡按伏防禦，見今河套河、西俱有大敵窺伺，難以掣調。隨行鎮守陝西都督鄭卿，將西安左、前、後等衛備冬官軍，挑選有盔甲馬匹精鋭六百員名，行委都指揮孫昌、指揮楊茂分領，并巡撫衙門跟隨巡邊官軍指揮劉啓等三百員名，會合撲勦。及照巡撫陝西地方、右副都御史王藎見在固原，議行親督前去調度外。為照參政楊叔通等呈稱：賊首樊紳合謀結黨，已非一日，各該府、州官員不行早為緝捕，又不見呈請合於上司，作何定奪。布、按二司分巡分守，既知有前項賊情，亦未聞督併軍衛有司官員設法挨拏究治，直待聚集人衆，攻圍州城，射傷人命，方纔告急請兵，俱難辭責。但舊官俱已去任，見今分巡分守俱係新任官員，到任未久，似宜責效將來。切緣各府、州、縣地方，俱有賊盜，時出剽掠，若不早為撲滅，將來結聚蔓延之患，難保必無。又經通行都、布、按三司並關内道分巡官，嚴督軍衛有司，整點城操官軍、舍餘、民壯、機兵快手、鄉導人等，各置備弓矢器械，隨處把截防守。如遇官軍到彼，指引道路，會合擒勦，務期盡絶，以靖地方。再照腹裏賊情，比之外寇不同，中間多係無知愚民，聽人哄誘誤陷賊黨，軍馬一臨，未免玉石俱焚，情有可憫。已行各司轉呈巡撫衙門，設立賞格，出給告示曉諭：但能悔罪自首與免本罪，查發寧家，聽其家屬里老隣佑保管，不許仍前為非。有能擒獲賊徒，或引官軍拏獲賊衆者，分列等第，從重給賞。示出之後，果能自相解散，免致濫及。若為惡不悛，敢與官軍拒敵，痛加誅勦，毋得姑息。都、布、按三司仍行關西、關南二道分巡、分守、防守等官，嚴加防範。如遇前賊遁入各境，一體督軍捕勦去後。緣臣巡視各邊，防禦外患，住止不常，相離省城地遠，難以遥制，此後賊情緩急，聽鎮巡官指授方畧，督屬捕勦及有功失事人員徑自查奏外。緣係地方賊情事理。為此具本，順差舍人張偉親賚，謹具題知。

（清）谷應泰《明史紀事本末》卷五六《李福達之獄》

世宗嘉靖五年秋七月，妖人李福達坐死。

福達，山西代州崞縣人，一名午。初與妖賊王良謀反，事發，戍山丹衛。逃還，改名五，竄居陝西洛川縣。與季父越同倡白社妖術，爲彌勒佛教，誘愚民。嘯聚數千人，大掠鄜州、洛川諸處，殺掠亡算。已而官兵追勦，捕得越及其黨何蠻漢等誅之。福達跳去，占籍徐溝縣。變姓名爲張寅，賄縣中大姓以爲同宗，編立宗譜，塗人耳目。已，又挾重貲入京，竄入匠籍，輸粟爲山西太原衛指揮。其子大仁、大義、大禮俱補匠役。以燒煉術往來武定侯郭勛。後仍往同戈鎮，其仇薛良首發之。福達懼，逸入京。官司捕其二子按繫之，福達窘，乃自詣獄置對。先後鞫訊者，代州知州杜蕙、胡偉，證之者李景全等。具獄上布政司李璋、按察司徐文華等，復上巡按御史張英，皆如訊。獨巡撫畢昭謂：福達果張寅，爲讎家誣所致。反其獄，以居民戚廣等爲證，坐良罪。獄未竟，昭乞侍養去。會御史馬録按山西，復窮治之，具爰書如前訊。勛爲遺書囑免，録不從，擬福達謀反，妻子緣坐。飛章劾勛黨逆賊，並上其手書。帝下之都察院，席書亦助勛爲福達地。大理寺評事杜鸞上言劾勛及書，乞將二人先正國法，徐命多官集議福達之罪。不報。都察院覆奏李福達罪狀，宜行山西撫、按官移獄三司會鞫。

先是，御史馬録咨於徐溝鄉紳給事中常泰，泰言：寅爲福達不疑。又咨於讞獄郎中劉仕。仕，鄜人也，其言如泰。録復檄取鄜、洛父老識福達者辨之，俱以爲真福達也。乃檄布政使李璋、按察使李珏、僉事章綸、都指揮使馬豸雜鞫之，福達對簿無異辭。遂附爰書上録，録乃會巡撫、都御史江潮上言：福達聚衆數千，殺人巨萬，雖潛踪匿形而罪迹漸露，變易姓氏而惡貌仍前，論以極刑，尚有餘辜。武定侯勛納結匪人，請囑無忌。雖妖賊反狀未必明知，而術客私干，不爲避拒，亦宜抵法，薄示懲艾。章復下都察院。

冬十一月，左都御史聶賢等覆奏：李福達逆跡昭灼，律應磔死。帝從之，錮獄待決。因詰責郭勛，令自輸罪。勛懼乞恩，因爲福達代辨。帝置不問。勛又令福達子大仁具奏，求雪父冤。章下，聶賢與原訊御史高世魁知爲勛指，奏寢其議。勛謂大仁曰：苟弗解，爾曹姑亡命，勿蹈業戮也。於是給事中劉琦、程輅、王科、沈漢、秦祐、鄭自璧，御史高世魁、鄭一鵬，南京御史姚鳴鳳、潘壯、戚雄各劾勛交通逆賊，明受賄賂。福達既應伏誅，勛無可赦之理。給事中常泰亦上言：勛以輸罪爲名，實代福達求理，論以知情何辭？勛爲福達居間，晝令大仁等事急亡命，論以故縱何辭？給事中張逵等亦上言：凡謀反大逆，宜服上刑。知情故縱，亦從重典。今勛移書請託，黨護叛逆，不宜輕貸。聶賢亦奏勛當連坐。帝不從。勛亦累自訴，具以議禮觸衆怒爲言。帝信之。尋命錦衣千户戴偉移取福達獄詞及囚佐，下鎮撫司羈候會鞫。給事中常泰、秦祐，御史任孚、邵豳，郎中劉仕復交章劾勛。江潮、馬録仍會疏極言福達不枉，乞問如律。勛乃與張璁、桂萼等合謀爲蜚語，謂廷臣内外交結，借事陷勛，漸及議禮諸臣，逞志自快。帝深信其説，而外廷不知也。

帝命速取福達至京鞫問，刑部尚書顔頤壽，侍郎王啓、劉玉，左都御史聶賢，副都御史張閏、劉文莊，大理寺卿湯沐，少卿徐文華、顧佖，寺丞毛伯温、汪淵及錦衣衛、鎮撫司各官會鞫福達於京畿道，對簿無異辭，奏請論磔。帝不從，命會九卿大臣鞫於闕廷。時告者薛良、衆證李景全等共指福達，福達語塞。畢昭引證薛良之誣者，戚廣也。訊之，復云：我囊未就吏訊，安得此言！頤壽等以其詞上，上心益疑，命俟齋祀畢，朕親臨鞫問。大學士楊一清上言：庶獄無足煩聖慮者，乞仍屬諸勘官會訊。刑部主事唐樞言：福達罪狀甚明，擬死不枉。上怒，黜爲民。頤壽等懼，乃雜引前後讞詞，指爲疑獄。帝切責頤壽等。

六年夏四月，遣錦衣官劉泰等逮馬録赴京，下鎮撫司獄待鞫，仍取原勘各官李璋、李珏、章綸、馬豸詣京卽訊。顔頤壽上言：福達反狀甚明，法難輕縱。況彼以神姦術蠱惑人心，臣等若不能執，一或縱舍，異時復有洛川之禍。臣雖伏斧锧，何抵欺罔之罪！帝怒，謂頤壽職司邦刑，朋姦肆誣，令戴罪辦事。顔頤壽等復請會訊，從之。乃出録與福達對鞫，情無反異。頤壽等復以上請。帝謂頤壽等朋比罔上。乃逮繫頤壽及侍郎劉玉、王啓，左都御史聶賢，副都御史劉文莊，大理寺卿湯沐，少卿徐文華、顧佖於詔獄。其原鞫郎中、御史、寺正等官，俱逮繫待罪。

八月，帝命桂萼攝刑部事，張璁攝都察院，方獻夫攝大理寺雜治之。太僕卿汪玄錫與光禄少卿余余忽偶語曰：福達獄已得情，何更多事乃爾？詗者以白璁等，奏聞，帝命逮繫玄錫、才於詔獄，並掠之。大學士賈詠與馬録俱河南人，録被逮，詠遺書慰之，鎮撫司以聞。復搜得都御史張仲賢、工部侍郎閔楷、大理寺丞汪淵、御史張英私書，上責狀，詠引罪，得致仕去，而逮仲賢等。

九月，張璁、桂萼、方獻夫逢合帝意，復鞫録等於闕廷，榜掠備至。録不勝五毒，乃誣服挾私故入人罪。璁等以聞，遂釋福達。帝怒録，欲坐以死。璁營解之，得免，乃論戍，編伍南丹衛，子孫世及焉。帝以群臣皆抗疏劾勛，朋姦陷正，命逮繫給事中劉琦、常泰、張逵、程輅、王科、沈漢、秦祐、鄭一鵬等，御史姚鳴鳳、潘壯、高世魁、戚雄等，刑部郎中劉仕，大理評事杜鸞等詔獄，死箠楚狴犴者十餘人，餘戍邊，削籍，流毒至四十餘人。謫大理少卿徐文華、顧佖戍邊。

初，顔頤壽等既逮治，備嘗五毒，聞者慘之。已而皆奪官罷歸，獨文華、佖論戍邊，二人皆與璁等廷争大禮者。江潮、李璋、李珏、章綸、馬豸等俱奪官，韓良相及其佐證俱論遣。璁等自謂平反有功，請編《欽明大獄録》，頒示内外諸臣，以明頤壽等之欺罔。從之。

四十五年，四川妖寇蔡伯貫反。已而就擒，鞫得以山西李同爲師。四川撫、按官移文山西，捕同下獄。自吐爲李午孫，大禮之子，世習白社妖教。假稱唐裔當出馭世，惑民倡亂，與《大獄録》姓名無異。撫、按官論同坐斬，奉旨誅之。都御史龐尚鵬上言：據李同之獄，福達之罪益彰。而當時流毒搢紳至四十餘人，衣冠之禍，可謂烈矣。郭勛世受國恩，乃黨逆寇，陷搢紳。而樞要之人，悉頤指氣使，一至於是。萬一陰蓄異謀，人人聽命，爲禍可忍言哉！乞將勛等官爵追奪，以垂鑑戒；馬録等特加優異，以伸忠良之氣。穆宗從之，凡當時死事、謫戍者，皆得叙録，是獄始明。

（明）沈德符《萬曆野獲編》卷一八《刑部・權臣述史》 嘉靖六年，妖賊李福達一案，議禮貴人張、桂等爲政，盡反成獄，於時刑部尚書顔頤壽、左都御史聶賢、大理卿湯沐、御史馬録等，或杖死，或戍，或斥，具載《欽明大獄録》中，不必更述。至嘉靖四十四年，四川妖賊蔡伯貫反，陷合州等七州縣，僭號大唐大寶元年。直至隆慶三年就擒，鞫得以山西李同爲師，四川撫按，移文山西，捕同下獄。自吐爲李五嫡孫，大仁、大禮，皆其祖師，世習白蓮教，結衆倡亂，與《大獄録》姓名無異。撫按論同坐斬，福達剖棺戮屍。時世宗已升遐久矣，總理屯鹽都御史龐尚鵬上言：據李同之獄，福達之罪益彰，而當時流毒縉紳至四十餘人，郭勳世受國恩，乃黨逆寇，陷縉紳，而樞要之人，悉頤指氣使，一至於是，萬一陰蓄異謀，人人聽命，爲禍可忍言哉。乞將勳等追奪官爵，以垂鑑戒。馬録等特加優異，以伸忠良之氣。疏上，穆宗是之，下部議。時郭勳久已瘐死獄中，罪無可加。而馬録及顔頤壽、聶賢等，俱先以穆宗登極恩，追復故官，且與恤典矣。其他在事被譴者，則俱爲昭雪。而大獄之冤始大明，是時即不再加郭勳之罪，而璁、萼等欺君黨惡，蔑法淫刑，其罪何可勝誅？而揆地諸公，終以故相體面，不復議及，已爲漏網。至隆慶四年九月，則其事久已昭揭天下，而高拱以次相兼掌吏部，復駁主事唐樞復官一事，欲傾陷舊輔徐階。疏中復云，大逆獄得罪諸臣，豈無一人當其罪者，俱先帝所去，即褒顯之。且以武王反商政爲此，冀激上怒，賴上寬仁，僅停樞官，不復他及。高之計始沮，然其傾危狡險，顛倒是非，亦已極矣。至萬曆二年，《穆廟實録》進呈時，張居正柄國，《實録》皆其評定，竟將穆宗洗雪大獄，及龐尚鵬疏，削去不書，反將高拱疏全載，蓋張永嘉、桂安仁、高新鄭之專愎，皆其所師法。每於《世廟録》中，褒譽張、桂甚至。若新鄭雖其所逐，而在先朝時，二人同心翦除前輩，同列又加協力，交如弟兄，以故去取若此。大獄一案，千古奇冤，乃欲削滅以泯其迹，恣横至此，他日身後慘禍，謂非自取不可。福達爲山西之五臺人，一名午，一名五，以謀逆，得末減戍邊，尋逃伍居陜西之洛川縣。正德七年，又謀亂，都御史藍章破之，五敗走匿。至嘉靖五年，更姓名張寅，買授太原右衛指揮使，其子名大仁、大義、大禮，俱納貲入太學，投武定侯郭勳門下，以燒煉役鬼受知，被仇首告。時馬録爲山西巡按訊明論死，此皆李同供出者。近王弇州《首輔傳》中，尚云張寅之爲福達與否，終莫能明也。是時弇州新起家在外僚想邸報不甚經心，故偶誤耳。

《明世宗實録》**嘉靖十三年三月**〔甲戌〕詔誅妖賊沈淮。淮山海衛軍餘，素習妖術。嘉靖三年從妖人李真等謀反，戕殺山海衛主事。真等伏誅，淮潛遁淶州、玉田、三河等處者八年，至是爲巡關御史所偵獲。事聞，下順天撫臣張嵩覈勘，得實，遂正其罪。

《明世宗實録》**嘉靖十三年七月**〔丙寅〕禮部左侍郎黄綰以訪捕大同叛軍首惡王福勝等獄情來上凡。甲申，倡亂及害害李瑾逋誅賊首及後殺游擊曹安，並屠滅指揮景銓等六七十家，男婦一百餘口，劫神機營都司軍器。與夫勾引虜寇敵殺官軍，拆毁民廨舍，兇渠根排無遺者福勝等十四人，論凌遲處死，妻奴資産没官，父母、祖孫、兄弟俱緣坐流徙。張玉等十九人論斬，與福勝等俱不決待時。未獲郭經等四十九人俱論斬，令所在物色根捕。白奴兒等四十一人當充戍，清兵部先定衛分，獲日即行發遣。法司覆悉如綰擬，福勝等首級仍當梟示九邊，及録所犯招由並圖處決形狀，通行榜示，以爲惡逆之戒。詔可。

（明）江之春《安龍紀事》 壬辰二月初六日，上自廣西南寧府移蹕貴州安龍府。安龍，原名安籠所。時，雲、貴皆爲孫可望所據。初，陽尊皇上，要封秦王。朝廷内外臣子，稍忤其意，則擊斬隨之。以故中外重足，無不協署僞職。及東兵陷廣西，可望遂改安籠所爲安龍府，迎上居之，宫室禮儀，一切草簡。時廷臣扈隨者，文武諸臣五十餘人。中有馬吉翔者，本北京市棍也。性便黠，頗識字。初投身内監門下，充長班，復爲書辦，逢迎内監，得其歡心，故内監皆托以心腹。及高起潛出典兵，吉翔竄入錦衣衛籍，冒授都司；居起潛門下，荼毒軍民，無所不至。後又賄陞廣東都司。及乙酉隆武即位福建，吉翔解粤餉赴行在，自陳原係錦衣世職，遂冒陞錦衣衛指揮。後奉使楚中，諂諛諸將，凡報軍功必竄入其名，屢冒邊功，漸次陞至總兵。及永歷即位，又營求宫禁勛戚，得封文安侯。吉翔歷事既久，專意結媚宫禁宦豎。凡上一舉一動，無不預知，巧爲迎合。於是，上及皇太后，皆深信之，以爲忠勤。遂命掌戎服事。又至安龍，見國事日非，遂與管勇衛營内監龐天壽謀逼上禪位秦王，以圖富貴。獨慮内閣吴貞毓及朝中大臣不相附順，内陰嗾其黨冷孟銋、吴象鉉、方祚亨交章參毓。先是，瀨湍移蹕時，毓欲上暫留以繫中外人民之望，遂與壽、翔忤。至是，兩逆交煽，急謀去毓，而銋等參疏屢上。上素知毓忠貞，俱寢不行。壽、翔、銋等曰：貞毓入閣視事，則我不得參預機密，公等參毓，徒費紙筆。今秦王權傾内外，我具一啓托張提塘封去，求秦王令諭以内外事委戎政、勇衛兩衙門總理，則大權歸我兩人。我内入作秦王心腹，公等作羽翼，然後徐謀尊上爲太上皇，讓位於秦王，則我輩富貴無量。貞毓何能爲乎！吉翔遂遣門生郭璘説武選主事胡士瑞云：今上困處安龍，大勢已去。我輩追隨至此，無非爲爵位利禄耳。揣時觀變，當歸秦王。况馬公甚爲倚重，目下即欲以外事屬之。若公能達此意於諸當事，共相附和，力勸禪位，何愁不富貴！不然，我輩俱不知死所矣。士瑞即厲聲叱璘曰：汝喪心病狂，欺蔑朝廷，遂謂我輩亦隨波逐流乎？璘慚而退。吉翔復遣璘持白綾一幅，求武選司郎中古其品畫《堯舜禪受圖》，欲以進秦王。其品憤怒不畫。吉翔陰報秦王，秦王遂將其品鎖去，斃之杖下。六月，秦王有劄諭天壽、吉翔云：凡朝廷内外機務，惟執事力爲仔肩。若有不法臣工，一聽戎政、勇衛兩衙門參處，以息其紛囂。劄到，中外惶懼。獨吏科給事中徐極、兵部武選司員外林青陽、主事胡士瑞、職方主事張鐫，工部營繕司員外蔡縯等相謂曰：天壽、吉翔曩在楚、粵，怙寵弄權，以致楚、粵不戒，鑾輿屢遷。今不悔禍，且包藏禍心，稱臣於可望。一人孤立，百爾寒心。我輩若畏縮不言，不幾負國恩、羞鵷列乎？繇是，各疏參二逆罪狀。章三上，上始知兩人欺君賣國，并發其在安龍時曾偷用御筆私封龍府土官趙維宗爲龍英伯事。上怒，即召集廷臣，欲治壽、翔罪。壽、翔懼，急入内廷，求救太后，得免。兩人奸既露，怨愈甚，欲謀殺極等。於是，專意諂附可望。凡可望所欲爲者，二人輒先意爲請。可望愈肆無憚，自設内閣、六部、科道等官，一切文武皆署僞銜。復私鑄八疊僞印，盡易本朝舊印。而賊臣方于宣諂可望尤甚，爲之定儀立制。太廟廟享三王，太祖高皇帝主於中，張獻忠主於左，而右則可望祖父主也。擬改國號曰後明，日夜謀禪位。上僅守府，勢甚岌岌。私與内監張福禄、全爲國曰：可望待朕無復有人臣禮，奸臣馬吉翔、龐天壽爲之耳目，朕寢食不安。近聞西藩李定國親領大師立搗楚、粵，俘叛逆陳邦傅父子，報國精忠久播中外，軍勢丕振。將來出朕於險，必此人也。且定國與可望久有隙，朕欲密撰一敕，差官賫馳行營，召定國來護衛。汝等能爲朕密圖此事否？禄等即奏曰：前給事徐極、部司林青陽、胡士瑞、張鐫、蔡縯於秦王發劄寵任天壽、吉翔時，曾抗疏交參，忠憤勃發，實陛下一德一心之臣也。臣等將聖意與他密商，自能得當以報。上允之。録與爲國詣張鐫、蔡縯私寓，適極與青陽、士瑞俱至，録等密傳意。諸臣叩首云：此事關係國家安危，首輔吴公老成持重，當密商之。三人即詣毓寓，言其事。毓曰：今日朝廷式微至此，正我輩致命之秋也。奈權奸刻刻窺伺，恐機不密，諸公中誰能充此使者？林青陽即應曰：某願往。毓曰：固知非公不可，但奸人疑阻，預借告假而行可也。青陽乃請假歸葬。貞毓屬祠祭司員外蔣乾昌密擬敕，屬職方司主事朱東旦繕寫，禄等密持入用寶。青陽即日陛辭。時，可望沿途有塘撥盤詰。陽藏密敕，從間道馳出。此六年十一月事也。

癸巳六月，上以青陽去久不回，欲差官往催，毓即以翰林院孔目周官對。武安伯鄭允元云：此番比前更要慎重。今馬吉翔在左右，日夜窺探，凡事必報可望。必須先將馬吉翔差出，使他不得窺探，事乃可濟。若吉翔在内，則奸黨蒲纓、宋德亮、郭璘、蔣御曦等往來奔走，陰伺舉動，深爲不便。時因節届霜降，上以陵越在東西，例用勛臣一員代祭，遂使吉翔往粵行禮。去後，即命蔣乾昌撰敕，復遣周官賫往，官涕泣受命而行。時吉翔奉差在粵，探知青陽賫有密敕至定國營，私差汪錫元至營探聽。未幾而劉議新途遇吉翔，不知吉翔不與謀，對吉翔云：上有密敕與西藩，先差林青陽，復差周官，西藩接敕感泣，不日親往安龍迎駕。吉翔聞之大懼，逼令議新具啓報知秦王，備悉西藩接敕之事。又囑其弟雄飛盡出家貲，賂堤塘王愛秀求其應援。時，吉翔黨與布列甚密，日伺探聽。上孤立自危，以臺省員缺敕部考選，於臘月二十四日臨軒親試，將蔣乾昌、李元開選翰林院簡討，張鐫選刑科洽事中，李頎、胡士瑞選浙江福建兩道監察御史。楊鍾、徐極、蔡縯、趙賡禹、易士佳、任斗墟、朱東旦等亦以資深俸久，各加秩陞職有差。自是，天壽、雄飛益相危懼，謂蒲纓、宋德亮、郭璘、蔣御曦等曰：凡我讎敵，俱選清華，我輩危矣。纓等曰：昨聞周官之行係衆人密謀，待馬公察訪詳悉，具報秦王，則此輩死無日矣。不數日，馬吉翔果具密啓與秦王，報知此事。天壽、雄飛持啓詣王愛秀云：馬公訪得朝中有兩次差官賫敕往西藩去，召他帶兵迎駕。須有啓報秦王，煩公即發撥啓聞。秀聞，大驚曰：果有此事，我係堤塘，亦當具啓報知。壽、飛即下拜曰：公果具啓救我輩性命，誠再生之恩也。啓去，秦王大怒。甲午正月，差鄭國往南寧馬吉翔打聽周官事迹，并看西府兵勢。時，吉翔疏證青陽、周官甚急。由是，吏科都給事林極、大理寺少卿楊鍾、太僕寺少卿趙賡禹、光禄少卿蔡縯、刑科給事張鐫、浙江道監察御史李頎、福建道監察御史胡士瑞等交章參翔欺君賣國，天壽表裏爲奸。上見事急，即敕廷臣公議治罪。天壽懼，與雄飛數騎逃出。雄飛遂見秦王，將密敕與謀之人一一報知，而十八人之獄成矣。

先是，正月内，林青陽回行在復命。至田州總鎮常榮營，榮知密敕之事已發，止陽勿回行在。陽遂留營中，暗遣心腹劉吉至行在，藏張鐫、蔡縯寓，即密奏上。上甚喜，即擢陽兵科給事。上謂毓曰：仍撰敕與青陽，敕内先要説壽、翔表裏爲奸，將謀不利於朕，著令藩臣爲朕剪除等語。俟朕與將軍握手時，即行告廟晉封之典。發金二十兩，爲西藩鑄印。張毓擬篆屏翰親臣四字，發與青陽差人劉吉領去。陽接敕，與金常榮發兵護送至廣東廣州，得遇周官，同青陽始將空敕書寫好及屏翰親臣四字鑄成，送至高州西藩李定國營内。詎意可望差標官至常榮營，急拏青陽，而青陽已去旬日矣。遂將榮撤回，而鄭國已於南寧取吉翔回行在。秦王亦疑吉翔與國，令行在各官與吉翔對理密敕之事。各官既集，鄭國云：馬吉翔已拏在此，列位要明白説出林青陽、周官賫敕之事，他果與謀否？以便回覆國主。貞毓云：學生職司票擬，關防嚴密，如何曉得。國云：既如此，我到朝内請上面對。諸臣俱造朝候。上御文華殿，召鄭國、王愛秀進殿。國與愛秀奏云：西藩私通朝内奸臣，脅敕要封，國主已發人往拏正法，林青陽、周官不日便到。皇上可知是何臣主持？待臣等好回覆國主。上云：密敕一事，朝中臣子必不敢做。數年以來，外面假敕假寶亦多，爾等還要密訪，豈皆是朝裏事？國與秀憤憤而出。即同天壽洶洶至朝房云：我們要回青州，列位須快説明白。貞毓云：皇上雖值播遷，朝廷法度尚在，誰敢妄行？學生們實不曉得。天壽力證曰：你如何推避得！國與愛秀即將毓扭出朝房，一任天壽指揮，即將楊鍾、鄭允元、蔣乾昌、蔡縯、趙賡禹、張鐫、徐極、李頎、胡士瑞、李元開、朱東旦、朱議暴、周允吉、許紹亮、胡世寅、陳麟瑞、易士佳、任斗墟等俱收鎖王愛秀宅内。隨帶家丁同天壽進宫，拏内監張福禄、全爲國、劉衡。宫中大震。少頃，禄與爲國、劉衡俱鐵索繫出，惟胡世寅於是日釋放。此甲午年三月初六事也。入朝時，天氣清明；及諸君子被執，忽烈風霾日，陰雲慘黑，安龍士民驚曰：天壤間一大變事。其逆黨冷孟銋、朱企鉷、蒲纓、宋德亮且揚揚得意，猶奏上速將密敕情由指出是何人所爲，以便處分。不然，危亡在旦夕矣。上曰：汝等逼朕認出，朕知是誰？因悲憤而退。翌日，國具嚴刑拷究，先將貞毓妾父户部員外裴廷謨提到，國叱謨跪。謨厲聲曰：我是朝廷五品大夫，如何跪你？國怒，令亂棍交下，幾斷兩臂。復將謨拷夾，問密敕事。謨不應，次將張鐫、徐極、周允吉、趙廣禹、蔡縯、任斗墟、陳麟瑞、張福禄、全爲國等一一酷刑拷鞫，惟貞毓以大臣免刑。餘皆夾數夾，笞數百，痛苦難禁，惟呼二祖、列宗。時天色晴明，忽風雷震烈。蔡縯厲聲曰：我輩枉取刑辱，取紙筆來，待我拱招。國即將縯扭解放松，縯持筆告天曰：皇天后土、二祖列宗，今日蔡縯拱招與謀密敕之事，以見臣子報國苦衷。由是，一一寫出。國又問曰：皇上知否？縯恐有害國家，答曰：未經奏明。招罷，仍扭鎖收管。越三日，將許紹亮、裴廷謨釋放。亮流涕不肯出獄，向十八人曰：今日同事爲國，生死與共，安忍獨生！毓等曰：公今日得生，是天未盡滅忠臣。爾既生，我輩雖死猶生。亮等揮泪拜辭，十八公亦揮淚答拜。亮即同廷謨出獄。天壽、吉翔乃盡出家貲，厚賂國秀，吉翔以幼女送鄭國爲妾，國留宿二日，復遣還。即誣諸公以欺君、誤國、盗寶、矯詔爲詞，飛報秦王。秦王發令，於本月二十日到安龍，以十八人爲奸、以吉翔爲忠，請上裁斷。國等請上召對，上憂憤御殿，隨發廷臣公議。由是，吏部侍郎張佐辰、綏寧伯蒲纓、太常寺少卿冷孟銋、武選司郎中朱企鉷、總兵宋德亮、刑部主事蔣御曦等俱附耳向鄭國云：這些官，今日都要處死，若留一個，禍根不絶。國云：自然，還須列位主持。維時刑部司官蔣御曦執筆，吏部侍郎張佐辰票旨，竟以盗寶、矯詔、欺君、誤國八字爲案，以張鐫、張福禄、全爲國爲首，擬凌遲。蔣乾昌、徐極、楊鍾、趙賡禹、蔡縯、鄭允元、周允吉、李頎、胡士瑞、朱議暴、李元開、朱東旦、任斗墟、易士佳等爲從，擬棄市。惟毓以大臣，賜絞。陳麟瑞與佐辰同鄉、同年，力救，得杖一百二十，擬遣戍。劉議新杖一百二十，越五日死。劉衡杖一百，免罪。復以福禄乃中宫近侍，用寶發敕雖皇上自行，中宫俱知其事，壽、翔等將廢中宫，囑儀制司蕭尹上疏，引古廢后事爲例。維時中宫流涕哭訴上前，始免。遂將諸君子縛赴法場，俱神色不變，望闕叩頭云：臣子一念，今日盡矣。無以報國，雖死有餘責耳。又云：天壽、吉翔、雄飛朋脅爲奸，欺君賣國，我輩今日爲他殺盡，他日必借秦王勢，挾制天子，爲所欲爲。中興大業，從茲已矣。張福禄曰：我輩生不能殺此三賊，死當作厲鬼殺之，以除國害。

《明世宗實録》嘉靖十四年七月 甲申，遼陽廣寧亂卒趙劓兒，于鑾兒等聞侍郎林庭棉將至，自懼不免。劓兒乃詣廣寧與鑾兒合謀，欲俟鎮城衆官拜表集軍列隊，即其夜脅衆爲亂。總兵劉淮微聞之。是夜偶雨，遂散遣衆軍。鑾兒等謀不行，復造妖言惑衆，密結死罪囚王杲、劉向上於獄，流言庭棉至，將盡誅首從。業已籍定名次，脅誘城中人與共叛謀。俟庭棉至，閉城門，要赦恩，及給賞如大同例。巡按御史曾銑密刺二城及撫順所首惡名，潛授方略。遼陽令副總兵李鑑等，廣寧令備禦韓承恩及舍人金鎮達官卽山等，撫順令代管備禦胡承恩克期擒捕。於是劓兒等八人，鑾兒等十有三人及撫順亂卒王經等七人同日被銑獲。因具奏事，且言前者大同之禍起於制帥之喜，事成於用兵之寡謀，智勇俱廢，卒無成功。得失昭然，監戒不遠。

皇上獨斷遼東之事，而不疑於群言，真御亂之上計也。夫何逆軍無忌，自棄生成，一聞大臣之遣，互相鼓扇。既約閉二鎮之門以要赦，又欲援大同之例以需賞。挾刃以伺機，盟神以固黨，訛洗城以聚衆，攀重囚爲謀主，其始也，因激而倡亂。雖無素謀，其繼也，負罪而逞兇，漸成不軌。夫法不可假，情不可縱，苟上有假借之法，則下多放蕩之情。往陝西兵變，未幾而大同傚尤，説者謂大同之變所以處陝西之變者啓之也。大同殺參將，殺巡撫，未幾而又殺總兵，説者謂李瑾之變所以處張文錦之變啓之也。蓋惠竭矣而威不伸，威行矣而法或未盡。蠢茲小醜，習於耳目，自謂凌辱命臣，賊殺主帥，不過如彼，我輩何忌焉。今宜敕兵部會法司議，行欽差大臣覈實其事，惟據兇逆之原情，以盡律例之本法。至於應參職官，悉從重究無事姑息。事完之日，將各犯情罪戒諭諸鎮，以肅紀綱。則威行於恩外，威震而恩益深，仁盡於義中，義明而益篤矣。詔下兵部議，覆如銑言。得旨：首惡既擒，不必查勘，法司即從重擬罪。庭棉取回，其餘未盡事情，只令巡按御史勘明具奏。法司因言，事在彼中，遽難遥斷，請令撫按官覈數以聞。上謂劓兒、鑾兒等開端喧閧，窘辱撫臣，燒毁公廨，擅收門鑰，劫放獄囚，情罪難容。即行撫按官覆讞明允，徑自處決，梟示各城。其脅從者皆勿窮治。經、尚德、璘等致變情由，仍令兵部移文，亟爲勘覆。於時銑及巡撫任洛議劓兒、鑾兒與王經等罪俱坐斬，即時處決，並先斃於獄者五人俱梟示各城。原禁死囚劉向上、王杲，事関别案，錮以待報。都指揮劉尚德、郭繼宗、王孝忠、袁璘、指揮劉雄、百户張斌，俱比守禦官撫馭無方，數所部軍人叛者律追奪世襲，杖發戍邊。因參經持法過刻，行事乘方，以致損威辱國；太監生王純、總兵劉淮、遊擊史俊控馭寡謀，專裁無術、聽亂軍而妄奏，施卑禮以求容；户部郎中李欽昊多加額銀，虚補侵克，均屬有罪。請自上裁。兵部法司覆如其議。詔以杲、向上如律處決。尚德、璘生事獻諛甚危肇變，情甚可惡，謫發永戍極邊，仍揭黄不許子孫承襲。繼宗、孝忠、斌、雄各戍邊衛。令李欽昊歸别用。經比撫馭無方致所部軍入叛者律戍邊。淮革職閑住。純、俊姑寬宥。銑設策弭亂，忠藎可嘉，待有京缺陞用。諸擒賊人員各查奏陞賞。

《明世宗實録》嘉靖十六年五月 乙未，降西河王府奉國將軍表寨爲庶人。寨與陽典王府鎮國中尉知械、知燋及故輔國將軍奇潭〔〕所育、冒姓子十哥，儀賓鄭志海、指揮張世朝等招納亡命，剽劫爲盜。知烕父奉國將軍表棴首于監司，稍捕治其黨。烕、燋怨父訐發其惡，因與寨等謀，欲糾衆盡殺父黨及讎，遂殺城中官吏，因據城爲亂。語頗泄，表棴旋與家屬踰垣避匿。烕等捉刃入父宅，見無人，遂取五馬呵擁而去，入豐實倉，縱放寄監輕犯，又劫去鎧仗，分給披執，以抗官兵，焚劫街市。達旦，勢稍窘。官兵獲志海、志燋、十哥、表寨等。表棴慮知燋逃逸，自持挺樸殺之。知械與世朝仍馳突搏戰，乃詣北門斬関而出。世朝遐至中條山，爲官兵所斬。知烕至五老峰自縊，諸賊亦漸就擒，餘黨悉平。巡按御史擬罪上聞，因參表寨、志海罪惡深重，請裁以法，并敍諸臣前後擒斬功次。法司請以志海付吏而按例以正表寨之罪。上謂表寨違訓作過，法當重治，但近有恩詔，姑從輕降爲庶人，再犯不貸。仍命賞分巡僉事王世隆、御史趙元夫、沈鐸、參政高叔嗣、都指揮紀振等各報幣有差，餘行巡按御史給賞。

《明世宗實録》嘉靖十七年十一月〔丙子〕昌平州古佛寺僧田園僞造妖言惑衆，入京師，止千户陳贇家，僞授贇安國公，殺其庶祖母劉善秀，及欲舉首人曾廣以滅口。東廠辦事官校捕獲，並贇俱杖誅。都給事中朱隆禧上言：邇時妖僧倡爲白蓮教以惑衆謀不軌者，非止一園也。緣禁令不嚴，人心輕玩，宜諭中外，申明保甲之法，庶民不敢保奸爲邪。上是其言，命都察院出榜禁諭：嗣後有妖賊潛匿，釀成大患，緝事官校不預偵捕者，連坐之。

《明世宗實録》嘉靖十八年七月　辛未，先是聖駕議南巡，有襄府典吏王文魁同民人栗鑾詭列名銜爲奏疏，語多觸犯，傳流道路，冀得聞上停止。而李文政真宣等復用黄帖抄謄傳播。東廠旗校緝獲以聞。特栗鑾已故。有旨逮訊文魁等，坐妖言惑衆律。連及二十餘人，各治罪有差。

《明世宗實録》嘉靖二十一年十月　丁酉，宫婢楊金英等共謀大逆，伺上寢熟，以繩縊之，誤爲死結，得不殊。有張金蓮者，知事不就，走告皇后。后往救獲免。乃命太監張佐高忠捕訊之。言金英與蘇川藥、楊玉香、邢翠蓮、姚淑翠、楊翠英、関梅秀、劉妙蓮、陳菊花、王秀蘭親行弑逆。寧嬪王氏首謀，端妃曹氏時雖不與，然始亦有謀，張金蓮事露方告。徐秋花、鄧金香、張春景、黄玉蓮皆同謀者。詔不分首從，悉磔之於市，仍剉屍梟示。並收斬其族屬十人，給付功臣家爲奴二十人，財産籍入。諸以異姓收繫者，審辨出之。時諸婢爲謀已久，聖躬幾危，賴天之靈，逆謀不成。當是時，中外震惶，次日始知上體康豫，群心乃定。

《明世宗實録》嘉靖二十三年十月　〔己丑〕叛賊王三伏誅。王三者，大同左衛指揮王鐸之子也。鐸素與虜酋吉囊通，遣三遺之酒物。吉囊因留之，妻以部女，遂爲虜用。頻年入犯，皆三導之。至是隨虜至水地莊，向舍餘劉伏兒索食。翌日伏兒商同按伏大同官軍四百餘人及水峪口餘丁馮龍、賈昇、張寶等計縛之，並其黨三人。巡按御史李天寵以聞。上大悦，命賞伏兒銀一千兩，加陞五級。馮龍、賈昇、張寶各一百兩，授試百户。王三械繫至京，獻俘正法。馳報人賞銀十兩，紵絲一表裏。其餘失事、獲功諸人，俱命天寵勘實以聞。已北路參將張鳳詐稱統領部兵擒三，欲攘爲己功。巡撫詹榮、總兵周尚文上其事。上以鳳設詞欺罔，責榮、尚文輒與妄奏，詰令對狀。鳳復奪三繫於天城。天寵劾鳳掩襲冒功。詔逮鳳至京訊問。已王三械至，命磔之於市，梟示各邊。餘黨三人皆斬，鳳謫邊衛充軍。

（明）卜世昌等《明通紀述遺》嘉靖二十四年十月　壽寧侯張延齡決西市。張延齡先以指揮司總僧人宗寘人命會議故殺擬斬監候，張鶴齡降發南京錦衣衛。有奸民劉東山等十餘徒黨結在京，挾詐人財，窺伺延齡兄弟皇親家冨易爲生詞挾詐，妄造内官趙稷，向鶴齡傳説聖躬疾重，不久當崩，就將恭穆獻皇帝廟號，並四郊都拆。鶴齡舉手加額，夜則三更密呪皇上聖母，並槩宫不安等虚情揑奏。行三法司會問參看得劉東山等群姦搆黨，攢捏扛幫，僞造呪咀虚言，任意縱放，以遂私描畫魘鎮，假圖隨情指摘，以網利。瀆毁君父，全無忌憚，指斥乘輿，人不忍聞，投諸豺虎，猶有餘辜。及照犯人張延齡一門過盛恃寵驕恣濫受各色無籍之徒分爲腹心爪牙之用，假威張勢，侵害良民，欺騙商賈資本。上下通分，啚謀小民財産，主僕各占，因而致死人命，弗可勝紀。法官會明議擬斬罪。伊兄鶴齡，降調南京，柰何驕恣成性，猶不善處，致使劉東山等接踵虚奏，而不知止者，蓋延齡淹久未決，可挾而利其所有也。周公誅管蔡，載之於書，漢文誅薄昭，書之於史。以明大義斷親，重紀綱也。劉東山等枷號死訖，延齡監候，至是夏言復入内閣，延齡遂死西市。

《明世宗實録》嘉靖二十五年十月　癸巳，代府和川王府奉國將軍充灼等謀反伏誅。先是充灼及昌化王府奉國將軍俊桐、俊欖、俊棠、俊櫞、潞城王府鎮國中尉俊振、襄垣王府奉國中尉充燩、充爍好聚兇徒，酗酒作姦。大同人張文博、李欽及李舜臣、張淮、李紀數人助之。已而充灼等以劫奪大同劉知府財物，詔奪其禄，心懷怨望，遂造反謀。充灼邀各宗室及文博等飲，充灼曰：我等奪禄，代王又〔不〕爲理，柰何困死？若引虜圍大同城，我等内應，開門納之，殺代王及鎮撫大吏舉事，則不憂不富貴矣。必先燬各草場，使兵馬不得屯牧爲善。衆皆從之。張淮審告其黨妖人次仲太。仲太曰：我師羅廷璽若來，無事不濟。廷璽者應州人，與其黨王廷榮俱以白蓮教惑衆。淮遂因仲太見廷璽。廷璽許之諾，入見充灼，稱其有大分。充灼大喜，告以謀。廷璽乃爲畫計，令告小王子毋野掠，三路進兵，直抵大同城，奉小〔王〕子居之，遣兵攻鴈門関，約王廷榮爲（因）〔内〕應，取平陽，立充灼爲主。遂將胡兵四討，然後計殺小王子，則大事成。充灼以爲然，乃使廷璽出約王廷榮，刻一印文白文子師。造旗牌、火器。充燩受充灼密謀，令其黨門四等持俊棄、俊掖所造火箭出，燒城外各草場。總督翁萬達疑二日之内六處失火，必有大姦謀，下令緝捕獲門四等，驗治未決。次仲大知衛奉者曉虜語，嘗引虜得計，遂使奉抵小王子所誘之。奉出邊，至威寧海子北岸，遇小王子所部察罕兒等。與之約，多置一色旗，半留府，半送小王子所用爲識。還告充灼。充灼使文博爲表文與小王子，中皆逆語。賂以大同城，約同舉事。仍使奉等持僞表旗幟出，邊旗皆書調兵字。會總兵周尚文使人出邊哨探，詢問守者，知有四挾人傘出，怪而追之。及奉等於榆樹，因索得其通虜表物。收奉等至尚文所鞫之，具得充灼等謀狀。萬達密啓代王收充灼等，而分捕叛者。羅廷璽取叛籍燒之，仰藥死。餘捕獲，奏聞。上命械充灼等來京至午門前，命司禮監、駙馬、五府、九卿、科道、錦衣衛官會審，具服。諸臣因奏充灼等謀反形已具，充灼首倡逆謀，俊桐贊言助逆，罪惡深重。充爀、俊欓、俊棠、俊櫲、俊振次之。俊棄、俊掖造火箭又次之。奏上，詔如所擬。以充灼等所犯應決不待時，但今獻歲之初，未可行刑，姑繫詔獄。至是，法司復請。上乃報曰：充灼等世受國恩，不遵祖訓，違逆天道，背叛朝廷，甘心降虜，勾引寇兵，圖危宗社，謀燒各邊草場，兇謀大著，國法難容。充爀等受謀燒草，俊□等亦稱隨同聽謀，難分差等。充灼、俊桐及充爀、充㷋、俊□。俊棠、俊櫲、俊振俱令自盡，仍焚棄其屍。俊棄、俊掖雖不與聞逆謀，而親造火箭，意欲何爲？降爲庶人，送高墻禁錮。張文博等三十人俱依謀反律棄市，梟首於邊。代府長史孫質等論死繫獄。餘悉如議。

《明世宗實録》嘉靖三十一年八月 〔乙亥〕追戮故咸寧侯仇鸞於市，籍其家。先是，鸞數在上前畫策調兵禦虜皆無效，上心厭之。會諸鎮告警，鸞病不能行，乃詔收其兵權，大學士徐階因密疏鸞通（綏）〔虜〕誤國狀，上覽之大驚，命掌錦衣衛事都督陸炳密訪。炳素惡鸞，常使人微伺鸞動静及其左右用事者，銖兩之姦悉知之。鸞且死前一日，炳欲發其事，恐按驗無實，乃陰令人誅鸞家丁時義、侯榮，令亟逃虜中避禍，不然且擒。義等信之，各逃至中途，炳遣人遮縛之，乃悉發鸞初鎮大同與虜私通，要約虜貨幣諸物，虜亦遺鸞箭䕺，持此爲他日不犯大同信契，義等各承遣往來，今懼事發逃入虜中，欲勾引入犯狀，（且）〔具〕以上聞。上大怒，即命炳會同三法司擬罪。於是，法司奏當鸞謀反律當追戮。奏入，得旨：鸞皆叛朝廷引寇入犯，大逆不道，神人共憤，雖仰荷玄威殛死，未盡其辜，仍剖棺斬首梟示九邊。父母妻子及時義、侯榮皆斬。妾女孫發功臣家爲奴，財産盡没入官，家屬流置，諸黨惡者發遣發配有差。鸞少讀書能文，頗有勇略，然貪戾險狠，累鎮兩廣、甘肅，所至輒與督撫大吏相訐奏，既攻殺曾銑起典重鎮，會（更）〔庚〕戌虜騎薄京城，（西）〔四〕方援兵無至者，鸞一軍獨來，故上甚壯之。鸞又多大言，云能出塞驅虜，上以是愈益（受）〔愛〕信，特拜爲大將軍領中外諸軍事，（龍）〔寵〕任於群臣無比。久之，其説皆不售。嘗一出軍大同，靡有所獲而還。又馭軍無紀，縱所調〔邊〕兵侵暴京師（君）〔居〕民，人心洶洶流言日聞。上始厭惡之，稍稍裁抑。而不爲悛改，益肆貪縱慾及於禍，所謂寵臣不忠小人之乘君子之器者與？乃法司當之以謀反，則非其實矣。

（明）卜世昌等《明通紀述遺》嘉靖三十四年九月 胡宗憲誘汪直等投降，許爲奏請，優以官爵。汪直與羅龍、文宗憲皆徽人，相信直，因以銀十萬兩托龍文餽嚴嵩父子，冀得授以指揮職御。時浙中三司與巡按御史周斯盛議得汪直、葉宗滿背華勾夷，謀叛之罪，已不容誅。王汝賢越關出境，作逆之狀，亦自難掩。通應解獻闕廷，顯戮市曹，以彰國典。但其作孽貽禍原在海上，汪直葉宗滿就彼梟示，王汝賢處絞，各犯妻妾及子解京給付功臣家爲奴。嵩父子受賄，欲擬投降有死。且言聖意欲如此。三法司等執稱直等率衆攻破城池，殺傷文武將吏軍民百萬，明是謀反。今作謀叛，已非正律，豈可又輕。嵩曰：旨下再議。三法司曰：再議則用反律，豈可又減叛律乎！嵩曰：原着兵部會法司，法司只從兵部議可也。皆曰：兵部即議未減，法司亦不敢僉名。嵩父子咈然不應，竟票旨云：汪直背華勾夷，罪逆深重，着就彼處決梟示，葉宗滿、王汝賢既稱歸順報效饒死，發邊衛充軍。

（明）卜世昌等《明通紀述遺》嘉靖三十六年正月 左都督陸炳劾奏，提督内皇城八門無掌刑司禮監太監李彬，侵盗帝真殿工所物料及内府錢糧以數十萬計，私役軍丁，造墳於黑山會，起丁字大券，僭擬山陵，大逆不道，宜寘之法。上命錦衣衛捕送鎮撫司拷訊。下刑部擬罪，與其黨太監杜泰、李庚、王愷皆論斬，餘發遣如律。没入其貲白金四十八萬有奇，玉帶、金寶、緣環八箱，餘珍寶不可勝計。

《明世宗實録》嘉靖三十七年二月 〔甲午〕大同右衛千户魏昂以姦其部卒女事覺單騎亡（大）〔入〕虜中，尋挾虜至城下索其妻子，署副

（都）〔總〕兵尚表、千總應襲麻錦塹地伏甲擒之。事聞，詔斬昻，賞表、錦銀幣。

《明世宗實録》嘉靖三十八年十一月〔丙申〕　總督浙直都御史胡宗憲讞上王直、葉宗滿、王汝賢等獄，謂直等勾引倭夷肆行攻劫，東南繹騷，海宇震動，臣等用間遣諜始能誘獲。乞將直明正典刑以懲於後；宗滿、汝賢雖罪在不赦，然往復歸順曾立戰功，姑貸一死以開來者自新之路。事下，兵部會同三法司覆議，三犯俱不可原，仍將妻子財産没入，庶盡法律。上曰：直背華勾夷，罪逆深重，命就彼梟示。宗滿、汝賢既稱歸順報（功）〔效〕，姑待以不死，發遣衛永遠充軍。餘如議。

（明）卜世昌等《明通紀述遺》嘉靖四十三年三月　京中有吕姓者，以白蓮法惑衆，陰結亡賴，僞授告身，約八月連丘富虜衆入寇河南。有李應龍者，眇一目，兩手涅日月，置太白旗懷衛間，不逞者推以爲主，約四月初間舉事。官校逮獲僞告身二帙，徐階以其事具奏聞，緝吕伏誅，應龍逃之山西。

（明）李詡《戒庵老人漫筆》卷八《論大獄》　世宗《欽明大獄録》，事在丁亥九月，余邑大理卿湯公沐以此罷斥。後穆宗御極，又因都御史龐尚鵬疏，遂追恤罪斥諸臣，前後矛盾。余得項甌東公喬之論曰：武定侯郭勛初鎮兩廣時，正謙恭下士，御史周公廣以事謫懷遠驛丞，武定托求文，厚施於周，周堅却之，且有後議，勛恨之。他日誘其入門，重撻二十，縉紳聞之，俱不能平也。後馬子録巡按山西，有爲白蓮教張寅者善燒煉，武定素善之，後聚黨數千人，爲地方覺，舉使坐以左道惑人之罪，其何説之辭？馬子以弘治中謀反脱逃李福達者即張寅也，遂以張寅即李福達，按以不軌，而武定屬書至，馬執書并奏武定謀爲不軌。各道三法司以周故，方幸武定有罪，欲成其獄。勛貪縁無所不達，聖上明知其非不軌也，特升張羅峰掌都察院事，陸桂見山刑部尚書，方西樵大理寺卿，專爲平反此獄。而前此三法司及各道緣此爲民去位將及百員，而馬子録謫戍廣西賓州，竟死其地。識者謂大獄之成，固由武定爲張寅伸冤，亦因縉紳爲周廣報復，而周公廣不能見惡人以辟咎，則實始作俑者。一事之微，幾至空人之國，嗚呼，是豈可獨歸之張羅峰哉！可以爲戒矣。此論在嘉靖壬子以前，殆得情者也。

（明）沈德符《萬曆野獲編》卷八《内閣·籍没二相之害》　籍没罪人貲産，在前朝不能盡紀。如世廟末年之籍嚴分宜時，世蕃聞重劾，先往戍所，而其子紹庭爲緹帥，馳急足歸報乃祖，預匿諸珍寶於所親厚。及欽遣使者至，所籍不及額之半，於是株累其姻友，以至無辜，俱嚴刑賠補。如鄢懋卿、萬寀輩，受其卵翼，爲之角距以取富貴，固不足惜。而江右小民，瘡痍數十年猶未復，亦可哀矣。今上癸未、甲申間，籍故相張江陵，其貽害楚中亦如之。江陵長子敬修，爲禮部郎中者，不勝拷掠，自經死。其婦女自趙太夫人而下，始出宅門時，監搜者至揣及褻衣臍腹以下。如金人靖康間搜宫掖事，其嬰稚皆扃鑰之，悉見啖於饑犬，太慘毒矣。其後追逮王（王原作至，據寫本改）少宰、曾司空所寄頓，終不及數，上亦用大臣言，留田千畝，以贍太夫人。先是馮保籍後，亦已留衣二箱，銀千兩，僅降南京奉御去矣。廢遼庶人憲㸅之太妃，遂藉端歸罪故相，求復國，賴上聖明不聽。然遼故宫已先被上賜，加拓爲故相第宅，太妃因得以有辭。夫此污瀦不祥之地，江陵公何所見而偃然居之？當時亦何以不撤毁而歸之上相？眞事理之難解者。迨江陵籍没後，此第又入官爲衙署矣。分宜同時有義子趙文華，贅於吾郡，因征倭事，與胡宗憲同追所侵軍餉，趙已死，其子繫治二十餘年，追不滿數，至累其婿屠御史叔方者，時尚爲孝廉，賠至三萬金。郡中又僉派富户包認，拆其第，每一椽亦勒價三兩，鄉人受毒不可言。其後今上丁酉，籍没大璫張誠，司房霍文炳，致累鄒泗山德溥宫諭，削籍追贓，又不足言矣。

《明穆宗實録》隆慶五年九月〔庚辰〕　磔廣西逆賊韋銀豹，并斬其孫韋扶獞于市，仍傳首夷方。銀豹廣西古田獞民，其父朝威自弘治間與其伯朝猛占據縣治，拒殺副總兵馬俊、參議馬鉉。正德間，銀豹嘗隨朝威攻陷洛容縣，朝威誅死，銀豹乃挾其五子四出擄掠，屢敗官兵。隆慶元年五月，銀豹兄銀站恐爲己累，密送款巡撫殷正茂執銀豹以降，傳詣京師。上以付吏，論銀豹謀反律與扶獞俱伏誅，其家屬黨類下撫臣論治如律。

《明神宗實録》萬曆二年四月　癸酉，兵部覆薊鎮督撫等官劉應節等題：屬夷討賞，原非犯順，南兵吳青等貿易嚷奪，遂敢私越邊關，擅殺屬夷，詐捏虜情，妄傳烽火。吳青等二名合行梟示，副總兵陳勛，提調王鳳鳴量加罰治，守備陳子夔等行巡按御史問。從之。

《明神宗實録》萬曆六年十一月〔癸酉〕雲南牳獲諸夷，糾黨嘯聚，劫掠地方。該官軍斬獲首級不上千人，而殺掠男女七百六十名口，而放火焚燒木瓜等處，污辱士女，劫奪貨財，屠戮之狀，慘不可言。撫院勘實以聞。上命巡按御史將本州同知張思賢拏問正罪，仍卹録被難官軍有差。

《明神宗實録》萬曆七年三月〔戊申〕兵部題覆貴州巡撫何起鳴、巡按張道題稱：逆犯王守斌糾合鄭士韶僞造妖書，謀爲不軌，今提獲問擬謀反大逆律，仍照鄭士韶前例，梟首傳示。爲炤。本犯久棄家室，貫址無憑，似當罪本身，免其孥戮。其多方緝獲，則都司署遊擊事張奇峰功當首叙陞級，貴陽知府王任重、同知師道主功在並叙録賞。得旨：依擬。

（清）陸圻《纖言》卷上《龐保劉成馬三道李守才》〔萬曆七年〕五月二十日乙丑，刑部十司會審張差一案，是時司官署名者：胡士相、陸夢龍、鄒紹先、曾曰唯、趙會楨、王之寀等一十人員。張差口供：內監龐保、劉成、馬三道、李守才商量進內，教打小爺。情景逼吐，絶無抵飾。蓋廷元疏奏風癲後，提牢主事王之寀散飯獄底，密叩張差，頗得真情，自有主使，故復有二十會審之舉，多官耳目具在，乃鐵案也。亡何，刑部疏請提龐保、劉成對鞫，仍行薊州道提解馬三道等。壬戌，刑部司官會審馬三道等，先期鄭國泰行賄問官胡士相，吴爾壎輩，過付者中書吴中秀、千户陳紀也。國泰密令人入獄。剪去差舌，既而薄刑馬三道，于是三道、守才以送灰保、成，修鐵瓦殿，委係無干，并訴差癲狀，差一字不能吐，而風癲竟具獄矣。

神祖屢詔：馬三道等無辜，不宜濫及，致傷天和，僅擬一流。甲戌，但決張差于市。乙亥，命司禮監會九卿三法司于文華殿門外，鞫審龐保劉成，保原名鄭進，成原名劉登雲，輾轉不招，蓋文華嚴禁之地，例不用刑，保、成輩安肯吐實？而張已死，無人質辨，此神祖全保、成之深意也。方審時，神祖又促東宮手詔言云：張差持棍闖宮，至大殿簷，當時就擒，遍搜並無別物，其情實係風癲，誤入宮闈，打倒門官，罪所不容赦。後復招出龐保、劉成，本宮反覆參詳，保、成身係内官，雖欲謀害本宮，于彼何益？料保、成必素凌虐于差，故肆行報復之謀，誣以主使。本宮念人命至重，造逆大事，何可輕信？連日奏求父皇速決張差以安人心，其誣招保、成，若概治罪，恐傷天和。況名姓難以干連，從輕擬罪，則刑獄平，而于本宮陰德亦全矣！

諸臣接宮諭，知爲神祖之意，不便深求。然六月丙子，刑部猶復上疏曰：文華嚴禁之地，訊問保、成，不用刑具，何由得實？乞皇上發外廷從公鞫審。神祖云：鄭進、劉登雲的是誣攀，招詞互異，難以憑據，不必再問。部臣又請，神祖又諭如初；丁丑，又諭保、成用刑五次，已斃大内。夫丙子無用刑之説，而丁丑卽云杖五次而斃，其朦朧結案，秘不欲發，可知也。

《明神宗實録》萬曆十二年八月〔戊申〕平樂營兵鼓噪，殺傷四十餘人，執擄鄉官王佩瑶等，勒官兵討之，斬馘略盡，叛首徐凱被擒，自縊死。兩廣督吳文華以聞。有旨：逮知府周祈來京問。

（清）查繼佐《罪惟録》紀卷一四《神宗紀》〔萬曆十二年〕夏四月，御史羊可追論輔臣張居正罪，詔奪官及謚，籍其家。長子敬修不勝刑，自誣寄貲曾省吾、王篆、傅作舟家，盡三家不能十之三，敬修自縊死。家人楚濱等死者十餘人。隨有誣居正以逆謀者。上宮中每自號禹齋，詞臣高啓愚主試應天，曾命題舜亦以命禹，遂妄傳江陵堂懸舜禹授受圖，爲啓愚所獻。侍郎陸光祖初以小卿候居正朝房，獨索座論辨，護劉臺、傅應楨力，正色曰：相公奈何訑訑拒人哉？至是諸攻者氣鋭，光祖獨正言摧抑之，人服其雅量。五月，刑部尚書潘季馴等，請念居正八旬老母，保全餘孽。帝憫之，與温旨。

《明神宗實録》萬曆十三年六月〔壬寅〕建武所亂卒范大龍等伏誅。先是，科臣王致祥言：建武之亂，軍人乘夜犯門，戮傷主將，壐書、棋牌喪失大半，其變不小，若祇諭以温詞，許預給月糧，非軍政也。有旨：切責撫臣雒遵。於是，始分兵捕，斬大龍，縛李德等十人正法。傳首所部，遵等亦得叙功矣。

《明神宗實録》萬曆十三年九月〔辛巳〕廣東程鄉縣妖人劉青山立無爲教社，聚黨爲亂，官軍攻之，斬獲七十餘人，首惡逃逸。

《明神宗實録》萬曆十六年六月　癸亥，薊鎮督撫張國彥等奏，屬夷幹多羅忽令部夷撦落等衝放筏板，潜入潘家口，殺死運軍二人，奪去馱騙馬三匹，隨被官兵擒獲賊夷卜兒大等五人，失事官熊世錦等分別罰治。上依擬。

《明神宗實録》**萬曆二十六年十月** 乙亥，河南巡撫曾如春奏：先是，七月内，有奸人位世身在陳州衛，將臺原竪旗杆上，張掛黄旗，上書：八月起首，二十八日宿，寶吾門，開天祖，先奪陳州、汴城等語。臣行該州衛官密緝，尋獲搜得妖書私帖經文，分别首從正法。

《明神宗實録》**萬曆二十八年四月** 〔乙酉〕珠池市舶税務内臣李鳳，激變新會縣，乃參縣民李芸易，原任通判吴應鴻，舉人勞养魁，鍾声朝，梁斗輝阻撓課務，主謀興叛。上震怒，即命官旗逮繫李芸易等赴京究問，其餘有名渠魁，即付李鳳嚴拏正法。

《明神宗實録》**萬曆二十八年七月** 〔甲辰〕巡按直隸佴祺以擒獲妖犯趙古元等具奏。上命督撫按官諸臣審確會題，解京正罪。

《明神宗實録》**萬曆二十八年十一月** 〔壬寅〕妖人趙一平伏誅。一平浙之山陰人，索習邪術，倣詭喜亂，會麗水妖婦王氏假稱佛號，分派孫技與義烏姦吏陳天寵，傳香淫聚，煽惑浙東。其夫死，一平夤緣妻之，造《指南徑》妖書，令其黨分投兩都省署，同日布散，簧鼓人心。黨獲懼誅，易號古元，逃竄徐州，結納無賴，猖狂大言。已而流竄杭城，誦經聚衆，拒捕殺人，變姓名，亡命滄瀛間。至寶坻，爲千户劉文所擒，械京邸訊。至是獄具。一平，王氏，天寵戮西市，懸首狥衆，餘黨各論斬、枷示、戍遣有差。

《明神宗實録》**萬曆二十九年七月** 丁未，蘇杭等處提督織造兼理税務司禮監太監孫隆，及巡撫應天右僉御史曹時聘，俱以蘇州民變事上聞。隆疏言，亂民葛賢等造言聚衆，焚掠劫殺，圍逼織造衙門，要挾罷税，其詞頗激。時聘疏言，吴民生齒最煩，恒産絶少，家杼軸而户纂組，機户出資，織工出力，相依爲命久矣。往者税務初興，民咸罷市。孫隆在吴日久，習知民情分别，九則設立五関，止榷行商，不徵坐賈，一時民心始定。然榷綱之設，密如秋荼，原奏參隨，本地光棍以榷徵爲奇貨。吴中之轉販日稀，織户之機張日減，加以大水無麥，窮民之以織爲生者，岌岌乎無人路矣。五月初旬，隆入蘇會議五関之税額，數不敷，暫借庫銀那觧。參隨黄建節交通本地棍徒湯莘，徐成等十二家，乘委查税，擅自加增。又妄議每機一張，税銀三錢。人情洶洶，訛言四起。于是機户皆杜門罷織，而織工皆自分餓死，一呼響應，斃黄建節于亂石之下，付湯莘等家于烈焰之中。而鄉宦丁元復家亦與焉。不挾寸刃，不掠一物，預告鄰同里防，其沿燒毆殺竊取之人，抛棄實免之財。有司往諭，則伏地請罪曰，若輩害民已甚，願等而甘心焉，不敢有他也。及湯莘等被責枷示，一揮而散。葛賢挺身詣府自首，願即常刑，不以累衆。其憤激之情亦可原矣。吴民輕心易動，奸信訛言，浮食奇民，朝不謀夕，得業則生，失業則死。臣所覩記，染坊罷而染工散者數千人，機户罷而織工散者又數千人，此皆自食其力之良民也。一旦驅之死亡者也，臣竊悼之。四郡額賦，歲不下數百萬，何有於六萬之税不亟罷之，以安財賦之重地哉？奉旨，蘇州府機房織手聚衆誓神，殺人燬屋，大干法紀，本當盡法究治，但亦身空手不懷一絲，止破起釁之家，不及無辜一人，府縣官并税監出示曉諭，旋即解散。原因公憤，情有可矜，召禍姦民湯莘及爲首鼓譟葛賢等八名，着撫按官嚴究正法，具奏其餘脅從，俱免追究，以靖地方。

《明神宗實録》**萬曆三十年閏二月** 乙卯，禮科都給事中張問達疏劾李贄壯歲爲官，晚年削髮，近又刻《藏書》、《焚書》、《卓吾大德》等書，流行海内，惑亂人心。以吕不韋，李園爲智謀，以李斯爲才力，以馮道爲吏隱，以卓文君爲善擇佳偶，以司馬光論桑弘羊欺武帝爲可笑，以秦始皇爲千古一帝，以孔子之是非爲不足據，狂誕悖戾，未易枚舉。大都刺謬不經，不可不燬者也。尤可恨者，寄居麻城，肆行不簡，與無良輩遊于庵，拉妓女白晝同浴，勾引士人妻女入庵講法。至有携衾枕而宿庵觀者，一境如狂。又作《觀音問》一書，所謂觀音者，皆士人妻女也。而後生小子，喜其猖狂放肆，相率煽惑，至于明劫人財，强摟人婦，同于禽獸而不足卹。邇來縉紳士大夫，亦有捧呪念佛，奉僧膜拜，手持數珠，以爲律戒，室懸妙像，以爲皈依。不知遵孔子家法，而溺意于禪教沙門者，往往出矣。近聞贄且移至通州。通州距都下僅四十里，倘一入都門，招致蠱惑，又爲麻城之續。望敕禮部檄行通行地方官將李贄解發原籍治罪，仍檄行兩畿各省，將贄刊行諸書，并搜簡其家未刊者，盡行燒燬，毋令貽亂于後世，道幸甚。得旨，李贄敢倡亂道，惑世誣民，便令廠衛五城嚴拿治罪。其書籍，已刊未刊者，令所在官司盡搜燒燬，不許存留。如有徒黨曲庇私藏，該科及各有司訪參奏來，並治罪。已而贄逮至，懼罪，不食死。

《明神宗實録》**萬曆三十一年三月** 〔丁卯〕播州舊逆吴洪，盧文秀，盧文政，張承賢，盧里受，譚里保，羅志，楊邦俊，王金義，張漢臣等惡漢法嚴密，潛謀不軌。假楊應龍兒子爲名，恢復舊疆。因內江縣舉人晏鳴鹿窆鄰墳，侵田土，遵義縣知縣蕭鳴世素失衆心，此事又失處分，洪遂激怒舊民，聚衆首亂。總兵李應祥，副使傅光宅等率修防官兵捕之。陸續擒獲首從劉堯等，洪逃奔水西，黔撫郭子章責安疆臣縛獻，洪爲疆臣把目王宗舜斬首，擒獲賊黨，止逸一二。總督王象乾以聞。兵部覆言，洪自祖父及身爲楊氏親信長官三世。劉堯者，逆龍之腹心書記，而羅志，譚星保，盧文政等皆逆龍之爪牙也。平日倚附逆龍，今雖逋誅，包藏禍心徘徊故國，視楊三老爲奇貨，藉水西爲聲援，投閒抵隙，所須者時耳。而豪勢之武斷，悍吏之淫刑，又大拂乎人心，遂欲假以激怒沙溪之衆，操戈關弓快於一逞，是其謀叛之本意。雖不盡由人，實籍之資也。今雖就縛，啓釁人員法當究治，詔以逆首吴洪等傳級示衆，譚里保等梟示，未獲者嚴加緝捕，以絶禍本。蕭鳴世，晏鳴鹿行御史究問，有功員役勘明定奪。

《明神宗實録》萬曆三十四年九月　壬申，福建漳浦縣叛徒劉志邁、程可兆等謀爲亂，事覺，捕獲可兆與其黨蔡崇哲、黄翀斗等十餘人，志邁遁去。志邁，本罷閑守備，可兆爲邑庠生。二人相結，陰蓄亡命千餘人，共圖不軌。以五月十八日夜，聚衆祭旗於教場，燈忽自滅。可兆惡之，斬榻屏以厭，約次日舉事。至期，風雨大作，自暮達旦不止，乃更期二十五日。徒黨四百人，各衣白衣，藏利器，志邁以二百人伏城外，可兆以二百人伏城內，分據四隅。夜半，放火擊鐘爲號，因而外攻內應，斬関以入。部署既定，會邑民李調梅知之，以先一日密告於知縣黄應舉。應舉素有智略，聞變，急率屬領軍士，閉城大搜，自辰至晡，連獲可兆與其黨蔡崇哲十餘人。夜昏定，又於城西隅曠室中獲姦細林懋襄等三人。明日，城外尚不知覺，夜放火箭三，城中無應者，志邁等知事敗，遂遁去。撫臣徐學聚以其事聞。

《明神宗實録》萬曆三十四年十二月　〔庚戌〕南京妖人劉天緒謀反，事覺，捕獲。天緒本河南永城縣人，流寓鳳陽府臨淮縣朱龍橋，崇奉無爲教，主妖言，朱龍橋有七十里雲程，其處有退骨塘，入浴其中，卽可脱骨成佛。里民王宗，張名，吴鳳龍等皆信從之，各署妖號，有十二天，十二佛，十二星之名。久之，徒與漸衆，南北千餘人。遂懷不軌，自稱爲闢地定奪乾坤李王，與南京寡婦岳氏姦通。先是，秋九月，天緒造妖書一册，聲言冬至日，李王出世。與宗等約曰，若等以十一月朔旦從我至神烈山，如吾當帝者，吾拜天，卽便有豪氣上騰，如無此氣，卽吾無帝分。至期，宗等如言，與天緒登山升誌公説法臺，拜天望氣，無所見。既下山，至朝陽門外，果見黑氣一道，狀如天河，自西北亘於東南。宗等遂信爲真主，相與定謀，購造弓刀器械，勇巾紅服。天緒復自號爲龍華帝主，岳氏爲觀音，世僭封爲后。岳氏復爲其子求封官爵，天緒用赭帛書封欽賜護國將軍國公與之。又僞封王宗等十餘人爲國公、侯、伯、將軍、指揮等官，約於是月二十三日長至節，乘百官謁陵舉事。會其黨陳繼學、張應登等懼事發禍及，先期告變。御史李雲鵠密捕，盡獲之。訊實以聞，章下兵部。

《明神宗實録》萬曆三十五年正月　壬申，南直隸巡按宋燾以妖賊就擒，請發邊餉，罷税監，練軍實，以固人心。不報。去歲冬月，南都有劉天緒之亂。天緒中州人，以蓮教煽聚至千有餘人，自相部署，號龍華帝主，稍治凶器，造符驗，以號召遠近。其黨與張名，王宗，龍鳳，王起，吴熊，江升，郭禮，吴鳳，傅保榮等各自封號。而張名稱將軍，誓衆于冬至日舉事，先掠倉庫，質百官，次犯陵寢。爲操府家丁陳繼學所發，遂一夕掩捕，盡得之。御史燾言，自採榷役興，民不堪命，家怨人愁，一夫振呼而亂聲四應，況今北虜犯順，邊餉告急，外有庚癸之呼，內無度支之蓄，萬一潢池弄兵，揭竿繼起，誠所謂瓦解之勢也。宜及今時發內帑之金，停無藝之税，使戎虜不得窺我虛實，姦宄不得撼我民心，因以克詰戎兵，簡練將帥，清頂冒之籍，革賄納之弊，務使將別寄正，人知戰守。則內順治而外威嚴矣。是時諸姦徒緝獲已久，論讞未報，而功狀已上，健兒頗有倖功之心，於是妖帖復起，兵曹大窮治之，而物議乃騰。

《明神宗實録》萬曆三十五年五月　庚辰，陝西巡按王基弘劾税監梁永，不報。梁永以謀毒按臣事發，護諸參隨益力，咸寧縣一日捉其差人吴得永，始下蠱者也。永督諸參隨擐甲，趣縣堂邑人鬨然。謂永已反諸軍吏亦蚤爲備，無所掠去，而咸寧數夜驚，或教永人謂公反，公當自明不反者。永遂出示懸中外自言不反狀。然其居常蓄數百人，以介冑自衛，於讎憾秦人益深。秦人亦故爲書狀貼遠近，云，某日舉義誅賊永。王基弘言，永蓄聚兵馬已二千餘處，出僞示以誑惑黔首，假進馬以窺探京師，反勢已具，反形已彰。上意不以爲然也。巡撫顧其志疏言，秦人嗷嗷，以一梁永，積怨深怒，訛言繁興，臣唯静以鎮之，禁戢生事，而遠近且以爲駴，天下事多有因假成真，積久成慣者，滇南楊榮之禍，不可不監也。疏入，亦留中。

《明神宗實録》萬曆四十年閏十一月（甲戌）兵部題：朝鮮奏鮮王秀等八十一人供，係自浙而閩販貨遭風。然王秀等六十三名，何以復畏罪逃脱，請將見在褚國臣等十八名，解浙江巡撫衙門嚴鞫發落，其沈文私記日本程途，倭將名色，一併問擬具奏。在逃人犯，通行内外衙門，嚴緝正法。從之。

（清）查繼佐《罪惟録》紀卷一四《神宗紀》（萬曆四十一年）夏五月己巳，諭吏部都察院：年來議論混淆，朝廷優容不問，遂益妄言排陷，致大臣疑畏，皆欲求去，甚傷國體。自今仍有結黨亂政者，罪不宥。

《明神宗實録》萬曆四十三年五月 乙卯，有男子張差持赤梃突入東宫殿簷下，并傷門者，璫輩共執之。東宫奏聞，下法司提問。御史劉廷元疏言：其迹涉風魔，貌是黠猾。刑官胡士相等緣此遂有風癲之説。提牢主事王之寀詳加詰問，乃言有馬三道誘至龐、劉二中官處，與以棗木梃令至東宫，逢人即打，語多涉翊坤宫，之寀以聞，科臣何士晉力言當窮其事，太常少卿史孟麟亦有疏。神宗不得已召上慰諭，因率上及皇長孫、諸皇孫詣慈慶宫聖母几筵，行告慰禮，召見群臣于宫門外。神宗白衣冠，立在簷前，上青袍侍于右。神宗詔群臣：皇太子，國家根本，朕豈有不愛。諸皇孫，振振衆多，朕喜甚，何外廷疑朕有他也。時御史劉光復從班後抗聲稱：皇上東宫慈孝，語不甚明。神宗責其恣肆，震驚几筵，令緹騎捉出，箠杖亂下。上亟止之，得旨：下法司。神宗復諄諄理前諭，命決張差，龐保、劉成等。上從旁請無株連，以傷天和。神宗復命上代諭群臣，上承旨諭：爾等毋聽流言，爲不忠之臣，使本宫爲不孝之子。神宗悦，命閣臣速擬諭以進。尋誅張差于市，斃龐劉二璫。内廷比獄，上率從寬典。方事初起，中外聞者無不驚駭。心知其故，而難于言。至風癲之説倡，則議者謂其意有所爲，而王之寀直發逆狀，刑部尚書張問達亦以爲然。形迹愈露，顧必欲窮究其由來，則所傷實多。神宗默念大臣中無足與計，不得已而自行召諭。其不下二璫于理，亦有深意。又賴上孝思婉篤，曲爲周旋，法正而宫闈安，其所全者大矣。然使是時福藩尚留邸中，則事更難處。而維時主風癲者，遂齮齕王之寀，罷其官，史孟麟謫，何士晉補外，人甚不平焉。

（清）查繼佐《罪惟録》紀卷一四《神宗紀》 萬曆四十三年乙卯夏五月之四日，驀有男子闖入東宫，以梃掊仆守門内侍。皇太子親奏，付部鞫，招稱張差。郎中邢士相以御史劉廷元跡涉風魔一語，定爲風差。提牢主事王之寀餂得差供，有馮三道及龐、劉二太監等語，確有指使，非風。戚臣鄭國泰出揭自白，科臣何士晉等請窮其事。上倉猝不傳鹵簿，不設通贊，駕詣慈寧宫聖母靈次，令中貴四出傳百官入。時皇太子、三皇孫侍，上曰：風癲傷人，與朕何與？而外廷故爲訛傳，且欲間我父子。其即凌遲張差，龐保、劉成三人，他無波及。攜皇太子手云：是兒極孝，朕素鍾愛。既曰：今丈夫矣，朕有别意，何至此時？問太子云何？太子曰：決風差足矣。上喜，誡諸臣慎無聽流言。諸臣出，明日僇差於市，而内斃劉、龐二侍，不出對簿。於是罷王之寀官，謫何士俊於外，事在《鄭貴妃傳》。而御史劉光復以稱頌不的，上誤聞，逮獄，有旨重擬。縱馮三道等，奪刑部侍郎張問達俸。

《明神宗實録》萬曆四十三年五月（甲戌）刑科署科事給事中姜性等言：逆犯張差情重罪大，宜亟正天誅。但查《大明會典》每月初一、二十九、三十日，例應禁刑。又查《大明律》一款其犯十惡之罪雖決不待時，若於禁刑日期而決者笞四十，成典具在。今張差等所犯異常又奉嚴旨遵行。相應具本題知。是日，張差處決。

《明神宗實録》萬曆四十三年五月（辛未）大學士方從哲，吴道南言：臣等竊惟張差一事，變出非常，今供招甚明，決非可以含糊苟完者。惟是數日之間，未蒙乾斷，人心愈益不安。皇上之意，或者以一經審鞫，牽引必多，誅蔓相連，將來難於結局，臣等則以獄有真情，斷獄有定法，據情正法，使有罪者不致漏網，無辜者不致波及。在諸臣自能辯此，皇上可無慮也。惟望明旨速下，使此獄早完一日，則人心早安一日。其爲宗社臣民之福大矣。是時馬三道等各犯刑部已劄行薊州道提解，獨龐劉二犯未得。上慎重大獄，諸臣奏益急，於是遣文書官金忠諭内閣曰：朕自聖母升遐，奉襄大典，恭迎神位几筵以來，追思慈恩罔極，哀慕不勝，凡遇節令朔望并祖宗帝后諱日，祭祀禮節，皆朕扶掖親行。今春偶爾下部動支静攝稍可，昨夏突有風癲姦徒張差持庭闖入青宮，震驚皇太子，朕心不安。朕思太子乃國根本，豈不深愛，已傳本宮添人守門，關防，不時衛護。連日覽卿所奏宮闈等事，乃姦宄叵測，行徑隱微，既有主使之人，即著三法司會問擬罪具奏，毋得株連無辜，致傷天和。其門禁從來嚴密，邇因法久，人心滋玩，守衛疏虞，還行設部及巡視科道官通行申飭，凡遇異形異服閑雜人等，嚴加盤詰，仍著廠衛巡捕等衙門及守門官員分布人役，時常密切體訪，如有姦宄之徒，情形變幻，即便擒拏具奏治罪，務期法令修舉，肅清内地。其在内，每月三市相沿年久，況日用衣著等類，食用之物，必不可缺，還照舊交易，但不許持挾銅鐵鋒利弓矢等物入市，俱嚴行禁止，如違究治不宥。卿等可傳示遵行，特諭。

《明神宗實録》萬曆四十三年五月〔丁巳〕是日，刑部司官會審張差據供薊州井兒峪住民平日割賣柴木，時内監龐保，劉成在黄花山修鐵瓦殿。有不在官李自强，李萬倉以送灰内監藉勢强買差柴，差不從。一夕，前柴燒燬，差意自强等放火，赴愬内監，内監不理，人役又拘繫之，以致氣憤莫伸，癲病劇發，於四月内失記日期來京，欲赴朝聲冤。遂於五月初四日，從東華門進入，無人攔阻，至慈慶宮門首，手執棗木一根，打傷守門内官李鑑，跑入前簷殿下被拏等情。初，差以氣憤嘗闖入薊道衙門聲冤，語言不倫，道臣袁和審係癲病，釋而逐之，至是闖宮事發，各司問擬張差，比依宮殿射箭放彈投甎石傷人律斬，秋後處決加等，決不待時，呈堂，將過大理寺問。忽提牢主事王之寀從袖中出鞫問獄情，繫干根本一揭，言本月十一日散飯獄中，見張差年壯力强，非風魔人，隨屏去吏役，再三審問，供有馬三舅，李外父將差交與不知姓名一老跟隨至京，又有不知街道大宅子一老公與飯與棍，至有打上宮去，撞一個打一個等語，皆各司所未聞也。揭出，相視駭愕。是時署部事侍郎張問達據揭，謂本犯供詞與前不同，似風魔而又非風魔，於是復委司再問矣。

《明神宗實録》萬曆四十五年四月〔庚子〕山東鉅野縣人劉奚赴闕奏稱，鄉賊田峨等擅稱仁義王，糾衆數千，劫掠財物婦女，强奪獄犯，誅殺縣官諸不法狀。兵科給事中趙興邦乞敕法司，行該撫按勘究。

《明神宗實録》萬曆四十六年十二月〔己未〕巡視京營兵科給事中吴亮嗣奏：十月二十五日，有孟世德，具首妖人張文經父子到官審其妖書，誕妄不經。又造木印一顆截出半角，謂半角原寄建州，但取半印彼此合符，可以免難，以此聳動愚民，其他所稱祭風避火未符雜咒不可殫説。乞勅諭五城御史及錦衣衛捕營等官明示曉諭内外譏察，庶不致爲奸民煽惑。

《明光宗實録》泰昌元年九月〔甲午〕兩廣總督許弘綱奏：田州土官岑懋仁肆惡啓釁，窺占上林，土縣納叛黄德隆等糾衆破城，擅殺土官黄德勳，擄其妻女印信，乞正其罪。得旨：岑懋仁著速獻印信執送，各犯聽按臣分别正法，如再抗違，便隨宜進剿，毋得姑息養亂，貽害地方。

（清）谷應泰《明史紀事本末》卷六八《三案》 神宗萬曆四十三年五月己酉，有不知姓名男子，持棗木棍，撞入慈慶宮，打傷守門内官李鑑，直至前殿簷下，内官韓本用等執縛，付東華門守衛指揮朱雄等收之。次日，皇太子奏聞，命法司提問。庚戌，巡視皇城御史劉廷元奏：人犯供名張差，係薊州井兒峪民。語言顛倒，形似風狂。臣再三考訊，本犯呶呶稱喫齋討封等語。話非情實，詞無倫次，按其迹若涉風魔，稽其貌的係黠猾，情境叵測，不可不詳鞫重擬者。乙卯，刑部郎中胡士相、岳駿聲等審張差，供被李自强、李萬倉燒差柴草，氣憤，於四月内來京，要赴朝聲冤。從東進，不識門徑，往西走，適路遇男子二人，紿曰：爾無憑據，如何進？爾拿杠子一條來，便可當作冤狀等語。差日夜氣忿，失志顛狂，遂於五月初四日，手拿棗木棍一條，仍復進城，從東華門直至慈慶宮門首，打傷守門官，走入前殿下被擒。擬依宮殿前射箭放彈投甎石傷人律斬，決不待時。戊午，刑部提牢主事王之寀言：本月十一日，散飯獄中，末至新犯張差，見其年壯力强，非風顛人。初招告狀著死撞進，復招打死罷。臣問實招與飯，不招當飢死。即置飯差前，差見飯低頭，已而云：不敢説。臣乃麾吏書令去，止留二役扶問之，招稱：張差小名張五兒，父張義病故，有馬三舅、李外父，叫我跟不知姓名老公，説：事成與爾幾畝地種。老公騎馬，小的跟走。初三歇燕角舖，初四到京。問何人收留？復云：到不知街道大宅子，一老公與我飯，説：你先衝一遭，撞著一個，打殺一個，打殺了我們救得你。遂與我棗木棍，領我由厚載門進到宮門上。守門阻我，我擊之墮地。已而老公多，遂被縛。小爺福大。又招有柏木棍、琉璃棍，棍多人衆等情。其各犯名，至死不招。臣看此犯不顛不狂，有心有膽，懼之以刑罰不招，要之以神明不招，啜之以飲食，始欲默欲語，中多疑似。願皇上縛兇犯於文華殿前朝審，或敕九卿科道三法司會問，則其情立見矣。辛酉，户部郎中陸大受言：青宫何地？男子何人？而横肆手棍，幾驚儲蹕。此乾坤何等時耶？北人好利輕生，有金錢以結其心，則輕爲人死。至大姦之奔走死士也，或出其技之庸庸者，姑試之於死地以探其機，而後繼之以驍桀，用其死力於忽不經意之處，有臣子所不忍言者。張差業招一内官，何以不言其名？明説一街道，何以不知其處？彼三老三太，互爲表裏，而霸州武舉高順寧等，今竟匿於何所？變豈無因，警甚非小，乞皇上大振乾綱，務在首惡必得，邪謀永銷，明肆凶人於朝市，以謝天下。疏中有姦戚二字，上惡之，與之宷疏俱不報。御史過庭訓爲移文薊州蹤跡之。知州戚延齡具言其致顛始末，諸臣據爲口實，以風顛二字定爲鐵案矣。

乙丑，刑部司官胡士相、陸夢龍、鄒紹光、曾曰唯、趙會楨、勞永嘉、王之宷、吴養源、曾之可、柯文、羅光鼎、曾道唯、劉繼禮、吴孟登、岳駿聲、唐嗣美、馬德澧、朱瑞鳳等，再審張差。供稱：馬三舅名三道，李外父名守才，同在井兒峪居住。又有姊夫孔道住本州城内。不知姓名老公，乃修鐵瓦殿之龐保。不知街道大宅子，乃住朝外大宅之劉成。三舅、外父常往龐保處送炭，龐、劉在玉皇殿商量，和我三舅、外父逼著我來，説打上宫中，撞一箇打一箇，打小爺，喫也有，著也有。劉成跟我來，領進去，又説：你打了，我救得你。又有三舅送紅票，封我爲真人等語。刑部行薊州道提解馬三道等，疏請法司提龐保、劉成對鞫。給事中何士晋上言：頃者，張差持梃突入慈慶宫，事關宗社安危，皇上宜何如震怒，三事大臣宜何如計安。乃旬日以來，似猶泄泄，豈刑部主事王之宷一疏，果無故而發大難之端耶？雖事涉宫闈，百宜慎重。然謀未成，機未露，猶可從容曲處。今形見勢逼，業已至此，所謂亂臣賊子，人人得而誅之。明主可與忠言，此事寧無結局？疏留中。閣臣促之，上諭曰：朕自聖母升遐，奉襄大典，追思慈恩罔極，哀慕不勝。方在静攝中，突有風顛奸徒張差持梃闖入青宫，震驚皇太子，致朕驚懼，身心不安。朕思太子乃國根本，豈不深愛。已傳内宫添人守門關防，不時衛護，連日覽卿等所奏，姦宄叵測，行徑隱微，既有主使之人，即著三法司會同擬罪具奏。是日，刑部據戚知州回文以上。壬申，上再諭法司嚴刑鞫審，速正典刑。時語多涉戚臣鄭國泰，國泰出揭自白。給事中何士晋復奏：陸大受疏内雖有身犯姦畹兇鋒等語，特借此發端，以明杞憂之果驗。而語及張差，原止欲追究内官姓名，大宅下落，並未直指國泰主謀。此時張差之口供未具，刑曹之勘疏未成，國泰豈不能從容少待，輒爾具揭張皇，人遂不能無疑。若欲釋疑，計惟明告宫中，力求皇上速將張差所供龐保、劉成立送法司考訊，如供有國泰主謀，是大逆罪人。臣等執法討賊，不但宫中不能庇，即皇上亦不能庇。設與國泰無干，臣請與國泰約，令國泰自具一疏，告之皇上。嗣後凡皇太子、皇長孫一切起居，俱係鄭國泰保護，稍有疏虞，即便坐罪，則人心帖服，永無他言。若今日畏各犯招舉，一惟熒惑聖聰，久稽廷訊，或潛散黨與使遠遁，或陰斃張差使口滅，則疑復生疑，將成實事，惟有審處以消後禍。不報。

癸酉，駕幸慈寧宫，召見百官，從御史劉光復請也。輔臣方從哲、吴道南暨文武諸臣先後至。内侍引至聖母靈次，行一拜三叩頭禮。時上西向，倚左門柱設低座，俯石欄，百官復至御前叩頭。上連呼曰：前來！群臣稍膝而前，去御座不數武。上練冠練袍，皇太子冠翼善玄冠素袍，侍御座右，三皇孫鴈行立左階下。上宣諭曰：朕自聖母升遐，哀痛無已。今春以來，足膝無力，然每遇節次，朔望忌辰，必身到慈寧宫聖母座前行禮，不敢懈怠。昨忽有風顛張差闖入東宫傷人，外庭有許多閒説，爾等誰無父子，乃欲離間我耶？適見刑部郎中趙會楨問招情，止將本内有名人犯張差、龐保、劉成即時凌遲處死，其餘不許波及無辜一人，以傷天和，以驚聖母神位。尋執東宫手示群臣曰：此兒極孝，我極愛惜。御史劉光復跪於班後，大言曰：皇上甚慈愛，皇太子甚仁孝。其意固將順也。上不甚悉，詰問爲誰？中使以御史劉光復對。光復猶大言不止，上斥之至再，光復不聞，仍申前説。上色頓改，連呼錦衣何在者三，無應者，遂令中涓縛之，梃杖交下。上戒無亂毆，但押令朝房候旨。方從哲等叩頭，言小臣無知妄言，望霽天威。怒稍解，乃以手約皇太子體曰：彼從六尺孤養至今，成丈夫矣。使我有别意，何不於彼時更置，今又何疑？且福王既已至國，去此數千里，自非宣召，彼能飛至乎？因命内侍傳呼三皇孫至石級上，令諸臣熟視，諭曰：朕諸孫俱已長成，更有何説！顧問皇太子：爾有何語？與諸臣悉言無隱。皇太子曰：似此風顛之人，決了便罷，不必株連。又曰：我父子何等親愛，外廷有許多議論，爾輩爲無君之臣，使我爲不孝之子。上因謂群臣曰：爾等聽皇太子語否？又述東宫言，連聲重申之。群臣跪聽未起，上屢顧閣者，令續到官皆放進無阻，以故後來者踵趾相錯，班行稍右，與帝座遠。上又持皇太子面向右，問曰：爾等俱見否？衆俯伏謝。乃命諸臣同出。甲戌，決張差於市。乙亥，上命司禮監會九卿三法司於文華門前，鞫審龐保、劉成。保原名鄭進，成原名劉登雲。其與差飯，及木棍引進等語，俱展轉不招。方審問，東宫傳諭曰：張差持棍闖宫，至大殿簷下，當時就擒，並無别物。其情實係風顛，誤入宫闈，打倒内寺，罪所不赦。後招出龐保、劉成，本宫反覆參詳，保、成身係内官，雖欲謀害本宫，於保、成何益？此必保、成素曾凌虐於差，故肆行報復之謀，誣以主使。本宫念人命至重，造逆大事，何可輕信！連日奏求父皇速決張差，以安人心。其誣舉龐保、劉成，若一概治罪，恐傷天和。況姓名不同，當以讎誣干連，從輕擬罪，奏請定奪，則刑獄平，本宫陰騭亦全矣。六月戊子，刑部審馬三道、李守才、孔道，以左道從律論應流，李自强、李萬倉應笞。從之。尋斃龐保、劉成於内庭。王之宷爲科臣徐紹吉、臺臣韓浚所糾，部處閑住，中旨特黜爲民。補何士晋於外。著刑部重擬劉光復罪。奪刑部侍郎張問達俸。既而釋光復於獄。

熹宗天啓元年閏二月，御史魏光緒上言：父母之仇，不共戴天。忠臣事君，有死無二。先皇帝以長君當主，何嫌何疑？而無端燕啄王孫，瓜抱空蔓，奸人搆煽，每思爲所欲爲。海内正人君子，一有指斥，輒以東林、淮上爲阱，驅除既盡，釀禍遂烈。並封妖書之事，張差梃擊之謀，九廟有靈，旋卽撲滅。而招據黄花山園聚之逆謀，三十六都頭，内外多人之布列，棗木柏木棍之凶器，打死小爺之逆詞，洞心駭目。此時稍有人心，謂宜請劍殺賊，乃諸臣精神不用之以護青宫，而偏用之以庇奸黨；不用之以伸法令，而偏用之以難問官。首捏風顛以爲張本，司官望風承旨，曲意偏護，改黨内爲教内，都頭爲香頭，許地三十五畝，已載入招，又復割去，致張差以首搶地，謂同謀做事，事敗獨死，竟付之不問也。主事王之宷懼爲赤族之誅，明言入告，而諸奸恨不附己，巧借察典，追奪誥命。主事李俸聲言處分，勒令致仕。郎中陸大受、張廷上疏告變，張廷卒以憂死，而大受又以大計黜去。嗟嗟！逆君者有罪，發奸者何罪？借風顛漏獄詞者有罪，抒公憤捐身命者何罪？是非不兩立，之宷非則張差是矣，之宷當罪則張當賞矣。況此一事也，拿賊奏聞者先帝，請下法司者先帝，皇祖曾不以先帝之請爲非，而爲之決張差、殲奸監，凡十年不御之朝堂，一旦召見群臣，面行撫慰。然則皇祖之於此事亦曉然明白，特諸臣以風顛二字無所歸著，故寧寬賊徒而罪之宷耳！聖明在御，恩及林藪，建言受杖之人，先後光明。而三臣去國孤蹤，不蒙昭雪，此忠臣義士所以感憤而不平也。伏乞皇上立賜擢用，以爲忘身殉國之勸。若傍撓有人，終從禁錮，亦須明白此案於天地間，使人知三臣心事亦曾有人議之者，卽三臣終老嚴穴無恨。若區區一官，三臣自誓之日，業已棄擲，而今日乃欲以腐鼠嚇之乎？嗟嗟！之宷本無罪，而諸臣强名之曰罪；楊漣本無功，而諸臣强名之曰功。有罪者去，有功者亦去，則爲今之臣，必當何如而後可乎？臣願與天下萬世共質之。上可其奏。

二年二月，刑部主事王之宷上言：乙卯之變，先帝安危在於呼吸。鄭國泰私結劉廷元、劉光復、姚宗文等，無復忌憚，遂欲睥睨神器，化家爲國。國泰雖死，法應開棺斷屍，戮其族，豬其宫，以爲人臣大逆不道之戒。總之用藥之方卽通問之術，通問之術卽梃擊之謀。向使張差事發，窮究根株，今日之盧受、崔文昇敢復爾哉！長安公論有曰風顛二字，欲抹殺亂臣賊子，就廷元評廷元也。奇貨無功四字，欲抹殺忠臣義士，就光復評光復也。擊不中而假之諜諜，勢緩而促之藥，是昇之藥慘於差之棍，是受之書烈於哲之書也。張差之前，從無張差；劉成之後，豈無劉成？亂賊接踵，而皇上孤立於朝矣。又言：郎中胡士相等，主風顛者也；堂官張問達，調停風顛者也；寺臣王士昌疏忠而心佞，評無隻字，頌多溢詞；堂官張問達語轉而意圓，先允風顛，後寬奸宄；勞永嘉、岳駿聲等，同惡相濟。張差招有三十六頭兒，則胡士相閣筆；招有東邊一起幹事，則岳駿聲言波及無辜；招有紅封票高真人，則勞永嘉言不及究紅封教。今高一奎見監薊州，係鎮朔衛人。蓋高一奎，主持紅封教者也；馬三道，管給紅票者也；龐保、劉成，供給紅封教多人撒棍者也。諸奸亦有人心者，以堂官對衆手單而改之，以十八人會審公單而增減之，大逆不道，非止大不敬也。疏入，上不問。五月，御史馬逢臯、給事中張鵬雲交章劾劉廷元，吏部尚書張問達覆奏廷元倡論保奸，降調。

五年春正月，御史楊維垣劾張差一案：王之寀倖功躐躋，誣皇祖，負先帝，不惟無功，抑且有罪。又曰：從來君臣父子之間，聞以理喻；未聞以勢激也。投鼠者既不忌器，則騎虎者豈復擇音！彼中夜之泣，何求不獲。是先帝之危，不危於張差之一梃，而危於之寀之一激也。即碎之寀之骨，豈足贖哉！疏入，削之寀籍。

五月，原任刑部郎中岳駿聲復申梃擊始末。疏入，起用。王之寀逮訊追贓，之寀竟以重讞死。

夏允彝曰：梃擊之事，王之寀所詢張差，其言甚悉。刑部各司官會鞫時，亦多相合。於是舉朝喧然，以爲國戚有專諸之意。貴妃亦危懼，訴於上，上命自白之太子。貴妃見太子辨甚力，貴妃拜，太子亦拜，且拜且泣，上亦掩泣，爲斃二璫以解。而攻東林者，言上於貴妃盛時，曾許以立愛。晚而媿言之不符也，因勸貴妃廣修佛事，且助其費，上發銀十萬建祠。二璫以爲瓴瓦甚多，不若置窑自造，利甚奢。居民多鬻薪於璫者。張差賣田貿薪，亦往市於璫。土人忌之，焚其薪。差訟土人於璫，璫復嚴責差。差以産破薪焚，訟又不勝，憤憤持梃入宫，欲告御狀，不意闖入東宫。事亦不可知。然東宫雖侍衛蕭條，何至使外人闌入！諸臣危言之，使東宫免意外之虞，國戚懷惕若之慮，斷斷不可少。顧事聯宫禁，勢難結案，若必誅外戚，廢親藩，度能得之於神宗乎？從古有明行之法，有必不可明行之法。則田叔燒梁獄詞，亦調停不得已之術。何者？光宗固無恙，尚可以全骨肉也。乃彼劉廷元、韓浚輩，必斥逐執法者而後已，是何心與！

神宗萬曆四十八年八月丙午朔，光宗踐祚。先是，七月，光宗遵遺命，封皇貴妃鄭氏爲皇后，命禮部查例。鄭貴妃進美女四人。乙卯，上不豫，召醫官陳璽等診視。丁巳，上力疾，御門視事，聖容頓減。己未，内醫崔文昇下通利藥，上一晝夜三四十起，支離牀褥間。辛酉，上不視朝。輔臣方從哲等赴宫門候安，有數夜不得睡，日食粥不滿盂，頭目眩暈，身體罷輭，不能動履之旨。乙丑，鄭養性請收還皇貴妃封后成命，允之。刑部主事孫朝肅、徐儀世，御史鄭宗周上書方從哲，責以用藥乖方之故。給事中楊漣上言：賊臣崔文昇不知醫，不宜以宗社神人託重之身，妄爲嘗試。如其知醫，則醫家有餘者泄之，不足者補之。皇上哀毁之餘，一日萬幾，於法正宜清補，文昇反投相伐之劑。然則流言藉藉，所謂興居之無節，侍御之蠱惑，必文昇藉口以蓋其誤藥之奸，冀掩外庭攻摘也。如文昇者，既益聖躬之疾，又損聖明之名，文昇之肉其足食乎！臣聞文昇調護府第有年，不聞用藥謬誤，皇上一用文昇，倒置若此，有心之誤耶？無心之誤耶？有心則齎粉不足償，無心則一誤豈可再誤！皇上奈何置賊臣肘腋間哉！丁卯，傳錦衣官宣兵科楊漣，並召輔臣方從哲、劉一璟、韓爌，英國公張維賢，尚書周嘉謨、李汝華、孫如游、黄嘉善、黄克纘，都御史張問達，給事中范濟世，御史顧慥等。時廷臣疑上且杖漣，既入，上目視漣久之，各諭以國家事重，卿等盡心，朕自加意調理。

辛未，再召見群臣於乾清宫。上御東煖閣，倚榻憑几，皇長子侍立，上命諸臣前，連諭曰：朕見卿等甚喜。從哲等請皇長子移宫，上曰：令他別處去不得。請慎醫藥，上曰：十餘日不進矣。久之，又諭册封李選侍。諸臣退。二十九日甲戌，上再召諸臣等於乾清宫，仍諭册立皇貴妃，從哲等以册儲原旨期宜改近，蚤竣吉典，以慰聖懷。上因顧皇太子，諭曰：卿等輔佐爲堯舜。又語及壽宫，輔臣以皇考山陵對。即自指曰：是朕壽宫。諸臣言：聖壽無疆，何遽及此！上仍諭要緊者再。因問：有鴻臚寺官進藥何在？從哲奏：鴻臚寺丞李可灼，自云仙丹，臣等未敢輕信。上即命中使宣可灼至，診視，具言病源及治法。上喜，命趣和藥進，上飲湯輒喘，藥進乃受。上喜，稱忠臣者再。諸臣出宫門外竢，少頃，中使傳聖體用藥後，煖潤舒暢，思進飲膳，諸臣歡躍而退，可灼及御醫各官留。時日已午，比未申，可灼出，輔臣迎訊之，可灼具言上恐藥力竭，復進一丸，亟問復何狀？可灼以如前對。五鼓，内宣急召諸臣趨進，而龍馭以卯刻上賓矣。時九月乙亥朔也。中外藉藉，以李可灼誤下劫劑，恐有情弊。而方從哲擬旨賞可灼銀五十兩。御史王安舜首争之，疏曰：醫不三世，不服其藥。先帝之脈，雄壯浮大，此三焦火動；面唇赤紫，滿面火升，食粥煩燥，此滿腹火結，宜清不宜助明矣。紅鉛乃婦人經水，陰中之陽，純火之精也，而以投於虚火燥熱之症，幾何不速之逝乎！然醫有不精，猶可藉口，臣獨恨其膽之大也。以中外危疑之日，而敢以無方無製之藥，駕言金丹，輕亦當治以庸醫殺人之條。乃蒙殿下頒以賞格，臣謂不過借此一舉，塞外廷之議論也。夫輕用藥之罪固大，而輕薦庸醫之罪亦不小。不知其爲謬猶可言也，以其爲善而薦之，不可言也。疏入，乃改票罰俸一年，而議者蠭起矣。御史鄭宗周上言：往歲張差之變，操椎禁門，歲釀不測之禍。衹以皇祖優容，未盡厥罪，故文昇尤而效之。臣請寸斬文昇以謝九廟。臣非謂誅一文昇，遂足以申國憲而消逆萌，第恐張差之後，因有文昇。今文昇復置不問，奸人得志，何所憚而不爲也！從哲擬旨下司禮監。於是御史郭如楚、主事吕維祺交章論崔文昇、李可灼。

壬午，給事中惠世揚劾奏輔臣方從哲，言：鄭貴妃包藏禍心，先帝隱忍而不敢言。封后之舉，滿朝倡義執争，從哲兩可其間，是徇平日之交通而忘宗社之隱禍也，無君當誅者一。李選侍原爲鄭氏私人，麗色藏劍，且以因緣近倖之故，欺抗先聖母，從哲獨非人臣乎？及受劉遜、李進忠盜藏美味，夜半密約，封妃不得，佔居乾清，是視登極爲兒戲而天子不如宮嬪也，無君當誅者二。崔文昇輕用剥伐之藥，廷臣交章言之，從哲何心，必加曲庇？律之趙盾、許世子，何辭弑君之罪！無君當誅者三。癸巳，南京太常寺少卿曹珍請究醫藥奸黨。

熹宗天啓元年春正月，御史焦源溥請誅崔文昇。十月丁卯，御史傅宗龍、馬逢皋、李希孔交章請誅崔文昇。

二年夏四月，光禄少卿高攀龍上言：崔文昇故用泄藥，元氣不可復收，是明以藥弑也。在律故違本方殺平人者死，况至尊乎！陛下不即誅戮，僅止斥逐。今文昇復潛住京師，意欲何爲？往者張差謀逆，實係鄭國泰主謀。劉保謀逆，實係盧受主謀。受，鄭氏人，不可掩也。文昇素爲鄭氏腹心，特當時失刑，不及拷訊，其罪豈在張差、劉保下乎！不聽。

禮部尚書孫慎行上言：皇考賓天，雖係夙疾，實緣醫人進藥不審。邸報有鴻臚寺官李可灼進紅藥兩丸，乃原任大學士方從哲所進。凡進御藥，太醫院官呈方簡明，恐致失誤。可灼非用藥官也，丸不知何藥物，而乃敢突以進。春秋許世子進藥於父，父卒，世子自傷與弑，不食死。《春秋》尚不少假借，直書許世子弑君。然則從哲宜何如處焉！速劍自裁，以謝皇考，義之上也。闔門席藁，以待司寇，次也。而乃晏然支辨，至滿朝攻可灼，僅票回籍調理，豈以己實薦灼，恐與同罪。夫己與可灼可愛，而皇考可忍乎？臣謂縱無弑之心，却有弑之事；欲辭弑之名，難免弑之實。卽忠愛深心，欲爲君父隱諱，不敢不直書云方從哲連進紅藥兩丸，須臾帝崩，恐百口無能爲天下萬世解矣。且從哲所不能解者，非獨此也。先是，則有傳皇貴妃欲立皇后事。夫祖制未有以妃爲后者，亦未有帝崩立后者。貴妃寵幸數十年，皇祖英明，不聞有楚歌楚舞唏嘘之態，卽彌留之際，尚不能因緣徼幸，而突傳此旨，觀禮部疏云輔臣方從哲傳其言可思。若非禮部執争，諸科道力責貴戚，上章請免，幾何不誤立皇后，貽社稷憂！此從哲不能爲天下萬世解者一也。又有議上尊謚稱恭皇帝，夫宋之恭、端，將亡衰主。晉主降宋，隋主降唐，周主降宋，俱爲恭帝。皇祖四十八年，平倭，平播，平寧夏，豈無他懿美可稱？而比降王逋裔。若非言官預糾，便應如議。詛呪君國，等於弁髦，此從哲不能爲天下萬世解者二也。又有選侍垂簾聽政事。夫選侍宮中，何知前代有垂簾事？卽劉遜、李進忠小竪，何遂瞻大揚言，言者以爲從哲實教之。從哲卽未肯承，然以顧命元臣，曾不聞慷慨一言，任婦寺之縱横，忍冲主之杌隉，此從哲不能爲天下萬世解者三也。以此三事，例彼進藥，相臣所宜急擔當之事，一切苟且泄沓；相臣所宜極慎重之事，反覺勇猛直前。春秋無將，漢法不道，真無以過。伏乞皇上大奮乾綱，赫然震怒，毋訪近習，近習其攀援也；毋畏忌諱，忌諱其布置也。如臣言有當，乞將從哲大正肆放之罰，速嚴兩觀之誅。併將李可灼嚴加拷問，置之極刑。或臣言無當，卽以重典治臣，亦所甘受矣。奉旨會議具奏。左都御史鄒元標上言：臣聞乾坤所以不毁者，恃此綱常；而綱常所以植立者，恃此信史。臣舟過南中，諸士縉争言先帝卒然而崩，大事未明，難以傳信。臣謂先帝無妄之藥，迹或有之，而以誅心之法例之，臣未忍聞。既入都門，聞諸臣曰：說到先帝大事，令人閣筆。說到壬辰以後諸相事，令人閣筆。誰敢領此？臣益復致疑。近讀孫慎行一疏，令人神骨爲悚，卽未必有是心，當時依違其間，不申討賊之義，反行賞奸之典，無以解人之疑。方從哲秉政七年，未聞輔相何道，但聞一日馬上三書催戰，將祖宗櫛風沐雨一片東方，盡致淪没。試問誰秉國鈞，而使先帝震驚？使張差闖宮？使豺狼當道？使宵人亂政？使潛鱗駭浪？將何辭以對！從哲近在肘腋，群陰密布，臣投林一世，恥言人過，豈敢過求從哲。惟是臣身爲風憲之官，名在會議之列，畏禍緘口，勢所不能。君臣大義，今日不明，再無有明之日，臣官不言，再無有言之人。臣亦知陛下隆禮舊輔，未必能毅然立斷。諸輔同籍同官，未心能捐情立剖。《易》曰：益之用凶事。凶事正所以益之也。臣讀學士公鼐疏曰：六七年間，以言及東宮者爲小人，不言東宮者爲君子，此何等景象，是誰使之？又云：盡除天下之清流，陰翦元良之羽翼。此真實録，真史筆也。從來亂臣賊子，有所懲戒者，全在青史。臣不知忌諱，爲先帝計，爲陛下萬壽無疆計，爲天下萬世君臣計，爲寒將來奸臣賊子之膽，殺將來奸臣賊子之謀計。疏入。方從哲上疏辨，自請削奪，投諸四裔，以禦魑魅。時九卿科道會奏久延，給事魏大中速之曰：禮臣孫慎行痛先帝崩殂，討舊輔方從哲以《春秋》之法，皇上命諸臣據實回報，何以迄今未奏也？蓋先帝之棄群臣，在庚申九月之朔日，而率土忠義之驚心者，已在乙卯五月之四日。自前日之梃不中，而圖所以中者百端。至藏酖毒於女謁，俟元精耗損，憊不可支，而蕩以暴下之劑，爍以純火之鉛，先帝彌留而不起矣。然則張差、崔文昇諸人，先帝之賊也。自乙卯以迄庚申，其時執政者誰？討賊者誰？何以迄今未奏也？且非獨不討而已，酬可灼以賞賜，獎可灼以忠愛，寬可灼以罰俸，優可灼以養病。而崔文昇者，代爲委之於先帝之宿疾，至一至再。夫以數十年忠肝義膽所羽翼之賢良，數十日深山窮徼所謳吟之堯舜，一旦戕於二賊之手，從哲不能討，反從而護之，從哲真無人心者，何以迄今未奏也？《春秋》之法誅意。闌入慈慶，非張差之意，固鄭國泰之意也。投劑益疾，非崔文昇之意，固鄭養性之意也。而執政者何以不問也？《春秋》之法，誅賊必誅夫賊之所恃。今造意者何所恃？黨賊者何所恃？恃從哲也。不必紅鉛之進出從哲之意，而從哲已爲罪之魁也。何以迄今未奏也？李可灼之藥，不合之崔文昇不備；崔文昇之逆，不溯之張差不明；鄭國泰、鄭養性、方從哲之罪，不參之三案不定不悉。崔文昇之情罪不下張差，而李可灼次之。如是而朝廷所以處從哲，與從哲之所以自處者，可以權衡其間矣。何以迄今未奏也？時先後彈者：主事王之宷、劉宗周，給事中周希令、彭汝南、傅櫆，御史吴甡、薛文周、沈應時、方有度、安伸、温臯謨、江日彩、張慎言。會議駁正者：尚書王紀、汪應蛟、王永光，侍郎楊東明、陳大道、李宗延、張經世、陳邦瞻，太僕卿蕭近高、張五典，少卿申用懋、于倫、李之藻、歸子顧、劉策、孫居相、周起元、田生金、柯炅、滿朝薦、熊明遇、黄龍光，太常少卿高攀龍，給事中劉弘化、霍守典，御史蔣允儀、劉徽、李玄等。於是吏部尚書張問達會户部尚書汪應蛟等公奏，略曰：禮臣孫慎行首論李可灼進紅丸事。可灼先見内閣，臣等初未知，至奉皇考宣召於乾清宮，輔臣與臣等乃共言可灼進藥，多言不可進，或言可進，俱慎重未敢决。又宣臣等進宮内，跪御榻前，諭臣等輔皇上爲堯舜，隨問寺官李可灼何在？可灼至，視疾進紅丸，少頃又進一丸。至申，聞聖體服藥後微汗，身覺温熱，就寢。此進藥之始末，臣等所共見聞者。是時輔臣視皇考之疾，急迫倉皇，悽然共切，弑逆二字，何忍輕言！但以我皇上之身，可灼輕進嘗試，從哲未能力止，九卿與輔臣并候於宮門内，亦未能力止，諸臣均有罪焉！至於可灼之處分，中外共痛之憾之。乃臺臣王安舜上疏力争，先票罰俸，繼票養病去，則失之輕。失之輕，故卽按其輕而罪其不盡法處也。不重處可灼，何以慰皇考、服中外而正大法！輔臣於辨疏後，自請削奪，以釋中外之疑。臣等謂應如輔臣之請，爲法任咎，是亦大臣引罪之道所宜爾。至於選侍欲垂簾聽政，吏部九卿公疏請移宮，科道專疏請移宮，皇上允其奏，諸臣共快之，然其心猶以輔臣之奏不毅然爲諸臣倡也。倘其時非諸臣共扶大義，乾清何地，令其竊靈威福，又將如我皇上登極還宮何哉！夫李可灼非醫官也，非知脈知醫者也。一旦以紅丸進，希圖非望之福。而龍馭上昇，攀號無及，可灼罪勝誅乎！應卽敕行法司究問，以正刑章。崔文昇當皇考哀感傷寒之時，進大黄凉藥。可灼輕進紅丸，不加詳察，罪又在可灼上矣。法應逮文昇於法司，從重究擬。以三尺除二惡，肅綱紀而洩公憤，庶中外之心可以釋，輔臣之心可以明。議上，李可灼法司究問，崔文昇仍發遣南京。是時與從哲合者，刑部尚書黄克纘，詹事公鼐，御史王志道、徐景濂，給事中汪慶百。十月，李可灼遣戍。

五年四月，免李可灼遣戍。

十一月，尚寶司少卿劉志選劾原任禮部尚書孫慎行倡不嘗藥之説，妄疑先帝不得正其終，更附不討賊之論，輕詆皇上不得正其始。并侵及葉向高、張問達。命宣付史館。

懷宗崇禎元年三月，太監崔文昇下獄，戍南京。初，魏忠賢擅權，復以文昇督漕運，至是敗。

光宗泰昌元年八月乙卯，上不豫，傳諭禮部曰：選侍李氏侍朕勤勞，皇長子生母薨逝後，奉先帝旨，委託撫育，視如親子，厥功懋焉。其封爲皇貴妃。欽天監擇九月初六日行。乙丑，主事孫朝肅、徐世儀、御史鄭宗周上書輔臣方從哲請册立皇太子，且移居慈慶宮。庚午，上召閣部九卿至榻前，諭曰：選侍數産不育，止存一女。隨傳皇長子出見。上又言：皇五子亦無母，亦是選侍撫育。傳皇五子出見。辛未，上召諸臣於乾清宮，又諭速封選侍。禮臣孫如游奏：臣部前奉聖諭上孝端顯皇后、孝靖皇太后尊謚，加封郭元妃、王才人爲皇后，皆未告竣，宜俟四大禮舉行之後。若論皇儲保護功，則選侍之封惟恐不早，卽從該監之請，未爲不可。上命如前期。甲戌，上再召諸臣於乾清宮，仍諭封皇貴妃。語未旣，選侍披幃立，呼皇長子入，咄咄語，復趨之出。皇長子向上曰：要封皇后。上不語。九月乙亥朔，上崩。給事中楊漣語周嘉謨、李汝華曰：宗社事大，李選侍非可託少主者，急宜請見嗣主，呼萬歲以定危疑，隨擁出宮，移住慈慶爲是。二臣然之，以語方從哲。漣遂先諸臣排闥入，閹豎梃亂下。漣厲聲曰：皇帝召我等至此，今晏駕，嗣主幼小，汝等阻門不容入臨，意欲何爲？閹者卻，諸臣乃入。哭臨畢，請見皇長子，皇長子爲選侍阻於煖閣，不得出。青宮舊侍王安給選侍抱持以出，諸臣卽叩頭呼萬歲。皇長子曰：不敢當！群臣共請詣文華殿，王安擁之行，閣臣劉一燝掖左，勛臣張維賢掖右。內侍李進忠傳選侍命，召還皇長子者三，喝諸臣曰：汝輩挾之何往？漣叱之，共擁皇長子登輿。至文華殿，皇長子西向坐，群臣禮見畢，請卽日登極，不允，諭初六日卽位。復擁入慈慶宮。一燝奏曰：今乾清宮未淨，殿下請暫居此。嘉謨曰：今日殿下之身，是社稷神人託重之身，不可輕易。卽詣乾清宮哭臨，須臣等到乃發。皇長子首肯。漣語中官曰：外事緩急在諸大臣，調護聖躬在諸內臣，責有所歸。王安等踴躍稱諾，諸臣退。諸臣有議卽日正位者，令中官再傳不允，衆皆朝服待命。少卿徐養量、御史左光斗唾漣不宜阻今日卽位。漣恐，語錦衣帥駱思恭嚴緹騎內外防護。丙子，尚書周嘉謨等合疏請選侍移宮。左光斗上言：內廷之有乾清宮，猶外廷之有皇極殿也。惟皇上御天居之，惟皇后配天得共居之，其餘嬪妃雖以次進御，遇有大故，卽當移置別殿；非但避嫌，亦以別尊卑也。今大行皇帝賓天，選侍既非嫡母，又非生母，儼然居正宮，而殿下乃居慈慶，不得守几筵，行大禮，名分倒置，臣竊惑之。且殿下春秋十六齡矣。內輔以忠直老成，外輔以公孤卿貳，何慮乏人，尚須乳哺而襁負之哉？卽貴妃之請，許於先皇彌留之際，其意可知。且行於先皇，則俯錫之名猶可；行於殿下，則尊聞之稱有斷斷不可者。倘及今不早斷，借撫養之名行專制之實，武后之禍將見於今。上諭：移宮已有旨，册封事既云尊卑難稱，著禮部再議。給事中暴謙貞鈔參曰：大寶將登，上有百靈呵護，下有群工擁戴，亦何用此婦人女子爲！且聞選侍非忠誠愛國者，萬一封典得行，事權或假，則滋蔓難圖。慎終慮始，事屬可已。鈔出寢之。戊寅，選侍用李進忠謀，邀皇長子同宮，王安忿然宣言且逮楊、左。楊漣遇進忠於宮門，問選侍移宮何日？進忠搖手曰：李娘娘怒甚，今母子一宮，正欲究左御史武氏之說。漣咤曰：誤矣！幸遇我。皇長子今非昨比，選侍移宮，異日封號自在。且皇長子年長矣，若屬得無懼乎？進忠默然去。科道惠世揚、張潑從東宮門來，駭傳今日選侍垂簾，逮光斗。漣曰：無之。

己卯，選侍尚無移宮意。楊漣上言：先帝升遐，人心危疑，咸謂選侍外託保護之名，陰圖專擅之實。故力請殿下暫居慈慶，欲先撥別宮而遷之，然後奉駕還宮。蓋祖宗之宗社爲重，宮幃之恩寵爲輕，此臣等之私願也。今登極已在明日矣，豈有天子偏處東宮之禮！先帝聖明同符堯舜，徒以鄭貴妃保護爲名，病體之所以沈錮，醫藥之所以亂投，人言藉藉，至今抱痛，安得不爲寒心。此移宮一事，臣言之在今日，殿下行之亦必在今日，閣部大臣從中贊決，毋容泄泄以負先帝憑几輔殿下之託亦在今日。疏上，漣復往趨方從哲。從哲曰：待初九、十二亦未晚。漣曰：天子無復返東宮理，選侍今不移，亦未有移之日，此不可頃刻緩者！內侍曰：獨不念先帝舊寵乎？漣怒曰：國家事大，豈容姑息！且汝輩何敢如是！聲徹大內。皇長子使人諭漣出，命司禮監按盗藏諸侍，收李進忠、劉遜等。選侍移居仁壽殿。己亥，御史賈繼春上書輔臣曰：天地之大德曰生，聖人之至德曰孝。先帝命諸臣輔皇上爲堯舜。夫堯舜之道，孝弟而已矣。父有愛妾，其子終身敬之不忘。先帝之於鄭貴妃三十餘年，天下側目之隙，但以篤念皇祖，渙然冰釋。何不輔皇上取法，而乃作法於涼？縱云選侍原非淑德，夙有舊恨，此亦婦人女子之常態。先帝彌留之日，親向諸臣諭以選侍産有幼女，悫欷情事，草木感傷，而况我輩臣子乎！伏願閣下委曲調護，令李選侍得終天年，皇幼女不慮意外。辛丑，御史左光斗上言：　選侍既移宫之後，自當存大體，捐其小過，若復株連蔓引，使宫闈不安，是與國體不便，亦大非臣等建言初心。伏乞皇上宣召閣部九卿科道，面諭以當日避宫何故，今日調護何方，不得憑中使口傳聖旨，正劉遜、李進忠法。其餘概從寬政，庶幾燒梁獄之詞者，正以寢淮南之謀。疏入，上傳諭内閣：　朕幼沖時，選侍氣凌聖母，成疾崩逝，使朕抱終天之恨。皇考病篤，選侍威挾朕躬，傳封皇后，朕心不自安，暫居慈慶。選侍復差李進忠、劉遜等命每日章奏文書，先奏選侍，方與朕覽。朕思祖宗家法甚嚴，從來有此規制否？朕今奉養選侍於噦鸞宫，仰遵皇考遺愛，無不體悉。其李進忠、田詔等盗庫首犯，事干憲典，原非株連，卿可傳示遵行。輔臣方從哲讀諭驚愕，具揭封進，言：　皇上既仰體先帝遺愛，不宜暴其過惡，傳之外廷。上再諭發鈔。南京御史王允臣糾從哲曰：陛下移宫後，發一聖諭，不過如常人表明心迹之意，而宰相輒自封還，司馬昭之心，路人知之。

十月丁卯，噦鸞宫災，上諭選侍、皇妹俱無恙。

十一月丁亥，給事中周朝瑞以賈繼春之揭，謂其喜樹旌旗，妄生題目。繼春復揭曰：　保全選侍，蓋亦人倫天理，布帛菽粟之言，非旌旗題目也。朝瑞揭駁之曰：　安選侍者，猶謂之是；安宗社者，顧謂之非乎？繼春再揭曰：　主上父子相繼，宗社何嘗不安，而必待傾選侍以安之？即移宫，原是正理，豈必移時驅逐，革其已進儀注之貴妃，困其無端羅織之老父？伶仃之皇八妹入井誰憐？孀寡之未亡人雉經莫訴。朝瑞又揭謂：繼春操戈於解忿平争者。繼春又揭：　職非操戈，乃止戈也。聖德無損，爲臣子者同心爲國，有何不解之忿，不平之争，而煩左右袒之費詞乎！

刑部尚書黄克纘執奏鄭穩山、劉尚禮、姜昇、劉遜四人罪名當從末減。不允。克纘執奏如初，因言：　父母並尊，事有出於念母之誠，迹以涉於忘父之過，必委曲周旋，使渾然無迹，方爲大孝。因力求罷。

十二月乙卯，都給事楊漣疏曰：　前選侍移宫一事，護駕諸臣知之，外廷未必盡知。及今不一昭明，將以今日之疑端，成他時之實事。臣蒙先帝召見，目擊當日情形，敢不一語。憶先帝憑几之言，間及選侍，而再四叮嚀，則曰：　輔皇上要緊。選侍忽從門幔中手挽皇上而入，復推而出，隨有要封皇后之言，諸臣相顧錯愕。夫君臣正相引痛之時，忍於要挾求封，一旦事權在握，豈僅僅虚名足稱其意！此八月二十九日事也。迨九月初一日子夜，先帝急召諸臣，而龍馭上賓矣。此時主君爲重，宜急於請見，一見即呼萬歲，以慰人心。而宫門内使乃有持梃不容入者，臣冒犯忿詈與争。此初一日卯刻入宫事也。諸臣哭臨畢，請見皇上於寢門，拜呼萬歲，天語不敢當者三。諸臣捧龍輧至文華殿門，行嵩呼叩頭禮。已而大小臣工共祈皇上即日登極。上傳諭卜期，而諸臣皇皇，深以未登極爲危。蓋先帝變出倉卒，上無聖母之憑依，中無皇后之慰藉，在旁窺伺，誰爲可恃？此初一日辰刻事也。爾時諸臣議皇上宜歸何宫，臣思選侍推挽景象，又習聞其上有深相交結之貴寵，乃云從來沖齡天子，不宜託之素無恩德之婦人。且選侍如可託，皇上必深知之，雖强之離而不得；如不可託，雖强之留而亦不可得，而聖駕果徑歸慈慶宫矣。此初一日巳刻事也。御極卜期初六，至初二日，九卿科道有移宫之請，御史左光斗有移宫之請。蓋因皇上一正九五，斷無避宫，而又不可同居。至初五日期且迫矣，臣是以有正位參及李進忠等之疏。總以宫嬪自有定分，即加恩選侍，原不在宫之移與不移。假令登極之後，而宫嬪悍然居天子之宫，天子歸青宫非理，歸乾清不得，尚得朝廷尊而體統正乎？此初五日午刻，臣從諸臣於慈慶宫前憤争事也。至本日移宫，臣即語諸大臣，移宫自移宫，隆禮自隆禮，必兩者相濟而後二祖列宗之大寶始安，先帝在天之靈始妥。即本日緝獲罪璫，只宜殲厥渠魁，無滋蔓引。大抵宸居未淨，先帝之社稷付託爲重，則平日之寵愛爲輕。及其宸居已定，既盡臣子防危之忠，即當體皇上如天之度，今諸大臣猶在耳也。臣之所以議移宫者，始終如此。乃移宫之後，忽來蜚語，有倡選侍徒跣踉蹌，欲自裁處，皇妹失所至於投井者，或傳治罪璫過甚者，或稱内外交通者，使夙夜憂時之士，誤收爲一時感慨歎息之言，作此日不白之案。九廟神靈，鑒此熱血。若夫緝拿罪璫，此譬如人家主人謝世，群僕乘間竊其帑藏，主人之子偶一究問，只在法司得其平耳，於選侍恩禮何與！臣謂寧可使今日惜選侍，無使移宫不早，不幸而成女后垂簾之事，彼三十餘年憑依蟠結之群邪，又得以因緣多事，於以保惜先帝寵愛則得矣。而輔皇上要緊之深意，在天之靈，果以此爲愉快耶？况兩奉聖諭，選侍居食，恩禮有加，噦鸞宮火，復奉有選侍、皇妹無恙之旨，方知皇上雖念及於孝和皇太后之哽咽，仍念及於光宗先帝之歔欷，海涵天蓋，盡仁無已。伏乞皇上採臣戇言，更於皇弟皇妹時勤召見諭安，不妨曲及李選侍者，酌加恩數。遵愛先帝之子女，當亦聖母所共喜者。疏上，下旨褒諭。又特諭廷臣曰：朕沖齡登極，開誠布公，不意外廷乃有謗語，輕聽盜犯之譌傳，釀成他日之實録，誠如科臣楊漣所奏者。朕不得不再伸諭，以釋群疑。九月初一日，皇考賓天，諸臣入臨畢，請朝見朕，李選侍阻朕於煖閣，司禮官固請，選侍許而後悔，又使李進忠請回者至再至三。朕至乾清宮丹陛上，大臣扈從前導，選侍又使李進忠來牽朕衣。卿等親見當時景象安乎？危乎？當避宮乎？不當避宮乎？是日朕自慈慶宮至乾清宮，躬視皇考入殮，選侍又阻朕於煖閣，司禮監王體乾固請得出。初二日，朕至乾清宮，朝見選侍畢，恭送梓宮於仁智殿，選侍差人傳朕，必欲再朝見方回。各官皆所親見，明是威挾朕躬，垂簾聽政之意。朕蒙皇考命依選侍，朕不住彼宮，飲食衣服，皆皇祖皇考所賜。每日僅往彼一見，因之懷恨，凌虐不堪；若避宮不早，則彼爪牙成列，盈虛在手，朕亦不知如何矣。既毆崩聖母，每使宮眷王壽花等時來探聽，不許朕與聖母舊人通一語。朕苦衷外廷不能盡知，今停封以慰聖母之靈，奉養以尊皇考之意，該部亦可以仰體朕心矣。臣工私於李黨，不顧大義，諭卿等知之，今後毋得植黨背公，自生枝節。時方從哲在告，劉一燝等上言：皇上嗣位以來，宮禁肅清，乃以形跡影響之疑，互相紛辨，致廑聖懷。伏讀聖諭，當年宮掖事情，及頃者避宮景象，悽惋危衷，宛然在目。諸臣徒以事後論安危，謂周防爲多事。皇上責以猜疑輕聽，誠恐有之，若云庇護黨私，則萬萬不敢也。御史王業浩上言：先帝毓德青宮，止孝止慈，何以一女子之微，致生枝節。如聖諭派與照管，并毆崩聖母等語，天下萬世不察，則先帝御家之盛德，不無少損。且父母之讎，不共戴天，普天率土，俱有同仇之義。而聖諭至此，且曲處如此，則前日之肅清，既未得爲義之盡，今此之優厚，亦不得爲仁之至。外廷臣工比肩事主，至分目之曰安社稷，安選侍。臣恐水火之情形既判，玄黃之戰辯方興。奏留中。庚午，都給事楊漣乞歸，疏曰：垂簾之秘事未聞，入井之煩言嘖起。臣不過發明移宮始末，使了然在人耳目，而旋荷綸綍之褒，過邀忠直之譽，使臣區區之苦心，反爲夸詡臣節之左券。臣之不安一也。當時首請御文華殿受嵩呼者，周嘉謨等也。初出乾清宮捧皇上左右手者，張維賢、劉一燝也。臣及以憤争之故，獨受忠直之名，俯慙卑末，豈可掩人於朝；仰藉清平，豈可貪天爲力。臣之不安二也。宮禁自就肅清，社稷有何杌隉？而聖諭以志安社稷爲言，君幸有子，不憂杞國之天，臣獨何人，敢捧虞淵之日？臣之不安三也。臣引分自思，俯全臣節，惟有決去一著而已。臣蹇窮骯髒之人，披上方之文綺，賚兩朝之賜金，步歸里門，以忠直二字出告親友，入教子孫，真覺俯仰皆寬。即不幸先犬馬填溝壑，持此二字以報皇考於在天，見先人於地下，臣亦可瞑目安寢矣。臣無病，不敢以病請；皇上未罪臣，又不能以罪請；惟有明微薄之心跡，乞浩蕩之恩波，放臣爲急流勇退之人而已。詔許之。

熹宗天啓元年春二月，御史賈繼春直陳具揭之實，奉旨切責。繼春復上言：臣初入班行，當移宮之後，祇因痛切先帝，急欲效忠皇上。及捧讀聖諭，乃知天地之高厚，曲爲保全。而小臣之狂愚，猶妄有規勸，謹備録原揭回話。上以其疏中無雉經入井二語，著再回話。夏四月，吏部尚書周嘉謨及九卿科道會議，云：繼春席藁待罪，懇請優容。仍下旨切責，落職永不敍用。

四年夏四月，大理寺少卿范濟世請遵遺命，封李選侍爲妃。下旨切責。先是，光宗青宮舊監王安强直不阿選侍，魏忠賢既矯殺之，乃盡反其所爲。會楊漣上疏，發忠賢二十四罪，忠賢益憤。六月，遂矯上命，復議封選侍。禮臣林堯俞奏止之，不聽，竟封李氏爲康妃。

十二月，召還御史賈繼春、徐景濂、王志道等。

夏允彝曰：庚申一月之內，連遭大喪，中外洶洶。楊漣率衆排闥，見東宮即羅拜。選侍時在乾清宮，以母禮自待，左光斗遽疏言乾清宮非至尊不可居，持論自正。但中言武氏之禍立見於今，差亦過當。楊、左即拉閣臣揭請即日移宮，選侍頗覺皇遽。御史賈繼春遂言先帝至孝，何至一妾一女不能遺庇，亦未可盡言其非。然宮之應移，自屬定禮。楊、左不可居以爲功，他人亦何可詆之爲罪也。楊與賈互譏諷，賈以楊必將與大璫共受封拜譏之，楊遂掛冠歸。中旨切責賈，賈倉皇自辨，詞頗哀。高弘圖、張慎言出疏兩解之，言至平且確。乃賈終黜爲民，而楊不久優擢至副院，則亦東林失平之事也。後遂以此殺楊、左，則冤彌甚，卽賈亦心憐之。總之，東林操論，不失愛君，而太苛太激，使人難受。攻東林者，言風顛，言可灼無他意，移宮太亟，不失調停。卒以此罪諸賢，而加以一網，不大繆乎！

五年夏四月，給事中霍維華上言梃擊、紅丸、移宮三案，略曰：選侍之請封也，請封妃也。妃之未封，而況於后！請之不得，而況於自后！不妃不后，而況於垂簾！臣謂宮不難移也，王安等故難之也。難移宮者，所以重選侍之罪，而張擁戴之功。神祖册立東宮稍遲，諸臣群起而争之。然篤愛震器，始終不渝。倘果如奸邪所稱，廢立巫蠱之謀，則九閽邃密，乃藉一風顛之張差，有是理乎？非神祖先帝慈孝無間，王之宷、陸大受同惡相濟，開釁骨肉矣。神祖升遐，先帝哀毁，遽發夙疾，而悠悠之口，致疑於宮掖，豈臣子所忍言！孫慎行借題紅丸，誣先帝爲受鴆，加從哲以弑逆，鄒元標、鍾羽正從而和之。兩人立名非真，晚節不振，委身門户，敗壞生平。伏乞嚴諭纂修諸臣，以存信史。已而《三朝要典》成，起乙卯止辛酉，魏忠賢矯宸翰弁之。

懷宗崇禎元年五月，侍講倪元璐上言：主梃擊者，力護東宮；争梃擊者，計安神祖。主紅丸者，仗義之言；争紅丸者，原情之論。主移宮者，弭變幾先；争移宮者，持平事後。六者各有其是，不可偏非也。未幾魏忠賢殺人則借三案，群小求富貴則借三案。故凡推慈歸孝於先皇，正其頌德稱功於義父，批根今日，則衆正之黨碑，免死他年，卽上公之鐵券。由此而觀，三案者，天下之公議，《要典》者，魏氏之私書。以臣所見，惟毁之而已。假閹豎之權，役史臣之筆，亘古未聞，當毁一。未易代而有編年，不直書而加論斷，當毁二。矯誣先帝，僞託宸篇，既不可比司馬光《資治》之書，亦不得援宋神宗手序爲例，當毁三。臣謂此書不毁，必有受其累者，則非主三案者之累，而争三案者之累，又纂修三案者之累也。争三案諸臣，品原三等，如崔呈秀、劉志選、李春曅等不足問矣。最上如黄克纘、賈繼春、王業浩、高弘圖、劉廷宣等，始處君子，而不必求同。既遇小人，而自能爲異，本末炳然。然管、華之席未割，老、韓之傳同編。數人高明之觀，豈不引爲坐塗之辱！若其次者，雖非盡有執持，要亦不皆濡染。而特以史氏抑揚之過，保不爲後人翻駁之端。至於纂修詞臣之在當日，更有難言者，丹鉛未下，斧鑊先懸。姜逢元閣筆一歎，朝聞夕逐。楊世英、吴士元、余煌等備極調維，其於忤璫諸疏，有匿其全文，有删其已甚，時傳書成而獄又起，則有寧加醜詆之詞，決不下一不道無將等字，以傅會爰書。凡此苦心，亦多方矣。而事在見聞之外，未易可明。若復彈章一加，萬節俱喪，此臣之所謂累也。願敕部立將《要典》鋟毁，一切妖言市語，如舊傳點將之謡，新騰選佛之説，毋形奏牘，則廓然蕩平。上從之。

《明熹宗實録》天啓元年二月〔壬子〕陝西固原軍餘李文等以妖言聚衆謀亂，事覺伏誅。

《明熹宗實録》天啓元年閏二月〔庚子〕海州吴金祖叛。金祖卽逐弁劉光先僞名也，詞連馮李二遊擊。兵部言劉光先以斥逐幺弁鼓煽凶愚，劫屯攻堡，當此之時，惟以殲厥渠魁，招安脅從，爲主所稱。馮李二遊擊陰與同謀，虚實未卜，宜曉諭諸將洗滌逆腸。又宜曉示遼民，諭以禍福，使其束身歸命，待以不死。如其執迷不悟，便當相機剿殺。賊首計無復之勢，必投奔奴寨，則從出之路當截。奴酋知我有變，恐乘機内訌，則防奴之兵當飭。得旨：依議行。兵科給事中明時舉因言：此輩首倡左道，叛形已熾，恐白蓮無爲之風相繼而起。貴州道御史劉蘭亦以爲言，得旨：嚴行申飭，未幾，光先復謀據岫巖，總兵李光榮討擒之。

《明熹宗實録》天啓元年四月〔戊寅〕四川綿州妖僧政坤等謀作亂，旋即就擒，道逆劉民選竟逸去。民選，羅江縣學生員也。撫臣饒景暉以聞。

《明熹宗實録》天啓元年十月〔癸巳〕遼東叛將佟養真、佟豐年、佟三、何國用等伏誅。仍與病故叛生胡可賓傳首遼東。養真，即逆賊養性兄，與其子豐年，姪三以撫順陷時降奴，僞受游擊，代守鎮江，爲毛文龍所縛，而國用等皆僞島官也。

《明熹宗實録》天啓二年十月〔庚午〕時有抄傳吏部尚書張問達僞疏者，工科給事中魏大中言：年來人情詭怪，甲申之妖書、辛亥之僞札，皆憑虚構形，借端架禍，今兹之疏安知非此等故智耶？乞敕該城提究發抄之人，直窮主使無致諸張，以惑亂朝政。會問達亦疏乞窮究以伐姦萌，上命該城御史參究根因奏處，各衙門私揭發抄一併嚴行申飭。

《明熹宗實録》天啓二年七月 〔壬子〕刑部署部事右侍郎楊東明等，以奸細杜茂等獄上。稱：茂拐帶登撫陶朗先招兵銀三百兩，又手受李永芳銀百八十兩，依境内奸細走透消息于外人者律斬。佟卜年究問無實跡，但與叛賊佟養性同族，依律流二千里安置。而明旨嚴切，臣等未敢輕縱。或從安置，或令自裁，威福操自朝廷，非臣等所得擅議。得旨：杜茂奸細情形招審明確，依律正罪。佟卜年未見歸一法司，職司謂何？還據律問擬來奏。

《明熹宗實録》天啓二年八月 〔戊寅〕天津監軍道來斯行率師討武邑妖賊，平之。先是，天津兵赴兗，以初五日次景州真定，兵亦以是日營衡水。聞于弘志之變，斯行遂返旆直趨武邑，約二路兵以初六日竝進。賊登樓拒守，官兵以火攻，擊破之。弘志率死士突圍走，爲生員葉廷珍所擒，凡七日而賊平。保定巡撫張鳳翔以聞。得旨：妖賊蕩平，朕心嘉悦。張鳳翔巡撫有勞，還著督發有司官用心緩緝，務絶亂萌。有功員役候叙録。既而鳳翔以恭報擒獲妖首，請旨處分。命于弘志等即於彼處正法梟示。

《明熹宗實録》天啓二年十月 〔癸未〕河南汝寧府固始縣妖賊李思賢等聚黨謀叛，欲應山東。知縣高捷以計擒獲，誅其渠魁二十餘人，餘衆解散。未獲賊首金之樓等遵示赴府投首，巡撫馮嘉會以聞。上曰：妖徒計擒銷弭，安靖地方，最爲得策。投首的審實議罪，該縣緝捕有功，查明紀録。

《明熹宗實録》天啓二年十一月 〔癸丑〕是日，山東都司楊國棟解逆犯僭號中興福烈帝徐鴻儒等十八名，及鴻儒父東明，母傅氏赴闕。上御午門樓，刑部奏請分别磔斬，傳首九邊，昭告天下。

《明熹宗實録》天啓二年十二月 永寧伯王天瑞參鄭養性逼死國母，陰弑先帝，權凌人主，富敵萬乘，乞族誅以洩神人之憤。養性亦抗疏辯其誣罔。上諭已有旨。

《明熹宗實録》天啓三年正月 戊午。先是，錦衣衛百户王忠梁、鄭養性家人張應登告養性交通奴酋單款于巡視。南城御史温皐謨、户科給事中羅尚忠，永寧伯王天瑞，錦衣衛帶俸都指揮僉事王天麟等疏參養性，養性亦疏辯，俱下刑部。刑部署部事侍郎白瑜會同都察院左都御史趙南星等，大理寺卿陳于庭會審，至是具疏言養性乃戚畹之大蠹，爲當今指名，蓋緣其父鄭國泰構釁宫闈，幾摇社稷，且權傾中外，毒焰薰天，神人共憤，故三十年來凡有血氣者，談及鄭氏無不切齒腐心。今雖事往人亡，而遺孽尚存，禍根未斷，舉朝藁目俱以養性爲伏莽之戎，肘腋之患。有一日不去，一日不解群情之疑者。反奉有回籍自奏之旨，是皇上所以爲養性計者，亦既委曲懇至矣。乃悠悠半載，蔑視綸音，致訐首叢興，交章論劾，養性至是猶得晏然如故耶？試思今日夷狄奸宄，中外惶惶，我實犯通國之疑，自不得侈信心之口，不以此時決計辭歸，萬一奸人構煽其間，借我發難。即欲優遊故里，豈可得乎？故養性在今日無如去之，使非獨爲君側除隱憂，實爲養性圖善後也。若王忠梁所首通奴申無實據，張應登爲梁黨翼語，復支吾祇因怨毒傷心，不覺讎誣横口，各與應得之罪，總協情理之平。得旨：鄭國泰在先朝有嫌，中外共知，賴皇考寬貸涵容，且加優待，仁孝至德，千古僅見。朕仰體遺意，不欲深求。伊子養性自當感恩，通奴情節理所必無。爾每既究問明白，俱依擬：鄭養性嘗于外方遠處覓使居住，王忠梁等既係誣告，著炤例發配，不許納贖。以事已經處分，以後不得牽連瀆奏，及奸徒乘機詐害，有負朕意，違者究治。

《明熹宗實録》天啓三年三月 〔甲寅〕湖廣黄梅縣亂民熊宜等謀據城爲亂，事泄，知縣鍾鑰儁盡擒獲之，撫臣以聞。因請紀録鑰儁，并蠲該縣錢糧。章下該部。

《明熹宗實録》天啓三年三月 〔丁酉〕巡按直隸御史倪應春言：紫荆有奸民趙思武者，鑄令牌造私曆，聚衆爲亂，賴推官范紹序計擒之。又沛縣所獲妖人李英供吐有酋首在蔚州，曰侯德，張九皐，俱係紫荆淶水人也，時方回關調兵，于十一月初一日起，手據紫荆窺京師矣。臣檄易州道密緝謹防，道臣徐騰芳懸重賞，二賊次第就擒，搜出龍虎大旗三面，硃印三方，妖説六摺，令旗六百面，鳫翎刀三十口，龍衣黄袍及坐纛銅劍之屬。疏入，下兵部。

《明熹宗實録》天啓三年三月 〔丙申〕妖人李英、潘文成者，鳳陽府運糧軍也，往來大同邊上。大同妖人王普光聚黨爲龍華會自稱沌元教主，其徒曰王道玄丁澤等，服從其教。普光使道玄澤，往揚州江陰等處，英、文成往鳳陽等處，四路散令旗，聚衆爲亂。其旗用白細布斜剪，中書妖言，次第編號，鈐蓋妖印各六顆。每旗一面聚衆百人，各傳有邪咒，約來春三月，北夷兵起，爲內應。英等至沛縣，知縣林汝翥緝獲之，摎獲令旗一百零八面，以聞于漕運總督李養正。督臣下淮楊道緝道玄，乃以疏聞。仍乞行山陝河南等處一體禁緝。疏下兵部。

《明熹宗實録》天啓三年六月 〔丁丑〕刑部尚書孫瑋等復讞王懋芳等之獄，王懋芳、傅應春降賊復還，爲奴姦細，擬卽決。顧良才、劉世禄助逆不道，行跡譸張，擬秋決。楊有亮、許嘉寵、馮夢乾、吴道行等譴配，釋放各有差。其王懋芳寄頓各鋪銀二千五百三十兩，見貯南城兵馬司庫，應解送户部，以充遼餉。得旨：王懋芳等著卽會官處決，餘依擬。

《明熹宗實録》天啓三年六月 〔丁丑〕李永芳、佟養性之謀叛逆也，族黨在京者，上令三法司分别定罪。刑部尚書孫瑋等奏擬賊婿王衛國，賊保管鮑交、孫元龍、毛國重等各絞罪；賊族佟瑞年，賊親柯三、閻二、段光裕、趙一鶚、董延科各遣戍；張得秀等六名俱無罪愚民，宜從安插；許氏、洪氏等十一口無知女流，宜令爲奴。得旨：王衛國等著卽會官處決，佟瑞年等都著再問具奏。

《明熹宗實録》天啓三年八月 壬申，貴州總督楊述中、巡撫王三善以安酋僞總兵何中蔚等俘獻，下法司擬罪。孫瑋等具爰書以上：中蔚等皆水外各目通判，黨受僞官，據要衝、阻糧道，大逆情真，依謀反律詔磔何中蔚、何應良、陳勝八三人于市，宋步玉、何年弟、宋祖胤、丁氏等伏誅。

《明熹宗實録》天啓三年九月 〔辛亥〕治貴州官生從逆罪，革貴前二衛指揮千百户顧從新、黄昇、朱國安、李光勳職，仍與生員王納文、王家翼、王錫明俱下巡按御史究擬。從兵部覆按臣侯恂奏也。

《明熹宗實録》天啓三年閏十月 〔乙未〕南京兵部等衙門尚書等官陳道亨等題：比歲山東妖賊薄彭城，南郡大震。稍稍征繕斂賦，而江南北之奸徒畢會治城。于是陳鼎相遂以其女許婚齊庶人睿爁，而鼎相自負知兵法，候星氣，日夜聚江南北盜賊及有罪亡者治器械、積金錢，妄作奸言，推戴睿爁以其爲齊王苗裔足以聳動天下。又以其身長七尺，腰大五尺，輕財博塞，可以樹衆藏活，死士胡五郎、陸明宇號爲飛將，武舉湯之略、故哨官胡禎等爲羽翼。推步星曆見六七月間火星貫斗魁，五十日不退舍，邪謀益急，頗部署兵所從入睨視南部。幸鼎相與其母叔兄弟發其謀，先行就繫。胡禎等乃密遣胡五買兵器于南都，睿爁陰爲遞送，聚黨太湖，謀劫獄篡取鼎相，行有定日。會大索之信至，踰日擒于江滸入城之時，罷肆聚觀。宗人慶棟等率其宗屬二百餘人僉名署押，聲言其惡。然以臣等視之，固一騃竪子也，徒以血肉之昂，藏託在屬藉，爲數妄男子所熒惑，一至于此。隨下郡縣雜治，事驗頗明白，而兩郡所摎書節印圖與盜賊所賂遺衣帶亦頗有狀，臣等安敢不暴章其罪，使天下明知臣子之道，毋敢復爲邪僻背叛之意，然事案尚在，兩都未經會問，收縛連逮未齊，除一面行各郡縣應跡捕者跡捕，應觧散者觧散，應安輯者安輯，今止據見在情形及各犯供詞據實報聞。得旨：下法司看議。刑部等衙門尚書等官孫瑋等，覆言：陳鼎相等簧鼓妖言，群聚不逞，推狂宗以樹幟，鈎亡命而橫行。幸天厭其惡，自投網羅，靡餘黨遂觧散而不敢聚。不一重創之，以警醒域中，何以令熒惑男子曉然于禍福之機，順逆之數哉？但此事之初發難也，睿爁、鼎相實爲戎首，一二無知宵小蟻附焉。殲厥渠魁，正兩觀之誅，宥彼脅從，解三面之網，庶亂萌既戢，而反側亦安。得旨：是，仍著勒限作速具奏，毋致稽延。

《明熹宗實録》天啓三年十二月 〔己亥〕先是，陝西韓城縣妖人劉買得兒時左臂有痕，每自呼爲團龍，因集奸民李毛頭等煽亂，抄造妖書，部署僞知縣、元帥、文武職官。巡按御史高弘圖廉得狀，屬知縣李所性次第執之，得其書及布符銅印。又盩厔縣民馬元杰見征調四起，時蓄異謀，家藏抄造天鏡書，又以邑人李嘉茂精武藝習左道，因就嘉茂教演，又奉鄠縣妖人楊文號金禪教主，愚民從之者甚衆。興平、咸陽、臨潼、醴泉、富平之間多起而應之，刻期稱亂，裂布繫臂爲號。邑人李秉德白于知縣梁堯順委典史曹宋祥秉夜馳至，則見篝燈炊飯四村如晝，遂于是夕成擒。舊撫呂兆熊下道府按治有實驗，擬爲首者妖言惑衆律斬。至于陝西巡撫孫居相上其事，言韓城妖事初發時，舊按臣適巡歷地方，不欲過爲張皇，僅借訪犯蔽諸首惡罪。而爰書既定，妖黨復布散，流言反有謂以訪犯爲妖犯者。以功爲罪，何以激勵人心？因諸酌議紀録。得旨：妖犯就擒，各官著有勤勞。撫按官呂兆熊、高弘圖等都著優叙起用。

《明熹宗實録》天啓四年正月 丙辰朔，《明史》：藁長興民吴野樵作亂，殺知縣石有恒、主簿徐可行。《兩朝從信録》：吴野樵爲葉朗生餘黨，逃匿廣德長興交界地方，縣官日緝捕之，彼仇視其官久矣。相傳石知縣族人十二房有所干謁，而恨其不從。恨忿入野樵夥黨，欲甘于石令。謀於正月初一日，賀正同野樵等到縣放火戕殺一令一簿，地方群起逐之，當獲吴野樵王召魁等，餘黨逃竄。查簡藏庫無恙，而獄中惟强盗皆以出柙去。時滿城震動，男婦皆有墮城浮水而遁，甚至有折筋挫足而殞者。真地方之一奇變也。

《明熹宗實録》天啓四年正月〔丁丑〕妖人王好賢從徐鴻儒而逃，至是獲誅。《兩朝從信録》：山東邪教之熾也，實好賢之父王森所倡。森家薊州，以救一妖狐，狐令斷尾藏之。招人令人聞異香，皆顧歸附，稱爲聞香教主，遠近響應。俄西森死，遺資巨萬。好賢以此購募邊塞勇敢之士謀反益急。而景州于弘志、山東徐鴻儒，好賢密約以天啓三年八月之望三方同起，鴻儒等以他事相激先發，後辭連好賢，爲薊州差官所賣，得以拒捕逃去。挈妻子家丁二十餘人南走，爲揚州緝役所獲，禍本永絶，天幸也。夫先是，徐鴻儒既敗嘆曰：我與王氏父子經營天下二十餘年，按籍而數，吾法門弟子已逾二百萬，更遲數日，吾横行天下孰敢攖吾鋒者。景州一敗衄，而好賢竄逸，天下豪傑遂寂無一應者矣。由此觀之，使妖輩發之不速，其患可勝言哉。

（明）楊漣《楊大洪集》卷上《劾魏忠賢疏》 爲逆璫怙勢作威，專權亂政欺君藐法，無日無天，大負聖恩，大干祖制，懇乞大奮乾斷，立賜究問，以早救宗社事。職惟太祖高皇帝，首定律令，内宫不許干預外事，其在内廷，祇供使令灑埽之役，違者法無赦。故在内官，惟以循謹奉法爲賢，聖子神孫，相守未敢有改，雖有驕横恣縱王振、劉謹其人，旋即誅戮，故國祚靈長至今，豈意聖明在上，乃敢有肆無忌憚，濁亂朝常，罔上行私，傾害善類，損皇上堯舜之令名，釀宗社無窮之隱禍，如東廠太監魏忠賢其人者。舉朝盡爲威劫，無敢指名糾參，職實痛之。職前以兵科給事中親承先帝之命，輔皇上爲堯、舜之君，言猶在耳。今若亦畏禍不言，是職自負忠直初心，并負風紀職掌，負皇上起職田間特恩，他日何面目以見先帝於在天。謹撮其大罪之著者二十四款，爲我皇上陳之。忠賢原一市井無賴人耳，中年净身，夤入内地，非能通文理，自文書司禮起家者也。皇上念其服役微勞，拔之幽賤，寵以恩禮，原名進忠，改命今名，豈非欲其顧名思義，忠不敢爲奸，賢不敢爲惡哉。乃初猶繆爲小忠小佞以倖恩，既乃敢爲大奸大惡以亂政。祖宗之制，以票擬託重閣臣，非但令其静心參酌，權無旁分，正使其一力擔承，責無他卸。自忠賢專擅旨意，多出傳奉，傳奉而真，一字抑揚之間，判若天淵，傳奉而僞，誰爲辨之。近乃公然三五成群，勒逼誼讓，政事之堂，幾成閧市，甚至有徑自内批，不相照會者。假若夜半出片紙殺人，皇上不得知，閣臣不及問，害豈渺小，以致閣臣鬱鬱歎悶，有堅意求去者，壞祖宗二百餘年之政體，大罪一也。舊閣臣劉一燝、冢臣周嘉謨同受顧命之大臣也。一燝親捧御手，首定大計，嘉謨倡率百官，於松棚下義斥鄭養性，立寢后封，以清宫禁，皇上豈遂忘之。忠賢交通孫杰論，去急於翦己之忌，不容皇上不改父之臣，大罪二也。先帝强年登極，一月賓天，進御藥之間，普天實有隱恨，執春秋討賊之義者，禮臣孫慎行也，明萬古綱常之重者，憲臣鄒元標也。忠賢一則逼之告病去，一則嗾言官論劾去，至今求南部片席不可得，顧於護黨氣毆聖母者之人，曲意綢繆，終加蟒玉，以贈其行，是何親於亂賊，何仇於忠議，偏不容先朝有痛念弓鼎之老臣，大罪三也。王紀、鍾羽正先年功在國本，及紀爲司寇，執法如山，羽正爲司空，清修如鶴。忠賢一則使人喧嚷於堂，辱而迫之去，一則與沈潅交搆陷之削籍去，至今請一復職起用不可得，顧於柔媚善附之人，破格點用，驟加一品以歸，是真與我善者爲善人，與我惡者爲惡人，必不容盛時有正色立朝之直臣，大罪四也。國家最重，無如枚卜，忠賢一手握定，力阻前推之孫慎行、盛以弘，更爲他辭以錮其出，豈真欲門生宰相乎，妄預金甌之覆宇，竊作貂座之私情，大罪五也。爵人於朝莫重廷推，去歲南太宰北少宰，推皆點陪，一以蓋枚卜點陪之案，一以伏借用爲逐之奸，致一時名賢，不安俱去。顛倒有常之銓政，掉弄不測之機權，大罪六也。聖政初新，正資忠直，乃滿朝薦文震孟、鄭鄤、熊德陽、江秉謙、徐大相、毛士龍、侯震暘、賈繼春等九人，抗論稍忤忠賢，傳奉盡令降斥，屢經恩典，竟阻賜環。長安謂皇上之怒易解，忠賢之怒難饒，大罪七也。然猶曰外廷之臣子也，上年皇上南郊之日，傳聞宫中有一貴人，以德性貞静，荷皇上寵注，忠賢恐其露己驕横狀，謀之私比，託言急病，立刻掩殺，是皇上且不能保其貴幸矣，大罪八也。猶曰無名封也，裕妃以有喜傳封，中外欣欣相告矣，忠賢以抗不附己，屬其私比，捏倡無喜，矯旨勒令自盡，不令一見皇上之面，昔堯以十四月而生，假令當日裕妃幸存，安知不爲堯母，是皇上又不能保其妃嬪矣，大罪九也。猶曰在妃嬪也，中宫有慶，已經成男，凡在内廷，當如何保護，乃繞電流虹之祥，忽化爲飛星墮月之慘，傳聞忠賢與奉聖夫人實有謀焉，以皇上麟趾開祥，保妨斯男則百。而忠賢包藏禍心若此，是皇上亦不能自保其第一子矣，大罪十也。至於先帝之在青宫四十年，操心慮患，所與護持孤危，威劫之不動，利誘之不變者，僅王安一人耳，登極一月堯舜，安不可謂無微功。皇上倉卒受命，擁衛防護，安亦不可謂無微忠。即使有罪，亦當聽皇上明正其罪，與天下共見之，而忠賢以私忿矯旨掩殺於南海子，身首異處，肉飽狗彘，是不但仇王安，而實敢於仇先帝之老奴，與皇上之老犬馬，而略無顧忌也。此後内臣，誰復肯爲忠義者，其餘大小内臣，無罪而擅殺擅逐者，又不知其數千百也，大罪十一也。因而欲廣願奢，今日討獎賞，明日討祠額，要挾無窮，王言屢褻，近又於河間府毁人居屋，起建牌坊，鏤鳳雕龍，干雲插漢，築愁築怨，飲恨吞聲，又不止於塋地擅用朝官規制僭擬陵寢而已，大罪十二也。今日廕錦衣，明日廕中書，金吾之堂，口皆乳臭，誥敕之館，目不識丁。如魏良弼，魏良材，魏良卿，魏希孔及外甥野子傅應星等，五侯七貴，何以加兹，不知忠賢有何軍功，有何相業，亦甚褻朝廷之名器矣，大罪十三也。因而手滑膽麤，用立枷之法以示威，前歲枷死皇親家人數命矣，其枷號家人者，欲攀陷皇親也，其攀陷皇親者，欲動摇三宫也。當時若非閣臣力有護持，言官極爲糾正，椒房之戚，久興大獄矣，大罪十四也。猶借曰禁平人開税也，良鄉生員章士魁，即有他罪，自有提學，乃以争煤窑傷其墳脈，託言開鑛而死矣。假令盜長陵一杯土，何以處之，趙高鹿可爲馬，忠賢煤可爲鑛，大罪十五也。王思敬，胡遵道侵占牧地果真，小則付之有司，大則付之撫按學院足矣，而徑拏黑獄，三次拷掠，身無完膚，以皇上右文重道，秋爽幸學，而忠賢草菅士命，使青燐赤碧之氣，先結於璧宫泮藻之間，孔子之神，將無恐恫，大罪十六也。未也，而且明縣監謗之令於臺省矣，科臣周士樸執糾織監一事，原是在工言工，忠賢徑停其陞遷，使吏部不得守其銓除，言官不敢司其封駁，險邪因之以偷换手眼，那移陞叙，致士僕卒困頓以去，於以成中官之尊大得矣，而聖朝則何可有此名色，大罪十七也。未也，而且將開羅織之毒於冠紳矣，北鎮撫臣劉僑不肯殺人媚人，自是在刑慎刑。忠賢以其不善鍛鍊，竟令削籍，明示大明之律令可以不守，而忠賢之意旨不可不遵，將使羅鉗吉網，然後快心，於以彰忠賢之威燄得矣，而國脈則何可崇此蘊毒，大罪十八也。未也，而且示移天翳日之手於絲綸矣。科臣魏大中到任，已奉明旨，鴻臚報單，忽傳詰責，及科臣回話，臺省交論，又再褻王言，幾成解訓，無論玩弄言官於股掌，而皇皇天語，提起放倒，信手任心，令天下後世視皇上爲何如主，大罪十九也。最可異者，東廠原以察奸細，緝非常，非擾乎民也，自忠賢受事，雞犬不寧，而且直以快恩仇，行傾陷，野子傅應星爲之招摇引納，陳居恭爲之鼓舌摇唇，傅繼教爲之投匭打網，片語違憐，則駕帖立下，如近日之拏中書汪文言，不從閣票，不會閣知，不理閣救，而應星等造謀告密，猶日夜未已，勢不至興同文之獄，判黨錮之碑不已者。當年西廠汪直之横，恐未足語此，大罪二十也。尤可駭者，賊虜未盡，内外戒嚴，東廠訪緝何事，前韓宗功潛入長安打點，實往來忠賢司房之家，事露始令避去。假令天不悔禍，宗功奸細事成，一旦賊逼城下，忠賢固爲首功之主人矣，其發銀七萬兩，更創肅寧縣新城，誠可作眉塢深藏，不知九門内外生靈，安頓何地，大罪二十一也。更可恨者，王者守在四夷，祖制不蓄内兵，即四衛之設，備而不操，原有深意，忠賢謀同奸相沈潅創立内操，不但使親戚羽黨交互盤踞其中，且安知其無大盜刺客寄名内相家丁，儻或伺隙謀亂，發於肘腋，智者不及謀，勇者不及拒，識者每爲寒心，忠賢復傾財厚與之交結。昔劉瑾招納亡命，曹吉祥弟姪傾結達官，忠賢蓋已兼之，不知意欲何爲，大罪二十二也。且皇上亦見近日忠賢進香涿州之景象乎，鐵騎之擁簇如雲，蟒玉之追隨耀日，警蹕傳呼，清塵墊道，人人以爲駕幸涿州，及其歸也，以輿夫爲遲，改駕四馬，羽幢青蓋，夾護雙遮，則已儼然乘輿矣。其間入幕密謀，叩馬獻策者，實繁有徒，忠賢此時自視爲何如人，想只恨在一人下耳，不知更作何轉念，恐泰山之神，必陰殛之矣，大罪二十三也。皇上更不記前日忠賢走馬大内之氣象乎，寵極則驕，恩多成怨，聞今春馳馬御前，皇上曾射殺其馬，貸忠賢以不死，聖恩寬厚，忠賢不自伏罪請死，且聞進有傲色，退有怨言，朝夕隄防，介介不釋，心腹之人，時時打點。從來亂臣賊子，只爭一念放肆，遂至收拾不住，皇上果有此事，奈何放虎兕於肘腋間乎。此又寸臠忠賢，不足盡其辜者，大罪二十四也。凡此逆迹，皆得之邸報招案，與長安之共傳共見，非出於風影意度者，忠賢負此二十四大罪，懼内廷之發其奸，殺者殺，换者换，左右既畏而不敢言。懼外廷之發其奸，逐者逐，錮者錮，外廷又皆觀望而不敢言，更有一種無識無骨苟圖富貴之徒，或攀附枝葉，或依託門墻，或密結居停，或投充門客，逢其所喜，挑其所怒，無所不至。内有授而外發之，外有呼而内應之，向背忽移，禍福立見，間或内廷奸狀敗露，又有奉聖客氏爲之彌縫其罪戾，而遮飾其回衺，故掖廷之内，知有忠賢，不知有皇上，都城之内，知有忠賢，不知有皇上，即大小臣工，積重之所移，積勢之所趨，亦不覺其不知有皇上，而只知有忠賢。每見中外有緊切當做之罪，當起用之人，必曰要與内邊説説，成人不得用，事不得行，亦只説内邊不肯，宫中府中，大事小事，無一不是忠賢專擅，即章奏之上，反覺皇上爲名，忠賢爲實。且如前日忠賢已往涿州矣，一切事情，必星夜馳請，一切票擬，必忠賢既到始敢批發。嗟嗟，天顔咫尺之間，不請聖裁，而馳候忠賢意旨於百里之外。事勢至此，尚知有皇上耶，無皇上耶，有天日耶，無天日耶。天祚聖明，屢行譴告，去年以熒惑守斗告，今年以長日風霾告，又以一日三地震告，而乾清之震尤甚，皆忠賢積陰蔽陽之象。聖明偶不及覺察，反加之恩，而忠賢益愍不畏死，更甚之惡，羽翼已成，騎虎難下，太阿倒授，主勢益孤，及今不爲早治，職不知皇上之宗社何所託，聖躬之安危何所託，三宫九嬪之安危何所託。而如此毒心辣手，膽横已不能爲下，意棘必不肯容人，即普天共戴之皇子，元良託重之貴妃，能保時得其懽心，而不犯其所忌。職又不知貴妃皇子之安危何所託，萬一少有差池，職即欲以死報皇上，亦復何及。伏念皇上天縱聰明，春秋鼎盛，生殺予奪，豈不可以自主，何爲受制么麼小豎，令内外大小俱坐鍼氈之上，而惴惴莫必其命耶。職在兵科時，曾參及進忠，名在御前，蓋實有見於忠賢狼子野心，不可嚮邇。不意聖明斷之不蚤，養成今日，儻復優游姑息，再念其隨侍舊人，客氏又從旁巧爲營解，不即加處治，小不忍則亂大謀，臣不能爲皇上策矣。高皇帝洪武十年，有内侍以久侍内廷，從容言及政事，上即日斥遣，隨諭群臣曰，漢、唐之禍，雖曰宦官之罪，亦人主信愛之過使然，向使宦者不得典兵預政，雖欲爲亂，其可得乎。今此宦者雖事朕日久，不可姑息，決然去之，所以懲將來也。洋洋聖謨，中官言及政事，且懲將來，況忠賢欺君無上，惡積罪盈，豈容當斷不斷。伏乞皇上大奮雷霆，將忠賢面縛至九廟之前，集大小文武勳戚，敕法司逐款嚴訊，考歷朝中官交通内外、擅作威福、違祖宗法、壞朝廷事、失天下心、欺君負恩事例正法，以快神人公憤，其奉聖夫人客氏，亦并敕令居外，以全恩寵，無復令其厚毒宫中。其傅應星、陳居恭、傅繼教，并下法司責問，然後布告天下，暴其罪狀，示君側之惡已除，交結之徑已塞，如此而天意弗回，人心弗悦，内治外安，不新開太平氣象者，請斬職以謝忠賢。職知此言一出，忠賢之黨，斷不能容職，然職不懼也，但得去一忠賢，以不諛皇上堯、舜之令名，即可以報命先帝，可以見二祖十宗之靈，一生忠義之心事，兩朝特達之恩知，於願少酬，死且不憾，惟皇上鑒職一點血誠，即賜施行。

（明）劉心學《四朝大政録》卷下《劾崔魏諸姦》〔天啓〕四年夏六月，副都御史楊漣上疏〔疏文略〕疏上，忠賢惶懼奔走，莫知所措，閣臣魏廣微，素媚忠賢，徐大化，楊維垣，復慫慂曰，忠賢取旨如寄，楊左可立去，吾輩共保富貴無憂也，於是，廣微擬旨切責漣。

《明熹宗實録》天啓四年九月 庚申，貴州巡按御史傅宗龍奏誅安氏黨陳其愚。其愚兇狡多計，至是伏誅。《兩朝從信録》：逆賊陳其愚伏誅，其愚與安邦彦之兄邦俊交契，故逆謀皆出其愚，即造僞檄、發枯塚，已是窮兇伎倆，而又僞降以陷王撫輸貴陽情實，以速攻襲。此等奸狡，真不可一日不誅者，幸監軍御史傅宗龍詳知其隱，即擒斬之，而水西之耳目除，黔中之禍胎絶矣。

《明熹宗實録》天啓五年三月 〔丁丑〕刑部奏：問過安順府訓導周國光，當安酋攻城，派守東門，乃持賊幟揮衆出降，又挺身從賊與運籌，宜按謀叛、不分首從律處斬，其妻子應付功臣之家爲奴。從之。

《明熹宗實録》天啓五年七月 〔壬申〕楊漣、左光斗死於鎮撫司。按：漣，楚之應山人，萬曆丁未科進士，令常熟，以卓異授兵科給事中。光廟升遐，親受顧命。移宫一事，漣深以爲憂，六日，鬚髮盡白，旋請告歸。越二年，以禮科召還，繇太常卿歷陞都察院左副都御史。時逆璫魏忠賢蓄謀不道，漣抗疏暴其二十四罪，逆璫恨入骨髓，欲殺而無名。於是姦黨徐大化承望風旨，一坐以封疆以爲受賄，黨護熊廷弼，一坐以移宫以爲串通王安，導熹宗於不孝，遂下詔獄，緹騎至郧。士民數萬擁道攀號，所過村店城市皆焚香建醮，祈祐生還。比下鎮撫，中旨嚴訊，懸坐贓銀二萬兩，限五日一覆奏。許顯純等毒刑鍛鍊，死而復蘇者數次。漣叱顯純曰：熊廷弼初在遼陽，我引有樹無皮一疏參之，及廣寧陷，我爲封疆爲重，何辭不死？廷弼恨欲殺我，此豈受賄爲營脱者？至於移宫始末，舊宫嬪自宜避新天子，初一至初五，原不爲促，十廟神靈鑒此熱血，昧心殺人，天下後世，汝肉不足食。顯純大怒，立刻致死。復有撫按嚴提家屬追贓之旨，房屋鬻盡，孀母寄居城樓，延及三黨，填滿囹圄。太守李行志、縣令夏之彦，書文爲募捐俸倡首，士民好義者傾家助之，只能完一萬餘兩。漣事母至孝，爲人忠貞，孤介慷慨自許，嫉惡如仇，故群姦百計誣擠，必欲死之。光斗，桐城人，丁未進士，爲御史，風裁凛然，與楊漣志同道合，故排之者必并稱楊左，云移宫時有仁至義盡一疏，其意自不偏廢，而姦黨横執，以爲罪案，追贓多金，變産不能給。至是同漣爲許顯純榜掠死。崇禎元年，漣子之易、之賦，光斗子國柱各叩闕鳴冤，予贈廕祭葬，特賜漣謚忠烈。

《明熹宗實録》天啓五年九月〔丁巳〕御史倪文焕請分别邪正，言：首攻淮輔之邵輔忠，力詆東林之劉廷元，疏叅張鳳翔之盧謙，宜亟登啓事。黨護淮撫之孫居相、賣身東林之史記事、計陷毛文龍之夏之令、比昵邪黨陰謀翻局之李孔度，宜亟行削奪。中書吴之瑞陽附正人，陰探消息，其叔海運通判吴世科，輦金納賄，宜亟行追贓。又言：舊太宰崔景榮原是東林一派，昔年爲本兵時，倚姦細劉保爲腹心，及承乏吏部，往往祖調停故智，使清明朝廷幾成黑暗世界，近雖公論大明，然聞姦人不得行其志，往往托之私記、私揭，煽惑人心，不可不重爲之防。得旨：崔景榮東林的派，倚姦細劉保爲腹心，著削籍爲民，仍追奪誥命。李孔度比昵邪黨，削籍爲民。夏之令極詆毛文龍，幾誤封疆，著錦衣衛差官杻解來京究問。吴之瑞、吴世科冒濫兵餉著錦衣衛拿送鎮撫司追贓助工。一切私記私揭黏貼通衢者，著緝事衙門嚴拏究治不饒。

《明熹宗實録》天啓五年九月〔丙寅〕刑部尚書李養正等具楊漣等爰書，并坐顧大章大辟。言大章與已故揚漣、左光斗、周朝瑞、魏大中、袁化中、汪文言皆以狂悖竊附威權、慣罔上以沽名，快崇姦而媒利，堂構無恙，何定策之敢言？社稷有君，孰垂簾之可託？自汪文言潛通線索，致王内監突起風波，斗曰自后可虞，漣曰移宫宜亟，直房密計疾如風雨，禁裏傳呼勢如剽劫，至令東妃踉蹌失措，即皇妹亦號慟堪憐，恫先靈而虧聖孝，有臣如此，法可勝誅。猶且招摇作勢，標榜爲名，斥異己之賈繼春，進黨同之周朝瑞。誰任擊排，則袁化中、魏大中拳勇可藉；誰供頤使，則顧大章繞指堪收，角立門户，旁開徑竇。最可恨者，封疆大計亦若視爲等閑，失律元兇猶欲加之保護。在熊廷弼，不惜以掊尅所入爲贖命之金丹；在諸姦，不難以齒牙之餘顯錢神之力量。或飛書以緩頰，或瀆奏而連章，百方羽翼之圖，一冀法網之漏。總之，植黨者必先假義以移宫一案爲名高而群邪爲之響赴，招權者猶思樹人以救熊自助爲隱念而國法爲之弁髦。五載之逋誅已正，而覿之瘴殛難逃，雖同鬼録之先登，幸有丹書之具在。奏入，得旨：楊漣、左光斗、周朝瑞、汪文言兇惡小人，目無法紀，素與内侍王安互相交結，妄希定策，首倡移宫，夤緣作弊，符同奏啓，威逼康妃，虧朕孝德。又與魏大中、袁化中、顧大章結成一黨，紊亂朝政。明知熊廷弼失陷封疆，罪不在赦，乃敢貪其重賂，共爲營脱。賴九廟神靈，罪人斯得誅心定法，律當情真，雖已瘦死囹圄，還當戮屍都市，姑從輕典，以示法外之恩。其未完贓銀已有旨，著撫按官嚴提家屬追比，俟其完日待以不孥。惠世楊同惡相濟，不得獨寬，著錦衣衛差官扭解來京從重究治。這招詞問擬詳明，情律允愜，便依擬行。仍遵屢旨宣付史館頒行天下，以昭朕仁孝平明之治，以服天下萬世人心。

《明熹宗實録》天啓五年九月〔丁卯〕鎮撫司奏：爰書既有成案，史册務宜覈真。得旨：汪文言即汪守泰罪逃賤隸，人類不齒，而楊漣、左光斗與之交結，借通王安、倡起移宫之事，希圖富貴，把握朝權。及事發問徒，又潛住京師，與周朝瑞、顧大章、魏大中、袁化中等結黨行私，庇護熊廷弼，力爲營救，受其重賂，動以巨萬，夤緣賄屬，冒濫衣冠，黨與實繁，招摇簧鼓，使一時人情知其賄賂，不知有朝廷，知有諸姦，不知有法紀。天厭其惡，國有嘗刑，已經三法司依律問擬情罪允愜，爰書既宜頒布中外，鎮撫司三疏招詞并著宣付史館編輯成書，垂信萬世。其汪文言未完贓私，行與該撫按官嚴提家屬追比完日回奏。

《明熹宗實録》天啓五年十二月〔辛丑〕鎮撫司打問過犯官惠世揚，

得旨：惠世揚借汪文言結王安，擅入内直房，聽其指使，同楊漣、左光斗倡議移宫，威逼康妃，目無先帝，且黨邪害正，罪狀非一，究問既明，著送法司再加研審，依律從重擬罪，仍宜付史館垂示將來，爲人臣不忠之戒。

（清）陸圻《纖言》卷上《國泰行賄》 挺擊事起，朝議沸騰，俱欲推究主使。鄭國泰懼謀泄，危如累卵，密使干僕鄭鰲行金於諸司，中書吴中秀、千户陳紀、陳長班過付，四科五道劉廷元、劉光復，刑部胡士相、吴爾壎、曾曰唯、岳駿聲等皆受賄者也。過送之地在紅廟，與國泰家咫尺。其王之寀數人忠侃無私，計安國本。善乎左都御史高攀龍疏曰：閣臣方從哲，御史劉廷元毫無忠膽，獨剛正刑曹王之寀、李俸、張廷、陸大受等爲君父告變，執法賈罪。

而給事何士晋以戚臣鄭國泰有揭辨陸大受疏，因上疏曰：臣按鄭國泰部曹轉疑轉深一揭，蓋爲陸大受疏發也。查大受疏内雖有前年爲藩臣莊田直陳大難，身犯姦畹兇鋒等語，彼特借此發端，以明杞憂之果驗，而語及張差近事，原止欲追究内官姓名，大宅下落，並未嘗直指國泰主謀。此時張差之口供未具，刑曹之勘疏未成，國泰豈不能從容稍待？何故心虚膽戰，輒爾具揭張皇？人遂不能無疑於國泰矣！國泰若欲釋人之疑，計惟明告中宫，力求皇上速將張差所供龐保、劉成送三法司公同拷訊。如供有國泰主謀，是乾坤之逆，九廟之罪人，臣等執祖宗之法，爲朝廷討亂賊，不但宫中不能庇國泰，即皇上亦不能庇也。借劍尚方，請自臣始，設或另有主使，與國泰無干，臣請與國泰約，令彼自具一疏告之皇上，自此以往，凡皇太子、皇長孫一切起居，俱係國泰全家保護，稍有疏虞，罪坐國泰。則臣與在廷諸臣亦願與國泰保身家之事，乞皇上與皇太子有好無尤，永全恩禮，是所以報國泰也。若國泰今日畏各犯供招，一味熒惑聖聽，久稽廷訊，或潛散黨羽使還逃，或陰斃張差使滅口，則此獄將終不結耶？惟國泰審處。

後天啓乙丑年，魏璫擅政，刑部岳駿聲爲鄭氏白冤，準國泰子養性回京師九門外，安插管業。

《明熹宗實録》天啓六年三月〔甲辰〕 北鎮撫司許顯純具姦細武長春獄詞：長春係李永芳之婿，又娶永芳中軍趙一鶴女爲妾。萬曆四十六年以催餉爲名潛住京城，後遼陽失陷，私回山海，至覺華島地方遇契友今在奴酋下作都堂李玉山，玉山攜帶永芳銀七百兩，令長春在京探聽，若有機會，密將信息送到山東平度州陳一敬家，我與爾傳去。長春又私進京冒頂故伯武以揚武舉履歷要推守備，投周應元引見，走部季應誠、李廷桂、李廷棟、薛應魁指兵部説情，講定謝禮一千四百兩，見付四百五十兩，貂皮彭段共作五十九兩，後兵部果推守備。本下給與劄付，有不知名人知李長春冒官，拏詐詐銀。季應誠等聞知，將前劄繳回兵部訖。長春又買娼婦李鳳兒在楊美竹斜街馬家房潛住，不覺對鳳兒説出前情。長春因少盤費，將李鳳兒質與水户薛應魁家，當銀八十兩，薛應魁又將鳳兒賣與樂婦梁氏家，得銀一百五十兩，長春出關。天啓六年正月，奴賊攻圍寧遠。長春在寧遠城内潛住，因袁兵道關防甚嚴，逃出進京，被東廠緝獲。得旨：姦細武長春係叛賊李永芳之婿，向來出入京師，窺探消息，謀爲不軌，又糾結季應誠、李廷桂、周應元、李廷棟、薛應魁等鑽營守備，意圖握兵内應。近者奴賊入犯，彼實招之，幸上賴宗社之神靈，下藉廠臣之忠智，獲此元兇，并擒姦黨，既經鎮撫司究問情真，著送刑部依律從重議罪。

《明熹宗實録》天啓六年四月〔丁丑〕 應天巡撫毛一鷺、巡按徐吉疏言：本年三月十五日，因削職爲民犯官周順昌奉旨被逮，星夜諭蘇州知府寇慎着落吴縣知縣陳文瑞將順昌拘到，發該縣用心隄防，候期開讀。隨據欽差錦衣衛千户張應龍文之炳約以本月十八日午時開讀，臣等同赴公所，沿途見士民如堵，車擁不前，洶洶嘈雜莫辯聲語。隨進公所，正開讀間，紛紛士民號呼，一擁而入，疾聲大譟。事出倉卒，臣等以身捍蔽，率道府縣諭以名法，惕以禍福，奈奔雷掣電之勢，幾成斬木揭竿之形。彼時心口俱窮，智勇交困。陵厲叫號，莫可名狀；衝突擅擊，勢甚決裂。謹將犯官周順昌仍前拘獲候解外，似此倉卒異變，情景可駭，除一面安輯人心，查緝倡亂，以後另疏報聞。得旨：周順昌逮到，朝廷自有酌量處分，小民無知，何得擁衆號呼，幾成鼓譟，法紀安在。如本日解散，姑不深究，再有抗違，爲首的定行拏究正法，且益重本犯之罪，撫按官另疏奏聞。

《明熹宗實録》天啓六年六月〔戊子〕 河南巡撫郭增光疏言：盧氏縣賊首李宗善勾引靈寶土賊何三、何進在靈寶交界蒿平河觀者山上立有東西北三寨，聚衆四千餘人，焚劫攻縣，擒殺鄉兵，遣參將蔣汝亮等領兵至其地，諭衆解散，計擒元兇，悉蕩平之。疏下兵部。

《明熹宗實録》天啓七年五月〔戊辰〕直隸巡按楊春茂題亂民已經安戢事。得旨：吳養春奸富稔惡，欺君抗旨，追贓正法，罪所不原。部臣處置乖方，以致愚民煽亂，今既行安戢，着量懲渠魁，以爲生亂之戒。其追過贓銀已歸併許志吉，撫按官還公同確議，設法追徵，勿使富户驚逃，貧民失倚。

（清）查繼佐《罪惟録》紀卷一七《毅宗紀》〔天啓七年〕十一月，降忠賢淨軍，司香鳳陽，籍其家。戍邸監應元之爲忠賢曲解者，逮忠賢獄。忠賢與名下李朝欽自經阜城逆旅，磔其屍，梟示。杖死客氏於浣衣局，揚灰，籍其家。卽日，都督侯國興、寧國公魏良卿伏誅。罷各處鎮守内臣，免追已死各臣贓銀，釋其家屬。追客、魏誥券，毁生祠，以六等定魏黨罪，刊布中外。客魏首逆外，次同謀，爲兵部尚書崔呈秀等六人；次結交近侍，都御史劉志選等十九人；次結近侍降等，大學士魏廣微等十一人；次逆孽軍犯，東平伯魏志德等三十五人；次諂附擁戴軍犯，内監李實等十五人；次結交近侍末等配贖，大學士顧秉謙等百二十八人；次祠頌，照不謹例冠帶閑住，大學士黄立極等四十四人。内文臣五虎崔呈秀、田吉、吳淳夫、李夔龍、倪文焕，武臣五彪田爾耕、許顯純、孫雲鶴、楊寰、崔應元，惟呈秀、爾耕、顯純及内監涂文輔、李永貞並坐大辟，餘降等。大鋮、維垣、繼春、邁，卒以魏黨削籍。上猶以所定未足盡其黨，出黄袱章疏一裹宫中，曰：此皆逆璫實録也。又補入張瑞圖、來宗道二人爲七等。其初不輔魏而罪者，生死咸次第昭雪。

（明）張肯堂《𥲤辭》卷一二《流賊趙光奉永平府撫寧縣人》 流賊起於饑民，初本易制，自有逃兵爲之輔，而勢乃益張矣。蓋若輩曾經訓練，兼歷戰陣，走險之梟附以久戍之長技，寧不爲虎加翼乎！趙光奉等獲於九月間，而其吐稱賊巢盤據，以及迤北南向之謀，與今之賊勢，如合符契。且身逆顔行，搶驢有據，賊稱首功，法應重典。謀叛之律，能爲彼貰乎。李岫驍雄倍於光奉，睹之令人目攝，惜與胡進孝前後庚死，不得生斷其首，懸之大白旗下，負此憾矣。

（明）張肯堂《𥲤辭》卷一二《流賊范黑子山西絳州人》 奸細之與流賊非兩事也，干掫常密，束手就擒，了不見其可畏。倘守望偶懈，一炬得施，縱横語難皆是物矣。且也凡賊糾黨，類皆貴壯而遺少，惟流寇不然，其使之分抄者，大半皆總角之童。蓋出而掩人，既能令人不備，而繫其父母，又能必其力爲彼用。如范黑子其一也。研審數次，作賊甚真，但既經擒獲，便作釜魚泣命耳。近讀明詔，即方在衡行者，尚欲爲之解網，何況區區稚弱乎。即矜之爲入井之孺子，此出自上臺德意，非本縣所敢定也。

（明）張肯堂《𥲤辭》卷一二《流賊李進張邢臺人》 六年五月十五等日，賊犯滄西湯淇山中，烟焰漲天，而滄民猶得效死固守者，正緣備禦嚴密，賊不得窺我虚實耳。若使淇東村落一炬得施，衆志驚惶，士女奔竄，其禍有不忍言者。李進張之見獲於鄉兵，誰謂非天意哉！細觀流賊伎倆，大約相同，其驚擊也，人人可稱渠帥；其就擒也，人人自稱脅從。業已力拘諸原，自應刑兹罔赦，謀叛之律，能爲若人貰乎。

（明）祁彪佳《按吳親審檄稿・一件討叛事》 行據吳江縣解犯戴華等到院，審得戴榮、戴華祖父之爲費氏奴也，陳知府已審之詳明，經撫院批允，無可説矣。但强盗何事，華輒以之告主，府審第以誣告平民論徒。若奴以誣主，又當加一等罪矣！姑念愚民無知，與戴榮並重責之，潘耀乃從中作硬證者，並責立案。

（明）祁彪佳《莆陽讞牘》卷二《福州府・一起擒獲紅夷奸細僭號薛司馬巨寇事》 依謀叛事例律斬監候會審犯人七名王四童等。前件看得王四童等倚袁八老爲爪牙，借順吾老爲羽翼，劫贓至四五千金，皆商漁剜肉慘心之物，被擄至八十餘衆，俱海濱妻啼子泣之人。乃敢通消息於紅夷，營窟巢於日本，逆號僞官，自成滄溟間之世界，利兵堅甲，遂爲腹心地之隱憂。初九日先擒四童等，十二日再擒黄三等，並爲劇寇，梟斬何辭？陳九弟入新老之夥，搭船先歸，王春瑞同秀山之舟，攘臂用命；吳岩老有米商之殺，罪已通天；杜瑶墀走吕宋之途，奸同賣國；蔡福仔現有二老之稱，難同無辜之宥。一體斬首，並屬不冤。

中國第一歷史檔案館《滿文老檔》天命八年三月 二十四日，岫巖備禦喬邦魁與毛文龍密謀，被喬邦魁家人首告，將喬邦魁之宗族盡殺之，並將喬邦魁之妻及家産，盡給其首告之僕人。汗曰：外地之小人，經常擒獲奸細送來，而我處豈有奸細不來之理乎？爾等衆官員，半爲明帝判以死罪監於牢獄之人，半被廢黜之人。且皆係獲於陣，加以豢養之人也。我舉之爲官，予以豢養之，爾等若念養育之恩，爲何未將毛文龍所差之奸細查出一人？爲何不查逃叛暴亂者？若不爲汗效力，豢養爾等何益？凡見逃叛即來告者，凡知奸細即執送者，仍照前人之例舉之爲官，記功賜賞。若聞逃叛而不報，見奸細來而不擒之，被人首告，即照蘇世登、喬邦魁處治。

中國第一歷史檔案館《清初内國史院滿文檔案譯編》天聰八年五月二十三日，汗遣户部承政英俄爾岱、舉人敦多惠回盛京城轉諭守城和碩貝勒濟爾哈郎曰：令索倫部來朝大臣巴爾達齊速回其部，恐索倫部爲噶爾珠塞特爾等所掠，宜詳加訓諭而遣之。又遣巴克希希福、伊拜往科爾沁部土謝圖濟農等諭曰：法律所載，叛者必誅。科爾沁部貝勒若獲噶爾珠塞特爾等，欲謀則誅之，而欲不誅，盡奪其部衆，以其本人爲奴者聽。

中國第一歷史檔案館《清初内國史院滿文檔案譯編》天聰九年十二月初五日，莽古爾泰貝勒、妹莽古濟格格及其夫敖漢部索諾木杜稜三人當德格類貝勒、土木布祿、愛巴禮、冷僧吉等人面，對佛跪焚誓詞曰：我莽古爾泰已結怨於汗，爾等助我，事成之後，若待爾等不如我身者，天必鑒之。誓畢，索諾木夫妻誓云：我等陽事汗而陰助爾，若不踐言，天其鑒之。於是，事未成，莽古爾泰貝勒中暴疾，不能言而死。再，德格類貝勒亦如其兄病死。同謀之冷僧吉具狀首告於刑部和碩貝勒濟爾哈朗。時汗出獵，敖漢部索諾木又首告於達雅齊，舅阿希達爾漢，以其言奏聞汗。迨汗獵還，和碩貝勒濟爾哈朗以冷僧吉訐告緣由奏聞汗，汗遂遣人告諸貝勒。禮部貝勒薩哈廉怒曰：莽古爾泰、德格類所行若此，殃及自身，兄弟不能言，相繼而死。伊等敢與汗結怨，不知視我等又當何如？汗待爾濟爾哈朗、岳托、德格類等，過於己子，細心恩養，迥異衆人。爾等成立，皆汗之賜。爾三人宜不惜身命，爲汗報效。汗自即位以來，國勢日隆，未搶取爾等所有，何作此悖逆事耶？阿巴泰貝勒、阿濟格貝勒、和碩額爾克楚虎爾貝勒聞之，皆怒如薩哈廉貝勒。以告和碩貝勒岳托。岳托貝勒變色曰：德格類貝勒焉有此事？必妄言也，或者詞連我耶？毫無忿意。於是，諸貝勒大臣質訊此案，得實，會議莽古濟格格、其夫索諾木、莽古爾泰、德格類兩貝勒之妻子，同謀之土木布祿、愛巴禮及其滿門應誅，冷僧吉無功亦無罪，二貝勒之人口、奴僕、諸物，自應歸汗。以奏聞汗。汗曰：莽古濟格格謀敗社稷，可告於二母福晋、諸姑、格格等，伊等共訊之。至二貝勒人口諸物歸我之議，殊覺不妥。若兩貝勒得逞，則我之諸物，將盡歸於彼。而今我勝，兩貝勒諸物理應歸我。實則不然，諸貝勒同心佐理，似應七旗分取之。至於冷僧吉，若不首告，此案何由而知，今以冷僧吉爲無功，我實不解其議。索諾木若不再訐告，則我等必不信冷僧吉之言矣。遂遣人召三館儒臣羅碩、剛林、扎木巴等至，汗具以其言告之曰：召集三館滿、漢儒臣，此事應作何處分，可議定奏我知。三館滿、漢儒臣等議畢奏曰：犯上之罪，危及社稷，所關甚鉅，無所輕貸。莽古濟格格雖婦人，知此悖逆事，理應爲此憂憤，從中諫止。反從逆犯上，敗壞社稷，應死不可逭。按律兩貝勒之妻子，皆應論死。汗必欲覺寬免，亦當幽禁。否則，日後何以懲叛逃等爲亂之者。再者，在我國中，始終不出類似案件，尚難逆料。若以冷僧吉爲無功，則日後遇此等事，誰復首告。爲後日計，則冷僧吉宜叙其功。索諾木先曾佯醉痛哭而言曰：汗爾何故惟兄弟是信？汗爾在，則我北方蒙古得遂其生，爾若不在，不知我蒙古作何狀等語。時汗亦微喻其意。彼時，汗爾優待莽古爾泰貝勒、莽古濟格格，德格類亦受寵。索諾木雖欲直言，豈容出諸口。今索諾木先行訐告，應否免罪，乞汗睿裁，至土木布祿、愛巴禮滿門論斬，勿庸遲疑。所議二貝勒之人口分給七旗，臣等以爲不可，理應盡歸於汗。況古人云，都不可大於國等語。都者貝勒也，國者汗也，國寡都衆，患之階也。汗與貝勒皆拋籌分之，則汗、貝勒無別也。二貝勒人口，汗宜盡取之，欲賜何人，惟汗命之。汗曰：爾等所言，汗已悉知，俟再思之。於是，諸貝勒大臣復審，奏聞於汗，乃誅莽古濟。先是，莽古爾泰貝勒之子額必倫曾言，其父在大凌河露刃時，我若在必刃加汗，我亦與父同死等語。額必倫之兄光衮首告。汗隱其事，未告於衆貝勒。其後事被發覺，遂誅額必倫。岳托貝勒娶莽古濟長女爲妻，其妹爲豪格貝勒娶之。豪格貝勒曰：其母既欲殺我父，我爲父所生之一子，我豈可與謀害我父之女同處。遂殺其妻。岳托貝勒奏曰：豪格貝勒既殺其妻，我亦欲殺我妻。汗遣人勸阻，乃止。昂阿喇爲莽古爾泰貝勒母之原夫所生子，以知情殺之。土木布祿、愛巴禮及其親支兄弟子侄，俱磔於街。授首告冷僧吉爲三等梅勒章京，世襲罔替。愛巴禮、土木布禄，還其家産，免各項官差，並給敕書。莽古爾泰貝勒六子邁達禮、光衮、薩哈璘、阿喀塔、舒孫、噶納海、德格類貝勒子鄧希庫等俱降爲民。初滿洲國宗室人之妻、伯母、嬸母、嫂子，有亂娶之習。天聰汗曾下禁令於宗室内，妄娶叔父、兄、弟之妻，非理也。莽古爾泰、德格類作悖逆事，乃亂仇也，與諸貝勒商議，諸貝勒中有願者可娶之。於是，莽古爾泰貝勒之一妻岳托貝勒娶之，德格類貝勒之一妻阿濟格貝勒娶之。其餘房婢，被殺人之妻，俱令改嫁。兩貝勒之人口、諸物，汗取之，復賜豪格貝勒八牛録諸申，阿巴泰貝勒三牛録諸申。其餘莊屯、財物、牲畜，汗以其所願賜給。

《清太宗實録》崇德七年五月　上諭禮部曰：自古僧以供佛爲事，道以祀神爲事。近有善友邪教，非僧非道，一無所歸，實係左道也。且人生而爲善，則死亦無罪，若無罪戾，何用立善友之名。既有罪戾，雖爲善友何益。與其積惡而爲善友，何若行善之爲愈乎。語云：行善者天降以福，善原在心，非不食肉之謂也。今因善友康養民、李國梁等合群結黨，私造印劄，惑世誣民，紊亂綱常，凡列名於籍者三百餘人，法司俱擬死罪，朕加寬宥，止誅爲首十六人。自今以後，除僧道外凡從善友邪教者，不論老少男婦，爾部永行禁止。如有不遵禁約者，或被他人首發，或經衙門察獲，殺無赦。該管各牛録章京、撥什庫，及本主不行察究者，一例治罪。禁諭之前一日，有鑲白旗善友三人，鑲黄旗、鑲紅旗、正藍旗善友各一人，持書於大清門外告云楚國無以爲寶，惟善以爲寶，今奈何不分邪正黑白，而概行禁革，縱不惜善友獨不看佛之金面乎？禮部議：以其不遵禁約，執付各本主殺之。

《清太宗實録》崇德七年五月　鑲紅旗牛録章京濟馬護家善友邪教李國梁左道惑衆。潛懷異心，爲其主母告於户部。此質問，供有一用印劄付。據送禮部訊實竝獲其印及其餘劄付。爲首十六人，及受劄付者十六人，無劄付者五十二人，竝不相認識者九十三人，部議俱應論死，奏聞。上命爲首十六人處斬；有劄付十六人各鞭一百，貫耳鼻；無劄付五十二人，止鞭一百；其不認識之九十三人，各鞭八十二。遂令嚴禁善友邪教。

（清）計六奇《金壇獄案》　金壇風土，趨名而鶩利。故周鍾同祖七進士，俱以美錦而多染糞穢；虞來初兄弟會魁，文章、材幹一時稱大名家，緣京、計二典兩掛彈章，遂自蹈瑺禁。凡名與利之所在，不轉計也。如海寇一案，屠戮滅門，流徙遣戍，不止千餘人；其起禍之因，亦惟放利自尊而已。鎮江之屬邑凡三，二丹一金。金爲最僻吏胥舞文特甚。如馬草、米、豆等常以設府總數，朦朧徵催。不知其弊者，三倍完納，吏胥則食其二；知其弊者，不特免其本户，且得重賄於吏胥。鄉紳之有力，如進士王重、吏部王明試、兵部馮徵元御史馮班之父之類是也。王、馮等曾爲馬草事，分過賄銀七百兩。知其弊而復不寬恕其限數，役重而且冤，則叫號於縣門，刻揭於通衢；如生員蔣太初、蔡黝、于厚之類是也。惟此叫號，刻揭之諸生，吏胥恨之，諸紳亦同恨之。又，金壇當質鋪俱係徽商，典利三分；銀水戥頭，幾及五分。諸生則控之縣，求減恤民。諸商斂銀八百浼王、馮二紳，王則爲酌之曰：兩外二分五釐，兩内則仍三分。諸生復叫號於通衢曰：日求減典利爲貧民也，貧民有兩外之典乎？王、馮等又深惡之矣。諸生之出言堅議，大約多在鄉紳，意復不肯揚善隱惡。事蓋非一端也，元黄而水火矣。鄉紳通吏胥，每思覓一事以難之。會海寇退，兩丹紳衿多罹於法；因念若以此網羅之，不但可以箝其口，而且可以絶其影矣。先發於新海防，指其名者，蔣、蔡、于、周等十生。海防以法重獄繁，且海寇已去年餘，内地方慶昇平，忍發之□而指名之揭，次第上臬司矣。臬司更原情以寬之，亦不欲於無事中生事，更不欲以滅門事發於黌宫，恐其株連。王重獨深噬臍之恐，爲不殺不休之計。適巡方馬騰蛟按臨京口，馮徵元之子馮班，西臺也；重別搆重貲以八百金授徵元云：不速殺此十生，金壇之禍端百出，而蠆先中於鄉紳矣。巡方以同臺之父見囑，謂事必非無因，則嚴刑酷訊之，仍批臬司定罪。不十日，馬院以別事就逮，赴西市；臬司益疏縱此十生，不欲以海寇二字枉法實焉，然尚未出獄也。時十生中有周姓者，父亦諸生，曰周勉，素與王重諸紳相往還，泣挽重寬恕。重曰：其權在袁大受，我不得主也。周因叩袁，袁與王明試有私隙，曰：欲解此案，須出首一人云：我窮措大，安能爲投誠降海之大舉；有一現任兵部王明試，降海有據也。周欲救其子，即手書一呈付之。時，明試現在袁之密室，赴馬吊酒會，乘其四賞開莊時，撫其肩曰：亦無過喜，大禍臨頭矣！以周呈示之。明試乍驚，彼於投誠單內實係書名書押，中益歉然；即煩大受力寢其事，許以千金。又曰：我已擇吉北上，既如此，明早即行矣。我到京中，諸生之口風撼泰山也，亦何足較！明日，袁於舟次送行，促其千金；王以一半畀之。袁曰：一入都門，懇囑巡方早結十生之罪，萬事瓦解。王頷之。時蓋辛丑年之春初也。不一月，又有鄉紳中書馮標乙未進京，袁寄一函於王明試壬辰。馮於轎中私拆其書，內云：吾邑劣衿惡少，挾制官府，侮慢鄉紳；若不速置之死地，種禍金沙，現在□紳無譙類也。更有老而不死之餘孽，如李恢先戊辰、曾宗璠丁丑，斷斷不可輕貰等語。標與宗璠子鍾浩乙未刑部兒女至戚，抵京日，即對鍾浩言之。浩索書，馮曰：彼寄，吾未可竟與也。浩曰：明日賭新邑尊於二廟，可使價持來，云袁家所寄，奪而看之可也。馮如其言。席中曾、王二人奪開家信，以致機關大露。鍾浩又商之馮班，恐將來是事纏涉。班云：此事若出自己口，甚難措詞；蓋使省中風聞言事可乎！省臣孫際昌極肯直陳，在年臺對户而居，令其入奏爲是。曾即往商際昌。孫云：我未悉事之顛末，做一疏稿來何如？曾再往馮班；班云：請明試迎風，間以馬吊，以微詞激之，委曲自露矣。曾爲發帖，並請同邑在京三、四紳盡一日歡；明試果來。馬吊之興頗高；至午，已負百餘金，頗有不悅之色。曾挑之曰：聞年臺在鄉，得虞來初家弑主之僕；僕大驚，自首銀千兩。又得降海秀才毛于王五百金：皆倘來意外物，何些須介意。明試曰：此皆王重所爲，我實無染指也。又有餂之者曰：海寇投誠，年臺實首倡乎？王曰：隨衆則有，首倡則非。海寇遣僞官王再興進東門，守東門者王重與袁大受，我則守南門。一番辯論，曾、馮則以筆述之，遞與孫際昌。孫即風聞奏告，隨奉旨拿究，差滿洲尼、馬二人下江南。王重首先拘來，則曰：投誠降海，係知縣任體坤强逼所爲，非某之本心。遂拿體坤，亦上夾棍。體坤曰：現有衆紳衿共相商議之單與公約可據，一在明倫堂會集、一在魯山之某處，俱有親筆花押，豈不願投降者？遂出其二議。公堂質對，王重無詞。二大人將與名有押之紳名履歷，另奏覆上；又奉嚴旨一體拿究矣：王重明進士、段冠明進士，官知府、江濆明進士，官推官、王夢錫明進士，官布政、馮徵元班父封翁、李銘常大清進士、袁大受廣西賓州道、史承謨大清進士，官知縣、史洪謨大清進士，官推官。袁、馮等又招稱投降事情皆係王明試所爲，並移文到部提明試。時現任職方有差，堂官欲發回咨，俟後另結。明試曰：非我自去，恐詞涉妄舉；且謀叛十生或生倖脱計，須面質爲妥。一到白下，尼、馬二大人即將明試二夾。明試曰：捏造蔣、蔡十生俱係王重、袁大受所爲，海寇進城亦是王、袁迎入，王、袁不得不以周勉首呈，供出降海的係王明試首倡；且議單與花押現證。二大人執筆定案：王重、袁大受、李銘常、馮徵元擬斬，段、江、史、王等擬絞，王明試擬流徙。其知縣、縣佐、首令三教官、練兵守備等官以及里老、吏書、兵壯人等，徒杖分別不等。又奉嚴旨：謀反大逆，不分首從，皆斬；惟知縣任體坤，依擬絞。共斬六十四人，家屬男女没入，流徙大小老幼又共二百七十六人。蔣、蔡、于、周等十生釋放歸家，回學肄業。曾宗璠父子出首，免罪。馮班亦在流徙例。段冠夫人年踰六旬，久卧床褥，粒米不入口者已數年，惟藉參膏果餌度日，舁至金陵。起解内院之辰，忽然體健步行。就紐黔解之後，腹空思啖，連啖糙黄米飯三碗。羈於籍没處所，爲東人朝夕磨腐，兩年而卒。

郭國士、王之琦、吴允宏、王重、史承謨、史洪謨、江璜、王夢錫、馮徵元、段冠、袁大受、李銘常、虞巽吉、周義、談善應、劉珍、王大泰、于元起、王猷、陳三重、王錫章、許宏、陳磻、李永安、周燦、于培德、虞誠、于益、吴鑛、范王、胡文球、岳可忠、朱宏璉、楊仲華、朱大達、虞達理、史旭、吴周、樊耀之、陳達甫、楊增、蔣廷玉、李得如，俱著即就彼處斬；父母、祖孫、兄弟俱解〔部〕，流徙寧古塔。惠六，著即就彼處斬；妻子入官。虞默、王敕、茅鉉、史建侯，俱著即就彼處斬；家産籍没，妻子入官。任體坤，著即就彼處絞。楊貞等十四名，各責四十板；解部，流徙寧古塔。餘俱依議。該部知道。

斬四十八人、絞一人、流徙十四人，共六十三人。此順治十八年辛丑七月十三事。

《清聖祖實録》康熙五十一年正月丙午，刑部等衙門題察審戴名世所著《南山集》《孑遺録》內有大逆等語應即行凌遲。已故方孝標所著《滇黔紀聞》內亦有大逆等語應剉其屍骸。戴名世、方孝標之祖父子孫兄弟及伯叔父兄弟子年十六歲以上者俱查出解部，即行立斬。其母女妻妾姊妹、子之妻妾十五歲以下子孫伯叔父兄弟子亦俱查出給功臣家爲奴。方孝標歸順吳逆身受僞官迨其投誠又蒙恩免罪仍不改悖逆之心書大逆之言。今該撫將方孝標同族人不論服之已盡未盡逐一嚴查，有職銜者盡皆革退。除已嫁女外子女一併即解到部，發與烏喇、寧古塔、白都納等處安插。汪灝、方苞爲戴名世悖逆書作序俱應立斬。方正玉尤雲鶚聞拏自首應將伊等妻子一併發寧古塔安插。編修劉巖雖不曾作序然不將書出首亦應革職，僉妻流三千里。

上曰：此事著問九卿具奏，案內方姓人俱係惡亂之輩，方光琛投順吳三桂，曾爲僞相，方孝標亦曾爲吳三桂大吏，伊等族人，不可留本處也。

《清聖祖實録》康熙五十二年二月〔乙卯〕大學士等以刑部等衙門審擬戴名世私造《南山集》，照大逆例凌遲一案，請旨。

上諭曰：戴名世從寬免凌遲，著即處斬。方登嶧、方雲旅、方世樵，俱從寬免死。並伊妻子，充發黑龍江。此案內干連人犯，俱從寬免治罪，著入旗。

中國第一歷史檔案館《康熙朝漢文硃批奏摺匯編》康熙五十七年八月二十五日，山東巡撫奴才李樹德謹奏為奏聞事竊奴才至愚極陋荷，蒙主子降恩畀以東撫重任。朝夕兢惕，惟以安静地方爲念。自去年拿觧河南案内偽朱復業即袁進以後，奴才誠恐東省尚有奸徒匪類，邪教惑衆等事，屢檄司府轉飭所屬州縣，備所力行，保甲嚴密，稽查嗣據所屬示亦有以立教結會舉首通報者。奴才行司提審，不過無知愚民持齊跪香，别無惑衆不法情事。奴才仰體主子撫綏民生至意，且不敢以細瑣之事上瀆宸聰，是以一經訊明，當即分别重輕，或枷號示儆，或杖責釋逐，仍飭所屬不時嚴察，如有匪類即行舉報。今於康熙五十七年七月二十一日據長山縣知縣沈聖願詳報，所屬周村鎮準提庵僧人成脉來歷不明，在庵内搜出朱洪武畫像一軸等情前來，奴才當即批司飭府嚴拿確訊，兹據按察使黄炳將成脉審供詳觧奴才復細加嚴訊。據成脉親供伊本姓朱，原籍江南鳳陽人，係故明衡王之後，因衡王分封青州子孫即在青州居住。成脉於八歲時父母俱亡，並無兄弟，十六出家，十八披剃，二十受戒，目今年已六十有一。在長山縣周村鎮準提庵住持施茶傳戒，捨藥寓方十有餘年，並無敢作犯法之事。至於朱洪武畫像，係浙江紹興府人吳智偶至庵中，成脉説及係故明後裔，吳智乃摹畫此像收藏庵内是實。復嚴訊，保正宋文僧官常楹併同住之僧人公肅祖秀僉供。成脉施藥傳戒别無非為等語。奴才查得僧人成脉住居長山縣準提庵内，平日雖無别項犯法非為之事，但既為僧人何得圖畫故明洪武影像收貯庵中，殊屬不法且據伊親供實係故明宗派，奴才不敢擅便輕結理合奏聞懇祈主子指示。或者奴才將成脉等審擬繕疏具題，或着奴才外結將成脉杖懲發交青州府益都縣嚴加拘管，不時稽察，或將成脉押觧江南鳳陽原籍，令該地方官嚴加收管，不許出外遊方，以免滋事。總出主子聖裁，所有審取口供及圖像一軸一併呈覽。

（清）黄叔璥《臺海使槎録》卷四《朱逆附略》康熙六十一年七月，余奏《請勒緝餘孽寬免株連疏》略云：臣聞得朱一貴餘孽王忠、劉育等逃匿内山，不時出没，本年四月初九日夜，殺竹仔脚塘兵。鎮臣藍廷珍遣弁追捕，於五月初三等日，護賊林千、林榮、朱崑生等供。王忠等先於四月内，欲到三林港偷船出海，因無船隻，退入得寶寮。今又至内山清水寮潛伏。鎮臣令弁兵搜緝未獲，將空房燒燬。臣竊思内山南北兩路相通，水陸隘口甚多，賊奔竄不常，弁兵防禦稍疏，即受其害。若不竭力搜捕，終爲臺郡之患。查凡承緝賊犯，原有定例。今已逾一年，尚無蹤迹。伏祈皇上敕部嚴勒限期緝拿，限滿無獲，從重處分。文武官弁内，有能設法擒獲者，即從優議叙。庶人人鼓舞，協力同心，争相搜捕，王忠等指日可擒。再朱一貴作亂時，令民割辮以爲記認，其中或被奸匪倡誘、或被抑勒脅從。去年聖諭，明如日月，聞宣布之後，士民俱慶更生，自首惡既誅，緝獲餘孽，解赴省城審訊，陸續供扳之人，不時拿解，牽連不已，人心時懷驚懼。仰請聖主施寬大宏恩，敕下督撫，將拿獲真犯，審明正法。其餘免其株連，曉諭黎庶，予以維新，則大法既昭，而海疆小民，安居樂業，永戴皇仁世世矣！敕部議行。雍正元年四月十五日，千總何勉在鳳山林拿獲王忠并劉富生、陳郡等三名，余隨其摺，將報獲逸賊日期奏聞。超擢何勉北路營參將，世襲拖沙喇哈番。

中國第一歷史檔案館《雍正朝滿文硃批奏摺全譯·閩浙總督滿保等奏報拿獲越獄逃犯摺雍正元年三月二十九日》福建、浙江總督臣覺羅滿保、福州將軍臣宜兆熊、福建巡撫臣黄國材、福州副都統臣鄭繼寬等會奏：爲奏聞事。

臺灣賊犯黃殿等六十四犯，衝出福州府獄奔逃，爲官兵趕上，斬殺十五，生擒十六，立即正法示衆之事，奴才等於三月初五日曾具摺奏聞。旋繼於初七、初八日官兵搜山時，再將逃犯陳國錦、林平、薛風、李孝、盧柱、翁義、康健、林連、饒春、林恩源、朝扁、張廷、魏榮、藍贊、黄謙、曹興、陳原、王森等十八犯生擒解來。經臣等會審，因罪情甚屬可惡，故臣等仍照前奏張示欽榜，派文武官員將陳國錦等十八犯解至市曹，立即正法示衆。硃批：甚爲妥當。旋據搜山文武官員來報，於江岸見有兩名賊犯，遂予追拿，兩犯走投無路，跳江溺斃。又於山溝中搜得負傷身亡之賊犯二人，受傷爲虎咬死者一人。再陳惠、周和、王恩深、陳恩賓、黄恩全、黄恩武、吴叠、張永、來香等九犯已生擒解至前來，奴才等正會同嚴審。查得大獄之逃犯有六十四人，除六犯斃命外，其餘五十八犯已全部拿獲之事，謹會摺奏聞。

硃批：辦理得當，矯正亦然。唯此等之事情實才好。聞者好，却難保有所掩飾。誠有此弊，日後爲朕察覺，爾等何顔見朕？再者此等之事，朕悉稔知。或有武弁舍身效命，而省臣隱情不報者甚多。既或不敢明本具奏，亦應密本請旨。若舍身效力而不叙功，亦不施恩蔭及子孫，誰再效命？此等之事關係甚大。務至其事發展到不可收拾時，將會不分良莠，加倍誅殺，致累無辜也。因此，玩忽之咎雖衆所難逃，爾等本身亦有其責。茲賊犯俱獲，且爾等如此實心匡正，朕或許寬宥，唯國法理當謝罪具奏。著各省知之，以防疏忽。成百叛匪正犯不另行看押，省臣失之嚴察，不增加守兵，視同常犯，豈有如此疏忽之理？此事若非爾等如是妥善糾正，早予重處矣。嗣後著以爲訓，各知勤慎。

中國第一歷史檔案館《雍正朝滿文硃批奏摺全譯・理藩院奏請將逃人首領色楞等正法等情事摺雍正元年四月十二日》 理藩院謹奏：爲請旨事。

竊據散秩大臣車棱、主事多爾濟呈報内開：前已呈報派遣領催齊世思捉拿羅卜藏錫拉布外，三月十九日，逃人紛紛躲匿於哈拉郭羅漢以北祁拉爾札赫嶺之峰洞内。因進兵無路，放槍不行，我等遂與扎薩克貝勒旺扎爾、公策木楚克納木扎爾、公車卜騰、扎薩克臺吉車凌旺布、拉旺及率領王額駙敦多布多爾濟之兵前來之委協理臺吉薩木皮爾、甲喇章京綽斯奇布等磋商，由伊等兵丁，加之貝勒丹津多爾濟之兵、扎薩克臺吉垂木皮爾多爾濟之兵共計三百餘名包圍該峰，封鎖所有出口，處處設槍布防，凡外出取雪者則必擊之，晝夜嚴守。三四天後，逃人色楞等男人近五十名，并婦孺一百五十餘人陸續全部投降。其中傷者半數，查無護軍校袞楚克、楚魯馬，遂問投降之色楞等人，據其供稱：袞楚克、楚魯馬我等一同商定，茲已出不去，咸俱投降。袞楚克、楚魯馬、卓特巴等七人原另居一處。自那以後，我等全部投降，伊等去之何處，由何而出，概不知曉，等語。是以即遣二百兵丁，順其居所尋踪，四下追尋。三月二十四日，公博貝將其所帶五百兵丁安置堵住通往俄羅斯之路後，自與都統滿吉拉率少量兵丁來取逃人消息，聞此七人脱逃，亦派兵前去追踪。除前沿途被殺之逃人外，陸續就擒及該投降之逃人足有三百人，若等擒獲脱逃七人歸案，日久看守恐至松懈；若集中押解，坐騎難尋。故擬分兩隊，交付喀爾喀扎薩克等，酌量派兵轉解鑲黄旗察哈爾處。在此之間，出逃七人如若拿獲，則將拿獲之情另行呈報外，爲此呈報。等情。另差遣追踪厄魯特羅卜藏錫拉布等逃人之親丁博爾綽、并公策木楚克納木扎爾、該旗協理臺吉萌古、公車卜騰及其兄臺吉巴海所遣侍衛二名，披甲三名到此。據伊等告稱：三月二十四日，厄魯特逃人全部歸降。其中脱逃七人每人身有二三處傷，既無馬駝，亦無乾糧，唯有經過搓捻痕迹，時因樹木茂密，山峰林立，未能尋獲。其或死於何處，或藏於層巒叠嶂之間四下搜尋，所經之處，皆無踪迹。再羅卜藏錫拉布首級，已另交付侍衛達爾送交前來。厄魯特逃人中爲首者驍騎校色楞業已就擒，現已解到此處。等語。等情一摺於雍正元年四月初九日交都統兼協理部務之拉錫等奏入。奉旨：此乃一件好事。著總理事務王大臣等閲看。欽此欽遵到部。臣等會議得：據散秩大臣車棱等呈開：我與貝勒旺扎爾、公策木楚克納木扎爾、車卜騰等領三百餘名兵丁，封鎖逃人各個出口，視人出即擊之，日夜嚴守，包圍三四天，逃人色楞等近五十名男丁，并婦孺一百五十餘人陸續投降。經鞫審色楞等告稱：袞楚克、楚魯馬我等原商定投降，我等遂投降矣。伊等去往何處，概不知曉。等語。爲此當即派兵二百四下追踪外，現投降之人足有三百之衆，擬分作兩隊，交付喀爾喀扎薩克等，派兵解往鑲黄旗察哈爾地方。等情。又據遣往追踪逃人之親丁博爾綽告稱：三月二十四日，厄魯特逃人全部歸降。其中七人皆有負傷，尚未查獲。已獲之驍騎校色楞現已解至此處。等語。查得，羅卜藏錫拉布等人，乃昔日被俘之人，移送察哈爾後，俱授以侍衛官員，擺牙喇，披甲，給食俸禄錢糧，得有生業，茲却悖恩携妻帶子率衆出逃，沿路搶劫，抗拒追捕官兵，殊干法紀。理應彰法示衆。尚未拿獲驍騎校色楞既然爲官，由臣部夾審擬斬，解赴察哈爾當衆正法。逃人内各員，俟拿解到後，亦照此懲辦。其餘男婦，由侍衛達鼐等分別查明編隊，派出察哈爾官兵，陸續解至張家口，自張家口轉交緑旗官兵，因於驛車解送京城。到後分別查明正法人妻子及陣亡人員妻子，以俘虜交付兵部請旨，〔賜予八旗各臣爲奴〕男丁并妻孥皆發往江寧、杭州爲披甲，充苦役。追踪逃人效力人員，由臣部遵旨行文侍衛達鼐、主事多爾濟詳查，俟查明送來後，酌情照例分別功過，次第而議請旨。至此次前來之臺吉萌古、巴海等，既爲賫摺入奏，解送逃人色楞之人，擬賞臺吉萌古、巴海緞各二匹，銀各二十兩；二侍衛賞緞各一匹銀各十兩；三名披甲賞彭緞各一匹，銀各四兩遣回。再先前厄魯特羅卜藏錫拉布等出逃時，曾邀約佐領侍衛色卜騰，色卜騰收攏本佐領之人，躲避山内，未附隨出逃，并即報知散秩大臣諾爾布等，情屬可憐。佐領藍翎納木札爾屬下護軍校、驍騎校出逃，佐領納木札爾因病未走。故擬咨侍衛達鼐等，將色卜騰、納木扎爾及該二佐領下未逃之官兵男婦，召集一處，宣喻：爾等感念聖主重恩，未隨羅卜藏錫拉布等出逃，安守本土，此情聖主皆已洞鑒大爲嘉許，色楞等干犯法紀，茲依法懲處，與爾無涉。嗣後爾等仍要感戴聖恩，約束各屬，養育一方，則愈得承重恩，安然而居也。等語，宣喻安撫之。爲此謹奏，請旨。

辦理部務和碩裕親王臣保泰、尚書仍辦理侍郎事務臣特古忒、協理部務都統臣拉錫、員外郎臣海壽、員外郎臣通智、員外郎臣平珠。

硃批：著總理事務王大臣、議政大臣、三法司、理藩院公同詳議具奏。

中國第一歷史檔案館《雍正朝滿文硃批奏摺全譯·兩江總督查弼納奏報合肥縣瘋人王克丘書寫悖逆文書經過摺雍正二年八月初八日》 臣查得，王克丘之言辭悖道，舉止可疑，因有別情而裝瘋，亦未可知。遂與安徽巡撫李成龍商酌，并飭交安徽布政使董永艾將王克丘等案犯帶至省城嚴行夾訊，録供送來。臣又親自觀察其舉止言談，嚴行夾訊。

王克丘供稱：小的乃合肥縣人，今年三十五歲。小的父名王俊晨，母鄒氏。小的兄弟四人，長兄名王文生，二兄名王旭生，小的爲老三，四弟名王克豐。我等皆住一處，務農爲生。小的自幼患有瘋病，每當病發，即想作軍師，覺得有一青衣人尚與小的言談。患有此病已年久。今年閏四月初六日，小的採買數斤茶葉，販至壽州雙門鋪集市賣給梁記鋪十幾斤，之後投王進家中。後又送至烏巢山廟前張福盛家十斤茶葉，餘者皆兑麥子。十八日，當去張福盛家時，將小的送至廟中，買酒共飲。朱成榮亦來廟中往宿。朱成榮之手過膝四五寸，兩耳亦甚長，與人不同，想必定有後福，遂至觀音佛前求簽，簽曰結親事成，求財事成。五月初八日，即行草擬寄送俞姓閑官之文書。文内所開聞劉伯文曰，又洪武苗裔朱辰龍等言辭，皆爲小的妄造者。小的僅與朱成榮在廟内同住一夜，此前并不認識朱成榮。俞姓閑官亦不認識，僅聞其名，家住於大路旁。小的將朱成榮改寫爲朱辰龍。又文内所寫王寸珠者，乃小的近族弟，因伊穿走小的一件布衫，是以恨而寫其之名。小的持該文至俞姓閑官家中，俞姓閑官驅逐小的，小的不走，即將小的送至官府。小的原識幾字，小的家中有《千字文》、《三字經》、《雜字》。小的又會以五個銅錢卜卦，推算吉凶。小的并無邪術、圖讖。小的實因瘋病而所爲。至送該文一事，朱成榮等皆不知。等語。

朱辰龍即朱成榮供稱：小的乃壽州人，以務農爲生。小的父爲保甲。王克丘來至王進家後，又送茶至張福盛家中，張福盛將王克丘送至廟中住宿。是日，州衙役來催徵錢糧，而小的所住二間屋中一間倒塌，故同衙役來至廟中住宿。衙役問小的是否娶妻室，小的答以因家貧尚未娶妻。此番對話，王克丘亦曾聽聞。五月十三日，王克丘來至小的家中，言小的兩耳垂肩，雙手過膝，確一貴人。又言小的爲明朝後裔。小的父聞其瘋話，即驅逐出門。王克丘遂至俞姓閑官家中，言小的爲貴人，容貌與人不同。又自稱爲軍師，邀俞姓閑官爲宰相。俞姓閑官不出，王克丘即胡鬧。執鞭驅逐，亦不走開，故將其送官府。此皆因王克丘瘋而致陷於小的矣。此前由州差人來拿小的時，小的仍在地里作活，何敢行此不法之事。等語。

朱超載供稱：小的乃壽州之民，今在保甲上當差行走，并非明朝後裔，可問鄰里便知道。等語。其餘皆與朱成榮所供同。

王進供稱：小的在壽州租種他人地畝爲生，并不認識王克丘。小的父王伯生前些日至合肥縣賣獵崽時，曾去過王克丘家中。閏四月間，王克丘販茶葉來找小的父親，而小的父親已故，小的又不認識王克丘。王克丘言小的父親曾去過其家中，故而留王克丘在家中吃飯。後來，王克丘去張福盛家中，小的并未去廟，亦未容留家中。至送該文一事，小的實不知。等語。

張福盛供稱：小的家住於烏巢山廟前，即種寺廟地畝。康熙五十二年，小的去合肥縣賣猪崽時，相識王克丘。今年閏四月，王克丘販茶葉來找小的，小的即以麥子兑换茶葉，將王克丘送至廟中住宿，并買酒同飲。是日，朱成榮亦來廟中住宿。次日，王克丘即去梁記鋪子。其餘之事，小的皆爲不知。等語。

裴若供稱：小的乃烏巢山廟内和尚，張福盛乃小的師弟。張福盛送此瘋人王克丘來廟中住宿，并買酒同飲。後來，朱成榮與衙役亦來廟中，同王克丘在廟中住一夜，并無結拜兄弟。至王克丘草擬一文送與俞姓閑官家中之事，小的確實不知。烏巢山廟周圍地方，皆爲平曠之地，并無山谷。等語。

梁五麻子供稱：小的於雙門鋪地方開有飯鋪，而王克丘來集市賣茶葉。後來，小的得知王克丘患有瘋病，恐怕滋生事端，遂多次勸其回去，故於五月十五日回去。至送該文於俞姓閑官家中之事，小的不知。等語。

王俊晨供稱：小的乃合肥縣人，王克丘係小的三子。王克丘在九歲時患瘋病，每年發作一二次。今年四月間從家中出走，到處尋找，不曾找到。後來，由壽州來文拿小的時，方得知伊瘋病發作而行此等之事。小的實爲此子拖累，請將王克丘依法處置。等語。

張留供稱：小的乃俞姓閑官家人。五月十五日，有一人來小的主人家門口，聲言來自京城，又稱來自烏巢山，給小的主人寄送一文，小的不識字，遂將該文轉送主人閲。主人言何以將此瘋語送閲，趕緊驅逐。小的如何驅逐來人，亦不走開，故送衙門。來人所言，即爲文中所擬之辭。等語。

齊新葉供稱：小的乃里長。王克丘所言瘋話，小的不曾聞見。朱超載父子，確爲務農之人，丁册内有花名，并非歹人，亦非明朝後裔。等語。

卞子義、戴殷洲、宋學功、周琪朔、簡維毅、馮良才、石仲憲等供稱：小的們乃朱超載之鄰居，皆住於張里集地方。朱超載夫妻僅有朱成榮一子。朱超載乃小的們住地之保甲，住有二間破屋，以務農爲生。至王克丘送該文之事，小的們不知。因朱超載父子，并張福盛、王進、和尚裴若，皆爲好人，是以小的們在知府衙門共同呈文擔保伊等。今又棄農來此數百里之外擔保伊等。若有行止不端，小的們七人甘願伏罪。等語。

以上各供皆無異於司衙門所審録之供。

臣又觀察朱成榮相貌，乃一農家村夫，兩耳薄而小，且無耳輪。又雙手粗糙，且離膝有七八寸短。所謂兩耳垂肩，雙手過膝之辭，皆屬編造。再，經審王克丘，其言談舉止不似有瘋疾，然而所言悖道，唯恐暗中商謀而作惡，亦爲難卜。故自午時至申時嚴行夾訊，則稱一時犯病而妄言。等因，堅供不移。當夾訊王克丘時，臣詳盡觀察得，王克丘不知疼痛，用刑之後，亦不似別人，毫無不堪忍受之感覺。此人若非患瘋疾，亦必中邪氣而内部某一處閉塞所致。再，經審朱超載父子，皆在鳴冤叫屈。其鄰里公證人等，皆稱朱超載父子爲守分良民，并非明朝後裔，甘願擔保。臣復又在伊等家住各地詳盡查訪，并無結黨結伙，謀爲不軌之舉，僅由王克丘編造言辭而行滋事者顯然也。查律例内開，凡以妖言惑衆者，斬決監候。凡不惑衆者，流徒三千里地。王克丘并無惑衆，應照律例流徒。然王克丘因有瘋疾而如此所爲，若將瘋人流徒他處，則於所到之處亦將滋事，亦未可知。以臣等愚見，罪犯王克丘擬免流徒，而交按察司在獄中另修一間屋，上好鐵鏈，帶上手扣脚鐐，永錮看守，則盛世謹防惡徒之法得以盡然，且聖主好生恩澤亦得以弘揚。是否可行，未敢擅便。臣與安徽巡撫李成龍商酌，將王克丘寄送俞化鵬之原文一併恭覽。伏乞皇上睿鑒批復施行。爲此謹奏，請旨。

臣衙門筆帖式蘇海寫。

硃批：此并非事，爾此審明，過於謹慎，即如此辦理則爲甚妥。以朕之見，此事不致於具本題疏，爾私自辦理即可以矣。具摺奏聞於朕，理所當然。知道了。

《清世宗實録》雍正七年五月乙丑，先是湖南靖州人曾静因考試劣等，家居憤鬱，忽圖叛逆，遣其徒張熙，詭名投書於川陝總督岳鍾琪，勸以同謀舉事，岳鍾琪拘留刑訊，究問指使之人，張熙甘死不吐，岳鍾琪置之密室，許以迎聘伊師，佯與設誓，張熙始將曾静供出。岳鍾琪具摺，併其逆書奏聞，奉旨差刑部侍郎杭奕禄、正白旗副都統覺羅海蘭至湖南，會同巡撫王國棟，拘提曾静審訊。據曾静供稱：生長山僻，素無師友，因應試州城，得見吕留良評選時文，内有妄論夷夏之防及井田封建等語，遂被蠱惑，隨遣張熙至浙江吕留良家訪求書籍。吕留良之子吕毅中授以伊父所著詩文，内皆憤懣激烈之詞，益加傾信，又往訪吕留良之徒嚴鴻逵與鴻逵之徒沈在寬等，往來投契，因致沉溺其説，妄生異心等語。隨將曾静、張熙提解來京，旋命浙江總督李衛搜查吕留良、嚴鴻逵、沈在寬家藏書籍，所獲日記等逆書，并案内人犯，一併拏解赴部，命内閣九卿等先將曾静反覆研訊，并發看吕留良日記等書。據曾静供稱，前因輕信吕留良邪説，被其蠱惑，兼聞道路浮言，愈生疑罔，致犯彌天重罪，今蒙一一訊問，并發看吕留良日記等書，極其狂悖。又知聖朝深恩厚澤，皇上大孝至仁，心悦誠服，自悔從前執迷不悟，萬死莫贖，今乃如夢初覺等語。因俯首認罪，甘服上刑。内閣九卿等備録供詞，進呈御覽。

上諭内閣九卿等，我朝肇造區夏，天錫人歸，列祖相承，中外從乂，逮我聖祖仁皇帝繼天立極，福庇兆民，文治武功恩施德教超越百王，普天率土心悦誠服，雖深山窮谷庸夫孺子以及凡有血氣之倫，莫不尊親。詎意逆賊吕留良者，悍戾兇頑，好亂樂禍，自附明代王府儀賓之孫，追思舊國，憤懣詆譏。夫儀賓之後裔，於親屬至爲疏賤，何足比數，且生於明之末季，當流寇陷北京時，吕留良年方孩童，本朝定鼎之後，伊親被教澤，始獲讀書成立，於順治年間應試，得爲諸生，嗣經歲科屢試，以其浮薄之才，每居高等，盗竊虚名，誇榮鄉里。是吕留良於明毫無痛癢之關，其本心何曾有高尚之節也。乃於康熙六年因考試劣等，憤棄青衿，忽追思明代，深怨本朝，後以博學鴻詞薦，則詭云必死，以山林隱逸薦，則薙髮爲僧。按其歲月，吕留良身爲本朝諸生十餘年之久，乃始幡然易慮，忽號爲明之遺民，千古悖逆反覆之人，有如是之怪誕無恥、可嗤可鄙者乎？自是著邪書，立逆説，喪心病狂，肆無忌憚，其實不過賣文鬻書，營求聲利，而遂敢於聖祖仁皇帝任意指斥，憑虚撰造，公然罵詛，所著書文以及日記等類，或鐫板流傳，或珍藏秘密，皆人世耳目所未經，意想所未到者，朕翻閲之餘，不勝惶駭，蓋其悖逆狂噬之詞，凡爲臣子者所不忍寓之於目，不忍出之於口，不忍述之於紙筆者也。夫普天之下，莫非王土，率土之濱，莫非王臣。吕留良於我朝食德服疇，以有其身家，育其子孫者，數十年，乃不知大一統之義。其日記所載稱我朝，或曰清，或曰北，或曰燕，或曰彼中。至於逆藩吴三桂連書，亦曰清，曰往講。若本朝與逆藩爲鄰敵者然，何其悖亂之甚乎。且吴三桂、耿精忠乃叛逆之賊奴，人人得而誅之，吕留良於其稱兵犯順則欣然有喜，惟恐其不成，於本朝疆宇之恢復，則悵然若失，轉形於嗟嘆，於忠臣之殉難，則污以過失。且聞其死而快意，不顧綱常之倒置，惟以助虐迎寇爲心。不顧生民之塗炭，惟以兵連禍結爲幸。何吕留良處心積慮殘忍兇暴至此極也。又如僞永曆朱由榔竊立於流寇之中，在雲貴廣西等處，其衆自相攻劫，貽禍民生，後兵敗逃竄緬甸。順治十八年定西將軍愛星阿等領兵追至緬城，先遣人傳諭緬酋，令執送朱由榔，大軍隨至城下，緬人震懼，遂執朱由榔獻軍前。此僞永曆之實迹，豈有被執時，滿漢官兵轉於伊馬前皆跪之事。瞽説荒唐，誕謬極矣。總之逆賊吕留良於本朝實有徵應之事蹟，則概爲隱匿而不書，而專以造作妖誣，快其私憤。又文集内云：今日之窮，爲羲皇以來所僅見等語。夫明末之時，朝廷失政，貪虐公行，横征暴斂，民不聊生，至於流寇肆毒，疆埸日蹙，每歲糜餉百萬，悉皆出於民力，乃斯民極窮之時也。我朝埽清寇氛，與民休養，於是明代之窮民，咸有更生之慶。逮我聖祖仁皇帝，愛育黎元，海内殷庶，黄童白叟，不見兵革。蠲租減賦之政，史不勝書。久道化成，休養生息六十餘年，民安物阜，即考羲皇以來，史册所紀，屈指而數。蒙上天之眷佑，可以比竝我朝之盛者，不可多得。而乃云羲皇以來未有之窮乎。又日記所載，怪風震雷，細星如彗，日光磨盪，皆毫無影響，妄捏怪誕之處甚多。總由其逆意中幸災樂禍，但以捏造妄幻，惑人觀聽爲事，其失實不經，皆不顧也。夫災異亦古所時有，上天垂象，原以儆戒人君，令其修省進德，若以捏影捕風之語，指爲災異，傳諸後世，或謂從前太平盛世，尚有如此非常奇怪災異，儻遇日月星辰水旱之變，必生輕忽，漫不經心，凡所以啓後世人君之怠玩者，其罪可勝言乎。其他猖狂悖亂之詞，令人痛心疾首者，不可枚舉。吕留良生於浙省人文之鄉，讀書學問，初非曾静山野窮僻冥頑無知者比，且曾静止譏及於朕躬，而吕留良則上誣聖祖皇考之盛德。曾静之謗訕，由於誤聽流言，而吕留良則自出胸臆，造作妖妄。是吕留良之罪大惡極，誠有較曾静爲倍甚者也。朕向來謂浙省風俗澆漓，人懷不逞，如汪景祺、查嗣庭之流，皆以謗訕悖逆，自伏其辜，皆吕留良之遺害也。甚至民間氓庶，亦喜造言生事。如雍正四年内，有海寧平湖闔城屠戮之謡，比時驚疑相煽逃避流離者有之。此皆吕留良一人爲之倡導於前，是以舉鄉從風而靡，甚至地方官吏，怵其聲勢之囂陵，黨徒之衆盛，皆須加意周旋，優禮矜式，以沽重儒之譽。如近日總督李衛，爲大臣中剛正之人，亦於到任之時，循沿往例，贈送祠堂匾額，況他人乎。此其陷溺人心，濁亂世俗，害有不可勝言者。數年以來，朕因浙省人心風俗之害，可憂者甚大，早夜籌畫，仁育義正，備極化導整頓之苦心，近始漸爲轉移，日歸於正。若使少爲悠忽，不亟加整頓，則吕留良之邪説誣民者，必致充塞膠固於人心而不可解。而天經地義之大閑，泯没淪棄，幾使人人爲無父無君之人矣。今日天道昭然，惡貫時至，令其姦詐陰險，盡情敗露，則不容不明正其罪，以維持世教，彰明國法。且吕留良動以理學自居，謂己身上續周、程、張、朱之道統。夫周、程、張、朱，世之大儒，豈有以無父無君爲其道，以亂臣賊子爲其學者乎。此其狎侮聖儒之教，敗壞士人之心，真名教中之罪魁也。朕即位以來，實不知吕留有何著述之事，而其惡貫滿盈，人神共憤，天地不容，致有曾静上書總督岳鍾琪之舉，曲折發露，以著吕留良之兇頑。而吕留良之子如吕葆中者，曾應舉成名，蒙恩拔置鼎甲，仕列清華，其餘子孫，多游庠序，乃不即燬板焚書，以滅其跡，且前此一念和尚謀叛之案，黨羽連及吕葆中，其時逆跡早已彰著，蒙聖祖仁皇帝如天之仁，免其究問，而吕葆中遂憂懼以死。就常情而論，吕葆中之兄弟子孫遇如此之驚危險禍，且荷蒙聖祖仁皇帝如此高厚洪恩，尤當感激悔悟，共思掩覆前非，以爲倖逃誅殛之計，豈料冥頑悍驁，習與性成，仍復抱守遺編，深藏笥篋，此固吕留良以逆亂爲其家傳，故世惡相承，罔知儆惕，而實乃天道昭然，不容少昧，使逆賊之陰謀，徹底呈現於今日，逆賊之遺毒，不致漏網於天誅也。曾静逆書，朕已洞悉，知外間逆黨頗衆，竟有散布訛言，希圖搆亂者。然其所詆惟朕之一身，朕可以己意自爲判定歸結，若如吕留良之罪大惡極，獲罪於聖祖在天之靈者，至深至重，即凡天下庸夫孺子，少有一綫之良，亦無不切齒而豎髮，不欲與之戴履天地，此亦朕爲臣子者情理之所必然。應將已故逆賊吕留良，及現在子孫嫡親弟兄子姪，照何定律治罪之處，著九卿翰詹科道，會議直省督撫提督兩司，秉公各抒己見，詳核定議具奏。

《清世宗實録》雍正七年六月〔丙戌〕諭内閣，浙江逆賊吕留良，兇頑梗化，肆爲誣謗，極盡悖逆，廼其逆徒嚴鴻逵者，實爲吕留良之羽翼，推尊誦法，備述遺言，又從而恢張揚厲，以附益之，其詞有較吕留良爲尤甚者。夫吕留良以本朝諸生，追附前明儀賓之末裔，無端反噬，憤懣猖狂，已屬從古亂臣賊子中所罕見。至若嚴鴻逵，自其祖父，已爲本朝之編氓，踐土食毛，戴高履厚，嚴鴻逵之於明代，豈有故君舊國之思，而於我朝，實被遂生樂育之澤。何所庸其感忿，何所庸其追憶，而亦敢效顰乎。兹擇其悖逆之語，一竝宣示。日記有云：索倫地方，正月初三日，地裂，横五里，縱三里，初飛起石塊，後出火，近三十里内，居人悉遷避。又云：熱河水大發，淹死滿州人二萬餘。又云：十六夜，月食，其時見衆星摇動，如欲墮狀。又或飛或走，群向東行。又云：舊年七月初四日星變，欽天監云，此星出天沛垣，入天市垣，分野屬吴越，應在數年内吴越有兵起於市井之中。凡此荒唐叛逆之語，自康熙五十五年至雍正六年内，所記載者，不勝枚舉。其中惟索倫地方，擁石出火，實有之事，蓋彼地氣脈使然，前此已經屢見，其傍遠近山頂，亦有烈焰者。而嚴鴻逵以此爲譏訕乎。至熱河水發一事，因此地山迴巒抱，中惟一道河流，每雨水稍大，衆水所匯，或致衝决堤岸。康熙四十八年六月，大雨連晝夜，其時附近行宫一帶，地處高阜，惟隔岸山根之下，爲水所漫溢。本地久居之民，及扈從之官兵，皆知雨止水即減退，安重不遷，惟寄居之匠人等，驚惶迷惑，或有愚人編木爲筏，謂可乘流而渡，遂有木筏觸石而解，沉溺者數人，是時朕以輪班，恭請聖安，隨從官員工三百人，駐劄即在水發之地，因約束嚴整，無一妄動之人，及至水退，皆安然無恙，無一人被水者。乃嚴鴻逵謂淹死滿人二萬餘，何其妄誕至於斯極。且熱河之地，五方之人畢集，而嚴鴻逵謂獨淹死滿洲，有此理乎？嚴鴻逵生今之世，爲今之民，明代淪亡已久，而我朝定鼎業經百年有餘，乃臆造訛言，好亂樂禍，於昇平寧謐之時，作干戈擾攘之望，以聖祖之德盛化神，而公然誣嵫，以今日之民安物阜，而朝夕咒詛，種種喪心病狂，皆拾呂留良之唾餘，而尤加幻妄，豈非兇逆性成，萬死有餘之逆賊乎。且伊又貌作迂腐曲謹之態，浮薄之士，簧鼓其虛譽，致有廷臣以纂修明史薦舉及伊者，伊乃自鳴得意，抗慢詭激，其自記有云：予意自定當以死拒之耳。其大言藐抗若此。又云：衡州人張熙，字敬卿，來見，言其師曾静，永興縣人，在彼中講學，學者稱蒲潭先生。從前因讀講義，始棄諸生。夫以朕特旨詔修明史，旁求山林隱逸之士，而廷臣薦舉及伊，至欲以死力拒，竟視朝廷如兒戲，等徵召於弁髦，而於逆賊曾静等叛亂悖惡之徒，尺書馳問，一介相通，則數千里之外，呼吸相應，招納黨類，天地間顯圖不軌，擾亂綱常，未有兇狡至於此極者也。似此悖逆叛亂之人，煽惑民心，且獲罪於聖祖皇帝，與呂留良黨惡共濟，其罪不容於死。嚴鴻逵應作何治罪之處，著九卿翰詹科道會同速議具奏。

《清世宗實録》雍正十年十二月 刑部等衙門議奏，逆賊嚴鴻逵梟獍性成，心懷叛逆，與呂留良黨惡共濟，誣捏妖言，實覆載所難容，爲王法所不貸。嚴鴻逵應凌遲處死，已伏冥誅，應戮屍梟示。其祖父父子孫兄弟，及伯叔父，兄弟之子，男十六以上，皆斬立决。男十五以下，及嚴鴻逵之母女妻妾姊妹，子之妻妾，俱解部給功臣之家爲奴，財産入官。沈在寬傳習呂留良、嚴鴻逵之邪説，猖狂悖亂，附會詆譏，允宜速正典刑，凌遲處死。其嫡屬等，均照律治罪。又呂留良案内，黄補菴自稱私淑門人，所作詩詞，荒唐狂悖。車鼎豐、車鼎賁刊刻逆書，往來契厚。孫用克陰相援結，周敬輿甘心附逆，私藏禁書。黄補菴應擬斬立决，妻妾子女給功臣之家爲奴，父母祖孫兄弟，流二千里。車鼎豐等俱擬斬監候。又呂留良案内，被惑門徒房明疇、金子尚，應革去生員，杖一百，僉妻流三千里。陳祖陶、沈允懷、沈成之、董呂音、李天維、費定原、王立夫、施子由、沈斗山、沈惠侯、沈林友，應革去教諭舉人監生生員，杖一百，徒三年。朱霞山、朱芷年，從學嚴鴻逵時，年尚幼小。張聖範、朱羽采，令伊等幼子從沈在寬附學訓蒙，審無與沈在寬交好之處，應無庸議。得旨，嚴鴻逵者戮屍梟示，其孫著發寧古塔，給與披甲人爲奴。沈在寬著改斬立决。黄補菴已伏冥誅，其嫡屬照議治罪。車鼎豐、車鼎賁、孫用克、周敬輿俱依擬應斬，著監候秋後處決。房明疇、金子尚俱著僉妻流三千里。陳祖陶等十一人著以杖責完結。張聖範、朱羽采、朱霞山、朱芷年著釋放。

《清高宗實録》乾隆二十年三月〔丙戌〕諭：知府爲一郡表率，從前曾令各督撫遴選屬員，自同知通判以下，有堪勝知府之任者，俱准其出具考語，據實保奏，陸續送部引見。現在各省請旨補放之缺甚多，已令在京部院衙門按例保舉，其各省督撫，亦仍照前例於同知以下，知縣以上堪勝知府之任者，具摺奏聞，送部引見。

上召大學士九卿翰林詹事科道等諭曰：我朝撫有方夏，於今百有餘年。列祖列宗，深仁厚澤，漸洽區宇，薄海内外共享昇平。凡爲臣子自乃祖乃父以來，食毛踐土，宜其胥識尊親大義，乃尚有出身科目，名列清華。而鬼蜮爲心，於語言吟咏之間，肆其悖逆，詆訕怨望，如胡中藻者，實非人類中所應有。其所刻詩題曰《堅磨生詩鈔》堅磨出自魯論，孔子所稱磨涅，乃指佛肸而言，胡中藻以此自號是誠何心。從前查嗣庭、汪景祺、呂留良等詩文日記，謗訕譸張，大逆不道。蒙我皇考申明大義，嚴加懲創，以正倫紀而維世道。數十年來，意謂中外臣民，咸知警惕，而不意尚有此等鴟張狺吠之胡中藻。即檢閲查嗣庭等舊案，其悖逆之詞，亦未有累牘連篇，至於如此之甚者。如其集内所云一世無日月，又曰又降一世夏秋冬，三代而下，享國之久，莫如漢唐宋明，皆一再傳而多故。本朝定鼎以來，承平熙皞，蓋遠過之，乃曰又降一世，是尚有人心者乎。又曰一把心腸論濁清，加濁字於國號之上。是何肺腑，至謁羅池廟詩，則曰天非開清泰，又曰斯文欲被蠻，滿洲俗稱漢人曰蠻子，漢人亦俗稱滿洲曰達子，此不過如鄉籍而言，即孟子所謂東夷西夷是也，如以稱蠻爲斯文之辱，則漢人之稱滿洲曰達子者，亦將有罪乎。再觀其與一世爭在醜夷之句，益可見矣，又曰相見請看都盎背，誰知生色屬裘人，此非謂旃裘之人而何，又曰南斗送我南，北斗送我北，南北斗中間，不能一黍濶，又曰再汎瀟湘朝北海，細看來歷是如何，又曰雖然北風好，難用可如何，又曰掀雲揭北斗，怒竅生南風，又曰暫歇南風競兩兩以南北分提，重言反復，意何所指。其吾溪照景石詩中，用周時穆天子車馬走不停及武皇爲失傾城色兩典，故此與照景石有何關涉，特欲借題以寓其譏刺訕謗耳。至若老佛如今無病病，朝門聞説不開開之句尤爲奇誕。朕每日聽政召見臣工何乃有朝門不開之語。又曰人間豈是無中氣此是何等語乎。其《和初雪元韻》則曰白雪高難和單辭贊莫加，單辭出《尚書・吕刑》於咏雪何涉？《進呈南巡》詩，則曰：三才生後生今日。天地人爲三才，生於三才之後，是爲何物，其指斥之意，可勝誅乎？又曰：天所照臨皆日月，地無道里計西東，諸公五嶽諸侯瀆，一百年來頫首同，蓋謂嶽瀆蒙羞，俯首無奈而已，謗訕顯然。又曰：亦天之子亦萊衣，兩亦字悖慢已極。又曰：不爲游觀縱盗驪，八駿人所常用，必用盗驪，義何所取。又曰一川水已快南巡，下接云周王淠彼因時邁，蓋暗用昭王南征故事，謂朕不之覺耳。又曰如今亦是塗山會，玉帛相方十倍多，亦是二字，與前兩亦字同意。其頌蠲免，則曰那似偏災今降雨，况如平日佛燃燈，朕一聞災歉立加賑卹，何乃謂如佛燈之難覯耶？至如孝賢皇后之喪乃有並花已覺單無蒂之句，孝賢皇后，係朕藩邸時皇考世宗憲皇帝禮聘賢淑，作配朕躬，正位中宮，母儀天下者一十三年。然朕亦曷嘗令有干與朝政，驕縱外家之事，此誠可對天下後世者。至大事之後，朕恩顧飾終，然一切禮儀，並無於會典之外有所增益。乃胡中藻與鄂昌往復酬咏，自謂殊似晋人，是已爲王法所必誅。而其詩曰：其夫我父屬，妻皆母道之，女君君一體，焉得漠然爲。夫君父人之通稱，君應冠於父上，曰父君尚不可，而不過謂其父之類而已可乎。帝后也而直斥曰其夫曰妻，喪心病狂，一至於此，是豈覆載所可容者乎。他如自桂林調回京師，則曰得免我冠是出頭，伊由翰林洊擢京堂督學陝西，復調廣西厦司文柄，其調取回京，並非遷謫，乃以掛冠爲出頭，有是理乎？又有曰：一世璞誰完，吾身甑恐破。又曰若能自主張，除是脱韁鎖。又曰一世眩如鳥在籢，又曰虱官我曾慚，又曰天方省事應閒我，又曰直道恐難行，又曰世事於今怕捉風，無非怨悵之語。《述懷詩》又曰：瑣沙偷射蜮，讒舌很張箕。《賢良祠詩》，又曰青蠅投昊肯容辭，試問此時於朕前進讒言者誰乎？伊在鄂爾泰門下，依草附木，而詩中乃有記出西林第一門之句，攀援門户，恬不知恥。朕初見其進呈詩文，語多險僻，知其心術叵測，於命督學政時，曾訓以論文取士，宜崇平正，今見其詩中，即有下眼訓平夷之句，下眼並無典據，蓋以爲垂照之義亦可，以爲識力卑下亦可，巧用雙關云耳。至其所出試題内，考經義有乾三爻不象龍説，乾卦六爻，皆取象於龍，故象傳言時乘六龍以御天，如伊所言，豈三爻不在六龍之内耶。乾隆乃朕年號，龍與隆同音，其詆毁之意可見，又如鳥獸不可與同羣，狗彘食人食，牝鷄無晨等題，若謂出題欲避熟，經書不乏閒冷題目，乃必檢此等語句，意何所指。其種種悖逆，不可悉數。十餘年來，在廷諸臣所和韵，及進吴詩册，何止千萬首，其中字句之間，亦偶有不知檢點者，朕俱置而不論，從未嘗以語言文字責人。若胡中藻之詩，措詞用意，實非語言文字之罪可比。夫謗及朕躬猶可，謗及本朝，則叛逆耳。朕見其詩，已經數年，意謂必有明於大義之人，待其參奏，而在廷諸臣及言官中，並無一人參奏，足見相習成風，牢不可破，朕更不得不申我國法，正爾囂風，效皇考之誅查嗣庭參。且内廷侍從，曾列卿貳之張泰開，重師門而罔顧大義爲之出貲刊刻，至鄂昌身爲滿洲世僕，歷任巡撫，見此悖逆之作，不但不知憤恨，且喪心與之唱和，引爲同調，其罪實不容誅。此所關於世道人心者甚大，用俾天下後世，共知炯鑒。張泰開著革職交刑部，胡中藻、鄂昌已降旨拏解來京，俟到日交大學士九卿翰林詹事科道，公同逐節嚴審定擬具奏。諭軍機大臣等，胡中藻悖逆譏訕，已遣專員提拏來京審訊家屬人口俱有應得之罪，著該撫提至省城監禁并所有貲産，逐一查抄，毋得遺漏隱匿寄頓。若范時綬已經起程，即交與胡寶瑔嚴行辦理奏聞。

《清高宗實録》乾隆二十年四月　大學士九卿翰詹科道等疏稱：胡中藻違天叛道，覆載不容，合依大逆凌遲處死。該犯的屬男十六歲以上，皆斬立決。張泰開，明知該犯詩鈔悖逆，乃敢助貲刊版，出名作序，應照知情隱匿律斬立決。其與逆犯酬答之鄂昌，俟拏解到日另議。得旨。朕御極以來，從未嘗以語言文字罪人，在廷諸臣，和進詩册，何止數千萬篇，其中字句謬戾，亦所時有，朕皆不加指摘，何惡於胡中藻一人，實以其所刻堅磨生詩内，連篇累牘，無非謗訕詆毁之詞，不惟謗及朕躬，且敢詆毁國家。本朝撫臨中夏，百有餘年，凡天下臣民自祖父以至孫子世蒙教養深恩，而胡中藻逆倫悖叛乃至於此，其得罪於列祖列宗者至大。昔皇考於查嗣庭等案，大示義正意以狂誕之徒，必應知所畏懼，而不謂尚有胡中藻其人，自不得不申明憲典，以儆囂頑。今大學士九卿翰詹科道等，公同確訊，屢經面對，僉請處以極刑，自屬按律定擬，朕意肆市已足示衆，胡中藻免其凌遲，著即行處斬，爲天下後世炯戒。胡中藻係鄂爾泰門生，文辭險怪，人所共知。而鄂爾泰獨加贊賞，以致律無忌憚，悖慢譸張。且於其侄鄂昌叙門誼，論杯酒，則鄂爾泰從前標榜之私，適以釀成惡逆耳。胡中藻依附師門，甘爲鷹犬，其詩中讒舌青蠅，據供，實指張廷玉，張照二人。可見其門户之見，牢不可破。即張廷玉之用人，亦未必不以鄂爾泰、胡中藻輩爲匪類也。鄂爾泰、張廷玉，亦因遇皇考及朕之主，不能大有爲耳。不然何事不可爲哉！大臣立朝，當以公忠體國爲心。若各存意見，則依附之小人遂至妄爲揣摩，群相附和，漸至判若水火，古來朋黨之弊悉由於此。鄂爾泰爲滿洲大臣，尤不應蹈此惡習。今伊侄鄂昌，即援引世誼親暱標榜，積習蔽錮，所關於世道人心者甚鉅。使鄂爾泰此時尚在，必將伊革職重治其罪，爲大臣植黨者戒。鄂爾泰，著徹出賢良祠，不准入祀。其配享太廟，係奉皇考遺詔遵行，與現在准張廷玉之配享相同，應仍照舊。張泰開，本一庸懦無能之人，其出貲刊刻，由被勒索，而序文又係胡中藻自搆，張泰開著從寬免其治罪，即行釋放，仍在尚書房行走，效力贖罪。胡中藻之母，年已八十，其孫亦在幼穉，及伊弟胡中藩等，著從寬免其緣坐。其胡中藻詩案内一應干涉之人，除鄂昌俟解京之日，另行審結外，其餘俱著加恩，一概免其查究。至於李蘊芳，身爲縣令，乃以檢驗爲苦，反覆嗟怨，甚屬狂悖，該撫現以貪婪題參革職，俟審擬到日，再降諭旨。餘依議。

《清高宗實録》**乾隆四十六年十一月**〔甲寅〕諭曰：河南新蔡縣奸民李劍等抗官聚衆不法一案，富勒渾接據屬員稟報，即親往該處協同南陽鎮總兵郭元凱，派委員弁，分路嚴緝，現將首夥各要犯，陸續拏獲，並將李劍等二十一犯，分別凌遲斬決示衆，餘俟部議定罪。富勒渾、郭元凱，辦理此案，頗爲迅速，著交部議叙。其在事出力人員，並著富勒渾查明具奏，一併交部議叙。諭軍機大臣等，本日據富勒渾奏，拏獲新蔡縣奸民李劍等首夥各要犯，審明分別凌遲斬決一摺，已批交三法司覈擬速奏。富勒渾等辦理此案，尚屬迅速，並明降諭旨，交部議叙矣。至摺内所稱李芳遠等聞李劍被拏，恐其挾仇誣扳，逃赴正陽縣，有渡夫王四撑船過渡，王四訊不知情，請免置議等語。王四一犯，若止將李芳遠等載渡，尚可量爲原宥省釋，但案内戚廣、魏老燒等，糾衆赴城，放槍奪犯時，是否亦過此河，若王四彼時將此等斬梟要犯，一併渡過此河，則王四自應坐罪，不得竟置不問。著富勒渾，再行嚴訊該犯確供具奏。至富勒渾奏訊據李芳聲供稱，平日與李劍結訟有嫌，恐被誣扳，因出躲避。李芳遠亦未糾人劫犯，但二犯俱係李劍之姪，照大逆緣坐律，問擬斬決等語。朕向於緣坐之犯，雖經按律問擬，覈其情罪並不知情者，俱從寬改爲斬候。秋審雖入情實，亦不勾決。今李芳遠等二犯，雖未糾衆抗官，在場助勢。然事後聞風遠颺，必係該犯等平日與李劍通謀，及事敗露，情虚竄匿，該撫訊供時，致被該犯等狡供，訐訟有嫌逃避掩飾，止照緣坐問擬。富勒渾此處尚欠周密，雖該撫辦理此案，現已交部議叙，而所訊李芳遠等供情，究未確實，不得不明白訓諭。此後辦理諸事，務須加意體察。再案内在事出力人員，已交該撫查明具奏，交部議叙。其協同典史守城之教官王之璧等，如李劍之監生，非由生員加捐，即不屬伊所管。著富勒渾，一併查明具奏，交部議叙。將此由五百里諭令知之。尋奏，提訊王四，據供，係汝河南岸張家莊人，汝河在河塢集西南，縣城在河塢集東北，戚廣等住居河塢，係在附近村莊糾人赴城，並不過河，再李劍、李芳遠、李芳聲，均非由生員加捐，並不屬教官王之璧等所管，報聞。

《清高宗實録》**乾隆四十七年五月**〔乙丑〕諭軍機大臣等，據明興覆奏，嚴訊單縣、曹縣邪教案内各犯，又拏獲已故首犯之子布三等，嚴切訊鞫一摺。據稱布三、布文彬、布文起，均係教首布偉之子，查三犯又係前邪教案内絞決首犯王中之外甥，其爲一派相傳無疑。到案審訊，雖各茹刑不吐，現仍督同梁肯堂，嚴切根究等語，所辦是。該犯既係教首布偉之子，斷無引人入教，而反不傳伊子之理，其爲有心狡賴，幸避重罪，已屬顯然，不可不設法嚴究，按律定擬具奏。至此案人犯，將來審結時，其輾轉傳教糾合人夥之要犯，固當按律問擬，即其餘入教之人，不但不可仍留本省，并不得仍留内地，均應問擬發遣黑龍江及伊犁等處充當苦差。毋致邪教餘黨，仍復萌櫱滋事也。將此傳諭明興知之。

《清高宗實録》**乾隆五十九年六月** 諭軍機大臣曰：義烏奸民倡教糾黨，商謀，搶劫，雖不過莠民玩法，編造逆詞，希圖惑衆誆財，吉慶於拏獲首從各犯時，自應將逆詞内所寫各言詞，係指何人，欲作何謀爲，向其嚴切根訊。即使係屬該犯等憑空編造，或即指樓德新而言，亦應訊究明白，取具確供。乃吉慶即將該犯等遽行正法，未免過急。現在尚有續獲案犯可憑根訊，著伍拉納、吉慶，即行會同晉嚴切鞫訊，録供具奏。至伍拉納接據浙江藩司稟報後，即帶同福建臬司自閩馳赴浙省，並令各鎮營協在交界處所嚴密堵拏，雖辦理似覺張皇，但事關逆案，亦應嚴辦。伍拉納現已親往，著即會同吉慶將此事究係首夥若干，此外有無主謀起意之人，並將逆詞所稱各情節，所指何人，均即秉公嚴究，據實具奏，毋得顢頇了事，使之稍有遁飾。至地方既有此等案件，該管文武官員自應即時稟報總督，即吉慶亦應知照辦理，乃該道府營協等並未先行稟報，自有應得之咎，亦著伍拉納等查明參奏。但外省督撫，往往因此小節以致意見不和，於辦理地方事務殊有關係，伍拉納、吉慶均係受朕深恩簡任督撫，惟當以地方爲重，共矢和衷，不可漸存芥蒂，以副委任。若因此致成嫌隙，彼此牴牾，以致貽誤公事，朕必將伊二人一體治罪，決不寬貸。

（清）張五緯《未能信録》卷一《張家嶺戕官》 姚中丞鐵松先生任江西撫軍時，余爲江西瑞州同知。有南康府屬之都昌縣張家嶺地方戕官一案，緣縣西之張家嶺俗悍民頑，分駐縣丞彈壓其都。有逃回軍犯劉細貴招集無賴，開石聚賭。縣丞史相訪聞，帶領弓兵、皂役人等十餘人，親往查拿。該處去張家嶺三十餘里，到即拿獲劉細貴及同賭者數人鎖項帶回。行至鷄籠山地方，去賭場已有十餘里，時已夜半，忽聽喊聲震地，回望火光一片，知爲搶犯者。正在荒山，寂無人烟，欲避無門，拒之力薄，人未至而心已驚，膽俱怯而步愈遲。看看趕上，約有百十餘人，將隨役人等打傷，將劉細貴等奪回，並將縣丞史相拉歸村舍，勒寫無事甘結。縣丞不從，劉細貴之子持刀勒逼，將刀放於頂心，問寫否？不答則一刀，先後共砍三刀，深透骨，長寸許。史縣丞度勢不能不寫，只得暫寫脱身再計。及允寫，又勒照稿珠書。其時在途拉官回村者，有人在場擬結，買銀珠者亦有人，然起意號召，臨時傷官，乃劉細貴之子劉祖騰也，時年十八歲，兇勇異常，即劉細貴逃回後所生之子，計逃回幾及三十年矣。

撫軍接據該縣審報，商派候補觀察陳公、中軍參府德公帶兵二百人前往會拿，余先委赴建昌審案，已具報。自彼起程，計日可到。撫軍諭令二公候余同往，次日甫抵城門，守目近前告曰，即往院署，大憲專等，已連問三次矣。自料必有要事差委，遂行裝往謁，甚慰憲懷，備諭前事，告以觀察新來，廉使有病，不得已令其代往。是用其官職，並非信其才能。中軍乃帶兵協拿官也，是以惟候君來，名似隨往，意實倚重，幸勿有負委托。

余因鐵松先生相信有素，鑒及愚誠，平日凡有利害於地方者，無不暢言直陳。因思此次兇徒聚至百餘人，爲案情重大者也。兵至二百，經過地方，難保必不騷擾，且風聲迅疾，兇徒未有不聞而遠颺者。隨緩言進曰：素聞拿人捕犯，匿者捕之，抗者拿之。聚衆抗拒者，始藉軍威以助之。此案聚衆搶犯，拒捕傷官，自應發兵會拿。第該縣密稟之意，正恐畏拿逃竄急難就獲，如時下畏罪潛藏，尚不過匿於近村左右，儻加兵威，則愈竄愈遠矣。兵須給以行糧、坐糧，經過地方不能不犒以供應酒食。百年不用，一旦明發，竊恐新聞傳播，驚駭閭閻。管窺之見，如必須兵力，就近均可調拔。即道將亦須托名盤查，分駐九江、南康。卑廳則改裝渡湖，會縣相機行事，設法密拿，全獲後再請陳道來縣，督同審訊解省。儻竟抗拒需兵，臨時斟酌名數，移知德將，就近調派，親帶來都會辦，並懇發給令箭，飭司酌發賞銀，以便隨時便宜行事，庶公事有濟，地方幸甚。言甫畢，而大憲點首者至再矣，極蒙俯聽讚許，答曰：即傳諭道將照辦，令箭、賞銀稍待即發。並告誡曰：俱從君言，君責愈重，稍有遺誤，指參未便，慎之毋忽。一告辭後，親往二公處面述一切。二公夫馬俱齊，不候同行，各在南康、九江等待。余因建昌委案須覆柏臺及候發需用者，是以次早方行。不意觀察到南康府，見郡守已往都昌，亦即赴縣，添派官役幫拿，令尹親往滋事之處，兇徒一無就獲。太守嚴比，各役不敢回城，怒其抗比，拿其家屬收禁。差役聞知，遂將各犯家屬無論親疏一齊送縣。縣令不管應否，一併收監。一時四處搜捕，蠹役藉端滋害，宰殺鷄猪，毁壞門墻。環圍三十里内，棄家而逃者無數。其地多山，夜奔遇虎者不少。是因地方官辦理不善，亦道府相繼到縣，風聲嚴厲所致耳。

余到數日，睹此情形，知逸者不能即得，須先急救無辜之害。一面將監禁之親屬等不論親疏、應否，一概提出，分别釋放取保。時逢欽使臨省，密稟撫憲托詞，撤回道將。觀察奉調去後，余遂商之太守錢公，促其亦即回郡。囑邑宰方公諭承緝各差，以事從輕減，獲日解省，枷杖完結。道府二憲，業已先後起程，承緝差役等，即日回縣，銷票供役。余一面托病移寓縣署，一面籌畫誘拿之法。惟俟差回，詢察動静情形再計。

先因德參府見觀察到縣，亦欲渡湖而來縣汛，借備公館馬槽，傾刻哄傳兵到，城中莫不驚荒。余幸奉便宜行事，隨備文專人阻之，地方上聞者罔不知感。因余有回省之説，城鄉紳士遂有相約親送之舉。當囑縣尊以感冒畏寒，不能即行止之。逾日，城鄉紳士約有二十餘人，來署親謝求見，内有張家嶺生監等，探問情殷，頗形關切，遂對衆以獲日解省枷杖告之。問曰：公祖未去，如有自行投到者，亦可就在本縣枷杖乎？答以感冒現已漸愈，因不耐風塵勞頓，擬坐船回。此地無大船，向係吴城去僱，來往總須五六日。如數日内有投到者，未始不可從權。若爲將就各犯，在此久變，恐干憲斥耳。衆求曰：因恙躭延，定爲大憲鑒原。多住旬餘，公祖儘可聲説，治下等必欲攀留者，欲假南山寺各伸杯酒之敬，稍盡愚誠。並非爲若輩留公祖也。余即隨機應之曰：既然衆意殷殷，當如期約，但不可過費，且不可過遲。此觀察諸公去後第三日話也。計到都昌已半月餘，時在冬月望後矣。因思張家嶺紳士必已趕回，差役已接調回之諭，左近自已傳開。始而縣尹親往查拿時，何犯、何名均已查明，按輕重懸賞示衆。其所犯輕者，逃必不遠，一聞此信，或自願來縣投到者、或有親族勸其出來者，正在摇動之時，非堅其心不能速其來。隨於次日約兩學師來署，面與密商，先示以賞格，繼現以賞銀。兩學師始恍然悟曰事未已也。隨動之曰年事近矣，老師何不亦圖此銀以度樂歲乎？二公摇首者再。薁頷者頻答曰何福能得此？問以何不可得，答曰：教官會辦案，就去做知縣了；門斗會拿人，就不跟教官了。當以調回差役、紳士面見情形爲之詳言：現在省中需撥雲、貴餉銀，委員催糧甚急。縣署有客，不能徵催，各役甫經撤調，兼因鄉民疑懼，不便令其再往。此爲可圖之時，亦二公發財之機也。二公可托名代縣催勸完糧，或住於公祠、或住於書館，有紳士來探問者，即以所云答之。或有不敢自行投到者，即令門斗與之同來，預料此去必不空回，惟願先生得賞格中之大數耳。二公恭聽之餘，一旦豁然貫通，喜形於色，欣然欲往，竟有刻不可緩之勢。復叮嚀告誡，慎勿露洩。蓋此番之舉，正爲堅其信而速之來，並可望其聞風俱到。萬一走洩，犯不得固於老師無干，不過眼見到手財香不能得耳。幸不龍鐘，故爾用之，否則斷不敢與商矣。即日爲之備夫，致送盤費而去。去後撤差俱回，訪有幹役六人，夜静唤見，見面各先叩感提釋家屬。問以鄉下居民亦知我尚未回省之故否？據稱：聞得紳士等以兵不臨城，役不騷擾，大案從寬，均出憲恩。各欲盡情分請游山，是以憲駕暫留。問以爾等亦知我不去之故否？衆皆訛然。少頃，叩頭曰：役等理會矣。如此辦法，可必全獲。惟是内中有要犯去遠者，訪得某某逃往鄱陽，某某逃往星子。役等僱帶的實眼目，妥當散役，懇發關文，連夜即行，各限半月爲期。隨給以盤費，示以信賞，曉以利害而促之去。似此等可謂曉事、能事之役，惜用之不得當耳。見其知感知機，料必有成。此第四日事也。由是静以待之。第七日自到者一人，教官送來者二人。一重兩輕，分别枷之。縣枷無多製，且重者過重，輕者過輕。當堂面諭，趕緊多製，以待遵法者之來。一面買木，一面僱匠，署内趕造枷號，數敷足用。後乘其不覺，漏夜趕造囚籠，一日一夜得二十餘個。當枷號三犯時，止可問其下次還敢行兇打人否？彼時爾曾否受傷，到底打過幾人？核其供與原訪名單所註無異即可矣。至於何者持械，何者徒手，何者打幾人，何者拉官回村，何者勒官寫結，何者用刀傷官，不便問也。問必啓疑，只可隨到隨問，此爲不動聲色，不容性急之辦法也。乃撫軍素性過急，始以連日絶無消息，繼見止獲三人，又非要犯，更爲焦急怒斥，俱是惡言牌文，殆無虚日。半月後已得要犯過半，兩學師不虚此行，共得紋銀三百。連次禀報，其時不獨大憲屢加温語，亦自覺可告無愧。惟枷號辦法未便行諸公牘，枷號重犯更不敢使撫軍聞知。是一日不解省，一日擔若大干係。此實爲晝夜寢食所不安者也。計前出境拿人之差，已有五人獲犯銷差。惟一人空回，其名下應拿三犯，兩重、一輕。詢其故，據稱業已潛回本境，下役路經其地，即在彼處察訪。適遇臬憲下班，刑書乃要犯兒女姻親。據云現在城中枷號多人，我看此案非枷杖就能完結。下役與之争論。他説：虧你還是吃衙門飯的人，你敢與我打賭麽？下役説：你是上房先生，自然高見，我不敢打賭。幾時先生進城，我請先生吃三杯就是了。他説：我正要進城，未識亦同回否？下役將計就計，答以本要回縣，同行甚好。因此負夜求見，密禀一切。兩要犯確係此人包藏，非示威着落，不肯交出也，下役情願與之對夾。及至到案並未加刑，盡行供認，自限五日交出。如期親送三犯投案。内二犯業已剃鬚，若非其至戚交出，雖明知不敢拿也。計在縣二十五日，得犯七十餘人。要犯全獲後，即將各犯疏枷收禁，一面請令就近調兵來縣護解；一面飛飭沿途文武衙門小心接護，陸續分剥起解後，始行旋省。臨行時，送者塞道。將到省，撫憲差官郊迎，見面逾格優容，面許專摺保奏。因思有益於己者，必有損於人。且所用者，仍係縣學縣差，豈可置府縣於事外。據理直回，憲意頗以爲然。從此信任益加青睞。不餘月，首廳缺出，荷蒙專摺奏調。知遇既深，報稱愈難，瑣屑備録，供高明消造之意云爾。

《清高宗實録》乾隆五十九年六月〔戊辰〕諭：據吉慶奏續獲義烏縣聚匪滋事逸犯現在解省審擬一摺，内夾片稱：此案奸徒何世來等所造小旗内寫有悖逆詞句，未敢上瀆聖聰，兹督臣伍拉納鈔摺移會已將逆詞録呈御覽，不勝惶悚，合將實在糊塗錯謬不敢直陳緣由，據實陳明，請交部從重治罪等語，所辦殊屬錯誤。此案何世來等倡教糾黨商謀搶奪，吉慶於聞信後即親往查拏，將案犯拏獲審明，分别正法，辦理尚無錯誤。至該犯等悖逆詞句，業經起出，自無所用其隱諱，何以並未據實陳奏，迨聞知督臣將逆詞呈覽，始奏及不敢直呈緣由，仍未將逆詞鈔録進呈，實屬糊塗。狂徒造逆語，不過嚇人圖財，有何不可奏聞之語，吉慶著交部按例議處。又諭：據伍拉納奏親往浙省查拏義烏縣奸民聚匪不法一案，並將逆詞鈔録呈覽，此案前經吉慶奏報親往查拏，已獲首夥多犯，審明正法。本日又以該犯等所寫逆詞未敢奏聞經伍拉納摺稿移會，將逆詞鈔録進呈，自陳惶悚奏請交部治罪。朕初以此等奸民，不過赫人圖財，有何不可奏聞之語，而吉慶並未據實直陳，自屬不合，祇將該撫交部議處。今閲伍拉納所奏逆詞，竟有招主發兵等語，實屬狂悖，亂民窺法，沿習俚鄙瞽詞小説，混行編造，希圖惑衆騙錢。吉慶於起出後自應據實陳奏，何所用其隱諱。乃並不鈔録進呈，轉似所造逆詞内，有指摘本朝國政及朕躬有何失德之事，使無知之徒，見吉慶不敢奏，反致妄生疑議，是吉慶所辦太覺無識，非尋常錯誤可比。著交部嚴加議處。伍拉納呈進逆詞，並著一併發鈔。伍拉納現已前赴浙省，即著會同吉慶，將案内各情節，及續獲匪犯一併嚴切審究，定擬具奏。

《清高宗實録》乾隆五十九年七月　諭曰：伍拉納等奏，拏獲義烏縣匪案在逃要犯王元，審明後即恭請王命，將該犯凌遲梟示一摺，已批交該部知道矣。至摺内稱，搜獲王元所帶字條，係編造不法邪言，有出兵成功等語，前此伍拉納鈔進逆詞，所稱招主發兵之語，尚係假借樓德新名字，不過希圖惑衆騙錢，混行編造，至現在搜出字條，竟有主公天下，出兵成功等字樣，非謀叛而何。乃吉慶前次起出逆詞後，既未據實呈奏，嗣據伍拉納到浙會審，又祇將樓德新所編逆詞進呈，而於現在搜獲字條，並未切實究出，豈有該犯王元於事發逃竄後，尚藏匿身畔，而首犯樓德新等到案時轉無此等字條隨身攜帶之理。乃伍拉納等並不切實究明，立時搜獲，即將各該犯等先後正法，以致此時搜出逆詞，其主謀起意之人，及逆詞内所稱各情節，無可根究，可見前此辦理草率，多有不實不盡。伍拉納等俱著傳旨嚴行申飭，仍著將會審時，何以並不詳悉究出緣由，明白回奏。至建寧縣知縣吴尊盤，於該犯王元潛匿境内，即帶同差役，親往拏獲，尚屬認真，並著該督等咨部議叙，以示鼓勵。尋吉慶奏，前此起出逆詞，未即呈覽，與督臣伍拉納會審時，據吴阿成供，係樓德新、何世來、王元三人編造，又未將王元身藏不法字樣，立時搜出，遽將該犯正法，實屬糊塗，得旨，此後一切留心。

《清仁宗實録》嘉慶元年正月　壬申，户部侍郎署湖北巡撫惠齡奏：枝江、宜都二縣民人聶傑人、劉盛鳴等密謀不軌，帶兵搜拏情形。奏入，諭軍機大臣等，惠齡駐劄荆州。本爲策應湖南軍務，今枝江等處適有逆民聚衆搶劫之事，惠齡得以就近查拏，事機實爲順利。但該犯等以防範苗匪爲名，見鄉民願從者多，遂密謀不軌，未必不因荆州宜昌等處文武官員大半派往軍營兵丁等亦多有徵調，存城兵少，以致心生窺伺乘閒滋擾，延及四縣。雖現在拏獲多名，而聶傑人等尚未就獲，其餘夥黨尚多，若不探明該犯等實在藏匿所在，悉數圍拏，盡法處治，何以戢奸宄而淨根株。但荆州亦屬緊要，德福未便遠離，可不必帶兵同往，惠齡務將首從各犯搜拏淨盡，嚴行懲治，俾奸民共知儆懼，不可將就了事。將此傳諭知之。

《清仁宗實録》嘉慶二年五月　辛丑，諭軍機大臣等，江蘭奏，狆苗竄至滇省之補董灑、馬邑等處，經官兵堵剿，殲戮仙達賀金崙一名，擒獲仙姑一名，審明正法，所辦尚好。苗匪愚蠢無知，自改土歸流以後，與漢奸往來，遂有此等仙達仙姑名目，惑衆滋事，醜類衆多，誅之原不可勝誅，但必有主謀爲首之人，務須設法生擒。此外被脅苗衆，得剿則剿，得撫則撫，以期迅速蕆事，勿令再有蔓延。將此傳諭知之。

《清仁宗實録》嘉慶四年正月　又諭，昨經降旨，將和珅罪狀宣諭各督撫，令其議罪。兹據直隸總督胡季堂奏稱，和珅喪盡天良，非復人類，種種悖逆不臣，蠹國病民，幾同川楚賊匪。貪黷放蕩，真一無恥小人。喪心病狂，目無君上，請依大逆律凌遲處死。並查出和珅薊州墳塋僭妄違制，及附近州縣置有當鋪資財，現飭查辦各等語。又據連日續行抄出和珅金銀等物，特再行諭衆知之，朕於乾隆六十年九月初三日，蒙皇考册封皇太子，尚未宣布諭旨，而和珅於初二日即在朕前先遞如意，漏泄機密，居然以擁戴爲功，其大罪一。上年正月，皇考在圓明園召見和珅，伊竟騎馬直進左門，過正大光明殿，至壽山口。無父無君，莫此爲甚，其大罪二。又因腿疾，乘坐椅轎擡入大内，肩輿出入神武門，衆目共覩，毫無忌憚，其大罪三。並將出宫女子娶爲次妻，罔顧廉恥，其大罪四。自剿辦教匪以來，皇考盼望軍書，刻縈宵旰，乃和珅於各路軍營遞到奏報，任意延擱，有心欺蔽，以致軍務日久未竣，其大罪五。皇考聖躬不豫時，和珅毫無憂戚，每進見後，出向外廷人員叙説，談笑如常，喪心病狂，其大罪六。昨冬皇考力疾披章，批諭字畫，間有未真之處，和珅膽敢口稱不如撕去，竟另行擬旨，其大罪七。前奉皇考諭旨，令伊管理吏部刑部事務，嗣因軍需銷算，伊係熟手，是以又諭令兼理户部題奏報銷事件。伊竟將户部事務一人把持，變更成例，不許部臣參議一字，其大罪八。上年十二月内，奎舒奏報，循化、貴德二廳，賊番聚衆千餘，搶達賴喇嘛商人牛隻，殺傷二命，在青海肆劫一案。和珅竟將原奏駁回，隱匿不辦，全不以邊務爲事，其大罪九。皇考升遐後，朕諭令蒙古王公未出痘者，不必來京，和珅不遵諭旨，令已未出痘者，俱不必來京，全不顧國家撫綏外藩之意，其居心實不可問，其大罪十。大學士蘇凌阿，兩耳重聽，衰邁難堪，因係伊弟和琳姻親，竟隱匿不奏，侍郎吴省蘭、李潢，太僕寺卿李光雲，皆曾在伊家教讀，並保列卿階，兼任學政，其大罪十一。軍機記名人員，和珅任意徹去，種種專擅，不可枚舉，其大罪十二。昨將和珅家産查抄，所蓋楠木房屋，僭踰逾制，其多寶閣，及隔段式様，皆仿照寧壽宫制度，其園寓點綴，竟與圓明園蓬島瑶臺無異，不知是何肺腸，其大罪十三。薊州墳塋，居然設立享殿，開置隧道，附近居民有和陵之稱，其大罪十四。家内所藏珍寶，内珍珠手串，竟有二百餘串，較之大内多至數倍，並有大珠，較御用冠頂尤大，其大罪十五。又寶石頂並非伊應戴之物，所藏真寶石頂有數十餘箇，而整塊大寶石不計其數，且有内府所無者，其大罪十六。家内銀兩及衣服等件，數逾千萬，其大罪十七。且有夾墻藏金二萬六千餘兩，私庫藏金六千餘兩，地窖内並有埋藏銀兩百餘萬，其大罪十八。附近通州、薊州地方，均有當鋪錢店，查計資本，又不下十餘萬。以首輔大臣，下與小民争利，其大罪十九。伊家人劉全，不過下賤家奴，而查抄貲産，竟至二十餘萬，並有大珠及珍珠手串，若非縱令需索，何得如此豐饒，其大罪二十。其餘貪縱狂妄之處，尚難悉數，實從來罕見罕聞者。著將胡季堂原摺，發交在京文武三品以上官員，併翰詹科道閲看，即著悉心妥議具奏。此内如有自抒所見者，不妨另摺封陳，若意見皆合，即連銜具奏。至福長安祖父叔姪兄弟，世受厚恩，尤非他人可比，其在軍機處行走，與和珅朝夕聚處，凡和珅貪黷營私，種種不法罪款，知之最悉。伊受皇考重恩，常有獨對之時，若果將和珅縱恣竊玩各款，據實直陳，較之他人舉劾，尤爲確鑿有據，皇考必早將和珅從重治罪正法，如從前辦理訥親之案，何嘗稍有寬縱，豈尚任其貽誤軍國重務，一至於此。即謂皇考高年，不敢仰煩聖慮，亦應在朕前據實直陳，乃三年中並未將和珅罪蹟奏及，是其扶同徇隱，情弊顯然。如果福長安曾在朕前有一字提及，朕斷不肯將伊一併革職拏問，現在查抄伊家資物，雖不及和珅之金銀珠寶數逾千萬，但已非伊家之所應有，其貪黷昧良，僅居和珅之次，並著一併議罪。

《清仁宗實録》嘉慶四年二月　乙卯，諭内閣：前因和珅悖妄不法，黷貨營私，情罪重大，革職拏問時，即派定親王綿恩等抄没家産，節據查出正珠手串二百餘掛，其餘珍寶金玉，不可勝計，已屢降諭旨，將和珅種種罪狀，明白宣示。兹又據綿恩等查出正珠朝珠一掛呈覽，朕視之殊爲駭異。正珠朝珠，爲乘輿服用珍物，豈臣下所應收藏。若云貢獻所需，則綿辦何以皆用香色，其非豫備呈進明甚。因詢，據綿恩奏稱，曾訊之和珅家人，供稱和珅日間不敢帶用，往往於燈下無人時，私自懸掛，臨鏡徘徊，對影談笑，其語言聲息甚低，即家人亦不得聞悉。此種情狀，竟有謀爲不軌之意，若此事敗露於正月十八日以前，即不照叛逆凌遲處死，亦當予以大辟。今已賜令自盡，倖逃顯戮，姑免磔屍。至伊子豐紳殷德，若知有此物不行舉發，即當照大逆緣坐律辦理。今經綿恩等再四訊究，實不知情，著加恩免其追問，但不應仍叨世襲伯爵。豐紳殷德，著革去伯爵，停其世襲，賞給散秩大臣銜，當差行走。綿恩、淳穎、緼布、佶山，能細心查出，使和珅逆跡不致掩覆，辦理甚爲認真，均著交部議叙。

《清仁宗實録》嘉慶十一年正月　又諭，前因裘行簡奏良鄉縣盤獲投遞宗人府書信涂中亭一犯，解京審辦，當派綿恩、慶桂、董誥、禄康、戴衢亨、長麟，會同刑部審擬具奏。兹據綿恩等具奏，審明涂中亭係湖北窮民，妄希富貴，將乩判詩句，編造成篇，擅用黄紙書寫，雕刻木戳，印蓋封面，欲赴宗人府投遞，信内竟敢書寫御名，語多狂悖，訊無主使及知情同謀之犯，請將涂中亭照大逆律凌遲處死等語。涂中亭以無業貧民，膽敢假託乩判詩詞，編造繕寫，希圖倖邀官職。信内竟敢將御名書寫，悖妄已極，即照大逆律凌遲處死，本係罪所應得，姑念該犯所書語句，尚無肆逆訕謗之處，較之上年安徽逆犯董霖，編造逆詞，託爲夢幻符讖之説，僞封官職，任意指斥者，尚可量爲末減。涂中亭著改爲斬決，並派綿恩等會同刑部將該犯提出，加以刑夾後，派侍郎金光悌押赴市曹，將該犯即行正法。

《清仁宗實録》嘉慶十二年五月　又諭：刑部議覆，汪志伊等奏審擬馬兵徐榮等糾衆滋事一案，將該督等原擬謀叛改照謀反律辦理，所議是。徐榮、王連、胡金玉三犯，膽敢糾約拜盟，起意戕官劫庫，實屬罪大惡極，自應照謀反大逆律辦理。該督等僅將爲首之徐榮等三犯，予以斬決，所辦錯謬，著照部議將該三犯剉屍梟示，以彰國憲。其徐榮等犯家屬，並著照例緣坐。張輝如、楊起珍、盧如秀、熊得勝、林貴五犯，俱著即處斬。至部議請將民人王廷桂、周應和二犯，一律問擬斬決，該二犯均係入夥結盟，豫聞逆謀，原屬法無可貸。但此案究緣周應和與楊大德素好，有囑伊遷避之語，楊大德向頭役告知，該縣得訪有端倪，因而案犯全行弋獲。是周應和雖非自行出首，但此事由伊破案，尚有一綫可原。其王廷桂一犯，著照部議即行處斬。周應和，著仍照該督等所請，發往索倫達呼爾爲奴，以示區別。嗣後各省遇有此等案犯，務當研覈案情，如果始而同謀，繼因畏罪自首者，不惟法可從寬，並可加之恩賞。即非有心首告，或因其透漏消息，全案藉以發覺者，亦可量加寬典，庶於敕法之中，予以生路。至該管遊擊雅金泰，因不識漢字，於應減馬兵，並不查照部文辦理，以致兵心不服，藉口釀事，實屬糊塗錯謬，著即照部議革職。其南漳縣知縣陶紹侃，於此等謀叛匪徒，尚能先事覺察，旋即會營設法全數查拏，尚屬能事，著即送部引見。汪志伊等引律錯誤，著交部察議。餘依議。

《清仁宗實録》嘉慶十八年九月　又諭，本月十五日，首逆林清潛遣逆夥數十人突入禁城滋事一案，嚴訊現獲賊犯，據供太監内竟有逆賊六人與謀引路，其引賊入東華門者，係劉得財、劉金二犯。引賊入西華門者係張太、高廣幅二犯。又王福禄、閻進喜二犯在内接應。續據南城御史緝獲賊夥林四，又究出楊進忠一犯，亦由西華門引賊入内。該逆賊等罪惡滔天，爲從來所未有。除高廣幅一犯，於是日經官兵殲斃外，其劉得財等六犯俱按名捕獲，無一漏網。連日軍機大臣會同刑部研究，本日朕親自廷訊，盡法處治。逆賊劉得財等，堅供此外再無通同謀逆之人。復嚴詰首逆林清，亦堅供在同謀祇此七人，更無餘黨。所有本日執事站班文武大小各員人人聽聞，供情毫無疑義。即將各犯凌遲處死。太監等充當差使，等級懸殊，凡近御者皆馴謹誠樸之人。此案逆賊七人，平日所當差使，俱極疏賤，從未見過，不知姓名，僅於宫内看守門户，從無一名曾隨赴御園者，宫中所留首領，曉事者少。平日約束懈弛，聽伊等告假閒遊，致令交結外人，甚至如廣寧門馬駒橋等處數十里之外，任其恣意往還，聽從賊匪糾約謀逆，以致釀成巨案。本日朕嚴詰該逆賊謀叛之由，皆俛首無可供吐，復訊以朕平日有無苛待伊等之處，該逆賊供稱素來天恩寬厚，近日復又加賞錢糧，更有何銜怨之處，尚口稱佛爺不置。是該逆賊等全係被外間匪徒迷惑，至死不悟，而任其出入自便。該首領等疏懈之罪，實無可辭。嗣後嚴諭總管首領太監等，俱不得任各處太監藉詞告假，獨自私出禁門。其有不得不暫時給假者，並著該首領太監查問確實，限以時刻，必須兩三人同行，方准放出。如違，除本人治罪外，將該管首領太監一併治罪。至此數犯梟獍性成，本非常有，現在訊問明確，别無同黨之人。此外各太監等當感戴主恩，照常當差，安静守法，不必心生疑畏。儻有狡譎之徒挾嫌誣扳，查明從重治罪，斷不冤及無辜。將此旨交總管内務府大臣，轉交總管太監通諭各等處太監知之，並著載入宫史。

《清仁宗實録》嘉慶十九年十月　諭内閣：阮元奏拿獲逆案主謀夥要各犯，先行審明辦理一摺。此案逆匪胡秉耀，買得殘書一本，内有陣圖及悖逆俚語，即向逆夥邱忝澤、楊易、盧勝輝夸稱解得書内陣圖，如得有爲首起事之人，便可圖取富貴。楊易隨以朱毛俚可以假託前明後裔。朱毛俚聞邀，自任不疑，遂共赴積善禪林同謀爲逆，取逆書内俚詞，稱爲後明晏朝年號，僞封胡秉耀等官職，輾轉糾約入夥，給與僞劄。該逆等踐土食毛，膽敢性同梟獍，自外生成，實屬罪大惡極。阮元到任未久，即能飭屬於各地方編查保甲嚴密，遂將鉅案立時發覺，辦理迅速，實屬可嘉。阮元著賞加太子少保銜，並賞戴花翎。即發去花翎一枝，白玉翎管一箇，並賞給大荷包一對，小荷包四箇。各省承平日久，奸慝潛生，全在地方大吏飭屬認真查察，除莠即所以安良。上年林清一案，其倡爲逆謀，已經數歲，如直隸總督順天府尹等於該逆等未經舉事之先，早能如此次之訪聞捕獲，人數不多，豈不甚易。乃經歷年所，如聾如聵，及至釀成巨逆，毗連三省，罹於刑誅兵革者，爲禍甚烈，實皆該大吏等因循怠玩貽誤所致。各該督撫具有天良，能不引以爲鑒耶。案内胡秉耀等十七名，業經分別凌遲斬決辦理。程麟祥等三十五犯，定擬發遣爲奴，尚屬輕縱，著改爲絞監候，入於明年秋審情實。該撫即將各犯分交各府監禁，不准與外人交接通信。如稍不安静，即行正法。至朱毛俚一犯，尤爲此案罪魁，必應即時拏獲，處以極刑，以快人心而申國法。著兩江湖廣閩浙各總督，江西福建浙江江蘇安徽湖北湖南各巡撫，一體飭屬查拏。如於何省拏獲，即由該督撫訊取供詞，由四百里具奏，一面即於該省正法。各該督撫皆當視朱毛俚一犯在伊境内藏匿，飭屬認真嚴密訪拏，務在必獲。不得以現在已飭鄰省查拏。彼此恃有委卸，稍爲鬆勁。如阮元能於江西境内拏獲，仍當給予議叙。其餘曾化龍等十九犯，拏獲後如訊係倡謀推奉朱毛俚爲首之犯，即凌遲處死。如得受僞封官職，並糾約人衆者，即斬立決。儻明知叛情，聽從得受憑票，並未受職糾人者，擬絞監候，入於明年秋審情實。將此通諭知之。

（清）林則徐《林則徐集》奏稿八《藍正樽起事案有關之人審明定擬摺道光十七年八月十九日》　奏爲續獲逆案餘匪審明定擬，恭摺奏祈聖鑒事：

竊照湖南新寧縣首逆藍正樽即藍沅曠，日久稽誅，節經嚴密緝拏未獲。本年二月間，臣訥爾經額補閲衡、永等營伍，經歷新寧、武岡一帶，訪該首逆蹤跡，當即督飭委員湖北荆州府同知焦家麟，鄖陽府同知福克金阿、湖南試用通判賈亭晋、善化縣知縣方炳文等，會同各該地方文武員弁，陸續拏獲從逆人犯鍾順二等七名，史組發等八名，經臣訥爾經額先後附片具奏在案。又據城步縣會督兵役續獲蕭再成等五名解省。適臣林則徐行次荆州，准臣訥爾經額咨會，當即馳至長沙，會飭審辦。兹據湖南布政使龔綬、按察使楊慶琛、鹽法長寶道李裕堂，詳據委員長沙府知府何其興、長沙縣知縣陳晋恩、署善化縣知縣孫宗煐審明，由該司道覆審招解前來。

臣等隨會提研鞫，緣鍾順二籍隸武岡州；楊再交、匡沅銀、李正松、李大乾、史組發、李幗禄，均籍隸新寧縣；陳吉倡、劉尚志、易大順、易方德、羅起瀰、張遠宦、蕭再成、陳慶彩、陳景堂、何組林，均籍隸城步縣；張丹桂籍隸邵陽縣；周應富籍隸衡陽縣，寄居武岡州；康幗忠籍隸溆浦縣，寄居城步縣，俱各耕種傭工度日。道光十五年六月間，新寧縣首逆藍正樽即藍沅曠，與已獲正法之張和尚等謀逆滋事，分糾夥黨。十六年正月二十二日，鍾順二被已獲正法之楊再洸、未獲之陳文拔，邀允助逆。二月初六日鍾順二手拏竹槍，隨同藍正樽及楊再洸等圍撲武岡州城，被官兵擊散。楊再交、匡沅銀、李正松、李大乾、陳吉倡、劉尚志、易大順、蕭再成、陳慶彩、陳景堂、張丹桂，被楊再洸及已獲正法之鍾四僖、張富傑，未獲之李幗基、劉尚寬、陳細五、李月三、蕭秀月逼令執持竹杆竹槍，隨衆同行。史組發、易方德、羅起瀰、何組林、康幗忠，被張和尚、陳文拔、鍾四僖及未獲之楊同相、劉應六逼令挑擔隨行。楊再交等十六犯，均各中途轉回，俱未隨往攻城。李幗禄被楊再洸逼令同往九隴庵内，於藍正樽起事祭旗時，乘間逃跑。張遠宦、周應富被張和尚、鍾四僖、張富傑邀令助逆不允，均未首告。經臣訥爾經額親赴新寧、武岡一帶訪查首逆蹤跡，督飭委員暨該地方官先後將該犯等拏獲，解省審辦。兹經臣等會同提犯研審，據各供認前情不諱。並據逼脅勉從之張丹桂供係聞拏投首，劉尚志係被族人劉士方等捆送，楊再交、匡沅銀、李正松、李大乾、陳吉倡、易大順、蕭再成、陳慶彩、陳景堂、易方德、羅起瀰、何組林、康幗忠等，堅供伊等聽聞差拏，正欲投首，即被拏獲等情。矢口不移，案無遁飾。

查律載：謀叛但共謀者不分首從皆斬。又例載：謀叛案内被脅入夥，並無隨同焚汛戕官抗拒官兵情事，一聞查拏，悔罪投首者，改發極邊足四千里充軍。又律載：謀反大逆知情不首者，杖一百，流三千里。各等語。

此案鍾順二甘心助逆，隨同攻城，實屬愍不畏法，自應照律問擬。鍾順二應照謀叛不分首從皆斬律，擬斬立決。查此案歷次拏獲各逆黨，均於審明後恭請王命，立即處斬梟示，此處硃批：不將該犯即行正法，無非杜滅口之責，巧則巧矣，誠實兩字安在？訥爾經額自無足論，林則徐則不當若是，抑外任之惡習霑染日深，不自知其爲非耶？朕爲汝惜之！禍福卽榮辱所關，惟人所召，嗣後看汝遇事何如耳！惟現據鍾順二供稱，目擊藍正樽被漆家灣鄉勇漆國良等毆斃，業經臣等另摺具奏，該犯係最要人犯，應俟奉到諭旨，再行正法。楊再交、匡沅銀、李正松、李大乾、陳吉倡、劉尚志、易大順、蕭再成、陳慶彩、陳景堂、張丹桂、史組發、易方德、羅起瀰、何組林、康幗忠等十六犯，俱係被脅入夥，並無攻城抗拒官兵情事，嗣因聞拏嚴緊，張丹桂赴官投首，劉尚志被族人捆送，楊再交等訊係均欲投首卽被拏獲，尚知畏法。除史組發已在監病故，應與訊無凌虐之禁卒均毋庸議外，楊再交等十五犯，均合依謀叛案内並無隨同焚汛戕官情事，一聞查拏，悔罪投首者，改發極邊足四千里充軍例，改發極邊足四千里充軍。李幗禄被逼同往九隴菴内，於藍正樽起事之時卽行逃走，並未隨行，周應富、張遠宦被張和尚等邀令助逆不允，均未首告。李幗禄、周應富、張遠宦三犯，均應照謀反大逆知情不首者，杖一百，流三千里律，杖一百，流三千里，俱解配折責安置。

除全案供招咨部外，所有審明定擬緣由，理合恭摺自奏，伏乞皇上聖鑒，敕部覈覆施行。謹奏。九月十八日硃批〔缺〕。

《清宣宗實録》道光二十六年八月 庚子，諭内閣，陸費瑔奏，拏獲會匪首夥各犯，現在提審究辦一摺。湖南新田縣匪徒王棕獻等，膽敢製造旗幟器械，拒捕傷兵，不法已極，經該撫督飭員弁拏獲一百四十餘名，現在地方均安堵如常，著該撫親提現獲各犯，徹底嚴訊，究明各匪犯聚衆拜會起於何日，有無謀爲不軌重情，並各地方官有無辦理不善激成事端之處，務得確情，按律懲辦。其陸廷錫等所控指有名未獲各犯，仍嚴飭員弁兵役分路摻緝務獲歸案審辦，以净根株而安良善。尋奏，王棕獻等結會，實止希圖互相幫助，且甫經結拜即被拏獲，委無謀爲不軌情事，地方官亦無辦理不善激成事端之處。王棕獻，合依犯罪事發，官司差人拘捕，逞兇殺死差役者爲首斬立決例，擬斬立決。餘犯按例定擬。此案係該營縣自行訪聞，獲犯究辦，所有失察文武各職名，應免開報，下部議，從之。

中國第一歷史檔案館《咸豐同治兩朝上諭檔》咸豐二年四月十一日

上諭程矞采奏匪徒聚衆謀逆，現已捦獲多名，地方漸就肅清一摺。前因湖南郴州地方突有賊匪，多人夤夜入城劫獄戕官。經該處文武及派委各員先後獲犯三十餘名，餘匪逃散。當經降旨著該督等即飭嚴拏盡法懲治。茲據該督馳奏，該匪等自州城竄至永興，所屬之長茅沖馬頭嶺油榨墟一帶，糾集地痞，豎旗謀逆。復經該督督飭派出之鎮將文武各員，星馳剿捕，旋據永興縣會同紳士分帶兵壯，生捦首匪劉代偉等七十餘犯。叅將積拉明阿等，會督紳士兵勇擊斃數十人，生捦一百六十餘名。桂陽嘉禾來陽興甯等州縣協獲二十餘名，地方漸就肅清，居民均已安堵。該匪等結盟拜會稔惡已深，輒敢因地方官查辦嚴緊，恃衆戕官，糾黨謀逆。若非迅加撲滅，難免勾結蔓延。程矞采辦理此案，尚為妥速，除首匪劉代偉已受傷身死外，所有現獲各犯嚴審懲辦。仍飭確查，首要各犯暨在逃餘匪全數弋獲，以淨根株。署郴州事晃州廳通判胡禮箴，因查拏會匪認真致被挾仇戕害，實堪憫惻，加恩著照直隸州知州例賜邺，該部知道。欽此。

中國第一歷史檔案館《咸豐同治兩朝上諭檔》咸豐三年五月初七日

上諭：國家設立刑官，原以發奸擿伏，無論案情輕重均應詳細推求。即犯供狡詐，果能虚心研鞠，斷無不得真情之理。刑部為刑名總匯，凡奉旨舊特交及咨交各案，薈萃紛繁，尤當慎重。若遇疑難之案，或先存成見展轉推卸希圖了事，或因犯供未確一味刑求致令自斃，轉得幸逃顯戮，何以肅法紀而懲奸頑。即如劉秋貴一案，攜帶各物逆跡昭然，雖堅忍熬刑是邪教之慣技，如果悉心研究，亦何至到案日久竟不能稍得端倪。迨至該犯身死之後猶復移改日期，冀免嚴譴。似此草率掩飾，甚非核實辦公之道。嗣後無論大小案件該部堂官務當督飭承審司員認真訊究，既不可有心鍛鍊拖累無辜，更不得任意顢頇，輕脱奸究，總期情真罪當毋枉毋縱，用副朕明慎用刑之至意。懔之慎之，欽此。

中國第一歷史檔案館《咸豐同治兩朝上諭檔》咸豐三年六月十四日

内閣奉上諭，裕瑞奏審辦糾衆滋事首要各犯一摺。四川江津縣土匪羅五，因與王正通等挾嫌輒敢糾衆尋毆，經官兵追捕復敢逃至雷波溪山頂負嵎抗拒，叠傷練勇汛弁，不法已極。業經拏獲審明，將羅五等三十四犯就地正法，分别梟示外，其餘各犯仍著嚴訊。確情按律定擬具奏。所有拏獲此案首夥各匪犯之江津縣知縣程祖澗與委員陸爲柄等。著該署督酌量保奏，候朕施恩，以示獎勵，欽此。

吴明哲《温州歷代碑刻二集》第二編《樂清縣城收復記》 咸豐四年十二月，樂清縣匪徒瞿振海，本名振漢，謀爲不軌。十八日率其衆，數不滿千，乘虛入城，詐稱二三千人。劫軍局，篡監獄，搶倉庫，殺其副將姚武成，典史趙映南死之。遂踞城池，設僞官，散布黨類，四出勾結，潛圖郡城，勢甚汹汹。郡之文武，慮克復難以日計，於是調重兵，請厚糈，期大集師力以籌防勦。

乃甫七日，而樂成之民振臂一呼，義聲響應，自巳至午，渠魁授首，黨輩盡殲，縣城以復。是役也，城以内殺死賊一千四百七十三人，其敗逃出城被殺於鄉民者數百人。然當其起義之時，實非有期約於先，而一旦踴躍感發，雲合電擊，雖婦女童孺之微弱，亦皆争呼殺賊。而賊之中大抵爲凶徒悍夫，莫不自棄刃杖，伏地受戮，心詟股栗，無一敢抵抗者。故賊盡而民無傷。此固罪大惡極，天譴莫逃，亦由我國家深仁厚澤而浹於民者久。而樂之民尤爲深識大義，有勇知方，故能臻此。

初，大府聞警時，以本司宦甌獨久，能熟其地利民情，且甌之士民亦余愛，因奏以本司特令督帥。將入境，而樂之士民無不夾道歡迎，氣以大和。乃與推敲致亂之由，定善後之策。同惡必誅，示國法也；脅從勿治，廣皇仁也；殉難之官，爲位以祭，崇忠烈也；捍灾之神，詳請封號，極靈貺也；其團集練勇扼要駐守者，旌必先，其厚出資財不乏軍興者，叙必渥，賞有功，勸佐響也。

第念本司前觀察於甌，十易寒暑，興利除弊，教養兼施。旋以粤逆不靖，閩匪又起，奸民或因而思逞，遂遵諭旨勸辦團練，苦口苦心，志在必行，所以爲爾百姓計者，至周且遠。詎料甫離斯土，未及一期，外患未來，内訌先作。岌岌之勢，危及郡垣，使非爾百姓同心義舉，無論驟難撲滅，即或滅此朝夕，而烏能不煩一兵，不加一矢，而告成功於旦夕？此即本司曩時寓兵於農之旨，其所以使人自爲戰，家自爲守者，不已有明效大驗耶！

本司査理竣事，方將稟陳大府請旨建坊以旌爾百姓之功，俾四方聞之，庶知忠義之性，不擇人而具，皆將激揚愧勵感慕同仇。則今日所謂江淮廬皖之勁寇，亦何難以父詔兄勉之民，禽獮而草薙之也哉！是可以樂清義民之事卜之也。

本司既嘉樂民之勇於赴義，而又望其益敦信順，厚風俗，安土樂業，長爲盛世之黎庶。則於本司賞善罰惡之意，庶幾久而無負也歟！是爲記。

中國第一歷史檔案館《咸豐同治兩朝上諭檔》咸豐六年七月十八日 上諭勞崇光奏，妖民聚衆謀逆，生擒首要各犯，懇將出力官紳分别獎叙一摺。廣西馬平縣民婦韋藍氏及其子韋扶果，並主使附和各犯造言滋事，惑衆斂錢，經該撫嚴飭各地方官紳督率兵練勦洗蕩平將首逆韋扶果韋藍氏，並僞王兄韋扶宰等二十五名一併捡獲正法。該官紳等勦辦出力均屬著有微勞，自應量予恩施，以昭激勸。署遷江縣事改簡知縣徐引著准其將改簡之案註銷，免補知縣以同知補用，並賞戴花翎。懷遠縣知縣雷崙新、甯州知州汪元崇均著以同知補用。融縣知縣翟景禧著賞加知州銜，西林縣典史申丙垚著開缺以知縣補用。宜山縣理苗縣丞蔡天錫著以知縣補用。武緣縣典史孫堃著以府經歷縣丞補用知州銜。忻城土縣知縣莫昌桀著賞戴花翎，從九品銜龍開祥著以縣丞歸部，不論雙單月儘先選用。曾建忠著給予府經歷銜，並均賞給六品翎頂。訓導謝元霖著以知縣歸部，不論雙單月選用。增生周焱培著以州同歸部，不論雙單月選用。藍翎主簿熊葆光、從九品歐振剛、生員王之鐸均著以府經歷歸部，不論雙單月選用。姚鑑著以訓導選用，梁祖培著給予訓導銜，文童羅桂元、韋建儀、歐信鈞、陳學易均著給予從九品銜。武生劉汝昭、武童韋慎祥均著以把總入營，拔補從九品銜。韋嘉惠、文童藍生萃均著賞給六品頂戴。候選訓導張日桀以訓導，不論雙單月儘先選用。文童徐定泰著以從九品歸部，不論雙單月選用。劉廷彬著給予從九品銜，武童曾杰著賞給千總銜，文童莫有葵著以縣丞歸部選用。候選訓導朱錫杰著免補本班以知縣歸部選用。府經歷周秉輝著賞給州同銜，生員謝蔭棠著以從九品歸部選用。候選從九品阮玉著以從九品歸部，遇缺儘先。即選文童周之章、周鳳書均著以從九品歸部選用。黎文傑著賞給從九品銜。武童韋大遠、喬尚禮、韋朝謨均著以外委入營，拔補該部知道單併發欽此。

《清德宗實録》光緒五年十一月 乙酉，諭内閣岑毓英奏訪拏哥老會匪首要各犯訊明正法一摺。已革總兵楊海泰，即楊開泰等。膽敢在貴州省城，歃血結盟，謀爲不軌。於本年十月間，糾集多人約期舉事。經岑毓英與司道府縣等訪聞，派副將何雄輝等，先後拏獲逆犯多名，並起獲號片旗幟軍器等件，當將楊海泰即楊開泰等八犯訊明後均凌遲處死。地方一律安靖，辦理尚爲妥速，逸犯張幅芝等，仍著飭屬嚴緝，務獲究辦，毋任一名漏網，以絶根株。所有此次出力員弁，著准其擇尤請獎，毋許冒濫。

（清）文慶《籌辦夷務始末》卷一〇《黃宗漢奏覆上海道吴健彰罪狀摺》升任浙江巡撫黄宗漢奏：

接准軍機大臣字寄，有人奏江蘇上海道吴健彰通夷養賊等情。欽奉上諭著臣派員，藉别項公事馳赴上海，不動聲色，按照摺内所參各情節，逐一訪查明確，據實馳奏。欽此。維時臣正在採買米石運津，尚未完竣，遵即委晏端書以催雇海運爲名，馳赴上海，詳慎確訪。又摘録要款，寄與上海督剿之委員金華地府知府石景芬，密令就近確查。先後據該委員等密行稟覆，臣復與浙江紳商往來上海者細探夷務賊情，旁加印證。

如欽奉敕查吴健彰與劉麗川同鄉，劉麗川起事時，該道首先得信，即攜眷寄居夷船，道庫存銀不下三四十萬兩，悉以遺賊。又與人在上海夥開旗昌行，賊匪城内糧食鉛彈，皆由此行接濟，近日賊匪每至船上與該道會晤，仍行入城等因。臣據委員及紳商所聞，該道實與劉麗川同鄉，平素往來甚爲親密，上海辦理防堵，該道所募之勇，即係劉麗川管帶。劉麗川稔知道署存銀甚多，遂潜蓄異謀，句結練勇起事。八月初五早，該匪等擁從直入道署，大肆劫掠，後有夷人進署，將該道及其眷屬擁護出城，奔避夷館。庫中存銀及内署私財，悉爲賊有。上海之旗昌行，原係咪夷所開，此行開張年久，而東夥則先後更易，現在所開之夷商，與該道交好，銀錢亦多所往來，故上海未失守之先，咸有該道與夷夥開旗昌行之説。奸商之接濟賊匪，原不止旗昌一行，而旗昌之接濟亦終不免。本年六月間，旗昌行即有鉛船一隻，裝鉛一百四十八條，由蘇運滬，道出東溆。臣委員在此防堵盤查，即經查出，慮其濟匪鉛彈，將鉛扣留。嗣據該道飭令旗昌取結存案，即行釋放，究竟此鉛運到，果係作爲茶箱，或接濟賊匪，俱難憑信。至該道之與賊匪會晤，浙之官弁兵勇在上海南營者，多有所聞。本年五月初三日，旗昌行門外觀者如堵，衆口爲譁然，僉稱：劉麗川與該道俱進旗昌行，由行後上火輪船會議。行門業已關閉，凡商於洋涇濱者，不問而知之。以上各情，皆爲案中最關緊要，臣訪查所及有如此者。

如欽奉敕查該道所雇拖罾船勇，名爲捐資，實取償於關税。本年春間，有廣東貨船到滬，因係該道舊識，免其納税，約銀四萬餘兩，以致夷商不服。該道於關税多少任意詳報，其隱匿銀兩，悉由海道運回原籍等因。除隱匿關税銀兩，由海道運回原籍一節，遍查竟無所聞外。其該道所雇拖罾船勇，聞係先行捐資，由粵雇募而來。於上年春間初到滬時，將黄浦江賊船全行焚擊，水路藉以肅清。復因索費無厭，不肯打仗，該道撤退一半，以一半十五隻與另雇之夾板船四隻留守吴淞口，賊匪因不能由海逃竄。惟拖罾船勇兇頑性成，不惟上岸奸淫搶擄，民不堪其苦，該道前在城内所雇廣勇，既盡變爲匪，其水路之船勇，又俱係廣人，大營每有攻城之舉，船勇與城内之匪暗通信息，豫爲準備，日久不能得手，其害實由於此。其上海關税，自本年正月下旬開徵起，至三月初間，因有公平行夷商貨船進關漏税，該道與之舊交，既不示罰，僅令完一半之税，故衆商皆不服，税務因而中阻，迨各公使赴崑山謁見督臣怡良之後，始照舊完税。以上各情節，臣飭查所及又有如此者。

至道庫存銀是否三四十萬？該道所雇拖罾船價，後來曾否取償於關税？並徵收關税有無捏報隱匿？此次滬城克復後，調查該道任内徵解簿册以及文報，方可得其多寡虚實，非採訪所能詳悉。其與咪夷夥開旗昌行，有無約據？由旗昌行上火輪船，與逆匪如何相見談論？貨船之漏税實有若干銀兩？種種與夷關涉，更非暗訪所能得其確憑。惟自該道罷斥之後，不惟撫臣吉爾杭阿與各夷正言讜論，多所折服，即浙江委員石景芬，具有忠勇之氣，亦爲夷所敬重。寧波紳商庶吉士張庭學、捐納道楊坊，隨同撫臣委員與各夷理論，即有成效，賊勢日形窮蹙，則吴健彰之罪狀，自難逃聖明洞察也。

廷寄據上摺，著怡良、吉爾杭阿查明具奏。

諭軍機大臣等：前因有人奏：吴健彰通夷養賊各款。當降旨交怡良、吉爾杭阿，按照所參情節，逐一嚴審定擬罪名具奏。並諭黄宗漢派員訪查。茲據黄宗漢奏稱：查明吴健彰實與賊首劉麗川同鄉，該逆起事時，吴健彰眷屬奔避夷館，庫中存銀悉爲賊有。並與夷人夥開旗昌行，及所雇船勇俱係粵人，每有攻城之舉，往往漏洩，致船勇與滬城之匪暗通信息各情。惟道庫存銀是否三四十萬？吳健彰所雇拖罾船價，曾否於關稅取償？其徵收關稅有無捏報隱匿？並與咪夷夥開旗昌行有無約據？其上火輪船與逆匪如何談論？貨船漏稅實有若干銀兩？未得確據。怡良近在蘇省，見聞切近，吉爾杭阿與吳健彰同在上海日久，更難諉爲不知。該道拏問已久，尚未據該督撫將原參各款查明具奏，現在上海克復，所有應訊人證不難傳集，著即逐款查明，並此外有無别項劣跡，一併確查，據實參奏，毋稍徇隱。原摺著鈔給閲看。

（清）文慶《籌辦夷務始末》卷六七《玉明等又奏鞫訊廣東山東民人十四名作奸細屬實遵旨正法片》 玉明等又奏：竊奴才等前因夷船麕集金州，誠恐該夷分遣奸細溷跡腹地，窺探虚實，當飭旗民各屬嚴密查拏。旋據金州、復州、蓋州、熊岳旗民地方官，先後拏獲奸細六十五名。或供爲夷人偵探消息，或稱被擄逃回，供情不一。因此等人犯，於濱海各城未便久羈，且恐夷人聞信爭索，轉致藉端滋鬧。飭令各該地方官，將所獲奸細解省審辦，奏奉硃批拏獲奸細，自應解省研鞫，若直供不諱，受夷指使偵探虚實者，既就地駢誅等因。欽此。

茲奴才玉明，景霖回省後，會同奴才倭仁，督率委員嚴加鞫訊。究出廣東人陳亞文、邱亞三、黄亞晚、黄亞發、黄亞壠、李亞嬌、薛亞滿、薛金幅、高李嬌、刁木生、黄金壠、鍾亞生，山東民人遇開選、宋克信十四犯，均供認爲夷人作奸細屬實，應即先行擬結。查該犯等，以内地人民，輒貪微利，聽從該夷指使，或窺探虚實，或分投藥物，實與助逆無異。值此夷氛猖獗，若不痛加懲創，將何以儆奸慝而肅人心？陳亞文、邱亞三、黄亞晚、黄亞發、黄亞壠、李亞嬌、薛亞滿、薛金幅、高李嬌、刁木生、黄金壠、鍾亞生、遇開選、宋克信，均應遵旨立予駢誅。當於審明後，恭請王命，將陳亞文等十四犯，綁赴市曹正法。

硃批：知道了。咸豐十年九月。

（清）席裕福《清朝政典類纂》卷三九〇《刑二十二·刑律賊盜·謀反大逆》 事例

雍正元年諭：刑部議奏臺灣叛賊鄭文遠等家口應分别定罪等語，凡謀反大逆以及謀叛重罪均無可宥，按律凌遲處死。正犯之祖父子孫兄弟及同居之期親伯叔父兄弟之子，不限已未析居，男十六以上，不論篤疾廢疾，皆斬。但此案事起倉卒，遠隔海洋，親屬人等有身在臺灣者，亦有身在内地者，若概從誅戮，情堪憫惻，除身在臺灣者依律正法外，其内地者從寬免死，解部給與功臣之家爲奴。該督撫逐一詳查，應行正法者正法，應行解部者解部。乾隆三十四年諭：向來辦理逆案内，凡緣坐各犯秋審時經九卿法司均照例列入情實而朕悉準罪人不拏之義，並予從寬免勾，固屬法外施仁。然其中酌理準情亦當有所區别，如逆犯家屬内所有弟兄妻子，自當按律緣坐。至本犯之父則更較别項親屬不同，設使於伊子肆行悖逆之事，原係知情，是該犯之父教子不軌，即屬逆案正犯，不得謂之緣坐。儻伊子所犯平時實不知情，及並未同居，無從覺察者，事發之日遽行因子及親一概坐以大辟，於情既覺可憫，於義尤屬未協。嗣後遇有此等逆案，家屬應照大逆緣坐律治罪，而該犯之父實不知情者，應如何酌量定擬，明著爲令，俾司永遠遵循。著大學士九卿會同該部悉心詳議具奏。四十二年，廣東巡撫審奏鄭會通案内牽告之兄弟鄭會寅等五犯，照律緣坐，擬以斬決。奉旨應行緣坐人犯内如鄭會寅、鄭會禮、鄭會衷、鄭阿拱、鄭阿果即係該逆犯挾嫌誣控之人，今其事幸得昭雪，而轉以其爲逆犯兄弟之故一二羅於重辟，該犯雖身膺顯戮，而其意中所本欲傾誣者，亦不能免，俾無賴之徒竟得拚一死以遂其所願，未爲平允。且該逆犯既忍以大逆誣其兄弟，則其蔑視天顯、恩義早絶，更何必因其誼屬期親概從緣坐。此案除逆犯鄭會通之妻子仍照大逆緣坐律定擬外，其本被該逆犯傾陷之鄭會寅等著與無干人衆一併省釋，三法司即遵照覈辦，並通諭中外知之。四十四年，覈覆山西巡撫審奏趙廷傑案内犯父趙武觀胞伯趙三槐依律緣坐擬以斬決，奉旨趙廷傑著即凌遲處死，伊父趙武觀按律固應緣坐，但趙武觀因知其子素性不良，將該犯逐出另住，情尚可原，朕亦不忍因其子犯大逆罪及其父趙武觀著加恩免其治罪。伊父既經從寬，所有伊母成氏並著免其給付功臣之家爲奴，其胞伯趙三槐亦著加恩寬免。四十六年諭：嗣後如有逆犯之祖父母應行緣坐者，除訊明知情故縱仍照例問擬外，其執未知情者，即予省釋，不必緣坐，著爲令。五十六年，福建巡撫審題逆犯何東山之姪何適依律問擬斬決一案，奉旨何適係逆犯何東山之姪，雖例應緣坐，但何東山從逆時，何適年幼逃避，並不知情，尚可從寬。何適著免其治罪，送內務府照例辦理。嗣後逆犯家屬年未及歲者，均著照此查辦。嘉慶二年，河南巡撫審題逆犯張雲路等家屬分別定擬一案，奉旨向來大逆緣坐人犯，刑部等衙門按例定擬斬决者，俱從寬改爲監候，但此等人犯久禁囹圄，難免親戚往視，別滋事端。所有從前及嗣後大逆緣坐之犯，俱著發往黑龍江給索倫達呼爾爲奴，既可免各省監獄防範之煩，而該犯等發往爲奴，又不至日久復生萌孽，此案緣坐人犯張亥等，即照此辦理。四年，諭：向來大逆緣坐人犯，按律辦理，原以其實犯叛逆自應申明憲典用示懲創，至比照大逆緣坐人犯，則與實犯者不同，即如從前徐述夔、王錫侯皆因其著作狂悖將家屬子孫俱照大逆緣坐定擬，殊不知文字詩句原可意爲軒輊，況此等人犯生長本朝，自其祖父高曾仰沐深仁厚澤已百數十餘年，豈復繫懷勝國，而挾仇抵隙者，遂不免藉詞挾制，指摘疵瑕，是偶以筆墨之不檢至與叛逆同科，既開告訐之端，殊失情法之當。著交刑部除實犯大逆應行緣坐人犯毋庸查辦外，凡比照大逆人犯其家屬子孫或已經發遣或尚禁囹圄，既詳晰查明注寫案由開單具奏，欽此。遵旨。議准，凡書詞狂悖干犯廟諱比照大逆及謀叛並誣告叛逆之案，除正犯照律辦理外，其家屬一概免其緣坐。八年奉旨，此案失察會匪糾衆焚劫與尋常失察案件不同，嗣後文武官員有失察邪教會匪滋事重案其應議以降調者，均按所降之級實降，無庸查級議抵。著爲令。十二年奉旨刑部議覆汪志伊等審擬馬兵徐榮等糾衆滋事一案，該督等原擬謀叛改照謀反律辦理，所議是。徐榮王連、胡金玉三犯膽敢糾約拜盟，起意戕官劫庫，實屬罪大惡極，自應照謀反大逆律辦理。該督等俱將爲首之徐榮等三犯予以斬决，所辦錯謬著照部議將該三犯剉屍梟示，以彰國憲。其徐榮等犯家屬，並著照例緣坐，張輝如、楊起珍、盧如秀、熊得勝、杜貴五犯俱著即處斬。至部議請將民人王廷桂、周應和二犯一律問擬斬决。該二犯均係入夥結盟，預聞謀逆原法無可貸，但此案究因周應和與楊大德素好有囑伊遷避之語。楊大德向差役告知，該縣得訪有端倪，因而案犯全行弋獲是周應和雖非自行出首，但此事由伊破案，尚有一綫可原，其王廷桂一犯著照部議即行處斬。周應和著仍照該督所請發往索倫達呼爾爲奴以示區別。嗣後各省遇有此等案犯，務當研覈案情，如果始而同謀，繼因畏罪自首，此不惟法司從寬并可加之恩賞，即非有心首告或因其透漏消息，全案藉以發覺者，亦可量加寬典，庶於敕法中予以生路。至該遊擊雅金大因不識漢字於應減馬兵並不查照部文辦理以致兵心不服，藉口釀事實屬糊塗。著即照部議革職。其南漳縣知縣陶紹侃於此等謀叛匪徒尚能先事覺察，旋即會營設法全數查拏，尚屬能事，著送部引見。汪志伊等引律錯誤，著交部察議。十八年諭：吏兵二部具奏酌議失察邪教處分各摺，直省地方遇有奸民倡立邪教惑衆斂錢甚至釀成叛逆重案，該管文武官各官如能先事覺察及早查拏破案，自應寬其既往以勸緝捕，而杜諱飾。即如此直隸山東、河南三省均有奸民糾衆滋事，該管督撫溫承惠同興長齡及所屬府縣均未治其罪，此內如同興能先事查拏究出首犯林清姓名住址，又能將山東滋事賊匪迅速翦除，是以疊加恩賞優予甄叙。至溫承惠因所屬地方有逆首林清突犯禁門爲從來未有之事，又復剿辦遲延，是以明示懲處。賞罰各有權衡，非一律科以失察之咎之。朕詳閱吏兵二部所議，如該管文武各官於邪教叛案能先行訪聞，將案犯迅速緝獲，無論時之久暫，不特免其處分，亦無庸照兵部所議送部引見，該督撫奏聞時朕必立沛恩施，優加獎擢。或因匪黨衆多，職微力不能辦立時密報上司及咨會鄰境查拏破案者，准其功過相抵，不必照本例減等議處。儻明知故縱，始終掩匿不報，事發從重治罪。若屬員詳報而該上司隱飾不辦者，則將該上司黜革治罪，詳報之員概免議處。其在任毫無覺察經後任官舉發者，前任官俱照原例降革。如此明定章程，嗣後該管文武各官當曉然於失察過輕，諱匿罪重，認真緝捕毫無瞻顧庶奸匪不得潛匿，吏治民風可期日臻整肅。二十年諭：嗣後凡遇邪教案內分賞爲奴人犯如有不安本分即行送部從重治罪，如有逃走即行咨報該旗嚴緝，於年終彙題時將各逃犯原犯案由一併開單進呈，此內如有邪教案犯，即將失察之王公大臣官員交部從重議處。若祇係尋常案犯，分賞爲奴。逃走者，仍照舊例查議。二十三年，覆准謀逆教匪案內緣坐家屬，其男犯年十六歲以上並年十一歲以上十五歲以下者，均仍照原例辦理。而女犯例應緣坐者，則查明曾否學習邪教，分別核辦。其男年十歲以下各犯，亦應按照奏定章程，或令該犯親屬攜帶配所一併爲奴，或無親屬可以交帶者，仍暫行監禁，俟成丁時發遣，未便照原例仍給在京大臣官員爲奴。如非林清案內夥逆，又非邪教謀逆因而緣坐者，仍各照本例分別定擬。道光十一年，覆准查逆回案內緣坐幼男因其年太幼稺故同母發遣至十三歲再行改撥，自應俟改撥之時再行刺字。其緣坐婦女例內祇准擇配，不准釋回之遣犯，如配所並無不准釋回遣犯無可擇配。此等回婦俱係逆屬本係貸其一死，祇可永依伊主服役。至男犯及歲時改撥給主之條原因其幼小不得不隨母安插，及至長成不便仍令聚集一處，是以必須改撥。若孤身幼男既非同母安插及歲時自應毋庸改撥。同治十年諭：前據魁玉張之萬奏審明馬新貽被刺一案，將兇犯張汶詳比照大逆問擬，案內人犯分別定擬罪名，並請將馬新貽照陣亡例議恤建祠。當以案情重大，該所供各節恐尚有不實不盡，特派鄭敦謹前往會同曾國藩再行研究實在情形，從嚴懲辦。並據給事中劉秉厚等太常寺少卿王家壁先後奏請嚴究主使情節，復經諭令，鄭敦謹曾國藩等悉心推鞫，務得確情以成信讞。茲據鄭敦謹、曾國藩奏，覆審兇犯行刺緣由，並無另有主使之人，請將該犯仍照原擬罪名比照謀反叛逆凌遲處死，並摘心致祭等語。此案張汶詳以漏網髮逆復通浙江南田海盜，由馬新貽在浙江巡撫任内戮伊夥黨甚多，又因伊妻羅氏爲吴炳變誘逃，呈控未准審理，其在新市鎮私開小押當。馬新貽出示禁止之時，心懷忿恨，竟敢乘間刺害總督大員，實屬罪大惡極，既據鄭敦謹等審訊確實，驗明兇器，亦無藥毒，並無另有主使之人，著即將張汶詳凌遲處死。並於馬新貽柩前摘心致祭，以彰國法而慰忠魂。其子張長幅著照所擬按例懲辦。該故員公忠體國歷次剿辦海寇殄除積年匪首，地方賴以安靖，詎以盜匪逸犯挾仇逞兇，倉猝殞命實堪悼惜，前已有旨將馬新貽照總督例賜恤入祀賢良祠，著再加恩照陣亡例賜恤，並於江寧省城建立專祠用示篤念藎臣有加無已至意記名。總兵前署督標中軍副將喻吉三武巡捕儘先遊擊葉化龍把總唐得金，千總費善樂馬兵冉雄標等失於防護，咎有應得，喻吉三著革去提督銜，降二級調用。葉化龍著降二級調用，唐得金均著斥革以示懲儆。

刑案

失察逆匪首犯及聚衆滋事之地保，比照知情不首滿流律減等滿徒。乾隆五十二年直隸案。

被脅隨同拉馬搶掠逃回被獲，按照奏定章程擬發新疆爲奴。嘉慶二十一年廣東司説帖。

緣坐人犯逃回，其主不願收領，比照成案發黑龍江爲奴。嘉慶二十二年湖廣司案。

逆犯堂妹監禁多年，未便據咨率准釋放，應將查辦緣由專摺具奏。道光十三年河南司説帖。

邪術煽惑、糾衆謀叛、抗官殺差，比照謀反律凌遲處死，業經格斃仍戮屍梟示。道光九年邸抄。

謀反謀叛緣坐首告者，免其緣坐。嘉慶十六年雲南司説帖。

反逆正犯之嫂，律無緣坐之文，應免其緣坐。嘉慶元年福建司説帖。

緣坐爲奴人犯，伊主因其懶惰不願收留，比照伊主不能養贍例，改發新疆爲奴。嘉慶十八年貴州司案。

被脅爲賊，打造軍器，又隨衆搶掠一次，旋即乘間逸出，被獲與自行投首不同，亦與始終從逆者有間，援案發新疆爲奴。嘉慶二十一年直隸司説帖。

緣坐爲奴人犯，乘間脱逃，旋即畏懼投回，因伊主不願收領，比案發黑龍江爲奴。嘉慶二十二年湖廣司案。

逆犯子孫，先已賣給他人爲奴，即與過房與人者無異，應免其緣坐。道光四年山東司説帖。

逆犯之母係律應緣坐爲奴之人，雖年逾八十，身患癱證，仍俟病痊發配，不准收贖。道光四年山東司説帖。

猺匪滋事案内緣坐婦女，酌發較遠省分駐防爲奴，毋庸解部。其十歲以下幼孩令犯屬攜配所一併爲奴。道光十二年湖廣司説帖。

愚民患魔妄想置買黄袍試穿，比照大逆律凌遲處死，家屬免其緣坐。道光五年廣西司案。

逆案緣坐婦女應照新例酌發各省駐防給官員兵丁爲奴。道光十四年四川司説帖。

逆案問擬斬梟之子女，酌照其餘律應緣坐犯屬例問擬。道光十四年四川司説帖。

逆犯緣坐，定案在先，仍照舊例發極邊足四千里充軍。道光十五年山東司説帖。

緣坐男犯年至十三並不與母同在一主名下爲奴，毋庸改撥。道光十六年陝西司説帖。

緣坐犯屬應照本犯罪名擬斷。道光十三年四川司説帖。

緣坐發遣之犯分別刺字。道光十七年陝西司説帖。

（清）席裕福《清朝政典類纂》卷三九〇《刑二十二·刑律賊盜·謀叛》 凡謀叛，謂謀背本國潛從他國。但共謀者，不分首從，皆斬。妻妾子女給付功臣之家爲奴，財産並入官。姊妹不坐。女許嫁已定子孫過房與人，聘妻未成者，俱不坐。父母祖孫兄弟不限籍之同異，皆流二千里安置。餘俱不坐。知情故縱隱藏者，絞。有能告捕者，將犯人財産全給充賞。知已行而不首者，杖一百流三千里。若謀而未行，爲首者絞，爲從者不分多少皆杖一百流三千里。知未行而不首者，杖一百徒三年。未行則事尚隱秘故不言故縱隱藏。若逃避山澤，不服追喚者，或避差或犯罪負固不服非暫逃比。以謀叛未行論。依前分首從。其拒敵官兵者，以謀叛已行論。依前不分首從律以上二條未行時事屬隱祕須審實乃坐。

條例

一、叛案內律應緣坐流犯，改發新疆酌撥種地當差，如本犯未經到配以前身故，妻子免遣，至叛犯之孫如有年幼不便與父母拆離者，聽其母隨帶撫養。謹案此條嘉慶六年修併道光十年修改二十五修復。一、凡審擬叛案，如果謀叛情實在本省者，取本犯確實口供、原籍住址，將該犯父母祖孫兄弟妻妾子女家屬財産俱察明嚴行看守，詳開數目具題。如係隔省，確取本犯口供，行文該地方官拏看守，有隱漏者，該督撫即將該管官指名題參，以憑議處。一、叛逆旗下人口，照例交與該管衙門，其民人叛犯之奴僕，交與户部入官。謹案以上二條均係雍正三年定例。一、閩粤等省不法匪徒潛謀糾結復興天地會名目搶劫拒捕者，首犯與曾經糾人及情願入夥希圖搶劫之犯，俱擬斬立決。其並未轉糾黨羽或聽誘被脅素非良善者，俱擬絞立決。如平日並無爲匪，僅止一時隨同入會者，俱發遣新疆酌撥種地當差，俟數年後此風漸息仍照舊例辦理。謹案此條嘉慶十六年改定。一、凡不逞之徒歃血訂盟轉相結連土豪市棍、衙役兵丁彼倡此應爲害良民，據鄰佑鄉保首告，地方官如不准理，又不緝拏，惟圖掩飾或至釀起爲盜抄掠横行，將地方文武各官革職從重治罪。其平日失察，首告之後不自隱諱，即能擒獲之地方官，免其議處。至鄉保鄰佑知情不行首告者，亦從重治罪。如旁人確知首告者，該地方官酌量給賞。倘借端妄告者，仍照誣告律治罪。謹案此條乾隆五年删定。一、謀叛案內被脅入夥並無隨同焚汛戕官抗拒官兵情事，一聞查拏悔罪自行投首者，發新疆給官兵爲奴。謹案此條嘉慶六年續纂，十九年、道光十年修改，二十五年修復。一、凡異姓人但有歃血訂盟、焚表結拜弟兄者，照謀叛未行律，爲首者擬絞監候。爲從減一等。若聚衆至二十人以上，爲首者擬絞立決。爲從者發雲貴、兩廣極邊烟瘴充軍。其無歃血盟誓焚表情事，止序齒結拜弟兄聚衆至四十人以上，爲首者擬絞監候。四十人以下二十人以上，爲首者杖一百流三千里。不及二十人爲首者杖一百、枷號兩個月。爲從各減一等。若年少居首、並非依齒序列即屬匪黨渠魁，聚衆至四十人以上者，首犯擬絞立決。爲從發雲貴、兩廣極邊烟瘴充軍。未及四十人者，爲首擬絞監候，爲從杖一百流三千里。其有抗官拒捕、持械格鬥等情，無論人數多寡，各按本罪分別首從擬以斬絞。如爲從各犯內審明實係良民被脅勉從結拜並無抗官拒捕等事者，應於爲從各本罪上再減一等，僅止畏累出錢未經隨同結拜者，照違制律杖一百。其聞拏投首及事未發而自首者，各照律例分別減免。倘減免之後復犯結拜，不許再首，均於應擬本罪上酌予加等。應絞決者，改擬斬決。應絞候者，改擬絞決。應發極邊烟瘴充軍者，改發新疆酌撥種地當差。應滿流者，改爲附近充軍。應滿徒以下亦各遞加一等治罪。其自首免罪各犯，由縣造具姓名住址清册，責成保甲族長嚴行稽查約束，仍將保人姓名登記册内，如有再犯即將保甲族長擬杖一百。若結會樹黨、陰作記認、魚肉鄉民、陵弱暴寡者，不論人數多寡，審實將爲首者照兇惡棍徒例發極邊足四千里充軍。爲從減一等。被誘入夥者，杖一百，枷號兩個月。各衙門兵丁胥役隨同結會樹黨、陵弱暴寡者照爲首例與起意糾結之犯一體擬軍。鄉保地方明知不首，或借端誣告者，照例分別治罪。該管文武各官，失於覺察及捕獲之後有心開脱，均照例參處。若止係鄉民酬社賽神，偶然洽此事竣即散者，不在此例。謹案此條嘉慶十五年修併十九年道光五年十年三次修改，二十五年修復。

一、凡內地漢回在回疆地方如有甘心薙髮從夷助逆者，照謀叛不分首從律擬斬立決。若係被脅薙髮並無隨同焚汛戕官抗拒官兵情事，後經悔罪投回者，實發雲貴兩廣極邊烟瘴充軍。如有擅娶回婦者到配加枷號一年。其並未薙髮從逆，止於擅娶回婦者，杖一百流二千里，各解回內地按籍發配，所娶回婦離異。謹案此條道光十年續纂。一、滇省匪徒結拜弟兄，除罪應徒流以上各犯仍照例辦理外，其但係依齒序死不及二十人罪止枷杖者，於本地方鎖繫鐵桿一年，限滿開釋，照例枷責交保管束，如不悛改，再繫一年。儻始終怙惡不悛，即照棍徒擾害例嚴行辦理。地方官每辦一案，報明督撫，臬司按季匯册咨部，開釋時亦報部查覈，俟數年後此風稍息，仍循舊例辦理。謹案此條咸豐三年續纂。

事例

康熙三年覆准：凡審定情實叛犯，在本省者，查明家屬財産，父母祖孫兄弟妻妾子女看守具題，係隔省者取本犯確供一面具題，一面行令該地方官將本犯家屬財産父母祖孫兄弟妻妾子女確查看守，照依覆咨具題，如有隱漏情弊，該督撫指名參處。又題准：凡撥給叛逆家屬有私賣私贖者，事發之日，係官革職，係旗下人枷號兩月鞭一百，係民杖一百流三千里，人與價俱入官。其盛京寧古塔驛站等處有私賣私贖者，將專管官並領催從重議罪。又題准：反叛情罪重大，其許聘之女及姊妹俱入官。旗下有犯，亦照此例。四年覆准：反叛已許聘之女及姊妹俱免入官，仍照律取該管官印結並兩鄰甘結歸與原夫。二十一年諭：反叛案内應流人犯，仍發烏喇地方令其當差，不必給新披甲人爲奴，以昭朕軫恤民隱哀矜保全之意。二十三年題准：凡應流寧古塔叛逆家口，若係十四歲以下及不堪流徙者，准隨其父母一併交與内務府。三十一年諭：嗣後逆屬婦女出嫁年久生子，著停其解送仍給與完聚，一概不必行察。乾隆十八年諭：據班第奏增城逆犯王亮臣等家産估變銀四千餘兩爲善後案内衙署兵房之用一摺，叛産入官即以充善後公用，自應如此辦理。但叛逆重罪，大抵無藉之徒，借此哄誘愚民，誆騙財物或因饑寒切身迫於萬不得已乃鋌而走險。今遂犯田産既有四千餘兩，以十人之産計之，尚可爲温飽之家，何至相率作賊耶。此案辦理固無可疑，而案犯挾仇誣扳，承審官以事關重大不敢遽爲昭雪而波及無辜，亦事之所有惟在該督撫等詳細體察耳。封疆大吏除暴安民是其專責，儻有叛案，斷不可不辦。朕非惡聞其事，特以案情既重，承辦官員尤宜加意詳慎，若意在誅求而或不免株累，則於整頓地方之道失之遠矣。近來江廣閩粤皆有此等案件，閲班第摺因念及此，可通行傳諭各督撫知之。十九年諭：衛哲治奏廣東四會縣所拾李捷三逆稟一案，由肇羅道抄寫逆詞關移鄰省，輾轉接遞恐啓滋事之端等語，此案粤省旋已緝獲揑造之楊德、陳瑞翎等，奏明照例杖斃。該地方官於初發覺時即關移鄰省密爲蹤跡，但不應將逆詞抄寫知會，以致各營縣驛輾轉接遞致滋傳播，而獲犯後亦應知照原行該衙門銷案，此乃粤東辦理疏忽，衛哲治此奏亦有所見。可即飭知各屬將原抄銷燬，並傳諭各督撫，似此愚民譸張爲幻，原屬常有之事，嗣後祇將原詞抄録呈覽，無庸該督撫添入大逆不道令人髮指等虚詞。其應緝重犯，止將事由及揑造名姓密行移知各處一體訪緝，不得抄寫書詞遍爲接遞。然不可因有此旨矯枉過正，或致故縱，或致隱匿不奏，發覺之後惟該督撫是問。

三十六年諭：據鍾音奏，拏獲安溪縣奸民王添送等分别定擬一摺，已批交該部奏矣。此案署華封縣丞魏嗣業一經聞報，即集兵役鄉衆擒拏首夥各犯，而署安溪縣事縣丞甘運灐復拏獲夥犯多人，該員等以佐貳微員奮勉出力，頗屬能事。魏嗣業、甘運灐俱著該督等出具考語，送部引見，至所請將失察之地方文武大小官員交部察議之處，竟可不必。王添送等同謀糾黨，未及一月即經敗露全獲盡法究治辦理頗爲妥速，不得謂之失察，均無庸交部。匪徒滋事不法，原當責成地方官，如平時漫無稽查，迨發覺後又復遷延怠玩不即勇往懲治釀成事端，其咎自所應得。若當端倪初露即能上緊查拏，迅速獲犯結案，尚屬有功無過，儻仍加以議處，既不足以昭勸懲，且恐庸劣員弁遇有地方奸匪重案，懼干吏議致啓彌縫諱匿之漸，於除奸轉爲無益。嗣後凡匪犯糾衆等案，如事在三月以内即能查拏擒捕者，無庸予以失察處分，著爲令。

嘉慶五年，臺灣鎮總兵奏：拏獲叛案陳錫宗等，分别辦理一案，奉旨愛新泰等奏續拏獲鹽水港滋事匪犯并聞拏投出匪夥審明辦理一摺。此案結會糾衆戕官焚汛之匪目胡杜猴等四犯及聽糾隨從滋事節次打仗之匪夥胡登元等五十三犯，俱續經拏獲。愛新泰等於審明後即將各犯按律定以凌遲斬決，分别正法傳首梟示，所辦甚是。其悔罪投出之謝崎等六名，愛新泰等因例無自首減等之文，仍將謝崎等牢固監禁請旨定奪一節，謝崎等既係被脅入夥，並無隨同焚汛戕官抗拒官兵情事，一聞查拏即悔罪自行投出，與甘心從逆者有間，自可貸其一死。著發往黑龍江等處給披甲人爲奴。嗣後遇有投出之犯，並即著照此辦理，毋庸再行請旨。

八年諭：玉德等奏拏獲聽糾入會各犯審明辦理一摺，此案結會爲匪係在逃之顔和尚起意爲首，南靖縣役黄昆、王崇與余朗等俱聽從入夥，同拜顔和尚爲師，嗣顔和尚疊犯搶劫，屢經縣府查拏，黄昆、王崇俱代爲探信，以致顏和尚脱逃未能就獲，現經該督等將黄昆、王崇二犯依左道惑人爲首例擬絞候。此等在官人役本有緝捕邪匪之實，乃膽敢聽糾入會及事發後又復透漏消息致令首犯疏脱，實屬藐法，黄昆、王崇均著即處絞。該督等應明白曉諭，嗣後辦理此等案件，除尋常爲從之犯，仍照例擬遣外，如有衙役聽糾入會並私相通信者，俱著照黄昆、王崇之例，立予繯首，庶足儆姦蠹而靖地方。

二十四年諭：御史蔣伝寬奏會匪攔入楚境肆行擾害請飭查辦並陳緝辦會匪事宜四條各一摺，粤省添弟會久爲閭閻之害，查辦不浄，近乃蔓延及於湖南永州一帶，名爲擔子會、情義會，黨羽既衆，遂至搶掠劫奪肆行無忌，必當認真查拏，痛加懲艾。該御史所陳緝捕事宜四條，亦俱中肯要。會匪横行鄉里，多恃兵役爲之包庇，蓋兵役既已入會，則必代爲傳遞信息，一聞有訪拏之信，或縱之逃逸，或導之抗拒，是官弁所倚以緝捕者，即會匪之耳目爪牙，尤當首先翦除。無如該管官懼於處分，率先隱諱，嗣後查拏會匪，如有兵役在内，經别縣拏獲者，定將管官議處。若本管官自行訪獲，不存瞻徇，將會匪及入會之兵役一并查拏究辦，其失察處分即著奏明寬免，至獲犯申解費煩一節，尤係近日實在情形。會匪每破一案，多則百餘人，少亦數十人，一經委提差解往返程途食用盤費賠累甚鉅。州縣官費無所出，遂一意化大爲小，消彌不辦。甚或轉將告發之人坐誣，會匪因此益無忌憚，欲清弊源，自當酌予變通。其爲首之犯，仍由該州縣批差管解赴省聽候審辦，餘犯概令遞解，或由本州縣發落，並停止委提以節冗費。至會匪在境日久，官弁畏避處分不肯舉發，實係外省惡習，但該官弁等果能實力查拏爲地方除害，雖經失察於前，其功過自足相抵。嗣後能破獲鉅案，准其寬免從前失察處分。或本案已緝獲多名，偶有一二未獲之犯，亦量予寬減，俾得專心緝捕，無所覬望。再會匪結黨横行黠悍者，總在首惡數人，其餘畏其欺陵被其逼脅者，亦復不少。地方官總當嚴拏首犯，其但與會匪認識或被脅畏禍勉强聽從或愚民無知雖經入會並未隨同生事者，均准其到官自首，訊明量予省釋，以免株累。著吴邦慶明白剴切飭知所屬，各於境内認真查拏，破除積習，不可養癰貽患。並咨會各提鎮督飭將弁協力同心。以收戢暴安良之效。拏獲一案，即隨時奏明辦理，如吴邦慶力不能辦，亦即據實奏明，不可因循貽悞地方。再會匪由廣西蔓及湖南，其州縣官畏難避過情形，亦大略相同，並著趙仁亦遵照此旨實力查辦，將此由四百里諭知吴邦慶並諭趙仁知之。

咸豐元年議准：嗣後所獲匪犯，如另有搶劫重案，殺死事主及輪姦婦女等情罪應斬決斬梟，查係照盜案定擬者，准其照獲盜之例請叙，毋庸再照匪犯給予級紀。如仍照匪犯本案從重定擬者，即不准照獲盜之例請叙。

又議准：嗣後州縣以下等官，如有拏獲鄰境香匪犯覈與州縣官引見之例相符者，准其分别試用實缺，或以遇缺儘先補用，或以應陞之缺陞用保題，覈與州縣官指定應陞之階保奏之例相符者，亦准其指定應陞之階保題，毋庸送部引見。若僅能拏獲首犯從犯者，止照例按名給予級紀。

又議准：嗣後拏獲匪犯調取人員如有另案陞補者，均比照獲盜之例給予限用，亦不准分案引見。

四年諭：嗣後遇有匪徒潛匿及奸細勾結重案，無論被人呈告或鄰境拏獲，本地方官審出詳辦者，准將應得處分奏請免議，其自行拏獲者，准其酌量鼓勵。倘事前既不查察，事發又復徇隱，即予革職治罪。

光緒元年諭：前據左宗棠奏，已革甘肅肅州鎮總兵黄金山惡迹昭著，請旨立正典刑，當交刑部速議具奏，兹據奏稱黄金山被控謀叛助逆等情，雖無確據，惟收留義子黄萬發致令謀叛滋事並擅殺無辜營員姦佔民間婦女，被控後匿不赴案聽審，輒私回原籍聚衆置械，藉口赴營投效，實屬惡迹昭著等語。黄金山以專閫大員，不能奉公守法，竟敢肆行無忌，心懷叵測，罪無可逭。著左宗棠即將該革員軍前正法，以肅戎行。已保參將楊子英，因黄金山殺其堂弟楊得成始行首告，非激於義忿可比，著遞回原籍交地方官嚴加管束，不准投效軍營。

十八年奏准：嗣後湖北省拏獲會匪如訊係爲首開堂放飄者，及領受飄布展轉糾伙散放多人，或在會中名目較大充當元帥軍師坐堂陪堂刑堂禮堂名目，與入會之後雖未放飄展轉糾人而有夥同搶劫情事及勾通教匪煽惑擾害者，一經審實，即開録詳細供招，照章稟請覆訊，就地正法，傳首犯事地方懸杆未衆，仍隨案具奏。此外如有雖經入會並非頭目、情罪稍輕之犯，或酌定年限監禁，或在籍鎖帶鐵杆石墩數年，俟限滿察看是否安静守法，能否改過自新，分别辦理。其無知鄉民被誘被脅，誤受匪徒飄布，希冀保全身家，並非甘心從逆之人，如能悔罪自首，呈繳飄布者，一概從寬免其究治。其有向充會匪自行投首姓名因而拏獲亦一律免罪。若投首後又能作線引拏首要各犯到案究辦，除免罪之外，仍由該地方官酌量給賞。地方文武員弁能拏獲著名首要，審實懲辦案情，隨案奏請優獎，如妄拏無辜，擾累閭閻，以及縱匪貽害，亦卽嚴行參處。如此明定章程，各州縣有所遵循，自必隨時留心實力查緝，不敢輕縱玩忽。該匪黨亦各知所儆懼，庶足消患於未萌，而地方可期安謐矣。復查此等會匪，各省亦時有蠢動，湖北省既經分別輕重酌議章程，他省亦應照辦，以昭畫一。

刑案

入會未成，目不識字，收寄逆書，擬於知情隱匿絞律上減等滿流。入會未成亦無收藏符書擬於左道異端爲從遣罪上減等滿徒。嘉慶十九年福建案。

江西會匪並未領帖擬於邪教爲從遣罪上減等滿徒。惟聽從搶詐二次應加等流二千里。道光四年江西案。

江西添弟會案内從犯分別擬遣流徒。道光四年江西司說帖。

查結會樹黨與結拜弟兄，舊例本屬兩條，至嘉慶十五年修併，例内所稱兵丁胥役入夥照爲首例問擬之語，係指結會樹黨者而言，若結拜弟兄案内亦有兵丁胥役入夥，應於平人一體分別首從科斷。係知法犯法，酌加一等。嘉慶二十二年湖南司說帖。

結會搶劫案内被脅入會旋卽走回將分給封布識語燒燬之犯，併受雇煮飯之人均於爲從遣罪上減一等滿徒。嘉慶二十二年福建案。

僧人冀圖訛詐糾衆二十餘人結拜兄情節較重，應改發新疆種地仍照例刺字。嘉慶二十二年貴州案。

營兵州役聽從歃血訂盟結拜弟兄於爲從滿流上加一等治罪。道光二年廣西案。

聽從聚衆結拜弟兄、復幫同糾人應於爲從軍罪上酌加一等，發新疆種地當差。道光三年江西案。

異姓結拜弟兄、糾邀人數雖多，其結拜時或畏懼未到，或先到而畏事先回，則其人並不在序列結拜之内，未便一併計算，應以臨時結拜人數爲斷。道光六年廣西司說帖。

謀逆案内被脅勉從，聞拏投首依謀叛案内並無隨同焚汛戕官情事，一聞查拏畏罪投首例，改發極邊足四千里充軍。道光十七年邸抄。

妄稱名號，填寫官銜劄付騙錢，比照謀叛已行律擬立決梟示，免其緣坐。道光八年江西司案。

江西會匪聽從鑽橋並未同飲血酒未便照邪教爲從減等滿徒例，應酌加一等流二千里。道光九年江西司說帖。

明知叛逆不首，並幫同占卜擇日，照謀逆未行爲從例從重問擬新疆爲奴。道光十六年雲南司說帖。

結拜弟兄名邊錢會疊次搶竊勒贖，首犯發極邊足四千里充軍。從犯分別流徒治罪。道光七年江西司案。

被邀入會尚未結拜旋卽破案，擬於異姓人歃血訂盟年少居首爲從滿流例，減等滿徒。道光九年江西司案。

兩次聚衆結拜並逼脅入會應於爲徒滿徒上加等擬流。道光十三年江西司案。

結拜弟兄被脅從犯聞拏投首擬於爲從流罪上減等滿徒。道光十三年廣東案。

將縣内錢糧户口册獻賊，得受僞職，又隨同打仗陷城，比照謀叛不分首從皆斬律，擬斬立決梟示。同治三年浙江案。

謀叛未行案内之從犯，依謀叛不分首從皆斬往上量減滿流。同治十三年江西案。

（清）席裕福《清朝政典類纂》卷三九〇《刑二十二·刑律賊盜·造妖書妖言》事例

崇德元年諭：凡有傳布訛言者處死。

康熙十六年題准：凡捏造俚歌刊刻傳頌沿街唱和者，内外地方官卽時查拏，照不應重律治罪，若係妖言惑衆等詞，照律議罪。

十八年議准：凡妄説訛言書寫張貼煽動人心爲首者，立斬。爲從者，俱擬斬監候。

嘉慶十年諭：勒保奏拏獲僞造勸善文詞並刊刻舊存違悖經卷各犯審明定擬一摺，川省邪匪早就肅清辦理善後事宜業經完竣，郭正廣因與姦好之尼僧心慧往來，膽敢編造勸善文希圖騙錢使用，語言違悖、目無法紀，不可不從嚴辦理，以儆其餘。勒保將該犯依妄布邪言書寫張貼煽惑人心爲首斬決例，擬斬立決，自應照此例辦理。郭正廣著即處斬。其聽從刊刻之蘭世賢並不查明書中語句，遽行聽信刊刻分布，亦未便輕縱，著發往黑龍江給索倫達呼爾爲奴，至尼僧心慧與郭正廣通姦致郭正廣有捏造經卷騙錢之事，此等邪淫之犯，豈可留於本處，著於決責後勒令還俗，發往遠省交地方官管束，以示儆懲。所有板片經卷俱行銷燬，並將辦理緣由出示曉諭，俾居民共知炯戒，嗣後倘有似此僞造邪説煽惑愚民之事，務須隨時懲辦，以儆姦宄而靖地方，餘俱照擬完結。

刑案

捏造海票名色誆騙銀錢，比照造妖書妖言律斬候。分賣轉賣之人比照不及衆律杖流。買票之人，比照隱藏不送官律滿徒。乾隆十八年浙江案。

潛居修煉收藏違禁書籍，照一應左道異端或隱藏圖像煽惑人民律，擬絞監候。乾隆四十三年山東案。

僧將徒弟遺留不經謡帖借人抄寫傳布，比照造妖書妖言惑人不及衆例，量減滿徒。嘉慶二十年陝西案。

希圖免災抄寫不經字帖攜往他處傳抄，訊非有心惑人亦非自造，比照造妖書妖言惑人不及衆例，量減滿徒。被惑之人，照違制律滿杖枷號兩個月。嘉慶二十年湖北案。

醉後妄思娶妾，造言神女降生，訊無心存不軌傳播惑衆情事，比照妄布邪言不及衆例上減一等擬滿徒。嘉慶二十二年河南案。

買得抄寫符書畫符治病復教演拳棒誆騙銀錢，比照造妖書妖言惑人不及衆例，發遣爲奴。嘉慶二十二年浙江案。

私藏符咒妖書畫符治病誆騙銀錢，比照他人造傳符咒妖書隱藏不送官者滿徒律上加一等擬流。道光二年雲南案。

生員捏造詩詞傳看嘲笑，照因事造言捏成歌曲坐以不應重律，擬杖八十。道光七年安徽司案。

驍騎校將茶館無據之詞輾轉傳播，革去驍騎校，照不應重律問擬。道光十七年邸抄。

瘋犯書詞狂悖，假如外番遣使，比照妄布邪言書寫張貼煽惑人心爲首斬決例，問擬恭候。欽定。道光四年河南案。

教匪刻書傳徒，語多悖謬，比照妄布邪言煽惑人心爲首律，問擬斬立決。同治十年直隸案。

（清）岑毓英《岑毓英奏稿》卷二五《副將袁善抗令作亂業經正法片》

再，副將袁善、李文秀前經臣派赴緬地坐探，嗣聞英踞緬都，當即檄飭該副將等迅即折回，均經兩次奏報在案。嗣聞該副將袁善行抵騰越一帶，擅自招募丁壯，製造衣甲，意欲徑赴緬甸相助，不勝駭異。因一面密檄署騰越鎮總兵朱洪章就近查明該副將袁善是否私自招勇赴緬，據實稟報，如有前項情事，即飭遣散勇丁，迅回開化，另候差委。現在邊防緊要，儻該副將不聽調度，不遵約束，立即相機處置，不得遲回瞻徇，致生邊釁。

飭令遵照辦理去後，兹據騰越鎮總兵朱洪章稟稱：查副將袁善實係四路招人，到騰越時已集至數百，製造衣甲，決意出關，心懷叵測。經總兵再三諭阻，並力勸其遵檄折回，該副將袁善執意不從。總兵於光緒十一年十一月初九日邀集同城文武，並約袁善到署理勸，袁善出言横恣，勢將決裂。總兵將其挽留在署，原擬具稟請示，詎袁善目視從人，糾集勇丁入城施放槍礮，即經同城文武帶同兵勇擊退，並將袁善捡住，城内倉庫、監獄並未損失。是時聲勢洶湧，誠恐變生不測，當將該副將袁善斬首示衆，並捡斬兇卒一人出示，解散脇從。現在地方已一律安靖。至副將李文秀，已奉改委署理劍川營都司，現赴龍陵，已飭催呈繳赴緬關防，再赴署任等情前來。並據騰越同知陳宗海稟同前由。

臣查副將袁善不聽調度，已屬罪不容誅。當此邊防喫重，騰越緊鄰緬甸，人心正在驚惶之際，該副將輒敢私招勇丁，聚衆横行，乘機作亂，經該總兵朱洪章將其捡獲正法，解散附從，地方照常安靖，辦理尚協機宜。除飭該總兵迅催副將李文秀速赴劍川營都司署任外，所有副將不遵調度，乘機作亂，業經正法緣由，謹附片具陳，伏乞聖鑒訓示。謹奏。

（清）岑毓英《岑毓英奏稿》卷一六《拏獲逆首朱洪祚正法摺》 奏爲上年桐梓縣會匪滋事案内逆首朱洪祚，業經拏獲訊明正法，謹將獲犯審辦情形，恭摺馳陳，仰祈聖鑒事。

竊案查光緒六年九月初三日，桐梓縣有會匪竊發攻城。經該署知縣魏學恆會營集團將賊擊退，生捡撝先鋒成子江等正法，稟請調集官兵先後攻破老廠、楊村壩賊巢，勦滅匪黨，捡獲撝帥畢香亭等，解省審明懲辦，當將捡斬首要各犯辦理情形，臣已於上年專摺奏明在案。所有案内逆首朱洪祚，即朱大耳朵，在逃未獲，實有除惡未盡之憾。復經臣分咨鄰省，通飭各屬懸立重賞，並選派文武員弁，一體購線踹緝，期在必獲。茲據貴西道曾紀鳳稟：訪聞該逆首朱洪祚，潛匿水城猗角地方，該處山徑崎嶇，懸匪萬丈，爲人迹所罕到。經副將蔣柏勝等，於二月二十九日，設法捡獲，由該道提犯訊供不諱，將該犯解省審辦等情。據經批司查案發審去後，茲據署按察使張煦督同貴陽府知府汪元慶，提犯研訊明確，按擬招解前來，臣隨提犯研鞫。

緣朱洪祚，即朱大耳朵，本姓周名金洝，因欲煽惑人心隨改姓名朱洪祚。原籍湖南長沙縣，寄住黔西州屬，前曾投營當勇，後因犯事斥革。光緒五年正月十八日，朱洪祚在威甯州黑章地方，路遇素識在逃之姚方二姚和尚，將其引至徐小滿家，見徐小滿身背菩薩，口言禍福，妄言朱洪祚是真王出世，惟時有楊潰受、徐老大、徐老二在旁俱願結黨相助。朱洪祚信以爲真，遂起意謀反，約定三月十八日，在月亮硐喫血酒議事。屆期姚方二等邀同甘五潰等，齊集硐内歃血訂盟，商議各糾同黨，暗製器械。朱洪祚當僞封姚方二等爲軍師、元帥、將軍等職，以後時聚時散，並無一定住址。六年正月間，朱洪祚與姚方二等，在綏陽縣屬黄村壩山上暗結匪黨，當有已獲正法之岳春山等，帶同畢香亭等往見朱洪祚，即封其爲僞元帥，畢香亭亦允糾夥相助，商約一切齊備，奪取城池。朱洪祚遂往別處糾人。後畢香亭擬定九月初三日，先取桐梓，再奪遵義、綏陽、正安等處城池之言，遣人與其暗通消息，朱洪祚即與姚方二等暗糾賊黨，準備接應起事。旋經署桐梓縣知縣魏學恆先期訪聞，會營集團查拏防守。是日該匪攻撲縣城。經該縣營將賊擊退，生捡僞先鋒成子江等，正法梟示。復稟請調集官兵，攻破賊巢，捡僞帥畢香亭等，解省審明，照律懲辦該犯。朱洪祚等在逃未獲，懸賞購線嚴緝在卷。經副將蔣柏勝等於本年二月二十九日，將該逆首朱洪祚拏獲，解省。當經批司查案發審去後，茲據署按察使張煦督同貴陽府知府汪元慶，審明按擬招解前來。

臣提犯研鞫，據供前情不諱，案無遁飾。查律載，謀反大逆，但共謀者不分首從，皆凌遲處死等語。此案朱洪祚，即周金洝，聽信徐小滿妖言，輒敢起意改姓惑衆，謀爲不軌，復敢糾結匪黨，襲取城池，實屬罪大惡極，自應按律問擬。朱洪祚即周金洝，應如該司等所擬，合依謀反大逆，但共謀者不分首從，皆淩遲處死律擬淩遲處死。該犯情罪重大，未便稽誅。臣於審明後，當即恭請王命飭委署臣標中軍參將李景昌、貴陽府知府汪元慶，將該犯押赴市曹，於處決後，傳首犯事地方，懸竿示衆，以昭炯戒。該犯訊無父母兄弟妻子，亦無家産，毋庸查辦。其在威甯、綏陽、桐梓一帶潛匿糾匪，各該地方官始雖失於覺察，及該犯敗露後，即選派丁役，認真查緝協獲，尚知愧奮，請免置議。逃犯姚方二等，飭緝獲日，另結。再，該犯朱洪祚於謀逆後，竟逃避深山，幾被漏網。該副將蔣柏勝等，不避艱險，設法捡獲，得淨根株，實爲異常出力。豪勇巴圖魯候補副將蔣柏勝，合無仰懇天恩，賞換清字勇號，並加總兵銜。其隨帶出力之武生李培基等十名，容臣酌給外獎以把總六品頂戴，分別咨部註册，以示激勸。

除全案供招咨部外，謹會同雲貴督臣劉長佑，恭摺具奏，伏乞皇太后、皇上聖鑒訓示。謹奏。

（清）岑毓英《岑毓英奏稿》卷一四《鄧川滋事夷犯提省訊明按律懲辦摺》

奏爲官軍勦除鄧川州屬東山夷匪，生捡各犯提省訊明，分別按律懲辦，恭摺仰祈聖鑒事。

竊臣前將鄧川州屬東山夷匪，聚羣擄官，肆行燒殺，經官軍會勦，攻拔賊巢，格斃匪首羅起泰、羅寬元二名，生捡項和、羅洪昌等十一名，提省訊辦，州境一律肅清，各情奏報在案。嗣據署提督楊玉科、迤西道陳席珍、大理府知府毛慶麟等，將捡獲匪犯項和、羅洪昌、羅霞林、羅富才、楊阿五、楊潤可、絞開林、絞阿福、馬有才、馬有林等十名，交委員記名提督蔡標，同景東廳經歷劉克讓押解進省，並據申報，尚有朱汶明一犯，因帶傷重，遽難起程，俟傷愈再行續解等情。臣當將解到各犯發司審訊。茲據按察使倉景愉督同雲南府知府熊昭鏡、讞局委員候補知府鄭錫彤等，審擬招解前來，臣復督同司道，親提研鞫。緣羅起泰、羅寬元、項和、羅洪昌、羅霞林、羅富才、楊潤可、楊阿五、絞開林、絞阿福、馬有才、馬有林等，均係鄧川州東山所屬東山夷民。項和原充州衙捕役，光緒元年十一月二十一日有鶴慶州民人董旺第販賣布匹，路過東山，被羅起泰等搶奪，報經署鄧川州戴作舟票差往拏。項和聞信，通知羅起泰等避匿未獲。戴作舟查知，將項和提責勒令捕拏。項和畏罪逃回東山。戴作舟另行派差往拏，羅起泰等率黨抗拒。戴作舟聲言請兵勦捕，復恐激成事端，出示曉諭該處夷民，將羅起泰等速爲交出，餘人免究。羅起泰畏懼，與其弟羅寬元及項和共商起意，設壇扶乩，假稱得有兵書寶劍，能避刀兵，蠱惑夷衆。羅起泰復僞稱爲大王，羅寬元與項和僞稱爲大元帥、軍師，於是月二十五六七八等日糾約夷民羅洪昌、羅霞林等數百人，二十九日羅起泰起意赴州搶殺，以項和曾充州役，熟識路徑，令項和同羅寬元引路。是日戴作舟亦訪聞該匪黨有聚衆情事，督率丁役赴東山交界巡防隘口。羅起泰探知州署空虛，即於是夜率領夷衆由小路到州，因無城池，乘閒燒燬官民房屋十四所，殺斃兵民書差二十餘命，擄掠財物而去。戴作舟聞警趕回追捕，途遇羣匪，衆寡不敵隨從丁役受傷逃散，羅起泰等遂將戴作舟捆去夷巢關禁。

據該管文武官稟報到省臣派記名提督蔡標、署麗江府知府恒璋馳往查明，會同署提督楊玉科、迤西道陳席珍、大理府知府毛慶麟等調集兵團，分投攻勦。該匪黨猶敢恃衆拒敵，經官軍前後夾擊，疊破賊巢，斃匪百餘名，墜巖撲河死者無算，格斃匪首羅起泰、羅寬元，割取首級，傳紳民驗明屬實，梟示犯事地方。又生擒匪黨十一名，内有朱汶明一名，因傷重不能起解。先將項和等十名解省訊出前情不諱，嚴詰扶乩惑衆，實係自上年十一月二十五六七八等日起，竝無年深月久，妖術惑人及起衅別故，再三研究，矢口不移，案無遁飾。

查律載，謀反大逆，但共謀者不分首從，皆凌遲處死。又律載，凡謀反已行，不分首從皆斬各等語。此案項和曾充捕役，於夷匪羅起泰等搶奪董旺第布匹，控拏輒敢潛通信息，以致羅起泰等避匿。經官責懲，勒令同捕，遂逃回東山，與羅起泰等謀爲不軌，竝設壇扶乩，蠱惑夷衆。僞稱大王、元帥、軍師等號，張貼僞示，糾夥乘閒燒殺人民，抗拒官兵，竝將該州牧捆去關禁，實屬罪不容誅。首匪羅起泰竝羅寬元已於攻破賊巢時格殺，經紳民驗明屬實，業經戮屍梟示，應毋庸議。項和與羅起泰同謀起事，自應照律問擬。項和合依謀反大逆，但共謀者不分首從凌遲處死律擬凌遲處死。羅洪昌羅霞林等九犯，均係聽從入夥，搶殺人民，拒敵官兵，即與謀叛無異。羅洪昌、羅霞林、羅富才、楊潤可、楊阿五、絞開林、絞阿福、馬有才、馬有林等，均比照謀叛已行、不分首從皆斬律，俱擬斬立決。該犯等或共謀大逆，或隨同放火、殺人、搶劫、擄官，均屬罪大惡極，未便稍稽顯戮。臣於二月三十日審明後，即恭請王命飭委按察使倉景愉、署督標中軍副將王永安，將該犯項和等押赴市曹，分別凌遲、斬決，梟首於犯事地方，懸竿示衆，以昭炯戒。項和訊無父母、兄弟、伯叔、妻妾、子女、財産毋庸查辦。羅洪昌等九犯，聽糾入夥，係比照謀叛律擬斬立決，且訊無家屬財産，亦毋庸緣坐。其朱汶明一犯，俟傷愈續解到省，再訊明懲辦。至前署鄧川州知州戴作舟、前署鄧川汛把總孫志遠，有無別項情弊，亦俟到省訊查明確，另行議辦。

除將供招咨部外，所有官軍勦除鄧川州屬東山夷匪，生擒各犯，提省訊明、按律分別懲辦緣由，理合恭摺具奏，伏乞皇太后、皇上聖鑒訓示。

再，雲南巡撫係臣本任，毋庸列銜，合併陳明。謹奏。

（清）岑毓英《岑毓英奏稿》卷一〇《拏獲逆匪馬映東正法片同治十三年六月二十六日》　再，臣正拜摺間，承準軍機大臣字寄同治十三年五月二十日奉上諭：岑毓英奏搜捕著名賊黨，殲除首要逆犯，遣散降回暨收獲礮械等件各摺片。該省甫就肅清，一切善後事宜亟應妥籌布置。平彝縣屬之馬頭山等處回民二百餘户，與漢民仇怨太深，該署督現擬將尋甸州城十里外絶産清查分撥，計口授田，與漢民間雜而居，惟必須妥慎籌布，務使彼此相安，不得復相尋釁，方爲盡善。提督馬如龍寓中礮械等件，刻下軍務肅清，自不應留存寓所，現經岑毓英收獲，先後解交善後局存儲。此外，各回寨如有私藏者，自應概行追繳，惟須慎重出之，不可激成事端。沙甸，大莊一帶前有洋人來往，開化邊界之河口、新街，亦有洋人帶水手跟丁前來，現雖折回越南，難保不再圖窺伺，著岑毓英飭令該地方文武隨時認真偵探，嚴密防維。其餘一切事宜，統著該署督酌度情形，慎密籌辦，以副委任。等因，欽此。仰見聖主軫念邊陲，無微不至，跪讀之下，欽感莫名。

伏查尋甸州降回，前經臣檄委署迤東道賈鐸督飭地方文武員弁前往遣散，疊據該員稟報，已認真清查，除尋甸土著回民仍準居住外，其餘外屬回民數千户，均酌發盤費、銀兩、籽種、耕牛，派兵護送，各歸各業。又查，有尋甸回目馬盈廣、馬成功、馬映東，均係著名匪首，投誠之後，仍以搶劫爲生，怙惡不悛，業經密飭該處回紳，將馬盈廣、馬成功二犯拏獲殲除，馬映東聞拏潛逃，復經臣派弁緝獲，發交署臬司貴齡訊明正法，此外並未妄戮一人。平彝縣屬馬頭山等處回民，前由賈鐸等分給絶産，妥爲安置，漢回民俱願具結，迄今相安無事。所有各回寨私藏軍火，經回員記名提督馬忠等剴切開導，該回民隨時呈繳，並未激成事端。近來越南外匪尚未擾及滇境臨安開化廣南三府邊界，臣疊次嚴飭署總兵何秀林、李文益等分派弁兵，扼要防堵，並未松懈。至迆西各屬，自將烏索餘匪勦除後，亦無餘匪滋事。其易勇爲兵，俱恪遵紀律。

危害皇權部

亂政誤國分部

論說

（宋）洪邁《容齋續筆》卷四《黨錮牽連之賢》　漢黨錮之禍，知名賢士死者以百數，海內塗炭，其名跡章章者，並載於史。而一時牽連獲罪，甘心以受刑誅，皆節義之士，而位行不顯，僅能附見者甚多。李膺死，門生故吏並被禁錮。侍御史景毅之子，爲膺門徒，未有録牒，不及於譴。毅慨然曰：本謂膺賢，遣子師之，豈可以漏籍苟安！遂自表免歸。高城人巴肅被收，自載詣縣，縣令欲解印綬與俱去，肅不可。范滂在征羌，詔下急捕。督郵吳導至縣，抱詔書，閉傳舍，伏牀而泣。滂自詣獄，縣令郭揖大驚，出解印綬，引與俱亡。滂曰：滂死則禍塞，何敢以罪累君！張儉亡命，困迫遁走，所至破家相容。其所經歷，伏重誅者以十數。復流轉東萊，上李篤家。外黄令毛欽操兵到門，篤謂曰：張儉亡非其罪，縱儉可得，寧忍執之乎？欽撫篤曰：蘧伯玉恥獨爲君子，足下如何自專仁義？歎息而去。儉得免。後數年，上祿長和海上言：黨人錮及五族，非經常之法。由是自從祖以下，皆得解釋。此數君子之賢如是，東漢尚名節，斯其驗歟？

（明）丘濬《大學衍義補》卷一一三《慎刑憲·戒濫縱之失》　桓帝延熹元年，中常侍侯覽等令牢修上書告李膺等，養太學遊士，交結諸部生徒，更相驅馳，共爲部黨，誹訕朝廷，疑亂風俗。帝怒，下郡國捕黨人，布告天下，使同忿疾。案經三府，太尉陳蕃卻之曰：今所按者，皆海內人譽憂國忠公之臣。此等猶將十世宥之，豈有罪不彰而致收掠乎。不肯平署。上愈怒，遂下膺等於黄門北寺獄。其辭所連及杜密、陳翔、范滂之徒二百餘人，或逃遁不獲，皆懸金購募。使者四出相望。陳蕃上書極諫，帝怒，策免之，自後無敢復言者。竇武、霍諝復以爲言，帝意稍解。乃詔黨人二百餘人皆歸田里，書名三府，禁錮終身。及靈帝即位，陳竇用事，復舉拔膺等。陳竇誅，膺等復廢。侯覽怨張儉尤甚，乃命朱並上書，告儉等共爲部黨，圖危社稷。時上年十四，問曰：黨人何用爲惡而欲誅之耶？對曰：欲爲不軌。上曰：不軌者何？對曰：欲危社稷。上乃可其奏。凡黨人死者百餘人，妻子皆徙邊，連引收考布徧天下。宗戚並皆殘滅，郡縣爲之殘破。

馬端臨曰：黨錮之獄，出於宦官之惡直醜正。然欲加之罪，則必從而爲之辭。帝之問曹節曰：黨人何用爲惡而欲誅之耶？善哉問也。帝時方童幼，未知姦佞容悦之可親，忠賢鯁直之可惡，故發此問。至對以謀不軌，危社稷，則不復能窮詰其所以謀之説，所以危之狀，而遽可其奏矣。自昔昏暴之君，誅諍臣，戮直士，若龍逄比干之儔，皆以諫諍於朝而嬰禍，而竊議於野者則未嘗罪之也。至李斯始有偶語之禁，張湯始有腹誹之律，皆處以死罪。今觀黨錮諸賢所坐，即偶語腹誹之罪。而曹節、王甫所爲，蓋襲斯、湯之故智也，至於根連株逮坐死者不可勝計。雖曰主昏政亂，凶璫得以肆其威虐，然亦有由來矣。蓋漢家之法，以殊死爲輕典，而治獄之吏，則以深竟黨與爲能事。夫子曰：始作俑者，其無後乎？傳曰：作法於貪，弊將若之何。信哉。

臣按：路溫舒言，秦有十失。其一尚存，治獄之吏是也。臣以爲治獄之吏，其小者耳。其所失之存最大者，則誹謗妖言之禁焉。吕后時，雖除去其禁。然溫舒上疏於宣帝，始終以誹謗爲言。則是雖除之，實則暗用之而不自知也。其子孫習見以爲當然，左右兇邪遂襲用之以除異已之人，其禍乃至更代累世而猶熾。卒之善良受禍國祚隨之。後之有天下者，其他刑獄雖若慘刻，然失人心、促國脈、趣於亟亡者，皆莫甚於誹謗妖言之令也。古語云：殺諫臣者，其國必亡。然殺諫臣，猶有定名。不諫者，未必殺也。惟用誹謗妖言坐人之罪，則不分在朝在野，有官無官，一切誅之以鉗天下之口。其國之亡也又何疑哉。

（唐）陸贄《翰苑集》卷一九《奏議竇參等官狀》　右希顔奉宣進止，

竇參結朕左右，兼有陰謀，皆有憑據，事不曖昧，只緣連及處多不可推按，卿等宜更商量，若謂恐事體不穩，即且流貶向絕遠惡處。竇申、竇榮、李則之首末同惡，無所不至，又並微細，不比竇參，宜便商量處置。其竇參等所有朋黨親密並不可容在側，近宜便條疏盡，發遣向僻遠無兵馬處。先雖已經流貶，更移向遠惡處者，伏以竇參罪犯誠合誅夷，聖德含弘務全事體，特寬嚴憲，俯貸餘生，始終之恩，實足感於庶品；仁育之惠，不獨幸於斯人。所議貶官謹具別狀，其竇榮、竇申、李則之等既皆同惡，固亦難容。然以得罪相因，法有首從，首當居重，從合差輕。參既蒙恩矜全，申等亦宜減降。又於黨與之內，亦有淑慝之殊，稍示區分，足彰勸勵。竇榮與參雖是近屬，亦甚相親，然於欵密之中都無邪僻之事，仍聞激憤，屢有直言。因此漸搆猜嫌，晚年頗見疏忌，若論今者陰事則尚未究端由。如據比來所行，必應不至凶險，恐須差異以表詳明。臣等商量，竇榮更貶遠官，竇申、則之並除名配流，謹具別狀進擬，庶允從輕之典，以洽好生之恩。夫趨勢附權，時俗常態，茍無高節出衆，何能特立不羣？竇參久秉鈞衡，特承寵渥，君之所任，孰敢不從？或遊於門庭，或結以申外，或偏被接引，或驟與薦延，如此之徒，十恒七八。若聽流議，皆謂黨私，自非甚與交親，安可悉從貶累？況竇參罷黜，迨欲周星，應是私黨近親，當時並以連坐，人心久定，不可復搖。今者再責竇參，特緣別有結搆，陛下親自尋究，審得事情，所與連謀，固知定數。今若普加譴斥，則恐翻類淪胥，罪無指名，誰不疑懼，中外洶洶，殊非令猷。臣等商量，除同謀陰邪事狀分明者，其餘一切更無所問，將為穩便，未審可否。

（宋）劉安世《盡言集》卷九《論蔡確作詩譏訕事》 右臣伏見知漢陽軍朝散郎吳處厚繳進蔡確知安州日，所製車蓋亭詩十篇，多涉譏訕，而二篇尤甚，非所宜言，犯大不敬者。臣按確德性陰險，立朝姦邪，象恭滔天，有共工之惡；言辨行偽，挾少卯之才。遭遇幸會，致位宰席，不能正身率下，宣明教化，而縱其弟碩，交結群小，公納賄賂，盜用官物，不知紀極。閨門之內，奉養豪侈，飲食聲色，衣服器玩，肆爲奢僭，制踰王公。是時碩爲軍器少監，俸入有限，而用度如此，確實同居，豈不知其所來乎！朝廷既不窮治，又貸其弟之死，止以失教為名，黜守安陸，天下公議，謂罰不能當其罪，固宜痛自懲艾，圖報大恩。而乃不自循省，輒懷怨望，借唐為喻，謗訕君親，至於滄海揚波之語，其所包藏，尤為悖逆。蓋確自謂齒髮方盛，足以有為，意在他日，時事變易，徼幸復用，攄泄禍心，跋扈懷梁冀之姦，睥睨蓄魏其之志，此而可捨，國法廢矣。伏望陛下，察其情理，斷以至公，出處厚之奏，付之有司，特行按治，明示其罪，以謝天下。

（宋）劉安世《盡言集》卷九《第二》 右臣近以知漢陽軍吳處厚繳進蔡確知安州日，所製車蓋亭詩，怨謗君親，情理切害，遂具論列，乞正其罪，未覩旨揮施行。臣聞確之朋黨，大半在朝造播巧言，多方救解，且謂處厚事非干己，輒爾剡奏，近於刻薄，此風浸長，恐開告訐之路。臣竊以爲過矣！西漢鄺寄天下謂之賣友，然而摧吕祿以安社稷，前史謂誼存君親，不以爲貶。確之罪惡，固已貫盈，不自省循，肆爲訕斥，人神之所共怒，覆載之所不容。處厚外官，雖無言責，見確悖逆不道，發於忠憤，名則出位，情實愛君，取捨重輕，未爲無理。惟陛下勿恤浮議，早正典刑，使大姦無幸免之門，朝廷無異日之患，天下幸甚。

（宋）劉安世《盡言集》卷九《第三》 右臣等早來，臣肅臣安詩延和殿進對，具陳蔡確怨謗君親，情理切害，因曾上稟，言路更有何人論列伏蒙宣諭。惟卿等及劉安世外，它人別無章疏。臣等竊伏思念，國家設御史，本欲肅正綱紀糾察百僚，雖小犯朝廷之儀，猶俾彈治。今來蔡確悖逆不道，指斥乘輿，而御史臺職在按舉，曾無一言，挾邪不忠，黨惡無憚，未見如此之甚者！臣等前章固嘗以確之朋黨大半在朝，慮其造播巧言，多方營救，不謂御史當可言之地，並不糾劾。又慮姦黨，變亂公議，別有奏陳，恐開告訐之路。臣等竊謂古人見無禮於君者，如鷹鸇之逐鳥雀，豈有目覩姦豪，陵蔑朝廷，謗訕君上，乃欲置而不問，茍非今日確之事發，則其黨與，未易彰敗。臣等尚慮御史臺，知臣已有論奏，備禮一言，以塞外議。若果如此，則其包藏姦狀，益更明白。伏望陛下，留臣等此奏，候蔡確事畢，明正其罪，特行竄逐，庶使邪正有辨，不敗國事。

（宋）劉安世《盡言集》卷九《第四》 右臣近以蔡確指斥乘輿，情理切害，尋具論奏，乞正其罪，雖已聞降旨揮下安州取索元本，及令確開具因依，至今未見回報。臣聞上自執政，下至堂吏，確之黨與，殆居其半，百端營救，齊奮死力，若使邪說得行，搖動正論，則朝廷之事，極有可憂。此臣所以夙夜寒心，而過為陛下之計。臣竊觀二聖臨御以來，日新聖政，蔡確之徒，不得逞其姦志，陰懷怨望，窺伺頗急，然而深情厚貌，未嘗形見。今乃無故作為此詩，臣恐祖宗神靈，天地眷祐，疾惡貫盈，而以此機授陛下也。臣伏見李常盛陶居風憲之地，目覩蔡確，無禮於君親，而依違觀望，曾不糾劾，及朝廷已有行遣，方始備禮一言，而又是非交錯，皆無定論。翟思已下，仍更不見章疏，御史如此，綱紀何賴焉！彭汝礪在侍從論思之列，不以疾惡為心，反用開告訐之路為觧，其餘進説之人，臣雖不能知其名氏，然其所主之論計與汝礪不甚異也。臣竊謂李常等，居可言之地而不言，雖言而陰持兩端，彭汝礪等，不任言責，輒敢進疏，宜有高遠之慮，出於世俗之表，而義存君親者，反責其告訐，悖逆不道者，欲置而不問。夫告訐之不可長則是矣，至於睥睨兩宮，包藏禍心者，乃為可長乎！朋邪罔上，孰甚於此，若非確之事發，則群小比周，無由彰敗。惟望聖心先定，勿疑流言，誅鋤奸慝，決行威斷，庶幾朝綱振舉，邪正明辨，天下幸甚。

（宋）劉安世《盡言集》卷九《第五》 右臣近已四具狀論列蔡確指斥乘輿，情理切害，乞付有司，按治其罪，陛下聖德寬厚，禮貌大臣，不欲輕信人言，遽行竄殛，遂降睿旨，令確開具因依，及下安州，取索元本。近日竊聞確及安州，皆有回奏，詘上之跡，盡如臣章。雖文過飾非，妄意幸免，而情狀明著，可以無疑。臣聞確昨移南陽，既離安陸，復遣親吏，取去詩碑，洗滌刮劘，靡有存者，使確詩意，別無詆斥。雖刻之金石，固可自信，惟其內懷觖望，志在謗訕，有慊於心，懼復流播，故令毀撤，欲以滅口。推此言之，則確之罪惡，何可掩也。伏望陛下，特狥公議，毋恤浮言，明正典刑，以謝天下。其御史臺官吏，並不糾劾，及伺候朝廷已行遣後，雖有言者，亦持兩端，並自餘臣僚，進説營救，皆確朋黨，不顧君親，苟尚相容，必為後患。伏乞聲言其罪，重行貶黜，庶分邪正，以肅中外。

（宋）劉安世《盡言集》卷九《第六》 臣等近以蔡確，怨望作詩，無人臣敬順之禮。累曾奏論，乞正典刑，朝廷旨揮下確開具，仍令安州知州取索確詩元本。竊聞安州取索，與確開具，皆已奏到，確之開具，本無所用，徒為遷延行遣。令確知其事，因從容造説，交通求救，詞皆虛妄，必不可信。今安州根究得確詩，元書在粉板，後來削去墨跡，其板見在，書之真狀已著，削去其罪轉明，更使確巧詐辨給，此亦不能文也。詩板是明白已驗之跡，便可為據，開具乃委曲苟免之詞，不足為憑，罪在不赦，合寘誅竄。恭以太皇太后以先帝遺詔用故事，請權同聽政，當日確備位次相，親見本末，豈不知此事不是太皇太后本意。蓋為皇帝年在沖妙，以保護聖躬為切，事不得已，乃從權宜。竊以前日，遭值先帝大變之際，設或不依本朝典禮，上尊兩宮，則宗社大計，將如何哉！觀確之意，以為不然。蓋竊幸皇帝富於春秋，欲以大臣專權，自作威福，包藏禍心，深不可測，此不可不誅也。大臣之義，當歸美報上，喜以福祿壽考，稱誦其君，確不能庶幾於此。乃引竭海變田之事，肆為怨讟，畜懷大惡之志，發為不祥之語，此不可不誅也。賞刑者，人主之權也。祖宗所以行威福，而公天下，服人心，傳之子孫，為萬世法也，兩宮亦不得而私之矣。如確之罪，天下所共怒，天下所共棄，與天下共怒共棄之者，在皇帝陛下與大臣也。陛下崇養聖德，未專明斷，所與議者在大臣，如少欲寬確，則天下疑而不服，傷陛下之聖孝矣。大臣者，敢為開陳末減，則是朋姦養交，面謾不忠，視確之罪，無所重輕，必不見容於天下矣。臣等願盡行公議，無屈祖宗之法，以失威柄，威柄一失，則姦邪強鶩，無所忌憚。後時有不可制之悔，於此不得不慎，以防微杜漸也。伏望聖慈，以其事下有司，議正其罪，爲今日戒，爲後世訓。取進止。

（宋）劉安世《盡言集》卷九《第七》 准名例律十惡六曰大不恭，注謂指斥乘輿，情理切害者。准職制律：指斥乘輿，情理切害者斬。准名例律：議請減贖章，犯十惡者，不用此律。一、宰相丁謂貶崖州司戶衆軍。一、前樞密副使孫沔貶節度副使，宿州安置。一、前衆知政事呂惠卿貶節度副使，建州安置。右臣等早來延和殿，伏蒙宣諭，令具行遣比附條例密奏，臣等略具合用律法，及責降大臣故事，備錄如右，臣等竊謂三人之間，丁謂之責最重，然其所犯，亦非蔡確之比。伏乞聖明，更賜衆酌。

（明）商輅《商文毅疏稿·修政弭災疏》 題為體天道循舊章安人心弭災異事。仰惟皇上臨御以來，敬天法祖，任賢使能，政事修明，紀綱振舉，是以十餘年間，海內晏然，雖天象屢以示戒，而災變自消，雖水旱比歲相仍，而民無離叛，寔由皇上寬仁大度省刑薄斂慈仁愛人之心感孚於上下也。夫何近日伺察太繁，法令太急，刑網太密，官校提拿職官事皆出於風聞，暮夜搜撿家財初不見有駕帖，人心洶洶，各懷疑畏。內外文武重臣託之為股肱心膂者也，舉皆不安於位，百司庶府之官資之以建立政事者也，亦皆不安於職；商賈不安於市，行旅不安於途，士卒不安於伍，庶民不安於業。承平之世，豈宜有此，究其所以，蓋緣陛下委聽斷於汪直之一人。而汪直者，轉寄耳目於羣小，汪直之失雖為未甚，而羣小之中其奸謀足以顛倒是非其巧佞足以蠱惑人心。如韋瑛者，自言親承密旨，得專予奪之柄，自謂百官進退盡在掌握之中，擅作威福，虛張聲勢。其間同惡相濟如王瑛者，則以附己而薦之，稍存公論有所諫正者，則以異己而黜之，如狼虎肆無忌憚，原其立心惟知希求進用以為一身之榮，不知傷害善良，虧損聖德之累。陛下若為防微杜漸不得，不然則前數年間何以帖然無事。往者曹欽之反，皆由逯杲生事有以激之人所共知，可為明鑒。昔唐太宗當天下甫定之後，骨肉相殘，羣雄側目嫌疑之際，宜乎過慎也，而乃從魏徵仁義之言，拒封德彝刑罰之説，遂致海內殷富，斗米三錢，外戶不閉，幾於刑措。太宗因封德彝死謂羣臣曰：此魏徵勸行仁義之效也，恨不令封德彝見之。夫德修而民自化，法急而民愈亂。考之前史，歷歷可驗。孔子曰：道之以政，齊之以刑，民免而無恥；道之以德，齊之以禮，有恥且格。國家積德百有餘年，深仁厚澤浹洽人心，四方萬國，孰不歸戴陛下為守文令主，嚴刑峻法誠非所宜。況今天鳴地震無處無之，水旱災傷日甚一日。省躬念咎弭災息患之道，莫先於恤，刑獄莫要於安人心。而乃反此所為，使人人嗟怨，感傷和氣，一旦有警變，且莫測腹心之患可不懼乎，可不慮乎。伏願皇上體天地之包容，勿察察於事情；遵祖宗之成憲，勿屑屑於改易。旨意必經於六科，防將來之假冒；奏訴必由於通政，杜濫受於他門；責政事於府部而嚴課功覈，寔之權付刑獄於法司，而申三覆五奏之，令收回伺察之人，誅逐奸邪之輩，其有謀逆奸細并貪贓壞法，重情悉依舊規委任歷練老成之人營理。如此則讒言不入於耳，自足以頤情而養神；苛政不加於下，自足以安邦而定國，延聖壽於萬年，保皇圖於不拔，其端皆在於此。不然，此風日長，衆口嗷嗷，國之安危未可知矣。臣等荷陛下生成之德，寘諸宥密之地，一念愛君之心拳拳朝夕，有所聞見，豈容緘默。謹條陳大略，具題以聞，伏候聖斷，即賜施行，則宗社幸甚，天下幸甚，臣等俯伏俟命。一、舊設行事人員專一緝訪謀反妖言强盜人命及盜倉庫錢糧等項大事。今西廠專却尋搜細故，凡街市攘鬬，罵詈爭雞縱犬，及一時躲避不及者，或加捶楚或煩瀆聖聽，置於重法，以致在城軍民驚惶不安。一、官職有犯，緝訪得出，請旨拏送經該衙門問招明白，有罪者奏請發落，供明者請旨還職，係是定制。今聞西廠將廣西勘事郎中武清自通州，聽選方面官劉福自歇家俱拿到廠，監禁數日，輒又釋放。且武清係五品官，劉福係正三品官，擅拏擅放，恣意所為，紊亂朝政，莫大於此。一、官員犯罪追贓者，法司自有成規。今西廠擅自封兵部武選司門，以後遇官員有犯，正身未曾問招，先將本家門封閉，或黄夜越墻進入搜撿財物，或將命婦剥去衣服，用刑辱打。被害之家，有同抄劄，以致各衙門大小官員驚惶不安，若從此不止，日後或有奸人强盜假名害人者，真偽何由而辨。一、京營管軍頭目，俱係朝廷託以重寄之人，其公私勤惰，朝廷自有賞罰。今聞西廠不論有無事情，一槩令人跟緝鈐束，以致各懷危疑不安。一、各處鎮守總兵官，乃一方安危所係，既被選用，當任之無疑，待之從厚。其或有事，不得不差人體訪，事畢即已。今聞西廠各處差人採聽事情，彼一聞之，無不慮恐患及，退縮自保，誤事非輕。一、各布政司多有王府所在，今西廠差校尉分投去彼行事，不但官司驚疑，各王府亦未免自危，事生不測，天順年間，曾差校尉各處行事，皇上即位之初，即已革去。後三四年，尚有假充校尉詐錢害人者，此明驗也，不可不懲。一、河道係兩京各處錢糧貨物經由之路，要在通行，不宜阻滯。今聞西廠官校分布沿河一帶，遇有船到，即加盤問。間有公差官員被其搜撿，以致往來客商軍民人等聞風驚疑，有未起程停止不來者，有在中途寄放回還者，似此貨物不通，將來京師公私費用，何以仰給？抑恐奸盜假此搜船刼人，卒難禁止。一、朝廷威福，不可下移。自立西廠之後，太監汪直每日外出，跟隨之人數多，但遇官員人等，無不喝令下馬，雖大臣亦謹迴避。如兵部尚書項忠當早朝鼓響伺候之時，汪直令校尉就左掖門下呼叫項忠，不待朝罷，被校尉擁逼而去，其欺凌大臣如此。至於法司郎中御史等官，每遇弔查文卷，俱要親賫赴廠，竟日伺候，不得一見。又如東西兩長安門牌上，用黄紙帖寫太監汪傳奉聖旨，不書其名，滿朝官員見者，無不驚駭。一、百戶韋瑛係無籍小人，累投勢要，不肯容留，從征僥倖得陞前職，自貪緣投西廠行事，之後發人事情言多失寔，又引進譎詐小人王英，結為心腹，事一訐人陰私，以固信任。凡前項拿人放人、擅封門戶、搜撿家財、凌辱婦女、驚動人心、紊亂朝政等項，俱係二人所為。一、臣等切詳此等事情，非惟與治體相關，又與天道災異相關，何也？去歲七月以後，有妖物出自西北，遶城傷人，當時人言必有應驗。及妖怪方息，遂立西廠，驚駭人心，一如妖物害人之時。由此觀之，天道預先示戒，不可不慮。今太監汪直年幼，未諳世事，止憑韋瑛等主使呈報，中間固有一二似為禁革奸弊，奈非祖宗舊制，所革未多，其失人心，則已甚矣，中外騷然，安能保其無意外不測之變。若不早為除革，一旦禍興，卒難消弭。伏望皇上斷自宸衷，革去西廠，罷黜汪直，閒住以全其身，將韋瑛王英拏送法司，會同錦衣衛，推問明白，治以重罪，如此則人心可安，天意可回矣。

（明）楊一清《關中奏議》卷一六《提督類・一為禁約妖人邪術扇惑愚民貽患地方事》　題為禁約妖人邪術扇惑愚民貽患地方事。訪得西安、鳳翔、延安、漢中等府地方多有山西等處流來人，民呼為端公、居士等項名目，持齋誦經、禳脩善事，內懷姦惡，妄稱白蓮教、宣明教，挾持神像、播弄幻術、揑造妖言，專以禍福利害恐動人民，城市、鄉村愚夫愚婦翕然信之。延請供奉，無所不至。資以財帛結為婚姻，歲時開社，招集遠近之人百十為羣，夜聚曉散，扇惑人心。官司明知，不行禁約，以致承訛襲舛，遠近效尤。正德年間，洛川之變，動調官軍，多被殺傷，雖旋即就擒，而所損已多。近日，樊紳之禍，曾經舉首，州官不敢緝拏，上司雖知，亦不早為根究襲捕，及其率衆攻城，相顧駭愕，移文告急，既而羣衆潰散，却又相率論功。向使禁之於初，扑之於早，豈至陷百數十愚民於必死之地？官府亦免芻糧犒賞之費矣。顧樊紳數人之外，其所糾聚，多係村野白丁，信其誑誘，實無技能。此風不行禁革，將來邪說蔓延南山一帶，姦黠獷戾民之徒，倚山附峒，乘之為亂，其患不止如樊紳而已。伏覩《大明律》一欵：凡師巫假降邪神、書符呪水、扶鸞禱聖，自號端公、太保、師婆，及妄稱彌勒佛。白蓮社、明尊教、白雲宗等會一應左道亂正之術，或隱藏圖像、燒香集衆、夜聚曉散、禳脩善事、扇惑人民，為首者，絞；為從者，各杖一百，流三千里。若軍民粧扮神像、鳴鑼擊鼓、迎神賽會者，杖一百，罪坐；為首之人，里長知而不首者，各笞四十。其民間春秋義社不在此限。欽此。國家之禁令甚明，臣下之奉行未至，豈獨貽患地方，亦且有累風化，夫智者防患於未形，達人識變於微眇，星星不已至於燎原，毫釐不伐至用斧柯，而無所及。但此輩鳩集既廣，愚民蔽固已深，一旦重法繩之，獲罪者衆矣。臣愚伏望聖明裁處，勑下該衙門查照律令及見行事例備行陝西巡撫巡按，着落都布按、三司、掌印、巡守等官，刊印榜文，發仰所屬各府州縣，張掛曉諭，但有似前各處流來端公、居士，妄稱白蓮、宣明等教，挾持邪術，捏造妖言，收藏神像、圖籍，扇惑人心者，榜文張掛之後，限一箇月以裏，聽其自相解散，各回原籍，寧家生理一切，軍民之家不許容留居住，若限外仍舊潛住，行教惑人，許隣佑里老、地方總小甲拏送首官，并容留之家，傳習之人俱依律究治。隣佑里老、地方總小甲知而不首，各該巡捕官兵人役訪拏，一體連坐。該管府衛州縣官員視常不理，聽巡守官應拏、應叅，徑自施行，甚則以罷軟官撫按衙門具奏黜退。如此，庶可以杜將來之亂階，消未然之隱禍，以正人心、厚風俗，於治道實有補益。再照此等邪事，惟士大夫、生儒之家，多不聽信，每有鳴諸官府者，亦有因而得禍者，坐視隱忍，不敢聲言，合無行令提學官員巡視學校之時，延訪舉人、監生、槩學生員，如境內有前項妖人、邪術踵惡未悛，許其直言呈稟，提學官就行責令所司緝拏究問，庶得其真，而邪說可息矣。其民間春秋義社照舊舉行，不許巡禁人役緣此妄拏擾害。如違，一體查究治罪。緣係禁約妖人邪術扇惑愚民貽患地方事，理未敢擅便，為此具本順差承差馮遠親齎謹題請旨。

（明）王世貞《弇山堂別集》卷九一《中官考二》　洪武元年三月丙辰，上謂侍臣曰：吾見史傳所書，漢、唐末世，皆爲宦官敗蠹，不可拯救，未嘗不爲惋歎。此輩在人主之側，日見親信，小心勤勞，如吕强、張承業之徒，豈得無之？但開國承家，小人勿用，聖人之深戒。其在宮禁，可使之供灑掃、給使令、傳命令而已，豈宜預政典兵？唐、漢之禍，雖曰宦官之罪，亦人主寵愛之使然。向使宦者不得典兵預政，雖欲爲亂，其可得乎？

二年六月己巳，上命吏部定内侍諸司官制，諭之曰：朕觀《周禮》所記，未及百人，後世至踰數千，卒爲大患。今雖未能復古，亦當爲防微之計。古時此輩所治，止於酒漿醯醢司服守祧數事，今朕亦不過以備使令，非別有委任。可斟酌其宜，毋令過多。又顧謂侍臣曰：此輩自古以來，求其善良，千百中不一二見，若用以爲耳目，即耳目蔽矣，以爲腹心，即腹心病矣。馭之之道，但常戒飭，使之畏法，不可使之有功，有功則驕恣，畏法則檢束，檢束則自不敢爲非也。

三年九月丁巳，是日朝退有雨，二内使乾靴行雨中。上見，召責之曰：靴雖微，皆出民力，民之爲此，非旦夕可成，汝何不愛惜，乃暴殄如此！命左右杖之。因謂侍臣曰：嘗聞於世祖初年，見侍臣有著花靴者，責之曰：汝將完好之皮爲此，豈不廢物勞人？此意誠佳。大抵爲人嘗歷艱難則自然節儉，若習見富貴，未有不侈靡者也。因敕百官，自今入朝遇雨雪，皆許服雨衣。

四年閏三月乙丑，上謂侍臣曰：古之宦竪，在宫禁不過司晨昏供役而已，自漢鄧太后以女主稱制，不接公卿，乃以閹人爲常侍，小黄門通命。自此以來，權傾人主，及其爲患，有如城狐社鼠，不可以去。朕謂此輩但當服事宫禁，豈可假以權勢，縱其狂亂！吾所以防之極嚴，但犯法者必斥去之，不令在左右，戒履霜堅冰之意也。

十年五月丙午，有内侍以久侍内廷，從容言及政事，上即日斥遣還鄉里，命終身不齒。遂諭羣臣曰：古來賢明之君，凡有謀爲，必與公卿大夫謀諸朝廷，而斷之於己，未聞近習嬖倖之人得與謀者。況閹寺之輩，朝夕在人君左右，出入起居之際，聲音笑貌，日接於耳目，其小善小信，皆足以固結君心，而便僻專忍，其本態也，苟一爲所惑而不之省，將必假威福竊權勢以干與政事，及其久也，遂至於不可抑，由是而階亂者多矣。朕嘗以是爲鑒戒，故立法，寺人不過侍奉灑埽，不許干與政事。今此宦者雖事朕日久，不可姑息，決然去之，所以懲將來也。羣臣頓首稱善。

十七年七月戊戌，敕内官毋預外事，凡諸司毋預内官監文移往來。上謂侍臣曰：爲政必先謹内外之防，絶黨比之私，庶得朝廷清明，紀綱振肅。前代人君，不鑒於此，縱宦寺與外臣交通，覘視動静，夤緣爲奸，假竊威權，以亂國家，其爲害非細故也。間有奮發欲去之者，勢不得行，反受其禍，延及善類。漢、唐之事，深可歎也。夫仁者治於未亂，智者見於未形，朕爲此禁，所以戒其未然耳。

（明）孫甸《明疏鈔》卷一一劉世揚《除邪類以建皇極疏》 夫以天子之尊而躬拜釋老之場，以天地神人之主而動心冥福之及此，不過使後笑今猶今笑昔而已矣。且彌勒釋迦輪迴管世，天尊神將驅魔降祐，此閭閻山野愚鄙所爲，轉相誑誘，積久成習，遂假以號召，無賴群聚，邪孽爲寇賊奸宄，每自此始。況天子法宫，躬自崇信，天下聞風，翕然並趨，細民無知，鼓倡易從，此奸宄之資，禍亂之本也。故我太祖高皇帝大誥，深惡愚民念誦南無彌勒尊佛，以爲六字謂之造禍。又戒今後良民，凡有六字，即時燒毁，毋存毋奉，永保己安。我太祖真皇極之君也，謂此六字爲造禍，欲燒毁六字以保安，異乎崔文等之所謂造福保安矣。故祖訓一條開載：庵觀寺院燒香降香，禳告星斗，已有禁律，違者及領香送物者皆處以死。然則我太祖之律令嚴矣，其見理甚精而慮患甚遠，故著之祖訓，與聖子神孫世世守之。今崔文等及先朝壞法亂政名下掌家管家未殄之徒，交引朋比，習學異教，欺誑陛下，扇惑中外，摇動人心，糜大官大貲之財，紊初紀清明之政。臣以爲今日宜遵祖訓，處崔文以死並究其黨及表裏，扇引領香送物之人，咸治無赦。仍頒降勅諭，布告中外，以破群惑，以塞禍源。惟陛下遠監古昔，近遵聖祖，上畏天命，下卹人言，斷在必行，則宗社幸甚。然崔文等今日所以敢爲是欺誑而不顧者，良由先朝奸黨吳毫、焦寧等，陛下治之未正其罪耳。此二人者，勾引番僧，符同劉允，愚弄先帝。及陛下詔取回京，群奸伏罪，而允止降級閒住，亮寧止發遣籍没，顧得保全首領，□逋天誅，此崔文等今日之所以肆行無忌也。然前日允等，陛下猶能暴其蠱惑誘引、欺君誤國之罪而罰治之。今崔文等朋奸邪類，違祖訓，法所不赦，大小之臣，連章累牘，發其罪狀，陛下乃曲爲庇護，不蒙顯戮，是縱使爲奸，何所不至矣。

《明熹宗實録》天啓七年七月 己巳，聖諭：朕聞盛王御世，專崇道術，聖人設教，在正人心。苟蔑聖賢道德之坦途，而任憸邪譏訕爲能事，豈惟彌遠聖真，抑亦大亂世俗，爲王法所不宥者矣。洪惟我祖宗設科以來，術尚端醇，士歸馴雅。上非典謨訓誥不録，下非經史掌故弗談，以故俊彦雲興，列聖煥文明之化，蒐羅日甚，國家收黼藻之功，有以也。無何邇來僞學興朝，邪黨樹幟，大壞風紀，專務招摇，一唱百和，此輓彼推。

文字之間，遵崇詭異，楮墨所露，半是刺譏。如上科正副考官方逢年、章允儒、熊奮渭、李繼貞、丁乾學、郝土膏、顧錫疇、陳子壯，及中式舉人謝錫賢、劉正衡、艾南英、程祥會、雷穀、孫昌祖之輩，都不以崇正攄忠爲念，乃以訕上謗政爲懷，置聖經若弁髦，騖人情于險巇，生心害政，長此安窮，朕竊憂焉。雖已概加懲處，用起更新，而在朝臣工猶沿宿染，未殄餘風，兹特預爲申飭，不憚再三。該部士風文體係所職掌，即著行文各省直，並會試正副考官及中式舉人，自今已往，文必尊經，士無詭正。有仍前詆毀朝政，吠影含沙，決裂尺幅而無顧忌者，著該部科細加磨勘，簡舉衆來，敢有扶同蒙蔽的，朕覽出一併重處。還著緝事衙門密切體訪拏問具奏，朕必根究到底，嚴鞫主使之人，從重擬罪，垂戒將來，用以正人心。息邪說，聿追累朝淳懿之風，振起一代平明之治，特諭。

《清仁宗實録》嘉慶二十二年十月　癸酉，諭内閣：朕每日恭閲列聖實録，原以祖考詒謀，法則大備，鑑往知來，恪守祗遵，以施於政治。本日恭閲皇祖世宗憲皇帝實録，内載雍正五年九月内欽奉諭旨：邪教妖言，大有關於人心風俗，該地方官一有所聞，即當留心根究，庶可以消姦宄而安良善，所謂防微杜漸也。若下司隱匿不報，或上司知之，又欲化有事爲無事，勢必至姦宄漏網，匪黨無所忌憚，附和者愈衆，則將來株連者愈多。是本欲息事，而轉致多事，故不如懲治之於早也。各省督撫藩臬皆地方大吏，勉之毋忽。欽此。仰見皇祖睿謨深遠，於百年以後之事，早已先幾燭照。朕現在嚴拏邪匪，用以除莠安良，實與祖訓默相符合。蓋邪教妖言，煽惑愚民，其始不過數人數家私相傳習。地方官當其初經發覺時，或意存寬縱，懼干失察之咎，不行查辦。迨至養癰貽患，徒黨衆多，遂敢恣行不法。彼時大加誅夷，罹法者殆不可數計，所謂星星不滅，勢將燎原，由於弭患之不早也。著直省督撫藩臬，各分飭所屬地方官，境内如有傳習邪教者，總當認真查拏，據實稟報。該管上司即嚴切根究，按律懲治。不可稍存姑息之見。此時小懲大誡，治罪者不過數人，而萌蘖既除，則愚蒙不爲所惑，善良益得自全，即以陰陽之説計之，其造福豈有涯量。慎勿務煦煦之仁，而昧正俗安民之遠計也。將此通諭知之。

（清）汪琬《堯峯文鈔》卷八《文宗》　二李各為朋黨，互相擠援，上患之，歎曰：去河北賊易，去朝中朋黨難。汪子曰：文宗於是乎失言，夫盜賊之與朋黨相緣而起者也。假令朝廷清明，遠小人親君子，開諫爭之路，杜苞苴之門，當此之時，家給人足，則朋黨消而盜賊亦因之以消矣。不則朝廷溷濁遠君子親小人，賄賂公行，讒諛日至，當此之時，四海之内皆不聊生，則朋黨熾而盜賊亦因之以熾矣。是故唐之亡也，非亡於黄巢，而朋黨亡之，明之亡也，非亡於李自成，而門戶亡之，亂天下者盜賊，成天下之亂者，朋黨與門戶是也。

綜述

《尚書正義》卷三《舜典》　象，以典刑。象，法也。法用常刑用不越法。流宥五刑：宥，寬也。以流放之法寬五刑。宥，音又。馬云，宥，二宥也。鞭作官刑。以作爲治官事之刑。扑作教刑，扑，榎楚也。不勤道業則撻之。扑，普卜反。徐，敷卜反。榎，皆雅反。金作贖刑。金，黄金。誤而入刑，出金以贖罪。贖，石欲反，徐音樹。眚災肆赦，怙終賊刑。眚，過。災，害。肆，緩。賊，殺也。過而有害，當緩赦之。怙姦自終，當刑殺之。眚，所景反。怙，音戶。欽哉欽哉，惟刑之恤哉。舜陳典刑之義，勑天下使敬之，憂欲得中。恤，峻律反，憂也。流共工于幽州，象恭滔天，足以惑世，故流放之。幽洲，北裔。水中可居者曰洲。共，音恭。《左傳》：少皞氏有不才子，毁信廢忠，崇飾惡言，靖僭庸回，服讒蒐慝，以誣盛德，天下之民謂之窮奇。杜預云，即共工。裔，以制反。放驩兜于崇山，黨於共工，罪惡同。崇山，南裔。驩，呼端反。兜，丁侯反。《左傳》：帝鴻氏有不才子，掩義隱賊，好行兇德，醜類惡物，頑嚚不友，是與比周，天下之民謂之渾敦。杜預云：即驩兜也。帝鴻，黄帝也。竄三苗于三危，三苗，國名。縉雲氏之後。爲諸侯，號饕餮。三危，西裔。竄，七亂反。三苗，馬王云：國名也。縉雲氏之後，爲諸侯。蓋饕餮也。《左傳》：縉雲氏有不才子，貪于飲食，冒于貨賄，侵欲崇侈，不可盈厭，聚斂積實，不知紀極。不念孤寡，不恤窮匱，天下之民，以比三凶謂之饕餮。杜預云：縉雲，黄帝時官名。非帝子孫，故以比三凶也。貪財曰饕，貪食曰餮。縉，音晋。饕，土刀反。餮，他節反。殛鯀于羽山，方命圮族，績用不成，殛竄放流，皆誅也。異其文，述作之體。羽山，東裔，在海中。殛，紀力反。鯀，故本反。《左傳》：顓頊氏有不才子，不可教訓，不知話言，告之則頑，舍之則嚚，傲狠明德，以亂天常，天下之民，謂之檮杌。杜預云：即鯀也。檮杌，凶頑無儔匹之貌。四罪而天下咸服。皆服舜用刑當其罪，故作者先叙典刑，而連引四罪，明皆徵用，所行於此揔見之。

疏：肇十至咸服。正義曰：史言舜既攝位，出行巡守，復分置州域，重慎刑罰。於禹治水後，始分置十有二州，每州以大山爲鎮，殊大者十有二山。深其州內之川，使水通利。又留意於民，詳其罪罰，依法用其常刑，使罪各當刑，不越法。用流放之法寬宥五刑。五刑雖有犯者，或以恩減降，不使身服其罪，所以流放宥之五刑之外，更有鞭作治官事之刑，有扑作師儒教訓之刑。其有意善功惡，則令出金贖罪之刑。若過誤爲害原情非故者，則緩縱而赦放之。若怙恃姦詐終行不改者，則賊殺而刑罪之。舜慎刑如此。又設言以誡百官曰：敬之哉！敬之哉！推此刑罰之事，最須憂念之哉！令勤念刑罰，不使枉濫也。又言舜非於攝位之後，方始重慎刑罪。初於登用之日，即用刑當其罪，流徙共工於北裔之幽州，放逐驩兜於南裔之崇山，竄三苗於西裔之三危，誅殛伯鯀於東裔之羽山，行此四罪，各得其實，而天下皆服從之。

（宋）黄倫《尚書精義》卷五 禹曰：惠迪吉從逆凶惟影響。無垢曰：順於道理者，吉則隨之，非道理之外又有吉也，當其順於道理時此即吉也。此古之論福者，曰百順之名也，且謂體信而達義者謂之百順，而詩人指葛藟纍之謂之福，履其禹之意歟然，而禹於益之意外又立從逆凶之説以發明之，此亦禹始終于克艱之意也。夫從逆即是凶，不必謂逆之外別有凶也。昔燕王旦謀反，日深變怪愈至，如大風折木、鼠舞端門、失火城樓，此怪非自外來也，即旦惡逆之心凝結成象耳。豈自外來哉？此君子所以戒謹乎？其所不睹恐懼乎？其所不聞而不愧，屋漏不欺暗室，誠諸中，形諸外，此理之自然者也。如影之隨形，響之隨聲。影即形也，豈形之外復有影乎？響即聲也，豈響之外復有聲乎？禹是以知吉，即惠廸凶，即從逆非於順道之外別有吉，從逆之外別有凶，禹之此意以謂使吉在道外，則福可邀，使凶在逆外，則禍可避。如此則異端得志，而吾道衰矣，不可不謹於此矣。【略】禹曰：朕德罔克民，不依皋陶，邁種德，德乃降，黎民懷之。無垢曰：夫皋陶，刑官也。朝夕所論者，禦戎夷與夫治寇賊、姦宄，五刑、五流、五宅、三就、三居之事。小則墨、劓，大則大辟，又其大則陳之原野之刑。爾何以知其為邁種德哉？非深知皋陶之所存，其誰能於刑見其為德耶？余觀寒朗、徐有功《傳》，見其於告變謀反事，使人主怒不得行，威不能慴，至瀕於死而不懼，孳孳以人命為重，而不顧一身之死生。舜大聖明，雖當時固無寃枉之獄，然於有罪者想見皋陶，以身體之。時其飢渴審其寒暑，不使一毫之寃意外之苦，其脱免無罪，辨析難明，固已出人意外，至其就刑而赴死者，亦矜憐撫恤傷痛，嗟咨悼其失路，而憫其無知，使悔過於無形，而修身於將來者，又不可勝數也。

（宋）蔡沈《書經集傳》卷三《商書·盤庚》 乃有不吉不迪，顛越不恭，暫遇姦宄，我乃劓、殄滅之，無遺育，無俾易種于茲新邑！

注：易，夷益反。種，之勇反。乃有不善不道之人，顛隕踰越、不恭上命者，及暫時所遇爲姦爲宄、劫掠行道者，我小則加以劓，大則殄滅之，無有遺育，毋使移其種于此新邑也。遷徙道路艱關，恐姦人乘隙生變，故嚴明號令以告勑之。

《尚書·泰誓》 惟十有三年春，大會于孟津。王曰：嗟！我友邦冢君越我御事庶士，明聽誓。惟天地萬物父母，惟人萬物之靈。亶聰明，作元后，元后作民父母。今商王受，弗敬上天，降災下民。沈湎冒色，敢行暴虐。罪人以族，官人以世，惟宮室、臺榭、陂池、侈服，以殘害于爾萬姓。焚炙忠良，刳剔孕婦。皇天震怒，命我文考，肅將天威，大勳未集。

《尚書·泰誓》 時厥明，王乃大巡六師，明誓衆士。王曰：嗚呼！我西土君子，天有顯道，厥類惟彰。今商王受，狎侮五常，荒怠弗敬。自絶于天，結怨于民。斮朝涉之脛，剖賢人之心，作威殺戮，毒痡四海。崇信姦回，放黜師保，屏棄典刑，囚奴正士，郊社不修，宗廟不享，作奇技淫巧以悦婦人。上帝弗順，祝降時喪。爾其孜孜，奉予一人，恭行天罰。

《尚書·多方》 王曰：嗚呼！猷告爾有方多士暨殷多士，今爾奔走臣我監，五祀。越惟有胥伯小大多正，爾罔不克臬。自作不和，爾惟和哉；爾室不睦，爾惟和哉；爾邑克明，爾惟克勤乃事。爾尚不忌于兇德，亦則以穆穆在乃位。克閱于乃邑，謀介。爾乃自時洛邑，尚永力畋爾田，天惟畀矜爾。我有周惟其大介賚爾，迪簡在王庭，尚爾事，有服在大僚。

王曰：嗚呼！多士，爾不克勸忱我命，爾亦則惟不克享，凡民惟曰不享。爾乃惟逸惟頗，大遠王命，則惟爾多方探天之威，我則致天之罰，離逖爾土。

王曰：我不惟多誥，我惟祗告爾命。又曰：時惟爾初，不克敬于和，則無我怨。

《周禮注疏》卷二九《夏官司馬・大司馬》 以九伐之灋正邦國。諸侯有違王命，則出兵以征伐之，所以正之也。諸侯之于國，如樹木之有根本，是以言伐云。伐，如字。劉扶發反。

賈公彦疏：注諸侯至伐云。釋曰：鄭云諸侯有違王命，則出兵以征伐之，所以正之也者，此經與下文爲目，則下九者，皆是違王命者也。若然按下文九者，唯有賊賢害民一者稱伐，其餘八者，皆不言伐。此經摠言伐者，侵滅二者，亦是伐之例。其餘六者，皆先以兵加其境，服乃眚之、墠之、削之、正之、殘之、杜之，故皆以伐言之云。諸侯之於國，如樹木之有根本，是以言伐云者，按《月令・孟夏》云：無伐大樹。孔子云：伐一木不以其時，非孝子。是樹木稱伐。此九伐施於邦國，在於時會之時，是以《大行人》云：時會以發四方之禁。注云：禁謂九伐之法，是當時會者也。

馮弱犯寡，則眚之。馮猶乘，陵也。言不字小而侵侮之。眚，猶人眚瘦也。《王霸（語）〔記〕》曰：四面削其地。馮，皮冰反。眚，所景反。瘦，所又反。

賈公彦疏：注馮猶至其地。釋曰：云馮弱，據以强陵弱。云犯寡，據以大侵小。如此者，眚瘦其地，使不得强大也。引《王霸記》者，其記王及霸事者。云四面削其地者，對下文削之者，示四面削之爲異也。

賊賢害民，則伐之。《春秋傳》曰：粗者曰侵，精者曰伐。又曰：有鐘鼓曰伐。則伐者兵入其竟，鳴鐘鼓以往，所以聲其罪。粗音麤，本亦作麤，竟音境。

賈公彦疏：注春秋至其罪。釋曰：云賊賢者，亂王所任同己者。如此則賊虐諫輔，故云賊賢也。云害民者，以君臣俱惡，重賦多徭，其民被害，故曰害民。如此者，則聲鐘鼓伐之也。引《春秋傳》者，按莊十年：二月，公侵宋。《公羊傳》曰：觕者曰侵，精者曰伐。何休云：觕，麤也。彼不言粗，此言粗者，鄭讀傳與何異，觕即粗，義亦同也。又曰有鐘鼓曰伐者，此莊二十九年夏鄭人侵許。《左氏傳》曰：凡師有鐘鼓曰伐，無曰侵。引此二者，皆證侵輕伐重之義也。

暴内陵外，則壇之。内謂其國，外謂諸侯。壇，讀如同墠之墠。《王霸記》曰：置之空墠之地。鄭司農云：壇讀從憚之以威之憚，書亦或爲墠。玄謂置之空墠以出其君，更立其次賢者。壇依注作墠，音善，憚之以，徒旦反，下同，本或無之字。

賈公彦疏：暴内至壇之。釋曰：暴内，即上云賊賢害民是也。陵外，即上云馮弱犯寡是也。上二文各有其一，故伐之眚之，不奪其位。此則外内之惡兼有，故壇之，奪其位，立其次賢。注内謂至賢者。釋曰：鄭云讀如同墠之墠，從《金縢》三壇，同墠之墠，取其除地曰墠，謂置之空地。先鄭讀從憚之以威之憚，此罪既重而直憚之，於義不可，故後鄭還從《王霸記》爲正。鄭知立其次賢者，以其古者不滅國，故知更立次已下賢子弟。【略】

犯令陵政，則杜之。令猶命也。《王霸記》曰：犯令者，違命也。陵政者，輕政法不循也。杜之者，杜塞使不得與鄰國交通。

賈公彦疏：注令猶至交通。釋曰：鄭訓令爲命者，欲就《王霸記》之命解之爲王命之意也。但犯命陵政，是不受上命不通之事，故還杜塞之，使不與四鄰交通。

《周禮注疏》卷三五《秋官司寇・訝士》 凡四方之有治於士者，造焉。謂讞疑辨事，先來詣，乃通之於士也。士，主謂士師也。如今郡國亦時遣主者吏詣廷尉議者。造，七報反。讞，魚竭反。賈公彦疏：注謂讞至議者。釋曰：謂四方諸侯有疑獄不決，遣使上王府士師者。故云四方之有治於士者，知士是士師者，以其士師受中，故知疑獄亦士師受之也。云造焉者，謂先造詣訝士，乃通之士師也。讞，白也。謂諮白疑辨之事。漢時獄官號廷尉也。四方有亂獄，則往而成之。亂獄，謂若君臣宣淫上下相虐者也。往而成之，猶吕步舒使治淮南獄。賈公彦疏：注亂獄至南獄。釋曰：云君臣宣淫上下相虐者，謂若《左氏傳》宣九年，陳靈公與孔寧、儀行父共淫徵舒之母夏姬，衷其衵服，以戲于朝。又公曰：徵舒似汝。對曰：亦似君。泄冶諫，被殺，後徵舒射殺靈公，二子奔楚。楚爲討陳，殺徵舒。是君臣宣淫，上下相虐之事。云往而成之，猶吕步舒使治淮南獄者。案《前漢書・儒林傳》吕步舒事江都相董仲舒，明《春秋公羊》，仕爲丞相長史，于時淮南王劉安與其太子遷謀反，漢武帝詔使宗正劉德與吕步舒窮驗其事。故注者引之。邦有賓客，則與行人送逆之。入於國，則爲之前驅而辟，野亦如之。居館，則帥其屬而爲之蹕，誅戮暴客者。客出入則道之，有治則贊之。送逆，謂始來及去也。出入，謂朝覲於王時也。《春秋傳》曰：晉侯受策以出，出入三覲，入國入野，自以時事。道音導。賈公彦疏：注送逆至時事。釋曰：云送逆，謂始來及去也者，以其訝士主以送逆諸侯，故從來至去皆送迎之，禮也。知出入是朝覲於王者，以其言出入，與晉侯稱出入同，故引晉侯事。案僖二十八年，襄王策命晉侯爲侯伯，晉侯受策以出，出入三覲。注云：出入猶去來也。從來至去，凡三見王。上公廟中將幣，三享，王禮再祼而酢，饗禮九獻，食禮九舉，三勞三問，出入三覲，爲行此禮是出入爲朝覲。云入國入野，自以時事者，以其外國至此，入國須有親故相見之法，入野須有採取之宜，並是私事，故云時事也。凡邦之大事，聚衆庶，則讀其誓禁。賈公彦疏：凡邦至誓禁。釋曰：大事者，自是在國征伐之等。聚衆庶，非諸侯之事也，則訝士讀其誓命之辭及五禁之法也。

《周禮注疏》卷三五《秋官司寇・士師》 掌士之八成。【略】一曰邦汋。鄭司農云：汋，讀如酌酒尊中之酌，國汋者，斟酌盗取國家密事，若今時刺探尚書事。

《禮記正義》卷一三《王制》 析言破律，亂名改作，執左道以亂政，殺。析言破律，巧賣法令者也。亂名改作，謂變易官與物之名，更造法度，左道，若巫蠱及俗禁。析，思歷反。亂名如字，王肅作循名。巧，起教反。又如字。蠱，音古。作淫聲、異服、奇技、奇器，以疑衆，殺。淫聲，鄭衛之屬也。異服，若聚鷸冠、瓊弁也。奇技、奇器，若公輸般請以機窆。鷸，伊必反。徐音述。弁，皮戀反。般，百間反。行僞而堅，言僞而辯，學非而博，順非而澤，以疑衆殺。皆謂虛華捷給無誠者也。行，下孟反。華，戶瓜反，又如字。假於鬼神、時日、卜筮以疑衆，殺。今時持喪葬築蓋嫁取卜數文書，使民倍禮違制。日，入一反。此四誅者，不以聽。爲其爲害大而辭不可習。凡執禁以齊衆，不赦過。亦爲人將易犯。有圭璧金璋，不粥於市。命服命車，不粥於市。宗廟之器，不粥於市。犧牲不粥於市。戎器不粥於市。尊物，非民所宜有。戎器，軍器也。粥，賣也。璋，之羊反。用器不中度，不粥於市。兵車不中度，不粥於市。布帛精麤不中數，幅廣狹不中量，不粥於市。姦色亂正色，不粥於市。凡以其不可用也。用器，弓矢耒耜飲食器也。度，丈尺也。數，升縷多少。中，丁仲反，下皆同。幅，方服反。耒耜，上力對反，下音似。錦文珠玉成器，不粥於市。衣服飲食，不粥於市。不示民以奢與貪也。成猶善也。五穀不時，果實未孰，不粥於市。物未成，不利人。木不中伐，不粥於市。伐之非時，不中用。《周禮》：仲冬斬陽木，仲夏斬陰木。夏，戶嫁反。下春夏同。禽獸魚鼈不中殺，不粥於市。殺之非時，不中用。《月令》季冬始漁，《周禮》春獻鼈蜃。蜃，常忍反，雉化爲之。關執禁以譏，禁異服，識異言。關，竟上門。譏，呵察。竟，音境。苛，音何，又呼河反，本亦作呵。

孔穎達疏：注左道至俗禁。正義曰：盧云，左道謂邪道，地道尊右，右爲貴。故《漢書》云：右賢左愚，右貴左賤。故正道爲右，不正道爲左，若巫蠱及俗禁者。按《漢書》武帝時，江充埋桐人於太子宮是也。初江充曾犯太子，後王將老，欲立太子，太子立，必誅充，充遂謀太子，爲桐人六枚，埋在太子宮中，乃譏太子於帝曰：臣觀太子宮有巫氣。王遂令江充檢之，果掘得桐人六枚，盡以針刺之。太子以自無此事，意不服，遂殺充，武帝故怒，遂遣丞相劉屈氂將兵伐太子，太子急竄於湖縣民家而藏，後事發，太子遂自殺，而死於其處。湖關老人訟太子無罪，帝乃悔之，因立園陵於湖縣。故思子，望子歸來。蠱者，損壞之名。故《左傳》云皿蟲爲蠱。是蟲食器皿，巫行邪術，損壞於人。俗禁者，若前漢張竦行辟反支。《後漢書·郭躬傳》有陳伯子者，出辟往亡，入辟歸忌是也。注淫聲至機窆。正義曰：淫聲，鄭衛之屬者。以鄭衛多淫風，故鄭衛爲淫聲。云之屬者，則桑間濮上之音。故《樂記》云：鄭衛之音，亂世之音。桑間濮上之音，亡國之音是也。云異服若聚鷸冠瓊弁者，按僖二十四年《左傳》云：鄭子臧好聚鷸冠，鄭伯聞而惡之，使盗殺之于陳宋之間。瓊弁者，僖二十八年《左傳》云：初，楚子玉自爲瓊弁、玉纓。服處注云：謂馬飾云。若公輸般請以機窆者，指其人巧，謂之奇技。指其機窆，謂之奇器。故奇技奇器，摠謂般也。行僞至衆殺。行僞而堅者，行此詐僞而守之堅固，不肯變改。言僞而辯者，謂言談僞事，辭理明辯不可屈止，學非而博者，謂習學非違之書而又廣博。順非而澤者，謂順從非違之事，而能光澤文飾以疑於衆。如此者殺。按《史記》：孔子爲魯司寇，七日而誅少正卯之類是也。注皆謂至者也。正義曰：習僞習非是虛華，辨博而澤是捷給，不可依用是無誠也。假於至衆殺。妄陳邪術恐懼於人，假託吉凶以求財利。假於鬼神時日卜筮者，謂假託鬼神，假託時日，假託卜筮，以疑於衆。鬼神、時日、卜筮，共有假文。注今時至違制。正義曰：謂今地之人持執此喪葬築蓋嫁娶卜數之文書以惑於衆，妄陳禍福，浪說妖祥。築，謂垣墻。蓋，謂舍宇。注尊物至賣也。正義曰：言圭璧、金璋及犧牲、戎器皆是尊貴所合蓄之物，非民所宜有，防民之僭僞也。軍器，防民之賊亂也。注凡以至多少。正義曰：此經之物，若其合法度則得粥之，其不合法度者，則不得粥也。布帛精麤者，若朝服之布十五升，斬衰三升，齊衰四升之類是也。廣狹者，布廣二尺二寸，帛則未聞。鄭注《周禮》引逸《巡守禮》幅廣四尺八寸爲尺，鄭注四當爲二。則帛廣三尺四寸。用器，弓矢、耒耜、飲食器者。《既夕禮》文既夕敦杅之屬即飲食器也。注不示至貪也。正義曰：錦文珠玉成器衣服等不粥者，不示民以奢。飲食不粥者，不示民以貪。此衣服飲食與珠玉連文，據華美者不得粥之，恐民貪。若尋常飲食則得粥之，不得羣聚耳。故《周禮·司虣》云：禁屬游飲食于市者是也。前經圭璧金璋之等是貴者之器，故注云非民所宜有。謂全不合有，以其名位卑故也。此錦文珠玉等是華麗之物，富人合有，但不得聚之過多。故云不粥於市，不示民以奢也。前文圭璧金璋，各是一物，即《考工記》金飾璋也。皇氏以爲用金爲印璋。按定本璋字從玉，圭璧之類也。且周時稱印曰璽，未有稱璋，皇氏之義非也。注《周禮》至陰木。正義曰：此《周禮·山虞》文，鄭注云：陽木，生山南者。陰木，生山北者。冬斬陽，夏斬陰，堅濡調。關執禁以譏，禁異服識異言。司關之官，執此戒禁之書，以譏察出入之人。故云執禁以譏。禁此身著異服之人，又記識口爲異言之人，防姦僞，察非違。

（唐）杜佑《通典》卷一七〇《刑法·峻酷》 三苗作五虐之刑，殺戮無辜，爰始淫為劓、刵、椓、黥。

殷紂為炮烙之刑，膏銅柱，加之以炭，令有罪者行焉，名曰炮烙之刑。又醢九侯，脯鄂侯。周西伯獻洛西之地，以請除炮烙之刑，紂許之。後淫亂不止，比干死争，紂曰：吾聞聖人之心有七竅。剖而觀之。諸侯皆叛。

秦孝公納衛鞅説，變法令，舍人無驗者罪，棄灰於路者刑，步過六尺者罰。初令之作也，一日臨渭決囚七百餘人，渭水盡赤。

始皇專任獄吏，燕人盧生竊嘆曰：帝親幸獄吏，樂以行殺為威，天下畏罪持禄，莫敢盡忠。上不聞過而日驕，下攝伏謾欺以取容。始皇聞之，怒曰：諸生在咸陽者，吾使廉問，或為妖言以亂黔首。於是使御史悉按問諸生。諸生傳相告引，乃自誣，犯禁者四百六十餘人，皆坑之。

《史記》卷六《秦始皇本紀》〔始皇十二年〕自今以來，操國事不道如嫪毐、不韋者籍其門，視此。

睡虎地秦墓竹簡整理小組《睡虎地秦墓竹簡·秦律雜抄》 爲（僞）聽命書，法（廢）弗行，耐爲侯（候）；不辟（避）席立，貲二甲，法（廢）。

《史紀》卷九七《酈生傳》 秦法至重也，不可以妄言，妄言者無類。

《史紀》卷八《高祖本紀》 父老苦秦苛法久矣，誹謗者族，偶語者棄市。

《漢書》卷二《惠帝紀》 三月甲子，皇帝冠，赦天下。省法令妨吏民者；除挾書律。張晏曰：秦律，敢有挾書者族。

（唐）杜佑《通典》卷一七〇《刑法·舞綦》 漢武帝以張湯為廷尉，所治即上意所欲罪，予監史深刻者，即上意所欲釋，予監史輕平者。所治即豪，必舞文巧詆；詆，誣也。即下户羸弱，時口言，雖文致法，上裁察。於是往往釋湯所言。下户羸弱，湯欲佐助，雖具文奏之，又口奏言，雖律令之文合致此律，聽上裁察，蓋為此人希恩宥也。於是上得湯此言，往往釋其人，蓋未奏之前口豫言之也。遷御史大夫。時大興兵伐匈奴，縣官空虛。湯排富商大賈，出告緡令，鉏豪强并兼之家，舞文巧詆以輔法。輔，助也。以巧詆助法，言不公平。文書盈於几閣，典者不勝偏睹。是以郡國承用者駁，不曉其指，用意不同。或罪同而論異，姦吏因緣為市。弄法而受財，若市買之交易。所欲活則傅生，所欲陷則予死比，傅讀曰附。議者咸寃傷之。杜周為廷尉。其治大抵倣張湯，倣，依。而善候伺。上所欲擠者，因而陷之；上所欲釋，久繫待問而微見寃狀。客有謂周曰：君為天下決平，不循三尺法，專以人主意指以為獄，獄者固如是乎？周曰：三尺安出哉？前主所是著為律，後主所是疏為令，當時為是，何古之法乎！

《漢書》卷九九中《王莽傳》〔建國二年〕置五威司命，中城四關將軍。司命司上公以下，中城主十二城門。策命統睦侯陳崇曰：咨爾崇。夫不用命者，亂之原也；大姦猾者，賊之本也；鑄僞金錢者，妨寶貨之道也；驕奢踰制者，兇害之端也；漏泄省中及尚書事者，機事不密則害成也；拜爵王庭，謝恩私門者，禄去公室，政從亡矣：凡此六條，國之綱紀。是用建爾作司命，柔亦不茹，剛亦不吐，不侮鰥寡，不畏强圉，帝命帥繇，統睦于朝。

（清）杜貴墀《漢律輯證》卷三 左道。《杜欽傳》背輕術左道大辟。《王商傳》左將軍丹奏商執左道以亂政，爲臣不忠，罔上不道，甫刑之辟，皆爲上戮。《李尋傳》光禄勳光禄大夫與御史中丞廷尉雜治當賀良等執左道，亂朝政，傾覆國家，誣罔主上不道，皆伏誅。媚道內宰注引漢法。

（清）杜貴墀《漢律輯證》卷四 專擅。《任延傳》拜武威太守，後坐擅誅羌不先上，左轉召陵令。梁慬爲度遼將軍，擅封單于兄子塗奴爲羌侯，授印綬，坐專擅抵罪，見本傳。《功臣表》元狩二年，從平侯公孫戎奴坐爲上黨太守發兵擊匈奴不以聞免。元封元年嗣侯黎扶坐爲東海太守行過擅發兵爲衛當斬，會赦免。按唐擅興律有擅發兵。征和四年嗣侯多卯坐與歸義趙文王將兵追反虜到弘農擅棄兵還，贖罪免。按唐擅興律有主將臨陳先退。元光二年嗣侯繒它坐射擅罷免。師古曰，方大射擅自罷去也。按唐擅興律有校閲違期。《王子侯表》初元五年祚陽侯仁坐擅興繇賦削爵一級，爲關內侯。元康元年江陽侯仁坐役使附落免。師古曰，有聚落來附輒役使之非法，制也。百官公卿表元鼎五年陽平侯杜相爲太常，坐擅繇大樂令論。師古曰，擅役使人也。按唐擅興律有私使丁夫雜匠。《後書·王望傳》行部道見飢者裸行草食，因以便宜出所在布粟給其廩糧爲作褐衣，事畢上言，公卿皆以爲望之專命法有常條，鍾離意獨曰，昔華元子反楚宋之良臣不稟君命擅平二國，《春秋》之義以爲美談，今望懷義忘罪當仁不讓，若繩之以法，忽其本情，恐乖聖朝愛育之旨，帝赦而不罪。据魏《新律序》，漢具律有擅作修舍，興律有擅興繇役。

《後漢書》卷一《光武帝紀》〔建武二十四年秋七月〕詔有司申明舊制阿附蕃王法。

《三國志》卷二四《魏志・高柔傳》　文帝踐阼，以柔爲治書侍御史，賜爵關内侯，轉加治書執法。民間數有誹謗妖言，帝疾之，有妖言輒殺，而賞告者。柔上疏曰：今妖言者必戮，告之者輒賞。既使過誤無反善之路，又將開凶狡之群相誣罔之漸，誠非所以息奸省訟，緝熙治道也。昔周公作誥，稱殷之祖宗，咸不顧小人之怨。在漢太宗，亦除妖言誹謗之令。臣愚以爲宜除妖謗賞告之法，以隆天父養物之仁。帝不即從，而相誣告者滋甚。帝乃下詔：敢以誹謗相告者，以所告者罪罪之。於是遂絶。校事劉慈等，自黄初初數年之閒，舉吏民姦罪以萬數，柔皆請懲虚實；其餘小小挂法者，不過罰金。四年，遷爲廷尉。

〔宋〕李昉等《太平御覽》卷七七〇《舟部・艨衝》　營繕令曰：諸私家不得有艨衝等船。

《宋書》卷七五《王僧達傳》　僧達屢經狂逆，上以其終無悛心，因高闍事陷之，下詔曰：王僧達餘慶所鍾，早登榮觀，輕險無行，暴於世談。值國道中艱，盡室願效，甄其薄誠，貰其鴻慝，爵遍外内，身窮榮寵。曾無在泮，食椹懷音，乃協規西楚，志擾東區，公行剽掠，顯奪凶黨，倚結群惡，誣亂視聽。朕每容隱，思加蕩雪，曾無犬馬感恩之志，而炎火成燎原之勢，涓流兆江河之形，遂唇齒高闍，契規蘇寶，搜詳妖圖，覘察象緯。逮賊長臨梟，餘黨就鞫，咸布辭獄牒，宣言虚市，猶欲隱忍，法爲情屈。小醜紛紜，人扇方甚，矯構風塵，志希非覬，固已達諸公卿，彰于朝野。朕焉得輕宗社之重，行匹夫之仁。殛山誅邪，聖典所同，戮灑翦律，漢法攸尚。便可收付廷尉，肅正刑書。故太保華容文昭公弘契闊歷朝，綢繆眷遇，豈容忘兹勳德，忽其世祀，門爵國姻，一不貶絶。於獄賜死，時年三十六。

《魏書》卷四《世祖紀》　〔太平真君五年正月〕戊甲，詔曰：愚民無識，信惑妖邪，私養師巫，挾藏讖記陰陽圖緯方伎之書。又沙門之徒，假西戎虚誕，生致妖孽，非所以壹齊政化，布淳德於天下也。自王公已下，至於庶人，有私養沙門師巫及金銀工巧之人在其家者，皆遣詣官曹，不得容匿。限今年二月十五日，過期不出，師巫沙門身死，主人門誅。明相宣告，咸使聞知。

《魏書》卷七《高祖紀》　〔太和〕九年春正月戊寅，詔曰：圖讖之興，起於三季，既非經國之典，徒爲妖邪所憑。自今圖讖祕緯及名爲《孔子閉房記》者，一皆焚之，留者以大辟論。又諸巫覡假稱神鬼，妄説吉凶，及委巷諸卜非墳典所載者，嚴加禁斷。

《隋書》卷二《高祖紀》　〔開皇十三年二月〕丁酉，制私家不得隱藏緯候圖讖。

〔宋〕宋敏求《唐大詔令集》卷一一〇《政事・誡諭・誡表疏不實詔武德元年五月》　前政多僻，人不聊生，怨讟如讎，曾無控告，黎民易子而食，郡縣猶有餘粮。遂使聚斂無厭，窮兵不已，忠良屏迹，邪佞當塗，以妖怪爲禎祥，能希旨爲奉法，至於滅亡，上莫知之。静言其事，可爲太息者也。朕恭膺寶歷，救斯兆庶，思革前弊，念兹在兹。起軍以來，於今期月，軍書羽馳，日有百數，一言一事，靡不覽焉。未明求衣，中夜不寐，恐一物之失所，慮一理之或屈。但四方州鎮，習俗未懲，表疏因循，尚多虚誕。申請盗賊，不肯直陳；言論疾苦，每虧實録。妄引哲王，深相佞媚；矯託符瑞，極筆阿諛。亂語細書，動盈數紙，非直乖於體用，固亦失於事情。千里佇於一言，萬幾湊於一日，表奏如是，稽疑處斷。不知此者，謂我何哉！宜頒告遠近，知朕至意。

〔宋〕宋敏求《唐大詔令集》卷四〇《諸王・誡勵・責齊王祐詔貞觀十七年二月》　吾嘗誡汝勿近小人，正爲此也。内乖成德，外感非言，自延伊禍，以取覆滅。痛哉，何愚之甚也！爲梟爲獍，忘孝忘忠，擾亂齊郊，誅夷無罪。去維城之固，就積薪之危，壞磐石之基，爲尋戈之釁。背禮違義，天地所不容；棄父無君，神人所共怒。往是吾子，今爲國讎。萬紀存爲忠烈，死不妨義；汝則生爲賊臣，死爲逆鬼。彼則嘉聲不隕，而爾惡跡無窮。吾聞鄭叔漢戾，並爲猖獗，豈期生子，乃自爲之，吾所以上慚皇天，下愧后土，惋歎之甚，知復何云！

〔宋〕宋敏求《唐大詔令集》卷三一《皇太子・廢黜・廢皇太子承乾爲庶人詔貞觀十七年四月》　詔曰：肇有皇王，司牧黎庶，咸立上嗣，以守宗祧。固本忘其私愛，繼世存乎公道，故立季歷而樹姬發，隆周享七百之期；黜臨江而罪戾園，炎漢定兩京之業。是知儲副之寄，社稷繫以安危；廢立之規，鼎命申其輕重。詳觀歷代，安可非其人哉！皇太子承乾，地惟長嫡，位居明兩，訓以詩書，教以禮樂，庶弘日新之德，以永無疆之祚。而邪僻是蹈，仁義蔑聞，踈遠正人，親昵群小，善無爲而不背，惡無大而不及；酒色極於沉荒，土木備於奢侈，倡優之技，晝夜不息，狗馬之娱，盤游無度；金帛散於姦慝，捶楚遍於僕妾，前後愆過，日月滋甚。朕永鑒前載，無忘正嫡，恕其瑕釁，倍加訓誘；選名德以爲師保，擇端士以任宫僚，猶冀中人之性可以上下，蟠木之質可以爲容。愚心不悛，凶德彌著。自以久嬰沉痼，心憂廢黜，納邪説而違朕命，懷異端而疑諸弟；恩寵雖厚，猜懼愈深，引姦回以爲腹心，聚臺隸而同游晏；鄭聲淫樂，好之不離左右，兵凶戰危，習之以爲戲樂。既懷殘忍，遂行殺害，然其所愛小人，往者已從顯戮；謂能因兹改悔，翻乃更有悲傷，行哭承華，制服博望。立遺刑於高殿，日有祭祀，營窀穸於禁苑，將加改厝；贈官以表愚情，勒碑以紀凶迹，既傷敗於典禮，亦驚駭於視聽。桀跖不足比其惡行，竹帛不能載其罪名，豈可守器纂統，承七廟之重，入監出撫，當四海之寄？承乾宜廢爲庶人。朕受命上帝，作人父母，凡在蒼生，皆存撫育，况乎冢嗣，寧不鍾心？一旦至此，深增漸嘆。

《舊唐書》卷七六《濮王泰傳》　詔曰：朕聞生育品物，莫大於天地；愛敬罔極，莫重於君親。是故爲臣貴乎盡忠，虧之者有罰；爲子在於行孝，違之者必誅。大則肆之市朝，小則終貽黜辱。雍州牧、相州都督、左武侯大將軍、魏王泰，朕之愛子，實所鍾心。幼而聰令，頗好文學，恩遇極於隆重，爵位逾於寵章。不思聖哲之戒，自搆驕僭之咎，惑讒諛之言，信離間之説。以承乾雖居長嫡，久纏痾恙，潛有代宗之望，靡思孝義之則。承乾懼其陵奪，泰亦日增猜沮，争結朝士，競引凶人。遂使文武之官，各有託附；親戚之内，分爲朋黨。朕志存公道，義在無偏，彰厥巨釁，兩從廢黜。非惟作則四海，亦乃貽範百代。可解泰雍州牧、相州都督、左武侯大將軍，降封東萊郡王。

（唐）長孫無忌等《唐律疏議》卷九《職制・漏泄大事》　諸漏泄大事應密者，絞。大事，謂潛謀討襲及收捕謀叛之類。

疏議曰：依《鬬訟律》：知謀反及大逆者，密告隨近官司。其知謀反、大逆、謀叛，皆合密告，或掩襲寇賊，此等是大事應密，不合人知。輒漏泄者，絞。注云大事，謂潛謀討襲者，討謂命將誓師，潛謀征討；襲謂不聲鍾鼓，掩其不備者。既有潛謀討襲之事及收捕反、逆之徒，故云謀叛之類。

非大事應密者，徒一年半；漏泄於蕃國使者，加一等。仍以初傳者爲首，傳至者爲從。即轉傳大事者，杖八十；非大事，勿論。

疏議曰：非大事應密，謂依令仰觀見風雲氣色有異，密封奏聞之類。有漏泄者，是非大事應密，合徒一年半。國家之事，不欲蕃國聞知，若漏泄於蕃國使者，加一等，合徒二年。其大事，縱漏泄於蕃國使，亦不加至斬。漏泄之事，以初傳者爲首，首謂初漏泄者。傳至者爲從，謂傳至罪人及蕃使者。其間展轉相傳大事者，杖八十。非大事者，勿論非大事，雖應密，而轉傳之人並不坐。

（唐）長孫無忌等《唐律疏議》卷一〇《職制・指斥乘輿及對捍制使》　諸指斥乘輿，情理切害者，斬。言議政事乖失干涉乘輿者，上請。非切害者，徒二年。

疏議曰：指斥，謂言議乘輿，原情及理，俱有切害者，斬。注云：言議政事乖失而因涉乘輿者，上請。謂論國家法式，言議是非，而因涉乘輿者，與指斥乘輿情理稍異，故律不定刑名，臨時上請。非切害者，徒二年，謂語雖指斥乘輿，而情理非切害者，處徒二年。

對捍制使，而無人臣之禮者，絞。因私事鬬競者，非。

疏議曰：謂奉制勑使人，有所宣告，對使拒捍不依人臣之禮，既不承制命，又出拒捍之言者，合絞。注云因私事鬬競者，非。謂不涉制勑，别因他事，私自鬬競；或雖因公事論競，不干預製勑者，並從毆詈本法。

（唐）長孫無忌等《唐律疏議》卷一一《職制・律令式不便輒奏改行》　諸稱律、令、式，不便於事者，皆須申尚書省議定奏聞。若不申議，輒奏改行者，徒二年。即詣闕上表者，不坐。

疏議曰：稱律、令及式條内，有事不便於時者，皆須辯明不便之狀，具申尚書省，集京官七品以上，於都座議定，以應改張之議奏聞。若不申尚書省議，輒即奏請改行者，徒二年，謂直述所見，但奏改者。即詣闕上表，論律、令及式不便於時者，不坐。若先違令、式，而後奏改者，亦徒二年。若違重者，自從重斷。

（唐）長孫無忌等《唐律疏議》卷二七《雜律・棄毀亡失制書官文書》　諸棄毀制書及官文書者，準盜論；亡失及誤毀者，各減二等。毀，須失文字。若欲動事者，從詐增減法。其誤毀失符、移、解牒者，杖六十。謂未入所司而有本案者。

疏議曰：棄毀制書，棄、毀不相須。毀者，須失文字。制書，敕及奏抄亦同。官文書，謂曹司所行公案及符、移、解牒之類。準盜論，謂各準盜法得罪，《賊盜律》：盜制書者，徒二年；官文書，杖一百。亡失，謂不覺遺落及被盜；誤毀，謂誤致毀損，破失文字：各減二等。故注云毀，須失文字。謂制勅、奏抄，徒一年；官文書，杖八十。若盜毀欲動事者，自從增減法，制敕及奏抄合死，官文書即依《詐僞律》詐爲官文書及增減法。主司自有所避，即從違式造立科罪，杖罪以下杖一百，徒罪以上加一等。誤毀符、移、解牒者，杖六十。注云謂未入所司，而有本案者，謂未入曹司之間而即誤致毀者。闕、刺律雖無文，亦與符、移同罪。

（宋）宋敏求《唐大詔令集》卷三九《諸王·降黜·黜梁王忠庶人詔》

東臺：朕儲祉上玄，嗣膺景祚，獵先聖之經，踐至公之道。底罰行賞，御物同歸。房州刺史、梁王忠，居庶孽之地，在髫丱之辰，柳奭遂良，交結無忌，頻繁進説，勸立東朝。朕以副宮之位，宜遵周道，苟非其人，不可虛立。正以宗臣之寄，仰在諸公，旦夕勤懇，難違其意。及正嫡升儲，退居列屏。樂善之事，紊於寘僚；窺怨之詞，日盈牀第。婦女阿劉，遠有陳告，迹其罪狀，蓋非一途。乃僞作過所入闕，云欲出家逃隱。又令急使數詣京都，覘候兩宮，潛問消息。自説妖夢，戴通天冠，喜形於色，以邀非望。每召經師，祀龍祈福，畫千菩薩，願升本位。每於晨夕，著婦人衣，妄有猜疑，云防細作。又嗟嘆柳奭，稱其爲我；悼傷韓瑗，情發於詞。朕初見此言，疑生怨謗。故遣御史大夫理及中書官屬，相監推鞫，證見非虛。然其地則人臣，親則人子，懷姦匿怨，一至於斯。擢髪論罪，良非所喻，考之大義，應從極罰。皇后情在哀矜，興言垂涕，再三陳請，特希全宥。朕戚屬之中，頻虧國典。雖緬維前載，匪徒兹子，屬懷於此，猶深愧嘆。特宜屈法，降爲庶人，主者施行。

（宋）宋敏求《唐大詔令集》卷一一三《政事·道釋·禁斷妖訛等勅開元三年十一月十七日》

勅：釋氏汲引，本歸正法；仁王護持，先去邪道。失其宗旨，爲般若之罪人；成其詭怪，豈涅槃之信士！不存懲革，遂廢津梁，眷彼愚蒙，將陷坑穽。比有白衣長髪，假託彌勒下生，因爲妖訛，廣集徒侶，稱解禪觀，妄説災祥。或別作小經，詐云佛説；或輒畜弟子，號爲和尚。多不婚娶，眩惑閭閻，觸類實繁，蠹政爲甚！刺史、縣令，職在親人，拙於撫馭，是生姦宄。自今已後，宜嚴加捉搦，仍令按察使採訪。如州縣不能覺察，所由長官並量狀貶降。

（宋）宋敏求《唐大詔令集》卷三一《皇太子·廢黜·廢皇太子瑛爲庶人制開元二十五年四月》

朕恭承天命，嗣守先業，不敢失墜，將裕後昆；所以擇元良、策守器，爲國之本，豈不謂然！太子瑛，幼而鍾愛，爰加訓誘，親師之範，所望日新；年既長成，與之婚冠。而妃之昆弟，潛搆異端，頃在東都，頗聞疑議；所以妃兄薛愿，流謫海隅，導之誨之，謂其遷善。駙馬都尉薛鏽，亦妃之兄也，今又煽惑，謀陷弟兄；朕形之言，愧於天下，教之不改，其如之何！蓋不獲已，歸諸大義。瑛可廢爲庶人。鄂王瑶、光王琚等，自幼及長，爰加撫育，爲擇師資，欲其恭順；而不率訓典，潛起異端，及與太子瑛搆彼凶人，同惡相濟，亦既彰露；咸引其咎，孽由己作，義在滅親，並降爲庶人。駙馬都尉薛鏽，離間骨肉，惑亂君親，潛通宮禁，引進朋黨；陷元良於不友，誤二子於不義，險薄之行，遂成門風；皆惡跡自彰，凶慝昭露，據其所犯，合寘嚴誅；言念瑣姻，用申寬典，舍其兩觀之罰，俾就三危之竄，可長流瀼州百姓。

（宋）宋敏求《唐大詔令集》卷三九《諸王·降黜·降永王璘庶人詔》

詔曰：臣子之節，君親是奉，或志懷干紀，當義在滅私。蓋前王所以持法割恩，垂涕行戮，言念及此，歎息彌深。頃以兇孽亂常，闕鑯暫阻。朕乘輿南幸，遵古公避狄之仁；皇帝受命北征，興少康復夏之績。猶以藩翰所寄，非親莫可。永王璘，謂能堪事，令鎮江陵，庶其克保維城，有俾王室。而乃棄分符之任，專用鉞之威，擅越淮海，公行暴亂。違君父之命，既自貽殃；走蠻貊之邦，欲何逃罪。據其兇悖，理合誅夷。尚以骨肉之間，有所未忍，皇帝誠深孝友，表請哀矜。雖綰綬全體，禮可行於曩制；而削土勿王，事亦著於前史。昔廣州有罪，因廢爲人，常山免誅，爰將徙地。是用矜其萬死，屈於九刑，宜寬伏鑕之命，俾黜析珪之典。可悉除爵土，降爲庶人。仍於房陵郡安置，所由郡縣，勿許東西。朕存訓誘，勗之忠孝，不虞孱懦，遂至昏迷。申此典章，彌增愧嘆。

（宋）宋敏求《唐大詔令集》卷五七《宰相·貶降·第五琦忠州長史

制乾元二年十一月》　台庭之位，陶甄是屬，在和羹而或爽，當折足而貽憂。由是舜舉二臣，叶心者俾乂；漢閡三相，無能者同免。苟虧公議，抑有彝章。正議大夫、行尚書、户部侍郎、同中書門下平章事、權知門下省事、上柱國、扶風縣男、賜紫金魚袋第五琦，夙表材幹，累遷要近，久專司於國賦，常有利於公家；往自艱難，備經任使，以奨其效，拔在鈞衡。比事每涉私，政非近體，率情變法，且違行古之方，封己怙權，稍闕在公之義。簿國靡費，聚斂尤繁，既罔上而取容，亦害下而恣怨。凡所進拔，悉收瑕舋，又與賀蘭進明並居權要，潛結往來，嘗夜會於私第，歸必淹於永漏。殊乖章憲，足表異端，頗招黨比之嫌，甚失弼諧之望。稽諸故事，合議刑章，但以任在股肱，理無按問；遂抑情於含匿，斯以禮而始，終豈可更踐台階、尚塵樞禁？宜申遠謫之命，俾肅懲違之典。可忠州長史員外置同正員外官，勳封如故。

（宋）宋敏求《唐大詔令集》卷五七《宰相・貶降・李揆袁州長史制》　持衡當軸，體備股肱，若鼎餗之不知，慮鼓妖之有變，台司稍紊，王度則乖。宜峻彝章，以懲不道。銀青光禄大夫、行中書侍郎、同中書門下平章事、集賢殿崇文館大學士、兼修國史、上柱國、姑臧伯李揆，本以藝文，累階資序，周旋近密，參掌絲綸，庶其翼亮之勤，列在訏謨之地。任惟過力，誠匪奉公，無聞憂國之心，不懼曠官之責；具瞻何取，進退求容，陰懷罔上之謀，更漏省中之語；端居相府，潛搆禍胎，動河南之八州，阻江陵之節制，將圖不軌，振擾方隅。考驗甚明，發姦斯在。私乘驛傳，自越章程，式按秋官，合從徽纆。但以任叨宰輔，久侍堦墀，特寬丹筆之書，猶左朱旛之職，俾從遠黜，以肅朝倫。可袁州長史員外置同正員，仍即馳驛赴任。

（宋）宋敏求《唐大詔令集》卷五七《宰相・貶降・第五琦長流夷州制乾元三年二月》　君之使臣，期叶心以輔政；臣之事主，當盡忠以明職。苟或冒官罔上，黷利崇姦，靡懲折鼎之凶，載履覆車之敗。自貽厚責，難捨刑章。正議大夫、行忠州長史員外置同正員外、上柱國、扶風縣男第五琦，素以幹能，早膺任使。自艱難之際，帑藏是司，久彰歲月之勞，頗申强濟之用，所以收其課績，擢在台階。而行閱由衷，任性過量，務容身之計，虧許國之誠，變法多紊於常經，率情每違於直道；交惟黨比，用非忠良，頗乖秉鈞之體，諒乏致君之忠。頃者遂從貶削，爰示典章。是以興議日聞，僭違益露，引承福於肘腋，殖貨於中；處朱敏於膏腴，竊貲於外。懷金暗室，曾不慚於四知；納賄私家，動有踰於萬計。比令按問，咸伏其辜。且國賦邦徭，軍儲歲備，朕以戎車屢駕，甿俗未康，常有戒敕，令其節省。豈謂陰圖聚斂，擅出科條，上延謗於公家，下益疲於人業，狥私封己，歸怨稱君。忝曰人臣，胡寧忍此？況又深尤隱慝，累干刑書，朕亦含垢匿瑕，爲之掩惡。議以明刑，合從秋令，顧君臣之義大，庶始終而禮全。夫除惡務本，國家之彝訓；申恩念舊，王者之深仁。屬陽和在辰，品物咸遂，由是抑從寬典，特屈嚴誅。宜寬殊死之命，俾就投荒之謫。可除名長流夷州。馳驛發遣，朕差綱領，送至彼所，勿許東西。於戲！朕臨御以來，每更輔弼，皆宥以過失，存其禄位。今者琦之所犯，負國誠深，義不可以苟容，法不可以頻貸。申兹憲令，用警庶寮，凡百卿士，宜知朕意。

《舊唐書》卷一一《代宗本紀》〔永泰二年春正月〕癸酉詔：天文著象，職在於疇人；讖緯不經，蠹深於疑衆。蓋有國之禁，非私家所藏。雖裨竈明征，子産尚推之人事；王彤必驗，景略猶寘于典刑。況動皆訛謬，率是矯誣者乎！故聖人以經籍之義，資理化之本，側言曲學，實紊大猷，去左道之亂政，俾彝倫而攸敘。自四方多故，一紀于兹，或有妄庸，輒陳休咎，假造符命，私習星曆，共肆窮鄉之辨，相傳委巷之譚。作僞多端，順非僥澤，熒惑州縣，詿誤閭閻，壞紀挾邪，莫逾於此！其玄象器局、天文圖書、七曜曆、太一雷公式等，私家不合輒有。今後天下諸州府切宜禁斷，本處分明牓示，嚴加捉搦。先藏蓄此等書者，勑到十日内送官，本處長吏集衆焚燬。限外隱藏爲人所告者，先決一百，留禁奏聞。所告人有官即與超資注擬，無官者給賞錢五百貫。兩京委御史臺處分。各州方面勳臣，洎百僚庶尹，罔不誠亮王室，簡於聯心，無近憸人，慎乃有位，端本靜末，其誠之哉。

《舊唐書》卷一一八《王縉傳》　門下侍郎、同中書門下平章事王縉，附會姦邪，阿諛讒佞，據兹犯狀，罪至難容。矜以耄及，未忍加刑，俾申屈法之恩，貸以岳牧之秩。可使持節括州諸軍事、守括州刺史。宜即赴任。於戲！朕恭己南面，推誠股肱，敷求哲人，將弼予理；昧於任使，過在朕躬，無曠厥官，各慎爾職。

《舊唐書》卷一一八《楊炎傳》 建中二年十月，詔曰：尚書左僕射楊炎，托以文藝，累登清貫，雖謫居荒服，而虚稱猶存。朕初臨萬邦，思弘大化，務擢非次，招納時髦。拔自郡佐，登於臺鼎，獨委心膂，信任無疑。而乃不思竭誠，敢爲姦蠹，進邪醜正，既僞且堅，黨援因依，動涉情故。隳法敗度，罔上行私，苟利其身，不顧於國。加以内無訓誡，外有交通，縱恣詐欺，以成贓賄。詢其事迹，本末乖謬，蔑恩棄德，負我何深！考狀議刑，罪在難宥。但以朕於將相，義切始終，顧全大體，特有宏貸，俾從遠謫，以肅具僚。可崖州司馬同正，仍馳驛發遣。

（宋）宋敏求《唐大詔令集》卷四二《公主・譴黜・郜國大長公主別館安置勅貞元三年》 妖妄莫甚於巫蠱，罪惡莫逾於姦亂，迹涉於此，刑其捨諸。郜國大長公主，藻質天潢，不慎其德，行違禮法，悉匿回邪，信妖孽之虚言，求厭勝之非福，憫其將老之年，從我議親之典。置於別館，勿謂無恩，其子蕭位，不思諫正，手疏祝詞，其弟蕭佩、儒、偲及異父兄，駙馬都尉裴掖，相與知情，陷於不義。蜀州別駕蕭鼎，商州豐陽令韋惲前彭州司馬李萬等，謬居清貫，輕紊常倫，在其門庭，多行穢德，忝列衣冠之緒，豈宜履舄之交。宜令京兆府決重杖四十，配流賀州。裴掖綿州安置，蕭佩、儒、偲等並配房州安置。其蕭位等並馳驛發遣。

（宋）宋敏求《唐大詔令集》卷五七《宰相・貶降・鄭餘慶郴州司馬制》 輔弼之臣，百辟是憲，苟二其行，則黷大猷。守中書門下平章事鄭餘慶，頃謂忠貞，擢居台輔，仍乖正直，有涉比周，棄法弄情，公行黨庇，苟狥邪志，頗紊彝倫。謫佐遐藩，以懲不恪。朕擢於不次，誠冀効忠，乃自速辜，亦所難逭。凡百君子，宜悉朕懷。可郴州司馬同正員。

（宋）宋敏求《唐大詔令集》卷五七《宰相・貶降・韋執誼崖州司馬制》 爲臣之道，必在盡忠。其有朋黨比周，挾邪敗度，事資懲戒，必正典刑。正議大夫、中書侍郎、同中書門下平章事、崇文館大學士、修國史、賜紫金魚袋韋執誼，幸以藝文，久從任使，早居禁署，謬列鼎台。直諒無聞，姦回有素，負恩棄德，毀信廢忠，言必矯誣，動皆蒙蔽，官由黨進，政以賄成。朕初臨萬邦，務於弘大，每存容恕，冀有悛心；而乃不顧憲章，敢行欺罔。宜投荒服，以儆無良。以曾事先朝，嘗參近職，尚寬極法，俾佐遐藩。可崖州司馬員外置同正員。仍即馳驛發遣。

（宋）宋敏求《唐大詔令集》卷五七《宰相・貶降・于頎恩王傅絶朝謁制》 君之使臣也，有以極崇寵之恩；臣之事君也，是宜懷感勵之志，然後上下交應，始終可觀，道德齊禮之風行，遷善遠罪之功著，寓縣之内，歡然太和。其或誘勸無施，僻違自縱，干我邦紀，黷於彝倫。群情所非，物聽增駭，雖欲覆護，厥路何繇？尚復裁於朕心，特示宏貸，俯從屈法，用表曲全，非予敢私，誠謂達體。金紫光禄大夫、守司空、同中書門下平章事、充太微宫使、上柱國、燕國公于頎，軒裳之族，頗習藝文，累踐臺郎，亟分符守，時稱器幹，遂領藩方。爰自先朝，持節襄漢，率情肆暴，敗法作威，蔑易典章，公違詔旨。事皆顯白，僉論不容。朕以臨御之初，務修德化，政豈尚於至肅，道姑務於包荒；由是大推衷誠，排絶衆議，賜以聯恩之寵，增其相位之榮，禮命所加，焜耀當代。洎秉圭來覲，和調鼎台，任兼論道之司，位冠群臣之列。閨門子弟，紆章紱於周行；命秩車輿，極紛華於里巷。雖勳藏盟府，行滿縉紳，德澤優深，曾未階比；而罔戒盈覆，猶務希求，廣出貨財，潛信卜射，且又縱其勇敏，專殺私庭，害及平人，慘深支解。京轂之下，凶毒若兹，聞之震驚，增用悼痛。慮其曖昧，按驗皆明，家道則然，搜慝斯在，自罹禁網，宜峻刑書。猶以嘗厚恩親，未忍置之嚴憲，遂申寬宥，俾傅王門，服於静專，庶能循省。可行恩王傅，散官勳封如故。仍絶朝謁。於戲！朕惟漢宣之理，在於信賞必罰；而伯宗有言，亦責匿瑕含垢。豈化之未至，將善或難躋，負我初心，良增愧嘆！凡百多士，宜悉朕懷。

（宋）宋敏求《唐大詔令集》卷五七《宰相・貶降・令狐楚衡州刺史制》 忠臣之節，莫大於送往事居；君子之方，寧忘於養廉遠耻。況位隆輔相，職奉園陵，蒙蔽之過屢聞，誠敬之心盡廢。朕雖含垢，人亦有言，深念君臣之恩，難厭公卿之論。宜歙等州都團練觀察處置等使、中大夫、使持節宣州諸軍、守宣州刺史、兼御史大夫、上輕車都尉、賜紫金魚袋令狐楚，早以文藝，得踐班資，憲宗念才，擢居榮近。異端斯害，獨見不明，密隳討伐之謀，潛附奇邪之黨。因緣得地，進取多門，遂參台階，實妨賢路。朕以道遵無改，事貴有終，再命黄扉之榮，專奉玄宫之禮。而不能率下，罔念匡君，致于隳政牧之職，掩韋珩、李鄘之舉。成朕不敏，職汝之由，前命秉軺，尚期改節。人心大惑，物議沸然，雖欲特容，難排衆怒。俾從謫守，猶奉詔條，予豈無恩，爾且自省。可使持節衡州諸軍事、守衡州刺史，散官勲賜如故。仍馳驛發遣。

（宋）宋敏求《唐大詔令集》卷五七《宰相·貶降·皇甫鎛崖州司户參軍制》　朕顧眇身，初膺大寶，思有以上諧天意，下悦人心，將澄理化之源，必分邪正之路，言念輔弼，方俟忠賢。其或挾姦容身，歛怨歸國，罪已暴於天下，法宜行於事初。不速去之，曷明予志。中大夫、守門下侍郎、同中書門下平章事、上柱國、賜紫金魚袋皇甫鎛，器本凡近，性惟險狹，行靡所顧，文無可觀。雖早踐朝倫，而素乖公望。自掌邦計，屬當軍興，以剥下爲徇公，既鼓衆怒；以矯跡爲孤立，用塞人言。洎塵台司，益蠹時政，不知經國之大體，不慮安邊之遠圖，三軍多凍餒之憂，百姓深凋瘵之弊。事皆罔蔽，言悉虚誣，遠近咸知，朝野同怨，而又廣稱方士，上惑先朝，潛通姦人，罪在難赦。合加竄殛，以正刑章，俾黜遐荒，尚存寬典。凡百在位，宜悉朕懷。

（宋）宋敏求《唐大詔令集》卷三九《諸王·降黜·漳王湊降封巢縣公制大和五年三月》　王者教先立愛，義不遺親，豈於同氣之中，可致異詞之間。如或慎修不至，詿誤有聞，構爲厲階，犯我邦紀，未加殛竄，尚屈彝章。漳王湊，手足之親，磐石是固，崇居寵秩，列在戚藩。頃多克順之心，亦有尚賢之志。而滿盈生患，敗覆是圖，姦兇會同，謀議滋及。汚我皇化，彰於中外，初駭余衷，載驚群聽。尚以未具獄詞，猶資審慎，建侯之命，姑務從寬。於戲！朕嗣守宗祧，敷弘至教，自家之訓未立，掩義之私敢忘。是用降封，有靦朝典，凡百多士，宜諒朕懷。可降封巢縣開國公。

（宋）宋敏求《唐大詔令集》卷五七《宰相·貶降·宋申錫開州司馬制》　敕：正議大夫、新授太子右庶子、上柱國、賜紫金魚袋宋申錫，頃由藝文，擢居近密，謂能潔己，可以佐時，遂越常資，超升大任。自參樞務，驟易寒暄，嘉謀蔑聞，醜迹斯露。致茲獄訴，實駭朝聽，俾窮根本，亦具對詞。猶以左驗之間，有所漏網，正刑之際，始示寬恩。於戲！朕自君臨，推誠宰輔，常務仁恕，以保和平。豈意魚水之期，翻貽吴越之慮，撫事興嘆，中宵耿然。是用重難，親臨鞫問，及諸耆德，徧於名卿。庶其盡忠，頗爲審克，屈茲彝憲，俾佐遐藩。凡百具僚，宜知朕意。

（宋）宋敏求《唐大詔令集》卷五七《宰相·貶降·李德裕袁州長史制》　有國之典，本於明罰，爲君之道，必在去邪。皇王大政，諒無易此，姦宄與偕，誠敬盡虧。無君之心，因事輒見，豈可尚居崇秩，猶列東朝。銀青光禄大夫、守太子賓客分司東都、上柱國、贊皇縣開國伯、食邑七百户李德裕，性本陰狡，才則脆弱，因緣薄藝，頡頏清途。既忝藩鎮，旋處鈞軸，靡懷愧畏，肆意欺誣，廢撓舊章，汩亂彝序。賢良盡逐，當白晝而重關；詭詐是謀，逮中宵而萬變。朕嘗以寒暑得疾，初甚驚人，凡百臣子，奔走道路；而德裕私室宴然，全無憂戚。王涯駐車道左，絡繹追呼，滿朝傾駭，竟以不至。又在西蜀之日，徵逋縣錢，僅三十萬貫，使疲羸老弱，徙轉溝壑。交結異類，任用憸人，賄賂流行，朱紫無辨。是宜處之重典，以正刑書。猶以夙經委使，載深寬宥，俾佐遐服，用示寬恩，可守袁州長史。馳驛發遣。

（宋）宋敏求《唐大詔令集》卷五七《宰相·貶降·李宗閔明州刺史制》　夫輔宰之任，緝熙庶工。苟或政紊彝倫，跡涉黨比，則何以執是邦柄，毗予一人？銀青光禄大夫、守中書侍郎、同中書門下平章事、上柱國、襄武縣開國侯、食邑一千户李宗閔，頃以詞藝，列於班行，乃藉宗枝，驟升顯貴。朕嗣膺大寶，夢想勤勞，謂其忠厚小心，再委樞務，每必造膝而問，虚己以求。將欲俾人不迷，致我垂衣而理，付之鈞軸，斷然不疑；而乃事每懷私，言非納誨。近者别登俊彦，與之同列，忌賢不悦，物論喧嘩，翼贊之效蔑聞，怨嫌之聲屢作。前後叨位，中外同辭，惟進奔競之徒，莫修恭慎之道。蔽我卑聽，擅我化權，不思急召之恩，都忘再擢之寵。況且志無報主，舉非正人，顧其操心，乃是速戾。則何以式是百辟，以維四方？尚從屈法之典，俾守遐藩之牧。所謂全體，良愧知臣。可明州刺史。仍馳驛赴任。

（宋）宋敏求《唐大詔令集》卷五七《宰相·貶降·再貶李宗閔處州長史制》　明州刺史李宗閔，股肱之臣，付以大政，所宜竭節，以答殊榮。事或負予，法所難貸，雖欲終始，其可得乎？且細大之愆，既暴前詔，而交通非類，蹤跡又彰，豈可尚領方州，牧我黎庶。宜謫遐佐，以肅朝倫。可處州長史。馳驛發遣。

（宋）宋敏求《唐大詔令集》卷五七《宰相·貶降·三貶李宗閔潮州司户制》 交結凶邪，叨取榮顯，姦險陰匿，因事盡彰。頃爲吏部侍郎，令沈議於内人宋若憲處密求宰相。及事蹤敗露，文字猶存，閲視之際，良深嘆駭。既專樞柄，益附私黨，附下罔上，廢義滅公，言多矯誣，動挾欺詐，傷風敗政，負我何深！按之刑章，法在無赦。尚以早經任使，賜以全生，投之裔夷，實我恩貸。嗚呼！知人則哲，朕方自咎，爲臣苟進，當鑒於斯。百爾君子，宜體予意。

（宋）宋敏求《唐大詔令集》卷五八《宰相·貶降·李德裕潮州司馬制大中元年十二月》 敕：録其自效，則付以國權；懲彼保姦，則舉兹朝憲。此王者所以本人情而張法理也。特進、行太子少保分司東都、上柱國、衛國公、食邑三千户李德裕，憑藉鎡基，累承台衮，不能盡心奉國，竭節匡君。事必狥情，政多任己，愛憎頗乖於公道，升黜或在於私門，遂使冤塞之徒，日聞騰口，積嫌之下，得以恣心，豈可尚居保傅之榮，猶列清崇之地？宜加竄謫，以戒僻違。嗚呼！朕臨御萬方，推誠庶物，顧彼纖瑣，皆欲保安，豈於將相舊臣，獨遺恩顧。而群議不息，謗書日盈，爰舉典章，事非獲已。凡百寮庶，宜體朕懷。可潮州司馬員外置同正員。仍所在馳驛發遣，縱逢恩赦，不在量移之限。

（宋）宋敏求《唐大詔令集》卷五八《宰相·貶降·李德裕崖州司户制大中二年九月》 敕：朕祗荷丕業，思平泰階，將分邪正之流，冀使華夷胥悦。其有嘗登元輔，久奉武宗，深包禍心，盗弄國柄。雖行譴斥之典，未塞億兆之言，是用再舉朝章，式遵彝憲。守潮州司馬員外置同正員李德裕，早藉門地，叨踐清華，累膺將相之榮，惟以姦傾爲業。當會昌之際，極公台之榮，騁諛佞而得君情，遂專恣而持國政，怙權生事，妬賢害忠。動多詭異之謀，潛懷僭越之志。秉直者必棄，向善者盡排。誣貞良造朋黨之名，肆讒構生加誅之釁。奸有踰於指鹿，罪實見於欺天。頃者方處鈞軸，曾無嫌避，委國史於愛婿之手，寵秘文於弱子之身，洎參命書，亦引親昵。恭惟《元和實録》，乃不刊之書，擅敢改張，罔有畏忌。奪他人之懿績，爲私門之令猷。又附會李紳之曲情，斷成吳湘之冤獄。凡彼簪纓之士，遏其進取之途。驕倨自夸，狡猾無對，擢爾之髪，數罪未窮。再窺罔上之由，益驗無君之意。使天下之士，重足一迹，皆懾懼奉爾，而慢易在公。爲臣至此，於法何宜。於戲！朕務全物體，久爲含弘，雖黜降其官榮，尚蓋藏其醜狀。而睥睨未已，兢惕無聞，積惡既彰，公議難抑。是宜移投荒服，以謝萬方。中外臣寮，當鑒予旨。可崖州司户參軍員外置同正員。仍仰所在馳驛發遣。縱逢恩赦，不在量移之限。

（宋）宋敏求《唐大詔令集》卷五八《宰相·貶降·李回太子賓客分司東都制大中二年九月》 敕：王者懸賞罰，以示萬户，况乎臣下。若奮其良術，則宜擢處重任，或挾彼邪謀，固合稍加懲沮。惟此二柄，我何敢私？湖南都團練觀察處置等使、光禄大夫、行潭州刺史、兼御史大夫、上柱國、隴西郡開國公、食邑二千户李回，早以藝學科名，累登華貫，謂爾奉公約己，旋升大僚，因緣奬遷，遂陟台輔。而不能竭誠以盡忠益，枉道而求庇，交通財賄，導達姦邪。昨因推鞫兇徒，皆得發明事迹。朕務弘體貌，特免研窮，論既喧騰，理須移奪。况又聞頃司政柄，每欲除授，咸取決於德裕，不自行其至公。物議所興，以斯爲重，豈可猶委澄清之任、復領湘潭？是宜輟從調護之班，俾分洛邑，爾其勉蒞寵秩，幸予寬恩。可行太子賓客分司東都。

（宋）宋敏求《唐大詔令集》卷五八《宰相·貶降·李回賀州刺史制大中二年九月》 敕：爲臣竭公忠之誠，朝尊爵賞；事君乖毗倚之望，國有典章。惟此二道，理所不廢。湖南都團練觀察處置等使、光禄大夫、行潭州刺史、兼御史大夫、上柱國、隴西郡開國公、食邑二千户李回，始以才術，升於台階，作予股肱，亦援星律。寄長兼於授鉞，道甚異於匪躬，亦既左遷，俾居廉問。而跡乖檢慎，事露端倪，秉鈞之勢已移，枉道之蹤乃見。負我非淺，叨榮故深。况又聞頃司政柄，應欲除授，咸取決於德裕，不自行其至公。人亦有言，孽亦何逭！朕匿瑕含垢，思全進退之宜，爾則同力協心，且易樞機之任。合歸嚴譴，猶示寬恩，故前制命爾爲太子賓客；給事中封還我敕，且曰責坐之詞至重，降移之秩太輕。物論喧然，以爲未當。爾實自構，予何敢私！是用移謫臨賀，冀厭群議，勉於三省，勿謂無恩。可持節賀州諸軍事、賀州刺史。仍所在馳驛赴任。

（宋）宋敏求《唐大詔令集》卷五八《宰相·貶降·楊收端州司馬制咸通八年八月》 敕：人臣之節，莫重於忠良；氏族所修，無外於清慎。二者不立，何以正身！况乎居常伯之崇，應藩侯之寄，雖顧初終之體，當明懲勸之端。宣歙觀察使、檢校工部尚書、宣州刺史、兼御史大夫楊收，始以文華，選在宥密，纔歷二歲，擢升台衡。謂其發自寒門，必有操守，行孤貞之道報國，用恭儉之禮化時，夙夜勵精，以酬恩遇。而乃貪黷爲業，溝壑難盈，逞其私懷，盜我名器。以官常爲貨利之徑，持僭侈爲暴横之資，田産遍於四海，臺榭擬於中禁。而又結連姦黨，聽任憸人，險詐千端，回邪爲變。欺罔彌甚，顧慮蔑聞，謂日月之照臨，或所隱漏；意天地之姦慝，可以包容。殊不知心既不悛，孽無以逭。去歲驗其事迹，未忍揭揚，委以察廉，冀塞僭咎。時聞縉紳之內，物議喧然，班列之中，怨念未息。朕以寬恕馭下，仁閔爲心，中外臣寮，悉明此志。負我既甚，其法何如？竄於遐陬，式示嚴憲。爾惟自棄，毋或尤人。可守端州司馬員外置同正員。仍馳驛發遣。

（宋）宋敏求《唐大詔令集》卷五八《宰相·貶降·楊收長流驩州制咸通十年二月》 敕：端州司馬楊收，起自孤寒，猥承委任，罔思報效，惟恣姦欺，心每挾邪，言常近利。江西置節制之額，務在虚兵；浙右創造船之名，便其盜用。兩地推覆，按驗分明，豈可尚佐專城，猶居仕籍。俾投荒裔，用塞愆尤。中外臣僚，各體朕意。宜除名配驩州，充長流百姓。縱逢恩赦，不在量移之限。仍錮身所在防押，遞送至彼，具到日申聞，仍路次縣給遞驢一頭並熟食。

（宋）宋敏求《唐大詔令集》卷五八《宰相·貶降·孔緯荆南節度使制大順二年正月》 朕垂衣嚮明，負扆成化，内則委輔翼之任，外則寄藩屏之臣，比用股肱，是爲心膂。况荆衡巨屏，禹貢右封，南制百蠻，西控三蜀。或膺統臨之命，爰崇迭處之榮，持危啓運，保乂功臣。開府儀同三司、守太保、兼門下侍郎、同中書門下平章事、國子祭酒、充太清宫使、弘文館大學士、延資庫使、諸道鹽鐵轉運等使、上柱國、魯國公、食邑四千户，食實封五百户孔緯，闕里傳宗，儒林植操，出入累更於華貫，超升遂陟於鼎司。宜成我無爲，歌我有截，豈可但崇朋助，罕究否臧？昨者張濬首請興師，親求伐叛。且陳計畫，累贊征行，決言旬朔之間，克著殊常之效。延英互奏，幾疑朕言，文字繼來，固違朕意。以至干戈一舉，星紀將周，並汾之寇孽未除，蒲、晉之生靈已盡。構茲紛擾，職爾披陳，罔思惑亂之由，堅執比周之計，詢於輿論，曷副旁求。今則正罷中樞，俾安外閫，尚顧始終之念，用成進退之宜。勉服明恩，往祇休命。可檢校太保、兼御史大夫，充江陵尹，荆南節度觀察等使。

（宋）宋敏求《唐大詔令集》卷五八《宰相·貶降·杜讓能梧州刺史制景福二年九月》 輔弼之事，安危所屬，大則調陰陽以期昭泰，次則撫夷夏以務治平。俾比屋之可封，致乃後於無事，兆人允賴，百辟具瞻。苟異於斯，則將安用？扶危啓運，保乂功臣。開府儀同三司、守太尉、兼門下侍郎、同中書門下平章事、太清宫使、弘文館大學士、延資庫、使、兼諸道鹽鐵轉運等使、上柱國、晉國公杜讓能，軒裳貴胄，禮樂清門，蹈姬孔之康莊，邁韋平之閥閲，夙推重望，早歷華資。洎陟台司，亟更年籥，方謂偉儒，克承大任。顧贊援乏力，姦幸頻聞。須示典章，用息騰沸，尚居列郡，式重大臣。可貶梧州刺史。

（宋）宋敏求《唐大詔令集》卷五八《宰相·貶降·孫偓南州司馬制乾寧四年八月》 敕：金紫光禄大夫、守禮部尚書、安樂郡開國侯、食邑一千户孫偓，夙通朝籍，累踐華資。竊顧多岐，遽隳直道，秉弼諧之大政，附伎術之小人。罔畏公言，自爲良策，處嫌疑而不愧，謂寵利之可安。而屬我艱危，匪能匡救。頃因丕變，亦貸彝章，雖罷萬機，尚分六職。是惟循省，俾息沸騰。觀諫臣所上之書，陳取戾不已之狀，則正卿之位，非爾宜居。將儆後來，遂投荒服，行當咎己，無或尤人。可貶南州司馬員外置同正員。仍令所在馳驛發遣。

（宋）宋敏求《唐大詔令集》卷五八《宰相·貶降·王摶工部侍郎制光化二年六月》 天地之數，寒暑有推遷；輔弼之司，任用有進退。蓋以其宣力斯久，克修是虧，俾夫退列貳卿，式示朝典。以禮之使，其在茲乎！扶危匡國，致理功臣。開府儀同三司、守司空、兼門下侍郎、同中書門下平章事、監修國史、判度支、上柱國、魯國公、食邑三千户、食實封一百户王摶，始以非才，擢升重任。亟移星律，蔑效公忠，惟務回邪，罔思致正。紊朝廷之綱紀，致經費之空虚，而又朋附近臣，隳張大典。豈可尚持政柄？所宜降處周行。猶念含弘，勉爲循省。可特進、尚書工部侍郎。

《舊唐書》卷一七七《崔慎傳》：食君之禄，合務於盡忠；秉國之鈞，宜思於致理。其有疊膺異渥，繼執重權，遂萌狂悖之心，忽構傾危之計。人知不可，天固難容！扶危定亂致理功臣，開府儀同三司、守司空、兼門下侍郎、平章事、充太清宮使、弘文館大學士、延資庫使、諸道鹽鐵轉運等使、判度支、上柱國、魏國公、食邑五千户崔胤，奕葉公台，蟬聯珪組，冠歲名升於甲乙，壯年位列於公卿，趨向有聞，行藏可尚。朕採於群議，詢彼輿情，有冀小康，遂登大用。殊不知漏卮難滿，小器易盈，曾無報國之心，但作危邦之計。四居極任，一無可稱；豈有都城，合聚兵甲？暗養死士，將亂國經，聚貔武以保其一方，致刁斗遠連於右輔。始則將京兆府官錢委元規召卒；後則用度支權利，令陳班聚兵。事去公朝，權歸私室，百辟休戚，在其顧盼之間；四方是非，繫彼指呼之際。令狐涣姦纖有素，操守無堪，用作腹心，共張聲勢。遂令滋居深密，日在禁闈，罔惑朕躬，僞行書詔，致兹播越，職爾之由。豈有權重位崇，恩深奨厚，曾無惕厲，轉恣睢盱，顯構外兵，將圖不軌。朕以士庶流散，兵革繁多，遂命内臣，與之商議。五降内使，一貢表章，堅卧不來，拒召如此。況又拘留庶吏，廢闕晨趨。人既奔驚，朕須巡幸。果見兵纏輦轂，火照宮闈，烟塵漲天，干戈匝野。致朕奔迫，及於岐陽，翠輦未安，鐵騎旋至，圍逼行在，焚燒屋廬，觀此阽危，咎將誰執？近省全忠表章，兼遣幕吏敷陳，言宰臣繼飛密緘，促其兵士西上。静詳構扇，孰測苞藏？無功及人，爲國生事。於戲！君人之道，委之宰衡，庶務殷繁，豈能親理？盡將機事，付爾主張，負我何多，構亂至此。仍存大體，不謂無恩，可責授朝散大夫、守工部尚書。

《舊唐書》卷二〇《哀帝本紀》〔天祐二年五月〕庚戌，敕：朕謬將眇質，叨荷丕圖，常懷馭朽之心，每軫泣辜之念。諒於黜責，豈易施行？左僕射裴樞，右僕射崔遠，雖罷機衡，尚居揆路，既處優崇之任，未傷進退之規。不能秉志安家，但恣流言謗國。頗興物論，難抑朝章。須離八座之榮，尚付六條之政，勉思咎己，無至尤人。樞可責授朝散大夫、登州刺史，遠可責授朝散大夫、萊州刺史。便發遣出京。

（宋）宋敏求《唐大詔令集》卷五八《宰相·貶降·陸扆濮州司户王溥淄州司户制天祐二年五月》　敕：朕以凉德，獲嗣丕圖，將弘至公，以凝庶績。憲章不濫，賞罰惟宜，俾恢理政之風，用振紀綱之典。其有嘗居宰輔，但協姦邪。苟玉石之未分，則稂莠而將茂。須行黜責，用致澄清，吏部尚書陸扆，早以文儒，亟揚華顯。自先皇帝議征峻隴，而扆確有救論。果犯雷霆，旋經遷貶。其後託茂貞之勢援，憑閹監之梯媒，尋復舊官，再升高位。惟知周比，寧務燮和，邇來多難，罔不由此。工部尚書王溥，亦茂貞奥主，崔胤門人，驟歷禁闈，俄塵衮職。但恣詭隨之志，曾無匪懈之稱。崔胤既寘嚴誅，而溥獨居清列。況朕恭承大寶，思拯彝倫，非爲洗垢求瑕，但冀懲惡勸善。兼宜斥於外掾，不容在夫中臺。尚謂寬恩，勉當省過。扆可濮州司户參軍，溥可淄州司户參軍。

（宋）宋敏求《唐大詔令集》卷五八《宰相·貶降·柳璨密州司户制天祐二年十二月》　敕：明罰飭法，固有彝章，懲惡除邪，用攄衆怒。責授官登州刺史柳璨，素矜憸巧，每務回邪，幸以庸才，驟持重柄。曾無微效，顯負明恩，詭譎多端，包藏莫測。但結連於兇險獨傾陷於賢良，罪既貫盈，理須竄殛。尚處一麾之任，獨任虧三尺之常刑。將塞羣言，須行重典。自貽顛覆，無乃怨尤。可貶密州司户參軍。

（宋）竇儀等《宋刑統》卷九《職制律·漏泄大事》　諸漏泄大事應密者絞，大事謂潛謀討襲及收捕謀叛之類。非大事應密者徒一年半。漏泄於蕃國使者加一等。仍以初傳者爲首，傳至者爲從。即轉傳大事者杖八十，非大事勿論。

疏：諸漏泄大事應密者絞。注云，大事謂潛謀討襲及收捕謀叛之類。

議曰：依《鬬訟律》，知謀反及大逆者，密告隨近官司。其知謀反、大逆、謀叛，皆合密告，或掩襲寇賊，此等是大事應密，不合人知，輒漏泄者絞。注云，大事謂潛謀討襲者，討謂命將誓師，潛謀征討，襲謂不聲鐘鼓，掩其不備者。既有潛謀討襲之事，及收捕反逆之徒，故云謀叛之類。

又云，非大事應密者徒一年半。漏泄於蕃國使者加一等。仍以初傳者爲首，傳至者爲從。即轉傳大事者杖八十，非大事勿論。議曰：非大事應密，謂依令仰觀見風雲氣色有異，密封奏聞之類。有漏泄者，是非大事應密，合徒一年半。國家之事，不欲蕃國聞知，若漏泄於蕃國使者加一等，合徒二年。其大事縱漏泄於蕃國使，亦不加至斬。漏泄之事，以初傳者爲首，首謂初漏泄者。傳至者爲從，謂傳至罪人及蕃使者。其間展轉相傳大事者，杖八十，非大事者勿論。非大事雖應密，而轉傳之人並不坐。

（宋）竇儀等《宋刑統》卷一〇《職制律·指斥乘輿》　諸指斥乘輿，情理切害者斬，言議政事乖失，而涉乘輿者，上請。非切害者徒二年。對捍制使而無人臣之禮者絞。因私事鬬競者非。

疏：諸指斥乘輿情理切害者斬。注云，言議政事乖失，而涉乘輿者，上請。又云，非切害者徒二年。議曰：指斥謂言議乘輿，原情及理，俱有切害者斬。注云，言議政事乖失，而涉乘輿者，上請。謂論國家法式，言議是非，而因涉乘輿者，與指斥乘輿情理稍異，故律不定刑名，臨時上請。非切害者，徒二年，謂語雖指斥乘輿，而情理非切害者，處徒二年。

又云，對捍制使而無人臣之禮者絞。注云，因私事鬬競者非。議曰：謂奉制敕使人有所宣告，對使拒捍，不依人臣之禮，既不承制命，又出拒捍之言者合絞。注云，因私事鬬競者非。謂不涉制敕，別因他事私自鬬競，或雖因公事論競，不干預制敕者，並從毆詈本法。

（宋）竇儀等《宋刑統》卷一一《職制律·律令式不便於事》 諸稱律令式不便於事者，皆須申尚書省議定奏聞。若不申議，輒奏改行者，徒二年，即詣闕上表者不坐。

疏議曰：稱律令及式條內有事不便於時者，皆須辯明不便之狀，具申尚書省，集京官七品以上於都座議定，以應改張之議奏聞。若不申尚書省議，輒即奏請改行者，徒二年，謂直述所見，但奏改者。即詣闕上表論律令及式不便於時者不坐。若先違令式而後奏改者，亦徒二年，所違重者自從重斷。

（宋）佚名《宋大詔令集》卷一九八《政事·禁約·禁天文相術六壬遁甲三命及陰陽書詔太平興國二年十月甲戌》 兩京及諸道州府，陰陽卜筮人事，向令諸州傳送至闕。詢其所習，皆不通其業，無所取其所由，蓋持禍福之言，于閭里間誑燿愚民，以資取給耳。自今後除二宅及易筮外，其天文相術六壬遁甲三命及他陰陽書，民間並不得私習。先有蓄者，限詔到一月，悉以送官。限外不送及違詔私習者，悉斬。有能告者，賞錢十萬。州縣吏匿不以聞者，亦重寘其罪。

（宋）佚名《宋大詔令集》卷三五《親王·降黜·秦王廷美勒歸私第制太平興國七年四月丁丑日》 西京留守秦王廷美，地處維城，位魁群后。本支百世，爰居介弟之重。列爵五等，實啓真王之封。寅奉內朝，疏榮列邸，友于之義，朕無愧焉。所宜體忠孝以檢身，茂温文之毓德，乃交通於輔相，僭窺伺於君親。令小吏以往還，發醜言而充斥。昵比兇黨，結構姦謀，反易天常，圖爲不軌。比令參驗，備見端倪。豈期骨肉之間，生此蛇蚖之類。百官定罪，請正常刑。朕以同氣之親，屈群臣之議，置之於法，所不忍焉。特寬鈇質之誅，用申手足之分。其秦王廷美，宜勒歸私第，一房骨肉，衣食供給，務從優厚。朕昧於孝治，有愧人倫，餬口四方，遺笑千古，永言慚慄，不敢皇寧。汝宜自思，勿我有怨。

（宋）佚名《宋大詔令集》卷三五《親王·降黜·秦王降封涪陵縣公房州安置太平興國七年五月丙辰》 昨以秦王廷美，顯懷逆節，將構異圖，與輔相以交謀，伺君親之動靜。情理切害，事狀顯明，包藏若斯，悖逆何甚。若徇外廷之議，合行棄市之誅。特以至親，用寬極典，止令就第，亦冀知非。而醜迹逾彰，姦謀益露，群情積怒之未已，兇人長惡之罔悛。敦九族者雖莫先於慈，治萬方者恐自亂其法，聊從降黜，以塞讙譁。迫於至公，蓋非獲已。凡爾中外，當體朕懷。其秦王廷美，可降封涪陵縣公，於房州安置。

（清）畢沅《續資治通鑑》太宗太平興國七年五月 詔：禁投匿名書告人罪，及作妖言誹謗惑衆者，嚴捕之，置於法，其書所在焚之。有告者賞以緡錢。

（宋）佚名《宋大詔令集》卷二〇三《政事·貶責·曹翰削奪在身官爵登州禁錮詔太平興國八年五月壬申》 威塞軍節度使、判潁州曹翰，偶以常材，薦登貴仕，有羊質虎皮之誚，無飲冰食蘗之心。擢登將壇，兼領郡政，頗彰貪暴之迹，尚推寬大之恩，而乃爲惡務滋，知過不改，賦斂民户，盜用官錢，擅築烽臺，私蓄兵器，地接京輔，身擁節旄，恣爲姦謀，首敗王度，百辟集議，有司定刑，必行枯木之誅，以正金科之法。特寬極典，式示深仁，削名籍而爲民，俾禁錮於近地，周全大體，深屈常刑。其曹翰在身官爵削奪，御史臺遣吏送登州禁錮，所有盜用潁州官倉米麥及官錢帛，並令徵納。其部下贓錢及擅斂粟麥絲綿等，特與除放，侵官地爲蔬圃果園，悉籍入焉。

（宋）佚名《宋大詔令集》卷二〇三《政事·貶責·責侯莫陳利用詔端拱元年三月乙亥》 鄭州團練使侯莫陳利用，身本賤微，性惟險詖，結黨潛誣於良善，在官但恣於踰違，惡迹滿盈，醜聲騰沸。尚尸榮於列郡，寔有玷於清朝。宜屏姦邪，用行黜削，可除名配商州禁錮。

（宋）佚名《宋大詔令集》卷二〇三《政事·貶責·責西京作坊副使度支都監趙贊詔至道元年正月丁卯》 具官某，跡惟寒賤，心本回邪，頃以曾歷錢刀，驟加任用，補報無效，姦詐日彰。務交結以進身，寔狡惡而成性，據其深罪，合寘嚴科。爰順發生，特從寬貸。俾懲惡黨，宜隸方州。其削奪在身官爵，並一家配隸房州禁錮。仍限令日內進發，所在馳驛發遣。

（宋）佚名《宋大詔令集》卷一九〇《政事·誡飭·誡約知襄州給事中劉昌言璽書至道二年七月壬子》　制詔劉昌言，國家徵納租税，以資國用，宣布律令，以肅天刑。三時之限甚寬，畫一之法已定。何乃妄率胸臆，作爲聰明，不循舊章，撓亂經制。廢格明詔，建立新規，斂怨於民，莫斯爲甚。自今敢離叛官次，背棄詔條，當遣薄責，不復恕也。

（宋）佚名《宋大詔令集》卷一九八《政事·禁約·禁習天文星算相術圖讖詔景德元年正月辛丑》　象緯之書，典法所禁。戒其私習，抑有舊章。近聞士庶之間，頗行星算之術。既資奔競，□□□□特示明文，用懲薄俗。宜令所在告示管内，除先准敕有□陰陽卜筮書外，應元象氣物、天文星算、相術圖讖、七曜太乙雷公式、六壬遁甲，並先停廢諸算厤私家並不得停留，及衷私傳習。有者，限一月陳首納官。逐處官吏焚燬訖奏。敢違犯隱藏者，許諸色人論告。其本犯人處死，論告人給賞錢十萬。逐處星算技術人，並送赴闕，當議安排。瞽者不在此限。

（宋）佚名《宋大詔令集》卷一九九《政事·禁約·禁天文兵書詔景德三年四月己亥》　天文兵法，私習有刑。著在律文，用防奸僞。顧兹群小，尚或有違。將塞異端，宜懲薄俗。兩京諸路管内，除準敕合留陰陽卜筮書外，應元象器物、天文星算、相術圖書、七曜厤、太乙雷公式、六壬遁甲、兵書、先諸家厤算等，不得存留及衷私傳習。有者限一月陳首納官，釋其罪，令官吏當面焚燬訖奏。限滿不首，隱藏違犯，併當處死。内有私爲誑惑，言及災異情理重者，當行處斬。論告者賞錢百千。逐處有星算術數人，並部送赴闕，令司天監試驗安排。瞽者不在此限。

（宋）佚名《宋大詔令集》卷二一七《政事·貸雪·妖人谷隱干連人等放罪詔大中祥符八年五月甲辰》　先王立法，在妖邪而必誅。有國詳刑，亦哀矜而爲務。顧小民之多僻，習左道而相傳。苟用常科，難逃極斷。屈兹彝憲，投置遠方。惟彼朋徒，合行追捕。特從寬宥，咸許自新。其谷隱下弟子，除係禁勘别行指揮外，其餘干連人並放，仰州縣安撫。各令著業，自令不得傳習。

（宋）佚名《宋大詔令集》卷一九九《政事·禁約·禁金商等州祭邪神詔天禧三年四月戊辰》　隆平之政，實貴於防邪。聰直之神，不歆於非類。是以前聖立教，明王守邦，具有憲章，絶其淫祀。朕纂承基緒，撫育蒼黔，伸孝饗於宗祊，奉禋燔於天地，一則以歸功報本，一則以祈福兆祥，所冀寰區，畢登仁壽。而小民寡識，鄙俗易訛，如聞金商等州，頗有邪神之祭，或緣妖妄，輒害生靈，達於予聞，良用矜軫，宜令所在，嚴禁絶之。如復造作休祥，假託祭祀惑衆，所犯頭首及豪强者並處死，餘决訖黥面配遠惡處牢城。

（宋）佚名《宋大詔令集》卷二〇四《政事·貶責·寇準太常卿知相州制天禧四年七月丁丑》　朕恭守丕圖，思凝至化，寵綏庶品，敦洽太和。眷惟大臣，夙所尊任。苟或有愆視履，罔叶注懷，用塞群言，示兹申警。太子太傅萊國公寇準，早事先帝，亟升近班，洎予纘承，彌所優待，向從會府，擢正鼎司，出踐天臺，累承藩寄，復升樞宥，擢領麾幢，位兼將相之崇，恩厚股肱之契。去歲疇其宿望，再委國鈞，蓋緊寅亮之謀，以弼緝熙之政，而將明莫顯，聲實靡孚，輿議交諠，朝章失序。加以罔思兢慎，不肅門庭，交結匪人，虧傷大體，顧其狀迹，因事而章，諒懲勸以難私，在刑典而曷捨。尚以踐揚既久，體貌素隆，特屈彝章，仍居峻品，勉布條職，勿忘省循，可特授太常卿知相州。

（宋）佚名《宋大詔令集》卷二〇四《政事·貶責·寇準貶道州司馬詔天禧四年八月壬寅》　刑罰之設，天下之公共也。苟當其罪，予曷敢私。太常卿知相州萊國公寇準，爰自先朝，早膺榮遇，便蕃恩寵，踐履清華。屬朕纘承，彌深柬注，出奉節麾之寄，入登樞宰之崇。而不務敦修，密萌凶慝，辱予輔弼，玷乃搢紳，特屈憲章，免其流竄，黜居典午，允謂寬恩。可貶授銀青光禄大夫行道州司馬，仍以其事傳告諸州，御史臺揭榜朝堂，以示百辟。

（宋）佚名《宋大詔令集》卷二〇四《政事·貶責·寇準貶雷州司户敕乾興元年二月戊辰》　勅：爲臣之辟，莫大于不忠。治國之經，務從而去惡。矧獲罪於先帝，尚屈法於公朝，世所靡容，朕安敢捨。銀青光禄大夫道州司馬寇準，荷二聖之顧，極三事之崇，每推誠而不疑，當捐軀而有報。而乃包藏凶德，背棄大恩，與逆寺以通謀，搆厲階而干紀，果上穹之降譴，俾渠魁之就擒。始其告變之辰，適當違豫之際，阽危將發，震駭斯多，雖馳驛以竄投，蓋忌器而隱忍，靜思及此，可爲寒心。屬予一人，肇纘丕構，欲邪正之洞別，在賞罰之惟明，特貶遐方，庶塞輿議。全其微命，足示於好生，正乃常刑，式申於禁暴。諒非獲已，爾惟自貽。可貶授將仕郎守雷州司户參軍、員外置同正員。

（宋）佚名《宋大詔令集》卷二〇四《政事·貶責·李迪衡州團練副使敕》 敕：附下之私，法當必罰。濟惡之釁，理難獨矜。屬茲纘紹之初，大判忠邪之路。其有嘗居重任，每務詭隨，爰究驗於事端，宜申嚴於朝憲。尚書户部侍郎知鄆州李迪，幸由上第，亟踐清塗，纔踰星紀之齡，遽貳鼎司之正，超擢之速，倫輩絶偕。驟正宰衡，尤爲非次。伊醜徒之構亂，萌巨孼而有初。瀆撓先朝，震驚群聽，自剪夷於首惡，見傅會之有由。特示含容，貴全終始，逮于罷免，尚蒞藩宣。基命維新，政體尤慎，稽諸公論，難掩宿愆。豈可未正彝章，猶居崇秩，謫于遐服，處以貳車。茲寔自貽，無忘深省。可貶授銀青光禄大夫檢校尚書水部員外郎充衡州團練副使，不得簽書本州公事。

（宋）佚名《宋大詔令集》卷二〇四《政事·貶責·宣徽南院使鎮國軍節度觀察留後華州刺史曹瑋落宣徽南院使除授左衛大將軍容州管内觀察使就差知萊州制》 敕：上之比下，在刑賞以無私。君之馭臣，蓋進退而有禮。苟涉比周之迹，復懷覬望之情，尚舉寬科，用全大體。具官曹瑋，因緣舊族，際會先朝，膺恩顧以有殊，踐官榮而不次，出奉守官之寄，入陪帷幄之謀。屬兇人之擅權，構逆豎而干紀，逮因敗露，旋就竄投，頗彰朋附之端，曲示含容之德，止解重柄，仍進崇資，以嘗總於戎昭，遂復委於邊要。而乃爲國生事，輒擾於平民，徼時有功，罔念於前訓。朕以肇承遺旨，恭紹洪基，將肅具寮，用申丕律，降居環衛之列，遥分廉問之權，任以方州，茲爲薄責，苟能省過，姑務改圖，當再造以是甄，豈一眚而斯棄，服我優假，汝惟欽哉。可。

（宋）佚名《宋大詔令集》卷二〇四《政事·貶責·尚書户部侍郎知青州周起責授太常少卿知光州制》 敕：勵節砥名，人彝所尚。舉直措枉，邦禁斯明。苟跡涉於比周，而履虧於端慎，宜申懲沮，以肅群倫。具官周起，早契昌辰，荐升華貫，擢贊樞衡之務，冀申帷幄之謀。屬當國之臣，怙權稔惡，締連逆豎，震撓先朝，朋附之蹤，僉緣斯見，尚全至體，止罷近司，朕祗荷丕圖，洽聞輿議，爰稽典憲，用屏兇邪，從坐之科，爾將安免，降居列牧，尚涖方州。咸示寬恩，聊從薄責，苟能改節，當復棄瑕，庶念自新，無或貳過。可。

（宋）佚名《宋大詔令集》卷二〇四《政事·貶責·給事中知杭州王隨責授秘書少監知通州制》 敕：王隨，際會昌辰，踐揚美仕，備掖垣之獻納，爲望苑之寀寮，而服道未豊，修身寡慎，比周非類，虧損素風，尚居封駁之曹，未塞衆多之論。蓬山亞列，頻海方城，俾省前非，用明薄譴。苟能祗事彌恪，悔過不疑，粗伸補報之恩，當示甄收之命。可。

（宋）佚名《宋大詔令集》卷二〇四《政事·貶責·給事中知海州王曙貶檢校尚書水部員外郎充郢州團練副使兵部郎中知光州盛度貶水部員外郎和州團練副使制》 敕：爵賞所以勸能，刑罰所以懲惡，執茲二柄，馭乃庶邦。其或階緣進身，比周成性，由徑以希用，挾私以敗名，當景命之惟新，在公議而難捨。具官某，早膺委遇，繼荷寵靈，擢陞密近之班，仍參調護之列。罔思補報，但有覬覦，傅會所親，全虧於物望，交通宫豎，自罹於憲章。處之列城，聊示薄譴。未塞衆多之論，宜行黜降之文。授以貳車，俾省前咎。尚爲優貸，勿謂無恩。可。

（宋）佚名《宋大詔令集》卷二〇四《政事·貶責·秘書丞監撫州鹽酒税張子皋降授大理寺丞餘依舊制》 勑某：邦禁斯設，本以閑邪，臣範使稽，所宜守正。苟涉比周之狀，寧逃譴責之文。惟爾早策科名，荐登官秩，輒附權臣之黨，頗殊端士之風。迹有僉緣，事皆干預，荷先朝之含垢，舉常典以惟輕。朕恭紹丕圖，重違輿議，懲其元惡，投彼遐陬，爰生從坐之科，止行末減之命，元棘丞率蠹務如初，足示矜寬，勉自循省。可。

（宋）佚名《宋大詔令集》卷二〇四《政事·貶責·杜堯臣等責除虞部員外郎兵部員外郎知齊州段惟幾責授太常博士差監蘄州鹽酒税務制》 勅：衛尉少卿知安州杜堯臣等，仕進之方，貴乎守道。邦國之憲，謹乃懲違。惟爾久服簪紳，屢承委使，履有殊於慎行，迹備見於附邪。屬當嗣極之初，方申去惡之令，稽于公論，宜儆朋非。爰示左遷，猶爲寬典。恪居所職，當念前尤。可。

（宋）佚名《宋大詔令集》卷二〇四《政事・貶責・朱巽寧國軍節度副使梅詢池州團練副使並不簽書本州公事制》　勑：護國軍節度副使朱巽、懷州團練使梅詢等，早踐華資，迭膺榮委，或任司藩閫，或職總漕輸。屬以孽類朋姦，稔謀構亂，惟兹咸鎬之域，首興變詐之謀。爾等嘗所薦延，已彰昵比。不能防察，復致驚騷。先帝務在矜寬，聊從降譴。當丕承之伊始，顧群議之益喧，特移江介之區，未改賓筵之職。荐申警厲，深自省循。可。

（宋）佚名《宋大詔令集》卷二〇四《政事・貶責・丁謂貶崖州司户勑乾興元年七月辛卯》　勑：無將之戒，舊典甚明。不道之辜，常刑罔捨。苟露挾邪之迹，宜申去惡之文。具官丁謂，早踐台司，備隆朝眷，曾靡圖於爲報，乃公肆於非心。昵彼妖巫，館于私舍，潛通詭計，假託神靈，與孽寺以連謀，幸先皇之違豫。將逞姦回之志，妄談禍福之端。屬朕纘臨，覬專威柄，僻違之狀，兹見於反常，毀讟之言，更彰於無上。比從罷免，猶示矜寬。既搜慝之旋聞，且閱實而具在，背恩棄德，一至于斯。竄處遐方，寔乃自取。可貶授將仕郎守崖州司户參軍，員外置同正員。

（宋）李燾《續資治通鑑長編》宋仁宗天聖元年十一月　戊戌，詔江南東西、荆湖南北、廣南東西、兩浙、福建路轉運司：自今師巫以邪神爲名，屏去病人衣食、湯藥，斷絶親識，意涉陷害者，并共謀之人，並比類咒咀律條坐之。非憎嫉者，以違制失論。其誘良男女傳教妖法爲弟子者，以違制論。和同受誘之人，減等科之。情理巨蠹者，即具案取裁。先是，知洪州夏竦言：

左道亂俗，妖言惑衆，在昔之法，皆殺無赦。蓋以姦臣逆節，狂賊没規，多假鬼神，動摇耳目。漢、晋張角孫恩，偶失防閑，遂至屯聚。國家宜有嚴禁，以肅多方。

（宋）佚名《宋大詔令集》卷一九二《政事・誡飭・誡約不得妄請刪改宣勑詔明道二年五月己丑》　王言惟命，君舉必書。將信四方之傳，用垂後世之訓。儻數更於成憲，則滋惑於衆聞。自今朝廷所降宣勑，不得妄請刪改。如事有未便，即委中書樞密院奏聽裁。

（宋）佚名《宋大詔令集》卷五〇《宗室・貶責・莒國夫人和氏不得入内詔景祐元年八月甲戌》　六宅使從演，尋訪美人尚氏骨肉，及以所使霞質送遺與尚氏，八作副使從湜輒上表章，爲尋得尚繼斌，乞酬獎改轉，並受尚氏寄下金銀財物等，奉勑：從演、從湜，幸居戚屬，久服使聯，荷兹惇叙之恩，盍謹操脩之節，而乃規圖爵位，干託掖庭，爲尋訪其近親，仍私遺於幸婢。兼陳封奏，妄覬寵榮，靡顧廉隅，備彰瀆慢。兼通信問，潛寄貨財，有玷宗枝，且傷風教。尚以近經赦宥，薄示誡懲，聊左降於班資，仍禁止於朝謁。所有從演、從湜責降，已從别敕處分。其母莒國夫人和氏，不能訓導，頗助妄庸，今後不得入内。

（宋）佚名《宋大詔令集》卷一九二《政事・誡飭・敕牓朝堂》　爲臣之方，愼言罔上者苟辟。行己之道，挾私立黨者必懲。質於舊章，敢廢公議。范仲淹比緣獎擢，驟委劇煩。罔畏官守之繇，專爲矯厲之趣。奏述狂肆，疑駭衆多，既妄露於薦稱，仍密行於離間。本於躁率，但恣詆欺，降守方州，尚寬彝憲。然念士操之美，蹈道是先，職局之分，出位爲責。爰從近歲，多悖此風。授仕者以宿業爲嗤，獻規者以服讒爲得，沽激名譽，協比朋儔，務騁譎辭，有玷醇治。昔周以百官箴闕，無越職之文。唐以判最辨材，無侵事之舉。咨爾多士，各儆攸司，勿捨己以營他，勿背公而稔譽。排根引重，奚習多岐，衒直奸私，寧或取悔。勉思中正之言，靡蹈婾薄之尤，咸自敦修，以稱朕意。

（宋）佚名《宋大詔令集》卷二〇五《政事・貶責・范仲淹落職知饒州制景祐三年》　爲臣之方，宜懷於儆畏。御下之道，亦貴於甄明。惟參列於近聯，方試能於劇職。苟愆誠節，奚宜國章。吏部員外郎充天章閣待制范仲淹，早以藝文，預升科第。洎周旋於仕牒，頗奮發於時才。向者采其直誠，寘諸諫列。旋由輕肆，出領麾符。未忘獻納之勤，遽委蕃宣之任。俄升侍從，亟俾召還。察乃强敏之材，付以浩穰之治。不次之遇，於時罕倫。所宜慎重爾爲，靖恭于著，率循矩度，以答寵光。而每因進對之時，屢談時務，姑挾謀身之利，輒興摇衆之端。離間大臣，歷加詆毀。交結在位，陰有薦論。動形危害之言，居顯比周之迹。矧惟京府，表則四方，顧決訟而罕精，多肆情而自用。覩兹吐論，視乃操心，將罔惑於聽聰，明張皇於朋勢，侵擾邦政，黷驚朕師，按以常刑，宜當峻罰。尚申矜宥，聊示降懲，罷漢閣之班榮，分鄱陽之牧守。往服兹命，無忘省躬，可落天章閣待制知饒州。

（宋）佚名《宋大詔令集》卷一九三《政事・誡飭・誡飭在位詔慶曆四年十一月己巳》　朕聞至治之世，天下向方。元凱共朝，不爲朋黨。房杜相濟，不爲比周。君明臣哲，垂榮無極，其德之盛也。朕旰昊宵寐，每用庶幾，思所取法，未知厥路。而承平之弊，澆兢相蒙，姦從法生，僞逐情動。假我王爵，布爲私恩。所憎則同口共訾，取一切之快；所善則併辭迭譽，希不次之遷。遂乃人務交遊，家爲激訐。至或陰開納賄之情，陽託薦賢之法。居下而圖柄臣，順非而動偷俗。附離交扇，流蕩忘還，更相援接，以沽聲譽。由是士人以行怪爲美，辭賦以訕上爲能。放肆異言，詆斥前聖，讙流羣口，虧紊彝倫。乂頃正按察之名，蓋謹推擇之選，俾將明命，以慰多方。而奉使不稱，繩愆過當，恣苛刻以摇群怨，察纖微以搆罪端。守倅則互責刺廉，令尉則更容伺察，上下疑貳，奏鞫交横，未益治平之風，反成多僻之暴。向申飭戒，殊未奉行。朕疾夫爲國生事之徒，背公死黨之俗，推狂濟果，去簡成煩。況長吏者務在全安，刺舉者素有條禁。民如馭馬，安得駭驚。理猶亂繩，豈宜遽急。當求大中之道，漸至清静之源。至於屬文之人，體要爲尚，苟專非聖之論，寧免疑衆之誅。自今有詭激邀名，浮薄連茹，察淵以害良善，倚法而峻誅求，雷同私論，營罔朝聽，並委中書、門下、御史臺採察以聞。故當責其不悛，懲乃攸類，罰之無赦，令在必行。咨爾有司，咸體予意。

（宋）佚名《宋大詔令集》卷一九三《政事・誡飭・約束内降執奏詔皇祐二年九月辛亥》　朕紹承駿烈，祇服先猷。蹈道以臨庶邦，謹憲而持大柄。馭之予奪，正以賞刑。悉任至公，靡容紊法。比有憸倖，輒肆妄圖。或過分求恩，或負罪希貸。率求内出，間亦舉行，蠹政虧風，莫斯爲甚。雖屢頒於詔約，曾未絶於私祈。兼慮臣庶之家，貴近之列，交通請託，巧詐營爲。陰致貨賕，密輸珍玩，寅緣結納，侵撓權綱。方務澄清，當嚴禁約。儻復違犯，斷在必行。重念成湯以六事責躬，女謁苞苴之先戒。管氏以四維正國，禮義廉耻之具張。矧宗祀之涓成，屬祥釐之均被。嘉與中外，紬此非衷。務于自新，以隆至治。今後應内降指揮、特與恩澤及原減罪犯者，並仰中書樞密院並所承受官司，具前後詔條執奏，不得施行。及臣庶之家，如有潛行財賄，結託貴近者，並令御史諫官覺察論奏。咨爾承弼，體朕意焉。故兹詔示，想宜知悉。

（宋）佚名《宋大詔令集》卷二〇五《政事・貶責・唐介責授春州别駕制皇祐三年十月丁酉》　勑：殿中侍御史裏行唐介，往被薦言，獲陪憲職。不思忠藎，以答甄升。輒肆狂狷之言，陰爲朋附之計，詆欺元宰，引薦外臣。迹其陰姦，宜有顯絀，嶺服之外，州佐是居。惟爾之行，所宜内省，可責授春州别駕。

（宋）佚名《宋大詔令集》卷二〇五《政事・貶責・唐介可改授英州别駕制皇祐三年十月己亥》　勑某：早任憲僚，近因論事，動闢誣罔，陰有薦延，跡既陷於詆欺，理難從於全恕。已黜居於上介，俾遷置於延陬。尚念荒遐之方，有惻哀矜之度，俾遷近服，仍佐方州，尚體寬優，無忘循省。

（宋）佚名《宋大詔令集》卷二〇五《政事・貶責三・胡宗愈奪職通判真州詔熙寧三年六月丙戌》　宗愈自領言職，未嘗存心裨補朝廷治道。凡進對論事，必潛伏姦意。舍其事情，旁爲邪説，以私托公，專在破壞正理，中傷善良。所爲如此，而置之左右前後，豈非自蔽聰明，氣焰姦慝。遂奪職，通判真州。

（宋）佚名《宋大詔令集》卷二〇五《政事・貶責・范鎮户部侍郎致仕制熙寧三年十月己卯》　勑：舉直錯枉，古之善政。服讒搜慝，義所當誅。翰林學士、户部侍郎、知制誥范鎮。材無任職之能，行有懷姦之寔。頃居諫省，以朋比見攻。晚寘翰林，以阿諛受斥。朕惟用舊，不汝疵瑕。而每託論議之公，欲濟傾邪之惡，乃至厚誣先帝，以蓋其附下罔上之醜，力引小人，而狃于敗常亂俗之姦。稽用典刑，誠宜竄殛。宥之田里，姑示矜容。往服寵私，勿忘修省。可。

（宋）李燾《續資治通鑑長編》宋神宗熙寧六年六月　京東路察訪司請自今應推行差役新法，有輒傳造言語文字扇摇百姓，並依扇摇保甲法，從之。

（宋）李燾《續資治通鑑長編》宋神宗元豐元年閏正月　提舉修閉澶州曹村決口所兵馬總管燕達言：所總士卒甚衆，如有犯無禮及呼萬歲者，即欲豁口處斬；若有扇摇軍人，略奪財物，及叫呼動衆，爲首情重者，亦乞斬訖以聞，爲從者減等配千里外牢城。從之，仍詔差雲騎第六一指揮爲達牙隊。

（宋）佚名《宋大詔令集》卷二〇五《政事・貶責・尚書祠部員外郎直史館蘇軾責授黄州團練副使本州安置制元豐二年十一月**》** 勑：具官某，稍以時名，獲躋顯仕。列職儒館，歷典名城。報禮未聞，陰懷觖望。訕毁國政，出於誣欺。致言職之交攻，屬憲司而辯治。詖辭險説，情寔具孚，雖肆宥示恩，朕欲從貸，而姦言亂衆，義所不容。黜寘方州，以勵風俗，往服輕典，毋忘自新。可。

（宋）佚名《宋大詔令集》卷二〇六《政事・貶責・吕惠卿責授建寧軍節度副使本州安置制元祐元年六月辛亥**》** 元兇在位，民不奠居。司寇失刑，士有異論。稍正滔天之罪，永爲垂世之規。具官某，以斗筲之材，挾穿窬之智。謟事宰輔，同升廟堂。樂禍而貪功，好兵而喜殺。以聚斂爲仁義，以法律爲詩書。首建青苗，次行助役。軍輸之政，自同商賈。手實之禍，下及鷄豚。苟可蠹國而害民，率皆攘臂而稱首。先皇帝求賢若不及，從善如轉圜。始以帝堯之仁，姑試伯鯀，終然孔子之聖，不信宰予。發其宿姦，謫之輔郡。尚宜改過，稍畀重權。復陳罔上之言，繼有碭山之貶。反覆懲誡，惡心不悛。躁輕矯誣，德音猶在，始與知己，共爲欺名。喜則摩足以相歡，怒則反目以相視。連起大獄，發其私書。黨與交攻，幾半天下。姦贓狼籍，横被江東。至於復用之年，始唱西戎之隙，妄出新意，變亂舊章。力引狂生之謀，循致永樂之禍。興言及此，流涕何追。迨予踐阼之初，首發安邊之詔。假我號令，成汝詐謀。不圖涣汗之文，止爲款賊之具。迷國不道，從古罕聞。尚寬兩觀之誅，薄示三危之竄。國有常典，朕不敢私。

（宋）佚名《宋大詔令集》卷二〇六《政事・貶責・蔡確責英州別駕新州安置制元祐四年正月**》** 勑：聖人察言以觀行，要在去凶。春秋原意而定誅，貴乎當罪。義之所在，朕不敢私。責授左中散大夫、守光禄卿分司南京蔡確，象恭滔天，懷諼迷國。巧於伺候，有同林甫之姦。忍於織羅，無異俊臣之酷。追改云：同林甫之深阻，不易窺尋。□盧杞之姦邪，信其難辯。忠義痛心於四海，循良側目於兩朝。家積之殃，昧而不知。己求之禍，大而莫解。陰遺腹心之黨，自稱社稷之臣。欺惑衆人，徼圖後福。而賴神奪之鑑，天誘其衷，使以不道之言，發於緣情之作。險意潛驚於群聽，醜辭明詆於慈闈。雖朕德之所招，顧母慈之何負。昨奉聖訓，稍從寬科。而公議沸騰，予心憯怛。未喪朋邪之氣，祇傷崇孝之風。欲有大功，已見魏其之志。耳非佳語，何疑崔炎之書。宜正典刑，以戒姦慝。假再生於東市，保餘息於南荒，不獨成朝廷今日之安，蓋將爲邦國無窮之計。往服矜貸，無忘省循。可特責授下闕。

（宋）佚名《宋大詔令集》卷二〇六《政事・貶責・蘇軾落職降官知英州制紹聖元年四月壬子**》** 訕上之惡，衆慜厥愆。造言之誅，法謹於近。矧彈章之荐至，孰公議之敢私。爰正常刑，以警列位。端明殿學士、兼翰林侍讀學士、左朝奉郎、知定州蘇軾，行污而醜正，學辟而欺愚。頃在先朝，稍躋清貴，不惟喻德之義，屢貢懷諼之言。察其回邪，靡見聽用，遂形怨誹，自取斥踈。肆予纂服之初，開以自新之路，召從方郡，服在近班。弗訖爾心，覆出爲惡。輒於書命之職，公肆誣實之辭。凡兹立法造令之大經，皆曰蠹國害民之弊政。雖託言於外，以責大臣，而用意之私，寔害前烈。顧威靈之如在，豈情理之可容。深惟積辜，宜竄遠服。祇奪近職，尚臨一邦。是爲寛恩，無重來悔。可特落端明殿學士、兼翰林侍讀學士，依前左朝奉郎知英州。

（宋）佚名《宋大詔令集》卷二〇六《政事・貶責・吕大防落職降官知隨州制紹聖元年六月甲戌**》** 朕昔嗣位之初，哀迷在疚。宣仁聖烈皇后，受託神考，專佑眇躬，屈攬繁機，事非獲已。故亟進二三大臣，委以政事，庶幾協濟，共揚遺烈。觀文殿大學士、左光禄大夫、知永興軍吕大防，被遇先朝，早歷禁從，召寘丞弼，進登宰事。而乃幸時變故，密逞姦回。初則朋比冢司，繼則竊弄國柄。力引死黨，分置要地。因緣論事，假託訓辭，誘爲姦言，務快私忿。謂簾帷可以欺罔，謂諒闇可以面謾。凡經邦垂世之遠圖，與理戎斥地之成算，或妄肆改作，自矜變法之功，或輕用棄捐，意歸黷武之過。交通近習，紊亂官儀。睥睨兩宮，呼吸群助。恭惟太母，本以保輔爲懷，豈以紛更爲事。敢誣累於慈訓，見包藏於異心。國論沸騰，邊患滋熾。逮予親政，猶爾擅朝，悖德自如，姦狀斯顯。尚務存於大體，故深遏於群言。而論者交章，迫以大義，謂有國之常憲，豈舊恩之可私。薄示降懲，少謝中外。其思自省，毋重後僁。可特落觀文殿學士降授左正議大夫知隨州。

（宋）佚名《宋大詔令集》卷二〇六《政事·貶責·劉摯落職降官知黃州制紹聖元年六月甲戌》　昔者太母深處帷幄之中，朕方孤立士民之上，憮然在疚，罔知攸濟。內則付託群公，外則通達言路。所賴有一德之士，不二心之臣，相與戮力，以康王室。苟懷異意，是辜委任。觀文殿學士太中大夫知青州劉摯，在先帝時，以館閣諸生，擢任要劇，雖中坐薄累，終不汝遺。夫何讎嫌，乃懷怨誹。自長御史，至登宰司，始以傅會權臣，奉承風旨，既又密布私黨，倡導邪謀。論議交通，蹤跡詭秘。誣詆聖考，愚視朕躬。首陳變法之科，終成棄地之令。縱釋有罪，以歸怨公上。汙衊異己，以誘脅衆心。害賊忠良，不獨遂中傷之計。窺伺禁省，將密爲離間之謀。有臣若斯，維國之醜。向雖從於罷免，猶曲示於保全。夙負益彰，群言荐至。欺天之惡，非公論之可容。罔上之誅，顧常刑之敢逭。聊從薄責，以示舊恩。其務省循，毋重來悔。可特落觀文殿學士、降授左朝議大夫知黃州。

（宋）佚名《宋大詔令集》卷二〇六《政事·貶責·蘇轍降官知袁州制》　事君者有犯勿欺，所以盡爲臣之節。無禮必逐，豈容逃慢上之誅。太中大夫知汝州蘇轍，父子兄弟，挾機權變詐之學，驚愚惑衆。轍昔以賢良方正，對策于庭。專斥上躬，固有異志。有司言轍懷姦不忠，如漢谷永，宜在罷黜。我仁祖優容，特命以官。在神考時，獻書縱言時事。召見詢訪，使預討論。與軾大倡醜言，未嘗加罪。仰惟二聖厚恩，宜何以報。垂簾之初，老姦擅國。置在言路，使詆先朝，乃以君父爲仇，無復臣子之義。愎忮深阻，出其天資，援引儇浮，盜竊名器。專恣可否，疇敢誰何。至與大防中分國柄，罔上則合謀取勝，徇私則立黨相傾，排嫉忠良，眩亂風俗。朕既洞察險詖，猶肆誕謾，假託虛辭，規暄朝聽。比雖薄責，未厭公言。繼攬奏封，交疏惡狀。維爾自廢忠順之道，而予務全終始之恩。再屈刑章，尚假民社，往自循省，毋速後愆。可特降授左朝議大夫知袁州。

（宋）佚名《宋大詔令集》卷二〇六《政事·貶責·蘇軾散官惠州安置制》　左承議郎新差知英州蘇軾，元豐間，有司奏軾罪惡甚衆，論法當死。先皇帝特赦而不誅，於軾恩德厚矣。朕初嗣位，政出權臣，引軾兄弟，以爲己助。自謂得計，罔有悛心。忘國大恩，敢以怨報。若譏朕過失，何所不容。乃代予言，誣詆聖考。乖父子之恩，害君臣之義。在於行路，猶不戴天，顧視士民，復何面目。乃至交通閹寺，矜詫倖恩，市井不爲，搢紳所耻。尚屈典章，但從降黜。今言者謂軾指斥宗廟，罪大罰輕。國有常刑，非朕可赦。宥爾萬死，竄之遐服。雖軾辯足惑衆，文足飾非，自絕君親，又將奚懟。保爾餘息，毋重後悔。可特責授寧遠軍節度副使惠州安置。

（宋）佚名《宋大詔令集》卷二〇六《政事·貶責·梁燾落職降官知鄂州制紹聖元年六月乙酉》　毀言廢忠，聖朝共惡。讒說殄行，朕師是驚。既辨厚誣，宜申明罰。資政殿學士、中大夫知鄆州梁燾，自登禁從，嘗長諫垣，議論無補於朝廷，毀譽悉符於朋黨。倡道群小，依憑所親。巧構邪謀，力圖激怒。掇取疑似之語，指爲咒詛之端。首陽采苓，嗟讒言之可畏。南山種豆，迹冤狀之甚明。使顧命之元臣，卒殞身於窮裔。重罔慈闈之聽，有傷初政之仁。且彼未嘗矜定策之功，而爾無故起貪天之謗，刻意不容之若此，處心積累之謂何。朕弗欲匹夫之向隅，忍聞一門之銜訴，伏闕不已，行路猶傷。汝亦何顏，孽乃自作。聊從譴黜，用示保容。尚其省循，毋重後悔。可落資政殿學士，降授左中散大夫知鄂州。

（宋）佚名《宋大詔令集》卷二〇七《政事·貶責·劉安世落職降官知南安軍吳安詩降官落職監光州鹽酒稅務制紹聖元年六月乙酉》　左承議郎、充寶文閣待制知成德軍劉安世，左朝奉大夫、直集賢院、管勾西京嵩山崇福宮吳安詩，朕昔侍慈闈，日聞聖訓。虛懷兼聽，惟言路是優。推心不疑，惟柄臣是信。爾惟與堯俞、巖叟、光庭等，皆由權貴親黨，躐取朝廷要官。未嘗一言，稍近忠厚，肆依群枉，圖復怨仇。揣度事機，謂可施於欺罔，構造險語，遂密行於中傷。鼓倡矛戟之言，傅會棘藩之譖。論奏則合辭營惑，進對則固請誅夷。乃致無辜，寘于死地。自謂得計，競進華途。逮于親政之初，悼厥銜冤之久，矧叫閽之屢訴，洎彈章之繼聞，灼見厚誣，爲之傷惻。罪成爾手，雖當日之足矜，戚寔自詒，豈茲時之可貸。尚從薄責，往服寬恩。宜務省循，毋重來悔。安世可落寶文閣待制，降授左奉議郎知南安軍。安詩可落直集賢院，降授左朝奉大夫監光州鹽酒稅。

（宋）佚名《宋大詔令集》卷二〇七《政事·貶責·范純仁降官制紹聖元年七月丁巳》　勅：徇公背私，所宜盡節。附下罔上，何以爲忠。爾比以世臣，擢預樞省。曾未積歲，遂登宰司。賴其悉心，輔我初政。方光、公著、大防等先後用事，汝則朋比居中，傅會姦謀，變亂先烈。首議棄地，貽患邊防。輕負累朝之恩，曲成私黨之意。自陷姦慝，屢致群言。深爲涵容，久屈彝典。聊從薄責，無怠省循。可降授通議大夫。依前觀文殿大學士知潁昌府。

（宋）佚名《宋大詔令集》卷一九五《政事·誡飭·敕牓朝堂詔紹聖元年七月戊午》 送往事居，是必責全於臣子。藏怒宿怨，豈宜上及於君親。朕繼體之初，宣仁聖烈皇后以太母之尊，權同聽覽，仁心誠意，專在保佑朕躬。自以簾帷之間，聞見不周及，故不次以用大臣，推心以委政事。非獨倚任耆艾，所冀恢昭聖功。司馬光、吕公著忘累朝之大恩，懷平時之觖望，幸國家之變故，遂朋黨之姦謀。引吕大防劉摯等，或□自要途，繼司辛事，或迭居言路，洊掌訓詞，或封駁東臺，或勸講經幄，顧予左右前後，皆爾所親，於時賞罰恩威，惟其所出。周旋欺蔽，表裏符同，宗廟神靈，恣行訕讟。朝廷號令，輒肆紛更，首信偏辭，輕改役法，開訴理之局，使有罪者徼倖，下疾苦之詔，誘群小之謗言。誣橫斂則濫蠲苟免之逋，誣厚藏則妄耗常平之積。崇聲律而薄經術，任穿鑿而紊官儀。棄境土則謬謂和戎，弛兵備則歸過黷武。城隍保民而罷增濬，器械資用而輟繕修。凡屬經綸，一皆廢絀。人材淆混，莫辨於品流。黨與縱橫，迭分於勝負。務快乘時之憤，都忘託國之謀。方利亮陰之不言，殊匪慈闈之本意。昔周王受命，召公惟辟國之十年同惡，四海吞聲，敵計得行，邊民受害。昔周王受命，召公惟辟國之聞。江左雖微，興宗有易代之歎。天下後世，其謂朕何。臨朝弗治，視古有愧。況復疎遠賤士，昧死而獻言。忠義舊臣，交章而抗論。迹著明甚，法安可私。其司馬光、吕公著、吕大防、劉摯等，各已等第行遣責降訖。噫，優禮近司，朕欲曲全於體貌，自奸明憲，爾今復逭於殊夷。至於射利之徒，脅肩成市，盍從申儆，俾革回邪。推予不忍之仁，開爾自新之路，除已行遣責降人外，其餘一切不問，議者亦勿復言。所有見行取會實録修撰官已下，及廢棄渠陽寨人，自依別敕處分。咨爾群工，明聽朕命。宜令御史臺出榜朝廷，進奏院遍牓。

（宋）佚名《宋大詔令集》卷二〇七《政事·貶責·黃庭堅涪州別駕黔州安置制紹聖元年十一月甲午》 左朝奉郎充集賢校理管勾亳州明道宮黃庭堅，爾擢於諸生，使預著作，罔念朝廷之屬任，專懷朋黨之私恩。依憑國書，疵詆先烈，變亂事寔，輕狥愛憎。古有常刑，宜即誅殛。尚兹屈法，聊示寬投。服我寬恩，無忘自訟。可責授涪州別駕，黔州安置。

（宋）佚名《宋大詔令集》卷二〇七《政事·貶責·吕大防降官安州居住制紹聖二年二月庚午》 朕恭惟先皇帝一朝大典，萬世信書。爰命相臣，專董其事。宜率厥屬，協於至公。自干典刑，朕安敢貸。降授通議大夫秘書監分司南京吕大防，遭遇特達，更踐高華，憑據宰司，輕視天下。總領論譔，既公肆於誕謾，用意詆欺，復手加於筆削。移過君父，虚美故臣。肆爾朋邪罔上之姦，拂朕追孝述先之志。昔馬遷良史，猶號謗書。會昌權臣，擅改寔録。敢爲訕讟，曾靡顧嫌，歷考舊聞，無甚兹日。矧以躐遷賞典，自處泰然，怵利怙權，前無故事。屈用惟輕之典，止還冒進之官，物議弗堪，彈章交至。再削文階之次，仍聯分務之名，易自郢邦，處之安陸。申儆凡百，宜體朕懷。可特降授中大夫、守光禄卿分司南京，安州居住。

（宋）佚名《宋大詔令集》卷二〇七《政事·貶責·常安民送部與監當制紹聖二年九月壬戌》 監察御史常安民，立心凶險，處性頗邪，荐致人言，姦狀甚著。俾之要路，誠非所宜。可罷監察御史，送吏部與監當差遣。

（宋）佚名《宋大詔令集》卷二〇七《政事·貶責·再責范祖禹劉安世詔紹聖三年八月庚辰》 責授武安軍節度副使永州安置范祖禹，責授奉議郎、試少府少監分司南京、南安軍居住劉安世，在元祐中，構造誣謗，靡所不至，迹其用心，宜加誅殛。聊從遠竄，以示寬恩。范祖禹特責授昭州別駕，賀州安置。劉安世特責授新州別駕，英州安置。

（宋）佚名《宋大詔令集》卷二〇《皇后·廢黜·廢皇后孟氏詔丙辰》 皇后孟氏，旁惑邪言，陰挾媚道，迨從究驗，證左甚明。獄辭具孚，覆按無爽。朕夙夜惻怛，寢食靡寧，難以私恩而屈大義。躬稟兩宫慈訓，奉被玉音，失德若斯，將何以母儀萬邦，上承宗廟。可上皇后册寶，廢居瑶華宫，賜號華陽教主、玉清妙静仙師，賜紫，法名冲真，其居處供帳、服用廩給之類，務從優厚，稱朕所以始終待遇之意。

（宋）佚名《宋大詔令集》卷二〇七《政事·貶責·吕大防責散官安置制紹聖四年二月癸未》 朋姦擅國，責有餘辜，造訕欺天，理不可赦，其加顯黜，以正明刑。降授中大夫、守光祿卿分司南京、安州居住吕大防，資性冥頑，心術狠戾，背天地之恩於先帝，廢君臣之禮於朕躬。冒登冢司，竊弄威柄，列布私黨，兢分權要，假借誣辭，以變更良法，網羅空語，以增飾謗書，乃至擠陷舊勳，棄捐邊要。內結近習，陰懷異心，外連群凶，力捍新政。罪寔同於元惡，法當置於嚴誅，而事久益彰，罰輕未稱。朕追念前烈，究觀衆言，義不敢私，恩難獨貸，貶從散秩，投畀遐方，懲誤國不道之愆，爲垂世無窮之戒，尚思循省，勿重悔尤，可責授舒州團練使，循州安置。

（宋）佚名《宋大詔令集》卷二〇八《政事·貶責·劉摯散官新州安置制紹聖四年二月癸未》 詘上之姦，衆所共棄。刑故之義，朕何敢私。降授左朝議大夫、試光祿卿分司南京、蘄州居住劉摯，趨操回邪，性資險譎。向由言路，力附黨魁。倡和姦謀，毀黷先烈。視朝廷爲虛器，以君父爲深仇。成法舊章，肆意變亂。不踰數載，竊據宰司。益引凶人，布滿要路。根據盛大，擁主圖私。嚮以積惡貫盈，雖從竄斥，而責輕罪重，公論未平。宜降散官，投之四裔。勉思惕厲，體我寬恩。可責授鼎州團練副使，新州安置。

（宋）佚名《宋大詔令集》卷二〇八《政事·貶責·蘇轍散官安置制》 朋姦擅國，責有餘辜。造訕欺天，理不可赦。其加顯黜，以正明刑。降授左朝議大夫、試少府監分司南京、筠州居住蘇轍，操傾側孽臣之心，挾縱横策士之計，始與兄軾，肆爲抵巇。晚同相光，協濟險惡。搆無根之辭而欺世，聚不逞之黨以蔽朝。謂邪説爲讜言，指善政爲苛法。矯誣太后，愚弄冲人，助成姦謀，交毀先烈。發怨懟於君臣之際，亡忌憚於父子之間。陰懷動摇，公肆排詆。粤予親政。尚爾撓權，持罔上之素心，爲怙終之私計。罪同首惡，法在嚴誅，而事久益彰，罰輕未稱。朕顧瞻嚴廟，跂念裕陵，義不敢私，恩難從貸。黜居散秩，投置遐陬。非徒今日知馭衆之威，亦使後世識爲臣之義。勉思寬憲，務蓋往愆。可責授化州别駕，雷州安置。

（宋）佚名《宋大詔令集》卷二〇八《政事·貶責·梁燾安置制》 誣君欺天，罪孰與大。背公死黨，法所必誅。降授左中散大夫、守少府監分司南京、鄂州居住梁燾，嚮附凶渠，擢在諫議，陰與子墹，搆造邪謀。詆誣先朝，擠陷舊弼，毁棄成法，薦引群凶。躐居丞轄之司，共成根柢之勢。雖圖薄責，未稱明刑。授以散官，投之遠裔。往其惕厲，服我寬恩。可責授雷州别駕，化州安置。

（宋）佚名《宋大詔令集》卷二〇八《政事·貶責·范純仁責散官安置制》 附下罔上，國有常刑。定罪原情，人無異罰。其申邦憲，以警官邪。降授通議大夫知隨州范純仁，立異以邀名，匿情而趨利。習用小夫之私智，專爲流俗之原人。始議親稱，則搆誣於英祖。晚言變法，則歸過於先朝。欺君以助邪謀，棄地以開邊隙。陰連群枉，協濟凶渠，躐處要權，盜持威柄。附會一意，挾持兩端。迄用攀援，遂尸宰輔。乃復肆言慢上，熒衆朋姦，忘未正之典刑，沮已行之命令。僅從薄譴，久逭嚴誅。苟其獲免於終身，何以示懲於後世。寘之遠服，授以散官，尚體寬恩，益思自訟。可責授武安軍節度副使，永州安置，已令所在差職官或監當官一員，伴送前去。經過州軍交替，仍仰所差官、常切照管，不得别致疏虞。

（宋）佚名《宋大詔令集》卷二〇八《政事·貶責·劉奉世分司居住制》 親上尊君，人臣之義。懷諼迷國，罰其可逃。端明殿學士、中大夫知成都府劉奉世，曩由小官，附會姦黨。密佈心腹，躐據要途。居職則有蠹國辱命之羞，奏疏則爲藏姦苟免之計。凶險憸狡，莫汝與儕。有司失刑，衆論未允。宜褫近職，分務别都，聊示創懲，毋重尤悔。可落端明殿學士，依前中大夫、行光祿少卿分司南京，郴州居住。

（宋）佚名《宋大詔令集》卷二〇八《政事·貶責·韓維落職降官制》 附下罔上，國有常刑。定罪原情，人無異罰。其申邦憲，以警官邪。資政殿學士、太子少傅致仕韓維，挾僞以干名，抱虚而取進。狥俗之意，愚不可移。朋姦之心，老莫能革。爰自初政，寔登近司。首贊邪謀，厚誣先烈。以抑兼併爲繁禁，以振貧厄爲利心。恣引親私，助成姦慝，遽因賜玦，遂逼掛冠。退有餘辜，罰難幸免。雖比從於薄責，寔久拂於公言。褫秘殿之崇資，裁文階之峻品，尚仍顯秩，俾即故居。益體寬矜，勿忘循省。可落資政殿學士，特降授左朝議大夫致仕。

（宋）佚名《宋大詔令集》卷二〇八《政事·貶責·王覿落職分司居住制紹聖四年二月癸未》 背公營私，罪在不赦。附下罔上，罰其可逃。實文閣直學士朝散郎知河陽府王覿，資賦險回，善於原俗。附會姦黨，毁刺先朝。挾衆連章，取必君上。變亂法度，擠陷善良。章疏具存，罪狀甚著。失刑之久，衆論不平。未寘深刑，聊褫近職。仍從分務，尚體寬恩。可落寶文閣直學士，依前朝散郎，守少府少監分司南京，通州居住。

（宋）佚名《宋大詔令集》卷二〇八《政事·貶責·韓川等分司居住制》朝請郎新差知鄆州韓川，朝散郎新差知道州孫升，朝散大夫監潭州衡山南嶽廟吕陶，頃者大姦舊惡，相繼擅朝，而爾挾忿狥私，爲之死黨。竊據要路，肆言先朝，造訕興讒，無所忌憚。巧詆法度，以遂更變之謀。歷排忠良，以虛顧託之任。分權立黨，協濟凶邪。自求直名，歸怨公上。積心至此，議罪謂何。嚮務矜容，止從降黜。僉言久鬱，夙負愈彰。既未足慰在天之靈，又莫能爲垂世之戒。俾分留務，仍處善邦，往服寬恩，勿貽後悔。川可依前官尚書屯田員外郎分司南京，隨州居住。升可授依前尚書水部員外郎分司南京，峽州居住。陶可授依前官尚書庫部員外郎分司南京，衡州居住。

（宋）佚名《宋大詔令集》卷二〇八《政事·貶責·吕公著追貶散官制紹聖四年二月丙辰》爲臣不忠，罪不可赦。居下訕上，誅及其朋。矧惟凶慝之尤，當明身没之戒。故司空同平章軍國事吕公著，資賦陰險，世濟姦回，盜竊虛名，昧冒休寵。擢贊樞府，寔自先朝。迨予纂承，躐持宰柄。而乃協濟元惡，爲之主謀。力引群邪，布列庶位。謗讟前烈，變亂舊章。厥罪貫盈，已死難置，宜從追貶，易以散官。雖竄殛不及其生，而懲創可垂於後。是維公議，用告幽明。可特追貶建武軍節度副使。

（宋）佚名《宋大詔令集》卷二〇八《政事·貶責·司馬光追貶散官制紹聖四年二月戊午》不道之誅，莫先訕上。無君之惡，尤在擅朝。罰不及身，死有餘責。宜加追貶，用示創懲。故正議大夫、守尚書、左僕射、兼門下侍郎司馬光，資詭激之行，以盜虛聲。挾矯誣之言，以惑愚衆。逮事昭考，既躋顯塗，尚何怨仇，乃積忿毒。粤朕初政，肆其宿姦。陰結中人，驟竊宰柄。倡率不逞，詆訾先朝。援引群凶，變更良法。潛懷睥睨之邪計，欲快傾摇之二心。長惡弗悛，餘殃自及。而位存公相，澤被子孫，使其冒國家之繆恩，何以爲臣子之大戒。雖逃顯戮，當置散員，改命九原，正名萬世。庶幾幽顯，知有典刑。可特追貶清海軍節度副使。

（宋）佚名《宋大詔令集》卷二〇八《政事·貶責·王巖叟追貶雷州别駕制》誤朝之慝，力引群姦。附下之誅，宜加首惡。生逃顯戮，死有餘辜。典刑所存，朕不敢赦。端明殿學士、左朝奉郎王巖叟，資憸巧之智，而濟以敢爲，挾凶邪之權，而爲之死黨。厚誣先帝，愚弄朕躬。力贊邪謀，陰懷異志。凶德參會，憸言肆行，廢法度於已乎，擠勳勞於必死。罪惡暴著，鬼得而誅。雖嘗示於小懲，顧未協於公議，貶從散秩，追正明刑。非獨致朝廷之公，將永爲臣子之誡，可特追貶雷州別駕。

（宋）佚名《宋大詔令集》卷二〇八《政事·貶責·范純禮趙君錫馬默落職居住制》爲臣之義，戒在朋姦。干國之刑，理難縱罪。左朝議大夫、充天章閣待制、提舉亳州明道宫范純禮，朝請大夫、充天章閣待制、提舉亳州明道宫趙君錫，朝請大夫、充寶文閣待制、提舉南京鴻慶宫馬默，頃在初政，嘗躋近班。懷借勢乘權之心，起背公死黨之計。傅會邪説，專爲悦諛。挾持險謀，共濟凶惡。夙負欺君之責，久逃附下之誅。無以昭姦，公論甚鬱。宜從降黜，用示創懲。益體寬矜，勉思飭勵。純禮可落天章閣待制，依前管勾亳州明道宫，蔡州居住。君錫可落天章閣待制，依前管勾亳州明道宫，本處居住。默可落寶文閣待制，依前管勾南京鴻慶宫，單州居住。

（宋）佚名《宋大詔令集》卷二〇八《政事·貶責·顧臨落職居住制》明罰敕法者，人君之要務。附下罔上者，人臣之大刑。苟公論之未平，宜明罰之申用。朝散大夫、天章閣待制、知歙州顧臨，附會凶黨，力被薦論。屬緣洞察於姦謀，不使超躋於近列。迨司留鑰，復結罪閹。雖因人言，嘗從貶秩。責輕罪重，衆不謂宜。聊褫延閣之名，尚假祠宫之任。益思補報，體我寬恩，可落天章閣待制，依前官管勾洪州玉隆觀，饒州居住。

（宋）佚名《宋大詔令集》卷二〇八《政事·貶責·范純粹落職居住制》附下之姦，爲衆所惡。刑故之義，乃邦之常。公論弗容，朕何敢赦。降授朝散郎、充寶文閣待制、知滑州范純粹，傾邪險詖，出於天資。反覆導諛，忘其父志。兄弟倡和，協助姦凶。變先朝拓土之功，成一時蹙國之議。向從薄責，聊示小懲。承乏邊州，旋復舊職。失刑既久，公論未平。宜褫延閣之名，尚假祠觀之任。體予寬貸，益務自新。可落寶文閣待制，依前官管勾江州太平觀，均州居住。

（宋）佚名《宋大詔令集》卷二〇八《政事・貶責・孔武仲落職居住制》 害正趨邪，衆所共惡。交私合黨，罰可不懲。朝散郎、充寶文閣待制、知宣州孔武仲，頃由遠官，召置臺閣，附會姦黨，躐處要班，逮予親政之初，敢爲怙終之計。失刑既久，衆論未平。宜褫延閣之名，假以祠觀之任。尚其惕厲，服我寬恩。可特落寶文閣待制，依前官管勾洪州玉隆觀，池州居住。

（宋）佚名《宋大詔令集》卷二〇八《政事・貶責・王汾落職依前官致仕制》 循分守常，爲臣之義。抵巇射利，罰無可逃。中大夫、充寶文閣待制、致仕王汾，早以凡才，濫居儒館。元祐之際，附會詆欺。衆論諠聞，罪狀明白。有司失按，衆論未平。宜褫延閣之名，俾仍居里之逸。其益循省，服我寬恩。可落寶文閣待制，依前官致仕。

（宋）佚名《宋大詔令集》卷二〇八《政事・貶責・王欽臣落職居住張耒落職監當制》 朝請郎、充集賢殿修撰、知饒州王欽臣，承議郎、直龍圖閣、管勾亳州明道宫張耒，爲臣之義，戒在朋邪。干國之刑，理難縱罪。爾因緣姦黨，躐處要班。挾持詭謀，鼓煽凶燄。夙負欺君之責，久逃附下之誅。無以昭姦，公論猶鬱。宜從降黜，用示創懲。益體寬矜，勉思飭勵。欽臣可落集賢殿修撰，依前官管勾江州太平觀，信州居住。耒可落直龍圖閣，依前官添差監黄州酒税。

（宋）佚名《宋大詔令集》卷二〇八《政事・貶責・吕希哲吕希純吕希績分司居住制》 朝奉大夫、權知太平州吕希哲，朝奉大夫、知歸州吕希純，朝請大夫、管勾亳州明道宫吕希績，爾父公著，當元祐初，竊據宰司，毁黷先烈，變亂法度，罪惡貫盈。而爾等方其父時，則假國威靈，爲己門閾。及大防用事，則密投凶黨，賣鬻利權，並以庸材，因致美官。最後希純竊掌詞命，公肆欺誣，每虞正路之開通，務在多方而塗塞。宜悉從於貶秩，或仍俾於分司，庶無輕重失當之刑，及夫幸免失刑之士。希哲可特降授朝奉郎、尚書虞部員外郎分司南京，和州居住。希純可降授朝奉郎、尚書屯田員外郎分司南京，金州居住。希績可降授朝請郎差遣，依舊光州居住。

（宋）佚名《宋大詔令集》卷二〇八《政事・貶責・姚勔分司居住制》 奉議郎、管勾杭州洞霄宫姚勔，嚮附凶邪，爲出死力。沮害良善，助成姦謀。雖示小懲，未厭公論。宜從分務，聊稱明刑。益自省循，服我寬貸。可依前官守尚書水部員外郎分司南京，衢州居住。

（宋）佚名《宋大詔令集》卷二〇八《政事・貶責・吴安詩散官安置制》 降授朝請郎、均州酒税吴安世，頃者群凶聚慝，繼踵擅朝。爾以邪朋，竊處諫列。鼓扇凶燄，傅會邪謀。逞宿憾以擠勞舊之臣，搆險語以叶傾摇之議。遂以墻面，濫侍經筵。超躐等夷，根據要路。暨予親政，復爾怙終，代行訓辭，藉譽姦黨。雖嘗加於薄責，猶未正於嚴誅。黜副州團，置諸遠服。益思自訟，無重後愆。可責授濮州團練副使，連州安置。

（宋）佚名《宋大詔令集》卷二〇八《政事・貶責・晁補之落校理監當制》 承議郎、充秘閣校理、通判亳州晁補之，爾嚮以憸邪之資，力附姦惡之黨。表裏倡和，阿附道諛。特見稱於凶人，遂竊處於清貫。失刑既久，衆論未平。聊褫職名，俾司筦榷。尚其惕厲，服我寬恩。可落秘閣校理，依前官添差監處州鹽酒税務。

（宋）佚名《宋大詔令集》卷二〇八《政事・貶責・文彦博降太子少保致仕制紹聖四年二月甲申》 行訕上之逆者不赦，挾無君之心者必誅。邦有常刑，人難異罰。河東節度管内觀察處置等使、太師、開府儀同三司、太原尹致仕、上柱國、潞國公文彦博，色厲而荏，行僞而堅。備公師於三朝，更將相者四紀。曾靡云報，尚何所仇。敢乘間以抵巇，遂行險以僥倖。頃遭家之不造，謂貴老之可詢，起於閭里退居之中，付以軍國平章之重。忘我大德，肆其忿心，初迷國以懷諼，終朋姦而善背。以理財裕民之政，爲暴刻箕斂之科。以經武斥地之勳，爲寇攘草竊之計。於父子之間而不忌，在君臣之分而敢仇。朕祗若先猷，適追來孝，永念垂裕流光之烈，悉資除苛解嬈之言。戴天靡容，蹐地太息。有臣若此，於義可乎。既久益彰，欲止不敢，猶以具瞻之故老，假其垂盡之餘齡。止解師垣，仍還將鉞，庶消群慝，並示至公。於戲，明罰正刑，永爲垂世之誡。彰善癉惡，上慰在天之靈。往祗乃心，無重來悔。可落河東節度管内觀察處置等使、開府儀同三司、太原尹，特降授太子少保致仕。依前潞國公、勳封食邑實封如故。

（宋）佚名《宋大詔令集》卷二〇九《政事・貶責・故追貶建武軍節度副使吕公著追貶昌化軍司户制紹聖四年二月》 勅：量罪加刑，有國常典。爲臣背義，雖死必誅。以爾被遇先朝，擢居樞府。迨予纂服，復任宰司。宜竭忠謀，協贊王室，而乃廢體國之大義，忘事君之小心。陰結姦臣，私懷異意，訕謗先烈，變亂舊章。積惡終身，久益暴露，孽寔自作，刑難幸逃。雖嘗示於小懲，尚未符於衆議。是用追貶嶺表，降秩州掾，庶期幽顯，知有所畏，可追貶昌化軍司户參軍。

（宋）佚名《宋大詔令集》卷二〇九《政事·貶責·故追貶清海軍節度副使司馬光追貶朱崖軍司户制》 勑：爾以詆誣宗廟，迷誤朝廷，没有餘辜，死未塞責。久稽罪罰，近正典刑，而隱慝愈彰，公言難掩。嘗與凶黨，寔藏禍心。妄引宣訓衰亂不道之謀，僭諭寶慈聖烈非意之事。興言及此，積慮謂何。雖免嚴誅，載加貶秩。庶幾來世，永有創懲。可追貶朱崖軍司户參軍。

（宋）佚名《宋大詔令集》卷二〇九《政事·貶責·韓川孫升散官安置制紹聖四年閏二月丁亥》 朝請郎、尚書屯田員外郎分司南京、隨州居住韓川，朝請郎、尚書水部員外郎分司南京、峽州居住孫升，爾等以顯附姦凶，肆爲譏訕，早負何譴，久稽典刑。嘗考僉言，稍申公憲。而原其心迹，寔厥始終，罪重責輕，無以懲戒。罷分留務，黜置散員，尚慎乃心，益思自訟。川可責授岷州團練副使，道州安置。升可特責授果州練團副使，汀州安置。

（宋）佚名《宋大詔令集》卷二〇九《政事·貶責·韓忠彦降資政殿學士制紹聖四年閏二月己丑》 屈法伸恩，所以國無濫罰。責功捨過，所以人無廢材。觀文殿學士、太中大夫、知定州韓忠彦，進由世臣，擢自先帝。歷躋禁從，久贊事樞。當體前修，以裨初政。而乃助誣民之浮説，行蠹國之非謀。方正典刑，欲均罪罰。朕追奕世勳勞之舊，念累朝眷遇之隆，難奪公言，稍從薄責。尚申中山之重任，止裁秘殿之崇資，益示矜容，勿怠循省。可依前官降充資政殿學士。

（宋）佚名《宋大詔令集》卷二〇九《政事·貶責·鄭雍落職制紹聖四年閏二月壬辰》 砥節首公，人臣之義。交私害正，罪罰有常。經言既同，朕不敢置。資政殿學士、太中大夫、知大名府鄭雍，頃由附會，得列言官。乘時抵巇，驟至承轄。助成姦慝，無補事功。雖罷政機，尚兼近職。方申明憲，姑示小懲。黜其故官，仍司留鑰，是惟寛假。益務省循，可特落資政殿學士，依前官差遣如故。

（宋）佚名《宋大詔令集》卷二〇九《政事·貶責·安燾落職制紹聖四年閏二月壬寅》 法從貴始，將以正刑。罪與衆均，難於異罰。觀文殿學士、左正議大夫、知鄭州安燾，親逢先帝，歷寘顯塗。職爲近密之官，身在受遺之列。既聞末命，當守初心。而乃持禄保躬，協謀蠹國，依憑姦黨，爲己助留。誣巇勞臣，隨時擠陷。上辜寄託，久負譴呵，向捨往愆，復還近輔。尚敢飾非搆異，撓政狥私，無助修前烈之心，有黨援衆邪之迹。朕明典刑以懲後世，推恩義以待舊人，難抑僉言，稍從薄責。去侍班之峻職，仍輔郡之善藩。益思省循，勿重尤悔。可特落觀文殿學士，依前官差遣如故。

（宋）佚名《宋大詔令集》卷二〇九《政事·貶責·葉濤罷中書舍人依前官知光州制》 朕於庶言，惟正之聽。苟懷險詖，難廢典刑。奉議郎、試中書舍人、同脩國史葉濤，屬自小官，擢掌誥命，而乃附下罔上，背公立私。陰懷姦黨之恩，嘗爲害正之計，力沮已行之謫命，飾以游詞，欲收異意之小人，翕然歸己。無所忌憚，肆其悍凶，議罰論心，宜加重黜。祇從罷職，仍俾分符，尚體寛恩，毋忘循省。可特罷中書舍人，依前官知光州。

（宋）佚名《宋大詔令集》卷二〇九《政事·貶責·王珪追貶萬安軍司户參軍制紹聖四年四月丁未》 臣無貳志，戒在懷姦。國有常刑，議難逃罪。其申後罰，以正往愆。故金紫光禄大夫、守尚書左僕射、兼門下侍郎、贈太師王珪，竊文華之上爵，躬柔險之詖行。馴致顯位，遂居冢司。先帝優容臣鄰，務盡禮節。掩覆瑕慝，多歷歲時。邱山之恩，毫髮未報。屬在彌留之際，是謂憂疑之時。欲豫安於人心，當蚤正於國本。矧復昭考與子之意，素以著明；太母愛孫之慈，初無間隙。而乃妄懷窺度，專務媕阿。指朝廷爲他家，用社稷爲私計。同列誚詰，久無定言。陰持兩端，不顧大義。僅免生前之顯戮，更叨身後之餘榮。公議勿容，舊疏具在，返覆參驗，心迹較然。使其免惡於一時，難以示懲於萬世。貶從散秩，追正誤恩。庶令官邪，咸知警憲。可特追貶萬安軍司户參軍。

（宋）佚名《宋大詔令集》卷二〇九《政事·貶責·黄隱散官安置制元符二年四月甲午》 朝奉郎、水部員外郎分司南京、睦州居住黄隱，爾以諸生，常被先帝拔擢，不思圖報厚恩，而待更元祐，託附姦黨，非毀法度，偷合取容。雖分務於别都，未克諧於僉論，黜居散秩，投置遠邦。勿增愆尤，宜重循省。可特責授平江軍司馬，南安軍安置。

（宋）佚名《宋大詔令集》卷二〇九《政事・貶責・陳次升罷職遠州監當制元符二年五月戊辰**》** 朕因閲元祐臣寮所上章疏，得陳次升任監察御史日一二章奏。觀其微意，極甚姦邪，附會權臣，詆毀先政。如張官置局，許之訴理，其用法過重，事涉冤抑，情可矜恕，皆得伸雪。已而乞放上供封樁錢物，不致過有誅求，而民無騷擾之患之語。朕嘗念容其過，庶使自新，畀以諫職，復敢狃習故態，觀望言事，多不中理。久居其位，殊無小補。可罷職與遠小監當差遣，添差監全州鹽酒税。

（宋）佚名《宋大詔令集》卷二〇九《政事・貶責・朝請郎知南京邢恕降承議郎知南安軍制》 勅：朕勵精庶政，方以辨白是非、判别忠邪爲首務。士有險薄反覆，詭訐不情，宜寘明刑，用昭公議。以爾頃在先朝，嘗論時政，以直斥去，坐擯累年。與司馬光晚被收擢，遭逢元祐，千載一時，並用忠良，全去弊蠹。指權臣爲德望，譽姦黨爲正人。不辭超擢之名，自任紛更之事。逮予觀政，亟省前言。蒐慝任情，僥倖寵利，希合附會，莫汝甚焉。此而不懲，何以爲誡，黜官三等，往守小邦。尚體寬恩，益自循省。可。

（宋）佚名《宋大詔令集》卷二〇九《政事・貶責・給事中劉拯罷給事中知濠州制元符三年四月二十三日**》** 彰善癉惡，所以勵俗。舉直錯枉，乃能服民。朕臨政之初，大判淑慝。左右前後，必皆端良。豈容憸人，尚據要近。具官某，識趣凡陋，資稟陰邪，無奉公守誼之心，有朋黨害正之迹。論事觀望，志在阿私。出言險膚，情寔偏係，質之僉議，蔽自朕心。未正典刑，尚分符竹。聊示周行之戒，以沮讒夫之昌。體予寬恩，往自循省。

（宋）佚名《宋大詔令集》卷二〇九《政事・貶責・邢恕落職分司制元符三年六月丙午**》** 勅：忠邪辨則内外肅，是非公則勸沮行。有國之經，朕何敢廢。朝散郎、充龍圖閣待制、新差知荆南府邢恕，師縱横之術，倡浮僞之辯。不思守道以來福，惟知行險以僥倖。臧否在口，憎愛由心。敢爲虚詞，以誤朝聽。迺者司馬光吕公著輒詆先烈，輕變舊章，著在訓詞，以正刑典，用此獲罪，不爲無名。而爾操心傾危，雅意附會，構爲飛語，上累宣仁，既非親聞，且無證左，究其所自，皆出不根。使光公著被凶悖之名，蒙竄殛之罪，欺天誤國，職爾之由。矧爾於彼二人，實門下士。借譽引重，恩誼非輕。一旦飜然，遽爲讎敵，擠之下石，孰謂虚言。今朕既申彼之冤，還其爵秩，則爾罪惡，何詞以逃。黜貳尚方，往分留務，不獨示朕辨忠讒公是非之旨，亦使自今傾側反覆之士知所戒焉。朕恩甚寬，爾尚知悔。可特落龍圖閣待制，依前朝散郎、守少府少監分司西京，均州居住。

（宋）佚名《宋大詔令集》卷二一〇《政事・貶責・章惇責授武昌軍節度副使潭州安置制元符三年九月己丑**》** 勅：依勢作威，法所不赦。懷諼迷國，罪何可逃。用明去惡之刑，以謹爲臣之戒。具官某，處心忮忍，賦性陰邪，自我先朝，超居上宰。爲之不置次輔，所以責其成功。眷遇之勤，可謂至矣。當思夙夜，以盡忠嘉。而乃恣其凶暴之心，靡有弼諧之助。先皇帝天資仁孝，勤儉愛人。每形德音，具見惻怛。及爾輔政，肆行誕謾，凡陳開導之言，無非殺伐之事。陰挾仇怨，妄肆中傷。或稱謀危上躬，或託謗訕宗廟，擯除禁近，視若孤豚。排斥搢紳，棄如斷綆。投之荒裔，肯與生還。存者悉爲囚徒，死者不得歸葬。數更沛宥，莫或叙收。廢格上恩，竊弄威柄。援引姦黨，布滿要途。造作語言，更相倡和。有司觀望，慘刻成風。殺伐無辜，道路以目。乖氣致異，上天降凶。水旱連年，民靡寧止。爾之罪惡，滋以貫盈。自古姦臣，未有爾比。近從薄責，尚守大藩。人言沸騰，交達予聽。國有常典，宜即嚴誅。尚示寬恩，俾之遠竄。益務循省，無重悔尤。可。

（宋）佚名《宋大詔令集》卷二一二《政事・貶責・曾布責授武泰軍節度副使衡州安置制崇寧元年一月癸巳**》** 勅：罔上之姦，法所不赦。滔天之罪，義無可容。降授中大夫、守司農卿分司南京、太平州居住曾布，頃被國恩，嘗居相位，專權自恣，黷貨無厭。交通近習之私，顯有開邪之迹。公行問遺，密達語言，捨他人之田，以矯報親恩，請有識之地，以自圖己福。雖云剡奏，寔駭予聞。既收可用之才，輒薦逆謀之首。逮兹獄具，曾不自陳，遽寬假於衆人，務覆藏於私慝。至東朝奏事，力請獨班，俾衆莫聞，厥心安在。啓後世難防之弊，隳本朝有定之規，罪不勝誅，刑其可緩。姑貶從於散秩，用投置於遐州。往務省循，無重尤悔。

（宋）佚名《宋大詔令集》卷二一二《政事·貶責·韓忠彥落職依前左光禄大夫知大名府制崇寧元年五月甲子》　勅：廊廟宗工，義當體國，或内懷私意，以變亂典刑，旁任姦人，以傾揺政事，未加顯責，莫厭師言。觀文殿大學士、左光禄大夫知大名府韓忠彥，頃自先朝，擢爲高位，嘗以元祐之黨，得罪泰陵。朕於嗣位之初，寖加柄用，固宜一德，以稱倚毗，迺終聽邪謀，互持偏見，凡厥舊政，務爲紛更。朕姑欲含容，退之以禮，而言者論列，至示再三。削職要班，聊示懲創，往服寬宥，益自省循，可。

（宋）佚名《宋大詔令集》卷二一二《政事·貶責·韓忠彥降授正議大夫提舉西京崇福宫制崇寧元年九月丁酉》　勅：朕承祧而弟及，纘服以君臨。永泰上賓，具存謨訓。長秋正位，曲盡禮經。彼締交合黨以何心，皆樂禍幸灾而妄作。追懷往烈，用厚群倫。具官韓忠彥，世受異恩，身爲上宰。嗟先朝之奚負，肆悖德之敢爲。蔇塗尚新，陵土未復。輒借資於外議，將謀廢於中宫。面具奏陳，恬無忌憚。生而臣主，没則寇讎。乃使有志名教之徒，而形不保妻子之嘆，是可忍也，人其謂何。發政施仁，猶恤孤之是急。繼志述事，豈同父而可忘。徐思其言，重惻朕志。宜伸明罰，用慰在天。尚示寬矜，其加省循。可特授右正議大夫，提舉西京崇福宫。

（宋）佚名《宋大詔令集》卷二一〇《政事·貶責·故責授舒州團練循州安置追復右光禄大夫呂大防特授太中大夫故觀文殿大學士右正議大夫中太一宫使范純仁落職餘如故制崇寧元年五月庚午》　勅：尊主芘民，人臣之職。其事上則不敬，其謀國則不忠。犯義干刑，孰大於此。爾等遭時艱疚，身處廟堂。垂簾則惟奉淵嘿，退朝則妄議宗廟。紛亂綱紀，毁廢典常。凡所用之人材，靡不斥逐。已行之法度，靡不變更。迨宣仁寢疾彌留，泰陵年已及冠，而委政闈寺，莫肯以復辟爲言。輕視長君，處之虚器，推原罪慝，何可勝誅。紹聖躬攬萬機，甫加竄逐。朕入纘大服，與物更新，而朋邪之人，適復在位。甄叙眷恤，靡不過優，言路交章，謂宜追改。稍從裁削，姑示至公。尚其有知，膺此明命。可。

（宋）佚名《宋大詔令集》卷二一〇《政事·貶責·故朝奉郎蘇軾降授崇信軍節度行軍司馬制》　勅：爾叄蹤藝文，擢寘儒館。嘗以謗訕抵罪，神考赦而不誅。元祐之間，躐登華近。扶持親黨，鼓倡群邪。肆爲詆誣，以逞怨望。紹聖投之荒裔，聊正典刑。昨乃以誤恩，復還朝著。推原罪慝，在所當誅。追削故官，置之冗散。庶其黨類，知所創懲。可。

（宋）佚名《宋大詔令集》卷二一〇《政事·貶責·安燾降職制》

勅：廊廟宗工，義當體國。或私懷怨望，傾揺事功。此而不懲，何以厲世。觀文殿學士、左光禄大夫、知河南府安燾，被遇神考，擢秉樞衡。泰陵以其媚附元祐用事之人，常加貶斥。朕嗣位之始，召還舊服。固宜益圖忠藎，以報寵靈。而首倡姦言，動揺邊計。凡厥舊政，務爲紛更。朕體貌邇臣，退之以禮，而未加顯黜，公議靡容，降職近班，尚居政輔之列，服我寬宥，往自省循。可依前官降充端明殿學士，差遣如故。

（宋）佚名《宋大詔令集》卷二一〇《政事·貶責·豐稷降職制》

勅：爲人臣而不知所以事君之義，居禄位而不知所以爲政之方，以是繩之，何以勝責。樞密直學士、朝散大夫、知越州豐稷，頃繇元祐，致位近班。泰陵察其用心，屏居外服。朕於在宥之始，選擢不次。中司八座，靡不踐更。而進對之間，首倡異論。以善政良法，爲可改廢。以附會姦黨，爲時忠賢。變亂是非，深駭朕聽。矧元豐之際，嘗居言路，於政事法度，未嘗有所建明。語默異時，可見朋比。出守藩翰，姑遂其請，而未知典刑，寔鬱公議。降秩内閣，尚居從官，往服寬恩，益自循省。可依前朝散大夫，降充寶文閣待制，差遣如故。

（宋）佚名《宋大詔令集》卷二一一《政事·貶責·鄒浩衡州別駕永州安置制崇寧元年閏六月二十日》　仰惟哲宗皇帝，嚴恭寅畏，克勤祗德。元符之末，是生越王。姦人造言，謂非后出。比閱臣僚舊疏，適見椒房訴章。載加考詳，咸有顯證。是時兩宫親臨撫視，嬪御執事在旁。何緣外人，得入宫禁。殺母取子，實爲不根。弗示憲章，曷昭公議。通直郎、充寶文閣待制、新差知越州鄒浩，内懷詭誕，靡究是非，借諭古今，肆行詆毁。有必誅不赦之罪，無改過自新之心。比因匪人，引作姦黨。固欲干流俗之譽，意在重泰陵之非。朕爲人弟，繼體承祧。豈使沽名之賊臣，重害友恭之大義。罔上之惡，已不容誅。聊從竄投，用示寬貸。不特稱朕昭顯前人之意，而又以戒爲臣之不忠。往務省循，毋增後悔。可特責授衡州別駕，永州安置。

（宋）佚名《宋大詔令集》卷二一二《政事・貶責・李清臣追貶安遠軍節度副使制崇寧元年閏六月壬子》 勅：明罰慎刑，亶惟先烈。繼志述事，粤在朕躬。既辨厚誣，宜申常憲。雖失幸生之罔，用誅既死之姦。故資政殿大學士、右光禄大夫李清臣，懷狠愎之資，挾傾邪之志，諂附權要，包藏禍機。旋還貳於近司，遂肆馳於大憝。被遇永泰，得罪是容。幸災元符，乘釁而作。欲逞怨懟不滿之志，適會艱難未濟之時。夤緣黜臣，醜詆往政。謂皆忮忍殺伐之事，用爲輔導開迪之端。受禍者一千餘家，餓死者數十萬計，斬頸拔舌，釘足剥膚，如其所陳，知乃非道。在當時固未嘗有，雖路人亦不忍聞。妄恣誕謾，恬無忌憚。爲臣如是，省己若何。鬼得而誅，不亡奚待。人言可畏，雖蓋益彰。按劾孔昭，廢黜已晚。尚其未泯，庶或有慚。可特追貶安遠軍節度副使。

（宋）佚名《宋大詔令集》卷一九五《政事・誡飭・焚毁元祐條件詔崇寧元年七月己酉》 昔在神考，若稽古先，上嘉勛華，下陋唐漢。建立政事，著爲典章。適於損益之宜，通乎利害之變。翕受群策，蔽于淵衷。緩急先後，如農之有畔。本末調理，如網之在綱。非天下之至精，孰能與此。雖後世有作者，何以加諸。而元祐之間，遭家不造，權臣用事，俗學欺愚。恚前言之不行，怨曩志之或失，汲引死黨，沸騰異端，肆行改更，無復忌憚。朕繼志追慕，見于羹墻，儲神燕間，披閲手澤，歎前烈之幾墜，知邪辭之所離。夫法令滋彰，盗賊多有，天下無事，庸人擾之。敷告多方，率由舊章。乃其不正不極，匪謀匪彝，變古亂常，析言破律，苟尚存于蕪類，將有惑於傳聞。其命有司，悉行燔毁。尚賴弼臣叶濟，庶尹交修，各公厥心，同底于治。今來追復元豐法制，已衝改元祐條件不行者。其元祐條件勾收，申尚書省焚毁。三省今後依此遵守，仍令進奏院遍牒，並依此施行，故兹詔示，想宜知悉。

（宋）佚名《宋大詔令集》卷二一〇《政事・貶責・曾布落職提舉亳州太清宫太平州居住制崇寧元年七月丙戌》 勅：輔弼之任，職靡容私。賞罰之權，義無縱惡。儻辜寄委，難逭譴訶。觀文殿大學士、左銀青光禄大夫、知潤州曾布，被遇先朝，進參樞筦。逮予纘服，擢貳宰衡。初無純美之誠，以相繼述之志。所好雖儇浮必録，所惡雖正直弗容。指縱異意之人，幾壞揚功之政。迨其軌已，始務改圖。朕方虛寧仰成，聽其悔過，庶收後効，待以不疑。遂專威禍之權，盡引腹心之黨，勢可炙手，門如沸湯。曾微獻替之忠，屢驗矯誣之迹。至使子壻，縱横市恩。假託姻親，密交婦女。妄謂朋游之舊，潛通賄賂之私。坐合附下之圖，更起無名之役。苟知護田而障水，弗思蠹國而害民。開力馬河數百里間，費予邦財四十萬計。地變陸海，利入私門。無魯相拔葵之風，有漢臣專利之横。煩言荐興，按驗不誣。大臣若此，咎將誰執。尚以久從左右，姑務含容。止鐫秘殿之華資，往即祠宫之休使，盍思内訟，罔蹈後艱。可。

（宋）佚名《宋大詔令集》卷二一〇《政事・貶責・林希降職知揚州制》 左右禁近，義當一心。儻或朋姦，朕不敢赦。資政殿學士、通議大夫、知大名府林希，早以才譽，嘗列詞垣。當悖擅朝，曲懷阿附。每形書命，公肆誕誣。掩宣仁聽政之明，蔽永泰知人之鑒。言章亟至，寔駭予聞。事上若斯，有愧朝列。不有降黜，人其謂何。特示寬恩，稍從薄責。尚假維揚之重鎮，止裁秘殿之崇資。往體矜容，無忘循省。可特授前官，降充端明殿學士知揚州。

（宋）佚名《宋大詔令集》卷二一〇《政事・貶責・林希落職知揚州制》 朋姦害政，國有常刑。屈法申恩，士有異論。宜昭典憲，用儆官師。資政殿學士、通議大夫、知大名府林希，假竊王言，醜詆多士，附會宰輔，變亂是非。傳播四方，靡不憤疾。朕眷禮禁近，姑務含容。罪大責輕，衆不汝貸。言章繼至，達予聽聞。謂爾用心，曷爲犯義。宜褫近職，尚領藩符。體我寬恩，益自循省。可特落資政殿學士，依前通議大夫知揚州。

（宋）佚名《宋大詔令集》卷二一〇《政事・貶責・蔡卞降官守少府監分司居住制》 王道不平，率由比德。國家之敗，常以官邪。矧身位疑丞，心懷險詖。自干清議，非朕敢私。左正議大夫、提舉杭州洞霄宫蔡卞，早以時才，亟躋邇列。不能勵行以砥節，專爲醜正以分朋。羽翼腹心，借先烈以籍口。捃摭章奏，竊國命以報仇。媢疾善良，肆加誣衊。盤結根柢，惟務中傷。迹其用意之不臧，皆非先帝之本旨。姑從薄責，俾領祠宫。公論沸騰，典刑安在。貶秩數等，分務别都。服我寬恩，無重尤悔。可特授中大夫、守少府監分司南京，池州居住。

（宋）佚名《宋大詔令集》卷二一〇《政事・貶責・蔡卞落職提舉杭

州洞霄宮太平州居住制》　賞罰明則朝廷尊，忠邪辨則遠近肅。懷諼迷國，法所不容。醜正背公，罪焉可貸。資政殿學士、左正議大夫、知江寧府蔡卞，早被識擢，荐歷要途。爰逮先朝，遂與幾政。莫效匪躬之節，惟存罔上之心。援引姦回，竊據要近。己所不喜，指爲姦朋。搆造語言，陷害忠直。擯斥流放，禍及子孫。慘刻之風，寖以成俗。忠厚之政，有愧於時。朕初纘承，姑務含貸。俾分符竹，以便爾私。罪大責輕，難屈公議。可特特褫近職，仍領真祠。往其省循，無重悔尤。爾自速戾，匪朕無恩。可特落資政殿學士，依前提舉杭州洞霄宮，太平州居住。

（宋）佚名《宋大詔令集》卷二一〇《政事·貶責·王襄降官制》　懷諼引類，當寘嚴科。貪寵傷廉，尚循曲學。究觀罪戾，亟正典刑。中大夫、提舉西京嵩山崇福宮王襄，稟權譎之資，挾怪迂之術，內朝薦士，潛推方伎之流，廣坐延賓，顯鼓陰陽之說。頃從罷斥，宜務靖共，輒叩妄庸，猥圖召擢。致誦言之可畏，始刻奏而上聞。連逮獄辭，震驚物論。爰及按兵之將，並彰受謁之辜。有玷蕃宣，何施顏面。朕方明罰敕法，惡術數之惑民。爾寔廢人談天，徇姦邪而抵禁。褫官二等，垂戒百工。尚體寬矜，勿忘省循。可特降中散大夫差遣如故。

（宋）佚名《宋大詔令集》卷二一〇《政事·貶責·張商英降知蘄州制》　朕惟古者君臣之義，咸有一德，克享天心。則懷貳以事上者，不容於先王之時。通議大夫新差知亳州張商英，遭遇神考，寖階清華。適當紛更，遽易操守。作爲詞翰，輒肆詆誣。乃朋元祐之姦，類出訕上之語。比加薄責，未厭公言。易守偏州，庶知自訟。祇寬服典，無重悔尤。可特授依前官知蘄州。

（宋）佚名《宋大詔令集》卷二一一《政事·貶責·曾布中大夫司農卿分司南京依舊太平州居住制》　勑：朕承祧而弟及，纘服以君臨。永泰上賓，當盡始終之義。長秋正位，孰爲興廢之謀。彼締交合黨以何心，皆樂禍幸災而妄作。追懷往烈，用厚群倫。具官曾布，昔位元樞，機專大政，適會垂簾於東殿，誠求奏事於獨班。詭秘莫聞，傾邪罔測。嗟先朝之奚負，肆悖德之敢爲。菆塗尚新，陵土未復。輒借資於外議，將謀廢於中宮。面具奏陳，恬無忌憚。生而臣主，沒則寇讎。乃使有志名教之徒，而形不保妻子之嘆，是可忍也，人其謂何。發政施仁，猶恤孤之是急，纘志述事，豈同父之可忘。徐思其言，重惻朕志。宜伸明罰，用慰在天。尚示寬矜，其加循省。可特授中大夫、司農卿分司南京，依舊太平州居住。

（宋）佚名《宋大詔令集》卷一九五《政事·誡飭·申誡臣僚詔崇寧三年正月二十六日》　朕若稽古君臣，咸有一德。克享天心，四方風動。從欲以治，無有遠邇，罔不率俾，朕甚慕焉。肆朕纂服，深悼姦宄亂常，熙寧紹聖，功烈掃蕩，夙興夜寐，以修復之。示之以好惡使知禁，申之以賞罰使知勸，而俗未丕變，人未革心。懷利忘義者，輕躁鮮廉。妨功害能者，誣罔善類。無尊主庇民之誠心，有匿情苟合之私意。至於包藏異志，因事輒發，斥言罔上，無所忌憚。朕虛心以聽，舒究其實，加之放廢，曾莫之懲。豈流俗蔽蒙，習非勝是，久不可化歟？朕方通天下之志，以一道德，同風俗。凡爾在位在服，式訛其心，無載爾僞，協于克一，則朕惟汝嘉，汝亦有無窮之聞。其或罔悛，復出爲惡，邦有常刑，朕不敢貸。故茲詔示，宜體至懷。

（宋）佚名《宋大詔令集》卷二一二《政事·貶責·元符姦黨通入元祐籍刻石詔崇寧三年六月十七日》　朕嗣位之始，恭默未言。往歲姦朋，復相汲引。倡導邪說，寔繁有徒。或據要路而務變更，或上封章而肆詆毀。同惡相濟，非止一端。推原其心，豈勝誅殛。比詔編類，具列姓名。乃下從班，博盡衆議。仍爲三等，各竭所聞。庶幾僉同，罔有漏失。惟邪慝之復起，蓋源流而相承。迹其從來，本於元祐。得罪宗廟，寧分等差。悉務規畫，通爲一籍，載刊諸石，寘在朝堂。爲臣不忠，附見于末。所罷雖異，其罪惟均。朕方以仁愛，偏覆天下。前既譴罰，弗忍再行。亦有可矜，出於籍外。自時厥後，已定不渝。群聽式孚，毋復輒論。其元符姦黨並通入元祐籍，更不分三等。應係籍姦黨已責降人，並依舊。今來入籍人數外，餘並出籍。今後臣僚，更不得彈劾奏陳。故茲詔示，想宜知悉。

（宋）佚名《宋大詔令集》卷二一七《政事·貸雪·元祐黨人移徙詔崇寧四年九月五日》　元祐姦黨，詆訕先帝，罪在不赦。曩屈常憲，貸與之生，斥之遠方，固無還理。終身貶所，豈不爲宜。今先烈紹興，年穀登稔。鑄鼎以安廟社，作樂以協神民。嘉祥荐臻，和氣降格。肆頒赦宥，覃及萬方。興言邪誣，久責遐裔。一夫失所，朕尚惻然。用示至仁，稍從內徙，服我寬德，其革爾心。應姦黨羈管編配安置居住在嶺南者，與移荆湖南北。在荆湖者移江淮近地。其餘並移近裏，唯不得至四輔畿內。

（宋）佚名《宋大詔令集》卷一一七《政事・貸雪・除外州姦黨石刻御筆手詔崇寧五年正月十二日》 應元祐及元符末係籍人等，今既遷謫累年，已足懲誡。可復仕籍，許其自新。所有朝堂石刻，已令除毀訖。如外處有立到姦黨石刻，亦令除毀。今後更不許以前事彈糾。常令御史臺覺察，違者，具彈章以聞。

（宋）佚名《宋大詔令集》卷一九六《政事・誡飭・誡約臆度更張熙豐善政御筆手詔崇寧五年正月十四日》 朕以星文譴告，彰示天威，祇畏欽崇，靡遑寧處。是用特敷霈澤，寬宥羈縻，咸使自新，導迎和氣。已降指揮，除毀元祐姦黨石刻，及與係籍人叙復注擬差遣。深慮鄙淺愚人，妄意臆度，窺伺間隙，馳騖抵巇，覬欲更張熙豐善政。苟害繼述，必寘典刑。宜諭邇遐，咸知朕意。

（宋）佚名《宋大詔令集》卷一九六《政事・誡飭・誡諭符祐邪臣妄意復用詔崇寧五年正月二十四日》 日者符祐邪臣，乘間擅權，變亂政事，姦朋並興，肆爲謗讟，誣詆宗廟。乖父子之恩，瘝君臣之義，推原用心，罪在不赦。朕繼承祖宗，一用德爲治，明示好惡，止從竄斥，以爲天下萬世臣子之戒。累年于兹，不忍終棄。是用差次甄叙，復畀禄秩，惟以示恩。顧豈復用，尚慮姦朋妄意，私議害國。士大夫狃于邪説，胥淪溺以敗類，朕甚悼焉。布告天下，明諭朕意，毋惑，故兹詔示，想宜知悉。

（宋）佚名《宋大詔令集》卷二一一《政事・貶責・張舜民落待制知同州制》 勑：國有邇臣，民所視傚。自貽厥咎，罰其可逃。具官張舜民，元祐之初，朋姦害政。中雖薄責，尚寄藩條。肆朕纘圖，棄瑕録用。志存黨附，老不革心。荐致人言，理難矜貸。姑從褫職，以警官邪。往服寬恩，其務循省。可落龍圖閣待制，依前朝奉大夫知同州。

（宋）佚名《宋大詔令集》卷二一二《政事・貶責・陳次升落職知蔡州制》 勑：死黨背公，論所同棄。朋姦醜正，罪不容誅。既按驗於官邪，宜申嚴於邦憲。朝奉大夫、降充集賢殿修撰、知潁昌府陳次升，卑污鮮耻，險佞苟容。曾微有犯無隱之直誠，徒恃既得患失之私計。冠豸冠於永裕之盛際，靡務建明。持使節於元豐之末年，專爲阿附。誣衊先烈，媚悦群凶。旋感悟於泰陵，肆投竄於南國。朕未忍終廢，將期自新。就擢南床，旋登右省。陰圖城社狐鼠之利，密切門墻鷹犬之能。交結貴權，順承風旨。肆形章奏，備見肺肝。皆操兩可之謀，妄覬萬分之幸。雖從薄責，未厭師言。罪惡貫盈，封章踵至。其鐫要職，往守偏州。思蓋前愆，無重後悔。可落集賢殿修撰，依前官知蔡州。

（宋）佚名《宋大詔令集》卷一九六《政事・誡飭・誡約無侵官御筆手詔大觀三年二月六日》 朕稽若在昔，分職建官，分守不同，名實各異。大不陵小，卑不踰尊。故以官修其方，吏宿其業，祇適先烈，董正治官。而士不知命，人不安次，越職干禄，昧利鮮廉，顛沛亂常，僥倖苟得。至或出位以害已行之令，犯分以興胥動之言。內外之臣，更相侵紊。侍從官非己所職，乃輒干預省臺寺監。郡守監司，更相侵越，曾莫之懲。欲使小大之情孚，義利之心定，其可得乎。夫人有常心，法有常守，則道德一而政治成。今法備令具，可以守成，而懷異侵官，靡遵彝憲。其齊乃位，黜乃心，各恭爾事，罔或不欽，以成天下之務。如或有違，在外委監司，在內仰御史臺以聞，罰及爾身，罪不汝貸。

（宋）佚名《宋大詔令集》卷一九六《政事・誡飭・誡約官司遵已行法令詔大觀三年七月空日》 朕酌古之道，御今之宜，奉若先志，制法定令，輔臣導民，以正厥事，以承天休。累年於兹，法完令具，世習民懷矣。述而作之，舉而錯之，信如四時，堅如金石，萬歲不可易。尚慮在位在服之士，與爾萬方黎獻，弗傒朕志，謀猷回遹，乘間投隙，浮言胥動，弛墮不舉，以潰于成。若法度有弊，隨宜增改，兹治道之常情，馭世之通規。夫變而通之存乎法，推而行之存乎人，人或弗迪，法何賴焉。宜令內外官司，應已行之令，一意遵承，毋或觀望，輒有動摇。若妄言傳播改革，及敢沮壞，許諸色人陳告。白身與三班奉職，有官人轉兩官，有名目人轉兩資，不願轉資，依白身人推恩，並支賞錢五千貫。令開封府出榜曉示。

（宋）佚名《宋大詔令集》卷二一二《政事・貶責・蔡京降太子少保制大觀四年五月二十六日》 門下政事所寄，尤嚴誤國之誅。人臣之姦，莫重欺君之罪。我有常憲，揚于大廷。具官蔡京，頃以時才，荐膺柄任。兩冠台衡之峻，三登公衮之崇。庶圖爾庸，以弼予治。而總秉衆務，出入八年。事寖紊于復來，謀悉違于初議。擅作威福，妄興事功。輕爵禄以市私恩，濫錫予以蠹邦用。□借恩威，密布要途。援引凶邪，合成死黨。以至假吏民以決興化之水，託祝聖以飾臨平之山，豈曰懷忠，殆將邀福。屢有告陳之迹，每連狂悖之嫌。雖僅上於印章，猶久留於里第。偃蹇弗遜，傲睨罔悛。致帝意之未孚，垂星文而示譴。言章繼上，公議靡容。固欲用恩，難以屈法。宜褫師臣之秩，往參宮保之官。姑慰群情，尚爲寬典。於戲，天事尚象，明罰所以弭災。人道惡刑，省躬所以引咎。往欽善貸，無重後愆。可降授太子少保致仕，依前楚國公，在外任便居住，仍放謝辭。

（宋）佚名《宋大詔令集》卷一九六《政事・誡飭・太師蔡京褫官斥外不許更彈擊御筆手詔大觀四年五月二十八日》 比以舊弼蔡京擅作威福，傲睨弗悛，屢致人言，褫官斥外，申嚴邦憲，足示誡懲。尚慮怨仇，乘時騁志，捃摭舊事，論列未休，下石傾擠，彈擊不已。務快復讎之私忿，不思體貌之前規，遂致矯枉過中，嫉惡已甚。宜伸寬宥，曲全始終，咨爾臣鄰，明德朕命。

（宋）佚名《宋大詔令集》卷一九六《政事・誡飭・增賞訓戒鼓惑邪説御筆手詔大觀四年六月二十七日》 昨以星文譴告，克謹天威，事之未便，詳度更革，以正厥事，以承天休。邇者士失所守，徇于流俗，而憸巧輕儇之徒，構造無根之語，鼓惑邪説，傾動中外。或播傳遷責臣僚，或横議興易政事，或妄意更革，或詐稱差除，其説多端，朝更夕改。以致搢紳惶惑，不安厥位，立則聚談，行則耦語，轉相探刺，欲爲身謀。各懷疑心，潛相睽異，爲間謀之計，伸怨悱之私，浸淫成風，爲害甚大。近令開封府立賞，許人陳告，日來詾詾，殊未懲革。可出牓朝堂，申嚴訓戒。如或弗悛，寘之典刑，必罰無赦。可增立賞錢，通作五千貫，仍令御史臺諫官彈糾。

（宋）佚名《宋大詔令集》卷一九六《政事・誡飭・申飭百僚御筆手詔大觀四年閏八月二十六日》 朕一道德以同俗，嚴分守以造士，振起廉隅，士風丕變。舍其比周捃摭，期于同德共濟。且朋黨之論，起于漢唐，于時姦人，乘時肆意，傾擠異己，忠邪未判，擯斥從之。則漢南北部，唐牛李事，其誤朝召亂，槪可見矣。朕監察前史，歎下詔旨，毀石刻，除黨籍，合天下之同異，釋群心之忿怨，咸歸于禮義廉耻之域。且大臣進退，自昔有之。士失所守，而不能砥節勵行者，曾不體予寬大之意，迺餘習未殄，交結權近，飭巧馳辯，沽譽躁進，陰構異端，附下罔上，騰播是非，分朋植黨，牢不可破。雖申飭屢至，曾莫之革。咨爾在位，各常其德。稽古人之所以行己立朝，慎名節，無詭隨，以服我無黨無偏之道，予惟汝嘉。訓而不悛，邦有常憲，朕不汝貸。宜令臺諫覺察彈劾以聞。仍出榜朝堂。

（宋）佚名《宋大詔令集》卷一九六《政事・誡飭・誡飭鼓惑之言御筆手詔大觀四年十二月九日》 朕頃以浮言，動揺國是，屢形訓詔，申戒庶工。威之以明刑，勸之以厚賞，俾知有所畏憚，以無紊我治功。而稔惡怙終，益駭朕聽。凡朝廷損益政事，黜陟官聯，必窺伺指歸，因緣疑似，駢首屬耳，播騰是非。或謂政事曰將廢將興，或論人材曰有貶有召，好莠自口，愛惡惟心，肆爲險膚，鼓惑群動。欲庶績凝而衆志定，何從何得。以其守愚弗移，下比流俗，怙未懲革，狃習故常，未欲遽繩以法，尚惟用恕。故訓飭至于再三，朕之寬貸，亦已至矣。凡在位在服，尚玩于明訓，邦有常憲，必刑無赦。咨爾多士，咸聽朕言，可速出牓朝堂。

（宋）佚名《宋大詔令集》卷一九七《政事・誡飭・申諭公卿大夫砥礪名節詔政和元年正月二十九日》 朕嗣有令緒，繼志廣聲，上以彰神考之洪業休德，而下以率勵士君子之行。庶幾道化行，禮義興，成一世之俗，以副朕之拳拳。故比年以來，數申詔公卿大夫，務尚名節，既示之以好惡，復申之以賞罰。其或懷利忘義，妨功害能，無尊主庇民之誠心，有匿情苟合之私意者，今則長惡未悛，而越職犯分，鮮廉寡耻，無砥節礪行之操，有保利棄義之心者，亦時有之。至或輕儇浮躁，欺誕詭譎，而甚者醜正朋邪，肆爲浮言，動揺國是。此蓋閭閻里巷之細民、賤吏有或不爲，而乃時出於搢紳士夫之門，嗚呼，朕甚羞之。豈告誡之或未孚歟，抑賞罰有不足以勸沮歟？且名節砥礪，則廉耻興行；廉耻興行，則風俗純厚。先王盛時，其公卿大夫有素絲之節，而中林有兔罝之行，此王者所由昌也。朕之待士，其亦至矣，而未獲微報如先王之時，不於搢紳士夫而責，將誰責而可。今朕先行實，黜浮華，獎靜退，斥奔兢，以興忠厚純一之俗。其有珪璧其行，松柏其操，見謂真賢實廉，則爲善於家，而取賞於朝，朕亦何愛哉。至或冒進輕儇，不知以名節爲尚，則誅流竄斥隨之，朕所不貸。申諭朕指，其聽勿違。牒奉詔如前，宜榜朝堂。

（宋）佚名《宋大詔令集》卷二一二《政事・貶責・張商英責汝州團

練副使制政和元年六月庚戌》　蹙路馬之芻，罪猶不赦。蠹邦侯之獄，心豈無他。稍舉彝章，用懲隱慝。責授崇信軍節度副使張商英，頃除黨籍，遽踐台司。每昌肆於大言，欲必行其兇志。陰交近習，共罔眇躬。致使狂童，敢爲謗讟。假設問答，妄陳古今。將攄發於忿情，遂著形於指斥。逮付令鞫治，輒諷遺覆藏，既許贖論，且姑輕比。務滋來於詆毀，因痛坐其告陳，詭謀若斯，雅意安在。豈徒誤國，是欲欺天。噫，螻蟻何知，尚謹事君之節。股肱同體，反親犯上之仇。孤負厚恩，背違常理。雖屢頒於貸詔，終弗協於輿情。姑貳州團，仍安里第。庶幾默愧，無重後愆。可特責授汝州團練副使。

（宋）佚名《宋大詔令集》卷一九七《政事·誡飭·訓飭士大夫御筆手詔政和元年十月二日》　朕惟古先哲王，敷皇極以道民，毋有淫朋，毋有比德，在位皆正直之行，庶民被忠厚之化，其盛至於永肩厥心，而遂成風俗。朕奉承聖考餘休遺烈，監于先王成憲，任賢使能，以倡萬方，惟恐弗及。嘉與卿士大夫，開公正之路，杜私邪之門，明是非，嚴分守，毋有作好惡，而追三代之隆，累年于兹。用事之臣，或弗訦其心，或弗迪訓告，溺舊習，乘高勢而爲邪，附下罔上，陰害紹述，背公營私，締交執怨，顧非獨立躬行，則咻惑奔趨，淪胥以敗，宄迹既露，猶復怙終，朕甚羞之。傳不云乎，義之與比，夫植黨分朋，不恥附麗之非義，以陷悔而不自知，豈朕所望哉。惟時古人相汲引不爲比周，稱譽不爲朋黨，故能咸有一德，以盡事君之義，有無窮之聞。朕于士大夫，矜以節行，厲以廉恥，寵以高爵厚禄，丁寧訓誨，于再于三，可謂無負矣。而險詖躁競，終莫之革，朋黨比周，牢不可破，放棄戮辱，殆不可已，否則威之，其在是歟。布告列位，咸諭朕意。忠以衛上，毋或自棄，昏迷不悛，必罰毋赦。

（宋）佚名《宋大詔令集》卷二一二《政事·貶責·故李孝儞追貶中奉大夫制》　居下誣上，在所誅夷。背公徇私，出於覬望。昭爾用中之典，少懲既死之姦。故通議大夫、試刑部尚書致仕、贈光禄大夫李孝儞，面有柔顔，胸無黠墨。每資側媚，因肆中傷。遂寖竊於要官，寧尚知於清議。昭緣衆醜，敢縱厚誣，乃侍攸司，庶躬厥寔。而密依輔弼，蔑視朝廷，至撓變於事情，以阿承於風旨。猥成闊略，務在招來，反挫辱其告家，使蹈罹乎冤網。人皆扼腕，事可寒心。噫，朕德雖凉，於汝何負。汝謀固忍，借主爲資。聊從削奪之科，永作險邪之戒。儻其未泯，猶或能悔。可特追授中奉大夫如故。

（宋）佚名《宋大詔令集》卷一九七《政事·誡飭·誡約不許更改已行法令詔政和二年二月一日》　朕躬攬萬幾，講求民瘼。作新憲度，孚于萬邦。事之缺者，悉已完具。法之弊者，隨即更革。熙豐詔令，具在謨訓，思與天下共遵成憲。今貨殖通阜，商旅貿遷，民物按堵，邊隅綏靖，中外經費，頗亦寬舒，持之歲年，其效必著。尚慮妨功害能之士，貪利希進之徒，乘間抵巇，忘意申陳，輕議增損，規避其成。應今日已行法令，三省恪意遵守，無容妄自紛更。非甚窒礙而輒議改易者，以違制論。仍令御史臺覺察彈奏。

（宋）佚名《宋大詔令集》卷二一二《政事·貶責·鄧洵仁落職宫觀制政和三年三月戊戌》　崇黨蔽朝，爲臣之大戒。原情定罪，有國之通規。儻未厭于師言，宜申加於明罰。資政殿學士、通奉大夫、新差知亳州鄧洵仁，奮蹤冗散，驟歷通嚴。弗思盡瘁以事君，徒務懷諼而封己。交通近習，潛布腹心。朋附兇渠，共爲肘腋。鼓倡險膚之論，傾搖紹述之方。頃灼見於姦回，尚曲全於體貌。靡知悔過，乃復怙終，清議既虧，彈章荐至。惟爾自絶于衆，雖朕不得而私。鐫秘殿之華資，辭淮壖之重鎮，往司真館，益體寬恩。可落資政殿學士，特授依前通議大夫，提舉亳州明道宫。

（宋）佚名《宋大詔令集》卷一四八《政事·禮樂·户部尚書禮制局詳議官劉炳乞禁浮言御筆手詔政和三年十月四日》　禮以定民志，制未立而浮言惑之，妨功忌能，亂化之姦，尚未悛革。可依所奏，仍立賞錢一千貫，許人告，以徒三年科罪。

（宋）佚名《宋大詔令集》卷一九七《政事·誡飭·誡飭在位各循分守詔政和四年七月五日》　朕惟先王之時，道德一而風俗同，上則協恭和衷，下則庶人不議，丕應傒志，從欲以治，朕甚慕之。朕祗嗣歷服，紹休聖緒，繼志述事，罔敢自暇，法完令具，可守而行，然而衆未革心。俗未丕變，朝廷揆理立政。而士徇流俗，造言弗悛，稽古成憲。而人懷異心，害於已成，豈蘖蒙之俗，終不可化，而刑賞不足以勸沮歟，抑播告之修。是訓是行者，未如先王之世也，朕方明道揆，嚴法守，宣昭國是，糾正官邪，凡百在位，其務戮力一心，各循分守，毋或侵紊，其或徇俗妄議。越職侵官，持偏見以干正，懷私利以背公，前却兩端，浮僞不根，順非罔上，刑兹無赦。咨爾中外，體朕意焉。

（宋）佚名《宋大詔令集》卷一九七《政事·誡飭·誡諭不更改政事手詔政和六年七月九日》 朕嗣先帝盛德大業，繼而述之，罔敢墜失。粵自初載，蔽于朕心，非緣師錫，賴天之休，克篤先烈，法成令具，吏習而民安之。休祥荐臻，四方蒙福，夙夜震慄，其敢自功。而士未革心，乘間輒議，天下生齒日衆，本支繁衍，蠻夷納土，開疆浸廣，惠養以逮天下之窮民，廩禄有及于疲癃不能任事之吏，興事造功，制禮作樂，事在有司，法令施四方，衆建人材，稱事增員，因勞積賞，倍蓰於前遠矣。挾姦罔上者，於太平豐亨豫大極盛之時，欲爲五季變亂裁損之計。朕若稽古，度時之宜，親所建立，審而後行，施之罔極，豈有更自改作。蠹害之人，敢私行智，爲臣不忠，罪莫大此。可令御史臺覺察糾奏，有犯以違御筆論。布告中外，咸使聞知，仍榜朝堂。

（宋）佚名《宋大詔令集》卷一九七《政事·誡飭·誡妄意更革朝政御筆手詔政和八年正月二十一日》 朕惟帝王之盛，以道蒞天下而治以法。道者萬世無弊，一定而不易。法則與時宜之變通，而不可以爲常。朕奉承聖緒，夙興夜寐，務循神考之道，以儀以式，以訓以告，政立而法度修，教行而禮樂著。其效在天下，其典在方册，固將傳之無窮，施之罔極。天下後世，豈可復議。若迺事與時行，所當調制者，法也。時運不留，法亦隨之。煦爲春夏，斂爲秋冬，損益盈虛，義存均適。屬者審人情之思斁，究海内之利否，取法之所當議者，扶其偏，捄其失，去其泰甚者。卿士大夫不深惟國家大體，有不可變之道，而咻惑于衆多之口，蔽蒙于私己之見，妄言大臣有異同之論，妄意朝政有更革之説，以欺愚衆而希世資，未欲致于理。蓋自崇觀以來，繼神考之志，以爲蒞天下之道，述神考之事，以爲治天下之具，執此之政。堅如金石，行此之令。信如四時，據此之公。無私如天地，兼嘗親札大字。敕榜揭于朝堂，近日又復申明，此卿士大夫所共知也。今兹播告，是謂申命，其訛乃心，率循毋怠。敢有倡爲異端，致疑衆聽者，御史臺彈劾以聞，當議重行黜責。故兹詔示，想宜知悉，仍出牓朝堂。

（宋）佚名《宋大詔令集》卷二一二《政事·貶責·張商英崇信節度副使衡州安置制政和九年十月辛亥》 巨姦宿蠹，僅正於邦刑。隱慝餘辜，彌喧於朝論。宜申後罰，誕告多方。降授太中大夫、知鄧州張商英，學與道違，性惟邪合。專挾謀身之利，本無經世之圖。惟飾詐以干民，屢乘時而蹈悔。朕既收拭，用之不疑。靡聞純一之誠，規壞導揚之政。肆其異意，俄抵譴訶。曾罔念於愆尤，反自貽於鞫治。有司閱寔，證驗孔昭。披獄辭之所云，見罪狀之尤著。致位公相，交伎術之冗流。服儒衣冠，爲市井之污行。初召還於魏闕，已密借於游談。夤緣倖求，遂亞宰路。每遣朋淫之小醜，公傳汲引之陰謀。宣猷近班，力蕲其事。或謂奔趨之凶黨，可副事樞，或謂險詖之姦人，當任言責。凡詆誣宗廟之群枉，與變亂是非之庶頑，潛輸腹心，廣布肘腋。失端揆經綸之體，孤父兄拔擢之恩。當其負釁之彰聞，猶復包羞而締構。抗疏待罪，仍自草於留章。冒利貪榮，尚求全於秘殿。鮮耻不廉之若此，交通無已之謂何。朕方訓敕官邪，敦勵名節。豈謂姦兇之孽，敗於輔弼之間。載觀爾爲，良用愧歎。出假麾符之寄，姑欲有容。自干斧鉞之誅，其將奚懟。斥副戎節，寘彼衡陽。上以慰裕陵哲廟在天之靈，下以攄忠臣義士嫉惡之憤。昭示一時之典，以垂萬世之規，可特責授崇信軍節度副使，衡州安置。

（宋）佚名《宋大詔令集》卷二一二《政事·貶責·郭天信責授安置制》 責授昭化軍節度副使、單州安置郭天信，劾姦議獄，已灼見於丕愆。論罪致刑，宜荐申於嚴憲。爾以閭閻冗賤之品，污階墀近密之班。既倚勢以作威，輒冒榮而逞志。不安分守，深蓄禍機。妄力引於兇渠，謂宜居於廊廟，締交合黨，協濟邪謀。公肆面謾，有輕視君父之意。竊持威柄，有愚弄朝廷之心。以至陷害忠良，僥倖恩命。詭情誕説，惟屢薦於邪朋，公府近聯，覬自躋於政地。凡於疎斥，必欲闕。

《宋史》卷二二《徽宗本紀》〔宣和二年六月〕辛巳，詔：自今衝改元豐法制，論以大不恭。丙戌，詔：三省、樞密院額外吏職，並從裁汰。及有妄言惑衆、稽違詔令者，重論之。

（宋）佚名《宋大詔令集》卷二四《妃嬪·降黜·貴妃崔氏降為庶人制宣和四年七月二日》 門下：家道尚嚴，兹迪正邦之始。法行自貴，蓋由示衆之公。儻乖内輔之良，難逭成刑之議。制乃明命，告于外朝。貴妃崔氏，蚤以常材，濫預妃列。光依宸極，在輔佐於憂勤。榮動掖庭，宜絶情於妒忌。而乃乏柔順進賢之志，溺姦回罔上之私，惶惑奇衺，陰行媚道。散貲産以掠衆譽，泥術數以構虛聲。呪詛同列，以及於死生。指斥中宫，而形於切害。談命數以徼后福，挾厭勝以及乘輿。失德若斯，至公敢廢。興念二南基化，賢淑既愆。三典糾民，重輕奚濫。究治備至，左驗甚明，獄詞具孚，按覆無爽。何以儀刑宫壼，倡率九嬪。聊褫妃秩之隆，往就庶人之等。審求憲律，尚示涵容。於戲，以明其威，義取稽於克愛，自詒伊戚，事實果於速辜。服我寬恩，勉爾悔慮。可。

《宋史》卷二二《徽宗本紀》〔宣和六年〕冬十月庚午，詔：有收藏習用蘇、黄之文者，並令焚毁，犯者以大不恭論。

（宋）佚名《宋大詔令集》卷五〇《宗室・貶責・皇伯宗謂落同中書門下平章事制》 門下：朕紹休祖宗，崇建藩屏，所以合邦族之愛，厚人倫之風，雖於近親，若共維之一體，厥作棐德，亦難廢於大公。皇伯具官某，席慶皇支，參華天路，惟安富貴之習，靡躬法度之修，乃外招事權，内轢宗黨。知省券難分，而移文固析。知官寺有禁，而遣吏輒通。致風憲之上言，加議論之並起。朕閔失戒慎，務全仁恩。其上宰相之章，仍領元戎之節。欲止不獲，誰咎之貽。於戲，臣無有作福威，以杜諸侯之漸。上不敢私賞罰，以一萬民之歸。宜勉自思，庶復來譽。可。

（宋）佚名《宋大詔令集》卷五〇《宗室・貶責・皇叔叔牙降海州團練使制》 皇叔、雄州防禦使、秦國公叔牙，朕君臨萬邦，惇叙九族，親親之恩，惟慮不廣。至於弗率訓典，抵冒憲章，亦不敢以私而置也。爾以公族尊屬，位列禦侮，而迺忘靖恭之義，懷僥覬之望，暄瀆内朝，屢干非法，黜官一等，姑示小懲。往其省循，無重尤悔。可特降授海州團練使，依舊秦國公。

（宋）佚名《宋大詔令集》卷一九五《政事・誡飭・申誡百官詔》 朕執天下之正，以承宗廟之重，夙興夜寐，嘉與二三大夫，同德比義，宏濟艱難。乃者權臣擅朝，竊弄國柄，幸時變故，誘脅衆心，深險自專，乃敢貪天之力，凶愎不遜，遂成震主之威，締交合謀。呼吸群助，指天畫地。睥睨兩宫，交通私書。深責舊約，詭秘莫測，包藏禍心，公議沸騰。姦狀浸顯，尚存大體，稍屈典刑，而士未革心、同惡相濟，興訛造訕，怙終不悛，或譸張爲幻。起胥動之言，或群黨相維，沮已行之令。或顧懷舊恩，以撓邦憲。或邀覬後福，以明去□。或倡導邪説，謗讟紛然。朕虛心以觀，紓究其實。申敕屢下，益至喧呶。有臣若斯，爲國之醜。咨爾有衆，明聽朕言，式訛爾心，無載爾僞，克常其德，以叶厥恭。朕則汝嘉，而汝亦有無窮之聞。苟懷異意，悖德自如，變亂是非，規動朝聽，國有常憲，必罰無赦。

（宋）佚名《宋大詔令集》卷二〇四《政事・貶責・祖士衡落知制誥知吉州制》 勅：禮部郎中知制誥祖士衡，夫位列禁垣，班參法從，時惟雋選，允謂清階。苟率履之有愆，諒居職而奚稱。爾早登殊級，綽負敏文，且彰應務之能，久處育材之地。擢升秘掖，同掌贊書，誠宜祗惕官箴，敦修儒業。乃於任使之際，靡聞畏慎之心，而又附託於權臣，交遊其諸子。罔遵直道，頗積群言，宜罷綸曹，尚居蘭省。出臨名郡，兼委長人，勉申撫俗之方，無忘改過之美。可。

（宋）佚名《宋大詔令集》卷二〇五《政事・貶責・翰林學士權知開封府蔡延慶落職知滁州制》 勅：學士以論思獻納爲官，而開封典治京邑，惟忠言諒直，有辭學政事之能者，宜在此選。苟懷邪失職，則爲時起羞。具官某，頃以藝文，寘于法從。擢尹畿甸，入踐禁林。宜思守公，以稱榮遇。而乃顯爲姦慝，棄義狥私，交通中人，屈撓國法。申朋比之志，忘側媚之耻，累傷國體，無甚於兹。言者力攻，深駭予聽，褫職補郡，猶示寬恩。往自省循，毋重尤悔。可。

（宋）佚名《宋大詔令集》卷二〇六《政事・貶責・右諫議大夫知集賢院學士蘇頌降秘書監集賢院學士知濠州制》 勅：京尹以平刑理冤督察吏屬爲職，近臣以徇公滅私一意奉上爲宜。苟異于斯，義當譴黜。某擢置侍從，以畿部之政，而阿黨庇親，棄法縱心。擿語交關，與爲道地。不平有迹，聞事于朝。乃葉有司，竊易文牘。姑欲蔽匿，重成詆欺。褫秩諫垣，往掌偏郡。其務循省，毋忘寬恩。可。

（宋）佚名《宋大詔令集》卷二〇九《政事・貶責・劉奉世降團副安置制》 勅：刑以正罪，責不失宜。既荐至於人言，難獨安於邦憲。中大夫、守光禄卿分司南京、郴州居住劉奉世，回邪險譎，出於天資。傾附老姦，助成大惡。迷國不道，愈久益彰。念嘗備於近司，故未滋於顯黜。

憲臣論奏，引義甚明。俾副兵團，少慰公議。勉自循省，毋重悔尤。可責授隰州團練副使，依舊郴州安置。

（宋）佚名《宋大詔令集》卷二一〇《政事・貶責・蔡肇落職宫祠制》

珥筆近班，剖符名郡。苟虧端慎，曷副倚毗。朝請郎、充顯謨閣待制知明州蔡肇，賦性傾邪，持心輕傲。蚤人真儒之室，蔚有虛名。晚登姦黨之門，肆聞醜語。頃從湔洗，驟涉禁嚴。顯結凶渠，陰搖善政。懷諼觀望，敢形頗僻之詞。列職清華，猥玷承宣之寄。載披彈疏，灼見禍心。鐫待制之寵名，俾省愆於直館。向思寬貸，毋重過尤。可特授依前官，落顯謨閣待制，提舉杭州洞霄宫。

（宋）佚名《宋大詔令集》卷二一〇《政事・貶責・李譓散官安置制》

勒停人前朝散郎、充顯謨閣待制李譓，誤國欺君，士之大惡。原情定罪，邦有常刑。爾賦駔儈之資，挾穿窬之智，交通近習，黨附巨姦。屢致私書，屬託子壻。言章亟至，公論弗容。曾未上於典刑，輒妄陳於符瑞。逮加考驗，悉出厚誣。爲臣若斯，忠義安在。斥副州團之寄，永爲姦宄之懲。可特責授唐州團練副使，安州安置。

（宋）佚名《宋大詔令集》卷二一〇《政事・貶責・張商英散官安置制》 居下訕上，法獨難容。迷國懷諼，義當共棄。宜申邦憲，用警官邪。通議大夫、提舉西京、嵩山崇福宫張商英，賦性凶回，禀資險愎。挾反覆亂常之材，有悖惡敢爲之志。陰比姦慝，包藏禍心。譏斥上及於君親，蓄憾輒形於表奏。以一時之紹述，不與建明，謂百端之紛更，肆爲非毁。彈章來上，輿論未厭。朕憐爾緣姦作邪，失計忘本。祠宫優逸，何顔冒居。投竄遠方，尚從散秩。祗思寬典，毋蹈後僭。可特責授安化軍節度副使，歸州安置。

（宋）佚名《宋大詔令集》卷二一一《政事・貶責・龔原落職差遣依舊制》 勅：搢紳之士，以犯義爲重。朝廷之政，以行法爲公。儻懷附下之姦，難逃刑故之罪。承議郎、充寶文閣待制、知廬州龔原，頃負釁累，中懷怨尤。幸元祐之紛更，籍奸臣之蔽翼，抗章自列，言涉不恭。逮予親政之初，首冠權門之黨，驟升禁從，陰爲腹心。締結宦官，傳道秘計，比覽邇臣之疏，猶多隱慝之愆。姑從矜容，止鐫近職，往思惕勵，尚體寬恩。可。

（宋）佚名《宋大詔令集》卷二一一《政事・貶責・降授朝奉大夫直龍圖閣知濟州周鼎落職依前官知鄆州制》 朕集大成之業，崇丕顯之謀，嘉與庶僚，揚功遵制。忍聞群枉，改度亂名。爾進自律科，宜知法守。初畀貳秋官之政，謂能讀城旦之書。乃敢諂附柄臣，傾搖先烈。託從寬之邪説，誣至正之典常。況死者不可復生，而斷者不可復續，獨容流竄，追使放移，於理何偏，乃心安在。姑從薄責，未厭公言。易地偏州，褫職延閣。其加循省，以體寬矜。可。

（宋）佚名《宋大詔令集》卷二一一《政事・貶責・豐稷責授海州團副睦州安置制》 勅：直道而行，古人所貴。因心則友，朕豈敢忘。既審核於鉅姦，宜布昭於明憲。朝散大夫、新差知常州豐稷，欺愚而干譽，飾詐以盜名。外示静恬，中懷險詖。被遇神考，荐爲臺閣之華。受知泰陵，屢除侍從之要。在汝何負，於時極榮。俄緣汲引之私恩，乃肆傾邪之横議。初諫垣之進擢，忽奏牘之上聞。妄託説於元豐，皆借□於紹聖。謂不爲容悦，逢君之惡。謂不懷觀望，陰害忠良。謂不以聲色爲常事，以醉上心。謂不以淫巧爲末務，以蕩上意。至論黜臣之過，尤加往政之愆。遂謂顛倒是非，變亂名寔，拔擢群小，毒流四方。慘刻陰邪，感動天變。公爲指斥，巧致媚諛。朋誣滋蠹政之基，鄉原實害德之賊。姑從薄責，例假遠麾。惟罪惡之貫盈，忽封章之交至。咎將誰執，戚寔自貽。往副州團，無忘内訟。可特責授海州團練副使，睦州安置。

（宋）佚名《宋大詔令集》卷二一一《政事・貶責・張舜民責授楚州團練商州安置制》 勅：朝奉大夫、新差知鄆州張舜民，姦邪飾智，激訐釣名，永泰惡而不誅，曲加函貸，元祐幸其有變，遂肆誕謾。領袖庶頑，羽翼群枉。熙寧立政，凡更張皆見於厚誣。紹聖黜幽，謂畢竟不知其何罪。欺惑愚衆，諂附貴權，已而接武於禁林，宜爾秉心於中道。乃剡奏牘，深包禍心，輕嚴父之孝思，託言念祖，衒煉石之邪説，無路補天。言皆險膚，志在指斥。姑從薄責，俾假遠麾。惟罪惡之貫盈，忽封章之交至。咎將誰執，戚寔自貽。往副州團，無忘内訟。可特授楚州團練副使，商州安置。

（宋）佚名《宋大詔令集》卷二一二《政事・貶責・張耒散官黄州安置制》 勅：欺愚惑衆，罪不容誅。敗俗亂常，刑茲無赦。自昔害熙豐之政事，至今稱軾轍之姦雄。爾賴以進身，利其爲地。因狐趍而諂附，肆烏合以脅從。固未嘗受業於門墻，夫安得託名於弟子。朕初臨御，時屬艱難。由群枉潛萌於詭謀，謂二凶必至於大用。謟揚孽饑，蕪穢正途。陰通拳拳之誠，力結噸噸之黨。私相尊大，誕取詆誣。於其喪亡，遽形號慟。妄意青氈之舊，言旋黄閣之華。偃蹇怙終，虚驕稱譽。借曰有師之道，猶爲無服之喪。豈有在位長民，職當宣化，朝垂紫綬，晝服白衣。蔑視搢紳，傳呼師弟，考以人情而非當，稽諸古訓而不經。動摇喜異之凡民，歆豔背公之醜類。其謗訕先烈，曾不知朝廷之可尊，而扶持邪心，反僞指師資之宜敬。嗟無父無君而已甚，顧不仁不義以云何。按驗既明，竄殛斯允。姑仍散秩，俾處遐邦。往體寬恩，益思前咎。

（宋）謝深甫等《慶元條法事類》卷四《職制門·上事奏事》〔職制敕〕諸因臣僚上殿論事，而附會扇造語言，喧播中外動摇上下者，以違制論。

（宋）謝深甫等《慶元條法事類》卷一七《文書門·雕印文書》

〔賞格〕諸色人告獲私有圖書讖書及傳習者，不全成堪行用，錢伍拾貫。全成堪行用，錢壹伯貫。告獲私雕印，時政邊機文書，錢伍拾貫。御書、本朝會要、國史、實録者，錢壹伯貫。

（宋）謝深甫等《慶元條法事類》卷一七《文書門·私有禁書》

〔職制敕〕諸私有天象器物、天文圖書、讖書、兵書、太一雷公式、星曜麻算、占候、六壬遁甲、氣神軌限之書，《三略》、《六韜》、《司馬法》、《孫吴》、《尉繚子》、《李衛公問對》、《歷代史志》、《通典》及常行卜筮之書非。或私傳習者，各流叁阡里。雖不全成，堪行用者，減叁等。不堪行用者，又減叁等。非天象器物、天文圖讖、兵書而不涉國家休咎及用兵之事者，雖堪行用，不坐。內圖書讖書許人告。以上因私習經斷而復行其術者，還依私習之法。

（明）張四維《名公書判清明集》卷一四《懲惡門·妖教·蓮堂傳習妖教》按敕：喫菜事魔，夜聚曉散，傳習妖教者，絞，從者配三千里，不以赦降原減二等。又敕：諸夜聚曉散，以誦經行道爲名，男女雜處者，徒三年；被誘之人杖一百。又敕：非僧道而結集經社，聚衆行道，各杖一百。法令所載，昭如日星。今有犯上勑令，而又横斂衆財，擅行官法，假立官品，自上名號，如張大用者，其可恕乎？當司職在觀風，方欲嚴行禁戢，而張大用者，自因縛打羅湖院僧，事敗到官，是天厭其惡，使之敗露。今詳案款，其罪有七：傳習魔教，詐作誦經，男女混雜，罪一；巧立名色，脅取錢米，假作獻香，强人出售，罪二；自稱尊長，自號大公，聚衆羅拜，巍然高坐，罪三；布置官屬，掌簿掌印，出牒陞差，無異官府，罪四；假作御書，誑惑觀聽，以此欺詐，多取民財，罪五；甚至撰爲魔術，陰設姦謀，疾病不得服藥，祖先不得奉祀，道人於不孝，陷人於罪戾，罪六；擒打僧徒，藏伉鎖縛，呼嘯儔侶，假作軍裝，横行外地，自已可駭，公然管押入京，出没都下，罪七。置無礙席，胡跪膜拜，則有金鷄仰面之稱；設無礙牀，男女混雜，則有鐵牛犁地之醜。聚會不法不道徒黨實繁，嘯聚成屯，究其設意，不無包藏，禍根不除，將爲大害。張大用係爲首人，決脊杖五十，刺面，配二千里州軍牢城，照條不以赦原。劉萬六係次爲首人，決杖三十，不刺面，配一千里州軍牢城。李六二僭稱大公，丁慶二僭稱主簿，並勘杖一百，編管鄰州，差官録問訖，押赴本司斷。夏道主乃敢於靈芝門外聚集，免根究，帖縣逐出州界。張五十、李道免根究，日下改業。所有上件三處懺堂，帖縣改作爲民祈雨賜去處，並從側近寺院差行者看守。其會下説誘脅從之徒，初非本心，亦非素習，無問已追到未追到，已供攤未供攤等人，並免坐罪，更不追唤，仰日下改棄邪習，仍爲良民，歸事父母，供養祖先，以保身體，以保妻子，以保生理，如再敢聚集，定行追斷。帖引巡、尉、隅、保常切覺察，遍榜諸州縣。

（明）楊士奇等《歷代名臣奏議》卷二一四《法令》知長沙王師愈乞禁止師巫疏曰：臣竊聞荆楚之俗，自古信師巫。然而近世為尤甚，其最為害者，有所謂把門師是也。言一家之事皆由其掌握也，有嫁娶不暇問媒妁，專信其勘婚，稍奉之不至，則離間兩家，致嫁娶失時者多矣。有疾病不敢求醫藥，專信其下禁，稍奉之不至，則恐動其親屬不令侍奉，至有飢渴而死者多矣。比其死亡，則專掌其擇地選日，稍奉之不至，則托以山川之不吉、年月之未利，動經數歲不獲葬埋，鈐制其家嫁娶者又多矣。愚民無知，信其邪説，甘受此害而不悟，惟恐奉之不厚，以是師巫家無非温户，甚可切齒。在律法，事邪神言禍福，自有常刑，奈何州縣欲賣乳香或貪其微利，返給公據，縱而不問，甚可駭也。欲望聖慈申敕州縣嚴行禁止，如或不悛重作斷遣無貸，庶幾其害可革。

《遼史》卷六一《刑法志》 太祖初年，庶事草創，犯罪者量輕重決之。【略】訕詈犯上者，以熟鐵錐摏其口殺之。從坐者，量罪輕重杖決。

（清）畢沅《續資治通鑑》宋太宗端拱二年二月〔遼統和七年〕丙寅，遼禁舉人匿名飛書謗訕朝政。

《遼史》卷六二《刑法志》 道宗清寧元年，詔：諸宮都部署曰：凡有機密事，即可面奏；餘所訴事，以法施行。有投誹訕之書，其受及讀者皆棄市。

《金史》卷四五《刑志》 貞祐四年，詔：凡監察失糾劾者，從本法論。外使入國私通本國事情，宿衛、近侍官、承應人出入親王、公主、宰執家，災傷乏食有司檢覈不實致傷人命，轉運軍儲而有私載，考試舉人而防閑不嚴，其罰並決。在京犯至兩次者，臺官減監察一等治罪，論贖，餘止坐，專差任滿日議定。若任内曾以漏察被決，依格雖爲稱職，止從平常，平常者從降罰。

《元典章》卷五七《刑部·諸禁·聚衆·禁跳神師婆》 至元十一年，中書兵刑部：五月十六日，省掾元仲明傳奉都堂鈞旨：大都街上多有潑皮厮打底、跳神師婆并夜聚曉散底，仰本部行文字禁斷。如是依前違犯，除將跳神師人并夜聚曉散人等治罪外，據潑皮厮打的，發付着役，施行。省部除外，合下仰照驗，速爲嚴行出榜禁治。如有違犯人等，依上治罪施行。

《元典章》卷五二《刑部·詐僞·詐·詐稱神降》 至元二十三年五月，湖東道提刑按察司：委官審斷袁州路宜春縣朱千二招伏：不合在家寫榜貼，誑稱是釋迦、老子，又號白衣居士，詐稱神降，妄言禍福，扇惑鄉民燒香請水。議得：朱千二爲首，即與本司斷過詐稱神降胡仕宗一体，擬斷六十七下。爲從朱千八，三十七下。失覔察牌頭，一十七下。

《元典章》卷五七《刑部·諸禁·禁聚衆·禁治聚衆作會》 至大四年十月日，江浙行省准中書省咨御史臺呈：陝西行臺備監察御史呈：体知得安西路僧人了恩、文行等，自至大四年二月以來，於本路開元寺，以修建万僧水陸資戒大會爲名，聚集山東、河南、兾寧、晉寧、河中并鳳翔、迤西等処僧衆万人，及扇惑遠近俗人男子、婦人前來受戒。觀者車馬充塞街衢，數亦非少，僧俗混殽，男女淆乱，深爲未便。又安西路出榜，禁約諸人毋得作鬧沮壞。爲此，追照得本路行卷内，至大二年十二月初六日，承奉陝西行省劄付該：據華州華陰縣敷水鎮净土院住持僧人了恩、文行告稱：至大二年，就安西府大開元寺啓建万僧水陸大會七晝夜，端次告天祝壽，爲國祈福，請爲添力提調禁約。省府仰依上施行，提調禁約施行。本路行下録事司，并長安、咸寧二縣，委官提調，及給榜於本寺張掛，禁約闲雜人等，毋令中間作鬧，沮壞佛事。如有違犯，捉拿斷罪。照得如此。卑職等看詳：事當貴於防微，患常生於所忽。蓋思患預防，則無後艱；患至而圖，無益於事。今僧人了恩、文行，別無欽奉聖旨、懿旨、令旨，亦不奉都省明文，擅聚僧俗一二万人，修設資戒大會，經七晝夜，男女混淆，啓惡召奸，傷風壞俗。又安西地面別無鎮守軍户，中間倘有乘間竊發，或爲奸盗，或構異謀者，何以備之？所係非輕，不可不慮。況兼本土遞年以來蝗旱相仍，田禾薄收，人民闕食，陡添游食者衆，物斛增價，亦甚耗散民力。欲便禁止，緣彼托以告天祝壽，爲國祈福，用是不敢。以卑職等所見，宜從憲臺取安西路正官重甘結罪文狀，晝夜多方用心防禁，毋致別生事端外，今後但有侣此聚衆修設善事者，必須經由都省明白聞奏，方許建修。庶革未萌之奸，亦防不測之患也。具呈照詳。送刑部議得：安西路僧人文行等，聚集山東、河南、冀寧、河中、鳳翔、迤南等路僧俗万人，以作水陸資戒大會七晝夜，中間僧俗錯雜，男女混淆，惑衆罔民，其於風化，甚非所宜。若不禁治，伏慮因而別生事端。宜從都省聞奏，禁治相應。具呈照詳。照得至大四年三月十八日欽遇詔赦，除欽遵外，議得上項事理，已經革撥，今後理宜禁治。都省咨請依上施行。

《元典章》卷五七《刑部·諸禁·禁聚衆·祈賽神社》 延祐四年五月，行省准中書省咨：照得：近爲諸処城邑、村坊、鎮店，多有一等游手末食之民，不事生業，聚集人衆，祈賽神社，賭博錢物。已嘗遍行禁治去訖。切恐有司不爲申明舊章，使下民枉遭刑憲。都省議擬到各各罪名，開坐前去，咨請照驗，行移合屬，排門粉壁，嚴加禁治施行。祈賽神社，扶鸞禱聖，夜聚明散等事，已嘗禁治。除五岳、四瀆等載在祀典者，所在官司依例歲時致祭外，各処一等不畏公法之徒，鳩斂錢物，聚衆粧扮，鳴鑼擊鼓，迎神賽社，不惟枉費資財，又且有妨農務，或因而別生事端，深爲未便。今後，所在官司嚴加禁治。若有違犯之人，許諸人告發到官，爲首正賽者，笞決五十七下，爲從者，各減一等。坊里正、主首、社長有失鈐束，知而不行首告者，減爲從者罪一等。其所屬官司禁治不嚴，有失覺察者，又減二等。其元鳩錢物没官，仍於犯人名下均徵中統鈔一百貫，付告人充賞。廉訪司常加糾察。

《元典章》卷五七《刑部・諸禁・禁聚衆・禁聚衆賽社集場》 延祐六年八月，江浙行省准中書省咨：延祐六年五月初二日，拜住怯薛第三日，鹿頂殿裏有時分，塔失帖木兒赤、明里董阿、咬住、孛可、馬木沙等有來，阿散丞相、阿礼海牙平章、燕只于參政、郄釋鑑郎中、李家奴都事等奏過事内一件：去年爲聚衆唱詞的，祈神賽社的，又立着集場做買賣的，教住罷了者。奏了，各処行了文書有來。如今又夜間聚着衆人，祈神賽社，食用茶飯，夜聚曉散的上頭，昨前，似這般聚着衆人妄説亂言。麽道，一兩起事發的上頭，差人問去了也。那人每問了來呵，另奏也者。似這般的，若不嚴切整治呵，慣了去也。今後，夜間聚着衆人唱詞的，祈神賽社的，立集場的，似這般聚衆着妄説大言語，做歹勾當的有呵，將爲頭的重要罪過也者，其余唱詞賽社、立集場的每，比常例加等要罪過。州縣管民官提調若不用心，他每所管的地面裏似這般生發呵，官人每根底要罪過呵，怎生？奏呵，奉聖旨：那般者。欽此。

《元史》卷四〇《順帝本紀》〔六年〕六月丙申，詔撤文宗廟主，徙太皇太后不答失里東安州安置，放太子燕帖古思於高麗，其略曰：

昔我皇祖武宗皇帝昇遐之後，祖母太皇太后惑於憸慝，俾皇考明宗皇帝出封雲南。英宗遇害，正統寖偏，我皇考以武宗之嫡，逃居朔漠，宗王大臣同心翊戴，肇啓大事，于時以地近，先迎文宗，暫總機務。繼知天理人倫之攸當，假讓位之名，以寶璽來上，皇考推誠不疑，即授以皇太子寶。文宗稔惡不悛，當躬迓之際，乃與其臣月魯不花、也里牙、明里董阿等謀爲不軌，使我皇考飲恨上賓。歸而再御宸極，思欲自解於天下，乃謂夫何數日之間，宫車弗駕。海内聞之，靡不切齒。又私圖傳子，乃搆邪言，嫁禍於八不沙皇后，謂朕非明宗之子，遂俾出居遐陬。祖宗大業，幾於不繼。内懷愧慊，則殺也里牙以杜口。上天不佑，隨降殞罰。叔嬸不答失里，怙其勢燄，不立明考之冢嗣，而立孺稚之弟懿璘質班，奄復不年，諸王大臣以賢以長，扶朕踐位。國之大政，屬不自遂者，詎能枚舉。

每念治必本於盡孝，事莫先於正名，賴天之靈。權奸屏黜，盡孝正名，不容復緩，永惟鞠育罔極之恩，忍忘不共戴天之義。既往之罪，不可勝誅，其命太常徹去脱脱木兒在廟之主。不答失里本朕之嬸，乃陰構奸臣，弗體朕意，僭膺太皇太后之號，迹其閨門之禍，離間骨肉，罪惡尤重，揆之大義，削去鴻名，徙東安州安置。燕帖古思昔雖幼沖，理難同處，朕終不陷於覆轍，專務殘酷，惟放諸高麗。當時賊臣月魯不花、也里牙已死，其以明里董阿等明正典刑。

監察御史崔敬言燕帖古思不宜放逐，不報。

《元史》卷一〇五《刑法志》 諸亂製詞曲，爲譏議者，流。

《元史》卷一〇三《刑法志》 諸藩邸事務，大者奏裁，小者移中書，擅以教令行者，禁之。

《元史》卷一〇二《刑法志》 諸方面大臣，受金縱賊成亂者斬，僚佐受金，或阿順不能匡正，并坐罪，會赦仍除名。

《元史》卷一〇四《刑法志》 諸妖言惑衆，嘯聚爲亂，爲首及同謀者處死，没入其家；爲所誘惑相連而起者，杖一百七。諸假託神異，狂謀犯上者，處死。諸亂言犯上者處死，仍没其家。諸指斥乘輿者，非特恩，必坐之。諸妄撰詞曲，誣人以犯上惡言者，處死。諸職官輒指斥詔旨亂言者，雖會赦，仍除名不敍。

《元史》卷一〇五《刑法志》 諸但降詔旨條畫，民間輒刻小本賣于市者，禁之。

《元史》卷一〇五《刑法志》 諸僧道僞造經文，犯上惑衆，爲首者斬，爲從者各以輕重論刑。諸以非理迎賽祈禱，惑衆亂民者，禁之。

《元史》卷一〇五《刑法志》 諸陰陽家天文圖讖應禁之書，敢私藏者罪之。諸陰陽家僞造圖讖，釋老家私撰經文，凡以邪説左道誣民惑衆者，禁之，違者重罪之。在寺觀者，罪及主守，居外者，所在有司察之。諸妄言禁書者，徒。諸陰陽家者流，輒爲人燃燈祭星，蠱惑人心者，禁之。諸妄言星變災祥，杖一百七。諸陰陽法師，輒入諸王公主駙馬家者，禁之。諸以陰陽相法書符咒水，凡異端之術，惑亂人聽，希求仕進者，禁之，違者罪之。

《明太祖實録》洪武五年七月〔乙巳〕作鐵榜申誡公侯。其詞曰：朕觀古昔帝王之紀及功臣傳，其君保恤功臣之意，或有始無終，使忠良股肱不免受禍，誠可憫也。間有聰明聖主，待功臣之心皎如日月，姦臣不能離間，故君臣得以優遊，終其天年，在社稷有磐石之安，在功臣之家享富貴無窮，朕甚慕焉。亦有明智之君，欲保全有功，其心切切，柰何跋扈之臣，恃其有功，數作過惡，累宥不悛，不得已而誅戮，此臣下自取之也。又若主有寬仁之德，臣有忠良之心，然（被）〔彼〕各少察斷而不明，何也。蓋功臣奴僕倚恃權貴，欺壓良善，爲臣者不能察其所爲，致使縱横，刑官執法具罪以聞。在忠良大臣必不如是，特奴僕自作之過。其君不能明察大臣之心，將謂大臣使之，如是姑息有功釋而不問者有之，略加誡諭奴僕者有之，又不明白與功臣道其奴僕所作之過，含忍太多，及法司屢奏，却疑大臣欺罔君上，一旦不容，即加殘害，此君不明之所致也。當時功臣，雖有忠良之心，却不能檢察其下，一有罪責，即怨其君，何也。亦由奴僕之類在外爲非，歸則言是，大臣職任朝堂或優閒元老，加以小人阿諂，少能勸諫，及至奴僕犯罪，法司執問，君命誅其奴僕，大臣不知君上保愛之心，便生疑怨，累及其身，往往有之。或是天子念功臣之勞而免其罪，其奴僕歸告大臣曰，君上不能容公，故枉問奴等耳。大臣一時聽信，不自加察，以爲必然，遂生猜疑，致遭刑戮。此臣不能檢察其下之過也。可謂君臣兩失之矣。朕起布衣，賴股肱宣力，平定天下，既（以）〔已〕論功行賞，封公侯，錫以鐵券，頒以重禄，令傳子孫，共享太平，尚慮公侯之家奴僕〔人〕等習染頑風，冒犯國典。今以鐵榜申明律令，朕諭卿等除親屬別議外，但凡奴僕一犯，即用究治，於爾家無所問，敢有恃功藏匿犯人者，比同一死折罪。爾等各宜謹守其身，嚴訓于家，以稱朕始終保全之意。其目有九人。其一，凡内外各指揮千户百户鎮撫並總旗小旗等，不得私受公侯金帛衣服錢物，受者杖一百，發海南充軍，再犯處死。公侯與者，初犯再犯免其罪附過，三犯准免死一次。奉命征討，與者受者不在此限。其二，凡公侯等官，非奉特旨不得私役官軍，違者，初犯再犯免罪附過，三犯准免死一次。其官軍敢有輒便聽從者，杖一百，發海南充軍。其三，凡公侯之家，强占官民山場、湖泊、茶園、蘆蕩及金銀銅場鐵冶者，初犯再犯免罪附過，三犯准免死一次。其四，凡内外各衛官軍非當出征之時，不得輒於公侯門首侍立聽候，違者杖一百，發煙瘴之地充軍。其五，凡功臣之家管庄人等，不得倚勢在鄉欺毆人民，違者刺面劓鼻，家産籍没入官，妻子徙至南寧，其餘聽使之人各杖一百，及妻子皆發南寧充軍。其六，凡功臣之家屯田佃户管莊幹辦火者奴僕及其親屬人等，倚勢凌民（奪）侵〔奪〕田産財物者，並依倚勢欺毆人民律處（斷）〔斬〕。其七，凡公侯之家，除賜定儀仗户及佃田人户已有名額報籍在〔官〕，敢有私托門下影蔽差徭者，斬。其八，凡公侯之家，倚恃權豪，欺壓良善，虚錢實契，侵奪人田地房屋孳畜者，初犯免罪附過，再犯住支俸給一半，三犯停其禄，四犯與庶民同罪。其九，凡功臣之家，不得受諸人田土及朦朧投獻物業，違者初犯（者）免罪附過，再犯住支俸給一半，三犯停其禄，四犯與庶人同罪。

《大誥續編·斷指誹謗》蒸民之中有等頑民，其頑也如是，其奸也如是，其愚也如是。嗚呼！非頑，非奸，非愚，蓋去古既遠，老壯相傳，爲民之道迷矣。由相代之帝敷教而不精，致令民頗聰明者而作聰明，所以反成至愚。今朕不能申古先哲王之道，所以奸頑受刑者多。洪武十九年，福建沙縣民羅輔等十三名，不務生理，專一在鄉構非爲惡。心恐事覺，朋奸誹謗，却説：如今朝廷法度好生利害，我每各斷了手指，便没用了。如此設謀，煽惑良善，以致告發，拿捉到官。朕謂曰：爾等既斷了手指，諸事艱爲，安坐無憂凌暴，爲何？輔等默然。嗚呼！人皆説人君養民，朕觀之，人君宫室、服食、器用皆民所供，人君果將何以養民哉？所以養民者，在申古先哲王之舊章，明五刑以弼五教，使民知五常之義，强不得凌弱，衆不敢暴寡，聚兵積粮，守在四夷，民能從化，天下大安，此人君養民之道也。爾輔等不遵治化，造罪淵泉，自殘父母之遺體，是謂不孝；捏詞上謗於朝廷，是謂不臣。似爾不臣不孝之徒，惑亂良民，久則爲禍不淺。所以將爾等押回原籍，梟令於市，闔家成丁者誅之，婦女遷於化外，以戒將來。吁！朕制法以養民，民乃搆奸而自罪。全家誅之，朕豈得已乎？智人鑒之。

《大誥三編·秀才剁指》廣信府貴溪縣儒士夏伯啓叔姪二名，人各截去左手大指。拿赴京師，朕親問之，謂曰：昔世亂，汝居何處？對曰：紅寇亂時，避兵于福建、江西兩界間。曰：家小挈行乎？對曰：奉父行。曰：既奉爾父行，上高山峻嶺，下深溝陡澗，還用手扶持乎？曰：扶持。曰：自後居何處？曰：紅寇張元帥守信州，伯啓還鄉復業。曰：向後何如？曰：教學爲生至今。朕知伯啓心懷忿怒，將以爲朕取天下非其道也，特謂伯啓曰：上古自伏羲至于黄帝，少昊至于顓頊、高辛，無文可考。知大概者，堯禪舜，舜禪禹，禹傳家，湯放桀，武王伐紂。自此秦、漢至於隋、唐、宋、元，天更其運祚者，非一帝爾。所以一家之祚，不能千年者何？蓋爲孰子孫皆能奉天勤民，不致上帝憂民之患以更運乎！所以更運者，爲其人君不稱天心而致然也。且人之生，父母但能生其身體而已，其保命在君。雖父母之命，非君亦不能自生，况常云人有再生父母。何謂再生父母？人本非罪，偶遇大殃而幾死，或遇人而免。所遇之人，不分老壯而出幼者，但能回生於將死之期，是謂再生父母。所以偶遇大殃而幾死者何？或路逢强賊，或坐家被劫，或讎暴相侵，路逢虎狼，墮於水火。於此得濟者，是謂回生之期。年雖蒼顔皓首，中此禍殃，自出幼而至壯者生之，是謂再生父母。何以見？命於此際本絶矣，自此而復生，命若初生矣，所以常云再生父母，宜其然乎！爾伯啓言紅寇亂時，意在他忿，至于天更歷代，列聖相傳，此豈人力而可爲乎！今爾不能效伯夷、叔齊，去指以食粟，教學以爲生，恬然不憂凌暴，家財不患人將，爾身將何怙恃？伯啓俛首默然。噫！朕謂伯啓曰：爾所以不憂凌暴，家財不患人將，所以有所怙恃者，君也。今去指不爲朕用，是異其教而非朕所化之民。爾宜梟令，籍没其家，以絶狂夫愚夫倣效之風。而伯啓無對，命法司詣本貫決之。嗚呼！當豪傑亂起，暴兵横作，挈家奔走，顧命之不暇，官軍近則依官軍，亂雄近則依亂雄。當此之時，偶遇大難，或逢仗義之士，能釋難全生於一時，或保命於數月，亦或幾歲，本人事雖不成，勢屬他人。其全生保命之恩，再生之德，其夢寐於終身，有所不忘。其伯啓知朕代元爲君，意有不然，及其數至天更歷代運祚，其伯啓雖死，默然而無恨，是豈理乎哉！

《大誥三編・作詩誹謗》嗚呼！去古既遠，賢聖遐迷，姦臣賊子既多，貪饕無厭而仕者麻樹。今之學仕者，欠究至理之精，所以京師江寧縣知縣高炳，以通經舉赴京師。其年太常司缺官，人材至京者雖不少，朕憂奉神之人必寡。其太常司官，若非寅畏勤政之士，不足助朕以格神，於是召諸儒來前。至列者甚廣，必欲以言知其所以，何下數千萬言交接而後知其人焉！若此，朕精神有限，對者詞多，豈能遍遍而當乎？况特以言動其心者使應之，欲辨利鈍，凡此人多默然，其賢愚蓋不知矣，於是面選者多。時高炳已除工部員外郎，特見雍容之態在班，朕將以爲篤實，外貌若此，心必亦然，奉神必可，於是選入太常，職少卿。未久，作故而歸。又五年，以通經復至，命職江寧知縣。到任未久，非公而事覺，罪犯徒年，朕聞之，嗚呼！學雖通經，愚若是乎！昔者太常之役，不過竭誠心而常懷畏懼，率領齋郎人等，周旋於上帝、后土、海嶽、四瀆、山川、社稷之神各壇上下左右而已，人生一世，何幸獲此職分，對越上帝神明，竭精誠以敬畏，以祈將來，不亦可乎！且四時之祭，定限不繁。官於是者，不過聲動人耳，其於筋骨之勞，杳然無施，但敬畏爲務，如此可以效誠伸敬。其高炳名雖志士，衷實無神，傲天地而慢鬼神，棄清高之職，以有僞作故而歸。復以經書來朝，自造陷身之罪，罪非死罪，而敢褻慢，妄出謗言，以唐律作流言以示人，獲罪而身亡家破。嗚呼惜哉！其高炳年已蒼顔，於元不顯。於我朝至官，不能奮志以造民福，反構殃以殺身。設使奮志以造民福，或牧守一郡之安，或上助朕清寧寰宇，豈不使志者及鄉里有識者以爲嗟乎！爲何？炳有若是之才，當元正壯，元君未識，以爲棄才，今君用之，晏安寰宇，豈不能人者也。炳不能如是，昔在元時，志既不達，今得選用，一概自爲之傾覆，可謂之無藉之徒，甚非儒者之學矣。

《大誥三編・造言好亂》嗚呼！民有厭居太平好亂者，考之於漢、隋、唐、宋，此等愚民，累代有之。嗚呼惜哉！此等愚民，累爲造禍之源，一一身死，姓氏俱滅者多矣。愚者終不自知，或數十年、數百年，仍蹈前非。且如元政不綱，天將更其運祚，而愚民好作亂者興焉。初本數人，其餘愚者聞此風而思爲之合，共謀倡亂。是等之家，吾親目覩。當元承平時，田園宅舍，桑棗榆槐，六畜俱備，衣粮不乏。老者，孝子順孫尊奉於堂，壯者繼父交子往之道，睦四鄰而和親親，餘無憂也。雖至貧者，盡其家之所有，貧有貧樂。縱然所供不足，或遇雨水愆期，蟲蝗並作，並淫雨澇而不收，饑饉並臻，間有缺食而死者，終非兵刃之死。設使被兵所逼，倉惶投崖，趨火赴淵而殁，觀其窘於衣食而死者，豈不優遊自盡者乎！視此等富豪、中户、下等貧難，聞作亂翕然而蜂起，其亂雄異其教，造言以倡之。亂已倡行，衆已羣聚，而乃僞立名色，曰君，曰帥，諸司官並皆做置。凡以在外者，雖是亂雄，用人之際，武必詢勇者，謀必詢智，賢必遵德，數等既拔，其餘泛常，非軍即民，須聽命而役之。嗚呼！當此之際，其爲軍也，其爲民也，何異於居承平時，名色亦然，差役愈甚。且昔朕親見豪民若干，中民若干，窘民若干，當是時，恬於從亂。一從兵後，棄撇田園宅舍，失甑桑棗榆槐，挈家就軍，老幼盡行隨軍營於野外，少壯不分多少，人各持刃趨凶，父子皆聽命矣。與官軍拒，朝出則父子兄弟同行，暮歸則四喪其三二者有之。所存眷屬衆多，遇寒，朔風凜凜，密雪霏霏，飲食不節，老幼悲啼，思歸故里，不可得而歸。不半年，不週歲，男子俱亡者有之，幼兒父母亦喪者有之，如此身家滅者甚多矣。如此好亂者，遭如此苦殃，歷代昭然，孰曾警省？秦之陳勝、吴廣，漢之黄巾，隋之楊玄感、僧向海明，唐之王僊芝，宋之王則等輩，皆係造言倡亂首者。比天福民，斯等之輩，若煙消火滅矣。何故？蓋天之道好還，凡爲首倡亂者，致干戈横作，物命損傷者既多，比其事成也，天不與首亂者，殃歸首亂，福在殿興。今江西有等愚民，妻不諫夫，夫不戒前人所失，夫婦愚於家，反教子孫一概念誦南無彌勒尊佛，以爲六字，又欲造禍以殃鄉里。嗚呼！設若鼓倡計行，其良民被脅從而被詿誤者，甚不少矣。前者元朝驢兒，差僧一名，詭名彭玉琳，又曰無用。其新淦等縣愚民楊文德等相從爲之，比及緝捕盡絶，同惡之徒被生擒者數百名，所在殺死者又若干，眷屬流移他處中途死者又若干。吁！詭名彭玉琳、無用，乃元細作。其新淦等縣人民楊文德等輕同惡而相濟，累及良民，難於分豁者多矣，至於死地。以此觀之，豈不全家誅戮者也。今後良民，凡有六字者，即時燒毁，毋存毋奉，永保己安，良民戒之哉。

《大誥三編・蘇州人材》 蘇州人材姚叔閏、王諤，二生皆儒學。有人以儒者舉于朝廷，吏部行下蘇州府，取赴京師，朕欲擢用，分理庶務，共造民福。二生交結本府官吏張亨等，暗作主文老先生，因循破調，不行赴京，以就官位而食禄，匿於本郡，作害民之源。事覺梟令，籍没其家。嗚呼！古者士君子，其學既成，必君之用。將老，鄉無舉者，以爲恥焉。今二生名已在朝，舉者訴以實學。其二生以禄爲薄，以酷取民財爲厚，故重主文，貴老先生，而爲得計，以致殺身亡家。嗚呼！率士之濱，莫非王臣成説其來遠矣。寰中士夫不爲君用，是外其教者，誅其身而没其家，不爲之過。

《大誥三編・王錫等奸弊》 禮部郎中王錫，係色目人，冒漢姓而曰王錫，掌祠部事。凡大駕、東宫、王駕出入並諸將征進，有所祭祀，牲口並屬本部收買。其王錫通同察院、刑部子部、光禄司少卿屈圖南，將斷没豬羊暗地移文，作收買破用。其所支官鈔，或數千，或數萬，抵下入己。致被主事李顯各因事發，訐出前姦。其色目王錫公然肆姦，招殺身之刑。《大誥》遍布臣民，初出未廣，禮部且有一本，員外郎尹巖時常看讀。色目王錫見之，故藏匿其書，亦被尹巖奏發。嗚呼！君子導人爲善，惟恐不善，導之再三。今色目王錫公然爲惡，見人爲善，惡人爲善，匿其誥，使人不知。誥已布天下矣，何匿之有哉！嗚呼！愚夫爲利之所迷，將以奸狡爲妙，孰不知殺身速矣，色目王錫由是而殺身矣。

《大誥武臣・梅義交結安置人》 遼東都指揮梅義，他父親已有胡黨的意，因論親上，不曾罪他，只貶去遼東做都指揮，着他重新立功。他到遼東，全不思量做好勾當，却容縱爲事發充軍的人在家，並各官家教學下棋、打雙陸、行醫、賣卦及令管軍數揭貼各城門鑰匙。這般若長遠呵，必致壞事。似這等有罪的人，容留他在閒，却教好軍替他屯種，顛倒把好軍勞苦壞了。及至人動實封，又將邀截回去，這是個該死的罪過，他又敢犯。事發，又且姑容他的性命，則全家發去邊遠住坐。其同爲不才都指揮潘彝、葉增，姑容還職，着他立功贖罪。若再做壞了呵，你怕饒他。

《大誥武臣・邀截實封》 青州護衛千户孫旺，逼令軍人自縊身死。其餘軍人赴京伸訴，他差人邀截回去，將各軍監在牢裏，誣賴他通同馬四兒作耗，致將軍人四名淩遲處死，餘軍盡發雲南。事發，千户孫旺亦將淩遲處死。兖州護衛指揮蔡祥、千户毛和、鎮撫梁時、顧信等，百般苦軍，致有軍人糟法保赴京告狀，行至鳳陽浮橋，他差人趕回去，妄啓魯王將軍人打死分屍。事發，千户毛和等自知罪重，脱監在逃；指揮蔡祥淩遲處死。平陽梅鎮撫，有被害軍人赴京告指揮李源，他替李源邀截回去。事發，梅鎮撫閹割，發與李源家爲奴。處州衛指揮顧興、魏辰、屠海、雷震、盛文質、夏庸等，有軍人陸達之等赴京，告張知府收粮作弊，他與有司交結，差人趕回監問。事發，免死發金齒充軍。福州左衛千户單友才、百户邵興，將赴京告狀軍人嚴三趕回，杖斷一百。事發，發金齒充軍。這火官人，都是邀截實封該死的罪過，中間最無理的是青州千户孫旺、兖州指揮蔡祥等。小軍每被他害得荒了，没柰何，則得赴京伸訴，他又把他攔截回去。則這般攔將回去，已自犯法了，他又去妄奏妄啓，將軍人排陷殺了。這個情理説將起來，如何容得，所以都將他凌遲處死，着他償那軍的性命。其餘的且饒他死，則發去充軍了。今後管軍的官人每，休學他這等大膽，若是倚着有功，犯到根前，果實情理重呵，也饒不過。

《大誥武臣·排陷有司》 青州衛百戶王玘，他在蒙陰縣守禦，多般去害百姓，將帶籽綿花俵與百姓，每二十斤要他布二十四匹；又將黄蠟香油等物俵與里長甲首，多收價鈔，又聽奸婦囑託，詐傳旨意，將蒙陰縣官拿下拷打，勒要招承害民事理，捏詞妄動實封，惑亂朝廷。似這等無理呵，怎地不殺他。

《大明律》卷二《吏律·職制·大臣專擅選官》 凡除授官員，須從朝廷選用。若大臣專擅選用者，斬。若大臣親戚，非奉特旨，不許除授官職。違者，罪亦如之。其見任在朝官員，面諭差遣及改除，不問遠近，託故不行者，並杖一百，罷職不叙。

《大明律》卷二《吏律·職制·姦黨》 凡姦邪進讒言，左使殺人者，斬。若犯罪律該處死，其大臣小官，巧言諫免、暗邀人心者，亦斬。若在朝官員，交結朋黨，紊亂朝政者，皆斬。妻子爲奴，財産入官。若刑部及大小各衙門官吏，不執法律，聽從上司官主使出入人罪者，罪亦如之。若有不避權勢，明具實迹，親赴御前執法陳訴者，罪坐姦臣。言告之人，與免本罪。仍將犯人財産，均給充賞。有官者，陞二等；無官者，量與一官，或賞銀二千兩。

《大明律》卷二《吏律·職制·交結近侍官員》 凡諸衙門官吏，若與内官及近侍人員互相交結，漏泄事情，夤緣作弊，而符同奏啓者，皆斬。妻子流二千里安置。

《大明律》卷二《吏律·職制·上言大臣德政》 凡諸衙門官吏及士庶人等，若有上言宰執大臣美政才德者，即是姦黨。務要鞫問，窮究來歷明白，犯人處斬，妻子爲奴，財産入官。若宰執大臣知情，與同罪。不知者，不坐。

《大明律》卷三《吏律·公式·制書有違》 凡奉制書有所施行而違者，杖一百。違皇太子令旨者，同罪。違親王令旨者，杖九十。失錯旨意者，各減三等。其稽緩制書及皇太子令旨者，一日笞五十，每一日加一等，罪止杖一百。稽緩親王令旨者，各減一等。

《大明律》卷三《吏律·公式·講讀律令》 凡國家律令，參酌事情輕重，定立罪名，頒行天下，永爲遵守。百官官吏務要熟讀，講明律意，剖決事務。每遇年終，在内從察院，在外從分巡御史、提刑按察司官，按治去處考校。若有不能講解，不曉律意者，初犯罰俸錢一月，再犯笞四十附過，三犯於本衙門遞降叙用。其百工技藝、諸色人等，有能熟讀講解，通曉律意者，若犯過失及因人連累致罪，不問輕重，並免一次。其事干謀反、逆叛者，不用此律。若官吏人等，挾詐欺公，妄生異議，擅爲更改，變亂成法者，斬。

《大明律》卷三《吏律·公式·棄毁制書印信》 凡棄毁制書及起馬御寶聖旨、起船符驗，若各衙門印信及夜巡銅牌者，斬。若棄毁官文書者，杖一百。有所規避者，從重論。事干軍機錢糧者，絞。當該官吏，知而不舉，與犯人同罪。不知者，不坐。誤毁者，各減三等。其因水火盜賊毁失，有顯跡者，不坐。

凡遺失制書、聖旨、符驗、印信、巡牌者，杖九十，徒二年半。若官文書，杖七十。事干軍機錢糧者，杖九十，徒二年半。俱停俸責尋。三十日得見者，免罪。若主守官物，遺失簿書，以致錢糧數目錯亂者，杖八十。限内得見者，亦免罪。其各衙門吏典考滿替代者，明立案驗，將原管文卷交付接管之人。違者，杖八十。首領官吏不候交割，符同給由者，罪亦如之。

《大明律》卷三《吏律·公式·事應奏不奏》 凡軍官犯罪，應請旨而不請旨及應論功上議而不上議。當該官吏處絞。若文職有犯，應奏請而不奏請者，杖一百。有所規避，從重論。若軍務、錢糧、選法、制度、刑名、死罪、災異及事應奏而不奏者，杖八十。應申上而不申上者，笞四十。若已奏已申，不待回報而輒施行者，並同不奏不申之罪。其合奏公事，須要依律定擬，具寫奏本。其奏事及當該官吏、僉書姓名，明白奏聞。若有規避，增減緊關情節，朦朧奏准施行，已後因事發露，雖經年遠，鞫問明白，斬。若於親臨上司官處，稟議公事，必先隨事詳陳可否，定擬稟説。若准擬者，上司置立印署文簿，附寫略節緣由，令首領官吏書名畫字，以憑稽考。若將不合行事務，妄作稟准，及窺伺公務冗併，乘時朦朧稟説施行者，依詐傳各衙門官員言語律科罪。有所規避者，從重論。

《大明律》卷三《吏律·公式·出使不復命》 凡奉制勑出使不復命，干預他事者，杖一百。各衙門出使不復命，干預他事者，常事杖七十，軍情重事杖一百。若越理犯分，侵人職掌行事者，笞五十。若回還後，三日不繳納聖旨者，杖六十，每二日加一等，罪止杖一百。不繳納符驗者，笞四十，每三日加一等，罪止杖八十。若有所規避者，各從重論。

《大明律》卷三《吏律·公式·漏泄軍情大事》 凡聞知朝廷及總兵將軍調兵討襲外蕃，及收捕反逆賊徒機密大事，而輒漏泄於敵人者，斬。若邊將報到軍情重事而漏泄者，杖一百，徒三年。仍以先傳説者爲首，傳至者爲從，減一等。若私開司文書印封看視者，杖六十。事干軍情重事者，以漏泄論。若近侍官員漏泄機密重事於人者，斬。常事，杖一百，罷職不叙。

《大明律》卷一二《禮律·儀制·上書陳言》 凡國家政令得失，軍民利病，一切興利除害之事，並從五軍都督府、六部官，面奏區處，及聽監察御史、提刑按察司官，各陳所見，直言無隱。若内外大小官員，但有本衙門不便事件，許令明白條陳，實封進呈，取自上裁。若知而不言，苟延歲月者，在内從監察御史，在外從按察司糾察。若百工技藝之人，應有可言之事，亦許直至御前奏聞。其言可用，即付所司施行。各衙門但有阻當者，鞫問明白，斬。其陳言事理，並要直言簡易，每事各開前件，不許虚飾繁文。若縱横之徒，假以上書，巧言令色，希求進用者，杖一百。若稱訴寃枉，於軍民官司，借用印信封皮入遞者，借者及借與者，皆斬。

《大明律》卷一二《禮律·儀制·見任官輒自立碑》 凡見任官，實無政跡，輒自立碑建祠者，杖一百。若遣人妄稱己善，申請於上者，杖八十。受遣之人，各減一等。

《大明律》卷一八《刑律·賊盜·造妖書妖言》 凡造讖緯、妖書妖言及傳用惑衆者，皆斬。皆者，謂不分首從，一體科罪。餘條言皆者，並準此。若私有妖書隱藏不送官者，杖一百，徒三年。

《大明律》卷一七《兵律·郵驛·邀取實封公文》 凡在外大小各衙門官，但有入遞進呈實封公文至御前，而上司官令人於中途急遞鋪邀截取回者，不拘遠近，從本鋪鋪司、鋪兵，赴所在官司告舉，隨即申呈上司，轉達該部，追究得實，斬。其鋪司、鋪兵，容隱不告舉者，各杖一百。若已告舉，而所在官司不即受理施行者，罪亦如之。若邀取實封至五軍都督府、六部、察院公文者，各減二等。

（明）王世貞《弇山堂别集》卷九一《中官考二》 永樂五年六月己亥，上諭都察院，謂：去年曾命内侍李進往山西採天花，此一時之過，後甚悔之，更不令採。比聞進詐傳詔旨，僞作勘合，招集軍民，復以採辦爲名，大爲民害。所在官司，都不奏來，此與胡、藍、齊、黄欲壞國事者何異？即遣御史一員，徑詣山西，將進等一干鞫問明白，械送京師，必置重法。若都司、布政司有干涉者，並鞫治之，雖關皇親，亦不恕。

七年十二月戊申，守京城門内使言，城門郎擅離所守，縱酒廢事。城門郎亦言，嘗以母病，白内使暫歸，未嘗擅離。蓋嘗以事忤内使，故挾私誣搆。皇太子曰：城門郎無罪，内使小人縱私，上罔朝廷，下誣無罪之人，豈可復用！命下錦衣衛治之。乃命司禮監榜示，今後内官内使有言事不實及挾私枉人者，悉置重典。

《明仁宗寶訓》卷二《戒飭臣下》〔洪熙元年三月〕丁亥，上諭刑部尚書金純、都察院左都御史劉觀、大理寺卿虞謙曰：往者法司無公平寬厚之意，尚羅織爲功能。稍有片言涉及國事，輒論誹謗，中外相率成風。姦民欲嫁禍良善者，輒飾造誣罔，以誹謗爲説。一罣名於此，身家破滅，莫復辨理。今數日間，覽此風又萌。夫治道所急者求言，所患者以言爲諱。況今所急，尤在於通下情。卿等宜體朕心，自今告誹謗者悉勿治。顧大學士楊士奇等曰：此事必以詔書行之。

（明）王世貞《弇山堂别集》卷九一《中官考二》 〔宣德〕六年十二月，内官監太監袁琦、内使阮巨隊、阮誥、武莽、武路、阿可、陳友、趙淮、王貴、楊四保、陳海等伏誅。初，巨隊等往廣東等處公幹，以採辦爲名，虐取軍民財物。事覺，下錦衣衛，究其由，皆琦指使。於是籍其家，金銀以萬計，寶貨錦綺諸物稱是。又所用金玉器皿，僭侈非法，皆四保與海爲之。事覺，上下法司議罪，命凌遲琦，而斬巨隊等十於市。時太監裴可烈亦以貪暴下錦衣衛獄，拷死。馬俊回，至良鄉，自經死。命錦衣衛磔其屍，梟首於市。唐受亦以公差南京害民，捕至，獄具，械赴南京，凌遲於市，梟首示衆。丙申，諭右都御史顧佐等出榜曉諭中外，凡先所差內官內使，在外侵占官民田地，及擅造房屋，所在官司，取勘明白，原係官者還官，軍民者還軍民，中外官民人等，有受內官內使寄頓財物，許首免罪，若匿不首，事覺與犯者同罪。自今內官內使出外，敢仍前有犯，令所在官司具奏，治以重罪，知而不奏罪同。若中外軍民人等，有投託跟隨內官內使，因而撥置害人者，悉處死罪。上退朝，御乾清宮，諭太監王瑾、吳誠等曰：朕即位以來，念內官內使隨侍勤勞，恩待甚厚，屢戒諭之，令謹守法度，勿罹刑辟，永享太平。其間有能小心忠謹，朕待之加厚，不意袁琦辜恩負德，越禮犯分，欺瞞朝廷，受人囑託，私遣內使出外，假以幹辦，虐害官吏軍民，百計索取金銀財物，數以萬計。下人銜寃，歸怨於上，朕何由知？天地鬼神共怒，事發露，琦以伏誅。此非朕欲罪之，殺身之禍，實其自取。爾等其揭榜昭示內官內使及小火者，能守法事上、不恃寵作威、不害民取財者，鬼神祐之，若違法越禮，惟務貪虐，鬼神不祐，國法不赦。若先嘗有過，後當改悔，朕亦以無過待之。

少保行在工部尚書吳中私以官木磚瓦遺太監楊慶作私第，甚弘壯。上登皇城樓望見之，問左右，得其實，逮中下獄論斬。錦衣衛指揮王裕知而不舉，當連坐。上宥中罪，革其少保，仍罰尚書俸一年，裕下獄，已而釋之。內官裴宗漢管木廠，坐盜市官木，又賄太監楊慶求免罪，事發，法司亦論斬，命械繫錦衣獄。一時英斷赫然。第不知於楊慶作何處耳。

《明英宗寶訓》卷二《諭臣下》〔正統八年〕十月壬午，勑諭在京文武羣臣曰：朝廷建置百官分理，庶有成績。今者在京內外官員，有彼此交通，寅緣作弊。或畏勢要，或貪賄賂，遇有事務，私相囑託，以致文武銓選不公，刑獄輕重失當。軍民被其役使，或放富差貧，勞役不均，或輸糧草，輙有那移。風憲官黨比不言，論罪皆不可容，今姑宥不問。繼自今，素守禮法者，益加謹畏，以保名節。其有徇私玩法者，即宜修省，以圖自新。毋爲勢要所脅，毋爲賄賂所誘，毋相黨比以私滅公，毋事阿附以求僥倖，毋柔懦詭隨有妨正道，毋苟容邪佞有曠職掌，庶幾副朕委任，永保名位。敢有不知改悔，仍蹈前非者，必治以重罪不宥。蓋天道福善禍淫，國家好人爲善，惡人爲惡。有違朕言，祖宗之法具在，必不貸也。

(明) 余繼登《典故紀聞》卷一一 英宗謂吏部尚書王直曰：放回官吏挾制官府交結害民者，發口外充軍；誘人爲非以致盜賊生發者，本身梟首，家屬發邊遠充軍。爾吏部移文內外法司衙門，遍諭有衆，使知所警。

(明) 戴金《明條法事類纂》卷二一《禮部類・朝見留難・禁約朝覲官員私謁京官並校尉軍匠人等捏詞告害例》 成化元年十二月初二日，都察院左副都御史李等於奉天門欽奉聖旨：如今天下諸司官吏來京朝覲，中間多有不守法度的，私謁在京官員，賄賂公行，全無忌憚。營求囑托，奸弊百端。及在京校尉軍籍人等，亦有無藉之徒，或有讎嫌，乘各官朝覲來京，捏詞告害，嚇騙財物。這等都是分外生事，有傷治體。恁都察院出榜通行禁約。凡朝覲官員，不許與京官往來交通。在京校尉、軍匠人等，亦不許懷挾私讎，嚇騙〔令〕朝覲官員財物。務要各守法度，各安本分。敢有不遵禁〔令〕仍前作弊妄爲的，事發都重罪不饒。欽此。

(明) 戴金《明條法事類纂》卷二一《禮部類・朝見留難・禁約朝覲官吏與京官交通賄賂例》 成化七年閏九月初四日，吏部尚書等題，爲存留官員撫恤地方等事。考功清吏司案呈，奉本部送吏科（巡）抄出，巡按直隸監察御史劉忠題稱：竊聞百僚述職，固古今之常例，省費便民，亦一時之權宜。舍經從權，斯爲良法。偏鳳陽、廬州、淮安、揚州四府，滁、徐、和三州並各州縣，今春少雨，辨麥災傷，夏稅亢旱，禾苗枯槁。即今米騰價湧，民食不足，民饑缺食，盜（哉）〔賊〕安知其無！況朝覲等官赴京，帶領跟隨人役，彼此津點盤費，其間貪濫官員指此爲由，廣帶土物等項，不無動擾。及各處布、按二司官員，亦有預先印造新曆，裝載赴京人事，明獻苞苴，暗投賄賂，甚失治體。乞勑吏部議行，令各處巡撫、都御史等官，會同巡按御史嚴加禁約。司府州縣官員朝覲之日，止許帶領本等馬夫皀隸，不許指稱人事，廣齎土物歷日等項饋送，事發究問等因，具本奏。奉聖旨：吏部知道。欽此。欽遵抄出到部送司。查得近該本部題，照得成化八年正月初一日，例該天下諸司衙門正官與首領官赴京朝覲，合無行令，依期來朝，已經題准，通行遵守去後。及查本部上年事例，誠恐來朝官吏賄賂行私，出給告示禁約外，今該前因案呈。參照巡按直隸監察御史劉忠題稱，朝覲官員廣帶土物，及布、按二司官預先印造新曆，裝運赴京人事，明獻苞苴，暗投賄賂，各帶馬夫皂隸擾人一節，所言誠爲有理，合當禁約。欲便行移各處巡撫、巡按等官，通行嚴加禁止。緣〔朝〕覲日期（以）〔已〕近，誠恐應朝官員俱各陸續起程在途，一時難以周知。合無候各處朝覲官員將至之日，本部預先開調榜文張掛，嚴加禁約。如有前項來朝官吏與在京官員交通賄賂情弊，受饋之人事發，通行拏問，奏請從重處治。緣係朝覲禁約事理，未敢擅便，具題。奉聖旨：是。欽此。

（明）戴金《明條法事類纂》卷二一《禮部類·朝見留難·禁約（請）〔諸〕人捏告朝覲官員恐嚇財物及各官不許與京官交通賄賂例》　都察院爲禁約事。成化七年十一月十八日，本院左都御史李於奉天門早朝，欽奉聖旨：天下諸司官吏，三年一次來京朝（覲），中間賢否不同，朝廷自有（點）〔黜〕陟之典。但慮在京官吏、旗校、軍匠人等，或與原籍本管官司積有讎嫌，卻稱其來京妄生事端，捏詞告害，誆騙財物。似此奸詐之徒，不惟害及良善，抑且有乖治體。恁都察院出榜嚴加禁約。如今朝覲官員到京，不許在京一應官吏、旗校、軍匠人等，懷奸挾私，生事告訐，恐嚇財物。違了的，都重罪不饒。其朝覲官員亦不許（於）〔與〕京官往來，交通賄賂。如違，一體治罪。欽此。

（明）戴金《明條法事類纂》卷三二《刑部類·造妖書妖言·禁約捏造妖書妖言及（收藏傳用）》　成化八年二月二十四日，都察院左副御史李等欽奉聖旨：近來各處鄉村有等無籍之徒，捏造妖事、妖言，扇惑人心，謀爲不（執）〔軌〕。除已經事發明正典刑外，尤恐（遇）〔愚〕民無知，易惑難曉，冒犯憲章，害及身家，深爲可憫。恁都察院便出榜通行曉諭禁約，今後官吏軍民僧道人等，但遇妖書，即時燒毀，不許收藏傳用惑（典）〔衆〕。敢有奸邪之徒，假以（條得）〔修行〕爲名，妄捏妖言，誘惑良善者，許人指實陳告，拿解赴京。欽此。

（明）戴金《明條法事類纂》卷三二《刑部類·造妖書妖言·捏造收藏妖書妖言傳用惑衆者許諸人首告正犯處死全家發煙瘴地方充軍隨住首告得實之人給賞優免差役三年例》　成化十年五月二十四日，本院左都御史李等題，爲申明禁例事。於奉天門欽奉聖旨：先因各處愚民捏造妖書妖言，扇惑人心，屢犯刑憲，已經通行出榜禁約。豈（敢）〔期〕冥頑之徒，不思改過，仍蹈前非，近日以來犯者愈衆。恁都察院還出榜申明禁約，今後官吏軍民僧道人等，但有收藏妖書勘合等項，榜文到日，限一日以裡，（書）〔盡〕行燒毀，與免本罪。敢有仍前捏造收藏傳用惑衆者，許諸人赴官首告。正犯處死，全家發煙瘴地方充軍隨住。首告得實之人，官司量給官錢充賞，優免雜泛差役三年。欽此。

《明憲宗實録》成化十年十二月　都察院左都御史李賓等奏：錦衣衛鎮撫司累問妖言罪人，所追妖書圖本，舉皆妄誕不經之言，小民無知，往往被其幻惑，乞備録其妖書名目，榜示天下，使愚民咸知此等書籍，決無證驗，傳習者必有刑誅，不至再犯。奏可。其書有：《番天揭地搜神記經》、《金龍八寶混天機神經》、《安天定世繡莹関》、《九龍戰江神圖》、《天宮知賢變愚神圖經》、《鎮天降妖鉄板達》、《通天混海圖》、《定天定國水晶珠經》、《金鎖洪陽大策》、《金鋒都天玉鏡》《六甲明天了地金神飛通黑玩書》、《通天徹地照仙爐經》、《三天九関夜海金船經》、《九関七返纂天經》、《八寶擎天白玉柱》、《夫子金地曆》、《劉太保泄漏天機》、《伍公經》、《奪天冊》、《收門纂經》、《佛手記》、《三煞截鬼經》、《金鎖攔天記》、《緊関周天烈火圖》、《玉盆經》、《換天圖》、《飛天曆》、《神王九轉玉瓮金燈記》、《天形圖》、《天髓靈經》、《定世混海神珠》、《通玄濟世鴛鴦經》、《錦珊瑚》、《通天立世滚雲裘》、《銀城論》、《顯明曆》、《金章紫綬經》、《玉賢鏡》、《四門記》、《收燕破國經》、《通天無價錦包袱》、《三聖爭功聚寶經》、《金曆地經》、《奪天策》、《海底金經》、《九曜飛光曆》、《土傘金華蓋》、《水鑑書》、《照賢金靈鏡經》、《硃書符式》、《坐壇記》、《普濟定天經》、《周天烈火圖》、《六甲天書》、《三災救苦金輪經》、《智鎖天関書》、《感天迷化經》、《變化經》、《鎮國定世三陽曆》、《玄元寶鏡》、《玉傘錦華蓋》、《換海圖》、《轉天圖》、《推背書》、《九曜飛天曆》、《彌勒頌》、《通天玩海珠》、《照天鏡》、《玄天寶鏡經》、《上天梯等經》、《龍女引道經》、《穿珠偈》、《天形圖》、《應劫經天圖》、《形首妙經》、《玉賢鏡》、《透天関》、《盡天曆》、《玄娘聖母親書》、《太上玄元寶鏡》、《降妖斷怪伍家經》、《金光妙品》、《奪日金燈》、《紅塵三略》、《照天鏡》、《九関番天揭地神圖》、《金鋒都天玉鏡》、《玉樹金蟬經》、《玄娘聖母經》、《七返無價紫金船》、《銀城圖樣》、《龍鳳勘合》。

《明史》卷一三《憲宗本紀》〔成化十年〕夏五月戊申，申藏妖書之禁。

〔十二月〕甲午，録妖書名示天下。

（明）戴金《明條法事類纂》卷三二《刑部類・造妖書妖言・造妖言正犯處死同居成丁男子充軍老幼隨住妻小無憑隨住奏請》 一件，不法事。成化十二年九月內，該都察院左都御史李等題稱：各犯另居遠方親屬俱免發遣，其候得推等已問重刑，止有伊妻魏妙聰等，欲便發去，無憑隨住。節該奉憲宗皇帝聖旨：是。魏妙聰、王妙貞、常惠名各打八十，放了。欽此。

（明）戴金《明條法事類纂》卷三二《刑部類・造妖書妖言・禁約為事問發問〔閒〕住為民充軍降調等項人員不許在京潛住造言生事例》 成化十三年九月初七日，湖廣道呈刑科抄出山東道監察御史許進題，爲陳言禁革時弊事。伏覩天順六年八月初八日詔書，内一（疑）〔款〕：天順年後，官軍有爲事調發廣西等處充軍不曾到衛者，文武爲事問發爲民累訴冤枉者，限十日以裏赴通政司首告。官軍改調北邊衛分差操；文職無贓者，令冠帶原籍閒住：俱不許潛住京師。違者，聽四鄰舉首，撥發極邊充軍。容留之家一體治罪。欽此。欽遵。及查得先該錦衣衛鎮撫司題，爲不應等事。該都察院覆奏，近年以來各處有等無籍之徒，投托權豪勢要之家，充爲家人伴當，恣肆强虐良善。及有等文武職官及吏役旗校軍民人等，有因爲事，或問發爲民充軍，或擺站罷職冠帶閒住，或調降除，或犯罪被捉在逃，亦各來京潛住，奸盗詐僞，靡所不（違）〔爲〕。奏乞出榜禁約等因，具題。奉聖旨：是。欽此。欽遵。近訪得爲事文武官員、軍民旗校、吏役人等，中間有已問發爲民者，有冠帶閒住者，有立功者，有充軍者，又有降調罷職者，並犯罪被提脱逃負累人衆，久不出官者，此等之徒俱各不行回還原籍及各該衛所，專一在於京城内外四散潛住，或令人妄訴冤枉，煩擾朝廷；或因人懇求官府希望復職；或出入權幸之門，假其名而誆騙財物，一不如意，讒害百端。或交結勢要之家，借其勢而囑托公事，稍有不從，謗言四起。或妄議時政而蔑視理法，或講論災異而動惑人心。或毁謗朝臣，或架捏平人之是非，或暗地教唆詞訟，使含冤者無訴，或匿名告（言）〔訐〕人罪，使負屈者無伸。直忠被誣，良善受害。事雖近於尋常，利害所關甚大。況今朝覲在邇，會試將至。天下官員人等輻輳京師，尤此輩逞惡之時也。若不嚴加禁約，深爲未便，如蒙乞敕該衙門查照先奉詔書，並奏准事例，出榜禁約。仍通行錦衣衛巡捕官校並巡城御史，督同五城兵馬司，着落當該地方火甲人等，逐一挨究。但有前項爲事問發、閒住爲民、立功、充軍、降調等項人員，在於京城内外四散潛住者，許半月以裏，聽其各回原籍及赴原編衛所操差閒住。如有過期不行者，就便拿送法司，照例問擬發落。容留之人，一體治罪。如此，則奸弊可革而良善不被其害等因，具題。次日於奉天門奏，奉聖旨：是。這厮每潛住京城，造言生事，非止一端。錦衣衛並巡城御史便督同兵馬司，挨究姓名，開報在官，責令回還。如有容隱的，都重罪不饒。法司知道。欽此。

（明）戴金《明條法事類纂》附編《禁約嚇騙陰陷朝覲官員及各官與京官交通例》 成化十三年十一月二十五日，都察院爲禁約事。本院掌院等太子少保兼左都御史王等於奉天門朝欽奉聖旨：如今天下諸司官吏朝覲在京，有等姦詐官吏、軍校、匠作人等，或於各官因積有讎隙，乘其來京妄捏事情弊詞告害，嚇詐財物，及陰稱重（陽）〔揚〕良善，這等的都不安分，大傷治體。恁都察院便出榜嚴加禁約：一應官吏、軍校、匠作人等，各官到來不許似前挾私生事告（許）〔訐〕，嚇騙財物，（除）〔陰〕謀誣陷。違了的，都重罪不饒。其朝覲官員中間賢否不同，朝覲（點）〔黜〕陟自有常典，不許與京官往來交通，營求作弊。犯了的，一體治罪。欽此。

（明）戴金《明條法事類纂》卷三二《刑部類・造妖書妖言・收藏妖書在家觀看充軍》 成化十九年七月初八日，刑部尚書張等題，該錦衣衛鎮撫司參問犯人田城送司。查得成化十年五月二十四日，欽奉聖旨：先因各處愚民，捏造妖書，妖言，扇惑人心，屢犯刑憲，已經出榜禁約。豈期冥頑之徒，不思改過，仍蹈前非。近日以來，犯者愈衆，恁都察院還出榜申明禁約。今後官吏軍民僧道，但有收藏妖書、勘合等項，榜文到日，限一月以裏，盡行燒毁，與免本罪。敢有仍前捏造、收藏、傳用、惑衆者，許諸人赴官首告。正犯處死，全家發煙瘴地面充軍隨住。首告得實之人，量給官錢充賞，優免雜泛差役三年。欽此。欽遵。看得田成收藏妖書，雖不曾傳用、惑衆，卻不合不行燒毀，在家觀看，情犯不爲不重。若不另爲斷遣，誠恐無以警戒將來。除將本犯監候外，參照犯人田成收藏各若妖書，不行首告毀滅，公然在家觀看，玩法恃頑，肆無忌憚，於律雖止該徒罪，原情實爲深重，難照常例發落，必當嚴示戒懲，擬爲定例。合無將田成免其拘役，送兵部連當房妻小，發遣邊衛充軍。今後軍民、舍余、旗校人等有犯，除捏造〔妖書〕、妖言傳用惑衆，遵奉前項欽依事理處死外，若私有妖書，隱藏不送官，在家觀看事發者，法司問罪明白，一體發遣。庶幾事有定法，人知警懼。俱奉聖旨：是。田成收藏妖書，不行首官，難照常例發落，押發宣府邊衛充軍，家小隨住。欽此。

（明）戴金《明條法事類纂》附編《禁約諸色人等不許害朝覲官並於京官交通作弊》　弘治五年十二月初二日，都察院右副都御史白等於奉天門奉朝欽奉聖旨：如今天下官吏來朝，其間賢否黜陟，朝廷自有公論，但在京有等姦詐官吏、軍校、匠作人等，或挾原籍私讎，乘機妄捏事情興詞告害，嚇騙財物，及稱中傷，或又捏寫匿名帖子鼓駕是非，以致良善受屈死所控訴。這等都不安分傷懷治體的好生無禮，恁都察院便出榜嚴加禁約，敢有似前這等害人的，許被害之人捉拏首告，問得明白，治以重罪不饒。其朝覲官敢不守法度交通京官作弊，事發，也都治罪。欽此。

《宗藩條例》卷下《越關奏擾》　一、查得嘉靖十一年十一月，本部議得，郡王、將軍、中尉、及郡、縣、鄉君、夫人等，俱以宗室懿親，往往越關赴奏。合行各該有王府地方刊刻板榜禁諭，宗室但有應奏事件，照例啓王轉奏。毋得違訓玩法，擅離封域，自取卑辱。若不行悔改，仍蹈故轍者，聽本部參題。情輕者，革去爵秩。情重者，送發高墻。郡、縣、鄉君、夫人等犯者，將應得禄米減革一半，仍罪坐夫男，照例題請削除爵秩，奏詞立案不行等因。奉聖旨：是。都依擬行。欽此。又查得嘉靖二十五年十二月，禮科都給事中李綸題，該本部議得，今後各王府如有因內外自相結搆，及請乞婚封禄糧等事，合行該府長史、教授啓王處分轉奏，不得故意刁難。或其長史、教授不與轉啓，親、郡王不與轉奏，許差家人於守巡撫按等衙門具告，即與行勘。輕則啓王議處，重則會奏請旨。奏内亦要明開曾否經長史、教授、守巡撫按等官告理。抄奏到部，容本部行該省查勘回報，本部題請究治。若宗室不先行啓王，又不差人具告，乃復故違法例，私自越關來京者，顯是抗違明訓，合遵前旨送發高墻等因。奉聖旨：是。都依擬行。欽此。又查得嘉靖四十三年四月內，懷仁王俊榭奏，本府鎮國中尉俊攖男充鮒，及冒稱宗室三哥子，近因犯盜脱逃，違禁越關奏擾。今奉欽依，遞送回府閒宅拘禁。仍擅發飛牌，擅用背敕官員飛車、兵快、夫馬，强要下程，多索廩給。乞將今後越關奏擾者，徑自革爲庶人，遞解代府閒宅，亦不必給與口糧，及將府親跟隨撥置之人提問如律，以警將來等因。該本部議得，宗室越關來京者，在館則有日供之具，送宅則有口糧之資，雖渝越禁例，而朝廷猶待之以恩，惇睦之道，可謂周至矣。夫何近年以來，爲宗室者罔體朝廷優待之意，即今數月之間，私自來京者已四起矣。甚至有如懷仁王所奏鎮國中尉俊攖男充鮒，及冒稱宗室三哥子者。充鮒先該本部據例題奉欽依，已經遞送回府，閒宅拘禁。卻乃沿途詐稱敕旨，擅用背敕官員，擅起車輛、人夫、兵快、馬匹，多索廩給。且將見存伊父中尉俊攖忍作已故，挾帶無名棍徒，捏作宗室三哥子。欺誑悖逆，莫此爲甚。即充鮒觀之，則其他來者，往返驛遞，需索騷擾可類推矣。若不嚴加禁戢，何以懲戒將來。合候命下，移咨都察院，轉行山西巡按御史，即將充鮒押發代府閒宅，嚴加拘禁。及查三哥子果係冒名，並跟隨撥置之人從重究問。及行各該巡按御史，將沿途軍衛有司驛遞等衙門官吏人等，逐一研審縱容應付情弊，並原差遞送人役俱各追究問擬發落。仍出榜文於各驛遞張掛。今後但有宗室越關經過，不許給與口糧及應付車輛人夫。仍查本身之外，如有挾帶棍徒即係撥置之人，所在官司即行擒治。若再縱容違禁，從重一體治罪。再照閒宅之設，本以鈐束宗人，故日給口糧以資養贍。近來多有來歷不明之人，假稱宗姓，甘投閒宅，希冒口糧，若一概送發，反墮其計。合無以後除已經請名者，照例送住外，其未經請名，自稱宗室，來京奏擾者，本部遞回該府嚴行查勘。如果未經奏報，來歷不明，即送該布政司，從重問擬，着籍當差。其送住閒宅者，務要嚴加拘禁，不得仍前寬弛，致人輕犯。奉聖旨：是。欽此。

前件臣等議得，宗室私自來京，違例奏擾，一則惑於憸人引誘，圖濟姦謀。一則利驛遞需索，冀充私橐。所以法例屢申而屢犯，奏詞愈禁而愈繁。今後若不嚴加譴罰，則將來瀆擾何所底止。合無通行曉諭，如或再有仍前故違者，俱不給以應付，一面差人徑送閒宅拘禁。其同行人伴，務要追究，問擬極邊，永遠充軍。該府長史、教授等官，定行革職，毋得如前輕宥。凡所奏情詞，不拘事理曲直，俱不准理。

中國第一歷史檔案館《滿文老檔》天命四年七月 初八日，下書曰：

奉天承運英明汗諭曰：皇天祐我，授以基業。爲國君者，唯恐有失天授之基業而兢兢業業固守之。汗委任之諸大臣等，自總額真以下，牛録章京以上，爾等應勤敏恪慎，殫心厥職，嚴守法度，嚴束部下人。此次出兵，皆偷乘開原之馬匹，或者騎乘於途中，或者騎乘至家。嘗見他國法律不明，致遭天責，俾國人心術大亂也！天既祐我，其負管理之責者何不稽查約束？當我之面，皆作秉公守法、智勇兼備之態，背我則以爲汗不知悉，然而居心邪慝。須知天命之汗，非虛設也！彼陰懷鬼胎者，其人亦必鬼祟也！務須秉公持正，以誡諭國人，負鍋伐木之人，多加教誨，亦可省悔也！將我所言，爾衆審度。所言爲是，如何遵循，立誓以報。將此告諭，發至總額真以下，章京以上各隊之額真等。所言非是，爾衆進諫。爾等立誓，勿求同一。若係總額真，則各抒己見，以爲誓言。固山額真，亦抒己見，立爲誓言。至於梅勒額真、五牛録額真、牛録額真、章京以及村撥什庫等，亦各書誓言一份。凡自總額真以下，村撥什庫以上各官所立誓言，均皆奏於汗，汗閱後書於檔子。日後，爾等若變心犯罪，即依誓言審斷。

《清世宗實録》雍正三年二月 丙子，諭内閣：各省督撫提鎮將朕摺批密諭，有同在一省而彼此互相傳看者，有隔越隣省而彼此互相通知者，亦有經過其地而私相探問者。《周易》曰：幾事不密則害成。是以歷來會議軍務，皆極慎密，以防漏洩。凡文武大吏之密奏及朕所降密旨，俱係國家緊要事件，豈不更重於軍務，而可輕洩以貽害乎？嗣後若有此等，一經發覺，該部槩照洩漏軍機律治罪。

《大清律例》卷六《吏律・職制・大臣專擅選官》律

凡除授官員，兼文武應選者。須從朝廷選用，若大臣專擅選用者斬監候。若大臣親戚，非科貢應選等項，係不應選者。非奉特旨，不許除授官職，違者，罪亦如之。受選除者，俱免坐。其見任在朝官員，面諭差遣，及改除外職，不問遠近，託故不行者，並杖一百，罷職不敘。

條例

一、文武職官人等，不由銓選推舉、徑自朦朧奏請、希求進用、貪緣奔競、阻壞選法者，俱問罪，黜革爲民。

《大清律例》卷六《吏律・職制・姦黨》律

凡奸邪將不該死之人進讒言，左使殺人不由正理，借引別事以激怒人主，殺其人以快己意。者，斬監候。若犯罪，律該處死，其大臣小官，巧言諫免，暗邀市恩以結人心者，亦斬監候

若在朝官員，交結朋黨，紊亂朝政者，凡朋黨官員皆斬監候，妻子爲奴，財産入官。

若刑部及大小各衙門官吏，不執法律，聽從上司指姦臣。主使，出入已決放人罪者，罪亦如之。若有不避權勢，明具實迹，親赴御前，執法陳訴者，罪坐奸臣。言告之人，雖業已聽從，致罪有出入，亦得與免本罪；仍將犯人財産，均給若止一人陳奏，全給。充賞；有官者，升二等；無官者，量與一官；或不願官者賞銀二千兩。

《大清律例》卷六《吏律・職制・交結近侍官員》律

凡諸衙門官吏，若與内官及近侍人員，互相交結，漏洩機密事情，貪緣作弊，内外交通，洩漏事情。而扶同奏啓以圖乘機迎合者，皆斬監候；妻子流二千里安置。此亦姦黨一節，但漏洩較紊亂少輕，故止流而安置其妻子，不籍没其家産。若止以親故往來，無貪緣等弊，不用此律。

條例

一、罷閑官吏，在京潛住，有擅出入禁門交結者，各門盤詰，拿送法司問實，發烟瘴地面充軍。

《大清律例》卷六《吏律・職制・上言大臣德政》律

凡諸衙門官吏及士庶人等，若有上言宰執執政大臣美政才德者，非圖引用，便係報私。即是姦黨，務要鞫問窮究所以阿附大臣來歷明白，犯人連名上言，止坐爲首者。處斬監候，妻子爲奴，財産入官。若宰執大臣知情，與同罪；不知者，不坐。大臣知情與同罪，亦依《名例》至死減一等法，杖一百，流三千里，不追及妻子財産。

條例

一、督撫等官，或升任、更調、降謫、丁憂離任，而地方百姓赴京保留控告者，不准行。將來告之人交與該部治罪。若下屬交結上官，派斂資斧，驅民獻媚，或本官留戀地方，授之意指，借公行私，事發得實，亦交該部從重治罪。

《大清律例》卷七《吏律·公式·棄毀制書印信》律

凡故意棄毀制書，及各衙門印信者，斬監候。若棄毀官文書者，杖一百，有所規避者，從重論；事干軍機錢糧者，絞監候。爲事干軍機，恐致失誤，故雖無錢糧，亦絞。若侵欺錢糧，棄毀欲圖規避，以致臨敵告乏，故罪亦同科。當該官吏知而不舉，與犯人同罪，至死減一等。不知者，不坐。誤毀者，各減三等。其因水火盜賊，毀失有顯迹者，不坐。

若遺失制書、聖旨、印信者，杖九十，徒二年半。若官文書，杖七十；事干軍機錢糧者，杖九十，徒二年半。俱停俸責尋。三十日得見者，免罪。限外不獲，依上科罪。

若主守官物，遺失簿書，以致錢糧數目錯亂者，杖八十。亦住俸責尋。限內得見者，亦免罪。

其各衙門吏典役滿替代者，明立案驗，將原管文卷交付接管之人，違而不立案交付者，杖舊吏八十；首領官吏，不候吏典交割，扶同給照起送離役者，罪亦如之。

條例

一、凡直省州縣交代時，將任內自行審理戶婚、田土、錢債等項案件粘連卷宗鈐蓋印信，造入交盤册內，仍彙録印簿摘取事由，照依年月編號，登記註明經承姓名，隨同卷宗交代，並將歷任遞交之案一並檢齊，加具並無藏匿抽改甘結，交代接任之員，報明上司查覈。倘有不肖胥吏不行查明交代，照不將文卷交代接管之人律，杖八十。其有乘機隱匿、添改作弊等情，照盗取卷案、改易例治罪。受財者，以枉法從重論。將失察之該管官，照例議處。

一、緣事降調及病故之員，凡有從前未繳朱批奏摺，令本身及家屬呈明本省督撫、本旗都統代繳。倘有隱匿收存者，一經發覺，交部議處。

《大清律例》卷七《吏律·公式·事應奏而不奏》律

凡應議之人有犯，應請旨而不請旨，及應論功上議而不上議，即便拿問發落者，當該官吏照雜犯律處絞。

若文武職官有犯，應奏請而不奏請者，杖一百；有所規避，如懷挾故勘出入人罪之類。從重論。

若軍務、錢糧、選法、制度、刑名、死罪、災異，及事應奏而不奏者，杖八十；應申上而不申上者，笞四十。

若應議之人，及文武官犯罪，並軍務等事，已奏、已申，不待回報而輒施行者，並同不奏、不申之罪。至死減一等。

其各衙門合奏公事，須要依律定擬罪名，具寫奏本，其奏事及當該官吏僉書姓名，現今奏本吏不僉名。明白奏聞。若官吏有規避，將所奏內增減緊關情節，朦朧奏准，未行者，以奏事不實論，施行以後，因事發露，雖經年遠，鞫問明白，斬監候。非軍務錢糧。酌情減等。

若於親臨上司官處禀議公事，必先隨事詳陳可否，定擬禀說，若准擬者方行，上司置立印署之簿，附寫所議之事略節緣由，令首領官吏書名畫字，以憑稽考。若將不合行事務，不曾禀上司，妄作禀准，及竊伺上司公務冗并，乘時朦朧禀說，致官不及詳察，誤准施行者，依詐傳各衙門官員言語科罪，有所規避者從重論。詐傳官員言語本罪，詳見《詐僞律》。

條例

一、凡州縣官，將小民疾若之情不行詳報上司，使民無可控愬者，革職，永不敘用。若已經詳報，而上司不接准題達者，革職。

《大清律續纂條例》卷一《吏律》條例

一、各省學臣發審事件，一面發提調官訊問，一面咨明督撫稽查，提調等官仍具文通報。除例應枷責完結者，聽提調官隨時發落，報明學臣督撫藩臬銷案外，其枷責以上罪名，俱照例擬議報明學臣，詳解藩臬覈轉，由督撫分別批結咨題。如提調等官，奉到學臣批檄不行通報，即罪無出入，亦交部議處。

《大清律例》卷七《吏律·公式·出使不復命》律

凡奉制勅出使，使事已完，不復命，干預他事者，與使事絕無關涉。杖一百；各衙門出使，題奉精微批文及札付者，使事已完，不復命，干預他事者，所干預係常事，杖七十；軍情重事，杖一百。若使事未完，越理理不當爲。犯分，分不得爲。侵人職掌行事者，笞五十。

若回還後，三日不繳納聖旨制敕者，杖六十；每二日加一等，罪止杖一百。不繳納符驗者，笞四十，每三日加一等，罪止杖八十。

若或使事有乖，或聖旨、符驗有損失之類，有所規避不復命，不繳納者，各從重論。

《大清律例》卷一六《禮律·祭祀·禁止師巫邪術》 律

凡師巫假降邪神，書符咒水，扶鸞禱聖，自號端公、太保、師婆名色；及妄稱彌勒佛、白蓮社、明尊教、白雲宗等會，一應左道異端之術；或隱藏圖像，燒香集衆，夜聚曉散，佯修善事，煽惑人民；爲首者，絞監候；從者，各杖一百，流三千里。

若軍民裝扮神像，鳴鑼擊鼓，迎神賽會者，杖一百，罪坐爲首之人。里長知而不首者，各笞四十。其民間春秋義社，以行祈報者，不在此限。

條例

一、各處官吏、軍民、僧道人等，來京妄稱諳曉扶鸞禱聖、書符咒水一切左道異端邪術，煽惑人民，爲從者，及稱燒煉丹藥，出入内外官家，或擅入皇城，夤緣作弊，希求進用，屬軍衛者，發近邊充軍，屬有司者，發邊外爲民。若容留潛住，及薦舉引用，鄰里知情不舉，並皇城各門守衛官軍不行關防搜拿者，各參究治罪。

一、凡左道惑衆之人，或燒香集徒，夜聚曉散，爲從者，及稱爲善友求討布施，至十人以上，並軍民人等不問來歷，窩藏接引，或寺觀住持容留披剃冠簪探聽境内事情，若審實探聽軍情以姦細論及被誘軍民舍與應禁鐵器等項事發，屬軍衛者，發邊衛充軍；屬有司者，發邊外爲民。

一、習天文之人若妄言禍福，煽惑人民者，照律治罪。

一、凡端公、道士，作爲異端法術醫人致死者，照鬥殺律擬罪。

一、邪教惑衆，照律治罪外，如該地方官不行嚴禁，在京，五城御史；在外，督撫，徇庇不行糾參，一並交與該部議處。旁人出首者，于各犯名下並追銀二十兩充賞。如係應捕之人拿獲者，追銀十兩充賞。

一、凡有姦匪之徒，將各種避刑邪術私相傳習者，爲首教授之人，擬絞監候；爲從、學習之人，杖一百、流三千里。若事犯到官，本犯以邪術架刑者，照規避本罪律遞加二等，罪止杖一百、流三千里。其犯該絞斬者，仍照本罪科斷。至事犯到官，本犯僱人作法架刑者，亦照以邪術架刑例治罪，並究出代爲架刑之人，照詐教誘人犯法與犯人同罪律，至死減一等，得贓照枉法從重論。保甲、隣里知而容隱不首者，照知而不首本律，笞四十。地方官不行查拿者，照例議處。

《大清律例》卷一七《禮律·儀制·收藏禁書》 律

凡私家收藏天象器物，如璇璣玉衡渾天儀之類。圖讖、圖象讖緯之書推治亂。應禁之書，及繪畫歷代帝王圖像、金玉符璽等物不首官者，杖一百；並于犯人名下追銀一十兩，給付告人充賞。器物等項，並追入官。

《大清律例》卷一七《禮律·儀制·朝見留難》 律

凡司儀禮官，將應朝見官員人等，託故留難阻當，不即引見者，審實留難之故，得情，方斬監候。大臣知而不問，與同罪。不知者，不坐。

《大清律例》卷一七《禮律·儀制·上書陳言》 律

凡國家政令得失，軍民利病，一切興利除害之事，並從六部官面奏區處，及科道、督撫各陳所見，直言無隱。

若内外大小官員，但有本衙門不便事件，許令明白條陳合題奏之。本管官實封進呈，取自上裁。若知而不言，苟延歲月者，在内從科道，在外從督撫糾察。犯者以事應奏不奏論。

其陳言事理，並要直言簡易，每事各開前件。不許虛飾繁文。

若縱橫之徒假以上書，巧言令色，希求進用者，杖一百。

若稱訴冤枉，于軍民官司借用印信封皮入遞者，及借與者，皆斬。雜犯。

條例

一、内外大小衙門官員，但有不公不法等事，在内從臺省，在外從督撫糾舉。須要明着年月，指陳實迹，明白具奏。若係機密重事，實封御前開拆。並不許虛文泛言。若挾私搜求細事及糾言不實者，抵罪。惟生員不許一言建白。違者革黜，以違制論。

一、各處斷發充軍及安置人等，不許進言。其所管官員毋得容許。

《大清律例》卷三一《刑律·詐僞·詐爲制書》 詐爲，以造作之人爲首從坐罪，轉相謄寫之人非是。

律

凡詐爲原無制書，及增減原有者，已施行，不分首從。皆斬監候；未施行者，爲首絞監候，爲從者，減一等。傳寫失錯者，爲首杖一百。爲從者，減一等。

詐爲六部、都察院、將軍、督撫、提鎮、守御緊要隘口衙門文書，套畫押字，盜用印信，及將空紙用印者，必盜用印方坐。皆絞監候。不分首從。未施行者，爲首，減一等；爲從，又減一等。

詐爲察院、布政司、按察司、府州縣衙門印信文書者，爲首杖一百，流三千里；詐爲其餘衙門印信文書者，爲首杖一百，徒三年；爲從者，減一等；未施行者，各分首從減一等；若有規避事重于前事者，從重論。如詐爲出脱人命，以規避抵償，當從本律科斷之類。

其詐爲制書文書已施行，及制書文書所至之處。當該官司知而聽行，各與同罪，至死減等不知者，不坐。一將印信空紙，揑寫他人文書，投遞官司害人者，依投匿名文書告言人罪者律。盜用欽給關防，與印信同。有例。

條例

一、詐爲六部等衙門文書，依律問斷外，若詐爲察院、布政司、按察司、府、州、縣及其餘衙門文書、誆騙科斂財物者，問發邊衛充軍。

一、凡詐爲各衙門文書、盜用印信者，不分有無押字，依律坐罪。若止套畫押字，各就所犯事情輕重，查照本等律條科斷。其詐爲六部各司、軍衛各所文書者，俱與其餘衙門同科。

一、通政使司、大理寺、鹽運司部屬各管軍所，仍照其餘衙門擬斷。若情犯深重者，聽臨時查照比依何衙門，具由奏請定奪。

《大清律例》卷三三《刑律·詐僞·詐傳詔旨》詐傳，以傳出之人爲首從坐罪，轉相傳説之人非是。

律

凡詐傳詔旨自内而出者，爲首斬監候；爲從者，杖一百，流三千里。詐傳皇后懿旨、皇太子令旨者，爲首絞監候。爲從者，杖一百，流三千里。

若詐傳一品、二品衙門官言語，于各屬衙門分付公事，自有所規避者，爲首杖一百，徒三年；三品、四品衙門官言語有所規避者，爲首杖一百，五品以下衙門官言語者，杖八十；爲從者，各減一等。若得財而詐傳，無礙于法者，計贓，以不枉法；因得財詐傳而變動事情，枉曲法度者，以枉法，各以枉法、不枉法贓罪，與詐傳規避本罪權之，從重論。

其詐傳詔旨、品官言語所至之處，當該官司知而聽行，各與同罪；至死減一等。不知者，不坐。

若内外各衙門追究錢糧，鞫問刑名公事，當該官吏將奏准合行免追免問事理，妄稱奉旨追問者，是亦詐傳之罪。斬監候。

《大清律例》卷三三《刑律·詐僞·對制上書詐不以實》律

凡對制敷陳及奏事有職業該行而啓奏者。與上書，不係本職而條陳時務者。詐妄不以實者，杖一百，徒三年。其對奏上書非密，謂非謀反大逆等項。而妄言有密者，加一等。

若奉制推按問事，轉報上不以實者，杖八十，徒二年；若徇私曲法，而所報不實之事重于杖八十，徒二年者，以出入人罪論。

《大清律例》卷三三《刑律·詐僞·僞造印信時憲書等》此僞造，以雕刻之人爲首；須令當官雕驗。

律

凡僞造諸衙門印信及時憲書、起船起馬符驗、茶鹽引者，爲首雕刻，斬監候；爲從者，減一等，杖一百，流三千里，有能告捕者，官給賞銀五十兩。僞造關防印記者，爲首杖一百，徒三年；告捕者，官給賞銀三十兩；爲從及知情行用者，各減一等。各字，承上二項而言。若造而未成者，首從各又減一等。其當該官司知而聽行，與同罪；不知者，不坐。即所重者文。若有篆文，雖非銅鑄，亦可以假詐行事；故形質相肖而篆文俱全者，謂之僞造。惟有其質而文不全者，方謂之造而未成。至于全無形質，而惟描之于紙者，乃謂之描摸也。

條例

一、凡有僞造諸衙門印信及欽給關防，事關軍機，冒支錢糧，假冒官職，大干法紀者，俱擬斬立決；爲從者，擬絞監候。若非關軍機、錢糧、假官等弊，止圖誆騙財物，爲數多者，俱照律擬斬監候；爲從者，杖一百，流三千里。若誆騙財物爲數無多，銀不及十兩，錢不及十千者，爲首雕刻者，杖一百，流三千里；爲從及知情行用者，各減一等。其僞造關防印記、誆騙財物爲數多者，將爲首雕刻之人發雲貴兩廣烟瘴少輕地方；若爲數無多，爲首者，仍照律徒三年；爲從及知情行用者，各減一等。

其造而未成者，又各減一等。若描摸印信行使、誆騙財物，犯該徒罪以上者，問發邊遠充軍。其爲數無多、犯該徒罪以下者，各計贓以次遞減。四十兩，杖一百，徒三年；三十兩，杖九十，徒二年半；二十兩，杖八十，徒二年；一十兩，杖七十，徒一年半；一兩以下，杖六十，徒一年。不得財者，罪止杖一百。

一、凡盜用總督、巡撫、提學、兵備、屯田、水利等官欽給關防，俱照各官本衙門印信擬罪。若盜及棄毀、僞造，悉與印信同科。

一、各衙門吏役僞造本官印信、誆騙財物，除自己雕刻者仍照律定擬外，其倩人雕刻銀不及十兩、錢不及十千者，俱杖一百，流三千里；若銀錢在十兩、十千以外，俱問發雲貴川廣烟瘴少輕地方。其銀數至五十兩以上，擬絞監候。餘人仍照舊例科斷。

一、圖利小販照官板式樣翻刻時憲書發賣，用黄丹塗飾印信之狀，並無雕刻描摸篆文者，依僞造諸衙門印信、止圖誆騙財務，爲數無多者，爲首杖流，爲從減等例，分别治罪。

《大清律例續纂條例》卷二《刑律》條例

一、起意僞造假印，除自行雕刻者，仍照律擬斬監候外，其有他人代爲雕刻，審係同謀分贓者，將起意之人與雕刻之人並擬斬監候。爲從者減等擬流。若僅受些微價值，代爲私雕，並無同謀分贓情事者，以起意之人爲首，雕刻之人爲從。其誆騙財物銀不及十兩，錢不及十千，罪應擬流者，亦將雕刻之人，審明是否同謀分贓，分别首從辦理。

《理藩院則例》卷五五《雜犯·私雕假印》　一、凡蒙古地方有私行雕造描摹假印者，其失查之員弁本犯均照内地例辦理。

《理藩院則例》卷五五《雜犯·誹謗官長》　一、平人明將已未管旗王、貝勒、貝子、公、臺吉、塔布囊等肆行誹謗者，罰三九牲畜。誹謗管旗章京、副章京等官者，罰一九牲畜，均存公備賞。若私地誹謗被人告發，審實亦照此辦理。

（清）吴壇《大清律例通考》卷一九《兵律·軍政·漏洩軍情大事》

律文

凡聞知朝廷及統兵將軍調兵討襲外番，及收捕反逆賊徒機密大事而輒漏泄於敵人者，斬監候。若邊將報到軍情重事報於朝廷，而漏泄以致傳聞敵人者，杖一百、徒三年。二項犯人，若有心泄於敵人，作奸細論。仍以先傳説者爲首，傳至者爲從，減一等。若私開官司文書印封看視者，杖六十。事干軍情重事者，以漏泄論。爲首，杖一百、徒三年；從，減等。若近侍官員漏泄機密重事不專指軍情，凡國家之機密重要皆是於人者，斬監候。常事，杖一百、罷職不叙。

謹按：此條唐律内另有征討告消息律，明始並在此條之内。原附吏律公式篇中，順治初年，移入兵律軍政，並增入各注。律内統兵將軍原係總將軍，雍正三年律例館奏准，將總字改爲統字，輯如前律。

第一條例文

在京在外軍民人等，與朝貢外國人私通往來，投託撥置害人，因而透漏事情者，俱發近邊充軍。通事並伴送人，係官革職。

謹按：此條係仍前明嘉靖三十年四月内酌改舊例删定。查原例問發邊衛充軍句下有軍職調邊衛帶俸差操九字。通事並伴人等句下，有係軍職者從軍職例，係文職者革職爲民十六字。雍正三年律例館奏準，以今無軍職，故將軍職調邊衛帶俸差操句，及軍職從軍職例句，俱删去。其係文職者革職爲民句，改爲係官革職。再邊衛字，乾隆三十二年十二月，經兵部奏准改爲近邊。合併聲明。

第二條例文

内外衙門辦理緊要事件，俱密封投遞，本官親拆收貯，不得令吏胥經手。儻有密封章奏，未經上達先已傳播，及緝拏之犯聞風遠揚等事，查究根由，分别議處。如將應密之事並不密封，及收受承辦衙門不行謹慎以致漏洩者，將封發收受承辦官查參，交部分别議處。如封貯之處及投遞之前，提塘及衙役人等，將密封事件私開竊視以致漏洩者，杖六十。事重者，爲首杖一百、徒三年；爲從，減一等治罪；仍令科道不時稽查，如不行查參，别經發覺者，將該管科道一並交部議處。

謹按：此條係雍正五年律例館奏准，列入欽定例内。乾隆五年館修，以原例詞句繁冗，并有文類吏部處之處，因節删，纂如前例。

（清）吴壇《大清律例通考》卷二三《刑律·賊盜·造妖書妖言》

律文

凡造讖緯、妖書妖言及傳用惑衆者，皆斬。監侯。被惑人不坐。不及衆者流三千里，合依量情分坐。若他人造傳私有妖書隱蔽不送官者，杖一百徒三年。

謹按：此條係仍原律，其小注悉係順治初年律内集入。

又按：造讖緯妖書傳用惑人不及衆者，乾隆二十一、二十四等年，經軍機大臣會議：照例解部發黑龍江等處，給與披甲人爲奴。例載徒流遷徙地方條内。其小注内不及衆者下流三千里，合依量情分坐之舊文，應删改爲不及從者，照例解部發黑龍江等處，給與披甲人爲奴。將徒流遷徙地方條内造讖緯妖書傳用惑人不及衆者，發黑龍江爲奴之處删除，以歸畫一，以省互異。

第一條例文

凡妄布邪言書寫張帖煽惑人心，爲首者斬立決，爲從者皆斬監候。

謹按：此條係崇德元年五月十二日欽奉諭旨：凡有傳布訛言者處死，欽此。欽遵在案。康熙十八年復經議准定例，雍正三年律例館奏准附律。查煽惑人心句下，原定例内有交與步軍統領、五城、順天府不時嚴拿等語。乾隆五年館修，以妄布邪言煽惑人心，直省皆當查拿，不應專指京城，故將交與步軍統領、五城、順天府不時嚴拿等語節删，纂如前例。

第二條例文

凡有狂妄之徒，因事造言，捏成歌曲，沿街唱和，及以鄙俚褻嫚之詞刊刻傳播者，内外各地方官即時察拿，坐以不應重罪。若係妖言惑衆，仍照律科斷。

謹按：此條係康熙十六年題准《現行則例》，雍正三年律例館修改奏准附律。

第三條例文

凡坊肆市賣一應淫詞小説，在内，交與八旗都統、都察院、順天府；在外，交督撫等轉行所屬官弁嚴禁。務搜板、書，盡行銷毁。有仍行造作刻印者，係官革職，軍民杖一百、流三千里。市賣者，杖一百、徒三年；買看者，杖一百。該管官弁不行查出者，交與該部按次數分别議處，仍不准藉端出首訛詐。

謹按：此條係康熙五十三年四月禮部議復禁止淫詞小説事例，雍正三年律例館奏准附律。

第四條例文

各省抄房在京探聽事件，捏造言語録報各處者，係官革職，軍民杖一百流三千里。該管官不行查出者，交與該部按次數分别議處。其在京貴近大臣家人、子弟，倘有濫交匪類，前項事發者，將家人、子弟並不行約束之家主並照例議處治罪。

謹按：此條係雍正三年律例館奏准，列入欽定例内，至今仍之。

（清）吴壇《大清律例通考》卷三二《刑律·詐僞·詐稱内使等官與事俱詐》 律文

凡憑空詐稱内使近臣、内閣、六科、六部、都察院監察御史、按察司官在外體察事務，欺詐官府，煽惑人民者，雖無僞造札付，斬監候。知情隨行者，減一等。杖一百、流三千里。其當該官司知而聽行，與同罪罪止杖一百、流三千里。不知者，不坐。若本無符驗，詐稱使臣乘驛者，杖一百、流三千里。爲從者，減一等。驛官知而應付者，各同罪；不知情失盤詰者，笞五十。其有符驗而應付者，不坐。符驗係僞造，有僞造符驗律。係盜者，依盜符驗律。

謹按：此條係明律增出，我朝仍之。其小注，係順治初年律内集入。

第一條例文

凡詐冒内官親屬、家人等項名色，恐嚇官司，誆騙財物者，除實犯死罪如盗或僞造符驗，或因嚇騙毆、故殺死之類外，其餘枷號一個月，發近邊充軍。所在官司畏徇故縱，不行擒拿者，各治以罪。

謹按：此條係仍明杖舊例，除内實犯死罪句下小注，係乾隆五年館修將條末注語移入，並將原注内詐僞應付四字節去。至近邊充軍之處，原係邊衛，乾隆三十二年十二月兵部奏准改定，合併聲明。

第二條例文

凡詐充各衙門人役，假以差遣體訪事情、緝捕盜賊爲由，占宿公館、妄拿平人、嚇取財物、擾害軍民者，除實犯死罪或假差遣有僞造印信批文，或以捕盜搶檢傷人，或嚇騙忿争毆、故殺人之類外，徒罪以上，枷號一個月，發近邊充軍。杖罪以下，亦枷號一個月發落。所在官司阿從故縱者，各治以罪。

謹按：此條係仍明律舊例改定。查舊例首句詐充下，原係鑾儀衛旗校五字，雍正三年律例館奏准，改爲各衙門人役。至條内實犯死罪句下小注，係乾隆五年館修將條末注語移入。再，條內近邊二字，原係邊衛，乾隆三十二年十二月，兵部奏准改定。合併聲明。

第三條例文

棍徒假冒差役名色搜查客船，俱照詐充各衙門人役假以差遣體訪事情，妄拿平人嚇取財物，擾害軍民例治罪。犯該徒罪以上者，枷號一個月，發近邊充軍。杖罪以下，枷號一個月發落。其有强劫拒捕並贓至滿貫，各照本律從重論。

謹按：此條係乾隆二十四年四月內，刑部議覆湖北按察使沈作鵬條奏定例，乾隆二十六年館修入律。

（清）吴壇《大清律例通考》卷三二《刑律・詐僞・近侍詐稱私行官實而事詐》 律文

凡近侍之人，在外詐稱私行體察事務，煽惑人民者，斬監候。此詐稱，係本官自詐稱，非他人。

謹按：此條亦係明律增出，我朝因之。其小注係順治初年律內集入。查條末注内監候下有謂如給事中、尚保等官，奉御內鑾儀司官校之類一句，雍正三年館修，以近侍之人難以指定名色，因將此句删去。合併聲明。

（清）吴壇《大清律例通考》卷三二《刑律・詐僞・詐為瑞應》 律文

凡詐爲瑞應者，杖六十，徒一年。若有災祥之類，而欽天監官不以實對者，加二等。

謹按：此條係仍原律，我朝因之。

《吏部處分則例》卷四五《雜犯・邪教滋事重案》 嘉慶八年七月十九日奉旨：此案失察會匪糾衆焚劫，與尋常失察案件不同。嗣後，文武官員有失察邪教會匪滋事重案，其應議以降調者，均案所降之級實降，無庸查級議抵。著爲令，欽此。

嘉慶十八年十月二十三日奉上諭：吏、兵二部具奏酌議失察邪教處分各摺，直省寺方遇有姦民倡立邪教，惑衆斂錢，甚至釀成叛逆重案。該管文武各官，如能先事覺察，及早查拿破案，自應寬其既往，以勸緝捕而杜諱飾。即如此次直隸、山東、河南三省，均有姦民糾衆滋事。該管督撫温承惠、同興、長齡及所屬府、縣均未治其罪。此內如同興能先事查拿，究出首犯林清姓名、住址，又能將山東滋事賊匪迅速剪除，是以疊加恩賞，優子甄敘。至温承惠因所屬地方有逆首林清突犯禁門，爲從來未有之事，又復剿辦遲延，是以明示懲處。賞罰各有權衡，非一律科以失察之咎也。朕詳閱吏、兵二部所議，如該管文武各官，于邪教叛案能先行訪聞，將案犯迅速緝獲，無論時之久暫，不特免其處分，亦無庸照兵部所議送部引見。該督撫奏聞時，朕必立沛恩施，優加獎擢。或因匪黨衆多，職微力不能辦，立時密報上司及咨會鄰境查拿破案者，准其功過相抵，不必照本例減等議處。倘明知入縱，始終掩匿不報，事發從重治罪。若屬員詳報而該上司隱飾不辦者，則將該上司黜革治罪。詳報之員，概免議處。其在任毫無覺察，經後任官舉發者，前任官俱照原例降革。如此明定章程。嗣後，該管文武各官當曉然於失察過輕，諱匿罪重，認真緝捕，毫無瞻顧。庶姦匪不能潛匿，吏治、民風可期日臻整肅。欽此。

一、地方姦民倡設邪教，夜聚晝散，潛謀不軌。州縣官能先訪聞，迅速緝獲；或因匪黨衆多，力不能制，立即密稟上司，關會鄰境，查拿破案，俱准功過相抵，免其從前失察處分。如有怠玩因循，以致釀成叛逆重案，將州縣革職。府州降二級調用。道員降一級調用。兩司降二級留任。督撫降一級留任。俱無庸查級議抵。其或由上司、鄰境訪拿在先，該員能隨同拿獲首犯者，即照本例減等議處。例應革職者，減爲革職；例應降調者，減爲照所降之級留任。倘州縣官明知故縱，始終掩匿不報，事發之後，革職從重治罪。若屬員已經詳報，而上司隱飾不辦，將該上司革職治罪。詳報之員免議。其有前官在任，毫無覺察，經後任州縣查出舉發者，即將前任官革職。公罪。

一、邪教叛逆案內之匪犯脫逃，如係供有籍貫、住址者，責令本籍州縣，以奉文之日起，協同武弁，限一年緝拿。限滿不獲，將州縣官降一級留任。公罪。匪犯照案緝拿。仍令本籍州縣以並無隱匿在籍，詳報咨部。倘具詳後，該犯仍回籍隱匿，別經發覺，將州縣官降二級調用。公罪。其無的實住址者，照通緝之例，行文各州縣嚴緝。如一年後果無踪迹，亦令各自具詳咨部。倘具詳後，仍在該地方隱匿，別經發覺，亦將州縣官降二級調用。公罪。若該犯一經隱匿，州縣官即能訪獲究辦。無論本籍、別籍已詳、未詳，一律免其議處。

一、凡邪教案内，果有聚衆焚劫，僞稱名號等事，經刑部依叛逆不法律定擬，並將其家屬緣坐者，該地方官即應照邪教滋事重案例議處，不准抵銷。如只係輾轉傳徒、歃血訂盟，並無滋事實迹，係比照叛逆不法律定擬，並免其緣坐者，仍應照邪教惑衆斂錢例議處，准其抵銷。

（清）薛允升《讀例存疑》卷七《吏律·交接近侍官員》 條例

罷閒官吏在京潛住，有擅出入禁門交結者，各門盤詰，拿送法司，問實，發烟瘴地面充軍。

此條係前明宏治元年奉旨定例，順治三年、乾隆五年修改。

《箋釋》：此條重在擅入禁門交結，若不入禁門，無事交結之情，止引冒渡關津律下，來京潛住例。

謹按：此專爲罷閒官吏而設。交結自係指律内内侍及近侍人員而言。罷閒官吏充軍，内侍等亦應一體擬軍矣。

（清）薛允升《讀例存疑》卷八《吏律·講讀律令》 凡國家律令，參酌事情輕重定立罪名，頒行天下，永爲遵守。百司官吏務要熟讀，講明律意，剖決事務。每遇年終，在内在外各從上司官考校，若有不能講解、不曉律意者，官罰俸一月，吏笞四十。其百工技藝諸色人等，有能熟讀講解通曉律意者，若犯過失及因人連累致罪，不問輕重，並免一次。其事干謀反叛逆，不用此律。若官吏人等，挾詐欺公，妄生異議，擅爲更改變亂成法即律令者，斬監候。

此仍明律，其小注係順治三年添入，雍正三年修改。

（清）薛允升《讀例存疑》卷八《吏律·制書有違》 天子之言曰制。書則載其言者，如詔赦、諭敕之類。若奏准施行者，不在此内。凡奉制書有所施行，而故違不行者，杖一百。違皇太子令旨者，同罪。失錯旨意者，各減三等。其稽緩制書及皇太子令旨者，一日笞五十，每一日加一等，罪止杖一百。

此仍明律，其小注係順治三年添入，雍正三年删定。

（清）薛允升《讀例存疑》卷八《吏律·棄毁制書印信》 凡故意棄毁制書及各衙門印信者，斬監候。若棄毁官文書者，杖一百。有所規避者，從重論。事干軍機錢糧者，絞監候。事干軍機恐致失誤，故雖無錢糧亦絞。若侵欺錢糧、棄毁欲圖規避，以致臨敵告乏，故罪亦同科。當該官吏知而不舉，與犯人同罪。至死減一等。不知者，不坐。誤毁者，各減三等。其因水火盗賊毁失，有顯迹者，不坐。若遺失制書、聖旨、印信者杖九十，徒二年半；若官文書，杖七十；事干軍機錢糧者，杖九十，徒二年半。俱停俸責尋。三十日得見者，免罪。限外不獲，依上科罪。若主守官物，遺失簿書以致錢糧數目錯亂者，杖八十。亦住俸、責尋限内得見者，亦免罪。其各衙門吏典，役滿替代者，明立案驗，將原管文卷交付接管之人，違而不立案交付者，杖舊吏八十。首領官吏不候吏典交割，扶同給照起送離役者，罪亦如之。

此仍明律，其小注係順治三年添入，雍正三年删定。

條例

凡直省州縣，無論正、署，俱於離任時，按：於離任時應删。已結卷宗均應鈐印，原不必在交代時也。將任内自行審理户婚、田土、錢債等項按：自行審理一層一切已結卷宗，及犯證、呈狀、供詞按：供詞下添結案後黏連成帙。均於接縫處鈐印，照依年月編號登記，註明經承姓名，造册交代。按：姓名下添於離任交代時。交代二字可删。並將歷任遞交之案按：歷任遞交一層。一並檢齊，加具並無藏匿、抽改甘結，交代接任之員，報明上司查覈。其未結各案，分别内結、外結及上司批審、鄰省咨查並自理各項按：未結者，並無用印明文，似應於各項下添亦於卷内鈐印，俱開注事由、月日，造册交代。接任官，限一個月，按册查覈按：此處接任官限一個月，下條臬司交代，並無限期。如並無隱匿、遺漏，即出具印結，照造款册，由知府、直隸州、知州覈明加結，詳賫巡道、臬司存覈查催。臬司查明，仍將印結移送藩司，入於交代案内，匯詳知府。直隸州、知州交代，亦照此辦理。倘有不肖胥吏，不行查明交代者，杖八十。其有乘機隱匿、添改作弊等情，各按其所作之弊，悉照本條治罪。受財者，以枉法從重論。其州縣官失察，及造册遲延、遺漏、隱匿並希圖省事，或卷不黏連按：上文並無黏連字樣，此處忽然添入，或黏連不用印，以致胥吏舞弊者，該管上司查參，照例分别議處。

此條係雍正十三年，户部議準定例。乾隆二十九年，左副都御史羅源漢條奏：將黏連卷宗之處，加入通案，犯證、供詞，於接縫處鈐印。並將希圖省事，不行黏連卷宗之州縣，加以議處。並三十年，湖北按察使雷暢條奏：州縣無論正署，俱於離任時，將一切已結未結各案，造册交代，接任官查覈，照造款册由府覈明，申送道司存查。府州縣交代，一例辦理。各等語，經刑部增入例内。咸豐二年，又添直隸州、知州一層。

謹按：此條於州縣之外、兼及知府、直隸州，下條於臬司之外兼及道府、廳員，未免煩雜，似應並於一條之内。此交代之通例，近則專重錢穀一邊矣。府州縣交代，自行審理事件，已結者，卷宗鈐蓋印信；未結者，造册，並不鈐印，似不劃一。與下臬司交代一條參看。再，原例有黏連卷宗鈐蓋印信等句，改定之例，上層將黏連字删去，則接縫處便説不去矣。下層忽添入或卷不黏連，看去殊不明晰。

處分則例：凡審理詞訟衙門，無論正署官員，於結案後，即令該吏將通案犯證、呈狀、口供、勘語黏連成帙，於接縫處鈐蓋印信。遇離任時，將一應已結卷宗，造具印册交存外，其未結各案，分别内結外結及上司批審，鄰省咨查，並自理各案，匯録印簿，逐一開具事由，照依年月編號登記，註明經承姓名，造入交盤册内。並將歷任遞交之案檢齊，加具並無藏匿，抽改甘結，交與接任官。限一個月内，按册查對，出具印文。將各項件數，照造款册，申送該管上司覈明，詳賫巡道臬司存覈。仍由臬司移送藩司，入於交代案内匯詳。若造送遲延，照各項錢糧文册遲延例議處。倘不將卷宗黏連，降一級留任。已黏連而不用印者，罰俸一年。其已經黏連用印，而失察書吏隱匿、添改者，罰奉一年。若未黏連用印致書吏滋事舞弊者，降二級調用。此例較覺詳明。

緣事降調及病故之員，凡有從前未繳硃批奏摺，令本身及家屬呈明本省督撫、本旗都統代繳。倘有隱匿收存者，一經發覺，降調之本身，交部議處，故員之家屬，照違制律，杖一百。係官亦交部議處，仍令呈繳。

此條係雍正十一年，大學士等議復副都統祖條奏定例。乾隆五年修改，嘉慶六年改定。

謹按：硃批奏摺，從前多係私事，故此例專言降調及病故之員。近則公事均用奏摺，與此例不符。

中樞政考：一提督總兵等官，恭奉硃批諭旨，將摺内事宜遵奉後，即於下次奏事之便，隨時封繳。如未及恭繳之先，緣事降革、休致、病故者，或本身或伊隨任子孫，呈請原任省分就近總督、巡撫、提督、總兵代爲恭繳。伊子孫在他省者，即呈送現在省分就近督、撫、提、鎮代爲恭繳。如隱匿收存，從重治罪。應參看。

大小衙門將奉行條例彙齊造册，於新舊交盤之時，一體交盤。如有遺漏，將典吏照遺失官文書律治罪按：杖七十。該管官交部議處按：罰俸兩個月。

此條係乾隆九年，刑部議覆湖北按察使石去浮條奏定例。

謹按：此良法也。乾隆以後之案，尚可稽查者，此例之力也。雍正以上，則無可稽考者多矣。

凡將誥命舊軸售賣及轉賣者，照違制律治罪。

此條係乾隆十年，刑部奏準定例。

謹按：賣及誥命舊軸，玩褻極矣。故擬滿杖。買者應否免議，記覈。

處分則例：官員將誥敕質當者，革職私罪。破壞染污者，罰俸六個月公罪。其因被水火盜賊毁失，有顯迹者，免其處分。仍準題請補給。

各省臬司交代，無論正署，離任時，將一應卷宗及自理詞訟，無論已結未結，俱造册鈐印、封固，一體移交。其接任臬司，將交代清楚情由，自行陳奏。一面具結詳明督撫報部。並將在班書吏加緊防閑，不許藉端出署。如有遲延、朦混，即行嚴究。如因離任事故，不及親辦者，責成首領關防造册封固呈辦。其道、府、廳員一切卷宗，各照州縣鈐印造册交代例，報明上司存案。

此條乾隆二十九年，廣西布政使淑寶條奏定例。

謹按：與州縣交代一條參看。自行陳奏，係仿照藩司之例辦理，現在已不行矣。新舊交代時，最易舞弊，况臬司文卷尤關緊要，故特定此例。大小衙門均有交代，此例只言臬司，而未及藩司、各道府州縣，只言審理案件，而未及錢穀，以别項事件與刑名無關故也。限期盤查均載吏户二部例内，此例自無庸復叙。

（清）薛允升《讀例存疑》卷八《吏律·事應奏而不奏》　凡應議之人有犯，應請旨而不請旨，及應論功上議而不上議即便拿問發落者。當該官吏照雜犯律處絞。若文武職官有犯，應奏請而不奏請者，杖一百。有所規避，如懷挾故勘，出入人罪之類，從重論。若軍務錢糧、選法制度、刑名死罪，災異及事應奏而不奏者，杖八十；應申上而不申上者，笞四十。若應議之人及文武官犯罪並軍務等事已奏已申不待回報，而輒施行者，並同不奏不申之罪。至死減一等。其各衙門合奏公事，須要依律定擬罪名，具寫奏本，其奏事及當該官吏僉書姓名，現今奏本吏不僉名明白奏聞。若官吏有規避將所奏內增減緊關情節，朦朧奏準未行者，以奏事不實論，施行以後因事發露，雖經年遠，鞫問明白，斬監候。非軍事錢糧，酌情減等。若於親臨上司官處禀議公事，必先隨事詳陳可否，定擬禀說。若準擬者，方行上司置立印署文簿，附寫所議之事略節緣由，令首領官吏書名畫字，以憑稽考。若將不合行事務，不曾禀上司妄作禀準，及窺伺上司公務冗並，乘時朦朧禀說，致官不及詳察誤準施行者，依詐傳各衙門官員言語律科罪。有所規避者，從重論詐傳官員言語，本罪詳見詐僞律。

此仍明律，其小注係順治三年添入，雍正三年修改。乾隆五年，以今內外章奏無吏典簽名之例，因於簽書姓名下添注。

謹按：既無吏典簽名之例，即應刪去。添注則非矣。別律無此注法。

通政司爲知會事，雍正七年八月初六日，準內閣典籍廳移稱：查得外省題奏本章，於雍正三年定議，地方公事皆用題本，本身私事皆用奏本，違者，通政司題參，通行在案。但未將疑項分別詳明，以致各省提鎮督撫等，於疑似之處多有異同。即通政司題參亦有一事而參不參互異者。今詳加酌議，將逐件款項分晰明白，嗣後凡各省屬員，舉錢糧兵馬命盗刑名一切公事，照例用題本外，其慶賀表章，各官到任接印、離任交印，又奉到上諭頒發各直省衙門書籍，或報日期、或係恭謝，並代通省官民慶賀陳謝，或原題案件未明，奉旨回奏者，皆係公事，應俱用題本。至各官到任、升轉，加級、紀録、寬免、降罰，或降革留任，或特荷賞賚等謝恩，代屬官一人謝恩者，俱用奏本，概不用印。如此則分晰既明，自無舛錯，相應知會通政司行文各省，自雍正八年爲始，一體遵奉施行！

謹按：此從前題奏之界限也，近則公事無不具奏矣。此刑政中一大關鍵也。

條例

凡州縣官將小民疾苦之情不行詳報上司，使民無可控訴者，革職永不敘用。若已經詳報，而上司不接準題達者，革職。

此條是康熙年間現行例，雍正三年修改，乾隆五年刪定。

謹按：與檢踏災傷門弟一條例意相類，本係一條，均係勤求民瘼之意也。

各省學臣發審事件，一面發提調官訊問，一面咨明督撫稽查，提調等官仍具文通報。除例應枷責完結者，聽提調官隨時發落，報明學臣、督撫、藩臬銷案外，其枷責以上罪名，俱照例擬議，報明學臣，詳解藩臬覈轉，由督撫分別批結，咨題。如提調等官奉到學臣批檄，不行通報，即罪無出入，亦交部議處。

此條係乾隆二十四年，刑部議覆雲南按察使吴紹詩條奏定例。

謹按：學臣發審事件，大抵爲考試者居多，似應仍移入貢舉非其人門內。徒犯向不解司，此枷責以上之犯即詳解藩臬覆轉，似嫌參差。如係距省窵遠地方，例應歸巡道覈轉完結者，又將如何辦理耶？條例愈多愈覺窒礙。

處分則例云：學政發審案件，提調官於審結後，不行詳報者，照應申不申公罪律，罰俸六個月。

都察院步兵統領衙門，遇有各省呈控之案，俱不準駁斥。先向原告詳訊，其實係冤抑難伸。情詞真切，及地方官審斷不公，草率辦結，並官吏營私骫法，確鑿有據，又案情較重者，即行具奏。如訊供與原呈迥異，或係包攬代訴，被人挑唆，情節顯有不實，及原告未經在本省赴案成招，挾嫌傾陷，藉端拖累，應咨回本省審辦之案，亦於一月或兩月，視控案之多寡，匯奏一次。並將各案情節於摺内分晰注明。如距京較近省分，將原告暫交刑部散禁。提取本省全案卷宗，細加查覈，再行分別的酌辦。儻有案情較重，不即具奏，僅咨回本省辦理者，各堂官交部嚴加議處。

此條嘉慶四年，欽奉上諭，並十二年左都御史周廷棟條奏請杜訟風一摺，欽奉上諭並纂爲例。

謹按：此各省京控，分別情節輕重奏咨之例，與訴訟門赴京控訴各條參看。嘉慶二十五年，又奉有上諭一道，與此例互相發明。例内未經修改詳明，未免疏漏。現在京控案件，經都察院駁斥，不準將呈詞發還者頗多，即係欽遵後次諭旨辦理。載在臺規刑例，仍從其舊，殊不畫一。似應查明修改。

嘉慶二十五年上諭：賈允升奏各省京控案件請降旨不準發還一摺，

所奏非是。各省民人赴都察院呈控案件，向來有奏聞者，有咨回者，有駁斥者。嘉慶四年，朕降旨不準駁斥，以防壅閉，係指案情重大者而言。若如賈允升所奏，無論案情大小不準駁斥，即不準發還，則一切户婚、田土、錢債細事，一經京控，悉皆奏咨辦理，亦於政體非宜。國家設官分職，大小相維，若於部院衙門理及瑣屑之務，則直省地方官所司何事？且近來訟風日熾，使奸民臆計赴京控訴必當一概準理，豈不益長刁風，倍增訟獄，拖累株連流弊更大。賈允升所請不準發還之外，著勿庸議。惟都察院向有一兩月匯奏咨案之例，嗣後凡發還案件，亦著存記檔册，摘取案情，一兩月匯奏一次，即可防掩重爲輕之弊。其近京旗民控告細事，劄交五城司坊審斷者，仍照舊例辦理，毋庸匯奏，欽此！

文自知縣以上，武自守備以上，如有自盡之案，該督撫專摺奏聞。

此條係道光二十八年，欽奉上諭恭纂爲例。

謹按：職官自盡必有所由，斷無無故自盡之理。故必令專摺奏聞。例意是指别無他故而言。似應添雖訊明並無他故，亦應奏聞。

乾隆三十一年二月初五日，奉上諭：嗣後著各該部，遇有此等照例匯奏事件，及一切督撫等題奏，經朕批交該部知道者，將應否準駁之處，俱於年終詳查覈議具奏。欽此！現在各部有具奏者，有不奏者，俱不畫一。

乾隆三年，議準各部設立督催所，酌委司官專司稽察，將已未完結之處，三月具奏一次。此即所謂三月奏聞者也。例無明文，似應添入。

（清）薛允升《讀例存疑》卷一八《禮律·禁止師巫邪術》 凡師巫假降邪神，書符咒水，扶鸞禱聖，自號端公、太保、師婆名色，及妄稱彌勒佛、白蓮社、明尊教、白雲宗等會，一應左道異端之術，或隱藏圖像，燒香集衆，夜聚曉散，佯修善事，煽惑人民，爲首者，絞監候；爲從者，各杖一百，流三千里。若軍民裝扮神像，鳴鑼擊鼓，迎神賽會者，杖一百，罪坐爲首之人。里長知而不首者，各笞四十。其民間春秋義社以行祈報者不在此限。

此仍明律，雍正五年修改，其小注順治三年添入。

條例

各處官吏軍民僧道人等，妄稱諳曉扶鸞禱聖、書符咒水，或燒香集徒，夜聚散曉，並捏造經咒邪術，傳徒斂錢，一切左道異端，煽惑人民，爲從者，改發回城，給大小伯克及力能管束之回子爲奴。其稱爲善友，求討布施至十人以上者，或稱燒煉丹藥，出入内外官家，或擅入皇城，夤緣作弊，希求進用者，並軍民人等，寺觀住持不問來歷窩藏、接引，容留、披剃冠簪至十人以上者，俱發近邊充軍。若不及十人，容留潛住、薦舉引用，及鄰甲知情不舉，並皇城各門守衛官軍不行關防搜拿者，各照違制律治罪。如事關重大，臨時酌量辦理。至守業良民、諷念佛經，茹素邀福，並無學習邪教，捏造經咒傳徒斂錢惑衆者，不得濫用此例。

此例原係二條，俱係前明問刑條例，雍正五年、乾隆三十六年修改。按舊例，有探聽事情及舍給應禁軍器二項，是年删去，則一經窩藏接引，即應近邊充軍矣。嘉慶六年修並，按十人以上，係專指稱爲善友求討布施一項而言，若不及十人，本犯尚不問充軍，豈有將窩藏接引者擬以充軍之理，似可無庸添入。若窩藏接引、燒煉丹藥及邪教，爲從是否亦分别十人上下，尚未分明，嘉慶二十年改定。

謹按：爲首絞候，律有明文，是以專言爲從之罪。惟下條：傳習白陽等邪教，習念荒誕不經咒語，拜師傳徒惑衆者，又有絞決之文，似應參看。一切左道異端，捏造經咒邪術傳徒惑衆者，絞候此律文也。學習白陽、八卦等邪教，習念咒語，拜師傳徒惑衆者，絞決。學習紅陽各項教會，拜師授徒並無傳習咒語者，擬遣此例文也。燒煉丹藥若不至京，自不在充軍之列矣。異端法術醫人致死，見庸醫殺人，應參看。

邪教惑衆，照律治罪外，如該地方官不行嚴禁，在京五城御史、在外督撫徇庇不行糾參，一並交與該部議處。旁人出首者，於各犯名下並追銀二十兩充賞。如係應捕之人，拿獲者，追銀十兩充賞。

此條係康熙年間刑部、禮部議復臺臣顧題準定例，雍正三年删改。

謹按：此專爲地方官不行嚴禁而設。追銀充賞，猶是嚴禁之意。

凡有姦匪之徒，將各種避刑邪術私相傳習者，爲首教授之人，擬絞監候。爲從學習之人，杖一百，流三千里。若事犯到官，本犯以邪術架刑者，照規避本罪律遞加二等，罪止杖一百，流三千里。其犯該絞、斬者，仍照本罪科斷。至事犯到官，本犯雇人作法架刑者，亦照以邪術架刑例治罪，並究出代爲架刑之人，照詐教誘人犯法與犯人同罪律，至死減一等。得贓，照枉法從重論。保甲鄰里知而容隱不首者，照知而不守本律，笞四十。地方官不行查拿者，照例議處。

此條係雍正十一年例，乾隆五年改定。

謹按：姦徒之不敢公然爲匪者，官法制之耳，若熟悉避刑之邪術，則有所恃而無恐，亦復何事不可爲耶？此等似應重懲。邪術避刑，最爲奸民之尤，原例問擬絞候，本極平允，無故改爲流徒以下，似嫌太輕。

私刻《地畝經》及占驗推測，妄誕不經之書，售賣圖利，及將舊有書板藏匿不行銷毀者，俱照違制律治罪。

此條係乾隆九年刑部議覆提督舒赫德奏送俞在中等翻刻時憲書一案，附請定例。

謹按：《地畝經》及《小通書》等書所載，均係農家占驗之語，與妖書大不相同，因内有甲子年來起大災等語，而乾隆九年適歲次甲子，故以爲妖言耳。然祇科以滿杖，則與妖收罪名輕重懸殊矣。而又添入妄誕二字，何也？應與造妖書妖言條例參看。

各省遇有興立邪教哄誘愚民事件，該州、縣立赴搜訊，據實通禀，聽院司按覈情罪輕重分別辦理。儻有諱匿，輒自完結，別經發覺，除有化大爲小、曲法輕縱別情嚴參懲治外，即罪止枷責。案無出入，亦照諱竊例從重加等議處。

此條係乾隆四十六年湖北巡撫鄭大進條奏定例。

謹按：邪教案犯並無應擬枷責罪名，湖北省有僅借好善之名誆騙香錢，與實在邪教有間者，應酌量枷責，完結成案，是以定有比例。罪名雖輕而題目甚大，故不準自行完結也。乃甫經十年，而川楚教匪大肆猖獗，可見認真查辦者絶少，例亦徒虛設耳。

凡傳習白陽、白蓮、八卦等邪教，習念荒誕不經咒語，拜師傳徒惑衆者，爲首，擬絞立決。爲從，年未逾六十及雖逾六十而有傳徒情事，俱改發回城，給大小伯克及力能管束之回子爲奴。如被誘學習，尚未傳徒，而又年逾六十以上者，改發雲、貴、兩廣烟瘴地方充軍。旗人銷除旗檔，與民人一律辦理。至紅陽教及各項教會名目，並無傳習咒語，但供有飄高老祖及拜師授徒者，發往烏魯木齊，分別旗、民，當差爲奴。其雖未傳徒，或曾供奉飄高老祖及收藏經卷者，按：此處有收藏經卷，而上文並無傳習之經。只云無傳習咒語，則凡咒語即屬荒誕不經，僅有經卷者，亦不以荒誕論矣。收藏經卷何以又問軍罪耶？究竟此等經卷與下諷念之佛經有無分別？記覈。俱發邊遠充軍。坐功運氣者，杖八十。如有具結改悔赴官投首者，準其免罪，地方官開造名册，申送臬司衙門存案。儻再有傳習邪教情事，即按例加一等治罪。若拿獲到案，始行改悔者，各照所犯之罪問擬，不準寬免。如訊明實止茹素燒香諷念佛經，止圖邀福，並未拜師傳徒，亦不知邪教名目者，免議。

此條係嘉慶十八年刑部議奏傳習白陽等邪教分別治罪條例一摺，欽奉諭旨，纂輯爲例。二十年，二十一二等年改定。

謹按：習念荒誕不經咒語一層，無傳習咒語傳徒一層，收藏經卷一層，諷念佛經一層。絞決一層，專指白陽等邪教及習念荒誕不經咒語而言。原奏謂白陽教編有不經咒語傳徒惑衆，以致釀成逆案。紅陽教，附京一帶所在多有，稱爲紅陽道士，原止爲人治病祈福，並無傳習不經咒語，但供有飄高老祖，拜授師徒，故有分別也。惟紅陽教雖無不經咒語，亦左道異端也，但經傳徒惑衆，按律即應擬絞。此例將白陽等教照律加重，而又將紅陽等教比律改輕，雖係稍示區別之意，究嫌未協。飄高老祖專指紅陽教而言，各項教會所供之神，亦各有名目，如從前羅祖教之類，應於飄高老祖下添等神像數字。異端法術爲人治病圓光，亦有學習咒語者，又不照此科斷，何也？假如另立一種教會名目，或以法術爲人治病驅邪，其傳習者，則荒誕不經咒語也，如何科斷？若另易一名目，而有傳習經咒拜師授徒惑衆等情，是否亦擬絞決。一並存參。

各項邪教案内，應行發遣回城人犯有情節較重者，發往配所，永遠枷號。

此條係嘉慶二十一年河南巡撫方受疇奏審擬王太平等倡立邪教惑衆騙錢一摺，奉旨定例，二十三年修改，道光元年改定。

謹按：此從犯内之情節較重者，現在並無此等人犯矣。

凡奉天主教之人，其會同禮拜誦經等事，概聽其便，皆免查禁，所有從前或刻或寫奉禁天主教各明文，概行删除。

此條係咸豐十年欽奉上諭，並同治元年總理各國事務衙門奏準定例，並將天主教治罪例文一律删除。

謹按：自定此例以後，各省教堂日多，從教者日衆，民教讎殺之案層見迭出。朝廷動爲所挾制，天禍人國，一至此哉！

删除例一條

西洋人有在內地傳習天主教，私自刊刻經卷，倡立講會，蠱惑多人，及旗民人等向西洋人轉爲傳習，並私立名號，煽惑及衆，確有實據，爲首者，擬絞立決。其傳教煽惑而人數不多，亦無名號者，擬絞監候。僅止聽從入教，不知悛改者，改發回城給大小伯克及力能管束之回子爲奴。旗人銷除旗檔。如有妄布邪言，關係重大，或符咒蠱惑誘污婦女，並誆取病人目睛等情，仍各從其重者論。如能悔悟，赴官首明出教，及被獲到官，情願出教，當堂跨越十字木架，真心改悔者，概免治罪。若免罪後復犯習教，無論當堂願跨十字木架與否，除犯該死罪外，俱先在犯事地方用重枷枷號三個月，滿日再行發遣。並嚴禁西洋人不許在內地置買產業，其失察西洋人潛住境內並傳教惑衆之該管文武各官，交部議處。係嘉慶十六年刑部議覆御史甘家斌奏準定例，二十及二十二年並道光十八年改定。同治九年删除。

謹按：此例雖經删除，然亦不過爲西洋人及天主教等耳，似應改爲一切邪教，或修並於下條之內。

（清）薛允升《讀例存疑》卷四二《刑律·詐稱內使等官》 條例

凡詐充各衙門差役，假以差遣體訪事情，緝捕盜賊爲由，占宿公館、妄拿平人，及搜查客船，嚇取財物，擾害軍民，犯該徒罪以上者，無論有無簽票，枷號一個月，發近邊充軍。若審係捏造簽票，執持鎖鏈，所犯本罪未至擬徒，但經恐嚇詐財者，即照蠹役詐贓一例問擬，仍各加枷號一個月。未捏有簽票，止係口稱奉差嚇唬者，杖罪以下，亦枷號一個月發落。若計贓逾貫，及雖未逾貫，而被詐之人，因而自盡者，均擬絞監候。拷打致死，及嚇詐忿爭毆，故殺被詐之人者，均照罪人殺所捕人律，擬斬監候，爲從各減一等。如假差遣有僞造印信批文，或以捕盜搶檢傷人，按律應擬死罪者，仍各從其重者論。所在官司阿從故縱者，各治以罪。若被詐之人毆死假差者，照擅殺罪人律，擬絞監候。至非被詐之人，有與假差謀故鬥殺者，仍各按本律科斷。

此例原係二條：一係前明問刑條例，雍正三年修改；一係乾隆二十四年，湖北按察使沈作朋條奏定例，乾隆五十三年修並，嘉慶五年、九年修改，十七年改定。

謹按：因係鑾儀衛旗校，是以有占宿公館等事，例係專爲此等人犯而設。今既無此事，自應將此條删除。乃改爲假充各衙門差役，則一經妄拿平人，即係犯該徒罪，自應照此例擬軍，似嫌太重。如謂必各項兼備方擬充軍，則僅止占宿公館，並未妄拿平人，將科何罪？詐稱官司差遣捕人，律應滿徒，因詐充鑾儀衛旗校，是以一經妄拿平人，即加等擬軍，原不在有無簽票鎖鏈也。犯該徒罪，所包雖廣，而妄拿一層，亦在其內，杖罪情節稍輕，故枷號一月，别項假差自不在此例之內。後來例文愈改愈失此意，既分别是否捏造簽票，執持鎖鏈，又分别贓數多寡，而於詐稱官司差遣捕人擬徒，律文反置不問，即如捏造簽票，執持鎖鏈，妄拿平人，詐贓未至六兩，僅擬枷杖，似嫌輕縱。體訪事情一層，賅下占宿，妄拿在內，緝、捕盜賊一層，止包得妄拿一層，蓋假差緝捕盜賊，不能有占宿公館之事也，若係假官容或有之。原例專指假稱鑾儀衛旗校而言，若詐充各衙門差役，假官律內已有詐稱官司差遣而捕人者，徒二年之文矣。原例詐充各衙門人役云云，徒罪以上，枷號一個月，發近邊充軍；杖罪以下，亦枷號一個月發落。嘉慶五年聲明，如有捏造簽票，執持鎖鏈，恐嚇詐財者，即照蠹役詐贓一例問擬。一兩至五兩，杖一百；六兩至十兩，滿徒；十兩以上，近邊充軍。其未捏有簽票，止係口稱奉票嚇唬者，仍照原例辦理。徒罪以上充軍，杖罪以上枷號，計贓逾貫者，擬絞。此徒罪以上，即計贓五十兩以上，應擬徒罪也，或照恐嚇取財加等，因未捏有簽票，故不照蠹役詐贓例定擬，如犯徒罪以上方擬充軍，即贓至十兩以上，亦不與蠹役一例同科軍罪。九年改爲犯該徒罪以上，無論有無簽票，發近邊充軍，此徒罪所包者廣，雖不止計贓一層，惟捏造簽票較空言嚇唬者爲重，如詐贓已至六兩以上，現已捏造簽票，得不謂之犯徒罪以上乎？例內未至滿徒，照蠹役詐贓一例問擬，似係指贓未至五兩而言，若計贓六兩至十兩，即已至滿徒矣，若問擬軍罪，未免太重，如照例擬徒，又與上文無論有無簽票，及下文本罪未至滿徒二句，不甚融洽。此條假差嚇詐犯該徒罪以上者，不論有無簽票，即應擬軍爲一層，雖捏造簽票，所犯未至擬徒，照蠹役詐贓問擬爲一層，如未捏簽票，止口稱奉差嚇唬，杖罪以下者，枷號發落爲一層，是既以是否捏造簽票爲罪名輕重之分，又以本罪是否擬徒，爲應否充軍之準定擬，本有等差。惟所云犯該徒罪以上，是否指贓至五十兩而言，抑係照蠹役詐贓自六兩以至十兩，即爲犯該徒罪之處，未經詳悉註明。如謂六兩至十兩即爲徒罪以上，設有同時捏造簽票嚇唬二犯，一詐贓僅止五兩，照例罪止加杖，一詐贓已至六兩，按例即罪應擬軍，似非例意。再如捏造簽票者，詐贓反止五兩，不得謂非本罪未至擬徒，未捏簽票者，詐贓已至六兩，即應謂之犯該徒罪以上。若照例內無論有無簽票一語科斷，是不論是否捏造簽票，贓多一兩而情輕者，即應擬軍，贓少一兩而情重者，轉止擬杖，有是理乎？如謂徒罪以上，係指贓至五十兩而言，下文又有不論有無簽票，及分別捏造簽票等語，儻捏造簽票，詐贓至十兩以上，又將如何定斷耶？似不如仍照嘉慶五年之例，捏造簽票者，照蠹役詐贓例問擬，未捏造簽票者，徒罪以上擬軍，杖罪以下枷號發落，較爲妥協。

（清）薛允升《讀例存疑》卷四二《刑律・僞造印信時憲書等》 條例

僞造假印之案，如起意者自行雕刻，或他人同謀分贓代爲雕刻者，將起意之人與雕刻之人並以爲首論；案內爲從者，減一等。若僅受些微價值代爲私雕，並無同謀分贓情事者，以起意之人爲首，雕刻之人爲從，與案內爲從者，並減首犯罪一等。

此例原係二條，一係雍正十一年定例；一係乾隆二十五年議覆西安按察使阿永阿條奏定例。二十六年、三十二年修改，嘉慶六年改定。

謹按：前條例分三層，此例自應亦分三層，斬決，俱應斬決，斬候、滿流，亦應俱斬候、滿流也。惟誆騙已及十兩，而所分未至十兩，是否以數多論，以竊盜之法計之，得贓未至十兩者，俱應擬流，已至十兩者，俱應擬斬，自無庸另生他議也。此條定例之意，蓋因律以雕刻之人爲首，而吏役僞造本官印信，情節可惡，未便反以爲從論，故纂定此例。律嚴雕刻之罪，無論自行起意，及代人雕刻，均擬斬罪。原以此等姦徒，若無雕刻之技，亦難遂其姦謀，故律以雕刻之人爲首。此處照爲從論，似覺無謂。如謂律貴誅心，嚴雕刻之罪，而反寬首惡之誅，亦不足以昭平允。似應照此例前層所云，並以爲首論，刪去僅受些微價值代爲雕刻一層，自無窒礙。再查僞造印信與私鑄銅錢，同一作姦犯科，私鑄之案未嘗輕恕，夫匠人則假印之案，豈得獨嚴於首犯？彼此參觀自明，其代爲雕刻者，之不能以爲從論，即無疑義。

僞造印信之案，如假印形質已具，篆文字體已成，僅止筆畫少缺，但經行用得財，爲數多者，分別首從，擬以斬候、滿流；即爲數無多者，亦分別首從，照例擬以流徒。甫經雕刻尚未行用者，各減得財一等。若篆文筆畫實未齊全，又未誆騙得財，方以造而未成科斷。其僞造關防印記者，亦照此分別首從，各按本例辦理。

此條係嘉慶二十二年，刑部議覆湖南巡撫巴哈布奏請嚴私雕假印之罪，以懲姦蠹一摺，纂輯爲例。

謹按：既已行用得財，雖筆畫少缺，亦難輕減，則描摹之案，似亦未可一概從寬。僞造印信之事非一，或捏造契約，或僞作判斷，或詐爲文書以出入人罪，誆騙財物，物其一耳。誆騙得贓，例以爲數多與不多爲生死之分，其他似亦應詳晰敘明。蓋唐律本係流罪，明改斬候，罪名較重，似未可漫無區分也。

紀事

《尚書・呂刑》 若古有訓，蚩尤惟始作亂，延及于平民。順古有遺訓，言蚩尤造始作亂，惡化相易，延及於平善之人。九黎之君號曰蚩尤，蚩，尺之反。尤，有牛反。馬云：少昊之末九黎君名。罔不寇賊鴟義，姦宄奪攘矯虔。平民化之，無不相寇賊，爲鴟梟之義，以相奪攘，矯稱上命，若固有之，亂之甚。鴟，尺之反。梟，居表反。鴟梟，惡鳥。馬云：鴟輕也，義本亦作誼。宄音軌。攘，如羊反。矯，居表反。苗民弗用靈，制以刑，惟作五虐之刑曰法。三苗之君習蚩尤之惡，不用善化民，而制以重刑，惟爲五虐之刑，自謂得法。蚩尤黄帝所滅。三苗帝堯所誅。言異世而同惡。殺戮無辜，爰始淫爲劓、刵、椓、黥。三苗之主，頑凶若民，敢行虐刑，以殺戮無罪，於是始大爲截人耳鼻。椓陰，黥面，以加無辜，故曰五虐。劓，魚器反。刵，如志反。椓，丁角反。黥，其京反。越茲麗刑并制，罔差有辭。苗民於此施刑，并制無罪。無差有直辭者，言淫濫。

《尚書・牧誓》 王曰：古人有言曰：牝雞無晨。牝雞之晨，惟家之索。今商王受惟婦言是用，昬棄厥肆祀弗荅；昬棄厥遺王父母弟不迪；乃惟四方之多罪逋逃，是崇是長，是信是使，是以爲大夫卿士，俾暴虐于百姓，以姦宄于商邑。今予發惟恭行天之罰。

《尚書·金縢》 武王既喪，管叔及其羣弟乃流言於國曰：公將不利於孺子。周公乃告二公曰：我之弗辟，我無以告我先王。周公居東二年，則罪人斯得。于後，公乃爲詩以貽王，名之曰《鴟鴞》。王亦未敢誚公。

（宋）李昉等《太平御覽》卷六四五《刑法部·誅》 韓子曰：堯欲傳天下於舜，鯀諫曰：不祥哉，孰以天下傳之匹夫，堯不聽，舉兵誅之於郊。共工又諫，流於幽都。天下莫敢言。

又曰：太公東封齊，齊東海上有居士曰狂獝，華士昆弟二人，立議曰：上不臣天子，下不事諸侯，耕作而食，掘井而飲，無所求於上。太公至營丘，使執而殺之。周公聞，發急傳問之，太公荅曰：今有馬如驥之狀，天下至良也。驅之不前，引之不至，左之不左，右之不右。賢士而不爲主用，驥之不可以左右，是以誅之。

《左傳·莊公十四年》 鄭厲公自櫟侵鄭，及大陵，獲傅瑕。傅瑕曰：苟舍我，吾請納君。與之盟而赦之。六月甲子，傅瑕殺鄭子及其二子，而納厲公。**【略】**

厲公入，遂殺傅瑕。使謂原繁曰：傅瑕貳，周有常刑，既伏其罪矣。納我而無二心者，吾皆許之上大夫之事，吾願與伯父圖之。且寡人出，伯父無裏言。入，又不念寡人，寡人憾焉。對曰：先君桓公命我先人典司宗祏。社稷有主，而外其心，其何貳如之？苟主社稷，國內之民，其誰不爲臣？臣無二心，天之制也。子儀在位十四年矣；而謀召君者，庸非二乎？莊公之子猶有八人，若皆以官爵行賂勸貳而可以濟事，君其若之何？臣聞命矣。乃縊而死。

《左傳·莊公十六年》 鄭伯治與於雍糾之亂者，九月，殺公子閼，刖强鉏。公父定叔出奔衛，三年而復之，曰：不可使共叔無後於鄭。使以十月入，曰：良月也，就盈數焉。

君子謂强鉏不能衛其足。

《左傳·成公十七年》 晉厲公侈，多外嬖。反自鄢陵，欲盡去羣大夫，而立其左右。胥童以胥克之廢也，怨郤氏，而嬖於厲公。郤錡奪夷陽五田，五亦嬖於厲公。郤犨與長魚矯爭田，執而梏之，與其父母妻子同一轅。既，矯亦嬖於厲公。欒書怨郤至，以其不從己而敗楚師也，廢之。使楚公子茷告公曰：此戰也，郤至實召寡君，以東師之未至也，與軍帥之不具也，曰：此必敗，吾因奉孫周以事君。公告欒書。書曰：其有焉。不然，豈其死之不恤，而受敵使乎？君盍嘗使諸周而察之？郤至聘于周，欒書使孫周見之。公使覘之，信。遂怨郤至。

厲公田，與婦人先殺而飲酒，後使大夫殺。郤至奉豕，寺人孟張奪之，郤至射而殺之。公曰：季子欺余！厲公將作難，胥童曰：必先三郤。族大，多怨。去大族，不逼；敵多怨，有庸。公曰：然。郤氏聞之，郤錡欲攻公，曰：雖死，君必危。郤至曰：人所以立，信、知、勇也。信不叛君，知不害民，勇不作亂。失茲三者，其誰與我？死而多怨，將安用之？君實有臣而殺之，其謂君何？我之有罪，吾死後矣。若殺不辜，將失其民，欲安，得乎？待命而已。受君之祿，是以聚黨。有黨而爭命，罪孰大焉？壬午，胥童、夷羊五帥甲八百將攻郤氏，長魚矯請無用衆，公使清沸魋助之。抽戈結衽，而僞訟者。三郤將謀於榭，矯以戈殺駒伯、苦成叔於其位。溫季曰：逃威也。遂趨。矯及諸其車，以戈殺之。皆尸諸朝。

《左傳·襄公二十二年》 楚觀起有寵於令尹子南，未益祿而有馬數十乘。楚人患之，王將討焉。子南之子棄疾爲王御士，王每見之必泣。棄疾曰：君三泣臣矣，敢問誰之罪也？王曰：令尹之不能，爾所知也。國將討焉，爾其居乎？對曰：父戮子居，君焉用之？洩命重刑，臣亦不爲。王遂殺子南於朝，轘觀起於四竟。

子南之臣謂棄疾：請徙子尸於朝。曰：君臣有禮，唯二三子。三日，棄疾請尸。王許之。既葬，其徒曰：行乎？曰：吾與殺吾父，行將焉入？曰：然則臣王乎？曰：棄父事仇，吾弗忍也。遂縊而死。

《呂氏春秋·離謂》 子産治鄭，鄧析務難之，與民之有獄者約，大獄一衣，小獄襦袴。民之獻衣襦袴而學訟者，不可勝數。以非爲是，以是爲非，是非無度，而可與不可日變。所欲勝因勝，所欲罪因罪。鄭國大亂，民口讙譁。子産患之，於是殺鄧析而戮之，民心乃服，是非乃定，法律乃行。今世之人，多欲治其國，而莫之誅鄧析之類，此所以欲治而愈亂也。

《左傳·昭公十九年》 夏，許悼公瘧。五月戊辰，飲大子止之藥，卒。大子奔晉。書曰弑其君，君子曰：盡心力以事君，舍藥物可也。詁：服虔云：禮，醫不三世，不使。君有疾，飲藥，臣先嘗之。親有疾，飲藥，子先嘗之。公疾未瘳，而止進藥，雖嘗而不由醫而卒，故國史書弑，告於諸侯也。《御覽》。

《左傳・昭公三十一年》 三十一年，春，王正月，公在乾侯，言不能外内也。

晉侯將以師納公。范獻子曰：若召季孫而不來，則信不臣矣，然後伐之，若何？晉人召季孫。獻子使私焉，曰：子必來，我受其無咎。季孫意如會晉荀躒于適歷。荀躒曰：寡君使躒謂吾子：何故出君？有君不事，周有常刑。子其圖之！季孫練冠、麻衣，跣行，伏而對曰：事君，臣之所不得也，敢逃刑命？君若以臣爲有罪，請囚于費，以待君之察也，亦唯君。若以先臣之故，不絶季氏，而賜之死。若弗殺弗亡，君之惠也，死且不朽。若得從君而歸，則固臣之願也，敢有異心？

《韓非子・外儲説右下》 一曰：秦襄王病，百姓爲之禱；病愈，殺牛塞禱。郎中閻遏、公孫衍出見之，曰：非社臘之時也，奚自殺牛而祠社？怪而問之。百姓曰：人主病，爲之禱；今病愈，殺牛塞禱。閻遏、公孫衍説，見王拜賀曰：過堯舜矣。王驚曰：何謂也？對曰：堯舜，其民未至爲之禱也，今王病而民以牛禱，病愈殺牛塞禱，故臣竊以王爲過堯舜也。王因使人問之，何里爲之，訾其里正與伍老屯二甲。閻遏、公孫衍媿不敢言。居數月，王飲酒酣樂，閻遏、公孫衍謂王曰：前時臣竊以王爲過堯舜，非直敢諛也。堯舜病，且其民未至爲之禱也。今王病而民以牛禱，病愈殺牛塞禱，今乃訾其里正與伍老屯二甲，臣竊怪之。王曰：子何故不知於此？彼民之所以爲我用者，非以吾愛之爲我用者也，以吾勢之爲我用者也。吾釋勢與民相收，若是，吾適不愛而民因不爲我用也。故遂絶愛道也。

《韓非子・外儲説右下》 秦昭王有病，百姓里買牛而家爲王禱。公孫述出見之，入賀王曰：百姓乃皆里買牛爲王禱。王使人問之，果有之。王曰：訾之人二甲。夫非令而擅禱者，是愛寡人也。夫愛寡人，寡人亦且改法而心與之相循者，是法不立；法不立，亂亡之道也。不如人罰二甲，而復與爲治。

《史記》卷七《項羽本紀》 秦始皇帝游會稽，渡浙江。梁與籍俱觀，籍曰：彼可取而代也。梁掩其口曰：毋妄言，族矣。

《史記》卷六《秦始皇本紀》 （始皇三十四年）李斯請：史官非秦記皆燒之。非博士官所職，天下敢有藏《詩》、《書》、百家語者，悉詣守、尉雜燒之。有敢偶語《詩》、《書》者棄市。以古非今者族。吏見知不舉者與同罪。令下三十日不燒，黥爲城旦。

《史記》卷六《秦始皇本紀》 二十八年，始皇東行郡縣，【略】齊人徐市等上書，言海中有三神山，名曰蓬萊、方丈、瀛洲，僊人居之。請得齋戒，與童男女求之。於是遣徐市發童男女數千人，入海求僊人。【略】

三十二年，始皇之碣石，使燕人盧生求羨門、高誓。【略】因使韓終、侯公、石生求仙人不死之藥。【略】燕人盧生使入海還，以鬼神事，因奏録圖書，曰亡秦者胡也。始皇乃使將軍蒙恬發兵三十萬人北擊胡，略取河南地。【略】

三十五年，【略】盧生説始皇曰：臣等求芝奇藥仙者常弗遇，類物有害之者。方中，人主時爲微行以辟惡鬼，惡鬼辟，真人至。人主所居而人臣知之，則害於神。真人者，入水不濡，入火不爇，陵雲氣，與天地久長。今上治天下，未能恬淡。願上所居宮毋令人知，然後不死之藥殆可得也。於是始皇曰：吾慕真人，自謂真人，不稱朕。乃令咸陽之旁二百里内宮觀二百七十復道甬道相連，帷帳鐘鼓美人充之，各案署不移徙。行所幸，有言其處者，罪死。【略】

侯生盧生相與謀曰：始皇爲人，天性剛戾自用，起諸侯，並天下，意得欲從，以爲自古莫及己。【略】貪於權勢至如此，未可爲求仙藥。於是乃亡去。始皇聞亡，乃大怒曰：吾前收天下書不中用者盡去之。悉召文學方術士甚衆，欲以興太平，方士欲練以求奇藥。今聞韓衆去不報，徐市等費以巨萬計，終不得藥，徒姦利相告日聞。盧生等吾尊賜之甚厚，今乃誹謗我，以重吾不德也。諸生在咸陽者，吾使人廉問，或爲訞言以亂黔首。於是使御史悉案問諸生，諸生傳相告引，乃自除。犯禁者四百六十餘人，皆阬之咸陽，使天下知之，以懲後。益發謫徙邊。

《史記》卷六《秦始皇本紀》 三十六年，熒惑守心，有墜星下東郡，至地為石。黔首或刻其石曰：始皇帝死而地分。始皇聞之，遣御史逐問，莫服，盡取石旁居人誅之，因燔銷其石。

《史記》卷八七《李斯列傳》 於是乃相與謀，詐爲受始皇詔丞相，立子胡亥爲太子。

《史記》卷九六《張丞相列傳》 其時京兆尹趙君，丞相奏以免罪，使人執魏丞相，欲求脱罪而不聽。復使人脅恐魏丞相，以夫人賊殺待婢事而私獨奏請驗之，發吏卒至丞相舍，捕奴婢笞擊問之，實不以兵刃殺也。而丞相司直繁君奏京兆尹趙君迫脅丞相，誣以夫人賊殺婢，發吏卒圍捕丞相舍，不道；又得擅屏騎士事，趙京兆坐要斬。又有使掾陳平等劾中尚書，疑以獨擅劫事而坐之，大不敬，長史以下皆坐死，或下蠶室。

《漢書》卷五二《灌夫傳》 於是上使御史簿責嬰所言灌夫頗不讎，劾繫都司空。孝景時，嬰嘗受遺詔，曰事有不便，以便宜論上。及繫，灌夫罪至族，事日急，諸公莫敢復明言於上。嬰乃使昆弟子上書言之，幸得召見。書奏，案尚書，大行無遺詔。詔書獨臧嬰家，嬰家丞封。乃劾嬰矯先帝詔害，罪當棄市。五年十月，悉論灌夫支屬。嬰良久乃聞有劾，即陽病痱，不食欲死。或聞上無意殺嬰，復食，治病，議定不死矣。乃有飛語爲惡言聞上，故以十二月晦論棄市渭城。

《史記》卷一一八《淮南衡山列傳》 元朔五年，太子學用劍，自以爲人莫及，聞郎中雷被巧，乃召與戲。被一再辭讓，誤中太子。太子怒，被恐。此時有欲從軍者輒詣京師，被即願奮擊匈奴。太子遷數惡被於王，王使郎中令斥免，欲以禁後，被遂亡至長安，上書自明。詔下其事廷尉、河南。河南治，逮淮南太子。王、王后計欲無遣太子，遂發兵反，計猶豫，十餘日未定。會有詔，即訊太子。當是時，淮南相怒壽春丞留太子逮不遣，劾不敬。王以請相，相弗聽。王使人上書告相，事下廷尉治。蹤跡連王，王使人候伺漢公卿，公卿請逮捕治王。王恐事發，太子遷謀曰：漢使即逮王，王令人衣衛士衣，持戟居庭中，王旁有非是，則刺殺之，臣亦使人刺殺淮南中尉，乃舉兵，未晚。是時上不許公卿請，而遣漢中尉宏即訊驗王。王聞漢使來，即如太子謀計。漢中尉至，王視其顏色和，訊王以斥雷被事耳，王自度無何，不發。中尉還，以聞。公卿治者曰：淮南王安擁閼奮擊匈奴者雷被等，廢格明詔，當棄市。

《漢書》卷一五上《王子侯表》〔有利侯〕〔孝武元朔四年〕三月乙丑封，三年，元狩元年，坐遺淮南王書稱臣棄市。

《漢書》卷一六《高惠高后文功臣表》〔安平敬侯〕孝景後三年，侯但嗣，十九年，元狩元年，坐與淮南王安通，遺王書稱臣盡力，棄市。

《漢書》卷一六《高惠高后文功臣表》〔廣平侯〕元朔四年，侯穰嗣，三年，元狩元年，坐受淮南賂稱臣，在赦前，免。

《漢書》卷五三《江都易王劉非傳》〔江都易王非〕二十七年薨，子建嗣。建爲太子時，邯鄲人梁蚡持女欲獻之易王，建聞其美，私呼之，因留不出。蚡宣言曰：子乃與其公爭妻！建使人殺蚡。蚡家上書，下廷尉考，會赦，不治。易王薨未葬，建居服舍，召易王所愛美人淖姬等凡十人與姦。建女弟徵臣爲蓋侯子婦，以易王喪來歸，建復與姦。建異母弟定國爲淮陽侯，易王最小子也，其母幸立之，具知建事，行錢使男子荼恬上書告建淫亂，不當爲後。事下廷尉，廷尉治恬受人錢財爲上書，論棄市。建罪不治。後數使至長安迎徵臣，魯恭王太后聞之，遺徵臣書曰：國中口語籍籍，慎無復至江都。後建使謁者吉請問共太后，太后泣謂吉：歸以吾言謂而王，王前事漫漫，今當自謹，獨不聞燕、齊事乎？言吾爲而王泣也！吉歸，致共太后語，建大怒，擊吉，斥之。

建游章臺宫，令四女子乘小船，建以足蹈覆其船，四人皆溺，二人死。後游雷波，天大風，建使郎二人乘小船入波中。船覆，兩郎溺，攀船，乍見乍没。建臨觀大笑，令皆死。

宫人姬八子有過者，輒令臝立擊鼓，或置樹上，久者三十日乃得衣；或髡鉗以鉛杵舂，不中程，輒掠；或縱狼令齧殺之，建觀而大笑；或閉不食，令餓死。凡殺不辜三十五人。建欲令人與禽獸交而生子，彊令宫人臝而四據，與羝羊及狗交。

專爲淫虐，自知罪多，國中多欲告言者，建恐誅，心内不安，與其后成光共使越婢下神，祝詛上。與郎中令等語怨望：漢廷使者即復來覆我，我決不獨死！

建亦頗聞淮南、衡山陰謀，恐一日發，爲所並，遂作兵器。號王后父胡應爲將軍。中大夫疾有材力，善騎射，號曰靈武君。作治黄屋蓋，刻皇帝璽，鑄將軍、都尉金銀印，作漢使節二十、綬千餘，具置軍官品員及拜爵封侯之賞，具天下之輿地及軍陳圖。遣人通越繇王閩侯，遺以錦帛奇珍，繇王閩侯亦遺建荃、葛、珠璣、犀甲、翠羽、蝯熊奇獸，數通使往來，約有急相助。及淮南事發，治黨與，頗連及建，建使人多推金錢絶其獄。後復謂近臣曰：我爲王，詔獄歲至，生又無驩怡日，壯士不坐死，欲爲人所不能爲耳。建時佩其父所賜將軍印，載天子旗出。積數歲，事發覺，漢遣丞相長史與江都相雜案，索得兵器璽綬節反具，有司請捕誅建。制曰：與列侯吏二千石博士議。議皆曰：建失臣子道，積久，輒蒙不忍，遂謀反逆。所行無道，雖桀、紂惡不至於此。天誅所不赦，當以謀反法誅。有詔宗正、廷尉即問建。建自殺，后成光等皆棄市。六年國除，地入于漢，爲廣陵郡。

《漢書》卷一六《高惠高后文功臣表》　樂成節侯元鼎二年，侯義嗣，三年，坐言五利侯不道，棄市。戸二千四百。

《漢書》卷五四《李陵傳》　後聞陵降，上怒甚，責問陳步樂，步樂自殺。群臣皆罪陵，上以問太史令司馬遷，遷盛言：陵事親孝，與士信，常奮不顧身以殉國家之急。其素所畜積也，有國士之風。今舉事一不幸，全軀保妻子之臣隨而媒蘖其短，誠可痛也！且陵提步卒不滿五千，深輮戎馬之地，抑數萬之師，虜救死扶傷不暇，悉舉引弓之民共攻圍之。轉鬭千里，矢盡道窮，士張空拳，冒白刃，北首争死敵，得人之死力，雖古名將不過也。身雖陷敗，然其所摧敗亦足暴於天下。彼之不死，宜欲得當以報漢也。初，上遣貳師大軍出，財令陵爲助兵，及陵與單于相值，而貳師功少。上以遷誣罔，欲沮貳師，爲陵遊説，下遷腐刑。

《漢書》卷六《武帝紀》　〔武帝征和二年夏四月〕閏月，諸邑公主、陽石公主皆坐巫蠱死。

《漢書》卷一五上《王子侯表》　〔澎侯〕〔孝武征和〕二年三月丁巳封，三年，坐爲丞相祝禮，要斬。

《漢書》卷一六《高惠高后文功臣表》　〔陽河齊侯〕元封元年，侯仁嗣，征和三年，坐祝詛，要斬。

《漢書》卷一六《高惠高后文功臣表》　〔弓高壯侯〕〔延〕〔征〕和三年，侯興嗣，四年，坐祝詛上，要斬。

《漢書》卷一五上《王子侯表》　〔鄗侯〕不得封年，征和四年，坐祝禮上，要斬。

《漢書》卷六六《公孫賀傳》　賀子敬聲，代賀爲太僕，父子並居公卿位。敬聲以皇后姊子，驕奢不奉法，征和中擅用北軍錢千九百萬，發覺，下獄。是時，詔捕陽陵朱安世不能得，上求之急，賀自請逐捕安世以贖敬聲罪。上許之。後果得安世。安世者，京師大俠也，聞賀欲以贖子，笑曰：丞相禍及宗矣。南山之竹不足受我辭，斜谷之木不足爲我械。安世遂從獄中上書，告敬聲與陽石公主私通，及使人巫祭祠詛上，且上甘泉當馳道埋偶人，祝詛有惡言。下有司案驗賀，窮治所犯，遂父子死獄中，家族。

《漢書》卷一六《高惠高后文功臣表》　〔戴敬侯〕元鼎五年，侯蒙嗣，二十五年，後元年，坐祝詛上，大逆，腰斬。

《漢書》卷一六《高惠高后文功臣表》　〔曲周侯〕元鼎二年，侯終根嗣，二十九年，後二年，祝詛上，腰斬。

《漢書》卷一五上《王子侯表》　〔離石侯孝武元朔三年〕正月壬戌封，後更爲涉侯，坐上書謾，耐爲鬼（新）〔薪〕。師古曰：謾，欺誑也，音漫。

《漢書》卷五五《趙破奴傳》　居匈奴中十歲，復與其太子安國亡入漢。後坐巫蠱，族。

《漢書》卷五九《張湯傳》　河東人李文，故嘗與湯有隙，已而爲御史中丞，薦數從中文事有可以傷湯者，不能爲地。湯有所愛史魯謁居，知湯弗平，使人上飛變告文姦事。事下湯，湯治論殺文，而湯心知謁居爲之。上問：變事從迹安起？湯陽驚曰：此殆文故人怨之。謁居病卧閭里主人，湯自往視病，爲謁居摩足，趙國以冶鑄爲業，王數訟鐵官事，湯常排趙王。趙王求湯陰事。謁居嘗案趙王，趙王怨之，並上書告：湯大臣也，史謁居有病，湯至爲摩足，疑與爲大姦。事下廷尉。謁居病死，事連其弟，弟繫導官。湯亦治它囚導官，見謁居弟，欲陰爲之，而陽不省。謁居弟不知而怨湯，使人上書，告湯與謁居謀，共變李文。事下減宣。宣嘗與湯有隙，及得此事，窮竟其事，未奏也。會人有盗發孝文園瘞錢，丞相青翟朝，與湯約俱謝，至前，湯念獨丞相以四時行園，當謝，湯無與也，不謝。丞相謝，上使御史案其事。湯欲致其文丞相見知，丞相患之。三長史皆害湯，欲陷之。

始，長史朱買臣素怨湯，語在其傳。王朝，齊人，以術至右内史。邊通學短長，剛暴人也，官至濟南相。故皆居湯右，已而失官，守長史，詘體於湯。湯數行丞相事，知此三長史素貴，常陵折之，故三長史合謀曰：始湯約與君謝，已而賣君；今欲劾君以宗廟事，此欲代君耳。吾知湯陰事。使吏捕案湯左田信等，曰湯且欲爲請奏，信輒先知之，居物致富，與湯分之。及它姦事。事辭頗聞。上問湯曰：吾所爲，賈人輒知，益居其物，是類有以吾謀告之者。湯不謝，又陽驚曰：固宜有。減宣亦奏謁居事。上以湯懷詐面欺，使使八輩簿責湯。湯具自道無此，不服。於是上使趙禹責湯。禹至，讓湯曰：君何不知分也！君所治，夷滅者幾何人矣！今人言君皆有狀，天子重致君獄，欲令君自爲計，何多以對爲？湯乃爲書謝曰：湯無尺寸之功，起刀筆吏，陛下幸致位三公，無以塞責。然謀陷湯者，三長史也。遂自殺。

《漢書》卷一五上《王子侯表》〔安檀侯〕不得封年，後三年，坐爲常山太守祝禮上，訊未竟，病死。師古曰：訊謂考問之。

《漢書》卷一四《諸侯王表》昌邑〔元始〕〔始元〕元年，王賀嗣，十二年，徵爲昭帝後，立二十七日，以行淫亂，廢歸故國，予邑三千戶。

《漢書》卷七一《雋不疑傳》始元五年，有一男子乘黄犢車，建黄旐，衣黄襜褕，著黄冒，詣北闕，自謂衛太子。公車以聞，詔使公卿將軍中二千石雜識視。長安中吏民聚觀者數萬人。右將軍勒兵闕下，以備非常。丞相御史中二千石至者並莫敢發言。京兆尹不疑後到，叱從吏收縛。或曰：是非未可知，且安之。不疑曰：諸君何患於衛太子！昔蒯聵違命出奔，輒距而不納，《春秋》是之。衛太子得罪先帝，亡不即死，今來自詣，此罪人也。遂送詔獄。

天子與大將軍霍光聞而嘉之，曰：公卿大臣當用經術明於大誼。繇是名聲重於朝廷，在位者皆自以不及也。大將軍光欲以女妻之，不疑固辭，不肯當。久之，以病免，終於家。京師紀之。後趙廣漢爲京兆尹，言：我禁姦止邪，行於吏民，至於朝廷事，不及不疑遠甚。廷尉驗治何人，竟得姦詐。本夏陽人，姓成名方遂，居湖，以卜筮爲事。有故太子舍人嘗從方遂卜，謂曰：子狀貌甚似衛太子。方遂心利其言，幾得以富貴，即詐自稱詣闕，廷尉逮召鄉里識知者張宗禄等，方遂坐誣罔不道，要斬東市。一云姓張名延年。

《漢書》卷七五《眭弘傳》孝昭元鳳三年正月，泰山萊蕪山南匈匈有數千人聲，民視之，有大石自立，高丈五尺，大四十八圍，入地深八尺，三石爲足。石立後有白烏數千下集其旁。是時昌邑有枯社木卧復生，又上林苑中大柳樹斷枯卧地，亦自立生，有蟲食樹葉成文字，曰公孫病已立，孟推《春秋》之意，以爲石柳皆陰類，下民之象，泰山者岱宗之嶽，王者易姓告代之處。今大石自立，僵柳復起，非人力所爲，此當有從匹夫爲天子者。枯社木復生，故廢之家公孫氏當復興者也。孟意亦不知其所在，即説曰：先師董仲舒有言，雖有繼體守文之君，不害聖人之受命。漢家堯後，有傳國之運。漢帝宜誰差天下，求索賢人，襢以帝位，而退自封百里，如殷周二王後，以承順天命。孟使友人内官長賜上此書。時，昭帝幼，大將軍霍光秉政，惡之，下其書廷尉。奏賜、孟妄設祅言惑衆，大逆不道，皆伏誅。

《漢書》卷七五《夏侯勝傳》宣帝初即位，欲褒先帝，詔丞相御史曰：朕以眇身，蒙遺德，承聖業，奉宗廟，夙夜惟念。孝武皇帝躬仁誼，厲威武，北征匈奴，單于遠遁，南平氐羌、昆明、甌駱兩越，東定歲、貉、朝鮮，廓地斥境，立郡縣，百蠻率服，款塞自至，珍貢陳於宗廟；協音律，造樂歌，薦上帝，封太山，立明堂，改正朔，易服色；明開聖緒，尊賢顯功，興滅繼絶，褒周之後；備天地之禮，廣道術之路。上天報況，符瑞並應，寶鼎出，白麟獲，海效鉅魚，神人並見，山稱萬歲。功德茂盛，不能盡宣，而廟樂未稱，朕甚悼焉。其與列侯、二千石、博士議。於是群臣大議廷中，皆曰：宜如詔書。長信少府勝獨曰：武帝雖有攘四夷廣土斥境之功，然多殺士衆，竭民財力，奢泰亡度，天下虚耗，百姓流離，物故者半。蝗蟲大起，赤地數千里，或人民相食，畜積至今未復。亡德澤於民，不宜爲立廟樂。公卿共難勝曰：此詔書也。勝曰：詔書不可用也。人臣之誼，宜直言正論，非苟阿意順指。議已出口，雖死不悔。於是丞相義、御史大夫廣明劾奏勝非議詔書，毁先帝，不道，及丞相長史黄霸阿縱勝，不舉劾，俱下獄。

《漢書》卷一五下《王子侯表》溼水侯〔孝昭始元五年〕六月辛丑封，十年，本始二年，坐上書爲妖言，會赦，免。

《漢書》卷五三《廣川惠王劉越傳》〔惠王孫〕去有幸姬王昭平、王地餘，許以爲后。去嘗疾，姬陽成昭信侍視甚謹，更愛之。去與地餘戲，得褏中刀，笞問狀，服欲與昭平共殺昭信。笞問昭平，不服，以鐵鍼鍼之，彊服。乃會諸姬，去以劍自擊地餘，令昭信擊昭平，皆死。昭信曰：兩姬婢且泄口。復絞殺從婢三人。後昭信病，夢見昭平等以狀告去。去曰：虜乃復見畏我！獨可燔燒耳。掘出尸，皆燒爲灰。

後去立昭信爲后，幸姬陶望卿爲脩靡夫人，主繒帛；崔脩成爲明貞夫人，主永巷。昭信復譖望卿曰：與我無禮，衣服常鮮於我，盡取善繒匄諸宫人。去曰：若數惡望卿，不能減我愛；設聞其淫，我亨之矣。後昭信謂去曰：前畫工畫望卿舍，望卿袒裼傅粉其傍。又數出入南户窺郎吏，疑有姦。去曰：善司之。以故益不愛望卿。後與昭信等飲，諸姬皆侍，去爲望卿作歌曰：背尊章，嫖以忽，謀屈奇，起自絶。行周流，自生患，諒非望，今誰怨！使美人相和歌之。去曰：是中當有自知者。昭信知去已怒，即誣言望卿歷指郎吏卧處，具知其主名，又言郎中令錦被疑有姦。去即與昭信從諸姬至望卿所，贏其身，更擊之。令諸姬各持燒鐵共灼望卿。望卿走，自投井死。昭信出之，椓杙其陰中，割其鼻脣，斷其舌。謂去曰：前殺昭平，反來畏我，今欲靡爛望卿，使不能神。與去共支解，置大鑊中，取桃灰毒藥並煮之，召諸姬皆臨觀，連日夜靡盡。復共殺其女弟都。

後去數召姬榮愛與飲，昭信復譖之，曰：榮姬視瞻，意態不善，疑有私。時愛爲去刺方領繡，去取燒之。愛恐，自投井。出之未死，笞問愛，自誣與醫姦。去縛繫柱，燒刀灼潰兩目，生割兩股，銷鉛灌其口中。愛死，支解以棘埋之。諸幸於去者，昭信輒譖殺之，凡十四人，皆埋太后所居長壽宫中。宫人畏之，莫敢復迕。

昭信欲擅愛，曰：王使明貞夫人主諸姬，淫亂難禁。請閉諸姬舍門，無令出敖。使其大婢爲僕射，主永巷，盡封閉諸舍，上籥於后，非大置酒召，不得見。【略】

初，去年十四五，事師受《易》，師數諫正去，去益大，逐之。内史請以爲掾，師數令内史禁切王家。去使奴殺師父子，不發覺。後去數置酒，令倡俳贏戲坐中以爲樂。相彊劾繫倡，闌入殿門，奏狀。事下考案，倡辭，本爲王教脩靡夫人望卿弟都歌舞。使者召望卿、都，去對皆淫亂自殺。會赦不治。望卿前亨煑，即取他死人與都死並付其母。母曰：都是，望卿非也。數號哭求死，昭信令奴殺之。奴得，辭服。本始三年，相内史奏狀，具言赦前所犯。天子遣大鴻臚、丞相長史、御史丞、廷尉正雜治鉅鹿詔獄，奏請逮捕去及后昭信。制曰：王后昭信、諸姬奴婢證者皆下獄。辭服。有司復請誅王。制曰：與列侯、中二千石、二千石、博士議。議者皆以爲去悖虐，聽后昭信讒言，燔燒亨煑，生割剥人，距師之諫，殺其父子。凡殺無辜十六人，至一家母子三人，逆節絶理。其十五人在赦前，大惡仍重，當伏顯戮以示衆。制曰：朕不忍致王於法，議其罰。有司請廢勿王，與妻子徙上庸。奏可。與湯沐邑百户。去道自殺，昭信棄市。

《漢書》卷六八《霍光傳》 宣帝始立，立微時許妃爲皇后。顯愛小女成君，欲貴之，私使乳醫淳于衍行毒藥殺許后，因勸光内成君，代立爲后。【略】始許后暴崩，吏捕諸醫，劾衍侍疾亡狀不道，下獄。吏簿問急，顯恐事敗，即具以實語光。光大驚，欲自發舉，不忍，猶與。會奏上，因署衍勿論。

《漢書》卷六三《昌邑哀王劉髆傳》 數年，揚州刺史柯奏賀與故太守卒史孫萬世交通，萬世問賀：前見廢時，何不堅守毋出宫，斬大將軍，而聽人奪璽綬乎？賀曰：然。失之。萬世又以賀且王豫章，不久爲列侯。賀曰：且然，非所宜言。有司案驗，請逮捕。制曰：削户三千。

《漢書》卷七六《韓延壽傳》 延壽代蕭望之爲左馮翊，而望之遷御史大夫。侍謁者福爲望之道延壽在東郡時放散官錢千餘萬。望之與丞相丙吉議，吉以爲更大赦，不須考。會御史當問東郡，望之因令並問之。延壽聞知，即部吏案校望之在馮翊時廩犧官錢放散百餘萬。廩犧吏掠治急，自引與望之爲姦。延壽劾奏，移殿門禁止望之。望之自奏職在總領天下，聞事不敢不問，而爲延壽所拘持。上由是不直延壽，各令窮竟所考。望之卒無事實，而望之遣御史案東郡，具得其事。延壽在東郡時，試騎士，治飾兵車，畫龍虎朱爵。延壽衣黄紈方領，駕四馬，傅總，建幢棨，植羽葆，鼓車歌車，功曹引車，皆駕四馬，載棨戟。五騎爲伍，分左右部，軍假司馬、千人持幢旁轂。歌者先居射室，望見延壽車，噭咷楚歌。延壽坐射室，騎吏持戟夾陛列立，騎士從者帶弓鞬羅後。令騎士兵車四面營陳，被甲騠輦居馬上，抱弩負蘭。又使騎士戲車弄馬盜驂。延壽又取官銅物，候月蝕鑄作刀劍鉤鐔，放效尚方事。及取官錢帛，私假繇使吏。及治飾車甲三百萬以上。

於是望之劾奏延壽上僭不道，又自陳：前爲延壽所奏，今復舉延壽罪，衆庶皆以臣懷不正之心，侵冤延壽。願下丞相、中二千石、博士議其罪。事下公卿，皆以延壽前既無狀，後復誣愬典法大臣，欲以解罪，狡猾不道。天子惡之，延壽竟坐棄市。

《漢書》卷九〇《嚴延年傳》丞議年老頗悖，素畏延年，恐見中傷。延年本嘗與義俱爲丞相史，實親厚之，無意毀傷也，饋遺之甚厚。義愈益恐，自筮得死卦，忽忽不樂，取告至長安，上書言延年罪名十事。已拜奏，因飲藥自殺，以明不欺。事下御史丞按驗，有此數事，以結延年，坐怨望非謗政治不道棄市。

《漢書》卷六六《楊惲傳》長樂者，宣帝在民間時與相知，及即位，拔擢親近。長樂嘗使行事肆宗廟，還謂掾史曰：我親面見受詔，副帝肆，秺侯御。人有上書告長樂非所宜言，事下廷尉。長樂疑惲教人告之，亦上書告惲罪。高昌侯車犇入北掖門，惲語富平侯張延壽曰：聞前曾有犇車抵殿門，門關折，馬死，而昭帝崩。今復如此，天時，非人力也。左馮翊韓延壽有罪下獄，惲上書訟延壽。郎中丘常謂惲曰：聞君侯訟韓馮翊，當得活乎？惲曰：事何容易！脛脛者未必全也。我不能自保，真人所謂鼠不容穴銜窶數者也。又中書謁者令宣持單于使者語，視諸將軍、中朝二千石。惲曰：冒頓單于得漢美食好物，謂之殠惡，單于不來明甚。惲上觀西閣上畫人，指桀、紂畫謂樂昌侯王武曰：天子過此，一二問其過，可以得師矣。畫人有堯舜禹湯不稱，而舉桀紂。惲聞匈奴降者道單于見殺，惲曰：得不肖君，大臣爲畫善計不用，自令身無處所。若秦時但任小臣，誅殺忠良，竟以滅亡；令親任大臣，即至今耳。古與今如一丘之貉。惲妄引亡國以誹謗當世，無人臣禮。又語長樂曰：正月以來，天陰不雨，此《春秋》所記，夏侯君所言。行必不至河東矣。以主上爲戲語，尤悖逆絶理。

事下廷尉。廷尉定國考問，左驗明白，奏惲不服罪，而召戶將尊，欲令戒飭富平侯延壽，曰：太僕定有死罪數事，朝暮人也。惲幸與富平侯婚姻，今獨三人坐語，侯言時不聞惲語，自與太僕相觸也。尊曰：不可。惲怒，持大刀，曰：蒙富平侯力，得族罪！毋泄惲語，令太僕聞之亂餘事。惲幸得列九卿諸吏，宿衛近臣，上所信任，與聞政事，不竭忠愛，盡臣子義，而妄怨望，稱引爲訞惡言，大逆不道，請逮捕治。上不忍加誅，有詔皆免惲、長樂爲庶人。

《漢書》卷八《宣帝紀》〔宣帝五鳳二年〕十二月，平通侯楊惲坐前爲光祿勳有罪，免爲庶人。不悔過，怨望，大逆不道，要斬。

《漢書》卷一五下《王子侯表》〔平曲節侯〕〔孝宣本始元年〕七月壬子封，十九年，五鳳四年，坐父祝詛上，免，後復封。

《漢書》卷六三《廣陵厲王劉胥傳》始，昭帝時，胥見上年少無子，有覬欲心。而楚地巫鬼，胥迎女巫李女須，使下神祝詛。女須泣曰：孝武帝下我。左右皆伏。言吾必令胥爲天子。胥多賜女須錢，使禱巫山。會昭帝崩，胥曰：女須良巫也！殺牛塞禱。及昌邑王徵，復使巫祝詛之。後王廢，胥寖信女須等，數賜予錢物。宣帝即位，胥曰：太子孫何以反得立？復令女須祝詛如前。又胥女爲楚王延壽后弟婦，數相饋遺，通私書。後延壽坐謀反誅，辭連及胥。有詔勿治，賜胥黃金前後五千斤，它器物甚衆。胥又聞漢立太子，謂姬南等曰：我終不得立矣。乃止不詛。後胥子南利侯寶坐殺人奪爵，還歸廣陵，與胥姬左修姦。事發覺，繫獄，棄市。相勝之奏奪王射陂草田以賦貧民，奏可。胥復使巫祝詛如前。

胥宮園中棗樹生十餘莖，莖正赤，葉白如素。池水變赤，魚死。有鼠晝立舞王后廷中。胥謂姬南等曰：棗水魚鼠之怪甚可惡也。居數月，祝詛事發覺，有司按驗，胥惶恐，藥殺巫及宮人二十餘人以絶口。公卿請誅胥，天子遣廷尉、大鴻臚即訊。胥謝曰：罪死有餘，誠皆有之。事久遠，請歸思念具對。胥既見使者還，置酒顯陽殿。召太子霸及子女董訾、胡生等夜飲，使所幸八子郭昭君、家人子趙左君等鼓瑟歌舞。王自歌曰：欲久生兮無終，長不樂兮安窮！奉天期兮不得須臾，千里馬兮駐待路。黃泉下兮幽深，人生要死，何爲苦心！何用爲樂心所喜，出入無悰爲樂亟。蒿里召兮郭門閲，死不得取代庸，身自逝。左右悉更涕泣奏酒，至雞鳴時罷。胥謂太子霸曰：上遇我厚，今負之甚。我死，骸骨當暴。幸而得葬，薄之，無厚也。即以綬自絞死。及八子郭昭君等二人皆自殺。天子加恩，赦王諸子皆爲庶人，賜謚曰厲王。立六十四年而誅，國除。

（宋）洪邁《容齋四筆》卷一三《漢人坐語言獲罪》　漢昭帝時，有大石自立，僵柳復起。眭孟上書言，有從匹夫爲天子，宜求索賢人，禪以帝位，而退自封百里。霍光惡之，論以袄言惑衆，伏誅。案孟之妄發，其死宜矣。宣帝信任宦官，蓋寬饒奏封事言：五帝官天下，三王家天下，家以傳子，官以傳賢。執金吾議，以指意欲求禪，亦坐死。考其所引，亦不爲無罪。楊惲之報孫會宗書，初無甚怨怒之語，其詩曰：田彼南山，蕪穢不治。種一頃豆，落而爲萁。張晏釋以爲言朝廷荒亂，百官諂諛。可謂穿鑿。而廷尉當以大逆無道，刑及妻子。予熟味其詞，獨有所謂君父至尊親，送其終也，有時而既，蓋宣帝惡其君喪送終之喻耳。莊助論汲黯輔少主守成，武帝不怒，實係於一時禍福云。賈誼劉向談説痛切無忌諱，文、成二帝未嘗問焉。《隨筆》紀之矣。

《漢書》卷八〇《淮陽憲王劉欽傳》　是時，博女壻京房以明《易陰陽》得幸於上，數召見言事。自謂爲石顯、五鹿充宗所排，謀不得用，數爲博道之。博常欲誑耀淮陽王，即具記房諸所説災異及召見密語，持予淮陽王以爲信驗，詐言：已見中書令石君求朝，許以金五百斤。賢聖制事，蓋慮功而不計費。昔禹治鴻水，百姓罷勞，成功既立，萬世賴之。今聞陛下春秋未滿四十，髮齒墮落，太子幼弱，佞人用事，陰陽不調，百姓疾疫饑饉死者且半，鴻水之害殆不過此。大王緒欲救世，將比功德，何可以忽？博已與大儒知道者爲大王爲便宜奏，陳安危，指災異，大王朝見，先口陳其意而後奏之，上必大説。事成功立，大王即有周、邵之名，邪臣散亡，公卿變節，功德亡比，而梁、趙之寵必歸大王，外家亦將富貴，何復望大王之金錢？王喜説，報博書曰：乃者詔下，止諸侯朝者，寡人憯然不知所出。子高素有顔冉之資，臧武之智，子貢之辯，卞莊子之勇，兼此四者，世之所鮮。既開端緒，願卒成之。求朝，義事也，奈何行金錢乎！　博報曰：已許石君，須以成事。王以金五百斤予博。

會房出爲郡守，離左右，顯具有此事告之。房漏泄省中語，博兄弟詿誤諸侯王，誹謗政治，狡猾不道，皆下獄。有司奏請逮捕欽，上不忍致法，遣諫大夫王駿賜欽璽書曰：皇帝問淮陽王。有司奏王，王舅張博數遺王書，非毁政治，謗訕天子，褒舉諸侯，稱引周、湯，以諂惑王，所言尤惡，悖逆無道。王不舉奏而多與金錢，報以好言，辠至不赦，朕惻焉不忍聞，爲王傷之。推原厥本，不祥自博，惟王之心，匪同于凶。已詔有司勿治王事，遣諫大夫駿申諭朕意。《詩》不云乎？靖恭爾位，正直是與。王其勉之！

駿諭指曰：禮爲諸侯制相朝聘之義，蓋以考禮壹德，尊事天子也。且王不學《詩》乎？《詩》云：俾侯於魯，爲周室輔。今王舅博數遺王書，所言悖逆。王幸受詔策，通經術，知諸侯名譽不當出竟。天子普覆，德布於朝，而恬有博言，多予金錢，與相報應，不忠莫大焉。故事，諸侯王獲罪京師，罪惡輕重，縱不伏誅，必蒙遷削貶黜之罪，未有但已者也。今聖主赦王之罪，又憐王失計忘本，爲博所惑，加賜璽書，使諫大夫申諭至意，殷勤之恩，豈有量哉！博等所犯（罪）惡大，群下之所共攻，王法之所不赦也。自今以來，王毋復以博等累心，務與衆棄之。《春秋》之義，大能變改。《易》曰藉用白茅，無咎，言臣子之道，改過自新，絜己以承上，然後免於咎也。王其留意慎戒，惟思所以悔過易行，塞重責，稱厚恩者。如此，則長有富貴，社稷安矣。

於是淮陽王欽免冠稽首謝曰：奉藩無狀，過惡暴列，陛下不忍致法，加大恩，遣使者申諭道術守藩之義。伏念博罪惡尤深，當伏重誅。臣欽願悉心自新，奉承詔策。頓首死罪。

京房及博兄弟三人皆棄市，妻子徙邊。

《漢書》卷七七《蓋寬饒傳》　是時上方用刑法，信任中尚書宦官，寬饒奏封事曰：方今聖道寖廢，儒術不行，以刑餘爲周召，以法律爲《詩》《書》。又引《韓氏易傳》言：五帝官天下，三王家天下，家以傳子，官以傳賢，若四時之運，功成者去，不得其人則不居其位。書奏，上以寬饒怨謗終不改，下其書中二千石。時執金吾議，以爲寬饒指意欲求禪，大逆不道。諫大夫鄭昌愍傷寬饒忠直憂國，以言事不當意而爲文吏所詆挫，上書頌寬饒曰：臣聞山有猛獸，藜藿爲之不採；國有忠臣，姦邪爲之不起。司隷校尉寬饒居不求安，食不求飽，進有憂國之心，退有死節之義，上無許、史之屬，下無金、張之託，職在司察，直道而行，多仇少與，上書陳國事，有司劾以大辟，臣幸得從大夫之後，官以諫爲名，不敢不言。上不聽，遂下寬饒吏。寬饒引佩刀自剄北闕下，衆莫不憐之。

《漢書》卷六八《霍光傳》〔霍〕山又坐寫秘書，顯爲上書獻城西第，入馬千匹，以贖山罪。

《漢書》卷八六《師丹傳》會有上書言古者以龜貝爲貨，今以錢易之，民以故貧，宜可改幣。上以問丹，丹對言可改。章下有司議，皆以爲行錢以來久，難卒變易。丹老人，忘其前語，後從公卿議。又丹使吏書奏，吏私寫其草，丁、傅子弟聞之，使人上書告丹上封事行道人徧持其書。上以問將軍中朝臣，皆對曰：忠臣不顯諫，大臣奏事不宜漏泄，令吏民傳寫流聞四方。臣不密則失身，宜下廷尉治。事下廷尉，廷尉劾丹大不敬。事未決，給事中博士申咸、炔欽上書，言丹經行無比，自近世大臣能若丹者少。發憤懣，奏封事，不及深思遠慮，使主簿書，漏泄之過不在丹。以此貶黜，恐不厭衆心。尚書劾咸、欽：幸得以儒官選擢備腹心，爲當治，事以暴列，乃復上書妄稱譽丹，前後相違，不敬。上貶咸、欽秩各二等。遂策免丹曰：夫三公者，朕之腹心也。輔善相過，匡率百僚，和合天下者也。朕既不明，委政於公，間者陰陽不調，寒暑失常，變異婁臻，山崩地震，河决泉涌，流殺人民，百姓流連，無所歸心，司空之職尤廢焉。君在位也出入三年，未聞忠言嘉謀，而反有朋黨相進不公之名。乃者以挺力田議改幣章示君，君内爲朕建可改不疑；以君之言博考朝臣，君乃希衆雷同，外以爲不便，令觀聽者歸非於朕。朕隱忍不宣，爲君受愆。朕疾夫比周之徒虚僞壞寖，寖以成俗，故屢以書飭君，幾君省過求己，而反不受，退有後言。及君奏封事，傳於道路，布聞朝市，言事者以爲大臣不忠，辜陷重辟，獲虚采名，謗譏匈匈，流於四方。腹心如此，謂疏者何？殆謬於二人同心之利焉，將何以率示群下，附親遠方？朕惟君位尊任重，慮不周密，懷諼迷國，進退違命，反覆異言，甚爲君耻之，非所以共承天地，永保國家之意。以君嘗託傅位，未忍考於理，已詔有司赦君勿治。其上大司空高樂侯印綬，罷歸。

《漢書》卷一五下《王子侯表》〔新利侯〕〔孝宣〕神爵元年四月癸巳封，十一年，甘露四年，坐上書謾，免，復更封户都侯，建始三年又上書謾，免。四百户。

《漢書》卷八二《王商傳》於是左將軍丹等奏：商位三公，爵列侯，親受詔策爲天下師，不遵法度以翼國家，而回辟下媚以進其私，執左道以亂政，爲臣不忠，罔上不道，《甫刑》之辟，皆爲上戮，罪名明白。臣請詔謁者召商詣若盧詔獄。上素重商，知匡言多險，制曰弗治。鳳固争之，於是制詔御史：蓋丞相以德輔翼國家，典領百寮，協和萬國，爲職任莫重焉。今樂昌侯商爲丞相，出入五年，未聞忠言嘉謀，而有不忠執左道之辜，陷于大辟。前商女弟内行不修，奴賊殺人，疑商教使，爲商重臣，故抑而不窮。今或言商不以自悔而反怨懟，朕甚傷之。惟商與先帝有外親，未忍致于理。其赦商罪。使者收丞相印綬

商免相三日，發病歐血薨，謚曰戾侯。

《漢書》卷五九《張延壽傳》是時上諸舅皆害其寵，白太后：太后以上春秋富，動作不節，甚以過放。時數有災異，議者歸咎放等。於是丞相宣、御史大夫方進奏：放驕蹇縱恣，奢淫不制。前侍御史修等四人奉使至放家逐名捕賊，時放見在，奴從者閉門設兵弩射吏，距使者不肯内。知男子李游君欲獻女，使樂府音監景武强求不得，使奴康等之其家，賊傷三人。又以縣官事怨樂府游徼莽，而使大奴駿等四十餘人群黨盛兵弩，白晝入樂府攻射官寺，縛束長吏子弟，斫破器物，宫中皆犇走伏匿。莽自髡鉗，衣赭衣，及守令史調等皆徒跣叩頭謝放，放乃止。奴從者支屬並乘權勢爲暴虐，至求吏妻不得，殺其夫，或恚一人，妄殺其親屬，輒亡人放〔弟〕〔第〕，不得，幸得勿治。放行輕薄，連犯大惡，有感動陰陽之咎，爲臣不忠首，罪名雖顯，前蒙恩。驕逸悖理，與背畔無異，臣子之惡，莫大於是，不宜宿衛在位。臣請免放歸國，以銷衆邪之萌，厭海内之心。

上不得已，左遷放爲北地都尉。

《漢書》卷八〇《東平思王劉宇傳》立三十三年薨，子煬王雲嗣。哀帝時，無鹽危山土自起覆草，如馳道狀，又瓠山石轉立。雲及后謁自之石所祭，治石象瓠山立石，束倍草，並祠之。建平三年，息夫躬、孫寵等共因倖臣董賢告之。是時，哀帝被疾，多所惡，事下有司，逮王、后謁下獄驗治，言使巫傅恭、婢合歡等祠祭詛祝上，爲雲求爲天子。雲又與知災異者高尚等指星宿，言上疾必不愈，雲當得天下。石立，宣帝起之表也。有司請誅王，有詔廢徙房陵。雲自殺，謁棄市。

《漢書》卷九八《元后傳》歲餘，成帝崩，哀帝即位。太后詔莽就

第，避帝外家。哀帝初優莽，不聽。莽上書固乞骸骨而退。上乃下詔曰：曲陽侯根前在位，建社稷策。侍中太僕安陽侯舜往時護太子家，導朕，忠誠專壹，有舊恩。新都侯莽憂勞國家，執義堅固，庶幾與爲治，太皇太后詔休就第，朕甚閔焉。其益封根二千户，舜五百户，莽三百五十户。以莽爲特進，朝朔望。又還紅陽侯立京師。哀帝少而聞知王氏驕盛，心不能善，以初立，故優之。

後月餘，司隸校尉解光奏：曲陽侯根宗重身尊，三世據權，五將秉政，天下輻湊自效。根行貪邪，臧累鉅萬，縱橫恣意，大治室第，第中起土山，立兩市，殿上赤墀，户青瑣；游觀射獵，使奴從者被甲持弓弩，陳爲步兵；止宿離宫，水衡共張，發民治道，百姓苦其役。內懷姦邪，欲筦朝政，推親近吏主簿張業以爲尚書，蔽上壅下，內塞王路，外交藩臣，驕奢僭上，壞亂制度，案根骨肉至親，社稷大臣，先帝棄天下，根不悲哀思慕，山陵未成，公聘取故掖庭女樂五官殷嚴、王飛君等，置酒歌舞，捐忘先帝厚恩，背臣子義。及根兄子成都侯況幸得以外親繼父爲列侯侍中，不思報厚恩，亦聘取故掖庭貴人以爲妻，皆無人臣禮，大不敬不道。於是天子曰：先帝遇根、況父子，至厚也，今乃背忘恩義！以根嘗建社稷之策，遣就國。免況爲庶人，歸故郡。根及況父商所薦舉爲官者，皆罷。

《漢書》卷八六《王嘉傳》 初，廷尉梁相與丞相長史、御史中丞及五二千石雜治東平王雲獄，時冬月未盡二旬，而相心疑雲冤，獄有飾辭，奏欲傳之長安，更下公卿覆治。尚書令鞫譚、僕射宗伯鳳以爲可許。天子以相等皆見上體不平，外內顧望，操持兩心，幸雲踰冬，無討賊疾惡主讎之意，制詔免相等皆爲庶人。後數月大赦，嘉奏封事薦相等明習治獄，相計謀深沈，譚頗知雅文，鳳經明行修，聖王有計功除過，臣竊爲朝廷惜此三人。書奏，上不能平。後二十餘日，嘉封還益董賢户事，上乃發怒，召嘉詣尚書，責問以：相等前坐在位不盡忠誠，外附諸侯，操持兩心，背人臣之義，今所稱相等材美，足以相計除罪。君以道德，位在三公，以總方略一統萬類分明善惡爲職，知相等罪惡陳列，著聞天下，時輒以自劾，今又稱譽相等，云爲朝廷惜之。大臣舉錯，恣心自在，迷國罔上，近由君始，將謂遠者何！對狀。嘉免冠謝罪。

事下將軍中朝者。光禄大夫孔光、左將軍公孫禄、右將軍王安、光禄勳馬宫、光禄大夫龔勝劾嘉迷國罔上不道，請與廷尉雜治。勝獨以爲嘉備宰相，諸事並廢，咎由嘉生；嘉坐薦相等，微薄，以應迷國罔上不道，恐不可以示天下。遂可光等奏。

光等請謁者召嘉詣廷尉詔獄，制曰：票騎將軍、御史大夫、中二千石、二千石、諸大夫、博士、議郎議。衛尉雲等五十人以爲如光等言可許。議郎龔等以爲嘉言事前後相違，無所執守，不任宰相之職，宜奪爵土，免爲庶人。永信少府猛等十人以爲：聖王斷獄，必先原心定罪，探意立情，故死者不抱恨而入地，生者不銜怨而受罪。明主躬聖德，重大臣刑辟，廣延有司議，欲使海內咸服。嘉罪名雖應法，聖王之於大臣，在輿爲下，御坐則起，疾病視之無數，死則臨弔之，廢宗廟之祭，進之以禮，退之以義，誅之以行。案嘉本以相等爲罪，罪惡雖著，大臣括髮關械、裸躬就笞，非所以重國褒宗廟也。今春月寒氣錯繆，霜露數降，宜示天下以寬和。臣等不知大義，唯陛下察焉。有詔假謁者節，召丞相詣廷尉詔獄。

使者既到府，掾史涕泣，共和藥進嘉，嘉不肯服。主簿曰：將相不對理陳冤，相踵以爲故事，君侯宜引決。使者危坐府門上。主簿復前進藥，嘉引藥杯以擊地，謂官屬曰：丞相幸得備位三公，奉職負國，當伏刑都市以示萬衆。丞相豈兒女子邪，何謂咀藥而死！嘉遂裝出，見使者再拜受詔，乘吏小車，去蓋不冠，隨使者詣廷尉。廷尉收嘉丞相新甫侯印綬，縛嘉載致都船詔獄。

上聞嘉生自詣吏，大怒，使將軍以下與五二千石雜治。吏詰問嘉，嘉對曰：案事者思得實。竊見相等前治東平王獄，不以雲爲不當死，欲關公卿示重慎；置驛馬傳囚，勢不得踰冬月，誠不見其外內顧望阿附爲雲驗。復幸得蒙大赦，相等皆良善吏，臣竊爲國惜賢，不私此三人。獄吏曰：苟如此，則君何以爲罪猶當？有以負國，不空入獄矣。吏稍侵辱嘉，嘉喟然卬天歎曰：幸得充備宰相，不能進賢退不肖，以是負國，死有餘責。吏問賢不肖主名，嘉曰：賢，故丞相孔光、故大司空何武，不能進；惡，高安侯董賢父子，佞邪亂朝，而不能退。罪當死，死無所恨。嘉繫獄二十餘日，不食歐血而死。

《漢書》卷六〇《杜欽傳》 業又言宜爲恭王立廟京師，以章孝道。

時高昌侯董宏亦言宜尊帝母定陶王丁后爲帝太后。大司空師丹等劾宏誤朝不道，坐免爲庶人，業復上書訟宏。前後所言皆合指施行，朱博果見拔用。業由是徵，復爲太常。歲餘，左遷上黨都尉。會司隸奏業爲太常選舉不實，業坐免官，復就國。

《漢書》卷七五《李尋傳》 初，成帝時，齊人甘忠可詐造《天官曆》、《包元太平經》十二卷，以言漢家逢天地之大終，當更受命於天，天帝使真人赤精子，下教我此道。忠可以教重平夏賀良、容丘丁廣世、東郡郭昌等，中壘校尉劉向奏忠可假鬼神罔上惑衆，下獄治服，未斷病死。賀良等坐挾學忠可書以不敬論，後賀良等復私以相教。哀帝初立，司隸校尉解光亦以明經通災異得幸，白賀良等所挾忠可書。事下奉車都尉劉歆，歆以爲不合《五經》，不可施行。而李尋亦好之。光曰：前歆父向奏忠可下獄，歆安肯通此道？時郭昌爲長安令，勸尋宜助賀良等。尋遂白賀良等皆待詔黃門，數詔見，陳説漢曆中衰，當更受命。成帝不應天命，故絶嗣。今陛下久疾，變異屢數，天所以譴告人也。宜急改元易號，乃得延年益壽，皇子生，災異息矣。得道不得行，咎殃且亡，不有洪水將出，災火且起，滌盪民人。

哀帝久寢疾，幾其有益，遂從賀良等議。於是詔制丞相御史：蓋聞《尚書》五曰考終命，言大運壹終，更紀天元人元，考文正理，推曆定紀，數如甲子也。朕以眇身入繼太祖，承皇天，總百僚，子元元，未有應天心之效。即位出入三年，災變數降，日月失度，星辰錯謬，高下貿易，大異連仍，盜賊並起。朕甚懼焉，戰戰兢兢，唯恐陵夷。惟漢興至今二百載，曆紀開元，皇天降非材之右，漢國再獲受命之符，朕之不德，曷敢不通夫受天之元命，必與天下自新。其大赦天下，以建平二年爲太初元年，號曰陳聖劉太平皇帝。漏刻以百二十爲度。布告天下，使明知之。後月餘，上疾自若。賀良等復欲妄變政事，大臣争以爲不可許。賀良等奏言大臣皆不知天命，宜退丞相御史，以解光、李尋輔政。上以其言亡驗，遂下賀良等吏，而下詔曰：朕獲保宗廟，爲政不德，變異屢仍，恐懼戰栗，未知所繇。待詔賀良等建言改元易號，增益漏刻，可以永安國家。朕信道不篤，過聽其言，幾爲百姓獲福。卒無嘉應，久旱爲災。以問賀良等，對當復改制度，皆背經誼，違聖制，不合時宜。夫過而不改，是爲過矣。六月甲子詔書，非赦令也，皆蠲除之。賀良等反道惑衆，姦態當窮竟。皆下獄，光禄勳平當、光禄大夫毛莫如與御史中丞、廷尉雜治，當賀良等執左道，亂朝政，傾覆國家，誣罔主上，不道。賀良等皆伏誅。尋及解光減死一等，徙敦煌郡。

《漢書》卷七七《鄭崇傳》 崇又以董賢貴寵過度諫，由是重得罪。數以職事見責，發疾頸癰，欲乞骸骨，不敢。尚書令趙昌佞諂，素害崇，知其見疏，因奏崇與宗族通，疑有姦，請治。上責崇曰：君門如市人，何以欲禁切主上？崇對曰：臣門如市，臣心如水，願得考覆。上怒，下崇獄，窮治，死獄中。

《漢書》卷四五《息夫躬傳》 〔息夫〕躬歸國，未有第宅，寄居丘亭。姦人以爲侯家富，常夜守之。躬邑人河内掾賈惠往過躬，教以祝盜方，以桑東南指枝爲匕，畫北斗七星其上，躬夜自被髮，立中庭，向北斗，持匕招指祝盜。人有上書言躬懷怨恨，非笑朝廷所進，候星宿，視天子吉凶，與巫同祝詛。上遣侍御史、廷尉監逮躬，繫雒陽詔獄。欲掠問，躬仰天大謼，因僵仆。吏就問，云咽已絶，血從鼻耳出。食頃，死。黨友謀議相連下獄百餘人。躬母聖，坐祠竈祝詛上，大逆不道。聖棄市，妻充漢與家屬徙合浦。躬同族親屬素所厚者，皆免，廢錮。哀帝崩，有司奏：方陽侯寵及右師譚等，皆造作姦謀，罪及王者骨肉，雖蒙赦令，不宜處爵位，在中土。皆免寵等，徙合浦郡。

《漢書》卷四七《梁孝王劉武傳》 元始中，立坐與平帝外家中山衛氏交通，新都侯王莽奏廢立爲庶人，徙漢中。立自殺。

《漢書》卷九九中《王莽傳》 初，甄豐、劉歆、王舜爲莽腹心，倡導在位，褒揚功德；安漢、宰衡之號及封莽母、兩子、兄子，皆豐等所共謀，而豐、舜、歆亦受其賜，並富貴矣，非復欲令莽居攝也。居攝之萌，出於泉陵侯劉慶、前煇光謝囂、長安令田終術。莽羽翼已成，意欲稱攝。豐等承順其意，莽輒復封舜、歆兩子及豐孫。豐等爵位已盛，心意既滿，又實畏漢宗室、天下豪桀。而疏遠欲進者，並作符命，莽遂據以即真，舜、歆内懼而已。豐素剛强，莽覺其不説，故徙大阿、右拂、大司空豐，託符命文，爲更始將軍，與賣餅兒王盛同列。豐父子默默。時子尋爲侍中京兆大尹茂德侯，即作符命，言新室當分陝，立二伯，以豐爲右伯，太傅平晏爲左伯，如周召故事。莽即從之，拜豐爲右伯。當述職西出，未行，尋復作符命，言故漢氏平帝后黃皇室主爲尋之妻。莽以詐立，心疑大臣怨謗，欲震威以懼下，因是發怒曰：黃皇室主天下母，此何謂也！收捕尋。尋亡，豐自殺。尋隨方士入華山，歲餘捕得，辭連國師公歆子侍中東通靈將、五司大夫隆威侯棻，棻弟右曹長水校尉伐虜侯泳，大司空邑弟左關將軍掌威侯奇，及歆門人侍中騎都尉丁隆等，牽引公卿黨親列侯以下，死者數百人。尋手理有天子字，莽解其臂入視之，曰：此一大子也，或曰一六子也。六者，戮也。明尋父子當戮死也。乃流棻于幽州，放尋于三危，殛隆于羽山，皆驛車載其屍傳致云。

《後漢書》卷二三《竇融傳》〔明〕帝以穆不能修尚，而擁富貲，居大第，常令謁者一人監護其家。居數年，謁者奏穆父子自失執，數出怨望語，帝令將家屬歸本郡，唯勳以泚陽主壻留京師。穆坐賂遺小吏，郡捕繫，與子宣俱死平陵獄，勳亦死洛陽獄。久之，詔還融夫人與小孫一人居洛陽家舍。

《後漢書》卷八〇《黃香科傳》〔永元〕十二年，東平清河奏訞言卿仲遼等，所連及且千人。香科別據奏，全活甚衆。

《後漢書》卷五《孝安帝紀》〔延光四年夏四月〕辛卯，大將軍耿寶、中常侍樊豐、侍中謝惲、周廣、乳母野王君王聖，坐相阿黨，豐、惲、廣下獄死，寶自殺，聖徙鴈門。

《後漢書》卷三四《梁冀傳》元嘉元年，帝以冀有援立之功，欲崇殊典，乃大會公卿，共議其禮。於是有司奏冀入朝不趨，劒履上殿，謁讚不名，禮儀比蕭何；悉以定陶、（陽）成〔陽〕餘户增封爲四縣，比鄧禹；賞賜金錢、奴婢、綵帛、車馬、衣服、甲第，比霍光；以殊元勳。每朝會，與三公絶席。十日一人，平尚書事。宣布天下，爲萬世法。冀猶以所奏禮薄，意不悦。專擅威柄，凶恣日積，機事大小，莫不諮决之。宫衛近侍，並所親樹，禁省起居，纖微必知。百官遷召，皆先到冀門牋檄謝恩，然後敢詣尚書。下邳人吴樹爲宛令，之官辭冀，冀賓客布在縣界，以情託樹。樹對曰：小人姦蠹，比屋可誅。明將軍以椒房之重，處上將之位，宜崇賢善，以補朝闕。宛爲大都，士之淵藪，自侍坐以來，未聞稱一長者，而多託非人，誠非敢聞！冀嘿然不悦。樹到縣，遂誅殺冀客爲人害者數十人，由是深怨之。樹後爲荆州刺史，臨去辭冀，冀爲設酒，因鴆之，樹出，死車上。又遼東太守侯猛，初拜不謁，冀託以它事，乃腰斬之。

時郎中汝南袁著，年十九，見冀凶縱，不勝其憤，乃詣闕上書曰：臣聞仲尼歎鳳鳥不至，河不出圖，自傷卑賤，不能致也。今陛下居得致之位，又有能致之資，而和氣未應，賢愚失序者，埶分權臣，上下壅隔之故也。夫四時之運，功成則退，高爵厚寵，鮮不致災。今大將軍位極功成，可爲至戒，宜遵懸車之禮，高枕頤神。傳曰：木實繁者，披枝害心。若不抑損權盛，將無以全其身矣。左右聞臣言，將側目切齒，臣特以童蒙見拔，故敢忘忌諱。昔舜、禹相戒無若丹朱，周公戒成王無如殷王紂，願除誹謗之罪，以開天下之口。書得奏御，冀聞而密遣掩捕著。著乃變易姓名，後託病僞死，結蒲爲人，市棺殯送。冀廉問知其詐，陰求得，笞殺之，隱蔽其事。學生桂陽劉常，當世名儒，素善於著，冀召補令史以辱之。時太原郝絜、胡武，皆危言高論，與著友善。先是絜等連名奏記三府，薦海内高士，而不詣冀，冀追怒之，又疑爲著黨，敕中部官移檄捕前奏記者並殺之，遂誅武家，死者六十餘人。絜初逃亡，知不得免，因輿櫬奏書冀門。書入，仰藥而死，家乃得全。及冀誅，有詔以禮祀著等。冀諸忍忌，皆此類也。

《後漢書》卷七《孝桓帝紀》〔延熹四年冬十月〕南陽黃武與襄城惠得、昆陽樂季訞言相署，皆伏誅。

《後漢書》卷八《孝靈帝紀》〔建寧元年〕九月辛亥，中常侍曹節矯詔誅太傅陳蕃、大將軍竇武及尚書令尹勳、侍中劉瑜、屯騎校尉馮述，皆夷其族。皇太后遷于南宮。司徒胡廣爲太傅，録尚書事。司空劉寵爲司徒，大鴻臚許栩爲司空。

《後漢書》卷一〇下《皇后紀》〔孝仁董皇后，建寧二年〕上尊號曰孝仁皇后，居南宮嘉德殿，宫稱永樂。拜寵執金吾。後坐矯稱永樂后屬請，下獄死。

《後漢書》卷八《孝靈帝紀》〔熹平二年夏五月〕沛相師遷坐誣罔國王，下獄死。

《後漢書》卷八《孝靈帝紀》〔熹平五年五月〕閏月，永昌太守曹鸞坐訟黨人，棄市。詔黨人門生故吏父兄子弟在位者，皆免官禁錮。

《後漢書》卷八《孝靈帝紀》 〔中平元年夏四月〕侍中向栩、張鈞坐言宦者，下獄死。時鈞上書曰：今斬常侍，懸其首於南郊以謝天下，即兵自消也。帝以章示常侍，故下獄也。

（宋）王欽若等《冊府元龜》卷六一九《刑法部・案鞫》 鍾繇爲大理，毛玠爲尚書僕射。典選崔琰既死，玠内不悅。後有白玠出見黥面反者，其妻子没爲官奴婢，玠言曰：使天不雨，蓋此也。太祖大怒，收玠付獄。繇詰玠曰：自古聖帝明王，罪及妻子。書云：左不共左，右不共右，予則孥戮汝。司寇之職，男子入于罪隸，女子入于舂藁。漢律：罪人妻子，没爲奴婢。黥面，漢法所行，黥墨之刑，存於古典。今真如婢，祖先有罪，雖歷百世，猶有黥面供官，一以寬良民之命，二以宥並罪之辜。此何以負於神明之意而當致旱。按《典謨》：急嘗寒若，舒嘗燠若，寬則亢陽，所以爲旱。玠之吐言，以爲寬耶？以爲急也？急當陰霖，何以反旱？成湯聖世，野無生草。周宣令王，旱魃爲虐，亢旱以來，積三十年。歸咎黥面，爲相值不？衛人伐邢，師興而雨，罪惡無徵，何以應天。玠譏謗之言，流於下民，不悅之聲，上聞聖聽。玠之吐言，勢不獨語，時見黥面，凡爲幾人。黥面奴婢，所識知耶？何緣得見，對之嘆言。時以語誰，見荅云何，以何日月，於何處所。事已發露，不得隱欺，具以狀對。玠曰：臣聞蕭生縊死，困於石顯。賈子放外，讒在絳灌。白起賜劒於杜郵，晁錯致誅於東市，伍員絶命於吴都，斯數子者，或妬其前，或害其後。臣垂髫執簡，累勤取官，職在機近，人事所竄，屬臣以私，無勢不絶，語臣以冤，無細不理，人情淫利，爲法所禁，法禁於利，勢能害之。青蠅横生，爲臣作謗，謗臣之人，勢不在佗。昔王叔陳生爭正王廷，害子平理，命舉其契，是非有宜，曲直有所，《春秋》嘉焉，是以書之。臣不言此，無有時人。説臣此言，必有徵要，乞蒙宣子之辯，而求王叔之對。若臣以曲聞，即刑之日，方之安四之贈。賜劒之來，比之重賞之惠。謹以狀對。時桓階和洽進言救玠，玠遂免黥，卒于家。何晏爲尚書，與大將軍曹爽等專政。爽敗，司馬宣王使晏典治爽等獄。晏窮治黨與，冀以獲宥。宣王曰：凡有八族。晏疏丁謐、鄧颺等七姓，宣王曰：未也。晏窮急乃曰：豈謂晏乎。宣王曰：是也。乃收晏並夷三族。

《三國志》卷一一《魏志・國淵傳》 時有投書誹謗者，太祖疾之，欲必知其主。淵請留其本書，而不宣露。其書多引《二京賦》，淵敕功曹曰：此郡既大，今在都輦，而少學問者。其簡開解年少，欲遣就師。功曹差三人，臨遣引見，訓以所學未及，《二京賦》，博物之書也，世人忽略，少有其師，可求能讀者從受之。又密喻旨。旬日得能讀者，遂往受業。吏因請使作箋，比方其書，與投書人同手。收攝案問，具得情理。

《三國志》卷二《魏志・文帝紀》 〔黄初三年〕九月甲午，詔曰：夫婦人與政，亂之本也。自今以後，羣臣不得奏事太后，后族之家不得當輔政之任，又不得横受茅土之爵；以此詔傳後世，若有背違，天下共誅之。

《三國志》卷一二《魏志・司馬芝傳》 會諸王來朝，與京都人交通，坐免。

《三國志》卷二〇《魏志・趙王幹傳》 趙王幹，建安二十年封高平亭侯。二十二年，徙封賴亭侯。其年改封弘農侯。黄初二年，進爵，徙封燕公。三年，爲河間王。五年，改封樂城縣。七年，徙封鉅鹿。太和六年，改封趙王。幹母有寵於太祖。及文帝爲嗣，幹母有力。文帝臨崩，有遺詔，是以明帝常加恩意。青龍二年，私通賓客，爲有司所奏，賜幹璽書誡誨之，曰：《易》稱開國承家，小人勿用，《詩》著大車惟塵之誡。自太祖受命創業，深覩治亂之源，鑒存亡之機，初封諸侯，訓以恭慎之至言，輔以天下之端士，常稱馬援之遺誡，重諸侯賓客交通之禁，乃使與犯妖惡同。夫豈以此薄骨肉哉？徒欲使子弟無過失之愆，士民無傷害之悔耳。高祖踐阼，祗慎萬機，申著諸侯不朝之令。朕感詩人《常棣》之作，嘉《采菽》之義，亦緣詔文曰若有詔得詣京都，故命諸王以朝聘之禮。而楚、中山並犯交通之禁，趙宗、戴捷咸伏其辜。

《三國志》卷四〇《蜀志・廖立傳》 亮表立曰：長水校尉廖立，坐自貴大，臧否羣士，公言國家不任賢達而任俗吏，又言萬人率者皆小子也；誹謗先帝，疵毁衆臣。人有言國家兵衆簡練，部伍分明者，立舉頭視屋，憤咤作色曰：何足言！凡如是者不可勝數。羊之亂羣，猶能爲害，況立託在大位，中人以下識真僞邪？於是廢立爲民，徙汶山郡。

（晉）常璩《華陽國志》卷七《劉後主志》 〔建興〕三年春，長水校尉廖立坐謗訕朝廷，改徙汶山。自立荊州與龐統並見知，而性敖傲侮，後更冗散怨望故致黜廢。

《三國志》卷五九《吴志·孫奮傳》　建衡二年，孫皓左夫人王氏卒。皓哀念過甚，朝夕哭臨，數月不出，由是民間或謂皓死，訛言奮與上虞侯奉當有立者。奮母仲姬墓在豫章，豫章太守張俊疑其或然，掃除墳塋。皓聞之，車裂俊，夷三族，誅奮及其五子，國除。

《晉書》卷五〇《庾純傳》　復以純爲國子祭酒，加散騎常侍。後將軍荀眅於朝會中奏純以前坐不孝免黜，不宜升進。侍中甄德進曰：孝以顯親爲大，禄養爲榮。詔赦純前愆，擢爲近侍，兼掌教官，此純召不俟駕之日。而後將軍眅敢以私議貶奪公論，抗言矯情，誣罔朝廷，宜加貶黜。眅坐免官。

《晉書》卷五〇《庾旉傳》　齊王攸之就國也，下禮官議崇錫之物。旉與博士太叔廣、劉暾、繆蔚、郭頤、秦秀、傅珍等上表諫曰，【略】武帝以博士不答所問，答所不問，大怒，事下有司。尚書朱整、褚䂮等奏：旉等侵官離局，迷罔朝廷，崇飾惡言，假託無諱。請收旉等八人付廷尉科罪。【略】詔曰：旉等備爲儒官，不念奉憲制，不指答所問，敢肆其誣罔之言，以干亂視聽，而旉是議主，應爲戮首。

《晉書》卷五九《東海王越傳》　及懷帝即位，委政於越。吏部郎周穆，清河王覃舅，越之姑子也，與其妹夫諸葛玫共説越曰：主上之爲太弟，張方意也。清河王本太子，爲群凶所廢。先帝暴崩，多疑東宮。公盍思伊霍之舉，以寧社稷乎？言未卒，越曰：此豈宜言邪！遂叱左右斬之。

《南史》卷七七《恩倖傳·周石珍》　石珍求媚於賊，乃養其黨田遷以爲己子，遷亦父事之。景篡位，制度羽儀皆石珍自出。景平後，及中書舍人嚴亶等送于江陵。

亶本爲齋監，居臺省積久，多閑故實。在賊居要，亞於石珍。及簡文見立，亶學北人著靴上殿，無肅恭之禮。有怪之者，亶曰：吾豈畏劉禪乎。從景圍巴陵郡，叫曰：荆州那不送降！及至江陵，將刑于市，泣謂石珍曰：吾等死亦是罪盈。石珍與其子昇相抱哭。亶謂監刑人曰：倩語湘東王，不有廢也，君何以興？俱腰斬。自是更殺賊黨，以板柙舌，釘之，不復得語。

（宋）司馬光《資治通鑑》宋文帝元嘉二十一年春正月　癸酉，樂平戾王丕以憂卒。初，魏主築白臺，高二百餘尺。魏主嗣泰常二年秋七月乙酉，起白臺於平城南，高二十丈。丕夢登其上，四顧不見人，命術士董道秀筮之，道秀曰：大吉。丕默有喜色。及丕卒，道秀亦坐棄市。高允聞之，曰：夫筮者皆當依附爻象，勸以忠孝。漢嚴君平卜筮於成都市，人有邪惡非正之問，則依著龜爲言利害，與人子言依於孝，與人弟言依於順，與人臣言依於忠：各因勢道之以善。高允之言，祖君平之術也。王之問道秀也，道秀宜曰：窮高爲亢。《易》曰：亢龍有悔。又曰：高而無民。皆不祥也，王不可以不戒。如此，則王安於上，身全於下矣。道秀反之，宜其死也。

（宋）司馬光《資治通鑑》宋文帝元嘉二十九年十一月　魏南安王余之立也，以古弼爲司徒，張黎爲太尉。及高宗立，弼、黎議不合旨，黜爲外都大官；坐有怨言，且家人告其爲巫蠱，皆被誅。古弼、張黎，魏世祖之所親任者也。宗愛殺逆，不能聲其罪而誅之；南安之立，首居公位；雖不爲巫蠱，罪固不容於死矣。被，皮義翻。

《南齊書》卷三三《張緒傳》　永明元年，〔張充〕爲武陵王友，坐書與尚書令王儉，辭旨激揚，爲御史中丞到撝所奏，免官禁錮。

《南史》卷三六《謝超宗傳》　武帝即位，使掌國史，除竟陵王征北諮議參軍，領記室，愈不得志。【略】上積懷超宗輕慢，使兼中丞袁彖奏超宗請付廷尉。武帝雖可其奏，以彖言詞依違，使左丞王逡之奏彖輕文略奏，撓法容非，請免彖所居官。詔彖匿情欺國，愛朋罔主，免官，禁錮十年。

（宋）司馬光《資治通鑑》齊武帝永明十一年秋七月　即位十餘日，即收王融下廷尉，使中丞孔稚珪奏融險躁輕狡，招納不逞，誹謗朝政。融求援於竟陵王子良，子良憂懼，不敢救。遂於獄賜死，時年二十七。

《南齊書》卷四二《蕭諶傳》　〔建武〕二年六月，上幸華林園，宴諶及尚書令王晏等數人盡歡。坐罷，留諶晚出，至華林閤，仗身執還入省，上遣左右莫智明數諶曰：隆昌之際，非卿無有今日。今一門二州，兄弟三封，朝廷相報，政可極此。卿恒懷怨望，乃云炊飯已熟，合甑與人邪？今賜卿死。諶謂智明曰：天去人亦復不遠，我與至尊殺高、武諸王，是君傳語來去。我今死，還取卿。於省殺之。至秋而智明死，見諶爲祟。詔曰：蕭諶擢自凡庸，識用輕險，因藉倖會，早預驅馳。永明之季，曲頒恩紀。鬱林昏悖，頗立誠效。寵靈優渥，期遇兼隆，內總戎柄，外暢蕃威，兄弟榮貴，震灼朝野。曾不感佩殊荷，少答萬一，自以勳高伊、霍，事均難賞，才冠當時，耻居物後。矯制王權，與奪由己。空懷疑懼，坐構嫌猜。覘候宮掖，希覬非望。蔽上罔下之心，誣君不臣之跡，固以彰暴民聽，喧聒遐邇。遂潛散金帛，招集不逞，交結禁衛，互爲脣齒，密契戚邸，將肆姦逆。朕以其任寄既重，爵列河山，每加彌縫，弘以大信，庶能懷音，翻然悛改。而豺狼其性，凶謀滋甚。夫無將必戮，《陽秋》明義，況釁積禍盈，若斯之大。可收付廷尉，速正刑書。罪止元惡，餘無所問。

（宋）司馬光《資治通鑑》齊明帝永泰元年三月　及魏主南伐，彪與冲及任城王澄共掌留務。彪性剛豪，意議多所乖異，數與冲爭辯，形於聲色；自以身爲法官，他人莫能糾劾，事多專恣。冲不勝忿，乃積其前作過惡，禁彪於尚書省，上表劾彪違傲高亢，公行僭逸，坐輿禁省，言坐與而入禁省也。漢法不下公門爲不敬。私取官材，輒駕乘黃，乘黃，御馬也。杜佑曰：漢有未央廄令，魏改爲乘黃廄。乘黃，古之神馬，因以爲名。或亦名飛黃，背有角，日行萬里。《淮南子》云：天下有道，飛黃伏皁。無所憚懾。臣輒集尚書已下、令史已上於尚書都座，尚書都坐，録、令、僕射、尚書同坐處。以彪所犯罪狀告彪，訊其虛實，彪皆伏罪。請以見事免彪所居職，付廷尉治罪。見事，謂彪見所犯之事也。冲又表稱：臣與彪相識以來，垂二十載。見其才優學博，議論剛正，愚意誠謂拔萃公清之人。後稍察其人酷急，猶謂益多損少。自大駕南行以來，彪兼尚書，彪以中尉兼度支尚書。日夕共事，始知其專恣無忌，尊身忽物；聽其言如振古忠恕之賢，振古，自古也。校其行實天下佞暴之賊。臣與任城卑躬曲己，若順弟之奉暴兄，其所欲者，事雖非理，無不屈從。依事求實，悉有成驗。如臣列得實，列，謂陳列其事。宜殛彪於北荒，以除亂政之姦；《詩》曰：取彼譖人，投畀有北。毛注云：北方寒涼而不毛。所引無證，宜投臣於四裔，以息青蠅之譖。《詩》曰：營營青蠅，止于棘。讒人罔極，交亂四國。冲手自作表，家人不知。

帝覽表，歎悵久之，曰：不意留臺乃至於此！既而曰：道固可謂溢矣，而僕射亦爲滿也。李彪，字道固。僕射，謂冲也。黃門侍郎宋弁素怨冲，而與彪同州相善，弁，廣平人；彪，頓丘人；二郡皆屬相州。陰左右之。有司處彪大辟，帝宥之，除名而已。魏孝文於此可謂明矣。

《南齊書》卷四七《謝朓傳》　東昏失德，江祏欲立江夏王寶玄，末更回惑，與弟祀密謂朓曰：江夏年少輕脱，不堪負荷神器，不可復行廢立。始安年長入纂，不乖物望。非以此要富貴，政是求安國家耳。遥光又遣親人劉渢密致意於朓，欲以爲肺腑。朓自以受恩高宗，非渢所言，不肯答。少日，遥光以朓兼知衛尉事，朓懼見引，即以祏等謀告左興盛，興盛不敢發言。祏聞，以告遥光，遥光大怒，乃稱敕召朓，仍回車付廷尉，與徐孝嗣、祏、暄等連名啓誅朓曰：謝朓資性險薄，大彰遠近。王敬則往構凶逆，微有誠效，自爾昇擢，超越倫伍。而谿壑無厭，著於觸事。比遂扇動內外，處處姦説，妄貶乘輿，竊論宮禁，間謗親賢，輕議朝宰，醜言異計，非可具聞。無君之心既著，共棄之誅宜及。臣等參議，宜下北里，肅正刑書。詔：公等啓事如此，朓資性輕險，久彰物議。直以彫蟲薄伎，見齒衣冠。昔在渚宮，構扇蕃邸，日夜縱諛，仰窺俯畫。及還京師，飜自宣露，江、漢無波，以爲己功。素論於兹而盡，縉紳所以側目。去夏之事，頗有微誠，賞擢曲加，踰邁倫序，感悦未聞，陵競彌著。遂復矯構風塵，妄惑朱紫，詆貶朝政，疑間親賢。巧言利口，見醜前志。涓流纖孼，作戒遠圖。宜有少正之刑，以申去害之義。便可收付廷尉，肅明國典。又使御史中丞范岫奏收朓，下獄死。時年三十六。

（唐）杜佑《通典》卷一七〇《刑法·舞紊》　梁武帝敦睦親族，優惜朝士。有犯罪者，皆諷臣下屈法申之。百姓有罪，即按以法。其緣坐老幼不免，一人逃亡，則舉家質作。人既窮迫，姦宄益深。後帝親南郊，秣陵老人遮帝曰：陛下為法，急於黎庶，緩於權貴，非久長之計。誠能反是，天下幸甚。帝鋭意儒雅，雖簡刑法，自公卿大夫，咸不以鞫獄為意。姦吏招權，巧文弄法，貨賄成市，多致枉濫。大率二歲刑以上，歲至五千人。是時徒居作者具五任，其無任者著十械。任，即保。若疾病，權解之。是後囚徒或有優劇。大同中，皇太子在春宫視事，見而愍之，乃上疏曰：臣奉勅權視京師雜事，竊見南北郊壇、宮、車府、太官下省左裝等處，並啓請四五歲以下輕囚，助充使役。自有刑均罪等，愆目不異，而甲付錢署，乙配郊壇。錢署三所，於事為劇；郊壇六處，在役則優。今聽獄官詳其可否，舞文之路，自此而生。公平難遇其人，流舞易啓其齒，將恐玉科重輕，全關墨綬，金書去取，更由丹筆。愚謂宜詳立條制，以為永準。

（宋）司馬光《資治通鑑》梁武帝天監十五年春正月　魏中尉元匡奏彈于忠：幸國大災，專擅朝命，裴、郭受冤，謂裴植、郭祚。彈，徒丹翻。朝，直遥翻。宰輔黜辱。謂高陽王雍被罰，後又以授忠茅土，乞自貶退也。又自矯旨爲儀同三司、尚書令，領崇訓衛尉，原其此意，欲以無上自處。處，昌呂翻，下尉處同。既事在恩後，恩後，謂赦恩之後也。宜加顯戮，請遣御史一人就州行決。于忠時爲冀州刺史，欲就詐戮之。自去歲世宗晏駕以後，皇太后未親覽，以前諸不由階級，或發門下詔書，或由中書宣敕，擅相拜授者，已經恩宥，正可免罪，並宜追奪。太后令曰：忠已蒙特原，無宜追罪；餘如奏。

（宋）司馬光《資治通鑑》梁武帝普通六年十二月　邵陵王綸攝南徐州事，在州喜怒不恒，肆行非法。遨遊市里，問賣䱉者曰：刺史何如？對言：躁虐。綸怒，令吞䱉而死。䱉，與鱓同，音市演翻。鱓魚似蛇，今江東溝港皆有之。躁，則到翻。百姓惶駭，道路以目。道路相逢者但以目相視，而不敢言。嘗逢喪車，奪孝子服而著之，匍匐號叫。籤帥懼罪，密以聞。上始嚴責綸，而不能改，於是遣代。綸悖慢逾甚，乃取一老翁短瘦類上者，加以衮冕，置之高坐，朝以爲君，自陳無罪；使就坐剥褫，捶之於庭。又作新棺，貯司馬崔會意，以輴車挽歌爲送葬之法，捶，止蘂翻。貯，丁呂翻。輴，音而，喪車也。《莊子》曰：紼謳所生，必於斥苦。紼謳，挽歌也。《左傳》，公孫夏使其徒歌《虞殯》。杜預注曰：《虞殯》，送葬歌曲。田横之死，其徒有《蒿里》、《薤露》之歌。《搜神記》曰：挽歌，喪家之樂，執紼者相和之聲。使嫗乘車悲號。會意不能堪，輕騎還都以聞。上恐其奔逸，以禁兵取之，將於獄賜盡，太子統流涕固諫，得免，戊子，免綸官，削爵土。

《南史》卷六八《劉師知傳》　天嘉元年，坐事免。尋起爲中書舍人，復掌詔誥。天康元年，文帝不豫，師知與尚書僕射到仲舉等入侍醫藥。帝崩，豫顧命。宣帝入輔，師知與仲舉等遣舍人殷不佞矯詔令宣帝還東府，事覺，於北獄賜死。

《南史》卷二六《袁憲傳》　太建三年，累遷御史中丞，羽林監。時豫章王叔英不奉法度，逼取人馬，憲依事劾奏，免叔英。

《陳書》卷二八《長沙王叔堅傳》〔至德元年〕叔堅不自安，稍怨望，乃爲左道厭魅以求福助，刻木爲偶人，衣以道士之服，施機關，能拜跪，晝夜於日月下醮之，祝詛於上。其年冬，有人上書告其事，案驗並實，後主召叔堅囚于西省，將殺之，其夜，令近侍宣敕，數之以罪。

《魏書》卷二八《劉潔傳》　世祖之征也，潔私謂親人曰：若軍出無功，車駕不返者，吾當立樂平王。潔又使右丞張嵩求圖讖，問：劉氏應王，繼國家後，我審有名姓否？嵩對曰：有姓而無名。窮治款引，搜嵩家，果得讖書。潔與南康公狄隣及嵩等，皆夷三族，死者百餘人。

《魏書》卷四六《竇瑾傳》　興光初，瑾女婿鬱林公司馬彌陀以選尚臨涇公主，瑾教彌陀辭託，有誹謗呪詛之言，與彌陀同誅。

《魏書》卷三六《李順傳》　敷既見待二世，兄弟親戚在朝者十有餘人。弟弈又有寵於文明太后。李訢列其隱罪二十餘條，顯祖大怒，皇興四年冬，誅敷兄弟，削順位號爲庶人。敷從弟顯德、妹夫廣平宋叔珍等，皆坐闗亂公私，同時伏法。敷兄弟敦崇孝義，家門有禮。至於居喪法度，吉凶書記，皆合典則，爲北州所稱美。既致斯禍，時人歎惜之。

《魏書》卷六七《崔光傳》　永平元年秋，將刑元愉妾李氏，羣官無敢言者。勑光爲詔，光逡巡不作，奏曰：伏聞當刑元愉妾李，加之屠割。妖惑扇亂，誠合此罪。但外人竊云李今懷姙，例待分産。且臣尋諸舊典，兼推近事，戮至刳胎，謂之虐刑。桀紂之主，乃行斯事。君舉必書，義無隱昧，酷而乖法，何以示後？陛下春秋已長，未有儲體，皇子襁褓，至有夭失。臣之愚識，知無不言，乞停李獄，以俟育孕。世宗納之。

《魏書》卷八四《陳奇傳》　有人爲謗書，多怨時之言，頗稱奇不得志。雅乃諷在事云：此書言奇不遂，當是奇假人爲之。如依律文，造謗書者皆及孥戮。遂抵奇罪。

（唐）杜佑《通典》卷一七〇《刑法·舞紊》　北齊武成帝河清中，有司奏上齊律。其不可為定法者，別制權令二卷。與之並行。後平秦王高歸彦謀反，須有約罪，律無正條，於是遂有別條權令，與律並行。大理明法，上下比附，欲出則附依輕議，欲入則附從重法，姦吏因之，舞文出沒。至於後主，權幸用事，有不附之者，陰中以法。綱紀紊亂，卒至於亡。

《隋書》卷六二《趙綽傳》　刑部侍郎辛亶嘗衣緋褌，俗云利於官。上以爲厭蠱，將斬之。綽曰：據法不當死，臣不敢奉詔。上怒甚，謂綽曰：卿惜辛亶而不自惜也！命左僕射高熲將綽斬之。綽曰：陛下寧可殺臣，不得殺辛亶。至朝堂，解衣當斬，帝使人謂綽曰：竟何如。對曰：執法一心，不敢惜死。上拂衣而入，良久乃釋之。明日，謝綽。勞勉之，賜物三百段。

《隋書》卷三八《鄭譯傳》　譯性輕險，不親職務，而贓貨狼籍。高祖陰疎之，然以其有定策功，不忍廢放，陰敕官屬不得白事於譯。譯猶坐廳事，無所關預。譯懼，頓首求解職，高祖寬諭之，接以恩禮。及上受禪，以上柱國公歸第，賞賜豐厚。進子元璹爵城皋郡公，邑二千户，元珣永安男。追贈其父及亡兄二人並爲刺史。譯自以被疎，陰呼道士章醮以祈福助，其婢奏譯厭蠱左道。上謂譯曰：我不負公，此何意也？譯無以對。譯又與母別居，爲憲司所劾，由是除名。下詔曰：譯嘉謀良策，寂爾無聞，鬻獄賣官，沸騰盈耳。若留之於世，在人爲不道之臣，戮之於朝，入地爲不孝之鬼。有累幽顯，無以置之，宜賜以《孝經》，令其熟讀。仍遣與母共居。

《隋書》卷七六《獨孤陁傳》　獨孤陁字黎邪。仕周胥附上士，坐父徙蜀郡十餘年。宇文護被誅，始歸長安。高祖受禪，拜上開府、右領左右將軍。久之，出爲郢州刺史，進位上大將軍，累轉延州刺史。

好左道。其妻母先事猫鬼，因轉入其家。上微聞而不之信也。會獻皇后及楊素妻鄭氏俱有疾，召醫者視之，皆曰：此猫鬼疾也。上以陁后之異母弟，陁妻楊素之異母妹，由是意陁所爲，陰令其兄穆以情喻之。上又避左右諷陁，陁言無有。上不悅，左轉遷州刺史。出怨言。上令左僕射高熲、納言蘇威、大理正皇甫孝緒、大理丞楊遠等雜治之。陁婢徐阿尼言，本從陁母家來，常事猫鬼。每以子日夜祀之。言子者鼠也。其猫鬼每殺人者，所死家財物潛移於畜猫鬼家。陁嘗從家中索酒，其妻曰：無錢可酤。陁因謂阿尼曰：可令猫鬼向越公家，使我足錢也。阿尼便咒之歸。數日，猫鬼向素家。十一年，上初從并州還，陁於園中謂阿尼曰：可令猫鬼向皇后所，使多賜吾物。阿尼復咒之，遂入宫中。楊遠乃於門下外省遣阿尼呼猫鬼。阿尼於是夜中置香粥一盆，以匙扣而呼之曰：猫女可來，無住宫中。久之，阿尼色正青，若被牽曳者，云猫鬼已至。上以其事下公卿，奇章公牛弘曰：妖由人興，殺其人可以絶矣。上令以犢車載陁夫妻，將賜死於其家。陁弟司勳侍中整詣闕求哀，於是免陁死，除名爲民，以其妻楊氏爲尼。先是，有人訟其母爲人猫鬼所殺者，上以爲妖妄，怒而遣之。及此，詔誅被訟行猫鬼家。陁未幾而卒。

《隋書》卷四〇《王世積傳》　世積見上性忌刻，功臣多獲罪，由是縱酒，不與執政言及時事。上以爲有酒疾，舍之宫内，令醫者療之。世積詭稱疾愈，始得就第。

及起遼東之役，世積與漢王並爲行軍元帥，至柳城，遇疾疫而還。拜涼州總管，令騎士七百人送之官。未幾，其親信安定皇甫孝諧有罪，吏捕之，亡抵世積。世積不納，由是有憾。孝諧竟配防桂州，事總管令狐熙。熙又不之禮，甚困窮，因徼幸上變，稱：世積嘗令道人相其貴不，道人答曰：公當爲國主。謂其妻曰：夫人當爲皇后。又將之涼州，其所親謂世積曰：河西天下精兵處，可以圖大事也。世積曰：涼州土曠人稀，非用武之國。由是被徵入朝，按其事。有司奏：左衛大將軍元旻、右衛大將軍元胄、左僕射高熲，並與世積交通，受其名馬之贈。世積竟坐誅，旻、胄等免官，拜孝諧爲上大將軍。

《隋書》卷四〇《元胄傳》　房陵王之廢也，胄豫其謀。上正窮治東宫事，左衛大將軍元旻苦諫，楊素乃譖之。上大怒，執旻於仗。胄時當下直，不去，因奏曰：臣不下直者，爲防元旻耳。復以此言激怒上，上遂誅旻，賜胄帛千匹。蜀王秀之得罪，胄坐與交通，除名。

《隋書》卷六二《柳彧傳》　彧嘗得博陵李文博所撰《治道集》十卷，蜀王秀遣人求之。彧送之於秀，秀復賜彧奴婢十口。及秀得罪，楊素奏彧以内臣交通諸侯，除名爲民，配戍懷遠鎮。行達高陽，有詔徵還。

《新唐書》卷一〇三《韋雲起傳》　仁壽初，詔百官舉所知，述舉雲起通事舍人。大業初，改謁者。建言：今朝廷多山東人，自作門户，附下罔上，爲朋黨。不抑其端，必亂政。因條陳姦狀。煬帝屬大理推究，於是左丞郎蔚之、司隸别駕郎楚之等皆坐免。

《隋書》卷四四《滕穆王綸傳》　綸字斌籀，性弘厚，美姿容，頗解鍾律。高祖受禪，封邵國公，邑八千户。明年，拜邵州刺史。晉王廣納妃於梁，詔綸致禮焉，甚爲梁人所敬。

綸以穆王之故，當高祖之世，每不自安。煬帝即位，尤被猜忌。綸憂懼不知所爲，呼術者王琛而問之。琛答曰：王相禄不凡。乃因曰：滕即騰也，此字足爲善應。有沙門惠恩、崛多等，頗解占候，綸每與交通，常令此三人爲度星法。有人告綸怨望咒詛，帝命黄門侍郎王弘窮治之。弘見帝方怒，遂希旨奏綸厭蠱惡逆，坐當死。帝令公卿議其事，司徒楊素等曰：綸希冀國災，以爲身幸。原其懷惡之由，積自家世。惟皇運之始，四海同心，在於孔懷，彌須協力。其先乃離阻大謀，棄同即異，父悖於前，子逆於後，非直覬覦朝廷，便是圖危社稷。爲惡有狀，其罪莫大，刑兹無赦，抑有舊章，請依前律。帝以公族不忍，除名爲民，徙始安。諸弟散徙邊郡。

《舊唐書》卷五七《裴寂傳》〔貞觀〕三年，有沙門法雅，初以恩倖出入兩宮，至是禁絶之，法雅怨望，出妖言，伏法。兵部尚書杜如晦鞫其獄，法雅乃稱寂知其言，寂對曰：法雅惟云時候方行疾疫，初不聞妖言。法雅證之，坐是免官，削食邑之半，放歸本邑。寂請住京師，太宗數之曰：計公勳庸，不至於此，徒以恩澤，特居第一。武德之時，政刑紕繆，官方弛紊，職公之由。但以舊情，不能極法，歸掃墳墓，何得復辭？寂遂歸蒲州。

未幾，有狂人自稱信行，寓居汾陰，言多妖妄，常謂寂家僮曰：裴公有天分。于時信行已死，寂監奴恭命以其言白寂，寂惶懼不敢聞奏，陰呼恭命殺所言者。恭命縱令亡匿，寂不知之。寂遣恭命收納封邑，得錢百餘萬，因用而盡。寂怒，將遣人捕之，恭命懼而上變。太宗大怒，謂侍臣曰：寂有死罪者四：位爲三公而與妖人法雅親密，罪一也；事發之後，乃負氣憤怒，稱國家有天下，是我所謀，罪二也；妖人言其有天分，匿而不奏，罪三也；陰行殺戮以滅口，罪四也。我殺之非無辭矣。議者多言流配，朕其從衆乎。於是徙交州，竟流静州。俄逢山羌爲亂，或言反獠劫寂爲主，太宗聞之曰：我國家於寂有性命之恩，必不然矣。未幾，果稱寂率家僮破賊。太宗思寂佐命之功，徵入朝，會卒，時年六十。

《舊唐書》卷六三《封倫傳》初，倫數從太宗征討，特蒙顧遇。以建成、元吉之故，數進忠款，太宗以爲至誠，前後賞賜以萬計。而倫潛持兩端，陰附建成。時高祖將行廢立，猶豫未決，謀之於倫，倫固諫而止。然所爲秘隱，時人莫知，事具《建成傳》。卒後數年，太宗方知其事。十七年，治書侍御史唐臨追劾倫曰：臣聞事君之義，盡命不渝；爲臣之節，歲寒無貳；苟虧其道，罪不容誅。倫位望鼎司，恩隆胙土，無心報效，乃肆姦謀，熒惑儲藩，奬成元惡，置于常典，理合誅夷。但苞藏之狀，死而後發，猥加褒贈，未正嚴科。罪惡既彰，宜加貶黜，豈可仍疇爵邑，尚列台槐，此而不懲，將何沮勸？太宗令百官詳議，民部尚書唐儉等議：倫罪暴身後，恩結生前，所歷衆官，不可追奪，請降贈改謚。詔從之，於是改謚繆，黜其贈官，削所食實封。

（宋）李上交《近事會元》卷五《死罪五覆奏》唐太宗時，河内人李好德素有風狂，而語涉妖妄。時直中書省張藴古究其獄，實癲病，有徵法不當坐。太宗始令斬藴古於東市，尋悔之，因發勅：凡決死罪，皆令所司五覆奏，藴古始也。

（宋）王欽若等《册府元龜》卷六一七《刑法部·守法》韋挺爲太常卿，攝刑部尚書，時茂州童子張仲文忽自稱天子，口署其流輩數人爲官司。大理以爲指斥乘輿，雖會赦，猶斬。挺奏稱：仲文所犯，正當妖言。今既會赦，准法免死。大宗怒挺曰：去十五年，懷州吴法良亦浪入先置鉤陳，口稱天子，大理刑部皆言指斥乘輿，咸斷處斬。今仲文稱妖，乃同罪異罰，卿作福於下，歸虐於上邪。挺拜謝趨退。自是，憲司不敢以聞。數日刑部尚書張亮復奏：仲文請依前以妖言論。太宗謂亮曰：日者韋挺不識刑典，以重爲輕。朕時恡其所執，不爲處斷。卿今日復爲執奏，不過欲自取剛正之名耳。曲法要名，朕所不尚。亮默然，再拜就列。太宗目之曰：爾無恨色，我無猜心。夫人君含容，屈在於我，可申君所請，屈我所見。其仲文宜處以妖言。

《新唐書》卷九四《薛萬徹傳》貞觀二十二年，以青丘道行軍總管帥師三萬伐高麗，次鴨渌水，以奇兵襲大行城，與高麗步騎萬餘戰，斬虜將所夫孫。虜皆震恐，遂傅泊汋城。虜衆三萬來援，擊走之，拔其城。萬徹在軍中，任氣不能下人，或有上書言狀者，帝愛其功，直加讓勗而已，即爲焚書。副將裴行方亦言其怨望。李勣曰：萬徹位大將軍，親主壻，而内懷不平，罪當誅。因詔除籍徙邊，會赦，還。

高宗永徽二年，授寧州刺史。入朝，與房遺愛昵甚，因曰：我雖病足，坐置京師，諸輩猶不敢動。遺愛曰：若國有變，當與公共輔荆王。謀洩下獄，誅。臨刑曰：萬徹大健兒，留爲國效死，安得坐遺愛殺之！遂解衣顧監刑者曰：亟斬我！斬之不殊，叱曰：胡不力！三斬乃絶。

（宋）王欽若等《册府元龜》卷六一七《刑法部·守法》 段寶玄爲大理卿，永徽四年十二月，代州都督劉文器坐妄説圖讖，情有窺窬特免死，流配峯州。高宗手詔示百僚曰：窺窬圖讖，必以亾身滅族，斯皆先賢設教，歷代舊章。今文器乃與妖人往還，虚占禍福，矯託天命，包藏逆心，非意自彰，以歸嚴憲。今屈法免死者，由朕寡德所致故也。去春遺愛等逆起於前，今冬文器禍彰於後。一歲之内，再有此釁，朕宵興自思，非無深愧。御史大夫長孫祥與竇玄奏言：劉文器包藏禍心，罪合極法，天恩寬貸，特免其罪。臣聞：君親無將，將而必誅。此法歷代嘗行，文器不可縱捨。臣等忝是法司，敢以死請。帝曰：卿等執奏，誠知守法，朕恕其性命，不敢二三。竟赦之。

《新唐書》卷一九九《馬懷素傳》 長安中，大夫魏元忠為張易之構謫嶺表，太僕崔貞慎、東宫率獨孤禕之祖道，易之怒，使人上急變，告貞慎等與元忠謀反。武后詔懷素按之，使者促迫，懷素執不從，曰：貞慎餞流人當得罪，以為謀反，則非。昔彭越以逆誅，欒布奏事尸下，漢不坐罪。今元忠罪非越比，不宜坐餞闕之人。且陛下操生殺柄，欲加之罪，自當處決聖心。既付臣按狀，惟知守陛下法爾。后意解。

《新唐書》卷一〇九《宗楚客傳》 景龍二年，詔突厥娑葛爲金河郡王，而其部闕啜忠節賂楚客等罷之，娑葛怨，將兵患邊。監察御史崔琬廷奏：楚客、處訥專威福，有無君心，納境外交，爲國取怨；晋卿專徇贓私，驕恣跋扈。並請收付獄，三司推鞫。故事，大臣爲御史對仗彈劾，必趨出，立朝堂待罪。楚客乃厲色大言：性忠鯁，爲琬誣詆。中宗不能窮也，詔琬與楚客、處訥約兄弟兩解之，故世謂帝爲和事天子。

《新唐書》卷一二一《劉幽求傳》 幽求自謂有勞于國，在諸臣右，意望未滿，而竇懷貞爲左僕射，崔湜爲中書令，殊不平，見於言面。已而湜等附太平公主，有逆計。幽求與右羽林將軍張暐定計，使暐説玄宗曰：湜等皆太平黨與，日夜陰計，若不早圖，且産大害，太上不得高枕矣。臣請督羽林兵除之。帝許之。未發也，而暐漏言於侍御史鄧光賓，帝懼，即列其狀。睿宗以幽求等屬吏，劾奏以疏間親，罪應死。帝密申右之，乃流幽求於封州，暐於峯州，光賓於繡州。明年，太平公主誅，即日召復舊官，知軍國事，還封户，賜錦衣一襲。

開元初，進尚書左丞相，兼黄門監，俄以太子少保罷。姚崇素忌之，奏幽求鬱怏散職，有怨言。詔有司鞫治，宰相盧懷慎等奏言：幽求輕肆不恭，失大臣禮，乖崖分之節。翌日，貶睦州刺史，削實封户六百。遷杭、郴二州，恚憤卒於道，年六十一。贈禮部尚書，謚曰文獻。六年，詔與蘇瓌配享睿宗廟廷。建中中，追贈司徒。

（宋）王溥《唐會要》卷六一《彈劾》 〔開元二年〕其年三月，殿中御史郭震，劾刑部尚書趙彦昭。太子賓客韋嗣立，青州刺史韋安石曰：彦昭以女巫趙五娘左道亂常，託爲諸姑，潛相援引，既因提挈，遂踐台階。或驅車造門，著婦人之服，或攜妻就謁，申猶子之情。同惡相濟，一至於此。又張易之兄弟，勢傾朝野，嗣立此際，結爲舅甥。神龍之初，已合誅死，天網疎漏，腰領誤全。與安石託附阿韋，編諸屬籍。中宗晏駕，削太上皇輔政之制，定阿韋臨朝之策。比時朝野危懼，人臣怨憤。臣雖才識妄庸，忝司清憲。熟見奸僻，敢不糾彈。彦昭並請法處分。於是並罷官。

《舊唐書》卷五一《廢后王氏》 玄宗廢后王氏，同州下邽人，梁冀州刺史神念之後。上爲臨淄王時，納后爲妃。上將起事，頗預密謀，贊成大業。先天元年，爲皇后，以父仁皎爲太僕卿，累加開府儀同三司、邠國公。后兄守一以后無子，常懼有廢立，導以符厭之事。有左道僧明悟爲祭南北斗，刻霹靂木書天地字及上諱，合而佩之，且祝曰：佩此有子，當與則天皇后爲比。事發，上親究之，皆驗。開元十二年秋七月己卯，下制曰：皇后王氏，天命不祐，華而不實。造起獄訟，朋扇朝廷，見無將之心，有可諱之惡。焉得敬承宗廟，母儀天下，可廢爲庶人，别院安置。刑于家室，有媿昔王，爲國大計，蓋非獲已。守一賜死。其年十月，庶人卒，以一品禮葬於無相寺。寶應元年，雪免，復尊爲皇后。

《舊唐書》卷一〇七《棣王琰傳》 棣王琰，玄宗第四子也，初名嗣真。開元二年十二月，封爲鄫王。十二年三月，改封棣王，仍改名洽。十五年，遙領太原牧、太原已北諸軍節度大使。二十二年，加太子太傅，餘如故。二十四年，改名琰。天寶元年六月，遙領兼武威郡都督、河西隴右經略節度大使。

先是，琰妃韋氏有過，琰怒之，不敢奏聞，乃斥於別室。寵二孺人，孺人又不相協。至十一載，孺人乃密求巫者，書符置於琰履中以求媚。琰與監院中官有隙，中官聞其事，密奏於玄宗，云琰厭魅聖躬；玄宗使人掩其履而獲之。玄宗大怒，引琰詰責之。琰頓首謝曰：臣之罪合死矣，請一言以就鼎鑊。然臣與新婦，情義絕者，二年于兹，臣有二孺人，又皆爭長。臣實不知有符，恐此三人所爲也。惟三哥辯其罪人。及推問之，竟孺人也。玄宗猶疑琰知情，怒未解，太子已下皆爲請，命囚於鷹狗坊中，絕朝請，憂懼而死。

《新唐書》卷八二《豐王珙傳》　廣德初，吐蕃入京師，代宗幸陜，將軍王懷忠閉苑門，以五百騎劫諸王西迎虜，遇郭子儀，懷忠曰：上東遷，宗社無主，今僕奉諸王西奔，以係天下望。公爲元帥，惟所廢置。子儀未對。珙輒曰：公何如？司馬王延昌質責珙曰：上雖蒙塵，未有失德，王爲藩翰，安得狂悖之言？子儀亦讓之，即護送行在所，帝赦不責。珙語不遜，群臣恐其亂，請除之，乃賜死。

《新唐書》卷一五九《吴湊傳》　湊才敏鋭，而謙畏自將，帝數顧訪，尤見委信。是時，令狐彰、田神功等繼没，其下乘喪挾兵，輒偃蹇摇亂。湊持節至汴、滑，委悉慰説，裁所欲爲奏，各盡其情，亦度朝廷可行者，故軍中驩附。帝才其爲，重之。元載當國久，愎狀日肆，帝陰欲誅，未發也，顧左右無可與計，即召湊圖之。俄而收載賜死。於是王縉、楊炎、王昂、韓會、包佶等皆當坐，湊建言：法有首從，從不應死，一用極刑，虧德傷仁。縉等繇是得減死。丁後母喪解職。既除，拜右衛將軍。

《新唐書》卷一四五《楊炎傳》　炎興嶺表，以單議悟天子，中外翕然屬望爲賢相。居數月，崔祐甫疾，不能事，喬琳免，炎獨當國，遂多變祐甫之政，減薄護元陵功優，人始不悦。又請開豐州陵陽渠，發畿縣民役作，閭里騷然，渠卒不就。

素德元載，思有以報之，於是復議城原州，節度使段秀實謂安邊却敵，宜以緩計，方農事，不可遽興功。炎怒，追秀實爲司農卿，以邠寧李懷光督作，遣朱泚、崔寧統兵各萬人翼之。詔書下，涇軍恚曰：吾軍爲國西屏十餘年。始自邠土，農桑地著之安，徙此榛莽中，手披足踐，既立城壘，則又投之塞外，且安寘此乎？又懷光持法嚴，舉軍畏之。裨將劉文喜因人之怨，乃上疏求秀實、朱泚爲使。詔以泚代懷光，文喜不奉詔，閉城拒守，質其子吐蕃以求援。時方熇旱，人情騷擕，群臣皆請赦文喜，帝不聽。詔減服御給軍，且趣師涇州，士當受春服者皆即賜。命泚、懷光率軍攻之，壘環其州。別將劉海賓斬文喜，獻其首，涇州平，而原卒不能城。

又以劉晏劾載，已坐貶，乃出晏忠州，用庾準爲荆南節度使，誣晏殺之，朝野側目。李正己表請晏罪，炎懼，乃遣腹心分走諸道：裴冀使東都、河陽、魏博，孫成使澤潞、磁邢、幽州，盧東美使河南、淄青，李舟使山南、湖南，王定使淮西。聲言宣慰，而實自辯解，言晏往嘗傅會姦邪，謀立獨孤妃爲后，帝自惡之，非它過也。帝聞，使中人復其言於正己，還報信然，於是帝意銜之，未發也。

會盧杞以門下侍郎同中書門下平章事，進炎中書侍郎，同秉政。杞無術學，貌么陋，炎薄之，託疾不與會食，杞陰爲憾。舊制，中書舍人分押尚書六曹，以平奏報。開元初，廢其職。杞請復之，炎固以爲不可，杞益怒。又密啓主書過咎，逐之，炎曰：主書，吾局吏也，吾當自治之，奈何相侵邪？始，炎還朝，道襄、漢，因勸梁崇義入朝，後又使李舟邀説之，崇義益反側。及其叛，議者歸咎炎，以爲趣成之。帝欲以淮西李希烈統諸軍致討，炎曰：希烈始與李忠臣爲子，逐忠臣取其位，此可以任乎？居無尺寸功，猶倔彊不奉法，設使平賊，陛下將何以制之？帝不能平，恚曰：朕業許之，不能食吾言。遂用希烈。又嘗訪群臣可大任者，杞薦張鎰、嚴郢，而炎舉崔昭、趙惠伯。帝以炎論議疏闊，遂罷爲尚書左僕射。既謝，對延英訖，不至中書，杞怒，益欲中之。

先是，嚴郢爲京兆尹，不附炎，炎諷御史張著劾之，罷兼御史中丞。源休與郢不善，自流人擢休爲京兆少尹，令伺郢過。休反與郢善，炎怒。會張光晟謀殺回紇酋帥，乃使休使回紇。郢坐度田不實，下除大理卿。至是炎罷，其子弘業賕賂狼藉，故杞引郢爲御史大夫按之，並得它過。惠伯爲河南尹時，嘗市炎第爲官廨。御史劾炎宰相抑吏市私第，貴取其直。杞召大理正田晋評罪，晋曰：宰相於庶官比監臨，計羨利，罪奪官。杞怒，謫晋衡州司馬。於是當監主自盜，罪絞。開元時，蕭嵩嘗度曲江南，欲立私廟，以爲天子臨幸處乃止，後炎復取以立廟。飛語云：地有王氣，故炎取之。帝聞，震怒，會獄具，詔三司同覆，貶崖州司馬同正。未至百里，賜死，年五十五。貶惠伯多田尉，亦殺之。

初，炎矯飭志節，頗得名。既傅會元載抵罪，俄而得政，然忮害根中，不能自止。眦睚必雠，果於用私，終以此及禍。自道州還也，家人以緑袍木簡棄之，炎止曰：吾嶺上一逐吏，超登上台，可常哉？且有非常之福，必有非常之禍，安可棄是乎？及貶，還所服。久之，詔復其官，謚肅愍，左丞孔戣駁之，更曰平厲。

《舊唐書》卷一六《穆宗本紀》〔元和十五年，正月辛亥〕詔曰：山人柳泌輕懷左道，上惑先朝。固求牧人，貴欲疑衆，自知虚誕，仍更遁逃。僧大通醫方不精，藥術皆妄。既延禍釁，俱是姦邪。邦國固有常刑，人神所宜共棄，付京兆府决杖處死。金吾將軍李道古貶循州司馬。憲宗末年，鋭於服餌，皇甫鎛與李道古薦術人柳泌、僧大通待詔翰林。泌於台州爲上錬神丹，上服之，日加躁渴，遽棄萬國。

《新唐書》卷八二《懷懿太子湊傳》懷懿太子湊，少雅裕，有尋矩。長慶元年始王漳，與安王同封。文宗即位，疾王守澄顓很，引支黨橈國，謀盡誅之，密引宰相宋申錫使爲計。守澄客鄭注伺知之，以告，乃謀先事殺申錫。又以王賢，有中外望，因欲株聯大臣族夷之。乃令神策虞候豆盧著上飛變，且言：宫史晏敬則、朱訓與申錫昵吏王師文圖不軌，訓嘗言上多疾，太子幼，若兄終弟及，必漳王立。申錫陰以金幣進王，而王亦以珍服厚答。即捕訓等繫神策獄，榜掠定其辭。諫官群伏閤極言，出獄牒付外雜治。注等懼事洩，乃請下詔貶王。帝未之悟，因黜湊爲巢縣公，時大和五年也。命中人持詔即賜，且慰曰：國法當爾，無它憂！八年薨，贈齊王。注後以罪誅，帝哀湊被讒死不自明，開成三年追贈。

《舊唐書》卷一七《文宗本紀》京兆尹楊虞卿家人出妖言，下御史臺。虞卿弟司封郎中漢公並男知進等八人撾登聞鼓稱冤，敕虞卿歸私第。【略】壬辰，詔以銀青光禄大夫、守中書侍郎、同平章事、襄武縣開國侯、食邑一千户李宗閔貶明州刺史。時楊虞卿坐妖言人歸第，人皆以爲冤誣，宗閔於上前極言論列，上怒，面數宗閔之罪，叱出之，故坐貶。

《新唐書》卷八二《莊恪太子録傳》開成三年，詔宫臣詣崇明門謁朔望，侍讀偶日入對。太子稍事燕豫，不能壹循法，保傅戒告，愁不納。又母愛弛，楊賢妃方幸，數譖之。帝它日震怒，御延英，引見群臣，詔曰：太子多過失，不可屬天下，其議廢之。群臣頓首言：太子春秋盛，雖有過，尚可改。且天下本，不可輕動，惟陛下幸赦。御史中丞狄兼謩流涕固争，帝未决，罷。群臣又連章論救，意稍釋，詔太子還少陽院，以中人護視，誅倖昵數十人，敕侍讀竇宗直、周敬復詣院授經。然太子終不能自白其讒，而行己亦不加脩也。是年暴薨，帝悔之。

明年，下詔以陳王爲太子，置酒殿中。有俳兒緣橦，父畏其顛，環走橦下。帝感動，謂左右曰：朕有天下，返不能全一兒乎！因泣下。即取坊工劉楚才等數人付京兆榜殺之，及禁中女倡十人斃永巷，皆短毀太子者。宰相楊嗣復等不及知，因言：楚才等罪當誅，京兆殺之，不覆奏，敢以請。翌日，詔京兆後有决死敕不覆者，亦許如故事以聞。

《舊五代史》卷三〇《唐書·莊宗本紀》〔後唐莊宗同光元年十月〕庚辰，帝御元德殿，梁百官於朝堂待罪，詔釋之。壬午，段凝所部馬步軍五萬解甲於封丘。凝等率大將先至請死，詔各賜錦袍、御馬、金幣。帝幸北郊，撫勞降軍，各令還本營。丙戌，詔曰：懲惡勸善，務振紀綱；激濁揚清，須明真僞。蓋前王之令典，爲歷代之通規，必按舊章，以令多士。而有志萌僭竊，位忝崇高，累世官而皆受唐恩，貪爵禄而但從僞命，或居台鉉，或處權衡，或列近職而預機謀，或當峻秩而掌刑憲，事分逆順，理合去留。僞宰相鄭珏等一十一人，皆本朝簪組，儒苑品流。雖博識多聞，備明今古；而修身慎行，頗負祖先。昧忠貞而不度安危，專利禄而全虧名節，合當大辟，無恕近親。無恕，原本作無恐，今據文改正。朕以纘嗣丕基，初平巨憝，方務好生之道，在行含垢之恩。湯網垂仁，既矜全族；舜刑投裔，兼貸一身。爾宜自新，我全大體，其爲顯列，不並庶僚。餘外應在周行，悉仍舊貫，凡居中外，咸體朕懷。乃貶梁宰相鄭珏爲萊州司户，蕭頃爲登州司户，翰林學士劉岳爲均州司馬，任贊房州司馬，姚顗復州司馬，封翹唐州司馬，李懌懷州司馬，竇夢徵沂州司馬，竇夢徵，原本作夢微，今據唐列傳改正。崇政院學士劉光素密州司户，陸崇安州司户，御史中丞王權隨州司户，並員外置同正員。

是日，以梁將段凝上疏奏：「梁朝權臣趙巖等，並助成虐政，結怨於人，聖政惟新，宜誅首惡。」乃下詔曰：

朕既殄僞庭，顯平國患。好生之令，含弘雖切於予懷；懲惡之規，決斷難違於衆請。況趙巖、趙鵠等，自朕收城數日，布惠四方，尚匿迹以潛形，罔悛心而革面，須行赤族，以謝衆心。其張漢傑昨於中都與王彦章同時俘獲，此際未詳行止，行止，原本作行致，今據文改正。偶示哀矜。今既上將陳詞，群情激怒，往日既彰於僭濫，此時難漏於網羅，宜置國刑，以塞群論。除妻兒骨肉外，其他疏屬僕使，並從釋放。敬翔、李振，首佐朱温，共傾唐祚，屠害宗屬，殺戮朝臣，既寰宇以皆知，在人神而共怒。敬翔雖聞自盡，未豁幽冤，宜與李振並族於市。疎屬僕使，並從原宥。朱珪素聞狡蠹，唯務讒邪，闢惑人情，枉害良善，將清内外，須切去除，況衆狀指陳，亦宜誅戮。契丹撒剌阿撥，既棄其母，又背其兄。朕比重懷來，厚加恩渥，看同骨肉，錫以姓名，兼分符竹之榮，疊被頒宣之渥。而乃輒辜重惠，復背明廷，罔顧欺違，竄歸僞室，既同梟獍，難貸刑章，可並妻子同戮於市。其朱氏近親，趙鵠正身，趙巖家屬，仰嚴加擒捕。其餘文武職員將校，一切不問。

是日，趙巖、張希逸、張漢傑、張漢倫、張漢融、朱珪、敬翔、李振及契丹撒剌阿撥等，並其妻孥，皆斬於汴橋下。又詔除毀朱氏宗廟神主，僞梁二主並降爲庶人。天下官名府號及寺觀門額，曾經改易者，並復舊名。時帝欲發梁祖之墓，斲棺燔柩，河南尹張全義上章申理，乞存聖恩，案《通鑑》：張全義上言：「朱温雖國之深讎，然其人已死，刑無可加，屠滅其家，足以爲報，乞免焚斲，以存聖恩。」（《舊五代史考異》）帝乃止，令剗去闕室而已。

《舊五代史》卷三二《唐書·莊宗本紀》〔同光二年六月〕戊子，汝州防禦使張繼孫賜死於本郡。繼孫即齊王張全義之假子也，本姓郝氏，爲兄繼業等訟其陰事，故誅之。案《册府元龜》載：張繼業爲河陽兩使留後。莊宗同光二年六月，繼業上疏稱：弟繼孫，本姓郝，有母尚在，父全義養爲假子，令管衙内兵士。自皇帝到京，繼孫私藏兵甲，招置部曲，欲圖不軌，兼私家淫縱，無別無義。臣若不自陳，恐累家族。敕曰：有善必賞，所以勸忠孝之方；有惡必誅，所以絶姦邪之迹。其或罪狀騰於衆口，醜行布於近親，須舉朝章，冀明國法。汝州防禦使張繼孫，本非張氏子孫，自小丐養，以至成立，備極顯榮，而不能酬撫育之恩，履謙恭之道，擅行威福，常恣姦兇，侵奪父權，惑亂家事，縱鳥獸之行，畜梟獍之心，有識者所不忍言，無賴者實爲其黨。而又横征暴斂，虐法峻刑，藏兵器於私家，殺平人於廣陌。罔思悛改，難議矜容，宜竄逐於遐方，仍歸還於姓氏，俾我勳賢之族，永除污穢之風。凡百臣僚，宜體朕命。可貶房州司户參軍同正，兼勒復本姓。尋賜自盡，仍籍没資産。

（宋）路振《九國志》卷六《王宗佶》 宗佶，豫章人，本性甘氏，幼穎利。建討徐堂，舉於江西，獲之。憐其慧黠，是時諸子未生，遂收爲養子。每給事帳下。後從建爲閬中，隨諸將征討，有功，補貔虎都指揮使，遷嘉州刺史。乾寧中，建克緜州，以宗佶爲兵馬留後，尋加檢校太傅，知節度事。未幾，移鎮梓州。昭宗幸鳳翔，建遣宗佶與宗滌等率步騎迎駕至山南，降節度使王萬宏，以功加檢校太尉。武成初，進爵爲公，拜開府，守中書令。宗佶恃其位隆地長，頗專攻伐，而諸將皆避之。多樹朋黨，策勲録舊，高下在心，附順者超擢，違戾者擠之散地。及宗懿等兄弟成長，内不自安，遂與御史中丞鄭騫，判官李鋼謀求□爲方鎮，欲爲亂。建知之，因進封晉國公，罷其機務。宗佶憤怨，陰養死士，出入卧内，將圖不軌。鄭騫等又教宗佶求爲大司馬，盡總六軍，並乞爲儲貳。表連上，而辭甚不遜，建未之罪也。忽一日，請對。言詞甚悖，建勉諭令出，終不肯去。因叱衛士撲殺之。騫、鋼並賜死。

《宋史》卷一《太祖本紀》〔建隆二年夏四月〕己酉，無棣男子趙遇詐稱皇弟，伏誅。

（宋）李燾《續資治通鑑長編》宋太宗太平興國三年三月 中書令史習元吉盜印，矯發近臣書，於兩浙邸院取絹綵百七十匹。丙申，杖殺之。

（宋）李燾《續資治通鑑長編》宋太宗太平興國七年夏四月 庚申詔，禁投匿名書，告人罪及作妖言誹謗惑衆者嚴捕之，寘於法。其書所在焚之，有告者賞以緡錢。

（宋）李燾《續資治通鑑長編》宋太宗太平興國八年三月 乙酉，斬孟州進士張兩。兩試吏部不合格，縱酒大罵於街衢中，言涉指斥，游徼吏捕以聞。上怒，故抵於法。同保九輩永不得赴舉，州長吏罰一季俸。

《宋史》卷八《真宗本紀》〔天禧三年五月〕乙丑，左諫議大夫戚綸坐訕上，貶岳州副使。

（宋）李燾《續資治通鑑長編》宋仁宗皇祐三年六月　乙未，給事中、權知開封府魏瓘知越州。初，內東門索命婦車，得賂遺掖廷物，付開封驗治，獄未上，內降釋之。知諫院吴奎言：陛下前因祀明堂下詔，凡求恩澤若免罪內降指揮者，所承官司毋得施行。瓘敢廢格詔書，請論如法。瓘坐是出。

（宋）李燾《續資治通鑑長編》宋仁宗至和元年九月　樞密副使王堯臣務裁抑僥倖，於是有鏤匿名書布京城以摇軍情者，帝不信。丁卯，詔開封府揭牓募告者賞錢二千緡；願入官與大理寺評事或侍禁；已有官及係軍籍者優與遷轉；徒中自告特免罪，亦與酬奬；僧道褐衣者與紫衣，紫衣者與師號，已賜號者與僧官，如願賜院額及欲度童行者亦聽。

（宋）李燾《續資治通鑑長編》宋神宗熙寧三年五月　皇城使、開州團練使沈惟恭除名，瓊州安置；進士孫棐處死。惟恭，貴妃沈氏之弟，故宰相倫之孫。棐，開封人，惟恭門下客也。惟恭以干請恩澤不得志觖望，嘗爲棐言：皇子生，必不久，語涉咒詛；又假他人指斥乘輿之言以語棐。棐希惟恭意，每見輒詆時事，亦嘗指斥乘輿。後又詐爲司馬光陳五事章疏，以示惟恭，詞極不遜。惟恭轉以示人，四方館歸司官張澤得之，以示閤門使李評，評奏之，故敗。棐既伏誅，餘傳寫人皆釋罪。四月八日吕公著責時，魏泰妄載棐事，已辨之於彼。考《林希野史》云：初，司馬光貽書王安石，闕下争傳之。安石患之，凡傳其書者，往往陰中以禍。民間又僞爲光一書，詆安石尤甚，而其辭鄙俚。上聞之，謂左右曰：此決非光所爲。安石盛怒曰：此由光好傳私書以買名，故致流俗亦效之，使新法沮格，異論紛然，皆光倡之。即付獄窮治其所從得者，乃皇城使沈惟恭客孫杞所爲。惟恭居常告杞時事，又語嘗涉乘輿，戲令杞爲此書，以資笑謔。獄具，法官坐惟恭等指斥乘輿，流海島，杞棄市，以深禁民間私議己者。其後，探伺者分布都下。希所云孫杞，即孫棐也。自此探伺者分布都下，要當表而出之。五年正月丁未，曾孝寬云云。

（宋）李燾《續資治通鑑長編》宋神宗熙寧六年六月　詔知曹州李復圭罰銅十斤。初，復圭得曹州，上殿有怨懟語，曰：二十年前已知曹州，今日羞見吏民。上曰：慶州納幹之役，枉死者至數千人，卿獨不羞見其妻子，乃羞見曹州吏民乎？復圭無以對，至是，到官謝表方盛言已無罪，横見劾斥，爲御史盛陶所彈，而有是命。上謂王安石曰：復圭虛誕，才能無一可用，欲再斥絀之。安石曰：復圭前論李克忠等當賞，樞密院令本院吏及宣撫司吏供析，並稱無例，獨陛下明其有例，遂賞克忠等。然則此事非復圭虛誕也。上曰：御史言復圭非但此。安石曰：其實者悉已經斷遣安置以前事，非安置以前即無一事實。上曰：謝表怨誹，如何不行遣？安石曰：依法罰銅足矣。上猶以爲疑，安石曰：復圭對語驕悖，陛下批出行遣，足示懲戒。若用御史言，復圭加斥絀，乃似未允，緣御史所言皆失實故也。上乃止。

（宋）李燾《續資治通鑑長編》宋神宗熙寧八年正月　詔權御史臺推直官蹇周輔劾前餘姚縣主簿李逢于徐州。初，沂州民朱唐告逢有逆謀，提點刑獄王廷筠等言其無結構之迹，但逢謗讟朝政，或有指斥之語及妄説休咎。雖在赦前，且嘗自言緣情理深重，乞法外編配；告人虛妄，亦乞施行。上疑未得實，故遣周輔先具初劾大情以聞。《哲宗舊録·蹇周輔傳》云：會有上變，告餘姚主簿李逢謀爲不道。捕繫沂獄，部使者請並告人按之，謂逢語意雖悖，無實狀。上疑之，遣周輔往。至則悉得逢姦狀，且連逮宗室子世居。詔御史府集臺諫官雜治，于中參驗，卒無異辭，神宗益知其精敏可屬以事，即擢開封府推官。邵氏《見聞録》云：吕惠卿起李逢獄，事連李士寧。士寧有道術，王安石居喪江陵，與之同處數年，惠卿意欲併中安石也。司馬光《紀聞》云：李士寧者，蓬州人。自言學道，多詭數，善爲巧發奇中，目不識書而能口占作詩。頗有才思，而詞理迂誕，有類讖語，專以妖妄惑人。周遊四方，及京師，公卿、貴人多重之。人未嘗見其經營及有囊橐，而資用嘗饒，卒有賓客十數，珍饌立具，皆以爲有歸錢術，王介甫尤信重之。熙寧中，介甫爲相，館士寧于東府且半歲，日與其子弟游。及介甫將出金陵，乃歸蓬州。宗室世居者，太祖之孫，頗好文學，結交士大夫，有名稱，士寧先亦私入睦親宅與之游。士寧以爲太祖肇造，宗室子孫當享其祚，會仁宗有賜英宗母仙遊縣君挽歌，微有傳後之意，士寧竊其中間四句，易其首尾，密言世居當受天命以贈之。世居喜，賂遺甚厚。

（宋）李燾《續資治通鑑長編》宋神宗熙寧八年八月　審刑院、大理寺言，有蔭人楊仲甫、百姓賈沆等十一人傳謗訕時政文字，罪當徒。會赦，詔仲甫、沆刺配荆湖南路本城，餘編管淮南、京西路。

（宋）李燾《續資治通鑑長編》宋神宗熙寧八年十月　御史蔡承禧言：九月乙亥夜，徐禧、李定、沈季長、周諶會坐，言及奉慈廟是莊惠后廟，禧忽對衆言：仁宗多有遺行。乞下所司劾正其罪。詔禧、定、季長、諶具析。諶以爲如承禧言，定、季長言略不省記。詔開封府究實。禧言：臣爲御史時，以事至章懿皇后神御殿。昨試進士，與承禧、李定、沈季長、周諶會坐，臣問定章懿所以廟祀之由。定因言仁宗每念章懿之不及見，至發於夢寐，遂以長主降其舅子瑋。臣歎曰：雖富有天下，有所不足者，乃如此，曷勝遺恨哉！而承禧易恨爲行，遂謂之謗。後開封府言諶等分析異同，未經參對，難推究結絶。詔禧虚實證等無可根究，雖會赦，依律擬罪贖銅四十斤。乙亥，九月十六日。

（宋）李燾《續資治通鑑長編》宋神宗元豐三年三月　御史滿中行言：近論奏乞追寢翰林學士李清臣新命，未蒙施行。按清臣前任京東提點刑獄，蘓軾在部中，親見軾輩悖慢怨謗，附下訕上，而不能刺舉，則清臣失職之罪，已在可誅，矧復與之更唱迭和，相爲朋比，而怨懟譏謗之辭又特過之，固治世之刑所不宜赦也。伏望明著清臣罪狀，追寢誤恩，使天下曉然知爲奸于幽，而蒙戮于顯，雖庾情隱慝，無以逃聖世之誅。不聽。

（宋）李燾《續資治通鑑長編》宋神宗元豐四年四月　詔前追官勒停人越州山陰縣主簿、太原府教授余行之陵遲處死。先是，行之以廢黜怨望，妄造符讖，指斥乘輿，言極切害。定州教授、潁州團練推官郭時亮詣闕告之，知定州韓絳即收行之付獄。詔開封府司録參軍路昌衡就邢州鞫之，行之伏誅。以時亮爲通直郎，召對，時亮堅辭不受，聽還舊任。行之初繫獄，上以問同修起居注陸佃，對曰：臣識其人，是常爲山陰主簿，妻子皆不之顧，何有於陛下？上曰：如此，則妄人耳。行之既伏誅，因赦其妻子。《九朝通略》云：《陸佃家傳》曰：上初有憂色，既聞佃對，乃喜曰：廖恩作過，無足多慮。今行之乃搢紳士大夫，而有此謀，故朕甚憂之，深恐朝廷紀綱有可窺覦者。今聞卿言，乃妄人耳。行之獄具，遂赦其妻子。蓋王珪密爲上言，陸佃與行之甚熟，故上問之。此據《陸佃本傳》。遣昌衡在二月二十七日。新、舊《紀》並書。山陰縣主簿余行之謀反伏誅。

（清）王昶《金石萃編》卷一四五《宋二十三·宋元祐黨籍碑本末》

紹聖初，章申公以宰相召，道過山陽，陳忠肅公隨衆謁之。章素聞公名，獨請登舟共載而行，訪以當世之務。公曰：請以所乘舟爲喻，乘舟偏重，其可行乎？移左置右，其偏一也。明此則可行矣。章默然未荅。公復曰：上方虚心以待公，公必有以副上意者。敢問將欲施行之叙，以何事爲先，何事爲後，何事當緩，何事當急，誰爲君子，誰爲小人，諒有素定之論。章竚思良久曰：司馬光姦邪所當，先辨無急於此。公曰：相公誤矣。此猶欲平舟勢而移左以置右也，果然，將失天下之望矣。章厲色視公曰：光輔母后，獨宰政柄，不纂紹先烈，肆意大改成緒，悞國如此，非姦邪而何？公曰：不察其心而疑其迹，則不爲無罪。若遂以爲姦邪，而欲大改其已行，則悞國益甚矣。乃爲之極論熙豐元祐之事，以爲元豐之政多異熙寧，則先志固已變而行之。温公不明先志而用母改子之説，行之太遽，所以紛紛至於今日。爲今之計，唯當絶臣下之私情，融祖宗之善意，消朋黨，持中道，庶乎可以救弊。若又以熙豐、元祐爲説，無以厭服公論，恐紛紛未艾也。辞辨淵源，議論勁正。章雖忤意，亦頗驚異，遂有兼取元祐之語，留公共飯而別。章到闕，召公爲太學博士，公聞其與蔡卞方合，知必害於正論，遂以婚嫁爲辞，久乃赴官，於是三年不遷。

《宋史》卷一八《哲宗本紀》〔紹聖元年秋七月〕戊午，詔：大臣朋黨，司馬光以下各輕重議罰，布告天下。餘悉不問，議者亦勿復言。

《宋史》卷一八《哲宗本紀》〔紹聖四年〕閏月丙戌朔，張天説坐上書詆訕先朝處死。

（宋）熊克《中興小紀》建炎元年五月　壬辰，宰執奏事。張邦昌先退，上問黄潛善等曰：朕何以處邦昌。潛善等曰：邦昌僭號，罪在不貸，然爲金人所脅，不得已而從權，惟陛下睿斷處之。上曰：邦昌小心，不幸逢此，雖不能死，然遭變從權，使宗廟不隳，社稷不壞，一城生靈，獲全肝腦。金人纔退，遣人齎書赴愬，及歸寶璽，駿奔來朝，北面事朕。既貸其初，欲馭以王爵，異時金人有詞，使邦昌具書報之。曰：中國不忘趙氏，彼師不旋踵，而天下勤王之師皆左袒歸宋，故邦昌懼，不待問罪，幸保首領，而反藉於朕。使金人知天下之歸，出於自然，卿等以爲如何？潛善等曰：陛下聖意高遠，非臣等所及。於是邦昌罷爲太保、奉國軍節度使同安郡王，五日一赴都堂，參決大事。上即命潛善等募忠信能專對之士，奉使通問，除作國書，命邦昌更作金人書，早遣使行。尋詔加邦昌太傅，依文彦博故事，每月兩赴都堂，以稱朕優禮之意。

（宋）熊克《中興小紀》紹興元年五月　丙子，真揚鎮撫使郭仲威擅補官，謀與劉豫連和。浙西大帥劉光世遣統制官王德渡江，誘而擒之。癸丑，詔斬仲威於平江府。將佐本非同謀，皆釋其罪。

（宋）熊克《中興小紀》紹興二年十一月　初，婦人阿易詐稱帝姬，曾下嫁曹成。致宗室趙士倫、申荆南鎮撫使解潛，送赴行在。至是驗知其詐，下大理寺，獄具。十二月丁亥朔，詔易杖死。士倫等皆編管。

（宋）熊克《中興小紀》紹興三年夏四月　〔登仕郎鄭〕况上書，言其兄浩直諫，且乞雪昭慈獻烈皇后之謗。辛卯，上謂宰執曰：此是哲宗朝事，言之無傷乎？　徐俯曰：陛下母事昭慈，追崇極典，天下共知，謗已息矣。上曰：昭慈勳臣之家，當時備禮而納正后，此本朝盛事。俯曰：宣仁聖烈太后，尤重家法。正后生九子，繼萬世之統。以哲宗少年，戒之在色，不欲以多近嬪嬙，小人陰連宮掖，因是得行媒孽，遂致廢后。上曰：皆當時大臣不諫之罪也。

（宋）熊克《中興小紀》紹興九年九月　〔金國〕主亶既誅達蘭，遂以右丞相王烏克紳爲左丞相，右丞蕭慶爲左丞。烏克紳嘗副尼雅滿行事，雖爲羣臣所忌，而常以智得免，故尼雅滿以下皆不能及。國人號曰珊變。珊變者，女真語巫嫗也，以其通變如神也。是豈亶之所能馭，故深忌之。初時客星守魯，事在五月。烏克紳占之，太史曰：不在我分野，無傷。未幾，宋、兖、虞、滕諸王同日誅死，既又守陳。事在七月。太史以告奉使宇文虛中，虛中語之烏克紳，不以爲怪。是月果同蕭慶被誅，金應天道如此。其詔略曰：希尹心在無君，言宜不道。事逮燕居而竊議，謂神器以何歸。希尹，即烏克紳也。又曰：慶迷國罔悛，欺天相濟，既致於理，咸伏厥辜。賴天之靈，誅於兩觀。時烏克紳之黨，皆爲都元帥烏珠所誅，奉使洪皓嘗與烏克紳持論幾死，烏珠知之，故得免。

（宋）熊克《中興小紀》紹興十二年九月　有阿李者，本乾明寺尼，法名善静。因被虜在此界，詐作柔福帝姬。逃歸後，朝廷差宣政使馮益、并宗婦吴心兒，往紹興府識認。遂收入内，加爲福國長公主，降駙馬都尉高世榮。至是，因内侍李鄂等隨梓宫回，其言柔福帝姬在北界降徐還，去年已死，還近自北界以其骨歸。後因還父中立訴於朝，遂下法寺勘實。是日辛丑，詔阿李杖死。益、心兒以識認不審，編管外州。

（宋）熊克《中興小紀》紹興二十年九月　右廸功郎安誠曾受故相朱勝非，闢爲江西帥司屬官，勝非之亡也，誠於佛寺飯僧，自撰疏文，訕及朝政，爲郡守所發。刑寺鞫寔。冬十月，戊辰，詔停誠官，惠州編管。

（宋）葉紹翁《四朝聞見録》卷五《戊集·開禧施行韓侂冑御批責榜》

開禧三年十一月三日聖旨：韓侂冑久任國柄，粗罄勤勞，使南北生靈枉罹凶害，以至敵人專以首謀爲言。不令退避，無以繼好息民，可罷平章軍國事，與宮觀。陳自强專務阿諛，不恤國務，一作事。可罷右丞相，日下出國門。前一日，錢象祖、衛涇、李壁以御批付殿前夏震。震至日遣其將鄭發截韓于六部橋，至玉津園，遂以鐵鞭擊死之矣。韓誅後三日，皇子、威武軍節度使、開府儀同三司、榮王臣□劄奏：輒瀝危衷，仰干天聽。臣竊伏自念至愚不肖，獲共子職，仰戴天地父母覆育之恩，蚤夜以思，未知報稱萬分之一。今日之事，有繫國家安危大計，勢甚可慮者，不敢不亟陳于君父之前。臣伏見韓侂冑久任國柄，粗罄勤勞，第以輕信妄爲，擅起兵端，蹂踐沿邊郡邑，室廬焚毁，衣食破蕩，父子、夫婦離散不能相保，兵連禍結，蠹耗國用，疲困民力，生靈無辜殞于鋒鏑之下，不可勝計。死者寃痛，生者愁苦，海内之民無不切齒忿嫉，歸咎于侂冑。蓋其權勢足以鉗天下之口而不敢言。臣而不言，死有餘罪。况今敵情叵測，專以首謀爲言，若不令其退避，使之循省誤國之愆，必致上危宗社，重累君父，臣此身亦何所容。是敢冒昧奏陳，欲望聖慈特發睿斷，罷侂冑平章軍國事，與在外宮觀，日下出國門。安邊繼好，保邦息民，實在此舉。宗社幸甚！天下幸甚！所有陳自强，專意阿附，備位無補，欲望並賜罷斥。如臣言可采，乞速付三省施行。干冒天威，臣無任云云。十一月三日，三省同奉聖旨並依。

（宋）葉紹翁《四朝聞見録》卷一《甲集·華子西》　華岳字子西，右庠諸生，以武策擢第。爲人輕財好俠，未第時，以言語爲韓氏所貶，寘建寧圜土中。投啓建守傅公伯誠。一作誠。公憐之，命出入毋繫。又以抵觸李守伯珍，原注：名大異。復寘圜土。有詩自號《翠微南征集》。韓誅，華放還，復籍于學，因擢第爲殿前司官屬。華鬱然不得志，有動摇大臣意。史命殿前卒圍其屋，逮岳，猶呼岳至庭下，曰：我與爾有何怨尤，而欲相謀？岳但對未嘗有是。史命拽之赴京兆獄。獄具，坐議大臣當死。史持牘奏寧皇。上知岳名，欲活之。丞相進而告上曰：是欲殺臣者。上曰：教他去海南走一遭便了。初以斬罪定刑，史對上曰：如此，則與減一等。上不悟，以爲減死一等，故可其奏。岳竟杖死于東市。岳倜儻似陳亮，惜乎不善用也。獄事稍涉袁公蒙齋，史不問。

（宋）周密《癸辛雜識別集》卷下《僞號》 淳祐甲寅五月，禁中獲僞號人，乃是玉津園火工包四。勘供係賃到有請人潘賁敕號。繼於潘賁家搜出敕入宮門假印板一面，遂正典刑，其子潘三亦杖死，凡黥決者四十八人。於是盡易敕號，內宮門號八角樣，禁衛號銀錠樣，殿門號四如意樣，每歲一易，各立樣式，承襲爲例。

《宋史》卷四七《瀛國公本紀》 〔德祐元年六月〕丙午，王應麟言：開慶之禍，始於丁大全，請凡大全之黨，在謫籍者皆勿宥。從之。

《金史》卷四五《刑志》 大定四年，尚書省奏，大興民男子李十、婦人楊仙哥並以亂言當斬。上曰：愚民不識典法，有司亦未嘗丁寧誥戒，豈可遽加極刑。以減死論。

《金史》卷四五《刑志》 大興府民趙無事帶酒亂言，父千捕告，法當死。上曰：爲父不恤其子而告捕之，其正如此，人所甚難。可特減死一等。

《金史》卷八五《永中傳》 〔明昌四年〕河東提刑判官把里海坐私謁永中，杖一百，解職。前近侍局副使裴滿可孫嘗受永中請託，爲石古乃求除官，可孫已改同知西京留守，猶坐免。故尚書右丞張汝弼，永中母舅也。汝弼妻高陀斡自大定間畫永中母像，奉之甚謹，挾左道爲永中求福，希覬非望。明昌五年，高陀斡坐詛祝誅。上疑事在永中，未有以發也。

會鎬王傅尉奏永中第四子阿离合懣因防禁嚴密，語涉不道。詔同簽大睦親府事亶、御史中丞孫即康鞫問，並求得第二子神徒門所撰詞曲有不遜語。家奴德哥首永中嘗與侍妾瑞雪言：我得天下，子爲大王，以爾爲妃。詔遣官覆按狀同。再遣禮部尚書張暐、兵部侍郎烏古論慶裔覆之。上謂宰臣曰：鎬王衹以語言得罪，與永蹈罪異。參知政事馬琪曰：永中與永蹈罪狀雖異，人臣無將，則一也。上曰：大王何故輒出此言？左丞相清臣曰：素有妄想之心也。詔以永中罪狀宣示百官雜議，五品以下附奏，四品以上入對便殿。皆曰：請論如律。惟宮籍監丞盧利用乞貸其死。詔賜永中死，神徒門、阿离合懣等皆棄市。敕有司用國公禮收葬永中，平陽府監護，官給葬具，妻子威州安置。泰和七年，詔復永中王爵，賜謚曰厲。敕石古乃於威州擇地，以禮改葬，歲時祭奠。貞祐二年，詔徙永中妻、子石古乃等鄭州安置。

《元史》卷一一《世祖本紀》 〔至元十七年〕十二月庚午，以江淮行省平章政事阿里伯、左丞燕鐵木兒擅易命官八百員，自分左右司官，鑄銀，銅印，復違命不散防守軍，敕誅之。

《元史》卷二〇五《姦臣傳・阿合馬》 時阿合馬在位日久，益肆貪横，援引奸黨郝禎、耿仁，驟升同列，陰謀交通，專事蒙蔽，逋賦不蠲，衆庶流移，京兆等路歲辦課至五萬四千錠，猶以爲未實。民有附郭美田，輒取爲已有。內通貨賄，外示威刑，廷中相視，無敢論列。有宿衛士秦長卿者，慨然上書發其姦，竟爲阿合馬所害，斃于獄。事見《長卿傳》。

十九年三月，世祖在上都，皇太子從。有益都千戶王著者，素志疾惡，因人心憤怨，密鑄大銅鎚，自誓願擊阿合馬首。會妖僧高和尚，以秘術行軍中。無驗而歸，詐稱死，殺其徒，以尸欺衆，逃去，人亦莫知。著乃與合謀，以戊寅日，詐稱皇太子還都作佛事，結八十餘人，夜入京城。旦遣二僧詣中書省，令市齋物，省中疑而訊之，不伏。及午，著又遣崔總管矯傳令旨，俾樞密副使張易發兵若干，以是夜會東宮前。易莫察其僞，即令指揮使顔義領兵俱往。著自馳見阿合馬，詭言太子將至，令省官悉候于宮前。阿合馬遣右司郎中脱歡察兒等數騎出關，北行十餘里，遇其衆，僞太子者責以無禮，盡殺之，奪其馬，南入健德門。夜二鼓，莫敢何問，至東宮前，其徒皆下馬，獨僞太子者立馬指揮，呼省官至前，責阿合馬數語，著即牽去，以所袖銅鎚碎其腦，立斃。繼呼左丞郝禎至，殺之。囚右丞張惠。樞密院、御史臺、留守司官皆遥望，莫測其故。尚書張九思自宮中大呼，以爲詐，留守司達魯花赤博敦，遂持梃前，擊立馬者墜地，弓矢亂發，衆奔潰，多就禽。高和尚等逃去，著挺身請囚。

中丞也先帖木兒馳奏世祖，時方駐蹕察罕腦兒，聞之震怒，即日至上都。命樞密副使孛羅、司徒和禮霍孫、參政阿里等馳驛至大都，討爲亂者。庚辰，獲高和尚於高梁河。辛巳，孛羅等至都。壬午，誅王著、高和尚于市，皆醢之，並殺張易。著臨刑大呼曰：王著爲天下除害，今死矣，異日必有爲我書其事者。

阿合馬死，世祖猶不深知其姦，令中書毋問其妻子。及詢孛羅，乃盡得其罪惡，始大怒曰：王著殺之，誠是也。乃命發墓剖棺，戮尸于通玄門外，縱犬啗其肉。百官士庶，聚觀稱快。子姪皆伏誅，没入其家屬財産。其妾有名引住者，籍其藏，得二熟人皮於櫃中，兩耳具存，一閹豎專掌其扃鐍，訊問莫知爲何人，但云詛咒時，置神座其上，應驗甚速。又以絹二幅，畫甲騎數重，圍守一幄殿，兵皆張弦挺刃内向，如擊刺之爲者。畫者陳其姓。又有曹震圭者，嘗推算阿合馬所生年月。王臺判者，妄引圖讖。皆言涉不軌。事聞，敕剥四人者皮以徇。

（明）陳邦瞻《元史紀事本末》卷一《阿哈瑪特僧格之奸》 二十七年八月朔，日食。地大震，武平尤甚。九月，武平地復大震，地陷，黑沙水涌出，壞官署四百八十間，民居不可勝計，壓溺死傷者數十萬人。帝深憂之。時駐蹕龍虎臺，遣阿哩衮薩里召集賢、翰林兩院官，詢致災之由。議者畏僧格，但泛引經傳五行災異之言，莫敢指切時政。時僧格遣錫都、王巨濟等理算天下錢穀，已徵者赦百萬，未徵者尚數千萬，民不聊生，自殺者相屬，逃山林者則發兵捕之。於是集賢直學士趙孟頫因阿哩衮薩里入奏於帝，謂須下詔蠲除，庶幾天變可弭。帝從之，詔草已具，僧格怒曰：此必非帝意。孟頫曰：凡錢穀未徵者，其人死亡已盡，何所從取？非及時除免之，他日言事者，倘以失陷錢穀數千萬歸咎尚書省，豈不為丞相深累耶！ 僧格悟，遂赦天下，民賴稍蘇。

二十八年春正月，僧格及鄂爾根薩里等以罪免。先是帝嘗以葉李、留夢炎優劣問趙孟頫，孟頫對曰：夢炎臣父執，其人重厚，篤於自信，好謀能斷，有大臣器。葉李所讀之書，臣皆讀之，其所知所能，臣皆知之能之。帝曰：汝以夢炎賢於李耶？夢炎在宋為狀元，位至丞相，當賈似道誤國罔上，夢炎阿附取容，李布衣，乃伏闕上書，是賢於夢炎也。孟頫退，謂奉御徹爾曰：上論賈似道誤國，責留夢炎不言。僧格罪甚於似道，而我等不言，他日何以辭其責？然我疏遠之臣，言必不聽。侍臣中讀書知義理，慷慨有大節，又為上所親信，無踰公者。夫捐一日之命，為萬姓除殘賊，仁者之事也。公必勉之！ 時帝畋漷北，徹爾乘間入言之，詞語激烈。帝怒，謂其詆毁大臣，命衛士批其頰，血湧口鼻，委頓地上。少間，復呼而問之，辨愈力，曰：臣與僧格無讎，所以力數其罪而不顧身者，正為國家計耳。苟畏聖怒而不言，則奸臣何時除，民害何時息！帝大悟，召博果密問之，對曰：僧格壅蔽聰明，紊亂朝政，有言者即誣殺之。今百姓失業，盜賊蜂起，召亂在朝夕，非亟誅之，恐為陛下憂。時廷臣言者益衆，遂詔臺省相與辨駁之，僧格詞屈。帝曰：僧格為惡，始終四年，臺臣豈不知之。知而不言，當得何罪？御史杜思敬曰：奪官追俸，惟上所裁。遂斥罷臺臣之久任者，免僧格等官，命徹爾帥衛士三百人籍僧格家，得珍寶如内藏之半。阿哩衮薩里以連坐，亦籍其貲。二月，罷徵理司。詔下之日，百姓相慶，而各路鉤考猶未盡罷。既而御史言：鉤考錢穀，自中統至今，餘三十年，更阿哈瑪特、僧格當國，設法已極，而其黨公取賄賂，民不能堪，不如罷之便。詔從之，仍命取旨逋負錢穀文牘，聚置一室，非上命而竊視者罪之。

《元史》卷二〇五《姦臣傳・盧世榮》 世榮居中書纔數月，恃委任之專，肆無忌憚，視丞相猶虚位也。左司郎中周戭與世榮稍不合，坐以廢格詔旨，奏而殺之，朝中凛凛。監察御史陳天祥上章劾之，大概言其苛刻誅求，爲國斂怨，將見民間凋耗，天下空虚。考其所行與所言者，已不相副：始言能令鈔法如舊，弊今愈甚；始言能令百物自賤，今百物愈貴；始言課程增至三百萬錠，不取於民，今迫脅諸路，勒令如數虚認而已；始言令民快樂，今所爲無非擾民之事。若不早爲更張，待其自敗，正猶蠹雖除而木已病矣。世祖時在上都，御史大夫玉速帖木兒以其狀聞，世祖始大悟，即日遣唆都八都兒、禿剌帖木兒等還大都，命安童集諸司官吏、老臣、儒士，及知民間事者，同世榮聽天祥彈文，仍令世榮、天祥同赴上都。

壬戌，御史中丞阿剌帖木兒、郭佑，侍御史白禿剌帖木兒，參政撒的迷失等，以世榮所伏罪狀奏曰：不白丞相安童，支鈔二十萬錠。擅升六部爲二品。效李瓊令急遞鋪用紅青白三色囊轉行文字。不與樞密院議，調三行省萬二千人置濟州，委漕運使陳柔爲萬户管領。以沙全代萬户寧玉戍浙西吴江。用阿合馬黨人潘傑、馮珪爲杭、鄂二行省參政，宣德爲杭州宣慰，餘分布中外者衆。以鈔虚，閉回易庫，民間昏鈔不可行。罷白酵課，立野麵、木植、磁器、桑棗、煤炭、匹段、青果、油坊諸牙行。調出縣官鈔八十六萬餘錠。丞相安童言：世榮昔奏，能不取於民歲辦鈔三百萬錠，令鈔復實，諸物悉賤，民得休息，數月即有成效。今已四閲月，所行不符所言，錢穀出者多於所入，引用憸人，紊亂選法。翰林學士趙孟傳等，亦以爲世榮初以財賦自任，當時人情不敢預料，將謂別有方術，可以增益國用。及今觀之，不過如御史所言。更張之機，正在今日。若復恣其所行，爲害非細。

阿剌帖木兒同天祥等與世榮對於世祖前，一一款伏。遣忽都帶兒傳旨中書省，命丞相安童與諸老臣議，世榮所行，當罷者罷之，更者更之，所用人實無罪者，朕自裁處。遂下世榮于獄。十一月乙未，世祖問忽剌出曰：汝於盧世榮有何言？對曰：近漢人新居中書者，言世榮款伏，罪無遺者，獄已竟矣，猶日養之，徒費廪食。有旨誅世榮，刲其肉以食禽獺。

《元史》卷二九《泰定帝本紀》〔泰定元年四月戊午〕太尉不花、平章政事即烈，坐矯制以寡婦古哈强配撒梯，被鞫，詔以世祖舊臣，原其罪。

《元史》卷三四《文宗本紀》〔至順元年〕七月，故丞相鐵木迭兒子將作使鎖住與其弟觀音奴、姊夫太醫使野理牙，坐怨望、造符録、祭北斗、咒咀，事覺，詔中書鞫之。事連前刑部尚書烏馬兒、前御史大夫孛羅、上都留守馬兒及野理牙姊阿納昔木思等，俱伏誅。

（明）談遷《國榷》太祖洪武二十三年六月 壬戌朔，乙丑，給事中朱懋私毁奏劄，當死。上惜其才，宥之。

（明）王世貞《弇山堂別集》卷二〇《史乘考誤一》 《高廟紀・汪廣洋傳》言：廣洋貶居海南，舟次太平，復遣使勑責云云。廣洋得所賜書，益慚懼，遂自縊卒。按，《高廟御製文集・勑諭怠政坐視廢興丞相汪廣洋》云：昔命助文正于江西，雖不能匡其惡，自當明其不善，何其幽深隱匿，以致禍生。前與楊憲同署于中書，憲奸惡萬狀，爾匿而不言。觀爾之爲也，君之利乃視之，君之禍亦視之，無忠于朕，無利于民，如此肆侮，法所難容。差人追斬其首，以示柔奸。爾本實非愚士，特賜勑以刑之，爾自舒心而量己，以歸於冥冥。故諭。今勑辭若此，而史與《吾學編》乃謂上切責之，廣洋惶恐自縊以死，何也？

《震澤紀聞》謂：宋公景濂既以孫慎坐法累，徙蜀之茂州，遇一僧，問曰：濂何以至此？僧曰：公豈嘗有愧心乎？景濂曰：無之。僧曰：先生於勝國嘗爲官乎？曰：翰林國史編修。僧默然，公至夜乃自縊而死。攷王忠文《小傳》及鄭楷《行狀》，俱云至正乙丑，用大臣薦，拜翰林國史編修，自布衣入史館，爲儒者之特選。先生以親老不敢遠違固辭。會世亂，益韜祕，乃入小龍門山著書屬文。又言景濂足跡未嘗踰鄉里，則景濂實未受官至京師也。

《明太宗實録》永樂三年春二月〔己巳〕北京行部尚書雒僉以罪誅。先是，僉奏朝廷用人宜新舊兼任，今所信任者率藩邸舊臣，非公至之道。又言，侍衛將軍皆光禄給食，不亦私厚。語涉怨誹。上出其奏示群臣，群臣進曰今廷中大臣，惟金忠出藩邸之舊，至於密務，臣等所與聞者，忠或不與，何名非公。且光禄給侍衛將軍食，出洪武舊制，非始於今日，皆僉妄言，宜正其罪。上曰：朕爲天下君，政欲日聞直言，以助益不及，豈惡言者。且人臣言事，亦須考實，何至誣直爲枉。且朕之待僉不薄矣？而猶刑怨誹，豈正直之人哉？今遽罪之，人不察將謂朕不容言者，姑寘之。至是，都御史陳瑛等奏僉居官貪婪暴虐，擅作威福十數事，又縱其妻於所部郡縣詈辱等，令逼索財物，且日乘轎于市中，强買物貨，市人畏之，不啻豺虎。僉與其妻同惡如此，罪其可容。上遣人復按得實，皆處以死。

（明）查繼佐《罪惟録》紀卷三《太宗紀》〔永樂三年十一月〕兵部尚書茹常以不送趙王罪逮獄，削爲民。庶吉士章朴家藏《方孝孺文集》，序班楊善借觀，密以聞，伏朴法。

（明）卜世昌等《明通紀述遺》永樂五年六月 上諭都察院，謂去年曾命内侍李進往山西採天花。此一時之過，後甚悔之，更不令採。比聞進詐傳詔旨，僞作勘合，招集軍民，復以採辦爲名，大爲民害。所在官司，都不奏來，此與胡、藍、齊、黄欲壞國事者何異？即遣御史二員，徑詣山西，將進等一干鞫問明白，械送京師，必寘重法。若都司、布政司有干涉者，并鞫治之，雖關皇親亦不恕。

《明史》卷一四三《王良傳》 王良，字天性，祥符人。洪武末，累官僉都御史，坐緩其僚友獄，貶刑部郎中。建文中，歷遷刑部左侍郎。議減燕府人罪，不稱旨，出爲浙江按察使。

燕王即位，頗德之，遣使召良。良執使者將斬之，衆劫之去。良集諸司印於私第，將自殺，未即决。妻問故。曰：吾分應死，未知所以處汝耳。妻曰：君男子，乃爲婦人謀乎？饋良食。食已，抱其子入後園，置子池旁，投水死。良殮妻畢，以子付友人家，遂積薪自焚，印俱毁。成祖曰：死固良分，朝廷印不可毁。毁印，良不得無罪。徙其家於邊。

《明太宗實録》永樂十七年五月 山西都指揮僉事穆肅坐交結紀綱，法司論當棄市，妻子流二千里。特命宥死，謫戍交阯。

《明宣宗實録》宣德五年正月〔丁卯〕四川總兵官左都督陳懷奏：蜀王府中忽舉砲銃，不知何爲？察之，蓋四川都司私與王府者，於法當問。上令行在都察院取長史承奉詰之，敕懷凡四川都司堂上官皆責死罪狀，而械送其首領官赴京。

《明英宗實録》正統五年十一月〔丁巳〕有僧年九十餘，自雲南至廣西，紿人曰：我建文也。張天師言我有四十年苦，今爲僧期滿，宜亟返邦國。以黄紙爲書，命其徒清進持詣思恩府，土官知府岑瑛執送總兵官柳溥，械至京，會官鞫之，乃言其姓名爲楊行祥，河南鈞州白沙里人。洪武十七年度爲僧，歷游兩京、雲南、貴州至廣西。上命錦衣衛錮禁之，凡四踰月，死獄中，其同謀僧十二人俱謫戍遼東邊衛。

《明英宗實録》正統七年三月 丙寅，晋府門副陸旺初因晋王薨，榆社王幼稚，謀以事陷承奉張泰而代之，王不從，旺輒挾制抗拒。時乘醉詈王，王及方山王不平，各奏其惡。法司論當絞。從之。

（明）卜世昌等《明通紀述遺》正統十年正月 錦衣衛卒王永爲匿名書數太監王振罪惡，揭之通衢及振姪王山家，緝事者得之。刑部論以造妖言斬罪。

《明英宗實録》天順四年五月 壬午，江西萬安縣民羅學淵録詩歌三百餘首，名《大明易覽》以進，中有詠犬、蚤、虱，嘲醜婦及阿諛當道者，辭多繆妄。上覽之，怒出其詩，命法司錦衣衛會諸大臣廷鞫，坐造妖言律斬，命禁錮之。

《明英宗實録》天順四年五月〔庚寅〕彭城衛指揮使蔣謙忿石亨瘐死，石彪被誅，常揚言亨、彪爲逯杲誣害，及詭稱皇太后嘗夢亨陳冤，士卒因讙傳之。校尉以聞，召錦衣衛收謙及傳言者鞫送刑部，論謙當斬，傳言者當流。上曰：此輩妄言惑衆無理甚，謙如律，傳言者俱械，充鐵嶺衛軍。

《明英宗實録》天順五年春正月〔丙寅〕湖廣妖賊李天保潛入貴州鬼池及絞洞苗寨，扇惑諸苗攻劫中林長官司及隆里所。總兵官都督李震率兵勦捕，擒天保送京師，誅之。

《明英宗實録》天順七年冬十月〔丙午〕寧府儀賓程熹數召妓者飲，火者常永清諫之，熹忿言，景泰亦嘗與妓者飲食臥起，妓亦有爲后者。永清訐之，下熹錦衣衛，鞫送都察院論罪，比妖言律當斬。從之。

《明憲宗實録》天順八年二月 丙申，貴州都匀衛帶俸都指揮僉事門達有罪，論斬，擊獄。達既被調科道官以其罪不止此，交章劾之。有旨命都察院會五府六部、通政司、大理寺、六科十三道官廷鞫之。於是右都御史等官李賓等上其罪狀，謂達素恃恩寵，不畏法度，以至内直垂簾全無忌憚，竊弄威權，大張聲勢。忤其意者，過求細故，必加陷害，屢興大獄，巧於鍛鍊，别置獄舍，以鞫罪囚，有不承服，輒稱奉旨，殘酷特甚。薦用官校以爲牙爪，分遣于外，騷擾州縣。又縱令諸子弟爲姦利事，交通外人，多納賄賂，一一如科道所劾。上命達坐斬，如所擬律。追其家私以萬計。其黨指揮張山同謀殺人，罪如之。其餘都指揮牛循、聶恵、千户陳璉、侯齊，百户李瑗、艮祥、陳讓、包原、楊旬及達子序、班升、姪千户清、婿指揮楊观等俱謫戍、降調有差。達，豐潤縣人，弱冠襲父職爲錦衣衛百户。性機警，有才幹，然深沉不露。正統十四年用指揮吕貴薦鎮撫司理刑，後歷陞至都指揮僉事。初任理刑時，其僚佐謝通，浙江人，頗讀書，知事務，寬厚。達倚任之，二人同心，以故事下鎮撫司，或有大獄，如阮浪、徐有貞輩多所平反，一時有事者以下禁獄爲幸，時譽翕然稱之。及掌衛事，嫉旗校逯杲隨堂使勢，力還之。而杲旋復柄用，歷陞指揮，與達並列，每欲害達。達惴惴自保，幸無事。已而杲死，謝通亦物故。達始兼官行事，欲抒宿憤，乃建遣官校分行中外。緝訪事情，蒐求幽隱，索取貨賄，内外官僚重足而立。由是説服詐冒者，接迹于途。天下騷然不安。又納吕貴言，以抑文扶武爲事，念一時朝臣言能上達者，惟大學士李賢、指揮袁彬，乃設計中傷之，事具英廟《實録》中。至是以多官議坐斬繫獄，後當審録。詔：謫戍廣西南丹衛而死。論者謂達資禀雖善，然武夫不學，昧于大理，是以怙寵立威，薦及於禍。先是兩月前錦衣衛大門扉爲狂風所摧折，衆讙傳曰：錦衣門倒矣。至是達敗，人以爲先兆云。

（明）查繼佐《罪惟録》紀卷九《憲宗紀》 〔成化十年十二月〕録

妖書名目榜示天下，使民不惑。

（明）王世貞《弇山堂別集》卷九二《中官考三》

〔成化〕十三年五月，罷西廠之緝事者。時太監汪直行事，官校勢益横，公私騷擾，道路以目，朝臣亦皆惴惴不自安。內閣大學士商輅、學士萬安、劉翊、劉吉有言，上震怒，命司禮監懷恩、覃昌、黄高至閣下，厲色傳旨，謂輅等曰：朝廷用汪直緝訪奸弊，有何壞事？爾等遽如此説，是誰先主意？輅等對曰：汪直違祖宗法，壞朝廷事，失天下人心，輅等同心一意爲朝廷除害，無有先後。恩曰：不然，聖意疑此奏未必四人同，然下筆必有先之者。安曰：汪直挾勢害人，人人要説，但不敢耳。某等同受朝廷厚恩，同一主意，誰獨爲先？翊奮然泣曰：某等奉侍皇上於青宮，迨今已二十年，幸而朝廷清明，四方無事。今忽汪直爲害，使遠近不安，何忍坐視。某等誓不與彼共戴天！吉曰：汪直之罪，縱使某等不言，不日必有言之者。今既奏入，貶黜謫罰，亦惟命耳，所不避也。於是恩降辭色徐曰：朝廷命恩等開具奏之由，今皆執論如此，當具實回話，倘上召問，幸勿變前言。輅等曰：唯。恩等去，輅舉手加額曰：衆先生肯爲朝廷任事如此，輅復何憂！蓋安等三人，皆隨侍青宮，輅以先朝舊恩，恐上疑己，且慮三人者或不同心，故云然也。已而恩等復至，傳旨曰：卿等所言良是。汪直壞事，朕實不知，今便革此西廠，散遣官校，卿等各安心辦事。輅等皆頓首謝。恩曰：先生不知，吾輩數人者，已箝其口。問爲誰，曰：黄賜、陳祖生也，皆闌在東華門外，不容進見矣。汪直謗其福建人，與楊曅善，上疑此奏出二人所使。翌日兵部尚書項忠具草，會諸部院大臣共上之，奏留中不出，遂罷西廠。召恩數直罪，而責之退還本監，調韋瑛於邊衛差操，散諸旗校還錦衣衛。錦衣衛因奏直所遣旗校在外者二十人，日久未還。命都察院移文，令巡按御史隨處出給告示曉諭，不得留滯。人心快之。然上意猶未釋然也。初，西廠所執人犯多，皆無案籍，行法司考證，至是，廠革罷，其人各散去。有太醫院判蔣宗武者，因服到家，家人猶不知覺。乃謫黄賜、陳祖生於南京。辛卯，太監懷恩傳奉聖旨，錦衣衛副千户吴綬於鎮撫司同林巒問刑，千户楊瑛仍還本所治事。綬貌陋而心險，頗通文移，善詞翰，時西廠雖革，上猶密召汪直察外間動静，且令訪能文事者，以爲之輔。有一軍卒報直云錦衣千户吴綬能寫本通行移，直遂召至，擬三批答封進，稱旨，遂有是命。綬後以銀壺一謝其薦己者云。六月甲辰，革兵部尚書項忠職爲民。忠既具奏草，令郎中姚璧請各衙門堂上官署名，奏革西廠，汪直銜之，忠不自安，乃乞歸養病。未行，直嗾東廠官校，發江西都指揮使劉江與指揮黄賓姦私事，謂賓爲求於兄太監黄賜，使鎮撫尤鑑囑忠並武選司郎中姚璧得由京衛選江西都司事。方下都察院，而左給事中郭鏜、監察御史馮貫等亦交論忠違法事，詞連其子錦衣衛千户綬及興寧伯李震、守備靖州指揮莊榮、甘肅參將都指揮同知劉文、寧府儀賓王允壽，併及彰武伯楊信等十三人，皆與忠平日交通。上命三司錦衣衛會問於廷，忠抗辯不服。然衆知出直意，無敢違者。獄成，左都御史李賓等具奏，忠竟出爲民，璧調外任，賓爲民，賜降長隨，震降左都督南京閒住，榮降指揮同知，文降署指揮使，綬降湖廣九溪衛帶俸差操。仍差官往江西逮江及允壽至京鞫問，而宥信等。餘罪悉如所擬。

是月，監察御史戴縉言：近年以來，災變荐臻，伏蒙皇上諭兩京大臣，同加修省。夫何訓誥彰彰，乃聽之藐藐，未聞大臣進何才，退何不肖，以固邦本，亦未聞羣臣革何宿弊，進何謀猷，以匡治理。惟太監汪直緝捕楊曅、吴榮等之姦惡，高崇、王應奎等之贓貪。又如奏釋馮徽等冤抑之軍囚，禁裏河害人之宿弊，是皆允合公論，足以服人而警衆者也。奈其部下官韋瑛等不體聖心，張狂行事，已得大臣奏，蒙俞允即將西廠革罷，又以見皇上此心即古帝王從諫如流之盛心也。伏望皇上推誠任人，及時修政務，俾宿弊革於下，善政清於上，然後天意可回。時西廠方革，人心稍安，縉九年考滿，不得陞用，久益無聊，探知西廠雖革，汪直猶幸，乃假災異建言頌直功德，以覬倖進。先以奏草示直所厚錦衣衛所千户吴綬，直德之，爲言於上，然後奏之。於是直復開西廠，詗察益苛，人不堪命，至有破家毁族者。勢焰薰灼，天下聞而畏之，其禍端實肇於縉。又縉奏內自陳一事，尤迎合直意。蓋直嘗謗楊曅投大學士商輅、都御史李賓、尚書董方求緩其罪，上信之而難施行，縉言適中機會，故尤爲直所喜云。江西人楊福詐稱大監汪直，事覺，問擬斬罪。福嘗奴事崇內使，隨入京而背之，還過南京，遇所識者，謂其貌似直，福乃詐稱爲直，而所識者僞爲校尉先導，自蕪湖縣乘傳食廪，歷常、由杭州、紹興、寧波諸府，有司皆承奉恐後，市舶司内官亦信而畏之。官民多持詞訟往訴，或爲之理。至臺、温、處州及建寧、延平，皆操盤糧以張威，所過雖假廉以取信，然爲僞校尉所得者已多。及抵福州，稱有敕旨，自三司官而下，迎候惟謹，小官忤意者即杖之。竟以無符驗爲鎮守太監盧勝等所察知，執問如律。時直勢振天下，故小人乘之以擾害人如此。

十五年五月，謫都察院右副都御史牟俸戍邊，調翰林院侍讀學士江朝宗於外任，其餘爲俸連坐罪者各有差。庚午，謫兵部右郎馬文升戍四川重慶衛。初，文升奉敕往遼東撫諭夷人，時太汪直亦往按事，巡撫都御史陳鉞譖文升於直，直還朝，會兵部尚書余子俊有參陳鉞本，鉞疑文升所爲，遂嗾直奏文升專擅行事，懷姦不忠，撫安無方，致啓邊釁。蓋建州、海西夷非一種，文升招撫之，多順服，間有未服而犯邊者，故直以陷之。錦衣衛指揮吴綬承直意，傅會成獄，刑部不敢違，比依指揮千户致所部軍人反叛者，遂命謫戍，人皆冤之。

十六年正月，兵科給事中孫博言：東西二廠緝事旗校，多毛舉細故以中傷大臣。旗校本厮役之徒，大臣則股肱之任，豈旗校可信反過於大臣？縱使所訪皆公，亦非美事，一或失實，所損實多。乞嚴加禁革。上曰：孫博不諳事體，所陳多浮泛之辭，本當究治，姑恕之。時汪直聞博奏涉西廠事，怒甚，呼博，面加切責。仍令紀功引與偕往，人皆爲博危之。六月，兵科都給事中吴原等劾奏遼東鎮守太監韋朗、總兵官緱謙、舊巡撫都御史陳鉞等啓釁冒功，失機匿罪，以祖宗法度爲不足畏，生靈血肉爲不足恤，不忠不仁，莫此爲甚。雖爲御史强珍所劾，不過停俸帶罪，情重法輕，公論未愜。恐邊將效尤，視失機爲等閒，以匿情爲得策。請重治，爲人臣欺罔之戒。監察御史許進等亦以爲言，且謂鉞如宋黄潛善、賈似道，其罪尤甚。上曰：爾等所言皆是，朗等本當重罪，但事已處分，其已之。既而太監汪直自遼東還，憾珍奏其事。乃奏珍行事乖方，妄參被虜人畜名數過多，請治其欺罔之罪。命錦衣衛千户蕭聚往勘，如珍奏不實，即械至京鞫之。

八月癸酉，謫監察御史强珍戍遼東邊衛，降遼東都指揮僉事王宗三級，帶俸差操。先是，珍巡按遼東，劾鎮守太監韋朗、總兵官司緱謙、巡撫右副都御史陳鉞失機罪，委宗查勘被虜人畜名數。鉞等既坐停俸，太監汪直奏珍欺罔，命錦衣衛千户蕭聚往勘，械珍及宗至京。直先執珍於御馬監拷掠，然後奏聞。命會官廷鞫之，珍坐奏事不實，宗坐違制，各當贖杖還職。内批：朝廷於風憲參奏事情，未嘗不以爲實，如珍之懷奸欺罔，誣人重罪，難循常例處治，謫戍遼東邊衛，宗降三級差操。尋以兵部及科道官先嘗妄劾鉞等，都察院奏差御史不當，俱令回奏，皆服罪。上責都御史王越等不謹，姑宥之，仍戒再犯不宥。停兵部及科道官俸各三月，鉞等舊所停俸皆免之。時論爲不平，然皆默默無敢言者。

《明憲宗實録》成化十四年二月 乙未，降巡撫甘肅右副都御史宋有文爲河南布政司左參議，吏正四品俸。初，有文委按察司僉事邊完給邊軍折糧布，布多粗短不中用，軍士中有不逞者，先因乞糧不得怨有文，至是益忿，遂合千餘人詣有父訟之，鼓譟而入，有文亟退避衆，因雜取瓦礫投之，廳事前門（璧）〔壁〕器用皆毁，已復往邊完所，亦如之。行都司都指揮劉忠等，嗛有文舊嘗有所折辱，不爲禁止，既而恐罪及，圖先發自解，乃誣奏有文擅作威福，凌虐官軍事。上遣官案之，得其狀。言忠等故縱所部爲姦，當抵罪。有文事雖不如忠等所奏，然不能御下，嘗因公事濫罰官（智）〔軍〕，乞併責之。有文尋取至京，詔免逮問，降二級，俟各布政司有缺改用。下巡按御史治忠等罪，獄上。復得旨：忠等挾私朋謀嗾軍士凌辱大臣，有虧國體，難視常例裁處，各降一級調廣西邊衛帶俸差操，忠降都指揮僉事。都指揮僉事王鑄、彭程，指揮使署都指揮僉事馬璐、馬溥，署指揮使甘州右衛指揮同知蔣忠等，各降級有差。

《明憲宗實録》成化十五年秋七月 〔丁丑〕廣西太平府崇善縣民劉佛迓等四人，以妖言伏誅。初，佛迓善巫術，既而拾得鐵印，遂僞稱李王出世，造妖語以扇誘愚民，爲安平等州所擒，至是伏誅。

《明憲宗實録》成化十七年六月 〔丁卯〕廣東新會縣民葉禘廣，偶得妖書並印文地圖，與其黨惑衆倡亂，爲鎮守等官所獲上奏，禘廣等五人命即所在斬于市。

（明）查繼佐《罪惟録》紀卷九《憲宗紀》〔成化十八年〕三月，復罷西廠。言官頗以既設東廠，則西廠宜可以已。閣臣萬安拉同官劉珝言之，珝不從。安乃獨奏，得允。逮妖人王臣下獄。臣初以奸盜受刑，折脛，復習□術，與太監王敬奉命採藥，所至縱暴，橫索無度。兵部尚書王怨發之，敬充浄軍，棄臣於市，傳首江南。

（明）查繼佐《罪惟録》紀卷九《憲宗紀》〔成化十九年〕六月，調鎮守大同大監汪直於南京御馬監。直挾權驕肆，上久亦厭之，會與總兵許寧不協，巡撫郭鏜奏聞，帝遽遠之。

秋七月，丹藥道士高宗諒等革職遣歸。鹵犯大同，戰失利，旋入渾源州等處及紫荆、鴈門關，巡撫秦紘邊鏞、總兵周玉、參將支玉互擊之，退去。八月，復降南京御馬監太監汪直爲奉御。時御史徐鏞等劾直結黨挾權，羅織中外，誣戕貢彝，致開邊釁，妄報功次，傾貲賞賚，與陳鉞、王越等虚張鹵勢，潛出刼搜，因而冒陞官爵者至數百人，鹵懷報復，連年擾害，軍民横罹鋒刃，糧草所在缺乏，罪不容誅。詔三法司會訊，降奉御南京。其黨威寧伯王越革職，追誥券，編管安陸州；錦衣指揮使吴綬謫戍，兵部尚書陳鉞、南工部尚書戴縉並除名爲民。太監尚銘初因直以進，繼傾直，卒以罪充浄軍。

（明）林俊《見素集奏議》卷七《秋臺稿·按張龍疏》 巡按直隸監察御史馬録題稱：問得張龍犯該諸衙門官，若與近侍人員互相交結，漏泄事情，夤緣作弊，而符同奏啟者律斬，秋後處決，妻子流二千里安置。緣犯在革前奏請定奪，參照張龍罪雖遇革，緣人品卑汚，不顧廉恥，交結權姦，中傷善類，情犯可惡。若照常發落，無以警戒將來。伏乞聖裁合無將張龍從重發落。惟復别有定奪等因具奏。奉聖旨：法司知道。欽此。欽遵抄出送部，看得巡按直隸監察御史馬録題稱：問過犯人張龍犯該諸衙門官，與近侍人員互相交結，漏泄事情，夤緣作弊，符同奏啓，斬。罪犯在革前，及参本犯交結權姦，中傷善類，乞要從重發落一節為照，張龍先任給事中，選陞通政司参議，已為朝論，不容被劾降灤州同知，後夤緣内侍歷陞府同知知府，又結錢寧陞右通政，節經科道糾劾，倚錢寧等為心腹，力為營救，恣情班行，略無愧容，指倚錢寧名目，誆騙王通銀一千一百兩，徐漢興銀五百兩、金一百兩、金寶、絛環、鉤帶等項，其私與過銀又不知其數，所據本犯奔競朋黨，夤緣轉官黷貨，稔姦變亂成法，罪不止於亂政。若依擬革免委涉輕縱，合無將本犯改擬，比依在朝官員交結朋黨，紊亂朝政律斬，秋後處決。仍咨都察院，轉行直隸監察御史監候審決，庶王法無私，巨姦知畏等因奏，奉聖旨：是，張龍依擬處決。欽此。

（明）林俊《見素集奏議》卷七《秋臺稿·正廖鵬等獄疏》 題為辨明姦黨讎陷舉家性命寃抑無伸。懇乞天恩，比例發遣充軍，分釋情罪，存憐殘生等事。該見監犯人廖鵬、齊佐、王瓛各具本奏辨，俱奉聖旨：法司看了來説。欽此。欽遵通抄到部案查，先該本部等衙門會問得廖鵬、齊佐、王瓛俱犯該在朝官員交結朋黨，紊亂朝政，斬罪，秋後處決，妻子為奴，財産入官，節奉聖旨，是廖鵬等三名各依律處決。欽此。監候處決間，今奉前因，看得見監，朋黨亂政，斬罪。犯人廖鵬等各因勑諭差官録囚奏，要比例寬宥發遣一節為照，廖鵬、齊佐、王瓛與已處決錢寧，納賄招權，朋交黨惡，罪貫已盈，人神共憤。而廖鵬出入諸兇，流毒兩省，尤為首惡元兇。先該多官會問明白節次會審情真，科道等官類奏處決，即今未正典刑，已為下拂人心，上干天變。各犯乃敢飾詞奏辨，冀圖幸免。該科各行叅論，誠為有見。臣等伏覩勑諭内開屢審情真者，法難宥免，及節該奉明旨不當宥而宥，皆足致災。欽此。欽遵所據，廖鵬、齊佐、王瓛法無可生，天醜其惡，俱節審情真，不當宥人數合無行令該司牢固監候處決，緣節奉欽依法司看了來説，事理覆奏。奉聖旨：是，各照前旨依律牢固監候。欽此。

《明史》卷一八〇《彭程傳》 彭程，字萬里，鄱陽人。成化末進士。弘治初，授御史，巡視京城。降人雜處畿甸多爲盗，事發則投戚里、奄豎爲窟穴。程每先機制之，有發輒得。巡鹽兩浙，代還，巡視光禄。五年上疏言：臣適見光禄造皇壇器。皇壇者，先帝修齋行法之所。陛下即位，此類廢斥盡，何復有皇壇煩置器。光禄金錢，悉民膏血。用得其當，猶恐病民，況投之無用地。頃李孜省、繼曉輩倡邪説，而先帝篤信之者，意在遠希福壽也。今二人已伏重辟，則禍患之來，二人尚不能自免，豈能福壽他人。倘陛下果有此舉，宜遏之將萌。如無，請治所司逢迎罪。帝初無皇壇造器之命，特光禄姑爲備。帝得程奏大怒，以爲暴揚先帝過，立下錦衣獄。給事中叢蘭，亦巡視光禄，繼上疏論之。帝宥蘭，奪光禄卿胡恭等俸，付程刑部定罪。尚書彭韶等擬贖杖還職。帝欲置之死，命繫之。韶等復疏救，程子尚三上章乞代父死，終不聽。

是時巡按陝西御史嵩縣李興亦坐酷刑繫獄。及朝審，上興及程罪狀。詔興斬，程及家屬戍隆慶。文武大臣英國公張懋等合疏言：興所斃多罪犯，不宜當以死。程用諫爲職，坐此戍邊，則作奸枉法者何以處之。尚書王恕又特疏救。乃減興死，杖之百，偕妻子戍賓州。程竟無所減。程母李氏年老無他子，叩闕乞留侍養。南京給事中毛理等亦奏曰：昔劉禹錫附王叔文當竄遠方，裴度以其母老爲請，得改連州。陛下聖德，非唐中主可比，而程罪亦異禹錫。祈少矜憐，全其母子。不許。子尚隨父戍所，遂舉廣西鄉試。明年，帝念程母老，放還。其後，劉瑾亂政，追論程巡鹽時稍虧額課，勒其家償。程死久矣，止遺一孫女。罄産不足，則並女鬻之，行道皆爲流涕。

（明）查繼佐《罪惟録》志卷五《藝文志》〔弘治〕六年三月，頒行《武經七書》。妖人真惠僞書事露，但坐首犯。

《明孝宗實訓》卷二《斥異端》〔弘治十七年〕十一月甲申，妖僧繼曉伏誅。曉，湖廣江夏縣人，姓黄氏。成化中以星命之術因太監梁芳以進，大見親幸，賞賚甚厚，賜太監蔡忠第以居。後移居都督馬俊宅，請賜額于門，曰：輔教寺。屢進邪説，有人所不得聞音。陞國師，因以創寺請，遂許購民居百餘家以成之。所居前後多寘婦女，羣小多附之求進。及回湖廣，以黄帕裹其一臂，謂嘗經御手所執也。至是刑部擬曉罪死，妻子流二千里。以嘗經赦，請發爲民。大理寺審允。有旨：令科道官看詳。都給事中陳璚、監察御史魏璋等交奏：曉罪大惡極，刑部所擬不當。併請正芳引進邪人之罪。上命斬曉于市，妻子爲奴，財産入官。芳既充軍貼貸死，命南京守備官重杖之八十，仍充役。刑部大理寺令自陳狀，於是尚喬新等請罪詔堂上官俸一月，該司屬官兩月。

（明）卜世昌等《明通紀述遺》正德二年正月　戴銑等被逮，王守仁上疏云：臣聞君仁則臣直，大舜之所以聖，以能隱惡而揚善也。臣邇者竊見陛下以南京户科給事中戴銑等上言時事，特勑錦衣衛差官校械解來京，臣不知所言之當理與否，意其間必觸忌諱而犯雷霆之怒。但以銑等職居司諫，以言爲職，其言而善，自宜嘉納施行，如其未善，亦宜包容隱覆，以開忠讜之門。乃今赫然下令，遠繫拘囚，在陛下之心不過示懲創，令其後日不敢輕率妄自論列，非果有意怒絶之也。下臣無知，妄生疑懼，臣切惜之，在廷之臣，莫不以此舉爲非宜，然莫敢爲陛下言者，豈其無憂國愛君之心哉，懼陛下復以罪銑等罪之，則非惟無補于國事，而徒足以增陛下之過舉耳。然則自是而後，雖有上關宗社危疑之事，陛下孰從而聞之。陛下聰明超越，苟念及此，寧不寒心。况今天時凍沍，萬一差去官校督束過嚴，銑等在道，或致失所，遂填溝壑，使陛下有殺諫臣之名，興羣臣紛紛之議，其時陛下必將追究左右莫有言者，則既晚矣。伏願陛下追收前旨，使銑等仍舊供職，擴大公無我之心，明改過不吝之勇，聖德昭布遠近，人民胥悦，豈不休哉。臣又惟君者，元首也，臣者，耳目手足也，陛下思耳目之不可使壅塞，手足之不可使痿痺，必將惻然而有所不忍矣。疏人，劉瑾大怒，廷杖十，因謫龍場驛丞。守仁回至錢塘，尋慮瑾知（枉）〔在〕道，不免于禍，夜佯爲投江，而浮冠履於水上。浙省二司及杭守瑛皆信之，祭之江上，家人亦成服，守仁遂匿形輕裝入閩武夷山中。復慮終露，又遁，投江右寧王外戚婁姓家中，駕言投江不死有神助也，欲以聳動寧王爲窟，或謂之曰：畢竟爲累。乃赴龍場。

（明）卜世昌等《明通紀述遺》正德二年三月　劉瑾傳勑，譴責奸黨。朕以幼冲嗣位，惟賴廷臣輔弼其不逮。豈意去歲奸臣王岳、范亨、徐智竊弄威福，顛倒是非，私與大學士劉健、謝遷，尚書韓文、楊守隨、張敷華、林瀚，郎中李夢陽，主事王守仁、王綸、孫槃、黄昭，檢討劉瑞，給事中湯禮敬、陳霆、徐昂、陶諧、劉蒞、艾洪、吕翀、任惠、李光翰、戴銑、徐蕃、牧相、徐暹、張良弼、葛嵩、趙士賢，御史陳琳、貢安甫、史良佐、曹閔、王弘、任諾、李熙、王蕃、葛浩、陸崑、張鳴鳳、蕭乾元、姚學禮、黄昭道、蔣欽、薄彦徽、潘鏜、王良臣、趙祐、何天衢、徐鈺、揚璋、熊卓、朱廷聲、劉玉遞相交通，彼此穿鑿，彼各反側不安，因自陳休致。其勑内有名者，吏部查令致仕，毋俟惡稔，追悔難及。夫人臣以忠敬爲本，不聞以阿附爲榮。朕不明言暴白，羣臣何以知悉。邇來朕一遵祖宗成憲，申明舊章，除宿弊，汰冗官，欲臻治理。爾文武羣臣，尚惟清白一心，恪恭乃職，必以光明正大爲期，必以黨比阿附爲戒。且如張懋等，凡遇會奏論列，並無片言，隨人符同，輙聽詭計，列御而行。朕皆爾釋以後毋蹈覆轍，自貽累辱，國有昭典，朕不輕貸。故諭史謂是日早朝罷傳宣，羣臣跪于金水橋南，劉瑾以勑授鴻臚宣讀之。其文乃瑾私人屬筆，或曰焦芳爲之。

（明）查繼佐《罪惟録》紀卷一一《武宗紀》〔正德三年〕六月壬

辰，得匿名文書於御道，跪羣臣奉天門外詰之。下三百餘人於錦衣衛獄，尋釋之。

《明武宗實録》正德四年二月 丙戌，勒大學士劉健、謝遷爲民。先是，詔訪舉懷材抱德之士，浙江以餘姚周禮、徐子元、許龍，上虞徐文彪四人應詔，所司未納，四人屢奏求用。時瑾恨健、遷，未已，以四人皆遷同鄉，而草詔由健，欲因而罪之。遂矯旨謂：天下至大，豈無可應詔者？何餘姚隱士之多如此，必有徇私援引之弊。遂下禮等鎮撫司鞫問。吏部尚書劉宇阿瑾意，劾布政使林符、邵實、李贊，參政伍符、參議尚衡、馬輅，知府、劉麟，推官諶聰，知縣汪度訪舉失實，而鎮撫司獄辭因連及健、遷。瑾（持）至內閣，必欲逮健、遷併坐，且籍其家。大學士李東陽徐爲勸解，瑾意少釋，焦芳在傍因抗聲曰：縱輕處，亦當除名。既而旨下，健、遷皆爲民，禮等謫戍邊衛，符等各罰米三百石，聰、度仍罷職。且著令：自今餘姚人毋選京官。

（明）查繼佐《罪惟録》紀卷一一《武宗紀》 （正德十四年）三月，傳旨管家將指揮朱勇等四十七人，塡錦衣帶俸舍餘一千人，充御馬監勇士。丙午，六科給事中、十三道御史諫南巡，不報。翌日，鴻臚寺請視朝，上曰：朕病憊不能朝矣。羣臣詣左順門問安。時京師傳言寧王宸濠將半道伏甲，託迎駕，且爲亂，廷臣益憂懼。兵部郎中黄鞏、兵部員外陸震合疏諫，不報。於是吏部員外夏良勝、禮部主事萬潮、太常博士陳九川三人爲一疏，翰林院修撰舒芬，編修崔相，庶吉士江暉等七人爲一疏，兵部郎中孫鳳等十六人爲一疏，刑部郎中陸俸等五十三人爲一疏，又明日吏部郎中張衍瑞等十四人爲一疏，禮部郎中姜龍等十六人爲一疏，醫士徐鏊以醫諫，自爲一疏。上大怒曰：朕病未寧，不問視，乃出位妄言爲訕謗。鞏、震、良勝、潮、九川、鏊，俱執送鎮撫司嚴治之，芬、鳳、俸、衍瑞、龍等一百八人，俱罰跪闕門五日，自卯至酉，官較監視之。於是行人司副余廷瓚等二十八人復爲一疏。上愈怒，命繫鎮撫司，嚴加掠治。明日，大理寺正二十人爲一疏，又明日工部主事林大輅等三人爲一疏。上怒益甚，命廷瓚等，並鞏、震、良勝、潮、九川、鏊，俱更梏拲跪門五日，廷暴之，日足，命繫詔獄，胥後命。時京師人情震駭，公卿大臣被唾罵投擲，雜色不敢出入。數日，陰霾晝晦，水溢南海子不丁橋，高四尺，鐵柱七根齊折如斬。金吾都指揮僉事張英，肉袒負二囊土，伏地端門外，號曰觀災告，隨駕出必死，寧死此，恐血污帝門，土掩之，遽出袖刀屠其胸，衛士急持之，得不殊。坐妄言宜斬，死杖下。戶部尚書石玠請寬諸臣罪，上怒詰玠，自服乃罷。戊午，杖孫鳳等百七十人於午門，並陸俸、張衍瑞、姜龍、舒芬俱調外。刑部主事劉較、照磨劉珏死杖下。

夏四月，杖鞏、震、良勝、潮、九川、敍、大輅、廷瓚、鏊於闕下，各五十。敍、大輅、廷瓚降三級外補，鏊戍烟瘴，餘爲民。其餘部寺繼上疏者，各杖四十，降二級。旬日間，震、廷瓚及工部主事何遵、評事林公黻、行人詹軾、孟暘、劉槩、李紹賢、李惠、王翰等相繼死。

《明武宗實録》正德十四年八月 （乙酉）杖教坊司樂官臧賢，施鉞、司鑑於午門。賢，八十；鉞，七十；鑑，六十。仍發戍廣西馴象衛，籍沒其家。初，賢以伶人得幸於上，宸濠遣使厚遺之，使行賄於太監蕭敬、尚書陸完、都督朱寧結爲內，禁中動靜，莫不密報於濠，故反謀益固。至是事覺，詞連寧，及發遣行至張家灣，寧乃使盜往殺之，以滅口云。

《明世宗實録》正德十六年十月 許泰者，揚州江都人也。襲指揮使，歷陞宣府副總兵，以剿流賊功陞左都督，因錢寧得見毅皇帝，給事豹房，與江彬深相結，奏調遼陽、延綏、宣、大四路兵入內簡練，號外四家。令泰領之，因求爲義子，賜國姓，從幸宣府，攘應州功，封安邊伯。宸濠反，毅皇帝自將，稱威武大將軍，以泰爲威武副將軍，率兵討之。未至，而王守仁已擒濠，泰欲奪之，不能得，則縱部卒掠平人爲功，所株逮以千數，冤死者百餘人。又奏改團營爲威武團練營，騷動邊軍，幾至大變。上即位，廓清奸黨，彬、寧皆已伏誅。言官請並治泰，有旨逮問。至是，法司當泰交結朋黨，紊亂朝政律斬。上令會官覆訊，而法司執論如初，詔：特宥死，發戍廣東海南衛。已而給事中許復禮等，御史張欽等皆上疏言：泰罪當誅，不宜輕貸。得旨：發原定衛分，永遠充軍。時論猶以爲未盡其辜云。

（明）余繼登《典故紀聞》卷一七 嘉靖初，致仕刑部尚書林俊言：古者撻人於朝，與衆辱之而已，非必欲壞爛其體膚而致之死也。成化時，臣及見廷杖三五臣，容厚綿底衣，重氈疊帊，然且卧床數月，而後得痊。正德時，逆瑾用事，始啓去衣之端，釀有末年諫止南巡杖死之慘，幸遇新詔收恤，士氣始回。臣又見成化、弘治間詔獄諸旨，惟叛逆、妖言、强盜，好生打著問，喇唬殺人，打著問，其餘常犯，送錦衣衛鎮撫司問，鎮撫司奏送法司議罪。中間情重，始有來説之旨。今一概打問，無復低昂，恐失舊典，非祖宗仁厚之意。

（明）王世貞《弇山堂别集》卷九七《中官考八》〔嘉靖元年三月〕刑科給事中劉世楊言：近接出都察院原送司禮監提取内官吴善良揭帖，面加浮帖，書寫聖旨：吴善良等照前旨免提問，司禮監奏請發落。臣等竊惟，祖宗之制，凡旨意批於題奏本或登聞鼓狀，發六科以行。凡重大事理，傳奉旨意，各衙門必補具奏本，於早朝面進，此外未有硃寫旨意出承天門外者，所抄重敕旨，防詐僞也。今累批浮帖，徑從中出，六科不得抄行，諸司無從補本，輕褻綸音，更張舊制，此失政之最大也。伏望鑒成憲，重命令，今後旨意，俱遵祖宗舊制。疏下所司知之。

《明世宗實録》嘉靖四年三月 初，襄王祐櫍病廢，不能理國事，承奉詔，亨因竊弄威福，往往詐爲王旨以行，鎮寧府縣主選儀賓業已納聘矣，亨索賂不厭，誣王舅受賕拷死諸宗室，見之仄目。棗陽王謀代理府事不得，恨之，誘執亨，抉其兩目，祐櫍亦故多不法。自是轉相奏奸之章數十上。而鎮寧王長子祐櫺亦劾奏亨詞多誣罔。

上遣大理寺少卿袁宗儒偕中官錦衣衛往訊。宗儒等會勘亨詐傳親王令旨，祐櫍淫縱殺傷人，背違祖訓，祐櫺挾讐誣奏長史袁仕罷輭不能救正，具列其狀。因言：襄府占税課城濠，鎮寧等三府多投軍校，宜查歸軍衛有司。法司議覆，詔：奪祐櫍爵爲庶人，革祐櫺禄米三之一，仍降勑切責之。亨論絞。仕削職爲民。餘各坐罪有差。税課城濠復於官軍裁革如例。

（明）查繼佐《罪惟録》紀卷二《世宗紀》〔嘉靖七年〕六月辛丑，《明倫大典》成，頒示天下。癸卯，定議禮諸臣罪，追削楊廷和等籍。

（明）王世貞《弇山堂别集》卷九九《中官考十》〔嘉靖十年十二月〕詔籍没故中官谷大用財産。初，都察院讞大用獄入，上御平臺，召大學士李時、翟鑾，問：谷大用事，都察院覆本當否？時對以：所擬招罪，與律不合。家産入官律止是三條，謀反、叛逆、奸黨。大用所犯未應籍没，坐以此律，恐無以取信於天下，故臣等止擬一半入官。上曰：大用先朝壞政，正是奸黨，如何不取信於天下？鑾曰：皇上猶天，春生秋殺，無所不可。時等請俱收入官。上曰：然。於是盡没其産。

（明）查繼佐《罪惟録》紀卷一二《世宗紀》〔嘉靖十一年夏四月〕荆州知府孫存擅增改《大明律》，與江陵知縣查佃交訐，並訊。

（明）黄訓《名臣經濟録》卷四七王廷相《請辯馮恩罪狀疏》 嘉靖十四年四月十七日，該司禮監太監張欽傳奉聖旨，如今天氣暄熱，而法司并錦衣衛見監囚犯，笞罪，無干的放了，徒流以下，便減等，擬審發落重囚，情可矜疑并枷號的，都寫來看。欽此。欽遵。仰見我皇上好生之德，與天同體。臣備員法司，敢不祗承休命，以奉宣德意乎？臣於去年，會同吏部尚書汪鋐等，奉命審録罪囚。審得刑部犯人馮恩犯該上言大臣德政，斬罪。臣與鋐等，以本犯罪狀與律不類，情實可矜，擬以有詞再問。伏蒙聖旨依擬，今已數月矣，未見刑部再問明白擬奏。今者又奉欽恤之命，臣乃執法之官，若隱忍不言，致使皇上欽恤之仁不被於下，厥罪深重，焉用執法為哉？臣伏覩皇明祖訓，有云：凡官員士庶人等，敢有上書陳言大臣德政，務要鞫問情由，明白處罪。本註云：如漢王莽為相，操弄威福，平帝以新野田二萬五千六百頃，益封莽，莽不受。吏民上書頌莽功德者，前後四十八萬七千五百七十二人，遂至威權歸莽，傾移漢祚。大明律條意亦同此，切惟聖祖垂訓制律之意，慮恐後世宰執姦邪暗邀人心，以危社稷故耳。今馮恩所犯情狀，揆之於此，實不相類，何以言之？尚書汪鋐掌都察院之日，恩曾挾私妄劾鋐，及鋐轉陞吏部尚書，恩之意以鋐必害己，故先為論列以制鋐不敢發，且波及一二輔臣，以示其非私劾鋐。此小人之心而量君子之腹者也。跡其情狀，誠為可惡。至於舉論尚書夏言、王憲等之賢，亦不過假藉言官論列之公，以濟其害鋐之私耳。比諸稱頌王莽功德，本不相類，臣與鋐等擬以有詞再問者此也。伏乞陛下矜憐之。臣又聞之，前輩有云：我朝祖宗以來有三美政，皆前代所不及：不與異域和親，一也；不使外戚與政，二也；不以論諫殺言官，三也。夫言官，人主之耳目也。耳目聰明，不致蒙蔽，則人主洞燭姦邪？萬里畢照，社稷之福也。故古聖王之於言官，言善則行，言不善則優容，之所以廣聰明而鎮姦回也。言官至於殺戮，則臺諫之臣莫不括囊惜命矣，誰復敢犯危而言之？夫姦邪無種，乘便乃生，使言官畏禍而緘默以自保，此匪人得志之秋也。蒙蔽奪其聰明，姦黨隱於肘腋，人主孤立無所聞見，豈不危哉！我祖宗以來不殺言官，大義以此。伏惟陛下鑒察之，且馮恩，狂妄小人，殺之亦何足惜！但係朝政之大為可惜耳，伏望陛下再勅刑部議辯律義與恩所犯情跡果合與否，再行具奏，上請定奪，則皇上欽恤之仁不致遺漏，而可矜之囚亦得以被其更生之澤矣。臣不勝幸甚，緣係辯明律義，矜人命以重欽恤恩例事理。未敢擅便。謹題請旨。

《明世宗實録》嘉靖二十年四月〔己卯〕江西進賢縣民熊恩榮奏進所撰《敬一箴注解》欲頒佈並行，又欲以在野之人與科目並用。上怒，命執下法司拷訊。此妄生異議，變亂成法，律坐斬。詔可。

《明世宗實録》嘉靖二十四年四月　甲午，刑部尚書聞淵、都察院左都御史周用、右僉都御史楊行中、大理寺卿劉訒、寺丞楊宜、方鈍議覆兵部侍郎張漢所陳將官贖罪條格。言：邊臣之分，惟敵是求，有功不祈賞、有罪不恤死。至於立功贖罪，乃係朝廷一時權宜，而漢欲定擬首級顆數爲罪等差，此蓋以法令爲市，徒啓倖門。及誅斬大將，亦非人臣所宜言。惟上裁決。時漢已被逮，法司以上意不測，故二月餘始上議。上大怒，曰：大將生殺，當自上出，漢敢無君作威，與黨報恨，殊不道，鎮撫司其加刑拷訊以聞。淵等故延，久不覆，意欲朦奏，淵革散官，仍奪俸四月。用等奪一年。及鎮撫司訊覆，漢竟謫戍西衛云。

《明世宗實録》嘉靖二十五年七月　癸丑，政高簡先爲文選郎中，嘗擬陞行人李時濟爲工部虞衡司主事而未有員缺，蓋誤也。已得旨如擬。簡乃取其疏，刮改爲營繕司，然後送科發鈔。今原疏在内府可驗。其欺君如此。前奉詔舉廢尚書唐龍令，簡會議於大學士夏言、嚴嵩所。簡乃於所私者圈注，欺龍以爲此輔臣意。幸而聖明不用，簡之姦計始沮，其欺大臣如此。白晝閉户，昏夜納賄。如任維賢被勘未久而撫治鄖陽，副使程資未及到任而陞爲參政，專任都吏李灼通賂以私擢署丞陳詩，其罔上行私如此，罪宜重治。尚書唐龍衰暮，不辨欺詐，難勝大任，亦宜罷。疏入，上惡簡狥私違法，並時濟、灼，詩俱令錦衣衛執送鎮撫司拷訊。已而吏科都給事中楊上林、徐良傳等復論簡罪之大有三：一、狥私殖貨，变亂選法。一、恣行胸臆，不恤人言。一、引用私人，布植黨與。鄉人傅卓、吳鎰俱以吏員得補王府輔導官。知縣鄒守業已在逃，得陞主事。州同知熊過方坐事當罷，尋擬量調。傅杲初授河間塩課大使，尋改兩淮。衛蘭既除鄭府典膳，旋改伊府吏部有張斗寅李棟、湖廣已二人矣，乃何遷以講學，故復極力引之於銓曹。知縣茅坤歷俸未二年也，以門生故，三月兩遷禮部主事。憎吏部員外劉汀之剛方，陰爲擠排，外補副臬。忌禮科給事中李念之峭直，乘其給假，出爲郡。其他專擅如是者多，上以其章下鎮撫司併問，詔吏部糾正弊端。已鎮撫司上其獄。得旨：高簡輕信姦吏，刮改御批章奏，又任意專擅，改選官員肆行欺蔽。不畏國法。錦衣衛逮至午門前重杖六十，充軍。楊上林、徐良傳不先糾正，俱革職爲民，永不叙用。李灼等俱發充邊衛軍。陳詩調外任。李時濟還職。唐龍等令從實置對。龍先以九德疏參上，疏固陳老病求去。未報，會給事中臧珊言：龍誠賢大臣，第衰病不任事，宜令致仕。上疑其右龍，責以奸佞，奪俸一年。隨下龍疏，數其稱老忘國，黜爲民，比吏部引罪。疏入，上曰：屬官違法作姦，爾等漫不覺舉，狥私隱護，法當逮治。唐龍已有旨。徐階、韓邦奇各降俸二級。久之，吏部奉詔詳覈簡亂法行私及一應積弊所當釐正者。得旨：吏部首百司，舉措當協公論。凡簡所爲，宜亟行更正。鄒守、熊過及傅卓、吳鑑等俱削籍爲民。何遷、茅坤既係私黨，亦調外任。

《明世宗實録》嘉靖二十七年十月　癸卯，殺原任大學士夏言。言江西貴溪人，與大學士嚴嵩同鄉，同在政府，以權勢相軋。言初罷歸，嵩盡斥去言親黨在朝者。言聞之，怒。及復用，位乃居嵩上，亦斥去嵩黨以相報復。然嵩柔佞深險，雖心啣言而貌敬之益甚。言益以氣凌之。及言因復河套事失上意，嵩遂振暴言短，謂曾銑開邊釁，皆言主之。上怒，捕繫銑詔獄，然無意殺言也。會有蜚語流禁中者，謂言去時怨望，有訕謗語。於是上益怒，遂坐銑交結近侍例，併言斬之。或曰蜚語亦嵩所播，或曰嵩以災異密疏，引漢誅翟方進故事，上意遂決。然其事秘，世莫知也。言豪邁有儁才，縱橫辯博。初在諫垣，以言事受上知，比贊更郊禮，遂荷特眷。上性聰察，不喜臣下雷同，言知其旨。方張孚敬用事時，人無敢牴牾者。言故每事與之囂競。上以爲不黨，因厚遇之，竟至大用。然其人才有餘而識不足，憑寵傲肆，威福自由，無所忌憚。上寢不能堪，稍稍以微旨裁之。言不爲懼。久之，上益厭，屢加叱啐，麾斥來去，無復待輔臣禮。言亦不以爲耻。本年再入政府，一意修恩怨，人皆側目而視。及爲嵩所誣搆，遂致身首異處。天下雖以此惡嵩，而亦以言爲不學不知道，足以自殺其軀而已。

（清）查繼佐《罪惟録》紀卷一二《世宗紀》 嘉靖三十九年庚辰春正月，鹵入宣府，總兵馬芳拒却之。二月，原任中允郭顯顏疏請立儲，中有建帝二字，坐妖言惑衆，命即原籍棄市，傳首天下。

（明）王世貞《弇山堂别集》卷一〇〇《中官考十一》 〔嘉靖〕四十四年，先是湖廣黄岡縣民胡大順僉緣陶仲文獲供事靈濟宫，仲文死，大順以奸欺事發，詔斥回籍。至是，大順殺復進用，乃僞造《萬壽金書》一帙，稱爲吕祖所傳，得之鸞筆。且言祖授大順三丸大丹，用黑鉛取白，名曰先天水銀，鍛之，則成清霞玉粉神丹，服之卻疾不老。遣其子玉玄隨妖人何廷玉賫以入京，因道録司左演法藍田玉、左正一羅萬象通内官監太監趙楹獻之。藍田玉者，原江西鐵柱宫道士，以進法秘授官，萬象同以扶鸞術侍上西内，因交權楹。時上方幸此三人者，故廷玉以厚賂致順意，附託之。田玉等遂以其書藥進。上覽其書，問曰：此是箕批，扶箕者如何不來？然未明召之也。田玉等遂詐爲聖諭，徵大順入京，至則屢上書求見。上謂大學士徐階曰：胡大順又來，卻是藍田玉、羅萬象因我問，妄將他喚至。詐令扶箕，曰不降。自藍道行下獄，遂百孽擾宫，或有所使然者。今大順可以仍用否？階曰：大順皆無賴小人，不畏法度，而藍田玉尤甚，覩妄自傳喚，即可類推。至於扶箕，若中外通同，間有準者，否則茫然不知，以浮詞支吾而已。今宫擾已久，恐非由彼所致，且不能必其用後宫擾果息，及不敢保别生事端。似不若如前繩之以法之爲正也。上悟，乃報曰：藍田玉無理之本，去冬輒代何廷玉進水銀藥，遂詐傳密旨，取大順至此。不治無以戒來者。階復言：水銀非可服食，詐傳聖旨，罪惡尤重，若置之不問，往後羣小益無忌憚，互相朋結，恐釀成大禍。聖明速斷，以消隱禍。上乃詔錦衣衛逮大順、藍田玉、萬象等問狀，不知其奸由楹也。比錦衣衛具上獄詞，上謂其不實，有意寬之，以問階，階曰：聖旨至重，若聽憑詐傳，他日半夜出寸紙有所指揮，將若之何？此其機芽，實當預防，必須重治，乃架重深寄也。乞聖明斷而行之。上乃下大順等法司，令從重擬罪。楹具密疏匿殿檽中，伺間疏上前，爲大順等申解。上大怒，付司禮監拷訊，具得田玉等通奸狀，執付法司，與大順、田玉、萬象、廷玉、玄俱論斬，錮于獄，楹尋死獄中。部臣請驗而瘞之，上以逆囚當戮之于市，怒該司官吏不如法奏請，致得自盡，詔奪郎中方良曙俸二月，該吏論如律。

（明）沈德符《萬曆野獲編》卷二五《著述·詩禍》 正統十四年，福建剿賊都御史張楷作《除夕》詩云：静夜深山動鼓鼙，生民何苦際斯時。又云：亂離何處覓屠蘇，濁酒三杯也勝無。又云：庭院不須燒爆竹，四山烽火照人紅。爲給事中王詔所劾罷去。宣德中，楷先爲御史，作詩以獻宣宗，意欲求進，罪之。賴學士陳循力救而免。至是終以詩敗。天順四年，江西萬安縣民羅學淵進所作詩三百餘首，名《大明易覽》。中有咏犬、咏蜜、咏蝨、嘲醜婦，及詆當道者，詞多謬（安）〔妄〕，上大怒，出其詩，命下獄訊治。集諸大臣廷鞫，坐妖言律論斬。弘治十二年，雲南副使趙炯作詩十二首，自序身諭孟密夷使入貢之功，以獻。上怒，降爲運同。嘉靖四年，巡撫應天右都御史吴廷舉，陞南工部尚書，具疏，辭中引白香山詩：月俸百千官二品，朝廷僱我作閒人。又引張詠詩：可幸太平無一事，江南閒殺老尚書。末又用嗚呼二字。上怒，令致仕。又嘉靖十七年，上幸承天府，都御史胡纘宗作詩紀上南巡，末句云：穆王八駿空飛電，湘竹英皇淚不磨。又云：東海細臣瞻巨斗，北樞中夜幾曾移。自刻而勒之石。後爲仇家任邱王聯所訐，指爲詛咒譏訕。上震怒，逮下詔獄，拷掠論死。後宥戍極邊。此等拙筆，無論爲頌爲規，要無佳句，何足塵乙覽。時兩英主在御，宜乎得罪。此比蔡確《車蓋亭》詩，不及遠甚。直如古人目爲斬準惡詩可也。張楷，浙江慈谿人。吴廷舉，廣西蒼梧人。胡纘宗，陝西泰安人。嘉靖間，又有錦衣經歷沈鍊以劾嚴嵩編置保安。亦作詩譏督臣楊順，被誣勾，坐斬。至穆宗初昭雪，加卹。翰林院編修趙祖鵬罷官居家，被宗人趙馴訐其作詩訕上，下詔獄論死。亦至隆慶元年始得釋。二人俱浙産，其人雖薰蕕，然以詩得禍則一也。

《明穆宗實録》隆慶二年十月 庚寅，南京織染局監工内使張進朝以差回，詐稱奉勑往湖廣南直隸選取秀女，遠近訛傳，(好)〔婚〕嫁失所。事聞，詔下南京法司鞫問，擬進朝罪斬，其黨俱充軍。

（明）卜世昌等《明通紀述遺》隆慶四年五月 户科給事中李巳、陳吾德言：太監崔敏請買年例金寶，臣等與户部執奏停止，不蒙俞允。于是再言于上曰：陛下登極詔書，停止採買，蠲除加泒，海内歡若更生。比者左右近習，干請紛紜，買玉買珠，傳帖屢下。人情洶洶，咸謂詔書不信，無所適從。夫尚書乃陛下親信之臣，臣等亦朝廷耳目之寄。陛下於大臣言之不聽，於言官論之不從，不知外此孰可信從者。臣惟自古哲王，雖當國家殷富之時，然猶抵璧投珠，兢兢焉以移易性情糜費財用爲戒，矧今府庫空虛，小民困竭，帑藏所入不足以待一年之出，邊方年例，奏發無時，幾省饑荒，求濟不已。司計之臣方日夜憂懷，計未有所出。陛下爲民父母，奈何以一玩好之故，而費數十萬之貲乎？敏等日侍左右，目擊時艱，亦當爲陛下惜財，乃無端獻諂供用，以充私橐，誤國欺公，孰此爲甚。若不及今杜漸，竊恐將來効尤，肆意希求，轉相欺蔽，不至于空人之國不已也。伏望俯從部議，亟斥敏等，以昭陛下之儉德，以全詔書之大信。上怒已沽名犯上，命廷杖一百，送刑部監候，吾德爲民。

（明）卜世昌等《明通紀述遺》隆慶四年九月 大學士高拱言：方士王金等自有當誅之罪，不當以先帝殞于非命不得正其終者罪之。上命多官訊實以聞。刑部會多官鞫于承天門外，盡反金等獄詞。吏科給事中趙奮以法司爲天下持平，昔則一主于入而不思爲先帝之地。今則一主于出而不恤乎後世之譏，陛下何賴哉。更將金等重擬。若以金等爲從，又孰爲首？必以陶仲文爲首，今已死矣。疏入，報聞。

（明）沈德符《萬曆野獲編》卷二〇《言事・疏語不倫》 世宗末年，諱言儲嗣。楊容城疏論分宜，而引裕景二王爲辭。上震怒，因置極典，終以不免。郭豐城繼之以鈎奇，遂出安儲一疏，有慰諭二王之語。時上怒更非常，竟行江西論斬，不必再讞。且傳首天下。最後則海瓊山指斥上過，失語太峻，亦坐絞。會世宗上賓得出。穆宗在御，言者亦時罹譴謫，甚至廷杖，終未有論死者。雖上寬仁，亦告君之得體也。穆宗升遐之冬，御史胡涍者請放宮人，疏末乃云唐高不君，則天爲虐。馮璫見而切齒云是何語言。聞慈聖亦玉色不怡，將處重典。爲江陵公力救，得編氓以去。夫釋内人以光新政，固是美事，然亦恆事。今上聖齡方十歲，何至有先帝下陳、更衣入侍之疑，使在先朝，誅死久矣。言官雖處不諱之朝，下語亦須裁審。乃知古來諫臣見殺，亦有時自取，非盡不幸也。

（明）查繼佐《罪惟録》紀卷一四《神宗紀》 〔萬曆十一年冬十一月十二日〕御史李植、江東之等糾司禮馮保十二罪。先是，太監張誠見惡於保，黜外，至是復入，專跡保與原閣臣居正交結專恣狀上聞，而植等乘之。謫保奉御南京，籍其家。

《明神宗實録》萬曆十二年二月 〔癸酉〕以兇險貪暴，挾衆抗旨，革新會王睦樒爲庶人，發高墻禁住。

《明神宗實録》萬曆十二年七月 〔己丑〕黜刑部尚書潘季馴爲民，從江西道御史李植劾也。植疏畧曰：故輔居正挾權閣之重柄，藐皇上于沖齡，殘害忠良，荼毒海内，即斬棺斲屍，尚有餘罪。夫何季馴昔爲私黨，深銜卵翼之恩，今籍恤舊，甘爲蹠犬之吠，不曰居正宜抄，而曰好貨貪財，不曰居正之罪宜誅，而曰損德傷體。奉命籍没諸臣，少加推問。季馴又倡言惑衆，至謂銅棬鉄夾，斷肢解體，拷斃數命，餓死十人。詢之楚人，以爲並無此事。季馴不惟誑皇上於前，而且欺皇上於今日矣。若不速行斥逐，恐以下訕上，以臣議君，相率成風，莫知底止。詔：季馴對狀。季馴遂上疏認罪。上怒，黜之。仍奪其誥命。

《明神宗實録》萬曆十二年三月 〔庚寅〕工科給事中唐堯欽題：今天下呶呶未已者，曰故相張居正。顧居正可恨，而所尤可恨者，則誤居正之臣，原任太子太保工部尚書致仕曾省吾是也。蓋省吾與王篆數人，同惡相濟，以欺居正，居正日爲賣弄，不覺而竟成誤國之罪。今居正謚已追奪，四子褫職，王篆、賀一桂等亦俱爲民。則奸險如省吾者，亦宜重處以謝朝廷。至如浙江僉事曹一夔，籍省吾爲泰山，結馮保爲心腹，仗徐爵爲介紹，巡鹽長盧，送保不下萬金，差往四川，千金饋爵，二千饋保，言之實汙口頰。可使復濫仕籍哉？詔褫省吾、一夔職。

《明神宗實録》萬曆十二年三月 〔癸巳〕南京浙江道試御史李一陽言，南京工部尚書劉一儒與故相居正爲兒女戚，不欲一墮其黨，常高蹈遠引，家食十餘年。蒙恩起用，轉今官。未幾，遽陳疾乞休。是其權門氣燄浼焉，恐及宦路榮名，澹然不淄，有臣若此，安可聽其求退？又言，原任南京光禄寺少卿王蔚、傳作舟，先任南科給事中，皆故相心腹之惡黨，附勢張威，此倡彼和，其罪不減陳三謨、魯士楚。今三謨等業已爲民，而蔚、作舟猶在降調，將何以服三謨等之心。乞特勉留一儒，行該省撫按，勸駕赴任，併斥蔚、作舟爲民，以爲惡黨之戒。上可其奏。

《明神宗實録》萬曆十二年三月〔癸巳〕左副都御史丘橓條陳三款。其一，請廣搜屈抑之士。言：給事中魏時亮、周世選，御史張槓、李復聘皆以言忤輔臣高拱，吏部郎中胡汝桂以抗直忤堂官，均宜及時搜起。其二，請均處邪媚之臣。近日芟除邪黨，如江西巡撫王宗載、巡按于應昌，致死御史劉臺宗載主謀，已擬充軍矣。應昌不旦同謀，而又下手，乃止罷官，不幾失刑乎。福建巡撫勞堪，致死侍郎洪朝選，兩撫俱居正鷹犬，殺其讐以獻媚。其妄殺之罪，亦同，今宗載充軍，堪止罷官，又不幾失刑乎？郭思極爲監臨官，密中居正之子懋脩。林應訓、張一鯤爲監試官，密中侍郎王篆之子之鼎。錢岱爲監臨官，先期請居正第六子赴試，會居正故，不果赴，密中王篆之子之衡，此其懷私作弊、皆同。今二家子及思極應訓俱斥矣。一鯤與岱猶繫籍班行，曹一夔身爲御史，上疏稱馮保爲顧命大臣，夫保内官也。可謂顧命大臣乎？今保已充浄軍，而不顧義命之小人，復何顏立于聖朝。朱璉則又認馮保爲義父，結游七爲義兄，今父充浄軍，兄擬斬罪，爲子弟者乃止罷官，况接剔湖廣一省之脂膏，半輦載於張王二家，是尚爲有綱紀乎？其三，請罷臣官。臣昨冬涖任，曾已妄誓，謂數月以後，若猶積弊不除，世態如故。是臣憲體不端，協理弗效，臣甘坐不職之罪，今已三閲月矣。頗聞各省大吏恣肆如故，有司貪殘如故，百姓愁苦如故，四方饋遺相望于輦轂如故。臣又一切付之罔聞，不行報奏。以臣前日之言，責臣今日之罪，臣將何辭以解。乞罷臣官，加臣罪，以風示天下。上可其奏，令部院分别邪媚各官以聞。勅橓即遵新命供職。後吏部覆詔勞堪不必再勘，與張一鯤都褫職爲民。錢岱降三級調外任。

《明神宗實録》萬曆十二年三月〔己亥〕南京山西道御史田一麟疏參商爲正、曹一夔皆奔走居正門下，素行可鄙。上令削一夔籍，爲正致仕。

《明神宗實録》萬曆十四年八月〔甲子〕南京刑部尚書姜寶問擬馮保專恣異常，妄意復然。客用以舊黨朋比，將審過供由，請旨。上命馮保從輕發充孝陵衛浄軍，客用著守備衙門杖八十，照舊著役。

《明神宗實録》萬曆十五年正月〔庚子〕上視朝，午門外緝獲詭服三人，以守門官吏平昔踈縱，不能稽察姦細處之。仍諭京城内外及各省直地方，但有學左道煽惑人心，緝事巡捕嚴行訪拏究治。地方敢有隱匿，一體治罪。都察院左都御史辛自脩因言，白蓮教、無爲教、羅教蔓引株連，流傳愈廣，踪跡詭秘。北直隸、山東、河南頗衆，值此凶年，實爲隱憂。請命下五城御史及咨各省直撫按官，督令軍衛司，嚴行訪拏，仍將律載左道條款及明旨内事理，刋布大字榜文曉諭。政有仍前不悛，依律正罪。容隱不舉者連坐。上報可。

《明神宗實録》萬曆十六年九月〔己未〕巡撫湖廣右僉都御史邵陛以鄖陽兵變事，追論糸將米萬春應逮正刑。先是，鄖撫李材不操練軍士，日惟講學自喜，優青衿而嚴武弁，積不能平，及議撤糸署爲學宫，而軍士梅林等攘臂一呼，遂成大亂。甚至文廟牌位亦被毁。時萬春雖抵境，未任，實嗾之。而任後，所以窘辱道院府縣官者，致不可堪。且邀截奏疏，逼勒改易，故科臣張希皋嘗劾之。至是陛下又有此疏。下兵部。部覆。得旨萬春革任回衛差操。

《明神宗實録》萬曆二十五年十月　丙子，刑部問擬陝西知縣侯命，郭擇追贓，革職爲民。如擬。兵科右給事中侯慶遠論劾海防道蕭應宫，仍用沈惟敬，主和，不即奉旨押觧。上以應宫抗上庇奸，並惟敬逮繫來京。

（明）查繼佐《罪惟録》紀卷一四《神宗紀》〔萬曆二十六年〕五月，科臣戴士衡疏指侍郎吕坤所輯《閨範圖誌》，語侵鄭貴妃。蓋《圖誌》初成，戚臣國泰冠后妃一序，以浮譽鄭貴妃，坤或未知之也。士衡借吕防鄭，附以匿名書，題曰《憂危竑議》，署朱東吉撰，無其人。鄭以士衡初疏知出其手，會行取知縣樊玉衡方疏册立，有旨玉衡與士衡並謫戍，鄭貴妃因切齒二衡云。

（明）查繼佐《罪惟録》志卷三二上《外志·萬曆逸紀》《竑議》始自萬曆戊戌。侍郎吕坤以《帝鑑圖説》例，編摹《閨鑑圖説》刊行。尋皇貴妃鄭氏有序弁其首，改鑑字爲範字，鄭畹承恩筆也，標曰大明皇貴妃重刻閨範序，内有脱簪勸講、繼述仁孝之女誡，章聖之女訓云云。於是科臣戴士衡撰《憂危竑議》，跋《閨範》之後，具疏明參吕坤假托此書，包藏禍心。按《竑議》有云：吕爲此書，雖無爲儲之謀，不幸有其迹矣。《閨範》序中直擬繼述先朝母后，將置太后、中宫何地？且云脱簪勸講，毋乃巧行媚道，從古有宫闈與現任大臣刻書者乎？破格之恩良厚矣，五十寶鏹，四十采幣，胡爲乎來？且聞坤所進《金龍命書》，盛稱三皇于異曰。或又曰：呂處衆垢，而子獨與之何也？曰：當世名人，若張養蒙、劉道亨、魏允貞、鄭承恩、鄧光祚、洪其道、程紹、白所知、薛亨，皆稱坤所見極高。夫唐閹執命，天子門生，宋奸弄權，神器宵易，今盟約已定，羽翼已成，子韋布之士，豈知國家大計。後署燕山朱東吉頓首跋。司禮陳矩直以上聞。鄭戚畹國泰、承恩等隨有辯冤續言，指戴與樊黨同非聖，并請急正青宮，以息羣惑。所云樊者，全椒知縣樊玉衡也。玉衡踵有疏，故并及之。二衡坐遣，有旨不必深辯。至三十一年，又有《續憂危竑議》刻本，外題國本攸關，亦用前憂危或問體，略曰：或有問於鄭福成曰：今天下太平，而先生常不豫，何也？福成曰：此日事勢，正賈生所謂厝火積薪之下。豈以儲位尚或未安乎？曰：然矣，從官不設，尚寓他日更立之意，大率母愛者子抱，以鄭貴妃之專擅，回天豈難事？何以知之？曰：以朱相公賡知之。賡者，更也。相公倡之，誰敢不附？侯之門，仁義存，誰則捨富貴而趨死亡？然則衆附可數乎？曰：可。文則王世揚等孫瑋、李汶、張養志，武則王之禎等陳汝忠、王名世、王承恩、鄭國賢，而貴妃主之於內，此之謂十亂。《魯論》所云：有婦人焉，九人而已。正合文王捨伯邑考而立武王之義也。問：此數人將胡爲乎？曰：數公人傑，有世揚、汝忠，則靖難之資，取之京營自足。有汶，三邊扼要矣，有瑋駐保定，勤王弗至也。有之禎宿衛禁城，誰則靳闕入乎？問：濟與否？曰：監矩與妃鄭比周上前，胡不濟？或曰：蛟門無説乎？則曰：蛟門險賊，善規避，不身其咎。後署吏科都給事中項應祁撰，四川道御史喬應甲書，題有萬曆某年無月日。上怒，詔嚴緝。時閣臣歸德沈鯉主票本，頗爲蜚語所中。鯉于閣中供設天啓聖聰牌，入必禮之。不數日，錦衣崔德緝得皦生光弟生彩。按生光原係順天府學生員，先年曾自揑名，印造妖詩，將以中鄭戚包繼志，並危鄭。詩曰：五色龍文炤碧天，讖書特地擁祥煙。定知鄭氏乘黃屋，願獻金錢壽御前。後署松風狂客題。而生光出名作跋：臣偶從郊外貴家莊拾得此詩，讀畢，痛哭失聲。左右驚覺奪去，臣歸歎曰：渠家陰謀羽翼成矣。凡我臣子，誰不疾首！故直書之，或以散其黨云。則刊板印貼鄭皇親門首，各衕衕盡有之。事發，坐革衿擬戍。久之，自戍所潛歸，改名皦揚，字冤之，又刻有《怪石岸游兩草》，而黏壁十大説內，有爾大冤未白，而規規于小侮；爾大忠可傷，而規規于曲謹等語。時會審者數，獨刑部尚書以爲未允。禮部尚書李廷機主筆，定招十一條：一、造意報仇。一、妖詩後有侯之門二語，妖書內復有之。本犯原供，曾皆記此語。一、刊工徐承惠供工銀三錢四分，驗字正合。一、所與工價，尚欠一錢四分。一、承惠供所刻無邊襴，後無年月。今邊襴無，後有年無月。一、本犯子皦其篇供，散妖書時，見書面票簽有國本攸關四字，蓋誤攸爲收也。一、承惠票簽有關字，卽蒲東廟姓。一、妖書內有伯邑考，語出《禮記·檀弓》。本犯做生員時原習《禮記》。又本犯詩集，有《讀檀弓有感》一題，詩據。一、本犯妾劉氏供，生光臥房託病不出數日已，索刀劈木燒炕。一、妻妾子女無不招承，及究同謀，招無一字。一、會審次日，親招情真，罪當，萬死無辭。又次日，親招自作之孽，本無同謀，親筆在案。一、東廠陳矩問：何故波我？供云：廠裏。問相連別官，供云：要緊衙門。蓋預防黨鄭，卽喬項二臣總是鬼揑。時其彩無供，瘐死獄中，則四明與歸德沈、江夏郭，素以議謚及爭楚邸有郤，欲激聖怒，以甘心諸不與己者，走使監矩，矩毅不從。又御史康丕揚度必外轉，用內監賈忠貞謀，妄指僧達觀，捕治獄死，有偈云：鑼聲不斷鈴聲續，誰是聲兮誰是聞？因憶法堂鐘鼓後，古來魂夢任紛紜。聞者冤之。諸波及者，金吾周嘉慶、張魁，禁衛王之禎，琴士鍾澄，醫士沈令譽，百户劉柏。時尋仇互射，疑鬼盈車，殊非政體。然得是案而震位永安，未它非生光放言之所貽也。生光坐磔，妻子戍邊。事後，預會審御史沈裕，嘗出差，道疾，相傳病中見生光索命，自悔案生光涉孟浪，竟死。又中書趙士禎，自生光見收，輒神氣沮喪，得病，亦驚呼生光在眼。遂相傳妖書不自生光，係誣服。刑部尚書，蕭大亨也。以亨不從，益疑。

《明神宗實録》萬曆三十年六月〔己酉〕詔監生吳中彥監候處決。李遇文、劉綖不許叙用。先是吳中彥誘總兵李遇文、僉書劉綖巨貲入京鑽刺，爲言官所劾，下所司拷問，至是刑部具獄上請，故有是命。

《明光宗實録》萬曆三十一年十一月　有投匿名書于各署，語多涉國本，且及閣臣，一貫、賡以聞，請嚴行逮捕。奉旨：謂其離間親情，蓄謀叵測，必有主使之人，同謀黨類，下廠衛城捕嚴緝，以絶禍源。閣臣請神宗面諭以安東宮。神宗即命擬諭以進，又命擬一諭以戒飭本宮局郎等官。居數日，神宗躬謁聖母，宣上見于啓祥宮，親賜之，又賜御書面諭一本，蓋上純誠孝友，神宗所知，故授書之際至于垂涕，其篤至如此。先是楚宗奏楚王以他姓子冒藩封，禮臣郭正域，武昌人也，素聞其説，請行勘。勘上事皆有跡，于是物論紛然，以楚藩爲假王，下廷議，獨户部尚書趙世卿，總督倉場尚書謝杰，謂王非假，餘皆如楚宗言。正域請再勘，神宗意殊難之，一貫亦從中阻格，與正域相口語。正域疏侵一貫，且言其受楚王金，輔臣鯉頗右正域彼此之嫌生矣。其後楚王復訐奏正域勒歸聽勘，楚事竟寢。楚王遣人奏謝，因遺書謝諸貴人，楚宗率衆邀諸途。備兵副使周應治，鄞人也，恐事露，遣兵捕楚宗，械而繫之獄。諸宗羣訴于巡撫趙可懷，可懷譙責之，中有一人發憤突起，以手械繫可懷，立斃。傳者遂以楚宗爲謀叛，捕治坐死、斬、絞者六七人，禁高墻者數十人。議者多以爲過，正域行至楊村，屬妖書事起，諸獻諛者遂言此正域所爲，一貫意動，故揭言，此書必出于臣下相傾之詭計，特借國本爲名而自請絶私爲公，以身討賊，必得真正主使之人殄滅之，以洩廟社之憤，其言甚危。神宗覽之倉惶，故下令大索。緹騎兵番四出逐捕，而給事中錢夢皋遂露章攻正域，且及鯉。御史康丕揚等佐之，隨發卒圍正域舟，盡捕其僕隸佐書乳媪等，下詔獄嚴刑考訊，無所得。所株連波及奪官削籍幾斃杖下者甚衆。邏卒又圍輔臣鯉第，日夜偵伺，長安中人皆重足屏息，無敢偶語。又行文天下搜捕，騷然煩擾矣，最後乃得皦生光，業已欵服，然非一貫意，故獄久不成。禮部侍郎李廷機及趙世卿皆告輔臣賡，謂即此可以具獄，毋他求。語甚切至，賡亦力勸一貫如廷機言。得旨廷鞫，生光仍欵服，而刑部尚書蕭大亨不欲坐生光，再三誘令扳扯同謀主使之人，生光抗言：我自爲之，誰爲主使？廷機與御史沈裕、湯兆京、牛應元輩，皆言生光宜坐，大亨曰：脱他日獲有真犯，誰當其辜？廷機曰：某請任之。沈裕等亦曰：某願同坐。大璫陳矩方主讞，深然之，拱手曰：朝廷有人。讞遂定。乃具奏。神宗亦心悟，磔生光于市，寢其獄事，乃得解。夢皋等後挂察典，復奉旨留用。物論愈喧，彼此紛拏，縉紳之釁卒從此起焉。

《明神宗實録》萬曆三十一年十二月〔壬午〕提督京城内外巡捕都督同知陳汝忠奏，獲可疑男子一人毛尚文，係侍郎郭正域家人口，稱復有心腹家人何童，郭慶，不時往來上京作事。上命法司會同廠衛科道鞫之。且令嚴緝何童、郭慶，務在必獲。僧人達觀氣高傲物，士紳中有惡之者，御史康丕揚奏捕之。上令錦衣衛同沈令譽一并訊問妖書蹤跡，皆堅不承。錦衣衛管衛事王之楨具獄詞以上。有旨：令會同九卿科道嚴鞫之，沈令譽就捕。時，搜其私書，有于玉立與王士騏營謀起官手扎。上令部院參處，不許徇情輕縱。

〔丙戌〕刑部奏，請將原任禮部侍郎郭正域行彼處撫按官將華越等及撥置之人查照楚王原奏，逐一研審，有無與正域關涉，定限三十二年二月終，具奏定奪。其胡化、沈令譽、達觀、賈山等，請嚴究根因，分別正法。詔從之。丁亥，王之楨奏稱，考訊達觀妖書事情，極口稱寃，或再與沈令譽下廠衛研審，或別有處分，俱乞聖裁。詔以達觀付法司定罪，沈令譽着廠衛等衙門再鞫之。

《明神宗實録》萬曆三十四年四月　丙辰，保定巡撫孫瑋疏劾天津税監馬堂罔上欺君，戕民怙惡，悖旨速亂六罪。大略云，採鮮雖云舊制，而廠課之徵，則自康寧具奏始，猶新税也。魚鮮貢進内宫，有司不宜越阻，税課歸併有司，該監亦豈得越俎。今乃以採鮮而漫及徵課，混稱舊制，朦朧具題，罪一。該廠舊設實坻，至於徵課，則堂原文並無青縣天津隻字，手墨未乾而翻雲覆雨，藐侮國憲，罪二。畿甸，天子之堂奥也。未奉旨前，猶止該監爲政，既奉旨後，有司税，該監又税，是使朝廷之浩蕩，反增畿民之陷阱，罪三。康寧輩引亡命百輩，磨牙吮血，該監之公移夕發，羣姦之公署朝開，儼然稱欽使，竪黄旗，招摇截劫，明搶白奪，誰實與主，罪四。明旨税歸有司，堂駕詭辭而侵越。明旨嚴禁私設，堂縱虎狼而四騷。明旨安民惠商，而堂務剷其骨而乾其髓。罪五。堂昔臨清激變，商民幾成煨燼。今尚不鑒覆轍，一旦有事，則肘腋之地，非比萬里滇南，朝發閭閻，夕驚陵寢，召變速禍，罪六。伏望嚴旨撤回，仍將康寧劾臣等嚴拘正法，庶威福出自朝廷，而禍亂消於瞬息。不報。

《明神宗實録》萬曆四十三年五月〔乙丑〕工科給事中何士晋言：頃者張差持杖入慈慶宫打傷守門内監，直逼前殿簷下，此祖宗二百五十餘年所未經見，皇上宜何如震怒。乃旬日以來，似猶泄泄。雖事涉宫闈百宜慎重，然或謀未成，機未露，猶可從容曲處，今形見勢迫業已至此，皇上亟宜下法司之請正罪人，以謝九廟。更宜慰諭東宫，慎起居，嚴侍衛。仍勑各該衙門侍衛官較必充原額，常川内侍倍增原數，而更令錦衣衛千百户二員帶領旗軍於慈慶宮前後左右，晝夜巡守，其皇城各門仍聽巡視科道設法嚴禁，至於紅封涅槃之教。方士羽衣之流，亟宜誅逐，無令構煽，此皆保護東宮，以潛消反側，惟聖明深維宗社大計。

《明神宗實録》**萬曆四十三年五月** 乙丑，刑部十三司官同到提牢廳，將提牢主事王之寀前日私審張差所供各犯的確姓名，居住，年貌再三細審據供，馬三舅名三道，李外父名守才，同在井兒峪居住。又有姐夫孔道，住本州城內，俱以燒灰生理，往來于內官。而前所稱不知姓名老公者，乃修鐵瓦殿之龐保，所稱不知街道大宅子老公者，乃住朝外大宅之劉成。且備述保與成陰謀主使狀，其語皆人不忍聞。又有紅封票及真人香頭之號。於是刑部據招具聞，仍乞勑下在法司，將張差前後所供情節，并提龐保，劉成兩相對明，逐一根究。是日審者山東司官四員，胡士相，陸夢龍，鄒紹光，曾曰唯。會問官二員趙會禎、勞永嘉。提牢官一員王之寀，及各司掌印官十一員，吴養濍，曾之可，柯文、羅光鼎，曾通唯，劉繼禮，吴孟登，岳駿聲，唐嗣美，馬德澧，朱瑞鳳等。而差之變詞則自十一日提牢廳私審始也。或謂之寀當張差入獄時，審知有內官姓名，遂日給差酒飯，凡所言打得東宮喫亦有穿亦有等語，皆私爲教而署事。張問達遂據審，上讞矣。

《明神宗實録》**萬曆四十三年五月** 〔丁卯〕刑科等科署科事給事中姜性等言，臣等恭讀皇太子所奏張差一事，心甚怪之，既而巡視疏叅刑部提問差，猶然是癲人也，無何而主事王之寀之疏上矣，刑部又三四覆審之矣。據其供吐，改辭换語，且稱同行指引，皆有姓名、年貌、住宅，歷歷可據。即使病未風癲而狂逞一擊之間，掖廷騷動，儲蹕震驚，此何等事變，可苟幸無虞而已哉。皇上天親至愛，天地祖宗呵護至靈，藩封已就，主器久安，萬萬不至如外人所慮，而連日人情兢兢，無不欲聲討有罪，立付市曹，未聞皇上有嚴詰之旨，何也？禁衛之踈，非一日矣。屢經巡視詣臣糾叅，而無奈中涓盤據其間，出入不可問，卒伍不可查，議者欲禁穿朝、驅內市、點閘軍伍諸事，計巡視者饒爲之，然非藉天語申飭不可，而至于引見膝前，宏開講幄，諸所當舉，無不加優，庶幾精神浹洽，窺伺潛消，尤爲根本至計。

《明神宗實録》**萬曆四十三年八月** 〔甲辰〕駙馬都尉王昺奏言：臣初入府，皇上賜臣《名臣奏議通考》，此書皆盡言直諫，蓋臣以諫爲正，況爲諫官者乎？惟人主用其言，則君明臣直，流芳史册。若吐棄之，黜逐之，甚者拘囚之，則當時高諫者之節，後世仰諫者之忠，獨人主蒙拒諫之名，而國危已隨之，今日御史劉光復是矣。光復當諫之時，意激烈而聲高，情鬱勃而膝之前也。陛下神明天縱，試想光復果何爲哉？召對出於頃刻，趨走倉皇，喘息未定，當其時，寧暇計生前禄位，死後榮名，無非爲諫官盡言責，爲直臣願主聖而已。其言聖子神孫之計，防微窒釁，莫非陛下家事。自出旨拏問，遂成忠臣死諫之名。人誰無死，光復流芳百世，死不朽矣。陛下殺諫臣，爲何如主哉？律者齊也，犯法者齊之以刑。高皇帝與聖子神孫世庶二百餘年信守之，今比侵公帑、委滯梓宮於泥塗孟坤之律以罪光復，彼盗臣，此忠臣，彼犯十惡，此秉一敬，引而坐之，何異以白爲黑，又天下所不信也。玆事本原陛下，欲釋外廷之猜，不得已而召對，既謂召對，寧可皆默默而出？必有忠諫，方成盛典。乃逆節之馬三道等連旨出之，惡法司之不輕；廷諍之光復連旨入之，惡法司之不重。法司守法，而竟引不相干之律入之，此等舉動，天下服乎不服乎？抑臣尤有痛哭而不忍言者，陛下二十餘年不臨御，迫而一出，别無紀載，惟執諫臣，坐之大辟，聖子神孫初侍臨御，亦無所聞見，惟見中官窘摭御史身教者，從臣危之矣。塵封明鏡，磨則仍光；日月之食，更而復照。請急下明詔，出光復于獄，復其官，將天下服聖人之過，真如日月之食，而聖子神孫，知天子之道，改過不吝，天子之尊，必納直言，改失爲得，轉危爲安，即陛下貽謀宫闈間於臨天下光明多矣！上覽疏震怒曰：王昺這厮驕矜狂肆，喪心無忌，撰捏疑詞，瀆激朕躬，欲速正狂畜之厥辜。且前者劉光復震驚神位，越踰直前，無人臣禮，內外大小臣工共目所見。昺非盲瞽聾聵，忍心背忘聖母天恩，譏謗君上，姑且革了衣帶養贍，即著錦衣衛差的當官較伴押前去原籍爲民。此本朕細覽是王昺畜養山人遊客所作，著該衛即將寫本章人役拿去，各著實打一百棍，用大枷枷號於人烟輳集處所一箇月，滿日具奏。

《明神宗實録》**萬曆四十三年閏八月** 辛亥，刑部奏壬子順天科場一事。劉琛等已久禁待審，則犯証李師靖誠難任其逃逸不出，嚴提正罪，此法之必不可容，而先行究勘，亦事之必不可後者，乞勑臣部，一面將劉琛等委官會勘，按律定擬具奏，一面將李師靖另咨嚴緝，務期必獲。上可其奏。錦衣衛遵旨將駙馬王昺押回原籍爲民。仍分布旗較緝拿作寫本章之人，上以其拿獲延緩，降旨切責，且命該衛即拿真犯，務在得獲，不許仍前故縱。

《明神宗實録》萬曆四十四年三月〔辛未朔〕逮原任電白知縣周玄暐下獄。玄暐，直隸崑山人，罷官家居，雄于貲而好譏議，所著《涇林續紀》牽涉時事，凡官司之蒞其土者，率加訐詆，即事干宮禁，亦書之。會與邑令忤，鄉人乘之，冀快夙憤，以誹誣朝廷，訟之者數百人。應天巡撫王應麟，提督直隸學政王以寧露章交劾。上以其書有宮闈事，命燬其板，逮繫錦衣衛獄。

《明熹宗實録》天啓元年二月〔丁未〕山東道御史汪泗論歷陳亂萌言：近據滇、黔、晋撫前後奏報，土舍凌侮於州堂，詔使被劫於公署，青衿煽禍於學宮，亂民揭竿於山頂，延綏保靖逃卒肆掠，奉調女官望闕却步，留都驕軍鼓譟而焚給諫之署，昌平守伍抛磚而犯直指之門，可謂有三尺乎？此猶其在外者也。南城緝獲僞印假單，訛以詐訛，則淵藪不足爲藏矣。明時坊强賊明火劫傷人財，則邏卒不足爲用矣。武藝庫之獄可越，則國門不足爲固矣。大工之木可盜，則尚方不足爲嚴矣。甚者御園之寶器均可攫取，則金吾不足爲禁矣。寶寧門何地？而不知姓名之人擅自闖入，則禁地不足爲密矣。試緣臣言而俯垂却顧，將必有不能帖席者。總緣法紀陵夷，人心玩愒，如覆軍没帥之李維翰，賣城納虜之麻承恩，署道賣鎮之鄭之範，罪狀久著，天討未彰，自是而有游擊。何光先用營馬馱餉還家，有通判白似玉侵餉銀至一萬計，又有同知冒日乾簡册半年不報部，援將毛有倫等逗遛二年未赴遼，其爲積蠹、積玩，皆遼獄緩結一著悮之也。同時河南道御史袁化中亦列爲八漸：曰宮禁漸弛，言路漸輕，法紀漸替，賄賂漸彰，邊防漸壞，職掌漸失，宦官漸盛，人心漸玩。因參吏部郎中崔淐、鹽法道袁世振等貪賄罪狀，俱可其奏。

《明熹宗實録》天啓元年九月〔甲寅〕刑部尚書黄克纘題：宋八、孫二一案内，楊正朝係尚衣監内官，侯長子係安樂内官，信孫二之訛言，納交求見，假傳宣之懿旨，道喜示酬，除侯長子提到外，乞將楊正朝嚴提正法。得旨：該監查無楊正朝，仍嚴究侯長子據實供招，毋令詭借姓名，致稽問結。已而御史畢佐周言：正朝矯稱懿旨，長子穿蟒坐迎賓館，原招俱在，豈其一旦化爲烏有？乞嚴勑内監緝獲正法。因言權璫宜以懷恩、興安爲法，以振、直、瑾、保爲戒。上令該監嚴查具奏。後止將宋八、孫二論斬，正朝匿不赴審，長子亦得漏網云。

（明）陳子龍等《明經世文編》卷四九九侯震暘《糾輔臣疏》　今戎馬生郊，議論盈庭，況當主少國疑，奸璫竊弄之始，所倚藉輔弼大臣不啻險道之輈，中流之楫，宜何如品行，始勝其任。姦輔沈漼，始借募兵以進身，繼借練兵以行媚，縻費無數金錢，濫授無數官爵，業經諸臣參論，至擬之亂賊篡弑。臣謂漼即無其心，不可不防其漸。其最可羞、最可恨處，專結納權璫，交歡阿姆，禁中秘事，時密報以誇傳。暗裏机関，將朋謀而反覆。臣政擬特糾，而諸臣再疏已上，似可無言，及得其辯疏讀之，理屈詞窮，机鋒肆出，尤不覺貲裂髮指。天下豈有兩奸首尾肯自供自吐者。今諸臣言漼交客氏，漼曰：請問諸客氏。言漼交盧受，漼曰：請問諸盧受。言漼交劉朝，漼曰：請問諸劉朝。從來有此質對之法否，有此辯白之体否？明遮明護復自認自招，想漼下筆時，亦當神挼其手。至詆惠世揚爲速化，屬韓敬主使，了不相蒙，緣何挿入？又謂明斥熊廷弼招忌，夫弼干犯國法，自不可諱，今之明斥廷弼者多矣，以公事起見，雖議論不齊，何妨互證。漼得罪公論恐不関此，爲此語者，將挑釁乎？將借資乎？閃爍變化，益不可方物。臣不意聖明之朝，有僉壬若此。昨歲閣臣劉一燝初念未嘗不正。但才識短淺，作用全疎。王安一案，臣嘗諷其明目張膽，爲皇上剖陳以去，終是含糊隱忍，臣至今恨之。用王安者且不免于机彈，用殺王安者，當借何題目；如漼者，始終本末原不與一燝同倫。皇上若復曲狥故套，賜玦不早，臣恐其内外鈎聯舞机弄智，更有不可言者矣。臣因有責于元輔葉向高焉，向高再起東山，重登揆席，海内喁喁，想望丰采。乃近日舉動，似委卸處多，主張處少，以求全爲智，以避謗爲高。偶有相規，輒杜門求去。然則聖恩眷注謂何，初心報塞謂何？至若楊漣、徐光啓之且不必起也，夏之令之以詰奸蒙罰也，煬竈情形，尤甚彰著，不爲救正，何爲者夫。惟首揆無屹立之丰裁，而後奸輔爲播弄之行徑。漼疏云：臣居五臣後，不能行意。是漼又且歸責于向高者。向高直在無可推無可諉之地，何如毅然擔任，截然剖分。票一事，是曰是，非曰非；票一人，可曰可，否曰否。以和衷集賢哲之謨，以獨斷褫宵壬之魄，使中外知所倚賴，而疆事猶不至決裂不可爲也。嗟嗟，政本至今日難言矣。有集垢滿身、曲借徑竇之沈㴶，因有聞言充耳，直入綸扉之史，繼借宅揆重地，恐轉成一頑鈍苟且之世界，而卓犖奇偉爲國家樹非常之烈者，伊何人哉。臣草疏既就，廷對屆期，姑緩一日而併有感于會場主考一事，內批與外擬忽異，通國喧傳，亦舉疑㴶提弄，一箭雙鵰，與陳居恭疏同一机局。㴶果有之，可謂心勞日拙。如其不爾，何以絶不相蒙之事備舉而歸諸其躬，此亦可以定㴶之品矣。乃朱國祚受命之日，爲時既迫，固辭恐妨大典，今已竣役，亦似不妨翩然引退。葢流傳千古，畢竟爲壬戌主裁，旨從中出，非所以爲名也。國祚能決去就于幾先，留此一綫名義，不亦休乎。國祚清恬人也，臣故以此言進，觸邪無忌。自臣職掌，乃概爲諸輔效他山之石，極知狂戇，但生平自許孤行一意，有懷于中，詎不能嘿，統祈聖明昭察。

（明）查繼佐《罪惟録》紀卷一六《熹宗紀》〔天啓二年六月〕科臣汪慶百、彭汝楠、沈惟炳，次第追論紅丸，汝楠坐罰俸。御史徐景濂等爲從哲曲解，御史方有度復争之。於是尚書張問達等，汪應蛟、姚思仁、王紀、王永光。侍郎李宗延等，陳大道、楊東明、張經世、陳邦瞻、丁懋選。卿寺高攀龍等，周應秋、蕭近高、陳于廷、張五典、申用懋、於倫、李之藻。給事中魏大中等，劉弘化、沈應時、韓繼思、陳爾治、郭興治、霍守典。御史侯恂等，蔣允儀、劉徽、劉立。或專糾，或與議，約百二十餘人，大率從挺擊、紅丸、移宮三案，追罪鄭國泰、鄭養性及崔文昇、李可灼，並請原王之宷、左光斗、楊漣等，謂輔臣從哲不能無黨鄭之嫌。閣臣沈㴶以人言請告去。時盜藏內侍劉朝等，總恃刑部尚書黄克纘曲庇，御史宗師襄復發之。而科臣毛士龍以抄參坐削籍。已李可灼遠戍湄潭。

《明熹宗實録》天啓三年七月〔辛卯〕山東巡撫趙彦叅英國公遠族張樞，假英國名招黨騷驛，迎抗官司，包攬津関，封占田宅，闖入滕邑，假旨領兵洗城，恐嚇滕民，擬戍。詔令從重擬。所司擬假傳聖旨妖言惑衆律，處斬。

《明熹宗實録》天啓三年八月 刑部等衙門尚書孫瑋等，會讞黜生莊士元以戚畹鄭養性、辯木商張士新揭內侍劉朝辯盜實脱罪揭，俱士元爲之屬草，且私札往來，營求通賂，形迹已有明徵，坐交結內官及近侍人員律，論死。奉旨依擬已，刑科給事中張鵬雲復請窮究受賄之人。上令即便會官處決，無致蔓延。

（明）查繼佐《罪惟録》志卷五《藝文志》〔天啓〕五年四月，科臣霍維華等專與東林作難，描摹三案，付史館，名曰《三朝要典》，僞爲宸翰，弁之以行。江西監生楊維休著有《泰昌日録》一書，爲魏黨所指。九月，魏黨僞作《遼東傳》，謂熊廷弼擬以餙罪，廷弼立決。十月，中書吴懷賢評贊楊漣二十四罪疏稿，復見之書札。逮死。摘詞臣陳子壯試録中有庸主失權、英主攬權等語，坐譏訕，及其父科臣熙昌並削奪。刻《宗藩限禄》成書。楊州知府劉鐸嘗題詩便面，亦坐譏訕，逮訊至死。工部尚書崔承秀與魏逆監殿工，詭造《天鑒録》、《點將録》、《同志録》，一網諸良無失。科臣楊所修請録三案中章奏梓行。六年九月，原任副使曹學佺著有《野史要略》，坐誣妄削奪。

《明熹宗實録》天啓六年二月 己丑，刑部等衙門尚書等官徐兆魁等，具原任大理寺少卿惠世揚大辟爰書以聞。先是，御史梁夢環疏參：汪文言險邪小人、朋比交結，雖經廷杖回籍，而大計伊邇，恐其復來壞法、變亂是非，必加嚴究以代姦謀。奉旨逮問究治，鎮撫司條上招詞，稱其黨同楊漣、左光斗、袁化中、魏大中、周朝瑞、顧大章、趙南星等，乘先帝賓天，串通王安妄希定策，誣李選侍有垂簾稱制之舉，而倡爲威逼移宮之事。及受熊廷弼賄賂多金，謀爲出脱，失誤封疆罪案，詞連世揚，汪文言時已斃詔獄，而楊漣、左光斗等六人繼奉旨逮治，亦已瘐死鎮撫司獄中，趙南星等一十五人削奪追贓，熊廷弼處決傳首。至是遣緹騎特逮世揚，著鎮撫司嚴刑究問。鎮撫司具獄詞，詔下法司論罪。乃按以離間皇家骨肉、交結近侍官員律論死，監候處決。得旨：先帝賓天之日，惠世揚與楊漣、左光斗同惡相濟，造語垂簾，希功定策，致康妃母子踉蹌失所。先經黄克纘、賈繼春論劾，罪狀甚明，及查其串通汪文言，入王安直房褻衣密謀，則離間親親、交結近侍，大惡備矣。重辟允當，即依擬行。

《明熹宗實録》天啓六年五月〔戊申〕巡按直隸御史楊方盛勘奏黄正賓，貲郎起家，竊建言之虚名；結知交於邪黨，薦汪文言入幕於王安，附膻於趙南星。贓雖止於千金，罪不貸於一戍，應追贓發遣。從之。

（明）查繼佐《罪惟録》紀卷一六《熹宗紀》 天啓六年九月，原廣西副使曹學佺嘗著《野史紀略》。與《要典》指異，左副都御史劉廷元發之，學佺坐削籍。

（明）劉心學《四朝大政録》卷上《要典》 天啓初，給事中王志道上疏。論梃擊、紅丸、移宫三案。建言諸臣皆誣謗，此要典之萌芽也。光禄寺少卿高攀龍，貽書志道曰：伏讀大疏，人各有見，豈能盡同。然人臣爲國，杜漸防微，懲前毖後，不宜爲亂賊脱罪，爲君父種禍。臺下所論，兩朝之事，攀龍義難緘口。夫張差持梃，美人代劍，先進熱藥，繼進泄藥，以紫禁青宫，忽有聶政、荆軻，行其斧斤鴆毒，皆意想所不及。天下萬世之公致討于亂賊者重，而責備于君上者輕。若謂事當隱諱，則中外共知，誰得而諱，諱之一字，是爲亂賊設護身之符。今加以誣謗二字，又爲亂賊立箝口之法。臺下卽不顧往事，獨不念將來乎。皇祖威福在手，妙於調停，是皇祖身上事。皇考仁孝根心，妙於隱忍，是皇考身上事。皇祖、皇考在念，妙於處分，是皇上身上事。若夫臣子於君父，大義嚴萬古之綱常，守三尺之法紀，君仇必報，君賊必討，是臣子身上事。上下相維，並行不悖。焉得以討賊者爲謗君誣君，傷皇祖之明，與先帝之義，使天下不敢説亂賊一字也。王大成以優人誤入禁地，而以比張差。張敖未嘗知貫高之謀，而以比張差之主謀者。燭影斧聲，本無其事，而以比進美妹，進熱藥、泄藥者。一切實而虚之，所以爲亂賊，則得矣。所以爲君父，則吾不知也。垂簾之説，出自聖諭，手授方相國，乃云臣子設爲不必然之慮。且皇上何嘗薄待選侍，臣下亦何嘗欲皇上薄待選侍。賈侍御之揭，當時自有悮之者，侍御所以自悔爲人所悮也。大抵臺下言《孝經》之尊親，不言《春秋》之討賊，言主上父子之親，不言臣下君父之義。亂臣賊子聞之而喜，忠臣義士聞之而懼。所關世道人心，豈其微哉。給事中霍繼華遂上疏論三案，謂李選侍本無欲垂簾事，王安等故難移宫，以重選侍之罪，張擁戴之功。張差實是瘋癲，王之寀、陸大受同惡相濟，開釁骨肉。神祖升遐，先帝哀毁，遽發夙疾。孫慎行借題紅丸，誣先帝爲受鴆，加從哲以弑逆。鄒元標、鍾羽正，從而和之。伏乞嚴諭纂修諸臣，以存信史。已而《三朝要典》成，於是，三案之是非倒置矣。懷宗崇禎元年，侍講倪元璐請毁《要典》，從之。

（明）劉心學《四朝大政録》卷上《移宫》 太常寺少卿高攀龍上疏曰：陛下念聖母，則諭選侍之罪。念先帝，則優選侍之禮。義至仁盡。乃議者沸騰，明如聖諭，以爲假捏。忠如楊漣，以爲有罪。反黑爲白，何所不至哉。御史方震孺上疏曰：移宫始末，事關聖躬。科臣楊漣，似可無罪。不知何以有居功之説？先帝賓天，事出倉猝。假令漣能於呼吸之閒，不動聲色，而措皇上於衽席之安，此固狄梁公所費躊躕者。恐漣無此機智。而或者謂漣曾參新輔，種禍有根。卽不移宫，亦且不免。此其説未必然。今漣去矣，漣小臣可留可去，惟是公道不彰，羣疑愈熾。播之史册，傳之後世，且謂皇上有交通之臣，矯旨之閹。所關聖德，夫豈渺小。伏乞皇上召對羣臣，曉喻端委。則從前詔旨，皆出聖意，以釋盈廷之疑。繼春猶上疏論移宫事，上怒黜爲民。天啓元年冬。召還繼春。其後魏忠賢矯旨。殺安、光斗。亦以移宫爲獲罪之始。

（明）劉心學《四朝大政録》卷上《梃擊》 萬曆四十三年五月四日酉刻，有不知姓名男子，持棗木梃，入慈慶宫門，擊傷守門内侍李鑑。至前殿檐下，爲内侍韓本用等所執。付東華門守衛指揮朱雄等收之。慈慶宫者，皇太子所居宫也。明日，皇太子奏聞。帝命法司按問。巡皇城御史劉廷元鞫奏：犯名張差，蘇州人。口稱喫齋討封，語無倫次。按其跡，若涉瘋癲。稽其貌，實係黠猾。請下法司嚴訊。時東宫雖久定，帝待之薄。中外疑鄭貴妃與其弟國泰，謀危太子，顧未得事端。而方從哲輩，亦頗關通戚畹以自固。差被執，舉朝驚駭。廷元以瘋癲奏。刑部山東司郎中道胡士相，偕員外郎趙會禎、勞永嘉共訊，一如廷元指。言差積柴草，爲李自强、李萬倉焚燒，氣憤發癲。於四月内訴冤入京，遇不知名男子二人，給令執梃作冤狀，乃由東華門入，直至慈慶宫門，按律當斬。加等立決。稾定未上。山東司主治京師事署印侍郎張問達以屬之。而士相永嘉與廷元皆浙人，士相又廷元姻也。瘋癲具獄，刑部提牢主事王之寀，散飯獄中，避人研訊。差供稱老公畀我棗木棍，導我由厚載門直至宫門。之寀備揭其語，因問達以聞。疏入未下。大理丞王士昌、行人司正陸大受、户部主事張庭、給事中姚永濟等，連上疏趣之。大受疏有奸戚二字，帝惡之。與之寀疏，俱不報。廷元復請速檢諸疏，下法司訊斷。御史過庭訓言。禍生肘腋，宜亟翦，亦俱不報。庭訓遂移文薊州，蹤跡之。知州戚延齡，具言其致癲始末。言貴妃遣璫建佛寺，璫置陶造甓，居民多鬻薪獲利者。差賣田貿薪，往市於瑠，士人忌之，焚其薪，差訟於瑠，爲所責，不勝憤，持梃欲告御狀。於是原問諸臣，據爲口實矣。二十一日，刑部會十三司。司官胡士相、陸夢龍、鄒紹光、曾曰唯、趙會禎、勞永嘉、王之寀、吳養源、曾之可、柯文、羅光鼎、曾道唯、劉繼禮、吳孟登、岳駿聲、唐嗣美、馬德澧、朱瑞鳳等，復訊差。供稱母舅馬三道、外舅李守才、姊夫孔道，語涉内監龐保、劉成及鄭國泰等。先是，百户王曰乾上變，言奸人孔學等爲巫蠱，將不利於皇太子，詞已連劉成。成與保，皆貴妃宫中内侍也。至是，復涉成。帝心動，諭貴妃善爲計。貴妃窘乞哀。皇太子自明無他。帝亦數慰諭。俾太子白之廷臣。太子亦以事連貴妃，大懼。乃緣帝及貴妃意，期速結。於是朝議，坐差瘋癲，不究主使。之寀上疏曰：臣據見監欽犯張差手本，出首爲無知犯法事。有差母舅馬三道，係紅封道人。同丈人李守才，在侯伯鄭爺、毛爺、趙爺門下，做莊頭。差到黄花山，撞見馬三道、李守才、龐内相、劉内相，衆口説來正好，只用儞的名字使哩。老公與我棗棍一條，本月初二日，同在玉皇廟右内院裏喫茶。説明日去罷，好的多著哩。初二日，離了山，龐公騎著馬。小的跟著，走到燕角東，不知姓名鋪歇了。初四日，來到不知街巷大宅子，内有劉公公與我飯喫，不要餓著他，休要多了。儞先衝一遭去，領著從厚載門入。儞的力大，逢著一箇，打殺一箇，闖宫門入，内犯皇帝。太子死了，與儞地上喫不了。富貴受用，還有大好處，還有紅封印票。叫我從四十一年，今還在收著哩。小的口喫述齋他的天下人多著哩。商量三四年了，所首是實。臣問毛爺是誰？招云，是侯伯，係鄭爺兒女親家。問趙爺是誰？招云，他們下官，號梅山。臣問撞著打殺他家亦不得了。招云，還欲打上乾清宫去。臣看此首詞，怒髮衝冠，卽日具呈堂上面議。事關重大，付職收訖。後十三司會審招詞，與手本同。臣惟各司胡士相等，從主瘋癲者也。堂官調停瘋癲者也。若無臣疏，瘋癲結局矣。竊擬寺臣王士昌疏忠而心佞，評若隻字，訟多溢詞。堂官張問達語轉而意圓，先允瘋癲，後寬姦宄。依人作事，欺世瞞心。玩神器於筆鋒之上，鼓正人於口蜜之中。罪有重輕，法無偏護，伏乞聖裁。欽審問官抹殺謀逆情節一十八條，明列於後。巡城劉廷元攢謀胡士相，勞永嘉等，同惡相濟，多遺口調。本月十六日，四司官員會審提牢廳未問張差。永嘉手舉四指，口説只審四句。衆問何意，答只用四犯人姓名，不及深究。士相呈稿，陸夢龍堅不畫押。堂官請亦不至。委十三司審，欲抹殺一。十八日會審，張差招龐公、劉公，同李外翁、馬三舅商量，明白逼著他來。説明白做事去罷，好的多著哩，不曾入招，欲抹殺二。差招，叫我打上宫，去打小爺。問龐保劉成，他見做官，怎麽要害小爺。招，他一統天下，要還官哩。不曾入招。欲抹殺三。差招，劉公領我進去，教逢著人就打。我到宫門前，劉公還在。分付在朝裏休要説話。不曾入招。欲抹殺四。廿五日，會審山東司。差招，老公外翁，五月初二日，商量到黄花山玉皇殿西隣石寺小庵，喫茶畢，龐公説：儞三舅是誰？丈人是誰？三舅不明説，暗處他怕失言。他背做老公與我明開了。我丈人説，儞與老公説話，只看好就是了。招詞止有小庵字，疏復削去。欲抹殺五。李萬倉招：張差原没有瘋病，只是説話風風勢的，莫見他喫藥。士相説：寫此一段難爲巡城，不曾入招。欲抹殺六。李自强妄招兩年我們柴米，都被人放火燒了。柴不燒，張差不要他不借銀，自强卽燒柴之人也。多寫瘋話。欲抹殺七。差招，外父同在三舅家商量就了，初四日儞⿰言爾去撞一遭。李守才招，與龐保、劉成、原同商量，與他地三十五畝，還有許多好處哩。馬三道招，原與同謀。又招：小的同來，只在城外。二犯招詞十八人眼同落筆。士相割單，各縫有堂印，此獨無印。欲抹殺八。差以手拍地招，儞們同謀做事，今事壞了不認，難説教我獨死。又招：還有三十六頭兒，怎麽不報。叫李真、張東周來，就曉得了。劉繼禮説，干連多人。士相閣筆，臣聲言曰：此案，宋江三十六也。如何不記？郎中唐士美，初未受賄，舉筆直書。後士相於頭字旁邊，私添一香字。字跡不對，見者駭之。欲抹殺九。又招：儞們東邊一起幹的事，我也説了罷。岳駿聲等言：波及無辜，要説没人問。後問有□鼎、張業、王申爲首，欲抹殺十。廿六日會審，孔道招：小的喫肉喫酒，原不曾胥。復招，見了鐵瓦殿高真人，與他叩首。當堂教唆張差，劉公是好人，儞虧劉公。差招，城北當家應插下薊稽標子約會，要我説初四日來，悞了日期。也活不成。孔道住此莊，豈不知情。欲抹殺十一。差招，棍頭有株，東有鐵人，也有没鐵的。裏外有伏兵，他的人多著哩。又招：此會叫龍華會，衆人做事，商量三四年了。此未入招。抹殺十二。差招，正月初二日，封我張真人，就撒了棍了。本司改爲柳木棍。臣詰更招詞。堂官言，柳木棍亦打死人。又于尾後，頂小字兩行，原單未有，臨行又加封號，俱未書單。欲抹殺十三。原問口詞，堂上手抄五段。臣同科官李倖看招，陸夢龍任寫，岳駿聲躲出。許允臨完抄看，語一二句，塞責而已。欲抹殺十四。六月十三日，脱稿謄真，岳駿聲等填入原口詞五段，約同講者具呈。堂官面且不同本司勘語，必不畫押。欲另舉事，堂官答：本司看語，一字不改。始諾諾而退。試閲本司看語，有一字爲青宫否。欲抹殺十五。復予十四日，永嘉、駿聲，同曾道唯至本科，令該吏章承順忌而揚言，山東司原招，誰人擅改。李倖直任日，堂官令本科做招差處駁正，何云擅改。三人詞色不善，賴主事曾曰唯解之。日午具疏，欲抹殺十六。自知計窮，又以山東司看語藉口十三司發抄，十三司不知也。欲抹殺十七。招内供主奸謀馬三道，與李守才，各不合不守本分，同張差投入黨内。朱瑞鳳改爲投入教内。臣義詰問，堂官言更一字亦罷。臣言《春秋》嚴一字褒貶，豈可擅更。且招曾有紅封票，又有高真人主持鐵瓦殿。士相説是高高的真人，不是人姓。永嘉説，不及究紅封教，今高一奎見監薊州，年四十五歲，係鎮朔衛人。欲抹殺十八。蓋高一奎，主持紅封教者也。馬三道，管給紅票者也。龐保、劉成，供給紅封教一夥人人撒棍者也。今内封號之人，即執棍進宫之人。張差所執之棍，即劉成所撒之棍。以撒爲斫，欲爲奸人滅跡，而不知凶器在府内也。諸臣心知非瘋癲，口説瘋癲。以堂官對衆手單，而突膽擅改之。以十八人會審公單，而私意增減之。國家大獄，宫禁大逆，欲朦朧結局，並亂臣賊子掩匿之。是何心機？是何行徑？按律：劉廷元等已犯十惡之首，大逆不道，非止大不敬也。馬三道、李守才等罪，在不赦之例。因謀危社稷，非止煽惑人民也。伏乞聖裁。其後朝議卒坐差瘋癲，決於市。斃龐保、劉成於内庭，於置不問。之寀歷遷至太僕卿。給事徐紹吉、御史韓浚，誣劾之寀，追奪誥命。熹宗天啓四年，之寀遷刑部右侍郎。五年，魏忠賢勢大張，其黨御史楊維垣，首翻梃擊之案，力詆之寀。倖功躐躋，誣皇祖，負先帝。之寀革職，俄入汪文言獄中，下撫按提問。郎中岳駿聲復訐之寀。誣其逼取鄭國泰二萬金，有詔追治。及修《三朝要典》，梃擊事以之寀爲罪首。府尹劉志選復重劾之。遂逮下詔獄，坐贓八千瘐死。

(明)劉心學《四朝大政録》卷上《改實録》

懷宗立，燬《要典》，詔史臣，修熹宗實録。左中允文震孟上疏曰：臣以菲才，備員史局。頃因纂修熹宗皇帝實録，從閣中恭請光宗皇帝實録副本較對，其間悖謬之大者，如先帝之册立，與梃擊、紅丸大事，亦祖《三朝要典》之邪説。而應和之。蓋天啓三年七月十六日，實録進呈，則禮臣周炳謨等，史官莊際昌等所纂修，而閣臣葉向高、韓爌等所總裁者也。至天啓六年，逆黨崔呈秀等，謂實録非實，請旨重修，則崇禎元年二月十七日所進，今皇史宬之所藏者也。是時，皇上初登大寶，《要典》未燬，逆案未成，閣臣黄立極等，不行奏明，含糊從事。後來諸臣，亦無復發金匱之祕，洗石渠之穢者。《要典》雖焚，邪説未殄，先帝二十年青宫之憂患，與夫一月中聖德聖政，隱而不彰，斯固臣子所痛心者。若謂已入史宬，不可復出。則逆璫之矯旨，且能行於當年，聖明之獨斷，豈不易於反掌。臣謹擇其甚者，上瀆睿覽。一云，當命哲之日，詔誥恩賚，儼然負震器之重。儲宫既定，典制大明，而浮議外滋，無端蔓引，皆好事者之過云云。臣謹按：先帝册立一事，自萬曆十四年。至二十八年，廷臣羽翼國本，有貶謫者，有削籍者，有遣戍者，有廷杖者，忘身殉國，九死不移。縱皇心有主，不當言夾日之功，而精忠自盟，豈可没同天之力。乃以浮議蔓引，一概抹殺，此與《要典》所稱，姦黨構釁，希圖定策，與三案諸奸。一脈相貫者，同一邪説也。宜改正者一。一云，四十三年五月，有男子張差持梃入東宫殿簷下，擊傷門者，中官共執之。巡視皇城御史劉廷元同奏。張差話不情實，語無倫次。按其迹，若涉瘋魔。稽其貌，的是黠猾。而刑部提牢主事王之寀，捏謀危東宫之説，詞連二璫。科臣何士晋、行人陸大受、主事張廷等，附和其説，愈加激聒云云。臣按：此即《要典》中梃擊一案也。據廷元疏，亦明言其貌的是黠猾，而必欲以瘋癲二字草草結局，不容王之寀奏張差口詞，指爲捏謀，何也？且張差有口，舉朝豈應默然。而一有言者，輒曰附和，曰激聒，必使東宫，無一護衛之人而後快，正與《要典》，同一邪説，宜改正者二。一云，張差狂闖薊道，闌入宫門。廷元巡視皇城，按狀瘋魔。皇祖是其奏，讞決平允。王之寀突揭構釁，徒黨因以爲利，借他事巇廷元，未幾果顯，攻瘋癲之案，一時邪説。給事惠世揚，實爲之倡云云。臣按：王之寀摘發張差之逆，至于察處，至于削奪，逮死詔獄，莫敢議卹。惠世揚身被五毒，體無完膚。所以不即死者，逆璫欲借爲戎首，偏殺天下名流，非宥之也。幸聖明御宇，僅免一死，尚稽啓事。乃云徒黨因以爲利，斯亦何利之有焉。況瘋癲之案，忠臣義士，所共明目張膽而攻者，何俟世揚爲倡。《要典》邪説宜改正者三。一云，張差闖入東宫，言者紛紛。御史劉光復言，致辟行刑，一獄吏任，似不必言官託爲奇貨，居爲元功。以此二語，爲異議者刺骨云云。臣按：劉光復之得罪也，實以奏對越次。然據其語，但言皇上極慈愛，太子極仁孝，兩言，亦未見其有功於神祖及先帝。而奇貨元功之語，不可謂未抹殺忠義矣。大抵闖宫一事，梃及殿簷，近侍俱蹈，亦天下奇變也。必欲視爲平常，不當根究，以爲僅一獄吏之任，此何心哉？《要典》邪説宜改正者四。一云，方上疾大漸，召李可灼，並趣和藥，悉出聖意。一時臣工所共聞見。其後有造爲許止不嘗藥之論，羣小附和，囂然鼎沸，汙蠛君父，幾成晦螟之世。亡何，正論大明，邪説漸滅。且云，李可灼往來思善門中，使以聞其傳奏，姓名莫可得而問云云。臣按，此即《要典》中紅丸一案也。昔唐憲宗殁，杖殺方士柳泌，泌蓋爲憲宗製長生藥者。彼豈不願其主之長生，而餌藥不效，則殺之而不爲過，後世亦不以爲冤。今可灼進藥，而先帝賓天，縱謂之誤，庸醫殺人。律有明罪，況誤傷天子乎。此即肆諸市朝，人情所愜，而乃與顧命大臣，同賜金帛，比屢經論劾，僅准致仕回籍，此何以解於天下後世。且宫闈之中，傳奏姓名，豈遂不可窮詰，稍欲窮詰，即曰羣小，曰汙蠛，曰晦暝，此《要典》邪説也。宜改正者五。於是。帝命改正實録。

（明）朱長祚《玉鏡新譚》卷一　刑部勘案云：參看得楊漣、左光斗等，位居顯要，速化功名，要譽矯情，亂謀壞法。炙手可熱之勢，挺然自立高標；納賄招權之營，首樹黨邪赤幟。欲隳法守，看登風憲以招摇；計懾群情，共據要津而赫奕。内徒可堪入幕，奔競成風；厮賤立躋清華，榮施在握。魏大中、袁化中竊居言路，人無敢犯其鋒；側倚冰山，自幸托足之地。彼張牙爪，藉上威靈。真分卸罪之賄，不耻餋貪；寧於借亂之階，妄知國是。招權納賄，徒知窟穴之自營；鬻獄受金，孰念疆圉之爲重。大者小者，已彰各得之罪名；赦法明刑，難逃一成之律例。除各贓原聽鎮撫司問追外，其已故楊漣、左光斗，與内官交結，夤緣作弊，而符同奏啓之律；袁化中、魏大中應擬在朝官員交結朋黨、紊亂朝政之律。一一據招，會同無異。所願伏如天憫圂圄之已斃，網開一面，貸罪人以不孥，庶幾律無所泥，而刑得其平矣。

（明）林時對《荷牐叢談》卷三《威廟欽定逆案》　一、首逆，魏忠賢、客氏依謀大逆律，不分首從，皆凌遲處死，已經正法。

一、首逆同謀，崔呈秀、李永貞、李朝欽、魏良卿、侯國興、劉若愚，依謀大逆，但共謀者不分首從，皆凌遲處死律，減等擬斬。

一、交結近侍，劉志選、梁夢環、倪文煥、田吉、劉詔、薛貞、許志吉、曹欽程、吴淳夫、李夔龍、田爾耕、許顯純等十九人。依官員與内官互相交結，泄漏事情，夤緣作弊，而扶同奏啓者，律斬，秋後處決。

一、交結近侍次等，魏廣微、徐大化、霍維華、張訥、周應秋、李魯生、楊維垣、潘汝禎等十三人。依交結近侍官員引名例律，減等充軍，仍敕下法司行文各該撫按官，招擬具奏。

一、交結近侍又次等，馮銓、顧秉謙、張瑞圖、來宗道、薛鳳翔、李蕃、朱童蒙、楊夢衮、王紹徽、徐兆魁、劉廷元、邵輔忠、徐紹吉、賈繼春、阮大鋮、姚宗文、元詩教、趙興邦、傅櫆、郭鞏、李恒茂、吕純如、毛一鷺、陳爾翼、張文鬱等一百二十八人。依交結近侍官員引名例律，減二等，坐徒三年，納贖爲民。

又稱頌内稍次前款者，或居位鮮匡維之略，而指縱亦無奸謀。或濫竽備疇採之員，綫索初非自主。或徑本岐邪，播珰惡非爲戎首。或階因驟躐，稽職掌尚未全墮。以逮專闖建牙，品原庸碌，散僚冗吏，識昧挺持者。欲再擬減等，則前重而後輕，非畫一彰法之意。欲再擬削籍，又慮罪輕而罰重，乖酌量宥過之仁。謹依考功法不謹例一款，如黄立極、施鳳來、楊景辰、房壯麗、王之臣、馮三元等四十四人。俱照考察不謹例，并擬冠帶閒住，另請聖裁。庶彼重處者，知媚逆之不可爲，即寬政尚從褫削。此量懲者，幸身名之未盡辱，縱稿項亦荷恩波。於以振惕人心，培養元氣，未必不均有藉矣。

（明）李遜之《崇禎朝野紀》卷一　御史楊維垣疏論，崔呈秀依附魏忠賢，立志卑污，居身穢濁。上荅以諸臣俱經先帝簡擢，不得妄詆。御史賈繼春參崔呈秀以聽勘御史，未及二年，驟加宫保，賣官鬻爵，貪淫穢迹，不可枚舉。田吉以殿試而被懷挾之參，瓦全已幸，乃二載曹郎，而至尚書極品，叨名器如承蜩單明詡，踰期主政，而督撫侍郎，取節鉞如拾芥。又笑破士林之口，應聽自裁。工部主事陸澄源上言四事。一正士習，比來士氣漸卑，惟以稱功頌德爲事，如廠臣魏忠賢，奏疏不書姓名，盡廢君前臣名之禮。祝釐徧於海内，奔走狂於域中，士風之卑，莫此爲甚。一糾官邪，如尚書崔呈秀，貪横無耻，臺臣雖悉其概，其惡實罄竹難書。一安民生，立枷之法，爰書未定，而命已斃，廠衛深文，株連蔓引，慘酷不忍言。一足國用，今之勳蔭，充塞滿路，禄費不支，又如忠賢生祠，在在創立，費不下百萬，及今變賣，尚可得數十萬金。兵部主事錢元慤疏言：巨奸崔呈秀，雖已鋤去，然呈秀之惡，皆緣藉魏忠賢之權勢。忠賢以梟獍之姿，供綴衣之役，先帝念其服勤，假以事權，群小蟻附，稱功頌德，徧滿天下。幾如王莽之妄引符命，列爵三等，畀於乳臭。幾如梁冀之一門五侯，徧列私人，分布要津。幾如王衍之狡兎三窟，輿珍輦寶，藏積肅寧。幾如董卓之郿塢自固，動輒傳旨，箝制百僚。幾如趙高之指鹿爲馬，誅鋤士類，傷殘元氣。幾如節甫之鈎黨株連，陰養死士，陳兵自衛。幾如桓温之壁後置人，廣開告訐，道路以目。幾如則天之羅箝結網。天佑國家，誕啓聖明，然羽翼未除，陰謀未散，可漫焉不加意乎？至魏良卿輩，既非開國之勳，又非從龍之寵，安得玷兹茅土？又如告訐獲賞之張體乾，煅煉驟貴之楊寰，夫頭乘輪之張凌雲，委官開棍之陳大同，號稱大兒之田爾耕，寧國契友之白太始等，凡爲忠賢之爪牙鷹犬，俱宜明正其罪，或放或誅，則奸黨肅清矣。

御史吴尚默疏言：賊臣之身已去，賊臣之惡未暴，呈秀鬻身奥援之門，入賓閹寺之幕，不顧笑駡，稱功頌德，天下幾不知有廉耻。立馬之呼屢斥，朝陽之音罕聞，天下幾不知有名節。疏揭一入，家籍没而身齏粉，人人重足，天下幾不知有身家，將作何事，乃與奪情，天下幾不知有倫理。都察一院，而設四憲；臣左都一秩，而設兩獨座，天下幾不知有名位。甚者，先帝易簀將及，乃連章累牘，頌爵賞而列封蔭；群臣謝恩之日，即先帝賓天之日。天下幾不知有改革之大。故論及此，而賊臣之罪案定，廠臣魏忠賢之罪案亦可定矣。貢生錢嘉徵疏劾忠賢十大罪。一曰并帝：内外封章，必先關白，稱功頌德，上配先帝，及奉俞旨，必曰朕與廠臣。二曰蔑后：皇親張國紀，未罹不赦之條，恨皇后當御前面折逆奸，遂羅織國紀，欲置之死，幾危中宮。三曰弄兵：祖宗朝不聞有内操之制，忠賢外脅臣民，内逼宫闈，操刀厲刃，炮石雷擊，深可寒心。四曰無上：列祖、列宗高皇帝垂訓中涓，不許干與朝政，乃忠賢於軍國重事，一手障天，凡邊腹重地，漕運咽喉，多置腹心，意欲何爲！五曰剋削：藩封三王之國，莊田賜賚甚薄，而忠賢封公侯伯之士田，膏腴萬頃。六曰無聖：先師爲萬世名教之主，忠賢何人，敢建祠太學之側。七曰濫爵：古制非軍功不侯，忠賢有何功績，而襲上公之封。八曰邀邊功：遼左失陷，未恢寸土，爲何封侯、封伯，聯鑣冒賞。九曰傷民財：祠宇徧天下，靡費金錢萬萬，敲骨剥髓，孰非小民之脂膏。十曰褻名器：制科取士，慎重關防，忠賢所私崔呈秀之子鐸，目不識丁，竟玷賢書。疏入，俱報聞。先是，已準崔呈秀回籍守制，同時奪情者又有工部尚書李養德、延綏巡撫朱童蒙，俱準丁憂去。忠賢再疏引疾求退，準回私宅調理。寧國公魏良卿改錦衣衛指揮使，東安侯魏良棟改指揮同知，安平伯魏鵬翼改指揮僉事。尋有旨，安置忠賢於鳳陽，安置徐應元於顯陵。應元故信邸承奉，以從龍升司禮，得忠賢賄，爲之左右，上知之，故并得罪。

（明）李遜之《崇禎朝野紀》卷一　十一月初四日，諭兵部：逆惡魏忠賢，擅竊國柄，蠹盗内帑，陷誣忠直，草菅多命，本當肆市，以雪衆冤，姑從輕降發鳳陽，豈巨惡不思自改，輒敢將素蓄亡命之徒，身帶凶刃，環擁隨衛，勢若叛逆。朕心甚惡，著錦衣衛即差的當官旂前去，扭解押赴彼處，交割明白。其經過地方，各該撫按等官，多撥官兵，沿途護送，所有跟隨群奸，即擒拏具奏，勿得縱容遺患。時官旂方出京，忠賢至阜城縣，聞信即自縊於飯店中。其名下隨身用事李朝欽同縊死焉。崔呈秀亦報縊於家。旋奉旨，各犯家産俱籍没入官，各處生祠盡行拆毁，變價解京。其忠賢在京原賜第一所，命不必變賣，留俟東西底定，以賜有功之臣。榜曰策勳府。

（明）李遜之《崇禎朝野紀》卷一　刑部爲遵旨會議事：奉旨逆惡魏忠賢掃除厮役，憑籍寵靈，睥睨宫闈，荼毒良善，非開國而妄分茅土，逼至尊而自命尚公，盗帑弄兵，陰謀不軌。逆婦客氏，傳遞消息，把持内外。崔呈秀委身奸閹，無君無親，明擁威福之權，大開縉紳之禍。無將之誅，自有常刑，既會議明確，著行原籍，忠賢於河間府戮尸凌遲，呈秀於薊州戮尸斬首，仍將原書刊布中外，魏志德等俱發烟瘴地面，永遠充軍。

朕深爲痛恨。耿如杞著與開復原職，胡士容、李柱明俱改擬發落，方震孺、惠世揚著九卿科道會議。耿以不拜逆祠得罪，胡任薊州兵備，爲崔呈秀所陷。李任户部管倉，誣以盗米被獲。逆璫以此叙功。方以封疆，惠以移宫，皆誣坐大辟。至是俱得釋，而部院初猶擬方、惠二人改斬爲戍，再擬始準復官起用。云如杞疏，言撫臣劉詔上建祠疏，怪臣不肯呈詳，乃取忠賢像懸之喜峰，見者俱五拜三叩頭，呼九千歲。臣見其像。冕旒，也半揖而行，詔即馳報忠賢，參臣逮問矣。臣入鎮撫司，許顯純酷刑所加，甚於盗賊反叛，懸坐贓六千三百兩，家資變盡，親友代完，乃得送刑部問成大辟，押赴市曹者，日日有聞。幸遇皇上出臣於獄，準復原職，乞容臣回籍調理。奉旨著即銓補優缺，以旌直氣，不必陳請。方震孺亦具疏，陳被誣始末略云：縉紳之禍，至臣等而極；今既荷雨露之恩，宜永消報復之念。若才作藩籬之囚，便又種圜扉之果，願以之爲報被罪諸臣規；既遇聖主，攀麟鳳者，建樹固奇；狎鷗鷺者，夢魂亦穩；假使逆璫不遭天譴，即螻伏空山，得安枕乎？又願以之爲廢棄諸臣規，猶有請焉，逆璫秉政，最喜深文；經廠衛者，冤苦固多，即不經廠衛者，冤苦亦復不少。且恩詔減等，齊民得之猶易，縉紳得之反難。臣在獄與諸臣累言，儻異日蒙生，必以此情控於皇上。今既邀高厚，敢負此心哉！乞敕下法司，從公盡數，公審一番。此又臣附於工瞽芻蕘之後者也。

（明）李遜之《崇禎朝野紀》卷一　御史楊維垣既疏參崔呈秀擬與群奸共收余燼，力持殘局。時已差河東巡鹽矣，掌道安伸疏請留佐大計，凡削籍諸臣，雖屢奉起用之旨，維垣一手握定，百才阻遏，其游移兩歧，及本邪黨而偶被逐者，始爲推轂。於是，編修倪元璐上方隅未化正氣未伸疏，略曰：凡攻崔、魏者，必列東林爲對案，曰邪黨；以東林諸臣爲邪人。黨人將以何名加之崔、魏之輩。崔、魏而既邪黨矣，向之劾忠賢，論呈秀者又邪黨乎哉？且天下議論寧涉假借，必不可不歸於名義；士人行己，寧任矯激，必不可不準諸廉隅。自以假借矯激，深咎前人，而彪虎之徒，公然毁裂廉隅，背叛名義。於是乎，連名頌德，生祠匝地矣。夫頌德不已，必將勸進。生祠不已，必將呼嵩。猶寬之曰：無可奈何，不得不然耳。充一無可奈何、不得不然之心，又將何所不至哉！今大獄之后，湯火僅存，猶以道學封疆四字，持爲鐵案，深防報復，竊以爲過計也。末因爲舊輔韓爌、詞臣文震孟辨雪浮謗，請賜召用；又言鄒元標宜易名，海内書院宜修復；維垣隨出詞臣持論甚謬、生心害政可虞疏糾之。倪復出微臣平心入告臺臣我見未除疏略云：維垣折臣，盛稱東林，以東林之護李三才、熊廷弼也。亦知東林中有首參魏忠賢二十四大罪之楊漣及提問崔呈秀欲追贓擬戍之高攀龍乎？且當時之議於三才也，特推其揮霍之略，未嘗不指之爲貪；於廷弼也，特未即西市之誅，未嘗不坐之以辟；則猶未爲失論，失刑也。今以忠賢之窮凶極惡，維垣猶尊稱之曰廠臣公、廠臣不愛錢、廠臣爲國爲民，何况三才以虎彪之交結近侍，律當處斬。初擬止於削奪，豈不驕兒護之。維垣不聞駁正，又何尤昔人之護廷弼。至行賄之説，自是逆璫借以爲楊、左諸臣追贓地耳。初擬以移宫一案殺諸臣，及獄上，而以爲難於坐贓，再傳覆訊，改爲封疆派贓毒比，此天下共知者。奈何尚守是説乎？王紀以參沈漼忤逆璫而譴斥；文震孟以薦王紀而降削；均得罪於璫者耳。試觀數年來破帽蹇驢之輩，較超階歷級者，孰爲榮辱？自此義不明，於是畏破帽蹇驢者，相率爲頌德建祠，希蟒玉馳驛者，遂呼父、呼九千歲而不顧矣。逆璫毁書院，逐正人，箝學士大夫之口，自鄒元標以僞學見驅，逆璫遂以真儒自命。學宫之席，儼然揖宣聖爲平交；使講學諸臣在，豈遂至此？維垣以無可奈何之心，爲頌德生祠解嘲，假令呈秀舞蹈稱臣於逆璫請臣，便以爲無可奈何而盡舞蹈稱臣乎？又令逆璫以兵劫諸臣，使從叛逆，諸臣亦以爲無可奈何俯首從叛乎？初疏入，平湖施鳳來擬票，有持論未當之旨，蓋猶堅持璫局也。至再疏入，上親覽心動，得奉諭旨，維垣輩毒網始無所施。人謂二疏實爲廓清首功云。

（明）李遜之《崇禎朝野紀》卷一　上即命磔魏忠賢、客氏，斬崔呈秀，即命定附逆諸臣罪。給事中李覺斯疏參忠賢有十孩兒五虎、五彪。奉旨：法司會議具奏。虎爲吴淳夫、李夔龍、田吉、倪文焕，其一則霍維華也。維華廣布神通，遂以已死之崔呈秀代之。彪爲田爾畊、許顯純、崔應元、楊寰、孫雲鶴。時刑部尚書蘇茂相、左都御史曹思誠、大理寺署事少卿姚士慎，皆與璫黨者，香火情深，曲加護持，引職官受財枉法律，發附近衛所充軍終身。倪文焕追贓五千兩，吴淳夫三千兩，李夔龍、田吉各五千兩，解助邊餉。田爾畊、許顯純，引職官故勘平人因而致死律，斬監候處決。崔應元、楊寰、孫雲鶴，引同僚官知情共勘減等發邊衛充軍，讞上，輿論不平甚。惟時劉志選、梁夢環以誣論張國紀，傾摇國母；薛貞以枉殺劉鐸；皆相繼論列逮問，而内外蒙徇，起解無期。給事中曹思稷疏言：虎彪爲逆璫腹心，同惡相濟，按以交結之律，寧有首從之殊，乃牽引尋常貪酷職官例律，巧爲諸奸出脱，其監候必於原籍，充軍必於附近，物議沸騰，豈曰無因？今劉志選、梁夢環、李永貞，并奉旨提問，竊恐法司復祖前人故智，以護虎彪者護諸奸也。御史吳焕疏言：昔年被禍諸臣，朝聞命而夕就道，至不敢入與妻孥訣。今虎彪諸奸，雖屢奉明旨，而詔書挂壁，優游任意，如劉志選、梁夢環、曹欽程輩，或燕處家園，或潛藏京邸，奥援有靈，朝廷無法。薛貞以堂堂司寇，爲逆璫劊子，抗不赴逮，公然疏辨，蔑法甚矣。於是，再奉嚴旨，勒限嚴催起解云。時新咨科道考選命下，彈擊璫黨無虚日，璫所援用之大僚黄立極、周應秋、郭允厚、孫杰、陳九疇、阮大鋮、吕純如等，咸次第撤回，虎彪與諸奸始得逮問正法，次年遂定逆案，頒行天下。

（明）李遜之《崇禎朝野紀》卷一 《三朝要典》一書，乃逆璫顧秉謙、崔呈秀、馮銓等迎合魏璫意，借題以實諸正人罪者也。其所指罪魁，紅丸則以孫慎行爲首，移宫則以楊璉爲首，梃擊則以王之寀爲首。當日名賢，一網俱盡於此。至是，倪元璐請毀之。疏云：梃擊、移宫、紅丸三案，鬬於清流；《要典》一書，成於逆豎；其義不可不兼行，其書不可不速毀。蓋當事起議興，盈廷互訟；爭梃擊者，力護東宫；爭瘋癲者，計安神祖；主紅丸者，仗義之言；爭紅丸者，原心之論；主移宫者，弭變於幾先；爭移宫者，持本於事後；各有其是，不可偏非，既而楊璉二十四罪之疏發，魏廣微輩門户之説興，於是，逆璫殺人則借三案，群小求富貴則借三案。經此二借，而三案之面目全非矣。故凡推慈，歸孝於先皇，即頌德稱功於義父，網已密而猶疑有遺鱗，勢極重而或憂其翻局。於是，諸奸始創立私編，標題要典，以之批根；今日則衆正之黨碑，以之免死，他年即上公之鐵券，由此而觀，三案者，天下之公議；《要典》者，魏氏之私書；夫以閹寺之權，屈役史臣之筆，亘古未聞。當毀一。未易代而有編年，不直書而加論斷；若云仿佛《明倫大典》，則是魏忠賢欲與肅皇帝爭聖，崔呈秀可與張孚敬比賢，悖逆非倫。當毀二。矯誣先帝，僞撰宸篇，假竊誣妄。當毀三。又況史局將開，館抄俱備，七載非難稽之世，實録有本等之書，何事留此駢枝，供人唾駡。當毀四。奏入，上即欲將《要典》焚毀，内閣來道宗擬旨，這所請關係重大，著禮部會同史館諸臣詳議具奏。御筆於具奏下增聽朕獨斷行五字。既而，衆議僉同，奉旨即行焚毀矣。侍講孫之獬詣東閣力爭不可毁，繼以痛哭，復上疏極言不可毁之故。於是，張承詔、吳焕、吳玉等連疏參之獬，語皆絶快；而蕭山輩居中竭力調護，僅票旨回籍，至次年定入逆案中。

（明）李遜之《崇禎朝野紀》卷一 先忠毅與周宗建輩七公之逮也，由於織監李實之疏。李實已逮大辟矣，一日上召對時，宣刑部署部事侍郎丁啓濬問曰：李實一案，有疑惑無疑惑，有暗昧無暗昧，啓濬對：九卿科道會問，據實回奏。上曰：李實何以當決不待時。啓濬對：實與李永貞構殺七命，不刑自招。上曰：豈有不刑自招之理。因問吏部尚書王永光。永光對：初亦李實不肯承，及用刑，然后承認。上曰：重刑之下，何求不得。李實爲魏忠賢追取印信，空本令李永貞填寫，如何含糊定罪？啓濬對：威福出於朝廷，一憑聖裁。上曰：持法要本，朕豈爲李實、五虎、五彪輩，緣何不問他，決不待時。後一日，召對，上特携李實原疏，斥閣臣曰：此李實參七臣原疏也，卿等可詳細觀看，是硃在墨上，墨在硃上。諸臣詳覽久之，俱對以果是墨在硃上。上曰：可見是空頭本，復命傳與九卿科道遍閲畢，於是，宣閣臣改票李永貞決不待時，劉若愚次一等，李實又次一等。

（明）李遜之《崇禎朝野紀》卷一 御史吳焕疏參漕運太監崔文升引進李可灼漫投寒瀉之藥，以致光廟賓天，實坐不赦之條，而甘爲逆賢腹心，總督漕運，控扼江淮要害，與劉志選虎踞南北，遥爲聲援，貪污慘刻，人人切齒。文升在淮尤爲縱肆，剥軍虐民，應行逮問。疏入，文升拉同伴伏宫門，哭聲達帝座。上立拿首倡二監，同文升各杖一百，俱降净軍，發往孝陵，焕疏遂留中。

（明）李遜之《崇禎朝野紀》卷一 御史黄宗昌疏言：逆璫竊柄，陰謀叵測，皆由懷禄固寵輩當先而逢，有以生其矯竊問鼎之漸。如寧錦報捷，不過解圍自去，乃命爵論賞，即一毫無與者，皆升官蔭子，濫至百餘人。國家名器，盡爲逆閹收買，心腹之物。此距先帝升遐時尚旬日，或矯或否，半屬疑端。至三殿不日之成一叙，尤亘古所無。先帝賓天，在八月二十二日，叙功行賞，在二十一日。先帝久已不豫，此正大漸之時，豈有安閑出詔之理？不聞此時召我皇上付託大寶及命大臣申諭國事，乃以不要緊之事爲大顧命乎？蓋逆賢此時雄心正熱，故預先竊命，巧結腹心，此皆魏氏官，非皇上官也。今日猶載僞器，立堂堂之朝，亦良心盡喪矣。奉旨：宗昌知矯僞有人，不妨指名奏來。宗昌因復奏言：臣只糾其事，不能盡憶其人，姑查邸報，列名直指之。因舉黃克纘、霍維華、邵輔忠、吕純如等六十人以對。大納先帝上仙之日，即諸臣謝恩之日。揚揚意得，以假爲真。總之，皆所稱僞官也。於是，奉旨下部查核，凡殿功、邊功所加恩典，一概削除不叙，而爵賞始一清矣。

（明）李遜之《崇禎朝野紀》卷一　御史毛九華糾温體仁逆祠獻媚詩册，任贊化糾體仁居鄉不法諸事。上復召對，命宣九華疏，以問體仁。體仁奏：臣若有媚璫祠詩，必於手書爲贊，無木刻之理；既刻，必流傳廣布，豈有九華獨得之途中，京師反無刻册。且何不發於籍没逆璫之時，而待於九華之手。若以刻本爲據，則刻匠徧滿都門，以錢謙益之力，何所不可假捏。上如言詰九華。九華對：臣八月買自途中。上曰：八月買的，如何到今纔發？九華對：臣十月考選。上問閣臣如何説？首輔韓爌奏：體仁平日硜硜自守，亦有品望，止以參論枚卜一疏，憤激過當，致犯衆怒。上展册指後四人俱杭州人，定是此四人所爲，只問四人便知。又召翰林官宣讀任贊化疏，問體仁。體仁曰：臣之居鄉，惟知奉公守法，贊化不參臣居官之事，而參臣居鄉之事，以爲誣臣居官之事，懼皇上召問廷臣，欺罔立見，故誣臣居鄉之事，以爲道里遥遠，耳目易眩。因奏贊化爲錢謙益之死黨，代謙益首攻陳以瑞；以瑞係崔、魏削奪，皇上賜環，因曾參謙益科場之事，贊化反以媚璫糾之，把持銓郎，覆之爲民。又贊化薦相才一疏，稱謙益爲伊周班行，此皆爲謙益死黨之證。上曰：不必多奏。自此，體仁偏以孤忠見知於上，而結黨之説，深啓聖疑。攻者愈力，而聖疑愈深矣。

（明）李遜之《崇禎朝野紀》卷一　御史吴甡疏言：舊制六年京察，爲諸臣不修職者設，若大奸大惡，附逆害人者，亦在此例。如劉瑾之敗，一時附瑾用事者，或誅或戍，或削或降，皆不待京察，以此輩罪大人多，考功法所不載也。忠賢之凶逆倍於瑾，附忠賢之惡罪亦甚於附瑾之徒，大略有四。如摇動國母，逼封三王，虎彪義子，上公封爵，名曰佐逆。借題殺人，屠戮忠良，門户封疆，一網打盡，名曰害正。稱功頌德，建祠聚斂，引薦邪類，要典抵誣，名曰媚璫。賄通權勢，入幕密謀，矯加職銜，一歲九遷，名曰速化。此皆不知有朝廷，唾罵由人，廉耻盡喪，務須徹底澄清，斬斷根株，若混入察典，則名目不分，額數有限，挂一漏萬，何以示懲？奉俞旨，下部，未幾，遂奉特諭，有逆案之定，實自此疏啓之。御史侯恂，亦有疏言：除奸察吏，不可并行；語俱暢快。

大計京朝官，南京吏部尚書鄭三俊、右都御史陳於庭公疏於察典外，舉南京媚璫之人二十人：大理寺卿謝啓光、科郭如闇、御史何早、李時馨、夏敬臣、劉漢、徐復陽、户部魏豸、胡芳桂、張聚垣、禮部虞大復、頡鵬、葉天陛、兵部周宇、李際明、邸存性、工部魏弘政、葛大同、歐陽充材、應天府夏之鼎，或甘心附逆，或懼禍中變，律以順逆之理，均無一可貸，據實疏聞。奉俞旨，下部。此亦在未奉諭定逆案之前也。

上御平臺，召閣臣韓爌、錢龍錫、李標，吏部王永光，左都曹于汴，命定附逆諸臣罪。閣臣先僅以四、五十人列案以請。上大不然。再令廣搜，又益以數十人。上怒其不稱旨，且曰：此輩皆當依律法治罪。諸臣以未習刑名對，乃召刑部尚書喬允升同事。又問：張瑞圖、來宗道何以不入？對曰：二臣無事實。上曰：瑞圖以善書爲璫書祠額碑文，宗道題崔呈秀母恤典稱在天之靈，其罪更重。又問：賈繼春何亦不入？閣臣對：繼春言善待選侍，不失厚道；後雖反覆，其持論亦有可取。上曰：惟反覆，故爲真小人。於是復將御前祠頌紅本發下，令據以定罪，分列擁戴、諂附、建祠、稱頌、贊導諸款，首冠以大逆魏忠賢、客氏，令刊布中外。吏部、都察院接出聖諭：朕惟帝王憲天出治，首辨忠邪；臣子致身事天，先明順逆。經凛人臣無將之戒，律嚴近侍交結之條；邦有常刑，法罔攸赦。豎逆魏忠賢，猥狡不才，備員給使；傾回巧智，黨籍保阿；功不過窺瞯笑以伺陰陽，席寵靈而饕富貴；使庶位莫假其羽黨，何蠢爾得肆其毒痡！乃一時外廷朋奸誤國，實繁有徒。或締好宗盟，或呈身入幕，或陰謀指授，肆羅織以圖善良；或秘策合圖，扼利權而筦兵柄。甚且廣興祠頌，明效首功；倡和已極於三封，稱謂浸疑於無等。誰成逆節，致長燎原！及朕大寶嗣登，嚴綸屢霈，元凶逆孽，次第芟除；尚有飾罪邀功，側身竄正，以望氣占風之面目，發夸奸指佞之封章。迹其矯誣，惡容錯貸。朕鑒既審，特命内閣部院大臣將發下祠頌紅本，參以先後論劾奏章，臚列擁戴、諂附、建祠、稱頌、贊道諸款，據律推情，再三訂擬。首正奸逆之案，嚴於五刑；稍寬脅從之誅，及兹三褫。其情罪輕減者，另疏處分，姑開一面。此外原心宥過，縱有漏遺，亦赦不究。自今懲治之後，爾大小臣工，宜洗滌肺腸，恪修職業，共遵王路，悉斷葛藤。無曠官守，而假事譸張；無急恩仇，而借題參舉。朕執是非以衡論奏，程功實以課官方；有一於斯，必罪不宥。尚各懲毖，乃亦有終。欽哉！故諭。

一、首逆：魏忠賢、客氏。依謀大逆律，不分首從，皆凌遲處死，已經正法。

一、首逆同謀：崔呈秀、李永貞、李朝欽、魏良卿、侯國興、劉若愚。依謀逆，但共謀者不分首從，皆凌遲處死律。已經正法，減等擬斬。

一、結交近侍：劉志選、梁夢環、倪文焕、田吉、劉詔、孫如洌、許志吉、薛貞、曹欽承、吴淳夫、李夔龍、陸萬齡、李承祚、田爾畊、許顯純、崔應元、張體乾、孫雲鵬、楊寰。以上依諸衙門官吏與内官互相交結泄漏事情，夤緣作弊扶同奏啓律，斬，秋後處決。

一、交結近侍次等：魏廣微、徐大化、霍維華、張訥、閻鳴泰、周應秋、李魯生、楊維垣、潘汝楨、郭欽、李三才。以上依交結近侍官員律，減等充軍；仍行各撫按招擬有贓私情節，一并查明奏請發落。

一、逆孽軍犯：魏志德、魏良棟、魏鵬翼、魏撫民、魏希孔、魏希堯、魏希舜、魏希孟、魏鵬程、傅應星、楊六奇、客光先、徐應元、劉應坤、王朝輔、涂文輔、孫進、王國泰、石雅元、趙秉彝、高欽、王朝用、葛九思、司雲禮、陶文、紀用、李應江、胡明位。

一、交結近侍又次等：馮銓、顧秉謙、張國瑞、來宗道、郭允厚、薛鳳翔、李蕃一、孫杰、張我續、朱童蒙、楊夢衮、李春茂、李春燁、王紹徽、徐兆魁、劉廷元、謝啓光、徐紹吉、邵輔忠、楊所修、賈繼春、范濟世、李養德、阮大鋮、姚宗文、陳九疇、亓詩教、趙興邦、傅櫆、安伸、孫國楨、郭鞏、馮嘉會、曹思誠、孟紹虞、張樸、李恒茂、郭尚友、李精白、秦士文、張文熙、楊惟和、何廷樞、陳朝輔、許宗禮、卓邁、盧承欽、陳爾翼、石三畏、郭興治、劉徽、智鋌、何宗聖、王琪、汪若極、陳維新、門克新、游鳳翔、田景新、吕純如、吴殿邦、黄運泰、李從心、楊邦憲、郭增光、王點、單明詡、李嵩、牟志夔、張三杰、曹爾禎、毛一鷺、張文鬱、周惟持、徐復陽、黄憲卿、許其孝、張養素、汪裕、梁克順、劉宏光、温皋謨、鮑奇謨、陳以瑞、莊謙、龔萃肅、李應薦、何可及、李時馨、劉漢、王大年、余合中、徐吉、宋禎漢、張汝懋、許可德、劉祖述、李燦然、劉之侍、孫之獬、吴孔嘉、季寓肅、潘士聞、王應泰、張元芳、阮鼎鉉、李若琳、張永祚、周良才、曾國禎、張化愚、李桂芳、張一經、陳殷一、夏敬承、周宇、魏豸、郭希禹、頡鵬、李際明、魏宏政、岳駿聲、郭士望、張聚垣、周鏘、徐四岳、辛思齊、胡芳桂。以上依結交近侍官員律，引名例律減三等，坐徒三年，納贖爲民。

（明）李遜之《崇禎朝野紀》卷二 豐城侯李承祚，天啓年間兩疏稱頌逆璫功德，請如中山王例，封兩公，并列兩都。璫磔後，定逆案，議大辟，繫獄矣。其子上疏，引八議，乞寬免，刑部疏亦爲之地。給事中吴彦芳，有疏論之。上手批諭内閣云，此案情最可恨，法原當誅，但世勳與流官有間，券文難泯，據部疏議革爵遠戍，足抵一死否？閣揭固爲之力請，引券文免之死條，遂改從寬典，然上意極嚴，附逆，雖追念世勳，稍開一面，奉誦御札，凛於爰書矣。是年，逆案劉詔與失陷封疆之王化貞俱棄市曹。勳臣中又有襄城伯李守錡、靈壁侯湯國祚，皆有疏頌璫，竟得漏網。

（明）李遜之《崇禎朝野紀》卷四 行人司副熊開元，因見上罪己求言詔，即疏求獨對。上因召入德政殿。開元請屏輔臣退，然後有言。上曰：輔臣原管密勿，可以不退。開元奏：皇上聖不自聖，求賢自輔，使大臣皆以皇上之方寸爲方寸，天下太平矣。又奏見賢焉後用之等語。上曰：見字最重要，見如何是賢？開元奏：庸人在高位，相繼爲奸，迨言官發其罪而誅之，所敗壞已不可救。上曰：多事之秋，責備人主，責備輔臣是大題目。又云：軍興旁午，多有小人挾私罔上，爾必有私意。開元奏：臣如有私，乞敕輔臣面奏。上因令補本。逾日補本，言昔日輔臣繁刑重斂，屏棄忠良，故人得而攻之。今日輔臣奉行德意釋纍蠲逋，起棄賢才，皆其所引用，偶有不平，私相慨嘆而已，孰便起而攻之。若皇上不加體察，一時將吏狃於賄賂，雖失地喪師，皆得無罪，誰復爲皇上捐軀報國者？疏入上大怒，批旨以其讒譖輔弼，狡託機密，著錦衣衛拿問。給事中姜埰疏言，皇上修省罪己，於言官諄諄致戒，豈有厭薄之心哉？言官持論太急，無當聖心，此言官之過也。聖諭所云，代人脱卸，爲人出脱者皇上何所見而云然乎？於章奏知之乎？抑出於聖心之懸揣乎？今如二十四氣之蜚語，必大奸巨憝惡言官之不利於己而無以中之，不激皇上之怒，不能箝言官之口，人將争效寒蟬，誰復爲上言之者？時有投匿名文書者，詆各臣爲二十四氣者，故埰疏及之。上大怒，命送錦衣衛打問，與開元同日下獄。已而以廷臣救，重下嚴旨，并責錦衣溺職，著再行嚴訊，打問再四，讞上，下刑部議罪。司寇徐石麒議坐，二人配贖，聖旨以不具招罪，司官石麒閒住，該司劉沂春革職，開元、埰各廷杖一百，仍發刑部擬罪。再問再駁，繫獄年余，至十七年二月始各允遣戍放歸。

（明）李遜之《崇禎朝野紀》卷四　十一月□□日，刑部奉旨：周延儒機械欺蔽，比匪營私，濫用匪人，封疆貽誤，屢旨已明所擬，豈足蔽辜？姑念一品大臣，著錦衣衛會同法司官於寓所勒令自裁，準其棺斂回籍。先是，部院看議云：周延儒召起田間，隆以師保，可稱千古殊遇，受事之初，將順聖明，有蠲租、起廢、解網、肆赦諸大政，天下想望太平，自宜永矢清白，仰贊宸謨，乃防簡疏於比匪，居身涉於營私；又云：精神慣用之揣摩，伎倆總歸於閃爍，一時之幸竇日甚，狐假公行，自誤因以誤國。嗟何及矣！以大官受財枉法律，擬發烟瘴地方充軍。奉旨勒令自裁，蓋出自聖斷云。

中國第一歷史檔案館《雍正朝漢文諭旨》雍正三年十二月十一日　上諭年羹堯不臣之心顯然，但因喪心病狂，昏憒顛倒之所致。鄒魯乃無知小人，相與謀逆之情雖實而事跡尚未昭著。朕念年羹堯青海之功，不忍加以極刑，著交步軍統領阿齊圖，令其自裁。年羹堯剛愎殘逆之性，朕所夙知，其父兄之教不但素不聽從，而向來視其父兄有如草芥。年遐齡年希堯皆屬忠厚安分之人，著革職寬免其罪，一應賞賚御筆衣服等物俱著收回。年羹堯之子甚多，惟年富居心行事與年羹堯相類，著立斬，其餘十五歲以上之子，著發遣廣西雲貴極邊烟瘴之地充軍。年羹堯之妻係宗室之女，著遣還母家。去年羹堯及其子所有家資，俱抄没入官。其現銀百十萬兩著發往西安交與岳鍾琪圖理琛以補年羹堯川陜各項侵欺案件。其父兄族人皆免其抄没。年羹堯族中有現任候補文武官者，俱著革職。年羹堯嫡親子孫將來長至十五歲者皆陸續照例發遣，永不許赦回，亦不許爲官。有匿養年羹堯之子孫者，以黨附叛逆例治罪，著内閣明白記載。鄒魯著改爲立斬，其親弟兄子姪著僉妻發往黑龍江給與披甲之人爲奴。其餘皆從寬免，餘依議。

狂悖之罪十三，專擅之罪六，貪黷之罪十八，侵蝕之罪十五，忌刻之罪六，殘忍之罪四。年羹堯與静一道人鄒魯等謀爲不軌，其大逆之罪一。將硃批諭旨輒敢倣寫進呈，其大逆之罪二。汪景祺《西征隨筆》，見者無不髮指，訊問羹堯亦云曾經看過，視若泛常，不行參奏，其大逆之罪三。家藏鎖子甲，又私行多貯鉛子，皆軍需禁物，其大逆之罪四。僞造圖讖妖言，其大逆之罪五。郃陽用兵致死無辜良民八百餘口，奉旨查問始以並無傷損一人回奏，後又止奏出李雲斗等六人，其欺罔之罪一。縱容私人邊鴻烈等恣行騷擾，激變番民不即參奏，及奉旨察問，仍巧稱措詞段落未能清楚，其欺罔之罪二。揑叅都統五哥等鎮海堡失律，其欺罔之罪三。西安起身私囑咸寧令朱炯買人保留，其欺罔之罪四。通同趙士河作弊將劉以堂假冒趙勳名字赴武功縣任，又佯爲不知，巧飾具奏，其欺罔之罪五。將西席張泰基父子幕賓趙士河之弟趙淇伊兄年法堯并高之傅等共十八案冒入軍功，其欺罔之罪六。家人魏之耀家産數十萬金，羹堯妄奏毫無受賄，房産斷不出一二千兩，其欺罔之罪七。西寧効力者六十二員册報一百零九員，其欺罔之罪八。將退役王治奇名字冒入軍功，令他人頂替選授廣德州判，其欺罔之罪九。出門黄土填道，官員穿補服凈街，其僭越之罪一。驗看武官用綠頭牌引見，其僭越之罪二。會府龍牌前設床正坐，其僭越之罪三。用鵞黄小刀荷包，擅穿四衩衣服，其僭越之罪四。衣服俱用黄包袱，其僭越之罪五。官員餽送俱云恭進，其僭越之罪六。伊子穿四團補掛，其僭越之罪七。凡與屬員之物令向北叩頭謝恩，其僭越之罪八。總督李維鈞，巡撫范時捷跪道迎接，羹堯受之不辭，其僭越之罪九。令扎薩克郡王額駙阿寶下跪，其僭越之罪十。行文督撫書官書名，其僭越之罪十一。進京陛見沿途墊道叠橋，鋪面俱令關閉，其僭越之罪十二。坐落公館墻壁俱係彩畫四爪龍，其僭越之罪十三。轅門鼓廳畫四爪龍，吹手俱穿綵蟒袍，其僭越之罪十四。私造大將軍令箭，又將皇上所頒發大將軍令箭燒燬，其僭越之罪十五。賞賜動至千萬，提督叩頭謝恩，其僭越之罪十六。兩次恩詔到陝，並不宣讀，亦不張掛，其狂悖之罪一。奏摺在内房啟發，並不穿朝服大堂拜送，其狂悖之罪二。同城巡撫不許放砲，其狂悖之罪三。勒娶七信貝勒之女爲妾，其狂悖之罪四。以侍衛擺對前引後隨，又令伊爲墜鐙，其狂悖之罪五。大將軍印不肯交出，其狂悖之罪六。妄稱大將軍所行之事俱循照俗例而行，其狂悖之罪七。縱容家人魏之耀等穿朝服補掛與司道提鎮同坐，其狂悖之罪八。在儀正地方違旨逗留，其狂悖之罪九。勒令川北総兵王永吉告老，又令其一子來受未了之恩，其狂悖之罪十。與行止妄亂之沈竹戴鐸結黨懷欺煽惑衆聽，其狂悖之罪十一。袒庇私人馬德仁，阻回石文焯參本，其狂悖之罪十二。將本内朝乾夕惕故寫夕惕朝乾，其狂悖之罪十三。郃陽縣建築城堡不行題請，擅發銀兩，其專擅之罪一。將侍衛李峻等題請委署守備奉旨不准題補，又不即行調回，其專擅之罪二。擅用私票一萬二千張作引十二萬道行鹽，其專擅之罪三。將奉旨停捐雍正二年俸工仍令照舊公捐，其專擅之罪四。拿獲私鹽李乾勝擅令銷案，其專擅之罪五。面囑董玉祥將患病守備何天寵不令照例填註軍政，囑李維鈞勒令陸篆接受王允猷虧空，其專擅之罪六。題補官員受謝四十餘萬，其貪黷之罪一。勒索捐納人員額外銀二十四萬兩，其貪黷之罪二。受趙之垣金珠等物值銀二十萬兩，其貪黷之罪三。取受樂户竇經榮銀兩，其貪黷之罪四。受宋師曾銀一萬兩，並玉杯等物，其貪黷之罪五。遍置私人私行鹽茶，其貪黷之罪六。私占咸寧等十八處鹽窩，其貪黷之罪七。取受葛繼孔餽送古玩，其貪黷之罪八。受傅澤檽賄，明知虧空，不行查參，其貪黷之罪九。勒令四省效力人員每員幫銀四千兩，其貪黷之罪十。受參革知府欒廷芳賄欲帶往陝省，其貪黷之罪十一。將搶掠各番衣服等物奄為己有，其貪黷之罪十二。私征新撫各番雍正二年租糧，其貪黷之罪十三。蒲州盤獲私鹽值銀一萬兩入己，其貪黷之罪十四。差家人高四同馬販子高文顯販買馬匹，其貪黷之罪十五。令家人顧泰分發興安各鎮厚價買馬，其貪黷之罪十六。委典史朱尚文販買木植，其貪黷之罪十七。令馬起龍賣茶得銀九萬九千餘兩，其貪黷之罪十八。冒銷四川軍需一百六十餘萬兩，又加派銀五十六萬餘兩，其侵蝕之罪一。冒銷西寧軍需四十七萬餘兩，其侵蝕之罪二。運米四萬石至軍前，冒銷脚價四十餘萬兩，其侵蝕之罪三。侵用康熙六十年起至雍正三年俸工銀十四萬九千餘兩，其侵蝕之罪四。借名建築布隆吉城垣，冒銷錢糧，其侵蝕之罪五。隱匿變關歷年税銀八萬八千，又加派軍需糧規五萬餘兩，其侵蝕之罪六。將拿獲私茶罰贖銀四萬餘兩入己，其侵蝕之罪七。侵用河東鹽政盈餘捐修銀五萬六千餘兩，其侵蝕之罪八。將現貯西安未運米一萬石揑稱運至西寧，冒銷脚價四萬六千餘兩，其侵蝕之罪九。將寧夏各衛所貯倉耗一萬四千石並不題報，併留寧拴養馬匹工料銀一萬五千兩入己，其侵蝕之罪十。侵用城工餘剩銀一萬六千餘兩，其侵蝕之罪十一。買貯咸長等八縣米浮銷價銀一萬五千餘兩，其侵蝕之罪十二。抄没塔兒寺硼砂茜草等物，私自變價一萬四千餘兩，其侵蝕之罪十三。侵用紀廷詔等捐觧銀一萬兩，其侵蝕之罪十四。砍取桌子山木植借稱公用，存貯入己，其侵蝕之罪十五。現任職員凌虐遣調任用私人奪缺委署，其忌刻之罪一。軍前官兵支給口糧不先咨明晋撫，欲致其遲悮獲罪，其忌刻之罪二。將綽奇會商軍餉清字咨文差趙成謊説非交代事件，欲致岳鍾琪遲誤軍需，其忌刻之罪三。揑參程如絲販私鹽殺傷多人，其忌刻之罪四。欲薦李維鈞為巡撫，設計誘陷趙之垣，其忌刻之罪五。遏抑阿炳安等軍功共六案，其忌刻之罪六。

出示訪拿曹猪頭，該縣將馮猪頭錯觧，並不覆實即行枉殺，其殘忍之罪一。無故將筆帖式戴蘇鎖拿監禁，其殘忍之罪二。急欲出缺劾參金南瑛等七員庸劣病廢，其殘忍之罪三。將台古濟克濟查布等不善於安輯以致伊等困苦失所，其殘忍之罪四。以上各款供狀昭著，羹堯亦心死詞絀，無能置喙。《易》曰：惡積而不可掩，罪大而不可觧。《書》曰：自作孽不可逭，羹堯惡積罪大，孽由自作，謹按律内凡謀反不分已未行皆凌遲處死，又大不敬者斬，詐傳詔旨者斬，大逆知情故縱隱藏者斬，官員交結紊亂朝政者斬，妻子為奴，財産入官。官吏人等，挾詐欺公、妄生異議，擅為更改變亂成法者斬，造讖緯妖書妖言者斬，大臣小官暗邀市恩以結人心者斬，大臣專擅選用者斬，假與人官者斬，偽造茶鹽引者斬，在外大小各衙門官但有入遞進呈實封公文至御前，而上司官令人於中途邀截取回者斬，侵盗錢糧入己數滿三百兩者斬，有一於此法所不宥。而羹堯所犯至九十二大罪，其他過犯尚難枚舉，内外文武諸臣合口齊聲耻同覆載。

皇上已弘三宥之恩，羹堯實攖萬死之法，伏請皇上將年羹堯立正典刑。其父及兄弟子孫伯叔伯叔父兄弟之子，年十六歲以上者，俱按律斬，十五歲以下及母女妻妾姊妹及子之妻妾給付功臣之家為奴。正犯財産入官，仍將臣等審訊羹堯惡跡昭示中外，以為天下萬世人臣反逆不道負恩罔上干名犯義者戒。臣等無任激切之至，為此合詞謹奏請旨。

中國第一歷史檔案館《雍正朝漢文諭旨》雍正三年十二月十一日　諭年羹堯爾亦係讀書之人，歷觀史書所載曾有悖逆不法如爾之甚者乎？自古不法之臣有之，然當未曾敗露之先，尚皆假飾勉强偽守臣節，如爾之公行不法全無忌憚，古來曾有其人乎？朕待爾之恩如天高地厚，且待爾父兄及爾子並爾闔家之恩，俱不啻天高地厚。爾捫心自思，朕之恩尚忍負乎？授爾為川陝總督，又用爾為撫遠大將軍，西陲之事全畀於爾，事事推心置腹，文官自督撫以至州縣，武官自提鎮以至千把，俱聽爾之分別用舍。朕意以爾實心為國，斷不欺罔，故盡去嫌疑，一心任用。爾乃作威作福，植黨營私，如此辜恩負德，於心忍為乎？即如青海之事，朕命爾於四月間備兵，爾故意遲延。又命於八月進兵，爾復羈留不往。及朕嚴加催督然後進兵，孤軍冒險幾至失機。又如阿爾納所領之兵，爾令其由噶斯地方前進，以險惡必不可行之路令其行走，豈非欲陷害阿爾納乎？又如爾令富寧安將駱駝三千餘隻從巴爾庫爾送至布隆吉爾為無用之需，豈非設計欲陷害富寧安乎？又如令岳鍾琪之兵調至西寧，其經由之路，爾指令舍近就遠故意使其紆道數千里，欲使蔡珽運糧不及，豈非欲巧陷蔡珽乎？此皆國家軍務大事，而爾視為兒戲，藉此以快私忿，尚得謂之有人心者乎？又如爾所奏善後十三條，於不應造城之處建議造城，於不應屯兵之處建議屯兵，並無一件有益於地方之事。為國家籌畫兵機如此草率錯亂，是誠何心？如青海用兵以來，爾之殘殺無辜，顛倒軍政等事，朕尚皆未令入於廷臣議罪之條，即就廷臣所議九十二條之內。爾應服極刑及立斬者共三十餘條，朕覽之不禁墮淚。朕統御萬方，必賞罰公明，方足以治天下。若如爾之悖逆不臣至此，而朕枉法寬宥，則何以彰國家之憲典，服天下之人心乎？即爾苟活人世，自思負恩悖逆至此，尚可以對天地鬼神？

中國第一歷史檔案館《雍正朝漢文諭旨》雍正三年五月二十八日　吏部議覆為題參金南瑛等不實情由，將年羹堯革退將軍之職一本摺奏，奉旨這職掌即年羹堯總督任内之事，並非將軍任内之事，係吏部應議者與兵部無涉。若果將軍係兵部事件，亦應請旨交與兵部，而吏並未請旨輒竟會同兵部議革年羹堯將軍之職具奏，特注意狥庇。年羹堯如此巧為殊屬不合。隆科多等著交與都察院嚴察議奏，將本發回，令吏部議奏。欽此。

中國第一歷史檔案館《雍正朝漢文諭旨》雍正三年六月初七日　諭大學士九卿等，年羹堯如許大罪顯露，而伊子年富年興等尚毫無畏懼之形。若伊父果有冤抑之處，應分晰代奏，若無冤抑之處，則應竭誠効力以贖伊父之罪。乃並不如此行事，但隨處為伊父探聽音信，憤怨之情見於顔色。年富年興原甚不堪，俱著革職，交與伊祖年遐齡供伊侍奉，倘仍不悛改，定行正法。再隆科多之子玉柱行止甚劣，亦與年富年興相同，玉柱著革職，交與伊父隆科多。

中國第一歷史檔案館《雍正朝漢文諭旨》雍正三年六月初七日　諭吏部等衙門，年羹堯在任種種僭妄，曾經降旨詢問，今據年羹堯奏稱，伊為大將軍所行之事，俱循照俗例而行等語。昔年用兵有諸王掌大將軍印者，有大臣掌大將軍印者。惟允禵妄自尊大種種不法，我朝大將軍如此行事者從未之聞也。年羹堯不但踵而行之，且殺戮過焉。今乃云循照俗例，夫允禵所行悉僭妄，非制豈可云例，假若云例，則是國家大將軍之定制，豈可云俗，此語狂悖已極。

中國第一歷史檔案館《雍正朝漢文諭旨》雍正三年七月初一日　上諭年羹堯。從前題奏西藏青海等處軍功議叙文武官員多冒濫不實，朕所深知，今特施寬大之恩。凡有軍功議叙文武官員若係年羹堯任内冒濫題奏者，無論已陞未陞已授未授，俱准速行據實自首。其官職卑微，不能自達者，俱交該督撫提鎮齎送。此皆出自年羹堯悖逆擅作威福之舉，與伊等無干，朕皆從寬宥釋。若仍隱匿遲延不肯首明者，一經發覺定行拏問，嚴加治罪，再此等無軍功者，既可以効力議叙題補，則實在効力有軍功者，亦必挾私抑遏不行議叙。如楊俊傑之類者，俱著將所以挾私之故詳細呈首。

中國第一歷史檔案館《雍正朝漢文諭旨》雍正三年七月十二日　上諭年羹堯自任川陝總督以來，擅作威福，網利營私，顛倒是非，引用匪類，異己者屏斥，趨附者薦拔，又借用兵之名，虚冒軍功，援植邪黨，以朝廷之名器，徇一己之私情。目今事事敗露，不可悉數，其所用匪類，如陝西官員内則有延安府知府李繼泰，寧夏同知趙健，河州知州許啓盛，三原縣知縣劉子正，南鄭縣知縣嚴世傑。四川官員内則有川東道金德蔚，永寧道周元勳，保寧府知府王國正，重慶府知府揚文斌，建昌衛通判崔鴻圖，邛州知州張純，巴縣知縣周仁舉，遊擊年悦。此等文員平日侵蝕軍需，剥削民膏，諂媚上司，苛刻地方，實為兩省之害。著即行文該省調取伊等來京引見定奪。又如年羹堯數年來參革及降調之文武官員甚多，其中自有冤抑，著吏兵二部將參革及降調之原委一一查明，繕摺具奏，候朕親覽酌其情節降旨調來引見。使年羹堯不得肆其蒙蔽，而伊等不致受其誣陷，且以為罔上行私無知之大吏戒，並為鑽營黨附無耻之屬員懲。再知川陝兩省副將以下千總以上等武官，經年羹堯冒濫題補者，俱著岳鍾琪詳查，擇其尤劣者參奏。

（清）吴振棫《養吉齋餘録》卷四　雍正三年九月，欽差閒散内大臣都統拉錫到杭，將年羹堯鎖拏，會同署浙撫福敏，並帶内監二人至其家查封。而來往私書，羹堯已盡毁。拉錫回京，福敏等復行搜檢，於亂紙中得鈔本書，標題《讀書堂西征隨筆》，自序乃汪景祺姓名【略】節中多悖逆語，奏請拏究【略】汪景祺，錢塘人，在年羹堯幕中作《讀書堂西征隨筆》。其詩有皇帝揮毫不值錢句，又譏議聖祖謚法、雍正年號，又作《功臣不可爲論》，以檀道濟、蕭懿比年羹堯。

中國第一歷史檔案館《雍正朝漢文諭旨》雍正四年八月三十日　上諭朕將塞思黑之事交與楚宗，楚宗始初所奏一二事件，尚有實心黽勉効力之意。朕料伊久在軍前，年齒加長，必改易前行，是以甚信用之，加以殊恩。乃楚宗將一二事件致朕信任，未久伊遂奏稱塞思黑邀買人心大有關係，斷不宜處之極邊，應拿往京城禁錮詣事完畢等語。似此明係見民人令狐士義之投書流言，因而具奏，恐嚇朕躬，楚宗係專守塞思黑之人將令狐士義之投書流言，並塞思黑與西洋人穆金遠從憲牖出入時常計議如許事件妄亂行為之處，伊盡為隱匿，不行奏聞，及朕明降諭旨，伊知塞思黑罪惡深重，斷不能逃於法網，乃欲自蓋前愆。將塞思黑從西大同斛來保定時，並未奉朕諭旨，伊即擅自將塞思黑鎖拿，以見毫不徇情之意，且既已鎖拿，自應實在加以鎖鈕，又復虚應故事，空有鎖拿之名，其實可以脱卸，是屬何心。再塞思黑一切事件已有俱交與李紱爾不必管之明旨，伊又行攙越將塞思黑之親隨四人，另行拘禁他處。據此楚宗之行為甚是悖謬不堪，情殊可惡。著交與常泰嚴行審明具奏。欽此。

中國第一歷史檔案館《雍正朝漢文諭旨》雍正五年五月二十八日　上諭隆科多結黨營私，欺罔狡詐，擅作威福，放肆貪婪，種種劣蹟全然敗露。背國負恩之罪天下共知，應為人臣之所共憤。即有私心黨附者，亦當急速解散以免罪愆，豈有愍不畏死之徒尚敢通同作弊，而大臣官員等審理隆科多犯法之案，尚不秉公據實，輒敢顛倒是非輕重任意國法，豈可容乎？鑲藍旗護軍七十八家下婦人王氏代，伊小叔成兒首告菩薩保收藏隆科多金子六千五百兩，審據菩薩保亦自認不諱。今已於菩薩保屋内起出金子六千五百兩，及銀三萬餘兩，無人不知為私藏隆科多應追入官之銀兩也。菩薩保黨附奸惡牢不可破，目無國法，罪不容誅。而刑部則議稱菩薩保身係職官，本宜奉公守法，乃與隆科多交結往來希圖護庇，及原任尚書佛格因伊懶惰欲行參奏，遂即賄賂隆科多轉託免參鑽營賄囑殊干法紀等語，以此輕淡數語加之於菩薩保，而其干犯重法之處全未提及，有是理乎？刑部又將成兒擬以絞罪，王氏擬以杖罪，凡律例所載家人不許首告家主者，乃挾私懷恨訛詐恐嚇舉發隱微之類。至於結黨悖逆之徒，人人得而誅之。若不許家人出首，則反叛之人皆得肆行無忌，何事不可為矣？今王氏所告，事事皆實，反將成兒擬絞，王氏擬杖者，諸大臣之意想欲預留自己地步耶？菩薩保藏銀之時，成兒勸阻致觸其怒，遂欲殺之以滅口，是菩薩保之忍心害理已極矣。王氏既代成兒首告，現在二人自己出名並非匿名可比。而刑部欲强坐成兒之罪，無律可引乃引投帖匿名之條，曲定死罪，與此事全不相符，是誠何心乎？刑部又稱菩薩保所藏銀一萬四千五百兩係伊祖倭黑遺留，並非隆科多寄放之物。應將此銀抵補倭黑虧空，其餘給還菩薩保等語。查倭黑任内有應追公項銀七千餘兩，現在旗下催追多年，焉有收藏萬餘金而不完公帑之理？菩薩保以狡供忍刑而轉獲萬餘金之重利，尚可以為奸惡之戒乎？且隆科多名下未完銀兩甚多，而刑部故意將此項開脱，是又何心乎？且菩薩保收藏金銀之後，面向隆科多説過，隆科多令其轉生利息。今金銀現在起出，贓據分明，萬無可辯。昨旗下行文詢問隆科多，隆科多不行承認，推為家人所為，是隆科多於負罪之外又加欺罔。今刑部議覆本中並不將伊屢次欺罔之處叙入具奏，佯為不知之狀尚不謂之袒護隆科多乎？朋黨者，國家之大患，是以屢年以來，朕諄諄訓誡，宥其既往之愆，予以自新之路。意謂伊等苟有人心，自然改惡悔過，不肯自罹罪戾。今菩薩保公然怙惡不悛，干犯法紀。伊曾為刑部司官，今部中如此定議，必有庇護照看菩薩保之人。刑部堂司官於此等重犯大案，敢於黨惡徇私，在朕前肆行欺罔，若不徹底審明，無以消朋黨而懲奸邪。著順承郡王大學士馬齊，富寧安公馬爾賽，都御史查郎阿、侍郎岳爾岱永壽等，將刑部堂司官如何徇情作弊之處嚴加審訊，務將實情一一究出。倘稍有含糊不明之處，朕必親加審問。欽此。

中國第一歷史檔案館《雍正朝漢文諭旨》雍正五年六月丙戌朔 諭内閣近有不法匪類造作訛言一人煽惑衆口喧騰，以致人心驚惶，良民受累。如京城之訛傳挑選秀女賜西洋人，浙江之訛傳海寧屠城，此必姦惡之徒，不肯改過遷善，怨朕約懲治甚嚴。故肆其鬼蜮之伎倆搖惑衆心，以希朕之畏而中止，此則大誤矣。朕非庸懦無能主也，如京城造言之人現在拏獲，按律治罪。惟是百姓等一聞浮言，遂爾倉皇失措，皆由平日不知朕之存心，故易為所動。在姦民固罪不容誅，而小民無識亦殊覺愚而可憫也。朕自臨御以來，日夕憂勤，惟以愛民為念。凡所行之政所發之令無一不準乎天理，體乎人情。多方籌畫，委曲周詳，愛我百姓實懷父母保赤之心。恩勤惻怛出於至誠，若有一毫不便于民，立即措置得宜務使安居樂業。無一夫不獲其所，故地方一有不肖官員，不法奸民，定加懲治，益恐姦邪一日不去，良善一日不安。且亦欲令姦邪改過自新，同歸於善，此片真誠愛民之苦心上蒼后土聖主在天之靈鑒之，凡我赤子宜無不昭然共見。假如偶有傳聞其事若不合乎天理人情，即應度理揆情以為此斷非我主上所行者，果如此深信不疑。縱使無稽之言，百端傳播亦付之不聽而消歸烏有矣。浙江風俗向來澆薄，士子不守禮教，勢豪欺壓鄉閭，恣意橫行，罔知國法，不得不嚴加整飭，使惡黨潛踪，愚民安堵。此更朕保護浙人之舉，並非棄之於化外，俟能改行率德之時，朕自仍沛恩膏也。總之姦惡之人愍不畏死，謗國害民法所不宥。嗣後該地方有司務期密訪嚴拏，立置重典，凡爾遠近良民當共信。朕斷不肯為累民之事，一切浮言彼此相戒勿聽，則俯仰順適，寤寐安舒，永無倉皇失所之慮。庶不負朕勤民保赤之心，而姦惡不法之輩亦無所逞其伎倆矣。著將此發與五城順天府及各直省督撫，轉行各州縣刊刻頒布，務期遠鄉僻壤咸使聞知。

中國第一歷史檔案館《雍正朝漢文諭旨》雍正五年十二月初六日 奉旨延信從寬免死，著與隆科多在一處監禁。伊子不必革去宗室，凡閑散宗室等原有在王等包衣佐領兼轄之例，伊等著入顯親王包衣佐領如奴僕輩管轄驅使，其包衣佐領人等原從顯親王家下分出仍著賞與顯親王。延信家產不必入官，伊有貪婪銀十萬兩，又有種種貪贓虧缺銀兩，著將伊之家產交與旗下大人等查明還項，其該旗佐領著該旗大人等請旨具奏。

和碩顯親王臣衍潢等謹奏為姦惡援結黨羽伏祈正法事。該臣等會議得延信係宗室中至微極賤之人，蒙聖祖仁皇帝鴻恩挑取侍衛在乾清門行走。教訓豢養屢擢至極品大臣，全不以感恩報効為念，及與阿其那，阿靈阿，拉錫普啟等結為黨羽，與二阿哥為敵，又與蘇努阿靈阿結為黨羽，為阿其那出力，後復用為將軍，令其往藏防守。伊揑稱患病逗巡不去，聖祖仁皇帝並未將伊問罪，不次施恩封授公爵。延信仍不改其惡，又揑病借端不走，及皇上御極將伊一切罪過俱行寬免。望其自新，授為將軍，洪恩疊沛，封授貝勒。延信理宜痛改心志，致身効力以仰答洪恩於萬一。乃延信賦質奸詐陰狡，並不悔念交結黨羽之罪，反以伊等黨羽已經置法怨望為心在御前動作，悖逆無道煽惑人心，撓亂國政。今種種鉅惡盡行敗露。查延信與阿其那，阿靈阿，拉錫普啟等結為黨羽，與二阿哥為敵，其黨援之罪一也。奉旨詢問年羹堯之處，延信並無揭報之心，為之徇隱具奏，其黨援之罪二也。延信在西寧時陽作不行，附和允禵揜人耳目，陰與允禵交結，其黨援之罪三也。及復令其進藏時，延信鑽營懇求年羹堯代伊解釋保奏，其黨援之罪四也。延信係阿其那，阿靈阿，蘇努等黨援之人。奉旨交問伊身為將軍貝勒，明知其事而反將無干之漢人路振揚舉出，情殊可惡，明係有心，其黨援之罪五也。延信仰遵阿其那傾心効順，稱阿其那樸實，稱阿靈阿為人傑，阿靈阿雖死猶以伊等原結金石黨羽為心，將伊女與阿爾松阿結為姻親，其黨援之罪六也。揑造逆言告知年羹堯希脱黨謀，其黨援之罪七也。延信在御前動作，昂然伸足，其大不敬之罪一也。皇上諭旨責備延信坐聽不行跪領，其大不敬之罪二也。不俟皇上萬壽即行起程回去，其大不敬之罪三也。延信在西安時不遵諭旨，並不曾具奏一件地方事務，其大不敬之罪四也。延信並無疾病，假揑拄杖行走，著伊署大將軍印務即行棄杖喜而前往，其欺妄之罪一也。

諭旨訓練士卒，延信不行欽遵，反懷怨望，將士卒混行痛打，其攪亂國政之罪一也。奉旨詢問應否進藏之處，延信並不將可否進藏具奏，但云路有烟瘴以惑衆心，其擾亂國政之罪二也。延信於將軍任内不親身訓練士卒，其負恩之罪一也。延信妄行保題官兵一百九十餘人，其市恩邀結人心之罪一也。延信在甘州值青海用兵時，亂行調動遠處兵丁幾致可危，其違悞兵機之罪一也。延信身為將軍聽得賊寇臨邊，有進攻之語，並不發兵，迨新城子失陷之後，始行發兵，其失悞軍機之罪二也。延信將拿到逆賊阿拉布坦鄂母布屬下蒙古七人，並不究審竟行釋放，其失悞軍機之罪三也。進藏時將國帑千萬兩入己，其貪婪之罪一也。將各罪案逐一審問，延信自認不諱，以上種種罪惡皆屬法所難容。若不將此奸詐陰狡，煽惑兵心，撓亂國政，大不敬，大逆不道，黨援中莫此為甚之人正法，無以快衆。查律内大不敬者斬，官員交結黨謀撓亂政事者斬，將伊妻子為奴，家產入官。違悞軍機者斬，大臣官員陰行市恩邀結人心者斬，侵盗錢糧入己數滿三百兩者斬等語。有一於此，法所難容。延信所犯種種應斬之罪擢髮難數。應將延信革除宗室，擬斬立決。將伊妻子發往右衛，其子俱著披甲。所有延信屬下佐領下人等交該旗辦理，其財產交該旗查明入官。為此，謹題請。

中國第一歷史檔案館《雍正朝滿文硃批奏摺全譯·都統褚宗奏參阿其那等結黨亂國等事摺雍正四年六月二十二日》 都統臣宗室褚宗謹奏：為參奏事。切無忠無孝之賊阿其那、塞思黑、允禵、允䄉等惡類結伙，亂國滋事，妄造謡言，投書閧鬧，又惡語中傷如天明主。聖主臨御以來，四年有餘，以孝為本，日理萬機，事事至理，不遺餘力。此天下人皆稔知，故逆賊等姦計已盡，理應痛改前非。但逆賊等姦惡之心絲毫不改，毫不畏懼，反指馬造謡謾駡，倘若忍之，則何事不能忍？伊等惡貫滿盈，福禄已盡，遭天譴責，罪惡昭彰，國法應誅。復蒙聖主頒旨，將賊等不誅留之。伊等雖如死人，但不誅則斷不可。若不除賊根，留之一時一刻，則惡賊等逆心不死。

再，去歲年羹堯與塞思黑互相致書之事，褚宗臣見於本地千總阿維新所記檔册，一面封檔册，一面奏聞此等事。至是深思，年羹堯乃辜負聖主重恩與逆賊塞思黑互相傳文，致書與塞思黑、允禵言：我已失機，悔之不及。等語。以此兩件事，應即行凌遲。褚宗臣叩請，將逆賊等即行正法，方可仰副天意，且大快人心。為此，將去年檔册，一並謹奏。

朱批：爾卑鄙齷齪，知道什麼！爾若不為塞思黑之姦惡所欺騙，能堅持初到大同之心，則將為朕多加夸奬，可惜已枉然了，然而朕將寬恕之。若與阿其那、塞思黑在一處兩個月，不為伊等姦計所動之漢子，不被欺騙之聰慧之人亦少矣。

中國第一歷史檔案館《雍正朝滿文硃批奏摺全譯·黑龍江將軍傅爾丹奏報將允䄉屬下人永禁摺雍正五年四月初五日》 奴才傅爾丹謹奏：為密奏事。

竊照去年副都統博思霍爾至齊齊哈爾地方後，奴才親諭博思霍爾曰：黑龍江乃極邊地方，在彼流犯甚多，爾抵達後，留心善加嚴之，若有不安分者，則報於我。等語。諭畢遣之。今為催追黑龍江協領常壽所欠倉糧事，與協領侃泰鬬角，故將奴才等參劾案内與常壽勾通、流放之薩克新、雅圖、發彤等，俱行拿獲，帶鐵鎖三條，永行監禁。等因具奏。其意為薩克新原係辦理允䄉家務、藏隱遷移財物之人，雅圖係允䄉貼身子童，以悖亂被流放，發彤亦以行悖亂，奉命帶鐵鎖三條流放之人。將此輩數次行文副都統博思霍爾查之。視其回文，彼等雖無滋事異情，但奴才愚意，薩克新、雅圖原皆如允䄉之手足行惡為亂之輩，發彤亦以行悖亂而被發配。將此輩今若不即行緝拿，任其逍遥，則日後妄行滋事，未可逆料。然而黑龍江地為極邊，流配棍徒亦甚多，若不將此輩嚴拿永監，則衆流配者亦不知懼也。是故，奴才與來辦事之給事中富保商議，將薩克新、雅圖、發彤今皆緝拿，帶鐵鎖三條永監，不令出門外。等因。繕摺具奏。至於薩克新、雅圖、發彤等淵源、流配情由，以及奴才傅爾丹辦理之意，不便陳於奏摺内，故謹密奏以聞。

硃批：甚有道理。知道了。

中國第一歷史檔案館《雍正朝漢文諭旨》雍正五年閏三月十四日 奉旨着順承郡王錫保公納圖阿布蘭將太監孔進等帶去問允䄉，伊所行壓魅之事太監孔進等俱據寔供出，朕將渠等之罪俱已寬免。伊乃大罪之人，在拘禁處又行壓魅。伊若將寔情供出，朕將伊寬宥，亦未可定，若假說一語，朕定將伊正法。欽此。欽遵經宗人府將雅圖二海，會同刑部嚴審定擬另行具題外，將允禩照大逆例即行正法等因于雍正五年四月二十八日題，五月初二日奉旨允禩素性貪鄙昏愚，受阿其那，塞思黑之籠絡，供其驅使。朕恐其在外妄行致罹重罪，故令拘禁以保全之。乃伊在拘禁之地仍敢為魔魅之事，被伊太監供出，伊亦自認不諱，又自供出向來與阿其那等共為不法之事，本應即行正法。但念此等庸碌不堪之人，不能為國家之害。着從寬免死，仍照舊拘禁。欽此。欽遵經本部等衙門將雅圖二海擬以斬決，于雍正五年八月二十二日題二十六日奉旨雅圖着即處斬，二海改為應斬着監候，秋後處決，餘依議。欽此。

中國第一歷史檔案館《歷史檔案》二〇〇四年第一期《嘉慶十六年嚴禁西洋人傳教史料・陝西巡撫董教增為報拿獲傳習天主教張鐸德等犯審擬情形事奏摺嘉慶十六年二月十六日》 陝西巡撫臣董教增跪奏，為拿獲天主教傳教人犯，並究出在西洋堂考有品級，審明定擬緣由，恭摺具奏，仰祈聖鑒事。

據扶風縣知縣秦梅稟報，本年正月初九日，訪聞有天主教張姓在境誦經傳教，當即親詣該犯寓所，將張鐸德拿獲，並搜起經卷書籍及十字架等項，提解來省。臣率同司道詳加研訊。據張鐸德供：年四十二歲，興平縣人。乾隆五十七年到京城天主教堂學習念經，曉得經内道理。嘉慶四年，經南堂大人湯士選考得四品，西洋以品多為貴。六年，湯士選見我學時甚好，又考得七品，給銀十兩錢二十千文，令往山西尋監牧路姓，派伊執事。隨携帶天主經卷書籍，尋至山西平遥縣城内安洪道家，見了路姓，係西洋人，教名亞禄依斯伍斯恭薩格，在此傳教。我隨同教中講究經卷，住了四年多。十一年，路姓令我往甘肅各處訪聞同教，講究十戒道理，並給有示諭一紙。十五年十二月二十五日，行至陝西扶風縣教友陳洪智家講説經理。今年正月初間，有王克智、方作禮、高多禄、李愛烏、汪保禄、陳安得力、李得望、張太祥、盧棲鳳、盧新月、盧愛、何孝、昝登元、盧三有、盧思等十五人，先後到彼拜年，因一同聽講念誦。初九日被扶風縣訪拿，查起經卷書籍、神像等物到案，解省訊究。我所講經卷不過勸人修身行善，其考取七品及除外行教。現有西洋字信一封，可向西洋堂查問，並没為匪不法，亦無書符念咒索取銀錢情事。西洋堂湯士選故後，就是路姓為尊，他在山西，並無一定住址，今或在山西，或回西洋堂，我出外日久，實不知道。究詰至再，矢口不移，質之陳洪智等，供亦無異。

臣當將解到各項經卷詳加批閱，内十戒七端等款，係勸人省身改過，與禮律相表裏。其煽惑愚民邪説約有數端。一曰領聖體，所謂領聖體者，先以餅酒供耶蘇，即將所供餅酒分食在會之人，食後，司鐸於十字架前念誦天主娶母等經，餅酒即化為耶蘇血肉，可以助人靈慧，增人氣力。一曰告解，所謂告解者，謂祖父未經入教及入教而奉教不誠，皆為罪人，須密向司鐸前跪，自呈訴司鐸，即為祈求聖母，轉求天主，可得赦宥。其赦宥者並領體係司鐸大權，如職官各有所司。倘無司鐸，他人皆不能主持其事。又謂人有三父母，一為生我之父母，一為治我之父母，惟天主為大父母。得罪於生我、治我之父母，其罪小；得罪天主，其罪大。至耶蘇被釘在十字架備受苦毒，凡入教之人皆當熟念耶蘇受苦情形。遇有苦辱，歡喜承受，受苦愈多，功力愈大，受苦受罪即陞天堂之價值。此愚民好新喜異，既經習教，雖受刑責而不肯背教，執迷不悟之根蘊也。

查乾隆四十九年十一月欽奉諭旨：西洋人傳教惑衆，最為風俗人心之害，現在各省神甫名目尤當嚴禁，内地民人有稱神甫者，即與受其官職無異。姑念愚民被惑，且利其財務資助，審明後應擬發伊犁給厄魯特為奴，以示懲儆。至内地民人因祖父相傳持戒供奉，自當勸令悛改，即將呈出經卷等項銷毁，照例辦理。

又，嘉慶十年六月欽奉諭旨：川省傳習天主教之人甚多，著該督撫出示曉諭，俾知例禁。所傳之經卷書籍，查出銷毁。如有教師在彼煽誘，即按律懲治，愚民自可解散。果能悔過自新，即屬安分良民，總當妥為辦理。等因。欽此。欽遵在案。

今張鐸德以内地民人入堂，考有品級，外出傳教，實屬不法，自當欽遵高宗純皇帝諭旨，發往伊犁給厄魯特為奴。其隨從講經之陳洪智等，皆係無知被惑愚民，訊無不法情事，應請先行枷示。飭該地方官詳加開導，若能悔過自新即予省釋。此外，入教各名姓稱為教譜，所載人數衆多且散在各處，若概行查拿，徒滋擾累，應飭令各地方官出示勸令自行悔改，免其究辦。至該教仿效職官，擅立品級，且令分路傳教主教之人並有教化皇名目，若不嚴行查究，無以息邪説而靖民心。

查其立教條規，惟司鐸等有領禮赦罪大權。張鐸德傳教西路領有總牧示諭，並於到案時寫西洋字一紙，求轉查西洋堂，見其並非假冒，是西洋堂乃天主教之根柢，不絶其根，無從産其萌蘖。今據張鐸德所供湯士選故後，惟路姓為首。路姓或在山西，或回西洋堂，日久不能知患，除非咨山西在平遥縣查拿安洪道，嚴究路姓踪跡，並咨明刑部及將路姓所給示諭教譜並張鐸德所寫西洋信一紙，移送軍機處，其餘經卷概行銷毁外，伏祈聖明，敕行欽天監衙門，嚴查西洋堂現有無漢民在彼誦經？考秩之人主持教事是否即係路姓？路姓曾否回京？西洋堂自湯士選故後是否並無掌教之人？所稱總牧司鐸分在各省，共有若干名，一並嚴拿，按例治罪，庶其教不待禁而自戢矣。所有拿獲天主教訊明酌擬緣由，理合繕摺具奏，伏乞皇上睿鑒訓示。

謹奏。

嘉慶十六年二月二十六日奉朱批：另有旨。欽此。

中國第一歷史檔案館《歷史檔案》二〇〇四年第一期《嘉慶十六年嚴禁西洋人傳教史料・陝西巡撫董教增將傳習天主教人犯張鐸德發伊犁等事上諭嘉慶十六年二月二十六日》軍機大臣字寄陝西巡撫董，嘉慶十六年二月二十六日奉上諭：董教增奏拿獲天主教傳教人犯訊明定擬一摺。西洋天主教傳習邪説煽惑愚民，最為風俗人心之害，例禁綦嚴。京城内外及各直省自當隨時查訪，有犯必懲。現據該省拿到之張鐸德供出，彼教中竟有教化皇及總牧、司鐸等名目，並仿効職官設立品級，以品多為貴。伊係内地民人，膽敢混入西洋堂習教誦經考得品級，倚仗總牧字諭出外傳教，煽惑多人，不可不嚴行懲辦。除飭令管理西洋堂務之大學士禄康等嚴查該堂現在有無漢民在堂誦經考秩並有無掌教之人，該犯所供路姓是否在京，一並查拿治罪。其所稱總牧司鐸分在各省，共有若干名，俟查明奏上，再行降旨，各該省督撫緝拿究辦外。所有張鐸德一犯，著即照例發往伊犁給厄魯特為奴。其隨從講經之陳洪智等，著先行枷示，飭令該地方官詳加開導，倘執迷不悟，亦即照例發遣。此外，傳教各民為數既多，自便紛紛查拿，致滋擾累，該撫惟當一面分飭各地方官出示曉諭，勸令悛改，免其究辦；一面嚴密訪查，如有習教為首、潛行滋事者，務當執法重懲，勿稍疏縱。將此諭令知之。欽此。遵旨寄信前來。

中國第一歷史檔案館《歷史檔案》二〇〇四年第一期《嘉慶十六年嚴禁西洋人傳教史料・陝西道監察御史甘家斌為西洋天主教蔓延無已請旨嚴定治罪專條事奏摺嘉慶十六年四月十九日》陝西道監察御史甘家斌奏：為西洋天主教蔓延無已，請旨敕部嚴定治罪事條及失察處分，以示懲儆，仰祈聖鑒事。

竊惟經正則庶民興，庶民興斯無邪慝，我國家準情制法，於倡立邪教暨造妖言、妖書治罪綦重，所以嚴盜賊之防也。其師巫邪術左道異端，亦因以邪害正易於滋事，具分别首從嚴治其罪，並將地方官交部議處，原使有所儆畏，不敢輕犯，故此等教匪尚少蔓延。惟天主教自康熙年間流入内地，曾延及廣東、陝西、四川、湖廣、山東、山西、直隸等省，以至京師皆被煽惑，歷經查辦毫無底止。推原其故，總因該教性最狡黠，巧於避就，又因辦案時人數過多，難加深究，故同係邪教惑人而治罪獨輕。且地方官並無處分，不免因循。就令查辦亦不過遵照成案，難以示懲，以致肆無忌憚，任意蔓延，殊為風俗人心之害，並恐積而愈衆，滋生事端。

查該教不敬天地，不祀祖先，不孝父母，不畏刑罰，種種欺公藐法，背名畔義，實屬以邪害正，情理難容，既經造書煽惑，動致數千户人民，泯滅綱常，背違法紀，即係妖言惑衆。其設立十字架，誘衆禮拜，亦與隱匿圖像，燒香集衆者，情節相同，未便治罪。獨輕致無顧忌，且聞該教能以符咒蠱惑，誘污婦女，狂取病人目精，律貴誅心。該教既非圖財，又非勸善，果何所為？而必只身傳教迷人行惡，亦未便任其狡展，不實不盡。至内地民人食德服疇，膽敢信從邪教，目無尊親，不惟轉相傳授，罪無可逭，即自行學習，亦有應得之罪。雖犯案之後法難及衆，必嚴定條例以杜其漸。乃為辟以止辟之道，相應恭摺請旨，飭下部臣查照。煽惑及衆各例，詳定科條，以符情罪；並酌定失察職名，務使人知儆畏，稽察認真，庶刑期無刑，可以長臻寧謐。議定之後，行文各省，出示曉諭，以一年為限，自首免罪，地方官並免議處，逾限不首，未經查拿，均照新例辦理。

再，西洋館各堂，只因習藝經年久住，並非每年到京一次，房式亦穹窿異常，聳人觀聽，雖石坊上天主堂等字，已於查辦時鐫去，然未寫明西洋館字樣，仍係沿襲舊名，傳訛滋惑。且前既煽惑多人，至有身係職官甘心遺戍旗人良太枷禁多年並不悛悔，竊恐現在傳聞該堂仍行傳教兵役人等，日久濡染，難保必無其事，其源不清，則其流難塞。無怪外省假借名目不軌於正，應請一並詳議，以凈根株。如必因仍其舊，別經發覺，即照新例核辦。

臣管見所及是否有當，伏乞皇上聖鑒。謹奏。

中國第一歷史檔案館《歷史檔案》二〇〇四年第一期《嘉慶十六年嚴禁西洋人傳教史料·嗣後各地西洋人傳教照西洋人傳教治罪專條辦理事上諭嘉慶十六年五月二十九日》 内閣奉上諭：刑部議復覆御史甘家斌奏請嚴定西洋人傳教治罪專條一摺。西洋人素奉天主，其本國之人自行傳習原可置之不問，至若誑惑內地民人，甚至私立神甫等項名號，蔓延各省，實屬大干法紀。而內地民人安心被其誘惑，遞相傳授，迷罔不解，豈不荒悖。試思，其教不敬神明、不孝祖先，顯叛正道。內地民人聽從傳習，受其詭立名號，此與悖逆何異？若不嚴定科條大加懲創，何以杜邪術而正人心。嗣後，西洋人有私自刊刻經卷，倡立講會，蠱惑多人及旗民人等向西洋人轉為傳習並私設名號煽惑及衆，確有實據，為首者竟當定為絞决；其傳教煽惑而人數不多亦無名號者，着定為絞候；其僅止聽從入教不知悛改者，發往黑龍江給索倫達呼爾為奴，旗人銷去旗檔。至西洋人現在京師居住者，不過令其在欽天監推步天文。無他技藝足供差使，其不諳天文者，何容任其閑住滋事，着該管大臣等即行查明。除在欽天監有推步天文差使者仍令供職外，其餘西洋人俱着發交兩廣總督，俟有該國船隻到粵，附便遣令歸國，其在京當差之西洋人，仍當嚴加約束，禁絶旗民往來，以杜流弊。至直省地方更無西洋人應當差役，豈得容其潛住，傳習邪教。着各該督撫等實力嚴查，如有在境逗留者，立即查拿，分別辦理，以凈根株。餘照該部所議行。欽此。

中國第一歷史檔案館《歷史檔案》二〇〇四年第一期《嘉慶十六年嚴禁西洋人傳教史料·吏部尚書瑚圖禮等為遵旨覈議嚴定傳習西洋教罪名處分條例事奏摺嘉慶十六年七月十六日》 吏部尚書瑚圖禮等謹奏，為遵旨覈議具奏事。

準刑部咨稱：刑部具奏議覆陝西道監察御史甘家斌奏西洋天主教蔓延無已請嚴定治罪專條一摺。查律載：一應左道異端之術，或隱藏圖像，燒香集衆，夜聚曉散，煽惑人民，為首者，絞監候。又例載：左道異端，煽惑人民，為從者，發往黑龍江給索倫達呼爾為奴。如事關重大，臨時酌量辦理。各等語。

又，乾隆四十九年欽奉諭旨：西洋人傳教惑衆最為人心風俗之害，現在各省神甫名目尤當嚴禁。內地人有稱神甫者，即與受其官職無異，本應治其罪，姑念愚民被惑，且利其財務資助，審明應擬發伊犁給厄魯特為奴。所有接引傳教之人，亦應發伊犁給厄魯特為奴，以示懲儆。至內地民人因祖父相傳持戒供奉，自當勒令悛改，即將呈出經卷等項銷毀，照例辦理。欽此。

又，嘉慶十年審辦在京旗民傳習西洋教一案，將往來寄信及輾轉傳惑之民人，發往伊犁給厄魯特為奴。其習教執迷不悟之旗員，發往伊犁充當折磨差使。旗人銷除旗檔，發往伊犁給厄魯特為奴；僅止聽從入教之民人，照違制律杖一百，先行枷號，俟何日情願出教，再行疏枷發落；其到官即願出教者，概予免罪，即行省釋。等因。先後奏準在案。

今該御史因現在傳聞西洋堂仍行傳教且動輒數千户，奏請嚴定科條，以杜其漸。臣等公同酌議，應請嗣後西洋人有私自刊刻經卷、倡立講會，蠱惑多人並旗民人等，向西洋人轉為傳習、誦經、立會，煽惑及衆，確有指實者，其為首之人即照左道異端煽惑人民為首例，擬絞監候；為從及被誘入教之人照煽惑人民為從例，發黑龍江給索倫達呼爾為奴，旗人銷除旗檔，如有妄布邪言關係重大，或符咒蠱惑，誘污婦女，並誆取病人目睛等事，仍臨時酌量，各從其重者論。至此等被誘入教之人，蔓延既衆，傳染亦深，勢難比户搜查，應請飭下步軍統領衙門、都察院、順天府暨直省各督撫，將現定新例剴切遍示，正其趨向，予以自新。能於一年限內翻然改悔，情願出教，概予免罪；如已過定限尚未出教，到官後始行悔悟者，於遣罪上減一等，杖一百，徒三年；倘始終執迷不悟，即照新例發遣。再，西洋人在京供職應役者本屬無多，其並無職役之人不應潛留京師，應請飭交該管大臣查明，現在必須供應職役者，酌留數人，仍嚴加禁約，不許與旗民人等往來交接。其餘無職役之人，概不準潛留京師傳教煽惑，勒定年限全行遣回本國。至直省地方並無西洋人應當差役，原不應潛留居住，應令各直省督撫將軍等嚴密訪查。如有西洋人在該處居住者，亦勒限全行遣回本國，並咨行沿途地方官及兩廣、閩浙總督一體稽查，毋得任其逗遛。倘無西洋人在該處居住，亦限於一年內飭取地方官切實印結，咨報管理西洋堂大臣查核，並報明臣部存案，如逾限不報奏明參處。至失察西洋人潛住境内，並傳教惑衆之該管文武各官，應議處分，恭候命下臣部，移咨吏部會同兵部，覈議具奏。等因。

嘉慶十六年五月二十九日奏，本日奉上諭：【略】欽此。欽遵。相應抄單知照吏部。等因前來。

查例載：地方有姦民倡設邪教，自稱為神為佛，傳布符水經板，張旗鳴鑼，煽惑愚民，聚衆斂錢者，地方官降二級調用，該管上司降一級留任，督撫罰俸九個月；或私行邪教尚無聚衆斂錢顯跡，地方官不行禁止者，降一級調用，該管上司罰俸一年，督撫罰俸六個月。等語。

臣等伏思，西洋人素奉天主教，囿於方俗，若只以本國之人自相傳習原屬法所不禁，乃因在堂日久，竟敢潛行誑惑内地旗民人等，並私至各省地方轉相傳播者，邪術害正，地方官亟應嚴行稽察，一有此等匪徒潛踪在境，立即查拿究辦，務使姦民斂跡，以浄根株。溯自乾隆四十九、五十等年，並嘉慶十年，節經拿獲從嚴懲辦。乃愚民易惑，仍未能全行禁革，實緣地方各官因循疏懈，不實力奉行所致，自應分别酌定處分。查西洋人傳教惑衆，與姦民自稱神佛，傳布符水經板者無異。所有失察之文武各官，應即查照向例，另立議處專條，以便遵守。

臣等公同酌議，應請嗣後除一年限内，凡被誘入教之人，改悔出教，自行投首，經刑部免罪者，失察之地方官免其議處；或係地方官自行查拿究辦，毋論年限内外，均予免議外。如地方有西洋人傳教刊刻經卷，倡立講會，並内地民人轉為傳習西洋教、誦經立會者，不行查拿之州縣官降二級調用，該管各上司降一級留任，督撫罰俸九個月；如州縣官能拿獲過半，兼獲首犯者，免其議處；如西洋人在地方潛住並無傳教情事，及内地民人習西洋教並未轉為傳習、誦經立會者，不行查拿之州縣官降一級調用，該管各上司罰俸一年，督撫罰俸六個月；如西洋人僅止過境並未逗遛，失察之州縣官降一級留任，該管各上司罰俸六個月，督撫免議；如地方有西洋人傳教及内地民人轉傳西洋教，地方官諱匿不報者，照諱盜例革職，該管上司均照諱盜例分别議處。兵部例載：西洋人潛入内傳教惑衆，失察容留傳教地方之該管官，降二級留任，兼統各上司降一級留任；失察過境並未傳教之該管官，降一級留任，兼統各上司罰俸一年。等語。

查西洋人潛住内地傳教惑衆失察之地方官處分，臣部雖舊有專條，現奉諭旨嚴辦示懲，自應與文職一體從嚴覈議，應請嗣後地方如有西洋人潛住傳教並民人傳習西洋教者，失察之地方專汛官降二級調用，兼轄官降二級留任，統轄官降一級留任，提鎮罰俸九個月；知情諱匿不報者，專汛官照諱盜例革職，該管上司照諱盜例分别議處；如在地方潛住並未傳教者，專汛官降一級調用，兼轄官降一級留任，統轄官罰俸一年，提鎮罰俸六個月；如西洋人僅止過境並未逗遛，失察之專汛官降一級留任，兼轄官罰俸一年，統轄官罰俸六個月，提鎮免議。至旗人潛習西洋教者，臣部查向例，失察之該管官降二級留任，兼轄官降一級留任，統轄大臣罰俸一年。等語。今地方各官既經從嚴辦理失察旗人習教之該管各官，自應一律嚴議。應請嗣後如有旗人習西洋教者，將失察之該管官，照地方官之例降二級調用，兼轄官降二級留任；統轄大臣照地方統轄官之例，降一級留任。如該管官自行查拿者，免議。

所有臣等會同覈議緣由，是否有當，恭候欽定。俟命下之日通行各直省督撫、府尹、將軍暨該管各衙門一體遵照，並載入例册遵行。再，此摺係吏部主稿，合並聲明。伏乞皇上睿鑒訓示施行。謹奏。

《清仁宗實録》嘉慶十七年五月〔乙卯〕又諭：據温承惠奏，拏獲鉅鹿縣傳教散會首劉幗名等犯，並起出榜文、經卷、木戳。訊據犯供，係因孫維儉正法，伊等心懷不甘，商同僞刻御寶，鈐蓋榜文，令夥犯王心正赴京鳴冤，希圖重興邪教等語。上年鉅鹿縣民孫維儉等傳教惑衆一案，經温承惠查明人數衆多，將爲首之孫維儉問擬絞決，從犯分擬發遣。其餘散會首一千六百餘名，奏明存記姓名，免其查究。辦理本屬從輕，失之寬縱。所謂水懦民玩，轉令易於犯法。現在劉幗名等仍類聚商謀，欲圖興教，並膽敢描摹御寶，私雕木戳，是該犯等愚頑性成，罔知悛改。必須嚴加懲創，以杜奸萌。此次若再從輕，恐該督不能當此重咎矣。愼之，與其從井救人，奚如辟以止辟。所有訊出起意僞刻御寶逃往山東之張九成一犯，已降旨令同興速行緝獲，解赴直隸，歸案審辦。該督即將現獲各犯嚴加審訊，伊等聚謀興教，並描刻御寶，罪名甚重。一經質對明確，即將首從各犯，從嚴定擬。俾頑民共知儆懼，庶革面革心，羣生悔悟，不敢復蹈邪慝。將此諭令知之。

《清仁宗實録》**嘉慶二十二年六月**己丑，諭内閣：朕恭閱皇祖世宗憲皇帝實録，内載雍正二年六月奉上諭，朕惟除莠所以安良，黜邪所以崇正。自古爲國家者，綏戢人心，整齊風俗，未有不以詰姦爲首務也。聞江西地方頗有邪教，大抵妄立名號，誑誘愚民，或巧作幻術，夜聚曉散。此等之人，黨類繁多，蹤跡詭祕，苟不絶其根株，必致蔓延日甚。地方各官儻務姑息，不行訪拏，是養姦也。澄清風俗之謂何。該督撫亟當嚴飭各屬，密訪爲首之人，嚴加懲治。能去邪歸正者，則予以從寬。如有出首者，即酌量奬賞。務令萌蘖盡除，姦民屏跡，風俗人心，咸歸醇正。儻或仍前因循，不能查禁，事發之後，該管官一併從重議處。此等查禁之事，亦不必張大聲勢，以駭衆聽。惟當留心密訪，設法緝獲，祇將爲首者重懲，其餘被誘惑者概不深究。如此方合朕意。假若不肖有司借此恐嚇平民，波及無辜，則不特無益，而反有害矣。須飭諭屬員知悉，欽此。仰見我皇祖除莠黜邪教民成俗之至意。奸民倡爲邪教，誘惑愚民，傳習既久，人數衆多，必致滋生事端，爲害甚鉅。朕屢飭查辦，嚴懲倡教首惡，寬宥被誘愚民，實與皇祖聖訓默相符合。乃地方大吏以及有司，詰姦善俗，是其本責。平日因循疲玩，不能留心察訪，早絶邪萌。遇有特降諭旨訓飭查拏，則惟張揚聲勢，縱任差役人等，或妄拏無辜，或將尋常茹素念經之案，辦理一二，藉口塞責。其傳教惑衆首犯，迄鮮弋獲。安能將邪慝之風，拔本塞源乎。嗣後各督撫，務督率地方州縣，將傳習邪教爲首之犯，設法訪拏，嚴行懲辦。除審有悖逆重情者，從犯一並按律治罪外，其祇係被誘愚民，概免深究。則首惡既除，鄉曲之閒，無人煽惑，風俗還淳，而罹法者亦日少矣。將此通諭知之。

中國第一歷史檔案館《咸豐同治兩朝上諭檔》咸豐十一年十月初六日

上諭宗人府會同大學士六部九卿翰詹科道等定擬載垣等罪名，請將載垣端華肅順照大逆律凌遲處死等因一摺。載垣端華肅順朋比為奸，專擅跋扈，種種情形均經明降諭旨，示知中外。至載垣端華肅順於七月十七日皇考升遐即以贊襄政務王大臣自居，實則我皇考彌留之際，但面諭載垣等立朕為皇太子，並無令其贊襄政務之諭。載垣等乃造作贊襄名目諸事，並不請旨，擅自主持，即兩宮皇太后面諭之事亦敢違阻不行。御史董元醇條奏皇太后垂簾等事，宜載垣等非獨擅改諭旨，並於召對時有伊等係贊襄，朕躬不能聽命於皇太后，伊等請皇太后看摺亦係多餘之語。當面咆哮，目無君上，情形不一而足。且每言親王等不可召見，意存離間，此載垣端華肅順之罪狀也。肅順擅坐御位，於進内廷當差時出入自由，目無法紀，擅用行宫内御用器物，於傳取應用物件，抗違不遵，並自請分見兩宫皇太后，於召對時，詞氣之間互有抑揚，意在搆衅。此又肅順之罪狀也。一切罪狀均經母后皇太后，聖母皇太后面諭議政王軍機大臣逐款開列，傳知會議王大臣等知悉。兹據該王大臣等按律擬罪，請將載垣端華肅順凌遲處死。當即召見議政王奕訢，軍機大臣户部左侍郎文祥，右侍郎寶鋆，鴻臚寺少卿曹毓瑛，惠親王綿愉，惇親王奕誴，醇郡王奕譞，鍾郡王奕詥，孚郡王奕譓，睿親王仁壽，大學士賈楨，周祖培，刑部尚書綿森，面詢以載垣等罪名有無一綫可原。據該王大臣等僉稱，載垣、端華、肅順跋扈不臣，均屬罪大惡極，於國法無可寬宥，並無異詞。朕念載垣等均屬宗支，遽以身罹重罪悉應棄市能無淚下，惟載垣等前後一切專擅跋扈情形實屬謀危社稷，是皆列祖列宗之罪人。非獨欺凌朕躬為有罪也。在載垣等未嘗不自恃為顧命大臣，縱使作惡多端，定邀寬宥，豈知贊襄政務，皇考並無此諭，若不重治其罪，何以仰副皇考付託之重，亦何以飭法紀而示萬世。即照該王大臣等所擬均即凌遲處死，實屬情真罪當，惟國家本有議親議貴之條，尚可量從末減，姑於萬無可貸之中，免其肆市。載垣端華均著加恩賜令自盡，即派肅親王華豐，刑部尚書綿森，迅即前往宗人府空室傳旨令其自盡。此為國體起見，非朕之有私於載垣端華也。至肅順之悖逆狂謬較載垣等尤甚，極應凌遲處死，以伸國法，而快人心。惟朕心究有所未忍，肅順著加恩改為斬立決，即派睿親王仁壽，刑部右侍郎載齡，前往監視行刑。以為大逆不道者戒，至景壽身為國戚，緘默不言，穆蔭，匡源，杜翰，焦祐瀛於載垣等竊奪政柄不能力爭，均屬辜恩溺職。穆蔭在軍機大臣上行走最久，班次在前，情節尤重。該王大臣等擬，請將景壽，穆蔭，匡源，杜翰，焦祐瀛革職發往新疆効力贖罪，均屬咎有應得。惟以載垣等兇燄方張受其箝制，均有難與争衡之勢。其不能振作，尚有可原。御前大臣景壽著即革職，加恩仍留公爵，並額駙品級，免其發遣。兵部尚書穆蔭，著即革職，加恩改為發往軍台効力贖罪。吏部左侍郎匡源，署禮部右侍郎杜翰，太僕寺卿焦祐瀛，均著即行革職，加恩免其發遣。欽此。

咸豐十一年十月初六日奉旨肅順著加恩改為斬立決，即派睿親王仁壽，刑部右侍郎載齡前往監視行刑，欽此。

臣奕訢等跪奏為遵旨公同會議載垣等罪名謹按律定擬，恭摺具奏，仰祈聖鑒事。咸豐十一年九月三十日奉上諭諭王公百官等上年海疆不靖，京師戒嚴，總由在事之王大臣等籌畫乖方所致。載垣等復不能盡心和議，徒以誘獲英國使臣以塞己責，以致失信於各國，淀園被擾，我皇考巡幸熱河，實聖心萬不得已之苦衷也。嗣經總理各國事務衙門王大臣將各國應辦事宜妥為經理，都城内外靜謐如常。

皇考屢召王大臣議回鑾之旨，而載垣端華肅順朋比為奸，總以外國情形反覆，力排衆論。皇考宵旰焦勞，更兼口外嚴寒，以致聖體違和，竟於本年七月十七日龍馭上賓。朕搶地呼天，五内如焚，追思載垣等從前朦蔽之罪，非朕一人痛恨，實天下臣民所痛恨者也。

朕御極之初，即欲重治其罪，惟思伊等係顧命之臣，故暫行寬免，以觀後效。孰意八月十一日朕召見載垣等八人，因御史董元醇敬陳管見一摺内稱請皇太后暫時權理朝政，俟數年後朕能親裁庶政，再行歸政。又請於親王中簡派一二人令其輔弼，又請在大臣中簡派一二人充朕師傅之任。以上三端深合朕意。雖我朝向無皇太后垂簾之儀，朕受皇考大行皇帝付託之重，惟以國計民生為念，豈能拘守常例。此所謂事貴從權，特面諭載垣等著照所請傳旨。該王大臣奏對時嘵嘵置辨，已無人臣之禮。擬旨時又陽奉陰違，擅自改寫作為朕旨頒行，是誠何心。且載垣等每以不敢專擅為詞，此非專擅之實。跡乎。總由朕沖齡皇太后不能深悉國事，任伊等欺朦，能盡欺天下乎？此皆伊等辜負皇考深恩，朕若再事姑容，何以仰對在天之靈？又何以服天下公論？載垣、端華、肅順著即解仕，景壽、穆蔭、匡源、杜翰、焦祐瀛著退出軍機處。派恭親王會同大學士六部九卿翰詹科道將伊等應得之咎分別輕重，按律秉公具奏。至皇太后應如何垂簾之儀，著一併會議具奏特諭。同日奉上諭前因載垣端華肅順等三人種種跋扈不臣，朕於熱河行宮命醇郡王奕譞繕就諭旨將載垣等三人解任。茲於本日特旨召見，恭親王帶同大學士桂良，周祖培，軍機大臣户部左侍郎文祥，乃載垣等肆言不應召見外，臣擅行攔阻，其肆無忌憚何所底止，前旨僅予解任，實不足以蔽辜。著恭親王奕訢，桂良，周祖培，文祥即行傳旨將載垣、端華、肅順革去爵職拏問，交宗人府，會同大學士九卿翰詹科道，嚴行議罪。欽此。同日奉旨著派睿親王仁壽，醇郡王奕譞，將肅順即行拏問，酌派妥員押解來京，交宗人府聽候議罪，欽此。十月初三日奉上諭前因肅順跋扈不臣，招權納賄，種種悖謬當經降旨，將肅順革職。派睿親王仁壽，醇郡王奕譞，即將該革員拏交宗人府議罪。乃該革員接奉諭旨之後咆哮狂肆，目無君上，悖逆情形實堪髮指，且該革員恭送梓宮由熱河回京，輒敢私帶眷屬行走，尤屬法紀所不容。所有肅順家產，除熱河私寓令春佑嚴密查抄外，其在京家產著派希拉布前往查抄，毋容稍有隱匿。欽此。又十月初五日，軍機處交出議政王軍機大臣奉母后皇太后聖母皇太后面諭著傳知，會議王大臣載垣端華肅順各款大行皇帝面諭立皇太子，伊等即假傳諭旨造作贊襄政務名目，自此以後諸事並不請旨擅自主持。即兩宮面諭之事，亦敢違阻不行，御史董元醇條奏事件，特召見載垣等面諭照行。伊等不服，胆敢面稱伊等係贊襄，皇上不能聽太后之命，並言伊等請太后看摺亦係多餘之事，當面咆哮幾至驚嚇聖躬。含怒負氣拂袖而出，其目無君上情形不一而足，每於當面豫言不可召見親王等，並時常暗用離間。

肅順專款

擅坐御位，進内廷當差出入自由，目無法紀，擅用行宮内御用器物，把持一切事務，宮内傳取應用物件，肅順抗違不進，並敢聲稱有旨亦不能遵，諸如此類不一而足。奉到拏問諭旨膽敢肆意咆哮，並於恭送梓宮攜帶眷屬行走。

肅順每自請分見兩宮於召對時，詞氣之間互有抑揚，意在搆釁，居心尤屬叵測，欽此。查刑部律載凡大逆但共謀者，不分首從皆凌遲處死。又詐傳詔旨，為首斬監候，為從者杖一百流三千里。又宗人府例載自王以下及宗室非叛逆重罪不擬死刑，不監禁。刑部各等語。臣等公同會議謹查載垣端華肅順三人朋比為奸，欺朦專擅，改寫諭旨，實屬悖逆狂謬。肅順平時出入宮門肆行無忌，並敢離間搆釁，又復擅坐御位，種種悖謬已無人臣之禮。迨接奉諭旨時咆哮狂肆，目無君上悖逆情形，尤屬法紀所難容。載垣等身膺顧命，我皇上沖齡踐祚，未能同心襄贊，竟敢跋扈不臣，其罪大惡極莫此為甚。所有載垣、端華、肅順應得罪名均應比照大逆但共謀者，不分首從皆淩遲處死律擬淩遲處死。惟載垣、端華係宗室親王，於國家議貴議親之典，較之肅順似應有所區別。謹一併聲明請旨伏候欽定。景壽、穆蔭、匡源、杜翰、焦祐瀛隨聲附和，應即行革職，均照詐傳詔旨為從者杖一百流三千里律擬杖一百流三千里，惟情節較重，俱應從重發往新疆効力贖罪。請旨定奪。所有臣等公同會議罪名緣由謹恭摺具奏。請旨。

中國第一歷史檔案館《咸豐同治兩朝上諭檔》咸豐十一年十月初七日

上諭昨因載垣等跋扈不臣，狂悖無狀，據王大臣等奏請，照大逆律淩遲處死，朕特援議親議貴之條分別加恩，將肅順改為斬決，載垣端華賜令自盡，並將景壽、穆蔭、匡源、杜翰、焦佑瀛分別革職治罪矣。因思王公內外文武大臣均受皇考大行皇帝深恩，特備任使。朕以沖齡踐阼，國家多難，深賴股肱心膂共效勖勤。爾王大臣等如能以國計民生為念，宣力朝廷用登郅治。朕必敬禮大臣保全終始以成一德，倘敢納賄招權營私舞弊以致蠹國病民，則法律者朕受之列祖列宗與天下臣民共之，何敢稍有枉縱以拂衆情是用。【略】上諭昨據王大臣等會議載垣等罪名奏請照大逆律淩遲處死，經朕法外施仁，將肅順改為斬決，載垣端華賜令自盡，此朕於無可寬貸之中不得已委曲施恩，業已揮涕宣示矣。我宗室自開國以來，夾輔王室歷著公忠載在史冊。乃載垣等肆無忌憚悖逆情形，凡在臣民同深切齒，實為宗支之玷。嗣後我宗室等務各恪遵家法，黽勉趨公，奮武揆文，同襄郅治。朕推本一氣首重親親庶幾翼戴公朝增輝瑶牒，其未登仕籍中有才具出衆行誼醇備者，朕亦必量予録用，以彰我宗室人才之盛。倘或不自檢束身罹法網，則載垣等以親王大臣，朕尚不能屈法市恩，況閒散宗室豈能稍從寬宥，不執法以從事也。著管理宗人府王等將此旨宣諭各宗室知之。欽此。

中國第一歷史檔案館《咸豐同治兩朝上諭檔》咸豐十一年十月初七日

上諭前因許彭壽於拏問載垣端華肅順時，敬陳管見摺內有查辦黨援一條。當令議政王軍機大臣傳旨令其指出黨援諸人，實跡嗣據，明白回奏。形跡最著者，莫如吏部尚書陳孚恩，踪跡最密者如侍郎劉崐，黃宗漢，伊等平日保舉之人如侍郎成琦，太僕寺少卿德克津太，候補京堂富績外間皆嘖有煩言。陳孚恩於上年七月大行皇帝發下硃筆，命諸臣會議巡幸熱河，是否可行，陳孚恩即有竊負而逃遵海濱而處之語，意在迎合載垣等，當時會議諸臣無不共聞。大行皇帝龍馭上賓，滿漢大臣中惟令陳孚恩一人先赴行在，是該尚書為載垣等之心腹，即此可見。黃宗漢於本年春間前赴熱河蒙皇考召見，即以危詞力阻回鑾。迨皇考梓宮有回京之信，該侍郎以京城情形可慮徧告於人，希冀阻止，其為意存迎合載垣等衆所共知。以上二人均係一二品大員，聲名如此狼籍，品行如此卑污，若任其濫厠卿貳，何以表率僚屬。陳孚恩、黃宗漢均著革職，永不敘用，以為大僚輭媚巧滑者戒。至侍郎劉崐、成琦，太僕寺少卿德克津太，候補京堂富績，雖無與載垣等交通實據而或與往還較密，或由伊等保舉起官或拜認師生，衆人耳目共見共聞。何能置之不議，劉崐、成琦、德克、津太、富績，均著即行革職，以示懲儆。許彭壽糾彈各節，朕已早有所聞，用特懲一儆百，期於力振頽靡。至載垣、端華、肅順三人事權所屬，諸臣等何能與之絶無干涉。此後朕惟以寬大為心，不咎既往。爾諸臣亦毋許再以查辦黨援等事，紛紛陳奏，致啟訐告誣陷之風。惟當各勤厥職，爭自濯磨守正不阿，毋蹈陳孚恩等惡習。朕實有厚望焉，將此通諭大小臣工知之，欽此。

《各省審判廳判牘》第二編《判詞類·大江報淆亂政體漢口地方審判廳案》犯罪事實及證明緣由：緣詹培翰、何海鳴分隸蘄州及湖南衡陽等州縣，均年二十二歲，詹培翰曾在自治研究所第一班畢業，父應鑾年六十五歲，母朱氏年五十一歲，無弟兄，妻查氏，無子。何海鳴父母俱歿，弟兄三人，伊居次，妻子均無，先在上海報館及漢口商務報館充當訪事。宣統二年間，胡為霖創辦大江報館，命名白話報，專以灌輸國民常識，增進人群道德為宗旨，稟經夏口廳核明，申請咨部立案，迨至三年，該報館因資本不足，遂添招股，以詹培翰任總經理兼總編輯，何海鳴為副編輯，改用文語，作為股份公司。當時並未遵照報律第五條重行呈告，其印刷事，因未置機器，包與大成公司刷印，立有合同，載明大江報日後如有違犯報律，概不與大成相涉，彼此分執為據。該報發行後，於六月二十二日先於時評登亡中國者和平一段下注一海字，略謂政府守和平即示割讓之意，國民不甘，伏闕上書，不足以動政府，有時，大張聯合之雄風，倡言種種不承認不納税之要挾，然亦藏頭縮尾，其和平更甚於政府之對外人，且甚至誣《憲法大綱》為摧抑民氣之怪物，並引陳天華及憲政黨被打賭事以為留學界轟轟烈烈之舉動。又於閏六月初一日時評，登大亂者救中國之妙藥一段下注奇談二字，略謂中國時勢，事事皆現死機，和平改革既為事理所必無，次之則無規則之大亂予人民以深創巨痛，使至於絕地而頓易其亡國之觀念，故大亂即救中國之妙藥。末節又有和平已無可望，國危如此，男兒死耳，好自為之等句。經巡警稟奉督憲批飭，將該報館封閉，一面飭提正編輯人詹培翰及印刷人闞雷漢、李菊卿，移送高級檢察廳，起訴到廳，復經本廳飭拘副編輯人何海鳴到案，訊明該報第一張論説及一切新聞均歸詹培翰正編輯處審定判發，何海鳴則幫辦副張所有論説，時評凡注有大悲者，係詹培翰所編注，有海字者，則均係何海鳴所編。其閏月初一日所登時評下注奇談字樣者，乃係外來寄稿，不知姓名，經詹培翰選定登載，應以詹培翰負其責任。其六月二十六日所登時評下注海字即係何海鳴所編，則應以何海鳴負其責任。且查對時評以注有海字為多，即其亡中國和平也一段言論之囂張，與大亂者救中國之妙藥一評如出一轍，何海鳴既認為自撰，是其淆亂政體，實與詹培翰無異，案無遁飾，應即判決。

援據法律某條及理由：查《報律》第十條左列第二項：淆亂政體之語，報紙不得登載。又第二十二條：違第十條登載第二款者，處編輯人以二年以下二月以上之監禁，並科二百元以下二十元以上之罰金，其印刷人實不知情者，免其處罰各等語。此案詹培翰、何海鳴當大江白話報改為股份公司，更用文言並不遵照《報律》第五條重行呈告，且復悉反立案時宗旨，何海鳴先於時評編登亡中國者和平一段，詹培翰復行編登大亂者救中國之妙藥一段，言論激烈，語意囂張，二者毫無軒輊，雖訊非有心激動，第當時不加按語聲明立言意旨，徒惑民聽，實屬淆亂政體。查詹培翰雖係該報館總經理兼正編輯，何海鳴雖係副編輯，惟既分擔責任，即無首從可分，自應各科各罪。詹培翰、何海鳴均合依《報律》第二十二條，違第十條登載第二款之規定，各擬以監禁一年半，迅係赤貧，均免科罰。金大成印刷公司既有合同，不負責任，亦不知情，應與訊屬無干之闞雷漢、李菊卿均毋庸議。無干省釋。查封大江報館之物，仍由夏口廳照章發落，報紙一束存查。仍移請同級檢察廳執行。此判。

犯上不敬分部

綜述

（宋）李昉等《太平御覽》卷六四五《刑法部・誅》《禮》曰：振書、端書於君前有誅，倒筴側龜於君前有誅。臣不豫事不敬也。振，去塵也；端，正也，倒，顛倒也；側，反側也，皆謂甫省視之也。又曰，以足蹙路馬芻有誅，齒路馬有誅。皆廣敬也，路馬，君之馬，誅，罰也。

《史記》卷六《秦始皇本紀》秦法：不得兼方，不驗輒死。

甘肅省文物古研究所《居延新簡》□言不敬，謾非大不敬，在第三，卷五十。

（清）薛允升《漢律輯存・漢書》〔元鼎五年〕九月，列侯坐獻黃金酎祭宗廟不如法奪爵者百六人，丞相趙周下獄死。

服虔曰：因八月獻酎祭宗廟時使諸侯各獻金來助祭也。如淳曰：《漢儀》注諸侯王歲以戶口酎黃金於漢廟，皇帝臨受獻金，金少不如斤兩，色惡，王削縣，侯免國。臣瓚曰：《食貨志》南越反時卜式上書願死之。天子下詔褒揚，布告天下，天下莫應。列侯以百數，莫求從軍。至酎飲酒，少府省金，而列侯坐酎金失侯者百餘人。而《表》云趙周坐爲丞相知列侯酎金輕下獄自殺。然則知其輕而不糾擿之也。師古曰：酎，三重釀醇酒也。

丁孚《漢儀》曰：酎金律，文帝所加，以正月旦作酒，八月成，名酎酒，因令諸侯助祭貢金。又見《景帝紀》，張晏曰：酎之言純也。漢律金布令曰：皇帝齋宿親率羣臣承祠宗廟，羣臣宜分奉請，諸侯列侯各以民口數率，千口奉金四兩，奇不滿千口至五百口亦四兩，皆會酎，少府受。又大鴻臚食邑九眞、交趾、日南者，用犀角長九寸以上，若瑇瑁甲一；鬱林用象牙長三尺以上，若翡翠各二十，準以當金。按漢律亡於西晉，劉昭不得見，此當亦本丁孚書。

（清）杜貴墀《漢律輯證》卷四 撟詔大害撟詔害撟詔不害。《馮奉世傳》：《春秋》之義亡，遂事漢家之法有矯制。師古注，漢家之法擅矯詔命雖有功勞不加賞也。《景武功臣表》太初元年浩侯王恢坐使酒泉矯制害當死，贖罪免。如淳曰，律撟詔大害要斬，有撟詔害撟詔不害。《外戚恩澤表》元鼎元年宜春侯衛伉坐矯制不害免。《灌夫傳》矯先帝詔害棄市。《終軍傳》元鼎中博士徐偃使行風俗使膠東魯國鼓鑄鹽鐵御史大夫張湯劾偃矯詔大害，法至死。宣詔有誤當罰金。按唐律受制忘誤在《職制一》。

（清）杜貴墀《漢律輯證》卷五　觸諱。宣帝元康二年詔曰：聞古天子之名難知而易諱也，今百姓多上書觸諱以犯罪者，朕甚憐之。其更諱詢諸觸諱在令前者赦之。《齊書·王慈傳》班諱之典爰自漢世。唐律諸上書若奏事誤犯宗廟諱者杖八十，口誤及餘文書誤犯者笞五十，即爲名字觸犯者徒三年，若嫌名及二名偏犯者不坐。

《三國志》卷三《魏志·明帝紀》〔太和三年〕秋七月，詔曰：禮，王后無嗣，擇建支子以繼大宗，則當纂正統而奉公義，何得復顧私親哉！漢宣繼昭帝後，加悼考以皇號；哀帝以外藩援立，而董宏等稱引亡秦，惑誤時朝，既尊恭皇，立廟京都，又寵藩妾，使比長信，叙昭穆於前殿，並四位於東宮，僭差無度，人神弗祐，而非罪師丹忠正之諫，用致丁、傅焚如之禍。自是之後，相踵行之。昔魯文逆祀，罪由夏父；宋國非度，譏在華元。其令公卿有司，深以前世行事爲戒。後嗣萬一有由諸侯入奉大統，則當明爲人後之義；敢爲佞邪導諛時君，妄建非正之號以干正統，謂考爲皇，稱妣爲后，則股肱大臣，誅之無赦。其書之金策，藏之宗廟，著於令典。

《宋書》卷一八《禮志》　第八品以下，加不得服羅紈綺縠雜色真文地。騎士卒百工人，加不得服大絳紫襈、假結、真珠璫珥、犀瑇瑁、越疊，以銀飾器物，張帳乘犢車。履色無過緑青白，奴婢衣食客，加不得服白幘蒨絳金黄銀鐶鈴鐹鉺，履色無過純青。

《魏書》卷一一《前廢帝紀》〔普泰元年三月〕庚寅，詔天下有德孝仁賢忠義志信者，可以禮召赴闕，不應召者，以不敬論。

（唐）長孫無忌等《唐律疏議》卷九《職制·大祀不預申期及不如法》

諸大祀不預申期及不頒所司者，杖六十；以故廢事者，徒二年。

疏議曰：依令：大祀，謂天地、宗廟、神州等爲大祀。或車駕自行，或三公行事。齋官皆散齋之日，平明集省，受誓誡。二十日以前，所司預申祠部，祠部頒告諸司。其不預申期及不頒下所司者，杖六十。即雖申及頒下，事不周悉，所坐亦同。以故廢祠祀事者，所由官司，徒二年。應連坐者，各依公坐法，節級得罪。

牲牢、玉帛之屬不如法，杖七十；闕數者，杖一百；全闕者，徒一年。全闕，謂一坐。

疏議曰：牲，謂牛、羊、豕。牢者，牲之體。玉，謂蒼璧祀天，黄琮祭地，五方上帝各依方色。帛，謂幣帛。稱之屬者，謂黍、稷以下。不依禮、令之法，一事有違，合杖七十；一事闕少，合杖一百；一坐全闕，合徒一年。其本是中、小祀，雖從大祀受祭，若有少闕，各依中、小祀遞減之法。闕坐更多，罪不過此。餘祀闕坐，皆準此。

即入散齋，不宿正寢者，一宿笞五十；致齋，不宿本司者，一宿杖九十；一宿各加一等。中小祀遞減二等。凡言祀者，祭、享同。餘條中、小祀準此。

疏議曰：依令：大祀，散齋四日，致齋三日。中祀，散齋三日，致齋二日。小祀，散齋二日，致齋一日。散齋之日，齋官晝理事如故，夜宿於家正寢。不宿正寢者，一宿笞五十，一宿加一等。其無正寢者，於當家之内餘齋房内宿者，亦無罪。皆不得習穢惡之事。故《禮》云：三日齋，一日用之，猶恐不敬。致齋者，兩宿宿本司，一宿宿祀所。無本司及本司在皇城外者，皆於郊社、太廟宿齋。若不宿者，一宿杖九十，一宿加一等。通上散齋，故云各加一等。中小祀者，謂社稷、日月、星辰、岳鎮、海瀆、帝社等爲中祀，司中、司命、風師、雨師、諸星、山林、川澤之屬爲小祀。從大祀以下犯者，中祀減大祀二等，小祀減中祀二等，故云各遞減二等。

注：凡言祀者，祭、享同。餘條中、小祀準此。

疏議曰：依《祠令》：在天稱祀，在地爲祭，宗廟名享。今直舉祀爲例，故曰凡言祀者，祭享同。餘條中、小祀準此，但在中祀有犯，皆減大祀二等；小祀有犯，皆減中祀二等。謂下條大祀在散齋，弔喪、問疾、賊盜律：盗大祀神御物之類，本條無中、小祀罪名者，準此遞減。

（唐）長孫無忌等《唐律疏議》卷九《職制·大祀在散齋弔喪問疾》

諸大祀在散齋而弔喪、問疾，判署刑殺文書及決罰者，笞五十；奏聞者，杖六十。致齋者，各加一等。

疏議曰：大祀散齋四日，並不得弔喪，亦不得問疾。刑謂定罪，殺謂殺戮罪人，此等文書不得判署，及不得決罰杖、笞。違者，笞五十。若以此刑殺、決罰事奏聞者，杖六十。若在致齋内犯者，各加一等。中、小祀犯者，各遞減二等。

（唐）長孫無忌等《唐律疏議》卷九《職制·祭祀朝會等失錯違儀》

諸祭祀及有事於園陵，若朝會、侍衛，行事失錯及違失儀式者，笞四十。謂言辭喧囂，坐立怠慢乖衆者，乃坐。

疏議曰：稱祭祀者，享亦同。及有事於園陵，謂謁陵等事；若朝會，謂百官朝參集會；及侍衛祭祀之事：行事失錯及違失儀式者，笞四十。注云謂言辭喧囂，坐立怠慢，謂聲高諠閙，坐立不正，不依儀式，與衆乖者，乃坐。

應集而主司不告，及告而不至者，各笞五十。

疏議曰：應集，謂祭祀以下及餘事合集之人。而主司不頒告令集，罪在主司；告而不至，獨坐不至者，故云各笞五十。

（唐）長孫無忌等《唐律疏議》卷九《職制·合和御藥有誤》

諸合和御藥，誤不如本方及封題誤者，醫絞。

疏議曰：合和御藥，須先處方，依方合和，不得差誤。若有差誤，不如本方，謂分兩多少不如本方法之類。合成仍題封其上，注藥遲駛冷熱之類，並寫本方俱進。若有誤不如本方及封題有誤等，但一事有誤，醫即合絞。醫，謂當合和藥者，《名例》大不敬條内已具解訖。

料理簡擇不精者，徒一年。未進御者，各減一等。監當官司，各減醫一等。餘條未進御及監當官司，並準此。

疏議曰：料理，謂應熬削洗漬之類。簡擇，謂去惡留善，皆須精細之類。有不精者，徒一年。其藥未進御者，各減一等，謂應絞者從絞上減，應徒者從徒上減，是名各減一等。監當官司，依令：合和御藥，在内諸省，省別長官一人，併當上大將軍、將軍、衛別一人，與尚藥、奉御等監視。藥成，醫以上先嘗。除醫以外，皆是監當官司，並於已進、未進上各減醫罪一等。注雲：餘條未進御者，謂下條造御膳，御幸舟船，乘輿服御，但應供奉之物未進御者，各隨輕重減一等，監當官司又各減一等，故雲並準此。

（唐）長孫無忌等《唐律疏議》卷九《職制·造御膳有誤》 諸造御膳，誤犯食禁者，主食絞。若穢惡之物在食飲中，徒二年。簡擇不精及進御不時，減二等。不品嘗者，杖一百。

疏議曰：造御膳者，皆依《食經》，《經》有禁忌，不得輒造，若乾脯不得入黍米中，莧菜不得和鼈肉之類。有所犯者，主食合絞。若穢惡之物，謂物是不絜之類，在食飲中，徒二年。若簡擇不精者，謂簡米擇菜之類，有不精好，及進御不時者，依禮，飯齊視春宜温，羹齊視夏宜熱之類，或朝夕日中，進奉失度及冷熱不時者，減罪二等，謂從徒二年減二等。不品嘗者，杖一百。謂酸鹹苦辛之味不品及應嘗不嘗，俱得杖一百之罪。

（唐）長孫無忌等《唐律疏議》卷九《職制·御幸舟船有誤》 諸御幸舟船誤不牢固者，工匠絞。工匠各以所由爲首。

疏議曰：御幸舟船者，皇帝所幸舟船，謂造作莊嚴。不甚牢固，可以敗壞者，工匠合絞。注云各以所由爲首，明造作之人，皆以當時所由人爲首。

若不整飾及闕少者，徒二年。

疏議曰：其舟船若不整頓修飾，及在船篙棹之屬，所須者有所闕少，得徒二年。此亦以所由爲首，監當官司各減一等。

（唐）長孫無忌等《唐律疏議》卷九《職制·主司私借服御物》 諸主司私借乘輿服御物，若借人及借之者，徒三年。非服而御之物，徒一年。在司服用者，各減一等。非服而御，謂帷帳几杖之屬。

疏議曰：乘輿服御物，主司持護修整，常須如法，若有私借，或將借人及借之者，各徒三年。非服而御之物，謂除服御物之外，應供御所用者，得徒一年。雖非自借及借人，在司服用者，各減罪一等：服御物，徒三年上減，非服而御，徒一年上減。是爲各減一等。

注：非服而御，謂帷帳几杖之屬。

疏議曰：帷帳几杖之屬者，謂筆硯、書史、器玩等，是應供御所須，非服用之物。色類既多，故云之屬。

（唐）長孫無忌等《唐律疏議》卷九《職制·監當主食有犯》 諸監當官司及主食之人誤將雜藥至御膳所者，絞。所，謂監當之人應到之處。

疏議曰：御厨造膳，從造至進，皆有監當官司。依令：主食升階進食。但是雜藥，誤將至御膳所者，絞。雜藥，謂合和爲藥，堪服餌者。若有毒性，雖不合和，亦爲雜藥。

（唐）長孫無忌等《唐律疏議》卷二七《雜律·棄毁亡失神御之物》

諸棄毁大祀神御之物，若御寶乘輿服御物及非服而御者，各以盜論，亡失及誤毁者，准盜論減二等。

疏議曰：棄毁大祀神御之物，《祠令》天地宗廟神州等爲大祀，神御，謂供神所御之物，若御寶，謂皇帝八寶，太皇太后、皇太后、皇后寶，以稱御者，三后亦同。乘輿服御物，謂皇帝服御之物，及非服而御，謂帷帳几杖之屬，非服而供御者，以上義名例及職制並具釋訖。有棄毁者，各以盜論。盜律盜大祀神御之物，乘輿服御物者，流二千五百里，非服而御之物徒一年半，贓重者，計贓各加凡盜一等，盜御寶者絞。稱以盜論者，與真盜同，入十惡。非服而御之物等，不入十惡。據盜律，其擬供神御及供而廢闕，若饗薦之具，已饌呈者，徒二年。未饌呈者，徒一年半，又盜御寶條：擬供服御等，亦並徒二年。今此條上言棄毁大祀，下稱非服而御以盜論，準非服而御徒一年半，舉下明上，即棄毁擬供服御，準罪徒一年半以上，亦各以盜論。亡失及誤毁者，準盜論，減二等，並各從準盜罪上減二等，準盜論者不在除免。倍贓監主加罪加役流之例，棄毁中祀神御之物，減大祀二等，棄毁小祀神御之物，又減二等，中祀以下，不入十惡。

（唐）長孫無忌等《唐律疏議》卷二七《雜律·毁大祀丘壇》 諸大祀丘壇將行事，有守衛而毁者，流二千里。非行事日，徒一年，壝門，各減二等。

疏議曰：大祀丘壇，謂祀天於圜丘，祭地於方丘，五時迎氣祀五方上帝並各有壇，此等將行祭祀，各有守衛，此時有損壞丘壇者，流二千里。非行事日，謂非祭祀之日而毁者，徒一年，壝門，各減二等。壝門，謂丘壇之外擁土爲門毁壝門者，將行事之日，徒二年半，非行事日，杖九十，故云各減二等。毁中、小祀，各遞減二等。

（宋）宋敏求《唐大詔令集》卷一〇九《政事·禁約·禁大花綾錦等勑》 勑：王制命市納賈，以觀人之好惡，布帛精粗不中數，幅廣狹不中量，不鬻于市，漢詔亦云：纂組文繡，害女工也。朕思以恭儉克己，淳樸化人，每尚玄素之服，庶齊金土之價，而風俗不一，逾侈相高，浸弊於時，其來自久，耗縑繒之本，資錦繡之奢，異彩奇文，資其誇競。今師旅未戢，黎元不康，豈使淫巧之功，更虧恒制。在外所織造大張錦、硬軟瑞錦透背及大繝錦竭鑿六破以上錦，獨窠文紗四尺幅及獨窠吴綾，獨窠司馬綾等，並宜禁斷。其長行高麗白錦、雜色錦，及常行小文字綾錦等，任依舊例造。其綾錦花文，所織盤龍、對鳳、麒麟、獅子、天馬、闢邪、孔雀、仙鶴、芝草、萬字、雙勝及諸織造差樣文字，亦宜禁斷。兩都委御史臺，諸州府委本道節度、觀察，使切加覺察，如違犯，具狀聞奏。大曆六年四月。

《舊五代史》卷四七《唐書·末帝本紀》〔清泰二年五月〕庚戌，詔不得貢奉寶裝龍鳳雕鏤刺作組織之物。中書奏：準敕，凡廟諱但迴避正文，其偏旁文字不在減少點畫。今定州節度使楊檀、檀州、金壇等名，酌情制宜，並請改之。其表章文案偏旁字闕點畫，凡臣僚名涉偏旁，亦請改名。詔曰：偏旁文字，音韻懸殊，止避正呼，不宜全改。楊檀賜名光遠，餘依舊。

（宋）竇儀等《宋刑統》卷九《職制律·祭祀》 諸大祀不預申期，及不頒所司者，杖六十。以故廢事者，徒二年。牲牢玉帛之屬不如法，杖七十，闕數者杖一百，全闕者徒一年。全闕謂一坐。即入散齋不宿正寢者，一宿笞五十，致齋不宿本司者，一宿杖九十，一宿各加一等。中小祀遞減二等。凡言祀者，祭享同。餘條中小祀准此。

疏：諸大祀不預申期，及不頒所司者，杖六十。以故廢事者，徒二年。議曰：依令，大祀謂天地、宗廟、神州等爲大祀。或車駕自行，或三公行事。齋官皆散齋之日，平明集省受誓誡。二十日以前，所司預申祠部，祠部頒告諸司。其不預申期及不頒下所司者，杖六十。即雖申及頒下，事不周悉，所坐亦同。以故廢祠祀事者，所由官司徒二年，應連坐者各依公坐法，節級得罪。釋曰：節級，猶等級也。

又云，牲牢，玉帛之屬不如法，杖七十，闕數者杖一百，全闕者徒一年。注云，全闕謂一坐。議曰：牲謂牛、羊、豕，牢者牲之體。玉謂蒼璧祀天，黄琮祭地，五方上帝各依方色。帛謂幣帛。稱之屬者，謂黍稷以下。不依禮令之法，一事有違，合杖七十。一事闕少，合杖一百。一坐全闕，合徒一年。其本是中小祀，雖從大祀受祭，若有少闕，各依中小祀遞減之法。闕坐更多，罪不過此。餘祀闕坐皆准此。

又云，即入散齋不宿正寢者，一宿笞五十，致齋不宿本司者，一宿杖九十，一宿各加一等。中小祀遞減二等。議曰：依令，大祀散齋四日，致齋三日。中祀散齋三日，致齋二日。小祀散齋二日，致齋一日。散齋之日，齋官晝理事如故，夜宿於家正寢。不宿正寢者，一宿笞五十，一宿加一等。其無正寢者，於當家之内餘齋房内宿者，亦無罪，皆不得預穢惡之事。故《禮》云：三日齋，一日用之猶恐不敬。致齋者，兩宿宿本司，一宿宿祀所。無本司及本司在皇城外者，皆於郊社、太廟宿齋。若不宿者，一宿杖九十，一宿加一等。通上散齋，故云各加一等。中小祀者，謂社稷、日月、星辰、岳鎮、海瀆、先農等爲中祀，司中、司命、風師、雨師、諸星、山林、川澤之屬爲小祀。從大祀以下犯者，中祀減大祀二等，小祀減中祀二等，故云各遞減二等。

注云，凡言祀者，祭享同。餘條中小祀准此。議曰：依祠令，在天稱祀，在地爲祭，宗廟名享。今直舉祀爲例，故曰凡言祀者祭享同。餘條中小祀准此，但在中祀有犯，皆減大祀二等，小祀有犯，皆減中祀二等，謂下條大祀在散齋弔喪、問疾盗律盗大祀神御物之類。本條無中小祀罪名者，准此遞減。

諸大祀在散齋而弔喪、問疾、判署刑殺文書及決罰者，笞五十，奏聞者杖六十。致齋者各加一等。

疏議曰：大祀散齋四日，並不得弔喪，亦不得問疾。刑謂定罪，殺謂殺戮罪人，此等文書不得判署，及不得決罰杖笞，違者笞五十。若以此刑殺決罰事奏聞者，杖六十。若在致齋内犯者，各加一等。中小祀犯者，各遞減二等。

諸祭祀及有事於園陵，若朝會，侍衛行事失錯，及違失儀式者，笞四十。謂言辭諠囂、坐立怠慢乖衆者乃坐。應集而主司不告，及告而不至者，各笞五十。

疏：諸祭祀及有事於園陵，若朝會，侍衛行事失錯，及違失儀式者，笞四十。注云，謂言辭諠囂、坐立怠慢乖衆者乃坐。議曰：稱祭祀者，享亦同。及有事於園陵，謂謁陵等事。若朝會，謂百官朝參集會，及侍衛祭祀之事，行事失錯，及違失儀式者，笞四十。注云，謂言辭諠囂、坐立怠慢，謂聲高諠閙，坐立不正，不依儀式，與衆乖者乃坐。

又云，應集而主司不告，及告而不至者，各笞五十。議曰：應集謂祭祀以下及餘事合集之人，而主司不頒告令集，罪在主司。告而不至，獨坐不至者。故云各笞五十。

諸廟享知有緦麻以上喪，遣充執事者，笞五十，陪從者笞三十，主司不知勿論。有喪不自言者，罪亦如之。其祭天地、社稷則不禁。

疏議曰：廟享爲吉事，《左傳》曰：吉禘於莊公。其有緦麻以上慘，不得預其事。若知有緦麻以上喪，遣充執事者，主司笞五十。雖不執事，遣陪從者，主司笞三十。若主司不知前人有喪者勿論。即有喪不自言而冒充執事及陪從者，亦如之。其祭天地、社稷不禁者，《禮》云：唯祭天地、社稷爲越紼而行事，不避有慘。故云則不禁。

（宋）竇儀等《宋刑統》卷九《職制律·合和御藥誤御膳　御幸舟船　乘輿服御物　外膳》　諸合和御藥誤不如本方，及封題誤者，醫絞。料理揀擇不精者，徒一年。未進御者，各減一等。監當官司各減醫一等。餘條未進御及監當官司並准此。

疏：諸合和御藥誤不如本方，及封題誤者，醫絞。議曰：合和御藥，須先處方，依方合和，不得差誤。若有差誤，不如本方，謂分兩多少不如本方法之類。合成仍題封其上，注藥遲駛，釋曰：駛，師去聲，速也。冷熱之類，並寫本方俱進。若有誤不如本方及封題有誤等，但一事有誤，醫即合絞。醫謂當合和藥者，名例大不恭條内已具解訖。

又云，料理揀擇不精者，徒一年。未進御者，各減一等。監當官司各減醫一等。注云，餘條未進御及監當官司並准此。議曰：料理謂應熬、削、洗、漬之類。揀擇謂去惡留善，皆須精細之類。有不精者，徒一年。其藥未進御者，各減一等，謂應絞者從絞上減，應徒者從徒上減，是名各減一等。監當官司，依令合和御藥在内諸省，省别長官一人，并當上大將軍、將軍、衛别一人，與尚藥、奉御等監視藥成，醫以上，先嘗，除醫以外，皆是監當官司，並於已進、未進上各減醫罪一等。注云，餘條未進御者，謂下條造御膳、御幸舟船、乘輿服御，但應供奉之物，未進御者，各隨輕重減一等，監當官司及各減一等，故云並准此。

諸造御膳誤犯食禁者，主食絞。若穢惡之物在食飲中，徒二年。揀擇不精及進御不時，減二等。不品嘗者杖一百。

疏議曰：造御膳者，皆依食經，經有禁忌，不得輒造，若乾脯不得入黍米中，莧菜不得和鼈肉之類。有所犯者，主食合絞。若穢惡之物，謂物是不絜之類，在食飲中，徒二年。若揀擇不精者，謂揀米擇菜之類，有不精好。及進御不時者，依《禮》，飯齊視春宜温，羹齊視夏宜熱之類。或朝夕日中進奉失度，及冷熱不時者，減罪二等，謂從徒二年減二等。不品嘗者杖一百，謂酸鹹苦辛之味不品，及應嘗不嘗，俱得杖一百之罪。

諸御幸舟船誤不牢固者，工匠絞，工匠各以所由爲首。若不整飾及闕少者，徒二年。

疏：諸御幸舟船誤不牢固者，工匠絞。注云，工匠各以所由爲首。議曰：御幸舟船者，皇帝所幸舟船，謂造作莊嚴，不甚牢固，可以敗壞者，工匠合絞。注云，各以所由爲首，明造作之人皆以當時所由人爲首。又云，若不整飾及闕少者，徒二年。議曰：其舟船若不整頓修飾，及在船篙棹之屬所須者有所闕少，得徒二年。此亦以所由爲首，監當官司各減一等。

諸乘輿服御物持護修整不如法者，杖八十。若進御乖失者，杖一百。其車馬之屬不調習，駕馭之具不完牢，徒二年，未進御減三等。應供奉之物闕乏者，徒一年，其雜供有闕笞五十。

疏：諸乘輿服御物持護修整不如法者，杖八十。若進御乖失者，杖一百。其車馬之屬不調習，駕馭之具不完牢，徒二年，未進御減三等。議曰：乘輿所服用之物，皆有所司執持修整，自有常法，不如法者杖八十。若進御乖失者，依禮授立不跪，授坐不立之類，各依禮法。如有乖失違法者，合杖一百。其車馬之屬不調習，駕馭之具不完牢者，車謂輅車，馬謂御馬。稱之屬，謂羊車及輦等。升車則馬動，馬動則鑾鳴之類，是爲調習。若不如此，或御馬驚駭，車轝及鞍轡之屬有損壞，各徒二年。雖不如法，未將進御者，減三等。又云，應供奉之物闕乏者，徒一年，其雜供有闕笞五十。議曰：應供奉之物謂衣服飲食之類，但是應供奉者，皆須預備，有闕乏者，即徒一年。雜供有闕者，謂非尋常應供奉之物，可供而闕者，笞五十。

諸主司私借乘輿服御物，若借人及借之者，徒三年。非服而御之物，徒一年。在司服用者，各減一等。非服而御，謂帷帳几杖之屬。

疏：諸主司私借乘輿服御物，若借人及借之者，徒三年。非服而御之物，徒一年。在司服用者，各減一等。議曰：乘輿服御物，主司持護修整，常須如法。若有私借或將借人及借之者，各徒三年。非服而御之物，謂除服御物之外，應供御所用者，得徒一年。雖非自借及借人，在司服用者，各減罪一等。服御物徒三年上減，非服而御徒一年上減，是爲各減一等。

注云，非服而御，謂帷帳几杖之屬。議曰：帷帳、几杖之屬者，謂筆硯、書史器玩等是，應供御所須，非服用之物，色類既多，故云之屬。

諸監當官司及主食之人，誤將雜藥至御膳所者絞。所謂監當之人應到之處。

疏議曰：御厨造膳，從造至進，皆有監當官司。依令，主食得升階進食，但是雜藥誤將至御膳所者絞。雜藥謂合和爲藥，堪服餌者，若有毒性，雖不合和，亦爲雜藥。

諸外膳謂供百官。犯食禁者，供膳杖七十，若穢惡之物在食飲中及揀擇不净者，笞五十。誤者各減二等。疏議曰：百官常食以上，皆官厨所營，名爲外膳，故注云謂供百官。犯食禁者，食禁已上解訖，若有犯者，所由供膳杖七十。穢惡之物謂不净物之類，在食飲中，及揀擇有不净，其所由者得笞五十。若有誤失者，各減二等。誤犯食禁者笞五十，誤揀不净笞三十。

（宋）竇儀等《宋刑統》卷一〇《職制律・誤犯宗廟諱奏事及餘文書誤應奏不奏　代官司署判》　諸上書若奏事誤犯宗廟諱者，杖八十，口誤及餘文書誤犯者，笞五十。即爲名字觸犯者，徒三年。若嫌名及二名偏犯者不坐。嫌名謂若禹與雨，丘與區。二名謂言徵不言在，言在不言徵之類。

疏：諸上書若奏事誤犯宗廟諱者，杖八十，口誤及餘文書誤犯者，笞五十。議曰：上書若奏事皆須避宗廟諱，有誤犯者，杖八十。若奏事口誤及餘文書誤犯者，各笞五十。

又云，即爲名字觸犯者，徒三年。若嫌名及二名偏犯者不坐。注云，嫌名謂若禹與雨，丘與區。二名謂言徵不言在，言在不言徵之類。議曰：普天率土，莫匪王臣，制字立名，輒犯宗廟諱者，合徒三年。若嫌名者，則禮云：禹與雨謂聲嫌而自殊，丘與區意嫌而理别。及二名偏犯者，謂複名而單犯，並不坐。謂孔子母名徵在，孔子云：季孫之憂不在顓臾。即不言徵。又云：杞不足徵。即不言在。此色既多，故云之類。

准：公式令，諸寫經史群書及撰録舊事，其文有犯國諱者，皆爲字不成。

諸上書若奏事而誤，杖六十，口誤減二等。口誤不失事者勿論。上尚書省而誤笞四十，餘文書誤笞三十。誤謂脱賸文字反錯失者。即誤有害者，各加三等。有害謂當言勿原而言原之，當言千匹而言十匹之類。若誤可行，非上書奏事者勿論。可行謂案省可知，不容有異議，當言甲申而言甲由之類。

疏：諸上書若奏事而誤，杖六十，口誤減二等。注云，口誤不失事者勿論。議曰：上書謂書奏特達，奏事謂面陳，有誤者杖六十。若口誤減二等，合笞四十。若口奏雖誤，事意無失者不坐。

又云，上尚書省而誤笞四十，餘文書誤笞三十。注云，誤謂脱賸文字及錯失者。議曰：上尚書省而誤者，謂内外百司應申尚書省，而有文字脱賸及錯失者，合笞四十。餘文書誤者，謂非上尚書省，凡是官文書誤者，合笞三十。

又云，即誤有害者，各加三等。注云，有害謂當言勿原而言原之，當言千匹而言十匹之類。議曰：上書奏事誤有害者，合杖九十，上尚書省誤有害者，合杖七十，餘文書誤有害者，合杖六十，是名各加三等。注云，有害謂當言勿原而言原之，當言千匹而言十匹之類。稱之類者，自須以類求之，類例既多，事非一緒。假有犯罪，當言原之而言勿原，當言勿原而言原之，承誤已行决及原放訖者，此即當條雖有罪名，所爲重者自從失出入論，不可直從有害加三等。

又云，若誤可行，非上書奏事者勿論。注云，可行謂案省可知，不容有異議，當言甲申而言甲由之類。議曰：上尚書省以下雖誤，案驗可行者，皆不坐。可行者謂案驗其狀，省察是非，不容更有别議。當言甲申之日，而言甲由之日，如此之類，是案省可知，雖誤皆不合罪。

諸事應奏而不奏，不應奏而奏者，杖八十。應言上而不言上，雖奏上，不待報而行亦同。不應言上而言上，及不由所管而越言上，應行下而不行下，及不應行下而行下者，各杖六十。疏議曰：應奏而不奏者，謂依律令及式，事應合奏而不奏，或格令式無合奏之文，及事理不須聞奏者，是不應奏而奏，并合杖八十。應言上者，謂合申上而不言上。注云，雖奏上，不待報而行亦同。謂事合奏及已申上，應合待報者，皆須待報而行。若不待報而輒行者，亦同不奏不申之罪。若據文且奏且行，或申奏知不須待報者，不當此坐。不應言上者，依律令及格式，不遣言上而輒言上。及不由所管而越言上者，假謂州管縣，都督管州，州縣事須上省，皆須先申所管州府，不申而越言上者。并事應行下而不行下，不應行下而行下者，謂應出符移關牒刺而不出行下，不應出符移關牒刺而出行下者，各杖六十。

諸公文有本案事直而代官司署者，杖八十，代判者徒一年，亡失案而代者各加一等。疏議曰：公文謂在官文書，有本案事直，唯須依行。或奏狀及符移關解刺牒等，其有非應判署之人，代官司署案，及署應行文書者，杖八十。若代判者，徒一年。其亡失案而代者，各加一等。代署者杖九十，代判者徒一年半。此皆謂事直而代者，若有增減出入罪重者，即從重科。依令，授五品以上畫可，六品以下畫聞，代畫者即同增減制書。其有制可字，侍中所注，止當代判之罪。

（宋）竇儀等《宋刑統》卷二七《雜律·棄毀大祀神御物及丘壇棄毀寶符節印制書》 諸棄毀大祀神御之物，若御寶乘輿服御物，及非服而御者，各以盗論。亡失及誤毀者，准盗論，減二等。

疏議曰：棄毀大祀神御之物，《祠令》天地、宗廟、神州等爲大祀，神御謂供神所御之物，若御寶謂皇帝八寶、太皇太后、皇太后、皇后寶以稱御者，三后亦同，乘輿服御物，謂皇帝服御之物，及非服而御，謂帷帳、几杖之屬，非服而供御者。以上義《名例》及《職制》並具釋訖。有棄毀者，各以盗論。《盗律》，盗大祀神御之物，乘輿服御物者，流二千五百里，非服而御之物，徒一年半，贓重者計贓，各加凡盗一等，盗御寶者絞。稱以盗論者，與真盗同，入十惡。非服而御之物等，不入十惡。據

《盜律》，其擬供神御，及供而廢闕，若饗薦之具已饌呈者，徒二年。未饌呈者徒一年半。又盜御寶條，擬供服御等，亦並徒二年。今此條上言棄毀大祀，下稱非服而御，以盜論，准非服而御徒一年半，舉下明上，即棄毀擬供服御，准罪徒一年半以上，亦各以盜論。亡失及誤毀者，准盜論，減二等，並各從准盜罪上減二等。准盜論不在除免、倍贓監主加罪加役流之例。棄毀中祀神御之物，減大祀二等，棄毀小祀神御之物，又減二等。中祀以下不入十惡。

諸大祀丘壇將行事，有守衛而毀者，流二千里。非行事日，徒一年，壝門各減二等。

疏議曰：大祀丘壇，謂祀天於圜丘，祭地於方丘，五時迎氣，祀五方上帝，並各有壇。此等將行祭祀，各有守衛，此時有損壞丘壇者，流二千里。非行事日，謂非祭祀之日，而毀者，徒一年。壝門各減二等。壝門謂丘壇之外，擁土爲門。毀壝門者，將行事之日，徒二年半，非行事日，杖九十，故云各減二等。毀中小祀各遞減二等。

諸棄毀符節印及門鑰者，各准盜論。亡失及誤毀者，各減二等。

疏議曰：棄毀符節印及門鑰者，各准盜法論罪。《盜律》，盜宮殿門符、發兵符、傳符流二千里，使節及皇城京城門符徒三年，餘符徒一年，門鑰各減三等，盜官文書印徒二年，餘印杖一百。其亡失符、節印以下誤毀者，各減二等，謂各減棄毀之罪二等。

諸棄毀制書及官文書者，准盜論。亡失及誤毀者，各減二等。毀須失文字。若欲動事者，從詐增減法。其誤毀失符移、解牒者，杖六十。謂未入所司而有本案者。

疏議曰：棄毀制書，棄毀不相須，毀者須失文字。制書，敕及奏鈔亦同。官文書謂曹司所行公案，及符移、解牒之類。准盜論，謂各準盜法得罪。《盜律》，盜制書者，徒二年，官文書杖一百。亡失謂不覺遺落及被盜。誤毀謂誤致毀損，破失文字，各減二等，故注云，毀須失文字。謂制敕，奏鈔徒一年，官文書杖八十。若盜毀欲動事者，自從增減法，制敕及奏鈔合死，官文書即依《詐僞律》詐爲官文書及增減法。主司自有所避，即從違式造立科罪，杖罪以下杖一百，徒罪以上加一等。誤毀符移、解牒者，杖六十。注云，謂未入所司而有本案者，謂未入曹司之間，而即誤致毀者。闕刺律雖無文，亦與符移同罪。

（宋）佚名《宋大詔令集》卷一九〇《政事·誡飭·約束諸司行事不得輒稱聖旨詔淳化四年四月己卯》　國家庶務至廣，蓋先於有司。舊章具存，必求於故府。近日中外官吏，不守章程。凡有舉行，多有稱特奉聖旨。鑾臺鳳閣，既來降於勅書。金科玉條，又靡干於律令。既有乖忤，無所辨明。自今諸司凡有舉行，不得輒稱聖旨，違者致其罪焉。

（宋）李燾《續資治通鑑長編》宋太宗至道元年四月　專糾察違詔者，重寘其罪。

（宋）李燾《續資治通鑑長編》宋真宗大中祥符四年七月　癸酉，歷代帝王陵寢中禁樵采，犯者，所在官司並論其罪。

（清）徐松《宋會要輯稿·刑法二·禁約》〔明道二年八月〕十月四日，起居舍人知諫院孫祖德言：判襄州張耆造到私宅樓子，俯臨社稷祠壇，伏乞毀拆。詔：耆放罪，樓子拆去，不得存留。

（宋）李燾《續資治通鑑長編》宋仁宗嘉祐六年正月　癸丑，詔開封府：自今有摹刻御書字而鬻賣者，重坐之。

（宋）佚名《宋大詔令集》卷一九六《政事·試飭·誡約無言宗廟詔崇寧五年正月二十五日》　朕克謹天戒，夙夜祗慄。永惟萬事，未遑厥中，以干陰陽之知。乃詔天下，政有闕失，悉計言之，朕虛己以聽。比覽所上章，多論熙豐詔聖之盛烈，豈朕志哉。士夫所守，不蓋前愆，乘間詆誣，有害繼志述事之意，將蹈後患，朕甚閔焉。夫因言以抵罪，尤所重惜。其申命四方，凡今日之事，無有小大，直言無隱。或涉宗廟，邦有常刑，必罰無赦。惟爾中外，其體茲意。

《宋史》卷二〇《徽宗本紀》〔大觀四年春正月〕辛酉，詔：士庶拜僧者，論以大不恭。

（清）徐松《宋會要輯稿·刑法二·禁約》〔大觀〕四年正月二十二日，臣僚言：欲乞應天下寺院，不得設高座僭據，使其徒列拜其下。如搢紳士大夫敢有屈膝並列，以辱君命者，尤當重爲法禁，使天下後世知崇尚儒術，遏絶橫流，自聖時始，庶亦一變而至道。詔：非其徒而設拜者，以大不恭論。內令御史臺，外仰監司糾劾覺察。

（清）徐松《宋會要輯稿·刑法二·禁約》〔政和三年〕九月二十

七日，詔：「後苑作製造御前生活所翻樣打造纈帛。蓋自元豐初，置以爲行軍之號，又爲衛士之衣，以辨其姦詐，遂禁止民間打造。日來多是使臣之家顧工開板，公然打造，更無法禁。仰開封府候指揮到除降樣制，并自來民間打造二紅相纈外，並行禁止。其外路亦不許打造。客旅興販入京，違者以違御筆論，許人告，賞錢三千貫文。所有纈板，許人陳首，赴府送納焚毀。仍令出牓，委四廂使臣告示後，限五日，有犯依此施行。」

（清）徐松《宋會要輯稿·刑法二·禁約》〔政和〕八年正月十二日詔：「訪聞拱州每年社會賽城皇土地，聚集百姓、軍人，張黃羅繖，及唱喝，排立起居行列。兼本州南寺幹辦年例，詐葬佛會，多是僧行預散帖子，糾率縣下鄉民戶百姓，男女同處，身服布衣，首施紙花，沿路引迎紙佛。及經由道路，林木皆用紙錢裝掛，選地焚燒，數千餘人並行舉哭。事奉御筆，爲累經赦宥，特免根究。可下本州禁止，今後除宮觀崇奉天神，許存留紅黃繖扇外，餘遍下諸路州軍，委知通縣，委令佐官司，躬親契勘，有處仍與免罪，當官焚毀訖，申本路轉運司覈實，保明有無漏落以聞。所有葬佛服縞素等舉哭一節，仰止絕。如日後有犯，爲首糾率人，並杖脊，黥配遠惡去處，預會人各等第科罪。州縣守令常切覺察，仍遍行下守，倅失覺察，徒二年。監司按劾，廉訪使者互察。」【略】

〔七月〕二十四日詔：「訪聞川陝民庶，因饗神祇，引拽簇社，多紅黃羅爲繖扇，僭越無度，理當禁止。可檢會近降不許裝飾神鬼隊仗指揮內，添入民庶社火，不得輒造紅黃繖扇及彩繪，以爲祀神之物紙娟同。犯者，以違制論。所屬常切覺察。」

（宋）佚名《宋大詔令集》卷一九九《政事·禁約·禁止不得用君字爲名字御筆政和八年二月十二日》 君出命以尹衆，主道也。古之人言聖君明君人君以尊天子，帝君大君元君以嚴高真，循名而攷實，豈人臣可得而稱者。今則或以制名，或命字，或相謂爲君，紊上下之分，乖君臣之義，不可以訓，宜行禁止，以詔萬世。違者，以大不恭論。

（宋）謝深甫等《慶元條法事類》卷三《服飾器物》〔雜勑〕諸僭擬乘輿服用，謂以龍爲飾。非小兒、婦人純以紅黃爲衣，并服紅黃偏地密花透背綿背繡背段，及以純綿偏繡爲帳幕，以紅黃帕覆茶擔食合之類，或乘馬坐轎，令人持扇圍蔽，及婦人純用紅黃扇者。各徒二年。以日月、星辰爲服用之飾者，杖一百。以上工匠罪各如之，並許人告。

（宋）謝深甫等《慶元條法事類》卷七七《服制門·喪葬》〔雜勑〕諸故棄毀緣勑葬供頓之物者，許人告。

（宋）謝深甫等《慶元條法事類》卷七八《蠻夷門·入貢》〔詐僞勑〕諸蕃蠻入貢，託故不行，而押伴使臣保申不實者，徒二年。

《金史》卷九《章宗本紀》〔明昌二年十一月〕甲寅，禁伶人不得以歷代帝王爲戲，及稱萬歲，犯者以不應爲事重法科。

史金波等譯《天盛改舊新定律令》卷一《大不恭門》 一、除在帝前勸諫外，任意宣説誹謗者，重則將説者以劍斬，家門勿連坐。其次公開傳語者，依時節當視言狀輕重，奏告實行。

一、敵視國家，在帝臣間用讒舌者，其中確實言重，則按除在帝前勸諫外，隨意口中出惡言法，將抵毀者以劍斬，家門勿連坐。除此外爲抵毀者，輕重何是未明，難以分明時，依時節、視言狀輕重而奏告實行。【略】

一、盜毀護神、天神，傳御旨時不行臣禮，起輕視心，及御前、制、御旨直接喚人往，無故不來等，一律造意以劍斬，從犯無期徒刑。【略】

一、合御藥時若於藥方上寫名字時有誤，及侍服藥法有錯等，已獻御前則誰有錯者絞殺，主管、檢校等徒十二年，未獻御前則有錯者徒十二年，主管、檢校等徒六年。

一、御食混撒雜物時，不論主從當以劍斬，自己妻子及同居子女等當連坐，入牧農主中。婦人之子女勿連坐。

史金波等譯《天盛改舊新定律令》卷七《敕禁門》 一、節親主、諸大小官員、僧人、道士等一律敕禁男女穿戴鳥足黃、鳥足赤、杏黃、繡花、飾金、有日月，及原已紡織中有一色花身，有日月，及雜色等上有一團身龍，官民女人冠子上插以真金之鳳凰龍樣一齊使用。倘若違律時，徒二年，舉告賞當給十緡現錢，其中當允許女人穿紅、黃各種衣服。又和尚中住家者衣服當依另穿法：袈裟、裙等當是黃色。出家者袈裟等當爲黃色，大小不是一種黃，當按另外顏色穿。若違律穿純黃衣時，依律實行。前述衣服、髻冠等諸人所有應毀當毀，欲賣，當于應賣何處自願去賣。

一、諸官民青帳、白帳等敕禁：其中允許頭蓋青下爲白。若違律爲一種白、青時，有官罰馬一，庶人十三杖。

一、諸大小官員、僧人、道士諸人等敕禁：不允有金刀、金劍、金槍，以金騎鞍全蓋全□，並以真玉爲騎鞍。其中節親、宰相及經略、內宮騎馬、駙馬，及往邊地爲軍將等人允許鑲金，停止爲軍將則不允再持用。若違律時徒一年，舉告賞給十緡錢。

一、諸人爲屋舍裝飾時，不許用金飾。若違律用金飾時，依前述做金槍、劍、韂鞍等罪狀告賞法判斷，所裝飾當毁掉。

一、佛殿、星宮、神廟、內宮等以外，官民屋舍上除□花外，不允裝飾大朱、大青、大緑。舊有亦當毁掉。若違律，新裝飾，不毁舊有時，當罰五緡錢，給舉告者，將所飾做毁掉。

一、前述敕禁有用金玉衣、韂鞍、槍刀、冠子等，裝飾屋舍時用金飾等，匠人有官罰馬一，庶人十三杖。

一、全國内諸人鎏金、繡金線等朝廷雜物以外，一人許節親主、夫人、女、媳，宰相本人、夫人，及經略、內宮騎馬、駙馬妻子等穿，不允此外人穿。其中冠緬木者，次等司承旨、中等司正以上嫡妻子、女、媳等冠戴，此外不允冠戴。違律時告賞五緡錢，當由穿戴者出給。穿戴何物皆當交官，當依現賣法給價。若死葬，亦當依前述等次實行。

史金波等譯《天盛改舊新定律令》卷一二《內宮待命等頭項門》

一、御舟不固者，營造者工匠人員等當絞殺，頭監、檢校者等徒十二年。若行用時爲諸人所盜損，水貫出而底上折毁不固，不堪行用，則盜者造意當絞殺，從犯徒十二年。若船舷及其他無礙處少有盜損者，造意徒十年，從犯徒六年。若非行用時動手盜損，則造意徒三年，從犯徒二年。若盜財物甚多時，依官物內外次第，與盜之第三卷罪情比較，徒重者判斷。

一、御車輿輦等已造完畢，未成實用，及因檢驗時未視虚假，謂無傷損，行用時不牢等，一律營造者匠人徒三年，小監、檢校等徒二年。檢驗者已見有虚假，受賄徇情而未檢出者，罪與小監相當。若無受賄徇情，則徒一年。其中進時堅固。庫内放置年月久而行用時已變劣，因公出行中不牢時，先前修造序未提醒，則局分大小之罪一律徒二年。若已行，視前導道呼聲者道不安而不呼，及駕車者駕不牢而顛僕等，一律徒三個月。其中車輛輦毁不牢時，每種應加二等，依時節，視其情節輕重，奏報實行。若局分以外人等故意損毁盜壞時，造意徒十年，徒犯徒六年。盜財物甚多，則以盜內宮法與前述罪比較，從重者判斷。又，業已舊損折毁，不堪行用，置於庫內而竊取者，當依內外盜次第，以偷盜法論。

一、諸人損壞摧毁壇臺者，是用時則徒十年，非用時則徒二年。有相議者，依次當各減一等。若盜取土多及已摧毁之，一律以偷盜錢財法及前述罪比較，從重者判斷。【略】

一、御供之食饌、其他用度等應分取準備者，當速分之，好好制做，依數準備。遲緩、盜減、製不精等時，罪依以下所定判斷。一等御供之用度分取準備遲者，當比殆誤文典罪情各加一等。一等製做御膳中選擇不精及貢獻中種種不足等，徒二年。不依時節貢奉、遲緩及是否美味所驗不精等，一律徒一年。御膳已畢，經過遠路往進，運輸中盜減時，無論多少，徒六年。錢價甚多，則與盜減御供用度罪比較，從重者判斷。一等所準備御供用度，管事處已領時盜減者，當比內宮內外行盜各種罪情再加一等。

一、御供之膳、藥、酒等種種器中，不許他人飲用。若違律，是現用器則徒三年，是備用器則徒一年。

一、和御供膳及和藥等中，不好好揀選、器不潔淨等，一律徒二年。

史金波等譯《天盛改舊新定律令》卷一二《內宮待命等頭項門》

一、內宮中任職人不許履二捲靴、繫革腰帶、裹嗯領等。違律時，有官罰十緡，庶人八杖。

一、內宮中除有上諭允許捆縛運牲畜之外，無上諭不許胡亂捆縛運牲畜。若違律時，有官罰馬一，庶人十三杖。

一、諸人不許服喪服、披髮，頭中有白，冬冠涼笠入於內宮，及互相禮拜等。違律時有官罰馬一，庶人十三杖。

一、御前殿使、管侍帳者、僕役房、廚庖、秘書監、樓上爲法職者及局分人等新舊當值交接時，應過內宿承旨面前，令所屬交接。違律時有官罰馬一，庶人十三杖。

一、在御前各現當值者，依法可入於內，已交班人奏言需經轉告時，當與當值內宿承旨回應，應轉告則轉告，應遣本人入內則當遣。若守門及內宿承旨等處不予轉告而自行隨意入內等，一律有官罰馬一，庶人十三杖。

一、醫人小監依內宮法出入以外，應有小醫人每日在藥房內，則當與當值內宿承旨回應方可入內。若不回應而自行隨意入內及不告守門人等，一律有官罰馬一，庶人十三杖。

《通制條格》卷二八《雜令·禁書》 至元三十一年十月，中書省御史臺呈：山南江北道肅政廉訪司申，《博文録》內有聖朝開基太祖皇帝御諱及以次皇族宗派，擬合拘收禁治。省准。

《元史》卷一〇四《刑法志》 諸指斥乘輿者，非特恩，必坐之。

《元史》卷一〇五《刑法志》 諸內外應佩符職官，輒以符付其傔從佩服者，禁之。

《元史》卷一〇五《刑法志》 諸官員朝會，服其朝服，私致敬於人臣者罰。諸隨朝文武百官，朝賀不至者，罰中統鈔十貫，失儀者罰中統鈔八貫。

《元史》卷一〇二《刑法志》 諸內外百司，凡進賀表箋，繕寫謄籍印識各以式，其輒犯廟諱御名者，禁之。【略】諸人臣口傳聖旨行事者，禁之。

《元史》卷一〇五《刑法志》 諸章服，惟蒙古人及宿衛之士，不許服龍鳳文，餘並不禁。謂龍，五爪二角者。職官一品、二品許服渾金花，三品服金答子，四品、五品服雲袖帶襴，六品、七品服六花，八品、九品服四花，職事散官從一高。命婦一品至三品服渾金，四品、五品服金答子，六品以下惟服銷金並金紗答子。首飾，一品至三品許用金珠寶玉，四品、五品用金玉真珠，六品以下用金，惟耳環用珠玉。同籍者，不限親疏，期親雖別籍並出嫁同。車輿並不得用龍鳳文，一品至三品許用間金粧飾，銀螭頭，繡帶，青幔，四品、五品用素獅頭，繡帶，青幔，六品至九品用素雲頭，素帶，青幔。內外有出身考滿應入流見役人員，服用與九品同。受各投下令旨鈞旨，有印信見任人員，亦與九品同。庶人惟許服暗花紵絲，絲綢綾羅，毛毳，不許用赭黃，冒笠不得飾以金玉，鞾不得裁置花樣。首飾許用翠花金釵篦各一事，惟耳環許用金珠碧甸，餘並用銀。車輿，黑油齊頭平頂皂幔。諸色目人，除行營帳外，餘並與庶人同。職官致仕與見任同，解降者依應得品級；不叙者與庶人同。父祖有官，既殁年深，非犯除名不叙，其命婦及子孫與見任同。諸樂人工藝人等服用，與庶人同，凡承應粧扮之物，不拘上例。皂隸公使人，惟許服綢絹。倡家出入，止服皂褙，不許乘坐車馬。應服色等第，上得兼下，下不得僭上，違者，職官解見任，期年後降一等叙，餘人笞五十七，違禁之物，付告捉人充賞。御賜之物，不在禁限。諸官員以黃金飾甲者禁之，違者甲匠同罪。諸常人鞍轡，畫虎兔者聽，畫雲龍犀牛者，禁之。諸段匹織造周身大龍者，禁之，胸背小龍者勿禁。諸市造鞍轡箭鏃鞾履及諸雜帶，用金爲飾者，禁之。

《元史》卷一〇五《刑法志》 諸小民房屋，安置鵝項銜脊，有鱗爪瓦獸者，笞三十七，陶人二十七。

《元史》卷一〇五《刑法志》 諸民間祖宗神主，稱皇字者，禁之。

《元史》卷一〇五《刑法志》 諸鬭爭折辨，輒提大名字者，罪之。

《明太祖實録》洪武五年三月 辛未，禮部言，周制，天子出入，條狼氏夾道，以辟止行人。漢制，則鹵簿前驅，持弓以射窺者。唐宋清道㦡弩，辟止行人，不許登高窺望。惟駕之人，於仗外俯伏迎拜。今定擬車駕出入，有司肅清街道，官民不許開門觀望行立，所在官員父老合迎駕者於仗外路右，叩頭俯伏，候車駕前行方起。若遇駐蹕之處，合迎駕之人行五拜禮，車駕行處，有衝入仗內者絞，仗外五十步內觀望者杖百。如於郊野外，一時不能回避者，俯伏。行立觀望者杖百。典仗衛官故縱者同罪。失覺減二等。陳訴寃抑，仗外俯伏以聽。如衝入仗內者如律。合迎車駕之人，仗外不俯者亦如律。車駕所至，凡文武官非近侍及宿衛護駕而在五十步內者依例俯伏。行立觀望者如律。縱放牲畜突入仗內者，杖八十。凡皇城宿衛及在京守門官員軍士，遇駕出入，執仗肅立，不須回避。其在外城鎮守門官及士卒如遇車駕經行，則俯伏回避。上可其議。命昭示中外，使不悮犯。

（明）談遷《國榷》太祖洪武三十年八月 丁未，諭在外諸王不得私有興作。

《大明律》卷一二《禮律·儀制·御賜衣物》 凡御賜百官衣物，使臣不行親送，轉付他人給與者，杖一百，罷職不叙。

《大明律》卷一二《禮律·儀制·失誤朝賀》 凡朝賀及迎接詔書，所司不預先告示者，笞四十。其已承告示，而失誤者，罪亦如之。

《大明律》卷一二《禮律·儀制·奏對失序》 凡在朝侍從官員，特承顧問，官高者，先行回奏，卑者以次進對。若先後失序者，各罰俸錢半月。

《明英宗實録》正統二年夏四月 丙子，上諭右都御史陳智等曰：天壽山祖宗陵寢所在。比聞有無賴者敢剪伐其樹木，而所司恬然不顧。爾等即揭榜禁之，復令錦衣衛遣官校巡視，敢有犯者械來，治以重罪，遷其家屬戍邊。遂遣工部偕欽天監官環山立界，界外聽民樵採，仍勅官校巡視者，毋徇私受賄以縱盜，毋假威生事以害民，違者亦罪不宥。

（明）余繼登《典故紀聞》卷一一 正統十二年春，英宗謂工部臣曰：官民服式舊有定制，今聞有僭用織繡蟒龍飛魚斗牛及違禁花樣者，爾工部其通諭之，此後敢有仍蹈前非者，工匠處斬，家口發充邊軍，服用之人，重罪不宥。

（明）談遷《國榷》英宗正統十二年十一月 甲戌，禁饒州私造黃紫紅緑青藍白地青花等甆器，冒者首犯磔死，籍家貲，丁男戍邊。知不告者，連罪坐。

（明）戴金《明條法事類纂》卷二一《禮部類・失儀・禁約文武官與大宴不許攙越爭奪及每日早朝不許戴平頭巾通事立班例》 成化元年三月十七日禮部尚書姚等題，爲陳言事。儀（祭）〔制〕清吏司案呈，禮科抄出四川道監察御史趙敔題前事內一件：立定儀以肅朝儀。臣觀朝廷之上，乃禮法尊敬之地，夷狄朝貢之所，豈容爭搶喧鬧，肆（爲）〔無〕忌憚。常年大祀慶成宴，丹墀內，文東武西，已是定例。間有武職亦占東班，並有不該與宴者朦朧入坐。及賜扇頒律，俱爭先搶奪，不知敬謹。再看每日早朝，御史糾劾百僚，故北面而立；序班整點禮儀，故隨立於後。其有戴平頭巾通事，素無官守，言（貴）〔責〕，不當隨後擺（例）〔列〕，外夷人員觀瞻不（稚）〔雅〕。如蒙乞敕禮部計議定例，凡遇大宴，與同光禄寺預先行移各該衙門，查取丹墀內該宴官員人數該司每衙門就給與花名票帖，是日退朝俱出，至東角西角二間門外伺候，都察院差御史四員，錦衣衛、鴻臚寺各預差的當官四員，多差旗校闌把，分投收取禮部票貼，唱名點入，光禄寺照衙門貼職名在（卓）〔桌〕，文東武西，以禮序坐。如有爭奪者，聽點名御史參奏拿問。及賜扇頒歷朝退，錦衣衛鴻臚寺堂上官員是日糾儀，御史弔取門籍，唱名給散，其戴平頭巾通事，遇有外夷人朝見，輪流着令引進隨出，不用立班，如此，（財）〔則〕禮法一定，而朝儀自肅矣。具奏。奉聖旨，該衙門看了來說。欽此。欽遵抄出送司，案呈到部。看得御前頒歷，文武百官領（授）〔受〕，已有禁例外，所言凡遇大宴，禁約爭奪一節，合照例差糾儀御史、鴻臚寺序班及錦衣衛差撥官校至期巡視。本部先行查取該賞官員名數，行光禄寺照數依品級次序，文東武西，票貼（卓）〔桌〕上。如攙越班次及不該與宴朦朧入坐者，聽糾儀巡視官就便拿奏。其言賜扇要依（期）〔門〕籍給散，戴平頭巾通事不用立〔班〕，頗爲有理，合准所奏，具題。奉聖旨：是，准擬，欽此。

（明）戴金《明條法事類纂》卷二一《禮部類・失儀・禁約不係朝參官員不許占奪筵宴（卓）〔桌〕面例》 成化元年十月十二日禮部尚書姚等題，爲申明禮儀事。精膳清吏司案呈，准儀制清吏司手本，奉本部送科抄出，光禄寺署承顧禎奏，本署見行卷內，查出一宗陳言邊務等事，節該四川道監察御史趙敔題一件：立定例以肅朝儀。臣觀常年大祀慶成宴，丹墀內文東武西，已是定例。間有武職亦占東班，並有不該與宴者亦朦朧入坐，爭先搶奪，不知敬謹。如蒙乞敕禮部計議定例，成化元年三月十三日本部尚書姚等奏，次日奉聖旨：是，准擬。欽此。行移各衙門欽遵外，臣看〔得〕御史趙敔題奏內，止言大祀慶成宴禁約。每年元宵、端午等節，園子，粽、糕等物，亦恩賜朝參文武官員（文）〔午〕門外酒飯。文東武西，照依定例。近來多有不係朝參文武官員，聞知節（合）〔令〕該設酒飯，侵晨進朝，聚立闕左闕右二門，窺（何）〔伺〕各官朝退，不顧臣等等署官員提督厨役擺設有數（卓）〔桌〕面，輒便爭先搶奪，一概混坐。況有該坐中（卓）〔桌〕僭奪上（卓）〔桌〕者（有之），該坐合（卓）〔桌〕坐單（卓）〔桌〕者有之，致使該坐官員朝退稍出遲者缺少（卓）〔桌〕面，紛然（徘）〔非〕議，歸罪本等官屬，以爲虛實恩賜。臣等抵侍各官，動以千計，一時卒難辨認。如蒙准言，乞敕禮部，仍照御史趙敔奏准事例，今後凡遇前項節令該設酒飯，一體禁約。亦合先行各衙門查取該朝官員印信、職名行移，預着糾儀御史等官知會，是日但係朝者，亦照本寺（卓）〔桌〕上貼定職名入坐。如有爭先搶奪，攙越班次，及僭奪力占，朦朧入坐者，仍許御史等官參奏拿問。如此，則坐次定而名分不致混淆，禮法嚴而朝儀整肅自然等因，具題。成化元年九月二十二日於奉天門奏，奉聖旨，禮部知道。欽此。欽遵抄出送司。查得先該四川道監察御史趙敔奏，大祀慶成宴要行禁約争奪，因本部合議得，（然）〔照〕例差糾儀監察御史、鴻臚寺序班及錦衣衛差撥官校，至期巡視。本部（尤）〔先〕行查取該宴官員名數，行光祿寺照依衙門、品級、次序，文東武西，票貼（卓）〔桌〕上。如有攙越班次，不該與宴朦攏人坐者，聽糾儀巡視官就便奏拿。已經覆奏。奉聖旨：是。准擬。欽此。欽遵通行各該衙門遵守去後。今該前因，案呈到部。看署丞顧禎奏稱，每年元宵、端午等節，因賜朝參官員午門外酒飯。近來多有不係朝參文武官員，聞知節令，侵晨進朝，輒便争先搶奪，一概混坐。及稱有該坐中（卓）〔桌〕者，僭奪上（卓）〔桌〕者，該坐合（卓）〔桌〕力占單（卓）〔桌〕者，致令該坐官員缺少（卓）〔桌〕面。乞照御史趙敔奏准事例，凡（退）〔遇〕前項節令該設酒席，一體禁約一節，（令）〔合〕無准其所奏，通行各衙門知會。凡遇元宵、端午等節，午門外酒飯，照依先前御史趙敔所言，本部覆奏准大祀度成宴事例一體禁約施行。如有故違，聽本日糾儀巡視官就便拿奏。緣係申明禮儀事理，未敢擅便，具題。奉聖旨：是。欽此。

（明）戴金《明條法事類纂》卷二二《禮部類·服舍違式·官員人等不許僭用服色例》 成化二年二月二十二日，禮部儀制清吏司爲禁約事。該本部尚書姚奉天門欽奉聖旨：如今官員軍民人等，多有不遵定制，僭用服色花樣，及婦女人僭用衣服、寶石頭面，好生違禮犯分。恁禮部官出榜，於南、北二京張掛禁約。今後敢有仍前僭用者，輕則依律問罪，重則（以）〔必〕殺不饒。欽此。欽遵到部除補覈奏外，查得永樂二十年十月二十一日，禮部官欽奉聖旨：洪武年間定立官員人等冠衣〔服〕器皿、房屋等項制度，明著條章，頒行天下。曩者廖永忠、胡惟庸、藍（王）〔玉〕擅作威福，謀爲不軌，皆因其所用器皿服飾僭分，一旦敗露，滅族亡家，人所共知。及朕即位以來，都督陳質不鑒前非，仍蹈覆（輒）〔轍〕，居處僭用親王法物，置造龍鳳袍服，朱紅器皿，事敗身亡家破。恐官員軍民人等不知禮法，誤罹刑憲，已敕該部遵依舊制，出榜申明中外，使其安分守禮，共享太平之〔福〕。近者官員人等猶有越禮僭分者，恁禮部將冠服等項制度畫圖出榜，再行申明，教多人知道。敢有仍前犯者，治罪如律。欽此。欽遵。及查得先准都察院咨，天順二年閏二月初六日，節該欽奉聖旨：蟒龍、飛魚、斗牛、大鵬、象生獅子、四寶相花、大西蕃蓮並玄黃紫及玄色樣，黑緑、柳黃、姜黃，俱係内府供應之數。今在京在外無知之徒，往往私自織繡染造僭用，以致貴賤不分，尊卑無别，越禮犯分，莫甚於此。恁都察院便出榜曉諭禁約，今後敢有仍前偷效先等花樣、顔色、織繡、染造私賣僭用的，拿來本身處死，全家充軍。欽此。已經通行出榜禁約去後。今奉前因，合行連送該司，仰行刑部該司呈堂，一體欽遵施行。

（明）戴金《明條法事類纂》卷二二《禮部類·服舍違式·申明僭用服飾器用并挨究製造人匠問罪例》 成化二年八月初二日，禮部尚書姚等題，爲陳言事。儀制清吏司案呈，准别卷付户科抄出本科給事中丘弘題一本：抑奢僭。臣聞民俗奢儉，國脈之盛（衷）〔衰〕繫焉。《易》曰：節以制度，不傷財，不害民。誠知爲國者，不可不因民之流弊而爲之節也。竊照近年民俗，日事奢侈，富貴之族，食祿之家，竊奢極巧，驕肆無度。至有一服器價值千金，一筵宴用費萬錢。軍民僧道，皆得以服錦繡之服、金綫之靴，娼優下賤，皆得以用寶石首飾，金織衣袍。床（惟）〔帷〕屋壁，擬於（官）〔宫〕闕，飲食器皿，僭以金玉。惟事（聞）〔鬥〕麗而誇多，不顧踰禮以僭分。民之奢侈，一至於此。若不痛爲禁革，將見財竭民窮，爲患非輕。昔大禹卑（官）〔宫〕非食，率天下以儉而民從之，故孔子稱其無間。臣願陛下師法大禹，以道德仁義爲麗，以敦本尚質爲文。遠珍奇，絶玩好，痛自裁抑，以先天下。〔仍〕敕禮部、都宗院定議禮〔儀〕制度、等第，出榜通行天下，以禁流弊。除文武大小官員衣服許用紗羅紵絲，花樣照依品級，器皿止許用銀，首飾不許用金。其餘軍民、舍餘、僧道、吏典、倡優人等，衣服許用綾絹布，不得僭用織金花樣、金綫皀靴，首飾不許用銀，器皿止用磁漆。其寶石，一應官民不許僭用。敢有似前違禁越分僭用者，將犯人並製造匠人通行拿送法司，枷號示衆，治以重罪。如此，則上下有章，用度有禮，非惟可以去奢侈而禁僭踰，抑亦可以節財用而厚民生矣。具奏。成化二年七月二十四日，本官於奉天門欽奉聖旨：該衙門知道，可行的具奏施行。欽此。欽遵抄出到部。議得前件，查得永樂七年四月二十二日，該行在禮部右給事中張益同科都給事中張信於奉天門，節該欽奉太宗文皇帝聖旨：服飾器用，已有定制。如今又有不依着行的，恁説與禮部，着他將那榜上式樣畫出來，但是匠人每，給與他一個樣子，着他看做。敢有違了式做的，拿來凌遲了。欽此。欽遵已（禁）〔經〕榜示通行禁約外。查得成化二年二月二十二日，本部官〔於〕奉天門欽奉聖旨：如今官員軍民人等，多有不遵定例，僭用服色花樣，及婦人僭用渾金衣服、寶石頭面，好生違禮犯分！恁禮部便出榜，於南北二京張掛禁約。今後敢有仍前僭用者，輕則依律問罪，重則必殺不饒。欽此。欽遵，已經查照永樂年間聖旨事例，通行備出榜〔示〕欽遵去後。今給事中丘弘又奏，要定以禮儀、制度，通行禁約。緣服舍器用俱有定例，合無將本官所言事理，再行申明禁約，在京行巡（衙）〔城〕御史及五城兵馬，在外行各布按二司直隸、順天等府州縣官員，嚴督官吏、軍民人等遵守奉行。如有違犯，就便捉拿犯人，並挨究製造人匠，照依原奉欽依事例問罪發落。緣係申明事例，不敢擅便，具題。奉聖旨：是。欽此。

（明）戴金《明條法事類纂》卷二一《禮部類・失儀・給事中御史中書立班筵宴次序例》 成化四年正月初十日，禮部尚書趙等題，爲禮儀事。該禮科參看得，中書舍人李應禎等題稱，慶成宴要在給事中、御史之前。照得我朝筵宴位次，行之年久，已有定制。今各官以口腹小事，煩瀆聖聽，况係己事，例該具本，赴通政使司投進，不合用白頭題本徑進，及將旨意批寫歪斜，事屬有違，宜從抄出，奏請施行等因。合無申明定例，通行遵守。今後凡遇傳制等項行禮，例無侍班官，止有給事中導駕，其糾儀御史合仍於給事中之下稍（尚）〔南〕立。其遇聖節、正旦、冬至及頒詔等項大禮，既有導駕給事中，又有翰林院中書舍人侍班官員，糾儀御史合於侍班官之下稍南立。所有丹墀内宴序，合仍照遞年之例，中書舍人於給事中、御史後立坐。光禄寺擺設各官席而務有均一，不得仍有厚薄之問。仍通行各衙門知會。再有故違者，宜從鴻臚寺及糾儀官舉劾治罪。具題。次日，奉聖旨：准議。禮科挾私妄參，本當究問，且饒這遭。宴序只照正統年間事例行。欽此。

（明）戴金《明條法事類纂》卷二二《禮部類・服舍違式・禁約奢僭例》 成化四年二月初七日，禮部尚書姚等題，爲陳言治道事。該翰林院修撰羅璟題前事，内開一件：崇尚節儉，以厚天下之俗。臣聞奢（侵）〔侈〕者，澆薄之源，節儉者，醇厚之本。蓋奢侈則用必多，用多則財必不足，財不足則貪暴行，貪暴行則風俗安得不澆薄乎！節儉則必少，用少則財必足，財足則禮義行，禮義行風俗安得不醇厚乎！然天下之人不自奢侈也，必有以倡之於先；不自節儉也，必有以（卒）〔率〕之於上。《易》曰：節以制度。《書》曰：慎乃儉（憶）〔德〕。古者盛時，所以黎民醇厚，國祚長久者，良由上之人所以維持倡率之有其道也。（哉）〔我〕太祖高皇帝受天明命，混一海（于）〔宇〕之初，即修明禮（禁）〔樂〕以定民志。崇節儉，戒奢侈，一掃胡元之弊俗。太（祖）〔宗〕文皇帝嗣位，復加申明，天下之人無敢奢侈，以（于）〔干〕犯禮禁。休養生息，至宣德、正統年間，公私富足，庶幾成、康之世，此祖宗崇節儉之用也。（此）〔比〕（先）〔年〕以來，竊見風俗崇尚奢侈。服器雖有定制，而僭之者多；屋舍雖有定式，而違之者衆。嫁娶論財，惟華靡之誇；喪（弊）〔葬〕務外，惟多儀之相衒。一筵（一）〔之〕費，或至百金；一葬之營，或至（傷）〔蕩〕産。故富强者肆爲貪暴，貧弱者（窒）〔室〕無〔宿〕儲。爭訟不息，盗賊繁多。〔一〕有水旱之災，公廩既虚，私藏又乏，民不聊生，或至相食，言之及此，可爲痛心。究厥弊源，率爲奢侈。此而不救，弊將如何！伏乞陛下敕禮部，申明洪武、永樂舊制，俾臣民永〔承〕遵守，所司時行覺察，有奢侈犯禁者，痛加懲治。庶幾富足之效可臻，醇厚之俗可（戒）〔成〕，然此猶以法制禁令之也。孔子（之）曰：以身教人者從。又曰：上有好者，（不）〔下〕必有甚焉者矣。（者）〔昔〕漢文皇帝在位二十三年，宮室（花）〔苑〕囿，車騎服御，無所增益。嘗欲作露臺，（儲）〔費〕中人十家之産，曰：吾奉先帝（官）〔宮〕室，嘗恐（差）〔羞〕之，何以臺爲？身衣弋（締）〔綈〕，帷帳無（衣）〔文〕繡，示敦樸爲天下先。其時（候）〔後〕宮亦（皆）〔賊〕〔賤〕瑇瑁而疏珠璣，卻翡翠之飾，除雕琢之巧，惡（嚴）〔麗〕靡而不近，斥芬蕓而不（遇）〔御〕，抑止絲竹漫衍之樂，憎聞鄭、衛（幼）〔幻〕眇之聲。是以天下化之，家給人足。三代以後，躬行節儉，治效之盛，若漢文帝其卓然者也！伏覩陛下念祖宗創業之艱難，今日守成之不易，法大禹之克儉，文王之卑服，不役耳目之好，萬邦惟正之供。進一美膳，即思天下之有饑者；進一美服，即思天下之有寒者。寫周公《無逸》之書、《豳風・七月》之詩于便殿遊豫之所，常使人誦之，以防逸志。將見宮闈近習之人，亦皆漸被聖化，以節儉爲尚矣。宮闈近習既尚節儉，則貴戚大臣亦皆欣慕聖德，以節儉爲尚矣。貴戚大臣既尚節儉，則京城畿甸之民亦皆化之，知節儉之爲美、奢侈之可惡矣。京城畿甸之民既化，則天下之大，四方之遠，聞風而〔何〕〔向〕，慕義而趨，亦皆自化於節儉而不知爲之者矣。此乃不禁之禁，〔或〕〔感〕人〔由〕〔尤〕深，得〔放〕〔效〕尤速。陛下誠不棄芻蕘之言，崇尚節儉，既申之〔以〕法，又率之以躬行，如此，則上無侈用傷財之弊，下無貪殘暴斂之患。陛下府庫之財必日克滿，公廩必日盈足，四方之民必日富庶，禮讓必日興，爭論必日息，盜〔賊〕必日消，縱有水旱，民必無虞。熙熙皞皞，同躋乎仁壽之〔城〕〔域〕，風俗歸厚，將遠配三代，又豈特如漢文帝之時而已哉。惟陛下留神等因，具奏。奉聖旨：所言有理，朕當行的，自行。其餘該部知道。欽此。欽遵抄出到部。臣等議得，本官所言，崇尚節儉以厚天下〔之〕俗，又欲皇上躬行儉德以化天下，情意懇切，誠有忠愛之心。伏惟聖明留意，實天下之慶幸。〔所〕據要〔行〕申明洪武、永樂舊制，俾臣民永承遵守，有司時行覺察一節，查得永樂七年四月二十二日，行在禮科右給事中張益同刑科都給事中張信奏，節該奉太宗文皇帝聖旨：服飾器用已有定制，如今又有不依着行的。恁説與禮部，着他將〔那〕榜上的式樣畫〔將〕〔出〕來，但是人匠每，給與他一個樣子，〔着他〕看着〔做〕，敢有違了式做〔的〕，拿來淩遲了。欽此。欽遵。永樂二年十月二十一日，本部官於奉天門欽奉太宗文皇帝聖旨：洪武年間，定立官員人等冠服、器皿、房屋等項制度，明著條章，頒佈天下。曩者廖永中、胡惟庸、藍玉等擅作威福，謀爲不軌。〔皆〕因其所用器皿、服飾僭分，一旦敗露，滅族亡家，人所共知。及朕即位已來，都督陳質不鑒前非，仍蹈覆轍，居處僭用親王法物，置造龍鳳袍〔袱〕〔服〕，〔珠〕〔硃〕紅器皿，事敗身亡家破。慮恐官員人等不知禮法，誤罹刑憲，已敕該部知道遵依舊制，出榜申明中外，使其安份守己，共享太平之福。近者官員人等猶有越禮僭分者，恁禮部將冠服等項制度畫圖出榜，再行申明，教多人知道。敢有仍前犯者，治罪如律。欽此。欽遵，又經榜示通行禁約外，及查得戶科給事中丘弘奏一件：抑奢僭。禮儀、制度、等第，要行出榜通行，禁約天下，以禁流弊。除文武大小官員衣服許用紗羅紵絲，花樣照依品級，器皿止許用銀，首飾不許用金。其〔飾〕〔餘〕一應軍民、舍餘、僧道、吏典、倡優人等，衣服許用綾紬絹布，不得僭用織繡花樣、金綫皂靴，首飾許用銀，器皿止許用磁漆〔器〕。其寶石，一應軍民不許僭用。敢有似前違禁越分者，將犯人及置造匠作通行拿送法司，枷號示衆，治以重罪。如此，則上下有章，用度有禮，非〔爲〕〔惟〕可以去奢靡而禁僭踰，抑亦可以節財用而厚民生。〔具〕奏。奉聖旨：該衙內知道，可行的具奏施行。欽此。欽遵，本部已經題准，通行內外大小衙內，嚴加申明禁約外，又查得成化二年二月二十二日，本部官於奉天門欽奉聖旨：如今官員軍民人等，多有不遵定制，僭用服色花樣，及婦女僭用渾金衣服、寶石頭面，好生違禮犯分！恁禮部便出榜，於南北二京張掛禁約。今後敢有仍前僭用者，輕則依律問罪，重則必殺不饒。欽此。欽遵。又經查照永樂年間聖旨〔是〕〔事〕例，備〔雲〕〔出〕榜示，遵守去後。今修撰羅璟題稱，在京在外官員、軍民人等，雖有禁例，往往不遵。服器、屋舍、嫁娶、喪葬等項，故違僭用，〔奔〕〔奢〕侈者多，以致公私匱〔之〕〔乏〕，盜賊繁多，亦爲切中時弊，誠宜痛加禁革，合再申明，通行禁約。今後官員軍民人等，務要依洪武、永樂頒降定式，不許僭用奢侈。如有仍前違〔法〕〔犯〕者，照依成化二年二月二十二日欽奉聖旨事例施行。具題。奉聖旨：是。務要嚴加禁約。欽此。

（明）戴金《明條法事類纂》卷二二《禮部類·服舍違式·禁約官員軍民人等服器屋〔會〕〔舍〕嫁娶喪葬等項不許僭用奢侈例》 成化四年三月初七日，禮部尚書姚等題，爲陳言治事道。禮科抄出翰林院修撰羅璟題前事，內一件：崇尚節儉，以厚天下之俗。臣聞奢侈則用必多，用多則財不足，不足則貪暴行，風俗安得不澆薄呼？節儉則用必少，用少則財必足，財足則禮義行，風俗安得不醇厚乎？然天下之人不自奢侈也，必有以倡之於先，不自〔飾〕〔節〕儉也，必有以〔卒〕〔率〕之於上。《易》曰：節以制度。《書》曰：慎乃儉德。古昔盛時，所以黎民醇厚，國祚長久也〔者〕，良由上之所以維持〔福〕〔倡〕率之有其道也。我太祖高皇帝受天明命，混一海宇之初，即修明禮樂，以定民志，崇節儉，戒奢侈，一掃胡元之弊俗。太〔祖〕〔宗〕文皇帝嗣位，復加申明，天下之人無敢奢侈，〔以〕犯禮禁。休養生息，至宣德、正統年間，公私富足，〔度〕〔庶〕幾成、康之世，此祖宗崇節儉之〔放〕〔效〕也。〔此〕〔比〕年以來，竊見風俗崇尚奢侈。服器雖有定制，而僭之者多；房舍雖有定式，而（道）〔違〕之者衆。嫁娶論財，惟華靡之相誇，喪葬務外，惟多儀之相衒。一筵之費，或至百金。一葬之營，或至蕩產。故富强者肆爲貪暴，貧弱者室無宿儲，爭訟不息，盜賊繁多。一有水旱之災，公廩既虚，私藏之乏，民不聊生，或至相食。言之及此，可爲痛心。究厥弊源，率由奢侈。此而不救，弊將何如！伏乞陛下敕禮部，申明洪武、永樂舊制，俾臣民永〔承〕遵守，所司時〔行〕覺察，有奢侈犯禁者，痛加懲治。庶幾富足之效可臻，醇厚之俗可成，然此猶以法制禁令之也。孔子曰：以身教人者從。〔從〕又曰：上有好者，下必甚焉者〔矣〕。昔漢文帝在位二十三年，宮室苑囿，車騎服御，無所增益，嘗欲作露臺，費中人十家之產，曰：吾奉先帝宮室，〔嘗恐〕羞之，何以臺爲？身衣弋（飾）〔綈〕，帷賬無文繡，示敦樸爲天下先。其時後（官）〔宮〕亦皆賤瑇瑁而疏珠璣，卻翡翠奉聖旨：如今官員軍民人等，多有不遵定制，僭用服色花樣，及婦女人〔等〕僭用（潛）〔渾〕金衣服，寶石頭面，好生違禮犯分！恁禮部便出榜，於南、北二京張掛禁約。今後有敢仍前僭用者，輕則依律問罪，重則必殺不饒。欽此。欽遵。又經查照永樂年間聖旨事例，通行備（去）〔出〕榜示遵守去後。今修撰羅璟題稱，在京在外官員軍民人等，雖有舊例，往往服器、屋舍、嫁娶、喪葬等項故違僭用，奢侈者多，以致公私匱乏，盜賊繁多，亦爲切中時弊，誠宜痛加禁革，合再通行申明禁約。今後官員軍民人等，務要照依洪武、永樂頒降定式，不許僭用奢侈。如有仍前違犯者，照依成化二年二月二十二日欽奉聖旨事例施行。具題。奉聖旨：是。務要嚴加禁約。欽此。

（明）戴金《明條法事類纂》卷二二《禮部類·失儀·午門外筵宴不許喧雜失儀例》 成化六年十一月二十一日禮部題，爲筵宴失儀事。儀制清吏司案呈，該江西等道監察御史魏景釗等題，照得成化六年十月十四日該臣等於午門外侍班，恭遇皇太后聖旦，欽蒙賜宴，文武百官於午門外東西照依欽定資次序坐。中間有等官員不體聖恩，肆無忌憚，有於即席之初而去者，有不候終席而去者。先後雜錯，叩頭無序，非爲禮儀失度，抑且外觀不美。但干礙人衆，一時難以查究。如蒙乞敕該部，行移各衙門知會，今後凡遇午門外筵宴，務要序坐整飭，著（合）〔令〕鴻臚寺序班往來巡視。俱要終宴，候大臣出席，方許隨班序立叩頭。若有仍前錯雜，禮儀不謹，並攙越坐次者，許序班就便拿送問。庶幾人知警懼，朝儀整肅等因，具本奏。奉聖旨，禮部知道。欽此。欽遵抄出送司。查得成化四年十二月二十六日該本部題，照得該宴，文武群臣以序次坐，已有定制。近年以來，有等與宴官員不遵制定〔度〕，攙越班次，甚失大體，有乖禮度，已經奏准令各遵守外，今監察御史魏景釗等題奏前事，係是禮儀重事，合准所言。今後凡遇午門外賜宴，其文武（有）〔百〕官務要遵依舊制，各照品級，東西相向，以次序立。不許先後錯雜，攙越班次，喧譁放肆。宴終仍在各席，俱候大臣出，方以次而出，照依品級隨班序立。待鳴贊唱叩頭，方許叩頭而退。序班往來巡視，若有似前（困）〔不〕遵禮法，先後錯雜者，〔肆〕無忌憚，不候（人）〔大〕臣出席而先出，不伺（鴻）〔鳴〕贊唱禮而先退者，許監察御史同鴻臚寺官具奏拿問。本部仍行各衙門一體遵守。成化六年十月二十一日本部尚書鄒等奏。奉聖旨：是。欽此。

（明）戴金《明條法事類纂》卷二二《禮部類·服舍違式·禁約織金寶石大樣餅錠等件例》 成化六年十二月二十六日，刑部尚書陸題，爲救荒事。戶科等科都給事中丘弘等題，近來京城内外，風俗多尚奢侈，不拘官民軍匠，娼優下賤，既用織金衣服，寶石首飾，僭儗無度。及遇婚冠大小一切酒席，皆用簇盤糖纏餅錠，上下做（做）〔效〕，習以成風。民之窮困，殆由於此。訪得在京有等（躬）〔射〕利之徒屠宗順等數家，專以販賣寶石爲事。高擡無根之價，本值一兩，擡至一百兩。本值十兩，擡至千兩。甚至以進獻爲名，或邀取官職，或倍獲價銀，以〔此〕富過王候，名跨都邑。若不禁革編配，誠恐日復日，歲復歲，官私之利皆爲（已）〔其〕有，府庫之財多入其室，蠹國病民，莫甚於此。已敕該衙門照例嚴加禁革，一應官民人等，務照定制服用，敢有仍前越分僭用織金花樣寶石首飾，及用簇盤糖纏餅錠，造者、買者，許錦衣衛官校及巡城御史緝拿治罪。仍將屠宗順等前後倍價賣過寶石等物銀兩，追徵入官。給發賑濟，以警將來，具題。奉聖旨：該衙門便計議停當來說。欽此。欽遵抄出送司。查得成化二年二月十二日，該禮部官欽奉聖旨：如今官員軍民人等，多有不遵定制，僭用服色花樣，及婦女人僭用渾金衣服、寶石頭面，好生違禮犯分！恁禮部便出榜於南、北二京張掛，今後敢有仍前僭用者，輕則依律問罪，重則必殺不饒。欽此。欽遵。本部查洪武，永樂年間，頒降官民服舍定式，不許僭用奢侈，禁例通行，備榜遵守外，查無冠婚一切大小酒席，皆用簇盤糖〔纏〕餅錠禁例，所言訪得在京有等射利之徒屠順宗等數家，專以〔敗〕〔販〕賣寶石爲事。高擡無根之價，本值一兩，擡至一百兩。本值十兩，擡至千兩。甚至以進〔憲〕〔獻〕爲名，或邀取官職，或倍獲價銀一節，此等之徒，委的蠹國病民，但無指證實跡，必須拿問，庶可禁革。案呈到部。臣等議得，都給事中丘弘等所言，救荒禁革奢侈一節，深切時弊。緣京師人煙湊集，官民混居，富豪之家，服用僭用，習以爲常。合再申明禮部先奉欽依榜文事例，通行錦衣衛巡捕官校及巡城御史、五城兵馬司緝拿送問，違禁之物入官；犯人問罪。送順天府照例納米。其言冠婚酒席皆用簇盤糖纏餅錠，雖無禁例，即今歲歉民饑，合行禁約。冠婚之家，酒席宜從省儉，鋪者不許做賣大樣簇盤糖纏餅錠，虛費財用。違者依律問罪，納米發落。候豐年從宜而用。所訪射利之徒屠宗順等數家，欲先提屠宗順，追拿數家。干礙軍民職官，俱要正犯到官，招出前後倍價賣過是何寶石等物，若干，追其多狡價值銀兩入官，給散賑濟。仍前各犯問罪，奏請發落，以革蠹弊。〔其〕〔具〕題。奉聖旨：屠宗順等且不追究。〔所〕言幾事，還通行給榜申明禁約。犯了的都不饒。欽此。

（明）戴金《明條法事類纂》卷二二《禮部類·服舍違式·禁約京城服飾酒席奢僭并〔敗〕〔販〕賣寶石及〔大〕樣餅錠重則編發充軍例》

刑部爲禁約事。成化七年正月初七日，本部尚書等於奉天門欽奉聖旨：近來京城風俗日見奢侈，官員軍民人等之家，衣服用度多有不遵定制，婦女不分良賤，概用織金衣服，寶石頭面，婚姻喪葬，僭儗無度。一切酒席，多用大樣簇盤糖纏餅錠。甚至有等射利之徒，專以販賣寶石爲事，高擡價值，取利肥己。論這等情罪本難容，今且不問，恁法司便出榜通行禁約。今後官民人等，衣服首飾，務遵定制，不許僭分。凡遇嫁娶及置酒席，悉從禮節，不許競爲奢靡。一應鋪戶人等，並不許仍前販賣寶石，及做賣大樣餅錠等件。違了的，給事中、御史指實糾舉，仍聽錦衣衛分巡官並五城兵馬緝拿送問。違制之物入官。犯人輕則依律照例發落，重則發邊遠充軍不饒。欽此。

（明）戴金《明條法事類纂》卷二二《禮部類·服舍違式·禁約官員軍民人等收藏暗花龍鳳盤碟僭用例》

成化十一年八月二十五日，都察院掌院事太子少保兼左都御史李等題，爲禁約事。准刑部咨，河南清吏司案呈，准錦衣衛鎮撫司手本，該本衛委官千戶王春等題：捉獲賊人徐買兒、奏勉，並知情管庫銷數廚役唐寵，知情買銅行灶人楊福貴、吳福海，連贓奏送鎮撫司。問得徐買〔况〕〔兒〕節次盜出暗花龍鳳盤碟等件官物，合送法司擬罪。其中或有盜賣與人者，或因私情相送者，不知利害，收藏在家，私自僭用。合無刑部轉行都察院通行出榜禁約，限一月以裏，許令赴官出首，與免本罪。中間委有不畏法律之徒，仍藏在家私竊僭用者，聽巡視人與火甲挨拿，仍許諸人指實赴官陳告。得實，官司量給官錢充賞，收藏之家治以重罪等因，該本司掌司事正千戶楊英等具題。〔該〕奉聖旨：是。該署並管庫官廚都拿問明白，一發來説。欽此。欽遵行拿管庫等官毋建中等，審問明白，通送法司擬罪等因，該本司官具題。奉聖旨：是。都擬了罪來説。欽此。欽遵連人送司，除將犯人徐買兒等各問擬主守自盜官物等項斬、絞、徒、杖罪名，照例做工等項發落。具本發大理寺審允具奏，節該奉聖旨：是。徐買兒至王北京三十五名免做賴字，着錦衣衛都用一百斤枷於東安門外等處枷號一個月，滿日打一百着役。欽此。除將各犯送發枷號外，所據奏准出榜禁約緣由，呈案移咨本院，照依錦衣衛鎮撫司奏，奉欽依內事理，欽遵出榜禁約。施行到部，欲備示出榜，發去京城內外人煙湊集去處張掛，曉〔論〕〔諭〕官員軍民、僧道人等欽遵禁約。緣係出榜事理，未敢擅便，具題。〔奏〕〔奉〕聖旨：是。欽此。

（明）戴金《明條法事類纂》卷二二《禮部類·失儀·點閘糾舉進表拜正旦等節習儀官員失儀例》

成化十一年十一月十一日，都察院爲整肅禮儀事，准禮部咨禮科抄出，南京、湖廣道監察御史楊成奏，竊聞禮制明則上下之分定，禮文備則臣子之敬行，此天地之常經，古今之宜誼，君天下者莫不以此爲先務。我國家承平百有餘年，典制詳明，儀文宣著，實由太祖高皇帝、〔太〕〔成〕祖文皇帝酌古准今，以昭示天下，而列聖相承，率由成憲，歷千萬世不可易者。然所司奉行既久，不能無廢舉之失。如進表、習儀等禮，皆有定制，照得南京近年以來，一應禮儀多未修舉。〔此〕〔比〕者，成化十一年九月初九日，南京各衙門拜進萬壽聖節表文，以奉南京都察院告示，前往南京中軍都督府糾儀行禮之時，適值天雨，各軍都督府及所屬四十八衛等衙門官員，不過有約三、四十員之〔教〕〔數〕。且行立失序，跪拜參差。至於導送入張雨傘，其間有策馬前馳者，有便先回者。及出三山門外，又止見十數員而已。悖禮不敬，莫此爲甚。原其所由，蓋雖有官糾儀，無憑查考，以致各官視爲泛常，但務放逸，恬不知謹。再照南京每年正旦、冬至等項習儀行禮，除堂上官僅見遵守外，其次，或部屬立於近侍之前，或佐式立於正官之上。有不具朝服而適己自便者，有（之）立班次而躐（皆）〔階〕談笑者。甚至公、侯、伯等官家人隸卒，各報（？）狀，混列丹墀之內，公然言笑喧譁。如此褻慢，不可悉舉。臣竊以南京係根本重地，大禮舉行尚有如此之失，則在外司府州縣又可知矣。若不通行整肅，臣恐因襲愈久，失禮愈甚。如蒙乞敕禮部計議，今後凡遇進表、習儀等項行禮，先期各該大小衙門將隨班行禮官吏人等員名開具印信手本，送赴該掌禮衙門，轉行糾儀等官，使有憑據，得以查考。至期務要悉照舊例行禮，如（省）〔有〕前項失儀等事，照依孝陵行禮事例，會官點（間）〔閘〕，指實奏聞區處。如糾儀官（狗）〔徇〕（精）〔情〕不舉及舉不當者，事發，一體治罪。其在外各布政司府州縣，聽巡按御史、按察司官糾舉。仍乞敕該部申明舊典，行移南京禮〔部〕及〔各〕該衙門通行遵守。如此，則已往雖不可懲，庶幾將來者，亦知所警，而臣下敬君之禮萬一至矣。已惟此禮之行，得失雖見於一時，觀瞻實關乎大禮，臣大罪，言路豈容緘默。緣係整肅禮儀事理，具奏，奉聖旨：該部看了來說。欽此。欽遵抄出到部，緣係禮儀，合准所言。行移南京禮部轉行南京各衙門。今後如遇進表及各節習儀等項行禮，俱要各衙門（點）〔照〕例將隨班行禮官吏、監生人等姓名，開具手本，赴南京禮部該司官及糾儀監察御史並南京鴻臚寺官處，一體點閘。如有失儀等項，糾奏拏問。其在外都、布、按三司並衛府州縣，如有前項怠慢失儀者，聽禮生舉呈，轉行巡按監察御史及按察司分巡官拏問如律，照例發落。應奏請旨，徑（白）〔自〕具奏。緣奉欽依該部看了來說事理，奏，奉聖旨：是。欽此。

（明）戴金《明條法事類纂》卷二一《禮部類·奏對失序》 成化十四年九月初五日，太子少保禮部尚書鄒等題，爲申明朝儀事。禮科抄出鴻臚寺序班陳宗奏：前事備開各項事件具奏。成化十四年六月二十日該通政使司官於（奏）〔奉〕天門奏，奉聖旨：該衙門看（子）〔了〕來說。欽此。欽遵抄出到部。除奏前侍衛官軍與朝官出入擁塞、道退混雜一節，行移兵部外，今將填注門籍等件議擬，開立前件，伏乞聖裁。緣奉欽依該衙門看了來説事理，未敢擅便。本日於奉天門題奏。次日奉聖旨：准議，欽此。

計開

一、在京文武（衛）〔衙〕門官員中間，有等懶惰朝參，指稱患病公差等項，故用手本填注門籍，在家閑住，或沿街探望親朋，或出郭看視園圃，或在家僉書，或在官理事，或以附近徑自潛回，或因閑暇別生事故。雖每有罰俸譴責之懲，全無遷改畏懼之意。如蒙乞敕該部，合無行移各衙門知會，今後如有患病等項官員，務要本衙門堂上差人〔查〕驗是實，方與手本，不許私注門籍，並公差事完不赴朝參，如〔此〕，則懶惰者不得偷安，勤謹者愈加勤勉。前件，看得文武官員患病公差等項，填注門籍，係是舊制。今奉前因，合無行移各衙門，今後如有官員患病並公差等項，務要呈稟本衙門堂上官審實，方出印信手本，填注門籍，候病痊及公差回還之日，仍用手本開注，不許托故。

一、在京文武衙門中間，多有賞賜、陞除、公差、考滿及患病等項應該謝恩見辭官員，不親赴寺報名，卻（余）〔令〕官吏頭目人等代遞報單。該班官員稍問單內緣由，差來人員或茫然無知，或棄（並）〔忘〕去處。且如收接報單，事有不一，有面謝恩見辭者，有班謝恩見辭者，有遇升殿日期而不當收接刑名、喪祭者，有因讎隙而（項）〔頂〕名赴寺冒遞者。若不問其來歷，倘有差失，責將誰歸？如蒙乞敕該部，合無行移各衙門知會，今後如有應該報名官員，除元老大臣可令官吏代遞報單外，其餘官員務要親身赴寺。如有仍前令人代遞者，該班官員指實糾奏。如此，則事體歸一，〔人〕皆敬慎。

前件，看得在京公、侯、駙馬、伯、五府、六部、都察院等衙門，凡有奏題本，謹封完備，俱差各屬官捧入左順門進呈。今奉京官凡謝恩等項，俱要各官親自赴鴻臚寺報名，不許代遞一節，事有扭泥，合無今後凡謝恩見辭應該報名官員，俱用印信報單，或親自赴寺，或差人遞報，各從其便。凡〔入〕朝文武官員，多有帶吏典人等出入禁門。成化十三年四月二十九日御馬監太監汪直節該傳奉聖旨：大臣常川許帶跟隨官吏頭目，每人二人。若遇陰雨，大臣添一人，小官許常帶一人，各拿雨具。欽此。欽遵。近來有等小官，卻於天氣晴明之日，亦帶吏典人等，或拿衣匣，或抱袱衣服，或執笏版，或跟隨左右，俱於大臣相挽擠擁，不分尊卑。況舊制一應謝恩見辭人員，俱於本寺給與關防，軍匠人等牌面，嚴禁出入，實欲防微杜漸。今各官將帶官吏人等數多，俱無關防牌面，一概指於跟官，難以查考。合無今後照依（欽）欽定事例，大小官員入朝許帶官吏人等，各衙門給與牌面，於上寫某跟官，以便進出。仍敕守門官內嚴加關防，除大臣常川許帶二名，其餘小官，若非仍雨，仍帶吏典人等，輒自進出，即便拿送。如此，則國法嚴明，人知警懼。

前件，看得文武大小官員入朝，跟隨官吏人等，已有欽定事例遵奉外，其稱官吏人等各衙門給與牌面一節，查無事例。合行各衙〔門〕今後辦事官吏人等照依出入午門例，於長安左、右二門，承天門，端門，各下小木牌進入，出則收回，庶便關防。

一、伏覩體制榜文，明著條章，頒布天下，人所共知。且如正旦、聖節、冬至等，該文武官員各具朝服，梁冠角帶，已有定制。近年以來，內外文武衙門官員，多有因循苟且，不穿朝服而以官服常代者有之，具服不繫革帶而以束帶代者有之，似有不恭，有乖君憲。如蒙乞敕該部，合無行移內外文武衙門知會，今後如遇正旦、聖節、冬至等項，文武官員各具官服等件，務要悉遵舊制。如有仍前不穿朝服、不繫革帶者，在內聽糾儀官，在（內）〔外〕從掌（理）〔禮〕官生指實糾奏。如此，則制度通行，人皆謹守。

前件，正旦等節行慶賀禮，內外文武官員合具朝服，已是定規。合無今後凡遇（冬）〔各〕節行禮，在京朝參及在外見任官員俱要具服，仍照舊制用革帶。違者，在京聽糾儀及擺班官糾舉，在外聽禮三糾奏。

（明）戴金《明條法事類纂》卷二二《禮部類·服舍違式·禁約僭用渾金禁色緞疋花樣》 成化十六年十二月二十二日，禮部爲陳言事。錦衣衛親軍指揮使司帶俸署指揮同知、指揮僉事趙承文條陳五事，具本。該通政使司官奏。奉聖旨：該部知道。欽此。欽遵。內一件：遵舊章。臣聞古之人君善繼善述者，必先於遵舊章。《詩》曰：不愆不忘，率由舊章。是也。誠以創業垂統之君。憂深而慮遠，研精而殫思。立爲制度，必慎必〔祥〕〔詳〕，著爲〔章〕程，必中必正，不可以不遵也。洪惟我太祖高皇帝以神武定天下，以聖仁建皇極，以酌古準今立法度，以（太）〔大〕公至正弘典章，通天下人情而爲法律，計水土所宜而爲供賦，分政務統屬而嚴委任，審內外輕重而設武衛，別貴賤等階而爲程式，較上下名分而謹經常。與凡一事（而）〔有〕一事之則，一物有一物之規。極曠（故）〔古〕所無，以〔抵〕治平，垂萬世（所）〔之〕法，以爲統緒。所謂舊章，在今不可須臾違也。臣見近年以來，人情流於僭越，習俗過於侈靡。人情日變，習俗日偷，誠政務之急，所當先問也。且如貴賤有定（試）〔式〕，所以立天下之防，今軍民富豪僭用禁色段疋、奇異花樣以爲衣服，雖文官有不如。甚至娼優之賤而朱紫遍體，奴隸之卑而金線做靴。又（姑）〔如〕婚禮有儀，所以嚴上下之分，今軍民恃財多，張錦綺僭造床（張）〔帳〕，及用渾金羅緞做衣服，以爲嫁娶，而炫耀於通衢，顯榮於大市，僭擬之極，一至如此。往年太監汪直見得臣民踰禮犯分者多，亦嘗具奏，禁革織造違制顏色花樣羅緞等件，又將違法之家各治以罪。以此，人知警懼，市不敢鬻，天下臣民侈心纔革，甚爲便益。奈何遵守未久，旋復如舊玩違。乞敕該衙門再行申明太監汪奏准事例，嚴加禁約，永爲遵守。又如《大明〔律〕》一代成法，太祖高皇帝親御宸翰，數四更改而後定。今各衙門官吏人等，假作聰明，變亂〔舊〕章，多方奉（律）〔行〕條例。後蒙英宗睿皇帝洞察其非，著在詔條，使臣民遵守。奈何天語（諜）〔諄〕切，遵守不能，條例之行，加於舊日。以至學校之不遵臥碑，田賦之虧兌倍納，農桑之勸督，有司不知；武衛之軍伍，有名無實。此等政令雖有，在官因循不舉，在（於）〔民〕茫然不知。不舉不知，宜其不能遵守。臣愚伏望聖明乞敕禮部，將洪武禮制、榜文、職掌及申明禮制榜文舊行一應良法，除在內申明遵守外，仍轉行各布政司書寫翻刊，給散各衙府州縣。又遍散儒學屬官及糧里、老人、官旗，今後政刑、（賑）〔服〕舍、禮儀等項，務遵舊章，聿新庶政，則天下幸甚等因，抄出送司。查得先准刑部陝西清吏司手本違法事，准錦衣衛鎮撫司手本內開，該御馬監太監汪題稱，義勇中等衛縣軍民舍餘洪英等，各賣違禁玄黃等色紗及紵絲，奉欽依將洪英等依律問罪。今後（申）〔民〕間果有不（委）〔畏〕法律，仍前私造販賣及穿用者，兩京聽巡城御史、巡捕官校、五城兵馬挨拿，在外聽巡按御史、按察司一體拿問，治以重罪。已經奏准，備榜通行南京、蘇、杭等處禁約去後，今該前因，案呈到部。看得指揮趙承文所奏，除要各衙門遵用《大明律》移咨法司外，所稱將太監汪先年奏行禁約事（理）〔例〕再行申明一節，合無通行各處，照依先次奏准事例，將原降榜文常川張掛，嚴加禁約。如有故違，所在各該官司拿問如律，照例發落。其餘洪武禮制、榜文、職掌及禮制榜文，俱係先年已行，在在有之。今若再行一一翻刊，給散各衙門府州縣並儒學屬官及糧里、老人、官旗人等，未免煩擾，難於遍給。今再通行各處官吏軍民人等，照例前開各項典章所（再）〔載〕遵守，不許有違。奉聖旨：是。欽此。

（明）戴金《明條法事類纂》卷二二《禮部類・服舍違式・軍民之家服飾不許違禁例》 成化二十年十月十四日，太子太保、都察院右都御史朱題，爲禁約奢僭事。該巡撫浙江監察御史林誠（奉）〔奏〕一件：禁約奢僭，以需國課。照得天生五材，軍需籍〔此〕以辦，國課賴此以供。天下軍民，宜其安分節奢，以愛惜之也。臣訪得蘇、杭等府織造（沙）〔紗〕羅緞疋等項，較之正統年間，其價高而物（及）〔反〕不（知）〔如〕。竊聞鄉者，皆因地方養蠶出絲，與工匠織造，比前不能加多，〔而〕近年天下風俗奢侈，僭用加前百倍。臣訪得蘇、杭等州、江南繁華之地，不（恃）〔特〕富豪之家，甚至賤品市井之人，（屬）〔屠〕沽閭閻之（章）〔輩〕，婚男嫁女及倡優歌妓，夏則紗羅，冬則段疋，織金繡綵，花樣服色，爭尚奇巧，全無忌憚。以此有（恨）〔限〕之產物，給彼無窮之濫費，宜其物價騰湧，人趨濫惡，以致供應織造，往往多不如法。不（恃）〔特〕官加以罪，民受重陪，而天下風俗所係，國家名分所係。如蒙乞敕都察院並工部，查照上年事例申明，備榜〔嚴〕加禁約。京城內外雜行賤品及市井屠沽倡優歌妓之流，不許奢侈僭用。仍議定民間應用之數，開坐昭示，使易遵守，不敢犯分。仍備行浙江等布政司及直隸蘇、松等府巡撫、巡按等官，亦照例出榜禁約，仍著提舉風憲法官時常訪查，但有違例犯（革）〔禁〕者，即將所禁之物納官，變賣銀兩雜糧，本犯照例重加罰贖，通備賑濟。里老、鄰佑、火甲一體究治。如此？則僭〔侈〕以革，民用有經，而（明）〔名〕分日正，風俗日厚等因。奏奉聖旨：該衙門看了來說。欽此。欽遵。臣等伏睹《大明令》內一款：庶民男女衣服，並不得僭用金繡，許用紵絲綾羅、細絹素紗。欽此。欽遵。又查得《禮儀定式》內一款：凡文武百官軍民人等，衣服帳幔，並不許用玄、黃、紫三色，並〔織〕繡龍鳳之紋。又查得成化二年二月二十日該禮部官於奉天門欽奉聖旨：如今官員軍民人等，多有不遵定例，僭用服色花樣，及婦女人僭用渾金衣服、寶石頭面，好生違禮犯分！恁禮部便出榜，於南北二京張掛禁〔約〕，今後敢有仍前僭用〔者〕，輕則依律問罪，重則〔則〕必殺不饒。欽此。欽遵。又查得成化七年正月初七日，刑部尚書陸等於奉天門節該欽奉聖旨：近年京城日見奢侈，官員軍民人等，衣服用度多有不遵定例，婦女不分良賤，概用（織）〔渾〕金衣服、寶石頭面。今後官民人等，衣服首飾各遵定例，不許僭分。違了的，聽給事中、御史指實糾舉，仍聽錦衣衛分巡官並五城兵馬緝拿送問。違禁之物入官。犯人輕則依律照例發落，重則編發邊衛充軍不饒。欽此。欽遵節經通行禁約外，今監察御史林誠又奏前因。緣前事例行之既久，人心玩怠，奢僭易生。誠如本官所言，合再申明禁約。便要議定民間聽用之數，開坐昭示，及要提學道官時常訪察一節，緣軍民之家貧富不等，難以拘定數目。提學官各有（榜）〔職〕掌，亦難干預他事，合無申明舊例，兩京本院出榜禁約。直隸並浙江等處，有巡撫處，行巡撫官；無巡撫官，行各該巡按御史出榜曉諭禁約。官〔吏〕軍民人等，衣服首飾各要遵守前項舊制。並節奉欽依榜文事例，不許僭用。如有故（禁）〔違〕，兩京許六科十三道糾劾〔及〕錦衣衛巡捕官、五城兵馬緝拿送官；在外許里老、鄰佑人等赴官首告，追究明白。違犯之人，依律問罪，照例發落。違禁之物入官。如此。則法令嚴明，人知警懼。具題。奉聖旨：准擬。欽此。

（明）戴金《明條法事類纂》卷二二《禮部類・服舍違式・禁奢〔僭〕以需國課》 成化二十年十二月十四日，戶部爲乞照列致仕等事。巡按浙江等處監察御史林誠奏，計開：一、禁奢僭以需國（稅）〔課〕。乞敕都察院並工部，查照上年事例申明，備榜嚴加禁約。京城內外雜行賤品及市井屠（治）〔沽〕娼優、歌妓之流，不許奢侈僭用。仍議定民間應用之數，開坐昭示，使易遵守，不敢犯分。仍（通）備行浙江等布政司及直隸蘇、松等府巡撫、巡按等官，亦照例出榜禁約，仍着提舉風憲官時常訪察，（祖）〔但〕有違條犯禁者，即將所禁之物納官，變賣銀兩雜糧。其本犯照例問罪，重加罰贖，通備賑濟。仍要挨究其里老、鄰佑、火甲，一體究治。如此，則奢侈以革，民用有經，庶幾（撙）〔樽〕節愛民，上天所生之物以供應朝廷之用，而（明）〔名〕分日正，風俗日厚矣。前件，節該伏睹《大明（律）〔令〕》內一款：庶民男女衣服，並不得僭用金繡，許用紵絲、綾羅、紬絹、素紗。欽此。欽遵。又查得禮《儀定式》內一款，凡文武百官軍民人等，衣服帳幔，並不許〔用〕玄、黄、紫三色，並織繡龍鳳紋。又查得成化二年二月二十二日該禮部官欽奉聖旨：如今官員軍民人等，多有不遵定制，僭用服色花樣，及婦女僭用渾金衣服，寶石頭面，好生違禮犯分！恁禮部便出榜於南、北二京張掛禁約，今後敢有仍前僭用者，輕則依律問罪，重則必殺不饒。欽此。欽遵。又查得成化七年正月初七日，刑部尚書陸等節奉聖旨：近年京城日見奢侈，官員軍民人等，衣服用度多有不遵定制，婦女不分貴賤，概用（織）〔渾〕金衣〔服〕、寶石頭面。今後官民人等，衣服首飾各遵定制，不許僭分。違了的，聽給事中、御史指實糾舉，仍（玨）〔聽〕錦衣衛分巡官並五城兵馬緝拿送問。違〔禁〕之物入官。犯人輕則依律照例發落，重則編發邊衛充軍不饒。欽此。欽遵節該通行禁約外，今御史林誠又奏前因。緣前項事例行之已久，人心玩怠，奢侈易生，誠如本官所言。今合〔無〕再行申明禁約。但要議定民間應用之數，開坐昭示，及要提學官時常訪察一節，〔緣〕軍民之家貧富不等，難以拘定數目，提學〔官〕各有職掌，亦難干預他事。合無申明舊制，兩京本院出榜〔禁約〕。直隸並浙江等處，有巡撫處，行（之）〔巡〕撫官；無巡撫官處，行巡按御史，出榜曉諭禁約。官吏軍民人等，衣服首飾各要遵守前項舊制，並節奉欽依榜文內事理，不許僭用。如有故違，兩京許六科、十三道糾劾，及錦衣衛巡捕官、五城兵馬緝拿送官；在外許里老、鄰佑、火甲人等赴官首告，追究明白。違犯之人依律問罪，照例發落。違禁之物入官。如此，則法令（禁）嚴明，人（如）〔知〕警懼。

（明）戴金《明條法事類纂》卷二一《禮部類·失儀·義官陰陽〔醫官〕習儀不許立於致仕省祭官前班》 成化二十三年七月初十日，禮部爲建言民情事。成化二十一年月日不等，於禮科抄出吏部等衙門聽選等官人等袁志等建言民情事件。該通政使司官奏，合着禮部抄出會官議。奉聖旨：是。欽此。欽遵抄出到部，會同各部、都察院、通政使司、大理寺、六科給事中議得，數內八十四件合準所言，宜從吏部等衙門查勘定奪施行。未敢擅便，照例各奏。奉聖旨：照例。欽此。內一件：僭分失序事。該禮部查行湖廣常德府沅江縣聽選官郭明言，臣見得湖廣等布政司所屬州縣，有勢豪納粟義官、陰陽、醫官，每遇習儀行禮，不遵奉對次序，僭穿違式錦繡服色，（挽）〔攙〕越立於致仕省祭官前班。雖省祭未曾授職，其間亦有從七、（政）〔正〕八、九、從九〔品〕。孰不知致仕與見任同，似此（挽）〔攙〕越失序，違例難容。如蒙乞敕禮部，轉行湖廣等布、按二司及分巡等官，嚴加禁約，革去違式服色。今後致仕省祭官員要具朝服，照依資格品級隨班行禮。但有此等逞奸僭分，不遵奏對（挽）〔攙〕越者，許禮生舉呈議罪，以戒其餘。如此，則禮統不失，事有所歸等因，備付。准此查得，先於成化十四年九月內，本部爲申明朝儀、懶（隋）〔惰〕朝參等事內開，今後（九）〔凡〕正旦等節行慶賀禮，在京朝參、在外見任官員，俱要朝服，仍照舊制用革帶。（遠）〔違〕者，在京聽糾儀及擺班官糾舉，在外聽禮生舉呈。奉聖旨：准擬議。欽此。已經通行欽遵去後。今該前因，案呈到部，看得各處納粟官及陰陽、醫官並致仕省祭者，每遇習儀行禮，多有不安本分，攙越班次，誠有如聽選官郭（朋）〔明〕所言者。若不定擬班次俾各遵守，不無臨期攙越，有乖禮度，深爲未便。爲此，（連）〔速〕送仰付該司，類行浙江等十三布政司並南北直隸府州縣，今後凡遇節令習儀行禮，見任並致仕聽選省祭官員，各具朝服革帶立班，其聽選省祭官員並納粟義官立於見任官員之後，其聽選省祭官居左，納粟義官居右。中間有納粟授以指揮千百戶者，各照品級立於本等班次之末。若有仍前僭分攙越不行遵依者，許禮生指實舉呈，合干上司，依律究治施行。

（明）戴金《明條法事類纂》卷二三《禮部類·服舍違式·禁約奢僭及刊行御製諸書例》 弘治元年閏正月十三日，都察院左都御史馬等題，爲申明舊章以厚風化事。該本院題，洪惟我太祖〔高〕皇帝膺天眷命，掩有萬方，君臨天下。慨彼胡元入（生）〔主〕中國，華風淪沒，彝道傾頹。欲新一代之制作，大洗（大）〔百〕年之陋習。始著《大明令》以教之於先，續定《大明律》以齊之於後，既制《大誥》三編以造諭〔臣〕民，復

（遍）〔編〕《禮儀定式》等書以頒示天下。即孔子所謂道之以德，齊之以禮；道之以政，齊之以刑之意也。當時名分以正，教化以明，尊卑貴賤，各有等差，無敢僭越。真可以遠追三代之盛，而非漢、唐、宋之所能及矣。迨我太宗文皇帝克平内難，正位宸極。下至列聖相承，一遵舊章，禮儀不紊，法令嚴明。尚節儉，不事奢靡。至景泰年間，祖宗成憲，所司奉行未至，風俗漸移。近年以來，群小用事，恣肆姦欺。販賣寶石之徒，盜竊府庫銀兩，供帳、飾服擬於王者，飲（百）〔食〕、房屋勝於公侯，以致京城之内互相仿〔效〕，習以成〔風〕。雖常禁約，玩法不遵。軍民之家僭用渾金織成衣服，寶石（相）〔鑲〕成首飾。僧道俱着紵絲綾羅，指揮亦用麒麟繡補。其官員相遇，尊卑不分，俱不（迴）避。娼優吏卒，騎坐驢馬，亦不讓道。非禮僭分，無所不爲。名分不正，風俗偷薄，舊章廢墜，禮制因循，未有甚於此時也。且治天下莫先於禮，禮莫先於正名分，名分不正，何以言治。仰惟皇上嗣登寶位，任賢去邪，納諫容言，宵衣（肝）〔旰〕食，親決萬機。圖治之心，可謂切矣。然圖（法）〔治〕莫先於法祖。《書》曰：監于先王成憲，其永無愆。《詩》曰：不愆不忘，率由舊章也。然法祖必先於遵舊章而守成憲，舊章成憲，莫重於《大誥》三編、《大明律》、《令》、《禮儀定式》、《稽古定制》、《教民榜》諸書。若不通行申明，使人遵守，而欲治道之隆，風俗之厚，蓋亦難矣。如蒙乞敕禮部將前項《禮儀定式》、《稽古定制》二書内所載，摘其緊要者奏請出榜，曉（論）〔諭〕禁約。但有前項僭越之徒，在京，本院行令巡城御史督令五城兵馬及錦衣衛坐城軍校，在外，行令巡按御史、按察司緝拿問罪，重加懲治。違禁衣服首飾等物入官。婦人有犯，罪坐家長夫男。及通行兩京各衙門大小官員知會，凡在道往來相遇之間，各要遵守禮制，當迴避者迴避，當讓道者讓道，各守（遵）〔尊〕卑之分，共（效）〔敦〕節儉之風。仍通行浙江等布政司及應天、順天二府，各將《大明律》、《令》、《大誥》三編、《教民榜》、《禮儀定式》諸書，支給官錢刊板，在官印造完備，布政司發仰所屬軍衛有司，應天府、順天府發去南北直隸，各府各發所屬州、縣並鄰近衛所，大小衙門每處各一本，如法收貯，用心講習，務要遵守，不許故違。各學生員並社學子弟亦須誦讀，勿視虛文。原有板者，不須再刊。具題。奉聖旨：是。風俗奢侈，甚害治道。禮部便備榜，嚴加禁約。犯了的，着實懲治他不饒。欽此。

（明）**戴金《明條法事類纂》卷二二《禮部類・服舍違式・申明律令禮儀並禁〔約〕遇官不行讓道及僭用服飾例》** 弘治元年四月初二日，禮部尚書周等題，爲遵舊章以厚風化事。該都察院左都御史馬等題，洪惟我太祖高皇帝膺天眷命，（以）〔掩〕有萬方，君臨天下。始著《大明令》以教之於先，續定《大明律》以齊之於後，既製《大誥》三編以告諭臣民，復編《禮儀定式》等書以頒示天下。當時名分以正，教化以明，尊卑貴賤，各有等差，無敢僭越。真可以遠追三代之盛。而非漢、唐、宋之所能及矣。〔迨我太宗文皇帝克平内難，正位宸極，下至〕列聖相居，禮儀不紊，法令嚴明，人尚節儉，不事奢靡。至景泰年間，祖宗成憲，所司奉行未至，風俗漸移。近年以來，群小用事，恣肆姦欺。販賣寶石之徒，盜竊府庫銀兩，（俱）〔供〕帳，服飾擬於王者，飲食房屋勝於公侯。以致京城之内，互相做（做）〔效〕，習以成風。雖常禁約，玩法不遵。軍民之家僭用渾金織成衣服、寶石（廂）〔鑲〕成首飾，僧道俱着絲絹綾羅，指揮亦用麒麟繡補。其官員相遇，（遵）〔尊〕卑不分，俱不迴避。倡優吏卒，騎坐驢馬，亦不讓道。非禮僭分，無所不爲。名分不正，風俗偷薄，舊章廢墜，禮制因循，未有甚於此時也。且治天下莫先於禮，禮莫先於〔正〕名分，名分不正，何以（官）〔言〕治！仰惟皇上嗣登寶位，親決萬機。圖治之心，可謂切矣。然圖治莫先於遵舊章，而舊章莫重於《大誥》三編、《大明律》、《令》、《禮儀定式》、《稽古定制》、《教民榜》諸書，若不通行申明，使人遵守，而欲治道之隆，風俗之厚，蓋亦難矣。如蒙乞敕禮部，將前項《禮儀定式》、《稽古定制》二書内所載，摘其緊要者奏請出榜，曉（論）〔諭〕禁約。但有前項僭越之徒，在京，本院行令巡城御史督令五城兵馬及錦衣衛坐城官校，在外，行令巡按御史按察司緝拿問罪，重加懲治。違禁衣服、首飾等物入官。婦人有，罪坐家長〔夫〕男。及通行兩京各衙門大小官員（知）會，凡在道官員工往來相遇之間，各要遵守禮制，當迴避者迴避，當讓道者讓道，各守尊卑之分，共敦節儉之風。仍通行浙江等布政司及應天、順天二府，各將《大明律》、《令》、《大誥》三編、《教民榜》、《禮儀定式》、《稽古定制》諸書支給官錢刊板，在官印造完備，布政司發仰所屬軍衛有司，應天、順天二府發去南北直隸，各府各發所屬州縣並鄰近衛所大小衙門，每處各一本，如法收貯，用心講習，務要遵守，不許故違。各學生員並社學子弟亦須誦讀，勿視虛文。原有板者不須再刊等因。〔其〕〔具〕題。奉聖旨：是。風俗奢侈，甚〔言〕〔害〕〔沿〕〔治〕道。禮部便備榜，嚴加禁約。犯了的，着實懲治他不饒。欽此。

（明）戴金《明條法事類纂》卷二二《禮部類・服舍違式・申明禁約民間服飾奢僭例》　弘治元年五月初一日，都察院爲陳言事。山東道呈該巡按山東監察御史陳奏一件：禁奢侈。蓋天地〔之物〕自〔有〕定數，上足以供國家之需，下足以給臣民之用，有節則充盈，無節則空之，乃理勢之自然也。但近年以來，風俗侈靡。且如軍民婚姻喪祭，官府到任、公差，置備酒席、禮物，互相好〔盛〕〔勝〕，用度無節。雖有禁例，多不遵守，以致貨財虛耗。故在官則竊，在民亦窮，〔成〕〔誠〕不可以不禁也。如蒙乞敕都察院，申明節次見行事例，嚴加禁約，務在必行。若官吏怠忽而不察，則罪官吏；軍民欺玩而故犯，則罪軍民。如此，則法令昭彰，名分遵守，嚴貴賤〔有〕〔之〕〔辦〕〔辨〕，而公私之用則無不足，以此奢侈所當禁也。查得成化二十年十二月十四日，該太子少保本院右都御史朱等題，爲禁約奢侈事，准戶部咨該巡按浙江等處監察御史林誠奏一件，禁奢僭以需國課。臣等伏睹《大明令》內一款，庶民男女衣服，並不得僭用金繡，許用紵絲、綾羅、紬絹、素紗。欽此。欽遵。又查得禮部《禮儀定式》內一件，凡文武百官軍民人等，衣服帳幔，並不許用玄、黄、紫三色並織繡龍鳳之紋。又查得成化二年二月二十二日該禮部官奏，奉憲宗皇帝聖旨：如今官員軍民人等，多有不遵定制，僭用服色花樣，及婦女人等僭用渾金衣服、寶石〔顯〕〔頭〕面，好生違禮犯分！恁禮部便出榜，於南、北二京張掛禁約。今後敢有仍前僭用者，輕則依律問罪，重則必殺不饒。欽此。欽遵。又查得成化七年正月初七日刑部尚書陸等奏，奉聖旨：近年京城風俗日見奢侈，官員軍民之家，衣服用度多有不遵定制，婦女不分良賤，〔緊〕〔概〕用渾金衣服，寶石頭面。婚姻喪葬，僭擬無度。一切酒席，多用大樣簇盤、糖纏餅錠。甚至有等射利之徒，專以販賣寶石爲名，高擡價值，取利肥己。論這等情〔罪〕本難容，今且不問。恁法司便出榜，通行禁約。今後官民人等，〔不〕〔衣〕服首飾各遵〔定〕例，不許僭分。凡遇嫁娶及置酒席，悉從禮節，不許競賽侈麗。一應鋪戶人等，並不許仍前販賣寶石及賣大樣餅錠等件。違了的，聽給事〔中〕、御史指實糾舉，仍聽錦衣衛等官並五城〔兵馬〕緝拿送問。違禁之物入官。犯人輕則依律照例發落，重則編發邊充軍不〔曉〕〔饒〕。欽此。欽遵節經通行禁約外，緣照前項事例行之已久，人心〔玩〕怠，侈僭易生。合無申明舊例，兩京本院出榜。直隸並浙江等處，有巡撫官處行巡撫官，無巡撫官處行各該巡按御史出榜，曉諭禁約。官吏軍民人等衣服首飾，各要遵守前項舊制，並節奉欽依榜文事例，不許僭用。如有故違，兩京許六科、十三道糾劾及錦衣衛巡捕官五城兵馬緝拿送官，在外許里老、鄰佑、火甲人等赴官首告，追究明白。違犯之人，依律問罪，照例發落。違禁之物入官。如此。則法禁嚴明，人〔明〕〔知〕警懼等因。具奏。節該奉憲宗皇帝聖旨：准擬。欽此。欽遵，已經節次出榜禁約，曉諭遵守去後。今御史陳又奏看因，但恐前項事例奉行未至，人多怠忽，若不再行嚴加禁約，則侈靡之風愈熾而不可止息，登壟之徒貪利而終無紀極。合就備由呈乞仰五城〔兵馬〕、巡城御史並各處巡按御史，照本官及節奉欽依內事理，一體行屬欽遵，嚴加施行。

（明）戴金《明條法事類纂》卷二二《禮部類・服舍違式・奏違式》　弘治元年十二月初二日，都察院左都御史馬等題，爲儆戒無虞，益隆治道事。成化二年二月十一日禮部尚書姚等欽奉憲宗皇帝聖旨：如今官員軍民人等，多有不遵定制，僭用渾金衣服、寶石頭面，〔而〕好生違禮犯分！恁禮部便出榜，於南、北二京張掛禁約，敢有仍前僭用者，輕則依律問罪，重則必殺不饒。欽此。又查得本院左都御史馬奏稱，近年以來，販賣寶石之徒，盜竊府庫銀兩，供帳服飾擬於王者，飲食房屋勝於公侯。以致京城之內，互相倣效，習以成風。雖常禁約，玩法不遵。軍民之家，僭用渾金織成衣衛，寶石〔廂〕〔鑲〕成首飾。僧道俱紵絲綾羅，指揮亦用麒麟繡補等因。合無出榜禁約，但有前項僭越之徒，在京，本院行令巡城御史督令五城兵馬及錦衣衛坐城官校；在外，行巡按御史、按察司緝拿問罪，重加懲治。違禁衣服首飾等物入官。婦人有犯，罪坐家長夫男等因，奏奉聖旨：是。風俗奢侈，〔世〕〔甚〕害治道。禮部備榜，嚴加禁約，犯了着實懲治不饒。欽此。

（明）戴金《明條法事類纂》卷二二《禮部類・服舍違式・申明禁奢

僭服用縱容犯奸例》弘治二年三月十二日，都察院右都御史屠等題，爲陳言時政事。該南京錦衣衛帶俸閑住指揮僉事吴綬奏：六曰調度財用。天下所生之財在農在商，天下所産可足天下之用。官少民多，貴少賤多，而服力者衆，生財自廣。近年軍民官員較於洪武年間，武職已增百倍，其歲支俸祿亦支消百倍。所設文職，亦增三倍。皂隸錢馬夫人役取利尤多。政事不增於前，俸祿有加於昔，此其公取於在官者也。其私取科擾（此）〔比〕前又加數倍。官員既多，富盛相尚，奢侈費用，强勉相習。天地之間，水土之利，古今無多寡。官民所用，奢侈無限極，所以公私積蓄皆虚。但遇水旱，即至流移饑殍。爲今之計，迄敕法司着落巡按御史，凡出巡地方，禁奢從儉。訪問奢者，十倍追所奢物價，加與遠重差役。武職官員奢縱，量罰俸給，革去管事。文職有犯，降調遠方。如此嚴禁，庶可以少救頹風，復還正俗。軍民有犯者一體追物，仍加遠重差役。陰積省費，家給人足，可立見也。前件，查得成化二十年十二月初六日，該本院題該監察御史林誠奏：爲禁奢侈以需國課。該刑部查得成化七年正月初七日本部欽奉憲宗皇帝聖旨：近年京城風俗日見奢侈，官員軍民人等之家，衣服用度（不）〔多〕有不遵定制。婦女不分良賤，概用織金衣服、寶石頭面，婚姻喪葬，僭侈無度。一切酒席，多用大樣簇盤糖纏餅錠。甚至有等射利之徒，專以販賣寶石爲名，（臺）〔高〕擡價值，取利肥己。論這等情，罪本難容，今且不問。恁法司便出榜，通行禁約。今後官民人等，衣服首飾各遵定制，不許僭分。凡遇嫁娶及置酒席，悉從禮節，不許競爲奢麗。一應鋪戸人等，並不許仍前販賣寶石及做大樣餅錠等件。（常）〔違〕了的，給事中、御史指實糾舉，仍行錦衣衛分巡並五城兵馬緝拿送問。違禁之物入官。犯人輕則依律照例發落，重則發邊遠充軍不饒。欽此。欽遵節該通行禁約外，今監察御史林誠又奏前因。緣前項事例行之已久，人心玩愒，奢僭易生。誠如本官所言，合無申明舊例。兩京，本院出榜。直隸、浙江等處，有巡撫官處行巡撫官，無巡撫官處行各該巡按御史，出榜曉諭禁約。官吏軍民人等服色，各要遵守欽奉榜制，不許僭用。如有所違，兩京許六科、十三道及錦衣衛巡捕官、五城兵馬緝拿送官，在外許里老、鄰佑、火甲人等赴官首告，追究明白。違犯之人依律問罪，依欽奉聖上榜例發落。違禁之物入官等因，具題。奉憲宗皇帝聖旨：准擬。欽此。欽遵。又查得成化二十一年正月初七日詔書内一款：在京官員軍民之家，衣服飲食奢侈僭用，不無濫費財物。禮部便查例出榜禁約。欽此。欽遵。節經通行出榜禁約外，今吴（緩）〔綬〕奏稱，近年官員官民，相尚奢侈。要將武職奢縱，量罰俸給，革去管事。文職有犯，降調遠方。軍民有犯，十倍追所奢物價，仍加〔與〕遠重差役。比之欽奉榜例，又爲稍輕。況前項榜例詔書，行之未久，難再覆奏。但恐所司奉行未至，以致奢靡成風，風俗日薄。民（難）〔艱〕於食，一遇災傷，多有餓殍。合再通行兩京刑部及各處巡撫、巡按，嚴加禁約。如有前項違犯之人並文武職官有犯，應提問者，提問如律，應參奏者，參奏提問，悉照前項奏行及聖旨榜文内事理施行。七曰清風俗，乃彝倫之大要，教化之大經。近年，在京在外武職官舍、軍民人等，嗜酒賭博，以爲常行，妄求奢用，以爲美事。因此游逸破家，别無藝能，無方取利，以致多買妻妾，緞容爲非，敗壞倫禮。若逼良人化爲倡優，（耳）〔而〕以常人變爲伶人。自景泰年間至今，日增月盛。南北直隸十三布政司府衛鎮市去處，多者聚有數千（門）〔人〕，少者不下數百人。因奸爲盜，不勝其多。因到所住之外，自知來（歷）〔歷〕不明，屈意奉承，所在官司樂其趨媚，供給浸潤，不究所爲之非，不問所避之由，反爲親厚，用爲門子、快手、機察、馬夫等項名目，出入衙門，（蠹）害良善。有此良賤不分，淫風混染。爲今之計，敕令巡按御史查理前項文引，窮妻女來歷，正犯就彼充軍，婦女有主寧家，無主給配無妻軍民。仍究出販賣媒妁之徒，一體充軍。如此，無賴無逃避之所，衛所得軍餘之用。官吏只知供給親厚，不知禮義廉恥。廉恥既喪，禮義必亡。爲政（旱）〔早〕治則無患，（故）〔姑〕息必有害，舍此決不可也。前件，查得弘治元年十一月二十二日該刑〔部〕看得，巡撫山東石僉都御史錢奏稱，山東臨清張秋鎮等處地方，有等無耻之徒，專（賣）〔買〕良家子女，一家二三口，或四五口，甚至七八口。在家稱爲義女及妾名色，彈唱接客，覓錢使用，有傷風化，及天下郡縣多有此風。要查在京見行事例行天下，但有此等人（犯）犯，許諸人首告，並應捕人訪拿到官。初犯，本夫、義父、姦夫依律問罪，照例枷號一個月，滿日發落，女子歸宗。再犯，本夫、義父、不分軍民舍餘人等，問罪畢日，追連（常）〔當〕房家小俱發邊衛充軍一節。緣南、北二京並各處碼頭號市鎮處所，人煙湊集，客商往來，姦淫之風，積習已久，誠有如都御史錢所議者。若非嚴加禁約，何以扶持風化。但所（緣）〔據〕此等人犯再犯俱發充軍，似乎立法過嚴。合無本部通行南京刑部並山東等十三布政司、南北直隸府分，南京行令五城兵馬司，各布政司並直隸府分各轉行所屬，俱於人煙輳集去處，出給告示，嚴加禁約。省諭火甲人等詢訪地方，果有此等無籍之徒，多買良家子女一二口以上，在家作妾及義女等項名色，縱客與人通姦覓錢使用者，許限一個月以裏首告。改過自新，各務本等生理者，免罪。如是限內不首及今後有犯者，事發到官，俱照在京見行事例，不分初犯、再犯，問罪畢日，將本夫、義父、姦夫俱枷號一個月，滿日照例發落。地方火甲敢有容留不首，及軍民人等容止通姦者，事發一體問罪等因，具題。奉聖旨：是。欽此。欽遵。已經通行禁約外，今吳（緩）〔綬〕又奏稱，在京在外武職官舍軍民人等，多買妻妾縱容爲非，要將正犯就行充軍，婦女有主者寧家，無主者給配無妻軍民。仍究出販賣媒妁之徒，一體充軍。緣前項事例行之未久，若將媒證之人俱發充軍，委的似乎太過。但恐所在軍衛在司巡捕、火甲人等，乘此事例，不行禁革，反爲詐錢之計，人不知懼，益致風俗不惇，誠爲新政之累。合再通行南、北兩京巡城御史並五城兵馬司及各該巡按御史按察司分巡官，各行所屬州縣，嚴加禁約，逐門查訪。果有此等之徒，行拿到官，務要依律問罪，照例枷號，滿日發落。其所買婦女，當給主者給主。若有容留不首及容止爲姦，並開店之家，一體究問如律，照例施行。如此，則法令（照）〔昭〕明而民俗歸厚矣。

（明）戴金《明條法事類纂》卷二一《禮部類·失儀·不許諸人在於奉天門前夾道内潛坐》 弘治四年三月十一日，刑部尚書彭等題，爲辦公以全臣節事。江西清吏司案呈該本部題刑科抄出，陝西都司寧羌衛經歷鄒魯奏稱，原任江西道監察御史於本年十月初八日與同御史李燁赴内府監試，願就教職監生，因是在彼久立，一時愚昧，向〔内〕使張奉借得連椅一條，在於奉天門東姜擦裏夾道内火爐鐵門邊歇腳，潛住就出。有東廠看得，奏行鎮撫司問理。止照東廠原奏奉天門姜擦下（西）〔面〕向南坐字樣，添參臣等風憲之體全無等語。臣等亦將情乞恩認罪，法司見得臣等所奏坐處與鎮撫司原問坐處詳略不同，將奏詞立（業）〔案〕，不與分豁，仍依鎮撫司參語覆奏，致蒙降調。竊思臣（被）〔彼〕時委實在於東姜擦裡夾道内火（臚）〔爐〕鐵門邊，而對姜擦高潛住，並不曾在於奉天門姜擦下露身面向南坐。今被朦朧開作姜擦下面向南坐，又不知定坐處下落，緣奉天門臺下南北姜擦三道，在仗馬品牌之處有東西姜擦二道，在門簷滴水溝夾道下今東夾道内，是臣等潛坐去處，深隘幽隱，人所不見，自來避風潛坐歇脚者非止一人，因循有年，非一日。乞敕三司堂上官與臣辯理等因，具本。並原坐去處圖樣貼連，令義男鄒清抱賫該通政使司官奏。奉聖旨，法司知道。欽此。欽遵抄出送司，案查先准錦衣衛鎮撫司手本開稱，問得犯人鄒魯招稱任江西道監察御史，弘治四年十月初八日，該吏部引送願就教職監生員並歲貢，在於（午門裏）午門東考試，是魯與本道監察御史李燁蒙都察院箚委在彼監試。有内使張奉將茶送魯喫飲，是魯不合對伊說稱，你有凳，借條我坐。張奉就令校尉王貴將連椅一條送來與魯，不合將椅安於（在於）奉天門姜擦下，有李燁因見魯借有連椅，不合隨同到彼，與魯面向南坐等情。參照鄒魯、李燁在於天威臨近處所，面向南坐，風憲之體全無，欺心之罪莫大，事屬不敬。合將鄒魯、李燁（道）〔遣〕送法司擬罪等因，具題。節該奉聖旨，是。鄒魯、李燁擬了罪來說。欽此。欽遵條招連人開送到司，問擬鄒魯、李燁俱犯該凡舉制書（府）〔有〕所施行而違者律，減等杖九十。俱職官，照例運水和炭，完日還職。具本發大理寺審録間，又據鄒魯、李燁（奉）〔奏〕，爲乞恩認罪事。本年十月初八日赴午門前監誠願就教職監生，站立多時，一時愚昧，不合在於奉天門下東擦裏夾道中火爐前潛坐歇脚就出，有此違犯，罪當萬死等因，具本。令義男鄒清抱賫該通政使司官奏，奉聖旨，法司知道。欽此。抄出到部送司，爲照本犯已經問罪審發，將奏詞立案不行，續准大理寺勘合，該本寺官節該奉聖旨：鄒魯、李燁送免運炭，送吏部降一級調外任。欽此。欽遵備行依奉將鄒魯、李燁吏部降調外，今鄒魯又奏前因。通查案呈到部，臣等竊聞忠臣之志不爲昭昭伸節，不爲冥冥惰行，所以蘧伯玉夜行，下車過闕，孔子遇君虛位，必變色屏息。蓋敬存於中，故禮盡於外。未聞有事天廷之（惻）〔側〕可以（凼）〔幽〕隱之處而坐者也。今鄒魯纍陳承委監試，在於夾道中火爐前潛坐就出。夫雖坐不久，其爲失（體）〔禮〕則一；身雖不露，其無敬心則同。已經奏奉欽依降調訖，別無施行。但稱前項夾道内自來潛坐歇腳非止一人，因循有年，非止一日，不見指實。

合無申明以戒將來。本部欲行都察院、錦衣衛並吏部等部，今後考試等項，俱不許諸人在彼潛坐，違者一體問罪，照例發落。具題。奉聖旨：是。欽此。

《明武宗寶訓》卷二《勵俗》 正德元年六月辛酉，先是有旨：民間男女服飾並諸奢僭事，禁未盡者，禮部仍會都察院備查，議處以聞。於是尚書張昇、都御史張敷等上十三事：一、舊例：庶民居舍不得過三間五架及用斗拱彩繪。近來務爲高大，且過粉飾。除已造不動，自今仍違式者，罪之。官毀入官。一、舊制：庶民男女衣服，不許僭用金繡，首飾、耳環各用金一事，近來愈加僭侈。自今遵永樂間例，軍民僧道常服，禁用紵絲、綾羅、紗、錦，綵繡。婦女衣服、帳幔，禁用渾金。首飾、鐲釧禁用寶石。娼妓禁用金首飾、銀鐲釧。違者，罪其家長並製造工匠。一、民間範銅爲佛像，貨鬻取利。僧道化緣造佛，俱鍍金。及軍民器物僭用銷金、泥金、戧金，以故耗金甚多而其價翔貴。亦宜並禁，違者俱重罪。一、成化間例：冠婚之家，酒席從儉。近歲過豐，暴殄天物。自今臣民一切燕會，毋得用糖纏餅錠、簇盤插花粘果及舖造，造者俱重罪。一、近來民間婚嫁，競爲豐盛。帳幔、被褥僭用大紅，銷金器用，金銀緣此貧乏，宜加嚴禁，違者重治。一、近年京城軍民之家，喪事甚違禮制。初喪，扮戲唱詞，名爲伴喪。及出殯，剪製紗羅人物、幡幢之類，排列塞途，兼用鼓樂戲舞導送。及墓，陳設葷酒，飲啖至醉。又有揚幢設壇，修齋追薦，糜費銀物不可勝紀。宜並禁革。違者，喪主親賓，僧道人等各治以罪。一、天下寺、觀、庵、廟，舊額外不許私創，飾以金碧，違者罪如律，仍拆毀入官。一、古禮，士不衣狐白，況凡民乎？今後商販、吏僕、婦女、娼優皆不許輒服貂裘。一、馬之鞍轡，品級高下有等。今後商販、吏卒、軍匠、僕從、道人等，不許僭用盛飾，横行市陌。一、舊例：兩京文職四品以上及五府等管事，並內外鎮守守備公侯伯都督，不分老少，皆不許乘轎。自余軍職，若上馬用交牀，出入擡小轎者，罪之。宜申其禁。其武職有用杌上馬者，尤宜禁之。一、舊例：皇親族屬、姻黨家人往來河道，吹響器、張旗號，需索人夫、酒食、車船者，除真犯死罪外，徒罪以上，俱於所犯地方枷號一月，發邊衛充軍。若被害之人赴所在官司告訴，不即受理問斷，舉奏者各治以罪。一、軍民婦女近來用珠結盖額，謬稱纓絡。或綴衣緣履，官員之家結成補子，甚違法制。自今敢有犯者，罪坐其夫。違禁之物入官。一、舊制：官民禁用金酒爵。凡金銀、磁碇等器，禁用龍鳳紋。其椅桌、木器之類，禁用朱紅金飾。近雖軍民之家，輒踰分僭用。今後一遵定制，軍民之家，惟酒盞用銀壺。尊器及髹漆器用硃紅，用金飾者治罪。

上曰：近來風俗奢僭，漸不可長。其即出榜申禁，仍有故違者，所司緝捕究治。違式房屋之類，赦前犯者，令改正，否者並治之不宥。

黄彰健《明代律例彙編》卷一二《禮律二·儀制·合和御藥》 凡合和御藥，誤不依本方，及封題錯誤，醫人杖一百。料理揀擇不精者，杖六十。若造御膳，誤犯食禁，厨子杖一百。若飲食之物不潔淨者，杖八十。揀擇不精者，杖六十。不品嘗者，笞五十。監臨提調官，各減醫人厨子罪二等。若監臨提調官，及厨子人等，誤將雜藥至造御膳處所者，杖一百。所將雜藥，就令自喫。門官、及守衛官，失於搜檢者，與犯人同罪。並臨時奏聞區處。

嘉靖問刑條例【略】

隆慶元年陳省刊本大明律例將光祿寺買辦一款繫於儀制篇和合御藥條下，與單刻本不合。

合和御藥條，順治律有條例一款。

一、醫官就內局修制，本院官診視，調服御藥，參看校同，會近臣就內局合藥，將藥貼連名封記，具本開寫本方藥性、治症之法，於日月之下，醫官近臣書名以進。置簿曆，用尚方司印，合縫。進藥奏本既具，隨即附簿。年月下，書名，近臣收掌，以憑稽考。煎調御藥，本院官與近臣監視，二服合爲一服，俟熟，分爲二器，其一器御醫先嘗，次院判，次近臣，其一器進御。

黄彰健《明代律例彙編》卷一二《禮律二·儀制·乘輿服御物》 凡乘輿服御物，收藏修整不如法者，杖六十。進御差失者，笞四十。其車馬之屬不調習，駕馭之具不堅完者，杖八十。若主守之人，將乘輿服御物，私自借用，或轉借與人，及借之者，各杖一百，徒三年。若棄毀者，罪亦如之。遺失及誤毀者，各減三等。若御幸舟船，誤不堅固者，工匠杖一百。若不整頓修飾，及在船篙棹之屬缺少者，杖六十。並罪坐所由。監臨提調官，各減工匠罪二等。並臨時奏聞區處。

黄彰健《明代律例彙編》卷一二《禮律二·儀制·收藏禁書及私習天文》 凡私家收藏玄象器物、天文圖讖、應禁之書，及歷代帝王圖像，金玉符璽等物者，杖一百。若私習天文者，罪亦如之。並於犯人名下，追銀一十兩，給付告人充賞。

黄彰健《明代律例彙編》卷一二《禮律二·儀制·朝見留難》 凡儀禮司官，將應朝見官員人等，託故留難阻當，不即引見者，斬。大臣知而不問，與同罪。不知者不坐。

黄彰健《明代律例彙編》卷二九《工律二·營造·織造違禁龍鳳文段疋》 凡民間織造違禁龍鳳文紵絲紗羅貨賣者，杖一百，段疋入官。機户，及挑花挽花工匠，同罪。連當房家小，起發赴京，籍充局匠。

中國第一歷史檔案館《滿文老檔》天命八年五月 初九日，汗曰：初我未乘轎，諸福晉亦不乘之。齋桑古阿哥之母在時，輕慢於我，赴我家宴，來去皆乘轎，故因如此作惡致罪而死。又車爾格依之妹豪格之母，來往其父家時，乘拖床經大阿哥、阿濟格之門，也乘拖床進我之門。因其輕慢之惡行，以致獲罪，被其夫棄之。諸貝勒勿辱新弟婦，子媳等。諸弟婦、子媳亦勿似昔致罪之福晉等，侮慢長者。

《大清律例》卷七《吏律·公式·上書奏事犯諱》 律

凡上書若奏事，誤犯御名及廟諱者，杖八十，餘文書誤犯者，笞四十，若爲名字觸犯者，誤非一時，且爲人喚，杖一百。其所犯御名及廟諱，聲音相似，字樣各別，及有二字，止犯一字者，皆不坐罪。

若上書及奏事錯誤，當言原免而言不免，相反之甚。當言千石而言十石，相懸之甚。之類，有害於事者，杖六十。申六部錯誤有害於事者，笞四十，其餘衙門文書錯誤者，笞二十，若所申雖有錯誤，而文案可行，不害于事者，勿論。

《大清律例》卷一六《禮律·祭祀·毀大祀邱壇》 律

凡大祀邱壇而毀損者，不論故誤，杖一百，流二千里，壝門，減二等。杖九十，徒二年半。

若棄毀大祀神御兼太廟之物者，杖一百，徒三年，雖輕必坐，遺失及誤毀者各減三等，杖七十，徒一年半。如價值重者，以毀棄官物科。

條例

一、天地等壇内縱放牲畜作踐，及私種耤田外餘地，并奪取耤田禾把者，俱問違制，杖一百。牲畜入官，犯人枷號一個月發落。

一、八旗大臣將本旗官員職名書寫傳牌，挨次遞交。每十日責成一人會同太常寺官前往天壇嚴查，有放鷹打槍成群飲酒游戲者，即行嚴拿，交部照違制律治罪。

《大清律例》卷一七《禮律·儀制·合和御藥》 律

凡合和御藥，誤不依對癥本方，及封題錯誤，經手醫人，杖一百，料理揀擇誤不精者，杖六十。若造御膳誤犯食禁，厨子，杖一百，若飲食之物不潔淨者，杖八十，揀擇誤不精者，杖六十，御藥御膳不品嘗者，笞五十，監臨提調官，各減醫人、厨子罪二等。

若監臨提調官及厨子人等，誤將雜藥至造御膳處所者，杖一百。所將雜藥，就令自吃，御膳所厨子人等有犯，監臨提調官知而不奏者，門官及守衛官失於搜檢者，與犯人同罪，并臨時奏聞區處。

條例

一、醫官就内局修制藥餌，本院官診視，調服御藥，參看校同，會近臣就咸合藥，將藥貼連名封記，具本開寫本方藥性治癥之法，于日月之下，醫官近臣書名以進，置簿書，進藥奏本既具，隨即附簿，年月下書名，近臣收掌，以憑稽考。煎調御藥，本院官與近臣監視。二服合爲一服，俟熟分爲二器，其一器御醫先嘗，次院判，次近臣，其一器進御。

《大清律例》卷一七《禮律·儀制·乘輿服御物》 律

凡乘輿服御物，主守之人收藏修整不如法者，杖六十。進御差失者，進所不當進。笞四十，其車馬之屬不調習，駕馭之具不堅完者，杖八十。

若主守之人，將乘輿服御物私自借用，或轉借與人，及借之者，各杖一百，徒三年。若棄毀者，罪亦如之。平時怠玩不行看守，遺失及誤毀者，各減三等。

若御幸舟船誤不堅固者，工匠，杖一百。若不整頓修飾，及在船篙棹之屬缺少者，杖六十，并罪坐所由。經手造作之人，并主守之人。監臨提調官，各減工匠罪二等，并臨時奏聞區處。

《大清律例》卷一七《禮律·儀制·御賜衣物》 律

凡御賜百官衣物，使臣不行親送，轉附他人給與者，杖一百，罷職不敘。

《大清律例》卷三八《工律·營造·織造違禁龍鳳文段匹》 律

凡民間織造違禁龍鳳文紵絲、紗羅貨賣者，杖一百，段匹入官。若買而僭用者，杖一百，徒三年，未用者，笞三十。機户及挑花挽花工匠同罪。亦杖一百。

（清）吴壇《大清律例通考》卷一七《禮律·儀制·失誤朝賀》 律文

凡朝賀及迎接詔書，所司不預先告示者，笞四十。其已承告示而失誤者，罪亦如之。

謹按：此條係原律。至今仍之。

已删例文

朝賀聽詔進表入班之際，偶值雨雪，許便服行禮。

謹按：此條係《明律》舊例。順治、康熙、雍正年間律内仍之。乾隆五年館修，以雨雪便服不過偶然之事，無庸著爲定例。删。

盛京大政殿專派官兵看守，其每月朝期，如有怠惰偷安者，指名題參。

謹按：此條係雍正十三年定例。乾隆五年館修，以此條應載吏、兵二部則例，無庸入律。删。

（清）吴壇《大清律例通考》卷一七《禮律·儀制·失儀》 律文

凡（陪助）祭祀及謁拜園陵，若朝會行禮差錯及失儀者，罰俸一月。其糾儀官應糾舉而不糾者，罪同。

謹按：此條係仍原律。其律首小注二字係順治初年集入。查律内罰俸一月原係罰俸錢半月。雍正三年律例館奏准：以今無罰俸半月之例，因改爲罰俸一月，合併聲明。

第一條例文

朝參近侍病嗽者，許即退班，或一時眩暈及感疾不能侍立者，許同列官掖出。

謹按：此條係《明律》舊例。至今仍之。

第二條例文

凡壇廟祭祀及聖駕出入，並陞殿之日，派委司官及步軍校嚴加巡察，有厮役肆行喊叫、衝突、擁擠者，拏送該部杖一百，其主笞五十。尋常朝會日犯者，杖六十，其主笞三十。係官俱交該部議處。若在内執事人並大臣侍衛跟役犯者，交與該管大臣衙門治罪。

謹按：此條係康熙十九年纂呈。二十七年會議頒行。查原例内開：凡壇廟祭祀及聖駕出入，並陞殿之日，上朝官員之跟役犯肆行喊叫、爭競，將聚集官員衝突擁擠者，所犯之人係旗下，鞭一百；係民，責四十板。其主係官，交與該部罰俸三個月；係常人，鞭五十；係民，折責二十板。其平常朝會之日，官員跟役肆行喊叫爭競，將聚集官員衝突擁擠者，所犯之人係旗下，鞭六十；係民，責二十板。其主係官，交與該部罰俸一個月；係常人，鞭三十；係民，責三十板。其内里人並大臣侍衛之跟役犯此等事者，俱各交與各該管大臣衙門治罪。此等擁擠衝突之人，交與派出章京、步軍校等嚴拿等語。雍正三年律例館奏準，以字句繁冗，因删改。輯如前例。

已删例文

一、凡遇陞殿及常朝日期，會監禮之禮部司官一體查收職名。如有應行題參者，即指名題參。如該司官怠忽瞻徇，交部議處。

謹按：此條係雍正十二年定例。乾隆五年館修，以派員糾察以儆怠忽瞻徇，應載吏部處分則例。無庸入律，删。

（清）吴壇《大清律例通考》卷一七《禮律·儀制·奏對失序》 律文

凡在朝侍從官員特承顧問，官高者先行回奏，卑者以次進對。若先後失序者，各罰俸一月。

謹按：此條係仍原律。查律内罰俸一月原係罰俸錢半月。雍正三年律例館奏準改定。

（清）吴壇《大清律例通考》卷一七《禮律·儀制·服舍違式》 律文

凡官民房舍、車服、器物之類，各有等第。若違式僭用，有官者，杖一百，罷職不敘。無官者，笞五十，罪坐家長、工匠，並笞五十。違式之物，責令改正。工匠自首，免罪，不給賞。若僭用違禁龍鳳紋者，官民各杖一百，徒三年，官，罷職不叙。工匠杖一百，違禁之物並入官。首告者，官給賞銀五十兩。若工匠能自首者，免罪，一體給賞。

謹按：此條《唐律》內係舍宅車服器物，附於刑律雜犯篇中。明始改爲服舍違式，移附儀制本律。其小注係順治初年律內集入。查原律內罷職不敘句下，注有軍官降充總旗六字。又，第二節工匠杖一百下有連家小起發赴京籍充局匠十一字。雍正三年律例館奏準：以今無總旗名色，因將小注軍官降充總旗六字刪去。又以今京城無織機局匠，故又刪去律文內連家小起發赴京籍充局匠十一字。輯如前律。【略】

公原圖式：起花金帽頂，上銜紅寶石一大顆，中嵌東珠三顆；帶用圓玉版四塊，四圍金鑲，中鑲緑松子石一顆。

一品侯伯同：起花金帽頂，上銜紅寶石一大顆，中嵌東珠一顆；帶用方玉版四塊，四圍金鑲，中鑲紅寶石一顆。凡用東珠者，不得過三分。三分以上，即同違式。

二品：起花金帽頂，上銜紅寶石一大顆，中嵌小紅寶石一顆；帶用起花金圓版四塊，中鑲紅寶石一顆。

三品：起花金帽頂，上銜紅寶石一大顆，中嵌小藍寶石一顆；帶用起花金圓版四塊。

四品：起花金帽頂，上銜藍金石一大顆，中嵌小藍寶石一顆；帶用起花金圓版四塊，銀鑲邊。

五品：起花金帽頂，上銜水晶一大顆，中嵌小藍寶石一顆；帶用素金圓版四塊，銀鑲邊。

六品：起花金帽頂，上銜水晶一大顆，帶用圓玳瑁圓版四塊，銀鑲邊。

七品：起花金帽頂，中嵌小藍寶石一顆；帶用素銀圓版四塊。

八品：起花金帽頂，帶用明羊角圓版四塊，銀鑲。

九品雜職同：起花銀帽頂，帶用烏角圓版四塊，銀鑲。

舉人：金雀帽頂，高二寸；帶同八品；青袍藍邊，披領同。

生員：銀雀帽頂，高二寸；帶同九品；藍袍青邊，披領同。

外郎耆老：烏角葫蘆頂，衣及披領皆純青。雍正三年律例館奏準：以條內所載頂帶品式與現在定制不符，且補服品式未經開載，應照現行定制增改。纂爲：公侯伯俱起花金帽頂，上銜紅寶石一大顆，公，中嵌東珠四顆，侯，中嵌東珠三顆，伯，中嵌東珠二顆，帶俱用圓玉板四塊，四圍金鑲。公，中嵌猫睛一顆，侯，中嵌緑松子石一顆，伯，中嵌紅寶石一顆；俱四爪蟒補服。一品：起花金帽頂，上銜紅寶石一大顆，中嵌東珠一顆；帶用方玉板四塊，四圍金鑲，中嵌紅寶石一顆；文職，仙鶴補服，武職，麒麟補服。二品：起花金帽頂，上銜紅寶石一大顆，中嵌小紅寶石一顆；帶用起花金圓板四塊，中嵌紅寶石一顆；文職，錦雞補服，武職，獅子補服。三品：起花金帽頂，上銜紅寶石一大顆，中嵌小藍寶石一顆；帶用起花金圓板四塊；文職，孔雀補服，武職，豹補服。四品：起花金帽頂，上銜藍金石一大顆，中嵌小藍寶石一顆；帶用起花金圓板四塊，銀鑲邊；文職，雲雁補服，武職，虎補服。五品：起花金帽頂，上銜水晶一大顆，中嵌小藍寶石一顆；帶用素金圓板四塊，銀鑲邊；文職，白鷴補服，武職，熊補服。六品：起花金帽頂，上銜水晶一大顆，帶用玳瑁圓板四塊，銀鑲邊；文職，鷺鷥補服，武職，彪補服。七品：起花金帽頂，中嵌小藍寶石一顆；帶用素銀圓板四塊；文職，鸂鶒補服，武職補服與六品同。八品：起花金帽頂，帶用明羊角圓板四塊，銀鑲邊；文職，鵪鶉補服，武職，犀牛補服。九品及雜職：起花銀帽頂，帶用烏角圓版四塊，銀鑲邊；文職，練雀補服，武職，海馬補服。都察院、按察司等官，不論品級，俱獬豸補服。其朝服披肩接袖，俱許用粧緞、蟒緞。舉人：金雀頂，高二寸；帶同八品；青袍藍邊，披領同。生員：銀雀頂，高二寸；帶同九品；青袍藍邊，披領同。外郎：錫葫蘆頂，衣及披領皆純青。耆老，不用披領，餘與外郎同等語。又，雍正五年欽定例內開：都察院都事、經歷、筆帖式，按察司經歷、照磨等官，補服各照本身品級，不濫用獬豸。乾隆五年館修，將前條例內重治不宥四字，改爲照律治罪。至所開公、侯、文武各官帽頂次弟，又經雍正八年復加更定，俱應改刪。又，條內都察院、按察司等官，不論品級，俱獬豸補服之處，後條已載有各照本身品級，不濫用獬豸等語，應並爲一條，其不論品級四字，應刪。故又增改，輯如前例。

第二條例文

房舍車馬衣服等物，貴賤各有等第，上可以兼下，下不可以僭上。其父祖有官身歿，曾經斷罪者，除房舍仍許子孫居住，其餘車馬衣服等物，父祖既與無罪者有別，則子孫概不得用。

謹按：此條係仍《明律》原律改定。查原例内開：服舍、鞍馬，貴賤各有等第，上可以兼下，下不可以僭上。官員任滿、致仕與見任同。其父祖有官身沒，非犯除名不敘，子孫許居其房舍，用其衣服車馬。其御賜者及軍官軍人服色，不在禁例等語。順治、康熙年間律内仍之。雍正三年律例館奏準：以例内官員任滿、致仕與見任同，已載在吏律，此處應删。其有官房舍，本身歿後，即曾經斷罪，亦難責其子孫拆改，應仍聽居住。唯車馬、衣服等不便僭用。若御賜則係賜伊父祖者，尤不便僭用。應將其御賜者及軍官軍人服色句，一並删去。改如前例。【略】

第十二條例文

官吏軍民人等，但有服飾僭用黄紫二色及蟒龍飛魚斗牛，器皿僭用硃紅黄顔色及親王法物者，俱比照僭用龍鳳紋律擬斷，服飾器皿追收入官。

謹按：此條係前明舊例。順治初年律内採入。查例内黄紫二字，原係元黄紫三字。雍正三年律例館奏準：以元色不在禁例，因將元字删去。合併聲明。

第十三條例文

凡官民人等用線纓者，笞五十。

謹按：此條係康熙十八年議準定例。雍正三年律例館奏準附律。

第十四條例文

黄色秋香色五爪龍緞、立龍緞團補服反四爪暗蟒之四團補、八團補緞紗，官民不許穿用。其大臣官員有特賜五爪龍衣服及緞匹，無論色樣，俱許穿用。若頒賜五爪龍緞、立龍緞，挑去一爪穿用。若官員軍民人等違例濫用者，係官，革職，平人，枷號一個月、杖一百，失察官，交部議處，衣服入官。

謹按：此條係康熙十八年原例。康熙十九年纂呈，二十七年會議頒行。查原例内開：黄色、秋香色五爪龍緞、立龍緞團補服，原經禁止，官民不許穿用。應將無金四爪之四團、八團補服，緞紗及無金照品級織造補服，官民不許穿用。其挑鶴等花團補服緞紗，許照常穿用。似秋香色之香色、米色，亦應不許穿用。其大臣官員有御賜五爪衣服，許其穿用。若賞給五爪龍緞、立龍緞，俱令挑去一爪穿用。御賜緞匹，無論色樣，許其穿用。官民家下奴僕、皂隸等役，許穿用紬綾紡絲等項，狐皮、沙狐皮、貉皮、羊皮等物做帽。圍脖，許染黄鼠皮、狐皮、沙狐皮。其腰刀、靴不許鑲緑皮，腰刀撒帶、鞦轡等物，不許鑲緑皮。妻亦照丈夫穿用。違定制濫用者，仍照康熙十一年定例處分。康熙十一年違例越分穿用者，該管官查出，將越分穿用之人，若係官，交與該部革職；係旗下之人，交與該部枷號一個月，不準折贖，鞭責一百；若民，枷號一個月，不準折贖，責四十板。將越分之物入官。如有越分穿用之人，該管官不行查出，被傍人捉拿到衙門，審實，將越分穿用之物給與所拿之人，將佐領、驍騎校每事罰俸三個月，將領催不準折贖鞭責五十。其參領，如本參領内越分穿用之事犯二次，罰俸三個月。都統、副都統，本旗内犯三次，罰俸三個月。其官員軍民家下奴僕有越分穿用者，其奴之主若官，交與該部罰棒三個月；如閒人，不準折贖鞭責五十；民，責二十板。越分穿用之人係旗下之人，枷號一個月，不準折贖鞭責一百；若民，枷號一個月，責四十板。其五城屬民，將該部司坊官每事罰俸三個月；總甲不準折贖責二十板。越分穿用之事犯二次，將該城滿漢監察御史，各罰俸三個月。巡捕營兵穿用，將所管把總每事罰俸三個月；犯二次，將參將、遊擊罰俸三個月。内府佐領人越分穿用，佐領家長亦照外佐領、驍騎校治罪，領催料亦不準折贖鞭責五十。各省軍民越分穿用，該督撫、提鎮，照都統、副都統治罪；藩臬二司，道、副將、參將照參領治罪。府、州、縣官並游守等官，照佐領、驍騎校治罪。雍正三年律例館奏準：以官民穿用各款，俱按等定例，載在禮部檔案，項款繁多，今擇其應入律者載入，餘仍存部遵行。其字句太繁，亦行删敗。纂如前例。

第十五條例文

凡平時所戴暖帽，涼帽親王世子、郡王長子、貝勒、貝子、入八分公，俱用紅寶石頂，未入八分公固倫額駙、和碩額駙、民公侯伯、鎮國將軍，有碩額駙及一品大臣，俱用珊瑚頂，輔國將軍及二品官，俱用起花珊瑚頂。奉國將軍及三品官，俱用藍寶石頂及藍色明玻璃。奉恩將軍及四品官，俱用青金石頂及藍色涅玻璃。五品官，用水晶頂及白色明玻璃。六品官，用硨磲頂及白色涅玻璃。七品官，用素金頂。八品官，用起花金頂。九品官，用起花銀頂。未入流與九品同。候補候選與現任同。凡九品之讀祝、贊禮、鳴贊、序班，俱用八品起花金頂，進士、舉人、貢生俱用金頂。生員，監生平時俱用銀頂。

謹按：此條係仍雍正五年律例館奏準列入欽定例内原例改定。查原例内開：凡平時所戴暖帽、涼帽，親王世子、郡王長子、貝勒、貝子、入八分公，俱用紅寶石頂。未入八分公固倫額駙、和碩額駙、民公侯伯，鎮國將軍、和碩額駙及一品大臣，俱用珊瑚頂。輔國將軍、奉國將軍、多羅額駙、二品、三品大臣官員，俱用起花珊瑚頂。奉恩將軍、固山額駙及四品，俱用青金石頂。五品、六品，俱用水晶石頂。七品以下及進士、舉人、貢生，俱用金頂。生員、監生，俱用銀頂。候補、候選與現任同等語。乾隆五年館修，查照雍正八年定例，復加更定，因增改。纂如前例。

第十六條例文

在籍候選吏員，有僭穿補服、干謁地方官者，照違制律治罪。

謹按：此條係乾隆十年十一月内内禮部議復昇任浙江布政使潘思榘條奏定例。乾隆十一年館修入律。

第十七條例文

文武官員應用雨帽、雨衣，除二品以上仍照舊例戴用大紅外，三品亦準用大紅雨帽，四品五品六品用紅頂黑鑲邊雨帽，七品八品九品及有頂帶人員，俱用黑頂紅鑲邊雨帽。其内廷行走之員，仍照舊例不論品級，雨帽俱戴大紅。無論油帽，氊帽一色服用，如有僭用者，照違制論。

謹按：此條係乾隆三十二年五月禮部議復武英殿禮器館總裁於□等條奏定例。乾隆三十三年館修：以原議内僭用違式，並未敘入，因照舊例添照違制論一語，以便引用，纂如前例。

已删例文

一、車輿不得雕飾龍鳳紋。職官一品至三品，許用間金裝飾銀螭繡帶青幔。四品、五品，素獅頭繡帶青幔。六品至九品，用素雲頭素帶青幔。轎子比同車制。庶民車用黑油齊頭平頂皂幔；轎子比同車制，並不許用雲頭。謹按：此條係《明律》舊例。順治、康熙年間律内仍之。雍正三年館修，以今車輿裝飾之制與此不符，删。

一、督撫、提鎮相見，務遵《會典》所載儀制。倘有違例者，一同治罪。至屬員謁見上司，遇穿公服之日，止用補服，不許擅用朝衣，違者重處。

謹按：此條係雍正五年律例館奏準，列入欽定例内。乾隆五年館修，以督撫、提鎮相見儀注載在禮部，與本條服舍無涉。屬員謁見上司擅用朝衣之處，應載吏部處分則例，此條删。

一、三品以下官員，概不得僭用紅色雨衣、雨帽。違者照違制論。

謹按：此條係禮部議準定例。乾隆五年律例館奏準附律。乾隆三十三年館修，以此條舊例，删。

紀事

《史記》卷九六《張丞相列傳》〔申屠〕嘉爲人廉直，門不受私謁。是時太中大夫鄧通方隆愛幸，賞賜累巨萬。文帝嘗燕飲通家，其寵如是。是時丞相入朝，而通居上傍，有怠慢之禮。**【略】**〔嘉〕責曰：夫朝廷者，高皇帝之朝廷也。通小臣，戲殿上，大不敬，當斬。吏今行斬之！通頓首，首盡出血，不解。

《史記》卷五七《周勃世家》景帝居禁中，召條侯，賜食，獨置大胾，無切肉，又不置櫡。條侯心不平，顧謂尚席取櫡。景帝視而笑曰：此不足君所乎？條侯免冠謝。上起，條侯因趨出。景帝以目送之，曰：此怏怏者非少主臣也！居無何，條侯子爲父買工官尚方甲楯五百被可以葬者。取庸苦之，不予錢。庸知其盜買縣官器，怒而上變告子，事連汙條侯。書既聞上，上下吏。吏簿責條侯，條侯不對。景帝罵之曰：吾不用也。召詣廷尉。廷尉責曰：君侯欲反邪？亞夫曰：臣所買器，乃葬器也，何謂反邪？吏曰：君侯縱不反地上，即欲反地下耳。吏侵之益急。初，吏捕條侯，條侯欲自殺，夫人止之，以故不得死，遂入廷尉。因不食五日，嘔血而死。國除。

《漢書》卷六《武帝紀》〔武帝建元〕二年冬十月，御史大夫趙綰坐請毋奏事太皇太后，及郎中令王臧皆下獄，自殺。丞相嬰、太尉蚡免。

《史記》卷一〇三《萬石張叔列傳》〔建元年中〕其後綰卒，子信代。坐酎金失侯。【略】

〔直〕不疑卒，子相如代。孫望，坐酎金失侯。

《漢書》卷一六《高惠高后文功臣表》〔衍簡侯〕建元三年，侯不疑嗣，十年，元朔元年，坐挾詔書論，耐爲司寇。師古曰：詔書當奉持之，而挾以行，故爲罪也。

《漢書》卷一五上《王子侯表》〔棘樂侯〕元朔元年，侯慶嗣，十六年，元鼎五年，坐酎金免。

《漢書》卷一五上《王子侯表》〔土軍侯〕〔孝武元朔三年〕正月壬戌封，後更爲鉅乘侯，坐酎金免。

《漢書》卷一五上《王子侯表》〔臨河侯〕〔孝武元朔三年〕正月壬戌封，後更爲高俞侯，坐酎金免。

《漢書》卷一五上《王子侯表》〔千章侯〕〔孝武元朔三年〕正月壬戌封，後更爲夏丘侯，坐酎金免。

《漢書》卷一六《高惠高后文功臣表》〔芒侯〕侯申嗣，元朔六年，坐尚南宮公主不敬，免。師古曰：景帝女也。

《史記》卷三〇《平準書》而大農顔異誅。初，異爲濟南亭長，以廉直稍遷至九卿。上與張湯既造白鹿皮幣，問異。異曰：今王侯朝賀以蒼璧，直數千，而其皮薦反四十萬，本末不相稱。天子不説。張湯又與異有郤，及有人告異以它議，事下張湯治異。異與客語，客語初令下有不便者，異不應，微反脣。湯奏當異九卿見令不便，不入言而腹誹，論死。自是之後，有腹誹之法（以此）〔比〕，而公卿大夫多諂諛取容矣。

《漢書》卷一六《高惠高后文功臣表》〔開封愍侯〕元光五年，侯睢嗣，十八年，元狩五年，坐酎金免。

《漢書》卷一六《高惠高后文功臣表》〔斥丘懿侯〕元鼎二年，侯尊嗣，二年，坐酎金免。

《漢書》卷六《武帝紀》〔武帝元鼎五年〕九月，列侯坐獻黄金酎祭宗廟不如法奪爵者百六人，丞相趙周下獄死。樂通侯欒大坐誣罔要斬。

《漢書》卷五五《霍去病傳》後五歲，伉弟二人，陰安侯不疑、發干侯登，皆坐酎（伉）〔金〕失侯。

《漢書》卷五二《灌夫傳》孝景時，嬰嘗受遺詔，曰事不便，以便宜論上。及繫，灌夫罪至族，事日急，諸公莫敢復明言於上。嬰乃使昆弟子上書言之，幸得召見。書奏，案尚書，大行無遺詔。詔書獨臧嬰家，嬰家丞封。乃劾嬰矯先帝詔害，罪當棄市。

鄭氏曰：矯詔有害不害也。

《漢書》卷一六《高惠高后文功臣表》〔弓高壯侯〕龍頟元朔五年，四月丁未，侯譊以都尉擊匈奴得王，侯，十二年，元鼎五年，坐酎金免。

《漢書》卷一五上《王子侯表》〔博陽侯〕〔孝武元朔三年三月〕侯終古嗣，元鼎五年，坐酎金免。

《漢書》卷一五上《王子侯表》〔杜原侯〕〔孝武元朔四年〕三月乙丑封，十三年，元鼎五年，坐酎金免。

《漢書》卷一五上《王子侯表》〔高平侯〕〔孝武元朔四年〕四月甲午封，十三年，元鼎五年，坐酎金免。

《漢書》卷一五上《王子侯表》〔廣川侯〕〔孝武元朔四年〕四月甲午封，十三年，元鼎五年，坐酎金免。

《漢書》卷一五上《王子侯表》〔運平侯〕〔孝武元朔四年〕三月乙丑封，十三年，元鼎五年，坐酎金免。

《漢書》卷一五上《王子侯表》〔山州侯〕〔孝武元朔四年〕三月乙丑封，十三年，元鼎五年，坐酎金免。

《漢書》卷一五上《王子侯表》〔海常侯〕〔孝武元朔四年〕三月乙丑封，十三年，元鼎五年，坐酎金免。

《漢書》卷一六《高惠高后文功臣表》〔敬市侯〕孝景五年，侯穀嗣，四十年，元鼎五年，坐酎金免。

《漢書》卷一五上《王子侯表》〔戎丘侯〕〔孝武元朔五年〕（二）〔三〕月癸酉封，十（三）〔二〕年，元鼎五年，坐酎金免。

《漢書》卷一五上《王子侯表》〔曲成侯〕〔孝武元朔五年〕（二）〔三〕月癸酉封，十二年，元鼎五年，坐酎金免。

《漢書》卷一五上《王子侯表》〔安險侯〕〔孝武元朔五年〕三月癸酉封，十二年，元鼎五年，坐酎金免。

《漢書》卷一六《高惠高后文功臣表》〔河陵頃侯〕元光六年，侯則嗣，十七年，元鼎五年，坐酎金免。

《漢書》卷一六《高惠高后文功臣表》〔安國武侯〕元狩三年，侯定嗣，八年，元鼎五年，坐酎金免。

《漢書》卷一六《高惠高后文功臣表》〔平皋煬侯〕建元元年，侯勝嗣，二十八年，元鼎五年，坐酎金免。

《漢書》卷一六《高惠高后文功臣表》〔中水嚴侯〕元光元年，侯宜城嗣，二十二年，元鼎五年，坐酎金免。

《漢書》卷一六《高惠高后文功臣表》〔清簡侯〕元鼎四年，侯生嗣，一年，坐酎金免。

《漢書》卷一六《高惠高后文功臣表》〔高祖侯〕元狩二年，侯千秋嗣，九年，元鼎五年，坐酎金免。

《漢書》卷一六《高惠高后文功臣表》〔閼氏節侯〕孝景六年，侯平嗣，〔二〕〔三〕十九年，元鼎五年，坐酎金免。

《漢書》卷一六《高惠高后文功臣表》〔陵量侯〕孝景元年，侯冉嗣，四十四年，元鼎五年，坐酎金免。

《漢書》卷一六《高惠高后文功臣表》〔中牟共侯〕元光二年，侯舜嗣，十八年，元鼎五年，坐酎金免。

《漢書》卷一六《高惠高后文功臣表》〔臨轅堅侯〕建元四年，侯賢嗣，二十五年，元鼎五年，坐酎金免。

《漢書》卷一六《高惠高后文功臣表》〔絳侯〕〔平曲〕元朔五年，侯建德嗣，十二年，元鼎五年，坐酎金免。

《漢書》卷一六《高惠高后文功臣表》〔梁鄒侯〕元鼎四年，侯山柎嗣，一年，坐酎金免。

《漢書》卷一六《高惠高后文功臣表》〔汁防侯〕終侯桓嗣，不得年，元鼎五年，坐酎金免。

《漢書》卷一六《高惠高后文功臣表》〔陽信侯〕六世中三年，侯談嗣，三十五年，元鼎五年，坐酎金免。

《漢書》卷一五上《王子侯表》〔德哀侯〕元鼎四年，侯何嗣，五年，坐酎金免。

《漢書》卷一五上《王子侯表》〔郁根侯〕〔孝武元朔三年〕三月乙卯封，十四年，元鼎五年，坐酎金免。

《漢書》卷一五上《王子侯表》〔西昌侯〕〔孝武元朔三年〕三月乙卯封，十四年，元鼎五年，坐酎金免。

《漢書》卷一五上《王子侯表》〔陸地侯〕〔孝武元朔三年〕三月乙卯封，十四年，元鼎五年，坐酎金免。

《漢書》卷一五上《王子侯表》〔邯平侯〕〔孝武元朔三年〕三月乙卯封，十四年，元鼎五年，坐酎金免。

《漢書》卷一五上《王子侯表》〔葉平侯〕〔孝武元朔四年〕三月乙丑封，十三年，元鼎五年，坐酎金免。

《漢書》卷一五上《王子侯表》〔柳宿侯〕〔孝武〕元狩三年，侯蘇嗣，八年，元鼎五年，坐酎金免。

《漢書》卷一五上《王子侯表》〔畝安侯〕〔孝武元朔五年〕十一月辛酉封，十二年，元鼎五年，坐酎金免。

《漢書》卷一五上《王子侯表》〔廣陵侯〕〔孝武〕元狩五年，侯成嗣，六年，元鼎五年，坐酎金免。

《漢書》卷一五上《王子侯表》〔壽梁侯〕〔孝武元朔二年〕五月乙巳封，十五年，元鼎五年，坐酎金免。

《漢書》卷一五上《王子侯表》〔雷侯〕〔孝武元朔二年〕五月甲戌封，十五年，元鼎五年，坐酎金免。

《漢書》卷一五上《王子侯表》〔宜春侯〕〔孝武元光六年〕七月乙巳封，十七年，元鼎五年，坐酎金免。

《漢書》卷一五上《王子侯表》〔容陵侯〕〔孝武元光六年〕七月乙巳封，十七年，元鼎五年，坐酎金免。

《漢書》卷一五上《王子侯表》〔杏山侯〕〔孝武六年〕後九月壬戌封，十七年，元鼎五年，坐酎金免。

《漢書》卷一五上《王子侯表》〔浮丘侯〕元狩五年，侯霸嗣，六年，元鼎五年，坐酎金免。

《漢書》卷一五上《王子侯表》〔野台侯〕〔孝武元朔元年〕十二月甲辰封，十六年，元鼎五年，坐酎金免。

《漢書》卷一五上《王子侯表》〔廣戚侯〕侯始嗣，元鼎五年，坐酎金免。

《漢書》卷一五上《王子侯表》〔龍丘侯〕〔孝武元朔二年〕五月乙巳封，十五年，元鼎五年，坐酎金免。

《漢書》卷一五上《王子侯表》〔淮陵侯〕〔孝武元朔元年〕正月丁卯封，十六年，元鼎五年，坐酎金免。

《漢書》卷一五上《王子侯表》〔安道侯〕〔孝武元朔五年〕三月癸酉封，十二年，元鼎五年，坐酎金免。

《漢書》卷一五上《王子侯表》〔終弋侯〕〔孝武元朔〕六年四月丁丑封，十一年，元鼎五年，坐酎金免。

《漢書》卷一五上《王子侯表》〔麥侯〕〔孝武〕元鼎元年四月戊寅封，五年，坐酎金免。

《漢書》卷一五上《王子侯表》〔鉅合侯〕〔孝武元鼎元年〕四月戊寅封，五年，坐酎金免。

《漢書》卷一五上《王子侯表》〔昌侯〕〔孝武元鼎元年〕四月戊寅封，五年，坐酎金免。

《漢書》卷一五上《王子侯表》〔蕢侯〕〔孝武元鼎元年〕四月戊寅封，五年，坐酎金免。

《漢書》卷一五上《王子侯表》〔文成侯〕〔孝武元鼎元年〕四月戊寅封，五年，坐酎金免。

《漢書》卷一五上《王子侯表》〔挍靖侯〕〔孝武元鼎元年〕四月戊寅封，五年，坐酎金免。

《漢書》卷一五上《王子侯表》〔翟侯〕〔孝武元鼎元年〕四月戊寅封，五年，坐酎金免。

《漢書》卷一五上《王子侯表》〔鱣侯〕〔孝武元鼎元年〕四月戊寅封，五年，坐酎金免。

《漢書》卷一五上《王子侯表》〔彭侯〕〔孝武元鼎元年〕四月戊寅封，五年，坐酎金免。

《漢書》卷一五上《王子侯表》〔東淮侯〕〔孝武元鼎元年〕四月戊寅封，五年，坐酎金免。

《漢書》卷一五上《王子侯表》〔拘侯〕〔孝武元鼎元年〕四月戊寅封，五年，坐酎金免。

《漢書》卷一五上《王子侯表》〔涓侯〕〔孝武元鼎元年〕四月戊寅封，五年，坐酎金免。

《漢書》卷一五上《王子侯表》〔尉文侯〕元狩元年，侯犢嗣，十年，元鼎五年，坐酎金免。

《漢書》卷一五上《王子侯表》〔榆丘侯〕〔孝武元朔二年〕六月甲午封，十五年，元鼎五年，坐酎金免。

《漢書》卷一五上《王子侯表》〔襄嚵侯〕〔孝武元朔二年〕六月甲午封，十五年，元鼎五年，坐酎金免。

《漢書》卷一五上《王子侯表》〔將梁侯〕〔孝武元朔二年〕六月甲午封，十五年，元鼎五年，坐酎金免。

《漢書》卷一五上《王子侯表》〔薪館侯〕〔孝武元朔二年〕六月甲午封，十五年，元鼎五年，坐酎金免。

《漢書》卷一五上《王子侯表》〔陸城侯〕〔孝武元朔二年〕六月甲午封，十五年，元鼎五年，坐酎金免。

《漢書》卷一五上《王子侯表》〔辟土侯〕〔孝武元朔〕五年，侯明嗣，十二年，元鼎五年，坐酎金免。

《漢書》卷一五上《王子侯表》〔周望侯〕〔孝武〕元狩五年，侯當時嗣，六年，元鼎五年，坐酎金免。

《漢書》卷一五上《王子侯表》〔陪侯〕〔孝武〕元鼎二年，侯邑嗣，五年，坐酎金免。

《漢書》卷一五上《王子侯表》〔五據侯〕〔孝武元朔三年〕十月癸酉封，十四年，元鼎五年，坐酎金免。

《漢書》卷一五上《王子侯表》〔廣侯〕〔孝武元朔三年〕十月癸酉封，十四年，元鼎五年，坐酎金免。

《漢書》卷一五上《王子侯表》〔蓋胥侯〕〔孝武元朔三年〕十月癸酉封，十四年，元鼎五年，坐酎金免。

《漢書》卷一五上《王子侯表》〔距陽侯〕元鼎五年，侯湊嗣，坐酎金免。

《漢書》卷一五上《王子侯表》〔胡母侯〕〔孝武元朔三年〕二月癸

西封，十四年，元鼎五年，坐酎金免。

《漢書》卷一六《高惠高后文功臣表》〔嚴敬侯〕元朔二年，侯廣宗嗣，十五年，元鼎五年，坐酎金免。

《漢書》卷一六《高惠高后文功臣表》〔桃安侯〕元朔二年，侯自爲嗣，十五年，元鼎五年，坐酎金免。

《漢書》卷一六《高惠高后文功臣表》〔便頃侯〕侯千秋嗣，元鼎五年，坐酎金免。

《漢書》卷四五《江充傳》充因自請，願使匈奴。詔問其狀，充對曰：因變制宜，以敵爲師，事不可豫圖。上以充爲謁者，使匈奴還，拜爲直指繡衣使者，督三輔盜賊，禁察踰侈。貴戚近臣多奢僭，充皆舉劾，奏請没入車馬，令身待北軍擊匈奴。奏可。充即移書光禄勳中黄門，逮名近臣侍中諸當詣北軍者，移劾門衛，禁止無令得出入宫殿。於是貴戚子弟惶恐，皆見上叩頭求哀，願得入錢贖罪。上許之，令各以秩次輸錢北軍，凡數千萬。上以充忠直，奉法不阿，所言中意。

《漢書》卷一五上《王子侯表》〔南緜侯〕不得封年，征和二年，坐酎金免。

《漢書》卷七《昭帝紀》〔昭帝元鳳四年〕五月丁丑，孝文廟正殿火，上及群臣皆素服。發中二千石將五校作治，六日成。太常及廟令丞郎吏皆劾大不敬，會赦，太常轑陽侯德免爲庶人。

（宋）李昉等《太平御覽》卷八六一《飲食部·羹》《風俗通》曰：昭帝時，大官上食，羹中有髮，切中有土，令承坐不謹敬，皆論。

《漢書》卷一五上《王子侯表》〔襄隄侯〕〔孝武元鼎元年〕七月乙酉封，五十年，地節四年，坐奉酎金斤（十）〔八〕兩少四兩，免。

《史記》卷九六《張丞相列傳》〔魏相〕子嗣。後坐騎至廟，不敬，有詔奪爵一級，爲關内侯，失列侯，得食其故國邑。

（宋）洪邁《容齋四筆》卷一三《漢人坐語言獲罪》漢昭帝時，有大石自立，僵栁復起。眭孟上書，言：有從匹夫爲天子，宜求素賢人，禪以帝位而退，自封百里。霍光惡之，論以祅言惑衆，伏誅。案孟之妄發，其死宜矣。宣帝信任宦官，蓋寬疏奏封事，言：五帝官天下，三王家天下。家以傳子，官以傳賢。執金吾議以指意欲求禪，亦坐死。考其所引，亦不爲無罪。楊惲之報孫會宗書，初無甚怨怒之語，其詩曰：田彼南山，蕪穢不治，種一頃豆，落而爲萁。張晏釋以爲言朝廷荒亂，百官諂諛。可謂穿鑿。而廷尉當以大逆無道，刑及妻子。予熟味其詞，獨有所謂君父至尊，親送其終也，有時而旣。蓋宣帝惡其君喪送終之喻耳。莊助論汲黯輔少主守成，武帝不怒，實係於一時禍福云。賈誼劉向談説痛切無忌諱，文成二帝未嘗問焉，隨筆紀之矣。

《漢書》卷一五上《王子侯表》〔朝節侯〕侯固城嗣，五鳳四年，坐酎金少四兩免。

（宋）洪邁《容齋隨筆》卷一一《漢誹謗法》漢宣帝詔羣臣議武帝廟樂，夏侯勝曰：武帝竭民財力，奢泰亡度，天下虛耗，百姓流離，赤地數千里，亡德澤於民，不宜爲立廟樂。於是丞相御史劾奏勝非議詔書，毁先帝，不道，遂下獄繫，再更冬，會赦乃得免。章帝時，孔僖崔駰遊太學，相與論武帝始爲天子，崇信聖道，及後恣已，忘其前善。爲鄰房生告其誹謗先帝，刺譏當世，下吏受訊，僖以書自訟，乃勿問。元帝時，賈捐之論珠厓事曰：武帝籍兵厲馬，攘服夷狄，天下斷獄萬數，寇賊並起，軍旅數發，父戰死於前，子鬬傷於後，女子乘亭障，孤兒號於道，老母寡婦飲泣巷哭，是皆廓地泰大征伐不休之故也。考三人所指武帝之失，捐之言最切，而三帝或罪或否，豈非夏侯非議詔書，僖駰誹謗，皆漢法所禁，如捐之直指其事，則在所不問乎？

《漢書》卷九八《元后傳》初，成都侯商嘗病，欲避暑，從上借明光宫，後又穿長安城，引内澧水注第中大陂以行船，立羽蓋，張周帷，輯濯越歌。上幸商第，見穿城引水，意恨，内銜之，未言。後微行出，過曲陽侯第，又見園中土山漸臺似類白虎殿。於是上怒，以讓車騎將軍音。商、根兄弟欲自黥劓謝太后。上聞之大怒，乃使尚書責問司隸校尉、京兆尹：知成都侯商擅穿帝城，決引澧水，曲陽侯根驕奢僭上，赤墀青瑣，紅陽侯立父子臧匿姦猾亡命，賓客爲群盜，司隸、京兆皆阿縱不舉奏正法。二人頓首省户下。又賜車騎將軍音策書曰：外家何甘樂禍敗，而欲自黥劓，相戮辱於太后前，傷慈母之心，以危亂國！外家宗族彊，上一身寖弱日久，今將一施之。君其召諸侯，令待府舍。是日，詔尚書奏文帝時誅將軍薄昭故事。車騎將軍音藉稾請罪，商、立、根皆負斧質謝。上不忍誅，然後得已。

《漢書》卷七〇《陳湯傳》 東萊郡黑龍冬出，人以問湯，湯曰：是所謂玄門開。微行數出，出入不時，故龍以非時出也。又言當復發徙，傳相語者十餘人。丞相御史奏：湯惑衆不道，妄稱詐歸異於上，非所宜言，大不敬。廷尉增壽議，以爲：不道無正法，以所犯劇易爲罪，臣下（丞）〔承〕用失其中，故移獄廷尉，無比者先以聞，所以正刑罰，重人命也。明主哀憫百姓，下制書罷昌陵勿徙吏民，已申布。湯妄以意相謂且復發徙，雖頗驚動，所流行者少，百姓不爲變，不可謂惑衆。湯稱詐，虚設不然之事，非所宜言，大不敬也。制曰：廷尉增壽當是。湯前有討郅支單于功，其免湯爲庶人，徙邊。又曰：故將作大匠萬年佞邪不忠，妄爲巧詐，多賦斂，煩繇役，興卒暴之作，卒徒蒙辜，死者連屬，毒流衆庶，海内怨望。雖蒙赦令，不宜居京師。於是湯與萬年俱徙敦煌。

《漢書》卷八三《薛宣傳》 久之，哀帝初即位，博士申咸給事中，亦東海人也，毁宣不供養行喪服，薄於骨肉，前以不忠孝免，不宜復列封侯在朝省。宣子况爲右曹侍郎，數聞其語，賕客楊明，欲令創咸面目，使不居位。會司隸缺，况恐咸爲之，遂令明遮斫咸宫門外，斷鼻脣，身八創。

事下有司，御史中丞衆等奏：况朝臣，父故宰相，再封列侯，不相敕丞化，而骨肉相疑，疑咸受修言以謗毁宣。咸所言皆宣行迹，衆人所共見，公家所宜聞。况知咸給事中，恐爲司隸舉奏宣，而公令明等迫切宫闕，要遮創戮近臣於大道人衆中，欲以鬲塞聰明，杜絶論議之端。桀黠無所畏忌，萬衆讙嘩，流聞四方，不與凡民忿怒爭鬭者同。臣聞敬近臣，爲近主也。禮，下公門，式路馬，君畜産且猶敬之。《春秋》之義，意惡功遂，不免於誅，上浸之源不可長也，况首爲惡，明手傷，功意俱惡，皆大不敬。明當以重論，及况皆棄市。廷尉直以爲：律曰鬭以刃傷人，完爲城旦，其賊加罪一等，與謀者同罪。詔書無以詆欺成罪。傳曰：遇人不以義而見疻者，與痏人之罪鈞，惡不直也。咸厚善修，而數稱宣惡，流聞不誼，不可謂直。况以故傷咸，計謀已定，後聞置司隸，因前謀而趣明，非以恐咸爲司隸故造謀也。本爭私變，雖於掖門外傷咸道中，與凡民爭鬭無異。殺人者死，傷人者刑，古今之通道，三代所不易也。孔子曰：必也正名。名不正，則至於刑罰不中；刑罰不中，而民無所錯手足。今以况爲首惡，明手傷爲大不敬，公私無差。《春秋》之義，原心定罪。原况以父見謗發忿怒，無它大惡。加詆欺，輯小過成大辟，陷死刑，違明詔，恐非法意，不可施行。聖王不以怒增刑。明當以賊傷人不直，况與謀者皆爵减完爲城旦。上以問公卿議臣。丞相孔光、大司空師丹以中丞議是，自將軍以下至博士議郎皆是廷尉。况竟减罪一等，徙敦煌。宣坐免爲庶人，歸故郡，卒於家。

《漢書》卷七二《鮑宣傳》 丞相孔光四時行園陵，官屬以令行馳道中，宣出逢之，使吏鉤止丞相掾史，没入其車馬，摧辱宰相。事下御史中丞，侍御史至司隸官，欲捕從事，閉門不肯内。宣坐距閉使者，亡人臣禮，大不敬，不道，下廷尉獄。博士弟子濟南王咸舉幡太學下，曰：欲救鮑司隸者會此下。諸生會者千餘人。朝日，遮丞相孔光自言，丞相車不得行，又守闕上書。上遂抵宣罪减死一等，髡鉗。

《漢書》卷一五上《王子侯表》 〔參𨟻侯〕不得封年，坐酎金免。

（漢）王符《潛夫論》卷三《浮侈》 明帝時桑民摐陽侯坐冢過制，髡削。

《後漢書》卷五《孝安帝紀》 〔建光元年四月〕甲子，樂成王萇有罪，廢爲臨湖侯。《續漢書》曰：坐輕慢不孝，故貶。

（宋）李昉等《太平御覽》卷三四七《兵部·弓》 〔謝承《後漢書》曰〕天子之弓，當戴之於首上，何敢置地，大不敬，即收虎賁付獄置罪。

《三國志》卷二《魏志·文帝紀》 〔黄初五年〕十二月，詔曰：先王制禮，所以昭孝事祖，大則郊社，其次宗廟，三辰五行，名山大川，非此族也，不在祀典。叔世衰亂，崇信巫史，至乃宫殿之内，户牖之間，無不沃酹，甚矣其惑也。自今，其敢設非祀之祭，巫祝之言，皆以執左道論，著于令典。

《三國志》卷二一《魏志·劉楨傳》 楨以不敬被刑，刑竟署吏。《典略》曰：其後太子嘗請諸文學，酒酣坐歡，命夫人甄氏出拜。坐中衆人咸伏，而楨獨平視。太祖聞之，乃收楨，减死輸作。

《三國志》卷四八《吴志·王嗣主傳》 〔天紀三年〕初，皓每宴會群臣，無不咸令沈醉。置黄門郎十人，特不與酒，侍立終日，爲司過之吏。宴罷之後，各奏其闕失，迕視之咎，謬言之愆，罔有不舉。大者即加威刑，小者輒以爲罪。

《南史》卷一九《謝超宗傳》爲人恃才使酒，多所陵忽，在直省常醉。上召見，語及北方事，超宗曰：虜動來二十年矣，佛出亦無如之何。以失儀出爲南郡王中軍司馬。人問曰：承有朝命，定是何府？超宗怨望，答曰：不知是司馬，爲是司驢；既是驢府，政應爲司驢。爲有司奏，以怨望免，禁錮十年。

《南齊書》卷三二《王延之傳》武帝幸琅邪城，侍中王倫之與光禄大夫全景文等二十一人坐不參承，爲有司所奏，詔倫之親爲陪侍之職，而同外惰慢，免官。景文等贖論。

《南齊書》卷二七《王玄載傳》從弟玄謨子瞻，宋明帝世爲黄門郎，素輕世祖。世祖時在大牀寢，瞻謂豫章王曰：帳中物亦復隨人寢興。世祖銜之，未嘗形色。建元元年，爲冠軍將軍、永嘉太守，詣闕跪拜不如儀，爲守寺所列。有司以啓世祖，世祖召瞻入東宫，仍送付廷尉殺之。遣左右口啓上曰：父辱子死，王瞻傲慢朝廷，臣輒以收治。太祖曰：語郎，此何足計！既聞瞻已死，乃默無言。

《梁書》卷一六《王亮傳》天監二年，轉左光禄大夫，侍中、中軍如故。元日朝會萬國，亮辭疾不登殿，設饌别省，而語笑自若。數日，詔公卿問訊，亮無疾色，御史中丞樂藹奏大不敬，論棄市刑。詔削爵廢爲庶人。

《梁書》卷一四《江淹傳》時明帝作相，因謂淹曰：君昔在尚書中，非公事不妄行，在官寬猛能折衷；今爲南司，足以震肅百僚。淹答曰：今日之事，可謂當官而行，更恐才劣志薄，不足以仰稱明旨耳。於是彈中書令謝朏，司徒左長史王繢，護軍長史庾弘遠，並以久疾不預山陵公事；又奏前益州刺史劉悛、梁州刺史陰智伯，並贓貨巨萬，輒收付廷尉治罪。臨海太守沈昭略，永嘉太守庾曇隆，及諸郡二千石並大縣官長，多被劾治，内外肅然。明帝謂淹曰：宋世以來，不復有嚴明中丞，君今日可謂近世獨步。

《南史》卷六六《章昭達傳》宣帝即位，進號車騎大將軍，以還朝遲留，爲有司所劾，降號車騎將軍。

《南史》卷六五《武陵王伯禮傳》武陵王伯禮字用之，文帝第十子。天嘉六年立。太建初，爲吴興太守。在郡恣行暴掠，後爲有司所劾。十一年，被代徵還，遂遷延不發，爲御史中丞徐君整所劾，免。

《南史》卷六五《南康王方泰傳》〔太建〕十一年，起爲寧遠將軍，直殿省。尋加散騎常侍。其年八月，宣帝幸大壯觀，因大閲武。命都督任忠領步騎十萬，陣於玄武湖，都督陳景領樓艦五百出於瓜步江。上登玄武門觀，宴群臣以觀之。因幸樂游苑，設絲竹會。仍重幸大壯觀，集衆軍，振旅而還。時方泰當從，啓稱所生母疾，不行。因與亡命楊鍾期等二十人微行往人間，淫淳于岑妻，爲州長流所録。又率人仗抗拒，傷損禁司，爲有司所奏。上大怒，下方泰獄。方泰初承行淫，不承拒格禁司。上曰：不承則上測。方泰乃投列承引。於是兼御史中丞徐君整奏請解方泰所居官，下宗正削爵土，上可其奏。

《南史》卷六八《陸山才傳》累遷度支尚書，坐侍宴與蔡景歷言語過差，爲有司所奏，免官。

《魏書》卷一一一《刑罰志》高宗初，仍遵舊式。太安四年，始設酒禁。是時年穀屢登，士民多因酒致酗訟，或議主政。帝惡其若此，故一切禁之。釀沽飲皆斬之，吉凶賓親，則開禁，有日程。置内外候官，伺察諸曹外部州鎮。至有微服雜亂府寺間，以求百官疵失，其所窮治有司，苦外訊惻，而多相誣逮，輒劾以不敬。

《魏書》卷七七《辛雄傳》元匡復欲輿棺諫諍，尚書令任城王澄劾匡大不敬，詔恕死爲民。

《北史》卷八〇《閭毗傳》後員與伯夫子禽可共爲飛書，誣謗朝政。事發，有司執憲，刑及五族。孝文以昭太后故，罪止一門。新年老，赦免歸家，恕其孫一人扶養之，給奴婢田宅。其家僮入者百人，金錦布帛數萬計，賜尚書以下宿衛以上。其女壻及親從在朝，皆免官歸本鄉。十一年，孝文、文明太后以昭太后故，悉出其家前後没入婦女，以喜子振試守正平郡，卒。

《北齊書》卷一《神武帝紀》舍人元士弼又奏神武受敕大不敬。

《隋書》卷二五《刑法志》帝以年齡晚暮，尤崇尚佛道，又素信鬼神。二十年，詔沙門道士壞佛像天尊，百姓壞岳瀆神像，皆以惡逆論。帝猜忌，二朝臣僚，用法尤峻。御史監師，於元正日不劾武官衣劍之不齊者，或以白帝，帝謂之曰：爾爲御史，何縱捨自由。命殺之。諫議大夫毛思祖諫，又殺之。

《隋書》卷六五《吐萬緒傳》　時劉元進作亂江南，以兵攻潤州，帝徵緒討之。緒率衆至揚子津，元進自茅浦將渡江，緒勒兵擊走。緒因濟江，背水爲柵。明旦，元進來攻，又大挫之，賊解潤州圍而去。緒進屯曲阿，元進復結柵拒。緒挑之，元進出戰，陣未整，緒以騎突之，賊衆遂潰，赴江水而死者數萬。元進挺身夜遁，歸保其壘。僞署僕射朱燮、管崇等屯於毗陵，連營百餘里。緒乘勢進擊，復破之，賊退保黃山。緒進軍圍之，賊窮蹙請降，元進、朱燮僅以身免。於陣斬管崇及其將軍陸顗等五千餘人，收其子女三萬餘口，送江都宫。進解會稽圍。元進復據建安，帝令進討之，緒以士卒疲敝，請息甲待至來春。帝不悦，密令求緒罪失，有司奏緒怯懦違詔，於是除名爲民，配防建安。尋有詔徵詣行在所，緒鬱鬱不得志，還至永嘉，發疾而卒。

（唐）杜佑《通典》卷一七〇《刑法・寬恕》　〔貞觀元年〕殿中監盧寬持私藥入尚食厨，所司議當重刑。上曰：祇是錯誤不解。遂赦之。

（唐）王方慶《魏鄭公諫録》卷一《諫決王文楷杖》　裴寂坐事免，放歸鄉宅。寂表乞住京師，久而不去。太宗大怒，長安令王文楷坐不發遣，令笞三十。公進諫曰：裴寂所爲事合萬死，令陛下念其舊功，不置於法，唯解其官，止削半封，合流之人尚自給假，况寂放還鄉宅。古人云：進人以禮，退人以禮。臣愚以爲，文楷識陛下恩貸，見寂是大臣，不時蹙逼，論其此情，未合得罪。太宗曰：朕令寂拜埽，豈非禮邪！乃釋文楷不問。

（唐）王方慶《魏鄭公諫録》卷四《對加藺謨罪》　太宗與大將軍藺謨語，謨不對，太宗怒而繫之，後知其聾，乃釋不問，謂侍臣曰：我昨發怒藺謨，若遂加其罪，豈不枉濫。公對曰：古者帝王多因喜怒遂濫其賞罰。今陛下思怒藺謨，遂能却更思省，若此心不移，四海之福。

《新唐書》卷一一五《狄仁傑傳》　左威衛大將軍權善才、右監門中郎將范懷義坐誤斧昭陵柏，罪當免，高宗詔誅之。仁傑奏不應死，帝怒曰：是使我爲不孝子，必殺之。仁傑曰：漢有盗高廟玉環，文帝欲當之族，張釋之廷諍曰：，假令取長陵一抔土，何以加其法？，於是罪止棄市。陛下之法在象魏，固有差等。犯不至死而致之死，何哉？今誤伐一柏，殺二臣，後世謂陛下爲何如主？帝意解，遂免死。數日，授侍御史。左司郎中王本立怙寵自肆，仁傑劾奏其惡，有詔原之。仁傑曰：朝廷借乏賢，如本立者不尠。陛下惜有罪，虧成法，奈何？臣願先斥，爲群臣戒。本立抵罪。繇是朝廷肅然。使岐州，亡卒數百剽行人，道不通。官捕繫盗黨窮訊，而餘曹紛紛不能制。仁傑曰：是其計窮，且爲患。乃明開首原格，出繫者，稟而縱之，使相曉，皆自縛歸。帝嘆其達權宜。

《新唐書》卷一一七《劉禕之傳》　垂拱中，或告禕之受歸誠州都督孫萬榮金，與許敬宗妾私通，太后遣肅州刺史王本立鞫治，以敕示禕之，禕之曰：不經鳳閣鸞臺，何謂之敕！后以爲拒制使，賜死于家，年五十七。

（宋）鄭克《折獄龜鑑》卷四《議罪・柳渾》　唐柳渾，相德宗。玉工爲帝作帶，誤毁一銙，工不敢聞，私市他玉足之。及獻，帝識不類，擿之，工人服罪，帝怒其欺，詔京兆府論死。渾曰：陛下遽殺之則已，若委有司，須詳讞乃可，於法誤傷乘輿器服，罪當杖，請論如律。由是工不死。出《唐書・柳渾傳》。

按：誤傷之法，罪止於是，若使深文者議之，則必坐以罔上不恭之刑矣，《舜典》曰：宥過無大。玉工非敢爲欺者，乃誤毁而備償耳，實在可宥之科。

《新唐書》卷八〇《李道古傳》　帝喜服餌，道古欲自媚，而所善柳泌自謂能化金爲不死藥，乃因宰相皇甫鎛以聞，俄會帝崩。穆宗爲太子，惡之，既立，誅泌，貶鎛，斥道古爲循州司馬。終以服丹歐血死。長慶初，詔還其官。道古巧于宦，便佞傾下，游公卿間，常與弈博，僞不勝，厚進所償，嗜利者多得其懽心，故少盗美名。及死，賣宅以葬。

《新唐書》卷一一八《李渤傳》　五坊卒夜鬭，傷縣人，鄠令崔發怒，敕吏捕捽，其一，中人也，釋之。帝大怒，收發送御史獄。會大赦，改元，發以囚坐鷄竿下，俄而中人數十持梃亂擊，發敗面折齒，幾死，吏哀請乃去。既而囚皆釋，而發不得原。渤上疏曰：縣令曳辱中人，中人毆御囚，其罪一也。然令罪在赦前，而中人在赦後，不寘于法，臣恐四夷聞之，慢倍之心生矣。渤又誦言：前神策軍在幔城，簒京兆進食牙盤，不時治，致宦人益横。帝以問左右，皆曰無之。帝謂渤有黨，出爲桂管觀察使。它日，宰相李逢吉等見帝曰：發暴中人誠不敬，然其母故宰相韋貫之姊，年八十，憂發成疾。陛下方孝治，宜少挺之。帝惻然曰：比諫官但言發枉，未嘗道此。即遣使送發於家，且撫尉其母。韋拜詔，泣對使者杖發四十。猶奪其官。至文宗，乃用發爲懷州長史。

《舊唐書》卷一七《文宗本紀》〔太和八年十一月〕己卯，幽州節度使楊志誠被逐入朝，下御史臺訊鞫。志誠在幽州，被服皆爲龍鳳，乃流之嶺外，至商州殺之。

（唐）杜牧《樊川文集》卷二〇《郎前守景陵臺令》　上柱國姜閔等盗逆無狀，輒犯陵寢，侵攘法物，聞之震驚，爾等官業在於守奉懈怠，所政是誰之過，言於末減，朕不敢議。各宜佐官用正典刑可依前件，仍並馳驛發遣。

《舊唐書》卷一七七《劉瞻傳》〔咸通〕十一年八月，同昌公主薨，懿宗尤嗟惜之。以翰林醫官韓宗召、康仲殷等用藥無效，收之下獄。兩家宗族，枝蔓盡捕三百餘人，狴牢皆滿。瞻召諫官令上疏，無敢極言。瞻自上疏曰：

臣聞修短之期，人之定分。賢愚共一，今古攸同。喬松蕣花，禀氣各異。至如錢鏗壽考，不因有智而延齡；顔子早亡，不爲不賢而促壽。此皆含靈禀氣，修短自然之理也。一昨同昌公主久嬰危疾，深軫聖慈。醫藥無徵，幽明遽隔。陛下過鍾宸愛，痛切追思，爰責醫工，令從嚴憲。然韓宗召等因緣藝術，備荷寵榮，想於診候之時，無不盡其方術。亦欲病如沃雪，藥暫通神，其奈禍福難移，竟成差跌。原其情狀，亦可哀矜。而差悮之愆，死未塞責。自陛下雷霆一怒，朝野震驚，因九族於狴牢，因兩人之藥誤。老幼械繫三百餘人，咸云：宗召荷恩之日，寸禄不霑，進藥之時，又不同議。此乃禍從天降，罪匪己爲。物議沸騰，道路嗟嘆。

陛下以寬仁厚德，御宇十年，四海萬邦，咸歌聖政。何事遽移前志，頓易初心。以達理知命之君，涉肆暴不明之謗。且殉宫女而違道，因平人而結冤，此皆陛下安不思危，忿不顧難者也。陛下信崇釋典，留意生天，大要不過喜捨慈悲，方便布施，不生惡念，所謂福田。則業累盡消，往生忉利，比居濁惡，未可同年。伏望陛下盡釋繫囚，易怒爲喜，虔奉空王之教，以資愛主之靈。中外臣僚，同深懇激。

帝閲疏大怒，即日罷瞻相位，檢校刑部尚書、同平章事、江陵尹，充荆南節度等使。再貶康州刺史，量移虢州刺史。入朝爲太子賓客分司。翰林學士户部侍郎鄭畋、右諫議大夫高湘、比部郎中知制誥楊知至、禮部郎中魏簹、兵部員外張顔、刑部員外崔彦融、御史中丞孫瑝等，皆坐瞻親善貶逐。京兆尹温璋仰藥而卒。

《舊唐書》卷一九《懿宗本紀》〔咸通十三年五月〕辛未，敕檢校尚書左僕射、守左羽林軍統軍、御史大夫張直方貶康州司馬同正，以其部下爲盗故也。乙亥，國子司業韋殷裕於閤門進狀，論淑妃弟郭敬述陰事。上怒甚，即日下京兆府決殺殷裕，籍没其家。殷裕妻崔氏，音聲人鄭羽客、王燕客，婢微娘、紅子等九人配入掖庭。閤門使田獻銛奪紫，配於橋陵，閤門司閤敬直決十五，配南衙，爲受殷裕文狀故也。給事中杜裔休貶端州司馬。中書舍人崔沆循州司户，殷裕妻兄也；太僕少卿崔元應州司户，殷裕妻父也；前河陰院官韋君卿爲愛州崇平尉，殷裕季父也。

（宋）李昉等《文苑英華》卷五〇四《歲時門・元日奏事上殿不脱劔履判》　土惟三分，爵有五等，懋勲庸而賜禄，加道德以授封，故鄭伯號公旌於周日，酇侯曲逆，表乎漢代。咸以胥寧帝道，宣翼王室。上殿而劔履不脱，立朝而贊拜不名，貴之與尊，粲然明矣。景也三朝上壽，百辟齊列，敷奏昌言，對揚休命，遠叶蕭何之軌，復同子孟之躅，若三台是職，雅符周典，如一命纔登，須遵漢律。【略】

同前　崔寓

一人垂拱，百官象物，典禮不易，威儀孔昭，屬三朝會同，萬國咸造，列辟勿褻，天威不違。彼景何斯。伏奏兹日，若良夫之傲禮，且不釋劔，異尚書之寵光，徒聞曳履，尊於朝聘，雖古代之有文，失於敬守，乃今日之無憯，一作愧必也位崇蕭霍，榮極縉紳，民具爾瞻，備周官之九命，馬錫蕃庶，類康侯之三接，不可議罪，終然允臧。

同前　揚陵

履端於始，且正班爵之儀，明試以言，是陳敷奏之議，觀其所會，萬國來同，相彼多士，百寮咸列。朝有著定，失位有愆，國明彝倫，千進斯罰。景以策名聖代，忝跡周行，初伏奏於青蒲，遂來陞於丹陛，舍車闕下，升坐其幕，帶劍君前，旋棄常禮，儻王有錫命，同蕭何之寵章，人多大功，類霍光之舊制，既不多於紀律，固難措於典刑，罪疑於人，宜竭兩端之問，劾須當理，方議片言之折。

《宋史》卷二六二《邊歸讜傳》　顯德三年冬，大宴廣德殿，歸讜酒酣，揚袂言曰：至於一杯而已。世宗命黄門扶出之。歸讜回顧曰：陛下何不決殺趙守微。守微者，本村民，因獻策擢拾遺，有妻復娶，又言涉指斥，坐決杖配流，故歸讜語及之。

（宋）馬令《南唐書》卷一九《誅死傳》　潘佑散騎常侍處常之子，氣宇孤峻，閉門讀書，不營貲産，文章贍逸，尤敏於論議。時譽藹然，中書舍人陳喬戶部侍郎韓熙載薦之，以秘書省正字釋褐，俄直崇文舘，輔後主於東宫，後主即位，遷虞部員外郎，史舘脩撰。後主納后，歷代夂無其禮，開元禮亦多闕，博士陳致雍習知沿革，隨事補正。後主使徐鉉與佑叅議，佑立論以沮之，文彩可觀。後主奇其議，頗見施用，由是恩寵日洽，改知制誥，明年，居中用事，極論時政，無所廻避。後主手劄敦喻，佑七表不止，因請休官遠去。乃徙佑專知國史，悉罷其職，時江南衰削，國步多艱，佑所上諫疏，有家國陰陰，如日將暮之辭，後主惡之。又其所薦黜，與時輩不協，因誣以他事劾佑，佑自剄，母及妻子徙饒州。佑自言其母方娠，夢古衣冠人告曰：我顔延之也，與夫人爲子，及生，七歲始能語，曰：兒悞傷白龍，爲上帝所罰也。因吟詩曰：只因騎折玉龍腰，謫在人間三十六，至是果以三十六歲卒。

《宋史》卷四七〇《佞幸傳・侯莫陳利用》　侯莫陳利用，益州成都人，幼得變幻之術。太平興國初，賣藥京師，言黄白事以惑人。樞密承旨陳從信白於太宗，即日召見，試其術頗驗，即授殿直，累遷崇儀副使。雍熙二年，改右監門衛將軍，領應州刺史。三年，諸將北征，以利用與王侁並爲并州駐泊都監，擢單州刺史。四年，遷鄭州團練使。前後賜與甚渥，依附者頗獲進用，遂横恣無復畏憚。其居處服玩皆僭乘輿，人畏之不敢言。

會趙普再入中書，廉知殺人及諸不法，盡奏之。太宗遣近臣案得姦狀，欲貸其死，普固請曰：陛下不誅，是亂天下法。法可惜，此何足惜哉！遂下詔除名，配商州禁錮。初籍其家，俄詔還之。

趙普恐其復用，因殿中丞竇諲嘗監鄭州榷酤，知利用每獨南向坐以接京使，犀玉帶用紅黃羅袋；澶州黃河清，鄭州用爲詩題試舉人，利用判試官狀，言甚不遜。召諲至中書詰實，令上疏告之。又京西轉運副使宋沆籍利用家，得書數紙，言皆指斥切害，悉以進上。太宗怒，令中使爨殺之，已而復遣使貸其死，乘疾置至新安，馬旋濘而踣，出濘換馬，比追及之，已爲前使誅矣。

《宋史》卷九《仁宗本紀》〔乾興元年六月〕庚申，入内内侍省押班雷允恭坐擅移皇堂伏誅。

《宋史》卷三一一《吕夷簡傳》　仁宗即位，進右諫議大夫。雷允恭擅徙永定陵地，夷簡與魯宗道驗治，允恭誅，以給事中參知政事，因請以祥符天書内之方中。

《宋史》卷三一九《劉敞傳》　召糾察在京刑獄。營卒桑達等醉鬥，指斥乘輿。皇城使捕送開封，棄達市。敞移府，問何以不經審訊。府報曰：近例，凡聖旨及中書、樞密所鞫獄，皆不慮問。敞奏請一準近格，樞密院不肯行，敞力争之，詔以其章下府，著爲令。

（宋）陳次升《讜論集》卷四《奏彈内侍裴彦臣第一》　臣竊惟人之無禮於君者臣子惡之，如鷹鸇之逐鳥雀，況身居言責豈可默乎。臣訪聞今月十三日，御藥閤守懃在御前呈進文字，内臣裴彦臣對君上用手敲守懃幞頭，高聲道：莫錯斬人，莫錯斬人。顯是不敬，無人臣之禮，罪不可赦，安可置而不問。陛下縱不以身之安危為念，其如社稷何？其如天下何？其如公議何？昔漢唐之間，閹官秉國柄制國命者，其始於陵慢，其終至於跋扈而不可制。今日彦臣悖悍如此，豈可忽之而不慮後日之患乎？伏望聖慈特出睿斷，明正典刑以為宫禁之戒，取進止。

（宋）陳次升《讜論集》卷四《奏彈内侍裴彦臣第二》　臣伏見本臺今月十四日，據御藥閤守懃狀，論内臣裴彦臣對君上高聲等事，已具申奏乞行根治，未聞施行者，竊以宫殿之事理當恭肅，敢有聲徹御所者在法不容，況對君上高聲肆忿而無人臣之禮者乎。夫人主之尊如堂，堂高則難攀，卑則易陵，彦臣果於陛下之前如守懃所陳，顯屬不敬而有陵上之心。若不明正典刑以懲其惡，益無畏憚，何所為而不可。《易》曰：履霜堅冰至。蓋言漸也。《詩》曰：肇允彼桃虫，拚飛維鳥。言事起於至微，儻不防閑及其成也，終至於不可制。陛下當以古人之言為戒，社稷之重為念，除惡於未萌，消患於未然，毋使滋蔓以至於難圖，後悔無及矣。伏望聖慈特降守懃狀詞，付有司考究虛實，因依施行，取進止。

（宋）陳次升《讜論集》卷四《奏彈内侍裴彦臣第三》 臣伏見内臣裴彦臣近者對陛下喧争，無人臣之禮，原其罪犯宜有顯戮。陛下至仁天覆，不忍加誅，止追五官勒停，送峽州羈管，物議尚謂失之太輕。今尚在途未達貶所，又有放令逐便指揮，頗駭羣德，況除奸去惡在於必果，朝命既下要在必行。今彦臣陵慢無禮，罪宜用誅，方行竄逐，又令逐便，反覆如此，何以示信？伏望聖慈且依元降指揮羈管彦臣，庶彰命令之必信，亦所以彈壓奸兇，取進止。

（宋）陳次升《讜論集》卷四《奏彈内侍裴彦臣第四》 臣先彈奏裴彦臣羈管峽州，未到貶所放令逐便事未蒙施行，本臺今准尚書刑部牒，羈管在外内侍裴彦臣。近因皇太后服藥德音，放令逐便檢會。紹聖三年秋頒令節文，諸赦書許移編管，羈管人在京委所屬開封府步軍司，在外委諸州當職官。自赦書到後，除元係命官奏裁外，餘並取索犯由依條移放。竊惟國家法令所以示信於天下，元符三年十二月十六日德音即無許移放編管羈管人之文，乃引用放令彦臣逐便未應上條，何以示信？況彦臣對君父悖悍無禮，涉大不敬，情犯深重，不可以恕。尚未到貶所，豈宜釋放？兼臣先論奏，彦臣之子裴誼，不可令給事内庭，如未施行，亦乞一就發遣出外。伏望聖慈檢會臣前奏，早降指揮，取進止。

（明）吴訥《棠陰比事續編·安惇忮心》 安惇由成都教授擢監察御史，章惇、蔡卞造同文謗獄，使惇與蔡京雜治，肆其忮心。上言司馬光、劉摯、梁燾等交通陳衍，以變成法。懼一日親政，有欺君之誅，密爲傾摇之計，死有餘責。乃誅衍及禁錮摯等子孫，又鞫鄒浩事，檄廣東使者鍾正甫攝治於新州，士大夫或千里赴蹥，蹇序辰初，議閲訴理書牘，被禍者七八百人，天下怨疾，爲二蔡、二惇之謠。徽宗惡之，出知澤州，尋放歸田里。蔡京爲相，復同知樞密院，死。長子郊後坐指斥，被誅，追貶惇官。次子邦流竄涪州死，子嗣遂絶。史臣以爲數陷忠良之報。與蔡京同入《奸臣傳》。

（宋）潛説友《咸淳臨安志》卷六六《周邦式》 其子官金陵，與羣僚會飲霅醉，妄斥宫禁事，爲仇家所告。邦式被命治詔獄，炳自分必死比獄成纔坐，遠徙不□，及一人代歸，得知宿州滑州皆不赴提舉。南京鴻慶宫歲滿復自請，凡十二年乃起知處州，辭不行，積官中大夫卒。年七十五。

（明）王懋德《金華府志》卷一六《吕祖泰》 上書論韓侂胄有無君之心，請誅之，以防禍亂。又請誅蘇師旦，召周必大，語甚激切。在《宋史》本傳中有旨：祖泰挾私上書，語言狂妄，拘管連州。諫議程松與祖泰，狎友，懼相連及，乃奏祖泰有當誅之罪，縱宥不殺，洒當杖黥，竄之遠方，乃命杖泰一百，配欽州牢城，府尹遣行謂之曰：汝病風喪心耶。祖泰曰：以吾觀之，今之附韓氏得美官者，乃病風喪心耳。侂胄誅，詔雪祖泰冤補上州文學改迪功郎監南岳廟，母喪無以葬。至都謀於諸公，得寒疾，索紙書曰：吾與兄共攻權臣，今權臣誅，死且不憾，獨未能葬吾母，爲可憾耳。

（清）畢沅《續資治通鑑》宋仁宗天聖六年冬十月〔遼太平八年〕遼魏王耶律色軫之孫婦指斥乘輿，其夫爲之容隱，事覺，連坐，並籍其家。

（元）陶宗儀《南村輟耕録》卷二《聖聰》 上曰：自蚤至暮，皆一日也，可改日字作時字。時伯顏以飛放為名，挾持皇太子在柳林，意將犯分。詔既成，遣中書平章只理瓦歹賫至彼處開讀，奉皇太子歸國，而各枝軍馬即時散去。蓋一字之中，利害繫焉。亶聰明，作元后，於此有以見之矣。

（元）蘇天爵《滋溪文稿》卷一一《碑誌·皇元贈集賢直學士趙惠肅侯神道碑銘》 初，平章政事蘇蘇以上之立也，已與有力，恃功貪横，恣爲不法，會親祠太室，蘇蘇充禮儀使，稱疾不起，上在齋宫，輒褻服入見，公劾其不敬。

（明）林時對《荷牐叢談》卷二《明州野史拾遺氏靈翁纂列朝犯顔强諫杖斃慘殺諸公》 洪武初，有平遥令葉伯巨居昇者，因星變陳三事，其一謂分封太侈，燕、秦、晋、楚，國踰千里，有事則易爲僭亂。似預知靖難之事而言之，竟犯上忌諱，瘐死於獄。

（明）余繼登《典故紀聞》卷六　永樂二年孟春享太廟，戶部右侍郎李文郁無故不陪祀，爲禮部所劾，謫戍三萬衛。

《明太宗實録》永樂五年三月　〔壬申〕禮部右侍郎戚存心有罪誅。存心先坐泄漏機密，上姑宥之。至是暮夜，上御右順門，急召禮部官，召命及庭，存心滅燭趨避暗室中，上久待不至，召者還奏之，廉問得實，遂誅之。

《明太宗實録》永樂七年春正月　庚戌，刑部尚書劉觀等言，山東道監察御史何晟過鳳陽陪祀皇陵，直行寢殿御道，入殿狎玩，論大不敬處死。命戮於市。

《明太宗實録》永樂十六年六月　〔丁未〕光録寺少卿周成、鍾永用，寺丞王宣有罪，伏誅。坐於御膳所脩制草藥，爲下人所奏也。

（明）余懋學《仁獄類編》卷二九《釋訕謗男子》　宣德七年，有妄男子大呼西華門外，語涉訕誹，守門捽至御前，其呼仍不已，羣臣請下法司，上曰：聖人之世有設誹謗木以來諫者，此何足罪。命釋之。

《明英宗實録》正統八年秋七月　戊午，國子監祭酒李時勉坐伐文廟樹，枷于監門，監生李貴等千餘人詣闕請時勉衰老，且言其教諸生有方，乞貸之，俾終其教。有石大用者，復請代枷。上乃釋之。初，中官王振詣監，時勉不爲之屈，振故因而罪之。

《明英宗實録》正統九年十二月　〔丙辰〕景陵神宮監右少監阮菊擅伐陵樹百餘株私用，事覺，法司論罪應斬。從之。

（明）沈德符《萬曆野獲編》卷一八《刑部·齊韶冤死》　刑部侍郎齊韶之斬西市也，時爲正統十三年之七月初旬，罪既不蔽其辜，節次亦非其候，天下至今冤之。蓋事涉王振並其姪二人，故激上怒，有此異常處分。然中尚有隱情也，據錦衣指揮馬順讞詞，謂百户史宣女，已被上選召，受賜歸。韶託兵部侍郎徐琦，駙馬都尉趙輝，逼取爲妻，已而琦、輝二臣自輸爲齊韶逼取選餘女子，則齊韶又何辭以解？蓋上大婚時，選妃自内廷退出者，本上所屬意。時聖眷未忘，宜其掇禍之速也。近年一吏部郎，亦重價購今上所擇宮中受賞退歸者，殊嬖之，上聞而不發，後以出守被白簡，竟坐刑死多命，特出中旨論斬，至今繫獄未釋。臣子乃與君父爭姝少，興固豪矣，謂之知命則不可。

《明英宗實録》天順三年十一月　〔己亥〕下中府都督同知楊旺戶部右侍郎楊鼎等錦衣衛獄，以其陪祀陵寢不謹故也。

《明憲宗實録》成化十二年五月　〔戊辰〕遼府儀賓劉達，初以齋香帛進裕陵，在京坐飲酒歇娼，得罪除名。既而王爲奏請，命爲冠帶民人。至是再議復其官禄，刑部爲具奏。上曰：達既與冠帶，不允所請。

《明憲宗實録》成化十七年春正月　〔甲辰〕革靈丘王府儀賓謝森冠帶禄米。森僭用服飾，且收占樂婦，强買官民妻女，大肆淫亂，爲本府内使發其事故也。

（明）林時對《荷牐叢談》卷二《明州野史拾遺氏亹翁纂對君有體》　世廟以爲語涉自稱，無人臣禮，黜爲民。李獻吉上封事，貴戚驕恣之漸，直指壽寧侯。壽寧者，張皇后弟也，云：陛下所以待張氏者至矣。孝宗大怒，劉文靖公請其故，上曰：渠竟以皇后爲張氏，有是理乎！劉曰：《漢書》云：爲劉氏者左袒；《宋史》云：趙氏安，苗氏危矣。夢陽所言，猶云張家耳。聖意乃安，語雖有本，亦自是破綻。因思胡端敏公劾宸濠，有禮樂征伐，漸不自朝廷出語，群小邢珍等謂爲離間親親，欲致之死。揚忠愍公論相嵩五奸十罪，有召問二王語下刑部擬罪。侍郎王學益比詐傳親王令旨律絞，因小人之陷君子，深文酷烈。然使疏中無自授之隙，又將何以爲口實耶？人主頷下有逆鱗，攖之者死。句節字比，寧馴無雜，寧婉無激，寧平易無伉直，豈獨《韓非·説難》云然哉？

（明）馬文升《馬端肅奏議》卷一二《追究庸醫用藥非宜明正其罪事》　照得弘治十八年四月二十九日，該司禮監太監陳寬傳奉大行皇帝聖旨，朕偶感風寒欲調理數日，暫免視朝，該衙門知道，欽此。臣等連日問安，至五月初七日忽聞聖躬升遐，臣等五内分崩，叫地號天不勝哀痛。既而風聞原命醫人用藥非當之所誤也，雖九重深邃莫知其的，伏思大行皇帝平昔節膳寡慾，善養天和，縱感風寒，豈宜遽爾至此？臣等哀恨尤深，且朝廷設置太醫院衙門訪取天下名醫，授以大官，養以厚禄，又設御藥房於内府嚴密之地，尤選上等之醫，日支酒飯，正為調理聖躬之用。今臣等風聞之言内外相同，臣子之恨何忍遽已？伏望殿下早示睿斷，薦醫并用藥非宜，有誤聖躬，官醫人等合行拿送法司追究節次，所用藥餌有無當否，擬罪如律，上請發落，庶上有以紓殿下痛悼之心，下可少釋軍民無窮之恨。

臣等不勝哀悼之至，爲此會本親齎謹具啓聞，伏候令旨。弘治十八年五月十二日會本具啓。

（明）查繼佐《罪惟録》紀卷一一《武宗紀》〔正德二年春正月〕尚寶卿崔濬、副使姚祥、工部郎中張瑋、督糧郎中劉綵，以乘轎被緝，俾荷校諸門，謫戍。

（明）卜世昌等《明通紀述遺》正德八年五月 謫淮安知府劉詳戍貴州平越衛，降錦衣衛指揮僉事牟斌、韋璽爲百戶。先是，尚衣監太監喬忠自南京織造還，過淮安時，南京給事中劉紘亦以公事赴京，祥，其族姪也，發巡卒衛行。中舟數十艘方開，怒紘舟阻碍，執其二卒榜笞之。俄而群卒至，皆强悍者，遂擊忠舟，紘不能禁。忠走避而仆傷其顱，至今創猶未愈。訴于上，謂紘倚言官勢，不讓黄船，而擊之者實祥主使，命錦衣衛官校執祥紘送鎮撫司拷訊。祥、紘亦各奏辨。斌、璽以獄上，謂非祥、紘罪，宜坐卒。詔以斌、璽回護，革其職任，於原所帶俸，以千戶張璞張榮代理司事。仍嚴拷鞫祥等，送法司擬祥紘俱贖罪還職，紘准擬，祥發充軍。以大理審擬欠當，奪其堂上官俸二月，斌璽復降爲百戶，調沔陽衛帶俸。祥治郡有聲，斌治獄平恕，時論惜之。

（明）查繼佐《罪惟録》紀卷一二《世宗紀》〔嘉靖三年〕秋七月，吏部尚書喬宇致仕。上諭禮部去本生二字。於是廷臣自尚書以下，伏門號呼執奏者，凡數百人。除大臣罰俸外，收繫逮罪者一百二十餘人，爲首者戍邊，四品以上奪俸，五品以下豐熙等一百八十餘人，各杖有差，病創死者編修王思等十七人。已復加杖楊慎等，編户削職有差。

（明）王世貞《弇山堂别集》卷八二《科試考二》〔嘉靖十六年〕禮部尚書嚴嵩奏：廣東所進試録字如聖謨、帝懿、四郊、上帝、俱不行擡頭，及稱陳白沙倫遷岡之號，有失君前臣名之義，且録中文體大壞，詞義尤爲荒謬，宜治罪。得旨，學正王本才等，布政陸杰等按察司蔣淦等俱命巡按官逮問，本才等奪其禮幣，御史余光命法司逮問。仍通行天下提學官，嚴禁士子，敢有肆爲怪誕不遵舊式者，悉黜之。

（明）朱國禎《湧幢小品》卷五《攔駕》 嘉靖十八年二月，聖駕將南狩。有軍人孫堂，由西闕門入，至午門，從御路中橋至奉天門下，登金臺坐之，而守門官吏莫有知者，及天明，堂從此呼叫，方覺，捕之。堂言：沿途搭蓋席殿，累死軍民大半，因此我來攔駕。事聞，下錦衣衛，嚴刑根究。謂堂實病狂，當以擅入御座者律絞。及諸門役防範不密之罪。報可。而上終不爲動，蓋内斷已久矣。襄府典吏王文，同民人栗鑾，詭列名銜爲奏事，語多觸犯。傳流道路，冀得聞上，停止。而李文魁、真宣等復用黄帖抄謄傳播。東廠旗校緝獲以聞。時乘輿已發，有旨逮訊文魁等，以妖言惑衆律，及二十餘人，各坐罪有差。

（明）查繼佐《罪惟録》紀卷一二《世宗紀》〔嘉靖二十一年〕冬十月，端妃曹氏宫人楊金英等乘帝卧，將爲不利，皇后促救得免。事連曹及甯妃王氏，蓋曹、王最寵，既伏法，上猶念曹也，自是移御西苑，不復入大内矣。

《明世宗實録》嘉靖二十七年九月 壬子，降鄭王厚烷爲庶人，禁住高墻，褫管理盟津王府事庶人祐橏冠帶，閑住，奪東垣王厚烔繁昌王祐楞禄米三之一。厚烷讀書能文，折節下士，好爲詭故不情之事，欲以釣奇取譽，以是大爲諸宗所忌。盟津王子祐橏以請復父爵不行，尤恨之。會進萬壽表，厚烷失稱臣。陶仲文建醮天壇，祐橏獨遣使進香，而厚烷不與，反作四箴連珠以諷。上怒，下其使者于獄，祐橏乘間，遂訐奏厚烷招集亡命，私造兵甲，及與妖人宋剛等通謀爲不軌。厚烷亦訐祐橏擅稱長子，僭繫玉帶，及逼殺良民等事，詔連厚烔祐楞。有詔遣官會勘。至是覆言：厚烷謀反無驗，然信惑群小，多爲不法。所創有二仙廟、育才等館，皆上僭無狀，而方掉弄章句，規切至尊，法當首論。祐橏縱惡殃民，厚烔等偏黨亂法，宜以差治罪。上命法司再勘。乃降詔數厚烷驕溢欺慢、不臣無親等罪，降發高墻，仍暴其罪惡于各王府。祐橏等各削罪有差。

（明）查繼佐《罪惟録》志卷五《藝文志》〔嘉靖二十九年〕七月，鄭王厚烷上四箴十演連珠，忤旨。十一月，武陽知縣王聯子以報復，發河南巡撫胡纘宗迎駕詩，坐纘宗詩語不敬，削籍。十二月，閑住僉事林希元上改編《大學經傳定本》、《四書易經存疑》，逮訊，焚其書，褫冠帶。

《明神宗實録》萬曆十三年四月 〔乙丑〕南京光録寺卿周弘祖以謫陵穿紅，爲南京御史王學曾所劾，黜爲民。

《明熹宗實録》天啓五年三月 〔丁丑〕法司會讞李承恩言：承恩蔑視禮法，擅用至尊服御漆盒瓷器之皆龍，藉口先公主之遺，尚可言也，赭黃五爪之龍袍共驗爲新鮮之色，是何物乎。若依僭用龍鳳文者律，似爲太輕，合從重論，引盜乘輿服御物例，則盡法矣。伏念承恩實肅皇帝親甥，雖犯大辟，亦有八議之條，臣等敢不奏請。得旨：是。但既擬重辟，如何又引八議，該司官姑不究。

中國第一歷史檔案館《滿文老檔》天命八年二月 十八日，總兵官阿布泰、總兵官布三二人曾因於汗前爭吵被治以罪，各銷功銀三十三兩。去年五月，復審布三案，因其言屬實，命將所取諸物給還之，並交付湯古岱阿哥、哈哈納額駙辦理。因湯古岱阿哥、哈哈納額駙不摧辦所委之事，延至亥年三月。故革湯古岱阿哥總兵官之職，降爲一等參將，革哈哈納副將之職，降爲一等遊擊，並各罰銀三十兩。

中國第一歷史檔案館《雍正朝滿文硃批奏摺全譯·刑部尚書佛格等奏請斬太監魏柱摺雍正元年九月十三日》 刑部等部尚書臣宗室佛格等謹奏：爲遵旨會議事。

臣等會同前往魏柱家中，經暗中詳細查看，伊於原修之院外，將山脚東側向里刨六尺餘，向下刨二尺餘，使長八丈，寬六丈，鏟平，然后砌墻圈入院內。里面種三架葡萄，堆一堆糧、草。在其大門外街上，陵寢院墻口對面，有一座舊破損石橋，爲擋此橋，砌墻一道。然陵寢院墻口却被此墻遮住。將此詢問魏柱，據告曰：今年二月，我派家人斗巴爾、王福買下此房，加以修繕，斗巴爾等如何刨山砌墻圈圍之處，我不知道。四月，我隨梓宮前來，每日在陵寢內。嗣后我家人又如何擋大門外之橋而砌墻之處，我不知道。本月十六日，我回家才看見。或以爲墻外係非禁地而砌墻等語。經詢問魏柱家人王福，據答曰：今年二月，我主子派我和斗巴爾購買此房，刨山鏟平砌墻已是四月，日子記不請，嗣後爲擋門外之橋，又砌墻是實等語。經詢問總兵官范時繹，據告曰：四月十四日，我經過魏柱所住之房時，未見取土鋪其大門前低窪之地，亦未見砌墻。五月初一日才看見，刨山砌墻定是四月十四日後，五月初一日前動工等語。故將魏柱摘翎，以鐵索索之。訊魏柱：據總兵官范時繹告曰：四月十四日，我經過魏柱所住之房時，未見砌墻圈地，五月初一日才看見等語，而爾家人王福告曰：刨山鏟平，砌墻圈地已是四月等語。以此觀之，顯係爾來此後，知道刨山砌院墻圈地及擋橋砌墻之事。而爾至今仍爲脱罪巧言回避，可乎？爾刨關係陵寢風水之山，鏟平砌墻圈入院內。又，擋陵寢院墻口砌墻，究係如何？何月何日刨山砌墻？凡處俱應據實供之等語。據供曰：我派家人斗巴爾、王福於此地買房時，於今年二月，王福等寄信告我曰：本月初九日，買姓穆之人二十八間草房，現於此處維修等語。何日開修我不知道。我隨聖祖仁皇帝梓宮前來，每日住陵寢內，四月十五日拜佛前來房中，我家人才告我欲取山根之土砌墻。我以陵寢院外衆人居住之處與風水無關，即準照家人之言維修是實。今審問之時，我才知曉院外之山亦與風水有關。我該死，我尚有何言可辨等語。臣等議覆，太監魏柱刨陵寢院外與風水有關之山砌墻一案，經暗中詳加查看，魏柱將家院外山脚東側向里刨六尺餘，向下刨二尺餘，使長八丈，寬六丈，鏟平，砌墻圈入院內。在其大門外街上，陵寢院墻口對面，有一座舊破損石橋，爲擋此橋，砌墻一道。然陵寢院墻口却被此墻遮住。經將魏柱拿獲嚴訊，據供曰：我派家人王福、斗巴爾於此地買房，於今年二月，王福等寄信告我曰：本月初九日，買姓穆之人二十八間草房，現於此處維修等語。何日開修我不知道。我隨聖祖仁皇帝梓宮前來，每日在陵寢內。四月十五日拜佛前來房中，我家人才告我欲取山根之土砌墻。我以陵寢院外衆人居住之處與風水無關，即準照家人之言維修是實。今審問之時，我才知曉院外之山亦與風水有關。我該死，我尚有何言可辯等語。故魏柱本應照建陵寢處以外，墻院二十里以內，刨山取石、修墳、建臺、湖者，杖一百，遣邊衛充軍之律例，枷號三個月，鞭百，惟魏柱荷蒙聖祖仁皇帝重恩，聖主又施重恩，然并未思竭誠報效，於梓宮附近并不恭敬小心，於梓宮安放地宮前，即維修住房、院落，任意刨禁地之山，鏟平修院，又擋路砌墻，以致遮住關係陵寢風水之院墻口，殊屬不敬違法，不可照一般律例擬罪，將魏柱照大不敬律例立即斬首，其房屋、家產、人口俱抄没入官，擋陵寢院墻口所砌之墻毁之。此非臣等擅便之處，謹奏請旨。

刑部尚書臣宗室佛格、户部尚書兼管工部尚書事臣孫渣齊、大學士臣蕭永藻、刑部郎中臣淳柱、主事臣常鼐。

朱批：三法司會議具奏。

《清高宗實録》乾隆四十三年八月下 如皋縣民人童志璘投遞呈詞，繳出泰州徐述夔詩一本、沈德潛所撰徐述夔傳一本。

《清高宗實録》乾隆四十三年十月上　徐述夔，身係舉人，且自其高曾以來，均在本朝食毛踐土，厚澤涵濡，乃敢於所作《一柱樓詩》各種，妄肆詆譏，逆誕悖逆，實爲覆載所不容。伊子徐懷祖，並敢將伊父逆詞公然刊刻，均屬罪大惡極。雖皆已伏冥誅【略】必當照例剖棺戮屍，以伸國法。

《清仁宗實録》嘉慶四年七月　〔甲申〕又諭：三法司奏將內務府呈遞奏摺書寫錯誤之主事德寧、筆貼式積善興保按律分別定擬一摺，此次內務府奏摺恭書孝聖憲皇后尊號，繕寫錯誤，其罪甚大。該承辦之主事筆帖式等官律以大不敬之條，實屬罪無可寬，自應依律辦理。惟是朕在藩邸時，向知內務府掌儀司承辦祭告典禮，於列后尊號中，惟孝賢純皇后尊號常時敬謹繕寫，此次竟係順筆致誤，且內務府人員於清文本不熟習，至如繕寫清文，則多有依樣描畫，不但不解文義，且並不識字面者有之，即漢人中亦有能寫不能識者。況此案總管內務府大臣等已皆分別從輕示懲，未加深究，則此等微員，於萬無可宥之中，亦不得不求其一線生路，量從末減。所有承辦之主事德寧寫底之筆帖式積善均著加恩免死，各枷號一個月，滿日鞭責八十發落。筆帖式興保年僅十七，係照本謄繕，或竟不識清字，業經革職，著從寬鞭責五十，即行發落。

違犯宮禁分部

綜述

《韓非子·外儲説右上》　荆莊王有茅門之法曰：羣臣大夫諸公子入朝，馬蹄踐霤者，廷理斬其輈，戮其御。於是太子入朝，馬蹄踐霤，廷理斬其輈，戮其御。太子怒，入爲王泣曰：爲我誅戮廷理。王曰：法者所以敬宗廟，尊社稷。故能立法從令尊敬社稷者，社稷之臣也，焉可誅也？夫犯法廢令不尊敬社稷者，是臣乘君而下尚校也。臣乘君則主失威，下尚校則上位危。威失位危，社稷不守，吾將何以遺子孫？於是太子乃還走，避舍露宿三日，北面再拜請死罪。

《孟子·梁惠王下》　齊宣王問曰：文王之囿方七十里，有諸？

孟子對曰：於傳有之。

曰：若是其大乎？

曰：民猶以爲小也。

曰：寡人之囿方四十里，民猶以爲大，何也？

曰：文王之囿方七十里，芻蕘者往焉，雉兔者往焉，與民同之。民以爲小，不亦宜乎？臣始至於境，問國之大禁，然後敢入。臣聞郊關之內有囿方四十里，殺其麋鹿者如殺人之罪，則是方四十里爲阱於國中。民以爲大，不亦宜乎？

《周禮注疏》卷三《天官冢宰·宮正》　宮正掌王宮之戒令、糾禁，以時比宮中之官府次舍之衆寡，【略】幾其出入。

注：鄭司農云，幾其出入，若今時宮中有罪禁止不得出亦不得入，及無引籍不得入宮司馬殿門也。玄謂幾，荷同呵。其〔衣服〕持操及疏數者。疏：先鄭引今時者謂漢法，言引籍者有門籍及引人乃得出入也。又云司馬殿門者，漢宮殿門每門皆司馬二人守門，比千石，皆號司馬殿門也。玄謂幾荷其衣服持操及疏數者，案《閽人》云，喪服兇器不入宮，潛服賊器不入宮，奇服怪民不入宮。《司門》云幾出入不物者，謂衣服視占不與衆同，及所操物不如品式者。職雖不同，皆是守禁。此經直云幾其出入，明知漢有此呵其衣服持操及疏數，此增成司農義也。

《史記》卷八六《刺客列傳》　秦法，群臣侍殿上者，不得持尺寸之兵。諸郎中執兵，皆陳殿下，非有詔召，不得上。

（清）薛允升《漢律輯存·春秋公羊傳》　宮正幾其出入。

若今時宮中有罪，禁止不能出，亦不得入，及無引籍不得入宮司馬殿門也。玄謂幾荷其衣服持操及疏數者。孔氏《禮學卮言》云：按《漢·嚴延年傳》注，張晏曰：故事有所劾奏，並移宮門，禁止不得入。然則在內者見被劾奏郎不許出入。【略】

內宰　禁其奇衺。

奇衺若今媚道。疏：漢法有宮禁云：放行媚道者謂道妖，邪巫術以自衒媚。

(清)薛允升《漢律輯存·漢書》 頃之，太子與梁王共車入朝，不下司馬門。

如淳曰：宮衛令諸出入殿門公車司馬門者皆下，不如令，罰金四兩。

(清)杜貴墀《漢律輯證》卷五 闌入宮掖。《説文·門部》闌，妄入宮掖也，讀若闌。按《儀禮·士虞禮》主婦亦拜賓。疏：漢時宮中掖門在東西。《功臣表》嗣侯曹宗征和二年坐與中人姦闌入宮掖門，入財贖完爲城旦。嗣侯王當元封元年坐闌入甘泉上林免。《外戚恩澤表》嗣侯衛伉太初五年坐闌入宮完爲城旦。《外戚·上官皇后傳》充國爲太醫監闌入殿中，下獄當死。《白帖》王嘉以射策甲科爲郎，坐戶殿門失闌免。注：戶，止也。時有闌入殿門而嘉失之不止也。按唐律，闌入非御在所，并在《衛禁一》。路粹枉奏孔融云，禿巾微行唐突宮掖，見融傳。《外戚恩澤表》嗣武安侯恬元朔三年坐衣襜褕入宮不敬，免。

(清)杜貴墀《漢律輯證》卷五 無引籍不得入宮司馬殿門。《周禮·天官·宮正》鄭司農注引漢法。賈疏言：引籍者，有門籍及引人乃得出入也，司馬殿門者漢宮殿門每門皆使一人守門，比二千石，皆號司馬殿門。《元紀》令從官給事宮司馬中者得爲大父母，父母兄弟通籍。應劭曰：籍者爲二尺竹牒，記其年紀名字物色縣之宮門，案省相應乃得入也。顔師古曰：司馬門者，宮之外門也。衛尉有八屯衛候司馬主衛士徼巡宿衛，每面各二司馬，故謂宮之外門爲司馬門。《竇嬰傳》太后除嬰門籍不得朝請。《梁孝王傳》之侍中郎謁者，著引籍出入天子殿門，與漢宦官無異。《周禮·閽人》王宮之中門之禁，注中門於外內爲中，若今宮闕門。唐律無著籍入宮殿在衛禁。

(清)杜貴墀《漢律輯證》卷五 衛宮。《胡廣傳》延熹二年大將軍梁冀被誅，廣與司徒韓縯、司空孫郎坐不衛宮皆減死一等，奪爵，免爲庶人。唐律宿衛上番不到在《衛禁》。

(清)杜貴墀《漢律輯證》卷五 蹕先至而犯者罰金四兩。《張釋之傳》如淳注引《乙令·天官·宮正》凡邦之事蹕，注，若今衛士填街蹕也。賈疏：漢儀大駕行幸使衛士填塞街巷以止行人備非常也。按漢時又有執金吾及令尉爲帝奉引見。小司冠鄭司農注。

一人犯蹕當罰金。《史記·張釋之傳》錢氏大昕《三史拾遺》云：此律文二人以上則罪當加等。《漢書》作此人於義爲短。《功臣表》嗣侯丙信建元三年坐出入屬車間免。師古曰：天子出行陳列屬車而輒至於其間。《東觀漢記》吴良上言，信陽侯驕慢干突車騎大不敬。按唐律車駕行衝隊在《衛禁》。三公出城郡督郵盗賊道見士師注。

(清)杜貴墀《漢律輯證》卷五 吏卒不得繫馬宮門樹。《初學記》二十四崔寔引永平中詔，据魏《新律序》，漢賊律有賊伐樹木。

(清)杜貴墀《漢律輯證》卷五 宮人出嫁不得適諸國。《後書·樂成王黨傳》引舊禁，陳敬王傳子思王鈞嗣雲雲，後鈞取掖庭出女李嬈爲小妻，復坐削三縣。

《晉書》卷七六《王彪之傳》 永和末，多疾疫。舊制，朝臣家有時疾，染易三人以上者，身雖無病，百日不得入宮。至是，百官多列家疾，不入。彪之又言：疾疫之年，家無不染。若以之不復入宮，則直侍頓闕，王者宮省空矣。朝廷從之。

《晉書》卷四七《傅咸傳》 令，御史中丞督司百僚。皇太子以下，其在行馬內，有違法憲者皆彈糾之。雖在行馬外，而監司不糾，亦得奏之。

(清)張鵬一《晉令輯存》卷六《宮衛令》 諸出入殿門、公車司馬門、乘軺傳者皆下，不如令，罰金四兩。《史記·張釋之傳》注如淳引《宮衛令》。《續漢書·百官志》：衛尉卿，有公車司馬令一人，六百石。掌宮南闕門，凡吏民上章，四方貢獻，及徵詣公車者。有丞尉各一人，丞選曉諱，掌知非法，尉主闕門兵，禁戒非常。胡廣曰，諸門部各陳屯夾道，其旁當兵，以示威武，交戟以遮妄出入者。

【略】

車駕行，蹕先至，而誤犯者，罰金四兩。《史記·張釋之傳》注引《乙令》。【略】

外宮朝會，則以名到焉，二臺奏劾，則符光録加禁止。解禁止，亦如之。禁止身不得入殿省，光録、主殿門故也。

宮衛不得以謫兵代襲。《范甯傳》：宮制，謫兵不相代襲，頃者，小事便以補役，一愆之違，辱及累世，親戚傍支，罹其禍毒，户口減耗，亦由於此，皆宜料遣，以全國信。

東宮隊不得入城。《宋書・自序》引舊制。

《北史》卷三《魏本紀・高祖孝文帝》〔太和二十年五月丙戌〕又詔漢、魏、晋諸帝陵各禁方百步不得樵蘇踐籍。丁亥，祀方澤。

《北史》卷一一《隋本紀・高祖文帝》〔開皇十二年八月〕癸巳，制宿衛者不得輒離所守。

《隋書》卷二五《刑法志》 開皇舊制，釁門子弟，不得居宿衛近侍之官。先是蕭巖以叛誅，崔君綽坐連庶人勇事，家口籍没。巖以中宫故，君綽緣女入宫愛幸，帝乃下詔革前制曰：罪不及嗣，既弘至孝之道，恩由義斷，以勸事君之節。故羊鮒從戮，彌見叔向之誠，季布立勳，無預丁公之禍，用能樹聲往代，貽範將來。朕虚已爲政，思遵舊典，推心待物，每從寬政。六位成象，美厥含弘，一眚掩德，甚非謂也。諸犯罪被戮之門，期已下親，仍令合仕，聽預宿衛近侍之官。

（宋）桂萬榮《棠陰比事・戴争異罰》 唐戴胄為大理少卿，時長孫無忌被召，不解佩刀入東上閤。右僕射封德彝論監門校尉不覺察，罪死。無忌當贖。胄曰：校尉與無忌罪均，臣子於君父不得稱誤，御湯藥、飲食、舟船誤，不如法，皆死。陛下録無忌功，原之可也；若罰無忌，殺校尉，不可謂刑。帝曰：法為天下公，朕安得阿親戚。詔復議。德彝固執，胄駁之曰：校尉緣無忌以致罪，法當從輕。若皆過誤，不當獨死。由是無忌與校尉皆免死。謹按《大明律》云：若罪人自首告及遇赦原免，或蒙特恩減罪收贖者，亦準罪人原免減等贖罪。注云：謂因人連累，皆依罪人全免減等收贖。今觀唐戴胄所諍長孫無忌事，則我朝律文已備載之矣。嗚呼，至哉！

（唐）長孫無忌等《唐律疏議》卷七《衛禁・闌入太廟社及山陵兆域門》 諸闌入太廟門及山陵兆域門者，徒二年；闌，謂不應入而入者。

疏議曰：太者，大也。廟者，貌也。言皇祖神主在於中，故名太廟。山陵者，《三秦記》云：秦謂天子墳云山，漢云陵，亦通言山陵。言高大如山如陵。兆域門者，《孝經》云：卜其宅兆。既得吉兆，周兆以爲塋域。皆置宿衛防守，應入出者悉有名籍。不應入而入，爲闌入，各得二年徒坐。其入太廟室，即條無罪名，依下文廟減宫一等之例，減御在所一等，流三千里。若無故登山陵，亦同太廟室之坐。

越垣者，徒三年。太社，各減一等。守衛不覺，減二等；守衛，謂持時專當者。

疏議曰：不從門爲越。垣者，墻也。越太廟、山陵垣者，各徒三年。越太社垣及闌入門，皆減太廟一等。守衛，謂軍人於太廟、山陵、太社防守宿衛者，若不覺越垣及闌入，各減罪人罪二等。守衛，謂防守衛士晝夜分時專當者，非持時者不坐。

主帥又減一等。主帥，謂親監當者。

疏議曰：主帥，謂領兵宿衛太廟、山陵、太社三所者。但當檢校即坐，不限官之高下。又減守衛人罪一等，唯坐親監當者。

故縱者，各與同罪。餘條守衛及監門各準此。

疏議曰：故縱者，謂知其不合入而聽入，或知越垣而不禁，並與犯法者同罪。餘條守衛宫殿及諸防禁之處，皆有監門及守衛，故縱不覺，得罪各準此。

（唐）長孫無忌等《唐律疏議》卷七《衛禁・闌入宫殿門及上閤》

諸闌入宫門，徒二年。闌入宫城門亦同。餘條應坐者，亦準此。

疏議曰：宫門皆有籍禁，不應入而入者，得徒二年。嘉德等門爲宫門，順天等門爲宫城門，闌入得罪並同。餘條應坐者，亦準此。宫門得罪，謂越垣及防禁違式、冒代之類。

殿門，徒二年半。持仗者，各加二等。仗，謂兵器杵棒之屬。餘條稱仗準此。

疏議曰：太極等門爲殿門，闌入者，徒二年半。持仗，各加二等。謂將兵器杵棒等闌入宫門，得徒三年。闌入殿門，得流二千里。兵器，謂弓箭、刀矟之類。杵棒，或鐵或木，爲之皆是，故云之屬。餘條，謂下文，持仗及至御在所者並持仗强盗者，並準此。

入上閤内者，絞。若有仗衛，同闌入殿門法，其宫内諸門不立籍禁而得通内者，亦準此。

疏議曰：上閤之内，謂太極殿東爲左上閤，殿西爲右上閤。其門無籍，應入者，準敕引入。闌入者，絞。巷有仗衛者，上閤之中，不立仗衛，内坐喚仗始有仗入，其有不應入而入者，同闌入殿門，徒二年半。持仗者，流二千里。其宮内諸門不立籍禁，謂肅章、虔化等門，而得通内，而輒闌入者，並得絞罪。若有仗衛，亦同殿門法。

若持仗及至御在所者，斬。迷誤者，上請。

疏議曰：謂持仗入上閤，及通内諸門並不持仗而至御在所者，各斬。迷誤，謂非故闌入者，上請聽敕。

即應入上閤内，但仗不入而持寸刃入者，亦以闌入論。

疏議曰：應入上閤内者，謂奉敕唤仗，隨仗引入者，得帶刀子之屬。若仗不在内而持寸刃入者，即以闌入論。若非兵器杵棒之屬，止得絞刑。持仗者，斬。

仗雖入，不應帶横刀而帶入者，減二等。

疏議曰：仗雖入上閤内，不應帶横刀而輒帶入者，減罪二等，合徒三年。

即闌入御膳所者，流三千里。入禁苑者，徒一年。

疏議曰：御膳所，謂供御造食之處，其門亦禁。不應入而入者，流三千里。闌入禁苑者，徒一年。禁苑，謂御苑。其門有籍禁。御膳以下，闌入，雖即持仗及越垣，罪亦不加。

（唐）長孫無忌等《唐律疏議》卷七《衛禁・闌入踰閾爲限》 諸闌入者，以踰閾爲限。至閾未踰者，宮門杖八十，殿門以内遞加一等。

疏議曰：閾者，謂門限。闌入之人，行至門限未踰過，若至宮門，得杖八十。宮内人不應入殿門，至殿門閾未踰者，杖九十。殿内宿衛人至上閤閾未踰者，杖一百。

其越殿垣者，絞；宮垣，流三千里；皇城，減宮垣一等；京城，又減一等。

疏議曰：越過殿垣者，無問出入，俱至絞刑。宮垣，流三千里。皇城，謂朱雀等門之垣，合徒三年。京城，謂明德等門之垣，又減一等，合徒二年半。

（唐）長孫無忌等《唐律疏議》卷七《衛禁・宮殿門無籍冒名入》

諸於宮殿門無籍及冒承人名而入者，以闌入論。

疏議曰：應入宮殿，在京諸司皆有籍。其無籍應入者，皆引入。其無籍不得人引而詐言有籍及冒承人名而入者，宮門徒二年，殿門徒二年半。持仗者，各加二等。

守衛不知冒名情，宮門，杖八十。殿門以内，遞加一等。

疏議曰：守衛，謂持時專當親主籍者。應入者，唱名始過。不知冒名情者，不識其人，無心私許。宮門，杖八十。殿門以内，遞加一等。但云不知冒情，不云不知無籍詐入者，但冒承人名，有所憑據，人難識盡，是故罪輕。無籍而入者，準闌入不覺故縱法。

（唐）長孫無忌等《唐律疏議》卷七《衛禁・宿衛冒名相代》 諸宿衛者，以非應宿衛人冒名自代及代之者，入宮内，流三千里；殿内，絞。

疏議曰：宿衛者，謂大將軍以下、衛士以上，以次當上，宿衛宮殿。上番之日，皆據籍書。若以非應宿衛人，謂非諸衛大將軍、軍人以外，冒名自代及代之者，入宮内，並流三千里；殿内，並絞。

若以應宿衛人謂已下直者。自代及代之者，各以闌入論。

疏議曰：應宿衛人，謂諸衛所管應入宮殿上番者。注云謂已下直者，未當上番人之色。自代及代之者，彼此各以闌入罪論。闌入之罪，一準上法。

主司不覺，減二等；知而聽行，與同罪。主司，謂應判遣及親監當之官。餘條主司準此。

疏議曰：主司，謂折衝府及諸衛判兵之官。不覺人冒名自代及代之者，減所犯人罪二等，若知相代之情而聽行者，各與同罪。若冒代之事從府而來，即以府官所由爲首，餘官節級爲從坐；衛官不覺，遞減府官一等。如相冒之罪由衛，即以衛官所由爲首，餘官節級爲罪；府司不坐。及親監當之官者，諸衛當上人兵，各有本部主帥，雖從别團配隸，亦是監當之限。餘條主司準此者，謂一部律内，但言主司，並不覺減二等，知而聽行與同罪。

（唐）長孫無忌等《唐律疏議》卷七《衛禁・因事入宮輒宿》 諸因事得入宮殿，而輒宿及容止者，各減闌入二等。

疏議曰：因事得入宮殿者，謂朝參、辭見、迎輸、造作之類。不合宿者而輒宿，及容止所宿之人，各減闌入罪二等：在宮内，徒一年；殿内，徒一年半。即將領人入宮殿内，有所迎輸、造作，門司未受文牒而聽入及人數有剩者，各以闌入論。至死者，加役流。

疏議曰：將領人入宮殿，有所迎出，有所輸送、造作，宮内營造門司皆須得牒，然後聽入。若未受文牒而輒聽入，及所入人數有剩者，門司各以闌入論。若入上閤内及御在所，應至死者，門司各加役流。

將領主司知者，各減闌入罪一等。入者知，又減五等；不知者不坐。

疏議曰：將領主司，謂領人迎輸、造作。知門司未受文牒及人數有剩，而領入者，各減闌入罪一等：宮内，徒一年半；殿内，徒二年；入上閤内及至御在所，流三千里。入者知，又減五等。稱又者，謂減將領者罪五等。不知情入者，不坐。

問曰：將領主司知者，減闌入罪一等。不言不知。若有不知而領入者，合得何罪？

答曰：上條：冒名相代，各以闌入罪論，主司不覺減二等。注云：餘條主司準此。明將領主司不知，得減知情二等。上既有例，故不生文。

（唐）長孫無忌等《唐律疏議》卷七《衛禁·無著籍入宮殿》　諸應入宮殿，未著門籍而入；雖有長籍，但當下直而輒入者：各減闌入五等。

疏議曰：應入宮殿，在京諸司入宮殿者，皆著門籍。若未著門籍而輒入；或雖有長籍，謂宿衛長上人，雖一日上，兩日下，皆有長籍，當下之日未合入宮殿，但當下直而輒入：各減闌入罪五等。

即宿次未到而輒宿，及籍在東門而從西門入者，又減二等。

疏議曰：即宿次未到者，謂應供奉之官及内官當直，各有宿次。其宿次未到而輒宿；及籍在東門而從西門入者，依令：非應從正門入者，各從便門著籍。假如西門有籍而從東門入，或側門有籍而從正門入：各又減罪二等，謂減闌入罪七等。

（唐）長孫無忌等《唐律疏議》卷七《衛禁·宮殿作罷不出》　諸在宮殿内作罷而不出者，宮内徒一年；殿内，徒二年；御在所者，絞。闌仗應出而不出者，亦同。

疏議曰：在宮殿内作罷者，丁夫雜匠之徒作了，其有應出不出者，宮内徒一年；殿内，徒二年；御在所者，絞。若有闌仗應出者，並即須出。有不出者，得罪與御在所同。

問曰：在宮殿内及御在所作罷不出，律有正文。若在上閤内不出，律既無文。若爲處斷？

答曰：上閤之内，例與闌仗所同。應出不出此條無文者，爲上文注云：闌仗應出不出，與御在所同。上閤内有宮人，同御在所，合絞。御不在，又無宮人，減二等。

不覺及迷誤者，上請。疏議曰：營作之所，院宇或别，不覺衆出，或迷誤失道，錯向别門，非故不出，皆得上請。

將領主司知者，與同罪；不知者，各減一等。闌仗主司搜人不盡者，各準此。

疏議曰：將領主司，謂領人入者。若知有人不出，不即言者，與不出人同罪。其不知者，有人不出，各減一等。謂御所宮殿内，各得減一等。闌仗主司，謂領人搜索闌仗者，其闌仗内有人不出，各準將領主司之罪，故云各準此。

若於闌仗内誤遺兵仗者，杖一百。弓、箭相須，乃坐。

疏議曰：闌仗之内，人皆出盡，所有兵器，亦不合留。或有誤遺兵仗者，合杖一百。兵仗之法，應須堪用。或遺弓無箭，或遺箭無弓，俱不得罪。故云弓箭相須乃坐。

問曰：誤遺弩弓無箭，或遺箭無弩，或有楯而無矛，各得何罪？

答曰：弓箭相須，乃坐。弩箭無弓，與常箭不别。有弩弓無箭，亦非兵仗之限。楯則獨得無用，亦與有弓無箭義同。

（唐）長孫無忌等《唐律疏議》卷七《衛禁·登高臨宮中》　諸登高臨宮中者，徒一年。殿中加二等。

疏議曰：宮殿之所，皆不得登高臨視。若視宮中，徒一年。視殿中，徒二年。

若於宮殿中行御道者，徒一年。有横道及門仗外越過者，非。

疏議曰：宮殿中當正門爲御道，人臣並不得行。其在宮殿中及宮城中而行御道者，各徒一年。若有横道，殿前即有横階，殿内亦有横道，殿門宮門内外立仗之處，仗外雖無横道，越過者無罪。

宮門外者，笞五十。誤者，各減二等。

（唐）長孫無忌等《唐律疏議》卷七《衛禁·宿衛人被奏劾不收仗》

諸宿衛人被奏劾者，本司先收其仗。違者，徒一年。謂在宮殿中直者。

疏議曰：宿衛人，謂衛士以上，諸衛大將軍以下，有犯法被奏劾者，本司，謂當衛主司及主帥等，先收其仗。違而不收者，得徒一年。本司及主帥各以所管，應收仗而不收者，一人得罪。謂在宮殿中當上直者，宮外宿不在此限。

（唐）長孫無忌等《唐律疏議》卷七《衛禁・應出宮殿輒留》　諸應出宮殿，而門籍已除，輒留不出，及被告劾，已有公文禁止，籍雖未除，不得輒入宮殿，犯者，各以闌入論。

疏議曰：應出宮殿，謂改任、行使、假患、番下、事故等，依令門籍當日即除。門籍已除，其人輒留不出，雖無假患等事及被告劾，已有文牒令禁止，籍雖未除，皆不得輒入宮殿，如有犯者：各以闌入論。

（唐）長孫無忌等《唐律疏議》卷七《衛禁・闌入非御在所》　諸犯闌入宮殿，非御在所者，各減一等；無宮人處，又減一等。入上閤內，有宮人者，不減。

疏議曰：諸條稱闌入宮殿得罪者，其宮殿之所，御若不在，各得減闌入罪一等；雖是宮殿，見無宮人，又得減罪一等。假若在外諸宮，有宿衛人防守而闌入，合徒一年之類。若入上閤內，有宮人，雖非御在所，亦合絞；無宮人處，亦減二等。

即雖非闌入，輒私共宮人言語，若親爲通傳書信及衣物者，絞。

疏議曰：文云雖非闌入，即是得應入宮之人，不得私與宮人言語。其親爲通傳書信、衣服者，謂親於宮人處，領得書信、衣物將出及將外人書信、衣物付與宮人訖者，並得絞坐。

（唐）長孫無忌等《唐律疏議》卷七《衛禁・已配仗衛輒迴改》　諸宿衛人已配仗衛，而官司輒迴改者，杖一百。若不依職掌次第，擅配割及別驅使者，罪亦如之。

疏議曰：依式：衛士以上，應當番宿衛者，皆當衛見在長官，割配於職掌之所，各依仗衛次第坐立。此即職掌已定。若官司無故輒迴改者，合杖一百。應須迴改者，不坐。若不依職掌次第而擅配隸，乖於式文及將別處驅使者，亦各杖一百。其有私使，計庸重者，從重論。

（唐）長孫無忌等《唐律疏議》卷七《衛禁・奉敕夜開宮殿門》　諸奉敕以合符夜開宮殿門，符雖合，不勘而開者，徒三年；若勘符不合而爲開者，流二千里；其不承敕而擅開閉者，絞。

疏議曰：奉敕以合符夜開宮殿門，依《監門式》：受敕人具録須開之門，並入出人帳，宣敕送中書，中書宣送門下。其宮内諸門，城門郎與見直諸衛及監門大將軍、將軍、中郎將、郎將、折衝、果毅内各一人，俱詣閤覆奏。御注聽，即請合符門鑰。監門官司先嚴門仗，所開之門内外並立隊，燃炬火，對勘符合，然後開之。符雖合，不勘而開者，徒三年。若勘符不合，即合執奏。不奏而爲開者，流二千里。其不承敕而擅開閉者，俱合絞罪。

若錯符、錯下鍵及不由鑰而開者，杖一百；即應閉忘誤不下鍵，應開毀管鍵而開者，徒一年。

疏議曰：若錯符，謂非所開閉之符。及錯下鍵，謂不依常法。及不由鑰而開，謂不用鑰而得開者。此三事，各合杖一百。即應閉，忘誤不下鍵及應開，毀管鍵而開者，各徒一年。謂牝者爲管，牡者爲鍵。

其皇城門，減宮門一等。京城門，又減一等。

疏議曰：皇城門，謂朱雀等門，從合符夜開以下，得罪各減宮門一等。其京城門，謂明德等門，亦從合符夜開以下，得罪各減皇城門一等。

即宮殿門閉訖，而進鑰違遲者，殿門杖一百，經宿加一等，每經一宿，又加一等；宮門以外，遞減一等。其開門出鑰遲，又各遞減進鑰一等。

疏議曰：依《監門式》：駕在大内，宮城門及皇城門鑰匙，每去夜八刻出閉門，二更二點進入。京城門鑰，每去夜十三刻出閉門，二更二點進入。違此不進，是名進鑰違遲。殿門杖一百，經宿加一等，合徒一年；每經一宿，又加一等，既無罪止之文，加至流三千里。宮門以外遞減一等者，即宮門及宮城門進鑰違遲，亦合杖九十，經宿杖一百，每經一宿又加一等，罪止徒三年；皇城門杖八十，罪止徒二年半；京城門杖七十，罪止徒二年。其開門出鑰遲者，依《監門式》：宮城門及皇城門，四更二點出鑰開門。京城門，四更一點出鑰開門。違式出鑰遲者，各遞減進鑰一等，即是殿門杖九十，宮門及宮城門杖八十，皇城門杖七十，京城門杖六十。駕在大明、興慶宮及東都，進請鑰匙，依式各有時刻，違者並依此科罪。

（唐）長孫無忌等《唐律疏議》卷七《衛禁·夜禁宮殿出入》　諸於宮殿門雖有籍，皆不得夜出入。若夜入者，以闌入論；無籍入者，加二等；即持仗入殿門者，絞；夜出者，杖八十。

疏議曰：於宮殿門有籍之人，唯合晝日入出，若因夜開閉而輒入者，以闌入論。無籍夜入者，加二等。即持仗入殿門者，絞；有籍、無籍等，夜出宮殿門，俱杖八十。

若得出入者剩將人出入，各以其罪罪之；被將者知情各減一等，不知情不坐。

疏議曰：謂奉敕聽入出之人，剩將人入出者，各以其罪罪之；有籍者，以闌入論；無籍者，加二等；將出者，杖八十。被將者知情，謂被將之人，知剩將之情，各減前所將罪一等。不知情者，不坐。

（唐）長孫無忌等《唐律疏議》卷七《衛禁·向宮殿射》　諸向宮殿内射，謂箭力所及者。宮垣，徒二年。殿垣，加一等。箭入者，各加一等。即箭入上閤内者，絞。御在所者，斬。

疏議曰：射向宮垣，得徒二年。殿垣，徒二年半。箭入者，宮内，徒二年半；殿内，徒三年。即箭入上閤内者，絞。御在所者，斬。謂御在所宮殿。若非御在所，各減一等。無宮人處，又減一等。皆謂箭及宮殿垣者。若箭力應及宮殿而射不到者，從不應爲重。不應及者，不坐。

問曰：何以知是御在所宮殿？

答曰：向宮垣射，得徒二年。殿垣，徒二年半。準其得罪，與闌入正同。上條：闌入宮殿，非御在所，各減一等。無宮人，又減一等。即驗車駕不在，又無宮人，闌入上閤者，合徒三年。此條箭入上閤，絞。御在所，斬。得罪既同闌入，明爲御在宮中。御若不在，皆同上條減法。箭入宮中，徒一年半。殿中，徒二年。入上閤内，徒三年。放彈及投瓦石者，各減一等。亦謂人力所及者。

疏議曰：放彈及投瓦石，比箭罪輕。放向宮垣，徒一年半。向殿垣，徒二年。入宮内，徒二年。殿内，徒二年半。入上閤内及御在所，流三千里。是爲各減一等。亦謂人力所及者。據彈及投瓦石及宮殿方始得罪，如應及不到，亦從不應爲重上減一等。

殺傷人者，以故殺傷論。

疏議曰：射及放彈，若投瓦石，有殺傷人者，以故殺傷論。殺人者，斬。傷人者，加鬭殺傷一等。即宿衛人，於御在所誤拔刀子者，絞。左右並立人不即執捉者，流三千里。

疏議曰：宿衛人常執兵仗，得帶刀子。若在御所者，非敕遣用，不得輒拔刀子。其有誤拔者，絞。左右並立人見其誤拔，皆須執捉。不即執捉者，流三千里。若有别敕處分令用及仗内賜食者，不坐。但舉宿衛人爲例者，明餘人在御所亦不得誤拔刀子。其有誤拔及傍人不即執捉，一準宿衛人罪。

（唐）長孫無忌等《唐律疏議》卷七《衛禁·車駕行衝隊仗》　諸車駕行，衝隊者，徒一年。衝三衛仗者，徒二年。謂入仗隊間者。

疏議曰：車駕行幸，皆作隊仗。若有人衝入隊間者，徒一年。衝入仗間，徒二年。其仗衛主司依上例，故縱，與同罪。不覺減二等。誤者，各減二等。

疏議曰：若有人誤入隊間，得杖九十。誤入仗間，得徒一年。若畜産唐突守衛不備，入宮門者，杖一百。衝仗衛者，杖八十。

疏議曰：畜産唐突，謂走逸入宮門。守衛不備者，杖一百。入宮城門，罪亦同。若入殿門，律更無文，亦同宮門之坐。衝仗衛者，杖八十。仗衛者，在宮殿及駕行所，得罪並同。

（唐）長孫無忌等《唐律疏議》卷七《衛禁·宿衛上番不到》

諸宿衛人，應上番不到及因假而違者，一日笞四十，三日加一等；過杖一百，五日加一等，罪止徒二年。

疏議曰：宿衛人應上番而不到，及因得假而違者，一日笞四十，三日加一等，滿十九日合杖一百。若過杖一百，五日加一等，罪止徒二年。計三十四日，即當罪止。

問曰：假有宿衛人，番期五日未滿，因一日假，遂違不上，爲當止得四日違罪，唯復累至罪止而科？

答曰：番期有限，限内有故須請假，日滿即須赴番。違假不上，準日科斷。其人四日之外，即當下直，下日不勞請假，豈合計日累科。四日之外，明知不坐。

又問：應上不到，因假而違者，並罪止得徒二年。若準三十四日罪止，便是月番之外。今解下番之日不坐，恐理未盡？

答曰：依式：三衛去京二千里外，六十日上，嶺南爲季上。三十四日罪止，爲包遠道生文。

（唐）長孫無忌等《唐律疏議》卷八《衛禁・宿衛兵仗遠身》 諸宿衛者，兵仗不得遠身，違者杖六十；若輒離職掌，加一等；別處宿者，又加一等。主帥以上，各加二等。

疏議曰：兵仗者，謂横刀常帶；其甲、矟、弓、箭之類，有時應執著者並不得遠身，不應執帶者常自近身。輒遠身者，各杖六十。其職掌之處，依次坐立，輒離職掌，加一等，合杖七十。即於別處宿者，又加一等，合杖八十。主帥以上，各加二等，稱主帥以上，謂隊副以上，至大將軍以下，兵仗遠身杖八十，輒離職掌杖九十，別處宿者杖一百，是各加二等。

（唐）長孫無忌等《唐律疏議》卷八《衛禁・闌入行宮營門》 諸行宮，外營門次營門，與宮門同。內營牙帳門，與殿門同。御幕門，與上閤同。至御所，依上條。

疏議曰：行宮，謂車駕行幸及所至安置之處。外營門、次營門，與宮門同，闌入者，得徒二年。內營牙帳門與殿門同，闌入者，得徒二年半。御幕門與上閤同，闌入者，絞。至御在所，依上條合斬。自餘諸犯，或以闌入論及應加減者，並同正宮殿之法。

（唐）長孫無忌等《唐律疏議》卷八《衛禁・宮內外行夜不覺犯法》 諸宮內外行夜，若有犯法，行夜主司不覺，減守衛者罪二等。

疏議曰：宮內外行夜，並置鋪，持更，即是守衛者。又有探更、行更之人，此行夜者。若當探、行之處，有犯法者，行夜主司不覺，減守衛者罪二等，謂上條：闌入及越垣，守衛不覺減二等。注云：守衛，謂持時專當者。行夜主司不覺犯法，皆減此持時專當人罪二等。

（唐）長孫無忌等《唐律疏議》卷八《衛禁・犯廟社禁苑罪名》 諸本條無犯廟、社及禁苑罪名者，廟減宮一等，社減廟一等，禁苑與社同。

疏議曰：闌入廟、社及禁苑，本條各有罪名。其不立罪名之處，謂闌入至閾未踰、因入輒宿之類，各隨輕重，廟減宮一等，社減廟一等。禁苑與社同。

即向廟、社、禁苑射及放彈、投瓦石殺傷人者，各以鬭殺傷論，至死者加役流。

疏議曰：廟、社及禁苑，非人射及放彈、投瓦石之所。若有輒向射及放彈、投瓦石殺傷人者，各依鬭殺傷人罪法：若箭傷，徒二年；瞎一目，徒三年之類。至死者，唯處加役流。

即箭至隊、仗若闌仗內者，絞。

疏議曰：駕行皆有隊、仗，或闌仗而行。忽有人射箭至隊、仗所及至闌仗內者，各得絞罪。

（唐）長孫無忌等《唐律疏議》卷八《衛禁・宮門等冒名守衛》 諸於宮城門外若皇城門守衛，以非應守衛人冒名自代及代之者，各徒一年。

疏議曰：謂宮城門外隊仗，及傍城助鋪所及朱雀等門，所有守衛之處，以非應守衛人冒名自代及代之者，各得徒一年。

以應守衛人代者，各杖一百。京城門，各減一等。

疏議曰：謂以當色下直，非當上之人自代及代之者，各杖一百。京城門各減一等者，謂明德等諸門非應守衛人自代，從一年徒上減一等，以應守衛人自代，從一百杖上減一等。其在諸處守當者，各又減二等。餘犯應坐者，各減宿衛罪三等。

疏議曰：其在諸處，謂非皇城京城等門，自餘內外捉道守鋪及別守當之處相冒代者，各減京城二等。以非應守衛人自代及代之者，各杖八十。以應守衛人自代及代之者，各杖七十。餘犯應坐者，謂相冒代之外餘犯，或兵仗遠身輒離職掌，及擅配割，或別驅使之類，本條應坐者，各減宿衛人罪三等。若逃走違番，不在減例。

問曰：宿衛人以非應宿衛人冒名自代及代之者，入宮內，流三千里。殿內，絞。若未入宮殿內事發，合得何罪？

答曰：以非應宿衛人自代，重於闌入之罪。若未至職掌之處，事發在宮殿內，止依闌入宮殿而科。如未入宮門事發，律無正條，宜依不應爲重，杖八十。其在宮外諸處冒代，未至職掌處，從不應爲輕，笞四十。

（宋）宋敏求《唐大詔令集》卷一〇〇《政事・官制・誡百官與供奉人交通制》 勅：朕聞事君者必在至公，行己者貴於獨立。如聞供奉近侍之輩，皆因循廣有招攜，未能周慎，爰與朝列，頗相闒茸。苟非親表，不合數至門庭，多行請託，便涉趨附。眷言此弊，須革前非。宜體朕懷，深自戒勵。自今以後，百官輒不得與入内供奉人往還。

（宋）竇儀等《宋刑統》卷七《衛禁律·闌入廟社宮殿門》 諸闌入太廟門及山陵兆域門者，徒二年，闌謂不應入而入者。越垣者徒三年。太社各減一等。守衛不覺減二等，守衛謂持時專當者。主帥又減一等。主帥謂親臨當者。故縱者各與同罪。餘條守衛及監門各準此。

疏：諸闌入太廟門及山陵兆域門者，徒二年。注云：闌謂不應入而入者。議曰：太者，大也。廟者，貌也。言皇祖神主在於中，故名太廟。山陵者，《三秦記》云：秦謂天子墳雲山，漢云陵，亦通言山陵，言高大如山如陵。兆域門者，《孝經》云：卜其宅兆。既得吉兆周兆以爲塋城，皆置宿衛防守，應入出者，悉有名籍，不應入而入爲闌入，各得二年徒坐。其入太廟室，即條無罪名，依下文廟減宮一等之例，減御在所一等，流三千里。若無故登山陵，亦同太室之坐。

又云：越垣者徒三年。太社各減一等。守衛不覺減二等。注云：守衛謂持時專當者。議曰：不從門爲越。垣者，墻也。越太廟、山陵垣者，各徒三年，越太社垣及闌入門，皆減太廟一等。守衛謂軍人於太廟、山陵、太社防守宿衛者。若不覺越垣及闌入，各減罪人罪二等。守衛謂防守衛士，晝夜分時專當者。非持時者不坐。

又云：主帥又減一等。注云：主帥謂親監當者。議曰：主帥謂領兵宿衛太廟、山陵、太社三所者，但當檢校卽坐，不限官之高下，又減守衛人罪一等，唯坐親監當者。

又云：故縱者各與同罪。注云：餘條守衛及監門各準此。議曰：故縱者，謂知其不合入而聽入，或知越垣而不禁，並與犯法者同罪。餘條守衛宮殿及諸防禁之處，皆有監門及守衛，故縱、不覺得罪各準此。

諸闌入宮門徒二年，闌入宮城門亦同。餘條應坐者亦準此。殿門徒二年，半持仗者各加二等。仗謂兵器杵棒之屬。餘條稱仗準此。入上閤内者絞，若有仗衛，同闌入殿門法。其宮内諸門不立籍禁，而得通内者並準此。若持仗及至御在所者斬。迷誤者上請。卽應入上閤内，但仗不入而持寸刃入者，亦以闌入論。仗雖入，不應帶橫刀而帶入者，減二等。卽闌入御膳所者，流三千里，入禁苑者徒一年。

疏：諸闌入宮門徒二年。注云：闌入宮城門亦同。餘條應坐者亦準此。議曰：宮門皆有籍禁，不應入而入者，得徒二年。宮門、宮城門闌入得罪並同，餘條應坐者亦準此。宮門得罪謂越垣及防禁、違式冒代之類。

又云：殿門徒二年半，持仗者各加二等。注云：仗謂兵器杵棒之屬。餘條稱仗準此。議曰：殿門闌入者徒二年半。持仗各加二等，謂將兵器杵棒等闌入宮門，得徒三年，闌入殿門得流二千里。兵器謂弓箭刀稍之類，杵棒或鐵或木爲之皆是，故云之屬。餘條謂下文持仗及至御在所者，並持仗强盗者，並準此。

又云：入上閤内者絞。注云：若有仗衛，同闌入殿門法。其宮内諸門不立籍禁，而得通内者亦準此。議曰：上閤之内，謂崇元殿東爲左上閤，西爲右上閤，其門無籍，應入者準敕引入，闌入者絞。若有仗衛者，上閤之中不立仗衛，内坐喚仗，始有仗入。其有不應入而入者，同闌入殿門，徒二年半，持仗者流二千里。其宮内諸門不立籍禁，謂宮殿等門而得通内而輒闌入者，並得絞罪，若有仗衛，亦同殿門法。

又云：若持仗及至御在所者斬。注云：迷誤者上請。議曰：謂持仗入上閤及通内諸門，並不持仗而至御在所者各斬。迷誤謂非故闌入者，上請聽敕。

又云：卽應入上閤内，但仗不入而持寸刃入者，亦以闌入論。議曰：應入上閤内者，謂奉敕喚仗，隨仗引入者，得帶刀子之屬。若仗不在内而持寸刃入者，卽以闌入論。若非兵器杵棒之屬，止得絞刑，持仗者斬。

又云：仗雖入，不應帶橫刀而帶入者，減二等。議曰：仗雖入上閤内，不應帶橫刀而輒帶入者，減罪二等，合徒三年。

又云：卽闌入御膳所者流三千里，入禁苑者徒一年。議曰：御膳所謂供御造食之處，其門亦禁，不應入而入者，流三千里。闌入禁苑者徒一年。禁苑謂御苑，其門有籍禁。御膳以下闌入，雖卽持仗及越垣，罪亦不加。

諸闌入者，以踰閾爲限。至閾未踰者，宮門杖八十，殿門以内遞加一等。其越殿垣者絞，宮垣流三千里，皇城減宮垣一等，京城又減一等。

疏：諸闌入者，以踰閾爲限。至閾未踰者，宮門杖八十，殿門以内遞加一等。議曰：閾者謂門限。闌入之人行至門限未踰過，若至宮門，得杖八十。宮内人不應入殿門，至殿門閾未踰者，杖九十。殿内宿衛人至上閤閾未踰者，杖一百。

又云：其越殿垣者絞，宮垣流三千里，皇城減宮垣一等，京城又減一等。議曰：越過殿垣者，無問出入，俱至絞刑。宮垣流三千里，皇城減宮垣一等，皇城垣合徒三年，京城垣又減一等，合徒二年半。

諸於宮殿門無籍，及冒承人名而入者，以闌入論。守衛不知冒名情，宮門杖八十，殿門以内遞加一等。

疏：諸於宮殿門無籍，及冒承人名而入者，以闌入論。議曰：應入宮殿，在京諸司皆有籍，其無籍應入者，皆引入。其無籍不得人引而詐言有籍，及冒承人名而入者，宮門徒二年，殿門徒二年半，持仗者各加二等。

又云：守衛不知冒名情，宮門杖八十，殿門以内遞加一等。議曰：守衛謂持時專當親主籍者。應入者唱名始過。不知冒名情者，不識其人，無心私許，宮門杖八十，殿門以内遞加一等。但云不知冒情，不云不知無籍詐入者，但冒承人名，有所憑據，人難識盡，是故罪輕。無籍而入者，準闌入不覺、故縱法。

（宋）竇儀等《宋刑統》卷七《衛禁律·宿衛人冒名自代》　諸宿衛者，以非應宿衛人冒名自代及代之者，入宮内流三千里，殿内絞。若以應宿衛人謂已下直者。自代及代之者，各以闌入論。主司不覺減二等，知而聽行與同罪。主司謂應判遣及親監當之官，餘條主司準此。

疏：諸宿衛者，以非應宿衛人冒名自代及代之者，入宮内流三千里，殿内絞。議曰：宿衛者，謂大將軍以下、衛士以上，以次當上，宿衛宮殿，上番之日，皆據籍書。若以非應宿衛人，謂非諸衛大將軍、軍人，以外冒名自代及代之者，入宮内並流三千里，殿内並絞。

又云：若以應宿衛人。注云：謂已下直者。又云：自代及代之者，各以闌入論。議曰：應宿衛人，謂諸衛所管應入宮殿上番者。注云：謂已下直者。未當上番人之色，自代及代之者，彼此各以闌入罪，論闌入之罪，一準上法。

又云：主司不覺減二等，知而聽行與同罪。注云：主司謂應判遣及親監當之官，餘條主司準此。議曰：主司謂折衝府及諸衛判兵之官，不覺人冒名自代及代之者，減所犯人罪二等。若知相代之情而聽行者，各與同罪。若冒代之事從府而來，即以府官所由爲首，餘官節級釋曰：節級猶等級也。爲從坐。衛官不覺，遞減府官一等。如相冒之罪由衛，即以衛官所由爲首，餘官節級爲罪，府司不坐。及親監當之官者，諸衛當上人兵，各有本部主帥，雖從別團配隸，亦是監當之限。餘條主司準此者，謂一部律内，但言主司並不覺減二等，知而聽行與同罪。

（宋）竇儀等《宋刑統》卷七《衛禁律·因事入宮（門）殿輒宿未著門籍入宮殿　宮殿内作罷不出　登高視宮殿中》　諸因事得入宮殿而輒宿及容止者，各減闌入二等。即將領人入宮殿内，有所迎輸、造作，門司未受文牒而聽入，及人數有賸者，各以闌入論，至死者加役流。將領主司知者，各減闌入罪一等。入者知又減五等，不知者不坐。

疏：諸因事得入宮殿而輒宿及容止者，各減闌入二等。議曰：因事得入宮殿者，謂朝參、辭見、迎輸、造作之類。不合宿者而輒宿及容止，所宿之人各減闌入罪二等，在宮内徒一年，殿内徒一年半。

又云：即將領人入宮殿内有所迎輸、造作，門司未受文牒而聽入，及人數有賸者，各以闌入論，至死者加役流。議曰：將領人入宮殿有所迎出，有所輸送，造作謂宮内營造，門司皆須得牒，然后聽入。若未受文牒而輒聽入，及所入人數有賸者，門司各以闌入論。若入上閤内及御在所，應至死者，門司各加役流。

又云：將領主司知者，各減闌入罪一等。入者知又減五等，不知者不坐。議曰：將領主司謂領人迎輸、造作，知門司未受文牒，及人數有賸而領入者，各減闌入罪一等，宮内徒一年半，殿内徒二年，入上閤内及至御在所流三千里。入者知又減五等。稱又者，謂減將領者罪五等。不知情入者不坐。

問曰：將領主司知者，減闌入罪一等，不言不知。若有不知而領入者，合得何罪？

答曰：上條冒名相代，各以闌入罪論，主司不覺減二等，注云：餘條主司準此。明將領主司不知得減知情二等，上既有例，故不生文。

諸應入宮殿，未著門籍而入，雖有長籍，但當下直而輒入者，各減闌入五等。即宿次未到而輒宿，及籍在東門而從西門入者，又減二等。

疏：諸應入宮殿，未著門籍而入，雖有長籍，但當下直而輒入者，各減闌入五等。

議曰：應入宮殿，在京諸司入宮殿者，皆著門籍。若未著門籍而輒入，或雖有長籍，謂宿衛長上人，雖一日上兩日下，皆有長籍，當下之日，未合入宮殿，但當下直而輒入，各減闌入罪五等。

又云：即宿次未到而輒宿，及籍在東門而從西門入者，又減二等。議曰：即宿次未到者，謂應供奉之官及内官當直，各有宿次，其宿次未到而輒宿，及籍在東門而從西門入者，依令非應從正門入者，各從便門著籍。假如西門有籍而從東門入，或側門有籍而從正門入，各又減罪二等，謂減闌入罪七等。

諸在宮殿内作罷而不出者，宮内徒一年，殿内徒二年，御在所者絞。闌仗應出而不出者亦同。不覺及迷誤者上請。將領主司知者與同罪，不知者各減一等。闌仗主司搜人不盡者各準此。若於闌仗内誤遺兵仗者，杖一百。弓箭相須乃坐。

疏：諸在宮殿内作罷而不出者，宮内徒一年，殿内徒二年，御在所者絞。注云：闌仗應出而不出者亦同。議曰：在宮殿内作罷者，丁夫雜匠之徒作了，其有應出不出者，宮內徒一年，殿內徒二年，御在所者絞。若有闌仗應出者，並卽須出，有不出者，得罪與御在所同。

問曰：在宮殿內及御在所作罷不出，律有正文，若在上閤內不出，律既無文，若爲處斷？

答曰：上閤之內，例與闌仗所同。應出不出，此條無文者，爲上文注云：闌仗應出不出，與御在所同。上閤內有宮人，同御在所，合絞，御不在又無宮人減二等。

又云：不覺及迷誤者上請。議曰：營作之所，院宇或別，不覺衆出，或迷誤失道，錯向別門，非故不出，皆得上請。

又云：將領主司知者與同罪，不知者各減一等。注云：闌仗主司搜人不盡者各準此。議曰：將領主司謂領人入者。若知有人不出，不卽言者，與不出人同罪。其不知有人不出者，各減一等，謂御所宮殿內各得減一等。闌仗主司謂領人搜索闌仗者。其闌仗內有人不出，各準將領主司之罪，故云各準此。

又云：若於闌仗內誤遺兵仗者，杖一百。注云：弓箭相須乃坐。議曰：闌仗之內人皆出盡，所有兵器亦不合留，或有誤遺兵仗者，合杖一百。兵仗之法，應須堪用，或遺弓無箭，或遺箭無弓，俱不得罪，故云弓箭相須乃坐。

問曰：誤遺弩弓無箭，或遺箭無弩，或有楯而無矛，各得何罪？

答曰：弓箭相須乃坐，弩箭無弓，與常箭不別，有弩弓無箭，亦非兵仗之限，楯則獨得無用，亦與有弓無箭義同。

諸登高臨宮中者徒一年，殿中加二等。若於宮殿中行御道者徒一年，有橫道及門仗外越過者非。宮門外者笞五十。誤者各減二等。

疏：諸登高臨宮中者徒一年，殿中加二等。議曰：宮殿之所皆不得登高臨視，若視宮中徒一年，視殿中徒二年。

又云：若於宮殿中行御道者徒一年。注云：有橫道及門仗外越過者非。議曰：宮殿中當正門爲御道，人臣並不得行，其在宮殿中及宮城中而行御道者，各徒一年。若有橫道，殿前卽有橫階，殿內亦有橫道，殿門、宮門內外立仗之處，仗外雖無橫道，越過者無罪。

又云：宮門外者笞五十。誤者各減二等。議曰：宮門、宮城門，準例，宮城門有犯，與宮門同。今云宮門外者，卽宮門外行御道者，得笞五十。誤者各減二等，謂從殿中至宮門外誤行御道者，各得減二等。其登高臨宮殿中有誤者，亦減罪二等。

（宋）竇儀等《宋刑統》卷七《衛禁律·宿衛人被奏劾先收兵仗》

諸宿衛人被奏劾者，本司先收其仗，違者徒一年。謂在宮殿中直者。

疏議曰：宿衛人謂衛士以上、諸衛大將軍以下，有犯法被奏劾者，本司謂當衛主司及主帥等，先收其仗，違而不收者，得徒一年。本司及主帥各以所管應收仗而不收者，一人得罪。謂在宮殿中當上直者，宮外宿不在此限。

（宋）竇儀等《宋刑統》卷七《衛禁律·應出宮殿不出通傳宮人書信》

諸應出宮殿而門籍已除，輒留不出，及被告劾，已有公文禁止，籍雖未除，不得輒入宮殿，犯者各以闌入論。

疏議曰：應出宮殿，謂故任行使假患番下事故等。依令，門籍當日卽除，門籍已除，其人輒留不出，雖無假患等事，及被告劾已有文牒令禁止，籍雖未除，皆不得輒入宮殿。如有犯者，各以闌入論。

諸犯闌入宮殿，非御在所者，各減一等，無宮人處又減一等。入上閤內有宮人者不減。卽雖非闌入，輒私共宮人言語，若親爲通傳書信及衣物者絞。

疏：諸犯闌入宮殿，非御在所者，各減一等，無宮人處又減一等。注云：入上閤內有宮人者不減。議曰：諸條稱闌入宮殿得罪者，其宮殿之所，御若不在，各得減闌入罪一等。雖是宮殿，見無宮人，又得減罪一等。假若在外諸宮，有宿衛人防守而闌入，合徒一年之類，若入上閤內有宮人，雖非御在所，亦合絞，無宮人處亦減二等。

又云：卽雖非闌入，輒私共宮人言語，若親爲通傳書信及衣物者絞。議曰：文云，雖非闌入，卽是得應入宮之人，不得私與宮人言語。其親爲通傳書信、衣物者，謂親於宮人處領得書信、衣物將出，及將外人書信、衣物付與宮人訖者，並得絞坐。

（宋）竇儀等《宋刑統》卷七《衛禁律·宿衛人不依職掌次第》

諸宿衛人已配仗衛，而官司輒回改者，杖一百。若不依職掌次第，擅配割及別驅使者，罪亦如之。

疏議曰：依式，衛士以上應當番宿衛者，皆當衛見在長官割配，於職掌之所，各依仗衛次第坐立。卽職掌已定，若官司無故輒回改者，合杖一百，應須回改者不坐。若不依職掌次第而擅配隸，乖於式文，及將別處驅使者，亦各杖一百。其有私使計庸重者，從重論。

（宋）竇儀等《宋刑統》卷七《衛禁律·夜開宮殿門出入向宮殿射》

諸奉敕以合符夜開宮殿門，符雖合，不勘而開者，徒三年。若勘符不合而爲開者，流二千里。其不承敕而擅開閉者絞。若錯符、錯下鍵及不由鑰而開者，杖一百。即應閉忘誤不下鍵，應開毀管鍵而開者，徒一年。其皇城門減宮門一等，京城門又減一等。即宮殿門閉訖而進鑰違遲者，殿門杖一百，經宿加一等，每經一宿又加一等，宮門以外遞減一等。其開門出鑰遲，又各遞減進鑰一等。

疏：諸奉敕以合符夜開宮殿門，符雖合，不勘而開者，徒三年。若勘符不合而爲開者，流二千里。其不承敕而擅開閉者絞。議曰：奉敕以合符夜開宮殿門，依《監門式》，受敕人具録須開之門，並入出帳，宣敕送中書，中書宣送門下。其宮内諸門、城門即與見直諸衛及監門大將軍、將軍、中郎將、郎將、折衝、果毅内各一人俱詣閤覆奏，御注聽，即請合符門鑰，監門官司先嚴門仗，所開之門，内外並立隊然炬火，對勘符合，然后開之。符雖合，不勘而開者，徒三年。若勘符不合，即合執奏，不奏而爲開者，流二千里。其不承敕而擅開閉者，俱合絞罪。

又云：若錯符、錯下鍵及不由鑰而開者，杖一百。即應閉忘誤不下鍵，應開毀管鍵而開者，徒一年。議曰：若錯符，謂非所開閉之符。及錯下鍵，謂不依常法。及不由鑰而開，謂不用鑰而得開者。此三事各合杖一百。即應閉忘誤不下鑰，及應開毀管鍵而開者，各徒一年。謂牝者爲管，牡者爲鍵。

又云：其皇城門減宮門一等，京城門又減一等。議曰：皇城門從合符夜開以下，得罪各減宮門一等，其京城門亦從合符夜開以下，得罪各減皇城門一等。

又云：即宮殿門閉訖而進鑰違遲者，殿門杖一百，經宿加一等，每經一宿又加一等，宮門以外遞減一等。其開門出鑰遲，又各遞減進鑰一等。議曰：依《監門式》，駕在大内宮城門及皇城門鑰匙每去夜八刻出閉門，二更二點進入，京城門鑰每去夜十三刻出閉門，二更二點進入。違此不進，是名進鑰違遲，殿門杖一百，經宿加一等，合徒一年，每經一宿又加一等。既無罪止之文，加至流三千里。宮門以外遞減一等者，即宮門及宮城門進鑰違遲亦合杖九十，經宿杖一百，每經一宿又加一等，罪止徒三年。皇城門杖八十，罪止徒二年半。京城門杖七十，罪止徒二年。其開門出鑰遲者，依《監門式》，宮城門及皇城門四更二點出鑰開門，京城門四更一點出鑰開門，違式出鑰遲者，各遞減進鑰一等，即是殿門杖九十，宮門及宮城門杖八十，皇城門杖七十，京城門杖六十。駕在大明興慶宮及西京，進請鑰匙，依式各有時刻，違者並依此科罪。

諸於宮殿門雖有籍，皆不得夜出入，若夜入者，以闌入論。無籍入者加二等。即持仗入殿門者絞，夜出者杖八十。若得出入者，賸將人出入，各以其罪罪之。被將者知情各減一等，不知情不坐。

疏：諸於宮殿門雖有籍，皆不得夜出入，若夜入者，以闌入論。無籍入者加二等。即持仗入殿門者絞，夜出者杖八十。議曰：於宮殿門有籍之人，唯合晝日入出，若因夜開閉而輒入者，以闌入論。無籍夜入者加二等。即持仗入殿門者絞。有籍、無籍等夜出宮殿門，俱杖八十。

又云：若得出入者，賸將人出入，各以其罪罪之。被將者知情各減一等，不知情不坐。議曰：謂奉敕聽入出之人，賸將人入出者，各以其罪罪之。有籍者以闌入論，無籍者加二等，將出者杖八十。被將者知情，謂被將之人知賸將之情，各減前所將罪一等，不知情者不坐。

諸向宮殿内射，謂箭力所及者。宮垣徒二年，殿垣加一等，箭入者各加一等。即箭入上閤内者絞，御在所者斬。放彈及投瓦石者各減一等，亦謂人力所及者。殺傷人者以故殺傷論。即宿衛人於御在所誤拔刀子者絞，左右並立人不即執捉者流三千里。

疏：諸向宮殿内射。注云：謂箭力所及者。又云：宮垣徒二年，殿垣加一等，箭入者各加一等。即箭入上閤内者絞，御在所者斬。議曰：射向宮垣，得徒二年。殿垣徒二年半。箭入者，宮内徒二年半，殿内徒三年。即箭入上閤内者絞，御在所者斬，爲御在所宮殿，若非御在所，各減一等，無宮人處又減一等，皆謂箭入宮殿垣者，若箭力應及宮殿而射不到者，從不應爲重，不應及者不坐。

問曰：何以知是御在所宮殿？

答曰：向宮垣射，得徒二年，殿垣徒二年半，準其得罪，與闌入正同。上條闌入宮殿，非御在所各減一等，無宮人又減一等，即驗車駕不在又無宮人，闌入上閤者合徒三年。此條箭入上閤絞，御在所斬，得罪既同闌入，明爲御在宮中。御若不在，皆同上條減法，箭入宮中徒一年半，共中徒二年，入上閤内徒三年。

又云：放彈及投瓦石者，各減一等。注云：亦謂人力所及者。議曰：放彈及投瓦石，比箭罪輕，放向宮垣徒一年半，向殿垣徒二年，入宮内徒二年，殿内徒二年半，入上閤内及御在所流三千里，是爲各減一等。亦謂人力所及者，據彈及投瓦石及宮殿，方始得罪，如應及不到，亦從不應爲重，上減一等。

又云：殺傷人者，以故殺傷論。議曰：射及放彈若投瓦石，有殺傷人者，以故殺傷論。殺人者斬，傷人者加鬬殺傷一等。

又云：即宿衛人於御在所誤拔刀子者絞，左右並立人不即執捉者流三千里。議曰：宿衛人常執兵仗，得帶刀子，若在御所者，非敕遣用，不得輒拔刀子，其有誤拔者絞。左右並立人見其誤拔，皆須執捉，不即執捉者流三千里。若有別敕處分令用，及仗內賜食者不坐。但舉宿衛人爲例者，明餘人在御所亦不得誤拔刀子，其有誤拔及旁人不即執捉，一準宿衛人罪。

（宋）竇儀等《宋刑統》卷七《衛禁律·衝車駕隊仗》　諸車駕行衛隊者，徒一年，衝三衛仗者徒二年，謂入仗隊間者。誤者各減二等。若畜産唐突，守衛不備，入宮門者，杖一百，衝仗衛者杖八十。

疏：諸車駕行衛隊者，徒一年，衝三衛仗者徒二年。注云：謂入仗隊間者。議曰：車駕行幸，皆作隊仗，若有人衝入隊間者，徒一年，衝入仗間徒二年。其仗衛主司依上例故縱，與同罪，不覺，減二等。

又云：誤者各減二等。議曰：若有人誤入隊間，得杖九十，誤入仗間，得徒一年。

又云：若畜産唐突，守衛不備，入宮門者，杖一百，衝仗衛者杖八十。議曰：畜産唐突，謂走逸入宮門，守衛不備者，杖一百，入宮城門罪亦同。若入殿門，律更無文，亦同宮門之坐。衝仗衛者，杖八十。仗衛者在宮殿及駕行所，得罪並同。

（宋）竇儀等《宋刑統》卷七《衛禁律·宿衛人上番不到》　諸宿衛人應上番不到，及因假而違者，一日笞四十，三日加一等，過杖一百，五日加一等，罪止徒二年。

疏議曰：宿衛人應上番而不到，及因得假而違者，一日笞四十，三日加一等，滿十九日合杖一百。若過杖一百，五日加一等。罪止徒二年，計三十四日即當罪止。

問曰：假有宿衛人番期五日未滿，因一日假，遂違不上，爲當止得四日違罪，爲復累至罪止而科？

答曰：番期有限，限內有故須請假，日滿即須赴番。違假不上，準日科斷。其人四日之外，即當下直，下日不勞請假，豈合計日累科四日之外，明知不坐。

又曰：應上不到，因假而違者，並罪止得徒二年。若準三十四日罪止，便是月番之外。今解下番之日不坐，恐理未盡。

答曰：依式，三衛去京二千里外，六十日上，嶺南爲季上。三十四日罪止，爲包遠道生文。

（宋）竇儀等《宋刑統》卷八《衛禁律·宿衛人兵仗不得遠身》　諸宿衛者兵仗不得遠身，違者杖六十，若輒離職掌加一等，別處宿者又加一等，主帥以上各加二等。

疏議曰：兵仗者，謂橫刀常帶，其甲矟弓箭之類，有時應執著者，並不得遠身。不應執帶者，常自近身。輒遠身者，各杖六十。其職掌之處依次坐立，輒離職掌加一等，合杖七十。即於別處宿者，又加一等，合杖八十。主帥以上各加二等。稱主帥以上，謂隊副以上至大將軍以下，兵仗遠身杖八十，輒離職掌杖九十，別處宿者杖一百，是各加二等。

（宋）竇儀等《宋刑統》卷八《衛禁律·行宮諸犯同宮殿法宮內外行夜犯法　犯廟社禁苑》　諸行宮外營門、次營門與宮門同，內營牙帳門與殿門同，御幕門與上閤同，至御所依上條。

疏議曰：行宮謂車駕行幸及所至安置之處。外營門、次營門與宮門同，闌入者得徒二年，內營牙帳門與殿門同，闌入者得徒二年半，御幕門與上閤同，闌入者絞，至御在所，依上條合斬。自餘諸犯或以闌入論，及應加減者，並同正宮殿之法。

諸宮內外行夜若有犯法，行夜主司不覺，減守衛者罪二等。

疏議曰：宮內外行夜，並置鋪持更，即是守衛者。又有探更行更之人，此行夜者。若當探行之處，有犯法者，行夜主司不覺，減守衛者罪二等。謂上條闌入及越垣，守衛不覺減二等，注云守衛謂持時專當者。行夜主司不覺犯法，皆減此持時專當人罪二等。

諸本條無犯廟社及禁苑罪名者，廟減宮一等，社減廟一等，禁苑與社同。即向廟社、禁苑射及放彈、投瓦石殺傷人者，各以鬬殺傷論，至死者加役流。即箭至隊仗若闌仗內者絞。

疏：諸本條無犯廟社及禁苑罪名者，廟減宮一等，社減廟一等，禁苑與社同。議曰：闌入廟社及禁苑，本條各有罪名，其不立罪名之處，謂闌入至閾未踰，因入輒宿之類，各隨輕重，廟減宮一等，社減廟一等，禁苑與社同。

又云：即向廟社、禁苑射及放彈、投瓦石殺傷人者，各以鬬殺傷論，至死者加役流。議曰：廟社及禁苑非人射及放彈、投瓦石之所，若有輒向射及放彈、投瓦石殺傷人者，各依鬬殺傷人罪法，若箭傷徒二年，瞎一目徒三年之類，至死者唯處加役流。

又云：即箭至隊仗若闌仗內者絞。議曰：駕行皆有隊仗或闌仗而行，忽有人射箭至隊仗所及至闌仗內者，各得絞罪。

（宋）竇儀等《宋刑統》卷八《衛禁律·京城宮城門守衛人相代》　諸於宮城門外若皇城門守衛，以非應守衛人冒名自代及代之者，各徒一年。以應守衛人代者，各杖一百。京城門各減一等。其在諸處守當者，各又減二等。餘犯應坐者，各減宿衛罪三等。

疏：諸於宮城門外若皇城門守衛，以非應守衛人冒名自代及代之者，各徒一年。議曰：謂宮城門外隊仗，及傍城助鋪所及皇城門，所有守衛之處，以非應守衛人冒名自代及代之者，各得徒一年。

又云：以應守衛人代者，各杖一百。京城門各減一等。議曰：謂以當色下直，非當上之人自代及代之者，各杖一百。京城門各減一等者，謂京城等諸門非應守衛人自代，從一年徒上減一等，以應守衛人自代，從一百杖上減一等。

又云：其在諸處守當者，各又減二等。餘犯應坐者，各減宿衛罪三等。議曰：其在諸處，謂非皇城、京城等門，自餘内外捉道守鋪及别守當之處，相冒代者，各減京城二等。以非應守衛人自代及代之者，各杖八十，以應守衛人自代及代之者，各杖七十。餘犯應坐者，謂冒代之外餘犯，或兵仗遠身、輒離職掌及擅配割或别驅使之類，本條應坐者，各減宿衛人罪三等。若逃走違番，不在減例。

問曰：宿衛人以非應宿衛人冒名自代及代之者，入宮内流三千里，殿内絞。若未入宮殿内事發，合得何罪？

答曰：以非應宿衛人自代，重於闌入之罪。若未至職掌之處事發，在宮殿内止依闌入宮殿而科，如未入宮門事發，律無正條，宜依不應爲重，杖八十。其在宮外諸處冒代，未至職掌處，從不應爲輕，笞四十。

（宋）竇儀等《宋刑統》卷二一《鬬訟律・宮殿内争毆》 諸於宮内忿争者，笞五十，聲徹御所及相毆者，徒一年。以刃相向者，徒二年。殿内遞加一等，傷重者又加鬬傷二等。計加重於本罪，卽須加。餘條稱加者準此。

疏：諸於宮〔門〕〔内〕忿争者，笞五十，聲徹御所及相毆者，徒一年。以刃相向者，徒二年。議曰：宮殿之内，致恭犯翼祖廟諱改爲恭。之所，忽敢忿争，情乖恭肅，故宮内忿争者笞五十。《衛禁律》云，宮城有犯，與宮門同。若忿競之聲徹於御所，及有相毆擊者，各徒一年。以刃相向者，徒二年。既不論兵刃，卽是刃無大小之限。

又云：殿内遞加一等，傷重者又加鬬傷二等。注云：計加重於本罪，卽須加。餘條稱加者準此。議曰：殿内忿爭遞加一等者，謂殿内忿爭杖六十，聲徹御所及相毆者徒一年，以刃相向徒二年半。若上閤内忿爭杖七十，聲徹御所及相毆者徒二年，以刃相向者徒三年。傷重者各加鬬傷二等。假有凡鬬，以他物毆傷人，内損吐血，合杖一百，宮内加二等，徒一年半，卽重於宮内相毆徒一年。凡鬬毆的折齒，合徒一年，若於殿内，是傷重，加二等，合徒二年，是重於殿内相毆徒一年半。此爲各加鬬傷二等，注云：計加重於本罪，卽須加。謂殿内凡鬬，相毆不傷，合徒一年半，假有甲於殿内毆緦麻尊長，本罪合徒一年，由在殿内，故加罪二等，合徒二年，是名計加重於本罪。不加本罪者，假如毆緦麻兄姊合杖一百，以在殿内故加二等，合徒一年半，卽與殿内凡鬬罪同，此是計加不重於本罪，止依本徒一年半爲坐。餘條稱加者準此，謂一部律内，稱加得重於本罪者，卽須加，加不重者，從本法。

（宋）竇儀等《宋刑統》卷二七《雜律・失火倉庫内不得然火 非時燒田野 故燒公私舍宅蠶簇〔五穀財物〕積聚〔田苗〕 見火不告 不救 水火有所損敗》

諸於山陵兆域内失火者，徒二年。延燒林木者，流二千里。殺傷人者，減鬬殺傷一等。其在外失火而延燒者，各減一等。餘條在外失火準此。

疏議曰：山陵前已釋訖，兆域者，鄧展云：除地爲塋，將有形兆。韋昭曰：兆，域也。起土爲塋域。《孝經》曰：卜其宅兆而安厝之。然山陵兆域之所，皆有宿衛之人，而於此内失火者，徒二年。延燒兆域内林木者，流二千里。殺傷人者，減鬬殺傷一等。其在外失火，謂於兆域外失火，延燒兆域内及林木者，各減一等。謂延燒兆域内徒二年上減一等，若延燒林木者，流二千里上減一等。注云：餘條謂在外失火準此，餘條庫藏以下諸條，因在外失火延燒者，各減於内失火一等。【略】

諸於官府廨院及倉庫内失火者，徒二年。在宮内加二等。廟社内亦同。損害贓重者，坐贓論。殺傷人者，減鬬殺傷一等。延燒廟及宮闕者絞，社減一等。

疏議曰：若有人於内外官府、公廨院宇之中，及倉軍内失火者，徒二年。宮内加二等。宮内謂殿門外有禁門，其内並是，若失火者，徒三年。注云：廟社内亦同。謂於宗廟及太社院内失火，亦徒三年。損害贓重者，謂因失火延燒，有所損害財物，計贓重於徒二年者，卽準坐贓科之。謂燒官府廨内財物，計贓五十匹，合徒三年。若因火有殺傷人者，減鬬殺傷罪一等，謂殺人者流三千里，傷人折二支徒三年。若殺傷畜産，不合從上條稱減鬬殺傷一等，償減價，自從水火損敗，誤失不償。延燒廟及宮闕者絞，社減一等，流三千里。【略】

諸見火起，應告不告，應救不救，減失火罪二等。謂從本失罪減。其守衛宮殿、倉庫及掌囚者，皆不得離所守救火，違者杖一百。

疏議曰：見火起燒公私廨宇、舍宅、財物者，並須告見在及鄰近之人共救。若不告不救，減失火罪二等。謂若於官府廨宇内及倉庫，從徒二年上減二等，合徒一年。若於宮及廟社内，從徒三年上減二等，徒二年。若於私家，從笞五十上減二等，笞三十。故注云，從本失罪減，明卽不從延燒減之。其守衛宮殿、倉庫及掌囚者，雖見火起，並不得離所守救火，違者杖一百。雖見火起不告，亦不合罪。

（宋）佚名《宋大詔令集》卷三五《親王・降黜・廢楚王元佐為庶人

制雍熙二年九月庚戌》 楚王元佐，童丱以來，愛慈斯厚，洎其成長，性忽變移，訓導莫從，狂詩自恣，親行殘忍之事，潛形詛詈之言。忽於宮中，縱火爲患，違教敗禮，所不能言。其廢爲庶人，均州安置。

（宋）佚名《宋大詔令集》卷一四八《政事・禮樂・誡約文武官出入據品秩回避命婦車擔與文武相遇亦須回避詔大中祥符元年二月庚申》 公朝之容，具存於典册。官品之制，蓋辨於等威。錫車服者既異其物儀，峻陛級者是崇於堂奧。義資奪獎，禮在肅恭。嘗頒詔條，明示約束。固宜遵守，豈合因循。如聞近年，頗有踰越。或入趨禁闥，促轡以爭先。或相遇中衢，徐行而靡顧。以至罄其徒御，冒臺閣之尊崇，恃乃車輿，絕衣冠之導從。莫知貴賤之分，殊乖避讓之方，有玷時風，深紊朝體。宜申著令，用式彝章。自今文武群官，內庭出入，道路相逢，據品秩回避側立，一依儀制。命婦車擔與文武相遇，亦須回避，不得交雜導從。仍令所司告示，違者具名以聞。

（宋）佚名《宋大詔令集》卷一九九《政事・禁約・禁約內臣將命不得收受牒訴詔大中祥符六年正月戊申》 比來內臣將命出外，不許干預州郡事，如聞有收受牒訴，送所在州縣，官吏不敢拒之。恐緣此或致枉抑，自今宜切禁絕，違者重論之。州郡受而不奏者同罪。

（宋）佚名《宋大詔令集》卷三五《親王・降黜・榮王元儼降封端王制大中祥符八年五月壬午》 朕纂承基構，臨御家邦，遵惕厲以介懷，守典刑而求理。言念天倫之屬，備知日慎之規。其或不謹周防，自貽瀆□，迫於公論，用舉朝章。安靜武信等軍節度使，開府儀同三司、檢校太尉、兼中書令榮王元儼，時惟同氣，居然茂親。昔聞道於紫庭，具膺先訓，逮疏封於朱邸，克懋善猷。勗以向方，保乎成德，所宜深慮，用警未然。而近侍之間，慢藏生隙，宮庭之内，烈焰俄興，更涉夙宵，燔延棟宇。命攸司而按問，罪既有歸，懲戢下之因循，法非獲已。粗申彝典，猶務矜寬，改分土於小邦，省建牙於兼鎮。勿忘修省，式務至公，可依前檢校太尉、兼中書令、充安靜軍節度使，降封端王。

（宋）佚名《宋大詔令集》卷二〇《皇后・廢黜・淨妃等外宅詔景祐元年八月壬申》 朕祗紹慶基，務敦靜治。每遵勤儉，用洽沖寧。至於宮掖之中，嬪侍之列，維僅充於儀職，而靡厚於寵私。頃以中闈，有虧善道，降處次妃之位，仍從別館之居，尚邇嚴宸，未叶彝制。郭氏宜令於外宅居止，更不入內。美人尚氏，昨由下陳，列於近侍，素非令淑，但肆驕矜，宜特貸刑章，令於洞真宮披戴，永不得入內。美人楊氏，自居左右，靡蹈箴規，宜令出內，於別宅安置。長秋之重，陰教是宜，顧厥位以難虛，必惟賢而是擇，當求德閥，以稱坤儀，屬於勳舊之家，兼咨甲冠之族，將行聘納，式助烝嘗。曩日母后垂簾，兼示慈愛，遂有臣僚戚屬，進獻女口入宮，留處掖庭，頗彰物論，宜並放出。朕常思恬素，動守端莊，在於聲色間，絕無溺惑之意。況每覩古籍，備鑒前修，上或恣於耽荒，下必爭於寵幸，虧德敗度，莫甚於茲。固深念於防閑，弗暫忘於規戒。自此八月之選，無事於訪求，九御之□，庶臻於簡肅。咨爾宰職，克輔善猷，宣布多方，知朕此意。

（宋）司馬光《溫國文正公文集》卷二〇《論夜開宮門狀》 右臣竊聞今月二十五日，十三公主薨。其日宮中送殯出城，留宮門及城門至夜深方閉，物情駭異，以爲非宜。雖陛下慈愛至深，然門闕之禁，不可不嚴。若以式律言之，夜開宮殿門及城門者，皆須有墨敕魚符。其受敕人具録所開之門，並出入人帳，送中書門下。自監門衛大將軍以下，俱詣閤覆奏。御注聽即請合符，門鑰監門官司，先嚴門仗，所開之門，內外並立隊，燃炬火，對勘符合，然後開之。符雖合不勘而開，若勘符不合而爲開，及不承敕而擅開閉，若得出入者，剩將人出入，其刑名輕者徒流，重者處絞。今以乳兒出殯之故，內自禁掖，外達郊野，諸門洞開，一如晝日，車馬往來，絡繹不絕，出入之人，無復譏訶，有如萬分之一，姦險不逞之人，雜處其間，豈可不爲之寒心哉！伏望陛下，深鑒安危，防微杜漸。自今宮殿門城門，並須依時開閉，非有急切大事，勿復夜開，必不得已，須至夜開者，即乞陛下親降手敕，加以御寶，受敕之人，仍寫出入人帳，委宿衛當上之官衆，共驗敕文真的，然後覆奏，候再見御批，方請門鑰，與監門官親自監開，依帳點閱人數，放令出入。即時下鑰，進納門鑰，其宿衛監門官司，若不見手敕及御批，而輒敢開者，依不承敕而擅開閉律文施行，雖有手敕御批，不參驗及親自監開點閱人數者，依符雖合不勘而開律文施行，庶可以養萬乘之威尊，消姦宄於未萌也。

（宋）李燾《續資治通鑑長編》宋仁宗景祐二年四月 辛巳，審刑院、大理寺言：奉詔詳定衛入禁衛條。按禁衛凡五重：親從官爲一重，寬衣天武官爲一重，御龍弓箭直、弩直爲一重，御龍骨朶子直爲一重，御龍直爲一重，今比附律令，請以衛入從外第一重徒一年，每重加一等，罪止徒二年，誤者減二等。從之。

（宋）徐松《宋會要輯稿・刑法二・禁約》 宋仁宗寶元二年五月十四日，刑部言：著作佐郎王師旦爲於御街上行馬，致軍巡人申舉。蒙開封府勘罪，檢會中書劄子。御路上只許近上臣僚行馬及海行條貫，本條無指定刑名，並從違制失私罪。其王師旦從上條，杖一百，止私罪定斷。省司再詳：只言許近上臣僚行馬，即不指定品位職名，竊慮更有品位稍高，臨時無由定奪。今欲自宣德至天漢橋北御路上，只許應合出節臣僚及正任觀察使已上行馬，如隨從聖駕出入及宗室内庭宫院車騎，不在此限。從之。

（宋）李燾《續資治通鑑長編》宋哲宗紹聖四年六月 詳定重修敕令所言：遇聖駕行衛入禁衛，從外第一重者，徒一年，每一重加二等，第五重當行處斬。即應在禁衛而越入者，一重杖一百，每一重加一等，入第五重徒二年，事理重者奏裁。以上誤者各減二等，其行立不依儀式，非越入者杖八十。

《遼史》卷六二《刑法志》 〔重熙二年〕諸帳郎君等於禁地射鹿，決杖三百，不徵償；小將軍決二百已下；至百姓犯者決三百。聖宗之風替矣。

《金史》卷四五《刑志》 熙宗天眷元年十月，禁親王以下佩刀入宫，衛禁之法，實自此始。

《金史》卷八八《移剌道傳》 親軍百人長完顔阿思鉢非禁直日帶刀入宫，其夜入左藏庫，殺都監郭良臣，盜取金珠。點檢司執其疑似者八人，掠笞三人死，五人者自誣，其贓不可得。上疑之，命道參問。道持久其獄，既而阿思鉢鬻金事覺，伏誅。上曰：箠楚之下，何求不得。奈何點檢司不以情求之乎！賜掠死者錢，人二百貫周其家，不死者人五十貫。詔自今護衛親軍百人長、五十人長，非直日不得帶刀入宫。

史金波等譯《天盛改舊新定律令》卷一二《内宫待命等頭項門》

一、内宫中除因公奉旨帶刀、劍、弓箭、鎗、鐵杖種種武器以外，不許諸人隨意帶武器來内宫。倘若違律時，有惡心於官者當入謀逆中。因酒醉、憤怒等帶武器行者，依逾越宫牆帶武器之罪情依法判斷。此外，知儀禮而忘之，及不知儀禮等持武器入内宫之罪，分別實行。守門、内宿、帳門末宿等不驅之，因疏忽大意，十杖。

一、諸人無職，自入内宫門而不通報時，不許與守門者毆打爭鬥。若違律時，打門樓主以下官徒一年，打内宿徒二年，打宫門末宿徒三年。

一、無職雜人入於内宫，所至重門遠近次第之罪，依以下所定判斷。官家現今住於深衛□欲，入官家新舊宫内，亦徑直行於奏殿，入内二重門者，當與此同。除此而外，其再后各重一律依外門法實行。官家晝夜同住處當以宫之一重門論，其餘則依外門法判斷。無事人不知法規，持武器入内宫之罪，依左方所示。此外知法規而忘之而入於内者，當比不知法規之罪情加一等。

一、等入車門之内十三杖，持武器則徒三個月。圍繞攝智門入門樓内者，一律徒六個月，持武器則徒一年。

一、等入攝智中門内者，官家坐不坐殿上兩種所示時：

未坐殿上，則入門口内徒一年，持武器則徒二年。若往至殿上則徒三年，持武器則徒四年。

坐殿上，入門口内徒二年，持武器則徒三年。若往至殿上則徒十二年，持武器則絞殺。

一、等入官家住處宫廣寒門及南北懷門内者，徒二年，持武器則徒三年。御前邊上到來者徒十年，持武器則絞殺。

一、等入帳下□□中，入帳下□内者徒一年，持武器則徒二年，若往至后妃近處則徒六年，持武器則徒十二年。

一、等有無職人來内宫時，守門者及内宫承旨等知見有謀及引助者，當與犯罪者同。未見，則守門者當比有罪人減二等，當值内宫承旨者，比守門者依次當再減二等。

一、等因公令召人來，守門人不傳語而入内，或傳語而未許之，往召人隨意入内等，一律有官罰馬一，庶人十三杖。

一、等諸人詐言傳上諭，諸西上御前召之而自入内宫中，有惡心者當入謀逆中；無惡心，因推尋其他事由而詐傳上諭者，依第十一卷上罪狀另爲實行，不傳上諭，僅謂帳上御前召之，則當比雜人入内宮之罪狀加一等。

一、等守門、内宿、寢帳門上帳門末宿等，已見前述詐者而不傳語，及内宮承旨親自見之而未仔細推尋，胡亂使入内等時，守門者之罪當與亂引助放入内之罪狀相同。内宿承旨以守門者之從犯法判斷，未見則當依次各減一等。若守門者等已提醒内宿承旨處而不聽，則守門勿治罪，内宿承旨依守門法判斷。

一、諸人於内宮毆打爭鬥聲高者十三杖，聲高聞於官家則徒一年。若於官家所住殿下毆打聲高時徒二年。

其中有相傷者，比另外諸人毆打相傷罪當加二等，然不及死。

一、諸人射於内宮，著於牆壁者徒二年，著於殿牆則徒三年，穿越殿及宮内則徒四年，至於官家住處内則絞殺。若投擲者，當比前述射之各各罪狀減一等。又射及投擲而著於人致傷，則比諸人相傷罪加一等，與前述罪比較，從重者判斷，死則絞。

一、在御前近處及當值等飲酒之罪另示以外，非在近處，僅僅任内宮待命種種事而當值飲酒時，罪依所定判斷。

一、等待命者當值飲酒時，庶人一個月，有官罰馬二。

内宿承旨　醫人　帳門末宿　内宿神策　官守護　外内侍　閤門　前内侍　内侍承旨

一、等内宮種種任職當值飲酒時，庶人十杖，有官罰錢五緡。

藥酒器承旨　巫嗯你　侍帳事者　殿使　廚庖　主傳桌　門樓主　更夫　採薪灌水者　殿地居　皮衣房　裁量匠　做陳設釘　帳下内官都案頭監　女子　秘書監局分及司吏　内宿司都案頭司吏　内宮守護者　中書樞密當值司吏　沿門巡檢

一、帳門末宿、内宿、官守護、外内侍、神策及其首領等，不許不按日集中，放棄職守。若違律時，屬下人一徒日一個月，二日徒兩個月，三日以上一律以全月未至論，徒三個月。首領一律一日徒一個月，二日徒三個月，三日以上以全月未至論，徒六個月。期滿令依舊任職。其前述人等兩番連續當值下來者，正軍一人，首領軍卒等一律當革職、軍，十三杖，當於近處爲軍，依同抄各班主分抄加入法分別爲之。

一、前内侍當日集遲，當值不來，放棄職守等時，承罪革職次第當與帳門末宿等當值不來相同。

一、前述帳門末宿、内宿、外衛、神策、内外侍等中當值時，本人不來而遣他人時，遣人者徒二年，所遣者徒一年。若所遣之語校□上出，則當比前述罪依次各減一等。若校□上未出所放之語而入内宮者，所放者與擅入内宮之罪狀相同。内宿司局分大小及在處首領等知聞不報，未提醒，則與有罪人校驗已出相當。不知，罪勿治。又，有放人之語而首領不知，依内宿司人令住内宮幾重門，后不知聞，則放人者及所放者比其有重罪當減一等。所放者自屬待命中入於内宮，則比他人入於内宮之罪狀當減一等。

一、除帳門末宿等以外，其餘内宮當值人及閤門、擇人、守護者，不許於當值日不集中到來及放棄職事等。倘若違律時，屬下庶人一日不來十杖，自二日至四日十三杖，自五日以上與全月未來一律徒三個月。其人所屬首領一日不來十三杖，自二日至四日徒三個月，自五日以上與全月未來一律徒六個月。其中閤門一種者，因當值需用，自兩番以上不來者一律徒一年。

一、待命者除犯雜罪時另行減免之外，因當值時不來及放棄職守等，不許待命依八議之父、兄弟、官品等減罪。自有官則當判斷與官品當。

一、待命者、記名、刀顯等新佈名字，所爲正職何有，當告管事人，當求答覆爲正職。若違律隨意因私爲正職時，有官罰馬一，庶人十三杖。

一、前述擇人、守護者，所自投奔者、漢山主、羌回鶻使軍等甚夥，不須使守護於官家住處内宮，其代轉處内宿、外護人可守護，擇人、守護者應使住於官家不住之内宮、庫藏及其他處，應守護。

一、種種待命及擇人守護者、諸執局分人等每月當值時，大人、承旨、都案、案頭、司吏等遣放當值人，無賄，自一人至三人徒三個月，自四至七人徒六個月，自八至十人徒一年，十人以上一律徒二年。受賄則與枉法貪贓罪比較，從重者判斷。

一、待命者内宮當值，不許於持鐵箭過後放棄職事而往他處。倘若違律往他處時，徒六個月。

一、官家出内宮時，待命者排列引導法明，諸人不許胡亂自入列中、騎馬穿行等。倘若違律進入內宿、外護及護衛者列間，則徒三個月。護衛者進入帳門后宿等列間，則徒六個月。騎馬穿行隊前者，有官罰馬一，庶人十三杖。

一、帳門末宿、內宿、官守護，不許其首領等各自所屬記名刀顯、執杖等丟失、典當及爭鬥中丟棄。若違律時，失一種徒三個月，失二種徒六個月，失三種徒一年。期滿當依舊任職。其中火燒、水淹、爲盗賊所奪屬實，則罪勿治，記名人當償。爲他人强行奪取時，取者之罪與前述自丟失罪相當。若毀傷則有官罰馬一，庶人十三杖。

一、諸人於內宫不許與雜婦行淫。若違律時，男女一律徒六年。

一、大小臣僚等不來朝中，及雖來而不服朝服等，獲罰罪法依以下所定判斷。

一、等節親、宰相等，一番不來罰五緡，不服朝服罰三緡。二番不來罰七緡，不服朝服罰五緡。自三番以上不來一律罰十緡，不服朝服罰七緡。

一、等駙馬、次等司正、中書樞密承旨等，一番不來罰三緡，不服朝服罰二緡。二番不來罰五緡，不服朝服罰四緡。自三番以上不來一律罰七緡，不服朝服罰五緡。

一、等中等司正、次等司承旨以下有及品官等，一番不來罰二緡，不服朝服罰一緡。二番不來罰四緡，不服朝服罰二緡。自三番以上不來一律罰五緡，不服朝服罰三緡。

一、等有雜官及未任職位官等，一番不來十杖，不服朝服八杖。自二番以上不來一律十三杖，不服朝服十杖。

一、前述有官人應服大朝服。壓於髮冠時，受不服朝服之罰法，當納二分者可納一分。

一、官家坐於奏殿時，奏者不許過於御道。違律時有官罰馬一，庶人十三杖。

一、官家來至奏殿上，執傘者當依時執傘，緦心爲之。若違律執傘緩及無心失誤，門口上障礙等時，一律有官罰馬一，庶人十三杖。

一、中書、樞密大人承旨每日來不來所屬司職上，閤門司人當核查。其中有不來者則當奏，中書當引送，依律令實行。若違律互徇情不奏時，有官罰馬一，庶人十三杖。

一、官家於殿坐朝時節，朝者於殿階下飲酒，不立班中，於御前胡亂行時，有官罰錢五緡，庶人八杖。

一、漢臣僚當戴漢式頭巾。違律不戴漢式時，有官罰馬一，庶人十三杖。【略】

一、不許諸人跳越宫殿、宫牆。違律於穴及其他過處跳越等時，避罪又有盗心，則造意不論官，當絞殺，從犯無期徒刑。其間跳越宫殿、宫牆者，無惡意，造意當絞殺，從犯徒十二年，有官可與官品當。執武器行已傷人，則當劍斬之，致死則依故意殺法判斷。其中雖議而未跳越者，有官罰馬一，庶人十三杖。

一、不許於內宫城牆上妄自塗寫，若違律無心塗寫則徒一年。【略】

一、待命任職人等，不允自專亂引無職人入於內宫，官家住處，待命者當值，信牌箭置處，局分前內侍住宿處等，不許問示。倘若違律時，有惡心則入逆謀中，此外無惡意則當比無職人入於內宫執不執武器之罪情依次各加一等。示者自爲引者，則與有罪人相當。已問於他人，則問處人及引者以從犯法判斷。

一、諸人不尋諭文，不許胡亂來帳下。其中父、兄弟、母、姨、姑、姐妹，其餘親戚等有所轉告，及依時節等應來時，當奏經局分處，然后當由局分引人導往帳下。轉告畢時，與引導同時退出。若應奏報局分處而不報，及應來人不待諭文隨意進入等，一律徒二年。

一、內宫門及城門等關遲時，局分人罪依所定判斷。

一、等殿門依時節關遲，自一時以上一律十三杖，一夜徒一年。

一、等帳下門關遲一時十三杖，一夜徒一年。

一、等宫門關遲一時十三杖，一夜徒六個月。

一、等城門關遲一時十三杖，一夜徒三個月。【略】

一、種種待命、任職非當值，然有內宫事務者，當有內宿承旨轉告，應入內方可入內。若未轉告而自行隨意入，與守門者等一律當比有人亂入內宫之罪情各減一等。

一、無職諸大小臣僚、僧人、道士、餘人等有內宫大小事由，則管事者當於內宿承旨轉告，應遣放則可往。若不回應而自專入時，依人亂入法判斷。

一、於奏時諸司應持所奏，各局分人當在攝智中門，當與奏知等回應，一等等上奏。若違律時有官罰馬一，庶人十三杖。

一、內宿司都案、案頭、司吏者，非當值可在案內做文字，是當值則可於內中使用。非當值人胡亂入內時，有官罰馬一，庶人十三杖。

一、三種內宮及帳下等，外面沿門一律一種當派門樓主一人，內宿守護三人，一人地內居，又臣僚、下官、神策、內侍等一樣一人。其中當派帳門末宿一人，互相聯結。內地居不足，則當抽臣僚、下官、神策、內外侍、獨誘等。可於彼人之住處建舍，當準備鐺鼎器皿、燃料、草蓆等若干。其中除帳門末宿、內宿守護、神策、內外侍等各一個月當值以外，其餘門樓主、內地居等當爲三班，十五日一當值，一律不論日夜，可住其中。前述當遣人數，京師界附近鄉里當遣之。若違律時有官罰馬一，庶人十三杖。

一、中書、樞密者，除因在內宮中有種種任職依法可住之外，催促文字者當在車門以外，不許入內。其中有奏報言語及推問，須有解釋等時，局分守門等大人處當提出，轉告，應入則可入，推問言説畢時當回。若違律未經轉告而入內時，有官罰馬一，庶人十三杖。

一、沿內宮帳下不許諸人胡亂往來。當值庖人、侍奉帳者、僕役房、執傳桌、採薪灌水者等，各自當住規定住處，勿往帳下。有依時執送轉運食饌等，亦當予諸門上盤佈女子、都案、小監等，依次執送。若所爲事多出，人手不及，則當不當值一律於所需時入，令都案、小監在御前速爲，完畢立即返回。若違律時，當比帳下人擅入罪減一等判斷。

一、沿帳下不許種種工匠、繡女子等住。有所製做，則當往製於外面工匠所屬司內。有須取視尋驗，亦當得帳下都案、小監轉告方可取視，匠人勿入帳下。若違律時，召者比帳下人擅入之罪情當減一等，所召人有官罰馬一，庶人十三杖。

一、帳下庫局分所住人不許來往帳下，可住外面任何職處。得轉告，則當與帳下都案、小監回應，依次得轉告。若違律時，依帳下人擅入法判斷。

一、諸帳下所屬盤佈女子、餘任種種內職當值若干、姓甚名誰等，內宿司大人當明之，各注於典，當予守門者，使知往來行走法。若不予名册，守門者不遣等時，有官罰馬一，庶人十三杖。

一、官家住處內宮周圍當遣巡檢一種，四面各自一人管事，各自共當值十日，無論日夜，於內行檢巡，以禁盜詐。此外，官家不住之內宮及帳下等亦應巡檢，所遣數、當值法與前述同。若巡檢集笨工緩、放棄職事及局分處不遣、不去所遣地界上等，無住滯則有官罰馬一，庶人十三杖，有住滯則徒二年。

一、官家住處所遣各內宮頭項巡檢，應依當值集中而在。內宿司人所屬都案、案頭、司吏中當遣一人，中間當檢驗之。

一、諸人非當值及餘人等，無諭文不許隨意於夜間閉門后住宿內宮中。若違律時，已住宿當比內宮人擅入之罪情加一等。

一、內宮庫局分人每日領取鑰匙者，晚夕則當依法交還。若違律時，不依時交，遣門后及門記上不置御印子而忘之等，一律徒三個月。

一、當值人已爲諸司訴訟時，內宮當值則除其中重罪以外，另有大小罪者，不取管事內宿、閤門、前內侍司等差遣文書，不許徑直枷之。若違律時庶人十三杖，有官罰馬一。待命者自未説當值語，則局分大小罪勿治。其中前內侍、帳門末宿等當奏報而遣。

一、內宮中無職人不許擅自燃火，若違律時徒一年。其中無心失誤而失火，則量所燒物價多少，自一緡至十緡徒二年，十緡以上至二十緡徒三年，二十緡以上至三十緡徒四年，三十緡以上至四十緡徒五年，四十緡以上至五十緡徒六年，五十緡以上至六十緡徒八年，六十緡以上至七十緡徒十年，七十緡以上至八十緡徒十二年，八十緡以上至百緡無期徒刑，百緡以上及其中或死傷人、或火至宮殿、祖廟等，燒多少一律當絞殺。

一、內宮中種種匠用度之刀、工具等往來，守門內宿當持之，可與本上引導，於所需處做，不許使內宮中他人持之。若違律使本人持之及使他人持之，入內宮他人不持而爲匠事者持之，則使持者及持者一律當比雜人入內宮執武器之罪情減二等。若爲匠事處未持而持另外處，則往入內所至遠近依雜人執武器入內宮法判斷。

一、內宮中庖人不許失刀。若違律粗心失刀時，徒三個月。盜者已盜，刀藏其處及執外面等，一律徒一年。若彼已盜，持刀行於內宮，則行往何處，與無職雜人執武器入內宮相同判斷。

一、有經內宮中者及其餘人等與執鐵箭者毆打爭鬥者，徒一年，其間爭吵則十三杖。若傷時，比他人毆打爭鬥相傷罪當加一等，然不及死。

一、內宮上下因官急需坐騎，允許執鐵箭捕，數明之外，超捕時，依第十三卷上持牌超捕法判斷。

一、執鐵箭者不許與內宮局分人悄悄將種種物持取於外。其中除酒食外，其餘物多少不計，執鐵箭者絞，局分人以偷盜法判斷。

一、待命者不時因官持鐵箭，不許在往處自行滯留懈怠私遊等。倘若違律時，執鐵箭者徒一年。

一、諸人無上諭，不許隨意舉蓋及內宮乘馬等。違律內宮乘馬時，知禮事則徒三年，不知禮事及隨意執蓋等一律徒二年。

一、內宮鑰匙、御印子等不許使亡失。違律亡失時徒六個月。盜匿者錢價不多，以偷盜法論，不及徒一年者得徒一年。錢價甚多，自徒一年以上則比偷盜罪加二等，然不及死。

一、御前住近處待命者自己胡亂飲酒及當值不來、放棄職守等時，受罪罰次第依以下所定判斷。

一、等無官家諭文，自己隨意飲酒時，不亂言語，無妨礙，則有官罰馬一，庶人十三杖。其中於官家住處附近及帳下等處高聲亂言語而未有疑礙，及毆打爭鬥等，一律徒一年，有官可與官品當。若說大言有所疑，則視其言輕重，依時節奏報實行。

一、等御前待命不來任上及放棄當值職事等，一日一日庶人徒一個月，有官罰馬二；二日徒兩個月，有官罰馬三；三日庶人徒三個月，有官罰馬四。若不堪罰馬時，罰一馬換算交納二十緡錢，三日以上一律當奏報實行。

一、等前述待命者每夜查時，查簿上點名時無有，查未畢來到時，不論有官、庶人，一律罰二緡，查完畢奏時來到時罰三緡，已奏之后方來到罰五緡。夜二三更過時，出查者處則罰七緡，天曉內門未開，此時出查者處則罰納錢十緡。不堪納錢時，二緡笞二十，三緡七杖，五緡八杖，七緡十杖，十緡十三杖。其中有官者有祿食，則可於祿食中減除，無祿食則當依法入受杖中。

一、等執鐵箭者，前內侍待命任職種種提舉中，受賄徇情，入上下虛雜，御前不說忠言時，依第十一卷上欺官法判斷。

一、諸人入手盜取所進貢品、御服等之罪情見第一卷。此外，入手盜取未貢物時，當徒三年，盜取用度則當減獲徒二年。錢價甚多，則當以偷盜法論，與前述二種罪比較，從重者判斷。

一、待命當值者中，父母、子、兄弟、妻眷等死，嫁女娶婦，所有喪葬，其餘與之相似不可不爲等，有所告時，當告管事前內侍、內宿司等，是實言，則當令尋擔保只關者。又有染疾病，亦由醫人視之，實染疾者，醫人當只關，一起奏報給限期。

一、帳門末宿、內宿外護、神策、外內侍等所有□解續轉，悉數當過殿前司。其入待命者，人根是否鮮潔，當令尋擔保只關者注册。

史金波等譯《天盛改舊新定律令》卷一三《執符鐵箭顯貴言等失門》

一、諸人非以官事，因私擅自令執符者，派者當絞殺，執符者及行頭字者，司吏等判斷比派執符罪當減二等。

一、節親、宰相、大小臣僚、待命者及童子、其他諸人等，不執符、鐵箭不許捕坐騎。倘若違律捕坐騎時，多少一律當絞殺。

《元史》卷一六〇《王磐傳》〔中統元年〕磐上疏曰：按舊制：天子宮門，不應入而入者，謂之闌入。闌入之罪，由第一門至第三門，輕重有差。宜令宣徽院，籍兩省而下百官姓名，各依班序，聽通事舍人傳呼贊引，然後進。其越次者，殿中司糾察定罰，不應入而入者，準闌入罪，庶朝廷之禮，漸可整肅。於是儀制始定。

《元史》卷二《太宗本紀》〔太宗六年〕夏五月，帝在達蘭達葩之地，大會諸王百僚，諭條令曰：凡當會不赴而私宴者，斬。諸出入宮禁，各有從者，男女止以十人爲朋，出入毋得相雜。軍中凡十人置甲長，聽其指揮，專擅者論罪。其甲長以事來宮中，即置權攝一人、甲外一人，二人不得擅自往來，違者罪之。諸公事非當言而言者，拳其耳；再犯，笞；三犯，杖；四犯，論死。諸千户越萬户前行者，隨以木鏃射之。百户、甲長、諸軍有犯，其罪同。不遵此法者，斥罷。今後來會諸軍，甲內數不足，於近翼抽（捕）〔補〕足之。諸人或居室，或在軍，毋敢喧呼。凡來會，用善馬五十匹爲一羈，守者五人，飼羸馬三人，守乞烈思三人。但盜馬一二者，即論死。諸人馬不應絆於乞烈思内者，輒没與畜虎豹人。諸婦人製質孫燕服不如法者，及妬者，乘以騂牛徇部中，論罪，即聚財爲更娶。

《元史》卷二六《仁宗本紀》〔延祐四年十一月〕壬辰，諭：諸宿衛入直，各居其次，非有旨不得上殿，闌入禁中者坐罪。大臣許從二人，他官一人，門者譏其出入。

（清）畢沅《續資治通鑑》元泰定二年八月　辛丑，敕：諸王私入京者，勿供其所用。諸部曲宿衛私入京者，罪之。

（清）汪輝祖《元史本證》卷三一《證遺九》〔文宗至順元年三月〕衛禁。案《紀》至順元年八月，各宿衛復有容匿漢、南、高麗人及奴隸濫充者，怯薛官與其長杖五十七，犯者與曲給散者皆杖七十七，没家貲之半，以籍人之半爲告者賞。

《元史》卷一〇二《刑法志》　諸掌宿衛，三日一更直，掌四門之鑰，昏閉晨啓，毋敢不慎。諸欲言事人，闌入宫殿，呼冀上聞，杖一百七，發元籍。諸擅帶刀闌入殿庭者，杖八十七，流遠。諸登皇城角樓，因爲盗者，處死。諸闌入禁衛，盗金玉寶器者，處死。諸輒入禁苑，盗殺官獸者，爲首杖八十七，徒二年，爲從減一等，並刺字，知見不首者，笞四十七。掌門衛受財縱放者，五十七，坐鋪守把軍人不詞問，二十七。諸漢人、南人投充宿衛士，總宿衛官輒收納之，并坐罪。諸大都、上都諸城門，夜有急務須出入者，遣官以夜行象牙圓符及織成聖旨啓門，門尉辯驗明白，乃許啓。雖有牙符而無織成聖旨者，不以何人，並勿啓，違者處死。

《元史》卷一〇五《刑法志》　諸故燒太子諸王房舍者，處死。

《元史》卷一〇五《刑法志》　諸都城小民，造彈弓及執者，杖七十七，没其家財之半，在外郡縣不在禁限。諸打捕及捕盗巡馬弓手、巡鹽弓手，許執弓箭，餘悉禁之。諸漢人持兵器者，禁之；漢人爲軍者不禁。諸賣軍器者，賣與應執把之人者不禁。諸民間有藏鐵尺、鐵骨朵，及含刀鐵拄杖者，禁之。

《元史》卷一〇五《刑法志》　諸中書機務，有泄其議者，量所泄事，聞奏論罪。

《明太祖實録》洪武四年正月〔丁酉〕詔主内城門禁之法。守門指揮千百户日一更代，士卒三日一更代。凡内官内使出入，皆用號牌。若有以兵器雜藥到門者，論如律。守門軍士失於覺察者，罪如之。若車駕出行，則以御史一員臨門察視。

《明太祖實録》洪武四年四月〔辛丑〕上御午門，有二人由御道西偏南行，左右執之。上以律未有禁條，命釋之，仍命省部臣定議。省部臣言，西漢天子所行中道曰馳道，人臣不敢横度。東漢南宫御道三，天子從中道，百官從左右道。元崇天門外亦分三道，中爲御道，左右則百官以下行之。請如漢元之制，爲三道，其有輙度御橋，從中道東西偏行者，杖流之。衛士見而不舉者罪減三等。上曰，直馳中道者，罪之，横度者勿論。

《明太祖實録》洪武五年六月〔丙子朔〕定宦官禁令。凡内使於宫城内相駡詈，先發而理屈者，笞五十，后駡而理直者，不坐，其不伏本管鈐束而抵駡者，杖六十。内使駡奉御者，杖六十，駡門官監官者，杖七十。内使等於宫城内鬪毆，先鬪而理屈者，杖七十，毆傷者加一等，后應理直而無傷者，笞五十，其有不伏本管鈐束而毆之者，杖八十，毆傷者加一等。毆〔奉〕御（奉）者，杖八十，毆門官監官者，杖一百，傷者各加一等。其内使等有心懷惡逆出不道之言者，淩遲處死，有知情而蔽之者同罪，知其事而不首者斬，首者賞銀三百兩。

《明太祖實録》洪武二十七年十二月　甲戌，申定議皇城門禁法。凡朝参，午門先放直日都督將軍及應直帶刀指揮千百户鎮撫散騎舍人，然後文武百官以次而入，不許攙越。其上直官軍俱三日一易，於朝退辰時交代，嚴加守衛。凡内官内使小火者出門，須比對銅符，若本無銅符及有不比對輙放行者，守門官軍治重罪。仍密加搜撿，有公差帶金銀叚匹出者，憑勘合照驗，亦須明白附寫往某處公干及記明服衣服顔色件數，回日點對，有不同者，即時聞奏。其工匠人等出入各門，依例搜檢，有誤帶鈔物在身者，許附寄各門，如出門夾帶鈔物者，許執奏。凡官民軍人有事入奏，不許阻遏及問其事情，違者官軍皆坐罪。

《明會典》卷一一八《兵部・守衛》　國初置都鎮撫司總領禁衛，後又以親軍諸衛分番守衛，而改都鎮撫司爲留守五衛。每衛設指揮五員，闕領内府銅符。日輪二員，點閘守衛官軍，夜亦如之。法例漸密，具載於

後。【略】

洪武二十七年聖旨榜例：自古到如今，各朝皇帝，差軍守衛皇城，務要本隊伍正身當直。上至頭目，下至軍人，不敢頂替。這等守衛，是緊要的勾當。若是頂替，干係利害。撥散隊伍守衛，尤其利害。且如論隊伍守衛，撥那所軍，若用軍多，盡本所守衛，若用少，或五百、三百、二百、一百，務要整百户守衛。若軍別無事故，各各見在衛所，其當該管軍人員不行仔細檢點，照依原伍上直，致令小人賣放，或間居在衛所，或私自縱放，不在衛所，點視不到，定將本管指揮、千百户、衛所鎮撫、總小旗，各杖一百。指揮降千户，調邊遠。千户降百户，調邊遠。百户降總旗，調邊遠。衛鎮撫降所鎮撫，調邊遠。總旗降小旗，調邊遠。小旗降做軍，調邊遠。如是受財賣放，以致隊伍不全，係是囤宿重事，不問贓多少，處以重罪。

一、當直之時，不問全所或一百户上直，必定無全伍。何故無全伍？且如父母妻子，或死喪，或因病，或本身有病，或嫁娶，或公差，或因事被監，或種植蔬菜五穀，看守果木，或婦人產難，此數等，皆是軍人有妨上直之時，理合明白開寫。是數事内，何等妨占，自此等別無虚冒，難以問罪，理合逐件準説。

一、若本無前條數事，倚法爲姦，妄稱數事内一事，不行上直，非官吏該管容縱，罪坐本軍，杖一百，流烟瘴。若所管官旗人等受財冒爲此事，不拘贓多少，處以重罪。

一、軍人在京衛分近處，不出百里之外。死喪慶吊，許告假行。本衛親管官旗首領官吏即時準告放行，以快人情。敢有留難，笞五十。上官罰俸一月。

一、凡當直之日，務要各千户差調本管百户，各帥本隊伍旗軍，一名一名，務要着實，不許頂替。若有事故，盡有事故開除。見在不問多少，從實當直。若將本隊伍一百户軍調做三四次當直，或一旗一直、兩旗一直，或五名一直、三名一直，多少不等，折散隊伍，處以重刑，家遷化外。

一、若死喪、親姻疾病、產難，隨即告知本管官旗，即時放行。毋得刁蹬留難。若有刁蹬留難，即時親身赴御前陳告。若當直之時本身若有暴疾，本管官旗即放歸營所，請醫調治。或看視遲慢，放回猶豫，致令病甚，親管小旗杖一百，總旗杖九十，百户住俸一月。其病軍食錢帶去，不必瑣碎來奏。

一、若軍人別無餘丁，家有父母，或父、或母，一時染病，不能痊可。似這等軍，許不當直。告知明白，在家侍奉父母病疾。管甚麼十日、五日、半月、一月，不拘幾時，直待父母痊可，纔方上直。若父母病痊，及父母無病，詐稱有病，閘驗是實，治以重罪，輕則流入烟瘴。

一、軍人單夫隻妻者，若妻有病，本軍許不上直。看覷妻室病痊之後，纔方上直。設或無病稱病，病痊不直，閘驗是實，調入烟瘴。

一、若官旗首領官吏，不畏法度，擅將上直軍人撥散隊伍，許本隊伍内，不問軍旗人等赴御前陳奏。閘驗是實，賞鈔五十錠。作弊官吏，處以重刑。

一、凡點大軍，病疾不許扛擡赴點，幼軍自十三赴點，十二以下，皆不赴點。止點視於營中。

一、凡一應關請，有孕婦女不許入内，違者，本管官旗杖一百。若不令官旗知會，匿孕私入者，罪坐本婦。

一、凡當直之時，守衛何門，本日外人於内辦事，事畢，仍於本門回還。若自本門入，不自本門出，不問是何等人，却被別門擒拏，雖係國戚，亦當即時奏聞區處。將所入之門守直官旗軍人，俱各處以重刑。擒拿之門，直守軍旗受賞。

一、凡整點大軍，本管官旗私自縱令正軍不入隊伍，臨點之際，却乃雇覓他人代替點視者，官旗與雇覓之人，俱各處以重刑。有能首告者，賞鈔一百錠。官首告陞一階，總旗首告陞百户，小旗首告陞百户，軍人首告陞百户，仍賞鈔一百錠。本管告旗自行覺舉者，不在陞賞之例。

一、在京軍人户下壯丁多者，或弟兄子姪，或見贅在户女婿，凡遇上直做工、公差，許輪流代替，不輪者聽。若遇出徵調遣，正軍親行，正軍軟弱，户下壯丁願隨行代替者亦聽，本管官旗首領官吏，敢有刁蹬者，杖一百罷職，總小旗首領官吏邊遠充軍。

一、遇朝參，先放直日都督將軍、散騎、帶刀人員，及應直帶刀指揮、千百户、衛所鎮撫進，然後百官進朝，不許攙越混雜。

一、守衛官員，凡遇當直，須待朝後辰時方許交班，違者問罪。

一、凡內官、內使、小火者出入各門，守門官軍務要搜檢精細，端揑交牆。或將帶金銀假疋衣服等項，須憑勘合放出。或有公差幹辦事務，明白附寫前去某處公幹，及辨驗身上衣服是何顏色，見數明白，隨即附記，事畢回還，依數點進，但有點對不同，即時奏聞。

一、內官、內使，須要比對銅符，依前搜檢放出。若內官內使出門本無銅符，及有銅符不行比對明白，輒便放出者，守門官軍治以重罪。

一、各處進納官物長解及內府做工諸色人等，誤帶鈔貫等物入門，守門官軍務要用心搜檢，止當寄放，方許進門。若進門之時搜驗潔淨，比候出門，搜出有帶出物件，即時拏奏。

一、官員軍民人等入奏事務，守衛官軍人等不許問其緣故。所將文書，亦不許開看，隨即徑直引奏。若擅問緣故，及將文書開看者，依律論罪。

《大明律》卷一三《兵律·宮衛·宿衛守衛人私自代替》 凡宮禁宿衛，及皇城門守衛人，應直不直者，笞四十。以應宿衛守衛人，私自代替，及替之人，各杖六十。以別衛不係宿衛守衛人冒名私自代替，及替之人，各杖一百。百户以上，各加一等。若在直而逃者，罪亦如之。京城門，減一等。各處城門，又減一等。親管頭目，知而故縱者，各與犯人同罪；失覺察者，減三等；有故而赴所管告知者，不坐。

《大明律》卷一三《兵律·宮衛·從駕稽違》 凡應從車駕之人，違期不到及從而先回還者，一日笞四十，每三日加一等，罪止杖一百。百户以上，各加一等。若從車駕行而逃者，杖一百，發邊遠充軍。百户以上，絞。親管頭目故縱者，各與犯人同罪，失覺察者，減三等。罪止杖一百。

《大明律》卷一三《兵律·宮衛·直行御道》 凡午門外御道至御橋，除侍衛官軍導從車駕出入，許於東西兩傍行走外，其餘文武百官軍民人等，無故於上直行，及輒度御橋者，杖八十。若於宮殿中直行御道者，杖一百。守衛官，故縱者，各與犯人同罪；失覺察者，減三等。若於御道上橫過，係一時經行者，不在此限。

《大明律》卷一三《兵律·宮衛·內府工作人匠替役》 凡諸色工匠行人，差撥赴內府及承運庫工作，若不親身關牌入內應役，僱人冒名私自代替，及替之人，各杖一百，僱工錢入官。

《大明律》卷一三《兵律·宮衛·宮殿造作罷不出》 凡在宮殿內造作，所司具工匠姓名，報門官及守衛官，就於所入門首，逐一點視，放入工作。至申時分，仍須相視形貌，照數點出。其不出者，絞。監工及提調內使監官、門官、守衛官軍點視。如名數短少，就便搜挐，隨即奏聞。知而不舉者，與犯人同罪；失覺察者，減三等。罪止杖一百。

《大明律》卷一三《兵律·宮衛·關防內使出入》 凡內使、監官並奉御內使，但遇出外，各門官須要收留本人在身關防牌面，於簿上印記姓名、字號明白，附寫前去某處幹辦，是何事務，其門官與守衛官軍搜檢沿身，別無夾帶，方許放出。回還一體搜檢，給牌入內，以憑逐月稽考出外次數。但搜出應干雜藥，就令自喫。若不服搜檢者，杖一百，充軍。若非奉旨，私將兵器進入皇城門內者，杖一百，發邊遠充軍。入宮殿門內者，絞。門官及守衛官失於搜檢者，與犯人同罪。

《大明律》卷一三《兵律·宮衛·宿衛人兵仗》 凡宿衛人，兵仗不離身。違者，笞四十。輒離職掌處所，笞五十。別處宿，杖六十。百户以上，各加一等。親管頭目，知而不舉者，與犯人同罪；失覺察者，減三等。

《大明律》卷一三《兵律·宮衛·越城》 凡越皇城者，絞；京城者，杖一百，流三千里；越各府、州、縣鎮、城者，杖一百；官府公廨墻垣者，杖八十。越而未過者，各減一等。若有所規避者，各從重論。

《大明律》卷一三《兵律·宮衛·門禁鎖鑰》 凡各處城門應閉而誤不下鎖者，杖八十；非時擅開閉者，杖一百。京城門，各加一等。其有公務急速，非時開閉者，不在此限。若皇城門應閉而誤不下鎖者，杖一百，發邊遠充軍；非時擅開閉者，絞。其有旨開閉者，勿論。

《大明律》卷一三《兵律·宮衛·懸帶關防牌面》 凡朝參文武官及內官，懸帶牙牌鐵牌。廚子、校尉入內，各帶銅木牌面。如有遺失，官罰鈔二十貫。廚子、校尉罰鈔一十貫。若有拾得，隨即報官者，將各人該罰鈔貫充賞。有牌不帶，無牌輒入者，杖八十。借者及借與者，杖一百。事有規避者，從重論。隱藏者，杖一百，徒三年。首告者，於犯人名下，追鈔五十貫充賞。詐帶朝參及在外詐稱官員名號，有所求爲者，絞。僞造者，斬。首告者，於犯人名下，追鈔一百貫，充賞。

（明）戴金《明條法事類纂》卷二三《兵部類·衝突儀仗·駕出視（性）〔牲〕祭祀不許罪人衝突儀仗叫屈例》 都察院爲禁約事。成化六年十二月二十五日，欽奉聖旨：國家成憲，伸冤理枉，自有定所。衝突儀仗，明有禁例。況敬天是第一重事，豈容罪人叫屈伸訴。近來，〔刁〕詐軍民有冤抑的，不赴該衙門聽理，往往伺候駕出，〔聲〕叫冤枉。及至推問，事多不實。恁都察院便出榜禁約，今后車駕行幸出城，凡有伸冤的，令於仗外俯伏以聽。但遇往天、地（擅）〔壇〕視（性）〔牲〕并祭祀，並不許有人衝突儀仗，（罪）叫屈伸訴。違了的，許錦衣衛即便拿送法司，究問如律。欽此。

（明）戴金《明條法事類纂》卷二三《兵部類·衝突儀仗·聖駕出郊，敢有恃頑衝突儀仗奏訴者，不問虛實，立案，不行，仍追究主使教唆捏寫之人，與告狀人鞫問明白，各杖一百，發遣遼東邊衛充軍。若有在長安門外妄（要）〔叫〕冤枉辱罵原問官者拿送法司，〔依擬〕問罪，男子各用一百斤枷號示衆一〔個〕月，滿日發落例》 成化十二年一月十七日，刑部等衙門尚書官董等題，爲禁革奸弊事。臣等公通查得，宣德四年四月二十五日，節該欽奉宣宗皇帝聖旨：近有奸頑潑皮之徒，或犯姦盜、詐僞等各罪，被人告發，充軍做工等項，或因戶婚田土、互相爭占，打搶誆騙等事，巧捏虛詞，擅動實封，及雇人赴京遞狀，報復私讎，甚至將清正官人每也都捏詞告了，攪擾官府。便出榜去禁約，曉諭多人知道。今後敢有仍前不遵，將犯人，會同挨究主使、教唆、捏寫（一）本（寫）狀之人，不分軍民（人）、餘丁、匠役等項，都拿來各杖一百，將正犯固牢枷釘，連當房家小，發邊遠衛充軍，永爲定例。欽此。又查得成化十一年十月□日欽奉聖旨：國家成憲，伸冤理（捏）〔枉〕，自有定所。衝突儀仗，明有禁例。況敬天是第一重事，豈容罪人叫冤（仰）〔伸〕訴。近來刁詐軍民有冤〔抑〕的，不赴該（衛）〔衙〕門聽理，往往伺候駕出聲叫冤枉。及至推問，事多不實。恁都察院便出榜禁約，今后車駕行幸出城，凡有伸訴的，許於仗外俯伏以聽。但遇往天、地壇視牲祭祀，並不許有罪之人衝突儀仗，叫屈伸訴。違了的，許錦衣衛即便拿送（發）〔法〕司，究問如律。欽此。欽蒙聖慮，〔祭〕祀乃國之大事，所當謹慎，特降綸音，出榜禁約。本爲敬重天地而設，柰何近來有等刁詐之徒，不顧國家之大事，不遵榜例。有爲事在官，已經問結，累具本狀，赴通政使司等處奏告，抄行法司，看的情真罪當，例無冤枉，仍照原擬罪名發落。不得遂其奸計，卻將原問官吏及有讎恨之〔人〕，駕捏貪淫人命等項虛詞，寫成奏本，經年累月，伺候駕出看牲或郊祀，在於道傍，恃頑倚潑，妄告冤枉。致被巡視人等拿奏，蒙送錦衣衛鎮撫司究問。往往將所奏前項虛實情詞，擬差官兵勘問，十有九虛。且如武功右衛指揮使司王成主使祖王鑒捏奏，被弟婦張氏通同家人王喜要賣故兄王斌遺留房屋，串謀百戶陸寧等（忘）〔妄捏〕戶帖假書，呈孫王成冒襲官職，二次具狀，告到刑〔部〕浙江清吏司，被原問官受其陸寧等賄囑，不行從公問斷等情。直隸井（捏）〔陘〕民人畢鵬，捏告知縣回濟打死獄囚，專權擅殺，虐害良民，都察院葉冕同惡相濟，受金銀，故出死罪，典吏張表科斂害民等情。博野縣民人董釗捏告知縣裴泰打死一家三人，將銀一百五十兩買囑御史張進並通判夏昂等情。各具本狀，俱候聖駕出郊視牲祭祀，在於路傍妄叫冤枉，致蒙差官提勘，俱各涉虛。問發王成、畢鵬、董釗口外爲民。又有武清衛軍餘魏玉爲人命等事告發後，府提人驗屍未報冤與不冤，未見歸結，亦候駕出道傍叫屈聲冤。非止此四人而已，似此故犯者多，不可枚舉。被告一干人證遭其連累，獄繫苦楚，不可勝言。以此奸頑得志，互相倣效，比前尤甚。非惟褻瀆天地，抑且引惹詞訟。又有一等法司見問囚犯，招情明白，擬罪允當，本無冤枉。恃其頑潑，累着令家屬男子婦女，三五成群，七八爲（五）〔伍〕，在於長安左右門外，〔聲〕叫冤枉，羅（職）〔織〕原問官員，拖撦衣服者，摯扭馬匹，甚至百般辱罵，倣效成風，（硃）〔殊〕失觀瞻，有虧大體。若不嚴加禁約，深爲未便。合無仍令本院出榜，發去京城內（引）〔外〕人煙輳集去處，常川張掛，曉諭禁約。臣等職司刑名，凡（不）聽訟折獄，罔不盡心，（熟）〔孰〕敢昧情失實，致有枉人，其間或識見短淺，間有理斷（間）不明。果有冤枉情由，各具本狀赴通政（司）〔使〕司及登聞鼓伸訴。今後敢有仍前恃頑倚潑，挾讎捏詞，伺候聖駕出（效）〔郊〕〔衝〕突儀仗，妄行奏訴者，就便拿送法司，（者）〔着〕將所奏情詞，不問虛實，立案不行。〔並〕追究主〔使〕唆教、捏寫本狀之人到官，責與告〔狀〕人鞫問明白，照依（皇）〔宣〕宗皇帝聖旨榜例，各杖一百，發遣遼東邊衛充軍，及有仍（住）〔往〕長安門外（妾）〔妄〕叫冤（柱），辱罵原問官者，許錦衣衛巡視官校、守門官軍及五城兵馬指揮捉送法司問罪，畢日男子各用一百斤枷就於本門外加項示衆一月，滿〔日〕與婦女俱依律照例發〔遣〕。如是則奸頑知懼，刁風稍息，緣係申明舊例，出榜禁約事理，未敢擅便，具題。次日奉聖旨：是。欽此。

（明）戴金《明條法事類纂》卷二三《兵部類·懸帶關防牌面·在京文武官牙牌〔年〕終通行查理例》 成化十三年十月初九日，禮部尚書等題，爲牙牌〔事〕。儀制清吏司手本〔呈〕禮科抄出尚寶司少卿李等題：該錦衣衛鎮撫司手本，問得犯人陳太招係武功中衛中所帶俸百戶，先在御用監上二領到武字二千四百八十九號牙牌一面懸帶。天順七年十月內，爲抵換官松木事發，蒙刑部福建清吏司問擬雜犯死罪，送工部運磚，在逃革職。本衛親管官旗人等，自隨即拘集者，本官原領牙牌送繳。卻不合明知爲事革職，故縱匿在家，今年久行不拘取，復因爲事致蒙鎮撫司追出前牌，送司交收，事屬違慢。所據本衛所當該官吏人等，俱各查提問罪，未敢擅便。成化十三年十月初四日，該尚寶司〔少〕卿李等於奉天門題，奉聖旨：這牙牌既年遠不交，今因事發，方纔來説，該〔衛〕〔衙〕門知道，欽此。欽遵，抄出到司。參照（五）〔武功〕中衛中所帶俸百戶陳太先年爲事，本衛所當該官吏並親管官旗自合拘致，本官原領牙牌，送尚寶司銷繳爲當，卻乃明知不理，及至革職，又不知本人名下追取，縱匿在家，俱合提查問罪。及照尚寶司官不行設法查理，亦合究問。看得在城文武官員懸帶牙牌，正所以關防門禁出入，非爲觀美。先因冒濫關給，該監察御史石璞奏準，將不係常朝官牙牌者，盡行革去。以後官員有稱係在內府（衛）〔衙〕門（辨）〔辦〕事，出入門禁不便者，有稱原籍造有官職牌面者，往往奏要懸帶牙牌，遂致仍前關帶。中間文職官員三年或五年、九年有陞除考滿等項者，尚知查理。其武職官員數多，（日）〔自〕襲替以來，關給懸帶年久，又無考滿年限查考，日後誠恐有似此（年）〔等〕不便。議得合無行移尚寶司，今後每年終將在京文武大小官員懸帶牙牌通行查理一次，要見見無見在事故，庶爲清切。緣係參問京官並軍職及查理牙牌或事理，未敢擅便。成化十三年十月初九日本部官奏，奉聖旨：是。欽此。欽遵，除外合用手本前去，尚寶司照依本部奏奉欽依內事理，欽遵施行，手本到司，除欽遵外，合用手本前去通政使司、經歷司，轉行禮部該司，煩爲通行在京文武衙門，每歲年終，將合衙門見在帶俸及添設匠藝等官關領牙牌年月並職（御）〔銜〕字號，明白開具手本，備造印信文册，徑自送司，以憑查考。

（明）戴金《明條法事類纂》卷二三《兵部類·宿衛守衛人私自代替·各門各鋪守衛官軍不許擅離及賣放等項》 成化二十三年二月初四日，兵部左侍郎何等題，爲嚴謹守衛防奸事。該御用監太監羅祥題，訪得皇城外周圍紅鋪七座，每座原設守護旗軍十名，（己）已有內外官員點閘，日則看〔守〕鋪舍，夜則轉鈴巡視，時刻不敢擅離。近年以來，屢有無籍之徒，或因逃走，或盜府庫財物，夜間於鋪空處而越皇牆，垂下繩索顯跡，並無守鋪之人巡視捉獲。有旗校訪出者，奏送法司，將本犯治以重罪，參提該鋪官軍，又蒙聖恩（始）〔從〕輕發落，以致人心怠忽。柰何有等官軍官員，罔遵法度，不以爲重。貪飲軍士酒食，或侵要直米而受錢縱放，不行在鋪。雖有內官三日一點，留守衛官輪流白日點閘，將至各鋪，軍人呼喊報預先得知，多方破調，或倩人披戴，虛應故事，一時搪哄得過，鋪舍仍是空虛。成化二十二年七月內，東安門（逃迄此）〔外迤北〕第三鋪，夜無官軍在鋪，被人丟棄男子死屍一軀在內，被淨官守鋪官軍李昊等問罪外，各鋪官軍尚不知警。今訪〔得〕每鋪止有二、三、四、五名或六、七名者，全無者亦多。黃昏時分，止是留守衛官點閘一次，夜間再無別官點視，各回私家宿歇去訖。原有銅鈴八十個，訪得損失三個，見有七十七個。每夜俱該發盡，卻乃互相朦蔽，止發三五十個，鋪內無人轉遞，積聚數多，筐擡抱送，其餘（不）不發。亦無稽考。似此懈怠，深當禁治。乞敕該部行令原點閘內外文武官員，專與夜間不定時候暗行逐鋪點閘，務使旗軍在鋪周圍提鈴巡視。若〔鋪〕內軍少，指名參奏管軍官員，不到軍士問罪。如此則鋪舍無虛而守衛充實等因，具本奏。奉聖旨：兵部看了來説。欽此。欽遵抄出送司。查得洪武二十七十二月初八日，太子少保（廉）〔兼〕兵部尚書茹瑺等節該欽奉太祖高皇帝聖旨榜文：自古到如今，各朝〔皇帝〕差軍守衛皇城，〔務要本隊伍正身當直。〕上至頭目，下至軍人，不敢頂替。這守衛等，是緊要的勾當，若是頂替，干係利害。若軍別無事故，各各見在〔衛所，其〕當該管軍人員，不行仔細檢點，照依原伍上直，致令小人賣放在閑，點視不到，定將本管指揮、千百戶、衛所鎮撫、總小旗各杖一百，指揮降千戶，千戶降百戶，衛鎮撫降所鎮撫，百戶〔所鎮撫〕降總旗，〔總旗〕降小旗，小旗降做軍，〔俱〕調邊衛。如是受財賣放，以致隊伍不全，係是圍〔宿〕重事，不問贓多少，處以重罪。欽此。及查得前項守衛官軍例該留守衛官員，並給事中、御（事）〔史〕，（事）〔本〕部委官點閘。續爲守衛事。該虎賁左衛呈稱，原選守衛軍人在逃，雇人冒點。本部議得，今後除留守衛等官員並科道等官照舊點閘，或恐不能識認替身，仍聽本衛軍政官每（直）〔出〕其不意，詣門點閘一次。但有仍前冒名代點及私役、賣放等弊，俱要隨即舉（行）〔奏〕，其他守衛〔衙門〕亦照此例。具題。成化十四八月初四日奏，奉聖旨：是。欽此。續爲陳情守衛事。該旗守衛右所軍人曹銘奏稱，守門門官内使勒要守衛軍人網巾、煤炭等項銅錢。本部議得，合無行令科道點城官並本部委官留守五衛委官，照依本部節次（及）奏行事例，今後務要用心時常點閘，各門守衛官軍務令全伍直宿，不許一時違誤，如有賣放遠出及別項差占，並勒要財物者，聽各官指實具奏拿問等因。成化二十二年二月十三日，節該奉聖旨：是。今後守衛官軍敢似前指此爲由，多科軍士錢物，送與門官内使，賣放回營，及指揮、千百戶等侵〔剋〕肥己的，事發官降一級，軍人調發邊衛差操。欽此。已經通行欽遵外，今該前因案呈到部，看得御用監太監羅祥題稱，前因臣等竊惟皇城禁密之地，設立守衛官軍以訪奸（究）〔宄〕，最爲重事。内有各（衛）〔門〕，外有各鋪，〔各〕内外官員管（速）〔束〕點閘，事體停當。而近來衛所該管官員玩法作弊，或剋減直米，包納月錢，縱令回家，一遇内外點城官員前來，互相冒名替點，（直）〔真〕僞莫（辯）〔辨〕，而其奸弊滋多。蕭牆周圍，鋪舍爲甚。日不看守，夜不巡鈐，誠如太監羅祥所奏。本當參究，但無（止）〔指〕實姓名，其守衛旗軍逃故數多，亦係衛所因循之弊，相應查補。本部合無行移各該衛所，嚴督内外各門並各鋪守衛官軍，今後遇有輪班上直之日，務要常川各守地方，匾牌什物各令齊備，全伍專一守直，内外官員不許托故賣放、私役，剋減直米，勒要銅錢，逼令逃竄，及縱容懸帶銅牌四外遊去，除管該内臣常川點視外，其給事中、御史並（木）〔本〕部點城官員，照依見行事例，出其不意，不時點閘。膽有托故不到，查出前弊，許令各官輕則量情發落，重則具實參奏，照例問擬。其周圍紅鋪，許令夜間不拘時候，暗行着實點閘。如果鋪内不少，及仍令逃走偷盜之人於内潛住，該直事〔官〕軍從重參問。本衛軍政官員，不拘門鋪等，仍要每直一次點閘，以（辯）〔辨〕詐冒。及行各衛查勘，但有官軍事故，（總旗）〔額數〕缺少，作急點名撥補，務令完足，不許仍前因循，以致缺人應役。每月一次，衛所軍政首領官吏，同守衛官將見在事故數目開報本部委官處比較。前各鋪銅鈴，仍令點城各衛門官，會同督令留守五衛官究查點視，着令每夜俱要盡數遞發，不計積聚，筐櫜抱送，及互相影射。如違，罪不輕貸。其損（朱）〔失〕銅鈴三個，追究明白，徑自奏請定奪。具題。奉聖旨：是。點城内外官，今後夜間不時點閘，但有縱容不〔法〕等項情弊，從實奏來，重罪不饒。欽此。

（明）戴金《明條法事類纂》卷二三《兵部類・宿衛守衛人私自代替・守衛官軍上直不到發落》 弘治三年七月十八日，兵部尚書馬等題，爲嚴謹守衛事。該刑部廣東清吏司問得犯人王安，招係府軍右衛指揮僉事，在西長安等門上直守衛。弘治三年五月初五日，安與燕山前等衛令在指揮李漢、張剛，及正千戶何友，吴謹、吴江、曹通、劉真等，副千戶岳泰、郝興、李名，百〔戶〕王永、蔣鎧，鎮撫張通，軍人王斌等玖拾陸名，輪該本日上直。俱（名）〔明〕知有例，軍人該直之日，務令常川在門上直，不許頃〔刻〕擅離信地，敢有故違，（德）〔聽〕點城等内外官員查點，參送法司問罪，畢日照例降調邊遠衛分差操。各不合故違。安等各不合不行管（東）〔束〕各軍上直，張剛又不合不行嚴謹（務）〔鈐〕束點閘在門，以致王斌等各不合私自回家，致使兵部委官郎中熊祿點閘不到，參奏抄出送司。問擬王安、李漢、張剛、何友、吴謹、吴江、曹通、劉真、岳泰、郝興、李名、王永、蔣鎧、張通並軍人王斌等，俱犯該違制，減等杖九十。王安等一十四員俱守衛官，王斌等九十六名俱守衛軍（名）〔人〕，照例納鈔，完日還職着役。王安等俱送兵部收查發落。查得先爲守衛事，永樂七年四月二十四日早，本部尚書方等欽奉太宗文皇帝聖旨：皇城四門守衛官軍，恁部家便將舊制榜文曉諭他每知道。欽此。查得洪武二十七年十一月初八日，本部官欽奉太祖高皇帝聖旨：自〔古〕到如今，各朝皇帝差軍守衛皇（帝）〔城〕，務要本隊伍正身當直。上至頭目，下至軍人，不敢頂替。這等守衛，是緊〔要〕的〔勾〕當，若是頂替，干係利害。撥散隊伍守衛，（是）尤其利害。且如輪隊伍守〔衛〕，撥（邦）〔那〕所軍，所衛若用軍多，盡〔本〕所守衛。若用〔少〕，或五百、〔三百〕、二百、一百，務要整百戶守衛。若軍別無事故，各衛所其當該管軍人員不行仔細檢（本）〔點〕，照依原伍上直，〔致〕令小人賣放，見在或閑居住在衛所，（住）或私自縱放，不在衛所，點視不到。定將本管指揮、千百戶、（千戶降百戶）衛所鎮撫、總小旗各杖一百，指揮降千戶，調邊遠；千戶降百戶，調邊遠；百戶降總旗，調邊遠；〔衛鎮撫降所鎮撫，調邊遠；總旗降小旗，調邊遠；〕小旗降做軍，調邊遠〔衛〕。如是受財賣放，〔以致〕隊伍不全，係是園宿重事，不問贓多少，處以重罪。欽此。已經欽遵木刻紅榜，見在端門外右、左張掛曉諭，及留守左等五衛指揮例該齊領內府銅符，輪流點閘。續該本部題內一件：嚴謹守衛。皇城各衛官軍，往往私自回家營干私事，以致門禁缺人防御。倘有不虞，誤事非輕。合無今後官軍該直之日，務令全伍常川在門上直，不許頃刻擅離信地。敢有故違，聽點城內外官員查點。如有前弊，參送法司問罪，畢日仍照前例俱降調邊遠衛分等因。奉聖旨：都準行。欽此。近該本部委官郎中熊祿題稱，弘治三年五月初五前去點閘得，長安右等門至西安門上燕山等衛千戶等官吳謹等、下軍人劉彪等一百三名不到，並虎賁左衛右所千戶等官曹通等三員不到，若非受財賣放，即係鈐束不嚴。其曹通、劉眞、蔣鎧並劉虎等輪班上直，自合常川各守地方，〔不許〕頃刻擅離，卻乃恃頑玩法，該直不到，及照各衛該日管領指揮不行嚴加鈐束，縱容官軍離直數名。再照留守五衛該日巡點指揮，亦不勤加點閘，俱各提問等因，〔具〕奏。奉聖旨：是。刑部都提了問。欽此。欽遵已經提問去後，今準前因，除將軍人王斌等俱發各該衛所着役外，及查得府軍右衛千戶岳泰下不到軍人一十二名，百戶王永名下不到軍人一十一名，俱係指揮王安總管。燕山前衛千戶吳謹下不到軍人一十四名，千〔戶〕郝興下不到軍人十名，所鎮撫通下不到軍人十名，不到百戶一員蔣鎧，俱係指揮李漢總管。燕山右衛千戶吳江下不到軍人九名，千戶李名下不到軍人八名，府軍衛千戶向友下不到軍人（王）〔五〕名，虎賁右衛千戶劉真不到，本官名下不到軍人八名。千戶曹通不到，本官名下不到軍人十名。及查留守前衛指揮張剛，係該日齎領銅符巡點官員。案呈到部，參照前項等，衛指揮千百戶等官王安等不行鈐束軍人，以致離直數多，劉真等三員，該直不直，擅離信地，私自回家。其張剛一員，亦又失於查點，致令官軍離直數多。該法司問擬明白，送部收查發落，其王安等一十員，（撥）〔揆〕之舊例，雖無故縱賣放情由，若（干）止（點）〔照〕常例發落，誠恐以後守衛官員不知警懼，上直軍人亦無忌憚，多擅回家，不（無）〔行〕守衛，有誤重事。合無指揮僉事王安、李漢等，千戶岳泰、吳謹、郝興、何友、李名、吳江、王永，所鎮撫張通量爲降級，惟復重加罰俸，伏乞聖明裁處。其千戶劉真、曹通、蔣鎧既係上直官員，不當擅自回家，情犯頗重，合照例送武選司改調邊衛，帶俸差操。指揮僉事張剛（不）〔係〕上直之數，合令還職。今後守衛官員所管軍人，每員名下除鈐〔束〕不嚴以致離直，點視不到，五名以下者，俱照常例問罪發落。其有著實回家，以致隊伍不全，點視名下軍人，但有十名以上不到者，俱照例降調邊衛。受財賣放該處重罪者，奏請發落。其留守五衛官，除（授）〔受〕財賣放一體降調，若止是巡點不嚴，亦照常例問罪還職。本部通行法司，各該點〔城〕官及各該衛所一體遵守，庶使官軍知懼，守衛嚴謹。具題。次日奉聖旨：是。王安、李漢、岳泰、吳謹、郝興、何友、李名、吳江、王永、張通各罰俸三個月。欽此。

（明）戴金《明條法事類纂》卷一一《吏部類・制書有違・禁約諸色人等過下馬牌問罪》

弘治五年十二月二十日，太子少保、兵部尚書馬等題，爲陳言時政事。車駕清吏司案呈，奉本部送準禮部咨，儀制清吏司案呈，奉本部送於禮科抄出鴻臚寺序班郭理〔奏〕，內一件：遵制度以禁愚頑。臣以制度不可一日而不遵，禮法不可一時而廢缺。（洪）〔宏〕惟我朝酌古準今，設立制度，若皇城四門下馬牌者，所以（遵）〔尊〕崇天極，表正四方，此臣民萬代所當遵守者也。奈何近年以來，人心不古，雖曰遵守，而不純乎遵守；雖曰致敬，而不全乎致敬。臣竊見官員人等，其到大明門邊下馬牌，有已入牌內三五步方下馬轎者，有仍在牌內三五步即上馬轎者。看守之人怠於禁制，行路之人習以爲常。視禮之毋不敬、語之過位色勃者不侔矣。又有愚頑之人，懶於下馬，其過北安等三門，順街斜走數步，常行抄過。其過不敬，在法度之所當治者也。如蒙乞敕該部，將皇城四門下馬牌時加修理，以聳臣下之仰敬。嚴命守門官軍，常加巡視，務要遵依未至牌邊，先下馬轎，〔過〕牌數步方騎乘。如此，則愚頑（之）〔知〕敬而法度嚴明等因，開坐具本。該通政使司官奏，奉聖旨：該衙門看了來說。欽此。欽遵，抄出送司，案呈到部。開單移咨，逕自施行等因，送司。查得先爲陳言政務缺食等事，該中兵馬指揮司指揮蔣得政等奏開：大明等門，左右兩邊設立下馬牌。邇年以來，有越入二三步下馬者，有不出三五步而上馬者。又有無籍之徒，坐臥於柵欄者。似此僭越，殊失（雜）〔觀〕瞻，要行出榜禁約等因。本部看得，尊莫尊於朝廷，重莫重於禁門。故禮有式路馬之文，所以廣敬上之義。今皇城四門最爲嚴重，蓋恐於人無知，一時經過，不行下馬，有失敬上之禮。故各設下馬牌一座，遵行年久，罔敢違法。近年人心玩弛，罔知敬畏，往往有騎馬入至牌內二三步下馬者，又有牌内三五步上馬者。其一應閑雜之人，又在於正道排柵之下坐臥，全無忌憚。巡守軍人既不捉拿，該兵馬司亦不禁治。年復一年，習以爲常。越禮不敬，莫此爲甚。合無不必出榜，本部通行各門守衛官軍、錦衣衛校及五城兵馬、火甲，如遇前項違法之人，就便拿送到官，及守衛官軍坐視不行拿送者，一體治罪等因，具題。弘治三年七月十五日，奉聖旨：準擬。欽此。已經通行去後。今該前因，案呈到部。看得鴻臚寺序班郭理所奏前因，大概與中兵馬司指揮蔣得政所奏相同。緣有前項奏行事理，但爲人臣者罔知敬（畏）上之義，軍民者不遵事例之嚴，凡（遇）〔過〕皇城四門，明知設有一官員人等至此下馬牌面，卻又擅入牌內三五步方下轎馬者，有仍在牌內三五步即上轎馬，誠如序班郭理所言。合申明前例，各門守衛官軍並錦衣衛官校五城兵馬、火甲常川巡視。其官吏軍民人等，敢有似前坐騎轎馬者擅入牌內三五步上下，係軍民者就便拘拿到官，轉送法司問罪如律，係官（員）者指名具奏。若各該兵馬等官及守衛官軍坐視不行捉拿，一體治罪。其大明門原無守衛官軍，仍於正陽門守把官軍人內摘撥八名，作兩班（轉）〔輪〕流巡視。本部仍行工部，大明門、東安、西安、北安門原設下馬牌面，用堅固木植從新修造油漆，以聳瞻視。及通行在京各衙門官員知會，各宜遵守，毋再違越。緣係遵制度以禁愚頑及奉欽依該衙門看了來說事理，具題。奉聖旨：是。欽此。

《明神宗實録》萬曆十年十二月〔癸卯〕刑科給事中田疇言：近日門禁疎虞，衛官懈弛，每見雜員冗職出入各禁門者，前呼後擁，不辨其爲何官。厮賤庸流往來禁地者，逐隊隨行，不審其係何役。連肩接袂，十百爲群，不曰內府官身，則曰裏面答應，以致奇技淫巧視爲淵藪，無賴亡命，倚爲窟宅。直軍不敢攔阻，衛官莫敢誰何。平居則假借威勢納賄行私，遇便則竄名簿藉鑽求官職。乞陞者陞，乞俸者俸，欺君玩法，無所不至。如徐爵、張大受等可爲殷鑒。乞勅錦衣衛督令旗尉嚴加緝訪，並行兵部，嚴諭守衛官軍謹守門禁。上是其言，下所司知之。

《明熹宗實録》天啟元年正月〔辛卯〕皇城巡視御史徐揚先言：祖宗額設四門守衛之軍八千有奇，士卒非不衆多，而排立門闕者有幾？額設大漢將軍、紅盔、明甲、圍子手等，分班入直，威儀非不整齊，而守宿直房者有幾？蓋惟事屬之內，則有隱占，有包侵，殊不可窮也。惟法行之內，則有忌器，有掣肘，竟不勝格也。試觀素封之家，尚欲責成守者時謹啓閉，大內深曠，盡弛其防，寧無左右窺伺之患？臣望皇上申明舊制，嚴飭內臣，使法行自近，宮禁肅清。乃臣反覆思維，在京城有提督大將，而在皇城僅用兩員把總，此其故不可解。巡視科道又無附近公署，晝而理事，夜而直宿，何怪人心不肅而偷翫因之。似當議置一所於左右，長安內外，令科道部臣輪宿查點。時御史王一中、兵部主事黃文星皆疏言之。一中又言禁門非貿易之所，則內市斷當外移，工作滋溷入之端，則繕司斷當驗覈。而文星疏中復乞鑄關防以重巡視，事權俱下所司。兵部覆奏，以爲禁旅空虛，皆繇勳戚貂璫詭名隱占，宜嚴飭稽查，盡除宿弊。九門鎖鑰以時啓閉，一切閑雜人等悉行驅逐，直衛官員以勤惰爲殿最。至於特設公署以便巡查，新鑄關防以重事權，俱當如諸臣議。得旨：禁地守衛官軍，及工作出入巡視科道，並該司官嚴加查驗，內侍著該監官一體申飭。內市照舊，但嚴加巡緝，不得喧雜。該部所覆依議行。

《明熹宗實録》天啟元年二月乙卯，上視朝畢，有妄男子張道安詭充較尉，從西班狂呼趨出，上命收治之。錦衣衛承旨稍緩，並賜詰責。因傳諭兵部、都察院：皇城守衛、朝儀禁仗，及京城內外巡警事宜，具載職掌，邇來怠玩相習，屢致疎虞。兵部、都察院併緝事衙門督率巡緝巡視等官嚴行申飭。盜賊姦細，左道妖言，即便拏究。遊手無籍，潛住異色諸人，不時驅逐。地方隣佑容隱不舉的，一併究治。其錦衣衛侍衛、旗尉及各門守衛、軍役，清查隱占、雇覔、頂冒諸弊，一體奉行。諭錦衣衛：朝儀直駕侍衛巡察，該衛職有專司，近來因循縱弛，旗尉人役漫無稽查，致有雇替諸弊，今後務嚴查正身姓名籍貫，清覈文册，各管領官比認習熟，臨期閘點驗明，方許給牌執役。至於車駕出入，警蹕倍宜嚴整，扈從器仗員役依次陳導，不得錯雜擁遮，其原隸該衛額設旗尉人等若干，向多奏討隱占，非近奉明旨，不合規例的，都著查明取回補額，違者一併參究，如諭奉行。

（明）佚名《新纂四六合律判語》卷上《兵律・宮殿門擅入》 紫禁沉沉既爲宥密之地，黄扉肅肅斯嚴出入之防。毋恣意於潛行，乃輕身於躁進。今某名非衛士，職豈親臣，敢掉臂以無嫌，自比穿窬之鼠。遂履閾而莫忌，真同踏雪之鴻。匪自代來，行殿中敢同張武。未承秦召，入巷内乃效范睢。觸藩之狀堪憐，跋扈之情可掬。殊乏蕭何之績，胡爲帶劍而趨；漢蕭何爲丞相，特賜劍履上殿，入朝不趨。況無樊噲之忠，豈容排闥而入？亟鋤此梗，用肅羣心。

（明）佚名《新纂四六合律判語》卷下《兵律・直行御道》 無陂亦無偏，至正莫踰乎御道；可視不可履，共由寧比於周行。蓋貴賤之分相懸，斯經涉之途亦異。故中門不立，式昭孔子之恭。而踰階不言，載見鄒軻之敬。今某惟知縱步，罔解懷刑。曳履上星辰，直度玉階之峻，振衣拂雲漢，無嫌禁路之中。似可便鴻跡之驅馳，更莫念鸞輿之出入。豈親負丹扆，周武王崩，成王幼冲，周公負丹扆以朝。擁周王於五色雲中；抑敬捧紫泥，布漢詔於九重天上。既蹈欺心之罪，難逃笞背之刑。

（明）佚名《新纂四六合律判語》卷下《兵律・宮殿造作罷不出》 紫殿巍峨，雖藉經營之力；黄扉邃密，尤嚴内外之防。諭茲趨事之徒，慎爾潛身之戒。曉鐘金闕，既魚貫易：魚貫，以宮人寵。以承班。暮漏玉階，合狼奔而居肆。今某業專小藝，名隸賤工。方點數於辰呼，漫隨行而並入。乃匿形於申放，弗逐隊以同歸。敢於鳳閣龍樓，寄此狐跡兔踪。寧同豫讓，深懷隱厠趙簡子既滅智伯，智伯客豫讓隱於厠中，以刺簡子，未果。之謀；何異禄山，罔有通宵之忌。請就市朝之戮，庶清宮闕之奸。

（明）佚名《新纂四六合律判語》卷下《兵律・關防内使出入》 維奄寺服掃除之役，既親紫闕之光；斯朝廷嚴出入之防，載密黄扉之禁。故統於冢宰，周室良規；而監於郎中，漢家懿制。蓋欲清乎宮掖，宜無縱於貂璫。今某奸比豎刁，賢非巷伯。恣中常侍之氣焰，無容訊詰其行藏。挾大長秋之威權，寧許檢詳其踪跡。彼方慎安於司門之際，爾輒深拒於閾之時。進退無嫌，何異穿墉之鼠；《詩》：誰謂鼠無牙，何以穿我墉？往來莫忌，真同跋扈之鱗。合加榜百之刑，要就編千之册。

黄彰健《明代律例彙編》卷一三《兵律一・宮衛・太廟門擅入》 凡擅入太廟門，及山陵兆域門者，杖一百。太社門，杖九十。未過門限者，各減一等。守衛官故縱者，各與犯人同罪。失覺察者，減三等。

黄彰健《明代律例彙編》卷一三《兵律一・宮衛・宮殿門擅入》 凡擅入皇城、午門、東華、西華、玄武門，及禁苑者，各杖一百。擅入宮殿門，杖六十，徒一年。擅入御膳所及御在所者，絞。未過門限者，各減一等。

若無門籍冒名而入者，罪亦如之。

其應入宮殿，未著門籍而入，或當下直而輒入，及宿次未到而輒宿者，各笞四十若不係宿衛應直合帶兵仗之人，但持寸刃入宮殿門内者，絞。入皇城門内者，杖一百，發邊遠充軍。門官及宿衛官軍故縱者，各與犯人同罪。失覺察者減三等，罪止杖一百。軍人又減一等。並罪坐直日者。餘條準此。

黄彰健《明代律例彙編》卷一三《兵律一・宮衛・輒出入宮殿門》 凡應出宮殿，而門籍已除，輒留不出，及被告劾，已有公文禁止，籍雖未除，輒入宮殿者，各杖一百。

若宿衛人，已被奏劾者，本司先收其兵仗。違者，罪亦如之。

若於宮殿門，雖有籍，至夜皆不得出入。若入者，杖一百。出者，杖八十。無籍入者，加二等。若持仗入殿門者，絞。

黄彰健《明代律例彙編》卷一三《兵律一・宮衛・向宮殿射箭》 凡向太廟及宮殿，射箭、放彈、投磚石者，絞。向太社，杖一百，流三千里。但傷人者，斬。

黄彰健《明代律例彙編》卷一三《兵律一・宮衛・禁經斷人充宿衛》 凡在京城，犯罪被極刑之家，同居人口，隨即遷發别郡住坐，其親屬人等，並一應經斷之人，並不得入充近侍，及宿衛，守把皇城京城門禁。若朦朧充當者，斬。其當該官司，不爲用心詳審，或聽人囑託，及受財，容令充當者，罪同。

若有特旨選充，曾經覆奏，明立文案者，不在此限。

黃彰健《明代律例彙編》卷一三《兵律一・宮衛・衝突儀仗》 凡車駕行處，除近侍，及宿衛護駕官軍外，其餘軍民，並須迴避。衝入儀仗内者，絞。若在郊野之外，一時不能迴避者，聽俯伏以待。其文武百官，非奉宣喚，無故輒入儀仗内者，杖一百。典仗護衛官軍故縱者，與犯人同罪。不覺者，減三等。

凡有申訴寃抑者，止許於仗外俯伏以聽。若衝入儀仗内，而所訴事不實者，絞。得實者，免罪。

凡軍民之家，縱放牲畜，若守衛不備因而衝突儀仗者，杖八十。衝入皇城門内者，杖一百。

黃彰健《明代律例彙編》卷一三《兵律一・宮衛・行宮營門》 凡行宮外營門，次營門，與皇城門同。内營牙帳門，與宮殿門同。擅入者，杖六十，徒一年。

《刑部現行則例》卷中《宮衛》 一、凡人跪午門，長安等門者，照擅入午門，長安等門叫訴寃枉律遵行。車駕行幸瀛臺、景山之處有跪訴者，照迎車駕申訴遵行。車駕出郊行幸有跪訴者，照衝突儀仗律遵行。

一、擅入長安等門打石獅子鳴寃者，照擅入午門，長安等門叫訴寃枉律問罪。若打正陽門外石獅子者，照損壞正陽門外御橋律問罪。

一、午門，長安等門，如有奸徒身藏金刃欲行叩閽擅入者，不問事之虛實，將所告情由不準。係民責四十板發邊衛充軍，係旗下人枷號三個月鞭一百。

一、凡於長安、左、右門等處自刎，自縊，潑撒喧呼者，拿送法司，追究教唆主使之人，俱杖一百，徒三年。

一、凡至下馬牌處不下頭畜而竟過者，笞五十。看守人役失於防範者，笞四十。

一、管侍衛内大臣等議得紫禁城内，郭齊哈侍衛、哈哈諸子、乾清門侍衛，皇太子乳公，跟隨、哈哈諸子，阿哥乳公、跟隨、諸子、上駟侍衛等，準其騎馬毋庸議。其據已定之處，有一等侍衛參領以上者騎馬行走外，在紫禁城内，品級未至騎馬而騎馬行走者，係何旗侍衛，將伊旗該管大臣罰俸六個月，將本旗彔壯大革去，壯大罰俸一年，騎馬侍衛革職。大臣侍衛官員跟隨之人在紫禁城内騎馬者，將跟隨之人枷號三個月，鞭一百，其跟隨人之主，罰俸兩個月。凡官員品級未至騎馬而騎馬行走者，革職。將該管大臣官員罰俸六個月。閒散及執事人等在紫禁城内騎馬行走者，枷號一個月，鞭一百。該管官罰俸六個月。其内府官員，太監、醫生、婦人、執事人等交與總管内務府，將應騎馬人名，請旨移送護軍統領，令其騎馬行走。並未奉旨，謊稱奉旨行走之人，殊屬可惡，如被看守之人拏獲，奏聞嚴交該管之處。在紫禁城内有非時騎馬行走，或偷盜物件及搶奪人手持之物者，令看守護軍嚴行查拏。如踈忽看守之處不拏者，將護軍統領罰俸六個月。看守之處參領降一級罰俸一年離任調用。護軍校即行革職，鞭五十。護軍枷號兩個月鞭一百。其郭齊哈侍衛，哈哈諸子，乾清門侍衛，或有定更之後方散，所以神武門、東華門、西華門不閉，俟伊等出後方閉。今定更時，別的門皆閉，惟東華門俟郭齊哈侍衛，哈哈諸子、乾清門侍衛出後方閉。具題。奉旨：哈哈諸子、郭齊哈侍衛、乾清門侍衛，傍晚侍候並無事件，嗣後黃昏定更以前俱著散去，紫禁城門俱照常關閉。或有事出遲，稱有旨意開門，令其出去。凡各處執事人等亦著定更以前散去。如此分定方得清淨。此處著總管内務府分別應騎馬之人具奏，傳行禁止。餘依議。

《大清律例》卷一八《兵律・宮衛・太廟門擅入》 凡無故擅入太廟門及山陵兆域門者，杖一百。太社門，杖九十。但至門未過門限者，各減一等。守衛官故縱者，各與犯人同罪。失覺察者，減三等。

（清）吴壇《大清律例通考》卷一八《兵律・宮衛・禁經斷人充宿衛》

律文

凡在京城犯罪被極刑之家，同居人口不論親屬所司，隨即遷發別郡住坐。其本犯異居親屬人等，並一應有犯笞杖，曾經同決斷之人，並不得入充近侍及宮禁宿衛，守把皇城、京城門禁。若隱匿前項情由朦朧充當者，斬監候。其當該官司不爲用心詳審，或聽人囑托及受財容令充當者，罪同斬監候，並究囑托人。

若極刑親屬及經斷人奉有特旨選充，曾經具由覆奏明立文案者，所選之人及官司不在此限。

謹按：此條係仍原律。其小注，係順治初年律内集入。

（清）吴壇《大清律例通考》卷一八《兵律·宫衛·門禁鎖鑰》律文

凡各處城門應閉而誤不下鎖者，杖八十。非時擅開閉者，杖一百。京城門，各加一等。其有公務急速，非時開閉者，不在此限。

若皇城門應閉而誤不下鎖者，杖一百，發邊遠充軍。非時擅開閉者，絞監候。其有旨開閉者，勿論。

謹按：此條係仍原律，至今不改。

（清）薛允升《讀例存疑》卷二〇《兵律·宫殿門擅入》　凡擅入紫禁城午門、東華、西華、神武門及禁苑者，各杖一百。擅入宫殿門，杖六十，徒一年。擅入御膳所及御在所者，絞監候。未過門限者，各減一等。稱御者，太皇太后、皇太后、皇后並同。若無門籍，冒他人名籍而入者兼已入未過，罪亦如之。其應入宫殿宿直之人，未著門籍而入，或當下直而輒入，及宿次未到雖應入，班次未到，越次而輒宿者，各笞四十。若不係宿衛應直合帶兵仗之人，但持寸刃入宫殿門内者，絞監候。不言未入門限者，以須入門内乃坐。入紫禁城門内者，杖一百，發邊遠充軍。門官及宿衛官軍故縱者，各與犯人同罪，至死減一等。失察覺者，官減三等，罪止杖一百。軍又減一等。並罪坐直日者。通指官與軍言。餘條準此。

此仍明律，順治三年修改，雍正三年改定。

條例

太監等進殿當差，如遺金刃之物，未經帶出者，枷號一年，滿日，責四十板，罰當下賤差使。如遺失零星物件，交總管責四十板，仍在本處當差。

此條系嘉慶十三年奉旨恭纂爲例。

謹按：此專指當差之太監而言，亦不常有之事。持刃入宫殿門者絞，蓋指不係宿衛應直合帶兵仗之人而言。律文已明，太監係應進殿當差者，小刀亦當差需用之物，猶宿衛之人兵仗也，但不當遺至殿内不帶出耳。唐律若於闌仗内誤遺兵仗者，杖一百。弓、箭相須，乃坐。與此相類。責四十板，罰當下賤差使。足矣，似無庸再加枷號。

綉漪橋以北，昆明湖内，除官民人等擅入游玩及故縱失察之官軍照擅入紫禁城、禁苑律分別治罪外，如有溺斃人命，即將本段堆撥值班弁兵杖一百，枷號一個月。左右附近二所堆撥值班弁兵杖八十，枷號二十日。若赴溺之人被弁兵即時拿獲，或於溺水時撈救得生，弁兵免其治罪，將赴溺之人嚴行審訊，僅止因貧因病並無別故，枷號半年，杖一百，發往伊犁當差。如另有重情，仍各依本律例從其重者論。

此條系嘉慶十八年刑部遵旨纂輯爲例，道光六年修改，二十五年改定。

謹按：此亦不常有之事。自溺之人原無大罪，特不應在禁地輕生耳。枷杖不足示懲，或酌量加等，亦可遽似遺罪。仍枷號半年，似嫌太重。越訴門，奸徒身藏金刃擅入午門、長安等門者，杖一百，發近邊充軍。曾經法司等問斷明白，意圖翻異，於登聞鼓下及長安門等處自刎自縊者，杖一百，徒三年。赴溺之人情節較彼條爲輕，而科罪反重，如謂例系奉旨從嚴纂定，嗣後修改時亦當略爲變通，從前奉旨從重後經改輕之例不一而足，此條何必過拘耶？

（清）薛允升《讀例存疑》卷二〇《兵律·宿衛守衛人私自代替》

凡宫禁宿衛，及紫禁城皇城門守衛人，應直不直者，笞四十。以應宿衛守衛人下直之人，私自代替，及替之人，各杖六十。以不係宿衛、守衛人冒名私自代替，及替之人，各杖一百，官員各加一等。

若在直而逃者，罪亦如之。應直不直之罪，官員加等。京城門，減一等。各處城門，又減一等。親管頭目，知而故縱者，各與犯人同罪；失覺察者，減三等；有故而赴所管告知者，不坐。

此仍明律，雍正三年修改，其小注係順治三年添入。

（清）薛允升《讀例存疑》卷二〇《兵律·從駕稽違》　凡巡幸應扈從車駕之人，違原定之期不到及從而先回還者，一日笞四十，每三日加一等，罪止杖一百。職官有犯，各加一等。罪止杖六十，徒一年。若從駕行而逃者，杖一百，發邊遠充軍。職官，絞監候。親管頭目故縱不到、先回、在逃者，各與犯人同罪，至死減一等；失覺察者，減三等。罪止杖一百。

此仍明律，雍正三年修改，乾隆五年删定，其小注係順治三年添入。

條例

凡八旗正身隨車駕行而脱逃者，發黑龍江等處當差，官馬盤費照數追繳。

此條係乾隆十八年總理行營王大臣等奏準定例，三十三年删改。

謹按：此指八旗兵丁而言，不便充軍，故發黑龍江當差也。

督捕則例二條

另户滿洲、蒙古、漢軍閒散旗人，逃走或實因病迷一月以内投回者，免罪。被獲者，鞭一百，仍準挑差。如已逾一月，無論投回、拿獲，均銷除旗檔爲民云云。

派往各省駐防滿洲兵丁，臨行自京脱逃及中途脱逃被獲者，削除旗籍，責八十板，帶鎖發伊犁充當步甲苦差云云。

謹按：旗人一經脱逃，即應銷檔。隨車駕行脱逃情節尤重，應否銷檔，此例并暗未叙明，緣爾時旗人犯罪多不銷檔，是以例不載入也。

（清）薛允升《讀例存疑》卷二〇《兵律・直行御道》 凡午門外御道至御橋，除侍衛官軍道從車駕出入，許於東西兩旁行走外，其餘文武百官軍民人等非侍衛導從，無故於上直行，及輒度御橋者，杖八十。若於宫殿中直行御道者，杖一百。守衛官，故縱者，各與犯人同罪，失覺察者，減三等。若於御道上横過，係一時經行者，不在禁限。在外衙門龍亭，儀仗已設而直行者，亦準此律科斷。

此仍明律，其小注係順治三年添入，而無在外衙門數語。乾隆五年據總注增入。

條例

凡至下馬牌不下而竟過者，笞五十。看守人役失於防範者，笞四十。

此條係康熙年間定例。

謹案：此補律之未備也。車駕過陵及守陵官民入陵者，百步外下馬，違者以大不敬論。見盗園陵樹木，與此條參看。

凡遇祭祀日期，隨聖駕前引後護之大臣及侍衛，並有執事官員拜唐阿等，於午門外騎馬前去時，頭等大臣令跟役三人，二等大臣令跟役二人，三等以下侍衛官員及拜唐阿等俱令跟役一人，騎馬行走。其無執事人等，俱不許騎馬。如有多帶跟役前行，無執事官員人等妄亂行走者，除即行趕逐外，仍將多帶跟役行走並不應行走官員，指名參奏，照違制律治罪。

此條係乾隆三十四年大學士尹繼善等議復江南道監察御史胡翹元條奏定例，嘉慶六年改定。

謹按：與失儀門聖駕出入一條參看，彼條係派委司官及步軍校嚴加巡查，此條並無稽查之人，是否由糾儀御史指名參奏，記考。嘉慶五年七月初三日欽奉上諭：近年以來，隨扈大臣官員所帶跟役在午門外騎馬者過多，此皆日久因循，無人稽覈所致。嗣後凡遇祭祀，駕出午門，所有隨從大臣官員著交護軍統領查察，如有例外多帶人數者，即行據實嚴參，照違律治罪。等因。見吏部《處分則例・儀制門》，應參看。再，上諭係一品、二品、三品以下侍衛官員等，例内頭等、二等、三等字樣應一並修改，明晰分別，頭二、三等係國初定制。

（清）薛允升《讀例存疑》卷二〇《兵律・宫殿造作罷不出》 凡宫殿内造作，所管官司具工匠姓名，報所入之處門官及守衛官，就於所入門首，逐一點姓名視形貌，放入工作。至申時分，仍須相視形貌，照數點出。其不出者，絞監候。監工及提調内監、門官、守衛官軍點視。如原入名數短少，就便搜捉，隨即奏聞。知而不舉者，與犯人同罪至死減一等；失覺察者，減三等。罪止杖一百。

此仍明律，雍正三年修改，其小注係順治三年添入，乾隆五年改定。

（清）薛允升《讀例存疑》卷二〇《兵律・輒出入宫殿門》 凡應出宫殿如差遣，給假等項而門籍已除輒留不出，及應入直之人被告劾，已有公文禁止，籍雖未除，輒入宫殿者，各杖一百。晝禁。

若宿衛人已被奏劾者，本管官司先收其兵仗。違者，罪亦如之。

若於宫殿門，雖有籍，應直至夜皆不得出入。若入者，杖一百。出者，杖八十。無籍夜入者，加二等。若夜持仗入殿門者，絞監候。入宫門亦坐。此夜禁，比晝加謹。

此仍明律，順治三年添入小注，乾隆五年删定。

（清）薛允升《讀例存疑》卷二〇《兵律・關防内使出入》 凡内監並奉御内使，但遇出外，各守門官須要收留本人在身關防牌面，於門簿上印記姓名，及牌面字號明白，附寫前去某處幹辦，是何事務，其門官與守衛官軍搜檢沿身，別無夾帶官私器物，方許放出。回還一體搜檢，給牌入内，以憑逐月稽考出外次數。但有搜出應干雜藥，就令帶藥之人自吃。若有出入不服搜檢者，杖一百，發附近充軍。若非奉旨，私將兵器帶進入紫禁城門內者，杖一百，發邊遠充軍。入宮殿門內者，絞監候。其直日守門官及守衛官失於搜檢者，與犯人同罪。至死減一等。內使，例不擬充軍，惟此須依本律。

此仍明律，雍正三年修改，其小注係順治三年添入，乾隆五年删定。

（清）**薛允升《讀例存疑》卷二〇《兵律・向宮殿射箭》** 凡向太廟及宮殿射箭、放彈、投磚石者，絞監候；向太社，杖一百，流三千里。須箭、石可及，乃坐之；若遠不能及者，勿論。但傷人者，斬監候。則殺人者可知。若箭、石不及致傷外人者，不用此律。

此仍明律，其小注係順治三年照《箋釋》添入。但傷下原有太社之三字，雍正三年删。

（清）**薛允升《讀例存疑》卷二〇《兵律・宿衛人兵仗》** 凡宿衛人，兵仗不離身。違者，笞四十。輒暫離應直職掌處所，笞五十。別處宿，經宿之離杖六十。官員，各加一等。親管頭目，知而不舉者，與犯人同罪；失覺察者，減三等。

此仍明律，雍正三年修改，其小注順治三年添入。

（清）**薛允升《讀例存疑》卷二〇《兵律・衝突儀仗》** 凡車駕行幸之處，其前列者爲儀仗，儀仗之內即爲禁地。凡車駕行處，除近侍及宿衛護駕官軍外，其餘軍民，並須迴避。冲入儀仗內者，絞。係雜犯，準徒五年。若在郊野之外，一時不能迴避者，聽俯伏道旁以待駕過。其隨行文武百官，非奉宣喚，無故輒入儀仗內者，杖一百。典仗護衛官軍故縱者，與犯人同罪；不覺者，減三等。若有申訴寃抑者，止許於仗外俯伏以聽。若冲入儀仗內而所訴事不實者，絞。係雜犯，準徒五年。得實者，免罪。

軍民之家，縱放牲畜，若守衛不備因而衝突儀仗者，守衛人杖八十。衝入紫禁城門內者，守衛人杖一百。其縱畜之家，並以不應重律論罪。

此仍明律，原係三條，律目下有三條二字，順治三年添入注，雍正三年修並。

條例

聖駕出郊，衝突儀仗，妄行奏訴者，追究主使，教唆捏寫本狀之人，俱問罪，各杖一百，發邊衛充軍。所奏情詞不分虛實，立案不行。

此條係前明問刑條例，乾隆三十二年修改。

聖駕臨幸地方雖未陳設鹵簿，如有民人具呈妄行控訴者，照衝突儀仗例，杖一百，發近邊充軍。

此條係乾隆十八年大學士忠勇公傅恒等條奏定例，三十二年修改。

謹按：律係雜犯絞罪，例改爲近邊充軍，均係指妄行奏訴及具呈妄行控訴者而言。若申訴寃抑得實，又當別論。此未衝突儀仗而亦照衝突儀仗問擬者，竊謂民間詞訟均由地方有司審理，往往有刁健之徒將賬債、鬥毆等細事添砌情節，赴京叩閽或俟車駕行幸道旁呈訴。雖未冲入仗內，所控亦未必盡虛，仍應治以衝突儀仗之罪，以懲刁風。若關係人命生死出入，地方官或審斷不公，或徇情枉法，歷控上司不爲申理，情急無奈叩閽呈訴者，幸而審出實情，則寃抑得以申雪。若仍將申訴者治以重罪，勢必畏罪者多不敢控訴。律文得實免罪，似尚平允。民間命、盜等案，往往有地方官申斷不公，控經上司不爲準理，不得已而叩閽呈訴者，若再不與申理，或審明所控屬實，既非越訴，亦不誣告，仍治重罪，則寃抑不能申雪者多矣。律雖嚴衝突儀仗之罪，而復著得實免罪之文，情法最爲得平。例止言衝突妄訴之罪，而不言得實免罪者，以律有明文，故不復叙也。參看自明。乾隆四十六年浙江汪進修、嘉慶十四年陝西張升二犯均係叩閽所告得實，曾經欽奉諭旨，即予省釋，免其治罪。似可於例內添入：如果申訴寃抑審係得實者，仍照律免罪。奏請定奪。

凡八旗兵丁如有衝突儀仗者，在本營枷號一個月，滿日，同眷屬俱發往各省駐防，交該將軍、都統等嚴加管束。本犯如三年無過，準挑給兵丁差使，不準揀選官職。其子孫不在此限。

此條係嘉慶十九年奉旨纂輯爲例，道光九年改定。

謹按：衝突儀仗下似應照上二條添入妄行控訴句。寶義及英文保二案均非控訴寃抑，亦未誣陷人罪，改發駐防，實屬咎由自取。如實有寃抑情事，控訴得實，似不應一概擬發駐防。似應修改明晰，以示區別。

（清）**薛允升《讀例存疑》卷二〇《兵律・行宮營門》** 凡行宮外營門、次營門與紫禁城門同，若有擅入者，杖一百。內營牙帳門與宮殿門同，擅入者，杖六十，徒一年。

此仍明律，雍正三年修改。

（清）**薛允升《讀例存疑》卷二〇《兵律·越城》**　凡越皇城者，絞監候。京城者，杖一百，流三千里；越各府、州、縣、鎮、城者，杖一百；官府公廨墻垣者，杖八十。越而未過者，各減一等。若有所規避者，各從其重者論。

此仍明律，順治三年添入小注。

謹按：本門内凡言皇城者，多改爲紫禁城。此條及門禁鎖鑰一條仍從其舊，應參看。

條例

各衙門親戚書吏人等，遊船演戲，夜半方歸，擅叫禁門者，照越府、州、縣城律，杖一百。

此條係雍正七年兵部議復給事中顧條奏定例。

謹按：親戚應改爲官親幕友。

京城該班兵丁，如取用什物，不由馬道行走，乘便由城上縋取者，照違制律，杖一百，加枷號一個月。該管員弁疏於覺察，交部議處。

此條係嘉慶十六年刑部遵旨議準定例。

謹按：此專指京城而言，外省有犯，應否勿論，記覈。什物不應由城上縋取，中外皆然，欽奉諭旨雖專指京城，惟既纂爲定例，似應添入各省，以免參差。

（清）**薛允升《讀例存疑》卷二〇《兵律·宮内忿争》**　凡於宮内忿争者，笞五十。忿争之聲徹於御在所，及相毆者，杖一百。折傷以上，加凡鬭傷二等。若於臨朝之殿内，以遞加一等。遞加者，如於殿内忿争者，加一等，杖六十。其聲徹於御在之所，及殿内相毆者，加一等，杖六十、徒一年。至於折傷以上，加宮内折傷之罪一等，又加凡鬭傷罪二等，共加三等。雖至篤疾，並罪止杖一百、流三千里。至死者，依常律斷。被毆之人，雖至殘廢、篤疾，仍擬杖一百，收贖。篤疾之人，與有罪焉，故不斷財産養贍。

此仍明律，順治三年添入小注。宮内上原有燕幸之三字，雍正三年删。

條例

凡太監在紫禁城内，持金刃自傷者，斬立決。在紫禁城外、皇城内，持金刃自傷者，斬監候。

此條係康熙二十九年，刑部遵旨議準定例。

謹按：一經金刃自傷，即分別擬以斬決、斬候，與逃出索詐，照光棍例治罪之意相同。俱係康熙年間定例。爾時懲治太監之法，其嚴如此，以後則漸從寬矣。太監進殿當差，遺金刃之物，未經帶出者，杖一百。見《兵律》。太監在逃，金刃殺傷人，見鬭毆科罪。輕重不同，均應參看。

行營地方，管理轄聲音帳房以内，謀故殺人，及鬭毆金刃殺人者，擬斬立決。謀殺人傷而不死，及鬭毆手足他物殺人者，擬絞立決。金刃傷人者，發伊犁，給駐防官兵爲奴。金刃自傷及手足他物傷人者，杖一百、流三千里。若在管轄聲音帳房以外，卡門以内，謀故殺人，及鬭毆金刃殺人者，亦擬斬立決。謀殺人傷而不死，及鬭毆手足他物殺人者，擬絞監候，入於情實。金刃傷人者，杖一百、流三千里。金刃自傷及手足他物傷人者，杖一百、徒三年。以上除死罪外，犯該遣罪以下者，俱先行插箭，隨營示衆。其在卡門以外，謀故鬭毆殺傷人及自傷者，均照常律辦理。

除太監在紫禁城内、外，持金刃自傷，分別斬決、監候，仍照舊例辦理外，如常人在各外當差，及各官跟役，並内務府各項人役苑户、欽工匠役等，在紫禁城内暨圓明園大宮門、大東、大西、大北等門，及西廠等處地方並各處内圍墻以内，謀故殺人，及鬭毆金刃殺人者，擬斬立決。謀殺人傷而不死，及鬭毆手足他物殺人者，擬絞立決。金刃傷人者，發伊犁，給駐防官兵爲奴。金刃自傷及手足他物傷人者，杖一百、流三千里。若在紫禁城午門以外、大清門以内，暨圓明園大宮門、大東、大西、大北等門以外，鹿角木以内，謀故殺人，及鬭毆金刃殺人者，擬斬立決。謀殺人傷而不死及鬭毆手足他物殺人者，擬絞監候，入於情實。金刃傷人者，杖一百、流三千里。金刃自傷及手足他物傷人者，杖一百、徒三年。以上除死罪外，犯該遣罪以下者，俱枷號三個月，再行發配。其東安、西安、地安等門以内，及圓明園鹿角木並内圍墻以外，謀故鬭毆傷人及自傷者，均照常律辦理，不得濫引此例。

首條舊例係乾隆四十六年，行在刑部審奏：馬甲、王裕明用斧砍傷善德一案，欽奉上諭，王裕明在行營處所，輒敢用斧砍傷善德，甚屬不法。王裕明不必俟善保辜限滿，即先行插箭，隨營示衆。如善德限内因傷身死，王裕明即於該處斬決。即使善德傷輕平復，亦應發往伊犁，給厄魯特爲奴。嗣後遇有此等金刃傷人案件，俱著照此辦理，欽此。欽遵。恭纂爲例。五十二年奉旨，向來情節較重，罪不至死人犯，有發遣伊犁，給厄魯特爲奴者，第念彼此言語不通，難於役使，未免不能約束，易致脱逃。嗣後如有發遣伊犁，給厄魯特爲奴人犯，著發往伊犁，給駐防官兵爲奴。所有從前給厄魯特之例著停止。欽遵在案，因將此條修改爲給駐防官兵爲奴，嘉慶十三年改定，並添纂後條。

謹按：凡門應斬、絞監候者，均加擬立決，入於情實，及凡門不至死罪者，亦不問死罪。二例大略相同，惟自傷究與傷人不同，向擬流徒，未免太嚴。

律無在禁地金刃自傷之文，例蓋爲太監而設，後則凡人加重矣。與兵律綉漪橋以北自溺一條參看。

紀事

《史記》卷六《秦始皇本紀》 盧生説始皇曰：臣等求芝奇藥仙者，常弗遇，類物有害之者。方中，人主時爲微行以辟惡鬼，惡鬼辟，真人至。人主所居而人臣知之，則害於神。真人者，入水不濡，入火不爇，陵雲氣，與天地久長。今上治天下，未能恬倓。願上所居宮毋令人知，然後不死之藥殆可得也。於是始皇曰：吾慕真人，自謂真人，不稱朕。乃令咸陽之旁二百里内宮觀二百七十復道甬道相連，帷帳鍾鼓美人充之，各案署不移徙。行所幸，有言其處者，罪死。始皇帝幸梁山宮，從山上見丞相車騎衆，弗善也。中人或告丞相，丞相後損車騎。始皇怒曰：此中人泄吾語。案問莫服。當是時，詔捕諸時在旁者，皆殺之。自是後莫知行之所在。聽事，羣臣受決事，悉於咸陽宮。

《史記》卷八六《刺客列傳》 而秦法，羣臣侍殿上者，不得持尺寸之兵。諸郎中執兵皆陳殿下，非有詔召不得上。

《史記》卷九六《張丞相列傳》 〔晁〕錯爲内史，門東出，不便，更穿一門南出。南出者，太上皇廟堧垣。嘉聞之，欲因此以法錯擅穿宗廟垣爲門，奏請誅錯。

《史記》卷一〇二《張釋之馮唐列傳》 頃之，太子與梁王共車入朝，不下司馬門，於是釋之追止太子、梁王無得入殿門。遂劾不下公門不敬，奏之。薄太后聞之，文帝免冠謝曰：教兒子不謹。薄太后乃使承詔赦太子、梁王，然後得入。

《史記》卷一〇九《李將軍列傳》 廣死明年，李蔡以丞相坐侵孝景園壖地，當下吏治，蔡亦自殺，不對獄，國除。

《漢書》卷一六《高惠高后文功臣表》 〔高宛制侯〕建元三年，侯信嗣，三年，坐出入屬車間，免，户三千二百。師古曰：天子出行，陳列屬車，而輒至於其間。【略】

〔平州共侯〕孝景後一年，侯昧嗣，二十四年，元狩五年，坐行馳道中，免。【略】

〔山都貞侯〕元狩五年，侯當嗣，八年，元封元年，坐闌入甘泉上林，免。

《漢書》卷一九《百官公卿表》 孝成河平二年，楚相齊宋登爲京兆尹，貶爲東萊都尉，未發，坐漏泄省中語，下獄自殺。

《漢書》卷四五《江充傳》 〔江〕充出，逢館陶長公主行馳道中。充呵問之，公主曰：有太后詔。充曰：獨公主得行，車騎皆不得。盡劾没入官。

《漢書》卷五九《臨江閔王劉榮傳》 臨江閔王榮以孝景前四年爲皇太子，四歲廢爲臨江王。三歲，坐侵廟壖地爲宫，【略】中尉郅都簿責訊王，王恐，自殺。

《漢書》卷六四《賈捐之傳》 〔賈〕捐之即與興共爲薦顯奏，曰：竊見石顯本山東名族，有禮義之家也。持正六年，未嘗有過，明習於事，敏而疾見，出公門，入私門。宜賜爵關内侯，引其兄弟以爲諸曹。又共爲薦興奏，曰：竊見長安令興，幸得以知名數召見。興事父母有曾氏之孝，事師有顔閔之材，榮名聞於四方。明詔舉茂材，列侯以爲首。爲長安令，吏民敬鄉，道路皆稱能。觀其下筆屬文，則董仲舒；進談動辭，則東方生；置之爭臣，則汲直；用之介胄，則冠軍侯；施之治民，則趙廣漢；抱公絶私，則尹翁歸。興兼此六人而有之，守道堅固，執義不回，臨大節而不可奪，國之良臣也，可試守京兆尹。

石顯聞知，白之上。乃下興、捐之獄，令皇后父陽平侯禁與顯共雜治，奏興、捐之懷詐僞，以上語相風，更相薦譽，欲得大位，漏泄省中語，(罔)〔罔〕上不道。《書》曰：讒説殄行，震驚朕師。《王制》：順非而澤，不聽而誅。請論如法。興減死罪一等，髡鉗爲城旦。捐之竟坐棄市。

《漢書》卷六八《霍光傳》　會李竟坐與諸侯王交通，辭語及霍氏，有詔云山不宜宿衛，免就第。

《漢書》卷六九《趙充國傳》　初，破羌將軍武賢在軍中時與中郎將卬宴語，卬道：車騎將軍張安世始嘗不快上，上欲誅之，卬家將軍以爲安世本持橐簪筆事孝武帝數十年，見謂忠謹，宜全度之。安世用是得免。及充國還言兵事，武賢罷歸故官，深恨，上書告卬泄省中語。卬坐禁止而入至充國莫府司馬中亂屯兵，下吏，自殺。

《漢書》卷七二《兩龔傳》　兩龔皆楚人也，勝字君賓，舍字君倩。二人相友，並著名節，故世謂之楚兩龔。少皆好學明經，勝爲郡吏，舍不仕。

久之，楚王入朝，聞舍高（明）〔名〕，聘舍爲常侍，不得已隨王，歸國固辭，願卒學，復至長安。而勝爲郡吏，三舉孝廉，以王國人不得宿衛。

《漢書》卷九〇《酷吏傳·咸宣》　咸宣，楊人也。以佐史給事河東守。衛將軍青使買馬河東，見宣無害，言上，徵爲厩丞。官事辦，稍遷至御史及中丞，使治主父偃及淮南反獄，所以微文深詆殺者甚衆，稱爲敢決疑。數廢數起，爲御史及中丞者幾二十歲。王溫舒爲中尉，而宣爲左内史。其治米鹽，事小大皆關其手，自部署縣名曹實物，官吏令丞弗得擅搖，痛以重法繩之。居官數年，一切爲小治辯，然獨宣以小至大，能自行之，難以爲經。中廢爲右扶風，坐怒其吏成信，信亡藏上林中，宣使郿令將吏卒，闌入上林中蠶室門攻亭格殺信，射中苑門，宣下吏，爲大逆當族，自殺。

《漢書》卷九九中《王莽傳》　〔王〕莽即真，尤備大臣，抑奪下權，朝臣有言其過失者，輒拔擢。孔仁、趙博、費興等以敢擊大臣，故見信任，擇名官而居之。公卿入宫，吏有常數，太傅平晏從吏過例，掖門僕射苛問不遜，戊曹士收繫僕射。莽大怒，使執法發車騎數百圍太傅府，捕士，即時死。大司空士夜過奉常亭，亭長苛之，告以官名，亭長醉曰：寧有符傳邪？士以馬箠擊亭長，亭長斬士，亡，郡縣逐之。家上書，莽曰：亭長奉公，勿逐。大司空邑斥士以謝。國將哀章頗不清，莽爲選置和叔，敕曰：非但保國將閨門，當保親屬在西州者。諸公皆輕賤，而章尤甚。

《後漢書》卷三六《張陵傳》　〔張〕陵字處沖，官至尚書。元嘉中，歲首朝賀，大將軍梁冀帶劍入省，陵呵叱令出，敕羽林、虎賁奪冀劍。冀跪謝，陵不應，即劾奏冀，請廷尉論罪，有詔以一歲俸贖，而百僚肅然。

《後漢書》卷三七《桓彬傳》　時中常侍曹節女婿馮方亦爲郎，〔桓〕彬厲志操，與左丞劉歆、右丞杜希同好交善，未嘗與方共酒食之會，方深怨之，遂章言彬等爲酒黨。事下尚書令劉猛，猛雅善彬等，不舉正其事。節大怒，劾奏猛，以爲阿黨，請收下詔獄，在朝爲之寒心。猛意氣自若，旬日得出，免官禁錮。彬遂以廢。

《晉書》卷三〇《刑法志》　魏明帝時，宫室盛興而期會迫急，有稽限者，帝親召問，言猶在口，身首已分。王肅抗疏曰：陛下之所行刑，皆宜死之人也。然衆庶不知將為倉卒，願陛下下之於吏，而暴其罪，均其死也。不汙宫掖，不為縉紳驚惋，不為遠近所疑，人命至重，難生易殺，氣絶而不續者也。是以聖王重之。孟軻云：殺一不辜而取天下者，仁者不為也。

《三國志》卷二四《魏志·高柔傳》　時獵法甚峻。宜陽典農劉龜竊於禁内射兔，其功曹張京詣校事言之。帝匿京名，收龜付獄。柔表請告者名，帝大怒曰：劉龜當死，乃敢獵吾禁地。送龜廷尉，廷尉便當考掠，何復請告者主名，吾豈妄收龜邪？柔曰：廷尉，天下之平也，安得以至尊喜怒而毁法乎？重復爲奏，辭指深切。帝意寤，乃下京名。即還訊，各當其罪。

是時，殺禁地鹿者身死，財産没官，有能覺告者厚加賞賜。柔上疏曰：聖王之御世，莫不以廣農爲務，儉用爲資。夫農廣則穀積，用儉則財畜，畜財積穀而有憂患之虞者，未之有也。古者，一夫不耕，或爲之饑，一婦不織，或爲之寒。中間已來，百姓供給衆役，親田者既減，加頃復有獵禁，群鹿犯暴，殘食生苗，處處爲害，所傷不貲。民雖障防，力不能禦。至如滎陽左右，周數百里，歲略不收，元元之命，實可矜傷。方今天下生財者甚少，而麋鹿之損者甚多。卒有兵戎之役，凶年之灾，將無以待之。惟陛下覽先聖之所念，愍稼穡之艱難，寬放民間，使得捕鹿，遂除其禁，則衆庶久濟，莫不悦豫矣。

《晉書》卷三〇《刑法志》 魏明帝時，宮室盛興而期會迫急，有稽限者，帝親召問，言猶在口，身首已分。王肅抗疏曰：陛下之所行刑，皆宜死之人也。然衆庶不知將為倉卒，願陛下之於吏，而暴其罪，均其死也。不汙宮掖，不為縉紳驚惋，不為遠近所疑，人命至重，難生易殺，氣絶而不續者也。是以聖王重之。孟軻云：殺一不幸而取天下者，仁者不為也。

《南齊書》卷三〇《薛淵傳》 車駕幸安樂寺，淵從駕乘虜橋，先是敕羌虜橋不得入仗，爲有司所奏，免官，見原。

《南齊書》卷四一《張融傳》 永明二年，總明觀講，敕朝臣集聽。融扶入就榻，私索酒飲之，難問既畢，乃長嘆曰：嗚呼！仲尼獨何人哉！爲御史中丞到撝所奏，免官，尋復。

《南史》卷四七《虞悰傳》 永明八年，大水，百官戎服救太廟，太子右率虞悰朱衣乘車鹵簿，於宣陽門外行馬内驅打人，爲奏見原。

《南齊書》卷四六《王僧祐傳》 永明末，爲太子中舍人，在直屬疾，代人未至，僧祐委出，爲有司所奏，贖論。

《南齊書》卷三八《蕭穎胄傳》 穎胄府長史張熾從絳衫左右三十餘人，入千秋門，城内驚恐，疑有同異。御史中丞奏彈熾，詔以贖論。

《南史》卷六《梁本紀·武帝》〔天監四年正月〕有司奏：吴令唐傭鑄盤龍火爐、翔鳳硯蓋。詔禁錮終身。

《南史》卷一一《淳于量傳》 太建元年，進號征北大將軍，給扶。三年，就江陰王蕭季卿買梁陵中樹，季卿坐免，量免侍中。

《陳書》卷七《柳盼傳》 弟盼，太建中尚世祖女富陽公主，拜駙馬都尉。後主即位，以帝舅加散騎常侍。盼性愚戇，使酒，常因醉乘馬入殿門，爲有司所劾，坐免官，卒於家。

《南史》卷四八《陸琛傳》 後主嗣位，爲給事黄門侍郎、中書舍人，參掌機密。琛性頗疏，坐漏洩禁中語，詔賜死。

《魏書》卷九二《列女傳·胡長命妻張氏》 樂部郎胡長命妻張氏，事姑王氏甚謹。太安中，京師禁酒，張以姑老且患，私爲醖之，爲有司所糾。王氏詣曹自告曰：老病須酒，在家私釀，王所爲也。張氏曰：姑老抱患，張主家事，姑不知釀，其罪在張。主司疑其罪，不知所處。平原王陸麗以狀奏，高宗義而赦之。

《隋書》卷二五《刑法志》 大象元年，又下詔曰：高祖所立《刑書要制》，用法深重，其一切除之。然帝荒淫日甚，惡聞其過，誅殺無度，疏斥大臣。又數行肆赦，爲姦者皆輕犯刑法，政令不一，下無適從。於是又廣《刑書要制》，而更峻其法，謂之《刑經聖制》。宿衛之官，一日不直，罪至削除。逃亡者皆死，而家口籍没。上書字誤者，科其罪。

《隋書》卷六六《源師傳》 煬帝即位，拜大理少卿。帝在顯仁宮，敕宮外衛士不得輒離所守。有一主帥，私令衛士出外，帝付大理繩之。師據律奏徒，帝令斬之，師奏曰：此人罪誠難恕，若陛下初便殺之，自可不關文墨。既付有司，義歸恒典，脱宿衛近侍者更有此犯，將何以加之？帝乃止。

〔唐〕王方慶《魏鄭公諫録》卷一《諫科祖孝孫罪》 太宗謂侍臣曰：人皆以祖孝孫爲知音，今教曲多不諧韵，此其未至精妙爲不存意乎？乃敕所司，令定其罪。公進諫曰：陛下生平不愛音聲，今忽爲教女樂差舛，責及孝孫，臣恐天下眙愕。太宗曰：汝等并是我腹心，應須中正，何反附下罔上，爲孝孫爲辭。温彦博拜謝，公及王珪進曰：陛下不以臣等不肖，置於樞近，今臣所言，豈是爲私不願陛下責臣至此。臣常奉明旨云：勿臨時嗔怒即便曲從，成我大過。臣等不敢失墜，所以每觸龍鱗。今以此爲責，衹是陛下負臣，臣終不負於陛下。太宗怒猶未已，懔然作色。公曰：祖孝孫學問立身，何如白明達陛下平生禮遇孝孫，復何如白明達今過聽一言，便謂孝孫可疑，明達可信，臣恐群臣衆庶有以窺陛下。太宗意乃解。

〔唐〕吴兢《貞觀政要》卷五《論公平》 貞觀元年，吏部尚書長孫無忌嘗被召，不解佩刀入東上閤門，出閤門後，監門校尉始覺。尚書右僕射封德彝議，以監門校尉不覺，罪當死。無忌誤帶刀入，徒二年，罰銅二十斤。太宗從之。大理少卿少，去聲，卿之貳也。戴胄駁曰：校尉不覺，無忌帶刀入內，同爲誤耳。夫臣子之於尊極，夫，音扶。不得稱誤。准律云：供御湯藥、飲食、舟船，誤不如法者，皆死。陛下若録其功，非憲司所決。若當據法，罰銅未爲得理。太宗曰：法者，非朕一人之法，乃天下之法，何得以無忌國之親戚，便欲撓法耶！更令定議。令，率聲，後同。德彝執議如初，太宗將從其議。胄又駁奏曰：校尉緣無忌以致罪，於法當輕。若論其過誤，則爲情一也，爲情，如字。而生死頓殊，敢以固請。太宗乃免校尉之死。是時，朝廷大開選舉。或有詐偽階資者，太宗令其自首。首，去聲，後同。不首，罪至於死。俄有詐偽者事洩，胄據法斷流以奏之。太宗曰：朕初下敕，不首者死。今斷從法，是示天下以不信矣。胄曰：陛下當即殺之，非臣所及。既付所司，臣不敢虧法。太宗曰：卿自守法，而令朕失信耶！胄曰：法者，國家所以布大信於天下；言者，當時喜怒之所發耳。陛下發一朝之忿，朝，音昭。而許殺之，既知不可而寘之以法，此乃忍小忿而存大信。臣竊爲陛下惜之。爲，去聲。太宗曰：朕法有所失，卿能正之，朕復何憂也？

（明）楊士奇等《歷代名臣奏議》卷二〇八《法令》 〔唐高宗〕時將軍權善才、中郎將范懷義誤斫昭陵柏，當除名，上特命殺之。大理丞狄仁傑奏：罪不當死。上曰：我不殺，則為不孝。仁傑固執不已，上怒令出，仁傑曰：犯顔直諫，自古以為難。臣以為遇桀紂則難，遇堯舜則易。且張釋之有言：設有盜長陵一抔土，陛下何以處之？今以一柏殺二將軍，後代謂陛下為何如矣。臣不敢奉詔者，恐陷陛下於不道，且羞見釋之於地下也。上怒解遂，貸之，擢仁傑為侍御史。

《舊唐書》卷一三《德宗本紀》 〔貞元八年〕二月丁亥，許州人李狗兒持杖入含元殿，擊欄檻，又格擒者。誅之。

《舊唐書》卷六三《蕭瑀傳》 尋而太常樂工宋四通等爲宮人通傳信物，高宗特令處死，乃遣附律，〔蕭〕鈞上疏言：四通等犯在未附律前，不合至死。手詔曰：朕聞防禍未萌，先賢所重，宮闕之禁，其可漸歟？但昔如姬竊符，朕用爲永鑒，不欲今茲自彰其過，所搦憲章，想非濫也。朕翹心紫禁，思覿引裾，側席朱楹，冀旌折檻。今乃喜得其言，特免四通等死，遠處配流。

《新唐書》卷一〇〇《閻用之傳》 用之，初爲彭州參軍，嘗攝録事，一日糾愆謬不法數十事，太守以爲材。後舉通事舍人，累遷右衛郎將，知引駕仗。金吾將軍李質升殿不解刀，呵卻之，請按以法，左右震悚。始，有司以三衛執扇登殿，用之奏三衛皆趫悍，不宜升陛邇御坐，請以宦者代，遂爲故事。

《新唐書》卷一一五《郝處俊傳》 轉中書侍郎，監脩國史。初，顯慶中，令狐德棻、劉胤之撰國史，其後許敬宗復加緒次。帝恨敬宗所紀失實，更命宰相刊正，且曰：朕昔從幸未央宮，辟仗既過，有橫刀伏草中者，先帝斂轡却，謂朕曰：事發，當死者數十人，汝可命出之。史臣惟敘此爲實。處俊曰：先帝仁恩溥博，類非一。臣之弟處傑被擇供奉，時有三衛誤拂御衣者，懼甚。先帝曰：左右無御史，我不汝罪。帝曰：此史臣應載。處俊乃表左史李仁實欲删整偽辭，會仁實死而止。

《新唐書》卷一三〇《裴諝傳》 德宗新即位，以刑名治天下，百吏震服。時大行將藏陵事，禁屠殺，尚父郭子儀家奴宰羊，〔裴〕諝列奏，帝謂不畏彊御，善之。或曰：尚父有社稷功，豈不爲庇之？諝笑曰：非君所知。尚父方貴盛，上新即位，必謂黨附者衆。今發其細過，以明不恃權耳。吾上以盡事君之道，下以安大臣，不亦可乎？

（唐）白居易《白氏文集》卷四九《得甲夜行所由執之。辭云：有公事，欲早趨朝。所由以犯禁，不聽》 趨朝有時，則當蚤作；防姦以法，寧縱晨行。雖夙夜之自公，豈警巡之可犯？甲陳力是念，相時斯昧，方鳴三鼓，知行夜之猶嚴；未闢九門，信將朝而尚早。趨進合遵於辯色，夙興宜伺其啓明。既爽時然後行，是必動而有悔。非巫馬為政，焉用出以戴星？同宣子俟朝，胡不坐而假寐，宜遵街禁，用表司存。

（唐）白居易《白氏文集》卷五〇《得乙掌宿息井樹，客至不誅相翔者，御史糾之。辭云：罪在守塗之人》 姦或不誅，吏將焉用？苟欲科其官失，必先辨以司存。乙慎守無聞，尤徒有怠。嘉賓戾止，誠宜慮以相翔；暴客聿來，固合擒而勿佚。既瘝官禁，是縱公行。且戒事之前，不中嚴於聚櫜；慢官之後，欲移過於守塗。誠乖率屬之方，宜甘責帥之罰。

然以官雖聯事，等列或殊，罪不同科，重輕宜别。比夫所屬，請以異論。

（宋）李昉等《文苑英華》卷五二二《刑獄門·私發制書判》 得丁私發制書，法司斷依漏洩，坐丁。訴云，非密事，請當本罪。

對

君命是專，刑其無小。王言非密，罪則從輕。丁乃攸司，屬當行下。不慎厥德，擅發如綸之言，自災於身，難求疏網之漏。然則法通加減，罪有重輕，必也志在私行，唯當專達之責。如或事關樞密，則科漏洩之辜。請驗跡於紫泥，方定刑於丹筆。

（宋）李昉等《文苑英華》卷五三二《封建拜命請命職官門·三公佩刀入閤判》 乙爲三公，佩刀入閤。門下監門不覺，法司論罪，俱至死。辭云錯誤，請減議論。法司執云：君上之前，不容有誤。議之則可，減之則非。

對

宸居宅中，元輔就列。蘭錡襲固，必表九重之尊。槐位辨官，以崇八命之禮。旋觀彼乙，從事於斯，當竭奉上之誠，黜畜不祥之器。未聞擒敵，徒有孟勞之實。踐歷一作既踐。棨班，遂得吕虔之贈。况趨於清切，佩以周旋。誤作匪宜，入閤固當伏罪。守之不謹，監門自可論辜。請從司敗之科，以戒事君之旨。徒云議貴，須正刑名。

（宋）李昉等《文苑英華》卷五四四《國城宫宅牆井門·臨宫判》 景登高臨宫，法司斷徒一年。景訴云令所。

對　　吕焯

至若惑衆創規，邦憲貽範，能賦雖聞一作云於曩列，不呼取誡於前經。景登臨此時，宫墉近矚。方比迹於桓景，豈均賞於屈平。窺見可徵，僣尤自速。法司務惟疾惡，志在繩非，未窮令所之由，遽加徒罪之罰，待詳疑璧，方可揮鉛。

同前　　范令芬總目作冬芬

玄圃邃居，青宫秘籞，事隔中外，理絶登臨。景之無良，自貽伊咎。升高異梁竦之憤，抵法挂皋陶之刑。且夫子之墻，猶其難見。儲君之禁，焉可輒臨。然法難動摇，罪宜欽恤，弊一作典。獄雖結於徒坐，往訴須從於減科。

同前

宫室九重，深居而理，山河四顧，設險爲雄。或有登臨，當其近密，始疑楚宫，極目春江，終類子牟，遊心魏闕。事必無故，情其難捨，抵玉律以懲違，論賴衣而何失。既有詞於令所，須閲實於司存。懸議科條，恐貽深刻。

同前

帝宅天居，深宫邃宇，閭闔爰啓，甘泉是壯。必資恭敬，無或登臨。景昧科條，輒兹違犯。且登臨之理，抑有前聞。桓景所以消災，山濤猶其望遠。若非此道，終合加刑。法司處以徒年，景訴猶爲文過。謂從令所，冀減嚴科。且前星發揮，少陽開景，銀牓之門斯闢，玉裕之德稱尊。焉可輕然，聿來憑眺，法司科結，正合公途。

（宋）李燾《續資治通鑑長編》宋真宗景德三年七月 癸卯，上謂宰臣：京府浩穰，吏民狡猾，當官者倍須防閑。朕尹京日，有醉犯夜者，問之，乃豪家傭力之人。朕以所犯蓋豪民常態，非傭力者所爲，雖已引伏，潛遣人察之，移司别鞫，犯者果其主也。又承前當直司止分左右廂，未嘗更代，朕始令每季一替，蓋不欲其久於事而生姦耳。

（宋）李燾《續資治通鑑長編》宋仁宗景祐二年夏四月 辛巳，審刑院大理寺言：奉詔詳定衛入禁衛條，按禁衛凡五重：親從官為一重，寬衣天武官為一重，御龍弓箭直、弩直為一重，御龍骨朵子直為一重，御龍直為一重。今比附律令，請以衛入從外第一重徒一年，每重加一等，罪止徒二年，誤者減二等。從之。

（宋）李燾《續資治通鑑長編》宋仁宗嘉祐五年二月 戊辰，太常丞、監察御史里行王陶爲右正言，諫院供職。

親事官夜入延福宫爲盗，有司用疏決以常盗論。陶言：宫掖之嚴，而以民間會降爲比，非所以尊天子也。於是配海島，皇城司皆論罪。

（宋）李燾《續資治通鑑長編》宋神宗熙寧八年四月 權御史中丞鄧綰言：奉詔看詳世居家書簡，有與世居親密者案後收理，本臺搜檢世居家書簡看詳，各是尋常往還，人數不少，未敢一例收理。詔於法有罪人即收坐。綰又言：李逢、世居等起意皆因挾圖讖祅妄書以相摇惑，伏詳編敕，讖書之禁，雖坐流三千里，然非因事冒罪，無由發覺。所以法令徒設，人不知畏，士庶之家亦或收藏傳説，不以爲怪。乞下諸路，曉告收傳圖讖文書者立燒燬，或首納入官，官爲焚棄。過兩月許人告，重賞之，犯人處死。詔送編敕所立法以聞。其後立法：私有圖讖及私傳習者，聽人告，賞錢百千。從之。綰又言：世居納匪人，論兵挾讖，訪天文變異，伺國家休咎，出處架結，累年於兹，宗正不察，教官無狀，其罪不可不治。又宗邸明有門禁，而逢等出入自恣，宮門無歷案驗，當正監門使臣之罪。又言：世居文字内有《攻守圖術》一部，得於内臣，張宗禮嘗勾當三館，盗印官本遺之，雖各會赦去官，並乞特令案後收坐。從之。

（宋）趙抃《清獻集》卷七《奏狀乞釋傅卞罪》 侍御史趙抃乞釋傅卞罪，狀曰：臣伏見國子博士傅卞近因所乘馬驚逸，衝冒禁衛，係憲臺勘鞫，法寺議讞。竊緣卞經明行脩，士譽推服，今其所犯，衆知詿誤。《書》曰：眚災肆赦。《易》曰：赦過宥罪。此皆聖賢用忠恕之道，以謂凡人孽非自作以過誤而獲累者，則赦之而勿疑。伏惟陛下至仁至聖，堯舜其心，凡百用刑必原情實。臣愚欲乞聖旨指揮明卞之誤，釋卞之罪，申恩屈法，則涵容光大之德日益隆盛也。

（宋）李心傳《建炎以來繫年要録》紹興二十年二月 庚戌，軍器監丞齊旦面對乞春月禁民採捕，秦檜曰：正爲孳育之時。帝曰：此係利害。乃下之刑部。既而本部言春月在法不許採捕。

《宋史》卷四一《理宗本紀》 〔紹定三年〕閏〔二〕月癸酉，逃卒穆椿夜竊入皇城，燒毁甲仗，衛士捕得之，詔磔於市。

（宋）吴自牧《夢粱録》卷一〇 臨安城郭廣闊，户口繁夥，民居屋宇高森，接棟連居，寸尺無空，巷陌壅塞，堵道狹小，不堪其行，多爲風燭之患。官府坊巷近二百餘步，置一軍巡鋪，以兵卒三五人爲一鋪。遇夜，巡警地方盗賊烟火，或有鬧吵不律公事投鋪，即與經廂發覺解州陳訟。更有火下地分，遇夜在官舍第宅名望之家，伏路以防盗賊，蓋官府以潛火爲重，於諸坊界置立防隅。官屋屯駐軍兵，及於森立望樓，朝夕輪差，兵卒卓望。如有煙烻處，以其幟指其方向爲號。夜則易以燈。若朝天門内，以旗者三，朝天門外，以旗者二，城外以旗者一。則夜間以燈，如旗分三等也。曰東隅，有望樓在柴垛橋都税務南。曰西隅，有望樓在白龜池。曰南隅，有望樓在吴山至德觀後。曰北隅，有望樓在潘閬巷内。曰上隅，有望樓在大瓦子後三真君廟前。曰中隅，有望樓在下中沙巷蠟局橋東巷。曰下隅，有望樓在修文坊内。曰府隅，有望樓在府治側左院墻邊。曰新隅，在長慶坊。曰新南隅，在候潮門裏東。曰新北隅，在餘杭門裏。曰新上隅，在侍郎橋東皮場廟側。曰西南隅，在壽域坊仁王寺前，曰南上隅。在麗正門側儀鸞司相對，曰城西隅，在錢湖門外清化橋。曰城北上隅，左北郭税務橋。曰東北下隅，有望樓在北新橋北。曰錢塘隅，有望樓在水磨頭放生亭後。曰新西隅，在九里松麯院路口。曰海内隅，在浙江亭南油局。曰外沙隅，在候潮門外外沙巡司。曰城東隅，在新門外城東巡司。曰茶糟隅，在東青門外茶糟巡司。如遇煙烻救撲，帥臣出於地分帶行府治内六隊救撲，將佐軍兵，及帳前四隊，親兵隊，搭材隊，一並聽號令救撲。并力撲滅，支給犒賞。若不竭力，定依軍法治罪。

《遼史》卷六一《刑法志》 景宗在潛，已鑒其失。及即位，以宿衛失職，斬殿前都點檢耶律夷臘葛。

《遼史》卷六二《刑法志》 〔天祚乾統二年〕行軍將軍耶律涅里三人有禁地射鹿之罪，皆棄市。

《金史》卷四五《刑志》 監察御史陶鈞以携妓遊北苑，歌飲池島間，迫近殿廷，提控官石玠聞而發之。鈞令其友閻恕屬玠得緩。既而事覺，法司奏，當徒二年半。詔以鈞耳目之官，携妓入禁苑，無上下之分，杖六十，玠，恕皆坐之。

《金史》卷四五《刑志》 舊禁民不得收制書，恐滋告訐之弊，章宗大定二十九年，言事者乞許民藏之。平章張汝霖曰：昔子産鑄刑書，叔向譏之者，蓋不欲預使民測其輕重也。今著不刊之典，使民曉然知之，猶江河之易避而難犯，足以輔治，不禁爲便。以衆議多不欲，詔姑令仍舊禁之。

《金史》卷一三二《逆臣傳・徒單貞》 海陵將伐宋，詔朝官除三國人使宴飲，其餘飲酒者死。六年正月四日立春節，益都尹京、安武節度使爽，金吾上將軍阿速飲於貞第。海陵使周福兒賜土牛至貞第，見之以告，海陵召貞詰之曰：戎事方殷，禁百官飲酒，卿等知之乎？貞等伏地請死，海陵數之曰：汝等若以飲酒殺人太重，固當諫，古人三諫不聽亦勉從君命。魏武帝《軍行令》曰犯麥者死。已而所乘馬入麥中，乃割發以自刑。犯麥，微事也，然必欲以示信。朕爲天下主，法不能行於貴近乎？朕念慈憲太后子四人，惟朕與公主在，而京等皆近屬，曲貸死罪。於是杖貞七十，京等三人各杖一百，降貞爲安武軍節度使，京爲欒州刺史，爽歸化州刺史。

（元）張光祖《言行龜鑑》卷六《政事門》 文潞公曰：朝廷施爲，務合人心，以靜重爲先，不宜遍聽。陛下即位以來，厲精求治，而人情未安者，更張之過耳。

仁宗感疾，文彥博等以設醮祈福，留宿殿廡。知開封府王素夜叩宮門，求見執政白事。公曰：此際宮門何可夜開？詰旦，素入白，有禁卒告都虞候欲爲變者，執政欲收捕按治。公曰：如此，則張皇驚衆。乃召殿前都指揮使許懷德問曰：都虞候某甲者何如人？懷德曰：在軍職中最爲謹良。公曰：可保乎？曰：可保。然則此卒有怨於彼，誣之耳，當亟誅之以靖衆。衆以爲然，公乃請平章政事劉沆判尾，斬於軍門。及上疾愈，沆譖公於上曰：陛下違豫時，彥博擅斬告反者。公以沆判呈上，上意乃解。初，彥博欲判狀斬告變者，參政王克臣捍其膝，乃請劉相判之。

《元典章》卷四一《刑部・諸惡・大不敬・闌入禁苑》 都堂鈞旨：送下監修宮也黑迷兒丁呈：捉獲跳過太液池圍子禁墻人楚添兒。本人狀招於六月二十四日，帶酒，見倒訖土墻，望潭內有舡，採打蓮蓬，跳過墻去，被捉到官，罪犯。法司擬：闌入禁苑，徒一年，杖六十。部擬：五十七下。省準擬。

《明史》卷一三三《胡大海傳》 元至正二十二年初，太祖克婺州，禁釀酒，大海子首犯之，太祖怒，欲行法。時大海方征越，王愷請勿誅，以安大海心。太祖曰：寧可使大海叛我，不可使我法不行。竟手刃之。

（明）余繼登《典故紀聞》卷五 國朝最重門禁，洪武間，太祖自定法令，凡守衛皇城四門，自指揮至軍士，各依其伍，全隊上直，不得使人代替。如一所數缺，則以別所全隊易之，勿以不足之伍分豁補數，違者處重刑，有告言者賞。不依原伍因而縱令，在衛者指揮以下杖一百，各遞降調邊衛，受賄者治重罪。軍士當直，有死喪疾病嫁娶生産諸事者，準所告。父母病，無丁男者，許侍疾，不限月日。妻病無男女者，亦如之。親戚慶吊，不出百里外者，許給假，留難及不實者，治以罪。若本身暴疾，不準所告，致病甚者，本管官治以罪。其力弱，子侄願代者，聽。凡上直各守本門，不許從別門往來，違者執獲，雖國戚，亦聞奏區處，執獲者賞。凡朝參，先放直日都督將軍及帶刀指揮等官，然後文武百官以次而入，不許攙越。凡內官內使小火者，必須比對銅符，無符輒放行者，守門官軍治重罪。有公差帶金銀緞匹出者，憑勘合照驗，仍明白附寫往某處公干及記所服衣服顔色件數，回日照對，有不同者，即時聞奏。工匠人等出門有夾帶鈔物者，許執奏。惟官民軍人有事入奏，不許阻遏及問其事情，違者坐罪。

（明）余繼登《典故紀聞》卷一一 顯陵神宮監右少監阮菊擅伐陵樹百余株私用，事覺，英宗命斬之。

（明）余懋學《仁獄類編》卷二九《內犯付宮正》 孝慈高皇后孝敬慈惠，嘗宮人有過，上怒之，后亦怒之，命左右執付宮正司議罪。上怒解，問后曰：爾不自責罰，付之宮正司，何也？后曰：妾聞賞罰惟公足以服人，故不以喜而加賞，不以怒而加刑，嘉怒之際而行賞罰，必有輕重。人議其私，付之宮正司則當斟酌其輕重矣。治天下者，亦豈能人人自賞罰哉。有司者論之耳。上曰：爾亦怒之，何也？后曰：當陛下怒時，遽自罰之，不惟宮人得重責，陛下亦損中和之氣，故妾之怒者，所以解陛下之怒也。

《明宣宗寶訓》卷五《正法》 洪熙元年八月丁丑，皇城守衛百戶李諒等，怠於巡更，先晚豫於巡更簿內押字，識字軍欲奏之，指揮楊輔收繫之，不得奏事聞。上曰：帶刀夜巡，所以防奸。怠惰欺謾者可罪，黨邪抑正者，尤可罪。命悉付行在都察院治如律。【略】

〔宣德四年七月〕癸亥，行在金吾左衛將軍李春奏，管隊指揮張三，未經奏請，擅收王榮、李舟爲將軍，令上直帶刀。上命行在都察院同錦衣衛鞫之。諭之曰：將軍侍朕左右，最係切要之人。非經兵部奏請，誰敢擅收。唐太宗時，長孫無忌入閤忘觧佩刀，爲是勳親得免。今此輩何人，而擅令帶刀，在朕左右。必審問誰所指使，縱是公侯大臣亦不貸。

《明英宗實録》天順四年四月 癸亥，初序班張亮、李敬同治事，敬辱詈朝覲官役册報名者，亮勸阻之，因忿爭。已而青州府同知杜旭至，亮，青州人也。因請旭煬火啜茶。敬於朝面奏之，乃俱下錦衣衛鞫，得狀。上命釋亮、旭，枷敬百日，降除外任。

《明憲宗實録》成化十二年五月 壬辰，江西奉新縣民余元一及其侄八十七等，恃富豪武斷鄉曲，其服舍器用有違式者，以其男子代錢穀，謀侵縣人胡東仔田，爲東仔所訐，並及其僭造龍舟及誣元一嘗率三百餘人毁其房屋，謀其親屬至死。獄久不决，命給事中胡煜會江西鎮巡三司官鞫之。至是獄上，詔以元一年踰八十，免其決杖，仍枷號一月，並家屬永戍肅州，仍没入其家産，其子侄十餘人罪之有差，而東仔則以奏多不實，亦枷號一月，並永屬家戍鎮番。

《明憲宗實録》成化十二年十一月 〔癸亥〕湖廣都指揮同知劉斌，擅入楚王府與典寶飲酒，事發拘解至京，都察院問擬贖杖還職。

（明）楊廷和《楊文忠三録》卷三《視草餘録》 十四年冬，上在揚州，有旨禁民間養猪，云食猪肉病瘡。又云音同國姓。蓋爲回夷於永寫，亦虎仙輩所惑也。軍門遂移文兩直隷及山東、河南等處，巡撫官榜諭禁約，且云：違者發極邊衛分，永遠充軍。遠近驚疑，旬日間殺之殆盡，甚至將小者掘地之瘞之。予與礪庵具疏言：民間養猪，上而郊廟，朝廷宴享膳羞之供應，下而百官萬民日用飲食之資給，皆在於此。孟子以雞豚狗彘之畜不失其時，爲先王之政。且人年七十非肉不飽，是乃養生之具，非生疾之物。人之病瘡，或氣血内傷，或風濕外感所致，非因食猪肉也。若曰國姓字音相同，則古者文字之間不諱嫌名，豈可因其字之音而並諱其物之同者乎？乞敕下所司，追寢前命，以安人心。又亟言於司禮監東廠及都察院，令京城内外不必禁榜，亦不必張。人家凡有入肆買猪肉者，一切勿問，以示意向，則屠人生理如故，四遠聞之自定矣。一日太常寺奏，時享缺猪，欲以羊代之。予謂宗廟牲品，皆太祖親自裁定，載在諸司職掌，此成法也。誰敢變亂之，必不得已，雖小者亦可。遂不敢易，久之乃定。

（明）何孟春《餘冬序録摘抄内外篇》卷五《外篇》 二十七年，申定皇城門禁法。凡内官、内使、小火者，出入各門，守衛官軍，務比對銅符。若本無銅符，及有而不比，輒放行者治罪。比符之時，仍要搜檢精細，揣捏交襠，或將帶金銀、段匹、衣服等項，須憑勘合放出。或有公差干辦事務，明白附寫前去某處公干，及辨驗身上衣服是何顔色，見數明白，隨即附記。事畢回還，依數點進，但有點對不同，即時奏聞治罪。

《明世宗實録》嘉靖十八年四月 甲寅。初，聖駕捋南狩，有軍人孫堂由西闕門入至午門，從御路中橋至奉天門下登金臺坐之。而守門官役莫有知者。及天明，堂從上叫呼，方覺捕之。堂言：聞沿途搭蓋席殿，累死軍民大半，因此我來攔駕。事聞，有旨令錦衣衛嚴刑根究。謂堂寔病狂。法司奏堂擅入御在所者律絞，及諸門役防範不密之罪。報可。

《明世宗實録》嘉靖三年十二月 己亥，降光禄寺少卿樂頀、華湘爲知州。頀，直隷宿州；湘，江西蒲州。以擅傳禁書被訪，下獄，法司勘明，故得謫云。

（明）談遷《國榷》世宗嘉靖十一年四月 丙申，荊州知府孫存上《集刊大明律讀法書》。上以僭改，下巡按御史，並訊同知李章、通判黼望、推官朱吴等，毁其刻。

《明史》卷二三四《董基傳》 董基，字巢雄，掖縣人，萬曆八年進士，授刑部主事。十二年，帝集内豎三千人，授以戈甲，操於内廷。【略】

明年，兵科給事中王致祥言：祖宗法，非宿衛士不得持寸兵。今授羣不逞利器，出入禁門，禍不細。大學士申時行亦語司禮監曰：此事繫禁廷，諸人擐甲執戈未明而入。設姦人竄其中，一旦緩急，外廷不得聞，宿衛不及備，此公等剝膚患也。中官悚然，乘間力言。帝乃留致祥疏，即日罷之。

（明）查繼佐《罪惟録》志卷五《藝文志》 〔萬曆〕二十六年五月，侍郎吕坤偶輯《閨鑒圖志》，而戚臣國泰冠鄭貴妃序行之，爲科臣戴士衡所發，附匿名《憂危竑議》於後。鄭知士衡爲之，疏辯，請立東宫，以息羣惑。

三十一年十二月，有匿名書，題曰《續憂危竑議》，明指鄭氏有代立東宫意，索罪人急，起大獄。

《明神宗實録》萬曆二十八年正月 〔戊辰〕大理寺卿鄭維之題，禁地失火，延燒屋三十餘間。犯人黃以德等擬罪有差。

《明神宗實録》萬曆四十三年九月 是日，東安門守衛指揮王國柱等，拏獲闖門犯人一名馬朝陵，供係陝西西安府三原縣人，新叅錦衣衛倉吏因收崔運官銀一兩，錢一千文，至入市，以假錢爲人所毆，忿恨不平，入禁鳴冤。搜出懷中有經一卷，及手持鐵器二件，皇城巡視科臣商周祚等奏聞。上曰：這奏内審問風狂異男馬朝陵，原係衛倉叅吏，所招倉官運官有名，但本犯不合擅闖禁門，吐辭怪異惑世，本當重處，已姑從輕責枷訖。本内有名人犯，不必提鞫，惟恐株連無辜，致傷天扣。該衙門知之。

庚子，詔錦衣衛卽將闖門狂犯馬朝陵拏去，著實打一百棍，仍用頭號大枷枷於本處所一箇月，滿日奏請定奪，不許踈縱。大學士方從哲等言：聖明處分，既足以正本犯之罪，又可以定閭巷小民煽惑之心，中外幸甚。

（明）顧起元《客座贅語》卷二《巡邏》 南都舊無巡邏馬步軍。相傳正德以前，閭裏間竊盜頗少，至强盜尤稀聞。嘉靖末年而剽刦從横，見任士大夫有被其害者，乃始奏置巡邏官軍。自此各街巷要處皆有隊伍，一有警跡，傳哨四路，飛馬赴之，盜多畏避。自後法久漸弛，官軍偷惰，寖不如前。邇年復議撤馬軍營操，地方防禦益單，盜賊益肆矣。余謂營操不過霸上、棘門之兒戲耳，有何實用！正宜使其哨守地方，隄防盜賊，猶不至虚豢此馬也。頃稍議買馬撥補其半，而巡捕官又創爲海巡之議，撤各隊馬隨班於所駐之衙門，或有徑行賣放者，馬軍竟不能復。一遇大盜，區區三四步軍，望風奔迸，安能扞禦！可爲深慮。

（明）沈德符《萬曆野獲編》卷二五《著述·獻書被斥》 永樂三年，饒州府儒士朱友季著書傳，專攻周、程、張、朱，獻之朝。上命行人押回原籍，杖遣之，焚其書。正統七年，東昌府通判傅寬進《太極圖説》，上謂僻謬悖理，斥之勿令誤後學。天順二年，常州布衣陳真晟獻程、朱正學，不報。成化二十年五月，無錫處士陳公懋删改《四書》、《朱子集注》進呈，命毁之，仍命有司治罪。惟以《孟子》馮婦章士則之爲句，時人傳之。至弘治元年，公懋又上所著《尚書》、《周易》、《大學》、《中庸注》，稱臣有一得，頗能折衷。通政司言公懋不稱軍民籍，自名爲庶人，所進多穿鑿悖理。上命焚所著書，押遣還鄉。弘治元年，徽州教授周成進《治安備覽》，詔少詹事程敏政看詳，敏政言其竊宋趙善璙《自警編》、元張養浩《牧民忠告》，詔以成狂妄，還其書，置不問。嘉靖八年二月，太僕寺丞陳雲章上所注諸書，及《大學疑》、《中庸疑》、《夜思録》各一，上曰：諸書姑收，其學庸疑，《夜思録》即毁之，有踵之者，罪不赦。嘉靖九年，隰川王俊柏進所著《太文録》，禮部尚書李時謂仿周子爲説，用心雖勤，無補治道，上命姑留之。嘉靖十五年，南京吏部尚書湛若水進所纂《二禮經傳測》，禮部尚書夏言云：其立論以《曲禮》爲先，似與孔子戾，但好學不倦宜加獎。上曰：既戾孔子之言，何以傳後？罷其書不省。嘉靖二十六年，陝西保安縣歲貢任時上所著《參兩貞明圖》，禮部謂其説不經，詔司訊治，贖罪爲民。二十九年，原任廣東僉事，福建同安人林希元改編《大學》經傳定本，及《四書易經存疑》，並上呈御覽，乞刊佈，詔焚其書，下希元於巡按御史究問，褫其官。萬曆二十四年四川僉事張世則著《大學初議》，專辟程、朱，爲行人高攀龍所駁，其書亦廢不用。蓋皆以崇正學爲主也，然諸書中亦未必無可採者，槩火之置之，士之留心經學者蓋寡矣。史稱林希元博學多聞，所獻書亦有見解，時方置經學不談，遂得罪。林又曾上書，請征安南而郡縣之。如國初時，屢疏終不見省。又世宗初即位，林即上疏，勸上勤治進學。議者謂一時建白所未有。

（明）俞汝楫《禮部志稿》卷五〇《奏疏·禁約疏·議處淨身男子疏》

禮部尚書沈鯉題為《議處淨身男子》，以廣聖澤，以信法令。事近，該順天等處淨身男子奏奉聖旨，這厮每羣聚奏，擾着五城御史，嚴行驅逐，不許容留、潛住。欽此。明，旨昭宣羣小遠遁，中外臣民莫不稱頌聖德。臣等更復何言？第思此輩，因父母愚暗，希圖富貴，勦絶子息，痌瘝可憫。其於皇上愛養小民之仁，既有所歉焉，而不周況其家室無歸，工商絶藝，暫去復來，屢行奏擾。其於皇上，嚴行驅逐之令，又有所玩焉，而不信。及今不一議處，不惟傷天地之和，亦且損朝廷之體。臣等職掌所關，乃敢敬陳一得之愚，以備採擇稽古。内官之設載之《周禮》，曰内小臣，曰閽人，曰寺人，曰内豎。雖其職掌不過守王宫中門之禁，掌女官之戒令，與内外之通令然，必求正人居之，如巷伯之倫是已，降及秦漢而下，乃以罪人充之。我朝法制高出前代，伏覩《大明律》一欵：凡官民之家，不得乞養他人之子閹割火者。違者杖一百，流三千里。又條例一欵：先年，淨身男子曾經發回，若不候朝廷，收取官司明文起送，私自來京，圖謀進用者，問發，邊衛充軍。臣等仰窺祖宗盛心，即古除肉刑之意，所以重絶人道，預抑奸慝也。至弘治五年，節奉孝宗皇帝聖旨，今後敢有私自淨身的，本身並下手之人處斬，全家發邊遠充軍，兩隣及歇家不舉首的，問罪其里。老人等仍要時常訪察，但有此等之徒，即便捉拏送官，如或容隱，一體治罪不饒。欽此。但私淨之禁雖嚴，而報官之路未開，故自宮者旋即如舊。至萬歷十一年，節奉聖旨自宮禁例載具會典。皇祖明旨甚嚴，乃無知小民往往犯禁，私割致傷和氣，着都察院、便行五城御史及通行各省直撫按衙門嚴加禁約。自今五年以後，民間有四五子以上，願以一子報官閹割者，聽有司造册送部，候收補之日選用，如有私割的，照例重治，鄰佑不舉的，一併治罪不饒。欽此。但報官之路雖開，起送之例未定，故自來者紛然不已。夫以孝宗之明例，皇上之嚴旨奚啻三令五申，乃三數年來，有司有造一册送部者乎？有拏一私割照例懲治者乎？法令不行，德澤不布，又何怪此輩之羣聚奏擾乎？伏望勅下臣等嚴行各省直撫按官行令各州縣，以文到之日為始，以前見在閹割者，許令報名到官，查係三十歲以下，精壯可用者，姑免追究，準其記籍，其衰老不堪者，行令各里族拘收。以後，凡情願閹割者，報官查明，果四五子以上，方與記籍，通前類造青册。限半年一次送部，候各監局缺人，聽司禮監奏請本部通行。在外，各該衙門查係在册人數，取具官吏、里隣不扶甘結起送，赴部聽候選用，其册籍無名，乃儇巧凶惡潑賴無恥者，不許一槩濫送。如有仍前私自閹割，私自來京者，在外撫按有司，在内五城御史，嚴加訪拏，照例問以重罪。如撫按等官不行訪拏及有司不行造册，違例起送者，聽本部查条，請旨究治，務在必行，無事姑息。庶黎庶免傷殘之苦，而慈惠旁流，宦寺皆端正之人，而隙竇永塞，仁至義盡，萬世無弊矣。再照死者，人之所最重也。今自宮之徒，加以死刑而不懼者，内臣之員數太多，富貴太驟，選進太頻，有以惑其心耳。我太祖高皇帝深鑒前代之失，祖訓條章内府各監局内官俱有定員，各有職掌。一監常職止五員，一局正副止二員，官不過四品，所掌不過灑掃供奉之事。洪武永樂間，未嘗額外濫設，其太監等官，非歷練老成，雖有聰明才俊，亦不輕授。近年以來則不然矣。皇城之内，通名籍者不止萬有餘人，而倉廠場庫牟利無筭，蟒衣玉帶，濫賞不惜，又不三五年，輒有一選，選輒數千。以故無知小民貪圖富貴，入骨薰心，柰何欲以死刑禁之乎？臣等更望皇上恪遵祖訓，凡監局冗員，非祖宗之舊者，悉為裁革。一切侵漁科索等弊，悉為釐正。蟒玉等服，非効勞年久、忠勤不欺者，勿輕賜予，仍著為定例。必十年以外，方行收選一次，務使宮府一體賞罰，有章規制既定，僥倖不萌，前項無知之徒將不禁自息，不終為聖化之累矣。

（明）顧炎武《日知録》卷二八《酒禁》 先王之於酒也，禮以先之，刑以後之。《周書・酒誥》：厥或告曰：群飲，汝勿佚，盡執拘以歸於周，予其殺。此刑亂國用重典也。《周官・萍氏》幾酒謹酒。而《司虣》禁以屬游飲食於市者，若不可禁，則搏而戮之。此刑平國用中典也。一獻之禮，賓主百拜，終日飲酒而不得醉焉，則未及乎刑而坊之以禮也。故成、康以下，天子無甘酒之失，卿士無酣歌之愆，至於幽王，而天不湎爾之詩始作，其教嚴矣。

（明）佚名《崇禎記聞録》卷一 崇禎元年，故冤死吏部驗封員外郎周蓼洲，已贈太常卿，錫謚忠介，廕子胄監矣。五月十五日，三學諸友，復連具呈撫院，欲請建專祠，以示風勵。李撫臺和顔細商，然終以題請為難，諸友談及機户陸元科建祠冒破，狐假横行諸罪，今雖在獄，尚未受刑責，何以懲惡？撫公然之。不一二日，提陸元科責六十板。其鑿鑿言之者，文啓美也。今周宦祠在衛前。

中國第一歷史檔案館《滿文老檔》天命八年二月 初七日，有在清河湯泉出錢焚紙者。汗聞之，曰：何人先出錢焚紙，著速查之。遂命都堂察查。查得，係穆哈連阿哥先往，按漢人之例，於廟中焚紙。其後，汗之包衣郭仲吉之妻亦往湯泉水源焚紙。阿福尼、郭忻夫婦，伊郎阿夫婦，亦效其所爲，前往其水源焚紙。都堂審理畢，告知於汗。汗怒曰：有例之事其何必禁止，無例之事，爲何開例？命罰穆哈連銀百兩，殺其隨友，郭仲吉之妻，割其耳鼻，劃破其口，用刑三日，爾後殺之。郭忻夫婦，阿福尼、伊郎阿夫婦各罰銀百兩。舒木路之弟蘇納哈，不但於湯泉出錢焚紙，且於瀋陽乘夜攻擊來犯之步兵隊時，躲藏不進，故治以死罪。蘇納哈復將其有功之處具書奏聞於諸貝勒，遂免死，趕其夫婦出，籍没其家，鞭責一百。

中國第一歷史檔案館《滿文老檔》天命八年六月 十三日，汗賜以職衛之諸大臣，皆賞戴金頂大凉帽，着華服。諸貝勒之侍衛皆戴菊花頂凉帽，着華服。無職巴牙喇之隨侍及無職良民，夏則戴菊頂新紗帽，着藍布或葛布之披領，春秋則着毛青布披領。若於行圍及軍事，則戴小雨纓笠帽。於鄉屯之街，則永禁戴釘帽纓之凉帽。禁着紗羅，將紗羅與婦人衣之。

中國第一歷史檔案館《清初内國史院滿文檔案譯編》崇德三年二月十八日，越興安嶺行獵時，有人突入左翼正白旗阿爾津、馬克圖、卓洛、祁默克圖四甲喇地方射獸，爲多羅貝勒豪格、固山額真圖爾格依所知，奪四章京箭，告之法司。承政古爾布額駙、伊孫、杜賴、參政朱瑪喇、卦喇、達爾泰、甘都等詢其故，供稱：吴達海棄其甲喇，偕同貝子和托，越我四甲喇地方射入。貝子和托對曰：貝子博洛入獵。僅此二人，衆必不見，實爾等人獵矣。因擬貝子和托、吴達海、阿爾津、馬克圖、卓洛、祁默克圖應各罰馬一匹，多羅貝勒豪格、固山額真圖爾格依奪入獵者之箭，而貝子博洛、固山額真吴賴、額駙蘇納身在獵所，不曾奪箭前來，應坐以應得之罪。卦喇、朱瑪喇奏聞，上命貝子和托誣告貝子博洛越界射獸馬一匹，吴達海棄本甲喇而入，罰馬一匹。貝子和托免其因越界而應罰之馬一匹。阿爾津、馬克圖、卓洛、祁默克圖疏忽圖獵，責之，免罰。貝子博洛、固山額真吴賴，額駙蘇納免其應得之罪。【略】

二月十八，是日，前鋒兵鑲白旗古魯古牛録下胡希巴、正藍旗沙努喀牛録下尼牙漢二專達，先聖汗進射，見之，即遣土爾格依子科布索及吴爾希二人往查。科布索、吴爾希往查，係前鋒兵，未奪其箭還。執來，承政古爾布希額駙、伊孫，參政富額、朱瑪喇鞫訊，鑲白旗希特庫，正藍旗蘇爾德依以管束不嚴，坐以應得之罪。先行入射之專達兩員，應各鞭六十。其餘五人應各鞭五十。科布索、吴爾希徇情不奪其箭，應按律鞭撲。奏聞，上命希物庫、蘇爾德依坐以應得之罪，專達二員各鞭三十，其餘五人及科布索、吴爾布俱免鞭撲。【略】

三月初六日，行獵博碩堆時，右翼葉臣旗下席翰、康喀賴二甲喇合圍中斷，有黄羊逸出，衆遂亂射。貝子碩托見之，以彼此行圍斷，奪席翰、康喀賴佩箭，撥倫拜、吞齊喀二甲喇駐其斷處，及回後隊，見吞齊喀甲喇亦斷，竟還本翼，碩托貝子正鞭吞齊喀時，上遣巴布泰阿哥子噶布喇往問何甲喇圍斷，貝子碩托對曰：吞齊喀甲喇圍斷，已鞭之矣。貝子碩托遂將席翰、康喀賴、吞齊喀送兵部議罪，承政古爾布希額駙、伊孫、參政朱瑪喇、阿哈尼堪、褚庫巴圖魯擬席翰應革甲喇章京任，罰馬；吞齊喀應革甲喇章京任，罰馬；康喀賴甲剌雖未動，而一人之箭被奪，應坐以應得之罪；吴善乃管旗大臣，而本旗圍斷，未曾察覺，應坐以應得之罪；其斷圍處專達四員，不加管束，應加倍坐以應得之罪，各鞭六十，又甲士三名，應各鞭二十七。阿哈尼堪、朱瑪喇、褚庫巴圖魯奏聞，上命席翰、吞齊喀革甲喇章京任，免罰馬，仍坐以應得之罪，康喀賴坐以應得之罪，吴善免罪。專達阿三牛録下紀山、阿囊噶牛録下艾通噶、袞塔希牛録下蘇拜、胡希牛録下戴古禮四人免加倍治罪，各鞭三十，烏珠阿木巴牛録下退喀納、塞古圖、達噶牛録下布塔希等甲士三名，依議各鞭二十七。【略】

十二月二十四日，以鑲紅旗孟庫魯牛録下甲士一名，未出獵缺位，遂議分得撥碩庫吴達禮應鞭五十，領圍甲喇章京畢里克圖，未之查出，應坐以應得之罪。福喀纏牛録下甲士一名，未出獵缺位，分得撥碩庫阿哈丹應鞭五十，領圍甲喇章京赫希密，未之查出，應坐以應得之罪，正紅旗法談牛録下甲士一名，未出獵缺位，分得撥碩庫俄齊應鞭五十，領圍甲喇章京叟塞，未之查出，應坐以應得之罪。正白旗丹坦牛録下巴雅喇一名，出出獵缺位，專大羅多應鞭五十，領圍甲喇章京巴木布禮，未之查出，應坐以應得之罪。鑲藍旗色格牛録下移營分得撥碩庫朱存代，擅自隨圍，應鞭七十，仍坐以應得之罪。正紅旗輝燦牛録下諾不圖，擅自隨圍，應鞭七十，移營章京巴雅穆應坐以應得之罪。馬光遠旗王國明牛録下敖爾布郭能，石延柱旗劉真明牛録下敖爾布金山，避不從征，俱應論死。鄭澤蒙牛録下韋成德，因馬疲乏，留後馬死，孑身回家，牛録章京不留人相伴，應坐以應得之罪，斷後章京趙文翰未收之來，應坐以應得之罪。【略】

奏聞，上命吴達禮鞭三十，畢里克圖坐以應得之罪，阿哈丹鞭三十，赫希密坐以應得之罪，羅多鞭三十，巴木布禮坐以應得之罪，俄濟鞭三十，叟塞坐以應得之罪，朱存代鞭七十，仍坐以應得之罪，諾木圖鞭七十，巴雅穆坐以應得之罪，郭能鞭一百，金山實係自皮島來歸之人，經牛録章京劉真明作保，鞭二十七，鄭澤蒙坐以應得之罪，趙文翰坐以應得之罪。

（清）李馥堂《加減成案新編》卷一《交結近侍官員湖廣司嘉慶二十年》

奏：内監林表之戚劉碧玉，假藉内監名色，揑造部照，圖充噶瑪蘭業戶，並於劉碧玉家起出大內繕單、儀注單，及福字橫披單條、象牙圖章等物等情一摺，此案林表、林顯以逆犯子嗣閹割充當內監，林表於伊戚劉碧玉託伊營辦噶瑪蘭業戶一事，雖訊未久爲經手輒敢容留外省奸徒在福園門外花洞住宿數日之久，私相餽送，致將大內繕單、戲單被其攜回臺地，情同洩漏。林顯訊係鹽政織造資助銀兩，雖訊無寅緣別情，而囑令伊弟林媽定出入鹽關衙門，告助盤費，往來原籍，以致劉碧玉等艷羨聲勢，來京請託。且該犯等招伊弟林媽定來京娶妻，希圖生子立後，將伊父林達設牌奉侍。林媽定係逆犯林達之子，林達犯案後，始將該犯繼與堂弟林琴爲嗣，漏網未經緣坐。茲復來京娶妻盧氏，欲爲林達立後。並將劉碧玉與噶瑪蘭田簿交林寅登探聽，設法打點。又將繕單、戲單令劉碧玉攜至臺灣，種種狂悖，林表、林顯、林媽定均應比照與內官互相交結洩漏事情夤緣作弊者，皆斬監候律，俱擬斬監候。林表應請旨卽行正法，以昭炯戒。林顯、林媽定均應趕入本年朝審情實辦理。其林媽定應與劉碧玉質訊之處，俟劉碧玉到日，再行質審明確，分別議奏。林寅登以現任二等侍衛，與逆犯子嗣林媽定往還，並於林媽定將噶瑪蘭田簿交伊設法辦理，並不卽時送官究辦，轉將田簿攜回，林寅登應於林媽定斬罪上減一等，杖一百流三千里，交順天府定地發落。至劉碧玉在京林表所給象牙圖章及除夕儀注單，訊之林表，堅不供認，統俟劉碧玉到案後訊辦。已革候補郎中吳春貴代林媽定捎帶家信，尚無不合。其與太監林表往來，寫信借馬，實屬違制，應照律杖一百。業經革職，應毋庸議。慶琛在圓明園當差有年，因與林顯熟識，曾給紗料一件，未經收受。三等侍衛關敏赴揚州時，林顯託帶伊父信物，並未攜交，均無不合，應毋庸議。徐綜觀、王廷棟，訊無代劉碧玉營謀情事，其帶寄書信，尚無不合，應免置議。所有林表、林顯、林媽定房屋產業，俱查抄入官等因。嘉慶二十年七月十八日具奏，本日奉旨：此案林表、林顯、林媽定均係臺灣逆匪林達之子，例應緣坐。林表、林顯因年未及歲，解京閹割，充當內監，本屬免死之犯，理宜安靜守法，乃喚令伊弟林媽定來京，又擅留伊戚劉碧玉在花洞居住，將大內繕單、戲單聽其攜至臺灣，借勢招搖。林媽定漏網倖免緣坐，林表等輒爲娶妻，冀圖生子延後。林媽定復將劉碧玉留給噶瑪蘭田簿托人打點，種種不法。林表、林顯、林媽定均着照律斬監候，歸入本年朝審情實辦理。已革侍衛林寅登身係職官，與林表等往還，並將林媽定所交噶瑪蘭田簿攜回寓所，不行送官究辦，僅擬杖流，尚覺輕縱。林寅登着改發伊犁，俟劉碧玉等解到質訊，再行發遣。已故織造和明之子內務府員外郎慶琛，曾給林顯紗料，候補主事普琳於林媽定過蘇州時付銀三十兩，均屬不合。慶琛着降爲主事，普琳着降爲筆帖式，餘依議。欽此。

（清）祝慶祺《刑案匯覽》卷一一《兵律軍政·夜禁》 河撫題陳順興抗跌劉五身死一案，查律載：犯夜拒捕，毆巡夜人至折傷以上者，絞；死者，斬。注云：昔巡夜人誣執犯夜，因而拒捕互毆至死者，以凡鬥論等語。詳繹律義，犯夜之人毆巡夜人，應以罪人拒捕問擬。則巡夜之人，卽屬應捕之人，惟誣執犯夜互毆至死者，始以凡鬥論。則巡夜人並非誣執，而毆犯夜人至死者，自應以擅殺論。此案壯役陳順興奉主查夜，適行素不認識之劉五於三更時由鋪算帳回歸，在街行走未情燈亮，陳順興巡查至彼見而盤詰。劉五嗔爲多管，陳順興因其犯夜，將其拉住欲行稟究。劉五不肯行走，陳順興用力一拉，詎劉五失足撲跌，痰壅氣閉殞命。是死者劉五，雖未拒捕，實係犯夜罪人。該犯陳順興有巡夜之責，並非誣執，其將劉五拉跌致斃，應依應捕人追捕罪人定擬。該省將該犯依罪人不拒捕而擅殺律擬絞監候。情罪尚屬允協，似可照覆。嘉慶二十一年説帖。

中國第一歷史檔案館《咸豐同治兩朝上諭檔》咸豐六年正月初七日 上諭內務府奏訊明，犯事太監大概供詞一摺。國子監祭酒彥昌，張家口理事同知恒俊，聽信太監丁得祿輾轉請託，薦用家丁殊屬有干例禁。彥昌、恒俊均著降一級調用。欽此。

（清）丁寶楨《丁文誠公遺集》卷七《太監出京招搖飭拏審辦摺同治八年七月二十九日》 奏爲太監自稱奉旨差遣，招搖煽惑，真僞不辨，現飭查拏審辦，恭摺由驛奏聞，仰祈聖鑒事。竊臣接據德州知趙新稟，稱本年七月二十日訪聞有北來大太平船二隻，小船數隻，駛入州境，儀衛炫赫，自稱欽差。該州因無傳牌，勘合又未奉文行，知形迹可疑，隨卽派人密訪。據稱係安姓太監坐船，旗上大書奉旨欽差，採辦龍袍字樣。兩旗上又有一小旗上畫一日形，一三足烏，船之兩旁俱有龍鳳旗幟，並聞船上設有龍衣，一襲所帶之人舉動桀驁，且女樂成隊，品竹調絲，兩岸觀者如堵。二十一日船至橋口，風聞本日是其生辰，所帶男女多人均向龍衣羅拜。民間頗爲震駭，該州正在馳往查詢而該船業已揚帆出境南去。現已飛移下站，及鄰封跟蹤查該禀請核辦等情。臣接閱之下不勝駭異，伏思我朝列聖相承二百餘年，從不准宦官與外人交結，亦未有差派太監赴各省之事。況龍袍係御用之衣，自有織造謹製，儻必應採辦，但須一紙明諭該織造等立即敬謹遵行。何用太監遠涉糜費，且我皇太后、皇上崇尚節儉，普天欽仰，斷不須太監出外採辦。即或實有其事，亦必有明降諭旨，並部文傳知到臣即該太監往返照例應有傳牌勘合。亦決不能聽其任意遊行，漫無稽考。尤可異者，龍鳳旗幟係御用禁物，若果係太監，在內廷供使自知禮法，何敢違制妄用。至其出差攜帶女樂尤屬不成體制，似此顯然招摇煽惑，駭人聽聞，所關非淺。現尚無騷擾撞騙之事，而或係假冒差使，或係捏詞私出，真僞不辨。臣職守地方不得不截拏審辦，以昭慎重。現已密飭署東昌府知府程繩武，暨署濟甯州知州王錫麟一體跟蹤，查拏解省。由臣親審請旨遵行。所有太監，自稱奉旨欽差，採辦龍袍，招摇煽惑，真僞莫辨。現飭查拏審辦。緣由謹恭摺先行由驛四百里奏聞，伏乞皇太后、皇上聖鑒訓示，謹奏。

（清）丁寶楨《丁文誠公遺集》卷七《拏獲私逃出京太監遵旨正法摺同治八年八月初七日》　奏爲拏獲沿途招摇煽惑之太監遵旨正法，並現在分別查辦隨從人等恭摺，由驛覆奏，仰祈聖鑒事。竊臣前據德州禀報，有安姓太監自稱奉旨差遣採辦龍袍，乘坐船隻，擅用違禁旗幟，並攜帶女樂羅拜龍衣，沿途招摇煽惑等情。一面先行奏聞，即密飭沿途各州縣一體截拏在案。臣拜摺後聖續接據，臨清、東昌、東阿、甯陽等處，先後禀報，該太監船隻由德州駛至臨清之南灣地方，先期即有前站，官雇大小車二十餘輛，由直隸故城縣屬鄭家口旱路而來。至彼守候船至南灣，即換車改行陸路。所帶女樂因車行不能多帶，隨開銷遣去。此外僅帶婦女五人，其隨從約有三十餘名，均似鏢手之類由臨清東、昌至汶上、甯陽、東平、東阿一帶行走。勢甚迅疾，形迹可疑，沿途居民頗爲驚駭等情。臣因該太監隨從人衆，雙多係鏢手，慮恐不服查拏，復密飭各路巡緝武員酌帶小隊馳赴前途，與地方官相機捕拏。旋據署泰安縣知縣何毓福禀報，該太監由甯陽折回，於八月初二日行抵該縣南關。經該縣將其拏獲，並將隨從男女等暨車輛一併設法截留，先將該太監暨跟隨三人解送來省等語。臣隨提該太監至廳事親行密詢。據稱姓安，名得海，直隸青縣人，年二十六歲，向充太監。詰以因何出外，據稱奉旨差遣，採辦龍袍。復詰以既係奉差何以並無諭旨，及傳牌勘合，又何以攜帶婦女，妄用禁物，必屬假冒，何能狡飾。該太監始猶强辯。繼經臣以毫無憑據，及不應一路招摇，震驚地方嚴詰，形色惶恐，俯首無詞，自稱該死。臣復搜查其隨身所帶物件，於貼身包袋內搜出紙包一箇。內有紙片二件，均係干預地方公事，詢係受人請託，是其假冒招摇，確切無疑。臣復將其跟隨三人查詢，據供一名陳玉祥，一名李平安，一名黃石魁均係跟隨安得海服役。本年七月內安得海聲稱，奉旨採辦龍袍，帶領伊等起程，實不知真僞。由天津坐船攜帶婦女多人，同行至臨清地方，復又換車起旱行，至泰安即被拏獲各等語。臣復飭將其隨帶衣箱開視內有龍衣一領，翡翠朝珠一挂，餘均係常用物件，隨即封固並將該太監等飭交歷城縣嚴加管候旨遵辦。茲於初六日亥刻承準軍機大臣字寄，欽奉密諭，該太監擅離遠出，並有種種不法情事，若不從嚴懲辦，何以肅宮禁，而儆效尤。著丁寶楨迅速派委幹員於所屬地方將六品藍翎，安姓太監嚴密查拏，令隨從人等指證確實毋庸審訊，即行就地正法，不准任其狡飾。如該太監聞風折回，直境即著曾國藩屬一體嚴拏正法。儻有疏縱，惟該督撫是問，其隨從人等有迹近匪類者並著嚴拏分別懲辦毋庸再行請旨等因。欽此。臣於跪讀之下仰見聖明獨斷，欽佩難名，當以安得海前經臣親查確實隨於初七日即欽遵諭旨，委兼署臬司潘霨臣標中軍參將緒承督同府縣將安得海即行正法。至泰安縣截留之隨從人等，並婦女車輛現已札飭一併解省俟。提解到日與現在解省之親隨陳玉祥等，分別辦理其衣物等項飭發藩庫存儲。至龍衣一件，翡翠朝珠一挂是否私造抑係竊去不辨真僞。應另派弁親齎同搜出之紙片二件一併咨送軍機處查核。以昭慎重所有拏獲，沿途招摇煽惑之太監查驗確實業已遵旨就地正法。並現在分別查辦，隨從人等緣由恭摺由驛覆奏伏乞。

（清）丁寶楨《丁文誠公遺集》卷七《辦理私逃太監隨從人等摺同治八年八月二十八日》　奏爲遵旨審明私逃安姓太監之隨從人等，分別辦理恭摺具奏，仰祈聖鑒事。竊臣前因私逃之太監安得海，沿途招摇煽惑當經具摺由驛奏聞，一面通飭截拏據泰安縣將安得海並隨從男女人等暨車輛輜重一併盤獲。先將安得海並跟隨之陳玉祥、李平安、黃石魁解省。經臣訊明安得海帶同陳玉祥等私逃外出，假稱奉旨採辦龍袍，沿途招摇煽惑，屬實正在具奏間欽奉諭旨，著丁寶楨迅速派委幹員將六品藍翎安姓太監嚴密查拏，令隨從人等指證確實，毋庸審訊即行就地正法。不准任其狡飾，其隨從人等有迹近匪類者，並著嚴拏分別懲辦等因。欽此。臣因安得海業經臣查驗確實當即遵旨正法，並委員馳赴泰安將截獲之隨從人等解省訊辦。一面先將辦理情形由驛覆奏，並將起獲之龍衣一襲，翡翠朝珠一挂，及搜獲隨身之紙片二件，委弁送交軍機處查收。旋據委員將泰安縣截獲之，隨從男女人等並旗幟車馬，金銀珠玉，衣物同陳玉祥等三犯共六十八名一併飭發濟南府等確審據。濟南府知府龔易圖等審明録供由兼署臬司爵解勘臣正在提審間復欽奉上諭。安得海既經正法。其隨從之陳玉祥、李平安二名亦係太監，均著即行絞決。此外尚有太監幾人，著丁寶楨於訊明後一併絞決，以儆效尤。其餘隨從人等迹近匪類者，即懔遵前旨分別懲辦至黄石魁一名，係何人役摺内所稱前站官究係何官，抑係冒充並著訊明辦理。安得海衣物等項，毋庸存儲藩庫，即由該撫派員解交内務府查收。等因。欽此。臣遵即提訊陳玉祥等六十八名口據供緣陳玉祥、李平安、李得喜、郝長瑞、李順、計得壽俱係太監，在内廷當差。黄石魁、田兒俱受雇，在安得海家服役多年，經管安得海一切事務。韓寶清、戴登雲、何林芝、高振邦、劉鳳喜俱一向充當鏢手。同治八年七月初三日已獲正法之六品藍翎太監安得海，聲言奉旨出京赴蘇州採辦龍袍。今陳玉祥、李平安、李得喜、郝長瑞、李順、計得壽、黄石魁，田兒與在内充當蘇拉之金安言劉文瑞、劉凱、黄喜並金安言名下服役之張瑞跟從同行陳玉祥等不知真僞，因素聽安得海管束指揮不敢不從。安得海又帶胞叔安邦太，並價買隨身服侍之安馬氏暨族弟安三，胞妹洛二，胞姪女拉仔，及在家服役之婦女徐王氏、袁姚氏，於初六日由京起程。黄石魁、田兒爲其雇覓巭太、郭三、李升、孫大、高大、陳二、韓大、王六、劉五、方四、宋九、姚祥、温三、趙文濱、吴二、孫三、趙二、戴四、姜海、張二、白三、馮套、李三、慶三、李順來等服役趕車由通州雇船南行，並雇覓韓寶清載登雲、何芝、高振邦、劉鳳喜五人保鏢，每人付給身價銀二百兩。船上插起奉旨欽差採辦龍袍大旗，並插一日形三足鳥的旗船内安設龍袍。沿途雇覓婦女唱曲取樂，路經天津安得海赴天齊廟遊玩，與僧濱文言談投機，帶領同行。是月二十一日船抵山東德州地方。安得海稱係生辰將龍衣排設，陳玉祥等都向安得海羅拜，並雇覓妓女設宴作樂，嗣船由德州駛抵臨清州地方，因河水淺阻，安得海意欲起旱。黄石魁、田兒係假充前站官，沿途雇覓車輛等候。即時棄船换車起旱南行，一路遇有人盤問韓寶清等五人，即上前肆行恐嚇，並假作欲行查拏形狀，居民頗爲驚駭。迨行抵泰安縣地方即被截拏。其沿途受雇船户車夫，剃頭修脚，鼓吹談書及搭伴同行之張福、張大、方月、魏小、劉明段、李三、趙廷亮、張兒、趙慶普、楊二、齊五、張德、王階平、劉同意、沈九汝、李大、周雲亦被一併截留嚴詰。各供矢口不移並無别故查陳玉祥、李平安、李得喜、郝長瑞、李順、計得壽六名均係太監，跟隨私逃，當即遵旨飭委濟南府知府龔易圖等會同營汛，綁赴市曹一併絞決。黄石魁、田兒均在安得海家服役多年，經管一切事務。安得海之種種妄爲，皆由該二犯助惡所致，且敢假充前站官，招摇厥罪甚重。韓寶清、戴登雲、何林芝、高振邦、劉鳳喜等向係充當鏢手，本非安分之輩。此次既知安得海私逃率即受雇同行保鏢，沿途用言向人恐嚇，並欲混拏，以致居民驚駭。其倚勢妄爲，情罪亦重，而察看該五犯舉動桀驁，面目獰惡，誠爲迹近匪類。黄石魁、田兒、韓寶清、戴登雲、何林芝、高振邦、劉鳳喜七犯未便姑容，致令别生事端，臣於審明後當飭濟南府等一併綁赴市曹正法。至金安言、劉文瑞、劉凱、黄喜雖均訊無隨從撞騙情事，惟均係蘇拉，張瑞係跟蘇拉服役之人。俱應守法，乃敢聽從安得海私逃外出，亦屬不安本分。僧濱文不守清規，跟隨安得海同行，且與之往來甚密，幫同取樂，實屬無知妄爲。安邦太係安得海胞叔，不能管教伊姪，輒與同行出外，任聽妄爲，尤出情理之外。安馬氏係安得海價買隨身服侍婦女，罪有應得，均未便容留内地致滋他事。金安言、劉文瑞、劉凱、黄喜、張瑞、僧濱文、安邦太、安馬氏，八名口一併發往黑龍江給披甲人爲奴。至巭大、郭三、李升、孫大、高大、陳二、韓大、王六、劉五、方四、宋九、姚祥、温三、趙文濱、吴二、孫三、趙二、戴四、姜海、張二、白三、馮套、李三、慶三、李順來、徐王氏、袁姚氏二十七名口，均訊係出京時始行受雇服役趕車，爲時甚暫一事不知，應與年幼無知安三、洛二、拉仔三名口一併於訊明後分別遞回各原籍交地方嚴行管束，不准復行出外滋事。其餘張福等十七名，或訊係受雇之船户、車夫及剃頭修脚、鼓吹談書人等，或訊係搭伴隨從同行，均屬無干應即一併保釋。除將起獲之旗幟、車馬、金銀珠玉、衣物分別造册，飭委候補直隸州知州文敬、候補知縣麟盛解交内務府查收，並將供册咨送軍機處、刑部備查外，所有遵旨分別辦理緣由理合恭摺具奏。

中國第一歷史檔案館《咸豐同治兩朝上諭檔》同治八年九月初七日

上諭前據丁寶楨奏，太監安得海私自出京，沿途招摇。當諭令該撫嚴密查拏，即將安得海就地正法。嗣據丁寶楨奏，遵旨將安得海拏獲正法。兹據丁寶楨查明覆奏，除陳玉祥、李平安、李得喜、郝長瑞、李順、許得壽六犯均係太監。跟隨私逃，業經遵旨絞決外，其假充前站官之黄石魁、田兒及鎮丁韓寶清、戴登雲摺、何林芝、高振邦、劉鳳喜等幫同招摇，恐嚇居民，罪惡昭著，以上七犯業經丁寶楨於審明後一併正法。至金安言、劉文瑞、劉凱、黄廣喜，雖訊隨從擅騙情事，惟均係蘇拉，張瑞係跟蘇拉服役之人，俱應守法，乃聽從安得海私自出外，實屬不安本分。僧人演文跟隨安得海同行，不守清規。安得海家屬安邦太、安馬氏二犯，隨同外出俱屬罪有應得。以上八犯均著發往黑龍江給被甲人爲奴，餘著照所議辦理。此旨同八月十一日諭旨著一併載入宫中現行則例。欽此。

《清德宗實録》光緒六年十一月　又諭：内務府奏拏獲擅入官内人犯，請派王大臣會同刑部審辦一摺，本月初八日宫内拏獲混入禁門之劉振生一犯，著即解交刑部派軍機大臣、總管内務府大臣會同刑部嚴行審訊，定擬具奏。

（清）張之洞《張文襄公全集》卷三《奏議・閹宦宜加裁抑摺光緒六年十二月初四日》　竊近日議軍玉林等毆太監一案，劉振生混入禁地一案，均稟中旨處斷訖。查玉林固係毆太監之人，而劉振生實因與太監素識，以致冒干禁籞，是兩案皆由太監而起也。伏維閹宦恣横爲禍最烈，我朝列聖馭之者亦最嚴。我皇太后皇上恪守家法，不稍寬假歷有成案。紀綱肅然，即以此兩案言之。玉林因藐抗懿旨而加重，並非止以太監被毆也。劉振生一案，道路傳聞謂内監因此事被罪發遣者數人是聖意灼見弊根，並非嚴於門軍而寬於暬御也。仰見大中至正宫府一體曷當有偏縱近侍之心哉惟是，兩次諭旨俱無戒責太監之文。竊恐皇太后皇上裁抑太監之心，臣能喻之。而太監等未必喻之，各門護軍等未必喻之，天下臣民未必盡喻之。太監不喻，聖心恐將有藉口，此案恫喝朝列，妄作威福之患。護軍等不喻，聖心恐將有因噎廢食，見奸不詰之憂。天下臣民不能盡喻，聖心恐將有揣摩近習謟事貂璫之事。夫嘉慶年間，林清之變則太監爲内應矣。本年秋間有天棚搜出火藥之案，則太監失於覺察矣。劉振生擅入宫禁，不止一次，則太監從無一人舉發矣。然則太監等當差之是否勤慎小心，所言之是否忠實可信。聖明在上，豈待臣言。萬一此後太監等竟有私自出入，動託上命，甚至關係政務，亦復信口媒蘖充其流弊，所至豈不可爲寒心哉。相應請旨嚴飭總管内務府大臣，將太監等認真約束，稽察申明，鐵牌禁令如有藉端滋事者奏明重加懲處。至内監出入舊例，應有門文，即使謂禁中使令繁多向來或有便宜辦理非外廷所能盡悉者，亦望敕下總管内務府大臣、前鋒統領護軍統領，妥議章程，以後應如何勘驗，以謹傳宣而杜影射之處，奏明遵守。其劉振生一案，如有懲辦太監亦懇明旨宣示，則聖心之公，國法之平，天威之赫，曉然昭著於天下。庶幾宿衛班軍知感知悚，可以各舉其職矣。臣記注之官職在拾遺補闕，聞之經曰履霜堅冰防其漸也。傳曰城狐社鼠惡其託也，迂愚之見不敢不竭知上陳。伏祈聖鑒。

中國第一歷史檔案館《光緒宣統兩朝上諭檔》光緒八年七月十七日

上諭奕譞等奏拏獲擅入闕左門人犯，請交部治罪一摺。禁城重地理宜嚴肅，乃本月十六日夜間竟有人犯向萬軒，在闕左門迆東值房墻上行走。實屬膽玩。向萬軒著交刑部訊明，從重治罪。另片奏闕左門迆東值房應由太常寺管理，稽查等語。著該衙門堂官查明辦理，欽此。

發下摺報，臣等公同商閲，奕譞等奏拏獲人犯向萬軒，請交部治罪。摺又奏闕左門外迆東值房應由太常寺管理，稽查片段寫明發諭旨。將該犯向萬軒交部治罪，所請闕左門外迆東值房應由太常寺堂官管理，稽查之。